著者略歴
一九七二年、京都府に生まれる
一九九五年、市立北九州大学(現・北九州市立大学)法学部政治学科卒業
京都産業大学日本文化研究所客員研究員などを経て、
現在、花園大学文学部日本史学科准教授

〔主要著書〕
『次男坊たちの江戸時代―公家社会の〈厄介者〉―』〈歴史文化ライブラリー〉(吉川弘文館、二〇〇八年)

〈華族爵位〉請願人名辞典

二〇一五年(平成二十七)十二月十日　第一刷発行

著者　松《まつ》田《だ》敬《たか》之《ゆき》

発行者　吉川道郎

発行所　株式会社 吉川弘文館
郵便番号一一三―〇〇三三
東京都文京区本郷七丁目二番八号
電話〇三―三八一三―九一五一(代)
振替口座〇〇一〇〇―五―二四四番
http://www.yoshikawa-k.co.jp/

印刷＝株式会社 東京印書館
製本＝誠製本株式会社
装幀＝伊藤滋章

ISBN978-4-642-01472-4

索　　引

1）　本索引は，本辞典掲載の人名を，項目および文中索引採取語をまとめて本文の配列基準にしたがい配列した。

2）　項目語は，該当頁とともに太字で示し，語頭に「・」を付した。

3）　索引語に挙げた人物について，別名・号など適宜（　）内に記した場合がある。

4）　該当頁の段数を，１段目をａとし，以下ｂ・ｃとして示した。

あ

い

う

か

き

そ

た

な

に

の

は

ひ

ふ

ほ

ま

ろ

わ

資 料 編

付表1　授爵・陞爵・復爵申請年月日順一覧

付表2　華族一覧

参考文献一覧

付表1　授爵・陞爵・復爵申請年月日順一覧

凡例　1）自薦・他薦を問わず，授爵・陞爵・復爵の請願者を年月日順に配列した.
2）複数回申請した者は，各々の申請年に配列した.
3）申請年不明者は，推定できる年の末尾に配列した．月日が推定できる場合は，（　）内に記した.

人　名	年 月 日	請願内容	結　果	旧家格・主な職歴
慶応4年=明治元年（1868）				
九条忠善（随心院増縁）	1868. 1.18	堂上	不許可	随心院門跡付弟
本堂親久	1868. 2.13	諸侯	68.7.13諸侯	旧交代寄合・中大夫
山名義済	1868. 4. 7	諸侯	68.5.17諸侯	旧交代寄合・中大夫
延寿王院（西高辻）信全	1868. 4	堂上	不許可	太宰府天満宮社務職
朝倉景隆	1868. 4	堂上格	不許可	春日大社新社司・旧興福寺院家・学侶（世尊院）
率川秀宣	1868. 4	堂上格	不許可	春日大社新社司・旧興福寺院家・学侶（圓明院）
一色雅文	1868. 4	堂上格	不許可	春日大社新社司・旧興福寺院家・学侶（花林院）
梅井順正	1868. 4	堂上格	不許可	春日大社新社司・旧興福寺院家・学侶（最勝院）
大喜多善成	1868. 4	堂上格	不許可	春日大社新社司・旧興福寺院家・学侶（大喜院）
尾谷直春	1868. 4	堂上格	不許可	春日大社新社司・旧興福寺院家・学侶（観音院）
桂木由富	1868. 4	堂上格	不許可	春日大社新社司・旧興福寺院家・学侶（知足坊）
鎌　胤賀	1868. 4	堂上格	不許可	春日大社新社司・旧興福寺院家・学侶（宝蔵院）
雲井春影	1868. 4	堂上格	不許可	春日大社新社司・旧興福寺院家・学侶（蓮成院）
関　秀英	1868. 4	堂上格	不許可	春日大社新社司・旧興福寺院家・学侶（楞厳院）
関根秀演	1868. 4	堂上格	不許可	春日大社新社司・旧興福寺院家・学侶（勝願院）
伊達幸春	1868. 4	堂上格	不許可	春日大社新社司・旧興福寺院家・学侶（安楽院）
東朝倉景規	1868. 4	堂上格	不許可	春日大社新社司・旧興福寺院家・学侶（観禅院）
藤沢公英	1868. 4	堂上格	不許可	春日大社新社司・旧興福寺院家・学侶（摩尼珠院）
南井忠文	1868. 4	堂上格	不許可	春日大社新社司・旧興福寺院家・学侶（弥勒院）
山崎治正	1868.④.14	諸侯	68.5.1諸侯	旧交代寄合・中大夫
池田喜通	1868.④	諸侯	68.6.21諸侯	旧交代寄合・中大夫
朽木之綱	1868. 5.30	諸侯並	不許可	旧交代寄合・中大夫
生駒親敬	1868. 6. 7	諸侯	68.11.30諸侯	旧交代寄合・中大夫
平野長裕	1868. 6.22	諸侯	68.7.13諸侯	旧交代寄合・中大夫
岡田善長	1868. 7.24	諸侯	不許可	旧旗本寄合席・下大夫
岡田善長	1868. 8.19	諸侯	不許可	旧旗本寄合席・下大夫
大沢基寿	1868. 8.22	諸侯	68.9.18諸侯	旧高家・中大夫
久野純固	1868. 8.22	諸侯	不許可	紀州藩家老・田丸城代
岡田善長	1868. 9.12	諸侯	不許可	旧旗本寄合席・下大夫
池田頼誠	1868.11.11	諸侯	不許可	旧旗本寄合席・下大夫
中条信礼	1868.11.17	諸侯	不許可	旧高家・中大夫
横田栄松	1868.11	諸侯	不許可	旧旗本寄合席・下大夫
能勢頼富	1868.12	諸侯	不許可	旧旗本寄合席・下大夫
藤懸克己（永武）	1868	諸侯	不許可	旧旗本寄合席・下大夫
明治2年（1869）				
甲斐荘正光	1869. 1.17	諸侯	不許可	旧旗本寄合席・下大夫
玉松真弘	1869. 1.17	堂上	69.1.19堂上	山本公弘次男
西高辻信全	1869. 1.28	堂上	不許可	太宰府天満宮社務職
西高辻信全	1869. 1.31	堂上	不許可	太宰府天満宮社務職
横田栄松	1869. 1	諸侯	不許可	旧旗本寄合席・下大夫
水野貞尚	1869. 2. 3	諸侯	不許可	旧旗本寄合席・下大夫
西　師香 他	1869. 3.10	堂上格	不許可	春日大社旧社司
菊大路纓清	1869. 3	堂上格	不許可	石清水八幡宮社務職
田中有年	1869. 3	堂上格	不許可	石清水八幡宮社務職
南　武胤	1869. 3	堂上格	不許可	石清水八幡宮社務職

人　　名	年 月 日	請願内容	結　　果	旧家格・主な職歴
明治2年(1869)				
朽木之綱	1869. 4. 14	諸侯	不許可	旧交代寄合・中大夫
内山(常磐木)亮珍	1869. 5. 20	堂上格	不許可	石上神社神主
内山(常磐木)亮慎	1869. 5. 20	堂上格	不許可	元内山上乗院山務
水野貞尚	1869. 6. 17	諸侯	不許可	旧旗本寄合席・下大夫
久野純固	1869. 6	諸侯	不許可	紀州藩家老・田丸城代
戸田光武	1869. 6. 19	華族格	不許可	旧旗本寄合席・下大夫
横田栄松	1869. 7	華族	不許可	旧旗本寄合席・下大夫
甲斐荘正秀	1869. 8. 8	華族	不許可	旧旗本寄合席・下大夫
甲斐荘正秀	1869. 12. 13	華族	不許可	旧旗本寄合席・下大夫
藤懸克己(永武)	1869. 12. 17	華族	不許可	旧旗本寄合席・下大夫
横田栄松	1869. 12	華族	不許可	旧旗本寄合席・下大夫
本多副元	1869. 12	華族	不許可	元越前国福井藩家老
明治3年(1870)				
松平啓三	1870. 1. 2	華族	70. 2. 24華族	旧徳川御三卿
松平斉民(確堂)	1870. 1. 2	華族	不許可	旧美作国津山藩主
松平康民(明丸)	1870. 1. 2	華族	不許可	旧美作国津山藩主家・子爵
木下(羽柴)俊清	1870. 1. 4	華族	不許可	旧交代寄合・旧中大夫
菅沼定長	1869. 1. 14	華族	不許可	旧交代寄合表御礼衆
本多副元	1870. 2. 15	華族	不許可	元越前国福井藩家老
久我(北畠)通城	1870. 3. 13	華族	70. 12. 17永世華族	久我建通次男・一代華族
若江量長	1870. 9. 27	終身華族	不許可	元伏見宮殿上人
壬生輔世	1870. 9. 27	終身華族	69. 12. 17終身華族	元左大史(官務)・六位蔵人
壬生明麗	1870. 9. 27	終身華族	不許可	元左大史(官務)・六位蔵人
藤島助胤	1870. 9. 27	終身華族	不許可	元六位蔵人
藤島助順	1870. 9. 27	終身華族	不許可	元六位蔵人
細川常典	1870. 9. 27	終身華族	不許可	元六位蔵人
石河光晃	1870. 10	華族	不許可	旧尾張国名古屋藩家老
池田徳国(国若)	1870. ⑩. 3	華族	不許可	池田慶徳(鳥取藩知事)六男
明治4年(1871)				
島津久光	1871. 9. 2	華族	71. 9. 10華族	島津忠義実父
千家尊澄	1871. 12. 3	華族	71. 12. 12華族	出雲大社神主
北島全孝	1871. 12. 3	華族	71. 12. 13華族	出雲大社神主
津守国美	1871. 12. 3	華族格	71. 12. 21華族	住吉神社神主
常磐木亮珍	1871. 12. 10	華族	不許可	石上神社神主・元内山上乗院
明治5年(1872)				
常磐木亮珍	1872. 7. 3	華族	不許可	石上神社神主・元内山上乗院
明治6年(1873)				
高千穂有綱	1873. 6. 14	華族	73. 7. 3華族	英彦山神社神主
小野尊光	1873. 9	華族	73. 10. 12華族	日御碕神社神主
明治7年(1874)				
朝倉景隆	1874. 7	華族	不許可	元春日大社新社司・旧興福寺院家・学侶(世尊院)
率川秀宣	1874. 7	華族	不許可	元春日大社新社司・旧興福寺院家・学侶(圓明院)
一色雅文	1874. 7	華族	不許可	元春日大社新社司・旧興福寺院家・学侶(花林院)
梅井順正	1874. 7	華族	不許可	元春日大社新社司・旧興福寺院家・学侶(最勝院)
大喜多善成	1874. 7	華族	不許可	元春日大社新社司・旧興福寺院家・学侶(大喜院)
尾谷直春	1874. 7	華族	不許可	元春日大社新社司・旧興福寺院家・学侶(観音院)
桂木由富	1874. 7	華族	不許可	元春日大社新社司・旧興福寺院家・学侶(知足坊)
鎌　胤賀	1874. 7	華族	不許可	元春日大社新社司・旧興福寺院家・学侶(宝蔵院)
雲井春影	1874. 7	華族	不許可	元春日大社新社司・旧興福寺院家・学侶(蓮成院)

人　　名	年 月 日	請願内容	結　　果	旧 家 格 ・ 主 な 職 歴
明治７年(1874)				
関　秀英	1874. 7	華族	不許可	元春日大社新社司・旧興福寺院家・学侶(楞厳院)
関根秀演	1874. 7	華族	不許可	元春日大社新社司・旧興福寺院家・学侶(勝願院)
伊達幸春	1874. 7	華族	不許可	元春日大社新社司・旧興福寺院家・学侶(安楽院)
東朝倉景規	1874. 7	華族	不許可	元春日大社新社司・旧興福寺院家・学侶(観禅院)
藤沢公英	1874. 7	華族	不許可	元春日大社新社司・旧興福寺院家・学侶(摩尼珠院)
南井忠文	1874. 7	華族	不許可	元春日大社新社司・旧興福寺院家・学侶(弥勒院)
明治８年(1875)				
士民功労アル者	1875. 4	華族	不許可	
士民功労アル者	1875. 5.29	華族	不許可	
金子有卿	1875. 6.30	華族	75.9.24華族	物部神社神主
松木美彦 他	1875. 7	華族	不許可	伊勢神宮内宮神主
沢田泰綱	1875. 7	華族	不許可	伊勢神宮外宮神主
朝倉景隆	1875. 7. 2	華族	不許可	元春日大社新社司・旧興福寺院家・学侶(世尊院)
率川秀宣	1875. 7. 2	華族	不許可	元春日大社新社司・旧興福寺院家・学侶(圓明院)
一色雅文	1875. 7. 2	華族	不許可	元春日大社新社司・旧興福寺院家・学侶(花林院)
梅井順正	1875. 7. 2	華族	不許可	元春日大社新社司・旧興福寺院家・学侶(最勝院)
大喜多善成	1875. 7. 2	華族	不許可	元春日大社新社司・旧興福寺院家・学侶(大喜院)
尾谷直春	1875. 7. 2	華族	不許可	元春日大社新社司・旧興福寺院家・学侶(観音院)
桂木由富	1875. 7. 2	華族	不許可	元春日大社新社司・旧興福寺院家・学侶(知足坊)
鎌　胤賀	1875. 7. 2	華族	不許可	元春日大社新社司・旧興福寺院家・学侶(宝蔵院)
雲井春影	1875. 7. 2	華族	不許可	元春日大社新社司・旧興福寺院家・学侶(蓮成院)
関　秀英	1875. 7. 2	華族	不許可	元春日大社新社司・旧興福寺院家・学侶(楞厳院)
関根秀演	1875. 7. 2	華族	不許可	元春日大社新社司・旧興福寺院家・学侶(勝願院)
伊達幸春	1875. 7. 2	華族	不許可	元春日大社新社司・旧興福寺院家・学侶(安楽院)
東朝倉景規	1875. 7. 2	華族	不許可	元春日大社新社司・旧興福寺院家・学侶(観禅院)
藤沢公英	1875. 7. 2	華族	不許可	元春日大社新社司・旧興福寺院家・学侶(摩尼珠院)
南井忠文	1875. 7. 2	華族	不許可	元春日大社新社司・旧興福寺院家・学侶(弥勒院)
常磐木亮慎	1875.12.15	華族格	不許可	石上神社神主・元内山上乗院
明治９年(1876)				
鹿島則文	1876. 1	華族	不許可	鹿島神宮大宮司
常磐木亮慎	1876. 3. 3	華族	不許可	石上神社神主・元内山上乗院
松木美彦	1876. 3.20	華族	不許可	伊勢神宮内宮神主
沢田泰綱	1876. 3.20	華族	不許可	伊勢神宮外宮神主
梶野行篤	1876. 5.25	華族	76.5.31華族	元興福寺院家・学侶・一代華族
小松行敏	1876. 5.25	華族	76.5.31華族	旧興福寺学侶(不動院)・一代華族
西五辻文仲	1876. 5.25	華族	76.5.31華族	旧興福寺学侶(明王院)・一代華族
南岩倉具義	1876. 5.25	華族	76.5.31華族	旧興福寺学侶(正知院)・一代華族
壬生輔世	1876.10. 4	華族	76.11.25華族	旧地下官人(官務・左大史)・終身華族
明治10年(1877)				
石河光晃	1877. 2. 6	華族	不許可	旧尾張国名古屋藩家老
石河光晃	1877. 3. 7	華族	不許可	旧尾張国名古屋藩家老
松木美彦	1877. 5.18	華族	不許可	伊勢神宮内宮神主
沢田泰綱	1877. 5.18	華族	不許可	伊勢神宮外宮神主
鹿島則文	1877. 7.28	華族	不許可	鹿島神宮大宮司
明治10-16年(1877-83)				
旧藩万石以上家老中、西南戦争の功労者	1877～83	華族	不許可	
細川興増	1877～83	華族	不許可	旧肥後国熊本藩一門
細川忠毅	1877～83	華族	不許可	旧肥後国熊本藩一門
松井敏之	1877～83	華族	不許可	旧肥後国熊本藩家老
諫早一学	1877～83	華族	不許可	旧肥前国佐賀藩家老

人　名	年 月 日	請願内容	結　果	旧 家 格 ・ 主 な 職 歴
明治11年(1878)				
石河光晃	1878. 3	華族	不許可	旧尾張国名古屋藩家老
本多副元	1878. 3	華族	不許可	元越前国福井藩家老
本多副元	1878. 9.27	華族	79.1.25華族	旧越前国福井藩家老
大枝四郎	1878.12	華族	不許可	毛利元徳四男
明治11-12年(1878-79)				
若江範忠	1878～79	華族	不許可	旧伏見宮殿上人
小森頼愛	1878～79	華族	不許可	旧地下官人(典薬頭)
細川常典	1878～79	華族	不許可	旧六位蔵人
藤島助順	1878～79	華族	不許可	旧六位蔵人
押小路師親	1878～79	華族	79.7.26華族	旧地下官人(局務・大外記)
足利基永	1878～79	華族	不許可	旧高家・中大夫
有馬某(広泰カ)	1878～79	華族	不許可	旧高家・中大夫
今川範叙	1878～79	華族	不許可	旧高家・中大夫
上杉某(義順カ)	1878～79	華族	不許可	旧高家・中大夫
大沢基寿	1878～79	華族	不許可	旧高家・中大夫
大沢某(基治カ)	1878～79	華族	不許可	旧高家・中大夫
大友義達	1878～79	華族	不許可	旧高家・中大夫
織田信愛	1878～79	華族	不許可	旧高家・中大夫
織田信真	1878～79	華族	不許可	旧高家・中大夫
織田某(栄太郎カ)	1878～79	華族	不許可	旧高家・中大夫
京極某(高福カ)	1878～79	華族	不許可	旧高家・中大夫
吉良某(義常カ)	1878～79	華族	不許可	旧高家・中大夫
品川某(氏次カ)	1878～79	華族	不許可	旧高家・中大夫
武田某(信任)	1878～79	華族	不許可	旧高家・中大夫
中条某(信汎カ)	1878～79	華族	不許可	旧高家・中大夫
土岐頼近	1878～79	華族	不許可	旧高家・中大夫
戸田某(氏貞カ)	1878～79	華族	不許可	旧高家・中大夫
長沢某(資寧カ)	1878～79	華族	不許可	旧高家・中大夫
新田貞観	1878～79	華族	不許可	旧高家・中大夫
畠山某(義勇カ)	1878～79	華族	不許可	旧高家・中大夫
日野某(資訓カ)	1878～79	華族	不許可	旧高家・中大夫
前田長禮	1878～79	華族	不許可	旧高家・中大夫
前田某(長猷カ)	1878～79	華族	不許可	旧高家・中大夫
宮原義路	1878～79	華族	不許可	旧高家・中大夫
横瀬某(貞篤カ)	1878～79	華族	不許可	旧高家・中大夫
六角某(広宣カ)	1878～79	華族	不許可	旧高家・中大夫
菅沼　某	1878～79	華族	不許可	旧交代寄合・中大夫
松平某(敬信カ)	1878～79	華族	不許可	旧交代寄合・中大夫
松平某(康敏カ)	1878～79	華族	不許可	旧交代寄合・中大夫
榊原照求	1878～79	華族	不許可	旧交代寄合(久能山総御門番)・中大夫
羽柴俊朗	1878～79	華族	不許可	旧交代寄合・中大夫
最上某(義和カ)	1878～79	華族	不許可	旧交代寄合・中大夫
戸川某(達敏カ)	1878～79	華族	不許可	旧交代寄合・中大夫
竹中黄山(重明)	1878～79	華族	不許可	旧交代寄合・中大夫
溝口直景	1878～79	華族	不許可	旧交代寄合・中大夫
朽木某(之綱カ)	1878～79	華族	不許可	旧交代寄合・中大夫
近藤某(用虎カ)	1878～79	華族	不許可	旧交代寄合・中大夫
金森近明	1878～79	華族	不許可	旧交代寄合・中大夫
五島某(盛明カ)	1878～79	華族	不許可	旧交代寄合・中大夫
伊東某(祐敦カ)	1878～79	華族	不許可	旧交代寄合・中大夫
那須資穀	1878～79	華族	不許可	旧交代寄合・中大夫
福原某(資生カ)	1878～79	華族	不許可	旧交代寄合・中大夫
芦野某(資愛カ)	1878～79	華族	不許可	旧交代寄合・中大夫

人　名	年 月 日	請願内容	結　果	旧家格・主な職歴
明治11-12年(1878-79)				
大田原某(清明カ)	1878～79	華族	不許可	旧交代寄合・中大夫
高木貞正	1878～79	華族	不許可	旧交代寄合・中大夫
高木貞嘉	1878～79	華族	不許可	旧交代寄合・中大夫
座光寺盈太郎(為永)	1878～79	華族	不許可	旧交代寄合・中大夫
小笠原某(長裕カ)	1878～79	華族	不許可	旧交代寄合・中大夫
知久某(頼謙カ)	1878～79	華族	不許可	旧交代寄合・中大夫
松平某(信汎カ)	1878～79	華族	不許可	旧交代寄合・下大夫
松平忠敏	1878～79	華族	不許可	旧交代寄合・下大夫
中島某(隆成カ)	1878～79	華族	不許可	旧交代寄合・下大夫
菊池武臣	1878～79	華族	不許可	旧交代寄合・中大夫
新田俊純	1878～79	華族	不許可	旧交代寄合・中大夫
前田直行	1878～79	華族	不許可	旧加賀国金沢藩重臣(加賀八家)
本多政以	1878～79	華族	不許可	旧加賀国金沢藩重臣(加賀八家)
長　克連	1878～79	華族	不許可	旧加賀国金沢藩重臣(加賀八家)
横山隆平	1878～79	華族	不許可	旧加賀国金沢藩重臣(加賀八家)
前田　豊	1878～79	華族	不許可	旧加賀国金沢藩重臣(加賀八家)
奥村栄滋	1878～79	華族	不許可	旧加賀国金沢藩重臣(加賀八家)
村井恒(長在)	1878～79	華族	不許可	旧加賀国金沢藩重臣(加賀八家)
今枝紀一郎(直規)	1878～79	華族	不許可	旧加賀国金沢藩家老
奥村則友	1878～79	華族	不許可	旧加賀国金沢藩重臣(加賀八家)
横山政和	1878～79	華族	不許可	旧加賀国金沢藩家老
斯波　蕃	1878～79	華族	不許可	旧加賀国金沢藩家老
本多政好	1878～79	華族	不許可	旧加賀国金沢藩家老
島津珍彦	1878～79	華族	不許可	旧薩摩国鹿児島藩一門(重富島津家・御一門筆頭)
島津又八郎(久宝)	1878～79	華族	不許可	旧薩摩国鹿児島藩一門(加治木島津家)
島津又四郎(忠敬)	1878～79	華族	不許可	旧薩摩国鹿児島藩一門(今和泉島津家)
島津忠欽	1878～79	華族	不許可	旧薩摩国鹿児島藩一門
島津長丸	1878～79	華族	不許可	旧薩摩国鹿児島藩一門
島津久寛	1878～79	華族	不許可	旧薩摩国鹿児島藩一門
種子島時丸	1878～79	華族	不許可	旧薩摩国鹿児島藩家老
渡辺半蔵	1878～79	華族	不許可	旧尾張国名古屋藩家老
石河光晃	1878～79	華族	不許可	旧尾張国名古屋藩家老
志水忠平	1878～79	華族	不許可	旧紀伊国和歌山藩家老
三浦権五郎	1878～79	華族	不許可	旧紀伊国和歌山藩家老
久野宗熙	1878～79	華族	不許可	旧紀伊国和歌山藩家老
細川興増	1878～79	華族	不許可	旧肥後国熊本藩一門
松井敏之	1878～79	華族	不許可	旧肥後国熊本藩家老
米田虎雄	1878～79	華族	不許可	旧肥後国熊本藩家老
有吉立武	1878～79	華族	不許可	旧肥後国熊本藩家老
沢村　重	1878～79	華族	不許可	旧肥後国熊本藩家老
黒田一義	1878～79	華族	不許可	旧肥後国熊本藩家老
浅野哲吉	1878～79	華族	不許可	旧安芸国広島藩一門
上田亀次郎(安靖)	1878～79	華族	不許可	旧安芸国広島藩家老
浅野守夫	1878～79	華族	不許可	旧安芸国広島藩一門
毛利藤内(親信)	1878～79	華族	不許可	旧周防国山口藩一門(右田毛利家)
毛利元一	1878～79	華族	不許可	旧周防国山口藩一門(吉敷毛利家)
宍戸親基	1878～79	華族	不許可	旧周防国山口藩家老
益田精祥	1878～79	華族	不許可	旧周防国山口藩家老
福原良通	1878～79	華族	不許可	旧周防国山口藩家老
鍋島直暠	1878～79	華族	不許可	旧肥前国佐賀藩一門
神代直宝	1878～79	華族	不許可	旧肥前国佐賀藩家老
村田八介	1878～79	華族	不許可	旧肥前国佐賀藩家老

人　名	年月日	請願内容	結　果	旧家格・主な職歴
明治11-12年(1878-79)				
鍋島茂昌	1878〜79	華族	不許可	旧肥前国佐賀藩家老
諫早一学	1878〜79	華族	不許可	旧肥前国佐賀藩家老
多久茂族	1878〜79	華族	不許可	旧肥前国佐賀藩家老
鍋島茂朝	1878〜79	華族	不許可	旧肥前国佐賀藩一門
鍋島平五郎	1878〜79	華族	不許可	旧肥前国佐賀藩一門
山野辺義礼	1878〜79	華族	不許可	旧常陸国水戸藩家老
荒尾駒喜代	1878〜79	華族	不許可	旧因幡国鳥取藩家老
荒尾光就	1878〜79	華族	不許可	旧因幡国鳥取藩家老
藤堂高節	1878〜79	華族	不許可	旧伊勢国津藩一門
伊木忠善	1878〜79	華族	不許可	旧備前国岡山藩家老
池田政和	1878〜79	華族	不許可	旧備前国岡山藩家老
池田長準	1878〜79	華族	不許可	旧備前国岡山藩家老
日置安子	1878〜79	華族	不許可	旧備前国岡山藩家老
池田博愛	1878〜79	華族	不許可	旧備前国岡山藩家老
土倉光三郎	1878〜79	華族	不許可	旧備前国岡山藩家老
石川邦光	1878〜79	華族	不許可	旧陸奥国仙台藩家老
伊達邦成	1878〜79	華族	不許可	旧陸奥国仙台藩一門
留守景福	1878〜79	華族	不許可	旧陸奥国仙台藩家老
伊達基寧	1878〜79	華族	不許可	旧陸奥国仙台藩一門(登米・陸奥寺池領)
亘理胤正	1878〜79	華族	不許可	旧陸奥国仙台藩家老
伊達邦直	1878〜79	華族	不許可	旧陸奥国仙台藩一門
片倉景範	1878〜79	華族	不許可	旧陸奥国仙台藩家老
茂庭敬元	1878〜79	華族	不許可	旧陸奥国仙台藩家老
稲田邦衛(邦植カ)	1878〜79	華族	不許可	旧阿波国徳島藩家老(洲本城代)
賀島政範	1878〜79	華族	不許可	旧阿波国徳島藩家老
木俣畏三	1878〜79	華族	不許可	旧近江国彦根藩家老
深尾益岐(重孝)	1878〜79	華族	不許可	旧土佐国高知藩家老
明治12-16年(1879-83)				
若江範忠	1879〜83	華族	不許可	旧伏見宮殿上人
小森頼愛	1878〜83	華族	不許可	旧地下官人(典薬頭)
細川常典	1878〜83	華族	不許可	旧六位蔵人
藤島助順	1878〜83	華族	不許可	旧六位蔵人
足利基永	1878〜83	華族	不許可	旧高家・中大夫
有馬某(広泰カ)	1878〜83	華族	不許可	旧高家・中大夫
今川範叙	1878〜83	華族	不許可	旧高家・中大夫
上杉某(義順カ)	1878〜83	華族	不許可	旧高家・中大夫
大沢基寿	1878〜83	華族	不許可	旧高家・中大夫
大沢某(基治カ)	1878〜83	華族	不許可	旧高家・中大夫
大友義達	1878〜83	華族	不許可	旧高家・中大夫
織田信愛	1878〜83	華族	不許可	旧高家・中大夫
織田信真	1878〜83	華族	不許可	旧高家・中大夫
織田某(栄太郎カ)	1878〜83	華族	不許可	旧高家・中大夫
京極某(高福カ)	1878〜83	華族	不許可	旧高家・中大夫
吉良某(義常カ)	1878〜83	華族	不許可	旧高家・中大夫
品川某(氏次カ)	1878〜83	華族	不許可	旧高家・中大夫
武田某(信任)	1878〜83	華族	不許可	旧高家・中大夫
中条某(信汎カ)	1878〜83	華族	不許可	旧高家・中大夫
土岐頼近	1878〜83	華族	不許可	旧高家・中大夫
戸田某(氏貞カ)	1878〜83	華族	不許可	旧高家・中大夫
長沢某(資寧カ)	1878〜83	華族	不許可	旧高家・中大夫
新田貞観	1878〜83	華族	不許可	旧高家・中大夫
畠山某(義勇カ)	1878〜83	華族	不許可	旧高家・中大夫
日野某(資訓カ)	1878〜83	華族	不許可	旧高家・中大夫

人　名	年 月 日	請願内容	結　果	旧家格・主な職歴
明治12-16年(1879-83)				
前田長禮	1878～83	華族	不許可	旧高家・中大夫
前田某(長猷カ)	1878～83	華族	不許可	旧高家・中大夫
宮原義路	1878～83	華族	不許可	旧高家・中大夫
横瀬某(貞篤カ)	1878～83	華族	不許可	旧高家・中大夫
六角某(広宣カ)	1878～83	華族	不許可	旧高家・中大夫
菅沼　某	1878～83	華族	不許可	旧交代寄合・中大夫
松平某(敬信カ)	1878～83	華族	不許可	旧交代寄合・中大夫
松平某(康敏カ)	1878～83	華族	不許可	旧交代寄合・中大夫
榊原照求	1878～83	華族	不許可	旧交代寄合(久能山総御門番)・中大夫
羽柴俊朗	1878～83	華族	不許可	旧交代寄合・中大夫
最上某(義和カ)	1878～83	華族	不許可	旧交代寄合・中大夫
戸川某(達敏カ)	1878～83	華族	不許可	旧交代寄合・中大夫
竹中黄山(重明)	1878～83	華族	不許可	旧交代寄合・中大夫
溝口直景	1878～83	華族	不許可	旧交代寄合・中大夫
朽木某(之綱カ)	1878～83	華族	不許可	旧交代寄合・中大夫
近藤某(用虎カ)	1878～83	華族	不許可	旧交代寄合・中大夫
金森近明	1878～83	華族	不許可	旧交代寄合・中大夫
五島某(盛明カ)	1878～83	華族	不許可	旧交代寄合・中大夫
伊東某(祐敦カ)	1878～83	華族	不許可	旧交代寄合・中大夫
那須資穀	1878～83	華族	不許可	旧交代寄合・中大夫
福原某(資生カ)	1878～83	華族	不許可	旧交代寄合・中大夫
芦野某(資愛カ)	1878～83	華族	不許可	旧交代寄合・中大夫
大田原某(清明カ)	1878～83	華族	不許可	旧交代寄合・中大夫
高木貞正	1878～83	華族	不許可	旧交代寄合・中大夫
高木貞嘉	1878～83	華族	不許可	旧交代寄合・中大夫
座光寺盈太郎(為永)	1878～83	華族	不許可	旧交代寄合・中大夫
小笠原某(長裕カ)	1878～83	華族	不許可	旧交代寄合・中大夫
知久某(頼謙カ)	1878～83	華族	不許可	旧交代寄合・中大夫
松平某(信汎カ)	1878～83	華族	不許可	旧交代寄合・下大夫
松平忠敏	1878～83	華族	不許可	旧交代寄合・下大夫
中島某(隆成カ)	1878～83	華族	不許可	旧交代寄合・下大夫
菊池武臣	1878～83	華族	不許可	旧交代寄合・中大夫
新田俊純	1878～83	華族	不許可	旧交代寄合・中大夫
前田直行	1878～83	華族	不許可	旧加賀国金沢藩重臣(加賀八家)
本多政以	1878～83	華族	不許可	旧加賀国金沢藩重臣(加賀八家)
長　克連	1878～83	華族	不許可	旧加賀国金沢藩重臣(加賀八家)
横山隆平	1878～83	華族	不許可	旧加賀国金沢藩重臣(加賀八家)
前田　豊	1878～83	華族	不許可	旧加賀国金沢藩重臣(加賀八家)
奥村栄滋	1878～83	華族	不許可	旧加賀国金沢藩重臣(加賀八家)
村井恒(長在)	1878～83	華族	不許可	旧加賀国金沢藩重臣(加賀八家)
今枝紀一郎(直規)	1878～83	華族	不許可	旧加賀国金沢藩家老
奥村則友	1878～83	華族	不許可	旧加賀国金沢藩重臣(加賀八家)
横山政和	1878～83	華族	不許可	旧加賀国金沢藩家老
斯波　蕃	1878～83	華族	不許可	旧加賀国金沢藩家老
本多政好	1878～83	華族	不許可	旧加賀国金沢藩家老
島津珍彦	1878～83	華族	不許可	旧薩摩国鹿児島藩一門(重富島津家・御一門筆頭)
島津又八郎(久宝)	1878～83	華族	不許可	旧薩摩国鹿児島藩一門(加治木島津家)
島津又四郎(忠敬)	1878～83	華族	不許可	旧薩摩国鹿児島藩一門(今和泉島津家)
島津忠欽	1878～83	華族	不許可	旧薩摩国鹿児島藩一門
島津長丸	1878～83	華族	不許可	旧薩摩国鹿児島藩一門
島津久寛	1878～83	華族	不許可	旧薩摩国鹿児島藩一門
種子島時丸	1878～83	華族	不許可	旧薩摩国鹿児島藩家老

人　名	年月日	請願内容	結　果	旧家格・主な職歴
明治12-16年(1879-83)				
渡辺半蔵	1878～83	華族	不許可	旧尾張国名古屋藩家老
石河光晃	1878～83	華族	不許可	旧尾張国名古屋藩家老
志水忠平	1878～83	華族	不許可	旧紀伊国和歌山藩家老
三浦権五郎	1878～83	華族	不許可	旧紀伊国和歌山藩家老
久野宗熙	1878～83	華族	不許可	旧紀伊国和歌山藩家老
細川興増	1878～83	華族	不許可	旧肥後国熊本藩一門
松井敏之	1878～83	華族	不許可	旧肥後国熊本藩家老
米田虎雄	1878～83	華族	不許可	旧肥後国熊本藩家老
有吉立武	1878～83	華族	不許可	旧肥後国熊本藩家老
沢村　重	1878～83	華族	不許可	旧肥後国熊本藩家老
黒田一義	1878～83	華族	不許可	旧肥後国熊本藩家老
浅野哲吉	1878～83	華族	不許可	旧安芸国広島藩一門
上田亀次郎(安靖)	1878～83	華族	不許可	旧安芸国広島藩家老
浅野守夫	1878～83	華族	不許可	旧安芸国広島藩一門
毛利藤内(親信)	1878～83	華族	不許可	旧周防国山口藩一門(右田毛利家)
毛利元一	1878～83	華族	不許可	旧周防国山口藩一門(吉敷毛利家)
宍戸親基	1878～83	華族	不許可	旧周防国山口藩家老
益田精祥	1878～83	華族	不許可	旧周防国山口藩家老
福原良通	1878～83	華族	不許可	旧周防国山口藩家老
鍋島直暠	1878～83	華族	不許可	旧肥前国佐賀藩一門
神代直宝	1878～83	華族	不許可	旧肥前国佐賀藩家老
村田八介	1878～83	華族	不許可	旧肥前国佐賀藩家老
鍋島茂昌	1878～83	華族	不許可	旧肥前国佐賀藩家老
諫早一学	1878～83	華族	不許可	旧肥前国佐賀藩家老
多久茂族	1878～83	華族	不許可	旧肥前国佐賀藩家老
鍋島茂朝	1878～83	華族	不許可	旧肥前国佐賀藩一門
鍋島平五郎	1878～83	華族	不許可	旧肥前国佐賀藩一門
山野辺義礼	1878～83	華族	不許可	旧常陸国水戸藩家老
荒尾駒喜代	1878～83	華族	不許可	旧因幡国鳥取藩家老
荒尾光就	1878～83	華族	不許可	旧因幡国鳥取藩家老
藤堂高節	1878～83	華族	不許可	旧伊勢国津藩一門
伊木忠善	1878～83	華族	不許可	旧備前国岡山藩家老
池田政和	1878～83	華族	不許可	旧備前国岡山藩家老
池田長準	1878～83	華族	不許可	旧備前国岡山藩家老
日置安子	1878～83	華族	不許可	旧備前国岡山藩家老
池田博愛	1878～83	華族	不許可	旧備前国岡山藩家老
土倉光三郎	1878～83	華族	不許可	旧備前国岡山藩家老
石川邦光	1878～83	華族	不許可	旧陸奥国仙台藩家老
伊達邦成	1878～83	華族	不許可	旧陸奥国仙台藩一門
留守景福	1878～83	華族	不許可	旧陸奥国仙台藩家老
伊達基寧	1878～83	華族	不許可	旧陸奥国仙台藩一門(登米・陸奥寺池領)
亘理胤正	1878～83	華族	不許可	旧陸奥国仙台藩家老
伊達邦直	1878～83	華族	不許可	旧陸奥国仙台藩一門
片倉景範	1878～83	華族	不許可	旧陸奥国仙台藩家老
茂庭敬元	1878～83	華族	不許可	旧陸奥国仙台藩家老
稲田邦衛(邦植カ)	1878～83	華族	不許可	旧阿波国徳島藩家老(洲本城代)
賀島政範	1878～83	華族	不許可	旧阿波国徳島藩家老
木俣畏三	1878～83	華族	不許可	旧近江国彦根藩家老
深尾益岐(重孝)	1878～83	華族	不許可	旧土佐国高知藩家老
林　忠弘	1878～83	華族	不許可	旧上総国請西藩主
平岡　琢	1878～83	華族	不許可	旧安房国船形藩主
明治12年(1879)				
若江範忠	1879. 8. 8	華族	不許可	旧伏見宮殿上人

人　名	年 月 日	請願内容	結　果	旧家格・主な職歴
明治12年(1879)				
半井広国	1879. 8. 8	華族	不許可	旧幕府典薬頭・中大夫
幸徳井某(保章カ)	1879. 8. 8	華族	不許可	旧地下官人(陰陽寮)
氷室某(泰長カ)	1879. 8. 8	華族	不許可	後醍醐天皇末裔
尊龍院隆興	1879. 8. 8	華族	不許可	後鳥羽上皇末裔(冷泉宮頼仁親王末裔)
西山氏寅	1879. 8. 8	華族	不許可	足利義昭末裔・熊本藩士
足利義孝	1879. 8. 8	華族	不許可	足利義稙末裔・平島公方家
広沢金次郎	1879.12	華族	79.12.27華族	広沢真臣遺児
毛利三郎(元純)	1879.12.19	華族	79.12.25華族	毛利元徳三男
明治13年(1880)				
中御門寛麿(経隆)	1880. 2.27	華族	80.3.11華族	中御門経之三男・海軍中尉
山田盛実	1880. 4.12	華族	不許可	長門国住吉神社大宮司
石河光晃	1880. 5. 1	華族	不許可	旧尾張国名古屋藩家老
横井時雄	1880. 6	華族	不許可	旧熊本藩士・横井時存(小楠)嗣子
勅任官及び十年以上奉職したる府知事・県令	1880. 9.17	一代華族 終身華族	不許可	
酒井忠績	1880.11. 4	終身華族	80.11.18終身華族	旧播磨国姫路藩主・酒井文子家厄介
酒井忠惇	1880.11. 4	終身華族	80.11.18終身華族	旧播磨国姫路藩主・酒井文子家厄介
楠木正成後裔	1880.11	華族	不許可	
西高辻信厳	1880.12.24	華族	不許可	元太宰府天満宮社務職・太宰府神社宮司兼大講義
明治14年(1881)				
楠木正成後裔	1881. 1.23	華族	不許可	
新田俊純	1881. 1.23	華族	不許可	旧交代寄合・旧中大夫・新田義貞末裔
千家尊福	1881. 3.22	華族・授爵(授爵案)	不許可	出雲大社神主
北島脩孝	1881. 3.22	華族・授爵(授爵案)	不許可	出雲大社神主
大谷光尊	1881. 3.22	華族・授爵(授爵案)	不許可	西本願寺門主
大谷光勝	1881. 3.22	華族・授爵(授爵案)	不許可	東本願寺門主
二条秀源	1881. 5.18	華族	不許可	越前国誠照寺住職・教部省権中教正
二条秀源	1881.11. 9	華族	不許可	越前国誠照寺住職・教部省権中教正
万里小路秀丸(正秀)	1881.12	華族	82.5.24華族	万里小路正房次男
座光寺盈太郎(為永)	1881	華族	不許可	旧交代寄合・中大夫
明治15年(1882)				
石河光煕	1882. 4. 1	華族	不許可	旧尾張国名古屋藩家老
二条秀源	1882.4.19	華族	不許可	越前国誠照寺住職
岡本保益 他	1882. 4	華族	不許可	旧上賀茂神社神主
万里小路秀丸(正秀)	1882. 5.14	華族	82.5.24華族	万里小路正房次男
西高辻信厳	1882. 6.12	華族	82.6.23華族	元太宰府天満宮社務職・太宰府神社宮司兼大講義
村山源蔵	1882.10. 2	華族	不許可	源頼仲末裔
久志本常幸	1882.10	華族	不許可	伊勢神宮外宮神主
細川興増	1882.11.20	華族	不許可	旧肥後国熊本藩一門
細川忠穀	1882.11.20	華族	不許可	旧肥後国熊本藩一門
鍋島直暠	1882.11.20	華族	不許可	旧肥前国佐賀藩一門
多久茂族	1882.11.20	華族	不許可	旧肥前国佐賀藩一門
諫早一学	1882.11.20	華族	不許可	旧肥前国佐賀藩一門
鍋島茂朝	1882.11.20	華族	不許可	旧肥前国佐賀藩一門
松木美彦	1882.12.18	華族	不許可	旧伊勢神宮内宮神主

人　名	年 月 日	請願内容	結　果	旧 家 格 ・ 主 な 職 歴
明治15-16年(1882-83)				
前田直行	1882～83	華族	不許可	旧加賀国金沢藩重臣(加賀八家)
本多政以	1882～83	華族	不許可	旧加賀国金沢藩重臣(加賀八家)
長　克連	1882～83	華族	不許可	旧加賀国金沢藩重臣(加賀八家)
横山隆平	1882～83	華族	不許可	旧加賀国金沢藩重臣(加賀八家)
前田　豊	1882～83	華族	不許可	旧加賀国金沢藩重臣(加賀八家)
奥村栄滋	1882～83	華族	不許可	旧加賀国金沢藩重臣(加賀八家)
村井恒(長在)	1882～83	華族	不許可	旧加賀国金沢藩重臣(加賀八家)
今枝紀一郎(直規)	1882～83	華族	不許可	旧加賀国金沢藩家老
奥村則友	1882～83	華族	不許可	旧加賀国金沢藩重臣(加賀八家)
横山政和	1882～83	華族	不許可	旧加賀国金沢藩家老
斯波　蕃	1882～83	華族	不許可	旧加賀国金沢藩家老
本多政好	1882～83	華族	不許可	旧加賀国金沢藩家老
島津珍彦	1882～83	華族	不許可	旧薩摩国鹿児島藩一門(重富島津家・御一門筆頭)
島津又八郎(久宝)	1882～83	華族	不許可	旧薩摩国鹿児島藩一門(加治木島津家)
島津又四郎(忠欽)	1882～83	華族	不許可	旧薩摩国鹿児島藩一門(今和泉島津家)
島津忠欽	1882～83	華族	不許可	旧薩摩国鹿児島藩一門
島津長丸	1882～83	華族	不許可	旧薩摩国鹿児島藩一門
島津久寛	1882～83	華族	不許可	旧薩摩国鹿児島藩一門
種子島時丸	1882～83	華族	不許可	旧薩摩国鹿児島藩家老
渡辺半蔵	1882～83	華族	不許可	旧尾張国名古屋藩家老
志水忠平	1882～83	華族	不許可	旧尾張国名古屋藩家老・第百三十四国立銀行頭取
三浦権五郎	1882～83	華族	不許可	旧紀伊国和歌山藩家老・南龍神社祠官
久野宗熙	1882～83	華族	不許可	旧紀伊国和歌山藩家老・宮内省准奏任御用掛
細川興増	1882～83	華族	不許可	旧肥後国熊本藩一門・権少教正
松井敏之	1882～83	華族	不許可	旧肥後国熊本藩家老・八代城代
米田虎雄	1882～83	華族	不許可	旧肥後国熊本藩家老・宮内省侍従長
有吉虎若	1882～83	華族	不許可	旧肥後国熊本藩家老
沢村　重	1882～83	華族	不許可	旧肥後国熊本藩家老
黒田一義	1882～83	華族	不許可	旧筑前国福岡藩家老
浅野哲吉	1882～83	華族	不許可	旧安芸国広島藩一門
上田亀次郎(安靖)	1882～83	華族	不許可	旧安芸国広島藩家老
浅野守夫	1882～83	華族	不許可	旧安芸国広島藩一門
毛利藤内(親信)	1882～83	華族	不許可	旧周防国山口藩一門(右田毛利家)
毛利元一	1882～83	華族	不許可	旧周防国山口藩一門(吉敷毛利家)
宍戸親基	1882～83	華族	不許可	旧周防国山口藩家老
益田精祥	1882～83	華族	不許可	旧周防国山口藩家老
福原俊丸	1882～83	華族	不許可	旧周防国山口藩家老
鍋島直暠	1882～83	華族	不許可	旧肥前国佐賀藩一門
神代直宝	1882～83	華族	不許可	旧肥前国佐賀藩家老
村田八介	1882～83	華族	不許可	旧肥前国佐賀藩家老
鍋島茂昌	1882～83	華族	不許可	旧肥前国佐賀藩家老
諫早一学	1882～83	華族	不許可	旧肥前国佐賀藩家老
多久茂族	1882～83	華族	不許可	旧肥前国佐賀藩家老
鍋島茂朝	1882～83	華族	不許可	旧肥前国佐賀藩一門
鍋島平五郎	1882～83	華族	不許可	旧肥前国佐賀藩一門
山野辺義礼	1882～83	華族	不許可	旧常陸国水戸藩家老
荒尾駒喜代	1882～83	華族	不許可	旧因幡国鳥取藩家老
荒尾光就	1882～83	華族	不許可	旧因幡国鳥取藩家老
藤堂高節	1882～83	華族	不許可	旧伊勢国津藩一門
伊木忠善	1882～83	華族	不許可	旧備前国岡山藩家老
池田政和	1882～83	華族	不許可	旧備前国岡山藩家老
池田長準	1882～83	華族	不許可	旧備前国岡山藩家老
日置安子	1882～83	華族	不許可	旧備前国岡山藩家老

人　名	年 月 日	請願内容	結　果	旧 家 格 ・ 主 な 職 歴
明治15-16年(1882-83)				
池田博愛	1882～83	華族	不許可	旧備前国岡山藩家老
土倉光三郎	1882～83	華族	不許可	旧備前国岡山藩家老
石川邦光	1882～83	華族	不許可	旧陸奥国仙台藩家老
伊達邦成	1882～83	華族	不許可	旧陸奥国仙台藩一門
留守景福	1882～83	華族	不許可	旧陸奥国仙台藩家老
伊達基寧	1882～83	華族	不許可	旧陸奥国仙台藩一門(登米・陸奥寺池領)
亘理胤正	1882～83	華族	不許可	旧陸奥国仙台藩家老
伊達邦直	1882～83	華族	不許可	旧陸奥国仙台藩一門
片倉景範	1882～83	華族	不許可	旧陸奥国仙台藩家老
茂庭敬元	1882～83	華族	不許可	旧陸奥国仙台藩家老
稲田邦衛(邦植カ)	1882～83	華族	不許可	旧阿波国徳島藩家老・洲本城代
賀島政範	1882～83	華族	不許可	旧阿波国徳島藩家老
木俣畏三	1882～83	華族	不許可	旧近江国彦根藩家老
深尾益岐(重孝)	1882～83	華族	不許可	旧土佐国高知藩家老
林　忠弘	1882～83	華族	不許可	旧上総国請西藩主(維新時、領地没収され、69.11.10士族編入)
平岡　琢	1882～83	華族	不許可	旧安房国船形藩主
明治16年(1883)				
旧藩万石以上家老	1883. 1.17	華族	不許可	
松木美彦 他	1883. 1.23	華族	83.2.21華族(松木美彦のみ)	旧伊勢神宮内宮神主
泉亭某(俊彦カ)	1883. 1.23	華族	不許可	鴨御祖神社神主
松木美彦	1883. 2.16	華族	不許可	旧伊勢神宮内宮神主
久志本常幸	1883. 2.16	華族	不許可	旧伊勢神宮外宮神主
足利義孝	1883. 2.28	華族	不許可	足利義稙末裔・平島公方家
毛利親詮	1883. 2	華族	不許可	旧周防国山口藩一門
毛利元美	1883. 2	華族	不許可	旧周防国山口藩一門
毛利倫亮	1883. 2	華族	不許可	旧周防国山口藩一門
村山源蔵	1883. 3. 5	華族	不許可	源頼仲末裔
旧藩万石以上家老	1883. 3. 7	華族	不許可	
生源寺希徳	1883. 4.17	華族	不許可	旧日吉神社神主
六位以上の官吏・旧非蔵人・一向宗の末寺等	1883. 5. 5	准貴族	不許可	
新田俊純	1883. 7. 4	華族	83.8.13華族	旧交代寄合・旧中大夫・新田義貞末裔
菊池武臣	1883. 7. 4	華族	83.8.13華族	旧交代寄合・旧中大夫・菊池則隆末裔
名和長恭	1883. 7. 4	華族	83.9.24華族	名和神社宮司・名和長年末裔
岩倉具徳	1883. 7.12	華族	83.7.13華族	岩倉具視孫
名和長恭	1883. 8.13	華族	83.9.24華族	名和神社宮司・名和長年末裔
久志本常幸	1883. 9. 9	華族	不許可	伊勢神宮外宮神主
甲斐荘正秀	1883.10.10	華族	不許可	旧旗本寄合席・旧下大夫
楠木正成後裔	1883.10.18	華族	不許可	楠木正成末裔
橘喜三郎	1883.10.27	華族	不許可	楠木正成末裔
楠木正成後裔	1883	華族	不許可	
楠　正己	1883.11. 8	華族	不許可	楠木正成末裔
生源寺希徳	1883	華族	不許可	旧日吉神社神主
明治17年(1884)				
菊池政五郎	1884. 2.18	華族	不許可	菊池武重末裔
南部行義	1884. 2.26	華族	不許可	南部師行末裔
寺川藤兵衛	1884. 3. 6	華族	不許可	楠木正成末裔
松井安芸	1884. 3.11	華族	不許可	藤原秀郷末裔
吉見資慎	1884. 3.29	華族	不許可	北野天満宮神主(元同社徳勝院)
松井関嶽斎	1884. 3.29	華族	不許可	藤原秀郷末裔

人　　名	年 月 日	請願内容	結　　果	旧 家 格 ・ 主 な 職 歴
明治17年(1884)				
若江範忠	1884. 5	華族	不許可	旧伏見宮殿上人・宮内省京都支庁殿掌
勅任官・旧高家・旧藩万石以上家老・旧加茂・旧日枝社々家	1884	准華族	不許可	
嵯峨実愛	1884. 7. 7	陞爵	不許可	旧堂上公家(大臣家)
菊池政五郎	1884.11. 8	華族・授爵	不許可	菊池武重末裔
吉見資鎮	1884.11.10	華族・授爵	不許可	北野天満宮神主(元同社徳勝院)
松井関嶽斎	1884.11.10	華族・授爵	不許可	藤原秀郷末裔
小野寺楼	1884.12.11	華族・授爵	不許可	小野妹子末裔
中西興譲 他	1884.12.22	華族・授爵	不許可	伊勢神宮外宮神主
千家尊福	1884	陞爵	不許可	出雲大社神主
泉亭俊彦	1884	華族・授爵	不許可	賀茂御祖神社神主
鴨脚秀文	1884	華族・授爵	不許可	賀茂御祖神社神主
梨木祐延	1884	華族・授爵	不許可	賀茂御祖神社神主
鳥居大路治平	1884	華族・授爵	不許可	賀茂別雷神社神主
松下径久	1884	華族・授爵	不許可	賀茂別雷神社神主
岡本保益	1884	華族・授爵	不許可	賀茂別雷神社神主
生源寺希徳	1884	華族・授爵	不許可	日吉神社神主
樹下成行	1884	華族・授爵	不許可	日吉神社神主
東　相愛	1884	華族・授爵	不許可	松尾大社神主
南　勝栄	1884	華族・授爵	不許可	松尾大社神主
辰市祐斐	1884	華族・授爵	不許可	春日大社神主
大東延慶	1884	華族・授爵	不許可	春日大社神主
中東時庸	1884	華族・授爵	不許可	春日大社神主
沢田泰綱	1884	華族・授爵	不許可	伊勢神宮内宮神主
中川経界	1884	華族・授爵	不許可	伊勢神宮内宮神主
薗田守胤	1884	華族・授爵	不許可	伊勢神宮内宮神主
田中有年	1884	華族・授爵	不許可	石清水八幡宮社務職
菊大路纓清	1884	華族・授爵	不許可	石清水八幡宮社務職
南　武胤	1884	華族・授爵	不許可	石清水八幡宮社務職
鹿島則文	1884	華族・授爵	不許可	鹿島神宮神主
大祝頼崇	1884	華族・授爵	不許可	信濃国諏訪大社神主
大西親真	1884	華族・授爵	不許可	山城国稲荷大社神主
羽倉信度	1884	華族・授爵	不許可	山城国稲荷大社神主
久志本常幸	1884	華族・授爵	不許可	伊勢神宮外宮神主
宮後朝昌	1884	華族・授爵	不許可	伊勢神宮外宮神主
香取保礼	1884	華族・授爵	不許可	香取神宮神主
明治18年(1885)				
中西興譲 他	1885. 1.27	華族・授爵	不許可	伊勢神宮外宮神主
佐田清兵衛	1885. 4.7	華族・授爵	不許可	新田義貞末裔
鯵坂元良	1885. 5.7	華族・授爵	不許可	新田義貞末裔
元老院議官・参事院議官、勅任官12年以上勤続者	1885. 5.16	一代華族	不許可	
菊池政五郎	1885. 5.20	華族・授爵	不許可	菊池武重末裔
佐田清兵衛	1885. 5.21	華族・授爵	不許可	新田義貞末裔
鯵坂元良	1885. 5.21	華族・授爵	不許可	新田義貞末裔
五条頼長	1885. 5.21	華族・授爵	不許可	五条頼元末裔
松平茂昭	1885. 5	陞爵	不許可	旧越前国福井藩主
半井栄吉	1885. 6. 2	華族・授爵	不許可	和気清麻呂末裔
佐田清兵衛	1885. 8.10	華族・授爵	不許可	新田義貞末裔
鯵坂元良	1885. 8.10	華族・授爵	不許可	新田義貞末裔
北畠清徳	1885. 9. 1	授爵	不許可	北畠顕家末裔

人　名	年 月 日	請願内容	結　果	旧家格・主な職歴
明治18年(1885)				
大谷光瑩	1885.10.25	授爵	不許可	東本願寺住職
菊池武及	1885.11	華族・授爵	不許可	菊池武重末裔
久志本常幸	1885.12.10	華族・授爵	不許可	伊勢神宮外宮神主
明治19年(1886)				
菊池武及	1886. 2. 6	華族・授爵	不許可	菊池武重末裔
菊池武及	1886. 2.18	華族・授爵	不許可	菊池武重末裔
座光寺盈太郎(為永)	1886. 3.20	華族・授爵	不許可	旧交代寄合・中大夫
菊池政五郎	1886. 4.16	華族・授爵	不許可	菊池武重末裔
藤島助順	1886. 4.28	華族・授爵	不許可	旧六位蔵人・宮内省京都支庁殿掌
細川常典	1886. 4.28	華族・授爵	不許可	旧六位蔵人・宮内省京都支庁殿掌
松平茂昭	1886. 6.16	陞爵	不許可	旧越前国福井藩主
小野寺楼	1886.11.17	華族・授爵	不許可	小野妹子末裔
千家尊福	1886.11.23	陞爵	不許可	出雲大社神主
北畠清徳	1886.12.23	華族・授爵	不許可	北畠顕家末裔
菊池政五郎	1886.12	華族・授爵	不許可	菊池武重末裔
玉乃　某	1886	華族・授爵	不許可	故玉乃世履遺族
明治20年(1887)				
赤土慶三	1887. 2. 3	華族・授爵	不許可	楠木正成末裔
亀井茲明	1887. 2	陞爵	不許可	旧石見国津和野藩主
伊丹重賢	1887. 5.27	華族・授爵	不許可	元老院議官
池田政和	1887. 7. 4	華族・授爵	不許可	旧備前国岡山藩家老
高橋久平	1887.10	華族・授爵	不許可	新羅三郎義光末裔
明治21年(1888)				
亀井茲明	1888. 2.15	陞爵	不許可	旧石見国津和野藩主
山階宮菊麿王	1888. 5.24	臣籍降下 華族・授爵	不許可	山階宮晃親王第1子(山階宮第2代)
久邇宮邦彦王	1888. 5.24	臣籍降下 華族・授爵	不許可	久邇宮朝彦親王第3子(久邇宮第2代)
梨本宮守正王	1888. 5.24	臣籍降下 華族・授爵	不許可	久邇宮朝彦親王第4子(梨本宮第2代)
柳　金麿	1888. 6.14	華族・授爵	不許可	足利尊氏末裔
高山守四郎	1888. 7.15	華族・授爵	不許可	高山彦九郎玄孫
酒井忠績	1888. 9.21	華族・授爵	89.5.11授爵	旧播磨国姫路藩主(終身華族)
酒井忠惇	1888. 9.21	華族・授爵	89.5.11授爵	旧播磨国姫路藩主(終身華族)
松平康民	1888. 9.28	陞爵	不許可	旧美作国津山藩主
松平　斉	1888. 9.28	華族・授爵	881.11.1授爵	松平康民(子爵)弟
浅野虎松(養長)	1889.10.20	華族・授爵	88.11.1授爵	浅野長勲(侯爵)弟
細川忠穀	1888.12.10	華族・授爵	不許可	旧肥後国熊本藩一門
細川興増	1888.12.10	華族・授爵	不許可	旧肥後国熊本藩一門
明治22年(1889)				
榊原政敬	1889. 1. 6	陞爵	不許可	旧越後国高田藩主
津軽楢麿	1889. 1.17	華族・授爵	89.1.29授爵	津軽承昭(伯爵)次男
島津珍彦	1889. 1.19	華族・授爵	89.3.2授爵	旧薩摩国鹿児島藩主一門・島津久光(公爵)次男
甲斐荘正秀	1889. 1.28	華族・授爵	不許可	旧旗本寄合席・旧下大夫・楠木正成末裔
久志本常幸	1889. 1.28	華族・授爵	不許可	旧伊勢神宮外宮神主
宮後朝昌	1889. 1.28	華族・授爵	不許可	旧伊勢神宮外宮神主
沢田幸一郎	1889. 1.28	華族・授爵	不許可	旧伊勢神宮内宮神主
世木親喜	1889. 1.28	華族・授爵	不許可	旧伊勢神宮内宮神主
松下径久	1889. 1.28	華族・授爵	不許可	旧賀茂別雷神社神主
岡本保益	1889. 1.28	華族・授爵	不許可	旧賀茂別雷神社神主
鳥居大路治平	1889. 1.28	華族・授爵	不許可	旧賀茂別雷神社神主
泉亭某(俊彦ヵ)	1889. 1.28	華族・授爵	不許可	旧賀茂御祖神社神主

人　名	年 月 日	請願内容	結　果	旧家格・主な職歴
明治22年(1889)				
梨木某(祐延カ)	1889. 1.28	華族・授爵	不許可	旧賀茂御祖神社神主
鴨脚某(秀文カ)	1889. 1.28	華族・授爵	不許可	旧賀茂御祖神社神主
生源寺希徳	1889. 1.28	華族・授爵	不許可	旧日吉神社神主
樹下某(成行カ)	1889. 1.28	華族・授爵	不許可	旧日吉神社神主
東某(相愛カ)	1889. 1.28	華族・授爵	不許可	旧松尾神社神主
南某(勝栄カ)	1889. 1.28	華族・授爵	不許可	旧松尾神社神主
鹿島則文	1889. 1.28	華族・授爵	不許可	旧鹿島神宮神主
香取保礼	1889. 1.28	華族・授爵	不許可	旧香取神宮神主
新田貞康	1889. 2. 3	華族・授爵	不許可	旧高家・旧中大夫・新田義貞末裔
松平康民	1889. 2. 8	陞爵	不許可	旧美作国津山藩主
山内豊積	1889. 2. 9	華族・授爵	89.3.2授爵	山内豊景(侯爵)大叔父
菊池政五郎	1889. 3.27	華族・授爵	不許可	菊池武重末裔
宮橋(慶光院)盈子	1898. 3.29	華族・授爵	不許可	旧慶光院住職
正親町董次郎(季董)	1889. 4.30	華族・授爵	89.5.6授爵	正親町公董(伯爵)次男
五条頼長	1889. 5.31	華族・授爵	不許可	五条頼元末裔
井田　譲	1889. 6.27	華族・授爵	89.11.23授爵	陸軍少将・元駐仏公使
河野敏鎌	1889. 7. 2	華族・授爵	不許可	元農商務・文部・司法・内務各大臣
西郷菊之助	1889. 7. 2	華族・授爵	不許可	西郷隆盛長男
井田　譲	1889. 7. 2	華族・授爵	89.11.23授爵	陸軍少将・元特命全権公使(フランス駐箚)
楠本正隆	1889. 7. 2	華族・授爵	不許可	元老院副議長
花房義質	1889. 7. 2	華族・授爵	不許可	農商務次官
山口尚芳	1889. 7. 2	華族・授爵	不許可	元老院議官
伊丹重賢	1889. 7. 2	華族・授爵	不許可	元老院議官
石田英吉	1889. 7. 2	華族・授爵	不許可	元老院議官
辻　維岳	1889. 7. 2	華族・授爵	不許可	元老院議官
藤村紫朗	1889. 7. 2	華族・授爵	不許可	愛媛県知事
山田信道	1889. 7. 2	華族・授爵	不許可	大阪府知事
桂　太郎	1889. 7. 2	華族・授爵	不許可	陸軍次官兼法官部長・陸軍少将
岩村高俊	1889. 7. 2	華族・授爵	不許可	石川県知事
北垣国道	1889. 7. 2	華族・授爵	不許可	京都府知事
三宮義胤	1889. 7. 2	華族・授爵	不許可	宮内省式部次長
船越　衛	1889. 7. 2	華族・授爵	不許可	元老院議官
山内豊尹	1889. 7. 3	陞爵	不許可	山内豊範(侯爵)兄
島津忠亮	1889. 7. 3	陞爵	不許可	旧日向国佐土原藩主
大村純雄	1889. 7. 3	陞爵	不許可	旧肥前国大村藩主
真田幸民	1889. 7. 3	陞爵	不許可	旧信濃国松代藩主
亀井茲明	1889. 7. 3	陞爵	不許可	旧石見国津和野藩主
壬生基修	1889. 7. 3	陞爵	不許可	旧堂上公家(羽林家)
沢　宣量	1889. 7. 3	陞爵	不許可	旧堂上公家(半家)
伊達宗徳	1889. 7. 3	陞爵	不許可	旧伊与国宇和島藩主
四条隆謌	1889. 7. 3	陞爵	不許可	旧堂上公家(羽林家)
柳原前光	1889. 7. 3	陞爵	不許可	旧堂上公家(名家)
山田盛実	1889. 8.20	華族・授爵	不許可	長門国住吉神社大宮司
林　忠弘	1889. 9.11	華族・授爵	不許可	旧上総国請西藩主(維新時、領地没収され、69.11.10士族編入)
松前隆広	1889. 9.24	華族・授爵	89.10.16授爵	松前修広(子爵)養叔父
佐竹義脩	1889. 9.24	華族・授爵	89.10.16授爵	佐竹義理(子爵)弟・陸軍歩兵大尉
林　忠弘	1889.10.14	華族・授爵	不許可	旧上総国請西藩主(維新時、領地没収され、69.11.10士族編入)
山田盛実	1889.10.15	華族・授爵	不許可	長門国住吉神社大宮司
菊池武及	1889.10.23	華族・授爵	不許可	菊池武重末裔

人　名	年 月 日	請願内容	結　果	旧家格・主な職歴
明治22年(1889)				
座光寺盈太郎(為永)	1889. 11. 25	華族・授爵	不許可	旧交代寄合・旧中大夫
九条忠善	1889. 12. 9	華族・授爵	89. 12. 18授爵	九条道孝(公爵)大叔父・元判事
藤波亮麿	1889. 12. 20	華族・授爵	不許可	旧伊勢神宮内宮神主
藤波名彦	1889. 12. 27	華族・授爵	不許可	旧伊勢神宮内宮神主
大谷光尊	1889. 12	授爵	不許可	西本願寺住職
大谷光瑩	1889. 12	授爵	不許可	東本願寺住職
常磐井堯熙	1889. 12	授爵	不許可	専修寺住職
華園沢称	1889. 12	授爵	不許可	興正寺住職
木辺淳慈	1889. 12	授爵	不許可	錦織寺住職
渋谷隆教	1889. 12	授爵	不許可	仏光寺住職
伊江朝永	1889. 12	授爵	90. 3. 27授爵	旧琉球王尚家分家
今帰仁朝敷	1889. 12	授爵	90. 3. 27授爵	旧琉球王尚家分家
細川常典	1889	華族・授爵	不許可	旧六位蔵人・宮内省京都支庁殿掌
明治23年(1890)				
常磐井堯熙	1890. 1. 4	授爵	不許可	専修寺住職
渋谷隆教	1890. 2. 5	授爵	不許可	仏光寺住職
宗　重正	1890. 2. 23	陞爵	不許可	旧対馬国厳原藩主
渋谷隆教	1890. 2. 28	授爵	不許可	仏光寺住職
三条公輝	1890. 3. 12	華族・授爵	91. 2. 19授爵	三条実美次男
河野敏鎌	1890. 3. 21	華族・授爵	不許可	元農商務・文部・司法・内務各大臣
伊丹重賢	1890. 3. 21	華族・授爵	不許可	元老院議官
石田英吉	1890. 3. 21	華族・授爵	不許可	千葉県知事
辻　維岳	1890. 3. 21	華族・授爵	90. 6. 27授爵	元老院議官
北垣国道	1890. 3. 21	華族・授爵	不許可	京都府知事
桂　太郎	1890. 3. 21	華族・授爵	不許可	陸軍次官兼法官部長
船越　衛	1890. 3. 21	華族・授爵	不許可	元老院議官
藤村紫朗	1890. 3. 21	華族・授爵	不許可	愛媛県知事
山田信道	1890. 3. 21	華族・授爵	不許可	大阪府知事
三宮義胤	1890. 3. 21	華族・授爵	不許可	宮内省式部次長
中島錫胤	1890. 3. 21	華族・授爵	不許可	山梨県知事
岩村高俊	1890. 3. 21	華族・授爵	不許可	石川県知事
花房義質	1890. 3. 21	華族・授爵	不許可	宮中顧問官
山口尚芳	1890. 3. 21	華族・授爵	不許可	元老院議官・高等法院陪席裁判官
楠本正隆	1890. 3. 21	華族・授爵	不許可	元老院副議長
岩村通俊	1890. 3. 21	華族・授爵	不許可	元老院議官
元田永孚	1890. 3. 21	華族・授爵	不許可	枢密顧問官
西郷寅太郎	1890. 3. 21	華族・授爵	不許可	西郷隆盛長男
小松清直	1890. 3. 21	華族・授爵	不許可	小松清廉(帯刀)長男
稲田邦植	1890. 3. 21	華族・授爵	不許可	旧徳島藩家老・洲本城代
北畠治房	1890. 3. 21	華族・授爵	不許可	判事・大審院評定官
野村素介	1890. 3. 21	華族・授爵	不許可	元老院議官
野村維章	1890. 3. 21	華族・授爵	不許可	判事・函館控訴院々長
長松　幹	1890. 3. 21	華族・授爵	不許可	元老院議官・高等法院予備裁判官
南部甕男	1890. 3. 21	華族・授爵	不許可	判事・大審院民事第一局長
尾崎忠治	1890. 3. 21	華族・授爵	不許可	判事・高等法院裁判長
堀江芳介	1890. 3. 21	華族・授爵	不許可	元老院議官・予備役陸軍少将
尾崎三良	1890. 3. 21	華族・授爵	不許可	元老院議官・高等法院陪席裁判官
小畑美稲	1890. 3. 21	華族・授爵	不許可	元老院議官・高等法院陪席裁判官
藤井希璞	1890. 3. 21	華族・授爵	不許可	元老院議官
芳川顕正	1890. 3. 21	華族・授爵	不許可	内務次官
米田虎雄	1890. 3. 21	華族・授爵	不許可	宮内省侍従(元侍従長)・陸軍歩兵中佐
沖　守固	1890. 3. 21	華族・授爵	不許可	元老院議官

人　名	年 月 日	請願内容	結　果	旧家格・主な職歴
明治23年(1890)				
林　清康	1890. 3.21	華族・授爵	不許可	海軍少将・海軍将官会議幹事
佐藤与三	1890. 3.21	華族・授爵	不許可	群馬県知事
井上　毅	1890. 3.21	華族・授爵	不許可	法制局長官
富岡敬明	1890. 3.21	華族・授爵	不許可	熊本県知事
藤波亮麿	1890. 3.25	華族・授爵	許可後、取消	旧伊勢神宮内宮神主
山田盛実	1889. 4. 9	華族・授爵	不許可	長門国住吉神社大宮司
藤波亮麿	1890. 5. 8	華族・授爵	不許可(取消)	旧伊勢神宮内宮神主
細川常典	1890. 5. 9	華族・授爵	不許可	旧六位蔵人・宮内省京都支庁殿掌
種子島守時	1890. 5.10	華族・授爵	不許可	旧薩摩国鹿児島藩家老
大隈重信	1890. 5.23	陞爵	不許可	元外務大臣
伊達邦成	1890. 6. 2	華族・授爵	不許可	旧陸奥国仙台藩主伊達家一門
伊達邦直	1890. 6. 2	華族・授爵	不許可	旧陸奥国仙台藩主伊達家家老
北畠清徳	1890. 6.25	華族・授爵	不許可	北畠親房末裔・長覚寺住職
吉見資鎮	1890. 6.25	華族・授爵	不許可	北野天満宮神主(元同社徳勝院)
松井関嶽斎	1890. 6.25	華族・授爵	不許可	藤原秀郷末裔
小野寺楼	1890. 6.25	華族・授爵	不許可	小野妹子末裔
山田盛実	1890. 6.25	華族・授爵	不許可	旧長門国住吉神社大宮司
菊池政五郎	1890. 6.25	華族・授爵	不許可	菊池武時末裔
菊池武及	1890. 6.25	華族・授爵	不許可	菊池武時末裔
中西興譲 他	1890. 6.25	華族・授爵	不許可	伊勢神宮外宮神主
村山源蔵	1890. 6.25	華族・授爵	不許可	源頼仲末裔
佐田清兵衛	1890. 6.25	華族・授爵	不許可	新田義貞末裔
鯵坂元良	1890. 6.25	華族・授爵	不許可	新田義貞末裔
五条頼長	1890. 6.25	華族・授爵	不許可	五条頼元末裔
高橋久平	1890. 6.25	華族・授爵	不許可	新羅三郎義光末裔
沢田幸一郎(泰圀)	1890. 7. 1	華族・授爵	90.8.27授爵	旧伊勢神宮内宮神主
佐八定潔	1890. 7. 1	華族・授爵	不許可	旧伊勢神宮内宮神主
藤波亮麿	1890. 7. 1	華族・授爵	不許可	旧伊勢神宮内宮神主
藤波名彦	1890. 7. 1	華族・授爵	不許可	旧伊勢神宮内宮神主
中川経界	1890. 7. 1	華族・授爵	不許可	旧伊勢神宮内宮神主
世木親喜	1890. 7. 1	華族・授爵	不許可	旧伊勢神宮内宮神主
薗田守胤	1890. 7. 1	華族・授爵	不許可	旧伊勢神宮内宮神主
薗田守憲	1890. 7. 1	華族・授爵	不許可	旧伊勢神宮内宮神主
薗田守宣	1890. 7. 1	華族・授爵	不許可	旧伊勢神宮内宮神主
井面守存	1890. 7. 1	華族・授爵	不許可	旧伊勢神宮内宮神主
井面守純	1890. 7. 1	華族・授爵	不許可	旧伊勢神宮内宮神主
座光寺盈太郎(為永)	1890. 7.29	華族・授爵	不許可	旧交代寄合・旧中大夫
久志本常幸	1890. 8.25	華族・授爵	不許可	旧伊勢神宮外宮神主
宮橋(慶光院)盈子	1890. 9	華族	不許可	旧慶光院住職
松浦　靖	1890.12. 3	華族・授爵	90.12.26授爵	旧肥前国平戸新田藩主・松浦詮(伯爵)次男
尚　寅	1890.12. 4	華族・授爵	不許可	尚寅(侯爵)次男
尚　順	1890.12. 4	華族・授爵	不許可	尚寅(侯爵)四男
町田久成	1890.12	華族・授爵	不許可	元元老院議官
島津久家	1890.12	華族・授爵	不許可	旧薩摩国鹿児島藩一門
楠本正隆	1890	華族・授爵	不許可	衆議院議員・錦鶏間祗候
松平康民	1890	陞爵	不許可	旧美作国津山藩主
明治23-24年(1890-91)				
旧伊勢神宮内宮・外宮神主	1890～91	華族・授爵	不許可	
松下清岑	1890～91	華族・授爵	不許可	旧賀茂別雷神社神主
泉亭某(俊彦カ)	1890～91	華族・授爵	不許可	旧賀茂御祖神社神主
梨木某(祐延カ)	1890～91	華族・授爵	不許可	旧賀茂御祖神社神主

人　　名	年 月 日	請願内容	結　　果	旧 家 格 ・ 主 な 職 歴
明治23-24年(1890-91)				
鴨脚某(秀文ヵ)	1890～91	華族・授爵	不許可	旧賀茂御祖神社神主
生源寺某(希徳ヵ)	1890～91	華族・授爵	不許可	旧日吉神社神主
樹下某(成行ヵ)	1890～91	華族・授爵	不許可	旧日吉神社神主
東某(相愛ヵ)	1890～91	華族・授爵	不許可	旧松尾神社神主
南某(勝栄ヵ)	1890～91	華族・授爵	不許可	旧松尾神社神主
鹿島則文	1890～91	華族・授爵	不許可	旧鹿島神宮神主
香取某(保礼ヵ)	1890～91	華族・授爵	不許可	旧香取神宮神主
田中俊清	1890～91	華族・授爵	不許可	旧石清水八幡宮社務職
菊大路某(纓清ヵ)	1890～91	華族・授爵	不許可	旧石清水八幡宮社務職
守矢実久	1890～91	華族・授爵	不許可	旧諏訪神社神長官職
中里武太郎	1890～91	華族・授爵	不許可	旧二荒山神社神主
祝　　某	1890～91	華族・授爵	不許可	宇佐八幡宮祝職
一見文助	1890～91	華族・授爵	不許可	不明
明治24年(1891)				
松前修広	1891. 1	陞爵	不許可	旧渡島国松前藩主
松平康民	1891. 3.18	陞爵	不許可	旧美作国津山藩主
高松某(実村ヵ)	1891. 3.24	華族・授爵(陞爵の誤ヵ)	不許可	不明(旧堂上公家・羽林家ヵ)
沢　宣量	1891. 3.24	陞爵	91.4.23陞爵	旧堂上公家(半家)
錦小路某	1891. 3.24	陞爵(現、無爵)	不許可	旧堂上公家(半家)
旧藩万石以上家老	1891. 4.24	華族・授爵	不許可	
伊達邦成	1891. 4.25	華族・授爵	不許可	旧陸奥国仙台藩主伊達家一門
伊達正人	1891. 4.25	華族・授爵	不許可	旧陸奥国仙台藩主伊達家家老
長　克連	1891. 5.27	華族・授爵	不許可	旧加賀国金沢藩重臣(加賀八家)
戸田忠義	1891. 5.31	陞爵	不許可	旧下野国高徳藩主(70下総国曽我野へ移る)
秋元興朝	1891. 5.31	陞爵	不許可	旧上野国館林藩主
西三条公允	1891. 6.19	陞爵	不許可	旧堂上公家(大臣家)
池田政和	1891.10.16	華族・授爵	91.12.28授爵	旧備前国岡山藩家老
宮橋(慶光院)盈子	1891.12.12	華族・授爵	不許可	旧慶光院住職
榊原政敬	1891.12.28	陞爵	不許可	旧越後国高田藩主
島津久家	1891.12	華族・授爵	91.12.28授爵	旧薩摩国鹿児島藩一門
宗　重正	1891	陞爵	不許可	旧対馬国厳原藩主
明治24-25年(1891-92)				
松井敏之	1891～92	華族・授爵	92.10.15授爵	旧肥後国熊本藩家老・八代城代
明治25年(1892)				
楠本正隆	1892. 2.20	華族・授爵	不許可	衆議院議員
毛利五郎	1892. 3. 8	華族・授爵	92.5.3.16授爵	毛利元徳(公爵)五男
徳川武定	1892. 4.16	華族・授爵	92.5.3授爵	徳川篤敬(侯爵)養弟
松井敏之	1892. 5. 3	華族・授爵	92.10.15授爵	旧肥後国熊本藩家老・八代城代
伊達邦成	1892. 5.24	華族・授爵	92.10.15授爵	旧陸奥国仙台藩主伊達家一門
伊達正人	1892. 5.24	華族・授爵	92.10.15授爵	旧陸奥国仙台藩主伊達家家老
伊達経丸(宗倫)	1892. 5	華族・授爵	92.5.30授爵	伊達宗徳(侯爵)養弟
榊原政敬	1892. 5	陞爵	不許可	旧越後国高田藩主
林　忠弘	1892. 5	華族・授爵	不許可	旧上総国請西藩主(維新時、領地没収され、69.11.10士族編入)
米田虎雄	1892. 5	華族・授爵	92.10.15授爵	宮内省侍従(元侍従長)・陸軍歩兵中佐・旧肥後国熊本藩家老
五条頼定	1892. 6. 7	華族・授爵	不許可	五条頼元末裔
小笠原元太郎	1892. 6.15	華族・授爵	不許可	旧旗本
伊達邦成	1892. 6. 4	華族・授爵	92.10.15授爵	旧陸奥国仙台藩主伊達家一門
伊達正人	1892. 6. 4	華族・授爵	92.10.15授爵	旧陸奥国仙台藩主伊達家家老
松井敏之	1892. 7.20	華族・授爵	92.10.15授爵	旧肥後国熊本藩家老・八代城代

人　　名	年 月 日	請願内容	結　　果	旧 家 格 ・ 主 な 職 歴
明治25年(1892)				
藤堂高紹	1892. 1	陞爵	不許可	旧伊勢国津藩主
織田信義	1892. 11. 14	華族・授爵	不許可	織田信孝末裔・元地下官人カ・地主神社神主
柳沢保恵	1892. 12. 7	華族・授爵	不許可	柳沢保申(伯爵)養嗣子
浅野　忠	1892. 12. 10	華族・授爵	不許可	旧安芸国広島藩一門
和気清麻呂末裔	1892. 12. 20	華族・授爵	不許可	
新田観光	1892	華族・授爵	不許可	旧高家・旧中大夫・新田貞靖女・新田義貞末裔
明治26年(1893)				
伊達宗基	1893. 2. 9	陞爵	不許可	旧陸奥国仙台藩主
島津富次郎(忠備)	1893. 2. 23	華族・授爵	93. 3. 7授爵	島津忠義(公爵)五男
楠木正成後裔	1893. 3. 24	華族・授爵	不許可	
荒川　篤	1893. 3. 27	華族・授爵	不許可	山田重忠末裔
佐々木某	1893. 3. 28	華族・授爵	不許可	楠木正成末裔
小杉多門	1893. 3. 28	華族・授爵	不許可	旧古河藩士
河野敏鎌	1893. 3. 30	華族・授爵	93. 10. 30授爵	元農商務・文部・司法・内務各大臣
楠　正基	1893. 3	華族・授爵	不許可	楠木正成末裔
守矢実久	1893. 5. 4	華族・授爵	不許可	旧諏訪神社神長官職
伊達基寧	1893. 5. 19	華族・授爵	不許可	旧陸奥国仙台藩一門(登米・陸奥寺池領)
田中俊清	1893. 5. 30	華族・授爵	不許可	旧石清水八幡宮社務職
菊大路纓清	1893. 5. 30	華族・授爵	不許可	旧石清水八幡宮社務職
林　忠弘	1893. 5	華族・授爵	93. 10. 30授爵	旧上総国請西藩主(維新時、領地没収され、69. 11. 10士族編入)
林　忠弘	1893. 7. 10	華族・授爵	93. 10. 30授爵	旧上総国請西藩主(維新時、領地没収され、69. 11. 10士族編入)
横井時雄	1893. 7. 25	華族・授爵	不許可	旧熊本藩士・横井時存(小楠)嗣子
薩摩出身の陸海軍将官	1893. 7. 27	華族・授爵	不許可	
林　忠弘	1893. 9. 2	華族・授爵	93. 10. 30授爵	旧上総国請西藩主(維新時、領地没収され、69. 11. 10士族編入)
内田政風	1893. 9. 14	華族・授爵	不許可	元石川県令・島津公爵家々令
山口尚芳	1893. 9. 30	華族・授爵	不許可	貴族院勅選議員
津田　出	1893. 9. 30	華族・授爵	不許可	予備役陸軍少将・貴族院勅選議員・錦鶏間祗候
津田真道	1893. 9. 30	華族・授爵	不許可	元衆議院副議長
楠本正隆	1893. 9. 30	華族・授爵	不許可	元衆議院議長
細川潤次郎	1893. 9. 30	華族・授爵	不許可	貴族院副議長
伊丹重賢	1893. 9. 30	華族・授爵	不許可	貴族院勅選議員
神田孝平	1893. 9. 30	華族・授爵	不許可	貴族院勅選議員
福原　実	1893. 9. 30	華族・授爵	不許可	予備役陸軍少将・貴族院勅選議員
野村素介	1893. 9. 30	華族・授爵	不許可	貴族院勅選議員
三浦　安	1893. 9. 30	華族・授爵	不許可	宮中顧問官・貴族院勅選議員・錦鶏間祗候
平岡通義	1893. 9. 30	華族・授爵	不許可	錦鶏間祗候
安藤則命	1893. 9. 30	華族・授爵	不許可	貴族院勅選議員・錦鶏間祗候
河野敏鎌	1893. 10. 25	華族・授爵	93. 10. 30授爵	元農商務・文部・司法・内務各大臣
横井時雄	1893. 10. 26	華族・授爵	不許可	旧熊本藩士・横井時存(小楠)嗣子
元非職元老院議官	1893. 10. 31	華族・授爵	不許可	
鍋島己巳五郎(直明)	1893. 11. 6	華族・授爵	不許可	元肥前国佐賀藩一門
鍋島茂昌	1893. 11. 6	華族・授爵	不許可	元肥前国佐賀藩一門
多久乾一郎	1893. 11. 6	華族・授爵	不許可	元肥前国佐賀藩一門・宮内省式部官
諫早一学	1893. 11. 6	華族・授爵	不許可	元肥前国佐賀藩一門
村上義信	1893. 11	華族・授爵	不許可	村上義光末裔
稲田邦稙	1893	華族・授爵	不許可	旧阿波国徳島藩家老・洲本城代
細川忠穀	1893	華族・授爵	不許可	旧肥後国熊本藩一門
細川興増	1893	華族・授爵	不許可	旧肥後国熊本藩一門

人　名	年月日	請願内容	結　果	旧家格・主な職歴
明治26年(1893)				
諫早一学	1893	華族・授爵	不許可	元肥前国佐賀藩一門
鍋島茂昌	1893	華族・授爵	不許可	元肥前国佐賀藩一門
明治27年(1894)				
藤堂高紹	1894. 1.21	陞爵	不許可	旧伊勢国津藩主
松平康民	1894. 1.21	陞爵	不許可	旧美作国津山藩主
柳原　某	1894. 1.21	陞爵	不許可	不明
伊丹重賢	1894. 1.21	華族・授爵	不許可	旧青蓮院宮門跡侍・貴族院勅選議員・錦鶏間祗候
多久乾一郎	1894. 2. 8	華族・授爵	不許可	宮内省式部官・旧肥前国佐賀藩家老
西郷菊次郎	1894. 2.11	華族・授爵	不許可	西郷隆盛庶長子
陸奥宗光	1894. 2.11	華族・授爵	94.8.29授爵	外務大臣
芳川顕正	1894. 2.11	華族・授爵	不許可	司法大臣
渡辺国武	1894. 2.11	華族・授爵	不許可	大蔵大臣
楠本正隆	1894. 2.11	華族・授爵	不許可	衆議院議長
山口尚芳	1894. 2.11	華族・授爵	不許可	貴族院勅選議員
山内豊景	1894. 2.11	陞爵	不許可	旧土佐国高知藩主・貴族院侯爵議員
伊藤博文	1894. 2.11	陞爵	不許可	内閣総理大臣・法典調査会総裁
山県有朋	1894. 2.11	陞爵	不許可	枢密院議長・陸軍大将
黒田清隆	1894. 2.11	陞爵	不許可	逓信大臣
半井広国	1894. 2.12	華族・授爵	不許可	和気清麻呂末裔・旧幕府典薬頭
成田金吾	1894. 2.15	華族・授爵	不許可	成田長泰末裔
横井時雄	1894. 2.20	華族・授爵	不許可	旧熊本藩士・横井時存(小楠)嗣子
久志本常幸	1894. 2.28	華族・授爵	不許可	元伊勢神宮外宮神主
伊達宗基	1894. 3. 1	陞爵	不許可	旧陸奥国仙台藩主
伊達基寧	1894. 3. 1	華族・授爵	不許可	旧陸奥国仙台藩一門
琴陵光熙	1894. 3. 2	華族・授爵	不許可	旧金毘羅大権現別当住職・金毘羅宮々司
稲田邦植	1894. 3.22	華族・授爵	不許可	旧阿波国徳島藩家老・洲本城代
横井時雄	1894. 4.5	華族・授爵	不許可	横井時存(小楠)嗣子
山口尚芳	1894. 5.16	華族・授爵	不許可	貴族院勅選議員・錦鶏間祗候
市田与左衛門	1894. 7	華族・授爵	不許可	楠木正成末裔
市田弥太郎	1894. 9	華族・授爵	不許可	楠木正成末裔
井上　毅	1894.12.27	華族・授爵	95.1.7授爵	元文部大臣
明治27-28年(1894-95)				
半井某(栄吉・広国カ)	1894～95	華族・授爵	不許可	和気清麻呂末裔・旧幕府典薬頭
座光寺盈太郎(為永)	1894～95	華族・授爵	不許可	旧交代寄合・旧中大夫
明治28年(1895)				
水谷川忠起	1895. 3.13	陞爵	不許可	元興福寺一乗院門跡・春日神社宮司
沢　宣元	1895. 5. 16	華族・授爵	95.5.27叙爵	沢宣量(旧堂上公家・半家)伯爵弟
成田金吾	1895. 6.28	華族・授爵	不許可	成田長泰末裔
山県有朋	1895. 7.18	陞爵	95.8.5陞爵	陸軍大将・元第一軍司令官
大山　巌	1895. 7.18	陞爵	95.8.5陞爵	陸軍大将・陸軍大臣
西郷従道	1895. 7.18	陞爵	95.8.5陞爵	海軍大将・海軍大臣
野津道貫	1895. 7.18	陞爵	95.8.5陞爵	陸軍大将・元第一軍司令官
樺山資紀	1895. 7.18	陞爵	95.8.5陞爵	海軍大将・台湾総督
川上操六	1895. 7.18	陞爵	95.8.5陞爵	陸軍中将・参謀本部次長
伊東祐亨	1895. 7.18	陞爵	95.8.5陞爵	海軍中将・海軍軍令部長
伊藤博文	1895. 7.18	陞爵	95.8.5陞爵	内閣総理大臣
山県有朋	1895. 8.13	陞爵	95.8.5陞爵	陸軍大将
原　敬	1895. 8.20	華族・授爵	辞退	外務次官
西徳二郎	1895. 8.20	華族・授爵	95.8.20授爵	特命全権公使(ロシア駐劄、スウェーデン・ノルウェー駐劄兼任)
林　董	1895. 8.20	華族・授爵	95.10.30授爵	特命全権公使(清国駐劄)

人 名	年 月 日	請願内容	結 果	旧 家 格 ・ 主 な 職 歴
明治28年(1895)				
島津諄之介(忠弘)	1895. 8. 24	華族・授爵	95. 9. 26授爵	島津忠義(公爵)六男
南部行義	1895. 10.	華族・授爵	不許可	南部師行末裔
細川興増	1895. 10.	華族・授爵	不許可	旧肥後国熊本藩一門
細川興増	1895. 11. 16	華族・授爵	不許可	旧肥後国熊本藩一門
清棲家教	1895. 12. 20	陞爵	不許可	伏見宮邦家親王第12子・貴族院伯爵互選議員
明治29年(1896)				
二条秀源	1896. 1. 22	華族・授爵	不許可	越前国誠照寺住職
九鬼隆一	1896. 2. 25	華族・授爵	96. 6. 5授爵	枢密顧問官・帝国博物館総長
岡本兵四郎	1896. 4. 4	華族・授爵	不許可	陸軍少将・留守第二師団長事務取扱
細川興増	1896. 4. 29	華族・授爵	不許可	旧肥後国熊本藩一門
甲斐荘正秀	1896. 5. 5	華族・授爵	不許可	旧旗本寄合席・元下大夫・楠木正成末裔
平井庄太郎	1896. 5. 5	華族・授爵	不許可	楠木正成末裔
小原大衛	1896. 5. 5	華族・授爵	不許可	楠木正成末裔
楠 正暹	1896. 5. 5	華族・授爵	不許可	楠木正成末裔
岩井正安	1896. 5. 5	華族・授爵	不許可	楠木正成末裔
楠瀬六郎	1896. 5. 5	華族・授爵	不許可	楠木正成末裔
楠瀬玄仙	1896. 5. 5	華族・授爵	不許可	楠木正成末裔
勝賀瀬重信	1896. 5. 5	華族・授爵	不許可	楠木正成末裔
稲野仙菴	1896. 5. 5	華族・授爵	不許可	楠木正成末裔
樫本荘兵衛	1896. 5. 5	華族・授爵	不許可	楠木正成末裔
岡 逸平	1896. 5. 5	華族・授爵	不許可	楠木正成末裔
中村権左衛門	1896. 5. 5	華族・授爵	不許可	楠木正成末裔
芋川 某	1896. 5. 5	華族・授爵	不許可	楠木正成末裔
楠 正基	1896. 5. 5	華族・授爵	不許可	楠木正成末裔
井内権之丞	1896. 5. 5	華族・授爵	不許可	楠木正成末裔
楠三郎右衛門	1896. 5. 5	華族・授爵	不許可	楠木正成末裔
市田長重郎	1896. 5. 5	華族・授爵	不許可	楠木正成末裔
関 唯男	1896. 5. 5	華族・授爵	不許可	楠木正成末裔
池田顯従	1896. 5. 5	華族・授爵	不許可	楠木正成末裔
池田又三郎	1896. 5. 5	華族・授爵	不許可	楠木正成末裔
上田信敏	1896. 5. 5	華族・授爵	不許可	楠木正成末裔
真田幸世	1896. 5. 29	華族・授爵	96. 6. 30授爵	真田幸民(伯爵)弟
大谷光尊	1896. 5	授爵	96. 6. 9授爵	東本願寺住職
大谷光瑩	1896. 5	授爵	96. 6. 9授爵	西本願寺住職
常磐井堯煕	1896. 5	授爵	96. 6. 9授爵	専修寺住職
華園沢称	1896. 5	授爵	96. 6. 9授爵	興正寺住職
渋谷隆教	1896. 5	授爵	96. 6. 9授爵	佛光寺住職
木辺淳慈(正しくは孝慈)	1896. 5	授爵	96. 6. 9授爵	錦織寺住職
稲田邦植	1896. 5	華族・授爵	96. 6. 9授爵	旧阿波国徳島藩家老・洲本城代
小松帯刀	1896. 5	華族・授爵	96. 6. 9授爵	故小松帯刀(清廉)孫
芳川顕正	1896. 5	華族・授爵	96. 6. 6. 5授爵	司法大臣
岩村通俊	1896. 5	華族・授爵	96. 6. 5授爵	貴族院勅選議員
九鬼隆一	1896. 5	華族・授爵	96. 6. 5授爵	枢密顧問官・帝国博物館総長
尾崎三良	1896. 5	華族・授爵	96. 6. 5授爵	貴族院勅選議員
伊丹重賢	1896. 5	華族・授爵	96. 6. 5授爵	貴族院勅選議員・錦鶏間祗候
楠本正隆	1896. 5	華族・授爵	96. 6. 5授爵	衆議院議員・衆議院議長
花房義質	1896. 5	華族・授爵	96. 6. 5授爵	帝室会計審査局長・閑院宮別当
中島錫胤	1896. 5	華族・授爵	96. 6. 5授爵	元山梨県知事
小畑美稲	1896. 5	華族・授爵	96. 6. 5授爵	貴族院勅選議員
林 清康	1896. 5	華族・授爵	96. 6. 5授爵	予備役海軍中将
石田英吉	1896. 5	華族・授爵	96. 6. 5授爵	高知県知事
安場保和	1896. 5	華族・授爵	96. 6. 5授爵	貴族院勅選議員

人　名	年月日	請願内容	結　果	旧家格・主な職歴
明治29年(1896)				
南部甕男	1896. 5	華族・授爵	96.6.5授爵	判事・東京控訴院々長
北畠治房	1896. 5	華族・授爵	96.6.5授爵	判事・大阪控訴院々長
岩村高俊	1896. 5	華族・授爵	96.6.5授爵	貴族院勅選議員
北垣国道	1896. 5	華族・授爵	96.6.5授爵	拓殖務次官
山田信道	1896. 5	華族・授爵	96.6.5授爵	京都府知事
船越　衛	1896. 5	華族・授爵	96.6.5授爵	貴族院勅選議員・宮中顧問官
三宮義胤	1896. 5	華族・授爵	96.6.5授爵	宮内省式部長
有地品之丞	1896. 5	華族・授爵	96.6.5授爵	予備役海軍中将
山口正定	1896. 5	華族・授爵	96.6.5授爵	宮内省主殿頭・主猟局長・予備役海軍大佐
中島信行	1896. 5	華族・授爵	96.6.5授爵	貴族院勅選議員・特命全権公使(待命中)
長松　幹	1896. 5	華族・授爵	96.6.5授爵	貴族院勅選議員・錦鶏間祗候
木梨精一郎	1896. 5	華族・授爵	96.6.5授爵	貴族院勅選議員・錦鶏間祗候
寺島秋介	1896. 5	華族・授爵	96.6.5授爵	貴族院勅選議員・錦鶏間祗候
園田安賢	1896. 5	華族・授爵	96.6.5授爵	警視総監
藤村紫朗	1896. 5	華族・授爵	96.6.5授爵	貴族院勅選議員
村田経芳	1896. 5	華族・授爵	96.6.5授爵	予備役陸軍少将・貴族院勅選議員
奈良原繁	1896. 5	華族・授爵	96.6.5授爵	沖縄県知事
岩崎弥之助	1896. 5	華族・授爵	96.6.9授爵	三菱合資会社監務
岩崎久弥	1896. 5	華族・授爵	96.6.9授爵	三菱合資会社社長
三井八郎右衛門(高棟)	1896. 5	華族・授爵	96.6.9授爵	三井家惣領
住友吉左衛門(友純)	1896. 6.10	華族・授爵	不許可	住友家第15代当主・住友銀行社長
鴻池善右衛門(幸方)	1896. 6.10	華族・授爵	不許可	鴻池家第11代当主・鴻池銀行舎長
平沼専蔵	1896. 6.10	華族・授爵	不許可	金貸業
雨宮敬次郎	1896. 6.10	華族・授爵	不許可	川越鉄道取締役
種子島守時	1896. 6.18	華族・授爵	不許可	旧薩摩国鹿児島藩家老
西郷某(菊次郎・寅太郎の何れカ)	1896. 6.26	華族・授爵	不許可	西郷隆盛遺児
春日昇一郎	1896. 6.26	華族・授爵	不許可	旧地下官人(久我家諸大夫)
細川興増	1896. 6	華族・授爵	97.10.27授爵	旧肥後国熊本藩一門
種子島守時	1896. 7. 1	華族・授爵	不許可	旧薩摩国鹿児島藩家老
市田長重郎	1896. 8.21	華族・授爵	不許可	楠木正成末裔
諫早家崇	1896. 8	華族・授爵	不許可	旧肥前国佐賀藩家老
山脇宗順	1896. 9. 6	華族・授爵	不許可	楠木正成末裔
児島真人	1896. 9. 8	華族・授爵	不許可	児島高徳末裔
島津貴暢	1896. 9.12	華族・授爵	不許可	旧薩摩国島津家一門
島津久賢	1896. 9	華族・授爵	不許可	旧薩摩国島津家一門(加治木島津家)
田宮鈴太郎	1896. 9	華族・授爵	97.10.27授爵	田宮如雲孫
田丸直方	1896.10. 2	華族・授爵	不許可	北畠親房末裔
中根己巳	1896.10. 4	華族・授爵	97.10.27授爵	中根雪江(師資)嫡孫
村田氏寿	1896.10. 4	華族・授爵	不許可	旧福井藩士・元内務大丞・元内務省警保頭
黒田峯太郎(長和)	1896.10. 6	華族・授爵	96.12.3授爵	黒田長成(侯爵)弟
島津久賢	1896.10. 8	華族・授爵	97.10.27授爵	旧薩摩国鹿児島藩一門(加治木島津家)
佐野延勝	1896.10. 9	華族・授爵	96.12.3授爵	陸軍少将・陸軍騎兵監
島津忠欽	1896.10.17	華族・授爵	96.12.3授爵	旧薩摩国鹿児島藩一門
細川護晃	1896.10.29	華族・授爵	96.12.3授爵	細川護久(侯爵)三男
岩倉道倶	1896.11	華族・授爵	96.12.3授爵	岩倉具視四男
有馬頼多	1896.12	華族・授爵	97.7.1授爵	有馬頼万(伯爵)弟
松平康民	1896	陞爵	不許可	旧美作国津山藩主
明治30年(1897)				
白根専一	1897. 2. 7	華族・授爵	97.2.7授爵	元逓信大臣

人名	年月日	請願内容	結果	旧家格・主な職歴
明治30年(1897)				
渡辺半蔵	1897. 2.15	華族・授爵	不許可	旧尾張国名古屋藩家老
成田金吾	1897. 2.27	華族・授爵	不許可	成田長泰末裔
土岐貞明	1897. 3.19	華族・授爵	不許可	源満仲末裔
金子堅太郎	1897. 4. 2	華族・授爵	不許可	農商務次官
金子堅太郎	1897. 4. 6	華族・授爵	不許可	農商務次官
南部行義	1897. 5. 3	華族・授爵	97.7.1授爵	南部師行末裔
五条頼定	1897. 5. 3	華族・授爵	97.7.1授爵	五条頼元末裔
小室信夫	1897. 5.23	華族・授爵	不許可	貴族院勅選議員
山本芳之	1897. 5	華族・授爵	97.7.1授爵	北白川宮能久親王庶子
永田正雄	1897. 5	華族・授爵	97.7.1授爵	北白川宮能久親王庶子
福原基蔵	1897. 6. 5	華族・授爵	不許可	陸軍少将福原豊功の遺児
山本芳之	1897. 6.24	華族・授爵	97.7.1授爵	北白川宮能久親王第五王子
永田正雄	1897. 6.24	華族・授爵	97.7.1授爵	北白川宮能久親王第六王子
岡田　某	1897. 7.10	華族・授爵	不許可	楠木正成末裔
津田監太郎	1897. 8. 6	華族・授爵	不許可	楠木正成末裔
森村正俊	1897. 8.17	華族・授爵	不許可	楠木正成末裔・稲荷神社神主
野村素介	1897. 9.22	華族・授爵	不許可	元元老院議官・錦鶏間祗候
保田元義	1897. 9.22	華族・授爵	不許可	阿保親王末裔
毛利祥久	1897. 9.22	華族・授爵	97.10.27授爵	旧周防国山口藩一門
益田精祥	1897. 9	華族・授爵	不許可	旧周防国山口藩家老
福原俊丸	1897. 9	華族・授爵	不許可	旧周防国山口藩家老
国司直行	1897. 9	華族・授爵	不許可	旧周防国山口藩家老
清水資治	1897. 9	華族・授爵	不許可	旧周防国山口藩家老
東久世秀雄	1897.10.	華族・授爵	97.12.6授爵	東久世通禧(伯爵)四男
小原　迪	1897.10.	華族・授爵	不許可	旧美濃国大垣藩城代
守矢実久	1897.11.12	華族・授爵	不許可	旧諏訪神社神長官職
箕作麟祥	1897.11.30	華族・授爵	97.12.1授爵	貴族院勅選議員・行政裁判所朝刊・法学博士
春日昇一郎	1897.12.17	華族・授爵	不許可	旧地下官人(久我家諸大夫)
西　周	1897	華族・授爵	97.1.29授爵	錦鶏間祗候
旧賀茂御祖神社々家	1897	華族・授爵	不許可	
諫早家崇	1897	華族・授爵	97.10.27授爵	旧肥前国佐賀藩家老
島津貴暢	1897	華族・授爵	97.10.27授爵	旧薩摩国鹿児島藩一門
島津長丸	1897	華族・授爵	97.10.27授爵	旧薩摩国鹿児島藩家老
島津久賢	1897	華族・授爵	97.10.27授爵	旧薩摩国鹿児島藩家老
多久乾一郎	1897	華族・授爵	97.10.27授爵	旧肥前国佐賀藩家老
鍋島己巳五郎(直明)	1897	華族・授爵	97.10.27授爵	旧肥前国佐賀藩一門
鍋島茂昌	1897	華族・授爵	97.10.27授爵	旧肥前国佐賀藩家老
細川興増	1897	華族・授爵	97.10.27授爵	旧肥後国熊本藩一門
明治31年(1898)				
池田謙斎	1898. 1. 8	授爵	98.2.2授爵	宮内省侍医(侍医局長)・医学博士
久我通保	1898. 1. 8	授爵	98.2.2授爵	侯爵久我通久三男
山川　浩	1898. 1.25	授爵	98.1.26授爵	退役陸軍少将・貴族院勅選議員
細川忠穀	1898. 2.10	華族・授爵	不許可	旧肥後国熊本藩一門
伊達宗充	1898. 2.10	華族・授爵	不許可	旧陸奥国仙台藩一門(登米・陸奥寺池領)
浅野　忠	1898. 2.10	華族・授爵	不許可	旧安芸国広島藩一門・厳島神社宮司
種子島守時	1898. 2.10	華族・授爵	不許可	旧薩摩国鹿児島藩家老
渡辺半蔵	1898. 2.10	華族・授爵	不許可	旧尾張国名古屋藩家老
千田貞暁	1898. 2.24	授爵	98.2.26授爵	宮崎県知事
森岡昌純	1898. 3. 4	華族・授爵	98.3.26授爵	貴族院勅選議員
錦小路在明	1898. 3.14	授爵	98.3.24授爵	旧堂上公家(半家)
沖　守固	1898. 4.13	華族・授爵	不許可	貴族院勅選議員・元和歌山県知事

人　　名	年月日	請願内容	結　　果	旧家格・主な職歴
明治31年(1898)				
中野健明	1898. 5. 8	華族・授爵	不許可	神奈川県知事
片倉景光	1898. 5.17	華族・授爵	98.7.20授爵	旧陸奥国仙台藩家老
高崎正風	1898. 5.20	陞爵	不許可	宮内省御歌所々長
片倉景光	1898. 5.27	華族・授爵	98.7.20授爵	旧陸奥国仙台藩家老
加藤弘之	1898. 5	華族・授爵	不許可	貴族院勅選議員・錦鶏間祗候・文学博士
神田孝平	1898. 5	華族・授爵	98.7.4授爵	貴族院勅選議員・錦鶏間祗候
津田真道	1898. 5	華族・授爵	不許可	貴族院勅選議員
福沢諭吉	1898. 5	華族・授爵	不許可(辞退)	慶應義塾創始者
細川潤次郎	1898. 5	華族・授爵	不許可	枢密顧問官
片倉景光	1898. 6. 3	華族・授爵	98.7.20授爵	旧仙台藩家老
四条隆平	1898. 6.14	授爵	98.7.20授爵	四条隆謌長男(元嫡男)
片倉景光	1898. 6.17	華族・授爵	98.7.20授爵	旧陸奥国仙台藩家老
島津久明	1898. 6.22	華族・授爵	不許可	旧薩摩国鹿児島藩一門(日置島津家)
神田孝平	1898. 7. 4	華族・授爵	98.7.4授爵	貴族院勅選議員・錦鶏間祗候
島津久明	1898. 7. 7	華族・授爵	不許可	旧薩摩国鹿児島藩一門(日置島津家)
種子島守時	1898. 7. 7	華族・授爵	不許可	旧薩摩国鹿児島藩家老
中臣景正	1898. 7.12	華族・授爵	不許可	中臣鎌足末裔
島津久明	1898. 8.23	華族・授爵	不許可	旧薩摩国鹿児島藩一門(日置島津家)
種子島守時	1898. 8.23	華族・授爵	不許可	旧薩摩国鹿児島藩家老
土岐貞明	1898. 9.17	華族・授爵	不許可	源満仲末裔
島津久明	1898. 9	華族・授爵	不許可	旧薩摩国鹿児島藩一門(日置島津家)
福沢諭吉	1898.10. 6	華族・授爵	不許可(辞退)	慶應義塾創始者
富岡敬明	1898.10.12	華族・授爵	不許可	元熊本県知事・元貴族院勅選議員
松下長至	1898.10.18	華族・授爵	不許可	旧旗本寄合席・旧下大夫
細川忠穀	1998.10.29	華族・授爵	不許可	旧肥後国熊本藩一門
野村維章	1898.12.27	華族・授爵	不許可	退職検事
佐竹ギン	1898.12	華族・授爵	不許可	旧出羽国久保田藩主・侯爵佐竹家一門
佐竹義雄	1898.12	華族・授爵	不許可	旧出羽国久保田藩主・侯爵佐竹家一門
大隈重信	1898	陞爵	不許可	内閣総理大臣兼外務大臣
鳩山和夫	1898	華族・授爵	不許可	外務次官
加藤高明	1898	華族・授爵	不許可	特命全権公使
細川忠穀	1898	華族・授爵	不許可	旧肥後国熊本藩一門
明治31-32年(1898-99)				
沢太郎左衛門(貞説)	1889～99	華族・授爵	不許可(辞退)	元海軍一等教官
明治32年(1899)				
佐野佐吉郎	1899. 1. 9	華族・授爵	不許可	藤原秀郷末裔
中御門某	1899. 1.29	華族・復爵・再授爵	99.10.20	中御門経明跡(侯爵)
勝　　精	1899. 1.31	復爵	99.2.8授爵	元伯爵勝家家督相続人
籠手田安定	1889. 3.31	華族・授爵	89.3.31授爵	貴族院勅選議員・錦鶏間祗候
林孝人(寧親)	1899. 4.17	華族・授爵	不許可	武内宿禰末裔
黒田一義	1899. 5	華族・授爵	不許可	旧筑前国福岡藩家老
石川重之	1889. 8.15	華族・復爵	89.10.6授爵	旧常陸国下館藩主・元子爵
山下嘉藤次	1899. 9.17	華族・授爵	不許可	楠木正成末裔
小原　迪	1899. 9	華族・授爵	不許可	旧美濃国大垣藩城代
中御門経恭	1899.10.14	再授爵	99.10.20授爵	侯爵中御門経明跡
大沼　渉	1889.10.14	華族・授爵	99.10.14授爵	休職陸軍少将
小原　迪	1889.10	華族・授爵	00.5.9授爵	旧美濃国大垣藩城代
斯波　蕃	1899.11.29	華族・授爵	00.5.9授爵	元加賀国金沢藩家老
長　克連	1899.11.29	華族・授爵	00.5.9授爵	元加賀国金沢藩重臣(加賀八家)
石河光煕	1899.12	華族・授爵	不許可	旧尾張国名古屋藩家老

人　名	年 月 日	請願内容	結　果	旧家格・主な職歴
明治33年(1890)				
大谷光瑩	1890. 1.15	陞爵	不許可	東本願寺住職
大谷光尊	1890. 1.15	陞爵	不許可	西本願寺住職
常磐井堯熙	1890. 1.15	陞爵	不許可	専修寺住職
黒田一義	1900. 1	華族・授爵	不許可	元筑前国福岡藩家老
羽柴俊朗(喜久丸)	1900. 1	華族・授爵	不許可	旧交代寄合・旧中大夫
石河光熙	1900. 2. 9	華族・授爵	00.5.9授爵	旧尾張国名古屋藩家老
渡辺千秋	1900. 2.10	華族・授爵	00.5.9授爵	宮内省内蔵頭
秋元興朝	1900. 2.27	陞爵	不許可	旧上野国館林藩主・元特命全権公使
富岡敬明	1900. 2.13	華族・授爵	00.5.9授爵	元熊本県知事・元貴族院勅選議員
細川忠穀	1900. 3. 5	華族・授爵	00.5.9授爵	旧肥後国熊本藩一門
外山正一	1900. 3. 8	華族・授爵	不許可	元文部大臣・文学博士
畠山重忠末裔	1900. 3. 9	華族・授爵	不許可	
久野宗熙	1900. 3.19	華族・授爵	不許可	旧紀伊国和歌山藩家老・田丸城代
水野徳之助	1900. 3.19	華族・授爵	不許可	旧紀伊国和歌山藩家老
松平康民	1900. 3.31	陞爵	不許可	旧美作国津山藩主
榊原政敬	1900. 4. 5	陞爵	不許可	旧越後国高田藩主
川路利恭	1900. 4. 6	華族・授爵	不許可	故大警視川路利良養子・警視庁第一部長・警視
鮫島　某	1900. 4. 6	華族・授爵	不許可	鮫島尚信遺児
玉乃某(一熊カ)	1900. 4. 6	華族・授爵	不許可	玉乃世履遺児
金子堅太郎	1900. 4. 6	華族・授爵	00.5.9授爵	貴族院勅選議員
高崎正風	1900. 5. 3	陞爵	不許可	宮内省御歌所々長
条約改正に特別の功労ありたる者	1900. 5. 3	華族・授爵	不許可	
法典編纂に特別の功労ありたる者	1900. 5. 3	華族・授爵	不許可	
旧藩万石以上家老	1900. 5. 3	華族・授爵	00.5.9授爵	
浅野哲吉	1900. 5. 5	華族・授爵	00.5.9授爵	旧安芸国広島藩一門
浅野守夫	1900. 5. 5	華族・授爵	00.5.9授爵	旧安芸国広島藩家老
荒尾之茂	1900. 5. 5	華族・授爵	不許可	旧因幡国鳥取藩家老
荒尾光就	1900. 5. 5	華族・授爵	不許可	旧因幡国鳥取藩家老
有吉虎若(立礼)	1900. 5. 5	華族・授爵	不許可	旧肥後国熊本藩家老
伊賀氏広	1900. 5. 5	華族・授爵	00.5.9授爵	旧土佐国高知藩家老
伊木忠愛	1900. 5. 5	華族・授爵	不許可	旧備前国岡山藩家老
池田長準	1900. 5. 5	華族・授爵	00.5.9授爵	旧備前国岡山藩家老・岡山県英田郡長
池田博愛	1900. 5. 5	華族・授爵	不許可	旧備前国岡山藩家老
石川小膳	1900. 5. 5	華族・授爵	不許可	旧陸奥国仙台藩家老
石河光熙	1900. 5. 5	華族・授爵	00.5.9授爵	旧尾張国名古屋藩家老
今枝紀一郎(直規)	1900. 5. 5	華族・授爵	00.5.9授爵	旧加賀国金沢藩家老
上田亀次郎(安靖)	1900. 5. 5	華族・授爵	00.5.9授爵	旧安芸国広島藩家老・饒津神社祠官
内海忠勝	1900. 5. 5	華族・授爵	00.5.9授爵	会計検査院長
大鳥圭介	1900. 5. 5	華族・授爵	00.5.9授爵	枢密顧問官
岡内重俊	1900. 5. 5	華族・授爵	00.5.9授爵	貴族院勅選議員・錦鶏間祗候
沖　守固	1900. 5. 5	華族・授爵	00.5.9授爵	貴族院勅選議員
奥村則英	1900. 5. 5	華族・授爵	00.5.9授爵	旧加賀国金沢藩重臣(加賀八家)
奥村栄滋	1900. 5. 5	華族・授爵	00.5.9授爵	旧加賀国金沢藩重臣(加賀八家)
尾崎忠治	1900. 5. 5	華族・授爵	00.5.9授爵	枢密顧問官
賀島政一	1900. 5. 5	華族・授爵	00.5.9授爵	旧阿波国徳島藩家老
片岡利和	1900. 5. 5	華族・授爵	00.5.9授爵	宮内省侍従兼主猟官
加藤弘之	1900. 5. 5	華族・授爵	00.5.9授爵	貴族院勅選議員・錦鶏間祗候・文学博士
川崎祐名	1900. 5. 5	華族・授爵	00.5.9授爵	後備役陸軍監督監・貴族院勅選議員
木俣畏三	1900. 5. 5	華族・授爵	00.5.9授爵	旧近江国彦根藩家老
楠田英世	1900. 5. 5	華族・授爵	00.5.9授爵	元非職元老院議官

人　名	年 月 日	請願内容	結　果	旧家格・主な職歴
明治33年(1900)				
国司直行	1900. 5. 5	華族・授爵	00.5.9授爵	旧周防国山口藩家老
久野宗熙	1900. 5. 5	華族・授爵	不許可	旧紀伊国和歌山藩家老・田丸城代
神代直宝	1900. 5. 5	華族・授爵	不許可	旧肥前国佐賀藩一門
黒田一義	1900. 5. 5	華族・授爵	00.5.9授爵	旧筑前国福岡藩家老
郷　純造	1900. 5. 5	華族・授爵	00.5.9授爵	貴族院勅選議員・錦鶏間祗候
佐竹ギン	1900. 5. 5	華族・授爵	不許可	旧出羽国久保田藩主・侯爵佐竹家一門
佐竹義雄	1900. 5. 5	華族・授爵	00.5.9授爵	旧出羽国久保田藩主・侯爵佐竹家一門
佐竹義尚	1900. 5. 5	華族・授爵	00.5.9授爵	旧出羽国久保田藩主・侯爵佐竹家一門
佐竹義遵	1900. 5. 5	華族・授爵	00.5.9授爵	旧出羽国久保田藩主・侯爵佐竹家一門
実吉安純	1900. 5. 5	華族・授爵	00.5.9授爵	海軍軍医総監・海軍省医務局長
沢村　重	1900. 5. 5	華族・授爵	不許可	旧肥後国熊本藩家老
宍戸乙彦	1900. 5. 5	華族・授爵	00.5.9授爵	旧周防国山口藩家老
斯波　蕃	1900. 5. 5	華族・授爵	00.5.9授爵	旧加賀国金沢藩家老
渋沢栄一	1900. 5. 5	華族・授爵	00.5.9授爵	第一銀行頭取・元貴族院勅選議員
島津隼彦	1900. 5. 5	華族・授爵	00.5.9授爵	旧薩摩国鹿児島藩一門
島津久明	1900. 5. 5	華族・授爵	00.5.9授爵	旧薩摩国鹿児島藩一門
志水忠平	1900. 5. 5	華族・授爵	不許可	旧尾張国名古屋藩家老
清水資治	1900. 5. 5	華族・授爵	00.5.9授爵	旧周防国山口藩家老
伊達宗充	1900. 5. 5	華族・授爵	不許可	旧陸奥国仙台藩一門
種子島守時	1900. 5. 5	華族・授爵	00.5.9授爵	旧薩摩国鹿児島藩家老
長　克連	1900. 5. 5	華族・授爵	00.5.9授爵	旧加賀国金沢藩重臣(加賀八家)
調所広丈	1900. 5. 5	華族・授爵	00.5.9授爵	貴族院勅選議員
津田真道	1900. 5. 5	華族・授爵	00.5.9授爵	貴族院勅選議員
堤　正誼	1900. 5. 5	華族・授爵	00.5.9授爵	宮内省内匠頭兼宮中顧問官・東宮御所御造営局長
藤堂憲丸(高成)	1900. 5. 5	華族・授爵	不許可	旧伊勢国津藩一門
土倉光三郎	1900. 5. 5	華族・授爵	不許可	旧備前国岡山藩家老
富岡敬明	1900. 5. 5	華族・授爵	00.5.9授爵	元熊本県知事・元貴族院勅選議員
永山盛輝	1900. 5. 5	華族・授爵	00.5.9授爵	貴族院勅選議員・錦鶏間祗候
鍋島秀太郎	1900. 5. 5	華族・授爵	不許可	旧肥前国佐賀藩一門
野村維章	1900. 5. 5	華族・授爵	00.5.9授爵	退職検事
野村素介	1900. 5. 5	華族・授爵	00.5.9授爵	貴族院勅選議員・錦鶏間祗候
原田一道	1900. 5. 5	華族・授爵	00.5.9授爵	予備役陸軍少将・貴族院勅選議員・錦鶏間祗候
日置健太郎	1900. 5. 5	華族・授爵	不許可	旧備前国岡山藩家老
深尾益岐(重孝)	1900. 5. 5	華族・授爵	不許可	旧土佐国高知藩家老
福原俊丸	1900. 5. 5	華族・授爵	00.5.9授爵	旧周防国山口藩家老
福原　実	1900. 5. 5	華族・授爵	00.5.9授爵	元陸軍少将・貴族院勅選議員
細川潤次郎	1900. 5. 5	華族・授爵	00.5.9授爵	枢密顧問官
細川忠毅	1900. 5. 5	華族・授爵	00.5.9授爵	旧肥後国熊本藩一門
本多政好(貞五郎)	1900. 5. 5	華族・授爵	不許可	旧加賀国金沢藩
本多政以	1900. 5. 5	華族・授爵	00.5.9授爵	旧加賀国金沢藩重臣(加賀八家)
前田　孝	1900. 5. 5	華族・授爵	00.5.9授爵	旧加賀国金沢藩重臣(加賀八家)
前田直行(蕃雄)	1900. 5. 5	華族・授爵	00.5.9授爵	旧加賀国金沢藩重臣(加賀八家)
益田精祥	1900. 5. 5	華族・授爵	00.5.9授爵	旧周防国山口藩家老
松平正直	1900. 5. 5	華族・授爵	00.5.9授爵	貴族院勅選議員
三浦権五郎	1900. 5. 5	華族・授爵	00.5.9授爵	旧紀伊国和歌山藩家老
村井長八郎	1900. 5. 5	華族・授爵	00.5.9授爵	旧加賀国金沢藩重臣(加賀八家)
村田虎吉郎	1900. 5. 5	華族・授爵	不許可	旧肥前国佐賀藩一門
毛利重輔	1900. 5. 5	華族・授爵	00.5.9授爵	旧周防国山口藩家老(吉敷毛利家)
茂庭敬元	1900. 5. 5	華族・授爵	不許可	旧陸奥国仙台藩家老
山野辺義礼	1900. 5. 5	華族・授爵	不許可	旧常陸国水戸藩家老
横山隆平	1900. 5. 5	華族・授爵	00.5.9授爵	旧加賀国金沢藩重臣(加賀八家)
横山隆起	1900. 5. 5	華族・授爵	不許可	旧加賀国金沢藩家老
留守景福	1900. 5. 5	華族・授爵	不許可	旧陸奥国仙台藩家老

人　名	年 月 日	請願内容	結　果	旧家格・主な職歴
明治33年(1900)				
渡辺千秋	1900. 5. 5	華族・授爵	00.5.9授爵	宮内省内蔵頭
渡辺半蔵	1900. 5. 5	華族・授爵	00.5.9授爵	旧尾張国名古屋藩家老
亘理胤正	1900. 5. 5	華族・授爵	不許可	旧陸奥国仙台藩一門
清浦奎吾	1900. 5. 6	華族・授爵	不許可	貴族院勅選議員
岩村兼善	1900. 5. 6	華族・授爵	不許可	海軍主計大監
松岡康毅	1900. 5. 6	華族・授爵	不許可	行政裁判所長官・貴族院勅選議員
津田　出	1900. 5. 6	華族・授爵	不許可	予備役陸軍少将・貴族院勅選議員・錦鶏間祗候
加藤弘之	1900. 5. 6	華族・授爵	00.5.9授爵	貴族院勅選議員
平田東助	1900. 5. 6	華族・授爵	不許可	法制局長官・貴族院勅選議員
松平量信	1900. 5. 8	華族・授爵	不許可	旧上野国前橋藩主家庶子
稷山久興	1900. 6.11	華族・授爵	不許可	麻賀多神社神主
有吉虎若(立礼)	1900. 8.20	華族・授爵	不許可	旧肥後国熊本藩家老
有吉虎若(立礼)	1900. 9. 3	華族・授爵	不許可	旧肥後国熊本藩家老
岩室雅季	1900. 9.29	華族・授爵	不許可	光格天皇生母の実家・元聖護院門跡侍・宮内省京都支庁殿部
郷　純造	1900	華族・授爵	00.5.9授爵	貴族院勅選議員・錦鶏間祗候
渡辺千秋	1900	華族・授爵	00.5.9授爵	宮内省内蔵頭カ
明治33-34年(1890-91)				
室田義文	1900～01	華族・授爵	不許可(辞退)	待命特命全権公使
明治34年(1891)				
伊藤圭介	1901. 1.20	華族・授爵	01.1.22授爵	元東京帝国大学教授・理学博士
佐野佐吉郎	1901. 1.22	華族・授爵	不許可	藤原秀郷末裔
渡辺洪基	1901. 4.16	華族・授爵	不許可	貴族院勅選議員・錦鶏間祗候
堀真五郎	1901. 5	華族・授爵	不許可	貴族院勅選議員・退職判事
中村孝禧	1901. 5	華族・授爵	不許可	元元老院議官
沢村　重	1901. 6.29	華族・授爵	不許可	旧肥後国熊本藩家老
沢村　重	1901. 7.27	華族・授爵	不許可	旧肥後国熊本藩家老
荒尾　某	1901.10.28	華族・授爵	不許可	旧因幡国鳥取藩家老
宗　重正	1901	陞爵	不許可	旧対馬国厳原藩主
明治35年(1902)				
山本権兵衛	1902. 2.24	華族・授爵	02.2.27授爵	海軍大臣・海軍大将
曾禰荒助	1902. 2.24	華族・授爵	02.2.27授爵	大蔵大臣
清浦奎吾	1902. 2.24	華族・授爵	02.2.27授爵	司法大臣
菊池大麓	1902. 2.24	華族・授爵	02.2.27授爵	文部大臣
平田東助	1902. 2.24	華族・授爵	02.2.27授爵	農商務大臣
小村寿太郎	1902. 2.24	華族・授爵	02.2.27授爵	農商務大臣
林　董	1902. 2.24	陞爵	02.2.27陞爵	駐英公使
桂　太郎	1902. 2.24	陞爵	02.2.27陞爵	内閣総理大臣・陸軍大将
九条良政	1902. 2.19	華族・授爵	02.3.10授爵	公爵九条道孝四男
一条実基	1902. 2	華族・授爵	02.3.10授爵	一条実輝(公爵)嫡出子
藤堂憲丸(高成)	1902. 2	華族・授爵	不許可	旧伊勢国津藩一門
有吉虎若(立礼)	1902. 3.17	華族・授爵	不許可	旧肥後国熊本藩家老
沢村　重	1902. 3.17	華族・授爵	不許可	旧肥後国熊本藩家老
片岡健吉	1902. 4. 2	華族・授爵	不許可	衆議院議長
伊木忠愛	1902. 4	華族・授爵	不許可	旧備前国岡山藩家老
池田博愛	1902. 4	華族・授爵	不許可	旧備前国岡山藩家老
三浦　安	1902. 5. 3	華族・授爵	不許可	宮中顧問官・貴族院勅選議員・錦鶏間祗候
小原重哉	1902. 5. 3	華族・授爵	不許可	貴族院勅選議員
松岡康毅	1902. 5. 3	華族・授爵	不許可	行政裁判所長官・貴族院勅選議員
武井守正	1902. 5. 3	華族・授爵	不許可	貴族院勅選議員
徳川慶喜	1902. 5. 6	授爵	02.6.3授爵	元征夷大将軍
西郷寅太郎	1902. 5. 6	華族・授爵	02.6.3授爵	西郷隆盛遺児
前島　密	1902. 5. 9	華族・授爵	02.6.19授爵	元逓信次官

人　名	年 月 日	請願内容	結　果	旧家格・主な職歴
明治35年(1902)				
千坂高雅	1902. 5.11	華族・授爵	不許可	貴族院勅選議員・錦鶏間祗候
西郷寅太郎	1902. 5.22	華族・授爵	02.6.3授爵	西郷隆盛嫡男
徳川慶喜	1902. 5.22	授爵	02.6.3授爵	元征夷大将軍
徳川　某	1902. 6.15	華族・復爵・再授爵	不許可	元御三卿清水家(伯爵)
寺島宗則と同功の者及びその子孫	1902. 6.23	華族・授爵	不許可	寺島宗則と同功の者及びその子孫
商工業に功績ある者	1902. 6.23	華族・授爵	不許可	商工業に功績ある者
荒尾嘉就	1902. 6.28	華族・授爵	不許可	旧因幡国鳥取藩家老
荒尾之茂	1902. 6.28	華族・授爵	不許可	旧因幡国鳥取藩家老
二条正麿	1902. 7	華族・授爵	02.12.5授爵	公爵二条基弘養弟
稷山久興	1902.12.10	華族・授爵	不許可	麻賀多神社神主
羽柴俊朗(喜久丸)	1902	華族・授爵	不許可	旧交代寄合・旧中大夫
大山格之助	1902	華族・授爵	不許可	大山綱良遺児
明治36年(1903)				
半井好和	1903. 3. 2	華族・授爵	不許可	旧幕府典薬頭
松本荘一郎	1903. 3.17	華族・授爵	不許可	逓信省鉄道作業局長官・工学博士
千坂高雅	1903. 4.27	華族・授爵	不許可	貴族院勅選議員・錦鶏間祗候
林孝人(寧親)	1903. 4.28	華族・授爵	不許可	武内宿禰末裔
千坂高雅	1903. 5.20	華族・授爵	不許可	貴族院勅選議員・錦鶏間祗候
矢野二郎	1903. 7. 6	華族・授爵	不許可	元高等商業学校々長
千坂高雅	1903. 7.22	華族・授爵	不許可	貴族院勅選議員・錦鶏間祗候
三浦　安	1903. 7.22	華族・授爵	不許可	宮中顧問官・貴族院勅選議員・錦鶏間祗候
安西　某	1903. 7.22	華族・授爵	不許可	不明
西三条公允	1903.10	陞爵	不許可	旧堂上公家(大臣家)
佐竹準(義準)	1903.12. 4	華族・授爵	不許可	旧出羽国久保田藩主・侯爵佐竹家一門
明治37年(1904)				
山口素臣	1904. 8. 4	陞爵	04.8.5陞爵	陸軍大将・軍事参議官
明治37-38年(1904-05)				
鎌田栄吉	1904～05.11.15	華族・授爵	不許可	元大分県尋常師範学校長
明治38年(1905)				
金井之恭	1905	華族・授爵	不許可	貴族院勅選議員・錦鶏間祗候
松村　務	1905. 2.10	華族・授爵	不許可	陸軍中将松村務本の遺児
高木兼寛	1905. 3. 1	華族・授爵	05.3.1授爵	予備役海軍軍医総監・貴族院勅選議員・医学博士
松本　順	1905. 3. 1	華族・授爵	05.3.1授爵	予備役陸軍軍医総監・貴族院勅選議員
田宮嘉左衛門(政則)	1905. 7. 7	華族・授爵	不許可	禁裏大工カ
田宮嘉左衛門(政則)	1905.11.20	華族・授爵	不許可	禁裏大工カ
鷹司信熙	1905.12.15	華族・授爵	05.12.23授爵	公爵鷹司熙通次男
明治39年(1906)				
長岡外史	1906. 1. 5	華族・授爵	不許可	陸軍少将・参謀次長
珍田捨巳	1906. 1. 7	華族・授爵	07.9.21授爵	外務次官
阪谷芳郎	1906. 1. 7	華族・授爵	07.9.21授爵	大蔵次官
石渡敏一	1906. 1. 7	華族・授爵	不許可	司法次官
木場貞長	1906. 1. 7	華族・授爵	不許可	文部次官
和田彦次郎	1906. 1. 7	華族・授爵	不許可	農商務次官
田健治郎	1906. 1. 7	華族・授爵	07.9.21授爵	逓信次官
松田正久	1906. 1. 8	華族・授爵	不許可	司法大臣・衆議院議長
田宮嘉左衛門(政則)	1906. 2.18	華族・授爵	不許可	禁裏大工カ

人　名	年月日	請願内容	結　果	旧家格・主な職歴
明治39年(1906)				
田宮嘉左衛門(政則)	1906. 3.13	華族・授爵	不許可	禁裏大工カ
児玉源太郎	1906. 4. 6	陞爵	06.4.11陞爵	陸軍大将・台湾総督
後藤新平	1906. 4. 6	華族・授爵	06.4.11授爵	台湾総督府民政長官
実業家	1906. 4.19	華族・授爵	不許可	
伊藤博文	1906. 6.19	陞爵	07.9.21陞爵	韓国統監・枢密顧問官
松方正義	1906. 6.19	陞爵	07.9.21陞爵	枢密顧問官
井上　馨	1906. 6.19	陞爵	07.9.21陞爵	大蔵大臣前官礼遇
荒尾之茂	1906. 8	華族・授爵	06.9.17授爵	旧因幡国鳥取藩家老
荒尾嘉就	1906. 8	華族・授爵	06.9.17授爵	旧因幡国鳥取藩家老
有吉虎若(立礼)	1906. 8	華族・授爵	06.9.17授爵	旧肥後国熊本藩家老
沢村　重	1906. 8	華族・授爵	06.9.17授爵	旧肥後国熊本藩重臣
伊木忠愛	1906. 8	華族・授爵	06.9.17授爵	旧備前国岡山藩家老
池田博愛	1906. 8	華族・授爵	06.9.17授爵	旧備前国岡山藩家老
土倉光三郎	1906. 8	華族・授爵	06.9.17授爵	旧備前国岡山藩家老
日置健太郎	1906. 8	華族・授爵	06.9.17授爵	旧備前国岡山藩家老
佐竹準(義準)	1906. 8	華族・授爵	06.9.17授爵	旧出羽国久保田藩一門
藤堂憲丸(高成)	1906. 8	華族・授爵	06.9.17授爵	旧伊勢国津藩一門
深尾益岐(重孝)	1906. 8	華族・授爵	06.9.17授爵	旧土佐国高知藩家老
松平慶民	1906. 8	華族・授爵	06.9.17授爵	侯爵松平康荘家督相続人(故松平慶永四男)
武井守正	1906. 9.17	華族・授爵	07.9.23授爵	貴族院勅選議員
久野　某	1906. 9.18	華族・授爵	不許可	旧紀伊国和歌山藩家老
水野　某	1906. 9.18	華族・授爵	不許可	旧紀伊国和歌山藩家老
山野辺某	1906. 9.18	華族・授爵	不許可	旧尾張国名古屋藩家老
石川邦光	1906. 9.18	華族・授爵	不許可	旧陸奥国仙台藩家老
石川小膳	1906. 9.18	華族・授爵	不許可	旧陸奥国仙台藩家老
茂庭敬元	1906. 9.18	華族・授爵	不許可	旧陸奥国仙台藩家老
津田　某	1906. 9.18	華族・授爵	不許可	旧加賀国金沢藩家老
本多政好(貞五郎)	1906. 9.18	華族・授爵	不許可	旧加賀国金沢藩家老
古参の判事	1906.10. 4	華族・授爵	不許可	
下瀬雅允	1906.10.21	華族・授爵	不許可	海軍技師
木村駿吉	1906.10.21	華族・授爵	不許可	海軍技師
足立正声	1906.12.10	華族・授爵	06.12.15授爵	宮内省諸陵頭兼図書頭
山内豊静	1906.12.12	華族・授爵	06.12.15授爵	侯爵山内豊景弟
明治39-40年(1906-07)				
楠木正成末裔	1906～07	華族・授爵	不許可	
明治40年(1907)				
栗野慎一郎	1907. 8.30	華族・授爵	07.9.14授爵	特命全権大使(フランス駐箚)
林　董	1907. 8.30	陞爵	07.9.14陞爵	外務大臣
本野一郎	1907. 8.30	華族・授爵	07.9.14授爵	特命全権公使(ロシア駐剳)
大山　巌	1907. 9.23	陞爵	07.9.21陞爵	元帥・陸軍大将・貴族院議員
山県有朋	1907. 9.23	陞爵	07.9.21陞爵	元帥・陸軍大将・枢密院議長・貴族院議員
古参の陸海軍少将	1907. 9.23	華族・授爵	不許可	
古参の陸海軍少将	1907.10.14	華族・授爵	不許可	
松本　鼎	1907.10.22	華族・授爵	07.10.22授爵	貴族院勅選議員
林　友幸	1907.11. 6	陞爵	07.11.8陞爵	枢密顧問官
野原政太郎	1907.11.13	華族・授爵	不許可	新田義貞末裔
実業家・各府県知事・捕獲審検所判事等	1907	華族・授爵	不許可	実業家・各府県知事・捕獲審検所判事等
明治41年(1908)				
福島直太郎	1908. 2	華族・授爵	不許可	福島正則末裔
九条良致	1908. 3.16	華族・授爵	08.3.23授爵	九条道孝(公爵)五男

人　名	年 月 日	請願内容	結　果	旧 家 格 ・ 主 な 職 歴
明治41年(1908)				
都筑馨六	1908. 4. 30	華族・授爵	不許可	元特命全権大使
周布公平	1908. 4. 30	華族・授爵	08. 5. 8授爵	神奈川県知事・貴族院勅選議員
徳川圀順	1908. 6. 7	陞爵	不許可	貴族院公爵議員・陸軍歩兵少尉
児島惟謙	1908. 6. 24	華族・授爵	不許可	貴族院勅選議員・錦鶏間祗候・元大審院長・退職判事
都筑馨六	1908. 7. 24	華族・授爵	08. 8. 3授爵	元特命全権大使
橘彦四郎	1908. 8. 24	華族・授爵	不許可	楠木正成後裔
関口直太郎	1908. 10. 10	華族・授爵	不許可	今川義元末裔
戸田忠友	1908. 11	陞爵	不許可	旧下野国宇都宮藩主
秋元興朝	1908. 11	陞爵	不許可	旧上野国館林藩主・元特命全権公使
岡谷繁実	1908. 11	華族・授爵	不許可	元上野国館林藩士・元修史館御用掛
谷森善臣	1908. 11	華族・授爵	不許可	旧地下官人(内舎人兼諸陵寮)
辻　新次	1908. 12. 5	華族・授爵	08. 12. 12授爵	貴族院勅選議員
松平量信	1908. 12. 25	華族・授爵	不許可	旧上野国前橋藩主家庶子
明治41-42年(1908-09)				
飛鳥井恒麿	1908～09	華族・復爵・再授爵	09. 12. 20復爵	予備役陸軍歩兵中尉
明治42年(1909)				
松平量信	1909. 2. 26	華族・授爵	不許可	旧上野国前橋藩主家庶子
森村市左衛門	1909. 3	華族・授爵	不許可	森村組創始者
益田　孝	1909. 3	華族・授爵	不許可	三井合名会社顧問
園田孝吉	1909. 3	華族・授爵	不許可	元外務省倫敦領事
高橋新吉	1909. 3	華族・授爵	不許可	元外務省紐育領事
立入宗興	1909. 6. 10	華族・授爵	不許可	旧地下官人(上御倉)
大村武純	1909. 12. 13	華族・授爵	09. 12. 20授爵	大村純雄養叔父
島津健之助	1909. 12. 13	華族・授爵	09. 12. 20授爵	島津忠麿弟
明治43年(1910)				
野原政太郎	1910. 1. 15	華族・授爵	不許可	新田義貞末裔
今井鉄巌	1910. 2. 25	華族・授爵	不許可	藤原氏末裔
今井鉄巌	1910. 3. 24	華族・授爵	不許可	藤原氏末裔
水郡長義	1910. 5. 8	華族・授爵	不許可	退職検事
林　孝人(寧親)	1910. 7. 8	華族・授爵	不許可	武内宿禰末裔
今井鉄巌	1910. 8. 17	華族・授爵	不許可	藤原氏末裔
長与称吉	1910. 8. 24	華族・授爵	10. 8. 25授爵	長与専斎嗣子
梅謙次郎	1910. 8. 25	華族・授爵	不許可	東京帝国大学教授
旧 華 族	1910. 9. 24	陞爵	不許可	旧華族(旧常陸国水戸藩主カ)
野原政太郎	1910. 11. 7	華族・授爵	不許可	新田義貞末裔
小林良恭	1910. 12	華族・授爵	不許可	旧鷹司家諸大夫
原保太郎	1910	華族・授爵	不許可	貴族院勅選議員・錦鶏間祗候
明治44年(1911)				
江藤新作(故人)	1911. 2. 8	華族・授爵	不許可	衆議院議員・江藤新平の次男(嗣子)
大倉喜八郎	1911. 4. 10	華族・授爵	不許可	大倉財閥創始者
徳川圀順	1911. 4. 22	陞爵	不許可	旧常陸国水戸藩主
山内豊景	1911. 4. 22	陞爵	不許可	旧土佐国高知藩主
多治見国司	1911. 8. 9	華族・授爵	不許可	多治見国長末裔・陸軍歩兵大尉
立入宗興	1911. 8. 20	華族・授爵	不許可	旧地下官人(上御倉)
加藤高明	1911. 8. 22	華族・授爵	11. 8. 24授爵	特命全権大使(イギリス駐剳)
石井菊次郎	1911. 8. 22	華族・授爵	11. 8. 24授爵	外務次官
三井八郎次郎(高弘)	1911. 8. 22	華族・授爵	11. 8. 25授爵	三井物産社長
藤田伝三郎	1911. 8. 22	華族・授爵	11. 8. 25授爵	藤田組社長
鴻池善右衛門(幸富)	1911. 8. 22	華族・授爵	11. 8. 25授爵	鴻池銀行頭取

人　名	年 月 日	請願内容	結　果	旧 家 格・主 な 職 歴
明治44年(1911)				
住友吉左衛門(友純)	1911. 8.22	華族・授爵	11.8.25授爵	住友本社々長
近藤廉平	1911. 8.22	華族・授爵	11.8.25授爵	日本郵船会社々長
斎藤　実	1911. 8.24	陞爵	不許可	海軍中将・海軍大臣
平田東助	1911. 8.24	陞爵	11.8.24陞爵	内務大臣
後藤新平	1911. 8.24	陞爵	不許可	逓信大臣
小松原英太郎	1911. 8.24	華族・授爵	不許可	文部大臣・貴族院勅選議員
高崎正風	1911.11.17	陞爵	不許可	元宮内省御歌所々長
多田正隆	1911.12.10	華族・授爵	不許可	源満仲末裔
東久世通禧	1911.12.11	陞爵	不許可	枢密院副議長
古沢　滋	1911.12.23	華族・授爵	不許可	貴族院勅選議員・錦鶏間祗候
大倉喜八郎	1911	華族・授爵	不許可	大倉財閥創始者
益田　孝	1911	華族・授爵	不許可	三井合名会社顧問
豊川良平	1911	華族・授爵	不許可	三菱合資会社監事
安田善次郎	1911	華族・授爵	不許可	安田銀行頭取
三井三郎助(高景)	1911	華族・授爵	不許可	三井鉱山社長
小野善助	1911	華族・授爵	不許可	小野組社長
島田種次郎	1911	華族・授爵	不許可	元島田組(蛭子屋)店主
藤田伝三郎	1911	華族・授爵	不許可	藤田組社長
渋沢栄一	1911	陞爵	不許可	元貴族院勅選議員
近藤廉平	1911	華族・授爵	11.8.25授爵	日本郵船会社々長
鴻池善右衛門(幸富)	1911	華族・授爵	11.8.25授爵	鴻池銀行頭取
三井八郎次郎(高弘)	1911	華族・授爵	11.8.25授爵	三井物産社長
明治45年=大正元年(1912)				
小林良恭	1912. 2. 5	華族・授爵	不許可	旧鷹司家諸大夫
杉孫七郎	1912. 3.11	陞爵	不許可	枢密顧問官
野原政太郎	1912. 6. 4	華族・授爵	不許可	新田義貞末裔
野原政太郎	1912. 8. 1	華族・授爵	不許可	新田義貞末裔
乃木　某	1912. 9.16	華族・授爵	15.9.13授爵	乃木伯爵家再興候補者
江藤新作(故人)	1912. 9.23	華族・授爵	不許可	衆議院議員・江藤新平の次男(嗣子)
多田正隆	1912.11.15	華族・授爵	不許可	源満仲末裔
大正2年(1913)				
戸沢富寿	1913. 4	華族・授爵	不許可	戸沢正実(子爵)次男
大山綱昌	1913. 5.31	華族・授爵	不許可	岡山県知事
秋月左都夫	1913. 6. 7	華族・授爵	不許可	特命全権大使(墺国駐剳)
林孝人(寧親)	1913. 7. 7	華族・授爵	不許可	武内宿禰末裔
秋月左都夫	1913. 8.30	華族・授爵	不許可	特命全権大使(オーストリア駐剳)
原　　敬	1913.10.30	華族・授爵	不許可(辞退)	内務大臣・衆議院議員
関口直太郎	1913.11. 1	華族・授爵	不許可	今川義元末裔
松田正久	1913.11.11	華族・授爵	1914.1.19授爵	司法大臣・衆議院議員
多田正隆	1913.11.15	華族・授爵	不許可	源満仲末裔
田中俊清	1913.11.29	華族・授爵	不許可	石清水八幡宮宮司
大正2-3年(1913-4)				
渋谷在明	1913～14	華族・授爵	不許可	陸軍中将・輜重兵監
大正3年(1914)				
林　熊徴	1914. 1.15	華族・授爵	不許可	林本源製糖会社・華南銀行創始者
元田　肇	1914. 1.16	華族・授爵	不許可	逓信大臣・衆議院議員
池田譲次	1914. 2	華族・復爵・再授爵	不許可	旧播磨国福本藩主・大蔵省技師・陸軍工兵少尉
田中芳男	1914. 6	華族・授爵	不許可	貴族院勅選議員
柳原義光	1914. 7.24	陞爵	不許可	旧堂上公家(名家)・貴族院議員

人　名	年 月 日	請願内容	結　果	旧家格・主な職歴
大正3年(1914)				
佐久間左馬太	1914. 8.28	陞爵	不許可	退役陸軍大将・元台湾総督
梶原三平	1914.12. 8	華族・授爵	不許可	梶原景時末裔
半井　某	1914	華族・授爵	不許可	和気清麻呂後裔
大正3-4年(1914-15)				
楠木正成末裔	1914～15	華族・授爵	不許可	楠木正成後裔
丹羽　某	1914～15	華族・授爵	不許可	丹羽賢子孫(子又は孫カ)
諏訪頼固	1914～15	華族・授爵	不許可	旧諏訪神社大祝
守矢実久	1914～15	華族・授爵	不許可	旧諏訪神社神長官
藤　善聴	1914～15	華族・授爵	不許可	浄土真宗越前毫摂寺住職
羽柴俊朗(喜久丸)	1914～15	華族・授爵	不許可	旧交代寄合・旧中大夫
五島聡千代	1914～15	華族・授爵	不許可	旧交代寄合・旧中大夫
広嶺忠胤	1914～15	華族・授爵	不許可	元播磨国広峰社大別当社務
三浦敦雄	1914～15	華族・授爵	不許可	乎致命後裔宗家
最上彰義	1914～15	華族・授爵	不許可	旧交代寄合・旧中大夫
甲斐荘正秀	1914～15	華族・授爵	不許可	旧旗本寄合席・旧下大夫・楠木正成後裔
旧伊勢神宮内宮・外宮神主家	1914～15	華族・授爵	不許可	旧伊勢神宮内宮・外宮神主家
大正4年(1915)				
前川貞峻	1915. 1. 9	華族・授爵	不許可	北畠親房末裔
尚　典	1915. 4.25	陞爵	不許可	旧琉球藩王・貴族院侯爵議員
羽柴俊朗(喜久丸)	1915. 4	華族・授爵	不許可	旧交代寄合・旧中大夫
石本安市	1915. 5.27	華族・授爵	不許可	橘諸兄末裔
島津久家	1915. 6. 1	陞爵	不許可	旧薩摩国鹿児島藩一門・陸軍歩兵大尉
橋本堯尚	1915. 6. 2	華族・授爵	不許可	旧地下官人(院上北面・非蔵人)
檜垣貞吉	1915. 6.20	華族・授爵	不許可	旧伊勢神宮神主
檜垣常伯	1915. 6.20	華族・授爵	不許可	旧伊勢神宮神主
松木時彦	1915. 6.20	華族・授爵	不許可	旧伊勢神宮神主
久志本常幸	1915. 6.20	華族・授爵	不許可	旧伊勢神宮神主
世木氏公	1915. 6.20	華族・授爵	不許可	旧伊勢神宮神主
薗田守理	1915. 6.20	華族・授爵	不許可	旧伊勢神宮神主
藤波氏宣	1915. 6.20	華族・授爵	不許可	旧伊勢神宮神主
広嶺忠胤	1915. 6.26	華族・授爵	不許可	元播磨国広峰社大別当社務
羽柴俊朗(喜久丸)	1915. 6.30	華族・授爵	不許可	旧交代寄合・旧中大夫
酒井朗(後、忠尚)	1915. 6	華族・復爵・再授爵	不許可	旧安房国勝山藩主
橘彦四郎	1915. 7.11	華族・授爵	不許可	楠木正成後裔
羽柴俊朗(喜久丸)	1915. 7.28	華族・授爵	不許可	旧交代寄合・旧中大夫
渡　正元	1915. 7	華族・授爵	不許可	貴族院勅選議員・錦鶏間祗候
多田正隆	1915. 8. 3	華族・授爵	不許可	源満仲末裔
諏訪頼固	1915. 8.20	華族・授爵	不許可	旧諏訪神社大祝職
益田　孝	1915. 8	華族・授爵	不許可	三井合名会社顧問
園田孝吉	1915. 8	華族・授爵	不許可	元ロンドン領事
高橋新吉	1915. 8	華族・授爵	不許可	元ニューヨーク領事・貴族院勅選議員
諏訪頼固	1915. 9.11	華族・授爵	不許可	旧諏訪神社大祝職
島津久家	1915. 9.16	陞爵	不許可	旧薩摩国鹿児島藩一門・陸軍歩兵大尉
森林太郎	1915. 9.17	華族・授爵	不許可	陸軍軍医総監・陸軍省医務局長・医学博士・文学博士
戸田忠友	1915. 9.18	陞爵	不許可	旧下野国宇都宮藩主
秋元興朝	1915. 9.18	陞爵	不許可	旧上野国館林藩主・元特命全権公使
岡谷繁実	1915. 9.18	華族・授爵	不許可	元上野国館林藩士・元修史館御用掛
谷森真男	1915. 9.18	華族・授爵	不許可	旧地下官人(内舎人兼諸陵寮)・貴族院勅選議員・錦鶏間祗候
前田正名	1915. 9.21	華族・授爵	不許可	貴族院勅選議員
立入宗興	1915. 9.25	華族・授爵	不許可	旧地下官人(上御倉)

人　　名	年 月 日	請願内容	結　　果	旧 家 格 ・ 主 な 職 歴
大正4年(1915)				
鍋島直縄	1915. 9.29	陞爵	不許可	旧肥前国鹿島藩主
慶光院利敬	1915. 9.30	華族・授爵	不許可	旧慶光院住職・伊勢神宮禰宜
薗田守理	1915. 9.30	華族・授爵	不許可	旧伊勢神宮神主
藤波氏宣	1915. 9.30	華族・授爵	不許可	旧伊勢神宮神主
世木氏公	1915. 9.30	華族・授爵	不許可	旧伊勢神宮神主
松木時彦	1915. 9.30	華族・授爵	不許可	旧伊勢神宮神主
久志本常幸	1915. 9.30	華族・授爵	不許可	旧伊勢神宮神主
檜垣常伯	1915. 9.30	華族・授爵	不許可	旧伊勢神宮神主
成瀬正雄	1915.10. 1	陞爵	不許可	旧尾張国犬山藩主・旧尾張国名古屋藩付家老
松平康民	1915.10. 6	陞爵	不許可	旧美作国津山藩主
慶光院利敬	1915.10. 6	華族・授爵	不許可	旧慶光院住職・伊勢神宮禰宜
甲斐荘正秀	1915.10. 6	華族・授爵	不許可	旧旗本寄合席・旧下大夫・楠木正成後裔
藤堂欽吉	1915.10. 6	華族・授爵	不許可	伊勢国津藩城代家老
伊達宗基	1915.10. 6	陞爵	不許可	旧陸奥国仙台藩主
藤堂高紹	1915.10. 6	陞爵	不許可	旧伊勢国津藩主
島津久家	1915.10. 6	陞爵	不許可	旧薩摩国鹿児島藩一門・陸軍歩兵大尉
尚　　典	1915.10. 6	陞爵	不許可	旧琉球藩王・貴族院侯爵議員
宗　重正	1915.10. 6	陞爵	不許可	旧対馬国厳原藩主
戸田氏共	1915.10. 6	陞爵	不許可	旧美濃国大垣藩主
立入宗興	1915.10. 6	華族・授爵	不許可	旧地下官人(上御倉)
横井時世	1915.10. 6	華族・授爵	不許可	元尾張国名古屋藩士・鎌倉北条氏正嫡
菊池源太	1915.10. 6	華族・授爵	不許可	菊池武時末裔
菊池武成	1915.10. 6	華族・授爵	不許可	菊池武時末裔
赤松安重	1915.10. 6	華族・授爵	不許可	赤松則村末裔
堀　重信	1915.10. 6	華族・授爵	不許可	吉野神宮宮司
橘彦四郎	1915.10. 6	華族・授爵	不許可	楠木正成後裔
星合親重	1915.10. 6	華族・授爵	不許可	北畠親房末裔
山川健次郎	1915.10. 6	華族・授爵	15.12.1授爵	東京帝国大学総長・九州帝国大学名誉教授・貴族院勅選議員・理学博士
穂積陳重	1915.10. 6	華族・授爵	15.12.1授爵	東京帝国大学名誉教授・法学博士
徳川義恕	1915.10.14	陞爵	不許可	徳川侯爵家(旧尾張藩)分家・宮内省侍従
土肥　某	1915.10.15	華族・授爵	不許可	元元老院議官
小原某(重雄カ)	1915.10.15	華族・授爵	不許可	小原重哉遺族
何　礼之	1915.10.15	華族・授爵	不許可	貴族院勅選議員・錦鶏間祗候
横井時雄	1915.10.15	華族・授爵	不許可	旧熊本藩士・横井時存(小楠)嗣子
鵜飼幸吉	1915.10.15	華族・授爵	不許可	旧水戸藩士・鵜飼吉左衛門(知明)次男
山口某(俊太郎カ)	1915.10.15	華族・授爵	不許可	山口尚芳遺族
保田熊造	1915.10.15	華族・授爵	不許可	元伊勢国津藩一門
藤田某(熊雄カ)	1915.10.15	華族・授爵	不許可	元水戸藩士・藤田誠之進(東湖)遺族
宜湾某(朝邦・朝松カ)	1915.10.15	華族・授爵	不許可	元琉球藩王尚氏一門・宜湾朝保遺族
柴原某(亀二カ)	1915.10.15	華族・授爵	不許可	柴原和遺族
平岡通義	1915.10.15	華族・授爵	不許可	元元老院議官・錦鶏間祗候
毛呂由太郎	1915.10.22	華族・授爵	不許可	江田行義末裔
村田　保	1915.10.26	華族・授爵	不許可	元貴族院勅選議員・元錦鶏間祗候
鍋島直大	1915.10.26	陞爵	不許可	旧肥前国佐賀藩主・貴族院議員
大谷嘉兵衛	1915.10.26	華族・授爵	不許可	横浜商業会議所会頭・元貴族院多額納税議員
大隈重信	1915.10.29	陞爵	不許可	内閣総理大臣
原　　敬	1915.10.29	華族・授爵	不許可(辞退)	衆議院議員
一木喜徳郎	1915.10.29	華族・授爵	不許可	内務大臣
武富時敏	1915.10.29	華族・授爵	不許可	大蔵大臣
岡市之助	1915.10.29	華族・授爵	不許可	陸軍中将・陸軍大臣
加藤友三郎	1915.10.29	華族・授爵	不許可	海軍大将・海軍大臣

人　名	年 月 日	請願内容	結　果	旧家格・主な職歴
大正4年(1915)				
尾崎行雄	1915.10.29	華族・授爵	不許可	司法大臣
高田早苗	1915.10.29	華族・授爵	不許可	文部大臣・貴族院勅選議員
河野広中	1915.10.29	華族・授爵	不許可	農商務大臣
箕浦勝人	1915.10.29	華族・授爵	不許可	逓信大臣
江木　翼	1915.10.29	華族・授爵	不許可	内閣書記官長
高橋作衛	1915.10.29	華族・授爵	不許可	内閣法制局長官
加藤高明	1915.10.29	陞爵	不許可	貴族院勅選議員
石川邦光	1915.10	華族・授爵	不許可	旧陸奥国仙台藩家老
加藤高明	1915.11. 1	陞爵	不許可	貴族院勅選議員
山川健次郎	1915.11. 1	華族・授爵	15.12.1授爵	東京帝国大学総長・九州帝国大学名誉教授・貴族院勅選議員・理学博士
穂積陳重	1915.11. 1	華族・授爵	15.12.1授爵	東京帝国大学名誉教授・法学博士
大倉喜八郎	1915.11. 1	華族・授爵	15.12.1授爵	大倉組頭取
安田善次郎	1915.11. 1	華族・授爵	不許可	安田銀行頭取
村田　保	1915.11. 1	華族・授爵	不許可	元貴族院勅選議員・元錦鶏間祗候
尾崎行雄	1915.11. 1	華族・授爵	不許可	司法大臣
一木喜徳郎	1915.11. 1	華族・授爵	不許可	内務大臣
犬養　毅	1915.11. 1	華族・授爵	不許可	衆議院議員
河野広中	1915.11. 1	華族・授爵	不許可	農商務大臣
高田早苗	1915.11. 1	華族・授爵	不許可	文部大臣・貴族院勅選議員
武富時敏	1915.11. 1	華族・授爵	不許可	大蔵大臣
箕浦勝人	1915.11. 1	華族・授爵	不許可	逓信大臣
原　　敬	1915.11. 1	華族・授爵	不許可(辞退)	衆議院議員
横田国臣	1915.11. 2	華族・授爵	15.12.1授爵	判事・大審院長・法学博士
大森鐘一	1915.11. 2	華族・授爵	15.12.1授爵	京都府知事
山川健次郎	1915.11. 2	華族・授爵	15.12.1授爵	東京帝国大学総長・九州帝国大学名誉教授・貴族院勅選議員・理学博士
穂積陳重	1915.11. 2	華族・授爵	15.12.1授爵	東京帝国大学名誉教授・法学博士
田中芳男	1915.11. 2	華族・授爵	15.12.1授爵	貴族院勅選議員
三井高保	1915.11. 2	華族・授爵	15.12.1授爵	三井銀行社長
大倉喜八郎	1915.11. 2	華族・授爵	15.12.1授爵	大倉組頭取
古河虎之助	1915.11. 2	華族・授爵	15.12.1授爵	古河財閥当主
森村市左衛門	1915.11. 2	華族・授爵	15.12.1授爵	森村組主
蜂須賀喜信	1915.11.12	華族・授爵	不許可	旧阿波国徳島藩一門・陸軍歩兵少佐
毛呂由太郎	1915.11.13	華族・授爵	不許可	江田行義末裔
犬養　毅	1915.11.14	華族・授爵	不許可	衆議院議員
島田三郎	1915.11.14	華族・授爵	不許可	衆議院議員
服部一三	1915.11.18	華族・授爵	不許可	兵庫県知事・貴族院勅選議員
穂積陳重	1915.12. 1	華族・授爵	15.12.1授爵	東京帝国大学名誉教授・法学博士
山川健次郎	1915.12. 1	華族・授爵	15.12.1授爵	東京帝国大学総長・九州帝国大学名誉教授・貴族院勅選議員・理学博士
横田国臣	1915.12. 1	華族・授爵	15.12.1授爵	判事・大審院長・法学博士
片山東熊	1915.12. 1	華族・授爵	不許可	宮内省内匠頭・工学博士
馬場三郎	1915.12. 1	華族・授爵	不許可	宮内省調度頭
平山成信	1915.12. 1	華族・授爵	不許可	貴族院勅選議員・宮中顧問官・宮内省宗秩寮審議官
田中芳男	1915.12. 1	華族・授爵	15.12.1授爵	貴族院勅選議員
三井高保	1915.12. 1	華族・授爵	15.12.1授爵	三井銀行社長
大倉喜八郎	1915.12. 1	華族・授爵	15.12.1授爵	大倉組頭取
森村市左衛門	1915.12. 1	華族・授爵	15.12.1授爵	森村組主
古河虎之助	1915.12. 1	華族・授爵	15.12.1授爵	古河財閥当主
高橋新吉	1915.12.10	華族・授爵	不許可	貴族院勅選議員・日本勧業銀行総裁
益田　孝	1915.12.10	華族・授爵	不許可	三井物産会社々長
野路井盛俊	1915.12	華族・授爵	不許可	元大覚寺門跡坊官・宮内省陵墓監(奏任待遇)

人　　名	年 月 日	請願内容	結　　果	旧 家 格 ・ 主 な 職 歴
大正4年(1915)				
滋野井竹若	1915	華族・復爵・再授爵	不許可	旧堂上公家(羽林家)・元伯爵
大正5年(1916)				
前川貞峻	1916. 1.13	華族・授爵	不許可	北畠親房末裔
加藤高明	1916. 6	陞爵	16.7.14陞爵	貴族院勅選議員・元外務大臣
政治家または軍人	1916. 6	授爵又は陞爵	不明	軍人または政治家カ(授爵録関連資料に1名分付箋が貼られている)
岡市之助	1916. 6	華族・授爵	16.7.6授爵	陸軍中将・元陸軍大臣
長谷川好道	1916. 6	陞爵	16.7.14陞爵	元帥・陸軍大将・元参謀総長
八代六郎	1916. 6	華族・授爵	16.7.14授爵	海軍中将・第2艦隊司令長官
島村速雄	1916. 6	華族・授爵	16.7.14授爵	海軍大将・海軍軍令部長
神尾光臣	1916. 6	華族・授爵	16.7.14授爵	陸軍大将・東京衛戍総督
加藤定吉	1916. 6	華族・授爵	16.7.14授爵	海軍中将・海軍教育本部長
岡市之助	1916. 7. 1	華族・授爵	16.7.6授爵	陸軍中将・元陸軍大臣
神尾光臣	1916. 7. 1	華族・授爵	16.7.14授爵	陸軍大将・東京衛戍総督
島村速雄	1916. 7. 1	華族・授爵	16.7.14授爵	海軍大将・海軍軍令部長
八代六郎	1916. 7. 1	華族・授爵	16.7.14授爵	海軍中将・第2艦隊司令長官
加藤定吉	1916. 7. 1	華族・授爵	16.7.14授爵	海軍中将・海軍教育本部長
大隈重信	1916. 7. 1	陞爵	16.7.14陞爵	内閣総理大臣
長谷川好道	1916. 7. 1	陞爵	16.7.14陞爵	元帥・陸軍大将・元参謀総長
石井菊次郎	1916. 7. 1	陞爵	16.7.14陞爵	外務大臣
本野一郎	1916. 7. 1	陞爵	16.7.14陞爵	駐露大使
加藤高明	1916. 7. 1	陞爵	16.7.14陞爵	貴族院勅選議員・元外務大臣
若槻礼次郎	1916. 7. 1	華族・授爵	不許可	貴族院勅選議員・元大蔵大臣
波多野敬直	1916. 7. 6	陞爵	17.6.5陞爵	宮内大臣
石井菊次郎	1916. 7. 8	陞爵	16.7.14陞爵	外務大臣
旧 華 族	1916. 7.17	陞爵	不許可	詳細不詳(旧華族)
島津久家	1916.10.19	陞爵	不許可	旧薩摩国鹿児島藩一門
大正6年(1917)				
前川貞峻	1917. 4. 7	華族・授爵	不許可	北畠親房末裔
伊東巳代治	1917. 7.18	陞爵	不許可	枢密顧問官・臨時外交調査会委員・帝室制度審議会総裁
奥田義人	1917. 8. 9	華族・授爵	17.8.14授爵	貴族院勅選議員・東京市長・法学博士
松岡康毅	1917. 8. 9	華族・授爵	17.8.14授爵	貴族院勅選議員・元農商務大臣
青山胤通	1917.12. 7	華族・授爵	17.12.14授爵	前東京帝国大学医科大学々長・教授・宮内省御用掛
大正7年(1918)				
島津久家	1918. 1.30	陞爵	不許可	旧薩摩国鹿児島藩一門・陸軍歩兵大尉
益田　孝	1918. 9.27	華族・授爵	18.11.26授爵	三井物産会社々長
高橋新吉	1918. 9.27	華族・授爵	18.11.26授爵	貴族院勅選議員・日本勧業銀行総裁
園田孝吉	1918. 9.27	華族・授爵	18.11.26授爵	第十五銀行頭取
前田正名	1918. 9.27	華族・授爵	不許可	貴族院勅選議員
江川英武	1918. 9.27	華族・授爵	不許可	旧韮山代官・旧上士・元韮山県権知事
前田正名	1918.11.23	華族・授爵	不許可	貴族院勅選議員
渡　正元	1918.11.23	華族・授爵	不許可	貴族院勅選議員・錦鶏間祗候
朝鮮貴族	1918.12.20	陞爵	不許可	朝鮮貴族
近衛秀麿	1918.12	華族・授爵	19.1.9授爵	近衛文麿(公爵)弟
鍋島貞次郎	1918.12	華族・授爵	19.1.9授爵	鍋島直大(侯爵)庶子・海軍大尉
鍋島秀太郎	1918	華族・授爵	不許可	旧肥前国佐賀藩一門
大正8年(1919)				
朝鮮貴族	1919. 1. 4		不許可	朝鮮貴族
李　完用	1919. 1.17	陞爵	不許可	朝鮮貴族・朝鮮総督府中枢院副議長
趙　重応	1919. 1.17	陞爵	不許可	朝鮮貴族・朝鮮総督府中枢院顧問
宋　秉畯	1919. 1.17	陞爵	不許可	朝鮮貴族・朝鮮総督府中枢院顧問
松平保男	1919. 2	陞爵	不許可	旧陸奥国斗南藩主

人　名	年月日	請願内容	結　果	旧家格・主な職歴
大正8年(1919)				
伊達邦宗	1919. 5.15	陞爵	不許可	旧陸奥国仙台藩主
松平保男	1919. 5.15	陞爵	不許可	旧陸奥国斗南藩主
南部利淳	1919. 5.15	陞爵	不許可	旧陸奥国盛岡藩主
大久保忠言	1919. 5.15	陞爵	不許可	旧相模国小田原藩主
松平定晴	1919. 5.15	陞爵	不許可	旧伊勢国桑名藩主
丹羽長徳	1919. 5.15	陞爵	不許可	旧陸奥国二本松藩主
阿部正功	1919. 5.15	陞爵	不許可	旧陸奥国棚倉藩主
旧東北諸藩々主	1919. 5	華族・授爵	不許可	旧東北諸藩々主
安川敬一郎	1919. 6.10	華族・授爵	20.1.13授爵	明治炭坑株式会社・九州製鉄株式会社・明治専門学校創始者
明石元二郎	1919. 7. 6	華族・授爵	19.10.24授爵	台湾総督・陸軍大将
西園寺公望	1919. 8.29	陞爵	20.9.7陞爵	元内閣総理大臣・パリ講和条約会議全権委員
牧野伸顕	1919. 8.29	陞爵	20.9.7陞爵	パリ講和条約会議全権委員・臨時外交調査委員会委員
珍田捨巳	1919. 8.29	陞爵	20.9.7陞爵	特命全権大使(イギリス駐箚)・パリ講和条約会議全権委員
松井慶四郎	1919. 8.29	華族・授爵	20.9.7授爵	特命全権大使(フランス駐箚)・パリ講和条約会議全権委員
伊集院彦吉	1919. 8.29	華族・授爵	20.9.7授爵	特命全権大使(イタリア駐箚)・パリ講和条約会議全権委員
原　敬	1919. 8.29	華族・授爵	不許可	内閣総理大臣・衆議院議員
床次竹二郎	1919. 8.29	華族・授爵	不許可	内務大臣・衆議院議員
田中義一	1919. 8.29	華族・授爵	20.9.7授爵	陸軍大臣・陸軍中将
加藤友三郎	1919. 8.29	華族・授爵	20.9.7授爵	海軍大臣・海軍大将
中橋徳五郎	1919. 8.29	華族・授爵	不許可	文部大臣・衆議院議員
山本達雄	1919. 8.29	華族・授爵	20.9.7授爵	農商務大臣・貴族院勅選議員
内田康哉	1919. 8.29	陞爵	不許可	外務大臣
高橋是清	1919. 8.29	陞爵	不許可	大蔵大臣・貴族院勅選議員
野田卯太郎	1919. 8.29	華族・授爵	不許可	逓信大臣・衆議院議員
高橋光威	1919. 8.29	華族・授爵	不許可	内閣書記官長・衆議院議員
横田千之助	1919. 8.29	華族・授爵	不許可	法制局長官・衆議院議員
伊東巳代治	1919. 8.29	陞爵	不許可	枢密顧問官・臨時外交調査委員会委員
平田東助	1919. 8.29	陞爵	不許可	臨時外交調査委員会委員・法学博士
後藤新平	1919. 8.29	陞爵	不許可	臨時外交調査委員会委員
犬養　毅	1919. 8.29	華族・授爵	不許可	臨時外交調査委員会委員・衆議院議員
元田　肇	1919. 8.29	華族・授爵	不許可	臨時外交調査委員会委員・衆議院議員
朝鮮貴族	1919.10. 6	華族・授爵	不許可	朝鮮貴族
寺内正毅	1919.10.20	陞爵	不許可	内閣総理大臣前官礼遇・元帥・陸軍大将
犬養　毅	1919.11. 6	華族・授爵	不許可	臨時外交調査委員会委員・衆議院議員
安川敬一郎	1919.12.22	華族・授爵	20.1.13授爵	明治炭坑株式会社・九州製鉄株式会社・明治専門学校創始者
川崎芳太郎	1919.12.24	華族・授爵	20.1.13授爵	川崎造船所社長
古市公威	1919.12.24	華族・授爵	19.12.27授爵	東京帝国大学名誉教授・帝国学士院会員・(財)理化学研究所々長・工学博士
前田正名	1919.12.24	華族・授爵	不許可	貴族院勅選議員
大正9年(1920)				
李　完用	1920. 1.27	陞爵	20.12.28陞爵	朝鮮貴族
宋　秉畯	1920. 1.27	陞爵	20.12.28陞爵	朝鮮貴族
高　羲敬	1920. 4.26	陞爵	20.4.28陞爵	朝鮮貴族・宮内省御用掛(宗秩寮勤務)
石黒忠悳	1920. 7.19	陞爵	20.9.4陞爵	退役陸軍軍医総監・枢密顧問官
渋沢栄一	1920. 7.19	陞爵	20.9.4陞爵	元貴族院勅選議員
犬養　毅	1920. 8. 9	華族・授爵	不許可	衆議院議員・臨時外交調査委員会委員
西園寺公望	1920. 8.11	陞爵	20.9.7陞爵	内閣総理大臣前官礼遇・パリ講和会議主席全権
内田康哉	1920. 8.11	陞爵	20.9.7陞爵	外務大臣
珍田捨巳	1920. 8.11	陞爵	20.9.7陞爵	駐英大使
高橋是清	1920. 8.11	陞爵	20.9.7陞爵	大蔵大臣
牧野伸顕	1920. 8.11	陞爵	20.9.7陞爵	貴族院勅選議員
加藤友三郎	1920. 8.11	陞爵	20.9.7授爵	海軍大将・海軍大臣

人　　名	年 月 日	請願内容	結　　果	旧 家 格 ・ 主 な 職 歴
大正9年(1920)				
田中義一	1920. 8.11	陞爵	20.9.7授爵	陸軍中将・陸軍大臣
山本達雄	1920. 8.11	陞爵	20.9.7授爵	農商務大臣
松井慶四郎	1920. 8.11	陞爵	20.9.7授爵	駐仏大使
伊集院彦吉	1920. 8.11	陞爵	20.9.7授爵	駐伊大使
幣原喜重郎	1920. 8.11	陞爵	20.9.7授爵	駐米大使
加藤友三郎	1920. 8.24	華族・授爵	20.9.7授爵	海軍大将・海軍大臣
上原勇作	1920.12.10	陞爵	21.4.18陞爵	陸軍大将・参謀総長
大谷喜久蔵	1920.12.10	華族・授爵	20.12.28授爵	陸軍大将・教育総監
大井成元	1920.12.10	華族・授爵	21.4.18授爵	陸軍大将・ウラジオ派遣軍司令官
島村速雄	1920.12.10	陞爵	不許可	海軍大将
李　完用	1920.12.16	陞爵	20.12.28陞爵	朝鮮貴族
宋　秉畯	1920.12.16	陞爵	20.12.28陞爵	朝鮮貴族
高崎親章	1920.12.25	華族・授爵	不許可	貴族院勅選議員・錦鶏間祗候
大正10年(1921)				
梶田亀三郎推薦の人物	1921. 3.14	華族・授爵	不許可	梶田亀三郎推薦の人物
大島健一	1921. 3.19	華族・授爵	不許可	元陸軍大臣・陸軍中将・貴族院勅選議員
鈴木荘六	1921. 3.19	華族・授爵	不許可	第5師団長・陸軍中将
上原勇作	1921. 4. 1	陞爵	21.4.18陞爵	陸軍大将・参謀総長
大井成元	1921. 4. 1	華族・授爵	21.4.18授爵	陸軍大将・ウラジオ派遣軍司令官
田中俊清	1921. 5.25	華族・授爵	不許可	石清水八幡宮宮司
伊東巳代治	1921. 7.24	陞爵	22.9.25陞爵	枢密顧問官
国分象太郎	1921. 9. 7	華族・授爵	不許可	宮内省李王職次官
内山小二郎	1921.11.24	華族・授爵	21.11.26授爵	陸軍大将・侍従武官長
大正11年(1922)				
大隈重信	1922. 1. 8	陞爵	不許可	内閣総理大臣前官礼遇
島津久厚	1922. 1.19	陞爵	不許可	旧薩摩国鹿児島藩一門
上野某(景明カ)	1922. 1.19	華族・授爵	不許可	上野景範長男
鮫島　某	1922. 1.19	華族・授爵	不許可	鮫島尚信遺族
野津　某	1922. 1.19	華族・授爵	不許可	野津鎮雄遺族
山県有光	1922. 1.31	華族・授爵	22.2.1授爵	山県有朋外孫
森林太郎	(1922. 7. 9)	華族・授爵	不許可	予備役陸軍軍医総監・元陸軍省医務局長・宮内省図書頭兼帝室・博物館々長・医学博士・文学博士
平田東助	1922. 9.16	陞爵	22.9.25陞爵	内大臣
伊東巳代治	1922. 9.16	陞爵	22.9.25陞爵	枢密顧問官・臨時外交調査委員会委員
後藤新平	1922. 9.16	陞爵	22.9.25陞爵	臨時外交調査委員会委員
加藤友三郎	1922. 9.22	陞爵	不許可	内閣総理大臣・海軍大将
犬養　毅	1922. 9.26	華族・授爵	不許可	衆議院議員・元臨時外交調査委員会委員
平山成信	1922.10. 4	華族・授爵	不許可	枢密顧問官・内大臣府御用掛・日本赤十字社々長
江川英武	1922.12. 8	華族・授爵	不許可	旧韮山代官・旧上士・元韮山県権知事
本間光弥	1922.12.11	華族・授爵	不許可	信成合資会社々長
平山成信	1922	華族・授爵	不許可	枢密顧問官・日本赤十字社々長
大正12年(1923)				
江川英武	1923. 5.19	華族・授爵	不許可	旧韮山代官・旧上士・元韮山県権知事
松平保男	1923. 5	陞爵	不許可	旧陸奥国斗南藩主
松平定晴	1923. 5	陞爵	不許可	旧伊勢国桑名藩主
本間光弥	1923. 7. 1	華族・授爵	不許可	信成合資会社々長
島津久厚	1923. 7	陞爵	不許可	旧薩摩国鹿児島藩一門
服部一三	1923. 8. 4	華族・授爵	不許可	貴族院勅選議員・錦鶏間祗候
立花小一郎	1923. 8.10	華族・授爵	23.10.16授爵	陸軍大将
加藤友三郎	1923. 8.24	陞爵	23.8.24陞爵	内閣総理大臣・海軍大将
原　保太郎	1923.11.30	華族・授爵	不許可	貴族院勅選議員・錦鶏間祗候
東郷平八郎	1923.12. 3	陞爵	不許可	元帥・海軍大将

人　名	年 月 日	請願内容	結　果	旧家格・主な職歴
大正12年(1923)				
大森鍾一	1923.12. 3	陞爵	不許可	皇后宮大夫兼枢密顧問官
入江為守	1923.12. 3	陞爵	不許可	東宮侍従長・旧堂上公家
三浦謹之助	1923.12. 3	華族・授爵	不許可	東京帝国大学教授・医学博士
佐藤三吉	1923.12. 3	華族・授爵	不許可	貴族院勅選議員・東京帝国大学名誉教授・帝国学士院会員・医学博士
一木喜徳郎	1923.12. 3	華族・授爵	不許可	枢密顧問官・秩父宮御用掛
岡野敬次郎	1923.12. 3	華族・授爵	不許可	文部大臣
平山成信	1923.12. 3	華族・授爵	24.2.11授爵	枢密顧問官・内大臣府御用掛
清浦奎吾	1923.12. 3	陞爵	不許可	枢密院議長
牧野伸顕	1923.12. 3	陞爵	不許可	宮内大臣
平山成信	1923.12.27	華族・授爵	24.2.11授爵	枢密顧問官
浅野長勲	1923.12.30	陞爵	不許可	旧安芸国広島藩主
稲田邦植	1923.12.30	陞爵	不許可	旧阿波国徳島藩家老・洲本城代
本間光弥	1923.12.30	華族・授爵	不許可	信成合資会社々長
服部一三	1923.12.30	華族・授爵	不許可	貴族院勅選議員・錦鶏間祗候
北里柴三郎	1923.12.30	華族・授爵	24.2.11授爵	貴族院帝国学士院互選議員
富井政章	1923.12	華族・授爵	不許可	枢密顧問官・法学博士・東京帝国大学名誉教授・宮内省及内大臣府御用掛
川路利恭	1923.12	華族・授爵	不許可	錦鶏間祗候(元福岡県知事)・大警視川路利良の養子
大正13年(1924)				
吉田松陰の子孫	1924. 1.12	華族・授爵	不許可	吉田松陰の子孫
橋本左内の子孫	1924. 1.12	華族・授爵	不許可	橋本左内の子孫
宮内官	1924. 1.12	陞爵	不許可	宮内官
平山成信	1924. 1.17	華族・授爵	24.2.11授爵	枢密顧問官
北里柴三郎	1924. 1.17	華族・授爵	24.2.11授爵	貴族院帝国学士院互選議員
岡野敬次郎	1924. 1.17	華族・授爵	不許可	枢密院副議長
富井政章	1924. 1.17	華族・授爵	不許可	枢密顧問官・法学博士・東京帝国大学名誉教授
江川英武	1924. 1.17	華族・授爵	不許可	旧韮山代官・旧上士・元韮山県権知事
藤波氏宣	1924. 1.17	華族・授爵	不許可	旧伊勢神宮内宮神主
世木氏公	1924. 1.17	華族・授爵	不許可	旧伊勢神宮外宮神主
薗田守理	1924. 1.17	華族・授爵	不許可	旧伊勢神宮内宮神主
久志本常幸	1924. 1.17	華族・授爵	不許可	旧伊勢神宮外宮神主
松木時彦	1924. 1.17	華族・授爵	不許可	旧伊勢神宮外宮神主
檜垣常伯	1924. 1.17	華族・授爵	不許可	旧伊勢神宮外宮神主
檜垣清澄	1924. 1.17	華族・授爵	不許可	旧伊勢神宮外宮神主
慶光院利敬	1924. 1.17	華族・授爵	不許可	旧慶光院住職・伊勢神宮禰宜
島津久厚	1924. 1.17	陞爵	不許可	旧薩摩国鹿児島藩主一門
徳川好敏	1924. 1.17	華族・復爵	不許可	旧徳川御三卿(清水家)・陸軍工兵中佐
二条邦基	1924. 1.17	華族・授爵	不許可	二条基弘(公爵)次男
清浦奎吾	1924. 1.18	陞爵	不許可	内閣総理大臣
牧野伸顕	1924. 1.18	陞爵	不許可	宮内大臣
久保田譲	1924. 1.18	陞爵	不許可	枢密顧問官
一木喜徳郎	1924. 1.18	華族・授爵	不許可	枢密顧問官
倉富勇三郎	1924. 1.18	華族・授爵	不許可	枢密顧問官兼帝室会計審査局長官
平山成信	1924. 1.20	華族・授爵	24.2.11授爵	枢密顧問官
岡野敬次郎	1924. 1.20	華族・授爵	不許可	貴族院勅選議員
北里柴三郎	1924. 1.20	華族・授爵	24.2.11授爵	貴族院帝国学士院互選議員
弘田　長	1924. 1.20	華族・授爵	不許可	東京帝国大学名誉教授
団　琢磨	1924. 1.22	華族・授爵	不許可	三井合名会社理事長
和田豊治	1924. 1.22	華族・授爵	不許可	貴族院勅選議員・内務省社会局参与
東郷平八郎	1924. 1.29	陞爵	不許可	元帥・海軍大将
得能某(通要カ)	1924. 1	授爵	不許可	大蔵省印刷局長得能・良介の遺族

人 名	年 月 日	請願内容	結 果	旧家格・主な職歴
大正13年(1924)				
李 恒九	1924. 2. 5	朝鮮貴族・授爵	24.2.11授爵	朝鮮貴族李完用(侯爵)次男・李王職礼式課長兼賛侍
倉富勇三郎	1924. 2.22	華族・授爵	不許可	枢密顧問官兼帝室会計審査局長官
大森鐘一	1924. 2.22	陞爵	不許可	皇后宮大夫兼枢密顧問官
江川英武	1924. 3.12	華族・授爵	不許可	旧韮山代官・旧上士・元韮山県権知事
斎藤 実	1924.3.30	陞爵	24.4.9陞爵	海軍大将・朝鮮総督
松方幸次郎	1924. 7. 3	華族・授爵	不許可	松方正義(公爵)三男・川崎造船所社長
大正14年(1925)				
芳沢謙吉	1925. 2. 2	華族・授爵	不許可	特命全権公使(中華民国駐箚)
岡野敬次郎	1925.12.16	華族・授爵	25.12.18授爵	枢密院副議長
大正15年=昭和元年(1926)				
穂積陳重	1926. 4. 7	陞爵	不許可	枢密院議長
伊東巳代治	1926. 6.16	陞爵	不許可	枢密顧問官・臨時外交調査委員会委員・臨時御歴代史実考査委員会委員長・帝室制度審議会総裁
伊東巳代治	1926. 8.19	陞爵	不許可	枢密顧問官・臨時外交調査委員会委員・臨時御歴代史実考査委員会委員長・帝室制度審議会総裁
一木喜徳郎	1926.10. 5	華族・授爵	不許可	宮内大臣
平沼騏一郎	1926.10. 5	華族・授爵	26.10.28授爵	枢密顧問官・宮内省及内大臣府御用掛・帝室制度審議会委員
倉富勇三郎	1926.10. 5	華族・授爵	26.10.28授爵	枢密顧問官・宮内省及内大臣府御用掛・帝室制度審議会委員
富井政章	1926.10. 5	華族・授爵	26.10.28授爵	枢密顧問官・宮内省及内大臣府御用掛・帝室制度審議会委員・東京帝国大学名誉教授
佐藤昌介	1926.10. 6	華族・授爵	不許可	北海道帝国大学総長(親任官待遇)
昭和2年(1927)				
野田卯太郎	1927. 2.15	華族・授爵	不許可	元逓信大臣・元商工大臣
島津久厚	1927. 2.25	陞爵	不許可	旧薩摩国鹿児島藩一門
林 権助	1927. 3. 1	陞爵	不許可	特命全権大使(待命中)・宮内省御用掛(秩父宮付)
江川英武	1927. 6.25	華族・授爵	不許可	旧韮山代官・旧上士・元韮山県権知事
後藤新平	1927.10. 3	陞爵	不許可	貴族院勅選議員
斎藤 実	1927.12. 2	陞爵	不許可	海軍大将・朝鮮総督
昭和3年(1928)				
団 琢磨	1928. 6.13	華族・授爵	28.11.10授爵	三井合名会社理事長
東郷平八郎	1928. 7.20	華族・授爵	不許可	元帥・海軍大将
辜 顕栄	1928. 7.20	華族・授爵	不許可	台湾総督府評議会員
林 熊徴	1928. 7.20	華族・授爵	不許可	林本源製糖会社・華南銀行創始者
江木千之	1928. 7.20	華族・授爵	不許可	枢密顧問官
岡田良平	1928. 7.20	華族・授爵	不許可	貴族院勅選議員・元文部大臣
伊達興宗	1928. 7.22	陞爵	不許可	旧陸奥国仙台藩主
金 英鎮	1928. 7.30	華族・授爵	不許可	朝鮮総督府全羅北道参与官
住友吉左衛門(友成)	1928. 7.30	陞爵	不許可	住友本社々長
藤田平太郎	1928. 7.30	陞爵	不許可	貴族院男爵互選議員
徳川圀順	1928. 7.30	陞爵	不許可	貴族院侯爵議員・日本赤十字社副社長・陸軍歩兵少尉
服部一三	1928. 7.30	華族・授爵	不許可	貴族院勅選議員・錦鶏間祗候
桜井錠二	1928. 7.31	華族・授爵	不許可	枢密顧問官・帝国学士院々長
鎌田栄吉	1928. 7.31	華族・授爵	不許可	枢密顧問官
佐藤三吉	1928. 7.31	華族・授爵	不許可	貴族院勅選議員・帝国学士院会員・東京帝国大学名誉教授・医学博士
高田早苗	1928. 7.31	華族・授爵	不許可	貴族院勅選議員・帝国学士院会員
最上彰義	1928. 8. 3	華族・授爵	不許可	旧交代寄合・中大夫
島津久厚	1928. 8.13	陞爵	不許可	旧薩摩国鹿児島藩一門
伊達興宗	1928. 8.18	陞爵	不許可	旧陸奥国仙台藩主
南部利淳	1928. 9. 5	陞爵	不許可	旧陸奥国盛岡藩主
松平保男	1928. 9. 8	陞爵	不許可	旧陸奥国斗南藩主・予備役海軍少将

人　名	年月日	請願内容	結　果	旧家格・主な職歴
昭和3年(1928)				
山下源太郎	1928. 9.15	華族・授爵	28.11.10授爵	海軍大将
財部　彪	1928. 9.15	華族・授爵	不許可	海軍大将
南部日実	1928. 9.21	陞爵	不許可	旧陸奥国盛岡藩一門
伊達興宗	1928. 9.28	陞爵	不許可	旧陸奥国仙台藩主
徳川圀順	1928. 9	陞爵	不許可	旧常陸国水戸藩主・貴族院侯爵議員・日本赤十字社副社長・陸軍歩兵少尉
高島　某	1928.10. 1	華族・授爵	不許可	高島四郎大夫(秋帆)遺族
永井　某	1928.10. 1	華族・授爵	不許可	永井尚志長男
桜井錠二	1928.10.10	華族・授爵	不許可	枢密顧問官・帝国学士院々長
奈良武次	1928.10.10	華族・授爵	不許可	陸軍大将・侍従武官長
山下源太郎	1928.10.10	華族・授爵	28.11.10授爵	予備役海軍大将
馬越恭平	1928.10.10	華族・授爵	不許可	貴族院勅選議員・(株)大日本麦酒社長
浅野総一郎	1928.10.10	華族・授爵	不許可	浅野財閥創始者
団　琢磨	1928.10.10	華族・授爵	28.11.10授爵	三井合名会社理事長
藤原銀次郎	1928.10.10	華族・授爵	不許可	王子製紙社長
井上準之助	1928.10.10	華族・授爵	不許可	貴族院勅選議員
藤山雷太	1928.10.10	華族・授爵	不許可	貴族院勅選議員・藤山コンツェルン創始者
鈴木喜三郎	1928.10.10	華族・授爵	不許可	貴族院勅選議員
原　嘉道	1928.10.10	華族・授爵	不許可	司法大臣・法学博士
江川英武	1928.10.15	華族・授爵	不許可	旧韮山代官・旧上士・元韮山県権知事
秋山好古	1928.10.16	華族・授爵	不許可	予備役陸軍大将・松山市北予中学校々長
一戸兵衛	1928.10.16	華族・授爵	不許可	予備役陸軍大将・官幣大社明治神宮々司
田中俊清	1928.10.21	華族・授爵	不許可	石清水八幡宮宮司・内務省神祇院参与
田村丕顕	1928.10.25	陞爵	不許可	予備役海軍少将
伊達興宗	1928.10.25	陞爵	不許可	旧陸奥国仙台藩主
藤堂高紹	1928.10.25	陞爵	不許可	旧伊勢国津藩主
南部利淳	1928.10.25	陞爵	不許可	旧陸奥国盛岡藩主
松平保男	1928.10.25	陞爵	不許可	旧陸奥国斗南藩主・予備役海軍少将
松平定晴	1928.10.25	陞爵	不許可	旧伊勢国桑名藩主
南部日実	1928.10.25	陞爵	不許可	旧陸奥国盛岡藩主一門
大久保忠言	1928.10.25	陞爵	不許可	旧相模国小田原藩主
田中俊清	1928.10.25	華族・授爵	不許可	石清水八幡宮宮司・内務省神祇院参与
徳川好敏	1928.10.25	華族・復爵	28.11.10授爵(復爵は却下)	旧徳川御三卿(清水家)・陸軍工兵大佐
清浦奎吾	1928.11. 5	陞爵	28.11.10陞爵	貴族院勅選議員
後藤新平	1928.11. 5	陞爵	28.11.10陞爵	貴族院勅選議員
団　琢磨	1928.11. 5	華族・授爵	28.11.10授爵	三井合名会社理事長
徳川好敏	1928.11. 5	華族・授爵	28.11.10授爵(復爵は却下)	旧徳川御三卿(清水家)・陸軍工兵大佐
佐藤昌介	1928.11.10	華族・授爵	28.11.10授爵	北海道帝国大学総長
大阪府南河内郡誠忠志士の遺族(仲余慶カ)	1928	華族・授爵	不許可	大阪府南河内郡誠忠志士の遺族
島津久大	1928	華族・授爵	不許可	島津忠済(公爵)次男
昭和4年(1929)				
島津久大	1929. 6.13	華族・授爵	不許可	島津忠済(公爵)次男
徳川圀順	1929. 9. 9	陞爵	29.11.18陞爵	旧常陸国水戸藩主・貴族院侯爵議員・日本赤十字社副社長・陸軍歩兵少尉
徳川圀順	1929.11.11	陞爵	29.11.18陞爵	旧常陸国水戸藩主・貴族院侯爵議員・日本赤十字社副社長・陸軍歩兵少尉
近藤基樹	1929.12. 9	華族・授爵	29.12.26授爵	海軍造船中将・工学博士
昭和5年(1930)				
鈴木荘六	1930. 2.17	華族・授爵	不許可	陸軍大将・参謀総長

人　名	年 月 日	請願内容	結　果	旧家格・主な職歴
昭和5年(1930)				
松方義三郎	1930. 6.23	華族・復爵・再授爵	不許可	松方正義(公爵)庶子
松方　巌	1930.12.21	華族・復爵・再授爵	不許可	松方正義(公爵)長男・元公爵
若槻礼次郎	1930.12.29	華族・授爵	32.4.11授爵	元内閣総理大臣・貴族院勅選議員
昭和6年(1931)				
久邇宮邦英王	1931. 2.17	臣籍降下・華族・陞爵	31.4.4授爵(侯での授爵は却下)	久邇宮邦彦王第3子
若槻礼次郎	1931. 4. 1	華族・授爵	31.4.11授爵	元内閣総理大臣・貴族院勅選議員
渋沢栄一	1931.11.11	陞爵	不許可	元貴族院勅選議員
昭和7年(1932)				
松方　巌	1932. 3.22	華族・復爵・再授爵	不許可	松方正義(公爵)長男・元公爵
白川義則	1932. 5.21	華族・授爵	32.5.23授爵	陸軍大将・上海派遣軍司令官
吉田　茂	1932. 9.15	華族・授爵	不許可	特命全権大使(イタリア駐箚)
昭和8年(1933)				
一木喜徳郎	1933. 2.17	華族・授爵	33.4.25授爵(子爵案は却下)	前宮内大臣
奈良武次	1933. 3.30	華族・授爵	33.4.25授爵	陸軍大将・侍従武官長・議定官
奈良武次	1933. 4. 5	華族・授爵	33.4.25授爵	陸軍大将・侍従武官長・議定官
一木喜徳郎	1933. 4.24	華族・授爵	33.4.25授爵	元宮内大臣
武藤信義	1933. 7.27	華族・授爵	33.7.27授爵	元帥・陸軍大将・関東軍司令官・関東長官・特命全権大使(満州国駐箚)
松方　巌	1933. 9. 4	華族・復爵・再授爵	不許可	松方正義(公爵)長男・元公爵
金子堅太郎	1933. 9. 6	陞爵	34.1.4陞爵	枢密顧問官
新渡戸稲造	(1933.10.15)	華族・授爵	不許可	貴族院勅選議員・帝国学士院会員・農学博士・法学博士・元東京帝国大学教授
金子堅太郎	1933.10.20	陞爵	34.1.4陞爵	枢密顧問官
金子堅太郎	1933.11.17	陞爵	34.1.4陞爵	枢密顧問官
金子堅太郎	1933.12. 2	陞爵	34.1.4陞爵	枢密顧問官
本庄　繁	1933.12.14	華族・授爵	不許可	陸軍大将・侍従武官長
荒木貞夫	1933.12.14	華族・授爵	不許可	陸軍大将・軍事参議官
大角岑生	1933.12.14	華族・授爵	不許可	海軍大将・海軍大臣
斎藤　実	1933.12.14	陞爵	不許可	予備役海軍大将・内閣総理大臣
昭和9年(1934)				
金子堅太郎	1934. 1. 3	陞爵	29.1.4陞爵	枢密顧問官
松方　巌	1934. 2. 7	華族・復爵・再授爵	不許可	松方正義(公爵)長男・元公爵
倉富勇三郎	1934. 5.22	陞爵	不許可	元枢密院議長
東郷平八郎	1934. 5.29	陞爵	34.5.29陞爵	元帥・海軍大将
古在由直	(1934. 6.18)	華族・授爵	不許可	東京帝国大学名誉教授・元東京帝国大学総長・農学博士
旧東北諸藩々主	1934. 9.21	陞爵	不許可	旧東北諸藩々主
川村鉄太郎	1934. 9.26	陞爵	不許可	貴族院伯爵互選議員
旧東北諸藩々主	1934. 9.26	陞爵	不許可	旧東北諸藩々主
昭和10年(1935)				
宇垣一成	1935.9.19	華族・授爵	不許可	朝鮮総督・陸軍大将
大角岑生	1935.12.21	華族・授爵	35.12.26授爵	海軍大将・海軍大臣
本庄　繁	1935.12.21	華族・授爵	35.12.26授爵	陸軍大将・侍従武官長
荒木貞夫	1935.12.21	華族・授爵	35.12.26授爵	陸軍大将
昭和11年(1936)				
鈴木貫太郎	1936.11	華族・授爵	36.11.20授爵	予備役海軍大将・侍従長兼枢密顧問官
高野宗正	1936	復爵	不許可	旧堂上公家(羽林家)・元子爵

人　名	年 月 日	請願内容	結　果	旧 家 格 ・ 主 な 職 歴
昭和11年(1936)				
西洞院信意	1936	陞爵	不許可	旧堂上公家(半家)
昭和12年(1937)				
阪谷芳郎	1937. 4.16	陞爵	不許可	貴族院男爵互選議員
昭和13年(1938)				
嘉納治五郎	(1938.5. 4)	華族・授爵	不許可	貴族院勅選議員・東京高等師範学校名誉教授
入沢達吉	(1938.11.8)	華族・授爵	不許可	東京帝国大学名誉教授・元東京帝国大学医学部長・元宮内省侍医頭・医学博士
昭和14年(1939)				
桜井錠二	1939. 1.28	華族・授爵	39.1.28授爵	枢密顧問官・帝国学士院々長
徳川圀禎	1939. 4.29	華族・授爵	不許可	徳川圀順(公爵)次男・陸軍砲兵少佐
昭和15年(1940)				
松平保男	1940.10.12	陞爵	不許可	旧陸奥国斗南藩主・予備役海軍少将
湯浅倉平	1940.12	華族・授爵	1940.12.24授爵	元内大臣
昭和16年(1941)				
中世期における皇族の末裔	1941. 3.10	華族・授爵	不許可	中世期における皇族の末裔
長与又郎	1941. 8	華族・授爵	41.8.15授爵	東京帝国大学名誉教授・医学博士・帝国学士院会員
阪谷芳郎	1941.11.11	陞爵	41.11.11陞爵	貴族院議員(男爵互選)
昭和18年(1943)				
平賀　譲	1943. 2.17	華族・授爵	43.2.17授爵	海軍技術中将・工学博士・東京帝国大学名誉教授・東京帝国大学総長・帝国学士院会員
山本五十六	1943. 5.21	華族・授爵	不許可	海軍大将・連合艦隊司令長官
佐藤三吉	(1943. 6.17)	華族・授爵	不許可	貴族院勅選議員・帝国学士院会員・東京帝国大学名誉教授・元東京帝国大学・医学部長・医学博士
東条英機	1943.11.16	華族・授爵	不許可	内閣総理大臣・陸軍大将
昭和18-19年(1943-44)				
田中舘愛橘	1943～44	華族・授爵	不許可	貴族院帝国学士院会員議員・帝国学士院会員・東京帝国大学名誉教授・理学博士
本多光太郎	1943～44	華族・授爵	不許可	東北帝国大学名誉教授・元東北帝国大学総長
長岡半太郎	1943～44	華族・授爵	不許可	貴族院帝国学士院会員議員・帝国学士院会員・東京帝国大学名誉教授・大阪帝国大学名誉教授・元大阪帝国大学総長
徳富猪一郎	1943～44	華族・授爵	不許可	貴族院勅選議員・帝国学士院会員・帝国芸術院会員
昭和19年(1944)				
音羽正彦	1944. 2.27	陞爵	不許可	朝香宮鳩彦王次男・海軍大尉(死後、少佐に昇進)
原　嘉道	1944. 8. 7	華族・授爵	44.8.7授爵	枢密院議長・議定官

付表2　華族一覧（年月日順）

凡例　1）華族に授爵された家を，授爵の年月日順に配列した．明治17年(1884) 7月7日華族令公布以前の同等の身分を認められた家をも含めた．その基準については本書の「解題」参照．

2）＊印は本文搭載項目であることを示す．

3）本表作成にあたって，霞会館諸家資料調査委員会編『華族制度資料集』，酒巻芳男『華族制度の研究―在りし日の華族制度―』，杉本勝二郎編『華族列伝国乃礎』などを参照した．

第一期(慶応4年～明治2年6月16日)に堂上・堂上格・諸侯に列した者

	年月日	身　分	氏　名	出身・続柄等
明治元年(1868)				
	1月24日	諸侯	成瀬正肥	元名古屋藩付家老
	1月24日	諸侯	竹腰正旧	元名古屋藩付家老
	1月24日	諸侯	水野忠幹	元和歌山藩付家老
	1月24日	諸侯	安藤直裕	元和歌山藩付家老
	1月24日	諸侯	中山信徴	元水戸藩付家老
	3月12日	諸侯	吉川経幹	元山口藩一門
	5月24日	諸侯	徳川茂栄	元御三卿一橋家
	5月24日	諸侯	徳川慶頼	元御三卿田安家
＊	6月15日	諸侯	山崎治正	元交代寄合表御礼衆
＊	6月15日	諸侯	山名義済	元交代寄合表御礼衆
＊	6月15日	諸侯	池田喜通	元交代寄合表御礼衆
	6月一日	堂上	岩倉具経	羽林家／岩倉具視次男
＊	7月13日	諸侯	平野長裕	元交代寄合表御礼衆
＊	7月13日	諸侯	本堂親久	元交代寄合表御礼衆
	9月13日	一代堂上	久我(北畠)通城	清華家／久我建通四男．明治3年12月17日永世華族，同4年7月19日久我より北畠と改姓
＊	9月18日	諸侯	大沢基寿	元高家．明治4年11月29日士族降格の上，従四位返上
＊	11月 2日	諸侯	生駒親敬	元交代寄合表御礼衆
明治2年(1869)				
＊	1月19日	堂上	玉松真弘	羽林家／山本公弘次男
	2月21日	堂上	若王子遠文	羽林家／山科言知次男
	3月 6日	堂上格	松園隆温	摂家／九条尚忠三男(元大乗院門跡)
＊	3月 6日	堂上格	水谷川忠起	摂家／近衛忠熙八男(元一乗院門跡)
	3月 6日	堂上格	中川興長	名家／甘露寺愛長七男(元興福寺学侶五大院)
	3月 6日	堂上格	長尾顕慎	名家／勧修寺顕彰四男(元興福寺学侶惣殊院)
	3月 6日	堂上格	穂穙俊弘	名家／坊城俊明三男(元興福寺学侶玉林院)
	3月 6日	堂上格	竹園用長	名家／甘露寺愛長三男(元興福寺学侶宝掌院)
	3月 6日	堂上格	粟田口定孝	名家／葉室顕孝六男(元興福寺学侶養賢院)
	3月 6日	堂上格	藤大路納親	羽林家／堀河康親三男(元興福寺学侶延寿院)
	3月 6日	堂上格	芝小路豊訓	名家／芝山国豊次男(元興福寺学侶成身院)
	3月 6日	堂上格	鷺原量長	名家／甘露寺勝長四男(元興福寺学侶恵海院)．明治21年5月10日爵位返上
	3月 6日	堂上格	北大路季敏	羽林家／阿野公誠次男(元興福寺院家東北院)
	3月 6日	堂上格	北河原公憲	羽林家／四辻公績五男(元興福寺学侶中蔵院)
	3月 6日	堂上格	藤枝雅之	羽林家／飛鳥井雅典次男(元興福寺学侶清浄院)
	3月 6日	堂上格	今園国映	名家／芝山国典次男(元興福寺学侶賢聖院)
	3月 6日	堂上格	太秦供親	羽林家／桜井供秀次男(元興福寺学侶慈尊院)
	3月 6日	堂上格	杉渓言長	羽林家／山科言縄三男(元興福寺学侶妙徳院)
	3月 6日	堂上格	河辺隆次	羽林家／油小路隆晃三男(元興福寺学侶勧修坊)
	3月 6日	堂上格	相楽富道	半家／富小路敬直次男(元興福寺学侶慈門院)
	3月 6日	堂上格	芝亭実忠	羽林家／裏辻公愛三男(元興福寺学侶龍雲院)
	3月 6日	堂上格	鹿園空晁	清華家／三条実起七男(元興福寺院家喜多院)
	3月 6日	堂上格	南　光度	名家／広橋伊光六男(元興福寺院家修南院)
	3月 6日	堂上格	松林為成	羽林家／冷泉為則五男(元興福寺院家松林院)
＊	3月 6日	一代堂上	梶野行篤	半家／石井行弘次男(元興福寺学侶無量寿院)

	年 月 日	身　分	氏　名	出 身 ・ 続 柄 等
*	(明治2年) 3月 6日	一代堂上	小松行敏	半家／石井行弘三男(元興福寺学侶不動院)
*	3月 6日	一代堂上	西五辻文仲	半家／五辻高仲次男(元興福寺学侶明王院)
*	3月 6日	一代堂上	南岩倉具威	羽林家／岩倉具視長男(元興福寺学侶正智院)

第二期(明治2年6月17日〜同17年7月6日)に華族・華族格・終身華族に列した者

	年 月 日	身　分	氏　名	出 身 ・ 続 柄 等
明治2年(1869)				
	6月17日	華族	飛鳥井雅典	羽林家
	6月17日	華族	姉小路公義	羽林家
	6月17日	華族	阿野公誠	羽林家
	6月17日	華族	油小路隆晃	羽林家
	6月17日	華族	綾小路有長	羽林家
	6月17日	華族	池尻胤房	名家
	6月17日	華族	石山基文	羽林家
	6月17日	華族	一条忠貞	摂家
	6月17日	華族	五辻高仲	半家
	6月17日	華族	今城定章	羽林家
	6月17日	華族	入江為福	羽林家
	6月17日	華族	石井行光	半家
	6月17日	華族	岩倉具慶	羽林家
	6月17日	華族	岩倉具経	羽林家／岩倉具視次男
	6月17日	華族	石野基安	羽林家
	6月17日	華族	植松雅言	羽林家
	6月17日	華族	梅小路定行	名家
	6月17日	華族	梅園実好	羽林家
	6月17日	華族	梅溪通善	羽林家
	6月17日	華族	裏辻公愛	羽林家
	6月17日	華族	裏松恭光	名家
	6月17日	華族	大炊御門家信	清華家
	6月17日	華族	正親町実徳	羽林家
	6月17日	華族	正親町三条(嵯峨)実愛	大臣家．明治3年12月29日正親町三条から嵯峨と改姓
	6月17日	華族	大原重徳	羽林家
	6月17日	華族	大宮以季	羽林家
	6月17日	華族	岡崎国有	名家
	6月17日	華族	小倉輔季	羽林家
	6月17日	華族	押小路実潔	羽林家
	6月17日	華族	愛宕通祐	羽林家
	6月17日	華族	花山院家理	清華家
	6月17日	華族	風早公紀	羽林家
	6月17日	華族	勧修寺経理	名家
	6月17日	華族	交野時万	名家
	6月17日	華族	勘解由小路資生	名家
	6月17日	華族	烏丸光徳	名家
	6月17日	華族	唐橋在光	半家
	6月17日	華族	河鰭実文	羽林家
	6月17日	華族	甘露寺勝長	名家
	6月17日	華族	菊亭(今出川)脩季	清華家．明治以後、今出川から菊亭と改姓
	6月17日	華族	北小路随光	名家
	6月17日	華族	北小路俊親	半家
	6月17日	華族	北小路俊昌	元地下官人(六位蔵人)
	6月17日	華族	清岡長煕	半家
	6月17日	華族	櫛笥隆韶	羽林家
	6月17日	華族	九条道孝	摂家

	年月日	身分	氏名	出身・続柄等
	(明治2年) 6月17日	華族	久世通熙	羽林家
	6月17日	華族	倉橋泰聡	半家
	6月17日	華族	桑原輔長	半家
	6月17日	華族	久我建通	清華家
	6月17日	華族	五条為栄	半家
	6月17日	華族	近衛忠熙	摂家
*	6月17日	華族	西園寺公望	清華家
	6月17日	華族	桜井供義	羽林家
	6月17日	華族	沢　為量	半家
	6月17日	華族	三条実美	清華家
	6月17日	華族	三条西季知	大臣家
	6月17日	華族	滋野井実在	羽林家
	6月17日	華族	慈光寺有仲	半家
*	6月17日	華族	四条隆謌	羽林家
	6月17日	華族	七条信祖	羽林家
	6月17日	華族	芝山慶豊	名家
	6月17日	華族	清水谷公正	羽林家
	6月17日	華族	持明院基静	羽林家
	6月17日	華族	白川資訓	半家
	6月17日	華族	清閑寺豊房	名家
	6月17日	華族	園　基祥	羽林家
	6月17日	華族	園池公静	羽林家
	6月17日	華族	醍醐忠順	清華家
	6月17日	華族	高丘紀季	羽林家
	6月17日	華族	高倉永則	半家
	6月17日	華族	鷹司輔熙	摂家
	6月17日	華族	高辻修長	半家
	6月17日	華族	高野保建	羽林家
	6月17日	華族	高松保実	羽林家
	6月17日	華族	竹内治則	半家
	6月17日	華族	竹屋光有	名家
*	6月17日	華族	玉松真弘	羽林家／山本公弘次男
	6月17日	華族	千種有文	羽林家
	6月17日	華族	土御門晴雄	半家
	6月17日	華族	堤　功長	名家
	6月17日	華族	徳大寺公純	清華家
	6月17日	華族	富小路敬直	半家
	6月17日	華族	外山光輔	名家
	6月17日	華族	豊岡随資	名家
	6月17日	華族	中園実受	羽林家
	6月17日	華族	長谷信篤	名家
	6月17日	華族	中院通富	大臣家
	6月17日	華族	中御門経之	名家
	6月17日	華族	中山忠能	羽林家
	6月17日	華族	難波宗礼	羽林家
	6月17日	華族	西大路隆意	羽林家
	6月17日	華族	錦小路頼言	半家
	6月17日	華族	錦織久隆	半家
	6月17日	華族	西洞院信堅	半家
	6月17日	華族	二条斉敬	摂家
	6月17日	華族	西四辻公恪	羽林家
	6月17日	華族	若王子遠文	羽林家／山科言知次男
	6月17日	華族	庭田重胤	羽林家
	6月17日	華族	野宮定功	羽林家

	年 月 日	身　分	氏　名	出 身 ・ 続 柄 等
	(明治２年)　6月17日	華族	萩原員光	半家
	6月17日	華族	橋本実麗	羽林家
	6月17日	華族	八条隆祐	羽林家
	6月17日	華族	花園実延	羽林家
	6月17日	華族	葉室長順	名家
*	6月17日	華族	東久世通禧	羽林家
	6月17日	華族	東園基敬	羽林家
	6月17日	華族	東坊城任長	半家
	6月17日	華族	樋口静康	羽林家
	6月17日	華族	日野資宗	名家
	6月17日	華族	日野西光善	名家
	6月17日	華族	平松時言	名家
	6月17日	華族	広橋胤保	名家
	6月17日	華族	広幡忠礼	清華家
	6月17日	華族	藤井行道	半家
	6月17日	華族	藤谷為遂	羽林家
	6月17日	華族	藤波教忠	半家
	6月17日	華族	伏原宣諭	半家
	6月17日	華族	舟橋康賢	半家
	6月17日	華族	坊城俊政	名家
	6月17日	華族	穂波経度	名家
	6月17日	華族	堀河親実	羽林家
	6月17日	華族	町尻量輔	羽林家
	6月17日	華族	松崎万長	名家／甘露寺勝長三男
	6月17日	華族	松木宗有	羽林家
	6月17日	華族	万里小路博房	名家
	6月17日	華族	水無瀬経家	羽林家
*	6月17日	華族	壬生基修	羽林家
	6月17日	華族	三室戸陳光	名家
	6月17日	華族	武者小路公香	羽林家
	6月17日	華族	柳原光愛	名家
	6月17日	華族	藪(高倉)実方	羽林家．昭和11年２月３日藪から高倉と改姓
	6月17日	華族	山科言成	羽林家
	6月17日	華族	山井氏暉	羽林家
	6月17日	華族	山本実政	羽林家
	6月17日	華族	吉田良義	半家
	6月17日	華族	四辻公賀	羽林家．明治17年６月四辻から室町と改姓
	6月17日	華族	冷泉為理	羽林家
	6月17日	華族	冷泉為柔	羽林家
	6月17日	華族	六条有容	羽林家
	6月17日	華族	六角博通	羽林家
	6月17日	華族	鷲尾隆聚	羽林家
	6月17日	華族	青木重義	摂津麻田藩主
	6月17日	華族	青山忠敏	丹波篠山藩主
	6月17日	華族	青山幸宜	美濃郡上藩主
	6月17日	華族	秋元礼朝	上野館林藩主
	6月17日	華族	秋田映季	陸奥三春藩主
	6月17日	華族	秋月種殷	日向高鍋藩主
*	6月17日	華族	浅野長勲	安芸広島藩主
	6月17日	華族	浅野長厚	安芸広島新田藩主．明治２年12月26日華族列を辞す
	6月17日	華族	足利(喜連川)聡氏	下野喜連川藩主．明治元年12月喜連川から足利と改姓
	6月17日	華族	阿部正桓	備後福山藩主
	6月17日	華族	阿部正恒	上総佐貫藩主
*	6月17日	華族	阿部正功	陸奥棚倉藩主

	年 月 日	身 分	氏 名	出 身 ・ 続 柄 等
	(明治2年) 6月17日	華族	有馬頼咸	筑後久留米藩主
	6月17日	華族	有馬氏弘	下野吹上藩主
	6月17日	華族	有馬道純	越前丸岡藩主
	6月17日	華族	安藤信勇	陸奥磐城平藩主
	6月17日	華族	安藤直裕	紀伊田辺藩主(元和歌山藩付家老)
	6月17日	華族	安倍信発	三河半原藩主
	6月17日	華族	井伊直憲	近江彦根藩主
	6月17日	華族	井伊直安	越後与板藩主
	6月17日	華族	池田章政	備前岡山藩主
	6月17日	華族	池田政保	備中鴨方藩主
	6月17日	華族	池田政礼	備中生坂藩主
	6月17日	華族	池田慶徳	因幡鳥取藩主
	6月17日	華族	池田徳澄	因幡鹿奴藩主
	6月17日	華族	池田徳定	因幡若桜藩主
	6月17日	華族	池田徳潤	播磨福本藩主(元交代寄合表御礼衆)
*	6月17日	華族	生駒親敬	羽後矢島藩主(元交代寄合表御礼衆)
	6月17日	華族	石川成之	伊勢亀山藩主
	6月17日	華族	石川総管	常陸下館藩主
	6月17日	華族	板倉勝弼	備中高梁藩主
	6月17日	華族	板倉勝殷	上野安中藩主
	6月17日	華族	板倉勝達	三河重原藩主
	6月17日	華族	板倉勝弘	備中庭瀬藩主
	6月17日	華族	市橋長義	近江西大路藩主
	6月17日	華族	伊東長𧙕	備中岡田藩主
	6月17日	華族	伊東祐相	日向飫肥藩主
	6月17日	華族	稲垣長敬	志摩鳥羽藩主
	6月17日	華族	稲垣太清	近江山上藩主
	6月17日	華族	稲葉久道	豊後臼杵藩主
	6月17日	華族	稲葉正邦	山城淀藩主
	6月17日	華族	稲葉正善	安房館山藩主
	6月17日	華族	井上正直	上総鶴舞藩主
	6月17日	華族	井上正巳	常陸下妻藩主
	6月17日	華族	井上正順	下総高岡藩主
	6月17日	華族	岩城隆彰	羽前亀田藩主
	6月17日	華族	上杉茂憲	羽前米沢藩主
	6月17日	華族	上杉勝道	羽前米沢新田藩主
	6月17日	華族	植村家壺	大和高取藩主
	6月17日	華族	内田正学	下総小見川藩主
	6月17日	華族	遠藤(東)胤城	近江三上藩主．明治11年1月16日遠藤から東と改姓
	6月17日	華族	大岡忠敬	三河西大平藩主
	6月17日	華族	大岡忠貫	武蔵岩槻藩主
	6月17日	華族	大久保忠良	相模小田原藩主
	6月17日	華族	大久保教義	相模荻野山中藩主
	6月17日	華族	大久保忠順	下野烏山藩主
	6月17日	華族	大河内正質	上総大多喜藩主
	6月17日	華族	大河内信古	三河豊橋藩主
	6月17日	華族	大河内輝照	上野高崎藩主．のち輝聲と改名
*	6月17日	華族	大沢基寿	遠江堀江藩主．元高家．明治4年11月29日士族降格の上，従四位返上
	6月17日	華族	大関増勤	下野黒羽藩主
	6月17日	華族	太田資美	上総芝山藩主．明治4年1月13日芝山藩を松山藩に改称
	6月17日	華族	大田原勝清	下野大田原藩主
	6月17日	華族	大村純熙	肥前大村藩主
	6月17日	華族	小笠原忠忱	豊前香春藩主

	年 月 日	身 分	氏 名	出 身 ・ 続 柄 等
	(明治2年) 6月17日	華族	小笠原貞正	豊前千束藩主
	6月17日	華族	小笠原貞孚	播磨安志藩主
	6月17日	華族	小笠原長国	肥前唐津藩主
	6月17日	華族	小笠原長守	越前勝山藩主
	6月17日	華族	岡部長職	和泉岸和田藩主
	6月17日	華族	大給乗謨(恒)	信濃竜岡藩主．明治2年8月23日乗謨より恒と改名
	6月17日	華族	大給近説	豊後府内藩主
	6月17日	華族	奥平昌邁	豊前中津藩主
	6月17日	華族	織田寿重丸	出羽天童藩主
	6月17日	華族	織田信親	丹波柏原藩主
	6月17日	華族	織田長易	大和芝村藩主
	6月17日	華族	織田信及	大和柳本藩主
	6月17日	華族	片桐貞篤	大和小泉藩主
	6月17日	華族	加藤明実	近江水口藩主
	6月17日	華族	加藤泰秋	伊予大洲藩主
	6月17日	華族	加藤泰令	伊予新谷藩主
	6月17日	華族	加納久宜	上総一宮藩主
	6月17日	華族	亀井茲監	石見津和野藩主
	6月17日	華族	吉川経健	周防岩国藩主(元山口藩毛利家一門)
	6月17日	華族	木下利恭	備中足守藩主
	6月17日	華族	木下俊愿	豊後日出藩主
	6月17日	華族	京極朗徹	讃岐丸亀藩主
	6月17日	華族	京極高典	讃岐多度津藩主
	6月17日	華族	京極高厚	但馬豊岡藩主
	6月17日	華族	京極高陳	丹後峯山藩主
	6月17日	華族	九鬼隆義	攝津三田藩主
	6月17日	華族	九鬼隆備	丹波綾部藩主
	6月17日	華族	久世広業	下総関宿藩主
	6月17日	華族	朽木為綱	丹波福知山藩主
	6月17日	華族	久留島通靖	豊後森藩主
	6月17日	華族	黒田長知	筑前福岡藩主
	6月17日	華族	黒田長徳	筑前秋月藩主
	6月17日	華族	黒田直養	上総久留里藩主
	6月17日	華族	小出英尚	丹波園部藩主
	6月17日	華族	五島盛徳	肥前福江藩主
	6月17日	華族	酒井忠実	出羽大泉藩主
	6月17日	華族	酒井忠匡	出羽松嶺藩主
	6月17日	華族	酒井忠邦	播磨姫路藩主
	6月17日	華族	酒井忠彰	上野伊勢崎藩主
	6月17日	華族	酒井忠禄	若狭小浜藩主
	6月17日	華族	酒井忠経	越前敦賀藩主
	6月17日	華族	酒井忠美	安房加知山藩主
*	6月17日	華族	榊原政敬	越後高田藩主
	6月17日	華族	相良頼基	肥後人吉藩主
	6月17日	華族	桜井忠興	摂津尼崎藩主
	6月17日	華族	佐竹義堯	出羽久保田藩主
	6月17日	華族	佐竹義理	羽後岩崎藩主
*	6月17日	華族	真田幸民	信濃松代藩主
	6月17日	華族	島津忠義	薩摩鹿児島藩主
	6月17日	華族	島津忠寛	日向佐土原藩主
	6月17日	華族	新庄直敬	常陸麻生藩主
	6月17日	華族	諏訪忠礼	信濃高島藩主
	6月17日	華族	関　長克	備中新見藩主
	6月17日	華族	仙石久利	但馬出石藩主

	年月日	身 分	氏 名	出身・続柄等
	(明治2年) 6月17日	華族	宗 義達	対馬厳原藩主
	6月17日	華族	相馬季胤	陸奥中村藩主
	6月17日	華族	高木正坦	河内丹南藩主
	6月17日	華族	瀧脇信敏	上総桜井藩主
	6月17日	華族	竹腰正旧	美濃今尾藩主(元名古屋藩付家老)
	6月17日	華族	建部政世	播磨林田藩主
	6月17日	華族	立花鑑寛	筑前柳河藩主
	6月17日	華族	立花種恭	筑後三池藩主
*	6月17日	華族	伊達宗基	陸奥仙台藩主
	6月17日	華族	伊達宗徳	伊予宇和島藩主
	6月17日	華族	伊達宗敬	伊予吉田藩主
	6月17日	華族	谷 衛滋	丹波山家藩主
	6月17日	華族	田沼意尊	上総小久保藩主
	6月17日	華族	田村崇顕	陸奥一関藩主
	6月17日	華族	津軽承昭	陸奥弘前藩主
	6月17日	華族	津軽承叙	陸奥黒石藩主
	6月17日	華族	土屋挙直	常陸土浦藩主
	6月17日	華族	土井利与	下総古河藩主
	6月17日	華族	土井利教	三河刈谷藩主
	6月17日	華族	土井利恒	越前大野藩主
	6月17日	華族	藤堂高猷	伊勢津藩主
	6月17日	華族	藤堂高邦	伊勢久居藩主
	6月17日	華族	遠山友禄	美濃苗木藩主
	6月17日	華族	土岐頼知	上野沼田藩主
	6月17日	華族	徳川家達	駿河静岡藩主(元将軍家)
	6月17日	華族	徳川慶頼	田安藩主(元御三卿田安家)
	6月17日	華族	徳川茂栄	一橋藩主(元御三卿一橋家)
	6月17日	華族	徳川徳成(義宜)	尾張名古屋藩主
	6月17日	華族	徳川茂承	紀伊和歌山藩主
	6月17日	華族	徳川昭武	常陸水戸藩主
	6月17日	華族	戸沢正実	出羽新庄藩主
*	6月17日	華族	戸田氏共	美濃大垣藩主
	6月17日	華族	戸田氏良	美濃野村藩主
	6月17日	華族	戸田光則	信濃松本藩主
	6月17日	華族	戸田忠友	下野宇都宮藩主
	6月17日	華族	戸田忠綱	下野高徳藩主．明治3年3月下野高徳藩より下総曾我野藩へ転封
	6月17日	華族	戸田忠行	下野足利藩主
	6月17日	華族	鳥居忠宝	下野壬生藩主
	6月17日	華族	内藤政挙	日向延岡藩主
	6月17日	華族	内藤政憲	陸奥湯長谷藩主
	6月17日	華族	内藤文成	三河挙母藩主
	6月17日	華族	内藤信美	越後村上藩主
	6月17日	華族	内藤頼直	信濃高遠藩主
	6月17日	華族	内藤正誠	信濃岩村田藩主
	6月17日	華族	永井直哉	大和櫛羅藩主
	6月17日	華族	永井尚服	美濃加納藩主
	6月17日	華族	永井直諒	摂津高槻藩主
	6月17日	華族	中川久昭	豊後岡藩主
	6月17日	華族	中山信徴	常陸松岡藩主．元水戸藩付家老
*	6月17日	華族	鍋島直大	肥前佐賀藩主
	6月17日	華族	鍋島直虎	肥前小城藩主
	6月17日	華族	鍋島直紀	肥前蓮池藩主
	6月17日	華族	鍋島直彬	肥前鹿島藩主

	年 月 日	身 分	氏 名	出 身 ・ 続 柄 等
	(明治２年) 6月17日	華族	成瀬正肥	尾張犬山藩主．元名古屋藩付家老
	6月17日	華族	南部利恭	陸中盛岡藩主
	6月17日	華族	南部信順	陸奥八戸藩主
	6月17日	華族	南部信方	陸奥七戸藩主
	6月17日	華族	西尾忠篤	安房花房藩主
	6月17日	華族	丹羽氏中	播磨三草藩主
	6月17日	華族	丹羽長裕	陸奥二本松藩主
	6月17日	華族	蜂須賀茂韶	阿波徳島藩主
	6月17日	華族	久松勝行	下総多古藩主
	6月17日	華族	久松勝成	伊予松山藩主
	6月17日	華族	久松定法	伊予今治藩主
	6月17日	華族	土方雄永	伊勢菰野藩主
	6月17日	華族	一柳末徳	播磨小野藩主
	6月17日	華族	一柳頼紹	伊予小松藩主
*	6月17日	華族	平野長裕	大和田原本藩主．元交代寄合表御礼衆
	6月17日	華族	北条氏恭	河内狭山藩主
	6月17日	華族	保科正益	上総飯野藩主
	6月17日	華族	細川韶邦	肥後熊本藩主
	6月17日	華族	細川利永	肥後高瀬藩主
	6月17日	華族	細川行真	肥後宇土藩主
	6月17日	華族	細川興貫	常陸谷田部藩主
	6月17日	華族	堀田正養	近江宮川藩主
	6月17日	華族	堀田正倫	下総佐倉藩主
	6月17日	華族	堀田正頌	下野佐野藩主
	6月17日	華族	堀　親広	信濃飯田藩主
	6月17日	華族	堀　直弘	越後村松藩主．明治10年６月23日堀から奥田と改姓
	6月17日	華族	堀　直明	信濃須坂藩主．明治10年６月23日堀から奥田と改姓
	6月17日	華族	堀　之美	越後椎谷藩主．明治10年６月23日堀から奥田と改姓
	6月17日	華族	本庄道美	美濃高富藩主
	6月17日	華族	本荘宗武	丹後宮津藩主
	6月17日	華族	本多忠直	三河岡崎藩主
	6月17日	華族	本多忠明	播磨山崎藩主
	6月17日	華族	本多忠伸	磐城泉藩主
	6月17日	華族	本多康穣	近江膳所藩主
	6月17日	華族	本多忠貫	伊勢神戸藩主
	6月17日	華族	本多忠鵬	三河西端藩主
	6月17日	華族	本多助寵	信濃飯山藩主
	6月17日	華族	本多正訥	安房長尾藩主
*	6月17日	華族	本堂親久	常陸志筑藩主．元交代寄合表御礼衆
	6月17日	華族	前田慶寧	加賀金沢藩主
	6月17日	華族	前田利同	越中富山藩主
	6月17日	華族	前田利鬯	加賀大聖寺藩主
	6月17日	華族	前田利豁	上野七日市藩主
	6月17日	華族	蒔田広孝	備中浅尾藩主
	6月17日	華族	牧野忠毅	越後長岡藩主
	6月17日	華族	牧野康済	信濃小諸藩主
	6月17日	華族	牧野忠泰	越後三根山藩主
	6月17日	華族	牧野貞寧	常陸笠間藩主
	6月17日	華族	牧野弼成	丹後舞鶴藩主
	6月17日	華族	増山正同	伊勢長島藩主
	6月17日	華族	松井康載	武蔵川越藩主
	6月17日	華族	松平武聡	美作鶴田藩主
	6月17日	華族	松平容大	陸奥斗南藩主．明治２年11月３日家名再興(元会津藩主家)
	6月17日	華族	松平慶倫	美作津山藩主

	年 月 日	身 分	氏 名	出 身 ・ 続 柄 等
*	(明治2年) 6月17日	華族	松平茂昭	越前福井藩主
	6月17日	華族	松平直静	越後清崎藩主
	6月17日	華族	松平定安	出雲松江藩主
	6月17日	華族	松平直巳	出雲広瀬藩主
	6月17日	華族	松平直哉	出雲母里藩主
	6月17日	華族	松平直克	上野前橋藩主
	6月17日	華族	松平直致	播磨明石藩主
	6月17日	華族	松平義勇	美濃高須藩主
	6月17日	華族	松平頼英	伊予西条藩主
	6月17日	華族	松平頼聡	讃岐高松藩主
	6月17日	華族	松平頼之	陸奥守山藩主
	6月17日	華族	松平頼策	常陸石岡藩主
	6月17日	華族	松平頼位	常陸宍戸藩主
	6月17日	華族	松平忠敬	武蔵忍藩主
	6月17日	華族	松平忠恕	上野小幡藩主
	6月17日	華族	松平定教	伊勢桑名藩主
	6月17日	華族	松平信安	羽前上山藩主．明治41年10月19日爵位返上
	6月17日	華族	松平忠礼	信濃上田藩主
	6月17日	華族	松平乗秩	三河西尾藩主
	6月17日	華族	松平乗命	美濃岩村藩主
	6月17日	華族	松平信正	丹波亀岡藩主
	6月17日	華族	松平忠和	肥前島原藩主
	6月17日	華族	松平親貴	豊後杵築藩主
	6月17日	華族	松前兼広	渡島館藩主
	6月17日	華族	松浦　詮	肥前平戸藩主
	6月17日	華族	松浦　脩	肥前植松藩主
	6月17日	華族	間部詮道	越前鯖江藩主
	6月17日	華族	三浦顕次	美作真島藩主
	6月17日	華族	水野勝寛	下総結城藩主
	6月17日	華族	水野忠敬	上総菊間藩主
	6月17日	華族	水野忠順	上総鶴牧藩主
	6月17日	華族	水野忠弘	出羽山形藩主．明治3年7月18日近江朝日山藩に転封
	6月17日	華族	水野忠幹	紀伊新宮藩主．元和歌山藩付家老
	6月17日	華族	溝口直正	越後新発田藩主
	6月17日	華族	三宅康保	三河田原藩主
	6月17日	華族	毛利広封	周防山口藩主
	6月17日	華族	毛利元敏	長門豊浦藩主
	6月17日	華族	毛利元純	長門清末藩主
	6月17日	華族	毛利元蕃	周防徳山藩主
	6月17日	華族	毛利高謙	豊後佐伯藩主
	6月17日	華族	森　忠儀	播磨赤穂藩主
	6月17日	華族	森　俊滋	播磨三日月藩主
	6月17日	華族	森川俊方	下総生実藩主
	6月17日	華族	柳生俊益	大和柳生藩主
	6月17日	華族	柳沢保申	大和郡山藩主
	6月17日	華族	柳沢光邦	越後黒川藩主
	6月17日	華族	柳沢徳忠	越後三日市藩主
	6月17日	華族	山内豊範	土佐高知藩主
	6月17日	華族	山内豊誠	土佐高知新田藩主
	6月17日	華族	山口弘達	常陸牛久藩主
	6月17日	華族	山崎治祇	備中成羽藩主．元交代寄合表御礼衆
*	6月17日	華族	山名義済	但馬村岡藩主．元交代寄合表御礼衆
	6月17日	華族	吉井信謹	上野吉井藩主．慶応4年2月22日松平から吉井と改姓
	6月17日	華族	米津政敏	出羽長瀞藩主．明治4年2月15日常陸龍ヶ崎藩へ転封

	年 月 日	身 分	氏 名	出 身 ・ 続 柄 等
	(明治２年) 6月17日	華族	米倉昌言	武蔵金沢六浦藩主
	6月17日	華族	六郷政鑑	出羽本荘藩主
	6月17日	華族	脇坂安斐	播磨龍野藩主
	6月17日	華族	分部光貞	近江大溝藩主
	6月17日	華族	渡辺章綱	和泉伯太藩主
*	12月19日	終身華族	梶野行篤	半家／石井行弘次男(元興福寺学侶無量寿院)明治９年５月31日永世華族に編列
*	12月19日	終身華族	小松行敏	半家／石井行弘三男(元興福寺学侶不動院)明治９年５月31日永世華族に編列
*	12月19日	終身華族	西五辻文仲	半家／五辻高仲次男(元興福寺学侶明王院)明治９年５月31日永世華族に編列
*	12月19日	終身華族	南岩倉具義	羽林家／岩倉具視長男(元興福寺学侶正智院)明治９年５月31日永世華族に編列
	明治３年(1870)			
	2月24日	華族	徳川篤守	御三卿清水家．明治４年１月19日徳川より清水に改姓，同20年７月２日徳川に復姓
*	12月17日	華族	久我(北畠)通城	清華家／久我建通四男．元一代堂上(一代華族)．明治４年７月29日久我より北畠と改姓
*	12月25日	終身華族	壬生輔世	元地下官人(官務・左大史)．明治９年11月25日永世華族に編列
	明治４年(1871)			
*	9月10日	華族	島津久光	鹿児島藩主島津家分家
*	12月12日	華族	北島全孝	出雲大社神職
*	12月12日	華族	千家尊澄	出雲大社神職
*	12月12日	華族	津守国美	住吉大社神職
	明治５年(1872)			
*	3月 7日	華族	大谷光勝	東本願寺住職(准門跡)
*	3月 7日	華族	大谷光尊	西本願寺住職(准門跡)
*	3月 7日	華族	渋谷家教	仏光寺住職(准門跡)
*	3月 8日	華族	華園摂信	興正寺住職(准門跡)
*	3月12日	華族	常磐井堯煕	専修寺住職(准門跡)
*	3月14日	華族	木辺賢慈	錦織寺住職(准門跡)
	5月19日	華族	阿蘇惟敦	阿蘇神社神職
	5月19日	華族	到津公誼	宇佐神宮神職
	5月19日	華族	河辺教長	伊勢神宮神職(大宮司)
	5月19日	華族	紀　俊尚	日前・国懸神宮神職
	5月19日	華族	千秋季福	熱田神宮神職
	5月19日	華族	宮成(宇佐)公矩	宇佐神宮神職．公勲の代，昭和11年９月に宮成より宇佐に改姓
	9月14日	華族	尚　　泰	琉球藩王
	明治６年(1873)			
*	7月 3日	華族	高千穂有綱	英彦山神社神職
*	10月12日	華族	小野尊光	日御碕神社神職
	明治８年(1875)			
	3月23日	華族	粟田口定孝	華族格．名家／葉室顕孝六男(元興福寺学侶養賢院)
	3月23日	華族	今園国映	華族格．名家／芝山国典次男(元興福寺学侶賢聖院)
	3月23日	華族	太秦供康	先代供親は羽林家／桜井供秀次男(元興福寺学侶慈尊院)
	3月23日	華族	河辺隆次	華族格．羽林家／油小路隆晃三男(元興福寺学侶勧修坊)
	3月23日	華族	北大路実慎	華族格．羽林家／阿野公誠次男(元興福寺院家東北院)
	3月23日	華族	北河原公憲	華族格．羽林家／四辻公績五男(元興福寺学侶中蔵院)
	3月23日	華族	相楽富道	華族格．半家／富小路敬直次男(元興福寺学侶慈門院)
	3月23日	華族	鷺原量長	華族格．名家／甘露寺勝長四男(元興福寺学侶恵海院)
	3月23日	華族	鹿園亥五郎(実博)	華族格．先代空晃は清華家／三条実起七男(元興福寺院家喜多院)．明治17年10月１日亥五郎より実博と改名
	3月23日	華族	芝小路豊訓	華族格．名家／芝山国豊次男(元興福寺学侶成身院)

	年 月 日	身 分	氏 名	出 身 ・ 続 柄 等
	(明治8年) 3月23日	華族	芝亭実忠	華族格．羽林家／裏辻公愛三男(元興福寺学侶龍雲院)
	3月23日	華族	杉溪言長	華族格．羽林家／山科言縄三男(元興福寺学侶妙徳院)
	3月23日	華族	竹園用長	華族格．名家／甘露寺愛長三男(元興福寺学侶宝掌院)
	3月23日	華族	長尾顕慎	華族格．名家／勧修寺顕彰四男(元興福寺学侶惣殊院)
	3月23日	華族	中川興長	華族格．名家／甘露寺愛長七男(元興福寺学侶五大院)
	3月23日	華族	藤枝雅之	華族格．羽林家／飛鳥井雅典次男(元興福寺学侶清浄院)
	3月23日	華族	藤大路納親	華族格．羽林家／堀河康親三男(元興福寺学侶延寿院)
	3月23日	華族	穂穙俊弘	華族格．名家／坊城俊明三男(元興福寺学侶玉林院)
	3月23日	華族	松園尚嘉	華族格．摂家／九条尚忠三男(元大乗院門跡)
	3月23日	華族	松林為秀(為美)	華族格．先代為成は羽林家／冷泉為則五男(元興福寺院家松林院)．明治16年10月2日為秀より為美と改名
	3月23日	華族	南 光利	華族格．先代光度は名家／広橋伊光六男(元興福寺院家修南院)
*	3月23日	華族	水谷川忠起	華族格．摂家／近衛忠熙八男(元一乗院門跡)
*	9月24日	華族	金子有卿	物部神社神職
	明治11年(1878)			
	5月23日	華族	大久保利和	大久保利通嗣子
	5月23日	華族	木戸正二郎	木戸孝允嗣子
	明治12年(1879)			
*	1月25日	華族	本多副元	越前福井藩家老
	1月31日	華族	長岡護美	肥後熊本藩一門
*	3月11日	華族	伊江朝永	琉球藩王尚家一族
*	3月11日	華族	今帰仁朝敷	琉球藩王尚家一族
*	7月26日	華族	押小路師親	元地下官人(局務・大外記)
	10月27日	華族	池田勝吉	池田茂政(備前岡山藩主)長男
*	10月27日	華族	山内豊尹	山内豊信(高知土佐藩主)長男
*	12月25日	華族	小早川三郎	毛利元徳(周防山口藩主)三男．小早川家を再興
*	12月27日	華族	広沢金次郎	広沢真臣嗣子
	明治13年(1880)			
*	3月11日	華族	中御門寛麿(経隆)	名家／中御門経之三男
*	11月18日	終身華族	酒井忠惇	姫路藩主分家．明治22年5月11日永世華族へ編列
*	11月18日	終身華族	酒井忠績	姫路藩主分家．明治22年5月11日永世華族へ編列
	明治14年(1881)			
	3月 4日	華族	前田利武	前田斉泰(加賀金沢藩主)十二男
	明治15年(1882)			
	1月25日	華族	三条(東三条)公美	清華家／三条実美次男．明治19年8月三条より東三条へ改姓．公美は同年10月三条公爵家の嗣子となり，東三条家は実敏が継承
*	5月24日	華族	万里小路秀丸(正秀)	名家／万里小路正房八男
*	6月23日	華族	西高辻信巌	太宰府天満宮神職
	11月 6日	華族	徳川 厚	徳川慶喜四男
	明治16年(1883)			
*	2月21日	華族	松木美彦	伊勢神宮神職
*	7月13日	華族	岩倉具徳	岩倉具綱(岩倉具視養子)長男
*	8月23日	華族	新田俊純	新田義貞末裔／元交代寄合
*	8月23日	華族	菊池武臣	菊池武時末裔／元交代寄合
*	9月24日	華族	名和長恭	名和長年末裔／名和神社神職
	11月 8日	華族	坊城俊延	名家／坊城俊政次男
	明治17年(1884)			
	4月12日	華族	鷲尾隆順	羽林家／鷲尾隆聚次男
	5月 7日	終身華族	伊達宗敦	伊達慶邦(陸奥仙台藩主)養子

第三期(明治17年7月7日～同45年7月30日)に授爵・陞爵・復爵した者

	年月日	身分	氏名	出身・続柄等
	明治17年(1884)			
	7月 7日	公爵	三条実美	清華家
*	7月 7日	公爵	島津久光	薩摩鹿児島藩分家
	7月 7日	公爵	島津忠義	薩摩鹿児島藩主
	7月 7日	公爵	毛利元徳	周防山口藩主
	7月 7日	侯爵	中山忠能	羽林家
	7月 7日	侯爵	大久保利和	大久保利通嗣子
	7月 7日	侯爵	木戸正二郎	木戸孝允嗣子
*	7月 7日	伯爵	広沢金次郎	広沢真臣嗣子
*	7月 7日	伯爵	東久世通禧	羽林家
	7月 7日	伯爵	大木喬任	参議兼文部卿
*	7月 7日	伯爵	山県有朋	陸軍中将，参議兼内務卿
*	7月 7日	伯爵	伊藤博文	参議兼宮内卿
*	7月 7日	伯爵	黒田清隆	陸軍中将，内閣顧問
*	7月 7日	伯爵	西郷従道	陸軍中将，参議兼農商務卿
*	7月 7日	伯爵	井上　馨	参議兼外務卿
	7月 7日	伯爵	山田顕義	陸軍中将，参議兼司法卿
*	7月 7日	伯爵	松方正義	参議兼大蔵卿
*	7月 7日	伯爵	大山　巌	陸軍中将，参議兼陸軍卿
	7月 7日	伯爵	川村純義	海軍中将，参議兼海軍卿
	7月 7日	伯爵	佐々木高行	参議兼工部卿
	7月 7日	伯爵	寺島宗則	宮内省制度取調局御用掛
	7月 7日	子爵	福岡孝弟	参議兼参事院議長
	7月 7日	子爵	谷　干城	陸軍中将・学習院長
	7月 7日	子爵	三浦梧楼	陸軍中将・陸軍士官学校校長
	7月 7日	子爵	三好重臣	陸軍中将・東部監軍部長
	7月 7日	子爵	鳥尾小弥太	陸軍中将・統計院長
	7月 7日	子爵	曽我祐準	陸軍中将・参謀本部次長
	7月 7日	子爵	高島鞆之助	陸軍中将・西部監軍部長．友武没後，後継者を欠き爵位返上
*	7月 7日	子爵	野津道貫	陸軍少将・東京鎮台司令官
	7月 7日	子爵	中牟田倉之助	海軍中将・東海鎮守府長官
	7月 7日	子爵	伊東祐麿	海軍中将・海軍兵学校長
*	7月 7日	子爵	樺山資紀	海軍少将・海軍大輔
	7月 7日	子爵	仁礼景範	海軍少将・海軍軍事部長．景嘉没後，爵位返上
	7月 7日	公爵	近衛篤麿	摂家．文麿没後，爵位返上
	7月 7日	公爵	九条道孝	摂家
	7月 7日	公爵	一条実輝	摂家
	7月 7日	公爵	二条基弘	摂家
	7月 7日	公爵	鷹司熙通	摂家
	7月 7日	公爵	徳川家達	駿河静岡藩主
	7月 7日	侯爵	久我通久	清華家
*	7月 7日	侯爵	西園寺公望	清華家
	7月 7日	侯爵	徳大寺実則	清華家
	7月 7日	侯爵	花山院忠遠	清華家
	7月 7日	侯爵	大炊御門幾麿	清華家
	7月 7日	侯爵	菊亭修季	清華家．実賢没後，爵位返上
	7月 7日	侯爵	広幡忠礼	清華家
	7月 7日	侯爵	醍醐忠順	清華家
	7月 7日	侯爵	徳川義礼	尾張名古屋藩主
	7月 7日	侯爵	徳川茂承	紀伊和歌山藩主
	7月 7日	侯爵	徳川篤敬	常陸水戸藩主
	7月 7日	侯爵	前田利嗣	加賀金沢藩主

	年 月 日	身　分	氏　名	出 身 ・ 続 柄 等
	(明治17年) 7月 7日	侯爵	細川護久	肥後熊本藩主
	7月 7日	侯爵	黒田長成	筑前福岡藩主
*	7月 7日	侯爵	浅野長勲	安芸広島藩主
*	7月 7日	侯爵	鍋島直大	肥前佐賀藩主
	7月 7日	侯爵	池田輝知	因幡鳥取藩主
	7月 7日	侯爵	池田章政	備前岡山藩主
	7月 7日	侯爵	蜂須賀茂韶	阿波徳島藩主
	7月 7日	侯爵	山内豊範	土佐高知藩主
	7月 7日	侯爵	佐竹義堯	出羽秋田藩主
	7月 7日	伯爵	中院通富	大臣家
*	7月 7日	伯爵	嵯峨公勝	大臣家．明治３年12月29日正親町三条から嵯峨と改姓
*	7月 7日	伯爵	三条西公允	大臣家．明治19年９月30日三条西より西三条と改姓，大正７年三条西に復す
	7月 7日	伯爵	正親町実正	大臣家
	7月 7日	伯爵	滋野井公寿	羽林家．子の実麗が大正２年１月27日に爵位返上
	7月 7日	伯爵	清水谷実英	羽林家
	7月 7日	伯爵	室町公康	羽林家
	7月 7日	伯爵	橋本実梁	羽林家
	7月 7日	伯爵	松木保丸	羽林家
	7月 7日	伯爵	広橋賢光	名家
*	7月 7日	伯爵	柳原前光	名家
	7月 7日	伯爵	日野資秀	名家
	7月 7日	伯爵	烏丸光亨	名家
	7月 7日	伯爵	甘露寺義長	名家
	7月 7日	伯爵	葉室長邦	名家
	7月 7日	伯爵	万里小路通房	名家
	7月 7日	伯爵	勧修寺顕允	名家
	7月 7日	伯爵	中御門経明	名家
	7月 7日	伯爵	清閑寺盛房	名家
	7月 7日	伯爵	坊城俊章	名家
*	7月 7日	伯爵	四条隆謌	羽林家
	7月 7日	伯爵	鷲尾隆聚	羽林家．隆信没後，爵位返上
	7月 7日	伯爵	油小路隆晃	羽林家
	7月 7日	伯爵	庭田重直	羽林家
	7月 7日	伯爵	姉小路公義	羽林家
	7月 7日	伯爵	飛鳥井雅望	羽林家．雅望没後，後継者を欠き，明治39年４月21日爵位返上．恒麿が同42年12月20日に復爵(再授爵)
	7月 7日	伯爵	園　基祥	羽林家
	7月 7日	伯爵	冷泉為紀	羽林家
	7月 7日	伯爵	山科言縄	羽林家
	7月 7日	伯爵	徳川達道	一橋藩主(御三卿一橋家)
	7月 7日	伯爵	徳川達孝	田安藩主(御三卿田安家)
	7月 7日	伯爵	清水篤守	御三卿清水家．明治32年４月20日爵位返上．篤守の子好敏へ昭和３年11月20日に改めて男爵を授与
	7月 7日	伯爵	藤堂高潔	伊勢津藩主
*	7月 7日	伯爵	松平茂昭	越前福井藩主
*	7月 7日	伯爵	伊達宗基	陸奥仙台藩主
	7月 7日	伯爵	有馬頼万	筑後久留米藩主
	7月 7日	伯爵	松平直亮	出雲松江藩主
	7月 7日	伯爵	上杉茂憲	羽前米沢藩主
	7月 7日	伯爵	井伊直憲	近江彦根藩主
	7月 7日	伯爵	松平基則	上野前橋藩主
	7月 7日	伯爵	柳沢保申	大和郡山藩主
	7月 7日	伯爵	小笠原忠忱	豊前小倉藩主

	年月日	身分	氏名	出身・続柄等
	(明治17年) 7月 7日	伯爵	久松定謨	伊予松山藩主
	7月 7日	伯爵	南部利恭	陸中盛岡藩主
	7月 7日	伯爵	松平頼聡	讃岐高松藩主
	7月 7日	伯爵	酒井忠篤	出羽大泉藩主
	7月 7日	伯爵	立花寛治	筑後柳河藩主．鑑徳隠居後，爵位返上
	7月 7日	伯爵	堀田正倫	下総佐倉藩主
	7月 7日	伯爵	阿部正桓	備後福山藩主
	7月 7日	伯爵	酒井忠道	若狭小浜藩主
	7月 7日	伯爵	津軽承昭	陸奥弘前藩主
*	7月 7日	伯爵	伊達宗徳	伊予宇和島藩主
	7月 7日	伯爵	前田利同	越中富山藩主
	7月 7日	伯爵	溝口直正	越後新発田藩主
*	7月 7日	伯爵	戸田氏共	美濃大垣藩主
	7月 7日	伯爵	奥平昌邁	豊前中津藩主
	7月 7日	伯爵	中川久成	豊後岡藩主
	7月 8日	公爵	岩倉具定	羽林家
*	7月 8日	伯爵	宗　重正	対馬厳原藩主
	7月 8日	伯爵	松浦　詮	肥前平戸藩主
	7月 8日	子爵	阿野実允	羽林家．季忠没後，爵位返上
	7月 8日	子爵	小倉英麿(英季)	羽林家．明治26年1月18日英麿より英季と改名
	7月 8日	子爵	藪(高倉)篤麿	羽林家．昭和11年2月3日藪より高倉と改姓
	7月 8日	子爵	難波美麿(宗美)	羽林家．明治21年12月14日美麿より宗美と改名
	7月 8日	子爵	持明院基哲	羽林家
	7月 8日	子爵	野宮定穀	羽林家
	7月 8日	子爵	東園基愛	羽林家
	7月 8日	子爵	冷泉為柔	羽林家
	7月 8日	子爵	池尻知房	名家
	7月 8日	子爵	櫛笥隆督	羽林家
	7月 8日	子爵	高倉永則	半家
	7月 8日	子爵	六条有熙	羽林家
	7月 8日	子爵	久世通章	羽林家
	7月 8日	子爵	千種有任	羽林家
	7月 8日	子爵	綾小路有良	羽林家
	7月 8日	子爵	高辻修長	半家
	7月 8日	子爵	五条為栄	半家
	7月 8日	子爵	東坊城徳長	半家
	7月 8日	子爵	高松実村	羽林家
	7月 8日	子爵	外山光暨	名家
	7月 8日	子爵	河鰭実文	羽林家
	7月 8日	子爵	花園公季	羽林家
	7月 8日	子爵	武者小路実世	羽林家
	7月 8日	子爵	押小路公亮	羽林家
	7月 8日	子爵	園池公静	羽林家
	7月 8日	子爵	高野保建	羽林家．宗順の代，大正元年12月28日に爵位返上
	7月 8日	子爵	石山基文	羽林家
	7月 8日	子爵	藤谷為寛	羽林家
	7月 8日	子爵	勘解由小路資生	名家
	7月 8日	子爵	裏松良光	名家
	7月 8日	子爵	芝山佐麿	名家
	7月 8日	子爵	梅小路定行	名家
	7月 8日	子爵	岡崎鷹麿	名家
	7月 8日	子爵	西大路隆修	羽林家
	7月 8日	子爵	水無瀬忠輔	羽林家
	7月 8日	子爵	樋口誠康	羽林家

	年月日	身　分	氏　名	出身・続柄等
	(明治17年) 7月 8日	子爵	愛宕通致	羽林家
	7月 8日	子爵	唐橋在綱	半家
	7月 8日	子爵	西洞院信愛	半家
	7月 8日	子爵	平松時厚	名家
	7月 8日	子爵	三室戸雄光	名家
	7月 8日	子爵	山本実庸	羽林家
	7月 8日	子爵	八条隆吉	羽林家
	7月 8日	子爵	今城磐麿	羽林家
	7月 8日	子爵	風早公紀	羽林家
	7月 8日	子爵	梅園実紀	羽林家
	7月 8日	子爵	大宮以季	羽林家
	7月 8日	子爵	高丘紀季	羽林家
	7月 8日	子爵	中園実受	羽林家
*	7月 8日	子爵	壬生基修	羽林家
	7月 8日	子爵	石野基佑	羽林家
	7月 8日	子爵	竹屋光昭	名家
	7月 8日	子爵	豊岡健資	名家
	7月 8日	子爵	日野西光善	名家
	7月 8日	子爵	堀河康隆	羽林家．康文没後，後継者を欠き爵位返上
	7月 8日	子爵	堤　功長	名家
	7月 8日	子爵	穂波経藤	名家．明治38年6月6日爵位返上
	7月 8日	子爵	町尻量衡	羽林家
	7月 8日	子爵	植松雅徳	羽林家
	7月 8日	子爵	大原重朝	羽林家
	7月 8日	子爵	桑原輔長	半家．孝長の代，大正8年10月18日爵位返上
	7月 8日	子爵	交野時万	名家
	7月 8日	子爵	石井行昌	半家
	7月 8日	子爵	西四辻公業	羽林家
	7月 8日	子爵	五辻安仲	半家
	7月 8日	子爵	梅溪通善	羽林家
	7月 8日	子爵	裏辻彦六郎	羽林家
	7月 8日	子爵	六角博通	羽林家
	7月 8日	子爵	入江為守	羽林家
	7月 8日	子爵	富小路敬直	半家
	7月 8日	子爵	北小路随光	名家
	7月 8日	子爵	山井芳麿	羽林家
	7月 8日	子爵	桜井供義	羽林家
	7月 8日	子爵	慈光寺有仲	半家
	7月 8日	子爵	竹内治則	半家
	7月 8日	子爵	清岡長説	半家
	7月 8日	子爵	長谷信篤	名家
	7月 8日	子爵	沢　為量	半家
	7月 8日	子爵	伏原宣足	半家
	7月 8日	子爵	舟橋遂賢	半家
	7月 8日	子爵	倉橋泰顕	半家．子の泰昌没後，女戸主となり大正8年11月5日爵位返上
	7月 8日	子爵	土御門晴栄	半家
	7月 8日	子爵	萩原員光	半家
	7月 8日	子爵	藤井行道	半家
	7月 8日	子爵	吉田良義	半家
	7月 8日	子爵	錦織教久	半家
	7月 8日	子爵	北小路俊親	半家
	7月 8日	子爵	白川資訓	半家
	7月 8日	子爵	藤波言忠	半家

	年 月 日	身 分	氏 名	出 身・続 柄 等
*	(明治17年) 7月 8日	子爵	榊原政敬	越後高田藩主
	7月 8日	子爵	稲葉正邦	山城淀藩主
	7月 8日	子爵	前田利鬯	加賀大聖寺藩主
*	7月 8日	子爵	真田幸民	信濃松代藩主
	7月 8日	子爵	松平忠敬	武蔵忍藩主
*	7月 8日	子爵	松平康民	美作津山藩主
	7月 8日	子爵	松平直徳	播磨明石藩主
	7月 8日	子爵	足利於菟丸	下野喜連川藩主
	7月 8日	子爵	松平容大	陸奥斗南藩主
	7月 8日	子爵	松平武修	美作鶴田藩主
	7月 8日	子爵	松平忠和	肥前島原藩主
	7月 8日	子爵	松平乗承	三河西尾藩主
	7月 8日	子爵	松平乗命	美濃岩村藩主
	7月 8日	子爵	松平忠礼	信濃上田藩主
	7月 8日	子爵	松平信正	丹波亀山藩主
	7月 8日	子爵	吉井信宝	上野吉井藩主
	7月 8日	子爵	毛利元敏	長門豊浦藩主
	7月 8日	子爵	本多忠敬	三河岡崎藩主
	7月 8日	子爵	本多正憲	安房長尾藩主
	7月 8日	子爵	本多康穣	近江膳所藩主
	7月 8日	子爵	小笠原長生	肥前唐津藩主
	7月 8日	子爵	稲葉久通	豊後臼杵藩主
*	7月 8日	子爵	戸田忠友	下野宇都宮藩主
*	7月 8日	子爵	秋元興朝	上野館林藩主
	7月 8日	子爵	土屋挙直	常陸土浦藩主
	7月 8日	子爵	土井利与	下総古河藩主
	7月 8日	子爵	牧野忠篤	越後長岡藩主
	7月 8日	子爵	牧野貞寧	常陸笠間藩主
	7月 8日	子爵	本庄宗武	丹後宮津藩主
	7月 8日	子爵	大河内信古	三河豊橋藩主
	7月 8日	子爵	大河内輝耕	上野高崎藩主
	7月 8日	子爵	戸田康泰	信濃松本藩主
	7月 8日	子爵	松井康義	武蔵川越藩主
	7月 8日	子爵	桜井忠興	摂津尼崎藩主
	7月 8日	子爵	水野忠弘	近江朝日山藩主．明治３年７月18日出羽山形藩より近江朝日山藩へ転封
	7月 8日	子爵	水野忠敬	上総菊間藩主
	7月 8日	子爵	水野忠愛	下総結城藩主
	7月 8日	子爵	内藤政挙	日向延岡藩主
	7月 8日	子爵	安藤信守	陸奥磐城平藩主
	7月 8日	子爵	京極高徳	讃岐丸亀藩主
	7月 8日	子爵	井上英之(正英)	上総鶴舞藩主．のち英之より正英へ改名
	7月 8日	子爵	久世広業	下総関宿藩主
	7月 8日	子爵	松平義生	美濃高須藩主．義為没後，爵位返上
	7月 8日	子爵	松平頼英	伊予西条藩主
	7月 8日	子爵	松平喜徳	常陸松川藩主．明治３年陸奥守山藩より常陸松川藩へ転封
	7月 8日	子爵	松平頼策	常陸石岡藩主．頼孝没後，爵位返上
	7月 8日	子爵	脇坂安斐	播磨龍野藩主
	7月 8日	子爵	岡部長職	和泉岸和田藩主
	7月 8日	子爵	加藤明実	近江水口藩主
	7月 8日	子爵	青山忠誠	丹波篠山藩主
	7月 8日	子爵	青山幸宜	美濃郡上藩主
	7月 8日	子爵	間部詮信	越前鯖江藩主．昭和18年11月爵位返上
	7月 8日	子爵	板倉勝弼	備中高梁藩主

	年 月 日	身 分	氏 名	出 身 ・ 続 柄 等
	(明治17年) 7月 8日	子爵	板倉勝弘	備中庭瀬藩主
	7月 8日	子爵	太田資美	上総松尾藩主．明治4年1月13日芝山藩を松尾藩に改称
	7月 8日	子爵	土岐頼知	上野沼田藩主
	7月 8日	子爵	西尾忠篤	安房花房藩主
	7月 8日	子爵	堀 親篤	信濃飯田藩主
	7月 8日	子爵	織田信敏	羽前天童藩主
	7月 8日	子爵	織田信親	丹波柏原藩主
	7月 8日	子爵	鳥居忠文	下野壬生藩主
	7月 8日	子爵	植村家壺	大和高取藩主
	7月 8日	子爵	石川成徳	伊勢亀山藩主
	7月 8日	子爵	内藤六十麿(信任)	越後村上藩主．明治24年6月2日六十麿より信任と改名
	7月 8日	子爵	相馬誠胤	陸奥中村藩主
	7月 8日	子爵	黒田和志	上総久留里藩主
	7月 8日	子爵	松平直平	出雲広瀬藩主
	7月 8日	子爵	大久保忠順	下野烏山藩主
	7月 8日	子爵	松平定教	伊勢桑名藩主
	7月 8日	子爵	阿部正功	陸奥棚倉藩主
	7月 8日	子爵	丹羽長裕	岩代二本松藩主
	7月 8日	子爵	大久保忠礼	相模小田原藩主
	7月 8日	子爵	土井利恒	越前大野藩主
	7月 8日	子爵	鍋島直虎	肥前小城藩主
	7月 8日	子爵	戸沢正実	羽前新庄藩主
	7月 8日	子爵	加藤泰秋	伊予大洲藩主
	7月 8日	子爵	藤堂高義	伊勢久居藩主
	7月 8日	子爵	鍋島直柔	肥前蓮池藩主
	7月 8日	子爵	秋田映季	陸奥三春藩主
	7月 8日	子爵	黒田長徳	筑前秋月藩主
	7月 8日	子爵	有馬道純	越前丸岡藩主
*	7月 8日	子爵	亀井茲明	石見津和野藩主
	7月 8日	子爵	毛利元功	周防徳山藩主
	7月 8日	子爵	永井直諒	摂津高槻藩主
	7月 8日	子爵	九鬼隆義	摂津三田藩主
	7月 8日	子爵	細川利永	肥後高瀬藩主．利寿没後，爵位返上
	7月 8日	子爵	久松定弘	伊予今治藩主
	7月 8日	子爵	牧野弼成	丹後舞鶴藩主
	7月 8日	子爵	内藤弥三郎	信濃高遠藩主
	7月 8日	子爵	朽木綱貞	丹波福知山藩主
	7月 8日	子爵	松平親信	豊後杵築藩主
	7月 8日	子爵	永井尚服	美濃加納藩主
	7月 8日	子爵	仙石政固	但馬出石藩主
	7月 8日	子爵	諏訪忠誠	信濃高島藩主
*	7月 8日	子爵	松前修広	渡島館藩主
	7月 8日	子爵	稲垣長敬	志摩鳥羽藩主
	7月 8日	子爵	伊達鶴若(宗定)	伊予吉田藩主．明治23年12月26日鶴若より宗定と改名
	7月 8日	子爵	細川行真	肥後宇土藩主
	7月 8日	子爵	池田 源	因幡鹿奴藩主
	7月 8日	子爵	奥田(堀)直暢	越後村松藩主．明治10年6月23日堀より奥田と改称
	7月 8日	子爵	板倉勝達	三河重原藩主
*	7月 8日	子爵	大村純雄	肥前大村藩主
*	7月 8日	子爵	島津忠亮	日向佐土原藩主
	7月 8日	子爵	秋月種繁	日向高鍋藩主
	7月 8日	子爵	田村邦栄	陸奥一関藩主
	7月 8日	子爵	松平信安	羽前上山藩主
	7月 8日	子爵	小出英延	丹波園部藩主

	年 月 日	身 分	氏 名	出 身 ・ 続 柄 等
	(明治17年) 7月 8日	子爵	木下俊哲	豊後日出藩主
	7月 8日	子爵	池田政保	備中鴨方藩主
	7月 8日	子爵	木下利恭	備中足守藩主
	7月 8日	子爵	土井忠直	三河刈谷藩主．利美没後，爵位返上
	7月 8日	子爵	大岡忠貫	武蔵岩槻藩主
	7月 8日	子爵	三浦顕次	美作勝山藩主
	7月 8日	子爵	小笠原長育	越前勝山藩主
	7月 8日	子爵	酒井忠匡	羽後松山藩主
	7月 8日	子爵	相良頼紹	肥後人吉藩主．頼綱が昭和21年5月31日爵位返上
	7月 8日	子爵	大給近道	豊後府内藩主
	7月 8日	子爵	安部信順	三河半原藩主．信明没後，爵位返上
	7月 8日	子爵	六郷政鑑	羽後本荘藩主．政貞(白雨)の代，昭和16年7月爵位返上
	7月 8日	子爵	南部利克	陸奥八戸藩主
	7月 8日	子爵	鍋島直彬	肥前鹿島藩主．直紹が昭和22年2月3日爵位返上
	7月 8日	子爵	佐竹義理	羽後岩崎藩主
	7月 8日	子爵	保科正益	上総飯野藩主
	7月 8日	子爵	本多実方	信濃飯山藩主．子の助信没後，爵位返上
	7月 8日	子爵	森　忠儀	播磨赤穂藩主
	7月 8日	子爵	大河内正質	上総大多喜藩主
	7月 8日	子爵	分部光謙	近江大溝藩主．明治35年7月11日爵位返上
	7月 8日	子爵	松平忠恕	上野小幡藩主
	7月 8日	子爵	毛利高範	豊後佐伯藩主
	7月 8日	子爵	増山正同	伊勢長島藩主
	7月 8日	子爵	井伊直安	越後与坂藩主
	7月 8日	子爵	酒井忠彰	上野伊勢崎藩主
	7月 8日	子爵	内藤政共	三河挙母藩主
*	7月 8日	子爵	石川重之	常陸下館藩主．明治20年4月5日爵位返上，同32年10月6日復爵
	7月 8日	子爵	池田徳定	因幡若桜藩主
	7月 8日	子爵	九鬼隆備	丹波綾部藩主
	7月 8日	子爵	関　博直	備中新見藩主
	7月 8日	子爵	市橋長寿	近江西大路藩主
	7月 8日	子爵	大関増勤	下野黒羽藩主
	7月 8日	子爵	岩城隆治	羽前亀田藩主
	7月 8日	子爵	本多忠彦	磐城泉藩主
	7月 8日	子爵	細川興貫	下野茂木藩主
	7月 8日	子爵	阿部正敬	上総佐貫藩主
	7月 8日	子爵	堀田正頌	下野佐野藩主
	7月 8日	子爵	大給恒(乗謨)	信濃竜岡藩主．明治2年8月23日乗謨より恒と改名
	7月 8日	子爵	池田政礼	備中生坂藩主
	7月 8日	子爵	京極高厚	但馬豊岡藩主
	7月 8日	子爵	森　長祥	播磨三日月藩主
	7月 8日	子爵	松平頼安	常陸宍戸藩主
	7月 8日	子爵	内藤正懿	信濃岩村田藩主
	7月 8日	子爵	牧野康強	信濃小諸藩主
	7月 8日	子爵	水野忠順	上総鶴牧藩主
	7月 8日	子爵	本多忠貫	伊勢神戸藩主
	7月 8日	子爵	内藤亀若(政潔)	磐城湯長谷藩主．明治18年7月4日亀若より政潔と改名
	7月 8日	子爵	渡辺章綱	和泉伯太藩主
	7月 8日	子爵	戸田氏良	美濃野村藩主
	7月 8日	子爵	山内豊誠	土佐高知新田藩主
	7月 8日	子爵	堀田正養	近江宮川藩主
	7月 8日	子爵	大久保教正	相模荻野山中藩主
	7月 8日	子爵	加納久宜	上総一宮藩主

年月日	身分	氏名	出身・続柄等
(明治17年) 7月 8日	子爵	五島盛主	肥前福江藩主．盛輝没後，爵位返上
7月 8日	子爵	久留島通簡	豊後森藩主
7月 8日	子爵	三宅康寧	三河田原藩主
7月 8日	子爵	米倉昌言	武蔵金沢六浦藩主．昌達の代，没後襲爵手続をせず爵位返上
7月 8日	子爵	久松勝慈	下総多古藩主
7月 8日	子爵	東(遠藤)胤城	近江三上藩主．明治11年1月16日遠藤より東と改姓
7月 8日	子爵	酒井忠勇	安房加知山藩主．明治32年7月1日爵位返上
7月 8日	子爵	大田原勝清	下野大田原藩主
7月 8日	子爵	京極高富	丹後峯山藩主
7月 8日	子爵	片桐貞健	大和小泉藩主
7月 8日	子爵	土方雄志	伊勢菰野藩主
7月 8日	子爵	戸田忠行	下野足利藩主
7月 8日	子爵	米津政敏	常陸龍ヶ崎藩主．明治4年2月15日出羽長瀞藩より常陸龍ヶ崎藩へ転封
7月 8日	子爵	伊東長𤀹	備中岡田藩主
7月 8日	子爵	谷益道(寿衛)	丹波山家藩主．のち益道より寿衛と改名
7月 8日	子爵	奥田(堀)直明	信濃須坂藩主．明治10年6月23日堀より奥田と改称
7月 8日	子爵	遠山友悌	美濃苗木藩主
7月 8日	子爵	山口弘達	常陸牛久藩主
7月 8日	子爵	前田利昭	上野七日市藩主
7月 8日	子爵	青木重義	摂津麻田藩主
7月 8日	子爵	南部信方	陸奥七戸藩主
7月 8日	子爵	丹羽氏厚	播磨三草藩主
7月 8日	子爵	上杉勝賢	羽前米沢新田藩主．勝昭没後，爵位返上
7月 8日	子爵	毛利元忠	長門清末藩主
7月 8日	子爵	津軽承叙	陸奥黒石藩
7月 8日	子爵	加藤泰令	伊予新谷藩主
7月 8日	子爵	北条氏恭	河内狭山藩主
7月 8日	子爵	立花種恭	筑後三池藩主
7月 8日	子爵	有馬頼之	下野吹上藩主．子の聡頼が昭和18年11月爵位返上
7月 8日	子爵	京極高典	讃岐多度津藩主
7月 8日	子爵	奥田(堀)直紹	越後椎谷藩主．明治10年6月23日堀より奥田と改称
7月 8日	子爵	織田長純	大和芝村藩主
7月 8日	子爵	織田信及	大和柳本藩主
7月 8日	子爵	松平直静	越後清崎藩主
7月 8日	子爵	松平直哉	出雲母里藩主
7月 8日	子爵	滝脇信敏	上総桜井藩主
7月 8日	子爵	稲葉正善	安房館山藩主
7月 8日	子爵	井上正順	下総高岡藩主
7月 8日	子爵	本庄寿巨	美濃高富藩主
7月 8日	子爵	酒井忠亮	越前敦賀藩主
7月 8日	子爵	本多貞吉	播磨山崎藩主
7月 8日	子爵	柳沢光邦	越後黒川藩主
7月 8日	子爵	小笠原貞孚	播磨安志藩主
7月 8日	子爵	小笠原寿長	豊前千束藩主
7月 8日	子爵	大岡忠敬	三河西大平藩主
7月 8日	子爵	高木正善	河内丹南藩主
7月 8日	子爵	井上正巳	常陸下妻藩主
7月 8日	子爵	永井直哉	大和櫛羅藩主
7月 8日	子爵	柳沢徳忠	越後三日市藩主
7月 8日	子爵	建部秀隆	播磨林田藩主．光麿が昭和22年2月3日爵位返上
7月 8日	子爵	森川　恒	下総生実藩主
7月 8日	子爵	内田正学	下総小見川藩主

	年 月 日	身　分	氏　名	出　身　・　続　柄　等
	(明治17年) 7月 8日	子爵	新庄直陳	常陸麻生藩主
	7月 8日	子爵	一柳末徳	播磨小野藩主
	7月 8日	子爵	一柳紹念	伊予小松藩主
	7月 8日	子爵	柳生俊郎	大和柳生藩主
	7月 8日	子爵	田沼　望	上総小久保藩主．子の正が大正9年6月15日爵位返上
	7月 8日	子爵	伊東祐帰	日向飫肥藩主
	7月 8日	子爵	本多忠鵬	三河西端藩主
*	7月 8日	子爵	戸田忠義	下総曾我野藩主．明治3年3月下野高徳藩より下総曾我野藩へ転封
	7月 8日	子爵	蒔田広孝	備中浅尾藩主
	7月 8日	男爵	松崎万長	名家／甘露寺勝長三男．明治29年10月23日爵位返上
	7月 8日	男爵	岩倉具経	羽林家／岩倉具視次男
*	7月 8日	男爵	北畠(久我)通城	清華家／久我建通次男．明治4年7月29日久我より北畠と改姓
*	7月 8日	男爵	西五辻文仲	半家／五辻高仲次男(元興福寺学侶明王院)
	7月 8日	男爵	若王子遠文	羽林家／山科言知次男
*	7月 8日	男爵	梶野行篤	半家／石井行弘次男(元興福寺学侶無量寿院)
	7月 8日	男爵	玉松真幸	羽林家／山本公弘次男玉松真弘養子
*	7月 8日	男爵	中御門経隆(寛麿)	名家／中御門経之三男
*	7月 8日	男爵	南岩倉具威	羽林家／岩倉具視長男(元興福寺学侶正智院)
*	7月 8日	男爵	万里小路正秀	名家／万里小路正房八男
	7月 8日	男爵	坊城俊延	名家／坊城俊政次男
	7月 8日	男爵	三条(東三条)公美	清華家／三条実美次男．明治19年8月三条より東三条へ改姓．公美は同年10月三条公爵家の嗣子となり，東三条家は実敏が継承
*	7月 8日	男爵	岩倉具徳	岩倉具綱(具視養子)長男
	7月 8日	男爵	鷲尾隆順	羽林家／鷲尾隆聚次男
	7月 8日	男爵	壬生桄夫	元地下官人(官務・左大史)．先代(父輔世)が明治9年11月25日終身華族より永世華族に編列
*	7月 8日	男爵	押小路師成	旧地下官人(局務・大外記)
	7月 8日	男爵	北小路俊昌	旧地下官人(六位蔵人)．子の俊岳が明治34年3月1日に爵位返上
*	7月 8日	男爵	水谷川忠起	摂家／近衛忠熙八男(元一乗院門跡)
	7月 8日	男爵	松園尚嘉	摂家／九条尚忠三男(元大乗院門跡)
*	7月 8日	男爵	千家尊福	出雲大社神職
*	7月 8日	男爵	北島脩孝	出雲大社神職
	7月 8日	男爵	千秋季隆	熱田神宮神職
	7月 8日	男爵	河辺博長	伊勢神宮神職(大宮司)
*	7月 8日	男爵	津守国美	住吉神社神職
	7月 8日	男爵	阿蘇惟敦	阿蘇神社神職
	7月 8日	男爵	到津公誼	宇佐神宮神職
	7月 8日	男爵	宮成(宇佐)公矩	宇佐神宮神職．公勲の代，昭和11年9月に宮成より宇佐に改姓し，爵位返上
*	7月 8日	男爵	小野尊光	日御碕神社神職
	7月 8日	男爵	紀　俊尚	日前・国懸神宮神職
*	7月 8日	男爵	金子有卿	物部神社神職
*	7月 8日	男爵	西高辻信巌	太宰府天満宮神職
	7月 8日	男爵	高千穂宣麿	英彦山神社神職
*	7月 8日	男爵	松木美彦	伊勢神宮神職
	7月 8日	男爵	河辺隆次	羽林家／油小路隆晃三男(元興福寺学侶勧修坊)．明治30年3月31日爵位返上
	7月 8日	男爵	杉溪言長	羽林家／山科言縄三男(元興福寺学侶妙徳院)
	7月 8日	男爵	藤大路納親	羽林家／堀河康親三男(元興福寺学侶延寿院)
	7月 8日	男爵	中川興長	名家／甘露寺愛長七男(元興福寺学侶五大院)
	7月 8日	男爵	長尾顕慎	名家／勧修寺顕彰四男(元興福寺学侶惣殊院)

	年月日	身分	氏名	出身・続柄等
	(明治17年) 7月 8日	男爵	今園国映	名家／芝山国典次男(元興福寺学侶賢聖院)
	7月 8日	男爵	穂穙寄麿(俊香)	明治17年8月29日寄麿より俊香と改名．先代俊弘は名家／坊城俊明三男(元興福寺学侶玉林院)．
	7月 8日	男爵	粟田口定孝	名家／葉室顕孝六男(元興福寺学侶養賢院)
	7月 8日	男爵	北大路公久	先代実慎は羽林家／阿野公誠次男(元興福寺院家東北院)
	7月 8日	男爵	北河原公憲	羽林家／四辻公績五男(元興福寺学侶中蔵院)
	7月 8日	男爵	藤枝雅之	羽林家／飛鳥井雅典次男(元興福寺学侶清浄院)
	7月 8日	男爵	相楽綱(綱直)	先代富道は半家／富小路敬直次男(元興福寺学侶慈門院)．のち綱より綱直と改名．公愛没後，後継者を欠き爵位返上
	7月 8日	男爵	南　光利	名家／広橋伊光六男(元興福寺院家修南院)
	7月 8日	男爵	鷺原量長	名家／甘露寺勝長四男(元興福寺学侶恵海院)．明治20年1月13日爵位返上
	7月 8日	男爵	芝小路豊俊	先代豊訓は名家／芝山国豊次男(元興福寺学侶成身院)
	7月 8日	男爵	竹園康長	先代用長は名家／甘露寺愛長三男(元興福寺学侶宝掌院)．明治32年8月14日爵位返上
	7月 8日	男爵	鹿園亥五郎(実博)	先代空晁は清華家／三条実起七男(元興福寺院家喜多院)．明治17年10月1日亥五郎より実博と改名
	7月 8日	男爵	松林為美(為秀)	先代為成は羽林家／冷泉為則五男(元興福寺院家松林院)．明治16年10月2日為秀より為美と改名．同29年12月21日爵位返上
	7月 8日	男爵	太秦供康	先代供親は羽林家／桜井供秀次男(元興福寺学侶慈尊院)
	7月 8日	男爵	吉川経健	周防岩国藩主(元周防山口藩一門)
	7月 8日	男爵	安藤直行	紀伊田辺藩主(元和歌山藩付家老)
	7月 8日	男爵	成瀬正肥	尾張犬山藩主(元名古屋藩付家老)
	7月 8日	男爵	水野忠幹	紀伊新宮藩主(元和歌山藩付家老)
	7月 8日	男爵	中山信実	常陸松岡藩主(元水戸藩付家老)
	7月 8日	男爵	竹腰正己	美濃今尾藩主(元名古屋藩付家老)
	7月 8日	男爵	生駒親承	羽後矢島藩主(元交代寄合表御礼衆)
	7月 8日	男爵	山崎治敏	備中成羽藩主(元交代寄合表御礼衆)
	7月 8日	男爵	山名義路	但馬村岡藩主(元交代寄合表御礼衆)
	7月 8日	男爵	池田徳潤	播磨福本藩主(元交代寄合表御礼衆)．明治27年1月26日爵位返上
*	7月 8日	男爵	本堂親久	常陸志筑藩主(元交代寄合表御礼衆)
	7月 8日	男爵	平野長祥	大和田原本藩主(元交代寄合表御礼衆)
*	7月 8日	男爵	本多副元	越前福井藩家老
	7月 8日	男爵	長岡護美	肥後熊本藩一門
	7月 8日	男爵	前田利武	前田斉泰(加賀金沢藩主)十二男
	7月 8日	男爵	小早川四郎	毛利元徳(周防山口藩主)四男．先代(兄三良)が小早川家を再興
	7月 8日	男爵	池田勝吉	池田茂政(備前岡山藩主)長男
*	7月 8日	男爵	山内豊尹	山内豊信(高知土佐藩主)長男
	7月 8日	男爵	徳川　厚	徳川慶喜四男
*	7月 8日	男爵	新田俊純	新田義貞末裔．元交代寄合
*	7月 8日	男爵	名和長恭	名和長年末裔
*	7月 8日	男爵	菊池武臣	菊池武時末裔．元交代寄合
	7月17日	伯爵	副島種臣	宮内省御用掛兼一等侍講
	7月17日	伯爵	伊地知正治	宮内省御用掛
	7月17日	伯爵	吉井友実	宮内大輔
	7月17日	子爵	土方久元	内務大輔兼議定官，宮内省御用掛
	7月17日	子爵	品川弥二郎	農商務大輔
	明治18年(1885)			
	5月 2日	男爵	小松時韶(行正)	先代行敏は半家／石井行弘三男(元興福寺学侶不動院)．明治9年5月31日永世華族に編列．のち時韶より行正へ改名
	5月 2日	男爵	芝亭愛古	先代実忠は羽林家／裏辻公愛三男(元興福寺学侶龍雲院)
	5月 2日	侯爵	尚　泰	琉球藩王

	年 月 日	身 分	氏 名	出 身 ・ 続 柄 等
	明治19年(1886)			
	4月24日	子爵	板倉勝観	上野安中藩主
	7月16日	子爵	稲垣太祥	近江山上藩主
	明治20年(1887)			
	4月15日	子爵	七条信義	羽林家
*	5月 9日	伯爵	大隈重信	元参議
	5月 9日	伯爵	板垣退助	元参議．退助没後に襲爵手続をせず，大正8年7月16日爵位返上
	5月 9日	伯爵	後藤象二郎	元参議．孫の保弥太の死後襲爵手続をせず，昭和15年7月爵位返上
	5月 9日	伯爵	勝　安芳	元参議．没後に後継者を欠き，明治32年1月21日爵位返上．徳川慶喜の子精が同年2月8日に復爵(再授爵)
	5月 9日	子爵	岩下方平	元老院議官
	5月 9日	子爵	森　有礼	文部大臣
	5月 9日	子爵	福羽美静	元老院議官
	5月 9日	子爵	青木周蔵	外務次官
	5月 9日	子爵	吉田清成	農商務次官
	5月 9日	子爵	田中光顕	元老院議官
	5月 9日	子爵	清岡公張	元老院議官・高等法院陪席裁判官
	5月 9日	子爵	渡辺　昇	会計検査院長．武治没後，襲爵手続をせず昭和19年7月19日爵位返上
*	5月 9日	子爵	林　友幸	元老院議官・高等法院陪席裁判官
	5月 9日	子爵	香川敬三	皇后宮大夫兼主殿頭・諸陵頭
*	5月 9日	子爵	杉孫七郎	皇太后宮大夫兼内蔵頭
	5月 9日	子爵	野村　靖	逓信次官
	5月 9日	子爵	田中不二麿	イタリア駐箚特命全権公使
	5月24日	子爵	榎本武揚	海軍中将・逓信大臣
	5月24日	子爵	佐野常民	宮中顧問官
	5月24日	子爵	山尾庸三	宮中顧問官兼法制局長・有栖川宮別当
	5月24日	子爵	黒田清綱	元老院議官
	5月24日	子爵	大久保一翁	元老院議官
	5月24日	子爵	宍戸　璣	元老院議官・高等法院陪席裁判官
	5月24日	子爵	河田景与	元老院議官・高等法院陪席裁判官
	5月24日	子爵	海江田信義	元老院議官
	5月24日	子爵	税所　篤	元老院議官
	5月24日	子爵	井上　勝	鉄道局長官兼技監
	5月24日	子爵	河瀬真孝	イギリス駐箚特命全権公使
	5月24日	子爵	伊集院兼寛	元老院議官
	5月24日	子爵	三島通庸	警視総監
	5月24日	子爵	大迫貞清	元老院議官
	5月24日	子爵	由利公正	元老院議官・高等法院陪席裁判官
	5月24日	子爵	山岡鉄太郎	元宮内少輔．鉄雄没後，後継者を欠き爵位返上
	5月24日	男爵	槇村正直	元老院議官．子の正介没後，後継者を欠き，昭和5年2月1日爵位返上
	5月24日	男爵	渡辺　清	元老院議官・高等法院予備裁判官
	5月24日	男爵	神山郡廉	元老院議官
	5月24日	男爵	楫取素彦	元老院議官・高等法院陪席裁判官
	5月24日	男爵	本田親雄	元老院議官
	5月24日	男爵	青山　貞	秋田県知事
*	5月24日	男爵	高崎正風	宮内省式部次官兼御歌掛長
	5月24日	男爵	高崎五六	東京府知事
	5月24日	男爵	黒川通軌	陸軍中将・名古屋鎮台司令官．秀雄の代，没後襲爵手続をせず爵位返上
	5月24日	男爵	小沢武雄	陸軍中将・参謀本部次長
	5月24日	男爵	真木長義	海軍中将・将官会議幹事

	年月日	身分	氏名	出身・続柄等
	(明治20年) 5月24日	男爵	山地元治	陸軍中将・熊本鎮台司令官
*	5月24日	男爵	佐久間左馬太	陸軍中将・仙台鎮台司令官
	5月24日	男爵	赤松則良	海軍少将・造船会議議長兼兵器会議議長．範一没後，爵位返上
	5月24日	男爵	野崎貞澄	陸軍少将・歩兵第2旅団長
	5月24日	男爵	滋野清彦	陸軍少将・歩兵第4旅団長．子の清武没後襲爵手続をせず，昭和3年4月6日爵位返上
	5月24日	男爵	松村淳蔵	海軍少将・海軍兵学校長
	5月24日	男爵	井上良馨	海軍少将・海軍省軍務局長
	6月23日	伯爵	酒井忠興	播磨姫路藩主
	明治21年(1888)			
	1月17日	子爵	大村寛人	大村益次郎(永敏)孫
*	1月17日	伯爵→侯爵	松平茂昭	越前福井藩主
	1月17日	伯爵→侯爵	中御門経明	名家．経明没後後継者を欠き，明治31年12月14日爵位返上．翌32年10月20日経恭が復爵
*	1月17日	伯爵→侯爵	嵯峨公勝	大臣家
	1月17日	子爵→伯爵	大原重朝	羽林家
*	6月23日	男爵	徳川義恕	侯爵徳川義勝(尾張名古屋藩主)十一男
*	6月28日	伯爵	清棲家教	伏見宮邦家親王第14王子．当初仏光寺を相続し渋谷家教と称す．明治21年6月28日伏見宮に復帰の上，同日「清棲」を称して授爵
*	11月1日	男爵	松平　斉	子爵松平康民(美作津山藩)弟
*	11月1日	男爵	浅野虎松(養長)	侯爵浅野長勲(安芸広島藩)弟．明治21年11月6日虎松より養長と改名
	明治22年(1889)			
*	1月29日	男爵	津軽楢麿	伯爵津軽承昭(陸奥弘前藩)次男
*	3月2日	男爵	島津珍彦	薩摩鹿児島藩一門／公爵島津久光三男
*	3月2日	男爵	山内豊積	土佐高知藩一門／山内豊信弟
*	5月6日	男爵	正親町董次郎(季董)	羽林家／正親町公董三男．明治22年7月5日董次郎より季董と改名．子の季光没後に後継者を欠き，大正11年9月15日爵位返上
*	5月11日	男爵	酒井忠績	一代華族．子の忠弘が大正9年6月15日爵位返上
	5月11日	男爵	伊達宗敦	一代華族
*	5月11日	男爵	酒井忠惇	一代華族
*	10月16日	男爵	松前隆広	子爵松前修広(渡島国館藩)養叔父
*	10月16日	男爵	佐竹義脩	侯爵佐竹義堯(出羽久保田藩)養子．子の義立が昭和4年12月26日爵位返上
*	11月23日	男爵	井田　譲	元老院議官
*	12月18日	男爵	鶴殿忠善	公爵九条道孝(摂家)弟．授爵同日鶴殿家を絶家再興
	明治23年(1890)			
*	3月27日	男爵	伊江朝永	侯爵尚家(琉球藩王)一族
*	3月27日	男爵	今帰仁朝敷	侯爵尚家(琉球藩王)一族
*	6月27日	男爵	辻　維岳	元老院議官
*	8月27日	男爵	沢田幸一郎(泰圀)	伊勢神宮神職．明治24年12月25日幸一郎より泰圀と改名
*	12月26日	子爵	松浦　靖	肥前平戸新田藩主
	明治24年(1891)			
*	1月21日	男爵	元田永孚	枢密顧問官
*	4月23日	伯爵→侯爵	四条隆謌	羽林家
*	4月23日	伯爵→侯爵	伊達宗徳	伊予宇和島藩主
*	4月23日	子爵→伯爵	壬生基修	羽林家
*	4月23日	子爵→伯爵	真田幸民	信濃松代藩主
*	4月23日	子爵→伯爵	沢　宣量	半家
*	4月23日	子爵→伯爵	亀井茲明	石見津和野藩主
*	4月23日	子爵→伯爵	島津忠亮	日向佐土原藩主
*	4月23日	子爵→伯爵	大村純雄	肥前大村藩主

	年 月 日	身　分	氏　名	出身・続柄等
	(明治24年) 4月23日	男爵→子爵	長岡護美	肥後熊本藩一門
	4月23日	男爵→子爵	成瀬正肥	尾張犬山藩主(元名古屋藩付家老)
	4月23日	男爵→子爵	吉川経健	周防岩国藩主(元山口藩毛利家一門)
*	4月23日	男爵→子爵	山内豊尹	土佐高知藩一門／山内豊信長男
	4月23日	男爵→子爵	岩倉具明	羽林家／岩倉具視次男具経の長男
	11月21日	男爵	吉川重吉	子爵吉川経幹(周防岩国藩主)三男
	12月24日	子爵	牧野忠良	越後峰岡藩主
*	12月28日	男爵	池田政和	備前岡山藩家老
*	12月28日	男爵	島津久家	薩摩鹿児島藩一門
	明治25年(1892)			
*	2月19日	男爵	三条公輝	清華家／三条実美三男．大正13年5月28日公輝は公爵三条実憲の指定家督相続人となり，三条男爵家は廃家
*	3月16日	男爵	毛利五郎	公爵毛利元徳(周防山口藩)五男
*	5月 3日	子爵	徳川武定	侯爵徳川篤敬(常陸水戸藩)義弟／徳川昭武長男
*	5月30日	男爵	伊達経丸(宗倫)	侯爵伊達宗徳(伊予宇和島藩)義弟／伊達宗城八男．のち経丸より宗倫と改名
*	10月15日	男爵	松井敏之	肥後熊本藩家老・八代城代
*	10月15日	男爵	伊達邦成	陸奥仙台藩一門
*	10月15日	男爵	伊達正人	陸奥仙台藩一門
*	10月15日	男爵	米田虎雄	肥後熊本藩家老
	明治26年(1893)			
*	3月 7日	男爵	島津富次郎(忠備)	公爵島津忠義(薩摩鹿児島藩)五男．のち富次郎より忠備と改名
*	10月30日	男爵	林　忠弘	上総請西藩主
*	10月30日	子爵	河野敏鎌	枢密顧問官．子の寿男没後に後継者を欠き，大正11年1月22日爵位返上
	明治27年(1894)			
	8月29日	子爵	陸奥宗光	外務大臣
	明治28年(1895)			
*	1月 7日	子爵	井上　毅	元文部大臣
*	5月27日	男爵	沢　宣元	伯爵沢宣量(半家)弟
*	8月 5日	子爵	川上操六	陸軍大将・参謀本部次長．邦良の没後に後継者を欠き爵位返上
*	8月 5日	子爵	伊東祐亨	海軍大将・海軍軍令部長
*	8月 5日	伯爵→侯爵	伊藤博文	内閣総理大臣
*	8月 5日	伯爵→侯爵	山県有朋	陸軍大将・元第1軍司令官
*	8月 5日	伯爵→侯爵	大山　巌	陸軍大将・陸軍大臣
*	8月 5日	伯爵→侯爵	西郷従道	海軍大将・海軍大臣．従徳没後，爵位返上
*	8月 5日	子爵→伯爵	樺山資紀	海軍大将・台湾総督
*	8月 5日	子爵→伯爵	野津道貫	陸軍大将・第1軍司令官
*	8月20日	子爵→伯爵	陸奥宗光	外務大臣．陽之助が昭和22年2月3日爵位返上
	8月20日	男爵→子爵	山地元治	陸軍中将・第1師団長
*	8月20日	男爵→子爵	佐久間左馬太	陸軍中将・占領地総督
*	8月20日	子爵	渡辺国武	大蔵大臣
*	8月20日	男爵	西徳二郎	ロシア駐箚特命全権公使
*	8月20日	男爵	伊東巳代治	内閣書記官長
*	8月20日	子爵	桂　太郎	陸軍中将・第3師団長
	8月20日	男爵	伊藤雋吉	海軍中将・海軍次官
	8月20日	男爵	黒木為楨	陸軍中将・第6師団長
	8月20日	男爵	岡沢　精	陸軍中将・大本営軍事内局長兼侍従武官
	8月20日	男爵	奥　保鞏	陸軍中将・第5師団長
	8月20日	男爵	相浦紀道	海軍中将・横浜鎮守府司令長官．助一が昭和18年11月爵位返上
*	8月20日	男爵	長谷川好道	陸軍少将・歩兵第12旅団長
	8月20日	男爵	乃木希典	陸軍中将・第2師団長

	年 月 日	身　分	氏　名	出 身 ・ 続 柄 等
*	(明治28年) 8月20日	男爵	児玉源太郎	陸軍少将・陸軍次官兼陸軍省軍務局長
	8月20日	男爵	西寛二郎	陸軍少将・歩兵第2旅団長
*	8月20日	男爵	山口素臣	陸軍少将・歩兵第3旅団長
	8月20日	男爵	茨木惟昭	陸軍少将・占領地総督部参謀長
	8月20日	男爵	小川又次	陸軍少将・第1軍参謀長
*	8月20日	男爵	石黒忠悳	陸軍軍医総監・大本営野戦衛生長官
	8月20日	男爵	黒田久孝	陸軍少将・東京湾要塞司令官．子の善治が隠居後襲爵手続をせず，昭和3年8月21日爵位返上
	8月20日	男爵	坪井航三	海軍少将・旅順口根拠地司令官．子の九八郎没後襲爵手続をせず，昭和3年10月7日爵位返上
	8月20日	男爵	野田豁通	陸軍会計監督長・大本営野戦監督長官
	8月20日	男爵	大島義昌	陸軍少将・混成第9旅団長
	8月20日	男爵	大島久直	陸軍少将・歩兵第6旅団長
	8月20日	男爵	大迫尚敏	陸軍少将・歩兵第5旅団長
	8月20日	男爵	川口武定	海軍主計総監・海軍省経理局長
	8月20日	男爵	立見尚文	陸軍少将・歩兵第10旅団長
	8月20日	男爵	大寺千代太郎	大寺安純(陸軍少将)長男
*	9月26日	男爵	島津諄之介(忠弘)	公爵島津忠義(薩摩鹿児島藩)6男．のち諄之介より忠弘と改名
	10月 1日	男爵	山根信成	陸軍少将・近衛歩兵第2旅団長
	10月 7日	子爵→伯爵	土方久元	宮内大臣．孫の久敬が昭和9年9月20日爵位返上
	10月31日	子爵→伯爵	佐野常民	枢密顧問官・日本赤十字社々長
*	10月31日	男爵	林　董	清国駐箚特命全権公使
	10月31日	男爵	田尻稲次郎	大蔵次官・貴族院勅選議員
	10月31日	男爵	末松謙澄	法制局長官
	10月31日	男爵	川田小一郎	日本銀行総裁・貴族院勅選議員
	10月31日	男爵	鍋島　幹	広島県知事
	10月31日	男爵	橋本綱常	予備役陸軍軍医監
	10月31日	男爵	鈴木大亮	逓信次官
	12月 4日	男爵	永山武四郎	陸軍少将・臨時第7師団長．敏行没後，爵位返上
	12月 4日	男爵	山沢静吾	陸軍中将・第4師団長
	12月 4日	男爵	川村景明	陸軍少将・近衛歩兵第1旅団長
	明治29年(1896)			
*	6月 5日	子爵	芳川顕正	司法大臣
*	6月 5日	男爵	岩村通俊	貴族院勅選議員
*	6月 5日	男爵	九鬼隆一	枢密顧問官兼帝国博物館総長
*	6月 5日	男爵	尾崎三良	貴族院勅選議員
*	6月 5日	男爵	伊丹重賢	貴族院勅選議員・錦鶏間祗候
*	6月 5日	男爵	楠本正隆	衆議院議員・衆議院議長
*	6月 5日	男爵	花房義質	帝室会計審査局長・閑院宮別当
*	6月 5日	男爵	中島錫胤	元山梨県知事．錫胤没後，襲爵手続をせず，明治39年4月21日爵位返上
*	6月 5日	男爵	小畑美稲	貴族院勅選議員
*	6月 5日	男爵	林　清康	予備役海軍中将．明治29年12月26日林より安保と改姓
*	6月 5日	男爵	石田英吉	高知県知事．英一郎の代，大正15年3月24日に爵位返上
*	6月 5日	男爵	安場保和	貴族院勅選議員
*	6月 5日	男爵	南部甕男	判事・東京控訴院々長
*	6月 5日	男爵	北畠治房	判事・大阪控訴院々長
*	6月 5日	男爵	岩村高俊	貴族院勅選議員
*	6月 5日	男爵	北垣国道	拓殖務次官
*	6月 5日	男爵	山田信道	京都府知事．子の東三郎没後，後継者を欠き爵位返上
*	6月 5日	男爵	船越　衛	貴族院勅選議員・宮中顧問官
*	6月 5日	男爵	三宮義胤	宮内省式部長．子の錫馬没後，女戸主となり大正8年12月28日爵位返上
*	6月 5日	男爵	有地品之允	予備役海軍中将

	年月日	身　分	氏　名	出身・続柄等
＊	(明治29年) 6月 5日	男爵	山口正定	宮内省主殿頭・主猟局長，予備役海軍大佐
＊	6月 5日	男爵	中島信行	貴族院勅選議員・特命全権公使(待命中)
＊	6月 5日	男爵	長松　幹	貴族院勅選議員・錦鶏間祗候
＊	6月 5日	男爵	木梨精一郎	貴族院勅選議員・錦鶏間祗候
＊	6月 5日	男爵	寺島秋介	貴族院勅選議員・錦鶏間祗候
＊	6月 5日	男爵	園田安賢	警視総監
＊	6月 5日	男爵	藤村紫朗	貴族院勅選議員．義朗没後昭和12年1月爵位返上
＊	6月 5日	男爵	村田経芳	予備役陸軍少将・貴族院勅選議員
＊	6月 5日	男爵	奈良原繁	沖縄県知事．三次没後，後継者を欠き爵位返上
＊	6月 9日	伯爵	大谷光尊	西本願寺住職(准門跡)
＊	6月 9日	伯爵	大谷光瑩	東本願寺住職(准門跡)
＊	6月 9日	男爵	常磐井堯煕	専修寺住職(准門跡)
＊	6月 9日	男爵	華園沢称	興正寺住職(准門跡)
＊	6月 9日	男爵	渋谷隆教	仏光寺住職(准門跡)
＊	6月 9日	男爵	木辺孝慈	錦織寺住職(准門跡)
＊	6月 9日	男爵	稲田邦植	阿波徳島藩家老・洲本城代
＊	6月 9日	伯爵	小松帯刀	小松帯刀(清廉)孫
＊	6月 9日	男爵	岩崎久弥	三菱合名会社々長
＊	6月 9日	男爵	岩崎弥之助	三菱合名会社監務．小弥太没後，爵位返上
＊	6月 9日	男爵	三井八郎右衛門(高棟)	三井家惣領
＊	6月30日	男爵	真田幸世	伯爵真田幸民(信濃松代藩)弟
＊	6月30日	男爵	尚　寅	侯爵尚寅(琉球藩王)次男
＊	6月30日	男爵	尚　順	侯爵尚寅(琉球藩王)四男
＊	12月 3日	男爵	佐野延勝	陸軍少将・騎兵監．智勝の没後，襲爵手続をせず爵位返上
＊	12月 3日	男爵	島津忠欽	薩摩鹿児島藩一門
＊	12月 3日	男爵	岩倉道倶	公爵岩倉具定(羽林家)一門／岩倉具視四男．没後，爵位返上
＊	12月 3日	男爵	細川護晃	侯爵細川護久(肥後熊本藩)弟．子の護立が本家侯爵家相続の為，男爵家を大正3年10月7日に廃家
＊	12月 3日	男爵	黒田峯太郎(長和)	侯爵黒田長成(筑前福岡藩)弟．のち峯太郎より長和と改名
	明治30年(1897)			
＊	1月29日	男爵	西　周	錦鶏間祗候
＊	2月 7日	男爵	白根専一	元逓信大臣
＊	7月 1日	伯爵	二荒芳之	北白川宮能久親王庶子．旧姓山本
＊	7月 1日	伯爵	上野正雄	北白川宮能久親王庶子．旧姓永田
＊	7月 1日	男爵	有馬頼多	伯爵有馬頼万(筑後久留米藩)弟
＊	7月 1日	男爵	五条頼定	五条頼元末裔
＊	7月 1日	男爵	南部行義	南部師行末裔
＊	10月27日	男爵	福原基蔵	福原豊功(陸軍少将)長男．基彦が昭和21年5月31日爵位返上
＊	10月27日	男爵	毛利祥久	周防山口藩一門
＊	10月27日	男爵	細川興増	肥後熊本藩一門
＊	10月27日	男爵	多久乾一郎	肥前佐賀藩家老
＊	10月27日	男爵	鍋島直明(己巳五郎)	肥前佐賀藩一門．己巳五郎より直明と改名
＊	10月27日	男爵	鍋島茂昌	肥前佐賀藩家老
＊	10月27日	男爵	諫早家崇	肥前佐賀藩家老
＊	10月27日	男爵	島津長丸	薩摩鹿児島藩家老
＊	10月27日	男爵	島津久賢	薩摩鹿児島藩一門
＊	10月27日	男爵	島津貴暢	薩摩鹿児島藩一門
＊	10月27日	男爵	中根己巳	中根雪江孫
＊	10月27日	男爵	田宮鈴太郎	田宮如雲孫
＊	12月 1日	男爵	箕作麟祥	貴族院勅選議員・行政裁判所長官
＊	12月 6日	男爵	東久世秀雄	羽林家／東久世通禧四男

	年月日	身分	氏名	出身・続柄等
	明治31年(1898)			
*	1月26日	男爵	山川　浩	予備役陸軍少将・貴族院勅選議員
*	2月 2日	男爵	池田謙斎	宮内省侍医局長
*	2月 2日	男爵	久我通保	侯爵久我通久(清華家)三男．昭和19年爵位返上
*	2月26日	男爵	千田貞暁	宮崎県知事
*	3月24日	子爵	錦小路在明	半家
*	3月26日	男爵	森岡昌純	貴族院勅選議員
*	7月 4日	男爵	神田孝平	貴族院勅選議員・錦鶏間祗候．孫の金樹が昭和5年6月19日爵位返上
*	7月20日	男爵	四条隆平	侯爵四条隆謌(羽林家)長男
*	7月20日	男爵	片倉景光	陸奥仙台藩家老
	明治32年(1899)			
*	2月 8日	伯爵	勝　　精	元伯爵勝家家督相続人．先代安芳の没後に後継者を欠き，明治32年1月21日爵位返上．徳川慶喜の子精が復爵(再授爵)
*	3月31日	男爵	籠手田安定	貴族院勅選議員・錦鶏間祗候
*	10月 6日	子爵	石川重之	元子爵(常陸下館藩主)．明治20年4月5日爵位返上．復爵(再授爵)
*	10月14日	男爵	大沼　涉	休職陸軍少将
*	10月20日	侯爵	中御門経恭	元侯爵中御門家(名家)指定相続人．先代経明没後に後継者を欠き，明治31年12月14日爵位返上．翌32年10月20日経恭が復爵(再授爵)
	明治33年(1900)			
*	5月 9日	男爵	国司直行	周防山口藩家老
*	5月 9日	男爵	清水資治	周防山口藩家老
*	5月 9日	男爵	島津久明	薩摩鹿児島藩一門
*	5月 9日	男爵	伊賀氏広	土佐高知藩家老
*	5月 9日	男爵	斯波　蕃	加賀金沢藩家老
*	5月 9日	男爵	佐竹義雄	出羽久保田藩一門
*	5月 9日	男爵	佐竹義尚	出羽久保田藩一門．敬治郎が昭和21年5月10日爵位返上
*	5月 9日	男爵	佐竹義遵	出羽久保田藩一門
*	5月 9日	男爵	細川忠穀	肥後熊本藩一門
*	5月 9日	男爵	浅野哲吉	安芸広島藩一門
*	5月 9日	男爵	本多政以	加賀金沢藩重臣(八家)
*	5月 9日	男爵	長　克連	加賀金沢藩重臣(八家)
*	5月 9日	男爵	横山隆平	加賀金沢藩重臣(八家)
*	5月 9日	男爵	池田長準	備前岡山藩家老
*	5月 9日	男爵	上田亀次郎	安芸広島藩家老
*	5月 9日	男爵	黒田一義	筑前福岡藩家老
*	5月 9日	男爵	奥村栄滋	加賀金沢藩重臣(八家)
*	5月 9日	男爵	村井長八郎	加賀金沢藩重臣(八家)
*	5月 9日	男爵	三浦権五郎	紀伊和歌山藩家老
*	5月 9日	男爵	前田　孝	加賀金沢藩重臣(八家)．孝行が昭和22年2月3日爵位返上
*	5月 9日	男爵	島津隼彦	薩摩鹿児島藩一門．忠親没後，爵位返上
*	5月 9日	男爵	益田精祥	周防山口藩家老
*	5月 9日	男爵	種子島守時	薩摩鹿児島藩家老
*	5月 9日	男爵	宍戸乙彦	周防山口藩家老
*	5月 9日	男爵	福原俊丸	周防山口藩家老
*	5月 9日	男爵	毛利重輔	周防山口藩家老
*	5月 9日	男爵	今枝直規	加賀金沢藩家老
*	5月 9日	男爵	渡辺半蔵	尾張名古屋藩家老
*	5月 9日	男爵	石河光熙	尾張名古屋藩家老
*	5月 9日	男爵	奥村則英	加賀金沢藩重臣(八家)
*	5月 9日	男爵	前田直行	加賀金沢藩重臣(八家)
*	5月 9日	男爵	浅野守夫	安芸広島藩家老

	年月日	身分	氏名	出身・続柄等
*	(明治33年) 5月 9日	男爵	賀島政一	阿波徳島藩家老．没後襲爵手続をせず爵位返上
*	5月 9日	男爵	木俣畏三	近江彦根藩家老
*	5月 9日	男爵	尾崎忠治	枢密顧問官
*	5月 9日	男爵	加藤弘之	貴族院勅選議員・錦鶏間祗候
*	5月 9日	男爵	津田真道	貴族院勅選議員
*	5月 9日	男爵	野村素介	貴族院勅選議員・錦鶏間祗候
*	5月 9日	男爵	永山盛輝	貴族院勅選議員・錦鶏間祗候
*	5月 9日	男爵	福原　実	元陸軍少将・貴族院勅選議員
*	5月 9日	男爵	岡内重俊	貴族院勅選議員・錦鶏間祗候
*	5月 9日	男爵	原田一道	予備役陸軍少将・貴族院勅選議員・錦鶏間祗候
*	5月 9日	男爵	松平正直	貴族院勅選議員
*	5月 9日	男爵	細川潤次郎	枢密顧問官
*	5月 9日	男爵	大鳥圭介	枢密顧問官．子の富士太郎没後襲爵手続をせず，昭和6年11月7日爵位返上
*	5月 9日	男爵	金子堅太郎	貴族院勅選議員
*	5月 9日	男爵	野村維章	退職検事
*	5月 9日	男爵	富岡敬明	元熊本県知事・元貴族院勅選議員
*	5月 9日	男爵	内海忠勝	会計検査院長
*	5月 9日	男爵	調所広丈	貴族院勅選議員
*	5月 9日	男爵	渡辺千秋	宮内省内蔵頭
*	5月 9日	男爵	堤　正誼	宮内省内匠頭・宮中顧問官・東宮御所御造営局長
*	5月 9日	男爵	楠田英世	元非職元老院議官．孫の咸次郎没後に後継者を欠き，大正10年10月26日爵位返上
*	5月 9日	男爵	沖　守固	貴族院勅選議員
*	5月 9日	男爵	川崎祐名	後備役陸軍監督監・貴族院勅選議員
*	5月 9日	男爵	渋沢栄一	第一銀行頭取・元貴族院勅選議員
*	5月 9日	男爵	実吉安純	海軍軍医総監・海軍省医務局長
*	5月 9日	男爵	片岡利和	宮内省侍従兼主猟官
*	5月 9日	男爵	小原　迪	美濃大垣藩城代／小原鉄心(是水・忠寛)養子
*	5月 9日	男爵	郷　純造	貴族院勅選議員・錦鶏間祗候
	明治34年(1901)			
*	1月22日	男爵	伊藤圭介	元東京帝国大学教授
	明治35年(1902)			
*	2月27日	子爵→伯爵	桂　太郎	陸軍大将・内閣総理大臣
*	2月27日	男爵→子爵	林　　董	イギリス駐箚特命全権公使
*	2月27日	男爵	山本権兵衛	海軍中将・海軍大臣
*	2月27日	男爵	清浦奎吾	司法大臣
*	2月27日	男爵	曾禰荒助	大蔵大臣
*	2月27日	男爵	平田東助	農商務大臣
*	2月27日	男爵	菊池大麓	文部大臣．子の泰二没後に後継者を欠き，大正10年3月2日爵位返上
*	2月27日	男爵	小村寿太郎	外務大臣
*	3月10日	男爵	九条良政	公爵九条道孝(摂家)四男
*	3月10日	男爵	一条実基	公爵一条実輝(摂家)長男．授爵同日土佐一条家を絶家再興
*	6月 3日	公爵	徳川慶喜	元征夷大将軍
*	6月 3日	侯爵	西郷寅太郎	西郷隆盛長男
*	6月19日	男爵	前島　密	元逓信次官
*	12月 5日	男爵	二条正麿	公爵二条基弘(摂家)義弟／二条斉敬四男．豊基没後，爵位返上
	明治37年(1904)			
*	8月 5日	男爵→子爵	山口素臣	陸軍大将・軍事参議官
	明治38年(1905)			
*	3月 1日	男爵	松本　順	予備役陸軍軍医総監・貴族院勅選議員
*	3月 3日	男爵	高木兼寛	予備役海軍軍医総監・貴族院勅選議員

	年月日	身　分	氏　名	出身・続柄等
*	(明治38年) 12月23日	男爵	鷹司信熙	公爵鷹司熙通(摂家)次男
	明治39年(1906)			
*	4月11日	男爵→子爵	児玉源太郎	陸軍大将・参謀総長(元台湾総督)
*	4月11日	男爵	後藤新平	台湾総督府民政長官
*	9月17日	子爵	松平慶民	侯爵松平康荘(越前福井藩)家督相続人／松平慶永四男
*	9月17日	男爵	佐竹　準	出羽久保田藩一門
*	9月17日	男爵	深尾重孝	土佐高知藩家老
*	9月17日	男爵	池田博愛	備前岡山藩家老
*	9月17日	男爵	日置健太郎	備前岡山藩家老
*	9月17日	男爵	沢村　重	肥前熊本藩重臣
*	9月17日	男爵	有吉虎若	肥前熊本藩家老
*	9月17日	男爵	藤堂憲丸	伊勢津藩家老
*	9月17日	男爵	土倉光三郎	備前岡山藩家老
*	9月17日	男爵	荒尾嘉就	因幡鳥取藩家老
*	9月17日	男爵	伊木忠愛	備前岡山藩家老
*	9月17日	男爵	荒尾之茂	因幡鳥取藩家老
*	12月15日	男爵	足立正声	宮内省諸陵頭兼図書頭
*	12月15日	男爵	山内豊静	侯爵山内豊景(土佐高知藩)弟
	明治40年(1907)			
*	9月14日	子爵→伯爵	林　　董	外務大臣
*	9月14日	男爵	栗野慎一郎	フランス駐箚特命全権大使
*	9月14日	男爵	本野一郎	ロシア駐箚特命全権公使
*	9月21日	侯爵→公爵	伊藤博文	韓国統監・貴族院議員
*	9月21日	侯爵→公爵	山県有朋	元帥・陸軍大将，枢密院議長
*	9月21日	侯爵→公爵	大山　巌	元帥・陸軍大将
*	9月21日	伯爵→侯爵	松方正義	枢密顧問官
*	9月21日	伯爵→侯爵	井上　馨	元大蔵大臣
*	9月21日	伯爵→侯爵	桂　太郎	陸軍大将・軍事参議官
*	9月21日	伯爵→侯爵	野津道貫	元帥・陸軍大将，軍事参議官
*	9月21日	子爵→伯爵	芳川顕正	貴族院議員
*	9月21日	男爵→伯爵	山本権兵衛	海軍大将・軍事参議官
*	9月21日	子爵→伯爵	佐久間左馬太	陸軍大将・台湾総督
	9月21日	男爵→伯爵	黒木為楨	陸軍大将・軍事参議官
	9月21日	男爵→伯爵	奥　保鞏	陸軍大将・参謀総長
	9月21日	男爵→伯爵	乃木希典	陸軍大将・軍事参議官，学習院長．希典没後，後継者を欠き大正元年9月13日爵位返上．同4年9月13日に子爵毛利元敏(長門長府藩)弟の元智が乃木の家名を賜り授伯爵
*	9月21日	男爵→伯爵	小村寿太郎	元外務大臣
	9月21日	男爵→子爵	井上良馨	海軍大将・軍事参議官．子の虎が隠居後，襲爵手続をせず爵位返上
	9月21日	男爵→子爵	岡沢　精	陸軍大将・侍従武官長・議定官
*	9月21日	男爵→子爵	長谷川好道	陸軍大将・韓国駐箚軍司令官
	9月21日	男爵→子爵	西寛二郎	陸軍大将，教育総監兼軍制調査委員長
	9月21日	男爵→子爵	小川又次	陸軍大将
	9月21日	男爵→子爵	川村景明	陸軍大将・東京衛戍総督
	9月21日	男爵→子爵	大島義昌	陸軍大将・関東都督
	9月21日	男爵→子爵	大島久直	陸軍大将・近衛師団長
	9月21日	男爵→子爵	大迫尚敏	陸軍大将
*	9月21日	男爵→子爵	曾禰荒助	枢密顧問官
*	9月21日	男爵→子爵	清浦奎吾	枢密顧問官
*	9月21日	男爵→子爵	実吉安純	予備役海軍軍医総監・貴族院勅選議員
*	9月21日	伯爵	東郷平八郎	海軍大将・海軍軍令部長
*	9月21日	子爵	寺内正毅	陸軍大将・陸軍大臣
*	9月21日	男爵	斎藤　実	海軍中将・海軍大臣

	年 月 日	身　分	氏　名	出 身 ・ 続 柄 等
*	(明治40年) 9月21日	男爵	阪谷芳郎	大蔵大臣
	9月21日	男爵	柴山矢八	予備役海軍大将
	9月21日	男爵	鮫島員規	予備役海軍大将
	9月21日	男爵	井上　光	陸軍中将・第4師団長
	9月21日	男爵	大久保春野	陸軍中将・第3師団長．子の光野没後，襲爵手続をせず爵位返上
	9月21日	男爵	土屋光春	陸軍中将・第11師団長
	9月21日	男爵	日高壮之丞	海軍中将・舞鶴鎮守府司令長官．荘輔没後，爵位返上
	9月21日	男爵	片岡七郎	海軍中将・海軍艦政本部長
	9月21日	男爵	上村彦之丞	海軍中将・横須賀鎮守府司令長官．邦之丞が昭和22年2月3日爵位返上
	9月21日	男爵	塚本勝嘉	陸軍中将・第9師団長
	9月21日	男爵	浅田信興	陸軍中将・第12師団長
	9月21日	男爵	西島助義	陸軍中将・第6師団長
	9月21日	男爵	木越安綱	陸軍中将・第5師団長
	9月21日	男爵	鮫島重雄	陸軍中将・第14師団長．没後後継者を欠き，昭和3年4月17日爵位返上
	9月21日	男爵	有馬新一	海軍中将・第1艦隊司令長官
	9月21日	男爵	安東貞美	陸軍中将・第10師団長
	9月21日	男爵	山中信儀	陸軍中将・第6師団長
	9月21日	男爵	松永正敏	陸軍中将・第3師団長
	9月21日	男爵	瓜生外吉	海軍中将・佐世保鎮台司令長官
	9月21日	男爵	山内万寿治	海軍中将・呉鎮守府司令長官．子の志郎の没後女戸主となり爵位返上
	9月21日	男爵	上田有沢	陸軍中将・第7師団長
	9月21日	男爵	岡崎生三	陸軍中将・第13師団長
	9月21日	男爵	渡辺　章	陸軍中将・第8師団長．没後，後継者を欠き昭和9年5月爵位返上
	9月21日	男爵	伊集院五郎	海軍中将・第2艦隊司令長官
	9月21日	男爵	伊東義五郎	海軍中将・竹敷要港部司令官
	9月21日	男爵	橋元正明	海軍中将・旅順鎮守府司令長官
	9月21日	男爵	中村　寛	陸軍中将・第15師団長
	9月21日	男爵	大浦兼武	元逓信大臣，予備役陸軍歩兵中尉
	9月21日	男爵	阪井重季	後備役陸軍中将
	9月21日	男爵	沖原光孚	予備役陸軍中将
	9月21日	男爵	伊瀬知好成	陸軍中将・休職留守近衛師団長
	9月21日	男爵	原口兼済	陸軍中将・休職留守第1師団長
	9月21日	男爵	出羽重遠	海軍中将・海軍教育本部長
	9月21日	男爵	飯田俊助	後備役陸軍中将
	9月21日	男爵	黒瀬義門	予備役陸軍中将
	9月21日	男爵	勝田四方蔵	後備役陸軍中将
	9月21日	男爵	矢吹秀一	予備役陸軍中将
	9月21日	男爵	三好成行	後備役陸軍中将
	9月21日	男爵	村上敬次郎	海軍主計総監・海軍省経理局長．子の隆吉没後，後継者を欠き爵位返上
	9月21日	男爵	石本新六	陸軍中将・陸軍次官
	9月21日	男爵	大蔵平三	陸軍中将
	9月21日	男爵	藤井包総	予備役陸軍中将
	9月21日	男爵	真鍋　斌	陸軍中将．十蔵隠居後，爵位返上
	9月21日	男爵	山内長人	予備役陸軍中将
	9月21日	男爵	小池正直	陸軍軍医総監
*	9月21日	男爵	珍田捨巳	外務総務長官
*	9月21日	男爵	波多野敬直	貴族院勅選議員
*	9月21日	男爵	久保田譲	貴族院勅選議員
	9月21日	男爵	平佐良蔵	退役陸軍中将

	年 月 日	身　分	氏　名	出 身 ・ 続 柄 等
	(明治40年) 9月21日	男爵	三須宗太郎	海軍中将・海軍軍令部次長
	9月21日	男爵	佐藤　進	後備役陸軍軍医総監
	9月21日	男爵	外松孫太郎	陸軍主計総監
	9月21日	男爵	肝付兼行	予備役海軍中将
	9月21日	男爵	内田正敏	予備役海軍中将
	9月21日	男爵	向山慎吉	海軍中将・佐世保工廠長
	9月21日	男爵	井上良智	海軍中将・侍従武官
	9月21日	男爵	坂本俊篤	海軍中将・海軍大学校長
	9月21日	男爵	福島安正	陸軍中将・参謀本部次長
	9月21日	男爵	有坂成章	陸軍中将・技術審査部長
	9月21日	男爵	西村精一	陸軍中将・東京砲兵工廠提理
	9月21日	男爵	山根武亮	陸軍中将・下関要塞司令官
	9月21日	男爵	伊地知幸介	陸軍中将・東京湾要塞司令官
*	9月21日	男爵	上原勇作	陸軍中将・工兵監
	9月21日	男爵	村木雅美	陸軍中将・東宮武官長．雅枝没後，爵位返上
	9月21日	男爵	宇佐川一正	陸軍中将・陸軍省軍務局長
	9月21日	男爵	宮原二郎	海軍機関中将・艦政本部第四部長
	9月21日	男爵	鹿野勇之進	海軍中将・馬公要港部司令官
	9月21日	男爵	餅原平二	海軍中将
	9月21日	男爵	富岡定恭	海軍中将・練習艦隊司令官
	9月21日	男爵	中溝徳太郎	海軍中将・舞鶴工廠長
	9月21日	男爵	梨羽時起	海軍中将
*	9月21日	男爵	田健治郎	貴族院勅選議員
	9月23日	子爵→伯爵	田中光顕	予備役陸軍少将・宮内大臣．光素が昭和21年5月31日爵位返上
	9月23日	子爵→伯爵	香川敬三	皇后宮大夫
	9月23日	子爵→伯爵	大給恒(乗謨)	信濃竜岡藩主．賞勲局総裁．明治2年8月23日乗謨より恒と改名
*	9月23日	男爵→子爵	伊東巳代治	枢密顧問官
*	9月23日	男爵→子爵	金子堅太郎	枢密顧問官
	9月23日	男爵→子爵	末松謙澄	枢密顧問官
	9月23日	男爵→子爵	田尻稲次郎	会計検査院長
*	9月23日	男爵→子爵	花房義質	帝室会計審査局長兼宮内次官
*	9月23日	男爵→子爵	渡辺千秋	宮内省内蔵頭
	9月23日	男爵→子爵	橋本綱常	後備役陸軍軍医総監・帝国学士院会員
	9月23日	男爵	中村雄次郎	予備役陸軍中将・貴族院勅選議員
	9月23日	男爵	浜尾　新	東京帝国大学総長
	9月23日	男爵	岡　玄卿	宮内省侍医局長
	9月23日	男爵	岩佐　純	宮内省侍医
	9月23日	男爵	目賀田種太郎	統監府財政監査長官
	9月23日	男爵	関　義臣	貴族院勅選議員・錦鶏間祗候
	9月23日	男爵	松尾臣善	貴族院勅選議員・日本銀行総裁
*	9月23日	男爵	武井守正	貴族院勅選議員
*	9月23日	男爵	高橋是清	貴族院勅選議員
	10月 2日	子爵→伯爵	児玉秀雄	児玉源太郎(陸軍大将)長男．秀雄没後，爵位返上
	10月 2日	男爵→子爵	立見豊丸	立見尚文(陸軍大将)長男
*	10月 2日	男爵	松村　務	松村務本(陸軍中将)長男
	10月 2日	男爵	新井清一	新井晴簡(陸軍中将)長男
	10月 2日	男爵	前田　勇	前田隆礼(陸軍中将)長男
	10月 2日	男爵	児玉清雄	児玉徳太郎(陸軍少将)長男
	10月 2日	男爵	山本信成	山本信行(陸軍少将)長男
	10月 2日	男爵	角田武雄	角田秀松(海軍中将)長男
	10月 2日	男爵	東郷　安	東郷正路(海軍中将)長男
	10月 2日	男爵	佐双定雄	佐双左仲(海軍造船総監)長男

	年月日	身分	氏名	出身・続柄等
*	(明治40年) 10月22日	男爵	松本　鼎	貴族院勅選議員
	11月 4日	男爵	高平小五郎	イタリア駐箚特命全権公使
*	11月 4日	男爵	牧野伸顕	文部大臣
*	11月 4日	男爵	内田康哉	オーストリア駐箚特命全権大使兼スイス駐箚特命全権公使
*	11月 4日	男爵	林　権助	清国駐箚特命全権公使
*	11月 8日	子爵→伯爵	林　友幸	枢密顧問官
	明治41年(1908)			
*	3月23日	男爵	九条良致	公爵九条道孝(摂家)五男．没後襲爵手続をせず爵位返上
*	5月 8日	男爵	周布公平	神奈川県知事・貴族院勅選議員
*	8月 3日	男爵	都筑馨六	元特命全権大使・貴族院勅選議員
*	12月12日	男爵	辻　新次	貴族院勅選議員
	明治42年(1909)			
	4月29日	伯爵→侯爵	佐々木高行	枢密顧問官
	11月 1日	男爵	伊藤文吉	公爵伊藤博文次男
*	12月20日	伯爵	飛鳥井恒麿	羽林家．予備役陸軍歩兵中尉．先代にして兄雅望没後，後継者を欠き，明治39年4月21日爵位返上．復爵(再授爵)
*	12月20日	男爵	大村武純	伯爵大村純煕(肥前大村藩)弟
*	12月20日	男爵	島津健之助	伯爵島津忠亮(日向佐土原藩)次男
	明治43年(1910)			
	7月20日	侯爵	小松輝久	北白川宮能久親王第4王子(臣籍降下)
*	8月25日	男爵	長与称吉	長与専斎(貴族院勅選議員．元内務省衛生局長)長男
	明治44年(1911)			
	4月21日	侯爵→公爵	徳大寺実則	侍従長兼内大臣
*	4月21日	侯爵→公爵	桂　太郎	陸軍大将・内閣総理大臣
*	4月21日	伯爵→侯爵	小村寿太郎	外務大臣
*	4月21日	子爵→伯爵	寺内正毅	陸軍大将・陸軍大臣兼朝鮮総督
*	4月21日	子爵→伯爵	渡辺千秋	宮内大臣
*	8月24日	男爵→子爵	平田東助	内務大臣・貴族院勅選議員
	8月24日	男爵→子爵	大浦兼武	農商務大臣・貴族院勅選議員
*	8月24日	男爵→子爵	珍田捨巳	ドイツ駐箚特命全権大使
*	8月24日	男爵→子爵	内田康哉	アメリカ駐箚特命全権大使
*	8月24日	男爵	加藤高明	イギリス駐劄特命全権大使
*	8月24日	男爵	石井菊次郎	外務次官
*	8月25日	男爵	三井八郎次郎(高弘)	三井物産舎長
*	8月25日	男爵	藤田伝三郎	藤田組社長
*	8月25日	男爵	鴻池善右衛門(幸富)	鴻池銀行頭取
*	8月25日	男爵	住友吉左衛門(友純)	住友本社々長．子の吉左衛門(友成)が昭和21年5月31日爵位返上
*	8月25日	男爵	近藤廉平	日本郵船会社々長
	明治45年(1912)			
*	3月18日	男爵→子爵	栗野慎一郎	フランス駐箚特命全権大使

第四期(大正元年7月30日～同15年12月25日)に授爵・陞爵・復爵した者

	年月日	身分	氏名	出身・続柄等
	大正2年(1913)			
	11月 5日	男爵	徳大寺則麿	公爵徳大寺実則(清華家)三男
	11月 5日	男爵	徳川　誠	公爵徳川慶喜九男
	大正3年(1914)			
*	1月19日	男爵	松田正久	司法大臣・衆議院議員
*	5月13日	男爵→子爵	米田虎雄	肥後熊本藩家老

	年 月 日	身　分	氏　名	出 身 ・ 続 柄 等
	大正4年(1915)			
*	9月13日	伯爵	毛利元智	子爵毛利元敏(長門長府藩)次男／伯爵乃木家再興候補者．同日特旨を以て「乃木」の家名を賜る．昭和9年9月26日爵位返上
*	12月 1日	男爵	大森鐘一	京都府知事・貴族院勅選議員
*	12月 1日	男爵	穂積陳重	東京帝国大学名誉教授
*	12月 1日	男爵	横田国臣	判事・大審院長
*	12月 1日	男爵	田中芳男	貴族院勅選議員・錦鶏間祗候
*	12月 1日	男爵	山川健次郎	東京帝国大学総長・貴族院勅選議員．子の洵没後爵位返上
*	12月 1日	男爵	三井高保	三井銀行社長
*	12月 1日	男爵	大倉喜八郎	大倉組頭取
*	12月 1日	男爵	古河虎之助	古河財閥当主
*	12月 1日	男爵	森村市左衛門	森村組創始者
	大正5年(1916)			
*	7月 6日	男爵	岡市之助	陸軍中将・元陸軍大臣
*	7月14日	男爵	神尾光臣	陸軍大将・東京衛戍総督
*	7月14日	男爵	島村速雄	海軍大将・海軍軍令部長
*	7月14日	男爵	八代六郎	海軍中将・第2艦隊司令長官
*	7月14日	男爵	加藤定吉	海軍中将・海軍教育本部長．泰邦没後，爵位返上
*	7月14日	伯爵→侯爵	大隈重信	内閣総理大臣
*	7月14日	子爵→伯爵	長谷川好道	元帥・陸軍大将・元参謀総長
*	7月14日	男爵→子爵	石井菊次郎	外務大臣
*	7月14日	男爵→子爵	本野一郎	ロシア駐箚特命全権大使
*	7月14日	男爵→子爵	加藤高明	貴族院勅選議員・元外務大臣
	大正6年(1917)			
*	6月 5日	男爵→子爵	波多野敬直	宮内大臣
*	8月14日	男爵	松岡康毅	貴族院勅選議員・元農商務大臣
*	8月14日	男爵	奥田義人	貴族院勅選議員・東京市長
*	12月14日	男爵	青山胤通	東京帝国大学教授・元医科大学長
	大正7年(1918)			
*	11月26日	男爵	高橋新吉	貴族院勅選議員・元日本勧業銀行総裁
*	11月26日	男爵	園田孝吉	第十五銀行頭取
*	11月26日	男爵	益田　孝	三井物産会社々長
	大正8年(1919)			
*	1月 9日	子爵	近衛秀麿	公爵近衛文麿(摂家)弟．昭和21年5月31日爵位返上
*	1月 9日	男爵	鍋島貞次郎	侯爵鍋島直大(肥前佐賀藩主)次男
*	10月24日	男爵	明石元二郎	陸軍大将・台湾総督
*	12月27日	男爵	古市公威	貴族院勅選議員・東京帝国大学名誉教授
	大正9年(1920)			
*	1月13日	男爵	安川敬一郎	明治炭鉱株式会社他創始者．没後襲爵手続をせず爵位返上
*	1月13日	男爵	川崎芳太郎	川崎造船所社長．武之助没後，襲爵手続をせず爵位返上
	7月24日	侯爵	山階芳麿	山階宮菊麿王第2王子(臣籍降下)
*	9月 4日	男爵→子爵	石黒忠悳	退役陸軍軍医総監・枢密顧問官
*	9月 4日	男爵→子爵	渋沢栄一	元貴族院勅選議員
*	9月 7日	男爵	加藤友三郎	海軍大将・海軍大臣
*	9月 7日	男爵	山本達雄	農商務大臣・貴族院勅選議員
*	9月 7日	男爵	伊集院彦吉	イタリア駐箚特命全権大使
*	9月 7日	男爵	松井慶四郎	フランス駐箚特命全権大使．没後，爵位返上
*	9月 7日	男爵	田中義一	陸軍中将・陸軍大臣
*	9月 7日	男爵	幣原喜重郎	アメリカ駐箚特命全権大使
*	9月 7日	侯爵→公爵	西園寺公望	内閣総理大臣前官礼遇．八郎没後，爵位返上
*	9月 7日	子爵→伯爵	内田康哉	外務大臣
*	9月 7日	子爵→伯爵	珍田捨巳	イギリス駐箚特命全権大使

	年 月 日	身　分	氏　名	出 身 ・ 続 柄 等
*	(大正９年) 9月 7日	男爵→子爵	牧野伸顕	貴族院勅選議員
*	9月 7日	男爵→子爵	高橋是清	大蔵大臣・貴族院勅選議員
*	12月28日	男爵	大谷喜久蔵	陸軍大将・教育総監．没後襲爵手続をせず，大正12年11月26日爵位返上
	大正10年(1921)			
*	4月18日	男爵→子爵	上原勇作	陸軍大将・参謀総長
*	4月18日	男爵	大井成元	陸軍大将・ウラジオ派遣軍司令官
*	8月11日	男爵	前田正名	貴族院勅選議員
	11月25日	男爵→子爵	浜尾　新	枢密顧問官
*	11月26日	男爵	内山小二郎	陸軍大将・侍従武官長
	大正11年(1922)			
*	2月 1日	男爵	山県有光	公爵山県有朋外孫
*	9月18日	侯爵→公爵	松方正義	元内大臣．子の巌が昭和２年12月19日に爵位返上
*	9月25日	子爵→伯爵	平田東助	内大臣
*	9月25日	子爵→伯爵	伊東巳代治	枢密顧問官
*	9月25日	男爵→子爵	後藤新平	臨時外交調査委員会委員
	大正12年(1923)			
*	8月24日	男爵→子爵	加藤友三郎	海軍大将・内閣総理大臣
*	10月16日	男爵	立花小一郎	予備役陸軍大将
	10月25日	侯爵	久邇邦久	久邇宮邦彦王第２王子(臣籍降下)
	大正13年(1924)			
*	2月11日	男爵	平山成信	枢密顧問官
*	2月11日	男爵	北里柴三郎	貴族院帝国学士院互選議員．没後襲爵手続をせず，昭和６年６月13日爵位返上
	大正14年(1925)			
*	4月 9日	子爵→伯爵	牧野伸顕	元宮内大臣
*	4月 9日	男爵→子爵	斎藤　実	海軍大将・朝鮮総督
*	12月18日	男爵	岡野敬次郎	枢密院副議長
	大正15年(1926)			
*	1月28日	子爵→伯爵	加藤高明	内閣総理大臣
*	10月28日	男爵	倉富勇三郎	枢密顧問官
*	10月28日	男爵	平沼騏一郎	枢密顧問官
*	10月28日	男爵	富井政章	枢密顧問官・東京帝国大学名誉教授
	12月 7日	侯爵	華頂博信	伏見宮博恭王第３王子(臣籍降下)

第五期(昭和元年12月25日～同22年５月２日)に授爵・陞爵・復爵した者

	年 月 日	身　分	氏　名	出 身 ・ 続 柄 等
	昭和３年(1928)			
	7月20日	侯爵	筑波藤麿	山階宮菊麿王第３王子(臣籍降下)
	7月20日	侯爵	鹿島萩麿	山階宮菊麿王第４王子(臣籍降下)
*	11月10日	子爵→伯爵	清浦奎吾	貴族院勅選議員
*	11月10日	子爵→伯爵	後藤新平	貴族院勅選議員
*	11月10日	男爵	山下源太郎	予備役海軍大将
*	11月10日	男爵	佐藤昌介	北海道帝国大学総長．昌彦が昭和21年５月10日爵位返上
*	11月10日	男爵	団　琢磨	三井合名会社理事長
*	11月10日	男爵	徳川好敏	旧御三卿清水家・陸軍工兵大佐．先代篤守は明治32年４月20日爵位返上
	昭和４年(1929)			
*	11月18日	侯爵→公爵	徳川圀順	常陸水戸藩主
	12月24日	伯爵	葛城茂麿	山階宮菊麿王第５王子(臣籍降下)
*	12月26日	男爵	近藤基樹	海軍造船中将
	昭和６年(1931)			
*	4月 4日	伯爵	東伏見邦英	久邇宮邦彦王第３王子(臣籍降下)
*	4月11日	男爵	若槻礼次郎	元内閣総理大臣・貴族院勅選議員

	年月日	身分	氏名	出身・続柄等
	昭和7年(1932)			
*	5月23日	男爵	白川義則	陸軍大将・上海派遣軍司令官
	昭和8年(1933)			
*	4月25日	男爵	一木喜徳郎	元宮内大臣
*	4月25日	男爵	奈良武次	陸軍大将・侍従武官長
*	7月27日	男爵	武藤信義	元帥・陸軍大将・関東軍司令官．没後襲爵手続をせず，昭和8年7月28日爵位返上
	昭和9年(1934)			
*	1月 4日	子爵→伯爵	金子堅太郎	枢密顧問官
*	5月29日	伯爵→侯爵	東郷平八郎	元帥・海軍大将
	昭和10年(1935)			
*	12月26日	男爵	大角岑生	海軍大将・海軍大臣
*	12月26日	男爵	本庄　繁	陸軍大将・侍従武官長．没後，爵位返上
*	12月26日	男爵	荒木貞夫	陸軍大将・軍事参議官
	昭和11年(1936)			
	4月 1日	伯爵	伏見博英	伏見宮博恭王第4王子(臣籍降下)
*	4月 1日	侯爵	音羽正彦	朝香宮鳩彦王第2王子(臣籍降下)．没後，後継者を欠き爵位返上
*	11月20日	男爵	鈴木貫太郎	予備役海軍大将・枢密顧問官
	昭和14年(1939)			
*	1月28日	男爵	桜井錠二	枢密顧問官・帝国学士院院長
	昭和15年(1940)			
	10月25日	侯爵	粟田彰常	東久邇宮稔彦王第3王子(臣籍降下)
*	12月24日	男爵	湯浅倉平	元内大臣
	昭和16年(1941)			
*	8月15日	男爵	長与又郎	東京帝国大学名誉教授
*	11月11日	男爵→子爵	阪谷芳郎	貴族院議員
	昭和17年(1942)			
	10月 5日	伯爵	宇治家彦	久邇宮多嘉王第2王子(臣籍降下)
	昭和18年(1943)			
*	2月17日	男爵	平賀　譲	海軍技術中将・東京帝国大学総長
	6月 7日	伯爵	龍田徳彦	久邇宮多嘉王第3王子(臣籍降下)
	昭和19年(1944)			
*	8月 7日	男爵	原　嘉道	枢密院議長・議定官

参考文献一覧

［未刊資料］
独立行政法人国立公文書館
公文雑纂
公文別録
公文録
授爵陞爵申牒書類
諸雑公文書
枢密院関係文書
請願書進達
太政類典
松方家文書
宮内庁書陵部図書課宮内公文書館
石本安市授爵願
一条実基授爵願書
稲田、林授爵ノ件
犬山成瀬子爵家陞爵歎願書
今井鉄巌他授爵請願書
大谷光尊外七名授爵ノ件
織田信義請願書
家系ノ義ニ付進達（森村正俊）
華資第３号昭和13年授陞爵者調書
華族哀願ノ内申書（田中俊清）
華族家格取調書
華族ニ列セラレタキ哀願書（田中俊清）
華族編入願進達
稷山久興授爵請願書
旧会津藩主松平子爵家陞爵ノ儀ニ付歎願書
旧仙台藩主伊達伯爵家陞爵ノ義ニ付御願
旧藩執政職功労一門末家履歴等取調記
旧藩々陪臣万石以上人員調
旧藩万石以上陪臣録
楠木氏取調書
楠木氏履歴
楠正成之裔取調書
慶光院由緒付歴代系
故上野景範履歴書
小林家履歴
再申請書（橘彦四郎）
三条西季知陞爵願
島津家陞爵書類
島津久家他陞爵請願書
従五位内田政風勲功上申書
授爵叙位ノ恩典ニ浴シ度旨請願ノ件照会
授爵之儀申請（渡正元）
授爵録
明治８～９年、明治11～12年、明治13～14年、明治15年、明治16～17年、明治18～20年、明治21～22年、明治23年、明治24年、明治25年、明治26～28年、明治29年、明治30年、明治31年、明治32年、１明治33年、２明治33年、明治34～38年、明治39～40年、明治41～42年、明治43～大正３年、大正４年、大正５年、大正６年、大正７年、大正８～11年、大正12～15年、昭和２～19年、昭和22年、（追加の分）明治25年、（追加）１明治15～大正４年、（追加）２明治15～大正４年
叙爵ニ関シ請願ノ件照会
陞授爵内願

昭和12年7月 授爵詮議に関する伺書
神宮旧神官荒木田度会二氏及慶光院利敬ニ授爵ノ件
真宗各派授爵歎願書
諏訪頼固他授爵請願書
請願書(楠氏系統の義)
請願書(小楠公縁故者)
請願書(橘彦四郎)
関口直太郎授爵請願書
戦時又は事変関係者授陞爵者調
多田正隆授爵請願書
立入宗興履歴書
伊達伯爵家陞爵歎願書
伊達宗基他陞爵請願書
田中俊清授爵請願書
田中俊清他授爵請願書
田宮嘉左衛門授爵請願書
陳情書(南部男爵陞爵)
津田監太郎請願書
土肥実匡他授爵請願書
藤堂高紹陞爵請願書
土岐貞明請願書
徳川義恕他陞爵請願書
戸田忠友他陞爵請願書
鍋島直彬他授爵願
南部男爵陞爵之儀陳情
野原政太郎授爵請願書
橋本堯尚授爵請願書
林孝人請願書
原保太郎履歴書
福島直太郎家所蔵正則遺物
仏光寺派管長授爵内願書
堀真五郎他授爵歎願書
前川貞峻請願書
松平子爵(津山)陞爵歎願書
松平量信授爵請願書
松平康民他陞爵請願書
松前修広陞爵請願書
宗重正陞爵請願書
最上彰義授爵ノ義具申
毛呂由太郎他授爵請願書
四九三　横井平四郎授爵拒絶議
国立国会図書館憲政資料室
井上馨関係文書
岡市之助関係文書
倉富勇三郎日記
斎藤実関係文書
佐佐友房関係文書
三条家文書
品川弥二郎関係文書
受爵願
寺内正毅関係文書
原保太郎関係文書
牧野伸顕関係文書
山県有朋関係文書付：山県有朋伝記編纂資料
国文学研究資料館

山城国京都平松家文書
山城国京都徳大寺家文書
東京都公文書館
大夫士伺願
京都府立総合資料館歴史資料課
鴨脚家文書(乙)
下橋家資料
明治五年旧神官由緒書
岡山県立記録資料館
記録資料館所蔵花房瑞連・義質関係資料
山口県文書館
旧大野厚狭阿川毛利家旧禄高ニ関シ嘆願書
小早川御家御再興一件
小早川家御再興一件控
毛利祥久外四名華族昇列願書控
阿南市立阿波公方・民俗資料館所蔵
足利家文書
東京大学史料編纂所
甲斐荘氏華族班列願参考書
早稲田大学大学史資料センター
華族編入願
早稲田大学中央図書館
爵位発行順序
陞爵及授爵並授勲上奏案
後藤新平記念館
後藤新平文書(デジタル版が雄松堂書店より発売)

[公刊資料(資料集・著書)]

『維新政権の秩禄処分』　千田稔　開明書院　1979年
『医心方の伝来』　杉立義一　思文閣出版　1991年
『伊藤博文関係文書』1～9　伊藤博文関係文書研究会編　塙書房　1973～81年
『井上毅伝』史料篇1～6　井上毅伝記編纂委員会編　国学院大学　1966～94年
『岩倉具定公伝』　西村文則　北海出版社　1943年
『岩倉具視―『国家』と『家族』―米欧巡回中の「メモ帳」とその後の家族の歴史』　岩倉具忠　財団法人国際高等研究所　2006年
『岩倉具視関係文書』1～8　日本史籍協会編　東京大学出版会　1968～69年
『上原勇作関係文書』　上原勇作関係文書研究会編　東京大学出版会　1976年
『上原勇作日記』　尚友俱楽部編　芙蓉書房出版　2011年
『越前市史』(資料編5旗本金森左京家関係文書)　越前市編　2014年
『越前市史』(資料編14武生騒動)　越前市編　2010年
『越前市史』(資料編24明治維新と関義臣)　越前市編　2012年
『越前の旗本金森左京』　斎藤忠征　斎藤忠征　2008年
『鷗外屈辱に死す』　大谷晃一　人文書院　1983年
『御歌所の研究』　恒川平一　還暦記念出版会　1939年
『大久保利通関係文書』1～5　立教大学日本史研究室編　吉川弘文館　1965～71年
『大隈重信 1832-1922』　島善高　佐賀県立佐賀城本丸歴史館　2011年
『大隈重信関係文書』1～11　早稲田大学大学史資料センター編　みすず書房　2004～15年
『大森鐘一』　池田宏編　1930
『尾崎三良日記』上・下　尾崎三良　伊藤隆・尾崎春盛編　中央公論社　1991・92年
『尾崎三良自叙略伝』上・下　尾崎三良　中央公論社　1976・77年
『恩賜来歴』　成瀬関次編　1937年　非売品
『華族―明治百年の側面史―』　金沢誠・川北洋太郎・湯浅泰雄編　北洋社　1978年
『華族』　小田部雄次　中央公論新社　2006年
『華族社会の「家」戦略』　森岡清美　吉川弘文館　2002年
『華族制度資料集』　霞会館諸家資料調査委員会編　吉川弘文館　1985年

『華族制度の研究』正・続　酒巻芳男　霞会館　1987年
『華族総覧』　千田稔　講談社　2009年
『華族たちの昭和史』　保阪正康　毎日新聞社　2008年
『華族たちの近代』　浅見雅男　NTT出版　1999年
『華族誕生』　浅見雅男　リブロポート　1994年
『勝海舟関係資料 海舟日記』1～5　東京都江戸東京博物館都市歴史研究室編　東京都　2002～11年
『桂大将伝』　杉山茂丸　博文館　1919年
『桂太郎関係文書』　千葉功編　東京大学出版会　2010年
『金子堅太郎自叙伝』1・2　金子堅太郎　高瀬暢彦編　日本大学精神文化研究所　2003・04年
『上賀茂のもり・やしろ・まつり』　大山喬平監修　思文閣出版　2006年
『木戸幸一日記』上・下　木戸幸一　木戸日記研究会編集校訂　東京大学出版会　1966～80年
『旧侯爵木戸家資料目録』　国立歴史民俗博物館編　国立歴史民俗博物館　2011年
『宮中・皇室と政治』　近代日本研究会編　山川出版社　1998年
『京都に残った公家たち―華族の近代―』〈歴史文化ライブラリー385〉　刑部芳則　吉川弘文館　2014年
『禁裏御倉職立入家文書』　京都市歴史資料館編　2012年
『倉富勇三郎日記』1・2・3　倉富勇三郎日記研究会編　国書刊行会　2010年～
『元勲・近代諸家書簡集成』　仏教大学近代書簡研究会編　思文閣出版　2004年
『皇族誕生』　浅見雅男　角川書店　2008年
『児玉源太郎関係文書』　尚友倶楽部児玉源太郎関係文書編集委員会編　同成社　2015年
『近衛篤麿日記』1～6　近衛篤麿　近衛篤麿日記刊行会編　1968・69年
『西園寺公望関係文書』　山崎有恒・西園寺公望関係文書研究会編著　松香堂書店　2012年
『西園寺公望伝』別巻一　立命館大学西園寺公望伝編纂委員会　1996年
『西園寺公と政局』1～8・別　原田熊雄述　近衛泰子筆記　岩波書店　1949～56年
『侍従武官長奈良武次日記・回顧録』1～4　奈良武次　波多野澄雄・黒沢文貴編　柏書房　2000年
『静岡県史』資料編16　静岡県編　静岡県　1989年
『品川弥二郎関係文書』1～7　尚友倶楽部品川弥二郎関係文書編纂委員会編　山川出版社　1993～2009年
『次男坊たちの江戸時代―公家社会の〈厄介者〉―』〈歴史文化ライブラリー246〉　松田敬之　吉川弘文館　2008年
『修験道と児島五流―その背景と研究―』　宮家準　岩田書院　2013年
『昭憲皇太后実録』上・中・別　明治神宮監修　吉川弘文館　2014年
『小説富岡敬明』　河村秀明　甲陽書房　1979年
『昭和初期の天皇と宮中（侍従次長河井弥八日記）』1～6　河井弥八　高橋紘・粟屋憲太郎・小田部雄次編　岩波書店　1993・94年
『昭和天皇と立憲君主制の崩壊』　伊藤之雄　名古屋大学出版会　2005年
『昭和ニュース事典』1～8・総索引　昭和ニュース事典編纂委員会編　毎日コミュニケーションズ　1990～94年
『白石町史』　白石町史編纂委員会編　白石町　1974年
『神宮医方史』　久志本常孝　久志本常孝　1985年
『新聞集成明治編年史』1～15　新聞集成明治編年史編纂会編　林泉社　1936～40年
『新聞集成大正編年史』1～46　明治大正昭和新聞研究会編　明治大正昭和新聞研究会　1969～88年
『新聞集成昭和編年史』1～　明治大正昭和新聞研究会編　新聞資料出版　1988～
『新聞集録大正史』1～15　大正出版　1978年
『枢密院議長の日記』　佐野眞一　講談社　2007年
『贈従一位池田慶徳公御伝記』1～5・別　鳥取県立博物館編　1987～92年
『蘇峰自伝』　徳富猪一郎　中央公論社　1935年
『大正過去帳』　稲村徹元他共編　東京美術　1973年
『大正初期山県有朋談話筆記／政変思出草』〈近代日本史料選書2〉　伊藤隆編　山川出版社　1981年
『大正初期山県有朋談話筆記 続』〈尚友ブックレット21〉　尚友倶楽部編　芙蓉書房出版　2011年
『大正デモクラシー期の政治（松本剛吉政治日誌）』　松本剛吉　林茂・岡義武校訂　岩波書店　1959年
『大正ニュース事典』1～7・総索引　大正ニュース事典編纂委員会編　毎日コミュニケーションズ　1986～89年
『高松宮日記』1～8　高松宮宣仁親王　細川護貞他編　中央公論社　1995～97年
『太宰府天満宮所蔵古文書目録』　川添昭二編　太宰府天満宮文化研究所　1979年
『脱藩大名の戊辰戦争』　中村彰彦　中央公論新社　2000年
『田丸郷土誌』　池山始三　三重県郷土資料刊行会　1977年
『朝鮮王公族―帝国日本の準皇族―』　新城道彦　中央公論新社　2015年
『朝野の五大閥』　鵜崎鷺城　東亜堂書房　1912年
『帝室制度資料』（秘書類纂19・20）　伊藤博文　金子堅太郎他校訂　原書房　1970年

『天皇の韓国併合―王公族の創設と帝国の葛藤―』〈サピエンティア19〉　新城道彦　法政大学出版局　2011年
『特別叙勲類纂』(死没者・上巻)　総理府賞勲局編　1983年
『登米町誌』4　登米町誌編纂委員会編
『中上林村誌』　荘厳哲堂編　元中上林村役場　1957年
『中山忠能日記』1～4　中山忠能　日本史籍協会編　東京大学出版会　1973年
『新田文庫抜粋略伝記』　新田貞康編　新田貞康　1900年
『日本近代「家」制度の研究』　井戸田博史　雄山閣　1992年
『乃木大将殉死・以後』　井戸田博史　新人物往来社　1989年
『博士 梅謙次郎』　東川徳治　有斐閣　1917年
『幕末オランダ留学生の研究』　宮永孝　日本経済評論社　1990年
『原敬日記』1～6　原奎一郎編　福村出版　2000年
『原敬関係文書』1～10・別　原敬文書研究会編　日本放送出版協会　1984～89年
『播磨新宮町史』1～7　新宮町教育委員会編　1964年
『播磨新宮町史史料編』1　新宮町史編纂委員会編　2004年
『秀頼脱出―豊臣秀頼は九州で生存した―』　前川和彦　国書刊行会　1997年
『ふだん着の原敬』　原奎一郎　毎日新聞社　1971年
『復古記』1～15　東京大学史料編纂所編　1974年
『復古の碩師玉松操』下　伊藤武雄　金雞学院　1927年
『平成新修旧華族家系大成』上・下　霞会館華族家系大成編輯委員会編　吉川弘文館　1996年
『法規分類大全(宮廷門・儀制門・族爵門)』　石井良助・林修三監修　三上昭美編　原書房　1980年(1893年刊の覆刻版)
『細川日記』　細川護貞　中央公論社　1976年
『牧野伸顕日記』　牧野伸顕　伊藤隆・広瀬順晧編　中央公論社　1990年
『松方正義関係文書』1～13・別　松方峰雄他編　大東文化大学東洋研究所　1979～97年
『松下加兵衛と豊臣秀吉』　冨永公文　東京図書出版会　2002年
『松田正久稿』　笹川多門　江村会　1938年
『室田義文翁譚』　田谷広吉・山野辺義智編　1939年
『明治維新神仏分離史料』1～5　村上専精・辻善之助・鷲尾順敬共編　名著出版　1970年
『明治過去帳』　大植四郎編　東京美術　1971年
『明治建白書集成』1～9　内田修道編　筑摩書房　1986～2000年
『明治時代の歴史学界―三上参次懐旧談―』　三上参次　吉川弘文館　1991年
『明治ニュース事典』1～8巻・総索引　明治ニュース事典編纂委員会編　毎日コミュニケーションズ　1983～86年
『物部史誌』　「物部史誌」編集員会編　物部公民館　1997年
『山内家史料 幕末維新第九編 第十六代豊範公紀』　山内家史料刊行委員会編　山内神社宝物資料館　1986年
『山県有朋関係文書』1～3　尚友倶楽部山縣有朋関係文書編纂委員会編　山川出版社　2005～08年
『山階宮三代』上・下　山階会編　1982年
『山田伯爵家文書』1～7・総(宮内庁書陵部蔵筆写本)　日本大学大学史編纂室編　日本大学　1991・92年
『山本五十六』　阿川弘之　新潮社　1965年
『遊撃隊始末』　中村彰彦　文芸春秋　1993年
『横井小楠』上　山崎正董編著　明治書院　1938年
『横山源之助全集』5・6(富豪史1・2)　立花雄一編　法政大学出版局　2004・05年
『李王宮秘史』　権堂四郎介　朝鮮新聞社　1926年
『陸軍の五大閥』　鵜崎鷺城　隆文館図書　1915年
『和歌山県史資料編』近現1　和歌山県史編さん委員会編　1975年
『渡辺千秋関係文書』　尚友倶楽部　長井純市編　山川出版社　1994年

［論文・研究ノート］

「岩倉具定関係文書(書翰の部1)」(『京薬論集』第16号)　鈴木栄樹・松田好史・山下大輔・馬場章・吉川芙佐　2009年
「岩倉具定関係文書(書翰の部2)」(『京薬論集』第17号)　鈴木栄樹・松田好史・山下大輔・馬場章・吉川芙佐　2010年
「栄典制度の形成過程―官僚と華族の身分再編を中心に―」(『日本史研究』第553号)　刑部芳則　2008年
「鷗外の遺言と栄典制度―新資料・加藤拓川宛賀古鶴所書簡の意味するもの―」(『鷗外』通号63号)　渡辺善雄　1998年
「大隈重信陞爵・国葬問題をめぐる政治過程」(『早稲田大学史記要』第38号)　荒船俊太郎　2007年
「岡市之助文書について」(『神女大史学』第9号)　山本四郎　神戸女子大学史学会　1992年
「岡市之助関係文書について(続)」(『神女大史学』第10号)　山本四郎　神戸女子大学史学会　1993年
「〔史料紹介〕香川敬三宛岩倉具視書簡」(『皇学館大学紀要』第29輯)　上野秀治　1991年
「華族としての仏光寺―近代教団への道程―」(大遠忌記念出版『仏光寺の歴史と文化』編集委員会編『仏光寺の歴史と文

化』）　辻岡健志　真宗仏光寺派宗務所　2011年
「華族にならなかった福沢諭吉」（『歴史と旅』第27巻８号）　浅見雅男　2000年
「華族の「選定基準」」（『歴史読本』第713号）　松田敬之　1999年
「華族令の制定と嵯峨実愛」（『日本近代思想大系』５付録）　川田貞夫　岩波書店　1988年
「金子堅太郎日記（１）―大正12年６月12日～８月30日―」（『日本大学精神文化研究所紀要』第36集）　高瀬暢彦・堀口修編　2005年
「金子堅太郎日記（２）―昭和３年１月１日～６月30日―」（『日本大学精神文化研究所紀要』第38集）　高瀬暢彦・堀口修編　2008年
「北垣府政期の東本願寺―本山・政府要人・三井銀行の関係を中心に―」（丸山宏・伊從勉・高木博志編『近代京都研究』）　谷川穣　思文閣出版　2008年
「銀行王 安田善次郎⑫授爵を逃す」（『新潮45』通号332号）　北康利　2009年
「勤王実効旗下の件」（『史談速記録』第240輯）　戸川安宅　1913年
「旧功者事蹟取調の報告附五節」（『史談速記録』第50輯）　応答談話者：寺師宗徳　1896年（のち『史談会速記録』合本９　原書房　1972年に収録）
「〔史料紹介〕旧幕府典薬頭 半井家華族取立運動について」（竹貫元勝博士還暦記念論文集『禅とその周辺学の研究』）　松田敬之　永田文昌堂　2005年
「近世期 宮方・摂関方殿上人に関する考察―「若江家所蔵文書」を中心に―」（『大倉山論集』第49輯）　松田敬之　2003年
「久能榊原越中守組の朝廷帰順前後―与力・新井藻三郎扣にみる―」（『地方史静岡』16）　窪田正志　1988年
「光格天皇御生母の事附三節」（『史談速記録』第96輯）　応答談話者：中田憲信　1900年（のち『史談会速記録』合本16　原書房　1972年に収録）
「小林芝香女史談の贈正四位小林良典君の逸事」（『史談会速記録』第372輯）　外崎覚　1928年
「新華族先代・先々代叙位に関する一考察」（鶴﨑裕雄編『地域文化の歴史を往く―古代・中世から近世へ―』）　松田敬之　和泉書院　2012年
「大医和気・半井家系の研究」（『中外医事新報』1247）　石野瑛　1937年
「伊達伯爵家・陞爵の陳情書」（『仙台郷土研究』復刊第29巻２号〈通巻269号〉）　櫻井滋郎　2004年
「田中光顕関係文書紹介（１）～（12）」（『法政大学文学部紀要』第52～64号）　安岡昭男・長井純市編　2005～12年
「中・近世公家社会における家格上昇」（研究代表者：稲葉伸道『日本前近代社会における下級官人の研究―真継家を中心として―』研究課題番号13301016，平成13年～16年度科学研究費補助金基盤研究（Ａ）（２）研究成果報告書）　松田敬之　2005年
「帝室博物館総長兼図書頭時代の森林太郎・鷗外」（『跡見学園女子大学国文学科報』22）　山崎一頴　1994年
「徳川慶喜の授爵について」（皇学館大学史料編纂所『史料』146）　上野秀治　1996年
「なぜ大隈重信の「陞爵申牒書」は廃棄されたか」（『早稲田大学史記要』第27号）　関田かおる　1995
「「西周日記」―明治20年１月～６月―」（『南山経済研究』第14巻第３号）　川崎勝　2000年
「「西周日記」―明治20年７月～12月―」（『南山経済研究』第15巻第２号）　川崎勝　2000年
「「西周日記」―明治21年１月～６月―」（『南山経済研究』第15巻第３号）　川崎勝　2001年
「「西周日記」―明治21年７月～12月―」（『南山経済研究』第16巻第１号）　川崎勝　2001年
「「西周日記」―明治22年１月～６月―」（『南山経済研究』第16巻第２号）　川崎勝　2001年
「「西周日記」―明治22年７月～12月―」（『南山経済研究』第16巻第３号）　川崎勝　2002年
「「西周日記」―明治23年１月～６月―」（『南山経済研究』第17巻第１号）　川崎勝　2002年
「新田源氏言説の構造―もう一人の猫絵の殿様・新田由良家を中心に―」（山本隆志編『日本中世政治文化論の射程』）　山澤学　思文閣出版　2012年
「日本女性列伝・九条武子」（『婦人公論』昭和10年１月号）　柳原燁子　1935年
「幕末維新期の「新田家旧臣」による新田神社創建について―新居喜左衛門日記を読む―」（『ぐんま史料研究』第24号）巻島隆　群馬県立文書館　2006年
「播磨国鳥取藩領、及び福本藩に関する基礎的研究」（『鳥取地域史研究』第１号）　伊藤康晴　1999年
「二つの本家と一つの分家の関係―新宮池田家と岡山藩・鳥取藩―」（『鳥取地域史研究』第７号）　藤尾隆志　2005年
「法政大学図書館蔵 田中光顕文書（伊藤博文関係）解題目録」（『法政大学文学部紀要』第31号）　安岡昭男　1985年
「町田久成について」（『LOTUS』第17号）　大島朋剛　1997年
「村上氏末裔の華族取立請願運動」（『郷土研究 千曲の浅瀬』）　平林富三　1973年
「村上氏末裔の華族取立請願運動」（『歴史研究』第163号）　平林富三　1974年
「明治・大正期 京都官家士族の動向に関する一考察」（『京都産業大学日本文化研究所紀要』第６号）　松田敬之　2001年（のち『日本史学年次別論文集』2001年版近現代分冊３，学術刊行会に収録）
「名族長沢松平家小史」（『姓氏と家紋』60）　小川恭一　1991年

［その他・オンラインデータベースなど］

聞蔵Ⅱビジュアル（朝日新聞）
ヨミダス歴史館（読売新聞）
国立公文書館デジタルアーカイブ
国立国会図書館近代デジタルライブラリー
国立国会図書館デジタルコレクション（官報）
東京大学史料編纂所データベース
早稲田大学古典籍総合データベース

〈華族爵位〉請願人名辞典

松田敬之著

吉川弘文館

序

現在、日本国憲法第十四条の第一項及び第二項により、日本には貴族身分は法的に存在しない。君主制国家にあって皇族と国民との間に貴族が存在しないのは、日本を含めわずかであるが、新憲法施行前、この国には「華族」と称される貴族が存在した。

華族とは、明治二年(一八六九)六月十七日に誕生した近代日本の貴族階級である。同年の成立時には、原則旧来の堂上《とうしょう》公家と、一万石以上の大名(諸侯)とを合一化したものであったが、次第に旧大社の社家、有力寺院の僧侶、南朝功臣の末裔、維新の功臣が加えられた。そしてさらに同十七年七月七日の華族令公布以降は、さまざまな文勲・軍功によって、数多くの政治家や官僚、軍人たちも加えられ、本来の構成とは大きく異なっていった。

本辞典は、この華族身分の誕生から、昭和二十二年(一九四七)五月三日の日本国憲法施行に伴う廃止までの約八十年間に、非華族である士族・平民から華族への昇格を望む請願が一体どれだけ行われ、また、それがどのような意味を持っていたのかを当時の世相をも含め、明らかにするための資料集である。

そもそも定期叙位・定期叙勲という言葉があるように、位階や勲章は、文武官が勤続年数や勲功によって「一個人」に対して与えられる意味合いが強く、一代限りの栄典である。それとは異なり、爵位は、個人に対してだけでなく、「家」に対して与えられる世襲の栄典である。それでは、この爵位というものは、ど

のようにして与えられるものであったのか。

読者のかたのなかには、国家へ貢献した者に対して「天皇の特別の思し召《おぼめ》しによって下賜される」ものであって、申請という、いわば「おねだり」「催促」に近い形で得られるような類いものではないと思われているかたもおられるかもしれない。自分や先祖がいかに国に尽くしたのかを訴え、爵位がほしい、あるいはもっと上の爵位に上げてほしい(陞爵《しょうしゃく》)といったことを、天皇に自分からお願いをするというのは、日本人気質とでもいうべきなのか、厚かましく、遠慮すべき事柄であったはずと考えるかたもおられるのではないか。ところが、本辞典を読んでいただければ一目瞭然のことなのだが、実は爵位は、自薦・他薦含めて、申請ののち得られることが案外多かったのである。

華族になりたい、爵位が欲しいという場合、どのような手順を踏むのか。授爵に至るまでの経緯については、千田稔氏の『華族総覧』「はしがき」でも解説されているが、まず、①元老などの推薦や内閣総理大臣や宮内大臣の発案があり、彼らが相談して、必要な場合は宮内省宗秩寮《そうちつりょう》(その前身である華族局や爵位局も含む)で調査が行われ、そこで異議がない場合は宮相《きゅうしょう》から天皇へ内奏され、②允許《いんきょ》(許可)を受けて宮相が正式に天皇へ上奏し、裁可を得て、③宗秩寮で「爵記」を作成し、御名《ぎょめい》の親書を願い出て、内大臣府に提出して御璽《ぎょじ》を得る、というものであった。ただし、①に至るまでには、当然のことながら、各方面から各元老へ自薦・他薦があったり、また元老を経ずに宮内省へ願い出る場合もあった。その場合にも、有爵者の縁者であればその連署をもって直接宮内省宛で請願書が提出され、縁者がいない場合には地方官(道府県庁)を経由して道長官や府県知事より宮内省へ上申される、ということが多かった。ただ、これにも例外はあり、華族の縁者がいない者でも、直接宮相宛で請願書を提出している場合もまま見られる。

本辞典の構成は、華族の族称制定前、すなわち慶応四年（明治元年）から明治二年六月十六日までの間の、地下から堂上への昇格、万石以下から大名への昇格、そして士族または平民から華族への昇格をも含め、明治十七年七月七日の華族令公布以降、いったいどれくらいの人物が、授爵・陞爵《しょうしゃく》（昇爵とも。爵位が上がること）・復爵（再授爵とも。一度喪失した爵位を復すこと）を請願したのか、また何回くらい請願をしたのかを、申請者または対象者を五十音順で纏めたものとなっている。

最終的に授爵・陞爵なり、また復爵の願意を遂げた者であっても、成功に至るまでどの程度の労苦があったのか、どれだけの歳月を要したうえでのことであったのか、また、自薦ではなく特に他薦である場合、請願対象者の後援をどこの誰がしていたのか、旧公家側・旧武家側においてその傾向に差異がみられるのかという点から、当時の人的ネットワークをも知ることができよう。たとえば、本書に掲載した人物をみてみると、旧武家側では旧臣らが旧主の授爵・陞爵・復爵に深く関わり、連署などをしてその運動に大いに尽力しているのに対し、旧公家側は家臣構成が武家側に比して貧弱であったためか、請願者は自身が門流として属していた元摂家などの助勢を乞うている例もあり、維新後の主従関係の浅深さが垣間みられる。

さて、従来は「誰が華族になったのか」という視点で捉えがちであった華族制度研究に対して、「誰はなれなかったのか」や「なぜなれなかったのか」という別の視点からアプローチすることにより、これまでみえてこなかった、あるいは見過ごしてきたことも明らかにし得るのではないかというのが、本辞典編纂の主眼でもある。たとえば、なれなかった例としては、酒巻芳男氏の『華族制度の研究―在りし日の華族制度―』などでも挙げられている元高家《こうけ》の大沢基寿がよく知られている。「万石事件」として、領地・家禄を過大申請して一度は華族となるが、のちに詐称が露見して士族に降格されたという事件であり、これは「大

名志願―大沢右京大夫基寿―」(神坂次郎『おかしな大名たち』)として小説でも取り上げられている。華族になれなかった者は大沢家にとどまらず、非常に厖大な人数に及ぶことは、本書を紐解いていただければおわかりになるだろう。

新規授爵については明治後期以降抑制されていく傾向となり、大正・昭和期にもなると僅少となるため、「授爵されたい」と望む請願そのものも減少していったとわれわれは思いがちであるが、実はそうではなく自身の勲功、自家の由緒を理由とした請願は、当該期にも多人数に及んでいる。明治期であれば確実に授爵対象者となり得たはずのケースが、大正・昭和期に至るとハードルが高くなり、対象外となってしまうということである。このような傾向をみる際、授爵、あるいは陞爵・復爵の基準というものの、時代の変化をみてとることもできるであろうし、爵位というものをみる世相もまた明らかにすることができよう。

本辞典では、公刊・未刊の諸史料を用いて、授爵・陞爵・復爵に関する請願を現時点で可能な限り収集したが、私が見落としてしまったものや、まだ知られていないだけで「眠っている請願書」は残っているであろう。この辞典を手にとられた皆様が、もしこのような願書をご存じであれば、是非ご教示頂ければ幸いである。

二〇一五年九月

松田敬之

目　次

凡例

構成

一　明治政府成立以後、華族身分を獲得しようとして、自薦・他薦を問わずに授爵・陞爵・復爵を請願した個人あるいはグループの請願について請願時の史料や新聞などの記事をもとに、その事由・経過を明らかにしたものである。

一　明治政府が独自に叙任した華族については含まれていない。華族に叙任された者たちについては、請願して授爵の許可を得た者たちを含めて、末尾付録に「華族授爵者一覧」として掲げた。

配列

一　授爵請願した個人の姓名の読みの五十音配列とした。

⑴　配列の基準

①姓の読みの五十音順とした。

②姓が異字同音の場合は、字数の少ない姓を先に、字数が同じ場合は第一字目の画数の少ない姓を優先した。

③姓が同一の場合は、名の五十音順とした。

④名が異字同音の場合は、字数の少ない名を先に、字数が同じ場合は第一字目の画数の少ない名を優先した。

⑤「〇〇某」として名の不分明な場合は、同一姓の「〇〇」の最後に配列した。

⑥濁音は清音の後に配列した。

⑵　特定の個人でなく、複数人を示す場合は、「その他」に入れ、名称の五十音配列とした。

一　姓のみで名の不詳な場合、＊をもってその旨を示し、姓のみと記した。

一　姓名の読みで確定できない場合、姓あるいは名の不確定な読みは＊をもって示し、便宜蓋然性のある読みを記した。

一　姓名のうち、名前の不明な人名については、「姓　某」をもって示した。

一　姓名のうち、養子、出家・還俗などで改姓した者については一つの姓名で統一した。ただし「伊木忠善」「九条忠善」は同一人物であるが、請願内容が著しく異なるので、別項目として立てた。

基本事項

一　各項目の配列は以下の通りとした。

⑴　姓名（姓名の読み）、生没年、身分および続柄的情報、請願年月日および結果、本文、典拠とした。

一　生没年は西暦を持って示し、同世紀に属する場合は百年代までを省略した。なお、生没いずれも不詳の場合は「生没年不詳」とし、いずれかが不詳の場合は「?」をもって示した。

一　日本人以外の請願者は、（朝鮮）（台湾）と注記した。

一　複数回請願をした場合、請願回数は丸数字を持って示し、請

願時の職制・肩書きが異なる場合はそれを付した。

一 慶応・明治、明治・大正、大正・昭和の改元の年については、改元の月日以後は新年号を用いた。なお、それ以前は改元の年は新年号をもって記した。

文体・用字

一 漢字まじりの「ひらがな」書き口語文とし、現代かなづかいを用いた。漢字表記は、原則として常用漢字によった。引用文中を含め、便宜通用の漢字表記に改めた場合がある。

一 引用文中では、本来の用字にそぐわない漢字の使用例など借用字が見られる場合があるが、そのままとした。

一 朝鮮の人名および地名の読みについては、ハングル読みを優先した。

一 難読語並びに人名には、適宜ルビを付した。

記 号

一 『 』 書名・叢書名・雑誌名及び新聞紙名などを囲む

「 」 史料名を囲む

例 「諏訪頼固他授爵請願書」「今井鉄巌他授爵請願書」

〔 〕 割書・墨消し部分などを示す

典 拠

一 項目末尾に、記述の典拠となった史料をあげた。史料の詳細については、巻末の参考文献一覧に記した。

なお、本書編集にあたっては、宮内庁書陵部宮内公文書館、国立公文書館、国立国会図書館憲政資料室、京都府立総合資料館、岡山県立記録資料館、早稲田大学大学史資料センターなどの諸機関には便宜を図って頂いた。また、レファレンスサービスや文献複写では、市立小樽図書館、宮城県図書館、佐賀県立図書館、金沢市立玉川図書館近世史料館、名古屋市鶴舞中央図書館、公益財団法人後藤・安田記念東京都市研究所市政専門図書館などにお世話になり、史料収集では日本大学商学部の刑部芳則氏、阿南市立阿波公方・民俗資料館の近藤勝美氏にもご教示頂くことが多かった。記して感謝の意を表します。

函 写真
橋本周延「帝国議会貴族院之図」
（昭和女子大学図書館所蔵）

解題　授爵・陞爵・復爵等の請願と近代

はじめに

本辞典は、明治二年(一八六九)六月十七日の華族身分の誕生から、昭和二十二年(一九四七)五月三日の日本国憲法施行に伴う廃止までの約八十年間に、非華族である士族・平民から華族への昇格を望む請願がどれだけ行われ、それがどのような意味を持っていたのかを当時の世相をも含め、明らかにするための資料集である。

長きにわたる徳川家による幕府政治が崩壊したのち、新政府にとって、特に旧幕時代における支配者層の再編が急務であった。公家側においては堂上《とうしょう》・地下《じげ》の別が存在し、さらに前者には摂関家・清華《せいが》家・大臣家・羽林《うりん》家・名家《めいけ》・半家《はんけ》の別が、また後者にも身分としては諸大夫《しょだいぶ》品・侍品の別が厳然として存在した。これに対して武家側は、徳川将軍家を頂点とし、将軍家の直臣としては万石以上に諸侯(大名)があり、万石以下は旗本・御家人の別があった。さらに諸侯も親藩・譜代・外様の別、朝廷より叙任される官位の高下、江戸城内における詰席などにより細別され、旗本も高家《こうけ》・交代寄合《こうたいよりあい》とそれ以外の一般旗本の別があった。また、各藩には、藩主の一門および家老以下用人・諸奉行といった家格や職制が定められていた。このように非常に複雑であったから、それを解消すべく新政府は再編に着手した。しかし、それが困難を極めた様子は諸書に散見する。

華族に関する研究は多岐の分野に亘っており、貴族院と華族との関係を中心とした政治史・議会史分野では小林和幸氏や内藤一成氏、西尾林太郎氏らが、昭和史における華族の動向については保阪正康が、華族と家制度に関しては森岡清美氏が、華族と服制については刑部芳則氏が、加えて、華族社会に起きたさまざまな事件を扱ったものとしては千田稔

氏らの成果がそれぞれ公刊されている。

それとは別に、元華族による回想録・評伝の類も多く、終戦以後、刊行年を追って示せば、蜂須賀年子氏をはじめとして、酒井美意子氏、徳川元子氏、久野明子氏、清岡長和氏、黒田長榮氏、榊原喜佐子氏、明石元紹氏らといった旧公家・旧大名・勲功華族による多くの著書が公刊されている。さらには元華族への聞き取りを行ったものとしては、金沢誠氏や華族史料研究会による研究など、枚挙に遑がない。

また、華族制度史ともいうべき、身分・制度そのものを中心に扱った分野においては酒巻芳男氏をはじめとし、社団法人霞会館、深谷博治氏、遠山茂樹氏、大久保利謙氏、浅見雅男氏、タキエ・スギヤマ・リブラ氏、小田部雄次氏、学習院大学史料館による先行研究があげられ、華族とも関連のある朝鮮貴族についての研究については、王公族との関係から新城道彦氏が近年発表されている。

ただし、これらの研究では、結果として「華族に列することが出来た」側や、「授爵の栄に浴した」側が中心にならざるを得ず、「華族に列したい」「授爵されたい」と願い、運動を起こした側、審査対象となった側については、それほど詳しくは触れられていない。前掲浅見氏の研究や拙著・拙稿など、わずかの著書・論文中で触れている程度であろう。

本辞典では、このような「授爵」に関する請願に加え、爵位を上昇させたいという「陞爵《しょうしゃく》」(昇爵《しょうしゃく》とも)や、何らかの理由で失った爵位を復したいという「復爵」(再授爵)の請願がどれだけ行われていたのかを、その実例を現時点で可能な限り収集し、それを願ったのはどのような人物であったのかをまとめている。人数は計九百六名(但し、九条忠善と伊木忠善は同一人物であるが、請願内容が異なるので別項目とした)、その他人名を特定できない例が三十三項目、請願件数は一九三五件に及ぶ。

実際に請願が功を奏した例もあるものの、実現せず、士族または平民に留まった例も数多く存在する。また、授爵なり陞爵が許されたものの、これに至るまで何回請願に及んだか、誰が誰を推挙・後援したのかという人的ネットワークも明らかにすることができるのではないだろうか。さらに、後述するように、明治期に比して大正・昭和期の授爵・陞爵・復

爵は格段に少なくなり、その道は非常に狭くなり閉ざされた感があるが、実際には当該期でも、自身の功績だけでなく、自家の由緒を理由とした請願が数多く提出されている点も見逃せないのではないだろうか。

データの収集にあたっては、まず宮内庁書陵部宮内公文書館所蔵の『授爵録』全冊を通覧したが、同書には数多くの授爵・陞爵・復爵に関し、一次史料として宮内省などへ提出された請願書が綴られている。ただし、却下された者の中には、願書の写しも取らずに府県庁を通じて本人へ返送したというような例や、他の資料として扱われたためか、収録されず洩れている者もいる。また、滋野井《しげのい》竹若《たけわか》のように、同館所蔵「徳川義恕《よしくみ》他陞爵請願書」の包書に「徳川義恕／滋野井公寿《きんひさ》／池田徳潤《のります》／酒井忠美《ただよし》／西三条公允《きんあえ》／戸沢富寿《とみじゅ》」と明記されているにもかかわらず、公寿の孫である前述竹若の大正四年(一九一五)時の復爵請願書は袋には収められていない例もある。この請願書は『松方正義関係文書』第十二巻に「滋野井家再興願」として収録されており、おそらくは、当時内大臣であった大山巌が、同じ元老でもある松方にも意見を求めて回覧し、そのまま何らかの事情で取り紛れてしまい、宮内省や内大臣府へ請願書が返却されなかったという可能性も高い。これは島津久大《ひさなが》の分家・授爵の場合も同様であり、このような例からも現宮内庁にも所蔵していない、また現存していない請願類は一定数あると思われる。

これを補うのが、同じく一次史料でもある日記の類であり、たとえ願書を宮内省などへ提出するまでには至らずとも、また提出していても書面の却下により現存しておらずとも、日記の該当日の条に誰が誰の授爵を働きかけたのかという記述が見られれば、請願の有無やその状況をある程度知ることが出来ると考えられる。また、それとは別に本辞典では、あえて一部の者については新聞資料なども用いた。その理由は、たとえば本辞典でも項を立てた織田信義や半井広国《なからいひろくに》らのように授爵請願書は現存しており、願書を宮内省へ提出したという事実を、同時期に主要紙が割と正確に報じている例も多いからである。これら請願についての情報源を、同省担当の新聞記者が何らかのルートを通じて入手していた蓋然性は極めて高く、一概に単なる当時の風聞のみを報じているわけでもないと判断したためである。

この解題では、次の五期に区分し、その特徴をみていく。

・第一期(慶応四年~明治二年六月十六日)…明治新政府が誕生してから旧堂上公家・旧大名諸侯が華族に編入されるまで
・第二期(明治二年六月十七日~同十七年七月六日)…華族の族称が誕生し華族令が公布されるまで
・第三期(明治十七年七月七日~同四十五年七月三十日)…華族令公布から明治末年まで
・第四期(大正元年七月三十日~同十五年十二月二十五日)…大正年間
・第五期(昭和元年十二月二十五日~同二十二年五月二日)…昭和初年から華族制度廃止まで

以下、各期における身分昇格・授爵、また陞爵・復爵についての状況や特徴や、また宮内省側の基準や方針について述べ、近代の華族制度を考えることとしたい。

慶応四年より明治二年六月十六日までの請願状況―第一期―

明治二年(一八六九)六月十七日に華族の称が定められるまでの間、さまざまな論議がなされたことについては、『華士族秩禄処分の研究』や『華族会館史』『華族制度の研究』に詳述されているが、明治初年以降、いくつかの案が出されている。深谷博治氏は著書『華士族秩禄処分の研究』のなかで、伊藤博文が、諸侯をすべて公卿とし、位階により序列化するという意見を、岩倉具視に宛てている(「岩倉家蔵書類」)という指摘をされている。堂上公家と大名諸侯とを併せるというよりは、むしろ大名を公家身分に含有させるという意味を有していたと解すべきであろう。

ついで、新政府要人の一人でもある広沢真臣《まさおみ》の岩倉宛意見では、堂上・諸侯を合わせて貴族とする案が出されたことを記しており、当時は「貴族」とする案が相当有力であったという。これ以外にも、勲家・公族・卿家などの案が出されていたことが確認され、最終的には旧堂上華族の家格の一つ「清華家」の別称でもある「華族」と名称が定まるまでは、紆余曲折があったことがうかがわれる。さらには、貴族の下位には名族と士族の二族を設け、貴族は五位から、名族は六位から、士族は八位から卒は初位から叙す、といった案が出されるなど、堂上・諸侯を合一化しようという考えが早くから決

められていたと、深谷氏は述べておられる。

また、後年の華族令公布に際して五等爵(公爵・侯爵・伯爵・子爵・男爵)が定められるが、この時期からすでに爵号制定に向けての案も出されている。王・公卿・大夫《たいふ》・士《し》といった爵名が挙げられるが、これは中国王朝時代の公《こう》・卿《けい》・大夫・士といった身分を参考にしたものであろう。これにさらに上下の二階、または上中下の三階を設けて爵号にしようといった案が出されている。

さて、明治二年六月十七日に華族に編入されたのは、旧堂上《とうしょう》公家が一四二家、旧大名諸侯が二八五家、合計四二七家となるが(付表2の第二期参照)、慶応四年(明治元＝一八六八)から明治二年に至る間、すでに多くの請願が出されている。この第一期は、いまだ華族の称が定まっていないため、おのおのの請願は地下《じげ》身分から堂上への昇格を、また万石以下の旗本から万石以上の大名への昇格を求めたものとなるが、人数は計四十二名・四十九件、全体の二・五%にあたる。

確認できる最も早い請願例は、慶応四年一月十八日の随心院門跡付弟の増縁《ぞうえん》である。増縁は幕末に関白もつとめた九条尚忠《ひさただ》の子で、同人を復飾・還俗させた上で絶家となっていた松殿《まつどの》家を再興させようというものである。同家はたびたび断絶しているが、近世初期・後期における松殿家の再興については、長坂良宏氏の詳細な先行研究がある。明和期に松殿忠孝《ただたか》が薨じたのち、同家は再び絶え、そのままとなっていたが、これが慶応四年に至り三度目の再興話が浮上したのである。しかし、結局実現しなかった。もし、この時に再興されていた場合、その家格は摂家であるのか、一ランク落ちる清華家として定められたのかは不明だが、この案は結局理由は不詳ながら却下されている。ちなみに、この増縁は明治五年に還俗して忠善《ただよし》と名乗り、九条家に一旦帰籍のうえ、旧岡山藩家老伊木《いぎ》家に養子となるものの、同二十二年には離籍して再度九条家に戻ったうえ、室町期に絶家となっていた鶴殿《つるどの》家を再興して男爵を授けられている。

同じく慶応四年四月には、太宰府天満宮の延寿王院《えんじゅおういん》(のち西高辻《にしたかつじ》)信全《しんぜん》が、還俗のうえ、近世初期に廃家となった西坊《にしぼう》城《じょう》家を再興したい旨を請願している。西坊城家は菅原姓の堂上家であるが、西坊城遂長《かつなが》が寛永十一年(一六三四)に高辻家を再興したため廃家となり、以後長く絶えることとなった。この名跡を信全が再興し、堂上家たる西坊城家を再興し

ようとしたのであるが、これも却下されている。信全の場合、これが却下されると、翌明治二年一月には高辻家庶流の廉をもって新規に堂上家に取り立てて欲しいと改めて願い出ている。この増縁と信全両名の場合は、復飾・還俗の上、堂上列を早期に求めた例である。

社家・僧侶としてはそれ以外に、南都興福寺の旧学侶《がくりょ》（門跡・院家の下位にあたる）である朝倉景隆以下十五名や、春日大社旧社司の西師香、石清水八幡宮社務の田中有年《ありとし》・菊大路《きくおおじ》綏清・南武胤《たけたね》らによる堂上格請願がみられる。彼らの場合は厳密には「堂上」ではなく、あくまでも「堂上格」を請願している。

興福寺では旧大乗院《だいじょういん》門跡の松園隆温《まつぞのりゅうおん》と旧一乗院《いちじょういん》門跡水谷川忠起《みやがわただおき》ほか、旧堂上公家の次三男で藤原氏出身者二十二名は還俗後、堂上格に列せられた。源氏や平氏といった非藤原氏の者四名は、実家に戻り、一代堂上に列せられている。堂上出身ではなく、生家が諸藩々士であった朝倉景隆らは、同じ興福寺の院家・学侶であったにもかかわらず、出自が非堂上であったがため、自分たちが堂上格または一代堂上に列することができなかったことを理由とし、身分昇格をこの後も数度にわたり試みている。

また、春日社の西家は、春日社社司が従二位の高位に進む家柄である点もあげて、堂上格を求めている。これは、前述の松園隆温ら藤原氏出身者が、還俗後に揃って春日大社の新神司として神主に転じ、旧来同社に奉仕した西家などが旧社司という身分となったこともあげられよう。同じ春日社内で、古参の社家は非堂上ということもあり、新参の社家のみが堂上格を与えられた不満が、請願に至ったのであろう。

石清水八幡宮の田中有年らは、春日社の西などとは少し事情が異なっている。田中・菊大路・南の三家は本来は僧体であったが、神仏分離により還俗し、旧来与えられていた僧位・僧官を返上、禁色も止められたうえで、一律に慶応四年八月十三日に改めて従五位下に叙せられ、引き続き同社の社務職家となっている。三家の請願理由は、武内宿禰《たけのうちのすくね》の後胤であり、僧体として法印大和尚位・僧正の高位に陞《のぼ》り、肉食・妻帯を許され、得度前には童《わらわ》昇殿をして小御所にて天皇に拝謁の上、末広《すえひろ》を下賜されるという先例・旧格を以て堂上格を求めている。

前述の西家は、春日大社の神主として従二位には陞るとはいえ、その身はあくまでも地下であり、禁裏御所の昇殿は許されない。これに比して田中家などは昇殿が許されるという点においても、旧格の点で同一に論ずることはできないが、いずれも却下されている。こののち、春日社からは目立った請願は行われていないが、石清水社からは次代にわたって昭和期に至るまで数度の授爵の請願が継続して行われている。

一方、武家側の請願では、万石以下の旧旗本が、新たに開墾した新田地などを加えて高直しをしたうえで、諸侯に列しようとする動きがほとんどを占めている。具体的には、本堂親久《ちかひさ》・山崎治正《はるまさ》・山名義済《よしなり》・池田喜通《よしみち》・朽木《くつき》之綱・生駒親敬《ちかゆき》・平野長裕《ながひろ》・菅沼定長といった旧幕時代には交代寄合の格式を有し、いわば准諸侯ともいうべき諸家である。これら以外にも、大沢基寿・中条信礼《ちゅうじょうのぶみち》といった旧高家、また、岡田善長《よしなが》・池田頼誠・横田栄松・能勢頼富・水野貞尚・甲斐荘《かいのしょう》正光といった三〇〇〇石以上の大身旗本も請願している。

とくに、交代寄合はもともと高禄の家が多く、表高ではなく実高ではすでに万石以上に達する例も多い。菅沼・朽木両家を除く本堂・山崎・山名・池田・生駒・平野の六家は、ことごとく朝廷・新政府より諸侯列を認められ、明治二年六月には一律に華族に編入されている。全旗本中、九五〇〇石と最高禄であった横田家や、分家と合家をすることにより計万石以上となる岡田家、そして交代寄合中でも菅沼家は実高として万石以上という基準を満たしながらも、ついに諸侯には列していない。なお、このなかで甲斐荘家のみは、他家とは異なり、知行高の多寡を理由としたものではなく、楠木(楠)正成の後裔である点を理由としており、これ以降も養子正秀の代にも数度にわたって列華族・授爵運動を行なっている。

以上は、武家でも徳川家の旧直参による請願である。陪臣身分では、紀州藩家老の久野純固《くのすみかた》が早くも慶応四年八月に本藩より独立し、朝臣に列したい旨を申請している。久野家は尾張藩の成瀬《なるせ》・竹腰《たけのこし》、紀州藩の水野・安藤、水戸藩の中山の五家といったいわゆる付家老ではなく、万石以上を有する家老である。この場合の朝臣は、「天皇の直臣」身分を指すと考えられ、表高・実高ともに万石以上であることを理由として、独立した大名として取り立てられることを望んでいる

が、結果は却下されている。

また、明治二年には、福井藩家老であった本多副元《すけもと》も立藩を望んでいる。本多家の家中では、この翌年に有名な武生《たけふ》騒動が勃発しており、立藩ひいては華族編列運動を展開していったことについては、『越前市史』資料編十四の「武生騒動」に詳しい。

総じて、慶応四年より明治二年六月十六日に華族の族称が誕生するまでの二年間に行われた列堂上・列諸侯の請願は、すべて旧来の家格や由緒を理由としたものであり、個人の勲功を理由としたものは一例たりとも確認できないのが、第一期の大きな特徴ともいえるであろう。

明治二年六月十七日より華族令公布までの請願状況―第二期―

「華族」の族称は、明治二年(一八六九)六月十七日に「官武一途上下協同の思食《おぼしめし》を以て自今《じこん》公卿・諸侯の称廃せられ、改めて華族と称すべき旨仰せ出され候事」という行政官達《たつし》により誕生した。旧来の堂上公家と一万石以上を有していた諸侯(大名)を、合一・平準化して定められた近代日本における新たな貴族階級である。この約一週間後の同月二十五日には「一門以下平士《へいし》に至る迄総《すべ》て士族と称すべき事」として「士族」の称が定められ、これにより以後、同十七年七月七日の華族令公布により、いわゆる五爵が定められるまでの間、等級を付さない単なる一身分として存在したのが第二期である。この間に士族または平民から華族への編列を請願したのは計二百二十四名、その他人名を特定出来ない例が六項目、四百八十七件で全体の二十五・二%にあたる。

この時期においても、第一期とほぼ同様に、自家の由緒や旧幕時代の家格を請願の理由とした者、すなわち第一期で堂上または大名になれなかった者が、件数としてはほとんどを占めている。第二期になると、第一期には楠木(楠)正成の後裔を理由とした甲斐荘家の一例のみであったが、南朝忠臣の末裔であることを理由とした請願も出されるようにな

り、新田義貞・名和長年・菊池武時といった建武中興の功臣を祖先とする者が、自薦・他薦により華族への昇格を試みるようになっている。

また、大きな特徴としては、明治十年の西南戦争後、旧大藩中、藩主の一門や万石以上を有していた家老を華族に陞列させようという案が出始める点である。『岩倉具視関係文書』第八巻所収「政府書類雑件」には三条実美が岩倉具視に宛てた書翰(年月日不詳)に、

万石以上の家老家一般華族に列せられ候義は如何これあるべき哉。厚く御勘考在らせられたく、如何となれば戊辰年間方向を誤りたる藩々の万石以上家老抔《など》は華族に列せられ候も余り過分にはこれあるまじき哉《や》。尤も右家老の内にても西南の役に関し位階または御賞与等これあり候者のみ華族に列せられ候事なれば差し支えもこれあるまじく、何分にも万石以上の家老家一般と相成り候ては如何と存じ候。就いては西南の役等に従事し、功労あるものは華族に列せられ、その他一般の万石以上は先ず即今の所華族に准じ取り扱い、宮内省直轄仰せ付けられ云々の位の事に成し置かれ候方然るべき歟《か》、愚按陳述仕り候。

一制度改正の上は貴族・准貴族と二種に置かれ候方御都合と存じ候。士族中にて区別を付け候事、今日にては甚だ難渋の次第に付、准貴族の制〔万石以上の家老等はこの准貴族に入るべきもの歟《か》〕を設けられ、漸々《ぜんぜん》士族中或いは在官者の内よりも御加え相成り候て行々屹度と皇室の守護と相成るべき人種、区別の等級に於いても親王・諸王・公・侯・伯・子・男爵〔以上貴族と称す〕、准貴族、士族と以上九階に段落これあるべく候方社会の秩序に於いても至極その当を得、後来国家の御為と存じ候事。

と記している。これは日本の貴族を、皇族・貴族・准貴族・士族の四等九階にしようという画期的な案でもあるが、三条は、もともと小藩主並の禄高を有しているかれらを一般士族に据え置くことの難しさを感じ取ったためか、西南戦争に功労のあった者については華族に編列し、それ以外の者は華族同様宮内省の管轄下に置いて准貴族とすべきではないか、と提言している。華族と士族の間にもう一身分を設け、この准貴族には在官者、おそらく参議や一定期間勅任官にあった

者も加えようという考えを持っていたと思われる。

これは三条のみの考えではなく、井上毅《こわし》も同様に准貴族の制度を導入すべきと建言していた。こうした意見が反映されたためか、早稲田大学中央図書館所蔵『爵位発行順序』にみられるように、後年の五爵制定に向けた素案中には、万石以上の旧藩士や、旧高家、旧交代寄合といった大名に準ずるような扱いを受けた諸家が、男爵に該当すべき家として記されている。

実際、この時期には、これら万石以上家老であった多くの諸家が、士族から華族への昇格を求めて地方庁を通じて請願している。しかし、後掲の「叙爵内規《じょしゃく》」にこの文言が盛り込まれることはなく、結局彼らが華族となり、男爵を授けられるのは、明治二十年以降になるのである。

ただし、西南戦争時に西郷側に与せず、政府軍へ軍費調達などの面で尽力した旧熊本藩・旧佐賀藩の藩主一門や万石以上家老であった者たちについては、この戦い後の同十一年七月には細川興増・同忠毅・諫早一学が、翌十二年二月には松井敏之が、その賞としておのおの正六位に叙されている。

また当該期には、自家の身分を士族・平民より華族へ昇格させようとする動きとは別に、単に自分自身が華族の「付籍」たらんとする動きもいくつか見られる。これらの例は、自家の身分昇格であったり、のちの授爵などを目的としたものではないので、本辞典ではあえて項を立てず、請願件数には加えていない。これらの例は、近世において旧堂上公家の猶子《ゆうし》となっていた寺院の僧侶に多く、永平寺住職の細野環渓《ほそのかんけい》・青蔭雪鴻《あおかげせっこう》、清水寺成就院《じょうじゅいん》住職の園部忍慶《そのべにんけい》といった者が、おのおの久我《こが》家・園家の猶子であったことを理由として華族籍への編入、また久我・園へ名字を改めるよう求めている。しかし、これらは例としては決して多くはなく、猶子制度廃止後は、ほとんどの猶子たちがかつての猶父《ゆうふ》との関係を解消し、生家に復籍のうえ、原籍である士族または平民となっている。

華族令公布から明治末年までの請願状況―第三期―

明治十七年(一八八四)七月七日、華族令が公布され、これにより正式に五爵の別が制定され、華族には新たに等級が付せられるようになる。華族令制定までは公・伯・士の三爵制導入案や、世襲とは別に終身爵を設ける案もあり、一時期は士族全般を士爵に叙すといった考えも政府内にあったが、結局は公・侯・伯・子・男の五爵に落ち着くこととなった。なお、明治二十年から宮内省の御雇外国人であったオットマール＝フォン＝モールの『ドイツ貴族の明治宮廷記』によれば、領土主権の領有を表す西欧君主国の「大公」の爵位導入を日本人が拒んだという記述もみられるが、この五爵制度はこののち、日本国憲法施行により華族制度が廃止となるまでの六十数年間、続いていく。

この華族令公布より明治末年までの請願状況をみると、これまで自家の由緒にほぼ限定されていた請願に加え、文勲や軍功といった「自分自身の勲功」による請願が現れてくる点が大きな特徴である。

華族令公布に際して、五爵は「叙爵内規」によって左記のように決められている。

・公爵に叙せられるべき者…①親王・諸王より臣位に列せらるる者、②旧摂家、③徳川宗家、④国家に偉勲ある者、
・侯爵に叙せられるべき者…①旧清華、②徳川旧三家、③旧大藩知事(すなわち現米十五万石以上)、④国家に勲功ある者、
・伯爵に叙せられるべき者…①大納言迄宣任《せんにん》の例多き旧堂上、②徳川旧三卿、③旧中藩知事(すなわち現米五万石以上)、④国家に勲功ある者、
・子爵に叙せられるべき者…①一新前、家を起こしたる旧堂上、②旧小藩知事(すなわち現米五万石未満、および一新前旧諸侯たりし家)、③国家に勲功ある者、
・男爵に叙せられるべき者…①一新後、華族に列せられたる者、②国家に勲功ある者、以上のように、おのおのその選定基準が定められている。

浅見氏が『華族誕生』でも紹介されているように、この「叙爵内規」には記されていない外戚優遇により旧堂上の中山家が侯爵に、石高の面では子爵相当ながら伯爵となった旧平戸《ひらど》藩主の松浦《まつら》家など、一部の例外はあったものの、ほぼこの

内規に則り、爵が与えられている。

なお、前述の『爵位発行順序』などによれば、明治十五、六年頃まで五等爵の最下位、すなわち男爵に該当する爵に叙せられるべき者として、武家側では旧高家・旧交代寄合、各藩における万石以上の家老衆、そして公家側では堂上公家に準ずる扱いであった六位蔵人や伏見宮殿上人であった諸家が挙げられているが、華族令の叙爵内規からはその文言は一律に削除され、ついに授爵されることはなかった。彼らは、この後も引き続き華族への昇格・授爵を求めて請願していくこととなる。

この華族令公布から明治四十五年までの二十九年間で授爵・陞爵・復爵を求めた事例は、五百二十九名、その他人名を特定できない例が十八項目、八百八十九件で全体の四十六%にあたる。この第三期では、禄高詐称により士族へ降格のうえ、従四位の位記を返上させられた元高家の大沢基寿と、元広島新田藩主の浅野長厚《ながあつ》は所領を本藩広島藩に合併させたうえ、華族列を退くことを願い出て聴許されているため、これらは除外するが、第二期に華族に列せられた諸家は、全家授爵の栄に浴している（ただし、華族令公布時に女戸主となっていた数家は男戸主となるまでの間、暫時授爵されず）。また、この華族令公布以降は、後述するように、維新の功労者や政治家・高級官僚・陸海軍の将官らの多くが新たに華族に列し、銘々授爵されている（付表2の第三期参照）。

この間に行われた列華族・授爵の請願運動は、前述したような近世における家格や、古代・中世以来の由緒といった「家柄」を前面に押し出したものだけでなく、「自身の勲功」を理由とした請願が数多く提出されており、これが第一期・第二期とは大きく異なる点である。

これは、先の第二期において、維新の功労者である大久保利通の子利和《としなか》、木戸孝允の子正二郎《しょうじろう》、広沢真臣の子金次郎《きんじろう》の計三名が、おのおの父の功績により士族から華族へ昇格し、また華族令公布にあたっては、その内規に従って大久保・木戸両家は侯爵、広沢家は伯爵に叙されており、それによって、維新の功労者や文武官として国家に功労のあった者へも、授爵の門戸が大きく開かれたことに起因していよう。

また、この期間の旧格を理由とした請願で着目すべきは、旧大社系の神主や、真宗系僧侶における授爵では、「血統連綿」であることが重視された点であろう。たとえば、浄土真宗誠照寺《じょうしょうじ》第二十六代にして同派管長である鯖江《さばえ》の二条秀源《しゅうげん》は、明治十四年五月以降、たびたび華族への編列を求め、同十七年以後も授爵申請をしているが、これに対する宮内省側の判断は次のとおりであった。宮内庁書陵部宮内公文書館所蔵『授爵録《じゅしゃくろく》』(明治二十九年)によれば「誠照寺族籍願ノ儀ニ付意見」で、

> 秀厳(松田註・同寺第二十三代。摂家二条治孝《はるたか》末子)以下に於いては親鸞《しんらん》男系の血統は全く絶え、光子(松田注・第二十四代秀観《しゅうかん》の女)の如き僅かに一人の女系を以て血統を維持したるの跡あるも、その他の養子は家女に配偶せしめたるや否やを詳らかにせず。血統の関係前掲の如し、また寺格に就きこれを云えば同家は准門跡《じゅんもんぜき》格と自称するも、曽《かつ》て寺号勅額《ちょくがく》を賜りたるまでにて、未だ門跡格に准ずるの宣旨《せんじ》を賜りたることとなし。畢竟《ひっきょう》真宗一派の管長として優等なる寺格を有するものと見るを得べきも、彼《か》の本願寺の如き血統連綿として勅許《ちょっきょ》門跡の称号あるものと日を同じうして論ずべきものにあらざるなり。右の理由なるに依り本願の如きは詮議すべきものにあらずと思考す。

と、授爵却下の理由を付している。真宗系寺院は住職の肉食妻帯が許されることから、他宗と異なり世襲が可能であるが、二条家では家系は連綿しているものの、すでに宗祖親鸞の男系の血統が絶えているということも却下の大きな理由として挙げられている。

旧大社系神主に関する却下理由も同様であったことが散見しており、宗教系の授爵については、たびたび養子を迎え、他姓(ここでいう姓は名字ではなく氏《うじ》をさす)も交えながら家系連綿してきた旧堂上華族や旧大名華族とは大きく異なり、血統が重視されていたことがわかる。

もっとも、『授爵録』(追加)(明治十五~大正四年)に収録されている明治二十三年頃作成と思しき「内宮外宮旧神官十八家等族籍ニ関スル件」によれば、旧賀茂《かも》別雷神社《わけいかづちじんじゃ》神主である松下清岑《きよみね》については、

> 右家は上加(賀)茂旧神官の三家の一、岡本・鳥居大路の総本家にして累代神主に補《ほ》せられ従三位に上ることを得、そ

の系統は加茂建角身命《かもたけつのみのみこと》の裔《えい》、神主在実七代孫正四位下資保二男能久《よしひさ》に出づ。能久承久の乱戦敗れ、鎮西に遷さる。貞応二年六月十日太宰府に於いて卒す。嗣《し》なし。後鳥羽院天皇の皇子(童名氏王丸)を賜り嗣とす。氏久と称す。神主に補せられ従三位に叙す。氏久の子孫遠久これを嗣ぎ、皇胤《こういん》の系統連綿として現代清岑に至れり。その血統及び家格は曩《さき》に華族に列せられたる旧神官の家に比し優ることあるも劣ることなし。然らば則《すなわち》抜(擢、脱か)を以て優班に列せられんか。

と記し、松下家が後鳥羽天皇の皇胤であり、その血統が絶えることなく連綿している点を指摘して華族に列すべき家と述べているのにもかかわらず、結局同家は士族にとどまっている。「こちらを立てればあちらが立たず」で、多くの旧神主家からの請願に対して銘々納得させるだけの理由を示せなかったためか、それとも華族としての体面を維持するだけの資産を確立させることができなかったためかもしれない。

また、この第三期で、華族制度上、一度は天皇の裁可を得ながらも、これが一転取消となった例がみられる。これは旧伊勢神宮内宮《ないくう》神主家である藤波《ふじなみ》亮麿である。亮麿は明治二十二年十二月以降、計四回にわたり請願したことが確認される。『授爵録』(明治二十三年)には、同二十三年三月二十六日付で「特旨を以て華族に列せらる」「授男爵」との裁可書が綴られているが、同族藤波名彦からの申請によって、急遽取消処分となった。伊勢神宮内宮神主家(本姓は荒木田氏)の正嫡調査が再度行われ、この処分から約五ヵ月後の同年八月二十七日に沢田幸一郎(のち泰圀《やすくに》)が正統とされ、男爵を授けられることとなる。

「綸言《りんげん》汗の如し」ではないが、一度は天皇の裁可を得ながら授爵が取り消されたのは、この藤波亮麿が唯一の例でもあり、正式に『官報』に記載された後であればどうであったのか、これは非常に大問題であったと思われる。このように、授爵にあたってどちらが本家筋・分家筋にあたるのかという正嫡問題の調査が、如何に困難を極めたのかが明らかである。実際、この問題については、当時宮内省爵位局主事であった桂潜太郎《せんたろう》が、属官を伴い伊勢神宮まで調査に赴いている。

また、明治三十年代になると、第二期でもすでに懸案となっていた大藩の藩主一門や万石以上家老に対する授爵も多

く行われるようになる。これについては、宮内省は各地方庁(道府県庁)を通じて対象者の身上調査を行なっており、『授爵録』(明治三十三年ノ一)などには多く散見される。単なる身上調査にとどまらず、相当プライバシーに踏み込んだ家庭内の事情、さらに華族としての体面を維持するに足るだけの資産を有しているかの調査も含まれている。特に、財産面の問題をクリアできずに結局授爵されずに終わった家が、数ある万石以上家老中でも、志水《しみず》忠平《ただひら》(旧尾張藩家老)・山野辺義礼(旧水戸藩家老)・久野《くの》宗熙《むねひろ》(旧紀州藩家老)・横山隆起(旧加賀藩家老)・本多政好(同)・伊達宗充《むねみつ》(旧仙台藩一門)・亘理《わたり》胤正《たねまさ》(同)・石川小膳(同藩家老)・留守《るす》景福《かげやす》(同)・茂庭《もにわ》敬元《のりもと》(同)・鍋島秀太郎《ひでたろう》(旧佐賀藩一門)・村田虎吉郎(同)・神代《くましろ》直宝《なおとみ》(同)の計十三家に及んでいる。

華族編列・授爵に際しては財産面が重視されているが、これについては率直に疑問を懐く者もいた。「記録資料館所蔵花房瑞連・義質関係資料」所収「[久志本常幸《くしもとつねゆき》書状]」によると、旧伊勢神宮外宮神主(本姓は渡会氏)である同人が、明治二十七年二月二十八日付で宮内次官の花房義質《よしもと》に宛てた授爵請願書中で「今譬《たと》えば楠氏子孫の正統出現し、若《も》しその家財産なき時はこれを不問に置き去るや」と述べている。名族の子孫必ずしも全員が富裕とは限らず、当時政府・宮中でも捜索していた楠木正成の末裔について、もし正成正統の子孫が現れた際、華族としての体面を維持するだけの資産を有してない場合は授爵させないつもりか、という点も指摘して、花房に問い質している。正鵠を射た質問であるが、万石以上家老でも、現時点で一定の資産を有していない者は対象外とされていることからも、自家の由緒を理由とした請願でも、財産というものは大きな基準の一つであったといえよう。

同じく明治三十年代には、一つの明文化された基準が示されている。それは同三十三年五月九日付で授爵した六十名中、勲功による者二十六名分についてであり、次の五項目の基準からなる。

① 維新の際、大政に参与し、特殊の功労ありし者

② 維新の功により賞典禄五十石以上を賜りたるものにして、現に勅任官にある者

③ 維新前後、国事に功労ありし者にして、十年以上勅任官の職にありし者、または現に勅任官在職中の者(ただし、

勅任官在職十年未満といえども、六年以上在職、特に録すべき功績の顕著なる者）

④　十年以上勅任官在職の者にして、功績の顕著なる者（ただし、勅任官在職十年未満といえども、六年以上在職、特に録すべき功績の顕著なる者）

⑤　特に表彰すべき、偉大の功績なる者

と具体的に在官年数なども挙げており、これに基づき前述の二十六名は授爵している。おそらくは、その後もこの基準は参考にはされたであろうが、この基準に合致する者は次第に増加したであろうし、大正期以降ともなると、さらにこの基準は厳しいものとなっていく。

明治・大正期の世論

ここで、明治から大正期にかけて、華族が国民らからどのようにみられていたのか、新聞各紙に掲載された記事などをもとに紹介してみたい。授爵者が多数出た年としては、明治二十八年（一八九五）の四十二名、二十九年の四十六名、三十三年の六十名、三十九年の九十九名といった年が顕著であるが（付表2参照）、日清戦争の軍功・文勲で多くの陞爵や新規授爵が行われた頃、『大阪毎日新聞』明治二十九年六月七日朝刊には、「貴族国」という見出しで、以下のような記事が掲載されている。

> 芳川顕正《よしかわあきまさ》氏は華族に列せられて子爵を授けられ、北垣国道《くにみち》氏外二十七名は同じく男爵を授けられたること、昨既に報ずる所のごとし。そもそも昨年以来、雨後の筍のごとく、腐敗物のバクテリヤのごとく、新華族のウヨウヨとして生出《うまれ》し来たれるを見て、吾等はただ呆るるの外なきなり。アア日本は今や純然たる貴族国とはなりにけり。けだし彼等が華族に列せられたるもの、その勲功によれりと言うからには、たしかに何がしかの勲功ありたるには相違なかるべし。たとい勲功あるにしても、これを賞するに必ず華族たるの爵秩を以ってせざるべからざるか。

かの勲章は何のためぞ、かの位記《いき》は何のためぞ、勲章、位記以ってよく人を褒賞するの効なしとするか。もしその効なしと言わば、これ、これを濫授《らんじゆ》したるの過《あやま》ちのみ。

昔者源義朝《よしとも》は従五位下に叙せられて昇殿を許されたるの故を以って、敢えて弓をその父に引いて悔いざりしにあらずや、源頼政《よりまさ》は、四位を得て椎《しい》を拾うの譏《そし》りを貽《のこ》したるにあらずや、日本無双の大忠臣たる楠正成の偉功を以ってして、なおわずかに贈正三位たるに過ぎざるにあらずや。もとより時勢相同じからずとはいえども、昔を以って今に例す、その釣合いを失うもまたあまりにはなはだしからずや。

試みに見よ、今日にては、少しく毛の生えたる奏任官《そうにんかん》は多くは従五位以上にあらずや、勅任《ちょくにん》以上とならば、滅多四位もしくは三位ならざるなし。三位中将維盛《これもり》様と聞けば、雲井に近き御方のようにも思われて、なんとなくありがた味をも覚《おぼ》ゆれども、今時の三位殿に至っては、ゴロゴロとして掃き溜めの隅にも転がり居れり、ほとんど一山百文の価値しかあらずなれり。ああ誰か位記の価値をしてかくまでに下落せしめたる、これ豈《あ》にこれを濫授したるの咎《とが》ならずや。

位記を濫授してなお足れりとせず、今また華族の爵秩《しゃくちつ》を濫授しつつ初まれり。吾等は実にその何の意たるを知るに苦しむなり。

墺国維納《オーストリアウイーン》に一遊したるの人は必ずこれを知らん、いわゆる貴族にして辻馬車の馭者《ぎょしゃ》たるもの、割烹店の番頭たるもの、はなはだしきは貴族の娘にして売淫婦たるものすら、往々にして見掛くることあるを。知らず二十年後、三十年後の日本にも、またこれと同一の滑稽劇を演ずることなきやを。

日本は純然たる貴族国となれり、少なくともならんとしつつ進めり。そもそも吾等は絶対的に貴族制度を嫌うものなり、しかれども、もしやむなく国に貴族なる一階級を存置せざるべからずとするに於いては、その貴族は門地に於いて、資望に於いて、歴史に於いて、財産に於いて、品位に於いて、すなわちすべてに於いて、貴族らしき貴族ならんことを欲す。もしそれしからず、彼等が汚れたるがために、腐りたるがために、ついに延《ひ》いて累を我が皇

室の神聖に及ぼすがごときことありては、誠に恐れ多き事と謂《い》わざるべからず。吾等は我が華族の将来を予想して、返す返すも我が皇室の御ために憂慮する所なきあたわず。

殊に今回その衆議院議長楠本正隆《くすもとまさたか》氏に叙爵したるの一事に至っては、吾等の最も不同意を鳴らさんと欲する所、けだし板垣伯叙爵当時の先例もあることなれば、楠本氏にして辞退せんとするも、決して聞き届けらるべきの限りにあらず。既に聞き届けられずとならば、楠本氏たるもの、いかに不本意にもせよ、不満足にもせよ、身は衆議院議長の椅子より引き立てられて、すなわち他に移されざるを得ず。ああこの例ひとたび開かんか、後来の内閣はその衆議院を掣肘駕馭《せいちゅうがぎょ》すること実に易々たらんのみ。その故なんぞや。衆議院中の政府反対党の中に就いてその硬骨なるもの、その敏腕なるもの、その長広舌を有せるもの、概して言わば、政府に取りて五月蠅《うるさ》く、八釜《やかま》しく、いぶせきものどもを選んで、「依勲功特列華族」の七字を頂戴せしむるに於いては、たやすく反対党の気燄《きえん》を殺ぎ得べければなり。

かくのごとくにして、叙爵また叙爵、国は純然たる貴族国となりて、世はますます腐敗し行かんとす。吾等は日本の将来のために、はなはだこれを悲しまざるを得ず。

と大きく取り上げている。この記事の二日前、同月五日には芳川顕正が子爵、岩村通俊《みちとし》ら二十八名が男爵を授けられており、彼らは全員文勲を立てた官吏、軍功を立てた軍人ばかりである。宮内庁書陵部宮内公文書館所蔵『授爵録』(明治二十九年)によれば、授爵の理由については、

右は夙《つと》に勤王の志を抱き、皇室式微、幕府専横の日に当たり、或いは大和・但馬の義挙に与し、或いは幽囚投獄、辛苦備《つぶさ》に嘗《な》め維新回天の大業を賛助し、または多年朝に在りて顕要の職を奉じ、または貴衆両院に入りて国家の大計を議する等孰《いず》れも勲功顕著の者に付、特旨を以て華族に列し栄爵を授けられ然るべき乎。左にその爵を擬し裁を仰ぐ。

と記されており、維新後の官歴のみならず、維新前に勤王・国事に尽瘁した点が考慮されたことが明らかである。実際、

記事中に名が挙げられている芳川は旧徳島藩士、北垣は旧鳥取藩士で、薩長雄藩の出身者ではないがこれに該当しており、基準を満たしているのであろうが、記事を書いた人物は新規授爵がたびたび行われることによる急激な華族増加の弊害を説き、皮肉を交えて批判している。また、勲功に酬いるには世襲である爵位ではなく、その身一代、個人に対して与えられる勲章や位階を与えるべきであるとしている。

実際に、爵位のみならず、同じく栄典に属する位階についても、『明治宝鑑』所収「有位人員族籍別及年別比較」によれば、明治二十三年十二月三十一日調の時点で、従二位は士族一・平民二の計三名、正三位は士族六名、従三位は士族四十二・平民二の計四十四名、正四位は士族三・平民一の計四名、従四位にいたっては士族百六十七・平民二十七の計百九十四名と非華族の有位者は勅授位だけでも計二百五十一名にも及んでいる。授爵は文武官を問わず、親任官・勅任官級が対象者となり得ることから、付随する位階からみても、勅授位である従四位以上がこれだけ多数に及んでいるという状況は驚きである。

このような爵位や位階の「インフレ状態」はこの後も続き、日露戦争後の論功行賞では、さらに問題が生じてくる。明治後期に大量陞爵や授爵が行われたのは、日露戦争後の論功行賞であることは言を俟たないが、この際にも数例の「洩れ」が見られる。

一例としては、長岡外史《がいし》があげられる。長岡は大正期には帝国飛行協会の副会長もつとめた日本航空界の要職にあった人物で、大正五年(一九一六)に予備役編入後、同十三年に衆議院議員になり、日露戦争時には大本営の参謀次長として軍功があった。しかし、長岡は当時の陸軍要職にありながら、戦後の論功行賞では授爵されずに終わっている。この点について、金子堅太郎は明治三十九年一月五日の日記で、

桂(太郎)首相は、陸海軍々人の論功行賞に付語って曰く。今回日露戦役の論功行賞は、始め勲功調査委員に於いて日清戦役の先例に倣い、陸海軍は少将以上を男爵にせんと予定し、その人員を調査したるに、留守師団を参入すれば非常の多数に上る故に、やむを得ず中将以上と決定して実行する積りなり。然《しか》るに茲《ここ》に尤も気の毒なる一人あり。

それは参謀次長長岡外史なり。彼は児玉(源太郎)次長が満州軍の参謀総長となりて出征するや、その跡を引き受け山県(有朋)参謀総長を助けて二ヶ年間重要の軍務に尽瘁《じんすい》したれども、少将なれば男爵に叙すること能《あた》わず。依て中将に陞任《しょうにん》せんとしたれども五ヶ月計年数足らざれはこれまた決行すること能わず。実に長岡には気の毒なり。これに於いて余は進言して曰く、それは杓子定規の議論なり。長岡少将は参謀次長の要職にありて日夜軍務に精励したれば留守師団の少将とは同一の論にあらず。宜《よろ》しく特別を以て長岡を男爵に叙すべし。これ即ち真の論功行賞にして何人と雖《いえど》もこれに付異議を挟むものなかるべしと。併《しか》し桂曰く。今回はすでに決定したる事なれは、後日また機会あるべしと云いたり。

と述べている。戦後当初、陸軍・海軍ともにそれぞれ「勲功調査委員会」を設置し、日清戦争後の論功行賞の先例にならい、将官(少将以上の階級にある者)を授爵させようとしていたが、人員調査を行なったところ非常に多数になるため、今回は中将以上をその対象とすることに決定したという。参謀次長という作戦立案に従事した長岡は、現職が少将であり、また中将に昇進させるにしても五ヵ月在官年数が足りず、授爵の選に洩れてしまったという。

金子はこれに対して、戦地へ出征せず、内地で留守師団長職にあった少将とは異なる点を挙げ、長岡への授爵を桂太郎首相に談判するも、「後日また機会あるべし」と答えて、結局少将以下の者は一律授爵の選に上らなかったと、わざわざその内幕を書き残している。桂は、長岡ほどの人物であれば、今後も授爵候補者たり得ると考えていた模様だが、機を逸してしまったためか、長岡は結局この後も遂に授爵されずに終わってしまう。

このような例は、金子の日記のみならず、『東京朝日新聞』明治四十年九月二十三日朝刊や同紙同年十月十四日朝刊にも、それぞれ「授爵の範囲」「古参少将授爵の議」という見出しで同様の内容で記事が掲載されている。特に後者は、

現時少将にして、昨年中将に昇進したる人と同一年限に少将に任ぜられし人あり、是等の人は現に戦役にも従軍して、中将に劣らざる勲功あるに、只中将ならざるを以て授爵の恩命を被らざる訳にて均衡を得ざるの嫌《きらい》あれば、是等古参少将には更に授爵の恩命あらん。

とまさに金子と同一の論を述べている。このような、一律中将以上でなければ原則授爵の対象とはならない、という考えは、まさしく華族の数が増えてインフレ状態にあることが、勲功を調査して栄典授与を銓衡《せんこう》する側にも、ある程度共有された認識であったと思われる。

大正初年になると、板垣退助が提唱したことでも有名な「一代華族論」も活発になってくる。一部ではこの考えに賛同した華族もおり、旧堂上華族である正親町季董《おおぎまちすえただ》らもこの考えから、一代限りで爵位を喪失することになった。それが、大正後期になると、華族に対する批判もさることながら、その下位に位置づけられ、戸籍上は平民の上位にあった士族への批判も強まっていく。そうした傾向がこの期の大きな特徴といえよう。

士族は、明治初年にあってはまだいくつかの特権も有していたが、その後は廃刀令や断髪令もあり、単に戸籍に記載するだけの存在となっていた。士族の族籍・呼称の廃止そのものを訴える動きは政界にもみえ、政友会所属の衆議院議員横田千之助《せんのすけ》は、衆議院にこの廃止法案を提出するが否決されている。一方で、廃止反対を訴える士族層の動きもまた全国規模で展開され、大きな社会問題となっている。

当時の世相をみてみると、華族に対する批判のみならず、なんら特権を有さない士族でさえ批判の対象としてみられるようになっており、大正デモクラシーの中、華族制度への批判的視線は非常に強かったといえよう。この士族族称廃止に反対する機運は、富山・沖縄を除いて、特に東京・大阪・京都・神戸・仙台・名古屋・和歌山・鹿児島の各地で熱気を帯び、旧藩士出身の士族は親睦団体として結束力が高かったこともあって、大きく動いていった。

これらの動きについて、旧主にあたる大名華族の意見も新聞紙上に掲載されている。『読売新聞』大正十二年五月二十八日朝刊によれば、士族廃止に賛成している者として、旧土佐藩主の山内豊景《やまうちとよかげ》侯爵の「階級打破に賛成だ。従って士族存続には反対である」という談話と、しかし当人が「併《しか》し華族廃止はまだ考えていない」と述べたことが掲載され、この言動は「虫がよ過ぎる」と批判されている。

横田千之助が提議したこの士族廃止案は結局潰えてしまうが、士族たちが帝国士族会を結成しようと試み、また華族

会館に倣って士族会館を建設しようとまでする白熱振りで、大正デモクラシーの気運が高まる中、階級打破をスローガンに、国民が華族や士族へ向ける視線は、厳しさを増していくことになる。

大正期における授爵基準―第四期―

大正期(一九一二―二六)になると、授爵される人数は格段に減少し、陞爵についても同様の傾向がみられる。大正年間では新規授爵が五十一名(そのうち臣籍降下による授爵が三名)、陞爵も二十四名にとどまっている(付表2参照)。明治期における動静と異なり、明らかに減少傾向が見られるが、それでも二百十九名、その他人名を特定できない例が十一項目、三百七十九件で全体の十九・六%にも及ぶ請願が確認される。

それでは、この当時の授爵基準に何か大きな変化があったのであろうか。宮内省当局側にその基準を明文化したものがあったわけではないが、『原敬《はらたかし》日記』所収の諸家来信で、大正二年十一月二十四日に西園寺《さいおんじ》公望《きんもち》が原に宛てた書翰が少し参考になろう。

拝啓　御細書謹んで承り候。縷々《るる》国家の為、御苦心の程感泣啻《ただ》ならず候。却説《きゃくせつ》松田(正久)氏叙爵云々、右に関し心付候まま贅言《ぜいげん》候。実は危篤の場合には叙爵は行われざる事に近頃定まり候よう存じ候。別に内規と申す程にてもこれ無く候得共、外交に対する功績の外は非常にむつかしき事に相成り居り候。右伊藤(博文)公在世中の立意に御座候て、岩倉具定《ともさだ》宮相の頃よりと記憶し候。就いては目下直ちに行われ候歟《か》、またはあらかじめ奏上を経て宮相にも承知いたさせ置き候事必要ならん歟。首相にぬかりはこれ無きと存じ候得共、閣下迄万一の為め申し入れ置き候。草々拝復

十一月二十四日　　公望

この書翰は、原と並んで政友会の領袖であった松田正久への授爵に関する内容であり、近年では伊藤之雄氏も『原敬―

外交と政治の理想―』下巻で紹介している。この西園寺発書翰によると、伊藤博文がまだ存命中であり、宮内大臣が岩倉具定の頃とあることから、おそらくは明治四十二(一九〇二)、三年の頃と思われるが、この時期より新規授爵の基準は「外交に対する功績の外は非常にむつかしい」状態になっていたのである。

実際には、大正以降の授爵が必ずしも外交、すなわち条約締結などを理由としたものに限定されていたわけではない。松田自身の経歴でも、官吏としては司法省検事(大阪始審裁判所詰)・鹿児島高等中学校造士館《ぞうしかん》教頭・文部省参事官といった経歴であり、その後、政党政治に身を投じてからは大蔵・文部・司法の各大臣、衆議院議長といった経歴であって、条約問題などでこれまで直接功績があったわけではないが、この翌年一月十九日付で男爵を授けられている。

ただし少なくとも、厳密な内規とまではいかずとも、このような一種の「基準」が明治末期には元老や宮内省当局側との間に取り決められていた可能性はあろう。

新規授爵者が明治期に比して非常に少ない大正期ではあるが、実際には後掲一覧表(付表1)の通り、大正三、四年頃には多くの授爵請願運動が展開されている。これは、同四年十一月に挙行された大正天皇の即位大礼に際し、「御慶事」を理由とした栄典授与が行われるのを想定し、各方面よりさまざまなルートを用いて、授爵の自薦・他薦が行われたためである。この自薦・他薦も、必ずしも自身の勲功を理由とした文武官や実業家ばかりではない。宮内省側の授爵方針が「勲功」対象、「由緒」対象外へと固まりつつあるなかにあっても、旧地下官人や旧交代寄合や中古以来の名族の末裔も多く含まれている。これらの請願はことごとく退けられ、その結果、同年十二月一日に授爵されたのは計九名、官僚・政治家・学者が五名、実業家四名であった。

前述のように、明治三十三年五月九日に授爵した者の場合、五項目からなる明確な基準が定められており、その銓衡に必要な勅任官在官年数も明示されていたが、ほぼ同じ官歴を有する二人のうち、一方のみが叙された例もある。

このとき選に洩れた人物は服部一三《いちぞう》である。服部は大正四年十二月の授爵に際して、直前まで新聞各紙でも下馬評に上がっていた。栗林貞一氏の『地方官界の変遷』によれば、この日授爵された大森鐘一《しょういち》とともに「地方官の二元老」とまで

称され、大森・服部両名は同日付で授爵されるであろうと報じられていた。実際、両名は勲一等旭日大綬章の叙勲も、正三位に叙されたのも、さらには知事として親任官待遇を与えられたのも同年同日とほぼ拮抗する官歴でありながら、一方は男爵を授けられ、もう一方は選に洩れるという現実があった。政治家や官僚、軍人の自伝類には、授爵されなかった者の場合、ごく一部の者を除いてその話題には一切触れていないが、大森の女婿で京都府や神奈川県の知事をつとめた内務官僚でもある池田宏《ひろし》が著した『大森鐘一』によれば、岳父の授爵理由として、

因記、大隈(重信)伯が、地方官多数の人物中、不偏不党誠実清廉なる者を採りて、授爵奏請の条件とせられし趣は、予その公平なるに感動せり、伯素《も》と党派の人にしてしかも地方行政官として党派に関係なき人を良吏として推選せるが如き、伯の意見近頃変化せしとはいえ、その見地推して知るべし。余はこの特典に浴する事他の内閣諸公の推奨に出でずして、隈伯《わいはく》より出でたるを喜ばざるを得ず。

と記している。服部が旧長州藩士という藩閥の一員であったのに対し、大森は駿府町奉行所与力出身という旧幕臣であり、非藩閥であったことが幸いしたのかもしれない。たとえ官歴や位階勲等で並ぶ者であっても、藩閥の影響力が衰えてきた大正期にあっては、かえって藩閥出身者という経歴が、時の政権担当者が政党人であると不利になるという一例であったともいえよう。

さて、この頃になると、爵位の逓減論《ていげん》も出されるようになる。これは公爵であれば何代目には侯に、さらに何代目からは伯にといったように、代数を経るとともに爵位を落としていくという案である。枢密院書記官兼枢密院議長秘書官をつとめ、晩年まで枢相山県有朋《すうしょう》の側にあった入江貫一《かんいち》は、『山県公のおもかげ』の中で、

公は華族制度の将来に付ても甚だ憂慮せられ、一方時勢の変遷に依り、華族が財政上困難に陥るのを救済せんが為め、種々の方法を講ずべき事を慫慂《しょうよう》すると共に、他方教育によりて其の向上発展を計るの必要を認め、大正四年中に一編の意見書を作成し、これを某公爵始め当路有力者に頒《わか》ち、切に考慮を求め適当の措置を講ずべき事を勧告したるのみならず、晩年に至っては皇族降下の例に倣い、爵逓下《ていか》の制を採用するの必要を感じ、或いは我国華族の現

状を調査せしめ、或いは各国の制度を研究せしめられた。私も命を受けて旧独逸《ドイツ》の貴族制度を翻訳したり、旧清国の爵禄逓下の制度を調査したりして差出したが、遂に公在世中に実行上の成案を得るに至らず、従って改革に着手する事が出来なかったのは誠に遺憾である。

と記している。『山県有朋意見書』には、大正六年六月二十五日付で元老山県が徳川家達《いえさと》に宛てた「華族教育に関する意見」が収録されており、そこでは山県が「近時華族全般の風紀廃頽《はいたい》に傾き、往々世論にも上る哉《や》に聞き及び候処、此《か》くしては皇室の藩屛《はんぺい》として寔《まこと》に恐れ多き次第と憂慮罷り在り候」と述べており、当該期に華族を取り巻く環境が大きく変化し、彼らに対する社会・国民の目が厳しくなってきた現状を憂いている様子がうかがわれる。そして昭和期に入ると、実際に宮内省で具体的に検討がなされていくのである(『木戸幸一日記』)。このような社会情勢下にあって、新規に大量授爵を実施するのが困難となり、一種の厳選主義を採るようになったものと推測される。

また、大正末期の『読売新聞』大正十四年九月十六日朝刊で、「華族が多過ぎるので今後はふやさぬ／落合侍従の息廃嫡されて男爵に／失爵は今までに卅家」の見出しで、宮内省が授爵を抑制する方針を定めたことを報じている。

小石川区高田老松町侍従落合為誠《ためのぶ》氏は長男竹彦氏を廃嫡して、重縁の間柄である男爵元田享(亨《こう》の誤り)吉《きち》氏の長女貞子と結婚させ、元田家を相続する事となり、親族の内田康哉《うちだこうさい》、安田安喜両氏等会議の結果、東京地方裁判所へ申請したが、板垣(退助)伯は一代華族で押し通し、菊池大麓《だいろく》男は継嗣があつても襲爵《しゅうしゃく》願ひを出さなかった。そうかと思うと横合から飛び出して華族になった乃木(元智)伯もあれば、相続人がないために已《や》むを得ず爵位を捨てる者もあり、現に正親町季董《おおぎまちすえただ》男の後は相続人がないので来月かぎり華族の籍から除かれる。然《しか》し乃木伯のように親族会議で適当な相続人さえ選定すれば何も爵位を捨てなくとも済むのだけれど、こうして失爵した人に明治三十九年中島錫胤《ますたね》男が最初で、大正九年三月三宮錫馬《さんのみやすずま》男まで十幾人があり、其の外爵位の返上を命ぜられた者、又返上を願い出た者などを合せると三十人ばかり華族から篩落《しらく》されている。一方金持や学者や特に国家に功績があった廉《かど》で華族に列せられた新華族は明治十七年以来今日までに三百十二名もあり、失爵者との割合は一〇、四対一、の比率になつ

ている。そこで華族の総元締仙石(政敬)総裁が頭を捻った次第であって、今後は余り華族をふやさぬ方針だそうだ。とみえ、宮内省では宗秩寮総裁仙石政敬《まさゆき》子爵が記者に、今後華族を増やさない、と述べたとしている。華族の戸数があまりにも増えすぎたことを宮内省が問題視し、すでに抑制策を採る方針を定めたとしているが、これはこの時期になってはじめて打ち出したものではなく、おそらくは前述の西園寺公望が原敬に宛てた書翰にあるように、明治四十二、三年頃からと思われる。

また、記事中に見える乃木伯爵家の例であるが、同家は陸軍大将乃木希典を初代とするが、長男勝典《かつすけ》と次男保典《やすすけ》の二子を日露戦争で失っており、希典の遺志もあり、乃木夫妻殉死後に絶家となった。陸軍長州閥の思惑もあり、故人の遺志に反して元長府藩主家である毛利元雄《もとかつ》子爵の弟元智《もとさと》が乃木家の祭祀を継承し、改めて伯爵が授けられるが、これは特異な例といえよう。同家の再興については、井戸田博史氏の『日本近代「家」制度の研究—乃木伯爵家問題を通じて—』『乃木希典殉死・以後—伯爵家再興をめぐって—』に詳述されている。

昭和期における授爵基準と「授爵詮議ニ関スル伺書」にみる基準—第五期—

昭和期に入ると、授爵・陞爵例は明治・大正期以上に少なくなり、新規授爵者は昭和三(一九二八)～十九年までの間でわずかに二十八名(そのうち臣籍降下による授爵が九名)、陞爵者も六名に止まっている。実際に請願したことが確認できるのは計八十六名、その他人名を確定できない例が三項目、計百三十件で全体の六・七%である。

このうち授爵・陞爵が最も多かった年は昭和三年で、授爵六・陞爵二の計八名である。これは大正四年(一九一五)同様、天皇の即位大礼という「御慶事」に伴う一連の栄典授与である。しかし、この時も実際には授爵・陞爵・復爵の申請が非常に多く行われた。そのなかから実際に叙された者たちは、種々の理由から厳選された結果の産物といえよう。

『大阪朝日新聞』昭和二年十一月二日朝刊には、「候補者が多くて授爵人選決まらず／一木《いちき》宮相の園公訪問《えんこう》」という見出

して、

一木(喜徳郎)宮相は一日午後四時駿河台の私邸に西園寺(公望)公を訪問し、御大典に関する各般の事項に関して詳細報告了解を求めたが、就中《なかんずく》先般宮中において田中(義一)首相と会見し陞授爵問題並に叙位、叙勲等に関し懇談したる内容に関し特に報告して老公の意見を徴したもののようである。しかして陞授爵問題については各方面から相当多数の候補者が推薦されており、その詮衡について関係者は少からず苦心しているが、老公の意向は宮内省方面と同様、なるべく厳選を希望している模様があり、これが決定までにはなお相当の時日を要することとなるべく、従って急には決定せず京都において更に協議の上最後の決定を見ることとなる模様である。

なお現在において授爵として確実なものと見られているのは海軍大将山下源太郎、団琢磨《だんたくま》両氏である。

と記され、授爵者銓衡が困難を極めていると報じられている。

また、『東京朝日新聞』同三年九月十二日朝刊には、「叙勲・昇爵の範囲協議昨日の閣議で」の見出しで、

今秋の御大典を機会とし、政府は叙勲・授爵・昇爵の奏請を如何なる範囲標準によりなすべきかに関しては、関係官庁をして種々前例により調査研究中であるが、一日の定例閣議においてもこの問題に関し閣僚の間に、

一、広き範囲にわたり総花的にこの名誉栄爵の恩命に浴せしめては如何。

一、総括して一律的に名誉栄爵の恩命に浴せしめるよりも、御大典前に浴すべきものと、御大典に際し浴すべきものとを一定の標準によって区別し、各々別に行うては如何。

等の意見の開陳あり、何等決定を見ずして散会した。なお各省において前例にならい叙位叙勲の恩命に浴すべき者の調査は大体において終了したが、これのみにても相当広き範囲にわたったものであると。

とあり、意見がこの段階でも集約できていない点が報じられている。同紙同年十月二十一日朝刊には「また、宮内省側の方針としては授爵・昇爵の奏請方針／宮内省と政府の一致点」の見出しで、

政府は御大典に際して行わるべき授爵・昇爵の奏請に関し、宮内省との間に協議中であるが、その奏請方針に関し、宮内省と一致せる所は次の如くであると。

一、家格による授爵を認めざること(例えば維新当時何十万石であったから、これに比適する授爵とか、先代が功労あったからその子孫に対して授爵するとかいうことは問題外とすること)。

一、その人のい(偉)勲・い(偉)功によって奏請すること。

一、大正四年の御大典の際には昇爵は奏請しなかったが、今回は主義として昇爵の奏請を認めること。

尚実際に行われる授爵・昇爵は極めて少数であると。

と報じられた。これによれば旧来の家柄による授爵、また旧禄を理由とした陞爵も認めないとしており、明治期以降たびたび行われた旧東北諸藩による請願の芽は、摘まれることとなる。授爵は偉勲・偉功といった文勲・軍功によるものとしており、昭和期ともなると、自家の由緒を理由とした授爵は、もはや不可能となっていたのである。実際には昭和期にいたっても、このような授爵運動は数多く見られるのであるが、結局は徒労に終わる。

さらに、同四年八月には「売勲事件」が起っている。『読売新聞』同年九月六日朝刊に賞勲局《しょうくんきょく》総裁で桂太郎の女婿でもある天岡直嘉《あまおかなおよし》が当事者として起訴され、捜査過程で叙位やさらには授爵にも不正が行われていた可能性が浮上し、警視庁が内偵を始めたという記事が掲載されている。この疑獄事件により、栄典制度そのものに対する世間の不信感が増幅されることとなり、昭和初年は授爵も慎重にならざるを得なかったものと推測される。

このほか、当該期における宮内省当局側の授爵などの基準については、同省宗秩寮の爵位課長をつとめた酒巻芳男氏が、自著『華族制度の研究』中で次のように述べている

尚陞爵については昭和十六年阪谷(芳郎)男爵が勲功によつて子爵を陞授されたが最後であり、新規の授爵については昭和十九年に原(嘉道)元枢密院議長に男爵を授けられたのが最後であつた。当時までに満洲事変及び上海事変に関連した論功行賞は一応終えていたが支那事変及び太平洋戦争に関しては何等触れるところがなかった。当時中途

において死亡する者に対する論功行賞と併せ一般授爵方針について検討されてゐたのであるが、結局戦争終結後に持越す事となり前述の通り昭和十九年を以って授爵は打切られている。（同書二七七頁）

しかし、実際には大戦間期における新規授爵が、そのつど検討されていたかどうかについては不明である。この点については、保阪正康氏が『華族たちの昭和史』「東條英機は爵位を欲していたか」中で、「軍事指導者たちは自分たちの叙爵をそれとなく陸軍省や内務省の賞勲部門、さらには宗秩寮に働きかけていたのではないかと推測される」と私見を述べられ、また戦前内大臣をつとめた木戸幸一の「もしあの戦争に勝利するようなことがあったなら、東條をはじめとして軍人たちは俺も華族にしろと大変な要求をつきつけてきたことはまちがいがない」という言動があった点を紹介している。

保阪氏は、真珠湾攻撃に成功した際、軍部から「これで東條さんも近いうちに叙爵は間違いなしだな」という声があがっていたことも耳にされていたようだが、細川護貞の『細川日記』昭和十八年十一月十六日条には、戦局悪化にもかかわらず、なかなか退陣しない東條に対して、「一日も速かに政府を転覆するを可とするも、その方法は東条の名誉欲を、満足せしむる様な方法として、彼を元帥・伯爵位に奏請すれば、恐らく彼も退陣すべく、国家を救う為には、これ位の代価は実に安価なるものなりと」とみえ、首相辞任と引き替えに、元帥の称号と共に伯爵を授ける案も浮上していたのであろう。結局この案は実行には移されなかったが、やはり混乱期ということもあり、日中戦争以降の新規授爵については、当局側も戦争終結後に持ち越す意向であったと考えるのが妥当ではないだろうか。

さて、昭和期における授爵詮議については、宮内庁書陵部宮内公文書館所蔵の「授爵詮議ニ関スル伺書」が非常に参考になる。この史料は従来ほとんど知られなかったようであるので、ここで紹介しておきたい。昭和十二年七月二十日作成のこの文書は、冒頭部分で「授爵の事たる固《もと》より勅旨に出づるものなりと雖《いえど》も、各般の事例並《なら》びに沿革に徴するに、従来行われたる授爵は概ね左記に依り詮議せられたるものの如し」としたうえで、次の九種に分類している。これまでの授爵を、

① 叙爵内規に基づく授爵　② 明治十七年華族令第三条に依る授爵

③　分家授爵に関する慣例
④　一門または家老授爵に関する慣例
⑤　神官僧侶に対する授爵
⑥　旧勲ある名族の子孫に対する授爵
⑦　再授爵
⑧　皇族の賜姓降下
⑨　勲功に依る授爵

の計九種に分類し、くわしく解説している。

①の叙爵内規は、前掲明治十七年七月の華族令公布、授爵に際しての銓衡基準であり、これが最も知られている。

②は華族令第三条「爵は男子嫡長の順序に依りこれを襲がしむ。女子は爵を襲ぐことを得ず。但し現在女戸主の華族は将来相続の男子を定むるときに於いて親戚中、同族の者の連署を以て宮内卿を経由し授爵を請願すべし」という条文通り、華族令公布時に女戸主であったがため、授爵されず無爵華族に止まった諸家のことであり、これは小松時韶(のち行正《ゆきまさ》)・芝亭愛古《しばていよしふる》・板倉勝観《かつみ》・稲垣太祥《もとよし》・七条信義《のぶのり》・酒井忠興《ただおき》・松浦靖《はかる》・牧野忠良《ただよし》・錦小路在明《ありあき》の計九名で、錦小路家が明治三十一年(一八九八)三月二十四日に至り子爵を授けられたのを最後とする。

③については、同書には「公家及び諸侯の子弟にして分家するものを特に華族に列せしむるは既に大政奉還後屢々《しばしば》行われたる所なるも、華族令制定以後に於いても明治二十一年より大正十一年に至る間多くその例をみたり。概況左表の如し」として分家授爵者の名を挙げている。その上で、次の解説が付されている。

分家授爵は明治二十一年六月二十三日侯爵徳川義礼《よしあきら》の養弟義恕《よしくみ》の分家に始まる。而《しか》して後、明治二十五年三月十六日毛利五郎(毛利元徳五男)分家授爵に際し、三条(実美)公爵家に二人迄授爵ありたるの例に依り、維新の功労に依る「特授公爵家」に就いては二人迄分家授爵あるも已《や》むを得ずと為し、右該当の家として三条・岩倉・毛利・島津両家の五家を掲げ、本内規に基づき毛利及島津(忠義)公爵家に於いては二人迄分籍授爵の恩命に接したり。

更に明治三十五年二条正麿《おさまろ》分家授爵の議起こるに及び、同年七月岩倉(具定)爵位局長は「(中略)而してまたこれを広く従来の授爵の実例に徴するも、侯爵・伯爵の家に於いてすらその維新の際本人の父祖たる者功労として見るべきも

のあるときは、忽《たちま》ちその子孫分家の際華族に列し爵を授けられたるもの少なからざれば、今五爵中最上級に位し、特別の優遇を蒙れる公爵家の如き名門にありては、その相当の因由ある場合に於いては向後その子孫一名を限り分家の際特に華族に列せられ、爵を授けらるるを得べきものとし、他日その未だこの恩典に与らざる旧五摂家中の近衛・鷹司等にしてその内願ある場合に於いてはまた均しくこれと同様の栄誉を蒙らしむるの方針を定め置かば、これが為将来この範囲を超えて広く他に及ぶの影響なく、更に不都合を生せざるべしと信ず。但しその爵の等級は単に有爵家の分家を以て論じ、従来の例に依り男爵を授けらるるを以て至当とす」との意見を具申し、以後鷹司信熙《のぶひろ》の授爵も右方針に基づきたり。但し九条家に在りては分籍の際授爵せられたるもの三家に及ぶも、一は絶家再興の場合、一は皇太后(貞明皇后)陛下の実弟分家の故なるを以て特殊の事情に基づくものと推せらる。

右以外の華族の分家は本人または父祖維新の功労を録せられ(爵記には依勲功の字句なきものに付いても上表書付属書類にこれが勲功を録するを例とす。但し新列二家の分家の場合には右例に依らず)分籍に当たって特に華族に列せられたるものにして新列二家も伊藤(博文)・山県(有朋)両公の維新以来の偉勲を嘉せられ、以て授爵ありたるものと思料せらる。

これを要するに分家授爵は維新の際、偉功ありたる公爵家・旧五摂家竝びに維新に勲功ありたる華族等の分籍の場合に於いて行われたるものにして、従って皇族降下の有爵者に付いては暫《しばら》くこれを別論とするも、一般華族に在りては将来分家授爵の内願はこれを認むるの要なきものと信ず。

この③の分家授爵に関する慣例とは、旧格によれば侯爵以下であった三条・毛利・島津二家(忠義家と久光家)・岩倉の計五家が維新時の偉勲により公爵となるが、これら特授公爵家には二名まで分家・授爵(原則男爵)の恩典が与えられる慣例であったとし、将来はこのような分家授爵は認める必要がないことを明記している。

④については、明治三十年十月二十七日および三十三年五月九日・三十九年九月十七日を中心に大量授爵がみられるが、同史料には、次のように解説している。

武家一門または家老にして華族に列せらるるは既に五爵制定前に於いてその例を見たる所なるも、明治十七年以後一門にして授爵せられたる者二十七家(内八家は勲功に依り授爵せられたるもの)悉《ことごと》く男爵にして、家老の授爵せられたる者四十家(内五家は勲功に依り授爵せられたるもの)伯爵一名の外他は皆男爵なり。

一門士族にして最初に授爵の恩命に接したるは島津珍彦並びに山内豊積の両人なるが、右授爵に際し将来一門士族を華族に列するに当たりては、

一、華族戸主の血属の親
二、維新前後功労ありしもの
三、華族の資格を維持するに足るの財産あるもの

の三項を全備するものに非ざれば採用せざることに裁定せられ、後第一項に付いては戸主最近の血縁に非ざるも、他の二項を具備するときは授爵の恩命に浴せしめたり。

更に明治三十三年大正天皇の御盛婚に際し、旧藩一万石以上の一門または家老は「封土奉還の日何れも士族に編入せられたるも、仍《なお》巨多の資本を有して旧領地に住し、その地方人民に推重せらるるを以て自らその地方尹民の儀表と為り、勧業または奨学等公益に資すること少なからず。その門地は以て小諸侯に譲らず。その資産亦門地を維持するに足るもの」(上表書付書類に依る)なるを以て授爵の詮議あらせらるるを至当とすとの議起こり、即ち旧藩一万石以上の家四十八家の中、現在所有財産として五百円以上の収入を生ずべき財産を有すること明確なる二十五家に対し先ず男爵を授けられ、次いでその選に漏れたる者の中より右財産を所有するに至りたるものと認めらるる者十名に対し、更に明治三十九年叙爵の恩命ありたるも、爾来《じらい》今日に至る迄一門家老の故を以て華族に列せられたるものこれ無し。即ち一万石以上の一門家老にして未だ授爵せられざるもの左記十三名を存す(当時の調査記録に依る)。

志水忠平《しみずただひら》　山野辺義礼　久野宗熙《くのむねひろ》　横山隆起
本多政好　亘理胤正《わたりたねまさ》　石川小膳　伊達宗充《むねみつ》

留守景福《るすかげやす》　茂庭敬元《もにわのりもと》　鍋島秀太郎《ひでたろう》　村田虎吉郎
神代直宝《くましろなおとみ》

右以外の一門または家老の家格を以て授爵せられたるものはその家筋に依ること固よりなるも、悉く本人または父祖の維新・西南の役・北海道開拓等の功績を併せ録して授爵ありたるものと思料せらるるもののみなり（爵記に依勲功の字句なきものに付いても上表書付属書類にこれが功労を記したり）。

以上の沿革に徴すれば前記の残存十三名に対してはその資産回復の証歴然たる者に付、将来授爵せらるべきものとも思料せられざるに非ざるも、一門・家老の授爵は元来主として維新以来の社会変革を調整するの意図に出でたるものなれば、今日の情勢に鑑みるとき右十三家に対し授爵の恩命あるべきものに非ずと断ぜざるべからず。

④の解説で特に注目すべき点は、明治三十九年九月の時点で「華族の資格を維持するに足るの財産あるもの」である。五百円以上の収入を生ずべき財産を有していなかったことを理由として授爵が見送られた志水忠平（旧尾張国名古屋藩家老、名古屋市長に就任、当時は故人）以下の十三家については、第三期の箇所でも述べたが、今後華族としての体面を維持できる資産を確立し、それを以て授爵を申請しても却下される公算が高い、とする一文である。旧大藩の藩主一門や万石以上の家老に対する授爵は、「主として維新以来の社会変革を調整」するために行われた措置であり、昭和期にあっては旧藩門閥の出身者ということを理由にしてこれに恩典を加えることが憚られている。すなわちこれは、明治期の申請であれば許されたであろう条件が、一度時機を逸すれば許されない可能性を含んでいるということにも繋がり、授爵の基準を考える上でも興味深い一文といえよう。

⑤であるが、「神官僧侶の叙爵に付いては既にその当時に於いても相当の非難あり」とし、明治十六年八月十日に東久世通禧《みちとみ》・尾崎三良《さぶろう》両名の連署で三条実美《さんじょうさねとみ》に宛てた意見書を引用している。これは、『華族会館誌』にも「東久世通禧・尾崎三良意見書」として収録されているが、次のように記す。

頃日《けいじつ》旧藩士及び旧神官を擢んで更に華族に列せらるべきの御内議これあり。然《しか》るに猶熟考仕り候処、この挙たる今

日華族の制度を拡張し、大いにこれを改良せんとの御趣意に相背き申すべく存じ候。如何となれば今日の華族を奨励振起するには新進活発の気象を同族中に注入せざるべからず。然るに旧藩士・旧神官の如きその門葉古しと雖《いえど》も、唯《ただ》これ旧物に旧物を加うるに過ぎずして、啻《ただ》に新進活発の気象を増進する能わざるのみならず、更に痿痺《いひ》不振を生じ、益々世の軽侮を来さんのみと存じ候。抑《そもそ》も華族を奨励振起し活溌ならしめんとするは経歴ある紳士を選抜して華族に列せらるるに如《し》かずと存じ候。故に先ず維新以来参議に登りし者及び現今の諸参議を華族に列せられ、その端緒を開き、続いて勅任官の年功勤労ある者を選抜しこれに列せられ候はば自然華族の形勢一変し、大いに同族を奨励作興し、将来国家有用のものと相成るべく存じ候間、区々《まちまち》の真情上申仕り候。何卒篤く御評議相成りたく懇望の至りに耐えず。謹みて進止を取る。

これからの華族を奨励振起するためには、旧藩士（おそらくここでは旧大藩の藩主一門や万石以上の家老を指すものと考えられる）や、由緒のある大社の旧社家を新たに華族に編列することに対しては、きわめて否定的な見解を三条に書き綴っている。

僧侶への授爵についても、同二十二年十二月十七日付の大谷光尊《おおたにこうそん》・大谷光瑩《こうえい》・常磐井堯煕《ときわいぎょうき》・華園沢称《はなぞのたくしょう》・渋谷隆教《しぶたにりゅうきょう》・木辺孝慈《きべこうじ》ら浄土真宗系の寺院僧侶への授爵の可否に関して、宮内大臣より内閣側に意見を求めたところ、「僧侶である身分に対して授爵されるわけではなく、華族たる家格に対して授爵されるものであるので別段不都合はない」旨の回答があったとする。このことからも、同二十九年六月九日にこの六名に対して正式授爵するまでの間、内閣側にも相当な議論があったと推測される。

さらに大谷両家の授爵（伯爵）については「但し両本願寺は宗教上の勢力強大なるを以て政略上の必要より特別の叡慮に出候はば格別の事と存じ候」と明記しており、真宗寺院中、東西本願寺である両大谷は伯爵、その他は男爵と授爵に差を設けたのは、「政略上の必要」によるものであるとしている。また、明治十七年の華族令改正の議が起った際、金子堅太郎は「神官・僧侶はこれを終身の華族とし、爵を授けられざるもの」とした方が良いと提案している点を明記しており、お

そらく英国貴族中、カンタベリー・ヨーク・アイルランド各大主教《だいしゅきょう》やウィンチェスター主教らが貴族として貴族院の議席を与えられていた例を念頭に置いたものと思われる。しかし、金子の説は容れられず、結局六家ともに伯および男爵を授けられている。

⑥については南朝忠臣末裔に関する授爵について述べており、

右は華族令の制定前に於いて新田・菊池・名和《なわ》の三家、また明治三十二年に五条・南部の二家夫々《それぞれ》華族に列せられたるも、神官・僧侶・家老等に至る迄恩命の及びたる当時に於いては兎《と》も角《かく》として、将来は絶対にこれ無きを至当とすべし。旧華族令の改正を議するに当たり、その授爵条例草案第一条に「日本帝国臣民文武の勲功あるもの、または学芸若しくは農工商業に依り国家の公益を起こしたるもの、または旧勲ある名族の子孫にして総て華族の体面を維持するに足るべき資産を有するものは華族に列し爵を授く」とありたるに対し、井上毅《いのうえこわし》はこれを痛撃し「旧勲ある名族の子孫に及ぶこと考え物なり。この門戸一たび開けなば紛々擾々として恩怨並びに集まらん。小官は断じて不可なりとす」との意見を具申せるは誠に故ありと謂わざるべからず。

とする。すでに新田俊純・菊池武臣・名和長恭《ながゆき》・五条頼定・南部行義の計五名が南朝忠臣の末裔として華族に列し、おのおの男爵が授けられている。生前井上毅は「旧勲ある名族の子孫」、すなわち南朝忠臣の末裔にまで授爵の範囲を拡張することに批判を加えており、「将来は絶対にこれ無きを至当とすべし」として、今後は同様の請願があっても却下する方針を定めている。この方針に従えば、もし楠木正成の正統の末裔が発見されたとしても、授爵はされないこととなる。

⑦については、そもそも実例そのものが少ないが、

華族令の規定に基づき爵を失いたる旧有爵者の家に対し再び特に授爵の恩命ありたるものと推せらるるもの六家(乃木伯爵家を含む)あり。右は固より特旨に出づることならんも、将来はこれ無きを可とすべく、子孫に優秀なる人物輩出したるときに於いて改てその功を録し、授爵せらるべきものと思料す。

とみえる。「復爵」「再授爵」と呼称はさまざまであるが、経済的な理由、または犯罪などで失爵した例は旧公家華族・旧大

名華族を問わず多い。昭和三年十一月十日付で男爵を授けられた旧御三卿清水家の徳川好敏《よしとし》を最後として、再授爵は行われずに終わっている。これは、この史料にみられるような趣旨に基づいてのものと考えられる。

⑧は皇族中、次三男の臣籍降下に際しての授爵に関する項目であるが、「今茲《ここ》に詳記せず」とのみ記されており、すでに慣例が樹立していることが明らかである。

さて、最後の⑨であるが、これが勲功華族に関する授爵についての項目である。

(前略)爾来《じらい》或いは軍功を録し、或いは文勲を賞し授爵せられたるもの多々あるも、特に右の如き内規の設けられたることなし。これを通観するに有爵者増加の趨勢に鑑み、次第に叙爵厳選に傾き、明治中葉の時代と比較し彼是《あれこれ》権衡《けん》《こう》を得ざる状態に至りたるものと思料せらる。

と記し、華族戸数・有爵者激増の現状から、授爵が厳選されるようになり、明治中期頃と比較しても権衡を失していると指摘している。これは前述したように、日清戦争後の論功行賞では軍功による授爵は少将以上であったのに対し、日露戦争後は中将以上に改められたことからも明らかであるが、いずれにせよ、爵位のインフレ状態が尾を引いていることを如実に表した一文である。

なお、この史料の末尾には今後の華族制度・授爵に関して、次のように記している。

以上説述するが如くんば、将来の授爵は事皇族の子孫に関する場合を除きては、独り勲功に依るもののみに限るべく、且つまた父祖の勲功を録して華族に列せしむるは旧勲ある名族の子弟に対する叙爵を絶対に避くると同様の意味に於いてこれを排し、或いは文勲・武功に卓絶し、或いは学術・文化に貢献し、または産業・経済に偉功あるもの等国家有能の材は挙げてこれに賜うに栄爵を以てし、以て真に殊典が国に瞻望《せんぼう》たる所以の実を示すに如かず。茲《ここ》に将来に於ける方針を具陳し、謹みて高裁を仰ぐ。

(備考)最近一二の者よりその家柄または旧勲を申し立て、授爵の恩命に浴したき儀内願する者これあるに付、これ等の者に対しては取り敢えずその難なる旨説示し置きたるも、茲に宮内省の方針に付御高裁を得ば内願の向きに対

しては、改めて右に基づき別案を以て詮議相成り難き旨回答致したきと存ず。

将来は皇族からの臣籍降下による授爵は別として、原則新規授爵は「勲功」を理由としたものに限定し、今後は「家柄」を理由としたものを抑え、官務・軍務のみならず、学術や文化面に貢献した者や、産業界・実業界で活躍した者を対象とすべきであると意見を纏めている。備考にもあるように、家柄や旧勲を理由とした者が昭和十二年頃に授爵を求めて内願したものの、宮内省側がこれを却下したという実例を挙げている。これは年代的に、失爵していた旧堂上公家であった高野家の復爵であったかもしれないが、宮内省当局ではこの方針をある程度確立していたといえよう。

この点については、同じく宮内公文書館所蔵の『授爵録』(昭和二―十九年)にも、昭和十四年一月二十八日に桜井錠二《じょうじ》が授爵した際の添付書類中、帝国学士院会員関係で「授爵アリシ者」の次に、「授爵ナカリシ者」として新渡戸稲造・古在由直《こざいよしなお》・入沢達吉・嘉納治五郎《かのうじごろう》・佐藤三吉《さんきち》・外山正一《とやままさかず》・森林太郎(鷗外)の計七名(全員故人)を挙げ、さらに「将来問題トナルヘキ者」として田中舘愛橘《たなかだてあいきつ》・本多光太郎《こうたろう》・長岡半太郎《はんたろう》・徳富猪一郎《いいちろう》(蘇峰)の計四名を明記している。「授爵詮議ニ関スル伺書」にもみえるように、学術・文化面で貢献のあった者への授爵が検討されていたことが明らかである。おそらく戦時下でなく、また華族制度が存続していれば、彼ら四名は授爵されていた可能性は高かったものと思われる。

ほぼ同時期には、かつて元老山県有朋が晩年に考慮していたという華族の「爵位逓減《ていげん》論」からさらに踏み込んだ改革案の研究が、宮内省において着手されている。『木戸幸一日記』昭和十一年四月十日条には、木戸が爵位課長の高橋敏雄に「華族制度の改革要旨」として、「適度に新陳代謝を行い、華族の数をある程度に調整すると共に、清新の気を加うること」として華族の永代世襲制度を廃止するという案、公爵九代、侯爵八代、伯爵七代、子爵六代、男爵五代にして最終的には平民に復するという案が提示されている。

また、「特殊の家柄」については、勅旨をもって代数の延長または永続を認めるという案も出されている。ただし、『木戸幸一日記』同月二十五日条には、この改革の別案として「既得権には変更を与えず」「今後の華族を男三代、子四代、伯五代、侯六代、公七代とする案を研究することを依頼す」と見える。既得権に変更を与えないという一文から、案外この

間に華族各家から異論が出たため、現に爵を有する者については適用外として、新規授爵者に限ってこの改正案を適用することとなったのかもしれないが、結局は研究の段階に止まり、実行されずに終わっている。

おわりに

華族制度は厳密には昭和二十二年(一九四七)五月三日の日本国憲法施行と同時に廃止となった。日本国憲法第十四条第一項では「すべて国民は、法の下に平等であつて、人種、信条、性別、社会的身分又は門地により、政治的、経済的又は社会的関係において、差別されない」とし、第二項には、「華族その他の貴族の制度は、これを認めない」と明記され、これによって華族制度は終焉を迎えた。

華族制度の終焉については、前掲した酒巻芳男氏の『華族制度の研究―在りし日の華族制度―』や小田部雄次氏の『華族―近代日本貴族の虚像と実像―』に、また、華族が中心であった貴族院の廃止については、内藤一成氏の『貴族院』にそれぞれ詳述されている。

終戦後、華族制度はすぐに廃止されたわけではなく、この間、国内においてもさまざまな改革案が出されている。即座に全廃はせずに段階的に廃止するという案は、まさに昭和十一年以降の改正案に似ているが、GHQ(連合国最高司令官総司令部)側も同様に、同二十一年二月の段階では、華族や位階・勲等といった栄典には政治的特権を伴わないという考えは有していたものの、即時廃止までは考えていなかった。しかし、その後の帝国憲法改正特別委員会では、華族制度に否定的な多くの政党側の主張が通り、同制度は終焉することとなる。小田部氏は「つまり、華族廃止は、当時の政党勢力の総意をもって決定されたとも言える」と述べておられるが、まさに華族制度廃止は、ただただ一方的な外圧に屈したというよりは、むしろ日本側によって終止符を打つこととなったといえよう。

さて、『芦田均日記』昭和二十一年三月五日条には、昭和天皇が、旧堂上華族は制度として残せないか、との趣旨を語

った と記されているが、おそらくは前掲の『木戸幸一日記』にみえる華族制度の改革案で例外措置を採ろうとした「特殊の家柄」というのは、彼ら堂上公家出身の華族を指しているのではないだろうか。この改革案についての報告を、昭和天皇がどこまで受けていたかは定かではないが、あるいは木戸自身が天皇の意を体してその例外を盛り込んだ可能性も高いのではないだろうか。少なくとも昭和天皇にとっての真の皇室の藩屛《はんぺい》は、やはり平安朝より皇室とともに歩んできた旧堂上華族だけであったのかもしれない。

華族制度廃止を、当の華族自身はどのように受け止めていたのであろうか。小田部氏によると、貴族院においても華族存続論を唱える者、逆に廃止論を唱える者がいたとされる。陸軍大将で、昭和八年四月二十五日に男爵を授けられた奈良武次《たけじ》は、『侍従武官長奈良武次日記・回顧録』所収「奈良武次回顧録草案」で、同二十二年の正月を迎えた際、「殊に新憲法は華族制度を廃止せるもその施行は本年五月三日なるをもって、予はなお華族の待遇を享け」としたうえで、その五月三日を迎えるにあたっては、「新憲法施行に伴い華族制度廃止せられ、予の今後保持する栄典は唯正二位勲一等のみとなれり、叙位も勲章も現在新たに賜らず、唯従来賜りたるものはそのままこれを保持するのみ」とだけ淡々と書き残している。

自身の勲功によって華族となった、いわゆる勲功華族・新華族に属し、さらにいえば華族となっていまだ日の浅い奈良武次とは異なり、旧来の家柄によって授爵、あるいは陞爵した旧堂上や旧諸侯出身の華族たちは、日本国憲法施行日をどのような想いを抱いて迎えたのか。その感情を吐露した記録には接していないが、おそらくは無念に思った者が多かったのではないだろうか。

約八十年に及んだ華族制度は、明治二年（一八六九）に誕生した頃とは異なり、旧来の公家・大名だけでなく、維新の功労者をはじめ、多くの文武官、実業家らも加わり、その構成者は多種多様となっていった。華族令制定に際しての「叙爵内規」だけでなく、そのつどさまざまな「慣例」なども加わり、授爵・陞爵・復爵に関する銓衡基準も時代によって変化した。このことは、前掲「授爵詮議ニ関スル伺書」にある「次第に叙爵厳選に傾き、明治中葉の時代と比較し彼是権衡を得ざる状

態に至りたるものと思料せらる」の一文からも、うかがい知ることができる。

明治期であれば当然授爵対象となり得た例であっても、大正・昭和期ともなるとハードルが一層高くなり、対象外となってしまうという不権衡である。請願者の中には「世が明治時代であれば……」と痛嘆した者もいたかもしれない。それでもなお、華族制度が終了するまで、授爵、そしてさらなる上の爵位を望むという陞爵に関する「請願」がいつまでも絶えなかったのは、やはり華族が「天皇の藩屏」とみなされ、皇族に次いで天皇に近い存在であり、この距離感を少しでも縮めることこそが自分自身の、そして家の名誉であったからこそなのであろう。

【主な参考文献】

明石元紹　『今上天皇つくらざる尊厳―級友が綴る明仁親王―』(講談社、二〇一三)
浅見雅男　『華族誕生―名誉と体面の明治―』(リブロポート、一九九四)
浅見雅男　『華族たちの近代』(ＮＴＴ出版、一九九九)
伊藤之雄　『原敬―外交と政治の理想―』上・下(講談社、二〇一四)
越前市編　『越前市史』資料編一四「武生騒動」(越前市、二〇一〇)
大久保利謙　『華族制の創出』(吉川弘文館、一九九三)
大給湛子　『素顔の宮家―私が見たもうひとつの秘史―』(ＰＨＰ研究所、二〇〇九)
刑部芳則　『明治国家の服制と華族』(吉川弘文館、二〇一二)
小田部雄次　『華族―近代日本貴族の虚像と実像―』(中央公論新社、二〇〇六)
学習院大学史料館編　『男爵物語』全三巻(学習院大学史料館、二〇〇七)
霞会館編　『華族会館史』(霞会館、一九六六)

霞会館編　『華族制度資料集』（吉川弘文館、一九八五）
華族史料研究会編　『華族令嬢たちの大正・昭和』（吉川弘文館、二〇一一）
金沢　誠　『華族―明治百年の側面史―』（北洋社、一九七八）
清岡長和　『私の九十余年』（非売品、二〇〇八）
久野明子　『昭和天皇最後の御学友―ある華族の一世紀―』（中央公論新社、二〇〇〇）
黒田長榮　『秋月黒田藩第十四代城主』（麗澤大学出版会、二〇〇八）
小林和幸　『明治立憲政治と貴族院』（吉川弘文館、二〇〇二）
酒井美意子　『ある華族の昭和史』（主婦と生活社、一九八二）
酒井美意子　『【写真集】華族の肖像』（清流出版、一九九五）
酒井美意子　『元華族たちの戦後史―没落、流転、激動の半世紀―』（宙出版、一九九五）
榊原喜佐子　『大宮様と妃殿下のお手紙―古きよき貞明皇后の時代―』（草思社、二〇一〇）
酒巻芳男　『華族制度の研究―在りし日の華族制度―』（霞会館、一九八七）
酒巻芳男　『華族制度の研究』二（霞会館、一九八七）
新城道彦　『天皇の韓国併合―王公族の創設と帝国の葛藤―』（法政大学出版局、二〇一一）
新城道彦　『朝鮮王公族―帝国日本の準皇族―』（中央公論新社、二〇一五）
千田　稔　『明治・大正・昭和　華族事件録』（新人物往来社、二〇〇二）
遠山茂樹　『天皇と華族』（岩波書店、一九八八）
徳川元子　『遠いうた―七十五年覚え書―』（講談社、一九八三年五月）
内藤一成　『貴族院と立憲政治』（思文閣出版、二〇〇五）
内藤一成　『貴族院』（同成社、二〇〇八）

長坂良宏　「「摂家」松殿家の再興―寛永・明和期の事例から―」（『人文』〈学習院大学〉六、二〇〇七）
西尾林太郎『大正デモクラシーの時代と貴族院』（成文堂、二〇〇五）
蜂須賀年子『大名華族』（三笠書房、一九五七）
深谷博治『華士族秩禄処分の研究』（吉川弘文館、一九七三）
保阪正康『華族たちの昭和史』（毎日新聞社、二〇〇八）
松田敬之「明治・大正期　京都官家士族の動向に関する一考察―華族取立運動と復位請願運動を中心に―」（『京都産業大学日本文化研究所紀要』六、二〇〇一）
松田敬之『次男坊たちの江戸時代―公家社会の〈厄介者〉―』（吉川弘文館、二〇〇八）
森岡清美『華族社会の「家」戦略』（吉川弘文館、二〇〇二）
オットマール・フォン・モール『ドイツ貴族の明治宮廷記』（金森誠也訳、新人物往来社、一九八八）
タキエ・スギヤマ・リブラ著、『近代日本の上流階級―華族のエスノグラフィー―』（竹内洋・海部優子・井上義和訳、世界思想社、二〇〇〇）

あ

青山胤通　あおやま・たねみち

一八五九―一九一七

東京帝国大学医科大学教授・医学博士、帝国学士院会員

①大正六年十二月七日（許可）

旧美濃国苗木《なえぎ》藩士出身の医学者。明治十五年（一八八二）三月に東京大学医学部を卒業後、翌年ドイツへ留学。ベルリンのフリードリッヒ＝ヴィルヘルム大学で学び、二十年八月帰朝。九月に帝国大学医科大学教授に就任、二十四年医学博士の学位を授与され、翌年に医科大学医院長。以後、医科大学付属医院長・東京帝国大学評議員を歴任し、三十四年東京帝国大学医科大学長となった。また、四十五年七月には明治天皇を拝診している。大正六年（一九一七）十二月危篤に際し、親友である森林太郎（鷗外）をはじめ、隈川宗雄《くまがわむねお》・小金井良精《こがねいよしきよ》・佐藤三吉《さんきち》・弘田長《ひろたつかさ》・岡田和一郎《わいちろう》・賀古鶴所《かこつるど》の七名連署で陸軍大臣大島健一宛で「青山胤通氏之為メ叙爵請求書」を同月七日付で提出。

右は本職たる医学教育上尽瘁《じんすい》せしは勿論、先帝陛下御病気の節、拝診施治の事に参与せしことあり、且つ明治三十七・八年戦役に際しては、率先して医科諸教授と共に陸軍衛生部に助力せし者にこれあり候処、料《はか》らずも大患に嬰《かか》り、今や危篤の状態に陥り居り候。佑て本人従来の功績に対し、特に御授爵の恩命に浴せしめたく切望に堪えず候。何卒閣下に於《おか》せられ候ても、右陸軍に関する事蹟に佑り下名等の願意貫徹候様御取り計らい下されたく、この段申し出で候也。

と請願。『授爵録』（大正六年）には同月十四日付で天皇の裁可を仰ぐ書類と宣旨案および功績調書が添付されるも、森らの請求書は添付されていない。「功績書」には、

右は明治十五年三月東京大学医科を卒業し、翌十六年三月独逸《ドイツ》国に留学を命ぜられ内科学を専攻すること四ヵ年余、斯学《しがく》の蘊蓄を究めて同二十年八月帰朝し、翌九月医科大学教授に任ぜられ、爾来《じらい》内科学第二講座または同第一講座を担任し、以て今日に及べり。その教職に在ること三十有余年の久しきに亘り、学生を教授するや熱心懇切、その患者に対するや治術精妙夙《つと》に斯学の泰斗として徳望一世に秀で、その薫陶を受けたる者の中医学士の数一千九百五十余人、医学博士の学位を有するもの三十五人の多きに達し、孰《いず》れも斯界《しかい》の進運に多大の貢献を致しつつあり。また明治三十四年九月東京帝国大学医科大学長に補せらるるや、鋭意同学の刷新と発展とを企図し、或いは病理学・解剖学・法医学・薬学等の諸教室並びに病室・外来診察所及び薬局等の新築、或いは歯科学・整形外科学・生理学第二・薬物学第二・産婦人科学第二等の講座増設、或いは物理的治療所の開設等に尽瘁し、遂に克《よ》く同学今日の隆盛を見るに至れり。またその間、東京医術開業試験委員・医科大学医院長・中央衛生会委員・東京帝国大学評議員・日本薬局法調査会委員・臨時検疫局委員・帝国学士院会員・臨時脚気病調査会臨時委員・高等教育会議々員・鉄道院医務顧問・伝染病研究所長・日本内科学会々長・癌研究会々頭・日本医学会々頭等公私の要職に挙げられ恪勤《かっきん》、克くその職責を尽くせり。尚、先帝陛下御不例に当たり特に宮中に召させられ、拝診・治療の重任に参

青山胤通

与し、日夜対症の手段を尽くしたり。その後、大正元年八月宮内省御用掛を仰せ付けらる。また明治三十七・八年役の際、率先して諸教授とともに陸軍に於ける医学上の任務を分担し、戦役間日夜これに従事し、その功労少なからず。かくの如く、同人は我邦医学界の進歩発達に貢献せる所寔《まこと》に多大にして、斯界今日の隆運を見るに至れるは実に同人の力与りて多きに居り、その功績洵《まこと》に顕著なりと認む。

と青山の医師・医学者としての業績を記して授爵を陳情。この功績が認められ、同月十四日に青山の授爵裁可を求めて上奏し、同日付で男爵が授けられる。同月二十三日没。

典拠　「青山胤通氏之為メ叙爵請求書」(『鷗外全集』三八)、『授爵録』大正六年

明石元二郎　あかし・もとじろう

一八六四―一九一九

陸軍大将・台湾総督

①大正八年七月六日（許可）

旧筑前国福岡藩士出身の陸軍軍人。陸軍士官学校・陸軍大学校卒業。駐フランス公使館付駐在武官を経て、明治三十五年(一九〇二)には駐ロシア公使館付駐在武官となり、日露戦争前後には諜報活動に従事して活躍。四十年十月には陸軍少将、大正元年(一九一二)十二月に中将、七年七月に大将に進級。大将昇進の前月からは台湾総督もつとめた。『原敬日記』八年七月六日条によれば、

尚、田中より台湾総督明石大将病気危篤に付、叙位叙勲の取計を希望し来たり、その事は相当の取計をなすべきも、この際授爵出来ざるべきやと云うに付、余より幸い同席したる波多野宮相に相談せしに、波多野は早速進達書を内閣より送越されたり。明日は日曜日に付、如何ともなすべからざるも、早速協議を進むべしと云うに付、秘書官を招き内閣書記官長より陸相と相談し書面を宮内省に送付すべき事を命ぜり。明石の大病は全く突然なり。

とみえ、急病・危篤に際して、陸軍大臣田中義一より内閣総理大臣原敬へ明石の授爵を申請。宮内省側も早速に対応したと思われる。また、『授爵録』(大正八～十一年)によれば、同年七月七日付で原より宮内大臣波多野敬直《よしなお》宛で申牒。

台湾総督陸軍大将従三位勲一等功三級明石元二郎は別紙功績書の通り功績顕著なる者に付、特に男爵を授けらるる様詮議相成りたし。

とし、功績調書を添付。調書には、

右者明治十六年十二月陸軍歩兵少尉任官以来、参謀本部局員、独・仏・露の各国大公使館付武官、連隊長、韓国駐箚《ちゆうさつ》憲兵隊

明石元二郎

司令官、参謀次長、師団長等の要職に歴任し、現に台湾総督としてその任に在り。実に三十五年余、その間明治二十七八年戦役には近衛師団参謀として台湾征討に従事し殊功あり。明治三十七八年戦役には欧州に駐在して特別任務に服し、露国を内部より瓦解せしめんことを計り、万死の境に出入りして露国反政府党を操縦し、危険を冒して軍資金及び武器・弾薬を供給し、これが為暴徒所在に蜂起して交通補給を妨害し、遂に政府をして収拾するに由なからしめ、延て極東に行動せる彼の野戦軍の志気を沮喪せしめ、以て帝国曠古《こうこ》の大戦をして有利に終局するを得せしむるの一大素因たらしむるに至りしは、実に大将の画策《かくさく》宜しきに適い、百折撓《たわ》まざる努力を効す処なりとす。また明治四十年十月憲兵隊長として任に韓国に赴くや、先ず大勢の赴く処を達観し警察

制度を統一して国威を輝かし、適当に輿論を指導して円満なる併合を企画《きかく》し、遂に明治四十三年八月日韓併合の大業を完成するに至りしは、これまた大将の籌謀《ちゅうぼう》実行機に合し宜しきを得たるに依るものと謂わざるべからず。爾後大正三年四月に至る間朝鮮総督府警務総長及び朝鮮駐箚憲兵隊司令官として朝鮮に駐在し、或いは暴動を鎮圧し、或いは併合後に於ける軍事・警察諸般の施設を完備するに努力し、或いは内外の政務に関し適切なる方策を進言し、外は列国の覬覦《きゆ》を防ぎ、内は不逞鮮人の蠢動《しゅんどう》を抑え、経営多年朝鮮統治の基礎を確立するに与りて力あり。大正三年八月欧州大戦勃発するや参謀次長の要職に在り、宇内の形勢を洞察して帝国の採るべき方針に関して重要なる意見を具申し、帝国をして大局の推移に乗じ国光を宣揚するに便ならしめたる等、その国運の発達に貢献する処多きは他に比儔《ひちゅう》を見ず、勲業寔《まこと》に偉大なりとす。

と陸軍軍人としての功績だけでなく、朝鮮経営の功績も縷々陳述する。これらの功績が認められ、同年十月二十四日付で授男爵。

典拠　『原敬日記』大正八年七月六日条、『授爵録』大正八～十一年

赤土慶三　あかつち・＊けいぞう

生没年不詳

楠木正成末裔

①明治二十年二月三日（不許可）

楠木正成末裔を称する家系の生まれで本職は医師。仲真次よりの他薦で華族請願・授爵を申請したと思われる。同家の調査に関しては、「今井鉄巌他授爵請願書」袋表書に、今井鉄巌・佐野佐吉郎・仲真次・梶原三平の四人の名が記されているものの、仲真次の請願書のみが収録されておらず、表書の慶三の名の上には線が引かれて「内閣へ」と記されている。現に『諸雑公文書（狭義）』には「［大阪府仲真次ヨリノ楠氏系統ノ儀ニ付申入］」が収録されているため、一度宮内省で受領のうえ、審査に付されたものの、のちに同省より内閣へ返却・回送されたものと思われる。これによれば、「大阪府平民仲真次より楠氏系統の義に付別紙の通り報告書差し出し候旨御回し申し入れ候也」と明治二十年（一八八七）三月一日付で宮内省爵位局内事課長でもある宮内書記官桜井能監《よしかた》より内閣書記官へ回送された旨が記されている。仲より同年二月三日付で宮内大臣伊藤博文宛で提出された「報告書」には、

一、今般恐れを顧みず報告奉り候儀は大和国葛下《かつげ》郡狐井《きつい》村第二十四番地平民医業赤土慶三方に於いて同家祖先より累代秘蔵罷り在り候遺物、茲《ここ》に系譜等披見仕り候処、該家祖先は敏達《びだつ》天皇陛下五代の孫井手左大臣橘諸兄《もろえ》公より出でてその第十五代に至り成綱公橘姓を楠氏と改められ、その第三代成氏公の長子早世しにより二子正俊公は同楠氏を継祀せられ、三子親遠公は和田氏と改称せられ、その第九代正氏公に至りまた氏を赤土と改めその際前顕の郷里へ潜居相成り、それ以来なお同系絅相続罷り在り、現在は赤土慶三に御座候処、系譜巻中詳細含録これあるに因りて爰《ここ》にその顛末経歴の証明を略し、別紙に遺物目録及び墓碑の略図を添えこの儀謹みて報告仕り候。

と記され、和田正武が南朝天皇より下賜されたとされる綸旨、系譜一巻や橘姓金紋付の軍旗五流などの遺物目録や墓碑の絵図などを添付している。おそらくは同家への授爵を請願したものと思われる。なお、赤土慶三については『近畿医家列伝』上巻にも事蹟がみえ、和田和泉守正武六代の孫長門守正氏の時に大和国葛下郡狐井村に移住し、赤阪城の山土の色が赤いことから赤土と称したとあり、以後十四代農業を営んで慶三に至ったとする。慶三は堺師範学校から大阪医学校へ進学したとし、正武以来の系譜も掲載されている。この当時、楠木正成末裔の調査を伊藤博文が宮相として行なっており、仲がその報告書を提出したものと思われる。また『太政類典』所収「大和国高

田駅楠氏子孫赤土藤助外五名重代家宝正成諸所持ノ太刀献納ヲ乞フ」によれば、これ以前、三年二月九日には葛下郡高田駅在住の赤土藤助・同亀太郎・同熊次郎・同八十助・同吉左右衛門とともに同郡狐井村の赤土新左衛門ら六名が堂上《とうしょう》華族の清閑寺《せいかんじ》豊房《とよふさ》へ祖先正成所持の太刀を献納したい旨を願い出ている。この願書によれば、赤土家は先祖代々帯刀御免であり、清閑寺家へ館入する身分であったとされる。清閑寺はこののち、京都留守官宛で願意を伝えている。この狐井村在住の新左衛門は慶三の父正包か祖父正睦かとも思われる。結局こののちも赤土家は華族に列し、授爵されることはなく終わっている。

典拠　「今井鉄巌他授爵請願書」(宮内庁宮内公文書館所蔵)、「[大阪府仲真次ヨリノ楠氏系統ノ儀ニ付申入]」(国立公文書館所蔵『諸雑公文書(狭義)』)、「大和国高田駅楠氏子孫赤土藤助外五名重代家宝正成諸所持ノ太刀献納ヲ乞フ」(『太政類典』)、古屋照治郎『近畿医家列伝』上

赤松安重　あかまつ・*やすしげ

生没年不詳

赤松則村（円心）末裔

①大正四年十月六日（不許可）

「松平康民《やすたみ》他陞爵請願書」中に松平康民の陞爵願と合綴で収録。首相大隈重信より大正四年(一九一五)十月十六日付で宮相波多野敬直《よしなお》宛で「左記の者授爵又は陞爵情願の旨、意は主として家格に存する義と認められ候に付、しかるべく御詮議相成りたし」として照会。慶光院《けいこういん》利敬《よしゆき》以下十七名を列挙し、そのなかに赤松の名も挙げられている。赤松は徳島県平民。

　右は建武中興に際し、新田・楠の諸士とともに粉骨砕身、軍忠を尽したる赤松則村《のりむら》円心《えんしん》の後裔たる故をもって授爵を請願したるものなり。

と授爵理由を説明するも不許可に終わる。

典拠　「松平康民他陞爵請願書」(宮内庁宮内公文書館所蔵)

秋月左都夫　あきづき・さつお

一八五八―一九四五

オーストリア駐箚特命全権大使

①大正二年六月七日（不許可）

②大正二年八月三十日（不許可）

旧日向国高鍋藩士出身の外交官。スウェーデン、ベルギーなどの各国駐箚《ちゅうさつ》特命全権公使を経て、明治四十二年(一九〇九)十一月よりオーストリア駐箚特命全権大使。大正二年(一九一三)六月、賜暇帰朝を命ぜられた秋月に対し、授爵説が新聞紙上で報じられている。『東京朝日新聞』同月七日朝刊には「秋月大使授爵」の見出しで「予《かね》て噂の如く日墺新条約締結の功に依り男爵を授けらるべしと」、また『読売新聞』同年八月三十日朝刊でも「陞爵と授爵説」の見出しで、

　伊国駐箚特命全権大使林権助《ごんすけ》男は日伊条約改正の功により子爵に陞授、又墺国駐箚特命全権大使秋月左都夫氏は日墺両国条約改正の功に依り男爵を授けらるる趣にて、遠からず発表せらるべしと云う。

と両紙ともに外交上の功績をもって同人の授爵を報じているも、結果は授爵されず。

典拠　『東京朝日新聞』大正二年六月七日朝刊、『読売新聞』大正二年八月三十日朝刊

秋元興朝　あきもと・おきとも

一八五七―一九一七

旧上野国館林藩主

①明治二十四年五月三十一日（不許可）

②明治三十三年二月二十七日（不許可）

③明治四十一年十一月（不許可）

④大正四年九月十八日（不許可）

旧下野国高徳《たかとく》藩主で山陵復興に尽力し、山陵奉行ともなった戸田忠至《ただゆき》の子。旧上野国館林藩主秋元礼朝《ひろとも》の養子。明治十七年(一八八四)七月の華族令公布に際しては子爵を授けられた。その後は外交官として二十五年六月七日には弁理公使、二十八年三月十日には特命全権公使に昇進するも、無任所外交官(のち待命外交官と改称)であり俸給は下賜されず、結局は任地へ赴くこともなく、三十一年三月九日

に待命満期につき退官となっている。同家の陞爵は早くから動きがみられ、『嵯峨実愛《さねなる》日記』二十四年五月三十一日条によれば、嵯峨を介して子から伯への陞爵を願い出るも不許可に終わる。また「戸田忠友他陞爵請願書」によれば、山陵復興関係での陞爵・授爵願の綴中、三十三年二月二十七日付で、元館林藩士の岡谷《おかのや》繁実《しげざね》より井上馨宛へ旧主の陞爵を請願。岡谷の書面には「秋元志朝《ゆきとも》」への陞爵とあるが、同人は明治九年に没しており、現当主の興朝に対しての栄典授与を求めたものである。さらに前掲「戸田忠友他陞爵請願書」には四十一年十一月付で子爵戸田忠義先代の忠綱《ただつな》より宮内大臣田中光顕《みつあき》宛で「陞爵願」が提出されている。勤王および幕末期の山陵復興の功績を理由として、「故越前守忠恕・故但馬守志朝には陞爵、又剣吾繁実及び諸陵取調主任大和介善臣《よしおみ》には授爵」とみえ、山陵復興に尽力した秋元興朝と戸田忠友の子から伯への陞爵、同じく岡谷繁実と谷森善臣への授男爵を求める。大正期に入っても運動は続き、「戸田忠友他陞爵請願書」所収の大正四年(一九一五)九月十八日付「陞爵願」によれば、戸田忠綱は史談会へこの願書を宛てたうえで、内閣総理大臣大隈重信・宮内大臣波多野敬直宛へも同様の理由で請願を行なっているが、結局功を奏さず、秋元・戸田両家の陞爵も岡谷・谷森両家の授爵も叶わずに終わっている。

典拠　刑部芳則「栄典制度の形成過程―官僚と華族の身分再編を中心に―」(『日本史研究』五三三)、『嵯峨実愛日記』明治二十四年五月三十一日条、「戸田忠友他陞爵請願書」(宮内庁宮内公文書館所蔵)

秋山好古　あきやま・よしふる

一八五九―一九三〇

陸軍大将・陸軍教育総監

①昭和三年十月十六日（不許可）

予備役陸軍大将・松山市北予中学校校長

旧伊予国松山藩士出身の陸軍軍人。藩校明教館で修学後、維新後は大阪師範学校に学び、転じて陸軍士官学校に入学。騎兵畑を歩み、日清戦争には騎兵第一大隊長として従軍。明治三十五年(一九〇二)六月には陸軍少将に進級し、日露戦争では騎兵第一旅団長として活躍。三十九年二月に騎兵監、四十二年八月に中将、第十三師団長や近衛師団長などを歴任。大正五年(一九一六)十一月に大将に昇進。九年十二月教育総監に就任。十二年三月には予備役編入となり、その後は郷里の私立北与中学校校長となり教育界に身を投じた。『授爵陞爵申牒書類』によれば、陸軍大臣白川義則《よしのり》より内閣総理大臣田中義一宛で昭和三年(一九二八)十月十六日付で授爵を内申。在官四十三年三ヵ月(内、親任官待遇三年十ヵ月)、大将任官以後四年十ヵ月の経歴をあげる。添付の「功績調書」には、

右者、明治十二年十二月陸軍騎兵少尉に任ぜられ、同二十年仏国に留学し専心軍事の研究に従事し、明治二十七八年戦役には騎兵第一大隊長として各地に転戦し抜群の功あり。明治三十三年北清事変に方《あた》りては第五師団兵站監に任じ、作戦軍の活動を遺憾なからしめ、次いで清国駐屯軍司令官に任ぜられ列国と協調して克《よ》く国軍の威信を維持せり。明治三十六年騎兵第一旅団長に補せられ、命を帯びて露領「ニコリスク」付近の軍事の視察を遂げ、明治三十七八年戦役には騎兵団を指揮して得利寺・大石橋を始めとし、遼陽・沙河・奉天の各会戦に参加し、優勢なる露国騎兵団を制圧し満州軍の作戦上に偉大なる効果を挙げ、驍名《ぎょうめい》一世に高し、後師団長を経て朝鮮駐劄《ちゅうさつ》軍司令官に親補せられ、殖民地の秩序を維持し、国境の防備

秋山好古

を堅め、次いで軍事参議官、特命検閲使と為り更に大正九年十二月教育総監に親補せられ、欧州大戦役後に於ける軍事教育の大改革に任じ、克くその基礎を確立したる等、大正十二年三月予備役仰せ付けらるる迄在職四十有余年間、次いで愛媛県松山市北予中学校長に嘱望せられ、現に郷党子弟の薫陶に尽瘁《じんすい》しつつありて、その国家に貢献せる功績寔《まこと》に偉大なり。

として同人の功績を述べるも、結局授爵は不許可に終わる。

典拠　小田部雄次『華族―近代日本貴族の虚像と実像―』、『授爵陞爵申牒書類』

朝倉景隆　あさくら・*かげたか

生没年不詳

元興福寺学侶・春日大社新社司

①慶応四年四月（不許可）

②明治七年七月（不許可）

③明治八年七月二日（不許可）

朝倉家は旧興福寺世尊院学侶。慶応四年（一八六八）四月以降、興福寺では大乗院・一乗院の両門跡以下院家《いんげ》・学侶もつぎつぎと還俗し、堂《とう》上《しょう》出身者は藤原姓の者は堂上格を賜り、非藤原姓の者は実家へ復籍のうえ一代堂上となる。地下《じげ》出身者も明治二年（一八六九）三月には藤原姓を与えられ、堂上出は春日大社新神司、地下出は同社新社司となる。これらの措置に不満を抱いた地下出身の旧学侶たちは身分昇格を求めている。『太政類典』所収「春日旧社司及石清水社司等堂上格ノ願ヲ允《ゆる》サス」によれば、

一、元興福寺住侶、右元来地下の格にこれあり候処、復飾後尤も当分仮に当社付属新神（社）司に仰せ出され候に付、前後を顧みず、ただ杞然と御一新に基づき、去る辰四月由緒書等上覧に捧げ奉り、総《すべ》て同勤同格公平の御定目仰せ出され候はば倶《とも》々《ども》精勤奉るべき儀は勿論、総て一社一和の御裁判成し下され候様懇願奉り居り候処、勤めは旧情を抱え隔心のみに罷り在り候。（後略）

とみえ、慶応四年四月付ですでに旧地下出の学侶たちが由緒書を提出して身分昇格を求めていたことが確認できる。また、『記録材料・建白書仮綴』所収「願（率川《いさがわ》秀宣（宣）等十五名）」によれば、明治八年七月二日付で元老院宛で家格取立の請願を行なっている。

元老院諸公閣下秀宣等十五名は外十六名とともに旧南都興福寺の学侶にこれあり。抑《そもそも》旧興福寺僧侶の位階順序は両門跡あり、院家あり、学侶あり。両門跡は春日神社の別当を兼ね、親王或いは摂家の子弟より出づ。院家は権別当を兼ね清華《せいが》殿上人の子弟より出づ。学侶はその次官たり。堂上或いは諸藩士の子弟より出づ。然るに維新の初め学侶三十一名特に群議を拝し、独り勤王の赤心を奮い、或いは資を傾けて糧を献じ、或いは身を抽んでて禁衛に奔走し、屢《しばしば》勤労の慰命あり。後、春日の神祠に属するを以て復飾を請い、尚奉祠の職に任じ、己巳（巳）三月神官等二十二名特に華族の格を賜う。内十六名は学侶より出る者なり。然るにこの恩典は昔日の功労を賞せらるるの儀なるに、特り華族に出る者のみにして、その余士族より出る者は同労ありと雖も与るを得ず。或いは云く。華族の格を賜うは賞功の典に非ずと。然らば旧両門跡及び院家は出雲の千家《せんげ》、住吉の津守《つもり》等の類にして華族に列するも、その謂われあるに似たり。奈何ぞ学侶の内にしてその典に与るを得るや、天下の僧徒・神官の華族よりして出る者幾何を知らず。皆尽く華族に陞り家禄を賜ずして独り旧興福寺のみ学侶にして華族の格に陞《のぼ》る。その意知るべきのみ。果たして賞功の典に出でば秀宣等十五名も同功の者なり。華族の出に非ざるを以て恩典に漏るべきの理なし。その労同じくしてその恩典を異にするは豈朝廷華族を親愛して士族を疎隔するの理に非ずや。且つ旧両門跡・院家の六輩は旧位階上に居ると雖も、維新の時勤王の続きなき者なり。特に身の華族より出たるを以て恩典を辱《かたじけな》くす。愚等の解せざる所

なり。二十二名華族格を賜うの日、京都留守官に申して謂う事あり。然るに依違して決せず。後七年七月該県権令藤井氏に上書してこれを論ず。権令《ごんれい》その説を可とし、上達せらるるの諾あり。然るに今日に至り寂として報聞を得ず。今般復二十二名の徒華族の列に陞り家禄若干を賜う。秀宣等に至りては嘗て配当米の半高を賜うと雖も種族と禄秩に至りては未だ何等の処分を賜らず。豈権令下情を抑塞して上達せざる歟。秀宣等旧方外の徒なり。万分の一の微労を称し恩典を貪らんとするに非ず。唯同侶同労にして異等の典あるを以てこの議無き能わず。伏して惟う。本院新立天下人民をして不平を抱かせざるの旨意明らかなり。謂うこれを院議に挙げ公平至当の論に決せられ、秀宣等の説不可ならば厚く説諭を賜い、若し可ならば速やかに上達せられ、蚤《はや》く秀宣等の処分を命ぜられんことを願い奉る。

と記され、同じ学侶でありながら、堂上出は堂上格、明治二年六月以降は華族格となっているのに対し、地下出の者は藤原姓を与えられたとはいえ、士族にとどまっている点が公平感を欠いているとして、惣代の率川秀宣(円明院)・南井忠文(弥勒院)以下、一色雅文(花林院)・梅井順正(最勝院)・大喜多(大喜院)・尾谷直春(観音院)・桂木由富(知足坊)・鎌胤賀(宝蔵院)・雲井春影(蓮成院)・関秀英(楞厳院)・関根秀演(勝願院)・伊達幸春(安楽院)・東朝倉景規(観禅院)・藤沢公英(摩尼殊院)の計十五名が請願している。書面にはすでに七年七月中に奈良県権令藤井千尋宛で華族または華族格への取立を請願し、藤井も許諾しながらこれを上申していないのではないかと記しているが、結局こののちも地下出身の学侶十五名はいずれも華族へ編列されることなく、また授爵されずに終わっている。

典拠　「春日旧社司及石清水社司等堂上格ノ願ヲ允サス」(『太政類典』)、「願(率川秀宣《ママ》等十五名)」(国立公文書館所蔵『記録材料・建白書仮綴』)

浅野総一郎　あさの・そういちろう

一八四八―一九三〇

浅野財閥創始者

①昭和三年十月十日（不許可）

旧越中国出身の実業家。維新後は各種事業を企画してこれに携わったが、特にセメント業により事業の基礎を築き上げ、浅野財閥を創始するに至った。明治三十三年(一九〇〇)には従五位に、三十九年には勲五等双光旭日章、大正四年(一九一五)には正五位、十五年には勲三等旭日中綬章《ちゅうじゅしょう》の叙位叙勲をそれぞれ受けている。『読売新聞』昭和三年(一九二八)十月十日朝刊によれば「授爵の栄は七名に／殆ど内定した顔ぶれ／陸海軍から各一名／学者から一名／実業界から四名奏請」の見出しで、

今秋行わせられる御大典に際しては官民となくそれぞれ功績の顕著なる者の中から、政府の奏請により爵位、叙位・叙勲・褒賞等畏き御沙汰を拝する事となって居るが、政府に於いても目下その人物を慎重詮衡中で、既に大体の内定は見た模様であるが、事は畏きあたりにかかわりある為、絶対秘密に付して居る。而して授爵の恩命に接すべき者については、その詮衡及び人員等大体前例に慣い、数は七名とされ、陸海軍人各一名、実業家・事業家中から四名、学者から一名とされて居る。この内定した候補者は学者から桜井錠二《じょうじ》氏、陸軍から奈良武次《たけじ》大将、海軍から山下源太郎大将、実業家から馬越恭平《まごしきょうへい》、浅野総一郎、団琢磨《たくま》、藤原銀次郎の四氏と云われて居るが、この外、井上準之助、

浅野総一郎

藤山雷太氏等も詮衡中の人である。また司法方面では鈴木喜三郎氏の声もあるが、鈴木氏には個人の事情もあり、然らば原法相とも伝えられるが、原法相には時期尚早との声もあり、結局この方面は詮衡外に置かれた模様である。

と報じている。昭和天皇の即位大礼という慶事に際しての授爵はこの一ヵ月後、同年十一月十日であるが、宮内省詰の記者が得た情報か、浅野を含めた七名が有力候補者として報じられている。同人の授爵内申については具体的には資料が確認できないが、実際に実業家枠から授爵したのは団琢磨であり、浅野は即位大礼に際しては正五位より従四位に位階陞叙の栄に浴したのみで、こののちも授爵されずに終わっている。

典拠　『読売新聞』昭和三年十月十日朝刊、「故従四位勲三等浅野総一郎位階追陞ノ件」(国立公文書館所蔵『叙位裁可書』昭和五年・叙位巻三十三)

浅野　忠　あさの・ただす

一八一九—九二

旧安芸国広島藩一門・家老、厳島神社宮司

①明治二十五年十二月十日（不許可）

②明治三十一年二月十日（不許可）

広島藩主浅野家の一門・家老で、旧禄は備後国三原《みはら》で三万石を知行。この当時はすでに隠居している身であるが、願書中には全て対象者は忠の氏名でみえる。後掲哲吉(忠純《ただすみ》)の祖父にあたる。『授爵録』(明治三十一年)によれば、明治二十五年(一八九二)年十二月十日付で、当時広島県知事であった鍋島幹《みき》が「華族御叙列之義ニ付内申」を提出。

右は旧広島藩主侯爵正二位浅野長勲《ながこと》の元家老職にして、備後国三原城主たりし者にこれあり、同人家系は該藩主始祖浅野又兵衛長詮の長子又蔵長忠の長男右近太夫忠吉なる者その祖先にこれあり、長忠は織田信秀・信長の父子に仕え武勇衆に超え、その名顕著なる者にこれあり、忠吉は天正年間浅野弾正少弼長政《ながまさ》に仕え家老の職に挙げらる。長政及び左京太(大)夫幸長《よしなが》・但馬守長晟《ながあきら》三世増秩移封するや忠吉も従いて若狭・甲斐・紀伊・備後に移り禄三万石を領し、長政以下三世に歴仕し主君を補翼し国家に勤労あり。毎々軍事に従いその功少なからず。然るに元和七年三原城主を以て卒せり。忠儀はその第十一世に当たり家を享く。夙に有為の志を拍(抱)き、太平の末俗振るわざるを慨歎し、大いに藩政を改革せんと欲するも事成らずして退けらる。止むを得ず病と称してその職を義弟忠英(現時敬五《ひろかず》と称す)に譲り勇退してその治所三原に移る。実に安政三年なり。これより先嘉永癸丑外艦の渡来するや天下の形勢を察し、家臣を鼓舞して海防禦海《ぎょかい》に従事す。幾ばくなくして出でて藩政に参じ、大いに力を尽くす。その職を已《や》めらるるに及んで三原に移り、益《ますます》軍備に怠る所なし。後また藩の副総督に擢んでらる時恰も維新の創始に際し、藩政の釐革《りかく》、奥羽の征討事頗る多端なりと雖も発縦指示《はっしょうしじ》、各その宜しきを得るを以て能《よ》く藩主をして内顧の憂いなく、専ら朝廷に奉ずるの大節を竭《つ》くさしむる等維新前後藩務に鞅掌《おうしょう》し、国家に尽力せし功労実に尠少ならざるに付、家系の基づく所及び忠が国家に尽くせし忠勤との廉に依り、特典を以て同人を華族に列せられたき旨、今般別紙の通り男爵辻維岳《いがく》より申し出これあり、巨細の義は該書面に陳述致し候通り、実際相違これ無く候間、厚く御評議相成り候様致したく、忠義(儀)追々老年に及ぶと雖も元気猶壮年に異なるなく、常に勤王の志厚く、温和篤実にして士民一統の尊敬する処なり。然るに即今病に罹り身体衰弱、旦夕《たんせき》を計るべからざるの場合に際会せり。就いては特別の恩典を蒙るべき御評議あらば、何卒本人生前に於いて御発表相成り候様致したく、この段内申候也。

として同年同月付で辻維岳による「華族御叙列ノ義ニ付上申」も添付し、旧格および幕末・維

新期の功労による授爵詮議を上申。前掲『授爵録』(明治三十一年)によれば、三十一年二月十日付の当局審査書類「華族班列ノ請願及詮議件伺」に伊達基寧《もとやす》・種子島守時《たねがしまもりとき》・細川忠穀《ただよし》・渡辺半蔵とともに浅野忠の名も挙げられており、

右は孰《いず》れも華族に列せられたき旨出願相成り、書面取り調べ候処、左に列挙の通りその功績を以て優班に列すべき価値なきに依り、願書詮議に及ばれ難きものとし、書類はその儘爵位局に保存し然るべし。

と記し、浅野の却下理由としては、

右家は広島藩主浅野侯爵の支族にして、備後三原を領し禄三万石を食む。嘉永六年米艦隊渡来するや、専ら武備を整え、防海禦海に勉む。明治元年藩の副総督に挙げられ、後神官となり従七位に叙せらる。以上の事蹟に徴すれば、国防に力を致し、藩主を輔《たす》けて兵精を革したる等の功績あるも、別に勤王事蹟に見るべきものなく、亦戊辰の役戦功なきに付、詮議に及ばれざるものとす。

とのことから授爵を却下。ただし、この時すでに忠は没しており、おそらくは哲吉(忠純)のことを指すと思われ、こののち同家は三十三年五月九日付で男爵が授与される。

典拠　『授爵録』明治三十一年・三十三ノ一年

→浅野哲吉

浅野哲吉　あさの・＊てつきち

一八六三—一九一五

旧安芸国広島藩一門

①明治十一・十二年頃　(不許可)

②明治十二～十六年頃　(不許可)

③明治十五・十六年頃　(不許可)

④明治三十三年五月五日　(許可)

浅野家は旧広島藩一門で旧禄三万石を知行。哲吉は忠英(敬五)の子、前掲浅野忠《ただす》の孫にあたる。明治九年(一八七六)に家督を相続し、のちに忠純《ただずみ》と改名。同家の華族昇格に関し、『爵位発行順序』所収「華族令」案の内規として公侯伯子男の五爵(左に朱書で公伯男の三爵)を設け、世襲・終身の別を付し、その内「世襲男爵を授くべき者」四項目中、第四項目に「旧藩主一門の高一万石以上の者及び高一万石以上の家臣」を挙げている。同案は十一・十二年頃のものと推定されるが、この時点においては旧幕時代に一万石以上を領していた浅野家は男爵に列すべき家として認知されていたと思われる。同じく前掲『爵位発行順序』所収「授爵規則」によれば「男爵を授くべき者」として、七項目中、第四項目に「旧藩主一門の高一万石以上の者及び高一万石以上の家臣」が挙げられている。前記資料とは異なり、この案は十二年以降十六年頃のものと推測されるが、こちらでも万石以上陪臣として、浅野家は世襲華族として男爵を授けられるべき家とされていた。また、十五・十六年頃の作成と思われる「三条家文書」所収「旧藩壱万石以上家臣家産・職業・貧富取調書」によれば、旧禄高三万石、所有財産は空欄、職業は無職。貧富景況は「負債多の由」と記されるも、当該時期には万石以上陪臣の華族編列そのものが実施されなかったため、同家は士族にとどまる。その後、『授爵録』(明治三十三ノ一年)所収の三十三年五月五日付立案の書類によれば、

右は旧藩一万石以上の門閥にして、何れもその所属藩主の一門または家老たり。平生数百の士卒を養い、有事の時は将帥と為り手兵を提《さ》げ、出でて攻守の任に当たり、無事の時は入りて執政と為り民政を総管する等恰《あたか》も小諸侯の如し。而してこの輩は封土奉還の日何れも士族に編入せられたるも、仍《なお》巨多の資産を有して旧領地に住し、その地方人民の推重せらるるを以て自らその地方人民の儀表と為り、勧業または奨学等公益に資すること少なからず。その門地は以て小諸侯に譲らず。その資産また門地を維持するに足るものと認むるに因り前掲の通り授爵の恩典あらんことを奏上せらるべきや。

とあり、浅野家はこの間に経済状況も改善したと思われ、門地を維持するだけの資産も有していると認められ、同年五月九日付をもって男爵が授けられる。

典拠　『爵位発行順序』、「旧藩壱万石以上家臣家産・職業・貧富取調書」（「三条家文書」）、『授爵録』明治三十三ノ一年

→浅野忠

浅野虎松　あさの・とらまつ

一八七二―一九四一

侯爵浅野長勲弟

①明治二十一年十月二十日（許可）

旧安芸国広島藩主・侯爵浅野長勲《ながこと》の弟。『授爵録』（明治二十一年）によれば、

華族正二位侯爵浅野長勲より実弟虎松へ財産を分与し分家致させたく、宗族・親属連署を以て本願御聴許の上は虎松民籍に入るは当然に候えども、虎松の実兄長勲は別紙功労取調書の通り、積年勤王の志を抱き国事周旋、勲労少なからず。殊に戊辰の春、伏水(見)一戦続いて大兵を東北に出し、各所戦争勉励尽力、藩屏《はんぺい》の任を尽くしたるその効(功)績顕著、且つ維新の際議《ぎ》定《じょう》・参与の重職を奉じ、その文勲もまた少なからざる者に付、功労ある華族の子弟分家の際、特旨を以て華族に列せられ男爵を授けられたく、この段高裁を仰ぎ候也。

として、同月二十日付の分家願を添付。分家願には「今般私所有財産の内を分与し分家致させたく」とあり、浅野侯爵家より華族の体面を維持するだけの資産を分与する旨が記されており、長勲及び宗族の土井利与《としとも》子爵、親族の阿部正桓《まさたけ》伯爵が宮内大臣土方久元宛で出願。広島藩の維新時の功労が認められ、同年十一月一日付で授男爵。虎松は同月六日に養長《やすなが》と改名。

典拠　『授爵録』明治二十一年

→浅野長勲

浅野長勲　あさの・ながこと

一八四二―一九三七

旧安芸国広島藩主、貴族院議員・麝香間祇候

①大正十二年十二月三十日（不許可）

旧広島藩主で、維新後は議定《ぎじょう》職や会計事務総督に就任。また、元老院議官やイタリア国駐《ちゅう》箚《さつ》特命全権公使をもつとめた。明治十七年（一八八四）七月の華族令公布に際しては侯爵を授けられ、二十三年から死去するまで貴族院議員に在職した。浅野家の侯から公への陞爵については、「功績者陞爵ノ儀内申」によれば、大正十二年（一九二三）十二月二十二日に広島県知事山県治郎《じろう》より内務大臣後藤新平に宛てて、

右者別紙功績調書の通り偉功を建て、国家の進運を扶翼し、功績顕著なるものと相認め候に付、皇太子殿下御婚儀に際し陞爵の御沙汰これある様特に御詮議相成りたく、この段内申候也。

と功績調書を添付して内申。また、「旧広島藩主浅野長勲陞爵ニ付進達」によると、同月三十日付で後藤新平より、内閣総理大臣山本権兵衛宛で進達。

皇太子殿下御成婚に際し生存効(功)労者取調候処、左記のものは旧広島藩主にして、夙《つと》に勤王の志を懐き、常に尊王の大義を奉じて一世の重望を負い、朝幕の間に立ちて居中朝廷の労を採り、或いは藩兵をして禁闕《きんけつ》を守護し、或いは廟議の遂行に方りては八幡山に派兵し、開戦佐幕軍を破る。後東北擾乱の戡定《かんてい》に大兵を出し、以て能く鎮撫の功を樹て、藩籍奉還の議あるや率先これに賛し、以て復古宏業有修の美を済ますに与れり。斯《か》くの如く長勲藩の世子を以て夙に尊王の赤誠を内奏して内勅を賜り、近衛権少将の初任より議定職及同会計事務総督の重任に膺《あた》り、明治二年父長訓に襲き、安芸守・参与職・藩知事・元老院議官等より特命全権公使となり、又宮内省出仕・華族局長官に任ぜられ、能くその任務を全うす。已《すで》にしてこれを辞し、現に麝香間祇候《じゃこうのましこう》・貴族院議員として邦家に貢献する所多し。就中日清戦役に際し大纛《たいとう》を広島に進めらるるや邸地に行幸を仰ぎ、遠征の御旅情を慰め奉り、又公共事業に尽くす等長勲が公人として

維新の大業を翼賛せるのみならず、私人として公共に尽瘁せる功労洵《まこと》に多大なるものと認められ候に付、相当陞爵御詮議相成る様致したし。

と記され、幕末・維新時に王事に尽力し、公共事業にも功績がある点を述べて陞爵を願い出るも、結果は不許可に終わる。

典拠　「功績者陞爵ノ儀内申」(国立公文書館所蔵『諸雑公文書(狭義)』)、「(旧広島藩主浅野長勲陞爵ニ付進達)」(同)

浅野守夫　あさの・もりお

一八五五―一九三八

旧安芸国広島藩家老

①明治十一・十二年頃　(不許可)
②明治十二～十六年頃　(不許可)
③明治十五・十六年頃　(不許可)
④明治三十三年五月五日　(許可)

浅野家は旧広島藩家老で旧禄一万石を知行。守夫は浅野懋績《としつぐ》の子で同家へ養子入りして家督を相続。維新後は駅逓局准判任御用掛や農商務省准奏任御用掛もつとめた。同家の華族昇格に関し、『爵位発行順序』所収「華族令」案の内規として公侯伯子男の五爵(左に朱書で公伯男の三爵)を設け、世襲・終身の別を付し、その内「世襲男爵を授くべき者」四項目中、第四項目に「旧藩主一門の高一万石以上の者及び高一万石以上の家臣」を挙げている。同案は明治十一(一八七八)・十二年頃のものと推定されるが、この時点においては旧幕時代に一万石以上を領していた浅野家は男爵に列すべき家として認知されていたと思われる。同じく前掲『爵位発行順序』所収「授爵規則」によれば「男爵を授くべき者」として、七項目中、第四項目に「旧藩主一門の高一万石以上の者及び高一万石以上の家臣」が挙げられている。前記資料とは異なり、この案は十二年以降十六年頃のものと推測されるが、こちらでも万石以上陪臣として、浅野家は世襲華族として男爵を授けられるべき家とされていた。また、十五・十六年頃の作成と思われる「三条家文書」所収「旧藩壱万石以上家臣家産・職業・貧富取調書」によれば、旧禄高一万石、所有財産は空欄、職業は農商務省准奏任御用掛、貧富景況は相応と記される。その後、『授爵録』(明治三十三ノ一年)所収の三十三年五月五日付立案の書類によれば、

右は旧藩一万石以上の門閥にして、何れもその所属藩主の一門または家老たり。平生数百の士卒を養い、有事の時は将帥と為り手兵を提《さ》げ、出でて攻守の任に当たり、無事の時は入りて執政と為り民政を総管する等恰《あたか》も小諸侯の如し。而してこの輩は封土奉還の日何れも士族に編入せられたるも、仍《なお》巨多の資産を有して旧領地に住し、その地方人民の推重せらるるを以て自らその地方人民の儀表と為り、勧業または奨学等公益に資すること少なからず。その門地は以て小諸侯に譲らず。その資産また門地を維持するに足るものと認むるに因り前掲の通り授爵の恩典あらんことを奏上せらるべきや。

とあり、浅野家は門地を維持するだけの資産も有していると認められ、同年五月九日付をもって男爵が授けられる。

典拠　『爵位発行順序』、「旧藩壱万石以上家臣家産・職業・貧富取調書」(「三条家文書」)、『授爵録』明治三十三ノ一年

足利基永　あしかが・*もとなが

生没年不詳

旧高家・元中大夫席

①明治十一・十二年頃　(不許可)
②明治十二～十六年頃　(不許可)

足利家は旧幕府高家《こうけ》で、通称は木久麿、知行は五千石。父は旧幕時代に奥高家に就任し、従五位下侍従兼民部大輔となった基徳。朝廷に早期帰順して朝臣に列し、中大夫席を与えられた。慶応四年(一八六八)七月二十日に「是迄畠山姓相名乗り候処、向後《こうご》家の本姓足利と相改め申したく願い上げ奉り候」と弁事《べんじ》役所宛で申請して、本姓足利に復している。明治二年(一八六九)十二月には中大夫以下の称が廃止され士族に編入される。同家の華族昇格に

関し、『爵位発行順序』所収「華族令」案の内規として公侯伯子男の五爵（左に朱書で公伯男の三爵）を設け、内規としては世襲・終身の別を付し、その内「世襲男爵を授くべき者」四項目中、第三項目に「元高家・交代寄合」を挙げている。同案は十一・十二年頃のものと推定されるが、この時点においては旧幕時代に万石以下でありながら、若年寄ではなく諸侯同様に老中支配であり、奥高家就任後は四位少将にまで昇り得る高家は男爵に列すべき家として認知されていたと思われる。同じく前掲『爵位発行順序』所収「授爵規則」によれば「男爵を授くべき者」として、七項目中、第二項目に「元交代寄合・元高家」が挙げられている。前記資料とは異なり、この案は十二年以降十六年頃のものと推測され、こちらでも旧高家である足利家は男爵を授けるべき家とされているが、結局授爵内規からは高家は一律除かれ、華族編列・授爵は不許可に終わっている。

典拠　「畠山民部大輔改姓願」（『公文録』）、『爵位発行順序』

足利義孝　あしかが・よしたか

？—一九二〇

平島公方末裔

①明治十二年八月八日（不許可）

②明治十六年二月二十八日（不許可）

平島公方足利家の十一代当主で、義俊の長男。通称は三郎。父義俊が明治九年（一八七五）三月十四日に死去し戸主となる。『平島公方史料集』所収「祖父故又太郎代中ヨリ奉蒙」によれば、先代義俊が足利家の幕臣化を企図し、高家《こうけ》に列したいと願い出ているが、悉く却下されている。維新後、同家の華族編籍については、堂上華族の押小路実潔《さねきよ》が十二年八月八日に三条実美に宛てた「三条家文書」所収「名族取立テ依頼・猶子処遇ノ事」中にみえ、

恐れながら愚存の儀献言仕り候事。華族は国家の標準、これ然しながら祖宗以来積徳の故にして万民の模範に存じ奉り候。近比《ごろ》追々その勲を採り御新選遊ばされ候段、朝恩の至り有難き次第に存じ奉り候。付いては左の家の如きは著名の族に候処、未だその御沙汰に及ばれず候。

と同年の時点で華族に列せられていない家として、若江《わかえ》・半井《なからい》・幸徳井《こうとくい》・氷室《ひむろ》・尊龍院《そんりゅういん》・西山・平島（足利）の七家を挙げている。足利家については「義植《よしたね》将軍裔にして阿州に居る」としている。また同家は維新後の族籍は士族ではなく平民とされており、十四年には郷士として士族への編籍を求めるも、同年七月二十六日には葛野《かどの》郡第五組戸長より平民へ編籍する旨を通知されている。その後、同家の由緒・家格を惜しんだ足利家縁の寺院が、十六年二月二十八日付で当時の京都府知事北垣国道宛で提出している。「足利家文書」所収「足利家華族籍編入副願書」によれば、縁の寺院・僧侶とは由理滴水（天龍寺住職・大教正）、荻野独園（相国寺住職・大教正）、二階堂北溟（等持院住職・大講義）、伊藤貫宗（金閣寺住職・大講義）、菅元禎（銀閣寺住職・中講義）の計五名であり、

弊寺等は足利家累代香火の因縁これあり、右は今般同氏より歎願の事情相違無く御座、なおまた阿州退去後、今日に至るまで遠裔連綿相続罷りあり候儀は弊寺等証明仕り候。既に支族喜連川《きつれがわ》於菟丸《おとまる》儀は華族籍に御編入相成りおり候。然るに同氏においては本族にして方今民籍に沈没す。その不幸を見るに忍びず、何卒一視同仁格外の御詮議を以て同氏歎願の旨趣速やかに御採用成し下され、華族籍への御編入の許可を蒙りたく、この段連署を以て副願仕り候也。

と記され、五寺の住職は足利家の支流であり、旧幕時代には喜連川公方として五千石ながらも諸侯扱いであった喜連川足利家が維新後華族になったのに対して（明治十七年七月の華族令公布時に子爵となる）、平島公方足利家は民籍に編入となった点を指摘している。同文書には義孝自身による「華族籍編入歎願書」も含まれ、日付は同じく十六年二月二十八日付で、旧臣斯波《しば》順三郎・山下数栄、親族の大井周蔵・玉村新太郎・玉村嘉平、そして同じく親族である公家華族の七条信義の計七名連署により義

孝の華族編籍を京都府知事北垣国道宛で提出。

足利三郎恐懼上言す。僕の高祖尊氏は清和天皇十六代の後胤にして武事を以て皇朝へ奉職勤仕、以来子孫連綿、血統不断、その内征夷大将軍の任を蒙るもの十余世、位また人臣の極に至り、淳和《じゅんな》・奨学両院の別当を兼ね、源氏の長者として王家を護衛す。累代の事業国史に詳らかなるは敢えて贅せず。十一代義植(稙)に至り時乱を鎮定する能わず。始めて阿州へ第宅を定めて平嶌に住す。時に細川持隆《もちたか》四国の管領職たるを以て馬飼料として平島十一村幷《なら》びに山分四ヶ村を領地と定め、俗に阿波公方と称す。義植(稙)卒し男義冬嗣ぐ。義冬一時防州大内介《おおうちのすけ》に頼る。大内介第宅を小原に築きてこれに居らしめ歓待厚しと雖も、三好義賢《よしかた》等謀り阿州に還らしめ、遂に義冬を奉じて上洛、将軍となさんとす。義冬病あり、長子義親上洛、四条道《どう》場《じょう》に於いて将軍宣下の命を蒙る。而して義親陣中にて病を発す。阿州に還りて卒す。男義助《よしすけ》嗣ぐ。三好・長(宗脱)我部両氏猶義助を輔《たす》く。故に旧領を全うす。天正年中蜂須賀家政《いえまさ》軍功あり、豊臣秀吉これを阿州に封ず。家政我家の領地を奪うの志あり。使者を以て辞を巧みにして地を預るを名とし、茶料高百石を贈る。もし雑費の不足あらば蔵米を以て助くべしと。義助これに由りて怏々《おうおう》喜ばず。遂に阿州を去らんとす。家政強いてこれを止む。義助の男義種に至り大坂の役あり。秀頼書を送りて義種父子を招く。義種肯せず、秀頼落城の後、義種蜂須賀至鎮《よししげ》に至り秀頼の書を視す。至鎮感賞の余りこれを徳川氏に達す。義種の子義次に至り平島又八郎と称す。しばしば蜂須賀氏に告ぐるに家計の窮迫を以てす。これに依りて那賀郡楠根の内七浦山を増贈す。義次の子義景に至り蜂須賀また現米百石を贈る。その後義景の孫義宜に至り家計いよいよ窮迫、復《ま》た阿州を去らんとす。また九百五十石を増加す。義宜の孫義根に至り蜂須賀氏の臣とせんとするの意あるを以て、断然として阿州を去る。時に紀伊公に由りて助力を幕府に乞う。許可せず、遂に洛北等持院に来寓す〔実に文化二年乙丑の八月なり〕。祖先の墳墓の地なるを以てなり。文化五年辰四月等持院焼失〔その際祖先より伝来の武器什器総て烏有に帰す〕。これに依りて北野崇禅寺〔相国寺末寺なり〕に転居す、等持院寓居以来、紀伊公毎年金百両を贈らる。また天龍、相国、金閣、等持、銀閣等の五ヶ寺祖先香火の因縁を以て寺禄米の内数拾石を扶助せらる。これに由りて僅かに危急を支弁し、凍餒《とうたい》の患を免るるを得たり。幸い哉、朝廷御維新の際に遭遇し、家運再び発開の時節と渇望し、疎愚を顧みず分相応の御用を蒙り奉らんことを上願すると雖も、追って沙汰に及ぶべき旨にて空しく今日に至る。その内前の五ヶ寺逓減《ていげん》、禄の命あるを以て扶助米も頓に絶止し、紀伊公の資金も版籍奉還より一時に相止む。崇禅寺仮居も戸籍御調べに付、已むを得ず退去。葛野郡下山田村玉村嘉平〔尊氏の支裔二男基《もと》氏《うじ》二十六代の孫也。基氏四代目秀基天正七年八月農武士となる〕方へ付籍、終《つい》に民籍に陥り、目今相国寺塔頭普広院を仮寓居とし、雨露の難を免ると雖も晨夕《しんせき》窮餓の患日に危して、且つ亟《きょく》なり。然りと雖も祖先累世将軍の印綬を帯び、源氏長者の本族にして、空しく庶民の籍に陥るに忍びず。既に一視同仁の御趣意にて、怨親を論せず華士族にすべき者はこれを華士族に御編入在せらる明瞭の御時節、何卒格別の御恩典を以て僕の家籍も児孫たる者華族へ御加籍成し下され候はば、何の喜かこれに如ん。これ某が泣血俯伏《ふふく》懇願する所なり。曩《さき》に徳川氏執政の始め僕が家の血脈の者を捜索す。即ち当時喜連川は義康《よしやす》の支裔たるに依りて徳川氏これに秩禄を与え喜連川とす。乃《すなわ》ち御維新の際喜連川姓を足利と復し華族に列し、秩禄もまた若干の恩典を蒙るを得たり。僕

の祖先も徳川氏に依頼せば今日喜連川同様たるを得るべきにして、不幸にして既に徳川氏に頼るを得ず。また御維新の際登庸を蒙らず、今日にして微衷を天聴に達するを得ずんば、また何の日かこれを期せん。僕頑鈍の性質猥《みだ》りに給禄を仰がず、幸いにして天聴に仮棄せられず、於菟丸と同籍を許可し給はば、僕一人の喜びのみならず、祖先累代の灵魂《れいこん》咸《み》な感喜弁戴せん。これ僕が恐懼を顧みず上申懇願する所なり。

として、同家が室町期に阿波国へ退去し、その後長宗我部・蜂須賀両氏の支配下に置かれ、さらに京都へ戻ってからの事蹟や、同家の由緒などを縷々陳述するも、結局このちも華族に列し授爵されることもなく不許可に終わる。

典拠　「名族取立テ・猶子処遇ノ事」(「三条家文書」)、「足利家華族籍編入副願書」(阿南市立阿波公方・民俗資料館所蔵「足利家文書」)、松田敬之「明治・大正期　京都官家士族の動向に関する一考察—華族取立運動と復位請願運動を中心に—」(『京都産業大学日本文化研究所紀要』六)

鰺坂元良　あじさか・＊げんりょう

生没年不詳

新田義貞末裔

①明治十八年五月七日（不許可）
②明治十八年五月二十一日（不許可）
③明治十八年八月十日（不許可）
④明治二十三年六月二十五日（不許可）

福岡県平民で新田義貞末裔を称する。当時は外科医。『授爵録』(明治二十三年)によれば、鰺坂家については明治十八年(一八八五)五月七日付で「新田氏後裔之儀ニ付上申」を久野重康ほか四十五名が連署で福岡県令岸良俊介宛で提出。

筑前国穂波郡飯塚村に医を業とする鰺坂元良〔実名義呈〕なるあり。地の僻遠なると家の衰頽《すいたい》せるとを以て人その名門の後裔なるを知る者少なし。然るに今や朝廷古来特に王家に勤労ありてその名赫々《かっかく》たる者にして後裔の僻地に湮没《いんぼつ》するあるを捜索し、系統の正確なる者は往々殊遇を辱くし、無上の光栄を荷わしめたり。蓋し未だ嘗《かつ》て有らざるの美事也。この盛世に遭遇するを以て殆ど新田氏の嫡裔の鰺坂氏なるを発見せり。請う聊かこれを陳ぜん。初め義貞に三子あり。義顕《よしあき》・義興《よしおき》・義宗《よしむね》と云う。然して義顕の越前金ヶ崎に戦死するや二子義興もまた武蔵の矢口村に死せり。依て三子義宗を擢んで正五位・左少将に叙任せられ新田氏の嫡宗と為せり。義宗の子義行筑後国御井郡鰺坂〔太平記に味坂とある。謬う〕に城《きず》き、子孫ここに居り、五世義直に至り永禄元年大友氏等の兵に責められ城遂に陥り義直戦死す。父義直の子直家、直家の子直次と云う。父子共に秋月種真に従い、恢復《かいふく》を図るも事遂に成らず。去て筑前国嘉麻《かま》郡中益《なかます》村に住せり〔この時家臣の従いて住する者多く、今実に孫民と唱うるは皆その裔也〕。直次の孫直本初めて医を以て業とす。遁恩と号す。居を同郡下益村に移す〔今代元良に至り穂波郡飯塚村に移居す〕。その子義之元禄元戊辰四月法橋《ほっきょう》・正五位に叙せらる〔この綸旨《りんじ》暴民の酔焼失す〕。これより連《れん》綿《めん》今代元良に至る。実に義貞より二十世なり。その鰺坂氏を唱うるは義行の鰺坂城に在りしを以て也。中益村に移住後の墳墓、世に嘉麻郡下益村鱗翁寺《りんのうじ》に在り。この赫々掩うべからざるの系統なれば新田氏の嫡裔たる信じて能わざる所なり。この未曽有の盛世に遭遇し、この無二忠臣の嫡裔をして永く僻地に湮没せしむる寔《まこと》に一の欠典ならん乎。伏して冀《こいねが》わくはその筋上達せられんことを系図並びに家蔵書図器具類写相添え、この段上申候也。

として、新田義貞のあとを継いだ三男義宗の嫡流であることを理由に華族への編列を求める。同年五月二十一日付で県令岸良が内務卿山県有朋宛で送付した庶第三百六十号文書に

よれば、
　先般管下豊前国へ行幸仰せ出され候際、新田氏後裔佐田義質・五条氏後裔五条頼長《よりなが》等の義に付、渡辺村男列より新田氏家譜抄略書相添え上申致し居り候えども、行幸御見合わせに付、上申そのまま指し控え居り申し候処、この節また別に筑前国穂波郡鯵坂元良義、新田氏正統裔孫の旨久野重康列よりも別紙の通り系譜幷びに宝器目録等相添え上申候に付、取り揃え申達候条、御詮議相成り候様致したく、この段添えて上申候也。
として詮議を求め申し送っている。同年六月二十六日付で県令岸良代理である同県大書記官渡辺清《きよし》が内務省戸籍局長大森鐘一《しょういち》に送付の庶第四百四十六号文書によれば、
　去月二十一日付を以て新田・五条二氏後裔佐田義質・鯵坂元良現今身分等の義取調方御照会の趣了承。現今身分の義は左の通りにこれあり、また渡辺村男列・久野重康列の者は旧臣等の縁故あるものにこれ無く、全く一時有志の団結を以て上申候義に付、右様御承知相成りたく、この段御報答に及び候也。
として、佐田を推した渡辺や、鯵坂を推した久野らは旧臣末裔という訳ではなく、有志であるということを記している。十八年八月十日には「新田五条両家後裔ノ儀ニ付上申」として内務卿山県有朋より太政大臣三条実美宛で福岡県より上申の書類を進達しているが、こののち詮議されず保留とされたためか、または詳細な詮議を経たためか、二十三年六月二十五日に至り正式な処分が下る。同日付の宮内省当局側審査書類「新田氏後裔福岡県士族佐田清兵衛同県平民鯵坂元良二氏及五条頼元《よりもと》ノ後裔同県士族五条頼長華族編入願ノ件」によれば、
　右書類を閲覧するに新田氏後裔二家の如き信否判然しがたしと雖も、曩《さき》に新田俊純を正統として特旨を以て華族に列せられたる上は他に正統の者あるべき謂われなし。また五条頼長その祖頼元の征西将軍の宮を奉じ忠勤を竭《つ》くし、鎮西の武将を励まし、その子良遠父の偉業を継ぎ、後征西将軍の宮を奉じ王事に鞅掌《おうしょう》したる事蹟の如き掩《おお》うべからざるものありと雖も、新田・菊池・名和等の勤王と日を同じくして論ずべきものにこれ無しと存ぜられ候。福岡県庁を経て書面却下相成るべきや。
として、すでに新田氏については旧交代寄合・旗本の新田俊純《としずみ》を正統の子孫として認め、すでに華族に列し男爵を授けているうえは該家以外に正統家は存在しないとの理由から鯵坂家の願意を却下。同家はこののちも授爵されずに終わっている。

典拠　『授爵録』明治二十三年、浅見雅男『華族たちの近代』

芦野　某　（資愛カ）　＊あしの

生没年不詳
旧交代寄合・元中大夫席
①明治十一・十二年頃（不許可）
②明治十二～十六年頃（不許可）

芦野家は旧幕時代に交代寄合《こうたいよりあい》の格式を与えられ、三千十六石を知行した旗本。四州《ししゅう》の那須衆に属する。幕末・維新期の当主は資愛。慶応四年（一八六八）朝廷に早期帰順して本領を安堵され、朝臣に列して中大夫席を与えられる。明治二年（一八六九）十二月中大夫以下下大夫・上士の称が廃されるのに伴い士族に編入される。同家の華族昇格に関し、『爵位発行順序』所収「華族令」案の内規として公侯伯子男の五爵（左に朱書で公伯男の三爵）を設け、世襲・終身の別を付し、その内「世襲男爵を授くべき者」四項目中、第三項目に「元高家《こうけ》・交代寄合」を挙げている。同案は十一・十二年頃のものと推定されるが、この時点においては旧幕時代に万石以下でありながら、若年寄ではなく諸侯や高家同様に老中支配である交代寄合は男爵に列すべき家として認知されていたと思われる。同じく前掲『爵位発行順序』所収「授爵規則」によれば「男爵を授くべき者」として、七項目中、第二項目に「元交代寄合・元高家」が挙げられて

いる。前記資料とは異なり、この案は十二年以降十六年頃のものと推測され、こちらでも旧交代寄合である芦野家は男爵を授けるべき家とされているが、結局授爵内規からは交代寄合は一律除かれ、華族編列・授爵は不許可に終わっている。

典拠『爵位発行順序』

飛鳥井恒麿　あすかい・つねまろ

一八五九―一九二四

予備役陸軍歩兵中尉、飛鳥井家家督相続者

①明治四十一年頃（許可）

飛鳥井家は旧堂上《とうしよう》公家で羽林家《うりんけ》の家格を有し、明治十七年（一八八四）七月七日の華族令公布に際しては雅望《まさもち》に伯爵が授けられた。飛鳥井家はその後戸籍法違反事件で雅望の死後、襲爵者未定により失爵する。この経緯は浅見雅男・刑部芳則の著書に詳述されている。そのち、同家は復爵に向けて動き始めるが、家督相続者選定には苦慮したとみえ、『東京朝日新聞』四十一年三月十五日朝刊によれば「飛鳥井家の宗族争い（京都）」の見出しで、

　今回飛鳥井家家扶《かふ》豊原豊養は飛鳥井家の為、男爵藤枝《ふじえ》雅之《まさゆき》・子爵難波《なんば》宗美《むねよし》・伯爵長《マ》島玄尚《マ》・杉つい及び下村忠三郎の諸氏を相手取り、親族会決議不服の訴えを京都地方裁判所に提起したり。

とみえ、飛鳥井家親族である難波・藤枝家などと家扶との間に争いが起きていることが報じられている。この件については、同紙同月十六日朝刊に「飛鳥井家相続争」の見出しで、

　京都蹴鞠の名家伯爵飛鳥井家はまたもや元同家家扶京都上京区河原町荒神口上る豊原豊養氏より、飛鳥井家の為に上京区新烏丸通下切通東入る男爵藤枝雅之外四名を被告として、親族会決議不服の訴えを京都地方裁判所に提起したり。今その理由を聞くに、原告豊原豊養は雅望伯死去の際、相続人は伯爵の家族・宗族に図りて選定すべき遺言を受けしに、飛鳥井恒麿なるものありて、伯爵の相続者たらんと企つるも、同人は品行悪く、血統も違えるより、原告は故伯の死後直ちに遺言執行者と言い立て、相続人選定の件に付き来会を求めたるも恒麿は出席を拒み、却って守屋弁護士を顧問とし遺言執行者へは一言の断りもなく、京都区裁判所に親族会選定の申請をなし、以て首尾好く被告五名を以て同会員の選任を受け、去る四十一年二月二十四日民法の規定を無視して相続人となりたれど、原告は右の親族会決議に不服につきこれを取消すべしというにありて、また一騒動の持ち上るべき形跡ありという。

とみえ、雅望四男であり、予備役陸軍歩兵中尉である恒麿が同家の家督相続人となったことに対して問題があるとも報じている。復爵のためにも相続者を決める必要があるなか、このような騒動があったことが確認できるが、結局復爵は当時の宮内省爵位局長であった岩倉具定《ともさだ》の尽力もあり、四十二年十二月十日付で伯爵が授けられる。

典拠　浅見雅男『華族たちの近代』、刑部芳則『京都に残った公家たち―華族の近代―』、西村文則『岩倉具定公伝』、『東京朝日新聞』明治四十一年三月十五日朝刊・三月十六日朝刊

足立正声　あだち・まさな

一八四一―一九〇七

宮内省諸陵頭兼図書頭

①明治三十九年十二月十日（許可）

旧鳥取藩士出身の官僚。幕末・維新期には国事に奔走して活躍。明治九年（一八七六）七月に刑法官に出仕し、以後刑法官筆生・同書記、刑部中判事・弾正少忠・伊那県大参事・教部大録・同少丞・三等法制官などを経て、十年一月には内務少書記官・同省社寺局長となり、翌年三月宮内少書記官に任ぜられて宮内官に転じて宮内権大書記官・諸陵助《しよりようのすけ》・東宮亮《すけ》・式部官・主猟官・内大臣秘書官・図書頭《ずしよのかみ》を歴任した。『授爵録』（明治三十九～四十年）によれば、三十九年十二月十日立案宮内省当局側立案の書類に、

　右正声は旧因州鳥取藩士にして夙《つと》に尊王

の志を抱き交を諸藩憂国の志士に結びて復古の大義を唱う。文久二年国事を憤慨して書を藩主に致し、時弊を論陳して俗流を排斥し、一藩をして勤王の実効を挙げ、その方向を誤らざらしめんとす。その言容れられて同志と共に藩の周旋方を命ぜらる。これより益々奮って国事に奔走せり。文久三年生麦事件に因《よ》り英艦の横浜に迫るや同人等藩邸に論ずる所あり、昼夜邸を去らず、四月正声京師に入り周旋する所あり。五月姉小路少将遭害の変あるや朝命あり、鳥取藩をして禁闕を警衛せしむ。仍て正声急速大阪に下り同地の藩兵を招き来たる。この時同志数名同人を追い阪邸を脱して上京し、同人に依て潜伏する者あり。時に在京の藩臣某某等大義を弁せず藩主の勤王の志を阻抑するを憤りこれを刺さんとす。果さず。入りて七月藩主時事の勅問に対し奉答書を伝奏に呈せんとするや、その旨趣同人等が曽《かつ》て論陳する所に違うを知り、同志とこれを途に抑留して上らず。藩老に就いて大いに論ずる所あり。為に譴責を受くるに至る。而も屈せず。已《すで》にして同志等時勢益々切迫し、藩事為すべからざるを察し、密かに相謀り諫諍するも仍事を遂ぐるに足らざるを以て断然藩主輔弼の近臣数人を誅除して恢復《かいふく》の策を立てんとし、竟《つい》にこれを決す。清側の事畢りこれを藩老に告げ、また書を関白及び議奏に呈し退きて罪を待つ。藩主寛典一同の死を免じこれを一邸の内に幽す。元治元年有栖川親王特に謁を賜うの命あり。また長藩々老の兵を帥《ひき》いて近畿に屯集するあるに及びて、漸くその禁を解かれ、同志数名と復《ま》た周旋方を命ぜらるるに至る。この年七月江州に入り大津に潜伏して謀る所あり。また屢々《しばしば》長藩の陣営に往来して気脈を通ず。同月闕下《けっか》の変起こるや同志と共に禁闕《きんけつ》を守衛し、その間使命を奉じて長藩の隊長に応接せり。而して長人敗走し一旦賊名を負うに及びて嫌疑を蒙る所となり、同志一同と遂に伯州黒阪の寺院に幽閉せられ、勤王志士の詩歌を集め、その小伝を付しこれに依りて人心を鼓舞作与せりと云う。慶応元年有司正声等慷慨の士を動もすれば事を生ずるを恐れ、これを藩地鳥取に護送し、各々分ちてこれを父兄または親族の許に禁錮し、または藩の番頭に預けんとし、竟に一同を集めてこれを藩老の別邸に拘囚せり。その間同人等勤王の志士その死期の近きを知り、その志を詩歌に表わし親戚故旧に捨てらるるも、その君国の為に尽くすの初志を屈することなく、慷慨悲憤の状大いに感ずべきものあり。同二年幕府長州再討の事あり。長兵出でて石州に戦い寄手敗走するや藩内の形勢言うに忍びざるものあり。これに於いて同志等即ち破檻脱走して大いに尽くす所あらんとす。時に同囚二十人、而もこの密議に与る者正声外六人に過ぎず。一夜遂に壁を鑽て西走す。途にして追捕し討たれたる者五人、正声外一人僅かに逃れて石州に達し長藩南園隊に客たり。同三年同人山口に入り学科塾に寓して兵学を大村益次郎に受く。同年九月維新の大業将に成らんとし、その機動くや長藩政庁の内命を受け名を変じて窃かに備前より京阪の間に往復するもの二回、十二月山口に復命して石州なる同志の屯所に帰る。明治戊辰の年三月藩主使を遣わし同志等を京師の藩邸に送還せしめ、正声始めて復籍するを得たり。同月東山道出張の命を受けしも同志と議する所あり。別に一隊を組織して大いに尽くす所あらんとし、藩に乞うて允許を得、有志を募集してこれを新国隊と称し、正声その軍監に補せらるるに至れり。七月同隊の西帰するに及びて同人独京師に止まる。初め正声が尊王の大義を唱うるや我が国体論を説きて曰く。皇国は一君臣也。天皇御一人の外君あることなし。而してその他は将軍以下士民皆同一の臣な

り。故に則ち天朝の臣僕にして決して私の臣たるにあらず。大義名分固より明らかなり。弁まざるべからずと。嘗て歴代皇陵の湮滅せるを慨き、且つ謂えらく登高自卑は即ち城下の古墳を捜索するに在り。また歴史の一端を補う所以なりと。乃ち名家の墳墓を弔して碑文等を写し、その伝記をも蒐輯して著書数巻を為せり。明治維新の後諸官を歴仕し神祇省を経て教部省に転じ、同省廃せられその事務を内務省に移さるるや内務少書記官に任じ社寺局長となり、十一年三月御陵墓事務宮内省の所管となるに及びて宮内少書記官に任じ御陵墓掛となり、爾来御召募の為に尽す所少なからず。継続して今日に至り現に諸陵頭たり。また兼ずるに図書頭、調査課長、主猟官等を以てして克くその職に執掌す。明治二年より本年に至るまで奏任または勅任の官職に在ること幾《ほと》んど四十年に垂れんとし、その間宮内各部の事務に経歴すること極めて多く、その類を見ること稀なり。実に同人の如きは始終皇室の為に奉公してその志を一貫し、忠節を全うせしものと謂うべし。然るに今や不幸にして重患に罹り再び起つ能わざるの境遇に陥れり。付いてはこの際同人が維新前後の勲功を録せられ、特旨を以て華族に列し男爵を授けらるべき乎、謹みて裁を仰ぐ。

と足立の幕末・維新期、および宮内官吏としての功績を縷々陳述して裁可を仰いでいる。これらの功績が認められ、同年十二月十五日付で男爵が授けられている。

典拠　『授爵録』明治三十九～四十年

阿部正功　あべ・まさこと

一八六〇―一九二五

旧陸奥国棚倉藩主家

①大正八年五月十五日（不許可）

阿部家は旧棚倉《たなくら》藩主で、華族令公布に際して明治十七年（一八八四）七月八日付で正功に子爵が授けられた。「島津陞爵書類」によれば、島津家以外に旧東北諸藩藩主や旧桑名藩主家の陞爵書類と合綴になっており、これによれば、大正八年（一九一九）五月十五日付で元宮内大臣の田中光顕《みつあき》より現宮内大臣の波多野敬《よし》直《なお》宛で請願されており、

明治天皇の御代に於いて至仁至慈の恩命を垂れさせられし中にも、徳川慶喜・西郷隆盛等の如きは最もその著しき者と上下感激罷り仕り候。光顕宮内大臣在職中、親しく叡慮を伺い奉りし処に依れば、維新の際方向を誤りし者と雖も、既にその巨魁の罪を赦し給うのみならず、特に旧勲を録し栄爵を授け給い、生前死後更に遺憾なからしめ給いしも、その以下の向きに至りては未だ一視同仁の恩波に浴せざるにつき、時機を以て前者に均しき恩恵を垂れさせ給わんとの有難き思食に在らせられしも、不幸にして一朝昇天の御事と相成り、当初の叡念を遂げさせ給わざりしは、真に恐懼に堪えざる次第に御座候。今上陛下御即位以来、先朝御遺業を継がせられ、恩威並び行わる。億兆仁風に靡き慈雨に霑《うるお》い候えども、特に伊達〔仙台〕・松平〔会津〕等諸家に至りては未だ慶喜・隆盛等の如き殊恩を蒙ることを得ず。当人は勿論、旧封内の上下竊《ひそ》かに愁腸を断ち、悲涙に咽い罷り在り候と推察仕り候。仰ぎ願くは、来たる天長節の佳辰を以て別紙に記載の諸家に対し、その旧封の石高に応ずるの栄爵に陞爵せられんことを。中に就き松平容保の京都守護職在勤中孝明天皇の殊遇を蒙りし事は当時下し玉う所の宸翰に徴して明らかなる所にこれあり。旁《かたがた》容大《かたはる》の家政困難の趣を聞こし食され候節に、先帝より内帑《ないど》の金円を下賜せられし御事これあり候。また大久保忠良《ただよし》は明治十年の戦役に、南部利祥《としなが》は三十七八年の国難に陣没せし等、孰《いず》れも君国の為に殊勲を樹て、忠死を遂げ候儀に付、何卒非常格別の御詮議相成りたく懇願の至りに堪えず候也。

として、仙台藩伊達家は伯から侯、会津松平

家は子から侯、南部家は伯から侯、大久保・桑名松平両家は子から伯への陞爵をそれぞれ願い、また同書類の貼り紙に「奥羽同盟諸侯中伯爵となるべくして子爵に降されし者の追加二藩」として二本松藩丹羽家とともに棚倉藩阿倍家の子から伯への陞爵が請願されるも、全て不許可に終わっている。

典拠 「島津陞爵書類」（宮内庁宮内公文書館所蔵）

雨宮敬次郎　あまみや・けいじろう

一八四六—一九一一

川越鉄道取締役

①明治二十九年六月十日（不許可）

旧甲斐国山梨郡出身の実業家。明治二十四年（一八九一）以降は川越鉄道取締役となり、また同年藍綬《らんじゅ》褒章も受章している。電力・海運・貿易などの諸事業でも活躍した。財界・実業家への授爵は明治二十年代から報じられており、『東京朝日新聞』二十九年六月十日朝刊には「今後の授爵」の見出しで、

授爵また授爵殆ど底止する所を知らざらんとす。猶これにても止まらざるやにて、住友・鴻池等の諸氏へも授爵あるべしという。或いは曰く追て平専《ひらせん》・雨敬《あまけい》の徒も亦新華族たらんと。

とみえ、すでに前日の九日に三菱の岩崎二家と三井の列華族・授爵が行われており、次は住友吉左衛門（友純《ともいと》）・鴻池善右衛門（幸方）、さらには平沼専蔵《せんぞう》と雨宮の両名も華族に列するという推測が報じられている。実際にはこののちも雨宮は授爵されず。候補に挙がることもなかった。

典拠 『東京朝日新聞』明治二十九年六月十日朝刊

荒尾駒喜代　あらお・＊こまきよ

一八六六—九二

旧因幡国鳥取藩家老

①明治十一・十二年頃（不許可）

②明治十二〜十六年頃（不許可）

③明治十五・十六年頃（不許可）

荒尾家は代々鳥取藩家老で旧禄一万五千石を知行。米子城代をつとめ米子《よなご》荒尾家とも称される。幕末・維新期の当主は成富《なりとみ》。典拠資料中にみえる駒喜代《こまきよ》は実名成文《なりふみ》で、後掲之茂《これしげ》の父。同家の華族昇格に関し、『爵位発行順序』所収「華族令」案の内規として公侯伯子男の五爵（左に朱書で公伯男の三爵）を設け、世襲・終身の別を付し、その内「世襲男爵を授くべき者」四項目中、第四項目に「旧藩主一門の高一万石以上の者及び高一万石以上の家臣」を挙げている。同案は明治十一（一八七八）・十二年頃のものと推定されるが、この時点においては旧幕時代に一万石以上を領していた荒尾家は男爵に列すべき家として認知されていたと思われる。同じく前掲『爵位発行順序』所収「授爵規則」によれば「男爵を授くべき者」として、七項目中、第四項目に「旧藩主一門の高一万石以上の者及び高一万石以上の家臣」が挙げられている。前記資料とは異なり、この案は十二年以降十六年頃のものと推測されるが、こちらでも万石以上陪臣として、同家は世襲華族として男爵を授けられるべき家とされていた。また、十五・十六年頃の作成と思われる「三条家文書」所収「旧藩壱万石以上家臣家産・職業・貧富取調書」によれば、旧禄高一万五千石、所有財産はなく、職業は無職。貧富景況は「極貧」と記されているが、当該時期には万石以上陪臣の華族編列そのものが実施されなかったため、同家は士族にとどまる。なお、荒尾家は子の之茂の代にも授爵運動を起こし、三十九年九月十七日付で男爵が授けられる。

典拠 『爵位発行順序』、「旧藩壱万石以上家臣家産・職業・貧富取調書」（「三条家文書」）

→荒尾之茂

荒尾之茂　あらお・これしげ

一八八九—一九六二

旧因幡国鳥取藩家老

①明治三十三年五月五日（不許可）

②明治三十五年六月二十八日（不許可）

③明治三十九年八月（許可）

荒尾家は代々鳥取藩家老で旧禄一万五千石を

知行。之茂は前掲駒喜代《こまきよ》(成文《なりふみ》)の子。『授爵録』(明治三十三ノ一年)所収の明治三十三年(一九〇二)五月五日付宮内省当局側審査書類によれば、旧藩主一門および万石以上家老の授爵詮議で浅野哲吉ほか二十五名が挙げられ、同月九日付で全員男爵を授けられているが、その但書に、

但し旧藩一万石以上と唱うる家は四十八家あり。然れども明治四年辛未禄高帳(大蔵省記録)及び藩制録(大蔵省記録)又は府県知事より徴収したる現在所有財産高を照査し、その旧禄高一万石以上判明せしものにして、猶且つ五百円以上の収入を生ずべき財本を有すること精確なるもの先づ二十五家を挙ぐ。余の二十三家は他日調査完結又は資産を有するに至りたるときに於いて御詮議相成るべきものとし、左にこれを掲げて参考に資す。

としたうえで、荒尾之茂を含めて二十三家が挙げられている。これによれば、之茂の米子荒尾家は「旧禄高壱万石以上判明せしも五百円以上の収入を生ずべき財本を有せざる家」十一家のなかに分類されており、表高・実高ともに一万五千石ではあったが、年間五百円以上の収入を生ずる財本を有していなかったようであり、この選に洩れてしまう。ついで『授爵録』(明治三十九～四十年)によれば、三十五年六月二十八日付で旧主である侯爵池田仲博《なかひろ》が宮内大臣田中光顕《みつあき》宛で「授爵内願」を提出し、荒尾之茂と荒尾嘉就《よしなり》両名の授爵を求めている。

右荒尾之茂は荒尾但馬守成房十三世の裔孫にして、成房池田信輝《のぶてる》に事《つか》えし以来世々鳥取藩の執政となり、伯耆国米子城を管す。食禄一万五千石一藩の元老たりし家柄なり。

右荒尾嘉就は荒尾志摩守隆重十四世の裔孫にして、隆重池田信輝に事えし以来世々鳥取藩の執政となり、伯耆国倉吉《くらよし》の邑を領す。食禄一万二千石元老に亜《つ》ぐの家柄たりし。

両人共前陳の如き家筋に候処、去る明治三十三年五月皇室御慶事に際し旧諸藩元禄一万石以上の輩授爵の栄典に預り候者これあり候えども、彼の之茂・嘉就両人儀は当時恩光を蒙る能わず。仲博に於いても甚だ遺憾とし、爾来一家の経営に注目奨励を加え、今日漸く維持の方法確立するに至れり。この上は何時殊遇を 辱《かたじけの》うするも、敢えて体面を汚すが如きことこれ無きを信保候条、何卒特別の御詮議を以て授爵の恩典に浴せしめられ候様御執奏の程謹みて内願奉り候也。

として両家への授爵を後援。「副申」として、

今般鳥取県士族荒尾之茂・荒尾嘉就両人授爵内願呈出候に付いては御参考として別紙右両家財産目録差し出し申し候。この段副申候也。

として財産調書も提出している。財政状態の改善こそが華族編列に必要な条件とされていたようであるが、即時授爵には至っていない。前掲『授爵録』(明治三十九～四十年)所収の三十九年八月付の宮内省当局側立案書類によれば、有吉《ありよし》虎若・池田博愛《ひろのり》・日置《ひき》健太郎《けんたろう》・伊木《いぎ》忠愛《ただなる》・土倉《とくら》光三郎《みつざぶろう》・沢村重《しげし》・荒尾嘉就・藤堂憲丸とともに荒尾之茂の授爵を建議。

旧藩一万石以上の門閥にしてその所属藩主の一門または家老の輩はその実力恰《あたか》も小諸侯の如く古来旧領地に住して門地声望等その地方人民の儀表となり、勧業または奨学等公益に資すること少なからざるを以てこれに栄爵を授けられんとするの件曩《さき》に御裁可あらせられ、去る三十三年皇室御慶事の時に際し詮議を経て旧藩一万石以上と唱うる門閥家にして、その旧禄高一万石以上たること判明し、尚且つ五百円以上の収入を生ずべき財本を有すること精確なる者二十五家を挙げて華族に列し男爵を授けられたり。而してその際旧禄高一万石以上たること判明せるも、五百円以上の収入を生ずべき財本を有せざる者にありては他日その資産を有するに至りたるときに於いて更に同様の詮議に付せらるべきものとせられ、右九家はその当時既にその員に数えられたる

者なり。然るに爾来孰《いず》れもその資産を有するに至りたるを以て、この際曩日《のうじつ》の詮議に基づき前記九家に対し授爵の恩典ぁらんことを上奏せらるべきや。

とし、米子荒尾家も資産五百円を生ずる財本を確立したとして、同年九月十七日付で男爵を授けられる。

典拠　『授爵録』明治三十三ノ一年・三十九～四十年

→荒尾駒喜代・荒尾某

荒尾光就　あらお・みつなり

一八五六―一九一二

旧因幡国鳥取藩家老

①明治十一・十二年頃（不許可）
②明治十二～十六年頃（不許可）
③明治十五・十六年頃（不許可）
④明治三十三年五月五日（不許可）

荒尾家は代々鳥取藩家老で旧禄一万二千石を知行。倉吉《くらよし》荒尾家とも称される。幕末・維新期の当主は光就。同家の華族昇格に関し、『爵位発行順序』所収「華族令」案の内規として公侯伯子男の五爵（左に朱書で公伯男の三爵）を設け、世襲・終身の別を付し、その内「世襲男爵を授くべき者」四項目中、第四項目に「旧藩主一門の高一万石以上の者及び高一万石以上の家臣」を挙げている。同案は明治十一（一八七八）・十二年頃のものと推定されるが、この時点においては旧幕時代に一万石以上を領していた荒尾家は男爵に列すべき家として認知されていたと思われる。同じく前掲『爵位発行順序』所収「授爵規則」によれば「男爵を授くべき者」として、七項目中、第四項目に「旧藩主一門の高一万石以上の者及び高一万石以上の家臣」が挙げられている。前記資料とは異なり、この案は十二年以降十六年頃のものと推測されるが、こちらでも万石以上陪臣として、同家は世襲華族として男爵を授けられるべき家とされていた。また、十五・十六年頃の作成と思われる「三条家文書」所収「旧藩壱万石以上家臣家産・職業・貧富取調書」によれば、旧禄高一万二千石、所有財産は銀行株金三千円、耕地八反五畝八歩、宅地七反二畝三歩四合、建家三棟百五十一坪二合五勺、職業は無職。貧富景況は可と記されるも、当該時期は万石以上陪臣の華族編列そのものが実施されなかったため、同家も士族にとどまっている。『授爵録』（明治三十三ノ一年）所収の三十三年五月五日付宮内省当局側審査書類によれば、旧藩主一門および万石以上家老の授爵詮議で浅野哲吉ほか二十五名が挙げられ、同月九日付で全員男爵を授けられているが、その但書に、

　但し旧藩一万石以上と唱うる家は四十八家あり。然れども明治四年辛未禄高帳（大蔵省記録）及び藩制録（大蔵省記録）又は府県知事より徴収したる現在所有財産高を照査し、その旧禄高一万石以上判明せしものにして、猶且つ五百円以上の収入を生ずべき財本を有すること精確なるもの先づ二十五家を挙ぐ。余の二十三家は他日調査完結又は資産を有するに至りたるときに於いて御詮議相成るべきものとし、左にこれを掲げて参考に資す。

としたうえで、荒尾光就を含めて二十三家が挙げられている。これによれば、荒尾家は「旧禄高一万石以上判明せしも五百円以上の収入を生ずべき財本を有せざる家」十一家のなかに分類されており、表高・実高ともに一万二千石ではあったが、年間五百円以上の収入を生ずる財本を有していなかったようであり、この選に洩れてしまう。なお、添付の「旧藩壱万石以上ノ家調書」によれば、荒尾光就について、所有財産・職業は無、生計の状況としては「他人名義の貸家賃一ヶ月二十五六円の所得を以て生活すと云う」と記されている。こののち光就は同三十五年四月に隠居するが、家督を譲った嘉就《よしなり》が三十九年九月十七日付で男爵を授けられ、光就も有爵者の先代として四十年一月二十一日付で従五位に叙されている。

典拠　『爵位発行順序』、「旧藩壱万石以上家臣家産・職業・貧富取調書」（「三条家文書」）、『授爵録』明治三十三ノ一年、松田敬之「新華族先代・先々代叙位に関する一考察」（鶴崎裕雄編『地域文化の歴史を往く―古代・中世か

ら近世へ―』）
→荒尾嘉就・荒尾某

荒尾嘉就　あらお・よしなり

一八八二―一九一三
旧因幡国鳥取藩家老
①明治三十五年六月二十八日（不許可）
②明治三十九年八月（許可）

荒尾家は代々鳥取藩家老で旧禄一万二千石を知行。嘉就は光就《みつなり》の子。『授爵録』（明治三十九～四十年）によれば、三十五年六月二十八日付で旧主である侯爵池田仲博《なかひろ》が宮内大臣田中光《みつ》顕《あき》で「授爵内願」を提出し、荒尾嘉就と荒尾之茂《ゆきしげ》両名の授爵を求めている。

右荒尾之茂は荒尾但馬守成房十三世の裔孫にして、成房池田信輝《のぶてる》に事《つか》えし以来世々鳥取藩の執政となり、伯耆国米子《よなご》城を管す。食禄一万五千石一藩の元老たりし家柄なり。
右荒尾嘉就は荒尾志摩守隆重十四世の裔孫にして、隆重池田信輝に事えし以来世々鳥取藩の執政となり、伯耆国倉吉の邑を領す。食禄一万二千石元老に亜《つ》ぐの家柄たりし。
両人共前陣の如き家筋に候処、去る明治三十三年五月皇室御慶事に際し旧諸藩元禄一万石以上の輩授爵の栄典に預り候者これあり候えども、彼の之茂・嘉就両人儀は当時恩光を蒙る能わず。仲博に於いても甚だ遺憾とし、爾来《じらい》一家の経営に注目奨励を加え、今日漸く維持の方法確立するに至れり。この上は何時殊遇を辱《かたじけの》うするも、敢えて体面を汚すが如きことこれ無きを信保候条、何卒特別の御詮議を以て授爵の恩典に浴せしめられ候様御執奏の程謹みて内願奉り候也。

として両家への授爵を後援。「副申」として、

今般鳥取県士族荒尾之茂・荒尾嘉就両人授爵内願呈出候に付いては御参考として別紙右両家財産目録差し出し申し候。この段副申候也。

として財産調書も提出している。財政状態の改善こそが華族編列に必要な条件とされていたようであるが、即時授爵には至っていない。前掲『授爵録』（明治三十九～四十年）所収の三十九年八月付の宮内省当局側立案書類によれば、有吉虎若・池田博愛《ひろのり》・日置健太郎《ひきけんたろう》・伊木忠愛《いぎただなる》・土倉光三郎《とくらみつざぶろう》・沢村重《しげし》・荒尾之茂・藤堂憲丸とともに荒尾嘉就の授爵を建議。

旧藩一万石以上の門閥にしてその所属藩主の一門または家老の輩はその実力恰《あたか》も小諸侯の如く古来旧領地に住して門地声望等その地方人民の儀表となり、勧業または奨学等公益に資すること少なからざるを以てこれに栄爵を授けられんとするの件曩《さき》に御裁可あらせられ、去る三十三年皇室御慶事の時に際し詮議を経て旧藩一万石以上と唱うる門閥家にして、その旧禄高一万石以上たること判明し、尚且つ五百円以上の収入を生ずべき財本を有すること精確なる者二十五家を挙げて華族に列し男爵を授けられたり。而してその際旧禄高一万石以上たること判明せるも、五百円以上の収入を生ずべき財本を有せざる者にありては他日その資産を有するに至りたるときに於いて更に同様の詮議に付せらるべきものとせられ、右九家はその当時既にその員に数えられたる者なり。然るに爾来孰《いず》れもその資産を有するに至りたるを以て、この際曩日《のうじつ》の詮議に基づき前記九家に対し授爵の恩典あらんことを上奏せらるべきや。

とし、倉吉荒尾家も資産五百円を生ずる財本を確立したとして、同年九月十七日付で男爵が授けられる。

典拠　『授爵録』明治三十三ノ一年・三十九～四十年
→荒尾光就・荒尾某

荒尾　某　＊あらお

生没年不詳
旧因幡国鳥取藩家老
①明治三十四年十月二十八日（不許可）
『東京朝日新聞』明治三十四年（一九〇一）十月

二十八日朝刊によれば「野辺のちくさ」の見出しで、

旧鳥取藩の家老荒尾家近々授爵の恩典ぁるべしとて、旧主池田侯爵家より荒尾家家政のため人を遣わしたりという。荒尾家は今は落魄して衣服の資もなしと。

とみえ、旧主家である池田侯爵家より、荒尾家の家政整理のために人が派遣されたという記事が掲載され、近日同家へ授爵の恩典が下されると報じている。ただし、これが米子《よなご》荒尾・倉吉荒尾両家を指すのか、またはどちらか一方のみを指すのかは不明。前者は之茂《これしげ》(一万五千石)、後者は嘉就《よしなり》(一万二千石)。人名を特定できないため、項を別に立てる。

典拠 『東京朝日新聞』明治三十四年十月二十八日朝刊

→荒尾之茂・荒尾嘉就

荒川　篤　＊あらかわ・あつし

生没年不詳

山田重忠末裔

①明治二十六年三月二十七日（不許可）

鳥取県士族。祖先は承久の乱時、京都方に与して敗北後自害した尾張国愛知郡星崎《ほしざき》城主の山田次郎重忠《しげただ》とする。明治二十六年(一八九三)三月二十七日付「祖先ヘ贈位及華族ニ列セラレタキノ旨副申書送付ニ付申達」によれば、

鳥取県士族荒川篤より差し出したる祖先へ贈位及び華族に列せられたき者の請願書本年三月二十七日付を以て送付に及び置き候処、猶又別紙副申書差し出し候に付送付に及び候条、然るべく御取計相成りたく候に依り、この段進達候也。

として同年六月二十七日に内務書記官より内閣書記官長伊東巳代治《みよじ》宛で進達されている。添付された同月十三日付の荒川による副申書には、

臣祖先尾州愛知郡星崎の城主山田次朗重忠等の義、本年三月九日付を以て請願書差し出し、加之《しかのみならず》付属書類の内、家譜謄本写は重忠より故は満政九代山田重忠と認置候えども、猶この度重忠より故九代の歴世由来記々在中の抜書の写し一部、右願書の付属として差し出し候に付、何卒御採用相成りたく、伏して願い奉り候。篤頓首再拝。

とみえる。祖先への贈位と自家の華族編列・授爵を求めるも請願は不許可に終わる。

典拠 「祖先へ贈位及華族ニ列セラレタキノ旨副申書送付ニ付申達」(国立公文書館所蔵『諸雑公文書』)

荒木貞夫　あらき・さだお

一八七七―一九六六

陸軍大将・陸軍大臣

①昭和八年十二月十四日（不許可）

②昭和十年十二月二十一日（許可）

陸軍大将・軍事参議官

旧御三卿一橋《ひとつばし》家家臣出身の陸軍軍人・政治家。明治三十年(一八九七)十一月に陸軍士官学校を卒業後、陸軍歩兵少尉に任官。また陸軍大学校を首席卒業。大正十二年(一九二三)三月少将に進級し、歩兵第八旅団長・憲兵司令官・参謀本部第一部長などを歴任。昭和二年(一九二七)七月中将となり、陸軍大学校長・第六師団長・教育総監部本部長を経て六年十二月犬養毅内閣で陸軍大臣として入閣。八年十月大将に進級し、軍事参議官となるも、十一年三月予備役に編入。その後は第一次近衛文麿内閣で内閣参議や文部大臣をつとめた。『東京朝日新聞』昭和八年十二月十四日朝刊によれば「本庄武官長の授爵奏請／斎藤実氏も陞爵か」の見出しで、

満州事変の論功行賞に伴う授爵問題については軍人・文官両方面について考慮され

荒木貞夫

ているが、陸軍側よりは当時の関東軍司令官現侍従武官長本庄繁《しげる》大将、当時の陸軍大臣現軍事参議官荒木貞夫大将、また海軍側よりは当時の海軍大臣にして現海相の大角岑生《みねお》大将をそれぞれ推薦して居り、これに対し内閣・宮内省の打ち合わせにおいては、右三大将中、本庄大将の男爵授爵については異論がなく、従って同大将の授爵奏請は確定的であるが、荒木・大角両大将については内閣と宮内省の方に難色があっていまだいづれとも決定せぬ事情にあり。尚文官の授爵については当時の内閣総理大臣斎藤子の伯爵陞爵が内閣と宮内省との間に内議が進められつつあり、斎藤子の陞爵奏請は或いは実現するのではないかと見られている。

と報じられ、満州事変の論功行賞が昭和八年の時点で内閣・宮内省間で審議が進められており、当初は荒木・大角両名に関しては奏請そのものに難色が示されていた点が記されている。こののち、『授爵録』(昭和二～十九年)によれば、十年十二月二十一日付で内閣総理大臣岡田啓介より宮内大臣湯浅倉平《くらへい》宛で、

陸軍大将正三位勲一等功四級荒木貞夫は別紙功績書の通り功績顕著なる者に付、左の通り授爵の儀詮議相成りたし。

として男爵授爵の詮議を申牒している。添付の「陸軍大将荒木貞夫功績書(付履歴書)」には、まず昭和六年九月十八日より同年十二月十三日の功績として、

教育総監部本部長として教育総監を輔佐し事変に伴う枢機に参与し、時局に応ずる諸般の画策に従事し、且つ軍隊教育の適正を規画する等その功績顕著なり。

とし、同年十二月十三日より九年一月二十二日までの功績としては、

在職二ヵ月、時正《まさ》に事変の高潮に達し、満州に於ける我が軍事行動の範囲は逐次拡大して遂に全満に及び、更に上海《シャンハイ》事件を併発したるのみならず、満州建国、帝国の満州国承認、連盟脱退等数多重要問題の簇生《ぞくせい》を見、正に皇国の非常時を現出し、皇軍の負荷層一層の重きを加うるものありしが、この間に処し能く全軍を督し軍政を爕理《しょうり》して時難克服の衝に当たり、全軍の総意を国策に反映して輔弼の大任を完うせる功績は偉大なり。在職間に於いて処理したる重要事項を摘記すれば左の如し。

とし、(一)軍政事項、(二)国務大臣としての事績を詳述したうえで、九年一月二十三日から同年三月三十一日までの功績として、

右の期間軍事参議官として満州事変に関連する機務に参画し、各重要時機に於ける時局処理方針、時局兵備改善案等の決定及び時局に応ずる国軍の検閲錬成に関し貢献せし所頗る大なり。

としてこれまでの事績を披瀝。これを受けて宮相湯浅は同月二十三日に荒木および本庄繁・大角岑生三名の授爵裁可を求めて上奏。同日裁可を得て同月二十六日付で男爵が授けられている。

典拠　『東京朝日新聞』昭和八年十二月十四日朝刊、『授爵録』昭和二～十九年

有地品之允　ありち・しなのじょう

一八四三―一九一九

予備役海軍中将・枢密顧問官

①明治二十九年五月（許可）

予備役海軍中将

元長州藩士出身の海軍軍人・政治家。明治四年(一八七一)七月陸軍少佐に任官し、御親兵《ごしんぺい》六番大隊長となり、同年十月軍務局分課勤務を経て同年十一月侍従となる。六年五月本官を免ぜられ、同年十月改めて海軍少佐に任官。以後、富士山・日進・比叡各艦長、参謀本部海軍部第一局兼参謀本部海軍部副長などをつとめ、十九年六月少将に進級。横須賀軍港司令官兼海軍機関学校長、海軍兵学校長兼将官会議議員となり、二十五年十二月中将に進級。呉鎮守府司令長官や常備艦隊司令長官に補せられ、二十八年十二月予備役編入。以後、三十年七月に貴族院議員となり、さらに大正六年(一九一七)四月から死去するまで枢密顧問

官をつとめた。『授爵録』(明治二十九年)によれば、立案日の欄は空白であるが、芳川顕正《あきまさ》ほか二十八名の文武官への授爵詮議が爵位局でされており、有地の名も挙げられる。

右は夙《つと》に勤王の志を抱き、皇室式微、幕府専横の日に当たり、或いは大和・但馬の義挙に与し、或いは幽囚投獄、辛苦備《つぶさ》に嘗《な》め維新回天の大業を賛助し、または多年朝に在りて顕要の職を奉じ、または貴衆両院に入りて国家の大計を議する等孰《いず》れも勲功顕著の者に付、特旨を以て華族に列し栄爵を授けられ然るべき乎。左にその爵を擬し裁を仰ぐ。

とし、二十九名中芳川のみ子爵授与とし、有地を含めた他の二十八名は男爵が相当としている。同文書には同人への授爵を求める他薦書類や功績調書は綴られていないが、二十九名中、伊丹重賢《しげかた》・山田信道・船越衛《まもる》・三宮義胤《さんのみやよしたね》・中島信行の五名については維新前後の勤王事歴調書類が、また九鬼隆一《りゅういち》についても同年二月二十五日付で榎本武揚が授爵を推薦する書状が添付されていることから、有地を含めた他の二十三名分も他薦などがあった蓋然性が高いと思われる。同人の功績は認められ、二十九年五月二十三日付で裁可を得、翌月五日付で男爵を授けられている。

典拠　『授爵録』明治二十九年

有馬頼多　ありま・よりかず

一八七六―一九一三

伯爵有馬頼万弟

①明治二十九年十二月（許可）

久留米藩主有馬頼咸《よりしげ》の八男。『授爵録』(明治三十年)によれば、明治二十九年(一八九六)十二月に兄頼万《よりつむ》より宮内大臣土方久元宛で「内願書」を提出。分家のうえ、華族編列・授爵を請願。宮内省当局側は三十年五月三日付の審査書類で同家の維新時における勲功を照らし合わせ、また「曩《さき》に徳川義恕《よしくみ》・浅野養長《やすなが》・細川護晃《もりあき》・黒田幸《（峯）》太郎等皆その父祖の勲労に由り別に一家を新立し、男爵を授けられたるの先例あるを以て」との理由で授爵を認め、三十年七月一日付で授男爵。

典拠　『授爵録』明治三十年

有馬　某（広泰カ）　＊ありま

生没年不詳

旧高家・元中大夫席

①明治十一・十二年頃（不許可）

②明治十二～十六年頃（不許可）

有馬家は旧幕時代に高家《こうけ》の格式を与えられ、五百石を知行した旗本。幕末・維新期の当主は広泰。朝廷に早期帰順して本領を安堵され、朝臣に列して中大夫席を与えられ、明治二年(一八六九)十二月に中大夫以下下大夫・上士の称が廃止となるに伴い士族に編入されている。同家の華族昇格に関し、『爵位発行順序』所収「華族令」案の内規として公侯伯子男の五爵(左に朱書で公伯男の三爵)を設け、世襲・終身の別を付し、その内「世襲男爵を授くべき者」四項目中、第三項目に「元高家・交代寄合」を挙げている。同案は十一・十二年頃のものと推定されるが、この時点においては旧幕時代に万石以下でありながら、若年寄ではなく諸侯同様に老中支配であり、奥高家就任後は四位少将にまで昇り得る高家は男爵に列すべき家として認知されていたと思われる。同じく前掲『爵位発行順序』所収「授爵規則」によれば「男爵を授くべき者」として、七項目中、第二項目に「元交代寄合・元高家」が挙げられている。前記資料とは異なり、この案は十二年以降十六年頃のものと推測され、こちらでも旧高家である有馬家は男爵を授けるべき家とされているが、結局授爵内規からは高家は一律除かれ、華族編列・授爵は不許可に終わっている。

典拠　『爵位発行順序』

有吉立武　ありよし・たつたけ

一八五五―一九〇四

旧肥後国熊本藩家老

①明治十一・十二年頃（不許可）

②明治十二～十六年頃（不許可）

有吉家は松井・米田《こめだ》両家と並ぶ旧熊本藩家老で旧禄一万八千石を領す。幕末・維新期の当主は

立武。後掲有吉虎若(立礼《たつひろ》)の養父。同家の華族昇格に関し、『爵位発行順序』所収「華族令」案の内規として公侯伯子男の五爵(左に朱書で公伯男の三爵)を設け、世襲・終身の別を付し、その内「世襲男爵を授くべき者」四項目中、第四項目に「旧藩主一門の高一万石以上の者及び高一万石以上の家臣」を挙げている。布告案は明治十一(一八七八)・十二年頃のものと推定されるが、この時点では旧幕時代に一万石以上を領していた有吉家は男爵に列すべき家として認知されていたと思われる。同じく前掲『爵位発行順序』所収「授爵規則」によれば「男爵を授くべき者」として、七項目中、第四項目に「旧藩主一門の高一万石以上の者及び高一万石以上の家臣」が挙げられている。前記資料とは異なり、この案は十二年以降十六年頃のものと推測されるが、こちらでも万石以上陪臣として、有吉家は世襲華族として男爵を授けられるべき家とされていたが、結局この案が実現せず士族にとどまる。立武は十四年六月に隠居し、こののちの同家の華族編列・授爵運動は虎若(立礼)に継続され、三十九年九月十七日付で男爵が授けられている。

典拠　『爵位発行順序』

→有吉虎若

有吉虎若　ありよし・とらわか

一八六六―一九〇七

旧肥後国熊本藩家老

①明治十五・十六年頃　(不許可)

②明治三十三年五月五日　(不許可)

③明治三十三年八月二十日　(不許可)

④明治三十三年九月三日　(不許可)

⑤明治三十五年三月十七日　(不許可)

⑥明治三十九年八月　(許可)

旧熊本藩家老で旧禄一万八千石。前掲有吉立《たつ》武《たけ》の養子で、先々代当主立愛《たつちか》の長男で実名は立礼《たつひろ》。先代立武が明治十四年(一八八一)六月に隠居したあとも有吉家の華族編列運動は虎若に引き継がれ、十五・十六年頃の作成と思われる「三条家文書」所収「旧藩壱万石以上家臣家産・職業・貧富取調書」によれば、「有吉虎若」の名が挙げられ、旧禄高一万八千五百石、所有財産・貧富景況はともに空欄で職業は無職と記されるも、当該時期には万石以上陪臣への華族編列そのものが実施されなかったため、同家は士族にとどまっている。その後も同家の授爵運動は継続され、特に三十三年以降にはたびたび請願を行なっている。『授爵録』(明治三十三ノ一年)所収の三十三年五月五日付宮内省当局側審査書類によれば、旧藩主一門および万石以上家老の授爵詮議で浅野哲吉ほか二十五名が挙げられ、同月九日付で全員男爵を授けられているが、その但書に、

　但し旧藩一万石以上と唱うる家は四十八家あり。然れども明治四年辛未禄高帳(大蔵省記録)及び藩制録(大蔵省記録)又は府県知事より徴収したる現在所有財産高を照査し、その旧禄高一万石以上判明せしものにして、猶且つ五百円以上の収入を生ずべき財本を有すること精確なるもの先づ二十五家を挙ぐ。余の二十三家は他日調査完結又は資産を有するに至りたるときに於いて御詮議相成るべきものとし、左にこれを掲げて参考に資す。

としたうえで、有吉虎若を含めて二十三家が挙げられている。これによれば、有吉家は「旧禄高壱万石以上判明せしも五百円以上の収入を生ずべき財本を有せざる家」十一家のなかに分類されており、表高・実高ともに一万石以上ではあったが、華族としての体面を維持するのに必要とされた年間五百円以上の収入を生ずる財本を有していなかったようである。また、『授爵録』(明治三十九～四十年)によれば、三十三年八月二十日付で有吉家旧臣総代葛西貞五郎ら計二十一名が「熊本県士族有吉虎若族籍之儀ニ付歎願」を宮内大臣田中光顕《みつあき》宛で提出。

　有吉虎若旧臣葛西貞五郎外二十名、謹みて宮内大臣正三位勲一等子爵田中光顕閣下に歎願奉り候。抑《そもそ》も虎若家筋の儀は侯爵細川護成《もりしげ》祖先代よりの重臣にして、松井敏之《としゆき》・米田《こめだ》虎雄《とらお》祖先と倶《とも》に旧藩主代々の家老にて藩政に与り、これを三家と称し

同等の資格待遇にこれあり候処、廃藩置県の際三家各《いず》れも平等の士籍に編入せられ候。然るに先般敏之・虎雄等は特に叙爵の恩典に浴し殊に華族に列せられ、独り虎若のみ遂に今日に至る迄その光栄に洩れ元籍の儘に罷り在り、旧臣一同遺憾に存じ奉り候。尤も同人家筋に於いての功績は別冊家記概略の通りにこれあり。就中《なかんずく》明治十年西南の役起こるや虎若実父立愛奮って旧藩士及び旧臣に対し懇諭するに大義名分順逆の条理を以てす。為に旧藩士正路を悟り、且つ数百の旧臣一人として賊軍に党与するものなし。その際旧藩主護久《もりひさ》より告諭の直書至るに及びて倍《ますます》その旨を遵守し、硝煙弾雨危殆の地を潜行し鎮撫尽瘁《じんすい》奔走中、適《たまたま》川路《かわじ》少将より上益城郡御船本陣に招かれ賞詞に預り、加うるに地方鎮撫の事を嘱せらる。その他旧主家祖先以来の功績は則ち別冊添付家記の通り松井・米田の家と敢えて優劣これ無し。然るに右三家の内両家のみ前述の次第にて誠に旧臣の情誼として不安寝食何分黙止し難く、就いては右父祖の功業を御詮議成し下され、敏之・虎雄同様虎若儀も特別を以て華族に列せられ候はば旧主家の栄誉は勿論、旧臣一同に於いて冥加無限の事に存じ奉り候。この段旧臣は百余名総代として葛西貞五郎外二十名連署を以て別冊相添え懇願奉り候也。

と有吉家と並び熊本藩の三家とも称される家老家中、松井・米田両家のみが華族に列して授爵に及んでいる点を挙げ、西南戦争時の有吉家の功績も陳述し、同家への授爵を求めている。これを受けて熊本県知事徳久恒範《とくひさつねのり》もまた、同年九月三日付で宮相田中宛で「授爵之儀ニ付上申」を提出。

右有吉家は祖先以来数百年間相継承し、旧熊本藩主細川家祖先代より重臣にして、虎雄祖先と倶に旧藩代々の家老職を勤め、亡実父立愛に至る迄十八代松井敏之・米田禄高一万八千五百石を有し、これを三家と称し同等の資格待遇にこれあり候。家臣凡そ八百有余名、廃藩置県の際右三家共に士籍に編入せられ、維新後熊本藩大参事となり一旦職を辞し、後更に同藩権大参事となり廃藩に依り職を解かる。その後資金一万余金を投じて学校を起こし子弟の教育に力を致し、またその十年西南騒擾の際に於けるが如きは大義を守り、名分を重んじ厳然として動かざるのみならず、旧臣を戒め県士に説き躬から東西に奔走してその方向を誤らしめざる様鋭意鎮撫に尽力し、或いは弾丸を冒し白刃を蹈(踏)む等の危険に遭遇することあるも、敢えてこれを避けず。為にその旧臣の賊軍に風靡響応せんとする。大勢を牽制し、また川路少将より招かれ御船の本陣に出頭し、少将の諮問に対し具に地理及び賊軍の状況等を陳述し、以て大いに官軍をして討伐を容易ならしめたる等、その功労の多きは当時已《すで》に確認せられたる所にして、同人がかくの如き身を挺して鎮撫に従事したるは固より官職ありしにあらず。また公命等に依りたるにあらず。只平素忠愛の赤心自ら禁ずる能わず。国家の為心力を尽せし義に外ならず。また当主虎若儀もその皇家に対し奉り国家に尽すの志気に於いては父子共に相譲らず。然るに旧藩の地位に於いては松井敏之・米田虎雄と同等の資格待遇にて孰《いず》れも万石以上を有せしに、松井・米田の両家は特に授爵の恩典に浴し、また西南騒擾の際尽力したるが如きも曩《さき》に授爵の恩典に浴したる細川興増《おきなが》・細川忠穀《ただよし》・松井敏之等に譲る処これなきに独り有吉家のみ今も授爵の御沙汰なきは甚だ遺憾とする処にこれあり、将にその門地の徳望も啻《ただ》に旧臣等一部人心の推服に止まらず、県下一般に重きを置き、加之《しかのみならず》相当の資産これあり候えば華族に列せしめられ、以て皇室の藩屏とせらるるに於いて敢えてその地位を辱《はずか》しめざるのみならず、益《ますます》その意志を固うし、国家将来の大計上大いに裨益する義と深く確信仕り候間、国家の家柄

幷びに亡実父立愛の功績に対せられ、当主虎若に授爵の御詮議相成り候様致したく、別紙旧臣総代の歎願書及びその他考証書類相添え、この段特に上申候也。

として西南戦争時の功労は旧熊本藩主一門の細川興増・同忠穀両名や松井敏之に劣るものではない点を挙げて請願。また、三十五年三月十七日付で旧主である侯爵細川護成が宮内大臣田中光顕へ有吉と同じく熊本藩において万石以上であった沢村重両名への「授爵ノ儀ニ付請願」を提出。

右虎若の家は遠祖元有以来の家臣にして代々功業少なからざる故に松井・米田と共に三家と称し、累代家老職としてその取扱を重くし、禄高一万八千五百石を給与し来たり。維新の前に至りて松井・米田と同じく士族に編入せられ候処、朝恩優渥松井敏之・米田虎雄の両人は華族に列せられ光栄窮まりなきに引き替え、三家の一人なる有吉虎若のみ独りこの恩典に洩れ、今日に至り候は誠に遺憾の次第にて、その旧臣等より虎若授爵の事に付出願仕り候も、また旧誼を思うの情止むを得ざる次第と存じ奉り候。然るに聖代の徳沢《とくたく》に依り去明治三十三年五月皇室の御吉礼行わせられ候際、旧事の名門功臣の輩にも寵恩を布かせられ、授爵の栄典を賜り候旨拝承奉り候。就いては他家の類例に鑑《かんが》み、旧来の情誼傍観仕り難く候間、虎若儀も何卒厚き御詮議を以て特に授爵の恩典に浴せしめられ候様御執奏の儀謹みて請願奉り候也。

この田中宮相宛の請願はすぐには許可されず、同年五月二十日には熊本県知事徳久恒範が、「却月二十六日付送第三二五号を以て有吉虎若・沢村重《しげし》所得収入調の義に付御照会の趣了承」とみえ、華族としての体面を維持するだけの資産などを有しているか否かの調査を行なっているようであり、有吉については「御申越の甲号・乙号調中少し重複致し居る候廉これあり候に付、別紙の通り更に調査し理由書相添え差し出し候に付、右にて御承知相成りたし」と宮相田中へ申し送っているが、進展はなく不許可に終わっている。前掲『授爵録』(明治三十九～四十年)所収の三十九年八月付の宮内省当局側立案書類によれば、伊木忠愛《いぎただなる》・日置健太郎《ひきけんたろう》・池田博愛《ひろのり》・土倉光三郎《とくらみつざぶろう》・沢村重・荒尾之茂《これしげ》・荒尾嘉就《よしなり》・藤堂憲丸とともに有吉の授爵を建議。

旧藩一万石以上の門閥にしてその所属藩主の一門または家老の輩はその実力恰《あたか》も小諸侯の如く古来旧領地に住して門地声望等その地方人民の儀表となり、勧業または奨学等公益に資すること少なからざるを以てこれに栄爵を授けられんとするの件嚢《さき》に御裁可あらせられ、去る三十三年皇室御慶事の時に際し詮議を経て旧藩一万石以上と唱うる門閥家にして、その旧禄高一万石以上たること判明し、尚且つ五百円以上の収入を生ずべき財本を有すること精確なる者二十五家を挙げて華族に列し男爵を授けられたり。而してその際旧禄高一万石以上たること判明せるも、五百円以上の収入を生ずべき財本を有せざる者にありては他日その資産を有するに至りたるときに於いて更に同様の詮議に付せらるべきものとせられ、右九家はその当時既にその員に数えられたる者なり。然るに爾来孰れもその資産を有するに至りたるを以て、この際曩日《のうじつ》の詮議に基づき前記九家に対し授爵の恩典あらんことを上奏せらるべきや。

とし、有吉家も資産五百円を生ずる財本を確立したとして、同年九月十七日付で授男爵。

典拠　『爵位発行順序』、「旧藩壱万石以上家臣家産・職業・貧富取調書」(「三条家文書」)、『授爵録』明治三十三ノ一年・三十九～四十年

安西　某　＊あんざい

生没年不詳

①明治三十六年七月二十二日　(不許可)

経歴不詳の人物。名字の読みは「あんざい」ではなく「やすにし」の可能性もある。『尾崎三良《さぶろう》日記』明治三十六年(一九〇三)七月二十二日条によれば、「且つ侍従職において岩倉幹事に面

し、千阪(坂)、三浦、安西氏授爵の事に付談ず」とみえ、尾崎が千坂高雅《ちさかたかまさ》・三浦安《やすし》とともに安西某の授爵を侍従職幹事の岩倉具定《ともさだ》に相談していることがみえるが、何者か人物比定できず。また、こののちも安西姓の授爵者は確認できないことから、この人物の請願も不許可に終わっている。

典拠　『尾崎三良日記』明治三十六年七月二十二日条

安藤則命　あんどう・のりなが

一八二八―一九〇九

貴族院勅選議員・錦鶏間祇候

①明治二十六年九月三十日（不許可）

旧薩摩国鹿児島藩士出身の官僚・政治家。維新後は東京市中取締隊長・東京府邏卒《らそつ》総長・司法中検事・大警視などの諸官を歴任し、明治十七年(一八八四)十二月に元老院議官。二十三年九月より貴族院勅選議員・錦鶏間祇候《きんけいのましこう》。『読売新聞』二十六年九月三十日朝刊によれば「授爵の噂」の見出しで、

　山口尚芳・津田出《いずる》・津田真道《まみち》・楠本正隆・細川潤次郎・伊丹重賢《しげかた》・神田孝平《かんだたかひら》・福原実《みのる》・野村素介《もとすけ》・三浦安《やすし》・平岡通義・安藤則命の諸氏は新たに爵位を授かるべしと噂ぞ。

と元老院議官の経歴を有する者の多くが授爵候補として挙げられているが、単なる風説であったのかこの際報じられた者の内、のちに授爵したのは津田真道・楠本・細川・伊丹・神田・福原・野村の七名にとどまっており、安藤は四十二年に没するまで、こののち候補に挙がった形跡が見当たらない。

典拠　『読売新聞』明治二十六年九月三十日朝刊

い

李　恒九　イ・ハング　（朝鮮）

一八八一―？

侯爵李完用次男・李王職長官

①大正十三年二月五日（許可）

　李王職礼式課長兼賛侍

朝鮮貴族・侯爵李完用《イワニョン》の次男。昭和七年(一九三二)七月より李王職次官、さらに十五年三月より同長官もつとめた。『授爵録』(大正十二～十五年)によれば当時従四位勲二等であった李恒九への特授授爵裁可を仰ぐ書類が収録され、付箋には「本件は本書に基づき上奏をためすことに総理大臣と宮内大臣の協議決定す。ただし上奏の際は本書添付せず」と記され、大正十三年(一九二四)二月五日付の朝鮮総督斎藤実より、

　皇太子殿下御慶事に際し、国家に功績ありたる侯爵李完用の二男李恒九に授爵、同《おな》じく故子爵趙重応《チョジュンウン》の長男子爵趙大鎬《チョデホ》に御下賜金の恩典に浴せしめらるる様御取計相成りたく、別紙父の功績調書相添え候段稟申候也。

という文面で通牒。さらに父李完用の「功績調

書」を添付して恒九への分家・授爵を申請。また、『倉富勇三郎日記』同月七日条には恒九授爵について斎藤が宮相牧野伸顕宛で書翰を送った記事が見える。結果、父の功績が認められ、同月十一日付で男爵が授けられる。

典拠　『授爵録』大正十二～十五年、『倉富勇三郎日記』大正十三年二月七日条

→李完用

李　完用　イ・ワニョン　（朝鮮）

一八五六―一九二六

朝鮮総督府中枢院副議長

①大正八年一月十七日（不許可）

②大正九年一月二十七日（不許可）

③大正九年十二月十六日（許可）

李氏朝鮮・大韓帝国期の政治家。大韓帝国においては内閣総理大臣・正一品輔国。韓国併合にあたり、朝鮮貴族として明治四十三年（一九一〇）十月七日付で伯爵が授けられた。またその後は朝鮮総督府の中枢院顧問や副議長もつとめた。伯から侯への陞爵については、宮内省李王職に勤務した権堂四郎介の著書『李王宮秘史』によると、寺内正毅の朝鮮総督在任中からの懸案であったように記されるが、詳しい時期は不明である。また、『倉富勇三郎日記』大正八年（一九一九）一月十七日条にみえ、「朝鮮総督府より李完用、趙重応《チョジュンウン》、宋秉畯《ソンビョンジュン》の陞爵、高義敬《コヒギョン》の陞勲等を申立来りたる趣なることを話す」とあり、当時の朝鮮総督長谷川好道《よしみち》より朝鮮貴族中、前記の三名の陞爵、一名の陞勲を上申していることが確認できる。『原敬日記』大正七年十二月二十日条には、

長谷川朝鮮総督帰任すとて来訪、今回梨《なし》本宮《もとのみや》王女李王世子に婚嫁せらるる様にもなりたるに付、一月二十五日成婚の日に於いて朝鮮合併に際しての功労者朝鮮人三四名陞爵ありたき旨内申に付、余同意を表し宮相に協議する事となせり。

とみえ、おそらくこれが李完用、趙重応、宋秉畯・高義敬のことを指していると思われる。ただし原日記の八年一月四日条には、「また朝鮮総督申出の朝鮮人両三名陞爵の件（この事は余にも総督より申出あり）も行わるる様ありたしと相談ありたることを告げたり」と記されるも、この時は不許可となる。同じく原日記の九年一月二十七日条には、

斎藤朝鮮総督来訪、（中略）また前総督より上申せし通り、李完用等の陞爵を実行したく、また朝鮮華《貴》族の希望通華《貴》族等を日本華族同様に宮中に於いて御取扱相成りたき旨内談あり。余は大体賛成の事に付、その機に於いて努力すべき意思なる事を告げたり。

と記されており、前総督より引き継いだためか現総督の斎藤実が原へ李らの陞爵を願い出ている。今回もすぐには実行には至っていないが、この件については三月三十一日・四月二十三日・二十四日各条にも散見している。四月二十四日条では陞爵候補者中、宋秉畯のみが辞退をしているようであるが、同年八月十八日条には、

宋秉畯、李完用陞爵は李王世子成婚の際結構あるべき筈の処、宋の申し出により暫く延期したるも、宋も今は余に一任しあるに因り、斎藤総督とも相談せし処同意に付、その内朝鮮の小騒動の終息を見て決行を望むと云い置けり。

とみえ、李王垠《ウン》と梨本宮方子《まさこ》女王との結婚に際しての朝鮮貴族陞爵は宋の申し出で延期になっていたことがわかる。ただし、八月の時点においてはすでに宋は陞爵の時期について原に一任している。さらに、同年十月十八日・二十八日条にも関連記事がみえ、朝鮮貴族と華族の有爵者大礼服を同一のものとしたいという案や李らの陞爵についても「即時にても差し支えなし」とみえる。また十二月に入ると十日条に「同時に李完用等一両名陞爵の事も取り計らう事とし、これも書面を出しくれよと中村宮相云うに付、余は朝鮮総督に早速相談して書面を出すべしと云い置けり」とあり、陞爵は既定路線であったようである。『授爵録』（大正八～十一年）によれば、九年十二月十六日付で内閣総理大臣原敬より宮内大臣中村雄《ゆう》次郎《じろう》宛で李完用と宋秉畯両名の陞爵詮議を申

牒。

左記正三位勲一等伯爵李完用外一名は別紙功績書の通り功績顕著なる者に付、各頭書の通り陞爵の儀詮議相成りたし。

として両名の功績書を添付。

右者明治四十三年日韓併合の功労に依り特に頭書の栄爵を授けられ、一意蹇々《けんけん》その趣旨を体し率先、以て上下民心の指導に任じ、能くこれをして帰嚮《ききょう》する所を知らしめ、且つ新政の普及に尽瘁《じんすい》し、併合後未だ十年を出でずして内鮮同化の実漸く挙がらんとするに至りたるは一に我が皇徳の致す所なりと雖も、また前記二名の能く政府と歩調を一にし、その力を茲《ここ》に致したるに由らざるはなく、その国家に対する功績頗る顕著なりとす。

と日韓併合と、その後の同化政策に果たした功績をもって同月二十八日付で伯から侯へ陞爵が許されている。

典拠　権堂四郎介『李王宮秘史』、『原敬日記』大正七年十二月二十日条・八年一月四日条・九年一月二十七日条・三月三十一日条・四月二十三日条・二十四日条・八月十八日条・十月十八日条・二十八日条・十二月十日条、『倉富勇三郎日記』大正八年一月十七日条、『授爵録』大正八～十一年(宮内庁宮内公文書館所蔵)

→李恒九

井内権之丞　いうち・＊ごんのじょう

生没年不詳

楠木正成末裔

①明治二十九年五月五日　(不許可)

広島県在住で楠木正成末裔を称する。族籍などは不明。授爵については明治二十九年(一八九六)四月二十日立案・五月五日決裁の「楠氏取調書」にみえ、宮内省爵位局が楠木正成末裔として提出された請願者二十一名中、井内の名も記されるが、家系に信憑性があると判断された甲斐荘《かいのしょう》正秀(以《い》号・京都)・中村権左衛門(遠《を》号・長野)・楠正基(加《か》号・鳥取)・関唯男(楚《そ》号・大阪)の四名のみ「審査の材料と相成るべき価あるものと存じ候に付、この四家の書類は姑《しばら》く他日の参考として当局に留め置き」とされて関連資料は宮内省に保管され、井内権之丞(与《と》号)を含めた十七名については各府県知事を通じて請願書を却下され、こののちも授爵されずに終わっている。

典拠　「楠氏取調書」(宮内庁宮内公文書館所蔵)

伊江朝永　いえ・ちょうえい

一八四一―一九〇四

旧琉球藩王尚家分家

①明治二十二年十二月　(許可)

伊江家は琉球王尚《しょう》家の分家。明治十二年(一八七九)三月十一日付で今帰仁《なきじん》家とともに華族に列せられるが、十七年七月の華族令公布に際し、公侯伯子男の五爵が定められるも、爵位は与えられず無爵華族。これに対し、「三条家文書」所収の二十二年十二月付「柳原前光《やなぎわらさきみつ》建白書」で柳原は、「真宗僧侶華族及沖縄県華族へ授爵建議」を三条実美《さねとみ》に提出している。これによれば、

沖縄県華族伊江・今帰仁二氏もまた宜しく授爵せらるべし。同県は制度・風俗内地に異なりと雖も、華族に列せらるる上は貴族院議員の資格を失せしめず、一視同仁の恩旨を垂らるべし。現に尚泰《たい》は侯爵たるを以て、選挙に依らず世襲議員の資格を有す。豈《あに》五十歩百歩の差に過ぎずや。宜しく男爵を授けらるべし。

とみえ、柳原前光は当時華族でありながら無爵であった浄土真宗系の大谷家以下の僧侶華族や、伊江・今帰仁両家に速やかに爵位を授与すべきであると三条に述べている。『法規分類大全』所収の二十三年「爵位局議案」によれば、伊江と今帰仁朝敷両名に対して、

右両家は旧琉球藩王尚泰の一門にして、明治十二年三月新たに華族に列せらる。明治十七年七月五等の栄爵を設けられ、衆華族に各爵を授けられたるも、当時尚泰及び右両家はこの御詮議に洩れ、翌十八年五月に至り尚泰のみ侯爵を授けられ、而して右両家は尚授爵の典なかりし。明

治二十二年二月貴族院令の発布せられしに無爵華族は同院議員たるの資格なく、また当主にありては衆議院にも入ることを得ざるを以て、曩《さき》に無爵一代華族酒井忠績《ただしげ》等三家を孰《いず》れも特に列して永世華族となし男爵を授けられたりし。然るに今茲《ここ》に僧侶及び女戸主華族を除き、無爵華族は唯伊江・今帰仁の二家あるのみ。而して右両家は始めより永世華族にてありしも、独り貴族院に対し華族の特権を有するを得ざるは抑も理においてその当を得ざるものと存ぜられ候。依て分家新列の華族に男爵を授けらるるの例により、この際各々男爵を授けらるべきや裁を仰ぐ。

との案が出され、華族でありながら無爵のために貴族院議員となる資格がなく、また衆議院議員に立候補する資格もないという当時の不安定な身分を指摘している。これは『授爵録』(明治二十三年)や『公文別録』などにも同様の文書がみえ、これらの諸事情を勘案して、同年三月二十七日付で両家は授男爵。

典拠　『授爵録』明治二十三年、『法規分類大全』二ノ六、「柳原前光建白書」(「三条家文書」)

伊賀氏広　いが・うじひろ

一八八六―一九六六

旧土佐国高知藩家老

①明治三十三年五月五日（許可）

伊賀家は旧高知藩家老で旧禄六千八百石余を知行。万石以上陪臣ではないため、「三条家文書」所収「旧藩壱万石以上家臣家産・職業・貧富取調書」などには記載がなく、同家への授爵を求める請願や詮議は明治三十三年(一九〇〇)までは確認できない。伊賀氏は氏広の先々代氏理《うじさと》の代に戊辰戦争にあたって功績があった。氏広のあとを陽太郎(氏成《うじなり》)が継ぎ、陽太郎は農商務省御用掛(准奏任)や高等商業学校教諭をつとめた。そのあとを山内豊信《やまうちとよしげ》の弟豊盈の子である氏広が養子に入り相続。『授爵録』(明治三十三ノ一年)所収の三十三年五月五日付立案の書類によると、

右は別紙履歴抄録の通りその身戊辰の役に自ら王師に加わり、一隊の将として兵馬の間に馳駆して賊徒勦討《そうとう》の殊功を建て、または西南の役身を死地に投じて能く鎮撫の功を奏し、或いはその父祖が幕府の末造に方《あた》り回天の大志を懐抱し、蹇々匪《けんけんひ》躬《きゅう》王事に尽瘁《じんすい》し、遂に国難に殉死せし等何れも復古の功臣と認むるに因り前掲の通り授爵の恩典あらんことを奏上せらるべきや。

と記され、伊賀家は幕末維新時の功績があると認められ、同年五月九日付をもって男爵を授けられる。

典拠　『授爵録』明治三十三ノ一年

伊木忠愛　いぎ・ただなる

一八八四―一九六二

旧備前国岡山藩家老

①明治三十三年五月五日（不許可）

②明治三十五年四月（不許可）

③明治三十九年八月（許可）

伊木家は旧岡山藩家老で旧禄三万石を知行。先代である前掲忠善《ただよし》が離籍して生家である九条公爵家に帰籍したため、伊木忠澄《ただすみ》の長女鑒《けん》が女戸主となる。その後、堂上華族である子爵東園基愛《もとなる》の三男忠愛(初名は愛三郎)が鑒の養子となって同家を相続した。同家の授爵運動は忠愛の代にも継続して行われ、『授爵録』(明治三十三ノ一年)所収の明治三十三年(一九〇〇)五月五日付宮内省当局側審査書類によれば、旧藩主一門および万石以上家老の授爵詮議で浅野哲吉ほか二十五名が挙げられ、同月九日付で全員男爵を授けられているが、その但書に、

但し旧藩一万石以上と唱うる家は四十八家あり。然れども明治四年辛未禄高帳(大蔵省記録)及び藩制録(大蔵省記録)又は府県知事より徴収したる現在所有財産高を照査し、その旧禄高一万石以上判明せしものにして、猶且つ五百円以上の収入を生ずべき財本を有すること精確なるもの先づ二十五家を挙ぐ。余の二十三家は他日調査完結又は資産を有するに至り

たるときに於いて御詮議相成るべきもの
とし、左にこれを掲げて参考に資す。

としたうえで、伊木忠愛を含めて二十三家が挙げられている。これによれば、伊木家は「旧禄高壱万石以上判明せしも五百円以上の収入を生ずべき財本を有せざる家」十一家のなかに分類されており、表高・実高ともに三万石ではあったが、年間五百円以上の収入を生ずる財本を有していなかったようであり、この選に洩れてしまう。『授爵録』(明治三十九〜四十年)によれば、旧主である侯爵池田章政《あきまさ》が三十五年四月付で伊木家と池田博愛《ひろのり》の「授爵請願」を宮内大臣田中光顕《みつあき》宛で提出。

右家祖従五位下豊後守忠次は織田信長の臣にして池田信輝《のぶてる》の部下に属し、その創業を翼《たす》く。信輝戦没の後、豊臣秀吉の旨を受け専ら信輝の遺孤輝政《てるまさ》を扶翼するを以て己が任となし、補導到らざるなし。秀吉美濃に於いて茶領五千石を給す。蓋し異数なり。後輝政遂に藩鎮の大封に至りしは忠次与りて力あり。その子孫累代老臣の主席を以てこれを遇し、采邑三万石を食ましむ。十四世の孫長門忠澄《ただすみ》〔号三《さん》猿斎《えんさい》〕一藩を唱導して心を王事に勤め大参事の職を奉ず。その子若狭忠恭《ただゆき》、明治元年正月備中鎮撫の命を奉じ、兵を率いて備中松山に屯す。その死忠澄に先ず明治十四年三月忠澄叙位の光栄を蒙りしもの、蓋しその前功に由る。忠愛はその玄孫なり。

として旧臣への栄典を求めるがこの時点でも財本を確立できずにいたためか不許可となる。前掲『授爵録』(明治三十九〜四十年)所収の三十九年八月付の宮内省当局側立案書類によれば、有吉《ありよし》虎若・日置健太郎《ひきけんたろう》・池田博愛・土倉光三郎・沢村重《しげし》・荒尾之茂《これしげ》・荒尾嘉就《よしなり》・藤堂憲丸とともに伊木の授爵を建議。

旧藩一万石以上の門閥にしてその所属藩主の一門または家老の輩はその実力恰《あたか》も小諸侯の如く古来旧領地に住して門地声望等その地方人民の儀表となり、勧業または奨学等公益に資すること少なからざるを以てこれに栄爵を授けられんとするの件曩《さき》に御裁可あらせられ、去る三十三年皇室御慶事の時に際し詮議を経て旧藩一万石以上と唱うる門閥家にして、その旧禄高一万石以上たること判明し、尚且つ五百円以上の収入を生ずべき財本を有すること精確なる者二十五家を挙げて華族に列し男爵を授けられたり。而してその際旧禄高一万石以上たること判明せるも、五百円以上の収入を生ずべき財本を有せざる者にありては他日その資産を有するに至りたるときに於いて更に同様の詮議に付せらるべきものとせられ、右九家はその当時既にその員に数えられたる者なり。然るに爾来孰《いず》れもその資産を有するに至りたるを以て、この際曩日《のうじつ》の詮議に基づき前記九家に対し授爵の恩典あらんことを上奏せらるべきや。

とし、伊木家も資産五百円を生ずる財本を確立したとして、同年九月十七日付で授男爵。

典拠　『授爵録』明治三十三ノ一年・三十九〜四十年

→伊木忠善・九条忠善

伊木忠善　いぎ・ただよし

一八五三—九五

旧備前国岡山藩家老・判事補

①明治十一・十二年頃（不許可）
②明治十二〜十六年頃（不許可）
③明治十五・十六年頃（不許可）

伊木家は旧岡山藩家老で旧禄三万石を知行。幕末・維新期の当主は三猿斎《さんえんさい》の雅号で茶人としても知られる忠澄《ただすみ》。忠善は五摂家の一つ、九条尚忠《ひさただ》の子。万延元年（一八六〇）四月に随《ずい》心院《しんいん》大僧正増護《ぞうご》の付弟となり、明治五年（一八七二）五月に還俗《けんぞく》し九条家に復籍。六年七月に忠澄の子忠恭《ただゆき》の養子となる。同家の華族昇格に関し、『爵位発行順序』所収「華族令」案の内規として公侯伯子男の五爵（左に朱書で公伯男の三爵）を設け、世襲・終身の別を付し、その内「世襲男爵を授くべき者」四項目中、第四項目に「旧藩主一門の高一万石以上の者及び高一

万石以上の家臣」を挙げている。同案は十一・十二年頃のものと推定されるが、この時点においては旧幕時代に一万石以上を領していた伊木家は男爵に列すべき家として認知されていたと思われる。同じく前掲『爵位発行順序』所収「授爵規則」によれば「男爵を授くべき者」として、七項目中、第四項目に「旧藩主一門の高一万石以上の者及び高一万石以上の家臣」が挙げられている。前記資料とは異なり、この案は十二年以降十六年頃のものと推測されるが、こちらでも万石以上陪臣として、同家は世襲華族として男爵を授けられるべき家とされていた。また、十五・十六年頃の作成と思われる「三条家文書」所収「旧藩壱万石以上家臣家産・職業・貧富取調書」によれば、旧禄高三万石、所有財産は金禄公債一万七百六十五円、田畑十町八反五畝一歩、山林七十六町九反五畝二十二歩、宅地一町二反五畝二十六歩、建家二百九十二坪、職業は判事補、貧富景況は空欄。当該時期は万石以上陪臣への華族編列そのものが実施されなかったため、同家は士族にとどまる。なお、その後忠善が二十一年十二月に伊木家を離籍し、生家九条家へ帰籍したため、伊木家は三十九年九月十七日付で前掲忠《ただ》愛《なる》が男爵を授けられている。

典拠　『爵位発行順序』、「旧藩壱万石以上家臣家産・職業・貧富取調書」（「三条家文書」）

→伊木忠愛・九条忠善

池田謙斎　いけだ・けんさい

一八四一―一九一八

宮内省侍医兼侍医局長・医学博士

①明治三十一年一月八日（許可）

越後国蒲原郡出身の医学者。幕末には緒方洪庵の門下となり、長崎遊学を経て幕府奥医師池田多仲《たちゅう》の養子となる。維新後は陸軍軍医監や宮内省侍医を経て初代の東京大学医学部綜理に就任。その後も宮内省侍医や同省侍医局長をつとめた。『授爵録』（明治三十一年）によれば、明治三十一年（一八九八）一月八日付の宮内省当局側立案書類によれば、

　右は明治九年侍医に任ぜられし以来二十二年、その間天皇陛下・皇后陛下・皇太子殿下並びに各宮殿下拝診御用相勤め、時に御不例に渉らせらるるときは昼夜を別たず宮中に伺候し、励精刻苦善くその職を尽くせり。且つ英照皇太后御在世中も常に青山御所に出仕し拝診相勤め、殊に御大患に陥らせられたる時の如きは実に寝食を忘れ医療御看護到らざるなし。その心労紙筆の能《よ》く尽す所にあらず。これ素《もと》より侍医の本分なり。然れども君に仕うるにその軀を忘るるの赤誠あるにあらざるよりは焉く能くかくの如くならんや。又同人が国家に尽したる功績を列挙すれば陸軍に剤りては一時軍医監に任ぜられ、大学に在りては大助教より累進して東京大学医学部総理の任を嘱せられ、能く医学の発達を図り、後進を教養す。当時世推して斯道《しどう》の泰斗と仰ぐ。明治二十七八年事件に際し陸軍にては石黒忠悳《ただのり》、赤十字社にては橋本綱常《つなつね》共にその功勲の著しきを以て栄爵を授けられたり。謙斎の皇室に対する功績また敢えてこれに譲らず。依ってその功を録せられ特に華族に列し男爵を授けらるべき乎。高裁を仰ぐ。

とみえ、医学界の功労が顕著であり、日清戦争に際して、陸軍軍医関係では石黒忠悳、海軍軍医・赤十字社関係では橋本綱常両名が男爵を授けられている先例に照らしても池田の功績は劣らぬものと認められ、これらの結果、同月二十五日付で裁可され、二月二日付で侍医局長を辞し、同日男爵が授けられた。

典拠　『授爵録』明治三十一年、岩壁義光「旧幕臣系男爵の授爵について―宮内公文書館所蔵「授爵録」の分析を通じて―」（『学習院大学史料館紀要』一八）

池田譲次　いけだ・じょうじ

一八八三―一九七〇

旧播磨国福本藩主・元男爵池田徳潤嫡男、大蔵省臨時建築課技師・陸軍工兵少尉

①大正三年二月（不許可）

池田家は旧幕時代は交代寄合《こうたいよりあい》表御礼衆の旗本で、維新後は朝廷に早期帰順し、慶応四年

(一八六八)六月十五日に正式に立藩し、諸侯に列した。先代徳潤《のります》が明治十七年(一八八四)七月の華族令公布に際して男爵を授けられるも、二十七年一月に爵位を返上。譲次は徳潤嫡男で、四十年七月に東京帝国大学工科大学建築学科卒業後、大蔵省技師となり、また一年志願兵として兵役に就き陸軍工兵少尉に任官。「徳川義恕《よしくみ》他陞爵請願書」には池田家復爵関係書類が含まれ、一紙目左端上に「奥田博士提出」とみえるも不明。大正三年(一九一四)二月付で旧福本藩士総代として、陸軍中将藤井茂太《しげた》・陸軍馬政官岸本雄二・陸軍二等軍医西川為三が連署で請願。「先代債務の如きも着々整理し、今や家道始めて旧に復す」「臣等尊厳を冒涜し恐懼敢えて歎願する所あり。乃《すなわ》ちこの際徳順が嘗《かつ》て奉還せし栄爵はこれを嗣子譲次に復し、世襲せしめ賜らんことを冀《こいねが》う儀にこれあり候」と華族の体面を維持するだけの経済力に復した点を理由として復爵を請願するも結局却下される。そののち、譲次は大蔵省営繕管財局第二技術課長・同局工務部長を歴任し、昭和十四年(一九三九)に退官し、北支住宅会社副社長を経て社長に就任している。

典拠　「徳川義恕他陞爵請願書」(宮内庁宮内公文書館所蔵)、『読売新聞』大正十二年八月二十八日朝刊・昭和十二年六月二十九日朝刊、『東京朝日新聞』昭和十二年六月二十九日朝刊・十四年七月二十二日朝刊

→池田喜通

池田長準　いけだ・ながとし

一八五三―一九一三

旧備前国岡山藩家老・岡山県英田郡長

①明治十一・十二年頃（不許可）
②明治十二〜十六年頃（不許可）
③明治十五・十六年頃（不許可）
④明治三十三年五月五日（許可）

池田家は旧岡山藩家老で旧禄二万千石を知行。幕末・維新期の当主は長常で、明治二年(一八六九)に隠居して家督を長準に譲った。同家の華族昇格に関し、『爵位発行順序』所収「華族令」案の内規として公侯伯子男の五爵(左に朱書で公伯男の三爵)を設け、世襲・終身の別を付し、その内「世襲男爵を授くべき者」四項目中、第四項目に「旧藩主一門の高一万石以上の者及び高一万石以上の家臣」を挙げている。同案は十一・十二年頃のものと推定されるが、この時点においては旧幕時代に一万石以上を領していた池田家は男爵に列すべき家として認知されていたと思われる。同じく前掲『爵位発行順序』所収「授爵規則」によれば「男爵を授くべき者」として、七項目中、第四項目に「旧藩主一門の高一万石以上の者及び高一万石以上の家臣」が挙げられている。前記資料とは異なり、この案は十二年以降十六年頃のものと推測されるが、こちらでも万石以上陪臣として、同家は世襲華族として男爵を授けられるべき家とされていた。また、十五・十六年頃の作成と思われる「三条家文書」所収「旧藩壱万石以上家臣家産・職業・貧富取調書」によれば、旧禄高二万千石、所有財産は田畑七町二反六畝歩、山林十二町八反歩、宅地三反四畝十三歩、建家百四十坪、職業は岡山県英田郡長。貧富景況は空欄。当該時期には万石以上陪臣の華族編列そのものが実施されなかったため、同家は士族にとどまる。その後、『授爵録』(明治三十三ノ一年)所収の三十三年五月五日付立案の書類によれば、

　右は旧藩一万石以上の門閥にして、何れもその所属藩主の一門または家老たり。平生数百の士卒を養い、有事の時は将帥と為り手兵を提《さ》げ、出でて攻守の任に当たり、無事の時は入りて執政と為り民政を総管する等恰《あたか》も小諸侯の如し。而してこの輩は封土奉還の日何れも士族に編入せられたるも、仍《なお》巨多の資産を有して旧領地に住し、その地方人民の推重せらるるを以て自らその地方人民の儀表と為り、勧業または奨学等公益に資すること少なからず。その門地は以て小諸侯に譲らず。その資産また門地を維持するに足るものと認むるに因り前掲の通り授爵の恩典あらんことを奏上せらるべきや。

とあり、池田家は門地を維持するだけの資産

も有していると認められ、同年五月九日付をもって男爵が授けられる。

典拠 『爵位発行順序』、「旧藩壱万石以上家臣家産・職業・貧富取調書」（「三条家文書」）、『授爵録』明治三十三ノ一年

池田徳国　いけだ・*のりくに

一八六六―八六

池田慶徳六男

①明治三年閏十月三日（不許可）

鳥取藩主池田慶徳《よしのり》の六男で、幼名六麿・国若。『贈従一位池田慶徳公御伝記』明治二年（一八六九）九月二十八日条によれば、「公、故万之助君御家名を再興し、国若君に御家続の義を申し入れらる」とあり、絶家となった旧旗本寄合席池田万之助のあとを再興し、藩主一門の士族に列し、現米四百五十石が与えられている。「池田鳥取藩知事一門同姓万之助家名ヲ廃シ養子知事六男国若原籍ニ復ス」によれば、三年五月二十二日付で鳥取藩より太政官弁官宛で、

　先般藩制奏状の砌《みぎり》、御一門池田万之助当時断絶に御座候処、知事六男国若養子に遣わし、右家名相続一門と致させ士族に御届け申し上げ置き候処、この度一門士族数員相成り候に付、国若儀知事手元へ引き取り、右家名は廃し候旨今便鳥取表より申し越し候に付、この段御届け申し上げ候。

と通知があり、池田万之助家は再度廃家となり、徳国は池田本家へ復籍し、華族厄介の身分となっている。そのうえで父慶徳より徳国の分家・列華族を望み、三年閏十月三日付で太政官弁官宛で請願している。「知事六男国若へ家禄分割華族家名再興願」によれば、

　慶徳二祖参議忠雄《ただかつ》二弟右近将監従四位下輝興《てるおき》二万石分知、右二代播磨守政種《まさたね》嗣子無く家絶に及び候処、庶流中最も由緒これあり、余儀無き情実も御坐候に付、今般慶徳家禄の内を以て現石六百石分割致し、六男国若を以て家名再興の儀願い奉り候。何卒格別の御詮議を以て右等仰せ付けられ下させられ候はば、慶徳に於いても有難き仕合わせに存じ奉り候。宜しく御執奏冀《こいねが》い入り存じ奉り候。以上。

とみえ、断絶した池田政種のあとを再興させ、華族に列したい旨を申し出る。同日付の「添書」には、

　参議忠雄天草一揆追討の砌戦功を以て四万石領仰せ出され候処、三弟これあり。輝澄《てるずみ》へ二万石、政綱《まさつな》へ一万石宛《ずつ》諸侯列に分地仕り候。その後政綱早世仕り候に付、右政綱家禄を併せ輝興へ二万石分地仕り候。然るに輝興二代播磨守政種嗣子無く、家絶に及び候。従来戦功を以て下させられ領地の儀、一旦家絶に及び候えども、他故これあり候儀には御座無く、輝澄家嗣は今に永続罷り在り、則ち池田福本藩知事家に御座候所、右等余儀無き情実も御坐候に付、家名再興の儀願い奉り候儀に御坐候。以上。

と嘆願するも、弁官側からは同月五日付で「御沙汰に及ばれ難き事」として却下される。また『池田家譜』によれば、「閏十月三日五子国若に家禄の内四百五十石を与えて故池田澄古の家を継がしめんことを請う。允《ゆる》さず」とみえ、鳥取藩の支藩である鹿奴《しかの》藩主池田仲澄《なかずみ》三男にして、鳥取藩主となった実兄吉泰《よしやす》の弟である同姓澄古《すみひさ》の名跡相続をしようとして果たせなかったともみえる。こののちの徳国の動向については、『贈従一位池田慶徳公御伝記』三年閏十月八日条によると、

　公、国若君に万之助家名御相続の儀、以前の通りと申し入れらる。この度御出願の国若君輝興朝臣家名御再興の儀、御許しなかりしを以て、改めて万之助君御家名相続、御家禄中より家禄を与えらるることとし、この日家扶山田新九郎を以て左の通り申し入れらる。国若様御事、今般御華族へ御転族の儀、朝廷へ御願進《まい》らせられ候えども、深き御趣意もこれあり、御沙汰に及ばれ難き旨仰せ出でられ候。然る所、厚き思召の旨も在らせられ候に付、更にこの度二位様御引き取り進らせられ、御家禄の内現石六百石御分割進ら

せられ候。尤も万之助様御家名御相続の儀はこれ迄の通り御心得ならせられ、仰ぎ進らせられ候。新九郎、御部屋に候して言上す。国若君、有難く思し召す旨、御直答あり。同方よりも下等家従山内宗市を使者とし、御礼を申し上げらる。

とみえ、華族編籍および池田輝興家の家名再興が叶わなかったため、再度池田万之助の跡目を再興し現米六百石が与えられることとなったとある。これにより徳国は士族籍に編入され、こののちも華族としての分家は認められることなく終わっている。

典拠　『贈従一位池田慶徳公御伝記』明治二年九月二十八日条・三年閏十月八日条、「池田鳥取藩知事一門同姓万之助家名ヲ廃シ養子知事六男国若原籍ニ復ス」（『太政類典』）、「知事六男国若ヘ家禄分割華族家名再興願」（『公文録』）、「池田家譜」（東京大学史料編纂所蔵）

池田頴従　いけだ・*ひでより

生没年不詳

楠木正成末裔

①明治二十九年五月五日（不許可）

広島県在住で楠木正成末裔を称する。族籍などは不明。授爵は明治二十九年（一八九六）四月二十日立案・同年五月五日決裁の「楠氏取調書」にみえ、宮内省爵位局が楠木正成末裔として提出された請願者二十一名中、頴従の名も記されるが、家系に信憑性があると判断された甲斐荘《かいのしょう》正秀（以《い》号・京都）・中村権左衛門（遠《を》号・長野）・楠正基（加《か》号・鳥取）・関唯男（楚《そ》号・大阪）の四名のみ「審査の材料と相成るべき価あるものと存じ候に付、この四家の書類は姑《しばら》く他日の参考として当局に留め置き」とされて関連資料は宮内省に保管され、頴従（津《つ》号）を含めた十七名については各府県知事を通じて請願書を却下され、こののちも授爵されずに終わっている。

典拠　「楠氏取調書」（宮内庁宮内公文書館所蔵）

池田博愛　いけだ・ひろのり

一八五二―一九二七

旧備前国岡山藩家老

①明治十一・十二年頃（不許可）

②明治十二〜十六年頃（不許可）

③明治十五・十六年頃（不許可）

④明治三十三年五月五日（不許可）

⑤明治三十五年四月（不許可）

⑥明治三十九年八月（許可）

池田家は旧岡山藩家老で旧禄一万石を知行し、建部《たけべ》池田家とも称された。幕末・維新期の当主は博文《ひろふみ》。博文は慶応二年（一八六六）に隠居して家督を養子博愛に譲り、維新後は岡山藩大参事もつとめた。同家の華族昇格に関し、『爵位発行順序』所収「華族令」案の内規として公侯伯子男の五爵（左に朱書で公伯男の三爵）を設け、世襲・終身の別を付し、その内「世襲男爵を授くべき者」四項目中、第四項目に「旧藩主一門の高一万石以上の者及び高一万石以上の家臣」を挙げている。同案は明治十一（一八七八）・十二年頃のものと推定されるが、この時点においては旧幕時代に一万石以上を領していた池田家は男爵に列すべき家として認知されていたと思われる。同じく前掲『爵位発行順序』所収「授爵規則」によれば「男爵を授くべき者」として、七項目中、第四項目に「旧藩主一門の高一万石以上の者及び高一万石以上の家臣」が挙げられている。前記資料とは異なり、この案は十二年以降十六年頃のものと推測されるが、こちらでも万石以上陪臣として、同家は世襲華族として男爵を授けられるべき家とされていた。また、十五・十六年頃の作成と思われる「三条家文書」所収「旧藩壱万石以上家臣家産・職業・貧富取調書」によれば、旧禄高一万石、所有財産は銀行株券七十六株（一株五十円）、田一反歩、職業は無職、貧富景況は空欄と記されるも、当該時期は万石以上陪臣への華族編列そのものが実施されなかったため、同家も士族にとどまる。『授爵録』（明治三十三ノ一年）所収の三十三年五月五日付宮内省当局側審査書類によれば、旧藩主一門および万石以上家老の授爵詮議で浅野哲吉ほか二十五名

が挙げられ、同月九日付で全員男爵を授けられているが、その但書に、

但し旧藩一万石以上と唱うる家は四十八家あり。然れども明治四年辛未禄高帳(大蔵省記録)及び藩制録(大蔵省記録)又は府県知事より徴収したる現在所有財産高を照査し、その旧禄高一万石以上判明せしものにして、猶且つ五百円以上の収入を生ずべき財本を有すること精確なるもの先づ二十五家を挙ぐ。余の二十三家は他日調査完結又は資産を有するに至りたるときに於いて御詮議相成るべきものとし、左にこれを掲げて参考に資す。

としたうえで、池田博愛を含めて二十三家が挙げられている。これによれば、池田家は「旧禄高壱万石以上判明せしも五百円以上の収入を生ずべき財本を有せざる家」十一家のなかに分類されており、表高・実高ともに一万石ではあったが、年間五百円以上の収入を生ずる財本を有していなかったようであり、この選に洩れてしまう。ついで『授爵録』(明治三十九~四十年)によれば、三十五年四月付で旧主である侯爵池田章政《あきまさ》より池田博愛と伊木忠愛《いぎただなる》への授爵を「授爵御願」として宮内大臣田中光《みつ》顕《あき》で提出している。

右家祖森寺藤左衛門秀勝は勢州赤堀城及び萩の城主藤右衛門某の子なり。秀勝織田信秀《のぶひで》の部下に属す。池田信輝《のぶてる》と因あり。時に信輝幼にして遺孤となる。秀勝これを扶翼す。後織田信長の命に依りて信輝の部下属(に脱)し、その基業を翼《たす》く。秀勝鑑識《かんしき》あり、池田家功臣の最なる者槩子その推挙に出づ。秀勝の子政右衛門忠勝 屢《しばしば》 軍功あり。忠勝死して子なし。輝政弟備中守長吉の三男長政をしてその家を継がしめ、氏を池田と改む。蓋し創業の重臣なるを以て也。累世老臣に班し采地一万石を食せしむ。その十世の孫隼人博文明治維新の際軍事を総括し、藩政に与り大参事の職を奉ぜり。その子博愛謹みて 惟《おもいみ》るに明治三十三年五月寵恩あり各藩閥閲功臣の輩へ授爵の特典を蒙り候に就いては、忠愛・博愛両家に対し当家往昔三百年来の情義黙止するに忍びず。尤も明治初年以来両家の資財を管理し、当時家計の方法も相立ち、尚将来補助監督をも相尽し申すべく候間、何卒出格の御詮議を以て授爵の寵典に浴せしめられ候様御執奏下されたく、伏して請願奉り候也。

と旧主からも同家の由緒や維新時の功績を列挙するも、まだこの当時は財本を確立できなかったためか授爵の沙汰は下りていない。前掲『授爵録』(明治三十九~四十年)所収の三十九年八月付の宮内省当局側立案書類によれば、有吉《ありよし》虎若・日置健太郎《ひきけんたろう》・伊木忠愛・土倉光三郎《とくらみつざぶろう》・沢村重《しげし》・荒尾之茂《これしげ》・荒尾嘉就《よしなり》・藤堂憲丸とともに池田の授爵を建議。

旧藩一万石以上の門閥にしてその所属藩主の一門または家老の輩はその実力 恰《あたか》 も小諸侯の如く古来旧領地に住して門地声望等その地方人民の儀表となり、勧業または奨学等公益に資すること少なからざるを以てこれに栄爵を授けられんとするの件曩《さき》に御裁可あらせられ、去る三十三年皇室御慶事の時に際し詮議を経て旧藩一万石以上と唱うる門閥家にして、その旧禄高一万石以上たること判明し、尚且つ五百円以上の収入を生ずべき財本を有すること精確なる者二十五家を挙げて華族に列し男爵を授けられたり。而してその際旧禄高一万石以上たること判明せるも、五百円以上の収入を生ずべき財本を有せざる者にありては他日その資産を有するに至りたるときに於いて更に同様の詮議に付せらるべきものとせられ、右九家はその当時既にその員に数えられたる者なり。然るに爾来孰《いず》れもその資産を有するに至りたるを以て、この際曩日《のうじつ》の詮議に基づき前記九家に対し授爵の恩典あらんことを上奏せらるべきや。

とし、池田家も資産五百円を生ずる財本を確立したとして、同年九月十七日付で授男爵。

典拠　『爵位発行順序』、「旧藩壱万石以上家臣家産・職業・貧富取調書」(「三条家文書」)、

『授爵録』明治三十三ノ一年・三十九～四十年

池田政和　いけだ・まさやす

一八九一―一九一七

旧備前国岡山藩家老

①明治十一・十二年頃（不許可）

②明治十二～十六年頃（不許可）

③明治十五・十六年頃（不許可）

④明治二十年七月四日（不許可）

⑤明治二十四年十月十六日（許可）

池田家は旧岡山藩家老で旧禄三万石を知行し、天城《あまき》池田家とも称された。幕末・維新期の当主は政和。戊辰戦争でも軍功があり、明治二十四年（一八九一）七月には特旨により正六位に叙せられた。同家の華族昇格に関し、『爵位発行順序』所収「華族令」案の内規として公侯伯子男の五爵（左に朱書で公伯男の三爵）を設け、世襲・終身の別を付し、その内「世襲男爵を授くべき者」四項目中、第四項目に「旧藩主一門の高一万石以上の者及び高一万石以上の家臣」を挙げている。同案は十一・十二年頃のものと推定されるが、この時点においては旧幕時代に一万石以上を領していた池田家は男爵に列すべき家として認知されていたと思われる。同じく前掲『爵位発行順序』所収「授爵規則」によれば「男爵を授くべき者」として、七項目中、第四項目に「旧藩主一門の高一万石以上の者及び高一万石以上の家臣」が挙げられている。前記資料とは異なり、この案は十二年以降十六年頃のものと推測されるが、こちらでも万石以上陪臣として、同家は世襲華族として男爵を授けられるべき家とされていた。また、十五・十六年頃の作成と思われる「三条家文書」所収「旧藩壱万石以上家臣家産・職業・貧富取調書」によれば、旧禄高三万石、所有財産は金禄公債一万六百五十円、田畑三町一畝七歩、塩田一町一反七畝十三歩、山林一町四反三畝十三歩、宅地一町四反二十六歩、建家三百八十三坪、職業は無職、貧富景況は空欄と記されるも、当該時期は万石以上陪臣への授爵そのものが実施されず、同家は士族にとどまる。『授爵録』（明治十八～二十年）によれば、二十年七月四日付の宮内省当局側の書類中に、「従三位侯爵池田章政《あきまさ》ヨリ支族池田政和華族ニ被列度請願ノ件」として、

　但し御採用相成らざるの義に候はば別段指令を付せず。当局限り説諭の上却下致し然るべき哉相伺い候也。

とみえ、指令を付すことなく却下されている。当該期に旧主である侯爵池田章政より同姓政和への華族編列・授爵を宮内省へ願い出たものであるが、同月八日付で華族局より章政へ願書が返送されており、願書本文は綴られていないため確認できない。さらに『授爵録』（明治二十四年）によれば、二十四年十月十六日付で前回同様に池田章政が自身の後見人である侯爵鍋島直大《なおひろ》、先代である池田茂政《もちまさ》、また一族である池田政礼《まさかた》・同徳定《のりさだ》・同源《はじめ》・同政保《まさやす》の四子爵、男爵池田徳潤《のります》、そして章政の子詮政《のりまさ》の連署により「願書」を宮内大臣土方久元宛で提出。

右政和儀は章政の祖先信輝《のぶてる》入道勝入嫡男紀伊守之助の正嫡出羽守由之《よしゆき》の本系にして、池田家血統今日に至る迄実に連綿たるものにこれあり。信輝・之助父子長湫に於いて戦死し、時に由之幼稚にして殊に戦国の世なれば伯父三左ヱ門輝政家を嗣ぎ、由之には別に三万二千石を領せしめこれを待つに特別を以てし、後幕府より諸侯に列せらるるの内意ありしも、命を受くるに至らずして死去し、その子孫世々三万石を領し国老の上席または支封の待遇を受く。且つ祖先の功労に依り諸侯に劣らざる特許の物件格式を有す。かくの如く総て別格の家柄なるを以てこれを老臣の列に置くは章政等同姓一族の心意実に安ぜざる儀にこれあり、茂政等曽《かつ》て幕府に請うて同家々格を支封に改めんとせしこと数々なりしも、遂に時機を失し止むを得ずその儘に打ち過ぎたる次第にこれあり。故に政和の今日士族の列に在るは章政等祖先に対し私情実に忍びざる儀にこれあり候。而て政和の父政昭は旧備前藩の執政にして夙《つと》に勤王の志厚く、専ら国事に鞅掌《おうしょう》して文久三年京師に入り禁

門を守護し、長州追討の命下るや兵士を出し、また攘夷の宣旨下るや藩地沿岸に砲台を築きこれが防禦《ぼうぎょ》を厳備し、常に心を国事に委ね大いに功労あるものにこれあり候、また政和はその父政昭の意志を継ぎ茂政父子を佐《たす》け専ら力を国事に尽し、明治元年正月兵士を率いて摂州西ノ宮を守衛し、尋《つい》で京都に到り禁門を警衛す。また官軍の東国に向かうや、その先鋒として銃隊四組に医師を付しこれを出発せしめ、江戸に入り総州八幡・武州飯能その他に転戦奮闘し、賊徒を捕獲し銃砲薬等を分捕し、遂に奥州に至り数々激戦す。殊に磐城平・三春若松等に於いて最も奮闘苦戦し、大いに戦功を奏しその勲功実に顕著なるは章政等に於いて確認する所にこれあり候。且つ出兵已《すで》に一ケ年に亘り、為に巨額の軍費を要し、これを悉く支弁せしは老臣輩に於いて実に容易ならざる負担にこれあり候。また軍隊の如き夙に洋式の是なるを悟り、他に率先して兵式を改め銃器を精選し、専ら兵士を訓練し、常に心力と資力を挙げ国事に傾用致し候。曩《さき》にはその功労を賞せられ、已に叙位の恩典を蒙り候。然るに維新の際国家に勲功あるもの、または門地の輩は既に華族に列せらるるの栄誉を賜り候。就いては政和は前陣の如く家格を有し、且つ池田家血統連綿として現に相当の資産を有するものにして、夙に勤王報国の志厚く、常に力を国家に尽しその勲功実に顕著なる者にこれあり候に付、この際特別の御詮議を以て華族に列せられ候様願い奉り候。尤も華族に列せられ候ともそも体面を保つべき財産を有し居り候に付、栄爵を下賜候上は朝廷の為に藩屏《はんぺい》の任を尽し申すべくは章政等の信認する所にこれあり候。依て別紙系図・履歴書・東征出兵人名録并びに現在財産調書相添え、一族連署を以て懇願奉り候間、宜しく御執奏成し下されたく候。以上。

として本来は岡山藩の支藩として大名に列すべき家系であったなどの由緒と、維新における政和自身の功績を縷々陳情している。これに対して同年中に作成されたと思われる宮内省当局側による「華族池田氏ノ一族ヨリ其同姓ナル岡山県士族正六位池田政和ヲ華族ニ列セラレ度請願ノ件、並ニ公爵島津忠義ヨリ末家島津久家ヲ華族ニ被列度再願ノ件ニ付考按」によれば、前段部分で池田政和への授爵審査について記されており、

先ず正六位池田政和の願書に付考按を立てるに当たり、右書類とこれに関係ある諸家の系譜とを対照考慮するに、池田政和は侯爵池田章政の祖先信輝の嫡男紀伊守之助の正嫡出羽守由之の本系たる明白にして、更に疑う所あることなし。而してその血統の如きは十有一代の永きに於いて二三の養子ありと雖も皆同姓血属の親より入れ純粋たる男系の連綿として絶えざりしことはまた争うべからず。侯爵池田章政の家はその宗家たる固より論なしと雖も政和の家はその嫡流を以て支族に分かれ旧岡山藩老臣の列に置きたるに依り、今日士族の班にあるは事情誠に憐むべきものとす。故に請願書中にも政和の家に対し池田氏同姓一族の心意甚だ安んぜずと云うはまた案ぜずんばあるべからず。王政維新の際手兵を以て諸侯伯の兵と堂々旗鼓を争うて東北に転戦し勲功ありしことは曩に特旨を以て正六位に叙せられたるに因て知るべきなり。またその生計の有様を観るに財産金三万四千余円を所有することは宗家侯爵池田章政の保証する所にして、以てその地方の右族たるを述ぶるに足れり。謹みてこれを按ずるに従来他の大藩諸侯の旧臣にしてその分家一門の為往々華族に列せられんことを出願したるものあるも勘考の上その庶流の家筋に属するもの、または華族戸主の最近なる血縁を有せざる者は孰れも書面を却下せられたりし。これは則ち御詮議の標準たる三項の要素を伺定したるものあるを以てなり。然るに政和の家系

は則ち池田氏正統の嫡流にして、当時章政等と直接是服の関係は有せずと雖もそんの同姓一族の心意安からずと云い、諄々照請する所以のものは他の出願者と違い正統の嫡流男系の連綿たる特色の訳あるを以てなり。実に然り而してその所有の財産は以て右族と称すべり。維新の軍功は録して叙位の奏聞書にあり。故に政和の如きは華族としてその名誉を維持する資格あるものとし、当然御詮議相成るべきものと認められ候。

として、(一)男系の血統であり、(二)華族としての体面を維持するに必要な資産を有しており、(三)華族戸主の近い血縁者であるという三点を満たしており、授爵詮議をするに相応の人物であると審査結果を述べている。これらが認められ、同年十二月二十八日付で男爵を授けられている。

典拠　『爵位発行順序』、「旧藩壱万石以上家臣家産・職業・貧富取調書」(「三条家文書」)、『授爵録』明治十八～二十年・二十四年

池田又三郎　いけだ・またさぶろう

生没年不詳
楠木正成末裔
①明治二十九年五月五日（不許可）

香川県在住で楠木正成末裔を称する。族籍などは不明。授爵については明治二十九年（一八九六）四月二十日立案・五月五日決裁の「楠氏取調書」にみえ、宮内省爵位局が楠木正成末裔として提出された請願者二十一名中、池田又三郎の名も記されるが、家系に信憑性があると判断された甲斐荘《かいのしょう》正秀（以《い》号・京都）・中村権左衛門（遠号・長野）・楠正基（加《か》号・鳥取）・関唯男（楚《そ》号・大阪）の四名のみ「審査の材料と相成るべき価あるものと存じ候に付、この四家の書類は姑《しばら》く他日の参考として当局に留め置き」とされて関連資料は宮内省に保管され、池田又三郎（称《ね》号）を含めた十七名については各府県知事を通じて請願書を却下され、こののちも授爵されずに終わっている。

典拠　「楠氏取調書」（宮内庁宮内公文書館所蔵）

池田喜通　いけだ・よしみち

一八二八―六八
旧交代寄合・中大夫席
①慶応四年閏四月（許可）

池田家は播磨国福本において六千石を領した交代寄合《こうたいよりあい》表御礼衆の格式を有した旗本。喜通は幕末・維新期の当主で通称は弾正。同家の諸侯への昇格運動については、『従一位池田慶徳《よしのり》公御伝記』慶応四年（一八六八）三月十九日条が初見であり、

　庶流池田久米之助、及び家老高松弥九郎来る。公、同家家格引上げの義を諭さる。（中略）同日、公、久米之助に書送りて、来国を謝し、その入城を望まれしかば、翌二十一日九時登城し、太鼓御門にて下馬、御式台より御奏者御目付の案内にて、両分知御休息の間に入る。若殿まず御居間にて御対面あり。御相伴にて、二汁五菜の御料理を出ださる。次いで、公、御奥にて対面し、同家家格所領に就いて懇談せらる。夜に入りて、久米之助下城す。かくて、久米之助は城下の諸寺を巡拝し、鹿野にも赴きしが、二十五日四時、再び登城し、御奥にて公の御要談をうく。同日、公、返書し、同家諸侯列引上げの御世話、及び同族保(槍)三郎・槍(保)之助を鳥取に御引取りの意をのべらる。

とみえ、すでにこの時点より喜通の子息久米之助（喜延。のち徳潤《のります》と改名）を交代寄合より諸侯への昇格させることを本家筋にあたる鳥取藩が後援しようとしている点が確認される。所領については、

　弾正殿別段御考えもこれ無く候えば、当時の御所領は先ず暫時有形の儘にて、表面の処、播州飛び地領一万石を以て、拙家より分家の家筋を申し立て、向後諸侯の列奉公相勤めさせたく、就いては諸事摂津守・相模守同格の格禄に候間、朝廷に於いても同様に成し下され候様、且つ官位等も同様に勅許相願い候段も申し立て、

内外両家同様に致したきもの。

とも記されている。また『公文録』所収「池田弾正諸侯列被仰付度願」によれば、慶応四年閏四月付で鳥取藩主池田慶徳《よしのり》より、

庶流池田弾正家の儀は先祖参議忠雄《ただかつ》播州采地の内一万石を以て舎弟石見守分家仕り候後、二代能登守舎弟勝左衛門へ三千石分知仕る。乃《すなわち》ち唯今の池田鎗（槍）三郎に御座候。その四代久米之助舎弟三太夫へ千石分知仕る。乃ち唯今の池田保之助に御座候。右分知仕り候以来、万石以下には候えども由緒の家筋に付、従来諸侯の驥尾《きび》に随い罷り在り候。方今御多端の時に膺《あた》り願い奉り候は恐懼の至りに存じ奉り候えども、聖業御一新の折柄格別の御仁恤を以て諸侯列に御差し加え下させられ、分知摂津守・相模守同様の格に仰せ下させられ候はば高並の御軍役仕らせ命じ奉り、永く勤王の精忠相励まさせ申したく存じ奉り候。右御聞き届け下させられ候はば無量の聖恩世々有難く存じ奉り候。この段宜しく御執奏 希《こいねが》い入り奉り候。

と願い出ている。これに対しての返答は「追って何分の御沙汰仰せ出され候間、差し扣《ひか》え罷り在り候。弾正へ申し達すべく候事」としている。こののち、同年六月五日付で鳥取藩士野村儀左衛門は弁事役所宛で、

池田弾正より先達て高辻の儀御届け申し上げ候処、右総高に相違これ無き哉念の為御尋ねの趣、委細畏み奉り候。則ち弾正方引合取糺の処、右合高相違御座無く候。この段御答え申し上げ候。以上。

として実高が万石以上に達することについて相違ない点を申し送っている。さらに同月十九日付で野村は喜通の知行所の件についても申し送っており、これを受けて同月二十日には、

その方領地一万五百七十三石これある趣、兼ねて取り調べ差し出し候に付、先般有高本領安堵仰せ付けられ候処、従前旧幕府に於いて外様の列にて臣属にこれ無く候ては、これ以後万石以上諸侯列仰せ付けられ候間、藩屏《はんぺい》の任武備充実専ら勤王尽忠を竭《つ》くし御奉公致すべき条御沙汰の事。但し在京御番入仰せ付けられ候間承り合わせて相勤むべく候事。

との達があり、二十一日付で正式に立藩が認められている。喜通は七月十日に死去し、あとを子息久米之助喜延が相続し、明治元年（一八六八）十二月十三日に従五位下・但馬守に叙任。同月十九日に加冠の儀を行い、池田慶徳の片諱を与えられて徳潤と改名。十七年七月の華族令公布に際しては男爵を授けられるが、二十七年一月に爵位を返上。その子譲次《じょうじ》が復爵運動を起こしている。

典拠　『従一位池田慶徳公御伝記』慶応四年三月十九日条、「池田弾正諸侯列被仰付度願」（『公文録』）

→池田譲次

池田頼誠　いけだ・よりまさ

一八四四—六九

旧旗本寄合席・下大夫席

①明治元年十一月十一日（不許可）

池田家は三千石を領した旗本。幕末・維新期の当主は頼誠。頼誠は武蔵国金沢藩主の米倉丹後守昌寿《まさなが》の三男で、先代頼方《よりかた》の養子となる。頼方は西丸《にしのまる》目付・奈良奉行・普請奉行を経て江戸町奉行もつとめ、従五位下・播磨守に叙任されたが、慶応二年（一八六六）六月に隠居。それに伴い頼誠が家督を相続した。頼誠は部屋住の身分から御小納戸《おこなんど》・御小姓となり、文久二年（一八六二）十二月に従五位下・伯耆守（のち右近衛将監）に叙任され、慶応二年九月に家督を相続したあとは定火消《じょうびけし》や奥詰銃隊頭などをつとめた。慶応四年五月には朝廷に帰順して本領を安堵され、朝臣に列して下大夫席を与えられた。明治二年（一八六九）一月五日付で下大夫以下の官位が廃止されるのに伴い返上し、以後右近と称する。同家は早々に諸侯列への昇格を企図しており、『播磨 新宮町史』（史料篇Ⅰ）所収「藩格昇進運動につき岡山藩あて池田頼誠書状」明治元年十一月十一日付で本家筋にあたる岡山藩宛で協力を要請している。

当春容易ならざる事態に立ち至り候に付いては、私家も存亡にも拘わり申すべきの処、先般本領安堵これ迄の通り仰せ付けられ候段、全春来不一方御厚配を蒙り奉り候故の義と御鴻恩の程山高水深重々有難き仕合わせに存じ奉り候。就いては帰邑仕り候後は向後在所定住相成り候義と、これ迄東西に相分かち候家来共を始め、万事大方一纏に仕り永続の取締も仕りたく、彼是取計向も仕り居り、殊にまた両御本家様御国へは程近きに付、時々参上伺事も相叶い候義と大幸に存じ奉り候折柄、この程東京府に於いて別紙尊覧に供し奉り候趣承知殆ど当惑仕り候。尤も未だ同席一統の義に御坐候哉《や》は相分かりかね候由に御坐候えども、御布告面推察仕り候ては、同席一統の義にもこれあるべき哉と存じ奉り候。折角かく迄の都合に相運び候わん。自然右御布告面の様再び東京定府と相成り候様にては、迚も勝手向き一時の取続も仕り難く、依ては第一公務にも差し支え申すべき深く憂慮仕り候。その上右様の義にも相成り候節はこの節の御場合自然旧領墳墓の地御取り上げ相成り候様の儀もこれあるまじき哉と取り留めざる義には御坐候えども、彼是風説を承り心配仕り候。万一右様の次第にも相成り候ては春来不一方御懇慮を蒙り奉り、就いては家来共格別奮発相勤め候処、その詮もこれ無き姿に相成り、自然家来共志気相挫き、以来引立方にも相拘わり申すべき哉と存じ奉り候のみならず、旧領墳墓の土地を離れ、依っては先祖越前守重利以来連綿召し遣い候家来共もこれ迄通り扶助仕り候義も相叶わざる次第に相成り申すべき哉と、私義は別して養家相続の身分にて、この場合黙止し居り、若し哉右様の次第に立ち到り候ては、祖先以来暦(歴)代へ対し候ても、殊更相済まざる義と実に深く憂慮、色々勘弁も仕り候義に御坐候えども、更に存じ寄りの義も御坐無き次第、何卒格別の御慈憐を垂れさせられ、右様の場合に相成らざる様御賢考の上御周旋遊ばせられ下し置かれたく、恐れながら御承知も在らせらるる通り、私領知の義は四隣藩屏《はんぺい》中に孤立仕り居り候姿にて、これ迄迚も彼是不都合の次第の儘御坐候仕合わせ、何卒祖先は藩列にこれある義にも御坐候間、右辺御復古含ませらるるの御場合、藩の列に加えさせられ候様成し下されたく懇願奉り候条御両家様仰せ合わせられ、朝廷向御取成下されたし。左候えば再転住仕り候様義もこれ無く相済み申すべき哉。この度の御布告面に拘わらず、唯今の姿にては已《すで》に先般も申し上げ奉り候通り、兵庫県より御ケ条を以て御達の次第も御坐候様の義にて兼々深く心配罷り在り候義に御坐候。御家の御儀も当今の御時勢不一方御配慮在らせらるべき御中、かく歎願奉り候も深く恐れ入り存じ奉り候えども、この上強いて禄高等御加増成し下され候様願い奉る心底には御坐無く、唯々表面藩屏の名目に御願成し下されたく、尤も名目ばかりにては勤めかね候御用向も御座有るべく候間、右様の節は三千石にて勤めかね候廉は御両家様にて御助成成し下させられ候様願い奉りたき義に御坐候。唯々再転住相成らざる様、御賢慮を以て如何とも旧領に定住永続の御奉公相叶い候様、朝廷向御周旋遊ばせられ下し置かれ候様一向懇願奉り候。何卒切情厚く御憐察成し下され、右の趣御採納も成し下され候はば、私義は申し上げ候迄も御座無く、先祖重利始め、世々亡霊にても覆載《ふうさい》の御仁徳深く感銘奉るべく、且つ家来共に於いても以来益々勉励仕るべく候様相成るべき義と重々有難き仕合わせに存じ奉り候。前段因幡中将様へも動揺歎願奉り候間、何卒然るべく仰せ合わせられ成し下さり候様伏して願い奉り候。直ちに申し上げ奉り候も深く恐れ入り存じ奉り候えども、憂慮の余り不敬をも顧みず歎願奉り候義に御坐候。多罪偏に御

海容成し下させられ候様これまた願い上げ奉り候。

と縷々説明しており、これによれば、岡山・鳥取両藩主より援助を求めている。また、同家の諸侯列昇格運動については、『贈従一位池田慶徳公御伝記』明治元年十一月十一日条・十二月五日条・同月七日条・二年一月八日条などにも散見し、鳥取藩池田家でもこの一件に深く関わっていたことが明らかであるが、結局諸侯への昇格は認められず、二年八月に頼誠は死去し、そののち同家は華族に列することなく終わっている。

典拠「藩格昇進運動につき岡山藩あて池田頼誠書状」(『播磨 新宮町史』史料篇Ⅰ)、『贈従一位池田慶徳公御伝記』明治元年十一月十一日条・十二月五日条・七日条・二年一月八日条

生駒親敬　いこま・ちかゆき

一八四九―八〇

旧交代寄合

①慶応四年六月七日（許可）

生駒家は旧幕時代に交代寄合《こうたいよりあい》表御礼衆の格式を与えられた旗本で、旧禄八千石を知行。幕末・維新期の当主は親敬。慶応四年（一八六八）三月に朝廷に早期帰順。戊辰戦争においては奥羽鎮撫使に加わり従軍して出兵。同家の諸侯列昇格については千田稔の著書に詳述されているが、『公文録』所収「生駒大内蔵外二名本領安堵願」によれば、同年六月七日付で同家重臣の加川与八郎と小助川太右衛門両名より「大内蔵表高八千石外新田込高本領安堵御判物、下され候様仰せ付けられたく」として表高八千石と新田分を合わせた実高を本領安堵して欲しいと弁事役所宛で願い出ている。これに対して同役所は願意を了承しているが、「但し表高の外込高調差し出し申すべく候事」として、新田分については改めて石高を調査のうえ差し出すように指示をしている。この新田分は七千二百石余で合わせて一万五千二百石余になり、この請願が容れられ、明治元年（一八六八）十一月三十日付で諸侯への昇格が認められ、翌年六月には華族に編入され、十七年の華族令公布に際しては七月八日付で男爵を授与されている。

典拠 千田稔『維新政権の秩禄処分―天皇制と廃藩置県―』、「生駒大内蔵外二名本領安堵願」（『公文録』）、「生駒大内蔵本領安堵」（『太政類典』）

率川秀宣　いさがわ・＊ひでのり

生没年不詳

元興福寺学侶・春日大社新社司

①慶応四年四月（不許可）

②明治七年七月（不許可）

③明治八年七月二日（不許可）

率川家は旧興福寺円明院学侶。慶応四年（一八六八）四月以降、興福寺では大乗院・一乗院の両門跡以下院家《いんげ》・学侶もつぎつぎと還俗《げんぞく》し、堂《とう》上《しょう》出身者は藤原姓の者は堂上格を賜り、非藤原姓の者は実家へ復籍のうえ一代堂上となる。地下《じげ》出身者も明治二年（一八六九）三月には藤原姓を与えられ、堂上出は春日大社新神司、地下出は同社新社司となる。これらの措置に不満を抱いた地下出身の旧学侶たちは身分昇格を求めている。慶応四年四月早々に願い出たのを始めとし、明治七年七月には奈良県権《ごん》令《れい》藤井千尋《ちひろ》宛で、翌年七月二日には元老院宛で華族または華族格への編列を願い出るも悉く不許可に終わる。

典拠「春日旧社司及石清水社司等堂上格ノ願ヲ允サス」（『太政類典』）、「願（率川秀宜《ママ》等十五名）」（国立公文書館所蔵『記録材料・建白書仮綴』）

諫早家崇　いさはや・いえたか

一八五四―一九一二

旧肥前国佐賀藩家老

①明治二十九年八月（不許可）

②明治三十年（許可）

諫早家は旧佐賀藩家老で旧禄二万六千二百石を知行。家崇は後掲一学《いちがく》の養子。『授爵録』（明治三十年）によれば、明治二十九年（一八九六）

八月付で旧臣が宮内大臣土方久元宛で「内願書」を提出。

故従五位諫早一学は龍造寺隆信《りゅうぞうじたかのぶ》の苗裔にして襲封既に三百有余年の久しき、今日に至る迄旧君臣の間親睦なること水魚も啻《ただ》のみならず。而して一学は平常勤王の志深く、造次顚沛《ぞうじてんぱい》にも国事を思わざることなし。而して維新以来大いに力を国事に尽くさんと欲するも、奈何《いかん》せん身は西《せい》陲《すい》の僻地に在るを以てその志を達すること能わず。然るに明治七年佐賀県暴徒蜂起、人心恟々《きょうきょう》、諫早の如きは元佐賀藩の管轄に属するを以て少壮の輩動ずれば暴徒に与せんとす。危機切迫洵《まこと》に一歩を謝ればその変乱蔓延底止する所を知らず。一学大いにこれを憤り、憤然躍起日夜東奔西走、諄々《じゅんじゅん》諭すに大義名分を以てす。衆漸くその言に服し、一人も敢えて暴徒に与したる者なし。当時一学長崎県の命に依り金一万円余を徴し兵士若干を募集し長崎等を守衛せしめたり。これを以て長崎等幸いに兵燹《へいせん》を免るることを得たり。而してその変乱鎮定するに迨《およ》んでや一学金二千百六十円を兵士に贈り、以てその労を慰せり。尋《つい》で明治十年西南の変起こる際、この時賊軍頗る猖獗《しょうけつ》、官軍これが為甚だ苦戦。一学大いにこれを憂う時に黒田参軍飛檄を伝えて曰く。至急なり。宜しく二十四時間内に警衛として壮強者を募集し、以て肥後に出張せしむべしと。一学その命に応じ、立に巡査百五十名を募集し、以て軍艦に搭し肥後に出張せしめたり。当時金一千五百円を投じ、以てその費用に充当せり。この事固《もと》より微々に過ぎざるべしと雖も、当時官軍大功の時機に於いてその気勢の増加に与りて力ありしは生等の信じて疑わざる所なり。その他海防費の献金及び郡役所・警察署・小学校建築・貧民救助等の為金穀・土地を寄付したること枚挙に遑《いとま》あらず。一学の力を国事に尽くしたることそれかくの如く然り。これ即ち平常勤王の素志あるに非ずんば為んぞここに至るを得んや。然るに廃藩の際、一学も等しく他の士卒と士籍に編入せられたり。これ当時の情勢の然らしむる所にして、已《や》むを得ざるに出ると雖も、今や眼を転じて社会の状況を観察すれば、諫早家と家格・功労稍《やや》同じき者にして授爵の恩典に浴する者なきに非ず。生等の見る所を以てすれば諫早家の猶士籍に在るは権衡上宜しきを得ざるの感なき能わず。これ生等旧臣の情誼黙止するに忍びざる所なり。仰ぎ願わくは朝廷若し非常の特旨を以て諫早家の家格と勤王の微功とを追思し、一学の男家崇を華族に列し授爵を賜らば、生等登天の喜びきわまるのみならず、家崇故一学の素志を継ぎ、倍《ますます》奮って力を国事に尽くさんこと必せり。生等誠恐の至りに堪えず。茲《ここ》に別紙参考書類相添え、この段謹みて内願奉り候也。

として旧臣総代の諫早西三郎・野田益晴・馬渡俊猷の三名が連署で請願。特に佐賀の乱や西南戦争において尽力した功績をもって授爵を請願するも結局容れられず不許可となる。前掲『授爵録』(明治三十年)の日付不記載の審査書類「功労者ヲ優班ニ列スルノ議」によれば、細川興増《おきなが》・鍋島直朝・同茂昌《しげはる》・多久乾一郎《たくけんいちろう》・島津長丸《ながまる》・同久賢《ひさよし》・同貴暢《たかみつ》と並んで諫早家崇の名も記され、「右旧功を録し、特旨を以て華族に列し、孰《いず》れも男爵を授けらるべき乎。別紙調書を具し裁を仰ぐ」として前記の功労により三十年十月二十七日付で男爵が授けられる。

典拠　『授爵録』明治三十年

→諫早一学

諫早一学　いさはや・いちがく

一八二七―九五

旧肥前国佐賀藩家老

①明治十一・十二年頃（不許可）
②明治十〜十六年頃（不許可）
③明治十二〜十六年頃（不許可）
④明治十五・十六年頃（不許可）
⑤明治十五年十一月二十日（不許可）

⑥明治二十六年（不許可）

⑦明治二十六年十一月六日（不許可）

諫早家は戦国大名龍造寺《りゅうぞうじ》家の支族で、旧幕時代には佐賀藩主鍋島家において親類同格・家老の扱いを受け、二万六千二百石を領した。幕末・維新期の当主は一学で、前掲家崇《いえたか》の父。維新後は西南戦争の功績で正六位に叙せられ、明治二十三年（一八九〇）六月より二十五年十月まで貴族院多額納税議員もつとめている。同家の華族昇格に関し、『爵位発行順序』所収「華族令」案の内規として公侯伯子男の五爵（左に朱書で公伯男の三爵）を設け、世襲・終身の別を付し、その内「世襲男爵を授くべき者」四項目中、第四項目に「旧藩主一門の高一万石以上の者及び高一万石以上の家臣」を挙げている。同案は十一・十二年頃のものと推定されるが、この時点においては旧幕時代に一万石以上を領していた諫早家は男爵に列すべき家として認知されていたと思われる。同じく前掲『爵位発行順序』所収「授爵規則」によれば「男爵を授くべき者」として、七項目中、第四項目に「旧藩主一門の高一万石以上の者及び高一万石以上の家臣」が挙げられている。前記資料とは異なり、この案は十二年以降十六年頃のものと推測されるが、こちらでも万石以上陪臣として、同家は世襲華族として男爵を授けられるべき家とされていた。また、十五・十六年頃の作成と思われる「三条家文書」所収「旧藩壱万石以上家臣家産・職業・貧富取調書」によれば、旧禄高二万六千二百石、所有財産は金禄公債五万三千百二十円、起業公債三千二百五十円、十八国立銀行株金一万円、長崎日見峠費株三千円、砂糖会社株三百円、田畑百六十一町二反四畝十四歩、山林原野二百七十七町六反四畝十四歩、宅地四町五反五畝歩余。職業は無職で、貧富景況は空欄。当該時期は万石以上陪臣への授爵そのものが実施されなかったため、同家は士族にとどまる。また同時期であるが、『諸雑公文書（狭義）』所収「［細川忠穀《ただよし》外ヲ華族ニ列スル件］」によれば、十五年十一月二十日付で熊本藩一門細川忠穀・同興増《おきなが》の華族編列を求めており、その資料中に鍋島家一門に関する記述もみえ、

　熊本県士族正六位細川忠穀・細川興増華族に列せられたき儀、別紙の通り細川護久《もりひさ》より内申これあり候に付取り調べ候処、旧大藩武家華族の内にて従前一門と称し候面々の内、家系を以て論ずる時は末家に相当する家格の向きは往々これあるべし。右等の向き華族に列せらるの一例相開く候時は影響少なからざる儀と存じ候。尤も忠穀・興増両人は十年西南の役に際し尽力の廉《かど》もこれあるに付、特別の御詮議にも相成るべき事とせんか。別紙参照の通り鍋島直大《なおひろ》一門鍋島直暠《なおてる》儀も同役に際し尽力の廉は忠穀・興増同様にして、その家系に於けるも始祖は勝茂《かつしげ》第四男山城守直弘にして、鍋島家連枝の家柄に付、これまた特別の御詮議相成らず候ては不権衡にこれあるべし。右の外旧諸藩一門及び旧旗下交代寄合《こうたいよりあい》等、維新の際功労これある者の内、その家系を以て論ずる時は華族に列せられ然るべきものもこれあるべきと存ぜられ候。かれこれ勘考仕り候に、細川家内申の儀は篤《とく》と御評議相成るべきものにして、容易に御沙汰に及ばれざる方然るべき哉に存じ候也。

と述べている。さらに、

　華族鍋島直大一門直暠、旧藩待遇振取調照会の趣承知致し候。右同家を取り調べ候処、直暠家は直大祖先の分家、代々家臣にして親類と唱え候四家の上席にして、家老待遇上に鄭重を加え取り扱い来たり候旨申し出で候。この段御回答に及び候也。

として、華族局長香川敬三《けいぞう》より内閣書記官宛で回送しており、鍋島直暠・多久茂族《たくしげつぐ》・諫早一学・鍋島茂朝四名を列挙。一学については、

　鍋島直暠一人は親類と唱え候家にて御坐候。外三人は親類同格と唱え候家老にて御坐候〔茂朝は上総の間違いにては御坐無く候哉。当家にて禄高二万石以上のものは直暠と多久・諫早・上総にこれあり、茂朝は稍《やや》少禄に候〕。

と記し、細川忠穀・興増両名を華族に編入する際には鍋島直暠や諫早一学らへも同様の措置を採らねばならず、万石以上の藩主一門や家老への華族編列は充分に詮議する必要性を説いている。また『授爵録』(明治三十年)によれば、二十六年の日付で旧主鍋島直大が宮内大臣土方久元宛で「一門ノ有功者ヲ華族ニ被列度願」を提出し、

　直大謹みて言上奉り候。亡父直正《なおまさ》以来勤王敵愾の微衷に因て優渥の褒奨を蒙り、朝野の面目家門の光栄、深く感戴奉り候。これとても一巳(己)の力に非ず、一門の者共腹心爪牙となり尽力したる結果にこれあり候処、近年旧藩有功の者を華族に列せられ候に付ては、直大一門に於いても門地禄高その比に劣らず。随分功労を励み、今に家声を保続し華族に列せらるるとも敢えて諸家に愧さるもの少なからず。空しく下命を待つは怠りに似たり。黙止すれば本意に乖《そむ》く。因て左に具陳し公正の議を仰ぎ候也。

鍋島己巳五郎・同茂昌《しげはる》・多久乾一郎とともに諫早一学についても授爵を求めている。さらに『授爵録』(明治二十六年)によれば、二十六年十一月六日付の宮内省当局の立案書で、故鍋島直暠相続人己巳五郎と鍋島茂昌、故多久茂《しげ》族《つぐ》相続人乾一郎、諫早一学の四名に対する授爵審査。「右孰《いず》れも侯爵鍋島直大の旧老臣にして、同侯爵よりその履歴書を具し維新の功労を以て華族に列せられんことを出願せり」とみえ、鍋島侯爵家からの他薦であったことが確認できる。すでに授爵した島津久家《ひさいえ》・池田政和《まさやす》らの所有財産や血族関係、維新時の勲功と比較しても大いに劣るところはない、としたうえで、

　多久氏のみは最も功績あることを見る。故にこれを肥後の松井盈(敏)之に男爵を授けられたるものに比すれば、寧ろ優ることありて劣ることなし。

と四家中、多久家の優越性が指摘され、肥後熊本藩家老で八代《やつしろ》城代でもあった松井敏之《としゆき》(盈之《みつゆき》の子)と比較しても同家の功績は等しいとしている。多久家の場合、すでに死去した茂族が維新後新政府に出仕し、太政官少弁《しょうべん》や、浜松・伊万里・佐賀各県の権令《ごんれい》といった地方官を歴任し、すでに従五位に叙せられたことも考慮されているとも考えられる。また、

　この四家の中より独り多久氏のみ挙げ、その恩典を蒙らしむるも、敢えて異数の事にはあらざるべし。而して他に影響して将来廷議の煩累となるが如きも亦あるべからず。因て多久氏のみ特に御詮議相成り然るべきか。茲《ここ》に卑見を立て、この段上申候也。

と結論付け、結局この時は両鍋島・多久・諫早の四家とも却下されるが、そののち一学の維新および西南戦争時の功績もあり、養子の家崇に三十年十月二十七日付で男爵が授けられる。

典拠　『爵位発行順序』、「旧藩壱万石以上家臣家産・職業・貧富取調書」(「三条家文書」)、「細川忠穀外ヲ華族ニ列スル件」(国立公文書館所蔵『諸雑公文書(狭義)』)、『授爵録』明治二十六年・三十年

→諫早家崇

石井菊次郎　いしい・きくじろう

一八六六―一九四五

外務大臣

①明治四十四年八月二十二日（許可）

外務次官

②大正五年七月一日（許可）

③大正五年七月八日（許可）

外務大臣

旧上総国出身の外交官・政治家。のち、三重県令・佐賀県知事・元老院議官を歴任した内務官僚の石井邦猷《くにみち》の養子となる。明治二十三年(一八九〇)七月に帝国大学法科大学法律学科を卒業後、同月外務省試補となる。以後、各国の公使館書記官・外務書記官・外務省通称局長などを経て、四十一年六月には外務次官、四十五年五月にはフランス駐箚《ちゅうさつ》特命全権大使となり、大正四年(一九一五)十月には第二次大隈重信内閣で外務大臣として入閣。五年十

石井菊次郎

月には貴族院勅選議員となり、駐米・駐仏各大使などを経て、昭和二年(一九二七)二月から死去するまで枢密顧問官をつとめた。石井の授爵に関しては外務次官在職中であり、『山県有朋関係文書』所収の明治四十四年八月二十二日付「渡辺千秋《ちあき》書翰」によれば、「授爵の儀は昨日親しく奏上仕り候間、多分本日は御裁可在らせられ候事と存じ候」とみえ、同月二十一日には渡辺宮内大臣より上奏されていたようであり、その日付が確定できる。ただし、『授爵録』(明治四十三~大正三年)にも裁可書のみで請願書や功績調書は綴られていない。同月二十四日付で男爵が授けられている。さらに、大正期に入ると陞爵案も浮上してきており、これについては『大正初期山県有朋談話筆記/政変想出草』によると、

七月一日波多野宮相来訪、近来岡前陸相の病気甚だ不良なる為日独戦役の功に依り恩賞の義至急取運ぶの必要を生じたりとて、右岡中将を初めこれに関与したる長谷川参謀総長、島村軍令部長、神尾司令官、加藤艦隊司令官、八代前海相、加藤前外相及び若槻前蔵相等の授爵昇爵の件を齎らし予が意見を求めたり。元来予は日独戦役に付いてはこれを日露戦役と同視するの不理なるを思うが故に、頭初参謀総長または陸相等の行賞に付いても日露事件と比すべからざることを主張せしが、既に海軍側との権衡もありとの事故、この点は暫く固執せざるも、右宮相の齎らしたる詮議中に大隈首相に対する行賞なきは甚だその意を得ず。将又《はたまた》今回日露協商も成立に至りたることなれば石井外相、本野《もとの》大使をも加え同時に詮議ありて然るべく、猶また若槻前蔵相の事に関しては僅かに国庫剰余金より臨時事件費を支出したるに止まり、これが為授爵の恩賞あるはその理由甚だ乏しきが如し。かくの如く一方に於いては将に恩賞あるべくしてこれを脱し、他方に於いては恩賞の理由なくしてこれを与えんとするが如きは決して君徳を補翼し奉る所以にあらず。宮内大臣たるもの深く思いを致さざるべからざる旨を訓め、尚事急速にして深く審議するの暇なかりしとの事なれば、先ず急施を要すべき岡前陸相の分のみを発表し、他は徐ろに審査すべき旨を忠告し置けり。

とみえ、山県が大隈内閣の閣僚や、軍高官さらには第四次日露協約締結に功労があったとする石井菊次郎外相と、当時ロシア駐箚特命全権大使であった本野に対する陞・授爵について意見を述べている。山県の考えによれば、第一次世界大戦における日独戦役の軍功は日露戦争とは同列視できず、それに対する栄典授与には石井・本野両名の詮議も同時に行い、慎重であるべきというものであるが、重病である岡だけは先に授爵を審査して執り行うべきであるとしている。元老山県の意見が容れられたためか、七月六日付で岡が先行して男爵が授けられる。宮内大臣波多野敬直《よしなお》の案では当時名前が出ていなかった石井自身も、栄典授与について相談に与った山県案によるものか、条約締結の功績が認められ、同月十四日付で男から子への陞爵が実現している。『授爵録』(大正五年)によれば、大正五年七月八日付で内閣総理大臣大隈重信より宮相波多野宛で石井菊次郎と本野一郎両男爵の子への陞爵を申牒。

外務大臣石井菊次郎外一名は大正三四年戦役並びに日露協約締結に関し別紙の通り功績顕著なる者に付、各頭書の通り陞爵の御詮議相成りたし。

とし、各人の功績調書を添付。石井分については、

右は大正三四年戦役に丁《あた》り特命全権大使として仏国に駐箚し、我が国と共同策戦国たる仏国との連絡を図り、また大正四年十月外務大臣に任ぜられて時局に関する外交の要衝に当たるや、措置極めて機宜に適し、殊に日露両国間の関係は数次の協商を経て漸く密接なるに至りたるも、東亜の形勢は両国の連契一層鞏固なることを要するに顧み、露国に対して交渉を開始し、画策《かくさく》その宜しきを得、遂に今般日露協約の締結を見るに至れり。その勲功洵《まこと》に顕著なりとす。

と記されている。この功績が認められ、同年七月十四日付で子爵に陞叙している。

典拠　『授爵録』大正五年、『大正初期　山県有朋談話筆記／政変想出草』

石川邦光　いしかわ・くにみつ

一八四四―一九二三

旧陸奥国仙台藩家老

①明治十一・十二年頃（不許可）
②明治十二～十六年頃（不許可）
③明治十五・十六年頃（不許可）
④明治三十九年九月十八日（不許可）
⑤大正四年十月（不許可）

石川家は旧陸奥国仙台藩家老の家柄で旧禄二万千三百八十石を知行。幕末・維新期の当主は邦光。後掲石川小膳《こぜん》の父。同家の華族昇格に関し、『爵位発行順序』所収「華族令」案の内規として公侯伯子男の五爵（左に朱書で公伯男の三爵）を設け、世襲・終身の別を付し、その内「世襲男爵を授くべき者」四項目中、第四項目に「旧藩主一門の高一万石以上の者及び高一万石以上の家臣」を挙げている。同案は明治十一（一八七八）・十二年頃のものと推定されるが、この時点においては旧幕時代に一万石以上を領していた石川家は男爵に列すべき家として認知されていたと思われる。同じく前掲『爵位発行順序』所収「授爵規則」によれば「男爵を授くべき者」として、七項目中、第四項目に「旧藩主一門の高一万石以上の者及び高一万石以上の家臣」が挙げられている。前記資料とは異なり、この案は十二年以降十六年頃のものと推測されるが、こちらでも万石以上陪臣として、同家は世襲華族として男爵を授けられるべき家とされていた。また、十五・十六年頃の作成と思われる「三条家文書」所収「旧藩壱万石以上家臣家産・職業・貧富取調書」によれば、旧禄高二万三千石余、所有財産は空欄。職業欄には「北海道開拓に従事」とみえる。貧富景況は可とするものの、同家はその後も華族には列せず、士族にとどまる。二十二年には初代角田町長に就任。大正期に入っても同家の授爵運動は継続されており、「毛呂由太郎他授爵請願書」によれば、大正四年（一九一五）十月付で石川家旧臣総代の添田周次郎・鈴木重謙ら計十二名が「授爵之儀ニ付願」を系譜や履歴などを添付して宮内大臣波多野敬直《よしなお》宛で提出。

右石川邦光祖先の儀は貞純《さだすみ》親王の御系より出で康平年間奥羽追討の軍に加わり殊功を樹てたる中興の祖有光《ありみつ》より東国の鎮守として石川郡三蘆城《みよしじょう》に居住し、天正年間豊臣秀吉の旨に違いたる故を以て居城を去り、姻戚伊達政宗に依り志田郡松山館に移り、後伊具郡角田館に転じ二万千三百八十石を領し、明治中興廃藩に至るまで歴然として分封、一門上席にこれあり候者に御座候。廃藩後、明治二年九月十二日石川邦光（旧名源太）儀太政官より北海道開拓の命を拝し、旧臣その他三百余戸を移住せしめたるに、適々《たまたま》父義光の病に因り該事業を親族の故を以て伊達藤五郎へ御命令を賜わりたき旨を上請し、爾後《じご》同人開拓の任に当たりたるを以て先年その事蹟を録せられ華族に列せらる。然るに石川邦光は北海道開拓の率先者にして、殊にその系統も別紙第一号の通りにこれあり、明治の聖世に国家の為功労の事蹟も御坐候に付、今秋御挙行の御大典に際し何卒特別の御詮議を以て授爵の恩命に接し候様、我等旧臣一同拝跪悃願《こんがん》仕り候。誠惶頓首。

と家系の由緒と北海道開拓に従事した功績を理由として、大正天皇即位大礼の慶事に際し

て授爵を求めている。同年十二月三日付で宮城県知事浜田恒之助《つねのすけ》より波多野宮相へ「授爵願進達」として「本県伊具郡角田町石川邦光に授爵成し下されたく、同郡同町星見橘治外十一名より別紙の通り願出に付進達に及び候也」と回送されるも不許可に終わる。なお、石川家は二十九年に家督を嗣子小膳に譲り、邦光は隠居の身であるが、旧臣らは邦光への授爵を願い出ている。これとは別に小膳に対する授爵も求めている。

典拠 『爵位発行順序』、「旧藩壱万石以上家臣家産・職業・貧富取調書」（「三条家文書」）、「毛呂由太郎他授爵請願書」（宮内庁宮内公文書館所蔵）

→石川小膳

石川小膳　いしかわ・こぜん

一八七〇—一九四六

旧陸奥国仙台藩家老

①明治三十三年五月五日（不許可）

②明治三十九年九月十八日（不許可）

石川家は旧陸奥国仙台藩家老の家柄で、旧禄二万千三百八十石を知行。幕末・維新期の当主は前掲邦光《くにみつ》であるが、明治二十九年（一八九六）に小膳が家督を相続。同家の授爵は先代である先代邦光も行なっているが、『授爵録』（明治三十三ノ一年）所収の三十三年五月五日付宮内省当局側審査書類によれば、旧藩主一門および万石以上家老の授爵詮議で浅野哲吉ほか二十五名が挙げられ、同月九日付で全員男爵を授けられているが、その但書に、

　但し旧藩一万石以上と唱うる家は四十八家あり。然れども明治四年辛未禄高帳（大蔵省記録）及び藩制録（大蔵省記録）又は府県知事より徴収したる現在所有財産高を照査し、その旧禄高一万石以上判明せしものにして、猶且つ五百円以上の収入を生ずべき財本を有すること精確なるもの先づ二十五家を挙ぐ。余の二十三家は他日調査完結又は資産を有するに至りたるときに於いて御詮議相成るべきものとし、左にこれを掲げて参考に資す。

としたうえで、石川小膳を含めて二十三家が挙げられている。これによれば、石川家は「旧禄高一万石以上と唱うるも大蔵省明治四年辛未禄高帳記載の高と符合せざるもの又は禄高帳に現米を記載し旧禄高の記載なきに因り調査中のもの」十二家のなかに分類されており、旧禄高は二万千石とするも現石は五十八石五斗と記している。さらに所有財産を記したうえで、生計の状況として、「七反九畝歩より生ずる収益と旧臣との助力に依り家事を経営せり」と記しているが、不許可となっている。ついで『東京朝日新聞』三十九年九月十八日朝刊によれば、「一万石以上の陪臣」の見出しで、

　維新前陪臣にして一万石以上を領したるは各藩を通じて七十家ありしが、爾来《じらい》しばしば華族に列せられ、昨日また新たに八家に対し授爵の御沙汰ありたれば、残るは紀州藩の久野《くの》・水野、水戸藩の山野辺《やまのべ》、仙台藩の石川・茂庭《もにわ》、加州藩の津田・本多（一万石）、津藩の藤堂（一万石）の八家のみなりと云う。

と報じられている。この内、津藩一門の藤堂高成《たかしげ》は前日の十七日付で男爵を授与されており、記載は誤りと思われる。記事中の石川家は邦光・小膳のいずれを指すのかは不明であるが、この当時も同家は華族編列・授爵を企図し、請願運動を行なっていたと思われる。

典拠 『授爵録』明治三十三ノ一年、『東京朝日新聞』明治三十九年九月十八日朝刊

→石川邦光

石川重之　いしかわ・しげゆき

一八六七—？

旧常陸国下館藩主家・元子爵

①明治三十二年八月十五日（許可）

石川家は元下館《しもだて》藩主家で二万石を領し、明治十七年（一八八四）七月の華族令公布に際しては重之に対して子爵が授けられたが、家計上の問題で二十年四月五日付で辞爵。そののち、日清戦争において、重之は陸軍看護手として従軍している。三十二年に至り、復爵を企図して請願を開始。『授爵録』（明治三十二年）に

よれば、三十二年六月八日付で石川重之と先代で隠居の総管《ふさかね》や旧臣五名らによる「復爵ニ付陳述書」を本家にあたる石川成秀《なりひで》子爵宛で提出。

私儀曩《さき》に家政上の都合に依り、止むを得ず御協議の上その筋へ願筋一時爵位を奉還し、爾来《じらい》十数年間一意善後の処理に関し苦慮罷り在り候処、幸いに御宗家多年の御懇切なる御保護に因り漸く家政の整理も相済み、茲《ここ》に基礎確立致し候間、今般復爵の儀出願仕りたき企望にこれあり。就いては父総管并びに旧臣等とも熟議の上、今後家政向経営方法別項の通り決議仕り候に付御承認の上その筋へ復爵の儀出願手続お取り計らい相成りたく、この段連署を以て懇請仕り候也。

として、「方法書」を添付して請願。さらに同年七月八日付で石川成秀、その後見人である真田幸民《ゆきもと》伯爵、宗族の森長祥《ながさち》・松井康義《やすよし》、親族の大久保忠一《ただまさ》ら三子爵に宛てて「誓書」を提出。

曩に家計向不如意、且つ若年にして修身家名を全うすること能わず、終《つい》に華族の地位待遇を汚し奉り候様の事これあり候ては実に恐れ入り奉り候に付、宗家を始め親族・宗族方の各位閣下に御協議を遂げ、去る明治二十年三月二十六日付を以て他日家計向立ち直り候迄一先ず爵族返上仕りたき旨願い奉り候処、同年四月五日爵族共返上届聞こしめされ候、就いては爾来謹慎、旧領地茨城県下下館町に住居し善後の処理を謀り持参に係るものは総て宗家の保管保護を願い、旧臣等と共に家名回復の時機を誓い罷り在り候儀にこれあり。明治二十年十二月徴兵適齢合格、入営三ヵ年の現役を終え、同二十七八年戦役の際予備役にて近衛補充隊へ召集せられ、後宇品へ至る。凱旋後別紙御辞令写の通り賞金と従軍記章とを拝受す。帰郷以来は官途その他何れにも従事仕らず、謹慎質素を旨とし罷り在り候処、全く宗家の厚き保護に依り爵族返上後既に二十有余年の久しきを経、茲に全く家計向立ち直り修身家名を維持するの目処確立仕り候に付、重之は勿論旧臣の重なるもの等切に家名復旧の儀を希望し、父総管は老年に及び不幸重病に罹り居り候に付いては、存生中に家名復旧安堵仕らせたき心情より該出頭を急ぎ候次第に御座候処、終に薬石効なく去月二十三日死去仕り候儀は遺憾の事に存じ奉り候。今般復爵族出願の儀熟議相調い候に付いては、宗家を始め宗族・親族の各位閣下に対し復爵願に付、重之旧臣等連署陳述書を認め、曩に御閲覧に供し御異議これなく候はば、本願書に御調印を願い奉り候儀に御座候。重之儀宗家を始め各位閣下の御保護を得、願の通り復爵族届聞こしめし候はば、上皇室の皇恩に奉答し、下祖先の霊魂に対し家名を回復し誓って華族の地位待遇を汚し奉らざる様堅く維持仕るべきは勿論、宗家・宗族・親族の御家に対し他日毫《ごう》も御迷惑を掛け奉り候様の儀は決して仕るまじく候。依って後証の為茲に自ら誓書を認め置き候条、宜しく御承諾成し下されたく候。

として今後は華族の体面を維持する点を確約する。これを受けた石川成秀・真田幸民・大久保忠一・森長祥・松井康義、そして当事者である重之の連署による「復爵族願」を宮内大臣田中光顕《みつあき》宛で三十二年八月十五日付で提出するに至る。

重之儀

去る明治二十年三月二十六日付を以て家計向不如意困難に罷り成り、迚《とて》も華族の地位に列し難く、殊に待遇を汚し奉り候はば恐れ入り候に付、他日家計向立ち直り候迄、一先ず爵族共返上仕りたき旨願い候処、同年四月五日爵族返上届聞こしめされ候。就いては爾来宗家の保護を得、諸般の整理を相謀り、茲に全く家計向立ち直り基礎確立仕り候に付いては、地位復旧願い奉り、上皇室の厚恩に奉答し、下祖先の霊魂に対し家名を回復し誓うを華族の地位待遇を汚し奉らざる様堅く維持仕るべく候間、何卒特別の御詮議を以

て元の如く子爵華族に復させられ候様願い奉りたく、宗族・親族連署を以て別紙財産取調書並びに曩に爵族返上の願書写相添えこの段願い奉り候也。

また、これに引き続いて石川元子爵家がいかにして資産を回復したかという宮内省の家計に関する数ヵ条の質問に対して「答書」を同月二十八日付で提出。これに対して九月十五日付の宮内省当局側による「元子爵華族石川重之爵族復旧願ノ件」によれば、

本件石川重之の家は子爵石川成秀（勢州亀山六万石）の分家にして、常州下館二万石を領し、明治維新の際下館藩知事と為り、後華族の列に在り十七年華族令の発布ぁるや現戸主重之に子爵を授けられたるものなり。然るに二十年三月に至り家政困難を極め華族の体面を維持すること能わざる旨を以て家政回復の期迄爵族を返上せんことを上願したるに因り、同年四月を以て願の通り聞食届けられ、爾来一平民として十余年を経過し、この間宗家たる石川家の庇護に頼り一意家政の回復に焦労したるの結果、遂にその目的を達し財政の基礎茲に確立し、将来再び華族たるの体面を汚涜するの恐れなき境遇となることを得たるを以てこの際更に華族復旧の恩典を忝うせんと欲し、宗家を始め宗族・親族の連署を以て別紙の通り出願に及びたり。右爵族返上の事を当時の記録に就きて調査するに、全く家政窮困の為栄典を涜すに至らんことを恐懼するの余り、謙退の衷情に出でたるものにして、その願書には爾後家政を整理し、幸いに目的を成就したる後に至らば、更に爵族復旧の恩命を仰ぐの意を含蓄し、これに対し裁可を与えられたるものなり。依ってその財政回復に及びたる方法の顚末、爵族返上後戸主重之の平素の行状及び学業の成績、その他家庭の景状等に至る迄詳細査覆を遂げたるに、これに対し宗家石川家の後見人たる伯爵真田幸民を始め宗族・親族の連署を以て差出したる別紙答書幷びに付帯の書類に拠れば財政は基本財産として金二万四千円、通常財産として金七千円を所有し、何時にても世襲財産を創設することを得るべく、その他戸主一身の行状、家庭の風儀等に於いても敢えて堕落的痕跡を存せず（別紙取調要領書参看）、右の如く既に家政回復の事実正確にして、品位堕落の形跡なく、将来華族の体面を維持するに於いて欠点なきものとすれば、当初爵族返上願書に表示せる意志に基づき、復旧の詮議に及ばるるは当然の措置にして、その家に在りては栄典再興の天恩を感荷し、祖先の霊と子孫とに対し更に面目を保つことを得るべき義に付、本件石川重之爵族復旧願は願の通り採聴せられ然るべきものと認む。

として、石川重之家の財政上の諸問題が解決し、華族の品位を維持するだけの資産が確立されたことが認められ、審査の結果、同年十月六日付をもって重之に再度子爵が授けられた。

典拠　『授爵録』明治三十二年

石黒忠悳　いしぐろ・ただのり

一八四五―一九四一

退役陸軍軍医総監

枢密顧問官・日本赤十字社社長

①大正九年七月十九日（許可）

旧幕府代官所手代をつとめた平野家の出身で、のちに石黒の養子。幕末期には幕府の医学所で修学し、維新後は陸軍軍医となり、明治十三年（一八八〇）九月に陸軍軍医監、二十三年十月には陸軍軍医総監（昭和十二年二月十五日陸軍軍医中将と改称）に昇進し、同日付で陸軍省医務局長に就任。二十八年八月二十日、日清戦争の軍功により男爵を授けられた。三十四年四月に予備役編入となり、翌年一月には貴族院勅選議員、四十五年一月には退役。大正六年（一九一七）二月に日本赤十字社社長、九年二月に枢密顧問官に任ぜられ、議員辞職。『原敬日記』大正九年七月十九日条によれば、

田中陸相、加藤海相（海相は全く余儀なき

道づれ)より、兼ねて石黒忠悳(枢密顧問官)を赤十字社長たりし訳を以て陞爵(子爵に上る)の度々の申し出あり。調査せしめたるにそれ程の功労なし。如何に山県に出入りするとて余りに偏頗なりと思い、躊躇せしも、宮中の方は山県系にて内談既に決したるものと見え、種々の方面よりも申し越しありたるに因り、権衡上渋沢栄一の如き実業界を退きて後専心公共事業に熱心し、功労多き者を捨て置きがたしと思い、石黒と同時に陞爵の事宮内省に通牒したり。

とみえ、陸軍大臣田中義一より赤十字社社長であることを理由として石黒の男から子への陞爵を請願。首相の原自身は不満であったものの、宮中が山県有朋の影響下にあることからすでに男爵であった渋沢栄一も含めて陞爵を申牒。『授爵録』(大正八〜十一年)にも同日付で原から宮内大臣中村雄次郎《ゆうじろう》宛で「左記正三位勲一等功三級石黒忠悳外一名は別紙功績書の通り功績顕著なる者に付、各頭書の通り陞爵の儀詮議相成りたし」として石黒・渋沢両名の「功績書」を添付。石黒の功績書には、

石黒忠悳

右は明治二十七八年戦役に際し野戦衛生長官として勲功あり。依て同二十八年八月男爵を授けられたる。以来終始陸軍衛生部の枢要の地位に在り、特に明治三十七八年戦役には大本営付として全軍の医務に参画し、出征将帥の保険、治病及び補充に違算なきを得せしめたる等画策《かくさく》最も宜しきを得たり。また中央衛生会長・日本薬局方調査会長等の任務に膺《あた》りて我が国の医界に貢献したる所多し。日本赤十字社の事業に就いてはその前身たる博愛社の創設以来、同社事業発展に尽瘁《じんすい》し、殊に大正六年二月同社長の任に就き我が国の西伯利亜《シベリア》に出兵するに際会するや、同七年七月以来、救護班を同地に派遣して戦傷病者の救護に当たらしめたると共に与国軍並びに露国人民をも救護し、また遠く連合諸国に対して慰問使を派遣し、または救護材料を寄贈したる等、同社の事業を達成し社運益々隆昌を来したるもの本人の努力与りて多きに居れり。また久しく貴族院議員の職に在り、大正九年二月枢密顧問官に任ぜられ、現にその職に在りその国家に効せる勲功洵《まこと》に顕著なりとす。

とし、原日記の記述どおり日本赤十字社社長としての功績も含めて請願。この功績が認められ、渋沢とともに大正九年九月四日付で子へ陞爵。

典拠 『原敬日記』大正九年七月十九日条、『授爵録』大正八〜十一年

石河光晃 いしこ・みつあき

一八一二—八一

旧尾張国名古屋藩家老

①明治三年十月 (不許可)
②明治十年二月六日 (不許可)
③明治十年三月七日 (不許可)
④明治十一年三月 (不許可)
⑤明治十一・十二年頃 (不許可)
⑥明治十二〜十六年頃 (不許可)
⑦明治十三年五月一日 (不許可)

石河家は旧名古屋藩家老で旧禄一万石を有する家であり、幕末・維新期の当主は光晃。安政四年(一八五七)十二月に従五位下・佐渡守の官位に叙任されていたが、明治元年(一八六八)十月に位記・口宣案《くぜんあん》を返上。以後、佐渡・大八郎と改める。後掲光熙《みつてる》の父。石河家の華族編入運動については明治三年から確認され、『太政類典』所収「岐阜県士族石河光熙華族ニ編籍ノ願ヲ許サス」によれば、同年十月に石河家旧臣の飯沼五百之助ほか五名が当時の笠松県

(明治四年に岐阜県)に旧主の華族編列を請願。

謹みて歎願奉り候。私共旧主石河大八郎儀、今般御県貫属仰せ付けられ、家禄及び家僕等の儀まで御手厚く仰せ出さるるの趣一同敬承奉り、先ず以て名古屋藩高外の訳御弁別成し下され候御儀と有難き仕合わせに存じ奉り候。然る処これまで万石以上受封地奉還仕り候家々は各その規模御立て成し下され華族に仰せ出され候。右家旧領の土地人民御引き渡し申し上げ候際に該り故無く祖先以来の規模滅却仕り候儀、私共情態に於いて幾重にも歎かわしき次第痛歎に堪えず存じ奉り候。私共卑陋《ひろう》愚昧にして、朝裁の上猶願品等仕り候儀罪素《もと》より万死に出でず候えども、如何にも歎忍仕り難く出願仕り候。大八郎儀多田満仲《みつなか》以来血統連綿仕り候旧家にて、旧名古屋藩付属中にも受封の廉を以て不失御一新の御盛時に遭会奉り候儀に御坐候えば、何卒同人身分一等御引き立て成し下され候様仕りたく、この段只管《ひたすら》歎願奉り候。苦しからざる思召に候はば宜しく御奏達の程謹願奉り候。頓首敬白。

として同家の旧格を理由として提出。これに対して同県は同月十五日付で太政官弁官宛で、

本県貫属石河大八郎元家来の者ども、今般大八郎身分御処置に付素願黙止し難き趣にて、別紙の通り申し立て候付、宜しく御指揮下されたく、この段相伺候也。

として伺いを立てるが、弁官側の返答は「御沙汰に及ばず候旨示諭致すべき事」として却下されている。ついで十年二月六日付で石河光煕旧臣の浅川一布ほか七名が岐阜県宛で旧主家の家格引き上げを求めて請願書を提出。

欽《つつし》みて再願奉り候。私共旧主石河光煕家の儀は旧幕府より受封の高一万石を領し、旧名古屋藩に付属仕り候儀にて、該藩に於いて取り立てられ候万石以上の家々とは断然区別も〔戊辰壬四月御布告の御旨に依り同五月二十日旧幕府判物等弁事御役所へ差し上げ候〕御坐候処、明治三庚午年九月二十七日、御県貫属仰せ付けられ、禄高十分一を家禄として下賜候。右は受封万石以上一般の御処分と異なる訳に付〔華族に成し下されずして万石の十分一を賜る〕、元家来ども歎息に堪えず。別冊第一号の通り同年十月歎疏を捧げて光煕父光晃〔佐渡守・大八郎〕身分御引き立て成し下されたき段願い上げ、御県よりも別冊第二号の通り御達され下候処、同号頭書の通り御付札を以て御指令相成り失望痛歎の至り。去りながら万石の十分一を賜り居り候儀に付、身分の儀も再願仕るべき時機もこれあるべきと一同歎忍仕り候処、客歳太政官第百八号を以て禄券の儀御発令相成り、右一般の公債本年より三十五年間に悉皆御消却の御法を立てさせられ候上は、最早右十分一も消滅仕る姿に付、家来情態においてこの上沈黙仕り兼ね、鉄鉞を顧みず再願奉り候。仰ぎ願わくは至仁の御特評を以て禄券御下げ渡し、以前旧主光煕御処分御引勅成し下され候はば、家禄消滅の後までも受封万石の余光を族籍に存し、長く天恩を奉戴仕るべきと至願に堪えず存じ奉り候方、今聖明治海内に溢れ、臣民その沢を被らざるものなし。独り光煕〔万石十分一を賜りながら受封の廉相立てずして〕沈淪候儀は如何なる家の薄命やと八ケ年来日夜歎息仕り候。この段厚く御諒察成し下されたく、尤も該件は止だ光煕身分御引立の儀を願い奉り候までにて、禄高御引直しを願い奉り候儀にこれ無く候間、客年太政官第百二十三号の御布告面には毫《ごう》も抵触せざる儀と存じ奉り候間、宜しく御奏達下されたく、先ず願書写相添え、この段単に歎願奉り候。

として旧禄一万石を有しながら士族となったため、華族への編列を請願。また、

右の通り御坐候、尤も受封判物を始め、旧名古屋藩へ付属後旧幕より賜り候替地証文等、明治二己巳年五月二十日弁官へ差し上げ奉り、爾後《じご》御調べ中。家筋の儀は旧主光晃より詳細上申仕り候儀に付、

分て陳述仕らず候。

として岐阜県へ申し立て、同県は内務省へ伺を提出。この件について内務省は三月七日付で太政官へ、

別紙岐阜県伺、同県士族石河光煕華族編籍の儀、同人家来どもより歎願の趣考査いたし候処、明治三年庚午旧笠松県より伺いの節御聞届相成らず。然るに今日再願に及びその趣たる、この度家禄制限仰せ出され候候《（ママ）》に付いては、万石の十分一を下され居り候廉も消滅候に付、族籍に余光を遺したきとのことに候えども、元来万石の禄を有すれば華族と名誉を同じうすると申す儀もこれ無く、また族を以て禄に換えたきと申す趣意も少しく相立たざる様存じ候。且つ最前万石の受付地奉還のものは必ず華族に列せられ候と申す分にもこれ無く、既に弁官《べんかん》伺の節御詮議もこれあり、聞き届けられざる儀にて瑣細《ささい》の事由を以て最応出頭に及ぶは不都合に付、御聞届相成らざる筋とは候えども、別紙書類相添え、一応上申候間、至急御裁令下されたく候也。

と意見を述べ、回答を求めている。この内務省伺に対して太政官は同月十二日付「本局議按」として「別紙内務省伺岐阜県士族石河光煕華族に列せられたき願請の儀は、同省意見の如く御允許相成らざる方然るべき歟。依て御指令按を具し御高裁候也」として内務省の意見を「伺いの通り」とし、石河家の請願を退ける。なお、『公文類聚』所収「岐阜県士族石河光煕華族編入願ヲ允《ゆる》サス」によれば、「明治十三年五月一日第六回の歎疏を上《たてま》つり」とみえ、十三年五月にも請願し、三年三月以来前後七回の請願を繰り返したとあることから、願書は未確認ながらこれ以外にも提出していたと思われる。また『爵位発行順序』所収「華族令」案の内規として公侯伯子男の五爵（左に朱書で公伯男の三爵）を設け、世襲・終身の別を付し、その内「世襲男爵を授くべき者」四項目中、第四項目に「旧藩主一門の高一万石以上の者及び高一万石以上の家臣」を挙げている。同案は十一・十二年頃のものと推定されるが、この時点においては旧幕時代に一万石以上を領していた石河家は男爵に列すべき家として認知されていたと思われる。同じく前掲『爵位発行順序』所収「授爵規則」によれば「男爵を授くべき者」として、七項目中、第四項目に「旧藩主一門の高一万石以上の者及び高一万石以上の家臣」が挙げられている。前記資料とは異なり、この案は十二年以降十六年頃のものと推測されるが、こちらでも万石以上陪臣として、同家は世襲華族として男爵を授けられるべき家とされていたが、この案は実現していない。光晃は十四年一月に死去し、そのあと光煕が引き続き華族編列を求めて請願し、三十三年五月九日付で男爵を授けられている。

典拠　「岐阜県士族石河光煕華族ニ編列ノ願ヲ許サス」（『太政類典』外編）、「岐阜県士族石河光煕華族編入願ヲ允サス」（『公文類聚』）、『爵位発行順序』

→石河光煕

石河光煕　いしこ・みつてる

一八六〇―一九二三

旧尾張国名古屋藩家老

①明治十五年四月一日（不許可）
②明治三十二年十二月（不許可）
③明治三十三年二月九日（不許可）
④明治三十三年五月五日（許可）

石河家は旧名古屋藩家老で旧禄一万石を知行。光煕は前掲石河光晃《みつあき》の子。先代光晃は明治三年（一八七〇）以来華族への編列を求めて旧臣らとともに請願を繰り返すもその都度不許可に終わっている。家督を相続した光煕についても、『公文類聚』所収「岐阜県士族石河光煕華族編入願ヲ允《ゆる》サス」によれば、十五年四月一日付で飯沼長行ほか六名の連署で「追願」を岐阜県令小崎利準宛で提出。

飯沼長行外六名、明治十三年五月一日第六回の歎疏を上《たてま》つり、爾後《じご》御説諭中時日遷延今日に至る。顧うに庚午十月の歎疏より本年三月の追願迄前後七回（伺書共八回に及ぶ）の累疏中十有三年を経過し、そ

の間旧主(故佐渡守)光晃遂に物故し、長行等また潦倒《ろうとう》す。生きて旧恩に報ずるの日殆西に迫るを如何せん。仰ぎ願わくは特別の御垂憐を以て長行等が主前積年の苦願を遂げ、莫世の久恩に報ずるを得ば何の僥倖か。加之《しかのみならず》哉。何卒この上御手数ながら該六回の歎疏を以て、速やかに御進奏成し下され、至仁の御指令を賜り候様御手厚く御副達成し下されたく、この段日只管追願奉り候。

と願い出ている。これに対して太政官第二局は同年五月五日付の議按として、

別紙内務省上申岐阜県士族石河光熙華族編入の件を按ずるに、従前万石の禄を有すれば華族と名誉を同じうし、また万石以上の封土を奉還するものは必ず華族に列せられ候訳にもこれ無きに付、先般別紙参照の通り御指令相成り候えば、今般も御聞き届けこれ無き方然るべき哉。作用取り調べ高裁を仰ぎ候也。

として、旧禄一万石以上を有していれば必しも華族に編入される訳でもないとしてこの請願を却下。同家については、十五・十六年頃の作成と思われる「三条家文書」所収「旧藩壱万石以上家臣家産・職業・貧富取調書」には収録されず(旧名古屋藩からは渡辺・志水の二家のみ)、財政状況などについての調査結果がどのようなものであったかは不明である。『授爵録』(明治三十三ノ一年)によれば、三十二年十二月付で石河家旧臣百三名の連署で侯爵徳川義礼《よしあきら》宛で「出格の御沙汰を以て当代光熙儀華族に班列するの栄を蒙りたし」と旧主授爵への尽力を求める。おそらくこれを受けてのものであろうが、三十三年二月九日付で徳川義礼・田中不二《ふじ》麿《まろ》・成瀬《なるせ》正肥《まさみつ》三名の連署で石河授爵を願い出ている。同年五月五日付立案の書類によれば、

右は旧藩一万石以上の門閥にして、何れもその所属藩主の一門または家老たり。平生数百の士卒を養い、有事の時は将帥と為り手兵を提《さ》げ、出でて攻守の任に当たり、無事の時は入りて執政と為り民政を総管する等恰《あたか》も小諸侯の如し。而してこの輩は封土奉還の日何れも士族に編入せられたるも、仍《なお》巨多の資産を有して旧領地に住し、その地方人民の推重せらるるを以て自らその地方人民の儀表と為り、勧業または奨学等公益に資すること少なからず。その門地は以て小諸侯に譲らず。その資産また門地を維持するに足るものと認むるに因り前掲の通り授爵の恩典あらんことを奏上せらるべきや。

とあり、石河家は門地を維持するだけの資産も有していると認められ、同年五月九日付をもって男爵が授けられる。

典拠　「岐阜県士族石河光熙華族編入願ヲ允サス」(『公文類聚』)、『授爵録』明治三十三ノ一年

→石河光晃

石田英吉　いしだ・えいきち

一八三九―一九〇一

農商務次官

①明治二十二年七月二日（不許可）

元老院議官

②明治二十三年三月二十一日（不許可）

千葉県知事

③明治二十九年五月（許可）

高知県知事

旧土佐藩士出身の官僚・政治家。坂本龍馬の海援隊に参加し、幕末・維新時には国事に奔走した。維新後は長崎県少参事・同大参事、三潴県参事・工部省記録局長や、秋田・長崎両県令《けんれい》を経て、明治十九年(一八八六)二月に元老院議官、二十一年十一月からは千葉県知事、さらに二十七年十一月から三十年四月まで高知県知事をつとめた。『尾崎三良《さぶろう》日記』二十二年七月二日条によれば、

条公《じょうこう》を訪《と》う。在朝有功の士を華族に列するの談あり。その人名は子爵、河野敏鎌《こうのとがま》、西郷菊之助、男、井田譲《ゆずる》、山口尚芳・伊丹重賢《しげかた》・花房義質《よしもと》・石田英吉・辻維岳《いがく》の八人。右の外八人の候補者あり。楠本、藤村、山田信道、桂太郎、岩村高俊、北垣、三宮《さんのみや》、舟(船)越等なり。依て云う、楠本は第一

着に属すべきものなりと。その余は意見なし。

とみえ、三条実美《さねとみ》との授爵候補者選定で、男爵に叙すべき者として石田の名が挙げるも、実際にこの案が上奏されたのかは不明。さらに、『山田伯爵家文書』所収の二十三年三月二十一日付「山田顕義《あきよし》秘啓」によれば、「授爵は陛下の大恩にして、国家の大典、万民の標準なり。真に陛下の親裁に出づるものにして、臣僚の容喙すべきものにあらず。然れどもその自歴を調査し、その理由を明晰にし、聖慮を翼賛するは臣下の務にして、謹慎鄭重を尽くさざるべからず。今鄙見《ひけん》を陳じ、閣下の参考に供す」として宮内大臣土方久元宛で授爵の標目として、(一)維新前後功労あり勅任官たる者および勅任官たりし者、(二)維新後功労あり勅任官たる者および勅任官たりし者、(三)維新前後功労ある者、(四)維新後功労ある者、(五)父の勲功による者、(六)神官および僧侶の世襲名家たる者、(七)琉球尚家の一門、の計七項目を挙げ、石田も第一項に適当の者としてその名が挙がるも、不許可に終わる。二度の授爵案が浮上し潰えるが、その後、『授爵録』(明治二十九年)によれば、立案日の欄は空白であるが、芳川顕正《あきまさ》ほか二十八名の文武官への授爵詮議が爵位局でされており、石田の名も挙げられる。

　右は夙《つと》に勤王の志を抱き、皇室式微、幕府専横の日に当たり、或いは大和・但馬の義挙に与し、或いは幽囚投獄、辛苦備《つぶさ》に嘗め維新回天の大業を賛助し、または多年朝に在りて顕要の職を奉じ、または貴衆両院に入りて国家の大計を議する等孰《いず》れも勲功顕著の者に付、特旨を以て華族に列し栄爵を授けられ然るべき乎。左にその爵を擬し裁を仰ぐ。

とし、二十九名中芳川のみ子爵授与とし、石田を含めた他の二十八名は男爵が相当としている。同文書には同人への授爵を求める他薦書類や功績調書は綴られていないが、二十九名中、伊丹重賢・山田信道・船越衛《まもる》・三宮義胤《よしたね》・中島信行の五名については維新前の勤王事歴調書類が、また九鬼隆一《りゅういち》についても同年二月二十五日付で榎本武揚が授爵を推薦する書状が添付されていることから、石田を含めた他の二十三名分も他薦などがあった蓋然性が高いと思われる。同人の功績は認められ、二十九年五月二十三日付で裁可を得、翌月五日付で男爵を授けられる。

典拠　『尾崎三良日記』明治二十二年七月二日条、「山田顕義秘啓」(『山田伯爵家文書』四)、『授爵録』明治二十九年

石本安市　いしもと・*やすいち

生没年不詳

橘諸兄末裔

①大正四年五月二十七日　（不許可）

広島県在住。敏達《びだつ》天皇の曽孫　橘　諸兄《たちばなのもろえ》の末裔を称す。「石本安市授爵願」によれば、大正四年(一九一五)五月二十七日付で系譜を添付して授爵を請願。明治四十年(一九〇七)祭神の千五百年祭が催された際、祭神の子孫中、長州出身の野村靖《やすし》子爵・野村素介《もとすけ》男爵・楠正信・橋本昌幸・橋本順行ら十一名が参列。安市もその席上に招待され、野村靖より願書添付の系譜をみせたところ、「これ橘家の嫡流なり。宜しく今日の首座たるべし」といわれるものの固辞。庶流筋が華族に列し、授爵していることから、自家も同様の恩典を蒙りたいと請願するも却下。

典拠　「石本安市授爵願」(宮内庁宮内公文書館所蔵)

伊集院彦吉　いじゅういん・ひこきち

一八六四―一九二四

外務大臣

①大正八年八月二十九日　（不許可）

②大正九年八月十九日　（許可）

イタリア駐箚特命全権大使

旧薩摩藩士出身の外交官。明治二十三年(一八九〇)七月に帝国大学法科大学を卒業後、外務省試補となり、その後翻訳官・芝罘《しふう》副領事・天津《てんしん》総領事などを歴任。四十年二月に駐英大使館参事官となり、翌年六月には清国駐箚《ちゅうさつ》特命

伊集院彦吉

全権公使に、大正五年(一九一六)二月にはイタリア駐箚特命全権大使に親任された。八年一月からはパリ講和会議全権委員となり、その後は外務省情報部長を経て十一年九月には関東長官、翌年九月には第二次山本権兵衛内閣で外務大臣に就任した。『東京日日新聞』大正八年八月二十九日朝刊によれば「西園寺侯公爵たらん／御批准後に発表か」の見出しで、

　講和大使として七十有余の老軀を提《さ》げて巴里《パリ》に赴き、八ヶ月に亘って大任を果たし、去る二十三日無事帰朝せる西園寺侯が一昨日日光行在所《あんざいしょ》に伺候し、具さに会議の顚末を闕下《けっか》に伏奏したる際、畏くも陛下には侯が今回の労苦を思し召されて優詔を賜りたるは、侯がこの度の使命に対して世上に毀誉さまざまの説あれども、聖上が侯に対する御信任厚き事を証するものと見るべく、内閣に於いてもまた園《えん》侯《こう》の功労表彰につき何等かの奏請するところあるべきはいうまでもなけれど、目下正二位大勲位にして若し位階を陞叙するとせば従一位となる訳なれども、従一位の位を有し居るものは現在とては浅野長勲《ながこと》、久我通久《こがみちつね》の両侯爵あるのみにて、山県公、松方侯、大隈侯等の元老も正二位に止まり、且つその筋の方針も今後は生前に従一位を奏請する事を絶対になさざる事に決し居れば、園侯に対してのみ特に従一位を奏請するが如き事はなく、また勲等も侯は出発に際して既に大勲位を授けられ居れば、この上は頸飾《けいしょく》章加授より外には途なく、現内閣としては今度の講和に種々の非難あるにせよこれを以て大成功なりと吹聴し居る位なれば、必ずや園侯に対しては華々しき行賞の奏請をなすべく、恐らく爵位を陞して公爵を授けらるる事となるべく、同時に牧野男を初め講和会議に列せる全権委員や原首相は勿論不明なるも講和条約に対して御批准あり、平和に関する諸般の事務が一段落つきたる上にてそれぞれ発表さるべしと某宮内高官は語れり。

と第一次世界大戦後のパリ講和条約締結に際して全権委員主席であった西園寺以外に、牧野伸顕・珍田捨巳《すてみ》・松井慶四郎と伊集院の全権委員に対する論功行賞について大きく報じている。全権委員中有爵者は西園寺・牧野・珍田の三名であり、伊集院と松井は新規の授爵ということになるが、この際はすぐに審査がされなかったためか、年内の陞・授爵は行われていない。その後、『授爵録』(大正八～十一年)によれば、大正九年八月十一日付で内閣総理大臣原敬より宮内大臣中村雄次郎宛で西園寺らの陞・授爵を申牒。

　左記正二位大勲位侯爵西園寺公望外十名は対独平和条約等締結並びに大正三四年戦役に継ぐ戦役に関し別紙功績書の通り功績顕著なる者に付、各頭書の通り陞爵授爵の儀詮議相成りたし。

として西園寺以下、内田康哉《やすや》・珍田・高橋是清・牧野の陞爵、田中義一・加藤友三郎・山本達雄・松井・幣原喜重郎と伊集院の授爵詮議を各人の「功績書」を添付して求めている。伊集院の功績書には、

　右は大正三四年戦役に継ぐ戦役に丁《あた》り、特命全権大使として伊国に駐箚し帝国と連合国たる伊国との親厚を図り、殊に平和会議の仏国巴里に開かるるや講和全権委員として会議に列し、折衝機宜を愆《あやま》らず、克《よ》く帝国の地位を列強の間に昂め、遂に対独平和条約等の締結を見るに至り、また平和条約実施委員長として平和条約実施事務を主宰し、その勲功洵《まこと》に顕著なりとす。

と記される。このパリ講和会議における外交

上の功績が認められ、同年九月七日付で男爵を授けられる。

典拠『東京日日新聞』大正八年八月二十九日朝刊、『授爵録』大正八～十一年

石渡敏一　いしわた・びんいち

一八五九―一九三七

枢密顧問官

司法次官

①明治三十九年一月七日（不許可）

静岡出身の官僚・政治家。明治十七年（一八八四）七月東京大学法学部卒業後、司法省御用掛・記録曲翻訳課詰となる。そののち判事試補・検事・司法省参事官・同省民刑局長などを経て、三十六年九月に司法総務長官、同年十二月に司法次官に就任。三十九年一月、第一次西園寺公望内閣で内閣書記官長に就任。翌年十二月からは貴族院勅選議員。昭和九年（一九三四）三月に枢密顧問官に任ぜられ翌月に議員辞職。

石渡敏一

平沼騏一郎・東条英機・小磯国昭の各内閣で大蔵大臣、米内光政内閣で内閣書記官長、また宮内大臣などをつとめた石渡荘太郎《そうたろう》の父にあたる。『読売新聞』明治三十九年一月七日朝刊に「文官の授爵」の見出しで、「日露戦争の功績に依りて、少将相当の各文官には近日中に授爵せらるる筈なるが、各省次官は何れも男爵に列せらるるならんと」と報じられる。当時の各省次官で無爵であったのは、珍田捨巳《すてみ》（外務）・阪谷芳郎（大蔵）・和田彦次郎（農商務）・田健治《でんけんじ》郎《ろう》（逓信）・木場貞長《こばさだたけ》（文部）と石渡（司法）の計六名であったが、翌年九月二十一日に男爵となったのは珍田・阪谷・田の三名で、木場と和田・石渡の三名は不許可に終わり、授爵されず。

典拠『読売新聞』明治三十九年一月七日朝刊

泉亭俊彦　いずみてい・としひこ

一八三三―？

旧賀茂御祖神社神主

①明治十七年頃（不許可）

泉亭家は代々旧賀茂御祖《かもみおや》神社神主の家系。同家の華族編列については「三条家文書」所収「旧神官人名取調書」にみえる。同資料は明治十七年（一八八四）頃のものと思われるが、これによれば「別紙全国旧神官の内華族に列せられ然るべき家格の者にこれあり候。御発表前には一応現今貧富の景況地方官へ調査仰せ付けられ候上、御取捨相成りたしと存じ奉り候」と記され、そのなかに旧賀茂御祖神社からは鴨脚《いちょう》秀文・梨木《なしのき》祐延とともに泉亭俊彦の名も挙げられているが、結局授爵されずに終わっている。

典拠「旧神官人名取調書」（「三条家文書」）

→泉亭某

泉亭　某（俊彦カ）　いずみてい

生没年不詳

旧賀茂御祖神社神主

①明治十六年一月二十三日（不許可）

②明治二十二年一月二十八日（不許可）

③明治二十三年頃（不許可）

泉亭家は代々旧賀茂御祖《かもみおや》神社神主の家系。当時の当主は俊彦と思われるが、典拠資料中には実名が記されていないため不明。同家の華族編列については、明治十六年（一八八三）一月二十三日付の「三重県士族松木美彦《まつきよしひこ》外十名華族ニ列セラレタキ義」に、

別紙内務省上申三重県士族松木美彦外十名華族編列願の義を案ずるに、右は前年度会《わたらい》県及び内務省より上申の節、御聞届相成らず候えども、特に度会姓の宗家松木美彦儀は神宮奉仕已来《いらい》先八百余年にして、その氏祖天日別命《あめのひわけのみこと》伊勢国造と為りしよりの年数を合算すれば二千五百四十年と相成り、その間系統連綿として絶えず。曩《さき》に華族に列せられ候出雲国造千家《せんげ》

尊福《たかとみ》の外、他に比類なき家格なるに依り、この際特旨を以て松木美彦のみ華族に列せられ、その余十名の者は先ず従前の通り差し置かれ候て、伊勢神宮の荒木田《あらきだ》姓の者幷《なら》びに賀茂神社の泉亭等格別の家格ある者詳細御取調の上、何分の御沙汰これあり然るべしと存じ候。依て左案取調御高裁を仰ぎ候也。

として、伊勢内宮神主で度会姓の松木美彦を華族にする建議のなかで同様に伊勢外宮神主・荒木田姓の者とともに鴨社の泉亭家も格別の家柄であるので調査すべきと述べている。また『授爵録』(追加)(明治十五～大正四年)所収「族籍之儀ニ付建議」によれば、すでに華族に列した松木美彦男爵と藤井希璞両名の連署で二十二年一月二十八日付で宮内大臣土方久元宛で請願。

謹みて案ずるに貴族の国家に於ける重大の関係あり。許多の効用ありて、政治上・国体上に置いて必須の者たるは今更に喋々を要せず。(中略)爰《ここ》に古名家族宜しく詮議せらるべき者十六家を録して左右に呈す。

として神宮旧神官より久志本《くしもと》常幸《つねゆき》・宮後《みやじり》朝昌・沢田泰綱《やすつな》・世木《せき》親喜、上賀茂より松下径久《みちひさ》・岡本保益・鳥居大路《とりいおおじ》治平、下鴨より泉亭某・梨木《なしのき》某・鴨脚《いちょう》某、日吉より生源寺《しょうげんじ》希徳・樹下《じゅげ》某、松尾より東某・南某、鹿島より鹿島則文、香取より香取保礼の十六名を列挙するも、こののち審査のうえ授爵されたのは沢田泰綱の子幸一郎(泰圀《やすくに》)のみで泉亭ほか十五名は選に洩れている。さらに前掲『授爵録』(追加)(明治十五～大正四年)所収「内宮外宮旧神官十八家等族籍ニ関スル件」という年月日不詳の資料による。二十三年頃作成と思われるこの資料によれば、旧賀茂別雷神社(上賀茂神社)神主の松下清岑《きよみね》に関する「加茂旧神官松下清岑ノ家」の項に、

右家は上加茂旧神官の三家の一、岡本・鳥居大路の総本家にして累代神主に補せられ、従三位に上ることを得、その系統は加茂《かも》建角身命《たけつのみのみこと》の裔、神主在実七代孫正四位下資保二男能久《よしひさ》に出づ。能久承久の乱戦敗れ、鎮西に遷さる。貞応二年六月十日太宰府に於いて卒す。嗣なし。後鳥羽院天皇の皇子(童名氏王丸)を賜り嗣とす。氏久《うじひさ》と称す。神主に補せられ従三位に叙す。氏久の子孫遠久これを嗣ぎ、皇胤の系統連綿として現代清岑に至れり。その血統及び家格は曩《さき》に華族に列せられたる旧神官に比し優ることあるも劣ることなし。然らば則抜きを以て優班に列せられんか、否松下家に比しき家、下加茂旧神官に泉亭・梨木・鴨脚三家あり。その他日吉神社に生源寺・樹下、松尾神社に東・南、鹿島神社に鹿島、香取神社に香取等のあるなれば、独り松下家にのみ栄典を及ぶべきものにあらず。これ等は他日を俟《ま》ちて慎重銓衡せられ然るべきものと思考す。

とあり、皇胤である松下家を華族に列する際には、泉亭も含めた旧神官中由緒のあるこれらの諸家をも同様に授爵する必要性を説いているが、結局どの諸家も授爵されずに終わっている。

典拠　「三重県士族松木美彦外十名華族ニ列セラレタキ義」(国立公文書館所蔵『記録材料・決裁録・第二局・内務省甲号全』)、『授爵録』(追加)明治十五～大正四年

→泉亭俊彦

井田　譲　いだ・ゆずる

一八三八―八九

陸軍少将・元老院議官

①明治二十二年六月二十七日（許可）

②明治二十二年七月二日（許可）

旧美濃国大垣藩士出身の陸軍軍人・政治家。明治元年(一八六八)五月に軍務官判事試補となり、翌月徴士《ちょうし》・軍務官権判事。以後、生野《いくの》県権知事・同県知事・久美浜《くみはま》県知事・長崎県知事を経て、四年五月兵部大丞《たいじょう》、同年九月に陸軍少将に任ぜられる。五年九月四日清国福州《ふくしゅう》在勤領事、同年十一月同国上海《シャンハイ》在勤総領事、七年二月再度少将に任ぜられ広島鎮台司令長官となり、陸軍省第一局長・同省第四局長などを経て、十三年三月オーストリア駐箚《ちゅうさつ》特命全権公

使に就任し、スイス・スペイン・ハンガリー公使らも兼任。十六年四月に帰朝後は同年九月より元老院議官。十九年三月から翌年十一月まで北白川宮別当も兼任した。授爵については、浅見雅男の著書でも紹介されており、『尾崎三良《さぶろう》日記』二十二年六月二十七日条に関連する記事がみられる。

　朝条公《じょうこう》を訪《と》う。井田病気不治たるに付、兼ねて内議ある通り速やかに叙爵の恩命あらざれば、若《も》し不還の客と為るときは終に恩命を受くる能わざると云々。公これを諾し、土方宮内大臣に十分協議を遂げ、速やかに実行の手続を為すべしと云う。

と記され、また同年七月二日条には、

　条公を訪う。在朝有功の士を華族に列するの談あり。その人名は子爵、河野敏鎌《こうのとがま》、西郷菊之助、男、井田譲、山口尚芳・伊丹重賢《しげかた》・花房義質《よしもと》・石田英吉《えいきち》・辻維岳《いがく》の八人。右の外八人の候補者あり。楠本、藤村、山田信道、桂太郎、岩村高俊、北垣、三《さんの》宮《みや》、舟（船）越等なり。依て云う、楠本は第一着に属すべきものなりと。その余は意見なし。

と記されており、三条実美《さねとみ》との授爵候補者選定で、男爵に叙すべき者として井田の名を挙げている。この候補者中、重病の井田に対して考慮されたと思われ、同年十一月二十三日付で男爵が授与された。

典拠　『尾崎三良日記』明治二十二年六月二十七日条・同年七月二日条、浅見雅男『華族たちの近代』

伊丹重賢　いたみ・しげかた

一八三〇―一九〇〇

旧青蓮院門跡諸大夫

①明治二十年五月二十七日（不許可）

②明治二十二年七月二日（不許可）

③明治二十三年三月二十一日（不許可）

　元老院議官

④明治二十六年九月三十日（不許可）

⑤明治二十七年一月二十一日（不許可）

⑥明治二十九年五月（許可）

　貴族院勅選議員・錦鶏間祗候

青蓮院《しょうれんいん》門跡諸大夫《しょだいぶ》の伊丹大和守重任の子。維新前には従六位下・右京大進に叙任され、国事に奔走する。維新後は徴士《ちょうし》・内国事務局権判事となり、従五位下に叙せられ、以後大阪府判事・刑部大判事・司法少輔・判事などを歴任し、明治十一年（一八七八）に元老院議官、二十三年九月からは貴族院勅選議員に就任。公家社会にあって早くから尊王攘夷運動に身を投じた伊丹の授爵については早くから動きがみられる。『尾崎三良《さぶろう》日記』二十年五月二十七日条によれば、

　例刻元老院に至る。帰後条公《じょうこう》を訪い、今般新たに華族を制するの挙あり。伊丹重賢宜しくこの恩命に預かるべくして洩れたるは遺憾。将来の度には必ず加入せられん事を希望す云々と述ぶ（この時新たに授爵せられたるもの数十名あり。世上濫授の誹りあり。蓋《けだ》し伊藤その自らの失行を弥縫《びほう》せん為に出でたりと云う）。

と記される。これは同月二十四日付で子・男爵を授けられた者が計三十四名に及んだのに伊丹の名が含まれなかったため、同じく京都官家士族である尾崎が三条実美に将来は必ず伊丹を華族に列し授爵の栄に浴せしむように依頼したものと考えられる。また『尾崎三良日記』二十二年七月二日条には、

　条公を訪《と》う。在朝有功の士を華族に列するの談あり。その人名は子爵、河野敏鎌《こうのとがま》、西郷菊之助、男、井田譲《ゆずる》、山口尚芳・伊丹重賢・花房義質《よしもと》・石田英吉《えいきち》・辻維岳《いがく》の八人。右の外八人の候補者あり。楠本、藤村、山田信道、桂太郎、岩村高俊、北垣、三《さんの》宮《みや》、舟（船）越等なり。依て云う、楠本は第一着に属すべきものなりと。その余は意見なし。

とみえ、三条実美との授爵候補者選定で、男爵に叙すべき者として伊丹を挙げている。ついで『山田伯爵家文書』所収の二十三年三月二十一日付「山田顕義《あきよし》秘啓」によれば、「授爵は陛下の大恩にして、国家の大典、万民の標準な

り。真に陛下の親裁に出づるものにして、臣僚の容喙すべきものにあらず。然れどもその自歴を調査し、その理由を明断にし、聖慮を翼賛するは臣下の務にして、謹慎鄭重を尽くさざるべからず。今鄙見《ひけん》を陳じ、閣下の参考に供す」として宮内大臣土方久元宛で授爵の標目として、(一)維新前後功労あり勅任官たる者および勅任官たりし者、(二)維新後功労あり勅任官たる者および勅任官たりし者、(三)維新前後功労ある者、(四)維新後功労ある者、(五)父の勲功による者、(六)神官および僧侶の世襲名家たる者、(七)琉球尚家の一門、の計七項目を挙げ、伊丹は第一項に適当の者としてその名が挙がるも、この際山田が列挙した人名中、授爵したのは第一項に該当した辻維岳一人であり、不許可に終わる。さらに『読売新聞』二十六年九月三十日朝刊には「授爵の噂」の見出しで、山口と津田出《いずる》・津田真道《まみち》・楠本正隆・細川潤次郎・伊丹重賢・神田孝平《かんだたかひら》・福原実《みのる》・野村素介《もとすけ》・三浦安《やすし》・平岡通義・安藤則命《のりなが》は新たに授爵されるであろうと報じるもこの際も授爵されず。同様に同紙二十七年二月十一日朝刊にも「授爵及陞爵に関する風説」の見出しで、「尚下級の爵を授くべしとの節もあれど、かくの如くなりては、楠本正隆氏、山口尚芳氏等前元老院議官の連中にも授爵すべき人沢山あるにより多分見合わせとなるべしといふものあり」とみえ、この時機にも同人授爵の風説が報じられているも不許可となる。最後に確認できるのは、『伊藤博文関係文書』所収の二十七年一月二十一日付「東久世通禧《みちとみ》書翰」であり、

将又《はたまた》これは勝《かつ》老人委託にはこれなく候えども、伊丹重賢君今般昇爵人これあり候えば、その内へ御加入相願い申したく。これ迄禁裡《きんり》御所出にて官人《かんじん》より叙爵の者一人もこれなく、伊丹はかねて候補者の内へ御指し加え相成りおり候様に御噂にこれあり、何卒御勘考相願い申し候。

とあり、東久世は地下《じげ》とはいえ旧来の家格により華族に列して男爵を授けられた壬生・押小路両家は除き、禁裏御所に地下官人として仕えていた者のなかで授爵をした者が皆無であり、今回の授爵候補から洩れることのないよう伊藤博文に依頼している。この書翰からは、伊丹が候補者として以前より名が挙げられていることが窺われる。また、『尾崎三良日記』同年二月六日条には、

朝土方子を訪い、今般銀婚式に付、非常の恩典行わせらるるにより、維新功臣にして未だ華族に列せられざるものに、この際十数名叙爵仰せ付けられん事を望む。伊丹等々追々年老い、前途も余り永からざるならん。何卒これ等の者へは速やかに恩命あらん事を云々。土方も不同意は何分この度は行われずと云う。

と記され、明治天皇銀婚式の慶事に際して授爵が行われるようなことがあれば伊丹にも、と宮内大臣土方久元に依頼するも、銀婚式に際しての授爵自体が行われず、この時も運動は不調に終わる。その後、『授爵録』(明治二十九年)によれば、立案日の欄は空白であるが、芳川顕正《あきまさ》ほか二十八名の文武官への授爵詮議が爵位局でされており、伊丹の名も挙げられる。

右は夙《つと》に勤王の志を抱き、皇室式微、幕府専横の日に当たり、或いは大和・但馬の義挙に与し、或いは幽囚投獄、辛苦備《つぶさ》に嘗め維新回天の大業を賛助し、または多年朝に在りて顕要の職を奉じ、または貴衆両院に入りて国家の大計を議する等孰《いず》れも勲功顕著の者に付、特旨を以て華族に列し栄爵を授けられ然るべき乎。左にその爵を擬し裁を仰ぐ。

とし、二十九名中芳川のみ子爵授与とし、伊丹を含めた他の二十八名は男爵が相当としている。同文書には岩倉具視の側近で内閣書記官であった多田好問が起草した伊丹の維新前後における事蹟書も添付されており、他薦が行われた蓋然性も高い。同人の功績は認められ、二十九年五月二十三日付で裁可を得、翌月五日付で男爵を授けられる。

[典拠] 『尾崎三良日記』明治二十年五月二十七日条・二十二年七月二日条・二十七年二月

六日条、「山田顕義秘啓」（『山田伯爵家文書』四）、「東久世通禧書翰」（『伊藤博文関係文書』七）、『授爵録』明治二十九年

一木喜徳郎　いちき・きとくろう

一八六七―一九四四

枢密院議長

①大正四年十月二十九日（不許可）

②大正四年十一月一日（不許可）

内務大臣・貴族院勅選議員

③大正十二年十二月三日（不許可）

④大正十三年一月十八日（不許可）

枢密顧問官

⑤大正十五年十月五日（不許可）

宮内大臣

⑥昭和八年二月十七日（許可）

⑦昭和八年四月二十四日（許可）

前宮内大臣

旧遠江国佐野郡出身の官僚・政治家・法学者。貴族院勅選議員・京都帝国大学総長・文部大臣をつとめた岡田良平《りょうへい》の弟。明治二十年（一八八七）七月帝国大学法科大学政治学科卒業後、同月内務属となり、以後内務省試補・内務書記官を経て、二十七年九月に帝国大学法科大学教授に就任、内務書記官・内務省参事官・同省参与官などを兼任した。三十三年九月より貴族院勅選議員。東京帝大教授を本官または兼官としながら農商務省参事官や法制局長官・内閣恩給局長をつとめ、四十一年七月には内務次官、大正三年（一九一四）四月に第二次大隈重信内閣が成立すると文部大臣・内務大臣をつとめ、六年八月には貴族院議員を辞して枢密顧問官に就任。十三年一月枢密院副議長、十四年三月に宮内大臣となり、昭和九年（一九三四）五月には枢密院議長に就任した。一木の授爵については『原敬日記』大正四年十月二十九日条にみえ、

山県を訪《と》うて先日内談し置きたる授爵問題に付、余より政府余に内議せずして直ちに発表する様の事なきやと尋ねたるに、山県はその事は決してこれなかるべし、政府は最初数多の授爵取調べをなしたる由なるも閣員中異議ありて一切これを見合わす事となりたるに（閣員とは一木内相の事なるは過日の話にして知るべし）然るにまた一変して六七名は授爵を宮相まで申し出づる事となりたる様子にて、その人名を内々一覧せしに君と加藤の所には本人の意思を聞きてと付記しありたれば大丈夫と思う、去りながら大隈の事故度々変化する次第なれば、明日宮相に会見に付その節宮相に尚内談し置くべし。過日もざっとは話し置きたり。然れどもこの事は内閣の方は君の事ありて内閣書記官長に尋ねたるに因り始めてその取調を聞きたる様の次第なれば、果して宮内省には内閣より如何に申し出づるや知れず、且つ閣議には上せず大隈だけの考えの様なれば篤《とく》と宮相に話し置くべし。宮内省にても旧華族等の事にてもあらんが取り調べたるものもこれある様子なり。自分の考えにては御大礼などの機会に於いてせず平日に於いて功績ある者には特に恩命ある様にありたしと思うと云うに付、余は何れにしても宮相直接取り扱う問題に付、宮相に内談し置かるる様切望すと云い置きたり、多分これにて余は授爵を免かるる事と思う。

とあり、この当時大正天皇即位大礼の慶事に際して大隈首相以下の閣僚へも授爵の議が浮上していたと思われる。また、同日記の十一月十二日条には、

西園寺を訪問せり。東京に於いて余の授爵問題に付山県と会見したる次第を内話せしに、西園寺も当地にて山県と会見し

一木喜徳郎

その聞き得たる所も余と同様なり。但し一般授爵問題に付山県が余に語りたる所と些少相違の点は、大隈始め閣員授爵問題起こりたるに付、一木内相は大隈に対し、偶然御大礼の際に内閣に居りたる訳を以て授爵せらるる様の事ありては世上の議論も如何あらんか、これは思い止まる方然るべし、大隈首相の陞爵は何等差し支えもなければどもこれも辞職の際に陞爵せらるる方然るべし、在職中は不可なりと内談せし由、一木山県に云えりと、山県西園寺に物語りたる由。余に内談せし所とは相違と云うよりは寧ろ詳略の差の様なれども少しく異れり。

とみえ、大隈の伯から侯への陞爵は偶然大礼挙行時の内閣であるだけでその閣僚が栄典に浴するのは批判されるとして内務大臣であった一木が反対し、結局同人も含めて大隈内閣の閣僚は全員陞・授爵されずに終わっている。また、『読売新聞』大正四年十一月一日朝刊には、「授爵調査終了／原・犬養氏も」の見出しで、

来たるべき御大典を機とし、国家に功労ありたる各階級の人々に対し、授爵・授勲・叙任等の恩命ある事は既報の如くにして、洩れ承る処によれば御発表に相成るべきは大嘗祭終了の上、即ち本月十六日なりとの事にて、内閣に於けるそれぞれの調査も昨今大体に於いて結了し、目下は宮内省との間に折衝中の由なるが、その陞爵・授爵の主なる人々は、大隈伯の侯爵、武富・尾崎・一木・高田・加藤・河野《こうの》・箕浦各大臣の男爵は疑うべからざる処にして、更に有力なる筋よりの噂によれば、立憲政治創設に功労ありたる廉を以て、政友会総裁原敬氏、国民党総務犬養氏の二政治家、学者として功労ありたる故を以て山川東大総長、穂積《ほづみ》博士の二学者、財界に功労ありたる故を以て大倉喜八郎、安川善次郎、益田孝《たかし》の三実業家、また特に男爵を授けらるべしとの事なり。尚、世間にて村田保《たもつ》翁が授爵の運動をなしつつあるが如く伝うるも今回は授爵の事なく、多分特に位を進めらるる事となるべしと云う。

と大正天皇即位大礼の慶事に際し、陞爵・授爵候補者の名を報じており、そのなかに閣僚中から一木の名も挙げられているが、前記のとおり一木自身の反対で詮議がされずに終わっている。『読売新聞』十二年十二月三日朝刊に「陞爵する人・新華族になる人／噂に上って居る人達＝御成婚を機として＝」の見出しで、

今一部で噂に上っている人は、面白いところで伯東郷元帥の侯爵、半信半疑なのは皇后宮太(大)夫大森鍾一《しょういち》男の子爵、東宮侍従長入江為守《ためもり》子の伯爵、三浦、佐藤(三吉《さんきち》)両博士の男爵などで、いずれ授爵されることに間違いはなかろうが、この際男爵にと思われるのが枢府顧問官・秩父宮御用掛一木喜徳郎博士、文相岡野敬次郎、内府御用掛平山成信《しげのぶ》の両氏、枢府議長清浦奎吾子の伯爵その他で、牧野宮相の陞爵も不思議のようだが芋蔓全盛の今日興味ある問題と噂の渦を巻いている。尤も右の内、清浦、牧野、入江三氏の陞爵は早晩引退を想像されるからともいわれる。どちらにしてもこの外実業家にも数名あり、全部で十数名の多きに上るであろう。

と報じられ、皇太子裕仁親王(のちの昭和天皇)の御成婚という慶事に際して陞・授爵が検討され、そのなかで一木の名も挙げられている。一木やその周辺が授爵請願を行なったか確認はできないが、結局この時は実現していない。さらに同紙十三年一月十八日朝刊には、「御成婚と陞爵授爵／内定せる顔触」の見出しで、

摂政殿下の御成婚を期し、各方面の功労者に対して叙位叙勲の御沙汰あるべく、目下宮内省に於いてこれが銓衡中にある。この中多年の功労により陞爵・授爵の篤き思召を拝すべく内定したものは、内閣総理大臣清浦奎吾、宮内大臣牧野伸顕両子の陞爵(伯爵)、枢密顧問官久保田譲《ゆずる》男の陞爵(子爵)、及び枢密顧問官一木喜徳郎、同倉富「(勇)」三郎、前文部大臣岡野敬次郎四氏の授爵(男爵)の二伯・一子・四男であ

るという。

と前回同様、一木授爵説が内定したと重ねて報じているが結局これも実現せずに終わっている。「牧野伸顕関係文書」所収の十五年十月五日付「伊東巳代治書翰」によると、

帝室制度審議会終結に付、過般の礼と兼ねて報告申し上げ置き候次第に候居り候。不日同会も公然閉鎖と命され候事と存じ候処、目下宮内当局に於いて多年同会の為尽瘁《じんすい》致し候僚友諸氏に対し、行賞の内議これあり候に付、就中《なかんずく》抜群の功績ありたる平沼・倉富・富井の三氏に対し授爵の御詮議を仰きたく、一木宮相迄懇ろに内情致し置き候。閣下には従来格別の御同情を辱したる事に付、何卒右希望の達成候様特に御心添え賜り候はば本懐これに過ぎず候。尚甚潜の次第に候えども、現宮相一木博士も曽《かつ》て帝室制度調査局時代に於いて御用掛として数年に亘り調査立案に尽瘁をされたる功績あるが上に、宮相就任後も帝室制度完備の為に非常の配慮をして皇族会議及び枢密院に御諮詢の節も必ず出席して説明の衝に膺《あた》り、これが制定公布に多大の努力成られ候次第にて、功績洵《まこと》に顕著なると存じ候。この機会を以て共に授爵の御沙汰を蒙り候様致したく切望の至りに堪えず候。是非閣下の御配慮を仰ぎたく存じ候。

とみえ、帝室制度審議会終了に伴う論功行賞として、平沼騏一郎・倉富勇三郎・富井政章とともに一木への授爵を牧野内大臣へ伊東が求めているが、一木を除く三名のみが允許されている。一木授爵の動きは昭和期にも入っても確認され、『牧野伸顕日記』昭和八年二月十七日条によれば、「清水澄《とおる》博士、前宮相優遇に付子爵云々の意見開陳」とあり、元行政裁判所長官である清水が牧野に一木の授爵を推薦。その際男爵ではなく、子爵案を提示している。『授爵録』(昭和二～十九年)所収の功績調書によれば、

右者明治二十年七月内務属に出身以来、内務書記官・法科大学教授・内務省参事官・内務参与官・農商務省参事官・法制局長官・内閣恩給局長・内務次官等に歴任し、累進して大正三年四月閣班に列し文部大臣となり、同四年八月内務大臣に転任、同年十月依願免官となり、同六年五月枢密顧問官に任官後、枢密院副議長に転じ、その間宮中関係として帝室制度調査局御用掛・宗秩寮審議官・宮内省御用掛等仰せ付けられ、更に同十四年三月宮内大臣に親任せられ、昭和三年十二月旭日桐花《とうか》大綬章を授けらる。本年二月病の為官を罷め、特に前官の礼遇を賜い、以て今日に至る。在官実に三十九年、宮廷奉仕八年、大喪・大礼その他宮中の大事典礼一として関与せざることなく献替、以て輔弼の責を尽くし、匪躬《ひきゅう》の節、以てその忠誠を致す。清廉恪勤《かっきん》風声夙に聞こえ功績洵に顕著なり。

と記され、履歴書を添付。同年四月二十四日に宮内大臣湯浅倉平《くらへい》より授爵を上奏。多年の功績は認められて同日裁可。二十五日付で授爵するが、子爵ではなく男爵を授与されている。

【典拠】『原敬日記』大正四年十月二十九日条・十一月十二日条、『読売新聞』大正四年十一月一日朝刊・十二年十二月三日朝刊・十三年一月十八日朝刊、「伊東巳代治書翰」(「牧野伸顕関係文書」)、『牧野伸顕日記』昭和八年二月十七日条、『授爵録』昭和二～十九年

→岡田良平

一条実基　いちじょう・さねもと

一九〇一―七二

公爵一条実輝嫡男

①明治三十五年二月(許可)

旧五摂家の公爵一条実輝《さねてる》長男。『明治天皇紀』明治三十五年(一九〇二)三月十日条によれば、一条実輝嫡出子で本来公爵家嗣子となるべき身でありながら、すでに九条公爵家より道良《みちよし》(その後離縁。生家に復して分家・授男爵。改名良致《よしむね》)が養嗣子として入家したため、相続ができない状態であったとする。「一条実基授爵

願書」および『授爵録』(明治三十四～三十八年)によれば、同じ摂家公爵である九条道孝・近衛篤麿の連署で三十五年二月に「願書」を提出。

　一条公爵家は旧時に於ける五摂家の一にして、数百年来帝室と浅からざる御由緒を保ち候ば、先代故従一位右大臣実良《さねよし》男子なく四条侯爵家の男実輝入りてその統を嗣ぎ、実良の長女良子《よしこ》に配偶候処、その間一女子経子を生めるのみにして、亦男子を挙げず。加之《しかのみならず》良子は不幸短命にして即世するに至れり。茲《ここ》に至り家の血脈を存続する者僅かに経子《つねこ》あるのみに付、実輝乃《すなわ》ち九条公爵家の男道良を収養してその嗣子と為し、以て他日経子に配偶せしめんとし、予め血脈維持の企図を定め、更に一方に於いて細川侯爵家の女子を娶りて後配と為し候者、即ち今の公爵婦人悦子《えつこ》にこれあり候。而して悦子尋《つい》で男子を挙げこれを実基と命《なづ》け、今尚襁褓《むつき》の中にこれあり候も、これ即ち当主実輝嫡出の長男にして、若《も》し前記血脈上の事情これなきに於いては当主実輝の推定家督相続人として当然公爵家を継承すべき順位の者にこれあり候。而れども道良既に養嗣子と定まれる以上は実基は素より公爵家の継承者たることを得ざるのみならず、他日若し分せしむる家等の事ある場合に於いては民法上華族の籍を脱して平民の身分に属せざるを得ざる義にこれあり。これもと重きを血脈持続に置きたる結果として当然の成り行きに属し、最初より予期したる所なるは勿論に候えども、当主実輝夫妻がその所出の長男をして生れながら廃除同様の地位に立たしめざるを得ざる心事を忖度するときは傍らより一種悽惻《せいそく》の感に起こさざるを得ざる義にこれあり候。然るに従来の御事例に於いて華族中特別の人格ある者、特別の事情の為その実子をして自己の後継たらしむること能わざる場合に於いてはその実子に対せられ、特旨授爵の恩典を賜りたる者少なしとせず。即ち徳川慶喜の男厚《あつし》、徳川慶勝《よしかつ》の男義恕《よしくみ》に各男爵を授けられたる類是なり。これ等は皆慶喜若しくは慶勝のその実子に対する情実を酌諒せられ、殊恩を施されたうものにして、優渥の御趣意に外ならざる義と恐察仕り候。抑も一条実輝はその経歴に於いて前記両人と同じからざる所なきにあらざるも、その家格は已《すで》に前述候通り歴史上数百年間帝室に対する御由緒親厚きにして、殊に今上皇后陛下の御生家たる最も尊重すべき家門なれば、苟《いやしく》もその長男に生まれたる実基をして空しく草莽の平民と伍を同じうせしめられ候義は帝室に於いても忍ぶべからざる御義と私かに恐察奉り候。然る処一条家の支族に嘗て土佐一条と称せし一家系これあり。今その系統を尋釈候に本家九代摂政関白太政大臣教房《のりふさ》晩年土佐下向の事あり。その次子房家同国国司に任じ房冬《ふさふゆ》・房基《ふさもと》・兼定《かねさだ》・内政の数代を経て連綿、政親に至り長曽(宗)我部氏の跋扈するに遭い、竟《つい》にその家を断絶せられたるものにこれあり候。依て実輝の内意その長男実基をして茲に右土佐一条の絶家を再興せしめ、祖先に対し追遠継絶の義を立てんとの素望これあり候に付いては、先年道孝《みちたか》の弟忠善《ただよし》を以て鶴殿《つるどの》家を再興せしめられ、また久我《こが》建通《たけみち》の四男通城を以て北畠家を再興せしめられ候先例もこれあり、旁《かたがた》以てその素望を遂達せしめられ候と同時に、特に実基を華族に列せられ授爵の恩命を賜り候様御詮議相成り候に於いては、実輝夫妻は勿論、同宗たる私共に於いても深く洪恩を感戴仕り候義に御座候。依て連署を以てこの段悃願《こんがん》候也。

と記し、実基の置かれた立場を斟酌し、分家のうえ、絶家となっていた庶流土佐一条家を再興させて授爵をさせることを縷々陳情する。これに該当する先例としては九条道孝の弟忠善が鶴殿家を、久我建通の四男通城が北畠家を再興し、各人男爵を授けられたことを列挙している。この請願に対し、宮内省当局は同

月二十四日付立案書類「一条実基絶家再興ノ際華族ニ列シ男爵ヲ授ケラレタキ件」において、

右一条実基、今般土佐一条の絶家を再興せんとする趣に候処、実基は実輝嫡出の長男にして一条公爵家を相続すべきものなるも、その出生に先だち九条道良を養嗣子と為せるに依り実基は推定家督相続人たるの資格なき者と為れり。その斯《か》くの如く為せし所以は一条家は皇室に最も深き御由緒ある家柄にして、その身四条家より入りてこれを継ぎたる者なれば、その養家血統の断滅を患い先妻良子(家女)の腹に生じたる女子へ配偶の目的を以て道良を養子と為せしものなり。これ一条家の血統を重んずるが為に人情忍ぶべからざるを忍びたるものにこれあり候。その結果実基は遂に分家せざるを得ざるの不幸に立ち至り候。就いてはその衷情を憐れみ、絶家再興の日特旨を以て華族に列せられ男爵を授けらるべきや裁を仰ぐ。

とし、「絶家再興ノ節華族ニ被列タル先例」として、北畠通城(久我建通四男)・小早川三郎(毛利元徳三男)・鶴殿忠善(九条尚忠五男)の三名を挙げる。この請願が聞き届けられ、同月二十六日に裁可を得、三月十日付で実基に男爵が授けられた。

典拠　『授爵録』明治三十四～三十八年、「一条実基授爵願書」(宮内庁宮内公文書館所蔵)

市田長重郎　いちだ・ちょうじゅうろう

生没年不詳

楠木正成末裔

①明治二十九年五月五日　(不許可)

②明治二十九年八月二十一日　(不許可)

三重県在住で楠木正成末裔を称する。族籍などは不明であるが、後掲市田弥太郎・同与左衛門の同族と思われる。授爵については、明治二十九年(一八九六)四月二十日立案・同年五月五日決裁の「楠氏取調書」にみえ、宮内省爵位局が楠木正成末裔として提出された請願者二十一名中、市田の名も記されるが、家系に信憑性があると判断された甲斐荘《かいのしょう》正秀(以《い》号・京都)・中村権左衛門(遠《を》号・長野)・楠正基(加《か》号・鳥取)・関唯男(楚《そ》号・大阪)の四名のみ「審査の材料と相成るべき価あるものと存じ候に付、この四家の書類は姑《しばら》く他日の参考として当局に留め置き」とされて関連資料は宮内省に保管され、市田長重郎(礼《れ》号)を含めた十七名については各府県知事を通じて請願書を却下される。また、『授爵録』(明治三十年)によれば三十年二月三日付の当局側審査書類「三重県知事へ御達按」として前年の二十九年八月二十一日付で楠木氏正統を理由として授爵を求めるも、三十年二月五日付で却下され、こののちも授爵されずに終わっている。

典拠　「楠氏取調書」(宮内庁宮内公文書館所蔵)、『授爵録』明治三十年

市田弥太郎　いちだ・やたろう

生没年不詳

楠木正成末裔

①明治二十七年九月　(不許可)

奈良県山辺《やまべ》郡在住の平民。楠木正成末裔を称する。「請願書(楠氏系統の義)」によれば、明治二十七年(一八九四)九月に請願書を作成し、奈良県知事古沢滋《うろう》を経由して翌月二十六日付で宮内大臣土方久元宛で請願。市田与左衛門の一族であるが、授爵は不許可に終わる。

典拠　「請願書(楠氏系統の義)」(宮内庁宮内公文書館所蔵)

→市田与左衛門

市田与左衛門　いちだ・よざえもん

生没年不詳

楠木正成末裔

①明治二十七年七月　(不許可)

三重県平民。楠木正成末裔を称する。「楠正成之裔取調書」によれば、日付不記載の願書であるが、同様に同年九月の市田弥太郎の請願(「請願書(楠氏系統の義)」)中に与左衛門の系統が自家にとっては宗族にあたること、また三重県平民であり、「本年七月請願」とみえるため、同文書は明治二十七年(一八九四)七月に提出されたものと比定される。〔正成―正行―正儀―正秀―正盛…〕と連綿する家系であり、市田家は伊賀郷士を経て水野家に仕え、さら

に大坂町奉行所の天満与力となったとされる。系譜および墓石資料を添付して請願するも不許可。

典拠 「楠正成之裔取調書」(宮内庁宮内公文書館所蔵)

→市田弥太郎

一戸兵衛　いちのへ・ひょうえ

一八五五—一九三一

陸軍大将・陸軍教育総監

①昭和三年十月十六日（不許可）

退役陸軍大将・官幣大社明治神宮宮司

旧陸奥国弘前藩士出身の陸軍軍人。西南・日清・日露の各戦争に出征・従軍。大正四年(一九一五)八月陸軍大将に昇進し、教育総監・軍事参議官。九年五月より学習院長も兼任し、翌月に後備役編入。十一年十一月に学習院長を辞したあとは官幣大社明治神宮宮司に任ぜられる。十四年四月退役。『授爵陞爵申牒書類』(国立公文書館所蔵)によれば、当時従三位・勲一等旭日大綬章・功二級。昭和三年(一九二八)十月十六日付で陸軍省より授爵を奏請。在官四十六年七ヵ月(内、親任官待遇七年八ヵ月余)、大将任官以後四年十ヵ月の経歴をあげて陸軍大臣白川義則より内閣総理大臣田中義一で内申。添付の「功績調書」には、

右者、明治九年陸軍少尉試補として出仕し、同十年鹿児島逆徒正統の際は出征、別働隊第四旅団に編入せられ熊本県下各地に転戦して殊功を奏し、明治二十七八年戦役には第五師団参謀として出征し、師団の作戦機務に参与し、これが実行に違算なからしめ、以て偉功を挙げ、明治三十七八年戦役に際しては歩兵第六旅団長として同年七月柳樹屯《りゅうじゅとん》上陸以来安子嶺《あんしれい》、鳳凰山の戦闘を経て旅順《りょじゅん》攻囲戦に参加し凹字形山、干大山一帯の高地盤龍山、鉢巻山の諸砲台を陥れ、特にP堡塁の占領に方りては自ら陣頭に立ちてこれを攻略し、遂に一戸堡塁の名を為し名声赫々《かっかく》たり。後、第三軍参謀長として軍の帷幕に参じ功績偉大なり。大正三四年戦役に際しては第一師団長として出征、特殊部隊の編成を管理し出征軍の編成装備を完備せしめ、以て作戦の進捗に多大の援助を与えたり。大正四年二月軍事参議官に列し、同年八月陸軍大将に任ぜられ、十二月教育総監を兼ね、陸軍の教育に貢献せる所多大なり。同九年五月学習院長となり率先躬行克《よ》く範を垂れ、以て教育薫陶に努力せる等、大正十一年十一月退職仰せ付けらる迄在職約四十六年間、ついで大正十三年八月官幣大社明治神宮々司仰せ付けられ、帝国在郷軍人会長等の要職に在り真に尽忠報国の誠を効し、その功績寔《まこと》に偉大なり。

一戸兵衛

として陸軍軍人としてだけでなく、教育者などとしての功績も披瀝するも結局授爵は不許可に終わる。

典拠 小田部雄次『華族—近代日本貴族の虚像と実像—』、『授爵陞爵申牒書類』

鴨脚秀文　いちょう・*ひでふみ

一八三三—？

旧賀茂御祖神社神主

①明治十七年頃（不許可）

鴨脚家は代々旧賀茂御祖《かもみおや》神社神主の家系。同家の華族編列については「三条家文書」所収「旧神官人名取調書」にみえる。同資料は明治十七年(一八八四)頃のものと思われるが、これによれば「別紙全国旧神官の内華族に列せられ然るべき家格の者にこれあり候。御発表前には一応現今貧富の景況地方官へ調査仰せ付けられ候上、御取捨相成りたしと存じ奉り候」と記され、そのなかに旧賀茂御祖神社からは泉亭

俊彦・梨木《なしのき》祐延とともに鴨脚秀文の名も挙げられているが、結局授爵されずに終わっている。

典拠 「旧神官人名取調書」(「三条家文書」)

→鴨脚某

鴨脚　某　＊いちょう

生没年不詳

旧賀茂御祖神社神主

①明治二十二年一月二十八日　(不許可)

②明治二十三年頃　(不許可)

鴨脚家は代々旧賀茂《かも》御祖《みおや》神社神主の家系。当時の当主は秀文と思われるが、典拠資料中には実名が記されていないため不明。同家の授爵に関しては『授爵録』(追加)(明治十五～大正四年)所収「族籍之儀ニ付建議」によれば、すでに華族に列した松木《まつき》美彦《よしひこ》男爵と藤井希璞両名の連署で明治二十二年(一八八九)一月二十八日付で宮内大臣土方久元宛で請願。

　謹みて案ずるに貴族の国家に於ける重大の関係あり。許多の効用ありて、政治上・国体上に置いて必須の者たるは今更に喋々を要せず。(中略)爰《ここ》に古名家族宜しく詮議せらるべき者十六家を録して左右に呈す。

として神宮旧神官より久志本《くしもと》常幸《つねゆき》・宮後《みやじり》朝昌・沢田泰綱《やすつな》・世木《せき》親喜、上賀茂より松下径久《みちひさ》・岡本保益・鳥居大路《とりいおおじ》治平、下鴨より泉亭《いずみてい》某・梨木《なしのき》某・鴨脚某、日吉より生源寺《しょうげんじ》希徳・樹下《じゅげ》某、松尾より東某・南某、鹿島より鹿島則文、香取より香取保礼の十六名を列挙するも、こののち審査のうえ授爵されたのは沢田泰綱の子幸一郎(泰圀《やすくに》)のみで鴨脚ほか十五名は選に洩れている。さらに前掲『授爵録』(追加)(明治十五～大正四年)所収「内宮外宮旧神官十八家等族籍ニ関スル件」という年月日不詳の資料による。二十三年頃作成と思われるこの資料によれば、旧賀茂別雷神社(上賀茂神社)神主の松下清岑《きよみね》に関する「加茂旧神官松下清岑ノ家」の項に、

　右家は上加茂旧神官の三家の一、岡本・鳥居大路の総本家にして累代神主に補せられ、従三位に上ることを得、その系統は加茂《かも》建角身命《たけつのみのみこと》の裔、神主在実七代孫正四位下資保二男能久《よしひさ》に出づ。能久承久の乱戦敗れ、鎮西に遷さる。貞応二年六月十日太宰府に於いて卒す。嗣なし。後鳥羽院天皇の皇子(童名氏王丸)を賜り嗣とす。氏久《うじひさ》と称す。神主に補せられ従三位に叙す。氏久の子孫遠久これを嗣ぎ、皇胤の系統連綿として現代清岑に至れり。その血統及び家格は曩《さき》に華族に列せられたる旧神官に比し優ることあるも劣ることなし。然らば則抜きを以て優班に列せられんか、否松下家に比しき家、下加茂旧神官に泉亭・梨木・鴨脚三家あり。その他日吉神社に生源寺・樹下、松尾神社に東・南、鹿島神社に鹿島、香取神社に香取等のあるなれば、独り松下家にのみ栄典を及ぶべきものにあらず。これ等は他日を俟《ま》ちて慎重銓衡せられ然るべきものと思考す。

とあり、皇胤である松下家を華族に列する際には、鴨脚家も含めた旧神官中由緒のあるこれなどの諸家をも同様に授爵する必要性を説いているが、結局どの諸家も授爵されずに終わっている。

典拠 『授爵録』(追加)明治十五～大正四年

→鴨脚秀文

一色雅文　いっしき・＊まさふみ

生没年不詳

元興福寺学侶・春日大社新社司

①慶応四年四月　(不許可)

②明治七年七月　(不許可)

③明治八年七月二日　(不許可)

一色家は旧興福寺花林院学侶。慶応四年(一八六八)四月以降、興福寺では大乗院・一乗院の両門跡以下院家《いんげ》・学侶も次々と還俗《げんぞく》し、堂上《とうしょう》出身者は藤原姓の者は堂上格を賜り、非藤原姓の者は実家へ復籍のうえ一代堂上となる。地下《じげ》出身者も明治二年(一八六九)三月には藤原姓を与えられ、堂上出は春日大社新神司、地下出は同社新社司となる。これらの措置に不満を抱いた地下出身の旧学侶たちは身分昇格を求めている。慶応四年四月早々に願い出たのを始めとし、明治七年七月には奈良県権《ごん》

令《れい》藤井千尋《ちひろ》宛で、翌年七月二日には元老院宛で華族または華族格への編列を願い出るも悉く不許可に終わる。

典拠　「春日旧社司及石清水社司等堂上格ノ願ヲ允サス」(『太政類典』)、「願(率川秀宜《ママ》等十五名)」(国立公文書館所蔵『記録材料・建白書仮綴』)

伊東巳代治　いとう・みよじ

一八五七—一九三四

農商務大臣

①大正六年七月十八日(不許可)
②大正八年八月二十九日(不許可)
③大正十年七月二十四日(不許可)
④大正十一年九月十六日(許可)

枢密顧問官

⑤大正十五年六月十六日(不許可)
⑥大正十五年八月十九日(不許可)

枢密顧問官

長崎出身の官僚・政治家。明治六年(一八七三)八月兵庫県六等訳官に就任以来、九年十一月まで兵庫県に奉職し、十一年一月に工部権大録に任ぜられ、さらに十三年二月に内務権少書記官となる。以後、太政官少書記官・参事院議官補兼参事院書記官などを経て十八年十二月には内閣総理大臣秘書官、さらに枢密院書記官などとなり、二十二年九月貴族院勅選議員となるも、二十四年十一月議員辞職。以後、第二次伊藤博文内閣では内閣書記官長、第三次伊藤内閣では農商務大臣として入閣。三十二年三月に枢密顧問官に親任され、死去するまでつとめた。また、この間二十八年八月二十日付で男爵、四十年九月二十三日付で子爵を授けられている。男から子への陞爵については、『原敬日記』では大正六年(一九一七)七月十八日条が初見であり、「余外交調査会の現状を物語り、且つ種々の状勢より察すれば、伊東等、例の陞爵などの野心あるに似たり」とみえ、臨時外交調査委員会委員の職をもって伊東が陞爵を企図していることが記される。また、このの ち帝室制度審議会総裁として皇室関係の諸制度が完成することをもって陞爵を企図しており、同日記七年十月十七日条にも「伊東はこれを成立せしめば伯爵に陞る企てなりと噂す」とみえる。『東京日日新聞』八年八月二十九日朝刊によれば、「西園寺侯公爵たらん/御批准後に発表か」の見出しで、

　講和大使として七十有余の老軀を提げて巴里《パリ》に赴き、八ヶ月に亘って大任を果たし、去る二十三日無事帰朝せる西園寺侯が一昨日日光行在所《あんざいしょ》に伺候し、具さに会議の顛末を闕下《けっか》に伏奏したる際、畏くも陛下には侯が今回の労苦を思し召されて優詔を賜りたるは、侯がこの度の使命に対して世上に毀誉さまざまの説あれども、聖上が侯に対する御信任厚き事を証するものと見るべく、内閣に於いてもまた園《えん》侯《こう》の功労表彰につき何等かの奏請するところあるべきはいうまでもなけれど、目下正二位大勲位にして若《も》し位階を陞叙するとせば従一位となる訳なれども、従一位の位を有し居るものは現在とては浅野長勲《ながこと》、久我通久《こがみちつね》の両侯爵あるのみにて、山県公、松方侯、大隈侯等の元老も正二位に止まり、且つその筋の方針も今後は生前に従一位を奏請する事を絶対になさざる事に決し居れば、園侯に対してのみ特に従一位を奏請するが如き事はなく、また勲等も侯は出発に際して既に大勲位を授けられ居れば、この上は頸飾《けいしょく》章加授より外には途なく、現内閣としては今度の講和に種々の非難あるにせよこれを以て大成功なりと吹聴し居る位なれば、必ずや園侯に対しては華々しき行賞の奏請をなすべく、恐らく爵位を陞して公爵を

伊東巳代治

授けらる事となるべく、同時に牧野男を初め講和会議に列せる全権委員や原首相その他の閣僚、外交調査会委員等にも陞爵・授爵の恩命下るべく、而してその時期は勿論不明なるも講和条約に対して御批准あり、平和に関する諸般の事務が一段落つきたる上にてそれぞれ発表さるべしと某宮内高官は語れり。

と第一次世界大戦後のパリ講和条約締結に際して西園寺以下の全権委員らへの論功行賞に関連し、当時の原内閣の閣僚や臨時外交調査委員会委員へも陞叙爵が行われるであろうと報じられているが、伊東も含めこの際はすぐに審査が行われなかったため、年内には許可されていない。前掲原日記の八年八月二十六日条にも「結局伯爵を望むに過ぎず、故に何もかも自分がなしたりと云いたきものなり」とみえ、また十年七月二十四日条にも同様の記述がみられ、伊東の陞爵への執念が窺われる。『授爵録』(大正八~十一年)によれば、十一年九月十六日付で内閣総理大臣加藤友三郎より宮内大臣牧野伸顕宛で平田東助《とうすけ》・後藤新平とともに伊東の陞爵詮議を申牒。

左記従二位勲一等子爵平田東助外二名は別紙功績書の通り功績顕著の者に付、各頭書の通り陞爵の儀詮議相成りたし。

として各人の功績書を添付。伊東分には、

右は明治六年八月訳官出身以来諸官を経て同二十二年五月枢密院書記官長に勅任せらる。同二十三年九月貴族院議員に勅選せられ、同二十四年十一月願に依り同議員を免ぜらる。同二十五年八月内閣書記官長に勅任せられ、同二十七年一月再び貴族院議員に勅選せらる。同二十八年八月特旨を以て華族に列せられ、勲功に依り男爵を授けらる。同二十九年九月依願免本官と為り、同三十一年農商務大臣に親任せられ、同年四月依願免本官となる。同三十二年三月枢密顧問官に親任せられ、同年七月願に依り貴族院議員を免ぜらる。同四十年九月勲功に依り特に陞して子爵を授けらる。大正六年六月臨時外交調査委員会官制公布せらるるや、勅旨を以てその委員に仰せ付けられ、特に国務大臣の礼遇を賜い今日に至る。その他同三十六年七月帝室制度調査局副総裁仰せ付けられ、帝室に関する重要案件の調査決定に努め克《よ》く総裁を輔佐し、その完成を為さしめたる功少なからず。大正四年御即位大礼の義行わせらるるや、その御用掛仰せ付けられ、諸般の事務に鞅《おう》掌《しょう》す。同五年十一月帝室制度審議会総裁仰せ付けられ、帝室に関する各種重要法規に付逐次これが調査審議決定に努力しつつあり。また明治三十七八年戦役・大正三四年戦役並びに同戦役に継ぐ戦役に丁《あた》りては至高顧問の府に参画《さんかく》し、各種法令・条約等の諮詢に応じ努力、以て克くその職責を尽くせり。就中本人が臨時外交調査委員会委員を命ぜられたるの時は恰も欧州の干戈《かんか》未だ戢《おさ》まらず、戦局の推移変転極まりなくして籌画《ちゅうかく》深甚を要するものあり。殊に大戦漸く終熄《しゅうそく》し媾和《こうわ》会議の開催を見るに当たりては帝国は連合与国と協調を保ち、幾多の折衝を経て対独・対墺その他の諸条約を締結せり。また西比利《シベリ》亜《ア》出兵乃至撤兵等西比利亜に関する諸問題並びに支那問題に付いても慎重考慮を要するものあり。更に昨大正十年軍備縮小等に関する華府《ワシントン》会議に於いては帝国またこれに参加して、海軍軍備制限に関する条約等を締結せり。尚この他山東《さんとう》還付問題・間島《かんとう》事件・大連《だいれん》会議等幾多外交上重要なる案件あり。何れもその外交方策は直ちに帝国の消長に係わるもの素より尠少ならざるものあるを以て、これ等枢要なる問題は挙げてこれを至尊直隷の機関たる同外交調査委員会の審議に付してこれを決定せり。この間本人は終始委員の任に在り、忠誠恪勤以て応機籌策《ちゅうさく》克く啓沃の重任を尽くし、その成果を収むるに資する所大なるものあり、功績寔《まこと》に顕著なりとす。

として、特に外交調査委員会委員としての功

績を記し、子から伯への陞爵を求めている。伊東が望んだ陞爵は臨時外調委員と帝室制度審議会総裁の功績をもって同年九月二十五日に伯爵となり果たされる。こののち、さらに侯への陞爵も願っていた節がみられ、『東京朝日新聞』十五年六月十六日朝刊によれば「倉富・富井両氏今秋授爵／伊東伯も昇爵説」の見出しで、

　帝室制度審議会も今秋位には一段落を告ぐる模様で、これを機会に昇爵・授爵等が問題になって居る。右は単に議会関係のみならず、広く国家に功労があるという点から、伊東巳代治伯の昇爵説、倉富勇《ゆう》三郎《ざぶろう》氏並びに富井政章氏の授爵説等が伝えられて居る。

とし、さらに同紙同年八月十九日朝刊には「伊東伯昇爵に宮内省の難色／御歴代史実委員会の行賞も遅れる」の見出しで、

　臨時御歴代史実考査委員会は慶長(長慶)天皇の問題解決と共にその使命全く終わり、宮内省では近く同委員会を廃止する方針の様であるが、これを聞知したる同会の総裁伊東巳代治伯は、論功行賞の意味をもって倉富氏以下の各委員に対し勲章奏請方を一木宮相に進言するところあったが、同伯の右勲章奏請の裏面には、史実考査委員会と相関連する帝室制度審議会も近くその使命を完了して、今年末頃には同会もまた廃止さるるので、史実考査委員会の各委員に勲章を奏請する位であるならば、それより重大使命を帯べる帝室制度審議会の論功行賞に当たっては、伊東伯に対しては昇爵の恩命をよぎなく奏請せねばならぬようにも仕向けたものとも推せられ、宮内省では右伊東伯の昇爵運動を排斥する意味において、御歴代史実考査委員会の論功行賞は帝室制度審議会の論功行賞と分離せずに共に行う方針である。

と大きく取り上げており、当時宮内省当局も伊東の陞爵について難色を示していたことが報じられているが、侯へは陞爵されずに終わっている。

典拠　『原敬日記』大正六年七月十八日条・八年八月二十六日条・十年七月二十四日条、『東京日日新聞』大正八年八月二十九日・十一年九月二十四日朝刊、『東京朝日新聞』大正十五年六月十六日・八月十九日朝刊、『授爵録』大正八〜十一年

伊東祐亨　いとう・ゆうこう

一八四三―一九一四

元帥・海軍大将

①明治二十八年七月十八日（許可）

　海軍中将・海軍軍令部長

旧薩摩藩士出身の海軍軍人。明治四年（一八七一）二月海軍大尉に任ぜられ、以後日進・扶桑・比叡・筑波・龍驤《りゅうじょう》・浪速などの艦長をつとめ、十九年六月少将に進級。常備艦隊司令官・海軍省第一局長・海軍大学校長を経て二十五年十二月中将に進級。横須賀鎮守府司令長官・常備艦隊長官となり、二十七年七月連合艦隊司令長官に就任。翌年五月には海軍軍令部長に転じ、三十一年九月に大将に昇進。三十三年議定官を兼任、三十八年十二月に軍事参議官となり、三十九年一月元帥府に列して元帥の称号を授けられた。授爵については、『授爵録』（明治二十六〜二十八年）によると、授爵に関する自薦・他薦書類や功績調書は添付されていないが、伊藤博文・山県有朋・大山厳・西郷従道《じゅうどう》・樺山資《かばやますけ》紀《のり》・野津道貫《のづみちつら》らの陞爵一覧表とともに伊東と川上操六《そうろく》の両名も挙げられている。軍功による陞爵は伊藤を除き、山県・大山・西郷・樺山・野津、子爵への新叙として川上・伊東の計七名であるが、この七名については二十八年七月十

伊東祐亨

八日付で内大臣徳大寺実則《さねつね》より宮内大臣土方久元宛で「右軍功に依り陞叙・新叙御内意に候間、表面閣下より裁可仰がるべく候。この段進達候也」と記されており、すでに七月十八日の時点で陞爵が検討されていたものと考えられ、同月二十日付で裁可を仰いだうえ、八月五日付で正式に子爵を授けられ、さらに四十年九月二十一日には伯へ陞爵している。

典拠　『授爵録』明治二十六～二十八年

伊東　某（祐敦カ）　＊いとう

生没年不詳

旧交代寄合・元中大夫席

①明治十一・十二年頃（不許可）

②明治十二～十六年頃（不許可）

伊東家は旧幕時代に交代寄合《こうたいよりあい》表御礼衆の格式を与えられ、二千石を領した旗本。幕末・維新期の当主は祐敦。他の交代寄合や高家《こうけ》の諸家と同様、朝廷に早期帰順して本領を安堵され、朝臣に列して中大夫席を与えられた。明治二年（一八六九）十二月に中大夫・下大夫・上士の称が廃止されるのに伴い士族に編入された。同家の華族昇格に関し、『爵位発行順序』所収「華族令」案の内規として公侯伯子男の五爵（左に朱書で公伯男の三爵）を設け、世襲・終身の別を付し、その内「世襲男爵を授くべき者」四項目中、第三項目に「元高家・交代寄合」を挙げている。同案は十一・十二年頃のものと推定されるが、この時点においては旧幕時代に万石以下でありながら、若年寄ではなく諸侯や高家同様に老中支配である交代寄合は男爵に列すべき家として認知されていたと思われる。同じく前掲『爵位発行順序』所収「授爵規則」によれば「男爵を授くべき者」として、七項目中、第二項目に「元交代寄合・元高家」が挙げられている。前記資料とは異なり、この案は十二年以降十六年頃のものと推測され、こちらでも旧交代寄合である伊東家は男爵を授けるべき家とされているが、結局授爵内規からは交代寄合は一律除かれ、華族編列・授爵は不許可に終わっている。

典拠　『爵位発行順序』

伊藤圭介　いとう・けいすけ

一八〇三―一九〇一

元東京帝国大学教授・理学博士

①明治三十四年一月二十日（許可）

旧尾張国名古屋在住の医師出身。植物学者。幕末に蘭学を修学し、幕府の蕃所調所に召し出される。維新後は新政府に出仕し、明治十四年（一八八一）東京大学教授、東京学士院（のちの帝国学士院）会員にも就任している。伊藤の危篤に際して授爵運動が行われ、「田中光顕関係文書」所収の三十四年一月二十日付「伊藤博文書翰」によれば、

　植物学者伊藤圭介、既に九十九歳の高齢に達し、目下瀕死の際、叙爵の栄典行われ候えばその功績を表彰し、併して後進奨励にも相成るべしとの学者社会の内願これあるものと相見え、文部大臣より内話承り及び候に付、詳細同大臣御面議御聞取、全く叡旨を以て特典御挙行相成り候えばこの上なき事に存じ奉り候。固《もと》より取捨は御取調のこれあるべく、委詳同大臣口頭に譲り候。

とみえ、九十九歳の高齢に加え、学界関係者からの内願もあったことが明らかである。また『授爵録』（明治三十四年）所収の三十四年一月二十一日付宮内省当局側の立案書類によれば、

　右圭介は夙《つと》に本草の学に志し、幼より諸国を遍歴し、山野を跋渉《ばっしょう》して動植礦諸物を蒐集し、日夕研鑽して寝食を忘る。会心する所あれば筆を操りてこれを録す。その壮年より今日に至るまで編述して上

伊藤圭介

木せざるもの数百巻、その公刊せられたるもの亦少なしとせず。その書悉く是れ斯学《しがく》の金科玉条なり。本邦の特産圭介に依りて初めて世界の目録に登るに至れり。而して我国博物学就中《なかんずく》植物学に於ける皆圭介の指導開発に由らざるはなし。実に圭介は博物学の泰斗にしてその学界を益せし功績は偉大なりとす。然るに圭介本年九十九歳の高齢に達し、目下病に罹り危篤に陥らんとす。就てはこの際功績を録し華族に列し男爵を授けらるべきや。

とみえ、博物学特に植物学者としての功績が認められ、二十二日に裁可を経て同日付で授男爵。同日東京帝国大学名誉教授の称号を贈られる。

典拠　「伊藤博文書翰」(「田中光顕関係文書」『法政大学文学部紀要』五二)、『授爵録』明治三十四年

伊藤博文　いとう・ひろふみ

一八四一―一九〇九

内閣総理大臣

①明治二十七年二月十一日(不許可)

②明治二十八年七月十八日(許可)

内閣総理大臣

③明治三十九年六月十九日(許可)

韓国統監

旧長州藩士出身の政治家。幕末・維新期には国事に奔走し、慶応四年(一八六八)一月参与職、二月徴士《ちょうし》・参与職・外国事務局権判事となり、同年五月従五位下に叙せられ兵庫県知事に任ぜられ、以後累進して大蔵少輔・民部少輔・租税頭《かみ》・工部大輔・参議兼工部卿・内務卿などを歴任。明治十八年(一八八五)十二月太政官制廃止に伴い内閣総理大臣に就任。以後四度組閣し、貴族院議長・枢密院議長もつとめ、元老として国政を主導した。また、十七年の華族令公布に際しては七月七日付で伯爵を授けられた。伊藤の陞爵については、『読売新聞』二十七年二月十一日朝刊によれば「授爵及陞爵に関する風説」の見出しで、

西郷菊次郎氏授爵の風説は今に始まったる話にあらず。氏はこれを畏れ多きことに思いて辞退の意をある人に申し出でし趣なれど、今回は丁度好機会なるにより、多分授爵の御沙汰あるべしという。尤も侯爵を授けらるるや否やは未だ定まらず。尚下級の爵を授くべしとの説ありと聞けり。また陸奥氏・芳川氏・渡辺氏等大臣たりし人に授爵あるべしとの説もあれど、かくの如くなりては、楠本正隆氏・山口尚芳氏等前元老院議官の連中にも授爵すべき人沢山あるにより、多分見合わせとなるべしというものあり。その他山内侯を公爵に、伊藤・山県・黒田の三伯を侯爵に陞せらるべしというものあれど、多分想像の説なるべく。また維新前後山陵奉行なりし故戸田大和守及び山陵御造営奉行たりし故渥見政同(旧名祖太郎)氏等の功労を追賞せられ、大婚祝典の当日、特旨を以て大和守の曽孫子爵戸田忠義《ただよし》氏に爵一階を進められ、渥見政同氏へは正四位を贈らるるとの噂は確かなる如くなるが、先ず何事も未だ確定したることなきが事実ならん。

伊藤博文

と報じられており、伊藤が山県・黒田とともに侯へ陞爵するとの説も記載しているが、誤報であったか、また上奏したが不裁可となった可能性もある。こののち、『授爵録』(明治二十六～二十八年)によれば、陞爵に関する自薦・他薦書類や功績調書は添付されていないが、山県有朋・大山巌・西郷従道・樺山資紀《すけのり》・野津道貫《みちつら》らとともに陞爵一覧表が綴られており、伊藤の箇所には付箋が貼られているが、「日清事件に関し勲功顕著なるに依り特に陞して侯爵を

授く」と判読できる。軍功による陞爵は山県・大山・西郷・野津・樺山と、子爵への新叙として川上操六《そうろく》・伊東祐亨《ゆうこう》の計七名であるが、この七名については二十八年七月十八日付で内大臣徳大寺実則《さねつね》より宮内大臣土方久元宛で「右軍功に依り陞叙・新叙御内意に候間、表面閣下より裁可仰がるべく候。この段進達候也」と記されており、おそらく伊藤についても七月十八日の時点で陞爵が検討されたものと考えられ、同月二十日付で裁可を仰いだうえ、八月五日付で正式に侯への陞爵が認められている。また『西園寺公望伝』別巻一所収の「徳大寺実則書翰」によれば、「伊藤侯爵、右菊花頸《けいしょく》飾章、または公爵歟《か》、従一位か」と徳大寺が西園寺に書き送っている。同書では同書翰を四十年六月十九日に比定するが、『明治天皇紀』三十九年六月一日条には伊藤博文が日露戦争における偉勲者行賞に参画したことがみえ、おそらく三十九年と思われる。伊藤が大勲位菊花章頸飾を叙勲したのは同年四月一日付であり、さらにこの前年の時点ですでに伊藤の侯から公への陞爵が起案されていたとも考えられるが、すぐには裁可されず保留にされたようであり、正式には四十年九月二十一日付で陞爵している。なお、伊藤・山県・井上ら元老の陞爵については『授爵録』などには裁可書のみが綴られ、功績調書や陞爵願の類は添付されていない。

典拠　『読売新聞』明治二十七年二月十一日朝刊、『授爵録』明治二十六～二十八年、「徳大寺実則書翰」（『西園寺公望伝』別巻一）

稲田邦衛　いなだ・＊くにえ

生没年不詳

旧阿波国徳島藩家老・洲本城代

①明治十一・十二年頃（不許可）
②明治十二～十六年頃（不許可）
③明治十五・十六年頃（不許可）

稲田家は代々徳島藩家老で旧禄一万五千石を知行し、また洲本《すもと》城代をつとめた。幕末・維新期の当主は後掲邦植《くにたね》のはずであるが、典拠資料等では「邦衛」の名で記される。邦衛は邦植の弟。作成者の誤記か、あるいは一時的に家督を邦衛に譲っていた時期があったものと考えられる。同家の華族昇格に関し、『爵位発行順序』所収「華族令」案の内規として公侯伯子男の五爵（左に朱書で公伯男の三爵）を設け、世襲・終身の別を付し、その内「世襲男爵を授くべき者」四項目中、第四項目に「旧藩主一門の高一万石以上の者及び高一万石以上の家臣」を挙げている。同案は明治十一（一八七八）・十二年頃のものと推定されるが、この時点においては旧幕時代に一万石以上を領していた稲田家は男爵に列すべき家として認知されていたと思われる。同じく前掲『爵位発行順序』所収「授爵規則」によれば「男爵を授くべき者」として、七項目中、第四項目に「旧藩主一門の高一万石以上の者及び高一万石以上の家臣」が挙げられている。前記資料とは異なり、この案は十二年以降十六年頃のものと推測されるが、こちらでも万石以上陪臣として、同家は世襲華族として男爵を授けられるべき家とされていた。また、十五・十六年頃の作成と思われる「三条家文書」所収「旧藩壱万石以上家臣家産・職業・貧富取調書」によれば、旧禄高一万五千石、所有財産・職業・貧富景況は全て空欄となっているため詳細は不明であるが、当該時期には万石以上陪臣の華族編列そのものが実施されなかったため、同家は士族にとどまる。こののち、二十九年六月九日付で兄邦植が男爵を授けられる。

典拠　『爵位発行順序』、「旧藩壱万石以上家臣家産・職業・貧富取調書」（「三条家文書」）

→稲田邦植

稲田邦植　いなだ・くにたね

一八五五－一九三一

旧阿波国徳島藩家老・洲本城代

①明治二十三年三月二十一日（不許可）
②明治二十六年（不許可）
③明治二十七年三月二十二日（不許可）
④明治二十九年五月（許可）
⑤大正十二年十二月三十日（不許可）

稲田家は旧徳島藩家老で旧禄一万五千石を知

行し、また洲本《すもと》城代をつとめる家柄であった。幕末・維新期の当主は邦植で、慶応元年(一八六五)に家督を相続。前掲邦衛の兄にあたる。早くに勤王方として新政府に帰順。明治三年(一八七〇)には徳島藩よりの分藩運動ともいうべき稲田騒動(庚午事変)により、同家は北海道開拓のために移住することとなる。そののち、邦植は積年王事に尽力した功績で四年五月に従五位が授けられるも、身分は士族のままであった。同家の授爵に関しては、『山田伯爵家文書』所収の二十三年三月二十一日付「山田顕義《あきよし》秘啓」によれば、「授爵は陛下の大恩にして、国家の大典、万民の標準なり。真に陛下の親裁に出づるものにして、臣僚の容喙すべきものにあらず。然れどもその自歴を調査し、その理由を明晰にし、聖慮を翼賛するは臣下の務にして、謹慎鄭重を尽くさざるべからず。今鄙見《ひけん》を陳じ、閣下の参考に供す」として宮内大臣土方久元宛で授爵の標目として、(一)維新前後功労あり勅任官たる者および勅任官たりし者、(二)維新後功労あり勅任官たる者および勅任官たりし者、(三)維新前後功労ある者、(四)維新後功労ある者、(五)父の勲功による者、(六)神官および僧侶の世襲名家たる者、(七)琉球尚家の一門、の計七項目を挙げ、同家についてはこの項目外で「稲田九郎兵衛は維新前の九郎兵衛か否不分明に付記さず」とあり、代々九郎兵衛を通称とするため、先代植誠《たねのぶ》であるのかそれとも邦植なのかを山田自身が把握していなかったため「記さず」とはしているものの、幕末・維新期の功績により同家が授爵対象者として目されていたと推測される。『授爵録』(明治二十六～二十八年)および後掲同書(明治二十九年)によれば、二十六年月日不記載で「稲田邦植叙爵内願書」を旧臣である荒城重雄《あらきしげお》・三田昇馬・立木兼善三名が連署で宮内大臣土方久元宛で提出している。

北海道庁士族従五位稲田邦植勤王の義は三代に相亘り、祖父(実は実父)九郎兵衛植乗窃《ひそ》かに尊王攘夷に心を宅き、文武奨励に力を尽くす。養父(実は従祖父)九郎兵衛植誠、遺志を体認し、愈《いよいよ》以て誘掖《ゆうえき》を務め王室に式微蛮夷の猖獗《しょうけつ》を慨歎し、殆ど寝食を安んぜざる折柄、文久年中薩摩公族島津和泉上京以来、京都御警衛の心得を以て数年の間文武修業を名とし、数十名の家臣を輦轂《れんこく》の許に屯在せしむ。その行に臨み、戒め云う。汝等寧ろ吾に背くも天子に背く可からず。君臣主従の義を分別せよと。これ乃《すなわ》ち植誠匪躬《ひきゅう》に蹇々《けんけん》たる主旨にして、竟《つい》に家中一般の骨子と為る。当時本藩の意向大いに異なるにも拘わらず、植誠独り奮って勤王を主張す。故を以て藩士疑猜を抱き、讒訴して止まず。然れども一意藩主に書争面諫し、屢《しばしば》勤王の大義を発揚せしことを務めたり。その大節奮うべからざる気象は今尚恍として眼前にあり。またその居城摂海要衝の地に当たるを以て、その防禦の方法を講じ不時調練を企て家臣をして日夜警戒の心を存せしめ、何時蛮夷襲来するも立つところに兵士を集め得る略を施せり。辱《かたじけな》くもその精神の徹底せしが、図らずも微名叡聞に達し、国事周旋致すべしとの勅書を賜り上京せし処、恐れ多くも龍顔を拝し天盃を賜る。これに於いて主従感激、家を顧みず身を忘るるに至る。嗚呼不幸蒲柳《ほりゅう》の質年僅かに二十四、病で没す。当代九郎兵衛邦植、その後を承けたる時は即ち御維新にして、西宮《にしのみや》応援、高松追討、尋《つい》で東征大総督宮殿下御警衛仰せ付けられ、孰《いず》れも格外の人数差し出し、藩屏《はんぺい》に均しき勤務を為せり。抑《そもそ》も京都御警衛より東征の役を畢《お》わる迄に消耗したる軍費は十数万円に下らず。その後君臣解放の令あるに当たり、本藩の処置穏当ならざるを以て旧臣一同苦情を唱え、哀訴嘆願荏苒《じんぜん》年を渉る。明年岩鼻《いわはな》県権知事・福島県権知事御内待を奉じて下向。この時旧臣一同北海移住開墾に従事せんことを内願す。藩士は朝廷の御用意周到なるを弁えず、却って无妄《むもう》に兵を挙げ、家を焼き、人を殺し、これが為旧主邸宅並びに武器・什物を失する少なからず。

これに於いて乎旧臣憤怒し、去国の念、移住の志一層の激切を加えり。朝廷御仁恩の深重なる日高国静内郡《ひだかのくにしずないぐん》・新冠郡《にいかっぷぐん》、根《ね》室国花咲郡《むろのくにはなさきぐん》の志古丹《しこたん》島等支配仰せ付けられ、旧歳入十年間開拓費に下し賜る。当時海運の便未だ開けず、南海より北海に移る至難至険を冒し、旧臣男女七百五十余名を引率・移住し、開墾初めて緒に就くに方《あた》り、一面には静内倉庫失火の災あり。邦植の家什を始め、旧臣携帯の衣服・器具悉皆烏有に属し、一面には第二次移殖人搭載の汽船紀伊海上に沈没し、百九十一名の内八十三名溺死、これまた邦植重要の什物及び金穀旧臣の物に至るまで悉皆淪没、人心沮喪《そそう》、経済艱難奈何《いか》にすべからざるの勢いに遭遇するも、尚且つ不撓《ふとう》第三次以後移殖の計画を施せしも、廃藩置県と共に支配免ぜられ、向後移住に及ばざる旨の命ありき。回顧すれば当時北地開墾の事は止むを得ざる情実に出づと雖も、報国の赤心あるに非ざるよりは人の忌憚する所なるは言を待たず。況んや南煖《なんだん》より北寒に移転するをや、最初鋭気の盛んなるに似ず。即今北海収功の微なるを視れば、邦植指揮の宜しからざるに似ると雖も、政体の変遷と災異の妨礎に由るもの居多なりとす。宜しく御諒察下されたく候。さて茲《ここ》に閣下に懇願する次第は、邦植不肖よりしを残余の貲産《しさん》耗尽、方今立錐《りっすい》の地なく、旦夕の儲けなく、旧臣の保護に拠りて僅かに飢寒を免るの惨状に陥りたり。旧臣は旧誼を顧み目今扶助の外多少の財産を造り与えん為、阿波に於ける、淡路に於ける、北海道に於ける相共に協議尽力、旧藩主蜂須賀茂韶《もちあき》も力を副えらるは天下に微名を知られたる勤王の労あるを愛惜する心に出づ。閣下願わくは先年主従の間柄漆膠《しっこう》啻《ただ》ならず、朝廷の為、国家の為微衷を尽くしたる形蹟御察し成じ下され、先帝の植誠を御寵遇在らせられ候光栄、邦植の今上陛下に消埃を致したる事等御奏聞成し下され、特別の思召を以て叙爵の恩典を賜り、且つ栄爵の体面を永久に維持すべき様御尽力成し下されたく、不勝冀望《きぼう》別紙事蹟考

を添え、この段内願仕り候。恐惶謹言。

と記し、幕末・維新の功労だけではなく、北海道開拓に従事した功労も列挙して旧主家の華族編列・授爵を求めるも不許可となる。また、前掲『授爵録』(明治二十九年)によれば、荒城ら三名は同様の理由をもって二十七年三月二十二日付でも「陳情書」を提出しており、こちらの請願では「当主邦植子爵に列せられ、併せて相当の位記拝賜」と記し、男爵ではなく子爵授与を求めている。また、同日付で旧臣らが募集した稲田家の家産について計一万円に達する点を別紙で記し、翌月十六日付で邦植親戚である旧近江国水口《みなくち》藩主・子爵の加藤明実《あきざね》が宮相土方宛で証明している。これは不許可となるも、二十九年五月「勲功者並ニ勲功者遺族授爵ノ件」として爵位局が小松帯刀とともに授爵を立案。稲田分については、

右稲田邦植は旧阿州侯の老臣を以て祖父植乗・養父植誠勤王の遺志を継ぎ、維新の際列侯と同じく手兵を東西に出し、自ら千軍万馬の間を往来し、内乱戡定《かんてい》の効を奏し、後旧臣七百五十余名を率い北地無人の境に移住し、私財を散じて大いに拓植の業に従事し、田畠を新開したること、現に六百四十余丁の多きに至れり。その前後の功績実に少なからざるものとす。

と記し、先々代以来の勤王や、邦植の北海道開拓の功績も併せて授爵は適当としている。これにより、同年六月九日付で男爵が授けられる。こののち、同家はさらに男から子への陞爵を企図しており、『諸雑公文書』所収「〔稲田邦植陞爵ニ付上奏ノ件〕」によれば、大正十二年(一九二三)年十二月三十日付で内務大臣後藤新平より、内閣総理大臣山本権兵衛宛でも同人の陞爵を進達。

皇太子殿下御成婚に際し生存効労者取調候処、左記のものは夙《つと》に皇室に対し赤誠を致し、且つ北海道の開拓に関し効績ある者と認められ候に付、御詮議相成り候

様致したし。

として、功績書を添付。殖産興業に関する同人の事績・功労書を添付して請願するも、これは結局不許可に終わり、男爵にとどまっている。

典拠　「山田顕義秘啓」（『山田伯爵家文書』四）、『授爵録』明治二十六年・二十九年、「［稲田邦植陞爵ニ付上奏ノ件］」（国立公文書館所蔵『諸雑公文書』）

→稲田邦衛

稲野仙菴　いなの・せんあん

生没年不詳

楠木正成末裔

①明治二十九年五月五日（不許可）

愛知県在住で楠木正成末裔を称する。族籍などは不明。授爵については明治二十九年（一八九六）四月二十日立案・五月五日決裁の「楠氏取調書」にみえ、宮内省爵位局が楠木正成末裔として提出された請願者二十一名中、稲野の名も記されるが、家系に信憑性があると判断された甲斐荘《かいのしょう》正秀（以《い》号・京都）・中村権左衛門（遠《を》号・長野）・楠正基（加《か》号・鳥取）・関唯男（楚《そ》号・大阪）の四名のみ「審査の材料と相成るべき価あるものと存じ候に付、この四家の書類は姑《しばら》く他日の参考として当局に留め置き」とされて関連資料は宮内省に保管され、稲野仙菴（利《り》号）を含めた十七名については各府県知事を通じて請願書を却下され、こののちも授爵されずに終わっている。

典拠　「楠氏取調書」（宮内庁宮内公文書館所蔵）

犬養　毅　いぬかい・つよし

一八五五―一九三二

衆議院議員・内閣総理大臣

①大正四年十一月一日（不許可）

②大正四年十一月十四日（不許可）

③大正八年八月二十九日（不許可）

④大正八年十一月六日（不許可）

⑤大正九年八月九日（不許可）

⑥大正十一年九月二十六日（不許可）

衆議院議員

旧備中国賀陽郡庄屋出身の政治家。維新後は統計院権少書記官となるも、明治十四年（一八八一）の政変により依願免官。その後は二十三年の第一回衆議院議員総選挙に岡山県より立候補して当選。以後、十八回連続で当選する。また、第一次大隈重信内閣で文部大臣として初入閣をし、第二次山本権兵衛内閣では文部・逓信各大臣、加藤高明内閣でも逓信大臣をつとめ、昭和六年（一九三一）十二月から翌年五月まで内閣総理大臣となった。外務大臣もつとめた芳沢謙吉《けんきち》は女婿。授爵に関する風説・動きは大正四年（一九一五）以降確認されるようになり、『読売新聞』四年十一月一日朝刊によれば、「授爵調査終了／原・犬養両氏も」の見出しで、

犬養　毅

来たるべき御大典を機とし、国家に功労ありたる各階級の人々に対し、授爵・授勲・叙任等の恩命ある事は既報の如くにして、洩れ承る処によれば御発表に相成るべきは大嘗祭終了の上、即ち本月十六日なりとの事にて、内閣に於けるそれぞれの調査も昨今大体に於いて結了し、目下は宮内省との間に折衝中の由なるが、その陞爵・授爵の主なる人々は、大隈伯の侯爵、武富・尾崎・一木《いちき》・高田・加藤・河野《こうの》・箕浦各大臣の男爵は疑うべからざる処にして、更に有力なる筋よりの噂によれば、立憲政治創設に功労ありたる廉を以て、政友会総裁原敬氏、国民党総務犬養氏の二政治家、学者として功労ありたる故を以て山川東大総長、穂積《ほづみ》博士の二学者、財界に功労ありたる故を以て大倉喜八郎、安

田善次郎、益田孝《たかし》の三実業家、また特に男爵を授けらるべしとの事なり。尚、世間にては村田保《たもつ》翁が授爵の運動をなしつつあるが如く伝うるも今回は授爵の事なく、多分特に位を進めらるる事となるべしと云う。

とあり、大正天皇即位大礼の慶事に際しての陞・授爵候補者のなかに犬養の名も挙げられている。これは単なる風説ではなかったようであり、『原敬日記』同月十四日条にも、

山県を訪問し余の授爵問題に付てはもはや懸念に及ばざるべしと云いたるに、山県は一般授爵の事は東京にても大略内話せし通りなるが、元老の申出(松方が大隈に誰々か推薦したる風説ありその事ならん)などもありたる由にて、最初は多人数にて、犬養毅、島田三郎にまで授爵の詮議ありたる由なるも、それが種種に転じ結局去三十日宮内省にて波多野宮相よりは誰も彼も一切この度は授爵なき事に決せりと聞けり(余が東京にて去二十九日面会のとき明日宮相に面会すべしと云いたるに合う)。然るに三十一日即ち天長節の朝大隈面会を望むとの申越なりしも、来客並びに参内の都合もありて断りたるに、江木内閣書記官長早朝に来訪、この際授爵なきは不都合なりとの議論をなすに付、かくの如き場合に詮議するときは自然その数を増し、濫賞にも陥る事なれば、この際止めて他日篤と詮議せらるること適当なりと云いたれば、江木これに服せず、過日数名だけは同意を表せられたるに非らずやと云うに付、自分はそれは同意も不同意もなき事なり、前官礼遇者に授爵詮議の者あるやと尋ねたれば貴様が他人名をも持ち来たりたるに付これを一覧せし迄なり。とにかく宮相一切見合せと云うに付、自分はその事に承知し居る迄なりと云い置きたるに、去一日帝室経済会に出席し(何か大いに論じたりと云う)、その後波多野は跡に残りくれと云うに付残りてその話を聞きたるに、またまた変じて数名の者に授爵する事に内閣よりも申出あり。已むを得ずと云うに付、自分は先年実業家に授爵ありしは実業奨励の意味なりしかと思うが、今日は実業家の功績を認め、外国貿易の為とか国家に功労の為とか云うの方針を取らるる様にありたしと注意したるまでにて、その人名も見ずに去り、二日に当地に来たりたればその後の事を知らざるも、この間の叙勲贈位などと同時に内閣は発表したき由なるも、宮内省にては左様の都合には参らず、且つ右様卒急にせずとも宜しからんと云う事にて、結局東京に還幸の後と云う事になれる由なり。

とあり、また同年十月十九日・二十九日条にも該当記事が散見している。大正四年十二月一日に即位大礼関連で授爵された九名中に、衆議院議員の犬養毅と衆議院議長の島田三郎も当初は候補者として挙げられ、詮議されていたことが判然とするが、結局は不許可となっている。ついで犬養への授爵話が浮上するのは八年以降であり、同人はこれより以前、六年六月六日付で臨時外交調査委員会委員となり、国務大臣礼遇を与えられていたが、この臨時外調委員の功績により当該時期にはたびたび授爵の噂が立てられている。まず『東京日日新聞』大正八年八月二十九日朝刊によれば「西園寺侯公爵たらん／御批准後に発表か」の見出しで、

講和大使として七十有余の老軀を提げて巴里《パリ》に赴き、八ヶ月に亘って大任を果たし、去る二十三日無事帰朝せる西園寺侯が一昨日日光行在所《あんざいしょ》に伺候し、具さに会議の顚末を闕《けつ》下に伏奏したる際、畏くも陛下には侯が今回の労苦を思し召されて優詔を賜りたるは、侯がこの度の使命に対して世上に毀誉さまざまの説あれども、聖上が侯に対する御信任厚き事を証するものと見るべく、内閣に於いてもまた園《えん》侯《こう》の功労表彰につき何等かの奏請するところあるべきはいうまでもなけれど、目下正二位大勲位にして若し位階を陞叙す

るとせば従一位となる訳なれども、従一位の位を有し居るものは現在とては浅野長勲《ながこと》、久我通久《こがみちつね》の両侯爵あるのみにて、山県公、松方侯、大隈侯等の元老も正二位に止まり、且つその筋の方針も今後は生前に従一位を奏請する事を絶対になさざる事に決し居れば、園侯に対してのみ特に従一位を奏請するが如き事はなく、また勲等も侯は出発に際して既に大勲位を授けられ居れば、この上は頸飾《けいしょく》章加授より外には途なく、現内閣としては今度の講和に種々の非難あるにせよこれを以て大成功なりと吹聴し居る位なれば、必ずや園侯に対しては華々しき行賞の奏請をなすべく、恐らく爵位を陞して公爵を授けらるる事となるべく、同時に牧野男を初め講和会議に列せる全権委員や原首相その他の閣僚、外交調査会委員等にも陞爵・授爵の恩命下るべく、而してその時期は勿論不明なるも講和条約に対して御批准あり、平和に関する諸般の事務が一段落つきたる上にてそれぞれ発表さるべしと某宮内高官は語れり。

と第一次世界大戦後のパリ講和条約締結に際して全権委員であった西園寺と、牧野伸顕・珍田捨巳《すてみ》・伊集院彦吉・松井慶四郎らに対する論功行賞について大きく報じている。全権委員のみならず、当時の原内閣の閣僚や臨時外交調査委員会の各委員へも陞・授爵の恩命が下ると報じられている。この際はすぐに審査がされなかったためか、年内の陞・授爵は行われていないが、前掲『原敬日記』八年十一月六日条には「ただ外交調査会員の陞授爵に付いては山県は勲章にては如何と云うに付、或いはそれにても可ならん。爵とすれば平田、伊東の子爵を伯爵となし、犬養に男爵を授くる訳なり」とみえ、すでにこの頃より国務大臣礼遇の外調委員への論功行賞として、平田東助《とうすけ》・伊東巳代治両子爵を伯に陞叙し、犬養へは男爵を授与するという案が浮上している。また、九年八月九日条にも「外交調査会員に叙爵陞爵の御沙汰あれば(中略)犬養毅男爵に叙せらるる訳なり。依てその原案を内々に渡し置きたり」とみえ、実際原案まで作成されていたようである。こののち犬養授爵に関する件は凍結されていたのか記録にみえないが、外調の官制廃止に伴い再浮上したものと思われ、結局十一年九月二十五日付で陞爵したのは委員中では平田・伊東と後藤新平の三名であるが、『東京朝日新聞』同月二十六日朝刊によれば「犬養君の行賞・授爵は却って累」の見出しで、

　外調委員の行賞があった。外調創設以来の委員は平田、伊東、後藤、犬養の四君のみで、その他の委員は中途にて辞したもの、或いは代わって委員となったものである。平田・伊藤・後藤の三君が各々陞爵の恩命に浴したのに、独り犬養君のみが授爵されて居ない。政府部内では犬養君も当然他の三君同様授爵されるのが至当である、併《しか》し犬養君は初期以来衆議院に在って多年民党の為めに馳駆した人であるから、授爵は同君の政治的生命に累を及ぼす事ともなり、また同君の立場からして拝辞するのは明白であるから、犬養君のは他の三君とは形式に於いて代わって居るのみであると云うことだ。革新倶楽部の某消息辺は語って曰く。事実の有無は保証の限りで無いが、無論犬養君にも内意は下ったものであらう。併《しか》し犬養君としては生涯を通じて議院生活の向上と、革新に捧げて居る。況んや政界革新・政党改造の大事を成し遂げんとて革新倶楽部にあり、将に活動期に入らんとして居る折からである。仮令《たとえ》御内命があったとした所で御受けしないのは当然である。犬養君の立場からしてもそうであるが、同君の性格から判断しても華族に列したからと云うて別段嬉しうは思うまい。

とこの件について報じている。原が犬養授爵に関する原案を作成したからこの間に論功行賞の規準等に変化が生じたか、また犬養自身が原同様の主義で授爵を拝辞したかは不明であるが、こののちも同人は授爵されずに終わっている。なお、犬養は首相在任中の昭和七

年（一九三二）五月十五日に暗殺され、蔵相高橋是清が内閣総理大臣臨時代理に就任するが、同時期に危篤の白川義則《よしのり》への授爵申牒があり、『授爵録』（昭和二～十九年）中の備忘書類によると、

　授爵に就いても単に危篤なるが故に奏請せんとするにはあらず。ただ時機を早むる意味に於いてせば敢えて不可なかるべく、また犬養首相に就いては憲政に尽くされたる功績は偉大なるも特に内閣に於いては何等の希望もなかりしを以て権衡を考うるの必要なかるべしとし、一木宮内大臣は牧野内大臣及び偶々《たまたま》上京中なりし西園寺公爵とも協議の上奏請に決したり。

と記し、犬養については内閣側から授爵奏請についての意見が出されず、宮内省側へも伝えられなかったことが確認される。

典拠　『読売新聞』大正四年十一月一日朝刊、『原敬日記』大正四年十一月十四日条・八年十一月六日条・九年八月九日条・『東京日日新聞』大正八年八月二十九日・十一年九月二十六日朝刊、『授爵録』昭和二～十九年

井上　馨　いのうえ・かおる

一八三六―一九一五

外務・農商務・内務各大臣

①明治三十九年六月十九日（不許可）

　大蔵大臣前官礼遇

旧長州藩士出身の政治家。幕末・維新期には国事に奔走し、慶応四年（一八六八）一月参与職、同月参与兼外国事務掛、九州鎮撫総督参謀となり、翌月長崎裁判所参謀、同年閏四月に徴《ちょう》士《し》・参与職・外国事務局判事を命ぜられる。以後累進して造幣頭《かみ》・民部大丞《たいじょう》兼大蔵大丞・大蔵少輔・民部少輔・参議兼工部卿・外務卿などを歴任。また、第一次伊藤博文内閣では外務大臣、黒田清隆内閣で農商務大臣、第二次伊藤内閣で内務大臣、第三次伊藤内閣で大蔵大臣として入閣。元老として伊藤や山県有朋らと国政を主導した。また、明治十七年（一八八四）の華族令公布に際しては七月七日付で伯爵を授与されている。陞爵については『西園寺公望伝』別巻一所収の「徳大寺実則《さねつね》書翰」によれば、「井上伯爵・松方伯爵、右菊花大勲位、後日侯に陞爵歟」と徳大寺が西園寺に書き送っている。同書では同書翰を四十年六月十九日に比定する

井上　馨

が、『明治天皇紀』三十九年六月一日条には伊藤博文が日露戦争における偉勲者行賞に参画したことがみえ、おそらく三十九年と思われる。井上が大勲位菊花大綬章を叙勲したのは三十九年四月一日付であり、さらにこの前年の三十八年の時点ですでに井上の伯から侯への陞爵が起案されていたとも考えられるが、すぐには裁可されず保留にされたようであり、正式には四十年九月二十一日付で陞爵している。なお、伊藤・山県・井上ら元老の陞爵については『授爵録』などには裁可書のみが綴られ、功績調書や陞爵願の類は添付されていない。

典拠　『読売新聞』明治二十七年二月十一日朝刊、「徳大寺実則書翰」（『西園寺公望伝』別巻一）

井上　毅　いのうえ・こわし

一八四四―九五

文部大臣

①明治二十三年三月二十一日（不許可）

　法制局長官

②明治二十七年十二月二十七日（許可）

　元文部大臣

旧肥後国熊本藩家老米田《こめだ》家家臣出身の法制官僚・政治家。教育勅語の起草者としても知られる。藩校時習館や東京の開成学校で修学したのち、司法省に出仕し、二等法制官・法制局主事・内務大書記官・太政官大書記官などの諸官

井上　毅

を歴任。明治二十一年（一八八八）二月に法制局長官に任ぜられた。『山田伯爵家文書』所収の二十三年三月二十一日付「山田顕義《あきよし》秘啓」によれば、「授爵は陛下の大恩にして、国家の大典、万民の標準なり。真に陛下の親裁に出づるものにして、臣僚の容喙すべきものにあらず。然れどもその自歴を調査し、その理由を明晰にし、聖慮を翼賛するは臣下の務にして、謹慎鄭重を尽くさざるべからず。今鄙見《ひけん》を陳じ、閣下の参考に供す」として宮内大臣土方久元宛で授爵の標目として、（一）維新前後功労あり勅任官たる者および勅任官たりし者、（二）維新後功労あり勅任官たる者および勅任官たりし者、（三）維新前後功労ある者、（四）維新後功労ある者、（五）父の勲功による者、（六）神官および僧侶の世襲名家たる者、（七）琉球尚家の一門、の計七項目を挙げ、井上は第二項に適当すべき者としてその名が挙げられるも、井上は授爵されず。このの ち同年七月からは枢密顧問官、宮内省文事秘書官長、二十六年三月には第二次伊藤博文内閣で文部大臣に就任。『授爵録』（明治二十六～二十八年）によれば、二十七年十二月二十七日付で宮内省爵位局で井上の授爵を立案。

　病軀を押して激職に鞅掌《おうしょう》し、典例を検覆《けんぷく》して文物を顕彰す。凡《およ》そ我が国革新の法制にしてその手に成らざるものは殆ど稀なり。就中《なかんずく》立憲政体に遷移の際、専ら法典の釐正《りせい》に致す。爾来《じらい》文事秘書官長に、枢密顧問官に、文部大臣に歴任し、枢要の職を奉じて皇猷《こうゆう》を翼賛す。洵《まこと》に文勲の偉大なるものと謂うべし。依って特旨を以て華族に列し、子爵を授けらるべき乎。
　高裁を仰ぐ。

として履歴書を添付。重篤の同人への授爵が立案され、十八年一月に裁可を得、同月七日付で多年の勲功により子爵が授けられる。

典拠　「山田顕義秘啓」（『山田伯爵家文書』四）、『授爵録』明治二十六～二十八年

井上準之助　いのうえ・じゅんのすけ

一八六九―一九三二

大蔵大臣

①昭和三年十月十日（不許可）

　貴族院勅選議員

旧豊後国日田《ひた》出身の実業家・政治家。帝国大学法科大学卒業後、日本銀行に入行。同行では京都出張所長や大阪支店長などをつとめ、さらに横浜正金《しょうきん》銀行頭取を経て大正八年（一九一九）には日本銀行総裁に就任。十二年の第二次山本権兵衛内閣や、昭和四年（一九二九）の浜口雄幸内閣では大蔵大臣をつとめ、この間、大正十三年一月からは貴族院勅選議員に就任した。『読売新聞』昭和三年十月十日朝刊によれば「授爵の栄は七名に／殆ど内定した顔ぶれ／陸海軍から各一名／学者から一名／実業界から四名奏請」の見出しで、

　今秋行わせられる御大典に際しては官民となくそれぞれ功績の顕著なる者の中から、政府の奏請により爵位、叙位・叙勲・褒賞等畏き御沙汰を拝する事となって居るが、政府に於いても目下その人物を慎重銓衡中で、既に大体の内定は見た模様であるが、事は畏きあたりにかかわりある為、絶対秘密に付して居る。而して授爵の恩命に接すべき者については、その

井上準之助

銓衡及び人員等大体前例に慣い、数は七名とされ、陸海軍人各一名、実業家・事業家中から四名、学者から一名とされて居る。この内定した候補者は学者から桜井錠二《じょうじ》氏、陸軍から奈良武次《たけじ》大将、海軍から山下源太郎大将、実業家から馬越恭平《まごしきょうへい》、浅野総一郎、団琢磨《たくま》、藤原銀次郎の四氏と云われて居るが、この外、井上準之助、藤山雷太氏等も銓衡中の人である。また司法方面では鈴木喜三郎氏の声もあるが、鈴木氏には個人の事情もあり、然らば原法相とも伝えられるが、原法相には時期尚早との声もあり、結局この方面は銓衡外に置かれた模様である。

と報じている。昭和天皇の即位大礼という慶事に際しての授爵はこの一ヵ月後、同年十一月十日であるが、宮内省詰の記者が得た情報か、実業界からは馬越・浅野・団・藤原の四名を有力候補者として挙げ、さらに井上と藤山についても詮衡中の人物であると報じている。同人の授爵内申については具体的には資料が確認できないが、実際に実業家枠から授爵したのは団琢磨一名であり、井上はこののちも授爵されずに終わっている。

典拠　『読売新聞』昭和三年十月十日朝刊

井面守純　いのも・*もりずみ

生没年不詳

旧伊勢神宮内宮神主

①明治二十三年七月一日（不許可）

井面家は荒木田《あらきだ》姓、旧伊勢神宮内宮神主の家柄。井面守存の一族。同家の授爵については『授爵録』（明治二十三年）にみえ、明治二十三年（一八九〇）七月一日付の「皇太神宮旧神官荒木田姓宗家家格取立之件」で荒木田姓の本宗家調査において、井面守純の名も候補者中にみえるが、結局授爵されずに終わる。

典拠　『授爵録』明治二十三年

→井面守存

井面守存　いのも・*もりまさ

生没年不詳

旧伊勢神宮内宮神主

①明治二十三年七月一日（不許可）

井面家は荒木田《あらきだ》姓、旧伊勢神宮内宮神主の家柄。維新前に正五位に叙せられていたが、明治四年（一八七一）五月十四日に神官の世襲および位階の廃止により位記を返上。同家の授爵については『授爵録』（明治二十三年）によれば、二十三年七月一日付の「皇太神宮旧神官荒木田姓宗家家格取立之件」に、

前に藤波亮麿華族編列願の出るや、単に同氏より差し出したる願書及び参考扣《ひかえ》に就き取り調べたるに、同氏は荒木田姓正統のものに相違なきものの如し。度会《わたらい》・荒木田両姓は内外両宮の神官にして、茲《ここ》に殆ど二千年の久しき神孫連綿《れんめん》たる名族なりとす。然るに度会姓は名族の故を以て既にその宗家松木《まつき》氏を抜て華族に列せられたるも、荒木田姓に於いては未だその栄典に与らざるは権衡上宜しきを得ざるものの如し。依て度会・荒木田両姓の比較を取り亮麿を華族に列せらるべきや上申に及びたるに、既に上奏御裁可相成りたるを以て即ちこれを閲すれば、名彦は彼亮麿の本家なりと云う。尚また松木美《よし》彦《ひこ》・藤井稀（希）璞の建言書を以てこれを参観するに、荒木田姓には沢田氏を始め薗田・井面・世木《せき》・中川等の数氏を挙げ、皆荒木田一派なることを認めらる。これに於いて頗る判別に苦しみたれば、亮麿の御裁可書は御発表前の儀、御猶予相願い、桂主事を大野属と共に伊勢神宮司庁に出張せし、同庁の所蔵及びその他の古文書に就き審案査覈の上、別紙系図を調整せり。而して沢田幸一郎家系のその正統本宗なることを発見するを得たり。依て前の藤波亮麿の御裁可は御取消を仰ぎ、更に荒木田宗家荒木田姓沢田幸一郎を華族に列せられ（る）べきや裁を仰ぐ。

と一度伊勢内宮の荒木田姓神主より藤波亮磨へ列華族・授男爵について明治天皇の裁可を得ていながら取り消された経緯を詳述している。

この際、荒木田姓の神主家として、藤波名彦・同亮麿・佐八《そうち》定潔・世木親善・薗田守胤・同守憲・同守宣・井面守純・中川経界とともに井面守存の候補者名が列挙され、どの家系が正統であるかが審査されている。この件については宮内省当局側は爵位局の桂潜太郎主事が属官を伴い、伊勢神宮へ赴き調査のうえ、結果として沢田幸一郎へ授爵が決定したとみえ、井面守存は華族に列することなく終わっている。

典拠『授爵録』明治二十三年

→井面守純

今井鉄巌　いまい・*てつがん

一八八二―?

藤原氏末裔

①明治四十三年二月二十五日（不許可）

②明治四十三年三月二十四日（不許可）

③明治四十三年八月十七日（不許可）

藤原姓で熊本県人吉《ひとよし》在住の僧侶。明治四十二年（一九〇九）七月二日付で田代を今井に復姓している。「今井鉄巌他授爵請願書」によれば、四十三年二月二十五日付で宮内大臣岩倉具定《ともさだ》宛で「華族襲爵願」を提出。

右往古藤原氏に出でて今井姓致し、於《(数)》代連綿として相続致し来たり候処、中途如何の方針にや田代氏あり、養子に入り今井氏を絶姓致し、幾多の星霜今日に至り候。然るに当代私祖先の家督を相続するに当あたり不快の黙致多し。且つ祖先の苗字湮滅も憂い頼り出で候に、別紙の通り許可下され、今井姓公称致し候えども、尚また御頼り申したき一条これあり。別紙の通り系譜写祖先の位階行賞写等相添え内覧に入れ申し候。右に依れば我が祖先は然も藤原氏の五摂家以上の位を有し、従前の紛う方なき公卿に御座候。藉に私称は致し候えども、明治二年六月太政官達第五百四十二号には公卿・諸侯の称を廃し華族と改むるともこれあり候由、現今迄かくの如き有難き思召も知らざるを怨む。且つは喜び千載一遇の幸期と存じ祖先の英霊を慰安せしめたき愚考を以て公称願いたく、願わくば特別の詮議を経て襲爵仰せ付けられたく、この段懇願奉り候也。

と記し、自家の系図や口宣案《くぜんあん》・位記写を添付するも、口宣案・位記にみえる享保五年（一七二〇）十二月十八日付で従五位下・遠江守に叙任したとする「藤原長在《ふじわらのながあり》」なる人物は、旧肥後国人吉藩主であった相良長在《さがらながあり》と同一人物であり、叙任日も同じである。また、長在は今井の系図にはみえず、願書中の「我が祖先は然も藤原氏の五摂家以上の位を有し」云々も意味が不明である。これに対して宮内省は何の対応も取らなかったため、四十三年三月二十四日付で「伺書」を提出。

私儀、右は明治四十三年二月二十五日付を以て華族令施行規則及び諸法令を遵守し華族襲爵願に関する書類提出御願い申し上げ候えども、今以て何たる御音信も蒙らず、却可《(下)》にも相成らず如何の手続成し下され候哉、この段御伺い申し上げ候也。（尚また不備の廉これあり候えば御申し越しに随い申すべく候）。

という文面からは、「授爵願」「襲爵願」とを混同しているようであり、この際も同省は何らの対応も取らなかったようである。こののちも今井は同年八月十七日付で改めて「伺書」を宮内大臣渡辺千秋《ちあき》宛で提出。

右は明治四十三年二月二十五日付を以て華族令施行規則及び諸法令を遵奉し、華族編入願に関する書類提出御願い申し上げ候えども、何たる御音信も頂かず、早時同年三月二十四日付を以て督促仕り候も、今以て七ヶ月の今日に至る迄何たる御音便をも蒙らず、且つ却下にも相成らず、如何の御都合に御座候哉《や》。御伺い申し上げ候間、速やかに御詮議を経て何分の御回答を願いたく、この段申し上げ候也。

として繰り返し授爵を願い出るも、結局不許可に終わっている。

典拠「今井鉄巌他授爵請願書」（宮内庁宮内公文書館所蔵）

今枝紀一郎　いまえだ・きいちろう

一八七〇—一九四二

旧加賀国金沢藩家老

①明治十一・十二年頃（不許可）
②明治十二〜十六年頃（不許可）
③明治十五・十六年頃（不許可）
④明治三十三年五月五日（許可）

今枝家は旧金沢藩士・家老家で旧禄一万四千石を知行。幕末・維新期の当主は紀一郎（直規《なおのり》）。同家の華族昇格に関しては、『爵位発行順序』所収「華族令」案の内規として公侯伯子男の五爵（左に朱書で公伯男の三爵）を設け、世襲・終身の別を付し、その内「世襲男爵を授くべき者」四項目中、第四項目に「旧藩主一門の高一万石以上の者及び高一万石以上の家臣」を挙げている。同案は明治十一（一八七八）・十二年頃のものと推定されるが、この時点においては旧幕時代に一万石以上を領していた本多家は男爵に列すべき家として認知されていたと思われる。同じく前掲『爵位発行順序』所収「授爵規則」によれば「男爵を授くべき者」として、七項目中、第四項目に「旧藩主一門の高一万石以上の者及び高一万石以上の家臣」が挙げられている。前記資料とは異なり、この案は十二年以降十六年頃のものと推測されるが、こちらでも万石以上陪臣として、本多家は世襲華族として男爵を授けられるべき家とされていた。また、十五・十六年頃の作成と思われる「三条家文書」所収「旧藩壱万石以上家臣家産・職業・貧富取調書」によれば、旧禄高一万石、所有財産は金禄公債五万八十円、田畑宅地四町三反四畝一歩、職業は就学、貧富景況は相応と記されるも、華族編列は見送られている。さらに『授爵録』（明治三十三ノ一年）所収の三十三年五月五日付立案の書類によれば、

> 右は旧藩一万石以上の門閥にして、何れもその所属藩主の一門または家老たり。平生数百の士卒を養い、有事の時は将帥と為り手兵を提《さ》げ、出でて攻守の任に当たり、無事の時は入りて執政と為り民政を総管する等恰《あたか》も小諸侯の如し。而してこの輩は封土奉還の日何れも士族に編入せられたるも、仍《なお》巨多の資産を有して旧領地に住し、その地方人民の推重せらるるを以て自らその地方人民の儀表と為り、勧業または奨学等公益に資すること少なからず。その門地は以て小諸侯に譲らず。その資産また門地を維持するに足るものと認むるに因り前掲の通り授爵の恩典あらんことを奏上せらるべきや。

とあり、今枝家は門地を維持するだけの資産も有していると認められ、同年五月九日付をもって男爵が授けられる。

典拠　『爵位発行順序』、「旧藩壱万石以上家臣家産・職業・貧富取調書」（「三条家文書」）、『授爵録』明治三十三ノ一年

今川範叙　いまがわ・のりのぶ

一八二九—八七

旧高家・元中大夫席

①明治十一・十二年頃（不許可）
②明治十二〜十六年頃（不許可）

今川家は戦国大名今川氏の裔で、旧幕時代には高家《こうけ》の格式を与えられ千石を知行した旗本。幕末・維新期の当主は範叙で、嘉永三年（一八五〇）十月に奥高家となり従五位下・侍従兼駿河守（のち刑部大輔）に叙任し、慶応四年（一八六〇）二月若年寄に就任。同年朝廷に帰順して本領を安堵され、朝臣に列して中大夫席を与えられた。明治二年（一八六九）十二月には中大夫以下下大夫・上士の称が廃止されるに伴い士族に編入され、翌年十一月十九日の太政官布告第八百四十五号により従五位の位階を返上する。同家の華族昇格に関し、『爵位発行順序』所収「華族令」案の内規として公侯伯子男の五爵（左に朱書で公伯男の三爵）を設け、世襲・終身の別を付し、その内「世襲男爵を授くべき者」四項目中、第三項目に「元高家・交代寄合」を挙げている。同案は十一・十二年頃のものと推定されるが、この時点においては旧幕時代に万石以下でありながら、若年寄ではなく諸侯同様に老中支配であり、奥高家就任後は四位少将にまで昇り得る高家は男爵に列すべき家として認知されていたと思われる。同じく前掲『爵位発行順序』所収「授爵規則」によれば

「男爵を授くべき者」として、七項目中、第二項目に「元交代寄合《こうたいよりあい》・元高家」が挙げられている。前記資料とは異なり、この案は十二年以降十六年頃のものと推測され、こちらでも旧高家である今川家は男爵を授けるべき家とされているが、結局授爵内規からは高家は一律除かれ、華族編列・授爵は不許可に終わっている。二十年十一月に範叙が死去したあと今川氏の正統は絶えるが、関口直太郎が今川義元末裔を理由に列華族・授爵を請願している。

典拠　『爵位発行順序』、観泉寺史編纂刊行委員会編『今川氏と観泉寺』

芋川　某　＊いもかわ

生没年不詳

楠木正成末裔

①明治二十九年五月五日（不許可）

山形県米沢在住で楠木正成末裔を称す。実名および族籍は不明。授爵については、明治二十九年（一八九六）四月二十日立案、同年五月五日決裁の宮内省爵位局作成による「楠氏取調書」にみえる。これによれば、

　南朝の忠臣贈正一位楠正成の後胤と称し華族に編入相成りたき旨を以て出願したる者二十有一家の多きに及び候に付、茲《ここ》に別冊の通り取り調べ候。然るにその正統確実と認むる者は未だこれを発見すること能わざるも、中に就き稍々《やや》信を置くべき家筋または血統の関係ある者は全くこれなしと謂うを得ず。即ち以《い》号甲斐荘《かいのしょう》正秀、遠《を》号中村権左衛門、加《か》号楠正基、楚《そ》号関唯男の如きは審査の材料と相成るべき価あるものと存じ候に付、この四家の書類は姑《しばら》く他日の参考として当局に留め置き、その余は悉皆左の御指令を付し各その所轄地方庁へ向け書面却下相成るべき平裁を仰ぐ。

として、甲斐荘正秀を含み、中村権左衛門・楠正基・関唯男の計四名は楠木氏正統の信憑性が高いと判断されたためか関係書類は宮内省に保管することが決し、芋川を含め、残る十七名分については「その県下族籍何某家格取立願の件詮議に及び難く書面却下候条、この旨本人へ相達すべし」という案文を宮内大臣より各府県知事宛で送り、請願書は当人へ返却するという方針を立てている。なお、芋川については「追って別冊記名者の内、米沢芋川氏は公然出願したるものにあらざれば、その系譜は要領写を取りの（ママ）うえ、すでに本人へ返却したり。将又《はたまた》各家より差し出したる書類は孰《いず》れも層高のものに付、別冊摘要の写に由り茲にはこれを添付せず」とみえ、自薦ではなく他薦であったようである。また取調書冒頭には「楠氏遺族取調書」として、

　南朝の忠臣新田・名和・菊池等の諸子孫は祖先の旧勲を追録して華族に列せられたるも、独り楠氏のみ未だその正統の子孫を発見すること能わざるは明治の昭代に於いて誠に一大欠典と謂わざるを得ず。嗚呼《ああ》忠臣楠氏にして子孫血食するものなしと云うは人をして天道の是非を弁ずること能わざらしむ。今や楠氏の遺族と称し、系譜若《も》しくは古文書を具し什物を図し、各その証拠を明らかにし、競うてこれが詮議を出願したる者爰《ここ》に二十有一家の多きに及べり。而してそのこれを調査するものは実に爵位局の責任に属す故に常務の余暇窃《ひそ》かにその材料を蒐め査覆考訂し、今漸くその業を結了することを得たり。依てこの二十一家の各系図に就きて他日の参考となるべきものを摘要し、以呂波を以て符号となし、而して順序にこれを調査し、茲にその正否を論究したり。但しその什物の如きは参考の用に借せざるなり。

と記され、和《わ》号として芋川の名を掲載するが、系図の信憑性に疑問があると判断されたためか結局同家は授爵されずに終わっている。

典拠　「楠氏取調書」（宮内庁宮内公文書館所蔵）

入江為守　いりえ・ためもり

一八六八－一九三六

東宮侍従長兼御歌所長

①大正十二年十二月三日（不許可）

旧堂上《とうしょう》華族・伯爵冷泉為理《れいぜいためただ》の三男で、同族入江家の養子となり明治十七年（一八八四）七月の華族令公布に際しては子爵を授けられた。三十年七月より大正三年（一九一四）四月まで互選により貴族院議員をつとめたのち、議員辞職後、同年四月より東宮侍従長に任ぜられ、同年十二月御歌所長も兼任した。授爵については、『読売新聞』大正十二年十二月三日朝刊に「陞爵する人・新華族になる人／噂に上って居る人達＝御成婚を機として＝」の見出しで、

今一部で噂に上っている人は、面白いところで伯東郷元帥の侯爵、半信半疑なのは皇后宮太《（大）》夫大森鐘一《しょういち》男の子爵、東宮侍従長入江為守子の伯爵、三浦、佐藤（三吉《さんきち》）両博士の男爵などで、いずれ授爵されることに間違いはなかろうが、この際男爵にと思われるのが枢府顧問官・秩父宮御用掛一木喜徳郎《いちききとくろう》博士、文相岡野敬次郎、内府御用掛平山成信《しげのぶ》の両氏、枢府議長清浦奎吾子の伯爵その他で、牧野宮相の陞爵も不思議のようだが芋蔓全盛の今日興味ある問題と噂の渦を巻いている。尤も右の内、清浦、牧野、入江三氏の陞爵は早晩引退を想像されるからともいわれる。

どちらにしてもこの外実業家にも数名あり、全部で十数名の多きに上るであろう。

入江為守

と皇太子裕仁親王（のちの昭和天皇）の御成婚という慶事に際して陞・授爵が検討され、そのなかで入江の名も挙げられている。入江自身が陞爵請願を行なったか確認はできないが、結局この時は実現していない。

典拠　『読売新聞』大正十二年十二月三日朝刊

入沢達吉　いりさわ・たつきち

一八六五―一九三八

東京帝国大学名誉教授・医学博士

①昭和十三年十一月八日（不許可）

旧越後国新発田《しばた》藩士出身の内科医・医学者。東京帝国大学医科大学卒業後、助手を経てドイツ留学。帰朝後、宮内省侍医に任官。明治三十四年（一九〇一）より東京帝国大学医科大学教授。大正十年（一九二一）より十三年まで医学部長。十四年退官して名誉教授。『授爵録』（昭和二年～十九年）所収の昭和十四年（一九三九）一月二十八日付桜井錠二《じょうじ》授爵関係の添付書類中、帝国学士院関係で「授爵ありし者」の次に「授爵なかりし者」「将来問題となるべき者」が列挙され、前者として新渡戸稲造・古在由直《こざいよしなお》・入沢達吉・嘉納治五郎《かのうじごろう》・佐藤三吉《さんきち》・外山正作《（一）》・森林太郎《りんたろう》（鷗外）の七名を列挙・明記。添付書類は入沢が昭和十三年十一月に死去しているため、同年に作成され、危篤授爵も検討された蓋然性が高いと推測される。将来、授爵候補者となりうる存在であった者として同人も含まれていたと考えられるが、結局授爵せず。

典拠　『授爵録』昭和二年～十九年

岩井正安　いわい・＊まさやす

生没年不詳

楠木正成末裔

①明治二十九年五月五日（不許可）

岐阜県在住で楠木正成末裔を称する。族籍などは不明。明治二十九年（一八九六）四月二十日立案・五月五日決裁の「楠氏取調書」によれば、宮内省爵位局が楠木正成末裔として提出された請願者二十一名中、楠三郎右衛門の名もみえるが、家系に信憑性があると判断された甲《か》斐荘《いのしょう》正秀（以《い》号・京都）・中村権左衛門（遠《を》号・長野）・楠正基（加《か》号・鳥取）・関唯男（楚《そ》号・大阪）の四名のみ「審査の材料と相成るべき価あるものと存じ候に付、この四家の書類は姑《しばら》く他日の参考として当局に留め置き」とされて関連資料は宮内省に保管され、岩井（保《ほ》号）を含めた十

七名については各府県知事を通じて請願書を返却され、こののちも授爵されずに終わっている。

典拠 「楠氏取調書」(宮内庁宮内公文書館所蔵)

岩倉具徳　いわくら・とものり

一八八〇―一九四七

岩倉具視孫

①明治十六年七月十二日 (許可)

富小路《とみのこうじ》政直《まさなお》の次男で岩倉具視の養嗣子となった具綱《ともつな》の実子。『岩倉具視 ―『国家』と『家族』―米欧巡回中の「メモ帳」とその後の家族の歴史』によれば、病床にあった具視が明治十六年(一八八三)七月十二日付で井上馨・香川敬三《けいぞう》・香渡《こうど》晋《すすむ》に宛てた遺言状が紹介されており、この内に、

一、具綱長男具徳別戸願の上は華族に列せらるる義御取事(取成し)の趣大慶無量に候。

と記されており、これ以前に岩倉家側より具徳の分家ならびに華族編列を願い出ていたことが確認される。これにより、十三日付で特旨をもって請願が認められる。なお、岩倉本家は十七年七月の華族令公布に際し、同月七日に具綱は隠居して家督を具視実子の具定《ともさだ》に譲り、具定が翌日に公爵を、またすでに分家していた具徳も男爵を授けられている。浅見雅男は『華族誕生』で具綱の系統は別家を創立して、本家の家督は具視実子に譲る申し合わせがあったと推測しているが、「下橋家資料」中の『明治十七年私記』十七年七月十二日条によれば、

同日華族従四位岩倉具綱(贈太政大臣具視公の養子にて同家の相続人。富小路家二男、具視公女の聟養子也)隠居聞こし召され、岩倉具定(具視公の嫡男)家督仰せ付けらる。右は具定氏へ公爵を授けらるる為なりと云う。

とみえ、元一条家近習で故実家としても著名な下橋《しもはし》敬長《ゆきおさ》もまた日記中でそのような風聞があったことを記している。実父具綱のこのような経緯から、具徳は本家より事前に分家をさせるという案があったと思われる。

典拠 岩倉具忠『岩倉具視―『国家』と『家族』―米欧巡回中の「メモ帳」とその後の家族の歴史』、浅見雅男『華族誕生―名誉と体面の明治―』、『明治十七年私記』明治十七年七月十二日条(京都府立総合資料館歴史資料課所蔵「下橋家資料」)

岩倉道倶　いわくら・みちとも

一八八一―一九四六

岩倉具視四男

①明治二十九年十一月 (許可)

岩倉具視の四男。『授爵録』(明治二十九年)によれば、明治二十九年(一八九六)十一月に道倶の分家・授爵について「右一家ヲ新立シ特ニ華族ニ列セラル、ノ件」として宮内省爵位局で審議。

岩倉道倶

維新の鴻業《こうぎょう》を翼賛し回天の偉勲を立て、特に公爵を授けられたる者の子弟は二人まで華族に列せらるるの例に相成り、以来別紙の通り三条家・島津家・毛利家の子弟を華族に列させられ候に付、道倶もまた具視の偉勲を追憶し特に一家を新設せられ華族に列し男爵を授けられ然るべし。

として、公爵家からは三条実美の二子公美《きんよし》・公《きん》輝《てる》、岩倉具定の子具徳《とものり》、島津忠義の二子富次郎・諄之介、毛利元徳の二子三郎・五郎がすでに分家授爵を認められている先例を列挙し、

右の例に依り岩倉家に於いては具視の子弟を今一人華族に列せられ然るべし。また島津忠済《ただなり》の家にありても久光の子弟あれば御詮議相成り然るべきものとす。

と記して岩倉家においてはすでに具徳が分家

授爵をしているものの、もう一名の枠があることから道倶の授爵は妥当と審按している。この内規により、十一月九日に裁可を得て、翌月三日付で男爵が授けられている。なお、道倶に関しては、島津家や毛利家、また一条・二条・九条・鷹司などの旧五摂家とは異なり生家よりの分家願の類は『授爵録』などには綴られてはいないが、請願はされた蓋然性は高いと思われるため、本項に掲げる。

典拠 『授爵録』明治二十九年

岩崎久弥　いわさき・ひさや

一八六五―一九五五

三菱合資会社社長

①明治二十九年五月（許可）

三菱財閥の創始者であり、土佐出身の実業家岩崎弥太郎《やたろう》の子。後掲岩崎弥之助《やのすけ》の甥。『授爵録』（明治二十九年）によれば、「功績者授爵ノ件」として、岩崎久弥とその叔父である岩崎弥之助、三井八郎右衛門（高棟《たかみね》）三名の授爵を審議。立案日の欄は空白であるが、おそらく明治二十九年（一八九六）五月と思われる。久弥と弥之助の分については、

右久弥の父故岩崎弥太郎は本邦海運業者の泰斗なり。殖産興業の利、これが媒介を為し、大いに国家の進運に資す。その効績たる実に偉大なりと謂うべし。且つ十年の役に於いて独力兵馬輜重《しちょう》の大輸送を為し、以て内覧戡定《かんてい》の効を奏せしむるに至りたるは、天下の認識する所なり。爾来《じらい》我が海運事業をして今日の如く発達せしめ、遂に能く海外貿易の便宜を与えしは抑《そもそ》も誰の力ぞ。故弥太郎その人の遺業にして、これを幇助《ほうじょ》し、これを継続して益々隆盛に至らしめたるは実弟弥之助にあり。況んや岩崎一家が公益及び慈善の為に国家に報効したる金銭上の効果は枚挙するに遑《いとま》あらざるや。

として、岩崎弥太郎の功績を述べ、その子久弥と弥太郎の弟弥之助への授爵について立案・審議している。そのうえで三井八郎右衛門と併せて、

要するに営利的の事業家にして、その私を捨て公に奉ずるは人情の難しとする所、然るを能く甘んじてこれを為す。忠君愛国の志篤き者に非ざるよりは誰が能くかくの如くなる者あらんや。この輩の如きは実に衆庶の標準にして、人民の模範たるべき者と謂うべし。依ってこれを旌表《せいひょう》して華族に列し、男爵を授けられ然るべしと認む。

として男爵授与が至当とする。同月授爵裁可を求めて上奏し、六月九日付で授男爵。同家に関しては授爵に関する他薦書類や履歴書類は添付されていないが、岩崎家と関係のある政府要路の推薦があった蓋然性は高いと思われるため、項を立てる。

典拠 『授爵録』明治二十九年

→岩崎弥之助

岩崎久弥

岩崎弥之助　いわさき・やのすけ

一八五一―一九〇八

三菱合資会社監務

①明治二十九年五月（許可）

三菱財閥の創始者であり、土佐出身の実業家岩崎弥太郎の弟。前掲岩崎久弥《ひさや》の叔父。『授爵

岩崎弥之助

録』(明治二十九年)によれば、「功績者授爵ノ件」として久弥・三井八郎右衛門(高棟《たかみね》)とともに弥之助の授爵を審議。立案日は不明ながら明治二十九年(一八九六)五月頃と思われる。弥之助と同様、三菱が十年の西南戦争に政府軍側の輸送面で協力した点をはじめ、国益に貢献した功績を理由として華族への編列を立案し、男爵授与が至当としている。同月中に裁可を求めて上奏し、六月九日付で授男爵。他の二名同様、授爵に関しての周辺からの他薦書類などは綴られていないが、同家と関係のある政府要路からの推薦があった蓋然性は高いと思われる。

典拠　『授爵録』明治二十九年

→岩崎久弥

岩村兼善　いわむら・かねよし

一八二八—一九一九

予備役海軍主計少将

①明治三十三年五月六日（不許可）

海軍主計大監

旧日向国高鍋《たかなべ》藩士出身の海軍軍人・政治家。奥羽諸藩討伐の議が政府内に起こった際、米沢藩に使者として差遣され、これを帰順させた。その後は岩鼻県出仕・同県参事・同県大参事を経て、明治八年(一八七五)以降は海軍に出仕し、以後、海軍大臣秘書官などを経て、三十一年五月十六日には海軍主計総監(大正八年九月二十二日、海軍主計少将と改称)に任ぜられ、同日予備役に編入となった。『東京朝日新聞』三十三年五月六日朝刊によれば「新華族の候補」の見出しで、「授爵人名中に金子堅太郎・清浦奎吾・岩村兼善・松岡康毅《やすこわ》・津田出《いずる》・加藤弘之・平田東助《とうすけ》等の諸氏もありたりという」と報じられ、当時主計大監であった岩村も候補として挙げられる。この際報道どおりに授爵したのは、同月九日付で男爵に叙された金子と加藤の両名のみであった。こののち岩村が授爵されることはなかったが、三十七年八月からは貴族院勅選議員に就任。『松方正義関係文書』所収「岩村兼善事歴」によれば、三十五年十一月二十二日付で岩村の勅選議員就任を旧主秋月種樹《たねたつ》が内閣総理大臣桂太郎に宛てて請願しており、授爵運動も秋月より後援があったとも推測される。

典拠　『東京朝日新聞』明治三十三年五月六日朝刊、「岩村兼善事歴」(『松方正義関係文書』一二)

岩村高俊　いわむら・たかとし

一八四五—一九〇六

愛知・福岡・広島県各知事

①明治二十二年七月二日（不許可）

②明治二十三年三月二十一日（不許可）

石川県知事

③明治二十九年五月（許可）

貴族院勅選議員

旧土佐藩士出身の官僚・政治家。後掲岩村通俊《みちとし》の弟。明治元年(一八六八)には東山道先鋒総督府に出仕して軍功があり、翌年には賞典禄二百石を下賜されている。その後は有栖川宮家令《かれい》などを経て七年一月地方官に転じて佐賀県権令《ごんれい》となり、以後、石川・愛知・福岡・広島各県知事を歴任した。二十五年一月より死去するまで貴族院勅選議員をつとめた。『尾崎三良《さぶろう》日記』二十二年七月二日条によれば、

条公《じょうこう》を訪《と》う。在朝有功の士を華族に列するの談あり。その人名は子爵、河野敏鎌《こうのとがま》、西郷菊之助、男、井田譲《ゆずる》、山口尚芳、伊丹重賢《しげかた》、花房義質《よしもと》、石田英吉《えいきち》、辻維岳《いがく》の八人。右の外八人の候補者あり。楠本、藤村、山田信道、桂太郎、岩村高俊、北垣、三宮《さんのみや》、舟越(船)等なり。依て云う、楠本は第一着に属すべきものなりと。その余は意見なし。

とあり、尾崎が三条実美を訪問し、勲功により華族に列すべき人名を挙げて推挙しており、そのなかに岩村高俊の名がみえるも結局授爵に至っていない。また『山田伯爵家文書』所収の二十三年三月二十一日付「山田顕義《あきよし》秘啓」によれば、「授爵は陛下の大恩にして、国家の大典、万民の標準なり。真に陛下の親裁に出づるものにして、臣僚の容喙すべきものにあらず。然れどもその自歴を調査し、その理由を

明晰にし、聖慮を翼賛するは臣下の務にして、謹慎鄭重を尽くさざるべからず。今鄙見《ひけん》を陳じ、閣下の参考に供す」として宮内大臣土方久元宛で授爵の標目として、(一)維新前後功労あり勅任官たる者および勅任官たりし者、(二)維新後功労あり勅任官たる者および勅任官たりし者、(三)維新前後功労ある者、(四)維新後功労ある者、(五)父の勲功による者、(六)神官および僧侶の世襲名家たる者、(七)琉球尚家の一門、の計七項目を挙げ、岩村は第二項に次ぐ者としてその名を挙げるも、この際山田が列挙した人名中、授爵したのは第一項に該当した辻維岳一人であり、岩村は選に洩れる。そののち、『授爵録』(明治二十九年)によれば、立案日の欄は空白であるが、芳川顕正《あきまさ》ほか二十八名の文武官への授爵詮議が爵位局でされており、岩村高俊の名も挙げられる。

　右は夙《つと》に勤王の志を抱き、皇室式微、幕府専横の日に当たり、或いは大和・但馬の義挙に与し、或いは幽囚投獄、辛苦備《つぶさ》に嘗《な》め維新回天の大業を賛助し、または多年朝に在りて顕要の職を奉じ、または貴衆両院に入りて国家の大計を議する等孰《いず》れも勲功顕著の者に付、特旨を以て華族に列し栄爵を授けられ然るべき乎。左にその爵を擬し裁を仰ぐ。

とし、二十九名中芳川のみ子爵授与とし、岩村を含めた他の二十八名は男爵が相当としている。同文書には岩村への授爵を求める他薦書類や功績調書は綴られていないが、二十九名中、伊丹重賢・山田信道・船越衛《まもる》・三宮義胤《よしたね》・中島信行の五名については維新前後の勤王事歴調書類が、また九鬼隆一《りゅういち》についても同年二月二十五日付で榎本武揚が授爵を推薦する書状が添付されていることから、岩村を含めた他の二十三名分も他薦などがあった蓋然性が高いと思われる。同人の功績は認められ、二十九年五月二十三日付で裁可を得、翌六月五日付で男爵を授けられる。

典拠　『尾崎三良日記』明治二十二年七月二日条、「山田顕義秘啓」(『山田伯爵家文書』四)、『授爵録』明治二十九年

→岩村通俊

岩村通俊　いわむら・みちとし

一八四〇―一九一五

農商務大臣

①明治二十三年三月二十一日（不許可）

元老院議官

②明治二十九年五月（許可）

貴族院勅選議員

旧土佐藩士出身の官僚・政治家。前掲岩村高俊《たかとし》の兄。明治元年(一八六八)六月御親兵総取締を命じられ、その後軍監などを経て翌年七月開拓判官となり以後、佐賀県権令《ごんれい》・工部省四等出仕・山口裁判所長・鹿児島県令となり、十三年六月元老院議官に任ぜられた。さらに会計検査院長・沖縄県令《けんれい》・司法大輔・北海道庁長官を歴任し、二十一年六月再度元老院議官に就任した。元老院廃院後は貴族院勅選議員となり、死去するまでつとめた。その後、農商務次官を経て、第一次山県有朋内閣において農商務大臣として入閣。『山田伯爵家文書』所収の二十三年三月二十一日付「山田顕義《あきよし》秘啓」によれば、授爵候補者として七項目を挙げ、岩村は第二項の「維新前後功労あり勅任官たる者及び勅任官たりし者」に次ぐ者として山田顕義が宮内大臣土方久元に推すも、結局この際山田が列挙した人名中授爵者は辻維岳《いがく》一名であり、通俊は選に洩れる。そののち、『授爵録』(明治二十九年)によれば、立案日の欄は空白であるが、芳川顕正ほか二十八名の文武官への授爵詮議が爵位局でされており、岩村通俊の名も挙げられる。

岩村通俊

右は夙《つと》に勤王の志を抱き、皇室式微、幕府専横の日に当たり、或いは大和・但馬の義挙に与し、或いは幽囚投獄、辛苦備《つぶさ》に嘗《な》め維新回天の大業を賛助し、または多年朝に在りて顕要の職を奉じ、または貴衆両院に入りて国家の大計を議する等孰《いず》れも勲功顕著の者に付、特旨を以て華族に列し栄爵を授けられ然るべき乎。左にその爵を擬し裁を仰ぐ。

とし、二十九名中芳川のみ子爵授与とし、岩村を含めた他の二十八名は男爵が相当としている。同文書には岩村への授爵を求める他薦書類や功績調書は綴られていないが、二十九名中、伊丹重賢《しげかた》・山田信道・船越衛《まもる》・三宮義胤《さんのみやよしたね》・中島信行の五名については維新前後の勤王事歴調書類が、また九鬼隆一《りゅういち》についても同年二月二十五日付で榎本武揚が授爵を推薦する書状が添付されていることから、岩村を含めた他の二十三名分も他薦などがあった蓋然性が高いと思われる。同人の功績は認められ、二十九年五月二十三日付で裁可を得、翌月五日付で男爵を授けられる。

典拠　「山田顕義秘啓」(『山田伯爵家文書』四)、『授爵録』明治二十九年

→岩村高俊

岩室雅季　いわむろ・まさすえ

一八五二―一九一〇

旧聖護院門跡侍・宮内省京都支庁殿部

①明治三十三年九月二十九日（不許可）

岩室家は旧聖護院《しょうごいん》門跡の六位侍で、幕末・維新期の当主は信行。雅季は堂上《とうしょう》華族小倉輔季《おぐらすけすえ》の四男。信行のあとは娘福栄が相続するも、明治二十二年(一八八九)十月雅季と結婚するにあたり夫に家督を譲る。雅季は二十六年七月より宮内省京都支庁殿部に任ぜられる。岩室家は光格《こうかく》天皇の生母大江磐代《いわしろ》(蓮上院。岩室留子とも)の実家にあたる。同家の華族編列については、三十三年九月二十九日に休職判事で系図学の研究者としても知られる中田憲信《のりのぶ》が史談会の席上において、磐代への贈位とともに、

それと総《すべ》てこの天皇の御外祖になります る人に総て貴族に列せられないのはございませぬのでございます。やはり各々皆貴族に列せられてございます。独り岩室氏に限って今日では京都府の士族、元聖護院宮の御家来その儘でございますから、これ等も等しく貴族に列せられることでなければなるまいと存じます。(中略)蓮上院尼公はどういう御血統を有して居る人であるかと申しますと、これも普通凡庸の家ではございませぬ。即ちこの歴朝の皇后などに御成なされた方の沢山ござります橘氏、橘の諸兄《もろえ》公の御系統でござりまして少しもいやらしい御系統の加わって居らぬのでございます。畢竟そういう所の御腹に御生まれ遊ばしました君でございますから、彼のような御功績も自然あることと伺い奉ることでございますでございますから、仮令《たとえ》この岩室氏は岩室氏は貴族部分に加えられても決して世の中に恥じ入りますようなことでもござりませず、まだ橘氏は貴族部分には未だ系統を有した人はございませぬようなことでございますから、その辺りの所は宜しく御取り扱い下されまして、何卒私共の憂います所の事は御採用になりまして、このことが成就致しますように御配意を頼を(る)ことでございます。

と発言、建議している。史談会へは春日昇一郎が祖父仲襄への贈位や自家の授爵を、また旧福井藩主である侯爵松平康荘《やすたか》が旧藩士の村田氏寿《うじひさ》と中根雪江の孫己巳《きし》への授爵について事蹟調査を依頼しており、中田も同様の趣旨で発言をしているが、すでに正四位を贈られていた磐代へは改めて三十五年六月には従一位が追贈されるも、こののちも岩室家は授爵されずに終わっている。

典拠　中田憲信「光格天皇御生母の事付三節」(『史談速記録』九六)

う

上杉　某（義順カ）　＊うえすぎ

生没年不詳

旧高家・元中大夫席

①明治十一・十二年頃（不許可）

②明治十二〜十六年頃（不許可）

上杉家は旧幕時代高家《こうけ》の格式を有し、千四百九十六石を知行した旗本。幕末・維新期の当主は義順。朝廷に早期帰順して本領を安堵され、朝臣に列して中大夫席を与えられた。没年は不詳であるが、おそらく他の中大夫の諸家同様、明治二年(一八六九)十二月には士族に編入されたと思われる。同家の華族昇格に関し、『爵位発行順序』所収「華族令」案の内規として公侯伯子男の五爵(左に朱書で公伯男の三爵)を設け、世襲・終身の別を付し、その内「世襲男爵を授くべき者」四項目中、第三項目に「元高家・交代寄合」を挙げている。同案は十一・十二年頃のものと推定されるが、この時点においては旧幕時代に万石以下でありながら、若年寄ではなく諸侯同様に老中支配であり、奥高家就任後は四位少将にまで昇り得る高家は男爵に列すべき家として認知されていたと思われる。同じく前掲『爵位発行順序』所収「授爵規則」によれば「男爵を授くべき者」として、七項目中、第二項目に「元交代寄合・元高家」が挙げられている。前記資料とは異なり、この案は十二年以降十六年頃のものと推測され、こちらでも旧高家である上杉家は男爵を授けるべき家とされているが、結局授爵内規からは高家は一律除かれ、華族編列・授爵は不許可に終わっている。

典拠　『爵位発行順序』

上田亀次郎　うえだ・かめじろう

一八四九―一九〇七

旧安芸国広島藩家老・饒津神社祠官

①明治十一・十二年頃（不許可）

②明治十二〜十六年頃（不許可）

③明治十五・十六年頃（不許可）

④明治三十三年五月五日（許可）

上田家は代々広島藩家老で旧禄一万七千石を知行。茶人として著名な上田重安《しげやす》(宗固《そうこ》)の末裔。幕末・維新時の当主は重美《しげみ》。亀次郎は実名は安靖。重美の弟で家督を相続。のち、広島県の饒津《にぎつ》神社祠官となった。同家の華族昇格に関し、『爵位発行順序』所収「華族令」案の内規として公侯伯子男の五爵(左に朱書で公伯男の三爵)を設け、世襲・終身の別を付し、その内「世襲男爵を授くべき者」四項目中、第四項目に「旧藩主一門の高一万石以上の者及び高一万石以上の家臣」を挙げている。同案は明治十一(一八七八)・十二年頃のものと推定されるが、この時点においては旧幕時代に一万石以上を領していた上田家は男爵に列すべき家として認知されていたと思われる。同じく前掲『爵位発行順序』所収「授爵規則」によれば「男爵を授くべき者」として、七項目中、第四項目に「旧藩主一門の高一万石以上の者及び高一万石以上の家臣」が挙げられている。前記資料とは異なり、この案は十二年以降十六年頃のものと推測されるが、こちらでも万石以上陪臣として、上田家は世襲華族として男爵を授けられるべき家とされていた。また、十五・十六年頃の作成と思われる「三条家文書」所収「旧藩壱万石以上家臣家産・職業・貧富取調書」によれば、旧禄高一万七千石、所有財産は空欄、職業は広島県社饒津神社祠官、貧富景況は相応と記されるも、当該時期には万石以上陪臣の華族編列そのものが実施されなかったため、同家も士族にとどまる。『授爵録』(明治三十三ノ一年)所収の三十三年五月五日付立案の書類によれば、

　右は旧藩一万石以上の門閥にして、何れもその所属藩主の一門または家老たり。平生数百の士卒を養い、有事の時は将帥と為り手兵を提《さ》げ、出でて攻守の任に当たり、無事の時は入りて執政と為り民政を総管する等恰《あたか》も小諸侯の如し。而して

この輩は封土奉還の日何れも士族に編入せられたるも、仍《なお》巨多の資産を有して旧領地に住し、その地方人民の推重せらるるを以て自らその地方人民の儀表と為り、勧業または奨学等公益に資すること少なからず。その門地は以て小諸侯に譲らず。その資産また門地を維持するに足るものと認むるに因り前掲の通り授爵の恩典あらんことを奏上せらるべきや。

とあり、上田家は門地を維持するだけの資産も有していると認められ、同年五月九日付をもって男爵が授けられる。

典拠 『爵位発行順序』、「旧藩壱万石以上家臣家産・職業・貧富取調書」（「三条家文書」）、『授爵録』明治三十三ノ一年

上田信敏　うえだ・＊のぶとし

生没年不詳

楠木正成末裔

①明治二十九年五月五日（不許可）

愛知県在住で楠木正成末裔を称する。族籍などは不明。授爵については明治二十九年（一八九六）四月二十日立案・五月五日決裁の「楠氏取調書」にみえ、宮内省爵位局が楠木正成末裔として提出された請願者二十一名中、上田の名も記されるが、家系に信憑性があると判断された甲斐荘《かいのしょう》正秀（以《い》号・京都）・中村権左衛門（遠《を》号・長野）・楠正基（加《か》号・鳥取）・関唯男（楚《そ》号・大阪）の四名のみ「審査の材料と相成るべき価あるものと存じ候に付、この四家の書類は姑《しばら》く他日の参考として当局に留め置き」とされて関連資料は宮内省に保管され、上田信敏（奈《な》号）を含めた十七名については各府県知事を通じて請願書を却下され、このの ちも授爵されずに終わっている。

典拠 「楠氏取調書」（宮内庁宮内公文書館所蔵）

上野某（景明カ）　＊うえの

生没年不詳

上野景範遺族

①大正十一年一月十九日（不許可）

『倉富勇三郎《くらとみゆうざぶろう》日記』大正十一年（一九二二）一月十九日条によれば、宮内次官関屋貞三郎《ていざぶろう》の談として「上野景範《かげのり》の遺族が華族と為り居らざるは不権衡なりとの話をききたることありと云う」と挙げている。上野景範は元薩摩藩士。維新後、外務大輔や特命全権公使・元老院議官を歴任し、明治二十一年（一八八八）四月死去。「遺族」とみえるのは長男景明《かげあき》を指すものと思われるが詳細については不明。また、宮内庁書陵部宮内公文書館には「故上野景範履歴書」という上野没後の二十二年十月に寺島宗則《むねのり》が作成した履歴書が所蔵されているが、この当時遺族へ授爵の動きがあったのかも不明。同家はこののちも授爵されずに終わっている。

典拠 『倉富勇三郎日記』大正十一年一月十九日条、「故上野景範履歴書」（宮内庁宮内公文書館所蔵）

上原勇作　うえはら・ゆうさく

一八五六―一九三三

元帥・陸軍大将

①大正九年十二月十日（許可）

②大正十年四月一日（許可）

陸軍大将・参謀総長

旧薩摩国鹿児島藩重臣・都城《みやこのじょう》島津家の家臣出身の陸軍軍人・政治家。陸軍幼年学校・同士官学校卒業後、フランス留学も経験し工兵畑を歩む。日清・日露両戦争にも出征し、明治三十九年（一九〇六）七月には陸軍中将に昇進、翌年九月二十一日付で軍功により授男爵。その後も累進し、第二次西園寺公望内閣では陸軍大臣に就任、教育総監などを経て大正四年（一九一五）二月には陸軍大将に昇進し軍事参

上原勇作

議官となり、同年十二月には参謀総長に就任。『読売新聞』九年十二月十日朝刊によれば、「陞爵授爵、欧州戦役論功行賞」の見出しで、

　一月中旬発表、欧州大戦に参加したる陸海軍将士の論功行賞は過般来引き続き発表されつゝあるも、未だ上朝刊の分は未調査にて、年内には到底これが終了を見難しとの事なり。右に関し当局の語る処によれば、明年一月中旬文官の行賞と同時に発表すべく、上原参謀総長は子爵に、大谷・大井両大将は男爵に、島村軍事参議官は子爵に夫々陞爵・授爵の恩典に浴すべく内定し居れりと。

と報じている。上原の陞爵理由はシベリア出兵の軍功によるとされる。また『授爵録』(大正八～十一年)によれば、上原の陞爵は十年四月一日付で内閣総理大臣原敬より宮内大臣牧野伸顕で大井成元《しげもと》の分とともに申牒。添付の功績書には、

　右は本戦役間、参謀総長として西伯利《シベリア》事件に関し帷幄《いあく》の機務に参画し、籌謀《ちゅうぼう》毎々宜しきを得、作戦・交通・補給等に関する万般の処置に遺算なからしめ、以て善く帝国出兵の目的を達成するに至らしめたり。その功績寔《まこと》に顕著なりとす。

とみえ、同人は同年四月十八日付で男から子へ陞爵し、さらに同月二十七日付で元帥府に列し、元帥の称号も受けている。

典拠　『読売新聞』大正九年十二月十日朝刊、『授爵録』大正八～十一年

鵜飼幸吉　うがい・こうきち

生没年不詳

鵜飼知明次男

①大正四年十月十五日（不許可）

「土肥実臣他授爵請願書」中に土肥実臣(故人。元《もと》元老院議官)の遺族への授爵願と合綴で収録。大正四年(一九一五)十月十五日付で内閣総理大臣大隈重信より宮内大臣波多野敬直《よしなお》宛で「左記の者はその功績顕著には候へども、授爵をもって賞するは如何かと存じ候。然るべく御詮議相成りたし」として提出。土肥実臣(の遺族)以下十一名を列挙し、そのなかに鵜飼の名も挙げられている。鵜飼は安政の大獄で処刑された水戸藩士鵜飼知明の次男で、当時正七位・勲六等。

　右はその父吉左衛門・兄幸吉巳丑・庚寅年間、徳川幕府の朝廷を蔑如し天下の安危方に図るべからざるに当たり、慷慨《こうがい》措《お》く処を知らず切歯扼腕《せっしやくわん》。血涙を呑みて公に尊攘の大義を主唱し、同志と結託し専ら朝憲の凌夷《りょうい》を挽回せんことを図り、幕府の忌諱に触れ父子日を同じうして極刑に処せられたるに依り、その功を追賞せられて授爵せられたしと云うにあり。

として父兄の功績を理由を説明して授爵を求めるも不許可に終わっている。

典拠　「土肥実臣他授爵請願書」(宮内庁宮内公文書館所蔵)

宇垣一成　うがき・かずしげ

一八六八―一九五六

陸軍大将・陸軍大臣

①昭和十年九月十九日（不許可）

　陸軍大将・朝鮮総督

旧備前国出身の陸軍軍人・政治家。明治二十三年(一八九〇)七月に陸軍士官学校卒業。三十三年十二月陸軍大学校卒業。以後、参謀本部部員・教育総監部第一課長・陸軍省軍務局軍事課長を歴任し、大正四年(一九一五)八月陸軍少将に進級。陸軍歩兵学校校長・参謀本部第一部長兼総務部長・陸軍大学校校長となり、八年七月中将に進級。第十師団長や教育総監部本部長を経て十二年十月陸軍次官、十三年一月清浦奎吾内閣で陸軍大臣に就任。その後も加

宇垣一成

藤高明・第一次若槻礼次郎・浜口雄幸の各内閣でも陸相として入閣した。この間、十四年八月大将に進級。昭和六年（一九三一）六月に予備役に編入され、同時に朝鮮総督に就任し、十一年八月まで在任した。その後は第一次近衛文麿内閣で内閣参議や外務大臣・拓務大臣をつとめた。戦後は参議院議員に当選した。『木戸幸一日記』昭和十年九月十九日条によれば「金田課長より内閣より相談ありしとかにて、宇垣授爵云々の話あり。余は反対なる旨を答う」とみえ、岡田啓介内閣より朝鮮総督在任中の宇垣に対する授爵に関して問い合わせが宮内省にあり、宮内大臣官房秘書課長の金田才平より当時内大臣府秘書官長であった木戸へその情報がもたらされたことが記されている。結局は木戸の反対もあったためか却下され、授爵されずに終わっている。

典拠　『木戸幸一日記』昭和十年九月十九日条

内田政風　うちだ・まさかぜ

一八一五―九三

元石川県令・島津公爵家家令

①明治二十六年九月十四日（不許可）

元薩摩国鹿児島藩士。鹿児島県士族。島津久光の側近の一人であり、維新後は新政府に出仕し明治五年（一八七二）九月には石川県権令、翌年十二月には同県県令《けんれい》をつとめ、当時は退官して島津公爵家の家令《かれい》。従五位。「従五位内田政風勲功上申書」によれば、二十六年九月十四日（当初、二十五年十一月十四日であったが、日付は墨消で訂正）に黒田清隆・同清綱・伊集院兼寛・岩下方平《みちひら》・大迫貞清《おおさこさだきよ》・仁礼景範《にれかげのり》・本田親雄《ちかお》の連署で内田の勲功を宮内大臣土方久元宛で上申。

鹿児島県士族従五位内田政風は旧藩主島津家に仕え三代に歴事し、その功績少なからず。特に文久以来国事多端の際に当りては、京都留守居の職に就き、前後六ヶ年その職を離れず昼夜公武の間に周旋努め候事これあり。戊辰の年、官軍東征の際藩兵の為め金穀の調弁等一切担任し、数閲月の間欠乏を告げしめず。克《よ》く大捷の功を奏せしめ候勲功も少なからず候。近来に及び年歯、既に古希を過ぎ余沢未だ身に及ばず。それ等均しくその事に当たり候情由もこれあり。搏た測怛の情に堪えず候。就ては旧功を録せられ浩大の恩意を以て相当の寵光を賜わり候得ば深く聖恩感戴を奉り、永く子孫の規鑑とも相成べしと存じ奉り候。

と幕末・維新期における同人の勲功を列挙し、同郷人ですでに授爵をしている前記八名が栄典の授与を求めて請願。また、同日付で島津忠義《ただよし》・島津忠済《ただなり》の両公爵も「証明書」として、内田が先代以来三代にわたり仕え、維新前後には京都留守居として公武間に周旋し、また金沢県令（石川の誤り）の功績も顕著である旨を宮相土方宛で提出するも、授爵は却下。内田は同年十月十八日没。

典拠　「従五位内田政風勲功上申書」（宮内庁宮内公文書館所蔵）

内田康哉　うちだ・やすや

一八六五―一九三六

外務大臣

①大正八年八月二十九日（不許可）

②大正九年八月十一日（許可）

旧熊本藩士出身の外交官・政治家。明治二十年（一八八七）七月帝国大学法科大学卒業後、外務省入省。交際官試補・農商務大臣秘書官などを経て三十年十一月外務省通称局長、三十一年十一月には同省政務局長となる。そののち、三十四年九月には清国駐箚《ちゅうさつ》特命全権公使、四十年二月オーストリア駐箚特命全権公使、四十二年十一月アメリカ駐箚特命全権大使を歴任し、四十四年八月には第二次西園寺公望内閣で外務大臣に就任して以来、原敬・高橋是清・加藤友三郎の各内閣でも外相を歴任している。この間、四十年十一月四日に男爵、四十四年八月二十四日に子爵に叙されている。『東京日日新聞』大正八年（一九一九）八月二十九日朝刊によれば「西園寺侯公爵たらん／御批准後に発表か」の見出しで、

内田康哉

講和大使として七十有余の老軀を提げて巴里《パリ》に赴き、八ヶ月に亘って大任を果たし、去る二十三日無事帰朝せる西園寺侯が一昨日日光行在所《あんざいしょ》に伺候し、具さに会議の顚末を闕下《けっか》に伏奏したる際、畏くも陛下には侯が今回の労苦を思し召されて優詔を賜りたるは、侯がこの度の使命に対して世上に毀誉さまざまの説あれども、聖上が侯に対する御信任厚き事を証するものと見るべく、内閣に於いてもまた園《えん》侯《こう》の功労表彰につき何等かの奏請するところあるべきはいうまでもなけれど、目下正二位大勲位にして若《も》し位階を陞叙するとせば従一位となる訳なれども、従一位の位を有し居るものは現在とては浅野長勲《ながこと》、久我通久《こがみちつね》の両侯爵あるのみにて、山県公、松方侯、大隈侯等の元老も正二位に止まり、且つその筋の方針も今後は生前に従一位を奏請する事を絶対になさざる事に決し居れば、園侯に対してのみ特に従一位を奏請するが如き事はなく、また勲等も侯は出発に際して既に大勲位を授けられ居れば、この上は頸飾《けいしょく》章加授より外には途なく、現内閣としては今度の講和に種々の非難あるにせよこれを以て大成功なりと吹聴し居る位なれば、必ずや園侯に対しては華々しき行賞の奏請をなすべく、恐らく爵位を陞して公爵を授けらるる事となるべく、同時に牧野男を初め講和会議に列せる全権委員や原首相は勿論不明なるも講和条約に対して御批准あり、平和に関する諸般の事務が一段落つきたる上にてそれぞれ発表さるべしと某宮内高官は語れり。

と第一次世界大戦後のパリ講和条約締結に際して全権委員主席であった西園寺以外に、牧野伸顕・珍田捨巳《すてみ》・松井慶四郎・伊集院彦吉の全権委員および当時の原敬内閣の閣僚に対する論功行賞について大きく報じている。全権委員中有爵者は西園寺・牧野・珍田の三名であり、伊集院と松井は新規の授爵、閣僚中では授爵を回避しようという考えの原首相を別として、床次《とこなみ》竹二郎(内務)・田中義一(陸軍)・加藤友三郎(海軍)・中橋徳五郎(文部)・山本達雄(農商務)・野田卯太郎(鉄道)・元田　肇《はじめ》(鉄道)・高橋光威《みつたけ》(内閣書記官長)が無爵者ということになるが、この際はすぐに審査がされなかったためか、内田をはじめ年内の陞・授爵は行われていない。『授爵録』(大正八〜十一年)によれば、大正九年八月十一日付で内閣総理大臣原敬より宮内大臣中村雄次郎《ゆうじろう》宛で西園寺らの陞・授爵を申牒。

左記正二位大勲位侯爵西園寺公望外十名は対独平和条約等締結並びに大正三四年戦役に継ぐ戦役に関し別紙功績書の通り功績顕著なる者に付、各頭書の通り陞爵授爵の儀詮議相成りたし。

として西園寺以下、珍田・高橋是清・牧野・と内田の陞爵、田中義一・加藤友三郎・山本達雄・松井慶四郎・幣原喜重郎・伊集院の授爵詮議を各人の「功績書」を添付して求めている。内田の功績書には、

右は大正三四年戦役に継ぐ戦役に丁《あた》り、特命全権大使として露国に駐箚し帝国と連合国たりし露国との親厚を図り、次いで大正七年九月外務大臣に任ぜられ時局に関する機宜に適し、また臨時外交調査委員会委員並びに幹事長として重要外交案件の考査審議に参与し、殊に平和会議の仏国巴里に開かるるや講和全権委員を指揮して画策《かくさく》、その宜しきを得、遂に克く対独平和条約等の締結を見るに至れり。その勲功洵《まこと》に顕著なりとす。

と記される。このパリ講和会議における外交上の功績が認められ、同年九月七日付で子から伯への陞爵を果たしている。

典拠　『東京日日新聞』大正八年八月二十九日朝刊、『授爵録』大正八～十一年

内山小二郎　うちやま・こじろう

一八五九—一九四五

陸軍大将・侍従武官長

①大正十年十一月二十四日（許可）

旧鳥取藩士出身の陸軍軍人。陸軍幼年学校・士官学校を卒業し陸軍砲兵少尉に任官。陸軍大学校を主席卒業、以後累進して明治三十四年（一九〇一）六月陸軍少将に進級、野砲兵第一旅団長として日露戦争に出征。四十年十一月には中将進級、由良《ゆら》要塞司令官・東京湾要塞司令官・第十二師団長などを経て、大正二年（一九一三）八月に侍従武官長。四年八月に大将進級。『授爵録』（大正八～十一年）によれば、内閣総理大臣高橋是清より宮内大臣牧野伸顕宛で大正十年十一月二十四日付で申牒。

　陸軍大将従二位勲一等功二級内山小二郎は別紙功績書の通り功績顕著の者に付、左記の通り授爵の儀詮議相成りたし。

と記し「功績書」を添付。明治十二年少尉任官後、諸職を歴任し、日清・日露両戦争に従軍して戦功があり、

　特に明治三十八年三月奉天の会戦に際しては鴨緑江《おうりょくこう》軍参謀長として籌謀《ちゅうぼう》宜しきに適《よ》い、能く軍司令官を輔佐して我が満州軍の作戦を有利ならしめたるに与りて力あり、また大正二年八月以来、侍従武官長として匪躬《ひきゅう》の節を尽くし、欧州大戦に際し帝国出兵の大局に臨みては能く常侍輔弼の大任を全うせり。大正五年八月載仁《ことひと》親王殿下を露国へ御差遣在らせらるや随員として、また大正八年十二月露国皇族「ジョールジュ、ミハイロウィチ」太公殿下御来朝に当たりては、接伴員としてその任を全うする等、その功績寔《まこと》に偉大なり。

とその功績が顕著であるとして、同年十一月二十六日付で授男爵。

典拠　『授爵録』大正八～十一年

内海忠勝　うつみ・ただかつ

一八四三—一九〇五

内務大臣

①明治三十三年五月五日（許可）

　会計検査院長

旧長州藩士出身の官僚・政治家。慶応四年（一八六八）六月兵庫県外務局断獄掛出仕となり、以後同県少参事・大参事・神奈川県大参事・外務省七等出仕・大阪府参事・同府大書記官を経て、明治十年（一八七七）十一月長崎県権令《ごんれい》に就任。翌年七月同県県令《けんれい》に昇格し、その後も三重県令・兵庫県令（十九年七月地方官官制公布により兵庫県知事と改称）、長野・神奈川・大阪・京都の各府県知事など地方官を歴任。三十二年

内海忠勝

十一月から翌年三月まで貴族院勅選議員。議員辞職後は会計検査院長となり、三十四年六月には第一次桂太郎内閣で内務大臣として入閣した。授爵に関してこれまで他薦の書類などは確認できないが、『授爵録』（明治三十三ノ二年）によれば、三十三年五月五日付の宮内省当局側立案書類で、尾崎忠治ら計二十五名の文武官の授爵を詮議しており、銓衡として（一）維新の際大政に参与して殊勲ある者、（二）維新の功により賞典禄五十石以上を賜りたる者、（三）維新前後国事に功労あり、かつ十年以上勅任官の職にある者、または現に在職中の者、（四）十年以上勅任官の職にあり功績顕著なる者、（五）特に表彰すべき偉大の功績ある者の五つの規準を設けており、内海はその（四）に該当する対象者とされ、同月八日に裁可を得て翌日付で男爵が授けられる。

典拠　『授爵録』明治三十三ノ二年

梅謙次郎　うめ・けんじろう

一八六〇―一九一〇

東京帝国大学教授・法学博士

①明治四十三年八月二十五日（不許可）

旧出雲国松江藩士出身の官僚・法学者。東京外国語学校・司法省法学校卒業後、フランス留学。帰朝後、明治二十三年（一八九〇）より東京帝国大学法科大学教授。三十年には法科大学長となり、第二次松方正義内閣・第三次伊藤博文内閣では内閣法制局長官をも兼任した。民法商法施行取調委員などの政府委員も歴任し、各種法案の起草に携わり、四十三年八月二十五日没。梅の死去に際し、遺族へ授爵話が持ち上がったことについては、『博士梅謙次郎』第七章「博士と爵位」に詳述されており、

梅謙次郎

　民法商法の施行せられし時、竹越与三郎《たけこしよさぶろう》氏の雑誌「世界之日本」は梅謙次郎を男爵とすべしと記せりことあり。（中略）「梅博士がいつか男爵となるべし」とは従来幾ど必然の事として考えられたり。博士逝去当時伊藤公あらば、無論法曹界の期待に背くが如きことなかりしならん。聞く井上侯は、博士に男爵を授けらるべきなりとて、司法省をも取り調べ、都筑馨六《つづきけいろく》氏を使者として高木豊三《とよぞう》氏にこれを通ぜしむ。高木氏曰く『人爵に恋恋たるような男でもなかったですが遺族の困らぬだけ、金でもドッサリつきますか』と、キビキビしたる井上侯は、これを聞きて例の癇癪を起こしたるものか、直ちにその手続きを撤回したりと。

と記され、民法・商法が施行された頃より、学界・法曹界では梅の授爵に対する希望を抱いており、また実際にそのような動きがあったものの、井上馨の変心によって頓挫したとみえる。

典拠　東川徳治『博士梅謙次郎』

梅井順正　うめい・＊よりまさ

生没年不詳

元興福寺学侶・春日大社新社司

①慶応四年四月（不許可）

②明治七年七月（不許可）

③明治八年七月二日（不許可）

梅井家は旧興福寺最勝院学侶。慶応四年（一八六八）四月以降、興福寺では大乗院・一乗院の両門跡以下院家《いんげ》・学侶もつぎつぎと還俗し、堂《とう》上《しょう》出身者は藤原姓の者は堂上格を賜り、非藤原姓の者は実家へ復籍のうえ一代堂上となる。地下《じげ》出身者も明治二年（一八六九）三月には藤原姓を与えられ、堂上出は春日大社新神司、地下出は同社新社司となる。これらの措置に不満を抱いた地下出身の旧学侶たちは身分昇格を求めている。慶応四年四月早々に願い出たのを始めとし、明治七年七月には奈良県権《ごん》令《れい》藤井千尋《ちひろ》宛で、翌年七月二日には元老院宛で華族または華族格への編列を願い出るも悉く不許可に終わる。

典拠　「春日旧社司及石清水社司等堂上格ノ願ヲ允サス」（『太政類典』）、「願（率川秀宜《ママ》等十五名）」（国立公文書館所蔵『記録材料・建白書仮綴』）

え

江川英武　えがわ・ひでたけ

一八五三—一九三三

旧韮山代官・元韮山県権知事・元上士席

①大正七年九月二十七日（不許可）
②大正十一年十二月八日（不許可）
③大正十二年五月十九日（不許可）
④大正十三年一月十七日（不許可）
⑤大正十三年三月十二日（不許可）
⑥昭和二年六月二十五日（不許可）
⑦昭和三年十月十五日（不許可）

旧幕臣で、韮山代官を世襲した江川家の当主。江川太郎左衛門英龍《ひでたつ》(坦庵)の子。維新時には新政府に早期帰順して本領を安堵され、上士席を与えられる。明治二年(一八六九)七月に韮山県権知事《ごんのちじ》に任ぜられ、翌年六月正六位に叙せられ、その後は大蔵権少書記官となり、十九年二月に本官を免じられた。江川家の授爵運動は大正期より確認され、『原敬日記』大正七年(一九一八)九月二十七日条によれば、

　その外には授爵の問題あり。自分は実は口を出す事を避け居れり。益田孝《たかし》(山県、松方提案)、高橋新吉、園田孝吉(松方同案)、江川太郎左衛門の子孫なりと言うに付、高橋、園田は何の理由かと云いたるに、貨幣制度改革の際、為替その他に付尽力せりと云う事なりと。その他の者夫《それ》々《それ》理由あり。

とみえ、また同日記の同年十一月二十三日条にも、宮内次官の石原健三《けんぞう》との会話で、原の前内閣(寺内正毅内閣)からの懸案として、高橋新吉・園田孝吉・益田孝・前田正名《まさな》・渡正元《まさもと》・江川太郎左衛門の六名の授爵があり、内閣末路の時期でそのままになっていることが石原の口から語られている。また、同年には月日不詳ではあるが、「江川英武並ニ其父英龍ノ維新前後ノ功績一班」が作成されており、(一)江川家の系譜、(二)江川太郎左衛門英龍の功業、(三)江川太郎左衛門英武の勤王事績と参考書写からなる請願書には、「皇室の藩屏《はんぺい》として特別の恩典に浴すべき資格あるものと存じ候。英武今や齢古稀に達し、宿痾《しゅくあ》のため韮山に静養中に在り。若《も》しこの忘れられたる維新の功臣にして幸いに生前この恩典に浴する事を得れば、聖恩誠に旧功を彰わし遺風を揚げ、益々皇運を扶翼せしめ賜う所以の一端にして、聖代の一祥事たるべしと存じ奉り候」と記し、同家の華族編列・授爵を強く求めている。また、『倉富勇三郎日記』十一年十二月八日条にも、

　枢密院事務所にて委員会を終はりたる後、富井政章より旧幕府の時江川太郎左衛門なる人あり、砲術をを《（ママ）》研究し、製砲その他のことに尽力し国益を為したることは人の知る所なり。其二子も維新の頃勤王の功労あり。是まで二度まで叙爵の内議ありたる趣にて、御大礼の時抔は余程議も進みたりとのことも、終に行われず。二子の中の一人七十余歳の高齢なる故、平山成信《しげのぶ》氏抔《など》も熱心にこれを望み居れり。山田三良《さぶろう》は姻族にて、自分にその話を為せり。心配しくれよとて書類を渡したり。

とみえ、すでに二回程申請をし、大正天皇の即位大礼時には審査も相当進んでいたようであるが、結局授爵に至らなかったという経緯が富井政章より語られている。同様に旧幕臣出身である平山成信も後援しており、また東京帝国大学教授などもつとめた山田三良は江川の娘婿であり、同様に熱心に動いている様子が窺われる。倉富日記には江川授爵一件に関する記事が散見しており、同年十二月十一日条には宮内省宗秩寮《そうちつりょう》庶務課長兼爵位課長であった酒巻芳男に江川家授爵に関し、近年の同家よりの請願状況について倉富が尋ねており、酒巻は先年は申し出があったが、最近はどこからも行われていない旨を答えている。同月十三日条には、枢密院において平山が江川授爵について話し、明治維新の功臣中で先代英龍から砲術を学んだ者は少なく、大山巖もその一人であるということを述べ、当

主英武自身にも功績があり、家柄も相応しいことを強調している。同席していた穂積陳重《ほづみのぶしげ》も「実に御詮議漏れと思うの外なし」と述べている。江川授爵について倉富が書類も預かり、調査した結果、何故詮議に及んでいないかが不明であり、また当時の宗秩寮職員も更迭されているため、事情が判然としないと記している。同月二十日条には江川授爵について、石原宮内次官へも通知したことがみえ、波多野大臣快復後に再度話すつもりであると記されるが、結局この時も進展しなかったようである。さらに、十二年五月十九日条にも宗秩寮総裁徳川頼倫《よりみち》と倉富が江川の件につき相談、翌十三年三月十二日条にも徳川が授爵をかなり主張した記事が散見しているが、宮相牧野伸顕が皇太子裕仁親王(のちの昭和天皇)婚儀に際しての授爵を厳選したので選に洩れたと記されている。昭和期にも運動は継続されており、『授爵陞爵申牒書類』によれば、十三年一月二十七日付で授爵申請した点も記されている。また『昭和初期の天皇と宮中(侍従次長河井《かわい》弥八《やはち》日記)』昭和二年(一九二七)六月二十五日条には「公爵(徳川家達《いえさと》)より江川英武授爵希望申出づ」とあり、旧主徳川家からも授爵の後援があったことが窺われる。前記『授爵陞爵申牒書類』には、三年七月二十日付で「亡父英龍国防に尽したる廉に依り」「代々韮山代官たり」という理由により内務省から奏聞、また同年六月一日付で静岡県知事の一木喜徳郎《いちききとくろう》より「江川英武授爵ノ儀ニ付内申」、同年十月十五日付で江川同族会の江川芳光よりも「功績表彰ニ関スル稟申書」を宗秩寮総裁宛で提出し、同家・同人の列華族・授爵運動が繰り返されていたことが明らかであるが、あまねく不許可に終わり、同家の授爵は結局行われていない。

典拠　『原敬日記』大正七年九月二十七日条、「江川英武並ニ其父英竜ノ維新前後ノ功績一班」(国立公文書館所蔵『諸雑公文書』)、『倉富勇三郎日記』大正十一年十二月八日条・十一日条・十二日条・十三日条・二十日条、同十二年五月十九日条・同十三年三月十二日条、『授爵陞爵申牒書類』、『昭和初期の天皇と宮中(侍従次長河井弥八日記)』昭和二年六月二十五日条

江木千之　えぎ・かずゆき

一八五三―一九三二

文部大臣

①昭和三年七月二十日　(不許可)

枢密顧問官

旧岩国藩士出身の官僚・政治家。後掲江木翼《たすく》の義父。明治七年(一八七四)に文部省出仕後、長崎師範学校教諭・文部省少書記官・視学官・参事官などを経て同省普通学務局長となる。そののち、内務省へ移り、県治局長や茨城・愛知・広島などの各県知事を歴任。熊本県知事在任中、三十七年八月には貴族院勅選議員に就任。四十年二月に退官するが、大正十二年(一九二三)一月、清浦奎吾内閣で文部大臣に就任。同年六月内閣総辞職に伴い退官し、枢密顧問官に任ぜられた。『授爵陞爵申牒書類』によれば、当時正三位・勲一等旭日大綬章。昭和三年(一九二八)七月二十五日付で文部大臣勝田主計《しょうだかずえ》より内閣総理大臣田中義一宛で授爵を申牒。「功績調書」には、

右者明治七年十三等出仕に補せられ、八年東京開成学校に勤務す。また長崎師範学校初等教諭の任に膺《あた》り、後小《(少)》視学・二等属・一等属等を経て明治十四年文部権小《(少)》書記官に任ぜられ、調査課長として当時草創の時代にありし我が国教育行政の為に調査研究の衝に当たり貢献する所あり。後一旦会計局に転じて会計の衝に膺り、明治十八年文部小書記官に任ぜられ、師範学校条例取調委員仰せ付けられ師範学

江木千之

校制度の研究調査に当たり大いに貢献する所あり。明治十九年文部省視学官に任ぜられ、更に文部省参事官に転じ引き続き各種教育制度の立案及び執行の衝に膺れり。明治二十四年四月文部省普通学務局長に任ぜられ、同年十月内務省に転じ内務大臣秘書官兼内務書記官として内務行政の事に任じ、同じく二十六年三月内務省県治局長に任ぜられ、同二十九年茨城県知事に転ずるに至る迄内務行政各般の方面に大いに画策実行する所あり。三十年四月栃木県知事に任ぜられ、次いで愛知県知事を経て三十一年十二月広島県知事となる。その間自治行政に関する各般の施設経営に努力し、殊に土木事業に関しては最もその功績を残したり。三十六年六月熊本県知事に任じ三十七年八月貴族院議員に任ぜられ、三十九年九月功労により勲一等旭日大綬章を授けられ、四十年錦鶏《きんけい》ノ《の》間《ま》祗候《しこう》を仰せ付けらる。爾《じ》来《らい》同人は或いは教育調査会員となり、或いは臨時教育会議委員を命ぜられ、或いはまた臨時教育行政調査会委員を仰せ付けらる。また教育評議会委員となり多年に亘りて専ら教育行政の整備発達及び教育の内容改善進歩の為にその心力を傾注したり。同人が各種の会議に列するや周密なる調査研究と熱心なる討議によりて事功を挙げたる所極めて多く、その熟誠とその功績とは同人を知る者の何人もこれを認むる所なり。また同人はその間或いは臨時法制審議会委員仰せ付けられ我が国法制の重要なる審議に参加し、その平素の蘊蓄を傾けて貢献する所極めて多く特に我が国社会の欧米諸国と異なる点を明らかにし、祖先伝来の淳風美俗を我が国法制の上に実現するに努めたり。また大正十二年九月には帝都復興審議会委員を仰せ付けられ大震災後の帝都復興の為に尽瘁《じんすい》する所あり。大正十三年一月文部大臣に親任せられ文政変理の大任に膺り最も力を普通教育の進歩発展の為に致し、また教育の事は国家百年の大計にして時々の政局の変動によりてその根本方針を動かすべからざるものなることを主張し、進んで文政審議会を組織し、文政に関する重要なる事項を審議決定せしむる機関とし、以て今日に至れり。十三年六月任を辞し間もなく枢密顧問官に親任せられ、国家の重要なる政務に参与し、また一方に於いて文政審議会の副会長に任ぜられ、事実上同会の最も重要なる地位を占め、爾来孜々として今日に至る迄、或いは国の重要なる審議に膺り、或いは特に教育行政の為に尽瘁し、その功績極めて顕著なるものあり。凡《およ》そ同人の事に当たるや常に最も周密なる調査を遂げ研究を重ね極めて周到なる用意を以てし、その事を議するや博覧強記、而も熟誠以て事に当たりその各種の方面に残したる功績は極めて著しく、殊に教育行政の方面に至りては同人の最も心血を注ぎ多年に亘りて一日の如く斡旋尽力したる所にて、我が国教育制度の草創時代に当たりて詳らかに中央並びに地方の状勢に鑑み、或いは欧米諸国の先例を調査研究し周到なる努力の下に学制の基礎を建設し、以て今日の教育制度完備の基礎を形成したる功績歿すべからざるものあり。爾来引き続き教育の各方面にその力を傾注して多年一日の如く努力して今日に至る。これを我が国教育今日の進歩発達に照らすに同人の勲功は洵《まこと》に顕著なるものあるを認む。

とし、特に教育行政面での功績を列挙して推薦するも結局授爵は不許可に終わる。

典拠　小田部雄次『華族―近代日本貴族の虚像と実像―』、『授爵陞爵申牒書類』

→江木翼

江木　翼　えぎ・たすく

一八七三―一九三二

司法大臣

①大正四年十月二十九日（不許可）

145　江木翼

内閣書記官長

岩国藩出身の官僚・政治家である江木千之《かずゆき》の養子。明治三十年(一八九七)東京帝国大学法科大学卒業後、法制局参事官・内閣書記官・拓殖局部長などを歴任し、大正元年(一九一二)十二月に第三次桂太郎内閣で内閣書記官長に就任。また第二次大隈重信内閣・第一次加藤高明内閣でも同じく書記官長となり、以後第二次加藤内閣・第一次若槻礼次郎内閣で司法大臣、第二次若槻内閣で鉄道大臣などとして入閣。また大正五年十月から死去するまで貴族院勅選議員もつとめた。江木の授爵については『原敬日記』大正四年十月二十九日条にみえ、

江木　翼

　山県を訪《と》うて先日内談し置きたる授爵問題に付、余より政府余に内議せずして直ちに発表する様の事なきやと尋ねたるに、山県はその事は決してこれなかるべし、政府は最初数多の授爵取調べをなしたる由なるも閣員中異議ありて一切これを見合わす事となりたるに(閣員とは一木《いちき》内相の事なるは過日の話にして知るべし)然るにまた一変して六七名は授爵を宮相まで申し出づる事となりたる様子にて、その人名を内々一覧せしに君と加藤の所には本人の意思を聞きてと付記しありたれば大丈夫と思う、去りながら大隈の事故度々変化する次第なれば、明日宮相に会見に付その節宮相に尚内談し置くべし。過日もざっとは話し置きたり。然れどもこの事は内閣の方は君の事ありて内閣書記官長に尋ねたるに因り始めてその取調を聞きたる様の次第なれば、果して宮内省には内閣より如何に申し出づるや知れず、且つ閣議には上せず大隈だけの考えの様なれば篤《とく》と宮相に話し置くべし。宮内省にても旧華族等の事にてもあらんが取り調べたるものもこれある様子なり。自分の考えにては御大礼などの機会に於いてせず平日に於いて功績ある者には特に恩命ある様にありたしと思うと云うに付、余は何れにしても宮相直接取り扱う問題に付、宮相に内談し置かるる様切望すと云い置きたり、多分これにて余は授爵を免かるる事と思う。

とあり、この当時大正天皇即位大礼の慶事に際して大隈首相以下の閣僚へも授爵の議が浮上していたと思われる。また、同日記の十一月十二日条には、

　西園寺を訪問せり。東京に於いて余の授爵問題に付山県と会見したる次第を内話せしに、西園寺も当地にて山県と会見しその聞き得たる所も余と同様なり。但し一般授爵問題に付山県が余に語りたる所と些少相違の点は、大隈始め閣員授爵問題起こりたるに付、一木内相は大隈に対し、偶然御大礼の際に内閣に居りたる訳を以て授爵せらるる様の事ありては世上の議論も如何あらんか、これは思い止まる方然るべし、大隈首相の陞爵は何等差し支えもなけれどもこれも辞職の際に陞爵せらるる方然るべし、在職中は不可なりと内談せし由、一木山県に云えりと、山県西園寺に物語りたる由。余に内談せし所とは相違と云うよりは寧ろ詳略の差の様なれども少しく異れり。

とみえ、大隈の伯から侯への陞爵は偶然大礼挙行時の内閣であるだけでその閣僚が栄典に浴するのは批判されるとして内務大臣一木喜《き》徳郎《とくろう》が反対し、結局江木も含めて大隈内閣の閣僚は全員陞・授爵されずに終わっている。

典拠　『原敬日記』大正四年十月二十九日条・十一月十二日条

→江木千之

江藤新作　えとう・しんさく
一八六三—一九一〇
江藤新平次男、衆議院議員
①明治四十四年二月八日（不許可）
②大正元年九月二十三日（不許可）

旧肥前国佐賀藩士出身で新政府の参議もつとめながらも佐賀の乱で刑死した江藤新平の次男。明治二十七年（一八九四）九月に衆議院議員当選。『東京朝日新聞』四十四年二月八日朝刊によれば「江藤氏授爵運動」の見出しで中央倶楽部が同月二日に代議士会を開き、江藤新平は司法制度の創設者であり、西郷隆盛と比較しても遜色ない元勲であることを理由とし、「その復位及び希望としての授爵に関する意見を提案し、政府をして政断を仰がしむることに一決したり」とみえる。新平の次男である新作はこの前年一月六日に没しており、江藤家の当主は戦後衆議院議員となった夏雄を指すか。また、『読売新聞』大正元年（一九一二）九月二十三日朝刊によれば「江藤氏の遺族」の見出しで遺族が困窮している様子を報じるとともに、「授爵運動の失敗」という小見出しで、

的野氏は更に山県・徳大寺・桂・土方等要路の大官・元老を訪《と》うて授爵の運動を開始したが、何れも刑余の人に授爵する事は出来ぬとあって取り合わぬ。然らば西郷は如何。賊軍の汚名を蒙りながら恩寵に浴しつつあるではないかと肉薄したが、西郷は戦死者である。罪を問うには至らずして既に死せるのである。これに反し江藤氏は罪の宣告を受けた人であると反撥され、止むを得ず古き維新に遡って江藤氏の歴史を査覈《さかく》し討究するの必要を生じてきた。

とみえ、江藤新平遺族への授爵に対して長州閥や宮中関係者が否定的であった点が窺われる。五年四月十一日に至り正四位が贈位され、新平の名誉回復はされるも、こののちも遺族への授爵はされず。

典拠　『東京朝日新聞』明治四十四年二月八日朝刊、『読売新聞』大正元年九月二十三日朝刊

お

大井成元　おおい・しげもと
一八六三—一九五一
陸軍大将・軍事参議官
①大正九年十二月十日（許可）
②大正十年四月一日（許可）

陸軍大将・ウラジオ派遣軍司令官

旧長州藩士出身の陸軍軍人・政治家。明治十六年（一八八三）陸軍士官学校卒業後、陸軍歩兵少尉に任官。十九年一月に陸軍大学校に入校し、二十一年に卒業後は参謀本部出仕・台湾総督府参謀・陸軍大学校教官・ドイツ公使館付駐在武官・陸軍省軍務局軍事課長などをつとめ、四十二年一月少将に進級し、歩兵第十九旅団長に補せられる。近衛歩兵第二旅団長や陸軍大学校長を経て、大正三年（一九一四）五月に中将に進級して第八師団長に親補され、七年七月に第十二師団長としてシベリア出兵に従軍し、翌年八月にはウラジオ派遣軍司令官となる。同年十一月には大将に進級。帰国後は軍事参議官となり、十二年三月に予備役編入。翌年三月からは貴族院議員に互選された。大井の授爵については、『読売新聞』大正九年（一

九二〇)十二月十日朝刊に「授爵陞爵／欧州戦役論功行賞」の見出しで、

一月中旬発表欧州大戦に参加したる陸海軍将士の論功行賞は過般来引き続き発表されつつあるも、未だ上長官の分は未調査にて年内には到底これが終了を見難しとの事なり。右に関し当局の語る処に依れば、明年一月中旬文官の行賞と同時に発表すべく、上原参謀総長は子爵に、大谷・大井両大将は男爵に、島村軍事参議官は子爵に夫々陞爵・授爵の恩典に浴すべく内定し居れり。

と報じられ、シベリア出兵の功績で、上原勇作と島村速雄《はやお》が男から子への陞爵、大谷喜久《きく》蔵《ぞう》と大井が男爵を授けられる予定であるとの記事が掲載されている。この際、論功行賞が先行審査されたためか、大谷喜久蔵は同年十二月二十八日付で男爵を授けられている。『授爵録』(大正八〜十一年)によれば十年四月一日付で内閣総理大臣原敬より宮内大臣牧野伸顕宛で大井の授爵を申牒。添付の「功績書」には、

大井成元

右は西伯利《シベリア》出兵の当初、第十二師団長として隷下部隊を率い大正七年八月浦潮《ウラジオ》に上陸し、同月下旬「クラエフスキー」付近の戦闘に於いて連合各国軍を併せ指揮し、敵を撃砕し、これを追撃して一挙に哈府《ハバロフスク》を占領し、更に進んで長駆黒龍州《こくりゅうしゅう》を剿《そう》討《とう》し、二ヵ月を出でずして沿黒両州戡定《かんてい》の功を収め、翌大正八年二月より三月に亘り黒龍州所在過激派の蜂起に際しては再び各地に討伐を行いこれを掃討し、同年七月一旦凱旋す。越えて八月浦潮派遣軍司令官に任ぜられ再び出征し、全派遣軍を統率し画策《かくさく》処置毎に機宜に適し、能《よ》く過激派の侵襲を防遏し、以て混沌たる西伯利の秩序を維持し、国威を中外に発揚して善く出兵の目的を達成せり。その功績寔《まこと》に顕著なりとす。

と記され、シベリア出兵時の功績が認められ、同月十八日付で男爵が授けられた。

典拠　『読売新聞』大正九年十二月十日朝刊、『授爵録』大正八〜十一年

大枝四郎　＊おおえだ・しろう

一八七一―一九五七

毛利元徳四男

①明治十一年十二月（不許可）

元長州藩主毛利元徳《もとのり》の四男で、初名寛丸《のぶまる》、のちに五郎、明治四年(一八七一)十二月に四郎と改名。五年七月に山口県士族大枝四郎の養子となる。「三条家文書」所収の十一年十二月付「毛利元徳内陳」によれば、小早川家の由緒、特に隆景《たかかげ》・秀秋《ひであき》の事績、秀秋亡きあと同家が絶えたことを述べたうえで、

当時吉川・小早川は毛利の両川《りょうせん》と並び称せられ、存亡をも共にすべきの処、不幸にして小早川は全く血食を絶ち、遺憾限りなき次第に御座候。就いては私四男山口県士族大枝四郎儀幼少には候えども、血統の者に付、小早川家の跡を継がしめたき年来の志願に御座候。特別の御詮議を以て吉川家同様華族に列せられ候はば隆景の霊、地下において瞑目仕るべく、私の本懐この上なく有難き仕合わせに存じ奉り候。家禄の義は私へ下賜候金禄の内若干分与仕るべく候。この段内陳仕り候間、情実御諒察成し下され、然るべく御配慮冀い奉り候也。

と記し、小早川家を自身の四男大枝四郎をもって絶家再興させたうえ、華族編列を請願するも却下される。

典拠　「毛利元徳内陳」(「三条家文書」)

→毛利三郎

大喜多善成　おおきた・*よししげ

生没年不詳

元興福寺学侶・春日大社新社司

①慶応四年四月（不許可）

②明治七年七月（不許可）

③明治八年七月二日（不許可）

大喜多家は旧興福寺大喜院学侶。慶応四年（一八六八）四月以降、興福寺では大乗院・一乗院の両門跡以下院家《いんげ》・学侶もつぎつぎと還俗し、堂上《とうしょう》出身者は藤原姓の者は堂上格を賜り、非藤原姓の者は実家へ復籍のうえ一代堂上となる。地下《じげ》出身者も明治二年（一八六九）三月には藤原姓を与えられ、堂上出は春日大社新神司、地下出は同社新社司となる。これらの措置に不満を抱いた地下出身の旧学侶たちは身分昇格を求めている。慶応四年四月早々に願い出たのを始めとし、明治七年七月には奈良県権令《ごんれい》藤井千尋《ちひろ》宛で、翌年七月二日には元老院宛で華族または華族格への編列を願い出るも悉く不許可に終わる。

典拠　「春日旧社司及石清水社司等堂上格ノ願ヲ允サス」（『太政類典』）、「願（率川秀宜《ママ》等十五名）」（国立公文書館所蔵『記録材料・建白書仮綴』）

正親町董次郎　おおぎまち・とうじろう

一八七四―？

旧堂上公家・伯爵正親町実正弟

①明治二十二年四月三十日（許可）

旧堂上《とうしょう》公家（羽林家《うりんけ》）の正親町公董《きんただ》の次男で、明治十七年（一八八四）七月の華族令公布に際して伯爵を授けられた実正《さねまさ》の弟。『法規分類大全』所収の二十二年四月三十日付「爵位局ヨリ宮内大臣へ伺」によれば、

華族正四位伯爵正親町実正より弟董次郎へ財産を分与し分家致させたく、宗族・親属(族)連署を以て願い出で候処、明治七年七十三号公布に依り華士族分家の者は平民籍に編入するを以て、本願御聴許の上は董次郎民籍に入るは当然に候えども、董次郎の父公董は別紙履歴書の通り功労少なからず、戊辰の際、御親征大総督参謀となり、また奥羽追討白川口総督となり、大総督に参議し、東京に至り、続いて白川口に出馬し、日夜勉励兵気を鼓舞し職掌を遂げたる等、その効績顕著の者に付、功労ある華族の子弟分家の際、特旨を以て華族に列せられたる例に倣い、董次郎またこの際特旨を以て華族に列せられ男爵を授けられたく、この段高裁を仰ぎ候也。

とみえる。同年一月十八日付で、財産分与をすることを明記し、兄実正と宗族である子爵西四辻公業《にしよつつじきみなり》、親族の子爵園池公静《そのいけきんしず》の三名連署による分家願が宮内大臣土方久元宛で提出されているが、そのうえで、すでに故人である公董の幕末・維新期の功労をもって董次郎に対して授爵を請願。同年五月六日付で授男爵。同年七月五日に董次郎より季董《すえただ》と改名している。

典拠　『法規分類大全』二ノ六

大久保忠言　おおくぼ・ただとき

一八九七―一九六三

旧相模国小田原藩主

①大正八年五月十五日（不許可）

②昭和三年七月二十日（不許可）

大久保家は旧相模国小田原藩主家。同藩は幕末・維新期の当主忠礼《ただのり》が幕府側に与した廉《かど》により明治元年（一八六八）九月二十三日に罪に問われ、謹慎のうえ領地没収の命が下るも、特旨をもって減封のうえ養子忠良へ家督を譲り家名存続が許される。八年七月には再度忠礼が家督を相続し、十七年の華族令公布に際して七月八日付で子爵が授けられる。忠礼のあとは忠一が、そのあとを忠言が継ぎ、大正六年（一九一七）一月襲爵。「島津陞爵書類」によれば、島津家以外に旧東北諸藩藩主や旧桑名藩主家の陞爵書類と合綴になっており、これによれば、八年五月十五日付で元宮内大臣の田中光顕《みつあき》より現宮内大臣の波多野敬直《よしなお》宛で請願されており、

明治天皇の御代に於いて至仁至慈の恩命を垂れさせられし中にも、徳川慶喜・西郷

隆盛等の如きは最もその著しき者と上下感激罷り仕り候。光顕宮内大臣在職中、親しく叡慮を伺い奉りし処に依れば、維新の際方向を誤りし者と雖も、既にその巨魁の罪を赦し給うのみならず、特に旧勲を録し栄爵を授け給い、生前死後更に遺憾なからしめ給いしも、その以下の向きに至りては未だ一視同仁の恩波に浴せざるにつき、時機を以て前者に均しき恩恵を垂れさせ給わんとの有難き思食に在らせられしも、不幸にして一朝昇天の御事と相成り、当初の叡念を遂げさせ給わざりしは、真に恐懼に堪えざる次第に御座候。今上陛下御即位以来、先朝御遺業を継がせられ、恩威並び行わる。億兆仁風に靡き慈雨に霑《うるお》い候えども、特に伊達（仙台）・松平（会津）等諸家に至りては未だ慶喜・隆盛等の如き殊恩を蒙ることを得ず。当人は勿論、旧封内の上下竊《ひそか》に愁腸を断ち、悲涙に咽い罷り在り候と推察仕り候。仰ぎ願くは、来たる天長節の佳辰を以て別紙に記載の諸家に対し、その旧封の石高に応ずるの栄爵に陞爵せられんことを。中に就き松平容保の京都守護職在勤中孝明天皇の殊遇を蒙りし事は当時下し玉う所の宸翰《しんかん》に徴して明らかなる所にこれあり。旁容大《かたはる》の家政困難の趣を聞こし食され候節に、先帝より内帑《ないど》の金円を下賜せられし御事これあり候。また大久保忠良は明治十年の戦役に、南部利祥は三十七八年の国難に陣没せし等、孰《いず》れも君国の為に殊勲を樹て、忠死を遂げ候儀に付、何卒非常格別の御詮議相成りたく懇願の至りに堪えず候也。

として、仙台藩伊達家は伯から侯、会津松平家は子から侯、南部家は伯から侯、大久保・桑名松平両家は子から伯への陞爵をそれぞれ願い、また同書類の貼り紙に「奥羽同盟諸侯中伯爵となるべくして子爵に降されし者の追加二藩」として棚倉藩阿倍家とともに二本松藩丹羽家の子から伯への陞爵が請願されるも、大久保家も含めて全て不許可に終わっている。昭和期に入っても同家の陞爵運動は継続されており、『授爵陞爵申牒書類』によれば、昭和三年（一九二八）十月二十五日付で内閣総理大臣田中義一より宮内大臣一木喜徳郎宛で田村丕《ひろ》顕《あき》らの陞爵・授爵・復爵を申牒。

別紙海軍少将子爵田村丕顕外十名陞爵授爵及び復爵の件は家格に属するものに付、参考として回付に及び候。

として、田村と伊達興宗《おきむね》（伯）・南部利淳《としあつ》（伯）・藤堂高紹《たかつぐ》（伯）・松平保男《もりお》（子）・松平定晴《さだはる》（子）・大久保忠言（子）・南部日実《にちじつ》（男）・田中俊清《としきよ》・江川英《ひで》武《たけ》・徳川好敏《よしとし》の計十一名を列挙。大久保は子から伯への陞爵を求めるも不許可に終わっている。なお、同家の陞爵は内務省より上申されており、理由は「家格により」とあるが具体的には記されていない。

典拠　「島津家陞爵書類」（宮内庁宮内公文書館所蔵）、『授爵陞爵申牒書類』

大隈重信　おおくま・しげのぶ

一八三八―一九二二

内閣総理大臣

①明治二十三年五月二十三日（不許可）
　元外務大臣
②明治三十一年（不許可）
　内閣総理大臣兼外務大臣
③大正四年十月二十九日（不許可）
　内閣総理大臣
④大正五年七月一日（許可）
　内閣総理大臣
⑤大正十一年一月八日（不許可）
　内閣総理大臣前官礼遇

旧佐賀藩士出身の政治家。慶応四年（一八六八）三月徴士《ちょうし》・参与職・外国事務局判事となり、同年五月には長崎府判事兼外国官判事となり従五位下に叙され、十一月外国官副知事、明治二年（一八六九）一月参与職となり二月に従四位下に進んだ。大蔵大輔・民部大輔を経て同年九月には参議となり、大蔵卿などもつとめる。二十一年二月には第一次伊藤博文内閣で外務大臣として入閣し、次の黒田清隆内閣でも外相として留任。こののちも第二次松方正義内閣で外相・農商務相もつとめ、さらに三十一年

大隈重信

六月内閣総理大臣に就任。その後、大正三年(一九一四)四月に再度首相に就任し、五年十月まで在任した。またこの間、明治二十年五月九日付で維新の勲功で伯爵を授与された。大隈の伯から侯への陞爵は「三条家文書」所収の明治二十三年五月二十三日付「鍋島直彬《なおよし》書翰」にみえ、不平等条約改正交渉中、爆弾による襲撃で右脚切断の大怪我を負った大隈に対し、参内時に直後の御書付を下賜され、「爵階・位勲」を進められるよう鍋島は三条実美に建言するが、結局陞爵も位階勲等の陞叙も行われていない。ついで「陞爵及授爵並授勲上奏案」も同人の陞爵に関する内容であり、同資料は日付は明治三十一年とのみ記されるが、同時に鳩山和夫《かずお》の授爵を願い出ており、鳩山の外務次官在任期間が同年九月から十月と短期間であるため、この間に作成されたものと思われる。また、主席大臣が海軍大臣西郷従道《じゅうどう》であることから、総理辞表提出により外相本官となった十月三十一日付の上奏案とも推測される。「覚書」には、

明年七月より実施すべき改正条約は、陸奥故外務大臣の時に在りて締結せられたるも、その締結の気運に判らしめたる所以のものは実に大隈内閣総理大臣の曩《さき》に外務大臣として明治二十一年二月より同二十二年十二月に至るの間に於いて鋭意励精条約改正の事業に従事し、苦辛経営籌画したるの勲労に帰せざるべからざるものありて存せり。蓋《けだ》し条約改正の事業に関し従来歴任の当局者が維新以還の宿望を達すること能わざりしは、固《もと》より国内の事情未だ許さざりしものありたるに職由すと雖も、また締盟列国が帝国に対し無条件の均霑《きんてん》に依り最恵国条款を適用し、共同一致の行動を為し、以てその進行を阻滞ならしめたること、その最大要素たりしは明治六年の伊太利《イタリア》談判中止以来の事例に依りて明らかなるを以て大隈大臣は就任の当初より現行条約は帝国政府の締盟諸国と各別に締結したるものなるが故にその改正に関してもまた各別に単独の開議を要求するの権ありとなし、且つ従来各締盟国の取りたる最恵国条款の解釈は事理の肯綮《こうけい》を得たるものにあらずと主張し、条約改正の談判を開始するに先だち神戸山手地所の借料に関する問題を好機とし本邦駐箚《ちゅうさつ》の外国公使に対し、その列国各別の利害に繋がる事項は各別に協議するの当然なるの意を示し、外国公使が大いに従来の慣例に復さんことを努めたるにも拘わらず、遂に各別の約定を締結するに至り以て列国連合に対する破格の例を剏設《そうせつ》し、尋《つい》で墨西其《メキシコ》国と始めて対等の条約を締結するに当たり、殊更に領事裁判権を撤去する以上は帝国の全土を開放すべしとの一項を加え、以て帝国政府が最恵国条款に関する旧釈義に従わざるの材料となし、締盟国をして漸次連合を破りて各別に条約改正の議を開始せしむるの端緒を啓き、維新以来合同の先導たる英国をして孤立の位地に立たしめ、その到底列国の行動を掣肘して盟主たる能わざることを暁知せしめ、他日条約改正の問題再起するあらば、他国に先んじ帝国政府の提議を欣諾し、以てその旧位地を回復せんとの意思を懐かしめ、遂に明治二十七年の提出案に同意を表せしむるに至りたるは畢竟当初大隈大臣の画策経営その宜しきを得たるに職由するものにして、同大臣が当時改正の機未だ熟せず、中途にして挫折し、且つ同大臣の為最も悲歎すべきの不幸に遭遇してその成功を見る能わざりしも、この間に於ける同大臣の辛苦経営は遂に条約改正の

事業をして今日に於いて完成ならしむるの偉功を奏せしめたりと謂うべく、また同大臣の曩に外務大臣在職中に於いて従来関税の徴収に関し金貨価額に対し銀貨の計算を以て従価税を課するの慣行あるを従価税計算の方法を変更して、以て条約規定の関税を完全に徴収するの措置を為さんことを期し、列国公使の異議を唱うるにも拘わらず、条約上享有する所の権利を執行するの上に於いて他の要求を納むるの理由なしとなし、遂に無条件にて為換法を断行したるの結果は最近十年間に於いて約七百五十万円の巨額に達する関税収入の増加を見るに至り、偉大の利益を国庫収入の上に及ぼしたるが如きはその勲功洵《まこと》に顕著なりと認む。同大臣の維新の元勲、国家の柱石として身を以て国に尽くしたるの偉勲を思し召され、この際特に侯爵に進授仰せ出され候様仕りたく、茲《ここ》に謹みて奏す。

として条約改正の功績をもって陞爵を上奏する案文が作成されるも、上奏されなかったか、または詮議の結果不可とされたためかこの時期には陞爵していない。また、大正四年になると、大正天皇即位大礼に際しての栄典授与で、大隈の陞爵案が浮上。この件については『原敬日記』四年十月二十九日条にみえ、

山県を訪《と》うて先日内談し置きたる授爵問題に付、余より政府余に内議せずして直ちに発表する様の事なきやと尋ねたるに、山県はその事は決してこれなかるべし、政府は最初数多の授爵取調べをなしたる由なるも閣員中異議ありて一切これを見合わす事となりたるに（閣員とは一木《いちき》内相の事なるは過日の話にして知るべし）然るにまた一変して六七名は授爵を宮相まで申し出づる事となりたる様子にて、その人名を内々一覧せしに君と加藤の所には本人の意思を聞きてと付記しありたれば大丈夫と思う、去りながら大隈の事故度々変化する次第なれば、明日宮相に会見に付その節宮相に尚内談し置くべし。過日もざっとは話し置きたり。然れどもこの事は内閣の方は君の事ありて内閣書記官長に尋ねたるに因り始めてその取調を聞きたる様の次第なれば、果して宮内省には内閣より如何に申し出づるや知れず、且つ閣議には上せず大隈だけの考えの様なれば篤《とく》と宮相に話し置くべし。宮内省にても旧華族等の事にてもあらんが取り調べたるものもこれある様子なり。自分の考えにては御大礼などの機会に於いてせず平日に於いて功績ある者には特に恩命ある様にありたしと思うと云うに付、余は何れにしても宮相直接取り扱う問題に付、宮相に内談し置かるる様切望すと云い置きたり、多分これにて余は授爵を免かるる事と思う。

とあり、この当時大正天皇即位大礼の慶事に際して大隈首相以下の閣僚へも授爵の議が浮上していたと思われる。また、同日記の十一月十二日条には、

西園寺を訪問せり。東京に於いて余の授爵問題に付山県と会見したる次第を内話せしに、西園寺も当地にて山県と会見しその聞き得たる所も余と同様なり。但し一般授爵問題に付山県が余に語りたる所と些少相違の点は、大隈始め閣員授爵問題起こりたるに付、一木内相は大隈に対し、偶然御大礼の際に内閣に居りたる訳を以て授爵せらるる様の事ありては世上の議論も如何あらんか、これは思い止まる方然るべし、大隈首相の陞爵は何等差し支えもなけれどもこれも辞職の際に陞爵せらるる方然るべし、在職中は不可なりと内談せし由、一木山県に云えりと、山県西園寺に物語りたる由。余に内談せし所とは相違と云うよりは寧ろ詳略の差の様なれども少しく異れり。

とみえ、大隈の伯から侯への陞爵は差し支えはないであろうが、首相辞職後に行われるべきとし、また偶然大礼挙行時の内閣であるだけでその閣僚が栄典に浴するのは批判されるとして内務大臣であった一木喜徳郎《きとくろう》が反対し、

結局大隈も含め当時の閣僚は全員陞・授爵されずに終わっている。また、『読売新聞』四年十一月一日朝刊には、「授爵調査終了／原・犬養氏も」の見出しで、

来たるべき御大典を機とし、国家に功労ありたる各階級の人々に対し、授爵・授勲・叙任等の恩命ある事は既報の如くにして、洩れ承る処によれば御発表に相成るべきは大嘗祭終了の上、即ち本月十六日なりとの事にて、内閣に於けるそれぞれの調査も昨今大体に於いて結了し、目下は宮内省との間に折衝中の由なるが、その陞爵・授爵の主なる人々は、大隈伯の侯爵、武富・尾崎・一木・高田・加藤・河野《こうの》・箕浦各大臣の男爵は疑うべからざる処にして、更に有力なる筋よりの噂によれば、立憲政治創設に功労ありたる廉を以て、政友会総裁原敬氏、国民党総務犬養氏の二政治家、学者として功労ありたる故を以て山川東大総長、穂積《ほづみ》博士の二学者、財界に功労ありたる故を以て大倉喜八郎、安川善次郎、益田孝《たかし》の三実業家、また特に男爵を授けらるべしとの事なり。尚、世間にて村田保《たもつ》翁が授爵の運動をなしつつあるが如く伝うるも今回は授爵の事なく、多分特に位を進めらるる事となるべしと云う。

と大正天皇即位大礼の慶事に際し、陞爵・授爵候補者の名を報じており、そのなかに大隈の名も挙げられているが、前記の事情もあってか実現していない。大正五年になると、『大正初期 山県有朋談話筆記／政変想出草』によれば、

七月一日波多野宮相来訪、近来岡前陸相の病気甚だ不良なる為日独戦役の功に依り恩賞の義至急取運ぶの必要を生じたりとて、右岡中将を初めこれに関与したる長谷川参謀総長、島村軍令部長、神尾司令官、加藤艦隊司令官、八代前海相、加藤前外相及び若槻前蔵相等の授爵昇爵の件を齎《もた》らし予が意見を求めたり。元来予は日独戦役に付いてはこれを日露戦役と同視するの不理なるを思うが故に、頭初参謀総長または陸相等の行賞に付いても日露事件と比すべからざることを主張せしが、既に海軍側との権衡もありとの事故、この点は暫く固執せざるも、右宮相の齎らしたる詮議中に大隈首相に対する行賞なきは甚だその意を得ず。将又《はたまた》今回日露協商も成立に至りたることなれば石井外相、本野大使をも加え同時に詮議ありて然るべく、猶また若槻前蔵相の事に関しては僅かに国庫剰余金より臨時事件費を支出したるに止まり、これが為授爵の恩賞あるはその理由甚だ乏しきが如し。かくの如く一方に於いては将に恩賞あるべくしてこれを脱し、他方に於いては恩賞の理由なくしてこれを与えんとするが如きは決して君徳を補翼し奉る所以にあらず。宮内大臣たるもの深く思いを致さざるべからざる旨を訓め、尚事急速にして深く審議するの暇なかりしとの事なれば、先ず急施を要すべき岡前陸相の分のみを発表し、他は徐ろに審査すべき旨を忠告し置けり。

とみえ、大隈内閣の陸軍大臣岡市之助の病気による授爵および長谷川好道《よしみち》ほかの陸海軍将官の陞授爵について検討され、宮内大臣波多野敬直《よしなお》は元老山県に相談しているが、この際、山県は日独戦争は日露戦争と同列視して論功行賞を行う点に疑問を呈しながらも、この行賞に首相の大隈が含まれていない点を指摘している。また、当初大隈の陞爵については念頭に置いていなかった波多野宮相の相談に与った山県は、

大隈首相辞任の件は先般来同伯より内話あり、了解致し居る次第なるが、後任に付いては孰《いず》れ大山公、松方侯とも談合の上にて奉答仕るべき旨言上を請い、且つ侍従に対しこの件に付いては西園寺侯にも御下問ありて然るべしと思料すること、及び大隈伯辞任決定の上は御大礼及び日独戦役并《なら》びに日露協商の功を思し召され昇爵の恩命を下され、且つ西園寺侯同様

の御待遇ありて然るべしと思料する旨を内話したり。然るにこの日平田子来訪したるに依り右の事を談りしに、この際大隈伯辞任の件に付西園寺侯を干与せしむるは尚早きの嫌いあり。右は自ら相当の時機あるべしとの意見を述べたり。予もこれを相当と思料せるに依り国府津駅に電話し侍従長を呼び出し右のを取り消す旨通じたり。

とみえ、大隈の総辞職後に即位大礼・日独戦役・日露協商の功績を理由に陞爵を企図していたことが窺われる。なお、『授爵録』(大正五年)には陞爵を仰ぐ書類のみが綴られ、功績書や陞爵についての請願書の類は添付されていないが、前記のような理由もあり、同年七月十四日付で侯爵に陞叙している。さらに十一年になると大隈重篤につき公への陞爵が企図され、『牧野伸顕日記』十一年一月八日条によれば、内閣書記官長の三土忠造《みつちちゅうぞう》より大隈陞爵については元老も「一致賛成」であり、内閣側では侯爵に陞叙してからは特に功績もないが維新以来の元勲でもあり、元老の意見に賛同であるという点を宮内省においても含み置かれたいということが記されている。また同月十日条には牧野が元老松方正義を訪問し、大隈陞爵の件につき相談している。

内府は過日平山の来談に対し、自分は本件(陞爵の事なり)に付いては進んで可否を云うを好まず、山県公の意見に任せたし、同公の判断するところに異存なしと述べたるが、然し実は進んで陞爵を提議する意思なし。侯は陞爵後未だ数年ならずこの間特に表賞すべき新奇の事蹟を認むる事能わざるが如し、殊に公爵は極位なり、慎重に考慮すべきものと考う云々。小生は宮内大臣として今回陞爵を申し立つる意思はなかりしと云いたるに、老侯も同感の旨を述べらる。因てこの趣旨を入江を以て小田原に齎《もたら》し、同公最後の判断を請う事に話し合いたり。然るに今回の申請は首相より提議したるものなれば、一応入江より小田原に開陳するに先だち同首相へ了解を遂ぐる事手続上の必要あるに付、帰京の上成り行きを内告して何分の電話を発すべしと述べ引き取りたり。入江は小田原に向かい、次官は念の為沼津に出向き摂政殿下へ言上の必要ある場合の為予め備うる事とせり。次いで帰京。以外の事実を発見したり。それは内閣側に於いて已に頸飾《けいしょく》章を申し立て、摂政殿下の御裁可済みなりし事これ也。最初より頸飾章加授にて相当の御仕向なりと内閣側も自分も考え居りたるなり。陞爵は中途より起こりたる新たなる問題なりしなり。両方共に御詮議を進むる方針にあらざりしなり。この点に付いては内閣側の意向は如何なりしか。或いは考慮及ばざりしかとも推測す。自分に於いては事の成り行き上二様の恩典あるは他の権衡等に顧み失当と信じ、何れかの一方に止めざるべからずと考えたり。然るに頸飾は已に御才(裁)可済みの趣を聞きたるを以て事甚だ紛糾し、一方に於いてはこの上喪を秘する事困難なるに付、速やかに発表の必要に迫り居れるに付、荏苒《じんぜん》遷延を許さず。仍《よ》て最早断然の処置を為すの外なく、結局内閣より陞爵の申請を握りつぶす事として位勲だけの発表を交渉せり。内閣も別に異議なくその手続を為し、以て本件を結了せり。

として結局大勲位菊花章頸飾が加授されることに決まり、陞爵案は潰えたという経緯が記されている。また、この件は『倉富勇三郎日記』同月八日〜十一日条にも同様の事情が詳述されている。大隈の公への陞爵については関田かおると荒船俊太郎も論じており、関田は「陞爵申牒書」も紹介しているが、『叙勲裁可書』中にも「正二位大勲位侯爵大隈重信陞爵ノ儀詮議相成度賞勲局総裁へ申牒ノ件」で同様の文面であることが確認できる。

典拠　「鍋島直彬書翰」(「三条家文書」)、「陞爵及授爵並授勲上奏案」(早稲田大学中央図書館所蔵)、『原敬日記』大正四年十月二十九日条・十一月十二日条、『読売新聞』大正四年

十一月一日朝刊、伊藤隆監修『大正初期 山県有朋談話筆記／政変想出草』、『牧野伸顕日記』大正十一年一月八日条、『倉富勇三郎日記』大正十一年一月八日～十一日条、関田かおる「なぜ大隈重信の「陞爵申牒書」は廃棄されたか—大隈と元老たち—」（『早稲田大学史記要』二八）、荒船俊太郎「大隈重信陞爵・国葬問題をめぐる政治過程」（『早稲田大学史記要』三八）、「正二位大勲位侯爵大隈重信陞爵ノ儀詮議相成度賞勲局総裁ヘ申牒ノ件」（『叙勲裁可書』）、島善高『大隈重信』

大倉喜八郎　おおくら・きはちろう

一八三七—一九二八

大倉財閥創始者

①明治四十四年四月十日（不許可）
②明治四十四年（不許可）
③大正四年十一月一日（許可）
④大正四年十一月二日（許可）
⑤大正四年十二月一日（許可）

旧越後国新発田《しばた》の商家出身の実業家。明治維新以後、陸軍その他の御用達商人として事業を拡大し、大倉財閥の創始者となった。授爵に関しては『原敬日記』明治四十四年（一九一一）四月十日条にみえ、

　近頃は宮中より施薬《せやく》資金百五十万円賜りたるに因り寄付を集め二千万円斗りの資金となす由なるが、これが為に大倉喜八郎は既に百万円の申し出ありたりと云う事なり。これに関しても多分授爵及び叙勲叙位の詮議あるべしと思はるるが。

とあり、大倉の授爵運動の一環が記される。また同時期であるが、授爵に関する説は横山源之助の「男爵を授けられたる新旧五大富豪」中にもみえ、四十四年八月二十五日付で実業上の功績により男爵を授けられた三井八郎次郎・藤田伝三郎・鴻池善右衛門・住友吉左衛門・近藤廉平《れんぺい》の五名に関連し、

　政府は三井・三菱二家の総番頭である益田・豊川《とよかわ》両氏を取らず、財界の大勢力たる安田氏を取らず、はた社会公共に傾倒せる大倉氏をも取らずして、三井、住友及び鴻池の三旧家と、日本郵船会社長たる近藤廉平氏とを取って男爵とした。いや、別に藤田伝三郎氏とこの五名を撰んで、富豪貴族の顔を揃えた。授爵は公平なるべし、偏頗たるべからず。藤田氏を取るなら、藤田氏と同型、同格、同功の者をも併せ取るべきであった。桂内閣の金城鉄壁とした公債政策に尽瘁《じんすい》した諸人をも取るべきであった。遠く明治維新に功勲ある者に溯れば、東征軍の軍糧または紙幣発行に勲功多かった三井三郎助（三井鉱山部長）、小野善助及び島田八郎右衛門の三名を取るべきである。小野組の後は目下財産整理中にて、或いは十数年の後には再び富豪界の人とならんも謀り知れない。明治初年三井・小野と并び称せられた恵比寿屋の嫡流島田種次郎氏は、江湖に放浪して、今は赤坂榎坂町の裏路次(地)に沈淪している。かくして私恩を私党に扶殖することにのみ腐心した桂内閣は、その官僚と官僚に縁故あるもののみに位記も爵位も議席も株券も偏頗依怙に濫発濫賞したるに止まらず金権者流の仲間にも濫発しその偏頗を十分に発揮したのである。

大倉喜八郎

とこの時期に社会公共事業にも関与している大倉が男爵を逃した点につき、評論家でもある横山が疑問を述べており、当時から大倉も下馬評に挙がっていたことが窺われる。また、『読売新聞』大正四年（一九一五）十一月一日条には、「授爵調査終了／原・犬養氏も」の見出しで、

　来たるべき御大典を機とし、国家に功労ありたる各階級の人々に対し、授爵・授勲・

叙任等の恩命ある事は既報の如くにして、洩れ承る処によれば御発表に相成るべきは大嘗祭終了の上、即ち本月十六日なりとの事にて、内閣に於けるそれぞれの調査も昨今大体に於いて結了し、目下は宮内省との間に折衝中の由なるが、その陞爵・授爵の主なる人々は、大隈伯の侯爵、武富・尾崎・一木《いちき》・高田・加藤・河野《こうの》・箕浦各大臣の男爵は疑うべからざる処にして、更に有力なる筋よりの噂によれば、立憲政治創設に功労ありたる廉を以て、政友会総裁原敬氏、国民党総務犬養氏の二政治家、学者として功労ありたる故を以て山川東大総長、穂積《ほづみ》博士の二学者、財界に功労ありたる故を以て大倉喜八郎、安川善次郎、益田孝《たかし》の三実業家、また特に男爵を授けらるべしとの事なり。尚、世間にて村田保《たもつ》翁が授爵の運動をなしつつあるが如く伝うるも今回は授爵の事なく、多分特に位を進めらるる事となるべしと云う。

と大正天皇即位大礼の慶事に際し、陞爵・授爵候補者の名を報じており、そのなかに実業家から大倉の名も挙げられている。この情報は確かであり、『授爵録』(大正四年)によれば、同月二日付で内閣総理大臣大隈重信より宮内大臣波多野敬直《よしなお》宛で大倉と三井高保《たかやす》両名の授爵詮議を通牒し、

右の者は別紙調書の通り維新に際しては王事に尽くし、爾後《じご》財政経済の方面に於いて国家に貢献せる所少なからず。依て特に授爵の栄典を与えられ候様御詮議相成りたし。

として各々「調書」を添付。大倉の分については、

明治元年有栖川総督宮殿下の本営を池上本門寺に進めらるるや、官軍御用達を命ぜられ、尋《つい》で官軍監察官大河内潜と横浜に同行し官軍の銃器購入に従事す。明治七年には征台の役に従い、明治十年には西南の役に従う等王事に尽くせること少なからず。明治七年率先して倫敦《ロンドン》に店舗を置き、外国貿易を開始したる以来、各般の事業に従事し経済界に貢献せる所頗る大なり。殊に最近満州に鉄及び石炭の事業を興し、また支那借款に応ずる等国家に効せるの績頗る顕著なりと。その他公益の為に投寄せる金品・土地は実に二百余万円に上ると謂う。

と経済界における功績を中心に記される。またこののちの経緯については『東京日日新聞』同年十二月一日朝刊によれば、「授爵愈《いよいよ》々本日／午前九時親授の儀」の見出しで、

天皇陛下には昨三十日を以て皇霊殿神殿御親謁の儀を御滞りなく終わらせられ、これにて大礼御儀の全部を御完了あらせられたるを以て、愈今一日午前九時に於いて爵記親授式を行わせられ、次いで宮内省宗秩寮《そうちつりょう》より人名を発表すと。右に付同時刻礼服着用宮中御召を受けしは左記の外数名なり。

として、計十名の氏名を列挙し、そのうち大倉の名も挙げられるが、報道どおり同年十二月一日付で男爵が授けられている。

典拠　『原敬日記』明治四十四年四月十日条、『読売新聞』大正四年十一月一日朝刊、『東京日日新聞』大正四年十二月一日朝刊、『授爵録』大正四年

大沢基寿　おおさわ・もとすみ

生没年不詳

①慶応四年八月二十二日（許可）
　旧高家・元中大夫席
②明治十一・十二年頃（不許可）
③明治十二～十六年頃（不許可）
　元華族・旧遠江国堀江藩主

大沢家は旧幕時代には高家《こうけ》の格式を与えられた旗本で、旧禄三千五百五十六石余を知行。幕末・維新時の当主は基寿（のち基輔と改名）で、万延元年（一八六〇）閏三月に部屋住より高家見習となり、同年四月に奥高家に列して従五位下・侍従兼采女正《うねめのかみ》に叙任。文久二年（一八六二）十二月に右京大夫《うきょうのだいぶ》と改称。慶応二年（一八六六）十一月高家肝煎に就任し、従四位下に

陞叙した。新政府に早期帰順し、慶応四年五月には本領を安堵され、朝臣に列して中大夫席を与えられる。同家の諸侯への昇格運動は『公文録』所収「大沢侍従藩屏《はんぺい》ニ被列度願」によれば、同年八月二十二日付で弁事役所宛で請願をしている。願書には、

　私儀、一昨寅年以来在京罷り在り、当春非常の形勢に立ち至り、前後日々天機窺として参朝仕り居り、且つ東国御進軍に付いては領分海陸の御用相勤め、就中今切渡し船今に相勤め罷り在り申し候。旁の次第微忠徹上仕り、過ぐる二月王臣たるべき旨寵命を蒙り奉り、猶六月に至り本領安堵仰せ付けられ、冥加至極深く有難く存じ奉り候。然る処、祖先以来累世優渥の朝恩に浴し奉り、当時勢に相成り候ては一際勉励御奉効も仕りたき志願に御座候えども、何分微力の私その目処も相立て兼ね候次第深く恐れ入り奉り候。就いては私領内得と取り糺し候処、現高の外追々開墾地等取り合わせ、別紙の通りに御座候間、何卒出格の御詮議を以て藩屏の列に召し加えられ候様仰せ付けられ候はば、益々以て微力を尽くし、兵卒を勤励し、聊かながらも御報効の廉相絶て候様仕り、他日天恩の万一を報い奉り候場に至り候はば、身後の余栄これに過ぎずと存じ奉り候。甚だ以て恐れ入り候儀には御坐候えども、藩屏の儀は御先蹤《せんしょう》も在らせられ候事に付、斧越を顧みず申し上げ奉り候間、何卒御垂憐の御沙汰下せられ候様、偏に仰ぎ願い奉り候。以上。

とみえ、「覚」として本高は四千八百十四石余ではあるものの、開墾地も含め合わせて一万六石を有していることから万石以上の藩屏すなわち諸侯列への昇格を願い出ている。この願書は『公文録』所収「大沢堀江藩知事家来安間左馬太郎越訴ノ儀ニ付上申」にも収録されているが、こちらの資料には堂上《とうしょう》公家の持明院《じみょういん》家の当主籌丸（のち基静と改名）による嘆願書も収録されており、

　私庶流大沢侍従事、誠意の実効聞こしめされ、御沙汰の廉々深く畏み入り候。この上猶一際格別御用も相勤めたき心底の処、当時の高合にて心意行き届き難き趣、依ては当収納高を以て苦心仕り候共、向後万石以上の御用相勤めたき存心に御坐候間、何卒侍従より願の条御採用成し下され、藩屏列に召し加えられ候様御沙汰の程、私に於いてもこの旨偏に仰ぎ願い奉り候。以上。

とし、大沢家の本家筋にあたる持明院家からも同家の諸侯列への昇格を後援していることが窺われる。この願意は容れられ、同年九月十八日付で諸侯に列し堀江藩を立藩するに至った。明治二年（一八六九）六月には華族となり、版籍奉還後も堀江藩知事となるも、四年七月版籍奉還により知事を免ぜられる。そののち、諸侯に列する際に差し出した知行高が虚偽のものであると断罪され、同年十一月二十九日付で従四位の位記を褫奪《ちだつ》され、華族から士族への降格のうえ、禁固一年の刑に処される。五年二月改めて家禄として現米百二十石が下賜される。士族に降格された同家の華族昇格に関しては、『爵位発行順序』所収「華族令」案の内規として公侯伯子男の五爵（左に朱書で公伯男の三爵）を設け、世襲・終身の別を付し、その内「世襲男爵を授くべき者」四項目中、第三項目に「元高家・交代寄合」を挙げている。同案は十一・十二年頃のものと推定されるが、この時点では旧幕時代に万石以下でありながら、若年寄ではなく諸侯同様に老中支配であり、奥高家就任後は四位少将にまで昇り得る高家は旧格の点からも男爵に列すべき家として認知されていたと思われる。同じく前掲『爵位発行順序』所収「授爵規則」によれば「男爵を授くべき者」として、七項目中、第二項目に「元交代寄合・元高家」が挙げられている。前記資料とは異なり、この案は十二年以降十六年頃のものと推測され、こちらでも旧高家である大沢家は男爵を授けるべき家とされているが、結局授爵内規からは高家は一律除かれ、華族編列・授爵は不許可に終わっている。

典拠　「大沢侍従藩屏ニ被列度願」（『公文録』）、

「大沢堀江藩知事家来安間左馬太郎越訴ノ儀ニ付上申」（『公文録』）、静岡県『静岡県史』資料編一六、『爵位発行順序』

大沢　某（基治カ）　＊おおさわ

生没年不詳

旧高家・元中大夫席

①明治十一・十二年頃（不許可）

②明治十二〜十六年頃（不許可）

大沢家は旧幕時代には高家《こうけ》の家格を与えられ、五百石を知行した旗本。幕末・維新期の当主は基治。他の高家・交代寄合諸家同様に朝廷に帰順して本領を安堵され、朝臣に列して中大夫席を与えられた。明治二年（一八七〇）十二月には中大夫以下の称が廃せられるのに伴い士族に編入。同家の華族昇格に関し、『爵位発行順序』所収「華族令」案の内規として公侯伯子男の五爵（左に朱書で公伯男の三爵）を設け、世襲・終身の別を付し、その内「世襲男爵を授くべき者」四項目中、第三項目に「元高家・交代寄《こうたいより》合《あい》」を挙げている。同案は十一・十二年頃のものと推定されるが、この時点においては旧幕時代に万石以下でありながら、若年寄ではなく諸侯同様に老中支配であり、奥高家就任後は四位少将にまで昇り得る高家は男爵に列すべき家として認知されていたと思われる。同じく前掲『爵位発行順序』所収「授爵規則」によれば「男爵を授くべき者」として、七項目中、第二項目に「元交代寄合・元高家」が挙げられている。前記資料とは異なり、この案は十二年以降十六年頃のものと推測され、こちらでも旧高家である大沢家は男爵を授けるべき家とされているが、結局授爵内規からは高家は一律除かれ、華族編列・授爵は不許可に終わっている。

典拠　『爵位発行順序』

大島健一　おおしま・けんいち

一八五八—一九四七

陸軍中将・陸軍大臣

①大正十年三月十九日（不許可）

予備役陸軍中将・貴族院勅選議員

旧岩村藩士出身の陸軍軍人・政治家。ドイツ国駐箚《ちゅうさつ》特命全権大使をつとめた大島浩《ひろし》陸軍中将の父。第二次大隈重信内閣および寺内正毅内閣で陸軍大臣をつとめた。大正八年（一九一九）六月二十八日予備役編入。授爵については、『上原勇作関係文書』所収「田中義一書翰」中、十年三月十九日付の上原宛の書翰に、

実は十九日議会に於いて原と会合、大島の行賞一件に付き種々交渉致し候処、叙爵には絶対に反対致し、遂に桐花の方は折合い相に存ぜられ候。

とみえ、陸軍側より原敬首相に大島の授爵を申し入れるも反対され、勲一等旭日桐花大綬《だいじゅ》章《しょう》叙勲に関してのみ折り合いがついた旨が記されている。結局こののちも大島の授爵はなく、同年十一月一日付で桐花大綬章叙勲。こののち、四月に後備役編入。昭和十五年（一九四〇）四月日枢密顧問官に任ぜられ、同月貴族院議員を辞職している。

典拠　「田中義一書翰」（『上原勇作関係文書』）

大角岑生　おおすみ・みねお

一八七六—一九四一

海軍大将・海軍大臣

①昭和八年十二月十四日（不許可）

②昭和十年十二月二十一日（許可）

愛知県出身の海軍軍人。海軍兵学校卒業後、明治三十一年（一八九八）四月に海軍少尉に任官。以後累進し、海軍省副官・朝日艦長などもつとめ、大正九年（一九二〇）十二月少将に進級。海軍軍令部参謀・海軍省軍務局長・第三戦隊司令官を歴任し、十三年十二月中将。海軍次官・第二艦隊司令長官・横須賀鎮守府司令長

大角岑生

官となり、昭和六年（一九三一）四月大将に進級。犬養毅・斎藤実・岡田啓介各内閣では海軍大臣として入閣した。『東京朝日新聞』昭和八年十二月十四日朝刊によれば「本庄武官長の授爵奏請／斎藤実氏も陞爵か」の見出しで、

満州事変の論功行賞に伴う授爵問題については軍人・文官両方面について考慮されているが、陸軍側よりは当時の関東軍司令官現侍従武官長本庄繁《しげる》大将、当時の陸軍大臣現軍事参議官荒木貞夫《さだお》大将、また海軍側よりは当時の海軍大臣にして現海相の大角岑生大将をそれぞれ推薦して居り、これに対し内閣・宮内省の打ち合わせにおいては、右三大将中、本庄大将の男爵授爵については異論がなく、従って同大将の授爵奏請は確定的であるが、荒木・大角両大将については内閣と宮内省の方に難色があっていまだいづれとも決定せぬ事情にあり。尚文官の授爵については当時の内閣総理大臣斎藤子の伯爵陞爵が内閣と宮内省との間に内議が進められつつあり、斎藤子の陞爵奏請は或いは実現するのではないかと見られている。

と報じられ、満州事変の論功行賞が昭和八年の時点で内閣・宮内省間で審議が進められており、当初は大角と荒木両名に関しては奏請そのものに難色が示されていた点が記されている。こののち、『授爵録』（昭和二～十九年）によれば、十年十二月二十一日付で内閣総理大臣岡田啓介より宮内大臣湯浅倉平《くらへい》宛で、

海軍大臣海軍大将正三位勲一等功五級大角岑生は別紙功績書の通り功績顕著なる者に付、左の通り授爵の儀詮議相成りたし。

として男爵授爵の詮議を申牒している。添付の「功績書」には、

右者今次の満州並びに上海《シャンハイ》事変に当たり、昭和六年以来海軍大臣を拝命すること二回にして現在に及び、その間満州事変並びに上海事変の外、海軍警備区・支那各地に大小事変勃発し、極東の風雲時に危急を告げ国家空前の非常時に際会するや、平時の適切なる警備計画に拠るの外、適時艦船部隊を特派し、各事件の実状に即応し、以て在留民保護の任を全うし、就中満州・上海両事変突発するや、克く国際時局の気運を洞察し、海陸両軍の完全なる軍事協定を遂げ、武力の整備運用極めて適切に克《よ》く戦乱を局地に限定して、予期の戦果を全うし、以て国際自局の危機に善処して東洋平和の基礎を確立し、我が極東政策の進展に甚大の力を致せり。更に亦本事変に伴う満州国独立に関しては、台閣に列してその建設並びに発達に甚大の貢献をなせる等、その功績洵《まこと》に卓抜なり。

と記して事変経過一覧表や履歴書も添付。これを受けて同月二十三日に湯浅宮相より大角と本庄繁・荒木貞夫を含めた三名の授爵裁可を仰ぎ、同日裁可を得て、同月二十六日付で三名とも男爵を授けられている。

典拠　『東京朝日新聞』昭和八年十二月十四日朝刊、『授爵録』昭和二～十九年

大谷嘉兵衛　おおたに・かへい

一八四四―一九三三

横浜商業会議所会頭、元貴族院多額納税議員

①大正四年十月二十六日（不許可）

旧伊勢国出身の実業家・政治家。製茶貿易業者として知られる。明治十二年（一八七九）以降、神奈川県会議員や横浜市会議員・同議長もつとめ、四十年十月から四十二年十一月、大正七年（一九一八）九月から十四年九月まで貴族院多額納税議員にも選出された。『東京朝日新聞』

大谷嘉兵衛

大正四年十月二十六日朝刊によれば「東人西人」欄に「御大典に際して大倉、安田の両富豪に男爵を授けられるとの説は先日の本紙に書いたが、大谷嘉兵衛君もやはりその一人だとの噂が専らである」とみえ、大正天皇の即位大礼に際して、実業家として授爵候補に大倉喜八郎・安田善次郎らとともに大谷の名も有力な噂として報じられるが、結局安田・大谷の授爵は不許可と審査されたためか行われなかった。

典拠　『東京朝日新聞』大正四年十月二十六日朝刊

大谷喜久蔵　おおたに・きくぞう

一八五六―一九二三

陸軍大将・教育総監兼軍事参議官

①大正九年十二月十日（許可）

旧若狭国小浜藩士出身の陸軍軍人。明治四年（一八七一）に陸軍に出仕し、十一年十二月に陸軍士官学校卒業、翌年二月に陸軍歩兵少尉に任官。以後歩兵第八連隊大隊長・第六師団参謀・第四師団参謀長・近衛師団参謀長・教育総監部本部長・陸軍戸山学校長となる。三十五年六月に少将に進級して歩兵第二十四旅団長。その後は第十二師団兵站監・歩兵第八旅団長・韓国駐箚《ちゅうさつ》軍参謀長・教育総監部参謀長等をつとめ、四十二年八月中将に進級し、第五師団長となる。大正四年（一九一五）五月に青島《チンタオ》守備軍司令官となり、翌年十一月大将に進級。六年八月軍事参議官。七年八月からは浦潮《ウラジオ》派遣軍司令官。翌年八月から教育総監兼軍事参議官。授爵については、『読売新聞』大正九年十二月十日朝刊に「授爵陞爵／欧州戦役論功行賞」の見出しで、

　一月中旬発表欧州大戦に参加したる陸海軍将士の論功行賞は過般来引き続き発表されつつあるも、未だ上長官の分は未調査にて年内には到底これが終了を見難しとの事なり。右に関し当局の語る処に依れば、明年一月中旬文官の行賞と同時に発表すべく、上原参謀総長は子爵に、大谷・大井両大将は男爵に、島村軍事参議官は子爵に夫々《それぞれ》陞爵・授爵の恩典に浴すべく内定し居れり。

と報じられ、シベリア出兵の功績で、上原勇作と島村速雄《はやお》が男から子への陞爵、大井成元《しげもと》と大谷が男爵を授けられる予定であるとの記事が掲載されている。『授爵録』（大正八～十一年）によれば、九年十二月十日付で内閣総理大臣原敬より宮内大臣中村雄次郎《ゆうじろう》宛で大谷の授爵を申牒。

　陸軍大将正三位勲一等功二級大谷喜久蔵は別紙功績書の通り功績顕著なる者に付、左記の通り授爵の儀詮議相成りたし。

として「功績書」を添付。功績書には、

　右は明治四年陸軍出身、爾来《じらい》累進して現官に至る。その間師団参謀長、教育総監部本部長、陸軍戸山学校長、旅団長、師団長、青島守備軍司令官、軍事参議官、教育総監等の要職に歴任し、明治五年宮津暴徒鎮圧、明治十年西南戦役、同廿七八年戦役、同三十七八年戦役に際しては各地に奮戦、毎回偉功を奏し、殊に今次西比利亜《シベリア》出兵の事起こるや、浦潮派遣軍司令官の重仕（任）に膺《あた》り連合与国軍を指揮して画策《かくさく》、統帥宜しきを得、速やかに出兵の目的を達成し、その功績顕著なりとす。

とその軍歴を陳述し、特にシベリア出兵時にウラジオ派遣軍司令官をつとめた功績を示す。この功績が認められ、同月二十八日に後備役に編入された日に男爵が授けられる。

典拠　『読売新聞』大正九年十二月十日朝刊、『授爵録』大正八～十一年

大谷光瑩　おおたに・こうえい

一八五二―一九二三

東本願寺住職

①明治十八年十月二十五日（不許可）
②明治二十二年十二月（不許可）
③明治二十九年五月（許可）
　無爵華族・東本願寺住職
④明治三十三年一月十五日（不許可）
　東本願寺住職

代々東本願寺住職で、光瑩は第二十二世法主。明治五年（一八七二）三月七日付で先代光勝《こうしょう》は

他の真宗系准門跡《じゅんもんせき》である大谷光尊《こうそん》(西本願寺)・華園摂信《せっしん》(興正寺)・渋谷家教《しぶたにかきょう》(仏光寺)・木辺賢《けん》慈《じ》(錦織寺)・常磐井堯熈《ときわいぎょうき》(専修寺)らとともに華族に列せられるも、十七年七月の華族令公布に際しては授爵されず、当時は無爵華族身分。二十二年十月に光勝のあとを継ぐ。授爵についての運動は「三条家文書」所収の十八年十月二十五日付「大谷光瑩書翰」にみえ、真宗准門跡六寺への授爵が行われていない点を指摘し、維新以後に新規に華族に取り立てられた諸家同様に男爵を授けられるのは遺憾であるとしている。授爵に際しては子爵以上に叙されることを企図しての請願と思われるが、当該時期には無爵華族への授爵は行われていない。「三条家文書」所収「柳原前光建白書《やなぎわらさきみつ》」によれば、二十二年十二月付で「真宗僧侶華族及沖縄県華族へ授爵建議」中に、

　真宗僧侶の華族にして授爵せられざるはその僧侶たるを以てなり。茲《ここ》に欧州の例を考うるに、仏は帝王国の時貴族僧侶となり依然爵を有し、羅馬《ローマ》法王の宮中に属する僧侶もまた爵名を有し、孛《プロイセン》は爵を有しながら僧侶に入る例あり。且つ去十七年七月爵制発表の勅書に曰く、華族勲冑は国の瞻望《せんぼう》なり。宜しく授くるに栄爵を以てし、用いて寵光を示すべしと。この文意を推拡するときは華族は爵を授けらるべき者にして無爵華族は優遇する所以に非ず。況んや既に族位を与えられたれば単に爵を惜しむの理なかるべし。且つ神官・僧侶などは既に法令を以て貴族・衆議両院に於いて議員被選挙の権を禁じ、爵の生むに由りて政権に関することなし。速やかに授爵の特命あらんことを冀《こいねが》う。真宗本山の住職は朝廷古来待遇の慣例あり。今授爵すべきに当たり、旧堂上の家格を参酌するに、伯爵は中納言より大納言に直任の例連綿たる者に限れり。旧制の大僧正は二位大納言に准ぜられたり。両大谷は大僧正の例連綿たれば、これに等しくせらるべし。常盤(磐)井もまた大僧正に任ぜられたる例四回あり、これに加うるに近年皇族の男子相続せしこと多ければ宗教上の勢力両大谷に及ばずと雖も、これ等の事状を斟酌《しんしゃく》し、この三家皆伯爵を授けらるべし。華園・木辺・渋谷は前記の三家に劣れり。然れども渋谷隆教《りゅうきょう》は邦家《くにいえ》親王の孫なり。また木辺淳慈《じゅんじ》も皇族男子彼《かの》家を相続せしことあれば、この三家皆子爵を授けらるべし。

と述べ、「授爵擬議」として正三位大谷光尊・従三位大谷光瑩・正四位常磐井堯熈の三名に伯爵を、正四位華園沢称《たくしょう》・正五位木辺淳慈・渋谷隆教の三名に子爵を授けるように建議している。また「真宗住職華族家格大要」として、光瑩の東本願寺では任大僧正の例は光寿・光従・光瑛・光晴・光海・光性・光超・光遍・光朗の九名ある点を指摘している。この当時すでに大谷両家より家格の件で請願があったようであり、「三条家文書」所収「大谷家授爵ノ件内願」は年月日が記されていないが、「家格御取立之儀ニ付内願」と記され、華族令公布の際は授爵されず、位階についても正従二位に進まなければ叙位条例でも侯・伯爵と同列にならない点から伯爵相当以上の位階を与えられ、また老年に至れば従一位に陞叙されるように願い出ている。おそらくこの内願を受けてのものであろうが、前掲「柳原前光建白書」ではこの願に対して、

　大谷両氏より家格の事件内願の主旨を按ずるに、住職となるときは年齢を論ぜず、伯爵相当以上の位階則ち正従二位に叙せられ、遂には一位にも叙せられんことを冀《こいねが》うなり。この内願を許容するときは官員及び華族叙位の制規に反し年齢に関せず階級を越え昇位或いは直叙し、両家のため一般の制を濫り大宝以来千百八十余年固有の品格を損するに至らん。且つ試しに内願を容れ従二位に叙することとなすも、現制爵位比較の待遇に依れば幼年無位の伯爵よりも仍《なお》下席に列せざるべからず。故に授爵せらるるを至当とす。両大谷は大永以来三百六十余年門跡の号を世襲せるを以て侯爵を冀う深意あるべしと雖も、門跡に等格あり。慶長二十年

の定めに拠るに、親王門跡を第一とし、摂家門跡を第二とし、両大谷等は摂家の猶子となり、門跡に准じ第三に列す。加うるに明治四年門跡の号を廃せられたり。今これを侯爵に列するときは、常盤(磐)井・華園・木辺・渋谷もまたこれに同じくせざるべからず。加うるに現今男爵たる松園尚《ひさ》嘉《よし》〔大乗院旧住職〕・水谷川《みやがわ》忠起《ただおき》〔一乗院旧住職〕の如きは摂家門跡たりしを以て、曽《かつ》て両大谷の上に班せり。これに比較するも甚だ権衡を失うべし。門跡の号は朝廷の美制に非ず。衰代の風なり。仁和寺・大覚寺の如きその源法皇の皇居たるに起こり、次いで法親王居住せる寺の号となり、後には法親王にあらざるも縁由ある寺を称するに至る。即ち前文の如く慶長年間三別せし所以なり。内願書にも伯爵以上の家格に相当云々の文あり。内諭承服の後、両大谷・常盤(磐)井は伯爵を授けられ穏当ならん。

と建言している。これによれば、両大谷家の言を容れると華族叙位の内規に反し、年齢に無関係で位階陞叙となり、位階の歴史にも傷を付けることとなるとし、また大谷両家は旧門跡の家格をもって侯爵を望むと思われるが、これは旧大乗院門跡の松園、旧一乗院門跡の水谷川が准門跡よりも格式の高い摂家門跡でありながら男爵にとどまっている点からも不権衡であるので、内々に説諭し、大谷光瑩・同光尊と常磐井堯熙の三名へは伯爵を授与するべき、と結論付けている。また、東本願寺大谷家の侯爵を望む動きについては当該期にロビー活動を行なっていたことを谷川穣・辻岡健志が指摘している。「大谷光尊外七名授爵ノ件」によれば、二十三年一月十五日付で、大谷光尊・同光瑩・常磐井堯熙・華園摂称・木辺淳慈・渋谷隆教・伊江《いえ》朝永《ちょうえい》・今帰仁《なきじん》朝敷《ちょうふ》七名への授爵請願。両大谷と常磐井には伯爵を、華園・木辺・渋谷には子爵を、伊江・今帰仁に男爵をという内容。「別紙伯爵柳原前光より大谷光尊以下八名授爵の儀建言これあり候に付、意見御問い合わせの処」とあり、文面は前掲「柳原前光建白書」と同一のものである。また、爵位局長岩倉具定《ともさだ》より宮内大臣土方久元宛で二十三年二月二十日付で提出した「旧僧侶華族大谷光尊以下授爵ニ関スル副議」も添付。これによれば、

案ずるに両大谷は歴代大僧正に任ぜらるるの家にして、大僧正は大納言に准ぜらるるものなれば元公卿にして歴代大納言に任ぜらるるの家と同じく伯爵を授けらるることは至当と云うを得べしと雖も、独り常磐井に於いては止だ大僧正たりし者花(華)園・木辺・渋谷の三家に比してその数多しと云うの故を以て伯爵を授けられんとするは衡平を得ざるが如し。何となれば大僧正を出すの多寡はその人に存し、その家格に存せざればなり。家格より見るときは常磐井・華園・渋谷の三家は毫も差違あることなし。然るを歴代大僧正に任ぜらるるの家にあらざる常磐井へ伯爵を授けらるるものとせば、花(華)園・渋谷また授くるに伯爵を以てせざればその当を得ざるべし。依て歴代大僧正に任ぜらるるの家格と否とを以て単なる標準とし、両大谷は伯爵を授けられ常磐井にありては花(華)園・木辺・渋谷の三家と斉しく共に子爵を授けらるるならば稍《やや》その権衡を得べく、従って物議を惹起すの患なけん乎。

とし、両大谷家へ伯爵、残る四家は子爵という案を提示している。さらに旧神官華族は一律新家として男爵を授けており、千家・北島のような家は両大谷のような存在であるが、これも同様に男爵であり、僧侶華族だけ「細かに家柄格式を以て授爵の擬議を建つる事せば、彼等千家《せんげ》・北島等にも関係を及ぼし、現に内閣総理大臣に於いても懸念せらるるが如く、その家またはその人に就き物議のある折柄一層激昂せしむる様のことなからん乎。彼を顧いこれを思わば寧ろ僧侶華族は授爵のこと勿らん方然るべき乎」と僧侶華族に授爵すること自体懐疑的な見解を述べている。『授爵録』(明治二十九年)によれば、二十九年五月に「僧侶華族授爵ノ件」として、真宗住職六家への授爵について議しており、大谷光瑩・同光尊について

は、

右両家は東西二家に分かれしより、各十一代まで得度、直に法眼《ほうげん》に叙し大僧都《だいそうず》に任ぜられ、累進して大僧正に至るを例とす。当時の制大僧正は大納言に准じ待遇せらる。故に両家は堂上の家格に於ける連綿の大納言家に同じ。而して連綿大納言家は皆伯爵を授けらる。依て両家は伯爵を授けられ然るべしと認む。

とし、同月授爵裁可を仰ぎ、六月九日に至り、両大谷家へは伯爵が授けられ、他の四家へは一律男爵が授けられる。さらに『読売新聞』三十三年一月十五日朝刊によれば「宗教法案雑文」の見出しで、第一次山県有朋内閣で第十四回帝国議会に提出した宗教法案に反対する仏教界について報じており、そのなかで「両本願寺法主陞爵の条件」の小見出しで、

政府が大谷派本願寺に内海京都府知事、北浜銀行または恩地内大臣秘書官を用いて光瑩法主に説かしむる所あり。その結果法主及び法主直参の一派は大いに緩和説を唱うるに至りたる由は既報の通りなるが、その裏面の事情は大谷派にして反対運動を止むるに於いてはその多年の希望たる陞爵の事を取り計らうべしとの内意を恩地氏より漏らしたるが為にして、本派本願寺は既に疾くにこの約束を結び居ることなれば、大谷派も今度反対運動を止めて該案成立する以上は両本願寺法主は侯爵に進められ、同時に高田派の常磐井堯熙師は子爵に進むべしと。

と記し、この風説に一般信徒が激昂し、法主が法案に賛成するのであれば廃立も辞さぬ意気込みであると紙面を大きく割いている。実際にそのような動きがあったかは定かではないが、このの ちも同家は侯へ陞爵されずに終わっている。

典拠　「大谷光瑩書翰」(「三条家文書」)「柳原前光建白書」(同)「大谷家授爵ノ件内願」(同)、「大谷光尊外七名授爵ノ件」(宮内庁宮内公文書館所蔵)、『授爵録』明治二十九年、『読売新聞』明治三十三年一月十五日朝刊、谷川穣「北垣府政期の東本願寺—本山・政府要人・三井銀行の関係を中心に—」(丸山宏・伊従勉・高木博志編『近代京都研究』)、辻岡健志「華族としての仏光寺—近代教団への道程—」(大遠忌記念出版『仏光寺の歴史と文化』編集委員会編『仏光寺の歴史と文化』)

→大谷光勝・大谷光尊・木辺淳慈・渋谷隆教・常磐井堯熙・華園沢称

大谷光勝　おおたに・こうしょう

一八一七—九四

無爵華族・東本願寺住職

①明治十四年三月二十二日（不許可）

代々東本願寺住職で、第二十一世法主。前掲大谷光瑩《こうえい》の父。明治五年(一八七二)三月七日付で他の真宗五寺の住職とともに華族に列せられる。その後、『山田伯爵家文書』所収の十四年三月二十二日付「三条実美書簡」によれば、三条が山田顕義《あきよし》へ公侯伯子男の五爵からなる叙爵令を同封。授爵内規に伯爵を授けるべき家として、東西本願寺の両大谷家を挙げている。正式な請願ではないものの、当時より五爵制導入時には大谷家を伯爵に叙す予定であったと思われるが、当該時期には結局爵を設けて華族に等級を付すことがなかったため、結局実現せずに終わっている。

典拠　「三条実美書簡」(『山田伯爵家文書』三)

→大谷光瑩

大谷光尊　おおたに・こうそん

一八五〇—一九〇三

西本願寺住職

①明治十四年三月二十二日（不許可）

②明治二十二年十二月（不許可）

③明治二十九年五月（許可）

　無爵華族・西本願寺住職

④明治三十三年一月十五日（不許可）

　西本願寺住職

代々本願寺(西本願寺)住職で、光尊は第二十一世法主。明治五年(一八七二)三月七日付で大谷光勝《こうしょう》(東本願寺)・華園摂信《せっしん》(興正寺)・渋谷《しぶたに》家教《かきょう》(仏光寺)・木辺賢慈《けんじ》(錦織寺)・常磐井《ときわい》堯《ぎょう》

熙《き》(専修寺)ら真宗寺院とともに華族に列せられるが、十七年七月の華族令公布に際しては授爵されず、当時は無爵華族の身分。正式な請願の類ではないが、『山田伯爵家文書』所収の十四年三月二十二日付「三条実美書簡」によれば、三条が山田顕義《あきよし》へ公侯伯子男の五爵からなる叙爵令を同封しており、その授爵内規には伯爵を授けるべき家として、出雲大社の千家《せんげ》・北島と本願寺の両大谷家を挙げるも、まだ五爵制正式導入前であり、また華族令公布に際しても前述のとおり大谷両家は授爵されていない。この当時すでに大谷両家より家格の件で請願があったようであり、「三条家文書」所収「大谷家授爵ノ件内願」は年月日が記されていないが、「家格御取立之儀ニ付内願」と記され、華族令公布の際は授爵されず、位階についても正従二位に進まなければ叙位条例でも侯・伯爵と同列にならない点から伯爵相当以上の位階を与えられ、また老年に至れば従一位に陞叙されるように願い出ている。こののち、東本願寺の大谷光瑩《こうえい》同様、二十二年十二月には「三条家文書」所収「柳原前光《やなぎわらさきみつ》建白書」によれば、「授爵擬議」として伯爵を授けられるべき家とされ、また「真宗住職華族家格大要」として、光尊の西本願寺では任大僧正の例は光佐・光昭・光円・光常・光澄・光闡・光暉・光攝・光沢の九名ある点を指摘している。結局当該時期には授爵されずに終わっているが、『授爵録』(明治二十九年)によれば、二十九年五月に「僧侶華族授爵ノ件」として、真宗住職六家への授爵について議しており、大谷光瑩・同光尊については、

　右両家は東西二家に分かれしより、各十一代まで得度、直に法眼《ほうげん》に叙し大僧都《だいそうず》に任ぜられ、累進して大僧正に至るを例とす。当時の制大僧正は大納言に准じ待遇せらる。故に両家は堂上の家格に於ける連綿の大納言家に同じ。而して連綿大納言家は皆伯爵を授けらる。依って両家は伯爵を授けられ然るべしと認む。

とし、同月授爵裁可を仰ぎ、六月九日に至り、両大谷家へは伯爵が授けられ、他の四家へは一律男爵が授けられる。さらに、大谷光瑩同様、『読売新聞』三十三年一月十五日朝刊には、宗教法案賛成の見返りとして、政府が両大谷家の伯から侯への打診を行なっていると報じているが、これは結局実現せずに終わっている。

【典拠】「三条実美書簡」(『山田伯爵家文書』三)、「柳原前光建白書」(「三条家文書」)、「大谷家授爵ノ件内願」(同)、「大谷光尊外七名授爵ノ件」(宮内庁宮内公文書館所蔵)、『授爵録』明治二十九年、『読売新聞』明治三十三年一月十五日朝刊

→大谷光瑩・大谷光勝・木辺淳慈・渋谷隆教・常磐井堯熙・華園沢称

大田原某　(清明カ)　＊おおたわら

生没年不詳
旧交代寄合・元中大夫席
①明治十一・十二年頃　(不許可)
②明治十二～十六年頃　(不許可)

大田原家は旧幕時代には千三百石を知行し、交代寄合《こうたいよりあい》の格式を与えられていた旗本。四州のうち、那須衆に属する。幕末・維新時の当主は清明。朝廷に早期帰順して本領を安堵され、朝臣に列して中大夫席を与えられた。同家の華族昇格に関し、『爵位発行順序』所収「華族令」案の内規として公侯伯子男の五爵(左に朱書で公伯男の三爵)を設け、世襲・終身の別を付し、その内「世襲男爵を授くべき者」四項目中、第三項目に「元高家《こうけ》・交代寄合」を挙げている。同案は明治十一(一八七八)・十二年頃のものと推定されるが、この時点では旧幕時代に万石以下でありながら、若年寄ではなく諸侯や高家同様に老中支配である交代寄合は男爵に列すべき家として認知されていたと思われる。同じく前掲『爵位発行順序』所収「授爵規則」によれば「男爵を授くべき者」として、七項目中、第二項目に「元交代寄合・元高家」が挙げられている。前記資料とは異なり、この案は十二年以降十六年頃のものと推測され、こちらでも旧交代寄合である大田原家は男爵を授けるべき家とされているが、結局授爵内規からは交代寄合は一律除かれ、華族編列・授爵は不許可

に終わっている。

典拠『爵位発行順序』

大友義達　おおとも・*よしさと

一八四二―?

旧高家・元中大夫席

①明治十一・十二年頃（不許可）

②明治十二～十六年頃（不許可）

大友家は戦国大名大友氏の裔で、旧幕時代には高家《こうけ》の格式を与えられ、千石を知行した旗本。幕末・維新期の当主は義敬《よしとし》。『増補訂正編年大友史料』二十九巻によれば、慶応四年（一八六八）七月に本領を安堵され、朝臣に列し明治元年（一八六八）十月には中大夫席を与えられ、翌年十二月に東京府貫属士族に編入された。義敬は三年十二月に隠居し、弟野津将之介を養子とし同人は義達と改名。同家の華族昇格に関し、『爵位発行順序』所収「華族令」案の内規として公侯伯子男の五爵（左に朱書で公伯男の三爵）を設け、世襲・終身の別を付し、その内「世襲男爵を授くべき者」四項目中、第三項目に「元高家・交代寄合《こうたいよりあい》」を挙げている。同案は十一・十二年頃のものと推定されるが、この時点においては旧幕時代に万石以下でありながら、若年寄ではなく諸侯同様に老中支配であり、奥高家就任後は四位少将にまで昇り得る高家は男爵に列すべき家として認知されていたと思われる。同じく前掲『爵位発行順序』所収「授爵規則」によれば「男爵を授くべき者」として、七項目中、第二項目に「元交代寄合・元高家」が挙げられている。前記資料とは異なり、この案は十二年以降十六年頃のものと推測され、こちらでも旧高家である大友家は男爵を授けるべき家とされているが、結局授爵内規からは高家は一律除かれ、華族編列・授爵は不許可に終わっている。

典拠『爵位発行順序』、竹内理三監修・田北学編『増補訂正編年大友史料』二九

大鳥圭介　おおとり・けいすけ

一八三三―一九一一

枢密顧問官

①明治三十三年五月五日（許可）

旧幕臣出身の官僚・政治家。箱館戦争では敗北・降伏後、明治五年（一八七二）一月赦免され、同月開拓使御用掛《がかり》となり、以後少議官・開拓使五等出仕・大蔵少丞《しょうじょう》・陸軍省四等出仕・工学権頭《ごんのかみ》兼製作頭・工学頭等・工部大書記官・工部省工作局長・工部技監《ぎかん》などの諸官を歴任し、十五年十二月元老院議官に就任。十九年四月学習院長、翌年四月華族女学校長を兼任。その後は清国駐箚《ちゅうさつ》特命全権公使をつとめ、二十七年十一月枢密顧問官となり死去するまでつとめた。授爵に関してこれまで他薦の書類などは確認できないが、『授爵録』（明治三十三ノ二年）によれば、三十三年五月五日付の宮内省当局側立案書類で尾崎忠治《ただはる》ら計二十五名の文武官の授爵を詮議しており、銓衡として（一）維新の際大政に参与して殊勲ある者、（二）維新の功により賞典禄五十石以上を賜りたる者、（三）維新前後国事に功労あり、かつ十年以上勅任官の職にある者、または現に在職中の者、（四）十年以上勅任官の職にあり功績顕著なる者、（五）特に表彰すべき偉大の功績ある者の五つの規準を設けており、大鳥はその（四）に該当する対象者とされ、同月八日に裁可を得て翌日付で男爵が授けられる。

大鳥圭介

典拠『授爵録』明治三十三ノ二年、岩壁義光「旧幕臣系男爵の授爵について―宮内公文書館所蔵「授爵録」の分析を通じて―」（『学習院大学史料館紀要』一八）

大西親真　おおにし・*ちかざね

一八三〇―?

旧山城国稲荷神社神主

①明治十七年頃（不許可）
大西家は旧稲荷神社神主家。同家の華族編籍については、明治十七年（一八八四）頃のものと思われる「三条家文書」所収「旧神官人名取調書」による。この取調書には「別紙全国旧神官の内華族に列せられ然るべき家格の者にこれあり候。御発表前には一応現今貧富の景況地方官へ調査仰せ付けられ候上、御取捨相成りたしと存じ奉り候」と記され、そのなかに旧稲荷神社からは羽倉《はくら》信度とともに大西親真の名も挙げられているが、結局授爵されずに終わっている。

典拠　「旧神官人名取調書」（「三条家文書」）

大沼　渉　おおぬま・わたる

一八四四―一九九
休職陸軍少将
①明治三十二年十月十四日（許可）
旧下野国黒羽《くろばね》藩士出身の陸軍軍人。幕末・維新時にあっては藩論を統一することに尽力し、その後は陸軍に出仕して、以後歩兵第四連隊長、仙台鎮台参謀長を経て明治十八年（一八八五）五月に陸軍少将に進級。歩兵第九旅団長や近衛歩兵第一旅団長となるも二十五年休職。日清戦争に際しては留守歩兵第十一旅団長や留守第六師団長事務取扱をつとめた。『授爵録』（明治三十二年）所収の三十二年十月十四日付の宮内省当局側立案書類によれば、

右は下野旧黒羽藩主大関増勤《おおぜきますとし》の旧臣にして夙《つと》に勤王の志厚く、文久・慶応の間盛んに大義名分を唱え俗論を排斥して士気を鼓舞す。戊辰の役藩主増勤奥羽征討の命を拝す。この時に方《あた》り隣藩首鼠両端人心洶々《きょうきょう》たり。渉断乎として率先官軍を宇都宮に迎え、王師《おうし》に力を戮《あわ》せ大に殊功を奏せり。藩主僅かに一万八千石の小藩を以て一万五千石の賞典禄を賜わりたるは一に渉が蹇々鞠躬《けんけんきっきゅう》刻苦尽瘁《じんすい》の結果に非ざるはなし。旧藩為めに渉に高八十石を分与しその労に酬へり。平定の後黒羽藩権大参事となり藩政に鞅掌《おうしょう》し、七年四月陸軍少佐に任じ、十年西南の役功あり。十八年五月陸軍少将に任じ、二十五年二月眼病に罹り休職、二十七年七月留守歩兵第十一旅団長に補せられ留守第二（六）師団長を兼ぬ。十一旅団解散の後帰郷して病を養えり。少将在職前後八年十ヶ月に及ぶ。陸軍にありては素《もと》より赫々《かっかく》の功を認めずと雖も、戊辰の役黒羽藩をして殊功を奏せしめたるは実に渉の功績を多とす。然るに同人は目下病革《あらたま》り復《また》起つべからざるに至れり。就いては戊辰戦功を録せられ特旨を以て華族に列し男爵を授けらるべきや。

と記され、陸軍軍人としての功労は顕著ではないものの、維新時に出身藩が勤皇方について武功があったのは同人の功績と認められ、危篤に際して即日男爵が授けられ、同月十六日死去。

典拠　『授爵録』明治三十二年

大東延慶　おおひがし・＊のぶよし

生没年不詳
旧春日大社神主
①明治十七年頃（不許可）
大東家は旧春日大社神主家。同家の華族編籍については、明治十七年（一八八四）頃のものと思われる「三条家文書」所収「旧神官人名取調書」による。この取調書には「別紙全国旧神官の内華族に列せられ然るべき家格の者にこれあり候。御発表前には一応現今貧富の景況地方官へ調査仰せ付けられ候上、御取捨相成りたしと存じ奉り候」と記され、そのなかに旧春日大社からは辰市祐斐・中東時庸とともに大東延慶の名も挙げられているが、結局授爵されずに終わっている。

典拠　「旧神官人名取調書」（「三条家文書」）

大祝頼崇　おおほうり・＊よりたか

生没年不詳
旧信濃国諏訪神社大祝職
①明治十七年頃（不許可）
大祝家は旧信濃国諏訪神社大祝《おおほうり》を世職とした家柄。頼崇の子頼固は「諏訪」を家名としてお

り、のちに改めたものと思われる。同家の華族編籍については、明治十七年(一八八四)頃のものと思われる「三条家文書」所収「旧神官人名取調書」による。この取調書には「別紙全国旧神官の内華族に列せられ然るべき家格の者にこれあり候。御発表前には一応現今貧富の景況地方官へ調査仰せ付けられ候上、御取捨相成りたしと存じ奉り候」と記され、そのなかに旧諏訪大社からは大祝頼崇のみ名が挙げられているが、結局授爵されずに終わっている。

典拠 「旧神官人名取調書」(「三条家文書」)

→諏訪頼固

大村純雄　おおむら・すみお

一八五一—一九三四

旧肥前国大村藩主

①明治二十二年七月三日　(不許可)

旧日向国佐土原《さどわら》藩主の島津忠寛《ただひろ》の次男で、旧肥前国大村藩主であった大村純熈《すみひろ》の養子となる。明治十七年(一八八四)七月の華族令公布に際しては同月八日付で子爵授与。『尾崎三良《さぶろう》日記』二十二年七月三日条によれば、

早朝柳原《やなぎわら》伯を訪《と》う。新華族叙任に付、旧華族中維新の際功労ありし者を昇等せしむべきの談あり。その人凡《およ》そ左の如し。山内容堂《やまうちようどう》実子男爵山内豊尹《とよただ》を伯に、島津忠亮《ただあきら》を伯に、大村純熈を伯に、真田幸民《ゆきもと》を伯に、伊達宗城《むねなり》を侯に、亀井を伯に、四条隆謌《たかうた》を侯に、柳原を侯に、壬生基修《もとおき》を伯に、沢某を伯に。予は沢、四条には同意せず。亀井の事は予発言を為す。

と記される。日記中の純熈は故人であり純雄の誤りであるが、尾崎の陞爵候補者の案が宮中筋にもたらされ、実際に審査されたかは不明。この時は実現しなかったが、二十四年四月二十三日付で柳原を除いた全家の陞爵が実現。大村家も子から伯へ陞爵。

典拠 『尾崎三良日記』明治二十二年七月三日条

大村武純　おおむら・たけずみ

一八四九—一九三〇

伯爵大村純雄叔父

①明治四十二年十二月十三日　(許可)

旧肥前国大村藩主の大村純顕《すみあき》三男。『授爵録』(明治四十一～四十二年)によれば、明治四十二年(一九〇九)十二月十三日立案の宮内省当局側の書類に、

右武純は養兄純熈《すみひろ》は勤王の志厚く、丁卯以来隠然兵を京師に出し、続いて東北諸軍に合し殊死奮励、毎戦功を奏し藩屏《はんぺい》の任を尽くしたる効績顕著たるにより賞典禄三万石を下賜せられ、後またその戦功により純雄は伯爵を陞叙せられたるの恩命を蒙りたるものなり。然るに武雄はその未だ出生せざる前、父純顕は実弟純熈を養いて子となし、尋《つい》で襲封せしめ、純熈はまた純雄を女婿としたるに依り、武純はその身家嗣たるべき地位に生れながら遂に家を襲ぐことを得ず。以て今日に至りたるものにして今般同人は分家を為さんとするの趣にこれあり、その儘これを民籍に入るるは現戸主たる純雄の情において忍びざる処なるべく旁々《かたがた》この際純熈の旧功を録せられ、先例に徴し特に武純に対し男爵を授けられ然るべきか。

とみえ、大村家嫡流として生まれながら諸般の事情で家系を相続できなかった同人に対し、分家・授爵を立案。同月二十日付で授男爵。

典拠 『授爵録』明治四十一～四十二年

大森鐘一　おおもり・しょういち

一八五六—一九二七

枢密顧問官

①大正四年十一月二日　(許可)

京都府知事・貴族院勅選議員

②大正十二年十二月三日　(不許可)

③大正十三年二月二十二日　(不許可)

皇后宮大夫・枢密顧問官

元幕臣・駿府町奉行所与力出身の官僚・政治家。明治六年(一八七三)に陸軍省に出仕して以来、太政官権少書記官などの諸官を経て十一年からは内務省に転じて同省書記官や内務大臣秘書官、県治局長兼警保局長を歴任。二十六年

長崎県知事、さらに兵庫県知事となり、三十三年十月、第四次伊藤博文内閣・第一次桂太郎内閣では、内務大臣となった末松謙澄《けんちょう》・内海忠勝のもとで総務長官(のち次官と改称)をつとめ、その後三十五年二月からは京都府知事に就任。四十二年十二月からは貴族院勅選議員となる。大正四年(一九一五)には大正天皇の即位大礼にあたり大礼使参与官となり、翌年四月に知事を辞して退官。同年六月より皇后宮大夫《だいぶ》に任ぜられ、翌月には貴族院議員を辞職。十二年九月からは枢密顧問官も兼任した。『地方官界の変遷』によれば、大森は服部一三《いちぞう》と並び「地方官界の二元老」とまで称され、当時の地方官中最古参であり、勲一等旭日大《だい》綬章《じゅしょう》叙勲も知事在職中に親任官待遇を受けたのもとともに同日付であり、当時の新聞各紙では両者ともに授爵するであろうと報じられている。『読売新聞』大正四年十一月十八日朝刊に「服部知事へも授爵」の見出しで、京都府知事の大森鐘一への授爵説とともに「同知事にして授爵さるれば大森氏とともに地方長官の最古参者として多年国家に貢献せる服部兵庫県知事に対してもまた同じく授爵の恩命のあるべしと」と報じられ、また『東京朝日新聞』同月二十日朝刊にも「服部知事授爵説」との見出しでほぼ同様の内容で記事が掲載されて両者の官歴は拮抗していたようである。『授爵録』(大正四年)によれば、四年十一月二日付の内閣総理大臣大隈重信より宮内大臣波多野敬直《よしなお》宛の通牒には、

大森鐘一

　正三位勲一等法学博士横田国臣並びに正三位勲一等大森鐘一は何れも多年官務に尽瘁《じんすい》し、功績顕著なる者に付、特に授爵の栄典を与えられ候様御詮議相成りたし。

として横田国臣とともに授爵を奏請。結果同年十二月一日付で男爵を授けられた。この授爵に関しては、内務官僚で大森の娘婿でもある池田宏《ひろし》による『大森鐘一』「授爵の栄典と素懐」によれば、

　予は後にその予がこの選に預かれるは地方官多数の人物中行政官としての経歴、独立不羈《ふき》、中正公平の位置を保ちて誠実清廉一に民政に終始せるを採れるものにして、予が多年専心に行政に任じ、その本分を尽くしつつある事恪勤《かっきん》の功著しとの理由を以て大隈首相より早世して特に一人を挙げたるものの趣、かくの如き理由の下に御詮議ありし事は蓋《けだ》し曽《かつ》て無き所なりと漏れ承りたり。

とその理由を記しているが、さらに

　因記、大隈伯が地方官多数の人物中、不偏不党誠実清廉なる者を採りて、授爵奏請の条件とせられし趣は、予その公平なるに感動せり。伯素《もと》と党派の人にして而かも地方行政官として党派に関係なき人を良吏として推選せるが如き、伯の意見近頃変化せしとはいえ、その見地推して知るべし。余はこの特典に浴する事他の内閣諸公の推奨に出でずして、隈伯より出でたるを喜ばざるを得ず。

とも記されており、大森が無派閥的な人物と目されていたことが授爵奏請の大きな理由であったと述べている。逆にいえば、同時期に服部一三が授爵されなかったのは、長州出身で藩閥に属する身とみられたためとも推測される。ついで、大森の皇后宮大夫兼枢密顧問官在任中、陞爵話が持ち上がっている。『読売新聞』大正十二年十二月三日朝刊によれば、「陞爵する人・新華族になる人」の見出しで、皇太子裕仁親王(のちの昭和天皇)の御成婚・慶事に際して、陞爵や新規授爵の候補として挙がっている者として、

　面白いところで伯東郷元帥の侯爵、半信半疑なのは皇后宮太(大)夫大森鐘一男の子爵、東宮侍従長入江為守《ためもり》子の伯爵、三浦・佐藤

(三吉《さんきち》)両博士の男爵などで、いずれ授爵されることに間違いはなかろうが、この際男爵にと思われるのが枢府顧問官・秩父宮御用掛一木喜徳郎《いちききとくろう》博士、文相岡野敬次郎、内府御用掛平山成信《しげのぶ》の両氏、枢府議長清浦奎吾子の伯爵、その他で牧野宮相の陞爵も不思議のようだが芋蔓全盛の今日興味ある問題と噂の渦を巻いている。

と報じており、「半信半疑」とは記されるものの、大森の男から子への陞爵が当時噂されていたようである。この内、清浦・牧野・入江の三名は近日引退することによる陞爵とされているが、授爵から十年も経たず、また退官予定もない大森が子爵に擬せられた理由は定かではない。また、『倉富勇三郎日記』同十三年二月二十二日条にも同様の記事が見える。単なる風説であったのか、結局こののちも陞爵はされずに終わっている。

典拠　『授爵録』大正四年、池田宏編『大森鐘一』、『読売新聞』大正四年十一月八日・十二年十二月三日朝刊、『東京朝日新聞』大正四年十一月二十日朝刊、『倉富勇三郎日記』大正十三年二月二十二日条

大山　巌　おおやま・いわお

一八四二—一九一六

元帥・陸軍大将

①明治二十八年七月十八日（許可）

陸軍大将・陸軍大臣

②明治四十年九月二十三日（許可）

元帥・陸軍大将・貴族院議員

旧薩摩藩士出身の陸軍軍人・政治家。幕末・維新時には国事に奔走し、鳥羽伏見の戦いにも二番砲隊を率い、その後東北各地を転戦。維新後、明治二年（一八六九）二月には軍功により賞典禄八石を下賜される。四年四月には兵《ひょう》部《ぶ》権大丞《ごんのたいじょう》、同年七月陸軍大佐兼兵部権大丞、同年八月には陸軍少将に任ぜられる。同年十一月より七年十月までフランスへ留学し、帰朝後は陸軍少将兼陸軍少輔に任ぜられ、十年二月には西南戦争に際して別働第一旅団司令長官、第二旅団司令長官も兼勤。同年四月には出征別働隊第五旅団司令長官もつとめる。十一年十一月には中将に進級。参謀本部次長・陸軍士官学校長などを経て十三年二月には陸軍卿、十四年十月には参議を兼任。十五年九月には参謀本部長を兼任。十八年十二月には第一次伊藤博文内閣で陸軍大臣に就任し、以後歴代の多くの内閣で陸相をつとめた。二十四年五月に大将進級。二十五年八月には第二次伊藤内閣で再度陸相として入閣し、二十六年十一月議定官《ぎじょうかん》を兼任。二十七年九月には日清戦争に際して第二軍司令官となり、二十八年五月には陸相に復し、二十九年三月監軍《かんぐん》を兼ね、三十一年一月には元帥府に列せられ元帥の称号を授けられた。三十二年五月参謀総

大山　巌

長に転じる。日露戦争では満洲軍総司令官となり、三十八年十二月参謀総長に再任され、三十九年四月辞職。大正三年（一九一四）四月に内大臣に任ぜられ、死去するまでつとめた。またこの間、明治十七年の華族令公布に際しては七月七日付で伯爵に叙せられている。伯から侯への陞爵については、『授爵録』（明治二十六〜二十八年）によれば、陞爵に関する自薦・他薦書類や功績調書は添付されていないが、伊藤博文・山県有朋・西郷従道《じゅうどう》・樺山資紀《すけのり》・野津道貫《みちつら》らとともに陞爵一覧表が綴られており、大山については山県・西郷とともに「征清の役軍功顕著なるに依り、特に陞して侯爵を授く」とみえる。軍功による陞爵は大山と山県・西郷・野津・樺山、子爵への新叙として川上操六《そうろく》・伊東祐亨《ゆうこう》の計七名であるが、この七名については明治二十八年七月十八日付で内大臣徳大寺実則《さねつね》より宮内大臣土方久元宛で「右軍功に依り陞叙・新叙御内意に候間、表面閣下より裁可仰

がるべく候。この段進達候也」と記されており、すでに七月十八日の時点で陞爵が検討されていたものと考えられ、同月二十日付で裁可を仰いだうえ、翌月五日付で正式に侯への陞爵が認められている。侯から公への陞爵については、『読売新聞』明治四十年九月二十三日朝刊に「公爵陞叙の理由」の見出しで、

　日露戦争の終結せる後、将官及び重要文官の叙爵を議したる際、大山・山県両侯を公爵に叙すべしとの説出でたる由なるが、当時元老の多数は従来累代華族にあらずして公爵に叙せられたる先例なければ、如何に勲労ありとて公爵に叙するには余りに破格ならずやとてこれに反対したり。然るに山本海軍大将は熱心に公爵説を主張し、従来の公家と云い大名華族と云い果たして如何なる功績ありて独り高貴の爵位にあるや。今回の戦役に於ける功績は実に千古未曽有にして、これを公家及び毛利・島津両家に比して敢えて遜色なしと極論し、公爵説稍《やや》勢いを得たるも、宮中の御通過を慮りて先頃迄奏請するを見合わせ居りたるに、今回伊藤統監の帰朝によりて断然破格の陞爵をなすに至れるものなりと云う。

と記されており、元老山県有朋と大山両名の公への陞爵については勲功華族としては最上位の公爵に昇った者がおらず、先例がないことが指摘されるなか、海軍大将の山本権兵衛が日露戦争の論功行賞として両名の陞爵を強く主張したということが報じられている。結局はこの功績が認められ、見合わされていた天皇への奏請も行われたものと思われ、同年九月二十一日付で伊藤博文・山県とともに大山も公へ爵位を進めている。なお、『授爵録』の類には、大山らの陞爵については裁可書のみが綴られ、功績調書や願書の類は添付されていない。

典拠　『授爵録』明治二十六〜二十八年、『読売新聞』明治四十年九月二十三日朝刊

大山格之助　おおやま・かくのすけ

生没年不詳

大山綱良遺児

①明治三十五年（不許可）

旧鹿児島藩士大山綱良《つなよし》の遺児。幼名は蕪袈裟。家督相続後は父同様に格之助と名乗る。綱良は幕末・維新期には国事に奔走して活躍し、戊辰戦争では奥羽鎮撫総督九条道孝《みちたか》の下参謀として軍功があり、凱旋後は明治元年（一八六八）十二月二十五日には天皇へ独礼・拝謁を許されて天盃を下賜され、直垂《ひたたれ》・烏帽子・太刀料三百両も賜るなどの栄に浴し、また賞典禄八百石を与えられた。翌年八月には鹿児島藩権大参事などを経て六年四月には鹿児島県権令《ごんれい》、七年十月に県令に昇進し、八年二月従五位に叙せられ、同年六月五等判事を兼任した。その後、西南戦争においては西郷隆盛に与したことにより除族のうえ斬罪に処せられた。『授爵録』によれば、三十五年に大山家の旧臣総代の和田喜蔵、親戚森岡吉則、福島厳之介の三名連署で宮内大臣田中光顕《みつあき》宛で綱良遺児の格之助への授爵を請願。

　謹みて上陳仕り候。当戸主大山格之助（現在鹿児島県鹿児島市塩屋村二百二十八番戸士族）の亡父大山綱良儀、先に維新の際聊か勲功これあり、且つ名門巨族の故を以て華族に列せらるべき御内意にて歴代の事蹟及び旧領禄高等万石以上の家筋は勿論、その後維新前後の事蹟に依り徳川慶喜殿、勝安房・榎本武揚・西郷隆盛を始めとして夫々《それぞれ》特旨を以て華族に列せられし方もこれあり候に付、他と同一の恩典に預かる事これあらんと希望仕り居り候。私共旧情黙止するに忍びず、依て茲に聊か衷情を具陳して懇願仕り候。

と記し、以下綱良の履歴、幕末・維新期の功労を披瀝したうえで、

　過ぐる十年十一月十五日実子蕪袈裟家督相続仕り候。名を格之助と改称す。憲法御発布の際旧士族に復せられたり。然るに西郷隆盛の功労と甲乙ありしも、綱良華族に列せられ候資格は有するものと存じ奉り候（当時勤王家より公務に係わる若

干の手簡は丁丑乱に烏有に属す。現在遺存のみ左に謄写して観覧に供す」。依て綱良夙に勤王の大義を懐き、維新前後に係わる丕績《ひせき》の実状黙止するに忍びざる儀に候間、特別の御詮議を以て実父綱良の勲功に依り相当の家格に班列成し下され候えば戸主格之助は勿論、黄泉の霊も恩典の栄を荷《にな》い、殊に霊魂を慰むるのみならず、御仁慮を以て御採択成し下されたく、別てこの段懇願奉り候。

として帝国憲法発布の大赦で士族に復された大山家への華族編列・授爵を請願するも結局不許可に終わっている。

典拠　『受爵願』(国立国会図書館憲政資料室所蔵)

大山綱昌　おおやま・つなまさ

一八五三―一九三四

岡山県知事

①大正二年五月三十一日（不許可）

旧薩摩藩士出身の官僚・政治家。明治八年(一八七五)警視庁十三等出仕となって以来、権大警部・一等警視補に昇り、十八年三月農商務権少書記官となり、農商務省参事官兼農商務省工務局次長を経て、二十九年八月に地方官に転じて佐賀・山梨・長野の各県知事を経て四十四年七月に岡山県知事に任ぜられ、大正二年(一九一三)六月に退官。三年四月錦鶏間《きんけいのま》祗候《しこう》を仰せ付けられる。『原敬関係文書』所収の大正二年五月三十一日付「大山綱昌書翰」によれば、内務省内における地方長官(知事)の老朽淘汰の対象者と目されていた大山が、明治四十三年以来、知事の身分と引き替えに、または知事兼任のまま勅選議員として貴族院入りを希望。その関連書翰中に「凮月堂《ふうげつどう》食卓の下馬評には大山を男爵位に擬したり呵々《かか》」とみえ、当時そのような風説が立っていたことがわかる。実際には知事永年在職者としては大山の先輩もおり、このような授爵の噂は高崎親章《ちかあき》の例からも実現には及ばなかったと思われる。『原敬日記』大正二年五月九日条によれば「大山岡山県知事、告森《つげもり》千葉県知事、薄《すすき》岐阜県知事に余より直接に辞表を勧諭する事となし、川路《かわじ》福岡県知事には水野次官よりこれを申し送る事となせり」とみえ、内務大臣原敬より直接言い渡され、六月一日付で岡山県知事を免官となっている。こののち、念願の貴族院議員へは原の尽力もあって八年一月に勅選されるが、授爵はされずに終わっている。

典拠　「大山綱昌書翰」(『原敬関係文書』一)

岡市之助　おか・いちのすけ

一八六〇―一九一六

陸軍中将・陸軍大臣

①大正四年十月二十九日（不許可）

陸軍中将・陸軍大臣

②大正五年六月（許可）

③大正五年七月一日（許可）

陸軍中将・元陸軍大臣

元長州藩士出身の陸軍軍人・政治家。明治三十八年(一九〇五)三月に陸軍少将に昇進し、歩兵第二十二旅団長に補せられ、三十九年二月には参謀本部総務部長、四十三年六月に陸軍省軍務局長、四十四年九月に陸軍次官。四十五年二月には中将に進級、大正二年(一九一三)六月に第三師団長に親補され、三年四月に第二次大隈重信内閣に陸軍大臣として入閣した。『原敬日記』大正四年十月二十九日条によれば、

山県を訪《と》うて先日内談し置きたる授爵問題に付、余より政府余に内議せずして直ちに発表する様の事なきやと尋ねたるに、山県はその事は決してこれなかるべし。政府は最初数多の授爵取り調べをなしたる由なるも閣員中異議ありて一切これを見合わす事となりたるに(閣員とは一木《いちき》内相の事なるは過日の話にして知るべし)、然るにまた一変して六七名は授爵を宮相まで申し出づる事となりたる様子にて、その人名を内々一覧せしに、君と加藤の所には本人の意思を聞きてと付記ありしたれば大丈夫と思う。去りながら大隈の事故度々変化する次第なれば、明日宮相に会見に付、その節宮相に尚内談し置くべし。過日もざっとは話し置きたり。然

れどもこの事は内閣の方は君の事ありて内閣書記官長に尋ねたるに因り、始めてその取調を聞きたる様の次第なれば、果たして宮内省には内閣より如何に申し出づるや知れず。且つ閣議には上せず大隈だけの考えの様なれば篤《とく》と宮相に話し置くべし。宮内省にても旧華族等の事にてもあらんが取り調べたるものもこれある様子なり。自分の考えにては御大礼などの機会に於いてせず、平日に於いて功績ある者には特に恩命ある様にありたしと思うに云うに付、余は何れにしても宮相直接取り扱う問題に付、宮相に内談し置かるる様切望すと云い置きたり。多分これにて余は授爵を免かるる事と思う。

とみえ、また同日記同年十一月十二日条には、

西園寺を訪問せり。東京に於いて余の授爵問題に付、山県と会見したる次第を内話せしに、西園寺も当地にて山県と会見し、その聞き得たる所も余と同様なり。但し一般授爵問題に付、山県が余に語りたる所と些少相違の点は、大隈始め閣員授爵問題起こりたるに付、一木内相は大隈に対し、偶然御大礼の際に内閣に居りたる訳を以て授爵せらるる様の事ありては世上の議論も如何あらんか。これは思い止まる方然るべし。大隈首相の陞爵は何等差し支えもなけれども、これも辞職の際に陞爵せらるる方然るべし。在職中は不可なりと内談せし由、一木山県に云へりと。山県西園寺に物語りたる由、余に内談せし所とは相違と云うよりは寧ろ詳略の差の様なれども少しく異なれり。

とみえ、この当時から第二次大隈内閣の閣僚に対して陞・授爵の話が持ち上がっていたことが確認できる。同内閣で内務大臣であった一木喜徳郎《きとくろう》は大正天皇の即位大礼という慶事に際して、偶然その時期の閣僚であったという理由での陞・授爵は世論もありいかがであろうかと山県有朋に語ったという経緯が記されている。岡も陸軍大臣という閣僚の身であり、この当時から授爵が検討されていたようである。この翌年には既に授爵が本格化しており、『授爵録』(大正五年)によると、五年六月付で大隈首相より宮内大臣波多野敬直《よしなお》宛で申牒され、

男爵加藤高明外「　」《（ママ）》名は別紙功績書の通り大正三四年戦役に関し功績顕著なる者に付、各頭書の通り授爵・陞爵相成る様御詮議相成りたし。

として、加藤高明の男から子への陞爵ならびに岡市之助の授爵、長谷川好道《よしみち》の子から伯への陞爵、八代六郎・島村速雄《はやお》・神尾光臣《かみおみつおみ》・加藤定《さだ》吉《きち》の授爵を申請(記載順)。ただし、この申牒書類には加藤高明と岡の間は一行空けられ、上より紙片が貼られており不見。この時期すでに陸相を病気のため大島健一《けんいち》にその座を譲っていた岡への授爵が正式に宮内省へ図られていたようである。添付された岡の「功績書」には、

右は大正三年四月陸軍大臣に任ぜられ、同年八月日独会戦と為るや帷幄《いあく》の機務に参画し、陸軍軍人・軍属を統督し、出征軍の動員・編成、兵器・弾薬その他軍需品の整備・補給等諸般の軍政を統轄し、啻《ただ》に軍の素質を充実し、作戦の進捗を速やかならしめたるのみならず、協商諸国に対し軍需品の補給に務め、連合作戦国の全局の利益を増進する所甚大にしてその勲功洵《まこと》に顕著なりとす。

と記されている。また『大正初期　山県有朋談話筆記／政変想出草』によれば、

七月一日波多野宮相来訪、近来岡前陸相の病気甚だ不良なる為日独戦役の功に依り恩賞の義至急取運ぶの必要を生じたりとて、右岡中将を初めこれに関与したる長谷川参謀総長、島村軍令部長、神尾司令官、加藤艦隊司令官、八代前海相、加藤前外相及び若槻前蔵相等の授爵昇爵の件を齎《もた》らし予が意見を求めたり。元来予は日独戦役に付いてはこれを日露戦役と同視するの不理なるを思うが故に、頭初参謀総長または陸相等の行賞に付いても日露事件と比すべからざることを主張せ

しが、既に海軍側との権衡もありとの事故、この点は暫く固執せざるも、右宮相の齎らしたる詮議中に大隈首相に対する行賞なきは甚だその意を得ず。将又《はたまた》今回日露協商も成立に至りたることなれば石井外相、本野《もとの》大使をも加え同時に詮議ありて然るべく、猶また若槻前蔵相の事に関しては僅かに国庫剰余金より臨時事件費を支出したるに止まり、これが為授爵の恩賞あるはその理由甚だ乏しきが如し。かくの如く一方に於いては将に恩賞あるべくしてこれを脱し、他方に於いては恩賞の理由なくしてこれを与えんとするが如きは決して君徳を補翼し奉る所以にあらず。宮内大臣たるもの深く思いを致さざるべからざる旨を訓め、尚事急速にして深く審議するの暇なかりしとの事なれば、先ず急施を要すべき岡前陸相の分のみを発表し、他は徐ろに審査すべき旨を忠告し置けり。

とみえ、山県が大隈内閣の閣僚や、軍高官に対する陞・授爵について意見を述べている。山県の考えによれば、第一次世界大戦における日独戦役の軍功は日露戦争とは同列視できず、それに対する栄典授与には慎重であるべきというものであるが、重病である岡だけは先に授爵を審査して執り行うべきであるとしている。元老山県の意見が容れられたためか、七月六日付で男爵が授けられ、同月二十日に死去。

典拠 『原敬日記』大正四年十月二十九日条、『授爵録』大正五年、『大正初期 山県有朋談話筆記／政変想出草』

岡　逸平　おか・いっぺい

生没年不詳

楠木正成末裔

①明治二十九年五月五日　（不許可）

三重県在住で楠木正成末裔を称する。族籍などは不明。授爵については明治二十九年（一八九六）四月二十日立案・五月五日決裁の「楠氏取調書」にみえ、宮内省爵位局が楠木正成末裔として提出された請願者二十一名中、岡の名も記されるが、家系に信憑性があると判断された甲斐荘《かいのしょう》正秀（以号《い》・京都）・中村権左衛門（遠号《を》・長野）・楠正基（加号《か》・鳥取）・関唯男（楚号《そ》・大阪）の四名のみ「審査の材料と相成るべき価あるものと存じ候に付、この四家の書類は姑《しばら》く他日の参考として当局に留め置き」とされて関連資料は宮内省に保管され、岡逸平（留号《る》）を含めた十七名については各府県知事を通じて請願書を却下され、こののちも授爵されずに終わっている。

典拠 「楠氏取調書」（宮内庁宮内公文書館所蔵）

岡内重俊　おかうち・しげとし

一八四二―一九一五

貴族院勅選議員・錦鶏間祗候

①明治三十三年五月五日　（許可）

旧土佐藩士出身の官僚・政治家。明治二年（一八六九）二月鞫獄司《きくごくし》判事、同副知事を経て同年六月徴士・鞫獄司知事となる。以後、刑部大解《とき》部《べ》・同少判事・同中判事・司法少判事・同権中判事・同大検事を経て、十四年六月判事に任ぜられる。長崎上等裁判所長や高等法院陪席裁判官を歴任し、十九年五月元老院議官。二十三年九月貴族院勅選議員となり、錦鶏間祗候《きんけいのましこう》を仰せ付けられる。授爵に関してこれまで他薦の書類などは確認できないが、『授爵録』（明治三十三ノ二年）によれば、三十三年五月五日付の宮内省当局側立案書類で尾崎忠治《ただはる》ら計二十五名の文武官の授爵を詮議しており、銓衡として（一）維新の際大政に参与して殊勲ある者、（二）維新の功により賞典禄五十石以上を賜りたる者、（三）維新前後国事に功労あり、かつ十年以上勅任官の職にある者、または現に在職中の者、（四）十年以上勅任官の職にあり功績顕著なる者、（五）特に表彰すべき偉大の功績ある者の五つの規準を設けており、岡内はその（三）に該当する対象者とされ、同月八日に裁可を得て翌日付で男爵が授けられる。

典拠 『授爵録』明治三十三ノ二年

小笠原元太郎　おがさわら・＊もとたろう

生没年不詳

旧旗本

①明治二十五年六月十五日（不許可）

旧幕臣・旗本。当時は横浜市戸部町在住で、小笠原民部大輔貞頼《さだより》十六代の後裔とするも、小笠原家のどの系統に属するのかについては不明。『読売新聞』明治二十五年（一八九二）六月十五日朝刊によれば、「旧格の表彰を宮内大臣に請う」の見出しで、

　清和天皇二十八代の孫小笠原民部大輔貞頼十六代の後裔、旧幕臣小笠原元太郎氏は現に横浜市戸部町一丁目二番地に居住する由なるが、同氏の祖先は各国の太守または管領となり、尚弓馬の術を講じ、我が国尚武の気風を一倍し、且つ先んじて吾が国の艦船を造りて神国の武勇を現し、南溟《なんめい》を探りてこれが版図を拓き、帝国の光栄を増したるの証跡明らかにして家系正しきも、子孫今は零落して祖宗を汚すに忍びずとて、元太郎氏はこの程横浜市長の奥書を経て宮内大臣に旧格の表彰を請いたり。

と記され、当時の横浜市長佐藤喜左衛門より宮内省へ請願したことがみえるも、結局授爵はされずに終わっている。

典拠　『読売新聞』明治二十五年六月十五日朝刊

小笠原某（長裕カ）　＊おがさわら

生没年不詳

旧交代寄合・元中大夫席

①明治十一・十二年頃（不許可）

②明治十二〜十六年頃（不許可）

小笠原家は旧幕時代には交代寄合《こうたいよりあい》の格式を与えられ三千石を知行した旗本。交代寄合としては座光寺《ざこうじ》・知久《ちく》両家とともに伊那《いな》衆に属した。幕末・維新期の当主は長裕。朝廷に早期帰順して本領を安堵され、朝臣に列して中大夫席を与えられた。長裕の没年は不詳であるが、同家も明治二年（一八六九）十二月には中大夫の称が廃されたと同時に士族に編入されている。同家の華族昇格に関し、『爵位発行順序』所収「華族令」案の内規として公侯伯子男の五爵（左に朱書で公伯男の三爵）を設け、世襲・終身の別を付し、その内「世襲男爵を授くべき者」四項目中、第三項目に「元高家《こうけ》・交代寄合」を挙げている。同案は十一・十二年頃のものと推定されるが、この時点では旧幕時代に万石以下でありながら、若年寄ではなく諸侯や高家同様に老中支配である交代寄合は男爵に列すべき家として認知されていたと思われる。同じく前掲『爵位発行順序』所収「授爵規則」によれば「男爵を授くべき者」として、七項目中、第二項目に「元交代寄合・元高家」が挙げられている。前記資料とは異なり、この案は十二年以降十六年頃のものと推測され、こちらでも旧交代寄合である小笠原家は男爵を授けるべき家とされているが、結局授爵内規からは交代寄合は一律除かれ、華族編列・授爵は不許可に終わっている。

典拠　『爵位発行順序』

岡田善長　おかだ・よしなが

一八三八—一九〇七

旧旗本寄合席・下大夫席

①慶応四年七月二十四日（不許可）

②慶応四年八月十九日（不許可）

③慶応四年九月十二日（不許可）

旧幕臣・旗本出身の陸軍軍人・宮内官。旧禄五千三百石を知行。通称は犖之助《とくのすけ》。慶応四年（一八六八）五月朝廷・新政府に早期帰順し、本領を安堵され朝臣に列し、下大夫席を与えられた。同家の藩屏《はんぺい》列への昇格は千田稔によって紹介されている。『太政類典』所収「岡田犖之助本領安堵」によれば慶応四年七月二十四日付で諸侯列への昇格を求めている。

　別紙郷村高帳差し上げ奉り候通り、分知高共合わせて八千五百七十石余これあり、外下総国の内五百石、徳川加増新地合わせ九千七十九石余、猶また近年村々新開の分九百七十石余、別紙の外に御坐候。都合一万四十九石余に相及び申し候。方今御一新の折柄、有余不足共相繕い候儀は、何共恐れ入り奉り候御儀に付、有体

に言上奉り候。已《すで》に日誌御面外御例も粗《あらあら》拝見仕り候処、万石以上持高は都て諸侯格仰せ付けられ候様存じ上げ奉り候。私儀も右言上奉り候通り、内分知持高並びに下総国新増共万石余に相及び候旁、諸侯格仰せ付けられ下し置かれ候はば、家の面目このうえなく、益《ますます》勤王の万一を補い候御儀と存じ奉り候。これに仍りこの段書付を以て伺い上げ奉り候。明細書は御指図次第取り調べ差し上げ奉り候。

以上。

として自家のみならず、分家筋や新地開墾分を含めると一万四十九石と万石以上になるため、諸侯列に加えられたいとする。また、同年八月十三日付で善長分家筋の岡田主計・同六次郎両名連署で「本家鍪之助へ倚頼《いらい》、嫡支合一随身の御用を蒙り、協心戮力《りくりょく》国家無窮の聖恩に報い奉りたく至願の外、あえて他事御座無く候」として合家をして知行を一つにまとめて朝廷の御用をつとめたいと願い出ており、そのうえで同月十九日付で善長が改めて諸侯列への昇格を請願。

私儀先般懇願書を以て申し上げ奉り候通り、分家岡田六次郎千二百石、岡田主計七百石、本支合一仕り、並びに下総豊田郡の内六次郎へ加増地五百四十八石三斗八升余、外に村々新開込高共都合高九千百二十七石四斗余、旧地総有高、別に近年新開九百石程凡《およ》そこれあり、合わせて高一万四十九石余に申し及び候旁、諸侯列に願い上げ奉りたく、兼ねて言上仕り置き候えども、分家共如何の存じ寄り哉計り難きに付、猶また再重取り糺し候処、別紙の通り印紙合一申し出で、情実相違これ無く、然る上は一家同心、戮力勤王尽力は及ばず申し上げ奉り、益士気を鼓舞し、本別親愛、御国用の万一に備え奉りたく存じ奉り候。最も合一仕り候ても禄高儀はこれ迄の通り内分知に仕り置くべき覚悟に御座候。就いては右件御採用も成り下し置かれ候御儀に御座候はば、一日も早く関東帰邑の上、出兵共(手兵二月東山道の官軍に属し各地に戦う)へも吹聴仕り、安心仕らせ、猶鋭気を養い、今般御臨御御供奉、或いは帝都守衛御沙汰の場所へ出兵仕らせたく存じ奉り候。固《もと》より私共国家御多事の折柄も顧み奉らず、自己の名聞に於いて懇願奉り候儀には御座無く候えども、家来末々の者共鼓舞の一端共愚察奉り、御機合を憚り奉らず再応懇願奉り候。御時節柄叶わせられざる御儀に御座候はば、速やかに御下げ下し置かれ候様伏し地に伏して懇願奉り候。

以上。

として再度願い出ているが、これに対して新政府側は即答しておらず、九月十二日付で善長はほぼ同様の内容で三度目の請願を弁事宛で提出。この請願もすぐに審議されなかったが、『太政類典』所収「岡田鍪之助ノ差扣《さしひかえ》ヲ宥恕ス」によれば、再三の歎願書提出に対して善長が自ら差し控えを伺い出たところ、「追々御取調これあり」との理由でその儀に及ばずと回答している。明治二年(一八六九)三月四日の段階ではまだ審査中であったようであるが、結局は同家が諸侯に列することはなく、またその後に華族編列を請願したことも確認できない。諸侯に列することはなかったが、こののち善長は明治四年に陸軍歩兵少佐に任ぜられ、陸軍省第一局第三課などに勤務し、九年宮内省御用掛・御練兵掛、十四年六月には宮内省御用掛専任となり、十七年四月侍従に任ぜられている。

典拠　「岡田鍪之助本領安堵」(『太政類典』)、「岡田鍪之助ノ差扣ヲ宥恕ス」(同)、千田稔『維新政権の秩禄処分—天皇制と廃藩置県—』

岡田良平　おかだ・りょうへい

一八六四—一九三四

文部大臣

①昭和三年七月二十日 (不許可)

貴族院勅選議員・元文部大臣

旧遠江国出身の文部官僚・教育家・政治家。明治二十年(一八八七)帝国大学文科大学卒業後、大学院に入学。文科大学研究生や高等中学校

教員を経て文部省入省。以後、一貫して文部行政に携わり、京都帝国大学総長や東北帝国大学総長事務取扱となり、寺内正毅内閣と加藤高明内閣・第一次若槻礼次郎内閣では文部大臣をつとめた。宮内大臣や枢密院議長をつとめて男爵を授けられた一木喜徳郎《いちききとくろう》は実弟にあたる。『授爵陞爵申牒書類』によれば、当時正三位・勲一等旭日大綬章《だいじゅしょう》。昭和三年(一九二八)七月二十日付で文部大臣勝田主計《しょうだかずえ》より内閣総理大臣田中義一宛で授爵を申牒。「功績調書」には、

岡田良平

右は明治二十年七月東京大学文科大学を卒業し、第一高等中学校に於いて教職に膺《あた》り、同二十二年第一高等中学校教諭に任じ、次いで同校教授に転じ、同二十六年二月文部省視学官に任ぜられ、初めて文部行政の事に当たり、同二十六年十一月文部省参事官に任ぜられ専ら教育行政の調査審議の衝に当たりその功績少なからず。次いで二十七年一月山口高等中学校長に任じ文部省参事官を兼ね、同校の整理に膺れり。二十九年四月再び文部省に帰りて参事官に任ぜられ教育行政の事を掌《つかさど》り、三十一年文部書記官に任ぜらる。後、文部省視学官に転じ、爾来《じらい》各府県の教育行政の視察監督の任に当たりて各地を巡視して地方教育の改善振興の事に努力せり。三十二年文部省参与官に任ぜられ、三十三年四月実業学務局長に任ぜられ、専ら実業教育の進歩発達の為に努力し今日の実業教育の基礎を形づくるに貢献する所少なからず。三十四年六月文部総務長官に任じ、我が国教育行政の全体に亘りてその用務に膺り、三十六年職を退き、次いで三十七年八月貴族院議員に任ぜられ重要なる国務の審議に参与す。三十九年九月高等教育会議々員仰せ付けられ、大いに尽力する所あり。また宮内省御用掛仰せ付けらる。四十年十月京都帝国大学総長に任ぜられ、我が国最高学府の長としてその進歩発達の為に最も力を竭《つ》くしたり。四十一年七月文部次官に任じ、京都帝国大学総長を兼ぬ。四十四年一月東北帝国大学総長事務取扱に任じ、大正二年錦鶏間祗候《きんけいのましこう》仰せ付けらる。その間教科用図書調査会・教育調査会等の為に尽力したる所少なからず。大正五年十月文部大臣に親任せられ、我が国教育行政の大任に膺れり。当時我が国の教育制度の各方面に亘りて改善の必要論議せられ、識者皆その肝要事務なるを認めたるも、事極めて重大にして議論尽きず。容易にその実行を遂げる能わざりしに、同人の文部大臣に任ぜらるや夙《つと》にこの点に着眼して遂に臨時教育会議を組織して教育界各方面の重要人物を網羅し、多年の懸案たる我が国教育上の諸問題に関して衆智を聚《あつ》めて大いに調査研究を遂げ、その結果或いは普通教育に関し、或いは高等普通教育、大学教育に関しその他専門教育、師範教育等各方面に亘り各種の重要なる議決を遂げ、多年の問題を一掃して茲《ここ》に我が国教育行政上に一新区画を印し、爾後の教育行政の依るべき方針を定めたり。今日所謂小学校義務教育費国庫負担法を制定せられて我が国の義務教育制度に関しその施設の根底となるべき重要なる事項を定められたるが如きもまた実にこの会議の決定する所に従い、議会の協賛を経て義務教育費国庫負担法の発布せられたるによる。その他或いは小学校より大学を卒るに至る迄の年限の短縮を計りたるが如き教育行政上重要なる点の決定せられたるもの少なからず。かくの如きは同人の功績最も重きに居るも

のと見ざるべからず。大正七年九月その任を辞し、爾来或いは東洋大学の学長として鋭意その教育振興の為に尽くし、その他引き続き教育の各方面に亘りて尽力する所寡《すく》なからず。大正十三年四月文政審議会委員仰せ付けられ、専ら教育行政上重要なる事項の調査審議に当たり、大正十三年六月再び文部大臣に親任せられ、在任中教育行政上諸般の方面に尽力したる所少なからず。即ち或いは師範教育改善の為に努力し、或いは義務教育費国庫負担額の増額を計り、或いは高等小学校制度の改善を企て、或いは学校に於ける兵式教練の振興を策して現役将校を中等程度以上の学校に配して、従来不振なりし兵式教練の一大刷新に成功し、延いて一般学校に於ける風紀の振粛に貢献したり。また一方に於いては所謂青年訓練所を設けて小学校を出でて上級の学校に進まず、家庭にありて実業に就くものの為にその入営迄引き続き教育を施し、郷党にある青年をして広く教育の恩恵に浴しその修養を継続するの機会を得せしめ、実業補習教育と相俟《ま》って我が国青年の大多数に関する教育の方針を定め、この方面の教育に関して一大刷新を遂げしめたり。その他同人の教育行政上に於ける功績は極めて多し。これを要するに同人は明治二十年以来引き続き今日に至る迄専ら教育の事に膺り、特に教育行政の方面に至りては多年文部省にありて教育行政の事務を鞅掌《おうしょう》し、各般のことに精通し、その教育の発展の為に尽くしたる功績極めて多く、前後五年に近く文部大臣の大任に当たり我が国教育行政上の一大権威として我が国の教育をして今日の盛観を呈せしめたるに与りて大なる力あるは何人もこれを認むる所たり。実に我が国教育界の元老としてその勲功極めて顕著なるものあるを認む。

と縷々述べ、一貫して文部行政に携わり、二度の文部大臣経験者として「教育界の元老」であると断じ、その功績をもって華族編籍・授爵を求めるが、結局不許可に終わる。

【典拠】小田部雄次『華族―近代日本貴族の虚像と実像―』、『授爵陞爵申牒書類』

→一木喜徳郎

岡田　某　＊おかだ

生没年不詳

楠木正成末裔

①明治三十年七月十日（不許可）

旧和泉国岸和田藩士。『東京朝日新聞』明治三十年（一八九七）七月十日朝刊によれば、「楠公の正統」の見出しで、

宮内省の爵位局は畏き辺りの聖旨に基づき、古の英雄豪傑、忠臣義士の家門を顕揚する為、その家系を取り調べつつあるが、我邦第一の勤王家たる楠氏の系譜として、あるいは我が祖は楠氏の正統なり、あるいは我が家は楠氏の本家なりと続々届け出るもの全国を通じて六十余の多きに至り、その内最も楠氏の正統に紛れなしと認むるものは旧岸和田藩岡田某外三家より提出したる家系なりと。

と、楠木正成末裔を称する者が非常に多いこと、またそのなかでも旧岸和田藩士の岡田家を含む四家が正統な家系と見なされていると報じる。この四家中、何家が正嫡であるか確定するのが困難ではあるが、「目下爵位局において楠氏の正統を見出すべく材料に就いて調査しつつあり。何れこの四家中より楠氏正統の子孫に対して少なくとも子爵を授け、華族に列せらるる内定なりと云う」と記している他三家が同じ岡田姓で本家・分家の関係にあるのかは不明である。宮内省爵位局が楠木正成の末裔に関して詳細な調査を行なっていたのは事実であるが、この前年四月二十日付立案・五月五日決裁の爵位局奉宣掛による「楠氏取調書」には岡田姓の者はみえず、結局同家も含め、楠木氏末裔への授爵は行われずに終わっている。

【典拠】『東京朝日新聞』明治三十年七月十日朝刊、「楠氏取調書」（宮内庁宮内公文書館所

蔵）

岡野敬次郎　おかの・けいじろう

一八六五—一九二五

文部大臣

①大正十二年十二月三日（不許可）
　文部大臣・貴族院勅選議員・東京帝国
　大学名誉教授・法学博士
②大正十三年一月十七日（不許可）
③大正十三年一月二十日（不許可）
④大正十四年十二月十六日（許可）
　枢密院副議長・東京帝国大学名誉教授
　・法学博士

旧幕臣出身の官僚・法学者・政治家。明治十九年（一八八六）七月帝国大学法科大学卒業後、大学院に進学して二年間研究に従事。二十一年七月に帝国大学法科大学助教授に任ぜられ、以後、農商務省参与官・東京帝国大学教授・法制局参事官などを歴任し、第一次・第二次西園寺公望内閣と第一次山本権兵衛内閣で法制局長官を、加藤友三郎内閣で司法大臣、第二次山本権兵衛内閣で文部大臣兼農商務大臣として入閣し、大正十四年（一九二五）十月から死去まで枢密院副議長をつとめた。授爵に関しては大正十二年末頃から確認され、『読売新聞』十二年十二月三日朝刊によれば、「陞爵する人・新華族になる人」の見出しで、皇太子裕仁親王（のちの昭和天皇）の御成婚・慶事に際して、陞爵や新規授爵の候補として挙がっている者として、

　面白いところで伯東郷元帥の侯爵、半信半疑なのは皇后宮太（大）夫大森鍾一《しょういち》男の子爵、東宮侍従長入江為守《ためもり》子の伯爵、三浦・佐藤（三吉《さんきち》）両博士の男爵などで、いずれ授爵されることに間違いはなかろうが、この際男爵にと思われるのが枢府顧問官・秩父宮御用掛一木《いちき》喜徳郎《きとくろう》博士、文相岡野敬次郎、内府御用掛平山成信《しげのぶ》の両氏、枢府議長清浦奎吾子の伯爵、その他で牧野宮相の陞爵も不思議のようだが芋蔓全盛の今日興味ある問題と噂の渦を巻いている。

と報じており、「半信半疑」とは記されるものの、文部大臣岡野の授爵も報じられている。『授爵録』（大正十二～十五年）によれば、十三年一月十七日付で内閣総理大臣清浦奎吾より宮内大臣牧野伸顕宛で平山成信・北里柴三郎・富井政章とともに岡野の授爵詮議を申牒。

　従二位勲一等平山成信外三名は別紙功績書の通り功績顕著なる者に付、左記の通り授爵の儀詮議相成りたく候。

として各人の「功績書」を添付。岡野の分は、

　右者明治二十一年七月法科大学助教授に出身以来、法科大学教授、農商務省参与官、農商務省官房長、法制局参事官等の諸官を経て同三十九年一月法制局長官兼恩給局長・東京帝国大学法科大学教授に勅任せられ、同四十一年四月宮中顧問官に兼任、同年七月本官を免じ専任東京帝国大学法科大学教授と為り、更に同四十四年八月法制局長官兼内閣恩給局長・東京帝国大学法科大学教授に勅任せられ、大正元年十二月願に依り本官並びに兼官を免ぜられ、翌大正二年二月三度法制局長官兼内閣恩給局長に任ぜられ、特に親任官の待遇を賜り、同年六月願に依り宮中顧問官を免ぜられ、同年九月行政裁判所長官兼東京帝国大学法科大学教授に任ぜられ、同五年四月陞して行政裁判所長官に親任せられ、更に同十一年六月司法大臣に親任せられ、翌十二年九月依願免官と為り、同月また更に文部大臣に親任、同年十二月兼任農商務大臣と為り、翌十三年一月願に依り本官並びに兼官を免ぜらる。在官実に三十年、終始その職務に尽《じん》瘁《すい》したる所少なからず。就中その法科大

岡野敬次郎

学教授としては殆ど終始在官して多年法科教育の任に当たり励精、克《よ》くその学生を教授し、同学の蘊蓄攻究を指導し、その法制局長官としては法律命令の改廃・制定に鞅掌《おうしょう》し、その行政裁判所長官としては行政訴訟審判の任を尽くしたる等、本人の法科学界に於ける功績甚だ大なるものあり。また殊に在官中、法典調査委員・文官高等試験委員・文官懲戒委員・関税訴願審査委員・政務調査委員・捕獲事件損失補償調査委員長・衆議院議員選挙法改正調査委員・臨時制度整理局委員・共通法規調査委員長・南満州鉄道株式会社設立委員・帝国学士院会員・法律取調委員・東洋拓殖会社創立調査委員・戦時処分求償事件調査委員長・臨時法制審議会委員・臨時教育委員会委員・教育評議会々長等仰せ付けられ、各その職に尽力し、殊に多年法典調査委員として、或いは明治二十六年条約改正準備として民法・商法を編纂するに際し、命ぜられて商法の起草に従事し日夜励精、遂に明治三十一年案なり、翌三十二年六月公布実施せらるる所と為り、或いは明治四十四年商法改正案の起草に従事し、その他法典の起草調査に関係せしもの、実に百数十件に及び立法事業の功績寔《まこと》に顕著なり。また本人は明治三十三年十一月帝室制度調査局御用掛拝命以来、皇室令整理委員・帝室制度審議会委員等仰せ付けられ、宮内諸官制・宮内諸職制・宮内官任用令・宮内官分限令・同懲戒令・皇室会計令・朝鮮貴族令等宮内省関係法令にして本人が起草に従事したるもの二十余件、その他皇室典範増補・登極令・摂政令・立儲令・公式令・皇族身位令・国葬令・皇族会議令等の調査審議に参与し尽瘁したる所多く、更に本人は法学教育に志し、大正元年七月私立中央大学の理事に就任し、大正六年二月同大学の学長と為り多年同学の理事または学長として同学の教育に尽力し、幾多の学生を教養し、斯界《しかい》に貢献したる所少なからざるのみならず、また明治四十一年十二月貴族院議員に勅任せられ、爾来《じらい》多年立法の府に参与しその職を完うしたる等、本人が終始一貫忠勤を抜じ邦家の為に効したる功績洵《まこと》に顕著なりとす。

として、官吏として教育者としての功績を列挙して授爵を請願している。ただしこの際、付箋には「本件は平山・北里両名に対し上奏を為す。他の両名は他日参考の為添付す。上奏の際は本書添付せず」と記され、この際は平山と北里のみの授爵が上奏され、富井と岡野は後日に回されている。また、『読売新聞』十三年一月十八日朝刊にも「御成婚と陞爵授爵／内定せる顔触」の記事中、内定者として岡野の名があげられている。加えて「牧野伸顕関係文書」所収の大正十三年一月二十日付「金子堅太郎書翰」によれば、平山・富井・岡野・北里へ授爵の思召があると金子が牧野へ送っており、関係者周辺でも岡野の授爵は確実と思われていたようである。なお、『倉富勇三郎日記』同年二月二十二日条によれば、岡野の授爵は伊東巳代治より持ち出した話と見える。『枢密院関係文書』所収「岡野副議長授爵ノ件」によれば、大正十四年十二月十六日付で岡野の病気危篤のため、枢密院より授爵を申請し功績書を添付。これを受けて同月十七日付で内閣総理大臣加藤高明より宮内大臣一木喜徳郎宛で岡野の授爵詮議を申牒。

　正三位勲一等岡野敬次郎は別紙功績書の通り功績顕著なる者に付、左記頭書の通り授爵の儀詮議相成りたく候。

として、前年一月同様「功績書」を添付。内容・文面は前回とほぼ同一の物であり、これらの功績が認められ、同年十二月十八日付で男爵が授けられる。

典拠　『読売新聞』大正十二年十二月三日・十三年一月十八日朝刊、『授爵録』大正十二～十五年、「金子堅太郎書翰」(「牧野伸顕関係文書」)、「岡野副議長授爵ノ件」(国立公文書館所蔵『枢密院関係文書』)、『倉富勇三郎日記』大正十三年二月二十二日条

岡谷繁実　おかのや・しげざね
一八三五―一九一九
元修史館編修官
①明治四十一年十一月（不許可）
②大正四年九月十八日（不許可）
旧上野国館林藩士出身の官僚・学者。嘉永五年（一八五二）江戸において西洋砲術を学び、さらに水戸に遊学し、昌平黌に学ぶ。藩主秋元志朝に仕え国事に奔走。維新後は民部官判事・岩代巡察使を経て、明治七年（一八七四）には内務省図書助《ずしょのすけ》となり、さらに修史館編修官をつとめ、三十年四月には幕末の山陵修補の功績で正六位に叙せられた。『皇朝編年史』『聿修《いつしゅう》録《ろく》』『名将言行録』『護良親王御伝』などの著作がある。「戸田忠友《ただとも》他陞爵請願書」によれば、四十一年十一月に戸田忠綱《ただつな》より、幕末期に山陵復興に尽力した諸家の陞爵および授爵を請願。戸田忠友・秋元興朝《おきとも》両名の子から伯への陞爵、旧内舎人《うどねり》兼諸陵寮《しょりょうりょう》官人の谷森善臣《よしおみ》とともに秋元家旧臣の岡谷繁実への授爵を願い出るも却下される。大正期に入っても同人への授爵運動は確認され、大正四年（一九一五）九月十八日付で前回同様に戸田忠綱が史談会宛で「陞爵願」を提出。さらに内閣総理大臣大隈重信と宮内大臣波多野敬直《よしなお》宛でも戸田・秋元の陞爵、谷森善臣の子真男《まさお》と岡谷の授爵を願い出るも結局不許可となり、授爵は行われずに終わっている。

典拠　「戸田忠友他陞爵請願書」（宮内庁宮内公文書館所蔵）、「岡谷繁実外一名特旨叙位ノ件」（国立公文書館所蔵『叙位裁可書』大正四年・叙位巻二十五）

岡本兵四郎　おかもと・ひょうしろう
一八四六―九八
陸軍中将
①明治二十九年四月四日（不許可）
陸軍少将・留守第二師団長事務取扱
元和歌山藩士出身の陸軍軍人。維新後、兵部省に出仕し、以後東京鎮台参謀長・中部監軍部参謀・陸軍大学校幹事・歩兵第六旅団長を経て、明治二十七年（一八九四）九月に留守第二師団長事務取扱。『読売新聞』明治二十九年四月四日朝刊には「岡本少将叙爵の説」という見出しで、

留守第二師団長陸軍少将岡本兵四郎氏は、今回中将に昇進せられ男爵を授けらるべしとの説あり。

との記事が掲載される。風説・誤報であったのか、授爵詮議には上ったものの却下されてしまったためか、こののちも授爵はされず。五月十九日休職、三十一年六月二十七日付で中将に昇進のうえ、同日予備役編入。

典拠　『読売新聞』明治二十九年四月四日朝刊

岡本保益　おかもと・＊やすます
一八四八―一九〇七
旧賀茂別雷神社神主
①明治十五年四月（不許可）
②明治十七年頃（不許可）
③明治二十二年一月二十八日（不許可）
岡本家は代々旧賀茂別雷《わけいかづち》神社神主の家系。同家の華族編列については落合弘樹の「明治維新期の神社と社家」に掲載された明治十五年（一八八二）四月に岡本が旧賀茂御祖神社神主の泉亭俊彦《いずみていとしひこ》に宛てた「御依頼書」中で、

賀茂社旧神官の内旧家の向、歴世同社奉仕、累世神主拝任、正従三位連綿《れんめん》叙任を拝し候処、御一新来各社旧神官著姓の輩、華族に列せられ候えども、賀茂旧神官は未だ御取立蒙らず、深く遺憾の至り、歎息に堪えず存じ候。何卒他社に批准せられ、華族に御執立《とりたて》を蒙りたく、請願の儀宜しく御依頼致し候。就いては別紙略家系并《なら》びに願書草稿一通御廻送に及び候間、宜しく御取計御尽力の程、偏に懇願奉り候也。

と述べている。すでにこの当時より両社の旧社家間で華族編列に向けての運動が始まっていることが窺われる。また「三条家文書」所収「旧神官人名取調書」は明治十七年頃のものと思われるが、これによれば「別紙全国旧神官の内華族に列せられ然るべき家格の者にこれあ

り候。御発表前には一応現今貧富の景況地方官へ調査仰せ付けられ候上、御取捨相成りたしと存じ奉り候」と記され、そのなかに旧賀茂別雷神社からは松下径久《みちひさ》・鳥居大路《とりいおおじ》治平とともに岡本保益の名も挙げられているが、結局授爵されずに終わっている。さらに『授爵録』(追加)(明治十五〜大正四年)所収「族籍之儀ニ付建議」によれば、すでに華族に列した松木美彦《まつきよしひこ》男爵と藤井希璞両名の連署で二十二年一月二十八日付で宮内大臣土方久元宛で請願。

　謹みて案ずるに貴族の国家に於ける重大の関係あり。許多の効用ありて、政治上・国体上に置いて必須の者たるは今更に喋々を要せず。(中略)爰《ここ》に古名家族宜しく詮議せらるべき者十六家を録して左右に呈す。

として神宮旧神官より久志本常幸《くしもとつねゆき》・宮後朝昌《みやじり》・沢田泰綱《やすつな》・世木《せき》親喜、上賀茂より松下径久・岡本保益・鳥居大路《とりいおおじ》治平、下鴨より泉亭某・梨木《なしのき》某・鴨脚《いちょう》某、日吉より生源寺《しょうげんじ》希徳・樹下《じゅげ》某、松尾より東某・南某、鹿島より鹿島則文、香取より香取保礼の十六名を列挙するも、こののち審査のうえ授爵されたのは沢田泰綱の子幸一郎(泰圀《やすくに》)のみで岡本ほか十五名は選に洩れている。

典拠　落合弘樹「明治維新期の神社と社家」(大山喬平監修、石川登志雄・宇野日出生・地主智彦編『上賀茂のもり・やしろ・まつり』、「旧神官人名取調書」(「三条家文書」)、『授爵録』(追加)明治十五〜大正四年

沖　守固　おき・もりかた

一八四一―一九一二

大阪府知事

①明治二十三年三月二十一日（不許可）

元老院議官

②明治三十一年四月十三日（不許可）

③明治三十三年五月五日（許可）

貴族院勅選議員

旧鳥取藩士出身の官僚・政治家。徴士として新政府に出仕後、明治十一年(一八七八)以降は内務省において同省少書記官や群馬県大書記官となり、転じて外務省少書記官・会計局長に任ぜられるが、再度内務省に戻り、十四年には神奈川県令《けんれい》、十九年七月の地方官官制公布により神奈川県知事となりそのまま在職。二十三年一月には元老院議官、同年九月の帝国議会開会に伴う元老院廃院により貴族院勅選議員に就任。翌年議員在職のまま滋賀県知事となるも、同五月に起きた大津事件により責任を負わされ懲戒免官。六月には懲戒処分を取り消され、前官の非職となる。その後は二十五年一月に和歌山県、三十一年六月に大阪府、同年十二月に愛知県の各知事をつとめた。守固の授爵運動については元老院議官時代から確認され、『山田伯爵家文書』所収の二十三年三月二十一日付「山田顕義《あきよし》秘啓」によれば、授爵候補者を宮内大臣土方久元宛で提出。山田による授爵の標目としては、(一)維新前後功労あり勅任官たる者および勅任官たりし者、(二)維新後功労あり勅任官たる者および勅任官たりし者、(三)維新前後功労ある者、(四)維新後功労ある者、(五)父の勲功による者、(六)神官および僧侶の世襲名家たる者、(七)琉球尚家の一門、の計七項目を挙げ、守固はその第二項に適すべき者としてその名が挙げられるも、この際山田が推挙した者で授爵したのは第一項に該当するとされた辻維岳一人であり、守固は選に洩れる。ついで「田中光顕関係文書」所収の三十一年四月十三日付「沖守固書翰」によれば、

　陳《の》ぶれば御出発前栄爵云々申し上げ御懇話伺い候処、昨今伝聞候えば、宮内省において授爵の人名秘密に至急調査致し居り候由、恰《あたか》も好機会と存じ奉り候。何卒

沖　守固

恐縮の至りに存じ奉り候えども、その筋へ御一声願い上げたく、不肖恐悚《きょうしょう》に候えども、老母生存中幸いに特典の栄を蒙り候はば感激海岳啻《ただ》ならず存じ奉り候。毎度種々御配慮願い奉り実に以て恐れ入り候。万々御恕察願い上げ奉り候。

とみえ、授爵を自薦している。授爵候補の調査を宮内省がこの時期に行なっている情報を得て宮内大臣の田中に願い出たものであり、老母生存中の授爵を懇願している。結局この運動も功を奏さずに終わるが、三十三年五月九日付で六十名の同時授爵が行われた際、勅任官在職十年には満たないものの、六年以上在職し功績顕著な者として認められ、男爵を授けられる。

典拠　「山田顕義秘啓」（『山田伯爵家文書』四）、「沖守固書翰」（法政大学所蔵「田中光顕関係文書」『法政大学文学部紀要』五五）、『授爵録』明治三十三ノ二年

奥田義人　おくだ・よしと

一八六〇―一九一七

文部大臣

①大正六年八月九日（許可）

貴族院勅選議員・東京市長

旧因幡国鳥取藩士出身の政治家。明治十七年（一八八四）東京大学法学部卒業後、太政官御用掛・農商務大臣秘書官・同省特許局長などを経て、三十三年十月には第四次伊藤博文内閣で法制局長官、第一次桂太郎内閣でも引き続き長官をつとめた。三十七年三月には衆議院議員に当選するが、その後宮中顧問官に任ぜられ、四十五年五月からは貴族院勅選議員に就任。大正二年（一九一三）二月には第一次山本権兵衛内閣で文部大臣となり、翌年六月からは東京市長となった。『授爵録』（大正六年）によれば、同年八月九日付「正三位勲一等法学博士奥田義人外一名は別紙功績書の通り功績顕著なる者に付、各頭書の通り授爵の儀御詮議相成りたし」と内閣総理大臣寺内正毅より宮内大臣波多野敬直《よしなお》宛で申牒。奥田義人とともに貴族院勅選議員の松岡康毅《やすこわ》の功績書が作成され、これが認められて同年八月十四日付で両名とも男爵を授けられる。

奥田義人

典拠　『授爵録』大正六年

奥村栄滋　おくむら・てるしげ

一八五三―一九二三

旧加賀国金沢藩重臣（加賀八家）

①明治十一・十二年頃（不許可）

②明治十二～十六年頃（不許可）

③明治十五・十六年頃（不許可）

④明治三十三年五月五日（許可）

奥村家は旧加賀藩において八家《はっか》と称された内の一家。前掲奥村則友《のりとも》・則英《のりひで》の本家筋にあたる。八家は陪臣でありながら、御三家家老などと同様四名の叙爵（諸大夫成）が認められており、奥村家も有輝が従五位下・伊予守に、修古が丹後守に、尚寛が河内守に、栄実が伊予守（のち丹後守）に、そして栄滋父栄通も河内守にそれぞれ叙任されている。同家の華族昇格に関し、『爵位発行順序』所収「華族令」案の内規として公侯伯子男の五爵（左に朱書で公伯男の三爵）を設け、世襲・終身の別を付し、その内「世襲男爵を授くべき者」四項目中、第四項目に「旧藩主一門の高一万石以上の者及び高一万石以上の家臣」を挙げている。同案は明治十一（一八七八）・十二年頃のものと推定されるが、この時点においては旧幕時代に一万石以上を領していた奥村家は男爵に列すべき家として認知されていたと思われる。同じく前掲『爵位発行順序』所収「授爵規則」によれば「男爵を授くべき者」として、七項目中、第四項目に「旧藩主一門の高一万石以上の者及び高一万石以上

の家臣」が挙げられている。前記資料とは異なり、この案は十二年以降十六年頃のものと推測されるが、こちらでも万石以上陪臣として、奥村家は世襲華族として男爵を授けられるべき家とされていた。また、十五・十六年頃の作成と思われる「三条家文書」所収「旧藩壱万石以上家臣家産・職業・貧富取調書」によれば、旧禄高一万七千石、所有財産は金禄公債一万六千七百十五円、宅地九畝五歩、職業は無職、貧富景況は相応と記されるも、この時期には万石以上陪臣への華族編列そのものが実施されず見送られている。『授爵録』(明治三十三ノ一年)所収の三十三年五月五日付の宮内省当局側立案書類によれば万石以上の陪臣は「小諸侯」と位置づけられ、華族としての門地を維持するだけの資産も有している家と認められ、同年五月九日付で男爵が授けられる。

典拠　『爵位発行順序』、「旧藩壱万石以上家臣家産・職業・貧富取調書」(「三条家文書」)、『授爵録』明治三十三ノ一年

奥村則友　おくむら・のりとも

一八四二—八七

旧加賀国金沢藩重臣　(加賀八家)

①明治十一・十二年頃　(不許可)

②明治十二～十六年頃　(不許可)

③明治十五・十六年頃　(不許可)

奥村家は旧加賀藩において八家《はっか》と称された内の一家。後掲奥村栄滋《てるしげ》の分家筋にあたる。八家は陪臣でありながら、御三家家老などと同様四名の叙爵(諸大夫成)が認められており、奥村家も悳輝が従五位下・丹波守に叙任されている。同家の華族昇格に関し、『爵位発行順序』所収「華族令」案の内規として公侯伯子男の五爵(左に朱書で公伯男の三爵)を設け、世襲・終身の別を付し、その内「世襲男爵を授くべき者」四項目中、第四項目に「旧藩主一門の高一万石以上の者及び高一万石以上の家臣」を挙げている。同案は明治十一(一八七八)・十二年頃のものと推定されるが、この時点においては旧幕時代に一万石以上を領していた奥村家は男爵に列すべき家として認知されていたと思われる。同じく前掲『爵位発行順序』所収「授爵規則」によれば「男爵を授くべき者」として、七項目中、第四項目に「旧藩主一門の高一万石以上の者及び高一万石以上の家臣」が挙げられている。前記資料とは異なり、この案は十二年以降十六年頃のものと推測されるが、こちらでも万石以上陪臣として、奥村家は世襲華族として男爵を授けられるべき家とされていた。また、十五・十六年頃の作成と思われる「三条家文書」所収「旧藩壱万石以上家臣家産・職業・貧富取調書」によれば、旧禄高一万二千石、所有財産は金禄公債一万千七百八十五円、宅地四百三十九坪五合、職業は無職、貧富景況は相応と記される。この段階では万石以上陪臣の華族編列自体が見送られているため士族のままであったが、その後、嗣子則英の代に至り、三十三年五月九日付で授男爵。

典拠　『爵位発行順序』、「旧藩壱万石以上家臣家産・職業・貧富取調書」(「三条家文書」)

→奥村則英

奥村則英　おくむら・のりひで

一八六五—一九三〇

旧加賀国金沢藩重臣　(加賀八家)

①明治三十三年五月五日　(許可)

前掲奥村則友《のりとも》の養嗣子。明治二十年(一八八七)十月に則友の死去により家督を相続。旧藩万石以上の一門・家老らへの華族編列は明治十年代より建議されており、奥村家も候補者として数度家名が挙げられている。『授爵録』(明治三十三ノ一年)所収の三十三年五月五日付立案の書類によれば、

右は旧藩一万石以上の門閥にして、何れもその所属藩主の一門または家老たり。平生数百の士卒を養い、有事の時は将帥と為り手兵を提《さ》げ、出でて攻守の任に当たり、無事の時は入りて執政と為り民政を総管する等恰《あたか》も小諸侯の如し。而してこの輩は封土奉還の日何れも士族に編入せられたるも、仍《なお》巨多の資産を有して旧領地に住し、その地方人民の推重せらるるを以て自らその地方人民の儀表と為り、

　勧業または奨学等公益に資すること少なからず。その門地は以て小諸侯に譲らず。その資産また門地を維持するに足るものと認むるに因り前掲の通り授爵の恩典あらんことを奏上せらるべきや。

とあり、奥村家は門地を維持するだけの資産も有していると認められ、同年五月九日付をもって男爵が授けられる。

典拠　『授爵録』明治三十三ノ一年

→奥村則友

尾崎三良　おざき・さぶろう

一八四二―一九一八

法制局長官

①明治二十三年三月二十一日（不許可）

　元老院議官・高等法院陪席裁判官

②明治二十九年五月（許可）

　貴族院勅選議員

京都府出身の官僚・政治家。仁和寺門跡諸大夫《しょだいぶ》の若林家の生まれで、堂上《とうしょう》公家である烏丸《からすまる》・冷泉《れいぜい》といった諸家に仕えたのち、三条家の家士となる。維新後の族籍は平民とするものもあるが、『勅奏任官履歴原書』によれば、東京府士族と記されている。慶応四年（一八六八）に三条実美の養嗣子公恭《きんあや》らとともに英国に留学。明治六年（一八七三）に帰朝したあとは太政官七等出仕を皮切りに、制度取調御用掛や職制章程取調掛となり、内務省准刻《じゅんこく》局長・同省図書権頭《ごんのかみ》、内務権大丞《たいじょう》、太政官大書記官などの諸官を歴任。十四年十一月参事院議官補、翌年十二月には参事院議官に進み、十八年十二月には元老院議官となり、二十三年の廃院に伴い、同年九月より貴族院勅選議員に就任。法制面に詳しく、二十四年六月には第一次松方正義内閣で法制局長官もつとめた。また、公家の家士出身でもあることから、伊丹重賢《しげかた》・桜井能監《よしかた》とともに京都桜橘財団や平安義会の運営にも大きく関わっている。授爵については、元老院議官在官中より名前が挙がる。『山田伯爵家文書』所収の二十三年三月二十一日付の「山田顕義《あきよし》秘啓」には「授爵は陛下の大恩にして、国家の大典、万民の標準なり。真に陛下の親裁に出づるものにして、臣僚の容喙すべきものにあらず。然れどもその自歴を調査し、その理由を明晰にし、聖慮を翼賛するは臣下の務にして、謹慎鄭重を尽くさざるべからず。今鄙見を陳じ、閣下の参考に供す」として宮内大臣土方久元宛で授爵の標目として、（一）維新前後功労あり勅任官たる者および勅任官たりし者、（二）維新後功労あり勅任官たる者および勅任官たりし者、（三）維新前後功労ある者、（四）維新後功労ある者、（五）父の勲功による者、（六）神官および僧侶の世襲名家たる者、（七）琉球尚家の一門、の計七項目を挙げ、尾崎は第一項に適当の者としてその名が挙げられるも、この際山田が列挙した人名中、授爵したのは第一項に該当した辻維岳一人であり、不許可に終わる。その後、『授爵録』（明治二十九年）によれば、立案日の欄は空白であるが、芳川顕正《あきまさ》ほか二十八名の文武官への授爵詮議が爵位局でされており、尾崎の名も挙げられる。

　右は夙《つと》に勤王の志を抱き、皇室式微、幕府専横の日に当たり、或いは大和・但馬の義挙に与し、或いは幽囚投獄、辛苦備《つぶさ》に嘗め維新回天の大業を賛助し、または多年朝に在りて顕要の職を奉じ、または貴衆両院に入りて国家の大計を議する等孰《いず》れも勲功顕著の者に付、特旨を以て華族に列し栄爵を授けられ然るべき乎。左にその爵を擬し裁を仰ぐ。

とし、二十九名中芳川のみ子爵授与とし、尾崎を含めた他の二十八名は男爵が相当としている。同文書には尾崎への授爵を求める他薦書類や功績調書は綴られていないが、二十九名中、伊丹重賢《しげかた》・山田信道・船越衛《まもる》・三宮義胤《さんのみやよしたね》・中島信行の五名については維新前後の勤王事歴調書類が、また九鬼隆一《りゅういち》についても同年二月二十五日付で榎本武揚が授爵を推薦する書状が添付されていることから、尾崎を含めた他の二十三名分も他薦などがあった蓋然性が高いと思われる。尾崎の功績は認められ、二十九年五月二十三日付で裁可を得、翌月五日付で男爵を授けられる。

典拠「山田顕義秘啓」(『山田伯爵家文書』四)、『授爵録』明治二十九年

尾崎忠治　おざき・ただはる

一八三一―一九〇五

枢密顧問官

①明治二十三年三月二十一日（不許可）

判事・高等法院裁判長

②明治三十三年五月五日（許可）

枢密顧問官

旧土佐藩士出身の官僚・政治家。明治三年（一八七〇）十二月に新政府に出仕し、刑部省の大解部《ときべ》となり、司法省となったあとも引き続き在職し、権少判事・権中判事・中判事と歴任。八年五月に四等判事となり、以後長崎上等裁判所や大阪上等裁判所の所長心得もつとめ、十二年十月には勅任判事に進み、十九年五月には東京控訴院長、二十二年一月には高等法院裁判長となった。授爵については、判事・高等法院裁判長時代より名前が挙がる。『山田伯爵家文書』所収の二十三年三月二十一日付「山田顕義《あきよし》秘啓」によれば、宮内大臣土方久元宛で授爵の候補者として計七項目を示し、「維新前後功労あり勅任官たる者及び勅任官たりし者」という第一項に適当の者として尾崎忠治の名が挙げられるが、結局この時は不許可に終わる。そののち、三十三年五月九日に至り、国事に功労ある者と旧藩門閥の士族計六十名が授爵された際、「維新前後国事に功労あり、且つ十年以上勅任官の職に在りし者又は現に在職中の者、及び在職未だ十年に満たずといえども六年以上その職に在りて特に録すべき功績ある者」として認められ、同日付で尾崎も男爵を授けられる。

尾崎忠治

典拠「山田顕義秘啓」(『山田伯爵家文書』四)、『授爵録』明治三十三ノ二年

尾崎行雄　おざき・ゆきお

一八五八―一九五四

司法大臣・衆議院議員

①大正四年十月二十九日（不許可）

②大正四年十一月一日（不許可）

旧相模国又野村医家出身の政治家。維新後は慶応義塾や工学寮で修学し、明治十四年（一八八一）に統計院権少書記官に任ぜられるが、政変により同年十月に依願免官となる。その後は報知新聞論説委員などを経て、二十三年の第一回衆議院議員総選挙に三重県五区より立候補して当選。以後、連続二十五回当選。三十一年六月に第一次大隈重信内閣で入閣し、共和演説事件で同月十月に辞任するまで文部大臣をつとめた。三十六年六月から四十五年六月まで東京市長。大正三年（一九一四）四月から五年十月まで第二次大隈内閣で司法大臣。尾崎の授爵については『原敬日記』大正四年十月二十九日条にみえ、

尾崎行雄

山県を訪《と》うて先日内談し置きたる授爵問題に付、余より政府余に内議せずして直ちに発表する様の事なきやと尋ねたるに、山県はその事は決してこれなかるべし、政府は最初数多の授爵取調べをなしたる由なるも閣員中異議ありて一切これを見合わす事となりたるに(閣員とは一木《いちき》内相の事なるは過日の話にして知るべし)然るにまた一変して六七名は授爵を宮相まで申し出づる事となりたる様子にて、その

人名を内々一覧せしに君と加藤の所には本人の意思を聞きてと付記しありたれば大丈夫と思う、去りながら大隈の事故度々変化する次第なれば、明日宮相に会見に付その節宮相に尚内談し置くべし。過日もざっとは話し置きたり。然れどもこの事は内閣の方は君の事ありて内閣書記官長に尋ねたるに因り始めてその取調を聞きたる様の次第なれば、果して宮内省には内閣より如何に申し出づるや知れず、且つ閣議には上せず大隈だけの考えの様なれば篤《とく》と宮相に話し置くべし。宮内省にても旧華族等の事にてもあらんが取り調べたるものもこれある様子なり。自分の考えにては御大礼などの機会に於いてせず平日に於いて功績ある者には特に恩命ある様にありたしと思うと云うに付、余は何れにしても宮相直接取り扱う問題に付、宮相に内談し置かるる様切望すと云い置きたり、多分これにて余は授爵を免かるる事と思う。

とあり、この当時大正天皇即位大礼の慶事に際して大隈首相以下の閣僚へも授爵の議が浮上していたと思われる。また、同日記の十一月十二日条には、

西園寺を訪問せり。東京に於いて余の授爵問題に付山県と会見したる次第を内話せしに、西園寺も当地にて山県と会見しその聞き得たる所も余と同様なり。但し一般授爵問題に付山県が余に語りたる所と些少相違の点は、大隈始め閣員授爵問題起こりたるに付、一木内相は大隈に対し、偶然御大礼の際に内閣に居りたる訳を以て授爵せらるる様の事ありては世上の議論も如何あらんか、これは思い止まる方然るべし、大隈首相の陞爵は何等差し支えもなけれどもこれも辞職の際に陞爵せらるる方然るべし、在職中は不可なりと内談せし由、一木山県に云えりと、山県西園寺に物語りたる由。余に内談せし所とは相違と云うよりは寧ろ詳略の差の様なれども少しく異れり。

とみえ、大隈の伯から侯への陞爵は偶然大礼挙行時の内閣であるだけでその閣僚が栄典に浴するのは批判されるとして内務大臣一木喜《き》徳郎《とくろう》が反対し、結局尾崎も含めて大隈内閣の閣僚は全員陞・授爵されずに終わっている。また、『読売新聞』大正四年十一月一日条には、「授爵調査終了／原・犬養氏も」の見出しで、

来たるべき御大典を機とし、国家に功労ありたる各階級の人々に対し、授爵・授勲・叙任等の恩命ある事は既報の如くにして、洩れ承る処によれば御発表に相成るべきは大嘗祭終了の上、即ち本月十六日なりとの事にて、内閣に於けるそれぞれの調査も昨今大体に於いて結了し、目下は宮内省との間に折衝中の由なるが、その陞爵・授爵の主なる人々は、大隈伯の侯爵、武富・尾崎・一木・高田・加藤・河野《こうの》・箕浦各大臣の男爵は疑うべからざる処にして、更に有力なる筋よりの噂によれば、立憲政治創設に功労ありたる廉を以て、政友会総裁原敬氏、国民党総務犬養氏の二政治家、学者として功労ありたる故を以て山川東大総長、穂積《ほづみ》博士の二学者、財界に功労ありたる故を以て大倉喜八郎、安川善次郎、益田孝《たかし》の三実業家、また特に男爵を授けらるべしとの事なり。尚、世間にて村田保《たもつ》翁が授爵の運動をなしつつあるが如く伝うるも今回は授爵の事なく、多分特に位を進めらるる事となるべしと云う。

と大正天皇即位大礼の慶事に際し、陞爵・授爵候補者の名を報じており、そのなかに閣僚中から尾崎の名も挙げられているが、前記のとおり一木の反対で詮議がされず終わっている。

典拠　『原敬日記』大正四年十月二十九日条・十一月十二日条、『読売新聞』大正四年十一月一日朝刊

押小路師親　おしこうじ・もろちか

一八二二―七九

旧地下官人（局務・大外記）

①明治十一・十二年頃（許可）

押小路家は代々小槻《おづき》姓壬生家と並ぶ地下官人《じげかんじん》の棟梁で、大外記《だいげき》を世襲して局務と称された家である。師親は従三位師徳の次男で師身の弟。師身のあとを継ぎ大外記・治部権大輔に任ぜられたが、壬生家においては当主輔世《すけよ》が明治三年（一八七〇）十二月二十二日付で終身華族に列し、その嗣子明麗《てるつら》が有位士族として正五位を保持し得たのに対して、押小路家は同年十一月には他の旧地下官人や諸大夫《しょだいぶ》・侍らと同様、位階も廃止され翌月には京都府貫属士族へ編入された。ただし、壬生家と並ぶ家としては認知されていたと思われ、『爵位発行順序』所収「華族令」案の内規として公侯伯子男の五爵（左に朱書で公伯男の三爵）を設け、世襲・終身の別を付し、その内「世襲男爵を授くべき者」として、第二項目に「元宮殿上人・小森・細川・藤島・旧大外記」と押小路家を列挙している。同案は十一・十二年頃のものと推定されるが、この時点では元伏見宮殿上人の若江家、六位蔵人の小森・細川・藤島の三家、そして大外記たる押小路の計五家は男爵に列すべき家として認知されていたと思われる。この案が参考とされたかは不明であるが、このの ち十二年七月二十六日付で押小路家は華族に列し、十七年の華族令公布に際しては七月八日付で師親のあとを継いだ師成《もろなり》が男爵が授けられている。

典拠　『爵位発行順序』

織田信真　おだ・＊のぶざね

一八四二―？
旧高家・元中大夫席
①明治十一・十二年頃（不許可）
②明治十二～十六年頃（不許可）

織田家は織田信長の裔で、旧幕時代は高家《こうけ》の家格を与えられ、二千石を知行した旗本。幕末・維新期の当主は信真。家督相続後は表高家に列する。慶応四年（一八六八）七月には朝廷に帰順して本領を安堵され、朝臣に列して中大夫席を与えられた。明治二年（一八六九）十二月には中大夫以下の称が廃せられ、同月士族に編入。同家の華族昇格に関し、『爵位発行順序』所収「華族令」案の内規として公侯伯子男の五爵（左に朱書で公伯男の三爵）を設け、世襲・終身の別を付し、その内「世襲男爵を授くべき者」四項目中、第三項目に「元高家・交代寄合《こうたいよりあい》」を挙げている。同案は十一・十二年頃のものと推定されるが、この時点においては旧幕時代に万石以下でありながら、若年寄ではなく諸侯同様に老中支配であり、奥高家就任後は四位少将にまで昇り得る高家は男爵に列すべき家として認知されていたと思われる。同じく前掲『爵位発行順序』所収「授爵規則」によれば「男爵を授くべき者」として、七項目中、第二項目に「元交代寄合・元高家」が挙げられている。前記資料とは異なり、この案は十二年以降十六年頃のものと推測され、こちらでも旧高家である織田家は男爵を授けるべき家とされているが、結局授爵内規からは高家は一律除かれ、華族編列・授爵は不許可に終わっている。

典拠　『爵位発行次第』

織田信愛　おだ・のぶよし

一八一四―九一
旧高家・元中大夫席
①明治十一・十二年頃（不許可）
②明治十二～十六年頃（不許可）

織田家は織田信長の裔で、旧幕時代には高家《こうけ》の家格を与えられ二千七百石を知行した旗本。幕末・維新期の当主である信愛は、安政三年（一八五六）十一月に奥高家に列し、従五位下・侍従兼中務大輔（のち対馬守・宮内大輔と改名）に叙任。慶応二年（一八六六）九月に陸軍奉行並に転じるが、翌年一月には海軍奉行並となる。同年五月には武役をつとめることから侍従の宣旨・口宣案《くぜんあん》を返上。四年一月に奥高家再勤となり、翌月御留守居に転じるも、三月これを辞す。朝廷に帰順して本領を安堵され、朝臣に列し中大夫席を与えられる。明治二年（一八六九）十二月に中大夫・下大夫・上士の称が廃止となるに伴い士族に編入。翌年十一月には従五位の位階を返上。その後は帝室博物館などに勤務。同家の華族昇格に関し、『爵位発行順序』所収「華族令」案の内規として公侯伯

子男の五爵(左に朱書で公伯男の三爵)を設け、世襲・終身の別を付し、その内「世襲男爵を授くべき者」四項目中、第三項目に「元高家・交代寄合」を挙げている。同案は十一・十二年頃のものと推定されるが、この時点においては旧幕時代に万石以下でありながら、若年寄ではなく諸侯同様に老中支配であり、奥高家就任後は四位少将にまで昇り得る高家は男爵に列すべき家として認知されていたと思われる。同じく前掲『爵位発行順序』所収「授爵規則」によれば「男爵を授くべき者」として、七項目中、第二項目に「元交代寄合・元高家」が挙げられている。前記資料とは異なり、この案は十二年以降十六年頃のものと推測され、こちらでも旧高家である織田家は男爵を授けるべき家とされているが、結局授爵内規からは高家は一律除かれ、華族編列・授爵は不許可に終わっている。二十四年十月二十四日に七十八歳で死去。

典拠　『爵位発行順序』

織田信義　おだ・*のぶよし

生没年不詳

織田信孝末裔・元地下官人

地主神社神主

①明治二十五年十一月十四日（不許可）

大阪府平民で、織田信長三男信孝《のぶたか》の末裔を称し、一時は地下官人《じげかんじん》(または院北面《いんのほくめん》か)となり、その後地主《じしゅ》神社の神主ともなった家系に生まれる。「織田信義請願書」によれば、明治二十五年(一八九二)十一月十四日付で信義は自身の後見人である小野充穂とともに宮内大臣土方久元宛で「家系之儀御詮議願書進達」を提出。同月二十二日付で大阪府知事山田信道を経由して土方に回送される。

右私儀正二位前右大臣贈従一位太政大臣織田信長三男従三位右近衛大将織田信孝十世の嫡孫に罷り在り候処、信孝卒去の際子信光幼孤にして、従祖父侍従織田長《なが》益《ます》これを保育し、その後時勢の変遷に因り遂に降りて民間に陥り、居を京都に移し流浪罷り在り、五代目信康は出でて朝廷の直臣となり、官左兵衛尉に任ぜられ、又六代目信朋は同右兵衛尉に任ぜられ、殊に中御門天皇陛下の御優寵を蒙り、陛下御崩御の后又降りて民間に罷り在り、七代目信立に至り伏見に移住罷り在り、八代目信成の女カツは仙洞御所幷《なら》びに皇女恒宮殿下に奉侍し御篤寵を蒙り、その後皇女の御崩御に遭遇し降りて大坂に罷り在り、且つ又その父信成卒去の后家政困迫仕り、母英子及び九代目兄志馬之助信允・弟信亮、和州芝村藩侯は同族にして旧縁あるを以て共に行きて厄介に相成り居り、暫くして信亮は終《つい》に藩邸に於いて卒去し、英子及び信允は大坂に罷り越し、カツ方に於いて終に卒去仕る。これを以て系統殆ど断絶せんと致り候に付、カツ復帰して家系を継続仕り候儀に御座候。嗚呼《ああ》回顧仕り候えば私家の系統は桓武天皇より連綿たる血統にして、而も信孝は他の一族よりも抜群の功あるも不運にして卒去仕り、一子信光幼孤なるを以て悲しい哉《かな》、終に諸侯に列することを得ず。実に信雄・長益は諸侯に列し、その系統今猶晏然《あんぜん》罷り在り、独り信孝の系にして列を同くすることを得ざるは誠に遺憾の至りと憂慮罷り在り候。然るに明治の御新政に至り、聖明偓《(渥)》なる御聖旨を以て天下の右族名家及び重宝をして在野に埋匿せしめざる様屢々《しばしば》御取調の儀これあり候にも拘わらず、我が母事頑愚の老婦にして、上申の手続も仕らず黙居罷り在り、甚だ恐れ入り候次第に御座候。然るに今般信義家督相続仕り候に付ては、家系及び重宝等黙匿致し居り候はば、第一御聖旨《もと》に悖り、且つ祖宗に対し不孝の至り幷《なら》びに血食の儀も仕り兼ね候に付、皇統より家系の連綿たること、及び信長・信孝の功労御親察在らせられ、特別の御詮議を以て相当の御処置を蒙りたく、別紙織田家檀寺大雲院証明書幷びに信長より系図略写及び家宝目録相添え、この段願い奉り候也。

という長文の請願書中には「授爵」「華族藩列」といった類の文言はみられないが、おそらくは授爵を目的としたものと考えられる。同家の家系については添付の「系図略写」によれば、五代信康は東山天皇の御代に禁裏御所に仕えて左兵衛尉に任ぜられたこと、六代信明は中《なか》御門《みかど》天皇、また譲位後も引き続き仙洞御所に仕え右兵衛尉に任ぜられ、院崩御後も黄金や御手道具数品を下賜され、その後退身して山城国愛宕《おたぎ》郡清水《きよみず》地主権現の神主となったこと、その子信立もまた同社神主をつとめたことが記されている。なお、信康の父信之よりは平瀬を称し、信立に至り織田に復したとする。また、家宝目録は京都寺町四条下る大雲院住職の小林大承の証明書も添付されている。この請願書については、『読売新聞』明治二十五年十一月二十四日朝刊に「織田家の嫡孫」という見出しで、

　大坂西成郡野田村二十番屋敷平民織田信義と云へる人は贈従一位太政大臣織田信長の三男従三位右近衛大臣(ママ)織田信孝十世の嫡孫にして信孝卒去の後民間に降りしものなりとて系図を添え、家系の詮議ありたき旨、去二十日大坂府知事の手を経て宮内大臣へ出願せし由。

と報じてられており、当時宮内省詰の新聞記者たちもこの情報を入手していたことが明らかである。織田信孝の末裔のみが時流に乗れず、旧幕時代には諸侯に列することが叶わなかった点を強調するも、結果は不許可に終わる。

典拠　「織田信義請願書」（宮内庁宮内公文書館所蔵）、『読売新聞』明治二十五年十一月二十四日朝刊

織田　某（栄太郎カ）　＊おだ

生没年不詳

旧高家・元中大夫席

①明治十一・十二年頃（不許可）

②明治十二～十六年頃（不許可）

織田家は織田信長の裔で、旧幕時代には高家《こうけ》の格式を与えられ、七百石を知行した旗本。幕末・維新期の当主は信任。他の高家や交代寄《こうたいより》合《あい》と同様に朝廷に帰順して本領を安堵され、朝臣に列して中大夫席を与えられた。明治二年（一八六九）十二月に中大夫以下の称が廃されるのに伴い士族に編入。信任のあとは四年以後に栄太郎が相続したことが『府限願伺留』所収「秋元一学触下織田弘弁妻子殺害犯人保泉大助召捕に付弘死養子伜織田栄太郎より犯人引渡の件東京府へ願に付難聞届」にもみえるが、没年不詳のため以後の当主名は不明。同家の華族昇格に関し、『爵位発行順序』所収「華族令」案の内規として公侯伯子男の五爵（左に朱書で公伯男の三爵）を設け、世襲・終身の別を付し、その内「世襲男爵を授くべき者」四項目中、第三項目に「元高家・交代寄合」を挙げている。同案は十一・十二年頃のものと推定されるが、この時点においては旧幕時代に万石以下でありながら、若年寄ではなく諸侯同様に老中支配であり、奥高家就任後は四位少将にまで昇り得る高家は男爵に列すべき家として認知されていたと思われる。同じく前掲『爵位発行順序』所収「授爵規則」によれば「男爵を授くべき者」として、七項目中、第二項目に「元交代寄合・元高家」が挙げられている。前記資料とは異なり、この案は十二年以降十六年頃のものと推測され、こちらでも旧高家である織田家は男爵を授けるべき家とされているが、結局授爵内規からは高家は一律除かれ、華族編列・授爵は不許可に終わっている。

典拠　『爵位発行順序』、「秋元一学触下織田弘弁妻子殺害犯人保泉大助召捕に付弘死養子伜織田栄太郎より犯人引渡の件東京府へ願に付難聞届」（東京都公文書館所蔵『府限願伺留』第八・第二套・第一一編〈戸籍課〉）

尾谷直春　おだに・＊なおはる

生没年不詳

元興福寺学侶・春日大社新社司

①慶応四年四月（不許可）

②明治七年七月（不許可）

③明治八年七月二日（不許可）

尾谷家は旧興福寺観音院学侶。慶応四年（一八

六八)四月以降、興福寺では大乗院・一乗院の両門跡以下院家《いんげ》・学侶もつぎつぎと還俗し、堂《とう》上《しょう》出身者は藤原姓の者は堂上格を賜り、非藤原姓の者は実家へ復籍のうえ一代堂上となる。地下《じげ》出身者も明治二年(一八六九)三月には藤原姓を与えられ、堂上出は春日大社新神司、地下出は同社新社司となる。これらの措置に不満を抱いた地下出身の旧学侶たちは身分昇格を求めている。慶応四年四月早々に願い出たのを始めとし、明治七年七月には奈良県権《ごん》令《れい》藤井千尋《ちひろ》宛で、翌年七月二日には元老院宛で華族または華族格への編列を願い出るも悉く不許可に終わる。

典拠　「春日旧社司及石清水社司等堂上格ノ願ヲ允サス」(『太政類典』)、「願(率川秀宜《ママ》等十五名)」(国立公文書館所蔵『記録材料・建白書仮綴』)

音羽正彦　おとわ・ただひこ

一九一四―四四

朝香宮鳩彦王次男、海軍大尉

①昭和十九年二月二十七日（不許可）

朝香宮鳩彦《あさかのみややすひこ》王の第二王子で、昭和十一年(一九三六)四月一日、臣籍降下をして侯爵・従四位に叙され音羽姓を称する。海軍兵学校・海軍砲術学校卒業後、累進して当時海軍大尉。十九年二月六日、クェゼリンで戦死。

『高松宮日記』同月二十六日条によれば、

東久邇宮《ひがしくにのみや》より電話にて、朝香様より音羽様に菊花章を賜るわけにゆかぬかとの話ありて宮内省に話せる所、宮内大臣も不賛成の由に付、朝香様に御話ありしに、私にもう一度話をしてみてもらえとのことなりと。

とあり、父の朝香宮より、大勲位菊花大綬章《だいじゅしょう》を追贈できないかとの話が東久邇宮稔彦《なるひこ》王を通じて高松宮宣仁《のぶひと》親王に伝えられている。宮内省は不賛成の意を表している。また、続いて二十七日条によれば、

私としても皇族が皇族としての特別の受け得ることならともかく、一般の行賞をもぢって無理をする様になるのは面白くないが、何とか宮内省に申しましょうと約す。公爵も一案なるべしと云う。

とみえ、侯から公への陞爵案も出される。宮内省はこの案についても宮内大臣松平恒雄《つねお》と宗秩寮《そうちつりょう》総裁武者小路公共《むしゃのこうじきんとも》らが協議するも、どちらの案も却下され、陞爵は実現せずに終わっている。

典拠　『高松宮日記』昭和十九年二月二十六日条・二十七日条・二十八日条

小野善助　おの・ぜんすけ

生没年不詳

元小野組店主

①明治四十四年（不許可）

京都身の豪商。小野家は小野組と称し、明治初年に三井三郎助・島田八郎左衛門とともに新政府の御用達となり功績があったが、明治七年(一八七四)に島田組と同じく破綻して閉店。当時の店主善助(包賢)は二十年に没しており、おそらくはその子と思われる。「善助」を称していたかは不明。授爵に関する説は横山源之助の「男爵を授けられたる新旧五大富豪」中にみえ、四十四年八月二十五日付で実業上の功績により男爵を授けられた三井八郎次郎・藤田伝三郎・鴻池《こうのいけ》善右衛門・住友吉左右衛門・近藤廉平《れんぺい》の五名に関連し、

政府は三井・三菱二家の総番頭である益田・豊川《とよかわ》両氏を取らず、財界の大勢力たる安田氏を取らず、はた社会公共に傾倒せる大倉氏をも取らずして、三井、住友及び鴻池の三旧家と、日本郵船会社長たる近藤廉平氏とを取って男爵とした。いや、別に藤田伝三郎氏とこの五名を撰んで、富豪貴族の顔を揃えた。授爵は公平なるべし、偏頗たるべからず。藤田氏を取るなら、藤田氏と同型、同格、同功の者をも併せ取るべきであった。桂内閣の金城鉄壁とした公債政策に尽瘁《じんすい》した諸人をも取るべきであった。遠く明治維新に功勲ある者に泝《さかのぼ》れば、東征軍の軍糧または紙幣発行に勲功多かった三井三郎助(三井鉱山部長)、小野善助及び島田八郎右衛門

の三名を取るべきである。小野組の後は目下財産整理中にて、或いは十数年の後には再び富豪界の人とならんも謀り知れない。明治初年三井・小野と并び称せられた恵比寿屋の嫡流島田種次郎氏は、江湖（地）に放浪して、今は赤坂榎坂町の裏路次に沈淪している。かくして私恩を私党に扶殖することにのみ腐心した桂内閣は、その官僚と官僚に縁故あるもののみに位記も爵位も議席も株券も偏頗依怙に濫発濫賞したるに止まらず金権者流の仲間にも濫発しその偏頗を十分に発揮したのである。

と記し、当該期に小野が男爵を逃した点について触れ、維新時に新政府の財政面を支えた三井・小野・島田こそ授爵の栄に浴すべきと評論家でもある横山が述べているが、授爵はされずに終わっている。

典拠　横山源之助「男爵を授けられたる新旧五大富豪」（『新日本』一ノ七）

小野尊光　おの・たかてる

一八四九―一九三七

日御碕神社神主

①明治六年九月（許可）

小野家は代々出雲国の日御碕《ひのみさき》神社神主を世襲した家系。『太政類典』所収「小野尊光華族列」によれば、明治六年（一八七三）九月付で大蔵省より、

小野尊光

島根県より旧神官編籍の儀に付、この程伺い出これあり。尤も右の内士民編籍編入相当の者共は夫々《それぞれ》指令に及び候処、日御碕社小野尊光儀は華族に列せられたき趣、夫々参考に致し候処、別紙由緒書の通り神孫血脈連綿の家系にして、外神宮と同一列の訳には相成りまじきやと存じ候間、無禄華族仰せ付けられ然るべく存じ候。右等の儀は御範例もこれあるべき儀と存じ候間、この段申し上げ候。尤も神領の内を以て従前配当仕り来たり候分は何れも旧領主より寄付致し候儀に付、庚午十二月公布に照準、自今渡し方相成らざる趣相達し置き候間、尚この段申し上げ置き候也。

と太政官へ上申。管轄する島根県側も出雲大社の北島・千家《せんげ》両家の列華族を先例として挙げ、庶務課議案として「別紙大蔵省上申島根県管下日御碕神社旧神官小野尊光華族に編籍の儀審査仕り候処、右は格別家柄の者にて、的例もこれあり候に付、申立の通り御沙汰相成り然るべしと存じ候。これに依り御指令案取り調べ相伺い候也」として、十月十二日付で華族に編列。十七年七月の華族令公布に際しては男爵を授けられている。

典拠　「小野尊光華族列」（『太政類典』）、「島根県下旧神官小野尊光華族ニ被列度伺」（『公文録』）

小野寺楼　おのでら・＊ろう

生没年不詳

小野妹子末裔

①明治十七年十二月十一日（不許可）

②明治十九年十一月十七日（不許可）

③明治二十三年六月二十五日（不許可）

東京府士族。小野妹子《おののいもこ》末裔を称する。『授爵録』（明治二十三年）によれば、明治十七年（一八八四）十二月十一日付で請願。二十三年六月二十五日付の宮内省側の審査書類「東京府士族小野寺楼華族編列願ノ件」に、

右系譜を閲するに、同氏の先は大徳冠《だいとくかん》小野妹子に出で、累世名族を以てあるいは州の守護となり、あるいは郡司となり、また城主となり、その間本分を尽くすものありといえども、永禄年間小野寺意清と云うものあり、伊達政宗にその居城前

堀城を攻略せられて後、子孫あるいは僧侶となり、あるいは医師となり僅かに家名を存するのみ。しかのみならず元文以後はしばしば養子を為し血統既に尽き、後医業を以て幕府に仕うるも、また視るべき事蹟なし。

という理由で却下。小野はこののちも十九年十一月十七日付で「家系之儀ニ付上申」を提出するも再度却下。二回にわたる請願は二十三年六月二十五日まで保留で、他の請願者同様に一括審査されたものと考えられる。

典拠　『授爵録』明治二十三年

小畑美稲　おばた・うましね

一八二九—一九一二

香川県知事

①明治二十三年三月二十一日（不許可）

元老院議官・高等法院陪席裁判官

②明治二十九年五月（許可）

貴族院勅選議員

旧土佐藩士出身の官僚・政治家。土佐勤王党に参加し、幕末・維新期には国事に奔走。明治二年（一八六九）弾正大巡察に任ぜられ、以後弾正権少忠・司法大解部《ときべ》・司法少判事・同権中判事などを経て、同八年五月に五等判事、十年六月に等級廃止で改めて判事に任ぜられ各地の裁判所長など、長く司法官をつとめた。十七年十二月元老院議官となり、二十二年一月高等法院陪席裁判官に任ぜられ、二十三年九月には貴族院勅選議員となり、二十六年四月から二十八年十一月まで香川県知事に在職した。『山田伯爵家文書』所収の二十三年三月二十一日付「山田顕義《あきよし》秘啓」によれば、「授爵は陛下の大恩にして、国家の大典、万民の標準なり。真に陛下の親裁に出づるものにして、臣僚の容喙すべきものにあらず。然れどもその自歴を調査し、その理由を明晰にし、聖慮を翼賛するは臣下の務にして、謹慎鄭重を尽くさざるべからず。今鄙見《ひけん》を陳じ、閣下の参考に供す」として宮内大臣土方久元宛で授爵の標目として、(一)維新前後功労あり勅任官たる者および勅任官たりし者、(二)維新後功労あり勅任官たる者および勅任官たりし者、(三)維新前後功労ある者、(四)維新後功労ある者、(五)父の勲功による者、(六)神官および僧侶の世襲名家たる者、(七)琉球尚家の一門、の計七項目を挙げ、小畑は第一項に適当すべき者としてその名を挙げるも、この際山田が列挙した人名中、授爵したのは第一項に該当した辻維岳一人であり、小畑は選に洩れる。その後、『授爵録』(明治二十九年)によれば、立案日の欄は空白であるが、芳川顕正《あきまさ》ほか二十八名の文武官への授爵詮議が爵位局でされており、小畑の名も挙げられる。

右は夙《つと》に勤王の志を抱き、皇室式微、幕府専横の日に当たり、或いは大和・但馬の義挙に与し、或いは幽囚投獄、辛苦備《つぶさ》に嘗め維新回天の大業を賛助し、または多年朝に在りて顕要の職を奉じ、または貴衆両院に入りて国家の大計を議する等孰《いず》れも勲功顕著の者に付、特旨を以て華族に列し栄爵を授けられ然るべき乎。左にその爵を擬し裁を仰ぐ。

とし、二十九名中芳川のみ子爵授与とし、小畑を含めた他の二十八名は男爵が相当としている。同文書には小畑への授爵を求める他薦書類や功績調書は綴られていないが、二十九名中、伊丹重賢《しげかた》・山田信道・船越衛《まもる》・三宮義胤《さんのみやよしたね》・中島信行の五名については維新前の勤王事歴調書類が、また九鬼隆一《りゅういち》についても同年二月二十五日付で榎本武揚が授爵を推薦する書状が添付されていることから、小畑を含めた他の二十三名分も他薦などがあった蓋然性が高いと思われる。同人の功績は認められ、二十九年五月二十三日付で裁可を得、翌月五日付で男爵を授けられる。

典拠　「山田顕義秘啓」（『山田伯爵家文書』四、一九九二年）、『授爵録』明治二十九年

小原重哉　おはら・＊しげや

一八三四—一九〇二

貴族院勅選議員

①明治三十五年五月三日（不許可）

備前国岡山藩士出身の官僚・政治家。幕末・維

小原重哉

新期、国事に奔走し、新政府に出仕したのちは刑法官の鞫獄司《きくごくし》吟味掛となり、以後司法畑を歩む。少判事・中検事・司法少丞《しょうじょう》・内務権大書記官を経て司法省刑事局次長。元老院議官をつとめ、廃院後は明治二十四年(一八九一)十二月より貴族院勅選議員。「田中光顕《みつあき》関係文書」所収の三十五年五月三日付「山県有朋書翰」によれば、

扨《さて》は授爵の事、仰せ聞かされ了《おわ》り候。両大臣の儀、他の権衡上より詮議相成り難く候へば、他日恩典を蒙り候外これ無しと存じ候。維新の功績に依り授爵の部中、小原議員御詮議これあり候はば、武井守正の歴履(履歴)十分詮議を尽くされたく候。老生も当時の事情篤と承知致さず候へども、一、二の自伝承り候へば、甲乙これ無き哉に聞き及び申し候。この上ながら御考究の所願に候。猶十年以上にて松岡才(裁)判所長抔《など》は蜂須賀公(侯)より頻りに申し込み候。孰《いず》れにしても授爵の詮議は困難至極の事情想察に堪えず候。

とあり、当時、維新の功績による新規授爵の候補に小原重哉と武井守正《もりまさ》・松岡康毅《やすこわ》の三名が挙げられていたようである。年未詳書翰ではあるが、小原の死去直前と比定するのが妥当と思われる。結局小原は授爵されず、同月二十八日死去。こののちも小原遺族への授爵も起案される。

典拠　「山県有朋書翰」(法政大学所蔵「田中光顕関係文書」『法政大学文学部紀要』六二)

→小原某

小原大衛　おはら・＊だいえ

生没年不詳

楠木正成末裔

①明治二十九年五月五日

高知県在住で楠木正成末裔を称す。族籍は不明。授爵については、明治二十九年(一八九六)四月二十日立案、同年五月五日決裁の宮内省爵位局作成による「楠氏取調書」にみえる。これによれば、

南朝の忠臣贈正一位楠正成の後胤と称し華族に編入相成りたき旨を以て出願したる者二十有一家の多きに及び候に付、茲《ここ》に別冊の通り取り調べ候。然るにその正統確実と認むる者は未だこれを発見すること能わざるも、中に就き稍々《やや》信を置くべき家筋または血統の関係ある者は全くこれなしと謂うを得ず。即ち以《い》号甲斐荘《かいのしょう》正秀、遠《を》号中村権左衛門、加《か》号楠正基、楚《そ》号関唯男の如きは審査の材料と相成るべき価あるものと存じ候に付、この四家の書類は姑《しばら》く他日の参考として当局に留め置き、その余は悉皆左の御指令を付し各その所轄地方庁へ向け書面却下相成るべき乎裁を仰ぐ。

として、甲斐荘正秀を含み、中村権左衛門・楠正基・関唯男の計四名は楠木氏正統の信憑性が高いと判断されたためか関係書類は宮内省に保管することが決し、小原を含め、残る十七名分については「その県下族籍何某家格取立願の件詮議に及び難く書面却下候条、この旨本人へ相達すべし」という案文を宮内大臣より各府県知事宛で送り、請願書は当人へ却下するという方針を立てている。また取調書冒頭には「楠氏遺族取調書」として、

南朝の忠臣新田・名和・菊池等の諸子孫は祖先の旧勲を追録して華族に列せられたるも、独り楠氏のみ未だその正統の子孫を発見すること能わざるは明治の昭代に於いて誠に一大欠典と謂わざるを得ず。嗚呼《ああ》忠臣楠氏にして子孫血食するものなしと云うは人をして天道の是非を弁ずること能わざらしむ。今や楠氏の遺族と称し、系譜若しくは古文書を具し什物を図

し、各その証拠を明らかにし、競うてこれが詮議を出願したる者爰《ここ》に二十有一家の多きに及べり。而してそのこれを調査するものは実に爵位局の責任に属す故に常務の余暇窃《ひそ》かにその材料を蒐め査覆考訂し、今漸くその業を結了することを得たり。依てこの二十一家の各系図に就きて他日の参考となるべきものを摘要し、以呂波を以て符号となし、而して順序にこれを調査し、玆にその正否を論究したり。但しその什物の如きは参考の用に借せざるなり。

として、波号として小原の名を掲載するが、系図の信憑性に疑問があると判断されたためか結局同家は授爵されずに終わっている。

典拠　「楠氏取調書」(宮内庁宮内公文書館所蔵)

小原　迪　おはら・＊ただす

一八四二―一九一〇

旧美濃国大垣藩城代

①明治三十年十月（不許可）

②明治三十二年九月（不許可）

③明治三十二年十月（許可）

旧美濃国大垣藩城代で幕末・維新期に活躍した小原忠寛《ただひろ》(是水・鉄心)の養嗣子で、のちに忠迪と改名。忠寛は藩論を尊王に統一することに尽力し、維新後は新政府の参与職となり、会計事務局判事や内国事務局判事をつとめた。慶応四年(一八六八)閏四月には従五位下に叙せられたが、明治五年(一八七二)五月に病気のため職を辞して位階も返上した。同年四月に没し、二十年一月には旧勲により正五位が追贈された。忠寛の養子である迪(忠迪《ただみち》)への授爵については、三十二年十月に旧主である伯爵戸田氏共《うじたか》が宮内大臣田中光顕《みつあき》宛で「小原是水恩典請願」を提出。

右是水、夙《つと》に勤王の志厚く、国家に功労あるは疾《とう》に御叡感あらせられ、特に御賞賜を蒙り是水謹みて感戴奉り候儀にこれあり。然るに今般旧藩士民共惣代出京、別紙の通り氏民に対し請求仕り来たり、氏共尚黙止するに忍びざる次第もこれあり候に付、恐懼を顧みず敢えて爰《ここ》に特典の懇願仕り候。抑《そもそ》も是水儀は旧大垣藩執政相勤め、王政復古の際朝廷に徴され参与職に列せり。この時に当たりて偶々伏見の変起こり、藩兵幕軍に編入せられ、既に淀城まで出陣せしと聞き、是水驚き急使を馳せて陣に到らせ、徳川内府に忠諫せしめ説くに大義順逆を以てし、若しそれ用いざる時は屠腹《とふく》極諫云々を期し、藩兵をして直ちに帰国、謹慎せしむ。これ実に是水万死を冒して藩論を決し、翻って勤王の大功を奏せしもの当時氏共尚若年藩政百般の事都て是水の輔佐に出でて、一藩反正の実効を挙ぐ。亦これ是水が国家に尽くせし忠勤と義感仕り候。就いてはこの際優渥《ゆうあく》の御聖徳を仰ぎ、是水嗣子迪に叙爵の恩典を賜り、是水をして地下に感泣名目仕らせたく存じ奉り候。右は明治三十年十月中既に松方総理大臣へ内申にも及び置き候えども、尚今般旧藩士民共請求の廉もこれあり、且つ近来のこれに匹儔《ひっちゅう》の勲功者に対しそれぞれ恩典を賜りし向きもこれあり候に付、更に尊厳を冒し謹みて懇願仕り候条、何卒特別の御詮議を以て宜しく御執奏成し下されたく、この段伏して相願い候也。

と忠寛の功績を陳述している。戸田の請願書中にみえる旧藩士の総代よりの小原家の授爵願は同年九月付「建議書」として同資料中に添付されており、その願意は戸田の請願書とほぼ同様の内容である。またこれより以前、三十年十月には当時内閣総理大臣であった松方正義へ戸田が小原家の授爵を願い出ていることが確認でき、二年後に二度目の請願をしているようである。この忠寛の王事に尽瘁した功労が認められ、迪には三十三年五月九日付で男爵が授けられた。

典拠　『授爵録』明治三十三ノ二年

小原　某　＊おはら

生没年不詳

小原重哉遺族
①大正四年十月十五日
「土肥実臣他授爵請願書」中に土肥実臣（故人。元《もと》元老院議官）の遺族への授爵願が収録され、内閣総理大臣大隈重信より大正四年（一九一五）十月十五日付で宮内大臣波多野敬直《よしなお》宛で「左記の者はその功績顕著には候へども、授爵をもって賞するは如何かと存じ候。然るべく御詮議相成りたし」として提出。土肥実臣（の遺族）以下十一名を列挙し、そのなかに小原の名も挙げられている。小原重哉の遺族に対しては、

右は重哉が文久年間より勤王の諸士と謀り薩肥二藩に詔勅を下賜され、島津和泉等勤王有力の士を入京せしむるの計を定め、その計策行われて和泉の入京するや、岩倉具視奮起して諸士と共に回天の大策を運《めぐ》らし、遂に岩倉・三条二卿薩長二藩等の協力に依りて王政復古の鴻業《こうぎょう》を建てらるるに至り、維新の後仕官して司法部に在り、遂に元老院議官に任ぜられ、国事に尽くす所少なからざりしに依り、その功を追賞せられ授爵せられたしと云うに在り。

との理由で請願するも授爵は行われず。遺族は重哉の嗣子重雄を指すか。
典拠　「土肥実臣他授爵請願書」（宮内庁宮内公文書館所蔵）
→小原重哉

か

何　礼之　が・のりゆき
一八四〇―一九二三
貴族院勅選議員・錦鶏間祗候
①大正四年十月十五日（不許可）
「土肥実臣他授爵請願書」中に土肥実臣（故人。元《もと》元老院議官）の遺族への授爵願と合綴で収録。大正四年（一九一五）十月十五日付で内閣総理大臣大隈重信より宮内大臣波多野敬直《よしなお》宛で「左記の者はその功績顕著には候へども、授爵をもって賞するは如何かと存じ候。然るべく御詮議相成りたし」として提出。土肥実臣（の遺族）以下十一名を列挙し、そのなかに何の名も挙げられている。何は東京府士族で、

右は文久年中長崎奉行支配定役に挙げられ英語稽古所学頭に補し、校舎を府内に開きて諸藩の学生に教授し、私熟(塾)を開きて門人益々多く、英学の外仏語・独逸語を授け、尋《つい》で幕命に依り開成所教授職並に挙げられ、開熟(塾)して俊秀を出す。維新の後一等訳官に任じ、諸官に歴任して内務大書記官となり、後元老院議官に任ぜられ、貴族院議員に勅選せられ、国事に竭《つく》したるの績少なからざるに依り、その功に依り授爵せられたしと云うにあり。

と理由を説明して授爵を申請するも却下。また、『松方正義関係文書』所収の「何礼之履歴」によれば、大正三年十月二十四日付で前田正《まさ》名《な》・芳川顕正《あきまさ》ら計三十一名が同人の功績を調査・編纂したことがみえ、この当時より何の薫陶を受けた者が授爵も視野に入れて行動していたとも推測される。
典拠　「土肥実臣他授爵請願書」（宮内庁宮内公文書館所蔵）、「何礼之履歴」（『松方正義関係文書』一二）

甲斐荘正秀　かいのしょう・＊まさひで
一八五四―？
楠木正成末裔・旧旗本・元下大夫席
①明治二年八月八日（不許可）
②明治二年十二月十三日（不許可）
③明治十六年十月十日（不許可）
④明治二十二年一月二十八日（不許可）
⑤明治二十九年五月五日（不許可）
⑥大正三・四年頃（不許可）
⑦大正四年十月六日（不許可）
甲斐荘家は楠木正成の末裔を称した旧旗本寄合席で旧禄四千五百三十一石余を知行。先代正光は朝廷に早期帰順して下大夫席を与えられる。正秀は本願寺坊官下間《しもつま》家の次男で初名は源吾。慶応四年（一八六八）四月に養子入り

し、同年七月に家督を相続。そののち、明治二年（一八六九）十二月には中大夫以下の称が廃止となるに伴い京都府貫属士族に編入される。正光は同年一月十七日付で万石以上の諸侯への昇格を企図するも願意は容れられず、跡を相続した正秀もまた同様に華族への昇格、授爵を求めて請願を繰り返している。『甲斐荘氏華族班列願参考書』によると、家督を相続して間もなくの明治二年八月八日付で「乍恐奉歎《おそれながらたん》願《がん》候《たてまつりそうろう》口《こう》上《じょう》覚《おぼえ》」を留守官伝達所宛で提出（『公文録』所収「甲斐荘源吾家格ノ儀ニ付願」に同）。

私儀、今度家督相違無く仰せ付けられ有難き仕合わせに存じ奉り候。付いては即今間も無く歎願奉り候儀、重々恐れ入り奉り候えども、去る正月十七日養父帯刀より楠姓宗家の儀に付家格御取立の儀歎願奉り候処、追って何分の御沙汰仰せ出さるべき旨御付札の趣有難く恐承奉り罷り在り候中、帯刀病気追々危篤に相成り、拠んどころ無く隠居願い奉り候仕合に付、この度私より歎願奉り候。仰ぎ願わくは帯刀病気存命の中右御沙汰を蒙り奉り候えば、如何計り冥加至極有難き仕合わせに存じ奉るべく候。依て恐れを顧みず歎願奉り候。誠恐謹言。

として、養父存命中に諸侯への昇格勅許を願い出ているがこれについての返答はなく、正秀は同年十二月十三日付で「乍恐奉歎願候口上覚」（『公文録』所収「甲斐荘源吾家柄ノ儀ニ付願」に同）を前回同様に留守官伝達所宛で提出。これに対して三年四月二十九日付で京都府より付紙をもって「追って何とか仰せ出さるべき歟に候えども、即今御沙汰に及ばれ難く候事」として現時点では華族への昇格は難しい旨が伝えられる。そののちしばらくの間は正秀が請願した事例は確認できないが、同十六年十月十日付で「再歎願書」を内務卿大久保利通宛で提出。大久保はすでに亡くなっているが、

去る明治二年正月以来、私家格御取立の儀に付　屢《しばしば》　歎願奉るに当たり、その都度々々嘆願書へ御指令、且つ御付箋も成し下されたる次第を以て初発より先ず京都移住相願い、何分の御沙汰を恐待奉りたる中、廃藩引き続き禄制仰せ出され、その頃より中・下大夫等の門閥に抱（拘）わらず士族・卒迄を一般の士族と唱うべき様御布令に相成り、この上歎願すべき方向を失い遺憾にも今日迄荏苒《じんぜん》と数年を経過し来たり候処、豈《あに》計らんや近況廟議の宣告を拝視するに南朝の旧臣新田・菊池・名和などの家名特旨を以て今回華族に列せられたる趣誠に私共積年の志願貫徹すべき時節に遭遇の秋と云わざるを得ず。付いては曩《さき》に奉呈仕り置きし嘆願書の通り、私家蹟の儀は楠氏の嫡流・宗家たるの証憑は往古徳川時代楠宗家の由緒柄を以て特別に取り立てられ、即ち縁故ある河内国金剛山の麓〔地名を甲斐荘と云う〕祖先正成旧領地の内四千石余を領し、故に世代中任官を仕り候者は総て河内守に任ずるを以て家例とす。且つ摂州湊川正成墓所の儀も御維新前は往古より私家関係維持仕り、已《すで》に墓守等も私家より家臣差し置き〔御維新後、楠社御取立の頃神官湊川清之進なる者は従前私家より差し置きたるなん。こを菴と云う。墓守僧なり〕、右等の履歴は世間衆庶の曽《かつ》て知る処に御座候。殊に明治二年先代正光死亡の砌、家名相続人は精々血統の者取り調べ願い出づべき段深重の御沙汰を蒙り候に付、私儀は池田輝政《てるまさ》より正統の者なるを以て〔旧備前国領主池田輝政は楠正成の孫なり〕御詮議の上私を以て家督相続人に仰せ付けられたり〔弁官係官は旧岡山藩新庄作右衛門也〕。右等由緒且つ続々御指令の廉合も御座候に付、特別の御詮議を以て新田始め同様、私家名も華族の列に差し加えられ候はば祖先の名誉相輝き天恩深く感戴奉るべく、則ちこれ迄奉呈仕り置き候由緒歎願書及び系譜写等相添え、この段再願奉り候也。

と述べている。上大夫である諸侯に次ぐ身分であった中大夫（旧旗本中、高家・交代寄合・典薬頭であった諸家）や、下大夫（千石以上の旧

旗本）の称も廃され一般士族に編入されたことに対する不満を示し、また同家が旧幕府において楠木氏嫡流として扱われ、役職に就いて叙位任官の際は祖先正成縁の「河内守」の受領名を称することを指摘する。さらに願意の中心としては、同十六年に特旨により南朝忠臣の末裔として、新田俊純《としずみ》・菊池武臣《たけおみ》・名和長恭《ながゆき》の三名が華族に列したことを受け、同じ忠臣の裔として同家への華族編列を求めたものであり、この願書を京都府知事北垣国道《くにみち》は同月十三日付で「書面願の趣聞き届け、本願書その筋へ進達候事」と正秀へ申し伝えているが、何の沙汰もないことに対して、同年十二月十八日付で「家格御取立之儀ニ付再願書」を京都府知事北垣国道代理の同府大書記官尾越蕃輔宛で提出。同月二十一日付で北垣知事は「書面願の趣追って何分の指令に及ぶべく候事」と前回同様申し送るにとどまっている。明治十七年七月の華族令公布により、公侯伯子男の五爵が定められた後も請願は続き、二十二年一月二十八日付で内務大臣松方正義と宮内大臣土方久元宛で「華族藩列願」を提出し、これまでどおりの願意を記すが、不首尾に終わる。前掲『甲斐荘氏華族班列願参考書』は明治二十二年一月の請願分で終わっているが、この後の分については「楠氏取調書」にみえる。宮内省爵位局奉宣掛《かかり》による当局側作成のこの書類は、明治二十九年四月二十日立案、五月五日決裁のものであるが、

　南朝の忠臣贈正一位楠正成の後胤と称し華族に編入相成りたき旨を以て出願したる者二十有一家の多きに及び候に付、茲《ここ》に別冊の通り取り調べ候。然るにその正統確実と認むる者は未だこれを発見すること能わざるも、中に就き稍々《やや》信を置くべき家筋または血統の関係ある者は全くこれなしと謂うを得ず。即ち以《い》号甲斐荘正秀、遠《を》号中村権左衛門、加《か》号楠正基、楚《そ》号関唯男の如きは審査の材料と相成るべき価あるものと存じ候に付、この四家の書類は姑《しばら》く他日の参考として当局に留め置き、その余は悉皆左の御指令を付し各その所轄地方庁へ向け書面却下相成るべき平裁を仰ぐ。

として、甲斐荘正秀を含み、中村権左衛門・楠正基・関唯男の計四名は楠木氏正統の信憑性が高いと判断されたためか関係書類は宮内省に保管することが決し、残る十七名分については「その県下族籍何某家格取立願の件詮議に及び難く書面却下候条、この旨本人へ相達すべし」という案文を宮内大臣より各府県知事宛で送り、請願書は当人へ却下するという方針を立てている。また取調書冒頭には「楠氏遺族取調書」として、

　南朝の忠臣新田・名和・菊池等の諸子孫は祖先の旧勲を追録して華族に列せられたるも、独り楠氏のみ未だその正統の子孫を発見すること能わざるは明治の昭代に於いて誠に一大欠典と謂わざるを得ず。嗚呼《ああ》忠臣楠氏にして子孫血食するものなしと云うは人をして天道の是非を弁ずること能わざらしむ。今や楠氏の遺族と称し、系譜若しくは古文書を具し什物を図し、各《おのおの》その証拠を明らかにし、競うてこれが詮議を出願したる者爰《ここ》に二十有一家の多きに及べり。而してそのこれを調査するものは実に爵位局の責任に属す故に常務の余暇窃かにその材料を蒐《あつ》め査覆考訂し、今漸くその業を結了することを得たり。依てこの二十一家の各系図に就きて他日の参考となるべきものを摘要し、以呂波を以て符号となし、而して順序にこれを調査し、茲にその正否を論究したり。但しその什物の如きは参考の用に借せざるなり。

として、甲斐荘正秀（以《い》号・京都）・平井庄太郎（呂《ろ》号・大阪）・小原大衛（波《は》号・高知）・楠正暹（仁《に》号・高知）・岩井正安（保《ほ》号・高知）・楠瀬六郎（辺《へ》号・高知）・楠瀬玄仙（止《と》号・高知）・勝賀瀬《しょうがせ》重信（知《ち》号・高知）・稲野仙菴（利《り》号・愛知）・樫本荘兵衛（奴《ぬ》号・和歌山）・岡逸平（留《る》号・三重）・中村権左衛門（遠《を》号・長野）・芋川某（和《わ》号・山形）・楠正基（元楢村と称す。加《か》号・鳥取）・井内権之丞（与《よ》号・京都）・楠三郎右衛門（太《た》号・岐阜）・市田長重

郎(礼《れ》号・三重)・関唯男(楚《そ》号・大阪)・池田顕従(津《つ》号・広島)・池田又三郎(称《ね》号・香川)・上田信敏(奈《な》号・愛知)の合計二十一名の氏名を列挙している。この段階では甲斐荘家は正成末裔として認められる可能性もあったと推測される。さらに大正期に入っても運動は継続されており、これは「諏訪頼固他授爵請願書」にみえる。同資料は宮内省罫紙の下部に(大四)と印刷されており、おそらく大正天皇即位大礼の慶事に際しての請願と思われ、大正三(一九一四)・四年頃のものと推定される。これによれば甲斐荘正秀については、

　右はその第十四世の祖正治住して河州の甲斐荘に在り。元亀年間楠正成第十一世の孫たるの故を以て徳川家康の召喚する所となり、遠州浜松城に於いて家康に見《まみ》え、その地名に因みて甲斐荘と改姓し、爾来その家系を伝えて今日に至りたるものにして、河州観心寺所在正成首塚の付近には甲斐荘家歴代の墳墓を存するのみならず、寛永十三年正茂の三百回忌に際し正述より摂津広厳寺の塔中龍泉寺へ寄付する所ありしを始めとし、貞享三年三百五十回忌の際にも正親より寄付する所あり。元亨(禄)八年水戸光圀湊川へ堂舎並びに石碑を建てたる際にも物を寄付したることあり。四百回忌・四百五十回忌・五百(回脱)忌にも同じく先例に依りて寄付する所あり。明治二年二月先代正光時の弁事役所に出願許可を得て、西本願寺下司下間《しもつま》大監の次男下間源吾を以て養子としたるもの、則ち本人なるを以て家系正に正成より第二十四代の孫に当たるを以て、祖先の皇家に忠勤を抽でたる勲労を録せられ、特旨を以て華族に列し授爵せられたしというに在り。

とみえる。さらに、

　今出願書並びにその付属の書類を閲するに、出願の理由とする所は主として贈正一位楠正成第二十四代の孫なること、その家に伝える系図に拠りて明らかなりというにあるも、その系図は河州観心寺所蔵の系図と異同あり。甲斐荘氏に伝うる所の系図に於いては正成・正行・正儀・正勝の順序を以て名を列し、正勝より正盛・盛信・盛宗・盛秀・長成・隆成を経て第十一世の孫正治に至り、姓甲斐荘を用ゆるに至りたることを記すと雖も、観心寺所蔵の系図に於いては、正成より正秀に伝え、正盛・盛信・盛宗・盛秀・長成・隆成を経て第九世の孫正虎に至るまでの名を列し、正治の名を記さず。正茂の子としては正行・正時・正儀・正秀・正平の名を列すれども、甲斐荘氏所蔵の系図には正秀・正平の名を記さず。隆成の後を承けたる者一には正治と記し、一には正虎に記し、一は十一世の孫に当たり、一は九世の孫に当たり、而かも正治と正虎との関係一もこれを確知するに由なし。系図として伝えらるるものに異同あり。これ家系の確否を定むるに当たりて更に研究を要すべき主要の点ならんと思考す。殊に奇とすべきは甲斐荘氏累代の墳墓を存せるの地、正に観心寺の付近に在り、正茂の首塚と称せらるるものもまたその寺内に在りというに、独りその由緒深き観心寺の所蔵に係れる楠氏系図に於いて甲斐荘氏の祖たる正治の名を隆成の次に記すことなくして、却って正虎の名を列することこれなり。甲斐荘氏系図には正治・文亀中徳川家康に浜松城に見えたることを載すれども、家康は天文十一年に生まれ、文亀は天文元年の二十八年以前に在り、家康の浜松城に居りしは元亀年中に在るを以て文亀は元亀の誤りなるべし。且つ正虎は正親町天皇の御宇に在りしものにして、正治と同じく永禄・元亀年中の人たるべし。然るに時を同じくして一は十一世の孫、一は九世の孫として而かもその父を同じくし、二人相関する所なし。これまた研究を要する主要の点たるべし。

と述べ、甲斐荘家の系図に幾分の疑問がある点を指摘している。また同時期の請願は「松平康民《やすたみ》他陞爵請願書」に含まれる。これは大正四

年十月六日付で内閣総理大臣大隈重信より、宮内大臣波多野敬直《よしなお》宛で「左記の者授爵または陞爵情願の旨意は主として家格に存する義と認められ候に付、然るべく御詮議相成りたし」としてそのなかに甲斐荘正秀の名もみえる。同人については、「右は楠正成裔たるの故を以て華族班列を願い出たるものなり」とみえるも、即位大礼に際しての授爵にも洩れ、こののち同家の授爵運動は確認できず、結果不許可に終わっている。

典拠　『甲斐荘氏華族班列願参考書』(東京大学史料編纂所蔵)、「甲斐荘源吾家格ノ儀ニ付願」(『公文録』)、「楠氏取調書」、「諏訪頼固他授爵請願書」(宮内庁宮内公文書館所蔵)、「松平康民他陞爵請願書」(同)

→甲斐荘正光

甲斐荘正光　かいのしょう・＊まさみつ

?—一八六九

楠木正成末裔・旧旗本・下大夫席

①明治二年一月十七日（不許可）

甲斐荘家は旧幕臣で旧禄四千五百三十一石余を知行した旗本。幕末・維新期の当主は正光。通称帯刀《たてわき》。後掲甲斐荘正秀の養父にあたる。維新時には朝廷に早期帰順して、慶応四年(一八六八)五月には本領を安堵され、朝臣に列して下大夫席を与えられた。甲斐荘家は本姓は橘氏で楠木正成末裔を称し、正光とその養子正秀は当初諸侯への、また華族への昇格を企図している。正光は『甲斐荘氏華族班列願参考書』によれば、明治二年(一八六九)一月十七日付で「奉歎願候口上覚《たんがんたてまつりそうろうこうじょうおぼえ》」を弁事役所宛で提出。

私本姓は楠氏にて、則ち贈正三位近衛中将橘正成の嫡孫、楠家の宗家に御座候。爾来《じらい》河州甲斐荘に処士《しょし》罷り在り候処、元亀年間徳川家康浜松在城の砌、家蹟を相慕われ喚び出しに相成り、徳川氏に付属仕り、仮に地名を以て家姓に仕り置き候段、御諒察成し下さるべく候。その頃河州花田の郷において一万三千石余領地の外に支配罷り在り候えども、追って徳川氏へ相収められ候由申し伝え候。然る処先般大政御復古在らせられ候に付、去る辰二月取り致(敢)えず上京仕り脆弱の子孫には御坐候えども、御時節柄を以て家祖の意志を相続、勤王勉励仕りたき志願に御坐候処、格別の御大典を以て、同五月本領安堵仰せ付けられ、有り難き仕合わせに存じ奉り候。その節私儀計らずも大病に取り係り、抛んどころ無く病中ながら帰邑の儀相願い奉り、今以て在邑加羪《かよう》罷り在り不本意恐れ入り奉り候。依て熟《つらつら》顧念仕り候えば、当時外同席の者とは由緒も相替わり、元来王化に随い奉り候家筋の者偶然にはこれ無く、定めて家祖正成を始め霊魂冥々の中に在り、如何計り本望に奉じ奉るべく候。右に付不肖の子孫には御坐候えども、以来本姓に復し御奉公仕りたく、この段も恐れ入り奉り候えども、この度御届け申し上げ奉り候間、兼ねて御聞き置き為し下され、何卒今の如く為され、永々闕下《けっか》に昵近仕り軈《やが》て家祖の志を相続、箕箒《きそう》の御用にても蒙り奉り一層精励相勤め候はば、進みては家祖の微忠を相表し、退きては子孫の者天下に美目を施し申すべき儀と、只管《ひたすら》この事件のみ昼夜懇願奉り候計りに御坐候。就いてはこれ迄徳川氏数代在職の間、前代功勲諱烈の子孫、且つ門閥名誉の遺蹟等は大小藩列に差し加え置かれ候向きもこれあり候えども、楠家の一類に於いては漸く微臣の私を以て宗家と相立て候儀、全く子孫代々不肖の者共相続仕り候故の事とは申しながら、家祖へ対し由来面目もこれ無く遺憾の極まりに御坐候えども、時勢奈何為すべからず、依て代々子孫空しく消光仕り居り候処、豈計らんや今般宇内《うだい》古今の忠臣義士を御追賞在らせられ有り難き御仁恤の御大典に遭遇仕り候に付差し越し歎願奉り候も、何卒自己潜上の至りと思し召され候ては重々恐れ入り奉り候えども、全く家祖当年忠勤の儀を思食出でさせられ、微臣の子孫には御坐

候えども、何卒藩列の末席へ御取立遊ばされ下され候様、血泣歎願奉り候。左候はば而して後身命を擲《なげう》ち、御用筋の儀は微臣の力相及び候限りは飽迄も闕下に於いて精勤仕りたく、右に付恐れを顧みず病中ながら歎願奉り候。非常の御沙汰を以て右願の通り仰せ付けられ下し置かれ候はば、冥加至極有り難き仕合わせに存じ奉り候。誠恐謹言。

とし、南朝の忠臣楠木正成の正統の末裔であり、楠木家の宗家として本姓に復したうえ、「藩列」すなわち諸侯への昇格を願い出ている。具体的に新田地などを加えて万石以上になるとしての昇格を申し立てているのか不明であるが、二月三日付で弁事からは、

追って何分の御沙汰仰せ出さるべく、先ず京都移住致すべき旨仰せ出され候事。

但し、正成以来家譜系図残らず取り調べ差し出し候様仰せ付けられ候事。

として、京都に移住し、遠祖正成以来の系図類を提出することを命じているが、正光の代には宿意を果たすことなく終わっている。なお、正光は願書中にもみられるように病身であり、同年四月に本願寺坊官下間《しもつま》大監次男源吾(のち正秀と改名)を養子に迎え、七月には家督を譲っている。

典拠　『甲斐荘氏華族班列願参考書』(東京大学史料編纂所蔵)

→甲斐荘正秀

梶野行篤　かじの・ゆきあつ

一八三三—一九〇五

一代華族・旧興福寺学侶(無量寿院)

①明治九年五月二十五日(許可)

旧堂上《とうしょう》公家石井《いわい》行弘《ゆきひろ》次男。幼名は八百麿。天保九年(一八三八)興福寺学侶無量寿院孝栄の付弟となり、十四年十一月に得度して清浄院住職となり孝諶と称す。慶応四年(一八六八)四月に還俗し、明治二年(一八六九)三月に非藤原姓出身のため生家へ復籍し、同年十二月従五位に叙せられ、一代限り堂上に列し、家禄を与えられて梶野を称した。『公文録』所収「梶野行篤外三名永世華族ニ被列ノ儀御沙汰相成度伺」によれば、九年五月二十五日付で太政官第二科で「華族従五位梶野行篤初四名へ御沙汰按」として、

別紙京都府華族従五位梶野行篤初四名の儀は御維新の砌実家へ復帰仰せ付けられ、華族列に加えられ候後、明治三年十二月に至り二代目より士族に加えられ、華族半減下賜すべき旨仰せ付けられ候処、元来奈良春日社内に於いて竟《つい》に復籍致さず勤続候数名の者はその後直ちに華族に列せられ候に付、従前同様の奉職にて甲は一代華族、乙は永世華族と相成り何分不公平に相見え候処、畢竟前後彼此の処分に渉り候故、自然甲乙相違の不権衡相生じ候義と存じ候。就いては四名の者へ更に左の通り御沙汰相成り然るべき哉、諸按取り調べ相伺い候也。

として審議をしている。これは藤原姓出身者である門跡・院家・学侶が還俗後、そのまま春日大社に「新神司」として奉職し堂上格を与えられ、さらに明治二年以降華族格となったのに対して、非藤原姓の堂上家出身である梶野(平氏)・小松(同)・西五辻《にしいつつじ》(源氏)・南岩倉(同)は一代堂上(のち一代華族)で、その身分が一代きりのものであり、二代目以降は士族に降格のうえ、家禄も半減するという措置を採られたことに対し、同じ興福寺住職でありながら甲乙の差を付けるのは不公平感があるとして、太政官において審議されたものである。おそらく、四名またはその実家筋より請願があったものと推測される。この太政官での審査は結局原案どおり梶野以下四家も一代華族から

梶野行篤

永世華族へ編入すべきものとされ、同月三十一日付で梶野家も永世華族に編入される。ただし、家禄については、「先般相違し候通り心得るべき事」として、二代目からは半減するものと決められている。こののち十七年の華族令公布に際しては七月八日付で男爵が授与されている。

典拠　「梶野行篤外三名衛生華族ニ被列ノ儀御沙汰相成度伺」（『公文録』）

鹿島則文　＊かしま・のりふみ

一八三九—一九〇一

鹿島神宮大宮司

①明治九年一月（不許可）
②明治十年七月二十八日（不許可）
③明治十七年頃（不許可）
④明治二十二年一月二十八日（不許可）
⑤明治二十三年頃（不許可）

鹿島家は代々鹿島神宮の大宮司を世襲する家柄で、則文は則孝の子。文久二年（一八六二）三月に従五位下・出羽守に叙任されるが、明治四年（一八七一）六月に社家の世襲および官位停止に伴い位記返上。同七年五月改めて正七位に叙せられ、さらに十八年四月従六位、二十年三月正六位、二十三年三月従五位、二十八年六月正五位、三十四年五月には従四位に昇った。『太政類典』所収「鹿島神宮大宮司鹿島則文華族編入ノ願ヲ許サス」によれば、明治九年一月に茨城県宛で自家の華族編列を請願。「鹿島神宮大宮司鹿島則文願」には、

鹿島神宮旧神官の儀は明治五年壬申冬新治県にて夫々御取調の上、その筋御伺い済にて族籍編入相成り、私家は士族仰せ付けられ候儀を当今に至り申し立て候は恐悚《きょうしょう》の至りに候えども、今や古書・旧器すら古今の見合のために夫々御保護遊ばされ候御時節柄、数千年伝来の旧家委細に申し上げず、その儘等閑黙止候はば却って如何と存じ候。全く門閥等自讃の儀にはこれ無く、明治五年壬申夏、出雲・住吉・熱田・日前《ひのくま》・宇佐・阿蘇・旧神宮華族列仰せ付けられ候はば、別段の家格と存じ奉り候処、その後高千穂有綱《ありつな》・小野尊光《たかてる》同族仰せ出だされ候に付いては、追々旧家も御取調相成り候事歟と存じ候。付いては私家も普通の神官とは別段相違の儀これあり候間、別紙取調申し上げ候。何卒その御筋へ宜しく御申し相成り候様懇願奉り候也。

とあり、明治五年以降諸社の旧社家がつぎつぎと華族に編入されていることから、この請願を興している。また、同年六月三十日付で茨城県権令《ごんれい》中山信安《のぶやす》代理より内務卿代理宛で「鹿島神宮大宮司鹿島則文家系之儀上申」を提出しており、これによれば、

当県下常陸国鹿島郡宮中村鎮座官幣大社鹿島神宮大宮司鹿島則文家系の儀は崇神天皇の御世、祖先神聞勝命同社の祭主たりしより一家連綿数千歳の久しき該社に奉仕、稀世の由緒・家格にて已《すで》に高千穂有綱・小野尊光・金子有卿《ありのり》等を近時華族に列せられ候如き特例の御評議これある旨、仍《より》て御参考の為別紙書類相添え、この段上申に及び候也。

として九月一日付の鹿島則文の「御願」を添付して内務省へ回送している。さらに同十年七月二十八日付で鹿島則文よりの請願に対する内務省上申によれば、

別紙茨城県伺鹿島神宮大宮司鹿島則文、華族へ編入相成りたき旨に候処、右は先般旧度会県旧神官荒木田《あらきだ》・度会《わたらい》両姓の儀に付上陳に及び、本年五月十八日御裁令の次第もこれあり、彼是比較査考候に荒木田・度会は神官の禰宜にして次官なれば、鹿島の往古より一社の長官を歴任せし大宮司家と比較も相成り難く、その家筋はやはり先年神官にして華族に列せられ候分に比準し然るべきものと相考え候間、別紙書類相添え御裁令を仰ぎ候也。

とあり、伊勢神宮の荒木田・度会両姓との比較が困難であることから伺いを立てている。前年一月に鹿島が請願書を提出するも却下された経緯もあり、由緒勘例・家系図も添付して再願するも、これに対する本局議按は、

別紙内務省伺茨城県下鹿島神宮大宮司鹿島則文、華族に列せられたき趣審按候処、遠くその祖先に遡れば家系貴きもの特にこの一人にあらず。他の民庶中無比類あらん。今一々これを華族に列せらるるの時はその際限なきは論を待たず。且つ本年五月中、荒木田・度会両姓同様の儀願出候節も左の参照の通り御裁議相成り、就いては本件はその家系の如何を問わず現今の身分に拠り御処分相成り御聞き届けこれ無き方然るべき哉。依て御指令按を草し御高裁候也。

と八月十日付で請願を不許可としている。また『授爵録』(追加)(明治十五～大正四年)所収「族籍之儀ニ付建議」によれば、すでに華族に列した松木美彦《まつきよしひこ》男爵と藤井希璞両名の連署で明治二十二年(一八八九)一月二十八日付で宮内大臣土方久元宛で請願。

謹みて案ずるに貴族の国家に於ける重大の関係あり。許多の効用ありて、政治上・国体上に置いて必須の者たるは今更に喋々を要せず。(中略)爰《ここ》に古名家族宜しく詮議せらるべき者十六家を録して左右に呈す。

として神宮旧神官より久志本常幸《くしもとつねゆき》・宮後朝昌《みやじり》・沢田泰綱《やすつな》・世木《せき》親喜、上賀茂より松下径久《みちひさ》・岡本保益・鳥居大路《とりいおおじ》治平、下鴨より泉亭《いずみてい》某・梨木《なしのき》某・鴨脚《いちょう》某、日吉より生源寺《しょうげんじ》希徳・樹下《じゅげ》某、松尾より東某・南某、香取より香取保礼、そして鹿島より鹿島則文の十六名を列挙するも、こののち審査のうえ授爵されたのは沢田泰綱の子幸一郎(泰圀《やすくに》)のみで鹿島ほか十五名は選に洩れている。さらに前掲『授爵録』(追加)(明治十五～大正四年)所収「内宮外宮旧神官十八家等族籍ニ関スル件」という明治二十三年頃作成と思われるこの資料によれば、旧賀茂別雷神神社(上賀茂神社)神主の松下清岑《きよみね》に関する「加茂旧神官松下清岑ノ家」の項に、

右家は上加茂旧神官の三家の一、岡本・鳥居大路の総本家にして累代神主に補せられ、従三位に上ることを得、その系統は加茂建角身命《かもたけつのみのみこと》の裔、神主在実七代孫正四位下資保二男能久《よしひさ》に出づ。能久承久の乱戦敗れ、鎮西に遷さる。貞応二年六月十日太宰府に於いて卒す。嗣なし。後鳥羽院天皇の皇子(童名氏王丸)を賜り嗣とす。氏久《うじひさ》と称す。神主に補せられ従三位に叙す。氏久の子孫遠久これを嗣ぎ、皇胤の系統連綿《れんめん》として現代清岑に至れり。その血統及び家格は曩《さき》に華族に列せられたる旧神官に比し優ることあるも劣ることなし。然らば則抜きを以て優班に列せられんか、否松下家に比しき家、下加茂旧神官に泉亭・梨木・鴨脚三家あり。その他日吉神社に生源寺・樹下、松尾神社に東・南、鹿島神社に鹿島、香取神社に香取等のあるなれば、独り松下家にのみ栄典を及ぶべきものにあらず。これ等は他日を俟《ま》ちて慎重銓衡せられ然るべきものと思考す。

とあり、皇胤である松下家を華族に列する際には、鹿島も含めた旧神官中由緒のあるこれらの諸家をも同様に授爵する必要性を説いているが、結局どの諸家も授爵されずに終わっている。

典拠　「鹿島神宮大宮司鹿島則文華族編入ノ願ヲ許サス」(『太政類典』外編)、「鹿島神宮大宮司鹿島則文華族ニ被列度伺」(『公文録』)、『授爵録』(追加)明治十五～大正四年

賀島政一　かじま・まさかず

一八七五―一九四二

旧阿波国徳島藩家老

①明治三十三年五月五日　(許可)

賀島家は旧徳島藩家老で旧禄一万石を知行。幕末・維新期の当主は後掲政範。政一はその嗣子。『授爵録』(明治三十三ノ一年)所収の明治三十三年(一九〇〇)五月五日付立案の書類によれば、

右は旧藩一万石以上の門閥にして、何れもその所属藩主の一門または家老たり。平生数百の士卒を養い、有事の時は将帥と為り手兵を提《さ》げ、出でて攻守の任に当たり、無事の時は入りて執政と為り民政を総管する等恰も小諸侯の如し。而して

この輩は封土奉還の日何れも士族に編入せられたるも、仍《なお》巨多の資産を有して旧領地に住し、その地方人民の推重せらるるを以て自らその地方人民の儀表と為り、勧業または奨学等公益に資すること少なからず。その門地は以て小諸侯に譲らず。その資産また門地を維持するに足るものと認むるに因り前掲の通り授爵の恩典あらんことを奏上せらるべきや。

とあり、賀島家は門地を維持するだけの資産も有していると認められ、同年五月九日付をもって男爵が授けられる。

典拠　『授爵録』明治三十三ノ一年

賀島政範　かじま・まさのり

一八三九—一九一三

旧阿波国徳島藩家老

①明治十一・十二年頃（不許可）

②明治十二〜十六年頃（不許可）

③明治十五・十六年頃（不許可）

賀島家は旧徳島藩家老で旧禄一万石を知行。幕末・維新期の当主は政範。前掲政一《まさかず》の父。同家の華族昇格に関し、『爵位発行順序』所収「華族令」案の内規として公侯伯子男の五爵（左に朱書で公伯男の三爵）を設け、世襲・終身の別を付し、その内「世襲男爵を授くべき者」四項目中、第四項目に「旧藩主一門の高一万石以上の者及び高一万石以上の家臣」を挙げている。同案は明治十一（一八七八）・十二年頃のものと推定されるが、この時点においては旧幕時代に一万石以上を領していた賀島家は男爵に列すべき家として認知されていたと思われる。同じく前掲『爵位発行順序』所収「授爵規則」によれば「男爵を授くべき者」として、七項目中、第四項目に「旧藩主一門の高一万石以上の者及び高一万石以上の家臣」が挙げられている。前記資料とは異なり、この案は同十二年以降十六年頃のものと推測されるが、こちらでも万石以上陪臣として、同家は世襲華族として男爵を授けられるべき家とされていた。また、明治十五・十六年頃の作成と思われる「三条家文書」所収「旧藩壱万石以上家臣家産・職業・貧富取調書」によれば、旧禄高一万石、所有財産は金禄公債四千六百六十四円、銀行株券五千円、宅地田畑二十二丁二反、山林六十七丁、家屋十五棟、職業は無職。貧富景況は空欄となっているが、当該時期には万石以上陪臣の華族編列そのものが実施されなかったため、同家も士族にとどまっている。明治十八年に家督を嗣子政一に譲り、同家が同三十三年五月九日付で男爵を授けられるに伴い、政範も有爵者の先代として同年九月十日付で従五位に叙せられる。

典拠　『爵位発行順序』、「旧藩壱万石以上家臣家産・職業・貧富取調書」（「三条家文書」）、松田敬之「新華族先代・先々代叙位に関する一考察」（鶴崎裕雄編『地域文化の歴史を往く—古代・中世から近世へ—』）

樫本荘兵衛　かしもと・＊しょうべえ

生没年不詳

楠木正成末裔

①明治二十九年五月五日（不許可）

和歌山県在住で楠木正成末裔を称する。族籍などは不明。授爵については明治二十九年（一八九六）四月二十日立案・五月五日決裁の「楠氏取調書」にみえ、宮内省爵位局が楠木正成末裔として提出された請願者二十一名中、樫本の名も記されるが、家系に信憑性があると判断された甲斐荘《かいのしょう》正秀（以《い》号・京都）・中村権左衛門（遠《を》号・長野）・楠正基（加《か》号・鳥取）・関唯男（楚《そ》号・大阪）の四名のみ「審査の材料と相成るべき価あるものと存じ候に付、この四家の書類は姑《しばら》く他日の参考として当局に留め置き」とされて関連資料は宮内省に保管され、樫本荘兵衛（奴《ぬ》号）を含めた十七名については各府県知事を通じて請願書を却下され、こののちも授爵されずに終わっている。

典拠　「楠氏取調書」（宮内庁宮内公文書館所蔵）

梶原三平　かじわら・＊さんぺい

一八七六—？

梶原景時末裔

①大正三年十二月八日（不許可）

北海道庁士族。梶原景時末裔を称し、当時は北海道河西郡《かさいぐん》居留。「今井鉄巌他授爵請願書」に今井鉄巌・佐野佐吉郎の分とともに請願書が含まれるも、一部不開示のため詳細は不明。大正三年（一九一四）十二月八日付で授爵を申請。系図や祖先景時詠歌直筆、足利義満御教書、軍配団扇などを列挙した「梶原家宝物覚書」を添付するも請願は不許可に終わる。

典拠　「今井鉄巌他授爵請願書」（宮内庁宮内公文書館所蔵）

春日昇一郎　かすが・しょういちろう

一八六八—？

旧久我家諸大夫

①明治二十九年六月二十六日（不許可）

②明治三十年十二月十七日（不許可）

春日家は元久我《こが》家諸大夫《しょだいぶ》で、昇一郎は安政の大獄では永押込の処罰を受けた春日仲襄（潜庵《せんあん》）の孫にあたる。仲襄は従五位下・讃岐守であったが安政六年（一八五九）十月に処罰されて官位を返上、文久二年（一八六二）十二月赦免され、翌年六月元の官位に復す。慶応四年（一八六八）二月に大和鎮撫総督参謀を命ぜられ、同年五月十九日には徴士《ちょうし》となり、新政府の直轄地となった奈良県の知県事《ちけんじ》となるも、七月には免職となった。明治二年（一八六九）七月には旧来の律令百官が廃止となり讃岐守も止められ、さらに三年十一月には地下官人や諸大夫・侍などの位階も廃止となり、従五位も失位。同年十二月に京都府貫属士族となり、十一年三月に六十七歳で死去した。仲襄には二子あり、長男仲襲は安政六年十一月父に先だち没し、仲襲弟の仲淵《なかみつ》が仲襄没後家督を相続。昇一郎は仲淵の長男で、明治二十五年六月父の隠居に伴い春日家の当主となった。同家の授爵については、『史談会速記録』第五十輯所収「旧功者事蹟取調の報告　付春日讃岐守国事鞅掌の事歴申稟書」にみられる。この請願は二十九年六月二十六日付で伯爵東久世通禧《みちとみ》に宛てたもので、

春日昇一郎誠恐誠惶頓首再拝謹みて伯爵東久世通禧公閣下に白《もう》す。困急して天を呼び、疾痛《しっつう》して父母を呼ぶ者は人の至情なり。今や昇困急疾痛仰ぎて天を呼び、伏して父母を呼ぶの急迫無きにあらず。それ閣下は天と父母の如し。豈叫呼攀援《あにきょうこはんえん》してこれに聞するに言を以てし、而して昇が至情を陳べざるを得んや。昇が祖父潜庵旧従五位下・讃岐守に叙任せられ、久我家の諸大夫たり。夙に勤王の志を抱き、鞠躬《きっきゅう》尽力回天の大義を唱え、而して図らざるも、先皇帝の知遇を蒙ること浅からず。謹みてその由を陳じ、以て昭代の恩典を蒙らんことを願う。唯閣下それこれを領せよ。嘉永年間始めて米国使節相州浦賀に来たり互市を乞う。これより天下多事在野の義士漸く尊王攘夷の議を唱う。この時に当たり久我大納言建通《たけみち》公議奏官たり。時に米国及び各国使節尋《つい》で至る。その談判の飛報幕府より日として奏聞せざるはなし。建通公身その衝に当たる。時に朝廷の公卿外国の事情に明晰なる者絶えて少なし。建通公が奏上一々肯啓に適せざるはなし。先皇帝大いに恐き玉い、卿《けい》何を以て善く外事を諳んずるや。公伏して奏して曰く。臣が家隷春日讃岐守頗る外国の事情に通ぜり。臣故を以て竊《ひそ》かに諮詢する所ありと。先皇帝嗟嘆《さたん》し玉う。これ潜庵知遇を受くるの始めなり。安政元年某月三条実万《さねつむ》公密勅を受け、潜庵に下賜せらる。六条宰相有容《ありおさ》卿をして携えて家に就きて賜う。潜庵感泣して拝受す〔密勅その他国事に関する書類は党錮の獄起こるに際し潜庵及び父仲淵と共にこれを火に投じて焚けりと仲淵云う〕。これより潜庵は先皇帝顧問の恩命を受け奉陳する所あり。安政五年十二月二十六日夜、先皇帝が建通公に勅し玉いて曰く、讃岐守の勲労朕これを嘉す。即ち御する所の御扇を取り玉いて建通公に授けられ、他日を待って賞する所あり。今これを賜い朕が意を表せん。卿それこれを讃岐守に伝えよと。これより先列藩有志の士と交

わり大いに計画する所あり。然るに梁川《やながわ》星巌《せいがん》に至りては交わり特に厚く、日夜謀る所少なからず。幕府党錮の獄を起こすに際し、星巌は病を以て俄に歿し、その禍を免がる。而して潜庵は逮せられて檻車江戸に押送せられ、岸和田藩の邸に拘せらる。縲絏《るいせつ》に在ること一年余、時に幕府の評定所に於いて糺問を受るに際し、遂に密勅顧問の事実を糺問せず。潜庵もまた事実を漏洩する能わず。唯処士梁川星巌と天下の形勢を議するを以て罪となし永禁錮を命ぜらる。居ること四年余、天下の事勢大いに変じ、凡《すべ》て党錮の禍に罹する者皆特勅を以て赦宥を蒙る。潜庵もまた解禁の恩命を蒙る。これより大いに周旋する所あり。維新の際に至り徴士・奈良知県事に任ぜらる。任に在る纔《わず》かに数月、当路に讒する者あり、また逮せられ、父仲淵・叔父仲襲と共に獄に下るも証跡なきを以て解放せらる。潜庵歿するの後、明治十五年十二月忝くも勤王の功を賞せられ宮内省より祭資金百五十円を下賜せらるの恩典を蒙るの栄を得たり。今や昇が叫呼攀援《きょうこはんえん》して陳情せんと欲する者は向《さき》に梁川・佐久間等数十人、苟《いやしく》も勤王の大義を唱え党錮の禍に触るる者贈位の恩典を蒙らざるはなし。今仄《ほの》かに聞くにこの輩或いはその子孫授爵の光栄を蒙る者既に已《すで》に十余家、昇ここに於いて竊かに感泣し、聖恩の広大偏なく党なく天地包含の量深洪して誰がその流沢を蒙らざる者あらんや。潜庵の如き安政以来、先皇帝の知遇を蒙ること天下の人に勝る特に深し、既に祭賜の恩沢を得るも、而して未だ贈位・授爵の恩典を蒙らず。苟も安政以還同時に党錮の禍に罹り、及びその禍に罹らずと雖も苟も勤王の志を懐き、潜庵と与《とも》に力を国事に致す梁川星巌の如きも向に既に贈位の恩典を蒙るあり。況んや潜庵の如きは忝くも密勅を蒙り時事の顧問を受くるあり。当時既に御扇の恩賜あるも、潜庵は独り今日に在りて贈位・授爵の恩典を蒙らず、その子孫たる者痛心疾首天を呼び、父母を呼ばずんばあらず。昇大願に勝《た》えず。伏して願わくは、閣下昇の衷情を哀憐し、速やかにその申稟を得て明治昭代の洪恩を蒙らんことを唯閣下その已《や》むを得ざるの情状を憐みこれを図れよ。敢えて威尊を瀆冒し、俯伏恐懼の至りに堪えず。昇誠恐誠惶頓首謹みて白《もう》す。

として、幕末期以来の祖父仲襄の忠勤・功績をもって贈位・授爵の栄に浴したいと東久世へその仲介を求めている。史談会へ功績調査を依頼しているのは、春日だけでなく、村田氏寿《うじひさ》や中根雪江の孫己巳《きし》についても同様であり、おそらくこれを受けたものと思われるが、『授爵録』(明治三十年)所収の宮内省当局側の明治三十年十二月十七日付審査書類「侯爵久我通久《みちつね》及久我建通《たけみち》ニ被問合書伺」によれば、

京都府士族春日昇一郎よりその祖父潜庵の旧功を申し立て、特に寵光を蒙りたき旨別紙二通差し出し候処、右は貴家の諸大夫たりし旨記載これあり候に付、その履歴に於いては自然御記憶もこれあるべきと存じ候条、果たしてこの書面の通り功績これあり候者なるや、且つ奈良知県事の際、東北の賊に通じたる事の如き多少の罪条のありし事なる歟。平然分明ならざる所これあり候に付、御取り調べの上何分の御回答成されたく、書面相添えこの段御照会に及び候也。

と侯爵久我通久とその先代建通に宛てて爵位局長の岩倉具定《ともさだ》が取調のうえ、回答を求めている。岩倉が久我父子に問い合わせている「東北の賊に通じたる事の如き多少の罪状」云々とは、おそらくは春日精之助の『春日潜庵伝』によれば、明治元年七月二十二日に刑法官より仲淵とその弟仲装を召還して嫌疑があるとして尋問もせずに即座に六角の獄に下し、さらに同月二十五日は任地にある仲襄も京都へ召還し知県事の職を免じて獄に下したとする。百余日ののち放免されるが、その理由としては主人久我通久へ東北遊撃軍将を命じる際、

諸大夫として家政を司っていた仲襄がこれを拒んだという風説によるものと記されており、また後年仲襄への贈位建言でも「曽《かつ》て仲襄が東北の賊軍に通謀すと讒誣《ざんぶ》するもの有り獄に下る。幾くも無くしてその冤枉《えんごう》に罹るの跡明白と為りて釈さる」とみえ、このような誣告によるものと考えられる。また、二年三月には久我通久が突然使者を遣わし、仲襄・仲淵父子に蟄居、仲装に謹慎を命じたうえ、家禄を褫奪するという処断を下したとある。反駁する仲襄に対して使者は、久我家の家政において功名を誇り暴威を揮ったためと答えたとする。さらに、太田虹村《こうそん》の『春日潜庵伝』でも同様の記述がみえるが、蟄居を命じられた仲襄に対して通久には「含む所」があったのは事実であろう、とわざわざ記しているので、この当時久我父子と仲襄が不和であったとも考えられる。岩倉の問い合わせに久我父子がどのように返答したのかは『授爵録』(明治三十年)には添付されていないが、昇一郎の授爵請願は容れられていない。そののち昇一郎のもう一つの請願であった仲襄への贈位は三十六年十一月十三日付で正四位が追贈され実現している。

典拠　『授爵録』明治三十年、「旧功者事蹟取調の報告 付春日讃岐守国事鞅掌の事歴申稟書」(『史談会速記録』五〇)、春日精之助編『春日潜庵伝』、太田虹村『春日潜庵伝』、「故春日仲襄外四十九名贈位ノ件」(国立公文書館所蔵『叙位裁可書』明治三十六年・叙位巻二十・贈位)

片岡健吉　かたおか・けんきち

一八四四—一九〇三

衆議院議長

①明治三十五年四月二日　(不許可)

旧土佐国高知藩士出身の政治家。幕末・維新時には国事に奔走したのち、新政府に出仕するも明治六年の政変で下野し、自由民権運動に携わる。明治二十二年(一八八九)に衆議院議員に当選し、三十一年には衆議院議長に就任。『東京朝日新聞』三十五年四月二日朝刊には「片岡議長授爵説」の見出しで

中島・楠本《くすもと》両前議長も爵を授けられたり。殊に片岡氏は維新の役に板垣伯の幕僚として功労あれば、その政界を退かんとするこの際授爵の恩典に接するならんといふ。

片岡健吉

とみえる。すでに衆議院議長経験者として、中島信行・楠本正隆がともに男爵を授けられている先例にならい、当時片岡への授爵も取り沙汰されていたことが明らかであるが、こののちも授爵は行われず。三十六年十月の死去に際して正四位・勲三等旭日中綬章に叙せられるにとどまっている。

典拠　『東京朝日新聞』明治三十五年四月二日朝刊

片岡利和　かたおか・としかず

一八三六—一九〇八

貴族院勅選議員・錦鶏間祗候

①明治三十三年五月五日　(許可)

宮内省侍従兼主猟官

旧土佐藩士出身の官僚。慶応四年(一八六八)三月軍防局管轄軍曹となり、同年五月東叡山賊徒討伐に際しては軍監となり、さらに小監察・柏崎軍監・刑法官監察司知事・東京府少参事・兵部少丞《しょうじょう》などの諸官に任ぜられ、明治二年(一八六九)六月には賞典禄五十石を永世下賜された。四年十一月侍従に任ぜられる。以後主猟官を兼任し、三十九年五月に退官して錦《きん》鶏間《けいのま》祗候《しこう》を仰せ付けられ、貴族院勅選議員となった。片岡授爵に関してこれまで他薦の書類などは確認できないが、『授爵録』(明治三十三ノ二年)によれば、明治三十三年五月五日付の宮内省当局側立案書類で、尾崎忠治ら計二

十五名の文武官の授爵を詮議しており、銓衡として(一)維新の際大政に参与して殊勲ある者、(二)維新の功により賞典禄五十石以上を賜りたる者、(三)維新前後国事に功労あり、かつ十年以上勅任官の職にある者、または現に在職中の者、(四)十年以上勅任官の職にあり功績顕著なる者、(五)特に表彰すべき偉大の功績ある者の五つの規準を設けており、片岡はその(二)に該当する対象者とされ、同月八日に裁可を得て翌日付で男爵が授けられる。

典拠　『授爵録』明治三十三ノ二年

片倉景範　かたくら・かげのり

一八三八―一九〇二

旧陸奥国仙台藩家老

①明治十一・十二年頃　（不許可）
②明治十二～十六年頃　（不許可）
③明治十五・十六年頃　（不許可）

片倉家は旧仙台藩家老で旧禄一万七千二百石を知行。幕末・維新期の当主は邦範《くにのり》で、奥羽列藩同盟の諸藩が官軍に敗れたのち、知行を没収される。その後は子の景範とともに北海道開拓に従事した。後掲景光《かげみつ》は嗣子。同家の華族昇格に関し、『爵位発行順序』所収「華族令」案の内規として公侯伯子男の五爵（左に朱書で公伯男の三爵）を設け、世襲・終身の別を付し、その内「世襲男爵を授くべき者」四項目中、第四項目に「旧藩主一門の高一万石以上の者及び高一万石以上の家臣」を挙げている。同案は明治十一（一八七八）・十二年頃のものと推定されるが、この時点においては旧幕時代に一万石以上を領していた片倉家は男爵に列すべき家として認知されていたと思われる。同じく前掲『爵位発行順序』所収「授爵規則」によれば「男爵を授くべき者」として、七項目中、第四項目に「旧藩主一門の高一万石以上の者及び高一万石以上の家臣」が挙げられている。前記資料とは異なり、この案は十二年以降十六年頃のものと推測されるが、こちらでも万石以上陪臣として、同家は世襲華族として男爵を授けられるべき家とされていた。また、明治十五・十六年頃の作成と思われる「三条家文書」所収「旧藩壱万石以上家臣家産・職業・貧富取調書」によれば、旧禄高一万七千二百石、所有財産は空欄、職業は「北海道移住開拓に従事」とし、貧富景況欄には「困難」とみえるも、当該時期には万石以上陪臣の華族編列が実施されなかったため、同家は士族にとどまっている。なお、嗣子景光も授爵運動を起こし、明治三十一年七月二十日付で男爵を授けられる。

典拠　『爵位発行順序』、「旧藩壱万石以上家臣家産・職業・貧富取調書」（「三条家文書」）

→片倉景光

片倉景光　かたくら・かげみつ

一八五九―一九一一

旧陸奥国仙台藩家老

①明治三十一年五月十七日　（許可）
②明治三十一年五月二十七日　（許可）
③明治三十一年六月三日　（許可）
④明治三十一年六月十七日　（許可）

片倉家は旧仙台藩家老で旧禄一万七千二百石を知行。景光は前掲景範《かげのり》の子。景光の授爵への動きについては明治三十一年（一八九八）頃から確認され、『授爵録』（明治三十一年）によれば、明治三十一年五月十七日付で北海道庁長官安場保和《やすばやすかず》より「片倉景光ヲ華族ニ列セラレ度上奏ノ儀上請」が内閣総理大臣伊藤博文宛で提出され、門地からもまた功績の点からも問題なく、特殊の詮議をもって授爵を求めるという内容である。また、同年六月三日付で佐藤孝郷による「片倉景光家筋由緒」も綴られており、維新時における同家の功績、北海道移住顛末、片倉景光家産設備を列挙し、「右は片倉景光へ爵位御授与の恩典を請願せし書中尽くさざる所あり、依てこれを録して口頭に代え謹み奉呈す」として同家への授爵を求める。この請願については、『近衛篤麿《あつまろ》日記』同年五月二十七日条に「一、面会　佐藤孝郷外片倉家旧臣三名（片倉家叙爵願の件）」とみえ、さらに同年六月二日条にも「来状（中略）片倉景光（叙爵に付尽力の謝辞）」ともあり、同家の華族編列・授爵には公爵近衛篤麿の後援があったことが窺われる。前掲『授爵録』（明治三十一年）所

収の明治三十一年六月十七日付の宮内省当局側立案の書類「授爵之件」によれば、四条隆平《たかとし》とともに片倉景光の授爵詮議について記し、片倉分については、

北海道庁長官より内閣総理大臣に上請したる片倉景光華族に列せられたき件を閲するに、景光の祖父故邦憲《くにのり》は旧仙台藩主伊達氏の国老にして磐城国《いわきのくに》白石の城主たり。幕府の時に於いては天下三家老の一に称せられ、長州の吉川《きっかわ》、阿波の稲田《いなだ》と均しく陪臣にして列侯と同一の礼を執れりと云う。維新の際藩主方向を誤らんとするに当たり、邦憲大義を唱え帰順の実を挙げんことを図りたれども、闔藩《こうはん》の大勢如何ともすべからず。空しく葵心を懐き将来大いに尽くす所ありて、以て国に報せんことを期せり。恰も好し明治二年廟議北海道開拓の挙あるに際し、蹶然《けつぜん》旧臣を率い曠漠《こうばく》無人の境に入り天然の苦寒に堪え、荊棘《けいきょく》を開き荒蕪《こうぶ》を墾し、良好の田畦と為せしもの三千三百五十二町歩、資を投ずるに二万三千六百余縁、旧臣を移すこと一千七十六人に及ぶ。而して傍その志一朝有事の日に方りては力を防禦に竭《つ》くし、以て不虞の備をなさんとするに在り、洵《まこと》に北海道開拓事業率先者の一人にして世に模範を示したる者と云うべし。子景範・孫景光皆邦憲の志を紹ぎ今日に至る。斯《か》く三代に亘り当初邦憲が期したる志を貫徹し終始一日の如く孜々《しし》拓殖に従事したるその功労は曩《さき》に華族に列せられたる邦成《くにしげ》に比して稍《やや》劣る所あるも、邦直《くになお》に優ること別紙参考比較書の如し。且つその資産一万四千四百三十二円余を有し、これより生ずる一ヶ年の収入金高一千二百三十八円余あるを以て華族としてその体面を維持するに足るべし。依て前掲の功労を録せられ特に華族に列し男爵を授けらるべき乎、右併せて裁を仰ぐ。

として同家の北海道開拓の功績については、二十五年十月十五日に男爵となった伊達邦成にはやや劣るものの、同じく同日男爵となった伊達正人《まさと》（邦直の孫）には優ると判断している。さらに、添付の「参考比較書」によれば、伊達邦成は拓地二千九百三十九町・移民六千三百六十人・投資三万六百余円、伊達邦直は五百四十七町・千六十人・一万八百余円、片倉景範は三千三百五十二町・千七十六人・二万三千六百余円とする。また、一ヵ年収入金高は伊達邦成は約千円、故邦直嫡孫正人が約五百円、景範嫡男景光が千二百三十八円七十二銭五厘とし、華族としての体面を維持するに必要な資産も有していると判断されている。これらの請願と近衛の尽力もあり七月十日に裁可を得て、同月二十日付で男爵が授けられる。

典拠　『授爵録』明治三十一年、『近衛篤麿日記』明治三十一年五月二十七日条・同年六月二日条

→片倉景範

片山東熊　かたやま・とうくま

一八五四―一九一七

宮内省内匠頭・工学博士

①大正四年十二月一日（不許可）

元長州藩士出身の建築家・宮内官僚。工部大学校でイギリス人建築家のコンドルに学び、その後は工部省営繕課技手や宮内省内匠寮《たくみのりょう》技師・東宮御所御造営局技監《ぎかん》などを経て宮内省内匠頭《かみ》。明治天皇の大喪使参与官もつとめ、内匠頭辞任後は宮中顧問官に任ぜられた。『東京日日新聞』大正四年（一九一五）十二月一日朝刊によれば「授爵愈々《いよいよ》本日／午前九時親授の儀」の見出しで、

天皇陛下には昨三十日を以て皇霊殿神殿御親謁の儀を滞りなく終わらせられ、こ

片山東熊

れにて大礼御儀の全部を御完了あらせられたるを以て、愈今一日午前九時に於いて爵記親授式を行わせられ、次いで宮内省宗秩寮《そうちつりょう》より人名を発表すと。右に付、同時刻礼服着用、宮中御召を受けしは左記の外数名なり。

として、穂積陳重《ほづみのぶしげ》・山川健次郎《けんじろう》・横田国臣・馬場三郎・平山成信《しげのぶ》・田中芳男・三井高保《たかやす》・大倉喜八郎・森村市左衛門と片山の計十名の名が列挙されている。この内、同日付で授爵したのは穂積・山川・横田・田中・三井・大倉・森村の七名と、同紙には掲載されなかった大森鍾一《しょういち》と古河虎之助の二名、合計九名であった。同紙の情報に一部誤りがあったのか、または直前まで選に残ったものの宮内省当局側の審査で却下されたのか片山と馬場三郎の両名はこの後も授爵されずに終わっている。また、『授爵録』(大正四年)には片山と馬場の関係書類は綴られてはいない。

典拠 『東京日日新聞』大正四年十二月一日朝刊

勝　精　かつ・くわし

一八八八―一九三二

元伯爵勝家家督相続人

①明治三十二年一月三十一日（許可）

徳川慶喜の十男で、明治三十二年(一八九九)一月二十日に勝安芳《やすよし》(海舟《かいしゅう》)と養子縁組をし養嗣子となる。安芳の実子小鹿《ころく》はすでに死去していたため、精を小鹿の娘伊代に配して勝家の家督を相続させるつもりであったが、籍が未だ移る前に安芳が死去したため、同家は伊代が女戸主となり、華族としての栄典を失うこととなった。『授爵録』(明治三十二年)所収の明治三十二年一月三十一日付の宮内省当局側立案書類「故正二位勲一等伯爵勝安芳養子勝精ヲ更ニ華族ニ列シ特ニ伯爵ヲ授ケラル、ノ件」によれば、

正二位勲一等伯爵勝安芳薨去。民法上法定の家督相続人なる孫女伊代《いよ》これを継承して女戸主と為りたるを以て、華族令第四条の明文に拠り同家は華族の栄典を失えり。然るに一月二十八日女戸主伊代隠居し、故安芳養子精その後を承けて戸主と為りたり。就いては故安芳の勲功を賞せられ、特別の思食《おぼしめし》を以てその家名正統の相続者たる精に殊典を与え、更に華族に列し伯爵を授けらるべき乎。

と記され、先代安芳の勲功により、再度精へ伯爵を授与することを審査し、二月八日付で同人へ伯爵が再授爵となった。なお、添付と思しき資料は不開示のため、詳細は不明。

典拠 『授爵録』明治三十二年

桂　太郎　かつら・たろう

一八四八―一九一三

陸軍大将・内閣総理大臣

①明治二十二年七月二日（不許可）

②明治二十三年三月二十一日（不許可）

陸軍少将・陸軍次官兼法官部長

③明治三十五年二月二十四日（許可）

内閣総理大臣・陸軍大将

旧長州藩士出身の陸軍軍人・政治家。維新後、明治三年(一八七〇)より六年までドイツに留学し、帰朝後、七年一月に陸軍歩兵大尉に任官。以後累進して十八年五月に少将に進級し、陸軍省総務局長、十九年三月には陸軍次官に就任し、二十一年十一月法官部長を、二十三年三月には軍務局長も兼任した。同年六月中将に進級し、二十四年六月第三師団長に親補され、二十七年には日清戦争に出征。その後台湾総督を経て三十一年一月には第三次伊藤博文内閣で陸軍大臣となり、同年九月には大将に進級。その後も多くの内閣で陸相をつとめた。三十四年六月には内閣総理大臣となり、その後も二度にわたり首相の座に就いた。桂の授爵に関する動きは少将時代より確認され、『尾崎三良《さぶろう》日記』明治二十二年七月二日条によれば、

条公《じょうこう》を訪《と》う。在朝有功の士を華族に列するの談あり。その人名は子爵、河野《こうの》敏鎌《とがま》、西郷菊之助、男、井田譲《ゆずる》、山口尚芳、伊丹重賢《しげかた》、花房義質《よしもと》、石田英吉《えいきち》、辻維岳《いがく》の八人。右の外八人の候補者あり。楠本、

藤村、山田信道、桂太郎、岩村高俊、北垣、三宮《さんのみや》、舟(船)越等なり。依て云う、楠本は第一着に属すべきものなりと。その余は意見なし。

とあり、尾崎が三条実美を訪問し、勲功により華族に列すべき人名を挙げて推挙しており、そのなかに桂の名がみえるも結局授爵に至っていない。また『山田伯爵家文書』所収の二十三年三月二十一日付「山田顕義《あきよし》秘啓」によれば、「授爵は陛下の大恩にして、国家の大典、万民の標準なり。真に陛下の親裁に出づるものにして、臣僚の容喙すべきものにあらず。然れどもその自歴を調査し、その理由を明晰にし、聖慮を翼賛するは臣下の務にして、謹慎鄭重を尽くさざるべからず。今鄙見《ひけん》を陳じ、閣下の参考に供す」として宮内大臣土方久元宛で授爵の標目として、(一)維新前後功労あり勅任官たる者および勅任官たりし者、(二)維新後功労あり勅任官たる者および勅任官たりし者、

桂　太郎

(三)維新前後功労ある者、(四)維新後功労ある者、(五)父の勲功に依る者、(六)神官および僧侶の世襲名家たる者、(七)琉球尚家の一門、の計七項目を挙げ、桂は第一項に適当の者としてその名を挙げるも、この際山田が列挙した人名中、授爵したのは第一項に該当した辻維岳一人であり、桂は選に洩れるが、その後日清戦争における軍功が認められ、二十八年八月五日付で子爵を授けられている。さらに『桂太郎関係文書』所収の明治三十五年二月二十四日付「岩倉具定《ともさだ》書翰」によれば、山本権兵衛(海相)・曾《そ》禰《ね》荒助《あらすけ》(蔵相)・清浦奎吾(法相)・菊池大麓《だいろく》(文相)・平田東助《とうすけ》(農商務相)・小村寿太郎(外相)の授男爵、林董の男から子への陞爵を岩倉が桂に伝えており、もう一名陞爵予定の者がいるが「これはご面会の上にこれ無くては申し上げかね候」と記している。この子から伯への陞爵は桂自身のものであるが、首相在職中の桂が自身の陞爵を企図したのかは不明。宮内庁書陵部宮内公文書館所蔵の『授爵録』などには裁可書は綴られているが、桂の功績調書や他薦の書類などは添付されていない。同人が四十四年四月二十一日付で日韓併合の功績により侯から公へ陞爵した際にも「お手盛り」であったという説があり、明治から昭和期の評論家である鵜崎鷺城《うざきろじょう》は著書『朝野の五大閥』で「彼は臆面もなく自ら公爵の手盛りをなし」と記し、また衆議院議員である小泉策太郎《さくたろう》(三申《さんしん》)も『西園寺公望公を語る』中で桂の公爵は元老にして桂の庇護者でもあった山県有朋の意に適うものではなかったと西園寺が述べていたことを記している。また、桂と近しい政治家でもあった徳富猪一郎《いいちろう》(蘇峰《そほう》)も、自著『蘇峰自伝』中で、

　桂公は日英同盟で伯爵となり、日露戦争で侯爵となり、而して朝鮮併合でまた最上の公爵となった。この公爵となったことは、桂公が自ら欲したのであった乎《か》、将《は》た他より持ち上げられたのであった乎、それは予が関《あず》かり知る処では無かったが、予は桂公に向かって、『御身の公爵は、寔《まこと》に高価である』と云った。それは実にその通りであった。凡《およ》そ桂公の一生の中に払うた代価の中で、この公爵ほど高価のものは無かったであろう。世間もまた決してそれが為に、桂公に対して、同情を加えなかった。しかのみならず、それよりも甚だしきは、桂公の擁護者たるべき諸元老の、桂公に対する好感を減殺したることだ。桂公よりも大先輩である、井上侯が、一格下っての侯爵である。松方侯がまた同様である。山県公などは、桂公に対して、自ら親分と思うていたのだが、全く桂公と同輩となったわけである。予は孰《いず》れの元老よりも、親しくその事に就いて、話を聴かなかった。併し総ての元

老が、この事に就いての感情は、決して良好では無かった。元老ばかりでは無く、寺内伯なども、頗る不満であった。伯が伯爵となることに就いて辞退されたのも、桂公に対する当てつけではあるまいが、或る他の人々に対して、釈然たらざるものがあったのではあるまい乎と思わるる節が、ないでも無かった。

と桂が最高位である公に陞爵した際のことを記している。桂自身が積極的であったのか、周囲から推挙の形で陞爵したのかは不明ながらも、山県ほかの元老の賛意は得られなかったようであり、お手盛りに近い形で実現した可能性もある。

典拠　『尾崎三良日記』明治二十二年七月二日条、「山田顕義秘啓」(『山田伯爵家文書』四)、「岩倉具定書翰」(『桂太郎関係文書』)、鵜崎鷺城『朝野の五大閥』、小泉三申『西園寺公望公を語る』、徳富猪一郎『蘇峰自伝』

桂木由富　かつらぎ・*よしとみ

生没年不詳

元興福寺学侶・春日大社新社司

①慶応四年四月（不許可）

②明治七年七月（不許可）

③明治八年七月二日（不許可）

桂木家は旧興福寺知足坊学侶。慶応四年（一八六八）四月以降、興福寺では大乗院・一乗院の両門跡以下院家《いんげ》・学侶もつぎつぎと還俗し、堂上《とうしょう》出身者は藤原姓の者は堂上格を賜り、非藤原姓の者は実家へ復籍のうえ一代堂上となる。地下《じげ》出身者も明治二年（一八六九）三月には藤原姓を与えられ、堂上出は春日大社新神司、地下出は同社新社司となる。これらの措置に不満を抱いた地下出身の急学侶たちは身分昇格を求めている。『太政類典』所収「春日旧社司及石清水社司等堂上格ノ願ヲ允《ゆる》サス」によれば、

一、元興福寺住侶、右元来地下の格にこれあり候処、復飾後尤も当分仮に当社付属新神（社）司に仰せ出され候に付、前後を顧みず、ただ杞然と御一新に基づき、去る辰四月由緒書等上覧に捧げ奉り、総て同勤同格公平の御定目仰せ出され候はば倶々精勤奉るべき儀は勿論、総て一社一和の御裁判成し下され候様懇願奉り居り候処、勤めは旧情を抱え隔心のみに罷り在り候。（後略）

とみえ、慶応四年四月付ですでに旧地下出の学侶たちが由緒書を提出して身分昇格を求めていたことが確認できる。また、『記録材料・建白書仮綴』所収「願（宰川秀宜（宣）等十五名）」によれば、明治八年七月二日付で元老院宛で家格取立の請願を行なっている。

元老院諸公閣下秀宣等十五名は外十六名とともに旧南都興福寺の学侶にこれあり。抑旧興福寺僧侶の位階順序は両門跡あり、院家《いんげ》あり、学侶あり。両門跡は春日神社の別当を兼ね、親王或いは摂家の子弟より出づ。院家は権別当を兼ね清華殿上人の子弟より出づ。学侶はその次官たり。然るに維新の初め学侶三十一名特に群議を拝し、独り勤王の赤心を奮い、或いは資を傾けて糧を献じ、或いは身を抽んでて禁衛に奔走し、屢《しばしば》勤労の慰命あり。後、春日の神祠に属するを以て復飾を請い、尚奉祠の職に任じ、己己（巳）三月神官等二十二名特に華族の格を賜う。内十六名は学侶より出る者なり。然るにこの恩典は昔日の功労を賞せらるるの儀なるに、特り華族に出る者のみにして、その余士族より出る者は同労ありと雖も与るを得ず。或いは云く。華族の格を賜うは賞功の典に非ずと。然らば旧両門跡及び院家は出雲の千家《せんげ》、住吉の津守《つもり》等の類にして華族に列するも、その謂われあるに似たり。奈何ぞ学侶の内にしてその典に与るを得るや、天下の僧徒・神官の華族よりして出る者幾何を知らず。皆尽く華族に陞《のぼ》り家禄を賜ずして独り旧興福寺のみ学侶にして華族の格に陞る。その意知るべきのみ。果たして賞功の典に出でば秀宣等十五名も同功の者なり。華族の出に非ざるを以て恩典に漏るべきの理なし。その労同じ

くしてその恩典を異にするは豈《あに》朝廷華族を親愛して士族を疎隔するの理に非ずや。且つ旧両門跡・院家の六輩は旧位階上に居ると雖も、維新の時勤王の続きなき者なり。特に身の華族より出たるを以て恩典を辱くす。愚等の解せざる所なり。二十二名華族格を賜うの日、京都留守官に申して謂う事あり。然るに依違して決せず。後七年七月該県権令《ごんれい》藤井氏に上書してこれを論ず。権令その説を可とし、上達せらるるの諾あり。然るに今日に至り寂として報聞を得ず。今般復二十二名の徒華族の列に陞り家禄若干を賜う。秀宣等に至りては嘗て配当米の半高を賜うと雖も種族と禄秩に至りては未だ何等の処分を賜らず。豈権令下情を抑塞して上達せざる歟。秀宣等旧方外の徒なり。万分の一の微労を称し恩典を貪らんとするに非ず。唯同侶同労にして異等の典あるを以てこの議無き能わず。伏して惟《おも》う。本院新立天下人民をして不平を抱かせざるの旨意明らかなり。謂うこれを院議に挙げ公平至当の論に決せられ、秀宣等の説不可ならば厚く説諭を賜い、若し可ならば速やかに上達せられ、蚤《はや》く秀宣等の処分を命ぜられんことを願い奉る。

と記され、同じ学侶でありながら、堂上出は堂上格、明治二年六月以降は華族格となっているのに対し、地下出の者は藤原姓を与えられたとはいえ、士族にとどまっている点が公平感を欠いているとして、惣代の率川《いさがわ》秀宣(円明院)・南井忠文(弥勒院)以下、一色雅文(花林院)・梅井順正(最勝院)・大喜多(大喜院)・尾谷直春(観音院)・桂木由富(知足坊)・鎌胤賀(宝蔵院)・雲井春影(蓮成院)・関秀英(楞厳院)・関根秀演(勝願院)・伊達幸春(安楽院)・東朝倉景規(観禅院)・藤沢公英(摩尼殊院)の計十五名が請願している。書面にはすでに七年七月中に奈良県権令藤井千尋《ちひろ》宛で華族または華族格への取立を請願し、藤井も許諾しながらこれを上申していないのではないかと記しているが、結局こののちも地下出身の学侶十五名はいずれも華族へ編列されることなく、また授爵されずに終わっている。

典拠 「春日旧社司及石清水社司等堂上格ノ願ヲ允サス」(『太政類典』)、「願(率川秀宜《ママ》等十五名)」(国立公文書館所蔵『記録材料・建白書仮綴』)

加藤定吉　かとう・さだきち

一八六一—一九二七

海軍大将・軍事参議官

①大正五年六月　(許可)

②大正五年七月一日　(許可)

　海軍中将・海軍教育本部長

旧幕臣出身の海軍軍人。明治十六年(一八八三)に海軍兵学校卒業。以後海軍大臣秘書官・軍令部副官や橋立・春日・出雲各艦長・海軍省人事局員などを歴任し、四十一年八月少将に進級。舞鶴工廠長や練習艦隊司令官をつとめ、大正元年(一九一二)十二月中将に進級して横須賀工廠長をつとめた後、二年十二月から第二艦隊司令長官となり、対独戦争では青島《チンタオ》攻略に尽力。四年二月に海軍教育本部長に転じ、その後は呉鎮守府司令長官や軍事参議官となり、十二年四月に予備役に編入された。授爵は日独戦争後、本格化しており、『授爵録』(大正五年)によると、五年六月付で総理大臣大隈重信より宮内大臣波多野敬直《よしなお》宛で申牒され、

男爵加藤高明外［　］《ママ》名は別紙功績書の通り大正三四年戦役に関し功績顕著なる者に付、各頭書の通り授爵・陞爵相成る様御詮議相成りたし。

として、加藤高明の男から子への陞爵ならびに岡市之助の授爵、長谷川好道《よしみち》の子から伯への陞爵、八代六郎・神尾光臣《かみおみつおみ》・島村速雄《はやお》と加藤の授爵を申請。添付された加藤の功績書には、

右は大正三四年戦役に方《あた》り第二艦隊司令長官として青島攻囲の艦隊を統轄し、作戦行動共に機宜に適し、克く青島攻囲、独逸艦隊撃攘《げきじょう》の目的を達したる、その勲功洵《まこと》に顕著なりとす。

と記され、対独戦・青島攻略にあたって第二艦隊司令長官をつとめた軍功を理由としている。

また『大正初期山県有朋談話筆記／政変想出草』によれば、

　七月一日波多野宮相来訪、近来岡前陸相の病気甚だ不良なる為日独戦役の功に依り恩賞の義至急取運ぶの必要を生じたりとて、右岡中将を初めこれに関与したる長谷川参謀総長、島村軍令部長、神尾司令官、加藤艦隊司令官、八代前海相、加藤前外相及び若槻前蔵相等の授爵昇爵の件を齎《もた》らし予が意見を求めたり。元来予は日独戦役に付いてはこれを日露戦役と同視するの不理なるを思うが故に、頭初参謀総長または陸相等の行賞に付いても日露事件と比すべからざることを主張せしが、既に海軍側との権衡もありとの事故、この点は暫く固執せざるも、右宮相の齎らしたる詮議中に大隈首相に対する行賞なきは甚だその意を得ず。将又《はたまた》今回日露協商も成立に至りたることなれば石井外相、本野《もとの》大使をも加え同時に詮議ありて然るべく、猶また若槻前蔵相の事に関しては僅かに国庫剰余金より臨時事件費を支出したるにとどまり、これが為授爵の恩賞あるはその理由甚だ乏しきが如し。かくの如く一方に於いては将に恩賞あるべくしてこれを脱し、他方に於いては恩賞の理由なくしてこれを与えんとするが如きは決して君徳を補翼し奉る所以にあらず。宮内大臣たるもの深く思いを致さざるべからざる旨を訓め、尚事急速にして深く審議するの暇なかりしとの事なれば、先ず急施を要すべき岡前陸相の分のみを発表し、他は徐ろに審査すべき旨を忠告し置けり。

とみえ、山県が大隈内閣の閣僚や、軍高官に対する陞・授爵について意見を述べている。山県の考えによれば、第一次世界大戦における日独戦役の軍功は日露戦争とは同列視できず、それに対する栄典授与には慎重であるべきというものであるが、重病である岡のみは授爵を先行審査して執り行うべきであるとしている。元老山県の意見が容れられたためか、岡は七月六日付で男爵が授けられ、加藤も含めその他の候補者も結局同月十四日付で男爵となっている。

典拠『授爵録』大正五年、伊藤隆編『大正初期山県有朋談話筆記／政変想出草』

加藤高明　かとう・たかあき

一八六〇―一九二六

内閣総理大臣

①明治三十一年（不許可）
　イギリス駐箚特命全権公使
②明治四十四年八月二十二日（許可）
　イギリス駐箚特命全権大使
③大正四年十月二十九日（不許可）
④大正四年十一月一日（不許可）
　貴族院勅選議員
⑤大正五年六月（許可）
⑥大正五年七月一日（許可）
　元外務大臣・貴族院勅選議員

旧尾張藩士出身の外交官・政治家。明治十四年（一八八一）七月東京大学法学部卒業後、三菱会社に入社。その後イギリス留学を経て、十八年六月に帰朝、同年八月再度三菱に入社、さらに十月日本郵船会社創立に伴い同社へ入社する。二十年一月官界に転じて公使館書記官兼外務省参事官となり、以後同省取調局次長・外務大臣秘書官・同省政務課長、また大蔵省参事官・同省銀行局長・主税局長などを経て二十七年七月には特命全権公使兼外務省政務局長、同年十一月公使としてイギリス駐箚《ちゅうさつ》を命じられる。三十二年二月に駐英公使を免ぜられ、同年十月第四次伊藤博文内閣で外務大臣に就任。三十六年三月に第八回衆議院議員総選挙に神奈川県より立候補して当選。三十九年一月第一次西園寺公望内閣で外相として入閣。同四十年九月イギリス駐箚特命全権大使に任じられ、大正二年（一九一三）一月第三次桂太郎内閣で外相就任。また、三年四月に第二次大隈重信内閣で外相就任。さらに十三年六月から死去するまで内閣総理大臣をつとめた。また政党人としては大正二年十二月立憲同志会総理に、同五年十月憲政会総裁に就

任している。加藤授爵に関しては、明治三十一年付の「陞爵及授爵並授勲上奏案」によれば、加藤の「上奏案」としては、

特命全権公使加藤高明義、明治二十年一月始めて外務省に出仕以来、外務・大蔵両省に於いて数官に歴任し、常に重要の職務を担任して鋭意励精功労少なからず、就中《なかんずく》本官が外務大臣として明治二十一年二月より翌二十二年十二月に至る在職中に於いて秘書官の任を以て本官を輔翼し、外交上枢要の事務に従事し、関税徴収の如き従来の慣行を破り、締盟国に対し無条件を以て従価税計算の方法を変更し、今日の為換法を設定したる為、その今日まで国庫の収入上約七百五十万円の増加を来すに至りたるが如き実に同人参画の功与りて力ありと謂うべく、また条約改正は漸く陸奥故外務大臣の時に当たりてその実効を奏するに至りたるも、当初各締盟国が帝国政府に対する無条件の均霑《きんてん》を最恵国条款に適用することを排斥し、締盟諸国の帝国政府に対する合同一致の行動を打破し、且つ墨西其国《メキシコ》と始めて対等の条約を締結して、以て予めその地歩を作為したるに依り、茲に成果を見るに至りたるものにして、実に同人の本官を輔《たす》けて経営したるの功多きに居れりと謂うべし。同人は明治二十七八年戦役及び清国政府より帝国政府に対する償金に関し已《すで》に叙勲賜金等の賞与ありたるも、同人前述の功労は洵《まこと》に顕著なるを認むるに依り、冀《こいねが》わくはこの際特に同人に授爵の栄典を賜らんことを茲《ここ》に謹みて奏す。

加藤高明

と記し、外務大臣の大隈重信を補佐し、条約改正にあたった功績に対し男爵授与を申請。ただし、大隈自身は加藤授爵の可能性は低いと考えたためか、上申案末尾に「または本文末段「この際」以下を左のとおり(相当の叙勲仰せ出され、年金御加賜相成る様仕りたく、この段謹んで奏す)」とも記している。結局授爵は却下されている。また、三十一年六月十五日付で勲二等瑞宝章を叙勲しているが、定期叙勲であるのかは不明である。『授爵録』(明治四十三〜大正三年)には通例の授爵裁可を仰ぐ書類が綴られているのみであるが、『山県有朋関係文書』所収の明治四十四年八月二十二日付「渡辺千秋《ちあき》書翰」によれば、「授爵の儀は昨日親しく奏上仕り候間、多分本日は御裁可在らせられ候事と存じ候」とみえ、八月二十一日の段階ですでに宮内大臣渡辺千秋より明治天皇へ奏上されていたことが判明する。これにより、加藤は石井《いしい》菊次郎とともに同月二十四日付で男爵を授与される。さらに男より子への陞爵については、『原敬日記』大正四年十月二十九日条より記事が散見しており、十二月一日条によれば、大正天皇即位大礼という慶事に際しての論功行賞の一環で浮上しており、

本日新たに男爵を授けられたる者横田国臣、山川健次郎《けんじろう》、大森鐘一《しょういち》、田中芳男、穂積陳重《ほづみのぶしげ》、三井高保《たかやす》、大倉喜八郎、古河虎之助、森村市左衛門の九名なり。余及び加藤高明の事は詮議中止になるたるものの如し。加藤は兎に角余はその向に内話し置きたる結果ならん。先ず以て素志を貫徹する事を得たるは幸いなりき。

とあり、同月十日条には、

午前山県を往訪せり。過日余が授爵を辞する為山県に依頼せしに因りその礼と、また古河虎之助男爵を授けられたる礼とを述べたり。この会見は重要なる事もなかりしが大略左の如し。加藤高明が授爵(陞爵)に洩れて定めし失望せしならんと云いたれば、山県は彼の事は条約締結(清国とか)の為に陞爵の詮議を望む様子なりしも、同人のみと云う訳にも往かざ

るべしとの事にて中止となりしに付、今回はその事を持ち出したるならんと重いたるがその後何の音沙汰なし。

と記しており、加藤自身が陞爵を望みながら詮議が中止となった内幕が明らかにされている。また、『読売新聞』大正四年十一月一日朝刊には、「授爵調査終了／原・犬養氏も」の見出しで、

来たるべき御大典を機とし、国家に功労ありたる各階級の人々に対し、授爵・授勲・叙任等の恩命ある事は既報の如くにして、洩れ承る処によれば御発表に相成るべきは大嘗祭終了の上、即ち本月十六日なりとの事にて、内閣に於けるそれぞれの調査も昨今大体に於いて結了し、目下は宮内省との間に折衝中の由なるが、その陞爵・授爵の主なる人々は、大隈伯の侯爵、武富《たけとみ》・尾崎・一木《いちき》・高田・加藤・河野《こうの》・箕浦各大臣の男爵は疑うべからざる処にして、更に有力なる筋よりの噂によれば、立憲政治創設に功労ありたる廉を以て、政友会総裁原敬氏、国民党総務犬養氏の二政治家、学者として功労ありたる故を以て山川東大総長、穂積《ほづみ》博士の二学者、財界に功労ありたる故を以て大倉喜八郎、安川善次郎、益田孝《たかし》の三実業家、また特に男爵を授けらるべしとの事なり。尚、世間にて村田保《たもつ》翁が授爵の運動をなしつつあるが如く伝うるも今回は授爵の事なく、多分特に位を進めらるる事となるべしと云う。

と大正天皇即位大礼の慶事に際し、陞爵・授爵候補者の名を報じており、そのなかに閣僚中から加藤の名も挙げられている。記事では授爵とみえるも、加藤はすでに男爵であり、陞爵の誤りであるが、前記のとおり一木の反対で詮議がされずに終わっている。『授爵録』(大正五年)によれば、大正五年六月付で内閣総理大臣大隈重信より宮内大臣波多野敬直宛で加藤と長谷川好道《よしみち》の陞爵、岡市之助・八代六郎・島村速雄《はやお》・神尾《かみお》光臣《みつおみ》・加藤定吉の授爵詮議を申牒。

男爵加藤高明外［　］《（ママ）》名は別紙功績書の通り大正三四年戦役に関し功績顕著なる者に付、各頭書の通り授爵陞爵相成りたき様御詮議相成りたし。

として各人の功績書を添付。加藤の分には、

右は大正三年四月外務大臣に任ぜられ、同年八月欧州戦乱の勃発し惹いて日独開戦と為るや同盟協商諸国と折衝機宜に適し、帝国と連合諸国との間の親交をして愈々鞏固《いよいよきょうこ》ならしむるに力を効し、継いで日独開戦に伴うて当然決定を要すべき諸問題並びに多年の懸案を解決するの目的を以て日支の交渉を遂げ帝国の利権の増進に尽力し、その勲功洵に顕著なりとす。

と記す。また加藤の陞爵については『大正初期山県有朋談話筆記／政変想出草』によれば、

七月一日波多野宮相来訪、近来岡前陸相の病気甚だ不良なる為日独戦役の功に依り恩賞の義至急取運ぶの必要を生じたりとて、右岡中将を初めこれに関与したる長谷川参謀総長、島村軍令部長、神尾司令官、加藤艦隊司令官、八代前海相、加藤前外相及び若槻前蔵相等の授爵昇爵の件を齎《もた》らし予が意見を求めたり。

とみえ、宮相波多野は元老山県へこの論功行賞一件で意見を求めている。山県は日独戦争は日露戦争と同視すべきではないと慎重な意見を述べているが、結局同年七月十四日付で子爵に陞叙している。なお、こののち十五年一月総理在職中に倒れ、危篤に際して同月二十八日付で子から伯に陞爵するが、『授爵録』(大正十二〜十五年)には陞爵裁可を仰ぐ書類のみで、功績書や陞爵願の類は一切綴られていない。

典拠　「陞爵及授爵並授勲上奏案」(早稲田大学中央図書館所蔵)、「渡辺千秋書翰」(『山県有朋関係文書』三)、『原敬日記』大正四年十二月一日条・十日条、『読売新聞』大正四年十一月一日朝刊、伊藤隆編『大正初期山県有朋談話筆記／政変想出草』

加藤友三郎　かとう・ともさぶろう

一八六一—一九二三

元帥・海軍大将、内閣総理大臣
①大正四年十月二十九日（不許可）
②大正八年八月二十九日（不許可）
③大正九年八月十一日（許可）
④大正九年八月二十四日（許可）
　海軍大将・海軍大臣
⑤大正十一年九月二十二日（不許可）
⑥大正十二年八月二十四日（許可）
　海軍大将・内閣総理大臣

加藤友三郎

旧広島藩士出身の海軍軍人・政治家。海軍兵学校卒業後累進して明治三十七年（一九〇四）少将、四十一年八月中将、大正四年（一九一五）八月大将に進級。海軍部内では海軍省軍務局軍事課長や軍務局第一・同第二課長などの軍政畑を歩み、また明治三十九年一月からは海軍次官兼軍務局長。大正四年八月からは寺内正毅・原敬・高橋是清の各内閣で海軍大臣、十年九月にはワシントン会議の全権もつとめた。十一年六月から内閣総理大臣に就任した。加藤の授爵については、『原敬日記』大正四年十月二十九日条にみえ、

山県を訪《と》うて先日内談し置きたる授爵問題に付、余より政府余に内議せずして直ちに発表する様の事なきやと尋ねたるに、山県はその事は決してこれなかるべし、政府は最初数多の授爵取調べをなしたる由なるも、閣員中異議ありて一切これを見合わす事となりたるに（閣員とは一木《いちき》内相の事なるは過日の話にして知るべし）、然るにまた一変して六七名は授爵を宮相まで申し出づる事となりたる様子にて、その人名を内々一覧せしに君と加藤の所には本人の意思を聞きてと明記しありたれば大丈夫と思う。去りながら大隈の事故度々変化する次第なれば、明日宮相に会見に付、その節宮相になお内談し置くべし。過日もざっとは話し置きたり。然れどもこの事は内閣の方は君の事ありて内閣書記官長に尋ねたるに因り始めてその取調を聞きたる様の次第なれば、果たして宮内省には内閣より如何に申し出づるや知れず、且つ閣議には上せず大隈だけの考えの様なれば篤《とく》と宮相に話し置くべし。宮内省にても旧華族等の事にてもあらんが取調たるものもこれある様子なり。自分の考えにては御大礼などの機会に於いてせず、平日に於いて功績ある者には特に恩命ある様にありたしと思うと云うに付、余は何れにしても宮相直接取り扱う問題に付、宮相に内談し置かるる様切望すと云い置きたり。多分これにて余は授爵を免るる事と思う。

とみえ、大正天皇の即位大礼という慶事に際して、第二次大隈重信内閣の閣僚一同への授爵が検討されていたことが記されている。原自身は授爵を免れたい思いから詳述しているが、閣僚中にも内務大臣の一木喜徳郎《きとくろう》が異議を申し立てていることが記され、閣内が必ずしも授爵に対して一枚岩ではなかった点が窺われる。このことについては、同日記同年十一月十二日条に、

西園寺を訪問せり。東京に於いて余の授爵問題に付山県と会見したる次第を内話せしに、西園寺も当地にて山県と会見し、その聞き得たる所も余と同様なり。但し一般授爵問題に付、山県が余に語りたる所と些少相違の点は、大隈始め閣員授爵問題起こりたるに付、一木内相は大隈に対し、偶然御大礼の際に内閣に居りたる訳を以て授爵せらるる様の事ありては世上の議論も如何あらんか、これは思い止まる方然るべし。大隈首相の陞爵は何等差し支えなけれども、これも辞職の際に陞爵せらるる方然るべし。在職中は不可なりと内談せし由、一木山県に云えりと、

　山県西園寺に物語りたる由、余に内談せし所とは相違と云うよりは寧ろ詳略の差なれども少しく異なれり。

とみえ、一木は即位大礼の際に偶然閣僚であったという理由での授爵には反対し、これを元老山県有朋にも述べたことが記されている。結局、この慶事に際しての閣僚からの授爵は行われず、海軍大臣であった加藤も機会を逃している。ついで『東京日日新聞』大正八年八月二十九日朝刊によれば「西園寺侯公爵たらん／御批准後に発表か」の見出しで、

　講和大使として七十有余の老軀を提げて巴里《パリ》に赴き、八ヶ月に亘って大任を果たし、去る二十三日無事帰朝せる西園寺侯が一昨日日光行在所《あんざいしょ》に伺候し、具さに会議の顛末を闕下《けっか》に伏奏したる際、畏くも陛下には侯が今回の労苦を思し召されて優詔を賜りたるは、侯がこの度の使命に対して世上に毀誉さまざまの説あれども、聖上が侯に対する御信任厚き事を証するものと見るべく、内閣に於いてもまた園《えん》侯《こう》の功労表彰につき何等かの奏請するところあるべきはいうまでもなけれど、目下正二位大勲位にして若し位階を陞叙するとせば従一位となる訳なれども、従一位の位を有し居るものは現在とては浅野長勲《ながこと》、久我通久《こがみちつね》の両侯爵あるのみにて、山県公、松方侯、大隈侯等の元老も正二位に止まり、且つその筋の方針も今後は生前に従一位を奏請する事を絶対になさざる事に決し居れば、園侯に対してのみ特に従一位を奏請するが如き事はなく、また勲等も侯は出発に際して既に大勲位を授けられ居れば、この上は頸飾《けいしょく》章加授より外には途なく、現内閣としては今度の講和に種々の非難あるにせよこれを以て大成功なりと吹聴し居る位なれば、必ずや園侯に対しては華々しき行賞の奏請をなすべく、おそらく爵位を陞して公爵を授けらるる事となるべく、同時に牧野男を初め講和会議に列せる全権委員や原首相は勿論不明なるも講和条約に対して御批准あり、平和に関する諸般の事務が一段落つきたる上にてそれぞれ発表さるべしと某宮内高官は語れり。

と第一次世界大戦後のパリ講和条約締結に際して全権委員主席であった西園寺以外に、牧野伸顕・珍田捨巳《すてみ》・松井慶四郎・伊集院彦吉の全権委員および当時の原敬内閣の閣僚に対する論功行賞について大きく報じている。全権委員中有爵者は西園寺・牧野・珍田の三名であり、伊集院と松井は新規の授爵、閣僚中では授爵を回避しようという考えの原首相を別として、床次《とこなみ》竹二郎(内務)・田中義一(陸軍)・加藤友三郎(海軍)・中橋《なかはし》徳五郎(文部)・山本達雄《たつお》(農商務)・野田卯太郎(鉄道)・元田肇(鉄道)・高橋光威《みつたけ》(内閣書記官長)が無爵者ということになるが、この際はすぐに審査がされなかったためか、加藤をはじめ年内の陞・授爵は行われていない。『授爵録』(大正八～十一年)によれば、大正九年八月十一日付で内閣総理大臣原敬より宮内大臣中村雄次郎《ゆうじろう》宛で西園寺らの陞・授爵を申牒。

　左記正二位大勲位侯爵西園寺公望外十名は対独平和条約等締結並びに大正三四年戦役に継ぐ戦役に関し別紙功績書の通り功績顕著なる者に付、各頭書の通り陞爵授爵の儀詮議相成りたし。

として西園寺以下、珍田・高橋是清・牧野と内田の陞爵、田中義一・加藤友三郎・山本達雄・松井慶四郎・幣原喜重郎・伊集院の授爵詮議を各人の「功績書」を添付して求めている。加藤の功績書には、

　右は大正三四年戦役に継ぐ戦役に丁《あた》り、海軍大臣として特務艦隊並びに派遣艦隊の編組兵器、爆薬、その他軍需品の整備・補給等、諸般の軍政を統括し、作戦の進捗を速やかならしめ、また臨時外交調査委員会委員として時局に関する重要案件の考査審議に参与し、殊に平和会議の仏国巴里《パリ》に開かるるや同会議に対する各種の案件に付、逐次これが調査決定に努力して機宜を愆《あやま》らざるのみならず、その部下を統督して克く対独平和条約等の締結を見るに至れり。その勲功洵《まこと》に顕著なり

とす。

と記される。このパリ講和会議における外交上の功績が認められ、同年九月七日付で男爵を授けられている。また『倉富勇三郎日記』同年八月二十四日条にも、この件に関する記事が見える。さらに同日記十一年九月二十二日条には、平田東助・伊東巳代治・後藤新平三名の陞爵案とともに、

　但し内閣よりは加藤友三郎の陞爵は上申し居らざるも、宮内大臣としては権衡上一応の考慮を要するものには非ざるや。故に一応宮内大臣にその事に関する考えを聴き見たらば宜しからんと云う。(中略)予、加藤総理の恩賞は申し立てなきか、如何なる詮議なりやと云う。下条、それは華府会議の恩賞と同時なる積もりにて、この節は申し立てなし。(中略)予等は右の事情ならば加藤のことは別に牧野に話す必要もなかるべきか。

と記され、実際には内閣より通牒されなかったとはいえ、ワシントン会議における功績をもって加藤の男から子への陞爵話が宮内省当局でも俎上に載せられていたことが窺われる。『大正初期山県有朋談話筆記／政変思出草』所収「付・関係史料」によれば、山県有朋の枢密院議長時代秘書官であった入江貫一の日記大正十二年八月二十四日条には、

　今晩五時多量の血出あり。急変の模様あることを宮相より伝承、直ちにその旨を電報し急速帰京を促す。さらに病勢不可の旨を聞き今日中に帰京を望む旨を打電し、次いで一時十分事実薨去の報を得、二時頃さらにその旨を打電す。事実上の薨去と共に外務大臣は臨時総理及び首相の叙位、叙勲、昇爵、元帥のことを以て宮相に打ち合わせに来る。大勲位のこと元老の同意を得るを要すべき旨宮相に申出せしに、宮相も同感なれど、遠隔にしてその途なきに困《たしな》む由なるを以て、余自ら西公を訪ん事を提議す。これより前宮相は外相に対し叙位、昇爵及び元帥の事は可ならんも大勲位に付いては再考すべき旨を忠告し、内田外相その意を了したりとの事にて、若し元老にして同感ならばこれを拒むべき由を明言せられたり。余旨を了し、三時二十分発御殿場に向かう。

とみえ、首相在職中に病症悪化で死去した加藤への叙位・叙勲・陞爵・元帥に関して、栄典授与の一件が記されている。叙勲に関しては勲一等旭日桐花《とうか》大綬章より大勲位菊花大綬章への陞叙は元老の同意を得なくてはならない点が記され、陞爵については特に触れられてはいない。『授爵録』(大正十二～十五年)によれば、死去した八月二十四日付で宮内大臣牧野伸顕より加藤の陞爵の裁可を仰ぐ文書として、宮内省電報送達紙に「加藤首相薨去、国家の為痛惜に堪えず。陞爵の件手続き宜しく取扱御依頼す」とあり、在職中の急死であったこともあってか、功績調書も添付されず、即日男から子への陞爵が実現している。また、『倉富勇三郎日記』同日条にも、危篤に際しての陞爵記事が散見しており、加藤陞爵はワシントン会議の行賞として既に内決していると記されている。なお、同日大勲位菊花大綬章の叙勲もあり、元帥府に列して元帥の称号も与えられ、位階も従二位から正二位への陞叙が許されている。

典拠　『原敬日記』大正四年十月二十九日条・十一月十二日条、『東京日日新聞』大正八年八月二十九日朝刊、『授爵録』大正八～十一年・大正十二～十五年、『倉富勇三郎日記』大正九年八月二十四日条・十一年九月二十二日条・十二年八月二十四日条、伊藤隆編『大正初期山県有朋談話筆記／政変思出草』

加藤弘之　かとう・ひろゆき

一八三六－一九一六

帝国大学総長・文学博士

①明治三十一年五月（不許可）

②明治三十三年五月五日（許可）

③明治三十三年五月六日（許可）

　貴族院勅選議員・錦鶏間祗候・文学博士

旧但馬国出石藩士・幕臣出身の官僚・政治家・教

加藤弘之

育家。維新後は新政府に出仕し、明治元年(一八六八)十月に政体律令取調御用掛となり、以後会計官権判事・学校権判事・大学大丞《たいじょう》となり、翌年十二月には明治天皇の侍読もつとめた。以後、文部大丞・大外史・外務大丞を経て、十年二月には東京開成学校綜理、同年四月東京大学法学部・理学部・文学部綜理。十九年一月より元老院議官。二十三年五月には帝国大学総長、また元老院廃止後は貴族院勅選議員。加藤授爵については、『授爵録』(明治三十三ノ二年)には明治三十一年五月に田中不二麿が作成したものと思われるメモ書が綴られており(この推薦文は箕作麟祥《みつくりりんしょう》がすでに死去していることから、これ以前の作成ではないかと岩壁義光は推測している)、このメモ書には、

　国運の進歩は文武両道に由る。武力以て敵に勝ち海に敵艦を砕き、陸に敵城を抜き、大いに戦捷《せんしょう》を奏す。事業明赫天下誰かこれを賛歎賞美せざる者あらんや。而して国家全体の文物制度を改良して国運を前進せしむるは文勲の偉大なるものなりと雖も、固《もと》より無形の事業にして彼の敵城を抜き敵艦を砕くが如く、人の耳目を聳動するに至らず。豈《あに》憤歎せざるを得んや。左記の六名は維新前国論鎮攘に傾くの時にありて国家将来の文明開化は一に知識を世界に求むるに在ることを看破し、世論に反抗して夙《つと》に洋学に志し、以て古来未曽有の新思想を本邦に移植したり。その著訳する所また甚だ多しと雖も、特に泰西国法論、国家汎論、性法、議事院法、仏国五法、法律格言等の如きは今日の立憲政治を馴致するに与りて力ありと云うべし。維新後また各その学ぶ所を以て国家を裨補せしこと僅少ならず。その勲績敢えて武勲に譲るものにあらざるなり。而してその各自の事業に至りてはこれを略載す。

として年齢順で津田真道《まみち》・神田孝平《かんだたかひら》・細川潤次郎・福沢諭吉・加藤弘之・箕作麟祥の六名が列挙されており、加藤分には、

　維新前幕府開成所の教官となり、且つ市川兼恭と共に吾が邦に始めて独逸学を開き、維新後制度寮撰修に任じ、また国法御会議に列席仰せ付けられ、且つ前後十三四年間学事を担任して、開成学校をして帝国大学に迄進歩せしむるの事業に与りて力あり。また東京学士会院の会員に選挙せられ、并《なら》びに五六年間侍読の職にありて日夕両陛下に西洋の制度・風俗・歴史等を進講せり。現に宮中顧問官及び貴族院勅選議員たり。

と記している。明治三十一年五月の時点ではに授爵している箕作を除く五名に対し、何らかの栄典を授与しようとする動きが確認されるが、この時期にも授爵されずに終わっている。また前掲『授爵録』(明治三十三ノ二年)によれば、明治三十三年五月五日付の宮内省当局側立案書類で尾崎忠治《ただはる》以ら計二十五名の文武官の授爵を詮議しており、銓衡として(一)維新の際大政に参与して殊勲ある者、(二)維新の功により賞典禄五十石以上を賜りたる者、(三)維新前後国事に功労あり、かつ十年以上勅任官の職にある者、または現に在職中の者、(四)十年以上勅任官の職にあり功績顕著なる者、(五)特に表彰すべき偉大の功績ある者の五つの規準を設けており、加藤はその(四)に該当する対象者とされ、同月八日に裁可を得て翌日付で男爵が授けられる。なお『東京朝日新聞』明治三十三年五月六日朝刊によれば「新華族の候補」の見出しで、「授爵人名中に金子堅太郎・清浦奎吾・岩村兼善《かねよし》・松岡康毅《やすこわ》・津田出《いずる》・加藤弘之・平田東助《とうすけ》等の諸氏もありたりという」と報じられるが、この際報道通りに授爵したのは、同月九日付で男爵に叙された金子と加

藤の両名のみであった。この当時から加藤の功績に対して、栄典授与が行われる可能性・情報を新聞社が把握していたと思われる。

典拠　『授爵録』明治三十三ノ二年、『東京朝日新聞』明治三十三年五月六日朝刊、岩壁義光「旧幕臣系男爵の授爵について―宮内公文書館所蔵「授爵録」の分析を通じて―」（『学習院大学史料館紀要』一八）

香取保礼　かとり・＊やすのり

生没年不詳

旧香取神宮神主

①明治十七年頃　（不許可）

②明治二十二年一月二十八日　（不許可）

同家は代々香取神宮神主をつとめる家柄。同家の華族編列・授爵については、明治十七年（一八八四）頃のものと思われる「三条家文書」所収「旧神官人名取調書」によれば、「別紙全国旧神官の内華族に列せられ然るべき家格の者にこれあり候。御発表前には一応現今貧富の景況地方官へ調査仰せ付けられ候上、御取捨相成りたしと存じ奉り候」と記され、そのなかに旧香取神宮からは香取保礼一名のみが挙げられているが、結局不許可となる。さらに『授爵録』（追加）（明治十五～大正四年）所収「族籍之儀ニ付建議」によれば、すでに華族に列した松木美彦《まつきよしひこ》男爵と藤井希璞両名の連署で明治二十二年一月二十八日付で宮内大臣土方久元宛で請願。

謹みて案ずるに貴族の国家に於ける重大の関係あり。許多の効用ありて、政治上・国体上に置いて必須の者たるは今更に喋々を要せず。（中略）爰《ここ》に古名家族宜しく詮議せらるべき者十六家を録して左右に呈す。

として神宮旧神官より久志本常幸《くしもとつねゆき》・宮後朝昌《みやじり》・沢田泰綱《やすつな》・世木《せき》親喜、上賀茂より松下径久《みちひさ》・岡本保益・鳥居大路《とりいおおじ》治平、下鴨より泉亭《いずみてい》某・梨木《なしのき》某・鴨脚《いちょう》某、日吉より生源寺《しょうげんじ》希徳・樹下《じゅげ》某、松尾より東某・南某、鹿島より鹿島則文、香取より香取保礼の十六名を列挙するも、こののち審査のうえ授爵されたのは沢田泰綱の子幸一郎（泰圀《やすくに》）のみで香取ほか十五名は選に洩れ、この後も授爵されずに終わっている。

典拠　「旧神官人名取調書」（「三条家文書」）、『授爵録』（追加）明治十五～大正四年

→香取某

香取　某　＊かとり

生没年不詳

旧香取神宮神主

①明治二十三年頃　（不許可）

香取家は代々旧香取神宮神主の家柄。典拠資料中には実名が記されないため不明。保礼とも思われる。同家の授爵については、『授爵録』（追加）（明治十五～大正四年）所収「内宮外宮旧神官十八家等族籍ニ関スル件」という年月日不詳の資料にもみえ、明治二十三年（一八九〇）頃作成と思われるこの資料によれば、旧賀茂別雷神社（上賀茂神社）神主の松下清岑《きよみね》に関する「加茂旧神官松下清岑ノ家」の項に、

右家は上加茂旧神官の三家の一、岡本・鳥居大路《とりいおおじ》の総本家にして累代神主に補せられ、従三位に上ることを得、その系統は加茂建角身命《かもたけつのみのみこと》の裔、神主在実七代孫正四位下資保二男能久《よしひさ》に出づ。能久承久の乱戦敗れ、鎮西に遷さる。貞応二年六月十日太宰府に於いて卒す。嗣なし。後鳥羽院天皇の皇子（童名氏王丸）を賜り嗣とす。氏久《うじひさ》と称す。神主に補せられ従三位に叙す。氏久の子孫遠久これを嗣ぎ、皇胤の系統連綿《れんめん》として現代清岑に至れり。その血統及び家格は曩《さき》に華族に列せられたる旧神官に比し優ることあるも劣ることなし。然らば則抜きを以て優班に列せられんか、否松下家に比しき家、下加茂旧神官に泉亭《いずみてい》・梨木《なしのき》・鴨脚《いちょう》三家あり。その他日吉神社に生源寺《しょうげんじ》・樹下《じゅげ》、松尾神社に東・南、鹿島神社に鹿島、香取神社に香取等のあるなれば、独り松下家にのみ栄典を及ぶべきものにあらず。これ等は他日を俟《ま》ちて慎重銓衡せられ然るべきものと思考す。

とあり、皇胤である松下家を華族に列する際には、他社の旧神官中由緒のある樹下などの

諸家をも同様に授爵する必要性を説いているが、結局、松下家をはじめ香取家も含めどの諸家も授爵されずに終わっている。

典拠『授爵録』(追加)明治十五～大正四年

→香取保礼

金井之恭　かない・ゆきやす

一八三三―一九〇七

貴族院勅選議員・錦鶏間祗候

①明治三十八年（不許可）

旧上野国豪農出身の官僚・政治家。書家としても著名。同家は新田義貞の支族とされ、幕末・維新期には旧交代寄合《こうたいよりあい》・旗本の岩松(新田)満次郎俊純《としずみ》を擁して国事に奔走。明治元年(一八六八)九月に東京府市政局聴訟方筆生となり、二年四月以降、行政官制度寮録事・少史・正院大主記・権少内史・太政官権少書記官・内閣少書記官・同大書記官などの諸官を歴任。十八年十二月には改めて内閣書記官に任ぜられ、二十一年三月には元老院議官に任官、二十三年十月に元老院が廃止となった後は錦鶏間祗候《きんけいのましこう》を仰せ付けられ、さらに翌年四月からは貴族院勅選議員に就任した。金井の華族編籍・授爵の請願は伯爵伊東祐亨《ゆうこう》・子爵海江田信義《かいえだのぶよし》・同伊東祐《すけ》麿《まろ》の三名が明治三十八年に内閣総理大臣桂太郎と宮内大臣田中光顕《みつあき》宛で提出していることが『松方正義関係文書』所収「金井之恭略歴」中の「明治卅八年宮内省へ差出セル願書写」により確認できる。この請願書には、

明治中興は誠に先古未曽有の盛事にして、固《もと》より陛下允文允武《いんぶんいんぶ》聖徳宏大、加うるに輔弼名臣賢相の際会にこれ由ると雖も、当時海内勤王憂国の士四方に崛起《くっき》し、上下呼応東西奔馳、大義を山嶽の重きに擬し一身を鴻毛の軽きに比し竟《つい》に能く賛襄の功を奏せんこと蓋し亦喋々《ちょうちょう》を須《ま》たざるべし。曩《さき》に朝廷五爵の制を定め、維新中興の功臣を始めとし、西南の変、二十七八年の役に至る迄文武の功績を査し、等差を定め五爵に班し賞功褒労の典燦として備われり。普率の臣孰《いず》れか聖旨の優渥に感泣せざらんや。然りと雖も万機匆《そう》劇《げき》の際、万一公平を欠くの恐れ無きに非ず。或いは疎漏に渉るの虞なきに非ず。生等夙に聖朝の殊遇を蒙り、重恩を荷なうもの豈知りて言わざるを得んや。依って謹みて鄙見《ひけん》を述ぶること左の如し。生等の知る所を以てすれば、貴族院議員・錦鶏間祗候正四位勲三等金井之恭、彼は祖先より新田の支族にして王事に勤め、元治・慶応の際首として同志を糾合し、関東に義兵を挙げんと企て、謀洩れて獄舎に繋がること三回、鉄窓の下に呻吟し、幕吏の為に苛虐に遇い、既に刃に罹らんとせり。偶々大政一新、王師東下に際し総督岩倉大夫〔今の公爵岩倉具定《ともさだ》〕及び参

金井之恭

謀伊地知正治《いじちまさはる》(故伯爵)、先鋒隊長川村与十郎(故伯爵川村純義《すみよし》)等の救護を得て獄舎の災厄を免れ、再び天日を拝するを得たり。因りて彼は先に糾合せる人数の一半を精撰して川村先鋒隊の教導をなさしむ。会津口の嶮峻《けんしゅん》を踰《こ》え、支障なく進撃せしは全く教導隊の力に依ること多大なり。この時上州烈(列)藩は方向未だ定まらず、動《やや》もすれば順逆を誤らんとするの傾向あり。因りて彼自身は大総督府(府)〔有栖川宮〕の命に依り軍監姉川栄蔵と共に人数の一半を率い上州各藩に巡察し説くに順逆の大義を以てし、靡然《びぜん》として順に帰せしめたり。実にこの挙たる関東佐幕論者の迷夢を打破し一大頓挫を与えたり。これより先、水戸脱藩士武田伊賀・藤田小四郎等常陸筑波山に屯集し、その徒を使として一臂の力を借らんことを請求す。然れどもこの輩は幕府親藩の士にして、その論

旨の佐幕なるを以てこれを排斥謝絶せり。これ彼の誠心誠意勤王一途確乎として、その志を奪うべからずして、世の騒擾に際し徒《いたずら》に狂奔する者と日を同じうして論ずべきに非ざるを知る。明治九年聖駕の東巡に供奉し、福島行在所に於いて岩倉右府は彼を御前に延きて関東勤王家の首魁なりと奏聞せしは専ら以上の事を称せるものとす。尋《つい》で大臣・参議等と共に御陪食を賜う。その破格なるを知るべし。戊辰の初めより彼入りて朝に仕え、爾来《じらい》恪勤《かっきん》励精二十余年一日も懈《おこた》らず、七年台湾蕃地の事務に服し、尋で大久保弁理大臣に随い清国及び台湾に航し、中外紛糾の間に鞅掌《おうしょう》し、十年西南の役京都に駐在し大久保参議とその機務に服し、十二年内閣創設に際し旧制釐革《りかく》の事に尽瘁《じんすい》せる等、その初め大義を故国に唱えしより立朝後忠勤を機務に効せる段、終始一貫功労彰著なるを知る。抑も彼が如き当時群議百出物情騰沸の間に周旋し、一身を以て王事に奉げ、死生安危を以て念となさず、直接に間接に聖業を補裨せし所以の効は尠少《せんしょう》に非ざるを知る。生等も亦当時の景況を親睹実践して歴々胸臆に在る所なり。至尊の功臣を優遇し玉う所以は前に述ぶるが如くなるも彼の未だ特恩を蒙らざるは生等の深く遺憾とする所なり。これ所謂朝に親授なく、推薦その人に在らざるを以て遂に大典の遺漏を致すに非ざる母からん歟《か》。仰ぎ願わくは閣下等公平忠誠を以て彼の煢々《けいけい》孤立他に拠る無きを憐れまれてこの際篤く奏薦の誠を効《いた》されんことを生等連署して懇願の至りに堪えず。

と金井の幕末・維新期における功績が綴られている。さらに、「金井之恭略歴」を添付し、①勤王唱義のこと、②奉職服務のこととしてその功績を詳述するも、結局授爵はされずに終わっている。

典拠　「金井之恭略歴」(『松方正義関係文書』一二)

金森近明　かなもり・ちかあき

一八四五―一九一二

旧交代寄合・元中大夫席

①明治十一・十二年頃（不許可）

②明治十二～十六年頃（不許可）

金森家は旧幕時代には交代寄合《こうたいよりあい》表御礼衆の与えられ、三千三十四石余を知行した旗本。『越前市史　資料編5　旗本金森左京家関係文書』等によれば慶応四年(一八六八)五月に朝廷に早期帰順して本領を安堵され、朝臣に列して中大夫席を与えられた。明治二年(一八六九)十二月に中大夫以下の称が廃せられるのに伴い士族に編入。同年六月福井藩、七月本保《ほんぼ》県(のち福井県)貫属となる。同家の華族昇格に関し、『爵位発行順序』所収「華族令」案の内規として公侯伯子男の五爵(左に朱書で公伯男の三爵)を設け、世襲・終身の別を付し、その内「世襲男爵を授くべき者」四項目中、第三項目に「元高家・交代寄合」を挙げている。同案は明治十一・十二年頃のものと推定されるが、この時点では旧幕時代に万石以下でありながら、若年寄ではなく諸侯や高家同様に老中支配である交代寄合は男爵に列すべき家として認知されていたと思われる。同じく前掲『爵位発行順序』所収「授爵規則」によれば「男爵を授くべき者」として、七項目中、第二項目に「元交代寄合・元高家」が挙げられている。前記資料とは異なり、この案は十二年以降十六年頃のものと推測され、こちらでも旧交代寄合である金森家は男爵を授けるべき家とされているが、結局授爵内規からは交代寄合は一律除かれ、華族編列・授爵は不許可に終わっている。

典拠　『旗本金森左京家関係文書』(『越前市史』資料編五)、齋藤忠征『越前の旗本金森左京』、『爵位発行順序』

金子有卿　かねこ・ありのり

八四五―一九二三

物部神社神主

①明治八年六月三十日（許可）

金子家は物部《もののべ》姓で、代々物部神社神主を世襲

する家柄。『太政類典』所収「金子有郷(卿)華族列」によれば、浜田県より明治八年（一八七五）六月三十日付で内務省宛で伺いが提出され、

当県管轄石見国々幣小社宮司兼大講義金子有卿家筋の儀、往古は累代国造職を奉務し、且つ従五位下・従六位下等に叙せられ旧来の名族にこれあり候に付、今般御詮議を以て華族に列せられ候様仕りたく、これに依り同家々格履歴書正副共に相添え、この段相伺い申し候也。

と口宣案写等を添付して請願。内務省よりは同年八月二日付で、

別紙浜田県具請の趣審按候処、旧神官金子家譜の儀は元国造職を襲い累世連綿。ここに四十四代当有卿に至る。有卿の父有久《ありひさ》は故あって綾小路《あやのこうじ》家より養子に相成り候趣、概してその由緒系統の優劣を論ずれば、則ち歴世中叙位または任官の者これあり。殊に石見国々幣小社物部神社の総管にして、姓を物部と云い、国造と云う。是れ該家の諸社における最も高勝の家系と謂わざるべからず由、この観同県上申の如く更に華族に列せられ然るべきやに相考え候。由て上陳に及び候条、宜しく御裁決下されたく候也。

と同家の華族編列を可とする。また、教部省も八月三十日付で「右は元より旧家にて、尾張国千秋《せんしゅう》等に次ぎ候家筋に候条、内務省上申の通り華族に列せられ相当と相考え申し候」と結論付け、同年九月二十四日付で華族に編列。同家は十七年七月の華族令公布の際には男爵を授けられている。

典拠 「金子有郷《ママ》華族列」（『太政類典』）、「浜田県下旧神官金子有卿華族ニ被列度儀伺」（『公文録』）

金子堅太郎　かねこ・けんたろう

一八五三―一九四二

農商務・司法各大臣

①明治三十年四月二日（不許可）
②明治三十年四月六日（許可）
　農商務次官
③明治三十三年四月六日（許可）
　貴族院勅選議員
④昭和八年九月六日（不許可）
⑤昭和八年十月二十日（不許可）
⑥昭和八年十一月十七日（不許可）
⑦昭和八年十二月二日（不許可）
⑧昭和九年一月三日（許可）
　枢密顧問官

旧筑前国福岡藩士出身の官僚・政治家。明治四年（一八七一）十月、岩倉使節団に旧主黒田長知に随行してアメリカへ留学。ハーバード大学で修学し、十一年六月法律学士の称号を授けられる。同年九月帰朝後、十一月東京大学予備門教員となり、その後元老院権大書記官・太政官大書記官・参事院議官補等を経て、十八年十二月に第一次伊藤博文内閣において首相秘書官となり、その後枢密院書記官・貴族院書記官長となり、二十三年九月から翌年十一月まで貴族院勅選議員。二十七年一月農商務次官に任ぜられ、同年四月から再度貴族院勅選議員。三十年四月次官を辞し、翌年四月には第三次伊藤内閣で農商務大臣に就任。三十三年十月第四次伊藤内閣では司法大臣として入閣。三十九年一月から死去するまで枢密顧問官をつとめた。『大隈重信関係文書』所収の明治三十年四月二日付「蜂須賀茂韶《もちあき》書翰」によれば、

金子堅太郎

拝啓。御清安賀し奉り候。昨朝拝顔の節お話し致すべきと存じ忘却致し候に付、書中を以て申し上げ候。承るに、金子農商務次官既に辞表差し出し候由。依てこの際他に転職の御評議に候えば申し上げ候訳にはこれ無く候えども、若《も》し諭旨免

官の事に候えば、同氏は憲法取調御用を始め、貴族院創立の際その他今日迄勉励奉務致し候事故、授爵の恩典を蒙り候様相願いたく、小生貴族院奉務の頃より協力奉職致し候人故、黙止し難く御内談申し上げ候。幸いに御同意下され候に於いては、尊台より宮内省へ御内談の御手続希望の至りに候。右は御無理なる御願なる哉も許されず候えども試しに申し上げ候。素《もと》より採否は御高慮に任せ申し候。草々頓首。

として、大隈に蜂須賀が金子の授爵を依頼している。蜂須賀は明治二十九年十月三日まで貴族院議長であり、その際金子は貴族院書記官長に在職中だったことから議院運営上金子の協力を得たことも理由の一つであったようである。また同文書所収の同月六日付「榎本武揚書翰」にも、

拝啓。兼ねて相願い置き候金子次官授爵の件に付、今朝参邸仕るべき為電話にて相伺い候処、今日は御差し支えの趣に付、書状をもって相願い候事に候。同人儀、今回は是非一度閑地に就き取調物等に従事致したき決心にこれあり候間、速やかに授爵の恩典に預かり候様御尽力の程老生に於いても偏に所願に御座候。（後略）

とあり、同時期に榎本武揚もまた金子の授爵を願い出ていたようである。この一件については『金子堅太郎自叙伝』によれば、同年三月二十九日条に、

二十九日榎本大臣はその職を免ぜられて大隈（重信）外務大臣は農商務大臣を兼任せられたり。余もまた同日にも免職せられんと期待したりしが、榎本大臣の考えにて余の辞表は、暫時松方首相と内談の結果内閣に留め置き、発表せられざりしその理由は、榎本前大臣の語る所に依れば、余は曽《かつ》て憲法制定の大業に参画し、次いで政府の命を奉じ欧米に渡航して各国議院の内部組織及び憲法政治の実況を観察し、第一回議院の開院に尽力し、また明治二十五年、瑞西《スイス》の国際公法会に出席して治外法権撤去及び条約改正に尽力したる功績及び日清戦争中に於ける農工商業の維持発達に貢献したる功労に依り、男爵を授けらるる様その筋に内申し、前首相黒田伯及び内務大臣樺山資紀《すけのり》子も賛成せられたるに依り、辞表は保留せられたれどもその議実顕せられず、漸く四月十日にいたり農商務次官を免ぜられたり。

とその内情について説明されている。この時は結局授爵に洩れている。『東京朝日新聞』明治三十三年四月六日朝刊によれば「御慶事と叙爵」の見出しで、

予《かね》て噂ありたる叙爵の恩典は御結婚当日頃御沙汰あるべく、或いは調査の都合に依り少しく延引さるるやも許られずとの事なるが、その人選中には故川路利良《かわじとしよし》・鮫島尚信《なおのぶ》・玉乃世履《たまのせいり》等諸氏及び金子堅太郎氏等もありと云えり。

とみえ、皇太子（嘉仁親王、のちの大正天皇）と九条節子《さだこ》との結婚を前に慶事としての授爵が検討されていたことが報じられている。川路・鮫島・玉乃の遺族への授爵は行われなかったが、金子は同年五月九日付で男爵を授与されている。また『授爵録』（明治三十三ノ二年）によれば、三十三年五月五日付の宮内省当局側立案書類で尾崎忠治《ただはる》ら計二十五名の文武官の授爵を詮議しており、銓衡として（一）維新の際大政に参与して殊勲ある者、（二）維新の功により賞典禄五十石以上を賜りたる者、（三）維新前後国事に功労あり、かつ十年以上勅任官の職にある者、または現に在職中の者、（四）十年以上勅任官の職にあり功績顕著なる者、（五）特に表彰すべき偉大の功績ある者の五つの規準を設けており、金子はその（四）に該当する対象者とされ、同月八日に裁可を得て翌日付で男爵が授けられる。なお、同資料には功績調書や、前記蜂須賀・榎本らからの金子授爵に関する請願書類は綴られていない。また金子授爵については『東京朝日新聞』同年五月六日朝刊にも「新華族の候補」の見出しで「授爵人名中に金子堅太郎・清浦奎吾・岩村兼善《かねよし》・松岡康毅《やすこわ》・津田出《いずる》・加藤弘之・平田東助《とうすけ》等の諸

氏もありたりという」と報じられており、新聞社もすでにこの情報を得ていたものと思われる。こののち四十年九月二十三日付で男から子へ陞爵するが、『授爵録』(明治三十九～四十年)には陞爵決定者の名前が列挙され、金子の名もみえるが、陞爵立案・審査書類は綴られていない。さらに子から伯への陞爵については昭和期に入ってからみられ、『木戸幸一日記』昭和八年(一九三三)九月六日条によると「総務課長より(中略)一、金子子爵、陞爵問題。先例調査」とみえ、この頃より陞爵について本格的に動き始めていたようである。また、同年十月二十日条には、

　金子・黒沢両氏来訪。
　金子子陞爵の件。
　一、日露戦争の論功行賞に於ける末松(謙澄)子との権衡問題。
　一、御大典の論功桐花《とうか》大綬章、この際も田中総理より諒解を求むるが如き口吻《こうふん》あり。明治天皇紀のこともあれば云々。内大臣、宮内大臣へ意向伝達希望。

とみえ、さらに同年十一月十七日条には

　午前九時半過に、興津に、西園寺公を訪問。今日は、宮内大臣より金子子爵の陞爵問題につき、元老の御内意を承るのが主たる要件であった。右に就いては、明治天皇紀の編纂に就いては、金子子は一回、三上が二三回も来たくらいのもので、余り関係せず、また出来上がった天皇紀も、申し訳ない話だが、読んで居らないので、自分は実はこの問題は判らない。而し君は懇意な間であり、友達として打ち明けた話をすれば、白紙になって考えるのに、自分はその価値はないと思う。例としては、歴史を書いたと云うことで陞爵になったのは、水戸の徳川が公爵になったのがある外知らない。これもずっと後になってのことである。まー余り無責任なことも云えないから、友達として打ち明けた話をすれば、その価値はないと思う。よし少しは論難があっても、ない方がいいと思う。またこれが出て賞賛するのは余り事情を知らぬ一部の人ではないかと思う。而し、これはほんの打ち明け話で、西園寺は自分にも判らぬと云って、頭をかいていたと云うて貰いたい。而し局に当たる人としては、自分の云う様な風に許りも運べまい。種々の事情で陞爵された場合には、自分としては何も不平も云わず、また非難がましいことを云うことは絶対にしないから、その辺りは安心して貰いたい云々。

とみえ、陞爵について木戸が元老西園寺に相談したところ、賛意は得られなかったことが記されている。しかし、この問題は継続されており、同日記十二月二日条には「十二時前、酒巻秘書課長来訪、面談す。金子子爵問題あり」とみえ、おそらく前記のように先例や末松謙澄との権衡について調査を続けていたものと思われる。九年一月三日条には同日原田熊《くま》雄《お》とともに興津の西園寺を訪問し、「金子子爵陞爵の件につき、陛下の篤き思召により陞爵奏請に決したる事情を報告す」とみえ、昭和天皇の意向もあり陞爵奏請を正式決定したことを記している。『授爵録』(昭和二～十九年)によれば功績調書に、

　右は明治十三年元老院少書記官に任ぜられ、累進して同三十一年農商務大臣に親任せられ、越えて同三十三年憲法制定、貴族院の開設実施、条約改正に関する勲功を録して男爵を授けらる。後更に司法大臣、枢密顧問官に任ぜられ、同四十一年この間の勲功に依り特に陞して子爵を授けらる。爾来引き続き枢密顧問官の要職を奉じて功あるのみならず、同四十四年五月維新史料編纂会委員仰せ付けられ、大正三年同会副総裁、同四年総裁仰せ付けられ現にその職に在り、殊に大正四年七月臨時帝室編修局副総裁仰せ付けらるるや、明治天皇御紀編修の大任を完うせんことを期し日夜勉むる所あり。同八年同局総裁の欠員となりて以来事実上総裁の事を摂し、同九年編修の方針を上奏してその綱領を定めて事務の改進を図り、

次いで同十一年同局総裁仰せ付けられ、本年九月を以てその業を完了す。御紀編修の事たるその資料の採訪、資料の選択に於いて已《すで》に非常の努力を要せるのみならず、これを叙述編修するに至りては苦心実に容易ならざるものあり。同人は或いは部下を督励し、或いは卒先事に当たり、夙夜拮据鞅掌《きつきょおうしょう》、克《よ》くその大任を果たし、御紀二百六十冊を編みて以て御追孝の聖旨を対揚することを得、また資料稿本約千五百冊を整えて史料を後世に伝うるを得しめたるの勲功誠に顕著なりとす。

と記されており、陞爵理由は『明治天皇紀』編纂の功労であることが明記されている。これが認められ、四日付で正式に伯爵に陞叙する。

典拠　「蜂須賀茂韶書翰」（『大隈重信関係文書』八）、「榎本武揚書翰」（『大隈重信関係文書』二）、金子堅太郎著・高瀬暢彦編『金子堅太郎自叙伝』、『授爵録』明治三十三ノ二年・昭和二～十九年、『東京朝日新聞』明治三十三年五月六日朝刊、『木戸幸一日記』昭和八年九月六日条・十月二十日条・十一月十七日条・十二月二日条・九年一月三日条

嘉納治五郎　かのう・じごろう

一八六〇―一九三八

貴族院勅選議員、東京高等師範学校名誉教授

嘉納治五郎

①昭和十三年頃（不許可）

兵庫県出身の教育家・政治家。講道館《こうどうかん》柔道を創始した柔道家としても著名。東京大学文学部卒業後、学習院や東京高等師範学校教授などを歴任し、大正十一年（一九二二）より貴族院勅選議員。『授爵録』（昭和二年～十九年）所収の昭和十四年（一九三九）一月二十八日付桜井錠二授爵関係の添付書類中、帝国学士院関係で「授爵ありし者」の次に「授爵なかりし者」「将来問題となるべき者」が列挙され、前者として新渡戸稲造・古在由直《こざいよしなお》・入沢達吉《いりさわたつきち》・嘉納治五郎・佐藤三吉《さんきち》・外山《とやま》正作《（一）》・森林太郎（鷗外）の七名を列挙・明記。添付書類は嘉納が昭和十三年五月に死去しているため、同年に作成され、危篤授爵も検討された蓋然性が高いと推測される。将来、授爵候補者となりうる存在であった者として含まれていたと考えられるが、結局授爵せず。

典拠　『授爵録』昭和二年～十九年

樺山資紀　かばやま・すけのり

一八三七―一九二二

海軍大将、海軍・内務・文部各大臣

①明治二十八年七月十八日（許可）

海軍大将・台湾総督

旧薩摩藩士出身の海軍軍人・政治家。幕末・維新期には国事に奔走し、鳥羽伏見の戦いや奥羽平定に功績があり、明治二年（一八六九）八月には軍功により賞典禄八石を下賜された。四年九月に陸軍少佐に任ぜられ、鎮西鎮台第二分営出張を命ぜられて以降累進し、陸軍省第二局次長・熊本衛戍《えいじゅ》司令官などを歴任し、十四年一月十四日には警視総監、翌月に陸軍少将に進級した。十六年十二月海軍大輔に任ぜられ、十七年二月海軍少将に転じた。十八年六月海軍中将に進級、十九年一月海軍省軍務局長、同年三月海軍次官兼軍務局長、二十三年第一次山県有朋内閣で海軍大臣として入閣し、第一次松方正義内閣でも海相として留任

樺山資紀

した。二十五年八月枢密顧問官となり予備役に編入されるが、二十七年七月現役に復し、海軍軍令部長兼海軍将官会議議員となる。二十八年五月海軍大将に進級して台湾総督に親補された。二十九年六月再度枢密顧問官に任ぜられ、同年九月第二次松方内閣で内務大臣、さらに第二次山県内閣で文部大臣、三十七年十月からは三度枢密顧問官となり死去するまでつとめた。またこの間、明治十七年の華族令公布に際しては七月七日付で子爵を授けられる。子から伯への陞爵については、『授爵録』(明治二十六〜二十八年)によれば、陞爵に関する自薦・他薦書類や功績調書は添付されていないが、伊藤博文・山県有朋・大山巌・西郷従《じゅう》道《どう》・野津道貫《みちつら》らとともに陞爵一覧表が綴られ、樺山については野津とともに「征清の役軍功顕著なるに依り、特に陞して伯爵を授く」とみえる。軍功による陞爵は樺山と山県・大山・西郷・野津、子爵への新叙として川上操六《そうろく》・伊東祐亨《ゆうこう》の計七名であるが、この七名については明治二十八年七月十八日付で内大臣徳大寺実則《さねつね》より宮内大臣土方久元宛で「右軍功に依り陞叙・新叙御内意に候間、表面閣下より裁可仰がるべく候。この段進達候也」と記されており、すでに七月十八日の時点で陞爵が検討されていたものと考えられ、同月二十日付で裁可を仰いだうえ、八月五日付で正式に伯への陞爵が認められている。

典拠　『授爵録』明治二十六〜二十八年

鎌　胤賀　かま・*たねます

生没年不詳
元興福寺学侶・春日大社新社司
①慶応四年四月（不許可）
②明治七年七月（不許可）
③明治八年七月二日（不許可）

鎌家は旧興福寺宝蔵院学侶。慶応四年(一八六八)四月以降、興福寺では大乗院・一乗院の両門跡以下院家《いんげ》・学侶もつぎつぎと還俗し、堂上《とうしょう》出身者は藤原姓の者は堂上格を賜り、非藤原姓の者は実家へ復籍のうえ一代堂上となる。地下《じげ》出身者も明治二年(一八六九)三月には藤原姓を与えられ、堂上出は春日大社新神司、地下出は同社新社司となる。これらの措置に不満を抱いた地下出身の旧学侶たちは身分昇格を求めている。慶応四年四月早々に願い出たのを初めとし、明治七年七月には奈良県権《ごん》令《れい》藤井千尋《ちひろ》宛で、翌年七月二日には元老院宛で華族または華族格への編列を願い出るもあまねく不許可に終わる。

典拠　「春日旧社司及石清水社司等堂上格ノ願ヲ允サス」(『太政類典』)、「願(率川秀宜《ママ》等十五名)」(国立公文書館所蔵『記録材料・建白書仮綴』)

鎌田栄吉　かまた・えいきち

一八五七―一九三四
文部大臣
①明治三十七・三十八年頃（不許可）
　元大分県尋常師範学校長
②昭和三年七月三十一日（不許可）
　枢密顧問官

旧紀伊国和歌山藩士出身の教育家・政治家。慶応義塾卒業後、同塾英学教授や内務省御用掛・大分県尋常師範学校長などを経て、明治二十七年(一八九四)の第三回衆議院議員総選挙に出馬して当選。一期つとめた後、慶応義塾長となる。三十九年五月からは貴族院勅選議員に就任。大正十一年(一九二二)六月には加藤友三郎内閣で文部大臣をつとめる。昭和二年(一九二七)十二月には枢密顧問官に親任され、同月貴族院勅選議員を辞す。授爵については、『元勲・近代諸家書簡集成』所収の海江田信義宛「高崎正風《まさかぜ》書状」に、

　拝啓、益々御清康慶賀奉り候。陳《の》ぶれば鎌田叙爵の件に付、先般申し上げ候後、大いに延引致し候えども、当局者と内談の上、別紙の通りにて然るべきと申す事に御座候間、右にてお運び成し下され候様致したく。

とみえる。十一月十五日付であるが、海江田の没年は明治三十九年十月二十七日であることから、鎌田が貴族院議員となる以前、三十

八年以前のものと推測される。当局者と内談のうえ「然るべき」と判断されていたとするも、結局授爵は不調に終わった模様である。また『授爵陞爵申牒書類』によれば、当時従三位・勲二等瑞宝章《ずいほうしょう》。昭和三年(一九二八)七月三十一日付で文部大臣勝田主計《しょうだかずえ》より内閣総理大臣田中義一《ぎいち》宛で授爵を申牒。「功績調書」には、前段部分では特に慶応義塾卒業後、同校の教員に採用され、学生に教授する傍ら、一般庶民に対してはたびたび講演を行い、政治思想や立憲思想の普及をした点、慶応義塾をはじめとする私学教育の充実に寄与した点、さらに朝鮮王妃閔妃《ミンひ》一族の日本留学を実現させ、日韓融和に尽力した点を強調し、国民文化の向上に多大な功績があると縷々述べたうえで、

鎌田栄吉

明治三十九年五月には貴族院議員に勅選せられて国家重要の枢機に参与し、明治三十一年九月以来大正二年六月まで高等教育会議々員、大正二年六月より教育調査会々員、大正六年九月より臨時教育会議々員、大正八年五月より臨時教育委員会委員を仰せ付けられ、また大正十年七月には教育評議会委員、次いで同会々長の(を)仰せ付けられて国家文政上の重要なる諮詢に対《こた》え、また建議する等多年の功労実に多大なるものあり。大正八年十月対独講和条約に基づき、米国華盛頓《ワシントン》に第一回国債労働会議の開催せらるるに当たり、識見人格共に中外の輿望を担い帝国政府代表として能く列国間の折衝に当たり、国際重要の案件を解決したる功績は特筆大書すべきものなり。大正十一年六月文部大臣に親任せられ台閣に列するや、人格識見の非凡なると多年教育の実際に鞅《おう》掌《しょう》せる経験とに依り、社会注目の焦点となりしか輿望に違わず、著々文政上多年の懸案を解決、実施せられたるもの甚だ多し。就中義務教育費国家負担の増額、十六直轄学校の研究科設置、両高等師範学校並びに三大専門学校の昇格、体育研究所の新設、学士院会館の建設及び日仏文化交換機関の補助等は最も重要なるものなり。大正十五年小閑を得て南洋視察の途に上り、米国フィリッピンを初め、蘭領ジャバ、英領マレー半島、仏領印度《インド》支那《シナ》、暹羅《シャム》王国等我が国民の発達に密接なる関係に在る地方を審《つまび》らかに調査し、国王・総督・土豪・酋長等に面接交歓して大いに得る所あり。老齢に及びて却って益々国家社会を念《おも》うの情切なるを感せしむ。昭和二年枢密顧問官の要職に親任せられ、現に国家重要の枢機に参与すべき責任の地位にあり。寔《まこと》に同人の教育に関する勲功は極めて顕著なるものあるを認む。

とし、国家に対しては貴族院勅選議員・文部大臣・枢密顧問官として文政面でも多大な勲功を挙げたとして授爵を申請するも、結局不許可に終わる。

典拠　「高崎正風書状」(『元勲・近代諸家書簡集成』)、『授爵陞爵申牒書類』

神尾光臣　かみお・みつおみ

一八五五―一九二七

陸軍大将・東京衛戍総督

①大正五年六月（許可）

②大正五年七月一日（許可）

元信濃国諏訪藩士出身の陸軍軍人。陸軍教導団出身で、軍曹から曹長、少尉と進む。日清戦争前後には駐清国公使館付や第二軍参謀をつとめ、戦後は近衛歩兵第三連隊長・第一師団参謀長となり、明治三十五年(一九〇二)五月少将に進級して歩兵第二十二旅団長。その後は遼東《リャオトン》守備軍参謀長・清国駐屯軍司令官・近衛歩兵第一旅団長を経て四十一年十二月中将に進級して第九師団長に親補される。大正元年

（一九一二）十二月第十八師団長、三年十一月には青島《チンタオ》守備軍司令官となり日独戦争で功績を立てた。四年五月には東京衛戍《えいじゅ》総督に転じ、五年六月大将に昇進した。授爵は日独戦争後、本格化しており、『授爵録』（大正五年）によると、五年六月付で総理大臣大隈重信より宮内大臣波多野敬直《よしなお》宛で申牒され、

　男爵加藤高明外［　］《（ママ）》名は別紙功績書の通り大正三四年戦役に関し功績顕著なる者に付、各頭書の通り授爵・陞爵相成る様御詮議相成りたし。

として、加藤高明の男から子への陞爵ならびに岡市之助の授爵、長谷川好道《よしみち》の子から伯への陞爵、八代六郎・加藤定吉《さだきち》・島村速雄《はやお》と神尾の授爵を申請。添付された神尾の功績書には、

　右は大正三年八月独立第十八師団長に補せられ青島攻囲軍の総司令官として出征、部隊を統轄し、作戦行動共に機宜に適し、克《よ》く青島攻略の目的を達し、青島陥落後は青島守備軍司令官として大正四年五月に至る迄占領地の軍政を統轄し、その勲功洵《まこと》に顕著なりとす。

神尾光臣

と記され、対独戦にあたって独立第十八師団長・青島守備軍司令官としての軍功を理由としている。また『大正初期　山県有朋談話筆記／政変想出草』によれば、

　七月一日波多野宮相来訪、近来岡前陸相の病気甚だ不良なる為日独戦役の功に依り恩賞の義至急取運ぶの必要を生じたりとて、右岡中将を初めこれに関与したる長谷川参謀総長、島村軍令部長、神尾司令官、加藤艦隊司令官、八代前海相、加藤前外相及び若槻前蔵相等の授爵昇爵の件を齎《もた》らし予が意見を求めたり。元来予は日独戦役に付いてはこれを日露戦役と同視するの不理なるを思うが故に、頭初参謀総長または陸相等の行賞に付いても日露事件と比すべからざることを主張せしが、既に海軍側との権衡もありとの事故、この点は暫く固執せざるも、右宮相の齎らしたる詮議中に大隈首相に対する行賞なきは甚だその意を得ず。将又《はたまた》今回日露協商も成立に至りたることなれば石井外相、本野《もとの》大使をも加え同時に詮議ありて然るべく、猶また若槻前蔵相の事に関しては僅かに国庫剰余金より臨時事件費を支出したるに止まり、これが為授爵の恩賞あるはその理由甚だ乏しきが如し。かくの如く一方に於いては将に恩賞あるべくしてこれを脱し、他方に於いては恩賞の理由なくしてこれを与えんとするが如きは決して君徳を補翼し奉る所以にあらず。宮内大臣たるもの深く思いを致さざるべからざる旨を訓め、尚事急速にして深く審議するの暇なかりしとの事なれば、先ず急施を要すべき岡前陸相の分のみを発表し、他は徐ろに審査すべき旨を忠告し置けり。

とみえ、山県が大隈内閣の閣僚や、軍高官に対する陞・授爵について意見を述べている。山県の考えによれば、第一次世界大戦における日独戦役の軍功は日露戦争とは同列視できず、それに対する栄典授与には慎重であるべきというものであるが、重病である岡のみは授爵を先行審査して執り行うべきであるとしている。元老山県の意見が容れられたためか、岡は七月六日付で男爵が授けられ、神尾も含めその他の候補者も結局同月十四日付で男爵となっている。

【典拠】『授爵録』大正五年、『大正初期山県有朋談話筆記／政変想出草』

亀井茲明　かめい・これあき

一八六一―一九六

旧石見国津和野藩主

①明治二十年二月（不許可）
②明治二十一年二月（不許可）
③明治二十二年七月三日（不許可）
亀井家は旧石見国津和野藩主家で、明治十七年（一八八四）七月の華族令公布に際しては子爵を授けられた。同家の陞爵運動はその三年後から確認され、「三条家文書」所収「多胡真強・清水格亮請願」によれば、二十年二月付で亀井家旧臣である多胡真強・清水格亮両名が三条実美宛で請願。

　故従二位勲三等亀井茲監《これみ》旧臣等再拝、謹みて条公《じょうこう》閣下に白す。蓋《けだ》し聞く仁君の政を為すや。恩枯骨に加わり、また沢子孫に及ぶと。今や聖明上に在り、また奚《なん》ぞ疑わし。故茲監の世に在る天保癸亥津和野藩主の任を辱《かたじけの》うせしより三十五年の久しき勤勉怠ること無く、士気を興起し、文武の業を奨励し、衣食を悪うして財を養い、忠を王室に致し、力を国家に尽くせり。これ故に致仕《ちし》老を養うの日に至りても、朝廷の待遇優渥にして麝香間《じゃこうのま》に候し、位従二位に進み勲三等を拝す。実に辱しとす。然れども旧臣等に在りてはまた畢生の憾なき能わず。茲監国家多事の時に当たり大義の存する所一歩も退くことなく、微少の藩力を以て公武の間に周旋し、報国の事業一も人後に落ちることなく忠肝撓《たわ》まず。専ら力を国事に尽くし、維新の際参与・議定《ぎじょう》の重職を辱うし、神祇の職に与り神道の興起を開き、また夙に廃藩の議を建て、藩知事の解職を乞い、諸務を整理して金穀を新県に継続せし等、実に茲監精忠果断の成績たり。然るに不幸茲監の如き死して功徳の後昆に垂るる無きは豈慨歎に堪《こた》うべけんや。仰ぎ顧くは故茲監多年の功労を思しめされ、当主茲明の爵級を進められ、子孫に光栄を垂れしめ賜ば故茲監地下に在りても枯骨に肉するの喜びあらんのみならず、茲明もまた益《ますます》力を国家に尽くすの志を強固ならしめ、且つ旧藩の士民挙げて天恩の深厚なるを感戴すべし。これ旧臣等の切望懇願する所なり。茲監三周の祭期も近きにあり、依て旧臣等多罪を顧みず謹みて書を閣下に呈す。請う憐恕を垂れ給わんことを。血泣頓首敬白。

とみえ、先代亀井茲監の幕末・維新期の功労をもって当主茲明の爵を子から伯へ陞叙して欲しいと願い出ている。また『西周日記』明治二十一年二月十五日条によれば「清水格亮来たりて、亀井家昇爵の事を談ず」と記され、西の助力を清水が求めていることが窺われる。さらに『尾崎三良《さぶろう》日記』明治二十二年七月三日条によれば、

　早朝柳原《やなぎわら》伯を訪《と》う。新華族叙任に付、旧華族中維新の際功労ありし者を昇等せしむべきの談あり。その人凡《およ》そ左の如し。山内容堂《やまうちようどう》実子男爵山内豊尹《とよただ》を伯に、島津忠亮《ただあきら》を伯に、大村純熈《すみひろ》を伯に、真田幸民《ゆきもと》を伯に、伊達宗城《むねなり》を侯に、亀井を伯に、四条隆謌《たかうた》を侯に、柳原を侯に、壬生基修《もとおさ》を伯に、沢某を伯に。予は沢、四条には同意せず。亀井の事は予発言を為す。

とあり、尾崎が柳原前光《さきみつ》のもとを訪れ、堂上《とうしょう》華族や大名華族の陞爵について談じており、そのなかで亀井家のことも話題に上っていることがみえる。実際この案が上奏されたかは不明ながらもこの時は不許可に終わる。三度の請願はその都度却下され不許可と終わったものの、二十四年四月二十三日付で先代茲監の功労により伯への陞爵が認められている。

典拠　「多胡真強・清水格亮請願」（「三条家文書」）、『西周日記』明治二十一年二月十五日条（『南山経済研究』一五―三）、『尾崎三良日記』明治二十二年七月三日条

川上操六　かわかみ・そうろく

一八四八―九九
陸軍大将・参謀総長
①明治二十八年七月十八日（許可）
　陸軍中将・参謀本部次長

旧薩摩藩士出身の陸軍軍人。明治四年（一八七一）七月に陸軍中尉に任官し、以後累進して十八年五月少将に進級して参謀本部次長となる。

川上操六

近衛歩兵第二旅団長を経て二十二年三月参謀次長。二十三年六月中将進級。二十七年六月、日清戦争に際しては大本営陸軍参謀・兵站総監を兼任。三十一年一月から死去するまで参謀総長をつとめた。授爵については、『授爵録』(明治二十六～二十八年)によると、授爵に関する自薦・他薦書類や功績調書は添付されていないが、伊藤博文・山県有朋・大山巌・西郷従《じゅう》道《どう》・樺山資紀《かばやますけのり》・野津道貫《みちつら》らの陞爵一覧表とともに川上と伊東祐亨《ゆうこう》の両名が挙げられている。軍功による陞爵は伊藤を除き、山県・大山・西郷・樺山・野津、子爵への新叙として川上・伊東の計七名であるが、この七名については二十八年七月十八日付で内大臣徳大寺実則《さねつね》より宮内大臣土方久元宛で「右軍功に依り陞叙・新叙御内意に候間、表面閣下より裁可仰がるべく候。この段進達候也」と記されており、すでに七月十八日の時点で陞爵が検討されていたものと考えられ、同月二十日付で裁可を仰いだうえ、八月五日付で正式に子爵を授けられている。

典拠 『授爵録』明治二十六～二十八年

川崎祐名　かわさき・すけな

一八三三―一九〇六

後備役陸軍監督監・貴族院勅選議員

①明治三十三年五月五日（許可）

旧薩摩藩士出身の陸軍軍人。維新時には奥羽征討軍に従軍。陸軍においては会計畑を歩み、明治十一年(一八七八)十一月陸軍会計監督・陸軍省第五局副長となり、十二年十月同省会計局副長、十四年十月陸軍会計監督長(十九年三月監督長と改称)・同省会計局長。二十四年四月予備役に編入され、同月より貴族院勅選議員。なお、陸軍監督長の官は三十年三月に陸軍監督監と改称。授爵に関してこれまで他薦の書類などは確認できないが、『授爵録』(明治三十三ノ二年)によれば、明治三十三年五月五日付の宮内省当局側立案書類で尾崎忠治《ただはる》以ら計二十五名の文武官の授爵を詮議しており、銓衡として(一)維新の際大政に参与して殊勲ある者、(二)維新の功により賞典禄五十石以上を賜りたる者、(三)維新前後国事に功労あり、かつ十年以上勅任官の職にある者、または現に在職中の者、(四)十年以上勅任官の職にあり功績顕著なる者、(五)特に表彰すべき偉大の功績ある者の五つの規準を設けており、川崎はその(三)に該当する対象者とされ、同月八日に裁可を得て翌日付で男爵が授けられる。

典拠 『授爵録』明治三十三ノ二年

川崎芳太郎　かわさき・よしたろう

一八六九―一九二〇

川崎造船所副所長・川崎汽船株式会社社長・国際汽船株式会社社長

①大正八年十二月二十四日（許可）

貴族院多額納税議員もつとめた川崎正蔵《しょうぞう》の甥で、旧姓鬼塚。明治二十四年(一八九一)にアメリカ留学し、イーストン商業学校に学び、二十五年に帰朝後、同年十一月に正蔵の娘婿となる。株式会社日本貿易銀行取締役・兵庫県立神戸商業学校長・福徳生命保険株式会社社長・川崎造船所副所長・川崎汽船株式会社社長・国際汽船株式会社社長などを歴任し、大正八年(一九一九)十二月に実業界を引退。また、この間日清戦争の功績で明治二十八年に勲六等瑞宝章、三十八年に日露戦争の功績で勲四等旭日小綬章《しょうじゅしょう》、大正七年には勲三等旭日中綬章を叙勲している。川崎の授爵については『原敬日記』大正八年十二月二十四日条にみえ、

松方正義の内信を持ち同巌《いわお》来訪。川崎芳太郎の授爵を申し立てくれよとの内談あり。余は川崎が造船事業及び近頃学校寄付、またその他の寄付金等もこれあるに

付授爵然るべしと考え、既に兵庫県知事には電報にて問い合わせたる位の事なれば固《もと》より異議なし。但し近頃寄付発表に付、余りに新しき事に付時機は多少躊躇し居ると言うに付、巌の言にも松方の来書にも川崎病気不良に付、何とか早く心配しくれよと言うに付、尤もの事と考えその運びとなす事となせり。波多野宮相来訪。授爵の件、古市公威《ふるいちこうい》の事山県頻りに催促するも、この際川崎の事もこれあるに付、総《すべ》て一月初旬に延期しては如何との相談に付、余同意を表したり。何となれば実業家中授爵とあれば安川敬一郎、川崎芳太郎二人にて先ず適当の者一段落に付、古市、前田正名等と同時は可なりと思いたればなり。

として元老松方正義の他薦であったことが記されている。『授爵録』(大正八～十一年)によれば、大正八年十二月二十五日付で内閣総理大臣原敬より宮内大臣波多野敬直《よしなお》宛で川崎の授爵詮議を申牒。

勲三等川崎芳太郎は故従五位勲三等川崎正蔵の嗣子にして、正蔵並びに芳太郎は別紙功績書の通り功績顕著なる者に付、左記の通り授爵の儀詮議相成りたし。

として「功績書」を添付。功績書には、

右先代従五位勲三等川崎正蔵は夙《つと》に四面環海の我邦にして造船海運の事業甚だ幼稚なるを慨し、数時意見書を政府に提出して造船奨励の議を主唱したりしが、明治十一年独力を以て東京築地に造船所を創設し、同十三年頃更に兵庫に造船所を設置して東西相応して船舶建造の事に努力したり。越えて明治十九年五月兵庫造船所を政府より借り、翌二十年七月更にその払い下げを受くるに及び、曩《さき》に経営せる東京・兵庫の両造船所をこれに移し、合併して川崎造船所の名称を付したる上、内容を充実し、準備を整頓して時勢の進運に伴い船舶汽機の製造に従事せり。日清戦役の後、大いに造船所の規模を拡張すべき気運に際会したるを以て、明治二十九年十月従来の箇人経営を改めて株式会社と為したり。現在の川崎造船所これなり。川崎造船所の業績に付いては試しに明治三十三年以降に就いてこれを観れば、政府の命を奉じて帝国の艦艇を建造すること大小三十六隻の多きに達し、今現に建造中に係わるものまた十数隻あり。その他外国政府の注文に応じて製造したる艦艇、または内外汽船会社の依頼に依りて製造したる客船・貨物船等に至りては実に夥しき隻数に達し、その海運界に裨益する所甚大なりとす。斯《か》く川崎造船所の盛況今日あるを致し、その国家に貢献すること大なるに至りしは、畢竟正蔵が明治初年以来専ら心血を傾倒し、苦心経営したる結果に他ならず。右芳太郎は明治十九年以来造船所に入りて業務に鞅掌《おうしょう》したりしが、正蔵の嗣と為るや夙夜父を助けて精励し、造船所の組織を変改して株式会社と為すや、即ち副社長の重職に就き尽瘁《じんすい》し、父の没後はその遺志を継承して益々事業の発展完成を期し、鋭意力をここに注ぎ、今日に迨《およ》べり。また芳太郎は夙に報効の念篤く、各種の公共事業に対して巨額の出捐を為し、就中教育事業に関して最も意を注ぎ、明治三十一年十二月兵庫県立神戸商業学校の校長と為るや鋭意校舎を新築し、設備を整頓してその業を完成し、殊に大正六年五月独力を以て兵庫県下に高等商船学校の設立を企画《きかく》し、校舎の新築その他の設備を整え昨七年四月開校、授業を開始したり。その設立に要したる費額総計金百七十万円余に達し、また別に九十万円を支出して維持資金に充てたり。然るに今回右校舎及び付属品の一切並びに維持資金を増額して二百四十万円と為し、全部を提供して政府に献納を出願するに至れり。また病気の故を以て今次実業界を退くことを決意し、この機会に於いて神戸市に対し金二十五万円を市内小学校教員補給の費に充て、金七十五万円を市内貧民救済事

業の資に供せんが為寄付したり。正蔵及び芳太郎の国家に致せる勲功洵《まこと》に顕著なりとす。

として、海運界における業績だけでなく、社会事業にも多大な功績があることを列挙して、芳太郎の先代正蔵の功績をも斟酌して授爵を申請。この功績が認められ、大正九年一月十三日付で男爵が授けられる。

典拠『授爵録』大正八〜十一年、『原敬日記』大正八年十二月二十四日条

川路利恭　かわじ・としやす

一八五六―一九二五

大警視・陸軍少将川路利良嗣子

①明治三十三年四月六日（不許可）
警視庁第一部長・警視

②大正十二年十二月（不許可）
錦鶏間祗候

日本近代警察の創始者として知られる警視庁大警視兼陸軍少将の川路利良《としよし》の養嗣子。鹿児島県士族。明治十二年（一八七九）十二月に警視庁少警部任官後、養父同様に警察畑を歩み、二十四年四月警視となり、警視庁参事官、滋賀県警部長・沖縄県書記官・警視総監監房第一課長・警視庁第二部長を経て、三十一年十一月に警視庁第一部長。三十三年十月には岐阜県知事に任ぜられ、以後は地方官に転じ、奈良・熊本・福岡各県知事を歴任し、大正二年（一九一三）六月に退官。以後は錦鶏間祗候《きんけいのましこう》を仰せ付けられた。『東京朝日新聞』明治三十三年四月六日朝刊によれば、「御慶事と叙爵」の見出しで、

予《かね》て噂ありたる叙爵の恩典は御結婚当日頃御沙汰あるべく、あるいは調査の都合により少しく延引さるるやも計られずとの事なるが、その人選中には故川路利良・鮫島尚信《なおのぶ》・玉乃世履《たまのせいり》等諸氏及び金子堅太郎氏等もありと云えり。

と報じられ、当時皇太子嘉仁親王《よしひと》（のちの大正天皇）と九条節子《さだこ》との結婚に際し、慶事として前記の四名の授爵が噂になっていたと思われるが、この時には金子のみが授爵し、他の三名は洩れている。ついで大正十二年十二月には、後藤新平が授爵を請願。「後藤新平文書」所収「授爵御願（故大警視川路利良）」によれば、

朝廷には維新以来文武の勲功昭著なる者に五等の世爵を授けられ候処、利良事、戊辰・丁丑二役の戦功に加うるに、警察創始の際における勲績を以てして国家に大功あること前述の如きも、未だ授爵の恩栄を蒙り申さず候。就いては同人生前の勲功を追褒《ついほう》あらせられ、その子孫に対して授爵仰せ付けられ候はば、本人の余栄あるのみならず、官民の感激これに過ぎずと存じ奉り候。因て別紙付属書類添付、この段願い奉り候也。

川路利恭

として川路利恭への授爵を請願。付属書類は（一）「故大警視川路利良ノ遺族ノ為ニ恩恤ヲ乞フノ上申」、（二）「川路警保助《けいほのすけ》建議書写」、（三）「川路利良履歴並事略」の三点であり、利良が戊辰戦争・西南戦争に従軍し、日本近代警察の基を築いたという功績を披瀝するも授爵は不許可に終わる。

典拠『東京朝日新聞』明治三十三年四月六日朝刊、「授爵御願（故大警視川路利良）」（後藤新平記念館所蔵「後藤新平文書」）

川村鉄太郎　かわむら・てつたろう

一八七〇―一九四五

貴族院議員

①昭和九年九月二十六日（不許可）

薩摩藩出身の海軍大将川村純義《すみよし》伯爵の嗣子。明治三十八年（一九〇五）襲爵し、四十年より貴族院伯爵互選議員。『木戸幸一日記』昭和九年（一九三四）九月二十六日条に「河村《ママ》伯を侯爵

に陞せられたし（佐々木侯爵との比較）」とみえ、陞爵運動があったことが確認できる。佐々木侯爵は佐佐木高行《たかゆき》のことであり、佐佐木が大正天皇の幼少期に御養育掛をつとめた功で伯から侯へ陞爵したことを先例として、鉄太郎先代純義が昭和天皇の御養育主任をつとめた功労をもって同家の陞爵を企図したものと考えられるが不許可となっている。

典拠　『木戸幸一日記』昭和九年九月二十六日条

神田孝平　かんだ・たかひら

一八三〇—九八

貴族院勅選議員・錦鶏間祗候

①明治二十六年九月三十日（不許可）
②明治三十一年五月（許可）
③明治三十一年七月四日（許可）

旧美濃国出身の官僚・政治家。明治元年（一八六八）徴士《ちょうし》として新政府に出仕し、以後一等訳官・会計官権判事・集議院《しゅうぎいん》判官・大学大丞等の諸官を経て、同四年十一月兵庫県令《けんれい》に就任。滋賀県令の松田道之《みちゆき》、千葉県令の柴原和《やわら》とともに「本邦三県令」と称され、治績を挙げた。七年九月より元老院議官。廃院後は二十三年九月より貴族院勅選議員に就任した。『読売新聞』明治二十六年九月三十日朝刊には「授爵の噂」の見出しで「山口尚芳・津田出《いずる》・津田真道《まみち》・楠本正隆・細川潤次郎・伊丹重賢《しげかた》・神田孝平・福原実《みのる》・野村素介《もとすけ》・三浦安《やすし》・平岡通義・安藤則命《のりなが》の諸氏は新たに爵位を授かるべしと噂ぞ」と報じるも授爵されず。『授爵録』（明治三十三ノ二年）には三十一年五月に田中不二麿《ふじまろ》が作成したものと思われるメモ書が綴られており（この推薦文は箕作麟祥《みつくりりんしょう》がすでに死去していることから、これ以前の作成ではないかと岩壁義光は推測されている）。このメモ書には、

国運の進歩は文武両道に由る。武力以て敵に勝ち海に敵艦を砕き、陸に敵城を抜き、大いに戦捷《せんしょう》を奏す。事業明赫天下誰かこれを賛歎賞美せざる者あらんや。而して国家全体の文物制度を改良して国運を前進せしむるは文勲の偉大なるものなりと雖も、固《もと》より無形の事業にして彼の敵城を抜き敵艦を砕くが如く、人の耳目を聳動《しょうどう》するに至らず。豈《あに》憤歎せざるを得んや。尤も記の六名は維新前国論鎮攘に傾くの時にありて国家将来の文明開化は一に知識を世界に求むるに在ることを看破し、世論に反抗して夙に洋学に志し、以て古来未曽有の新思想を本邦に移植したり。その著訳する所また甚だ多しと雖も、特に泰西国法論、国家汎論、性法、議事院法、仏国五法、法律格言等の如きは今日の立憲政治を馴致するに与りて力ありと云うべし。維新後また各その学ぶ所を以て国家を裨補せしこと僅少ならず。その勲績敢えて武勲に譲るものにあらざるなり。而してその各自の事業に至りてはこれを略載す。

として年齢順で津田真道・神田孝平・細川潤次郎・福沢諭吉・加藤弘之・箕作麟祥の六名が列挙されており、神田分には、

維新前幕府開成所教官に任じ、維新後議事・学校の事に任じ、また集議院創設の際に方《あた》り規制を設け議事を整えて功あり。後元老院議官・文部少輔となりて法律及び教育の事に努力して功労あり。また東京学士会院の会員に選挙せられ、曽《かつ》て貴族院勅任《（ママ）》議員たり。

と記している。明治三十一年五月の時点ではすでに授爵している箕作を除く五名に対し、何らかの栄典を授与しようとする動きが確認されるが、神田についてはこの頃から病状が重かったためかそのまま授爵詮議に入ったと思われ、『授爵録』（明治三十一年）によれば、

神田孝平

三十一年七月四日付の宮内省当局側立案の書類に、

右は嘉永年間江戸に来り杉田成郷（卿）の門に入り蘭学を修め独力西洋数学を研究す。当時幕府蕃所調所の創置に際し教官となり、専ら西洋数学の教授を担任せり。これ実に西洋数学教授の嚆矢なり。王政維新の際徴辟に応じ議事取調を命ぜられ、会計官権判事・制度寮准撰修等を経て集議院判官に転じ、議事の規程を設けて功労あり。蓋《けだ》し今日の議院制度は茲《ここ》に胚胎せりと謂うべし。後太政官権大内史より兵庫県令に進み、地方官会議の際幹事長を命ぜられ議事を整頓し、又元老院議官・文部少輔に歴任し東京学士院会員に選挙せられ、後貴族院勅選議員となりたり。その在官年数を挙ぐれば奏任官三年四ヶ月、勅任官十八年六ヶ月の多きに及べり。而してその著訳する所の書は経済小学、数学教授本、和蘭政典、性法略、星学図説、和蘭州法、同邑法、日本大古石器考等あり。右の如く同人は文運進歩上に於いてはその功労少なからず、就中立憲政治を今日に馴致するに於いて与りて大に力あり。然るに目下病気危篤の趣に付、前掲の勲労を録せられ、この際特に華族に列せられ男爵を授けられたるべき乎。

とみえ、すでに病勢が悪化し危篤に至った同人への授爵が検討され、同日付で多年の勲功により男爵が授けられた。

典拠　『読売新聞』明治二十六年九月三十日朝刊、『授爵録』明治三十一年・明治三十三ノ二年、岩壁義光「旧幕臣系男爵の授爵について―宮内公文書館所蔵「授爵録」の分析を通じて―」（『学習院大学史料館紀要』一八）

き

菊大路纓清　きくおおじ・＊やすきよ

生没年不詳

元石清水八幡宮社務職

①明治二年三月（不許可）
②明治十七年頃（不許可）
③明治二十六年五月三十日（不許可）

旧石清水八幡宮検校・別当職をつとめる家系で、維新前は善法寺《ぜんぽうじ》弘清と称し、法眼《ほうげん》に叙され禁《きん》色《じき》を許されていた。慶応四年（一八六八）閏四月に還俗のうえ、菊大路纓清（綏清とも）と改名。同年七月に禁色を止められ、八月十三日に改めて従五位下に叙せられ、明治三年（一八七〇）一月から十二月までの間、同社の社務職に補せられた。『太政類典』所収「春日旧社司及石清水社司等堂上格ノ願ヲ允《ゆる》サス」によれば、明治二年三月付で石清水社務の田中有年《ありとし》・南武《たけ》胤《たね》とともに菊大路纓清が神祇官宛で「奉歎願口上覚」を提出。

石清水八幡宮社務家の儀は祖先以来武内《たけのうち》宿禰《すくね》の後胤にて、代々法体肉食妻帯勤仕罷り在り候処、康元年中後嵯峨天皇叡慮を以て宮清仁懐妊の局を下賜、皇子たら

ば祠官に補すべき旨仰せ出され、則ち降誕尚清云々。それ以来出身の始めには童参内仰せ出され、恐れながら御親の思しめしに依り小御所御下段に於いて天顔を拝し奉り、御持ちの御末広拝領仕り、得度後直叙法眼より中二年を置き法印《ほういん》・権少僧都《そうず》・権大僧都・僧正、大僧正に至り、追々昇進仕る。中古には門跡号勅許蒙り候輩もこれあり、誠に以て深重皇沢に浴し子孫繁茂、各法体ながら素《もと》より肉食妻帯にて代々奉仕罷り在り候処、先般大政御一新、当宮大菩薩の称号止めさせられ、大神を称し奉り候様仰せ出され候。付いては法体勤の輩復飾仰せ付けられ、その上昨年八月に至り私共同列各々従五位下の宣下を蒙り、先ず以て冥加至極有難く畏み存じ奉り候。去りながら法体中の美事童参朝の儀も忽ち廃絶、自余御由緒柄の企格も夫に引き連れ消散仕り候成り行き、何とも歎かわしく存じ奉り候えども、短才愚昧の身を以て今日の神勤すら行き届かず勝に御座折柄、所詮旧格御再興願い上げ奉り候儀は深く恐懼仕るべき儀に付差し扣《ひか》え候えども、先般他社復飾仰せ付けられ候南都在住の門跡・院家・住侶の輩、その身堂上《とうしょう》出の人口は今般堂上格に仰せ付けられ候由承知仕り候。然りと雖も不肖の私共右同様麁忽《そこつ》に願い奉り候段は潜(暦)上至極、恐れ入り存じ奉り候えども、中世更に後嵯峨天皇胤にて、復飾の今日に至り奉仕罷り在り候儀に付、恐れながら御憐愍を以て大神勤仕の儘堂上格に仰せ付け下され候はば、再生の恩誠歓誠喜有難く畏み入り奉り、倍々神勤勉励尽力仕り、長日天朝御長久の御祈(禱)等丹誠を抽すべく候。偏に御憐愍の御沙汰を蒙りたく、伏してこの段願い上げ奉り候。以上。

として、復飾前には得度直前に童昇殿を許され、小御所において天皇に拝謁して末広を下賜される家例であったが、維新に際して還俗してからはその家例も廃されてしまった点を挙げ、また興福寺の門跡・院家・住侶が復飾後に堂上格を与えられた例を引き合いに出し、石清水八幡宮社務職はそのままで「堂上格」を与えて欲しい旨を請願している。これに対して神祇官や太政官弁官側は「春日の儀は別段の思食を以て仰せ出され候儀に付、他社の例には相成らず候事」としてこれを却下している。同時期には春日大社旧社司である西師香らも同様に堂上格への昇格を求めて請願しており、これに対し明治二年三月二十七日付で神祇官は太政官弁官《べんかん》に伺いを立てている。これによれば、

過日春日社新神司堂上格仰せ付けられ候後、旧社司よりも堂上格に仰せ付けられたき旨願い出候に付、右願書は差し戻し候えども、その後別紙の通り申し出で、猶また石清水社務よりも別紙の通り堂上格願い出候。右は無拠の訳には候えども、この後賀茂始め諸社より追々同様の儀願い出候は必定と相考え候。就いては春日新神主の内堂上格仰せ付けられ候分はこれ迄の禄高等その儘持参、山陵奉仕仰せ付けられ候ては如何これあるべき哉。左候えば新旧の両社司共にこの後異論もこれあるまじく、且つ諸社より同様の願い出もこれあるまじき哉に相考え候。なお

御勘考給うべく候也。

とみえ、興福寺の一乗院・大乗院両門跡以下院家・学侶中、堂上公家出身者は復飾のうえ、堂上格を与えられ、改めて春日大社の新神司を仰せ付けられているが、旧来より同社の神主をつとめてきた西家らの旧社司よりも堂上格を求め、さらに石清水よりも同様の請願が、また今後は下鴨・上賀茂をはじめとする諸社からも請願があると危惧している。神祇官側の伺いに弁官は、

春日新神司の議に付昨日見込書を以て申し入れ候えども、猶また再案致し候処、仮令《たとえ》山陵奉仕仰せ付けられ候とも、やはり伊勢を始めたてまつり八幡その他歴朝の尊霊奉仕の諸社は御同様の姿にも相当たり候故、同様願い出候哉と相考え候。就いては山陵へも付せさせられず、直ち

に闕下《けつか》仰せ付けられ候方然るべき哉と存
じ候間、尚またこの段申し入れ候也、

と同月二十八日付で神祇官に回答している。神祇官側が春日の新神司となった諸家の神勤を解き、山陵奉仕を命ずべきではないかという案を示したのに対し、弁官側はたとえそれらの諸家に山陵奉仕を命じたところで伊勢内宮・外宮をはじめとして諸社の社家から請願はあるであろうから、新神司らは速やかに朝勤を命ずるべきであると述べている。のちに奈良華族と称されるこれら興福寺出身者が堂上格を与えられたことを契機に社家の堂上格、ひいては華族格請願が増加していく傾向がみられる。さらに同家の華族編列については「三条家文書」所収「旧神官人名取調書」にみえる。同資料は明治十七年頃のものと思われるが、これによれば「別紙全国旧神官の内華族に列せられ然るべき家格の者にこれあり候。御発表前には一応現今貧富の景況地方官へ調査仰せ付けられ候上、御取捨相成りたしと存じ奉り候」と記され、そのなかに旧石清水八幡宮からは田中有年・南武胤とともに菊大路纓清の名も挙げられているが不許可となっている。さらに「田中俊清《としきよ》他授爵請願書」によれば、二十六年五月三十日付で田中俊清と菊大路の両名が宮内大臣土方久元宛で「華族請願書趣旨書」を提出。

抑《そもそ》も男山八幡宮は古《いにしえ》我が国第二の宗廟と称し歴朝の大祖とし、朝廷の崇敬厚く、且つ尊厳の重かりしは皆人の知る処にして、そのこれに奉仕せる祠官は紀氏の系統にして、また名族を以て称せらる。遠祖武内宿禰は六帝に歴事し、忠勇整簫柱石の元老として征韓に偉勲を立て、能く皇家の輔弼となり二百五十二余年功天下を蓋《おお》う。その子孫武将となり博士となり皆国史に錚名を揚げ、国家に功労少なからず。その後裔長く相襲ぎ男山八幡宮の長官として歴仕し、千載の久しき血統一系吾等に至れり。而して古来朝家の御待遇並びに官職資格等また頗る品位を占む。伏して惟《おもう》うに大政維新以来旧公家・諸侯を始め、国家に功労ある人、または名家の子孫を以て特に華族の列に班し爵位を授与せらる。近時また往々この栄を忝くするものあり。吾等その志望を抱持する。茲《ここ》に数年空しくこれが恩典を受くるを得ず。然り即ち今や制度典章秩然《ちつぜん》として備莫益美を挙げ、弊を除き給うに斉しく、願わくは吾等従来の系統資格等御詮議の上特に華族の末に列せられ、一は祖先の余栄を増し、一は名家の子孫をして一大恩典に浴さしめられんことを吾等誠恐誠惶敢えて潜越を顧みず請願の至りに堪えず。

として「由緒書」を添付。これには①男山八幡宮縁由、②社務家の系統、③官職、④家禄、⑤資格並待遇について列挙しており、「社務家之系統」としては、

当社務家の系統は創祖武内宿禰に起こり、貞観元年行教和尚(紀氏)八幡宮を宇佐より遷座し奉り、同五年紀夏井《なつい》の子安宗に官符を給い、始めて別当職たらしめ、同十八年勅撰により夏井二男御豊を神主に補せられ、御豊の子孫相襲ぎ別当となり神主となり、後数代を経て光清の三男勝清に至る。これを田中家の祖とす。光清十二男成清は善法寺の祖となり、更に善法寺より別れて一家を立つ。これを新善法寺家とす。蓋《けだ》し三社務と称するはこの謂われ也。而して新善法寺家は維新後断絶せしと雖も独り田中・善法寺両家は創祖以来一系間断なく継続せり。加之《しかのみならず》その親戚に於けるも多くは公家・諸侯の類にして、且つ偶《たまたま》養子をなすも大臣家の猶子となすを例とす。その系統を重んずるや実に軽忽ならざるを知るべし。況んやその家女の如き、或いは至尊の母となり、または皇子・皇女を生み奉り、その他史上に著名なる人士の妻となれるも少なからず。その詳細は別に系譜に誌せるを以て明らかなり。

と記し、すでにこの時点で社務三家中、元新善法寺の南家が断絶したことが明らかにされ

ている。「官職」については、

清和天皇貞観五年十二月始めて別当職を置かれ、宇多天皇寛平八年検校職を、承平六年権別当職を置かれ、爾来相襲ぎ職は権別当より別当・検校に補せられ、官は直叙法眼より大僧正に至るを例とし、代々広橋家を以て伝奏とす。始め八幡宮大菩薩の称ありしを以て代々法体を以て奉仕し、年中恒例臨時祭等に従事す。祖先聖清の時に妻帯を許され、その祭祀に於けるも神仏両式を採り、平素の行為等彼《か》の通常僧侶の浮属に従事する如きと全くその趣を異にせり。また往古より八幡神領の政務を主宰し、行政・司法共にこれが執行をなし来たりしが、更に徳川氏に至り検地を免じ守護不入也と定め、先例により各社務輪換して執政の任に当たらしむ。これを当職と云う。尤も重大の事実に至りては各社務稟議の上これを処弁す。正治元年田中道清の時始めて門跡号を付せられ、爾来三社務共に称せらる。大政維新となり八幡宮大菩薩の号を廃せられ、次いで復飾の上更に当職仰せ付けられ、社務各々従五位下に叙せらる。未だ幾ならずして位階幷に当職を廃せらる。

とし、また「資格並待遇」については、

社務の男子得度の始めに当たり童昇殿を仰せ出され、着服は親王方と同じく冬は白浮線綾小葵、夏は二藍重菱の童直衣・紫緞亀甲差貫《さしぬき》等着用し、大八葉車を用い、参内の上小御所御下段の間に於いて天顔を拝し奉り、御持ちの末広等拝受仰せ付けられ、同夜法親王方御戒師にて得度、翌日御礼として参内、殿上の式前日の如し。蓋し童昇殿の局を善法寺宮清に始まる。天皇懐胎の嚆矢は後嵯峨天皇の時下賜せられ「皇子たらば祠官に補すべく云々」と仰られ、尚清以来社務家均しくこの式を行うに至る。また凡《すべ》て着服は禁色の袴等相用い、年齢十五歳迄は紫緞亀甲差貫、十六歳より三十歳迄紫鳥襷《とりだすき》、三十歳より四十歳迄紫藤大紋を着用し、四十歳以後は浅貫（黄）に色変え、老年に及び大僧正以後は更に白色に変じ八藤の大紋を着用するものとす。また権少僧都・法印より香《こう》染裘袋《そめきゆうたい》勅許せられ、権大僧都・権僧正より紫袍勅許せらるるを以て例とす。裘袋とは法皇の御衣にして着用地他に類例また毎年始及び官位昇進の都度参内仰せ付けられ、殊に田中家は禁廷御撫物を守護し累代御師職たりし廉を以て御即位の始め必ず参内仰せ出され、天顔を拝し奉り、御太刀・御馬代判金拝領し、水害等の節は御見舞として黄金二枚・銀百枚下賜せらるるを以て例とす。将軍家に対しては将軍代替りまたは年始その他八幡宮造営等に三社務の内参府・登城の上白書院に於いて謁見、杉原・末広等献上す。退城の節は柳之間に於いて時服等拝受するを例とす。南北朝戦乱の世に当たり田中家は常に南朝に組し、婚を日野中納言資朝の女に結び、或いは朝敵滅亡の御祈をなせし等少なからず。崇光天皇正平七年閏二月十九日より八幡へ行幸せられ、田中定清の館を皇居と定め皇軍の準備をなし給う。同年五月足利義詮大挙して犯攻む。皇師利あらず、遂に天皇吉野に還幸し給う。これを有名なる八幡合戦と云う。この事蹟は史伝家牒に多く記載せる処にして実に田中家の最規模となす処なり。要するに古来陞叙任命その他由緒等の詳細に至りては生等代々伝来の官符・院宣または教書

その他旧記等多きを以て明らかなりとす。

と自家の由緒を披瀝して求めるもこれも不許可となり、授爵されずに終わっている。なお、明治二年以降同格として連帯請願してきた南家はこれ以前に絶え、さらに大正期以降は田中家単独で継続して授爵運動を起こしており、菊大路家の分は提出されていない。

典拠　「春日旧社司及石清水社司等堂上格ノ願ヲ允サス」(『太政類典』)、「旧神官人名取調書」(「三条家文書」)、「田中俊清他授爵請願書」(宮内庁宮内公文書館所蔵)、『明治五年　旧神官由緒書』(京都府立総合資料館歴史

資料課所蔵）
→菊大路某

菊大路某　＊きくおおじ

生没年不詳
元石清水八幡宮社務職
①明治二十三年頃（不許可）

菊大路家は代々旧石清水八幡宮検校・別当の家柄で、維新期に還俗してからは社務職をつとめるようになる。典拠資料中には実名が記されないため不明。纓清（綏清）とも思われる。『授爵録』（追加）（明治十五～大正四年）所収「内宮外宮旧神官十八家等族籍ニ関スル件」という年月日不記載の資料による。明治二十三年（一八九〇）頃とこれによれば、「石清水八幡宮社務田中・菊大路二家」に関する記述として、

右二家は武内宿禰《たけのうちのすくね》の裔、従五位上讃岐守紀御園次男従八位御豊の後裔にして、累代石清水八幡宮に奉仕し別当職に補せられ、権大僧都または大僧正に任ぜられ、門跡号及び童形《どうぎょう》参内を勅許せられ、その嫁娶の如き公卿または諸侯・大夫にして、曽《かつ》て名門たる家格を損傷せしことなし。その血統の関係を見るに近代に至り他姓より養子したるも、何れも家女に配偶せしめたるものなれば、女系を以て紀氏の血統を繋ぎたるものなり。その血統及び家格前記の如し。家産にして華族たるの体面を維持することを得ば優班に列せらるるも可ならんと思考す。因みに云う。大僧正は大納言に准ず。累代大納言に任ぜられたる家は伯爵に相当なり。

とみえ、華族としての体面を維持するだけの資産を有している場合、田中・菊大路両家は代々僧官として大僧正に昇り、大僧正は大納言に準ずる扱いを受けていたことから、旧堂上公家の授爵内規に準拠して、伯爵授与が妥当であるとしているが、この時は授爵されていない。なお、これ以前に同格である元新善法寺の南武胤の家系は絶えたとする。

典拠　『授爵録』（追加）明治十五～大正四年
→菊大路纓清

菊池源太　きくち・げんた

生没年不詳
菊池武時末裔
①大正四年十月六日（不許可）

「松平康民《やすたみ》他陞爵請願書」中に松平康民（旧美作国津山藩主。伯爵）の陞爵願と合綴で収録。内閣総理大臣大隈重信より宮内大臣波多野敬《よし》直《なお》宛で「左記の者授爵又は陞爵情願の旨、意は主として家格に存する義と認められ候に付、しかるべく御詮議相成りたし」として照会。慶《けい》光院利敬《こういんとしゆき》以下十七名を列挙し、そのなかに菊池の名も挙げられている。菊池は大分県士族。「右は元弘・延元の忠臣菊池武時《たけとき》の後裔たる故をもって授爵を請願したるものなり」と理由を説明するも授爵されずに終わっている。

典拠　「松平康民他陞爵請願書」（宮内庁宮内公文書館所蔵）

菊池大麓　きくち・だいろく

一八五五―一九一七
文部大臣・東京帝国大学名誉教授、貴族院勅選議員
①明治三十五年二月二十四日（許可）

旧津山藩士出身の政治家・数学者。生家は箕作《みつくり》家で、のちに菊池家の養子となる。文久元年（一八六一）一月蕃書調所へ入学して英学を修め、慶応二年（一八六六）十一月よりイギリスへ留学。帰朝後、明治二年（一八六九）一月開成学校へ入学してフランス語を修め、三年九月に大学へ出仕。同年十一月より再度イギリスへ留学し、帰朝後、十年六月以降東京大学理学部教授となり、十九年三月帝国大学令公布とともに帝国大学理科大学教授兼理科大学長に任ぜられる。二十三年九月より貴族院勅選議員。三十年八月教授本官のまま文部省専門学務局長を兼任し、同年十月より高等学務局長を兼任。さらに翌月文部次官となり、東京帝国大学理科大学教授を兼任した。三十一年五月には東京帝国大学総長に就任し、三十四年五月東京帝国大学名誉教授の名称を受け、同年六月第一次桂太郎内閣で文部大臣に就任

した。三十六年七月大臣を辞した後は学習院長・京都帝国大学総長・帝国学士院長となり、さらに四十五年五月には貴族院議員を辞して枢密顧問官に親任された。『桂太郎関係文書』所収の三十五年二月二十四日付「岩倉具定《ともさだ》書翰」によれば、山本権兵衛（海軍）・曾禰荒助《そねあらすけ》（大蔵）・清浦奎吾（司法）・菊池大麓（文部）・小村寿太郎（外務）と平田東助《とうすけ》（農商務）の計六名の新規授爵と、林董《ただす》の男から子への陞爵について岩倉具定が事前に桂へ伝えており、「右の通りにこれあり候。外に一人昇爵の人これあり候えども、これは御面会の上にこれ無くては申し上げかね候。誓って他言お断り申し上げ候」として、この時点で銓衡・審議が終わっていたことがわかる。これは『授爵録』（明治三十四～三十八年）でも同様で、同年二月二十四日立案の当局側書類で審議されたことがみえるが、功績調書や自薦・他薦などの願書類は添付されておらず、また前記のように記載した閣僚以外にもう一名陞爵の人物がいるとしながらこれは面会してからでないと岩倉は述べている。この一名は桂本人の子から伯への陞爵であるが、桂自身も知らなかったとすれば、この一連の陞授爵は内閣側の関知しないところで進められた可能性もある。こののち、同月二十七日付で桂内閣の閣僚らの陞授爵は行われ、菊池も予定どおり男爵を授与されている。

菊池大麓

【典拠】「岩倉具定書翰」（『桂太郎関係文書』）、『授爵録』明治三十四～三十八年

菊池武臣　きくち・たけおみ

一八五〇―一九一九

菊池武時末裔、旧交代寄合・元中大夫席

①明治十一・十二年頃（不許可）
②明治十二～十六年頃（不許可）
③明治十六年七月四日（許可）

菊池家は旧幕時代には無高ながら交代寄合《こうたいよりあい》四州《ししゅう》（那須・美濃・伊那《いな》・三河の四衆）に準ずる格式を与えられた旗本。幕末・維新期の当主は忠（初名則忠《のりただ》）。維新前は米良《めら》を称していたが、慶応四年（一八六八）五月に朝廷に帰順して本領を安堵され、七月十日本姓の菊池に復し、朝臣に列して八月十七日に中大夫席を与えられた。明治二年（一八六九）十二月に中大夫以下の称が廃せられるのに伴い東京府貫属士族に編入され、のちに鹿児島県に貫属替となる。忠は六年四月宮内省雑掌、同年六月大舎人に任ぜられるも八年廃官。十年の西南戦争には西郷側に与して除族され、十二年一月に家督を忠臣に譲る。同家の華族昇格に関し、『爵位発行順序』所収「華族令」案の内規として公侯伯子男の五爵（左に朱書で公伯男の三爵）を設け、世襲・終身の別を付し、その内「世襲男爵を授くべき者」四項目中、第三項目に「元高家・交代寄合」を挙げている。同案は明治十一・十二年頃のものと推定されるが、この時点では旧幕時代に万石以下でありながら、若年寄ではなく諸侯や高家同様に老中支配である交代寄合は男爵に列すべき家として認知されていたと思われる。同じく前掲『爵位発行順序』所収「授爵規則」によれば「男爵を授くべき者」として、七項目中、第二項目に「元交代寄合・元高家」が挙げられている。前記資料とは異なり、この案は十二年以降十六年頃のものと推測され、こちらでも旧交代寄合である近藤家は男爵を授けるべき家とされているが、結局授爵内規からは交代寄合は一律除かれ、華族編列・授爵は不許可に終わっている。交代寄合の格をもっての華族編列は叶わなかったが、「井上馨関係文書」所収の十六年七月四日付「杉孫七郎《すぎまごしちろう》書翰」によれば「菊池・新田氏の件、条公《じょうこう》・山県へ話しおけり。（中略）名和長年子孫名和十郎詮議方、条公並びに金井書記官に話しおけり」とみえ、菊池武時正統の末裔として、同じく南朝忠臣の裔である新田俊純《としずみ》・名和長恭《ながゆき》両名と

もに当時宮内大輔であった杉孫七郎が三条実美と山県有朋へ家格取立について相談していることが確認され、これにより八月十三日付で新田家とともに華族に編入され、十七年の華族令公布に際しては七月八日付で男爵が授けられる。なお、二十二年十月大赦により菊池家に復籍した先代忠は有爵者の先代として同月十日付で従五位に叙せられている。

典拠　史談会編「従五位菊池忠君事歴」（『史談会速記録』二四九）、『爵位発行順序』、「杉孫七郎書翰」（国立国会図書館憲政資料室所蔵「井上馨関係文書」）、松田敬之「新華族先代・先々代叙位に関する一考察」（鶴崎裕雄編『地域文化の歴史を往く—古代・中世から近世へ—』）

菊池武成　きくち・*たけしげ

生没年不詳

菊池武時末裔

①大正四年十月六日（不許可）

「松平康民《やすたみ》他陞爵請願書」中に松平康民（旧美作国津山藩主。伯爵）の陞爵願と合綴で収録。大正四年（一九一五）十月六日付で、内閣総理大臣大隈重信より宮内大臣波多野敬直《よしなお》宛で「左記の者授爵又は陞爵情願の旨、意は主として家格に存する義と認められ候に付、しかるべく御詮議相成りたし」として照会。慶光院利《けいこういんよし》敬《ゆき》以下十七名を列挙し、そのなかに菊池の名も挙げられている。菊池は大分県士族。前掲菊池源太と同様、「右は元弘・延元の忠臣菊池武時《たけとき》の後裔たる故をもって授爵を請願したるものなり」と理由を説明するも却下。

典拠　「松平康民他陞爵請願書」（宮内庁宮内公文書館所蔵）

菊池武及　きくち・たけちか

一八五三—?

菊池武時末裔

①明治十八年十一月（不許可）

②明治十九年二月六日（不許可）

③明治十九年二月十八日（不許可）

④明治二十二年十月二十三日（不許可）

⑤明治二十三年六月二十五日（不許可）

旧加賀国金沢藩士で三千二百石を領し、南朝の忠臣菊池武時《たけとき》末裔を称する。石川県を経由して自家の華族編籍・授爵を請願。提出した願書は返却されたためか、『授爵録』（明治二十三年）には綴られていないが、明治十八年（一八八五）十一月、十九年二月六日、同月十八日、二十二年十月二十三日に計四回に及ぶ請願は当分宮内省において保留されていたと思われる。その後、二十三年六月二十五日付で同様に菊池武時末裔を称する菊池政五郎と併せて審査。該書類「東京府平民菊池政五郎・石川県士族菊池武及華族編入願ノ件」によれば、

右菊池政五郎及び菊池武及は菊池武時・武重等正統の後裔と称す。倩々《つらつら》系譜・由緒等を閲するに両氏共に甚だ疑しき点多し。今両家の系図を対照するに元祖菊池則隆《のりたか》より二十三代政隆《まさたか》まで両家共に差異ある点なしと雖も、政隆以後は両家は分れて参照に由なし。依て菊池武臣の系図を参観するに同家の系には政隆なるものなし。而して政隆の父は武運《たけかず》と云い（武運後改能《よし》運《かず》皆同じ））、武運は二十一代重朝《しげとも》の子武臣の家また同じ。武臣の系に武運の男を重為と云い、難を避けて米良《めら》に潜居し米良石見守と称し子孫統を継ぎ武臣に至る。然るにこの両家の政隆なるものは二十代為邦《ためくに》の外孫重安の子にして武運の養子となすとあり。この三家の間に就いては継続の関係無きに於いて頗る惑う点とす。而して政五郎の家には政隆の子を親家と云い武及の家とは政隆の子を武経と云う。政五郎の系親家は十代菊池武房《たけふさ》の六男有《あり》隆《たか》即ち赤星三郎十一世の孫親家を入れて養子となし、血統を継ぐと雖も武及の系武経《たけつね》は阿蘇惟憲《これのり》の子にして始め惟長と云う。これを養子となし血統を失う。而してその後屢々《しばしば》養子あり、継続の関係信ずべき点なければ血統また連続すべき条理なし。政五郎の家もその五代前武由なるものに至り異姓より入れて養子となしたるものなれば今は血統なきものの如し。

然れども政五郎の系譜はやや視るべき点なきにあらざれば、仮に信ずべきものとするも、蓋《けだ》し支流と属すべきものとす。何となれば菊池氏は曩《さき》に武臣の家を菊池氏の本宗となし、祖先の旧実を録せられ華族に列せられたるを以てまた別に正統家の出願する謂われなきを信ずればなり。依て御詮議及び難き筋と存ぜられ候条、東京府・石川県両知事へ左按を以て御達相成べき事。

としてすでに明治十六年八月十三日付で華族に列し、翌年七月八日に男爵を授けられた菊池武臣の家系図と比較しても支流にあたり、また武及の家系に至っては途中で阿蘇神社大宮司で宇佐姓の阿蘇惟憲《あそこれのり》の子惟長が養子入りして血統が絶えているとされ、これらの点から、「華族編入願ノ件詮議及び難く、書面却下、この旨本人・願人へ相達すべし」として武及・政五郎両名ともに不許可とされている。

典拠　『授爵録』明治二十三年

菊池政五郎　きくち・まさごろう

生没年不詳
菊池武時末裔
①明治十七年二月十八日（不許可）
②明治十七年十一月八日（不許可）
③明治十八年五月二十日（不許可）
④明治十九年四月十六日（不許可）
⑤明治十九年十二月（不許可）
⑥明治二十二年三月二十七日（不許可）
⑦明治二十三年六月二十五日（不許可）

東京府平民で、南朝の忠臣菊池武時《たけとき》の末裔を称する。『授爵録』（明治二十三年）によれば、明治十七年（一八八四）二月十八日以降、合計六回にわたり華族編籍・授爵を申請。同家の申請は暫時とどめられたためか、二十三年六月二十五日に至り、旧金沢藩士で石川県士族の菊池武及《たけちか》とともに宮内省当局が審査書類を作成している。「東京府平民菊池政五郎・石川県士族菊池武及華族編入願ノ件」によれば、政五郎・武及両名の系図は「系譜・由緒等を閲するに両氏共に甚だ疑しき点多し」とされる。ただし、武及の系統が阿蘇神社大宮司で宇佐姓の阿蘇惟憲の子が養子入りしたことにより血統を失っているのに対し、政五郎の系統は「然れども政五郎の系譜はやや視るべき点なきにあらざれば」とあるものの支流であり、すでに菊池氏正統は前年の十六年八月十三日に華族となり、翌年男爵を授けられた菊池武臣《たけおみ》が本宗家であることから、政五郎の請願は却下され、結局不許可に終わる。

典拠　『授爵録』明治二十三年

北垣国道　きたがき・くにみち

一八三六―一九一六
枢密顧問官
①明治二十二年七月二日（不許可）
②明治二十三年三月二十一日（不許可）
京都府知事
③明治二十九年五月（許可）
拓殖務次官

旧但馬国養父《やぶ》郡庄屋出身の官僚・政治家。幕末・維新期には国事に奔走し、鳥取藩士となり士籍に列する。明治二年（一八六九）六月弾正台少巡察となり、以後大巡察・鳥取県少参事・開拓判官・元老院少書記官・熊本県大書記官を経て、十一年七月内務少書記官に任ぜられ庶務局長をつとめる。十二年六月高知県令《けんれい》に任ぜられ地方官に転じ、十三年三月徳島県令を兼任し、十四年一月から二十五年七月まで京都府知事をつとめ、内務次官や北海道庁長官・拓殖務次官を歴任し、三十年に退官、以後は貴族院勅選議員・枢密顧問官となった。『尾崎三良《さぶろう》日記』明治二十二年七月二日条によれば、

条公《じょうこう》を訪《と》う。在朝有功の士を華族に列す

北垣国道

るの談あり。その人名は子爵、河野敏鎌《こうのとがま》、西郷菊之助、男、井田譲《ゆずる》、山口尚芳、伊丹重賢《しげかた》、花房義質《よしもと》、石田英吉《えいきち》、辻維岳《いがく》の八人。右の外八人の候補者あり。楠本、藤村、山田信道、桂太郎、岩村高俊、北垣、三宮《さんのみや》、舟(船)越等なり。依て云う、楠本は第一着に属すべきものなりと。その余は意見なし。

とあり、尾崎が三条実美を訪問し、勲功により華族に列すべき人名を挙げて推挙しており、そのなかに北垣の名がみえるも結局授爵に至っていない。また『山田伯爵家文書』所収の明治二十三年三月二十一日付「山田顕義《あきよし》秘啓」によれば、「授爵は陛下の大恩にして、国家の大典、万民の標準なり。真に陛下の親裁に出づるものにして、臣僚の容喙すべきものにあらず。然れどもその自歴を調査し、その理由を明晰にし、聖慮を翼賛するは臣下の務にして、謹慎鄭重を尽くさざるべからず。今鄙見《ひけん》を陳じ、閣下の参考に供す」として宮内大臣土方久元宛で授爵の標目として、(一)維新前後功労あり勅任官たる者および勅任官たりし者、(二)維新後功労あり勅任官たる者および勅任官たりし者、(三)維新前後功労ある者、(四)維新後功労ある者、(五)父の勲功による者、(六)神官および僧侶の世襲名家たる者、(七)琉球尚家の一門、の計七項目を挙げ、北垣は第一項に適当の者としてその名を挙げるも、この際山田が列挙した人名中、授爵したのは第一項に該当した辻維岳一人であり、北垣は選に洩れる。その後、『授爵録』(明治二十九年)によれば、立案日の欄は空白であるが、芳川顕正《あきまさ》ほか二十八名の文武官への授爵詮議が爵位局でされており、北垣の名も挙げられる。

右は夙《つと》に勤王の志を抱き、皇室式微、幕府専横の日に当たり、或いは大和・但馬の義挙に与し、或いは幽囚投獄、辛苦備《つぶさ》に嘗め維新回天の大業を賛助し、または多年朝に在りて顕要の職を奉じ、または貴衆両院に入りて国家の大計を議する等孰《いず》れも勲功顕著の者に付、特旨を以て華族に列し栄爵を授けられ然るべき乎。左にその爵を擬し裁を仰ぐ。

とし、二十九名中芳川のみ子爵授与とし、北垣を含めた他の二十八名は男爵が相当としている。同文書には同人への授爵を求める他薦書類や功績調書は綴られていないが、二十九名中、伊丹重賢・山田信道・船越衛《まもる》・三宮義胤《よしたね》・中島信行の五名については維新前の勤王事歴調書類が、また九鬼隆一《りゅういち》についても同年二月二十五日付で榎本武揚が授爵を推薦する書状が添付されていることから、同人を含めた他の二十三名分も他薦などがあった蓋然性が高いと思われる。北垣の功績は認められ、同二十九年五月二十三日付で裁可を得、六月五日付で男爵を授けられる。

典拠　『尾崎三良日記』明治二十二年七月二日条、「山田顕義秘啓」(『山田伯爵家文書』四)、『授爵録』明治二十九年

北里柴三郎　きたざと・しばさぶろう

一八五二―一九一七

貴族院勅選議員・医学博士

①大正十二年十二月三十日　(許可)

②大正十三年一月十七日　(許可)

③大正十三年一月二十日　(許可)

肥後国阿蘇郡の庄屋出身。明治十六年(一八八三)七月東京大学医学部卒業後、翌年九月内務省御用掛。十八年十一月ドイツ留学。帰朝後内務一等技手より内務技師となり、三十二年四月には伝染病研究所長に任ぜられ、三十九年九月には帝国学士院会員となる。大正三年(一九一四)十一月退官し、以後は北里研究所長や慶応義塾大学医学部長となり、六年十二月から死去するまで貴族院勅選議員もつとめた。『授爵録』(大正十二～十五年)によれば、大正十二年十二月三十日付で内務大臣後藤新平が内閣総理大臣山本権兵衛宛で進達。「進達」には、

皇太子殿下御成婚に際し生存効労者取り調べ候処、左記のものは夙《つと》に本邦に於ける細菌学及び伝染病学研究の為尽瘁《じんすい》し、殊に私立北里研究所を興し、後組織を更めて法人と為し自らその所長となりて専

北里柴三郎

ら血清痘苗《とうびょう》その他予防治療品の製造に努めたる外、大日本私立衛生会頭及び日本結核予防協会理事長、恩賜財団済生会医務主管、慶応義塾大学医学部長、または日本医師会長等と為りて一般衛生思想の普及発達に力を竭《つ》くしたる等、本人が多年医界の為尽くし、国家社会に貢献する所頗る大なる者と認められ候に付、相当授爵の御詮議相成り候様致したし。

として北里の授爵詮議を求めている。第二次山本権兵衛内閣は十三年一月七日で総辞職して清浦奎吾内閣が成立するが、この件は引き継がれたものと思われ、同月十七日付で内閣総理大臣清浦奎吾より宮内大臣牧野伸顕宛で平山成信《しげのぶ》・富井政章《まさあきら》・岡野敬次郎と北里の授爵詮議を申牒。

従二位勲一等平山成信外三名は別紙功績書の通り功績顕著なる者に付、左記の通り授爵の儀詮議相成りたく候。

として各人の「功績書」を添付。北里分には、

右は明治十六年七月東京大学医学部を卒業し、同二十五年十一月内務技師と為り、その後伝染病研究所長に勅任せられ、痘苗製造所技師を兼任し、大正三年十一月依願免官と同時に私立北里研究所を設立し、後組織を改めて法人と為し、自らその所長と為りて専ら血清痘苗その他興望治療品の製造に努めたる外、大日本私立衛生会頭及び日本結核予防会理事長、恩賜財団済生会医務主管、慶応義塾大学医学部長または日本医師会長等と為り、その間西国カタルニー衛生院、露国軍医大学、国際結核病予防協会、マニラ医学界(会)、米国熱帯病学会、紐育医学会、倫敦《ロンドン》ハルヴエー学会、倫敦疫病学会、セントルイス科学協会、英国皇立学士院、伯林《ベルリン》医学会、極東熱帯医学会等の名誉会頭、会員または役員等に推選せられ斯界《しかい》に貢献する所甚大なり。また同人が多年蘊蓄に係わる学識及び経験に依り研究の結果、伝染病及び血清痘苗類その他に付実績を挙げ、世に公表せるもの三十有余種に及び、且つ衛生思想の普及及び発達に努力したる功績偉大にして、本人が多年国家に竭《つ》くせる勲功洵《まこと》に顕著なりとす。

と医学者としての功績を述べ、さらに「業績調書」も添付。この調書には、公共事業に尽くしていること、北里研究所長として在野の一学徒となってからの業績、済生会医務主管・慶応義塾大学医学部長・日本医師会長としての業績などを前掲功績書よりも詳述している。これらの功績が認められ、同年二月十一日付で男爵が授けられる。また北里授爵については「牧野伸顕関係文書」所収の同年一月二十日付「金子堅太郎書翰」によれば、「平山・富井・岡野・北里の諸氏への授爵については、北里氏に授爵ある時は元皇太子侍医弘田長《ひろたつかさ》氏に授爵必要である」旨を金子が牧野に書き送っており、医学功績の点で東京帝国大学名誉教授の弘田長も北里と並ぶ存在として授爵させるべきとの考えを金子が持っていたことが窺われる。さらに『倉富勇三郎日記』同年二月十三日条にも北里授爵関連の記事が見え、宮相牧野の意中は平山一人であったが、それでは目立つので北里も加えたとある。

典拠　『授爵録』大正十二～十五年、「金子堅太郎書翰」(「牧野伸顕関係文書」)、『倉富勇三郎日記』大正十三年二月十三日条

北島全孝　きたじま・たけのり

一八〇三―八六

出雲大社神主

①明治四年十二月三日（許可）

北島家は代々千家《せんげ》家と並び出雲大社の神主・出雲国造を世襲した家で、維新期の当主は全孝。

明治二年(一八六九)三月二日に従五位下、同月四日に従四位下に叙せられた。古来廃絶していた同家の叙位が復活したが、四年五月十四日の神官の世襲および位階の廃止により失位。『太政類典』所収「津守国美外二名華族列」によれば、神祇省より四年十二月三日付で北島全孝・千家尊澄《たかずみ》両名へは「右今般御改正に付、身分の儀華族に仰せ付けられたき事」として華族への編入を請願。同日付で住吉大社の津守《つもり》国美《くによし》に対しては「右同断に付、華族格に仰せ付けられたき事」として請願しており、津守家よりは社格・家格が上と認知されていたためか、同省では津守家は華族ではなく一段劣る華族格での編入を求めている。これに対して太政官側は同月十二日付で三家とも差を付けずに一律華族への編入を認められ、改めて同日付で従五位に叙されている。こののち、子の脩《なが》季《のり》は明治十七年七月八日付で男爵を授与される。

典拠　「津守国美外二名華族列」(『太政類典』)、「三条実美書簡」(『山田伯爵家文書』三)

→北島脩孝

北島脩孝　きたじま・ながのり

一八三四―九三

出雲大社神主

①明治十四年三月二十二日（不許可）

前掲北島全孝《たけのり》の子で、出雲大社神主。父の代、明治四年(一八七一)二月十二日付で華族に編列される。この後、正式な請願の類ではないが、『山田伯爵家文書』所収の明治十四年三月二十二日付「三条実美書簡」によれば、三条が山田顕義《あきよし》へ公侯伯子男の五爵からなる叙爵令を同封しており、その授爵内規には伯爵を授けるべき家として、出雲大社の千家・北島と本願寺の両大谷家を挙げるも、まだ五爵制正式導入前であり、また華族令公布に際しても実際には男爵を授けられるにとどまるが、当該期には北島家が将来伯爵となる家格に擬せられていたと思われる。また、これは『大隈重信関係文書』所収の同年同日付の「三条実美書翰」と同じ文面であり、当時参議であった者に対してこのような案が示されていたようである。

典拠　「三条実美書簡」(『山田伯爵家文書』三)、「三条実美書翰」(『大隈重信関係文書』六)

→北島全孝

北畠清徳　きたばたけ・*きよのり

生没年不詳

北畠親房末裔・長覚寺住職

①明治十八年九月一日（不許可）

②明治十九年十二月二十三日（不許可）

③明治二十三年六月二十五日（不許可）

和歌山県平民で浄土真宗大谷派の僧侶。長覚寺住職。北畠親房《ちかふさ》の末裔を称する。『授爵録』(明治二十三年)によれば、明治十八年(一八八五)九月一日に華族編籍・授爵を和歌山県知事松本鼎《かなえ》を経由し、太政大臣三条実美宛で請願。その翌年十二月二十三日には「由緒之義ニ付再願書進達ノ上申」が松本知事より内閣総理大臣伊藤博文宛で提出される。

当県和歌山区西汀町《にしみぎわ》真宗大谷派長覚寺住職北畠清徳より北畠家由緒の義に付、去十八年九月一日付庶甲第三百十七号を以て太政大臣へ願書を上り進達候処、今般同人より別紙再願書指し出し候。依って進達候也。

とみえ、この時点で二度目の請願である点が確認できる。こののち願書の審査は当分保留とされていたためか、二十三年六月二十五日付の宮内省当局側の審査書類「和歌山県平民真宗大谷派長覚寺住職北畠清徳華族班列願ノ件」によれば、

右系譜を査閲するに、北畠親房の正系に出でたるものの如し。依てこれを久我《こが》家の系図に照らすに、右系図には親房の子を顕能《あきよし》と云い顕能二子あり。顕俊と云い顕泰と云う。顕泰の子を持康と云い、その子を教親と云う。後断絶して見えず。省みてこれを野史《やし》に拠れるに、親房の孫に顕康あり。顕康の子満雅、々々の子教具、々々の子政教、々々の子材親《きちか》、々々の子晴具《はるとも》、々々の子具教《とものり》とあり。これ迄は清徳出すこの系図と合う。而して具教

は織田信長の子信雄を養子となし、而して信雄の為に殺さる。この時北畠十三族皆滅び存するもの田丸の信意《のぶおき》のみとあり。この信意なるものは具教の実子にして信雄を避けて田丸に居る。後信雄、信意を長島に幽し滝川一益をして扶持せしむ。既にして放たれて京師に入り、朝廷に仕う。遂に京師に卒す。権中納言中院通勝《なかのいんみちかつ》の二男親顕《ちかあき》を以て嗣となす。親顕死して嗣を亡つとあり。然るに清徳の系譜に拠れば具教は入道して当山の開基とあり。又法名を清光と云う。この清徳なる者は具教その人の如しと雖も、野史には僧となる事蹟を見ず。該系譜には具教の子に信雄及び信意の事を載せずして、突然秀房なるものを出す。この秀房は何れより来たるものか藩翰譜《はんかんふ》・野史等に曽《かつ》て見ざる所のものなり。清徳が系図は蓋《けだ》し是より疑わしきものと思考せり。系に疑わしきものは無論御採用相成り難きものと存ぜられ候条、和歌山県庁を経て書面却下成るべき事。

と記され、『野史』にみえる北畠氏の事蹟を抄出して清徳の提出した系譜と比較し、系譜に疑義がある点を指摘。清徳の提出した願書とともに地方官を経由して返却され、請願は却下されている。

典拠　『授爵録』明治二十三年

北畠治房　きたばたけ・はるふさ

一八三三―一九二一

判事・大阪控訴院長

①明治二十三年三月二十一日（不許可）

判事・大審院評定官

②明治二十九年五月（許可）

判事・大阪控訴院長

南都法隆寺寺侍出身の司法官・政治家。天誅組の変にも関わり、幕末・維新時には国事に奔走した。明治四年（一八七一）に正院御用を命じられたのち、五年三月には左院中議生、司法省七等出仕、同権少判事・同少判事・同権中判事となり、十年六月に判事となり司法官を歴任する。十四年十一月には政変により本官を免じられいったん下野するが、二十年九月には官途に戻り、東京控訴院検事長を経て二十一年五月には法律取調委員にも就任。大審院判事・大阪控訴院長もつとめた。また、『山田伯爵家文書』所収の二十三年三月二十一日付「山田顕義《あきよし》秘啓」によれば、「授爵は陛下の大恩にして、国家の大典、万民の標準なり。真に陛下の親裁に出づるものにして、臣僚の容喙すべきものにあらず。然れどもその自歴を調査し、その理由を明晰にし、聖慮を翼賛するは臣下の務にして、謹慎鄭重を尽くさざるべからず。今鄙見《ひけん》を陳じ、閣下の参考に供す」として宮内大臣土方久元宛で授爵の標目として、(一)維新前後功労あり勅任官たる者および勅任官たりし者、(二)維新後功労あり勅任官たる者および勅任官たりし者、(三)維新前後功労ある者、(四)維新後功労ある者、(五)父の勲功による者、(六)神官および僧侶の世襲名家たる者、(七)琉球尚家の一門、の計七項目を挙げ、北畠は第一項に適当すべき者として授爵候補者に挙げられるも不許可に終わる。その後、『授爵録』(明治二十九年)によれば、立案日の欄は空白であるが、芳川顕正《あきまさ》ほか二十八名の文武官への授爵詮議が爵位局でされており、北畠の名も挙げられる。

右は夙《つと》に勤王の志を抱き、皇室式微、幕府専横の日に当たり、或いは大和・但馬の義挙に与し、或いは幽囚投獄、辛苦備《つぶさ》に嘗《な》め維新回天の大業を賛助し、または多年朝に在りて顕要の職を奉じ、または貴衆両院に入りて国家の大計を議する等孰《いず》れも勲功顕著の者に付、特旨を以て華族に列し栄爵を授けられ然るべき乎。左にその爵を擬し裁を仰ぐ。

とし、二十九名中芳川のみ子爵授与とし、北畠を含めた他の二十八名は男爵が相当としている。同文書には同人への授爵を求める他薦書類や功績調書は綴られていないが、二十九名中、伊丹重賢《しげかた》・山田信道・船越衛《まもる》・三宮義胤《さんのみやよしたね》・中島信行の五名については維新前の勤王事歴調書類が、また九鬼隆一《りゅういち》についても同年二月二十五日付で榎本武揚が授爵を推薦する書状

が添付されていることから、同人を含めた他の二十三名分も他薦などがあった蓋然性が高いと思われる。北畠の功績は認められ、同二十九年五月二十三日付で裁可を得、六月五日付で男爵を授けられる。なお、『桂太郎関係文書』所収の四十三年五月八日付「田中光顕《みつあき》書翰」によれば、退職検事であった水郡長義《にごりながよし》への授爵案の件で、田中は「最早今日に至り候ては大和義挙の徒は北畠男爵治房を除くの外は悉皆死亡仕り候に付」と理由を述べており、北畠の授爵も天誅組の変への参加が維新の先鞭となったという功績として認められたようであり、同人が大正十年(一九二一)五月に死去するに際し、勲一等瑞宝章に叙された時も「退職判事男爵北畠治房叙勲ノ件」によれば、「天下の士に先んじて事を挙げ、万難を排して勇徒邁進、天下の勢いを作り」とその理由を述べている。

典拠 「山田顕義秘啓」(『山田伯爵家文書』四)、「退職判事男爵北畠治房叙勲ノ件」(『叙勲裁可書』)、『授爵録』明治二十九年、「田中光顕書翰」(『桂太郎関係文書』)

木梨精一郎　きなし・せいいちろう

一八四五―一九一〇

貴族院勅選議員・錦鶏間祇候、退役陸軍歩兵中佐

①明治二十九年五月（許可）

元長州藩士出身の陸軍軍人・官僚・政治家。慶応四年(一八六八)一月東海道鎮撫総督参謀、同年六月大総督府参謀・奥羽追討総督参謀となり、明治二年(一八六九)六月軍功により賞典禄四百五十石を下賜された。四年十一月には兵部省に出仕し、兵部少丞《しょうじょう》に任ぜられ、五年二月陸軍少丞となるが、七年七月に内務省に転じて同省七等出仕に補せられ、以後内務少丞・内務少書記官を歴任。十年七月陸軍中佐。十四年三月地方官に転じて新潟県大書記官。十七年十一月長野県令《けんれい》、十九年七月地方官官制公布に伴い長野県知事。二十二年十二月元老院議官に任ぜられ、二十三年九月貴族院勅選議員・錦鶏間祇候《きんけいのましこう》。『授爵録』(明治二十九年)によれば、立案日の欄は空白であるが、芳川顕正《あきまさ》ほか二十八名の文武官への授爵詮議が爵位局でされており、木梨の名も挙げられる。

右は夙《つと》に勤王の志を抱き、皇室式微、幕府専横の日に当たり、或いは大和・但馬の義挙に与し、或いは幽囚投獄、辛苦備《つぶさ》に嘗《な》め維新回天の大業を賛助し、または多年朝に在りて顕要の職を奉じ、または貴衆両院に入りて国家の大計を議する等孰《いず》れも勲功顕著の者に付、特旨を以て華族に列し栄爵を授けられ然るべき乎。左にその爵を擬し裁を仰ぐ。

とし、二十九名中芳川のみ子爵授与とし、木梨を含めた他の二十八名は男爵が相当としている。同文書には同人への授爵を求める他薦書類や功績調書は綴られていないが、二十九名中、伊丹重賢《しげかた》・山田信道・船越衛《まもる》・三宮義胤《さんのみやよしたね》・中島信行の五名については維新前の勤王事歴調書類が、また九鬼隆一《りゅういち》についても同年二月二十五日付で榎本武揚が授爵を推薦する書状が添付されていることから、同人を含めた他の二十三名分も他薦などがあった蓋然性が高いと思われる。木梨の功績は認められ、二十九年五月二十三日付で裁可を得、六月五日付で男爵を授けられる。

典拠 『授爵録』明治二十九年

木梨精一郎

稷山久興　きびやま・ひさおき

一八四九―？

大我門別命末裔・麻賀多神社社司

①明治三十三年六月十一日（不許可）

②明治三十五年十二月十日（不許可）

稷山家は景行《けいこう》天皇の皇子大我門別命《おおあれとわけのみこと》の末裔を称し、麻賀多《まがた》神社神主をつとめる家系。

「稷山家系図」によれば、久文の代、延慶二年(一三〇九)麻賀多神社神職に補せられて以来世職としてきたが、久吾の代、慶長年間に神職を離れて帰農。久吾の子久五郎は湯浅を称し久興に至るとする。久興は明治十一年(一八七八)十二月神道教導職試補となり、十九年七月訓導となり、二十一年二月解職となる。同年六月には御嶽教少講義となり、二十二年三月皇典講究分所祠官試験に及第し、同年六月麻賀多神社祠官となる。二十三年七月湯浅姓を廃して稷山氏に復した。「稷山久興授爵請願書」によれば、三十三年六月十一日付で「請願届」を千葉県知事阿部浩《ひろし》宛で提出。

　謹みて言す。弊舎は当地の草創家にして遠祖は苟《いやしく》も景行天皇第四十皇子大我門別命より出づ。抑《そもそ》も伝聞に云《いわ》く。命は庶兄日本武尊東征の後、同天皇(五十三年)東国御巡幸の時倍(陪)従し来たり、勅命を奉じ東陬《とうすう》の鎮将となり本地に淹留《えんりゅう》し允賊を誅し、東土を鎮撫して麻県主《あさあがたぬし》に任ず。麻賀多神社を再興し神実を納め、祭政一致国内の県地を統領し子孫連綿として職を世にす。而して孝徳天皇の維新に際し印波郡司に転任(当社兼務)以来職をこれに奉ず。なお隆世武政に皈《き》するや該神官に一途して若干の社領を対しこれを子孫に流えしも、文禄・慶長の際に至り該封租税の地となりしを以て当主久吾神職を解き皈農《きのう》す。余未だ漸々衰微して永く民間に沈淪す。嗚呼前陳の確証昔時或いは地に埋め或いは他に掠められ、尚文化七年十月八日火災の為焼烬《しょうじん》に皈す。我が幼にしてこれを聞きし以来、連れに悒鬱《ゆううつ》を抱き、古記及び旧伝を捜る。多年ここに於いて求め獲る所の諸説・古記(家伝)等に依り考証漸く得たり。これに依り左記の事由書、第一号立証、第二号立証、第三号立証、第四号立証第一・第二、第五号立証、参考書第一号・第二及び戸籍謄本・古図添付、備考書第一、右書類相添え、謹みて以て聞す。冀《こいねが》わくは遠祖皇子東土鎮静の有功を推察し、一は以て追謚叙位の恩典に浴さしめ、一は以て特別の恩沢を降し嫡裔を恵して華族の列に予からしめ賜わんことを誠恐謹言久興矇昧再拝頓首。

として、「家系写」や自家の事蹟を記した「事由書」などを添付し、由緒をもって華族への編列と祖先への追謚・叙位を求めている。これを受けて阿部知事は同年九月一日付で「族籍変更ノ儀ニ付上申」を内務大臣西郷従道宛で提出。

　当県印旛《いんば》郡公津《こうづ》村台方郷社麻賀多神社社司稷山久興より別紙族籍昇進に関する願書差し出し候処、右は確乎《かっこ》たる由緒の徴すべき廉相見えず、殊に情願の趣旨稍《やや》異例に出、御詮議の程如何と存じ候えども、県限許否を裁すべきものにもこれ無きに付、別紙その儘《まま》進達致し候。この段上申に及び候也。

として、阿部自身も稷山の請願に対して由緒の点でも徴すべきものがみえないとしているものの、そのまま内務省へ進達している。同年九月四日付で内務省総務長官小松原英太郎《えいたろう》より宮内次官川口武定《たけさだ》へこの願書は回付されるが不許可となる。稷山は三十五年十二月十日に再度「請願ニ関スル追申書」を阿部知事宛で提出。

　採薪《さいしん》の臣久興謹みて追申す。去る明治二十三年六月十一日付を以て奉呈したる請願の件に付いては一千有数百余年の久しき事蹟に関するに依り御詮議も容易の業に非ざることは朝夕慎察するを以て賤生もまた請願以来茫然たるに非ず。尚孜々《しし》汲々《きゅうきゅう》として実に寝食を忘れ関係の古記捜索に余念なきの処、幸いにも客月八日同村大字船形太田家効宅に於いて別紙謄写の如く古帳発見したるを以て即ちこれを謄写するの栄を獲たり〔同月二十八日尚証明を得る〕。但しその日向なるものは上総国武射郡大台村の人にて往事神主たり。抑《そもそ》も該新たる義当時必ず系譜若しくは古記に由りしものと推察するを以て、同月十日その商家即ち同国山武郡〔元武射山辺りの両郡〕二川村大字大台木川林蔵〔日向の孫〕宅を問い、親しくこれを尋問するに

父祖木川日向神主死後、家政紊乱に際し惜しい哉多くの古書皆何人の手に落ちしが、今更にこれなしと云う。これ遺憾の至りなるも如何せん。然れども今般この帳発見したるは真に僥倖の至りにしてこれ偶然の事に非ず。必ずや幽写に深由を有し祖霊の致す所ならん。偖《さて》寒舎は甚大我が門別命（景行天皇々子）の苗緒たること弥《いよいよ》著名明確乎として、敢えて嫌疑を夾む所なかるべし。またその久守文討は家系なる久文の上に列加して可なるものと思考す。これに依り該古帳の謄写書を追供して一証跡となす。実に二千年近き事歴に関し満足なる証拠を伝えるもの稀にして、我が如きは立証の具備したるものと謂わざるべからざるや。これ以て冀《こいねが》わくは最早二ヶ年余の長き星霜を経るの今日に至るを以て賢明の閣下宜しく賤情を憐れみ遂に願意天達の栄耀に予（与）らしめ賜わんことを謹みて追申の至りに堪えず。

久興誠恐再拝頓首。

として「宗吾真言記摘書」も添付して請願。前回同様、阿部は同月十三日付で内務大臣内海忠勝宛で願書類を進達し、同月二十日付で内務総務長官山県伊三郎《いさぶろう》は宮内次官花房義質《よしもと》へ回付。宮内省爵位局における審議内容は含まれていないため、不許可の理由は不明であるが、この後も同家は授爵されずに終わっている。

【典拠】「稷山久興授爵請願書」（宮内庁宮内公文書館所蔵）

木辺淳慈　きべ・じゅんじ

一八七一―九九

錦織寺住職

①明治二十二年十二月（不許可）

②明治二十九年五月（許可）

無爵華族・錦織寺住職

代々錦織寺《きんしょくじ》住職で、淳慈は第十九世法主。明治五年（一八七二）三月七日付で先代賢慈《けんじ》は大谷光尊《こうそん》（西本願寺）・大谷光瑩《こうえい》（東本願寺）・渋谷《しぶたに》家教《かきょう》（仏光寺《ぶっこうじ》）・常磐井堯煕《ときわいぎょうき》（専修寺《せんじゅじ》）・華園摂信《はなぞのせっしん》（興正寺《こうしょうじ》）らとともに華族に列せられるも、同家は十七年七月の華族令公布に際しては授爵されず、当時は無爵華族身分。淳慈は旧堂上《とうしょう》公家・侯爵広幡忠礼《ひろはたただあや》四男で幼名勝麿。明治六年十二月賢慈の養子となり、十二年四月に得度し、十五年五月淳慈と改名。十八年二月家督を相続した。「三条家文書」所収「柳原前光《やなぎわらさきみつ》建白書」によれば、二十二年十二月付で「真宗僧侶華族及沖縄県華族へ授爵建議」中に、

真宗僧侶の華族にして授爵せられざるはその僧侶たるを以てなり。茲《ここ》に欧州の例を考うるに、仏は帝王国の時貴族僧侶となり依然爵を有し、羅馬《ローマ》法王の宮中に属する僧侶もまた爵名を有し、孛《プロイセン》は爵を有しながら僧侶に入る例あり。且つ去十七年七月爵制発表の勅書に曰く、華族勲冑は国の瞻望《せんぼう》なり。宜しく授くるに栄爵を以てし、用いて寵光を示すべしと。この文意を推拡するときは華族は爵を授けらるべき者にして無爵華族は優遇する所以に非ず。況んや既に族位を与えられれば単に爵を惜しむの理なかるべし。且つ神官・僧侶などは既に法令を以て貴族・衆議両院に於いて議員被選挙の権を禁じ、爵の生むに由りて政権に関することなし。速やかに授爵の特命あらんことを冀《こいねが》う。真宗本山の住職は朝廷古来待遇の慣例あり。今授爵すべきに当たり、旧堂上の家格を参酌するに、伯爵は中納言より大納言に直任の例連綿たる者に限れり。旧制の大僧正は二位大納言に准ぜられたり。両大谷は大僧正の例連綿たれば、これに等しくせらるべし。常盤（磐）井もまた大僧正に任ぜられたる例四回あり、これに加うるに近年皇族の男子相続せしこと多ければ宗教上の勢力両大谷に及ばずと雖も、これ等の事状を斟酌《しんしゃく》し、この三家皆伯爵を授けらるべし。華園・木辺・渋谷は前記の三家に劣れり。然れども渋谷隆教《りゅうきょう》は邦家《くにいえ》親王の孫なり。また木辺淳慈も皇族男子彼《かの》家を相続せしことあれば、この三家皆子爵を授けらるべし。

と述べ、「授爵擬議」として正三位大谷光尊・従三位大谷光瑩・正四位常磐井堯熙の三名に伯爵を、正四位華園沢称《たくしょう》・正五位木辺淳慈・渋谷隆教の三名に子爵を授けるように建議している。この当時すでに大谷両家より家格の件で請願があったようであり、「三条家文書」所収「大谷家授爵ノ件内願」は年月日が記されていないが、「家格御取立之儀ニ付内願」と記され、華族令公布の際は授爵されず、位階についても正従二位に進まなければ叙位条例でも侯・伯爵と同列にならない点から伯爵相当以上の位階を与えられ、また老年に至れば従一位に陞叙されるように願い出ている。おそらくこの内願を受けてのものであろうが、前掲「柳原前光建白書」ではこの願に対して、

　大谷両氏より家格の事件内願の主旨を按ずるに、住職となるときは年齢を論ぜず、伯爵相当以上の位階則ち正従二位に叙せられ、遂には一位にも叙せられんことを冀うなり。この内願を許容するときは官員及び華族叙位の制規に反し年齢に関せず階級を越え昇位或いは直叙し、両家のため一般の制を濫り大宝以来千百八十余年固有の品格を損するに至らん。且つ試しに内願を容れ従二位に叙することとなすも、現制爵位比較の待遇に依れば幼年無位の伯爵よりも仍《なお》下席に列せざるべからず。故に授爵せらるるを至当とす。両大谷は大永以来三百六十余年門跡の号を世襲せるを以て侯爵を冀う深意あるべしと雖も、門跡に等格あり。慶長二十年の定めに拠るに、親王門跡を第一とし、摂家門跡を第二とし、両大谷等は摂家の猶子となり、門跡に准じ第三に列す。加うるに明治四年門跡の号を廃せられたり。今これを侯爵に列するときは、常盤（磐）井・華園・木辺・渋谷もまたこれに同じくせざるべからず。加うるに現今男爵たる松園尚《まつぞのひさ》嘉《よし》〔大乗院旧住職〕・水谷川忠起《みやがわただおき》〔一乗院旧住職〕の如きは摂家門跡たりしを以て、曽《かつ》て両大谷の上に班せり。これに比較するも甚だ権衡を失うべし。門跡の号は朝廷の美制に非ず。衰代の風なり。仁和寺・大覚寺の如きその源法皇の皇居たるに起こり、次いで法親王居住せる寺の号となり、後には法親王にあらざるも縁由ある寺を称するに至る。即ち前文の如く慶長年間三別せし所以なり。内願書にも伯爵以上の家格に相当云々の文あり。内諭承服の後、両大谷・常盤（磐）井は伯爵を授けられ穏当ならん。

と建言している。大谷両家を侯爵とすると、他の四家もまた同様に侯爵に叙さねばならず、そうすると旧大乗院門跡の松園、旧一乗院門跡の水谷川が准門跡よりも格式の高い摂家門跡でありながら男爵にとどまっている点からも不権衡であるので内々に説諭し、大谷光瑩・同光尊と常磐井堯熙の三名へは伯爵を授与するべき、と結論付けている。すなわち木辺・華園・渋谷の三家は柳原の建言どおり子爵にすべきとの案が当時練られていたと思われる。

「大谷光尊外七名授爵ノ件」によると、明治二十三年一月十五日付で、大谷光尊・同光瑩・常磐井堯熙・華園択称・木辺淳慈・渋谷隆教へ授爵請願。両大谷と常磐井には伯爵を、華園・木辺・渋谷には子爵を、旧琉球王尚《しょう》侯爵一門の伊江《いえ》・今帰仁《なきじん》に男爵をという内容。「別紙伯爵柳原前光より大谷光尊以下八名授爵の儀建言これあり候に付、意見御問い合わせの処」とあり、文面は前掲「柳原前光建白書」と同一のものである。また、爵位局長岩倉具定《ともさだ》より宮内大臣土方久元宛で同二十三年二月二十日付で提出した「旧僧侶華族大谷光尊以下授爵ニ関スル副議」も添付。これによれば、

　案ずるに両大谷は歴代大僧正に任ぜらるるの家にして、大僧正は大納言に准ぜらるるものなれば元公卿にして歴代大納言に任ぜらるるの家と同じく伯爵を授けらるることは至当と云うを得べしと雖も、独り常磐井に於いては止だ大僧正たりし者花（華）園・木辺・渋谷の三家に比してその数多しと云うの故を以て伯爵を授けられんとするは衡平を得ざるが如し。何となれば大僧正を出すの多寡はその人に存し、

その家格に存せざればなり。家格より見るときは常磐井・華園・渋谷の三家は毫《ごう》も差違あることなし。然るを歴代大僧正に任ぜらるるの家にあらざる常磐井へ伯爵を授けらるるものとせば、花(華)園・渋谷また授くるに伯爵を以てせざればその当を得ざるべし。依て歴代大僧正に任ぜらるるの家格と否とを以て単なる標準とし、両大谷は伯爵を授けられ常磐井にありては花(華)園・木辺・渋谷の三家と斉《ひと》しく共に子爵を授けらるるならば稍々その権衡を得べく、従って物議を惹起すの患なけん乎。

とし、両大谷家へ伯爵、残る四家は子爵という案を提示している。さらに旧神官華族は一律新家として男爵を授けており、千家・北島のような家は両大谷のような存在であるが、これも同様に男爵であり、僧侶華族だけ「細かに家柄格式を以て授爵の擬議を建つる事せば、彼等千家《せんげ》・北島等にも関係を及ぼし、現に内閣総理大臣に於いても懸念せらるるが如く、その家またはその人に就き物議のある折柄一層激昂せしむる様のことなからん乎。彼を顧いこれを思わば寧ろ僧侶華族は授爵のこと勿らん方然るべき乎」と僧侶華族に授爵すること自体懐疑的な見解を述べている。『授爵録』(明治二十九年)によれば、明治二十九年五月に「僧侶華族授爵ノ件」として、真宗住職六家への授爵について議しており、木辺家については、

右家は同じく本願寺の分派なるも、前三家に比すれば稍《やや》異なり、前三家は大僧正に任ぜらるることあるも、木辺家は法印《ほういん》・大僧都《そうず》に止まる。

とし、東西本願寺の両大谷家とも、また大僧正に任ぜられる家例を有する常磐井・華園・渋谷の三家とも家格上の差があるとされる。こののち、同月授爵裁可を仰ぎ、六月九日に至り木辺家は前年一月に離籍した淳慈の跡を継いだ孝慈《こうじ》へ常磐井・華園・渋谷の三家とともに男爵が授けられる。この授爵議案中には、

右の如く常磐井以下の四家はその待遇上多少の優劣ありと雖も、その准門跡たるは一なり。然るをその待遇上の優劣に依り爵に高下を立てんとするは、或いは四家紛争を醸すの虞なしとせず。何となれば、右の四家は同じく准門跡にして、その寺門の格式は門末信徒の認むる所なるに拘わらず、今爵に高下を立てんとするは即ち寺格を上下せんとするに同じく、その結果たる門末信徒の信仰・帰依に大関係を有し、寺門の盛衰・消長に関するものあればなり。依って前四家は維新後新たに華族に列せられたるものは公武に論なく、それ以前の家格に拘わらず総《すべ》て男爵を授けられたる例を以て論じ、共に男爵を授けられ然るべしと認む。

との注記がされ、常磐井・華園・渋谷・木辺の四家間にも叙位任官などによる家格の差異を認めながらも、門徒の信仰面も考慮のうえ、あえて爵の等級に差を設けず、一律男爵を授けた経緯について述べられている。

[典拠] 「柳原前光建白書」「大谷家授爵ノ件内願」(ともに「三条家文書」)、「大谷光尊外七名授爵ノ件」(宮内庁宮内公文書館所蔵)、『授爵録』明治二十九年

木俣畏三　きまた・いぞう

一八四七―一九二七

旧近江国彦根藩家老

①明治十一・十二年頃（不許可）
②明治十二～十六年頃（不許可）
③明治十五・十六年頃（不許可）
④明治三十三年五月五日（許可）

木俣家は旧彦根藩家老で、唯一家中において一万石を領した。幕末・維新期の当主は畏三。同家の華族昇格に関し、『爵位発行順序』所収「華族令」案の内規として公侯伯子男の五爵(左に朱書で公伯男の三爵)を設け、世襲・終身の別を付し、その内「世襲男爵を授くべき者」四項目中、第四項目に「旧藩主一門の高一万石以上の者及び高一万石以上の家臣」を挙げている。同案は明治十一(一八七八)・十二年頃のものと推定されるが、この時点においては旧幕時代に一万石以上を領していた木俣家は男爵に列すべき家として認知されていたと思われる。

同じく前掲『爵位発行順序』所収「授爵規則」によれば「男爵を授くべき者」として、七項目中、第四項目に「旧藩主一門の高一万石以上の者及び高一万石以上の家臣」が挙げられている。前記資料とは異なり、この案は十二年以降十六年頃のものと推測されるが、こちらでも万石以上陪臣として、同家は世襲華族として男爵を授けられるべき家とされていた。また、明治十五・十六年頃の作成と思われる「三条家文書」所収「旧藩壱万石以上家臣家産・職業・貧富取調書」によれば、旧禄高一万石、所有財産は金禄公債八千六百六十五円、畑三反三畝十九歩、宅地三反九畝十八歩、職業は無職、貧富景況は相応と記されるも、当該時期は万石以上陪臣の華族編列が実施されなかったため士族のままであった。『授爵録』(明治三十三ノ一年)所収の明治三十三年五月五日付立案の書類によれば、

　右は旧藩一万石以上の門閥にして、何れもその所属藩主の一門または家老たり。平生数百の士卒を養い、有事の時は将帥と為り手兵を提《さ》げ、出でて攻守の任に当たり、無事の時は入りて執政と為り民政を総管する等恰《あたか》も小諸侯の如し。而してこの輩は封土奉還の日何れも士族に編入せられたるも、仍《なお》巨多の資産を有して旧領地に住し、その地方人民の推重せらるるを以て自らその地方人民の儀表と為り、勧業または奨学等公益に資すること少なからず。その門地は以て小諸侯に譲らず。その資産また門地を維持するに足るものと認むるに因り前掲の通り授爵の恩典あらんことを奏上せらるべきや。

とあり、木俣家は門地を維持するだけの資産も有していると認められ、同年五月九日付をもって男爵が授けられる。

典拠　『爵位発行順序』、「旧藩壱万石以上家臣家産・職業・貧富取調書」(「三条家文書」)、『授爵録』明治三十三ノ一年

金　英鎮　キム・ヨンジン　(朝鮮)

一八七六―?

朝鮮総督府全羅北道参与官

①昭和三年七月三十日　(不許可)

李氏朝鮮時代の政治家である金玉均《キムオッキュン》の子とされ、韓国併合後は朝鮮総督府に奉職し、咸鏡《ハムギョン》北道《プクト》・慶尚南道《キョンサンナムド》・全羅北道《チョルラプクト》の各参与官を歴任し、大正十五年(一九二六)には勅任二等に昇り、また勲四等瑞宝章も叙勲している。授爵は『授爵陞爵申牒書類』によれば、昭和三年(一九二八)七月三十日付で朝鮮総督山梨半造より内閣総理大臣田中義一《ぎいち》宛で通牒。

　故金玉均の功績は別紙調書の通りにこれあり、今次の大礼に際し同人遺子金英鎮をして特に授爵の恩命に浴せしめられたく、別紙亡父金玉均功績調書及び本人履歴書相添え、この段稟申に及び候也。

として、「故金玉均事蹟調書」を添付。

　李朝の末葉外戚権臣迭に国政を執りて半島の運命漸く危殆《きたい》に陥らんとするに当たり、大院君《テウオングン》摂政と為り、大いに内政の廓清に努めたりと雖も、終に閔族《ミンぞく》の乗ずる所となり、加うるに外国との事端を醸し、内憂外患交々到り、収拾すべからざるに至れり。明治九年日韓修好条規締結せらるるに及び、朝鮮は自主独立の国として世界列国に紹介せられ、外国との事端また解決を告げたるも内政の敗頽《はいたい》日を逐て増長するのみ。この時に方《あた》り金玉均・朴泳孝《パクヨンヒョ》・徐光範《ソクァンボム》等日本に派遣せられ、その文物制度を視察して大いに感ずる所あり。乃《すなわ》ち国運を挽回し、国家の隆昌を計らんとせば日本に倣い開進の策を建つるに若《し》かずと為し、且つ日本は正義を重んじ、独立を扶植するの外他意なきに因り、これに頼りて支那の蚕食の労を制し、以て国家の富強を計り、共に提携して東洋平和の基礎を確立せんことを主張せり。而して金玉均は治道策一篇を著して執政に上り、また国王に上疏し、勧むるに留学生の日本派遣を以てし、一方独立党を組織し、機関新聞を発行して大いに国論を喚起し、国王の親任を蒙り日本公使の援助を得て改革の実を挙げんことに努力せり。

而も当時の要路者は概ね排外保守を主張する事大党にして日本を嫌忌し、開化を喜ばざる者多く、就中《なかんずく》閔泳翊《ミンヨンイク》の如きは深く清国と結び、独乙《ドイツ》人「モルレンドラフ」を顧問と為し、相謀りて金玉均等の勢力を牽制し、その党類を窮地に陥れんことに汲々たり。金玉均等大いに憂憤し国王に奏するに英断を以て秕政《ひせい》を改革し国運の挽回を計り、以て独立の基礎を確立せんことを以てしたるも、国王依違して決せず。是に於いて金玉均等意を決し明治十七年十二月朝鮮郵征局開局式を行うに際し、同志と共に事を挙げ閔泳翊を斬り、閔台縞《ミンテホ》等事大党に属する諸大臣を戮《りく》し、終《つい》に国王に奏して政府の大改革を断行したるも、清国は閔族の残類を助け、兵を以て王城に乱入し韓兵と呼応して国王を奪い、独立党を撃ちてこれを破るや、金玉均・朴永孝等は終に日本に亡命せり。金玉均の日本に在るや、小笠原島・北海道に遷さるる等、具に苦楚《くそ》を嘗むること多年、而も未だ曽て志を渝《か》えず。明治二十七年偶《たまたま》東学党の乱起こるや、志士蹶起の秋なりと為し、日夕その動静を窺い、風雲の会するを待ちしが、閔族等並びに清国李鴻章《りこうしょう》・袁世凱《えんせいがい》等は金玉均の日本に在るを憂い、窃《ひそ》かに謀ってこれを上海に誘出し、刺客洪鐘宇《ホンジョンウ》をしてこれを殺さしめ、その屍は軍艦にて朝鮮に送致し、大逆無道の罪に擬して六支の刑に処し、首肢は八道に回示し、軀幹《くかん》はこれを漢江に投ぜしめたり。這般《しゃはん》暴虐なる措置は忽ち日本国民を憤激せしめ、その結果幾多懸案の交渉と為り終に日清の交戦を見るに至りたるものにして、金玉均は不幸その志未だ成らずして兇刃に斃れたりと。維《これ》貴重なる犠牲は朝鮮の運命を有利に展開せしめ、後年日清日露の両大役を経、尋《つ》いで日韓の併合となり、東洋平和の基礎を確立するに至りたり。

と記し、故人の日韓併合に至るまでの功績を陳述したうえで、「故金玉均家柄」「金玉均家系図」を添付。同家の家柄については、

金玉均の家柄は初代の新羅末(約千年前)に発し、高麗王朝・朝鮮李朝に歴仕し、代々大小の官職を拝し、或いは官位を追贈せられ、二十六代にして金玉均に及ぶ。金玉均生前は戸曹参判(日本の大蔵次官)に止まりしも、死後隆熙四年(明治四十三年)特に正一品大匡輔国(日本の元老・大臣)崇禄大夫・奎章閣大提学を贈られ、死後忠達公を諡らる。

と述べて授爵を請願するも不許可に終わる。また、同人の授爵は内地の華族ではなく、おそらく朝鮮貴族としてのものと思われる。

典拠 「朝鮮総督府全羅北道参与官金英鎮外三十五名叙位ノ件」(国立公文書館所蔵『叙位裁可書』大正十五年・叙位巻三十一)、『授爵陞爵申牒書類』、小田部雄次『華族―近代日本貴族の虚像と実像―』

木村駿吉　きむら・しゅんきち

一八六六―一九三八

海軍技師

①明治三十九年十月二十一日(不許可)

旧幕時代に浜御殿添《そえ》奉行・目付・軍艦奉行・勘定奉行などをつとめた木村喜毅《よしたけ》(芥舟《かいしゅう》)の三男。日露戦争で使用された三六式無線電信機の発明者として知られる。『東京朝日新聞』『読売新聞』明治三十九年(一九〇六)十月二十一日朝刊にはそれぞれ「下瀬・木村両氏授爵説」「両科学家へ授爵」の見出しで、下瀬雅允《しもせまさちか》(海軍技師)と木村に対して、「破格の御詮議を以て特に男爵を授けらるることに御内定相成りたるやの説あり」「勲功に依り特に男爵を授けらるることに御内定成りたり」として記事を掲載。日露戦争における功績を理由とし、下瀬は火薬発明、木村は海上通信技術の功績によるものとするも、結局両名とも授爵されず。

典拠 『東京朝日新聞』明治三十九年十月二十一日朝刊、『読売新聞』明治三十九年十月二十一日朝刊

京極　某（高福カ）　＊きょうごく

生没年不詳

旧高家・元中大夫席

①明治十一・十二年頃（不許可）

②明治十二～十六年頃（不許可）

京極家は旧幕時代において高家《こうけ》の格式を与えられ、二千二百石余を知行した旗本。幕末・維新期の当主は高福。嘉永三年（一八五〇）十月に奥高家に列し、従五位下・侍従兼丹後守に叙任。慶応四年（一八六八）四月に朝廷に早期帰順して本領を安堵され、朝臣に列し中大夫席を与えられた。明治二年（一八六九）十二月に中大夫・下大夫・上士の称が廃止となるとともに士族に編入され、三年十一月には従五位の位階も返上した。同家の華族昇格に関し、『爵位発行順序』所収「華族令」案の内規として公侯伯子男の五爵（左に朱書で公伯男の三爵）を設け、世襲・終身の別を付し、その内「世襲男爵を授くべき者」四項目中、第三項目に「元高家・交代寄合」を挙げている。同案は明治十一・十二年頃のものと推定されるが、この時点においては旧幕時代に万石以下でありながら、若年寄ではなく諸侯同様に老中支配であり、奥高家就任後は四位少将にまで昇り得る高家は男爵に列すべき家として認知されていたと思われる。同じく前掲『爵位発行順序』所収「授爵規則」によれば「男爵を授くべき者」として、七項目中、第二項目に「元交代寄合・元高家」が挙げられている。前記資料とは異なり、この案は十二年以降十六年頃のものと推測され、こちらでも旧高家である京極家は男爵を授けるべき家とされているが、結局授爵内規からは高家は一律除かれ、華族編列・授爵は不許可に終わっている。

典拠　『爵位発行順序』

清浦奎吾　きようら・けいご

一八五〇―一九四二

内閣総理大臣

①明治三十三年五月六日（不許可）

貴族院勅選議員

②明治三十五年二月二十四日（不許可）

司法大臣・貴族院勅選議員

③大正十二年十二月三日（不許可）

枢密院議長

④大正十三年一月十八日（不許可）

内閣総理大臣

⑤昭和三年十一月五日（許可）

元内閣総理大臣（前官礼遇）

旧肥後国鹿本《かもと》郡出身の官僚・政治家。明治六年（一八七三）五月に埼玉県十四等出仕となり、同年十一月以降、同県権少属・少属・中属と進み、九年八月に司法省に転じて同省九等出仕となる。七年十二月に検事に任官し、以後司法権少書記官・太政官権少書記官・内務少書記官・参事院議官補・参事院書記官・内務大書記官などを経て、十九年三月内務省警保局長、二十四年四月から貴族院勅選議員。二十五年八月には司法次官に就任。第二次松方正義内閣で二十九年九月に司法大臣として入閣し、以後、第二次山県有朋内閣・第一次桂太郎内閣でも法相に就任。また第一次桂内閣では内務大臣・農商務大臣もつとめた。同三十九年四月に枢密顧問官に親任され、五月貴族院議員を辞した。さらに大正六年（一九一七）三月枢密院副議長、十一年二月枢密院議長に昇り、十三年一月内閣総理大臣となり、同年六月退任にあたり前官礼遇を与えられた。『東京朝日新聞』明治三十三年五月六日朝刊によれば「新華族の候補」の見出しで「授爵人名中に金子堅太郎・清浦奎吾・岩村兼善《かねよし》・松岡康毅《やすこわ》・津田出《いずる》・加藤弘之・平田東助《とうすけ》等の諸氏もありたりという」と報じられるも、この三日後の五月九日付で授爵したのは金子と加藤両名のみであり、誤報であったのか、また詮議の結果見送られたため清

清浦奎吾

浦は選に洩れている。『桂太郎関係文書』所収の明治三十五年二月二十四日付「岩倉具定《ともさだ》書翰」によれば、山本権兵衛(海軍)・曾禰《そね》荒助《あらすけ》(大蔵)・清浦奎吾(司法)・菊池大麓《だいろく》(文部)・小村寿太郎(外務)と平田東助(農商務)の計六名の新規授爵と、林董《ただす》の男から子への陞爵について岩倉具定が事前に桂へ伝えており、「右の通りにこれあり候。外に一人昇爵の人これあり候えども、これは御面会の上にこれ無くては申し上げかね候。誓って他言お断り申し上げ候」として、この時点で銓衡・審議が終わっていたことがわかる。これは『授爵録』(明治三十四～三十八年)でも同様で、同年二月二十四日立案の当局側書類で審議されたことがみえるが、功績調書や自薦・他薦などの願書類は添付されておらず、また前記のように記載した閣僚以外にもう一名陞爵の人物がいるとしながらこれは面会してからでないと岩倉は述べている。この一名は桂本人の子から伯への陞爵であるが、桂自身も知らなかったとすれば、この一連の陞授爵は内閣側の関知しないところで進められた可能性もある。この後、岩倉が伝えたとおり、同月二十七日付で清浦も男爵が授けられている。またこの後、四十年九月二十一日付で子爵陞叙となるが、『授爵録』(明治三十九～四十年)には陞爵決定者の名前が記されるだけで、これも功績調書や請願書の類は綴られていない。その後、同人の子から伯への陞爵についても大正期より動きがみられるようになり、『読売新聞』大正十二年十二月三日朝刊に「陞爵する人・新華族になる人／噂に上って居る人達＝御成婚を機として＝」の見出しで、

今一部で噂に上っている人は、面白いところで伯東郷元帥の侯爵、半信半疑なのは皇后宮太(大)夫大森鐘一《しょういち》男の子爵、東宮侍従長入江為守《ためもり》子の伯爵、三浦、佐藤(三吉《さんきち》)両博士の男爵などで、いずれ授爵されることに間違いはなかろうが、この際男爵にと思われるのが枢府顧問官・秩父宮御用掛一木喜徳郎《いちききとくろう》博士、文相岡野敬次郎、内府御用掛平山成信《しげのぶ》の両氏、枢府議長清浦奎吾子の伯爵その他で、牧野宮相の陞爵も不思議のようだが芋蔓全盛の今日興味ある問題と噂の渦を巻いている。尤も右の内、清浦、牧野、入江三氏の陞爵は早晩引退を想像されるからともいわれる。どちらにしてもこの外実業家にも数名あり、全部で十数名の多きに上るであろう。

と報じられ、皇太子裕仁親王(のちの昭和天皇)の御成婚という慶事に際して陞・授爵が検討され、そのなかで清浦の名も挙げられている。清浦やその周辺が授爵請願を行なったか確認はできないが、結局この時は実現していない。さらに同紙大正十三年一月十八日朝刊には、「御成婚と陞爵授爵／内定せる顔触」の見出しで、

摂政殿下の御成婚を期し、各方面の功労者に対して叙位叙勲の御沙汰あるべく、目下宮内省に於てこれが銓衡中にある。この中多年の功労により陞爵・授爵の篤き思召を拝すべく内定したものは、内閣総理大臣清浦奎吾、宮内大臣牧野伸顕両子の陞爵(伯爵)、枢密顧問官久保田讓《ゆずる》男の陞爵(子爵)、及び枢密顧問官一木喜徳郎、同倉富[(勇)]三郎、前文部大臣岡野敬次郎四氏の授爵(男爵)の二伯・一子・四男であるという。

と前回同様、清浦陞爵説が内定したと重ねて報じているが結局これも実現せずに終わっている。昭和期に入ると昭和天皇即位大礼の慶事における栄典授与として、清浦陞爵の動きがまたみられるようになり、『授爵陞爵申牒書類』中に、昭和三年(一九二八)十一月五日付で内閣総理大臣田中義一より宮内大臣一木喜徳郎宛で清浦奎吾と後藤新平の子から伯への陞爵、山下源太郎・佐藤昌介《しょうすけ》・団琢磨《たくま》・徳川好敏《よしとし》の授爵詮議を申牒。

正二位勲一等子爵清浦奎吾外五名は別紙功績書の通り功績顕著の者に付、左記の通り陞爵授爵の儀詮議相成りたし。

とし、添付された清浦の「功績書」には、

右者明治六年権少属出身以来、検事・警保局長・司法次官その他諸官を歴任して、明治二十九年九月司法大臣に親任せられ、

爾来《じらい》農商務大臣・内務大臣等在官七年余、更に明治三十九年四月枢密顧問官に親任せられ、大正六年三月枢密院副議長、同十一年二月枢密院議長に親任、同十三年一月内閣総理大臣に親任、同年六月依願免本官、同日前官礼遇を賜い、以て今日に至る。同人が多年官界に在りて忠誠恪《かっ》勤《きん》、克くその重任を全うしたるの功績寔《まこと》に顕著なり。

として多年の官界における功績をもって陞爵を求める。これらの功績が認められ、同年十一月二十日付で伯爵に陞叙される。なお、この清浦陞爵については、小宮一夫によれば久保田譲・水野練太郎《れんたろう》・一木喜徳郎・倉富勇三郎らが尽力したことが指摘されている。

典拠 『東京朝日新聞』明治三十三年五月六日朝刊、「岩倉具定書翰」（『桂太郎関係文書』二〇一〇年）、『読売新聞』大正十二年十二月三日朝刊・十三年一月十八日朝刊、『授爵陞爵申牒書類』、小宮一夫「山本権兵衛（準）元老擁立運動と薩派」（近代日本研究会編『宮中・皇室と政治』）、小田部雄次『華族―近代日本貴族の虚像と実像―』

清棲家教　きよす・いえのり

一八六二―一九二三

伏見宮邦家親王第十二子、貴族院議員

①明治二十八年十二月二十日（不許可）

清棲家教

伏見宮邦家《くにいえ》親王の第十二子として生まれた後、六十宮《むそのみや》と称す。慶応二年（一八六六）六月二条斉敬《なりゆき》の猶子《ゆうし》となり、浄土真宗系の仏光寺教応の養子となったのち、明治元年（一八六八）同寺相続。五年三月、華族に列して渋谷《しぶたに》を家名とし、家教《かきょう》と名乗るが、二十一年六月二十八日に思召により伏見宮に復帰したうえで、同日華族に列し授伯爵、清棲を家名とする。また名前の読みもイエノリと改める。以後、二十三年には貴族院議員に当選し、三十年以降は地方官として山梨・茨城・和歌山・新潟の各県知事を歴任し、大正元年（一九一二）八月退官。『伊藤博文関係文書』所収の明治二十八年十二月二十日付「土方久元書翰」によれば、伊藤に宛てて「清棲伯も侯に進められ候事も一時に相伺い申すべきと存じ候」「山県大将は至極賛成に御坐候」と記されるも、結局侯への陞爵は実現せずに終わっている。

典拠 「土方久元書翰」（『伊藤博文関係文書』六）

→渋谷隆教

吉良　某　（義常カ）　＊きら

生没年不詳

旧高家・元中大夫席

①明治十一・十二年頃（不許可）

②明治十二〜十六年頃（不許可）

吉良家は旧幕時代に高家《こうけ》の格式を与えられ、千四百二十五石を知行した旗本。幕末・維新期の当主は義常。朝廷に早期帰順して本領を安堵され、朝臣に列して中大夫席を与えられた。明治二年（一八六九）十二月に中大夫・下大夫・上士の称が廃止となるに伴い士族に編入された。同家の華族昇格に関し、『爵位発行順序』所収「華族令」案の内規として公侯伯子男の五爵（左に朱書で公伯男の三爵）を設け、世襲・終身の別を付し、その内「世襲男爵を授くべき者」四項目中、第三項目に「元高家・交代寄合」を挙げている。同案は明治十一・十二年頃のものと推定されるが、この時点においては旧幕時代に万石以下でありながら、若年寄ではなく諸侯同様に老中支配であり、奥高家就任後は四位少将にまで昇り得る高家は男爵に列すべき家として認知されていたと思われる。同じく前掲『爵位発行順序』所収「授爵規則」によれば「男爵を授くべき者」として、七項目中、第二項目に「元交代寄合・元高家」が挙げられている。

前記資料とは異なり、この案は十二年以降十六年頃のものと推測され、こちらでも旧高家である吉良家は男爵を授けるべき家とされているが、結局授爵内規からは高家は一律除かれ、華族編列・授爵は不許可に終わっている。

典拠『爵位発行順序』

宜湾　某　＊ぎわん

生没年不詳

元琉球藩王尚氏一門・宜湾朝保遺族

①大正四年十月十五日（不許可）

「土肥実臣他授爵請願書」中に土肥実臣（故人。元《もと》元老院議官）の遺族への授爵願と合綴で収録。大正四年（一九一五）十月十五日付で内閣総理大臣大隈重信より宮内大臣波多野敬直《よしなお》宛で「左記の者はその功績顕著には候へども、授爵をもって賞するは如何かと存じ候。然るべく御詮議相成りたし」として提出。土肥実臣（の遺族）以下十一名を列挙し、そのなかに宜湾の名も挙げられている。元琉球藩王尚氏一門である宜湾朝保《ちょうほ》の遺族を対象とした授爵申請であり、朝保のあとを相続した朝邦を指すか。

　右は朝保が安政・文久以来、その国の重職にありて一意内国の文物をその地に扶植するに努め、明治五年大政維新の慶賀副使として東京に入観し、国主尚泰《しょうたい》を藩主に封ずるの詔あるや、その国人にして之を非議する者少なからざりしに際し、世界の大勢、名分の存するところを説きて国人の蒙を啓《ひら》き、正使を輔《たす》けて速やかに朝命を遵奉せしめ、支那に進貢するを禁じて人心の嚮背を定め、力を国事に効すところ多きに依り、その功を追賞せられ授爵せられたしと云うにあり。

と授爵理由を説明するも却下される。

典拠「土肥実臣他授爵請願書」（宮内庁宮内公文書館所蔵）

金　英鎮　きん・えいちん　⇩　キム・ヨンジン

く

九鬼隆一　くき・りゅういち

一八五二―一九三一

枢密顧問官・帝国博物館総長

①明治二十九年二月二十五日（許可）

②明治二十九年五月（許可）

旧丹波国綾部藩士出身の官僚・政治家。明治二年（一八六九）十一月綾部藩権少参事となり、五年四月に文部省十一等出仕となって以後文部少丞《しょうじょう》・同大丞・文部大書記官兼太政官大書記官・文部少輔・元老院議官などを歴任。この間、万国博覧会御用掛や内国勧業博覧会審査副長もつとめた。十七年五月特命全権公使となりワシントンに在勤。二十年十一月に帰朝。二十一年二月宮内省図書頭となり、同年十二月宮中顧問官を、さらに二十二年五月帝国博物館総長をも兼任。二十三年九月貴族院勅選議員、二十八年六月枢密顧問官となり死去するまでつとめた。授爵に関しては、『授爵録』（明治二十九年）によれば、二十九年二月二十五日付で農商務大臣榎本武揚より宮内大臣土方久元宛で同人の授爵を請願。

　第四回内国勧業博覧会審査総長・枢密顧問

九鬼隆一

官兼帝国博物館総長正三位勲一等九鬼隆一義、出身以来数官に歴任し、教育・外交及び美術工芸の発達上益々内外博覧会等に関し勲功甚だ多し。就中明治五年四月より同十七年五月に至る十二年間、文部省に在りて督学官より少輔に歴進し、文部教育の要路に当たり施政参画する所少なからず。その間、文部長官の更迭すること前後十数回に及び、為に種々の困難障碍ありたるに拘わらず拮据《きっきょ》経営、時に或いは文部卿に代わりて省中の百事を統理し、教育制度を始めとし、苟《いやしく》も学事に関する事項は一つもこれに与らざるはなく、明治八・九年以降、全国の学事綱目倶《とも》に挙あり。教育の漸次旺盛に赴くもの同官の力実に多きに居れり。また明治六年四月文部省七等出仕を以て欧米各国に派遣せらるるや、当時我邦派遣の留学生中、教育の素養なく到底学業の大成を期し難きもの三百余名を淘汰し、更に俊秀にして正則の学程を履みたる学士を選抜して留学生と為せり。この一挙啻に三十金万円の歳費を節減せしのみならず、選抜する所の留学生業成り帰朝するに及び、百般の新智識を輸入せしが為、爰《ここ》に始めて本邦教育上に一生面を開きたるが如き、同官当年の施政その宜しきを得たるに職由せずんばあらず。明治十七年同官特命全権公使と為り、米国華盛頓《ワシントン》府に赴くや、同地に在ること三年、余常に矻々《こつこつ》として任務に励精せり。殊にその該国と逃犯罪人交換条約を締結し、以て完全なる対等条約を成就したるが如きはその外交上に於ける功績また少なからざるを観るに足れり。また明治二十一年臨時全国宝物取調局の設立せらるるや、その委員長と為りて全国宝物の取調に従事し、以て宝物の散佚《さんいつ》・壊滅を防ぎ、併せて美術品の価格を相当の位置に進むる等、その我邦美術の真相を発揮して学芸の源由極めて深奥なることを遍《あまね》く世人に知悉せしを以て我が国光を発揚したるの功績また実に少なからずとす。明治十一年仏国博覧会の開設あるや、同官本邦審査官及び教育理事官として該国へ派遣せられ、その職務上殊に教育・殖産・美術等の識見に於いて大いに欧米各専門家の尊信を博せりと聞けり。同十四年第二回内国勧業博覧会を開設せらるるや、その審査副長と為り、同二十三年第三回内国勧業博覧会開設の際は審査官長と為りて益々勤労あり。同二十六年米国シカゴ府に開設したる閣龍《コロンブス》世界博覧会に参同出品の挙あるや、同官貴族院に在りて大いに斡旋する所あり。以て政府提出の予算をして速やかに成立を見るに至らしめ、尋《つい》で臨時博覧会事務副総裁と為り総裁を輔けて一切の事務を統理し、殊に屢《しばしば》総裁の更迭ありしにも拘わらず、凡百の処務上毫《ごう》も渋滞の患なく終始一定の方針を執り、以てその局を結ぶに至りしもの実に同官の力居多なりとす。抑も該博覧会は古来未曽有の大会にして、その規模の宏大なるまた内国博覧会の比にあらず。随ってその賛同出品に関する事務の繁劇多岐に渉り、その処理の困難なるは勢い免れざる所なるも、同官屈せず撓《たわ》まず、敢然全局の委に任し、施政計画皆その宜しきを得たり。而して同博覧会の結果は彼我通商貿易を拡張するの媒介となりしのみならず、我邦文明の状況と優秀の脳力とを実物の上に表示して、以て一国の品位を高むるに至れり。これ畢竟同官の拮据経営の功に帰せざるべからず。また昨年第四回内国勧業博覧会を京都に開設せらるるや、開設前より

前任農商務大臣の依嘱を受けて解説地の撰定、その他開会に関する各般の準備に就き画策する所少なからず。尋でその経費予算按の帝国議会に提出せらるるや、非常の熱心を以てその間に斡旋し、遂に大多数を以て義会の協賛を得るに至れり。既にして開設の事定まるや、審査総長と為り副総裁を輔《たす》けて孜々《しし》百般の設備を整頓し、開会前より該事務局京都出張所に出張し、一方に於いては副総裁に代わり事務官長以下の吏員を督励して一切の事務を統理し、一方に於いては審査総長として審査各部を統督し、審査官各部長以下五百余名を指揮し、十六万余点の出品物に対し精密の審査を遂げ、公平にその精粗優劣を査定し、出品の審査並びに残品処分等に於いて毫末《ごうまつ》の苦情を見ることなく万般の事円満にその局を結ぶに至りたるは、実に第一回以来稀有の事に属せり。また該会当初の給費予算少額にして到底事業の完成を期し難きを以て追加予算を要求するの議を建て、遂に議会に提出してその成立を見るに至りたるは、同官が政府と議会との間に立ち心力を尽くして斡旋したるの結果に外ならず。殊に今回は会場の地を京都に卜《ぼく》したるが為、凡百の施設上幾多の名状《めいじょう》すべからざる不便ありたるが上に、時恰も軍国多事として開会の前後前回未曽有の国難に遭遇し、既に世論一般開戦中は到底本会を開設すること能わざるべしと唱えたるに拘わらず、開会中毫も戦争の影響を被るに至らざりしは同官の画策宜しきを得たるに由ると称するも、敢えて過言にあらざるべし。同官の国家に勲労あること大略前陳の如くなるに依り、冀《こいねが》わくはその勲労の実跡に徴し、この際特に華族に列せられ栄爵を授けられ候様相成り候はば、同官の光栄これに過ぎず候。これに依り履歴書を具し御参考に供し候也。

と記し、九鬼の文部行政や博覧会事務に尽瘁した功績を理由として授爵を求めている。これを受けてのものと思われるが、宮内省爵位局は「勲功者二十九名授爵ノ件」として芳川顕《あき》正《まさ》ほか二十八名授爵を審議。これによれば、

右は夙《つと》に勤王の志を抱き、皇室式微、幕府専横の日に当たり、或いは大和・但馬の義挙に与し、或いは幽囚投獄、辛苦備《つぶさ》に嘗《な》め維新回天の大業を賛助し、または多年朝に在りて顕要の職を奉じ、または貴衆両院に入りて国家の大計を議する等、孰《いず》れも勲功顕著の者に付、特旨を以て華族に列し栄爵を授けられ然るべき乎。左にその爵を擬し裁を仰ぐ。

と記し、芳川のみ子爵、他の二十八名は男爵を授けるべきとし、同年六月五日付で男爵が授けられる。

典拠　『授爵録』明治二十九年

久志本常幸　くしもと・つねゆき

一八五五―一九二七

旧伊勢神宮外宮神主

①明治十五年十月（不許可）
②明治十六年二月十六日（不許可）
③明治十六年九月九日（不許可）
④明治十七年頃（不許可）
⑤明治十八年十二月十日（不許可）
⑥明治二十二年一月二十八日（不許可）
⑦明治二十三年八月二十五日（不許可）
⑧明治二十七年二月二十八日（不許可）
⑨大正四年六月二十日（不許可）
⑩大正四年九月三十日（不許可）
⑪大正十三年一月十七日（不許可）

久志本家は度会《わたらい》姓の伊勢神宮外宮神主。常幸は従二位常庸《つねのぶ》の六男で幼名菊若、通称左門。雅号は梅叟または梅荘・梅窓。維新前神宮禰宜に補せられ、正五位下に叙せられていたが、明治四年（一八七一）五月十四日に社家の世襲および官位廃止に伴い位記を返上し士族に編入。書家としても著名であった。華族編列・授爵運動は自薦・他薦を含め十五年より計十一回確認される。後掲「三条家文書」所収「久志本常幸書翰」によれば、十八年十二月十日付で授爵を請願しているが、その書翰中には「去る明治

久志本常幸

十五年十月惣代松木美彦《まつきよしひこ》上京致させ、その際常幸儀も上京、倶々《ともども》歎願仕り候」とみえ、十五年十月にすでに授爵を請願している。ついで『授爵録』(追加)(明治十五～大正四年)所収「族籍之儀ニ付追願書」によれば、十六年二月十六日付で松木美彦と常幸の連署で昨年十一月に松木を総代として「族籍変更願」を提出するも御沙汰がないため、再度請願した旨を太政大臣三条実美・左大臣有栖川宮熾仁《たるひと》親王・右大臣岩倉具視宛で請願するも却下。『尾崎三良《さぶろう》日記』明治十六年九月九日条によれば、

　久志木(本)来たる。久志木(本)は伊勢神宮旧神官にしてその家系太古より伝来血統正しきものなるを以て華族と為らん事を願うもの也。

とみえ、三条側近の尾崎三良にも請願している。おそらく三条への仲介を依頼したものと推測される。こののちも同人の授爵運動は継続されており、「三条家文書」所収「旧神官人名取調書」は明治十七年頃の資料と思われるが、これによれば「別紙全国旧神官の内華族に列せられ然るべき家格の者にこれあり候。御発表前には一応現今貧富の景況地方官へ調査仰せ付けられ候上、御取捨相成りたしと存じ奉り候」と記され、そのなかに久志本常幸の名も挙げられている。同じく前掲「三条家文書」所収「久志本常幸書翰」によれば、十八年十二月十日付で授爵を請願している。

　恩命を仰望仕り候理由を謹んで左に拝陳仕り候。伊勢神宮は御尊崇他社に異なる儀申す迄もなき御事にて、これに奉仕する神官無慮二百数十家あり。この内勅旨を以て正員禰宜に任ずる家は僅かに二十余家あるのみ。これを神宮重代家と称す。この二十余家は正員禰宜の重職に任ずる家にて、伊勢国造の裔孫乃ち《すなわ》度会・荒木田二氏の正系なり。正員禰宜は二十員と定められ、両宮各十員なり。必ずこの重代家の世襲とす。若し子弟なき時は重職の定員を欠くに至り、また他よりその家を継承するを許さず。上陳の次第にて御鎮座以来明治四年御改正迄千有余年連綿奉務仕り候儀にこれあり候。然るに出雲・春日・日前国懸《ひのくまくにかかす》・熱田・宇佐・阿蘇・住吉・物《もの》部《のべ》等の諸社の旧神官に至っては一社内数家を挙げて華族に列せられ候儀に候えども、私共に於いても恩命蒙り奉るべき儀と相心得、窃かに御沙汰敬待仕り居り、敢えて上願の儀は仕らず候処、爾来《じらい》何等の儀これ無きに付、去る明治十五年十月惣代松木美彦上京致させ、その際常幸儀も上京、倶々歎願仕り候処、恩典は美彦一家に止まり、その他に至り今以て御沙汰これ無く、遺憾の至りに堪えず候故、今般又々上京歎願仕り候次第にこれあり候。抑《そもそ》も神宮の御儀は他の諸社とは特に御尊崇遊ばせられ候御儀は申す迄もこれ無く候処、独り神官の恩典に至り、却って彼我軽重を見るは啻《ただ》私共の不幸のみならず、御宗廟に対せられ御体裁如何これあるべき哉。竊《ひそ》かに痛歎罷り在り候。区々の衷情御憐察速やかに御詮議成し下されたく懇願奉り候。頓首。

として、初めて明治十年に上京して請願した際には華族に列したのは同族松木美彦のみであったため、再度願い出たとある。また『授爵録』(追加)(明治十五～大正四年)所収「族籍之儀ニ付建議」によれば、すでに華族に列した松木美彦男爵と藤井希璞両名の連署で二十二年一月二十八日付で宮内大臣土方久元宛で請願。

　謹みて案ずるに貴族の国家に於ける重大の関係あり。許多の効用ありて、政治上・国体上に置いて必須の者たるは今更に喋々を要せず。(中略)爰《ここ》に古名家族宜しく詮議せらるべき者十六家を録して左右に

呈す。

として神宮旧神官より常幸と宮後《みやじり》朝昌・沢田泰《やす》綱《つな》・世木《せき》親喜、上賀茂より松下径久《みちひさ》・岡本保益・鳥居大路《とりいおおじ》治平、下鴨より泉亭《いずみてい》某・梨木《なしのき》某・鴨脚《いちょう》某、日吉より生源寺《しょうげんじ》希徳・樹下《じゅげ》某、松尾より東某・南某、鹿島より鹿島則文、香取より香取保礼の十六名を列挙するも、この後審査のうえ授爵されたのは沢田泰綱の子幸一郎(泰圀)のみでほか十五名は選に洩れている。『授爵録』(明治二十三年)「族籍之儀に付願」を二十三年八月二十五日付で内閣総理大臣山県有朋宛で請願するもこれも不許可となる。この前月には旧内宮神主諸家の多くも授爵を請願しているが、この時期に旧外宮側からは久志本のみが願い出ている。さらに「記録資料館所蔵花房瑞連・義質関係資料」所収「〔久志本常幸書状〕」によれば、二十七年二月二十八日付で宮内次官花房義質《よしもと》宛で授爵に関する請願書を提出。

未だ拝鳳《はいほう》の栄を得ず候えども、一書敬呈仕り候。時下春寒未だ去らず候所、益々御安穆《あんぼく》大賀奉り候。扨《さて》今般大婚二十五年御式祭御挙行在らせられ候に付、維新勲功の者へ又々御授爵の儀これある旨新聞上にて承知。これ或いは道路の言信ずるに足らずと存じ候えども、多年蓄積の情これに依り勃然繭起自ら禁ずる能わず。去る十五年中旧同族と連署を以て族籍の儀請願仕り候処、松木美彦独り恩命を蒙り奉り候えども、その他に到り今以て御沙汰これ無く、然るに常幸の独り栄爵を仰望するに切なる所以は他旧同族中に超然異なる点あるを以てなり。抑《そもそ》も常幸家は美彦直接の分家なるのみならず、父常庸は明治維新の際、神宮長官たるの故を以て屢《しばしば》朝廷御祈願ある毎に群僚を統率して丹精を抽し、以て大業を翼讃し奉り、また今上陛下より従二位に叙せられ参朝、天顔拝仰せ付けらる。また神宮御参拝の節は玉体に咫尺《しせき》して聖上御玉串を正殿に奉納する等、これ皆他に比類これ無く、所々且つ神宮御鎮座以来、一系連綿、神宮に忠勤を尽くし候数世の功労もこれあり、右列挙の寵遇と忠勤を以て今日栄爵に相漏れ候儀は遺憾の至り。思うてここに至れば悲憤交到自ら禁ずる能わず。或いは利心を天下の輿論に問い、或いは海外に漫遊して有職の人に就き所懐を質さんと為す。曩《さき》に栄爵を賜いし沢田泰綱(圀)の如き祖先中上階の者なく、美彦に於いても二位に叙せし者なし。父常庸の如きは従二位に拝叙し、然も今上陛下の恩叙に係わる。加之《しかのみならず》前記特殊の功労あり。この二家に過ぐるも及ばざるの理は萬これなしと信じ候。また一社一家に限るの御制定はこれあるまじく、出雲・宇佐等には皆本分家を挙げて栄爵に列せらる。これ最も黙止する能わざる所なり。或いは曰く功労家系両ながら著明なるも財産なし。故に不可なりと。嗚呼これ何の言ぞや。常幸不肖と雖も豈爵位に対し汚辱を招く者ならんや。これ十余年来輦下に滞留する既往に就き御取り調べを請うべし。今譬《たと》えば楠氏子孫の正統出現し、若しその家財産なき時はこれを不問に置き去るや。常幸未だ信ずる能わざるなり。かれこれ同じく功労あり。豈厚薄の御所置あらんや。閣下宜しく卑情を洞察し子載未曽有の大典御挙行の日に就き累年の宿願を容れ、特殊の御詮議願い奉り、能く本書土方子爵へも開申に及び候えども、猶また閣下に拝陳懇願仕り候也。

という長文の請願であるが、この書翰には、すでに華族に列して男爵を授けられている荒木田姓の沢田家(内宮祠官)や度会姓松木家(外宮祠官)では久志本家と異なり歴代中従二位に叙せられた者はない点、さらに当時政府・宮中でも捜索していた楠木正成の末裔について、もし正成正統の子孫が現れた際、華族としての体面を維持するだけの資産を有してない場合は授爵させないつもりか、という点も指摘して花房に問い質している。特に後者の点は授爵の審査の際でも重視されていることから、正鵠を射た質問であるが、結局この時も不許可に終わっている。大正期にもこの運動は継

続されており、『授爵録』（追加）（明治十五〜大正四年）所収「荒木田・度会両姓神宮家族籍ノ儀恩命ヲ蒙リ度件ニ付内願」によれば、大正四年（一九一五）六月二十日付で檜垣貞吉・同常伯《つねおさ》・松木時彦・世木氏公・薗田守理・藤波氏宣と久志本常幸ら旧伊勢内宮・外宮神主が計七名連署で内閣総理大臣大隈重信宛で「本年は御即位及び大嘗祭の御大典並びに神宮御親謁の御盛儀行わせられ候千載一遇の盛時に際会仕り候に付」と伊勢神宮親謁という好機も捉えて授爵を請願。この後、同年九月三十日付で慶光院利敬《けいこういんよしゆき》と伊勢内宮旧社家の薗田守理・藤波氏宣・世木氏公、同外宮旧社家の松木時彦・久志本常幸・檜垣常伯らを大正天皇即位大礼の慶事に際して授爵を申請。請願書は内務大臣一木喜徳郎より総理大臣大隈重信宛で申牒するも却下。また『授爵陞爵申牒書類』によれば、昭和三年（一九二八）十月二十五日の旧東北諸藩々主の陞爵、田中俊清《としきよ》・江川英武《ひでたけ》の授爵、徳川好敏の復爵の次に「先例」として、大正十三年一月十七日付で当時の清浦奎吾内閣が宮内大臣牧野伸顕に宛てて「別紙正六位江川英武外十一名、陞爵・授爵及び復爵の件は家格に属するものに付、参考として回付に及び候」として、正六位江川英武・藤波氏宣・世木氏公・従七位勲七等薗田守理・正六位勲六等松木時彦・従五位勲六等檜垣常伯・檜垣清澄・男爵島津久厚・陸軍工兵中佐正六位勲四等功四級徳川好敏《よしとし》・二条邦基・慶光院利敬とともに当時正八位であった久志本常幸の計十二名を列挙。この当時、これらの授爵・陞爵・復爵が申牒されたもののあまねく不許可に終わっている。

典拠　久志本常孝『神宮医方史』、『尾崎三良日記』明治十六年九月九日条、「旧神官人名取調書」（「三条家文書」）、「久志本常幸書翰」（同）、「〔久志本常幸書状〕」（岡山県立記録資料館所蔵「記録資料館所蔵花房瑞連・義質関係資料」）、『授爵録』（追加）明治十五〜大正四年、「神宮旧神官荒木田度会二氏及慶光院利敬ニ授爵ノ恩典アランコトヲ請フ内申」（宮内庁宮内公文書館所蔵）、『授爵陞爵申牒書類』

九条忠善　くじょう・ただよし

一八五三—九五

九条尚忠五男・随心院門跡新門主

一時期、旧備前国岡山藩家老伊木家当主

判事

①慶応四年一月十八日（不許可）

②明治二十二年十二月九日（許可）

関白九条尚忠《ひさただ》の五男。幼名舒君《のぶぎみ》。万延元年（一八六〇）四月、随心院門跡大僧正増護《ぞうご》の付弟として入寺し、増縁《ぞうえん》と称する。『山階宮三代』慶応四年（一八六八）一月十八日条によれば、

　是《こ》の日御使を総裁熾仁《たるひと》親王の許に遣わし、随心院新門主増縁〔関白九条尚忠男〕を復飾出仕せしめ、且つ絶家松殿《まつどの》家の再興相続を許されんことを建議せられた。

と見え、九条家庶流で度々絶家となった松殿家を再興するにあたり、その当主として擬せられた。堂上《とうしょう》公家としての取立案であろうが、その家格は江戸時代に一代摂家であった松殿道昭《みちあきら》、清華《せいが》家であった松殿忠孝《ただたか》に準拠したものになったかどうかは不明。この後、増縁は明治五年（一八七二）五月に還俗して九条家に一度復籍の上、翌六年七月に元岡山藩家老の伊木忠恭《いぎただゆき》の養子となる。伊木家は旧岡山藩家老で旧禄三万石を知行。幕末・維新期の当主は忠恭実父で、三猿斎《さんえんさい》の雅号で茶人としても知られる忠澄《ただすみ》。忠善は養父没後に家督を相続。伊木姓時代に養家の当主として華族への昇格が企図されてもいる。忠善は十四年三月判事補となり、東京裁判所、本郷区治安裁判所、京橋区治安裁判所などに勤務し、二十年十二月判事。二十一年十一月に依願免官となり、翌十二月に養家を離籍し、生家九条家へ帰籍する。九条姓に復した忠善に対して分家・授爵話が浮上するが、『法規分類大全』所収の明治二十二年十二月九日付爵位局議案によると、

　従一位九条道孝《みちたか》より叔父忠善へ相当の財産を分与し、同家の庶流絶家鶴殿《つるどの》家を再興致させたき旨願出候。右御聴許の上は明治七年七十三号公布に依り忠善は平民籍に編入相成り候は当然の儀と存じ候。

然るに九条家は御外戚にこれあり、殊に道孝は維新の勲功も顕著なる者に付、旁々以て特恩を加えられ、鶴殿家再考の際、忠善を華族に列せられ男爵を授けらるべきや高裁を仰ぐ。

と見え、九条家が外戚家である点、奥羽鎮撫総督等をつとめた道孝の維新時における勲功が顕著である点をもって、前記松殿家ではなく、同様に九条家庶流で絶家であった鶴殿家を再興した上、授爵を起案。同月十八日付で鶴殿忠善として男爵を授けられる。

典拠　『山階宮三代』慶応四年一月十八日条、『法規分類大全』二ノ六、『授爵録』明治十八～二十年

→伊木忠愛・伊木忠善

九条良政　くじょう・よしまさ

一八八一―一九六〇

公爵九条道孝四男

①明治三十五年二月十九日（許可）

旧五摂家の九条道孝《みちたか》公爵の子で、後掲九条良《よし》致《むね》の兄。『授爵録』(明治三十四～三十八年)所収の明治三十五年(一九〇二)二月十九日立案の当局側書類「九条良政特旨ヲ以テ華族ニ被列男爵ヲ授ケラル、ノ件」によれば、

右の者今般一家創立致したき趣を以て父道孝の同意を得、分籍別戸せんとの手続中の由。而して別戸の上は華族の家族たる資格を失うに付、従って民籍に編入せらるべし。然るに九条公爵家は皇室に最も深き御由緒これある家柄にして、且つ道孝は戊辰の役戦功に依り賞典禄八百石下賜せられたる武功の顕著なる者に付、父の勲功及び家柄に対し良政分家届出の日特旨を以て華族に列せられ、男爵を授けられ然るべきや裁を仰ぐ。

とみえ、父道孝が幕末・維新期に奥羽鎮撫総督として功を立て賞典禄を下賜された事蹟により、良政の分家・授爵を審査。同月二十二日付で裁可され、三月十日付で授男爵。

典拠　『授爵録』明治三十四～三十八年

九条良致　くじょう・よしむね

一八八四―一九四〇

公爵九条道孝五男

①明治四十一年三月十六日（許可）

旧五摂家の九条道孝《みちたか》公爵の子で、九条武子《たけこ》の夫として知られる。前掲九条良政《よしまさ》の弟。当初、明治三十三年(一九〇〇)三月十七日、同じく旧五摂家の一条公爵家の養嗣子となり道良《みちよし》と改名、三十七年八月三十日に従五位に叙せられるも、四十年十月二十三日に離籍し、生家に復籍、同月三十日位記を返上。良致の分家・授爵については『授爵録』(明治四十一～四十二年)所収の四十一年三月十六日付宮内省立案の書類中に、

右良致は故従一位大勲位公爵九条道孝の五男にして、去る三十三年三月、一たび実輝《さねてる》の養嗣子となり、将来公爵の血統を継承すべき栄位におりし者の処、その後やむを得ざる事情の為、協議の上実輝と養子離縁を為すの場合に至り、客年十月を以て遂に生家九条家に復籍せり。然るに同人義、今回更に九条家より分家し、一家を創立せんとするに付てはその結果当然民籍に入るべき処、同人はその系統現に皇太子妃殿下の実弟なれば、この尊貴の系統ある者をして苟《いやしく》も一平民たらしめんとする事、皇室の尊厳に関し宜しきを得ざるを以て、この際特殊の恩栄を賜り、同人に男爵を授けらるべきか。

とみえる。申請は許可され、同月二十三日付で授男爵。また授爵については、『昭憲《しょうけん》皇太后実録』明治四十一年十二月二十四日条に、

是の日、枢密顧問官子爵杉孫七郎《まごしちろう》に白斜子一疋・袴地一反及び万那料《まなりょう》を下賜あらせらる。曩《さき》に公爵一条実輝養嗣子道良九条公爵家に復籍し、九条良致と改名、更に別に一家を立てて華族に列せられ、男爵を授けられたるに際し、孫七郎種々斡旋の労を執りたるを持って、特にこの賜あるなり。

とみえ、当時枢密顧問官であった杉孫七郎が尽力したことが確認される。

典拠『授爵録』明治四十一～四十二年、柳原燁子「日本女性列伝・九条武子」（『婦人公論』昭和十年一月号）、「一条家相続問題（一）～（三）」（『東京朝日新聞』明治四十年八月二十五日・二十六日・二十八日朝刊）、『昭憲皇太后実録』明治四十一年十二月二十四日条

楠田英世　くすだ・ひでよ

一八三〇―一九〇六

元非職元老院議官

①明治三十三年五月五日（許可）

旧佐賀藩士出身の官僚・政治家。慶応四年（一八六八）六月会津征討の際、仁和寺宮嘉彰《よしあきら》親王（のちの小松宮彰仁《あきひと》親王）の副参謀となり、同年十月徴士・新潟府判事に就任。以後、新潟県知事・大学少丞《しょうじょう》・同大丞を経て司法省に転じ、司法少判事・同中判事・司法大丞・司法大検事・明法頭・三等判事を歴任。九年四月に元老院議官に就任、十七年四月に非職、二十年非職満期となり退官。元老院議官をつとめた者に対しては『読売新聞』明治二十六年十月三十一日朝刊で授爵または賜金があるかと報じられている。このなかに楠田が含まれているかは不明。授爵に関してこれまで他薦の書類などは確認できないが、『授爵録』（明治三十三ノ二年）によれば、三十三年五月五日付の宮内省当局側立案書類で尾崎忠治《ただはる》ら計二十五名の文武官の授爵を詮議しており、銓衡として（一）維新の際大政に参与して殊勲ある者、（二）維新の功により賞典禄五十石以上を賜りたる者、（三）維新前後国事に功労あり、かつ十年以上勅任官の職にある者、または現に在職中の者、（四）十年以上勅任官の職にあり功績顕著なる者、（五）特に表彰すべき偉大の功績ある者の五つの規準を設けており、楠田はその（三）に該当する対象者とされ、同月八日に裁可を得て九日付で男爵が授けられる。

典拠『授爵録』明治三十三ノ二年

楠三郎右衛門　くすのき・さぶろうえもん

生没年不詳

楠木正成末裔

①明治二十九年五月五日（不許可）

岐阜県在住で楠木正成末裔を称する。族籍などは不明。同家の授爵については明治二十九年（一八九六）四月二十日立案・五月五日決裁の「楠氏取調書」にみえ、宮内省爵位局が楠木正成末裔として提出された請願者二十一名中、楠三郎右衛門の名も記されるが、家系に信憑性があると判断された甲斐荘《かいのしょう》正秀（以《い》号・京都）・中村権左衛門（遠《を》号・長野）・楠正基（加《か》号・鳥取）・関唯男（楚《そ》号・大阪）の四名のみ「審査の材料と相成るべき価あるものと存じ候に付、この四家の書類は姑《しばら》く他日の参考として当局に留め置き」とされて関連資料は宮内省に保管され、楠三郎右衛門（太《た》号）を含めた十七名については各府県知事を通じて請願書を却下され、この後も授爵されずに終わっている。

典拠「楠氏取調書」（宮内庁宮内公文書館所蔵）

楠　正暹　くすのき・＊しょうせん

生没年不詳

楠木正成末裔

①明治二十九年五月五日（不許可）

高知県在住で楠木正成末裔を称す。族籍などについては不明。授爵については、明治二十九年（一八九六）四月二十日立案、同年五月五日決裁の宮内省爵位局作成による「楠氏取調書」にみえる。これによれば、

> 南朝の忠臣贈正一位楠正成の後胤と称し華族に編入相成りたき旨を以て出願したる者二十有一家の多きに及び候に付、茲《ここ》に別冊の通り取り調べ候。然るにその正統確実と認むる者は未だこれを発見すること能わざるも、中に就き稍々《やや》信を置くべき家筋または血統の関係ある者は全くこれなしと謂うを得ず。即ち以《い》号甲斐荘《かいのしょう》正秀、遠《を》号中村権左衛門、加《か》号楠正基、楚《そ》号関唯男の如きは審査の材料と相成るべき価あるものと存じ候に付、この四家の書類は姑《しばら》く他日の参考として当局に留め置き、その余は悉皆左の御指令を付し各その所轄地方庁へ向け書面却下相成る

　べき乎裁を仰ぐ。

として、甲斐荘正秀を含み、中村権左衛門・楠正基・関唯男の計四名は楠木氏正統の信憑性が高いと判断されたためか関係書類は宮内省に保管することが決し、楠正暹を含め、残る十七名分については「その県下族籍何某家格取立願の件詮議に及び難く書面却下候条、この旨本人へ相達すべし」という案文を宮内大臣より各府県知事宛で送り、請願書は当人へ却下するという方針を立てている。また取調書冒頭には「楠氏遺族取調書」として、

　南朝の忠臣新田・名和・菊池等の諸子孫は祖先の旧勲を追録して華族に列せられたるも、独り楠氏のみ未だその正統の子孫を発見すること能わざるは明治の昭代に於いて誠に一大欠典と謂わざるを得ず。嗚呼《ああ》忠臣楠氏にして子孫血食するものなしと云うは人をして天道の是非を弁ずること能わざらしむ。今や楠氏の遺族と称し、系譜若しくは古文書を具し什物を図し、各《おのおの》その証拠を明らかにし、競うてこれが詮議を出願したる者爰《ここ》に二十有一家の多きに及べり。而してそのこれを調査するものは実に爵位局の責任に属す故に常務の余暇窃《ひそ》かにその材料を蒐《あつ》め査覆考訂し、今漸くその業を結了することを得たり。依てこの二十一家の各系図に就きて他日の参考となるべきものを摘要し、以呂波を以て符号となし、而して順序にこれを調査し、茲にその正否を論究したり。但しその什物の如きは参考の用に借せざるなり。

として、仁《に》号として楠正暹の名を掲載するが、系図の信憑性に疑問があると判断されたためか結局同家は授爵されずに終わっている。

典拠　「楠氏取調書」(宮内庁宮内公文書館所蔵)

楠　正己　くすのき・＊まさみ

生没年不詳

楠木正成末裔

①明治十六年十一月八日（不許可）

東京府在住。楠木正成末裔を称する。族籍不明。『郵便報知新聞』明治十六年(一八八三)十一月八日朝刊によれば、

　楠氏の後裔は諸方より陸続《りくぞく》届け出づるにより、いずれが正統なるやは分からなねど、京橋区銀座一丁目岸田吟香《ぎんこう》方止宿の楠正己なる者より、その家系旧記を以て楠氏の後裔なる旨を府庁へ届け出でしと。

とみえ、楠木氏正嫡である旨を東京府庁宛で申請。おそらく、地方官を経由して宮内省へ願い出たと思われるが、華族編列は不許可に終わる。

典拠　『郵便報知新聞』明治十六年十一月八日朝刊

楠　正基　＊くすのき・まさもと

生没年不詳

楠木正成末裔

①明治二十六年三月（不許可）

②明治二十九年五月五日（不許可）

鳥取県士族で楠木正成末裔を称する。「楠木氏履歴」によれば明治二十六年(一八九三)三月に正基が提出。同家は正親町《おおぎまち》天皇により祖先正茂の朝敵赦免を許された楠木正虎《まさとら》の嫡子楢村《ならむら》玄正《はるまさ》の子孫で代々鳥取藩士。正基は通称を孫七郎と称し、正基の代に楠姓に復した。包書には「保存のもの」と記しながら願書本文は同封されていないが、後述するように二十九年五月五日の時点で楠木氏関連請願が取りまとめられるまでに提出したものと考えられる。また二十九年四月二十日立案・同年五月五日決裁の「楠氏取調書」によれば、宮内省爵位局が楠木正成末裔として提出された請願者二十一名中、甲斐荘《かいのしょう》正秀(以《い》号・京都)・中村権左衛門(遠《を》号・長野)・関唯男(楚《そ》号・大阪)の三名とともに楠正基(加《か》号)もまた「審査の材料と相成るべき価あるものと存じ候に付、この四家の書類は姑《しばら》く他日の参考として当局に留め置き」とその家系の信憑性が高いと認められているが、こののちも授爵されずに終わっている。

典拠　「楠木氏履歴」(宮内庁宮内公文書館所

蔵)、「楠氏取調書」(同)

楠瀬玄仙　くすのせ・げんせん

生没年不詳

楠木正成末裔

①明治二十九年五月五日（不許可）

高知県在住で楠木正成末裔を称する。族籍などは不明。同家の授爵については明治二十九年(一八九六)四月二十日立案・同年五月五日決裁の「楠氏取調書」にみえ、宮内省爵位局が楠木正成末裔として提出された請願者二十一名中、楠三郎右衛門の名も記されるが、家系に信憑性があると判断された甲斐荘《かいのしょう》正秀(以《い》号・京都)・中村権左衛門(遠《を》号・長野)・楠正基(加《か》号・鳥取)・関唯男(楚《そ》号・大阪)の四名のみ「審査の材料と相成るべき価あるものと存じ候に付、この四家の書類は姑《しばら》く他日の参考として当局に留め置き」とされて関連資料は宮内省に保管され、楠瀬玄仙(止《と》号)を含めた十七名については各府県知事を通じて請願書を却下され、こののちも授爵されずに終わっている。

典拠　「楠氏取調書」(宮内庁宮内公文書館所蔵)

楠瀬六郎　くすのせ・ろくろう

生没年不詳

楠木正成末裔

①明治二十九年五月五日（不許可）

高知県在住で楠木正成末裔を称する。族籍などは不明。同家の授爵については明治二十九年(一八九六)四月二十日立案・五月五日決裁の「楠氏取調書」にみえ、宮内省爵位局が楠木正成末裔として提出された請願者二十一名中、楠三郎右衛門の名も記されるが、家系に信憑性があると判断された甲斐荘《かいのしょう》正秀(以《い》号・京都)・中村権左衛門(遠《を》号・長野)・楠正基(加《か》号・鳥取)・関唯男(楚《そ》号・大阪)の四名のみ「審査の材料と相成るべき価あるものと存じ候に付、この四家の書類は姑《しばら》く他日の参考として当局に留め置き」とされて関連資料は宮内省に保管され、楠瀬六郎(辺《へ》号)を含めた十七名については各府県知事を通じて請願書を却下され、こののちも授爵されずに終わっている。

典拠　「楠氏取調書」(宮内庁宮内公文書館所蔵)

楠本正隆　くすもと・まさたか

一八三八―一九〇二

衆議院議長

①明治二十二年七月二日（不許可）

②明治二十三年三月二十一日（不許可）

③明治二十三年頃（不許可）

元老院副議長

④明治二十五年二月二十日（不許可）

衆議院議員

⑤明治二十六年九月三十日（不許可）

元衆議院議長・衆議院議員

⑥明治二十七年二月十一日（不許可）

⑦明治二十九年五月（許可）

衆議院議長・衆議院議員

旧肥前国大村藩士出身の官僚・政治家。慶応四年(一八六八)閏四月に徴士《ちょうし》・長崎裁判所権判事兼九州鎮撫使参謀助役となり、五月改めて徴士・長崎府判事となり従五位下に叙された。以後外務権大丞《たいじょう》・新潟県令《けんれい》を経て八年八月地方官会議幹事となり、また内務大丞に任ぜられ、同年十二月からは東京府権知事を兼任した。この間、高等法院陪席裁判官もつとめ、二十二年五月東京市会議員に当選し、同年十二月元老院副議長に就任。二十三年七月には東京府第一区から立候補して衆議院議員に当選。同年十月元老院廃官につき非職元《もと》元老院議官となり、同月錦鶏《きんけい》間祇候《のましこう》となる。その後、衆議院副議長、同議

楠本正隆

長をつとめた。『尾崎三良《さぶろう》日記』二十二年七月二日条によれば、

条公《じょうこう》を訪《と》う。在朝有功の士を華族に列するの談あり。その人名は子爵、河野敏鎌《こうのとがま》、西郷菊之助、男、井田譲《ゆずる》、山口尚芳、伊丹重賢《しげかた》、花房義質《よしもと》、石田英吉《えいきち》、辻維岳《いがく》の八人。右の外八人の候補者あり。楠本、藤村、山田信道、桂太郎、岩村高俊、北垣、三宮《さんのみや》、舟(船)越等なり。依て云う、楠本は第一着に属すべきものなりと。その余は意見なし。

とあり、尾崎が三条実美を訪問し、勲功により華族に列すべき人名を挙げて推挙しており、そのなかに楠本の名がみえるも結局授爵に至っていない。また『山田伯爵家文書』所収の二十三年三月二十一日付「山田顕義《あきよし》秘啓」によれば、「授爵は陛下の大恩にして、国家の大典、万民の標準なり。真に陛下の親裁に出づるものにして、臣僚の容喙すべきものにあらず。然れどもその自歴を調査し、その理由を明晰にし、聖慮を翼賛するは臣下の務にして、謹慎鄭重を尽くさざるべからず。今鄙見《ひけん》を陳じ、閣下の参考に供す」として宮内大臣土方久元宛で授爵の標目として、(一)維新前後功労あり勅任官たる者および勅任官たりし者、(二)維新後功労あり勅任官たる者および勅任官たりし者、(三)維新前後功労ある者、(四)維新後功労ある者、(五)父の勲功による者、(六)神官および僧侶の世襲名家たる者、(七)琉球尚家の一門、の計七項目を挙げ、楠本は第二項に次ぐ者としてその名を挙げるも、この際山田が列挙した人名中、授爵したのは第一項に該当した辻維岳一人であり、楠本は選に洩れている。『松方正義関係文書』所収の二十五年二月二十日付「尾崎三良書翰」には、

拝啓。然らば今般無拠主義公義の為、私情を捨てて楠本を排斥致し候えども、同氏は十数年来の友人にもこれあり、公義の為、無拠ここに至りたりといえども、私情に於いて誠に忍びざる所あり。且つ同氏の心腹を推測するに、一時の謬誤《びゅうご》より、終《つい》に昨年来の挙動に立ち至りたるものにて、根底よりこれに固執したる者にはこれ無しと存じ候。且つまた同氏の維新前後の国家に対する越(閲)歴功労は到底磨滅すべからざるものにこれあり、現に一昨年頃は新華族の候補者の一人として数えられたる位の事に付、何卒この際貴族院議員に勅任せられ候様懇願仕り候。この事拝趨《はいすう》猶委詳情実具申仕りたく候えども、過日来とかく不快にて、屢々《しばしば》参上も仕りかね候に付、略儀ながら一書申し上げ候。猶、万御賢察祈り奉り候。草々頓首。

と尾崎が松方に書状を出しており、書面には一昨年すなわち明治二十三年頃には授爵の候補者として挙げられていたことが確認できる。また前記書翰にも関連するが、『尾崎三良自叙略伝』中巻にも、

この後、楠本を貴族院へ勅選せられんことを、総理大臣その外へも数々建議したれども事行われず。また別に授爵のことも頻りに建議したり。その理由に、大村藩士中維新に付き功労ありしものの中、渡辺昇及び清の両人は已《すで》に授爵の恩命を受けたるも、楠本の功労は彼《かの》二名に譲らざるに未だその恩命に均霑《きんてん》せざるは、頗る不公平の感あり。前者は松方伯と姻戚の関係あるに依るとの誹評もあり、他よりもこの説を以て相共に数々政権者に言う所あり。数年の後漸く授爵のことだけは行われたり。

とあり、この頃尾崎が授爵についても尽力していたことが窺われる。さらに『読売新聞』二十六年九月三十日朝刊に続き、同紙二十七年二月十一日朝刊によれば、「授爵及陞爵に関する風説」の見出しで、

西郷菊次郎氏授爵の風説は今に始まったる話にあらず。氏はこれを畏れ多きことに思いて辞退の意をある人に申し出でし趣なれど、今回は丁度好機会なるにより、多分授爵の御沙汰あるべしという。尤も侯爵を授けらるるや否やは未だ定まらず。尚下級の爵を授くべしとの説ありと聞け

り。また陸奥氏・芳川氏・渡辺氏等大臣たりし人に授爵あるべしとの説もあれど、かくの如くなりては、楠本正隆氏・山口尚芳氏等前元老院議官の連中にも授爵すべき人沢山あるにより、多分見合わせとなるべしというものあり。その他山内《やまうち》侯を公爵に、伊藤・山県・黒田の三伯を侯爵に陞せらるべしというものあれど、多分想像の説なるべく。また維新前後山陵奉行なりし故戸田大和守及び山陵御造営奉行たりし故渥見政同(旧名祖太郎)氏等の功労を追賞せられ、大婚祝典の当日、特旨を以て大和守の曽孫子爵戸田忠義《ただよし》氏に爵一階を進められ、渥見政同氏へは正四位を贈らるるとの噂は確かなる如くなるが、先ず何事も未だ確定したることなきが事実ならん。

と報じられており、元《もと》元老院議官として楠本と山口尚芳らも授爵されるのではと記されるもこの時も行われていない。このように幾度も他薦などで候補となり却下されてきたが、その後、『授爵録』(明治二十九年)によれば、立案日の欄は空白であるが、芳川顕正《あきまさ》ほか二十八名の文武官への授爵詮議が爵位局でされており、楠本の名も挙げられる。

右は夙《つと》に勤王の志を抱き、皇室式微、幕府専横の日に当たり、或いは大和・但馬の義挙に与し、或いは幽囚投獄、辛苦備《つぶさ》に嘗《な》め維新回天の大業を賛助し、または多年朝に在りて顕要の職を奉じ、または貴衆両院に入りて国家の大計を議する等孰《いず》れも勲功顕著の者に付、特旨を以て華族に列し栄爵を授けられ然るべき乎。左にその爵を擬し裁を仰ぐ。

とし、二十九名中芳川のみ子爵授与とし、楠本を含めた他の二十八名は男爵が相当としている。同文書には同人への授爵を求める他薦書類や功績調書は綴られていないが、二十九名中、伊丹重賢・山田信道・船越衛《まもる》・三宮義胤《よしたね》・中島信行の五名については維新前の勤王事歴調書類が、また九鬼隆一《りゅういち》についても同年二月二十五日付で榎本武揚が授爵を推薦する書状が添付されていることから、同人を含めた他の二十三名分も他薦などがあった蓋然性が高いと思われる。楠本の功績は認められ、二十九年五月二十三日付で裁可を得、六月五日付で男爵を授けられる。

典拠　『尾崎三良日記』明治二十二年七月二日条、「山田顕義秘啓」(『山田伯爵家文書』四)、「尾崎三良書翰」(『松方正義関係文書』八)、尾崎三良『尾崎三良自叙略伝』中、『授爵録』明治二十九年

朽木之綱　くつき・*ゆきつな

旧交代寄合・中大夫席

生没年不詳

①慶応四年五月三十日（不許可）

②明治二年四月十四日（不許可）

朽木家は旧幕時代には交代寄合《こうたいよりあい》表御礼衆の格式を与えられ、四千四百七十石余を知行した旗本。幕末・維新期の当主であった之綱は慶応四年(一八六八)五月に朝廷に帰順して本領を安堵され、朝臣に列して中大夫席を与えられた。明治二年(一八六九)十二月に中大夫・下大夫・上士の称が廃止されるに伴い士族に編入。『公文録』所収「朽木主計助諸侯並参朝御番ノ儀ニ付伺」によれば、慶応四年五月三十日付で、

今般御規則仰せ出さるるの趣、畠山飛騨守・松平与三郎へ触頭仰せ付けられ候段、今般通達これあり畏み奉り候。然る処私儀当正月以来伺済みにて諸侯並《なみ》参朝、当時五の御番へ召し加えられ相勤め罷り在り候。右の勤向以後如何相心得申すべき哉伺い奉り候。以上。

と弁事役所宛で提出している。「諸侯並」の意は旧幕時代の交代寄合同様、王政復古後も朝廷において諸侯に準ずる家格を認めて欲しいとのことか、諸侯としての取立を希望することなのかは判然とせず。ただし同年二月二十九日付の帰順を求める請願書によれば、

居邑朽木に退き、徒に万石以上に準ぜられ、隔年幕府へ交代仕り候えども、祖先以来勤王の遺志失わざる様、居邑に於いて皇都の御為山中関門相守り罷り在り候

故、叙爵に加えられず候義は固《もと》より、二百余年の間近畿に在りながら天日を拝し奉らず、空しく庶流の輩より下等に列し候段、世々多年宿鬱《しゅくうつ》の賤情、恐れながら御垂憐成し下され候様伏して願い奉り候。

と記しており、旧峰山《みねやま》藩主朽木家は庶流でありながら諸侯身分であり代々五位に叙されている点を述べていることから、五月の請願は同家の諸侯身分への昇格を企図したものと推測される。また『公文録』所収「朽木主計助藩屏ニ被列度願」によれば、明治二年四月十四日付で「乍恐再応謹テ奉歎願候口上覚」を前回同様に弁事役所宛で諸侯列昇格を請願。「表高の外打ち出し内分を以て藩屏列相願候向、実地御見分の上にて仰せ付けらるべく御様に付、差し扣《ひか》え罷り在り候様御沙汰の旨多罪深く恐縮奉り候」と願い出るも結局諸侯昇格は許されずに終わっている。

典拠　「朽木主計助諸侯並参朝御番ノ儀ニ付伺」（『公文録』）、「朽木主計助藩屏ニ被列度願」（同）

→朽木某

朽木　某（之綱カ）　＊くつき

生没年不詳
旧交代寄合・元中大夫席
①明治十一・十二年頃（不許可）
②明治十二〜十六年頃（不許可）

朽木家は旧幕時代には交代寄合《こうたいよりあい》表御礼衆の格式を与えられ、四千四百七十石余を知行した旗本。幕末・維新期の当主は前掲之綱であるが、没年不詳のためこの当時の当主名は不明。同家の華族昇格に関し、『爵位発行順序』所収「華族令」案の内規として公侯伯子男の五爵（左に朱書で公伯男の三爵）を設け、世襲・終身の別を付し、その内「世襲男爵を授くべき者」四項目中、第三項目に「元高家・交代寄合」を挙げている。同案は明治十一（一八七八）・十二年頃のものと推定されるが、この時点では旧幕時代に万石以下でありながら、若年寄ではなく諸侯や高家同様に老中支配である交代寄合は男爵に列すべき家として認知されていたと思われる。同じく前掲『爵位発行順序』所収「授爵規則」によれば「男爵を授くべき者」として、七項目中、第二項目に「元交代寄合・元高家」が挙げられている。前記資料とは異なり、この案は十二年以降十六年頃のものと推測され、こちらでも旧交代寄合である朽木家は男爵を授けるべき家とされているが、結局授爵内規からは交代寄合は一律除かれ、華族編列・授爵は不許可に終わっている。

典拠　『爵位発行順序』

→朽木之綱

国司直行　くにし・なおゆき

一八七八—一九三四

旧周防国山口藩家老
①明治三十年九月（不許可）
②明治三十三年五月五日（許可）

国司家は代々山口藩家老で、直行の祖父親相《ちかすけ》（信濃）は長州征伐の際責任を取り元治元年（一八六四）に自刃した。親相のあとは養嗣子純行《すみゆき》が継ぎ、その後直行に至る。明治三十年（一八九七）九月付の「毛利祥久外四名華族昇列願書控」によれば、毛利家一門で右田毛利と称された毛利祥久《よしひさ》、益田精祥《あきよし》・福原俊丸《としまる》・清水資治《すけはる》・国司直行の四家老家の華族編列・授爵を請願するもこの時は毛利祥久のみの授爵に終わる。また『授爵録』（明治三十三ノ一年）所収の三十三年五月五日付立案の書類によると、審査書類中には国司の名も挙げられ、

右は別紙履歴抄録の通りその身戊辰の役に自ら王師《おうし》に加わり、一隊の将として兵馬の間に馳駆して賊徒勦討《そうとう》の殊功を建て、または西南の役身を死地に投じて能く鎮撫の功を奏し、或いはその父祖が幕府の末造に方り回天の大志を懐抱し、蹇々《けんけん》匪《ひ》躬《きゅう》王事に尽瘁《じんすい》し、遂に国難に殉死せし等何れも復古の功臣と認むるに因り前掲の通り授爵の恩典あらんことを奏上せらるべきや。

と記され、国司家は幕末維新時の功績があると認められ、同年五月九日付をもって男爵が授けられる。

典拠「毛利祥久外四名華族昇列願書控」(山口県文書館所蔵)、『授爵録』明治三十三ノ一年

久邇宮邦彦王　くにのみや・くにひこおう

一八七三―一九二九

久邇宮朝彦親王第三王子

①明治二十一年五月二十四日（不許可）

久邇宮朝彦《あさひこ》親王の第一王子で、明治二十年(一八八七)に朝彦親王の継嗣となる。邦彦王の臣籍降下、列華族・授爵の案については、『伊藤博文関係文書』所収の二十一年五月二十四日付「田中光顕《みつあき》書翰」にみえ、

秘啓、崇光《すこう》帝以来実系略一帖内覧に呈し候。右にて伏見宮一派の疎遠御明察これありたく候。況んやその支系たる山階《やましな》・久邇両宮に於いてをや。なるべくは典範中に賜姓・列臣籍の事極簡短にてもお加え如何。

新入四十八条

(賜姓臣籍に列し)または事故に依り皇族を除き、若しくは皇位継承権の得失変換に関する事件あるときは、皇族会議及び枢密院に諮詢したる後、これを勅裁す。

右、朱を加うる位の事にても宜しき乎。それも行われず候えばやむを得ず左に一苦策を呈す。

二代皇族の達しありと雖も、典範発表前特旨を以て山階菊麿《きくまろ》王・久邇邦彦王・梨本守正《なしもともりまさ》王の三人へ賜姓・授爵・列臣籍の事を命ず。久邇宮この他男子四人、女子数人あれども、これは邦彦・守正両王の兄弟ゆえ適宜配当入籍すれば可なり。

右は甚だ老婆心に候えども、密啓《みつけい》に及び候。勿論小生に於いて何れに相成り候共、毫《ごう》も得失これなく、只管《ひたすら》帝室将来を考え苦慮する事。但し論事も際限あり候故、謹みて言文をここに止め、この上は枢密院公共の議にあり。拙生固《もと》より関せず、また無責任也。笑察を乞う。

とし、「この書御覧後、入火を乞う」と書面末尾で記しているようにきわめて内密の進言であったことが窺われる。田中は前月まで第一次伊藤博文内閣で内閣書記官長をつとめており、皇室典範の発表前に皇族の臣籍降下に関する条文を加筆すべきとの意見を述べ、特に久邇宮邦彦王と山階宮菊麿王・梨本宮守正王の三皇族は皇室典範の発表前に臣籍降下させ、華族編籍・授爵を考えるべきであると伊藤に具申している。結局、二十二年二月に制定された皇室典範中には皇族の臣籍降下についての条文は盛り込まれず、三皇族の臣籍降下も実際には行われなかった。また、田中案は四十年二月の皇室典範増補で加筆されることとなる。

典拠「田中光顕書翰」(『伊藤博文関係文書』六)

久邇宮邦英王　くにのみや・くにひでおう

一九一〇―二〇一四

久邇宮邦彦王第三子、貴族院議員

①昭和六年二月十七日（不許可）

久邇宮邦彦《くにひこ》王の第三子。学習院高等科・京都帝国大学文学部卒業後、昭和五年(一九三〇)五月より貴族院皇族議員に就任。六年成人に達し、臣籍降下話が浮上した際、授与する爵位の等級について『牧野伸顕日記』六年二月十七日条に、

宮内大臣より邦英王臣籍降下の情願あり。その爵に付、ある方面より内々希望あり。然るにこれに付いては従来種々内規、先例等もあり、重大なる問題なれば意見を聞きたしとの事なりし。尤も一応言上に及びたる処、実に有難き御思召あり、極めて公明正大なる聖慮を承りたりとの内話あり。今更ながら小生も感動せり。小生に関する固より正論に従うの外なしと一言せり。

とみえ、邦英王の授爵は内規で伯爵となっていたところ、ある方面から侯爵にとの動きがあったことが記される。この件については同日記同年三月二十六日条にも宮内大臣一木喜《いちきき》

徳郎《とくろう》と「邦英王臣籍降下に付、授爵の階級に関する件」を相談し、「かれこれ事情はあるべきも伯爵然るべき旨言上相成りたしとの事にこれあり候」と結局侯爵案は却下され、伯爵に決定。同年四月四日付で臣籍降下し、邦英王は東伏見《ひがしふしみ》の家名を与えられ、従四位・伯爵に叙せられる。

典拠　『牧野伸顕日記』昭和六年二月十七日条・三月二十六日条、浅見雅男『華族たちの近代』

久野純固　くの・すみかた

一八一五―七三

紀伊国和歌山藩家老・田丸城代

①慶応四年八月二十二日（不許可）

②明治二年六月（不許可）

久野家は初代宗成《むねなり》以来、紀州藩に仕えて一万石を領し、代々田丸城代をつとめた。純固は文政六年（一八二三）五月に九歳で家督を相続し、八年十二月に元服。天保六年（一八三五）十二月に従五位下・丹波守に叙任されたが、明治元年（一八六八）十月、朝廷へ自藩家老の官位返上を奏請したことにより、以後は玉城と称した。紀州藩においては安藤・水野の付家老の下位に置かれてはいたが、万石以上を領していたこともあり、早々に分藩・独立を企図している。『田丸郷土誌』によれば、慶応四年（一八六八）八月二十二日には久野家の家臣である金森二兵衛・小林喜右ェ門両名より太政官の弁《べん》官《かん》宛でこれを願い出て、弁官はこれを紀州藩に口達で照会している。

久野家より過日来安・水両家の例に倣い朝臣に御取立の儀歎願候処、従来久野家の上に立ち家相もこれあるべし。久野家に限り別段朝臣に御取立これあり候ては如何これあるべき哉。由緒の品見込等書取を以て申し出るべき旨。

久野家は万石以上陪臣ではあるが、すでに同年一月に立藩を朝廷より認められていた田辺藩安藤家と新宮《しんぐう》藩水野家の例に準拠して自家も独立した諸侯に取り立てて欲しいと求めている。これに対して弁官側は久野家が安藤・水野両家よりも家格の面でも劣る点、また久野家のみ独立を認めた場合、他の万石以上陪臣からも同様の出願があると見込んでか相当慎重な対応を採っている。この弁官からの照会に紀州藩からは、

当藩久野金五郎より歎願奉り候品に付いて御尋ねの趣敬承奉り候。右金五郎祖先の儀は武功のものにて知藩事祖先頼宣《よりのぶ》分藩の節、弱年に付宗家より相備えに仰せ付けられ候儀にこれあり。安藤従五位・水野従五位両祖先の儀は公用向専分に取扱たり候。宗家よりの付属には家来の家格にてこれなき候処、二代目後は判然家来の同列に相成り候事に御座候。然るに昨年御維新の際、安藤・水野両家藩屏《はんぺい》の列に仰せ付けられ、有難く畏み奉り候儀に御座候。元来旧幕府別格の取扱の廉を以て成瀬《なるせ》・竹腰《たけのこし》・安藤・水野・中山の五家藩屏列仰せ付けられ候事に付、これは至当の御所置と存じ奉り候えども、久野金五郎をこの節改めて朝臣仰せ付けられ候えば、名古屋藩初め諸藩同等の家筋数多これあるべし。已《すで》に当藩にも同等の家、且つ故旧由緒の家少なからざる儀にもこれあり、久野金五郎改めて名義御取立成らせられ候てはかれこれ差し支え出来仕るべきと存じ奉り候。

と回答される。すなわち、旧幕府より付家老と認知されていた尾張藩の成瀬・竹腰、水戸藩の中山、紀州藩の安藤・水野の計五家は別格の扱いであり、朝廷・新政府から正式に立藩を許されているが、久野家はこの付家老ではなく、同家も諸侯に列するようなことになると、他藩でも同様の出願があり、また紀州藩でも同様であるからという理由で久野家の藩屏列を遮る返書を認めている。実際、紀州藩にはこれ以外にも付家老を除く万石以上の家老としては、紀州貴志領で一万五千石を領した三浦家や、七千石で一万石格を与えられていた水野太郎作《たろうさく》家と久野を含めた三家は家老職を連綿しており、代々五位の官位を授けられる先例でもあることから、紀州藩としてはこれ以

上、本藩から諸侯として独立する家を増やさせない方針であったと考えられる。同年十二月十八日には、金森・小林らは猥りに弁官へ立藩を申し出たという理由により、本藩より禁固刑に処せられている。また、『和歌山県史』(資料編・近世四)所収の玉城町教育委員会所蔵文書によれば、二年六月にも再度同様の請願を行っている。

伊勢田丸城の儀は元和五年八月、二代将軍徳川秀忠殿より久野丹波守宗成受領仕り候儀、即ち別紙家系大略書の通りに御坐候。然るに徳川中納言頼宣殿、紀州へ国替の節、宗成付属にて遠州久野城より田丸城へ引き移り、以後代々維持仕り候儀に御座候。尤も田丸城の儀は神三郡の一孤城にて殊に両宮随一の御近境に付、宗成入城已来《いらい》、神地非常出火等の節守護・消防の人数指し出来、且つ寛永年中より内宮神馬をも連綿と進献仕り来たり候。これまた別紙神馬進献年暦書の通りにて、代々尊神罷り在り候儀に御座候に付、猶この上神宮守護相応の微忠を尽くし奉りたき志願に御座候。然る処、先般伊勢行幸・神宮御参拝在らせられ候節、旧来神宮守護相務め来たり候御由緒の廉を以て御警衛相勤め申したき旨達し候の処、紀州家(徳川中納言殿)よりその儀に及ばざる儀との義にて、御警衛相叶い申さず、心外の至りに存じ奉り候。将亦《はたまた》この度紀州家(徳川中納言殿)経済改革に付、金五郎領知悉皆指し出し、蔵(給)米十分の一を受領仕り候に相成り申し候。しかしながらこの義は兼ねて諸藩より封土返上の次第柄も御坐候義に付、聊かも懸念仕らず候処、田丸城をも紀州家より(徳川中納言殿より)強いて指し出すべき旨申し聞き候。右は前件の通り、遠州久野城より田丸城へ引き移り候義にて、城幷びに城下市中共紀州家(徳川中納言殿)高外の義に御坐候間、諸藩同様恐れながら金五郎より天朝へ御直に返上仕り、且つ金五郎家の義は昨年藩屏列仰せを蒙り候安藤飛騨守・水野大炊守(頭)同様、旧幕より紀州家(徳川中納言殿)へ付属の家柄に御座候間、恐れながら金五郎義何卒天朝御直の御末臣に召し加えられ、如何体にも御用仰せ付けられ成し下され候はば、前件神宮守護の御由緒尊神の廉も空しく相成り申さず、先祖同様神忠の微意を尽くし奉り候義にて、誠に以て満足の至り有難き仕合わせに存じ奉るべく候。仍《より》てこの段恐れながら懇願奉り候。

と紀州藩に仕えた経緯を縷々説明したうえで、旧幕時代には伊勢神宮の警衛や消防の役目も担ってきたことを記して請願するも、経済改革の名目のもと、田丸城および城下も返上のうえ、旧禄の十分の一のみを支給される身となったことを述べる。二度の懇願にもかかわらず、純固の願は容れられず、結局同家の分藩・諸侯列は叶わずに終わっている。

典拠　池山始三『田丸郷土誌』、『和歌山県史』資料編・近世四

→久野宗熙・久野某

久野宗熙　くの・むねひろ

生没年不詳

旧紀伊国和歌山藩家老・田丸城代

①明治十一・十二年頃（不許可）
②明治十二〜十六年頃（不許可）
③明治十五・十六年頃（不許可）
④明治三十三年三月十九日（不許可）
⑤明治三十三年五月五日（不許可）

旧紀州(和歌山)藩家老で、代々田丸城代をつとめた久野家の当主で和歌山県士族。先代は前掲純固《すみかた》で維新後、二度にわたり諸侯への昇格を朝廷・新政府に嘆願している。宗熙は維新後は明治十二年(一八七九)十月より宮内省准奏任御用掛もつとめた。同家の華族昇格に関し、『爵位発行順序』所収「華族令」案の内規として公侯伯子男の五爵(左に朱書で公伯男の三爵)を設け、世襲・終身の別を付し、その内「世襲男爵を授くべき者」四項目中、第四項目に「旧藩主一門の高一万石以上の者及び高一万石以上の家臣」を挙げている。同案は十一・十二

年頃のものと推定されるが、この時点においては旧幕時代に一万石以上を領していた久野家は男爵に列すべき家として認知されていたと思われる。同じく前掲『爵位発行順序』所収「授爵規則」によれば「男爵を授くべき者」として、七項目中、第四項目に「旧藩主一門の高一万石以上の者及び高一万石以上の家臣」が挙げられている。前記資料とは異なり、この案は十二年以降十六年頃のものと推測されるが、こちらでも万石以上陪臣として、久野家は世襲華族として男爵を授けられるべき家とされていた。十五・十六年頃の作成と思われる「三条家文書」所収「旧藩壱万石以上家臣家産・職業・貧富取調書」によれば、旧禄高一万石、所有財産は宅地三千五百五十六坪七合五夕、田地十六町八畝四歩、職業は宮内省准奏任御用掛と記されるも、貧富景況は空欄となっている。また、『授爵録』(明治三十三年ノ一)によれば、三十三年三月十九日付で和歌山県知事小倉久が宮内省爵位局長代理香川敬三《けいぞう》宛で三浦権五郎と、水野丹後守跡・久野丹波守跡の現時家政の状況について取調照会の件を返答。内密に取り調べたところ、

　水野丹後守跡及び久野丹波守跡の両家は現時孰《いず》れも管内に居住致し居らざるに付、実際の情態は査察し得ず、僅かに伝聞せし概況を記載せしに止まり候次第に付、実際内容の如何は尚篤と調査の上、更に御報致すべし存じ候。

とすでに水野・久野両家ともに和歌山には在住していなかったことが判明する。久野丹波守跡とされる宗熙に関する調査としては、当時神奈川県横浜市現住の士族。所有財産は現在不動産などの所有はなく、戸主および家族の職業としては、戸主宗熙は当時病気のため無職であり、弟正香は横浜某会社の役員をつとめており、その他の家族は別に一定の職業には就いていないとする。また、生計の状況としては「生計は優ならざるが如く、現今弟正香と同居し、二三の旧臣中には相当財産を有し稍富裕なるものあり。これ等旧臣の扶助を受くる等の場合もあるものの如し」と記されており、当時の同家の財政状況が華族としての体面を維持するだけの資産を有してはいないと判断されていたようである。さらに同書所収の三十三年五月五日付宮内省当局側審査書類によれば、旧藩主一門および万石以上家老の授爵詮議で浅野哲吉他二十五名が挙げられ、同月九日付で全員男爵を授けられているが、その但書に、

　但し旧藩一万石以上と唱うる家は四十八家あり。然れども明治四年辛未禄高帳(大蔵省記録)及び藩制録(大蔵省記録)又は府県知事より徴収したる現在所有財産高を照査し、その旧禄高一万石以上判明せしものにして、猶且つ五百円以上の収入を生ずべき財本を有すること精確なるもの先づ二十五家を挙ぐ。余の二十三家は他日調査完結又は資産を有するに至りたるときに於いて御詮議相成るべきものとし、左にこれを掲げて参考に資す。

としたうえで、宗熙を含めて二十三家が挙げられている。これによれば、久野家は「旧禄高壱万石以上と唱うるも大蔵省明治四年辛未禄高帳記載の高と符合せざるもの又は禄高帳に現米を記載し旧禄高の記載なきに因り調査中のもの」十二家の中に分類されており、表高は一万石でありながら、実際は八千五百九十七石三斗七升であったとしている。結局純固・宗熙二代にわたる華族編列・授爵の願はこの後も聞き届けられず、不許可に終わっている。

【典拠】『爵位発行順序』、「旧藩壱万石以上家臣家産・職業・貧富取調書」(「三条家文書」)、『授爵録』明治三十三年ノ一

→久野純固・久野某

久野　某　＊くの

生没年不詳

旧紀伊国和歌山藩家老・田丸城代

①明治三十九年九月十八日　(不許可)

久野家は旧和歌山藩家老で田丸城代をつとめた家柄。『東京朝日新聞』明治三十九年(一九〇六)九月十八日朝刊によれば「一万石以上の陪臣」の見出しで、

維新前陪臣にして一万石以上を領したるは各藩を通じて七十家ありしが、爾来しばしば華族に列せられ、昨日また新たに八家に対し授爵の御沙汰ありたれば、残るは紀州藩の久野・水野、水戸藩の山野辺《やまのべ》、仙台藩の石川・茂庭《もにわ》、加州藩の津田・本多（一万石）、津藩の藤堂（一万石）の八家のみなりと云う。

と報じられている。この内、津藩一門の藤堂高成《たかしげ》は前日の十七日付で男爵を授与されており、記載は誤りと思われる。久野家の当主は宗熙かその子か不明であるが、この当時でも同家は華族編列・授爵を企図し、請願運動を行っていたと思われる。

典拠　『東京朝日新聞』明治三十九年九月十八日朝刊

→久野純固・久野宗熙

久保田譲　くぼた・ゆずる

一八四七—一九三六

枢密顧問官

①大正十三年一月十八日（不許可）

旧但馬国豊岡藩士出身の官僚・政治家。明治二年（一八六九）二月に下野国知県事の下吏となり、同月八月日光県権大属に任ぜられるも程なくしてこれを辞す。そののち五年八月に文部省十二等出仕となって以降、文部官僚として文部権中録・少視学・鹿児島師範学校長・文部大書記官・文部省会計局長・同省普通学務局長などを歴任し、二十五年十一月に文部次官となり、二十六年三月に依願免官。二十七年一月には貴族院勅選議員となる。その後は三十六年九月からは第一次桂太郎内閣で文部大臣をつとめ、四十年九月二十一日功績により男爵が授けられた。大正六年（一九一七）十一月には貴族院議員を辞し、枢密顧問官となり死去するまで在任した。『読売新聞』大正十三年一月十八日付朝刊には、「御成婚と陞爵授爵／内定せる顔触」の見出しで、

摂政殿下の御成婚を期し、各方面の功労者に対して叙位叙勲の御沙汰あるべく、目下宮内省に於いてこれが銓衡中にある。この中多年の功労により陞爵・授爵の篤き思召を拝すべく内定したものは、内閣総理大臣清浦奎吾、宮内大臣牧野伸顕両子の陞爵（伯爵）、枢密顧問官久保田譲男の陞爵（子爵）、及び枢密顧問官一木喜徳郎《いちききとくろう》、同倉富［勇］三郎、前文部大臣岡野敬次郎四氏の授爵（男爵）の二伯・一子・四男であるという。

久保田譲

と報じられ、皇太子裕仁《ひろひと》親王（のちの昭和天皇）の御成婚という慶事に際して陞・授爵が検討され、そのなかで内定者として久保田の名も挙げられている。久保田自身やその周辺が陞爵請願や運動を行なったかは確認できないが、結局この後も陞爵されずに終わっている。

典拠　『読売新聞』大正十三年一月十八日朝刊

神代直宝　くましろ・なおとみ

一八三八—一九一八

旧肥前国佐賀藩一門

①明治十一・十二年頃（不許可）

②明治十二～十六年頃（不許可）

③明治十五・十六年頃（不許可）

④明治三十三年五月五日（不許可）

神代家は旧佐賀藩一門で親類の格式を有し、川久保（神代）鍋島家とも称した。幕末・維新期の当主は直宝。刑部・大炊助・織三郎とも称す。旧禄高一万石を領した。同家の華族昇格に関し、『爵位発行順序』所収「華族令」案の内規として公侯伯子男の五爵（左に朱書で公伯男の三爵）を設け、世襲・終身の別を付し、その内「世襲男爵を授くべき者」四項目中、第四項目に「旧藩主一門の高一万石以上の者及び高一万石

以上の家臣」を挙げている。同案は明治十一（一八七八）・十二年頃のものと推定されるが、この時点においては旧幕時代に一万石以上を領していた神代家は男爵に列すべき家として認知されていたと思われる。同じく前掲『爵位発行順序』所収「授爵規則」によれば「男爵を授くべき者」として、七項目中、第四項目に「旧藩主一門の高一万石以上の者及び高一万石以上の家臣」が挙げられている。前記資料とは異なり、この案は十二年以降十六年頃のものと推測されるが、こちらでも万石以上陪臣として、同家は世襲華族として男爵を授けられるべき家とされていた。また、明治十五・十六年頃の作成と思われる「三条家文書」所収「旧藩壱万石以上家臣家産・職業・貧富取調書」によれば、旧禄高一万石、所有財産は金禄公債三百二十円、田畑四反一畝十八歩、山林三反五畝八歩、草生地三畝歩、宅地四反一畝二十四歩、建屋百九十七坪、土蔵四棟、職業は無職。貧富景況は空欄となっているが、当該時期には万石以上陪臣への授爵そのものが実施されず、同家も士族にとどまっている。さらに『授爵録』（明治三十三ノ一年）所収の三十三年五月五日付宮内省当局側審査書類によれば、旧藩主一門および万石以上家老の授爵詮議で浅野哲吉ほか二十五名が挙げられ、同月九日付で全員男爵を授けられているが、その但書に、

　但し旧藩一万石以上と唱うる家は四十八家あり。然れども明治四年辛未禄高帳（大蔵省記録）及び藩制録（大蔵省記録）又は府県知事より徴収したる現在所有財産高を照査し、その旧禄高一万石以上判明せしものにして、猶且つ五百円以上の収入を生ずべき財本を有すること精確なるもの先づ二十五家を挙ぐ。余の二十三家は他日調査完結又は資産を有するに至りたるときに於いて御詮議相成るべきものとし、左にこれを掲げて参考に資す。

としたうえで、神代直宝を含めて二十三家が挙げられている。これによれば、神代家は「旧禄高壱万石以上と唱うるも大蔵省明治四年辛未禄高帳記載の高と符合せざるもの又は禄高帳に現米を記載し旧禄高の記載なきに因り調査中のもの」十二家の中に分類されており、表高は一万石でありながら、実際は四千四百四十八石七斗五升五勺であったとしている。結局、旧和歌山藩家老の久野家などと同様、年五百円以上の収入を生ずる財本を構築することができなかったためか、この後も同家は華族に列することなく士族にとどまっている。

典拠　『爵位発行順序』、「旧藩壱万石以上家臣家産・職業・貧富取調書」（「三条家文書」）、『授爵録』明治三十三ノ一年

雲井春影　くもい・＊はるかげ

生没年不詳

元興福寺学侶・春日大社新社司

①慶応四年四月　（不許可）
②明治七年七月　（不許可）
③明治八年七月二日　（不許可）

雲井家は旧興福寺蓮成院学侶。慶応四年（一八六八）四月以降、興福寺では大乗院・一乗院の両門跡以下院家《いんげ》・学侶も次々と還俗し、堂上《とうしょう》出身者は藤原姓の者は堂上格を賜り、非藤原姓の者は実家へ復籍のうえ一代堂上となる。地下《じげ》出身者も明治二年（一八六九）三月には藤原姓を与えられ、堂上出は春日大社新神司、地下出は同社新社司となる。これらの措置に不満を抱いた地下出身の旧学侶たちは身分昇格を求めている。慶応四年四月早々に願い出たのをはじめとし、明治七年七月には奈良県権令《ごんれい》藤井千尋《ちひろ》宛で、八年七月二日には元老院宛で華族または華族格への編列を願い出るもあまねく不許可に終わる。

典拠　「春日旧社司及石清水社司等堂上格ノ願ヲ允サス」（『太政類典』）、「願（辛川秀宜《ママ》等十五名）」（国立公文書館所蔵『記録材料・建白書仮綴』）

倉富勇三郎　くらとみ・ゆうさぶろう

一八五三―四八

枢密院議長・法学博士

①大正十三年一月十八日　（不許可）
②大正十三年二月二十二日　（不許可）

枢密顧問官・法学博士

③大正十五年十月五日（許可）

枢密院議長・法学博士

④昭和九年五月二十二日（不許可）

元枢密院議長・法学博士

倉富勇三郎

旧筑後国久留米藩士出身の官僚・政治家。明治十年（一八七七）九月司法省法学校に入学し、十二年十一月司法省十六等出仕に補せられ、以後判事・検事として各裁判所に勤務し、四十年九月には韓国政府の法部次官や統監府参与官に任ぜられる。大正三年（一九一四）三月には貴族院勅選議員、その後は帝室会計審査局長官などをつとめ、九年十月から枢密顧問官、十四年十二月副議長に昇り、さらに十五年四月から昭和九年（一九三四）五月まで議長の任にあった。倉富授爵については大正十三年頃から動きが確認され、『読売新聞』大正十三年一月十八日朝刊には、「御成婚と陞爵授爵／内定せる顔触」の見出しで、

摂政殿下の御成婚を期し、各方面の功労者に対して叙位叙勲の御沙汰あるべく、目下宮内省に於いてこれが銓衡中にある。この中多年の功労により陞爵・授爵の篤き思召を拝すべく内定したものは、内閣総理大臣清浦奎吾、宮内大臣牧野伸顕両子の陞爵（伯爵）、枢密顧問官久保田譲《ゆずる》男の陞爵（子爵）、及び枢密顧問官一木喜徳郎《いちききとくろう》、同倉富「（勇）」三郎、前文部大臣岡野敬次郎四氏の授爵（男爵）の二伯・一子・四男であるという。

と報じられ、皇太子裕仁《ひろひと》親王（のちの昭和天皇）の御成婚という慶事に際して陞・授爵が検討され、そのなかで内定者として久保田の名も挙げられている。久保田自身やその周辺が陞爵請願や運動を行なったかは確認できないが、この機には授爵されていない。また、『倉富勇三郎日記』同年二月二十二日条によれば、宗秩《そうちつ》寮《りょう》総裁徳川頼倫《よりみち》が宮内大臣牧野伸顕に倉富の授爵について相談していることが記されているが、牧野はこれに同意しなかった模様である。ついで「牧野伸顕関係文書」所収の大正十五年十月五日付「伊東巳代治書翰」によると、

帝室制度審議会終結に付、過般の礼と兼ねて報告申し上げ置き候次第に候居り候。不日同会も公然閉鎖と命され候事と存じ候処、目下宮内当局に於いて多年同会の為尽瘁《じんすい》致し候僚友諸氏に対し、行賞の内議これあり候に付、就中抜群の功績ありたる平沼・倉富・富井の三氏に対し授爵の御詮議を仰ぎたく、一木宮相迄懇ろに内情致し置き候。閣下には従来格別の御同情を辱したる事に付、何卒右希望の達成候様特に御心添え賜り候はば本懐これに過ぎず候。尚甚潜の次第に候えども、現宮相一木博士も曽《かつ》て帝室制度調査局時代に於いて御用掛として数年に亘り調査立案に尽瘁をされたる功績あるが上に、宮相就任後も帝室制度完備の為に非常の配慮をして皇族会議及び枢密院に御諮詢の節も必ず出席して説明の衝に膺《あた》り、これが制定公布に多大の努力成られ候次第にて、功績洵《まこと》に顕著なると存じ候。この機会を以て共に授爵の御沙汰を蒙り候様致したく切望の至りに堪えず候。是非閣下の御配慮を仰ぎたく存じ候。

とみえ、帝室制度審議会終了に伴う論功行賞として、平沼騏一郎・富井政章《まさあきら》・一木喜徳郎《きとくろう》らとともに倉富への授爵を伊東が牧野内大臣に配慮を求めている。『授爵録』（大正十二～十五年）によれば、大正十五年十月二十六日付で倉富と平沼両名の授爵裁可を仰ぎ、「功績書」を添付。この調書には、

右は明治十二年十二月司法省十六等出仕に出員、爾来《じらい》判事補・判事・司法省参事官・司法省参与官・司法省民刑局長・大審院検

事・大阪東京両控訴院検事長等に歴任し、明治四十年韓国政府の招用に応じ法部次官となり、その後統監府参与官・統監府司法庁長官・朝鮮総督府司法部長官となり、次いで大正二年法制局長官に任ぜられ、特に親任官の待遇を賜り、同三年貴族院議員に任じ、同年依願本官を免ぜらる迄司法部に在りて尽瘁すること実に三十有余年、功績洵に少なからず、またその間法典調査会委員・刑事訴訟法調査委員・法律取調委員・試験制度調査委員等仰せ付けられ、主査委員となり、或いは委員として重要法案の起草調査整理の任に膺りて克《よ》くその職責を完うしたる功また大なり。後大正五年帝室会計審査局長官に任じ、特に親任官の待遇を賜り、宗秩寮審議官・東久邇宮宮務監督・宗秩寮《そうちつりょう》御用掛・宮内省御用掛等仰せ付けられ、宮廷の機務に参与すること十年、その功労殊に顕著なるものあり。大正九年枢密顧問官を兼任し、議定官に補せられ、同十二年枢密顧問官本官となり帝室会計審査局長官を兼任し、同十四年枢密院副議長に、同十五年枢密院議長に親任し、以て今日に至る。再考枢機の重任に膺り克くその任を竭《つ》くす。且つまた大正五年十一月帝室制度審議会設置せらるるや、同会委員仰せ付けられ、十五年四月依願同委員を免ぜらるるに至るまで多年皇室に関する諸制度の調査審議に従事し、殊に皇統譜令・皇室歳費令及び位階令に付きては特別委員会の委員長として克くその責務を完うす。また大正十三年三月臨時御歴代史実考査委員会の設置と共にその委員仰せ付けられ、同十五年四月依願同委員免ぜらるるに至る迄克く御歴代史実の考査審議に従事しその職責を完うする等、その勲功洵に顕著なりとす。

として、司法官・宮内官、また枢密顧問官として重要法案などに深く関与し、その功績をもって授爵を求めている。この功が認められ、同年十月二十八日付で男爵が授けられる。さらに『牧野伸顕日記』昭和九年（一九三四）五月二十二日条によれば、「秋元俊吉士《(氏)》入来。久保田男同断。倉富男昇爵の希望陳述あり。意外の感を起こせり」とみえ、秋元俊吉と枢密顧問官の久保田譲が牧野のもとを訪れ、倉富の男から子への陞爵を求めているが、これは結局行われずに終わっている。

【典拠】『読売新聞』大正十三年一月十八日朝刊、『倉富勇三郎日記』大正十三年二月二十二日条、「伊東巳代治書翰」（『牧野伸顕関係文書』）、『授爵録』大正十二～十五年、『牧野伸顕日記』昭和九年五月二十二日条

栗野慎一郎　くりの・しんいちろう

一八五一―一九三七

フランス駐箚特命全権大使

①明治四十年八月三十日（許可）

旧筑前国福岡藩士出身の外交官・政治家。明治十四年（一八八一）十一月に外務省御用掛となって以来、外務権少書記官・外務卿付書記官・外務少書記官・外務省取調局次長・逓信大臣秘書官・逓信省参事官・同省外信局長などの外務・逓信両省の諸官を経て、二十四年七月には外務省取調局長、同省政務局長。二十七年七月以降、アメリカ・メキシコ・イタリア・スペイン・フランス・ロシア・スウェーデン各国駐箚《ちゅうさつ》特命全権公使を歴任。三十九年一月にはフランス駐箚特命全権大使に任ぜられた。授爵については、『授爵録』（明治三十九～四十年）によれば、四十年八月三十日付立案の宮内省当局側審査書類にロシア駐箚特命全権公使の本野《もとの》一郎とともにみえ、

栗野慎一郎

　右慎一郎は日仏協約、一郎は日露協約並びに日露通商条約、漁業条約等の諸条約締結に関し、各々その功績顕著なるものに付、この際特にその勲功を録せられ孰《いず》れも男爵を授けられ然るべき乎、裁を仰ぐ。

と記される。両名の功績調書の類は添付されてはいないが、諸条約締結の功績が認められ、九月十日に裁可。同月十四日付で授男爵。さらに、四十五年三月十八日には子への陞爵も果たしている。

典拠　『授爵録』明治三十九〜四十年

黒田一義　くろだ・かずよし

一八六〇―一九一八

旧筑前国福岡藩家老

①明治十一・十二年頃（不許可）
②明治十二〜十六年頃（不許可）
③明治十五・十六年頃（不許可）
④明治三十二年五月（不許可）
⑤明治三十三年一月（不許可）
⑥明治三十三年五月五日（許可）

黒田家は旧福岡藩家老の家系で、筑前国三奈木《みなぎ》領において旧禄高一万六千石余を領した。同家の華族昇格に関し、『爵位発行順序』所収「華族令」案の内規として公侯伯子男の五爵（左に朱書で公伯男の三爵）を設け、世襲・終身の別を付し、その内「世襲男爵を授くべき者」四項目中、第四項目に「旧藩主一門の高一万石以上の者及び高一万石以上の家臣」を挙げている。同案は明治十一（一八七八）・十二年頃のものと推定されるが、この時点においては旧幕時代に一万石以上を領していた黒田家は男爵に列すべき家として認知されていたと思われる。同じく前掲『爵位発行順序』所収「授爵規則」によれば「男爵を授くべき者」として、七項目中、第四項目に「旧藩主一門の高一万石以上の者及び高一万石以上の家臣」が挙げられている。前記資料とは異なり、この案は十二年以降十六年頃のものと推測されるが、こちらでも万石以上陪臣として、黒田家は世襲華族として男爵を授けられるべき家とされていた。また、十五・十六年頃の作成と思われる「三条家文書」所収「旧藩壱万石以上家臣家産・職業・貧富取調書」によれば、旧禄高一万六千石余、所有財産は銀行株五千二百五十円、田畑九町一反二十二歩、山林二十四町六反六畝二十歩、宅地一町六反二十六歩、職業は無職、貧富景況は相応と記される。『授爵録』（明治三十三ノ一年）によれば、三十二年五月に侯爵黒田長成《ながしげ》より、宮内大臣田中光顕《みつあき》宛で「内願書」を提出。

　福岡県士族黒田一義家筋の儀、その先一成は伊丹左右衛門太夫重徳の第二子たり。長成が曩祖《のうそ》長政筑前国五十二万石の封を領するや、亦一成が偉功を賞して一万六千石を給す。爾来黒田姓を冒して同国下坐郡三奈木の采邑に居り、世々出でて藩政を輔佐し、以て福岡藩の重任たる長崎の藩鎮に於けるその警備を統督す。就中一義が曽祖父一葦《いちい》は夙に勤王の志厚く、嘉永・安政以降国家多事の際勤王正義の藩論を定め、加藤司書・建部武彦・月形洗蔵・海津幸一等を初め正義の士を指揮し専ら王事に尽瘁《じんすい》す。即ちその実蹟別冊に記するが如く、征長の解兵を促し、五卿を筑前に迎え、薩長連合の端を啓《ひら》く等維新の大業を助成せし功績少なからず候に付、何卒恩旨を垂れられ、彼父祖一葦が勤王の勲績御存録相成り、特に一義を華族に班列仰せ付けられ候様懇請の至りに堪えず候。尤も家計上品位を保持候儀、聊か差支これなく候様間、然るべく御執奏成し下されたく、この段内願仕り候也。

と記し、先代の維新期の功労も斟酌して欲しい旨を請願している。さらに「三奈木黒田家文書」所収「陳情書」によれば、この翌年一月付で加藤十五郎らより、旧藩主黒田侯爵家家令・家扶宛で授爵願を提出。黒田本家に授爵の仲介を再度願い出ている。これらの請願が功を奏したためか、『授爵録』（明治三十三ノ一年）所収の三十三年五月五日付宮内省当局側審査書類によれば、従六位浅野哲吉ほか二十四名らとともに、

　右は旧藩一万石以上の門閥にして何れも

その所属藩主の一門又は家老たり。平生数百の士卒を養い、有事の時は将帥と為り手兵を提げ出でて攻守の任に当たり、無事の時は入りて執政と為り民政を総管する等恰《あたか》も小諸侯の如し。而してこの輩は封土奉還の日何れも士族に編入せられたるも、仍《なお》巨多資産を有して旧領地に住し、その地方人民に推重せらるるを以て自らその地方人民の儀表と為り、勧業又は奨学等公益に資すること少なからず。その門地は以て小諸侯に譲らず、その資産亦門地を維持するに足るものと任むるに因り、前掲の通り授爵の恩典あらんことを奏上せらるべきや。

として、旧来の家格や維新前後の功労が認められ、同年五月九日付で一義に男爵が授けられた。

典拠　『爵位発行順序』、「旧藩壱万石以上家臣家産・職業・貧富取調書」（「三条家文書」）、『授爵録』明治三十三年ノ一、「陳情書」（九州大学記録資料館九州文化史資料部門所蔵「三奈木黒田家文書」）

黒田清隆　くろだ・きよたか

一八四〇―一九〇〇

内閣総理大臣

①明治二十七年二月十一日（不許可）
　逓信大臣・予備役陸軍中将

旧薩摩藩士出身の政治家・陸軍軍人。幕末・維新期には国事に奔走し、奥羽征討や北越征討軍の参謀となり、また箱館戦争においても清《し》軍の参謀をつとめた。以後、外務権大《たい》丞《じょう》・兵部大丞・開拓使次官となり、明治七年（一八七四）六月陸軍中将に任ぜられ、同年八月二日に参議兼開拓長官に就任。その後も清国派遣弁理大臣や西南戦争に際しては征討参軍、内閣顧問を経て、二十年九月には第一次伊藤博文内閣で農商務大臣となり、二十一年四月には内閣総理大臣に就任した。二十二年十月枢密顧問官に転じるが、二十五年八月には第二次伊藤内閣の逓信大臣となり、その後は枢密院議長や内閣総理大臣臨時代理もつとめた。黒田の陞爵については『読売新聞』二十七年二月十一日朝刊にみえ、「授爵及陞爵に関する風説」の見出しで、

西郷菊次郎氏授爵の風説は今に始まったる話にあらず。氏はこれを畏れ多きことに思いて辞退の意をある人に申し出でし趣なれど、今回は丁度好機会なるにより、多分授爵の御沙汰あるべしという。尤も侯爵を授けらるるや否やは未だ定まらず。尚下級の爵を授くべしとの説ありと聞けり。また陸奥氏・芳川氏・渡辺氏等大臣たりし人に授爵あるべしとの説もあれど、かくの如くなりては、楠本正隆氏・山口尚芳氏等前元老院議官の連中にも授爵すべき人沢山あるにより、多分見合わせとなるべしというものあり。その他山内《やまうち》侯を公爵に、伊藤・山県・黒田の三伯を侯爵に陞せらるべしというものあれど、多分想像の説なるべく。また維新前後山陵奉行なりし故戸田大和守及び山陵御造営奉行たりし故渥見政同（旧名祖太郎）氏等の功労を追賞せられ、大婚祝典の当日、特旨を以て大和守の曽孫子爵戸田忠義《ただよし》氏に爵一階を進められ、渥見政同氏へは正四位を贈らるるとの噂は確かなる如くなるが、先ず何事も未だ確定したることなきが事実ならん。

黒田清隆

と報じられており、当時逓信大臣として伊藤内閣の閣僚の一人であった黒田の伯から侯への陞爵の可能性についても触れられているが誤報であったためか実現しておらず、また死去に際して従一位・大勲位菊花大綬章に叙せられるも、陞爵はされずに終わっている。

典拠『読売新聞』明治二十七年二月十一日朝刊

黒田峯太郎　くろだ・みねたろう

一八八一―一九四四

侯爵黒田長成弟

①明治二十九年十月六日（許可）

旧筑前国福岡藩の一門・分家。峯太郎は黒田長知《ながとも》の四男。後に長和《ながとし》と改名。『授爵録』（明治二十九年）所収の「絶家再興願」によれば、明治二十九年（一八九六）十月六日付で本家黒田長成《ながしげ》侯爵と、宗族にあたる京極高典《たかまさ》子爵、親族の松平定教《さだのり》子爵の連署で宮内大臣土方久元宛で提出。「右の者へ五百円以上の歳入を生ずべき資産を分与し、絶家筑前直方《のおがた》藩始祖黒田高政《たかまさ》家系を再興致させたく、別紙相添え、相続連署を以てこの段願い奉り候也」という内容で、享保四年（一七一九）に黒田長清没後、本藩に所領が還付され消滅した直方黒田家の絶家を再興する形式を採り、分家・授爵を請願。宮内省当局側は同月十六日付で立案書作成。黒田侯爵家の戊辰戦争時の功労、賞典禄のこと、津軽楢麿《ならまろ》らの先例に準拠し、同年十二月三日付で峯太郎は男爵が授けられる。

典拠『授爵録』明治二十九年

け

慶光院盈子　けいこういん・みつこ

一八五三―一九三三

旧慶光院住職・伏見宮邦家親王末女

①明治二十二年三月二十九日（不許可）

②明治二十三年九月（不許可）

③明治二十四年十二月十二日（不許可）

伏見宮邦家親王末女で、大炊御門家信《おおいのみかどいえこと》の養女。また、その出自については、『東京朝日新聞』昭和八年（一九三三）十二月十六日朝刊によれば実は久邇宮朝彦《くにのみやあさひこ》親王長女であったともする。「慶光院由緒書付歴代系」によると、慶応元年（一八六五）十二月、伊勢の尼寺であり、朝廷・将軍家の崇敬の篤い慶光院の院主周昌《しゅうしょう》の付弟として入寺。同四年二月に至り還俗のうえ伊勢神宮に奉仕したい旨を願い出、翌三月に允許される。明治三年（一八七〇）十一月に慶光院の寺号を廃し、宮橋姓を称し、同五年一月に度会《わたらい》県（のち三重県）士族に編入される。翌二月神宮少宮司の藤堂仁右ヱ（衛）門の猶子である参三郎を婿とする。参三郎は同六年十月神宮権主典兼権少講義となるも、同十九年六月に死去し、同家は女戸主となる。

「（慶光院功労旌表《せいひょう》ノ儀ニ付照会）」には、明治二十二年三月二十九日に結城神社宮司の川口常文が提出した「呈内務大臣伯爵松方公請上奏故慶光院上人守悦等功労旌表之事書」が添付されている。同時期の内務大臣は山県有朋であり、松方正義ではないが、川口は慶光院の由緒を縷々陳述し、「朝廷国家有功の士を待たせらるること洵《まこと》に厚く、生まれる者はこれに顕爵を授け高禄を賜い、死せる者はこれが祠《し》宇《う》を建て社格を進め、或いは墓碑を修め祭典を行い、或いはその裔孫を華族に列し、以てその功績を旌表せらる。実に昭代の盛事と謂うべきなり」と述べる。また、正親町《おおぎまち》天皇御即位に際し毛利元就朝臣及び本願寺顕如上人のその資を献上して御大礼を行わせらるることを得たまうに比するに、恐らくは軽重無かるべし。然るに彼の元就朝臣は既に別格官幣社に列せられ、年々勅祭を賜り、顕如《けんにょ》上人の裔孫は則ち華族に列せられたり。然して慶光院に於ける維新の際、服（復）飾するに及びてその籍を士族に定められしのみにて、未だ前代上人などの功労に対し特栄を与えられしこと無きは何ぞや。これ大いに疑う所なり。（中略）伏して冀《こいねが》わくは朝廷速やかに勅を下し、相当の追賞を行われ、以て三上人の偉功大績を不朽に伝え、且つその裔たる宮橋盈子をして華族に列し

神宮に大忠を尽くせし所の光栄を天下に表彰せられんことを常文懇願切望して已《や》まざる所なり。

として、即位大礼などに多額の献金した功労で毛利元就は豊栄《とよさか》神社に祀られ、また本願寺顕如の末裔である大谷両家は華族に列して伯爵を授けられている点を挙げ、慶光院においても中興の祖守悦《しゅえつ》が宗廟衰退時に勧進聖により神橋を造営したこと、清順《せいじゅん》も数百年間中絶していた伊勢正遷宮を復古するのに尽力したこと、周養《しゅうよう》も内宮・外宮の造営並びに正遷宮を行なった功労が各々あり、その末裔である盈子への授爵を請願している。

また『授爵録』(明治二十三年)によれば、旧陸奥国斗南《となみ》藩主である松平容大《かたはる》と堂上華族の五《いつ》辻安仲《つじやすなか》両子爵より盈子への華族編籍・授爵を請願。これに対して、明治二十三年九月十八日付の宮内省当局側審査書類によれば、

宮橋盈子は維新の際院号を廃し、始めて宮橋氏を称し、更に一家を作し士族ニ列せられたりと申し出るも、大炊御門家の系譜に依れば家信四女盈子、勢州山田参三郎に嫁すとあり。果たして然れば盈子なるものは故の宮橋参三郎の未亡人なれば、盈子は実に従一位大炊御門家信の女に相違なきも、盈子は既に慶光院関係を離れたるものにして、今日これを視る時は宮橋盈子は宮橋氏を新たに創立したるものにして国家に功労なく、また由緒なき新家の女戸主と認むべきものとす。右の理由なるに依り本願は無論御採用相成り難きものと存ぜられ候。

として、盈子が既に慶光院を廃寺として現在は無関係であり、維新後新たに創始した家の女戸主に過ぎないとして授爵を却下。同月二十二日付で宮内大臣より三重県知事へ願書を返却したとする。これによれば、盈子の出自はあくまでも大炊御門家信四女であり、伏見宮邦家親王末女とはしていない。

同家への授爵運動は続き、「〔慶光院功労旌表ノ儀ニ付照会〕」によると、結城神社宮司の川口常文より同二十四年十二月十二日付で内務大臣品川弥二郎宛で

故慶光院守悦・清順・周養の三人、尼僧の身を以て真実の意想を振起し、神宮の為に莫大の忠勤を尽くし、朝廷の御闕典を補助し、御追孝をして完全ならしめ奉りしその勲功の偉大なることは華舌の能く尽を得らるる所に非ず。然るに節烈追賞の盛典に脱漏し、その後裔もまた僅かに籍を士族に定めらるるのみにて、他の忠臣義士の待遇と権衡を得ざること万にして足らざるなり。常文寔《まこと》に衷情の慷慨措く能わざるに依り、嘗《かつ》て別冊一章を編製し、曩昔《のうせき》の内務大臣松方伯へ呈すと雖も未だ何等の裁可に接するを聞かず。弥々《いよいよ》心焰《しんえん》の銷燼《しょうじん》する所を知らず。故に重ねて閣下に奏請す。切に願わくは閣下国家の為に特殊の英断を行い、速やかに上奏を遂げ守悦等三人の前功を表彰し、相当の後栄を賜る大典を挙げられんことを果たして、然らば朝廷の御仁徳を益々顕して衆庶の感激一層甚だしきに至らんとす。豈《あに》天下の一快事に非ずや。

と記し、二年前に松方正義へ請願しながら何らの返事がないことを述べている。これに対して宮内大臣土方久元は当時総理大臣となっていた松方への返事として、

三重県下伊勢国宇治山田町旧慶光院住職故守悦・清順・周養の三尼旌表の儀、結城神社宮司川口常文より別紙建言書差し出し候に付、内務省より当省へ移送これあり候処、右三尼功労追録の義に付いては曾《かつ》て当省に於いて取調べ候義にこれあり候えども、慶光院は所謂法系相続の寺門にして正当の子孫もこれ無く、後裔旌表の義は何分詮議に及び難く候。

とし、同家が尼寺であり、真宗本願寺などとは異なり血脈が連綿している訳ではない点から盈子への授爵は詮議が難しいと判断し、その旨を伝えている。

この後、盈子は三十五年十月に旧五摂家の一、二条基弘《もとひろ》公爵の弟利敬《よしゆき》と養子縁組し、翌三十六年二月十三日に宮橋を慶光院に改める。三

十九年十月十九日に隠居し、家督を利敬に譲る。利敬も伊勢神宮に奉職し、また養母同様に自家の家格上昇を望むが、結局二代にわたる華族編籍・授爵はかなわず不許可に終わっている。

典拠　「慶光院由緒書付歴代系」、『授爵録』明治二十三年(ともに宮内庁書陵部宮内公文書館所蔵)、「〔慶光院功労旌表ノ儀ニ付照会〕」(国立公文書館所蔵『諸雑公文書』)、松田敬之『次男坊たちの江戸時代―公家社会の〈厄介者〉―』(吉川弘文館、二〇〇八年)

→慶光院利敬

慶光院利敬　けいこういん・よしゆき

一八七五―一九三八

旧慶光院住職・伊勢神宮禰宜

①大正四年九月三十日　(不許可)

②大正四年十月六日　(不許可)

③大正十三年一月十七日　(不許可)

旧五摂家の一つ、二条斉敬《なりゆき》の次男。「慶光院由緒書付歴代系」によれば、慶光院は伏見宮邦家《くにいえ》親王末女で、堂上《とうしょう》公家の大炊御門《おおいのみかど》家信《いえこと》養女として慶光院周昌《しゅうしょう》の付弟として入院した盈子《みつこ》が慶応四年(一八六八)二月に還俗して伊勢神宮に奉仕することを願い出て、翌月に許されている。明治三年(一八七〇)十一月に慶光院の号を廃して、宮橋《みやはし》を名乗るが、三十六年二月十三日に名字を慶光院に改めている。利敬はその前年、三十五年十月二十七日に盈子の養子となり、三十九年四月に神宮禰宜に任ぜられ、同年十月十九日に盈子の隠居に伴い戸主となる。華族編籍・授爵については、当時神宮大宮であった堂上華族の三室戸《みむろど》和光《まさみつ》子爵より内務大臣の一木《いちき》喜徳郎《とくろう》宛で大正四年(一九一五)九月三十日付で「神宮旧神官荒木田度会二氏及慶光院利敬ニ授爵ノ恩典アランコトヲ請フ内申」を提出。

恭しく惟《おも》みるに、神宮は至尊至貴の霊域にして我国体の淵源する所、邦家万世の鎮護に坐すこと今更に申すも畏し。近事国威の伸張皇運の隆盛に伴い、神宮の規模愈《いよいよ》大いに祀典の備われる。これに千古未曽有に属す。小官等幸いにしてこの昭代《しょうだい》に遇し、日夕大前に奉仕し、神威の高大なるを仰ぐと共に窃かに一身の光栄を感ずる。深く且つ厚し翻って顧うに過去数千載神宮の宮中を出でさせ給いてより神霊長へに皇位を護らせ給うこと終始易ることなしと雖も、時に盛衰あり事に消長あり。王室式微の際神宮もまた衰頽を免がれ給給わらず。殊に近古数百年戦乱相踵き、内外両宮の用度給せず。恒例臨時の祀典殆ど廃絶せんとするの時に方り、身命を賭して宮域を擁護し、拮据経営具さに辛酸を嘗めて僅かに神威を失墜せざるを得たるは当該神官の苦節を思えば小官等寸功なくしてこの光栄に浴せるもの奚ぞ晏如たるを得んや。荒木田《あらきだ》・度会《わたらい》二氏が神宮創祀以来終始神明に奉仕し、神宮と浮沈を同じうして、以て昭代に至れるの功と慶光院が比丘尼の身を以て神域の頽廃を悲しみ、諸国を遍歴して以て資材を募り、中絶せる式年遷宮の典を復興せるの功とは決して永く没すべきに非ず。二氏一家の系統別冊の如くその縁由勲功また顕著なり。明治十六年松木美彦《まつきよしひと》を度会氏中に、尋《つい》で明治二十一年澤田泰圀《やすくに》を荒木田氏中に抜きて特旨を以て男爵を授けられ、以てその門地と祖先の功績とを旌表せらる。誠に感激に堪えざる所なり。然るに二氏の門流中未だこの恩典に浴せざるものあり。即ち荒木田氏に薗田・藤波・世木《せき》、度会氏に松木・久志本《くしもと》・檜垣等これなり。これ等の数家は皆曩《さき》に栄爵を辱《かたじけの》うせるものとその出自を同じくして、共に歴世二宮に奉仕してその功労敢えて甲乙あるものに非ず。慶光院に至りては明治三十八年明治天皇伊勢行幸に際し守悦《しゅえつ》・清順《せいじゅん》・周養に贈位の御沙汰あると共に、歴代の功労を御追想あらせられ、特旨を以て金五千円を賜い家門保続の資に充てしめ給う。聖旨を忖度するに似たりと雖も、明治五年男子を以て相続せしめられしと相俟ちて功績ある門流を永世に保護

し給うの大旨洵に優渥なり。今上天皇今秋を以て大礼を挙げ給い、尋で神宮に御親謁あらせらる。誠に千載一遇の盛儀にして、神宮の隆昌千古その比を見ず。今に於いて数百年前の当時を回想すれば真に隔世の感あり。転暗涙を禁ずる事能わず。荒木田・度会両氏及び慶光院家が悲境に沈淪して孤忠を擢んでし苦節今日初めてその功を奏せりと云うべし。仰ぎ冀《こいねが》わくば閣下二氏一家累代の神忠を懐い門流を保続せしめ給う先帝の大旨を奉体せられ、この期に際し特に二氏一家の苗裔に賜うに、授爵の恩典を以てせらるるの議を進められ、神宮と共に沈淪せる忠臣の子孫をして今日神宮隆昌の慶を分かつを得せしめられん事を肺肝を披瀝して懇請の忱を効す。

とし、伊勢内宮旧社家の薗田守理・藤波氏宣・世木氏公、同外宮旧社家の松木時彦・久志本常《つね》幸《ゆき》・檜垣常伯《つねおさ》らとともに廃寺となった慶光院の後胤である慶光院利敬も含め、大正天皇即位大礼の慶事に際して授爵を申請。請願書は内務大臣一木より総理大臣大隈重信宛で申牒。これは「松平慶民《よしたみ》他陞爵請願書」中にも、大正四年十月六日付で内閣総理大臣大隈重信より宮内大臣波多野敬直《よしなお》宛で「左記の者授爵又は陞爵情願の旨、意は主として家格に存する義と認められ候に付、然るべく御詮議相成りたし」として照会されており、おそらく三室戸の請願を受けてのものであろうが、こちらの請願書には旧伊勢神宮神主である薗田・藤波・世木・松木・久志本・檜垣の六名が収録されておらず、この間、彼らは審査で外された可能性が高い。慶光院については、

右は後醍醐天皇の皇女祥子内親王披剃し、慶光院と称せられたるの後胤にして、慶光院は朝廷及び徳川幕府より神宮別当の如くせられ、歴代の院主を指して遷宮上人と呼ばれたるの由緒もあるを以て家格を陞して華族に列せられたしと云うに在り。

と説明されている。結局この即位大礼に際しての授爵は行われず。また『授爵陞爵申牒書類』によれば、昭和三年(一九二八)十月二十五日の旧東北諸藩藩主の陞爵、田中俊清《としきよ》・江川英武《ひでたけ》の授爵、徳川好敏《よしとし》の復爵の次に「先例」として、大正十三年(一九二四)一月十七日付で当時の清浦奎吾内閣が宮内大臣牧野伸顕に宛てて「別紙正六位江川英武外十一名、陞爵・授爵及び復爵の件は家格に属するものに付、参考として回付に及び候」として、正六位江川英武・藤波氏宣・世木氏公・従七位勲七等薗田守理・正八位久志本常幸・正六位勲六等松木時彦・従五位勲六等檜垣常伯・檜垣清澄・男爵島津久厚《ひさあつ》・陸軍工兵中佐正六位勲四等功四級徳川好敏・二条邦基《くにもと》と、当時神宮禰宜であった慶光院利敬の計十二名を列挙。この当時、これらの授爵・陞爵・復爵が申牒されたものの、不許可であったことが明らかである。慶光院家は利敬先代である宮橋(慶光院)盈子と二代にわたり華族編籍・授爵を企図するも結局果たせずに終わっている。なお、利敬はこの後も神宮に奉職し、昭和五年三月に叙従四位、十二年八月には任神宮少宮司、同年十一月に叙正四位。十三年二月に死去し、同日従三位・勲三等に叙されている。

典拠 「慶光院由緒書付歴代系」(宮内庁宮内公文書館所蔵)、「神宮旧神官荒木田度会二氏及慶光院利敬ニ授爵ノ恩典アランコトヲ請フ内申」(同)、「松平慶民他陞爵請願書」(同)、『授爵陞爵申牒書類』、松田敬之『次男坊たちの江戸時代—公家社会の〈厄介者〉—』

こ

辜　顕栄　こ・けんえい　（台湾）

一八六六―一九三七

台湾総督府評議会員

①昭和三年七月二十日（不許可）

台湾出身の実業家・政治家。親日派として台湾統治にも関わり、艋舺や台北保良総局長をつとめ、明治四十二年（一九〇九）台中庁参事、大正十年（一九二一）六月には台湾総督府評議会員に就任。また、十二年には台湾統治に尽力し、殖産興業その他の公共事業への功績に対して勲三等瑞宝章《ずいほうしょう》を叙勲している。授爵は『授爵陞爵申牒書類』によれば、昭和三年（一九二八）七月二十日付で台湾総督府より申請するも不許可に終わる。授爵は行われなかったが、こののち九年七月より死去するまでの間、貴族院勅選議員に就任している。また、授爵は内地の華族としてのものか、朝鮮貴族に準ずるような形でのものかは不明である。

典拠「台湾総督府評議会員辜顕栄外十名叙勲ノ件」（『叙勲裁可書』）、『授爵陞爵申牒書類』、小田部雄次『華族―近代日本貴族の虚像と実像―』

高　義敬　コ・ヒギョン　（朝鮮）

生没年不詳

宮内省御用掛（宗秩寮勤務）

①大正九年四月二十六日（許可）

李氏朝鮮・大韓帝国期の政治家であった高永喜《コヨンヒ》の長男。永喜は大韓帝国においては度支部《たくしぶ》大臣・従一位崇政。韓国併合にあたり、朝鮮貴族として明治四十三年（一九一〇）十月七日付で子爵が授けられた。またその後は朝鮮総督府の中枢院顧問をつとめた。義敬は四十四年二月に宮内省李王職事務官となり、大正五年（一九一六）三月に父の死去に伴い襲爵。同八年五月には宮内省御用掛となり、同日宗秩寮《そうちつりょう》勤務となっている。子から伯への陞爵については、『倉富勇三郎日記』大正八年一月十七日条にみえ、「朝鮮総督府より李完用《イワニョン》、趙重応《チョジュンウン》、宋秉畯《ソンビョンジュン》の陞爵、高義敬の陞勲等を申立来りたる趣なることを話す」とあり、当時の朝鮮総督長谷川好道《よしみち》より朝鮮貴族中、前記の三名の陞爵、一名の陞勲を上申していることが確認できる。この時、義敬は「陞勲」とみえ、勲位の陞叙が検討されているにすぎないようであるが、『原敬日記』大正七年十二月二十日条には、

長谷川朝鮮総督帰任すとて来訪、今回梨本宮《なしもとのみや》王女李王世子に婚嫁せらるる様にもなりたるに付、一月二十五日成婚の日に於いて朝鮮合併に際しての功労者朝鮮人三四名陞爵ありたき旨内申に付、余同意を表し宮相に協議する事となせり。

と「三四名」とみえるので、これが李完用、趙重応、宋秉畯と高義敬も含めて全員陞爵案であった可能性もある。『授爵録』（大正八～十一年）によれば、大正九年四月二十六日立案の宮内省当局側の書類に、

右は明治二十七年七月外務衙門《がもん》主事に出身以来各官を歴任し、四十年十一月東宮大夫に転じ王世子に随い東京に移り、次いで四十三年八月日韓併合せらるるや韓国宮内府廃せられ、四十四年二月李王職事務官に任ぜられ王世子付を命ぜられしより引き続き身近に奉仕し、且つ御教育等の事に当たり日夜精励今日に及ぶ。この間十二年余に亘り克くその任を尽くし遺算なからしめたるの効顕著なるを以てその功を録せられ朝鮮貴族令に依り特に陞爵の栄を賜り、伯爵を授けられ然るべき乎裁を仰ぐ。

とみえ、王世子李垠《イウン》への長年にわたる側近奉仕の功績を理由とした陞爵とする。二十七日に宮内大臣波多野敬直《よしなお》より陞爵の裁可を仰ぐ書類を提出。この功績が認められ、同年四月二十八日付で伯への陞爵が許されている。

典拠『倉富勇三郎日記』大正八年一月十七日条、『原敬日記』大正七年十二月二十日条、『授爵録』大正八～十一年

高　義敬　こう・ぎけい　⇩　コ・ヒギョン

郷　純造　ごう・じゅんぞう

一八二五―一九一〇

貴族院勅選議員・錦鶏間祗候

①明治三十三年頃（許可）

②明治三十三年五月五日（許可）

旧幕臣出身の官僚・政治家。美濃国の農家出身で、武家奉公の後、幕臣に登庸される。維新後は新政府に出仕し、会計官出納司知事・会計官権判事、大蔵少丞《しょうじょう》・同大丞・同少輔などを経て、明治十九年（一八八六）三月から二十一年十一月まで大蔵次官をつとめた。次官を辞すとともに退官し、二十四年四月から死去するまで貴族院勅選議員をつとめた。『授爵録』（明治三十三ノ二年）によれば、郷純造への授爵請願書一通が綴られるも、日付はなく作成者・宛先不明。おそらくは明治三十三年頃のものと推測される。

右は別紙履歴書にあるが如く明治元年会計事務創業の際より職を会計官に奉じ、戸籍権頭《ごんのかみ》・大蔵大書記官・国債頭・大蔵省三等出仕・大蔵少輔・大蔵次官に歴任し、終始黽勉《びんべん》力を竭《つ》くしその職を誤らず、明治二十一年十一月に至り依願免官となりたるものにこれあり候。抑も明治の初年に当たり事草創に属し、我邦百般の制度未だ整わず。殊に会計事務の如きは最錯雑に最困難なる業務にして、その基礎未だ確立せず。是時に方《あた》り身その局に当たりて事を処し、明治四年七月廃藩置県の発令あるやこれが改革上に施措に於いて最急要にして、その一挙一動は直ちに財政上に非常の影響を及ぼすべき旧藩々士族の属籍及び禄高の処分、并《なら》びに旧藩々の藩債の処分に従事し、能くその任を尽し、円満にこれが整理を告げしめたり。次いで明治十年西南戦役の事起こるに際し事を誤らず、軍資をして欠乏する所なからしめたり。その後政府紙幣の価格低落の結果、我財政上の困難、経済上の動乱は今にして当時を回顧すれば人をして寒心せしむるものあり。然るに又任に財務の局に在り、処務宜しきを得て整理の功を奏したり。かくの如く二十有余年引続き職を大蔵省に奉じ、忠実と勉強とを以て力を財務に致したるもの一々枚挙に遑《いとま》あらず。顧うに我財政整備の今日あるを致すもの純造がその創業の際に当たりて事務整理の力与て大なりと謂うべし。依て御詮議の上その功績を表彰せられんことを。

と一貫して会計・大蔵畑を歩み、維新後の財政政策に寄与した点を述べている。三十三年五月九日付で男爵を授けられている。

典拠　『授爵録』明治三十三ノ二年

幸徳井某　＊こうとくい

生没年不詳

旧地下官人（陰陽寮）

①明治十二年八月八日（不許可）

幸徳井家は旧地下官人《じげかんじん》で、陰陽寮《おんみょうりょう》官人として代々陰陽助《すけ》・権助《ごんのすけ》に任ぜられた。維新時の当主は保源《やすもと》であったが明治五年（一九七二）四月に没しており、対象者はその子保章《やすあき》を指すか。「三条家文書」所収の十二年八月八日付「押小路実潔書翰《おしこうじさねきよ》」によれば、「名族取立テ依頼・猶子処遇ノ事」として、

恐れながら愚存の儀献言仕り候事。華族は国家の標準、これ然しながら祖宗以来積徳の故にして万民の模範に存じ奉り候。近比《ごろ》追々その勲を探り御新選遊ばされ候段、朝恩の至り有難き次第に存じ奉り候。付いては左の家の如きは著名の族に候処、未だその御沙汰に及ばれず候。

と、若江《わかえ》・半井《なからい》・幸徳井・氷室《ひむろ》・尊龍院《そんりゅういん》・西山・平嶋（足利）の七家を挙げて華族への編列を推挙。幸徳井には「加茂(賀)氏にして阿倍(安)同様に存じ候」とする。結局同家の華族編列は認められず、このの ち、十七年七月の華族令公布以降も同家は授爵していない。

典拠　「押小路実潔書翰」（「三条家文書」）、『地下官人家伝』（京都府立総合資料館所蔵「下橋家資料」）、松田敬之「明治・大正期 京都官家士族の動向に関する一考察―華族取

立運動と復位請願運動を中心に—」(『京都産業大学日本文化研究所紀要』六)

河野敏鎌　こうの・とがま

一八四四—九五

農商務・文部・司法・内務各大臣

①明治二十二年七月二日（不許可）
②明治二十三年三月二十一日（不許可）
③明治二十六年三月三十日（許可）
④明治二十六年十月二十五日（許可）

元農商務・文部・司法・内務各大臣　旧土佐藩士出身の官僚・政治家。土佐勤王党に参加し、国事に奔走。維新後は明治二年（一八六九）四月に待詔局判事試補となり、以後弾正《だんじょう》台《だい》・司法省など司法畑を歩み、司法大丞《たいじょう》・大検事・警保頭《かみ》・権大判事に進む。八年四月には元老院議官、同年十一月には同院幹事、十一年六月には同院副議長、十三年二月文部卿、十四年四月農商務卿となる。二十一年四月には枢密顧問官、二十五年三月には第一次松方正義内閣で農商務・司法・内務の各大臣を、二十五年八月の第二次伊藤博文内閣では文部大臣をそれぞれ歴任した。『尾崎三良《さぶろう》日記』二十二年七月二日条によれば、

条公《じょうこう》を訪《と》う。在朝有功の士を華族に列するの談あり。その人名は子爵、河野敏鎌、西郷菊之助、男、井田譲《ゆずる》、山口尚芳・伊丹重賢《しげかた》・花房義質《よしもと》・石田英吉《えいきち》・辻維岳《いがく》の八人。右の外八人の候補者あり。楠本、藤村、山田信道、桂太郎、岩村高俊、北垣、三《さんの》宮《みや》、舟（船）越等なり。依て云う、楠本は第一着に属すべきものなりと。その余は意見なし。

とみえ、三条実美との授爵候補者選定で、子爵に叙すべき者として河野の名が挙げるも、実際にこの案が上奏されたのかは不明で、結局授爵は行われず。また、『山田伯爵家文書』所収の二十三年三月二十一日付「山田顕義《あきよし》秘啓」によれば、「授爵は陛下の大恩にして、国家の大典、万民の標準なり。真に陛下の親裁に出づるものにして、臣僚の容喙すべきものにあらず。然れどもその自歴を調査し、その理由を明晰にし、聖慮を翼賛するは臣下の務にして、謹慎鄭重を尽くさざるべからず。今鄙見《ひけん》を陳じ、閣下の参考に供す」として宮内大臣土方久元宛で授爵の標目として、(一)維新前後功労あり勅任官たる者および勅任官たりし者、(二)維新後功労あり勅任官たる者および勅任官たりし者、(三)維新前後功労ある者、(四)維新後功労ある者、(五)父の勲功による者、(六)神官および僧侶の世襲名家たる者、(七)琉球尚家の一門、の計七項目を挙げ、河野は「第一項適当者の中にては河野敏鎌・辻維岳の両人に止められん事を希望す」とし、辻と同格と見なし、授爵候補として河野の名を挙げるも不許可に終わる。この二度の授爵案は浮上し潰えるが、『伊藤博文関係文書』所収の二十六年三月三十日付「土方久元書翰」には、

陳《の》ぶれば別紙は故山田伯意見書にこれあり。随分詳細に取り調べ、河野、辻両名を以て授爵相成りたしと申す義に御坐候。前日御内談の人物も御坐候えども、彼の人は十七年比《ごろ》迄一度も難場に当たりたる事これなく、河野は七年佐賀事件、十年西南事件等には難局に立ち、十二年は文・農両省の責任を負い、これには格別の功労はこれなく候えども、他に比較候時はすでに遺漏致し居り候儀は殆ど公論にこれあり候。尚御一考成し下されたし。

と記される。「故山田伯意見書」云々は、おそらく前記「山田顕義秘啓」の内容を指すものと考えられるが、土方はこの意見書に基づき、河野と辻維岳両名の授爵を検討。同時期、人名不詳ながら別人が授爵案に浮上したか、この人物と比較して河野が佐賀の乱や西南戦争

河野敏鎌

でも活躍した点などを披瀝。『授爵録』(明治二十六～二十八年)によれば、明治二十六年十月二十五日付で宮内省爵位局が河野の授爵について「授爵上奏ノ件」として正式に立案。「河野敏鎌維新前履歴ノ大略」を添付し、子爵授爵について高裁を仰いでいる。おそらく土方が伊藤に宛てた書翰でも述べたことが功を奏したためか、裁可を得て同年十月三十日付で子爵が授けられる。

典拠　『尾崎三良日記』明治二十二年七月二日条、「山田顕義秘啓」(『山田伯爵家文書』四)、「土方久元書翰」(『伊藤博文関係文書』六)、『授爵録』明治二十六～二十八年

河野広中　こうの・ひろなか

一八四九―一九二三

農商務大臣・衆議院議員

①大正四年十月二十九日　(不許可)

②大正四年十一月一日　(不許可)

旧陸奥国三春《みはる》藩郷士出身の政治家。明治十四年(一八八一)二月に福島県会議員・同議長となり、二十三年の第一回衆議院議員総選挙で福島県三区より立候補して当選。以後十四回連続当選を果たす。第二次大隈重信内閣では大正四年(一九一五)一月より大浦兼武に代わり農商務大臣に就任し、五年十月の内閣総辞職までつとめた。河野の授爵については『原敬日記』大正四年十月二十九日条にみえ、

> 山県を訪《と》うて先日内談し置きたる授爵問題に付、余より政府余に内議せずして直ちに発表する様の事なきやと尋ねたるに、山県はその事は決してこれなかるべし、政府は最初数多の授爵取調べをなしたる由なるも閣員中異議ありて一切これを見合わす事となりたるに(閣員とは一木《いちき》内相の事なるは過日の話にして知るべし)然るにまた一変して六七名は授爵を宮相まで申し出づる事となりたる様子にて、その人名を内々一覧せしに君と加藤の所には本人の意思を聞きてと付記しありたれば大丈夫と思う、去りながら大隈の事故度々変化する次第なれば、明日宮相に会見に付その節宮相に尚内談し置くべし。過日もざっとは話し置きたり。然れどもこの事は内閣の方は君の事ありて内閣書記官長に尋ねたるに因り始めてその取調を聞きたる様の次第なれば、果して宮内省には内閣より如何に申し出づるや知れず、且つ閣議には上せず大隈だけの考えの様なれば篤《とく》と宮相に話し置くべし。宮内省にても旧華族等の事にてもあらんが取り調べたるものもこれある様子なり。自分の考えにては御大礼などの機会に於いてせず平日に於いて功績ある者には特に恩命ある様にありたしと思うと云うに付、余は何れにしても宮相直接取り扱う問題に付、宮相に内談し置かるる様切望すと云い置きたり、多分これにて余は授爵を免かるる事と思う。

河野広中

とあり、この当時大正天皇即位大礼の慶事に際して大隈首相以下の閣僚へも授爵の議が浮上していたと思われる。また、同日記の十一月十二日条には、

> 西園寺を訪問せり。東京に於いて余の授爵問題に付山県と会見したる次第を内話せしに、西園寺も当地にて山県と会見しその聞き得たる所も余と同様なり。但し一般授爵問題に付山県が余に語りたる所と些少相違の点は、大隈始め閣員授爵問題起こりたるに付、一木内相は大隈に対し、偶然御大礼の際に内閣に居りたる訳を以て授爵せらるる様の事ありては世上の議論も如何あらんか、これは思い止まる方然るべし、大隈首相の陞爵は何等差し支えもなけれどもこれも辞職の際に陞

爵せらるる方然るべし、在職中は不可なりと内談せし由、一木山県に云えりと、山県西園寺に物語りたる由。余に内談せし所とは相違と云うよりは寧ろ詳略の差の様なれども少しく異れり。

とみえ、大隈の伯から侯への陞爵は偶然大礼挙行時の内閣であるだけでその閣僚が栄典に浴するのは批判されるとして内務大臣一木喜《き》徳郎《とくろう》反対し、結局河野も含めて大隈内閣の閣僚は全員陞・授爵されずに終わっている。また、『読売新聞』大正四年十一月一日条には、「授爵調査終了／原・犬養氏も」の見出しで、

来たるべき御大典を機とし、国家に功労ありたる各階級の人々に対し、授爵・授勲・叙任等の恩命ある事は既報の如くにして、洩れ承る処によれば御発表に相成るべきは大嘗祭終了の上、即ち本月十六日なりとの事にて、内閣に於けるそれぞれの調査も昨今大体に於いて結了し、目下は宮内省との間に折衝中の由なるが、その陞爵・授爵の主なる人々は、大隈伯の侯爵、武富《たけとみ》・尾崎・一木・高田・加藤・河野・箕浦各大臣の男爵は疑うべからざる処にして、更に有力なる筋よりの噂によれば、立憲政治創設に功労ありたる廉を以て、政友会総裁原敬氏、国民党総務犬養氏の二政治家、学者として功労ありたる故を以て山川東大総長、穂積《ほづみ》博士の二学者、財界に功労ありたる故を以て大倉喜八郎、安川善次郎、益田孝《たかし》の三実業家、また特に男爵を授けらるべしとの事なり。尚、世間にて村田保《たもつ》翁が授爵の運動をなしつつあるが如く伝うるも今回は授爵の事なく、多分特に位を進めらるる事となるべしと云う。

と大正天皇即位大礼の慶事に際し、陞爵・授爵候補者の名を報じており、そのなかに閣僚中から河野の名も挙げられているが、前記の通り一木の反対で詮議がされず終わっている。

典拠　『原敬日記』大正四年十月二十九日条・十一月十二日条、『読売新聞』大正四年十一月一日朝刊

鴻池善右衛門　こうのいけ・ぜんえもん

一八六五―一九三一

鴻池銀行頭取

①明治二十九年六月十日（不許可）
②明治四十四年（不許可）
③明治四十四年八月二十二日（許可）

鴻池家は大阪の両替商・豪商で、幕末・維新期の当主は幸富《ゆきとみ》。幸富は嘉永四年（一八五一）六月に家督を相続。新政府への献金、また出納事務にも従事して功績があり、明治十年（一八七七）には第十三国立銀行を設立するなど金融界でも活躍して鴻池財閥の基礎を築いたが、十七年一月に隠居して喜右衛門《きえもん》を称した。善右衛門は実名幸方。先代のあとを継ぎ善右衛門を襲名。家業を継承し、二十一年八月には海防費として金五万円を献納した功績により従五位に叙せられた。授爵については『東京朝日新聞』明治二十九年六月十日朝刊に「今後の授爵」の見出しで報じられており、

授爵また授爵殆ど廃止する所を知らざらんとす。猶これにても止まらざるようにて、住友・鴻池等の諸氏へも授爵あるべしという。或いは曰く追っては平専《ひらせん》・雨敬《あまけい》の徒もまた新華族たらんと。

とみえ、この前日岩崎二家と三井の実業家へ男爵が授けられており、これを受けての記事と思われるが、当時から住友吉左衛門や鴻池らの財界人も授爵候補者に擬せられていた証左ともいえる。また、横山源之助の「男爵を授けられたる新旧五大富豪」によれば、

去八月桂太郎内閣瓦解の間際に、兼ねて世評に上って居た実業家の授爵が行われた。世評の風聞に依れば、渋沢男爵は昇爵し、鴻池、三井、住友三旧家の外に、大倉、安田、豊川《とよかわ》、及び藤田の諸氏が授爵さるるやに噂されていた。発表されたのを見ると、安田、大倉、益田氏等の姓名は除かれ、鴻池、三井、住友の三旧家と、藤田、近藤の二氏であったのは聊か案外であった。

と記され、第二次桂太郎内閣の末期から、実

業家授爵に対する風説が伝わっていたと思われ、下馬評どおりに鴻池が男爵となったことを述べている。また、『山県有朋関係文書』所収の同月二十二日付「渡辺千秋《ちあき》書翰」には「授爵の儀は昨日親しく奏上仕り候間、多分本日は御裁可在らせられ候事と存じ候」とみえ、同月二十四日付で加藤高明・石井《いしい》菊次郎の両名が、二十五日付で住友吉左衛門(友純《ともいと》)・三井八郎次郎・藤田伝三郎・近藤廉平《れんぺい》らとともに鴻池も授爵。『新日本』によれば、日露戦争に際して公債政策に最も援助をしたのは三菱合資会社理事の豊川良平《りょうへい》であったが、三井らに男爵を与えるのであれば「桂内閣の金城鉄壁とした公債政策に尽瘁《じんすい》した諸人をも取るべきであった」とし、同じ実業者間でも功績取調が当時困難であった事情が窺われる。なお、隠居をしていた幸富は有爵者先代として四十四年九月十一日付で従五位に叙せられ、また大正三年(一九一四)十一月十九日付で正五位に陞叙している。

典拠　横山源之助「男爵を授けられたる新旧五大富豪」(『新日本』一ノ七)、「渡辺千秋書翰」(『山県有朋関係文書』三)、松田敬之「新華族先代・先々代叙位に関する一考察」(鶴崎裕雄編『地域文化の歴史を往く―古代・中世から近世へ―』)

久我通城　こが・＊みちしろ

一八四九―一八八

久我建通次男・一代華族

①明治三年三月十三日(許可)

久我家は旧堂上《とうしょう》公家で家格は清華《せいが》家。通城は幕末期に議奏《ぎそう》をつとめ、その後は内大臣にも任ぜられた久我建通《たけみち》の次男で幼名は維麿。明治元年(一八六八)九月に幼少の身でありながら越後国柏崎《かしわざき》県知事に任ぜられ、同月十三日には従五位下に叙せられた。この際、久我家庶流として一家を創始して堂上に列したとする説もある。二年四月に兵庫県知事に転じたが、翌月には免ぜられた。そののち、同年十月十七日に元服・昇殿を聴されたが、前記の堂上に列したというのは誤りで、実際は一代限り堂上並に扱われていたようである。『太政類典』所収「久我通城ニ永世録ヲ賜ヒ京都府ニ貫ス」によれば、実父建通が京都府宛で通城の称号(家号とも。苗字のこと)を久我より北畠に改めたい旨を四年七月四日付で願い出ている。

次男従五位通城、毎々莫大の鴻恩《こうおん》を蒙り有難き仕合わせに存じ奉り感泣候。甚だ申し上げかね候えども試しに伺い候。昨年明治三庚三月十三日、別紙の通り称号の儀歎願奉り候処、同年四月三日留守官より召され、留守判官醍醐《だいご》申し渡され候には、通城儀元服の儀は思召を以て仰せ下され候えども、一代限り且つ次男の事故称号の儀は聞こしめされざるの旨御達に相成り、願書返し下され候。その後同年十二月十七日京都府貫属仰せ付けられ、禄別紙の通り賜り、家禄永世下賜候旨仰せ下され、重々有難き仕合わせに存じ奉り、安心仕り候。然る処、今度籍法御定に付いては注進の書体甚だ心配仕り候儀は、分家とも庶流とも自分一己決定にて書き付け難く、家禄永世下賜候御儀に候えば、分家の儀と相心得罷り在り候えども、以前御口達の辺もこれあり、当惑仕り候。如何書付然るべき哉。甚だ以て自由の自由の儀に候えども、何卒この度称号の処差し免ぜられ候はば、いよいよ以て分家に相違無き儀判然と致し候儀にて深く有難き仕合わせに存じ奉り候。

と府庁宛に問い合わせをしている。建通によれば、三年三月に通城の称号を「北畠」に改めたい旨を願い出たところ、翌月に留守官の権判官であった醍醐忠敬《ただゆき》は通城が二年に元服・昇殿をしたのは「一代限り」のことであり、また堂上家とはいえ次男であるので北畠への改号は許されないと伝えている。これによれば、通城が従五位下に叙された際に堂上に列したとする説は誤りであり、一代限り堂上に準ずる扱いを与えられたと考えるべきである。また、建通の願書を受けた京都府は太政官弁官宛で伺書を送付している。京都府においても

通城は一家創立をした身なのかが判然としていないがため、弁官に問い合わせたものと思われれ、その伺書中にはすでに通城が元年十一月の時点で現米五十石を家禄として永世下賜されていることが記されている。これに対して弁官は、

　久我正二位次男従五位通城の儀に付云々御申し越しの趣承知致し候。右は旧冬格段の御詮議を以て全く一家新たに御取建、永世華族に仰せ付けられ候儀にこれあり、決して前後行き違いの訳にはこれ無く候間、北畠改号願更に差し出し候様御達これあるべく候。仍《よっ》て申し入れ候也。

と四年七月十二日付で京都府へ返書を送っている。すなわち、当の久我本家でさえも、次男通城の身分がどのようなものなのかを正確には理解していなかったようであるが、三年三月に通城の称号を久我から北畠へ改めようとした際に許されなかったのは同人が一代堂上改め一代華族の身分であったためであり、同年十一月に永世禄二百四十五石一斗を与えられたことで十二月十三日付で永世華族に昇格したと考えるべきである。本来は正式に永世華族となった時点で改号が許されるべきのところ、何らかの齟齬があったために生じた混乱であったようであるが、いずれにせよ、久我建通による請願の趣意は提出年には聞き届けられたこととなる。なお、永世華族に列した久我通城は四年七月十九日付で北畠への改号を許されているが、鶴殿忠善《つるどのただよし》・小早川三郎・一条実基《さねもと》らと同様、「絶家再興」の形式を採ったものとされている。

典拠　「久我通城ニ永世録ヲ賜ヒ京都府ニ貫ス」(『太政類典』)

久我通保　こが・みちやす

一八七八―一九四四

侯爵久我通久三男

①明治三十一年一月八日（許可）

旧堂上《とうしょう》公家で、摂家に次ぐ清華《せいが》家の一、久我家の生まれで、明治十七年(一八八四)七月の華族令公布に際して侯爵を授けられた久我通《みち》久《つね》の三男。分家に際して授爵を請願。『授爵録』(明治三十一年)所収の三十一年一月八日付立案宮内省爵位側書類によれば、

　右今般相当の資産を譲与し分家せしむる由。然るに父通久は元来王家に忠勤の志浅からず。明治元年参与職拝命以来、陸軍少将に累遷し、戊辰の秋兵を督し海路北越に至り、又転じて羽州に進軍日夜勉励、兵気を鼓舞し、職掌を全うしたるを以て朝廷特にその功を賞して永世賞典禄二百石下賜せらる。曩《さき》に伯爵鷲尾隆聚《わしのおたかつむ》の次男隆順《たかよし》分家の際、隆聚の功に依り華族に列せられたる例に準じ、通保も亦通久の勲功を録し特に華族に列し、男爵を授けらるべき乎、高裁を仰ぐ。

とみえ、維新期に父通久が大和鎮撫総督や軍務官副知事心得、東北遊撃軍将、さらに三等陸軍将・陸軍少将・兵部少輔を歴任し功労があった点や、同様の軍功がみられる鷲尾隆聚の次男隆順が十七年七月八日付で分家・授爵が認められている先例に準拠し、通保へも同様の栄典授与を立案。これらが認められた結果、同月二十九日付で裁可が下り、二月二日付で授男爵。

典拠　『授爵録』明治三十一年

国分象太郎　こくぶ・しょうたろう

一八六三―一九二一

宮内省李王職次官

①大正十年九月七日（不許可）

旧対馬国厳原《いづはら》藩士出身の官僚。明治十五年(一八八二)十二月に在朝鮮日本公使館医院通《つう》弁《べん》となり、以後外交官・通訳官として公使館三等書記官・同二等書記官を経て統監府書記官兼統監秘書官となり、さらに累進して大正六年(一九一七)一月に李王職次官となり死去するまでつとめた。『倉富勇三郎日記』大正十年九月七日条によれば、

　午前十一時頃石塚英蔵《えいぞう》来たり、国分象太郎死去したるに付、授爵の恩典を受けしめたし。国分は朝鮮語に熟達し、主として通訳に従事したるも、その実は秘密に

朝鮮人を説得したる等の功労甚大なり。今日にては国分の功労を知る者なく、自分がこれを述べざるべからざる場合なり。

とみえ、元朝鮮総督府農商工部長官で貴族院勅選議員の石塚が国分死去により授爵の周旋を倉富に求めている。同日記によれば、宮内省内には国分の隠れた功績を知る者がなく、朝鮮総督府司法部長官もつとめた倉富に依頼している。ほかに宗秩寮《そうちつりょう》総裁の井上勝之助《かつのすけ》は養父馨が国分を使った関係もあるので尽力すると答えていると記しているが、倉富自身は「授爵のことは予には見込みなし。これを申し立つるには朝鮮総督府が適当なるも、総督府は左程の考えなかるべし」と見込みがないことを述べ、朝鮮総督府も授爵の推薦はしないであろうと推測している。倉富は国分の功績を認めながらも、「常々表面に立ちて事を為さず。裏面にては相応に功を建て居るべきも、これを知る人少なかるべし」として同人の職務が裏方であったことも理由と挙げており、また

若《も》し国分に授爵せられたらば、朝鮮併合の時関係したる人他にもあるに付、その人などに影響すべく、また併合の為の論功は一度済みたるものを更に詮議せらるるも面白からざるべしと云う。予、授爵の事は一時の論功と重複することに関係せざる様にて、かくの如き事例は幾度もある様なり。

とも記しているが、井上がもし国分の授爵詮議となると、韓国併合の論功行賞はすでに終了しており、これを再度持ち出すのは面白からずというのに対して、倉富は旧功を録せられて授爵した例もあると答えるも、結局授爵はされず、位一級を進められ従三位に陞叙されるに終わっている。

【典拠】『倉富勇三郎日記』大正十年九月七日条

古在由直　こざい・よしなお

一八六四―一九三四

東京帝国大学名誉教授・農学博士

①昭和九年六月頃（不許可）

京都府出身の農学者。駒場農学校卒業後、東京農林学校教授などを経て、明治三十三年（一九〇〇）東京帝国大学農科大学教授就任。大正九年（一九二〇）九月から昭和三年（一九二八）十二月まで東京帝国大学総長（親任官待遇）をつとめた。『授爵録』（昭和二年～十九年）所収の昭和十四年一月二十八日付桜井錠二《じょうじ》授爵関係の添付書類中、帝国学士院関係で「授爵ありし者」の次に「授爵なかりし者」「将来問題となるべき者」が列挙され、前者として新渡戸稲造・古在由直・入沢達吉《いりさわたつきち》・嘉納治五郎《かのうじごろう》・佐藤三吉《さんきち》・外山《とやま》正作《（一）》・森林太郎（鷗外）の七名を列挙・明記。添付書類は古在が昭和九年六月に死去しているため、同年に作成され、危篤授爵も検討された蓋然性が高いと推測される。将来、授爵候補者となりうる存在であった者として同人も含まれていたと考えられるが、結局授爵せずに終わっている。

【典拠】『授爵録』昭和二～十九年

古在由直

児島惟謙　こじま・これかた

一八三七―一九〇八

判事・大審院長

①明治四十一年六月二十四日（不許可）

退職判事・貴族院勅選議員・錦鶏間祗候

旧伊予国宇和島藩士出身の司法官・政治家。幕末、勤王運動に身を投じ、維新後は新潟県大属・品川県少参事などの地方官をつとめ、明治五年（一八七二）四月に司法権少判事を拝命して以後は司法官として累進。二十四年五月大審院長に就任。二十五年八月依願免官。以後は衆議院議員や貴族院議員をつとめた。「田中光顕《みつあき》関係文書」所収の四十一年六月二十四日付

児島惟謙

「山県有朋書翰」によれば、

さて、児嶋(ママ)惟謙病気危篤に付、叙爵の恩典に浴せしめたきとの事、別紙勲功書弁《なら》びに清浦顧問官の書翰とも内覧に供し候。御一読の上御判断下さるべく候。老生は顧問官の議論公平の判断と存じ申し候えども、一応老閣の貴意を得たく差し出し申し候。猶、細縷は面晤《めんご》に譲る。

とあり、児島の危篤に際し、枢密顧問官の清浦奎吾より山県に授爵の相談に関する書翰が届いたとみえる。山県はこの件を宮内大臣の田中に伝えるが、結局同人の授爵は行われず、児島は七月一日没。特旨により従三位より正三位への陞叙にとどまる。

典拠　「山県有朋書翰」(法政大学所蔵「田中光顕関係文書」、『法政大学文学部紀要』五五)

児島真人　こじま・＊まさと

生没年不詳

児島高徳末裔

①明治二十九年九月八日（不許可）

富山県上西川郡在住で元は島屋次右衛門と称する。族籍などは不明。『読売新聞』明治二十九年(一八九六)九月八日朝刊によれば、「児島高徳《たかのり》の後裔が越中に／宮内大臣が折紙／奮発興起家名三興を」という見出しで、児島真人が南朝の忠臣児島高徳の末裔であり、当時の富山県知事安藤謙介の副書を添えて宮内大臣土方久元宛で栄典授与を求めて請願したという内容。「浮田秀家《うきたひでいえ》嫡流」をも理由としていたようであり、土方はこれに対し「行々相当の御取扱を為すべき由申し越したりという」と語ったとされる。同月六日には楠木正成・正行末裔として山脇宗順も請願書を宮内省へ提出しており、同時期南朝忠臣に関する表彰を宮内省が企図していたとも考えられるが、請願は却下されている。

典拠　『読売新聞』明治二十九年九月八日朝刊

五条頼定　ごじょう・よりさだ

一八五六―一九一〇

五条頼元末裔

①明治二十五年六月七日（不許可）

②明治三十年五月三日（許可）

南朝の忠臣である五条頼元《よりもと》の末裔で福岡県士族。後掲五条頼長《よりなが》の長男。すでに先代頼長が明治十八年(一八八五)五月二十一日・二十二年五月三十一日の二回にわたり授爵を請願するも不許可になった経緯があり、改めて子の頼定も請願。『授爵録』(明治三十年)所収の二十五年六月七日付「五条頼定族籍之義ニ付上申」で頼定が福岡県知事安場保和《やすばやすかず》を経由して宮内大臣土方久元宛で提出。請願書には、

管下筑後国上妻《こうづま》群大淵村五条頼定先祖五条清原頼元、後醍醐天皇の叡旨を奉じ、勘解由次官《かげゆのすけ》を以て鎮西に下向し、征西将軍宮懐良親王を翼戴し、頼元の子修理権太(大)夫良氏は父の遺志を継ぎ、後征西将軍宮良成親王を輔佐し、良氏の弟兵部少輔良遠は上妻群矢部高屋山上に城郭を構え、良成親王を奉じて筑豊の賊党を禦《ふせ》ぎ、その子左馬頭《さまのかみ》頼治は良成親王を矢部大杣山中に奉じて南朝恢復《かいふく》を図る等、挙げて別紙に詳悉せり。曩《さき》に修史局歴史編纂材料として家蔵の古文書を提出したるもの凡《すべ》て三百六十余通の多くに及べり。詔書・令《りょう》旨《じ》及び当時の公卿・相将・豪雄・名族の往復文書概ね有らざるは無し。五条氏の名族たる以て徴するに足る。右は維新の際、御取調の上華族に列せらるべき者と存ぜられ候処、子孫山間に僻在するが為、自然御詮議漏れと考えられ候。この儘にては邦家の為深く遺憾の至りに候条、華族に列せられ候様御執奏相成りたく、御参

考として別紙書類相添え、この段上申候也。

と見える。これは数年間審査されなかったためか、三十年五月三日付の宮内省当局側の審査書類「五条頼定・南部行義《ゆきよし》ヲ華族ニ列セラレ男爵ヲ授ケラル、ノ件」によれば、

その祖頼元より頼治に至る四代間、朝命を奉じ前後征西将軍宮を輔佐し、王事に勤労したる事蹟は別冊古文書写により瞭然たり。

としたうえで、勲功も菊池・阿蘇・名和の諸氏に譲らないとして五条・南部両家の授爵を認めており、副申として新田・菊池・名和の三家が授爵した際は金三千円を下賜しており、五条・南部へも同様の賜金があるようにと記している。明治二十五年の時点では不許可となったものの、三十年七月一日付で頼定に男爵が授けられる。

典拠 『授爵録』明治三十年

→五条頼長

五条頼長　ごじょう・よりなが

生没年不詳

五条頼元末裔

①明治十八年五月二十一日（不許可）

②明治二十二年五月三十一日（不許可）

③明治二十三年六月二十五日（不許可）

五条家は旧堂上公家・菅原姓の五条家ではなく、清原姓の五条頼元《よりもと》末裔。頼元は南北朝期に活躍した公家であり、大外記《だいげき》・勘解由次官《かげゆのすけ》に任ぜられ、後醍醐天皇の皇子で、征西将軍となった懐良親王に随行して九州各地を転戦。子孫はそのまま土着し、大友・龍造寺・加藤・立花の各氏に客分などとして仕え、頼長の代に明治維新を迎える。福岡県士族。

『授爵録』（明治二十三年）によれば、明治十八（一八八五）五月二十一日に新田義貞後裔を称する佐田清兵衛・鯵坂《あじさか》元良両名らとともに福岡県令岸良俊介を経由し、内務省戸籍局長大森鐘一宛で列華族・授爵を請願。前記二家と異なり、五条家は家系や功労を認めながらも、「新田・菊池・名和等の勤王と日を同じうして論ずべきものにあらずと存ぜられ候」との理由で不許可。ついで、二十二年五月三十一日付で福岡県知事安場保和《やすばやすかず》を経由して「五条家推薦ノ義ニ付上申」を宮内大臣土方久元宛で提出する。上申書には、

右は舎人《とねり》親王十七代の後裔清原宗尚の弟勘解由次官五条頼光（元）の子孫にして、頼元は後醍醐天皇の聖旨を奉じ征西将軍懐良親王を奉戴し、菊池・阿蘇等勤王の武将を励まし、その子修理大権太（大）夫良氏・兵部少輔良遠も父の遺業を継ぎ、懐良親王の王命を奉じ、後征西将軍良成親王を輔導し、矢部（現今五条頼長が居住せし大淵村の隣邑）高屋山上に城郭を構え、勤王の兵将を奨誘して鎮西の賊勢を禦ぎ、良遠の子左《さ》馬頭《まのかみ》頼治も汗馬の功労祖父に譲らずと雖も、賊勢天下を圧倒して別に朝廷を戴き、南朝の威稜競わざるの際、矢部大杣《おおそま》山中に良成親王を奉じ、南北講和の後も数年間南朝の正朔《せいさく》を鎮西の一隅に奉存せし如き忠勤義烈の事蹟は該家に秘蔵せる詔書・令旨《りょうじ》その他公卿・相将の往復したる古文書に徴証するに足る事と存じ奉り候。その後世態種々変遷したるも、頼元八代の孫統康に至るまで懐良親王の御墓地なる肥後国八代に住し、その子長安に到りて良成親王の御墓地に隣したる大淵村に居を移し、子々孫々能《よ》く父祖の遺志を墜さず親王の陵墓を奉仕し罷り在り申し候。今般同郡民樋口真幸外二十二名より家名推薦の義別紙の通り具申仕り候処、明治維新、聖恩優渥の御処置を以て当時功臣の子孫を華族に列せられ、その祖先の功烈をして永世に輝旌《きせい》あらせられ候処、右五条家の祖先に於いてもその義烈勲功敢えて諸家に譲らざる事にこれあり候。該家の義は伯爵立花寛治《ともはる》の祖先筑後柳川に就封せし以来、賓僚《ひんりょう》となし、格別の礼遇をなせし事に付、同人よりも別紙の通り申し立て、且つ男爵阿蘇惟敦《これあつ》の祖先は共に前後将軍宮を輔佐し、王事に鞅掌《おうしょう》したる宿縁もこれあるに付、是また該家推挙

の義別紙の通り申し立て候条、何卒家名推挙の義御執奏相成りたく、この段上申候也。

と見え、福岡県上妻郡《こうづま》の樋口真幸らから五条家の華族取立・授爵を安場知事宛で推薦していることが明らかである。この上申書は同年九月十二日の段階では宮内省には提出され、宮内次官吉井友実《ともざね》より内閣書記官長小牧昌業《こまきまさなり》へも「御回付に及び候間、然るべく御取計《とりはからい》これありたし」として回送されている。この後、翌二十三年六月二十五日付の宮内省当局側の審査書類「新田氏後裔福岡県士族佐田清兵衛・同県平民鯵坂元良二氏及五条頼元ノ後裔同県士族五条頼長華族編入願ノ件」によれば、

右書類を閲覧するに、新田氏後裔二家の如き信否判然しがたしと雖も、曩《さき》に新田俊純《としずみ》を正統として特旨を以て華族に列せられたる上は、他に正統の者あるべき謂われなし。また五条頼長その祖頼元の征西将軍の宮を奉じ忠勤を竭《つ》くし、鎮西の武将を励まし、その子良遠父の遺業を継ぎ、後征西将軍の宮を奉じ王事に鞅掌したる事蹟の如き掩《おお》うべからざるものありと雖も、新田・菊池・名和等の勤王と日を同じて論すべきものにこれ無しと存ぜられ候条、福岡県庁を経て書面却下相成るべきや。

として佐田・鯵坂・五条の三家の請願は容れられず、書面は地方官を経由して本人へ返却され、不許可に終わる。その後、頼長嗣子の頼定の代にも同様の請願を行なっている。

典拠　『授爵録』明治二十三年

→五条頼定

小杉多門　こすぎ・たもん

生没年不詳

旧古河藩士

①明治二十六年三月二十八日（不許可）

旧下総国古河《こが》藩士。『諸雑公文書』所収「〔旧古河藩士小杉多門授爵ノ儀ニ付上申〕」によれば、明治二十六年（一八九三）三月二十八日付で旧主である土井利与《としとも》子爵よりの他薦。

子爵土井利与より旧古河藩士小杉多門戊辰の役に従事し尽力少なからざる者に付、爵位を賜りたき旨別紙願書差し出し候処、到底御採用相成るべきものにこれ無しと認め、篤《とく》と説諭致し候えども、強いて請願致したき旨申し出候に付進達候条然るべく御処分相成りたく、この段上申候也。

とみえ、当初より授爵は無理と考えられていたと思われる。小杉多門は幕末・維新期に古河藩家老であった監物の子か。土井よりの請願はこれ以前のものと思われるも、再度東京府知事の富田鉄之助《とみたてつのすけ》を介して、内閣総理大臣伊藤博文宛でも請願するも授爵は却下。「別紙願書」は添付されず。

典拠　「〔旧古河藩士小杉多聞授爵ノ儀ニ付上申〕」（国立公文書館所蔵『諸雑公文書』）

児玉源太郎　こだま・げんたろう

一八五二―一九〇六

陸軍大将・陸軍大臣

①明治三十九年四月六日（許可）

陸軍大将・台湾総督

長州藩支藩にあたる徳山藩士出身の陸軍軍人・政治家。維新後は陸軍に出仕し、明治四年（一八七一）八月に准少尉から少尉に昇進。そののち累進して二十二年八月に少将に進級。二十五年八月には陸軍次官兼軍務局長となり、日清戦争時には大本営留守参謀長などもつとめ、軍功により二十八年八月二十日付で男爵を授けられた。二十九年十月に中将に昇進、三十一年二月より三十九年四月まで台湾総督。この間、三十三年十二月から三十五年三月まで陸軍大臣、三十六年七月より十月まで内務

児玉源太郎

大臣、三十六年十月より参謀次長、同事務取扱を兼任。三十七年六月には大将に昇進し、日露戦争においては満州軍総参謀長もつとめた。男から子への陞爵については、『授爵録』(明治三十九～四十年)によれば、年月日不記載の陞爵願が提出されている。おそらくは陸軍省からの奏請と思われるが、

　右は明治二十一年二月台湾総督に任ぜらるるや当時同島に於いては土匪《どひ》その勢力を逞しうし、諸般の経営猶未だ緒に就かざるに方《あた》り刻苦精励、土匪の平定を務むると共に該島施政の方針を定め百般の施設その正鵠を誤らず、行政機関の整理、運輸交通及び産業の発達、教育の普及、財政の調理等着々その効を奏し、台湾の今日あるを致せるは多く同人の力に依るものにして、その功績顕著なるものに付、この際特にその勲を録せられ爵を陞し子爵を授けらるるの栄を賜りたし。

と記され、台湾総督としての台湾経営の治績を陳述し、その功をもって子への陞爵を請願。これに対して明治三十九年四月六日付立案の宮内省当局側審査書類には前記請願書とほぼ同様の文面・内容で陞爵の裁可を仰いでおり、この功績が認められ同月十一日付で子爵へ陞爵。

典拠　『授爵録』明治三十九～四十年

籠手田安定　こてだ・やすさだ

一八四〇―九九

島根・新潟・滋賀各県知事

①明治三十二年三月三十一日（許可）

　貴族院勅選議員・錦鶏間祗候

旧肥前国平戸《ひらど》藩士出身の官僚・政治家。幕末・維新時には国事に奔走し、維新後は徴士《ちょうし》として新政府に出仕し、以後大津県判事・同県大参事・権参事、滋賀県参事・同県権令《ごんれい》を経て明治十一年(一八七八)五月に滋賀県令《けんれい》に就任。十七年に元老院議官に転じ、翌年より再度地方官に転じ、以後島根・新潟・滋賀各県知事を歴任。退官後は三十年十二月より貴族院勅選議員。『授爵録』(明治三十二年)所収の三十二年三月三十一日付宮内省当局側審査書類によれば、「授爵ノ件」として、

　右安定は旧平戸藩士にして夙《つと》に勤王の志厚く、維新の際藩の秘密に参与し、主命を帯び、出でて大村藩に至り渡辺清《きよし》・渡辺昇《のぼり》の兄弟と相謀り勤王の為に合縦の謀を定め四方に奔走せり。維新の後徴士・大津県判事と為り、後滋賀の県令に進み同県に治績を当むること世に洽《あまね》く知る所なり。元老院議官、島根・新潟・又滋賀県の各知事に歴任して勅任官にありしこと凡《およ》そ十有三年にして、現に貴族院議員・錦鶏《きんけい》間祗候《のましこう》たり。然るに目下病に罹り、危篤に陥りたる処に付、この際特殊の恩典を与えられ華族に列し男爵を授けらるべきや。

籠手田安定

と記され、病気危篤に際して同人の授爵請願に対して審査されている。維新前後の功績が認められ、同日付で男爵が授けられる。

典拠　『授爵録』明治三十二年

五島聡千代　ごとう・きくちよ

一八八〇―？

旧交代寄合・元中大夫席

①大正三・四年頃（不許可）

五島家は旧交代寄合《こうたいよりあい》表御礼衆の旗本で、旧肥前国福江《ふくえ》藩主五島家の分家筋にあたり、同国内で三千石を領した。幕末・維新期の当主は銑之丞盛明であり、朝廷に早期帰順して本領を安堵され、朝臣に列して諸侯(上大夫)に次ぐ中大夫席を与えられた。盛明のあとは堂上《とうしょう》華族の五条家より養子入りした基民《もとたみ》、さらにそのあとを聡千代が継いだ。「諏訪頼固他授爵請

願書」によれば、年月日不詳ながら請願者として聡千代の名が記される。宮内省罫紙には（大正四）と印刷されており、おそらく大正天皇即位大礼の慶事に際して、大正三（一九一四）・四年頃に請願したものと推測される。同家が旧幕時代に柳間詰の交代寄合であり、「禄三千石、実収一万余石」という点が明記されており、表高は三千石でありながら、実高は一万石余であったことを理由とした授爵請願であったと思われるが、結局不許可に終わり、士族にとどまっている。

典拠　「諏訪頼固他授爵請願書」（宮内庁宮内公文書館所蔵）

→五島某

五島　某（盛明カ）　＊ごとう

生没年不詳

旧交代寄合・元中大夫席

①明治十一・十二年頃（不許可）

②明治十二〜十六年頃（不許可）

五島家は旧幕時代に交代寄合《こうたいよりあい》表御礼衆格式を与えられ、三千石を知行した旗本。旧肥前国福江藩主五島家の分家筋にあたる。幕末・維新期の当主盛明。他の交代寄合諸家同様、朝廷に早期帰順して本領を安堵され、朝臣に列して中大夫席を与えられた。明治二年（一八六九）十二月に中大夫以下の称が廃止となるに伴い士族に編入される。同家の華族昇格に関し、『爵位発行順序』所収「華族令」案の内規として公侯伯子男の五爵（左に朱書で公伯男の三爵）を設け、世襲・終身の別を付し、その内「世襲男爵を授くべき者」四項目中、第三項目に「元高家・交代寄合」を挙げている。同案は十一・十二年頃のものと推定されるが、この時点では旧幕時代に万石以下でありながら、若年寄ではなく諸侯や高家同様に老中支配である交代寄合は男爵に列すべき家として認知されていたと思われる。同じく前掲『爵位発行順序』所収「授爵規則」によれば「男爵を授くべき者」として、七項目中、第二項目に「元交代寄合・元高家」が挙げられている。前記資料とは異なり、この案は十二年以降十六年頃のものと推測され、こちらでも旧交代寄合である五島家は男爵を授けるべき家とされているが、結局授爵内規からは交代寄合は一律除かれ、華族編列・授爵は不許可に終わっている。

典拠　『爵位発行順序』

→五島聡千代

後藤新平　ごとう・しんぺい

一八五七—一九二九

逓信・内務・外務各大臣

①明治三十九年四月六日（許可）

台湾総督府民政長官・貴族院勅選議員

②明治四十四年八月二十四日（不許可）

逓信大臣・貴族院勅選議員

③大正八年八月二十九日（不許可）

④大正十一年九月十六日（許可）

臨時外交調査会委員（国務大臣礼遇）、貴族院勅選議員

⑤昭和二年十月三日（不許可）

⑥昭和三年十一月五日（許可）

貴族院勅選議員

旧陸奥国仙台藩一門留守《るす》家家臣出身の官僚・政治家。当初は医師として愛知県医学校長兼病院長となるが、のちに官僚に転じて明治二十五年（一八九二）十一月には内務省衛生局長となる。日清戦争においても臨時陸軍検疫部事務官となり、三十一年三月には台湾総督府民政局長（のち民政長官）となり、三十六年十一月には貴族院勅選議員に勅任される。その後は第二次・第三次桂太郎内閣で逓信大臣・鉄道院総裁・拓殖局副総裁、寺内正毅内閣では内務大臣・外務大臣・鉄道院総裁、第二次山本権兵衛内閣では内務大臣などの閣僚をつとめ、さらに大正九年（一九二〇）十二月から十二年四

後藤新平

月までは東京市長もつとめた。『授爵録』（明治三十九〜四十年）所収の明治三十九年四月六日立案の当局側書類によれば、

右は愛知県出身以来、内務省衛生局長に至る迄医術衛生に関する事務に従事し、拮据《きっきょ》勉励、殊に二十七八年戦役に際しては臨時陸軍検疫部事務官を兼任し、検疫その他衛生事務に鞅掌《おうしょう》し貢献する所少なからず。明治三十一年六月台湾総督府民政長官に任ぜらるるや当時台湾の経営猶未だ緒に就かず。土匪《どひ》猖獗《しょうけつ》なるの局に際し刻苦励精、克《よ》く島治百般の施設経営に尽瘁《じんすい》し、亜片・樟脳等の専売制度を起こし、土地の丈量、大租権の買収を完結し、以て地租徴収の基を定め、教育の普及、交通及び産業の発達を謀り、以て財政の基礎を鞏固《きょうこ》ならしめたる等その治績の見るべきもの甚だ多く、該島の混に地あるは同人の力与りて多きに居るものに付、特にその勲功を録せられ華族に列し男爵を授けらるべき乎裁を仰ぐ。

として台湾統治における功績などをもって授爵を詮議。この功績をもって同月十一日付をもって男爵を授けられる。ついで『読売新聞』明治四十四年八月二十四日朝刊によれば「授爵叙勲発表（今明日中）」の見出しで、

内閣更迭前に発表さるべき閣臣その他功労者の叙勲につきては既報の如くその詮議全く結了せしを以て、近くば今明日中愈々《いよいよ》発表の運びに至るべし。而して今回陞爵せらるるは斎藤・平田・後藤の三大臣及び新たに授爵せらるるは小松原文相・加藤英国大使その他実業界の二三氏にして、加藤大使は特に子爵を授けらるべしとの説もあり。而して外務・内務・大蔵・農商務その他条約改正の事業に与りし約六十名の関係者に対しては所謂功労に依りとの理由を以て夫々叙勲または賜金等の御沙汰を賜るべし。

として、第二次桂太郎内閣総辞職直前に陞授爵が実施されるとの推測から逓信大臣である後藤も男から子へ陞爵するであろうと報じられているが誤報であったか、または詮議に上がるも却下されたためか実現していない。『東京日日新聞』大正八年（一九一九）八月二十九日朝刊によれば「西園寺侯公爵たらん／御批准後に発表か」の見出しで、

講和大使として七十有余の老軀を提げて巴里《パリ》に赴き、八ヶ月に亘って大任を果たし、去る二十三日無事帰朝せる西園寺侯が一昨日日光行在所《あんざいしょ》に伺候し、具さに会議の顚末を闕下《けっか》に伏奏したる際、畏くも陛下には侯が今回の労苦を思し召されて優詔を賜りたるは、侯がこの度の使命に対して世上に毀誉さまざまの説あれども、聖上が侯に対する御信任厚き事を証するものと見るべく、内閣に於いてもまた園《えん》侯《こう》の功労表彰につき何等かの奏請するところあるべきはいうまでもなけれど、目下正二位大勲位にして若し位階を陞叙するとせば従一位となる訳なれども、従一位の位を有し居るものは現在とては浅野長勲《ながこと》、久我通久《こがみちつね》の両侯爵あるのみにて、山県公、松方侯、大隈侯等の元老も正二位に止まり、且つその筋の方針も今後は生前に従一位を奏請する事を絶対になさざる事に決し居れば、園侯に対してのみ特に従一位を奏請するが如き事はなく、また勲等も侯は出発に際して既に大勲位を授けられ居れば、この上は頸飾章《けいしょくしょう》加授より外には途なく、現内閣としては今度の講和に種々の非難あるにせよこれを以て大成功なりと吹聴し居る位なれば、必ずや園侯に対しては華々しき行賞の奏請をなすべく、おそらく爵位を陞して公爵を授けらるる事となるべく、同時に牧野男を初め講和会議に列せる全権委員や原首相その他の閣僚、外交調査会委員等にも陞爵・授爵の恩命下るべく、而してその時期は勿論不明なるも講和条約に対して御批准あり、平和に関する諸般の事務が一段落つきたる上にてそれぞれ発表さるべしと某宮内高官は語れり。

と第一次世界大戦後のパリ講和条約締結に際

して全権委員や原内閣の閣僚、そして臨時外交調査会委員へも陞授爵が行われるであろうと大きく報じている。実際にこの講和会議における論功行賞の実施は一年後の大正九年九月十七日であり、直ちに詮議されなかったためか後藤の子への陞爵も実現していない。『授爵録』(大正八～十一年)によれば、十一年九月十六日付で内閣総理大臣加藤友三郎より宮内大臣牧野伸顕宛で平田東助・伊東巳代治とともに後藤の陞爵を申牒。

左記従二位勲一等子爵平田東助《とうすけ》外二名は別紙功績書の通り功績顕著の者に付、各頭書の通り陞爵の儀詮議相成りたし。

として後藤の功績調書を添付。

右は明治九年九月愛知県病院三等医出身以来、諸官を経て同三十一年三月台湾総督府民政局長に勅任せられ、同年六月台湾総督府民政長官に転任し、同三十六年十一月貴族院議員に勅選せられ、同三十九年四月特旨を以て華族に列せられ、勲功に依り男爵を授けらる。同年十一月依願免本官と為り、同月台湾総督府・関東都督府各顧問及び南満州鉄道株式会社総裁仰せ付けられ、同四十一年七月南満州鉄道株式会社総裁免ぜらる。同日を以て逓信大臣に親任せらる。その後台湾総督府・関東都督府各顧問免ぜられ、同四十一年十二月兼鉄道院総裁に親任せられ、同四十三年六月拓殖局副総裁に兼任し、特に親任官の待遇を賜う。同四十五年五月拓殖局副総裁兼任を免ぜられ、同年八月依願免官と為る。大正元年十二月逓信大臣兼鉄道院総裁・拓殖局総裁に親任せられ、同二年二月依願免官と為り、特に前官の礼遇を賜う。同五年十月内務大臣兼鉄道院総裁に親任せらる。同六年六月臨時外交調査委員会官制公布せらるるや勅旨を以てその委員仰せ付けられ、同七年四月外務大臣に親任せられ、同月臨時外交調査委員会幹事長仰せ付けらる。同年九月依願免本官と為り特に前官の礼遇を賜う。同年十月再び臨時外交調査委員会委員仰せ付けられ特に国務大臣の礼遇を賜い今日に至る。その間内閣に列すること四回に亘り、善く輔弼の任を尽し、国運の運用振興を図り、以てその職責に尽瘁《じんすい》したる功偉大なり。また本人が臨時外交調査委員会委員を命ぜられたるの時は恰《あたか》も欧州の干戈未だ戢らず戦局の推移変転極りなくして籌画《ちゅうかく》深甚を要するものあり。殊に大戦漸く終熄《しゅうそく》し、講和会議の開催を見るに当たりては帝国の連合与国と強調を保ち幾多の折衝を経て対独・対墺その他の諸条約を締結せり。また西比利亜《シベリア》出兵乃至撤兵等、西比利亜に関する諸問題並びに支那問題に付いても慎重考慮を要するものあり。更に昨大正十年軍備縮小等に関する華府《ワシントン》会議に於いては帝国またこれに参加して海軍軍備制限に関する条約等を締結せり。なおこの他山東《さんとう》還付問題、間島《かんとう》事件、大連《だいれん》会議等幾多外交上重要なる案件あり。何れもその外交方策は直ちに帝国の消長に係わるもの素より尠少《せんしょう》ならざるものあるを以て、これ等枢要なる問題は挙げてこれを至尊直隷の機関たる同外交調査委員会の審議に付してこれを決定せり。この間本人は終始委員の任に在り、忠誠恪勤《かっきん》以て応機籌策《ちゅうさく》克《よ》く啓沃の重任を尽くし、その成果を収むるに資する所大なるものあり。功績寔《まこと》に顕著なりとす。

として任官以来の履歴・功績を披瀝する。この功績が認められ、同月二十五日付で子爵に陞爵。また昭和期に入るとさらに陞爵運動がみられ、『牧野伸顕日記』昭和二年(一九二七)十月三日条によれば、

宮相より内談の件あり。それは首相よりの内交渉にて、対露問題に付後藤子は露国にて受け宜しきを以て、同人をしてこれに当らしめたく、就いては同子優遇の必要あり。為に昇爵を奏請致したく云々なり。随分意外の申し出にて、種々の関係上再考を求める方当然なるべしとの意味に所見を述べ置きたり。宮相も同様に

思考すとの事なりし。本件は近来の脱線的出来事なり。斯様《かよう》の売買的態度にて政治を取り扱う心理状体(態)は我が政界にても今日迄は未だ遭遇せざるところなり。首相の心得としては実に遺憾千万なり。

として、内閣総理大臣田中義一による子から伯への陞爵願。宮内大臣の牧野はこれに対して同意せず。『授爵陞爵申牒書類』によれば、昭和三年十一月五日付で内閣より清浦奎吾と後藤の子から伯への陞爵等を申牒。添付の「功績書」には、

右者明治九年九月愛知県病院三等医出身以来、諸官に歴任して同三十一年六月台湾総督府民政長官に進み、同三十六年十一月貴族院議員に勅選、同三十九年四月特旨を以て華族に列せられ男爵を授けらる。同四十一年七月逓信大臣に親任、後鉄道院総裁・拓殖局副総裁を兼ね、同四十四年八月依願免官。翌大正元年十二月再び逓信大臣に親任、尋《つい》で内務大臣、外務大臣に歴任し、大正七年九月依願免官、特に前官の礼遇を賜る。同十一年九月勲功に依り特旨を以て子爵に陞叙せらる。同十二年九月再び内務大臣に親任、帝都復興院総裁を兼任し、同十三年一月依願免官。同日前官礼遇を賜り、以て今日に至る迄その間内閣に列すること五回、克く輔弼の重任を全うし、国運の振興を図り、その職責に尽瘁したるの功極めて大なり。また臨時外交調査委員会委員若しくは幹事長として外交政策の確立に努力し、克く諸条約の締結する等その外交上に寄与したる功績寔に顕著なり。

として歴代内閣で五回閣僚となった功績や臨時外調の委員をつとめた功績などを列挙。これが認められ、同年十一月十日付で子から伯へ陞爵している。

典拠 『授爵録』明治三十九～四十年、『授爵録』大正八～十一年、『読売新聞』明治四十四年八月二十四日朝刊、『牧野伸顕日記』昭和二年十月三日条、『授爵陞爵申牒書類』、小田部雄次『華族―近代日本貴族の虚像と実像―』

琴陵光熙　ことひら・てるさと

一八七五―一九四六

旧金比羅大権現別当職・金比羅宮宮司

①明治二十七年三月二日（不許可）

堂上《とうしょう》華族の久世通章《みちふみ》子爵の弟で、旧金比羅《こんぴら》大権現別当職で維新後に復飾し、金比羅宮宮司となった琴陵宥常《ひろつね》の養子となる。『授爵録』（明治二十七年分）所収の「故琴陵宥常相続人授爵之義ニ付上申」によれば、

県下那珂郡《なかぐん》琴平町故金比羅宮々司従五位琴陵宥常旧臣総代より宥常相続人光熙へ授爵の義別紙の通願出に付調査候処、願書記載の通該家は元金毘羅大権現別当住職の家にして維新前四百余戸の臣属を有し、隠然一藩の形を為し、領内凡《およ》そ百の政務総《すべ》て藩制に準拠しこれを執行せり。且つ累代の相続者は必ず名門華冑《かちゅう》の猶子《ゆうし》となりたる後にあらざれば院主たるを得ざるの旧慣にして、当代光熙の如きも従四位子爵久世通章実弟にこれあり。以上の如く該家は地方の門閥にして、且つ維新の際功労者これあるのみならず、資産も相当これを有しおり、今日にありても該地方人民の名望も少なからず候に付、旧臣等の情願も強ち謂われなき義にはこれなく存じ候間、特典をもって何分の御沙汰相成り候様致したく、別紙相添え、この段上申候也。

と明治二十七年（一八九四）三月二日付で香川県知事小畑美稲《おばたうましね》を経由して宮内大臣土方久元宛で請願書が提出されている。これに対して、宮内省当局側は同年四月二十四日付立案「故琴陵宥常相続人授爵願ノ儀ニ付香川県知事へ御達シノ件」で、

元金光院別当職琴陵家は始祖未詳、その中興の祖宥範僧正また姓氏を詳らかにせず。よし宥範僧正にして名族の所出なりとするも、累代の相続者は実に何者の血統なるやを知るに由なし。何となれば金光院別当職の相続は血統相続にあらざれ

ばなり。而してその相続者は九条家・中御門家等門流の猶子となすの例なるも、その相続者自身を直ちに名門華冑の所出なりと謂うことも得ず。なお信州善光寺《ぜんこうじ》の上人の如く累代公卿の猶子となり、また維新の功労を唱うといえども、ただ国費多繁の際、金一万円を献納せしまでにて、なお三井・島田等が御用金を調達せしと一般なれば、その衷情は賞すべきも、これをもって維新の功労者というは失当ならんか。その他維新前の家格を云々するも、男山八幡・加茂・香取・鹿島・比叡・北野・内外宮等社家・僧侶中これに類するもの枚挙に遑《いと》まらざれば、古来琴陵家のみ優遇を享けしものと謂うを得ず。故に琴陵家においては今日特に優班に陞ざるべき価値あるものを見ず。

とあり、「よって詮議及ばれ難きものと認む」として却下される。

典拠　『授爵録』明治二十七年

近衛秀麿　このえ・ひでまろ

一八九八―一九七三

公爵近衛文麿弟

①大正七年十二月（許可）

旧五摂家の一、近衛篤麿《あつまろ》公爵の次男。文麿の次弟。『授爵録』（大正八年）によれば、前年十二月付の宮内省側の書類に、

右は今般戸主文麿の同意を得て、分家の上一家を創立せんとする趣にて、分家の上は当然民籍に編入せらるべきものの処、そもそも近衛家は旧五摂家の首班に位し、皇室に最も深き御由緒ある名門あるのみならず、曽祖父忠煕《ただひろ》は国事多難の時に際し、忠誠恪勤《かっきん》、四朝に歴事して克く重任を完うし、その薨ずるに当たりて特に勅語を賜い、明治三十七年三月十七日特旨をもって正一位を贈らせらる。かかる名門にして勲功ある者の子孫をして空しく民籍に入らしむるは事の宜しきを得たるものにあらざるをもって、この際同人に対し特に子爵を授けられ然るべきか。

とみえる。こののち、大正八年（一九一九）一月九日付で授子爵。ただし、他の四摂家出の公爵の場合、全て分家は男爵になっているものの、近衛家において秀麿が子爵を授けられた理由については書類などには一切みられない。

典拠　『授爵録』大正八年

木場貞長　こば・さだたけ

一八五九―一九四四

文部次官・法学博士

①明治三十九年一月七日（不許可）

旧薩摩国鹿児島藩士出身の官僚・政治家。明治十三年（一八八〇）東京大学文学部卒業後、ド

木場貞長

イツ留学。文部大臣秘書官兼文部省参事官、同省普通学務局長、同省官房長などの諸官を歴任し、三十六年二月には文部次官に就任。三十九年一月からは貴族院勅選議員。『読売新聞』三十九年一月七日朝刊に「文官の授爵」の見出しで、「日露戦争の功績に依りて、少将相当の各文官には近日中に授爵せらるる筈なるが、各省次官は何れも男爵に列せらるるならんと」と報じられる。この当時の各省次官で無爵であったのは、珍田捨巳《すてみ》（外務）・阪谷芳郎《さかたによしろう》（大蔵）・石渡敏一《いしわたびんいち》（司法）・和田彦次郎（農商務）・田健治《でんけんじ》郎《ろう》（逓信）と木場の計六名であったが、四十年九月二十一日に男爵となったのは珍田・阪谷・田の三名で、木場と石渡・和田の三名は不許可に終わり、この後も授爵していない。

典拠　『読売新聞』明治三十九年一月七日朝刊

小林良恭　こばやし・＊よしやす

一八四五―？

旧鷹司家諸大夫

①明治四十三年十二月（不許可）

②明治四十五年二月五日（不許可）

小林家は代々五摂家の一、鷹司《たかつかさ》家に仕える諸《しょ》大夫《たいぶ》家。良恭は安政の大獄の際、国事に奔走した廉をもって処罰された小林良典《よしすけ》（正四位下・民部権大輔）の子良孝の義弟にあたる。良孝は明治十九年（一八八六）九月に四十七歳で死去し、その後良恭は小林家の家督を継いだものと思われる。良恭は自家の家格上昇を望んでおり、「小林家履歴」によれば、四十三年十二月に「上書」を公爵山県有朋・侯爵久我通久《こがみちひさ》宛で提出し、華族編籍・授爵を願い出ている。

一、維新前天下の諸侯は徳川氏の命を重んじて、皇家の式微を忡《うれ》える者稀なり。唯《ひと》り（島津・毛利）の両家のみ歟《か》。その（水戸）家の如きは徳川氏の股肱《ここう》にも拘わらず、終始勤王の心に立たれしは賞賛するに限りなきなり。而して皇家の式微を顧みず。但し自家の武威を恃《たの》み専横奢侈を是事として、徳川氏の鼻息を顧慮して自家の栄達のみを慮りし。諸侯は皇家の衰頽を忡る忶が如き絶えてこれ無かりしと断言するも、敢えて過言に非ざるべし。換言すれば諸侯は徳川氏に仕うるを知って、その皇家に奉仕するは大義名分なり。忶ことを断行し得ざりしなり。故に諸侯の家老已下総てその藩主に仕うると徳川氏に仕うる忶を以て大義の如く誤解して維新まで推し移り来たりしなり。唯り将軍家の壓制にも撓《たわ》まず。その御式微に伴い数百年間能くその大義名分を維持し来たりしは清貧堂上《とうしょう》と地下《じげ》の大夫等なり。今や長薩の力に依り皇道輝き、大義名分の確乎と行わるるの時に方り既往大義名分順逆を度外視したる旧藩家老の如きは情実纏綿《てんめん》より華族に列せらるる者、殆どその数を尽せり。その数百年間御式微を忡えつつ徳川氏の壓抑に制せられ、薄禄を食み累代皇室と供に清貧ただその大義を重んじて皇務を奉じ来たりたる関白補佐の諸大夫家の如き大義名分の御代となり却って度外視せらるるに至っては実に慷慨に耐えざる次第なり。殊に先代良典は安政の獄に繋がれ、家財その他も幕府に没収せられ、義兄良孝は幕府の専横十二ヶ国の追放に苦しめられ処々に落魄。維新後禄制に依り金禄公債を賜りたるも素《もと》より薄禄の故を以て千円に充たざるの額面に付、数年間落魄中の負債等億劫、終《つい》に無一物と相成りたる有様故に各藩の家老と違い世襲財産として届け出づべき程の資産これなきは当然の事なり。空しく湮滅せしむるは子孫たる者の忍び能わざる処なり。故に曩《さき》に家格由緒を明らかにし、相当家格顕揚の願書を以てその手続上当局へ具陳するも擁蔽《ようへい》せられ、所謂握り潰しの有様、この上は御輦輿に奉書するの外途これなきとまで思いを焦ずに至りしも、また更省慮する処あり。密かに閣下に哀訴して以て至情の貫徹せしことを煩わし奉らんと誓う。仰ぎ冀《こいねが》わくば特殊の御詮議を以て天聞に御執奏該当願貫徹、相当の恩典に浴し得るべき様御斡旋成らせられたく、至誠惶懼懇願の至りに耐えず。

と記し、朝廷が衰微していた時期、忠節を尽くしたのは薄禄の堂上家と諸大夫ら地下官人たちであるにもかかわらず、維新後は零落し、諸藩の家老でさえも華族に列して爵位を授けられていることに触れ、関白を補佐してきた諸大夫である同家へも同様の恩典を賜りたい旨を縷々陳述している。また再度、四十五年二月五日付で「上書」を内閣総理大臣西園寺公望宛で提出。願書の文面はほぼ前回と同一であるが、今回は小林家の歴代家譜等の資料も添付し、家祖経家《つねいえ》（『南朝公卿補任』によれば従一位・左大臣）が後村上天皇の関白であり、後亀山天皇の生母は経家の娘である点など、願書中で「南帝《なんてい》の外戚」である点を列挙して華族への昇格を請願するも結局願意は容れられず授爵は不許可に終わっている。

典拠　「小林家履歴」（宮内庁宮内公文書館所蔵）

小松清直　こまつ・きよなお

一八六六―一九一八

小松清廉(帯刀)長男

①明治二十三年三月二十一日（不許可）

旧薩摩藩士重臣で国事に奔走した小松清廉《きよかど》の長男。後掲帯刀《たてわき》の父。清廉は維新後は新政府に出仕して徴士《ちょうし》となり、参与・外国官副知事などの要職に就き、従四位下・玄蕃頭《げんばのかみ》にも叙任されたが、明治三年（一八七〇）七月に没した。『山田伯爵家文書』所収の二十三年三月二十一日付「山田顕義《あきよし》秘啓」によれば、「授爵は陛下の大恩にして、国家の大典、万民の標準なり。真に陛下の親裁に出づるものにして、臣僚の容喙すべきものにあらず。然れどもその自歴を調査し、その理由を明晰にし、聖慮を翼賛するは臣下の務にして、謹慎鄭重を尽くさざるべからず。今鄙見《ひけん》を陳じ、閣下の参考に供す」とし、宮内大臣土方久元宛で授爵の標目として、(一)維新前後功労あり勅任官たる者および勅任官たりし者、(二)維新後功労あり勅任官たる者および勅任官たりし者、(三)維新前後功労ある者、(四)維新後功労ある者、(五)父の勲功による者、(六)神官および僧侶の世襲名家たる者、(七)琉球尚家の一門、の計七項目を挙げ、小松は第五項に適すべき者としてその名が挙げられるが、清直は授爵の選に洩れ不許可となる。そののち、二十九年六月五日、改めて先代清廉の維新時の功労により、清直の長男帯刀に伯爵が授けられる。当時隠居をして家督を譲っていた清直は、有爵者の先代として、同年十月二十一日付で従五位に叙されている。

典拠 「山田顕義秘啓」(『山田伯爵家文書』四)、松田敬之「新華族先代・先々代叙位に関する一考察」(鶴崎裕雄編『地域文化の歴史を往く—古代・中世から近世へ—』)

→小松帯刀

小松帯刀　こまつ・たてわき

一八八四―一九〇五

小松清廉(帯刀)嫡孫

①明治二十九年五月（許可）

旧薩摩藩士で幕末・維新期に活躍した小松清廉《きよかど》(帯刀)の孫、前掲清直《きよなお》の子。祖父の通称であった帯刀を称する。先代清直の隠居後家督を相続するが、清直は山田顕義《あきよし》の建言によって華族編列・授爵の候補者に挙げられたことがあったが、結局実施されずに終わっている。帯刀に関しては、『授爵録』(明治二十九年)によれば、明治二十九年（一八九六）五月「勲功者並ニ勲功者遺族授爵ノ件」として爵位局が旧阿波国徳島藩家老・洲本城代であった稲田邦植《くにたね》とともに授爵を立案。小松分については、

　右小松帯刀の祖父故従四位下小松清廉は積年心を皇室に存し、文久以降匪躬蹇々《ひきゅうけんけん》王事に尽瘁《じんすい》し、以て維新回天の大業を翼賛し、維新後参与その他の要職を奉じ、国家の大経を議し、その勲功尤も顕著なるものとす。

と記したうえで伯爵を授けるべきとしている。これにより同月授爵の裁可を求め、六月九日付で伯爵が授けられる。帯刀授爵に関して他薦書類などが同書に綴られてはいないが、提出された蓋然性は高いと思われるため、項を立てる。

典拠 『授爵録』明治二十九年

→小松清直

小松行敏　こまつ・ゆきとし

一八四六―八一

一代華族・旧興福寺学侶（不動院）

①明治九年五月二十五日（許可）

旧堂上《とうしょう》公家石井行弘《いわいゆきひろ》三男。維新前は南都興福寺の不動院住職となり栄広と称す。慶応四年（一八六八）四月に還俗し、明治二年（一八六九）三月に非藤原姓出身につき生家へ復籍し、同年十二月従五位に叙せられ、一代限り堂上に列し、家禄を与えられて小松を称した。『公文録』所収「梶野行篤《かじのゆきあつ》外三名永世華族ニ被列ノ儀御沙汰相成度伺」によれば、明治九年（一八七六）五月二十五日付で太政官第二科で「華族従五位梶野行篤初四名ヘ御沙汰按」として、

　別紙京都府華族従五位梶野行篤初四名の儀は御維新の砌実家へ復帰仰せ付けられ、

華族列に加えられ候後、明治三年十二月に至り二代目より士族に加えられ、華族半減下賜すべき旨仰せ付けられ候処、元来奈良春日社内に於いて竟《つい》に復籍致さず勤続候数名の者はその後直ちに華族に列せられ候に付、従前同様の奉職にて甲は一代華族、乙は永世華族と相成り何分不公平に相見え候処、畢竟前後彼此の処分に渉り候故、自然甲乙相違の不権衡相生じ候義と存じ候。就いては四名の者へ更に左の通り御沙汰相成り然るべき哉、諸按取り調べ相伺い候也。

として審議をしている。これは藤原姓出身者である門跡・院家・学侶が還俗後、そのまま春日大社に「新神司」として奉職し堂上格を与えられ、さらに明治二年以降華族格となったのに対して、非藤原姓の堂上家出身である梶野(平氏)・小松(同)・西五辻《にしいつつじ》(源氏)・南岩倉(同)は一代堂上(のち一代華族)で、その身分が一代きりのものであり、二代目以降は士族に降格のうえ、家禄も半減するという措置を採られたことに対し、同じ興福寺住職でありながら甲乙の差を付けるのは不公平感があるとして、太政官において審議されたものである。おそらく、四名またはその実家筋より請願があったものと推測される。この太政官での審査は結局原案どおり梶野以下四家も一代華族から永世華族へ編入すべきものとされ、同月三十一日付で小松家も永世華族に編入される。ただし、家禄については、「先般相違し候通り心得るべき事」として、二代目からは半減するものと決められている。こののち、十七年の華族令公布に際しては行敏長女の八十子が女戸主であったため授爵されず、平松時言《ときこと》八男行《ゆき》正《まさ》(初名時韶)が入夫し、十八年五月二日付で行正へ男爵が授与されている。

典拠 「梶野行篤外三名衛生華族ニ被列ノ儀御沙汰相成度伺」(『公文録』)

小松原英太郎　こまつばら・えいたろう

一八五二―一九一九

文部大臣・貴族院勅選議員

①明治四十四年八月二十四日(不許可)

旧備前国農家出身の官僚・政治家。維新後は外務権少書記官・太政官少書記官・参事院議官補や臨時代理公使をつとめたのち、内務省に移り同省参事官や内務大臣秘書官、埼玉・静岡・長崎の各県知事、内務省警保局長、司法・内務各省次官を歴任し、第二次桂太郎内閣で初入閣し文部大臣就任。明治三十三年(一九〇〇)三月からは貴族院勅選議員、大正五年(一九一六)一月からは枢密顧問官をつとめた。『読売新聞』明治四十四年八月二十四日朝刊によれば「授爵叙勲発表(今明日中)」の見出しで、「而して今回陞爵せらるるは斎藤・平田・後藤の三大臣及び新たに授爵せらるるは小松原文相・加藤英国大使その他実業界の二三氏にして、加藤大使は特に子爵を授けらるべしとの説あり」とみえ、第二次桂内閣総辞職前における論功行賞の一環として、斎藤実・平田東助《とうすけ》・後藤新平三名の男から子への陞爵、小松原英太郎と加藤高明の新規授爵について報じ、加藤は子爵かとの可能性も指摘している。結局この際同日付で陞爵したのは平田のみで、その他は全員陞・授爵は行われず、小松原はこれ以降も授爵はされずに終わる。

小松原英太郎

典拠 『読売新聞』明治四十四年八月二十四日朝刊

小村寿太郎　こむら・じゅたろう

一八五五―一九一一

外務大臣

①明治三十五年二月二十四日(許可)

旧日向国飫肥《おび》藩士出身の外交官・政治家。維新後は大学南校で修学し、アメリカへ留学して

ハーバード大学で学び、帰朝後は明治十四年(一八八一)十月に判事となるも、十七年に外務省に転じ、以後外務権少書記官・同省翻訳局次長・同局長や公使館参事官などを歴任。二十七年十一月朝鮮駐箚《ちゅうさつ》弁理公使に任ぜられ、さらに外務省政務局長などを経て二十九年六月外務次官に就任。三十一年以後はアメリカ・ロシア各国駐箚の特命全権公使となり、三十四年九月には第一次桂太郎内閣の外務大臣として入閣。また、四十一年八月には第二次桂内閣でも外相に就任。『桂太郎関係文書』所収の三十五年二月二十四日付「岩倉具定《ともさだ》書翰」によれば、山本権兵衛(海軍)・曾禰《そね》荒助《あらすけ》(大蔵)・清浦奎吾(司法)・菊池大麓《だいろく》(文部)・小村寿太郎(外務)と平田東助《とうすけ》(農商務)の計六名の新規授爵と、林董《ただす》の男から子への陞爵について岩倉具定が事前に桂へ伝えており、「右の通りにこれあり候。外に一人昇爵の人これあり候えども、これは御面会の上にこれ無くては申し上げかね候。暫って他言お断り申し上げ候」として、この時点で銓衡・審議が終わっていたことがわかる。これは『授爵録』(明治三十四～三十八年)でも同様で、同年二月二十四日立案の当局側書類で審議されたことがみえるが、功績調書や自薦・他薦などの願書類は添付されておらず、また前記のように記載した閣僚以外にもう一名陞爵の人物がいるとしながらこれは面会してからでないと、と岩倉は述べている。この一名は桂本人の子から伯への陞爵であるが、桂自身も知らなかったとすれば、この一連の陞授爵は内閣側の関知しないところで進められた可能性もある。こののち、同月二十七日付で桂内閣の閣僚らの陞授爵は行われ、小村も予定どおり男爵を授与されている。また、その後も功績により四十年九月二十一日付で伯爵に、四十四年四月二十一日付で侯爵に陞叙している。

小村寿太郎

典拠　「岩倉具定書翰」(『桂太郎関係文書』)、『授爵録』明治三十四～三十八年

小室信夫　こむろ・しのぶ

一八三九―九八

貴族院勅選議員

①明治三十年五月二十三日(不許可)

旧丹後国与謝《よさ》郡出身の政治家・実業家。明治維新後、徴士《ちょうし》・権弁事、岩鼻県権知事、徳島藩大参事などの諸官を経て明治二十四年(一八九一)十二月より貴族院勅選議員。『近衛篤麿《あつまろ》日記』三十年五月二十三日条によれば「来状、(中略)浜岡光哲《こうてつ》(小室信夫に叙爵の御沙汰これある様尽力致しくれとの事にて口がふさがらず)」とみえる。小室と親交があった浜岡より、近衛を通じて授爵の斡旋が依頼されるも、近衛は積極的に動く姿勢を示さず。位階陞叙については、『品川弥二郎関係文書』所収の同年六月一日付「田中光顕《みつあき》書翰」に

　小室氏叙位の事取調候処、既に現在の位階は維新の功により特旨を以て叙せられ候事に付、何分この際別の理由これ無く候ては難しく候。尤も内閣とも相談仕り候処、右の通りにこれあり候。併《しか》し勲章は旭日の四等に相成り申し候。

との遣り取りが記され、品川弥二郎が、小室が現有する従五位よりの陞叙を企図するも、宮内省・内閣側ともに難色を示し、結局恩典は勲四等旭日小綬章にとどまるのみで授爵は行

小室信夫

われず。

典拠　『近衛篤麿日記』明治三十年五月二十三日条、「田中光顕書翰」(『品川弥二郎関係文書』五)

米田虎雄　こめだ・とらお

一八三九―一九一五

旧肥後国熊本藩家老

①明治十一・十二年頃（不許可）
②明治十二〜十六年頃（不許可）
③明治十五・十六年頃（不許可）
④明治二十三年三月二十一日（不許可）
⑤明治二十五年五月（許可）

米田家は旧熊本藩家老で旧禄一万五千石を知行。松井・有吉両家と並ぶ熊本藩の重臣。幕末・維新期の当主は是豪《これひで》。のち、通称の与七郎《よしちろう》を実名とした。安政六年(一八五九)十月父是容のあとを継ぎ同藩家老職となり、明治五年(一八七二)隠居をして虎雄に家督を譲る。虎雄は維新後熊本藩権大参事となり、四年七月に宮内省侍従となり、六年一月侍従番長、十年八月三等侍補《じほ》、十一年十二月には侍従長となった。十七年三月に侍従長を徳大寺実則《さねつね》に譲った後も侍従・主猟官などをつとめた。同家の華族昇格に関し、『爵位発行順序』によれば、布告案として公侯伯子男の五爵(左に朱書で公伯男の三爵)を設け、内規としては世襲・終身の別を付し、その内「世襲男爵を授くべき者」四項目中、第四項目に「旧藩主一門の高一万石以上の者及び高一万石以上の家臣」を挙げている。同案は明治十一・十二年頃のものと推定されるが、この時点では旧幕時代に一万石以上を領していた米田家は男爵に列すべき家として認知されていたと思われる。同じく前掲『爵位発行順序』にも授爵規則の「男爵を授くべき者」として、七項目中、第四項目に「旧藩主一門の高一万石以上の者及び高一万石以上の家臣」が挙げられている。前記資料とは異なり、この案は十二年以降十六年頃のものと推測されるが、こちらでも万石以上陪臣として、米田家は世襲華族として男爵を授けられるべき家とされていた。また、十五・十六年頃の作成と思われる「三条家文書」所収「旧藩壱万石以上家臣家産・職業・貧富取調書」によれば、旧禄高一万五千石、所有財産は空欄、職業は侍従長、貧富景況は相応と記されるも、当該時期には万石以上陪臣への華族編列そのものが実施されなかったため、同家も士族にとどまる。また、『山田伯爵家文書』所収の二十三年三月二十一日付「山田顕義《あきよし》秘啓」によれば、「授爵は陛下の大恩にして、国家の大典、万民の標準なり。真に陛下の親裁に出づるものにして、臣僚の容喙すべきものにあらず。然れどもその自歴を調査し、その理由を明晰にし、聖慮を翼賛するは臣下の務にして、謹慎鄭重を尽くさざるべからず。今鄙見《ひけん》を陳じ、閣下の参考に供す」として宮内大臣土方久元宛で授爵の標目として、(一)維新前後功労あり勅任官たる者および勅任官たりし者、(二)維新後功労あり勅任官たる者および勅任官たりし者、(三)維新前後功労ある者、(四)維新後功労ある者、(五)父の勲功による者、(六)神官および僧侶の世襲名家たる者、(七)琉球尚家の一門、の計七項目を挙げ、米田は当時侍従であったが第二項に適すべき者として授爵候補者に挙げられている。旧万石以上陪臣としてのものではなく、米田当人の功績による授爵案であるが、結局この時は実現していない。『授爵録』(明治二十五年)によれば、「授爵之義ニ付内申」として、米田虎雄の列華族・授爵を二十五年五月付で熊本県知事松平正直《まさなお》より宮内大臣土方久元宛で提出。

　現今御省侍従職勤務罷り在り候米田虎雄の家たる旧熊本藩主細川家の重臣にして家系正しく、食禄裕《ゆた》かに松井、有吉の両家と共に該藩の三家と称し、代々その要職に在りて政務に参与致し来たり候。

とし、同家の幕末維新期における功労などを理由として請願。同年十月三日付宮内省当局側立案書では「熊本県士族従四位勲三等米田虎雄ヲ華族ニ列シ男爵ヲ授ケラレ度稟議」と審議され、

　米田氏是容《これかた》以下三代の勤王は多くその比を見ず。謹みて按ずるに国に大労あるも

のは陞せて優班に列せらるるの例あるに因り、虎雄の如きもまた維新の旧勲及びその他の功労を録せられ特旨を以て華族に列し男爵を授けられたく高裁を仰ぐ。

として米田家における是容・是豪・虎雄三代にわたる功労と旧家格により授爵が相当とし、これらが認められ同年十月十五日付で男爵が授与される。またこののち、虎雄は功績により大正三年（一九一四）五月十三日付で子爵に陞叙されているが、こちらには請願書の類は添付されていない。なお、是豪も有爵者の先代として、虎雄の男爵授与の六月七日付で従五位に叙せられ、また死去するに及び三十七年十二月十七日付で維新の際に尽力した理由で正五位に陞叙している。

典拠 『爵位発行順序』、「旧藩壱万石以上家臣家産・職業・貧富取調書」（「三条家文書」）、「山田顕義秘啓」（『山田伯爵家文書』四）、『授爵録』明治二十五年、松田敬之「新華族先代・先々代叙位に関する一考察」（鶴崎裕雄編『地域文化の歴史を往く―古代・中世から近世へ―』）

小森頼愛　こもり・＊よりなる

一八四〇―九九

旧六位蔵人・典薬頭

①明治十一・十二年頃（不許可）

②明治十二～十六年頃（不許可）

小林家は代々地下《じげ》官人《かんじん》として典薬頭《てんやくのかみ》・助《すけ》を世襲し、また藤島・細川両家とともに六位蔵人《くろうど》に補せられる家。頼愛は嘉永二年（一八四九）九月に童形のまま正六位上に叙せられ、同年十二月に元服して典薬助に任ぜられ、慶応元年（一八六五）五月に典薬頭に進み、明治二年（一八六九）二月に従五位下に叙せられた。同年七月には旧来の律令百官が廃止となり、三年十一月には地下官人や諸大夫《しょだいぶ》・侍の位階全廃により、従五位も失位。同年十二月に京都府貫属士族となり、十六年五月から十月まで京都府監獄本所詰。同年二十四日に宮内省殿部を拝命している。十九年二月には非職となり、二十二年二月に非職満期に付殿部を免ぜられた。堂上《とうしょう》公家清岡長煕《きよおかながてる》の長女を正妻に迎えるなど、堂上家との繋がりも深かった。小森家の家格の特殊性については、『井伊家史料』所収「九条家家士島田龍章（左近）書状」にもみえ、

小森の申状も尤もにも相聞き、三十四代典薬寮頭連綿《れんめん》致しこれある義には候えども、元来堂上にもあらず地下にもあらず中間の身柄に付、町奉行所の御支配には相成らず。

と記されており、また元一条家近習であった下橋敬長《ゆきおさ》による『幕末の宮廷』その他の講演筆記中には、同家が六位蔵人の首座である極臈を勤仕した功により、たびたび堂上への昇格を打診されたものの、当時の当主頼之がそれを断ったがためについに地下のまま維新を迎え、もし維新前に堂上に列していれば子爵を授けられたであろうと触れられている。頼愛は頼之の子であるが、頼愛自身は維新前後、結局六位蔵人に補せられなかったため、維新後は藤島助胤《すけたね》・助順《すけのぶ》父子や細川常典《つねのり》、壬生輔世《すけよ》・明麗《てるつら》らのように位階をそのまま保持し得る恩召に与らなかった。ただし「六位蔵人に補せられる家」としては認知されており、『爵位発行順序』所収「華族令」案の内規として公侯伯子男の五爵（左に朱書で公伯男の三爵）を設け、世襲・終身の別を付し、その内「世襲男爵を授くべき者」として、第二項目に「元宮殿上人・小森・細川・藤島・旧大外記」と小森家を藤島・細川両家と併記している。同案は十一・十二年頃のものと推定されるが、この時点においては元伏見宮殿上人の若江《わかえ》家と旧六位蔵人三家、旧大外記の押小路ら計五家は男爵に列すべき家として認知されていたと思われる。また同じく前掲『爵位発行順序』所収「授爵規則」によれば「男爵を授くべき者」として、「元宮殿上人・小森・細川・藤島」が挙げられている。前記資料とは異なり、十二年七月に華族に列した旧大外記である押小路家が省かれていることから、この案は十二年以降十六年頃のものと推測されるが、こちらでも伏見宮殿上人の若江家や六位蔵人の三家は男爵を授けるべき家として認識されていたと思われる。旧堂上公家は原

則子爵以上を、また維新後新家を創立した家は男爵を授けられる内規であり、十七年七月の華族令公布に至るまでの間、長く若江以下の諸家の男爵案が残っていた証左ともいえるが、結局は選に洩れ、小森家は頼愛、子の兌、孫の頼粋の代になっても授爵されずに終わっている。

典拠『爵位発行順序』

近藤基樹　こんどう・もとき

一八六四―一九三〇

海軍造船中将・工学博士

①昭和四年十二月九日（許可）

旧幕府海軍操練所で翻訳方もつとめ、維新後は海軍中佐・海軍一等教官ともなった教育家近藤真琴《まこと》の子。近藤は明治十六年（一八八三）九月に海軍二等工長に任ぜられ、海軍省主船局に勤務。十九年九月には造船機械学科修行のため、イギリス留学を命ぜられ、翌年十月グリニッジ海軍大学校へ入学。二十三年六月同校卒業。同年十月帰朝後は海軍大技士に任ぜられ、その後も一貫して技術畑を歩み、四十一年十二月に海軍造船総監に進級。この間、東京帝国大学工科大学講師や各種委員も嘱託される。また、大正八年（一九一九）九月の階級呼称の改正で海軍造船中将となる。近藤の授爵は『授爵陞爵申牒書類』および『授爵録』（昭和二～十九年）によれば、昭和四年（一九二九）十二月九日付で内閣総理大臣浜口雄幸より宮内大臣一木喜徳郎《いちききとくろう》へ申牒。

海軍造船中将従三位勲一等功四級近藤基樹は別紙功績調書の通り功績顕著なる者に付、左の通り授爵の儀詮議相成りたし。

として「功績調書」を添付。調書には、

右は明治十七年九月海軍二等工長に任官以来、身を軍職に奉ずること実に三十有九年の久しきに亘り、その間海軍艦政本部員・海軍大学校教官・東京帝国大学工科大学講師・大本営海軍軍務部部員・海軍艦型試験所長等の要職に歴任し、なお艦船兵装並びに海軍制度その他諸般の調査委員となりて重要なる任務を担任し、克《よ》くその職責を完うし功績顕著なり。殊に我が海軍造艦事業は一に同人の計画並びに実施に係わるものにして、その計画に基づき建造したる帝国海軍艦船を挙ぐれば、

戦　艦　陸奥、長門、日向、伊勢、山城、扶桑、攝津、河内、安芸、薩摩、

巡洋戦艦　比叡、榛名、霧島、鞍馬、伊吹、筑波、生駒、

巡　洋　艦　須磨、明石、利根、筑摩、平戸、矢矧、多摩、球磨、大井、木曽、

砲　艦　淀、最上、宇治、鳥羽、嵯峨、

駆逐艦　海風、山風、桜、橘及び村雨型三等駆逐艦三十八隻

の多きに及び、これ等諸艦の成績頗る良好にして、所期の要望に適応し、現に各々主要なる任務に服し遺憾なし。特に村雨型駆逐艦は日露戦役中克く繁劇困難なる任務に服し多大の戦果を収め、次いで戦役後我が国に置いて始めて弩級艦の建造計画を進めらるるや筑波・生駒の竣工に成功し、殊に最近世界の耳目を衝動せしめたる陸奥・長門は一に同人の計画に係わるものにして、その栄誉は同艦の威力と共に世界列強に誇るに足るものあり。その我が国造艦上に効したる功績偉大なり。なお多年東京帝国大学工科大学講師として造船学講座を担任し、現今官民造船界の首脳者にして、同人の指導薫陶を受けざるもの殆どなく、また後年造船協会会長に推され、我が国造船界の元勲として斯界《しかい》の指導啓発に尽瘁したる功績また甚

近藤基樹

大なり。要するに我が海軍事業が斯術の先進国たる英国に比し敢えて遜色なきに至りしのみならず、また我が造船界の今日世界列強と優劣を競うに至りしは全く同人の力与りて多きに居ると謂うべく、これ蓋《けだ》し同人が造船学に於ける造詣極めて深き賜のみならず、実にその献身的努力と熟誠とを以て終始したる結果に外ならず。また父近藤真琴は明治初年近藤塾を創設し、一大育英事業を興し、門下に多数の偉才駿足を輩出するあり。父子相共に邦家の為貢献したる勲績寔《まこと》に顕著なり。

と記される。また同じく海軍大臣財部彪《たけし》より首相浜口に宛てた功績調書もほぼ同じ内容であり、末尾には「以上の如く同官の功績は実に稀に見る偉大なるものこれあり候に就いては、この際特に授爵相成り候様御然気相成りたく履歴書相添え右申請す」と結び、履歴書を添付する。この海軍造船事業・技術の向上に尽くした功績が認められ、同月二十六日付で男爵を授けられる。

典拠 『授爵陞爵申牒書類』、『授爵録』昭和二～十九年

近藤廉平　こんどう・れんぺい
一八四八―一九二一
日本郵船会社社長

①明治四十四年（許可）
②明治四十四年八月二十二日（許可）

旧徳島藩士出身の実業家。維新後は三菱会社に入社し、以後吉岡鉱山事務長・三菱汽船会社取締役を経て明治十八年（一八八五）日本郵船会社創立にあたり、翌年には同社東京支店支配人兼本社支配人や同社理事・専務取締役となり、二十七年には副社長に就任。二十八年社長に昇格。また、同年功績により勲三等旭日中綬章、さらに三十九年には勲二等旭日重光章を叙勲。授爵については横山源之助の「男爵を授けられたる新旧五大富豪」にみえ、

近藤廉平

去八月桂太郎内閣瓦解の間際に、兼ねて世評に上って居た実業家の授爵が行われた。世評の風聞に依れば、渋沢男爵は昇爵し、鴻池、三井、住友三旧家の外に、大倉、安田、豊川《とよかわ》、及び藤田の諸氏が授爵さるるやに噂されていた。発表されたのを見ると、安田、大倉、益田氏等の姓名は除かれ、鴻池、三井、住友の三旧家と、藤田、近藤の二氏であったのは聊か案外であった。

と記され、第二次桂太郎内閣の末期から、実業家授爵に対する風説が伝わっていたと思われるが、下馬評には上がっていなかった近藤が男爵となったことは「聊か案外」と述べている。また、『山県有朋関係文書』所収の同月二十二日付「渡辺千秋《ちあき》書翰」には「授爵の儀は昨日親しく奏上仕り候間、多分本日は御裁可在らせられ候事と存じ候」とみえ、同月二十四日付で加藤高明・石井《いしい》菊次郎の両名が、二十五日付で住友吉左右衛門（友純《ともいと》）・三井八郎次郎（高弘《たかひろ》）・鴻池善右衛門・近藤廉平とともに近藤も授爵。『新日本』によれば、日露戦争に際して公債政策に最も援助をしたのは三菱合資会社理事の豊川良平《りょうへい》であったが、藤田らに男爵を与えるのであれば「桂内閣の金城鉄壁とした公債政策に尽瘁《じんすい》した諸人をも取るべきであった」とし、同じ実業者間でも功績取調が当時困難であった事情が窺われる。なお、『授爵録』（明治四十三～大正三年）にはこの一連の実業家らの授爵については通例の裁可を仰ぐ書類のみが綴られ、功績調書や他薦の請願書類は添付されていない。

典拠 横山源之助「男爵を授けられたる新旧五大富豪」（『新日本』一ノ七）、「渡辺千秋書翰」（『山県有朋関係文書』三）

近藤　某（用虎カ）　＊こんどう

旧交代寄合・元中大夫席

①明治十一・十二年頃（不許可）

②明治十二〜十六年頃（不許可）

近藤家は旧幕時代には交代寄合《こうたいよりあい》表御礼衆の格式を与えられ、三千四百九石余を知行した旗本。幕末・維新期の当主は用虎。朝廷に早期帰順して本領を安堵され、朝臣に列して中大夫席を与えられた。『太政類典』所収「近藤用虎外三名版籍奉還ヲ請フ」によれば、明治二年（一八六九）十二月に元高家《こうけ》で中大夫の足利（前姓畠山）基永らとともに土地・人民を奉還している。同月には中大夫以下の称が廃せられるのに伴い士族に編入されている。同家の華族昇格に関し、『爵位発行順序』所収「華族令」案の内規として公侯伯子男の五爵（左に朱書で公伯男の三爵）を設け、世襲・終身の別を付し、その内「世襲男爵を授くべき者」四項目中、第三項目に「元高家・交代寄合」を挙げている。同案は十一・十二年頃のものと推定されるが、この時点では旧幕時代に万石以下でありながら、若年寄ではなく諸侯や高家同様に老中支配である交代寄合は男爵に列すべき家として認知されていたと思われる。同じく前掲『爵位発行順序』所収「授爵規則」によれば「男爵を授くべき者」として、七項目中、第二項目に「元交代寄合・元高家」が挙げられている。前記資料とは異なり、この案は十二年以降十六年頃のものと推測され、こちらでも旧交代寄合である近藤家は男爵を授けるべき家とされているが、結局授爵内規からは交代寄合は一律除かれ、華族編列・授爵は不許可に終わっている。

典拠　「近藤用虎外三名版籍奉還ヲ請フ」（『太政類典』）、『爵位発行順序』

さ

西園寺公望　さいおんじ・きんもち

一八四九―一九四〇

旧堂上公家（清華家）、内閣総理大臣

①大正八年八月二十九日（不許可）

②大正九年八月十一日（許可）

元内閣総理大臣・パリ講和条約会議全権委員

旧堂上《とうしょう》公家で家格は清華《せいが》家の徳大寺公純《きんいと》の次男。同じく清華の西園寺師季《もろすえ》の養子となる。維新時には山陰道鎮撫総督や三等陸軍将・新潟府知事などを歴任し、明治三年（一八七〇）よりフランスへ留学。十三年帰朝後は参事院議官補・同議官となり、十七年七月の華族令公布に際しては侯爵を授けられる。その後はオーストリア＝ハンガリー駐劄《ちゆうさつ》特命全権公使やドイツ駐劄特命全権公使・賞勲局総裁・貴族院副議長・枢密顧問官などの諸官を歴任し、二十七年十月には第二次伊藤博文内閣で文部大臣・外務大臣、三十一年一月には第三次伊藤内閣で文部大臣、三十三年十月には枢密院議長となり、三十六年七月に伊藤のあとをうけて立憲政友会総裁に就任し、三十九年一月から四十

一年七月まで、また四十四年八月から大正元年(一九一二)十二月の間、二度内閣総理大臣をつとめた。以後、元老に列し、大正八年一月からはパリ講和会議全権委員の首席となる。『東京日日新聞』大正八年八月二十九日朝刊によれば「西園寺侯公爵たらん／御批准後に発表か」の見出しで、

講和大使として七十有余の老軀を提《さ》げて巴里《パリ》に赴き、八ヶ月に亘って大任を果たし、去る二十三日無事帰朝せる西園寺侯が一昨日日光行在所《あんざいしょ》に伺候し、具さに会議の顚末を闕下《けつか》に伏奏したる際、畏くも陛下には侯が今回の労苦を思し召されて優詔を賜りたるは、侯がこの度の使命に対して世上に毀誉さまざまの説あれども、聖上が侯に対する御信任厚き事を証するものと見るべく、内閣に於いてもまた園《えん》侯《こう》の功労表彰につき何等かの奏請するところあるべきはいうまでもなけれど、目下正二位大勲位にして若し位階を陞叙するとせば従一位となる訳なれども、従一位の位を有し居るものは現在とては浅野長勲《ながこと》、久我通久《こがみちつね》の両侯爵あるのみにて、山県公、松方侯、大隈侯等の元老も正二位に止まり、且つその筋の方針も今後は生前に従一位を奏請する事を絶対になさざる事に決し居れば、園侯に対してのみ特に従一位を奏請するが如き事はなく、また勲等も侯は出発に際して既に大勲位を授けられ居れば、この上は頸飾《けいしょく》章加授より外には途なく、現内閣としては今度の講和に種々の非難あるにせよこれを以て大成功なりと吹聴し居る位なれば、必ずや園侯に対しては華々しき行賞の奏請をなすべく、恐らく爵位を陞して公爵を授けらるる事となるべく、同時に牧野男を初め講和会議に列せる全権委員や原首相その他の閣僚、外交調査会委員等にも陞爵・授爵の恩命下るべく、而してその時期は勿論不明なるも講和条約に対して御批准あり、平和に関する諸般の事務が一段落つきたる上にてそれぞれ発表さるべしと某宮内高官は語れり。

西園寺公望

と第一次世界大戦後のパリ講和条約締結に際して全権委員であった西園寺と、牧野伸顕・珍田捨巳《すてみ》・伊集院彦吉・松井慶四郎らに対する論功行賞について大きく報じている。全権委員中有爵者は西園寺・牧野・珍田の三名であり、伊集院と松井は新規の授爵ということになるが、この際はすぐに審査がされなかったためか、年内の陞・授爵は行われていない。『授爵録』(大正八〜十一年)によれば、大正九年八月十一日付で内閣総理大臣原敬より宮内大臣中村雄次郎宛で西園寺らの陞・授爵を申牒。

左記正二位大勲位侯爵西園寺公望外十名は対独平和条約等締結並びに大正三四年戦役に継ぐ戦役に関し別紙功績書の通り功績顕著なる者に付、各頭書の通り陞爵授爵の儀詮議相成りたし。

として西園寺以下、内田康哉・珍田・高橋是清・牧野・加藤友三郎の陞爵、田中義一・山本達雄・伊集院・幣原喜重郎・松井らの授爵詮議を各人の「功績書」を添付して求めている。西園寺の功績書には、

右は国家の重臣として終始国事に尽瘁《じんすい》し、特に大正八年平和会議の仏国巴里に開かるるや講和全権委員として会議に列し、全権委員の主席を以て尊俎《そんそ》の間に折衝して措置極めて機宜に適し、克《よ》く帝国の地位を列強の間に昂《たか》め、遂に対独平和条約等の締結を見るに至れり。その勲功洵《まこと》に顕著なりとす。

と記される。このパリ講和会議における外交上の功績が認められ、同年九月七日付で侯より公へ陞爵している。

典拠　『東京日日新聞』大正八年八月二十九日朝刊、『授爵録』大正八～十一年

西郷菊次郎　さいごう・きくじろう

一八六一―一九二八

西郷隆盛庶長子

①明治二十七年二月十二日（不許可）

西郷隆盛が奄美大島遠島中に愛加那《あいがな》との間に生まれた子。後掲西郷寅太郎《とらたろう》の庶兄にあたる。維新後はアメリカに留学。帰国後、西南戦争で西郷軍に加わり、戦後は明治十七年（一八八四）五月外務省御用掛、翌年一月外務書記生、十九年一月交際官試補、二十三年十月宮内省式部官、二十四年八月外務省翻訳官と諸官を歴任し、日清戦争においては陸軍省雇員・大本営付となり、二十八年五月台湾総督府参事官心得・同安平出張所長・台北県基隆《キールン》支庁長・宜蘭《ギーラン》庁長などとなり、三十七年十月より四十四年七月まで京都市長をつとめた。授爵については、『読売新聞』二十七年二月十一日朝刊によれば「授爵及陞爵に関する風説」の見出しで、

　西郷菊次郎氏授爵の風説は今に始まったる話にあらず。氏はこれを畏れ多きことに思いて辞退の意をある人に申し出でし趣なれど、今回は丁度好機会なるにより、多分授爵の御沙汰あるべしという。尤も侯爵を授けらるるや否やは未だ定まらず。尚下級の爵を授くべしとの説ありと聞けり。また陸奥氏・芳川氏・渡辺氏等大臣たりし人に授爵あるべしとの説もあれど、かくの如くなりては、楠本正隆氏・山口尚芳氏等前元老院議官の連中にも授爵すべき人沢山あるにより、多分見合わせとなるべしというものあり。その他山内《やまうち》侯を公爵に、伊藤・山県・黒田の三伯を侯爵に陞せらるべしというものあれど、多分想像の説なるべく。また維新前後山陵奉行たりし故戸田大和守及び山陵御造営奉行たりし故渥見政同（旧名祖太郎）氏等の功労を追賞せられ、大婚祝典の当日、特旨を以て大和守の曽孫子爵戸田忠義《ただよし》氏に爵一階を進められ、渥見政同氏へは正四位を贈らるるとの噂は確かなる如くなるが、先ず何事も未だ確定したることなきが事実ならん。

と報じられており、この当時西郷家の復権に伴う同家への授爵では、寅太郎ではなく菊次郎が擬せられていたと思われる。

典拠　『読売新聞』明治二十七年二月十一日朝刊

→西郷菊之助・西郷寅太郎・西郷某

西郷菊之助　さいごう・きくのすけ

生没年不詳

西郷隆盛遺児

①明治二十二年七月二日（不許可）

西郷隆盛の子とするが、菊之助は「菊次郎」の誤りとも思われる。『尾崎三良《さぶろう》日記』明治二十二年（一八八九）七月二日条によれば、

　条公《じょうこう》を訪《と》う。在朝有功の士を華族に列するの談あり。その人名は子爵、河野敏鎌《こうのとがま》、西郷菊之助、男、井田譲《ゆずる》、山口尚芳・伊丹重賢《しげかた》・花房義質《よしもと》・石田英吉《えいきち》・辻維岳《いがく》の八人。右の外八人の候補者あり。楠本、藤村、山田信道、桂太郎、岩村高俊、北垣、三宮《さんのみや》、舟（船）越等なり。依て云う、楠本は第一着に属すべきものなりと。その余は意見なし。

とみえ、西郷菊之助へは子爵を授けるべきとの案。実際にこの案が上奏されたのかは不明で、結局授爵は行われていない。

典拠　『尾崎三良日記』明治二十二年七月二日条

→西郷菊次郎・西郷寅太郎・西郷某

西郷従道　さいごう・じゅうどう

一八四三―一九〇二

元帥・海軍大将、海軍・内務各大臣

①明治二十八年七月十八日（許可）

　海軍大将・海軍大臣

旧薩摩藩士出身の海軍軍人・政治家。西郷隆盛の弟、前掲西郷菊次郎・後掲寅太郎の叔父にあたる。幕末・維新時には国事に奔走し、明治三年（一八七〇）八月兵部権大丞《ごんのたいじょう》、翌年七月陸

軍少将兼兵部大丞に、同年十二月には兵部少輔に任ぜられる。五年二月に兵部省が廃止され、陸・海軍両省に分離されると陸軍少輔に転じ、以後近衛副都督・陸軍大輔などを経て七年四月陸軍中将に進級し、台湾蕃地事務都督となった。その後は陸軍卿代理や近衛都督を経て、十一年五月に参議兼文部卿に就任。以後、陸軍卿・農商務卿などを歴任。十八年十二月以降は第一次伊藤博文・黒田清隆・第一次山県有朋・第二次伊藤・第二次松方正義・第三次伊藤・第一次大隈重信の各内閣で海軍大臣を、第一次山県・第一次松方両内閣で内務大臣として入閣。またこの間、二十五年一月から六月まで枢密顧問官をつとめ、二十七年十月には陸軍中将より海軍大将に転じ、さらに三十一年一月元帥府に列せられ、元帥の称号を与えられた。十七年の華族令公布に際しては七月七日付で伯爵を授けられる。従道の伯から侯への陞爵については、『授爵録』(明治二十六～二十八年)によれば、陞爵に関する自薦・他薦書類や功績調書は添付されていないが、伊藤博文・山県有朋・大山巌・樺山資紀《すけのり》・野津道貫《みちつら》らとともに陞爵一覧表が綴られており、西郷については山県・西郷とともに「征清の役軍功顕著なるに依り、特に陞して侯爵を授く」とみえる。軍功による陞爵は西郷と山県・大山・野津・樺山、子爵への新叙として川上操六《そうろく》・伊東祐亨《ゆうこう》の計七名であるが、この七名については二十八年七月十八日付で内大臣徳大寺実則《さねつね》より宮内大臣土方久元宛で「右軍功に依り陞叙・新叙御内意に候間、表面閣下より裁可仰がるべく候。この段進達候也」と記されており、すでに七月十八日の時点で陞爵が検討されていたものと考えられ、同月二十日付で裁可を仰いだうえ、翌月五日付で正式に侯への陞爵が認められている。

西郷従道

典拠　『授爵録』明治二十六～二十八年

西郷寅太郎　さいごう・とらたろう

一八六六―一九一九

西郷隆盛嫡男

①明治二十三年三月二十一日（不許可）
②明治三十五年五月六日（許可）
③明治三十五年五月二十日（許可）

西郷隆盛と糸子の子で西郷家の嫡男。前掲菊《きく》次郎《じろう》は庶兄にあたる。西南戦争後、明治十七年(一八八四)よりドイツ留学。帰朝後、陸軍戸山学校射撃科を卒業し、その後は第一師団管区軍法会議判士や歩兵第五十五・同第一各連隊大隊長、東京・習志野各俘虜《ふりよ》収容所長などを歴任し陸軍歩兵大佐に昇る。『山田伯爵家文書』所収の二十三年三月二十一日付「山田顕義《あきよし》秘啓」によれば、「授爵は陛下の大恩にして、国家の大典、万民の標準なり。真に陛下の親裁に出づるものにして、臣僚の容喙すべきものにあらず。然れどもその自歴を調査し、その理由を明晰にし、聖慮を翼賛するは臣下の務にして、謹慎鄭重を尽くさざるべからず。今鄙見《ひけん》を陳じ、閣下の参考に供す」として宮内大臣土方久元宛で授爵の標目として、(一)維新前後功労あり勅任官たる者および勅任官たりし者、(二)維新後功労あり勅任官たる者および勅任官たりし者、(三)維新前後功労ある者、(四)維新後功労ある者、(五)父の勲功による者、(六)神官および僧侶の世襲名家たる者、(七)琉球尚家の一門、の計七項目を挙げ、河野は「第一項適当者の中にては河野敏鎌《とがま》・辻維岳《いがく》の両人に止められん事を希望す」とし、辻と同格と見なし、授爵候補として河野の名を挙げるも不許可に終わる。ついで「田中光顕《みつあき》関係文書」所収の三十五年五月六日付「山県有朋書翰」によれば、

芳翰《ほうかん》落手一読。先ず以て老閣方万福敬賀。扨《さて》は今般、徳川慶喜及び大西郷両人へ授爵の儀に付細縷仰せ聞かせられ了承。維

新前後よりの功績に付、叙爵仰せ付けたる者の歴史上より考究すれば、この両人に限りさまで異議を唱うべき程の事もこれ無き歟と察し申し候。去りながら、功罪の軽重より判断を試むれば、この外の人に派(波)及致し候ては、到底名分相立て難き事情惹き起こし致すべきの虞これあり申すべく、この点に付いては深重考慮を煩わし置きたき事に候。先ずは概要拝答迄。

と元老山県が宮内大臣田中光顕《みつあき》宛で徳川慶喜と隆盛遺児の寅太郎両名への授爵一件について慎重ながらも賛意を表している点がみえる。また、『授爵録』(明治三十四～三十八年)でも同月二十二日付の当局審査を経て、二十四日に裁可を得て六月三日付で侯爵が授けられている。また、『［諸雑公文書(狭義)］』所収の「［雑書類］」中にも慶喜・寅太郎両名への授爵裁可を仰ぐ書類が収録されている。

典拠　「山田顕義秘啓」(『山田伯爵家関係文書』四)、「山県有朋書翰」(法政大学所蔵「田中光顕関係文書」、『法政大学文学部紀要』六三)、『授爵録』明治三十四～三十八年、「［雑書類］」(国立公文書館所蔵『［諸雑公文書(狭義)］』)

→西郷菊次郎・西郷菊之助・西郷某

西郷　某　＊さいごう

生没年不詳

西郷隆盛遺児

①明治二十九年六月二十六日（不許可）

『読売新聞』明治二十九年(一八九六)六月二十六日朝刊によれば、「今後の授爵」の見出しで、

過日来、続々授爵の恩命下りたるが、尚この外にも同一の恩命に与らんとて運動し居るものあれど、その筋にては維新の功により華族に列せらるるものは過日岩崎・三井・楠本諸氏の恩命ありし時と限りとなし、今後は全くこの種の授爵はなしとの事なり。然れども維新の際勲功ありし人の二三男にして分家するものは、左の制限により華族に列せらるることに内決し居るよし。一、三条・岩倉・島津・毛利の四家は二人を限り分家したる二三男を華族に列するを得。一、その他の華族は一人を限り分家したる二三男を華族に列するを得。尚、西郷隆盛翁の遺子を華族に列すべしとの議なそものあれど、この事に付ては土方宮内大臣等痛く反対の説を持し『大西郷が維新の元勲たるは言うまでも無き事なれど、彼が一朝方向を誤り、為に宸襟《しんきん》を悩し奉りたるの罪は到底抹殺すべからざるにより、断じて授爵の恩命に与らしむるべからず』と論じ為に沙汰止みとなりしなりと。

として、この当時分家華族創出の内規が定まったとの報道がされるとともに、西郷の遺児への授爵については宮内大臣土方久元が反対しているため実現していないとも報じている。なお、この当時授爵対象・候補者として、寅太《とらた》郎《ろう》・菊次郎《きくじろう》のいずれが擬せられていたのかは不明のため、別項目として立てる。

典拠　『読売新聞』明治二十九年六月二十六日朝刊

→西郷菊次郎・西郷菊之助・西郷寅太郎

斎藤　実　さいとう・まこと

一八五八―一九三六

海軍大将・内閣総理大臣

①明治四十四年八月二十四日（不許可）

海軍中将・海軍大臣

②大正十四年三月三十日（許可）

予備役海軍大将・朝鮮総督

③昭和二年十二月二日（不許可）

予備役海軍大将・朝鮮総督

④昭和八年十二月十四日（不許可）

退役海軍大将・内閣総理大臣

旧仙台藩一門水沢伊達(留守《るす》)家家臣出身の海軍軍人・政治家。明治十二年(一八七九)海軍兵学校卒業後、海軍少尉補に任官。以後、累進して三十三年五月少将に進級し、海軍総務長官や海軍次官をつとめ、三十七年六月中将、三十九年一月以降、第一次西園寺公望・第二次

桂太郎・第二次西園寺・第三次桂・第一次山本権兵衛の各内閣で海軍大臣として入閣。この間、大正元年(一九一二)十月大将に進級。三年四月待命となり、翌月予備役編入。八年八月から昭和二年(一九二七)十二月まで朝鮮総督。枢密顧問官に転じたのち、四年八月から六年六月まで再度朝鮮総督となり、七年五月内閣総理大臣に就任。九年七月総辞職後、翌年十二月に内大臣に親任されるが、十一年の二・二六事件の際に暗殺された。またこの間、明治四十年九月二十一日付で男爵を授与しているが、『授爵録』(明治三十九～四十年)には授爵決定者中に名前がみえるのみで、功績調書や授爵に関しての請願書の類は綴られてはいない。男から子への陞爵については、『読売新聞』明治四十四年八月二十四日朝刊によれば「授爵叙勲発表(今明日中)」の見出しで、

斎藤　実

　内閣更迭前に発表さるべき閣臣その他功労者の叙勲につきては既報の如くその詮議全く結了せしを以て、近くは今明日中愈々《いよいよ》発表の運びに至るべし。而して今回陞爵せらるるは斎藤・平田・後藤の三大臣及び新たに授爵せらるるは小松原文相・加藤英国大使その他実業界の二三氏にして、加藤大使は特に子爵を授けらるべしとの説もあり。而して外務・内務・大蔵・農商務その他条約改正に与りし約六十名の関係者に対しては所謂功労に依りとの理由を以て夫々《それぞれ》叙勲または賜金等の御沙汰を賜るべし。

と報じられており、第二次桂内閣総辞職前における論功行賞で、第一次西園寺内閣以来海軍大臣として入閣している関係から男から子への陞爵が企図されていたようであるが、この記事中で挙げられた候補者中実現したのは、八月二十四日付で平田東助が子爵に陞叙した一例のみであり、誤報であったのか、それとも詮議に洩れたのか斎藤は実現していない。大正期に入っても陞爵に関する動きはみられ、『授爵録』(大正十二～十五年)によれば、大正十四年(一九二五)三月三十日付で内閣総理大臣加藤高明より宮内大臣一木喜徳郎宛で牧野伸顕とともに斎藤の陞爵詮議を申牒している。斎藤については、

　右者は大正八年八月命を朝鮮総督に拝してより約六年間に亘り拮据《きっきょ》経営、克《よ》くこの大任を尽くし令名大いに顕れ、輿望《よぼう》内外に高し。その治績の概要別紙の通りにこれあり候。就いてはこの際特に勲功を録せられ子爵に陞叙せられたく、この段照会に及び候也。

として「勲功調書」を添付。非常に長文のこの調書には、(一)朝鮮総督として朝鮮人官吏の差別撤廃に大いに尽力し、(二)従来の憲兵警察制度を変革し、(三)教育制度の面では公立普通学校や中等教育機関、教員養成機関を増設し、京城帝国大学を開設、(四)地方行政制度の面では中央集権の弊害を改め地方官の権限を拡張、(五)産業面では朝鮮産米の増殖計画、米穀検査の実施などで産業の啓発に尽力、(六)財政面では関税改正や移入税の一部撤廃、人参税の廃止等で改革を行い、(七)社会救済では各種社会事業を経営する途を開き、(八)交通面では道路の築造・改修や鉄道の延長などを企画し、(九)衛生面では慈恵医院を設置し、衛生施設の拡張に尽力、(十)宗教行政では学務局に宗教課を設置して布教規則を改正して布教の便を図り、(十一)行財政整理を敢行して事務を簡捷を計ったという計十一の項目を列挙して功績を挙げる。これが認められ、同年四月九日付で子爵に陞叙される。昭和期に入るとさらに子から伯への陞爵に関する動きがみられるようになり、『牧野伸顕日記』昭和二年(一九二七)十二月二日条によれば、

　宮相より首相の談として、斎藤は肺エソ

に罹りたる趣、就いては昇爵の御詮議出来ざるやとの内話に付、それはむつかしかるべし。僅々《きんきん》両年位前に朝鮮の事蹟に付御詮議ありたる末、更に同様の廉にては到底考慮の余地なかるべしと確答したりとの事なりしに付、小生全く同感を表し置けり。

と記され、内閣総理大臣田中義一が宮内大臣一木喜徳郎《いちききとくろう》へ斎藤の伯への陞爵を願い出たことが確認される。この件については、『東京日日新聞』同月八日付夕刊でも、「引退の斎藤総督／昇爵奏請か／首相・宮相を訪《と》うて／今後の優遇問題につき協議」の見出しで、

田中首相は七日午前十一時半、宮中における枢密院本会議終了後、宮中において一木宮相と会見、今回辞任することとなった斎藤朝鮮総督の今後の待遇問題および来秋行わるべき御大礼期日変更の件、大礼使官制公布の件等につき打ち合わすところあり、正午辞去したが、田中首相の意向では斎藤子引退後の優遇については伯爵奏請の希望を持って宮相に懇談した模様である。

と報じられ、総督退任にあたり伯への陞爵を田中首相が企図していたことを裏付けている。こののちも斎藤陞爵の動きは確認され、『東京朝日新聞』昭和八年十二月十四日朝刊によれば「本庄武官長の授爵奏請／斎藤実氏も陞爵か」の見出しで、

満州事変の論功行賞に伴う授爵問題については軍人・文官両方面について考慮されているが、陸軍側よりは当時の関東軍司令官現侍従武官長本庄繁《しげる》大将、当時の陸軍大臣現軍事参議官荒木貞夫《さだお》大将、また海軍側よりは当時の海軍大臣にして現海相の大角岑生《みねお》大将をそれぞれ推薦して居り、これに対し内閣・宮内省の打ち合わせにおいては、右三大将中、本庄大将の男爵授爵については異論がなく、従って同大将の授爵奏請は確定的であるが、荒木・大角両大将については内閣と宮内省の方に難色があっていまだいづれとも決定せぬ事情にあり。尚文官の授爵については当時の内閣総理大臣斎藤子の伯爵陞爵が内閣と宮内省との間に内議が進められつつあり、斎藤子の陞爵奏請は或いは実現するのではないかと見られている。

とみえ、満州事変の際の首相として斎藤へ伯への陞爵奏請が行われ、実現するのではないかと報じられているが、実際には同事変の功績での陞爵はなく、海軍側から大角岑生が授爵したのみであった。こののち斎藤は二・二六事件で暗殺されるが、その際も陞爵は詮議された形跡がなく、死去に際して大勲位菊花大綬章を叙勲するに至っている。

典拠　『読売新聞』明治四十四年八月二十四日朝刊、『授爵録』大正十二～十五年、『牧野伸顕日記』昭和二年十二月二日条、『東京日日新聞』昭和二年十二月八日夕刊、『東京朝日新聞』昭和八年十二月十四日朝刊

嵯峨公勝　さが・きんとう

一八二〇―一九〇九

旧堂上公家（大臣家）

①明治十七年七月七日（不許可）

同家は旧堂上《とうしょう》公家で大臣家《だいじんけ》の家格。明治三年（一八七〇）十二月二十三日に正親町三条《おおぎまちさんじょう》を嵯峨と改めた。先代実愛《さねなる》は幕末・維新期には岩倉具視らとともに活躍し、十四年四月に隠居し、公勝へ家督を譲る。同家は十七年の華族令公布に際しては七月七日付で伯爵を授与されるが、侯への昇格を企図。すでに授爵当日の『嵯峨実愛日記』でも不平を述べており、

当家旧家格の如きは諸家堂上の上に在り、世俗大臣家と称し、数代任槐《にんかい》、また諸大《しょだい》夫《ぶ》等を召し遣《つか》う。大略清華に下らず、家格を以て称するも侯爵に恥じず。況んや維新の功労を以て賞典米千石幷《なら》びに一等勲章を賜る。

として旧家格の点からも伯ではなく侯爵相当とし、また賞典禄千石を与えられ、勲一等も叙勲していること、さらに中御門経之《なかのみかどつねゆき》や東久世通禧《みちとみ》が「勲功」により一階上の爵を授与されているのに対し、自家はこれが斟酌されてい

ないとする。同家の陞爵運動については、川田貞夫の『嵯峨実愛日記』の紹介や、浅見雅男の著書に詳述されており、直ちに同年中の陞爵とはならなかったが、二十一年一月十七日付で実愛の維新期の功労が認められ、侯爵に陞叙している。

典拠　『嵯峨実愛日記』明治十七年七月七日条、浅見雅男『華族誕生―名誉と体面の明治―』、川田貞夫「華族令の制定と嵯峨実愛」（『日本近代思想大系』五付録）

酒井　朗　さかい・＊あきら

一八九〇―一九二五

旧安房国勝山藩主・元子爵

①大正四年六月（不許可）

同家は旧安房国勝山《かつやま》藩（維新後、加治山《かちやま》藩）主家で、旧禄高一万二千石を領し、明治十七年（一八八四）七月の華族令公布時には忠勇《ただとし》に子爵が授けられたが、三十二年七月一日に爵位を返上するに至る。朗は『平成新修旧華族家系大成』にはその名を見出せないが、出生年からのちに「忠尚《ただひさ》」と名乗った者と同一人物と比定される。「徳川義恕《よしくみ》他陞爵請願書」によれば、大正四年（一九一五）六月、同族にあたる酒井忠道《ただみち》伯爵と酒井忠亮《ただあき》子爵より宮内大臣波多野敬直《よしなお》宛で「御願」を提出。朗の兄で、先代にあたる忠勇が学習院中等学科在学中、東宮職出仕を命ぜられていたが、明治三十一年頃から悪友に誘惑され、素行が悪くなり、偽造手形行使の廉で公訴を提起され、三十二年四月二十日に華族の礼遇停止。その後、同年六月二十二日に爵位返上願を提出し、同年七月一日付で聴許。東京地裁では三十三年七月二十六日に有罪判決となるも、その後東京控訴院へ控訴した経緯を記し、

翌三十四年六月二十四日公明正大の判決下り確定して無罪青天白日の身となり、幾分栄誉毀損の罪を軽からしめたるかを感じ、心中少なからず安を覚えしも、事茲《ここ》に至りたるは恐懼言語に絶し、直ちに忠勇を隠居せしめたる上、廃嫡分家し、父忠美《ただよし》再相続を為し爾来《じらい》謹慎。唯次男以下の教育に意を致し、幾分その罪を暗い再興の特を楽に居りたるに相続人朗（明治二十三年十二月二日生）も齢已《すで》に二十六歳に達し、将《まさ》に明治大学商科を卒業せんとし、祖先の家再興の念夙夜切なるものなり。

とし、無罪確定により名誉が回復されたことをもって復爵を請願。子爵家としての体面を維持するための資産は親族中より分与してもらえるはずと述べる。酒井家失爵一件については、『尾崎三良《さぶろう》日記』三十二年四月八日・十五日、六月二十八日各条に散見している。華族の体面を維持できず爵位を返上後、家政回復により復爵した石川重之《しげゆき》の例もあり、ましてや、酒井家の場合は裁判で無罪が確定したのにもかかわらず、結局復爵は不許可に終わっている。

典拠　「徳川義恕他陞爵請願書」（宮内庁宮内公文書館所蔵）

酒井忠績　さかい・ただしげ

一八二七―九五

旧播磨国姫路藩主・酒井文子家厄介

①明治十三年十一月四日（許可）

②明治二十一年九月二十一日（許可）

旧播磨国姫路藩主。旗本酒井忠誨の次男で、姫路藩主酒井忠顕《ただてる》の養子となった。後掲酒井忠惇《ただとし》の兄で、養父。旧幕時代には文久三年（一八六三）に老中職、慶応元年（一八六五）に大老職もつとめ、官位も従四位下・左近衛権少将兼雅楽頭《うたのかみ》に昇った。その後は弟酒井禄四郎（忠恕）に寄寓、ついで先代藩主忠顕の正室文子《あやこ》方の厄介となる。明治五年（一八七二）一月六日に従五位に叙され、さらに十三年五月十八日旧位である従四位に復した。十二年四月に姫路藩を相続していた忠邦が死去し、文子が女戸主となっていたが、十三年十一月四日付で文子より忠績・忠惇両名の分家・終身華族への取立を請願。『公文録』所収「従四位酒井忠惇終身華族ニ被列ノ件」によれば、

右両人儀、今般家事上都合により各々分家致させたく、戸主酒井文子より宗親両

族連署を以て出願候に付、願の通り聞き届けるべきと存じ候。然るに明治七年七月第七十三号公布により、平民籍に編入の成規に候処、右両人は該家歴代の者にて、曽《かつ》て藩主の任に膺《あた》り、従四位にも叙せられ候者に付、特別の御詮議を以て分家後両人共一代限り華族に列せられ置き候様致したし。

として、本来明治七年七月の太政官布告第七十三号の規定により、華士族の分家した者は平民に編入すべきところ、忠績・忠惇両名はかつて藩主の座にあった者でもあり、また従四位の有位者でもあることから、「一代華族」として認めて欲しいという内容。願意が認められ、同月十八日付で「終身華族」への編列が認められる。なお、一代華族と終身華族の差異については、『公文録』所収「終身及一代華族差別ノ件」によれば、十六年十二月八日付の内閣書記官からの照会に対し、宮内省書記官の回答中に「右は御見解の如く一代華族は戸主中その族を有し、終身華族は隠居候とも存世中その族を有する儀と存じ候」とあり、一代華族の場合は隠居をして子に家督を譲ると華族の礼遇を享けられないのに対し、終身華族の場合は隠居をしても死去するまで終身礼遇を享ける身分と定められていたことが明らかである。酒井両家の場合、この差異を認識したうえで一代華族を当初申請したのかは不明であるが、結果は終身華族に編籍となる。ついで、両家は永世華族への昇格を求めるが、『海舟日記』二十一年九月二十一日条によれば「酒井禄四郎、閑亭《かんてい》、忠淳(惇)代々華族に成りたき旨、頼み申し聞く」と記され、閑亭と号していた忠績と忠淳両名の永世華族編列を勝安芳《かつやすよし》へ依頼している。勝の後援があったためか、二十二年五月十一日に両家ともに永世華族となり、同日付で男爵が授けられている。

典拠「酒井忠績酒井忠惇ヲ華族ニ列ス」(『太政類典』)、「従四位酒井忠惇終身華族ニ被列ノ件」(『公文録』)『海舟日記』明治二十一年九月二十一日条

→酒井忠惇

酒井忠惇　さかい・ただとし

一八三九―一九〇七

旧播磨国姫路藩主・酒井文子家厄介

①明治十三年十一月四日（許可）

②明治二十一年九月二十一日（許可）

旗本酒井忠誨の四男で、旧姫路藩主となった兄忠績《ただしげ》の養子となる。忠績隠居後は襲封して藩主となり、慶応三年(一八六七)十二月には老中職に就任。官位も従四位下・侍従兼雅楽頭《うたのかみ》に昇ったが、四年三月七日に官位を褫奪され、その後は忠績とともに兄酒井禄四郎(忠恕)に寄寓、ついで先々代藩主忠顕《ただてる》の正室文子《あやこ》方の厄介となる。明治五年(一八七二)一月六日に従五位に叙され、さらに十三年五月十八日旧位である従四位に復した。先代忠績同様、酒井文子より十三年十一月四日付で忠績・忠惇両名の一代華族編列を請願。同月十八日付で終身華族への編列が認められた。また、忠績と同じく、二十一年九月二十一日には勝安芳《かつやすよし》へ兄禄四郎が永世華族への編列口添えを依頼。勝の後援を得たことによるものか、忠績と同日、二十二年五月十一日付で永世華族へ編入されたうえ、授男爵。

典拠「酒井忠績酒井忠惇ヲ華族ニ列ス」(『太政類典』)、「従四位酒井忠惇終身華族ニ被列ノ件」(『公文録』)『海舟日記』明治同二十一年九月二十一日条

→酒井忠績

榊原照求　さかきばら・てるもと

生没年不詳

旧交代寄合・久能山総門番・元中大夫席

①明治十一・十二年頃（不許可）

②明治十二～十六年頃（不許可）

榊原家は旧幕時代に交代寄合《こうたいよりあい》表御礼衆の格式を与えられ、千八百石を知行し、久能山《くのうざん》総門番を世襲する旗本。初代照久《てるひさ》は久能山東照宮宮司として従二位の高位に叙せられたが、次代照清《てるきよ》よりは神職を辞して久能山総門番となり、以後の当主は代々従五位下に叙せられる身分となる。幕末・維新期の当主は照求で、安

政六年（一八五九）五月に職を継ぎ、万延元年（一八六〇）十二月に従五位下・越中守に叙任される。他の高家《こうけ》・交代寄合諸家と同じく朝廷に帰順して本領を安堵され、朝臣に列して中大夫席を与えられた。明治二年（一八六九）十二月に中大夫・下大夫・上士の称が廃止となるに伴い士族に編入され、翌年十一月には従五位の位階も返上となる『旧藩執政職功労一門末家履歴等取調書』によれば十六年当時静岡県有渡《うど》郡在住で生存。同家の華族昇格に関し、『爵位発行順序』所収「華族令」案として公侯伯子男の五爵（左に朱書で公伯男の三爵）を設け、世襲・終身の別を付し、その内「世襲男爵を授くべき者」四項目中、第三項目に「元高家・交代寄合」を挙げている。同案は明治十一・十二年頃のものと推定されるが、この時点においては旧幕時代に万石以下でありながら、若年寄ではなく諸侯や高家同様に老中支配である交代寄合は男爵に列すべき家として認知されていたと思われる。同じく前掲『爵位発行順序』所収「授爵規則」によれば「男爵を授くべき者」として、七項目中、第二項目に「元交代寄合・元高家」が挙げられている。前記資料とは異なり、この案は十二年以降十六年頃のものと推測され、こちらでも旧交代寄合である榊原家は男爵を授けるべき家とされているが、結局授爵内規からは交代寄合は一律除かれ、華族編列・授爵は不許可に終わっている。

典拠　窪田正志「久能榊原越中守組の朝廷帰順前後―与力・新井藻三郎扣にみる―」（『地方史静岡』一六）、『爵位発行順序』、『旧藩執政職功労一門末家履歴等取調書』（明治十六年）（宮内庁宮内公文書館所蔵）

榊原政敬　さかきばら・まさたか

一八四三―一九二七

旧越後国高田藩主

①明治二十二年一月六日（不許可）
②明治二十四年十二月二十八日（不許可）
③明治二十五年五月（不許可）
④明治三十三年四月五日（不許可）

榊原家は旧高田藩主家で旧禄十五万石を領し、明治十七年（一八八四）七月の華族令公布に際して子爵を授けられた。同家の子から伯への陞爵については、『海舟日記』二十二年一月六日条に「榊原政敬より、伯爵へ転じたき旨内願書付持参」とみえ、この当時勝安芳《かつやすよし》（海舟）を通じて運動に及んでいたことが確認される。また『松方正義関係文書』所収「榊原政敬事歴」によれば、二十四年十二月二十八日と二十五年五月の日付で子から伯への陞爵願が収録されており、前者は榊原家親族である前田利嗣《としつぐ》・池田章政《あきまさ》・鍋島直大《なおひろ》の三侯爵が連署で宮内大臣土方久元宛で提出。

正四位子爵榊原政敬儀、明治戊辰の役戦功を以て御賞典一万石下賜、且つ勲位をも賜り冥加の至り有難く感佩《かんぱい》罷り在り候。然るにその旧禄高十五万石にして領地肥饒《ひじょう》ならず、現石に至りては僅かに四万八千石にして五万石に些少の不足これあり、終《つい》に維新の際中藩に列するを得ず。然れども従前より軍役を始め総《すべ》て公務に関する儀は十五万石高並を以て相勤め来たり、既に戊辰の役出兵諸事尽力候次第はその節参謀伯爵黒田清隆・伯爵山県有朋等にも委曲承知在られ候由。拙者共に於いても曽《かつ》て諒知仕り候儀にて憫察罷り在り候。抑《そもそ》も本年四月賞典三万石または五千石またはは五百石の者伯・子爵等に陞爵相成り候向もこれあり。就いては政敬儀も何卒戊辰の戦功に依りて一万石下賜相成り候廉、且つ旧高十五万石の家格等これある処、御垂憐成し下され、特別の御詮議を以て政敬へ伯爵御授与下し置かれたく、本人の素願拙者共に於いてその情意捨て置き難く歎願奉り候願意相達し候様、幾重にも御取成の程伏して懇願奉り候。

と記したうえで、二十四年四月二十三日付で賞典禄三万石を賜った真田幸民《ゆきもと》・島津忠亮《ただあきら》・大村純雄《すみお》の三子爵が当人や父の勲功で伯に、また賞典禄五千石の吉川経健《きっかわつねたけ》・成瀬《なるせ》正肥《まさみつ》の両男爵が子へ陞爵したこと、また亀井茲明《これあき》も父茲監《これみ》の勲功で子から伯へ陞爵した事例を列挙している。ついで翌年五月には榊原家旧臣総代と

して田沼健が前回より詳細な請願書を宮相土方宛で提出。

正四位子爵榊原政敬儀は曩《さき》に戊辰の戦功を以て賞典禄一万石を賜り、その後また勲等に叙せられ優渥《ゆうあく》の朝恩に浴することは私共旧臣一同に於いても感激の至りに堪えざる次第に御座候。然るに同家は旧禄高十五万石に候えども、領地肥饒ならず、その実現石高僅かに四万八千四百石余に過ぎざるに依り、曾て大中小藩の制を定めらるるに当たり中藩以上に列するを得ず。私共旧臣の情甚だ遺憾とする所なりしも奈何《いかん》せんその実力の多寡に依り将来に向かいて大中小の別を立てらるるものとすればこれを訴うるに道なく、ただその領地の瘠薄《せきはく》なりしを怨み、甚だ不幸を歎ずるのみにこれあり候。その後明治十七年授爵の典を挙げらるるに至り旧主政敬は子爵の栄を賜りたり。当時他の旧諸侯にして中藩以上なりしは皆伯爵以上に列せられたるを見て、私共竊《ひそ》かに愚按仕り候に、旧諸侯へ栄爵を賜りたるものは旧来藩屏の任を尽くしたるの勲功に依るものならん。然るに旧主榊原家の如き昔日に在りてはその禄高十五万石にして現実収入の寡少なるに係わらず、その十五万石に対する軍役に服し、その藩屏《はんぺい》の任を尽くすは他の収入余裕ある十五万石の諸侯と敢えて異なる所なきを以て、寧ろその功多しと云うを得るべきか如し。また戊辰東征の役藩力を挙げて従軍せしは今の陸軍大将山県伯爵・陸軍中将黒田伯爵等当時官軍の参謀として親しく目撃せられたる所にこれあり。而して今日に在りては昔日十五万石以上の同列たりし諸侯は皆伯以上の栄爵に在り、独り旧主政敬は旧諸侯最下級の中に列せらるるを見て、私共旧臣の情忍びざる所のものこれあり、相集まる毎に談この事に及ばざるなく、常に感慨痛歎措く能わざる次第に候。ここに於いて私共一同が心竊かに願う所のものは昨年四月戊辰の戦功ある華族へ陞爵の典を挙げられし例に倣い、他日旧主政敬爵一階を進められ伯爵に陞叙せらるるの特典を蒙るあらんことを冀《こいねが》うの外これ無く候。依りて敢えて尊厳を犯し切迫の衷情を具し謹みて閣下に哀願す。閣下幸いに前文の事実御聴納の上、旧主政敬の不幸且つ旧臣等の衷情を御憫察あらせられ、何分の御執成《おとりなし》を蒙ることを得ば独り旧主政敬の光栄のみならず、私共旧臣一同に於いても感喜これに過ぐるものなしと存じ候。

と記しており、幕末・維新時の功績も加えて陞爵を望むも不首尾に終わっている。『近衛篤麿日記』三十三年四月五日条によれば、「不在中榊原彝子《つねこ》殿来られ、同伯爵昇爵の事を今回の御慶事に際して行わるる様致したき由、願書写抔持参にて貞子に話し置かれし由、余に尽力を望むの意ならんか」とみえ、同年五月の皇太子嘉仁親王(のちの大正天皇)婚礼に際して、同家の陞爵を近衛篤麿公爵に尽力を求めている。結局願意は容れられず、四度の請願も全て不許可に終わり、同家は子爵にとどまっている。

典拠　『海舟日記』明治二十二年一月六日条、「榊原政敬事歴」(『松方正義関係文書』一二)、『近衛篤麿日記』明治三十三年四月五日条

阪谷芳郎　さかたに・よしろう

一八六三―一九四一

大蔵大臣

①明治三十九年一月七日 (許可)

大蔵次官

②昭和十二年四月十六日 (不許可)

③昭和十六年十一月十一日 (許可)

貴族院議員

備中国出身の儒者・教育家として著名な阪谷素《しろし》(朗廬《ろうろ》)の子。東京大学文学部政治学理財学科卒業後、大蔵省に入省。主計局長や大蔵次官を歴任し、明治三十九年(一九〇六)一月七日に第一次西園寺公望内閣で次官より昇格して大蔵大臣に就任。大正六年(一九一七)一月からは男爵互選により貴族院議員となる。『読売

新聞』明治三十九年一月七日朝刊に「文官の授爵」の見出しで、「日露戦争の功績に依りて、少将相当の各文官には近日中に授爵せらるる筈なるが、各省次官は何れも男爵に列せらるるならんと」と報じられる。この当時の各省次官で無爵であったのは、珍田捨巳《すてみ》(外務)・石渡《いしわた》敏一《びんいち》(司法)・木場貞長《こばさだたけ》(文部)・田健治郎《でんけんじろう》(逓信)・和田彦次郎(農商務)と阪谷の計六名であったが、翌年九月二十一日付で男爵を授けられたのは珍田・田と阪谷の三名で、和田と木場・石渡の三名は不許可となり、この後も授爵されずに終わっている。さらに陞爵については、『木戸幸一日記』昭和十二年(一九三七)四月十六日条には「十時半、児玉九一君来庁、阪谷男陞爵問題に就いて相談あり。意見を述ぶ」とみえ、児玉源太郎の子で内務官僚である児玉九一が阪谷の男から子への陞爵を木戸に相談している。この時は陞爵されていないため、木戸は時期尚早との意見を述べたとも考えられる。また『授爵陞爵申牒書類』および『授爵録』(昭和二～十九年)によれば、十六年十一月十一日付で内閣総理大臣東条英機より宮内大臣松平恒雄《つねお》へ阪谷の陞爵を申牒。当時阪谷は病気危篤の状態であった。

阪谷芳郎

　従二位勲一等男爵阪谷芳郎は別紙功績調書の通り多年邦家の為に貢献したる功績顕著なる者に付、左の通り陞爵の義詮議相成りたし。

と通牒して「功績調書」を添付。調書には、

　明治十七年七月大蔵省准判任御用掛拝命し以来一等属、主計官、参事官、主計局長、総務長官、大蔵次官に歴任し、その間幣制整理、統計の編成、税制整理、財務諸法規の立案、金融及び実業の振張等、財政取調の衝に当たり、その職責を完うし、同三十九年一月大蔵大臣に親任せられ財政整理の大任に当たり、鋭意我家の大計を樹て、更に国運の伸張を図り難局を処理し、克《よ》く輔弼の重責を尽くし、同四十一年一月依願免官となり、後同四十五年七月推挙せられ東京市長と為り、市政の刷新改善を図り、次いで大正五年十二月連合国経済会議決議実施委員仰せ付けられ、親任官を以て待遇せられ、彼の地に渡り、克く任務の達成に努め、その後大正七年七月貴族院議員に当選し、爾《じ》来《らい》今日に至る迄二十三年四月余、議政の府に列して憲政の発達に寄与し、或いは各種委員会の会長または委員仰せ付けられ重要国策に参画し、殊に紀元二千六百年祝典及び奉祝事業に関与し、各種奉祝記念事業の遂行、紀元二千六百年奉祝会の実施に不断の努力を傾倒し、克くその大任を完うしたる等、同人は多年国運の進展に貢献したる功績寔《まこと》に顕著なりとす。

と記される。国家財政のみならず、この前年に紀元二千六百年記念事業において、祝典評議委員会委員長をつとめ尽力した功績も併せて請願している。この功績が認められ、同日付で子への陞爵が認められている。

典拠　『木戸幸一日記』昭和十二年四月十六日条、『授爵陞爵申牒書類』、『授爵録』昭和二～十九年

佐久間左馬太　さくま・さまた

一八四四―一九一五

陸軍大将・台湾総督

①大正三年八月二十八日

　退役陸軍大将・元台湾総督

旧長州藩士出身の陸軍軍人・政治家。奇兵隊出身者で、戊辰戦争にも従軍。維新後は陸軍に入り、以後累進して明治十四年(一八八一)陸軍少将、十九年中将となり、二十年五月二十三日授男爵。日清戦争後は軍功により二十八年八月二十日子爵に陞叙。三十一年九月に大

佐久間左馬太

将に進級し、東京衛戍《えいじゅ》総督を経て、三十九年四月には台湾総督に就任。四十年九月二十一日には伯爵に陞叙した。大正四年(一九一五)五月に台湾総督を辞していたが、同年八月五日病死。その前年より退任が既定路線であったと思われ、『寺内正毅関係文書』所収の三年九月三日付の岡から寺内への書翰中にも佐久間陞爵に関する一文が見える。また「岡市之助文書」所収の三年八月二十八日付の寺内発岡宛書翰では、「佐久間大将退任に当たり叙(陞)勲と叙(陞)爵は寧ろ叙爵の方適当と考う」とみえ、寺内は叙勲より伯から侯への陞爵が妥当と考えていたことが明らかである。また、同日付の岡発寺内宛電報によれば、

　佐久間総督退職のことは、昨日山県元帥より書面にて注意せられたり。(中略)総督退任に付、その功績に対する恩賞は爵を進められ然るべきと。参謀総長と小官も同一の考えなりしが、山県元帥は侯爵に昇るは異数の恩典なる故同意せず。寧ろ金鵄《きんし》勲章を賜ること当然なりと参謀総長に内話せられたる由なり。

とみえ、参謀総長の長谷川好道《よしみち》も陸軍大臣の岡も陞爵に賛成していたものの、山県有朋の賛意を得られなかったため、実現せずに終わる。

典拠　「岡市之助書翰」(『寺内正毅関係文書』)、「寺内正毅書翰」(国立国会図書館憲政資料室所蔵「岡市之助文書」、『神女大史学』九・一〇)

桜井錠二　さくらい・じょうじ

一八五八—一九三九

枢密顧問官・帝国学士院院長

東京帝国大学名誉教授・理学博士

①昭和三年七月三十一日（不許可）

②昭和三年十月十日（不許可）

③昭和十四年一月二十八日（許可）

旧加賀藩士出身の化学者・教育者。東京帝国大学の前身大学南校で修学し、明治九年(一八七六)六月に官費留学生としてロンドン大学へ留学。十四年九月満期につき帰朝。同月東京大学理学部および予備門勤務を命じられ、翌年八月教授に就任。以後、大正八年(一九一九)四月に退官するまでの間、東京大学・帝国大学時代も含め東京帝国大学理科大学教授として化学第一講座・第二講座担任として教鞭をとった。またこの間、明治三十九年六月には帝国学士院会員にも選出され、大正元年には東京帝国大学総長事務取扱もつとめた。『授爵陞爵申牒書類』によれば、昭和三年(一九二八)七月三十一日付で文部大臣勝田主計《しょうだかずえ》より内閣総理大臣へ授爵を内申。「功績調書」によれば明治四年に大学南校入学後、化学を修め、イギリス留学を経て、帰朝後は文部省御用掛・東京大学講師となり、翌年東大教授に任ぜられてから大正八年四月に退官するまで三十八年に及び教官をつとめ、帝国学士院会員・貴族院勅選議員・枢密顧問官を歴任した官歴を挙げ、さらに「本邦化学教育の開拓者」として東京帝国大学で理論化学・有機化学を長年担当して科学界の進歩発展に貢献した功績を縷々陳述して授爵を推薦。『読売新聞』昭和三年十月十日朝刊によれば「授爵の栄は七名に／殆ど内定した顔ぶれ／陸海軍から各一名／学者から一名／実業界から四名奏請」の見出しで、

桜井錠二

　今秋行わせらるる御大典に際しては官民となくそれぞれ功績の顕著なる者の中か

ら、政府の奏請により爵位、叙位・叙勲・褒賞等畏き御沙汰を拝する事となって居るが、政府に於いても目下その人物を慎重銓衡中で、既に大体の内定は見た模様であるが、事は畏きあたりにかかわりある為、絶対秘密に付して居る。而して授爵の恩命に接すべき者については、その銓衡及び人員等大体前例に慣い、数は七名とされ、陸海軍人各一名、実業家・事業家中から四名、学者から一名とされて居る。この内定した候補者は学者から桜井錠二氏、陸軍から奈良武次《たけじ》大将、海軍から山下源太郎大将、実業家から馬越《まごし》恭平《きょうへい》、浅野総一郎、団琢磨《たくま》、藤原銀次郎の四氏と云われて居るが、この外、井上準之助、藤山雷太氏等も銓衡中の人である。また司法方面では鈴木喜三郎《きさぶろう》氏の声もあるが、鈴木氏には個人の事情もあり、然らば原法相とも伝えられるが、原法相には時期尚早との声もあり、結局この方面は銓衡外に置かれた模様である。

と報じている。実際の授爵はこの一ヵ月後、同年十一月十日であるが、宮内省詰の記者が得た情報か、授爵候補者として学者からは桜井の名を挙げている。実際にこの枠から授爵したのは、同じく文部省より奏請した佐藤昌《しょう》介《すけ》で、桜井は選に洩れるが、前掲『授爵陞爵申牒書類』および『授爵録』(昭和二〜十九年)によれば、こののち十四年一月二十八日付で内閣総理大臣平沼騏一郎より宮内大臣松平恒雄《つねお》宛で授爵を申牒。

枢密顧問官正二位勲一等桜井錠二は別紙功績書の通り多年官務を奉じ功績顕著なる者に付、左記の通り授爵の儀詮議相成りたし。

と授爵についての詮議を求めている。『授爵録』(昭和二〜十九年)添付の「功績書」によれば、

右は明治初年英国に留学、化学を専攻し、帰朝後東京帝国大学教授に任ぜられ在職三十八年、その間理科大学長たること十二年、総長事務取扱・大学評議員等に歴任。明治二十一年理学博士の学位を授けらる。大正九年貴族院議員に、同十五年枢密顧問官に任ぜられ、また帝国学士院創立当初より会員。昭和二年より今日に至るまでその院長たり。更に文政審議会委員・学術研究会議会長・日本学術振興会理事長等、学界の重要機関に重きを為す外、海外の学術会議にも屢々《しばしば》参与し、従って我邦代表的学者として英米仏露等の学術団体の会員に推挙せらるるもの多し。かくの如くその業績経歴を見るに、国内に於いては勿論、国際的にも声望高き碩学にして、その国家に貢献せる功績たるや蓋《けだ》し偉大なるものありとす。

と記され、さらに詳細な「功績調書」も添付して(一)東京帝国大学ならびに一般学界における功績、(二)帝国学士院における功績、(三)学術研究会議における功績について記している。また、桜井授爵に至る経緯については浅見雅男の著書でも述べられているが、『授爵録』(昭和二〜十九年)の「荒木文部大臣ヨリ電話受〔一月二十八日午後五時十五分〕」にも詳しく記されており、

桜井博士が我が学界に貢献したる所多大なるは言う迄もなきが、学術行政にもまた功績顕著なるものあり。現に帝国学士院長であり、また学術研究会議会長である。学術研究会議には毎回出席さるるの勤勉振りなり。先程田中舘《たなかだて》学術研究会議副会長よりも申し出ありたるが、私(文部大臣)としても曩《さき》に岡野博士・古市《ふるいち》博士が男爵となりたる例もあり、この際桜井博士に対して授爵の奏請を願いたしと存ず。右は一に思召に依るものなれば、宮内大臣に於いて宜しく御取計を願いたし。以上の趣旨を宮内大臣に御伝えを乞う。

とあり、これは一月二十八日の午後五時十五分に文部大臣荒木貞夫《さだお》より宮内次官白根松介《まつすけ》宛で掛けた電話の内容を記したものであるが、岡野敬次郎と古市公威《こうい》の先例により正式に文部省より桜井の授爵詮議の手続を宮内省に依頼していることが明らかである。病気危篤により、同日男爵が授けられることとなる。ま

た、さらに「奏請経過時刻記録」も添付されており、同日午後一時二十五分頃に桜井は死亡していたが、喪を秘して授爵詮議が行われていたなどの経緯が詳述されている。午後三時頃には内閣総務課長より授爵詮議の見込みがあるかを枢密院を通じて宮内省へ電話照会があり、その後枢密院より功績調書資料が文部省より送付され、さらに前記のように文相荒木より白根宮内次官に授爵奏請希望の電話があり、これを受けて午後六時より宮相官邸で松平宮相・次官・宗秩寮《そうちつりょう》総裁・同寮宗親《そうしん》課長が集合して詮議をし、六時三十分には宮相と内大臣湯浅倉平《くらへい》が協議をした結果湯浅は承諾し、さらに平沼首相と枢密院議長近衛文麿も承知し、八時十五分に元老西園寺公望も承知をしたことにより、同四十分に宮相が参内して天皇に内奏し、九時に上奏裁可、九時二十分に皇太后宮大夫の大谷正男より皇太后へも桜井授爵について言上し、同三十分に桜井の嗣子武雄《たけお》へ宗秩寮より電話で宮相官邸へ招致し、十時に仮爵記が伝達され、十一時に至り発喪となっている。

[典拠]『授爵陞爵申牒書類』、『授爵録』昭和二～十九年、『読売新聞』昭和三年十月十日朝刊、浅見雅男『華族たちの近代』、小田部雄次『華族―近代日本貴族の虚像と実像―』

座光寺盈太郎　ざこうじ・＊みつたろう

一八五〇―？

旧交代寄合・元中大夫席

①明治十一・十二年頃（不許可）
②明治十二～十六年頃（不許可）
③明治十四年（不許可）
④明治十九年三月二十日（不許可）
⑤明治二十二年十一月二十五日（不許可）
⑥明治二十三年七月二十九日（不許可）
⑦明治二十七・二十八年頃（不許可）

座光寺家は旧幕時代は交代寄合《こうたいよりあい》の旗本であり、千百十石余を領していた。盈太郎の実名は為永。先代右京為邑同様国事に尽瘁《じんすい》し、維新時には朝廷に早期帰順して本領を安堵され、朝臣に列して中大夫席を与えられ、明治二年（一八六九）十二月に中大夫以下の称が廃止となるに伴い伊那県（のち長野県）士族となり、六年頃から大正四年（一九一五）まで村社の社掌をつとめているが、一時期帰農したためか平民となり、その後復族している。盈太郎の妻は堂上《とうしょう》公家の沢為量《ためかず》の娘にあたる。同家の華族昇格に関し、『爵位発行順序』所収「華族令」案の内規として公侯伯子男の五爵（左に朱書で公伯男の三爵）を設け、世襲・終身の別を付し、その内「世襲男爵を授くべき者」四項目中、第三項目に「元高家《こうけ》・交代寄合」を挙げている。同案は明治十一・十二年頃のものと推定されるが、この時点では旧幕時代に万石以下でありながら、若年寄ではなく諸侯や高家同様に老中支配である交代寄合は男爵に列すべき家として認知されていたと思われる。同じく前掲『爵位発行順序』所収「授爵規則」によれば「男爵を授くべき者」として、七項目中、第二項目に「元交代寄合・元高家」が挙げられている。前記資料とは異なり、この案は十二年以降十六年頃のものと推測され、こちらでも旧交代寄合である座光寺家は男爵を授けるべき家とされているが、結局授爵内規からは交代寄合は一律除かれ、華族編列・授爵は不許可に終わっている。その後『東京朝日新聞』明治二十三年七月二十九日朝刊によれば「座光寺氏の哀願」の見出しで、

長野県信濃国下伊那郡山吹村居住座光寺盈太郎氏は旧幕の交代席旗本にして、代々同地に居住し、明治維新の際の如きは主として大義明分を説き、頗る王事に尽力し、岩倉大総督の東山道を下向さるるや兵を率いて先鋒を承り、武州忍《おし》城の如きは全く同氏家来の力を以て大義に与せしめたる等の功労あるも、更に恩賞の御沙汰なく、平民籍に編入せられ居るにぞ、同氏の旧臣数十名は遺憾限りなしとて内務省へ華族に列せられたき旨を哀願したれど、何等の沙汰あらざるにより、今度旧臣総代として石上作楽氏上京し、内務省へ出頭して種々理由を具状し居る由。

と報じられている。これは『授爵録』(明治二十三年)所収の二十三年七月三十一日付宮内省当局側審査書類のことを指すものと思われる。同書類によれば、

長野県平民座光寺盈太郎外その旧臣石神作楽香始め十七名より維新の功労を以て座光寺を華族に、その他を士族に列せられたき出願候処、石神始め十七名士族編入の儀は当省詮議のものにあらざれば貴省に置いて然るべく御取扱これありたく、座光寺華族編入願いの儀は詮議及び難く候条、この旨本人へ達に付御取計これありたく、依て右願書回送に及び候也。

として、平民より士族への編籍については内務省所管であるので取り扱われたいとし、盈太郎についても華族への編籍はなり難いとして却下されている。同資料中には内務書記官より内閣書記官へ回送された書類のみしか含まれておらず、座光寺家およびその旧臣石神(石上か)から提出されたであろう請願書はみえないが、明治十四年中と十九年三月二十日、二十二年十一月二十五日にも請願したことが確認される。請願書はおそらく長野県を介して本人へ返却されたものと考えられる。また、二十七・二十八年頃にも同様の請願を行うも悉く却下されている。なお、盈太郎は大正年間にも生存が確認され、『大正大礼叙位内申事蹟書　三』によれば大正四年(一九一五)十月二十三日付で内務次官久保田政周《まさちか》より内閣書記官長江木翼《たすく》宛で「今秋御大典に際し贈位の儀嚢《さき》に大臣より進達相成り候処、長野県知事より別紙の通り生存者に対し特に内申これあり候に付いては御参考までに書類御回付に及び候也」として盈太郎への叙位について通牒している。同月十八日付で長野県知事赤星典太《あかぼしてんた》より内務大臣一木喜徳郎《いちききとくろう》に宛てられた「叙位ノ義ニ付内申」によれば盈太郎の族籍は「士族」と明記されており、これ以前に平民より士族に復族が許されていた模様である。この叙位請願については、

右者累世志を王室に存し、父右京最も国学を尚《たっと》び大いに勤王の風を鼓吹したるも、維新の際に至りその身老衰せるを以て嫡子盈太郎父に代わりて国事に奔走し、戊辰の役藩兵を率いて東山道鎮撫岩倉総督に属し先鋒隊に加わり各地に転戦し功労少なからず、総督府より先鋒旗並びに菊花御紋章付指揮旗を拝領し、また藩称も許されたる如き、以て山吹家の当時重用せられたるを証すべく、また再度金円を献納して朝廷の御費えに資し、且つ従軍中は多額の糧食軍資を自弁し、江戸鎮定後十月御召に応じて京都に出て中太(大)夫席仰せ付けられ、知行を加増せられたる儀にこれあり、維新の功勲少なからずと存ぜられ候条、今年行わせらるべき即位の礼及び大嘗祭の御大典に際し特に叙位の義御沙汰を賜り候様御詮議相成りたく、

別紙取調書相添えこの段内申に及び候也。

と記され、「取調書」には(一)世系、(二)山吹家の勤王事績、(三)賞賜について詳述し、その内(三)においては「(慶応四年)五月十日藩称を許され諸侯と同格となれり。同年十月御召に依り上洛して中太(大)夫席仰せ付けられ、本領安堵の外新高二百八石の加増を受けたり」と述べる。この「藩」を称したというのは便宜上のもので、あくまでも禄一万石以上となったという意ではないが、旧高家・交代寄合中でも積極的に王事に尽瘁したことは認められていたようであるが、華族編列・授爵運動は悉く不許可に終わっている。

典拠　『爵位発行順序』、『東京朝日新聞』明治二十三年七月二十九日朝刊、『授爵録』明治二十三年、「座光寺盈太郎」(国立公文書館所蔵『大正大礼叙位内申事蹟書　三』)

佐々木某　＊ささき

生没年不詳

楠木正成末裔

①明治二十六年三月二十八日 (不許可)

兵庫県三宮町在住。族籍および実名不明。『東京日日新聞』明治二十六年(一八九三)三月二十八日朝刊によれば、

自ら楠公《なんこう》の末裔なりと称し、その筋に向

って種々運動するところあり。遂に家系の困難なるにもかかわらず、上京するに及びたり。跡には母子その日を暮らしかねるより、この度娘みなと云うは福原の遊女に身を沈めたりとか。

とみえ、寺川藤兵衛ら同様、楠木正成の末裔を理由として華族編列・授爵の請願を関係各所に行なったものと思われるが却下。

典拠　『東京日日新聞』明治二十六年三月二十八日朝刊

佐田清兵衛　さた・せいべえ

生没年不詳

新田義貞末裔

①明治十八年四月七日（不許可）
②明治十八年五月二十一日（不許可）
③明治十八年八月十日（不許可）
④明治二十三年六月二十五日（不許可）

佐田家は旧筑後国柳川《やながわ》藩士で、新田義貞の末裔を称する。実名は義広。『授爵録』（明治二十三年）によれば、同家については明治十八年（一八八五）四月七日付で渡辺村男以下九名が福岡県令《けんれい》岸良俊介宛で同家の華族編列・授爵を求めている。

　渡辺村男等頓首、書を戴して岸良福岡県令閣下に白す。村男等伏して惟《おもいみ》るに鋼紀茲《ここ》に革《あらた》まり百度緒に就いてより苟《いやしく》も国家に功労ある者は尺寸の功些少の勲と雖もこれを泄すあることなく、時に褒賞の典を行わる。況んやその重且大なる者に至りては時古今なり。地都鄙を分かたず身親ら無上の光栄を荷うものあり。或いは子孫その隆恩を浴する者あり。蓋し未だ嘗《かつ》てあらざるの盛事たり。我県下筑後国旧柳川藩に於いて昔時より名家と称せらるるもの三あり、一を新田義貞、一を名和長年、一を五条頼元《よりもと》の嫡裔とす。三家皆赫々《かっかく》覆うべからざるの系譜を持するのみならず、今尚重器宝刀、或いは綸《りん》旨《じ》数十通を蔵せり。名和氏の後裔名和長《なが》恭《ゆき》は業に已《すで》に殊遇を辱《かたじけな》くし華族に列せられ、客年また子爵に叙せらるるの栄を得たり。独り新田・五条両氏の子孫佐田義質・五条頼長《よりなが》に至りては未だその沢を蒙らず。実に以て遺憾とす。これ畢竟両家の叨《みだり》に栄を需《もと》めざると有志者が総てこれを上聞に達せざるに因て然るものあるが、これ村男等叨にその分を顧みず閣下に開陳する所以なり。それ新田氏は建武中興の際身を以て国家の休威に任じ一門王事に殲《つ》くしたり。五条頼元また征西将軍に随いて万死の間に艱関《かんかん》せり。二氏の誠忠勤労ある、それかくの如し。而して二氏の裔にして特典の栄あらざるは寔《まこと》に隆時の欠典と謂わざるを得ん哉。新田氏当時佐田と称する理由はその系譜に詳らかなり。茲《ここ》に新田氏家譜抄略を添え一覧に呈す。その詳細の如きは宜しく本書に就いて閲を垂られんことを。五条氏の系譜旧記の如きは既に宮内省の調査を経たることあるを以て更に茲に記せず。仰ぎ冀《こいねが》わくは閣下村男等の微衷を納れ幸いに今回聖主の我が県下豊前国行事村に行幸あるの日を以て諸大臣の瀏覧《りゅうらん》に供せられんことを。然らば啻《ただ》に両家の栄のみならず、その祖幷《なら》びに地下に瞑する所ありて、盛時の欠典を裨補せらるるに庶幾《しょき》手数を腹心を布《し》く。村男等頓首百拝。

として、「新田氏家譜抄略」等を添付。同年五月二十一日付で福岡県令岸良俊介が内務卿山県有朋宛で送付した庶第三百六十号文書によれば、

　先般管下豊前国へ行幸仰せ出され候際、新田氏後裔佐田義質・五条氏後裔五条頼長等の義に付、渡辺村男列より新田氏家譜抄略書相添え上申致し居り候えども、行幸御見合わせに付、上申そのまま指し控え居り申し候処、この節また別に筑前国穂波郡鯵坂《あじさか》元良義、新田氏正統裔孫の旨久野重康列よりも別紙の通り系譜幷びに宝器目録等相添え上申候に付、取り揃え申達候条、御詮議相成り候様致したく、この段添えて上申候也。

と申し送っている。同年六月二十六日付で福

岡県令岸良修介代理である同県大書記官渡辺清が内務省戸籍局長大森鐘一《しょういち》に送付した庶第四百四十六号文書によれば、

　去月二十一日付を以て新田・五条二氏後裔佐田義質・鯵坂元良現今身分等の義取調方御照会の趣了承。現今身分の義は左の通りにこれあり、また渡辺村男列・久野重康列の者は旧臣等の縁故あるものにこれ無く、全く一時有志の団結を以て上申候義に付、右様御承知相成りたく、この段御報答に及び候也。

とあり、新田義貞末裔として佐田を推した渡辺、鯵坂を推した久野らは別段両家の旧臣の類ではなく有志であることを記している。身分詮議を再度福岡県庁より内務省へ依頼したものである。ただし、書面にみえる佐田義質は「清兵衛が長男にして戸主にこれ無し。且つ義質は旧実名にして現今通称は吉之助」とみえ、当主は清兵衛であることが記されているが、佐田家が提出した系譜には清兵衛は十六年十二月に隠居し、家督を吉之助へ譲ったとあり、このあたりの事情は不明である。十八年八月十日には「新田五条両家後裔ノ儀ニ付上申」として内務卿山県有朋より太政大臣三条実美宛で福岡県より上申の書類を進達しているが、この後詮議されず保留とされたためか、または詳細な詮議を経たためか、二十三年六月二十五日付に至り正式な処分が下る。同日付の宮内省当局側審査書類「新田氏後裔福岡県士族佐田清兵衛同県平民鯵坂元良二氏及五条頼元ノ後裔同県士族五条頼長華族編入願ノ件」によれば、

　右書類を閲覧するに新田氏後裔二家の如き信否判然しがたしと雖も、曩《さき》に新田俊純を正統として特旨を以て華族に列せられたる上は他に正統の者あるべき謂われなし。また五条頼長その祖頼元の征西将軍の宮を奉じ忠勤を竭くし、鎮西の武将を励まし、その子良遠父の偉業を継ぎ、後征西将軍の宮を奉じ王事に鞅掌《おうしょう》したる事蹟の如き掩《おお》うべからざるものありと雖も、新田・菊池・名和等の勤王と日を同じくして論ずべきものにこれ無しと存ぜられ候。福岡県庁を経て書面却下相成るべきや。

として、すでに新田氏については旧交代寄合・旗本の新田俊純を正統の子孫として認め、すでに華族に列し男爵を授けているうえは該家以外に正統家は存在しないとの理由から佐田家の願意を却下。同家はこの後も授爵されずに終わっている。

典拠　『授爵録』明治二十三年、浅見雅男『華族たちの近代』

佐竹ギン　さたけ・ぎん

一八二九―一九〇六

旧出羽国久保田藩主・侯爵佐竹家一門

①明治三十一年十二月（不許可）

②明治三十三年五月五日（不許可）

佐竹家は元久保田《くぼた》藩主佐竹氏の一門で、同藩においては佐竹東家と称された。ギンは銀子ともいい、出羽国亀田藩主の岩城隆喜《いわきたかひろ》八女で、佐竹義祚《よしとし》の正室となる。佐竹東家の幕末・維新時の当主は義寿《よしのり》であったが、明治十七年（一八八四）に没し、そのあとは義寿の娘克子が、さらにそのあとは義寿の義母にあたるギンが当主となり同家は女戸主の状態であった。同家の華族編列・授爵に関しては、『授爵録』（明治三十三ノ一年）によれば、本家筋にあたる佐竹侯爵家の当主義生《よしなり》より、三十一年十二月付で宮内大臣田中光顕《みつあき》宛で「勤王功労者華族ニ被列度願書」が提出されている。佐竹ギン（先代は義寿）の「勤王功労者華族ニ被列度願書」は三十一年十二月、侯爵佐竹義生より田中宮相宛で提出。

　右義寿の家系は義生祖先の支族にして、その曩祖《のうそ》中務大輔義久《よしひさ》は常陸国在封中豊臣・徳川二氏の際に方り食邑七万石を領し叙位任官を拝受し、当時所謂大名と相並び兵馬の間に従事せり。その子孫出羽国秋田遷封の後は旧禄の増減に拘わらず万石以上の資格を与えたる者にて、古来より支族の臣籍に入りたる者は皆別氏を称せしめ、右義寿及び外三名に限り佐竹氏

を称せしめ、旧藩に於いては四家と称し平生執政の上に在りて藩政に参与し、藩主の名代たるべき職務に任じ、常に城下に住して臨時の城代に備え、藩内士庶も格別敬礼を加え、自然支封の如き待遇を為したる家柄なり。これを以て累代藩事に力を尽くし、その功績もまた少なからず。就中王政維新の際亡父義尭《よしたか》を輔翼し勤王の大義を唱え、殊に明治元年戊辰の役、奥羽諸藩連名して王師《おうし》に抵抗し、義尭孤立して朝命を奉じ鎮撫使を迎え四境敵を受け苦戦数月に渉りしに、右義寿属士及び家兵を率い、或いは義尭に代わり出陣し、或いは各処に転戦し将士を督励して攻守の任に当たり、部下の士卒死傷少なからず。鎮撫使の賞詞をも蒙りたり。同年遂に鎮撫使東北鎮定の偉績を奏ぜられ、その余烈に頼りて一藩勤王の任務を全うするを得たるは義寿等の与りて力ある次第に付、近年諸家功臣御取立相成りたる例に依り、特別の御詮議を以て先代義寿の勲功を以て右一家華族に御取立成し下されたく願い奉り候。果して恩命を蒙るに於いては祖先及び義尭の遺志も相達し、同家子孫長く尽忠報国の奨励とも相成るべく、義生一族の大栄と存じ奉り候。依って右由緒及び履歴書相添え稟白候条、宜しく御執奏下されたく候也。

と願い出ている。この際は不許可となるが、三十三年五月五日付の宮内省当局側審査書類によれば、国司直行《くにしなおゆき》・清水資治《しみずすけはる》・島津久明《ひさあき》・伊賀氏広・斯波蕃《しげる》・佐竹義雄《よしお》・佐竹義尚《よしなお》・佐竹義遵《よしゆき》・正六位細川忠穀《ただよし》の八名に対する授爵を審議したうえで、同月八日に裁可を経て九日付で全員に男爵が授けられている。この際、注記として「前掲人名の外佐竹一門四家の一なる佐竹義寿は外三家と同一の功あるも、現在女戸主なるを以て恩典に加わることを得ず。他日男子の相続人定まりたるときに於いて御詮議あらんことを」とし、佐竹一門の四家中、佐竹義尚(北家)・同義遵(西家)・同義雄(南家)の三名は男爵を授けられたが、東家はギンが女戸主の状態であったがため、結局この時も不許可に終わる。ただし、注記にみられるように、男子を迎えて戸主とすれば他の三家と同一の功労であるので授爵詮議の対象内とは認められていたようであり、こののち、旧平戸藩主・伯爵松浦詮《あきら》の四男準が入家し、ギンは三十六年十二月七日に隠居。準が佐竹義準《よしのり》と改名するに及び、三十九年九月十七日付で男爵を授けられている。

【典拠】『授爵録』明治三十三ノ一年
→佐竹義遵

佐竹　準　さたけ・*じゅん

一八六九―一九二四

旧出羽国久保田藩主・侯爵佐竹家一門

①明治三十六年十二月四日（不許可）
②明治三十九年八月（許可）

旧平戸藩主・伯爵松浦詮《まつらあきら》の四男で、旧出羽国久保田藩主・佐竹侯爵家の一門である佐竹東家の当主佐竹ギン（銀子）の養子。のちに義準《よしのり》と改名。準が入家したことにより、ギンは明治三十六年（一九〇三）十二月七日に隠居した。佐竹四家中、北・南・西の三家が明治三十三年五月九日付で男爵を授けられていたが、当時ギンが女戸主であったがため、東家のみがその選に洩れていた。その際の宮内省当局側審査書類には「前掲人名の外佐竹一門四家の一なる佐竹義寿《よしのり》は外三家と同一の功あるも、現在女戸主なるを以て恩典に加わることを得ず。他日男子の相続人定まりたるときに於いて御詮議あらんことを」という注記がされていたが、『授爵録』（明治三十九～四十年）によれば、準が養子入りしたことにより、本家筋にあたる侯爵佐竹義生より明治三十六年十二月四日付で「勤王功労者華族ニ被列度願書」を内閣総理大臣桂太郎と宮内大臣田中光顕《みつあき》宛で準への授爵を請願。

　右義寿の家系は義生《よしなり》祖先の支族にしてその曩祖《のうそ》中務大輔義久は常陸国在封中豊臣・徳川二氏の際に方《あた》り食邑七万石を領し叙位任官を拝受し、当時所謂大名と相並び兵馬の間に従事せり。その子孫出羽国秋

田遷封の後は実禄の増減に拘わらず万石以上の資格を与えたる者にて、古来より支族の臣籍に入りたる者は皆別氏を称せしめ、右義寿及び外三名に限り佐竹氏を称せしめ、旧藩に於いては四家と称し、平生執政の上に在りて藩政に参与し、藩主の名代たるべき職務に任じ、常に城下に住して臨時の城代に備え藩内士庶に格別敬礼を加え自然支封の如き待遇を為したる家柄なり。これを以て累代藩事に力を尽しその功績もまた少なからず。就中王政維新の際亡父義堯《よしたか》を輔翼し勤王の大義を唱え、殊に明治元年戊辰の役、奥羽諸藩連盟して王師《おうし》に抵抗し、義堯孤立して朝命を奉じ鎮撫使を迎え四境敵を受け苦戦数月に渉りしに、右義寿属士及び家兵を率い、或いは義堯に代り出陣し、或いは各処に転戦し将士を督励して攻守の任に当たり部下の士卒死傷少なからず。鎮撫使の賞詞をも蒙りたり。同年遂に鎮撫使東北鎮定の偉績を奏せられ、その余烈に頼りて一藩勤王の任務を全うするを得たるは義寿等の与りて力ある次第に付、近年諸家功臣御取立相成りたる例に依り特別の御詮議を以て先代義寿の勲功を以て右一家華族に御取立成し下されたき旨、去る三十一年十二月中外三名同様請願に及び候処、三十三年五月中外三名は特旨を以て華族に列せられ男爵を授けられ、同じく殊恩に均沾《きんてん》せしと雖も、独り当時義寿相続者は女戸主に付恩典拝受の栄を蒙ること能わず遺憾の至りに付、この段義生親戚の縁故を以て伯爵松浦詮の四男準を右キン（キ）の養子と致し宗族相定め候間、外三名同様の恩命を蒙るに於いては祖先及び義堯の遺志も相達し、同家子孫長く尽忠報国の奨励とも相成るべく、義生一族の大栄と存じ奉り候。依て右由緒及び履歴書相添え再応稟白候条、宜しく御執奏下されたく候也。

この際は理由は不明であるが、即日裁可にはならず。そののち、三十九年八月に至り宮内省当局側の審査書類によれば、

右は旧秋田藩主佐竹氏の一門にして特に佐竹氏を称せしめ、旧藩に於ける四家と称する者の一にして、他の佐竹三家と共に平生執政の上に在りて藩政に参与し、藩主の名代たるべき職務に任じ、累代藩事に尽力してその功績少なからず。明治維新の際義寿は藩主義堯を輔けて勤王の大義を唱え、戊辰の役奥羽諸藩連盟して王師に抵抗し、義堯孤立して朝命を奉じ鎮撫使を迎え四境敵を受けて苦戦数月に渉りしも、右義寿は属士及び家兵を率い、或いは義堯に代りて出陣し、或いは各処に転戦し将士を督励して攻守の任に当たり部下の士卒死傷少なからず。遂に東北鎮定に帰し一藩勤王の任務を全うするを得たるは右義寿等の与りて力ある所なり。然るに該藩に於ける右四家と称する者の中、その三家義雄《よしお》・義尚《よしなお》・義遵《よしゆき》は曩に三十三年皇室御慶事の際その功労を録せられ授爵の恩典を蒙れりと雖も、右義寿の家は当時女戸主にしてその恩典に加わることを得ず。他日男子の相続人を定めたるときに於いて更に他の三家と同様の詮議に付せらるべきものとせられしが、爾後《じご》伯爵松浦詮の四男準を迎えて当主と為したるを以て、この際右義寿の功労を録せられ、曩日《のうじつ》の詮議に基づき他の三家と同様当主準をば華族に列し男爵を授けられたく上奏せらるべきや。

として三十三年五月当時の審査に基づき、同年九月十二日裁可を経て、同月十七日付で男爵が授けられる。

典拠 『授爵録』明治三十九～四十年

→佐竹ギン

佐竹義雄　さたけ・よしお

一八六八―一九一七

旧出羽国久保田藩主・侯爵佐竹家一門

①明治三十一年十二月（不許可）

②明治三十三年五月五日（許可）

佐竹家は元久保田藩主佐竹氏の一門で、同藩

においては佐竹南家と称された。義雄は義隣《よしちか》の子であり、同人の華族編列・授爵については、本家である侯爵佐竹義生《よしなり》より請願がされている。『授爵録』(明治三十三ノ一年)によれば、「勤王功労者叙爵願書」が佐竹義生によって明治三十一年(一八九八)十二月付で宮内大臣田中光顕《みつあき》宛で提出されている。

右義隣の家系は義生祖先の支族にして、常陸国在封中は食禄五万石余を領し、出羽国秋田遷封の後は実禄の増減に拘わらず万石以上の資格を与えたる者にて、古来より支族の臣籍に入りたる者は皆別氏を称せしめ、右本人及び外三名に限り佐竹氏を称せしめ、旧藩に於いては四家と称し、平生執政の上に在りて藩政に参与し、総《すべ》て藩主の名代たるべき職務に任じ、藩内士庶も格別敬礼を加え、自然支封の如き待遇を為したる家柄なり。これを以て累代藩事に力を尽しその功績もまた少なからず。就中明治元年戊辰の役、奥羽諸藩連盟して王師《おうし》に抵抗し、亡父義堯《よしたか》孤立して朝命を奉じ鎮撫使を迎え四疆敵を受け、苦戦数月に渉りしに方り義隣幼年なるを以て、その叔父早川補四郎・早川佐五郎を以て陣代とし、属士及び家兵を率いて各処に転戦し、将士を督励して攻守の任に当たり、部下の士卒死傷もありて鎮撫使の賞言をも蒙りたり。同年遂に鎮撫使東北鎮定の偉功を奏せられ、一藩勤王の任務を全うするを淂(得)たるは本人等の与りて力ある次第に付、その勤労御取調、近年諸家功臣御取立の例に准じ特別の御詮議を以て先代の勲功に依り華族に列せられ叙爵成し下されたく願い奉り候。果して恩命を蒙るに於いては祖先及び義堯の遺志も相達し本人共子孫長く尽忠報国の奨励とも相成るべく、義生一族の大栄と存じ奉り候。依って本人由緒及び履歴書相添え稟白候条、宜しく御執奏成し下されたく候也。

とみえ、旧来の家格と幕末・維新時の功労を理由として授爵を願い出ている。この際には結局不許可であったが、三十三年五月五日付の宮内省当局側審査書類によれば、旧藩主一門または万石以上陪臣である国司直行《くにしなおゆき》・清水資治《しみずすけはる》・島津久明《ひさあき》・伊賀氏広・斯波蕃《しげる》・佐竹義雄《よしお》・佐竹義尚《なお》・佐竹義遵《よしゆき》・正六位細川忠穀《ただよし》の八名に対する授爵を審議しており、

右は別紙履歴抄録の通りその身戊辰の役に自ら王師に加わり、一隊の将として兵馬の間に馳駆して賊徒勦討《そうとう》の殊功を建て、または西南の役身を死地に投じて能く鎮撫の功を奏し、或いはその父祖が幕府の末造に方《あた》り回天の大志を懐抱し蹇々匪躬《ひきゅう》王事に尽瘁《じんすい》し、遂に国難に殉死せし等、何れも復古の功臣と認むるに因り、前掲の通り授爵の恩典あらんことを奏上せらるべきや。

と記され、維新時の功労が認められ、同月八日に裁可を経て翌日付で男爵が授けられている。

典拠　『授爵録』明治三十三ノ一年

佐竹義尚　さたけ・よしなお

一八四八―一九〇九

旧出羽国久保田藩主・侯爵佐竹家一門

①明治三十三年五月五日（許可）

佐竹家は元久保田藩主佐竹氏の一門で、同藩においては佐竹北家と称された。同家の華族編列・授爵については同藩において同じく佐竹四家と称された佐竹ギン(東家)・同義雄《よしお》(南家)のように本家筋にあたる佐竹侯爵家から請願が出された形跡は確認できないが、可能性は高いと思われる。『授爵録』(明治三十三ノ一年)所収の明治三十三年(一九〇〇)五月五日付の宮内省当局側審査書類によれば、同日審査に挙がった旧藩主一門や万石以上陪臣八名中に佐竹義尚の名もみえ、幕末・維新時の功労をもって同月八日に裁可。翌日付で男爵が授けられた。

典拠　『授爵録』明治三十三ノ一年

佐竹義脩　さたけ・よしなお

一八五四―一九三

子爵佐竹義理義兄・陸軍歩兵大尉
①明治二十二年九月二十四日（許可）
出羽国久保田藩の支藩である岩崎藩主佐竹義《よし》諶《つま》の長男で、元治元年（一八六五）四月、宗家久保田藩主佐竹義堯《よしたか》の養子となる。明治元年（一八六八）十二月従五位下・修理大夫に叙任され、紫組掛緒を許され、さらに同月従四位下・侍従に官位を進めた。五年に義堯の隠居により家督を相続し、九年二月陸軍歩兵少尉に任官し、十年七月中尉、十四年八月に隠居し位記を返上。同家は義堯が再継承する。その後、義脩は同年十一月に離籍して岩崎佐竹家へ復籍。十五年二月従七位に叙せられ、十九年五月大尉に進級、同年七月正七位に陞叙、二十一年十一月勲六等瑞宝章を叙勲。『法規分類大全』によれば、子爵佐竹義理《よしただ》と宗家である侯爵佐竹義生《よしなり》、宗族の南部利剛《としひさ》、親族である子爵相馬誠胤《ともたね》の後見人である侯爵浅野長勲《ながこと》の連署で義脩の授爵を宮内大臣土方久元宛で請願。

私義兄右義脩儀、曽《かつ》て宗家故佐竹義堯養子と相成り、明治元戊辰年東北騒擾に際し養父と共に出兵、勤王の功に依り行政官より褒状を賜り、殊に出格の叡慮を以て重き官位に叙せられ候者にこれあり。然るに一旦事故の為離縁、帰籍罷り在り候処、今般分籍別戸致させたく候に付いては、前顕勤王の微労もこれあり候者に付、この際何卒特別の訳を以て更に華族の班列に加えられ候はば、本人は勿論、私共に於いても有難き仕合わせに御座候。尤も華族の資格相保つべき程の財産逐て分与仕るべく候。仍《より》て別紙本人履歴相添え、この段願い奉り候。

として、岩崎佐竹家を相続し子爵を授けられていた義理が二十二年九月二十四日付で求める。これに対して同年九月二十五日付「爵位局議案」によると、同時期に授爵を求めた松前隆《たか》広《ひろ》と義脩との審議に入り、（一）華族戸主の血属の親なるや否やのこと、（二）維新前後功労ありしものなりや否やのこと、（三）華族の資格を維持するに足るの財産あるや否やのこと、の三条件を示したうえで、義脩はこの条件を満たしているとして、隆広ともども同年十月十六日付で男爵が授けられた。なお、この典拠資料は『授爵録』（明治十八～二十年）に収録されているものと同一である。

典拠 『法規分類大全』二ノ六、『授爵録』明治十八～二十年

佐竹義遵　さたけ・よしゆき
一八三八—一九〇一
旧出羽国久保田藩主・侯爵佐竹家一門
①明治三十三年五月五日（許可）
同家は元久保田藩主佐竹氏の一門で、同藩においては佐竹西家と称された。同家の華族編列・授爵については同藩において同じく佐竹四家と称された佐竹ギン（東家）・同義雄《よしお》（南家）のように本家筋にあたる佐竹侯爵家から請願が出された形跡は確認できないが、可能性は高いと思われる。『授爵録』（明治三十三ノ一年）所収の明治三十三年（一九〇〇）五月五日付の宮内省当局側審査書類によれば、同日審査に挙がった旧藩主一門や万石以上陪臣八名中に佐竹義遵の名もみえ、幕末・維新時の功労をもって同月八日に裁可。翌日付で男爵授与。

典拠 『授爵録』明治三十三ノ一年

佐藤三吉　さとう・さんきち
一八五七—一九四三
貴族院勅選議員・帝国学士院会員、東京帝国大学名誉教授・医学博士
①大正十二年十二月三日（不許可）
②昭和三年七月三十一日（不許可）
③昭和十八年六月十七日（不許可）
旧美濃国大垣藩士出身の医学者・政治家。明治五年（一八七二）四月に東京開成学校に入学して鉱山学を修学したのち、八年九月には東京医学校に入学し医学を学ぶ。医学校は東京大学医学部に改組され、十五年四月に同大学を卒業。十六年三月よりドイツへ留学し、二十年十月に帰朝後、十一月には帝国大学医科大学教授に任ぜられる。以後、同大学付属医院長や医科大学長を歴任し、大正十年（一九二一）十二月に依願免本官。翌年二月に東京帝国大

学名誉教授の称号を受け、また同年十二月より貴族院勅選議員に就任。授爵については、『読売新聞』大正十二年十二月三日朝刊に「陞爵する人・新華族になる人／噂に上って居る人達＝御成婚を機として＝」の見出しで、

今一部で噂に上っている人は、面白いところで伯東郷元帥の侯爵、半信半疑なのは皇后宮太(大)夫大森鐘一《しょういち》男の子爵、東宮侍従長入江為守《ためもり》子の伯爵、三浦、佐藤(三吉)両博士の男爵などで、いずれ授爵されることに間違いはなかろうが、この際男爵にと思われるのが枢府顧問官・秩父宮御用掛一木喜徳郎《いちききとくろう》博士、文相岡野敬次郎、内府御用掛平山成信《しげのぶ》の両氏、枢府議長清浦奎吾子の伯爵その他で、牧野宮相の陞爵も不思議のようだが芋蔓全盛の今日興味ある問題と噂の渦を巻いている。尤も右の内、清浦、牧野、入江三氏の陞爵は早晩引退を想像されるからともいわれる。どちらにしてもこの外実業家にも数名あり、全部で十数名の多きに上るであろう。

と皇太子裕仁《ひろひと》親王(のちの昭和天皇)の御成婚という慶事に際して陞・授爵が検討され、そのなかで佐藤の名も挙げられているが、結局この時は実現していない。さらに『授爵陞爵申牒書類』によれば、当時正三位・勲一等瑞宝章。昭和三年(一九二八)七月三十一日付で文部大臣勝田主計《しょうだかずえ》より内閣総理大臣田中義一宛で授爵を申牒。「功績調書」には、

右者、明治十五年東京大学医学部を卒業し、同十六年外科学専攻の為独逸《ドイツ》に留学し、主として伯林《ベルリン》大学教授「フォン・ベルグマン」氏に師事し、二十年帰朝するや直ちに東京大学医学部教授に任ぜられ、外科学第一講座を担当せり。明治二十六年医科大学病院長を命ぜられ、四十二年勅旨を以て帝国学士院会員仰せ付けらる。四十四年鉄道院医務顧問となり、大正元年宮内省御用掛、同九年学術研究会議員を仰せ付けらる。次いで同会議医学部々長に推薦せられ、大正十年願に依り東京帝国大学教授を免ぜられ、十一年貴族院議員に任じ、更に同年勅旨を以て東京帝国大学名誉教授の名称を授けられ、十五年第七回大日本医学会々頭に推挙せられ以て今日に及べり。同人は洵《まこと》に本邦外科学界の開祖にして、且つ泰斗たり。同人は明治二十一年十一月東京大学第二医院の外科主任となれり。従来大学に於ける外科学は内科学と同じく専ら外国教師の担任に属し、同人の就任当時もなお独逸人ドクトル「スクリバ」在職中なりしが、同人の就任により著しく「スクリバ」の任を軽からしめ、その後数年ならずして全然外国教師傭い入れの必要なきに至れるは実に同人の努力によるものにして、本邦大学外科教育上に新紀元を画し延びて我が医学界の声価を宇内に宣揚する端緒を開きたるものに外ならず、「スクリバ」満期辞任後、同人は第一医院に移り外科学第一講座を担当し、茲《ここ》に全く同科独立の基礎を確立して本邦外科学界に特筆すべき不朽の功績を貽《のこ》せり。一度氏の教室の開始せらるるや、新進秀才の集まる者甚だ多く、従って現時本邦の諸大学・専門学校及び病院に於ける外科並びにこれより分かれたる皮膚病科・泌尿器科、歯科及び耳鼻咽喉科等を担当して社会の為に貢献しつつある百有余の斯学《しがく》知名の医者は悉く同人の教室にありて研究を重ね、その薫陶を受けたる者なり。同人が幼稚なりし我が刀圭《とうけい》界を啓発し、世界に誇るべき日本医学現時の隆盛を致さしめたる功績は右の如く極めて顕著なるものあり。正に内科学に於ける故男爵青山胤通《たねみち》とその甲乙を論ずべからず。而して同人の研究実験の結果は多く臨床講義に提供せられ、その講義録は各種の医学雑誌に連載せられ、絶好の研究資料となれり。また数多の学術上の報告論文中、本邦内臓外科の甚だ幼稚なりし時期に於いて、腸吻《ふん》合《ごう》術に関する論文を公にしたると排膿《はいのう》法を論じてその外科治療上の最大要件たるを主張したるが如きは最も注目に値する

ものにして、当時内外専門家をしてその識見に驚歎せしめ、斯界を裨益せる所頗る多大なりしものなり。その他尨大《ぼうだい》なる日本外科全集を始め、貴重なる著書、論文、報告等の文献に至りては一々これを枚挙するに遑《いとま》あらず。以上述べたる如く、同人は本邦臨床外科医学の声価を世界に高めたるのみならず、これを内にしては大学医院長の激務を執ること前後二十年、医院の発展と時代に適応する改革に尽力し、或いは医学部長として克くその任を完うし、或いは鉄道衛生の改善進歩に多大の貢献を致し、なお現に学術研究会議医学部々長及び帝国学士院第二部長として引き続き専心斯学の発達と学術の研鑽に尽瘁《じんすい》して、本邦全医学界を指導しつつある功績実に顕著にして、我が医学界の第一人者として世人の推賞措かざる所その勲功真に顕著なりと謂うべし。

として、佐藤の日本医学上における功績を列挙して授爵を申牒するも、この際文部省側の推薦者中授爵したのは北海道帝国大学総長の佐藤昌介一人にとどまっている。また、『授爵録』(昭和二年～十九年)の桜井錠二《じょうじ》授爵関係の添付書類中、学者の授爵に関するリスト中、「授爵ありし者」「授爵なかりし者」「将来問題となるべき者」の内、「授爵なかりし者」として新渡戸稲造・古在由直《こざいよしなお》・入沢達吉《いりさわたつきち》・嘉納治五郎《かのうじごろう》・外《と》山《やま》正作(二)・森林太郎(鷗外)らとともに佐藤の名も掲載されている。この際の佐藤授爵に関して検討された時期は不明であるが、桜井同様に危篤授爵という蓋然性もあり、おそらくは佐藤が没した昭和十八年(一九四三)六月十七日であった可能性が高い。結局死去に際しても授爵はされず、正三位より従二位への位階陞叙のみに終わっている。

典拠　『読売新聞』大正十二年十二月三日朝刊、『授爵陞爵申牒書類』、『授爵録』昭和二年～十九年、小田部雄次『華族―近代日本貴族の虚像と実像―』

佐藤昌介　さとう・しょうすけ

一八五六―一九三九

北海道帝国大学総長・農学博士

①大正十五年十月六日（不許可）

②昭和三年十一月十日（許可）

旧南部藩士出身の教育家。明治四年(一八七一)五月に大学南校に入学して英学を修め、翌年一月には横浜修文館に入学し、同年五月まで英学を学ぶ。七年三月に東京英語学校に入学し同校の英語学下等教科を卒業後、同月札幌農学校官費生徒となり、十三年七月に卒業。その後は開拓使御用掛となり学務局督学課兼理事課に勤務。開拓使廃官後は十五年七月よりアメリカへ私費留学。留学中に農商務省御用掛となり、十九年八月に帰朝。同年十二月に母校である札幌農学校の教授に任ぜられる。以後同校幹事を兼任し、さらに校長心得を経て二十七年四月には校長に就任。四十年九月には東北帝国大学農科大学教授に任ぜられ、四十四年一月には同大学農科大学長に就任。大正七年(一九一八)四月には北海道帝国大学総長・農科大学長となり、十三年五月には親任官待遇を与えられた。『授爵陞爵申牒書類』によれば、大正十五年十月六日付で文部大臣岡田良平《りょうへい》より内閣総理大臣若槻礼次郎宛で同人の授爵を申牒。

右は教育上勲功多大なるものに付、その功績を録せられ特に頭書の通り授爵の御詮議相成りたく、別紙功績書相添えこの段稟申す。

として男爵授与の詮議を申請。この際の功績書は添付されておらず、また結果は不許可。ついで昭和三年(一九二八)十一月十日付で内閣総理大臣田中義一より宮内大臣一木《いちき》喜徳郎《きとくろう》

佐藤昌介

宛で清浦奎吾・後藤新平両子爵の伯への陞爵、山下源太郎・団琢磨《たくま》・徳川好敏《よしとし》と佐藤の授男爵を申牒。佐藤の授爵は文部省の推薦によるものであるが、添付の功績書には、

　右は職を北海道帝国大学の前身たる札幌農学校教授に奉じてより、茲《ここ》に約四十二年、その間終始一貫孜々《しし》として力を後進の薫陶に竭《つ》くして今日に至る。明治初年北海道に開拓使置かれ、次いで明治九年本邦に於ける高等農業教育機関の嚆矢たる札幌農学校設立せられ、北海道開拓の事業は著しく進捗したりしに、同人は実に同校に養成せられたる第一回の学生にして、卒業後直ちに海外に留学し、明治十九年帰朝するや札幌農学校教授に任ぜられ、次いで同校幹事に兼任し、当時校長欠員なりし為、事実上校長の職務を執り、引き続き校長心得となり、同二十七年四月遂に校長兼教授に挙げられ、明治四十年九月官制改正に伴い東北帝国大学農科大学教授となり、その学長に補せられ、更に北海道帝国大学農科大学教授兼総長を経て大正八年四月現官専任となれり。その間、同人はその深遠なる学識と崇高なる人格とを以て終始論らず、一身を挙げて教育の為に尽瘁《じんすい》せるのみならず、明治十九年より同二十四年に至る間数度札幌農学校廃止の議起こるや、寝食を忘れて朝野の間に熱心奔走し、能く頽瀾《たいらん》を既倒に回らし、以て今日の隆盛を見るに至らしめたり。札幌農学校以来の卒業生の数実に七千名に及び、現に本邦内は勿論、海外の地に枢要の地位を占め、国運の発展に努力しつつあるは実に同人の薫陶与って大いに力ありたるの結果に外ならず。また同人は多年同大学基本財産の造成に努力し、明治二十八年以来漸次北海道内の各地に渉り、学田地を開墾し、その面積実に六千余町歩、演習林の造成約十万町歩に達し、その財産より生ずる収入増加に伴い大学の財政的基礎を鞏固《きょうこ》ならしめたり。また同人は海外に於いても農業経済学・農政学の研究極めて幼稚にして見るに足るべきものなく、且つ本邦農楽界も技術万能を夢したる時に当たり、夙《つと》にこの方面の研究に従い、斯界に一新紀元を開きたり。特に我が帝国の歴史及び維新以来文運発達の状況を汎く米国に宣伝せんが為、大正二年末より翌年夏期に亘り交換教授として米国に赴き、同国各大学及び公共団体等に於いて数十回の講演をなし、日米親善上に多大の効果を収め、直接間接に国運の発展に尽くせし功労また少なからず。また北海道政一時不振に陥り、拓殖事業に一頓挫を来したるに際し、同人は熱心要路に対し献策し、北海道庁の新設を見るに至らしめ、なお長官の謀議に参して各種産業の基礎的調査を行う等、根本的の方策を樹て、以て北海道の拓殖に寄与したるの功労偉大なるものあり。また、同人は高等教育会議々員・生産調査会委員・米価調節調査会委員・帝国農会特別議員・大日本山林会名誉会員・大日本農会学芸委員等に挙げられ、皆能《よ》くその職責を全うせり。かくの如く同人はその一生を捧げて文教の向上進歩に尽くしたる功績洵《まこと》に大なるものあるのみならず、北海道開拓の大事業と離るべからざる密接関係ある高等学府の首脳者として数十年に亘りて直接間接にこの事業の進展に貢献し、産業の開発、学問技術の進歩・発達、幾多人材の育成等、物質・精神両方面に亘りて北海道開拓の基礎を培い、以て今日在るを致さしめたる勲功実に没すべからざるものあり。

と佐藤の教育上の功績、北海道開拓の功績を列挙。この功績が認められ、同年十一月十日付で男爵を授けられている。

典拠 『授爵陞爵申牒書類』、『授爵録』昭和二～十九年、小田部雄次『華族—近代日本貴族の虚像と実像—』

佐藤与三　さとう・よぞう

一八四三—？

群馬県知事

①明治二十三年三月二十一日（不許可）

元長州藩士出身の官僚・明治五年（一八七二）に工部省に入り、以後、同省五等出仕・鉄道助《すけ》・灯台権頭《ごんのかみ》・工部大書記官などの諸官を歴任し、十七年七月より群馬県令《けんれい》に就任。十九年七月の地方官官制公布により引き続き群馬県知事在任。『山田伯爵家文書』所収の二十三年三月二十一日付「山田顕義《あきよし》秘啓」によれば、「授爵は陛下の大恩にして、国家の大典、万民の標準なり。真に陛下の親裁に出づるものにして、臣僚の容喙すべきものにあらず。然れどもその自歴を調査し、その理由を明晰にし、聖慮を翼賛するは臣下の務にして、謹慎鄭重を尽くさざるべからず。今鄙見《ひけん》を陳じ、閣下の参考に供す」として宮内大臣土方久元宛で授爵の標目として、(一)維新前後功労あり勅任官たる者および勅任官たりし者、(二)維新後功労あり勅任官たる者および勅任官たりし者、(三)維新前後功労ある者、(四)維新後功労ある者、(五)父の勲功による者、(六)神官および僧侶の世襲名家たる者、(七)琉球尚家の一門、の計七項目を挙げ、佐藤は第二項に適当すべき者としてその名が挙げられるも、この際山田が列挙した人名中、授爵したのは第一項に該当した辻維岳《つじいがく》一人であり、佐藤は授爵の選に洩れ不許可。こののち、授爵候補に挙がることなく終わる。

典拠　「山田顕義秘啓」（『山田伯爵家文書』四）

真田幸民　さなだ・ゆきもと

一八五〇—一九〇三

旧信濃国松代藩主

①明治二十二年七月三日（不許可）

旧伊予国宇和島藩主伊達宗城《むねなり》の子で、真田幸《ゆき》教《のり》の養子となり襲封。明治十七年（一八八四）七月八日付で子爵を授けられる。『尾崎三良《さぶろう》日記』明治二十二年七月三日条によれば、

早朝柳原《やなぎわら》伯を訪《と》う。新華族叙任に付、旧華族中維新の際功労ありし者を昇等せしむべきの談あり。その人凡そ左の如し。山内容堂《やまうちようどう》実子男爵山内豊尹《とよただ》を伯に、島津忠亮《ただあきら》を伯に、大村純熙《すみひろ》を伯に、真田幸民を伯に、伊達宗城を侯に、亀井を伯に、四条隆謌《たかうた》を侯に、柳原を侯に、壬生基修《もとおさ》を伯に、沢某を伯に。予は沢、四条には同意せず。亀井の事は予発言を為す。

とあり、柳原前光《さきみつ》伯爵との談話中、維新時に功労のあった諸家の陞爵についてみえる。実際この時の案は宮中筋にもたらされたか不明であるが、この年には実現していない。真田家の子から伯への陞爵は二十四年四月二十三日付で、先代幸教の維新時における勲功を理由としたものであり、尾崎案にみえる候補者中、柳原を除く八家も同様に陞爵を果たしている。

典拠　『尾崎三良日記』明治二十二年七月三日条

真田幸世　さなだ・ゆきよ

一八七〇—一九四八

伯爵真田幸民弟

①明治二十九年五月二十九日（許可）

旧信濃国松代藩主・子爵真田幸民《ゆきもと》の弟。先代藩主幸教《ゆきのり》の実子であるが、幸民が養嗣子として襲封したため、藩主にはなれなかった。『授爵録』（明治二十九年）によれば、明治二十九年（一八九六）五月二十九日付で真田幸教より宮内大臣土方久元宛で請願。

私儀、今般亡養父真田幸教四男幸世分家仕らせたしと願い奉り候処、右願の通り御聞き届け成し下され候上は更に歎願奉り候儀、実に恐懼の至りに存じ奉り候えども、何卒特別の御恩典を以て幸世を華族に列せられんことを伏して懇願奉り候。幸いに願意御垂納成し下され候はば、本末同心協力仕り、共に忠節を砥励し、消埃の忱《まこと》を致し、皇恩万分の一に報い奉りたく存じ奉り候。

の願意を提出。幸教の四人の男子は幸世《ゆきよ》を除き早世していたこともあり、幸民より幸世の分家・授爵が提出された経緯がみえる。松代藩の維新時の功績も考慮されたためか、同年六月三十日付で幸世は男爵を授けられた。

典拠　『授爵録』明治二十九年

実吉安純　さねよし・やすずみ

一八四八―一九三二

海軍軍医総監・海軍省医務局長

①明治三十三年五月五日（許可）

旧薩摩藩士出身の海軍軍人・医学者・政治家。明治四年（一八七一）十二月兵部省十三等出仕となり海軍病院分課勤務となり、五年十一月海軍軍医副に任ぜられて以来軍医として累進し、二十五年十一月海軍軍医総監に進級し、三十年四月海軍省医務局長に就任した。二十八年十二月予備役に編入され、同月貴族院勅選議員となり死去するまでつとめた。また、大正八年（一九一九）九月官名改称に伴い海軍軍医中将。実吉の授爵に関してこれまで他薦の書類などは確認できないが、『授爵録』（明治三十三ノ二年）によれば、三十三年五月五日付の宮内省当局側立案書類で尾崎忠治《ただはる》ら計二十五名の文武官の授爵を詮議しており、銓衡として(一)維新の際大政に参与して殊勲ある者、(二)維新の功により賞典禄五十石以上を賜りたる者、(三)維新前後国事に功労あり、かつ十年以上勅任官の職にある者、または現に在職中の者、(四)十年以上勅任官の職にあり功績顕著なる者、(五)特に表彰すべき偉大の功績ある者の五つの規準を設けており、実吉はその(三)に該当する対象者とされ、同月八日に裁可を得て翌九日付で男爵が授けられる。また、四十年九月二十一日付で子爵に陞叙するが、『授爵録』（明治三十九～四十年）には陞爵の裁可を求める書類のみで、功績調書や他薦の請願書類は綴られていない。

典拠　『授爵録』明治三十三ノ二年

佐野佐吉郎　さの・＊さきちろう

生没年不詳

藤原秀郷末裔

①明治三十二年一月九日（不許可）

②明治三十四年一月二十二日（不許可）

藤原秀郷《ふじわらのひでさと》末裔を称する三重県士族。初名は佐太郎、諱は定郷。同家は秀郷後裔足利基綱より佐野を称し、以後新田・楠木・名和の諸氏に従い、さらには北畠氏に仕える。さらに織田・豊臣両氏に仕え、関ヶ原の合戦では西軍に属し、敗戦後は伊勢国三重郡桜村に退去し、以後同地に居住したとする。佐吉郎は戊辰の役においては官軍に従って山崎・東叡山に転戦し、明治二十二年（一八八九）和歌を献上して、嘉仁親王（のちの大正天皇）の立太子礼を祝したことにより、翌年宮内省東宮職より「千歳之菊」一冊を下賜されたとする。同家の華族編籍・授爵については、「今井鉄巌他授爵請願書」中に請願書が収録される。三十二年一月九日付で宮内大臣田中光顕《みつあき》宛で「族籍変更願」を提出。

　誠恐誠惶謹みて宮内大臣閣下に請願す。
　伏して惟《おもいみ》るに明治維新の鴻業《こうぎょう》は寰区《かんく》を恢弘《かいこう》し、綱紀を振張し億兆を撫御せらるるに在り。故に封建の制を廃し、府県の制を布かるるや華士族の名分秩禄を存し、普《あまね》く天の下率土の浜一民もその所を得ざるものなく、聖徳大業は日月と光を同じうし仰瞻《ぎょうせん》せざるものなし。然るにわが祖先師満・師定の時より徳川氏を憚り父祖の名を秘し祖先の事蹟を談ずるを禁じ、以て子孫の戒めとせり。故に王政維新の後に至るまで敢えてわが系図を云々することなかりき。謹んで思うに既に父祖の秀郷は去る明治十六年正三位を贈られ、尋《つい》で別格官幣社に列せられたるにも拘わらず師満以来の戒めを固守してわが系図を黙然等閑に付するは却って聖旨に反する所なりと信ず。為に這回《しゃかい》止むを得ず敢えて尊厳を冒涜し、状を具して茲《ここ》に請願する所以なり。故に敢えて名分を争い利禄を貪るにあらず。唯々希《こいねが》う所のものは秀郷が功業を顕彰し、以て祖先に追孝を全うせんと欲するに過ぎず。依て理由書として別紙佐野家略伝・系図写及び歴代伝来古書・古器目録等を電覧に供す。粗密に査覆《さふく》せられ公明正大なる恩典を以て早く華族に編入せられんことを悃願の至りに堪えず。謹んで請願し奉る。

と述べ、三十年十月一日付で作成・印刷された

「伊勢国三重郡桜村田原佐野家略伝」や「佐野家伝来物目録」を添付して授爵を申請。目録には平将門追討太政官下文一通、田原秀郷下野国押領使宣旨一通など多くの文書を列挙している。三重県知事李家裕二《りのいえゆうじ》は同月二十二日付で田中宮相へ申牒するも却下される。続いて三十四年一月二十二日付で「族籍変更追願」を再度田中宮相宛で提出。

誠恐誠惶謹みて宮内大臣閣下に白す。伏して惟るに聖運日の昇るが如く皇威寰宇《かんう》に振るい、懐柔の化も覆載《ふうさい》に普し故に名族の遠裔授爵の典継続興廃の恩僻陬《へきすう》も漏らしたまわず。是を以て去明治三十二年一月曩祖《のうそ》秀郷の勲功を顕彰し追孝を全うせんと欲し、一家の略伝系図写及び歴代伝来の古書・古器目録を副え、以て華族に編入せられしことを請願し奉り、恩典の命を待つこと雲霓啻《うんげいただ》ならず、仰ぎ冀《こいねが》わくば精査考覈《こうきょう》せられ華冑《かちゅう》に列せられんことを尊厳を憚らず、敢えて再請願し奉る。

として自家の由緒をもって授爵を請願。三重県知事古荘嘉門《ふるしょうかもん》は二月四日付で宮内省へ申牒するも結局二度の請願も功を奏さず不許可に終わる。

典拠　「今井鉄巌他授爵請願書」(宮内庁宮内公文書館所蔵)

佐野延勝　さの・のぶかつ

一八四九―一九一五

陸軍中将・貴族院議員

①明治二十九年十月九日（許可）

陸軍少将・陸軍騎兵監

旧幕臣出身の陸軍軍人。旧姓松村。明治維新後陸軍に入り、西南戦争にも従軍。明治十三年(一八八〇)四月に陸軍省軍馬局長、十九年三月陸軍大佐に進級して騎兵局長に就任。二十年六月騎兵監となり、二十四年六月少将に進級。日清戦争中は教育総監部の前身である監軍《かんぐん》部の御用取扱をつとめた。『授爵録』(明治二十九年)によれば、二十九年十月九日付で陸軍側の武功調査委員による内申が宮内省当局側に伝えられる。

佐野延勝

右は明治二十七八年戦役間、監軍留守中監軍部御用取扱仰せ付けられ、終始監軍の事務に服し、その功績顕著なるのみならず、古参の将官にして当時授爵の恩典を蒙りたる将官に比しその権衡を失し徳訳に漏るるの嫌いあるを以てこの際授爵の詮議相成りたき事情内申に及び候事。

とみえ、そのうえで同月十六日に同省爵位局が佐野の授爵詮議を立案。

右別紙の通り明治二十七八年戦役の際、監郡の事務に服し、その功績顕著なる者に付、特に華族に列し男爵を授けられ然るべしと認む。

とし、十一月九日に裁可され、同年十二月三日付で男爵が授けられる。また『読売新聞』二十九年十二月五日朝刊によれば「佐野少将授爵の次第」の見出しで、

陸軍騎兵監・陸軍少将佐野延勝氏は一昨日華族に列し男爵を授けられたるが、今その次第を聞くに、同少将は今年四十八歳、黒田・小川両少将に次いでの故参者たり。十年西南の役以来勲功少なからず、明治二十七八年の戦役には山県監軍の出征中、御用代理をなし、専ら力を軍事教育に用いられたるは人の知る所にて、表面赫々《かっかく》の功なきも隠然軍事上の勲績少なからざるに依ると云う。

と報じられており、少将中の古参者であり、なおかつ日清戦争中は山県有朋の代理もつとめたという功績が理由の授爵であるとみえる。

典拠　『授爵録』明治二十九年、『読売新聞』明治二十九年十二月五日朝刊、岩壁義光

「旧幕臣系男爵の授爵について―宮内公文書館所蔵「授爵録」の分析を通じて―」（『学習院大学史料館紀要』一八）

鮫島　某　＊さめじま

生没年不詳

鮫島尚信遺族

①明治三十三年四月六日（不許可）

②大正十一年一月十九日（不許可）

鮫島尚信《なおのぶ》は元薩摩藩士出身の外交官。フランス駐箚《ちゅうさつ》特命全権公使在任中、明治十三年（一八八〇）十二月死去。一女あり、もと子が伊集院兼尚に嫁しているが、その系統を指すか、または鮫島の実弟で内閣書記官長・貴族院勅選議員となった鮫島武之助《たけのすけ》とその遺族を指すかは不明。『東京朝日新聞』三十三年四月六日朝刊によれば、「御慶事と叙爵」の見出しで、

　予《かね》て噂ありたる叙爵の恩典は御結婚当日頃御沙汰あるべく、あるいは調査の都合により少しく延引さるるやも計られずとの事なるが、その人選中には故川路利良《かわじとしよし》・鮫島尚信・玉乃世履《たまのせいり》等諸氏及び金子堅太郎氏等もありと云えり。

と報じられ、当時皇太子嘉仁親王（のちの大正天皇）と九条節子《さだこ》との結婚に際し、慶事として前記の四名の授爵が噂になっていたと思われるが、この時には金子のみが授爵し、他の三名は洩れている。また、『倉富勇三郎日記』大正十一年（一九二二）一月十九日条によれば、上野景範《かげのり》遺族が華族に列していないことが不権衡であるとの言に対し、牧野伸顕が「早く死したる人は致し方なし。上野のことを云えば、鮫島某は上野より上の人なりしも、これも華族となり居らず」と語っているとあり、実際運動が行われたかは不明であるが、取りあえず本項に掲載する。

典拠　『東京朝日新聞』明治三十三年四月六日朝刊、『倉富勇三郎日記』大正十一年一月十九日条

沢太郎左衛門　さわ・たろうざえもん

一八三四―九八

元海軍一等教官

①明治三十一年頃（辞退）

旧幕臣出身の海軍軍人。実名は貞説。文久二年（一八六二）には幕府のオランダ留学生として選ばれ、慶応三年（一八六七）に帰国。軍艦役並勤方・軍艦頭並を歴任し、翌年には榎本武揚らとともに箱館へ移り開拓奉行に就任。明治二年（一八六九）に新政府軍に降伏するも、五年には赦免され開拓使御用掛に就任。そののち、兵部省に出仕し、海軍兵学寮大教授・兵学権頭《ごんのかみ》などを歴任。海軍兵学寮が海軍兵学校と改称するにあたり、引き続き同校に勤務。十五年十月には教務副総理に昇進。十八年八月に海軍一等教官に任ぜられるも、翌年二月に退官。宮本孝『幕末オランダ留学生の研究』によれば、

　生前、爵位の話もあったようであるが、思うところあって辞退したようである。戊辰の役で大勢の部下や仲間を失っており、自分だけが余慶をこうむるのをいさぎよしとしなかったものか、それとも“賊軍”の一人であったということがわだかまりとなっていたからか、いずれにせよ、体よく辞退したことだけは確かである。

とみえ、授爵に関する話があったものの、沢が辞退したと記されている。典拠となる史料、またその時期についても同書には明示されていないが、死去する明治三十一年五月前頃と比定。

典拠　宮永孝『幕末オランダ留学生の研究』

沢　宣量　さわ・＊のぶかず

一八六〇―一九一〇

旧堂上公家（半家）・子爵

①明治二十二年七月三日（不許可）

②明治二十四年三月二十四日（許可）

旧堂上《とうしょう》公家で半家の家格。先代宣嘉《のぶよし》は幕末・維新時に国事に奔走し、長州へ落ち延びた七卿の一人として知られ、維新後は新政府において参与職、九州鎮撫総督・長崎府知事や、外国官知事・外務卿を歴任した。宣嘉のあとはそ

の先代為量《ためかず》が再相続し、明治十七年(一八八四)七月の華族令公布に際しては同月八日に子爵が授けられた。その後、宣量が家督を継承するが、子から伯への陞爵運動が同二十二年頃からみられるようになる。『尾崎三良《さぶろう》日記』二十二年七月三日条によれば、尾崎が三条実美を訪ね、沢家の子から伯への陞爵を提案。尾崎は沢以外にも七卿の四条隆謌《たかうた》の伯から侯、壬生基修《もとおさ》の子から伯への陞爵もともに願い出ており、この提案が直接宮中筋にもたらされ審査対象となったのか不明ながら、この時は不許可に終わる。ついで『山田伯爵家文書』所収の二十四年三月二十四日付「品川弥二郎書翰」によれば「沢宣嘉卿跡は他の六公卿同様に伯爵に昇らせたき事」とみえ、品川が七卿を匿った長州藩の出身でもあり、交友があったためか同家の陞爵を後援していることが窺われる。周囲の運動が功を奏したためか宣量は二十四年四月二十三日付で伯へ陞爵。

典拠 『尾崎三良日記』明治二十二年七月三日条、「品川弥二郎書翰」(『山田伯爵家文書』二）

→沢宣元

沢　宣元　さわ・のぶもと

一八六二―一九三四

旧堂上公家（半家）・伯爵沢宣量弟

①明治二十八年五月十六日（許可）

旧堂上《とうしょう》公家で幕末長州へ落ち延びた七卿の一人沢宣嘉《のぶよし》の子。宣量の弟。『品川弥二郎関係文書』所収の明治二十八年(一八九五)五月十六日付「丸山作楽《さくら》書翰」によれば、

就いては沢家云々内府公へ委曲《いきょく》申し上げ置き候処、岩倉公爵より差廻し相成り候華族分家又別立等の時例、人名等公へ差し上げ置き候処、尚品川子爵とも熟談何分とか相運わすべき仰せ向けられ候次第に付、猶御差し含み宜しく御尽力偏《ひとえ》に悃《こん》願《がん》申し上げ候。

とみえ、沢家より宣元の分家・授爵について、先例の調査が行われていることが明らかである。また、熱田神宮宮司の角田忠行から丸山に宛てられた同書翰の別紙には、

過刻は態々《わざわざ》沢家までお出で下さり分家一条に付、御深切なる御配慮千万謝し上げ奉り候。縷々長州の御縁より品川子厚く御心添に預かり後室殿において感謝の至り。宣嘉卿の神霊も定めて悦ばれ候事と呉々申され候。就いては御存じの通り、同家も彼の不都合より負債これあり、当分家産を分かるに至り兼ね候間、何卒宣嘉卿脱奔七卿の一分と、為量卿奥羽の功とを合わせて思召を以て何程か御下賜に預かり、男爵に加えられ候様御筋へ御尽力の程山々希《こいねが》い上げ奉り候。

とあり、当時沢家が何らかの理由で財政状況が思わしくなく、宣元分家に際して華族の体面を維持するための財産分与が困難であるので、宣嘉の幕末・維新時の功労、そして宣嘉先代為量の奥羽鎮撫使総督(のち副総督)として功績を斟酌し、皇室より何らかの御下賜金が与えられるよう尽力を求め、そのうえで宣元に男爵を授けられるように請願している。また『授爵録』(明治二十六～二十八年)によれば、同年五月二日付「贈正三位沢宣嘉次男沢宣元ヲ華族ニ列セラル、議」には「伯爵沢宣量は沢宣元に資金一万円を譲与し分家せしむる儀を別紙の通り請願せり」とみえ、一万円を分家資金として分与していることが記される。当局側の立案書には、

謹んで按ずるに維新の勲功者にして、その子弟を分家せしむるの際、特旨を以て華族に列し栄爵を授けられたる者、その例少なからず。而してその栄爵を授けられたる者の父祖の勲功を比較せば、宣嘉の如きは公卿の賞典禄二等に位するを以て、寧ろ優等の勲功者と謂うを得るべし。

とあり、宣嘉が賞典禄八百石を下賜された功績は公卿側のなかでは第二等に位置するということも考慮され、宣元は同月二十七日付をもって男爵を授けられた。

典拠 「丸山作楽書翰」(『品川弥二郎関係文書』七)、『授爵録』明治二十六～二十八年

→沢宣量

沢田幸一郎　さわだ・こういちろう

一八七二―一九四二

旧伊勢神宮内宮神主

①明治二十二年一月二十八日　(不許可)

②明治二十三年七月一日　(許可)

沢田家は荒木田《あらきだ》姓で代々伊勢神宮内宮神主。後掲沢田泰綱《やすつな》の養子で、のちに改名して泰圀《やすくに》。実父は同じく旧内宮神主で授爵候補にも名が挙がった佐八《そうち》定潔。同家の授爵については『授爵録』(追加)(明治十五〜大正四年)所収「族籍之儀ニ付建議」によると、すでに華族に列した松木美彦男爵と藤井希璞両名の連署で明治二十二年(一八八九)一月二十八日付で宮内大臣土方久元宛で請願。

　謹みて案ずるに貴族の国家に於ける重大の関係あり。許多の効用ありて、政治上・国体上に置いて必須の者たるは今更に喋々を要せず。(中略)爰《ここ》に古名家族宜しく詮議せらるべき者十六家を録して左右に呈す。

として神宮旧神官より久志本《くしもと》常幸・宮後《みやじり》朝昌・沢田泰綱・世木《せき》親喜、上賀茂より松下径久《みちひさ》・岡本保益・鳥居大路《とりいおおじ》治平、下鴨より泉亭《いずみてい》某・梨木《なしのき》某・鴨脚《いちょう》某、日吉より生源寺《しょうげんじ》希徳・樹下《じゅげ》某、松尾より東某・南某、鹿島より鹿島則文、香取より香取保礼の十六名を列挙する。沢田家は十六年十二月に泰綱が隠居しているが、松木・藤井ともに把握していなかったと思われ、このち沢田幸一郎のみが審査される。『授爵録』(明治二十三年)所収の二十三年七月一日付宮内省当局側の審査書類「皇太神宮旧神官荒木田姓宗家家格御取立之件」によれば、

　即今荒木田姓の内、華族に列せらるべき資格あるものを択《えら》むに当たり、先ずその標準を定めざるべからず。即ち左の四項に基づき採択せらるる時は蓋し他に不平を唱うるものなかるべし。

と記し、その審査基準は第一宗家、第二血統、第三家格、第四財産と明記している。旧内宮神主の華族編列・授爵にはすでに藤波亮麿が二十三年三月二十六日付で明治天皇の裁可を経て「授男爵」の爵記も交付される予定であったものの取り消しとなった経緯もあり、慎重を期す必要があったようである。宮内省では荒木田姓数氏の家系を対照し、さらに氏山田町役場提出の財産調書も参観し、前記四項目を全て備えているものを調査したところ、沢田家が第一で、幸一郎の生家である佐八家を第二とし、その他の諸家は「皆完全なるものなし」としたうえで、

　右二家に就きこれを吟味すれば、沢田家は右敷長男即ち一門佑弥麿の正統にしてこれを本宗の家筋とす。またその血統を論ずれば養子は甚だ稀にして、近代に至り僅かに泰登《やすなり》・泰綱及び現戸主幸一郎の三人あるのみ。然れども泰登は同姓中川長官経長の曽孫中川浮泰の一男にして、泰綱は薗田守約の三男なれば、血統正系に出づ。決して異姓のものにならず。幸一郎もまた佐八定潔の長男なれば、これまたその系統に出づ。人或いは云わん。これは則ち二門の末裔にして一門の正統にあらずと。然れども佐八家の系譜を調査するに、幸一郎の父定潔、その血統は一門井面家より出づ。井面家守宗の二男守親は中川経冬の養子となり、名を経豊と改む。定潔は即ち経豊の子孫にして、中川家より佐八家に養子となりたるものなれば幸一郎は正しく一門佐弥麿の子孫に相違なく、良しや二門田長の子孫とするも右敷の後裔に相違なし。名彦の如き、亮麿の如き異姓の人と同日にして詳すべきものにならず。況んや一門井面《いのも》の血統即ち佐弥麿の正系に出るものに於いてをや。

とし、血統的にも沢田家の佐八家に対して優位である点を指摘し、家格も歴代中、権禰宜となる者が多く、また長官に任ぜられた者は少ないとはいえ、正員の禰宜に任ぜられるべき家格でいわゆる「重代家」と称する家格である、と述べる。さらに財産についても、地価五百円以上の土地および六千円以上の公債証書を所有し、「所得税を納むるを以てこれを証するに足れり」と断じる。また、

前に藤波亮麿華族編列願書の出るや単に同氏より差し出したる願書及び参考書に就き取り調べたるに、同氏は荒木田姓正統のものに相違なきものの如し。度会《わたらい》・荒木田両姓は内外両宮の神官にして、茲《ここ》に殆ど二千年の久しき神孫連綿たる名族なりとす。然るに度会姓は名族の故を以て既にその宗家松木氏を抜きて華族に列せられたるも、荒木田姓に於いては未だその栄典に与からざるは権衡上宜しきを得ざるものの如し。依て度会・荒木田両姓の比較を取り、亮麿を華族に列せらるべきや上申に及びたるに、既に上奏御裁可相成りたる後、内閣より藤波名彦の願書を回送したるを以て即ちこれを閲すれば、名彦は彼自ら亮麿の本家なりと云う。尚また松木美彦・藤井稀璞の建言書を以てこれを参観するに、荒木田姓には沢田氏を始め薗田・井面・世木・中川等の数氏を挙げ、皆荒木田姓の一派なることを見留めらる。ここに於いて頗る判別に苦しみたれば、亮麿の御裁可書は御発表前の儀、御猶予相願い、桂主事を大野属と共に伊勢神宮司庁に出張せし、同庁の所蔵及びその他の古文書に就き審按査覆の上、別紙系図を調製せり。而して沢田幸一郎家系のその正統本宗なることを発見するを得たり。依て前の藤波亮麿の御裁可は御取消しを仰ぎ、更に本宗家荒木田姓沢田幸一郎を華族に列せられ男爵を授けらるべきや裁を仰ぐ。

とし、藤波亮麿授爵取消後、再調査のうえ、澤田家こそが荒木田姓の正統であると判明し、前記のように華族としての体面を維持し得る財政状況にあるとして幸一郎への授爵裁可を求め、同月十七日に裁可を得て、八月二十七日付で正式に沢田家へ男爵が授与され、大正七年(一九一八)荒木田と苗字を改める。

典拠　『授爵録』(追加)明治十五～大正四年・明治二十三年

→沢田泰綱・佐八定潔

沢田泰綱　さわだ・やすつな

一八三〇－一九一六

旧伊勢神宮内宮神主

①明治八年七月　(不許可)

②明治九年三月二十日　(不許可)

③明治十年五月十八日　(不許可)

④明治十七年頃　(不許可)

沢田家は荒木田《あらきだ》姓で代々伊勢神宮内宮神主。泰綱は後掲沢田幸一郎(泰圀《やすくに》)の養父。明治初年、春日大社の西家や、石清水八幡宮の田中・菊大路・南の諸家が堂上《とうしょう》格を求めた際にも当局側は同様に伊勢神宮や賀茂社からも出願されることを危惧しているが、伊勢神宮神主家の請願は明治八年(一八七五)頃より確認できる。『公文録』所収「度会《わたらい》県荒木田度会ノ両姓華族ニ被列度儀上申」によれば、八年七月付で度会県士族浦田長民《ながたみ》と鹿児島県士族田中頼庸《よりつね》両名が神宮神主の華族編列を求めて度会県権令《ごんれい》久保断三宛で書き送っている。

御管下第一区宇治山田両所に居住罷り在り候神宮旧神官荒木田・度会両姓の儀は天《あめ》児屋根命《のこやねのみこと》(荒木田氏の遠祖)・天牟羅雲命《あめのむらくものみこと》(度会氏の遠祖)以来神孫継承して神宮御鎮座の始め二宮に分仕して千八百有余年他姓に混淆なく神宮家と称し血系統連綿《れんめん》、各《おのおの》禰宜の職を奉じ罷り在り候所、去る明治四年神宮御改正の際一般の公旨を以て世襲を解かるると雖も、両姓の儀は格別の御由緒もこれある旨太政官の御沙汰もこれあり、今以て両姓の内当器を撰《えら》びて正権《ごん》禰宜に任ぜられ候。頼庸・長民等熟《つらつ》ら惟《おも》うに出雲・熱田・住吉その他の官社旧神官の内旧家の分は既に華族に列せられ候処、堂々たる神宮に奉仕して千八百年神孫継承せし名族にして、尋常一様の黎《れい》庶《しょ》と同じく淪没《りんぼつ》候は誠に以て嘆惜の至りに候。願わくは速やかに両姓の系譜御取調、華族に列せられ候様御取計相成りたき心付候に付、この段建言仕り候。以上。

としてすでに出雲の千家《せんげ》・北島、熱田の千秋《せんしゅう》、住吉の津守《つもり》などの諸家が華族に列していることを先例として伊勢両宮の旧神主家の華族編

列を「荒木田度会両姓奉職原由」を添付して求めている。この由緒書には神宮神主が五位から二位の高位に陞ること、血統連綿である点を述べている。これを受けて久保権令は同年九月三十日付で太政大臣三条実美宛で「建言書上申」を書き送り、

右両名の者より当県士族松木美彦《よしひこ》・沢田泰綱始め外二十八名の儀は千八百年来他姓の混淆これ無く、神孫継承の旧家にて他の神官とも異なり、この儘一般民庶と同じく論没候ては歎かわしき次第に付、華族に列せられたき趣を以て、別紙の通り系譜相添え建言書差し出し候に付、その儘進達仕り候間、何分の御詮議下されたく候。以上。

として外宮の松木と内宮の沢田を含めた計三十家の華族編列を上申するも、同年十一月十九日付で「上申の趣御沙汰に及ばれず候事」として不許可となる。この理由としては同年十月十三日付の審議で、

度会県上申伊勢大神宮旧神官荒木田・度会両姓の者その儀は神系連綿、千有余年他姓混淆これ無き旧家にて、一般民庶と同じく論没候は歎かわしき義に付華族に列せられたき旨審議に及び候処、右は先般同宮御改正の際大宮司河辺教長《かわべのりなが》義は華族に列せられ、その余両姓の者は士族に編入相成り候に付、一般民庶とは既に区別相立て候義にこれあり、改めて右両姓の者残らず華族に列せられ候義は相当とも存ぜられず候間、御沙汰に及ばれず候て然るべき哉。依て御指令案相伺候也。

とみえ、伊勢神宮では大中臣姓で代々大宮司として神祇官の官人でもあった河辺家が華族に編入されているので、ことさら度会・荒木田両姓の神主まで華族にする必要はないという理由による。『太政類典』外編所収「神宮旧神官荒木田度会両姓ノ宗家二人ノ華族ニ編入センコトヲ請フ允サス」によれば明治九年三月二十日付「度会県上申」として、

右両名の者より当県士族松木美彦・沢田泰綱始め外二十八名の義は千八百年来他姓の混淆これ無く、神孫継承の旧家にて他の神官とも異なり、この儘一般民庶と同じく論没候ては歎かわしき次第に付、華族に列せられたき趣系譜相添え建言書差し出し候に付、その儘昨八年九月三十日付正院へ差し出し候処、同十一月十九日付上申の趣御沙汰に及ばれず候旨御指令相成り候。然るに荒木田・度会両姓の義は元来前文両名申し立て通り尋常の旧家にこれ無く、千八百年来の久しき神孫継承候は格別の義に付、猶両姓家系篤と取り調べ候処、頼庸・長民申し立ての通り相違これ無き家柄に付、この儘差し置かれ候も如何これある哉と存ぜられ候間、何分御詮議下されたく、別冊系譜相添えこの段上申仕り候也。

と内務省へ提出し、これに対して内務省は同年七月十五日付「内務省伺」として、

別紙旧度会県伺同県下旧神官度会・荒木田の両姓松木美彦始め三十名の者華族へ編入の義調査致し候処、右は既に昨八年九月中同県より直ちに御院へ伺い出、同十一月中御沙汰に及ばれず候旨御裁下相成り候趣に候えども、先般上裁を仰ぎ候旧浜田県金子有卿《ありのり》御処分の例もこれあり候に付、旁《かたがた》尚《なお》熟考候処、本県申し立ての如く三十名の者悉く華族に列せられ候は固より相成らざる義と存じ候えども、右の内《もと》松木美彦並びに沢田泰綱二名の義は各その一族の宗家にして、末家二十八名の者とは格別系統も古く、且つこれを金子家に比するも唯歴代国造職を襲ざる迄にて、一体該二名古来履歴由緒の高尚なる等の如きは別段相劣り候廉もこれ無き様相考え候。依ては該二名だけの義は県官申し立ての通り華族へ編入差し許され候方然るべき哉にも存じ候えども、既に一旦御指令論の義に候えば、直ちに聞き届け難き旨指図に及ぶべく候哉。何分の御指令これありたく、別冊建白書並びに系譜二冊及び同県伺書相添え、この段相伺い候也〔九年七月十五日系譜二冊これを

略す」。

と記し、太政官正院の指図を求めている。明治八年九月四日付で物部《もののべ》神社神主の金子有卿が華族に編入となったことを受け、再度伊勢神宮旧神主が華族編列を求めたことが窺われる。この再度の請願に対して正院第二科議案としては、

別紙内務省伺大神宮旧神官華族へ編入の義、右は昨八年十月中度会県より伺出これあり、別紙参照書の通り御沙汰に及ばれず候旨御指令相成り候処、今般同省より再応伺出に付審議候処、右申牒中旧浜田県金子有卿御処分の例を援引し、家系優劣これ無く云々の趣に候えども、金子家は歴代国造世襲の故を以て将《まさ》に華族に列せられ候義にて、既に伊勢旧神官の義も先年御改正の際旧大宮司は華族に、禰宜以下は士族に列せられ候義至当の御処分にこれあるべし。然るに度会・荒木田両姓の如き全く家系のみを以て華族に列せられ候ては外一般士族中にもその家系、或いは華族に立優り候者これ無きとも申し難く、右等の者若《も》し追々家系を申し立て華族に列せられたき旨願い立て候様にては際限もこれ無き義と存じ候。さりながら今般同省より伺出の趣にては、前両姓三十名の内宗家二名に限り華族に列せられたきとの義に付、特別御許可相成るべき哉、可否高裁を仰ぎ候也。

とするも、結論は十年五月十八日付で「伺いの趣聞き届け難く候条その旨指令に及ぶべき事」としている。内務省の上申より十ヵ月後の結論であり、この間相当な論議や調査がされたと思われる。また、この一件については、『明治建白書集成』第四巻所収「〔度会県士族松木美彦等ヲ華族ニ被列度建議〕」中で三重県庁文書も含め掲載されており、『公文録』所収「大神宮旧神官松木美彦沢田泰綱二名華族ニ被列度儀伺」にもみえる。こののち松木家は十五年十二月にも請願書を提出し、さらに翌年二月十六日付で同じく外宮神主であった久志本常《くしもとつね》幸《ゆき》と連署で太政大臣・左大臣・右大臣宛で「族籍之儀ニ付追願書」を提出し、審議の結果同年二月二十一日付で松木のみは華族に列する。太政官における同年一月二十三日付のその審議内容は『記録材料・決裁録・第二局・内務省甲号全』所収「三重県士族松木美彦外十名華族ニ列セラレタキ義」にもみえ、

別紙内務省上申三重県士族松木美彦外十名華族編列願の義を案ずるに、右は前年度度会県及び内務省より上申の節御聞届相成らず候えども、特に度会姓の宗家松木美彦儀は神宮奉仕已来千八百余年にして、その氏祖天日別命《あめのひわけのみこと》伊勢国造と為りしよりの年数を合算すれば二千五百四十年と相成り、その間系統連綿として絶えず。曩《さき》に華族に列せられ候出雲国造千家尊福《たかとみ》の外他に比類なき家格なるに依りこの際特旨を以て松木美彦のみ華族に列せられ、その余十名の者は先ず従前の通り差し置かれ候て伊勢神宮の荒木田姓の者并びに賀茂神社の泉亭《いずみてい》等格別の家格ある者詳細御取調の上、何分の御沙汰これあり然るべしと存じ候。依て左案取調高裁を仰ぎ候也。

と結論付け、「伊勢神宮の荒木田姓の者并びに賀茂神社の泉亭等格別の家格ある者詳細御取調の上、何分の御沙汰これあり然るべしと存じ候」とあるように、旧内宮神主家は下鴨の泉亭家らの諸家同様今後さらなる詳細な調査のうえ、華族編列の審査に付すという考えを示している。また、同家の華族編列については「三条家文書」所収「旧神官人名取調書」にみえる。同資料は明治十七年頃のものと思われるが、これによれば「別紙全国旧神官の内華族に列せられ然るべき家格の者にこれあり候。御発表前には一応現今貧富の景況地方官へ調査仰せ付けられ候上、御取捨相成りたしと存じ奉り候」と記され、そのなかに旧伊勢神宮内宮神主としては中川経界・薗田守胤とともに沢田泰綱の名も挙げられているが、当該時期にも授爵は行われていない。なお、泰綱はこの前年である十六年十二月二十六日に隠居しており、取調書作成の段階ではこれを把握してい

なかったとも思われる。沢田家の授爵運動は養子幸一郎(のち泰圀《やすくに》と改名)に受け継がれ、二十三年八月二十七日付で男爵が授けられる。泰綱はこれに伴い有爵者先代として同年九月一日付で従五位に叙せられている。

典拠　「度会県荒木田度会ノ両姓華族ニ被列度儀上申」(『公文録』)、「神宮旧神官荒木田度会両姓ノ宗家二人ノ華族ニ編入センコトヲ請フ允サス」(『太政類典』外編)、「大神宮旧神官松木美彦沢田泰綱二名華族ニ被列度儀伺」(『公文録』)、「「度会県士族松木美彦等ヲ華族ニ被列度建議」」(『明治建白書集成』四)、『授爵録』明治十五〜十六年・(追加)明治十五〜大正四、「三重県士族松木美彦外十名華族ニ列セラレタキ義」(国立公文書館所蔵『記録材料・決裁録・第二局・内務省甲号全』)、「旧神官人名取調書」(「三条家文書」)、松田敬之「新華族先代・先々代叙位に関する一考察」(鶴崎裕雄編『地域文化の歴史を往く―古代・中世から近世へ―』)

→沢田幸一郎

沢村　重　さわむら・しげし

一八六〇―一九一八

旧肥後国熊本藩家老

①明治十一・十二年頃　(不許可)
②明治十二〜十六年頃　(不許可)
③明治十五・十六年頃　(不許可)
④明治三十三年五月五日　(不許可)
⑤明治三十四年六月二十九日　(不許可)
⑥明治三十四年七月二十七日　(不許可)
⑦明治三十五年三月十七日　(不許可)
⑧明治三十九年八月　(許可)

沢村家は旧熊本藩家老で旧禄一万千石を知行。松井・米田《こめだ》・有吉《ありよし》の三家に次ぐ家格で、幕末・維新期の当主は友義《ともよし》。そのあとは重が継いだ。同家の華族昇格に関し、『爵位発行順序』によれば、布告案として公侯伯子男の五爵(左に朱書で公伯男の三爵)を設け、世襲・終身の別を付し、その内「世襲男爵を授くべき者」四項目中、第四項目に「旧藩主一門の高一万石以上の者及び高一万石以上の家臣」を挙げている。同案は明治十一(一八七八)・十二年頃のものと推定されるが、この時点では旧幕時代に一万石以上を領していた沢村家は男爵に列すべき家として認知されていたと思われる。同じく前掲『爵位発行順序』にも授爵規則の「男爵を授くべき者」として、七項目中、第四項目に「旧藩主一門の高一万石以上の者及び高一万石以上の家臣」が挙げられている。前記資料とは異なり、この案は十二年以降十六年頃のものと推測されるが、こちらでも万石以上陪臣として、沢村家は世襲華族として男爵を授けられるべき家とされていた。また、十五・十六年頃の作成と思われる「三条家文書」所収「旧藩壱万石以上家臣家産・職業・貧富取調書」によれば、旧禄高一万千石、所有財産・貧富景況はともに空欄。職業は無職と記されるも、当該時期には万石以上陪臣の華族編列そのものが実施されなかったため、同家は士族にとどまる。『授爵録』(明治三十三ノ一年)所収の三十三年五月五日付宮内省当局側審査書類によれば、旧藩主一門および万石以上家老の授爵詮議で浅野哲吉ほか二十五名が挙げられ、同月九日付で全員男爵を授けられているが、その但書に、

但し旧藩一万石以上と唱うる家は四十八家あり。然れども明治四年辛未禄高帳(大蔵省記録)及び藩制録(大蔵省記録)又は府県知事より徴収したる現在所有財産高を照査し、その旧禄高一万石以上判明せしものにして、猶且つ五百円以上の収入を生ずべき財本を有すること精確なるもの先づ二十五家を挙ぐ。余の二十三家は他日調査完結又は資産を有するに至りたるときに於いて御詮議相成るべきものとし、左にこれを掲げて参考に資す。

としたうえで、沢村重を含めて二十三家が挙げられている。これによれば、沢村家は「旧禄高壱万石以上判明せしも五百円以上の収入を生ずべき財本を有せざる家」十一家のなかに分類されており、表高・実高ともに一万石以上ではあったが、華族としての体面を維持するのに必要とされた年間五百円以上の収入を生ずる財本を有していなかったようである。『授爵

録』(明治三十九～四十年)によれば、三十四年六月二十九日付で沢村家旧臣総代の若林長片ほか四名が「熊本県士族沢村重族籍之儀ニ付歎願」を宮内大臣田中光顕《みつあき》宛で提出。

沢村重旧臣若林長片外四名、謹みて宮内大臣正三位勲一等子爵田中光顕閣下に歎願奉り候。抑《そもそ》も重家筋の義は侯爵細川護《もり》成《しげ》祖先代より該家重臣として松井敏之《としゆき》・米田虎雄《とらお》・有吉虎若の三家に続き代々特別の待遇を受け、且つ従来万石以上の身代柄に対しては城主の格式に準じ旧幕府に於いても総《すべ》て万石未満の陪臣と区別これあり候処、廃藩置県の際右三家と同じく一般士族に編入せられ候。然るに先般松井・米田両家は特に授爵の恩典に浴し、就いては旧主重儀も同様授爵の恩典を蒙り候様仕りたく、何卒特別の御詮議を以て華族に列せられ候はば旧主家の栄誉は勿論、旧臣一同に於いても冥加至極に存じ奉り候。依て祖先の功績を記したる別冊家記概略相添え、旧臣五百余名総代として私共連署、この段歎願奉り候。

として松井家らに次ぐ家柄で、万石以上を有する家筋などの由緒を理由として旧主沢村家への授爵を求めている。これを受け、同年七月二十七日付で熊本県知事徳久恒範《とくひさつねのり》が田中宮相へ「授爵之義ニ付内申」を提出。

右沢村家は祖先以来数百年間相継承し、旧熊本藩主細川家祖先代よりの重任にして、松井敏之・米田虎雄・有吉虎若の三家に続き養父友義に至る迄十一代代々特別の待遇を受け禄高一万千石を有し、家臣凡そ五百余名、廃藩置県の際右三家と同じく士籍に編入せられ、養父友義は明治七年佐賀江藤の乱起り熊本鎮台出兵後、賊徒熊本に襲来の虞あるや、司令長官谷少将等の内示により守備上大いに尽力する処あり。その後本県八代《やつしろ》郡長・内務省御用係となり中比《なかごろ》司法省に転じ、一旦職を辞し、更に大蔵省御用係(掛)となり僅かにしてまたその職を辞す。当主重儀はその十年西南騒擾の際大義を守り、名分を重んじ厳然として動かざりしのみならず、旧臣を戒め、その方向を誤らざらんことを説示し、為に賊軍に与せし者なかりし等、国家の為尽力せし処あり。然るに禄高一万石以上を有せし松井・米田の両人は特に授爵の恩典に浴せしに、沢村家には今にその御沙汰これ無く、甚だ遺憾とする処にこれあり。将にその門地徳望も啻《ただ》に旧臣等一部の推服に止まらず、県下一般に重きを置き、加之《しかのみならず》相当の資産これあり候えば、同家の家筋に対せられ当主重に授爵の御詮議相成り候様致したく、別紙旧臣総代の歎願書・家記略書及び財産調書等相添え、この段特に内申候也。

として同家が西南戦争時に旧臣らが西郷軍に荷担しないように戒めた点も付記している。さらに明治三十五年(一九〇五)三月十七日付で沢村家の旧主である侯爵細川護成より田中宮相宛で「授爵之儀ニ付請願」を提出。

右重十二代の祖沢村大学助吉重儀、天正十年家祖忠興の家臣と相成り、爾来《じらい》功績少なからざるを以て追々給禄を増加し、沢村宇右衛門友好の代に至りて禄高合わせて一万千石を給与し、爾来連綿、明治維新の際に至る迄代々同額の禄を給し来たり候家筋にして、家系等は同人旧臣共より録上仕り候聊かも相違これ無し。然るに聖代の徳沢に依り去明治三十三年五月皇室の御吉礼行わせられ候際、旧時の名門功臣の輩にも寵恩を布かせられ授爵の栄典を賜り候旨拝承奉り候。就いては他家の類例に鑑《かんが》み旧来の情誼傍観仕り難く候間、重儀も何卒厚き御詮議を以て特に授爵の寵典に浴せしめられ候様御執奏の儀謹みて請願奉り候也。

として旧家臣である沢村家の授爵を後援しているが、結局授爵は不許可となっている。前掲『授爵録』(明治三十九～四十年)所収の三十九年八月付の宮内省当局側立案書類によれば、伊木忠愛《いぎただなる》・日置健太郎《ひきけんたろう》・池田博愛《ひろのり》・土倉光三郎《どくらみつさぶろう》・有吉虎若・荒尾之茂《これしげ》・荒尾嘉就《よしなり》・藤堂憲丸とともに沢村の授爵を建議。

旧藩一万石以上の門閥にしてその所属藩主の一門または家老の輩はその実力恰《あたか》も小諸侯の如く古来旧領地に住して門地声望等その地方人民の儀表となり、勧業または奨学等公益に資すること少なからざるを以てこれに栄爵を授けられんとするの件曩《さき》に御裁可あらせられ、去る三十三年皇室御慶事の時に際し詮議を経て旧藩一万石以上と唱うる門閥家にして、その旧禄高一万石以上たること判明し、尚且つ五百円以上の収入を生ずべき財本を有すること精確なる者二十五家を挙げて華族に列し男爵を授けられたり。而してその際旧禄高一万石以上たること判明せるも、五百円以上の収入を生ずべき財本を有せざる者にありては他日その資産を有するに至りたるときに於いて更に同様の詮議に付せらるべきものとせられ、右九家はその当時既にその員に数えられたる者なり。然るに爾来孰《いず》れもその資産を有するに至りたるを以て、この際曩日《のうじつ》の詮議に基づき前記九家に対し授爵の恩典あらんことを上奏せらるべきや。

とし、沢村家も資産五百円を生ずる財本を確立したとして、同年九月十七日付で男爵を授けられる。

典拠　『爵位発行順序』、「旧藩壱万石以上家臣家産・職業・貧富取調書」(「三条家文書」)、『授爵録』明治三十三ノ一年・三十九〜四十年

三条公輝　さんじょう・きんてる

一八八二―一九四五

公爵三条実美次男

①明治二十三年三月十二日（不許可）

旧堂上《とうしょう》公家（家格は清華《せいが》家）出身の政治家三条実美の次男。『尾崎三良《さぶろう》日記』明治二十三年（一八九〇）三月十二日条によれば、

伊藤伯を帝国ホテルに訪《と》う。三条家保護の事を依頼し、二男公輝分家華族に列せらるる事を内願す。伯も同意なり。

とみえ、尾崎ら三条家旧臣が伊藤博文に公輝の分家・授爵を運動したことが明らかである。ただし、すぐに取り計らわれた訳ではなく、公輝は二十五年二月十九日に至り男爵を授けられる。

典拠　『尾崎三良日記』明治二十三年三月十二日条

三宮義胤　さんのみや・よしたね

一八四三―一九〇五

宮内省式部長

①明治二十二年七月二日（不許可）

②明治二十三年三月二十一日（不許可）

宮内省式部次長

③明治二十九年五月（許可）

宮内省式部長

旧近江国志賀郡の正源寺住職三上円海の次男。維新前は三上兵部を称し、幕末・維新期には国事に奔走。兵部省・外務省を経て、明治十六年（一八八三）宮内省に転じ、以後は小松宮別当・調度局長・式部次長などを歴任し、二十八年には式部長に昇った。『尾崎三良《さぶろう》日記』二十二年七月二日条によれば、

条公《じょうこう》を訪《と》う。在朝有功の士を華族に列するの談あり。その人名は子爵、河野《こうの》敏鎌《とがま》、西郷菊之助、男、井田譲《ゆずる》、山口尚芳、伊丹重賢《しげかた》、花房義質《よしもと》、石田英吉《えいきち》、辻維岳《いがく》の八人。右の外八人の候補者あり。楠本、藤村、山田信道、桂太郎、岩村高俊、北垣、三宮、舟（船）越等なり。依て云う、楠本は第一着に属すべきものなりと。その余は意見なし。

とあり、尾崎が三条実美を訪問し、勲功により華族に列すべき人名を推挙しており、そのなかに三宮の名がみえるも結局授爵に至っていない。また『山田伯爵家文書』所収の二十三年三月二十一日付「山田顕義《あきよし》秘啓」によれば、「授爵は陛下の大恩にして、国家の大典、万民の標準なり。真に陛下の親裁に出づるものにして、臣僚の容喙すべきものにあらず。然れどもその自歴を調査し、その理由を明断にし、聖慮を翼賛するは臣下の務にして、謹慎鄭重を尽くさざるべからず。今鄙見《ひけん》を陳じ、閣下の参考に供す」として宮内大臣土方久元宛で授

爵の標目として、(一)維新前後功労あり勅任官たる者および勅任官たりし者、(二)維新後功労あり勅任官たる者および勅任官たりし者、(三)維新前後功労ある者、(四)維新後功労ある者、(五)父の勲功による者、(六)神官および僧侶の世襲名家たる者、(七)琉球尚家の一門、の計七項目を挙げ、三宮は第一項に適当の者としてその名を挙げられ、山田が列挙した人名中この時授爵したのは辻のみであった。そののち、『授爵録』(明治二十九年)によれば、立案日の欄は空白であるが、芳川顕正《あきまさ》ほか二十八名の文武官への授爵詮議が爵位局でされており、三宮の名も挙げられる。

　右は夙《つと》に勤王の志を抱き、皇室式微、幕府専横の日に当たり、或いは大和・但馬の義挙に与し、或いは幽囚投獄、辛苦備《つぶさ》に嘗《な》め維新回天の大業を賛助し、または多年朝に在りて顕要の職を奉じ、または貴衆両院に入りて国家の大計を議する等孰《いず》れも勲功顕著の者に付、特旨を以て華族に列し栄爵を授けられ然るべき乎。左にその爵を擬し裁を仰ぐ。

とし、二十九名中芳川のみ子爵授与とし、三宮を含めた他の二十八名は男爵が相当としている。同文書には三宮への授爵を求める他薦書類は綴られていないが、二十九名中、同人については「三宮義胤略履歴(但シ維新前ノ事蹟)」が添付されており、また、伊丹重賢・船越衛《まもる》・山田信道・中島信行の四名についても維新前後の勤王事歴調書類が、九鬼隆一についても同年二月二十五日付で榎本武揚が授爵を推薦する書状が添付されていることから、三宮を推す他薦などの動きがあった蓋然性が高いと思われる。同人の功績は認められ、二十九年五月二十三日付で裁可を得、六月五日付で男爵を授けられる。

典拠　『尾崎三良日記』明治二十二年七月二日条、「山田顕義秘啓」(『山田伯爵家文書』四)、『授爵録』明治二十九年

し

滋野井竹若　しげのい・たけわか

一九一六—八八

旧堂上公家(羽林家)・元伯爵

①大正四年(不許可)

滋野井家は旧堂上《とうしょう》公家で家格は羽林家《うりんけ》。明治十七年(一八八四)七月の華族令公布に際して公寿が伯爵を授けられた。その後、同家は養子実麗《さねかず》が相続するも、大正二年(一九一三)一月に至り爵位を返上している。同家の復爵については、『松方正義関係文書』所収「滋野井家再興願」にみえる。なお、宮内庁書陵部宮内公文書館所蔵『徳川義恕他陞爵請願書』の包紙には「徳川義恕《よしくみ》／滋野井公寿《きんひさ》／池田徳潤《のります》／酒井忠美《ただよし》／西三条公允《きんあえ》／戸沢富寿《とみじゅ》」と記され、本来六名分の陞・授・復爵の願書類が綴られているはずであるが、滋野井家の分のみがなく、おそらく何らかの経緯でその後『松方正義関係文書』に紛れたものと推測される。復爵は滋野井家の同族にあたる三条実憲《さねのり》公爵、嵯峨公勝《きんとう》侯爵、戸田氏共《うじたか》・西三条実義《さねよし》・姉小路公政《きんまさ》の三伯爵、戸田忠行《ただゆき》・園池実康《そのいけさねやす》・河鰭公篤《かわばたきんあつ》・風早実恭《かざはやさねやす》・武者小路公共《きんとも》・高松公秋《きんあき》・阿野季忠《あのすえただ》・戸田康保《やすもち》・戸田

氏次《うじつぐ》の九子爵、北大路実信《さねのぶ》・三条公輝《きんてる》・東三条実敏《さねとし》の三男爵の合計十四名の連署により提出されたものであるが、宛先が記載されておらず、宮内大臣または内大臣に宛てたものかは不明である。願書には、

私共一族中の元伯爵滋野井家は先祖実国以来先朝に至る殆ど千年に近く皇室に奉仕し来たりたる名家にこれあり。先代公寿に至り嗣子なかりしを以て旧堂上子爵石井行昌《いわいゆきまさ》の叔父実麗を養子となし女武子《たけこ》に配し、公寿の後を享け襲爵したる所、素行修まらず種々の会社に関係して名義上の重役となり、乱行を重ぬるを以て家計益々紊乱せり。元来滋野井家は先代公寿謹直の性にして経済の道に疎かりしを以て、十五銀行の株券全部を子爵五辻安《いつつじやす》仲《なか》に委託しありたる処、同人失敗の為に株券全部を喪失し、旧堂上華族保護資金の下賜に因りて僅かに生計を維持し居りしのみなれば、実麗の不品行の為に弥よ困難を来たし、私共一族は屢《しばしば》忠告・訓戒を加えたるも、毫《ごう》も改悛せず、遂に詐欺取材の告訴を見るに至り私共一族は家名を辱め栄爵を失わんことを恐れ、告訴の成立如何を問わず、従来の不行跡は将来到底名家を維持するの器に非ざるを顧慮し、隠居復籍を勧告したるに、不当なる多額の金円を請求し、その容れられざるに至って踪跡《そうせき》を暗まし、私共一族の所分（処）を得られざる態度に出でし所、終《つい》に収監を見るに至りし為に私共一族に哀訴して無条件を以て隠居を承諾し、その委任状を獄中より交付し救済を乞うに至りたるを以て、直ちに宗秩寮《そうちつりょう》に願い出たるも、既に公訴に付せられたる以上は公明の判決を待ち処分する内規なれば、今俄に隠居を許可する能わずとの理由を以て却下せられ、一方公判の進むと共に判検事も非常に同情し、千歳の旧家を一朝にして失爵せしむるは如何にも遺憾なりとて、その審問の如き実に慎重審議を尽くし、その予審調書の如き厖大なる一大冊をなすに至り、特に武富検事の如きは屢々《しばしば》私共一族に速やかに隠居せしめて爵位を汚さざる臨機の所置をなすべきを勧告したるも、一方宗秩寮の内規は動かすべからず。而して本人実麗は公判の開廷毎に陳述を左右にし、毫も信用するを得ず。その結果、翕然《きゆうぜん》として集まりし同情を失して、判検事の心証を害し、終に第一審に於いて有罪の判決を見るに至り、私共一族は十分控訴の理由あるを信じ弁護士を選定して上告迄も争い、飽くまで無罪の判決を得て家名の安全を計らんとなせしに、彼《かの》実麗は執行猶予の恩典に浴せしを以て、この上控訴上告して却って猶予の恩典を失うが如きことあらんことを恐れ、直ちに服罪したるを以て私共一族の苦心は水泡に帰し、終《つい》に失爵の不幸を見るに至りたる次第にこれあり。爾来《じらい》私共一族は平民となりたる武子を扶助して今日に至り候が、武子は深く上皇室に対し奉り恐懼措《お》く所なきのみならず、父祖に対し申し訳なしとて日夜憂愁に沈み居り、この儘廃絶に帰し候はば祖先以来忠勤者の霊も祀られざるの鬼となる訳にて、私共一同幸いに栄爵を有する者の身にとりては、数百年来共に奉仕せしこととて実に気の毒の次第にて、実子の為に生ぜしことなれば已《や》むを得ざるも、他家より来たりし者の為に栄典を失うに至りしことは何分千秋の恨事にこれあり、先朝の御代に於いて不幸嗣子なきを以て中御門《なかのみかど》侯爵・勝《かつ》伯爵の失爵あり、また訴訟の為に飛鳥《あすか》井《い》伯の失爵ありしも、先帝の御仁慈なる共に再興の恩命を拝して家名の永続したる例あり。遠く元弘・建武の忠臣の如き夫々御追賞御授爵相成り居るの如く赫々《かつかく》たる勲功はこれなしとするも、千年に近き歳月の間には多少共帝室の為に忠節を尽くし貢献したる事蹟もこれあるべく、先代公寿は維新の前、高野山に勤王の義旗を翻して天下勤王の士を鼓舞せんとしたる事蹟もこれありたる由、故老より承り

及び候のみならず、維新後は諸官に歴任して甲斐府知事も相勤めたることもこれあり。哀れ千年に近き間祖先以来の勤労を思し召され、近く御大典も御挙行相成り候折柄、何卒絶えたるを興し、廃れたるを建つるの御仁政を以て家名再興の恩典に浴せられ、永く奉効の誠を尽くすことを得候様御執奏仰がれたく、万々一再興の儀御許可相成り候様の場合には私共一族一同誓って家政を整理し、十分監督必ず華族の体面を保持せしめ、決して聖恩を空しくせざる様深く注意保護仕るべく候間、何卒特別の御詮議を以て願意御採納相成りたく、宗族一同連署を以てこの段歎願奉り候。

として、滋野井家が千年以上続く皇室にも縁の深い堂上公家の家系である点、また実麗は他家より養子として相続した者であり、先代にして維新時にも功績のあった公寿の実子武子が不憫である点、男子相続者を欠いて失爵しながらも復爵した中御門侯爵・勝伯爵家もあり、さらには訴訟により失爵した飛鳥井家も再度復爵していることから、滋野井家も大正天皇の即位大礼という慶事にあたり、復爵を認めて欲しいと縷々陳情するも、結局功を奏さず不許可に終わる。なお、実麗の死亡記事が『読売新聞』昭和十四年(一九三九)四月二十二日夕刊に掲載されているが、新興キネマ京都撮影所スターの「滋野井みのる」の実父であると見えるも、この滋野井みのると竹若が同一人物であるのかは不明。

典拠　「滋野井家再興願」(『松方正義関係文書』一二)

宍戸乙彦　ししど・おとひこ

一八八二—一九四三

旧周防国山口藩家老

①明治三十三年五月五日　(許可)

宍戸家は旧山口藩家老で旧禄一万千石を知行。宍戸徳裕《のりひろ》の養子。後掲親基《ちかもと》は養祖父。さらに『授爵録』(明治三十三ノ一年)所収の明治三十三年(一九〇〇)五月五日付立案の書類によれば、

右は旧藩一万石以上の門閥にして、何れもその所属藩主の一門または家老たり。平生数百の士卒を養い、有事の時は将帥と為り手兵を提《さ》げ、出でて攻守の任に当たり、無事の時は入りて執政と為り民政を総管する等恰《あたか》も小諸侯の如し。而してこの輩は封土奉還の日何れも士族に編入せられたるも、仍《なお》巨多の資産を有して旧領地に住し、その地方人民の推重せらるるを以て自らその地方人民の儀表と為り、勧業または奨学等公益に資すること少なからず。その門地は以て小諸侯に譲らず。その資産また門地を維持するに足るものと認むるに因り前掲の通り授爵の恩典あらんことを奏上せらるべきや。

とあり、宍戸家も門地を維持するだけの資産も有していると認められ、同年五月九日付をもって男爵が授けられる。

典拠　『授爵録』明治三十三ノ一年

→宍戸親基

宍戸親基　ししど・ちかもと

一八二七—八六

旧周防国山口藩家老

①明治十一・十二年頃　(不許可)

②明治十二〜十六年頃　(不許可)

③明治十五・十六年頃　(不許可)

宍戸家は旧山口藩家老で旧禄一万千石を知行。幕末・維新期の当主は親基で初名は徳基《のりもと》。前掲乙彦《おとひこ》は養孫。同家の華族昇格に関し、『爵位発行順序』所収「華族令」案の内規として公侯伯子男の五爵(左に朱書で公伯男の三爵)を設け、世襲・終身の別を付し、その内「世襲男爵を授くべき者」四項目中、第四項目に「旧藩主一門の高一万石以上の者及び高一万石以上の家臣」を挙げている。同案は明治十一(一八七八)・十二年頃のものと推定されるが、この時点においては旧幕時代に一万石以上を領していた宍戸家は男爵に列すべき家として認知されていたと思われる。同じく前掲『爵位発行順序』所収「授爵規則」によれば「男爵を授くべき者」と

して、七項目中、第四項目に「旧藩主一門の高一万石以上の者及び高一万石以上の家臣」が挙げられている。前記資料とは異なり、この案は十二年以降十六年頃のものと推測されるが、こちらでも万石以上陪臣として、同家は世襲華族として男爵を授けられるべき家とされていた。また、十五・十六年頃の作成と思われる「三条家文書」所収「旧藩壱万石以上家臣家産・職業・貧富取調書」によれば、旧禄高一万千石、所有財産および貧富景況は空欄、職業は無職と記されるが、当該時期には万石以上陪臣の華族編列そのものが実施されなかったため、同家も士族にとどまる。なお養孫乙彦が三十三年五月九日付で男爵を授けられる。

典拠　『爵位発行順序』、「旧藩壱万石以上家臣家産・職業・貧富取調書」（「三条家文書」）

→宍戸乙彦

四条隆謌　しじょう・たかうた

一八二八―九八

旧堂上公家（羽林家）、陸軍中将

①明治二十二年七月三日（不許可）

旧堂上《とうしょう》公家出身の軍人で、明治十七年（一八八四）七月の華族令公布に際して授伯爵。『尾崎三良《さぶろう》日記』二十二年七月三日条によれば、

早朝柳原《やなぎわら》伯を訪《と》う。新華族叙任に付、旧華族中維新の際功労ありし者を昇等せしむべきの談あり。その人凡そ左の如し。

四条隆謌

山内容堂《やまうちようどう》実子男爵山内豊尹《とよただ》を伯に、島津忠亮《ただあきら》を伯に、大村純煕《すみひろ》を伯に、真田幸民《ゆきもと》を伯に、伊達宗城《むねなり》を侯に、亀井を伯に、四条隆謌を侯に、柳原を侯に、壬生基修《もとおさ》を伯に、沢某を伯に。予は沢、四条には同意せず。亀井の事は予発言を為す。

とあり、柳原前光《さきみつ》伯爵との談話中、維新時に功労のあった諸家の陞爵についてみえる。柳原と異なり、四条家の侯、沢家の伯への陞爵について、尾崎は反対であったようであり、実際この時の案は宮中筋にもたらされたか不明であるが、実現していない。四条家の侯への陞爵は二十四年四月二十三日付であり、この際には尾崎日記にみえる伊達・壬生・真田・沢・亀井・島津・大村・山内がそれぞれ同時に陞爵している（山内のみ子爵）。

典拠　『尾崎三良日記』明治二十二年七月三日条

→四条隆平

四条隆平　しじょう・たかとし

一八四一―一九一一

旧堂上公家（羽林家）

元四条隆謌養嗣子・元元老院議官

①明治三十一年六月十四日（許可）

堂上《とうしょう》公家四条隆生《たかあり》三男で、当初兄隆謌《たかうた》の準養子となる。幕末・維新時に活躍し、北陸道鎮撫副総督や奈良県令《けんれい》・元老院議官などを歴任したが、明治二十三年（一八九〇）元老院廃院後は貴族院議員に勅選されず、兄で養父でもある隆謌からも廃嫡される。『授爵録』（明治三十一年）によれば、三十一年六月十四日付で宮内大臣田中光顕《みつあき》宛に、

右平素心得方宜しからず、巨額の負債を生じ候に因り家督相続致させ候とも、華族の体面を保持すること能わざるものと思考致し、猶本人よりも相続辞退の申し出もこれあり、旁々《かたがた》以て去る明治二十七年五月三十一日廃嫡願い出候処、願の通

四条隆平

り御聴許相成り候。その後負債も本人において完済致し、品行も方正に相成り、全く改悛の実効相顕《あらわ》れ候に付、この儘差し措《お》き候も遺憾と存じ、親族協議の上、相当の資産を分与し独立致させたく存じ奉り候。然るに同人義は一条公爵と血族の関係もこれあり候に付、民籍編入致させ候も痛心の至りに堪えず。就いては同人が維新の際王事に尽くしたる微功を録せられ、この際特別の御詮議相叶い候はば望外の仕合せに存じ奉り候。

と隆謌が請願。廃嫡後、改悛の情を示すだけでなく、負債も完済したこと、さらに維新時の功労、そして一条公爵家との関係もあり、同年七月三十日付で授男爵。三十七年七月には貴族院議員にも当選している。

典拠　『授爵録』明治三十一年

→四条隆謌

幣原喜重郎　しではら・きじゅうろう

一八七二―一九五一

内閣総理大臣

①大正九年八月十一日（許可）

　アメリカ駐箚特命全権大使

大阪府出身の外交官・政治家。明治二十八年（一八九五）帝国大学法科大学卒業後、文官高等試験外交科に合格し外務省入省。以後、累進して大正四年（一九一五）十月に外務次官。八年九月にはアメリカ駐箚《ちゅうさつ》特命全権大使に任命された。『授爵録』（大正八～十一年）によれば、九年八月十一日付で内閣総理大臣原敬より宮内大臣中村雄次郎宛に西園寺公望以下十名の陞・授爵について申牒。

左記正二位大勲位侯爵西園寺公望外十名は対独平和条約等締結並びに大正三四年戦役に継ぐ戦役に関し別紙功績書の通り功績顕著なる者に付、各頭書の通り陞爵授爵の儀詮議相成りたし。

として計十一名分の「功績書」を添付。幣原の分については、

右は大正三・四年戦役に継ぐ戦役に丁《あた》り外務次官として時局に関する外交の要務に参画し、また臨時外交調査委員会幹事として重要外交案件の考査審議に関与し、殊に平和会議の仏国巴里《パリ》に開かるるや、外務大臣を輔佐して画策《かくさく》、頗る機宜に適し、遂に克《よ》く対独平和条約等の締結を見るに至れり。また大正八年九月特命全権大使として米国駐箚を命ぜられ、日米両国間の親交をして愈々鞏固《いよいよきょうこ》ならしむるに力を効したる等、その勲功洵《まこと》に顕著なりとす。

幣原喜重郎

この功績が認められ同年九月七日付で男爵が授けられる。

典拠　『授爵録』大正八～十一年

品川　某（氏次カ）　＊しながわ

生没年不詳

旧高家・元中大夫席

①明治十一・十二年頃（不許可）

②明治十二～十六年頃（不許可）

品川家は旧幕時代に高家《こうけ》の格式を与えられ、三百石を知行した旗本。幕末期の当主は氏恒。同人は嘉永四年（一八五一）十一月に奥高家に列し従五位下・侍従兼式部大輔に叙任。慶応四年（一八六八）三月高家職を辞し、同年五月には朝廷に帰順して本領を安堵され、朝臣に列して中大夫席を与えられた。その後隠居したものと思われ、明治元年（一八六八）十一月の勤王奉答書には「品川第二郎氏次」の名がみえることから、氏次が家督を相続したものと思われる。翌年十二月、中大夫以下の称が廃されるにのに伴い士族に編入。同家の華族昇格に関し、『爵位発行順序』所収「華族令」案の内規として公侯伯子男の五爵（左に朱書で公伯男

の三爵)を設け、世襲・終身の別を付し、その内「世襲男爵を授くべき者」四項目中、第三項目に「元高家・交代寄合」を挙げている。同案は十一・十二年頃のものと推定されるが、この時点においては旧幕時代に万石以下でありながら、若年寄ではなく諸侯同様に老中支配であり、奥高家就任後は四位少将にまで昇り得る高家は男爵に列すべき家として認知されていたと思われる。同じく前掲『爵位発行順序』所収「授爵規則」によれば「男爵を授くべき者」として、七項目中、第二項目に「元交代寄合・元高家」が挙げられている。前記資料とは異なり、この案は十二年以降十六年頃のものと推測され、こちらでも旧高家である品川家は男爵を授けるべき家とされているが、結局授爵内規からは高家は一律除かれ、華族編列・授爵は不許可に終わっている。

典拠　『爵位発行順序』

斯波　蕃　しば・しげる

一八四三―一九〇七

旧加賀国金沢藩家老

①明治十一・十二年頃（不許可）
②明治十二～十六年頃（不許可）
③明治十五・十六年頃（不許可）
④明治三十二年十一月二十九日（不許可）
⑤明治三十三年五月五日（許可）

斯波家は旧金沢藩家老で旧禄一万石を知行し、代々津田と称したが、明治元年(一八六八)に本姓斯波に復す。幕末・維新期の当主は蕃。初名は政邦《まさくに》。帝国大学教授・法制局参事官や内務省宗教局長などをつとめた斯波淳六郎《じゅんろくろう》は養弟にあたる。蕃は文久元年(一八六一)七月先代正行《まさゆき》の遺領一万石を相続し、そののち幕末期には仙洞御所の警衛にもあたり、また金沢藩の寺社奉行・参政もつとめ、維新後は金沢藩少参事となった。明治二十二年一月には前田侯爵家の家扶《かふ》となり、三十二年四月にこれを辞したのちは同年七月より明治商業銀行監査役に選ばれている。同家の華族昇格に関し、『爵位発行順序』所収「華族令」案の内規として公侯伯子男の五爵(左に朱書で公伯男の三爵)を設け、世襲・終身の別を付し、その内「世襲男爵を授くべき者」四項目中、第四項目に「旧藩主一門の高一万石以上の者及び高一万石以上の家臣」を挙げている。同案は明治十一・十二年頃のものと推定されるが、この時点においては旧幕時代に一万石以上を領していた斯波家は男爵に列すべき家として認知されていたと思われる。同じく前掲『爵位発行順序』所収「授爵規則」によれば「男爵を授くべき者」として、七項目中、第四項目に「旧藩主一門の高一万石以上の者及び高一万石以上の家臣」が挙げられている。前記資料とは異なり、この案は十二年以降十六年頃のものと推測されるが、こちらでも万石以上陪臣として、斯波家は世襲華族として男爵を授けられるべき家とされていた。また、十五・十六年頃の作成と思われる「三条家文書」所収「旧藩壱万石以上家臣家産・職業・貧富取調書」によれば、旧禄高一万石、所有財産は金禄公債四千九百五円、七十四国立銀行株券六十株、宅地四百十四坪七合、畑一畝四歩、職業は無職、貧富景況は相応と記されるも当該時期には万石以上陪臣の華族編列そのものが実施されなかったので士族にとどまる。「田中光顕《みつあき》関係文書」所収の三十二年十一月二十九日付「伊藤博文書翰」によれば、

　別紙は加州侯家老両家の略歴史に候処、或いは華族に列せられ然るべきものにはこれなき乎。肥前家老数人栄典を蒙り候事蹟より見るも、加州の如きは為差勤王に大功ありと申し難く候えども、多少の申し分もこれあり候えば資産も充分これある連中に付、男爵に列せられ候えば度外に恩沢置かせられざるに感激し、その効果は尠少《せんしょう》ならずと察せられ候。御熟考下されたく候。

と伊藤博文が宮内大臣田中光顕に旧加賀藩家老の斯波蕃と長克連《ちょうかつつら》両名の授爵について申し送っている。おそらく明治三十二年頃と思われるが、これに対して宮相田中の返書は『伊藤博文関係文書』所収「田中光顕書翰」にみえ、同日返送したと思われるその書翰には、「加賀藩老の件敬承、尚篤《とく》と取調申すべく存じ奉り候」

と記されるも、時期尚早と思われたのかこの時は実現せずに終わっている。『授爵録』(明治三十三ノ一年)所収の三十三年五月五日付立案の書類によると、

　右は別紙履歴抄録の通りその身戊辰の役に自ら王師《おうし》に加わり、一隊の将として兵馬の間に馳駆して賊徒剿討《そうとう》の殊功を建て、または西南の役身を死地に投じて能く鎮撫の功を奏し、或いはその父祖が幕府の末造に方《あた》り回天の大志を懐抱し、蹇々匪《ひ》躬《きゅう》王事に尽瘁《じんすい》し、遂に国難に殉死せし等何れも復古の功臣と認むるに因り前掲の通り授爵の恩典あらんことを奏上せらるべきや。

と記され、斯波家は幕末・維新時の功績があると認められ、同年五月九日付をもって男爵が授けられる。

典拠　『爵位発行順序』、「旧藩壱万石以上家臣家産・職業・貧富取調書」(「三条家文書」)、「伊藤博文書翰」(法政大学所蔵「田中光顕関係文書」『法政大学文学部紀要』五二)、「田中光顕書翰」(『伊藤博文関係文書』六)、『授爵録』明治三十三ノ一年

柴原　某　＊しばはら

生没年不詳

柴原和遺族

①大正四年十月十五日（不許可）

播磨国龍野《たつの》藩士出身で、地方官としては千葉県令《けんれい》、山形・香川各県知事をつとめ、松田道之《みちゆき》・神田孝平《かんだたかひら》とともに「本邦三県令」とも称された柴原和《やわら》の遺族への授爵請願。柴原は貴族院勅選議員もつとめ、明治三十八年(一九〇五)没。遺族は台湾総督府参事官となった柴原亀二《かめじ》を指すか。「土肥実臣他授爵請願書」中に土肥実匡(故人、元《もと》元老院議官)の遺族への授爵願と合綴で収録。内閣総理大臣大隈重信より宮内大臣波多野敬直《よしなお》宛で「左記の者はその功績顕著には候へども、授爵をもって賞するは如何かと存じ候。然るべく御詮議相成りたし」として提出。土肥実臣(の遺族)以下十一名を列挙し、そのなかにみえる。

　右和は征長の役、旧藩主脇坂安斐《やすあや》の参謀となり、旧藩主の命をもって総督尾張大納言及び西郷隆盛等に就き利害を陳べ連に和を允《ゆる》し、兵を弭《やすんじ》るの得策を論じ和議遂に成る。次いで再び征長の挙ありて、幕府旧藩主に従軍を命ずるや、死をもってその不可を説き藩論一変、僅かに一小先鋒隊を送るに止めたり。また伏水《ふしみ》の役後、藩主及び老臣に勤王の素誠を説き、藩主を京師に朝ぜしむ。明治二年甲府県大参事任官以来、木更津県権令《ごんれい》・千葉県令・元老院議官・山形県知事・香川県知事の諸官に歴任し、貴族院議員に勅選せられ、その国家に効せし功績顕著なるに依り、その功を追賞せられ遺族に授爵せられたしと云うにあり

と大正四年(一九一五)十月十五日付で柴原の幕末・維新時の功労を理由に説明するも不許可に終わる。

典拠　「土肥実臣他授爵請願書」(宮内庁宮内公文書館所蔵)

渋沢栄一　しぶさわ・えいいち

一八四〇―一九三一

社会事業家

①明治三十三年五月五日（許可）

　第一銀行頭取・元貴族院勅選議員

②明治四十四年（不許可）

　元貴族院勅選議員

③大正九年七月十九日（許可）

④昭和六年十一月十一日（不許可）

　元貴族院勅選議員

旧幕臣出身の官僚・政治家。御三卿一橋家に仕え、慶喜が将軍となるに伴い幕臣に転ずる。維新後は新政府に出仕し、租税正《そぜいのかみ》・大蔵少丞《しょうじょう》・同大丞・紙幣頭《かみ》などを歴任し、明治六年(一八七三)退官後は実業界に転じ、二十三年九月から翌年十月までは貴族院勅選議員もつとめた。実業家としては第一銀行頭取や各種事業の設立委員などをつとめた。授爵に関してこれまで他薦の書類などは確認できないが、『授爵録』(明治三十三ノ二年)によれば、三十三年五月

渋沢栄一

五日付の宮内省当局側立案書類で尾崎忠治《ただはる》ら計二十五名の文武官の授爵を詮議しており、銓衡として(一)維新の際大政に参与して殊勲ある者、(二)維新の功により賞典禄五十石以上を賜りたる者、(三)維新前後国事に功労あり、かつ十年以上勅任官の職にある者、または現に在職中の者、(四)十年以上勅任官の職にあり功績顕著なる者、(五)特に表彰すべき偉大の功績ある者の五つの規準を設けており、渋沢はその(五)に該当する対象者とされ、同月八日に裁可を得て翌日付で男爵が授けられる。ついで男から子への陞爵は明治四十四年頃からみられるようになる。横山源之助「男爵を授けられたる新旧五大富豪」によれば、「去八月桂太郎内閣瓦解の間際に、兼ねて世評に上って居た実業家の授爵が行われた。世評の風聞に依れば、渋沢男爵は昇爵し」とあり、この当時すでに同人の陞爵が風説として伝わり、またその動きもあったように思われるが、当該期には実現していない。大正期にもこの動きはみられ、『原敬日記』大正九年(一九二〇)七月十九日条によれば、

田中陸相、加藤海相(海相は全く余儀なき道づれ)より、兼ねて石黒忠悳《ただのり》(枢密顧問官)を赤十字社長たりし訳を以て陞爵(子爵に上る)の度々の申し出あり。調査せしめたるにそれ程の功労なし。如何に山県に出入りするとて余りに偏頗なりと思い、躊躇せしも、宮中の方は山県系にて内談既に決したるものと見え、種々の方面よりも申し越しありたるに因り、権衡上渋沢栄一の如き実業界を退きて後専心公共事業に熱心し、功労多き者を捨て置きがたしと思い、石黒と同時に陞爵の事宮内省に通牒したり。

とあり、陸軍大臣田中義一より赤十字社社長であることを理由として石黒の男から子への陞爵を請願。首相の原自身は不満であったものの、宮中が山県有朋の影響下にあることからすでに男爵であった渋沢栄一も含めて陞爵を申牒。『授爵録』(大正八～十一年)にも同日付で原から宮内大臣中村雄次郎《ゆうじろう》宛で「左記正三位勲一等功三級石黒忠悳外一名は別紙功績書の通り功績顕著なる者に付、各頭書の通り陞爵の儀詮議相成りたし」として石黒・渋沢両名の「功績書」を添付。渋沢の功績書には、

右は明治三十三年五月勲功に依り男爵を授けられたる以来、引き続き実業界の重鎮として我が国産業の開発に尽瘁《じんすい》し、或いは銀行を管理し、或いは各種の会社を創立経営し、また或いは南満州鉄道会社設立委員・東洋拓殖会社設立委員・韓国銀行設立委員・生産調査会副会長・維新史料編纂会委員・教育調査会会員・神社奉祀調査会委員・臨時博覧会評議員・明治神宮造営局評議委員・米価調節調査会副会長・経済調査会委員・中央慈善協会会長・水災善後会常務委員長・臨時水害救防会副総裁・東京市参与・日本実業協会会長・国産奨励会顧問・明治神宮奉賛会副会長・恩賜財団済生会顧問及び東北九州災害救防会副総裁等の公共事務に鞅掌《おうしょう》し功労少なからず。大正五年七月七十七歳を機として明治六年以来経営の任に当たりし第一銀行頭取の職を辞し、これと同時に実業界を引退するや、公共事業の方面に満身の努力を捧げ、老軀を提《さ》げて東奔西走倦《う》む所を知らず。これが為鉅多《きょた》の私財を抛《なげう》ち報救の至誠を致したるもの少なからず。例せば臨時国民経済調査会委員・臨時財政経済調査会委員・連合国傷病兵罹災者慰問会副総裁・日米関係委員会常務委員・理化学研究所副総裁・天津《てんしん》水害義助会会長・日華学会顧問・東洋協会評議員・国防義会会長・連合国軍隊慰問協賛会副総裁・道路改良会顧問・

日米船鉄交換に関する争議仲裁人・財団法人二松学舎会長・財団法人協調会副会長・日華実業協会会長・国際連盟協会会長及び財団法人報効会会長等としてその実務を統督し、尽力頗る大なるものあり。世間普通に見るが如き単に名義上その任に在るものと全くその選を殊にす。要するに本人は教育、慈善並びに社会救防等の事業に献身的尽瘁を為し、その国家に効せる勲功洵《まこと》に顕著なりとす。

とし、原日記の記述どおり実業界引退後も公共事業に尽力した功績も含めて請願。この功績が認められ、石黒とともに大正九年九月四日付で男から子へ陞爵。さらに渋沢死去に際して子から伯への陞爵も企図されている。『授爵陞爵申牒書類』によれば、昭和六年(一九三一)十一月九日付で内閣総理大臣若槻礼次郎より宮内大臣一木喜徳郎《いちききとくろう》宛で渋沢の陞爵詮議について申牒されている。

従二位勲一等子爵渋沢栄一は別紙功績調書の通り功績顕著なる者に付、左記の通り陞爵の儀詮議相成りたし。

として勲功による伯爵陞叙を願い出ている。同書類には功績調書が添付されていないが、『東京朝日新聞』昭和六年十一月十一日朝刊には「陞爵は奏請せず」の見出しで、

渋沢子の昇爵問題に関しては十日爾来《じらい》、政府と宮内省側と協議した上、関屋《せきや》宮内次官から天皇陛下に供奉中の一木宮相、牧野内府と電報をもって交渉したところ、結局昇爵せざることに決し、この旨関屋次官に返電あり。関屋次官は政府側に報告した。

と報じられており、内閣と宮内省の協議で危篤に際しての陞爵を行わないと決したとある。これは同紙同日夕刊でも報じているが、伯爵への陞叙は行われずに終わる。

典拠　横山源之助「男爵を授けられたる新旧五大富豪」(『新日本』一ノ七)、『原敬日記』大正九年七月十九日条、『授爵録』大正八～十一年、『授爵陞爵申牒書類』、『東京朝日新聞』昭和六年十一月十一日朝・夕刊

渋谷隆教　しぶたに・りゅうきょう

一八八五―一九六二

無爵華族・仏光寺住職

①明治二十二年十二月（不許可）
②明治二十三年二月五日（不許可）
③明治二十三年二月二十八日（不許可）
④明治二十九年五月（許可）

代々仏光寺《ぶっこうじ》住職で、隆教は第二十八代門主で渋谷家を離籍して伏見宮に復帰し、分家して清棲《きよす》伯爵となった家教《いえのり》(渋谷家時代は「家教《かきょう》」と称す)の長男。明治五年(一八七二)三月七日付で渋谷家は先代家教が大谷光尊《こうそん》(本願寺)・大谷光勝《こうしょう》(東本願寺)・華園摂信《はなぞのせっしん》(興正寺)・木辺賢慈《けんじ》(錦織寺《きんしょくじ》)・常磐井堯煕《ときわいぎょうき》(専修寺《せんじゅじ》)ら真宗寺院とともに華族に列せられるが、十七年七月の華族令公布に際しては授爵されず、当時は無爵華族の身分。「三条家文書」所収「柳原前光《やなぎわらさきみつ》建白書」によれば、二十二年十二月付で「真宗僧侶華族及沖縄県華族へ授爵建議」中に、

真宗僧侶の華族にして授爵せられざるはその僧侶たるを以てなり。茲《ここ》に欧州の例を考うるに、仏は帝王国の時貴族僧侶となり依然爵を有し、羅馬《ローマ》法王の宮中に属する僧侶もまた爵名を有し、孛《プロイセン》は爵を有しながら僧侶に入る例あり。且つ去十七年七月爵制発表の勅書に曰く、華族勲冑は国の瞻望《せんぼう》なり。宜しく授くるに栄爵を以てし、用いて寵光を示すべしと。この文意を推拡《すいかく》するときは華族は爵を授けらるべき者にして無爵華族は優遇する所以に非ず。況んや既に族位を与えられたれば単に爵を惜しむの理なかるべし。且

渋谷隆教

つ神官・僧侶などは既に法令を以て貴族・衆議両院に於いて議員被選挙の権を禁じ、爵の生むに由りて政権に関することなし。速やかに授爵の特命あらんことを冀《こいねが》う。真宗本山の住職は朝廷古来待遇の慣例あり。今授爵すべきに当たり、旧堂上の家格を参酌するに、伯爵は中納言より大納言に直任の例連綿たる者に限れり。旧制の大僧正は二位大納言に准ぜられたり。両大谷は大僧正の例連綿たれば、これに等しくせらるべし。常盤《磐》井もまた大僧正に任ぜられたる例四回あり、これに加うるに近年皇族の男子相続せしこと多ければ宗教上の勢力両大谷に及ばずと雖も、これ等の事状を斟酌《しんしゃく》し、この三家皆伯爵を授けらるべし。華園・木辺・渋谷は前記の三家に劣れり。然れども渋谷隆教は邦《くに》家《いえ》親王の孫なり。また木辺淳慈《じゅんじ》も皇族男子彼《かの》家を相続せしことあれば、この三家皆子爵を授けらるべし。

と述べ、「授爵擬議」として正三位大谷光尊・従三位大谷光瑩《こうえい》・正四位常盤井堯熙の三名に伯爵を、正四位華園沢称《たくしょう》・正五位木辺淳慈・渋谷家教の三名に子爵を授けるように建議している。また「真宗住職華族家格大要」として、隆教の仏光寺では任大僧正の例は経範の一名のみある点を指摘し、「隆教の父家教は邦家親王〔伏見〕の子なり。近年還俗して伯爵を授けられ一家を建つ」と付記している。旧准門跡の真宗六寺では、この当時すでに大谷両家より家格の件で請願があったようであり、「三条家文書」所収「大谷家授爵ノ件内願」は年月日が記されていないが、「家格御取立之儀ニ付内願」と記され、華族令公布の際は授爵されず、位階についても正従二位に進まなければ叙位条例でも侯・伯爵と同列にならない点から伯爵相当以上の位階を与えられ、また老年に至れば従一位に陞叙されるように願い出ている。おそらくこの内願を受けてのものであろうが、前掲「柳原前光建白書」ではこの願に対して、

　大谷両氏より家格の事件内願の主旨を按ずるに、住職となるときは年齢を論ぜず、伯爵相当以上の位階則ち正従二位に叙せられ、遂には一位にも叙せられんことを冀《こいねが》うなり。この内願を許容するときは官員及び華族叙位の制規に反し年齢に関せず階級を越え昇位或いは直叙し、両家のため一般の制を濫り大宝以来千百八十余年固有の品格を損するに至らん。且つ試しに内願を容れ従二位に叙することとなすも、現制爵位比較の待遇に依れば幼年無位の伯爵よりも仍《なお》下席に列せざるべからず。故に授爵せらるるを至当とす。両大谷は大永以来三百六十余年門跡の号を世襲せるを以て侯爵を冀う深意あるべしと雖も、門跡に等格あり。慶長二十年の定めに拠るに、親王門跡を第一とし、摂家門跡を第二とし、両大谷等は摂家の猶子となり、門跡に准じ第三に列す。加うるに明治四年門跡の号を廃せられたり。今これを侯爵に列するときは、常盤《磐》・華園・木辺・渋谷もまたこれに同じくせざるべからず。加うるに現今男爵たる松園尚嘉《まつぞのひさよし》〔大乗院旧住職〕・水谷川忠起《みやがわただおき》〔一乗院旧住職〕の如きは摂家門跡たりしを以て、曽《かつ》て両大谷の上に班せり。これに比較するも甚だ権衡を失うべし。門跡の号は朝廷の美制に非ず。衰代の風なり。仁和寺・大覚寺の如きその源法皇の皇居たるに起こり、次いで法親王居住せる寺の号となり、後には法親王にあらざるも縁由ある寺を称するに至る。即ち前文の如く慶長年間三別せし所以なり。内願書にも伯爵以上の家格に相当云々の文あり。内諭承服の後、両大谷・常盤《磐》井は伯爵を授けられ穏当ならん。

と建言している。大谷両家を侯爵とすると、他の四家もまた同様に侯爵に叙さねばならず、そうすると旧大乗院門跡の松園、旧一乗院門跡の水谷川が准門跡よりも格式の高い摂家門跡でありながら男爵にとどまっている点からも不権衡であるので内々に説諭し、大谷光瑩・同光尊と常磐井堯熙の三名へは伯爵を授与するべき、と結論付けている。すなわち、渋谷・

木辺・華園の三家は柳原の建言どおり子爵にすべきとの案が当時練られていたと思われる。また「大谷光尊外七名授爵ノ件」でも明治二十三年一月十五日付で、大谷光尊・同光瑩・常磐井堯熙・華園択称・木辺淳慈・渋谷隆教、旧琉球王尚《しょう》侯爵家一門の伊江《いえ》朝永《ちょうえい》・今帰仁《なきじん》朝敷《ちょうふ》七名への授爵請願。両大谷と常磐井には伯爵を、華園・木辺・渋谷には子爵を、伊江・今帰仁に男爵をという内容であるが、「別紙伯爵柳原前光より大谷光尊以下八名授爵の儀建言これあり候に付、意見御問い合わせの処」とあり、文面は前掲「柳原前光建白書」と同一のものである。さらに爵位局長岩倉具定より宮内大臣土方久元宛で二十三年二月二十日付で提出した「旧僧侶華族大谷光尊以下授爵ニ関スル副議」も添付。これによれば、

　案ずるに両大谷は歴代大僧正に任ぜらるるの家にして、大僧正は大納言に准ぜらるるものなれば元公卿にして歴代大納言に任ぜらるるの家と同じく伯爵を授けらるることは至当と云うを得べしと雖も、独り常磐井に於いては止だ大僧正たりし者花(華)園・木辺・渋谷の三家に比してその数多しと云うの故を以て伯爵を授けられんとするは衡平を得ざるが如し。何となれば大僧正を出すの多寡はその人に存し、その家格に存せざればなり。家格より見るときは常磐井・華園・渋谷の三家は毫《ごう》も差違あることなし。然るを歴代大僧正に任ぜらるるの家にあらざる常磐井へ伯爵を授けらるるものとせば、花(華)園・渋谷また授くるに伯爵を以てせざればその当を得ざるべし。依て歴代大僧正に任ぜらるるの家格と否とを以て単なる標準とし、両大谷は伯爵を授けられ常磐井にありては花(華)園・木辺・渋谷の三家と斉しく共に子爵を授けらるるならば稍《やや》その権衡を得べく、従って物議を惹起すの患なけん乎。

とし、両大谷家へ伯爵、残る四家は子爵という案を提示している。さらに旧神官華族は一律新家として男爵を授けており、千家《せんげ》・北島のような家は両大谷のような存在であるが、これも同様に男爵であり、僧侶華族だけ「細かに家柄格式を以て授爵の擬議を建つる事せば、彼等千家・北島等にも関係を及ぼし、現に内閣総理大臣に於いても懸念せらるるが如く、その家またはその人に就き物議のある折柄一層激昂せしむる様のことなからん乎。彼を顧いこれを思わば寧ろ僧侶華族は授爵のこと勿らん方然るべき乎」と僧侶華族に授爵すること自体懐疑的な見解を述べている。なお、「仏光寺派管長授爵内願書」によれば、明治二十三年二月五日付で仏光寺真達の正室であった渋谷光子（微妙定院、真意尼）より内大臣三条実美宛で内願書が提出されており、

　門跡及び僧官の拝命に於いても各派に先立つこと数十年なり。惟り大僧正補任の多寡を以て差等を設けられ候例更にこれ無く、何卒事実御斟酌成し下され、各派同格を以て御取扱の儀、謹みて悃願《こんがん》奉り候也。

と旧准門跡六家の間には差別を設けず授爵をして欲しいと請願しており、さらに『真宗各派授爵歎願書』によると、同じく二十三年二月二十八日付で仏光寺派末寺総代の富士原光範と渋谷連性が連名で内大臣三条と宮相土方宛で「真宗各派授爵ノ儀ニ付歎願」を提出。二十九日付で爵位局長岩倉具定宛でも提出し、「若《も》し授爵の御特待あるに当たり、両大谷及び常磐井の下風に立ちて興正寺とその班を同じうするが如きありては実に当派の不幸」と述べ、大谷両家や常磐井家と同等の爵位授与を求めている。『授爵録』（明治二十九年）によれば、二十九年五月に「僧侶華族授爵ノ件」として、真宗住職六家への授爵について議しており、渋谷隆教は常磐井堯熙・華園沢称とともに、

　右三家は何れも本願寺の分派にして、三家中常磐井家の如きは分派以来十二代大僧正に任ぜらるるもの五人、華園家は二人、渋谷家は一人ありて多少優劣あるも、要するに非連綿の大僧正家にして、大谷二家の連綿大僧正家とは大差あり。

とし、東西本願寺の両大谷家とは家格上の差があると認められ、同月授爵裁可を仰ぎ、六

月九日に至り渋谷家は常磐井・華園・木辺の三家とともに男爵が授けられる。この授爵について議案中には、

右の如く常磐井以下の四家はその待遇上多少の優劣ありと雖も、その准門跡たるは一なり。然るをその待遇上の優劣に依り爵に高下を立てんとするは、或いは四家紛争を醸すの虞なしとせず。何となれば、右の四家は同じく准門跡にして、その寺門の格式は門末信徒の認むる所なるに拘わらず、今爵に高下を立てんとするは即ち寺格を上下せんとするに同じく、その結果たる門末信徒の信仰・帰依に大関係を有し、寺門の盛衰・消長に関するものあればなり。依って前四家は維新後新たに華族に列せられたるものは公武に論なく、それ以前の家格に拘わらず総《すべ》て男爵を授けられたる例を以て論じ、共に男爵を授けられ然るべしと認む。

との注記がされ、常磐井・華園・渋谷・木辺の四家間にも叙位任官などによる家格の差異を認めながらも、門徒の信仰面も考慮のうえ、あえて爵の等級に差を設けず、一律男爵を授けた経緯について述べられている。

典拠 「柳原前光建白書」(「三条家文書」)、「大谷家授爵ノ件内願」(同)、「大谷光尊外七名授爵ノ件」(宮内庁宮内公文書館所蔵)、「仏光寺派管長授爵内願書」(同)、「真宗各派授爵歎願書」(同)、『授爵録』明治二十九年、『読売新聞』明治三十三年一月十五日朝刊、辻岡健志「華族としての仏光寺―近代教団への道程―」(大遠忌記念出版『仏光寺の歴史と文化』編集委員会編『仏光寺の歴史と文化』)

→清棲家教

渋谷在明　しぶや・ざいめい

一八五六―一九二三

陸軍中将・宮中顧問官

①大正二・三年頃（不許可）

陸軍中将・輜重兵監

元紀伊国和歌山藩士出身の陸軍軍人・宮内官。日清・日露両戦争に従軍し、明治四十一年(一九〇八)陸軍中将に昇進。陸軍輜重兵監《しちょうへいかん》を最後に、大正三年(一九一四)予備役編入、五年より宮内省主馬頭《しゅめのかみ》、さらに宮中顧問官にも任ぜられた。明治・大正期の著名な評論家でもある鵜崎鷺城《うざきろじょう》の『陸軍の五大閥』「予備及待命の将官(下)」によれば、

渋谷は騎兵科の先輩にして天保銭閥の一人なるが、性怯懦《きょうだ》にして鉄砲玉のみならず人に恐れ、武将として論外なり。日清戦争には近衛騎兵大隊長として出征せしが、戦いに望んで常に周章狼狽し、或時自ら軍刀を抜きながらこれを失えりとて驚きしという奇談さえあり。台湾新竹攻撃に際し、我兵竹藪に隠れて戦機の熟するを待ちつつありしが、適々《たまたま》彼の偵察に来るを見て部下の一将校は前に出づるの危険なるを説きたるに、彼故《ことさ》ら虚勢を張りて一歩藪外に出でたる時、支那兵城廓の上に顕われたれば、我兵一斉にこれを射撃す。然るに彼は味方の鉄砲を敵弾と思いて錯愕し倉皇《そうこう》退去せり。日露戦争中兵站監たりしが、当然騎兵監たるべき順序なるに拘わらず、後進の秋山好古《よしふる》に取って代わられ、その他同輩中師団長となれるもの少なからざるに、戦争後昨春に到るまで輜重兵監として残りたるは意気地なし。唯和歌山藩の馬乗りの家に生まれたるを以て何程か博労的技術を有するも、輜重兵検閲に際し、馬を肥し爪を好くすれば可なりとする位の程度にして、その鑑識の旧式なるを認むべし。故児玉源太郎は『渋谷かい、精々士官学校教官さ』と一口に貶《けな》するを常とせしが、実際見識

渋谷在明

も意見もなく、酷評すれば嫖客《ひょうかく》を引掛けんとする女将的にあらずして、三味線を枕に代用する不見識芸妓的なり。彼が如きの兎に角今日の位置に進むを得たるは、この不見転主義と一は嘗《かつ》て東宮武官たりしを以てにあらざるか。輜重は兵科中の屑にして必要なき人馬の捨処なれば、己れ主義一点張りにて熱心に仕事せざるも事済むべく、無為なるの却って評判好しといえば、渋谷が兵監として生命の長かりしも一理あり。蓋し彼が唯一の希望は中将の故参なれば、何等かの機会に男爵たらんと欲するにありたるらしきも、終《つい》にその機会なくして待命となりにき。

と記し、渋谷が現役陸軍中将中古参であることから、授爵を希望していたものの、結局は待命を経て予備役に編入されて機会を失ったことを述べている。当人やその周辺者が積極的に授爵運動を行なったかは未確認である。

典拠　鵜崎鷺城『陸軍の五大閥』

島田三郎　しまだ・さぶろう

一八五二―一九二三

衆議院議長

①大正四年十一月十四日（不許可）

旧幕臣出身の政治家・新聞人。旧姓鈴木。のちに毎日新聞社総代島田豊寛《とよひろ》の養子となる。元老院少書記官・文部権大書記官となるも、明治十四年（一八八一）十月に政変により依願免官となり下野。その後、二十三年七月の第一回衆議院議員総選挙に神奈川県より立候補して当選。以後、大正九年（一九二〇）五月の第十四回総選挙まで連続当選。またこの間、明治二十七年九月から三十年十二月まで衆議院副議長、大正四年五月から六年十二月まで同議長をつとめている。授爵の風説については『原敬日記』にみえ、大正四年十一月十四日条によれば、

> 山県を訪問し余の授爵問題に付てはもはや懸念に及ばざるべしと云いたるに、山県は一般授爵の事は東京にても大略内話せし通りなるが、元老の申出（松方が大隈に誰々か推薦したる風説ありその事ならん）などもありたる由にて、最初は多人数にて、犬養毅、島田三郎にまで授爵の詮議ありたる由なるも、それが種種に転じ結局去三十日宮内省にて波多野宮相よりは誰も彼も一切この度は授爵なき事に決せりと聞けり（余が東京にて去二十九日面会のとき明日宮相に面会すべしと云いたるに合う）。然るに三十一日即ち天長節の朝大隈面会を望むとの申越なりしも、来客並びに参内の都合もありて断りたるに、江木《えぎ》内閣書記官長早朝に来訪、この際授爵なきは不都合なりとの議論をなすに付、かくの如き場合に詮議するときは自然その数を増し、濫賞にも陥る事なれば、この際止めて他日篤と詮議せらるること適当なりと云いたれば、江木これに服せず、過日数名だけは同意を表せられたるに非らずやと云うに付、自分はそれは同意も不同意もなき事なり、前官礼遇者に授爵詮議の者あるやと尋ねたれば貴様が他の人名をも持ち来たりたるに付これを一覧せし迄なり。とにかく宮相一切見合せと云うに付、自分はその事に承知し居る迄なりと云い置きたるに、去一日帝室経済会に出席し（何か大いに論じたりと云う）、その後波多野は跡に残りくれと云うに付残りてその話を聞きたるに、またまた変じて数名の者に授爵する事に内閣よりも申出あり。已《や》むを得ずと云うに付、自分は先年実業家に授爵ありしは実業奨励の意味なりしかと思うが、今日は実業家の功績を認め、外国貿易の為とか国家に功

島田三郎

労の為とか云うの方針を取らるる様にありたしと注意したるまでにて、その人名も見ずに去り、二日に当地に来たりたればその後の事を知らざるも、この間の叙勲贈位などと同時に内閣は発表したき由なるも、宮内省にては左様の都合には参らず、且つ右様卒急にせずとも宜しからんと云う事にて、結局東京に還幸の後と云う事になれる由なり。

とあり、また同年十月十九日・二十九日条にも該当記事が散見している。同年十二月一日に授爵された九名中に、当初は衆議院議員の犬養毅と並んで島田三郎も候補者として挙げられ詮議されていたことが判明する。島田も犬養もこののちも授爵されずに終わっている。

典拠　『原敬日記』大正四年十一月十四日条

島田種次郎　しまだ・たねじろう

生没年不詳

元島田組（蛭子屋）店主

①明治四十四年（不許可）

島田家は京身の呉服商・両替商。島田組と称し、明治初年に三井三郎助・小野善助とともに新政府の御用達となり功績があったが、明治七年（一八七四）に破綻して閉店。典拠資料中では「八郎右衛門」とあるが「八郎左衛門」の誤りと思われる。種次郎はその子息。授爵に関する説は横山源之助の「男爵を授けられたる新旧五大富豪」中にみえ、四十四年八月二十五日付で実業上の功績により男爵を授けられた三井八郎次郎・藤田伝三郎・鴻池《こうのいけ》善右衛門・住友吉左衛門・近藤廉平の五名に関連し、

政府は三井・三菱二家の総番頭である益田・豊川《とよかわ》両氏を取らず、財界の大勢力たる安田氏を取らず、はた社会公共に傾倒せる大倉氏をも取らずして、三井、住友及び鴻池の三旧家と、日本郵船会社長たる近藤廉平氏とを取って男爵とした。いや、別に藤田伝三郎氏とこの五名を撰んで、富豪貴族の顔を揃えた。授爵は公平なるべし、偏頗たるべからず。藤田氏を取るなら、藤田氏と同型、同格、同功の者をも併せ取るべきであった。桂内閣の金城鉄壁とした公債政策に尽瘁《じんすい》した諸人をも取るべきであった。遠く明治維新に功勲ある者に泝れば、東征軍の軍糧または紙幣発行に勲功多かった三井三郎助（三井鉱山部長）、小野善助及び島田八郎右衛門の三名を取るべきである。小野組の後は目下財産整理中にて、或いは十数年の後には再び富豪界の人とならんも謀り知れない。明治初年三井・小野と并び称せられた恵比寿屋の嫡流島田種次郎氏は、江湖に放浪して、今は赤坂榎坂町の裏路次《地》に沈淪している。かくして私恩を私党に扶殖することにのみ腐心した桂内閣は、その官僚と官僚に縁故あるもののみに位記も爵位も議席も株券も偏頗依怙に濫発濫賞したるに止まらず金権者流の仲間にも濫発しその偏頗を十分に発揮したのである。

と記し、当該期に島田種次郎が男爵を逃した点について触れ、維新時に新政府の財政面を支えた三井・小野・島田こそ授爵の栄に浴すべきと評論家でもある横山が述べているが、種次郎は零落しており、このような風説が当時あったとしても授爵はされなかったと推測される。

典拠　横山源之助「男爵を授けられたる新旧五大富豪」（『新日本』一ノ七）

島津珍彦　しまづ・うずひこ

一八四四―一九一〇

公爵島津久光三男

①明治十一・十二年頃（不許可）

②明治十二～十六年頃（不許可）

③明治十五・十六年頃（不許可）

④明治二十二年一月十九日（許可）

島津久光の三男。薩摩藩主島津忠義《ただよし》の実弟。同家の華族昇格に関し、『爵位発行順序』に所収「華族令」案の内規として公侯伯子男の五爵（左に朱書で公伯男の三爵）を設け、世襲・終身の別を付し、その内「世襲男爵を授くべき者」四項目中、第四項目に「旧藩主一門の高一万石以上の者及び高一万石以上の家臣」を挙げてい

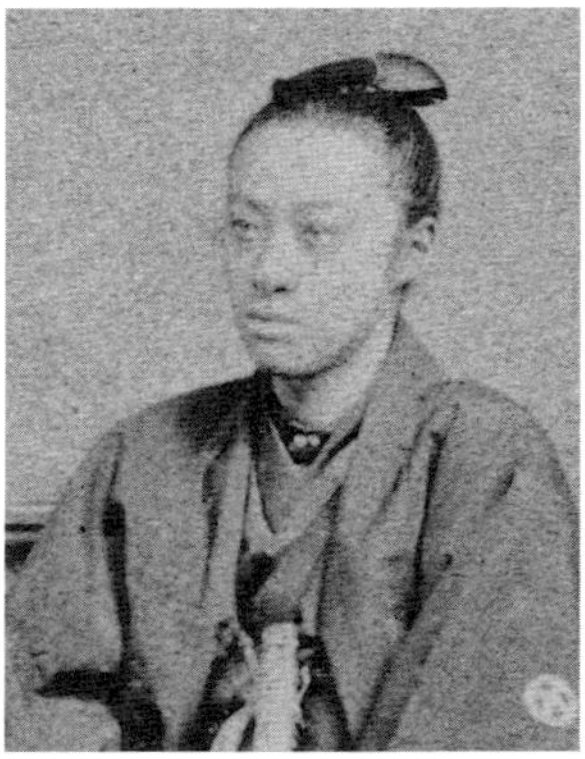
島津珍彦

る。同案は明治十一(一八七八)・十二年頃のものと推定されるが、この時点においては旧幕時代に一万石以上を領していた島津家は男爵に列すべき家として認知されていたと思われる。同じく前掲『爵位発行順序』所収「授爵規則」によれば「男爵を授くべき者」として、七項目中、第四項目に「旧藩主一門の高一万石以上の者及び高一万石以上の家臣」が挙げられている。前記資料とは異なり、この案は十二年以降十六年頃のものと推測されるが、こちらでも万石以上陪臣として、島津家は世襲華族として男爵を授けられるべき家とされていた。また、十五・十六年頃の作成と思われる「三条家文書」所収「旧藩壱万石以上家臣家産・職業・貧富取調書」によれば、旧禄高一万四千六百石余、所有財産は金禄公債二万六千三百十五円、田畑七町一反三畝十三歩、貸付金利歳入千九百八十三円余、合歳入金四千七百五十二円二十七銭、職業は照国神社宮司、貧富景況は可と記されるも、当該時期には万石以上陪臣の華族編列そのものが実施されなかったため、同家も士族にとどまる。『法規分類大全』によれば、族爵門・種族の項に珍彦の授爵関係資料が掲載されており、二十二年一月十九日付の「公爵島津忠義ヨリ宮内省上申」によれば、

鹿児島県士族島津珍彦儀は故従一位大勲位公爵島津久光の三男にして忠義の実弟にこれあり。その家系は島津の始祖豊後守忠久《ただひさ》の二男周防守忠綱《ただつな》に出づ。忠綱越前国の守護代職を奉じ同国に居住す。世に越前島津と称す。藤原頼経《ふじわらのよりつね》・頼嗣《よりつぐ》及び宗尊《むねたか》親王三代の将軍に鎌倉の幕府に勤侍す。爾来《じらい》六百年間子孫相継ぎて島津家の一門に班し薩摩にあり。久光に至り宰相斉興《なりおき》第三の子を以て出でその後を承く。久光実兄贈従一位斉彬《なりあきら》の遺志を紹ぎ、力を王事に効し、遂に大政復古の盛運に際会し、朝廷その微功を録せられ、恩遇隆渥別に一家を建つるに至り、周防守忠綱の家跡は珍彦をしてこれを継がしめたり。珍彦は維新前後久光及び忠義に随伴して王事に奔走し、曽《かつ》て藩兵を率いて禁闕《きんけつ》守護の任を奉ずる等、また明治二年函館の役藩兵を総え西郷隆盛・大山巌・篠原国幹《くにもと》・桐野利秋等を率い海路函館に出張せしが如き、忠義等その補助に頼る少なからず。顧うに先般華族令発布ありて五等の爵を設けられ、屢《しばしば》叙爵の典を挙行せられ、且つ旧諸侯の子弟分家の恩命を蒙り、華族に列せらるる者またその例なしとせず。因て思うに珍彦儀は旧藩の時大隅国重富《しげとみ》郷一万石余の領地を有し、一門の上班に列し、且つその血縁は前陣の如く、即ち久光の嗣子正五位公爵忠済《ただなり》の実兄に当たり、その門地資格に於いて華族に列せらるるの恩命を申請するも敢えて唐突ならざるべしと存じ、謹みて鄙情《ひじょう》を内陳す。伏して冀《こいねが》わくは洞察を垂れ、特別の御詮議を以て同人をして盛代の栄典に洩れしめざらんことを希望の至りに堪えず。謹言。

として珍彦の明治十六年八月調の「所有財産」も明記して授爵を求める。これに対して同年二月二十八日付の「爵位局ヨリ宮内大臣へ伺」には、珍彦と山内豊積への授爵について、

別紙華族忠義よりその弟鹿児島県士族島津珍彦を、華族山内豊景《やまうちとよかげ》後見人三条実美より被後見者の大叔父高知県士族山内豊《とよ》積《つみ》を華族に列せられたく願い出るに付これを審案するに、本願は何れもその一門なる士族の戸主を華族に列せられんことを請願するものにして、従来華族戸主の戸籍に属する子弟を分家するに当たり、特旨を以て華族に列せられたる例に異なる故に、今これを採用せらるるときは将

来大藩華族よりその一門なる士族の戸主を華族に列せられんことを願い出るとき、またこれを採用せざるべからざるが如し。然れども珍彦は故大勲位公爵島津久光の三男にして公爵島津忠義の実弟なり。豊積は贈従一位山内豊信《とよしげ》の実弟にして侯爵山内豊景の大叔父なれば、何れも華族戸主の血属の親にして、他の華族戸主の血属の親にあらざる一門の比にあらず。また珍彦は公債証書二万六千円余、田畑段別七町余歩を有し、豊積は公債証書二万円、銀行株券三十四株、田畑山林宅地段別五十町余歩を有し、何れも華族の資格を維持するに足るべき財産を所有するものなれば、他の薄産または貧困なる一門の比にあらざるなり(先年取り調べたる諸藩一門及び現有財産取調書に依る)。故に今右両人を華族に列せらるも将来他の一門なる士族に影響を及ぼさず、仮令《たとえ》右両人の例に拠り願い出るものあるも左の三項全備したるものにあらざれば採用せられざることとせば聊かも差し支えこれ無き様存じ候。

として審査し、その三項目としては(一)華族戸主の血属の親、(二)維新前後功労ありし者、(三)華族の資格を維持するに足るの財産あるもの、の三点を旧大名華族の藩主一門士族が有していた場合に限り授爵をするという方針を定め、そのうえで珍彦・豊積については、

右の次第に付、先例はこれ無く候えども、珍彦・豊積の如きはその門地、財産、功労より論ずれば何れも華族に列せられ相当のものにこれあり、且つ将来他の一門士族に影響を及ぼす虞これ無きに付、この際特旨を以て華族に列せられ男爵を授けらるべき哉裁を仰ぐ。

として上奏のうえ裁可を得て同年三月二日付で男爵が授けられる。なお、この典拠資料は『授爵録』(明治十八～二十年)に収録されているものと同一のものである。

典拠　『爵位発行順序』、「旧藩壱万石以上家臣家産・職業・貧富取調書」(「三条家文書」)、『法規分類大全』二ノ六、『授爵録』明治十八～二十年、浅見雅男『華族たちの近代』

島津諄之介　しまづ・じゅんのすけ

一八九二―一九二二

公爵島津忠義六男

①明治二十八年八月二十四日(許可)

公爵島津忠義《ただよし》の六男。実名は忠弘《ただひろ》。後掲富次郎(忠備《ただみつ》)の弟。分家・授爵については浅見雅男の著書でも紹介している。『授爵録』(明治二十六～二十八年)によれば、明治二十八年(一八九五)八月二十四日付で公爵島津忠済《ただなり》より宮内大臣土方久元宛で「分家願」を提出。

右の者今般資金三万円を分与し、同県同郡同村同番戸へ分籍別戸致したく、親族連署を以てこの段願い奉り候也。

として、鹿児島県鹿児島郡吉野村在住の諄之介の分籍を願い出ている。この添付願書の文面には分家のうえ華族への編列、授爵の文言は記されてはいないが、前掲『授爵録』(明治二十六～二十八年)所収の同年九月五日付の宮内省爵位局側立案書類「公爵島津忠義六男島津諄之介別戸分籍ニ付華族ニ列セラル、ノ件」によれば、

公爵島津忠義はその六男島津諄之介を今般資金三万円を分与し別戸分籍致させたき旨願い出候。これを審按《しんあん》するに右は兼ねて伺い定めたる如く勲功特別の公爵家に分籍の者ある時はその二人迄は父の勲功を以てこれに栄爵を賜り然るべきの議に基づき、既に三条家・毛利家孰《いず》れも二人迄華族に列せられ候に付、島津家は曩《さき》に島津富次郎を華族に列せられたるにも拘わらず、他の権衡上より特に諄之介を華族に列し男爵を授けらるべきや高裁を仰ぐ。

として審議。島津家からの分家に際しての資金は兄富次郎と同額であり、偉勲により特に公爵となった家の場合、二名までは分家授爵を認める内規、また三条・毛利両家からも同様の先例があることが認められ、九月二十六日付で男爵が授与される。

典拠 『授爵録』明治二十六〜二十八年、浅見雅男『華族たちの近代』

島津貴暢　しまづ・たかみつ

一八八七—一九五二

旧薩摩国鹿児島藩一門

①明治二十九年九月十二日（不許可）

②明治三十年（許可）

島津家は垂水島津家と称され、旧禄一万八千石を知行。『授爵録』（明治三十年）によれば、明治二十九年（一八九六）に貴暢旧臣の町田案山子ら計五名が連署で鹿児島県知事加納久宜《ひさよし》宛で「鹿児島県士族島津貴暢授爵ノ儀ニ付願」を提出。同家の事蹟を述べたうえで、

　前陳の通り元祖忠将《ただまさ》已来《いらい》数百年来宗家の一門家に列し干城《かんじょう》と為り、治乱緩急に応じ歴代国事に勤労せし事蹟顕然たる事にこれあり候に付、誠に容易ならざる儀には候えども、何卒事情御諒察、特旨の御詮議を以て貴暢儀授爵の御恩典を蒙り候様その筋へ御稟議成し下されたく、恐れを顧みず案山子等旧臣一同に代わり謹みてこの段懇願奉り候。但し貴暢儀、現今国税金二百十八万円十七銭四厘上納致し来たり候。且つまた別紙略系は兼ねて取り調べ置き候ものに付、御参考として呈上仕り候。

として島津一門としての旧格なども列挙し、また貴暢本人の財政状況についても末尾で触れて請願。これを受け、同年九月十二日付で鹿児島県知事加納久宜が「授爵ノ儀ニ付具申」を宮内大臣土方久元宛で提出。

　右者公爵島津家の支家にして祖先代より同県下南大隅郡垂水《たるみ》郷（現今同郡垂水村）の領主にして、島津家十五代より分家せられたる家格にこれあり、即ち島津家一門家の一家にして、島津家の門閥にこれあり候。然るに祖先忠将以来、子孫常に勤王の大志を抱き国事に尽力せし事跡等は別冊略系に記載の通りにこれあり候。殊に当戸主貴暢の祖父貴敦《たかあつ》に於いては維新前後に在らば国事に尽瘁《じんすい》候のみならず、明治戊辰の役に於いては旧領内の家臣を以て砲隊及び小銃隊各一隊を組織し、藩兵として出軍せしめ該隊に属する軍器及び一切の軍資に於けるも当時官庫の費用を仰がず、平生その領内用意の軍役金を以て支弁し戦功等もこれありたる趣を以て旧家臣町田案山子外四名より祖先来の勲功に依り特に授爵御詮議の義に付、別紙の通り出願候処、右は出願に依り御詮議相成るべきものにこれ無き儀は深く恐察仕り居り候えども、或いは祖先代の勲功堙滅に帰せしものなきを保ち難く、殊に本願の如きは祖先代より国事に尽力せしものと認められ、島津公爵よりも別紙の通り添申の趣もこれあり候に付、進達に及び候条、授爵の御詮議相成り候様仕りたく、別紙書類相添え、この断具申候也。

として同家の幕末・維新時の功績を記載して請願するも直ちに容れられることはなく不許可となる。前掲『授爵録』（明治三十年）によれば、三十年で月日不記載の当局側審査書類「功労者ヲ優班ニ列スルノ議」に貴暢の名も記され、「右旧功を録し、特旨を以て華族に列し孰《いず》れも男爵を授けられ然るべき乎。別紙調書を具し裁を仰ぐ」としあり、貴暢の家格・功績も認められ、同年十月二十七日付で男爵が授けられる。

典拠 『授爵録』明治三十年

島津健之助　しまづ・たけのすけ

一八八三—一九三七

伯爵島津忠麿弟

①明治四十二年十二月十三日（許可）

旧日向国大村藩主島津忠亮《ただあきら》伯爵の三男。『授爵録』（明治四十一〜四十二年）によれば、明治四十二年（一九〇九）十二月十三日立案の宮内省当局側の書類に、

　右健之助の祖父忠寛《ただひろ》は累年勤王の志厚く、丁卯以来宗藩と協力し兵を京師に出し、続いて東北諸軍に合し殊死奮励、毎戦功を奏し藩屏《はんぺい》の任を尽くしたる効績顕著た

るにより賞典禄三万石を下賜せられ、後またその戦功により忠亮は伯爵を陞叙せられたり。忠亮は明治十年西南の役に当たり父忠寛と共に心を合わせ、旧藩士をしてその方向を過らしめざることに尽くしたることあり、効績少なしとせず。然るに健之助は今般分家を為さんとする趣に付、この際父祖の旧功を録せられ、先例に徴し特に武純に対し男爵を授けられ然るべきか。

とみえ、祖父忠寛・父忠亮の幕末・維新期における功績、さらに西南戦争の際、旧臣が西郷側に与するのを防いだ功績も斟酌し、健之助分家に際して授爵を立案。同月二十日付で授男爵。

典拠　『授爵録』明治四十一～四十二年

島津忠亮　しまづ・ただあきら

一八四九―一九〇九

旧日向国佐土原藩主

①明治二十二年七月三日（不許可）

旧日向国佐土原藩主島津忠寛《ただひろ》の子で、明治十七年（一八八四）七月八日付で子爵を授けられる。『尾崎三良《さぶろう》日記』二十二年七月三日条によれば、

早朝柳原《やなぎわら》伯を訪《と》う。新華族叙任に付、旧華族中維新の際功労ありし者を昇等せしむべきの談あり。その人凡《およ》そ左の如し。山内容堂《やまうちようどう》実子男爵山内豊尹《とよただ》を伯に、島津忠亮を伯に、大村純熙《すみひろ》を伯に、真田幸民《ゆきもと》を伯に、伊達宗城《むねなり》を侯に、亀井を伯に、四条隆謌《たかうた》を侯に、柳原を侯に、壬生基修《もとおさ》を伯に、沢某を伯に。予は沢、四条には同意せず。亀井の事は予発言を為す。

とあり、柳原前光《さきみつ》伯爵との談話中、維新時に功労のあった諸家の陞爵についてみえる。実際この時の案は宮中筋にもたらされたか不明であるが、この年には実現していない。佐土原島津家の子から伯への陞爵は二十四年四月二十三日付で、父忠寛の維新時における勲功を理由としたものであった。この日には尾崎案の内、柳原を除く山内（ただし、伯ではなく子）・大村・真田・亀井・壬生・沢・伊達・四条の八家も同様に陞爵を果たしている。

典拠　『尾崎三良日記』明治二十二年七月三日条

島津忠欽　しまづ・ただかた

一八四五―一九一五

旧薩摩国鹿児島藩一門

①明治十一・十二年頃（不許可）

②明治十二～十六年頃（不許可）

③明治十五・十六年頃（不許可）

④明治二十九年十月十七日（許可）

旧鹿児島藩一門で、島津久光の四男。同家はすでに明治十一（一八七八）・十二年頃より華族に列すべき家として候補に挙がっており、『爵位発行順序』所収「華族令」案の内規として公侯伯子男の五爵（左に朱書で公伯男の三爵）を設け、内規としては世襲・終身の別を付し、その内「世襲男爵を授くべき者」四項目中、第四項目に「旧藩主一門の高一万石以上の者及び高一万石以上の家臣」を挙げている。同案は十一・十二年頃のものと推定されるが、この時点では旧幕時代に一万石以上を領していた島津家は男爵に列すべき家として認知されていたと思われる。同じく前掲『爵位発行順序』所収「授爵規則」によれば「男爵を授くべき者」として、七項目中、第四項目に「旧藩主一門の高一万石以上の者及び高一万石以上の家臣」が挙げられている。前記資料とは異なり、この案は十二年以降十六年頃のものと推測されるが、こちらでも万石以上陪臣として、島津家は世襲華族として男爵を授けられるべき家とされていた。また、十五・十六年頃に作成されたと思われる「三条家文書」所収「旧藩々壱万石以上家臣家産・職業・貧富取調書」にも同家の名が記され、この時点では旧禄高一万三千七百石余、所有財産は金禄公債六千円、百四十七国立銀行株券一万九千円、貸付金利歳入四百円、合歳入金四千四百二十円、貧富景況は可と記され、すでに華族としての体面を維持するに必要な資産を有していたという調査結果がみえる。『授爵録』（明治二十九年）によれば、二十

九年十月十七日公爵島津忠済より宮内大臣土方久元宛で「授爵内願」を提出し、

　別紙忠欽別戸分籍出願候に付いては、民籍に編入致し候はば何分憐愍の至りに付、故久光の勲功を録せられ、この際特別の御詮議を以て華族に列せられ、栄爵を賜り候はば光栄の至りに存じ奉り候。

と請願。これに対して宮内省当局側は忠欽が故人となった島津久光の子であり、一度は旧臣島津忠敬《ただゆき》の養子となるも、今般妻子を連れて兄である公爵忠済《ただなり》の家に復籍している状況を確認。また「勲功公爵家の子弟は皆特別の恩典を蒙るの例あるに依り、亘く他の権衡を執り」として許可。同年十二月三日付で授男爵。

典拠　『爵位発行順序』、「旧藩壱万石以上家臣家産・職業・貧富取調書」（「三条家文書」）、『授爵録』明治二十九年

島津富次郎　しまづ・とみじろう

一八九一―一九二八

公爵島津忠義五男

①明治二十六年二月二十三日（許可）

公爵島津忠義《ただよし》の五男。実名は忠備《ただみつ》。前掲 淳之《じゅんの》助《すけ》（忠弘《ただひろ》）の兄。『授爵録』（明治二十六～二十八年）の明治二十六年（一八九三）二月二十三日付の宮内省当局側立案書類「公爵島津忠義五男島津富次郎分家御聴許ノ際特ニ華族ニ列シ男爵ヲ授ケラル、ノ議」によれば、

　公爵島津忠義より同人五男島津富次郎に家産の内資金三万円を分与し別戸致させたき旨出願せり願意、許可の上は素《もと》より民籍に編入せらるべきものにこれあるも、願文の外、新たに授爵の栄典を蒙りたきとの企望を内陳せり。謹みてこれを審按するに、島津忠義は三条実美・毛利元徳《もとのり》等と明治中興の偉勲者たる一人にして、時に公爵を授けられたる者にこれあり。而して三条実美は三男公輝《きんてる》を、毛利元徳は五男五郎を孰《いず》れも分家の際特旨を以て華族に列し男爵を授けられたれば、忠義が内陳の企望は謂われなきにあらざるなり。既に一方に於いてその寵光を賜りたる者あれば、茲《ここ》に聖恩の均しく偉勲者に及ばんことを欲するのみ。依て忠義の勲功により分家者富次郎を新たに華族に列し男爵を授けらるべきや裁を仰ぐ。

とみえ、請願書そのものは『授爵録』当該年には添付・収録されてはいないが、同年二月二十三日以前に父忠義より分家・授爵を願い出ていることが確認される。三条・毛利両公爵から分家・授爵をしている点を先例を挙げて審査した結果願意は認められ、三月七日付で男爵が授けられる。

典拠　『授爵録』明治二十六～二十八年

島津長丸　しまづ・ながまる

一八七一―一九二七

旧薩摩国鹿児島藩家老

①明治十一・十二年頃（不許可）

②明治十二～十六年頃（不許可）

③明治十五・十六年頃（不許可）

④明治三十年（許可）

島津家は旧鹿児島藩家老で旧禄一万五千七百石余を知行。宮之城島津家とも称される。幕末・維新期の当主は久治《ひさはる》。同人が明治五年（一八七二）に死去したため、長丸が家督を相続した。同家の華族昇格に関し、『爵位発行順序』所収「華族令」案の内規として公侯伯子男の五爵（左に朱書で公伯男の三爵）を設け、世襲・終身の別を付し、その内「世襲男爵を授くべき者」四項目中、第四項目に「旧藩主一門の高一万石以上の者及び高一万石以上の家臣」を挙げている。同案は十一・十二年頃のものと推定されるが、この時点においては旧幕時代に一万石以上を領していた島津家は男爵に列すべき家として認知されていたと思われる。同じく前掲『爵位発行順序』所収「授爵規則」によれば「男爵を授くべき者」として、七項目中、第四項目に「旧藩主一門の高一万石以上の者及び高一万石以上の家臣」が挙げられている。前記資料とは異なり、この案は十二年以降十六年頃のものと推測されるが、こちらでも万石以上陪臣として、島津家は世襲華族として男爵を授けら

れるべき家とされていた。また、十五・十六年頃の作成と思われる「三条家文書」所収「旧藩壱万石以上家臣家産・職業・貧富取調書」によれば、旧禄高一万五千七百石余、所有財産は金禄公債三万八千八百五十円、新公債九百円、田畑林二十六町五反八畝歩、貸付金利歳入七百円、合歳入金四千七百七十四円二十三銭五厘、職業は無職、貧富景況は可と記されるも、当該時期には万石以上陪臣への華族編列そのものが実施されなかったため、同家も士族にとどまる。『授爵録』（明治三十年）によれば、三十年日付不記載の当局側審査書類「功労者ヲ優班ニ列スルノ議」として、細川興増《おきなが》・諫早家崇《いさはやいえたか》・多久乾一郎《くけんいちろう》・島津久賢《ひさよし》・島津貴暢《たかみつ》とともに長丸も審査対象者として挙げられ、「右旧功を録し特旨を以て華族に列し、孰《いず》れも男爵を授けられ然るべき乎、別紙調書を具し裁を仰ぐ」とする。この内、多久と長丸の分のみ功績書と周辺関係者からの授爵請願書の類は綴られていないが、先代久治の勲功が認められ、同年十月二十七日付で男爵を授与されている。

典拠　『爵位発行順序』、「旧藩壱万石以上家臣家産・職業・貧富取調書」（「三条家文書」）、『授爵録』明治三十年

島津隼彦　しまづ・はやひこ

一八七九―一九三六

旧薩摩国鹿児島藩一門

①明治三十三年五月五日（許可）

島津家は鹿児島藩主島津家一門で今和泉島津家とも称された。すでに、又四郎（忠敬《ただゆき》）の代に華族候補として名が挙げられていたが、当時は万石以上陪臣の華族編列が行われなかったため、士族にとどまっていた。忠敬のあとは忠欽《ただかた》が相続するも、明治二十九年（一八九六）に同人が公爵島津忠済《ただなり》家へ復籍したため、今和泉家は忠欽次男である隼彦が継承することとなった。『授爵録』（明治三十三ノ一年）所収の三十三年五月五日付立案の書類によれば、

　右は旧藩一万石以上の門閥にして、何れもその所属藩主の一門または家老たり。平生数百の士卒を養い、有事の時は将帥と為り手兵を提《さ》げ、出でて攻守の任に当たり、無事の時は入りて執政と為り民政を総管する等恰《あたか》も小諸侯の如し。而してこの輩は封土奉還の日何れも士族に編入せられたるも、仍《なお》巨多の資産を有して旧領地に住し、その地方人民の推重せらるるを以て自らその地方人民の儀表と為り、勧業または奨学等公益に資すること少なからず。その門地は以て小諸侯に譲らず。その資産また門地を維持するに足るものと認むるに因り前掲の通り授爵の恩典あらんことを奏上せらるべきや。

とあり、島津隼彦は門地を維持するだけの資産も有していると認められ、同年五月九日付をもって男爵が授けられる。

典拠　『授爵録』明治三十三ノ一年

→島津忠欽・島津又四郎

島津久明　しまづ・ひさあき

一八四二―一九一四

旧薩摩国鹿児島藩一門

①明治三十一年六月二十二日（不許可）
②明治三十一年七月七日（不許可）
③明治三十一年八月二十三日（不許可）
④明治三十一年九月（不許可）
⑤明治三十三年五月五日（許可）

同家は鹿児島藩主島津家一門で、日置《ひおき》島津家と称された。当時は鹿児島市在住の鹿児島県士族。旧家禄は七千七百石。『授爵録』（明治三十三ノ一年）によれば、明治三十一年（一八九八）六月二十二日付で鹿児島県知事加納久宜《ひさよし》より宮内大臣田中光顕《みつあき》宛で「授爵ノ儀ニ付内申」を提出。

　右は公爵島津家の支家にして祖先代より県下日置郡日置郷（現今同郡日置郡）の領主にて、即ち島津家四家の一家にして、島津家の門閥にこれあり候。該家は祖先代より勤王の大志を抱き、国事に尽力し、殊に当戸主久明に於いては維新前後に在りては国事に尽瘁《じんすい》候のみならず、明治戊辰の戦役に於いては藩兵四十二ヶ郷総督の命を奉じ、尋《つい》で奥羽出征の命を受くる

や当時諸方に転戦し、且つ軍費の如きは多くはその領内用意の軍役金を以て支弁し、戦功もこれあり候趣を以て、旧家臣より特に授爵御詮議の儀に付別紙の通り請願致し候。右は請願に依り御詮議相成るべきものにこれなき儀と存じ候らえども、その維新前後に於いて国事に尽力候儀は別紙履歴書の通りにして、またその家格に於いても既に御授爵相成り候島津久家《ひさいえ》・島津長丸《ながまる》の上位にこれあり候えば、旁々《かたがた》以て授爵の儀御詮議相成り候様仕りたく、別紙書類相添えこの段内申候也。

この時は詮議されなかったためか、同年八月二十三日付で再度加納知事より田中宮相宛で「授爵ノ儀ニ付再内申」を提出。

本県士族島津久明・種子島守時《たねがしまもりとき》授爵の御詮議相成りたき旨、先般内申仕り置き候処、島津家一門の内、忠欽《ただかた》・長丸等前後相踵き授爵の特恩を拝受致し候らえども、維新の際国家に功労ありて、而て未だこの特恩に浴せざる者は独り久明あるのみ。また守時の行為上武勲として見るべきものこれなく候らえども、古来厳然たる一諸侯の名族に候えば、何卒至急何分の御詮議成し下されたく、この段重ねて内申候也。

と記され、旧鹿児島藩の万石以上一門および陪臣中、未だ士族より華族編列・授爵の栄典に浴していない島津久明《ひさあき》と種子島守時両名に対する請願であり、該県知事である加納よりの文書は同月三十日付で宮相田中へ回送されるが結果は不許可。また、「岩倉具定《ともさだ》関係文書(書翰の部一)」によれば、同年七月七日付でも加納知事は島津と種子島守時へ授爵を岩倉に求めているとしている。また、同年九月付で公爵島津忠重の家令東郷重持より爵位局長岩倉具定宛でも久明の授爵願を提出している。

右は当家の支族にして八家の一にこれあり、祖先以来国事に尽瘁《じんすい》致し候のみならず、本人に至りては夙《つと》に勤王の大志を抱き、報国の忠誠を抜んじ宗家を輔《たす》け国事に鞅掌《おうしょう》する所これあり候。即ち維新の際伏見鳥羽の役あるや出征の命を受け兵士四小隊及び手兵一小隊を率いて京摂の援けに赴き軍事に参与す。その後錦旛東征するに及びてその先鋒総指揮となり、粉骨砕心各所に転戦し数多の戦功を相樹て候のみならず、その手兵は私費を以てこれを引率したる義にこれあり候。而してその門地の如きは素《もと》より島津八家中最も宗家に親密の関係を有するものに候えば、家格の高きは謂うを俟《ま》たざる所にこれあり、その持高に至りても曽《かつ》て一万七百有余石を有し、その後藩制の為に郷を併有する能わざるを以て自然減禄したるにも拘わらず、猶実際に於いて一万二百有余石を所領したる儀にこれあり候。かくの如き次第なるに依り、曩《さき》に当家の支族にして至渥の恩典に浴し栄爵を賜り門戸を顕耀《けんよう》致し候ものに比するも、久明の如きはその門地及び功労とも却ってこれに優るあるも決して劣る所これなき者に御座候。然るに独り聖恩の余沢に霑《うるお》わず、殊典の賞賜に漏れ候様相成り候ては宗家の久明に対する情誼上黙視するに忍びざる所にこれあり候のみならず、実に衷心に於いて安する能わざる次第に御座候。就いてはこの際何卒出格の御詮議に預り候様相成り候はば独り本人至大の聖恩に感激し、益々皇室に忠誠を尽し国家に報効を図り候のみならず、宗家一門また感奮興起協心戮力《きょうしんりくりょく》、いよいよ皇室の藩屏《はんぺい》、国家の干城《かんじょう》たるを期すべき儀に御座候。茲《ここ》に久明経歴の概要並びに宗家の衷情具陳仕り候。自然御参考にも供せられ候様相成り候はば実に望外の幸いに御座候。

と本宗家たる島津公爵の意を家令である東郷が陳述するも結果は不許可。また、これより先、同年七月七日付で加納知事より宮内省爵位局長の岩倉具定宛で久明と種子島への授爵を申請していることが『岩倉具定関係文書』で確認できるが、この時期にも結局認められず。『授爵録』(明治三十三ノ一年)所収の三十三年五月五日付立案の書類によると、

右は別紙履歴抄録の通りその身戊辰の役に自ら王師《おうし》に加わり、一隊の将として兵馬の間に馳駆して賊徒勦《そう》討《とう》の殊功を建て、または西南の役身を死地に投じて能く鎮撫の功を奏し、或いはその父祖が幕府の末造に方《あた》り回天の大志を懐抱し、蹇々《けんけん》匪《ひ》躬《きゅう》王事に尽瘁《じんすい》し、遂に国難に殉死せし等何れも復古の功臣と認むるに因り前掲の通り授爵の恩典あらんことを奏上せらるべきや。

と記され、島津家は幕末・維新時の功績があると認められ、同年五月九日付をもって男爵が授けられる。

典拠 『授爵録』明治三十三ノ一年、鈴木栄樹・松田好史・山下大輔・馬場章・吉川芙佐「岩倉具定関係文書（書翰の部一・二）」（『京薬論集』一六・一七）

島津久厚　しまづ・ひさあつ

一九一八―二〇一四

旧薩摩国鹿児島藩主一門

①大正十一年一月十九日（不許可）
②大正十二年七月（不許可）
③大正十三年一月十七日（不許可）
④昭和二年二月二十五日（不許可）
⑤昭和三年八月十三日（不許可）

島津家は旧鹿児島藩主島津家一門で旧禄三万七千五百石余を知行。都城《みやこのじょう》島津氏とも称される。久厚は父久家《ひさいえ》の嗣子として相続。先代久家は明治二十四年（一八九一）十二月二十八日付で男爵を授与するが、大正期以降は子への陞爵を求めて幾度も請願を行なっており、久厚やその周辺もこれを継続している。『倉富勇三郎日記』大正十一年（一九二二）一月十九日条によれば、

午前十時後白根松介《まつすけ》来り、牧野伸顕の意を致し、日向都之城の島津某今日病死したる処、同人は公爵島津家の同族にて、旧藩時代には四万石を領し、維新の際は自力を以て出兵し、伏見鳥羽より奥羽まての戦に参し、その功労少なからす。然る（に脱）前年授爵の際、他家の家老と同視せられ、男爵を授けられたるは誤りなる故、この際子爵を陞授せられたき旨、その旧臣上原勇作より希望せり。この事に付宮内大臣も曽《かつ》て聞きたることあり。前々宮内大臣波多野敬直《よしなお》が事情を知り居るべきに付、今朝自分は大臣の使として波多野を訪ひこれを質したる処、波多野は在職中その話を聞き、道理あることとは思いたるも、他にもその例あり。陞爵するならば、同時に詮議する必要ありと思ひこれを延ばし置きたり。故伊藤公が爵は位の如く死去に際しこれを与うるは不可なりと云われたることあり。一概にその通り実行することは出来ざりしも、大体はその積りにて処置し来れり。島津が死したりとて、この際陞爵するは宜しからざらんとの話なりしと云う。予この事に付牧野より何か処置すべしとの話ありやと云う。白根、然らず。単に事情を談じ置けとのことなりと云う。予、予は島津某が子爵に陞せらるべき功労あるや否を論ぜんとするに非ず。爵は死去に際して授けらるるは適当ならず。これま（で脱）とてもその例なきに非ざるも、その例は宜しからず。若し島津某の家に陞授せらるべき功労あらば、今日に限らず、他日にてもその詮議出来ることに付、今日は止むべきものと思う。殊に先日大隈陞爵の件は宮内大臣の意見にてこれを止め、今日大臣の縁故ある島津某の陞爵を奏請するは、仮令その事が適当なるも、嫌疑を免れ難し。事が正当なれば、世論は顧みるに足らず。また時としてはこれを顧みず断行せざるへからざる事あれども、本件に付いてはかくの如き必要なしと思うと云う。

とし、久家死去とともに、旧臣総代である上原勇作がまた同家の陞爵を求めていること、またこれは元宮内大臣波多野敬直《よしなお》在職中に詮議延引となっていたことなどが記されている。また同日条には「これまで三回も書面を出しあるに、何等の処置もなしあらず。他にもこの

類あるべきに付、取り纏めて取り調べ、省議を決して処置する方宜しからんと云い、関屋その方然るべしと云い」とみえ、改めて詮議の方向性を考慮している。また「島津家陞爵書類」によれば、公爵島津忠重《ただしげ》が大正十二年七月付で宮内大臣牧野伸顕宛で提出した請願書中に、「忠重支族故男爵島津久家陞爵御願の件に関し、去大正七年一月二十九日付を以て事情内申仕り候処、歳月経過致し候に付、今般更に具申仕り候」として改めて請願をしている。この十二年七月の請願書には、都城島津男爵家は宗藩の臣籍にあるとはいえ実力は厳然として諸侯に譲らず、王事に尽くした功績が顕著であると述べたうえ、

　維新後久寛《ひさひろ》は封邑を奉還して禄千五百石を賜い、その死後嗣子なきより従弟久家入りてその後を承け、明治二十四年父祖の功に依り特旨男爵を授けられて華族に列し、久本《ひさもと》・久静《ひさなが》・久寛もまた勲功を追賞せられ、前後相続きて贈位の恩典に浴せり。天鑑炤炤《しょうしょう》皇恩莫大なりと謂うべし。今また情願を陳ずるは恐懼の至りに候えども、同家父祖三世の維新の際に於ける勤労は列藩同様の力を致せしものにして、その功績は勤王の諸侯に準ぜらるべきもの歟と存じ候間、御詮議の上故久家後嗣久厚に陞爵の恩典を降し賜り候はば独り久厚の栄のみならず忠重一門の光輝これに過ぎず候。因て茲《ここ》に前年の内申書相添え、重ねて事情を具申し謹みて御裁択を仰ぎ候。

として旧来の家格、維新時の功績をもって子爵陞叙を求めるが不許可。さらに『授爵陞爵申牒書類』によれば、昭和三年（一九二八）十月二十五日の旧東北諸藩藩主の陞爵、田中俊清《としきよ》・江川英武《ひでたけ》の授爵、徳川好敏の復爵の次にその「先例」として、大正十三年一月十七日付で当時の清浦奎吾内閣が宮内大臣牧野伸顕に宛てて「別紙正六位江川英武外十一名、陞爵・授爵及び復爵の件は家格に属するものに付、参考として回付に及び候」として、正六位江川英武・藤波氏宣・世木《せき》氏公・従七位勲七等薗田守理・正八位久志本常幸《くしもとつねゆき》・正六位勲六等松木時彦・従五位勲六等檜垣常伯《つねおさ》・檜垣清澄・慶光院利敬《けいこういんよしゆき》・陸軍工兵中佐正六位勲四等功四級徳川好敏《よしとし》・二条邦《くに》基《もと》と男爵島津久厚の計十二名を列挙。当時、これらの授爵・陞爵・復爵が申牒されたものの、不許可であったことが明らかである。昭和期に入ってもこの運動は続き、『上原勇作日記』昭和二年二月二十五日条には「御昇爵論、里岡氏」、六月三十日条と七月一日条の間にみえる〔日記帳末尾補遺欄〕にも「昇爵熱心、血統（久政の血）」とみえ、この時点でも旧臣として上原が後援していることが窺われる。「陞授爵請願」にも昭和三年八月十三日付で内務大臣望月圭介より宮内大臣一木喜徳郎《いちききとくろう》宛で「陞爵ニ関スル件」として陞爵を要請しており、久厚の祖父久寛以来の事蹟調査を添付。同年四月十四日に旧臣らの請願書も添付するも、同家は子へ陞爵することなく男爵にとどまっている。

典拠　『倉富勇三郎日記』大正十一年一月十九日条、「島津家陞爵書類」「陞授爵請願」（ともに宮内庁宮内公文書館所蔵）、『授爵陞爵申牒書類』

→島津久家・島津久寛

島津久家　しまづ・ひさいえ

一八七七―一九二二

旧薩摩国鹿児島藩一門

①明治二十三年十二月（不許可）

②明治二十四年十二月（許可）

　旧薩摩国鹿児島藩主一門

③大正四年六月一日（不許可）

④大正四年九月十六日（不許可）

⑤大正四年十月六日（不許可）

⑥大正五年十月十九日（不許可）

⑦大正七年一月三十日（不許可）

　陸軍歩兵大尉

島津家は旧鹿児島藩主島津家一門で旧禄三万七千五百石余を知行。都城《みやこのじょう》島津氏とも称される。久家は都城島津氏一門の北郷《ほんごう》久政の長男で、先代久寛《ひさひろ》の養子となり同家を相続。前掲島津久厚《ひさあつ》の父にあたる。『授爵録』（明治二十四年）によれば、明治二十三年（一八九〇）十二

月付で久家の旧臣総代として上原勇作・津曲兼綜・肥田景之・龍岡資峻・北郷資知五名の連署で「島津久家授爵願之義ニ付上表」を公爵島津忠《ただ》義《よし》家令宛で提出。これを受けて島津公爵家が宮内省へ久家授爵を願い出たものと思われる。この請願に対する審議は『授爵録』(明治二十三年)所収の二十三年十二月八日付の宮内省当局側書類によれば、

　公爵島津忠義より出願したるその支族鹿児島県士族島津久家授爵の件を按ずるにその所願の要領は左の如し。島津久家の始祖を資忠《すけただ》と云う。忠義の家より出づ。而して資忠より現戸主久家に至る二十七代連綿継続し、而して宗家と婚姻相結び、歴世その宗家を輔翼し、また国家に尽くしたる事蹟少なからず。殊に久家父久寛は維新前後に於いて宗家を助け国事に鞅《おう》掌《しょう》したる功を以てその子久家に栄爵を授けられたしと云うにあり。明治二十二年三月島津珍彦《うずひこ》・山内豊積《やまのうちとよつみ》の華族に列せらるる時、旧諸藩の一門・重臣等を華族に列せられんことを請願したるものに対し、詮議の参考として適用すべき標準の条件を伺提せり。その第一は華族戸主の血属の親、第二維新前後功労ありしもの、第三華族の資格を維持するに足るの財産あるもの。而してその三項の全備したるものにあらざれば採用せられざることとなれり。

と冒頭で記し、島津珍彦と山内豊積両名が二十二年三月二日付で男爵を授けられた際、三項目を立ててこれを全て満たしていなければ授爵しないという方針を定めたと明記する。この三項目を久家の例に照らすと、

　これを標準に照らすに第一項華族戸主の血属の親と云うを得ず。而して維新の功績に問えば養父久寛は身親《みずか》ら兵馬の間を往来したることなしと雖もその臣士卒の戦功顕著なることは掩うべからざるものなれば、また久寛の功と謂うを得るも、久寛既に死し、久家の代にありてはその身国家に功労なければ今これを標準に照らすに、第二項維新前後功労ありしものと云うを得ず。而してその財産を問えば諸銀行または会社株券の類額面三万二千五百円、田畑山林の地価三万四千三百余円、合計六万六千八百余円を所有するものなれば即ちこれを標準に照らすに独り第三項華族の資格を維持するに足るの財産あるものと云うに相当せり。唯その第三項のみ相当すと云うに至りては標準の三項相並び全備と云うを得ざれば無論御採用相成り難きものと存ぜられ候条、左按を以て御指令相成るべきや相伺い候也。

とし、前記島津珍彦・山内豊積の先例には該当しないと判断され、同年十二月十八日付で「願の趣御沙汰及ばれず」として不許可になっている。『授爵録』(明治二十四年)によれば、二十四年十二月付で公爵島津忠義より宮内大臣土方久元宛で「島津久家授爵恩旨願ニ付再願」を提出。これは容れられて久家は同年十二月二十八日付で男爵を授与される。同家の男から子への陞爵運動は大正期に入ってみられるようになり、「島津久家他陞爵請願書」によれば、大正五年(一九一六)十月十日付の宮崎県知事堀内秀太郎の「陞爵之儀ニ付内申」中に「客年六月一日秘第四百六十一号を以て上申致し候えども」とあり、四年六月一日にすでに陞爵を地方官を経由して請願していることが明らかである。また、四年九月十六日付で陸軍大将・男爵上原勇作と工学博士須《す》田《だ》利信《としのぶ》の連署で宮内大臣波多野敬直宛で「日向国北諸県郡都城旧領主男爵島津久家陞爵願ニ付上申」を提出。祖先の由緒および維新時の功労を理由とした請願であるが、これは「松平康民他陞爵請願書」でも十月六日付で陞爵願が提出されている。五年十月十九日付で内務大臣後藤新平より内閣総理大臣寺内正毅と宮内大臣波多野敬直《よしなお》宛で内申書を移牒しており、

　宮崎県知事より本年十一月九州地方に於いて特別大演習御挙行の際、右の者に対し特に陞爵の儀別紙の通り内申これあり候処、御回付に及び候条、宜しく御詮議相成る様致したし。

として同月十日付の堀内宮崎県知事よりの「陞爵之義内申」を添付。堀内の内申書には、「旧薩藩中第一の大身にして、幕府直轄の諸侯にあらずと雖も、優にその実力を備えしことは争うべからざるの事実」「天明以後は薩藩の与力と称して、純然たる陪臣にこれ無く、諸侯同様の資格あるものと相認め候間、特に子爵に陞叙の緒詮議相成候はば聖恩枯骨に及び、世道人心に稗(裨)益する所少なからずと存じ、客年六月一日秘第四百六十一号を以て上申致し候えども、未だ何等御沙汰これ無く」と記され、旧鹿児島藩において家臣中一番の高禄を有していたこと、幕府からみても純然たる陪臣ではない点を挙げて請願するも不許可となる。また、七年一月三十日付で公爵島津忠重が波多野宮相宛で請願書を提出しており、「その旧藩時代に於ける領邑総高三万九千六百余石にして薩藩支封中の高頭なり」「一諸侯の観あり」と記したうえで、

　維新以降朝廷に出仕し勅奏任に列する者少なからず。目下枢要至重の軍職に居る者もこれあり、その国家に貢献する所大なりと謂うべし。而して久家は士官候補生出身にして歩兵少尉在官中私費を以て仏国に留学し、日露戦役起こるに及び急遽帰朝し、近衛歩兵第二連隊付として従軍し戦功あり。勲五等・功五級に叙せられ、今は歩兵大尉の現職に在り。名族の子孫たるに愧《はじ》ず。忠重昨冬藩地に赴き祖先の祭典を修し、また戊辰戦死者の霊を祭るに及び、往事追懐の感に堪えざる者あり。伏して願わくはこの際特別の御詮議を以て久本等三世維新前後の功労に対せられ、陞爵の恩命を蒙り候はば忠重一門の光栄またこれに過ぎず候。茲《ここ》に謹みて事状を具し御裁択を仰ぎ候。

として久家の陞爵を願い出るも、結局実現せずに終わる。なお、同家の子爵陞叙に向けての運動は、子の久厚代にも継続して行われている。

典拠　『授爵録』明治二十三年、『授爵録』明治二十四年、「島津久家他陞爵請願書」(宮内庁宮内公文書館所蔵)、「松平康民他陞爵請願書」(同)

→島津久厚・島津久寛

島津久大　しまづ・ひさなが

一九〇六―九〇

公爵島津忠済次男

①昭和三年（不許可）

②昭和四年六月十三日（不許可）

公爵島津忠済《ただなり》次男。「陞授爵内願」には同文書を納めた表袋に「公爵島津忠承弟島津久大」と記されるも文書自体は収録されず存在しない。昭和三年(一九二八)頃から久大の分家・授爵に関する請願運動が行われていたと考えられる。『牧野伸顕日記』四年六月十三日条によれば牧野が西園寺公望を訪問した際の記事として、

　尚兼《かね》ての島津忠太(久大)殿分家授爵の問題あるを以て、公侯爵分家の場合、授爵の内規の沿革に関し公爵の聞込を参考の為め糺したるに、公爵は公は二軒、公は一件(軒)と云ふ事に記憶すとの返事なり。島津家如きは其《その》恩典あるも差支なかるべき意向を洩らされたり。

とみえ、公爵の分家に関しては二軒まで、侯爵の場合は一軒まで認められるという宮内省の内規について触れ、久大の場合も差し支えない旨を牧野に語っている。本件については、牧野の日記にはこれ以後も五年十二月二十四日条では宮内省宗秩寮《そうちつりょう》総裁の仙石政敬《せんごくまさゆき》が調査をしていること、六年七月二十四日条では樺《かば》山愛輔《やまあいすけ》(資紀《すけのり》の子)が牧野に久大の分家授爵に関する尽力を求めていることが記事として散見し、運動が継続している点が確認できる。また、『木戸幸一日記』八年九月四日条には「島津忠承《ただつぐ》公の弟の分家授爵の希望　薩藩旧臣有力者中に之を希望するものあり。研究せられたし」とみえるも、同月十二日条には「島津公(忠承)の弟久大分家の問題―新立の公爵家に分家を認むるは重きに過ぐと考ふ。前大臣、次官も同意なり―牧野大臣には既に御話しあるべき筈なり」とみえ、一度は本格検討されたものの、前宮内大臣の一木喜徳郎《いちききとくろう》や現宮内次官の

大谷正男《おおやまさお》らとの協議の結果、島津公爵（本家）とは異なり、新立の公爵家（久光系）においては、分家・授爵は過度の礼遇との考えから結局却下されるに至る。同日記では同月四日条に「授爵を慎重にとの思召は内山侍従武官長に授爵の手続取計の際、其御意向を明にせられたるなり」ともみえ、昭和天皇が授爵を慎重に行うべきとの考えも記事から窺える。こののち、久大は外交官として、興亜院《こうあいん》事務官、外務書記官兼外務大臣秘書官、大東亜省錬成課長、ビルマ国蘭貢《ヤンゴン》駐在一等書記官兼総領事を歴任。戦後は在パキスタン・スペイン・タイの各国駐《ちゅう》箚《さつ》大使や迎賓館長を歴任。

典拠「陞授爵内願」（宮内庁宮内公文書館所蔵）、『牧野伸顕日記』昭和四年六月十三日条・五年十二月二十四日条・六年七月二十四日条、『木戸幸一日記』昭和八年九月四日条・同年九月十二日条

島津久寛　しまづ・ひさひろ

一八五九－八四

旧薩摩国鹿児島藩一門

①明治十一・十二年頃（不許可）

②明治十二～十六年頃（不許可）

③明治十五・十六年（不許可）

島津家は旧鹿児島藩一門で、旧禄三万七千五百石余を知行。都城《みやこのじょう》島津氏とも称される。幕末・維新期の当主は久寛。同家の華族昇格に関し、『爵位発行順序』所収「華族令」案の内規として公侯伯子男の五爵（左に朱書で公伯男の三爵）を設け、世襲・終身の別を付し、その内「世襲男爵を授くべき者」四項目中、第四項目に「旧藩主一門の高一万石以上の者及び高一万石以上の家臣」を挙げている。同案は明治十一（一八七八）・十二年頃のものと推定されるが、この時点においては旧幕時代に一万石以上を領していた島津家は男爵に列すべき家として認知されていたと思われる。同じく前掲『爵位発行順序』所収「授爵規則」によれば「男爵を授くべき者」として、七項目中、第四項目に「旧藩主一門の高一万石以上の者及び高一万石以上の家臣」が挙げられている。前記資料とは異なり、この案は十二年以降十六年頃のものと推測されるが、こちらでも万石以上陪臣として、島津家は世襲華族として男爵を授けられるべき家とされていた。また、十五・十六年頃の作成と思われる「三条家文書」所収「旧藩壱万石以上家臣家産・職業・貧富取調書」によれば、旧禄高三万七千五百石余、所有財産は金禄公債二万六千七百三十円、田畑三十八町四反一畝九歩、貸付金利歳入千二百円、合歳入金四千四百八十一円七十九銭一厘、職業は無職、貧富景況は可と記されるも、当該時期には万石以上陪臣の華族編列そのものが実施されなかったため、同家も士族にとどまる。養嗣子久家《ひさいえ》の代に至り、二十四年十二月二十八日付で男爵を授与。久家、その嗣子久厚《ひさあつ》は男から子への陞爵を求め請願運動を繰り返し行なっている。

典拠『爵位発行順序』、「旧藩壱万石以上家臣家産・職業・貧富取調書」（「三条家文書」）

→島津久家・島津久厚

島津久光　しまづ・ひさみつ

一八一七－八七

島津忠義実父

①明治四年九月二日（許可）

旧鹿児島藩主島津忠義《ただよし》の実父。国父として藩政を主導し、維新前には従四位上・左近衛権中将兼大隅守に叙任され、明治二年（一八六九）には従三位・参議となる。『大久保利通関係文書』所収の四年九月二日付「岩倉具視書翰」によれば、「一家御取立云々の事、（中略）右事件御談じ申したく罷り出で候」とあり、久光の別家創設・華族編列について相談しており、また同

島津久光

月四日付書翰では、

前略。過日御内話件々尚また御談じ旁申し入れ候。一、家禄云々、一家御取立の事、今朝三条より内話。今明朝日中決し候事。少々前議と違うべき哉に候えども、尤も行われるべしと存じ候。

とみえ、この件に関する遣り取りから大久保も関与していたことが窺われる。また、同月十二日付書翰では、

さて島津殿一家云々御沙汰書拝見候処、かねて申し入れ候分と相違如何哉と懸念候。また位階の所何等の事もこれ無く、頗る不審也。尚条公に問い合わすべく存じ居り候事に候。

ともみえ、分家に際しての家禄や位階の面で、当初の意向と相違があったと思われる。華族編列の際の辞令には「積年の功労少なからず、格別の思召を以て分家仰せ付けられ、同姓従四位御賞典十万石の内五万石家禄として分賜候事」とあり、同年九月十日付で島津本家より分家し、華族に編列される。同月十三日付で従二位に陞叙され、以後新政府において麝香《じゃこう》間祗候《のましこう》・左大臣・内閣顧問などをつとめた。なお、十七年の華族令公布に際しては、七月七日付で公爵を授与されている。

典拠　「岩倉具視書翰」（『大久保利通関係文書』一）、「岩倉具視書翰」（『大久保利通文書』四）

島津久賢　しまづ・ひさよし

一八八一―一九二六

旧薩摩国鹿児島藩一門（加治木島津家）

①明治二十九年九月（不許可）

②明治二十九年十月八日（不許可）

③明治三十年（許可）

鹿児島藩一門で一万石を領した加治木《かじき》島津家の系統。先々代久宝《ひさたか》の代にすでに列華族の候補に挙がる。『授爵録』（明治三十年）によれば、明治二十九年（一八九六）九月付で同家の旧臣五名が総代として「授爵之儀ニ付願」を公爵島津忠義《ただよし》宛で提出。

謹みて上陳仕り候。旧主島津久宝儀、維新の際聊か勲功これあり、且つ名門巨族の故を以て華族に列せらるべき御内意にて、歴代の事蹟及び旧領禄高等宗家より御届相成り候断は夙《つと》に承り及び候。その後に至り御一門島津珍彦《うずひこ》殿を始めとし、旧他藩の名門巨族等はそれぞれ特旨を以て華族に列せられ候に付、旧主家も他と同一の恩典に預かることこれあらんと相信じ、一日千秋の思いを為して恩命の下るを相待ち居り候処、今に伺いたる御沙汰に按せず。私共旧臣民たるの情として実に黙止するに忍びず。依て茲《ここ》に聊か中将を具陳して懇願仕り候。旧主家当主島津久賢は故久宝の家系を相続せしものにして、素より皇室に対し勤労の功これ無く候えども、既往に遡り元祖兵庫頭忠朗《ひょうごのかみただあき》以来の事蹟を按じ候えば、当然他と同様華族に列せらるべき家筋と存じ奉り候。殊に故久宝が維新の際に於いて勲功もこれあり候に付、宗家よりその筋へ然るべき様御申立を仰ぎ奉りたく候。今左に元祖忠朗以来の事蹟大略列記仕り候。

として、島津中納言家久《いえひさ》の次男忠朗以来の同家の事蹟を列挙して、久賢の授爵を本家より後援して欲しい旨を申し出ている。『近衛篤麿《あつまろ》日記』二十九年十月八日条に「同省（宮内省）にて長崎省吾《しょうご》より、加治木島津叙爵の願書写落手。爵位局長に余より談じ込み、事を約す」「次に爵位局長に面会。右の叙爵の事相話す。同氏の話には、右は大抵叙爵に相成るべき事に調べ済みに相成りおるとの事、猶依頼致し置く」とみえ、正式に授爵する約一年前より近衛篤麿も関与し、運動があったものと考えられる。前掲『授爵録』（明治三十年）によれば、三十年で日付不記載の当局側審査書類「功労者ヲ優班ニ列スルノ議」として久賢の名も記され、三十年十月二十七日授男爵。

典拠　『授爵録』明治三十年、『近衛篤麿日記』明治二十九年十月八日条

→島津又八郎

島津又四郎　しまづ・またしろう

一八三二―九二

旧薩摩国鹿児島藩一門
①明治十一・十二年頃（不許可）
②明治十二〜十六年頃（不許可）
③明治十五・十六年（不許可）

島津家は旧鹿児島藩一門で、旧禄一万四千五百石余を知行。今和泉島津家とも称される。幕末・維新期の当主は又四郎。同人は実名を忠《ただ》敬《ゆき》と称す。同家の華族昇格に関し、『爵位発行順序』所収「華族令」案の内規として公侯伯子男の五爵（左に朱書で公伯男の三爵）を設け、世襲・終身の別を付し、その内「世襲男爵を授くべき者」四項目中、第四項目に「旧藩主一門の高一万石以上の者及び高一万石以上の家臣」を挙げている。同案は明治十一（一八七八）・十二年頃のものと推定されるが、この時点においては旧幕時代に一万石以上を領していた島津家は男爵に列すべき家として認知されていたと思われる。同じく前掲『爵位発行順序』所収「授爵規則」によれば「男爵を授くべき者」として、七項目中、第四項目に「旧藩主一門の高一万石以上の者及び高一万石以上の家臣」が挙げられている。前記資料とは異なり、この案は十二年以降十六年頃のものと推測されるが、こちらでも万石以上陪臣として、島津家は世襲華族として男爵を授けられるべき家とされていた。また、十五・十六年頃の作成と思われる「三条家文書」所収「旧藩壱万石以上家臣家産・職業・貧富取調書」によれば、旧禄高一万五千四百石余、所有財産は田畑三十丁三反九畝歩、貸付金二万五千円、合歳入金三千九百二十八円六十銭七厘、職業は無職、貧富景況は可と記されるも、当該時期には万石以上陪臣の華族編列そのものが実施されなかったため、同家も士族にとどまる。なお、今和泉島津家は忠敬没後、島津久光の子忠欽《ただたか》が名跡を相続するが、のちに帰籍したうえ改めて男爵を授けられている。また、今和泉島津家は忠欽次男隼彦《はやひこ》が相続し、こちらは三十三年五月九日付で男爵が授けられる。

典拠　『爵位発行順序』、「旧藩壱万石以上家臣家産・職業・貧富取調書」（「三条家文書」）

→島津忠欽・島津隼彦

島津又八郎　しまづ・またはちろう

一八五二―八七

旧薩摩国鹿児島藩一門
①明治十一・十二年頃（不許可）
②明治十二〜十六年頃（不許可）
③明治十五・十六年（不許可）

島津家は旧鹿児島藩一門で、旧禄一万千八百石余を知行。加治木《かじき》島津氏とも称される。幕末・維新期の当主は又八郎。実名を久宝《ひさたか》と称す。前掲島津久賢《ひさよし》の養父。同家の華族昇格に関し、『爵位発行順序』所収「華族令」案の内規として公侯伯子男の五爵（左に朱書で公伯男の三爵）を設け、世襲・終身の別を付し、その内「世襲男爵を授くべき者」四項目中、第四項目に「旧藩主一門の高一万石以上の者及び高一万石以上の家臣」を挙げている。同案は明治十一（一八七八）・十二年頃のものと推定されるが、この時点においては旧幕時代に一万石以上を領していた島津家は男爵に列すべき家として認知されていたと思われる。同じく前掲『爵位発行順序』所収「授爵規則」によれば「男爵を授くべき者」として、七項目中、第四項目に「旧藩主一門の高一万石以上の者及び高一万石以上の家臣」が挙げられている。前記資料とは異なり、この案は十二年以降十六年頃のものと推測されるが、こちらでも万石以上陪臣として、島津家は世襲華族として男爵を授けられるべき家とされていた。また、十五・十六年頃の作成と思われる「三条家文書」所収「旧藩壱万石以上家臣家産・職業・貧富取調書」によれば、旧禄高一万千八百石余、所有財産は金禄公債二万七百円、貸付金利歳入千三百四十円、合歳入金四千四百十円九十銭、職業は無職、貧富景況は可と記されるも、当該時期には万石以上陪臣の華族編列そのものが実施されなかったため、同家も士族にとどまる。養嗣子久賢の代に至り、三十年十月二十七日付で授男爵。

典拠　『爵位発行順序』、「旧藩壱万石以上家臣家産・職業・貧富取調書」（「三条家文書」）

→島津久賢

島村速雄　しまむら・はやお

一八五八―一九二三

元帥・海軍大将

①大正五年六月（許可）

②大正五年七月一日（許可）

　海軍大将・海軍軍令部長

③大正九年十二月十日（不許可）

　海軍大将・軍事参議官

島村速雄

旧土佐藩士出身の海軍軍人。明治七年（一八七四）海軍兵学校の前身海軍兵学寮に入校。卒業後少尉補に任官し、以後累進して軍令部第二局長・須磨艦長・常備艦隊参謀長・海軍大学校教官などを経て三十七年六月少将に進級。第二戦隊司令官・第四艦隊司令官をつとめ四十一年八月中将に進級。佐世保鎮守府司令長官や教育本部長となり、大正三年（一九一四）四月に海軍軍令部長に就任。翌年八月大将に進級。授爵は日独戦争後、本格化しており、『授爵録』（大正五年）によると、五年六月付で総理大臣大隈重信より宮内大臣波多野敬直《よしなお》宛で申牒され、

　男爵加藤高明外〔　〕《ママ》名は別紙功績書の通り大正三四年戦役に関し功績顕著なる者に付、各頭書の通り授爵・陞爵相成る様御詮議相成りたし。

として、加藤高明の男から子への陞爵ならびに岡市之助の授爵、長谷川好道《よしみち》の子から伯への陞爵、八代六郎・神尾光臣《かみおみつおみ》・加藤定吉《さだきち》と島村の授爵を申請。添付された島村の功績書には、

　右は大正三四年戦役に方《あた》り海軍軍令部長として帷幄《いあく》の機務に参し、出征艦隊の用兵を統轄して作戦機宜に適し、克く青島《チンタオ》攻囲並びに独逸《ドイツ》艦隊撃滅の目的を達せしめたるその勲功洵《まこと》に顕著なりとす。

と記され、対独戦にあたって海軍軍令部長としての軍功を理由としている。また『大正初期山県有朋談話筆記／政変想出草』によれば、

　七月一日波多野宮相来訪、近来岡前陸相の病気甚だ不良なる為日独戦役の功に依り恩賞の義至急取運ぶの必要を生じたりとて、右岡中将を初めこれに関与したる長谷川参謀総長、島村軍令部長、神尾司令官、加藤艦隊司令官、八代前海相、加藤前外相及び若槻前蔵相等の授爵昇爵の件を齎《もた》らし予が意見を求めたり。元来予は日独戦役に付いてはこれを日露戦役と同視するの不理なるを思うが故に、頭初参謀総長または陸相等の行賞に付いても日露事件と比すべからざることを主張せしが、既に海軍側との権衡もありとの事故、この点は暫く固執せざるも、右宮相の齎らしたる詮議中に大隈首相に対する行賞なきは甚だその意を得ず。将又《はたまた》今回日露協商も成立に至りたることなれば石井外相、本野《もとの》大使をも加え同時に詮議ありて然るべく、猶また若槻前蔵相の事に関しては僅かに国庫剰余金より臨時事件費を支出したるに止まり、これが為授爵の恩賞あるはその理由甚だ乏しきが如し。かくの如く一方に於いては将に恩賞あるべくしてこれを脱し、他方に於いては恩賞の理由なくしてこれを与えんとするが如きは決して君徳を補翼し奉る所以にあらず。宮内大臣たるもの深く思いを致さざるべからざる旨を訓め、尚事急速にして深く審議するの暇なかりしとの事なれば、先ず急施を要すべき岡前陸相の分のみを発表し、他は徐ろに審査すべき旨を忠告し置けり。

とみえ、山県が大隈内閣の閣僚や、軍高官に対する陞・授爵について意見を述べている。山県の考えによれば、第一次世界大戦における日独戦役の軍功は日露戦争とは同列視できず、それに対する栄典授与には慎重であるべきというものであるが、重病である岡のみは授爵

を先行審査して執り行うべきであるとしている。元老山県の意見が容れられたためか、岡は七月六日付で男爵が授けられ、島村も含めその他の候補者も結局同月十四日付で男爵となっている。九年十二月一日に海軍軍令部長を退き、軍事参議官となるが、同月陞爵に関する記事が『読売新聞』に掲載される。同紙十二月十日朝刊によれば「陞爵授爵／欧州戦役論功行賞」の見出しで、

　一月中旬発表欧州大戦に参加したる陸海軍将士の論功行賞は過般来引き続き発表されつつあるも、未だ上長官の分は未調査にて年内には到底これが終了を見難しとの事なり。右に関し当局の語る処に依れば、明年一月中旬文官の行賞と同時に発表すべく、上原参謀総長は子爵に、大谷・大井両大将は男爵に、島村軍事参議官は子爵に夫々《それぞれ》陞爵・授爵の恩典に浴すべく内定し居れり。

と報じられ、シベリア出兵の功績で、上原勇作と島村速雄が男から子への陞爵、大谷喜久蔵と大井成元《しげもと》が男爵を授けられる予定であるとの記事が掲載されている。五年七月に授爵して日が浅いと判断されたためで選考の対象外となったとも考えられるが、こののちも陞爵はされず、男爵のまま終わっている。

典拠　『授爵録』大正五年、『大正初期　山県有朋談話筆記／政変想出草』、『読売新聞』大正九年十二月十日朝刊

志水忠平　しみず・ただひら

一八五〇―一九〇四

旧尾張国名古屋藩家老

①明治十一・十二年頃（不許可）

　第百三十四国立銀行取締役

②明治十二～十六年頃（不許可）

③明治十五・十六年（不許可）

　第百三十四国立銀行頭取

④明治三十三年五月五日（不許可）

　元名古屋市長

志水家は代々名古屋藩家老の家筋で、旧禄高一万石を領した。幕末・維新期の当主忠平は慶応二年（一八六六）十二月十八日に従五位下・甲斐守に叙任され、明治元年（一八六八）十月二十七日位記返上、翌年十一月に名古屋藩大参事、四年一月集議院《しゅうぎいん》議員。二十三年十一月名古屋市長に就任し、二十七年二月まで在職した。同家の華族昇格に関し、『爵位発行順序』所収「華族令」案の内規として公侯伯子男の五爵（左に朱書で公伯男の三爵）を設け、世襲・終身の別を付し、その内「世襲男爵を授くべき者」四項目中、第四項目に「旧藩主一門の高一万石以上の者及び高一万石以上の家臣」を挙げている。同案は十一・十二年頃のものと推定されるが、この時点においては旧幕時代に一万石以上を領していた志水家は男爵に列すべき家として認知されていたと思われる。同じく前掲『爵位発行順序』所収「授爵規則」によれば「男爵を授くべき者」として、七項目中、第四項目に「旧藩主一門の高一万石以上の者及び高一万石以上の家臣」が挙げられている。前記資料とは異なり、この案は十二年以降十六年頃のものと推測されるが、こちらでも万石以上陪臣として、志水家は世襲華族として男爵を授けられるべき家とされていた。また、十五・十六年頃の作成と思われる「三条家文書」所収「旧藩壱万石以上家臣家産・職業・貧富取調書」によれば、旧禄高一万石、所有財産は百三十四国立銀行株券八十八株、地所多少所有職業は農工検校、貧富景況の欄には相応とあるも、その後も授爵されずに終わる。『授爵録』（明治三十三ノ一年）所収の三十三年五月五日付宮内省当局側審査書類によれば、旧藩主一門および万石以上家老の授爵詮議で浅野哲吉ほか二十五名が挙げられ、同月九日付で全員男爵を授けられて

志水忠平

いるが、その但書に、

但し旧藩一万石以上と唱うる家は四十八家あり。然れども明治四年辛未禄高帳（大蔵省記録）及び藩制録（大蔵省記録）又は府県知事より徴収したる現在所有財産高を照査し、その旧禄高一万石以上判明せしものにして、猶且つ五百円以上の収入を生ずべき財本を有すること精確なるもの先づ二十五家を挙ぐ。余の二十三家は他日調査完結又は資産を有するに至りたるときに於いて御詮議相成るべきものとし、左にこれを掲げて参考に資す。

としたうえで、志水忠平を含めて二十三家が挙げられている。これによれば、志水家は「旧禄高壱万石以上判明せしも五百円以上の収入を生ずべき財本を有せざる家」十一家のなかに分類されており、表高・実高ともに一万石以上ではあったが、年間五百円以上の収入を生ずる財本を有していなかったようである。添付の「旧藩壱万石以上ノ家調書」によれば、現在は無職で、先妻は伯爵葉室長邦《はむろながくに》の娘で後妻はなく、所有財産は旧臣名義一ヵ月四円習得の貸家と、女婿名義宅地二千坪、生計の状況は貸家料四円と二千坪宅地の所得で生計補助に充てている旨が記されている。宮内省側が規準とした財本をその後も有することがなかったためか、結局授爵はされなかったが、三十七年九月三日に特旨により従五位に叙せられ、同月二十三日に死去した。

典拠　『爵位発行順序』、「旧藩壱万石以上家臣家産・職業・貧富取調書」（「三条家文書」）、『授爵録』明治三十三ノ一年

清水資治　しみず・すけはる

一八六〇―一九二三

旧周防国山口藩家老

①明治三十年九月（不許可）

②明治三十三年五月五日（許可）

同家は代々山口藩家老で、先代親春《ちかはる》は幕末・維新時に功労があったが、明治八年（一八七五）二月に死去。同藩藩士熊谷家の次男であった資治がそのあとを嗣いだ。三十年九月付の「毛利祥久外四名華族昇列願書控」によれば、毛利家一門で右田毛利と称された毛利祥久《よしひさ》、益田精祥《あきよし》・福原俊丸《としまる》・国司直行《くにしなおゆき》と清水資治の四家老家の華族編列・授爵を請願するもこの時は毛利祥久のみの授爵に終わる。また、『授爵録』（明治三十三ノ一年）によれば、三十三年五月五日付の宮内省当局側審査書類に清水資治の名が挙げられ、三十三年五月五日付立案の書類によると、

右は別紙履歴抄録の通りその身戊辰の役に自ら王師《おうし》に加わり、一隊の将として兵馬の間に馳駆して賊徒勦討《そうとう》の殊功を建て、または西南の役身を死地に投じて能く鎮撫の功を奏し、或いはその父祖が幕府の末造に方り回天の大志を懐抱し、蹇々匪躬《ひきゅう》王事に尽瘁《じんすい》し、遂に国難に殉死せし等何れも復古の功臣と認むるに因り前掲の通り授爵の恩典あらんことを奏上せらるべきや。

と記され、清水家は幕末・維新時の功績があると認められ、同年五月九日付をもって男爵が授けられる。

典拠　「毛利祥久外四名華族昇列願書控」（山口県文書館所蔵）、『授爵録』明治三十三ノ一年

下瀬雅允　しもせ・まさちか

一八六〇―一九一一

海軍技師・工学博士

①明治三十九年十月二十一日（不許可）

広島藩士出身の海軍技師・化学者。日露戦争で使用され戦果を挙げた下瀬火薬の発明者として知られる。『東京朝日新聞』『読売新聞』明治三十九年（一九〇六）十月二十一日朝刊にはそ

下瀬雅允

れぞれ「下瀬・木村両氏授爵説」「両科学家へ授爵」の見出しで、下瀬と木村駿吉《しゅんきち》（海軍技師）に対して、「破格の御詮議を以て特に男爵を授けらるることに御内定相成りたるやの説あり」「勲功に依り特に男爵を授けらるることに御内定成りたり」として記事を掲載。日露戦争における功績を理由とし、下瀬は火薬発明、木村は海上通信技術の功績によるものとするも、結局両名とも授爵はされず。授爵は逃すも、そののち、四十一年二月に下瀬は帝国学士院会員となる。

典拠 『東京朝日新聞』明治三十九年十月二十一日朝刊、『読売新聞』明治三十九年十月二十一日朝刊

樹下成行　じゅげ・*なりゆき

生没年不詳

旧日吉神社神主

①明治十七年頃（不許可）

樹下家は祝部《はふりべ》姓で旧日吉神社神主の家系。同家の華族編籍については、明治十七年（一八八四）頃のものと思われる「三条家文書」所収「旧神官人名取調書」にみえ、「別紙全国旧神官の内華族に列せられ然るべき家格の者にこれあり候。御発表前には一応現今貧富の景況地方官へ調査仰せ付けられ候上、御取捨相成りたしと存じ奉り候」と記され、そのなかに旧日吉神社からは生源寺《しょうげんじ》希徳とともに樹下成行の名も挙げられているが、結局授爵されずに終わっている。

典拠 「旧神官人名取調書」（「三条家文書」）

→樹下某

樹下　某（成行カ）　*じゅげ

生没年不詳

旧日吉神社神主

①明治二十二年一月二十八日（不許可）

②明治二十三年頃（不許可）

樹下家は代々旧日吉神社神主の家柄。典拠資料中には実名が記されないため不明。前掲樹下成行とも思われる。同家の授爵については、『授爵録』（追加）（明治十五～大正四年）所収「族籍之儀ニ付建議」にみえ、すでに華族に列した松木美彦《よしひこ》男爵と藤井希璞両名の連署で明治二十二年（一八八九）一月二十八日付で宮内大臣土方久元宛で請願。

謹みて案ずるに貴族の国家に於ける重大の関係あり。許多の効用ありて、政治上・国体上に置いて必須の者たるは今更に喋々を要せず。（中略）爰《ここ》に古名家族宜しく詮議せらるべき者十六家を録して左右に呈す。

として神宮旧神官より久志本常幸《くしもとつねゆき》・宮後《みやじり》朝昌・沢田泰綱《やすつな》・世木《せき》親喜、上賀茂より松下径久《みちひさ》・岡本保益・鳥居大路《とりいおおじ》治平、下鴨より泉亭《いずみてい》某・梨木《なしのき》某・鴨脚《いちょう》某、日吉より生源寺《しょうげんじ》希徳・樹下某、松尾より東某・南某、鹿島より鹿島則文、香取より香取保礼の十六名を列挙するも、このあと審査のうえ授爵されたのは沢田泰綱の子幸一郎（泰圀《やすくに》）のみで樹下ほか十五名は選に洩れている。また前掲『授爵録』（追加）（明治十五～大正四年）所収「内宮外宮旧神官十八家等族籍ニ関スル件」という年月日不詳の資料にもみえ、二十三年頃作成と思われるこの資料によれば、旧賀茂別雷神神社（上賀茂神社）神主の松下清《きよ》岑《みね》に関する「加茂旧神官松下清岑ノ家」の項に、

右家は上加茂旧神官の三家の一、岡本・鳥居大路の総本家にして累代神主に補せられ、従三位に上ることを得、その系統は加茂建角身命《かものたけつのみのみこと》の裔、神主在実七代孫正四位下資保二男能久《よしひさ》に出づ。能久承久の乱戦敗れ、鎮西に遷さる。貞応二年六月十日太宰府に於いて卒す。嗣なし。後鳥羽院天皇の皇子（童名氏王丸）を賜り嗣とす。氏久《うじひさ》と称す。神主に補せられ従三位に叙す。氏久の子孫遠久これを嗣ぎ、皇胤の系統連綿として現代清岑に至れり。その血統及び家格は曩《さき》に華族に列せられたる旧神官に比し優ることあるも劣ることなし。然らば則抜きを以て優班に列せられんか、否松下家に比しき家、下加茂旧神官に泉亭・梨木・鴨脚三家あり。その他日吉神社に生源寺・樹下、松尾神社に東・南、鹿島神社に鹿島、香取神社に香取等のあ

るなれば、独り松下家にのみ栄典を及ぶべきものにあらず。これ等は他日を俟《ま》ちて慎重銓衡せられ然るべきものと思考す。

とあり、皇胤である松下家を華族に列する際には、他社の旧神官中由緒のある樹下らの諸家をも同様に授爵する必要性を説いているが、結局、松下家をはじめどの諸家も授爵されずに終わっている。

典拠『授爵録』(追加)明治十五～大正四年

→樹下成行

尚寅　しょう・いん

一八六六―一九〇五

旧琉球藩王・侯爵尚典弟

①明治二十三年十二月四日（不許可）

旧琉球藩王尚泰《たい》王の次男で、明治十七年(一八八四)七月の華族令公布では侯爵を授与された尚典《てん》の弟。沖縄県士族。『授爵録』(明治二十九年)の授爵関係書類中に、二十三年十二月四日付で当時の沖縄県知事丸岡莞爾《かんじ》より宮内大臣土方久元宛で「内願書」を提出したことが確認できる。「右、特旨を以て華族に列せられ候様、出格の御執成内願に及び候」として、尚寅・順《じゅん》兄弟の列華族・授爵を請願するも実現に至らず却下。両名の授男爵は二十九年六月三十日付。

典拠『授爵録』明治二十九年

→尚順

尚順　しょう・じゅん

一八七三―一九四五

旧琉球藩王・侯爵尚典弟

①明治二十三年十二月四日（不許可）

旧琉球藩王尚泰《たい》王の四男で、明治十七年(一八八四)七月の華族令公布では侯爵を授与された尚典《てん》の弟。沖縄県士族。『授爵録』(明治二十九年)の授爵関係書類中に、二十三年十二月四日付で当時の沖縄県知事丸岡莞爾《かんじ》より宮内大臣土方久元宛で「内願書」を提出したことが確認できる。「右、特旨を以て華族に列せられ候様、出格の御執成内願に及び候」として、尚順と兄寅《いん》の列華族・授爵を請願するも実現に至らず却下。両名の授男爵は二十九年六月三十日付。

典拠『授爵録』明治二十九年

→尚典

尚典　しょう・てん

一八六四―一九二〇

旧琉球藩王・貴族院議員

①大正四年四月二十五日（不許可）

②大正四年十月六日（不許可）

旧琉球藩王で、先代尚泰《たい》が明治五年(一八七二)九月十四日に華族に列せられ、十八年五月二日付で侯爵に叙せられる。「島津久家《ひさいえ》他陞爵請願書」(宮内庁書陵部宮内公文書館所蔵)中に大正四年(一九一五)四月二十五日付で沖縄県知事大味久五郎《おおみきゅうごろう》より宮内大臣波多野敬直《よしなお》宛で「侯爵尚典恩賞ノ儀ニ付内申」を提出。琉球王朝の歴史を述べたうえで、「今秋至尊一世の御盛典に際し、故尚典が国に尽くしたる功績を追賞せられ、尚典に対し爵を陞叙」されたく、また同家の財政を救恤《きゅうじゅつ》するため、皇室より内帑金《ないどきん》を下賜されたい旨も含め侯より公への陞爵を申請。陞爵させることにより、旧琉球王朝家臣が皇室に忠誠を尽くす点も強調。また「松平康民《やすたみ》他陞爵請願書」中に松平康民(旧美作国津山藩主。伯爵)の陞爵願と合綴で収録。内閣総理大臣大隈重信より宮相波多野宛で同年十月六日付で「左記の者授爵又は陞爵情願の旨、意は主として家格に存する義と認められ候に付、しかるべく御詮議相成りたし」として照会。慶光院利敬《けいこういんよしゆき》以下十七名を列挙し、そのなかに同人の名も挙げられており、

右は維新の際、琉球が日支何れに従属すべきや藩論沸騰の際、父尚泰大義名分を弁《わきま》え、遂に今日あるに至りたるものに付、特に陞爵あらんことを請願したるものなり。

と記され、侯から公への陞爵を申請するも実現せずに終わっている。

典拠「島津久家他陞爵請願書」(宮内庁宮内公文書館所蔵)、「松平康民他陞爵請願書」(同)

→尚順

勝賀瀬重信　＊しょうがせ・しげのぶ

生没年不詳

楠木正成末裔

①明治二十九年五月五日（不許可）

高知県在住で楠木正成末裔を称する。族籍などは不明。授爵については明治二十九年（一八九六）四月二十日立案・五月五日決裁の「楠氏取調書」にみえ、宮内省爵位局が楠木正成末裔として提出された請願者二十一名中、勝賀瀬の名も記されるが、家系に信憑性があると判断された甲斐荘《かいのしょう》正秀（以《い》号・京都）・中村権左衛門（遠《を》号・長野）・楠正基（加《か》号・鳥取）・関唯男（楚《そ》号・大阪）の四名のみ「審査の材料と相成るべき価あるものと存じ候に付、この四家の書類は姑《しばら》く他日の参考として当局に留め置き」とされて関連資料は宮内省に保管され、勝賀瀬重信（知《ち》号）を含めた十七名については各府県知事を通じて請願書を却下され、このあとも授爵されずに終わっている。

典拠　「楠氏取調書」（宮内庁宮内公文書館所蔵）

生源寺希徳　しょうげんじ・＊まれのり

生没年不詳

旧日吉神社神主

①明治十六年頃（不許可）

②明治十六年四月十七日（不許可）

③明治十七年頃（不許可）

④明治二十二年一月二十八日（不許可）

生源寺家は祝部《はふりべ》姓で旧日吉神社神主の家系。同家の華族編籍については、『東京日日新聞』明治十六年（一八八三）四月十七日朝刊にみえ、「生源寺家」の見出しで、

　滋賀県下江州坂村日吉神社の神官生源寺希徳氏は、神武天皇に随いて功勲ありし建角身命《たけつのみのみこと》六十四世の孫にて、綿々として血脈相続の旧家なり。世代の中には三位に陞《のぼ》りし人もあり。命十一世の孫大伊乃伎の六世宇志麿の時、天智天皇の御宇祝部の姓を賜り、その後日吉神社の社司として今に連綿す。かかる著名の旧族なれば、今度特別に華族に列せられんことを出願せられたるよしなり。

と記され、旧家であることを理由として華族編列の出願をしたと報じている。「三条家文書」所収「押小路実潔《さねきよ》書翰」によれば、年月日不詳ながら、生源寺家出身である有栖川宮家令《かれい》の藤井希璞よりの他薦で、生源寺家を華族にという請願が行われていることが確認できるが、おそらくこの報道と同時期のものと推測される。また、十七年頃のものと思われる「三条家文書」所収「旧神官人名取調書」によれば、「別紙全国旧神官の内華族に列せられ然るべき家格の者にこれあり候。御発表前には一応現今貧富の景況地方官へ調査仰せ付けられ候上、御取捨相成りたしと存じ奉り候」と記され、そのなかに旧日吉神社からは樹下成行とともに生源寺希徳の名も挙げられているが、結局授爵されずに終わっている。さらに『授爵録』（追加）（明治十五～大正四年）所収「族籍之儀ニ付建議」によれば、すでに華族に列した松木美彦《まつきよしひこ》男爵と藤井希璞両名の連署で二十二年一月二十八日付で宮内大臣土方久元宛に請願。

　謹みて案ずるに貴族の国家に於ける重大の関係あり。許多の効用ありて、政治上・国体上に置いて必須の者たるは今更に喋々を要せず。（中略）爰《ここ》に古名家族宜しく詮議せらるべき者十六家を録して左右に呈す。

として神宮旧神官より久志本常幸《くしもとつねゆき》・宮後《みやじり》朝昌・沢田泰綱《やすつな》・世木《せき》親喜、上賀茂より松下径久《みちひさ》・岡本保益・鳥居大路《とりいおおじ》治平、下鴨より泉亭《いずみてい》某・梨木《なしのき》某・鴨脚《いちょう》某、日吉より生源寺希徳・樹下《じゅげ》某、松尾より東某・南某、鹿島より鹿島則文、香取より香取保礼の十六名を列挙するも、こののち審査のうえ授爵されたのは沢田泰綱の子幸一郎（泰圀《やすくに》）のみで生源寺ほか十五名は選に洩れている。

典拠　『東京日日新聞』明治十六年四月十七日朝刊、「押小路実潔書翰」「旧神官人名取調書」（ともに「三条家文書」）、『授爵録』（追加）明治十五～大正四年

→生源寺某

生源寺某　＊しょうげんじ

生没年不詳

旧日吉神社神主

①明治二十三年頃（不許可）

生源寺家は代々旧日吉神社神主の家系。典拠資料中には実名を記していないため、続柄は不明であるが、生源寺希徳の子、または希徳当人と思われる。華族編列・授爵に関しては『授爵録』（追加）（明治十五～大正四年）所収「内宮外宮旧神官十八家等族籍ニ関スル件」という年月日不詳の資料による。明治二十三年（一八九〇）頃作成と思われるこの資料によれば、旧賀茂別雷神神社（上賀茂神社）神主の松下清岑《きよみね》に関する「加茂旧神官松下清岑ノ家」の項に、

　右家は上加茂旧神官の三家の一、岡本・鳥《とり》居大路《いおおじ》の総本家にして累代神主に補せられ、従三位に上ることを得、その系統は加茂建角身命《かものたけつのみのみこと》の裔、神主在実七代孫正四位下資保二男能久《よしひさ》に出づ。能久承久の乱戦敗れ、鎮西に遷さる。貞応二年六月十日大宰府に於いて卒す。嗣なし。後鳥羽院天皇の皇子（童名氏王丸）を賜り嗣とす。氏久《うじひさ》と称す。神主に補せられ従三位に叙す。氏久の子孫遠久これを嗣ぎ、皇胤の系統連綿として現代清岑に至れり。その血統及び家格は曩《さき》に華族に列せられたる旧神官に比し優ることあるも劣ることなし。然らば則抜きを以て優班に列せられんか、否松下家に比しき家、下加茂旧神官に泉亭《いずみてい》・梨木《なしのき》・鴨脚《いちょう》三家あり。その他日吉神社に生源寺・樹下、松尾神社に東・南、鹿島神社に鹿島、香取神社に香取等のあるなれば、独り松下家にのみ栄典を及ぶべきものにあらず。これ等は他日を俟《ま》ちて慎重銓衡せられ然るべきものと思考す。

とあり、皇胤である松下家を華族に列する際には、生源寺・樹下家も含め、他社の旧神官中由緒のあるこれらの諸家をも同様に授爵する必要性を説いているが、結局、松下家をはじめどの諸家も授爵されずに終わっている。

典拠『授爵録』（追加）明治十五～大正四年

→生源寺希徳

白川義則　しらかわ・よしのり

一八六八―一九三二

陸軍大将・上海派遣軍司令官

①昭和七年五月二十一日（許可）

旧松山藩士出身の陸軍軍人。明治二十四年（一八九一）三月に陸軍歩兵少尉に任官、二十六年十一月に陸軍大学校入校するも日清戦争勃発に伴い翌年歩兵第二十一連隊に帰隊し出征。戦後、二十九年三月に復校し、三十一年十二月に卒業後、陸軍士官学校教官・近衛師団参謀・陸軍省人事局課員・歩兵第三十四連隊長・第十一師団参謀長・中支那派遣隊司令官などを経て大正四年（一九一五）八月には陸軍少将に進級し歩兵第九旅団長に補せられ、翌年八月には陸軍省人事局長に就任。八年一月に中将に進級して陸軍士官学校長となり、第十一・第一各師団長などを経て十一年十月には陸軍次官。十二年十月に関東軍司令官に補せられ、十四年三月に大将進級。昭和二年（一九二七）四月に田中義一内閣で陸軍大臣に就任。七年二月に上海《シャンハイ》派遣軍司令官に補せられるが、同年四月二十九日に上海における天長節祝賀会において爆弾により重傷を負い、その後危篤となる。『授爵陞爵申牒書類』によれば、昭和七年五月二十一日付で陸軍大臣荒木貞夫《さだお》より「授爵ニ関スル件内申」を内閣総理大臣高橋是清宛で通牒。

　右者別紙功績書の通り我が邦家に効せし功績寔《まこと》に偉大なる者にこれあり候に付、この際特別の思召に依り男爵を授けらるる様特に詮議方取計相成りたく、この段内申に及び候也。

白川義則

として白川の授爵詮議を要請。これを受けて二十二日付で高橋首相は宮内大臣一木喜徳郎《いちききとくろう》宛で通牒。

陸軍大将正三位勲一等功三級白川義則は別紙功績書の通り功績顕著なる者に付、左記の通り授爵の詮議相成りたし。

として荒木からの「功績書」を添付して宮内省当局への審査に付される。

右者明治二十四年三月陸軍歩兵少尉に任ぜられ、爾来《じらい》陸軍枢要の職に歴任。累進して現官に及びその在職実に四十一年有余たり。その間日清・日露・青島《チンタオ》・西伯利《シベリア》等の戦役並びに事変に従事し、毎回殊功を樹つ。なおまた師団長・軍司令官・軍事参議官・特命検閲使・陸軍大臣として恪勤《かっきん》精励、その職責を完うし、国家に対する功績最も顕著なり。次いで今次の事変に当たり上海派遣軍司令官の重任を拝命して出征するや、克《よ》く該地に於ける用兵作戦の指揮統帥に任じて武功を奏し、幾多の難局を排して帝国の権益及び帝国の共同利益を保護し、次いで皇軍の威信を海外に発揚し所期の目的を達成したる勲功寔に偉大なりと認む。

とし、その軍功などを理由として授爵を求める。これに対して『授爵録』(昭和二～十九年)の「備忘」と題する書類中には、

白川陸軍大将は上海派遣軍司令官として今回の上海事変に派遣せらる。而して上海事件も一段落を告げ凱旋せんとするに当たり、偶々《たまたま》病気に罹り上海に於いて病院に入院の処、二十二日夜に至り危篤の旨伝えらる。陸軍に於いては凱旋の上、同大将に賜るべく手続中なりし勅語も時期を早めて今賜ることに手続取り運びたり。而して同大将授爵の件に就いては、二十二日高橋内閣総理大臣より宮内大臣宛に書類を以て申請ありたり。危篤の際の授爵に就いては曽《かつ》て松田正久《まさひさ》男授爵の節問題あり。位勲は暫く別とし、危篤の際の授爵はただ子孫をして恩賞に浴せしむるの嫌いありて面白からずとなし、時の内閣と打ち合わせ、将来は危篤の際の授爵は奏請せざることに方針を執れり。然るにその後、岡野敬次郎危篤の際(当時東京日日新聞は社説に於いてこれを批難せり)、近藤基樹《もとき》病気中(癌に罹り回復の見込みなかりしもこの場合は危篤にあらず)授爵あり。白川大将に就いては内閣より授爵の奏請あり。犬養内閣総(理脱)大臣去る十五日銃殺せられたるも、この際には内閣よりは授爵に関しては何等の申請もなく、また口頭に於いてもこれに関し何等の打ち合わせもなかりき。今回白川大将の授爵に就ては稍《やや》問題なりしも、結局一般に原則としては危篤の際の授爵はこれを避くるを可とすべく、而して白川大将は過去の経歴及び今回の上海事変の功績に於いてこれを田中義一・明石元次郎《もとじろう》・内山小二郎各大将、(西)亜比利亜、浦潮《ウラジオ》派遣軍司令官たりし立花小一郎・大井成元《しげもと》・大谷喜久蔵各大将の功績に比し敢えて遜色なく、既に上海事変も一段落を告げ凱旋せんとするに当たり、偶々危篤に陥りたるものにして、無事凱旋の上は相当の恩賞あるべく、勅語下賜もただ時機を早めたるに過ぎず。授爵に就いても単に危篤なるが故に奏請せんとするにあらず。ただ時機を早むる意味に於いてせば敢えて不可なかるべく、また犬養首相に就ては憲政に尽くさしめたる功績は偉大なるも、特に内閣に於いては何等の希望もなかりしを以て権衡を考うるの必要なかるべしとし、一木宮内大臣は牧野内大臣及び偶々上京中なりし西園寺公爵とも協議の上奏請に決したり。

とも記され、松田正久の先例を引き、危篤に際しての特旨叙位は別とし、授爵に関しては今後奏請しない方針を確認しているが、白川については偶然危篤授爵の体裁となってしまっただけで、本来は凱旋後に授爵をさせるつもりであったとし、手続きを経て、同月二十三日付で男爵が授けられ、また特旨により従二位に陞叙している。

典拠『授爵陞爵申牒書類』、『授爵録』昭和二〜十九年、「陸軍大将男爵白川義則特旨叙位ノ件」(国立公文書館所蔵『叙位裁可書』昭和七年・叙位巻二十三)

白根専一　しらね・せんいち

一八四八—九八

逓信大臣

①明治三十年二月七日（許可）

逓信大臣

長州藩士出身の官僚・政治家。埼玉県権令《ごんれい》・同県令《けんれい》をつとめた白根多助《たすけ》の子。維新後は司法省、さらに内務省に転じて地方官としては愛媛・愛知の各県知事を歴任。また、第一次松方正義内閣で内務次官、第二次伊藤博文内閣で逓信大臣をつとめた。『松方正義関係文書』所収の明治三十年(一八九七)二月七日付「清浦奎吾書翰」によれば、

陳《の》ぶれば、白根専一叙爵の件、御裁可相成り候旨、宮内大臣より通知に接し候。斯《か》く速やかに相運び候儀、全く御尽力の効果と一同有難く存じ居り候。位階は進められ候儀と昨日承り候。

とあり、病状悪化で養生中の白根の授爵に対して、松方が尽力したことが明らかである。同日付で授男爵。

典拠「清浦奎吾書翰」(『松方正義関係文書』七)

す

菅沼定長　すがぬま・さだなが

一八四七—七六

旧交代寄合・元中大夫席

①明治三年一月十四日（不許可）

老中もつとめた越前国鯖江藩主間部詮勝《あきかつ》の子で、交代寄合《こうたいよりあい》菅沼定信の養子となる。慶応元年(一八六五)十二月十三日に従五位下・左近衛将監に叙任。維新に際しては朝廷に早期帰順し、本領を安堵されて中大夫席。同席の触頭もつとめる。明治三年(一八七〇)一月十四日付で「藩列歎願書」を東京府宛で提出。

去歳十一月中下大夫上士の分東京府管轄士族と仰せ出され、定禄御制度定めさせられ、三代以上召し使い来たりし従隷は朝廷に於いて夫々《それぞれ》御扶助成し下さるべき旨仰せ出され、只今は幕府の命とは申しながら、采邑私有仕り候に相似て名実不正、今般仰せ出され候以後は秩禄全て朝廷より拝戴仕り候儀に付、名実共に公正に帰し、従隷迄も朝廷の御所分を蒙り奉り、実に中古以来嘗《かつ》てこれ無く、無上の御恩沢と臣に於いては感涙に堪えず、有難き仕合わせに存じ奉り候。依て急速従隷の者共取り調べ、差し出し申すべき処、豈料《あにはか》らんや従隷共始め只今迄の采邑・人民哀訴歎願仕り候。その趣旨如何と申せば、抑も臣が家は旧幕徳川始祖未だ三河に来住仕らざる以前より当采邑に安住仕り、その後旧幕の節丹波へ転住仕り候処、元より以来二百有余年管轄仕り来たり候間、人民共私情の止め難きを以て、遮路挙轅の訴訟喧しく、また従隷に於いては当采地表高七千石とは申せども、新田等加え候へば一万十五石七斗八升一合これあり、譜代唱え候従隷家数九十数九十五軒・人員士分八十六人・従士四十九人・足軽并土着兵共八十三人これ有り。元々生駒・本堂・山崎・山名・池田等同列にて比肩仕り来たり候事故、何卒数家同様藩列に成し下し置かれ候様仕りたく、左候はば如何様にも励精尽力仕り、万石并《並》の御奉公相勤むべく、万々一不足の儀も御坐候はば従隷共如何様減禄仕り、菽《しゅく》麦豆粥を啜《すす》り候ても万石并《並》の御奉公相勤め、朝恩の万一に報い奉り候旨挙げて哀訴仕り候間、再三再四普天率土の義を以て説諭仕り候えども、素《もと》より辺境の頑愚共一図に存じ込め、承伏仕りかね候。左候はば朝命の至重なるを拝承奉り候処、衆望黙止し難く、至情を恐れず視聴日夜泣血仕り候間、今更

歎願奉り候段何共恐れ入り奉り候えども、何卒前条数家同様藩列に仰せ付けられ下し置かれ候はば従隷人民に於いても天恩の辱に浴し、一同安堵仕り、葵心 愈《いよいよ》確定仕るべき間、臣に於いても殊に丹精を抽きんで、励精尽力仕り万石幷《(並)》の御奉公相勤め申したく存じ奉り候。因て旧家の儀をも御垂憐在らせられ、出格の思召を以て藩列に仰せ付けられ下し置かれ候様、伏して懇願奉り候。誠恐誠惶謹言。

と述べ、表高は七千石であるが、実高は新田地も加えれば万石以上になることを理由とし、諸侯(藩屛《はんぺい》)列への昇格を企図。前年六月に諸侯は堂上公家と合一化されて華族と改称されているが、請願書中では一貫して「藩列」を用いている。維新後、諸侯に列して立藩した交代寄合の生駒以下の諸家と同格である点を申し立てるも同月二十日付で「願の趣御沙汰に及ばれ難く候事」として却下され、結局不許可に終わる。

典拠　「菅沼従五位藩列被仰付度願」(『公文録』)、千田稔『維新政権の秩禄処分―天皇制と廃藩置県―』

→菅沼某

菅沼　某　＊すがぬま

生没年不詳

旧交代寄合・元中大夫席

①明治十一・十二年頃（不許可）

②明治十二～十六年頃（不許可）

菅沼家は旧幕時代、旧交代寄合《こうたいよりあい》表御礼衆の家格を与えられた旗本で、旧禄七千石を知行。幕末・維新期の当主は左近衛将監定長《さだなが》であり、同人は明治九年(一八七六)三月に没しているため、この時期の当主名は不明。同家の華族昇格に関し、『爵位発行順序』所収「華族令」案の内規として公侯伯子男の五爵(左に朱書で公伯男の三爵)を設け、世襲・終身の別を付し、その内「世襲男爵を授くべき者」四項目中、第三項目に「元高家・交代寄合」を挙げている。同案は十一・十二年頃のものと推定されるが、この時点では旧幕時代に万石以下でありながら、若年寄ではなく諸侯や高家同様に老中支配である交代寄合は男爵に列すべき家として認知されていたと思われる。同じく前掲『爵位発行順序』所収「授爵規則」によれば「男爵を授くべき者」として、七項目中、第二項目に「元交代寄合・元高家」が挙げられている。前記資料とは異なり、この案は十二年以降十六年頃のものと推測され、こちらでも旧交代寄合である菅沼家は男爵を授けるべき家とされているが、結局授爵内規からは交代寄合は一律除かれ、華族編列・授爵は不許可に終わっている。

典拠　『爵位発行次第』(早稲田大学中央図書館所蔵)

→菅沼定長

杉孫七郎　すぎ・まごしちろう

一八三五―一九二〇

枢密顧問官

①明治四十五年三月十一日（不許可）

元長州藩士出身の官僚・政治家。維新後は宮内大丞《たいじょう》・秋田県令《けんれい》をつとめ、その後は宮内少輔・同大輔・皇后宮大夫《だいぶ》などの宮中の要職を歴任。明治三十年(一八九七)からは枢密顧問官。二十年に維新時の功労により子爵を授けられていたが、『桂太郎関係文書』所収の四十五年三月十一日付「山県有朋書翰」によれば、「過日杉子大患に羅《(罹)》られ、一時は甚だ懸念に及ばれ候処、昨今は病勢稍《やや》緩み、軽快に赴き候由、御同慶この事に候」と、この当時重病であったようである。山県書翰には続いて、

同子維新以来引き続き皇室及び枢密院に奉職、多年の勲功に対せられ、今回昇爵又は特別の恩命蒙り候様相成りては如何やとの井上翁よりの発議に付、細縷御申

杉孫七郎

し越し了承致し候。然る処、老兄には御承知の如く、旧臘《きゅうろう》東久世伯幷《なら》びに当春高崎男等に対して頗る強硬の運動相起こり、宮相においても非常に心配にて種々詮儀(議)を尽くしたる結果、伊藤在職中において既に取り極めたる順序より、爾後《じご》取り扱いたる事項に付相認め、聖上に相伺い遂にかくの如き場合において昇爵の儀は御詮議相成り難しとの事に相決し、他例に拘わらず特別下賜品又は下賜金等出格の恩食を以て下賜候様御詮議相成り候ては如何や。

と記され、病床の杉に対し、子から伯への陞爵を同郷の山県や井上馨が考慮していることが窺われるも、このような重病または危篤といった場合には陞爵が難しいという考えが宮中では内々に取り決められていたようであり、結局陞爵には至っていない。また、同文書同月十二日付「井上馨書翰」では「万々事情も克々御推察仕り候。就いては従来の制規を別視するは能からざる義と御同感に存じ奉り候」と井上も桂に宛てている。書翰中にみえる東久世・高崎の陞爵は東久世通禧《みちとみ》の侯、高崎正風《まさかぜ》の子への陞爵運動がかなり強硬なものであったことを示している。

典拠　「井上馨書翰」(『桂太郎関係文書』)、「山県有朋書翰」(同)

鈴木貫太郎　すずき・かんたろう

一八六七―一九四八

海軍大将・内閣総理大臣

①昭和十一年十一月頃（許可）

予備役海軍大将・侍従長・枢密顧問官

旧下総国関宿藩士出身の海軍軍人・政治家。明治十七年（一八八四）九月に海軍兵学校へ入校し、二十年七月卒業。同月海軍少尉候補生を命ぜられ、二十二年六月少尉任官。以後累進して大正二年（一九一三）五月少将に進級し、舞鶴水雷隊司令官に補せられ、ついで第二艦隊司令官となり、同年十二月海軍省人事局長。三年四月海軍次官となり、六年六月中将に進級。練習艦隊司令官・海軍兵学校長・第二艦隊司令長官・第三艦隊司令長官・呉鎮守府長官を歴任し、十二年八月大将。第一艦隊司令長官兼連合艦隊司令長官となり、十四年四月海軍軍令部長。昭和四年（一九二九）一月予備役編入と同時に侍従長に親任され、翌月枢密顧問官を兼任。十一年二月二十六日には青年将校によって襲撃され重傷を負うも一命を取り留め、その後は枢密院副議長・同議長を経て、二十年四月から八月まで内閣総理大臣。首相辞任とともに枢密院議長に再任された。授爵については『木戸幸一日記』昭和十一年十一月二十日条によれば、

本日、鈴木侍従長退官せられ、海軍大将百武《ひゃくたけ》三郎氏、侍従長に親任せらる。鈴木前侍従長に男爵を授けらるるに付き、午後三時爵親授式を行わせらる。侍立す。

とあり、侍従長退官と同日付で授爵されているが、同日記にはいつ頃から授爵が検討されていたのかは不明。『授爵録』（昭和二～十九年）所収の作成日不詳の「功績書」には、

右者明治二十二年六月海軍少尉に任ぜられ、爾来《じらい》海軍大学校教官・海軍省人事局長・海軍次官・海軍兵学校長・呉鎮守府司令長官・軍事参議官・海軍軍令部長等の要職に歴任し、その間明治二十七・八年、同三十七・八年、大正三・四年の各戦役等に偉功を樹て、前後実に四十年の永きに亘り我が国海軍の為尽瘁《じんすい》したる所洵《まこと》に多大なり。次に昭和四年一月侍従長に親任せられ側近に奉仕して以来約八年、内外未曽有の多事多難なる時局に際し恪勤《かっきん》精励、赤誠を致して補弼の大任を完うしたる功績は寔《まこと》に偉大なりとす。

鈴木貫太郎

とみえ、侍従長に任ぜられてから約八年とあるので昭和十一年十一月頃に作成されたものと推測される。おそらくは侍従長退任に併せての授爵申請であったと思われる。功績は認められ、十一月十九日に裁可を経て、前記のとおり同月二十日付で男爵が授けられる。

典拠　『授爵録』昭和二〜十九年、『木戸幸一日記』昭和十一年十一月二十日条

鈴木喜三郎　すずき・きさぶろう

一八六七―一九四〇

司法・内務各大臣

①昭和三年十月十日（不許可）

　貴族院勅選議員

旧武蔵国出身の司法官僚・政治家。明治二十四年（一八九一）帝国大学法科大学卒業後、司法官試補となり、二十六年に判事に任官。以後、東京地裁・東京控訴院・大審院各判事となり、その後司法省刑事局長・法務局長などを経て大正三年（一九一四）四月から十年十月まで司法次官。この間、九年六月から貴族院勅選議員。司法次官辞職後は検事総長、十三年一月には清浦奎吾内閣で司法大臣に就任。昭和二年（一九二七）四月には田中義一内閣で内務大臣をつとめる。七年一月には貴族院議員を辞して第十八回衆議院議員総選挙で当選し一期つとめるも、再度十一年四月より死去するまで貴族院勅選議員に就任。また七年五月からは十二年二月まで立憲政友会総裁もつとめた。『読売新聞』昭和三年十月十日付朝刊によれば「授爵の栄は七名に／殆ど内定した顔ぶれ／陸海軍から各一名／学者から一名／実業界から四名奏請」の見出しで、

今秋行わせらるる御大典に際しては官民となくそれぞれ功績の顕著なる者の中から、政府の奏請により爵位、叙位・叙勲・褒賞等畏き御沙汰を拝する事となって居るが、政府に於いても目下その人物を慎重銓衡中で、既に大体の内定は見た模様であるが、事は畏きあたりにかかわりある為、絶対秘密に付して居る。而して授爵の恩命に接すべき者については、その銓衡及び人員等大体前例に慣い、数は七名とされ、陸海軍人各一名、実業家・事業家中から四名、学者から一名とされて居る。この内定した候補者は学者から桜井錠二《じょうじ》氏、陸軍から奈良武次《たけじ》大将、海軍から山下源太郎大将、実業家から馬越《まごし》恭平《きょうへい》、浅野総一郎、団琢磨《たくま》、藤原銀次郎の四氏と云われて居るが、この外、井上準之助、藤山雷太氏等も銓衡中の人である。また司法方面では鈴木喜三郎氏の声もあるが、鈴木氏には個人の事情もあり、然らば原法相とも伝えられるが、原法相には時期尚早との声もあり、結局この方面は銓衡外に置かれた模様である。

鈴木喜三郎

と報じている。昭和天皇の即位大礼という慶事に際しての授爵はこの一ヵ月後、同年十一月十日であるが、宮内省詰の記者が得た情報か、各方面よりの計七名が有力候補者として挙げられるとともに司法方面から鈴木の名もみられる。報道どおりとすれば、同人についても司法省より授爵の内申があったと思われるが、具体的には資料が確認できない。記事中にみえる「個人の事情」については詳細不明であるが、自身にその意思がなかったとも考えられ、結局同人はこののちも授爵されずに終わっている。

典拠　『読売新聞』昭和三年十月十日朝刊

鈴木荘六　すずき・そうろく

一八六五―一九四〇

陸軍大将・枢密顧問官

①大正十年三月十九日（不許可）

　陸軍中将・第五師団長

②昭和五年二月十七日（不許可）

陸軍大将・参謀総長

旧越後国出身の陸軍軍人・政治家。明治二十三年（一八九〇）七月陸軍士官学校を卒業後、陸軍騎兵少尉に任官。以後、日清・日露戦争に従軍。陸軍大学校兵学教官・参謀本部部員・同作戦課長・陸軍大学校幹事などを経て、大正三年（一九一四）八月少将に進級。騎兵第三旅団長・騎兵実施学校長・騎兵監を歴任し、七年七月中将に進級し、その後は八年三月第五師団長に親補され、尼港《にこう》事件で出征。十年六月第四師団長に転じ、十二年六月台湾軍司令官。翌年八月大将に進級して朝鮮軍司令官。十五年三月参謀総長、昭和二年（一九二七）議定官《ぎじょうかん》を兼任し、五年二月後備役に編入された。その後は七年七月から死去まで枢密顧問官をつとめた。授爵については、『上原勇作関係文書』所収の大正十年三月十九日付「田中義一書翰」によれば、

鈴木荘六

実は十九日議会に於いて原と会合、大島の行賞一件に付き種々《しゅじゅ》交渉致し候処、叙爵には絶対に反対致し、遂に桐花《とうか》の方は折合い相に存ぜられ候。（中略）鈴木の叙爵はとても同意致す見込みはこれなしと存じ候。

とみえ、陸軍側より原敬首相に当時陸軍中将・第五師団長であった鈴木に対し、尼港事件の論功行賞で大島健一《けんいち》とともに授爵を申し入れるも反対された旨が記されている。その後、昭和五年二月十九日に参謀総長を退任するに至り、『読売新聞』同月十七日夕刊で「授爵の恩命十九日頃鈴木参謀総長に国家勲功で男爵」という見出しで

今日まで今日まで我が軍政に関する国家功労少からざる趣を思し召され、特に現役を退くに当り男爵を授けられる御内議の手続を済まし、多分来る十九日頃爵記を伝達せしめられる模様。

と報じられており、『東京日日新聞』同月十五日朝刊でも同様の内容で報じているも結局授爵には至らずに終わっている。

典拠　「田中義一書翰」（『上原勇作関係文書』）、『読売新聞』昭和五年二月十七日夕刊、『東京日日新聞』昭和五年二月十四日朝刊

周布公平　すふ・こうへい

一八五一―一九二一

神奈川県知事・貴族院勅選議員

①明治四十一年四月三十日（許可）

元長州藩出身の官僚・政治家。幕末、同藩で藩政を担い国事に奔走した周布政之助《まさのすけ》（麻田公輔《あさだこうすけ》）の次男。長兄の死去により同家を相続した。維新後は司法権少丞《ごんのしょうじょう》・太政官権大書記官・法制局参事官などを歴任。明治二十二年（一八八九）十二月から二十四年五月まで、第一次山県有朋内閣で内閣書記官長。この間、二十三年九月からは貴族院勅選議員に就任。山県内閣総辞職後は、兵庫県知事・行政裁判所長官を経て、三十三年六月から神奈川県知事在職。『西園寺公望伝』別巻一所収の四十一年四月三十日付「伊藤博文宛西園寺公望書翰」によれば、追伸に「周布神奈川県知事叙爵の議これあり。右は実父の国事に斃《たお》れたると、自家二十余年勅任に在り、且つ憲法発布の頃書記官長として功ありとの義にこれあり候」と記され、実父政之助と公平自身の勅任官在官二十年の功績を理由とし、また大日本帝国憲法発布の頃、内閣書記官長をつとめたという点から、山県有朋が授爵の後援している。また、「田中光顕《みつあき》関係文書」所収の同年四月三日付「山県有朋書翰」にも、

昨年略御内話致し候周布知事叙爵の事に付、西園寺首相より老兄に示談相成り居り候処、多少御意見これあるやにていかにも困却致し候趣にて、猶老生よりも事

情篤《とく》と陳弁し、他に類例もこれなき故、この際御決行相成る様尽力相成りたしとの伝言に付、鄙見《ひけん》左に清覧を供し候。麻田公輔の事は老兄にも概略御承知の如く藩主を輔翼し政を改革し、長藩を挙げて勤王に至らしめたる要路中第一位の人物なれば功績少なからず。また実子公平は勅任以来二十年、その間憲法実施の際内閣書記官長を相勤め、爾来《じらい》地方官その他に転勤。今猶地方官在勤中なれば父子の功績併用、叙爵の御詮議を遂げられ然るべきかと愚考候。

と山県も同様の理由を述べている。これに対して『授爵録』(明治四十一～四十二年)所収の同年五月六日付の当局側審査書類によれば、政之助の功績を縷々記述したうえで、

　その子従三位勲一等周布公平、また父の志を継ぎ克《よ》く国家に奉仕し、その名郷党に知らる。明治九年司法権少丞に出身し、太政官書記官・参事院議官補・法制局参事官及び外交諸官を経て、二十二年内閣書記官長に勅任せられ、二十三年貴族院勅選議員となり、二十四年兵庫県知事に任ぜらる。三十年行政裁判所長官となり、三十三年更に神奈川県知事となる。現今よってその任に居れり。その高等官の職にあること二十七年余の久しきに亘り、開港場《かいこうじょう》所在の知事として克くその職任を尽くせしのみならず、またその内閣書記官長たるや恰も帝国議会の創開に際し、諸般の制度更新の時に方あり、その政務に尽くす所頗る多大なりとす。政之助父子が皇室及び国家に尽くす所右の如くにして、その効績実に没すべからざるものあるを以て、この際同人等父子が維新前後の勲功を併録せられ、特に授爵の恩命を賜り、当主公平に男爵を授けられ然るべきか。

と記し、政之助・公平二代にわたる功績を「併録」したうえでこれが認められ、同年八月五日付で授男爵。

典拠　「伊藤博文宛西園寺公望書翰」(『西園寺公望伝』別巻一)、「山県有朋書翰」(法政大学所蔵「田中光顕関係文書」『法政大学文学部紀要』六三)、『授爵録』明治四十一～四十二年

住友吉左衛門㈠　すみとも・きちざえもん

一八六五―一九二六

住友本社社長

①明治二十九年六月十日（不許可）

②明治四十四年八月二十二日（許可）

住友家第十五代当主で実名は友純《ともいと》。徳大寺実《さね》則《つね》・西園寺公望の弟。幼名は隆麿。明治二十五年（一八九二）に住友家の養嗣子となり、翌年「吉左衛門」を襲名して当主となった。財界・実業家への授爵は明治二十年代から報じられており、『東京朝日新聞』二十九年六月十日朝刊には「今後の授爵」の見出しで、

　授爵また授爵殆ど底止する所を知らざらんとす。猶これにても止まらざるやにて、住友・鴻池等の諸氏へも授爵あるべしという。或いは曰く追て平専《ひらせん》・雨敬《あまけい》の徒も亦新華族たらんと。

とみえ、すでに前日の九日に三菱の岩崎二家と三井の列華族・授爵が行われており、次は住友・鴻池という推測がされている。実業家への授爵は久しく途絶えるが、日露戦争を経て、四十四年に至り同年八月二十五日付で住友友純も授男爵。『山県有朋関係文書』所収の同月二十二日付「渡辺千秋《ちあき》書翰」には「授爵の儀は昨日親しく奏上仕り候間、多分本日は御裁可在らせられ候事と存じ候」とみえ、同月二十四日付で加藤高明・石井《いしい》菊次郎の両名が、翌日付で三井八郎次郎・藤田伝三郎・鴻池善右衛門・近藤廉平《れんぺい》とともに友純も授爵。『新日本』によれば、日露戦争に際して公債政策に最も援助をしたのは三菱合資会社理事の豊川良平であったが、住友らに男爵を与えるのであれば「桂内閣の金城鉄壁とした公債政策に尽瘁《じんすい》した諸人をも取るべきであった」とし、同じ実業者間でも功績取調が当時困難であった事情が窺われる。

典拠　『東京朝日新聞』明治二十九年六月十日朝刊、「渡辺千秋書翰」(『山県有朋関係文

書』三)、横山源之助「男爵を授けられたる新旧五大富豪」(『新日本』一ノ七)
→住友吉左衛門(二)

住友吉左衛門(二)　すみとも・きちざえもん

一九〇九—九三
住友本社社長
①昭和三年七月三十日　(不許可)

住友家第十六代当主で実名は友成《ともなり》。前掲吉左衛門友純《ともいと》の子。先代の死去とともに、大正十五年(一九二六)に「吉左衛門」を襲名し、襲爵した。同家は先代の時、明治四十四年(一九一一)八月二十五日付で男爵を授けられていたが、昭和期になると子への陞爵運動が行われる。『授爵陞爵申牒書類』(国立公文書館所蔵)によれば、昭和三年(一九二八)七月三十日付で内務大臣望月圭介《けいすけ》より内閣総理大臣田中義一宛で陞爵を申牒。また、同年九月二十四日付で大阪府知事力石雄一郎《ゆういちろう》より内務大臣と商工大臣中橋徳五郎宛で「昇爵ノ件」を提出。添付の「功績調書」には、

住友家は古来の名門にして内外にその名高く、先代吉左右衛門は公爵徳大寺家より出でて明治二十五年祖業を継ぎ、爾来《じらい》三十五年間国家社会に致せる功労に付いては世人周知の如く、寔《まこと》に偉大なるものあり。明治四十四年八月その勲労を嘉せられ特に男爵を授けらる。大正十五年三月病篤《あつ》きを加うるや正四位勲一等に陞叙せられたり。当主は資性温厚英邁なり。先代没後大正十五年三月家督を相続し、身は学窓にあるも克《よ》く遺業を守りて国家社会に貢献する所あらんとす。現に住友合資会社長、住友生命保険会社取締役、株式会社住友銀行取締役、住友信託株式会社取締役、株式会社取締役、住友倉庫取締役、住友別子鉱山株式会社取締役等に就任して各事業を総覧し、弥々《いよいよ》健実なる発展を期し、住友合資会社林業所を督励して朝鮮・北海道に於ける殖産計画の完成に努め、以て産業の発展を計り、住友職工養成所に於いて善良なる職工の養成に努むる等、その功績見るべきものあるを認む。先代相続以来茶臼山《ちゃうすやま》の宏壮なる邸宅を大阪市に寄付して公園としたるを初め、各種社会公共事業を後援し、または天災地変罹災者救護等に寄付したる総額実に一千万円に達し、なお当主相続以来大阪府方面委員後援会事業、大阪市御大典記念事業、日本赤十字社大阪文部病院建築費、朝鮮警察協会事業資金其他社会公共事業団体に寄付したる総額金百十余万円を算し、国家社会に致せる功績寔に顕著なりと認む。

として、国家社会事業へ貢献した功績をもって男より子への陞爵を願い出るも、不許可に終わっている。

典拠　『授爵陞爵申牒書類』、小田部雄次『華族—近代日本貴族の虚像と実像—』
→住友吉左衛門(一)

諏訪頼固　すわ・*よりかた

生没年不詳
旧諏訪神社大祝職・高島神社社掌
①大正三年頃　(不許可)
②大正四年八月二十日　(不許可)
③大正四年九月十一日　(不許可)

諏訪家は諏訪神社大祝《おおほうり》を世職とする家柄。父は頼崇であるが、頼崇は「大祝」を家名としており、のち諏訪と改めた可能性もある。頼固は明治四十四年(一九一一)十二月に諏訪神社禰宜、大正二年(一九一三)四月にこれを辞し、同年十二月より高島神社社掌に就任。同家の華族編籍運動は「諏訪頼固他授爵請願書」中に年月日不詳ながら頼固についての建議がなされている。宮内省罫紙に記された書類には下部に(大四)と印刷されており、おそらくは大正天皇即位大礼の慶事に際しての請願であったと思われ、大正三・四年頃の請願と推測される。書類には、

右は建御名方富命《たけみなかたとみのみこと》の末裔にして先代頼崇に至るまではその家世に諏訪神社大祝の職に在り、遠く神代より連綿継続し来たりたる旧族の出にして、歴世の中元弘・

建武の際盛高《もりたか》・時継《ときつぐ》の勤王して義旗を信甲の間に翻せるあり。時継の如きは箱根の合戦に一族相率いて戦死し、大いに家声を揚げたるあり。後大祝頼忠《よりただ》の職をその子頼広に譲りて徳川家康に随従し、武門に立ちて諸侯に列せられたるあり。頼広家憲を継承して専ら神事を奉じ、神氏五官の上首として徳川幕府の時上の宮神領千石を保有し、以て維新の初めに及び、頼武・頼崇を経て当主に及びしものにして、その由緒その門地共に頼忠の子孫たる子爵諏訪忠元《ただもと》の家に譲らざるものなるを以て特旨を以て華族に列せられ授爵せられたしというに在り。

とみえ、財産調書も添付する。また同社旧神長官の守矢実久の箇所に貼られた付箋には「諏訪氏と同格にすべきものなりや否や研究を要すべし。一段格の下け《(じ)》置く方然るべし」とあり、守屋家より諏訪家の方が家格が上であり、もし授爵した際には等級に差異を付けるべきとしているも、結局両家ともに不許可となる。また『授爵録』(追加)(明治十五～大正四年)によれば、大正四年八月二十日付で「上願書」を子爵諏訪忠元との連署で宮内大臣波多野敬直《よしなお》宛で提出。家格と由緒を理由とし、財産目録も添付。さらに同年九月十一日付で「授爵ノ義ニ付上申」を内務大臣一《いち》木《き》喜《き》徳郎《とくろう》宛で提出して請願するも結果は不許可に終わる。

典拠　「諏訪頼固他授爵請願書」(宮内庁宮内公文書館所蔵)、『授爵録』(追加)明治十五～大正四年

→大祝頼崇

せ

関　唯男　せき・＊ただお

生没年不詳

楠木正成末裔

①明治二十九年五月五日　(不許可)

大阪府在住で楠木正成末裔を称す。族籍などは不明。授爵については、明治二十九年(一八九六)四月二十日立案、同年五月五日決裁の宮内省爵位局作成による「楠氏取調書」にみえる。これによれば、

南朝の忠臣贈正一位楠正成の後胤と称し華族に編入相成りたき旨を以て出願したる者二十有一家の多きに及び候に付、茲《ここ》に別冊の通り取り調べ候。然るにその正統確実と認むる者は未だこれを発見すること能わざるも、中に就き稍《や》々《や》信を置くべき家筋または血統の関係ある者は全くこれなしと謂うを得ず。即ち以《い》号甲斐荘《かいのしょう》正秀、遠《を》号中村権左衛門、加《か》号楠正基、楚《そ》号関唯男の如きは審査の材料と相成るべき価あるものと存じ候に付、この四家の書類は姑《しばら》く他日の参考として当局に留め置き、その余は悉皆左の御指令を付し

各その所轄地方庁へ向け書面却下相成るべき乎裁を仰ぐ。

として、甲斐荘正秀・中村権左衛門・楠正基と関唯男の計四名は楠木氏正統の信憑性が高いと判断されたためか関係書類は宮内省に保管することが決し、残る十七名分については「その県下族籍何某家格取立願の件詮議に及び難く書面却下候条、この旨本人へ相達すべし」という案文を宮内大臣より各府県知事宛で送り、請願書は当人へ却下するという方針を立てている。また取調書冒頭には「楠氏遺族取調書」として、

南朝の忠臣新田・名和・菊池等の諸子孫は祖先の旧勲を追録して華族に列せられたるも、独り楠氏のみ未だその正統の子孫を発見すること能わざるは明治の昭代に於いて誠に一大欠典と謂わざるを得ず。嗚呼《ああ》忠臣楠氏にして子孫血食するものなしと云うは人をして天道の是非を弁ずること能わざらしむ。今や楠氏の遺族と称し、系譜若しくは古文書を具し什物を図し、各その証拠を明らかにし、競うてこれが詮議を出願したる者爰《ここ》に二十有一家の多きに及べり。而してそのこれを調査するものは実に爵位局の責任に属す故に常務の余暇窃《ひそ》かにその材料を蒐め査覆考訂し、今漸くその業を結了することを得たり。依てこの二十一家の各系図に就きて他日の参考となるべきものを摘要し、以呂波《いろは》を以て符号となし、而して順序にこれを調査し、茲《ここ》にその正否を論究したり。但しその什物の如きは参考の用に借せざるなり。

として、関唯男の名を掲載するが、結局甲斐荘・中村・楠正基も含めた四家は授爵されずに終わっている。なお、関の家系図類は「本人請求に応じ楠氏書類悉皆皆大坂(阪)府を経て本人へ下付せり」とあり、三十四年九月二十七日付で返却されている。

典拠　「楠氏取調書」(宮内庁宮内公文書館所蔵)

関　秀英　せき・*ひでとし

生没年不詳

元興福寺学侶・春日大社新社司

①慶応四年四月（不許可）

②明治七年七月（不許可）

③明治八年七月二日（不許可）

関家は旧興福寺楞厳院学侶。慶応四年（一八六八）四月以降、興福寺では大乗院・一乗院の両門跡以下院家《いんげ》・学侶もつぎつぎと還俗し、堂上《とうしょう》出身者は藤原姓の者は堂上格を賜り、非藤原姓の者は実家へ復籍のうえ一代堂上となる。地下《じげ》出身者も明治二年（一八六九）三月には藤原姓を与えられ、堂上出は春日大社新神司、地下出は同社新社司となる。これらの措置に不満を抱いた地下出身の旧学侶たちは身分昇格を求めている。『太政類典』所収「春日旧社司及石清水社司等堂上格ノ願ヲ允《ゆる》サス」によれば、

一、元興福寺住侶、右元来地下の格にこれあり候処、復飾後尤も当分仮に当社付属新神(社)司に仰せ出され候に付、前後を顧みず、ただ杞然と御一新に基づき、去る辰四月由緒書等上覧に捧げ奉り、総《すべ》て同勤同格公平の御定目仰せ出され候はば倶々精勤奉るべき儀は勿論、総て一社一和の御裁判成し下され候様懇願奉り居り候処、勤めは旧情を抱え隔心のみに罷り在り候。(後略)

とみえ、慶応四年四月付ですでに旧地下出の学侶たちが由緒書を提出して身分昇格を求めていたことが確認できる。また、『記録材料・建白書仮綴』所収「願(率川《いさがわ》秀官(宣)等十五名)」によれば、明治八年七月二日付で元老院宛で家格取立の請願を行なっている。

元老院諸公閣下秀宣等十五名は外十六名とともに旧南都興福寺の学侶にこれあり。抑《そもそも》旧興福寺僧侶の位階順序は両門跡あり、院家あり、学侶あり。両門跡は春日神社の別当を兼ね、親王或いは摂家の子弟より出づ。院家は権別当を兼ね清華殿上人の子弟より出づ。学侶はその次官たり。堂上或いは諸藩士の子弟より出づ。然るに維新の初め学侶三十一名特に群議

を拝し、独り勤王の赤心を奮い、或いは資を傾けて糧を献じ、或いは身を抽んでて禁衛に奔走し、屢《しばしば》勤労の慰命あり。後、春日の神祠に属するを以て復飾を請い、尚奉祠の職に任じ、己己(巳)三月神官等二十二名特に華族の格を賜う。内十六名は学侶より出る者なり。然るにこの恩典は昔日の功労を賞せらるるの儀なるに、特り華族に出る者のみにして、その余士族より出る者は同労ありと雖も与るを得ず。或いは云く。華族の格を賜うは賞功の典に非ずと。然らば旧両門跡及び院家は出雲の千家《せんげ》、住吉の津守《つもり》等の類にして華族に列するも、その謂われあるに似たり。奈何ぞ学侶の内にしてその典に与るを得るや、天下の僧徒・神官の華族よりして出る者幾何を知らず。皆尽く華族に陞《のぼ》り家禄を賜ずして独り旧興福寺のみ学侶にして華族の格に陞る。その意知るべきのみ。果たして賞功の典に出でば秀宣等十五名も同功の者なり。華族の出に非ざるを以て恩典に漏るべきの理なし。その労同じくしてその恩典を異にするは豈朝廷華族を親愛して士族を疎隔するの理に非ずや。且つ旧両門跡・院家の六輩は旧位階上に居ると雖も、維新の時勤王の続きなき者なり。特に身の華族より出たるを以て恩典を辱《かたじけな》くす。愚等の解せざる所なり。二十二名華族格を賜うの日、京都留守官に申して謂う事あり。然るに依違して決せず。後七年七月該県権令《ごんれい》藤井氏に上書してこれを論ず。権令その説を可とし、上達せらるるの諾あり。然るに今日に至り寂として報聞を得ず。今般復二十二名の徒華族の列に陞り家禄若干を賜う。秀宣等に至りては嘗《かつ》て配当米の半高を賜うと雖も種族と禄秩に至りては未だ何等の処分を賜らず。豈権令下情を抑塞して上達せざる歟。秀宣等旧方外の徒なり。万分の一の微労を称し恩典を貪らんとするに非ず。唯同侶同労にして異等の典あるを以てこの議無き能わず。伏して惟う。本院新立天下人民をして不平を抱かせざるの旨意明らかなり。謂うこれを院議に挙げ公平至当の論に決せられ、秀宣等の説不可ならば厚く説諭を賜い、若し可ならば速やかに上達せられ、蚤《はや》く秀宣等の処分を命ぜられんことを願い奉る。

と記され、同じ学侶でありながら、堂上出は堂上格、明治二年六月以降は華族格となっているのに対し、地下出の者は藤原姓を与えられたとはいえ、士族にとどまっている点が公平感を欠いているとして、惣代の率川秀宣(円明院)・南井忠文(弥勒院)以下、一色雅文(花林院)・梅井順正(最勝院)・大喜多(大喜院)・尾谷直春(観音院)・桂木由富(知足坊)・鎌胤賀(宝蔵院)・雲井春影(蓮成院)・関秀英(楞厳院)・関根秀演(勝願院)・伊達幸春(安楽院)・東朝倉景規(観禅院)・藤沢公英(摩尼殊院)の計十五名が請願している。書面にはすでに七年七月中に奈良県権令藤井千尋《ちひろ》宛で華族または華族格への取立を請願し、藤井も許諾しながらこれを上申していないのではないかと記しているが、結局こののちも地下出身の学侶十五名はいずれも華族へ編列されることなく、また授爵されずに終わっている。

典拠 「春日旧社司及石清水社司等堂上格ノ願ヲ允サス」(『太政類典』)、「願(率川秀宜《ママ》等十五名)」(国立公文書館所蔵『記録材料・建白書仮綴』)

世木氏公　せき・*うじひろ

生没年不詳

旧伊勢神宮外宮神主

①大正四年六月二十日　(不許可)
②大正四年九月三十日　(不許可)
③大正十三年一月十七日　(不許可)

世木家は旧伊勢神宮外宮神主の家柄。同家の授爵については、『授爵録』(追加)(明治十五～大正四年)所収の「荒木田《あらきだ》・度会《わたらい》両姓神宮家族籍ノ儀恩命ヲ蒙リ度件ニ付内願」にみえ、檜垣貞吉・同常伯《つねおさ》・松木時彦・久志本常幸《くしもとつねゆき》・藤波氏宣・薗田守理と世木氏公の計七名の連署で大正四年(一九一五)六月二十日付で内閣総理大臣大隈

重信宛に請願。「本年は御即位及び大嘗祭の御大典並びに神宮御親謁の御盛儀行わせられ、千載一遇の盛時に際会仕り候に付」として授爵を望む。また、「神宮旧神官荒木田度会二氏及慶光院《けいこういん》利敬《よしゆき》ニ授爵ノ件」によれば、同年九月三十日付で神宮大宮司の子爵三室戸《みむろど》和光《まさみつ》より「荒木田・度会二氏が神宮創祀以来終始神明に奉仕し、神宮と浮沈を同じうして、以て昭代《しょうだい》に至れるの功」を理由として大隈首相へ授爵を請願するも、大正天皇即位大礼の慶事に際して授爵はされず。さらに『授爵陞爵申牒書類』によれば、昭和三年(一九二八)十月二十五日の旧東北諸藩藩主の陞爵、田中俊清《としきよ》・江川英武《ひでたけ》の授爵、徳川好敏の復爵の次に「先例」として、大正十三年一月十七日付で当時の清浦奎吾内閣が宮内大臣牧野伸顕に宛てて「別紙正六位江川英武外十一名、陞爵・授爵及び復爵の件は家格に属するものに付、参考として回付に及び候」として、正六位江川英武・藤波氏宣・正八位久志本常幸・従七位勲七等薗田守理・正六位勲六等松木時彦・従五位勲六等檜垣常伯・檜垣清澄・慶光院利敬・男爵島津久厚《ひさあつ》・陸軍工兵中佐正六位勲四等功四級徳川好敏《よしとし》・二条邦基《くにもと》と世木氏公の計十二名を列挙。この当時、これらの授爵・陞爵・復爵が申牒されたものの、不許可であったことが明らかである。

典拠　『授爵録』(追加)明治十五～大正四年、「神宮旧神官荒木田度会二氏及慶光院利敬ニ授爵ノ件」(国立公文書館所蔵)、『授爵陞爵申牒書類』

→世木親喜

世木親喜　せき・*ちかよし

生没年不詳

旧伊勢神宮外宮神主

①明治二十二年一月二十八日　(不許可)

②明治二十三年七月一日　(不許可)

世木は代々旧伊勢神宮外宮神主の家柄。同家の授爵については、『授爵録』(追加)(明治十五～大正四年)所収「族籍之儀ニ付建議」にみえ、すでに華族に列した松木美彦《まつきよしひこ》男爵と藤井希璞両名の連署で明治二十二年(一八八九)一月二十八日付で宮内大臣土方久元宛に請願。

　謹みて案ずるに貴族の国家に於ける重大の関係あり。許多の効用ありて、政治上・国体上に置いて必須の者たるは今更に喋々を要せず。(中略)爰《ここ》に古名家族宜しく詮議せらるべき者十六家を録して左右に呈す。

として神宮旧神官より久志本常幸《くしもとつねゆき》・宮後朝昌《みやじり》・沢田泰綱《やすつな》・世木親喜、上賀茂より松下径久《みちひさ》・岡本保益・鳥居大路《とりいおおじ》治平、下鴨より泉亭《いずみてい》某・梨木《なしのき》某・鴨脚《いちょう》某、日吉より生源寺《しょうげんじ》希徳・樹下《じゅげ》某、松尾より東某・南某、鹿島より鹿島則文、香取より香取保礼の十六名を列挙するも、こののち審査のうえ授爵されたのは沢田泰綱の子幸一郎(泰圀《やすくに》)のみで世木ほか十五名は選に洩れている。また、『授爵録』(明治二十三年)によれば、二十三年七月一日付の「皇太神宮旧神官荒《あら》木田《きだ》姓宗家家格取立之件」に、

　前に藤波亮麿華族編列願の出るや、単に同氏より差し出したる願書及び参考扣《ひかえ》に就き取り調べたるに、同氏は荒木田姓正統のものに相違なきものの如し。度会《わたらい》・荒木田両姓は内外両宮の神官にして、茲《ここ》に殆ど二千年の久しき神孫連綿たる名族なりとす。然るに度会姓は名族の故を以て既にその宗家松木氏を抜て華族に列せられたるも、荒木田姓に於いては未だその栄典に与らざるは権衡上宜しきを得ざるものの如し。依て度会・荒木田両姓の比較を取り亮麿を華族に列せらるべきや上申に及びたるに、既に上奏御裁可相成りたる後、内閣より藤波名彦の願書を回送したるを以て即ちこれを閲すれば、名彦は彼亮麿の本家なりと云う。尚また松木美彦・藤井稀(希)璞の建言書を以てこれを参観するに、荒木田姓には沢田氏を始め薗田・井《い》面《のも》・世木・中川等の数氏を挙げ、皆荒木田一派なることを見留めらる。これに於いて頗る判別に苦しみたれば、亮麿の御裁可書は御発表前の儀、御猶予相願い、桂主事を大野属と共に伊勢神宮司庁に出張せし、同庁の所蔵及びその他の古文書に

就き審按査覈《さかく》の上、別紙系図を調整せり。而して沢田幸一郎家系のその正統本宗なることを発見するを得たり。依て前の藤波亮麿の御裁可は御取消を仰ぎ、更に荒木田宗家荒木田姓沢田幸一郎を華族に列せられ、男爵を授けられ《る》べきや裁を仰ぐ。

と一度伊勢内宮の荒木田姓神主より藤波亮麿へ列華族・授男爵について明治天皇の裁可を得ていながら取り消された経緯を詳述している。この際、荒木田姓の神主家として、藤波名彦・同亮麿・佐八《そうち》定潔・薗田守胤・同守憲・同守宣・井面守存・同守純・中川経界とともに世木親善の候補者名が列挙され、どの家系が正統であるかが審査されている。この件については宮内省当局側は爵位局の桂潜太郎《せんたろう》主事が属官を伴い、伊勢神宮へ赴き調査のうえ、結果として沢田幸一郎へ授爵が決定したとみえ、世木家は華族に列することなく終わっている。

典拠 『授爵録』明治二十三年・(追加)明治十五～大正四年

→世木氏公

関口直太郎　せきぐち・なおたろう

生没年不詳

今川義元末裔

①明治四十一年十月十日（不許可）

②大正二年十一月一日（不許可）

元亀岡藩士の京都府士族。今川義元末裔を称する。「関口直太郎請願書」によれば、諱は正以とある。明治四十一年（一九〇八）十月十日付で宮内大臣田中光顕《みつあき》宛で請願。

私家系は別紙系図書・由緒の通り清和天皇陛下より出で、今川義元に至り、爾来《じらい》連綿今日に至り候。今や何の幸か明治の聖世に遭遇し、皇恩優渥《ゆうあく》にして功徳の御追賞に名門の御表彰に四民謳歌感泣するの折柄、私儀も祖先の誉を彰わし、家名を起こし申したき宿望に相動き候に付、恐懼を顧みず上陳仕り候。

と自家の由緒を理由として授爵を請願。「何卒出格の御詮議を以て相当御取立の御恩典に与り申したく」と家譜を添付して陳情するも却下。再度、大正二年（一九一三）十一月一日付で宮内大臣渡辺千秋《ちあき》宛で同様に請願するも結局不許可に終わる。

典拠 「関口直太郎請願書」（宮内庁宮内公文書館所蔵）

関根秀演　せきね・＊ひでのぶ

生没年不詳

元興福寺学侶・春日大社新社司

①慶応四年四月（不許可）

②明治七年七月（不許可）

③明治八年七月二日（不許可）

関根家は旧興福寺勝願院学侶。慶応四年（一八六八）四月以降、興福寺では大乗院・一乗院の両門跡以下院家《いんげ》・学侶もつぎつぎと還俗し、堂上《とうしょう》出身者は藤原姓の者は堂上格を賜り、非藤原姓の者は実家へ復籍のうえ一代堂上となる。地下《じげ》出身者も明治二年（一八六九）三月には藤原姓を与えられ、堂上出は春日大社新神司、地下出は同社新社司となる。これらの措置に不満を抱いた地下出身の旧学侶たちは身分昇格を求めている。慶応四年四月早々に願い出たのを始めとし、明治七年七月には奈良県権《ごん》令《れい》藤井千尋《ちひろ》宛で、翌年七月二日には元老院宛で華族または華族格への編列を願い出るも悉く不許可に終わる。

典拠 「春日旧社司及石清水社司等堂上格ノ願ヲ允サス」（国立公文書館所蔵『太政類典』一ノ八）、「願（率川秀宣《ママ》等十五名）」（国立公文書館所蔵『記録材料・建白書仮綴』）

千家尊澄　せんげ・たかずみ

一八一六―七八

出雲大社神主

①明治四年十二月三日（許可）

千家家は代々北島家と並び出雲大社の神主を世襲した家で、維新期の当主は尊澄《たかずみ》。後掲尊《たか》福《とみ》の父。明治二年（一八六九）三月二日に従五位下、同月四日に従四位下に叙せられた。古来廃絶していた同家の叙位が復活したが、四年五月十四日の神官の世襲および位階の廃止により失位。『太政類典』所収「津守国美《つもりくによし》外二名

華族列」によれば、神祇省より四年十二月三日付で北島全孝《たけのり》・千家尊澄両名へは「右今般御改正に付、身分の儀華族に仰せ付けられたき事」として華族への編入を請願。同日付で住吉大社の津守国美に対しては「右同断に付、華族格に仰せ付けられたき事」として請願しており、津守家よりは社格・家格が上と認知されていたためか、同省では津守家は華族ではなく一段劣る華族格での編入を求めている。これに対して太政官側は同月十二日付で三家とも差を付けずに一律華族への編入を認められ、改めて同日付で従五位に叙されている。なお、子の尊福は十七年七月八日付で男爵を授与されるが、二度にわたり陞爵運動を起こしている。

典拠　「津守国美外二名華族列」（『太政類典』）

→千家尊福

千家尊福　せんげ・たかとみ

一八四五―一九一八

出雲大社神主

①明治十四年三月二十二日（不許可）

②明治十七年（不許可）

③明治十九年十一月二十三日（不許可）

千家家は代々北島家と並び出雲大社の神主を世襲した家で、維新期の当主は前掲尊澄《たかずみ》。尊福はその子。明治二年（一八六九）三月二日に従五位下に叙せられるも、四年五月十四日の神官の世襲および位階の廃止により失位。そののち、同年十二月三日に神祇省よりの請願で同月十二日付で北島家とともに華族に列し、十七年の華族令公布に際しては尊福へ七月八日付で男爵が授けられた。なお、正式な請願の類ではないが、『山田伯爵家文書』所収の十四年三月二十二日付「三条実美書簡」によれば、三条が山田顕義《あきよし》へ公侯伯子男の五爵からなる叙爵令を同封しており、その授爵内規には伯爵を授けるべき家として、出雲大社の千家・北島と本願寺の両大谷家を挙げるも、まだ五爵制正式導入前であり、また華族令公布に際しても実際には男爵を授けられるにとどまるが、当該期には千家家とともに北島家が将来伯爵となる家格に擬せられていたと思われる。これは『大隈重信関係文書』所収の同年同日付の「三条実美書翰」と同じ文面であり、当時参議であった者に対してこのような案が示されていたようである。その後、「三条家文書」所収「爵階増進願　千家尊福」によれば、十九年十一月二十三日付で千家自身が内大臣の公爵三条実美宛で陞爵を願い出ている。

　一昨年爵を定められ候節、旧来神官奉務の家にて華族に列せられ候輩は同一に男爵を賜り候処、右者旧来の家格由緒等を論ぜず、御維新後華族に列せられたる廉を以て同一に定められ候儀と存じ候。然る処旧神官中には旧来家格由緒の差異あるは猶公卿家に摂家・清華《せいが》家等の別あり、大名に種々の格式あるが如くにして、素より同一の者にこれ無く候えば、爵を賜るに付いても公家・武家の旧来の家格によりて区別を立てられたるに準じ差等立てさせらるべき儀と存じ候。抑も私家の義は祖先天穂日命《あめのほひのみこと》は天照大神第二御子にして皇孫降臨の際功労あるを以て出雲大社の祭主となり、爾来《じらい》神事は勿論、出雲の国政を掌り、政体の変革に因て国政に与らず単に神事を掌るに至り候とも、延暦年間までは御代始に参朝して神賀詞を奏上し、その礼典は他に比類なくして御儀式の厳なりしことは勿論、出雲国造補任式は他の国造と大いに異にして鄭重の式にこれあり、尚後世に至りて天下の神官は一般白川・吉田両家の支配を受くべきの制たりしも、猶私家のみは然らず。特に寛文年間に永宣旨《えいせんじ》を賜り、神官中絶えてこれ無き明らかにせられ候次第にこれ

千家尊福

あるに付、賜爵の義に於いてもまた他の旧神官同一にては折角古来御優待を蒙り候廉相立たずと存じ候。然るに一昨年特旨を以て従三位に叙せられ候は実に一身の栄誉これに過ぎざるのみならず、祖先以来未だ嘗《かつ》て三位に叙せられたる者なくしてこの栄叙を蒙り候は全く祖先以来連綿宗族したる家格を思しめされ候に出で候義と感銘の至りに存じ候。既にかくの如き栄叙を蒙りたるに猶爵の進められんことを希望候は恐縮の至りに候えども、爵は永世の家格となり、位は一身に止まる義に付この儘にしては一身の栄叙を安んじ、永世の家格を顧みざるに似て、祖先に対し子孫に対して心事安からず。且つ現今神道教法に従事致し居り候に付、部下の教導職は勿論、信徒等に対し資望上に関係の義もこれあり、日夜痛心罷り在り候。併しながら真宗の教法家たる大谷光尊《こうそん》等の叙爵の栄典に洩れたるに比すれば有爵者の御優待を辱《かたじけな》くするは一家の名誉に候えども、さりとて他の旧神官と同一の男爵なるは実に安からざる義にこれあり、就いては一昨年宮内大臣へその旨陳述内願せしも、当時御授爵当分にもこれあり、容易に変換相成り難き由承り、その後時機もあらん歟と痛心撫胸今日に至るまで経過罷り在り候。然るに近日爵記御引替に相成り候趣、この際黙止忍び難く、予《かね》て爵階増進の御沙汰相成る様御取計の程内願奉り候。謹言。

として、旧来公家衆にも摂家以下の家格の別、諸侯にも同様に家格の別がありそれに基づいて授爵されているのに対し、旧神官は一律に男爵を授けられている点を指摘し、また信徒に対する体面などもあり陞爵を求めている。書面には「一昨年宮内大臣へその旨陳述内願せしも」とあり、十七年中にすでに陞爵願を宮内大臣宛で提出していたことが明らかであるが、二度にわたる願も不許可となり、こののちも同家は陞爵されず男爵にとどまっている。

典拠　「三条実美書簡」(『山田伯爵家文書』三)、「三条実美書翰」(『大隈重信関係文書』六)、「爵階増進願　千家尊福」(「三条家文書」)

→千家尊澄

千田貞暁　せんだ・さだあき

一八三六―一九〇八

京都府知事

①明治三十一年二月二十四日　(許可)

宮崎県知事

旧薩摩国鹿児島藩士出身の官僚・政治家。幕末・維新期には国事に奔走し、維新後は新政府に出仕して東京府典事・同七等出仕・同大書記官などをつとめ、さらには明治十三年(一八八〇)四月に広島県令《けんれい》に任ぜられて以来、新潟・和歌

千田貞暁

山・愛知・京都の各府県知事を歴任し、二十七年一月より宮崎県知事在職。『授爵録』(明治三十一年)所収の三十一年二月二十四日付立案書類によれば、

右広島県令在職中宇品《うじな》湾の築港事業を創起し、中国無比の良港たらしめんと欲し、或いは地方人民の醵金《きょきん》を募り、或いは私財を擲《なげう》ち、或いは国庫の補助を仰ぐに至り、適々官譴を蒙るに至るも堅志撓《たわ》まず。遂に壮大の工事を落成したり。征清の役同港が軍隊及び輜重《しちょう》の聚散を自在ならしめ、運輸の便と軍機の利を助けたる偉効は朝野の認むる処にして、その功績は没すべからず。猶且つ同人は戊辰の戦役に監軍として各処に転戦し、後地方官となり今猶宮崎県知事の現職に在り、官務に鞅掌《おうしょう》すること二十五年七ヶ月、その勲労亦少なしとせず。然るに同人義目下病に罹り危篤に陥りたる趣に付、この際特に

宇品築港の功績を録せられ、特旨を以て
華族に列せられ男爵を授けらるべきや。

とみえ、病気危篤も理由とし、広島県令（明治十九年七月、地方官官制公布により知事と改称）在職中の宇品築港が日清戦争時に軍用として陸海軍に大きな利をもたらしたことを述べている。また、島津忠亮《ただあきら》・川村純義《すみよし》・樺山資紀《すけのり》（以上、伯爵）・仁礼景範《にれかげのり》・伊東祐麿《すけまろ》・黒田清綱（以上、子爵）・男爵本田親雄《ちかお》の計七名連署による同年二月付の「内願書」をも添付。この七名が宮内大臣田中光顕《みつあき》宛で千田への恩典授与を請願。

右者維新の前後より勤王の志厚く、旧鹿児島軍隊の監軍として戊辰戦争に尽力し、各処に連戦して会津若松城落城まで数箇月間戦役に従事し、明治五年官に東京府に就いて典事の職を奉ぜしより、引続き地方長官と為り、今猶宮崎県知事の現職に在りて官務に鞅掌せり。その履歴別紙に具するが如し。少壮より文武の業に励精し、郷党に於いて有為の誉望あり。今聞杲して空しからず。有数の良二千石たるの任に背かず、就中広島県に令たるや有名なる宇品湾の築港事業を創起し、中国路無比の良港たらしめんと百難を排して遂に成功せり。而してその費に至りては壮大の工事、地方人民の醵金意に任せず、国庫の補助を仰ぐに至りて官規の許さざる処たりしも、猶堅志は撓まず、自費私財を投じて九仞一簣《きゅうじんいっき》の闕《けつ》無らしめ、全く百年の計画を遂げ淂（得）るを期して工事を落成したり。後果たして永遠の大計は忽ち眼前の功用を為して二十七・八年日清戦争に臨んで該港は数艘の軍艦船舶を優かに碇泊せしめて軍隊及び各輜重の聚散自在ならしめ、運輸の便と軍機の利を助けたるの宏益は陸海両軍の認むる所、本人精神の貫く処にして、その功績埋没すべからざる者と云うべし。右は維新以来国家の為に力を尽し、身を致したる事蹟の概略を序述して、以て履歴書相添え御参考に供す。仰ぎ願わくは特殊の詮議を以て不次の恩典に預り、聖沢に浴せしめんことを。誠恐誠惶至願の至りに堪えず。

と陳情している。願意の主旨は宮内省側の立案書類同様、県令・県知事在職中の宇品築港事業が日清戦争時に軍に多大の貢献をした点を強調。これらの功績が認められ、同月二十六日付で授男爵。なお、当局立案書類には病気危篤ともあげられているが、実際にはこのあと快復したためか、同年六月まで県知事に在職し、退官後は三十一年七月より死去するまで貴族院議員をつとめている。

典拠　『授爵録』明治三十一年

そ

宗　重正　そう・しげまさ

一八四七―一九〇二

旧対馬国厳原藩主

①明治二十三年二月二十三日（不許可）

②明治二十四年（不許可）

③明治三十四年（不許可）

④大正四年十月六日（不許可）

初名は重達《よしあきら》。旧幕時代より対馬一国を領した厳原《いづはら》藩主であり、明治十七年（一八八四）七月の華族令公布に際しては伯爵を授けられた。「宗重正陞爵請願書」によれば二十三年二月二十三日付「口演」で、

また本邦の大名は周代五等の制と異なり、何ぞや本邦の大名は自ら封疆《ほうきょう》を創め、周代の制は王室より土地・爵位を併せてこれを与うの故にその勢い同じからず。若《も》し朝廷より封土の賜ありて、大中小の区別に従い爵位を賜うと云う。これ重正が疑うところなり。冀《こいねがわ》くは閣下審にこれを察し、冀くは重正六百年来王臣たるの故を垂鑒《すいかん》せられ、今一級を進め侯爵の末班に列することを得ば、その朝恩を感戴す

る何ぞ極みぁらん。その祖先に対するもまた慚愧するところなからんとす。閣下高明なる、幸いにこの微衷を憐れみ採択を賜らば幸甚。

として、伯から侯への陞爵を願うも不許可。さらに二十四年にも月日不詳ながら「追願」を枢密院議長伊藤博文宛で提出。「重正が衷情を垂鑒せられ、重正が家格の各藩と類を殊にして、石高分限に因らざること、猶旧堂上諸家におけるが如きの理を諒解せられ、今一級を進めて同胞と歯することを得る」と前回同様の理由をもって願い、また三十四年にも始祖より三十四代にわたり国事に尽くしたことを強調して請願するも不許可。また、「松平康民《やすたみ》他陞爵請願書」によれば、松平康民(旧美作国津山藩主。伯爵)の陞爵願と合綴で収録。大正四年(一九一五)十月六日付で内閣総理大臣大隈重信より宮内大臣波多野敬直《よしなお》宛で「左記の者授爵又は陞爵情願の旨、意は主として家格に存する義と認められ候に付、しかるべく御詮議相成りたし」として照会。慶光院利敬《けいこういんよしゆき》以下十七名を列挙し、そのなかに宗重正の名もみえ、「右宗家は徳川時代、毛利・島津等の諸大藩と共に国主の班を以て優待せられたる」家格である点を強調し、旧幕時代は国主大名であり、石高だけではなくその旧来の家格も考慮して侯への陞爵を申請するも結局不許可に終わる。

典拠　「宗重正陞爵請願書」(宮内庁宮内公文書館所蔵)、「松平康民他陞爵請願書」(同)

宋　秉畯　そう・へいしゅん　⇩ソン・ビョンジュン

佐八定潔　そうち・*さだきよ

生没年不詳

旧伊勢神宮内宮神主

①明治二十三年七月一日（不許可）

佐八家は旧伊勢神宮内宮神主の家柄。同家の授爵に関しては、『授爵録』(明治二十三年)所収の明治二十三年(一八九〇)七月一日付の「皇太神宮旧神官荒木田《あらきだ》姓宗家家格取立之件」にみえる。

前に藤波亮麿華族編列願の出るや、単に同氏より差し出したる願書及び参考扣《ひかえ》に就き取り調べたるに、同氏は荒木田姓正統のものに相違なきものの如し。度会《わたらい》・荒木田両姓は内外両宮の神官にして、茲《ここ》に殆ど二千年の久しき神孫連綿たる名族なりとす。然るに度会姓は名族の故を以て既にその宗家松木氏を抜て華族に列せられたるも、荒木田姓に於いては未だその栄典に与らざるは権衡上宜しきを得ざるものの如し。依て度会・荒木田両姓の比較を取り亮麿を華族に列せらるべきや上申に及びたるに、既に上奏御裁可相成りたる後、内閣より藤波名彦の願書を回送したるを以て即ちこれを閲すれば、名彦は彼亮麿の本家なりと云う。尚また松木美《よし》彦《ひこ》・藤井稀(希)璞の建言書を以てこれを参観するに、荒木田姓には沢田氏を始め薗田・井《い》面《のも》・世《せ》木《き》・中川等の数氏を挙げ、皆荒木田一派なることを見留めらる。これに於いて頗る判別に苦しみたれば、亮麿の御裁可書は御発表前の儀、御猶予相願い、桂主事を大野属と共に伊勢神宮司庁に出張せし、同庁の所蔵及びその他の古文書に就き審按査覈《さかく》の上、別紙系図を調整せり。而して沢田幸一郎家系のその正統本宗なることを発見するを得たり。依て前の藤波亮麿の御裁可は御取消を仰ぎ、更に荒木田宗家荒木田姓沢田幸一郎を華族に列せられ、男爵を授けられ(る)べきや裁を仰ぐ。

と記されており、一度は伊勢内宮の荒木田姓神主より藤波亮麿へ列華族・授男爵について明治天皇の裁可を得ていながら取り消された経緯を詳述している。この際、荒木田姓の神主家として、藤波名彦・同亮麿・世木親善・薗田守胤・同守憲・同守宣・井面守存・同守純・中川経界とともに佐八定潔の候補者名が列挙され、どの家系が正統であるかが審査されている。この件については宮内省当局側は爵位局の桂潜《せん》太《た》郎《ろう》主事が属官を伴い、伊勢神宮へ赴き調査のうえ、結果として沢田幸一郎へ授爵が決定したとみえ、佐八家は華族に列することなく

終わっているが、同人の子息幸一郎（のち泰圀と改名）が沢田家に養子入りしており、同家が授爵されている。

典拠　『授爵録』明治二十三年

曾禰荒助　そね・あらすけ

一八四九―一九一〇

司法・農商務・大蔵・逓信各大臣

①明治三十五年二月二十四日（許可）

大蔵大臣・貴族院勅選議員

曾禰荒助

旧長州藩士出身の政治家。明治初年以降、軍務官降伏兵取締・御親兵中隊司令・陸軍省七等出仕・太政官少書記官・参事院議官となり、明治十八年（一八八五）十二月には法制局参事官に任ぜられ、さらに内閣記録局長・内閣官報局長を経て、二十三年五月衆議院書記官長に就任。二十五年一月非職となり、二月に山口県第四区より立候補して衆議院議員に当選し、同年五月衆議院副議長に就任。二十六年五月フランス駐箚《ちゅうさつ》特命全権公使に任ぜられ、同年八月議員を辞職した。三十年五月フランス駐箚を免ぜられ待命。三十一年一月、第三次伊藤博文内閣で司法大臣となり、以後第二次山県有朋内閣で農商務、第一次桂太郎内閣で大蔵・逓信の各大臣として入閣。また三十三年九月より貴族院勅選議員となり、三十九年四月枢密顧問官に親任され、翌月に貴族院議員を辞した。『桂太郎関係文書』所収三十五年二月二十四日付「岩倉具定書翰」によれば、山本権兵衛（海軍）・曾禰荒助（大蔵）・清浦奎吾（司法）・菊池大麓《だいろく》（文部）・小村寿太郎（外務）と平田東助《とうすけ》（農商務）の計六名の新規授爵と、林董《ただす》の男から子への陞爵について岩倉具定が事前に桂へ伝えており、「右の通りにこれあり候。外に一人昇爵の人これあり候えども、これは御面会の上にこれ無くては申し上げかね候。誓って他言御断り申し上げ候」として、この時点で銓衡・審議が終わっていたことがわかる。これは『授爵録』（明治三十四～三十八年）でも同様で、同年二月二十四日立案の当局側書類で審議されたことがみえるが、功績調書や自薦・他薦などの願書類は添付されておらず、また前記のように記載した閣僚以外にもう一名陞爵の人物がいるとしながらこれは面会してからでないと岩倉は述べている。この一名は桂本人の子から伯への陞爵であるが、桂自身も知らなかったとすれば、この一連の陞授爵は内閣側の関知しないところで進められた可能性もある。こののち、同月二十七日付で桂内閣の閣僚らの陞授爵は行われ、曾禰も予定どおり男爵を授与されている。また、その後四十年九月二十一日付で勲功により子爵に陞爵している。

典拠　「岩倉具定書翰」（『桂太郎関係文書』）、『授爵録』明治三十四～三十八年

園田孝吉　そのだ・こうきち

一八四八―一九二三

元ロンドン領事

①明治四十二年三月（不許可）

②大正四年八月（不許可）

③大正七年九月二十七日（許可）

旧薩摩藩士出身の官僚・実業家。大学南校で修学後、明治四年（一八七一）十月に外務省十一等出仕となり、十四年十二月からはロンドン在勤領事に就任。二十三年に非職となり、その後は実業界に転じて横浜正金《しょうきん》銀行頭取などをつとめて活躍した。園田と高橋新吉両名の授爵については、『松方正義関係文書』所収「園田孝吉、高橋新吉授爵詮議上申書」によれば、松方正義が四十二年三月に「右両名、在官中外国正貨吸収に関し貢献したる勲功を録せられ、特に授爵の御恩命下させられ候様御詮議相成りたく候也」として内閣総理大臣桂太郎宛で提出しており、「理由」としては以下のように記

園田孝吉

している。

明治十二三年の頃、西南戦役の余弊《よへい》を承け、紙幣発行高の巨額に上りし為、その価格殆ど半額に低落し、従って米穀を首とし一般の物価非常の騰貴を致し、政府は歳入の不足に苦しみ、一般国民は生計の困難を訴え、農民独り収入の激増に因り奢侈の風を馴致し、従って細民饑寒に泣くに拘わらず、外国貿易輸入の超過は年を逐うて増加するの奇観を呈し、国家経済の紊乱殆どその極に達し、若しこの儘に放任せんか国家前途の事、また為すべからざるの恐れあるに至れり。この際に当たり余は明治十四年十月を以て乏を大蔵卿に承け、これが整理の任に当たるや、種々考量の末今日財政紊乱の原因は全く紙幣価位の低落に基づくものにして、固《もと》より尋常姑息の手段を以てこれを治すべきにあらず。必ずや兌換制度を制定し、正貨と紙幣をして平等の価位を保たしむるにあらざれば、到底その目的を達すべからざるを認めたり。然れども兌換制度を定めんには紙幣と正貨の数量をして相当の権衡を保たしめざるべからず。これを為すには一方過剰の紙幣を消却し、一方正貨を蓄積してその充実を図るにあらざれば能わざるなり。爾来《じらい》着々この方針を取り紙幣消却の手段としては政費を節減し、歳入の余剰を以て消却の原資に充つることとし、正貨充実の手段としては我が国産の直輸出を奨励して外国正貨を吸収するの方法を取ることとせり。紙幣の消却は事固より易きにあらずと雖も、内地の施設に属し比較的その実効を挙げ易きものあり。独り外貨吸収の事に至りては施設を海外に要することとなるを以て、その実効容易に期すべからざるものあり。幸いに国庫に準備金あり。曩《さき》にこれを海外為替資金に貸し下ぐるの規定を設けられしを以て、これに依ってその所期を達せんことを規画せり。抑々《そもそも》国庫の準備金を利用して海外為替資金の貸出に充つるの件は預入金規則と称し明治十三年以来既に実施せられ準備金の内四百万円を限り横浜正金銀行へ貸与し、これを以て本邦貨物の直輸出を奨励することと為せり。これに由りて本邦会社及び商人の店舗を海外に置き、直輸出を企つるものありしも、規定上不備の点あり。且つ監督その宜しきを得ざりしより為替貸出金の返金にならざるもの相継で生じ、甚だしきは詐偽手段の行わるるに至り、その目的を達する能わざるの結果に終わらんとせり。余は茲《ここ》に憂うる所あり。明治十四年太政官に稟申して新たに外国為替金取扱規程を制定し、為替を付すべき輸出貨物の検査を厳にし、彼《か》の地に於いて為替金を返納せざれば荷物を交付すべからざる等、その回収方を正確にし、必ず当初の目的を達せんことを勉めたり。而してこれ等の取扱方は領事に一任して十分監督せしむることとし、万全を法規の上に規したり。然れ共法文如何に全きもこれを運用するにその人を得ざれば、また徒法たるを免れず。且つ法規新旧更迭し、寛より厳に移るの際、在外商店の動揺またその虞なきを期すべからず。この際に処し、能く新法に依り為替付の荷物を保管出納し、在外商店を監督し、為替返入金を預け入れたる外国銀行の動静を視察し、外国正貨吸収上違算無からしめ、また旧規定に依り貸出したる為替金を取立つる等錯雑の事務を処理せしむるには適材の領事を選任してその力に頼らざるべからざるを認めたり。因りて園田孝吉を倫敦《ロンドン》領

事に、高橋新吉を紐育《ニューヨーク》領事に推したるに皆克くその任に適し一意奉公、外国正貨吸収の道に貢献せり。余をして数年の後遂に兌換制度の方案を立つることを得、財政整理上好結果を収むることを得せしめたるものこの輩の力与りて多きに居るなり。就中園田孝吉の倫敦に於いて外国銀行預金を処理せる、高橋新吉の在紐育本邦商廛《しょうてん》を董督操縦せるその功績最も顕著なるものあり。ここにその概要を記してこれを表明せんとす。

として園田・高橋が海外正貨吸収に尽力したことを理由としている。また園田の自歴・功績については、

右は明治十四年十二月倫敦領事に任ぜられ、明治二十二年十一月まで勤続、その間政府の正貨吸収を目的とする海外為替の監督及び為替代金の収支保管に関し貢献する所洵《まこと》に少なからざるものあるなり。抑々《そもそも》政府は西南戦役後、外国貿易の逆勢に傾き、正貨の荐《しきり》に流出するを憂うるや、直輸出貿易を奨励してこれを挽回せんことを期し、明治十三年預入金規則を制定し国庫準備金の内一定の金額を限り横浜正金銀行に貸与し、これを以て本邦輸出業者に融通せしめ、以て内国産品の輸出を奨励することとせり。これに於いてか本邦輸出業者の店舗を海外各地に置き、政府の援助を得て直輸出の取扱を為すもの漸く増加し、就中紐育は我が輸出品の需要最も多き所とて、店舗を設くるものまた従って多し。然るにこれが取扱規定の完全ならざる所ありしより、往々貸出したる為替金の返入せざるものあり。因りて相当これ等の始末を付けざるべからざると、また為替取扱規定の改正を加うるの必要ありしより、明治十五年に至り海外為替金取扱規程を改定し、専ら海外荷為替の方法により準備金を運用するに至れり。これより海外各方面の収入金は益々増加し、随ってこれが取扱に関する事務も最も煩雑を加うるに至り、殊に倫敦に於いては軍艦その他政府の物品購入代金等の仕払い最も多きを以て海外為替金取扱規程の新定と共に紐育、里昂《リヨン》等に於いて収入したる正貨もその大部分は倫敦に回送し、倫敦駐在の領事をしてこれを保管せしむることと為せり。これに於いてか倫敦領事の任務は最重大を加うるに至れり。園田孝吉は正にこの際に当たり倫敦領事に選任せられたるものにして、海外に於いて吸収したる正貨の収支保管に関してその責任を双肩に負い、常に周密の注意を以てその職に従事せしのみならず、任地銀行の動静に関しても細密の視察を遂げて敏捷にこれを大蔵卿に報導し、大蔵卿をして常に機先を制して預金の預入方針を定むることを得せしめたり。蓋し外国為替金取扱規程の新定せらるるに当たり、領事が海外に於いて領収したる為替代金はこれを大蔵卿の指定せる銀行に預け入るることとなり、倫敦に於いては当初東洋銀行を指定せられたり。故に同銀行には倫敦に於いて収入したる正貨を預け入るるのみならず、紐育及び里昂より回送せる正貨もまた同銀行へ預け入るるものにして、同銀行の預金は常に相当の多額に上がり、その信用如何は本邦の財政上至上の関係を有するに至れり。然るに右東洋銀行は東洋諸国中殊に印度に於ける銀貨下落の為損失を蒙りたるの報告ありしにより、明治十五年三月海外預金規程を改正して東洋銀行の外合本銀行を撰みて預け入れを為すことを許せり。これに於いて当領事は東洋銀行の将来に鑑み責任を以て正金銀行及び米仏等より受入たる為替代金は今後専合銀行へ預け入れ、東洋銀行には単に条約に因る公債元利仕払いに要する金員のみを預け入るることと為したり。尋《つい》で明治十六年に至り東洋銀行危険の報、倫敦市場に伝わるや、直ちにこれを電報し、尋でこれが処分を稟伺し、曩《さき》に同行に預け入れたる預金及び公債証書は穏便の交渉を以てこれ

を引き出し、後日東洋銀行の破産に至るも遂に些少の損失をも無からしむることを得たり。また明治十六年三月、外国正貨吸収の一手段として準備金を以て米を購入してこれを海外に直輸出するの方法を規定せらるるや、その取扱は三井物産会社に委託せられ、首として倫敦に輸送することとなりしより当領事はこれが監督及び荷物の引渡方為替代金の保管方等に就き規程により能くこれを処理し、その計画上違算無からしむることを得たり。これ実に本邦米輸出の嚆矢《こうし》にして、今日本邦米の名声倫敦市場に嘖々たるもの全くこれに基づくものとす。右は単にその著大なることのみを挙げたるものにして、平素細密の注意を以てその任務を尽くし、巨額の正貨出納上些かの違算あることなく、尋で横浜正金銀行の事業大いに発展し、支店出張所を海外に設くるに至り、従来の外国銀行預金を移して同行倫敦支店へ保護預とし、以て国庫正貨保管方法の確実を致せることまた当領事の与る所多しとす。明治二十二年海外為替法の終結と共にその官を罷むるや、横浜正金銀行頭取としてなお正貨吸収の道に貢献する所少なからず。尋で十五銀行頭取として営業上好成績を収め、殊に日露戦役の初めに当たり、将来に於ける正貨準備消長につき深く憂うる所あり。国民一般所有の金銀を提供して準備に充つべきことを鼓吹し、為に幾多の準備を聚積せしめたるのみならず、一般国民をして大いに憂国の念を起こさしめたるが如き終始国家に尽くしたるの勲功洵に顕著なりとす。

として実業界における功績も披瀝するが、結局実現には至っていない。高橋と園田への授爵運動は大正期に入っても継続されており、前掲『松方正義関係文書』の「園田孝吉、高橋新吉授爵詮議上申書」の四十二年三月の日付の上より「大正四年八月」の書き込みがあり、同様の文面で再提出したものと思われる。また、『原敬日記』大正四年(一九一五)十二月十日条には、

また授爵の事に付、他の元老(松方の事と思う)より高橋新吉、益田孝《たかし》はじめ数人大隈に申込あり。他よりも多分それぞれ申し出ありたるならんが、斯《か》くては困るなりと大隈が云いたる事あり。但しこの授爵問題は中止となりては再興し、再興となりては中止と云う様に幾変遷をなしたるものと云えり。

とみえ、一般授爵詮議の際、松方より高橋と益田、またおそらくは園田への授爵推薦があった経緯がわかるが、この際も授爵には至っていない。さらに、原日記大正七年九月二十七日条によれば、

その外には授爵の問題あり。自分は実は口を出す事を避け居れり。益田孝(山県、松方同案)、高橋新吉、園田孝吉(松方提案)、江川太郎左衛門の子孫なりと言うに付、高橋、園田は何の理由かと云いたるに、貨幣制度改革の際、為替その他に尽力せりと云う事なりと。その他の者それぞれ理由あり。

として、益田は山県と松方が、園田と高橋は松方がそれぞれ授爵を推していることが明記されている。また、同日記十月十七日条には、

松方を訪問す。対支問題に付内閣更迭の日に借款を調印し、論功行賞をなしたる事並びにそれが為金調の必要起こりたる事など内話せしに、松方も多少は他より聞き居りたりと見え、余の談話によりて更に驚き入りたりと言えり。また米価問題に関し、米の過不足は如何にも調節に困難する事なるが、先年在職中処置せし事もありその顛末は益田孝熟知し居れり。また当米の輸出より正金を得んが為に為替作用に苦心せしが、この事に関係せしは当時ロンドン在勤領事園田孝吉、桑港《サンフランシスコ》在勤領事高橋新吉なり。右故この三人に授爵の詮議然るべしと思い提案せしに、内閣の議は纏まりたる様にも聞く。何分宜しく含みくれよと云うに付、余は寺内より引継を受けたるにはあらず、ただ寺

内の談話中にその事は宮内大臣に一任し置けりと云えりと返答したり。

と経済界に影響力を有する元老松方がこの三名への授爵に並々ならぬ尽力をしている。さらに十一月二十三日条にも、

参集所にて石原宮内次官、波多野宮相に代わりて(宮相病気)内談に、前内閣より授爵の件に付申し出あり(高橋新吉、園田孝吉、益田孝、前田正名《まさな》、渡正元《まさもと》、江川太郎左衛門の六名)。然るに前内閣の末路にてその儘となり居りしが、高橋新吉病気にてむつかしければ、この際授爵ありたしと松方より平山成信を以て申し越しあり如何すべき、一応御意見を承りたしと波多野の伝言なりと云うに付、余はこの事は寺内より引継を受けたるには非ず。去りながら寺内より聞く処にては右の内益田の事は山県も松方も一致なれども、高橋、園田の事は松方の申し出にて山県不賛成なり。故に止むを得ずその儘宮内省に送れりと云えり。而してその後松方より園田、高橋の事はこれを聞きたるも単に聞きたる迄なり。故に全元老の間に疎通せられたるやと反問せしに、石原は波多野の云う処にては山県も異議なきに至りたる様に寺内より聞きたれば、高橋一人は授爵あるも妨げなき様に云えりと云うに付、余は益田は我が海外貿易に尽力せし事甚大にて三井を賞せらるるよりも、事実は益田に賞なかるべからず。殊に森村市左衛門に授爵ありたる已上には無論益田に授爵あるを当然なりとす。園田、高橋は領事として為替(金貨)に尽力せしと云う位に過ぎざれば、益田と共に高橋、園田を合わせ三人を賞せらるる事ならば強いて異議なきも、高橋に授爵ありて益田等恩典に浴せざる様にては不可なり。但し何れにしても高橋、園田の事は山県の異議なきや否やは貴方にて慥《たし》かめられよと云いたれば、石原は然らばこの際断然三人同時に授爵の事として山県にも直接相談すべしと云えり。

とこの件に関して長文で記しており、益田・高橋・園田の授爵は元老間でも温度差があり、宮内省側では石原次官が三名同時に授爵させようとの考えから、山県への同意を得ようとしている。『授爵録』(大正七年)所収の同人の「功績書」によれば、

右は明治四年八月任少助教より文部省出仕、外務省出仕、書記生を経て明治十四年十二月領事に任ぜられ、引き続き同二十二年十一月に至る迄倫敦に在勤して正貨吸収を目的とする海外為替の監督及び為替代金の収支保管に関し啻《ただ》に周密の注意を以てその職に当たり、また任地銀行の動静に関しても精細の視察を遂げて敏捷にこれを大蔵卿に報告し、大蔵卿をして常に機先を制して預金の預入方針を定むることを得せしめ、措置洵に其の宜に適したり。明治二十三年三月非職を命ぜらるるや横浜正金銀行頭取と為り、なお正貨吸収の衝に当たり、貢献する所少なからず。尋で十五銀行頭取として好成績を収め、日露戦役の起こるや国債募集に関し尽力少なからず。殊に正貨準備消長に付深く憂うる所あり。率先国民一般所有の金銀を提供して準備に充つべきことを鼓吹し効果頗る大なるものありたり。その他貨幣制度調査会委員、農商工高等会議議員、日英博覧会評議員等を命ぜられ、終始国家に致せる功績洵に大なりとす。

と記し、この功績が認められ、高橋・益田とともに同年十一月二十六日付で男爵が授けられている。

典拠 「園田孝吉、高橋新吉授爵詮議上申書」(『松方正義関係文書』一二)、『原敬日記』大正四年十二月十日条・七年九月二十七日条・十月十七日条・十一月二十三日条、『授爵録』大正七年

園田安賢　そのだ・やすかた

一八五〇―一九二四

警視総監

①明治二十九年五月　(許可)

園田安賢

旧薩摩藩士出身の官僚・政治家。明治四年（一九七一）東京府取締組組頭となり、以後諸官を歴任して十年四月陸軍中尉兼二等中警部に任ぜられ西南戦争に従軍。十一年三月二等警視補を兼任、十四年十月内務権少書記官、翌年四月石川県警部長、同年六月同県大書記官を兼任。十六年九月二等警視兼内務少書記官、十八年十二月に一等警視に昇進。十九年十二月滋賀県書記官に転じ、二十二年十二月一等警視に再任。二十三年十二月には警視副総監となり、翌年四月には警視総監に就任。二十九年六月免官となるも、三十一年一月から六月までの短期間警視総監に再任され、その後は北海道庁長官や宮中顧問官もつとめた。授爵に関しては、『授爵録』（明治二十九年）によれば、立案日の欄は空白であるが、芳川顕正《あきまさ》ほか二十八名の文武官への授爵詮議が爵位局でされており、園田の名も挙げられる。

右は夙《つと》に勤王の志を抱き、皇室式微、幕府専横の日に当たり、或いは大和・但馬の義挙に与し、或いは幽囚投獄、辛苦備《つぶさ》に嘗《な》め維新回天の大業を賛助し、または多年朝に在りて顕要の職を奉じ、または貴衆両院に入りて国家の大計を議する等孰《いず》れも勲功顕著の者に付、特旨を以て華族に列し栄爵を授けられ然るべき乎。左にその爵を擬し裁を仰ぐ。

とし、二十九名中芳川のみ子爵授与とし、園田を含めた他の二十八名は男爵が相当としている。同文書には同人への授爵を求める他薦書類や功績調書は綴られていないが、二十九名中、伊丹重賢《しげかた》・山田信道・船越衛《まもる》・三宮義胤《さんのみやよしたね》・中島信行の五名については維新前の勤王事歴調書類が、また九鬼隆一《りゅういち》についても同年二月二十五日付で榎本武揚が授爵を推薦する書状が添付されていることから、同人を含めた他の二十三名分も他薦などがあった蓋然性が高いと思われる。園田の功績は認められ、二十九年五月二十三日付で裁可を得、翌六月五日付で男爵を授けられる。

典拠　『授爵録』明治二十九年

薗田守胤　そのだ・*もりたね

一八一九―九三

旧伊勢神宮内宮神主

①明治十七年頃（不許可）

②明治二十三年七月一日（不許可）

薗田家は旧伊勢神宮内宮神主の家柄。同家の華族編籍については、明治十七年（一八八四）頃のものと思われる「三条家文書」所収「旧神官人名取調書」による。この取調書には「別紙全国旧神官の内華族に列せられ然るべき家格の者にこれあり候。御発表前には一応現今貧富の景況地方官へ調査仰せ付けられ候上、御取捨相成りたしと存じ奉り候」と記され、そのなかに旧伊勢神宮からは外宮より久志本常幸《くしもとつねゆき》・宮《みや》後《じり》朝昌、内宮よりは沢田泰綱《やすつな》・中川経界と薗田守胤の名が挙げられているが、結局授爵されずに終わっている。さらに『授爵録』（明治二十三年）所収の二十三年七月一日付の「皇太神宮旧神官荒木田《あらきだ》姓宗家家格取立之件」によれば、

前に藤波亮麿華族編列願の出るや、単に同氏より差し出したる願書及び参考扣《ひかえ》に就き取り調べたるに、同氏は荒木田姓正統のものに相違なきものの如し。度会《わたらい》・荒木田両姓は内外両宮の神官にして、茲《ここ》に殆ど二千年の久しき神孫連綿たる名族なりとす。然るに度会姓は名族の故を以て既にその宗家松木氏を抜て華族に列せられたるも、荒木田姓に於いては未だその栄典に与らざるは権衡上宜しきを得ざるものの如し。依て度会・荒木田両姓の比較を取り亮麿を華族に列せらるべきや上申に及びたるに、既に上奏御裁可相成りたる後、内閣より藤波名彦の願書を回送

したるを以て即ちこれを閲すれば、名彦は彼亮麿の本家なりと云う。尚また松木美彦《よしひこ》・藤井稀(希)璞の建言書を以てこれを参観するに、荒木田姓には沢田氏を始め薗田・井面《いのも》・世木《せき》・中川等の数氏を挙げ、皆荒木田一派なることを見留めらる。これに於いて頗る判別に苦しみたれば、亮麿の御裁可書は御発表前の儀、御猶予相願い、桂主事を大野属と共に伊勢神宮司庁に出張せし、同庁の所蔵及びその他の古文書に就き審按査覈《さかく》の上、別紙系図を調整せり。而して沢田幸一郎家系のその正統本宗なることを発見するを得たり。依て前の藤波亮麿の御裁可は御取消を仰ぎ、更に荒木田宗家荒木田姓沢田幸一郎を華族に列せられ、男爵を授けられ(る)べきや裁を仰ぐ。

と記されており、一度は伊勢内宮の荒木田姓神主より藤波亮麿へ列華族・授男爵について明治天皇の裁可を得ていながら取り消された経緯を詳述している。この際、荒木田姓の神主家として、藤波名彦・同亮麿・佐八《そうち》定潔・世木親善・薗田守憲・同守宣・井面守存・同守純・中川経界とともに薗田守胤の候補者名が列挙され、どの家系が正統であるかが審査されている。この件については宮内省当局側は爵位局の桂潜太郎《せんたろう》主事が属官を伴い、伊勢神宮へ赴き調査のうえ、結果として沢田幸一郎へ授爵が決定しており、薗田守胤は授爵されずに終わっている。

典拠　「旧神官人名取調書」(「三条家文書」)、『授爵録』明治二十三年

→薗田守宣・薗田守憲

薗田守宣　そのだ・＊もりのぶ

一八二三―八七

旧伊勢神宮内宮神主

①明治二十三年七月一日（不許可）

薗田家は旧伊勢神宮内宮神主の家柄。『授爵録』(明治二十三年)所収の明治二十三年(一八九〇)七月一日付の「皇太神宮旧神官荒木田《あらきだ》姓宗家家格取立之件」によれば、宮内省当局側の内宮旧神主諸家の本宗家調査において、薗田守宣の名が挙げられるが、結局は沢田幸一郎が華族に列し、男爵を授けられている。なお、同人は二十年一月に没しており、この書類は守宣の子・遺族を指していると考えられる。

典拠　『授爵録』明治二十三年

→薗田守胤・薗田守憲

薗田守憲　そのだ・＊もりのり

生没年不詳

旧伊勢神宮内宮神主

①明治二十三年七月一日（不許可）

薗田家は旧伊勢神宮内宮神主の家柄。『授爵録』(明治二十三年)所収の明治二十三年(一八九〇)七月一日付の「皇太神宮旧神官荒木田《あらきだ》姓宗家家格取立之件」によれば、宮内省当局側の内宮旧神主諸家の本宗家調査において、薗田守憲の名が挙げられるが、結局は沢田幸一郎が華族に列し、男爵を授けられている。

典拠　『授爵録』明治二十三年

→薗田守胤・薗田守宣

薗田守理　そのだ・＊もりまさ

生没年不詳

旧伊勢神宮内宮神主

①大正四年六月二十日（不許可）

②大正四年九月三十日（不許可）

③大正十三年一月十七日（不許可）

薗田家は旧伊勢神宮内宮神主の家柄。同家の授爵については、『授爵録』(追加)(明治十五～大正四年)所収の「荒木田《あらきだ》・度会《わたらい》両姓神宮家族籍ノ儀恩命ヲ蒙リ度件ニ付内願」にみえ、檜垣貞吉・同常伯《つねおさ》・松木時彦・久志本《くしもと》常幸《つねゆき》・世木《せき》氏公・藤波氏宣と薗田守理の計七名の連署で大正四年(一九一五)六月二十日付で内閣総理大臣大隈重信宛で請願。「本年は御即位及び大嘗祭の御大典並びに神宮御親謁の御盛儀行わせられ、千載一遇の盛時に際会仕り候に付」として授爵を望む。また、「神宮旧神官荒木田度会二氏及慶光院利敬ニ授爵ノ件」によれば、同年九月三十日付で神宮大宮司の子爵三室戸《みむろど》和光《まさみつ》より「荒木田・度会二氏が神宮創祀以来終始神明に

奉仕し、神宮と浮沈を同じうして、以て昭代に至れるの功」を理由として大隈首相へ授爵を請願するも、大正天皇即位大礼の慶事に際して授爵はされず。さらに『授爵陞爵申牒書類』によれば、昭和三年（一九二八）十月二十五日の旧東北諸藩藩主の陞爵、田中俊清《としきよ》・江川英武《ひでたけ》の授爵、徳川好敏《よしとし》の復爵の次に「先例」として、大正十三年一月十七日付で当時の清浦奎吾内閣が宮内大臣牧野伸顕に宛てて「別紙正六位江川英武外十一名、陞爵・授爵及び復爵の件は家格に属するものに付、参考として回付に及び候」として、正六位江川英武・藤波氏宣・世木氏公・正八位久志本常幸・正六位勲六等松木時彦・従五位勲六等檜垣常伯・檜垣清澄・慶光院利敬《けいこういんよしゆき》・男爵島津久厚《ひさあつ》・陸軍工兵中佐正六位勲四等功四級徳川好敏・二条邦基《くにもと》と従七位勲七等薗田守理の計十二名を列挙。この当時、これらの授爵・陞爵・復爵が申牒されたものの、不許可であったことが明らかである。

典拠　『授爵録』(追加)明治十五～大正四年、「神宮旧神官荒木田度会二氏及慶光院利敬ニ授爵ノ件」(宮内庁宮内公文書館所蔵)、『授爵陞爵申牒書類』

宋　秉畯　ソン・ビョンジュン　（朝鮮）

一八五七―一九二五

朝鮮総督府中枢院顧問

①大正八年一月十七日　（不許可）
②大正九年一月二十七日　（不許可）
③大正九年十二月十六日　（許可）

李氏朝鮮・大韓帝国期の政治家。大韓帝国においては内部大臣・従一品崇政。韓国併合にあたり、朝鮮貴族として明治四十三年（一九一〇）十月七日付で子爵が授けられた。またそののち同月十日より朝鮮総督府の中枢院顧問をつとめた。子から伯への陞爵については、宮内省李王職に勤務した権堂四郎介の著書『李王宮秘史』によると、寺内正毅の朝鮮総督在任中からの懸案であったように記されるが、詳しい時期は不明である。また、『倉富勇三郎日記』大正八年（一九一九）一月十七日条にみえ、「朝鮮総督府より李完用《イワニョン》、趙重応《チョジュンウン》、宋秉畯の陞爵、高義敬《コヒギョン》の陞勲等を申立来りたる趣なることを話す」とあり、当時の朝鮮総督長谷川好道《よしみち》より朝鮮貴族中、前記の三名の陞爵、一名の陞勲を上申していることが確認できる。『原敬日記』大正七年十二月二十日条によれば、

　長谷川朝鮮総督帰任すとて来訪、今回梨《なし》本宮《もとのみや》王女李王世子に婚嫁せらるる様にもなりたるに付、一月二十五日成婚の日に於いて朝鮮合併に際しての功労者朝鮮人三四名陞爵ありたき旨内申に付、余同意を表し宮相に協議する事となせり。

とみえ、おそらくこれが李完用、趙重応、宋秉畯・高義敬のことを指していると思われる。ただし原日記の八年一月四日条には、「また朝鮮総督申出の朝鮮人両三名陞爵の件（この事は余にも総督より申出あり）も行わるる様ありたしと相談ありたることを告げたり」と記されるも、この時は不許可となる。同じく原日記の九年一月二十七日条には、

　斎藤朝鮮総督来訪、（中略）また前総督より上申せし通り、李完用等の陞爵を実行したく、また朝鮮華族《(貴)》の希望通華族《(貴)》等を日本華族同様に宮中に於いて御取扱相成りたき旨内談あり。余は大体賛成の事に付、その機に於いて努力すべき意思なる事を告げたり。

と記されており、前総督より引き継いだためか現総督の斎藤実が原へ李らの陞爵を願い出ている。今回もすぐには実行には至っていないが、この件については三月三十一日・四月二十三日・同二十四日各条にも散見している。四月二十四日条では陞爵候補者中、宋秉畯のみが辞退をしているようであるが、同年八月十八日条には、

　宋秉畯、李完用陞爵は李王世子成婚の際結構あるべき筈の処、宋の申し出により暫く延期したるも、宋も今は余に一任しあるに因り、斎藤総督とも相談せし処同意に付、その内朝鮮の小騒動の終息を見て決行を望むと云い置けり。

とみえ、李王垠《ウン》と梨本宮方子《まさこ》女王との結婚に際しての朝鮮貴族陞爵は宋の申し出で延期に

なっていたことがわかる。ただし、八月の時点においてはすでに宋は陞爵の時期については原に一任している。さらに、同年十月十八日・同月二十八日条にも関連記事がみえ、朝鮮貴族と華族の有爵者大礼服を同一のものとしたいという案や李らの陞爵についても「即時にても差し支えなし」とみえる。また十二月に入ると十日条に「同時に李完用等一両名陞爵の事も取り計らう事とし、これも書面を出しくれよと中村宮相云うに付、余は朝鮮総督に早速相談して書面を出すべしと云い置けり」とあり、陞爵は既定路線であったようである。『授爵録』(大正八~十一年)によれば、大正九年十二月十六日付で内閣総理大臣原敬より宮内大臣中村雄次郎《ゆうじろう》宛で李完用と宋秉畯両名の陞爵詮議を申牒。

左記正三位勲一等伯爵李完用外一名は別紙功績書の通り功績顕著なる者に付、各頭書の通り陞爵の儀詮議相成りたし。

として両名の功績書を添付。

右者明治四十三年日韓併合の功労に依り特に頭書の栄爵を授けられ、一意蹇々《けんけん》その趣旨を体し率先、以て上下民心の指導に任じ、能くこれをして帰嚮する所を知らしめ、且つ新政の普及に尽瘁《じんすい》し、併合後未だ十年を出でずして内鮮同化の実漸く挙がらんとするに至りたるは一に我が皇徳の致す所なりと雖も、また前記二名の能く政府と歩調を一にし、その力を茲《ここ》に致したるに由らざるはなく、その国家に対する功績頗る顕著なりとす。

と日韓併合と、その後の内鮮同化に果たした功績をもって同月二十八日付で伯から侯へ陞爵が許されている。

典拠 権堂四郎介『李王宮秘史』、『原敬日記』大正七年十二月二十日条・八年一月四日条・九年一月二十七日条・三月三十一日条・四月二十三日条・同月二十四日条・八月十八日条・十月十八日条・同月二十八日条・十二月十日条、『倉富勇三郎日記』大正八年一月十七日条、『授爵録』大正八~十一年

尊龍院隆興 そんりゅういん・*りゅうこう

生没年不詳

後鳥羽天皇末裔

①明治十二年八月八日(不許可)

尊龍院は後鳥羽天皇皇子頼仁《よりひと》親王を始祖とする五流《ごりゅう》修験道の一派。幕末・維新時の当主は隆興。「長床縁由興廃伝(抄)」によれば、「頼仁親王を冷泉《れいぜい》の宮と号し奉る御事也。御子を御叔父覚仁親王へ投じ玉うて御弟子となし玉えり。道乗大僧正これ也。覚仁の遺跡を継ぎ玉えり。後房あり、六子を生む。主たらしむ五流の院々。これ皇孫の五流と称し、これより世々子孫これを継ぎ、他姓を以て継がず」「代々堂上なる故也」とその血統の正しさを記している。「三条家文書」所収の明治十二年(一八七九)八月八日付「押小路実潔《さねきよ》書翰」によれば、「名族取立テ依頼・猶子処遇ノ事」として、

恐れながら愚存の儀献言仕り候事。華族は国家の標準、これ然しながら祖宗以来積徳の故にして万民の模範に存じ奉り候。近比《ごろ》追々その勲を採り御新選遊ばされ候段、朝恩の至り有難き次第に存じ奉り候。付いては左の家の如きは著名の族に候処、未だその御沙汰に及ばれず候。

と、若江《わかえ》・半井《なからい》・幸徳井《こうとくい》・氷室《ひむろ》・尊龍院・西山・平島(足利)の七家を挙げて華族への編列を推挙。尊龍院には「後鳥羽院天皇後裔、備前に住」とする。皇胤として、同家の取立を押小路が推薦するも、結局同家の列華族は却下され、また十七年七月の華族令公布後も授爵はしていない。

典拠 「押小路実潔書翰」(「三条家文書」)、「長床縁由興廃伝(抄)」(五来重編『修験道史料集II』)、宮家準『修験道と児島五流―その背景と研究―』、松田敬之「明治・大正期 京都官家士族の動向に関する一考察―華族取立運動と復位請願運動を中心に―」(『京都産業大学日本文化研究所紀要』六)

た

高木兼寛　たかぎ・かねひろ

一八四九―一九二〇

予備役海軍軍医総監・貴族院勅選議員、医学博士

①明治三十八年三月一日（許可）

旧薩摩国鹿児島藩士出身の海軍軍医・政治家。明治五年（一八七二）四月に海軍省九等出仕となり、同年十月海軍中軍医に任ぜられ、以降同大軍医・同少医監・中医監・大医監と累進し、十八年十二月に海軍軍医総監に昇進。この間、東京海軍病院長や海軍省医務局長、軍医本部長などをつとめた。二十五年八月に予備役編入となると同時に貴族院勅選議員となり、三十六年五月からは中央衛生会委員にも就任。『授爵録』（明治三十四～三十八年）によれば、年月日不記載の授爵願が添付されている。海軍省からの請願と推測されるが、

　右者明治五年海軍出身以来、歴進して軍医総監となり、二十五年貴族院議員に勅撰せられ、分限令に依り予備役となる迄二十年間海軍の医務衛生に関し克《よ》く創業と守成とを共に遂行し、斯道《しどう》の為貢献する所頗る顕著にして、因りて以てその基礎を定めたり。これより先海軍創設以来、兵員の脚気《かっけ》病に罹る者年々増加し、その兵力に及ぼす影響重大なるを以て十五年頃より脚気病予防に関する会議を設けられ、頻りに同病の撲滅に関し研究する所ありしも、未だ充分その効を奏するに至らずして、十六年軍艦龍驤《りゅうじょう》の遠洋航海の際の如き同病一時に蔓延して為に死する者少なからず。頗る惨状を極めたるを以て同病撲滅の急務なるを感ぜしが、兼寛苦心惨憺遂に兵食改良を案出し、これを実施したるにその効特に著しく、二十年に至りてはまた一の脚気病患者を見ざるに至りたるを以て二十四年叙勲二等瑞宝章の栄を負えり。爾来《じらい》海軍病とも称すべかりし脚気病は根絶し、艦船に於いてはまた一の患者を見ざるに至り、就中《なかんずく》今回の戦役に於いて多数の陸戦隊員は旅順《りょじゅん》攻囲軍に加わり、半年余陸上に在りて激務に服せるに拘わらず、一の脚気病患者をも出さざりき。顧みるに二十七八年戦役・三十三年清国事変及び今回の戦役に於いて連戦連勝の結果、列強をして萎縮せしめたるは、一に陛下の御稜威に因ると雖も、また軍隊の衛生佳稜なるが為所謂健康なる身体には健全なる精神存し、従って一の遺算なく各自その職責を尽したること与って力ありたるものにして、兼寛の功績真に抜群なりと云うべし。加之《しかのみならず》兼寛は貴族院議員としても国家に尽瘁《じんすい》したること大なるは勿論、常に中央衛生会委員としてまた貢献する所少なからず。今や露国と第一期の作戦を完全に結了したるに方り、その功績を思うこと愈々《いよいよ》切なり。依ってこの際特別を以て華族に列し男爵を授けらるるの栄を賜りたし。

と記され、高木が海軍軍医として現役時代、脚気病対策に大いに尽力した点、貴族院勅選議員として衛生行政に貢献した点を述べ、同人への授爵を申請。これに対し、同書所収の明治三十八年三月一日付宮内省当局側の審査書類は前記とほぼ同様の文面・内容であるが、多年の功績をもって同人への授爵について裁可を仰いでいる。これらの功績が認められ即日裁可。同月三日付で男爵が授けられている。

高木兼寛

典拠　『授爵録』明治三十四～三十八年（宮内

庁宮内公文書館所蔵）

高木貞正　たかぎ・さだまさ

一八四一―一九二〇

旧交代寄合・元中大夫席

①明治十一・十二年頃（不許可）

②明治十二〜十六年頃（不許可）

高木家は旧幕時代に交代寄合《こうたいよりあい》表御礼衆の格式を与えられ、旧禄二千三百四石余を知行した。交代寄合高木氏は三家あり、貞正の系統は西高木家とも称した。幕末・維新期の当主は貞広で、新政府に早期帰順して本領を安堵され、朝臣に列して明治元年（一八六八）十一月中大夫席を与えられた。翌年十二月に中大夫以下の称が廃されるに伴い士族に編入。四年六月に貞広が死去し、貞正が家督を相続。十二年二月岐阜県の上石津郡長となり、二十七年三月の第三回衆議院議員総選挙に岐阜県三区より立候補して当選。大正二年（一九一三）十月には多良《たら》村長もつとめた。同家の華族昇格に関し、『爵位発行順序』所収「華族令」案の内規として公侯伯子男の五爵（左に朱書で公伯男の三爵）を設け、世襲・終身の別を付し、その内「世襲男爵を授くべき者」四項目中、第三項目に「元高家《こうけ》・交代寄合」を挙げている。同案は明治十一・十二年頃のものと推定されるが、この時点では旧幕時代に万石以下でありながら、若年寄ではなく諸侯や高家同様に老中支配である交代寄合は男爵に列すべき家として認知されていたと思われる。同じく前掲『爵位発行順序』所収「授爵規則」によれば「男爵を授くべき者」として、七項目中、第二項目に「元交代寄合・元高家」が挙げられている。前記資料とは異なり、この案は十二年以降十六年頃のものと推測され、こちらでも旧交代寄合である高木家は男爵を授けるべき家とされているが、結局授爵内規からは交代寄合は一律除かれ、華族編列・授爵は不許可に終わっている。

典拠　『爵位発行順序』

高木貞嘉　たかぎ・＊さだよし

?―一九一四

旧交代寄合・元中大夫席

①明治十一・十二年頃（不許可）

②明治十二〜十六年頃（不許可）

高木家は旧幕時代に交代寄合《こうたいよりあい》表御礼衆の格式を与えられ、旧禄千一石四斗余を知行した。交代寄合高木氏は三家あり、貞嘉の系統は東高木家とも称した。幕末・維新期の当主は貞嘉で、新政府に早期帰順して本領を安堵され、朝臣に列して中大夫席を与えられた。明治二年（一八六九）十二月に中大夫以下の称が廃されるに伴い士族に編入。同家の華族昇格に関し、『爵位発行順序』所収「華族令」案の内規として公侯伯子男の五爵（左に朱書で公伯男の三爵）を設け、世襲・終身の別を付し、その内「世襲男爵を授くべき者」四項目中、第三項目に「元高家《こうけ》・交代寄合」を挙げている。同案は十一・十二年頃のものと推定されるが、この時点では旧幕時代に万石以下でありながら、若年寄ではなく諸侯や高家同様に老中支配である交代寄合は男爵に列すべき家として認知されていたと思われる。同じく前掲『爵位発行順序』所収「授爵規則」によれば「男爵を授くべき者」として、七項目中、第二項目に「元交代寄合・元高家」が挙げられている。前記資料とは異なり、この案は十二年以降十六年頃のものと推測され、こちらでも旧交代寄合である高木家は男爵を授けるべき家とされているが、結局授爵内規からは交代寄合は一律除かれ、華族編列・授爵は不許可に終わっている。

典拠　『爵位発行順序』

高崎親章　たかさき・ちかあき

一八五三―一九二〇

大阪府知事

①大正九年十二月二十五日（不許可）

貴族院勅選議員・錦鶏間祗候

元薩摩藩士出身の官僚・政治家。長く警察畑を歩み、内務省警保局長などを経た後、明治二十六年（一八九三）より地方官に転じ、茨城・長野・岡山・宮城・京都の各府知事をつとめ、四十四年に大阪府知事を最後に退官した。この間、三十六年より貴族院勅選議員、退官後は錦鶏《きんけいの》

高崎親章

間祇候《ましこう》を仰せ付けられている。授爵については、『原敬日記』大正九年（一九二〇）十二月二十五日条に、

山県、高崎親章男爵に叙せらるるの件は如何かと云うに付、余は取調中なりと云いたり。高崎別段功労とてもこれなし。只長く地方官たりし経歴あれども是れとて先輩もこれあり、如何ともする事能わざるは宮内省も同感らしけれども、例の通り鹿児島県人運動し、遂に山県にも申入れたるものらし。山県は不可能なれば致し方なしとて左まで熱心にもあらざるに似たり。

とみえ、山県有朋を介して薩派が授爵を申請したようであるが、山県自身もそれほど熱心ではなかったためか授爵には至っていない。また、『倉富勇三郎日記』同月二十八日条には、高崎危篤に際し、従二位への陞叙は取り計らわれたものの、内務大臣床次竹二郎《とこなみたけじろう》より授爵の上申をしたが、内閣からはこれを正式に宮内省に通達しなかったという点が記されており、首相である原自身が最終的には宮中に授爵を奏請しなかったと思われる。

典拠　『原敬日記』大正九年十二月二十五日条、『倉富勇三郎日記』大正九年十二月二十八日条

高崎正風　たかさき・まさかぜ

一八三六―一九一二

宮内省御歌所所長、枢密顧問官

①明治三十一年五月二十日（不許可）
②明治三十三年五月三日（不許可）
③明治四十四年十一月十七日（不許可）

旧薩摩国鹿児島藩士出身の官僚。二条派の歌人としても著名。国事に奔走し、維新後は宮内省の侍従や宮中顧問官などを歴任した。明治二十年（一八八七）五月二十四日に授男爵。二十一年から同省御歌所《おうたどころ》長をつとめ、二十八年からは枢密顧問官。『近衛篤麿《あつまろ》日記』三十一年五月十日条には「来状。植松有経（高崎男に関する事跡材料申出しの為也）」とみえ、同月二十日条には「植松有経来たる。高崎男陞爵に関する書面起草を委嘱す」とあり、この当時より男から子への陞爵運動が進められていたことが確認できる。また同日記の同三十三年五月三日条によれば、

午後三時、伊藤侯を霊南坂《れいなんざか》官舎に訪問す。

高崎正風

高崎正風陞爵の件に就いて也。侯はその理由乏しき事を述べ、小松宮《こまつのみや》よりにても切に御申し立てに相成らばあるいは詮議に上るべきが、何分今迄の理由にては覚束なしとの事。同宮御旅行中なれば、紙面を差し上ぐる事とする旨を告ぐ。

とみえ、近衛篤麿が伊藤博文を同日訪問し、高崎の陞爵を申し入れている。これに対して伊藤は功績が足りない点、また小松宮彰仁《あきひと》親王よりの口添えがあれば詮議の対象となる可能性を指摘している。同日条によれば、京都旅行中の小松宮より高崎陞爵の申立人となりたい旨の書状があり、これより運動が本格化する。宮の同月六日付近衛宛の書状には

さて高崎正風事、発病已来《いらい》今以て荏苒《じんぜん》捗々しく回復の容体にも相見えず。就いては兼ねて御依頼致し置き候陞爵の義、なるべくは本人存命中に恩命を蒙り候はば至極の仕合わせならんと。幸い今般御慶

事の廉を以て、右の運びに相成り候様伊藤侯爵まで御談話。且つ同人の口頭等縷々御細書の趣感諾致し候。右は最前に御依頼候程に付、何等の異存これ無く、勿論御同感に候。依て取り敢えず昨日電信を以て御答え致し置き候。何卒この際十分の御配意厚く希《こいねが》い入れ候。

とみえ、当時病床にあった高崎に対して小松宮と近衛が尽力したようであるが、六日に近衛が宮内大臣田中光顕《みつあき》に面会した際、田中は難しいと答えている。同月九日条には近衛が宮邸に赴き、「過日来の顚末等を申し上げ、今日となりては最早その暇もあらざるに付、他日更に機会を見て申し立つべし」と申し述べたとみえ、結局陞爵は却下。その後も陞爵運動は続き、『山県有朋関係文書』所収の四十四年十一月十七日付「渡辺千秋《ちあき》書翰」には「高崎の事、田中伯等頻りに申し来たり候旨も御座候所、危篤に際し陞爵の例は殆ど少なく、万一この端を開き候はば将来種々情弊相生じ」と田中光顕が高崎危篤に際して運動するも、危篤陞爵の先例が少ない点が問題視され、認めた際には今後際限なく同様の請願が行われるとされ却下。こののち、翌年二月に高崎は没するが、『桂太郎関係文書』所収の四十五年三月十一日付「山県有朋書翰」には「旧臘《きゅうろう》東久世伯幷《なら》びに高崎男等に対し頗る強硬の運動相起こり」とみえ、かなり激しい運動が繰り広げられていたと推測される。

典拠　『近衛篤麿日記』明治三十一年五月十日条・三十三年五月三日条・同月六日条・同月九日条、「渡辺千秋書翰」(『山県有朋関係文書』三)、「山県有朋書翰」(『桂太郎関係文書』)

高島　某　＊たかしま

生没年不詳

高島四郎大夫（茂敦・秋帆）遺族

①昭和三年十月一日（不許可）

砲術家として著名な高島四郎大夫(茂敦・秋帆《しゅうはん》)の遺族。旧信濃国龍岡藩士族の榎元半重《えのもとなかしげ》よりの他薦。「陞授爵内願」によれば、(一)旧会津・桑名両藩主の陞爵、(二)旧幕臣功労者への授爵、(三)版籍奉還の際の旧大名華族や功臣への贈位を申請。(二)の内、江川太郎左衛門以外に鉄砲で功績のあった高島四郎大夫の遺族と、海軍充実に貢献した若年寄永井尚志《なおむね》の遺族に対する授爵を昭和三年(一九二八)十月一日付で請願するも却下。

典拠　「陞授爵内願」(宮内庁宮内公文書館所蔵)

高田早苗　たかた・さなえ

一八六〇―一九三八

文部大臣

①大正四年十月二十九日（不許可）

②大正四年十一月一日（不許可）

文部大臣・貴族院勅選議員・法学博士

③昭和三年七月三十一日（不許可）

貴族院勅選議員・帝国学士院会員・早稲田大学総長・法学博士

江戸出身の政治家・教育家。明治十五年(一八八二)に東京大学を卒業後、東京専門学校講師となり、二十三年七月に実施された第一回衆議院議員総選挙に埼玉県二区から立候補して当選。三十年四月には外務省通商局長、三十一年七月には文部省参事官、八月には同省高等学務局長を兼任、同年十一月には同省参与官を歴任。大正四年(一九一五)五月には貴族院勅選議員に就任し、同年八月には第二次大隈重信内閣で文部大臣に就任。また、早稲田大学学長・名誉学長・総長も歴任し、昭和三年(一九二八)四月には帝国学士院会員も仰せ付けられた。授爵については、『原敬日記』大正四年十月二十九日条によれば、

山県を訪《と》うて先日内談し置きたる授爵問

高田早苗

題に付、余より政府余に内議せずして直ちに発表する様の事なきやと尋ねたるに、山県はその事は決してこれなかるべし、政府は最初数多の授爵取調べをなしたる由なるも、閣員中異議ありて一切これを見合わす事となりたるに(閣員とは一木《いちき》内相の事なるは過日の話にして知るべし)、然るにまた一変して六七名は授爵を宮相まで申し出づる事となりたる様子にて、その人名を内々一覧せしに君と加藤の所には本人の意思を聞きてと明記しありたれば大丈夫と思う。去りながら大隈の事故度々変化する次第なれば、明日宮相に会見に付、その節宮相になお内談し置くべし。過日もざっとは話し置きたり。然れどもこの事は内閣の方は君の事ありて内閣書記官長に尋ねたるに因り始めてその取調を聞きたる様の次第なれば、果たして宮内省には内閣より如何に申し出づるや知れず、且つ閣議には上せず大隈だけの考えの様なれば篤《とく》と宮相に話し置くべし。宮内省にても旧華族等の事にてもあらんが取調たるものもこれある様子なり。自分の考えにては御大礼などの機会に於いてせず、平日に於いて功績ある者には特に恩命ある様にありたしと思うと云うに付、余は何れにしても宮相直接取り扱う問題に付、宮相に内談し置かるる様切望すと云い置きたり。多分これにて余は授爵を免るる事と思う。

とみえ、大正天皇の即位大礼という慶事に際して、第二次大隈重信内閣の閣僚一同への授爵が検討されていたことが記されている。原自身は授爵を免れたい思いから詳述しているが、閣僚中にも内務大臣の一木喜徳郎《きとくろう》が異議を申し立てていることが記され、閣内が必ずしも授爵に対して一枚岩ではなかった点が窺われる。このことについては、同日記同年十一月十二日条に、

西園寺を訪問せり。東京に於いて余の授爵問題に付山県と会見したる次第を内話せしに、西園寺も当地にて山県と会見し、その聞き得たる所も余と同様なり。但し一般授爵問題に付、山県が余に語りたる所と些少相違の点は、大隈始め閣員授爵問題起こりたるに付、一木内相は大隈に対し、偶然御大礼の際に内閣に居りたる訳を以て授爵せらるる様の事ありては世上の議論も如何あらんか、これは思い止まる方然るべし。大隈首相の陞爵は何等差し支えなけれども、これも辞職の際に陞爵せらるる方然るべし。在職中は不可なりと内談せし由、一木山県に云えりと、山県西園寺に物語りたる由、余に内談せし所とは相違と云うよりは寧ろ詳略の差なれども少しく異なれり。

とみえ、一木は即位大礼の際に偶然閣僚であったという理由での授爵には反対し、これを元老山県有朋にも述べたことが記されている。結局、この慶事に際しての閣僚からの授爵は行われず、文部大臣であった高田も機会を逃している。さらに『読売新聞』大正四年十一月一日朝刊には、「授爵調査終了／原・犬養氏も」の見出しで、

来たるべき御大典を機とし、国家に功労ありたる各階級の人々に対し、授爵・授勲・叙任等の恩命ある事は既報の如くにして、洩れ承る処によれば御発表に相成るべきは大嘗祭終了の上、即ち本月十六日なりとの事にて、内閣に於けるそれぞれの調査も昨今大体に於いて結了し、目下は宮内省との間に折衝中の由なるが、その陞爵・授爵の主なる人々は、大隈伯の侯爵、武富《たけとみ》・尾崎・一木・高田・加藤・河野《こうの》・箕浦各大臣の男爵は疑うべからざる処にして、更に有力なる筋よりの噂によれば、立憲政治創設に功労ありたる廉を以て、政友会総裁原敬氏、国民党総務犬養氏の二政治家、学者として功労ありたる故を以て山川東大総長、穂積《ほづみ》博士の二学者、財界に功労ありたる故を以て大倉喜八郎、安川善次郎、益田孝《たかし》の三実業家、また特に男爵を授けらるべしとの事なり。尚、世間にて村田保翁が授爵の運動をなしつつ

あるが如く伝うるも今回は授爵の事なく、多分特に位を進めらるる事となるべしと云う。

と大正天皇即位大礼の慶事に際し、陞爵・授爵候補者の名を報じており、そのなかに閣僚中から高田の名も挙げられているが、前記のとおり一木の反対で詮議がされず終わっている。また『授爵陞爵申牒書類』によれば、当時正四位・勲一等瑞宝章。昭和三年七月三十一日付で文部大臣勝田主計《しょうだかずえ》より内閣総理大臣田中義一宛で授爵を申牒。「功績調書」には、

右は明治十五年十月故侯爵大隈重信と共に早稲田大学の前身たる東京専門学校を創設し、その講師となり国語を以て政治学、法律学等の諸学科を教授し、学問独立の気運を醸成す。同十七年七月同校の監督となり講師を兼ね、教育及び経営の任に膺《あた》り大いに私学興隆に貢献する所あり。同十九年九月政治法律講義録を発刊し(後、文学・商業等を加う)、遠隔の地に在りて親しく登校して聴講する能わざる者の為に校外教育の制を設け民衆教育の先駆をなしたり。同三十一年九月同校の組織を改めて社団法人となし、これが社員となり、後財団法人となるに及びて維持員に挙げらる。同三十三年二月同校の学監として学務の監理並びに経営に任ず。同三十五年九月時代の進運に伴い、その要求に応ぜんが為、東京専門学校を早稲田大学と改称し、これに大学部・専門部及び高等予科を置き、別に高等師範部を設け国語・漢文・歴史・地理・英語等の中等教員を養成することとし、同人は引き続きこれが学監たり。同三十八年四月清国教育視察の途に上り、同年九月新たに清国留学生部を設け同国留学生に物理・化学・博物・教育及び歴史・地理等の諸学科を授け、これが卒業生を出すこと千有余名を算し、日支親善に尽瘁《じんすい》する所尠少《せんしょう》ならず。同四十年四月同大学々長に就任し、大いに経綸《けいりん》を行い着々その実績を挙ぐるに努め、同四十一年四月同大学第二期拡張事業として理工科を新設し、これに機械・電気・採鉱・冶金・建築等の諸学科を置き、従来民間に於いて学習し難き諸学科を教授し、なお同四十四年三月には付属工手学校を設け、機械・電気・建築等の中等技術者の養成機関となせる等、我が国産業界の発達に貢献せること少なからず。大正二年六月教育調査会議員を仰せ付けられ、同四年五月貴族院議員に勅選せらる。同年八月文部大臣に親任せられ、同五年十月退官に至るまで文政上に幾多の功績を残したり。これより先、同年四月には早稲田大学名誉学長に推薦せられ、また同八年六月同大学に於ける大学令実施準備委員に挙げられ基礎の確立、内容の充実に関し大いに画策する所ありたり。翌九年二月大学令に依る日本最初の私立経営に係わる早稲田大学の設立を見たるには同人が創業以来の努力最も与りて力あり。同十一年一月には同学維持員会に於いて理事会の諮問機関として内容充実方針委員会を設けその委員となり、同学の為に蘊蓄を傾注して大いに画策尽力する所あり。同十二年五月早稲田大学総長に当選し学務を総理し以て現今に至る。また大正十三年四月文政審議会委員を仰せ付けられ、昭和三年四月勅旨を以て帝国学士院会員を仰せ付けらる。これを要するに同人は明治の初年より一貫して教育事業の為に尽瘁すること一日の如く、特に早稲田大学をして今日の大を為さしめ延て我が国に於ける私立教育機関発達の原動力を造り、今日に至るまで幾万の青年子弟を教育し、それ等青年は国家社会の各方面に亘りて活動し、その国運の進展に尽くしたる所尋常にあらず。同人が我が国教育界特に私学方面の今日の進歩発達の為に貢献したる所真に偉大にして、寔《まこと》に教育界の元勲を以て目すべく、その勲功は一般世人の夙《つと》に認識する所なり。

と慶応義塾長もつとめた枢密顧問官鎌田栄吉同様、私学教育の興隆に寄与した点、文部大

臣の功績をもって授爵を申牒するも、結局不許可に終わる。

典拠　『原敬日記』大正四年十月二十九日条・十一月十二日条、『読売新聞』大正四年十一月一日朝刊、『授爵陞爵申牒書類』、小田部雄次『華族―近代日本貴族の虚像と実像―』

高千穂有綱　たかちほ・ありつな

一八五六―八二

英彦山神社神主

①明治六年六月十四日（許可）

英彦山《ひこさん》神社神主。維新前は英彦山権現と称し、後伏見天皇の皇子助有《じょゆう》法親王を座主に迎えて以来連綿。旧堂上《とうしょう》華族の滋野井《しげのい》実在《さねあり》の三男で、幼名は勝丸また遂丸。先代教有《きょうゆう》は神仏分離により還俗して通綱《みちつな》と名乗り、明治元年（一八六八）九月十九日従五位下に叙せられ、有綱はその養子となった。『太政類典』所収「高千穂有綱華族列」によれば、六年六月十四日付で小倉県参事小幡高政《おばたたかまさ》を経由しての請願。

当県下英彦山神社旧坐《（座）》主故高千穂教有儀、御一新の際復飾、従五位に叙せられ、己巳年神官世襲廃せられ、旧日田《ひた》県管轄中士族に編籍仕り候、然る処、教有家の儀は後伏見帝第六皇子助有法親王、元徳二年入山、坐《（座）》主宣下以来今において連綿。家世権少僧都《そうず》より正権僧正迄昇進。復飾後は更に従五位に叙せられ候儀にも御坐候。昨年来大社巨利の神官・僧侶、旧来の御取扱・由緒等を以て華族に列せられ候向もこれあり候間、今更相伺い候も不都合の儀に御坐候えども、相成るべき儀には候はば、故高千穂教有養子有綱儀、華族に御差し加え相成り候様仕りたく、これに依り別冊略系相添え、この段相伺い候也。

として請願書を提出。これに対して当時諸社を管轄する教部省においては、「小倉県管内英彦山神社旧神官高千穂有綱編籍の儀に付、御下問の趣了承致し候。右は同県申立の通り華族列仰せ付けられ然るべきと存じ候」と同月二十三日付で答議し、同様に庶務課議案においても、

別紙小倉県伺英彦山神社旧神官高千穂有綱編籍の儀取り調べ候処、御維新以来、旧神官・僧侶等格別の由緒これあり候者は追々華族に列せられ候的例もこれあり、有綱家筋中興より皇系並びに名族より相続致し来たり候儀もこれあり、且つ教部省においても異存これなき上は伺いの通り御許可相成り然るべきや。これに依り御指令案取り調べ、この段相伺い候也。

と同月二十五日に決定。これにより、同年七月四日付で同家は士族より華族へ昇格。十七年七月の華族令公布に際しては男爵を授けられている。

典拠　「高千穂有綱華族列」（『太政類典』）、「小倉県英彦山旧新館高千穂有綱華族編籍ノ儀伺」（『公文録』）

鷹司信熙　たかつかさ・のぶひろ

一八九二―一九八一

公爵鷹司熙通次男

①明治三十八年十二月十五日（許可）

旧五摂家の一つで公爵鷹司熙通《ひろみち》の次男。分家・授爵については、『授爵録』（明治三十四～三十八年）によれば、明治三十八年（一九〇五）十二月十五日に同じ旧摂家である二条基弘《もとひろ》・九条道《みち》孝《たか》両公爵の連署で宮内大臣田中光顕宛で「内願書」を提出している。

右本人の意志に依り父熙通の同意を得て今般分家の上一家創立致させ候希望にこれあり。右分家の上は当然民籍に編入相成るべきは勿論に御座候らえども、同家は別紙記載の通り皇女の御降嫁相成りたる事、及び御近代に於いて女御《にょうご》御二方の入内せられたる事これあり。且つ旧来摂家たるの格式を有したる家筋にこれあり候間、特に前述の由緒を思し召され、何卒右信熙の分家以前に於いて授爵の恩典を賜わりたし。尤も相当の財産は分与致すべく候間、御詮議下され候はば有難く存じ奉り候。仍《より》てこの段内願奉り候也。

と請願。鷹司信尚《のぶひさ》の正室が後陽成天皇皇女で

ある女三宮清子内親王、仁孝天皇の女御新皇《しんこう》嘉門院《かもんいん》は鷹司政煕《まさひろ》女、仁孝天皇の女御新朔平《しんさくへい》門院《もんいん》は同じく政煕の女で鷹司政通《まさみち》の養女である点を列挙したうえで本家より華族の体面を維持するための財産分与を行うことを明示し、信煕の分家前に授爵されることを願い出る。これに対して、同月十八日付で宮内省当局側の審査書類「鷹司信煕分家セムトスルニ因リ華族ニ列シ男爵ヲ授ケラレタキ件」によれば、

　右信煕今回その戸主煕通より相当の財産を分与し、その同意を得て分家の上一家を創立せんとする趣にて、分家の上は当然平民籍に編入せらるべき者の処、抑々《そもそも》鷹司家は旧五摂家の一にして、帝室に対し特別の関係を有し、後陽成帝の皇女は煕通の十一代先信尚に降嫁せられ、また三代先政煕の女は仁孝帝の女御に入内せらるる等の深き御由緒ある名家たり。然るに斯《か》かる名門の子孫をして今や分家せんとするに方り空しく民籍に入らしむるは事の宜しきを得たるものにあらざるを以て先に公爵二条基弘の養弟正麿《まさまろ》を華族に列せらるるの際、将来御詮議上の方針として開申せる旧五摂家中の者にして、向後分家せんとする者ある場合に於いてはその一名を華族に列せられ然るべしとするの意見に基づき、この際特旨を以て右信煕を華族に列せられ男爵を授けられ然るべき乎。裁を仰ぐ。

とし、「参考」として摂家公爵家から分家して男爵を授けられた鶴殿忠善《つるどのただよし》・九条良政《よしまさ》・一条実《さね》基《もと》・二条正麿の名を先例として列挙。これにより翌十九日には裁可され、同月二十三日付で授男爵。

典拠　『授爵録』明治三十四～三十八年

高野宗正　たかの・むねまさ

一八九〇—一九七七

旧堂上公家（羽林家）・元子爵家嗣子

①昭和十一年（不許可）

旧堂上《とうしょう》公家で貴族院議員もつとめた高野宗順《むねおさ》子爵の嗣子。大正元年（一九一二）一月十八日、宗順は爵位を返上し、十年五月五日没。嗣子であった宗正も二年一月十五日に従五位を返上。同じく堂上華族である侯爵嵯峨公勝《さがきんとう》による『恩賜来歴』の自序によれば、

　唯筆者の遺憾とするところは桃園天皇が御記録中に残り給いたる四忠臣三条・徳大寺・高野・西洞院《にしのとういん》四家の中、不幸高野子爵家は微罪の為に失爵し、西洞院家は僅かに子爵家として現存せるだけにして、筆者は先年高野家再興歎願書提出を近親松木伯爵に迫りたるも、伯の謙譲なる終に実行に至らず。西洞院家の昇爵運動も京阪地方居住、且つ病弱の模様に仄聞せられし故、その儘にて遺憾千万なり。当時一心同体忠君の赤誠に燃えたる同志の子孫として等閑に付するに忍びず。遠く元弘・建武の忠臣の遺跡さえ再興せられたるに、近き宝暦四忠臣の一家は失爵し、一家は依然子爵級として存在する事は単に遺憾千万なるのみならず、また聖代の一恨事にして、（中略）この時この際速やかに高野子爵家の再興と西洞院家の昇爵せられて、後の忠君愛国者を待つ事は蓋《けだ》し焦眉《しょうび》の急務ならん。

として、先年（昭和十一年（一九三六））頃に高野家の復爵が企図されていたことが明らかである。理由は宝暦事件の際に処罰された高野隆古の功績であり、嵯峨より貴族院議員であった松木宗隆《まつのきむねたか》伯爵に懇請するも松木が積極的に動かず、結局復爵はせずに終わっている。

典拠　嵯峨公勝『恩賜来歴』

高橋久平　たかはし・＊きゅうへい

生没年不詳

新羅三郎義光末裔

①明治二十年十月（不許可）

②明治二十三年六月二十五日（不許可）

栃木県平民。新羅《しんら》三郎こと源義光《よしみつ》の末裔を称する。『授爵録』（明治二十三年）によれば、明治二十年（一八八七）十月付で華族編列・授爵を請願。二十三年六月十五日付の宮内省爵位局側の審査書類「栃木県平民高橋久平華族編入再

願ノ件」には、高橋の出願後、二十二年七月中に詮議し難いことから、書類を却下したとみえる。当局は高橋の請願について、

果たして信なるものとするも、義光の光栄（後裔）たる新羅氏の正統と称する佐竹侯爵及びその支流にして、伯・子・男の栄爵を有する者その数多きを以て十分なりとす。豈《あに》高橋氏の如き世に名族と唱うるも少なしとせず、何の殊更に佐竹氏の支流なる高橋氏を民間より挙げて栄爵を授けらるるの事あるべけんや。

とし、すでに新羅三郎義光末裔としては旧久保田藩主佐竹侯爵をはじめ、その支流が華族として授爵をしているとの理由をもって却下。

典拠　『授爵録』明治二十三年

高橋是清　たかはし・これきよ

一八五四―一九三六

内閣総理大臣

①大正八年八月二十九日（不許可）

②大正九年八月十一日（許可）

大蔵大臣・貴族院勅選議員

元仙台藩士出身の官僚・政治家。慶応三年（一八六七）アメリカに留学。帰朝後大学南校・開成学校に学び、そののち東京英語学校や東京大学予備門の各教員を経て、明治十四年（一八八一）五月以降、農商務省御用掛・同省権少書記官・同省特許局長を歴任。二十五年六月以降は日本銀行に移り、三十二年二月には副総裁に就任し、三十八年一月から貴族院勅選議員。四十年九月二十三日付で日露戦争における戦時公債募集の功績をもって男爵を授けられる。四十四年六月には日本銀行総裁となり、大正二年（一九一三）二月には第一次山本権兵衛内閣で大蔵大臣、また七年九月からは原敬内閣で再度蔵相に就任。『東京日日新聞』大正八年八月二十九日朝刊によれば「西園寺侯公爵たらん／御批准後に発表か」の見出しで、

講和大使として七十有余の老軀を提《さ》げて巴里《パリ》に赴き、八ヶ月に亘って大任を果たし、去る二十三日無事帰朝せる西園寺侯が一昨日日光行在所《あんざいしょ》に伺候し、具さに会議の顚末を闕《けつ》下に伏奏したる際、畏くも陛下には侯が今回の労苦を思し召されて優詔を賜りたるは、侯がこの度の使命に対して世上に毀誉さまざまの説あれども、聖上が侯に対する御信任厚き事を証するものと見るべく、内閣に於いてもまた園《えん》侯《こう》の功労表彰につき何等かの奏請するところあるべきはいうまでもなけれど、目下正二位大勲位にして若《も》し位階を陞叙するとせば従一位となる訳なれども、従一位の位を有し居るものは現在とては浅野長勲《ながこと》、久我通久《こがみちつね》の両侯爵あるのみにて、山県公、松方侯、大隈侯等の元老も正二位に止まり、且つその筋の方針も今後は生前に従一位を奏請する事を絶対になさざる事に決し居れば、園侯に対してのみ特に従一位を奏請するが如き事はなく、また勲等も侯は出発に際して既に大勲位を授けられ居れば、この上は頸飾章《けいしょくしょう》加授より外には途なく、現内閣としては今度の講和に種々の非難あるにせよこれを以て大成功なりと吹聴し居る位なれば、必ずや園侯に対しては華々しき行賞の奏請をなすべく、恐らく爵位を陞して公爵を授けらるる事となるべく、同時に牧野男を初め講和会議に列せる全権委員や原首相は勿論不明なるも講和条約に対して御批准あり、平和に関する諸般の事務が一段落つきたる上にてそれぞれ発表さるべしと某宮内高官は語れり。

高橋是清

と第一次世界大戦後のパリ講和条約締結に際して全権委員主席であった西園寺以外に、牧野伸顕・珍田捨巳《すてみ》・松井慶四郎・伊集院彦吉の全

権委員および当時の原敬内閣の閣僚に対する論功行賞について大きく報じている。全権委員中有爵者は西園寺・牧野・珍田の三名であり、伊集院と松井は新規の授爵、閣僚中では授爵を回避しようという考えの原首相と、有爵者で男爵の高橋是清(大蔵)を除き床次竹二郎(内務)・田中義一(陸軍)・加藤友三郎(海軍)・中橋徳五郎(文部)・山本達雄(農商務)・野田卯太郎(鉄道)・元田 肇《はじめ》(鉄道)・高橋光威《みつたけ》(内閣書記官長)が無爵者ということになるが、この際はすぐに審査がされなかったためか、高橋是清も含め年内の陞・授爵は行われていない。『授爵録』(大正八〜十一年)によれば、大正九年八月十一日付で内閣総理大臣原敬より宮内大臣中村雄次郎《ゆうじろう》宛で西園寺らの陞・授爵を申牒。

　左記正二位大勲位侯爵西園寺公望外十名は対独平和条約等締結並びに大正三四年戦役に継ぐ戦役に関し別紙功績書の通り功績顕著なる者に付、各頭書の通り陞爵授爵の儀詮議相成りたし。

として西園寺以下、珍田・牧野・内田康哉《やすや》と高橋是清の陞爵、田中義一《ぎいち》・加藤友三郎・山本達雄・松井慶四郎・幣原喜重郎・伊集院の授爵詮議を各人の「功績書」を添付して求めている。高橋の功績書には、

　右は内閣に列すること二回、大正三四年戦役に継ぐ戦役に丁《あた》りては大蔵大臣として戦時財政の要衝に当たり画策《かくさく》、その宜しきを得、殊に平和会議の仏国巴里に開かるるや同会議に対する各種の案件に付、逐次これが調査決定に努力して機宜を愆《あやま》らず、遂に克く対独平和条約等の締結を見るに至れり。その勲功洵《まこと》に顕著なりとす。

と記される。この戦時内閣における蔵相としての功績などが認められ、同年九月七日付で男から子への陞爵を果たしている。

典拠　『東京日日新聞』大正八年八月二十九日朝刊、『授爵録』大正八〜十一年

高橋作衛　たかはし・さくえ

一八六七―一九二〇

法制局長官・東京帝国大学教授

帝国学士院会員・法学博士

①大正四年十月二十九日　(不許可)

旧信濃国高遠《たかとお》藩士出身の政治家・学者。明治二十七年(一八九四)帝国大学法科大学卒業後、大学院において国際法を専修。海軍教授などを経て、三十四年五月に東京帝国大学法科大学教授に任ぜられる。四十一年二月帝国学士院会員となり、大正三年(一九一四)四月、第二次大隈重信内閣で法制局長官に就任し、五年十月の内閣総辞職までつとめた。その後は東京帝大教授も辞し、五年十月から死去するまで貴族院勅選議員をつとめた。授爵については『原敬日記』大正四年十月二十九日条にみえ、

　山県を訪《と》うて先日内談し置きたる授爵問題に付、余より政府余に内議せずして直ちに発表する様の事なきやと尋ねたるに、山県はその事は決してこれなかるべし、政府は最初数多の授爵取調べをなしたる由なるも閣員中異議ありて一切これを見合わす事となりたるに(閣員とは一木《いちき》内相の事なるは過日の話にして知るべし)然るにまた一変して六七名は授爵を宮相まで申し出づる事となりたる様子にて、その人名を内々一覧せしに君と加藤の所には本人の意思を聞きてと付記しありたれば大丈夫と思う、去りながら大隈の事故度々変化する次第なれば、明日宮相に会見に付その節宮相に尚内談し置くべし。過日もざっとは話し置きたり。然れどもこの事は内閣の方は君の事ありて内閣書記官長に尋ねたるに因り始めてその取調を聞きたる様の次第なれば、果して宮内省には内閣より如何に申し出づるや知れず、且つ閣議には上せず大隈だけの考えの様なれば篤《とく》と宮相に話し置くべし。宮内省にても旧華族等の事にてもあらんが取り調べたるものもこれある様子なり。自分の考えにては御大礼などの機会に於いてせず平日に於いて功績ある者には特に恩命ある様にありたしと思うと云うに付、

余は何れにしても宮相直接取り扱う問題に付、宮相に内談し置かるる様切望すと云い置きたり、多分これにて余は授爵を免かるる事と思う。

とあり、この当時大正天皇即位大礼の慶事に際して大隈首相以下の閣僚へも授爵の議が浮上していたと思われる。また、同日記の十一月十二日条には、

西園寺を訪問せり。東京に於いて余の授爵問題に付山県と会見したる次第を内話せしに、西園寺も当地にて山県と会見しその聞き得たる所も余と同様なり。但し一般授爵問題に付山県が余に語りたる所と些少相違の点は、大隈始め閣員授爵問題起こりたるに付、一木内相は大隈に対し、偶然御大礼の際に内閣に居りたる訳を以て授爵せらるる様の事ありては世上の議論も如何あらんか、これは思い止まる方然るべし、大隈首相の陞爵は何等差し支えもなけれどもこれも辞職の際に陞爵せらるる方然るべし、在職中は不可なりと内談せし由、一木山県に云えりと、山県西園寺に物語りたる由。余に内談せし所とは相違と云うよりは寧ろ詳略の差の様なれども少しく異れり。

とみえ、大隈の伯から侯への陞爵は偶然大礼挙行時の内閣であるだけでその閣僚が栄典に浴するのは批判されるとして内務大臣一木喜《き》徳郎《とくろう》が反対し、結局高橋も含めて大隈内閣の閣僚は全員陞・授爵されずに終わっている。

典拠　『原敬日記』大正四年十月二十九日条・十一月十二日条

高橋新吉　たかはし・しんきち

一八四三―一九一八

元ニューヨーク領事・貴族院勅選議員

①明治四十二年三月（不許可）
②大正四年八月（不許可）
③大正四年十二月十日（不許可）
④大正七年九月二十七日（許可）

旧薩摩藩士出身の官僚・実業家・政治家。明治三年（一八七〇）にアメリカへ留学し、帰朝後は大蔵省租税寮に出仕し、以後大蔵権少書記官や長崎・神戸・大阪の各税関長、ニューヨーク在勤領事、農商務省商務局長などを歴任。退官後は九州鉄道株式会社社長や日本勧業銀行総裁もつとめ、また三十年十二月から死去するまで貴族院勅選議員に在職。『松方正義関係文書』によれば、四十二年三月の日付で松方正義が「園田孝吉、高橋新吉授爵詮議上申書」を内閣総理大臣桂太郎宛で提出している。まず、その理由としては両名ともに領事として外国正貨吸収にあたり功績がある点を述べたうえで、高橋の功績としては、

右は海外正貨吸収の為、明治十四年十二月新たに紐育《ニューヨーク》――領事に任ぜられ、同十八年十二月迄勤続せり。その間政府の正貨吸収を目的とする海外為替の監督及び為替代金の取立及び保管に関しその責任を帯び、これに貢献する所洵《まこと》に少なからざるものあるなり。抑々《そもそも》政府は西南戦役後、外国貿易の逆勢に傾き正貨の荐《しきり》に流出するを憂うるや、直輸出貿易を奨励してこれを挽回せんことを期し、明治十三年預入金規則を制定し国庫準備金の内一定の金額を限り横浜正金《しょうきん》銀行に貸与し、これを以て本邦輸出業者に融通せしめ、以て内国産品の直輸出を奨励せり。これに於いてか本邦輸出業者の店舗を海外各地に置き政府の援助を得て直輸出の取扱を為すもの漸く増加し、就中紐育は我が国産品需要最多き所とてここに店舗を設くるもの従って多く同伸会社、日本商会、新燧社《しんすいしゃ》、貿易商会、扶桑商会、三井物産会社、起立工商会社、大倉組等皆同所に於いてこの為替資金の援助を仰ぐに至れり。然るに規程中法文不備の点あり。且つ監督の方法備わらざりしが為漸次滞貨を出し、甚だしきは詐偽に罹り価格以上の貸出をなしたることさえあるに至り、正貨吸収の目的を達せざるのみならず、却って国庫の損失を生ずるもの多き有様となれり。余は明治十四年を以て任に大蔵卿に当たるや大いに外国正貨吸

収の方策を講ずると同時に、海外為替貸の方法を改正してかくの如き弊害《へいがい》なからしめんことを期し、明治十五年一月新たに外国為替金取扱規程を稟定し、貨物の検査及びその引渡等に現住の規定を設け、その為替荷物の保管及び為替返入金の収支保管は領事をして取り扱わしめ、なお領事をして各商店の動静を監督せしむる等幾多の改良を加え、以て非違の余地無からしむるに至れり。然るに旧法により貸出されたる資金は或いは売込先の不払いに因り、或いは売価以上に貸出したるに因り回収意の如くならざるもの多く、殊に旧法に依り軽易にして貸出されたる資金は新法に依り厳重に取り締まらるることとなりたるを以て、各商廛《しょうてん》はこれを不便として苦情を訴うるもの甚だ多し。この際に当たり新法の励行を専らとして各商廛の困難を顧みざらんか。各商廛は続々倒産の悲境に瀕するを免れず。また単に各商廛困難の訴えを傾聴して新法の運用を怠らんか。改善の実を挙げて正貨吸収の目的を達すること能わず、当局者のこの際に処するの態度如何は実に国家休戚の関する所なりとす。高橋新吉はこの際に当たり紐育領事に任ぜられたるものにして、施設最もその宜しきに適し、一方商店に対してはこれが監督を厳にして各商店をして寸毫も非違の行為無からしめ、一方大蔵省に対しては夫々《それぞれ》救済の方法を具状し、旧法に依る貸出金の内滞貨に属するものに対しては相当の延期を与え、または年賦償還を許すの方法を内申してその納採を得、遂にこの新旧法規過渡の際に於ける紊乱を免れしめたり。各商店の営業を継続して国庫に対する債務償却の方法を得たるもの畢竟その力に依るものとす。尋《つい》で新規定を実施するに至りては各商店に対し厳密の監督を加うるの傍、また事情の許す限りはこれに援助を与えて国産品直輸入の奨励に努めその商店をして直ちに倒産に至らしめず、旧法に依る為替貸出資金を回収し得たるのみならず、新たに幾多の正貨を吸収することを得、各商店は不始末を海外に暴露することなく各自任意に営業を継続し、または閉店を為すことを得るに至れり。明治十八年官を辞して帰朝するや、九州鉄道会社々長となり、全国中有数の大鉄道を経営して能く好成績を収め、尋で日本勧業銀行総裁として国家金融機関の要衡に当たり、全国農事改良資金の供給方に関し施設その宜しきを得たり。その終始国家に尽くせし所の勲功洵に少なからずとす。

と記して、功績を縷々陳情しているが、この時は高橋・園田両名は不許可に終わる。彼らへの授爵運動は大正期に入っても継続されており、前掲『松方正義関係文書』の「園田孝吉、高橋新吉授爵詮議上申書」の明治四十二年三月の日付の上より「大正四年八月」の書き込みがあり、同様の文面で再提出したものと思われる。また、『原敬日記』大正四年(一九一五)十二月十日条には、

また授爵の事に付、他の元老(松方の事と思う)より高橋新吉、益田孝《たかし》はじめ数人大隈に申込あり。他よりも多分それぞれ申し出ありたるならんが、斯くては困るなりと大隈が云いたる事あり。但しこの授爵問題は中止となりては再興し、再興となりては中止と云う様に幾変遷をなしたるものと云えり。

とみえ、一般授爵詮議の際、松方より高橋と益田(とおそらく園田も)の授爵推薦があった経緯がわかるが、この際も授爵には至っていない。さらに、同日記大正七年九月二十七日条によれば、

その外には授爵の問題あり。自分は実は口を出す事を避け居れり。益田孝(山県、松方同案)、高橋新吉、園田孝吉(松方提案)、江川太郎左衛門の子孫なりと言うに付、高橋、園田は何の理由かと云いたるに、貨幣制度改革の際、為替その他に尽力せりと云う事なりと。その他の者それ

ぞれ理由あり。

として、益田は山県と松方が、高橋・園田は松方がそれぞれ授爵を推していることが明記されている。また、同日記十月十七日条には、

松方を訪問す。対支問題に付内閣更迭の日に借款を調印し、論功行賞をなしたる事並びにそれが為金調の必要起こりたる事など内話せしに、松方も多少は他より聞き居りたりと見え、余の談話によりて更に驚き入りたりと言えり。また米価問題に関し、米の過不足は如何にも調節に困難する事なるが、先年在職中処置せし事もありその顚末は益田孝熟知し居れり。また当米の輸出より正金を得んが為に為替作用に苦心せしが、この事に関係せしは当時ロンドン在勤領事園田孝吉、桑港《サンフランシスコ》在勤領事高橋新吉なり。右故この三人に授爵の詮議然るべしと思い提案せしに、内閣の議は纏まりたる様にも聞く。何分宜しく含みくれよと云うに付、余は寺内より引継を受けたるにはあらず、ただ寺内の談話中にその事は宮内大臣に一任し置けりと云えりと返答したり。

と経済界に影響力を有する元老松方が益田も含めこの三名への授爵に並々ならぬ尽力をしている。さらに十一月二十三日条にも、

参集所にて石原宮内次官、波多野宮相に代わりて(宮相病気)内談に、前内閣より授爵の件に付申し出あり(高橋新吉、園田孝吉、益田孝、前田正名《まさな》、渡正元《まさもと》、江川太郎左衛門の六名)。然るに前内閣の末路にてその儘となり居りしが、高橋新吉病気にてむつかしければ、この際授爵ありたしと松方より平山成信《しげのぶ》を以て申し越しあり如何すべき、一応御意見を承りたしと波多野の伝言なりと云うに付、余はこの事は寺内より引継を受けたるには非ず。去りながら寺内より聞く処にては右の内益田の事は山県も松方も一致なれども、高橋、園田の事は松方の申し出にて山県不賛成なり。故に止むを得ずその儘宮内省に送れりと云えり。而してその後松方より園田、高橋の事はこれを聞きたるも単に聞きたる迄なり。故に全元老の間に疎通せられたるやと反問せしに、石原は波多野の云う処にては山県も異議なきに至りたる様に寺内より聞きたれば、高橋一人は授爵あるも妨げなき様に云えりと云うに付、余は益田は我が海外貿易に尽力せし事甚大にて三井を賞せらるるよりも、事実は益田に賞なかるべからず。殊に森村市左衛門に授爵ありたる已上には無論益田に授爵あるを当然なりとす。園田、高橋は領事として為替(金貨)に尽力せしと云う位に過ぎざれば、益田と共に高橋、園田を合わせ三人を賞せらるる事ならば強いて異議なきも、高橋に授爵ありて益田等恩典に浴せざる様にては不可なり。但し何れにしても高橋、園田の事は山県の異議なきや否やは貴方にて慥《たし》かめられよと云いたれば、石原は然らばこの際断然三人同時に授爵の事として山県にも直接相談すべしと云えり。

とこの件に関して長文で記しており、益田・高橋・園田の授爵は元老間でも温度差があり、宮内省側では石原次官が三名同時に授爵させようとの考えから、山県への同意を得ようとしている。『授爵録』(大正七年)所収の「功績書」によれば、

右は明治七年八月租税寮八等出仕に補せられ、爾後《じご》大蔵権少書記官・長崎県大書記官・大蔵少書記官・領事・農商務書記官・農商務省商務局長等に歴任し、その間明治十四年十二月より同十八年十二月迄紐育領事として正貨吸収を目的とする海外為替の監督及び為替代正金の取立保管に関し、措置最もその宜に適し、国家に貢献する所甚だ大なるものありたり。明治二十年五月非職を命ぜられ、同月九州鉄道会社の創立に際し挙げられて社長となり経営十二年に及び、能く好成績を収めたり。明治三十一年九州鉄道会社社長を辞し、翌三十二年十月日本勧業銀行総裁仰せ付けられ、明治四十二年十月任期満了して

職を退くに至る迄、国家金融機関の要衝に当たり全国農事改良資金の供給方に関し、施設その宜しきを得、殊に日露戦役に際しては国債募集に関し尽力少なからず。その他生産調査会委員・臨時治水調査会委員・米価調節調査会委員・維新史料編纂会委員等を命ぜられ、終始国家に致せる功績洵に大なりとす。

とその為替金融面での功績を記しており、この功績が認められ同年十一月二十六日付で益田・園田も含め三名同時に男爵が授けられている。

典拠　「園田孝吉、高橋新吉授爵詮議上申書」（『松方正義関係文書』一二）、『原敬日記』大正四年十二月十日条・七年九月二十七日条・十月十七日条・十一月二十三日条、『授爵録』大正七年

高橋光威　たかはし・みつたけ

一八六七―一九三二

内閣書記官長・衆議院議員

①大正八年八月二十九日（不許可）

旧越後国出身の政治家。慶応義塾大学部卒業後、福岡日日新聞・大阪新報などを経て、明治四十一年（一九〇八）五月の第十回衆議院議員総選挙で新潟県より立候補して当選。内務大臣秘書官や内務省勅任参事官を歴任し、大正七年（一九一八）九月、原敬内閣で内閣書記官長に就任。また、原の後継内閣である高橋是清内閣でも、十年十一月に三土忠造と交代するまで内閣書記官長をつとめた。授爵の風説は『東京日日新聞』大正八年八月二十九日朝刊にみえ、同紙によれば「西園寺侯公爵たらん／御批准後に発表か」の見出しで、

講和大使として七十有余の老軀を提《さ》げて巴里《パリ》に赴き、八ヶ月に亘って大任を果たし、去る二十三日無事帰朝せる西園寺侯が一昨日日光行在所《あんざいしょ》に伺候し、具さに会議の顚末を闕《けつ》下《か》に伏奏したる際、畏くも陛下には侯が今回の労苦を思し召されて優詔を賜りたるは、侯がこの度の使命に対して世上に毀誉さまざまの説あれども、聖上が侯に対する御信任厚き事を証するものと見るべく、内閣に於いてもまた園《えん》侯《こう》の功労表彰につき何等かの奏請するところあるべきはいうまでもなけれど、目下正二位大勲位にして若し位階を陞叙するとせば従一位となる訳なれども、従一位の位を有し居るものは現在とては浅野長勲《ながこと》、久我通久《こがみちつね》の両侯爵あるのみにて、山県公、松方侯、大隈侯等の元老も正二位に止まり、且つその筋の方針も今後は生前に従一位を奏請する事を絶対になさざる事に決し居れば、園侯に対してのみ特に従一位を奏請するが如き事はなく、また勲等も侯は出発に際して既に大勲位を授けられ居れば、この上は頸飾《けいしょく》章加授より外には途なく、現内閣としては今度の講和に種々の非難あるにせよこれを以て大成功なりと吹聴し居る位なれば、必ずや園侯に対しては華々しき行賞の奏請をなすべく、恐らく爵位を陞して公爵を授けらるる事となるべく、同時に牧野男を初め講和会議に列せる全権委員や原首相その他の閣僚、外交調査会委員等にも陞爵・授爵の恩命下るべく、而してその時期は勿論不明なるも講和条約に対して御批准あり、平和に関する諸般の事務が一段落つきたる上にてそれぞれ発表さるべしと某宮内高官は語れり。

と第一次世界大戦後のパリ講和条約締結に際して全権委員であった西園寺と、牧野伸顕・珍田捨巳・伊集院彦吉・松井慶四郎、また原内閣における首相原を含め閣僚たち、外交調査会委員らに対する論功行賞について大きく報じ

高橋光威

ている。この際はすぐに審査がされなかったためか、年内の陞・授爵は行われていないが、高橋はこののちも授爵されることなく終わっている。

典拠『東京日日新聞』大正八年八月二十九日朝刊

高松某　＊たかまつ

生没年不詳

旧堂上公家（羽林家）

①明治二十四年三月二十四日（不許可）

明治二十四年（一八九一）三月二十四日付「品川弥二郎書翰」（『山田伯爵家文書』）によれば、「右御詮議の御参考までに、御手元へ覚書にして差し出し候。急ぎ候間、よろしく御願申し上げ候」とみえ、別紙には「甲子の乱前後より尽力ありし旧公卿・非蔵人《ひくろうど》その他の者へ御賞の事」「高松［　］（ママ）へ授爵の事」「沢宣嘉《のぶよし》卿の跡は他の六公卿同様に伯爵に昇らせたき事」と併記される。旧堂上《とうしょう》公家である高松家は十七年七月八日に子爵を授けられており、授爵は陞爵の誤記か。詳細は不明であるが、高松実村《さねむら》を指しているとも考えられるも、その後も同家は伯へは陞爵せずに終わっている。

典拠「品川弥二郎書翰」（『山田伯爵家文書』二）

高山守四郎　たかやま・もりしろう

生没年不詳

高山彦九郎玄孫

①明治二十一年七月十五日（不許可）

江戸後期の尊王思想家として著名な高山彦九《ひこく》郎《ろう》（正之）の玄孫。『東京朝日新聞』明治二十一年（一八八八）七月十五日朝刊によれば、「高山彦九郎氏の裔」という見出しで、「その筋にては彼《か》の勤王家を以て世に知られたる高山彦九郎氏の末裔を華族に列すべしとの詮議あるやの説あり」と報じる。勤王家である彦九郎の末裔への授爵を宮内省当局が検討していた可能性もあるが、結局授爵はされずに終わる。

典拠『東京朝日新聞』明治二十一年七月十五日朝刊

財部彪　たからべ・たけし

一八六七―一九四九

海軍大将

①昭和三年九月十五日（不許可）

宮崎県出身の海軍軍人・政治家。山本権兵衛の娘婿。海軍兵学校・海軍大学校卒業。大正八年（一九一九）十一月海軍大将。同年以降、加藤友三郎・第二次山本権兵衛・加藤高明・第一次若槻礼次郎・浜口雄幸の内閣において海軍大臣を歴任。『授爵陞爵申牒書類』によれば、昭和三年（一九二八）九月十五日付で、当時従二位・勲一等旭日大綬章・功三級であった財部を海軍大臣岡田啓介より内閣総理大臣田中義一宛で授爵を内申。在官三十八年四ヵ月（うち親任官待遇四年九ヵ月二十日）、大将任官以後八年二十五日、海軍大臣二回（在職三年六ヵ月）の経歴をあげ、「内申書」には、

財部　彪

右者、海軍出身以来実に三十八年余、その間大本営海軍参謀、宗谷艦長、富士艦長、第一艦隊参謀長、海軍次官、第三艦隊司令官、旅順《りょじゅん》要港部司令官、舞鶴鎮守府司令長官、佐世保鎮守府司令長官、横須賀鎮守府司令長官、海軍大臣、軍事参議官等の諸要職を歴任し終始一貫克《よ》くその任に尽くし、成績頗る顕著なり。殊に三十七八年戦役には大本営幕僚として作戦の按画枢機に参与し、籌謀《ちゅうぼう》献策頗る努め、曠古《こうこ》の大捷《たいしょう》に資したる処甚大なり。その後海軍次官として前後四年有半、専心大臣を輔《たす》けて最も難事とする戦後の充実に全力を傾注し、克く帝国海軍今日の

基礎を確立せり。また青島《チンタオ》戦後には南支方面に第三艦隊司令官として日支条約締結に資する処あり。更に我が海軍の南洋及び地中海方面策動に当たりてはその作戦基地たる佐世保に鎮守府司令長官として画策宜しきに適い、作戦を容易ならしめたり。大正十二年台閣に列するや彼の関東大震災に直面し、全海軍の艦船をして桟敏に物資の搬入、避難者の救護・輸送等をなし、帝都市民の生活を保障し、因て来たる不安を一掃したるの功績は没すべからず。また華府《ワシントン》会議後に於ける帝国海軍の国防方針の策定に関しては、故子爵加藤友三郎の後を承け海軍軍令部長山下源太郎と協力して、幾多の困難を廃除し遂に克く帝国の国防上瑕瑾なからしめ、また大正十三年以来間断なき支那の騒乱に当たりては我が国策に遵い施措宜しきに適い、能《よ》く帝国利権の擁護竝に在留邦人生命財産の保護を全うしたる等、その軍政上に於ける功績寔《まこと》に卓超偉大の者にこれあり候に付いては、御大礼の機会に於いて特に授爵せらるる様御詮議相成りたし。

として、特に軍政家としての手腕・功績を述べて授爵を推薦するも、結局不許可に終わる。

典拠　『授爵陞爵申牒書類』、小田部雄次『華族—近代日本貴族の虚像と実像—』

多久乾一郎　一八五二—一九〇一　たく・けんいちろう

元肥前国佐賀藩家老・宮内省式部官
①明治二十六年十一月六日（不許可）
②明治二十七年二月八日（不許可）
③明治三十年（許可）

元佐賀藩一門で旧幕時代は二万千七百三十石余を領す。父茂族《しげつぐ》は維新後新政府に出仕し、太政官少弁《しょうべん》や浜松・伊万里両県の権令《ごんれい》もつとめ従五位に叙せられた。乾一郎は当時、宮内省式部官。『授爵録』（明治三十年）によれば、明治二十六年（一八九三）の日付で旧主鍋島直《なお》大《ひろ》が宮内大臣土方久元宛で「一門ノ有功者ヲ華族ニ被列度願」を提出し、

直大謹みて言上奉り候。亡父直正《なおまさ》以来勤王敵愾の微衷に因て優渥《ゆうあく》の褒奨を蒙り、朝野の面目家門の光栄、深く感戴奉り候。これとても一巳の力に非ず、一門の者共腹心爪牙となり尽力したる結果にこれあり候処、近年旧藩有功の者を華族に列せられ候に付ては、直大一門に於いても門地禄高その比に劣らず。随分功労を励み、今に家声を保続し華族に列せらるるとも敢えて諸家に愧《はじ》さるもの少なからず。空しく下命を待つは怠りに似たり。黙止すれば本意に乖《そむ》く。因て左に具陳し公正の議を仰ぎ候也。

鍋島己巳五郎《きしごろう》・同茂昌《しげはる》・諫早一学《いさはやいちがく》とともに多久乾一郎についても授爵を求めている。『授爵録』（明治二十六年）によれば、二十六年十一月六日付の宮内省当局の立案書で、故鍋島直暠《なおてる》相続人己巳五郎と鍋島茂昌、故多久茂族相続人乾一郎、諫早一学の四名に対する授爵審査。「右孰《いず》れも侯爵鍋島直大の旧老臣にして、同侯爵よりその履歴書を具し維新の功労を以て華族に列せられんことを出願せり」とみえ、鍋島侯爵家からの他薦であったことが確認できる。すでに授爵した島津久家《ひさいえ》・池田政和《まさやす》らの所有財産や血族関係、維新時の勲功と比較しても大いに劣るところはない、としたうえで、

多久氏のみは最も功績あることを見る。故にこれを肥後の松井盈（敏）之に男爵を授けられたるものに比すれば、寧ろ優ることありて劣ることなし。

と四家中、多久家の優越性を指摘。肥後熊本藩家老で八代《やつしろ》城代でもあった松井家と比較しても同家の功績は等しいとしている。また、

この四家の中より独り多久氏のみ挙げ、その恩典を蒙らしむるも、敢えて異数の事にはあらざるべし。而して他に影響して将来廷議の煩累《はんるい》となるが如きも亦あるべからず。因て多久氏のみ特に御詮議相成り然るべきか。茲《ここ》に卑見を立て、この段上申候也。

と結論付けたうえ、結局この時は四家とも却下される。さらに『東京朝日新聞』二十七年二

月八日朝刊には「多久式部官授爵の説」の見出しで、「式部官多久乾一郎氏は鍋島家の一族にして、元肥前多久の城主たり。それ等の縁故に依りかねてより華族に列せらるるやの説ありとて取調中なりし所、今度愈々《いよいよ》授爵のことに決したりと伝う」と報じる。風説にすぎなかったためか、結局この時は不許可に終わるが、『授爵録』(明治三十年)の日付不記載の審査書類「功労者ヲ優班ニ列スルノ議」にも同人の名が挙げられる。そののち乾一郎は三十年十月二十七日付で男爵を授けられている。

典拠　『授爵録』明治二十六年・三十年、『東京朝日新聞』明治二十七年二月八日朝刊

→多久茂族

多久茂族　たく・しげつぐ

一八三三―八四

旧肥前国佐賀藩家老・元佐賀県権令

①明治十一・十二年頃(不許可)

②明治十二～十六年頃(不許可)

③明治十五・十六年頃(不許可)

④明治十五年十一月二十日(不許可)

多久家は代々佐賀藩家老の家筋。茂族は明治維新後に新政府に出仕し、明治二年(一八六九)七月太政官少弁《しょうべん》に任ぜられ、同年九月に従五位に叙せられた。そののち、四年十一月浜松県権令《ごんれい》、翌年五月に伊万里県権令に就任。同月同県が佐賀県に改名するに及び引き続き佐賀県権令となり、六年五月に免官となった。

同家の華族昇格に関し、『爵位発行順序』所収「華族令」案の内規として公侯伯子男の五爵(左に朱書で公伯男の三爵)を設け、世襲・終身の別を付し、その内「世襲男爵を授くべき者」四項目中、第四項目に「旧藩主一門の高一万石以上の者及び高一万石以上の家臣」を挙げている。同案は十一・十二年頃のものと推定されるが、この時点では旧幕時代に一万石以上を領していた多久家は男爵に列すべき家として認知されていたと思われる。同じく前掲『爵位発行順序』所収「授爵規則」によれば「男爵を授くべき者」として、七項目中、第四項目に「旧藩主一門の高一万石以上の者及び高一万石以上の家臣」が挙げられている。前記資料とは異なり、この案は十二年以降十六年頃のものと推測されるが、こちらでも万石以上陪臣として、同家は世襲華族として男爵を授けられるべき家とされていた。また、十五・十六年頃の作成と思われる「三条家文書」所収「旧藩壱万石以上家臣家産・職業・貧富取調書」によれば、旧禄高二万千七百三十石余、所有財産は金禄公債三万五千四百四十五円、補産社株金三千円、田畑二十一町二反四畝八歩、藪地六反三畝七歩、宅地二町八反四畝三歩、職業は無職、貧富景況は空欄。おそらく、この当時でも華族の体面を維持するだけの資産は有していたと考えられる。『諸雑公文書』所収「細川忠毅《ただよし》外ヲ華族ニ列スル件」によれば、十五年十一月二十日付で旧熊本藩主細川護久《もりひさ》より、同藩一門・家老であった細川忠毅と興増《おきなが》の両名の華族編列を願い出ているが、その関連で旧佐賀藩一門・家老についても触れられている。

多久茂族

熊本県士族正六位細川忠毅・細川興増華族に列せられたき儀、別紙の通り細川護久より内申これあり候に付取調候処、旧大藩武家華族の内にて従前一門と称し候面々の内、家系を以て論ずる時は末家に相当する家格の向は往々これあるべし。右等の向、華族に列せらるるの一例相開け候時は影響少なからざる儀と存じ候。尤も忠毅・興増両人は十年西南の役に際し尽力の廉もこれあるに付、特別の御詮議にも相成るべき事とせんか。別紙参照の通り、鍋島直大《なおひろ》一門鍋島直暠《なおてる》儀も同役に際し尽力の廉は忠毅・興増同様にして、その家系に於けるも始祖は勝茂《かつしげ》第四男山城守

直弘《なおひろ》にして、鍋島家連枝の家柄に付、これまた特別の御詮議相成らず候ては不権衡にこれあるべし。右の外旧諸藩一門及旧旗下交代寄合等、維新の際功労これある者の内、その家系を以て論ずる時は華族に列せられ然るべきものもこれあるべしと存ぜられ候。彼是勘考仕り候に、細川家内申の儀は篤《とく》と御評議相成るべきものにして容易に御沙汰に及ばれざる方然るべき哉に存じ候也。

と宮内省当局側は述べている。この資料には、鍋島直畧に関して、

華族鍋島直大一門直畧、旧藩待遇振取調御照会の趣承知致し候。右同家を取調候処、直畧家は直大祖先の分家、代々家臣にして親類と唱え候四家の上席にして、家老待遇上に鄭重を加え取扱来たり候旨申し出で候。この段御回答に及び候。

と華族局長・宮内少輔香川敬三《けいぞう》より内閣書記官に宛てられており、その四家の残る三家中に従五位多久茂族・正六位諫早一学《いさはやいちがく》・鍋島直朝の名を列挙。「親類」は直畧のみであり、ほかの三名は「親類同格」の家老であると説明されている。少なくとも、この当時旧藩の万石以上一門および陪臣が華族編列に際して充分に今後の請願数も勘案して慎重な姿勢で臨まなくてはならないとされていたことが明らかである。この時期にこれらの諸家が士族より華族へ昇格することはなかったが、そののち、茂族の嗣子乾一郎の代に至り、三十年十月二十七日付で男爵を授けられた。

典拠　『爵位発行順序』、「旧藩壱万石以上家臣家産・職業・貧富取調書」(「三条家文書」)、「〔細川忠穀外ヲ華族ニ列スル件〕」(国立公文書館所蔵『諸雑公文書』)

→多久乾一郎

武井守正　たけい・もりまさ

一八四二―一九二六

枢密顧問官

①明治三十五年五月三日（不許可）

②明治三十九年九月十七日（許可）

貴族院勅選議員

旧姫路藩士出身の官僚・政治家。幕末・維新期には国事に奔走し、新政府に出仕後は庶務局判事・民部大録・白石《しろいし》県(のち角田《かくだ》県)の権知事、平《たいら》県(のち磐前《いわさき》県)の権令《ごんれい》を歴任し、内務・農商務両省大書記官や参事院員外議官補を経て、農商務省の会計・山林各局長をつとめた。明治二十一年(一八八八)以降は再度地方官に転じ、鳥取・石川各県知事となる。この間、二十四年十二月からは貴族院勅選議員に就任。さらに、大正十二年(一九二三)七月には枢密顧問官に親任された。授爵については、「田中光顕《みつあき》関係文書」所収の明治三十五年五月三日付「山県有朋書翰」によれば、

扨《さて》は授爵の事、仰せ聞かされ了《おわ》り候。両大臣の儀、他の権衡上より詮議相成り難く候へば、他日恩典を蒙り候外これ無しと存じ候。維新の功績に依り授爵の部中、小原《おはら》議員御詮議これあり候はば、武井守正の歴履(履歴)十分詮議を尽くされたく候。老生も当時の事情篤と承知致さず候へども、一、二の自伝承り候へば、甲乙これ無き哉に聞き及び申し候。この上ながら御考究の所願に候。猶十年以上にて松岡才判(裁)所長抔《など》は蜂須賀公(侯)より頻りに申し込み候。孰《いず》れにしても授爵の詮議は困難至極の事情想察に堪えず候。

とあり、この当時、維新の功績による新規授爵の候補に小原重哉と武井守正・松岡康毅《やすこわ》の三名が挙げられていたようである。この際は結局見送られたようであるが、三十九年に至ると再度授爵の動きがみられるようになる。『原敬日記』明治三十九年九月十七日条によれ

武井守正

ば、「又武井守正が維新前後に於ける功労により何とかして授爵を望む旨、服部兵庫県知事来談により、この事も相談せり」とみえ、兵庫県知事服部一三より内務大臣の原へ授爵の相談が持ち込まれている。また、「田中光顕関係文書」所収の四十年一月二十三日付「山県有朋書翰」によれば、

　時に叙爵の詮議これある哉の由伝聞。真偽如何は存ぜず候えども、若《も》し御序《ついで》でもこれある節は別紙の者人員に相加えられ、御詮議相願いたしとの事情、屢々《しばしば》他より依頼これあり候に付、御詮議下さるべく候。猶維新前藩論紛擾の際功績もこれある哉に伝承。相成るべくは一層御注意所願候。

と書中にみえ、武井の名を挙げ、山県が後援している。同人は山県系の官僚の一人であり、授爵には山県の強い口添えがあったものと思われ、こののち、四十年九月二十三日付をもって男爵を授けられている。

典拠　『原敬日記』明治三十九年九月十七日条、「山県有朋書翰」（法政大学所蔵「田中光顕関係文書」『法政大学文学部紀要』六二）

武田　某（信任カ）　＊たけだ

生没年不詳

旧高家・元中大夫席

①明治十一・十二年頃（不許可）

②明治十二〜十六年頃（不許可）

同家は戦国大名武田家の末裔で、旧幕時代には高家《こうけ》の旗本。幕末維新期の当主は崇信で、安政四年（一八五七）八月に高家見習となり、同年九月に奥高家に就任して従五位下侍従兼大膳大夫に叙任された。維新に際しては他の高家同様、朝廷に早期帰順して本領五百石を安堵され、慶応四年（一八六八）五月に朝臣に列して中大夫席を与えられた。同人は明治七年（一八七四）十二月に没しているが、浦賀奉行をつとめた遠山安芸守景高の五男で安政元年一月生まれの於菟君が養子となり、武田信任と改名した。おそらく、該当期の当主はこの信任と推測される。武田家の華族昇格に関し、『爵位発行順序』所収「華族令」案の内規として公侯伯子男の五爵（左に朱書で公伯男の三爵）を設け、世襲・終身の別を付し、その内「世襲男爵を授くべき者」四項目中、第三項目に「元高家・交代寄合《こうたいよりあい》」を挙げている。同案は十一・十二年頃のものと推定されるが、この時点においては旧幕時代に万石以下でありながら、若年寄ではなく諸侯同様に老中支配であり、奥高家就任後は四位少将にまで昇り得る高家は男爵に列すべき家として認知されていたと思われる。同じく前掲『爵位発行順序』所収「授爵規則」によれば「男爵を授くべき者」として、七項目中、第二項目に「元交代寄合・元高家」が挙げられている。前記資料とは異なり、この案は十二年以降十六年頃のものと推測され、こちらでも旧高家である武田家は男爵を授けるべき家とされているが、結局授爵内規からは高家は一律除かれ、華族編列・授爵は不許可に終わっている。

典拠　『爵位発行順序』

武富時敏　たけとみ・ときとし

一八五六―一九三八

逓信・大蔵各大臣

①大正四年十月二十九日（不許可）

②大正四年十一月一日（不許可）

大蔵大臣・衆議院議員

旧佐賀藩士出身の政治家。佐賀県会議員・同副議長・同議長を経て明治二十三年（一八九〇）の第一回衆議院議員総選挙で佐賀県一区より立候補して当選。また第二次松方正義内閣では農商務省商工局長・大蔵省参事官を、第一次大隈重信内閣では内閣書記官長をつとめ、第二次大隈内閣においては大正三年（一九一四）四月から逓信大臣、翌年八月からは大蔵大臣に転じた。また十三年七月から死去まで貴族院勅選議員をつとめた。授爵については『原敬日記』大正四年十月二十九日条にみえ、

　山県を訪《と》うて先日内談し置きたる授爵問題に付、余より政府余に内議せずして直ちに発表する様の事なきやと尋ねたるに、山県はその事は決してこれなかるべし、

武富時敏

政府は最初数多の授爵取調べをなしたる由なるも閣員中異議ありて一切これを見合わす事となりたるに（閣員とは一木《いちき》内相の事なるは過日の話にして知るべし）然るにまた一変して六七名は授爵を宮相まで申し出づる事となりたる様子にて、その人名を内々一覧せしに君と加藤の所には本人の意思を聞きてと付記しありたれば大丈夫と思う、去りながら大隈の事故度々変化する次第なれば、明日宮相に会見に付その節宮相に尚内談し置くべし。過日もざっとは話し置きたり。然れどもこの事は内閣の方は君の事ありて内閣書記官長に尋ねたるに因り始めてその取調を聞きたる様の次第なれば、果して宮内省には内閣より如何に申し出づるや知れず、且つ閣議には上せず大隈だけの考えの様なれば篤《とく》と宮相に話し置くべし。宮内省にても旧華族等の事にてもあらんが取り調べたるものもこれある様子なり。自分の考えにては御大礼などの機会に於いてせず平日に於いて功績ある者には特に恩命ある様にありたしと思うと云うに付、余は何れにしても宮相直接取り扱う問題に付、宮相に内談し置かるる様切望すと云い置きたり、多分これにて余は授爵を免かるる事と思う。

とあり、この当時大正天皇即位大礼の慶事に際して大隈首相以下の閣僚へも授爵の議が浮上していたと思われる。また、同日記の十一月十二日条には、

西園寺を訪問せり。東京に於いて余の授爵問題に付山県と会見したる次第を内話せしに、西園寺も当地にて山県と会見しその聞き得たる所も余と同様なり。但し一般授爵問題に付山県が余に語りたる所と些少相違の点は、大隈始め閣員授爵問題起こりたるに付、一木内相は大隈に対し、偶然御大礼の際に内閣に居りたる訳を以て授爵せらるる様の事ありては世上の議論も如何あらんか、これは思い止まる方然るべし、大隈首相の陞爵は何等差し支えもなけれどもこれも辞職の際に陞爵せらるる方然るべし、在職中は不可なりと内談せし由、一木山県に云えりと、山県西園寺に物語りたる由。余に内談せし所とは相違と云うよりは寧ろ詳略の差の様なれども少しく異れり。

とみえ、大隈の伯から侯への陞爵は偶然大礼挙行時の内閣であるだけでその閣僚が栄典に浴するのは批判されるとして内務大臣一木喜《き》徳郎《とくろう》が反対し、結局武富も含めて大隈内閣の閣僚は全員陞・授爵されずに終わっている。また、『読売新聞』大正四年十一月一日朝刊には、「授爵調査終了／原・犬養氏も」の見出しで、

来たるべき御大典を機とし、国家に功労ありたる各階級の人々に対し、授爵・授勲・叙任等の恩命ある事は既報の如くにして、洩れ承る処によれば御発表に相成るべきは大嘗祭終了の上、即ち本月十六日なりとの事にて、内閣に於けるそれぞれの調査も昨今大体に於いて結了し、目下は宮内省との間に折衝中の由なるが、その陞爵・授爵の主なる人々は、大隈伯の侯爵、武富・尾崎・一木・高田・加藤・河野《こうの》・箕浦各大臣の男爵は疑うべからざる処にして、更に有力なる筋よりの噂によれば、立憲政治創設に功労ありたる廉を以て、政友会総裁原敬氏、国民党総務犬養氏の二政治家、学者として功労ありたる故を以て山川東大総長、穂積《ほづみ》博士の二学者、財界に功労ありたる故を以て大倉喜八郎、安川善次郎、益田孝《たかし》の三実業家、また特に男爵を授けらるべしとの事なり。尚、世間にて村田保《たもつ》翁が授爵の運動をなしつつ

あるが如く伝うるも今回は授爵の事なく、多分特に位を進めらるる事となるべしと云う。

と大正天皇即位大礼の慶事に際し、陞爵・授爵候補者の名を報じており、そのなかに実業家から武富の名も挙げられているが、前記のとおり一木の反対で詮議がされず終わっている。

典拠　『原敬日記』大正四年十月二十九日条・十一月十二日条、『読売新聞』大正四年十一月一日朝刊

竹中黄山　たけなか・こうざん

一八一九—九一
旧交代寄合
①明治十一・十二年頃（不許可）
②明治十二〜十六年頃（不許可）

実名は重明、通称は図書。のちに黄山と号す。同家は竹中半兵衛重治《しげはる》の末裔で、旧幕時代には交代寄合《こうたいよりあい》の旗本として旧美濃国不破郡において五千石を領した。文久元年（一八六一）には養子重固《しげかた》に家督を譲り隠居。重固は若年寄並・陸軍奉行となり、従五位下・遠江守（のち丹後守と改称）に叙任されるが、鳥羽伏見の戦いでも幕府軍を指揮して官軍と戦い、慶応四年（一八六八）一月十日付で徳川慶喜ら同様、官位を褫奪された。ほかの交代寄合が高家《こうけ》とともに朝廷に早期帰順し、本領安堵のうえ、朝臣に列して諸侯（上大夫）に次ぐ中大夫席を与えられたのに対して、竹中家は重固の行動により同年二月に家禄を没収された。明治二年（一八六九）八月十五日には重固は死一等を減じられて福岡藩主黒田長知《ながとも》へ永預の措置がとられるが、これは竹中家と黒田家の旧縁によるものと佐佐木高行《たかゆき》の日記『保古飛呂比《ほごひろい》』同日条にみえる。また、重明に対しては「出格《しゅっかく》至仁の思召を以て家名立て下され、更にその方へ三百石下賜、但しこれまで下し置かれ候五百石召し上げられ候事」として竹中家は改めて三百石を与えられたうえ、家名断絶を免れることとなった。なお、重固はそののち、四年三月には福岡藩より父重明に預けられ、さらに翌年一月には正式に赦免された。また、重明は一度帰農して平民となるも、十四年四月に士族に復族している。同家の華族昇格に関し、『爵位発行順序』所収「華族令」案の内規として公侯伯子男の五爵（左に朱書で公伯男の三爵）を設け、世襲・終身の別を付し、その内「世襲男爵を授くべき者」四項目中、第三項目に「元高家・交代寄合」を挙げている。同案は十一・十二年頃のものと推定されるが、この時点では旧幕時代に万石以下でありながら、若年寄ではなく諸侯や高家同様に老中支配である交代寄合は男爵に列すべき家として認知されていたと思われる。同じく前掲『爵位発行順序』所収「授爵規則」によれば「男爵を授くべき者」として、七項目中、第二項目に「元交代寄合・元高家」が挙げられている。前記資料とは異なり、この案は十二年以降十六年頃のものと推測され、こちらでも旧交代寄合である竹中家は男爵を授けるべき家とされているが、結局授爵内規からは交代寄合は一律除かれ、華族編列・授爵は不許可に終わっている。

典拠　『爵位発行順序』、「岐阜県平民竹中黄山士族ニ復ス」（『太政類典』）

多治見国司　たじみ・＊くにし

生没年不詳
多治見国長末裔、陸軍歩兵大尉
①明治四十四年八月九日（不許可）

陸軍歩兵大尉で鎌倉時代末期に後醍醐天皇の倒幕運動に加わり、正中の変で自害した多治見国長《くになが》の末裔を称する。『東京朝日新聞』明治四十四年（一九一一）八月九日朝刊によれば「多治見大尉授爵説」という見出しで、

　南朝の忠臣国長朝臣の末裔、畏き辺りにては去る三十八年、日露事変の終焉後、功臣追賞の思召を以て南朝の忠臣故多治見国長朝臣に対し正四位を追贈されし事は今尚世人の記憶に新たなる所なり。朝臣は固《もと》より美濃国土岐郡多治見村の人なりしを以てその贈位の御沙汰書は当時宮内省より岐阜県庁に御下付相成りし処、爾来《じらい》末裔の所在不明なりしを以て御沙汰書はその儘同県庁に保管されたり。然る

に昨年末に至り朝臣の末裔は第七師団歩兵第二十六連隊第一中隊長勤務の歩兵大尉従七位勲六等功五級多治見国司氏なることを確かむるに至り、御沙汰書は去る月三十一日漸く北海道庁を経て同大尉に伝達せらるるに至れり。

とみえ、国長への正四位追贈にあたり、その贈位記を伝達する子孫を探したところ、陸軍歩兵大尉の多治見国司であったことが判明したというものである。そのうえで、

而して右御沙汰書伝達の顚末及び国長朝臣より国司氏に至る迄の系譜は既に上聞に達せし趣なれば、茲《ここ》に故土岐頼兼《よりかね》朝臣の子孫従三位土岐頼知《よりおき》氏に曽《かつ》て子爵を授けられし先例に倣い、近々国司氏に対しても授爵の恩命を伝へらるるやも測り難しと洩れ承る。

とし、近日国司へも授爵の恩命が下る可能性を大きく報じている。当時、このような風説はあったようであるが、真偽は不明。ただし、この記事中にみえる土岐頼知は上野国沼田藩主として旧幕時代に三万五千石を領していた旧諸侯として子爵を授与されたのであり、南朝忠臣の末裔としてのものではない。

典拠　『東京朝日新聞』明治四十四年八月九日朝刊

多田正隆　ただ・＊まさたか

一八七〇―？

源頼仲末裔

①明治四十四年十二月十日（不許可）
②大正元年十一月十五日（不許可）
③大正二年十一月十五日（不許可）
④大正四年八月三日（不許可）

北海道庁士族。源頼仲《よりなか》末裔、その三十七代目と称する。「多田正隆授爵請願書」によれば、明治四十四年（一九一〇）十二月十日付で「多田家系図ノ義ニ付上申」を宮内大臣渡辺千秋《ちあき》宛で提出。

自分義熟々《つらつら》祖先の系図を按ずるに、畏れ多くも清和天皇の流末に属し、内大臣経《つね》基《もと》の長子多田満仲の末葉にこれあり候事はその第十五代多田右馬正（頭）頼長の時に方《あた》り、正応年中久明《ひさあきら》親王に忠勤を尽くしたる廉を以て御懇篤の御諚を賜り、その上家筋御下問を辱《かたじけの》うし、系図一巻を白木の箱に収め奉呈するに、代々忠勤を励みたる段叡感あらせられ、別紙御紋章写の通り御文箱を拝領致し、爾来《じらい》代々継承。

と祖先の忠勤や皇室から賜った恩について触れ、「希《こいねがわ》くは多田の家系をして宮中幷《なら》びに社会に明らかならしめたき微意にこれあり。閣下宜しく御覧察の上、然るべく御措置成し下されたし」と請願。添付書類の家系図写などによれば、第二十二代頼道が文亀三年（一五〇三）に後柏原院の北面に、その子頼方が後柏原・後奈良両院に仕えるも大病を患い、官職を辞して阿波国勝浦郡に移住、当代正隆は明治三十三年八月二十日に四国より北海道へ移住したとみえる。同文書の包紙には「採るべきものに非ず」と明記されており、授爵は却下。二回目の請願は大正元年（一九一二）十一月十五日付で「多田家系図之義ニ付再申」で提出。前回、鎌倉幕府第八代将軍久明親王より拝領の御紋章入文箱などを一括して宮相に提出するも却下されたため再度申請したとみえ、明治天皇の崩御後百日経過したこともあり、再審査を求める。三回目は二年十一月十五日付で「多田家身分昇籍祭祀復興ニ付請願」を同様に宮相渡辺宛で提出。「族籍を昇級」とみえ、具体的に華族への編列を求める。四回目は四年八月三日付で「多田家昇籍申請の義に付、再応の御詮議を申請す」として宮相波多野敬直《よしなお》宛で提出。「願書の捧呈四回の多きに及び候事は実に大臣閣下の尊威を冒瀆するの罪軽々にこれなし。然しながら毎回捧呈の願書中にもこれあり候如く、不肖正隆の祖先における忠勲空しく烟滅に帰することを切に概《うれた》き」と改めて提出するも悉く却下されている。

典拠　「多田正隆授爵請願書」（宮内庁宮内公文書館所蔵）

橘喜三郎　たちばな・きさぶろう

生没年不詳

楠木正成末裔

①明治十六年十月二十七日（不許可）

三重県度会《わたらい》郡迫間《はさま》浦在住。族籍などは不明。楠木正成末裔を称する。『諸雑公文書』所収「楠《なん》公《こう》末葉被列華族度建白ニ付上申」によれば、同郡泉村在住の岡逸平よりの他薦。内務大臣山田顕義《あきよし》を経由して太政大臣三条実美宛で提出されるも却下。願書中には「別紙建言」とあるも、請願書自体は現存せず。

典拠　「楠公末葉被列華族度建白ニ付上申」（国立公文書館所蔵『諸雑公文書』）

橘彦四郎　たちばな・ひこしろう

一八四七―？

楠木正成末裔

①明治四十一年八月二十四日（不許可）

②大正四年七月十一日（不許可）

③大正四年十月六日（不許可）

東京市在住の愛知県平民で楠木正成末裔を称する。「請願書（橘彦四郎）」によれば、明治四十一年（一九〇八）八月二十四日付で自身の家系を披瀝し請願。

　謹みて茲《ここ》に請願の要旨を開陳仕り候。我が橘家の儀は宗祖楠正茂の三男橘正儀《まさのり》の後裔なり。高祖橘正儀に二子あり。正勝《まさかつ》と曰い、正元と曰う。正勝嫡子を以て家を継ぎたり。これを橘家の三代と為す。三代正臣は応永年中河内国を出で変装して山伏の姿となり、家族と共に尾張国葉栗《はぐり》郡上門間の庄松枝郷の穴太村に来り、爰《ここ》に住居を定む。幾ばくもなくして一村の信望を得て村の氏神穴太部《あなたべ》神社の神主に推選せられ、地形に依りて姓を野田と改む。後年また総荘屋の職を奉ず。

と正茂以後の家系概略を記す。三十五年七月二十八日に至り、野田から本姓橘に復しており、三男悦三郎は現役の陸軍歩兵中尉として国に尽くしている点にも触れ、「前陳の如く由緒ある家系と功績とを有するのみならず、なお将来永く一家の声誉を持続し、以て皇室の藩屛《はんぺい》となり益々勤王の誠を竭《つく》したき志望にこれあり」と華族編籍・授爵を請願するも不許可。大正期にも継続して授爵運動を展開。「再申請書（橘彦四郎）」によれば、大正四年（一九一五）七月十一日付で「再申請書」を宮内大臣波多野敬直《よしなお》宛で提出。

　謹みて茲に再申請の用件を開陳仕り候。これは明治四十一年八月二十四日付を以て請願書を（証拠物相添え）差し出し置きたるに付、以後三四度伺いたるもその度事の御返答には取調中なりとの御返答のみなるも、今年に至りては既に八ヶ年の久しきに及ぶ事故、再申請に及ぶ義に候。

とみえ、前回の申請後、年次不詳ながらも三、四回の申請も行なっていたことが窺われる。また「松平康民《やすたみ》他陞爵請願書」中に松平康民（旧美作国津山藩主、伯爵）の陞爵願と合綴で橘彦四郎授爵に関する資料も収録。大正四年十月六日付で内閣総理大臣大隈重信より宮内大臣波多野敬直宛で「左記の者授爵又は陞爵情願の旨、意は主として家格に存する義と認められ候に付、しかるべく御詮議相成りたし」として照会。慶光院利敬《けいこういんよしゆき》以下十七名を列挙し、そのなかに橘の名もみえる。同人については「右は楠正茂の三男橘正儀の後たるの故を以て授爵を請願したるものなり」と申請するも悉く不許可となる。こののちの同家の授爵運動については確認できず。

典拠　「請願書（橘彦四郎）」（宮内庁宮内公文書館所蔵）、「再申請書（橘彦四郎）」（同）、「松平康民他陞爵請願書」（同）

立花小一郎　たちばな・こいちろう

一八六一―一九二九

陸軍大将・関東軍司令官

①大正十二年八月十日（許可）

　予備役陸軍大将

旧筑後国三池《みいけ》藩士出身の陸軍軍人。明治十六年（一八八三）十二月に陸軍士官学校を卒業し、陸軍歩兵少尉に任官。二十三年十二月に陸軍大学校を卒業。以後、累進して四十二年八月に少将に進級して歩兵第二十二旅団長に補せ

られる。大正三年（一九一四）四月に朝鮮駐箚《ちゅうさつ》憲兵隊司令官・朝鮮総督府警務総長に補せられ、同年八月中将に進級。そののち、第十九師団長・第四師団長を経て、八年四月に関東軍司令官に補せられ、九年八月に大将に昇進。十年一月より浦潮《ウラジオ》派遣軍司令官をつとめ、十一年十一月に軍事参議官。十二年三月十七日に待命となり、同月三十一日に予備役編入となった。『授爵陞爵申牒書類』および『授爵録』（大正十二〜十五年）によれば、十二年八月十日付で内閣総理大臣加藤友三郎より宮内大臣牧野伸顕宛で授爵について申牒。『授爵録』に添付された「功績書」によれば、

　大正七年八月西伯利《シベリア》出兵の挙あるや、当時同官は第四師団長として七ヶ部隊の動員を管理し、大正八年四月関東軍司令官に補せられ、以来浦潮派遣軍の為兵站に関する勤務を統括して物資の調弁、通過部隊の給養、軍需品の追送、後送患者の収容・輸送等を区署し、兼ねて満州及び内蒙古地方に於ける諜報を担任し、該地方に於ける過激派の侵入企図及び独墺太人の動静並びに満蒙一般の状勢に関し絶えず適切なる情報及び意見を提出し、以て浦潮派遣軍の作戦上裨益を与えたること少なからず。大正十年一月浦潮派遣軍司令官として赴任するや、当時治海州方面露国各勢力の抗争劇甚にして、状勢紛糾を極め、加うるに所在匪賊《ひぞく》の跳梁甚だしく、屢々《しばしば》我が軍隊を奇襲し、または我が交通機関に危害を加え、地方の安寧また動もすれば攪乱せられんとするに際し、揮下第十三・第十一・第九・第八師団外十七箇の部隊を統率し、大正十年七月「チマコワ」付近及び八月「レワチポーフカ」付近の「パルチザン」討伐並びに同年四月「スイヤギノ」付近に於ける赤軍武装解除戦、その他大小の戦闘数十回を重ね、適時匪賊の討伐、赤軍の武装解除を断行せしめ、以て治安及び交通の保持に任じ、その間一面に於いて「セミオノフ」「カルムイコフ」両者の抗争に処するの措置、知多政府に対する策案等毎に適切にして、克《よ》く混沌たる状況の下にその方途を誤らず、殊に大正十一年八月以降、我が軍の撤退に際しては白軍の浦潮市内逃入、知多軍の急追・南下に依り形勢危急を告げ、一歩誤れば浦潮市内外一大戦禍の巷と化せんとするに方り、適時断乎たる処置と周到なる交渉とに依り、赤白両軍の行動を制限し、以て治安秩序の維持に努め、その間整然として逐次我が多数団体の撤去・還送を区署し、一の蹉跌なく十月下旬無事撤退を完了せしめたり。これを要するに大将は大正十年一月以来、浦潮派遣軍司令官として閫外《こんがい》の重任に服すること一年有十月、能く隣境に対する過激派の行動を防遏《ぼうあつ》し、治安及び交通の維持に任じ、国際関係頗る難渋の間に処して軍事及び外交の対策当を得、皇軍の威武を宣揚し、その任を完うしたるは功績寔《まこと》に偉大なりと謂うべし。

と記し、シベリア出兵においてウラジオストクへの派遣軍司令官として軍功を挙げたことを陳述。同様の理由では、出兵当時に寺内正毅内閣で陸軍大臣をつとめた大島健一《けんいち》が挙げられ、大島は原敬内閣のもとで陸相であった田中義一が原首相に授爵を相談するも「絶対に反対」として却下されたことがあるが、加藤友三郎内閣ではそのようなこともなく、宮内大臣へ通牒され、功績が認められて同年十月十六日付で男爵が授けられた。また、『倉富勇三郎日記』十二年八月十一日条にも関連記事が見え、首相加藤は自身が海軍軍人であるので、陸軍軍人の立花が授爵されないようでは困るという考えであったとも記されている。

典拠　『授爵陞爵申牒書類』、『授爵録』大正十二〜十五年、『倉富勇三郎日記』大正十二年八月十一日条

辰市祐斐　たついち・*ひろあや

一八三八―一九〇三

旧春日大社神主

①明治十七年頃（不許可）

辰市家は旧稲荷神社神主家。同家の華族編籍については、明治十七年(一七八四)頃のものと思われる「三条家文書」所収「旧神官人名取調書」による。この取調書には「別紙全国旧神官の内華族に列せられ然るべき家格の者にこれあり候。御発表前には一応現今貧富の景況地方官へ調査仰せ付けられ候上、御取捨相成りたしと存じ奉り候」と記され、そのなかに旧春日大社からは大東延慶・中東時庸とともに辰市祐斐の名も挙げられているが、結局授爵されずに終わっている。

典拠　「旧神官人名取調書」(「三条家文書」)

伊達興宗　だて・おきむね

一九〇六―四七

旧陸奥国仙台藩主家

①昭和三年七月二十二日(不許可)
②昭和三年八月十八日(不許可)
③昭和三年九月二十八日(不許可)
④昭和三年十月二十五日(不許可)

伊達家は旧仙台藩主家で先々代宗基《むねもと》が明治十七年(一八八四)の華族令公布に際して七月七日付で伯爵を授与された。同家は宗基の代から侯への陞爵を求め運動し、宗基の子邦宗《くにむね》、そして興宗へとその願は継承されている。「伊達伯爵家陞爵歎願書」は、高橋是清より内閣総理大臣・内務大臣・宮城県知事宛で昭和三年(一九二八)七月二十二日付の「旧仙台藩主伊達伯爵家陞爵ノ儀ニ付御願」(印刷物)が含まれており、これは同名の自筆文書と同一の内容であるが、後者では高橋と斎藤実・後藤新平など計八百八十六名の連署により請願。(一)行宗の勤王、(二)政宗の勤王、(三)綱村《つなむら》の勤王、(四)伊達藩の地位と治績、(五)戊辰事変、(六)維新後の新封の計六項目からなる嘆願書で、これを踏まえて宮城県知事牛塚虎太郎《うしづかとらたろう》より宮内大臣一木喜徳郎《いちききとくろう》宛で「旧仙台藩主伊達伯爵家陞爵ノ義ニ付副申」が提出される。これに先立ち、牛塚は同年五月九日付で内相望月圭介《もちづきけいすけ》へ「伊達慶邦《よしくに》復位ノ件内申」も提出しており、昭和天皇即位大礼の慶事に際して伊達家を含む旧東北諸藩の復権運動が行われている。また、牛塚知事は再度同年八月二十七日付でも陞爵を申請している。また「斎藤実関係文書」所収「中川望《のぞむ》書翰」によれば、同年八月十八日付で中川が伊達家陞爵歎願書の署名を取りまとめて仙台へ廻送し、「田中光顕《みつあき》伯は一木宮相にこの事の実現を見ざれば自分にも覚悟ありとの言あり。関屋君も宮内省に於いて非認は困難との言あり」とみえ、元宮内大臣の田中光顕がこの運動を後援していることも確認される。また「伊達宗基他陞爵請願書」にも同年九月二十八日付で牛塚宮城県知事より宮相一木宛で「伊達伯爵家陞爵追願ノ義ニ付副申」を改めて提出している。これらの諸願を受けてのものと思われるが、『授爵陞爵申牒書類』によれば、内務省より「大藩の家格」として内閣へ陞爵を推薦。仙台藩が旧禄六十二万石余を領しながら、奥羽越列藩同盟に加わったため、降伏後二十八万石に減封されたことから、旧禄に適した爵位を求めたものと考えられる。同年十月二十五日付で内閣総理大臣田中義一より宮内大臣一木喜徳郎宛で旧一関藩主家である子爵田村丕顕《ひろあき》ら計十一名の陞爵・授爵・復爵の詮議を申牒。伊達家も改めて伯から侯への陞爵を求めるも結局実現せずに終わっている。

典拠　「伊達伯爵家陞爵歎願書」(宮内庁宮内公文書館所蔵)、「旧仙台藩主伊達伯爵家陞爵ノ儀ニ付御願」(同)、「伊達宗基他陞爵請願書」(同)、「中川望書翰」(国立国会図書館憲政資料室所蔵「斎藤実関係文書」)、『授爵陞爵申牒書類』、小田部雄次『華族―近代日本貴族の虚像と実像―』、櫻井滋郎「伊達伯爵家・陞爵の陳情書「旧仙台藩主伊達伯爵家陞爵ノ儀ニ付御願」」(『仙台郷土研究』二六九)

→伊達邦宗・伊達宗基

伊達邦成　だて・くにしげ

一八四一―一九〇四

旧陸奥国仙台藩一門

①明治十一・十二年頃(不許可)
②明治十二〜十六年頃(不許可)
③明治十五・十六年頃(不許可)
④明治二十三年六月二日(不許可)

⑤明治二十四年四月二十五日（不許可）
⑥明治二十五年五月二十四日（許可）
⑦明治二十五年六月四日（許可）

伊達家は旧仙台藩主伊達家一門で旧禄二万三千八百石余を知行。亘理《わたり》伊達氏とも称する。幕末・維新期の当主は邦成。戊辰戦争後に失領し北海道へ移住。同家の華族昇格に関し、『爵位発行順序』所収「華族令」案の内規として公侯伯子男の五爵（左に朱書で公伯男の三爵）を設け、世襲・終身の別を付し、その内「世襲男爵を授くべき者」四項目中、第四項目に「旧藩主一門の高一万石以上の者及び高一万石以上の家臣」を挙げている。同案は明治十一（一八七八）・十二年頃のものと推定されるが、この時点においては旧幕時代に一万石以上を領していた伊達家は男爵に列すべき家として認知されていたと思われる。同じく前掲『爵位発行順序』所収「授爵規則」によれば「男爵を授くべき者」として、七項目中、第四項目に「旧藩主一門の高一万石以上の者及び高一万石以上の家臣」が挙げられている。前記資料とは異なり、この案は十二年以降十六年頃のものと推測されるが、こちらでも万石以上陪臣として、同家は世襲華族として男爵を授けられるべき家とされていた。また、十五・十六年頃の作成と思われる「三条家文書」所収「旧藩壱万石以上家臣家産・職業・貧富取調書」によれば、旧禄高二万三千八百石余、所有財産は空欄、職業欄には「北海道開拓に従事」とみえる。貧富景況は可と記すも、当該時期には万石以上陪臣への授爵そのものが実施されなかったため、同家も士族にとどまる。同家の華族編列・授爵の動きは二十三年頃より確認され、『授爵録』（明治二十五年）によれば、二十三年六月二日付で北海道庁長官永山武四郎《たけしろう》より内閣総理大臣山県有朋宛で「伊達邦成及伊達邦直《くになお》ヲ華族ニ列セラレ度上奏之義上請」が提出されており、両伊達の北海道開拓の功労を理由とした授爵を求める内容となっている。また『公文別録』所収「伊達邦成外一名叙爵ノ件」でも、二十四年四月二十五日、内閣より宮内大臣への照会案として、

　別紙伊達邦成及び伊達邦直を華族に列せられたきの件、北海道庁長官より上請候に付書類御送付に及び候也。

として関連資料を添付。同年六月三日付で宮内大臣土方久元より内閣総理大臣松方正義宛の書状には、

　伊達邦成外一名華族に列せられ授爵相成りたき旨、北海道庁長官より上請の趣を以て先般書類御送付相成り候に付、篤《とく》と取り調べ候処末、別紙の通り上奏致すべきと存じ候。右は別に御意見これ無き哉、承知致し候也。

とみえ、北海道庁長官永山武四郎より伊達の授爵を求めていたことが明らかである。また前掲『授爵録』（明治二十五年）によれば二十五年五月二十四日付立案書類「内閣総理大臣ヨリ送付セシ所ノ北海道庁長官ノ上請ニ係ル伊達邦成及故伊達邦直ノ嫡孫正人《まさと》ヲ華族ニ被列度件」で北海道開拓の功労が認められ、同年十月十五日付で邦成と、邦直のあとを継いでいた孫の正人へ男爵が授与されている。なお、前掲『公文別録』所収「伊達邦成外一名叙爵ノ件」によれば、二十五年六月四日付で伊達邦成と正人に対する授爵について、

　別冊伊達邦成外一名の如き旧来の名家にして、加うるに維新の際順逆を論ずるの功勲あり、これに累するに拓地の功績を以てす。特に栄族に列し、授爵の上奏ある素よりその所を得たりと雖も、その華族に列せらるるの辞令を見るに、単に国益を興すの功績を賞し云々とこれあり。これ衆庶をして栄爵は国益に対する賞酬たるやの観念を生ぜしめ、上皇室の藩屏を軽視し、従来華族に対するの意想と大いに相反する結果を生ぜしむべきなり。且つ聞く所によるに当局頃日《けいじつ》華族令の起艸あり。而してその公益を起こす者に授爵する規定を設くるの可否に関しては頗る議論ありと。これ正に然るべき所なり。然るに今かくの如き辞令により華族に列せらるることあらば、これ論議中に係わる重要事項に強盛の先例を与うるものに

して、その関係する所頗る大なりと云わざるべからず。依て左案の通り宮内大臣へ御回答相成り然るべき哉。

として、伊達両家への授爵辞令文に「国益を興すを賞し華族に列せらる」の文は新例でもあり、不穏当とも思われるので、辞令文についてはさらに詮議を求めるとして同月二十七日付で宮相宛で回答している。実質的には北海道開拓という国益を興した功績によるものであるが、辞令文に明記するか否かで宮内省と内閣側で最終段階まで検討されていたと思われる。

典拠　『爵位発行順序』、「旧藩壱万石以上家臣家産・職業・貧富取調書」(「三条家文書」)、『授爵録』明治二十五年、「伊達邦成外一名叙爵ノ件」(国立公文書館所蔵『公文別録』宮内省・明治十五年~明治二十五年・第一巻)

→伊達邦直・伊達正人

伊達邦直　だて・くになお

一八三五―九一

旧陸奥国仙台藩一門

①明治十一・十二年頃（不許可）
②明治十二～十六年頃（不許可）
③明治十五・十六年頃（不許可）
④明治二十三年六月二日（不許可）

伊達家は旧仙台藩主伊達家一門で旧禄一万四千石余を知行。岩出山《いわでやま》伊達氏とも称する。幕末・維新期の当主は邦直。戊辰戦争後に失領し北海道へ移住。同家の華族昇格に関し、『爵位発行順序』所収「華族令」案の内規として公侯伯子男の五爵(左に朱書で公伯男の三爵)を設け、世襲・終身の別を付し、その内「世襲男爵を授くべき者」四項目中、第四項目に「旧藩主一門の高一万石以上の者及び高一万石以上の家臣」を挙げている。同案は明治十一(一八七八)・十二年頃のものと推定されるが、この時点においては旧幕時代に一万石以上を領していた伊達家は男爵に列すべき家として認知されていたと思われる。同じく前掲『爵位発行順序』所収「授爵規則」によれば「男爵を授くべき者」として、七項目中、第四項目に「旧藩主一門の高一万石以上の者及び高一万石以上の家臣」が挙げられている。前記資料とは異なり、この案は十二年以降十六年頃のものと推測されるが、こちらでも万石以上陪臣として、同家は世襲華族として男爵を授けられるべき家とされていた。また、十五・十六年頃の作成と思われる「三条家文書」所収「旧藩壱万石以上家臣家産・職業・貧富取調書」によれば、旧禄高一万四千六石、所有財産は空欄。職業は「北海道開拓に従事」とみえ、貧富景況は可とするも、当該時期には万石以上陪臣の華族編列そのものが実施されなかったため、同家は士族にとどまっている。その後は前掲伊達邦成《くにしげ》同様、授爵に向けて二十三年以降動きがみられ、北海道庁長官永山武四郎《たけしろう》による邦直・邦成両名への授爵上請もあったが、二十四年一月に死去し、孫正人にこの運動は引き継がれ、二十五年十月十五日付で旧来の家格および北海道開拓の功績が認められ、正人は邦成とともに男爵を授与される。

典拠　『爵位発行順序』、「旧藩壱万石以上家臣家産・職業・貧富取調書」(「三条家文書」)、『授爵録』明治二十五年、「伊達邦成外一名叙爵ノ件」(国立公文書館所蔵『公文別録』宮内省・明治十五年~明治二十五年・第一巻)

→伊達邦成・伊達正人

伊達邦宗　だて・くにむね

一八七〇―一九二三

旧陸奥国仙台藩主家

①大正八年五月十五日（不許可）

伊達家は旧仙台藩主家で、幕末・維新期の当主であった慶邦《よしくに》が奥羽越列藩同盟に加わったため減封処分を受け、家督を宗基《むねもと》に譲った。宗基は明治十七年(一八八四)の華族令公布に際して七月七日付で伯爵を授けられるが、明治・大正期に元の六十二万石の格をもって旧禄に基づき侯への陞爵を求め運動しており、そのあとを継いだ邦宗も継続している。「島津陞爵書類」によれば、島津家以外に旧東北諸藩藩主や旧桑名藩主家の陞爵書類と合綴になっており、これによれば、大正八年(一九一九)五月十五日付で元宮内大臣の田中光顕《みつあき》より現宮内

大臣の波多野敬直《よしなお》宛で請願されており、
明治天皇の御代に於いて至仁至慈の恩命を垂れさせられし中にも、徳川慶喜・西郷隆盛等の如きは最もその著しき者と上下感激罷り仕り候。光顕宮内大臣在職中、親しく叡慮を伺い奉りし処に依れば、維新の際方向を誤りし者と雖も、既にその巨魁の罪を赦し給うのみならず、特に旧勲を録し栄爵を授け給い、生前死後更に遺憾なからしめ給いしも、その以下の向きに至りては未だ一視同仁の恩波に浴せざるにつき、時機を以て前者に均しき恩恵を垂れさせ給わんとの有難き思食に在らせられしも、不幸にして一朝昇天の御事と相成り、当初の叡念を遂げさせ給わざりしは、真に恐懼に堪えざる次第に御座候。今上陛下御即位以来、先朝御遺業を継がせられ、恩威並び行わる。億兆仁風に靡き慈雨に霑《うるお》い候えども、特に伊達〔仙台〕・松平〔会津〕等諸家に至りては未だ慶喜・隆盛等の如き殊恩を蒙ることを得ず。当人は勿論、旧封内の上下竊に愁腸を断ち、悲涙に咽い罷り在り候と推察仕り候。仰ぎ願くは、来たる天長節の佳辰を以て別紙に記載の諸家に対し、その旧封の石高に応ずるの栄爵に陞爵せられんことを。中に就き松平容保《かたもり》の京都守護職在勤中孝明天皇の殊遇を蒙りし事は当時下し玉う所の宸翰《しんかん》に徴して明らかなる所にこれあり。旁《かたがた》容大《かたはる》の家政困難の趣を聞こし食され候節に、先帝より内帑《ないど》の金円を下賜せられし御事これあり候。また大久保忠良は明治十年の戦役に、南部利祥《としなが》は三十七八年の国難に陣没せし等、孰《いず》れも君国の為に殊勲を樹て、忠死を遂げ候儀に付、何卒非常格別の御詮議相成りたく懇願の至りに堪えず候也。

として、仙台藩伊達家は伯から侯、会津松平家は子から侯、南部家は伯から侯、大久保・桑名松平両家は子から伯への陞爵をそれぞれ願い、また同書類の貼り紙に「奥羽同盟諸侯中伯爵となるべくして子爵に降されし者の追加二藩」として棚倉藩阿倍家とともに二本松藩丹羽家の子から伯への陞爵が請願されるも、伊達家も含め全て不許可に終わっている。また、邦宗は同月二十七日に死去するが、あとを継いだ興宗も祖父・父同様に侯への陞爵を求め請願を続けている。

典拠　「島津家陞爵書類」(宮内庁宮内公文書館所蔵)

→伊達興宗・伊達宗基

伊達経丸　だて・つねまる

一八七二—九二

侯爵伊達宗徳養弟

①明治二十五年五月（許可）

旧伊予国宇和島藩主・伊達宗城《むねなり》の七男(八男とも)。実名は宗倫《むねとも》。伊達家は宗城の養子宗徳《むねえ》が明治十七年(一八八四)の華族令公布に際して七月七日付で伯爵を授けられ、さらに二十四年四月二十三日付で侯爵に陞爵した。『授爵録』(明治二十五年)によれば、二十五年五月付で宗徳先代の宗城より宮内大臣土方久元宛で、

この度宗徳より宗城の第七子経丸分家の儀願出候に就きては御許容成し下され候はば恩賜の賞典即ち十五銀行株券悉皆経丸に贈与仕りたく存じ奉り候。前条の恩栄を辱くし、その上申し上げ候は甚だ恐れ入り儀には候えども、特典を以て経丸を華族に列せられんことを懇願奉り候。

と記し、宗徳が下賜された第十五国立銀行の株券全てを華族としての体面を維持できるだけの資産として経丸へ贈与するとし、同人の分家・授爵を求めている。この請願が認められ、同月三十日付で男爵が授与される。

典拠　『授爵録』明治二十五年

伊達正人　だて・まさと

一八八六—一九七四

旧陸奥国仙台藩一門

①明治二十四年四月二十五日（不許可）

②明治二十五年五月二十四日（許可）

③明治二十五年六月四日（許可）

伊達家は旧仙台藩主伊達家一門で旧禄一万四

千石余を知行。岩出山《いわでやま》伊達氏とも称する。幕末・維新期の当主は邦直《くになお》で戊辰戦争後に失領し北海道へ移住。邦直はともに北海道開拓に従事した伊達邦成《くにしげ》と並んで授爵を北海道庁長官永山武四郎《たけしろう》によって上請されているが、明治二十四年（一八九一）一月に死去。邦直のあとは孫の正人が相続。その後は、伊達邦成同様、二十四年四月二十五日以降授爵に関する上請などがあり、旧家格と北海道開拓の功績が認められ、二十五年十月十五日付で男爵が授けられる。

典拠　『授爵録』明治二十五年、「伊達邦成外一名叙爵ノ件」（国立公文書館所蔵『公文別録』宮内省・明治十五年～明治二十五年・第一巻）

→伊達邦成・伊達邦直

伊達宗徳　だて・むねえ

一八一八―九二

旧伊予国宇和島藩主

①明治二十二年七月三日（不許可）

伊達家は旧宇和島藩主家で、宗徳は藩主宗紀《むねのり》の実子であるが、宗紀のあとは宗城《むねなり》が養子として相続する。宗徳はその養子となり明治十七年（一八八四）華族令公布に際して七月七日付で伯爵が授与される。宇和島伊達家の陞爵については『尾崎三良《さぶろう》日記』にみえ、二十二年七月三日条によれば、

早朝柳原《やなぎわら》伯を訪《と》う。新華族叙任に付、旧華族中維新の際功労ありし者を昇等せしむべきの談あり。その人凡《およ》そ左の如し。山内容堂《やまうちようどう》実子男爵山内豊尹《とよただ》を伯に、島津忠亮《ただあきら》を伯に、大村純熙《すみひろ》を伯に、真田幸民《ゆきもと》を伯に、伊達宗城を侯に、亀井を伯に、四条隆謌《たかうた》を侯に、柳原を侯に、壬生基修《もとおさ》を伯に、沢某を伯に。予は沢、四条には同意せず。亀井の事は予発言を為す。

とあり、宗徳を伯から侯へ陞爵させるよう提案している。おそらく、維新時における実父宗城の功績を理由としたものであろうが、実際この案が上奏されたかは不明ながらもこの時は不許可に終わる。尾崎は「宗城」と記すも、すでに隠居の身であり宗徳の誤りと思われる。このの ち二十四年四月二十三日付で侯への陞爵が聴許される。

典拠　『尾崎三良日記』明治二十二年七月三日条

伊達宗充　だて・むねみつ

一八八六―一九四六

旧陸奥国仙台藩一門

①明治三十一年二月十日（不許可）

②明治三十三年五月五日（不許可）

旧陸奥国仙台藩一門。登米《とめ》伊達家と称する。後掲伊達基寧《もとやす》の子。『授爵録』（明治三十一年）によれば、明治三十一年（一八九八）二月十日付当局側審査書類「華族班列ノ請願及詮議件伺」として、正六位細川忠穀《ただよし》・伊達基寧・従七位浅野忠《ただす》・種子島守時《たねがしまもりとき》・渡辺半蔵の計五名を対象とした詮議を行なっている。これによれば、

右は孰《いず》れも華族に列せられたき旨出願相成り、書面取り調べ候処、左に列記の通りその功績を以て優班に列すべき価値なきに依り、願書詮議に及ばれ難きものとし、書類はその儘爵位局に保存し然るべし。

として、伊達についてはその不許可とする理由について、

右家は仙台藩伊達伯爵の一門にして奥州登米を領し、禄二万千石を食む。その祖拓地・治水・勧業等に専ら力を尽くせり。維新の際父邦教会津追討の先鋒として出陣せしも、中途にして藩論変じたるを以て仙台に帰る。基寧幼にして父を喪い、維新の乱余を受け具に辛酸を嘗め、旧臣と共に力を協《かな》い勤勉、旧積現在田畑百四十五町歩余を有し、門閥の体面を維持せり。以上の事蹟に徴すれば祖先以来民業を奨励、発達したる効績少なしとせざるも維新以来勲功の録すべきもののなきに付詮議に及ばれざるものと。

とし、維新以来の勲功は録するものがないとして詮議の対象外とするとしている。父基寧は二十九年五月に三十一歳で没しており、すでに家督は宗充が嗣いでいるため、「基寧」は

「宗充」の誤りと思われる。なお、『授爵録』(明治三十三ノ一年)所収の三十三年五月五日付宮内省当局側審査書類によれば、旧藩主一門および万石以上家老の授爵詮議で浅野哲吉ほか二十五名が挙げられ、同月九日付で全員男爵を授けられているが、その但書に、

但し旧藩一万石以上と唱うる家は四十八家あり。然れども明治四年辛未禄高帳(大蔵省記録)及び藩制録(大蔵省記録)又は府県知事より徴収したる現在所有財産高を照査し、その旧禄高一万石以上判明せしものにして、猶且つ五百円以上の収入を生ずべき財本を有すること精確なるもの先づ二十五家を挙ぐ。余の二十三家は他日調査完結又は資産を有するに至りたるときに於いて御詮議相成るべきものとし、左にこれを掲げて参考に資す。

としたうえで、計二十三家が挙げられている。これによると、「旧禄高壱万石以上と唱うるも大蔵省明治四年辛未禄高帳記載の高と符合せざるもの又は禄高帳に現米を記載し旧禄高の記載なきに因り調査中のもの」十二家のなかに旧仙台伊達一門・家老五家に石川《いしかわ》小膳《こぜん》・留守《るす》景福《かげやす》・茂庭《もにわ》敬元《のりもと》・亘理《わたり》胤正《たねまさ》らと並び伊達宗充の名が記され、元高二万千石・現石五十八石五斗とされており選に洩れている。前々年二月の段階で詮議に付さないとは決していたものの、そののち万石以上陪臣への授爵対象に含め、継続審査していたと考えられる。なお、『登米町誌』第四巻によれば、基寧には四男一女があり、宗充はのちに絶家白石《しろいし》氏を再興し、弟の充邦《みつくに》が登米伊達家を相続したとするが、充邦の代まで授爵運動が継続されていたかどうかは不明である。

典拠 『授爵録』明治三十一年・明治三十三ノ一年、登米町誌編纂委員会編『登米町誌』四

→伊達基寧

伊達宗基　だて・むねもと

一八六六—一九一七

旧陸奥国仙台藩主

①明治二十六年二月九日（不許可）
②明治二十七年三月一日（不許可）
③大正四年十月六日（不許可）

旧陸奥国仙台藩の最後の藩主。廃藩置県後、明治十七年(一八八四)七月の華族令公布で伯爵を授けられる。同藩は旧幕時代は六十万石余であったが、戊辰戦争時に奥羽越列藩同盟に参加した責任により、戦後二十八万石に減封されたこともあり、侯爵を授けられなかったことから、数次にわたり陞爵運動が繰り返された。「伊達宗基他陞爵請願書」によれば、二十六年二月六日付で旧藩士の氏家厚時・遠藤元信・片倉景範《かげのり》・伊達宗亮・同宗広・同基寧《もとやす》・石川邦光《くにみつ》七名の連署で宮城県知事船越衛《まもる》へ「旧仙台藩伊達氏陞爵ノ儀ニ付請願」を提出。同月九日付で船越知事を経由して内閣総理大臣伊藤博文宛で「旧仙台藩伊達氏陞爵之義ニ付上申」が提出される。(一)伊達氏が七百年余り連綿と続く名家であり、(二)戊辰戦争時には一時方向を誤り改封となるも「旧封の半知即ち三十一万石にして、内一ノ関藩田村氏分封三万石を控除し、二十八万石とせられたるに、当時の有司の内命もこれあり、実に三十万石以上の資格儼在するものと認むべき」とされ、(三)このような家柄であるが、「これに同列武家華族叙爵の例に比するときは現在に沈滞の域にあるを以て陞爵の恩典あらんことを歎願す」と請願するも却下される。ついで二十七年三月一日付で宮城県知事勝間田《かつまた》稔《みのる》より伊藤首相宛で前回同様の内容で「旧仙台藩伊達氏陞爵ノ儀ニ付追申」を提出し、前年二月六日付の氏家ら七名の連名請願も改めて添付するも再び却下される。大正期に入ってからも運動は継続される。「松平康民《やすたみ》他陞爵請願書」中に松平康民(旧美作国津山藩主。伯爵)の陞爵願と合綴で伊達家陞爵関係書類も収録。大正四年(一九一五)十月六日付で内閣総理大臣大隈重信より宮内大臣波多野敬直《よしなお》宛で「左記の者授爵又は陞爵情願の旨、意は主として家格に存する義と認められ候に付、しかるべく御詮議相成りたし」として照会。慶光院利敬《けいこういんよしゆき》以下十七名を列挙し、そのなかに伊達宗基の名もみえ、旧幕時代における家格を理由として侯への陞爵を望むも

行われず。六年に宗基は没するが、同家の陞爵運動はあとを継いだ邦基《くにもと》、さらにはその子興宗《おきむね》の代にも継続して行われていく。

典拠 「伊達宗基他陞爵請願書」(宮内公文書館所蔵)、「松平康民他陞爵請願書」(同)

→伊達興宗・伊達邦宗

伊達基寧　だて・もとやす

一八六六―九六

旧陸奥国仙台藩一門

①明治十一・十二年頃 (不許可)
②明治十二～十六年頃 (不許可)
③明治十五・十六年頃 (不許可)
④明治二十六年五月十九日 (不許可)
⑤明治二十七年三月一日 (不許可)

伊達家は旧仙台藩主伊達家一門で旧禄二万千石を知行。登米《とめ》伊達氏とも称する。幕末・維新期の当主は邦教《くにのり》であったが、明治二年(一八六九)五月に死去し、基寧が相続した。前掲伊達宗充《むねみつ》の父。同家の華族昇格に関し、『爵位発行順序』所収「華族令」案の内規として公侯伯子男の五爵(左に朱書で公伯男の三爵)を設け、世襲・終身の別を付し、その内「世襲男爵を授くべき者」四項目中、第四項目に「旧藩主一門の高一万石以上の家臣」を挙げている。同案は十一・十二年頃のものと推定されるが、この時点においては旧幕時代に一万石以上を領していた伊達家は男爵に列すべき家として認知されていたと思われる。同じく前掲『爵位発行順序』所収「授爵規則」によれば「男爵を授くべき者」として、七項目中、第四項目に「旧藩主一門の高一万石以上の者及び高一万石以上の家臣」が挙げられている。前記資料とは異なり、この案は十二年以降十六年頃のものと推測されるが、こちらでも万石以上陪臣として、同家は世襲華族として男爵を授けられるべき家とされていた。また、十五・十六年頃の作成と思われる「三条家文書」所収「旧藩壱万石以上家臣家産・職業・貧富取調書」によれば、旧禄高二万千石、所有財産は空欄。職業は東京留学、貧富景況は可と記されるが、当該時期には万石以上陪臣の華族編列そのものが実施されなかったため、同家は士族にとどまる。『授爵録』(明治三十一年)によれば、二十六年五月十九日付で宮城県知事船越衛《まもる》より内閣総理大臣伊藤博文宛で登米伊達家の授爵を請願。

県下登米郡登米町士族伊達基寧儀は古来の門閥にして、累世登米地方を領し常に宗家仙台藩の藩政を輔《たす》け、地を拓き水を治め、以て民業を奨励発達したること少なからず。王政維新の際、会津追討の令下るや、仙台藩実にこれが先鋒となり、基寧の父邦教は出陣せしも惜しいかな中途にして藩論変じたるを以て止むを得ず仙台に帰り、幾ばくもなくして病に斃れたり。邦教平素藩士を慰撫し、農桑を勧め、その病革《あらた》まるるに及び老臣等に遺言して曰く、汝等一意朝旨を奉じ敵して二心ある勿《なか》れ。若《も》し一人と雖も朝旨に反するものあれば、これ余の臣僕にあらず。希《こいねが》わくは各自業を励み、余をして地下に瞑せしめよと。邦教死後藩士能く遺命を守り、朝旨を体して家禄を奉還し、専ら耕稼を勉め素《もと》より宦祐《かんゆう》と言うべきにあらざるも、また一人の活路に彷徨《ほうこう》するものなきを得たるは生前の経営与りて力ありと謂うべし。現主基寧幼にして父を喪い、加うるに維新の乱余を受け具に辛酸を嘗め、自家の財産は尽《ことごと》く旧臣に分与し、共に興に力を協《あわ》せ勤勉蓄積、以て漸く今日あるに至れり。故に旧藩士の基寧を見る恰も父祖に於けるが如く、旧誼を存して互いに相親睦し、これが為地方施政上に於いて便宜を得ることまた尠少《せんしょう》にあらず。然るに廃藩の際、他の藩主は尽く華族に叙せられたるも、独り基寧はその恩典に洩れ、旧藩士と均しく士籍に列せられ居り候に付、この際出格の御詮議を以て華族に列し、叙爵相成り候様致したく御参考として別紙同人略系譜相添え、この段上申に及び候也。

として「伊達基寧略家譜」を添付して請願。こ

の請願書一式は内閣より同月二十二日付で宮内省へ回送されるもそのまま詮議には付されなかったためか、詮議のうえ不許可となったか、再度二十七年三月一日付で船越の後任知事勝間田稔が伊藤首相宛で請願。

　本県登米郡登米町士族伊達基寧儀は県下屈指の名流・旧家にして、維新前は世々登米地方を領し居り候処、維新の際基寧の父邦教仙台藩先鋒として出陣中、奥羽各藩同盟反覆の論定まり、事情止み難きの場合に遭遇し、一時順逆の方向を誤り候。為に終《つい》に士籍に列せられ候えども、その祖先以来国家に尽くしたる勲績と地方の福利を謀りたる功労は共に没すべからざるを以て、曩《さき》に同人略家譜相添え特別の御詮議を以て相当の御叙爵相成り候様内申仕り置き候処、仄《ほのか》に承り候えば、従来国家に勲労ありしもの及び古来門閥あるもの等は今回御取調相成り、来たる三月九日、天皇・皇后両陛下御結婚満二十五年御祝典の当日を以て有爵者に在りては猶御陞爵等の沙汰もこれあるべく、将た未だ御叙爵の恩典に洩れ居り候ものに在りてはそれぞれ御授爵の御沙汰もこれあるべき哉《や》に相承り候処、果たして右様の御調査これある儀に候はば、何卒出格の御詮議を以て右伊達基寧へも相当御叙爵相成り候様仕りたく、この段重ねて内申に及び候也。

と願意は前回同様で、明治天皇銀婚式の慶事にあわせて同人の授爵を求めているが、この時も実現せず。基寧は二十九年五月に没し、宗充が授爵運動を継続している。

典拠　『爵位発行順序』、「旧藩壱万石以上家臣家産・職業・貧富取調書」（「三条家文書」）、『授爵録』明治三十一年

→伊達宗充

伊達幸春　だて・＊ゆきはる

生没年不詳

元興福寺学侶・春日大社新社司

①慶応四年四月（不許可）

②明治七年七月（不許可）

③明治八年七月二日（不許可）

伊達家は旧興福寺安楽院学侶。慶応四年（一八六八）四月以降、興福寺では大乗院・一乗院の両門跡以下院家《いんげ》・学侶もつぎつぎと還俗し、堂《とう》上《しょう》出身者は藤原姓の者は堂上格を賜り、非藤原姓の者は実家へ復籍のうえ一代堂上となる。地下《じげ》出身者も明治二年（一八六九）三月には藤原姓を与えられ、堂上出は春日大社新神司、地下出は同社新社司となる。これらの措置に不満を抱いた地下出身の旧学侶たちは身分昇格を求めている。『太政類典』所収「春日旧社司及石清水社司等堂上格ノ願ヲ允《ゆる》サス」によれば、

　一、元興福寺住侶、右元来地下の格にこれあり候処、復飾後尤も当分仮に当社付属新神（社）司に仰せ出され候に付、前後を顧みず、ただ杞然と御一新に基づき、去る辰四月由緒書等上覧に捧げ奉り、総《すべ》て同勤同格公平の御定目仰せ出され候はば倶々精勤奉るべき儀は勿論、総て一社一和の御裁判成し下され候様懇願奉り居り候処、勤めは旧情を抱え隔心のみに罷り在り候。（後略）

とみえ、慶応四年四月付ですでに旧地下出の学侶たちが由緒書を提出して身分昇格を求めていたことが確認できる。また、『記録材料・建白書仮綴』所収「願（率川《いさがわ》秀宜（宣）等十五名）」によれば、明治八年七月二日付で元老院宛で家格取立の請願を行なっている。

　元老院諸公閣下秀宣等十五名は外十六名とともに旧南都興福寺の学侶にこれあり。

　抑《そもそも》旧興福寺僧侶の位階順序は両門跡あり、院家あり、学侶あり。両門跡は春日神社の別当を兼ね、親王或いは摂家の子弟より出づ。院家は権別当を兼ね清華《せいが》殿上人の子弟より出づ。学侶はその次官たり。堂上或いは諸藩士の子弟より出づ。然るに維新の初め学侶三十一名特に群議を排し、独り勤王の赤心を奮い、或いは資を傾けて糧を献じ、或いは身を抛んで禁衛に奔走し、屢《しばしば》勤労の慰命あり。後、春日の神祠に属するを以て復飾を請

い、尚奉祠の職に任じ、己己(巳)三月神官等二十二名特に華族の格を賜う。内十六名は学侶より出る者なり。然るにこの恩典は昔日の功労を賞せらるるの儀なるに、特り華族に出る者のみにして、その余士族より出る者は同労ありと雖も与るを得ず。或いは云く。華族の格を賜うは賞功の典に非ずと。然らば旧両門跡及び院家は出雲の千家《せんげ》、住吉の津守等の類にして華族に列するも、その謂われあるに似たり。奈何ぞ学侶の内にしてその典に与るを得るや、天下の僧徒・神官の華族よりして出る者幾何を知らず。皆尽く華族に陞り家禄を賜ずして独り旧興福寺のみ学侶にして華族の格に陞《のぼ》る。その意知るべきのみ。果たして賞功の典に出でば秀宣等十五名も同功の者なり。華族の出に非ざるを以て恩典に漏るべきの理なし。その労同じくしてその恩典を異にするは豈朝廷華族を親愛して士族を疎隔するの理に非ずや。且つ旧両門跡・院家の六輩は旧位階上に居ると雖も、維新の時勤王の続きなき者なり。特に身の華族より出たるを以て恩典を辱くす。愚等の解せざる所なり。二十二名華族格を賜うの日、京都留守官に申して謂う事あり。然るに依違して決せず。後七年七月該県権令《ごんれい》藤井氏に上書してこれを論ず。権令その説を可とし、上達せらるるの諾あり。然るに今日に至り寂として報聞を得ず。今般復二十二名の徒華族の列に陞り家禄若干を賜う。秀宣等に至りては嘗《かつ》て配当米の半高を賜うと雖も種族と禄秩に至りては未だ何等の処分を賜らず。豈権令下情を抑塞して上達せざる歟。秀宣等旧方外の徒なり。万分の一の微労を称し恩典を貪らんとするに非ず。唯同侶同労にして異等の典あるを以てこの議無き能わず。伏して惟う。本院新立天下人民をして不平を抱かせざるの旨意明らかなり。謂うこれを院議に挙げ公平至当の論に決せられ、秀宣等の説不可ならば厚く説諭を賜い、若し可ならば速やかに上達せられ、蚤《はや》く秀宣等の処分を命ぜられんことを願い奉る。

と記され、同じ学侶でありながら、堂上出は堂上格、明治二年六月以降は華族格となっているのに対し、地下出の者は藤原姓を与えられたとはいえ、士族にとどまっている点が公平感を欠いているとして、惣代の率川秀宣(円明院)・南井忠文(弥勒院)以下、一色雅文(花林院)・梅井順正(最勝院)・大喜多(大喜院)・尾谷直春(観音院)・桂木由富(知足坊)・鎌胤賀(宝蔵院)・雲井春影(蓮成院)・関秀英(楞厳院)・関根秀演(勝願院)・伊達幸春(安楽院)・東朝倉景規(観禅院)・藤沢公英(摩尼殊院)の計十五名が請願している。書面にはすでに七年七月中に奈良県権令藤井千尋《ちひろ》宛で華族または華族格への取立を請願し、藤井も許諾しながらこれを上申していないのではないかと記しているが、結局こののちも地下出身の学侶十五名はいずれも華族へ編列されることなく、また授爵されずに終わっている。

典拠　「春日旧社司及石清水社司等堂上格ノ願ヲ允サス」(『太政類典』)、「願(率川秀宣《ママ》等十五名)」(国立公文書館所蔵『記録材料・建白書仮綴』)

立入宗興　たてり・むねおき

一八六五—?

旧地下官人(上御倉)

①明治四十二年六月十日(不許可)
②明治四十四年八月二十日(不許可)
③大正四年九月二十五日(不許可)
④大正四年十月六日(不許可)

立入家は上御倉《かみのみくら》を世襲した地下官人《じげかんじん》。『禁裏御《み》倉職《くらしき》立入《たてり》家文書』によれば、子孫は「たちいり」と称している。代々正六位下より正四位下に進む。祖先には織田信長に正親町《おおぎまち》天皇の密勅を伝えた立入宗継《むねつぐ》がおり、宗継は明治三十一年(一八九八)四月九日に従二位を贈位された。「立入宗興履歴書」によれば、四十二年六月十日付で同家が朝廷式微の際供御を奉ってきた点を挙げ、祖先宗継の勤王などを理由に宗興の履歴書も添付して授爵を請願。同家の特殊

な家格については、

　九条尚実公曰く。立入家の系図は地下《じげ》とも云いがたし、又武家とも云いがたし。依て堂上《とうしょう》に加えらるる様御扱い下さる旨内命これあり候処、俄に御病気薨去遊ばされたり。残念々々。又曰く立入家等血脈相続きし家は堂上とても稀なりと毎度仰せられ候。立入家は代々御倉職を拝し、禁裏諸大夫《しょたいぶ》にして一に高家《こうけ》と称え、公武の間に参与す。

と記し、旧幕時代、すでに地下より堂上への取立を九条尚実が企図していたものの、天明七年（一七八七）に尚実の死去に伴い立ち消えとなってしまったことが記される。また「鍋島直彬《なおよし》他授爵願」によれば、大正四年（一九一五）九月二十五日付で宗興が宮内大臣波多野敬直《よしなお》宛で提出した懇願書中の添付書類「立入家華族ヘ入方ニ付請願陳述書」にも二条基弘《もとひろ》公爵・花山院親家《かさんのいんちかいえ》侯爵・勧修寺経雄《かじゅうじつねお》・万里小路通房《までのこうじみちふさ》・東久世通禧《みちとみ》の三伯爵連名で同人の華族編列・授爵に関して、四十四年八月二十日付で内閣総理大臣桂太郎と宮内大臣渡辺千秋《ちあき》宛で請願している。立入家が維新前に勧修寺家に館入で奉仕していたその縁故によるものと考えられる。この請願陳述書は『禁裏御倉職立入家文書』所収の請願書と同文である。大正期に入っても同家の授爵運動は継続され、「立入宗興履歴書」によれば、大正四年九月二十五日付で「懇願書」を宮内大臣波多野敬直宛で提出。

　曩《さき》に明治四十四年八月二十日付二条公爵外四家より立入家の為に華族編入の請願陳述書を呈出相成り候事は不肖宗興の恐懼措《お》く能わず。その趣旨に至りて元より懇願に堪えざる処に御座候。その後大命の降下を一日千秋の思い謹んで相待ち居り候処、図らざりき再度の諒闇に遭遇し、国家の哀痛何物がこれに如ん只々恐懼の余り深く沈黙謹慎罷り在り候。然るに今回未曽有の御大典を行わせらるるに就ては古今に渉って国家に功労ありし者に対し夫々《それぞれ》恩典を行わせらるること仄々拝聞仕り候。実に千載の一遇願意徹底の時期この他に在ることなしと存じ、茲《ここ》に懇願奉り候。冀《こいねがわ》くは何卒家祖数代に於ける勤王事蹟並びに家格由緒等特別の御詮議を以て授爵の恩典を下し給わらしめられんことを別紙前年各爵家より呈出相成り候請願陳情書写相添え、この段懇願奉り候也。

とみえ、大正天皇の即位大礼・慶事に際して三度目の請願を行う。また「松平康民《やすたみ》他陞爵請願書」中にも、同年十月六日付で内閣総理大臣大隈重信より宮内大臣波多野敬直宛で「左記の者授爵又は陞爵情願の旨、意は主として家格に存する義と認められ候に付、然るべく御詮議相成りたし」として照会。立入宗興については「右は贈従二位立入宗継の裔孫にして、中祖宗康は後土御門天皇の大喪に功あり。その子宗長、後柏原天皇即位の礼に功あり。その子宗継、織田信長に密勅を下し、勤王せしむるに功ある等、歴代勤王の事績並びに家格由緒に依り授爵の恩典を下されんことを懇願したるものあり」と申牒するも、四度の請願を行うも結局授爵されずに終わる。

［典拠］「立入宗興履歴書」（宮内庁宮内公文書館所蔵）、「鍋島直彬他授爵願」（同）、京都市歴史資料館編『禁裏御倉職立入家文書』

田中有年　たなか・ありとし

一八五九―八六

石清水八幡宮社務職

①明治二年三月　（不許可）

②明治十七年頃　（不許可）

旧石清水八幡宮検校・別当職をつとめる家系で、維新前は田中昇清《しょうせい》と称し、法印《ほういん》・権大僧都《そうず》に叙任され禁色《きんじき》を許されていた。慶応四年（一八六八）閏四月に還俗のうえ、田中有年と改名。同年七月に禁色を止められ、翌月十三日に改めて従五位下に叙せられ、引き続き同社の社務職に補せられた。「春日旧社司及石清水社司等堂上格ノ願ヲ允《ゆる》サス」によれば、明治二年（一八六九）三月付で石清水社務の菊大路纓清《きくおおじ》（綏清とも）・南武胤《たけたね》とともに田中有年が神祇官宛で「奉歎願口上覚」を提出。

石清水八幡宮社務家の儀は祖先以来武内《たけのうちの》宿禰《すくね》の後胤にて、代々法体肉食妻帯勤仕罷り在り候処、康元年中後嵯峨天皇叡慮を以て宮清仁懐妊の局を下賜、皇子たらば祠官に補すべき旨仰せ出され、則ち降誕尚清云々。それ以来出身の始めには童参内仰せ出され、恐れながら御親の思しめしに依り小御所御下段に於いて天顔を拝し奉り、御持ちの御末広拝領仕り、得度後直叙法眼《ほうげん》より中二年を置き法印・権少僧都・権大僧都・僧正、大僧正に至り、追々昇進仕る。中古には門跡号勅許蒙り候輩もこれあり、誠に以て深重皇沢《こうたく》に浴し子孫繁茂、各法体ながら素《もと》より肉食妻帯にて代々奉仕罷り在り候処、先般大政御一新、当宮大菩薩の称号止めさせられ、大神を称し奉り候様仰せ出され候。付いては法体勤の輩復飾仰せ付けられ、その上昨年八月に至り私共同列各々従五位下の宣下を蒙り、先ず以て冥加至極有難く畏み存じ奉り候。去りながら法体中の美事童参朝の儀も忽ち廃絶、自余御由緒柄の企格も夫に引き連れ消散仕り候成り行き、何とも歎かわしく存じ奉り候えども、短才愚昧の身を以て今日の神勤すら行き届かず勝に御座折柄、所詮旧格御再興願い上げ奉り候儀は深く恐懼仕るべき儀に付差し扣《ひか》え候えども、先般他社復飾仰せ付けられ候南都在住の門跡・院家《いんげ》・住侶の輩、その身堂上《とうしょう》出の人口は今般堂上格に仰せ付けられ候由承知仕り候。然りと雖も不肖の私共右同様麁忽《そこつ》に願い奉り候段は潜(僭)上至極、恐れ入り存じ奉り候えども、中世更に後嵯峨天皇胤にて、復飾の今日に至り奉仕罷り在り候儀に付、恐れながら御憐愍を以て大神勤仕の儘堂上《とうしょう》格に仰せ付け下され候はば、再生の恩誠歓誠喜有難く畏み入り奉り、倍々《ますます》神勤勉励尽力仕り、長日天朝御長久の御祈等丹誠を抽すべく候。偏に御憐愍の御沙汰を蒙りたく、伏してこの段願い上げ奉り候。以上。

として、復飾前には得度直前に童昇殿を許され、小御所において天皇に拝謁して末広を下賜される家例であったが、維新に際して還俗してからはその家例も廃されてしまった点を挙げ、また興福寺の門跡・院家・住侶が復飾後に堂上格を与えられた例を引き合いに出し、石清水八幡宮社務職はそのままで「堂上格」を与えて欲しい旨を請願している。これに対して神祇官や太政官弁官側は「春日の儀は別段の思食を以て仰せ出され候儀に付、他社の例には相成らず候事」としてこれを却下している。

同時期には春日大社旧社司である西師香らも同様に堂上格への昇格を求めて請願しており、これに対し明治二年三月二十七日付で神祇官は太政官弁官に伺いを立てている。これによれば、

過日春日社新神司堂上格仰せ付けられ候後、旧社司よりも堂上格に仰せ付けられたき旨願い出候に付、右願書は差し戻し候えども、その後別紙の通り申し出で、猶また石清水社務よりも別紙の通り堂上格願い出候。右は無拠の訳には候えども、この後賀茂始め諸社より追々同様の儀願い出候は必定と相考え候。就いては春日新神主の内堂上格仰せ付けられ候分はこれ迄の禄高等その侭持参、山陵奉仕仰せ付けられ候ては如何これあるべき哉。左候えば新旧の両社司共にこの後異論もこれあるまじく、且つ諸社より同様の願い出もこれあるまじき哉に相考え候。なお御勘考給うべく候也。

とみえ、興福寺の一乗院・大乗院両門跡以下院家・学侶中、堂上公家出身者は復飾のうえ、堂上格を与えられ、改めて春日大社の新神司を仰せ付けられているが、旧来より同社の神主をつとめてきた西家らの旧社司よりも堂上格を求め、さらに石清水よりも同様の請願が、また今後は下鴨・上賀茂をはじめとする諸社からも請願があると危惧している。神祇官側の伺いに弁官は、

春日新神司の議に付昨日見込書を以て申し入れ候えども、猶また再案致し候処、仮令《たとえ》山陵奉仕仰せ付けられ候とも、やは

り伊勢を始めたてまつり八幡その他歴朝の尊霊奉仕の諸社は御同様の姿にも相当たり候故、同様願い出候哉と相考え候。就いては山陵へも付せさせられず、直ちに闕下《けっか》仰せ付けられ候方然るべき哉と存じ候間、尚またこの段申し入れ候也、

と三月二十八日付で神祇官に回答している。神祇官側が春日の新神司となった諸家の神勤を解き、山陵奉仕を命ずべきではないかという案を示したのに対し、弁官側はたとえそれらの諸家に山陵奉仕を命じたところで伊勢内宮・外宮をはじめとして諸社の社家から請願はあるであろうから、新神司らは速やかに朝勤を命ずるべきであると述べている。のちに奈良華族と称されるこれら興福寺出身者が堂上格を与えられたことを契機に社家の堂上格、ひいては華族格請願が増加していく傾向がみられる。さらに同家の華族編列についてでは「三条家文書」所収「旧神官人名取調書」にみえる。同資料は十七年頃のものと思われるが、これによれば「別紙全国旧神官の内華族に列せられ然るべき家格の者にこれあり候。御発表前には一応現今貧富の景況地方官へ調査仰せ付けられ候上、御取捨相成りたしと存じ奉り候」と記され、そのなかに旧石清水八幡宮からは菊大路綏清・南武胤とともに田中有年の名も挙げられているが、結局授爵されずに終わっている。

典拠「春日旧社司及石清水社司等堂上格ノ願ヲ允サス」(『太政類典』)、「旧神官人名取調書」(「三条家文書」)

→田中俊清

田中義一　たなか・ぎいち

一八六三―一九二九

内閣総理大臣

①大正八年八月二十九日（不許可）

②大正九年八月十一日（許可）

陸軍中将・陸軍大臣

元長州藩士出身の陸軍軍人・政治家。陸軍教導団より陸軍士官学校へ進み、陸軍大学校へ入学。日清・日露戦争にも従軍し、明治四十三年(一九〇九)十一月に少将、大正四年(一九一五)十月に中将に進級して参謀次長に就任。七年九月からは原敬内閣で陸軍大臣となる。『東京日日新聞』八年八月二十九日朝刊によれば、パリ講和会議の論功行賞に関し、宮内省高官による談話として全権委員であった西園寺公望や牧野伸顕・珍田捨巳《すてみ》・松井慶四郎・伊集院彦吉、外交調査会委員らとともに、「原首相その他の閣僚」へも陞爵・授爵の恩命があると報じるも、この際はすぐに陞授爵は行われず。『授爵録』(大正八～十一年)によれば、九年八月十一日付で原首相より宮内大臣中村雄次郎宛で「左記正二位大勲位侯爵西園寺公望外十名は対独平和条約等締結並びに大正三四年戦役に継ぐ戦役に関し、別紙功績書の通り功績顕著なる者に付、各頭書の通り陞爵・授爵の儀詮議相成りたし」として申牒。西園寺・牧野・珍田・松井・伊集院以外に、内田康哉《やすや》・高橋是清・加藤友三郎・山本達雄・幣原喜重郎とともに田中も含まれ、同人については、

右は大正三四年戦役に継ぐ戦役に丁《あた》り参謀次長として帷幄《いあく》の軍務に参画し、泒迷軍の用兵・統括に関与して作戦機宜に適し、大正七年九月陸軍大臣に任ぜらるるや、泒迷軍の動員、兵器・弾薬その他軍需面の整備・補給等諸般の軍政を統括し、作戦の進捗を速やかならしめ、又臨時外交調査委員会委員として時局に関する重要案件の考査審議に参与し、殊に平和会議の仏国巴里《パリ》に開かるるや同会議に対する各種の案件に付、逐次これが調査決定に努力して、機宜を愆《あやま》らざるのみならず、その部下を統督して克く対独平和条約等の締

田中義一

結を見るに至れり。その勲功洵《まこと》に顕著なりとす。

と記し、第一次世界大戦に際しての対独戦や講和条約締結の功績を披瀝。これが認められ、同年九月七日付で授男爵。

典拠　『東京日日新聞』大正八年八月二十九日朝刊、『授爵録』大正八～十一年

田中俊清　たなか・としきよ

一八六八―一九四七

旧石清水八幡宮社務職

①明治二十三年頃（不許可）
②明治二十六年五月三十日（不許可）
③大正二年十一月二十九日（不許可）
④大正十年五月二十五日（不許可）
⑤昭和三年十月二十一日（不許可）
⑥昭和三年十月二十五日（不許可）

大阪天満宮神主滋岡《しげおか》孝長の三男で、初名は豊丸。明治十七年（一八八四）五月に興福院住職の飛鳥井《あすかい》清海の養嗣子となるが、十九年五月に離縁。一旦復籍し、同年六月に田中有年（昇清）の養子となった。先代有年同様、田中家の華族昇格を望み、明治・大正・昭和期に運動を起こしている。最初に確認できるのは、『授爵録』（追加）（明治十五～大正四年）所収「内宮外宮旧神官十八家等族籍ニ関スル件」という年月日不記載の資料による。明治二十三年頃とこれによれば、「石清水八幡宮社務田中・菊大路二家」に関する記述として、

右二家は武内宿禰《たけのうちのすくね》の裔、従五位上讃岐守紀御園次男従八位御豊の後裔にして、累代石清水八幡宮に奉仕し別当職に補せられ、権大僧都《そうず》または大僧正《そうじょう》に任ぜられ、門跡号及び童形《どうぎょう》参内を勅許せられ、その嫁娶の如き公卿または諸侯・大夫にして、曽《かつ》て名門たる家格を損傷せしことなし。その血統の関係を見るに近代に至り他姓より養子したるも、何れも家女に配偶せしめたるものなれば、女系を以て紀氏の血統を繋ぎたるものなり。その血統及び家格前記の如し。家産にして華族たるの体面を維持することを得ば優班に列せらるるも可ならんと思考す。因みに云う。大僧正は大納言に准ず。累代大納言に任ぜられたる家は伯爵に相当なり。

とみえ、華族としての体面を維持するだけの資産を有している場合、田中・菊大路両家は代々僧官として大僧正に昇り、大僧正は大納言に準ずる扱いを受けていたことから、旧堂上《とうしょう》公家の授爵内規に準拠して、伯爵授与が妥当であるとしているが、この時は授爵されていない。「田中俊清他授爵請願書」によれば、明治二十六年五月三十日付で田中と菊大路纓清（綏清とも）の両名が宮内大臣土方久元宛で「華族請願書趣旨書」を提出。

抑《そもそ》も男山八幡宮は古我が国第二の宗廟と称し歴朝の大祖とし、朝廷の崇敬厚く、且つ尊厳の重かりしは皆人の知る処にして、そのこれに奉仕せる祠官は紀氏の系統にして、また名族を以て称せらる。遠祖武内宿禰は六帝に歴事し、忠勇整粛柱石の元老として征韓に偉勲を立て、能く皇家の輔弼となり二百五十二余年功天下を蓋《おお》う。その子孫武将となり博士となり皆国史に錚名を揚げ、国家に功労少なからず。その後裔長く相襲ぎ男山八幡宮の長官として歴仕し、千載の久しき血統一系吾等に至れり。而して古来朝家の御待遇並びに官職資格等また頗る品位を占む。伏して惟《おも》うに大政維新以来旧公家・諸侯を始め、国家に功労ある人、または名家の子孫を以て特に華族の列に班し爵位を授与せらる。近時また往々この栄を忝くするものあり。吾等その志望を抱持する。茲《ここ》に数年空しくこれが恩典を受くるを得ず。然り即ち今や制度典章扶然《ちつぜん》として備り、莫益美を挙げ、弊を除き給うに斉しく、願わくは吾等従来の系統資格等御詮議の上特に華族の末に列せられ、一は祖先の余栄を増し、一は名家の子孫をして一大恩典に浴さしめられんことを吾等誠恐誠惶敢えて潜越を顧みず請願の至りに堪えず。

として「由緒書」を添付。これには㈠男山八幡

宮縁由、㈡社務家之系統、㈢官職、㈣家禄之事、㈤資格並待遇について列挙しており、「社務家之系統」としては、

当社務家の系統は創祖武内宿禰に起こり、貞観元年行教和尚（紀氏）八幡宮を宇佐より遷座し奉り、同五年紀夏井《なつい》の子安宗に官符を給い、始めて別当職たらしめ、同十八年勅撰により夏井二男御豊を神主に補せられ、御豊の子孫相襲ぎ別当となり神主となり、後数代を経て光清の三男勝清に至る。これを田中家の祖とす。光清十二男成清は善法寺《ぜんぽうじ》の祖となり、更に善法寺より別れて一家を立つ。これを新善法寺家とす。蓋し三社務と称するはこの謂われ也。而して新善法寺家は維新後断絶せしと雖も独り田中・善法寺両家は創祖以来一系間断なく継続せり。加之《しかのみならず》その親戚に於けるも多くは公家・諸侯の類にして、且つ偶《たまたま》養子をなすも大臣家の猶子となすを例とす。その系統を重んずるや実に軽忽ならざるを知るべし。況んやその家女の如き、或いは至尊の母となり、または皇子・皇女を生み奉り、その他史上に著名なる人士の妻となれるも少なからず。その詳細は別に系譜に誌せるを以て明らかなり。

と記し、すでにこの時点で社務三家中、元新善法寺の南家が断絶したことが明らかにされている。「官職」については、

清和天皇貞観五年十二月始めて別当職を置かれ、宇多天皇寛平八年検校職を、承平六年権別当職を置かれ、爾来《じらい》相襲ぎ職は権別当より別当・検校に補せられ、官は直叙法眼より大僧正に至るを例とし、代々広橋家を以て伝奏とす。始め八幡宮大菩薩の称ありしを以て代々法体を以て奉仕し、年中恒例臨時祭等に従事す。祖先聖清の時に妻帯を許され、その祭祀に於けるも神仏両式を採り、平素の行為等彼《か》の通常僧侶の浮属に従事する如きと全くその趣を異にせり。また往古より八幡神領の政務を主宰し、行政・司法共にこれが執行をなし来たりしが、更に徳川氏に至り検地を免じ守護不入也と定め、先例により各社務輪換して執政の任に当たらしむ。これを当職と云う。尤も重大の事実に至りては各社務稟議の上これを処弁す。正治元年田中道清の時始めて門跡号を付せられ、爾来三社務共に称せらる。大政維新となり八幡宮大菩薩の号を廃せられ、次いで復飾の上更に当職仰せ付けられ、社務各々従五位下に叙せらる。未だ幾ならずして位階幷に当職を廃せらる。

とし、また「資格並待遇」については、

社務の男子得度の始めに当たり童昇殿を仰せ出され、着服は親王方と同じく冬は白浮線綾小葵、夏は二藍重菱の童直衣・紫緞亀甲差貫等着用し、大八葉車を用い、参内の上小御所御下段の間に於いて天顔を拝し奉り、御持ちの末広等拝受仰せ付けられ、同夜法親王方御戒師にて得度、翌日御礼として参内、殿上の式前日の如し。蓋《けだ》し童昇殿の嚆矢は後嵯峨天皇の時に始まる。天皇懐胎の局を善法寺宮清に下賜せられ「皇子たらば祠官に補すべく云々」と仰られ、尚清以来社務家均しくこの式を行うに至る。また凡《すべ》て着服は禁色の袴等相用い、年齢十五歳迄は紫緞亀甲差貫、十六歳より三十歳迄紫鳥襷《とりだすき》、三十歳より四十歳迄紫藤大紋を着用し、四十歳以後は浅貫（黄）に色変え、老年に及び大僧正以後は更に白色に変じ八藤の大紋を着用するものとす。また権少僧都・法印より香《こう》染裘袋《ぞめきゅうたい》勅許せられ、権大僧都・権僧正より紫袍勅許せらるるを以て例とす。裘袋とは法皇の御衣にして着用地他に類例また毎年始及び官位昇進の都度参内仰せ付けられ、殊に田中家は禁廷御撫物を守護し累代御師職たりし廉を以て御即位の始め必ず参内仰せ出され、天顔を拝し奉り、御太刀・御馬代判金拝領し、水害等の節は御見舞として黄金二枚・銀百枚下賜せらるを以て例とす。将軍家に対しては将軍代替りまたは年始その他八幡宮造営等に

三社務の内参府・登城の上白書院に於いて謁見、杉原・末広等献上す。退城の節は柳之間に於いて時服等拝受するを例とす。南北朝戦乱の世に当たり田中家は常に南朝に組し、婚を日野中納言資朝《すけとも》の女に結び、或いは朝敵滅亡の御祈をなせし等少なからず。崇光天皇正平七年閏二月十九日より八幡へ行幸せられ、田中定清の館を皇居と定め皇軍の準備をなし給う。同年五月足利義詮大挙して犯攻む。皇師利あらず、遂に天皇吉野に還幸し給う。これを有名なる八幡合戦と云う。この事蹟は史伝家牒に多く記載せる処にして実に田中家の最規模となす処なり。要するに古来陞叙任命その他由緒等の詳細に至りては生等代々伝来の宣符・院宣または教書その他旧記等多きを以て明らかなりとす。

と自家の由緒を披瀝して求めるもこれも不許可となっている。大正期にも運動は継続され、「田中俊清授爵請願書」によれば、大正二年(一九一三)十一月二十九日付で内閣総理大臣山本権兵衛宛で略系図などを添付のうえ請願している。これ以降は菊大路家との連署ではなく、田中単独での請願となっている。また「華族哀願ノ内申書(田中俊清)」によれば、十年五月二十五日付で内閣総理大臣原敬宛で授爵を請願。

　従五位勲六等臣田中俊清謹みて惟《おも》うに、嚮《さき》に五爵の制を設定せられ往昔勲功ありし者の子孫または近代勲功ありし者等に対し、その爵を授けられて永くその家門の光栄を保有せしめらる有爵者の家は誠に無涯の朝恩に浴するものと謂うべきなり。抑も官幣大社石清水八幡宮(明治四年以来男山八幡宮と称せしも、大正七年一月石清水八幡宮と御改称)は清和天皇の御宇、五朝に歴任したる棟梁臣武内宿禰の七世の孫、光仁天皇の外祖父贈太政大臣正一位紀朝臣諸人公の五世の孫、参議広《ひろ》浜《はま》卿の玄孫行教和尚が宇佐神宮に於いて神勅を承けこれを具奏してこの地に鎮座し奉り、御歴代天皇の御崇敬浅からざる所にして、古来伊勢神宮に亜《つ》ぎ第二宗廟と称せり。而して行教和尚の弟益信僧正石清水八幡宮検校に補せらる。棟梁臣武内宿禰の苗裔たる紀氏にして僧体を以て本宮の祠官に任ぜられしはこれを以て始めと為す。臣俊清の家祖石清水八幡宮検校勝清は実に行教和尚の兄讃岐守夏井の九世の孫八幡宮検校光清の三男なり。初め勝清地名園に住居して園と号し、その子慶清更に地を田中に移し田中と称す。勝清が本宮に奉仕せしより臣俊清の亡父昇清に至り二十九代連綿相続し、年を歴ること幾んど一千年に近くして、歴代の先臣が皇室及び帝国の御為に御祈禱を奉仕し、神勤懈怠《けたい》なきの故を以てその功労御褒賞として優渥なる朝恩を蒙り、希代の栄典を受くるもの鮮からず。今日その子孫たるものはその先蹤を回顧して感泣の至りに堪えず。また先臣にして蒙古襲来の時に方り、或いは南朝の御為に忠節を尽しし者あり。今爰《ここ》にその概要を摘録してこれを上陳せん。

と記し、自家の古代以来の功績を列挙したうえで、その家格についても以下のとおり陳述している。

　上来陳述するが如く臣俊清の家門は棟梁臣武内宿禰の苗裔たる紀氏にして、本宮の御祭神と離るべからざる深き御由緒を有し、家祖勝清以来子々孫々連綿相続して本宮に奉仕し、僧位は直叙法眼(直叙法眼とは初位法橋に叙せずして、直ちに法眼に叙するを云う。摂家の初位正五位下に叙し、その他の堂上家は従五位に叙すると同一の待遇なり)にして、法印の極位に陞叙し、僧官は大僧正の極位に陞任し、弘安八年書札礼を制定するや本宮祠官は伊勢大廟の祭主に擬せられ、得度の日は特に童形参内禁色を聴さる。誠に田中家には朝廷より特殊の礼遇を賜わりしものと謂うべきなり。臣俊清の亡父昇清の代に至り明治維新の盛代に遭遇し神仏混合禁止の令に依りて復飾し従五位下に叙せらる。後に至り神社の制度御更革ありて

神勤を免ぜられ京都府士族に列せらる。臣俊清は非才を以て抜擢を蒙り、石清水八幡宮々司に補せられ、幸いにして祖業を継ぐことを得るも日夜戦兢惟、その職任を辱しめ、且つ家声を墜さんことをこれ懼《おそ》るるのみ。臣俊清退きてまた謹みて惟うに、明治維新の後神社の制度御更革あるに及びて他の神社に奉仕し、その御祭神と深き御由緒を有する名門、即ち伊勢の河辺・松木《まつき》・沢田の三氏、出雲の千家《せんげ》・北島両氏、熱田の千秋《せんしゅう》氏、住吉の津守氏、日前国懸《ひのくまくにかかす》の紀《きい》氏、日御崎《ひのみさき》の小野氏、宇佐の到津《いとうづ》・宮成《みやなり》両氏、阿蘇の阿蘇氏、太宰府の西高辻氏、英彦山《ひこさん》の高千穂氏、石見の金子氏の如きは夙《つと》に華族に列せられ、尋《つい》で各《おのおの》皆爵を授けられて永く家門の光栄を保有せしめらる。これ皆諸氏が家祖以来歴代神勤を抽んでたる功労を褒賞せられしに外ならずと信ずる所なり。臣俊清の家門は功臣武内宿禰の苗裔にして、古来石清水八幡宮と深き御由緒を有し、歴代の先臣が優渥なる朝恩を蒙り、希代の栄典を受けしも士族に列せられて、河辺・松木・沢田以下諸氏の如く永く家門の光栄を保有するの恩典に浴することを得ず。家祖勝清以下歴代の先臣は泉下に在りて恐らくは悲歎の涙に襟を湿らすならん。臣俊清已《すで》に朝恩に浴し未だ涓埃《けんあい》を報せずして、非分の望を懐くは誠に恐悚の至りに堪えずと雖も、家門沈淪の今日に於いて家祖勝清以来歴代の先臣が朝廷より特殊の礼遇を受けし先蹤を回顧し、且つ先臣等が王事及び国事に聊か尽瘁《じんすい》せしに想到すれば哀情抑壓し難く、永く家門の光栄を保有するの恩典に浴せんと欲するの念動きて已まず。因りて敢えて尊厳を冒瀆し、別冊田中家略系図及び事蹟鈔本を添付してこれを捧呈し、家格を陞せて華族に列せらるるの恩命を蒙らんことを哀願す。伏して請う。出格の御詮議を賜らんことを。

と改めて縷々自家の由緒を理由とし、他の社家華族の先例を挙げて願い出ている。これは同年六月十六日に内閣書記官長高橋光威《みつたけ》より宮内次官関屋貞三郎《ていざぶろう》へ回送されるもこの時も授爵されていない。さらに「華族ニ列セラレタキ哀願書」によれば、昭和三年(一九二八)十月二十一日付で宮内大臣一木喜徳郎宛で請願。願書文面は前回分とほぼ同様であり、願書そのものは同月二十三日、京都府知事大海原重《おおみはらしげ》義《よし》より宮相一木へ回送。

　右者その家祖勝清以来三十代引続き勅祭官幣大社石清水八幡宮に奉仕し、同社と最も深き由緒を有し、俊清また現に同社宮司を奉職致し居り候処、家祖勝清以来歴代の祖先が常に朝廷より特殊の礼遇を受けし先蹤を回顧し、且つ祖先が王事及び国事に尽瘁したるに想到して哀情抑壓し難く、永く家門の光栄を保有するの恩典に浴したく、今秋行わせらるべき御大礼に際し、特に華族に列せられたき哀願書、別冊の通り差し出し候。何卒添属致し候家系及び事績に徴せられ、格別の御詮議に依り華族に列せらるるの恩命に浴せしむる様御執成相成りたく、右副申候也。

とみえ、また、『授爵陞爵申牒書類』によれば同年十月二十五日付で内閣総理大臣田中義一より宮相一木へ旧東北諸藩藩主の陞爵および徳川好敏《よしとし》の復爵、江川英武《ひでたけ》と田中の授爵を申牒。昭和天皇即位大礼の慶事に際して授爵を改めて求めるが不許可となる。同家の列華族・授爵は先代にして養父の有年以来計七回の請願が確認できるが、結局授爵されずに終わっている。

典拠　『授爵録』(追加)明治十五～大正四年、「田中俊清他授爵請願書」(宮内庁宮内公文書館所蔵)、「華族哀願ノ内申書(田中俊清)」(同)、「華族ニ列セラレタキ哀願書(田中俊清)」(同)、『授爵陞爵申牒書類』

→田中有年

田中芳男　たなか・よしお

一八三八―一九一六

貴族院勅選議員・錦鶏間祇候

①大正三年六月（不許可）
②大正四年十一月二日（許可）
③大正四年十二月一日（許可）

旧美濃国藩士出身の官僚・政治家。博物学者としても著名。幕末期には伊藤圭介《けいすけ》の門下として修学。慶応四年（一八六八）六月開成所御雇を振り出しに、大学南校や文部省・農商務省に勤務。主に博覧会関係業務に従事し、明治十六年（一八八三）六月には元老院議官。廃院後は貴族院勅選議員となり錦鶏間祇候《きんけいのましこう》を仰せ付けられている。授爵に関しては『授爵録』（大正四年）によれば、大正四年（一九一五）十一月二日付で内閣総理大臣大隈重信より宮内大臣波多野敬直《よしなお》宛で田中の授爵詮議を申牒。

　従二位勲一等田中芳男は多年国務に尽瘁《じんすい》し功績顕著なる者に付、特に授爵の栄典を与えられ候様御詮議相成りたし。

として「田中芳男氏功績ニ付」という功績調書を添付。前年の大正三年六月に男爵細川潤次郎・同加藤弘之・子爵花房義質《よしもと》・男爵辻新次の連署によるこの功績書には、

　従三位勲一等田中芳男氏は天保九年戊戌八月九日信濃国飯田町に生まる。父は田中隆三、母は奥村津真子《つまこ》なり。田中氏は夙《つと》に博物・物産の学を研究し、孜々《しし》として殖産興業の振興を図り、利用厚生の道を弘むるに努め、幾多の研鑽を経て凡そ人生有用の品彙《ひんい》性能を放え、その効用を究めざることなく、而してこれを書に著し、また有益の書を訳述して以て人智の進歩に多大の貢献をなし、また仏蘭西《フランス》、澳太利《オーストリア》、米国等海外に渡航して具にその博覧会を視察し、または海外各国に於ける産業の状況を調査すると同時に広く本邦諸物産の紹介に勉め、以て彼我貿易交換の拡張を計られたるのみならず、本邦に於いて初めて博覧会を創設し、博物館を開き、夙《はや》く文久二年五月に於いて幕府より蕃書調所物産学出役を命ぜられ、慶応二年十一月幕府より仏国大博覧会へ出張を命ぜらる。太政維新の後、田中氏は明治元年六月開成所御用掛を仰せ付けられ、尋《つい》で大阪府舎密局《せいみきょく》御用掛を仰せ付けられ、三年三月大学出仕仰せ付けられ、翌年文部省出仕、文部少教授及び編纂権助に任ぜられ、五年一月には澳国博覧会御用掛仰せ付けられ、翌年一月博覧会一級事務官兼勤を以て澳国差遣を命ぜられ、また八年五月には米国博覧会事務官仰せ付けられ、同十一月米国費拉特費府《フィラデルフィア》博覧会差遣を命ぜらる。九年二月内務権大丞《たいじょう》に任ぜられ、勧業寮五等出仕を兼ぬ。翌年内務権大書記官に任ぜられ博物局事務、勧農局事務を取り扱う。十年仏国博覧会御用掛を命ぜられ、内国勧業博覧会審査会仰せ付けらる。十三年濠州《オーストラリア》メルボルン府博覧会事務官命ぜられ、第二回内国勧業博覧会事務官及び審査部長仰せ付けらる。十三年九月内務大書記官に任ぜられ、翌年四月農商務大書記官となり農務局長仰せ付けらる。十六年六月元老院議官に任ぜらる。十八年東京学士院会員に選挙せらる。二十一年臨時全国宝物取調委員仰せ付けらる。二十二年第三回内国勧業博覧会審査官仰せ付けられ、第三部長を命ぜらる。二十三年九月貴族院議員に勅選せられ、十月錦鶏間祇候仰せ付けらる。二十八年第四回内国勧業博覧会審査官仰せ付けられ、第三部長を命ぜらる。また水産調査会委員仰せ付けらる。三十一年農商工高等会議臨時委員仰せ付けらる。三十四年第五回内国勧業博覧会評議員及び審査第一部長仰せ付けらる。また上野公園修理調査委員仰せ付けらる。三十九

田中芳男

年帝国学士院会員となる。四十二年日英博覧会評議員仰せ付けらる。四十三年生産調査会委員仰せ付けらる。その他大日本農会、大日本水産会、日本山林会等公共団体の事務に当たり、また神苑会農業館の経営に全力を注ぎ、以て百般の事物に対する智識の開発を資け、大いに殖産興業の進歩を企図せられ、為に本邦の文明上に貢献せられたる偉業功績は実に多大にして、我が国家の進運を促したる者と云うべし。この偉業功績に対して同氏が特に重き恩典に浴せらるる様御詮議あらんこと切望に堪えず。尚更に同氏の事績を参案に供せんが為、その一斑を別冊に略述せり。

として、田中が明治初年以来、殖産興業や博物学に貢献した点を述べ授爵を請願するも、この時には不許可に終わっている。大正四年十一月二日付の大隈首相より波多野宮相宛の授爵詮議に関する通牒は功績面でも時期的にも当を得ていると判断されたと思われ、『東京日日新聞』四年十二月一日朝刊によれば「授爵愈々《いよいよ》本日／午前九時親授の儀」の見出しで、

天皇陛下には昨三十日を以て皇霊殿神殿御親謁の儀を滞りなく終わらせられ、これにて大礼御儀の全部を御完了あらせられたるを以て、愈今一日午前九時に於いて爵記親授式を行わせられ、次いで宮内省宗秩寮《そうちつりょう》より人名を発表すと。右に付、同時刻礼服着用、宮中御召を受けしは左記の外数名なり。

として、穂積陳重《ほづみのぶしげ》・山川健次郎《けんじろう》・横田国臣・馬場三郎・平山成信《しげのぶ》・片山東熊《とうくま》・三井高保《たかやす》・大倉喜八郎・森村市左衛門と田中の計十名の名が列挙されて報じられている。このうち、馬場・片山・平山の三名は誤報であったか、詮議の途中で選に洩れたためか除外されるが、十二月一日付で同紙で報じられた七名と、紙面にはみえない大倉喜八郎・森村市左衛門・大森鍾一《しょういち》・古河虎之助が授爵されている。

典拠　『授爵録』大正四年、『東京日日新聞』大正四年十二月一日朝刊

田中舘愛橘　たなかだて・あいきつ

一八五六―一九五二

貴族院議員・帝国学士院会員・東京帝国大学名誉教授・理学博士

田中舘愛橘

①昭和十八年頃（不許可）

旧南部藩士出身・東京都士族。物理学者。東京大学理学部卒業後、海外留学。帰朝後、東京帝国大学理科大学教授。昭和十九年（一九四四）四月二十九日に文化勲章を叙勲する。『授爵録』（昭和二年～十九年）所収の昭和十四年（一九三九）一月二十八日付桜井錠二授爵関係の添付書類中、帝国学士院関係で「授爵ありし者」の次に「授爵なかりし者」「将来問題となるべき者」が列挙され、後者として田中舘愛橘・本多光太郎・長岡半太郎・徳富猪一郎《いいちろう》（蘇峰《そほう》）の四名を列挙・明記。添付書類は十八年以降に作成されたものと推測される。将来、授爵候補者となり得る存在として田中舘が含まれていたと考えられるが、戦時中ということもあってか、この後も授爵せず。

典拠　『授爵録』昭和二年～十九年

谷森真男　たにもり・まさお

一八四七―一九二四

旧地下官人（諸陵寮兼内舎人）、貴族院勅選議員・錦鶏間祇候

①大正四年九月十八日（不許可）

国学者として著名な谷森善臣《よしおみ》の子。維新前、父同様に地下《じげ》官人《かんじん》として取り立てられ、文久三年（一八六三）一月二十七日に正六位下・内舎《うどね》人《り》兼中務少録《なかつかさしょうさかん》に叙任され、のちに右衛門権大尉に転じる。慶応四年（一八六八）二月以降、

谷森真男

新政府に出仕して内国事務局筆生となり、以後行政官筆生・同書記・同録事の諸官を経て太政官少史。父や他の地下官人・諸大夫《しょだいぶ》・侍・坊官などと同様、明治二年(一八六九)七月には旧来の律令百官を廃せられ、さらに翌年十一月には位階も全廃となるが、改めて従七位に叙せられ、以後も太政官内において権少外史、権少書記官となり、十一年十一月には太政官権大書記官、十四年十二月には内閣大書記官に就任。二十三年六月から十月の廃院までの短期間、元老院議官もつとめた。太政官内にあって二十余年の長きにわたって書記をつとめた谷森については、則本富三郎『官場回顧』中にも散見しており、三条実美の太政大臣在職中は旧来の礼法に通じた谷森が重んじられたと記されている。元老院廃院後は二十四年四月より香川県知事に任ぜられ、二十六年四月に非職となり、同年六月依願免本官となった。その後は二十九年一月に錦鶏間祗候《きんけいのましこう》を仰せ付けられ、さらに三十一年八月より死去するまで貴族院勅選議員をつとめた。「戸田忠友《ただとも》他陞爵請願書」によれば、四十一年十一月に戸田忠綱《ただつな》より、幕末期に山陵復興に尽力した諸家の陞爵および授爵を請願。「戸田忠友・秋元興《おき》朝《とも》両名の子から伯への陞爵、秋元家家臣の岡《おか》谷繁実《のやしげざね》とともに谷森家も真男の父善臣への授爵を願い出るも却下される。四十四年十一月に父が死去した後も同家への授爵の動きはみられ、大正四年(一九一五)九月十八日付で前回同様に戸田忠綱が史談会宛で「陞爵願」を提出。さらに内閣総理大臣大隈重信と宮内大臣波多野敬直《よしなお》宛でも戸田・秋元の陞爵、岡谷と谷森真男の授爵を願い出るも不許可に終わる。

典拠　「戸田忠友他陞爵請願書」(宮内庁宮内公文書館所蔵)

→谷森善臣

谷森善臣　たにもり・よしおみ

一八一八―一九一一

旧地下官人(諸陵寮兼内舎人)

①明治四十一年十一月(不許可)

元三条西家の家士で、前掲谷森真男《まさお》の父。初名は種寀《たねまつ》。国学者として著名。幕末期に山陵復興に尽力し、文久三年(一八六三)一月二十七日に正六位下・内舎人《うどねり》兼大和介に叙任され、さらに元治元年(一八六四)五月諸陵寮再興に伴い同寮の官人に取り立てられ、同年十一月二十日には諸陵助《しょりようのすけ》に任ぜられた。明治維新後は、新政府の神祇事務局掛、神祇事務局権判事・制度事務局権判事・権弁事・皇学取調御用掛などを歴任。明治二年(一八六九)七月七日に旧来の律令百官が廃止された時には改めて新官制の諸陵助に任ぜられ、三年十一月十九日に旧地下官人《じげかんじん》・諸大夫《しょだいぶ》などの位階が全廃となった際に正六位も返上。同日改めて正七位に叙せられる。その後は二十六年十月に従五位、三十年四月に従四位、三十九年五月に正四位と特旨によりたびたび位階陞叙となる。「戸田忠《ただ》友《とも》他陞爵請願書」によれば、包書に「戸田忠友・秋元興朝《おきとも》・岡谷繁実《おかのやしげざね》・谷森善臣」と記される。旧下総国曽我野藩主で子爵戸田忠義先代の忠綱より、四十一年十一月付で宮内大臣田中光《みつ》顕《あき》宛で提出。勤王および幕末期の山陵復興の功績を理由とし、

故越前守忠恕・故但馬守志朝《ゆきとも》には陞爵、又剣吾繁実及び諸陵取調主任大和介善臣には授爵、又正親町三条実愛《おおぎまちさんじょうさねなる》外五卿及び藤堂和泉守・柳沢甲斐守・尾張大納言・織田筑前守には相当なる御褒賞、又川村伝左衛門には海防費献金令相当の位階、又は山城・大和・河内の篤志者七十九名には公共事業に関する寄付金相当御盃を以て詮考を遂げられ、忠綱の微衷を諒して速やかに旌表《せいひょう》あらん事を茲《ここ》に重なる関係者の事実証明を得て懇願奉り候也。

として、関係者への恩典授与を請願。戸田・秋元両家の子から伯への陞爵とともに、秋元家の家臣で元上野国館林藩士である岡谷繁実と禁裏御所の地下官人で、谷森善臣の授爵をも求めるも却下。善臣は四十四年十一月に没するが、大正四年（一九一五）九月十八日付で同様の内容で戸田忠綱が史談会宛で「陞爵願」を提出のうえ、内閣総理大臣大隈重信・宮内大臣波多野敬直《よしなお》宛で請願。その願書中で谷森家への授爵、善臣の子真男への男爵も求めるも不許可に終わる。

典拠　「戸田忠友他陞爵請願書」（宮内庁宮内公文書館所蔵）

→谷森真男

種子島時丸　たねがしま・ときまる

一八七五―八五

旧薩摩国鹿児島藩家老

①明治十一・十二年頃（不許可）

②明治十二～十六年頃（不許可）

③明治十五・十六年頃（不許可）

種子島家は旧鹿児島藩家老で、旧禄一万千五百石余を知行。幕末・維新期の当主は久尚《ひさたか》であるが、典拠資料中には時丸の名でみえる。時丸は久尚の子で後掲守時《もりとき》の兄。同家の華族昇格に関し、『爵位発行順序』所収「華族令」案の内規として公侯伯子男の五爵（左に朱書で公伯男の三爵）を設け、世襲・終身の別を付し、その内「世襲男爵を授くべき者」四項目中、第四項目に「旧藩主一門の高一万石以上の者及び高一万石以上の家臣」を挙げている。同案は明治十一（一八七八）・十二年頃のものと推定されるが、この時点においては旧幕時代に一万石以上を領していた種子島家は男爵に列すべき家として認知されていたと思われる。同じく前掲『爵位発行順序』所収「授爵規則」によれば「男爵を授くべき者」として、七項目中、第四項目に「旧藩主一門の高一万石以上の者及び高一万石以上の家臣」が挙げられている。前記資料とは異なり、この案は十二年以降十六年頃のものと推測されるが、こちらでも万石以上陪臣として、種子島家は世襲華族として男爵を授けられるべき家とされていた。また、十五・十六年頃の作成と思われる「三条家文書」所収「旧藩壱万石以上家臣家産・職業・貧富取調書」によれば、旧禄高一万千五百石余、所有財産は金禄公債一万百十五円、貸付金一万五千円、田畑四町九反五畝十六歩、合歳入金三千百八十八円十銭、職業は無職、貧富景況は可と記されるも、当該時期には万石以上陪臣の華族編列そのものが実施されなかったため、同家は士族にとどまる。こののち、時丸の弟守時がたびたび授爵請願を行い、三十三年五月九日付で授男爵。

典拠　『爵位発行順序』、「旧藩壱万石以上家臣家産・職業・貧富取調書」（「三条家文書」）

→種子島守時

種子島守時　たねがしま・もりとき

一八七九―一九二九

旧薩摩国鹿児島藩家老

①明治二十三年五月十日（不許可）

②明治二十九年六月十八日（不許可）

③明治二十九年七月一日（不許可）

④明治三十一年二月十日（不許可）

⑤明治三十一年七月七日（不許可）

⑥明治三十一年八月二十三日（不許可）

⑦明治三十三年五月五日（許可）

種子島家は旧鹿児島藩家老で、旧禄一万千五百石余を知行。守時は前掲時丸《ときまる》の弟。すでに種子島家は万石以上陪臣として華族候補者として挙げられていたが、『授爵録』（明治二十三年）によれば、明治二十三年（一八九〇）五月十日付で当時の鹿児島県知事渡辺千秋《ちあき》が宮内大臣土方久元宛で授爵の請願を行なっている。この件は浅見雅男も著書のなかで詳述しているが、これによると、

　本県熊毛郡種子島住士族種子島守時幷《なら》びにその旧臣総代同郡同島前田譲蔵外二名より別紙の通り種子島家をして華族の列に加えられたき旨出願候に付、事実調査候処、出願人等申述の通り相違これ無し。抑《そもそ》も該家遠祖の功勲は勿論、中世の祖信基以来二十有七世七百年の久しき勤王愛

国の心を主持し、絶海島嶼の民衆を率い、専ら教育を周《あまね》くして民心に王化を浹洽《しょうこう》せしめ、海島防禦の兵事を奨励し、且つ拓地殖民に意を傾け南洋諸島の産業を起こし、実に有土の任を全くし、維新前後に於いては殊に身家を忘れ、国家の為誠忠を尽くし、遂に今日あるを致せしものにして、その他本邦未曽有の鉄砲鋳造運用の法式を始めて外人に得て、これを皇国に施布せしが如きはその功績千載の下に顕著なるものにこれあり、寔《まこと》に国家の為に勲功ある名門右族の遺孫にして、系統正しき旧家と認め候条、出格の御詮議を以て本人等出願の通り華族の列に加えられ候様御詮議相成りたく、別紙願書類申達、この旨添申候也。

として旧来の家格や、維新前後の勲功、鉄砲鋳造の方法を伝えた功績もあわせて種子島家への授爵詮議を求めている。これに対して、宮内省当局は同年六月十一日付の審査で、種子島家の系譜類を調査し、さらに鉄砲火器を伝えた功績が天聴に達し、当時の当主種子島時堯へも官位叙任の恩典があったとする。また、幕末・維新時の当主久尚は金八百両を出して島津家の軍資を援助したということも挙げている。そのうえで、

右種子島氏はその名門なる斯くの如くその旧功ある斯《かく》の如くなるも、維新の際その実に顕著なる功労あるを視ず。また島津家一門血属のものにあらざれば、近時これ等のものをして華族に列せられたる例の拠るべきなきを如何せん。先般島津珍彦《うずひこ》・山内豊積《やまうちとよつみ》を華族に列せられしは孰《いず》れも宗家の血属の親にして、維新の功労もあり財産もまた多額を有するものに付、華族に列せらるるの資格あるものとし、当時左の如くその標準を定められ、而して後珍彦・豊積の両人をこれに照らして以て華族に列せられたるなり。

として、島津珍彦と山内豊積が明治二十二年三月二日付で男爵を授与した際に定められた授爵に際して必要な(一)華族戸主の血属の親、(二)維新前後功労ありしもの、(三)華族の資格を維持するに足るの財産あるもの、の内、種子島家は「巨多の財産を有するものと云うに過ぎざるなり」として(一)(二)の点を満たしていないとし、

然るにただ名族と財産との故を以て華族に列せんとするに於いては大藩諸侯中の一門家老の如き巨多の資産を有するものにして、従来華族班列の希望を抱くものに対し拒絶すべからざるに至るべし。右の理由なるに依り御採用相成り難きものと存ぜられ候に付、鹿児島県知事を経て書面却下相成るべき哉裁を仰ぐ。

として願書を鹿児島県を経由して返却のうえ、不許可としている。同家の請願はこの後も継続して行われており、『授爵録』(明治三十一年)によれば、二十九年六月十八日付で鹿児島県知事加納久宜《ひさよし》が「本県士族種子島守時授爵之義再上申」を宮相土方宛で提出している。これによれば、

本県種子島住士族種子島守時授爵の義に付、去る明治二十三年五月中意見上申仕り候末、御詮議相成り難き趣を以て書面御却下相成り、爾来《じらい》今日迄罷り過ごし候処、尚倩々《つらつら》種子島家祖先以来の歴史を探究するに、初め種子島家の始祖藤原信基、任に種子島に就くや全島草昧《そうまい》に属し荊棘地を蔽い、麋鹿《びろく》その間に棲む。茲《ここ》に於いて信基蓁蒙を啓き、草来を刈除し野民を導くに稼穡《かしょく》を以てし、牧畜を勧めて農業に資し、為に拓地殖民の業漸く興り、風を移し俗を変え、爾来七百年間連綿相継ぎ代々有封の任を全うし、当時人烟《じんえん》稀少の曠土今や則ち戸数四千八百十八戸・人口二万三千八百十五人を以て算するに至り、田反別三千三百四十七町・米十万二百九十四石・畑九百二十七町・麦五千八百七十七石・馬匹五千五百五十六頭・牛二千百九十八頭、公立小学校二十五校、学齢中就学の割合は百人に付き男九十一人・女六十四人にして、就学の多き県下第一に居るに至りしもの実に同家祖先の偉功に帰せず

んばからざるなり。然らば則ち明治維新の初めに方《あた》り一身を北海道の開墾に委ねて拓殖の功を奏せしもの今昔その時を異にすと雖も、国家富強の源泉を闢《ひら》きたるの偉業に至りては、決して軽重の別あることなけん。右の事実に付、更に何分の御詮議成し下され、幸いに授爵の恩命を賜り候様仕りたく、尚その事蹟勲労に関しては既に開陳致し置き候次第もこれあり候に付、茲に贅せず。単に別冊事蹟書相添え、この段内申仕り候也。

として前回の渡辺千秋上申にはあまり記されなかった種子島における同家の功績にも触れ、授爵を求めている。さらに七月一日付で改めて「本県士族種子島守時祖先事蹟取調書」を宮相土方に提出。こののち願書は留め置かれ、詮議されたのか、また再度却下されたのかは不明であるが、前掲『授爵録』(明治三十一年)所収の三十一年二月十日付審査書類「華族班列ノ請願及詮議件伺」で細川忠穀《ただよし》・伊達基寧《もとやす》・浅野忠《ただす》・渡辺半蔵と種子島の計五名の授爵詮議が行われている。これによれば、

右は孰《いず》れも華族に列せられたき旨出願相成り、書面取り調べ候処、左に列記の通りその功績を以て優班に列すべき価値なきに依り、願書詮議に及ばれ難きものとし、書類はその儘爵位局に保存し然るべし。

として五名の不許可の理由を記す。種子島の分については、

右家は鹿児島藩島津公爵の藩老にして世々種子島を領し、禄三万石を食む。その祖信基拓地殖民に専ら力を尽くし、子孫また製塩・牧畜等を起こせり。今日島民の福利を享くるは領主累世の遺業に基す。嘉永六年八月その祖父久珍藩主の命を奉じ防海を厳にし、鋳造所を設け砲銃数千挺を作り士卒を訓練す。その父久尚明治元年二月軍資金一千八百両を献ず。以上の事蹟を徴すれば民業の発展を謀りしは伊達基寧に優《まさ》り、防海の子とに力を致せしは浅野忠に伯仲せり。然れども別に勤王事蹟の見るべきなく、また特に録すべき維新前後の勲功なきに付詮議に及ばれざるものとす。

と記し、勤王事蹟はなく、また当人も維新前後における勲功がないとして不許可となる。さらに、「岩倉具定《ともさだ》関係文書(書翰の部一)」によると三十一年七月七日付で加納知事は宮内省爵位局長岩倉具定宛で島津久明《ひさあき》と種子島の授爵を求める願書を提出しているとみえ、また『授爵録』(明治三十三ノ一年)所収の三十一年八月二十三日付「授爵ノ儀ニ付再内申」によれば、

本県士族島津久明《ひさあき》・種子島守時授爵の御詮議相成りたき旨、先般内申仕り置き候処、島津家一門の内、忠欽《ただかた》・長丸《ながまる》等前後相踵き授爵の特恩を拝受致し候えども、維新の際国家に功労ありて、而て未だこの殊恩に浴せざる者は独り久明あるのみ。また守時の行為上武勲として見るべきものこれ無く候えども、古来厳然たる一諸侯の名族に候えば、何卒至急何分の御詮議成し下されたく、この段重ねて内申候也。

として、加納が宮相田中光顕宛で島津久明とともに種子島家の授爵を求めるものの、これも不許可に終わる。その後、前掲『授爵録』(明治三十三ノ一年)所収の三十三年五月五日付立案の書類によれば、

右は旧藩一万石以上の門閥にして、何れもその所属藩主の一門または家老たり。平生数百の士卒を養い、有事の時は将帥と為り手兵を提《さ》げ、出でて攻守の任に当たり、無事の時は入りて執政と為り民政を総管する等恰《あたか》も小諸侯の如し。而してこの輩は封土奉還の日何れも士族に編入せられたるも、仍《なお》巨多の資産を有して旧領地に住し、その地方人民の推重せらるるを以て自らその地方人民の儀表と為り、勧業または奨学等公益に資すること少なからず。その門地は以て小諸侯に譲らず。その資産また門地を維持するに足るものと認むるに因り前掲の通り授爵の恩典あらんことを奏上せらるべきや。

とあり、門地を維持するだけの資産も有していると認められ、同年五月九日付をもって男爵が授けられる。

典拠　浅見雅男『華族たちの近代』、『授爵録』明治二十三年・三十一年、鈴木栄樹・松田好史・山下大輔・馬場章・吉川芙佐「岩倉具定関係文書（書翰の部一・二）」（『京薬論集』一六・一七）

→種子島時丸

玉乃　某　＊たまの

生没年不詳
玉乃世履遺族
①明治十九年頃（不許可）
②明治三十三年四月六日（不許可）

旧周防国岩国藩士出身の司法官で、維新後は判事となり、司法大輔・元老院議官も歴任し、大審院長在職中に自殺した玉乃世履《たまのせいり》の遺族。枢密院議長もつとめて男爵となった原嘉道の『弁護士生活の回顧』によれば、

玉乃氏はかくの如き非凡の裁判官であったし、且つ維新の際も国事に奔走し、相当の功労もあったことと想われるから、若《も》し彼が長命であるか、または氏の相続人に相当の人があったなら、氏の家は必ず華族の班に列し、授爵の恩典に浴したに相違無い。不幸にして、氏は何の原因であったか今に知る由もないが、突然自刃され、生存中にこの栄誉を享ける機会がなかったし、またその相続人にも相当の人がなく、若し先代の功を録し栄爵を賜る等のことがあると、却って家名を汚す結果を来さぬとも限らぬと云うような事情で、終《つい》にそのままになって、明治初期の法曹中何人も比肩し得ざる信望を国民中に博した玉乃判事の跡が、今どうなって居るかさえ知る人の少ないのは遺憾の極みである。

と記され、原は法曹界の先輩にあたる玉乃の授爵の可能性について言及している。原自身の考えであったか、それとも当時、実際に遺族への授爵案があったかは確定できないが、玉乃の経歴から蓋然性は高いと思われる。ただし、玉乃への栄典授与については死去当時慎重論もあったようであり、「伊東巳代治《みよじ》関係文書」所収の明治十九年（一八八六）八月八日付「伊藤博文書翰」によれば、

別紙玉乃位階進級奏聞書へ画押の上返却候間、御落手下さるべく候。勲位昇進の儀は成るべくは見合わせたく候。先例も到って僅少也。過日山内《やまうち》侯爵旧土佐藩知事死去の節、特例を以て叙勲仰せつけられ候。同氏叙勲は旧来議論これあり候事にて、破格の取計に出で候かと察せられ候。

とみえ、それでも強いて司法大臣から要求するのであれば一応奏聞すると伊東へ書き送っている。当時、贈勲は先例も少なく、勲章の加授については慎重であったようである。また、『東京朝日新聞』三十三年四月六日朝刊によれば、「御慶事と叙爵」の見出しで、

予《かね》て噂ありたる叙爵の恩典は御結婚当日頃御沙汰あるべく、あるいは調査の都合により少しく延引さるるやも計られずとの事なるが、その人選中には故川路利良《としよし》・鮫島尚信《なおのぶ》・玉乃世履等諸氏及び金子堅太郎氏等もありと云えり。

と報じられ、この当時、皇太子嘉仁親王（のちの大正天皇）と九条節子《さだこ》との結婚という慶事に際して川路らの遺族へ授爵が企図されていたとみえる。実際、この時に栄典授与となっているのは五月九日付で金子堅太郎が男爵となっているのみで、玉乃の遺族は授爵されず。玉乃の遺族は嗣子の一熊を指すか。

典拠　原嘉道『弁護士生活の回顧』、「伊藤博文書翰」（国立国会図書館憲政資料室所蔵「伊東巳代治関係文書」、『参考書誌研究』四七）、『東京朝日新聞』明治三十三年四月六日朝刊

玉松真弘　たままつ・まひろ

一八一〇―七二
山本公弘次男
①明治二年一月十七日（許可）

堂上《とうしょう》公家（羽林家《うりんけ》）の山本公弘《きんひろ》の次男。最初は

大炊御門《おおいのみかど》経久《つねひさ》の実子（猶子《ゆうし》とも）となり、僧籍に入り猶海《ゆうかい》と称し、醍醐山無量寿院で法印《ほういん》・大僧都《そうず》に叙任されていたが、のちに還俗して山本毅軒、さらに玉松操《みさお》と改名。幕末・維新期には岩倉具視の食客として国事に奔走し、慶応四年（一八六八）二月には徴士《ちょうし》・内国事務局権判事となり、以後皇学所御用掛を経て、明治三年（一八七〇）三月には大学中博士、さらに明治天皇の侍読となった。玉松の堂上取立については、『岩倉具視関係文書』第七巻所収の「岩倉具視覚書」にみえ、明治二年一月十七日に「山本へ玉松云々の事」と記されており、山本実政《さねまさ》へ岩倉が玉松の件で何らかの問い合わせをしたと思われるが、これは伊藤武雄『維新の碩師玉松操』下巻に収録されている山本実政の日記にもみられる。同日記明治二年一月十八日条によると、

　所労押して暫時参朝すべきの旨也。仍て直ちに参朝す。輔相《ほしょう》具視云く。玉松操の事皇国学の御用これあり〔御侍読御用也〕、思召を以て堂上列に加えらる御内意、尤も山本家庶流の事所存有無如何、内々尋ねらる旨也。予に於いても尤も所意無きの旨返答。了《おわり》て退出す。この玉松は先考《せんこう》に対し無礼の事共甚だ多くこれある也。仍て予これを憎み既に十年余も不面会なり。然れどもこの度の御用は皇学の為にして、方今時勢の要務実に神国の大道を起こすべき基なれば、私家の意趣を云うべきに非ず。大炊御門故前右府経久公の実子として醍醐山無量寿院の住職となる。年長に及びて朱子学を好み、遂に還俗。その後皇国の大道は漢国聖人の教えに勝れて真の大道名理を知り、本居、平田などの説を信用し日夜研究す。仍て近来高名なり。

として、岩倉は玉松を大炊御門家ではなく、「山本家庶流」として堂上取立を考え、実政の同意を得ようとして動いたものと考えられる。実政自身は玉松が自身の亡父に対して無礼があり、また自身もこれを憎み、疎遠であるとして不本意ではあったようであるが、維新に際して皇学御用をつとめこれにより堂上取立の思召となったとすることから許諾している。また、十九日条には、

　大炊御門前右府家信《いえこと》公面会。玉松の一件を相談。遂に経久公の実子を離れて本系に復すべき事承引なり。但し表向きは別人として然るべく云々。これまた家信公承知也〔尤もこの条々岩倉具視卿と過日談合する所也〕

として大炊御門家より離れて山本家に復帰したうえでその庶流として同日付で正式に堂上に取り立てられ、元服・昇殿を許され、従五位下に叙せられている。なお、称号（家号）については「従来の如く玉松と号する事〔なお追って改むるべき由也〕」として改号する予定もあったようであるが、結局そのまま玉松を称する。同年六月には華族となるが、嗣子はなく、山本実政次男永丸（のち真幸《まさき》と改名）が養子となり、明治十七年の華族令公布に際しては七月八日付で男爵を授与される。

典拠　「岩倉具視覚書」（『岩倉具視関係文書』七）、伊藤武雄『維新の碩師玉松操』下

田丸直方　たまる・＊なおかた

一八六五―？

北畠親房末裔

①明治二十九年十月二日（不許可）

南朝の忠臣北畠親房末裔を称する静岡県士族。亡兄田丸録太郎のあとを相続したとみえる。当時は東京府牛込区の鈴木金之助宅に寄留していたと記される。「華族編入願進達」によれば、北畠親房末裔を称して華族編列・授爵を明治二十九年（一八九六）十月二日付で「華族編入願進達」を宮内大臣土方久元宛で提出。

　私家系統は別巻系譜及び先祖書に記載ある如く村上天皇第七の皇子二品《にほん》中務卿具《とも》平《ひら》親王十三代北畠准后《じゅごう》親房公の子准后・権大納言顕信《あきのぶ》の末孫にこれあり候。顕信卿伊勢国司と成り伊勢及び大和国宇多吉野を領し候。右顕信卿より六代正三位大納言材親《きちか》三男田丸左中将具忠《ともただ》より代々田丸を称し血統絶えたることなく当今に至る

迄連続致し居り由緒正しき者にあり。殊に親房・顕家《あきいえ》・顕信等精忠を竭し候家柄に御座候間、華族の名称幷《なら》びに相当の恩典を蒙りたく願い奉り候。依て系図一巻・先祖書二冊・戸籍写一葉相添え、この段願い上げ奉り候也。

として、北畠家庶流田丸家の嫡流の家系である点を理由として願い出、同月五日付で東京府知事久我通久《こがみちつね》より土方宮相に申牒されるが、結局授爵は不許可に終わる。

典拠「華族編入願進達」(宮内庁宮内公文書館所蔵)

田宮鈴太郎　たみや・すずたろう

一八六一―一九四五

田宮如雲(篤輝)嫡孫

①明治二十九年九月（許可）

元尾張国名古屋藩士で、新政府の参与職もつとめた田宮如雲《じょうん》の孫。『授爵録』(明治三十年)によれば、明治二十九年(一八九六)十月十五日付の宮内省当局側の審査書類「維新功労者ノ子孫ヲ華族ニ列スルノ議」で、中根己巳《きし》・村田氏寿《うじひさ》の書類と同箇所に旧主である侯爵徳川義礼と子爵田中不二麿《ふじまろ》・子爵成瀬正肥《まさみつ》の三名連署による「田宮如雲恩典ニ付願」も綴られる。連署請願書は同年九月付で宮内大臣土方久元宛で提出。

輓近《ばんきん》旧功臣御収録の典例もこの頃相見え候儘、何卒深重の御詮議を以て如雲積年の勲功をも追録せられ、嫡孫鈴太郎儀華族に列せられ、叙爵の栄を賜り候はば、聖慈無量天恩枯骨に肉すべくと存じ奉り候。

と祖父如雲の王政維新に際しての功労を理由として授爵を請願。三十年十月二十七日付で男爵が授けられる。

典拠『授爵録』明治三十年

田宮嘉左衛門　たみや・＊よしざえもん

一八二五―？

元禁裏大工職

①明治三十八年七月七日（不許可）
②明治三十八年十一月二十日（不許可）
③明治三十九年二月十八日（不許可）
④明治三十九年三月十三日（不許可）

大阪府平民で諱は政則。願書の内容より禁裏大工をつとめる家筋であったと思われる。「田宮嘉左衛門授爵請願書」によれば、明治三十八年(一九〇五)七月七日付で宮内大臣田中光顕《みつあき》宛で「願書」を提出。

一、皇居御造営御用役の義は往古より従来の履歴手続書は別紙の通り。公の御用趣総《すべ》て五畿内近江六ヶ国中へ明治改元迄仰せ出され候処、然るに明治元年十二月二十五日に至り京都営繕司より至急の御召状は二十六日の暮六時頃に熊取に着き、早速披見致し候えば、この差紙着き次第上京致すべく様とこれあり候。召状披見より直ちに支度致し上京仕り候。則ち営繕司へ罷り出で伺い候えば、官より御達の義は今般各国共に御政事所は府藩県等決定相成り候間、左様相心得べく者也。猶また往昔より仕り来たるの役義は一旦御廃し成られると官より御達に相成り、その仰せ出さるるを拝聴より、直ちに帰国致し、堺県知事小川(河)弥右衛門殿にこの由を言上仕り候えば、県知事曰く唯今は御維新の廉にて何事も変じ、日々新たに変わる。猶旧記は延引して宜しきと申すに付、今日迄遅延仕り候。尚私義も追々老境に入り候事故、この度大願申し立て候。且つまた御所御用役目の三職の組役者六ヶ国中には明治改元迄数多御座候えども、その中にも私共の義は数百年来打ち続き御用勤め来たりし者、その中の一人は私方の祖に御座候。数代の勤功を徒然に御廃止に相成り候ては、吾れ祖へ対し申し訳これなしと相心得、何卒数代の勤功に対してその廉にて男爵の名義御許容願いたく候。

と記す。この願書によれば皇居造営などに代々関わる家筋であることを理由として男爵授爵を求めている。同年十一月二十日、三十九年二月二十八日、同年三月十

三日付で申請するも全て不許可に終わる。

典拠「田宮嘉左衛門授爵請願書」（宮内庁宮内公文書館所蔵）

田村丕顕　たむら・ひろあき

一八七五―一九四五

旧陸奥国一関藩主家、予備役海軍少将

①昭和三年十月二十五日（不許可）

同家は旧陸奥国一関《いちのせき》藩主家で、丕顕は先代邦《くに》栄《よし》の子。同藩は仙台藩伊達家の一門でもあり、奥羽越列藩同盟に参加するも敗戦。明治元年（一八六八）十二月に減封のうえ、隠居・謹慎の処分が下される。田村家は邦栄の弟崇顕《たかあき》が家督を相続するが、十五年に邦栄が再承し、十七年七月の華族令公布に際しては子爵が授けられた。そののち、再度崇顕が家督を相続して襲爵し、崇顕死去後丕顕が子爵となる。丕顕はアナポリス海軍兵学校を卒業後、帰朝して三十四年海軍少尉に任官し、以後累進して大正十三年（一九二四）十二月少将に進級。横須賀防備隊司令となり、翌年十二月に予備役に編入された。『授爵陞爵申牒書類』によれば、昭和三年（一九二八）十月二十五日付で内閣総理大臣田中義一より宮内大臣一木喜徳郎《いちききとくろう》宛で丕顕らの陞爵・授爵・復爵を申牒。

　別紙海軍少将子爵田村丕顕外十名陞爵授爵及び復爵の件は家格に属するものに付、参考として回付に及び候。

として、田村と伊達興宗《おきむね》（伯）・南部利淳《としあつ》（伯）・藤堂高紹《たかつぐ》（伯）・松平保男《もりお》（子）・松平定晴《さだはる》（子）・大久保忠言《ただとき》（子）・南部日実《にちじつ》（男）・田中俊清《としきよ》・江川英《ひで》武《たけ》・徳川好敏《よしとし》の計十一名を列挙。田村は子から伯への陞爵を求めるも不許可に終わっている。

典拠『授爵陞爵申牒書類』

団　琢磨　だん・たくま

一八五八―一九三二

三井合名会社理事長

①大正十三年一月二十二日（不許可）

②昭和三年六月十三日（許可）

③昭和三年十月十日（許可）

④昭和三年十一月五日（許可）

旧福岡藩士出身の実業家。明治四年（一八七一）アメリカに留学しマサチューセッツ工科大学で修学。十一年帰朝後、東京大学理学部助教授・工部省技師などを経て三井に移り、三池炭鉱事務長・三井鉱山合資会社専務理事などとなり、大正三年（一九一四）に三井合名会社理事長に就任。団の授爵については、『倉富勇三郎日記』大正十三年一月二十二日条に見え、旧豊前国中津藩主家である奥平昌恭《まさやす》伯爵が倉富に面会。旧家臣である和田豊治《とよじ》の授爵について相談しており、その会談の席上、「奥平、皇太子殿下の御婚儀に付、授爵の恩命あり。団琢磨抔《など》も詮議ありとのことなり」と見え、皇太子裕仁《ひろひと》親王（のちの昭和天皇）と久邇宮良子《くにのみやながこ》女王との婚儀・慶事に際しての授爵で、同人の名が既に候補者名に挙がっていたことが窺われる。結局、皇太子成婚にあたっての授爵は平山成《しげ》信《のぶ》と北里柴三郎の両名のみであり、団は選に洩れている。ついで、『金子堅太郎日記』昭和三年（一九二八）六月十三日条によれば、「七時、藤村義朗《よしあき》男来訪。団叙爵の事を依頼す」とあり、当時貴族院議員であった男爵藤村義朗が団の授爵を枢密顧問官であった金子に依頼したことがみえる。藤村は襲爵以前より三井物産社員であり、大正七年より同社取締役もつとめており、その関係で団への授爵を周旋していたものと推測される。また『読売新聞』昭和三年十月十日朝刊によれば、「授爵の栄は七名に／殆ど内定した顔触／陸海軍から各一名、学者から一名、実業家から四名奏請」の見出しで「実業家からは「馬越恭平《まごしきょうへい》、浅野総一郎、団琢磨、藤原銀次郎の四氏と云われて居る」と報じられており、すでにこの頃から授爵に向けて

団　琢磨

の動きが本格化していたと思われる。『授爵陞爵申牒書類』によれば、昭和三年十一月五日付で内閣総理大臣田中義一より宮内大臣一木喜《いちき》徳郎《とくろう》宛で清浦奎吾・後藤新平両名の子から伯への陞爵、山下源太郎・佐藤昌介《しょうすけ》・徳川好敏《よしとし》と団の五名への授爵詮議を申牒。

　正二位勲一等子爵清浦奎吾外五名は別紙功績書の通り功績顕著の者に付、左記の通り陞爵授爵の詮議相成りたし。

として団の功績書としては「事績調」を添付。(一)工業方面の努力としては炭礦・製鉄・亜鉛・築港・一般工業に、(二)三井事業の薫督としては三井銀行・三井物産株式会社・三井鉱山株式会社・京神倉庫株式会社・三井信託株式会社・三井生命保険株式会社と山林事業に、(三)国家経済政策の補翼として、米価調節調査委員会・経済調査会・軍需評議会・国民経済調査会・臨時産業調査委員会・不当廉売審査委員会・工業品規格統一調査委員会・帝国経済会議・製鉄鋼調査委員会・国産振興会・商工審議会に、(四)国際的経済発展に対する尽力、(五)国際的交際、(六)教育方面の事績、(七)社会方面の事績、の計七つの点で功績があると記す。これらの功績が認められ、同年十一月十日付で男爵が授けられる。

典拠　『倉富勇三郎日記』大正十三年一月二十二日条、高瀬暢彦・堀口修「金子堅太郎日記(2)昭和三年一月一日～六月三〇日」(『日本大学精神文化研究所紀要』三八)、『読売新聞』昭和三年十月十日朝刊、『授爵陞爵申牒書類』、小田部雄次『華族―近代日本貴族の虚像と実像―』

ち

知久　某（頼謙カ）　＊ちく

生没年不詳

旧交代寄合・元中大夫席

①明治十一・十二年頃（不許可）

②明治十二～十六年頃（不許可）

知久家は旧幕時代に交代寄合《こうたいよりあい》の格式を与えられ、二千七百石を知行した旗本。四州《ししゅう》の内、座光寺《ざこうじ》・小笠原両家とともに伊那《いな》衆に属す。幕末・維新期の当主は頼謙。またはその子頼温とも考えられる。同家の華族昇格に関し、『爵位発行順序』所収「華族令」案の内規として公侯伯子男の五爵(左に朱書で公伯男の三爵)を設け、世襲・終身の別を付し、その内「世襲男爵を授くべき者」四項目中、第三項目に「元高家《こうけ》・交代寄合」を挙げている。同案は明治十一(一八七八)・十二年頃のものと推定されるが、この時点では旧幕時代に万石以下でありながら、若年寄ではなく諸侯や高家同様に老中支配である交代寄合は男爵に列すべき家として認知されていたと思われる。同じく前掲『爵位発行順序』所収「授爵規則」によれば「男爵を授くべき者」として、七項目中、第二項目に「元交代寄

合・元高家」が挙げられている。前記資料とは異なり、この案は十二年以降十六年頃のものと推測され、こちらでも旧交代寄合である知久家は男爵を授けるべき家とされているが、結局授爵内規からは交代寄合は一律除かれ、華族編列・授爵は不許可に終わっている。

典拠　『爵位発行順序』

千坂高雅　ちさか・たかまさ

一八四一―一九一二

貴族院勅選議員・錦鶏間祇候

①明治三十五年五月十一日（不許可）
②明治三十六年四月二十七日（不許可）
③明治三十六年五月二十日（不許可）
④明治三十六年七月二十二日（不許可）

千坂高雅

元出羽国米沢藩士・家老職の家に生まれる。維新後は明治三年（一八七〇）一月に米沢藩大参事となり、翌年二月から六年十二月まで私費でイギリス留学。八年五月に内務省七等出仕となって以来、内務権少丞《しょうじょう》・内務権少書記官・同少書記官兼少警視となり、西南戦争にも陸軍中佐として出征。戦後は内務省庶務局長となり、十二年二月に石川県令に転じ、内務大書記官・戸籍局長を経て十七年十二月岡山県令《けんれい》、十九年七月の地方官官制公布に伴い岡山県知事。二十七年九月十九日に依願免本官となり、同日貴族院勅選議員、三十一年四月には錦鶏《きんけい》間祇候《のましこう》を仰せ付けられた。退官後は宇治川水力電気株式会社ほかの役員などとなり、実業界にも身を置いた。『尾崎三良《さぶろう》日記』三十五年五月十一日条に「上杉伯を本郷元町に訪《と》う。千阪（坂）授爵の事に付談を為す」とあり、退官後の千坂への授爵を尾崎が後援していることが明らかである。旧主である上杉茂憲へも口添えを依頼したものと思われる。これ以後も尾崎日記には、三十六年四月二十七日条によれば板垣退助へ、同年五月二十日条には海軍主計総監の岩村兼善《かねよし》へ、そして同年七月二十二日条には侍従職幹事の岩倉具定《ともさだ》へも千坂と三浦安《やすし》・安西某の授爵をそれぞれ相談した記事が散見しているが、尾崎ら周辺の運動も功を奏さず結局授爵されずに終わる。

典拠　『尾崎三良日記』明治三十五年五月十一日条・三十六年四月二十七日条・五月二十日条・七月二十二日条

中条信礼　ちゅうじょう・のぶみち

一八一二―？

旧高家・中大夫席

①明治元年十一月十七日（不許可）

中条家は堂上《とうしょう》公家樋口家の子信慶《のぶよし》が江戸時代に幕府に召し出されて武家に転じた家。以後、高家《こうけ》筋の旗本として信礼に至る。国学者でも知られる信礼は奥高家就任後、従四位上・侍従兼左衛門督《さえもんのかみ》に昇り、維新に際しては朝廷に早期帰順し、諸侯に次ぐ中大夫席を与えられている。同家の諸侯への昇格については千田稔も著書で指摘しているが、『中山忠能日記』明治元年（一八六八）十一月十七日条によれば、「中条　藩屏《はんぺい》列に加えられるよし也。回状有り」とみえ、自薦・他薦の別は不明であるが、当時同家を諸侯に列するという動きがあった点が確認できる。信礼同様に早期帰順して下大夫となった戸川安宅《やすいえ》の「勤王実効の旗下の件」によれば、「勤王実効を唱えました人間は今記憶して居りますのはこれだけあります。八木、中条、水谷、中坊《なかのぼう》、横田、花房それだけは耳に残っております」との談がみえ、また幕末期に山陵復興に尽力したという勤王から諸侯列への昇格が案として浮上したとも考えられる。実際には旧高家の中大夫より諸侯に列したのは遠江国堀江を領した大沢基寿一人であり、その大沢も明治四年には禄高を詐称した罪で位記返上のうえ、華族より除かれている。信

礼は三年一月五日に新宮制のもとで諸陵権頭《ごんのかみ》に任ぜられるも、同年十一月には旧位(従四位)を廃せられ、改めて従六位に叙されるが、その後の動向は不明である。

典拠 『中山忠能日記』明治元年十一月十七日条、千田稔『維新政権の秩禄処分―天皇制と廃藩置県―』、戸川安宅「勤王実効の旗下の件」(『史談会速記録』二四〇)

→中条某

中条　某　(信汎カ)　＊ちゅうじょう

一八三八―?

旧高家・元中大夫席

①明治十一・十二年頃　(不許可)

②明治十二～十六年頃　(不許可)

中条家は旧幕時代に高家《こうけ》の格式を与えられ、千三百七十三石を知行した旗本。幕末・維新期の当主は信汎。出羽国新庄藩主戸沢正令《まさよし》の子で、前掲中条信礼《のぶみち》の養嗣子。同家の華族昇格に関し、『爵位発行順序』所収「華族令」案の内規として公侯伯子男の五爵(左に朱書で公伯男の三爵)を設け、世襲・終身の別を付し、その内「世襲男爵を授くべき者」四項目中、第三項目に「元高家・交代寄合《こうたいよりあい》」を挙げている。同案は明治十一(一八七八)・十二年頃のものと推定されるが、この時点においては旧幕時代に万石以下でありながら、若年寄ではなく諸侯同様に老中支配であり、奥高家就任後は四位少将にまで昇り得る高家は男爵に列すべき家として認知されていたと思われる。同じく前掲『爵位発行順序』所収「授爵規則」によれば「男爵を授くべき者」として、七項目中、第二項目に「元交代寄合・元高家」が挙げられている。前記資料とは異なり、この案は十二年以降十六年頃のものと推測され、こちらでも旧高家である中条家は男爵を授けるべき家とされているが、結局授爵内規からは高家は一律除かれ、華族編列・授爵は不許可に終わっている。

典拠 『爵位発行順序』

→中条信礼

趙　重応　チョ・ジュンウン　(朝鮮)

一八六〇―一九一九

朝鮮総督府中枢院顧問

①大正八年一月十七日　(不許可)

李氏朝鮮・大韓帝国期の政治家。大韓帝国においては農商工部大臣・従一品崇政。韓国併合にあたり、朝鮮貴族として明治四十三年(一九一〇)十月七日付で子爵が授けられた。またその後は同月十日に朝鮮総督府中枢院顧問となった。子から伯への陞爵については、『倉富勇三郎日記』大正八年(一九一九)一月十七日条にみえ、「朝鮮総督府より李完用《イワニョン》、趙重応、宋秉畯《ソンビョンジュン》の陞爵、高羲敬《コヒギョン》の陞勲等を申立来りたる趣なることを話す」とあり、当時の朝鮮総督長谷川好道《よしみち》より朝鮮貴族中、前記の三名の陞爵、一名の陞勲を上申していることが確認できる。『原敬日記』大正七年十二月二十日条によれば、

長谷川朝鮮総督帰任すとて来訪、今回梨本宮王女李王世子に婚嫁せらるる様にもなりたるに付、一月二十五日成婚の日に於いて朝鮮合併に際しての功労者朝鮮人三四名陞爵ありたき旨内申に付、余同意を表し宮相に狭義する事となせり。

とみえ、おそらくこれが李完用、趙重応、宋秉畯・高羲敬のことを指していると思われる。ただし同日記の翌年一月四日条には、「また朝鮮総督申出の朝鮮人両三名陞爵の件(この事は余にも総督より申出あり)も行わるる様ありたしと相談ありたることを告げたり」と記されるも、この時は不許可となる。また、倉富日記でも同年八月二十六日条に趙が死去したことが記されており、これにより李完用らと異なり、同家の陞爵は白紙となったと思われる。

典拠 『原敬日記』大正七年十二月二十日条・八年一月四日条、『倉富勇三郎日記』大正八年一月十七日条・八年八月二十六日条

長　克連　ちょう・かつつら

一八七五―一九〇一

旧加賀国金沢藩重臣　(加賀八家)

①明治十一・十二年頃　(不許可)

②明治十二～十六年頃　(不許可)

③明治十五・十六年頃　(不許可)

④明治二十四年五月二十七日（不許可）
⑤明治三十二年十一月二十九日（不許可）
⑥明治三十三年五月五日（許可）

長家は旧加賀藩において八家《はっか》と称された内の一家で旧禄五万石を知行した。八家は陪臣でありながら、御三家家老らと同様四名の叙爵（諸大夫成）が認められており、長家でも尚連《ひさつら》・連起《つらおき》・連弘《つらひろ》・連恭《つらやす》が従五位下・大隅守に、高連・連愛が同じく甲斐守に叙任されている。幕末・維新期の当主は成連《なりつら》で明治二年（一八六九）に金沢藩少参事となる。十二年九月に死去し、あとを嫡子克連が相続した。同家の華族昇格に関し、『爵位発行順序』所収「華族令」案の内規として公侯伯子男の五爵（左に朱書で公伯男の三爵）を設け、世襲・終身の別を付し、その内「世襲男爵を授くべき者」四項目中、第四項目に「旧藩主一門の高一万石以上の者及び高一万石以上の家臣」を挙げている。同案は十一・十二年頃のものと推定されるが、この時点では旧幕時代に一万石以上を領していた長家は男爵に列すべき家と認知されていたと思われる。同じく前掲『爵位発行順序』所収「授爵規則」によれば「男爵を授くべき者」として、七項目中、第四項目に「旧藩主一門の高一万石以上の者及び高一万石以上の家臣」が挙げられている。前記資料とは異なり、この案は十二年以降十六年頃のものと推測されるが、こちらでも万石以上陪臣として、長家は世襲華族として男爵を授けられるべき家とされていた。また、十五・十六年頃の作成と思われる「三条家文書」所収「旧藩壱万石以上家臣家産・職業・貧富取調書」によれば、旧禄高三万三千石、所有財産は金禄公債二万七千七百八十五円、宅地四百二十一坪四合、職業は勤学、貧富景況は相応と記されるが、当該時期には万石以上陪臣への華族編列そのものが実施されなかったため、同家は士族にとどまる。『公文雑纂』所収「石川県士族長克連華族ニ被列度件」によれば、二十四年五月二十六日に内閣側が、

別紙石川県知事上申同県士族長克連華族に列せられたしとの件は前例に依り宮内省へ移牒方取り計らい申すべき哉。

として宮内次官宛の通牒案として、

石川県士族長克連華族に列せられたき旨別紙の通り同県知事より上申相成り候処、右に御省主管の件に付、書類悉皆御送付に及び候也。

と案文を作成し、これを二十七日付で内閣書記官長より移牒したことが記されている。この当時、石川県知事岩山敬義《たかよし》が長家の授爵を上申していたことが確認できるも、この時は実現していない。また、「田中光顕《みつあき》関係文書」所収の十一月二十九日付「伊藤博文書翰」によれば、

別紙は加州侯家老両家の略歴史に候処、或いは華族に列せられ然るべきものにはこれなき乎。肥前家老数人栄典を蒙り候事蹟より見るも、加州の如きは為差勤王に大功ありと申し難く候えども、多少の申し分もこれあり候えば資産も充分これある連中に付、男爵に列せられ候えば度外に恩沢置かせられざるに感激し、その効果は尠少《せんしょう》ならずと察せられ候。御熟考下されたく候。

と伊藤博文が宮内大臣田中光顕に旧加賀藩家老の斯波蕃《しげる》と長克連両名の授爵について申し送っている。おそらく三十二年頃と思われるが、これに対して田中宮相の返書は『伊藤博文関係文書』所収「田中光顕書翰」にみえ、同日返送したと思われるその書翰には、「加賀藩老の件敬承、尚篤《とく》と取調申すべく存じ奉り候」と記されるも、時期尚早と思われたのかこの時は実現せずに終わっている。その後、『授爵録』（明治三十三ノ一年）所収の三十三年五月五日付当局側立案の書類によると、

右は旧藩一万石以上の門閥にして、何れもその所属藩主の一門または家老たり。平生数百の士卒を養い、有事の時は将帥と為り手兵を提《さ》げ、出でて攻守の任に当たり、無事の時は入りて執政と為り民政を総管する等恰《あたか》も小諸侯の如し。而してこの輩は封土奉還の日何れも士族に編入せられたるも、仍《なお》巨多の資産を有して旧領地に住し、その地方人民の推重せらる

るを以て自らその地方人民の儀表と為り、勧業または奨学等公益に資すること少なからず。その門地は以て小諸侯に譲らず。その資産また門地を維持するに足るものと認むるに因り前掲の通り授爵の恩典あらんことを奏上せらるべきや。

とあり、長家は門地を維持するだけの資産も有していると認められ、同年五月九日付をもって男爵が授けられる。

典拠 『爵位発行順序』、「旧藩壱万石以上家臣家産・職業・貧富取調書」(「三条家文書」)、「石川県士族長克連華族ニ被列度件」(国立公文書館所蔵『公文雑纂』明治二十四年・第三十四巻・北海道庁・府県)、「伊藤博文書翰」(法政大学所蔵「田中光顕関係文書」『法政大学文学部紀要』五二)、「田中光顕書翰」(『伊藤博文関係文書』六)、『授爵録』明治三十三ノ一年

趙　重応　ちょう・じゅうおう　⇩　チョ・ジュンウン

調所広丈　ちょうしょ・ひろたけ

一八四〇―一九一一

貴族院勅選議員

①明治三十三年五月五日 (許可)

旧薩摩藩士出身の官僚・政治家。明治五年(一八七二)一月開拓使八等出仕となって以後、開拓幹事・開拓少判官・開拓大書記官などを歴任し、十五年二月開拓使廃止とともに札幌県令《けんれい》に任ぜられる。十九年一月、札幌・函館・根室三県を廃止し北海道庁を設置するに伴い元老院議官に転じる。二十二年六月高知県知事、二十五年七月鳥取県知事となり、二十七年九月依願免官。同年十月より貴族院勅選議員となる。授爵に関してこれまで他薦の書類などは確認できないが、『授爵録』(明治三十三ノ二年)によれば、三十三年五月五日付の宮内省当局側立案書類で尾崎忠治ら計二十五名の文武官の授爵を詮議しており、銓衡として(一)維新の際大政に参与して殊勲ある者、(二)維新の功により賞典禄五十石以上を賜りたる者、(三)維新前後国事に功労あり、かつ十年以上勅任官の職にある者、または現に在職中の者、(四)十年以上勅任官の職にあり功績顕著なる者、(五)特に表彰すべき偉大の功績ある者の五つの規準を設けており、調所はその(三)に該当する対象者とされ、同月八日に裁可を得て翌日付で男爵が授けられる。

典拠 『授爵録』明治三十三ノ二年

珍田捨巳　ちんだ・すてみ

一八五六―一九二九

侍従長兼枢密顧問官

①明治三十九年一月七日 (不許可)

②大正八年八月二十九日 (不許可)

③大正九年八月十一日 (許可)

イギリス駐劄特命全権大使

旧弘前藩士出身の外交官。明治十八年(一八八五)九月に外務省御用掛となり、翌年三月外務属、そののち公使館書記官・サンフランシスコ在勤領事・上海在勤総領事・ブラジル駐劄弁理《ちゅうさつべんり》公使・オランダ駐劄特命全権公使・ロシア駐劄特命全権公使などを経て、三十四年十一月外務総務長官に任ぜられ(三十六年十二月外務次官と改称)、その後もドイツ・アメリカ各国駐劄特命全権大使となり、大正五年(一九一六)六月イギリス駐劄となり、六年十一月よりパリ講和会議の全権委員として参加。九年十月に枢密顧問官に任ぜられ、また臨時外交調査委員会委員・御用掛・東宮大夫・宗秩寮審議官・議定官などもつとめ、昭和二年(一九二七)五月には侍従長本官となり、枢密顧問官を兼任した。またこの間、明治四十年九月二十一日付で功績により男爵を授けられ、四十四年八月二十四日付で子爵に陞爵している。授爵については、『読売新聞』明治三十九年一月七日朝刊で「文官に授爵」の見出しで報じられており、

日露戦争の功績に依りて少将相当以上の各文官には近日中に授爵せらるる筈なるが、各省次官は何れも男爵に列せらるるならんと。

とみえ、当時外務次官で無爵であった珍田へ

の授爵の可能性について触れられている。日露戦争後の論功行賞がすぐに実施された訳ではないが、珍田の功績は認められ翌年授爵されている。同紙で報じられた当時次官在職中であった者のうち、石渡敏一《いしわたびんいち》（司法）・木場貞長《こばさだたけ》（文部）・和田彦次郎（農商務）の三名はそののちも授爵されずに終わっている。そののち、男から子へ陞爵するが、子から伯への更なる陞爵については『東京日日新聞』大正八年八月二十九日朝刊に「西園寺侯公爵たらん／御批准後に発表か」の見出しで、

珍田捨巳

　講和大使として七十有余の老軀を提げて巴里《パリ》に赴き、八ヶ月に亘って大任を果たし、去る二十三日無事帰朝せる西園寺侯が一昨日日光行在所《あんざいしょ》に伺候し、具さに会議の顚末を闕下《けっか》に伏奏したる際、畏くも陛下には侯が今回の労苦を思し召されて優詔を賜りたるは、侯がこの度の使命に対して世上に毀誉さまざまの説あれども、聖上が侯に対する御信任厚き事を証するものと見るべく、内閣に於いてもまた園《えん》侯《こう》の功労表彰につき何等かの奏請するところあるべきはいうまでもなけれど、目下正二位大勲位にして若《も》し位階を陞叙するとせば従一位となる訳なれども、従一位の位を有し居るものは現在とては浅野長勲《ながこと》、久我通久《こがみちつね》の両侯爵あるのみにて、山県公、松方侯、大隈侯等の元老も正二位に止まり、且つその筋の方針も今後は生前に従一位を奏請する事を絶対になさざる事に決し居れば、園侯に対してのみ特に従一位を奏請するが如き事はなく、また勲等も侯は出発に際して既に大勲位を授けられ居れば、この上は頸飾章《けいしょく》加授より外には途なく、現内閣としては今度の講和に種々の非難あるにせよこれを以て大成功なりと吹聴し居る位なれば、必ずや園侯に対しては華々しき行賞の奏請をなすべく、恐らく爵位を陞して公爵を授けらるる事となるべく、同時に牧野男を初め講和会議に列せる全権委員や原首相は勿論不明なるも講和条約に対して御批准あり、平和に関する諸般の事務が一段落つきたる上にてそれぞれ発表さるべしと某宮内高官は語れり。

と第一次世界大戦後のパリ講和条約締結に際して全権委員主席であった西園寺以外に、牧野伸顕・松井慶四郎・伊集院彦吉と珍田を含めた全権委員および当時の原敬内閣の閣僚に対する論功行賞について大きく報じている。全権委員中有爵者は西園寺・牧野・珍田の三名であり、伊集院と松井は新規の授爵、閣僚中では授爵を回避しようという考えの原首相と、有爵者で男爵の高橋是清（大蔵）を除き床次竹二郎（内務）・田中義一（陸軍）・加藤友三郎（海軍）・中橋徳五郎（文部）・山本達雄（農商務）・野田卯太郎（鉄道）・元田 肇《はじめ》（鉄道）・高橋光威《みつたけ》（内閣書記官長）が無爵者ということになるが、この際はすぐに審査がされなかったためか、珍田も含め年内の陞・授爵は行われていない。『授爵録』（大正八〜十一年）にみえ、大正九年八月十一日付で内閣総理大臣原敬より宮内大臣中村雄次郎宛で西園寺公望ら十一名の陞爵・授爵詮議を申牒。

　左記正二位大勲位侯爵西園寺公望外十名は対独平和条約等締結並びに大正三四年戦役に継ぐ戦役に関し別紙功績書の通り功績顕著なる者に付、各頭書の通り陞爵授爵の儀詮議相成りたし。

として、西園寺公望・内田康哉《やすや》・珍田捨巳・高橋是清・牧野伸顕・加藤友三郎の陞爵と、田中義一・山本達雄・松井慶四郎・伊集院彦吉・幣原喜重郎の授爵を求め各人功績書を添付。珍田の分については、

　右は大正三四年戦役に継ぐ戦役に丁《あた》り特

命全権大使として英国に駐箚し、帝国と連合国たる英国との親厚を図り、殊に平和会議の仏国巴里《パリ》に開かるるや講和全権委員として会議に列し、折衝機宜を愆《あやま》らず、克《よ》く帝国の地位を列強の間に昂め遂に対独平和条約等の締結を見るに至れり。その勲功洵《まこと》に顕著なりとす。

としてパリ講和会議において全権委員として列席し、条約締結に尽力した功績が認められ伯爵に陞っている。

典拠　『読売新聞』明治三十九年一月七日朝刊、『授爵録』大正八～十一年

つ

津軽楢麿　つがる・ならまろ

一八七八―一九〇四

伯爵津軽承昭次男

①明治二十二年一月十七日（許可）

元陸奥国津軽藩主である伯爵津軽承昭《つぐあきら》の次男。『法規分類大全』所収「爵位局ヨリ宮内大臣へ伺」によれば、

華族従三位伯爵津軽承昭より次男楢麿へ財産を分与し分家致させたく、宗族・親族連署を以て願い出候処、明治七年七十三号公布により華士族分家の者は平民籍に編入するを以て、本願御聴許の上は楢麿民籍に入るは当然に候えども、楢麿の父承昭は別紙取調書の通り戊辰の際、奥羽諸藩の逆焔に靡かず、賊境に独立し奮戦尽力、克《よ》く藩屛《はんぺい》の任に尽くしたるその効績顕著の者に付、功労ある華族の子弟分家の際特旨を以て華族に列せられたる例に倣い、楢麿もまたこの際特旨を以て華族に列せられ、男爵を授けられたく、この段高裁を仰ぎ候也。

と、父承昭と宗族の近衛忠熙《ただひろ》、親族の細川護《もり》久《ひさ》の三名連署により明治二十二年（一八八九）一月十七日付で申請。この請願は裁可され、同月二十九日付で男爵が授けられる。

典拠　『法規分類大全』二ノ六

辻　維岳　つじ・いがく

一八二三―九四

元老院議官

①明治二十二年七月二日（不許可）

元宮内省御用掛

②明治二十三年三月二十一日（許可）

元老院議官

旧広島藩士出身の官僚・政治家。幕末・維新期には国事に奔走して藩政を主導した。慶応三年（一八六七）十二月に徴士《ちょうし》・参与となり、翌年二月には内国事務局判事、四月には大津県知事に就任して従五位下に叙せられたが、明治元年（一八六八）十一月に知事を免ぜられ位記を返上。二年九月には維新の功労により賞典禄四百石を下賜された。三年八月から閏十月まで待詔下院出仕をつとめ、十二年十月特旨をもって改めて従五位に叙せられ、その後は宮内省御用掛を経て二十三年六月には元老院議官に任ぜられた。『尾崎三良《さぶろう》日記』二十二年七月二日条によれば、

条公《じょうこう》を訪《と》う。在朝有功の士を華族に列するの談あり。その人名は子爵、河野《こうの》敏鎌《とがま》、西郷菊之助、男、井田譲《ゆずる》、山口尚芳、伊

丹重賢《しげかた》、花房義質《よしもと》、石田英吉《えいきち》、辻維岳の八人。右の外八人の候補者あり。楠本、藤村、山田信道、桂太郎、岩村高俊、北垣、三宮《さんのみや》、舟(船)越等なり。依て云う、楠本は第一着に属すべきものなりと。その余は意見なし。

とあり、尾崎が三条実美を訪問し、勲功により華族に列すべき人名を挙げて推挙しており、そのなかに辻の名がみえるも結局授爵に至っていない。また『山田伯爵家文書』所収の二十三年三月二十一日付「山田顕義《あきよし》秘啓」によれば、「授爵は陛下の大恩にして、国家の大典、万民の標準なり。真に陛下の親裁に出づるものにして、臣僚の容喙すべきものにあらず。然れどもその自歴を調査し、その理由を明晰にし、聖慮を翼賛するは臣下の務にして、謹慎鄭重を尽くさざるべからず。今鄙見を陳じ、閣下の参考に供す」として宮内大臣土方久元宛で授爵の標目として、(一)維新前後功労あり勅任官たる者および勅任官たりし者、(二)維新後功労あり勅任官たる者および勅任官たりし者、(三)維新前後功労ある者、(四)維新後功労ある者、(五)父の勲功による者、(六)神官および僧侶の世襲名家たる者、(七)琉球尚家の一門、の計七項目を挙げ、辻は第一項に適当の者としてその名を挙げられ、山田が列挙した人名中この時授爵したのは辻のみであった。また、元老院廃止後は維新の功労者として麝《じゃ》香間祗候《こうのましこう》を仰せ付けられている。

典拠　『尾崎三良日記』明治二十二年七月二日条、「山田顕義秘啓」(『山田伯爵家文書』四)

辻　新次　つじ・しんじ

一八四二―一九一五

貴族院勅選議員・文学博士

①明治四十一年十二月五日（許可）

旧信濃国松本藩士出身の官僚・教育家。藩校および幕府の蕃書取調所で修学。維新後は明治元年(一八六八)以降、開成所の後進である開成学校の教授試補、大学少助教、同大助教などを経、四年に文部省が創立されるとともに文部権少丞《ごんのしょうじょう》・同権大丞・同大書記官。この間、東京外国語学校校長・東京書籍館《しょじゃくかん》館長の事務取扱もつとめた。十年以降も文部権大書記官兼太政官大書記官、文部省地方学務局長・同官立学務局長・同普通学務局長、文部省官房長を歴任して、十九年三月より二十五年二月まで文部次官。一貫して文部官僚として文教政策に携わった。退官後、二十九年一月より貴族院勅選議員。『授爵録』(明治四十一～四十二年)所収の四十一年十二月五日付審査書類によれば、

　右新次は慶応元年幕府開成所教授出役に登用せられ、維新後開成所並びに大学の教官に任じ、明治四年文部省の創設と共に入りて枢機に参し、学制の調査に加わり成案最も多く、十二年の教育令、十三年の開成教育令及び十八年の教育令等、又その調査に尽力し実施に鞅掌《おうしょう》せり。殊に故森文部大臣の次官として帝国大学令・小学校令等の制定及び兵式体操の採用等、大臣を輔佐し功労洵《まこと》に顕著なり。爾後《じご》大臣数次の更迭ありしも能くこれを輔《なす》け、長く教育行政の要衝に膺《あた》り、二十五年十一月願に依り本官を免ぜられ、而して同人の功労は独り在官中の事績に止まらず、十六年大日本教育会を設立し、次いで書籍館を開き雑誌を発刊し、又講演会を開きて教育の普及を図れり。現今の帝国教育会は即ち大日本教育会の後進にして、或いは精神教育の資料たるべき書冊を編じて全国教育社に頒与し、或いは各種教育家の会合・講習会・講演会を主催し、或いは博覧会を機とし我が教育状態を世界に紹介する等内外に対し教育上の施設頗る多く、効果亦従って大なり。而して同人は同会設立以来会長としてその牛耳を把り、私財を投じ、心労を労し、同会を通じて国家教育に貢献したるの功績頗る顕著なりとす。仍《よ》てこの際その功績を録せられ、特に授爵の恩栄を賜り男爵を授けられ然るべき乎《か》。

と記され、辻の在官後の業績、また退官後も帝国教育会の前身である大日本教育会を設立

し、会長として国家教育に果たした役割を披瀝し授爵を可とする。同年十二月十二日付で授男爵。

典拠 『授爵録』明治四十一～四十二年

津田 出　つだ・いずる

一八三二―一九〇五

予備役陸軍少将、貴族院勅選議員・錦鶏間祗候

①明治二十六年九月三十日（不許可）

②明治三十三年五月六日（不許可）

旧紀伊国和歌山藩士出身の陸軍軍人・政治家。明治二年（一八六九）七月和歌山藩大参事となり、四年七月大蔵少輔に任ぜられるも翌月これを辞し大蔵省四等出仕となる。六年三月陸軍会計監督長に、翌年二月陸軍少将に任ぜられ、監督長を兼任し陸軍省第一局長となる。三月から七月の間、陸軍大輔を兼任。さらに八年四月に元老院議官を兼任。陸軍刑法審査委員・海軍刑法審査委員などもつとめる。二十三年九月には貴族院勅選議員に、十月には錦《きん》鶏間祗《けいのまし》候《こう》を仰せ付けられた。三十五年四月退役となった。『読売新聞』二十六年九月三十日朝刊によれば、「授爵の噂」の見出しで「山口尚芳・津田出・津田真道《まみち》・楠本正隆・細川潤次郎・伊丹重賢《しげかた》・神田孝平《かんだたかひら》・福原実《みのる》・野村素介《もとすけ》・三浦安《やすし》・平岡通義・安藤則命《のりなが》の諸氏は新たに爵位を授かるべしと噂ぞ」と報じられ、当時津田出への授爵説が出ていたことが確認される。また、『東京朝日新聞』三十三年五月六日朝刊にも「新華族の候補」の見出しで「授爵人名中に金子堅太郎・清浦奎吾・岩村兼善《かねよし》・松岡康毅《やすこわ》・津田出・加藤弘之・平田東助《とうすけ》等の諸氏もありたりという」とみえ、この当時にも同様の記事が報じられるが、結局誤報であったか、または実際詮議が行われたかは不明であるがこののちも授爵されず、津田の死去に際して正三位から従二位に陞叙するにとどまる。

典拠 『読売新聞』明治二十六年九月三十日朝刊、『東京朝日新聞』明治三十三年五月六日朝刊

津田監太郎　つだ・＊かんたろう

生没年不詳

楠木正成末裔

①明治三十年八月六日（不許可）

和歌山県士族。楠木正成末裔を称する。「津田監太郎請願書」によれば、明治三十年（一八九七）八月六日付で内務大臣樺山資紀《すけのり》宛で請願書を提出。請願書は同月九日付で和歌山県庁より内務省宛で

県下和歌山市津田監太郎、楠正成の後裔なりと称し、その系譜相添え別紙の通り願い出候に付、即ち願書進達に及び候也。

として回送。九月十八日付で内務次官中村元雄より内閣書記官長高橋健三へ、

和歌山県和歌山市津田監太郎なる者より楠正成の後裔なる旨を以て何分の御沙汰に与りたき旨系図写相添え、別紙の通り願い出候条相当の詮議相成りたく、依て書類進達に及び候也。

として内閣に宛てて津田の詮議を依頼。津田が樺山内相に宛てた請願書には、

右監太郎謹みて上陳仕り候。御省に於いて南朝の忠臣楠正成正統の子孫調査在らせらるる趣にて、これが為その正統と称し先年来数十名より家系取調方願い出たる趣なるも、未だその正統なる後裔これ無き哉《や》に伝承致し居り候。然るに我が祖先津田監物《けんもつ》算行は楠河内守正成三男左馬頭正儀《まさのり》（兄正行戦死後、多門丸早世に依て家督相続す）の子津田周防守正信（河州交野郡津田城に於いて誕生。故に幼名津田左門丸と称号す）の後胤にして、延元・貞和の兵乱、正成・正行《まさつら》後醍醐朝の官軍と為りて討死。子孫独り河内国に住し南朝を守護し奉り、その後明徳三壬申年南北朝和睦の後、応永年中京都将軍義満公の命に依り正信（津田周防守）子孫河内国より紀州に移り那珂郡小倉荘八ヶ邑を賜り（吐前・金谷・田中・大垣内・新居・三毛・布施屋・満屋、合高五千石余なり）、吐前に居城を構え正信子孫代々茲《ここ》に永住す。正信五代の孫津田監物算行の子算長（従五位下

大監物〕享禄年中隅州種子島に渡航し島主正成〔時堯《ときたか》とも云う〕に就き鉄炮の伝授を遂げ、天文十三年甲辰三月紀州小倉荘吐前城に帰る〔鉄炮伝来の旧記茲《ここ》に略す〕。将軍義晴その功を賞して従五位下に叙す。而して右鉄炮の術を始めて日本国中へ相弘《ひろ》めたり。当時算長力量に応じ製作致させ、戦場に於いて専ら相用い候鉄炮今に私家に伝来しこれ有り候。算長の子算正〔従五位下津田監物〕、織田信長に属し泉州佐野城主となる。算正の子重長〔津田監物〕、その子正徳〔津田四郎右衛門〕は四男たりと雖も、父重長の遺命に依り重長の跡を継襲し〔長男重信那珂郡小倉荘新居に別居、二男算義同郡中島村に住す。三男伴三左衛門と称し御旗本に出る。この家後年断絶す〕、寛文六年二月紀伊大納言頼《より》宣《のぶ》卿へ奉仕、これより旧和歌山藩譜代の士となり代々その家を継承し来たれり〔津田四郎左衛門正徳は私より八代以前の祖なり〕。以上の如きは略陳にして旧記中その主たるを掲載致したる儀にこれ有り。就いては我が祖その先津田周防守正信は乃《すなわ》ち楠正成四代の子孫にして、旧国河内より移りし己還正信子孫代々数百年の久しき本県那珂郡小倉村大字吐前に居住為したる事蹟は既往に徴して明らかなりき故に我が津田家は特にその正統を継襲致し来たりたる次第にて、楠正成後裔なること伝来の旧記に於いて詳らかなり。冀《こいねが》わくば精密御調査の上、何方の御沙汰相蒙りたく、因て御参考の為旧来所持の系譜写並びに従前旧和歌山藩へ差し出したる系譜写とこの二帖相添え、この段具状仕り候。

と記し、冒頭でも数年来「楠木正成末裔」を内務省（宮内省の誤りか）が調査している現状を述べ、津田家が正統である旨を縷々陳情するも授爵は不許可に終わる。

典拠　「津田監太郎請願書」（宮内庁宮内公文書館所蔵）

津田真道　つだ・まみち

一八二九―一九〇三

衆議院副議長

①明治二十六年九月三十日（不許可）

元衆議院副議長

②明治三十一年五月（不許可）

③明治三十三年五月五日（許可）

貴族院勅選議員

旧美作国津山藩士出身の官僚・政治家・啓蒙学者。安政四年（一八五七）に幕府の蕃書調所教授手伝並となり、そののち文久二年（一八六二）よりオランダに留学。維新後は明治二年（一八六九）一月に徴士《ちょうし》・刑法官権判事となり議事取調に従事。さらに刑部《ぎょうぶ》少判事・同中判事・外務権大丞《たいじょう》・大法官・陸軍省四等出仕を歴任。九年四月に元老院議官となり、二十三年七月第一回衆議院議員総選挙に東京府から立候補して当選。また、同年十月に元老院廃院につき錦《きん》鶏間祗候《けいのましこう》を仰せ付けられた。同年十一月より翌年十二月まで衆議院副議長をつとめた。ついで二十九年一月には貴族院勅選議員となり死去するまでつとめた。『読売新聞』明治二十六年九月三十日朝刊には「授爵の噂」の見出しで「山口尚芳・津田出《いずる》・津田真道・楠本正隆・細川潤次郎・伊丹重賢《しげかた》・神田《かんだ》孝平《たかひら》・福原実《みのる》・野村素《もと》介《すけ》・三浦安《やすし》・平岡通義・安藤則命《のりなが》の諸氏は新たに爵位を授かるべしと噂ぞ」と報じるも授爵されず。また『授爵録』（明治三十三ノ二年）には三十一年五月に田中不二麿《ふじまろ》が作成したものと思われるメモ書が綴られており（この推薦文は箕作麟祥《みつくりりんしょう》がすでに死去していることから、これ以前の作成ではないかと岩壁義光は推測している）、このメモ書には、

津田真道

国運の進歩は文武両道に由る。武力以て敵に勝ち海に敵艦を砕き、陸に敵城を抜き、大いに戦捷を奏す。事業明赫《めいかく》天下誰かこれを賛歎賞美せざる者あらんや。而して国家全体の文物制度を改良して国運を前進せしむるは文勲の偉大なるものなりと雖も、固《もと》より無形の事業にして彼の敵城を抜き敵艦を砕くが如く、人の耳目を聳動するに至らず。豈《あに》憤歎せざるを得んや。尤も記の六名は維新前国論鎮攘に傾くの時にありて国家将来の文明開化は一に知識を世界に求むるに在ることを看破し、世論に反抗して夙《つと》に洋学に志し、以て古来未曽有の新思想を本邦に移植したり。その著訳する所また甚だ多しと雖も、特に泰西国法論、国家汎論、性法、議事院法、仏国五法、法律格言等の如きは今日の立憲政治を馴致するに与りて力ありと云うべし。維新後また各《おのおの》その学ぶ所を以て国家を裨補せしこと僅少ならず。その勲績敢えて武勲に譲るものにあらざるなり。而してその各自の事業に至りてはこれを略載す。

として年齢順で津田真道・神田孝平・細川潤次郎・福沢諭吉・加藤弘之・箕作麟祥の六名が列挙されており、津田分には、

維新前幕府開成所教官となり、次いで命を奉じ和蘭に留学して政治・法律を修め、維新後議事取調に従事し、また学事取調を命ぜられ、次いで司法判事・法官となりて民刑諸法の取調に従事し、後陸軍省にありて陸軍刑法の制定に努力し、東京学士会院の会員に選挙せられ、また元老院議官に任じ、民法編纂委員となり尽力する功労少なからず。後（ママ）、衆議院副議長となり、現に貴族院勅任議員たり。

と記している。明治三十一年五月の時点ではすでに授爵している箕作を除く五名に対し、何らかの栄典を授与しようとする動きが確認されるが、津田はこの時には授爵していない。また前掲『授爵録』(明治三十三ノ二年)によれば、三十三年五月五日付の宮内省当局側立案書類で尾崎忠治《ただはる》ら計二十五名の文武官の授爵を詮議しており、銓衡として(一)維新の際大政に参与して殊勲ある者、(二)維新の功により賞典禄五十石以上を賜りたる者、(三)維新前後国事に功労あり、かつ十年以上勅任官の職にある者、または現に在職中の者、(四)十年以上勅任官の職にあり功績顕著なる者、(五)特に表彰すべき偉大の功績ある者の五つの規準を設けており、津田はその(四)に該当する対象者とされ、同月八日に裁可を得て翌九日付で男爵が授けられる。

典拠　『読売新聞』明治二十六年九月三十日朝刊、『授爵録』明治三十三ノ二年、岩壁義光「旧幕臣系男爵の授爵について―宮内公文書館所蔵「授爵録」の分析について―」(『学習院大学史料館紀要』一八)

津田　某　＊つだ

生没年不詳

旧加賀国金沢藩家老

①明治三十九年九月十八日（不許可）

津田家は旧金沢藩家老をつとめた家柄。『東京朝日新聞』明治三十九年(一九〇六)九月十八日朝刊によれば「一万石以上の陪臣」の見出しで、

維新前陪臣にして一万石以上を領したるは各藩を通じて七十家ありしが、爾来《じらい》しばしば華族に列せられ、昨日また新たに八家に対し授爵の御沙汰ありたれば、残るは紀州藩の久野《くの》・水野、水戸藩の山野辺《やまのべ》、仙台藩の石川・茂庭《もにわ》、加州藩の津田・本多(一万石)、津藩の藤堂(一万石)の八家のみなりと云う。

と報じられている。この内、津藩一門の藤堂高成《たかしげ》は前日の十七日付で男爵を授与されており、記載は誤りと思われる。また、旧金沢藩士中、津田姓で万石以上の陪臣は明治元年に本姓斯波《しば》に復し、斯波蕃《しげる》が三十三年五月九日付で男爵を授与されており、記事の津田家がどの系統を指しているのかは不明。または記事の誤りとも思われる。

典拠　『東京朝日新聞』明治三十九年九月十八日朝刊

都筑馨六　つづき・けいろく

一八六一―一九二三

元特命全権大使

①明治四十一年四月三十日（不許可）

②明治四十一年七月二十四日（許可）

旧伊予国西条《さいじょう》藩士出身の官僚・政治家。明治十四年(一八八一)東京大学文学部政治理財学科卒学後、翌年一月より政治学研究のため、ドイツ留学。十九年五月に帰朝後は外務省入省。以後、公使館書記官兼外務省参事官、外務大臣秘書官、第一次山県有朋内閣で内閣総理大臣秘書官兼内務省参事官などを歴任、三十一年十一月には外務次官に就任。三十二年四月より貴族院勅選議員。四十年四月から翌年一月まで特命全権大使兼枢密院書記官長として、オランダのハーグにおける第二回万国平和会議開設につき委員として差遣された。『西園寺公望伝』(別巻二)所収の四十一年四月三十日付「伊藤博文宛西園寺公望書翰」によれば、追伸に「都筑氏に関しては到底難しく、山県公もこの度は叙爵の議を徹(撤)回致され候。左様御承知願い上げ候」と記され、山県有朋の後援により授爵が企図されるもこの時機は理由不明ながらも困難であり山県も案を撤回したとある。続いて、『桂太郎関係文書』所収の同年七月二十四日付「山県有朋書翰」によれば、「都筑前大使の叙爵については、前総理も同意を表し候事に付」とあり、前首相の西園寺公望も授爵に賛意を示している。また『授爵録』(明治四十一～四十二年)所収の同年七月十九日付当局側審査書類によれば、

　右明治十九年公使館書記官兼外務省参事官出身以来、高等官在職十五年余、その功績少なしとせず。特に明治二十九年山県全権大使露国に派遣せらるるに際し、これに随行して韓国における日露議定書の訂(締)結に参画して功あり。明治三十四年伊藤侯爵欧米各国を巡回するにあたり、これに随行してその機務に参与し、明治四十年特命全権大使として海牙《ハーグ》における第二回平和会議に派遣せられ、克《よ》くその職責を尽くして本邦の増進せる国際地位に対する光栄を完うせり。仍《よ》てこの際その功績を録せられ、特に授爵の恩栄を賜り男爵を授けられ然るべきか。

と記され、外交上の功績により、同年八月三十日付で授男爵。

都筑馨六

典拠　「伊藤博文宛西園寺公望書翰」(『西園寺公望伝』別巻二)、「山県有朋書翰」(『桂太郎関係文書』)、『授爵録』明治四十一～四十二年

堤　正誼　つつみ・まさよし

一八三四―一九二一

宮内省内匠頭兼宮中顧問官、東宮御所御造営局長

①明治三十三年五月五日（許可）

旧福井藩士出身の官僚。明治二年(一八六九)十月福井藩権大参事となり、四年九月侍従。以後、侍従番長・宮内少丞《しょうじょう》・同権大丞・宮内権大書記官・内匠頭《たくみのかみ》・御料局長官などを経て三十年十一月宮内次官。翌年三月内匠頭に再任され宮中顧問官を兼任し、三十三年三月東宮御所御造営局長も兼任。授爵に関してこれまで他薦の書類などは確認できないが、『授爵録』(明治三十三ノ二年)によれば、三十三年五月五日付の宮内省当局側立案書類で尾崎忠治《ただはる》ら計二十五名の文武官の授爵を詮議しており、銓衡として(一)維新の際大政に参与して殊勲ある者、(二)維新の功により賞典禄五十石以上を賜りたる者、(三)維新前後国事に功労あり、かつ十年以上勅任官の職にある者、または現に在職中の者、(四)十年以上勅任官の職にあり功績顕著なる者、(五)特に表彰すべき偉大の功績ある者の五つの規準を設けており、

堤はその(三)に該当する対象者とされ、同月八日に裁可を得て翌日付で男爵が授けられる。
典拠 『授爵録』明治三十三ノ二年

津守国美　つもり・くによし
一八三〇―一九〇一
住吉大社神主
①明治四年十二月三日（不許可）
津守家は代々住吉神社(大社)の神主を世襲する家で、国美は第七十六世。幼名は八千丸。天保十二年(一八四一)八月に従五位下・上野介に叙任し、以後位階累進して慶応二年(一八六六)七月には従三位に昇ったが、明治四年(一八七一)五月に神官の世襲および位階廃止に伴い失位。『太政類典』所収「津守国美外二名華族列」によれば、神祇省より四年十二月三日付で津守に対して「右同断《どうだん》に付、華族格に仰せ付けられたき事」として請願。同日出雲大社の北島全孝《たけのり》・千家《せんげ》尊澄《たかずみ》両名へは「右今般御改正に付、身分の儀華族に仰せ付けられたき事」として請願しているのに対し、同省では津守家は一段劣る華族格での身分昇格を願い出る。これに対して太政官側は同月十二日付で三家とも差を付けずに一律華族への編入を認められ、改めて同日付で従五位に叙されている。
典拠 「津守国美外二名華族列」(『太政類典』)

津守国美

寺内正毅　てらうち・まさたけ
一八五二―一九一九
元帥・陸軍大将、内閣総理大臣
①大正八年十月二十日（不許可）
元帥・陸軍大将、内閣総理大臣前官礼遇
長州藩士出身の軍人・政治家。陸軍・外務・大蔵の各大臣、韓国統監・朝鮮総督などもつとめ、大正五年(一九一六)には内閣総理大臣もつとめた。また、明治四十年(一九〇六)九月には軍功により子爵を授与され、四十四年四月伯爵に昇る。『原敬日記』大正八年十月二十日条によれば、「田中陸相来訪、寺内正毅病気危篤に付、山県に相談し、大勲位・従一位及び侯爵

寺内正毅

に陞叙の事を希望す」とあり、原内閣で陸軍大臣であった田中義一が、寺内の危篤に際して位階・勲等・爵位の陞叙を元老山県有朋に相談したことがみえる。この件に関して山県は爵位に関してのみ、宮内大臣の考えもあるだろうからと即答していないようであり、原の問に対して田中は、「知友の昇進は余に異議なけれども、余りに優遇に過ぎ、殊に定規にて正二位に昨日叙せられたる次第なればこれも如何と思いたるも、山県等と相談の上」と答えている。原は「波多野宮相に相談せしめたるに、大勲位・従一位共に重き事にて前例に照らすも如何あらん、却て侯爵の方は六ケ《むつか》しきにも非ざるべし」と大勲位菊花大綬章《だいじゅしょう》と正二位から従一位への陞叙はともかく、伯から侯への昇格はそれほど難しいとは考えていなかったようである。結局寺内は同年十一月三日没。没後、従一位・大勲位菊花大綬章が追贈されるも、侯への陞爵は実現していない。

典拠　『原敬日記』大正八年十月二十日条

寺川藤兵衛　てらかわ・とうべえ

生没年不詳
楠木正成末裔
①明治十七年三月六日（不許可）

大阪府在住。楠木正成末裔を称する。族籍などは不明。『郵便報知新聞』明治十七年（一八八四）三月六日朝刊に「楠公《なんこう》の末裔」という見出しで、「我こそ大和国平群郡《へぐりぐん》東勢野村の産まれにて、代々楠姓を名乗る楠公嫡流の末裔なりとて、去る二十九日、その系図、書類等等を同区役所へ差し出したるよし」とみえ、大阪府南区役所宛で請願をしたことが確認できるも却下され、授爵されずに終わっている。

典拠　『郵便報知新聞』明治十七年三月六日朝刊

寺島秋介　てらしま・しゅうすけ

一八四〇—一九一〇
貴族院勅選議員・錦鶏間祗候
①明治二十九年五月（許可）

旧長州藩士出身の官僚・政治家。慶応四年（一八六八）二月御親征副参謀、同年七月奥羽追討参謀となり、明治二年（一八六九）六月には軍功により賞典禄四百五十石を下賜された。四年十二月外務八等出仕、六年五月司法省警保寮十等出仕、七年一月警視庁権大警部となり、以後警視庁九等出仕・同権少警視・一等大警部を経て、十年六月西南戦争に際しては陸軍大尉に任ぜられた。十五年以降は内務権少書記官・同少書記官となり、内務省地理局第一部長や社寺局次長をつとめ、二十三年六月元老院議官、廃院後は錦鶏間祗候《きんけいのましこう》となり、さらに翌年四月から死去するまで貴族院勅選議員をつとめた。授爵に関しては、『授爵録』（明治二十九年）によれば、立案日の欄は空白であるが、芳川顕正《あきまさ》ほか二十八名の文武官への授爵詮議が爵位局でされており、寺島の名も挙げられる。

　右は夙《つと》に勤王の志を抱き、皇室式微、幕府専横の日に当たり、或いは大和・但馬の義挙に与し、或いは幽囚投獄、辛苦備《つぶさ》に嘗《な》め維新回天の大業を賛助し、または多年朝に在りて顕要の職を奉じ、または貴衆両院に入りて国家の大計を議する等孰《いず》れも勲功顕著の者に付、特旨を以て華族に列し栄爵を授けられ然るべき乎。左にその爵を擬し裁を仰ぐ。

とし、二十九名中芳川のみ子爵授与とし、寺島を含めた他の二十八名は男爵が相当としている。同文書には寺島の授爵を求める他薦書類や功績調書は綴られていないが、二十九名中、伊丹重賢《しげかた》・山田信道・船越衛《まもる》・三宮義胤《さんのみやよしたね》・中島信行の五名については維新前の勤王事歴調書類が、また九鬼隆一《りゅういち》についても同年二月二十五日付で榎本武揚が授爵を推薦する書状が添付されていることから、同人を含めた他の二十三名分も他薦などがあった蓋然性が高いと思われる。寺島の功績は認められ、二十九年五月二十三日付で裁可を得、翌月五日付で男爵を授けられる。

典拠　『授爵録』明治二十九年

田　健治郎　でん・けんじろう

一八五五—一九三〇

逓信・農商務・司法各大臣

①明治三十九年一月七日（不許可）

逓信次官・貴族院勅選議員

旧丹波国下小倉村大庄屋出身の官僚・政治家。明治七年（一八七四）十一月熊谷県等外三等出仕を拝命後、愛知県十五等出仕・同県史生《ししょう》を経て同九年司法省に転じて十四等出仕となる。以後、判事補・高知県警部長・埼玉県警部長・逓信書記官・逓信大臣秘書官・逓信省通信局長・同省電務局長などを歴任し、三十一年一月から七月まで逓信次官。三十三年十月から翌年六月まで逓信省総務長官となり、三十六年九月総務長官（同年十二月逓信次官）に再任し、三十九年一月七日に貴族院勅選議員となり、翌日に次官を退官。その後は寺内正毅内閣で逓信大臣となり、大正八年（一九一九）十月には台湾総督もつとめた。また第二次山本権兵衛内閣で農商務大臣兼司法大臣として入閣。十五年五月からは死去するまで枢密顧問官に在任した。『読売新聞』明治三十九年一月七日朝刊に「文官の授爵」の見出しで、「日露戦争の功績に依りて、少将相当の各文官には近日中に授爵せらるる筈なるが、各省次官は何れも男爵に列せらるるならんと」と報じられる。この当時の各省次官で無爵であったのは、珍田捨《すて》巳《み》（外務）・阪谷芳郎（大蔵）・石渡敏一《いしわたびんいち》（司法）・木《こ》場《ば》貞長《さだたけ》（文部）・和田彦次郎（農商務）と田の計六名であったが、この時には授爵されず、四十年九月二十一日に勲功により男爵を授与された。なお、『授爵録』（明治三十九～四十年）には授爵裁可を求める書類のみで、功績調書や各方面からの授爵請願書の類は綴られていない。

典拠　『読売新聞』明治三十九年一月七日朝刊

田健治郎

と

東郷平八郎　とうごう・へいはちろう

一八四八—一九三四

元帥・海軍大将

①大正十二年十二月三日（不許可）

②大正十三年一月二十九日（不許可）

③昭和三年七月二十日（不許可）

④昭和九年五月二十九日（許可）

旧薩摩藩士出身の海軍軍人。日清戦争では浪速艦長として豊島沖海戦などで活躍し、明治二十八年（一八九五）二月に少将に進級。その後三十一年五月には中将、三十七年六月に大将と昇進。また、大将進級の前年十二月からは連合艦隊司令長官に補せられ、日露戦争では日本海海戦の軍功により、戦後、三十九年には大勲位菊花大綬章および功一級金鵄《きんし》勲章を授与され、さらに翌年九月二十一日付で伯爵を授けられた。伯から侯への陞爵運動は大正十年代になると確認され、『読売新聞』大正十二年（一九二三）十二月三日朝刊によれば、「陞爵する人・新華族になる人」の見出しで、皇太子裕仁親王（のちの昭和天皇）と久邇宮《くにのみや》良子《ながこ》女王との御成婚という慶事に際しての栄典授

与で、陞爵・授爵候補として「今一部の噂に上っている人は、面白いところで伯東郷元帥の侯爵」と報じられ、この当時から侯への陞爵が各方面から出されていたであろうことが窺える。十三年一月二十九日には、海軍大臣村上格一《かくいち》より、内閣総理大臣清浦奎吾宛で東郷の陞爵と叙勲が同時に請願されている。

　右者明治三年十二月海軍に奉職以来五十有四年、その間呉鎮守府参謀長・浪速艦長・常備艦隊司令官・海軍大学校長・佐世保鎮守府司令長官・舞鶴鎮守府司令長官・連合艦隊司令長官・海軍軍令部長及び軍事参議官等の要職を経て元帥府に列せられ、終始一貫各々その重任を全うし、成績顕著なるものなり。殊に明治二十七年七月浪速艦長として高陞号撃沈の英断は日清戦役に於いて我が軍大捷《たいしょう》を博せしむるの素因を成し、尋《つい》で日露戦役に於いては連合艦隊司令長官として海軍出征部隊を統率し終始その作戦宜しきを得、特に旅順《りょじゅん》港口の作戦並びに日本海海戦に於ける卓越せる偉功は茲《ここ》に喋々するの要なく、帝国今日の隆盛は該海戦全勝の賜りとして何人も畏敬情を能わざる所なり。又該戦役後は軍令部長として国防の枢機を掌理し、以て戦役に於ける海軍の整備充実に努力し、以て帝国海軍飛躍の素地を作れり。大正二年元帥府に列せられて以来、欧州大戦及び華府《ワシントン》会議の緊急時期に際会し海軍軍事の最高顧問としてその要議に参与し、その功績頗る顕著なり。尚大正三年四月東宮御学問所総裁仰せ付けられ至誠一貫献身、以てその大任に尽瘁《じんすい》したるものにしてその功績は卓絶の者にこれあり候条、東宮殿下御慶事の期に置いて特に陞爵相成り候様御詮議相成りたし。

東郷平八郎

として、伯から侯への陞爵、さらに同文で大勲位菊花章頸飾《けいしょく》の加授を願い出ているが、この際は不許可に終わる。昭和期に入っても陞爵運動は継続され、『授爵陞爵申牒書類』によれば、昭和三年(一九二八)七月二十日付では海軍大臣岡田啓介より内閣総理大臣田中義一宛で陞爵を内申。在官五十七年余・内親任待遇五年四ヵ月十七日・大将任官二十二年十ヵ月二十日、元帥府に列してから十五年六ヵ月二十日が経過したという官歴をもって「内申書」を提出。

　右者、明治三年海軍に奉職以来五十七年余、その間呉鎮守府参謀長、浪速艦長、常備艦隊司令官、海軍大学校長、佐世保鎮守府司令長官、常備艦隊司令長官、舞鶴鎮守府司令長官、連合艦隊司令長官、海軍軍令部長及び軍事参議官等の要職を経て元帥府に列せられ、終始一貫各《おのおの》その重責を全うし、勲業一世に高きものなり。殊に明治二十七年七月浪速艦長として高陞号撃沈の英断は日清戦役に於いて我が軍大捷を博するの素因を成し、延て日露戦役に於いては上陛下の御信任と、下国民の倚托《いたく》に依り連合艦隊司令長官として海軍出征部隊を統率し、終始その計画作戦宜しきに適い、特に一年に亘る旅順港外の作戦並に日本海海戦に於ける敵大艦隊全滅の戦功は茲《ここ》に絮説《じょせつ》の要なく、帝国今日の隆盛は該会戦全勝の賜として何人も畏敬措《お》く能わざる所なり。また該戦役後は海軍軍令部長として国防の枢機を掌理し、専ら力を戦後に於ける海軍の整備に効し、以て帝国海軍飛躍の素地を作れり。大正二年元帥府に列せられて以来、欧州大戦及び華府会議の重大なる時期に際会し、海軍軍事の最高顧問としてその要議に参与し大勢を洞察してその方途を錯らしめず、加之《しかのみならず》大正三年四月東宮御学問所総裁仰せ付けられ、至誠一貫

献身以てその大任に尽瘁したるものにして、その功績は卓絶の者にこれあり候。同官は啻《ただ》に国家最高の重臣たるのみならず、世界の偉人として内外に瞻仰せられ、名声徳望日に高く、世道人心に及ぼせる感化もまた偉大なる者にこれあり候に付いては御大礼の機会に於いて特に侯爵に陞叙せらるる様御詮議相成りたし。

と功績を述べて稟請し、陞爵を願い出ているも結果は不許可。『時事新報』同年十月二十四日朝刊によれば、

曠古《こうこ》の御大典に際し畏き辺りでは官民各方面の功労者に対し昇授爵並びに叙位叙勲等の恩典を授けられることとなって居るので、田中首相は過般来宮内省側の意見をも参酌し銓衡を急ぎつつあり。目下各方面から推挙せるものの中、特に注目すべき海陸軍から伯爵東郷元帥の侯爵陞叙と山本権兵衛伯並びに奥保鞏《やすかた》伯に対し、大勲位菊花大綬章陞叙であるが、東郷元帥の昇爵については最も慎重に考慮せられて居る。尚渋沢栄一子に対しては多分勲一等旭日桐花《とうか》大綬章を賜る事となるべく官吏側にはこの際桐花大綬章を賜るものなき模様。

と昭和天皇即位大礼という慶事に際しての栄典授与に関して、東郷の陞爵について宮内省や関係当局で慎重に審査されていることが大きく報じられている。結局この際も不許可となる。こののち『授爵録』(昭和二～十九年)によれば、九年五月二十九日付で内閣総理大臣斎藤実より宮内大臣湯浅倉平《くらへい》宛で陞爵詮議を申牒。添付の「功績書」の内容は前回とほぼ同様のものであるが、同人の危篤に際しての請願は容れられ、同日付で侯へ陞爵が許されている。

典拠　『読売新聞』大正十二年十二月三日朝刊、「〔叙勲及陞爵ノ儀ニ付申牒〕」(国立公文書館所蔵『諸雑公文書(狭義)』)、『授爵陞爵申牒書類』、『授爵録』昭和二～十九年、小田部雄次『華族―近代日本貴族の虚像と実像―』、『時事新報』昭和三年十月二十四日朝刊

東条英機　とうじょう・ひでき

一八八四―一九四八

内閣総理大臣・陸軍大臣・軍需大臣・参謀総長・陸軍大将

①昭和十八年十一月十六日（不許可）

旧盛岡藩士出身の陸軍中将東条英教《ひでのり》の子。明治三十八年(一九〇五)三月陸軍士官学校を、大正四年(一九一五)十二月陸軍大学校を卒業。以後、累進して昭和八年(一九三三)三月少将に進級。参謀本部付・陸軍士官学校幹事・歩兵第二十四旅団長・第十二師団司令部付・関東憲兵隊司令官兼関東局警務部長などを経て、十一年十二月中将に進級。以後、関東軍参謀長・陸軍次官などを歴任し、十五年七月には第二次近衛文麿内閣で陸軍大臣として入閣し、第三次近衛内閣でも留任。第三次近衛内閣総辞職後、十六年十月内閣総理大臣に就任。首相就任に際して大将に進級し、陸軍大臣・内務大臣を兼任。その後は内相を辞任し、軍需相さらには参謀総長も兼任。十九年七月に退陣して予備役に編入された。授爵に関しては、第二次近衛内閣で首相秘書官をつとめた細川護貞《もりさだ》の『細川日記』昭和十八年十一月十六日条によれば、

東条英機

一日も速かに政府を転覆するを可とするも、その方法は東条の名誉欲を、満足せしむる様な方法として、彼を元帥伯爵位に奏請すれば、恐らく彼も退陣すべく、国家を救う為には、これ位の代価は実に安価なるものなり。

とみえ、戦局悪化にもかかわらず、退陣する意思のない東条に対し、反東条グループが同

人を元帥府に列せしめ、さらには伯爵授与をもって引き替えにしようとする案があったことを窺わせる。ただしこれ以後、同日記に関連記事はみえず、実際宮中筋にこの案がもたらされたかどうかは不明であり、また奏請のうえ、却下された可能性も否定できない。なお、保阪正康の『華族たちの昭和史』によれば真珠湾攻撃成功後、陸海軍中から東条の授爵が確実であるという声があった点、また太平洋戦争に勝利していた場合、東条らが授爵を求めたであろうと木戸幸一《こういち》が語ったことが触れられている。

典拠　『細川日記』昭和十八年十一月十六日条、保阪正康『華族たちの昭和史』

藤堂欽吉　とうどう・＊きんきち

生没年不詳

旧伊勢国津藩城代家老

①大正四年十月六日（不許可）

「松平康民《やすたみ》他陞爵請願書」中に松平康民（旧美作国津山藩主。伯爵）の陞爵願と合綴で収録。大正四年（一九一五）十月六日付で内閣総理大臣大隈重信より宮内大臣波多野敬直《よしなお》宛で「左記の者授爵又は陞爵情願の旨、意は主として家格に存する義と認められ候に付、しかるべく御詮議相成りたし」として照会。慶光院利敬《けいこういんよしゆき》以下十七名を列挙し、そのなかに藤堂の名も挙げられている。藤堂は旧伊勢国津藩城代家老。維新後は第百五国立銀行頭取となり、明治二十年（一八八七）八月に没した藤堂高泰《たかやす》の嗣子と思われる。

右は藤堂高虎の末孫なるのみならず、藤堂高泰は維新の際藩兵を率い黒門にその他に転戦し、功績少なからざるに付、他藩の士族と同じく戊辰の勲功を賞せられんことを請願したるものなり。

との理由をもって申請するも授爵に至らず終わっている。

典拠　「松平康民他陞爵請願書」（宮内庁宮内公文書館所蔵）

藤堂高紹　とうどう・たかつぐ

一八八四―一九四三

旧伊勢国津藩主家

①明治二十五年十月（不許可）

②明治二十七年一月二十一日（不許可）

③大正四年十月六日（不許可）

④昭和三年十月二十五日（不許可）

旧伊勢国津藩主であった藤堂高潔《たかきよ》の子。父の代、明治十七年（一八八四）七月の華族令公布に際して授伯爵。同藩は戊辰戦争時にも朝廷側に立ち戦功があった。「藤堂高紹陞爵請願書」によれば、二十五年十月、藤堂家家令《かれい》の小西正職、家扶《かふ》塩田重弦の連名で宮内大臣土方久元宛で請願。「内願書」によれば、

明治庚午藩制を定められ、各藩を大中小の三等に区別せらるるに当たり、その石高十五万石以上を以て大藩に列せられ候き、藤堂藩の如き提封三十二万石余たるに拘わらず、当時の命令に従い現石高十二万石余のみを書き上げたりしを以て、遂に中藩に列し加えられ候しなり。

と記され、現高を正確に申請しなかったがために大藩ではなく中藩に区分されてしまった点を指摘し、そのうえで「王事に竭《つく》し、軍備に懈《おこた》らざりし微功を思し召し出し合わされ、非常の特典を以て侯位の爵に昇叙を賜りたく内願候」と嘆願するも不許可。また『伊藤博文関係文書』所収の二十七年一月二十一日付「東久世通禧《みちとみ》書翰」によれば、

勝老人先比《さきごろ》より所労、追々快方に御座候えども、出勤相話も致し難きに付、一応老人に代わり歎願致しくれ候様との事にて御執次致すべきと受け合い置き候。右は今般御祝に付、種々徳川家へ泣き付き候事これあり。

と記され、「藤堂家、爵叙侯爵の事」とみえ、勝安芳（海舟）より同家の陞爵が嘆願されている。三度目の請願は「松平康民《やすたみ》他陞爵請願書」中に松平康民（旧美作国津山藩主。伯爵）の陞爵願と合綴で収録。大正四年（一九一五）十月六日付で内閣総理大臣大隈重信より宮内大臣波多野敬直《よしなお》宛で「左記の者授爵又は陞爵情願の旨、意は主として家格に存する義と認められ

候に付、しかるべく御詮議相成りたし」として照会。慶光院《けいこういん》利敬《よしゆき》以下十七名を列挙し、そのなかに藤堂高紹の名も挙げられており、実高三十二万石でありながら、維新時に十二万石と申請したところ、中藩に列せられたため伯爵にとどまった点を述べ、遺憾であり侯への陞叙を望んでいる。これまでの請願内容と同様であるが、不許可。『授爵陞爵申牒書類』によれば、内務省より昭和三年(一九二八)十月二十五日付で同家の陞爵を請願。「同禄者が公侯爵の故」としてこれまで同様に禄高の申請時の誤りを理由とするも結局陞爵運動は全て不許可に終わる。

典拠　「藤堂高紹陞爵請願書」(宮内庁宮内公文書館所蔵)、「松平康民他陞爵請願書」(同)、「東久世通禧書翰」(『伊藤博文関係文書』七)、『授爵陞爵申牒書類』

藤堂高節　とうどう・たかもち

?—一八八七

旧伊勢国津藩一門

①明治十一・十二年頃　(不許可)
②明治十二～十六年頃　(不許可)
③明治十五・十六年頃　(不許可)

藤堂家は旧津藩一門で旧禄一万五千石を知行。幕末・維新期の当主は高節。同家の華族昇格に関し、『爵位発行順序』所収「華族令」案の内規として公侯伯子男の五爵(左に朱書で公伯男の三爵)を設け、世襲・終身の別を付し、その内「世襲男爵を授くべき者」四項目中、第四項目に「旧藩主一門の高一万石以上の者及び高一万石以上の家臣」を挙げている。同案は明治十一(一八七八)・十二年頃のものと推定されるが、この時点においては旧幕時代に一万石以上を領していた藤堂家は男爵に列すべき家として認知されていたと思われる。同じく前掲『爵位発行順序』所収「授爵規則」によれば「男爵を授くべき者」として、七項目中、第四項目に「旧藩主一門の高一万石以上の者及び高一万石以上の家臣」が挙げられている。前記資料とは異なり、この案は十二年以降十六年頃のものと推測されるが、こちらでも万石以上陪臣として、同家は世襲華族として男爵を授けられるべき家とされていた。また、十五・十六年頃の作成と思われる「三条家文書」所収「旧藩壱万石以上家臣家産・職業・貧富取調書」によれば、旧禄高一万五千石、所有財産は金禄公債千七百五十円、職業は無職。貧富景況の欄には「貧なる方」と記されるも当該時期には万石以上陪臣への華族編列そのものが実施されなかったため、同家は士族にとどまる。なお、そののち経済状況が改善され、養嗣子憲丸(高茂《たかしげ》)が明治三十九年九月十七日付で授男爵。

典拠　『爵位発行順序』、「旧藩壱万石以上家臣家産・職業・貧富取調書」(「三条家文書」)

→藤堂憲丸

藤堂憲丸　とうどう・*のりまる

一八六七—一九三〇

旧伊勢国津藩一門

①明治三十三年五月五日　(不許可)
②明治三十五年二月　(不許可)
③明治三十九年八月　(許可)

旧堂上《とうしょう》華族の竹内治則《たけのうちはるのり》子爵の次男で、旧伊勢津藩一門である前掲藤堂高節《たかもち》の養子。のちに高成《たかしげ》と改名。同家の華族編籍・授爵は先代高節より行われている。『授爵録』(明治三十三ノ一年)所収の明治三十三年(一九〇〇)五月五日付宮内省当局側審査書類によれば、旧藩主一門および万石以上家老の授爵詮議で浅野哲吉ほか二十五名が挙げられ、同月九日付で全員男爵を授けられているが、その但書に、

　但し旧藩一万石以上と唱うる家は四十八家あり。然れども明治四年辛未禄高帳(大蔵省記録)及び藩制録(大蔵省記録)又は府県知事より徴収したる現在所有財産高を照査し、その旧禄高一万石以上判明せしものにして、猶且つ五百円以上の収入を生ずべき財本を有すること精確なるもの先づ二十五家を挙ぐ。余の二十三家は他日調査完結又は資産を有するに至りたるときに於いて御詮議相成るべきものとし、左にこれを掲げて参考に資す。

としたうえで、藤堂憲丸を含めて二十三家が挙げられている。これによれば、藤堂家は

「旧禄高壱万石以上判明せしも五百円以上の収入を生ずべき財本を有せざる家」十一家のなかに分類されており、旧幕時代には表高・実高ともに一万五千石を領していたものの、年間五百円以上の収入を生ずる財本を有していなかったがために選に洩れている。『授爵録』(明治三十九〜四十年)によれば、三十五年二月付で本家筋で伯爵藤堂高紹の親権者にあたる藤堂量子(高紹先代高潔《みつあき》の妻)が「授爵ノ請願」を宮内大臣田中光顕宛で提出。

　右藤堂憲丸儀は家祖藤堂高虎《たかとら》の義子従五位下宮内少輔藤堂高吉《たかよし》の子孫に相当するものにして、高吉以来旧藩時代に於いては世々宗家付属の門葉に列し、藩地内伊賀名張郡《なばりぐん》名張に居住せしめ邑地一万五千石を食ましめ候家格にこれあり候。然る処聖代の徳沢に依り明治三十三年五月旧時名門功臣の輩へ寵恩を布かせられ授爵の殊典に浴せしめられ候旨拝承奉り候に就いては、他家の類例に鑒み、宗家の情義傍観し難く、爾来《じらい》一家の経営を監理し、後日均しく寵光を辱《かたじけな》くするに当たり遺算なく一身一家の体面を完うせしめ候様、深く注意を加え、今日に於いては十分家産の整理を相定まり候に付き、尚この上とも宗家の情誼を持続し、補助監理の分任をも相尽し申すべく候間、何卒厚き御詮議を以て特に授爵の寵典に浴せしめられ候様御執奏の儀謹みて請願奉り候也。

とみえ、この請願によれば、この当時すでに本家伯爵家の指導などもあり家産の整理も定着していたようであるが、なお財本の面で不充分な点がみられると判断されたか授爵には及んでいない。こののち同書所収の三十九年八月立案の宮内省当局側審査書類によれば、伊木忠愛《いぎただなる》・日置健太郎《ひきけんたろう》・池田博愛《ひろのり》・土倉光三郎《とくらみつざぶろう》・有吉虎若《ありよし》・沢村重《しげし》・荒尾之茂《これしげ》・荒尾嘉就《よしなり》とともに藤堂憲丸も審査に挙がっており、

　旧藩一万石以上の門閥にしてその所属藩主の一門または家老の輩は、実力恰《あたか》も小諸侯の如く古来旧領地に住して門地・声望等その地方人民の儀表となり、勧業または奨学等公益に資すること少なからざるを以て、これに栄爵を授けられんとするの件曩《さき》に御裁可あらせられ、去る三十三年皇室御慶事の時に際し詮議を経て旧藩一万石以上と唱うる門閥家にして、その旧禄高一万石以上たること判明し、尚且つ五百円以上の収入を生すべき財本を有すること精確なる者二十五家を挙げて華族に列し男爵を授けられたり。而してその際旧禄高一万石以上たること判明せるも、五百円以上の収入を生ずべき財本を有せざる者にありては他日その資産を有するに至りたるときに於いて更に同様の詮議に付せらるべきものとせられ、右九家はその当時既にその員に数えられたる者なり。然るに爾来孰《いず》れも資産を有するに至りたるを以てこの際曩日の詮議に基づき、前記九家に対し授爵の恩典あらんことを上奏せらるべきや。

と記され、明治三十九年八月の時点では藤堂家を含めこの九家の家計上の諸問題は解決し、華族としての体面を維持するだけの財本を確立していたと思われる。これにより、九月十二日に裁可され、同月十七日付で男爵が授けられた。

典拠　『授爵録』明治三十三ノ一年・三十九〜四十年

→藤堂高節

戸川　某（達敏カ）　＊とがわ

生没年不詳

旧交代寄合・元中大夫席

①明治十一・十二年頃（不許可）

②明治十二〜十六年頃（不許可）

戸川家は旧幕時代に交代寄合《こうたいよりあい》表御礼衆の格式を与えられ、五千石を知行した旗本。幕末・維新期の当主は達敏。朝廷に早期帰順して本領を安堵され、朝臣に列して中大夫席を与えられた。明治二年（一八六九）十二月に中大夫以下の称が廃されるのに伴い士族に編入。同家の華族昇格に関し、『爵位発行順序』所収「華族令」案の内規として公侯伯子男の五爵（左に朱

書で公伯男の三爵）を設け、世襲・終身の別を付し、その内「世襲男爵を授くべき者」四項目中、第三項目に「元高家《こうけ》・交代寄合」を挙げている。同案は十一・十二年頃のものと推定されるが、この時点では旧幕時代に万石以下でありながら、若年寄ではなく諸侯や高家同様に老中支配である交代寄合は男爵に列すべき家として認知されていたと思われる。同じく前掲『爵位発行順序』所収「授爵規則」によれば「男爵を授くべき者」として、七項目中、第二項目に「元交代寄合・元高家」が挙げられている。前記資料とは異なり、この案は十二年以降十六年頃のものと推測され、こちらでも旧交代寄合である戸川家は男爵を授けるべき家とされているが、結局授爵内規からは交代寄合は一律除かれ、華族編列・授爵は不許可に終わっている。

典拠　『爵位発行順序』

土岐貞明　とき・＊さだあき

生没年不詳

源頼仲末裔

①明治三十年三月十九日（不許可）

②明治三十一年九月十七日（不許可）

東京府士族。後掲高家《こうけ》・旗本の土岐家とは別系。『授爵録』（明治三十年）によれば、明治三十年（一八九七）三月十九日付「土岐家系統ノ儀ニ付歎願書」を二十四日付で東京府知事久我通久《こがみちつね》を経由し、宮内省爵位局長岩倉具定《ともさだ》宛で回送。

要旨は抑《そもそ》も土岐家の系統たる六孫王源経《つね》基《もと》の男、所謂清和源氏の祖多田満仲《みつなか》の長男源頼光《よりみつ》五代光信の流にして、爾来《じらい》姓を土岐と称し、或いは徳山と号し、或いは斎藤と変じ、或いはまた土岐と更《あらた》めたる等のことありと雖も、その系統は連綿《れんめん》として断絶したることなく、以て今日に及びしものにこれあり。故に茲《ここ》に事実を具し、歎願奉り候次第に御座候。

と「土岐家系図写」を添付して家系を披瀝。「以上の系図及び証憑書類に拠り推定するときは、今や自分は士族の籍に列すと雖も、当然相当の恩典を受くべきものと確信仕り候」として、源頼仲の末裔で、土岐家正嫡を理由として列華族・授爵を請願するも却下。三十一年九月十七日付で「土岐家系統之儀ニ付再願」を前回同様の内容で岩倉宛で提出するも再度却下され、このの ちも結局授爵されずに終わっている。

典拠　『授爵録』明治三十年

土岐頼近　とき・＊よりちか

一八三四―？

旧高家・元中大夫席

①明治十一・十二年頃（不許可）

②明治十二～十六年頃（不許可）

土岐家は戦国大名武田家の末裔で、旧幕時代には高家《こうけ》の旗本。幕末・維新期の当主は頼義で、文久元年（一八六一）八月に高家見習となり、同年九月に奥高家に就任して従五位下侍従兼左京大夫に叙任された。維新に際しては他の高家同様、朝廷に早期帰順して本領七百石を安堵され、朝臣に列して中大夫席を与えられた。頼義の没年は不詳であるが、明治十年代の当主は頼近と推測される。頼近は東京府士族、天保五年（一八三四）十月生まれ。明治二年（一八六九）十月に太政官玄関勤番を申し付けられ、同年十二月に中大夫・下大夫・上士の称が廃されるのに伴い士族に編入。翌年十一月から五年三月まで権大舎人、十三年八月からは元老院に勤務し等外三等出仕となり、二十三年九月には元老院書記生に昇り、同院廃止に伴い廃官となった。この間、高倉天皇より土岐家の始祖源頼政に下賜されたと伝えられる獅子王《ししおう》という銘の刀を明治天皇に献上したという記録が『明治天皇紀』十五年六月十七日条にみえる。同家の華族昇格に関し、『爵位発行順序』所収「華族令」案の内規として公侯伯子男の五爵（左に朱書で公伯男の三爵）を設け、世襲・終身の別を付し、その内「世襲男爵を授くべき者」四項目中、第三項目に「元高家・交代寄合」を挙げている。同案は明治十一・十二年頃のものと推定されるが、この時点においては旧幕時代に万石以下でありながら、若年寄ではなく諸侯同様に老中支配であり、奥高家就任後は四位少将にまで昇り得る高家は男爵

に列すべき家として認知されていたと思われる。同じく前掲『爵位発行順序』所収「授爵規則」によれば「男爵を授くべき者」として、七項目中、第二項目に「元交代寄合《こうたいよりあい》・元高家」が挙げられている。前記資料とは異なり、この案は十二年以降十六年頃のものと推測され、こちらでも旧高家である土岐家は男爵を授けるべき家とされているが、結局授爵内規からは高家は一律除かれ、華族編列・授爵は不許可に終わっている。

典拠　『爵位発行順序』

常磐井堯熙　ときわい・ぎょうき

一八四四―一九一九

専修寺住職

①明治二十二年十二月（不許可）

②明治二十三年一月四日（不許可）

③明治二十九年五月（許可）

　無爵華族・専修寺住職

④明治三十三年一月十五日（不許可）

　専修寺住職

代々専修寺《せんじゅじ》住職で、堯熙は第二十一世法主。明治五年（一八七二）三月七日付で他の真宗系准門跡である大谷光尊《こうそん》（西本願寺）・大谷光勝《こうしょう》（東本願寺）・華園摂信《はなぞのせっしん》（興正寺《こうしょうじ》）・渋谷家教《しぶたにかきょう》（仏光寺《ぶっこうじ》）・木辺賢慈《けんじ》（錦織寺《きんしょくじ》）らとともに華族に列せられるも、十七年七月の華族令公布に際しては授爵されず、当時は無爵華族身分。「三条家文書」所収「柳原前光《やなぎわらさきみつ》建白書」によれば、二十二年十二月付で「真宗僧侶華族及沖縄県華族へ授爵建議」中に、

　真宗僧侶の華族にして授爵せられざるはその僧侶たるを以てなり。茲《ここ》に欧州の例を考うるに、仏は帝王国の時貴族僧侶となり依然爵を有し、羅馬《ローマ》法王の宮中に属する僧侶もまた爵名を有し、孛《プロイセン》は爵を有しながら僧侶に入る例あり。且つ去十七年七月爵制発表の勅書に曰く、華族勲冑は国の瞻望《せんぼう》なり。宜しく授くるに栄爵を以てし、用いて寵光を示すべしと。この文意を推拡するときは華族は爵を授けらるべき者にして無爵華族は優遇する所以に非ず。況んや既に族位を与えられたれば単に爵を惜しむの理なかるべし。且つ神官・僧侶などは既に法令を以て貴族・衆議両院に於いて議員被選挙の権を禁じ、爵の生むに由りて政権に関することなし。速やかに授爵の特命あらんことを冀《こいねが》う。真宗本山の住職は朝廷古来待遇の慣例あり。今授爵すべきに当たり、旧堂上の家格を参酌するに、伯爵は中納言より大納言に直任の例連綿たる者に限れり。旧制の大僧正は二位大納言に准ぜられたり。両大谷は大僧正の例連綿《れんめん》たれば、これに等しくせらるべし。常盤（磐）井もまた大僧正に任ぜられたる例四回あり、これに加うるに近年皇族の男子相続せしこと多ければ宗教上の勢力両大谷に及ばずと雖も、これ等の事状を斟酌《しんしゃく》し、この三家皆伯爵を授けらるべし。華園・木辺・渋谷は前記の三家に劣れり。然れども渋谷隆教は邦家親王の孫なり。また木辺淳慈も皇族男子彼家を相続せしことあれば、この三家皆子爵を授けらるべし。

と述べ、「授爵擬議」として正三位大谷光尊・従三位大谷光瑩《こうえい》・正四位常磐井堯熙の三名に伯爵を、正四位華園沢称《たくしょう》・正五位木辺淳慈《じゅんじ》・渋谷家教の三名に子爵を授けるように建議している。また「真宗住職華族家格大要」として、堯熙の専修寺では任大僧正の例は堯慧・堯秀・堯円・円祥の四名ある点を指摘している。この当時すでに大谷両家より家格の件で請願があったようであり、「三条家文書」所収「大谷家授爵ノ件内願」は年月日が記されていないが、「家格御取立之儀ニ付内願」と記され、華族令公布の際は授爵されず、位階についても正従二位に進まなければ叙位条例でも侯・伯爵と同列にならない点から伯爵相当以上の位階を与えられ、また老年に至れば従一位に陞叙されるように願い出ている。おそらくこの内願を受けてのものであろうが、前掲「柳原前光建白書」ではこの願に対して、

　大谷両氏より家格の事件内願の主旨を按ずるに、住職となるときは年齢を論ぜず、

伯爵相当以上の位階則ち正従二位に叙せられ、遂には一位にも叙せられんことを冀うなり。この内願を許容するときは官員及び華族叙位の制規に反し年齢に関せず階級を越え昇位或いは直叙し、両家のため一般の制を濫り大宝以来千百八十余年固有の品格を損するに至らん。且つ試しに内願を容れ従二位に叙することとなすも、現制爵位比較の待遇に依れば幼年無位の伯爵よりも仍《なお》下席に列せざるべからず。故に授爵せらるるを至当とす。両大谷は大永以来三百六十余年門跡の号を世襲せるを以て侯爵を冀う深意あるべしと雖も、門跡に等格あり。慶長二十年の定めに拠るに、親王門跡を第一とし、摂家門跡を第二とし、両大谷等は摂家の猶子となり、門跡に准じ第三に列す。加うるに明治四年門跡の号を廃せられたり。今これを侯爵に列するときは、常盤（磐）・華園・木辺・渋谷もまたこれに同じくせざるべからず。加うるに現今男爵たる松園《まつぞの》尚嘉《ひさよし》〔大乗院旧住職〕・水谷川《みやがわ》忠起《ただおき》〔一乗院旧住職〕の如きは摂家門跡たりしを以て、曽《かつ》て両大谷の上に班せり。これに比較するも甚だ権衡を失うべし。門跡の号は朝廷の美制に非ず。衰代の風なり。仁和寺・大覚寺の如きその源法皇の皇居たるに起こり、次いで法親王居住せる寺の号となり、後には法親王にあらざるも縁由ある寺を称するに至る。即ち前文の如く慶長年間三別せし所以なり。内願書にも伯爵以上の家格に相当云々の文あり。内諭承服の後、両大谷・常盤（磐）井は伯爵を授けられ穏当ならん。

と建言している。これによれば、両大谷家の言を容れると華族叙位の内規に反し、年齢に無関係で位階陞叙となり、位階の歴史にも傷を付けることとなるとし、また大谷両家は旧門跡の家格をもって侯爵を望むと思われるが、これは旧大乗院門跡の松園、旧一乗院門跡の水谷川が准門跡よりも格式の高い摂家門跡でありながら男爵にとどまっている点からも不権衡であるので、内々に説諭し、大谷光瑩・同光尊と常磐井堯熙の三名へは伯爵を授与するべき、と結論付けている。ついで「授爵御詮議志願書」によれば、二十三年一月四日付で常磐井より宮内大臣土方久元宛で授爵を請願。

此頃仄《ほの》かに承るに、建議新たに授爵の事あらんずと、その信否は窺い知るべきに非ずと雖も、仮にこれを事実なりとせば堯熙已《や》むを得ず、区々の情願を提出せざるべからず。その故は我が常磐井は大谷二家とは中古より総《すべ》て寺格・僧官等同様の恩遇を蒙り、聊か差等あることなし。若し或いは現今派大小に依て自然授爵に甲乙の差等あらんか。これ堯熙の代に至りて始めて恩遇に二家との差別を生ずるに似て、堯熙祖先累代に対し実に憂慮に堪えず。逐し位記の如きはその人一身の勲功次第に依て差等ある者と拝察すれば、その人に於いて自ら信ずるに足り、またその人に於いて自ら省みるに足る。堯熙の如き清滴の功なき者、豈《あに》位記を擬議するの念慮あらんや。然れども爵号は即ちこれと異にして、一家将来の規模例格を開き、加之《しかのみならず》宗門上間接の影響を受くる容易ならず。（中略）祖先累代の家格を照合し、大谷二家と同等の賜典に与らんことを深く懇願する所に候。

と記し、もし真宗系寺院住職への授爵が行われる際には、宗派の規模の大小にとらわれず、大谷両家と差を付けることなく同等の爵位を与えて欲しい旨を陳述している。また同月十五日付の「大谷光尊外七名授爵ノ件」によると、大谷光尊・同光瑩・常磐井堯熙・華園択称《しょう》・木辺淳慈・渋谷隆教と、旧琉球王である尚侯爵家一門の伊江《いえ》朝永《ちょうえい》・今帰仁《なきじん》朝敷《ちょうふ》七名への授爵請願。両大谷と常磐井には伯爵を、華園・木辺・渋谷には子爵を、伊江・今帰仁に男爵をという内容であるが、「別紙伯爵柳原前光より大谷光尊以下八名授爵の儀建言これあり候に付、意見御問い合わせの処」とあり、文面は前掲「柳原前光建白書」と同一のものである。また、爵位局長岩倉具定より宮内大臣土方久元宛で二

十三年二月二十日付で提出した「旧僧侶華族大谷光尊以下授爵ニ関スル副議」も添付。これによれば、

　案ずるに両大谷は歴代大僧正に任ぜらるるの家にして、大僧正は大納言に准ぜらるるものなれば元公卿にして歴代大納言に任ぜらるるの家と同じく伯爵を授けらるることは至当と云うを得べしと雖も、独り常磐井に於いては止だ大僧正たりし者花《(華)》園・木辺・渋谷の三家に比してその数多しと云うの故を以て伯爵を授けられんとするは衡平を得ざるが如し。何となれば大僧正を出すの多寡はその人に存し、その家格に存せざればなり。家格より見るときは常磐井・華園・渋谷の三家は毫《ごう》も差違あることなし。然るを歴代大僧正に任ぜらるるの家にあらざる常磐井へ伯爵を授けらるるものとせば、花《(華)》園・渋谷また授くるに伯爵を以てせざればその当を得ざるべし。依て歴代大僧正に任ぜらるるの家格と否とを以て単なる標準とし、両大谷は伯爵を授けられ常磐井にありては花《(華)》園・木辺・渋谷の三家と斉しく共に子爵を授けらるるならば稍々《やや》その権衡を得べく、従って物議を惹起すの患なけん乎。

とし、両大谷家へ伯爵、残る四家は子爵という案を提示している。さらに旧神官華族は一律新家として男爵を授けており、千家《せんげ》・北島のような家は両大谷のような存在であるが、これも同様に男爵であり、僧侶華族だけ「細かに家柄格式を以て授爵の擬議を建つる事せば、彼等千家・北島等にも関係を及ぼし、現に内閣総理大臣に於いても懸念せらるるが如く、その家またはその人に就き物議のある折柄一層激昂せしむる様のことなからん乎。彼を顧いこれを思わば寧ろ僧侶華族は授爵のこと勿らん方然るべき乎」と僧侶華族に授爵すること自体懐疑的な見解を述べている。『授爵録』(明治二十九年)によれば、二十九年五月に「僧侶華族授爵ノ件」として、真宗住職六家への授爵について議しており、常磐井堯煕は華園沢称・渋谷隆教とともに、

　右三家は何れも本願寺の分派にして、三家中常磐井家の如きは分派以来十二代大僧正に任ぜらるるもの五人、華園家は二人、渋谷家は一人ありて多少優劣あるも、要するに非連綿の大僧正家にして、大谷二家の連綿大僧正家とは大差あり。

とし、東西本願寺の両大谷家とは家格上の差があると認められ、同月授爵裁可を仰ぎ、翌六月九日に至り渋谷家は華園・渋谷・木辺の三家とともに男爵が授けられる。この授爵について議案中には、

　右の如く常磐井以下の四家はその待遇上多少の優劣ありと雖も、その准門跡たるは一なり。然るをその待遇上の優劣に依り爵に高下を立てんとするは、或いは四家紛争を醸すの虞なしとせず。何となれば、右の四家は同じく准門跡にして、その寺門の格式は門末信徒の認むる所なるに拘わらず、今爵に高下を立てんとするは即ち寺格を上下せんとするに同じく、その結果たる門末信徒の信仰・帰依に大関係を有し、寺門の盛衰・消長に関するものあればなり。依って前四家は維新後新たに華族に列せられたるものは公武に論なく、それ以前の家格に拘わらず総《すべ》て男爵を授けられたる例を以て論じ、共に男爵を授けられ然るべしと認む。

との注記がされ、常磐井・華園・渋谷・木辺の四家間にも叙位任官などによる家格の差異を認めながらも、門徒の信仰面も考慮のうえ、あえて爵の等級に差を設けず、一律男爵を授けた経緯について述べられている。さらに『読売新聞』三十三年一月十五日朝刊によれば「宗教法案雑文」の見出しで、第一次山県有朋内閣で第十四回帝国議会に提出した宗教法案に反対する仏教界について報じており、そのなかで「両本願寺法主陞爵の条件」の小見出しで、

　政府が大谷派本願寺に内海京都府知事、北浜銀行または恩地内大臣秘書官を用いて光瑩法主に説かしむる所あり。その結果法主及び法主直参の一派は大いに緩和説を唱うるに至りたる由は既報の通りな

るが、その裏面の事情は大谷派にして反対運動を止むるに於いてはその多年の希望たる陞爵の事を取り計らうべしとの内意を恩地氏より漏らしたるが為にして、本派本願寺は既に疾《と》くにこの約束を結び居ることとなれば、大谷派も今度反対運動を止めて該案成立する以上は両本願寺法主は侯爵に進められ、同時に高田派の常磐井堯熙師は子爵に進むべしと。

と記し、この風説に一般信徒が激昂し、法主が法案に賛成するのであれば廃立も辞さぬ意気込みであると紙面を大きく割いているが、渋谷・華園・木辺家とは異なり、常磐井家も両大谷家同様の理由で男から子への陞爵案が出されている。実際にそのような動きがあったかは定かではないが、こののちも同家は子へ陞爵されずに終わっている。

[典拠]「柳原前光建白書」(「三条家文書」)、「大谷家授爵ノ件内願」(同)、「授爵御詮議志願書」(同)、「大谷光尊外七名授爵ノ件」(宮内庁宮内公文書館所蔵)、『授爵録』明治二十九年、『読売新聞』明治三十三年一月十五日朝刊

常磐木亮慎　ときわぎ・りょうしん

生没年不詳

旧内山永久寺山務上乗院付弟、元石上神社社務

①明治二年五月二十日（不許可）

②明治八年十二月十五日（不許可）

③明治九年三月三日（不許可）

旧清華《せいが》家の一、花山院家厚《かさんのいんいえあつ》の末子。実は花山院家理《いえさと》の子。元治元年（一八六四）上乗院《じょうじょういん》へ入寺し得度。後掲亮珍《りょうちん》の付弟となり、翌二年三月法眼《ほうげん》に叙される。明治維新にあたり復飾し、亮珍の養子として石上《いそのかみ》神社社務となる。養父同様、当初は高塚《たかつか》を称し、明治二年（一八六九）三月に内山《うちやま》、さらに同四年十月に常磐木と改称。なお、資料中には常盤木ともあるが、自署では常磐木とする。

内山と称していた頃、明治二年五月二十日付で養父亮珍と連署で神祇官宛で「奉願上候口上書」を神祇官宛で提出し、自家の堂上格取立を請願するも同年九月五日付で却下される。さらに亮珍は同四年十二月十日、同五年七月三日と二度身分昇格を求めて請願するも却下されており、亮慎もこれを受けて華族編列を求めて運動を継続している。

『太政類典』外編所収「奈良県下石上神社旧神官常盤(磐)木亮慎ヲ華族ニ列スルヲ許サス」によれば、明治八年十二月十五日付で奈良県宛で伺いを立てている。「身分伺書」には、

私身分の儀、華族編入仰せ付けられ候様亡亮珍より去る明治四辛未年十二月十日・同壬申七月三日両度御庁へ願い奉り仕り候処、その後何等の御指令これ無く、尤も私代に相成り連々右身分の儀伺い奉るべき筈の処、脩業の為東西京へ罷り越し居り、御布告承知仕らず候儀にはこれ無く候えども、宿所の儀は百事従者共へ依頼致し出京候こと故、旁《かたがた》等閑に遷延候段は恐れ入り存じ奉り候。依てこの度亡亮珍、明治四辛未年十二月十日・同壬申年七月三日両度伺書別紙二通并《なら》びに家系相添え上申し仕り候間、身分の儀宜しく御指令これあり候様、伏して伺い奉り候也

〔八年十一月二十五日戸長奥印省く〕。

として「家系」「系譜事蹟詳細書」を添付して願い出ている。なお、家系の奥書の日付が「明治九年三月二十日」とあり、翌年三月にも別に請願書に添付したか、あるいは家系に訂正箇所があり、差し替えたかの何れかと思われる。明治八年十二月の請願を受けて奈良県は内務省に同月十二日付で伺いを立てる。

当県下旧神官身分編籍方、兼ねて伺い中に候処、石上神社旧神官故常磐木亮珍は身元華族出に付、辛未十二月・壬申中身分取扱の儀伺い出候えども、その後亮珍死去仕り、素《もと》より無位の者に付、平民籍編入の見込を以て上申仕りこれあり候処、同人跡常磐木亮慎儀も華族出の趣を以て今般別紙の通り家系相添え更に伺い出候。右は時日遷延不都合に候えども、今以て御処分未定の儀に付上申仕り候。何分の

御指揮下されたく、この段相伺い候也
〔八年十二月十二日〕。

と見え、亮珍が明治四・五年に、また亮慎も請願しているのにもかかわらず処分が決まっていない点を挙げている。

これに対して内務省は翌九年三月三日付で太政官へ伺いを提出。

別紙奈良県具状常磐木亮慎身分の儀、同県下春日神社旧神官の内、昨八年中華族に列せられ候中川興長等家譜参照考案候処、その奉仕せし処の社格及び家系等優劣これ無き様相見え候間、右同轍の御処分相成り然るべき哉に存じ候えども、これまで斯《か》くの如き類は御院に於いて直ちに御達相成り候儀にて、当省に於いて処分仕り候例規もこれ無く候間、別紙相添えこの段上陳に及び候。然るべく御裁決下されたく候也。

とした、元興福寺五大院住職であった中川興《おき》長《なが》の家譜を参考書類とし、同寺の元住職で還俗後堂上《とうしょう》格(のち華族格)となった者と優劣がないように見受けられるとし、内務省ではこのような処分をした先例がないことを理由に太政官の判断に委ねている。この「内務省伺」は太政官第二科では同年四月一日付で、

別紙内務省伺奈良県下石上神社旧神官常磐木亮慎身分の儀、右は中川興長等と社格・家系等優劣これ無きに付、同轍の御処分相成り然るべき哉の趣考按候処、右亮慎儀は大和国石上神社元別当上乗院住職にて、維新の際復飾いたし、更に同社神官相勤め、その後免職、即今族籍未定の者にこれあり、且つまた中川興長儀は元興福寺五大院住職にて、復飾神勤罷り在り候処、右興福寺僧侶の儀は維新の際別段の功労あるを以て松岡《(園)》隆温《りゅうおん》等と共に特旨を以て華族に列せられ候儀にこれあり。然るに本文亮慎の如きはただその身元華族出なるを以て同族に列せられたきとの願意に相見え、これ等の者御聞き届け相成り候ては他の差し響きにも相成るべき儀と存ぜられ候間、御沙汰に及ばれざる方然るべき哉。仍て御指令案取り調べ、この段相伺い候也。

との議案が作成されている。これによれば、元興福寺の大乗院・一乗院以下の住職が還俗後に堂上格を与えられたのは「別段の功労」があるためであり、常磐木家は単に生家が堂上華族であるというのみで、これをもって華族または華族格への編入は認められないという理由である。これにより、四月十二日付で御沙汰に及ばざる旨が奈良県庁宛で指令が出され、同家の身分昇格は結局認められずに終わっている。

典拠　「奈良県下石上神社旧神官常磐木亮慎ヲ華族ニ列スルヲ許サス」(『太政類典』外編)、「奈良県下旧神官常盤《ママ》木亮慎華族ニ被列度儀伺」(『公文録』)

→常磐木亮珍

常磐木亮珍　ときわぎ・りょうちん

一八〇五―一八七二

旧内山永久寺山務上乗院住職・元石上神社社務

①明治二年五月二十日　(不許可)
②明治四年十二月十日　(不許可)
③明治五年七月三日　(不許可)

五摂家の一、鷹司政煕《たかつかさまさひろ》の末子。幼名は敏丸《としまる》・賀丸《よしまる》。文化三年(一八〇六)八月、今出川《いまでがわ》(菊亭)尚季《なおすえ》の養子となり、内山永久寺《うちやまえいきゅうじ》山務上乗院《じょうじょういん》住職に治定。同十年九月に入寺し翌十月に法《ほう》眼《げん》に叙せられる。その後僧位・僧官ともに累進して法印《ほういん》・大僧正に昇る。明治維新に際して復飾し、石上《いそのかみ》神社(布留《ふる》社)社務となる。当初は高塚《たかつか》を称するも、明治二年(一八六九)三月に内山、さらに同四年十月に常磐木と改称する。なお、常盤木・常磐木と資料中でも混在しているが、付弟にして養子である亮慎《りょうしん》の生家花山院家の家譜によれば「常盤木」と見えるも、亮慎は常磐木と自署している。

亮珍は内山姓時代、明治二年五月二十日付で自家の堂上格を神祇官宛で願い出ている。同人と養子亮慎の連署による「奉願上候口上書」によれば、

私共儀、元内山永久寺山務上乗院住職仕り罷りあり候に付、総て堂上《とうしょう》方同様昇殿仰せ付けられ、参朝仕り来たり候処、昨年御沙汰を蒙り、布留社に付復飾仕り、同神社々務神勤仕り候儀に候えば、恐れ入り奉り候願に御座候えども、何卒神社へ対せられ、この後に於いても堂上方同格御取建の儀、伏して歎願奉り申したく、格別の御憐愍を以て、願の通り御許容蒙り候はば冥加至極深く有難き仕合わせに存じ奉り候。この段宜しく御沙汰願い上げ奉り候。以上。

として、旧来堂上公家同様に禁裏御所の昇殿も許されており、上乗院住職より石上神社社務として僧侶より神官となった後も堂上格として取り立てて欲しいという願意である。これに対して神祇官は同年九月五日奈良県宛で亮珍の願書を返却し、掛紙には「願の趣聞き届け難き事。但し位階願に候はば別段の事」として、還俗の際に返上した僧位僧官に代わり、改めて神官としての叙位願であれば許すという内容で、堂上格については却下されている。

『太政類典』外編所収「奈良県下石上神社旧神官常盤(磐)木亮慎ヲ華族ニ列スルヲ許サス」によれば、亮珍は常磐木と改称後も二回にわたり華族格を求めて請願している。明治四年十二月十日付で「口上書」を提出。

私元祖亮憲の義は永久年中元内山永久寺開基山務上乗院原祖にて、それ以来代々華族より住職仕り、法中の節は法眼より相進み、大僧正迄勅許を蒙り候。則ち私儀は菊亭故前大納言尚季男にて相続致し、実は鷹司故入道准三后政熙男に御座候。家嗣亮慎義は花山院《かさんのいん》従一位右大臣家厚《いえあつ》息に御座候。去る辰年八月御沙汰を蒙り、石上社奉仕、復飾神勤罷り在り、位階の義も先般御願仕り、未だ御沙汰相蒙らず候。然る処当時春日社神職の内准華族の例もこれあり、猶また当御場に於いても同様の御扱成し下されたく、私共素《もと》より堂上筋目の者に御座候えば、猶自後に於いても准華族の御扱願い奉りたく、宜しく御沙汰の程仰ぎ奉り候。以上。

として復飾の上は亮珍・亮慎ともに鷹司・花山院という摂家・清華家の出身でもあり、旧興福寺の門跡・院家・学侶が還俗後堂上格を与えられ、明治二年六月以降は華族格の身分であることを理由に、常盤木家も同様の扱いを求めている。亮珍の願書に見える「准華族」は華族格のことを指すものと思われる。

ついで、翌五年七月三日付でも「口上書」を奈良県宛で提出。

私准華族の儀、昨辛未十二月願い上げ奉り候処御沙汰在らせらるべき旨仰せ下され、畏まり奉り候。則ち写奥に尊覧に備え奉り候。右御沙汰相待ち申すべきの処、その儀無く恐縮に奉り候えども、追々老年に及び候に付、格別御憐愍の思召を以て先般願い上げ奉り候通り何卒准華族御扱いの程謹みて願い上げ奉り候。以上。

と記す。この亮珍の文面からは当初は華族格を与える旨が伝えられたものの、御沙汰が下りないとしているが、結局常盤木姓となってからの両度の請願は不許可に終わっている。

典拠　「奈良県下石上神社旧神官常磐木亮慎ヲ華族ニ列スルヲ許サス(ママ)」(『太政類典』外編)、「奈良県下旧神官常盤木亮慎華族ニ被列度儀伺」(『公文録』)

→常磐木亮慎

徳川圀禎　とくがわ・くにただ

一九一五―八六

公爵徳川圀順次男・陸軍砲兵少佐

①昭和十四年四月二十九日（不許可）

旧水戸藩・公爵徳川圀順《くにゆき》の次男。『木戸幸一日記』昭和十四年（一九三九）四月二十九日条によれば、木戸が北白川宮《きたしらかわのみや》邸を訪問した際の記事として、

多恵子《たえこ》女王の御縁談につき御相談あり、徳川圀順公の二男云々、分家新華族創立の点なり。充分考慮の上奉答を御約束申上ぐ。

とみえ、北白川宮多恵子女王の結婚相手として名が挙がるも、次男であることから分家・授

爵が可能かという点を北白川宮永久王《ながひさ》と房子《ふさこ》内親王(明治天皇第七皇女・成久王《なるひさ》妃)から要望されている。同日記同年五月八日条には木戸と宮内大臣松平恒雄《つねお》、宗秩寮《そうちつりょう》総裁武者小路公共《きんとも》の三者による協議で「此際《この》御降嫁の為め新華族の創立は不可なることに意見一致す」という結果になり、授爵は却下。木戸は翌日にその旨を北白川宮へ報告している。徳川圀禎と多恵子女王は十六年十一月二十一日結婚するも、そののちも圀禎は授爵されずに終わる。

典拠　『木戸幸一日記』昭和十四年四月二十九日条・五月八日条・五月九日条

→徳川圀順

徳川圀順　とくがわ・くにゆき

一八八六―一九六九

旧常陸国水戸藩主家・貴族院議員、日本赤十字社副社長・陸軍歩兵少尉

①明治四十一年六月七日（不許可）

②明治四十四年四月二十二日（不許可）

③昭和三年七月三十日（不許可）

④昭和三年九月（不許可）

⑤昭和四年九月九日（許可）

⑥昭和四年十一月十一日（許可）

旧水戸藩主家・侯爵徳川篤敬《あつよし》の長男。学習院中等科卒業後、陸軍士官学校に入学。卒業後は陸軍歩兵少尉に任官。同家の公への陞爵運動は明治期から始まり、『授爵録』(昭和二〜十九年)によれば、明治四十一年(一九〇八)六月七日付で茨城県知事森正隆《まさたか》が宮内大臣田中光顕《みつあき》宛で陞爵を申請。内容としては、

祖父以来永く皇室国家に尽くしたる偉功と圀順の遺業完成の勤労とに依り、特に陞爵の恩命を賜らんことを悃願《こんがん》の至りに堪えず。

とし、水戸徳川家の勤王と、『大日本史』完成の功績をもって陞爵を願い出ている。また、『渡辺千秋《ちあき》関係文書』所収の四十四年四月二十二日付「土方久元書翰」によれば、「水戸ケ《(家)》並びに山内《やまうち》家昇爵云々の義、決して御催促申し上げ候訳には御座なく候えども、宜しく御配慮成し下されたく御願申し上げ候」とみえ、前宮内大臣である土方久元より、現大臣である渡辺へ陞爵を願い出ている。ついで『授爵陞爵申牒書類』によれば、昭和三年(一九二八)七月三十日付で「大日本史の編纂を完成し、皇国国家に貢献したる功」を理由とし内務省より圀順への陞爵を請願。これより以前、同月五日付で茨城県知事森岡二朗より内務大臣望月圭介と文部大臣勝田主計《しょうだかずえ》宛で「陞爵之義申請」を提出。

侯爵徳川圀順は能《よ》く父祖の遺忠を体し、歴世藩主脩史の業とせし大日本史は国家の大典にして、一家の私業にあらずとし、速やかにこれが完成を期せんと百般の困難を冒し苦心刻画、以て今日の竣成を告ぐるに至れり。これ固《もと》より聖代の徳沢に因ると雖も、抑《そもそ》もまた水戸藩累世純忠至誠の念に厚く、能く祖業を聿脩して敢えて失墜せざるの致す所なるも、圀順の功労もまた偉大なるものと認められ候に付いては、今秋行わせらるべき即位の礼並びに大嘗祭の際、二百五十年に亘り大日本史の纂修に当たりたる十二世が皇室国家に貢献したる功勲と文化風教に貢献せし絶大なる功労に対し、特に陞爵の恩典賜り候様御詮議相願いたく、別紙功績調書添付、この段申請候也。

として、同家の『大日本史』編纂による功績を陳情。この時は不許可に終わるが、前掲『授爵録』(昭和二〜十九年)によれば、同年九月付で海軍政務次官の内田信也や貴族院勅選議員の室田義文《よしあや》・西野元《げん》・大津淳一郎、また小久保喜七の連署で「徳川侯水戸陞爵ノ件」として宮内大臣一木喜徳郎《いちききとくろう》宛で提出。またこの翌年、『読売新聞』四年九月九日朝刊によれば、「勤王

徳川圀順

の誉れ……酬いの陞爵？ 大演習を機に徳川圀順侯を公爵にと秘かに銓衡」の見出しで、

畏き辺りにおかせられては、今秋侯爵徳川圀順氏に特に公爵を授けらるべき旨の御内議あらせらるるやに仄聞され、内閣並びに宮内省においても秘密裏に研究調査を遂げているものの如くである。由来圀順侯の陞爵問題に関しては過ぐる大正、昭和の両御大典を機会に維新の功臣田中光顕伯を始め、有力なる水戸藩の人々によって暗黙の裏に頗る熱心なる運動が続けられたのであったが、「家格による□(陞カ)爵を行わず」とのその筋の最高方針によって遂にその実現を見るに至らなかったものであるが、たまたま今秋の大演習を機に田中伯等が当局要路の人々を力説した結果略《ほぼ》諒解を得るに至ったと見られている。

と記され、元宮内大臣でもある伯爵田中光顕の後援があったことがみえる。また、同藩は勤王の志が篤く、維新の偉業は徳川光圀の『大日本史』に大きく関係しており、水戸藩が維新の原動力となった点を指摘し、田中が「明治十七年の五爵制定の際における家格の銓衡が過っている」という意見を述べていることとともに、『大日本史』はすでに十五年前に完結しているので、陞爵は「特殊の家柄であることを前提としてこの辺りの功績を認められ」たことを理由にしているのではないかとも同紙は報じている。前掲『授爵陞爵申牒書類』によれば、同年十一月十一日付で内閣総理大臣浜口雄幸より宮内大臣一木喜徳郎宛で陞爵を申牒。

水戸藩徳川氏累世就中光圀《みつくに》・斉昭《なりあき》二代の功業没すべからざるものこれあり候に付、今般茨城県下に行幸あらせらるるに際し当主従三位勲三等侯爵徳川圀順に対し特に陞爵の恩命を賜る様致したく、別紙功績調書相添えこの段照会に及び候。

として「功績調書」を添付。これら多年の運動が実り、昭和四年十一月十八日付で公へ陞爵。

典拠 「土方久元書翰」(『渡辺千秋関係文書』)、『授爵陞爵申牒書類』、『授爵録』昭和二～十九年、小田部雄次『華族―近代日本貴族の虚像と実像―』、『読売新聞』昭和四年九月九日朝刊

→徳川圀禎

徳川武定　とくがわ・たけさだ

一八八八―一九五七

元水戸藩主徳川昭武次男

①明治二十五年四月十六日（許可）

旧水戸藩主徳川昭武《あきたけ》の次男。昭武は水戸藩主徳川斉昭《なりあき》の十八男で慶応二年（一八六六）十一月に御三卿清水《しみず》家を相続。四年には兄慶篤《よしあつ》のあとを受けて水戸藩を相続した。慶篤には長男篤敬《あつよし》がいたものの、昭武が藩主となり篤敬はその養嗣子となる。昭武は明治十八年（一八八五）五月に隠居するが、二十年一月には武麿《たけまろ》が、翌年十月には武定の二子が誕生する。これにより、篤敬は昭武の子に対する分家・授爵を企図しており、この件については浅見雅男の著書でも触れられている。武定の授爵に関しては『授爵録』（明治二十五年）によれば、二十五年四月十六日付で「別家之儀願」を侯爵徳川篤敬より宮内大臣土方久元宛で提出。

徳川武定

私養父徳川昭武年齢強壮に至らず病軀《びょうく》の故を以て去る十六年中依願退隠仕り候処、同人義は贈従一位斉昭の子にして、積年世態紛擾の日に当たり、尚幼しと雖も勤王に志し、上京して藩兵を統帥し輦轂《れんこく》の下《もと》を御守護仕り候に付、これを賞せられ、夙《つと》に侍従に任じ尋《つい》で民部大輔を兼任し、また左近衛権少将に推任せられ、慶応二年十二月幕府の命に依り清水徳川の家を相続し仏国への使命を受け同国博覧会へ

臨み、瑞荷白伊英等各国を巡回して彼我《ひが》の交際を修め、専ら報国の念慮を以て研学罷り在り候処、偶々水戸藩主私実父慶篤病に罹り死去致し候。この時に当たり王政維新、藩内頗る多事、詔勅を蒙り候除姦反正の事の如き猶相挙げず、私義は幼弱にして徳望未だ備わらず、その後を承けべき器才にこれ無きを以て、一藩洶《きょう》々《きょう》帰する処を知らず。折柄朝命これあり、昭武を仏国に迎え慶篤の後を承けさせ、艱難の間に紛砕して人心稍く統一し、藩《はん》屏《べい》の任を尽くす事を得、箱館の賊御追討に当たりては朝命を奉じて出兵、微功もこれありたるより永世賞典禄を賜りたるに至る。これ皆昭武の力に因らざるはなし。その間辛苦実に少小ならずと雖も、研学の宿志猶絶つに忍びず、明治九年米国費府博覧会の御用懸となり渡米、その公務を竣るや更に仏国へ留学の義を願い奉り候処、忝くも祖先光圀、祖父斉昭勤王の篤志を思しめされ、年々学資金を賜り実に過分の恩命恐懼仕り候に付、御辞退申し上げ候えども、御沙汰に及ばれ難き旨御指令を拝戴し、益《ますます》感激研鑽罷り在り候内、次第に病身に相成り退隠仕り候処、私家督の後は昭武の子を養い、これに継承せしめ候を順道と考え候えども、昭武は義敢えて当たらず、これより先明治元年十二月には折角私義を清水家の後とし十万石に封ぜらるべしと迄御内意ありたるも、家督義は兼ねて私へ伝譲致すべき素志に背き甚だ指し閊《つか》え候趣陳情固辞して遂に御受け申さざる上、その志操確乎として終始変せず候に付、やむを得ずその意に随い家督相承け候えども、これを始めにしては一旦相続仕り候清水の家を退かしめ、艱難の間に辛苦を重ね、これを終わりにしては同家将来伯爵の栄をも蒙るべき子孫をして漂淪に属せしめ候段、私に取り如何にも心安んぜず、祖母儀老齢積もりて今年八十九歳、尚幸いに室に在り、これを思い、彼を思うてこの間に情義に及ぶ毎に心身跼蹐《きょくせき》も啻《ただ》ならず、爰《ここ》に年所を経過仕り候。衷情御垂憐成し下されたく存じ奉り候。就いては甚だ恐れ多き願望に候えども、昭武の男子二人これあり候内、長男武麻呂《たけまろ》は廃疾にして発育難期差し支え居り候処、二男武定強健にして追々成長仕り候に付、前件今昔の情故御洞察下し置かれ、特殊の御儀を以て武定へ別家、華族に仰せ付けられ、私財産の幾分を分与致し候はば多年の志願も貫徹仕り候次第にて、誠に有難き仕合わせに存じ奉り候。曩《さき》には贈従一位斉昭幕府の季世に出でて王化の陵遅紀綱の紊乱日一日より甚だしきを憂憤し、奮いて畢生の心力を竭《つ》くし候処、不幸にして中道世を終え候えども、蓋《けだ》し甚だ大義を堙晦の時に明らかにし、頽瀾《たいらん》を未然に挽回仕り候に至りては、恐らくは与りて力なしとせず。これ等の微忠叡感在らせられ候ての御事に候わん。頻りに優恩を蒙り感激に堪えず、流涕《りゅうてい》の至りに存じ奉り候。然る上は今またその子孫へ殊恩を仰望仕り候は実に恐縮至極に候えども、

至情能わざるのみ。謹みて悃願《こんがん》奉り候也。

として、昭武の二子のうち、武麿は病弱であるため武定への分家・授爵を願い出ている。この請願に対して前掲『授爵録』(明治二十五年)所収の「侯爵徳川篤敬養父従三位徳川昭代ノ二男武定別戸ノ際特ニ華族ニ列シ寵光ヲ賜リ度稟議」によれば、宮内省爵位局は同年四月二十一日付で審議をしており、

謹みて按ずるに侯爵徳川篤敬養父従三位徳川昭武は嘗《かつ》て一門清水家の相続者たりしに、国家艱難の時に当たり、出でて外国に使いし、時して彼我の交際を修め、入りて実兄慶篤の後を受け、而して水戸藩の人心を統一し亡父斉昭の遺業を継ぎ、而して除姦反正の実効を奏し、進みて王政維新の鴻業《こうぎょう》を賛《たす》け能《よ》く藩屏の任を尽くしたる等その勲功の顕著なるかくの如くなるも、亡兄に対するの情義を重んじ、病軀の名を以て家督を慶篤の男篤敬に譲

り退隠保養、復世事を顧みずこの故に昭武は先には伯爵後には侯爵の家を相続するも五爵新制度の未だ発せざる時に於いてし、不幸にしてその恩栄を蒙るに至らず。従ってその子は今日独り華族の待遇を受くること能わず。坎軻《かんか》沈淪誠に憐れむべき境遇にあり。蓋し昭武は義の為に退く。何ぞその不遇を悲しむものならんや。然れども篤敬の心事果たして何如、昭武の勲功終に没すべからず。これに於いて乎篤敬は昭武の二男武定をして別戸せしめんことを上請するに至れり。その衷情深く察せずんばあるべからず。抑《そもそ》も同家は祖先累世大義を重んじ、皇室に忠節を尽くしたる功績は挙げて数うべからず。故に朝廷もまた深くこれを許し、屢《しば》々《しば》特典の褒賞ありし。尚今日昭武の勲功も明らかに朝廷の記録に留め、而して更に昭武に特典を加えられ、武定別戸の際これを華族に列し栄爵を賜らば聖恩の優渥なる、昭武及び篤敬をして感激流涕弥《いよ》々《いよ》忠精を励ましむるに至るべし。謹みて稟議す。茲《ここ》に恭しく擬爵の例を考うるに、新家に於いて栄爵を授けらるるは、皆男爵を擬するを以て常となす。然るに昭武の勲功は最も顕著なる故を以て武定に特に子爵の寵光を賜るべき乎。曩に山内豊《やまうちとよ》尹《ただ》を父豊信《とよしげ》の勲功に依りて特に子爵に昇せられたることの例あり。以て高裁を仰ぐ。

とし、本来旧御三卿清水家の当主であれば伯爵に、また隠居をしていなければ旧水戸藩主として侯爵に叙せられていたはずの昭武がその栄に浴することもなく、またその実子も水戸徳川家の家督を相続できない身である点を考慮し、分家のうえ華族に列することを述べている。また、新家華族の場合は授けられるべき爵位は男爵であるが、実父昭武の勲功により、山内豊信の子豊尹が明治十七年七月八日に男爵を、さらに二十四年四月二十三日に子爵に陞叙されている先例により、武定へも子爵を授与すべきかと記している。この稟議のうえ、同月二十七日に裁可を得て五月三日付で子爵を授与されている。また、『読売新聞』二十五年五月九日朝刊にも「徳川武定氏授爵の理由」の見出しで、

　武定君の父昭武君は故水戸烈公の第十八子なり。維新前京師《けいし》に在り民部大輔と称して先帝の寵遇浅からず。尋《つい》で渋沢栄一氏等を従え仏国に留学したるに、同国にてはその幕府の懿親《いしん》なるを聞きてプリンスの待遇をなしたり。後君は兄慶篤君の家を嗣ぎその順養子となりしも、慶篤君の息(当今の侯爵)長ぜらるるに及んで家督を同君に譲り、退いて下総に隠居せられ、続いてその実子武定氏の分家を出願せられたるに、その筋にてはこれを聞き届けられしのみならず、昭武君の勲功により武定君を子爵に叙せられしなりと。

と、武定の授爵に関する経緯などについて報じている。

典拠　『授爵録』明治二十五年、『読売新聞』明治二十五年五月九日朝刊、浅見雅男『華族たちの近代』

徳川義恕　とくがわ・よしくみ

一八七八―一九四六

旧尾張国名古屋藩主徳川侯爵家分家、宮内省侍従・陸軍歩兵少尉

①大正四年十月十四日（不許可）

旧尾張国名古屋藩主の徳川慶勝《よしかつ》の子。慶勝のあとは旧讃岐国高松藩主松平頼聡《よりとし》の次男義礼《よしあきら》が養嗣子となり相続。義恕は分家のうえ、明治二十一年(一八八八)六月二十三日付で男爵を授けられる。「徳川義恕他陞爵請願書」によれば、大正四年(一九一五)十月十四日付で旧藩の付家老家であった子爵成瀬正雄《なるせまさお》より宮内大臣波多野敬直《よしなお》宛で「男爵徳川義恕陞爵ノ件ニ付内申書」を提出。内申書には、

　今年十一月御即位の御大礼行わせらるるに当たり、国家に功労ありたる輩に対し夫々《それぞれ》御恩典を賜り候御内儀これあり候やに拝聞致し候。就いては旧名古屋藩主・故従一位勲二等徳川慶勝が明治維新の際に

おける勤王の功労並びに維新後における北海道開墾殖産の成績及び旧事の家格等査覈《さかく》せられ、故慶勝の遺子にして曩《さき》に分家せる侍従・従四位男爵徳川義恕に陞爵の御恩命を賜りたく候儀に付、左に事情を具して内申仕り候。

とみえ、実父慶勝の幕末・維新時の功績や、北海道開拓の実績とともに「その家格は従来幕府の親藩第一に位して、特殊の待遇を受け来たり」と御三家筆頭の旧家格をもって子への陞爵を請願するも不許可に終わる。

典拠「徳川義恕他陞爵請願書」(宮内庁宮内公文書館所蔵)

徳川好敏　とくがわ・よしとし

一八八四―一九六三

陸軍中将・陸軍航空士官学校長

①大正十三年一月十七日（不許可）

陸軍工兵中佐

②昭和三年十月二十五日（不許可）

③昭和三年十一月五日（許可）

陸軍工兵大佐

旧御三卿の一、清水《しみず》徳川家の生まれ。父篤守《あつもり》は明治十七年(一八八四)七月七日、華族令公布に際して伯爵に叙されるが、そののち三十二年四月二十日に爵位返上。好敏は東京高等師範学校付属小・中学校を経て、陸軍中央幼年学校・陸軍士官学校を卒業後、三十七年二月に陸軍工兵少尉に任官。日露戦争に従軍し、その後は陸軍砲工学校に入校し、同校高等科を卒業して気球隊付を命ぜられる。以後は陸軍部内において、航空技術の向上に寄与し、昭和十年(一九三五)八月には陸軍中将に昇進し、航空兵団司令官や陸軍航空士官学校長を歴任した。清水徳川家の復爵については、爵位返上後、わずか数年しか経過していない明治三十五年当時より動きが確認できるが、実際に書類面で確認されるのは、大正年間に入ってからである。『授爵陞爵申牒書類』によれば、昭和三年十月二十五日の旧東北諸藩藩主の陞爵、田中俊清《としきよ》・江川英武《ひでたけ》の授爵、徳川好敏の復爵の次に「先例」として、大正十三年(一九二四)一月十七日付で当時の清浦奎吾内閣が宮内大臣牧野伸顕に宛てて「別紙正六位江川英武外十一名、陞爵・授爵及び復爵の件は家格に属するものに付、参考として回付に及び候」として、正六位江川英武・藤波氏宣・世木《せき》氏公・従七位勲七等薗田守理・正八位久志本《くしもと》常幸《つねゆき》・正六位勲六等松木時彦・従五位勲六等檜垣常伯《つねおさ》・檜垣清澄・慶光院利敬《けいこういんよしゆき》・男爵島津久厚《ひさあつ》・二条邦基《くにもと》と陸軍工兵中佐正六位勲四等功四級徳川好敏の計十二名を列挙。この当時、これらの授爵・陞爵・復爵が申牒されたものの、不許可であったことが明らかである。徳川の場合は、先代篤守の返上した伯爵に復すということで復爵の申請。昭和天皇の即位大礼に際しての陞爵・授爵候補者として、昭和三年十一月五日付で内閣総理大臣田中義一より宮内大臣一木喜徳郎《いちききとくろう》宛で清浦奎吾・後藤新平の子から伯への陞爵、山下源太郎・佐藤昌介《しょうすけ》・団琢磨《たくま》、そして徳川好敏の授爵詮議が申牒され、その前日付で陸軍大臣白川義則《よしのり》からも首相田中宛で「授爵ニ関スル件」として徳川の授爵を求め功績調書と履歴書を添付。

右者元伯爵徳川篤守の嗣子にして明治三十一年父伯爵の爵位返上を命せられ隠居せしとき戸主となり同家を継承す。同三十七年二月陸軍工兵少尉任官時、恰《あたか》も日露開戦に際し近衛工兵大隊小隊長として第一軍に加わり出征し、鴨緑江《おうりょくこう》、岫巌《しゅうがん》、様子嶺、遼陽《りょうよう》等の各地に転戦し、年少の身を以て沈着勇敢に奮闘し、功に依り功五級金鵄《きんし》勲章及び勲六等単光旭日章を授与せらる。明治四十一年気球隊付となり航空機の研究に着手す。同四十三年三月

徳川好敏

臨時軍用気球研究会委員仰せ付けられ、同年四月特に撰ばれて欧州に差遣せられ、仏国「ファルマン」飛行学校に入り飛行機操縦術を修得し、優秀の成績を挙げて同年十月帰朝す。以来、我国に於ける最初の飛行将校としてその技を発揮し、爾後《じご》多数の操縦将校を養成し、以て我が航空界発達の端緒を啓けり。また自ら複葉飛行機を考案し、これを大成して航空界に大なる裨益を与えたり。大正三年青島《チンタオ》攻囲戦には独立第十八師団航空隊付として出征し、数多後進将校と共に敵火を冒して敵陣地の偵察または爆撃等を行い、本邦飛行機の最初の実戦参加として偉大の成績を挙げたり。功に依り功四級金鵄勲章及び勲四等旭日小綬章を授けられ、大正七年六月より兵器本廠検査官または陸軍航空部検査官として飛行機及び航空器材の検査に従事し、熱心事に当たり、その技術上の蘊蓄と多年の経験とを以て検査業務の基礎を確立せるのみならず、製作の進歩に貢献せる所少なからず。同十一年十二月以来航空学校教官として操縦者の教育に努力し、また新たに自ら高速度飛行機の操縦を練習中にして、一意斯《し》業《ぎょう》の改善発達に研究没頭しつつあり。飛行機操縦の術たる多大の体力と注意力とを要し、齢長ずるに従いこれを忌避するに至るを通常とするも、大佐は熱心忠実に自ら活模範を示し、後進者の教導及び志気の鼓舞に努めて現に飛行第一連隊長たり。これを要するに大佐は明治四十一年航空界に身を投じて以来、今日迄約二十七年余、我が航空界の第一人者としてその卓越せる技術、豊富なる学識と、加うるに不断の熱心とを以て我が航空界の進歩発達に努力し、その国軍に対し貢献したる所寔《まこと》に偉大なりとす。而して大佐は職を執る恪勤《かっきん》、身を持する謹直、操行端正にして温厚謙譲、常に衆人の畏敬する所となり、その人格高潔にして徳望漸く世に重く、真に華胄名門の誉れを辱めざるものと謂うべし。

として、航空界に果たした功績を陳述する。この間、同年十月二十五日、陸軍工兵大佐に昇進していた同人へ陸軍省より「元伯爵徳川篤守の嗣子にして、伯爵の返上を命ぜられたるを以て復爵せしめたし」と家格を理由として奏聞するが、こちらは結局復爵は叶わず、同年十一月十日付をもって、好敏の航空技術の功績を理由として新規に男爵が授けられ、このちも復爵は許されていない。

典拠　『授爵陞爵申牒書類』、小田部雄次『華族—近代日本貴族の虚像と実像—』

→徳川某

徳川慶喜　とくがわ・よしのぶ

一八三七—一九一三

元征夷大将軍・麝香間祗候

①明治三十五年五月六日（許可）

②明治三十五年五月二十二日（許可）

徳川第十五代将軍。慶応三年（一八六七）十二月に将軍職を辞し、翌年四月に正二位・内大臣兼右近衛大将を解官となるが、謹慎解除後、明治五年（一八七二）一月に従四位、十三年五月に正二位に復す。さらに二十一年六月従一位に陞叙され、三十三年六月には麝香間祗候《じゃこうのましこう》を仰せ付けられる。「田中光顕《みつあき》関係文書」所収の三十五年五月六日付「山県有朋書翰」によれば、

芳翰《ほうかん》落手一読。先ず以て老閣方万福敬賀。扨《さて》は今般、徳川慶喜及び大西郷両人へ授爵の儀に付細縷仰せ聞かせられ了承。維新前後よりの功績に付、叙爵仰せ付けたる者の歴史上より考究すれば、この両人

徳川慶喜

に限りさまで異議を唱うべき程の事もこれ無き歟と察し申し候。去りながら、功罪の軽重より判断を試むれば、この外の人に派(波)及致し候ては、到底名分相立て難き事情惹き起こし致すべきの虞これあり申すべく、この点に付いては深重考慮を煩わし置きたき事に候。先ずは概要拝答迄。

と元老山県が宮内大臣田中光顕宛で慶喜と西郷隆盛遺児の寅太郎《とらたろう》両名への授爵一件について慎重ながらも賛意を表している点がみえる。また、『授爵録』(明治三十四～三十八年)でも同月二十二日付の当局審査を経て、二十四日に裁可を得て六月三日付で侯爵が授けられている。また、『［諸雑公文書(狭義)］』所収の「［雑書類］」中にも慶喜・寅太郎両名への授爵裁可を仰ぐ書類が収録されている。

典拠　上野秀治「徳川慶喜の授爵について」(皇學館大学史料編纂所『史料』一四六)、「山県有朋書翰」(法政大学所蔵「田中光顕関係文書」『法政大学文学部紀要』六二)、『授爵録』明治三十四～三十八年、「［雑書類］」(国立公文書館所蔵『［諸雑公文書(狭義)］』所収)

徳川　某　＊とくがわ

生没年不詳

元御三卿清水家・元伯爵

①明治三十五年六月十五日　(不許可)

『東京朝日新聞』明治三十五年(一九〇二)六月十五日朝刊によれば「清水家再興」の見出しで、三十二年に爵位を返上した徳川家に関して、「先般来その旧家臣等再興を嘆願して止まず。その筋においても詮議中の由、多分慶喜公の一令息を迎えて相続者と為すならん」と報じられ、辞爵から三年を経過し、復爵を望む運動を旧清水徳川家の家臣が中心になって行なっていることが確認される。この記事によれば、徳川慶喜の子息の一人をもって後継者として申請するつもりであったようであるが、どの人物を推定家督相続人とするつもりであったのかは不明。

典拠　『東京朝日新聞』明治三十五年六月十五日朝刊

→徳川好敏

徳富猪一郎　とくとみ・いいちろう

一八六三―一九五七

貴族院勅選議員・帝国学士院会員・帝国芸術院会員

①昭和十八年頃　(不許可)

熊本県士族。京都同志社で学んだ評論家・思想家であり、蘇峰《そほう》の号で知られる。明治三十年(一八九七)八月、第二次松方正義内閣において内務省勅任参事官に任官し、四十四年八月以降貴族院勅選議員となり、国語調査会・文芸調査会・教科書調査会などの各種委員もつとめた。昭和十八年(一九四三)四月二十九日には文化勲章を叙勲した。『授爵録』(昭和二年～十九年)所収の昭和十四年(一九三九)一月二十八日付桜井錠二《じょうじ》授爵関係の添付書類中、帝国学士院関係で「授爵ありし者」の次に「授爵なかりし者」「将来問題となるべき者」が列挙され、後者として田中舘愛橘《たなかだてあいきつ》・本多光太郎・長岡半太郎・徳富猪一郎(蘇峰)の四名を列挙・明記。添付書類は十八年以降に作成されたものと推測される。将来、授爵候補者となりうる存在として本多が含まれていたと考えられるが、戦時中のためか、こののちも授爵されていない。

徳富猪一郎

典拠　『授爵録』昭和二年～十九年

得能　某　＊とくのう

生没年不詳

得能良介遺族

①大正十三年一月　(不許可)

得能良介《りょうすけ》は旧薩摩国鹿児島藩士出身の官僚で、

維新後は新政府に出仕して大蔵・民部・司法各省の大丞《たいじょう》や大蔵省造幣頭《かみ》を経て造幣局長兼大蔵技監《ぎかん》をつとめ、明治十六年（一八八三）十二月に病死した。その遺族に対する授爵案。『諸雑公文書』所収「〔授爵ノ件ニ付推挙〕」によれば、大正十三年（一九二四）一月付で渋沢栄一・神野勝之助《かみのかつのすけ》・池田敬八《けいはち》三名の連署により、

　故得能良介氏は旧鹿児島藩士にして、維新の際王政復古に当たりその謀議に参画し貢献するところ頗る大なるものあり。大業成るの後、明治政府に入り大蔵技監・印刷局長として勲業また顕著なり。その詳細は別紙事蹟の如くにこれあり候。仄《そく》聞《ぶん》するところによれば今春御慶事在らせられ、この機に際し功臣の表彰せらるるものありと惟うに、同氏の如きは功臣として追陞せらるるの資格ある者と思料せられ候間、その功績に対し同氏家督継承者に男爵を授けらるるの恩命に浴せしめられたく、この段推挙致し候也。

と良介遺族への授爵を推薦。推薦者の渋沢は印刷局長の前身である造幣頭経験者、池田は現印刷局長、神野は元職。良介嗣子の通昌《みちまさ》も大蔵省権少書記官を振り出しに、印刷局次長を経て明治二十一年九月に印刷局長就任。四十三年三月に退官し、大正二年五月死去。通昌のあとは通義《みちよし》が相続し、勧業銀行および古河銀行行員となるが、大正十二年七月病死。当時の得能家は通義の長女で聖心女学院在学中の篤が東京府士族として戸主。女戸主への授爵は行われないため、渋沢らは家督継承者未定のまま同家への男爵授与を推挙。良介の子女で当時生存していた男子は次男で、通昌弟の通要であり、すでに分家していたが家督継承者として擬せられていたとも考えられる。結局、渋沢らの推薦は功を奏さず同家はこのちも授爵されていない。

典拠　「〔授爵ノ件ニ付推挙〕」（国立公文書館所蔵『諸雑公文書』）

土倉光三郎　とくら・みつさぶろう

一八七〇―一九四二

旧備前国岡山藩家老

①明治十一・十二年頃（不許可）
②明治十二～十六年頃（不許可）
③明治十五・十六年頃（不許可）
④明治三十三年五月五日（不許可）
⑤明治三十九年八月（許可）

土倉家は旧岡山藩家老で旧禄一万石を知行。幕末・維新期の当主は一亨（正彦《まさひこ》）。光三郎はその養嗣子。同家の華族昇格に関し、『爵位発行順序』所収「華族令」案の内規として公侯伯子男の五爵（左に朱書で公伯男の三爵）を設け、世襲・終身の別を付し、その内「世襲男爵を授くべき者」四項目中、第四項目に「旧藩主一門の高一万石以上の者及び高一万石以上の家臣」を挙げている。同案は明治十一（一八七八）・十二年頃のものと推定されるが、この時点においては旧幕時代に一万石以上を領していた土倉家は男爵に列すべき家として認知されていたと思われる。同じく前掲『爵位発行順序』所収「授爵規則」によれば「男爵を授くべき者」として、七項目中、第四項目に「旧藩主一門の高一万石以上の者及び高一万石以上の家臣」が挙げられている。前記資料とは異なり、この案は十二年以降十六年頃のものと推測されるが、こちらでも万石以上陪臣として、同家は世襲華族として男爵を授けられるべき家とされていた。また、十五・十六年頃の作成と思われる「三条家文書」所収「旧藩壱万石以上家臣家産・職業・貧富取調書」によれば、旧禄高一万石、所有財産は銀行株券六十六株（一株五十円）、山林十三町二反八畝二十四歩、宅地三反一畝二歩、建家百十一坪、職業は無職、貧富景況は空欄と記されるが、当該時期には万石以上陪臣の華族編列そのものが実施されなかったため、同家も士族にとどまっている。『授爵録』（明治三十三ノ一年）所収の三十三年（一九〇〇）五月五日付宮内省当局側審査書類によれば、旧藩主一門および万石以上家老の授爵詮議で浅野哲吉ほか二十五名が挙げられ、同月九日付で全員男爵を授けられているが、その但書に、

　但し旧藩一万石以上と唱うる家は四十八

家あり。然れども明治四年辛未禄高帳(大蔵省記録)及び藩制録(大蔵省記録)又は府県知事より徴収したる現在所有財産高を照査し、その旧禄高一万石以上判明せしものにして、猶且つ五百円以上の収入を生ずべき財本を有すること精確なるもの先づ二十五家を挙ぐ。余の二十三家は他日調査完結又は資産を有するに至りたるときに於いて御詮議相成るべきものとし、左にこれを掲げて参考に資す。

としたうえで、土倉光三郎を含めて二十三家が挙げられている。これによれば、土倉家は「旧禄高壱万石以上判明せしも五百円以上の収入を生ずべき財本を有せざる家」十一家のなかに分類されており、表高・実高ともに一万石ではあったが、年間五百円以上の収入を生ずる財本を有していなかったようであり、この選に洩れてしまう。こののち『授爵録』(明治三十九～四十年)によれば、三十九年八月付で旧主の侯爵池田章政《あきまさ》より日置健太郎《ひきけんたろう》・土倉光三郎両名の授爵を宮内大臣田中光顕《みつあき》宛で請願。「授爵請願」によれば、

右家祖四郎兵衛貞利は信輝《のぶてる》に仕え軽海の戦・大河内の攻城等軍功少なからず。禄五千石を受く。退隠領二千石を給す。蓋し異数なり。市正《いちのかみ》勝省岐阜関ヶ原・大坂攻城の諸役、輝政《てるまさ》・利隆《としたか》に従い功労あり。加禄一万石に至る。貞利十二世の孫一享勤王の志厚く、明治維新の際諸職に歴任し、兵部卿宮殿下に従い北征軍監の職を以て奥羽北越に転戦し賞功の恩典を蒙る。華《か》頂宮《ちょうのみや》殿下に随従渡米、修学せしに、半途病を以て帰朝、終《つい》にその志を果たさず少壮にして没す。年二十六。明治三十六年特旨を以て贈従四位の光栄を蒙れり。光三郎は貞利十三代の孫なり。

と土倉家の由緒と幕末・維新期の当主一享の功績も挙げたうえで、

右は明治三十三年五月各藩閥閲功臣の輩に授爵の恩典を蒙り候に付、健太郎・光三郎に於いては当家祖先以来三百年補翼の責任を尽しくれ候情誼黙止するに忍びず。尤も両家資産は取調書の通りにこれあり。尚将来監督も相尽し申すべく候間、何卒出格の御詮議を以て授爵の寵恩に浴せしめられ候様御執奏下されたたく、依て別冊二家先代以降略伝二帖添付、謹みて請願奉り候也。

として日置・土倉両家の授爵を求めている。前掲『授爵録』(明治三十九～四十年)所収の三十九年八月付の宮内省当局側立案書類によれば、有吉《ありよし》虎若・日置健太郎・池田博愛《ひろのり》・伊木《いぎ》忠愛《ただなる》・沢村重《しげし》・荒尾之茂《これしげ》・荒尾嘉就《よしなり》・藤堂憲丸とともに土倉の授爵を建議。

旧藩一万石以上の門閥にしてその所属藩主の一門または家老の輩はその実力恰《あたか》も小諸侯の如く古来旧領地に住して門地声望等その地方人民の儀表となり、勧業または奨学等公益に資すること少なからざるを以てこれに栄爵を授けられんとするの件曩《さき》に御裁可あらせられ、去る三十三年皇室御慶事の時に際し詮議を経て旧藩一万石以上と唱うる門閥家にして、その旧禄高一万石以上たること判明し、尚且つ五百円以上の収入を生ずべき財本を有すること精確なる者二十五家を挙げて華族に列し男爵を授けられたり。而してその際旧禄高一万石以上たること判明せるも、五百円以上の収入を生ずべき財本を有せざる者にありては他日その資産を有するに至りたるときに於いて更に同様の詮議に付せらるべきものとせられ、右九家はその当時既にその員に数えられたる者なり。然るに爾来《じらい》孰《いず》れもその資産を有するに至りたるを以て、この際曩日の詮議に基づき前記九家に対し授爵の恩典あらんことを上奏せらるべきや。

とし、土倉家も資産五百円を生ずる財本を確立したとして、同年九月十七日付で授男爵。

典拠　『爵位発行順序』、「旧藩壱万石以上家臣家産・職業・貧富取調書」(「三条家文書」)、『授爵録』明治三十三ノ一年・明治三十九～四十年

床次竹二郎　とこなみ・たけじろう

一八六六—一九三五

内務大臣・衆議院議員

①大正八年八月二十九日（不許可）

旧薩摩藩士出身の官僚・政治家。明治二十三年（一八九〇）帝国大学法科大学を卒業後、同年七月大蔵省試補となり、以後、大蔵書記官・愛媛県収税長を歴任し、二十六年に内務省へ転じて宮城県参事官・岡山県警部長・各府県書記官を経て三十七年一月徳島県知事に任ぜられ、以後秋田県知事・内務省地方局長・樺太庁長官をつとめ、四十四年六月内務次官に就任。さらに大正二年（一九一三）二月鉄道院総裁に任ぜられた。その後は衆議院議員に転じ、原敬内閣で内務大臣兼鉄道院総裁、犬養毅内閣で鉄道大臣、岡田啓介内閣で逓信大臣として入閣した。床次授爵の風説は『東京日日新聞』大正八年八月二十九日朝刊にみえ、同紙によれば「西園寺侯公爵たらん／御批准後に発表か」の見出しで、

　講和大使として七十有余の老軀を提《さ》げて巴里《パリ》に赴き、八ヶ月に亘って大任を果たし、去る二十三日無事帰朝せる西園寺侯が一昨日日光行在所《あんざいしょ》に伺候し、具さに会議の顚末を闕下《けつか》に伏奏したる際、畏くも陛下には侯が今回の労苦を思し召されて優詔を賜りたるは、侯がこの度の使命に対して世上に毀誉さまざまの説あれども、聖上が侯に対する御信任厚き事を証するものと見るべく、内閣に於いてもまた園《えん》侯《こう》の功労表彰につき何等かの奏請するところあるべきはいうまでもなけれど、目下正二位大勲位にして若し位階を陞叙するとせば従一位となる訳なれども、従一位の位を有し居るものは現在とては浅野長勲《ながこと》、久我通久《こがみちつね》の両侯爵あるのみにて、山県公、松方侯、大隈侯等の元老も正二位に止まり、且つその筋の方針も今後は生前に従一位を奏請する事を絶対になさざる事に決し居れば、園侯に対してのみ特に従一位を奏請するが如き事はなく、また勲等も侯は出発に際して既に大勲位を授けられ居れば、この上は頸飾《けいしょく》章加授より外には途なく、現内閣としては今度の講和に種々の非難あるにせよこれを以て大成功なりと吹聴し居る位なれば、必ずや園侯に対しては華々しき行賞の奏請をなすべく、恐らく爵位を陞して公爵を授けらるる事となるべく、同時に牧野男を初め講和会議に列せる全権委員や原首相その他の閣僚、外交調査会委員等にも陞爵・授爵の恩命下るべく、而してその時期は勿論不明なるも講和条約に対して御批准あり、平和に関する諸般の事務が一段落つきたる上にてそれぞれ発表さるべしと某宮内高官は語れり。

床次竹二郎

と第一次世界大戦後のパリ講和条約締結に際して全権委員であった西園寺と、牧野伸顕・珍田捨巳《すてみ》・伊集院彦吉・松井慶四郎、また原内閣における首相原を含め閣僚たち、外交調査会委員らに対する論功行賞について大きく報じている。この際はすぐに審査がされなかったためか、年内の陞・授爵は行われていないが、床次はこののちも授爵されることなく終わっている。

典拠　『東京日日新聞』大正八年八月二十九日朝刊

戸沢富寿　とざわ・とみじゅ

一八九〇—一九八〇

子爵戸沢正実次男

①大正二年四月（不許可）

旧出羽国新庄藩主・子爵戸沢正実《まさざね》の次男。学習院高等科を経て、東京帝国大学理学部動物学科卒業。生物学者として慶応義塾・学習院・北

里の各大学教授をつとめる。「徳川義恕《よしくみ》他陞爵請願書」によれば、大正二年(一九一三)四月付で戸沢正己《まさおと》(富寿甥)より「特別授爵ノ件内願」として富寿の分家・授爵を宮内大臣渡辺千秋《ちあき》宛で請願。

右は今般都合により資産を分かち分家致したきに付、相当授爵の恩命に浴したく、その理由左に概陳仕り候。抑《そもそ》も正実儀は戊辰戦役当時、奥羽諸般及び覆賊に与し、逆焔方に熾なるの折柄、勤王の大義を唱え、断然方嚮く決し、艱難を顧みず各処奮戦。藩屏《はんぺい》の任を尽くしたるを以て勲功に依りその賞として賞典禄一万五千石下賜せられ、なお明治四十一年十月特旨を以て位階進陞(贈正二位)の御沙汰を蒙りたる次第にこれあり。右富寿事は正実直系嫡出の男子にして、他の男子はこれ無く、旁《かたがた》右特別の御詮議を仰ぎたる次第にこれあり。右に付き別紙略歴及び戸籍謄本相添え内願仕り候条、然るべく御詮議下されたく候也。

として、戸沢正実の幕末・維新期の功労をもって、華族の体面を維持するための資産を分与することも含め、分家のうえ授爵を申請するも却下される。

典拠　「徳川義恕他陞爵請願書」(宮内庁宮内公文書館所蔵)

戸田氏共　とだ・うじたか

一八五四―一九三六

旧美濃国大垣藩主、宮内省式部長官

①大正四年十月六日（不許可）

旧美濃国大垣藩主で、維新後は文部省御用掛をつとめ、明治十七年(一八八四)七月の華族令公布に際しては伯爵を授けられた。そののち、オーストリア駐箚《ちゅうさつ》特命全権公使もつとめ、宮内省に転じてからは諸陵頭《しょりょうのかみ》や主猟官・式部官・宮中顧問官を歴任し、四十一年以降は式部長官に就任。「松平康民《やすたみ》他陞爵請願書」中に松平康民(旧美作国津山藩主。伯爵)の陞爵願と合綴で収録。内閣総理大臣大隈重信より宮内大臣波多野敬直《よしなお》宛で大正四年(一九一五)十月六日付で「左記の者授爵又は陞爵情願の旨、意は主として家格に存する義と認められ候に付、しかるべく御詮議相成りたし」として照会。慶光院利敬以下十七名を列挙し、そのなかに戸田氏共の名も挙げられている。島津(佐土原《さどわら》)・大村・真田・戸田の四藩は王政維新の際に勲功がある点を挙げたうえで、等しく賞典禄三万石を下賜されながら、戸田家のみ陞爵していないことを述べ、伯から侯への陞爵を申請するも不許可に終わる。

典拠　「松平康民他陞爵請願書」(宮内庁宮内公文書館所蔵)

戸田忠友　とだ・ただとも

一八四七―一九二四

旧下野国宇都宮藩主

①明治四十一年十一月（不許可）

②大正四年九月十八日（不許可）

旧宇都宮藩主で、明治十七年(一八八四)七月の華族令公布に際しては授子爵。「戸田忠友《ただとも》他陞爵請願書」によれば、包書に「戸田忠友・秋元興朝《おきとも》・岡谷繁実《おかのやしげざね》・谷森善臣《よしおみ》」と記される。旧下総国曽我野藩主で子爵戸田忠義先代の忠綱《ただつな》より、四十一年十一月付で宮内大臣田中光顕《みつあき》宛で提出。勤王および幕末期の山陵復興の功績を理由とし、

故越前守忠恕・故但馬守志朝《ゆきとも》には陞爵、又剣吾繁実及び諸陵取調主任大和介善臣には授爵、又正親町三条《おおぎまちさんじょう》実愛外五卿及び藤堂和泉守・柳沢甲斐守・尾張大納言・織田筑前守には相当なる御褒賞、又川村伝左衛門には海防費献金令相当の位階、又は山城・大和・河内の篤志者七十九名には公共事業に関する寄付金相当御盃を以て詮考を遂げられ、忠綱の微衷を諒して速やかに旌表《せいひょう》あらん事を茲《ここ》に重なる関係者の事実証明を得て懇願奉り候也。

として、関係者への恩典授与を請願。幕末期に山陵奉行をつとめた戸田忠至の嫡子である忠綱より、同族戸田忠恕の子である忠友と、同じく山陵復興に尽力した秋元志朝の子興朝

を子から伯への陞爵、また秋元家の家臣で元上野国館林藩士である岡谷繁実、禁裏御所の地下官人《じげかんじん》で、諸陵寮官人兼内舎人《うどねり》であった谷森善臣の授爵を求めるも却下。続いて、大正四年（一九一五）九月十八日付で同様の内容で戸田忠綱が史談会宛で「陞爵願」を提出のうえ、内閣総理大臣大隈重信・宮内大臣波多野敬直《よしなお》宛で請願。忠友・秋元の陞爵、岡谷と谷森善臣の子真男《まさお》への授爵を願い出るも不許可に終わる。

典拠　「戸田忠友他陞爵請願書」（宮内庁宮内公文書館所蔵）

戸田忠義　とだ・ただよし

一八六四―一九一五

旧下野国高徳藩主家

①明治二十四年五月三十一日（不許可）

戸田家は旧下野国高徳《たかとく》藩主家で、始祖は幕末の山陵復興に尽力し、山陵奉行となり元治元年（一八六四）七月十二日付で諸侯に列した戸田忠至《ただゆき》。忠至のあとは忠綱《ただつな》が継ぎ、明治三年（一八七〇）三月下総国曽我野に移封となる。十五年六月に家督を忠義に譲り、十七年の華族令公布に際して七月八日付で子爵を授けられた。『嵯峨実愛《さねなる》日記』二十四年五月三十一日条によれば「戸田忠綱来たり面譚。同家幷《なら》びに秋元興朝《おきとも》等両家爵位陞爵叙内願の儀所申し合わせ也。挙記能わず」とみえ、戸田忠綱が当主で子の忠義と秋元興朝の子から伯への陞爵を親戚筋にあたる嵯峨を介して運動を起こしていることが確認され、すでに刑部芳則によって紹介されている。また六月二十二日条によると、嵯峨が宮内省へ赴き、戸田・秋元両家の陞爵願と履歴書を提出している。この運動が進展したかは不明であるが、『読売新聞』二十七年二月十一日朝刊には「授爵及陞爵に関する風説」の見出しで、

西郷菊次郎氏授爵の風説は今に始まったる話にあらず。氏はこれを畏れ多きことに思いて辞退の意をある人に申し出でしに趣なれど、今回は丁度好機会なるにより、多分授爵の御沙汰あるべしという。尤も侯爵を授けらるるや否やは未だ定まらず。尚下級の爵を授くべしとの説ありと聞けり。また陸奥氏・芳川氏・渡辺氏等大臣たりし人に授爵あるべしとの説もあれど、かくの如くなりては、楠本正隆氏・山口尚芳氏等前元老院議官の連中にも授爵すべき人沢山あるにより、多分見合わせとなるべしというものあり。その他山内《やまうち》侯を公爵に、伊藤・山県・黒田の三伯を侯爵に陞せらるべしというものあれど、多分想像の説なるべく。また維新前後山陵奉行なりし故戸田大和守及び山陵御造営奉行たりし故渥見政同（旧名祖太郎）氏等の功労を追賞せられ、大婚祝典の当日、特旨を以て大和守の曽孫子爵戸田忠義氏に爵一階を進められ、渥見政同氏へは正四位を贈らるるとの噂は確かなる如くなるが、先ず何事も未だ確定したることなきが事実ならん。

と報じられており、戸田忠義の陞爵説についで触れ、この当時にもそのような動きがあったようであるが、こののちも結局陞爵されずに終わっている。

典拠　『嵯峨実愛日記』（宮内庁宮内公文書館所蔵）明治二十四年五月三十一日条・六月二十二日条、『読売新聞』明治二十七年二月十一日朝刊、刑部芳則「栄典制度の形成過程―官僚と華族の身分再編を中心に―」（『日本史研究』五五三）

戸田光武　とだ・＊みつたけ

生没年不詳

旧旗本寄合席・下大夫席

①明治二年六月十九日（不許可）

旧幕時代には家禄六千二十二石余を領した旧旗本寄合で、通称は太郎。父戸田但馬守光烈は西丸《にしのまる》留守居もつとめた。慶応元年（一八六五）五月に家督を相続し、維新時には朝廷に早期帰順し、下大夫席を与えられた。『公文録』所収の「知事末家戸田太郎諸侯格願」によれば、明治二年（一八六九）六月十九日付で本家筋にあたる元信濃国松本藩主の戸田光則《みつひさ》より、末家である光武の諸侯列を請願。光武は慶応四

年春以来、本藩に付属する旨を大総督府に申請して許可され、同年八月中からは鎮将府支配を仰せ付けられる。そののち、江戸府内の治安維持に従事。この「市中取締」は当時一万石以上の諸侯が行なっており、光武がこれら諸侯に交じって任務にあたっていたことが明らかである。光則から太政官弁事宛で提出された請願書によれば、

　太郎儀、最初より断然出兵の金穀願い奉らず候て勉強相勤め、殊に昨年来諸侯比肩の大命を蒙り候儀は千載の幸福と感泣奉り候間、平常衣食を減じ活計《かっけい》取締臣下一同勉励尽力罷りあり候、且つ再度市中取締その他御門守衛相勤め候は万石以下のは更にこれ無き由、その上昨年来格別王事に勤労奉職仕り候間、出格の御寵命無に為らせられ、従前の持高にて諸侯の格命ぜられ候儀相叶い候ば、私においても有難く感銘奉る。太郎儀も一切憤励尽力方も行き届き候儀と愚案奉り候間、恐惶を顧みず御廟議を仰ぎ希い奉り候。

と記され、本家筋からの分知や、新田分を含めたうえで万石以上に高直しをするのではなく、六千二十二石余のまま諸侯列に扱って欲しいという内容である。厳密には同月六日に堂上・諸侯を合一化して華族の族称が定められているため、光則の請願は光武の華族格への昇格を求めてのものと考えられる。弁事側からは同月二十六日付で「御沙汰に及ばれず候事」として却下される。そののち、戸田光武家の列華族や授爵の請願は行われていない。

典拠　「知事末家戸田太郎諸侯格願」（『公文録』）

戸田　某（氏貞カ）　＊とだ

生没年不詳
旧高家・元中大夫席
①明治十一・十二年頃（不許可）
②明治十二〜十六年頃（不許可）

戸田家は旧幕時代に高家《こうけ》の格式を与えられ、二千石を知行した旗本。幕末・維新期の当主は氏貞。朝廷に早期帰順して本領を安堵され、朝臣に列して中大夫席を与えられる。明治二年（一八六九）十二月に中大夫・下大夫・上士の称が廃されるのに伴い士族に編入される。同家の華族昇格に関し、『爵位発行順序』所収「華族令」案の内規として公侯伯子男の五爵（左に朱書で公伯男の三爵）を設け、世襲・終身の別を付し、その内「世襲男爵を授くべき者」四項目中、第三項目に「元高家・交代寄合《こうたいよりあい》」を挙げている。同案は十一・十二年頃のものと推定されるが、この時点においては旧幕時代に万石以下でありながら、若年寄ではなく諸侯同様に老中支配であり、奥高家就任後は四位少将にまで昇り得る高家は男爵に列すべき家として認知されていたと思われる。同じく前掲『爵位発行順序』所収「授爵規則」によれば「男爵を授くべき者」として、七項目中、第二項目に「元交代寄合・元高家」が挙げられている。前記資料とは異なり、この案は十二年以降十六年頃のものと推測され、こちらでも旧高家である戸田家は男爵を授けるべき家とされているが、結局授爵内規からは高家は一律除かれ、華族編列・授爵は不許可に終わっている。

典拠　『爵位発行順序』

土肥　某　＊どひ

生没年不詳
土肥実匡遺族
①大正四年十月十五日（不許可）

「土肥実匡他授爵請願書」中に土肥実匡（故人、元《もと》元老院議官）の遺族への授爵願が収録。大正四年（一九一五）十月十五日付で内閣総理大臣大隈重信より宮内大臣波多野敬直《よしなお》宛で「左記の者はその功績顕著には候へども、授爵をもって賞するは如何かと存じ候。然るべく御詮議相成りたし」として提出。土肥実匡（の遺族）以下十一名を列挙し、そのなかにみえる。鳥取藩士出身の官僚で土肥謙蔵ともいう。山梨県《けん》令《れい》などの地方官や元老院議官に就任し、生前中従四位に叙せられている。

　右は忠亮勤王の士族にして、維新当時一意池田慶徳《よしのり》の素志を体し、あるいは囹圄《れいぎょ》に窮窘《きゅうきん》し、あるいは流離死地に陥るも屈

せず、克《よ》く王室の復興を図りし者なるをもって授爵ありたしと云うにあり。

と授爵理由を説明するも却下。土肥は明治三十三年（一九〇〇）三月十九日に没しているが、おそらく遺族への授爵請願と思われる。

典拠「土肥実臣他授爵請願書」（宮内庁宮内公文書館所蔵）

富井政章　とみい・まさあきら

一八五八―一九三五

枢密顧問官・東京帝国大学名誉教授、法学博士・宮内省及内大臣府御用掛

①大正十二年十二月（不許可）

②大正十三年一月十七日（不許可）

③大正十五年十月五日（許可）

旧聖護院《しょうごいん》門跡六位侍出身の官僚・政治家・法学者。富井政恒《まさつね》の子。京都中学校・京都府官立仏語学校を卒業後、東京外国語学校へ進学し仏語普通科を修業し、明治十年（一八七七）よりフランスへ私費留学。リオン法科大学で法学博士の学位を授与され、十六年帰朝。その後は十八年八月に東京大学教授に任ぜられ、以後三十五年九月十七日付で依願免本官となるまで東京帝国大学に奉職。この間、法科大学長や民法第一講座担任をつとめ、二十四年十二月からは貴族院勅選議員、また退官後も講師として法学教育に従事した。大正五年（一九一六）十一月からは帝室制度審議会委員となり、七年四月には貴族院議員を辞し枢密顧問官に任ぜられた。授爵への動きは大正十年代より確認される。『授爵録』（大正十二～十五年）によれば、十三年一月十七日の内閣総理大臣清浦奎吾より宮内大臣牧野伸顕宛の授爵申牒書類および富井本人の功績書に前年十二月に授爵を申請した書類が添付される。

従三位勲一等富井政章は別紙功績書に記載したる所の如く多年国家に貢献したる勲労洵《まこと》に顕著なる者にこれあり候条、今秋皇太子殿下御慶事を行わせらるるに際し、同人積年の功労を表彰せらるる為、特に授爵の栄典を与えられ候様御詮議相成りたく、この段申牒に及び候也。

として、当時枢密院議長であった清浦より、加藤友三郎首相宛で提出するも却下。ついで前記の十三年一月十七日付申牒書類では、平山成信《しげのぶ》・北里柴三郎・岡野敬次郎と富井の計四名の授爵を申牒。

右は明治十八年八月東京大学教授に任ぜられ、爾来《じらい》法科大学教授、兼任法科大学教頭を経て法科大学長に補せられ、同二十九年十一月勅任官に陞任し、同三十五年九月依願免本官と為る。同四十一年七月より大正七年七月に至る迄東京帝国大学法科講師を嘱託せられ、その間民法・商法・刑法等の講義を担当して、終始学理の攻究と学生の教授とに力を傾倒し、特に

富井政章

力を仏蘭西《フランス》法学の鼓吹に効し、以て我が国に於ける法学研究の振興に努めたり。又官務の傍ら和仏法律学校・私立京都法政大学・私立立命館大学等の校長の職に在りて民間法学教育の伸張に努力し、その他法典調査会委員に膺《あた》り、又法律取調委員・臨時法制審議会委員・帝室制度審議会委員等仰せ付けられ、常に重要なる法案の審議に従事し、能くその職責を完うしたる功大なり。翻って同人は明治二十四年十二月貴族院議員に勅任せられ、大正七年四月願に依り同議員を免ぜられ、実に二十有七年の久しき間立法府に参与し、幾多の法律案並びに予算案等の審議協賛の任に膺《あた》りたる功労少なからず。又大正七年四月枢密顧問官に親任せられ、積年蘊蓄に係わる学識を以て克くその重任を竭《つく》し今日に至る。本人が多年本邦に於ける法学の発展に尽瘁《じんすい》し、且つ法典の制定後

改廃に努力し、国家の奎運《けいうん》に貢献したる
勲功洵に顕著なりとす。

と帝国大学教官としての富井の功績などを披瀝して授爵を申請するも、同時に申牒した岡野敬次郎同様、「本件は平山・北里両名に対し上奏を為す。他の両名は他日参考の為添付す。上奏の際は本書添付せず」との付箋が貼られ、岡野と富井の授爵は後日の機会を待つということで上奏はされなかったと思われる。十五年十月五日には平沼騏一郎・倉富勇三郎とともに富井の授爵を申牒。今回の授爵に関しては、「牧野伸顕関係文書」所収の同日付「伊東巳代治書翰」にも、

帝室制度審議会終結に付、過般の礼を兼ねて報告申し上げ置き候次第に候居り候。不日同会も公然閉鎖と命ぜられ候事と存じ候処、目下宮内当局に於いて多年同会の為尽瘁《じんすい》致し候僚友諸氏に対し、行賞の内議これあり候に付、就中抜群の功績ありたる平沼・倉富・富井の三氏に対し授爵の御詮議を仰ぎたく一木《いちき》宮相迄懇ろに内情致し置き候。

とみえ、今回の授爵案は大正五年より伊東巳代治を総裁として設立された帝室制度審議会の廃止に伴い、特に功績顕著と認められた平沼・倉富・富井に対する論功行賞の一環であったことが明らかである。この功績や前二回同様の司法部・枢密院・各種委員の功績が認められ、同月二十六日付で授男爵。

典拠　『授爵録』大正十二～十五年、「伊東巳代治書翰」（「牧野伸顕関係文書」）

富岡敬明　とみおか・けいめい

一八二二―一九〇九

熊本県知事

①明治二十三年三月二十一日（不許可）

熊本県知事

②明治三十一年十月十二日（不許可）

③明治三十三年二月十三日（許可）

④明治三十三年五月五日（許可）

元熊本県知事・元貴族院勅選議員

旧肥前国小城《おぎ》藩士出身の官僚・政治家。維新後、新政府に出仕し、山梨県権参事や名東《みょうどう》県権令《ごんれい》兼五等判事を経て明治九年（一八七六）に熊本県権令、十一年県令《けんれい》に昇格、十九年七月の地方官官制公布により熊本県知事。以後、二十四年四月まで地方官としてその職にあった。また、退官後は二十五年三月までの約一年間貴族院勅選議員在職。『山田伯爵家文書』所収の二十三年三月二十一日付「山田顕義《あきよし》秘啓」によれば、「授爵は陛下の大恩にして、国家の大典、万民の標準なり。真に陛下の親裁に出づるものにして、臣僚の容喙すべきものにあらず。然れどもその自歴を調査し、その理由を明晰にし、聖慮を翼賛するは臣下の務にして、謹慎鄭重を尽くさざるべからず。今鄙見《ひけん》を陳じ、閣下の参考に供す」として宮内大臣土方久元宛で授爵の標目として、(一)維新前後功労あり勅任官たる者および勅任官たりし者、(二)維新後功労あり勅任官たる者および勅任官たりし者、(三)維新前後功労ある者、(四)維新後功労ある者、(五)父の勲功による者、(六)神官および僧侶の世襲名家たる者、(七)琉球尚家の一門、の計七項目を挙げ、県知事在職中であった富岡は「第二項に適す者」としてその名を挙げられるも、この際山田が列挙した人名中、授爵したのは第一項に該当した辻維岳《いがく》一人であった。また、『大隈重信関係文書』所収の三十一年十月二日付「江藤新作書翰」によれば、

陳《の》ぶれば唐突の儀に候えども、長谷川良之・石井翼より富岡敬明叙爵の事に付、是非閣下に申し上げ呉《く》れ候様相談これあり。尤もの事と存じ候間、左に主旨申し上げ候。富岡翁事、御承知の通り多年国事に

富岡敬明

尽瘁《じんすい》仕り、特に幾度か死生の間に出入りし功労少なからずと存ぜられ候。就いては翁の老後の栄に華族に列せられ候訳には参らず候哉。既に鍋島幹《みき》の如きさえも華族となりたる事に候えば、翁の如きこれを華族に列せられ候ても不都合の事これなかるべきかと存じ候間、御賢慮次第御高配を以て翁をして老後の栄あらしめ給わんことを懇願するところに御座候。右、富岡敬明叙爵の主旨大要申し上げ候。

と、江藤新平遺児の新作が大隈に宛てて富岡の授爵後援を依頼。同様に明治初期より一貫して地方官を歴任した鍋島幹がすでに男爵となっていることを引き合いに出すも不許可に終わる。『授爵録』(明治三十三ノ二年)によれば、三十三年二月十三日付で当時熊本県知事であった徳久恒範《とくひさつねのり》より、宮内大臣田中光顕《みつあき》宛で「授爵之儀ニ付内申」を提出。山梨県在職中の功労のほか、熊本県権令・同県令当時、西南戦争が勃発し、鎮圧後の県下において殖産興業に尽力し、蚕業・製糸・紡織・開墾・製茶・製麻などの諸会社を誘導して士民の授産につとめ、今に至るまで県民その功を称えているとする。そのうえで、

　而して本人は既に勲三等を賜り、勅任官たること多年、また相当の資産これあり候えば多年の勲功に対し華族に列せしめられ、一は以て皇室の藩屏《はんぺい》たらしめ、一は以て官吏の功績を賞励せらるるは国家将来の大計上大いに裨益これあるべき儀と確信致し、本人の如きは実にその位地を辱しめざる者と存じ候条、何卒特別を以て授爵の御詮議相成りたく、別紙履歴書並びに熊本籠城前後の事実を能く詳知相成る樺山《かばやま》伯その他の書類相添え、この段内申仕り候也。

と内申。これは『小説富岡敬明』にも収録される内申である。かつて富岡の下僚であった徳久よりの請願には「追って本人最早八十歳に近き高齢にして、その健康も昔日の如くならざる哉に聞き及び候条、何卒至急御詮議相成り候様致したく、この段申し副え置き候也」とみえ、また西南戦争前後の功労については樺山資紀《すけのり》伯爵らの証言書も添付する。その後、前掲『授爵録』(明治三十三ノ二年)によれば、三十三年五月五日付の宮内省当局側立案書類で尾崎忠治《ただはる》ら計二十五名の文武官の授爵を詮議しており、銓衡として(一)維新の際大政に参与して殊勲ある者、(二)維新の功により賞典禄五十石以上を賜りたる者、(三)維新前後国事に功労あり、かつ十年以上勅任官の職にある者、または現に在職中の者、(四)十年以上勅任官の職にあり功績顕著なる者、(五)特に表彰すべき偉大の功績ある者の五つの規準を設けており、富岡はその(四)に該当する対象者とされ、同月八日に裁可を得て翌九日付で男爵が授けられる。

典拠 「山田顕義秘啓」(『山田伯爵家文書』四)、「江藤新作書翰」(『大隈重信関係文書』二)、『授爵録』明治三十三ノ二年、河村秀明『小説富岡敬明』

外山正一　とやま・まさかず

一八四八―一九〇〇

元文部大臣・文学博士

①明治三十三年三月八日（不許可）

旧幕臣出身の官僚・政治家・教育家。幕末にイギリス留学。維新後は新政府に出仕。外務省に勤務するも程なく辞官し、アメリカ留学。帰朝後は東京大学教授、東京帝国大学文科大学長となり、明治二十三年(一八九〇)九月からは貴族院勅選議員。また第三次伊藤博文内閣では文部大臣をつとめた。「田中光顕《みつあき》関係文書」所収の三十三年三月八日付「伊藤博文書翰」によれば、

　外山正一昨夕薨去《こうきょ》の由伝聞候処、同人は明治初年以来専務に教育に従事、当初森有礼に随伴、米国に遊学。帰朝後は絶えず教官相務め居り、洋学の奨励に付いてはその功績偉大の者たるは論を俟たず。最後に文部大臣に暫時ながら奉職し、爾《じ》来《らい》閑地に居り候えども、殆ど三十年間学事に勉力候者は他に比類僅少ならんと察せられ候。勿論、赫々《かっかく》の有功者と申すに

はこれなく候えども、洋学を以て我が文明の増進を謀り、今日の盛況を呈し候事に与力せし第一人とすれは、将来教育奨励の為にもなるべく御厚遇これあり候事至当の御処置と存じ候間、願くはこの際祭資(粢)料御詮議相成りたく存じ奉り候。叙爵の事も同人の履歴を心得候者には唱道致し候由に候えども、已《すで》に位階勲章等も進められ候趣に付、今日の際御取扱容易ならずと存じ奉り候間、この儀は他日の御評議として祭資(粢)の恩典行われ候外これあるまじく、偏に御尽力相願いたく、委細は奥田、穂積《ほづみ》両人より御聞下さるべく候。

外山正一

とみえ、すでに前日に死去した外山に対しての栄典授与に関して、位階勲などは陞叙されており、授爵については伊藤自身も考慮したようであるが、取り扱いが容易ではないと他日の評議に委ねると記される。取りあえずは、祭粢料の下賜について宮内大臣田中光顕に相談し、田中は翌日付書翰で「至極御同感に付、金五百円恩賜の事に相運び申し候」と五百円下賜について伊藤に返書を送っている。また、『東京朝日新聞』同月九日朝刊には「外山博士に叙爵の議あり」という見出しで、

外山博士の薨去は今猶秘せられ、博士邸の玄関には「主人儀病気重体に付云々」との張紙あり、浜尾新《あらた》・渡辺洪基の両氏は主として後事経営の任に当れり。聞く所によれば、博士が生前学政上に尽したる功労少なからざるを以て男爵を授与さるるの内議あり。且つ博士を文相に推選したる伊藤侯は東京に在らず、また博士と最も親交ある菊池大麓《だいろく》氏は目下公務を以て長崎に出張中なるを以て、旁々《かたがた》喪を秘し発表を延し居る訳なりと。

と記され、同紙翌日の朝刊には「外山博士は授爵されず」の見出しで、

外山博士の危篤に際し、その親友たる浜尾新・渡辺洪基の二氏は博士の学政上に貢献したる功労を以て授爵の恩命を乞い奉つらんとて、当局者間を奔走したるも、他の前例ありて奏請の場合に至らざりき。

と報じる。また、『読売新聞』同月九日朝刊にも「外山博士の逝去に就て(授爵の内議)」の見出しで、

博士が一昨夜九時頃遂に逝去したる由は前紙報道し置きたるが、同家においては昨日に至るも何故か未だ喪を秘し居るものの如くなりし。聞く所に依れば、一昨日来博士に親交ありし浜尾新・渡辺洪基等の諸氏は博士の功労に対し、特に授爵の恩典を享有せしめんとて大学教授の連署を以て宮内省へ願い出中に係れりという。

と両紙ともに同様の内容で報じており、外山授爵には浜尾新・渡辺洪基といった学者仲間が動いたものの、結局そののちも評議されることなく不許可に終わる。また、『授爵録』(昭和二～十九年)によれば、桜井錠二授爵の添付書類中、学者関係の授爵表で、「授爵ありし者」「授爵なかりし者」「将来問題となるべき者」の一覧中、外山の名前が収録され、一応授爵詮議の対象となっていたことが確認できる。

典拠　「伊藤博文書翰」(法政大学所蔵「田中光顕関係文書」『法政大学文学部紀要』五二)、「田中光顕書翰」(『伊藤博文関係文書』六)、『東京朝日新聞』明治三十三年三月九日・十日朝刊、『読売新聞』明治三十三年三月九日朝刊、『授爵録』昭和二～十九年

豊川良平　とよかわ・りょうへい

一八五二―一九二〇

三菱合資会社監事

①明治四十四年（不許可）

旧土佐藩蘭方医小野篤治の長男。維新後、豊

豊川良平

川良平と名乗る。慶応義塾で修学後、明治十二年(一八七九)に三菱商業学校幹事となり、以後第百十九国立銀行頭取や三菱合資会社副支配人・同監事をつとめる。授爵に関する説は横山源之助の「男爵を授けられたる新旧五大富豪」中にみえ、四十四年八月二十五日付で実業上の功績により男爵を授けられた三井八郎次郎・藤田伝三郎・鴻池善右衛門・住友吉左衛門・近藤廉平の五名に関連し、

　豊川良平氏はその性格の茫漠《ぼうばく》たるが如く、事業会の茫漠者である。曩《さき》に百十九銀行(三菱銀行部の前身)頭取であり、後に三菱銀行部に推され、絶えず銀行業に関係しているが、豊川氏の人物は、銀行業者よりも、むしろ犬養毅または大石正巳《まさみ》の親与として知られている。手形交換所集会席上等で、銀行家としての豊川氏の風丰が見えるが桂前首相等の招待の席上等に豊川氏の真価がむしろ発揮される。益田氏が三井家に於けると同じく、豊川氏は三菱家の覆面者で、且つ外交部長である。益田氏の事業は覆面を通じて世人の前に瞭然しているが、豊川氏のは僅かに銀行部長の椅子に依っていたというだけで、ぼんやりとして来た。監事昇進後は、更にぼんやりとしている。然かも実業界に雄鎮の貫があるのは、豊川氏が太閤・家康・張良《ちょうりょう》・陳平《ちんぺい》の人物を併せ兼ねた大人格の故か、或いは三菱家という大実力・大貫目の後辺に控えている故かで、嘗《かつ》て岩崎弥太郎翁に紹介した妹婿近藤廉平氏は、貴族の列に入り、子分格に引き立て、細君の世話まで焼いた山本達雄氏は、大蔵大臣の顕職に就いたが、監事の職に座せる豊川氏は依然として茫漠としている。性格と風采とを以て、実業界に異彩を放つてゐるのは、蓋し豊川氏であろう。斯《こ》の人、私かに授爵に熱心であったとやら、なかったとやら、思うに日露戦役当時桂首相の意を受け、公債政策に一方ならぬ援助を与えたのは、同氏の誇とする所であろう。若し益田氏に授爵あるものとせば、三菱家の代表たる豊川氏の如きも、当然受くべきである。

として、さらに「桂内閣の金城鉄壁とした公債政策に尽瘁《じんすい》した諸人をも取るべきであった」と記し、日露戦争において戦時公債募集に功績のあった豊川にも授爵されるべきであったとしている。また、横川によれば豊川自身が授爵に積極的であったかのような記述であるが真相は不明。こののちも授爵はされずに終わっているが、大正五年(一九一六)十月に貴族院勅選議員に任ぜられている。

典拠　横山源之助「男爵を授けられたる新旧五大富豪」(『新日本』一ノ七)

鳥居大路治平　とりいおおじ・*はるひら

生没年不詳

旧賀茂別雷神社神主

①明治十七年頃(不許可)

②明治二十二年一月二十八日(不許可)

鳥居大路家は代々旧賀茂別雷《わけいかづち》神社神主の家系。同家の華族編列については「三条家文書」所収「旧神官人名取調書」にみえる。同資料は明治十七年(一八八四)頃のものと思われるが、これによれば「別紙全国旧神官の内華族に列せられ然るべき家格の者にこれあり候。御発表前には一応現今貧富の景況地方官へ調査仰せ付けられ候上、御取捨相成りたしと存じ奉り候」と記され、そのなかに旧賀茂別雷神社からは松下径久《みちひさ》・岡本保益とともに鳥居大路治平の名も挙げられているが、結局授爵されずに終わっている。また『授爵録』(追加)(明治十五～大正四年)所収「族籍之儀ニ付建議」によれば、すでに華族に列した松木美彦《よしひこ》男爵と藤井希璞

両名の連署で明治二十二年一月二十八日付で宮内大臣土方久元宛で請願。

謹みて案ずるに貴族の国家に於ける重大の関係あり。許多の効用ありて、政治上・国体上に置いて必須の者たるは今更に喋々を要せず。（中略）爰《ここ》に古名家族宜しく詮議せらるべき者十六家を録して左右に呈す。

として神宮旧神官より久志本常幸《くしもとつねゆき》・宮後朝昌《みやじり》・沢田泰綱《やすつな》・世木《せき》親喜、上賀茂より松下径久・岡本保益・鳥居大路治平、下鴨より泉亭《いずみてい》某・梨木《なしのき》某・鴨脚《いちょう》某、日吉より生源寺《しょうげんじ》希徳・樹下《じゅげ》某、松尾より東某・南某、鹿島より鹿島則文、香取より香取保礼の十六名を列挙するも、こののち審査のうえ授爵されたのは沢田泰綱の子幸一郎（泰圀《やすくに》）のみで鳥居大路ほか十五名は選に洩れている。

典拠　「旧神官人名取調書」（「三条家文書」）、『授爵録』（追加）明治十五～大正四年

な

永井　某　＊ながい

生没年不詳

永井尚志遺族

①昭和三年十月一日（不許可）

旧信濃国龍岡《たつおか》藩士族の榎元半重《えのもとなかしげ》よりの他薦。「陞授爵内願」によれば、（一）旧会津・桑名両藩主の陞爵、（二）旧幕臣功労者への授爵、（三）版籍奉還の際の旧大名華族や功臣への贈位を申請。（二）の内、江川太郎左衛門以外に鉄砲で功績のあった高島四郎大夫（秋帆《しゅうはん》）の遺族と、海軍充実に貢献した若年寄永井尚志《なおゆき》の遺族に対する授爵を昭和三年（一九二八）十月一日付で請願するも却下。永井尚志の長男岩之丞《いわのじょう》は大審院判事・従四位勲三等となり、明治四十年（一九〇七）五月二十五日没。榎元の請願書中にみえる永井の遺族はこの岩之丞の長男のことを指すと思われる。

典拠　「陞授爵内願」（宮内庁宮内公文書館所蔵）

長岡外史　ながおか・がいし

一八五八―一九三三

陸軍少将・参謀次長

①明治三十九年一月五日（不許可）

長州藩の支藩である徳山藩士出身の軍人・政治家。陸軍士官学校・陸軍大学校卒業。明治三十五年（一九〇二）六月に陸軍少将に昇進し、日露戦争においては、三十七年から大本営陸軍部参謀次長に就任。『金子堅太郎自叙伝』所収の金子日記三十九年一月五日条には、

桂首相は、陸海軍々人の論功行賞に付語って曰く。今回日露戦役の論功行賞は、始め勲功調査委員において日清戦役の先例に倣い、陸海軍は少将以上を男爵にせんと予定し、その人員を調査したるに、留守師団を参入すれば非常の多数に上る故に、やむをえず中将以上と決定して実行する積もりなり。然るに茲《ここ》に尤も気の毒なる一人あり。それは参謀次長長岡外史なり。彼は児玉次長が満州軍の参謀総長となりて出征するや、その跡を引き受け、山県参謀総長を助けて二ヶ年間重要の軍務に尽瘁《じんすい》したれども、少将なれば男爵に叙すること能わず。依って中将に陞任せんとしたれども、五ヶ月計り年数足らなざれば、これまた決行すること能わず。実に長岡には気の毒なり。これにおいて余は進言して曰く。それは杓子定規の議論なり。長岡少将は参謀次長の要職にありて日夜軍務に精励したれば留守師

団の少将とは同一の論にあらず。宜しく

特別を以て長岡を男爵に叙すべし。これ即ち真の論功行賞にして何人と雖もこれに付異議を挟むものなかるべしと。

と記され、当初、日露戦争後の論功行賞においては勲功調査委員によって将兵の軍功が調べられたが、日清戦争後の授爵は少将以上であったものの、今回その先例に準拠すればあまりの多数になるため、中将以上にすることに決まったとする。しかし、長岡は戦時中、参謀次長の要職にあり、山県有朋を輔佐した功績もあったにもかかわらず、現階級は少将で、中将への昇進年限も約五ヵ月足りない状況で、結局階級の昇進は不可能とされた。これに対して金子は少将であっても内地に残った留守師団長の少将とは異なる点を強調し、長岡への男爵授与を桂太郎に進言するも、桂は「すでに決定したる事なれば、後日また機会あるべし」と答え、結局授爵は見送られ、そののちも授爵の機会は訪れずに終わっている。

典拠　高瀬暢彦編『金子堅太郎自叙伝』二

→古参の陸海軍少将

長岡半太郎　ながおか・はんたろう

一八六五―一九五〇

貴族院議員・帝国学士院会員・東京帝国大学名誉教授・大阪帝国大学名誉教授・理学博士

長岡半太郎

①昭和十八年頃（不許可）

旧大村藩士出身の長崎県士族。物理学者。昭和十二年（一九三七）四月に文化勲章受賞。東京大学理学部卒業後、ドイツ留学。帰朝後、東京帝国大学理科大学教授。『授爵録』（昭和二年～十九年）所収の十四年一月二十八日付桜井錠二《じょうじ》授爵関係の添付書類中、帝国学士院関係で「授爵ありし者」の次に「授爵なかりし者」「将来問題となるべき者」が列挙され、後者として田中舘愛橘《たなかだてあいきつ》・本多光太郎・長岡半太郎・徳富猪一《いいち》郎《ろう》（蘇峰《そほう》）の四名を列挙・明記。添付書類は十八年以降に作成されたものと推測される。将来、授爵候補者となりうる存在として長岡が含まれていたと考えられるが、戦時中ということもあってか、こののちも授爵せず。

典拠　『授爵録』昭和二年～十九年

中川経界　なかがわ・*つねひろ

生没年不詳

旧伊勢神宮内宮神主

①明治十七年頃（不許可）

②明治二十三年七月一日（不許可）

中川家は旧伊勢神宮内宮神主家。同家の華族編籍については、明治十七年（一八八四）頃のものと思われる「三条家文書」所収「旧神官人名取調書」による。この取調書には「別紙全国旧神官の内華族に列せられ然るべき家格の者にこれあり候。御発表前には一応現今貧富の景況地方官へ調査仰せ付けられ候上、御取捨相成りたしと存じ奉り候」と記され、そのなかに旧伊勢神宮外宮からは久志本常幸《くしもとつねゆき》・宮後《みやじり》朝昌、内宮からは沢田泰綱《やすつな》・薗田守胤とともに中川経界の名も挙げられているが、結局授爵されずに終わっている。また、『授爵録』（明治二十三年）によれば、二十三年七月一日付の「皇太神宮旧神官荒木田姓宗家家格取立之件」に、

前に藤波亮麿華族編列願の出るや、単に同氏より差し出したる願書及び参考扣《ひかえ》に就き取り調べたるに、同氏は荒木田《あらきだ》姓正統のものに相違なきものの如し。度会・荒木田両姓は内外両宮の神官にして、茲《ここ》に殆ど二千年の久しき神孫連綿たる名族なりとす。然るに度会《わたらい》姓は名族の故を以て既にその宗家松木《まつき》氏を抜て華族に列せられたるも、荒木田姓に於いては未だその栄典に与らざるは権衡上宜しきを得ざるものの如し。依て度会・荒木田両姓の比較

を取り亮麿を華族に列せらるべきや上申に及びたるに、既に上奏御裁可相成りたる後、内閣より藤波名彦の願書を回送したるを以て即ちこれを閲すれば、名彦は彼亮麿の本家なりと云う。尚また松木美《よし》彦《ひこ》・藤井稀《(希)》璞の建言書を以てこれを参観するに、荒木田姓には沢田氏を始め薗田・井《い》面《のも》・世《せ》木《き》・中川等の数氏を挙げ、皆荒木田一派なることを見留めらる。これに於いて頗る判別に苦しみたれば、亮麿の御裁可書は御発表前の儀、御猶予相願い、桂主事を大野属と共に伊勢神宮司庁に出張せし、同庁の所蔵及びその他の古文書に就き審按査《さ》覈《かく》の上、別紙系図を調整せり。而して沢田幸一郎家系のその正統本宗なることを発見するを得たり。依て前の藤波亮麿の御裁可は御取消を仰ぎ、更に荒木田宗家荒木田姓沢田幸一郎を華族に列せられ、男爵を授けられ《(る)》べきや裁を仰ぐ。

と一度伊勢内宮の荒木田姓神主より藤波亮麿へ列華族・授男爵について明治天皇の裁可を得ていながら取り消された経緯を詳述している。この際、荒木田姓の神主家として、藤波名彦・同亮麿・佐八《そうち》定潔・世木親善・薗田守胤・同守憲・同守宣・井面守存・同守純とともに中川経界の候補者名が列挙され、どの家系が正統であるかが審査されている。この件については宮内省当局側は爵位局の桂潜《せん》太郎《たろう》主事が属官を伴い、伊勢神宮へ赴き調査のうえ、結果として沢田幸一郎へ授爵が決定したとみえ、中川家は華族に列することなく終わっている。

典拠　「旧神官人名取調書」(「三条家文書」)、『授爵録』明治二十三年

中里武太郎　なかざと・*たけたろう

生没年不詳

旧二荒山神社神主

①明治二十三年頃（不許可）

中里家は代々旧二荒山《ふたらさん》神社神主の家系。同家の華族編列・授爵に関しては『授爵録』(追加)(明治十五〜大正四年)所収「内宮外宮旧神官十八家等族籍ニ関スル件」という年月日不詳の資料による。明治二十三年(一八九〇)頃作成と思われるこの資料によれば、旧賀茂別雷神神社(上賀茂神社)神主の松下清岑《きよみね》に関する「加茂旧神官松下清岑ノ家」の項に、

右家は上加茂旧神官の三家の一、岡本・鳥《とり》居大路《いおおじ》の総本家にして累代神主に補せられ、従三位に上ることを得、その系統は加茂建角身命《かものたけつぬみのみこと》の裔、神主在実七代孫正四位下資保二男能久《よしひさ》に出づ。能久承久の乱戦敗れ、鎮西に遷さる。貞応二年六月十日太宰府に於いて卒す。嗣なし。後鳥羽院天皇の皇子(童名氏王丸)を賜り嗣とす。氏久《うじひさ》と称す。神主に補せられ従三位に叙す。氏久の子孫遠久これを嗣ぎ、皇胤の系統連綿として現代清岑に至れり。その血統及び家格は曩《さき》に華族に列せられたる旧神官に比し優ることあるも劣ることなし。然らば則抜きを以て優班に列せられんか、否松下家に比しき家、下加茂旧神官に泉亭《いずみてい》・梨木《なしのき》・鴨脚《いちょう》三家あり。その他日吉神社に生源寺《しょうげんじ》・樹下《じゅげ》、松尾神社に東・南、鹿島神社に鹿島、香取神社に香取等のあるなれば、独り松下家にのみ栄典を及ぶべきものにあらず。これ等は他日を俟《ま》ちて慎重銓衡せられ然るべきものと思考す。

とあり、皇胤である松下家を華族に列する際には、他社の旧神官中由緒のあるこれらの諸家をも同様に授爵する必要性を説いている。このうち、「二荒山神社旧神主中里武太郎家」については関白藤原道兼《みちかね》の孫右中将兼房《かねふさ》の弟宗円より始まるとする。宗円は最初僧侶となり、その後宇都宮社務職となったとし、同人無嗣のため、弟兼仲の子宗綱を養子に迎えて宇都宮氏を称し、この家より中里家が出たとする。中里家は初代高信(従五位下・兵衛尉)より二十七代連綿するも、

右家は門閥には相違なきも旧家と称するに足らず。また任叙の如きも従五位下に止まりたるを見れば家格も推して知るべし。かくの如き家は旧神官中多々これあるべく、華族に列せらるべき程の家にあ

らずと思考す。

とされ、結局授爵されずに終わっている。

典拠『授爵録』(追加)明治十五～大正四年

長沢　某（資寧カ）　＊ながさわ

生没年不詳

旧高家・元中大夫席

①明治十一・十二年頃（不許可）

②明治十二～十六年頃（不許可）

長沢家は旧幕時代に高家《こうけ》の格式を与えられ、千四百石を知行した旗本。幕末・維新期の当主は資寧。始祖は堂上《とうしょう》公家の外山《とやま》家であり、慶応四年(一八六八)四月に提出した勤王願中にも「今度家元日野大納言・外山宮内大輔よりも右同様厚く申し越し候に付」とみえ、本家筋よりの勧めもあり、朝廷に早期帰順して本領を安堵され、朝臣に列して中大夫席を与えられた。明治二年(一八六九)十二月に中大夫以下の称が廃せられるに伴い士族に編入される。同家の華族昇格に関し、『爵位発行順序』所収「華族令」案の内規として公侯伯子男の五爵(左に朱書で公伯男の三爵)を設け、世襲・終身の別を付し、その内「世襲男爵を授くべき者」四項目中、第三項目に「元高家・交代寄合」を挙げている。同案は十一・十二年頃のものと推定されるが、この時点においては旧幕時代に万石以下でありながら、若年寄ではなく諸侯同様に老中支配であり、奥高家就任後は四位少将にまで昇り得る高家は男爵に列すべき家として認知されていたと思われる。また前掲『爵位発行次第』所収「授爵規則」によれば「男爵を授くべき者」として、七項目中、第二項目に「元交代寄合・元高家」が挙げられている。前記資料とは異なり、この案は十二年以降十六年頃のものと推測され、こちらでも旧高家である長沢家は男爵を授けるべき家とされているが、結局授爵内規からは高家は一律除かれ、華族編列・授爵は不許可に終わっている。

典拠『爵位発行順序』

中島信行　なかじま・のぶゆき

一八四六―九九

貴族院勅選議員・特命全権公使

①明治二十九年五月（許可）

旧土佐藩士出身の政治家・外交官。幕末・維新期には国事に奔走し、慶応四年(一八六八)五月、徴士《ちょうし》・外国官権判事となり、さらに兵庫県判事も兼勤。明治二年(一八六九)十一月通商正《かみ》、四年七月出納正、五年四月大蔵省六等出仕、同年九月紙幣権頭《ごんのかみ》、同年十月租税権頭を歴任し、七年一月神奈川県令に就任。九年三月元老院議官に転じた。二十三年七月の第一回衆議院議員総選挙に立候補して当選。同年より翌年十二月まで衆議院議長をつとめた。同そののち、二十五年十一月よりイタリア駐箚《ちゅうさつ》特命全権公使に任ぜられ、二十七年八月同国駐箚を免ぜられて待命、二十九年十月依願免官となった。またこの間、二十七年八月に貴族院勅選議員となり、死去するまでつとめた。『授爵録』(明治二十九年)によれば、立案日の欄は空白であるが、芳川顕正《あきまさ》ほか二十八名の文武官への授爵詮議が爵位局でされており、中島の名も挙げられる。

中島信行

右は夙《つと》に勤王の志を抱き、皇室式微、幕府専横の日に当たり、或いは大和・但馬の義挙に与し、或いは幽囚投獄、辛苦備《つぶさ》に嘗《な》め維新回天の大業を賛助し、または多年朝に在りて顕要の職を奉じ、または貴衆両院に入りて国家の大計を議する等孰《いず》れも勲功顕著の者に付、特旨を以て華族に列し栄爵を授けられ然るべき乎。左にその爵を擬し裁を仰ぐ。

とし、二十九名中芳川のみ子爵授与とし、中島を含めた他の二十八名は男爵が相当としている。同文書には授爵を求める他薦書類は綴

られていないが、「維新前略歴」と題する事歴書が添付されており、また二十九名中、伊丹重賢《しげかた》・山田信道・船越衛《まもる》・三宮義胤《さんのみやよしたね》の四名についても中島同様に維新前後の勤王事歴調書類が、また九鬼隆一《りゅういち》についても同年二月二十五日付で榎本武揚が授爵を推薦する書状が添付されていることから、中島を推そうとする他薦などがあった蓋然性が高いと思われる。同人の功績は認められ、二十九年五月二十三日付で裁可を得、翌月五日付で男爵を授けられる。

典拠　『授爵録』明治二十九年

中島錫胤　なかじま・ますたね

一八三〇―一九〇五

貴族院議員・錦鶏間祗候

①明治二十三年三月二十一日（不許可）

　山梨県知事

②明治二十九年五月（許可）

　元山梨県知事

元徳島藩士出身の官僚・政治家。維新後は刑法官判事、廃藩前の兵庫・岩鼻各県知事、廃藩後の七尾・飾磨《しかま》両県権令《ごんれい》といった地方官を歴任し、その後は判事に転じて長崎・宮城各控訴院長。明治十七年（一八八四）十二月には元老院議官、二十二年三月からは山梨県知事をつとめた。『山田伯爵家文書』所収の二十三年三月二十一日付「山田顕義《あきよし》秘啓」によれば、「授爵は陛下の大恩にして、国家の大典、万民の標準なり。真に陛下の親裁に出づるものにして、臣僚の容喙すべきものにあらず。然れどもその自歴を調査し、その理由を明晰にし、聖慮を翼賛するは臣下の務にして、謹慎鄭重を尽くさざるべからず。今鄙見《ひけん》を陳じ、閣下の参考に供す」として宮内大臣土方久元宛で授爵の標目として、(一)維新前後功労あり勅任官たる者および勅任官たりし者、(二)維新後功労あり勅任官たる者および勅任官たりし者、(三)維新前後功労ある者、(四)維新後功労ある者、(五)父の勲功による者、(六)神官および僧侶の世襲名家たる者、(七)琉球尚家の一門、の計七項目を挙げ、中島は第一項に適当すべき者としてその名が挙げられるも授爵されず。そののち、『授爵録』(明治二十九年)によれば、立案日の欄は空白であるが、芳川顕正《あきまさ》ほか二十八名の文武官への授爵詮議が爵位局でされており、中島の名も挙げられる。

右は夙《つと》に勤王の志を抱き、皇室式微、幕府専横の日に当たり、或いは大和・但馬の義挙に与し、或いは幽囚投獄、辛苦備《つぶさ》に嘗《な》め維新回天の大業を賛助し、または多年朝に在りて顕要の職を奉じ、または貴衆両院に入りて国家の大計を議する等孰《いず》れも勲功顕著の者に付、特旨を以て華族に列し栄爵を授けられ然るべき乎。左にその爵を擬し裁を仰ぐ。

とし、二十九名中芳川のみ子爵授与とし、中島を含めた他の二十八名は男爵が相当としている。同文書には授爵を求める他薦書類や功績調書は綴られていないが、二十九名中、伊丹重賢《しげかた》・山田信道・船越衛《まもる》・三宮義胤《さんのみやよしたね》・中島信行の五名については維新前の勤王事歴調書類が、また九鬼隆一《りゅういち》についても同年二月二十五日付で榎本武揚が授爵を推薦する書状が添付されていることから、中島を含めた他の二十三名分も他薦などがあった蓋然性が高いと思われる。同人の功績は認められ、二十九年五月二十三日付で裁可を得、翌月五日付で男爵を授けられる。三十年七月以降は互選で貴族院議員となった。

典拠　「山田顕義秘啓」(『山田伯爵家文書』四)、『授爵録』明治二十九年

中島　某（隆成カ）　＊なかじま

生没年不詳

旧交代寄合・元下大夫席

①明治十一・十二年頃（不許可）

②明治十二～十六年頃（不許可）

中島家は旧幕時代に交代寄合《こうたいよりあい》の格式を与えられ、六百七石を知行した旗本。四州の内三河衆に属する。幕末・維新期の当主は隆成。慶応四年（一八六八）朝廷に早期帰順して本領を安堵され、朝臣に列するが、三河衆は他の交代寄合とは異なり中大夫ではなく一段下の下大

夫席を与えられた。明治二年(一八六九)十二月、中大夫以下の称が廃されるに伴い士族に編入された。同家の華族昇格に関し、『爵位発行順序』所収「華族令」案の内規として公侯伯子男の五爵(左に朱書で公伯男の三爵)を設け、世襲・終身の別を付し、その内「世襲男爵を授くべき者」四項目中、第三項目に「元高家・交代寄合」を挙げている。同案は十一・十二年頃のものと推定されるが、この時点では旧幕時代に万石以下でありながら、若年寄ではなく諸侯や高家同様に老中支配である交代寄合は男爵に列すべき家として認知されていたと思われる。また前掲『爵位発行順序』所収「授爵規則」によれば「男爵を授くべき者」として、七項目中、第二項目に「元交代寄合・元高家」が挙げられている。前記資料とは異なり、この案は十二年以降十六年頃のものと推測され、こちらでも旧交代寄合である中島家は男爵を授けるべき家とされているが、結局授爵内規からは交代寄合は一律除かれ、華族編列・授爵は不許可に終わっている。

典拠　『爵位発行順序』

永田正雄　ながた・まさお

一八九〇―一九六五

北白川宮能久親王落胤

①明治三十年五月　(許可)

②明治三十年六月二十四日　(許可)

北白川宮能久《よしひさ》親王の落胤で、母は同宮旧侍女の前波栄。当初は民間にあり、士族永田新次郎の五男として育てられる。華族編列・授爵についても、森岡清美や浅見雅男の著書でも説明されている。『授爵録』(明治三十年)によれば、明治三十年(一八九七)五月付で正雄とも う一人の山本芳之《よしゆき》の両名に対し特別の恩典が与えられるよう、故能久親王妃の富子《とみこ》より宮内大臣土方久元宛で請願。

右両人共故能親王の実子に候処、当時無余の義事情の為隠蔽いたしこれあり、荏《じん》苒《ぜん》今日に至り候段、何共不都合千万深く恐れ入り奉り候えども、全く故親王の実子に相違これ無き者をその儘にいたし置き候ては猶以て相済まざる次第に御座候間、この際何卒特別御詮議の程懇願奉り候。右御執奏成し下されたく、別紙証明書相添えこの段ご依頼に及び候也。

と記しており。すでに同年一月付で正雄と芳之の出自を山階宮晃《やましなのみやあきら》・小松宮彰仁《あきひと》・伏見宮貞《さだ》愛《なる》・閑院宮載仁《かんいんのみやことひと》・東伏見宮依仁《よりひと》の五親王と伯爵清棲《きよす》家教《いえのり》の六名が保証し、正雄については、

右正雄は北白川宮旧侍女福井県士族前波伸尾姉前波栄の所生にして、故能久親王の実子に相違これ無く候。

と認めており、富子妃の請願はこれを受けてのものと思われる。同年二月には正雄・芳之両名の除籍願が東京府知事久我《こが》通久《みちつね》宛で提出。これにより、久我知事より正雄・芳之両名は北白川宮家務監督高崎正風《まさかぜ》らの証明書により除籍とした旨を同年六月二十四日付で宮相土方宛で提出。そのうえで宮内省は、

一、故北白川宮殿下の御実子御両名の緒身分に付、関係者連署を以て公然の手続に依り除籍を願い出てその末東京府知事に於いて右願意の如く除籍を聞き届けたる上は御両名はこの日より事実上故殿下の御実子と謂わざるべからず。

一、本年二月二十四日東京府知事に於いて除籍願を聞き届けたる時より、以後今日に至るまで御両名は一の御籍を有せられざるものと視做《みな》さざるべからず。

一、御両名の御身分は故殿下の御実子たるに相違なしと雖も、皇室典範に由り皇族に非ざるを以て王と称すべからざるは勿論、未だ上裁を経ざる以上は正式に由りたる故北白川宮殿下の御子とも謂うを得ず。

一、妃殿下の御願書并びに御家務監督の副申書に由るに、その意両御実子の御身分御取扱を謂うものにして、即ち御実子たることを御認許遊ばされたしと奏するに在り。

一、右の事実なれば、この上は上意に在る所に由り、先ず願意を聞こし召し届けられ、故宮殿下の御実子たることを御認

許遊ばされたる上、華族に御取立相成るべき順序かと存ぜられ候。

として、両名は皇室典範により皇族に復し、王号を称することができないため、華族に列すべきであると判断。同日、宮内省爵位局では両名の授爵について審査・立案し、二十五日に裁可を得て、同年七月一日付で正雄は「上野《うえの》」、芳之は「二荒《ふたら》」の苗字を与えられともに伯爵を授与されている。

典拠『授爵録』明治三十年、森岡清美『華族社会の「家」戦略』、浅見雅男『華族たちの近代』

中臣景正　なかとみ・*かげまさ

生没年不詳

中臣鎌足末裔

①明治三十一年七月十二日（不許可）

和歌山県在住。中臣鎌足末裔を称す。族籍や経歴などは不明。『東京朝日新聞』明治三十一年（一八九八）七月十二日朝刊によれば、「華族願」の見出しで、

中臣鎌足の末孫《ばっそん》なれば華族に編入されたしと系図を添えて出願せしは、和歌山の加藤景正。昨年より中臣と改称す。

と記され、前姓は加藤であったとする。祖先鎌足の功績をもって華族編列・授爵を求めたものと思われるが、却下され実現せず。

典拠『東京朝日新聞』明治三十一年七月十二日朝刊

中西興譲　なかにし・*おきのり

生没年不詳

旧伊勢神宮外宮神主

①明治十七年十二月二十二日（不許可）

②明治十八年一月二十七日（不許可）

③明治二十三年六月二十五日（不許可）

旧伊勢神宮外宮神主・三重県士族。『授爵録』（明治二十三年）によれば、明治十七年（一八八四）十二月二十二日付で「華族編入願書進達添申書」を三重県令内海忠勝《ただかつ》が内務卿山県有朋宛で提出。次いで翌十八年一月二十七日付「華族編入願ニ付上申」で

三重県士族中西興譲外二名より華族編入の儀願い出候に付、三重県令添申書相副え上申に及び候。然るべく御詮議相成りたく候也。

として内務卿山県より太政大臣三条実美宛で上申。「外二名」の氏名は上申書中には明記されておらず、添付資料も綴られていないため不明であるが、恐らく中西家同様に元外宮神主家と推測される。

これらの願書はその後宮内省に留められ、審査されずに放置されたと考えられるが、二十三年六月二十五日に至り、宮内省当局側の審査書類「三重県士族中西興譲外二名華族編入願ノ件」により、「右興譲等は伊勢旧神官荒木田《あらきだ》姓の支族にして、この頃荒木田姓正統のもの取調中、その同姓重代家にあらざるものに付」との理由により正式に却下され、願書類も三重県庁を経由して返送されている。

典拠『授爵録』明治二十三年

中根己巳　なかね・きし

一八六九―一九二六

中根雪江（師質）嫡孫

①明治二十九年十月四日（許可）

旧福井藩士出身の政治家中根雪江《ゆきえ》（実名は師質）の孫。雪江は藩主松平慶永《よしなが》（春嶽《しゅんがく》）の側近として国事に奔走して功績があり、明治元年（一八六八）二月、徴士《ちょうし》・参与職となり内国事務局判事となるも翌年これを辞し、十年十月死去した。雪江のあとは長男の牛介（師健）が相続するが、そののち家督を己巳に譲る。『史談会速記録』第五十輯に収録された「旧功者事蹟取調の報告付五節」によれば、

それからこれは別段御提出になりました訳ではござりませぬが、佐々木千尋君から御廻しでござりまして、これも即ち恩典願の一でござりますから一寸大体を御披露致して置きますでござります。これは旧越前藩の中根雪江、村田氏寿《うじひさ》氏の恩典願の事でござります。その大体の書類が茲《ここ》にござりますが、中根氏は已《すで》に先年没せられ、村田氏は今に生存でござりま

す。この両氏は勤王その他国事上に付いては有力の人でござりまして、相応の恩典に浴して、是非旧功を賞せられたいと云う趣意で、如何にも御尤もなる御趣意でござります。これは已に書面で松平侯爵家よりその筋に御提出になっては居りますそうでござりますが、猶旧功事蹟の一でござりますから、史談会取調の方へ加えまして、提出の手続を致しましょうと思いますのでござります。この書面に大要を書いてござりますから、読み上げまして、御聴に入れますでござります。

という史談会の寺師宗徳《てらしむねのり》の談があり、中根雪江の孫己巳と村田氏寿両名への恩典授与に関して、旧主松平侯爵家が史談会へも申し送っている。この「中根雪江及村田氏寿氏国事鞅掌の事歴申稟書」には、村田の前に中根己巳の祖父雪江の功績書を挙げており、

　右中根雪江は夙《つと》に心を皇室に存し居り、常に希世の衰運を概嘆して専ら世運を挽回するを以て志を為す。藩主松平慶永の時、弘化年中挙げられて側用人となり、爾来《じらい》藩の庶政に参与し、側向頭取鈴木重栄等と共に慶永を輔翼して鋭意倹を務め武を興し、以て一藩の士風を振作し、嘉永年中辺海警あるに当たり、慶永斥攘の議を幕府に進め、安政中賢長の儲弐を定めて、以て衰運を挽回するの策を建て、またこれを幕府進め文久中慶永政事総裁職となり、主として朝廷を尊崇し、且つ積年の非政を釐革《りかく》し、元治中慶永朝廷・幕府の間に居り、朝旨・幕議の調和を図りし如き、雪江始終内帷幄《いあく》に在りてその機務に参与し、外四方の人士に接して難を排き紛を解き、力を極めて慶永を輔翼し、已《すで》に重望を一時に負い、続いて慶応中王政革新の時に至り、更に徴士・参与職の命を拝して中興の大業を翼賛す。この時慶永議定《ぎじょう》職を以て別に内旨を奉じて徳川内府に忠告する所あり。雪江参与職を以てまた慶永を輔翼し、その尽力実に莫大なりとす。明治元年戊辰五月徴士・参与職を免ぜられ金欄一巻・御印籠一・御盃三を賜り同二年九月二十六日丁卯以来藩を助けて力を皇室に尽くし候段、叡感を蒙り、永世禄四百石下し賜り、同十年四月京都御駐輦《ちゅうれん》中、御学問所に於いて拝謁の上、御一新の際国事尽力候段叡感を蒙り、金七十円・羽二重一匹下し賜り、同年十月死亡の際、思召を以て祭粢料《さいし》金五十円下し賜り、同十八年三月特旨を以て従四位を追贈せらる。

と雪江の国事に尽瘁した功績を陳述している。そのうえで、

　以上両人は前書の如く深く心を皇室に存し、多年藩主を輔翼して力を国事に尽くし、王政革新の時に至りてさらに中興の大業を翼賛し、その勲労已に高く、一身の重望に於ける闔藩他に比すべきなく、今に至りて士民の標準となり、実に抜群の者に候。就いてはこの際更にその勲労を録せられ、雪江孫己巳并《ならび》に氏寿共華族の列に加えられ、相当栄爵を賜り候様特別の御詮議を仰ぎたく候。既に先年来屢《しばしば》優渥の恩典を被りたる上、今また右様相願い候は恐懼の至りに候えども、両人の当時力を国家に尽くし、続いて王事に鞅《おう》掌《しょう》せし事実は啻《ただ》に文書の記する所のみに止まらず、康荘予《かね》て祖父慶永・父茂昭《もちあき》より耳聞詳悉候処、この節匹儔《ひっちゅう》の勲労者にして、夫々特別の恩典を被り候次第もこれあり、依て黙止するに忍びず、この段悃《こん》願《がん》奉り候也。誠恐誠惶謹言。

として旧福井藩主である侯爵松平康荘《やすたか》が中根・村田両名の授爵を願い、この文書を明治二十九年(一八九六)十月四日付で宮内大臣土方久元宛で送付したことがみえる。この文書は『授爵録』(明治三十年)にも「中根雪江村田氏寿恩典願写」として収録されるが、村田分については「本書は村田氏寿位階陞叙の申牒書に付し内閣に移牒す」と表紙に記されている。本文中には史談会に宛てたものと同様に「雪江孫己巳并《なら》びに氏寿共華族の列に加えられ、相当栄爵を賜り候様特別の御詮議を仰ぎたく候」と記さ

れる。村田は中根に比して功績が及ばないとして授爵詮議から外れ、栄典授与は位階陞叙となり、土方宮相より内閣総理大臣伊藤博文へ移牒となるが、中根は雪江の功績が認められ、三十年十月二十七日付で孫の己巳に男爵が授けられる。また、己巳に家督を譲っていた先代牛介へも三十一年五月三十日付で有爵者の先代として従五位に叙せられている。

【典拠】「旧功者事蹟取調の報告付五節」（『史談会速記録』五〇）、『授爵録』明治三十年、松田敬之「新華族先代・先々代叙位に関する一考察」（鶴崎裕雄編『地域文化の歴史を往く―古代・中世から近世へ―』）

中野健明　なかの・＊けんめい

一八四四―九八

神奈川県知事

①明治三十一年五月八日（不許可）

佐賀藩士出身の官僚。維新後は大学校・外務省・司法省に出仕し、岩倉使節団に随行。帰朝後は外務一等書記官や外務省公信局長心得、さらに大蔵省に転じて主税局長などもつとめた。明治二十三年（一八九〇）以降は地方官となり、長崎県知事を経て二十六年より神奈川県知事在職中。『読売新聞』三十一年五月八日朝刊によれば「中野神奈川県知事の危篤」の見出しで、「千田《せんだ》宮崎県知事の例に依り授爵の御沙汰あるべきやに云うものあり」と、地方長官歴任の功労により授爵した千田貞暁《さだあき》の先例に準拠し、中野にも同様の栄典が授けられるという風聞があったことが明らかである。結局風説にすぎなかったのか、授爵はされず、同月十二日在職のまま没する。

中野健明

【典拠】『読売新聞』明治三十一年五月八日朝刊

中御門経恭　なかのみかど・つねやす

一八八八―一九五四

元侯爵中御門家指定相続人

①明治三十二年十月十四日（許可）

中御門家は旧堂上《とうしょう》公家で家格は名家。明治十七年（一八八四）七月の華族令公布に際しては中御門経之《つねゆき》に伯爵が授けられるも、幕末・維新時の功績が認められ、二十一年一月七日には侯に陞爵した。経之のあとは経明《つねあき》が襲爵したが、三十一年十二月に経明が没し、後継の男子を欠いたため、経明の娘万千子《まちこ》が女戸主となり、華族の栄典を失うこととなった。同家の周辺ではその翌年頃から再授爵の動きがみられるが、家督相続人として、経之三男である男爵中御門経隆《つねたか》（前名は寛麿《ひろまろ》）の次男経恭に決まるとともにこの動きは加速する。『授爵録』（明治三十二年）所収の三十二年十月十四日付の宮内省当局側立案書類「中御門経恭ヲ華族ニ列シ特ニ侯爵ヲ授ケラル、ノ件」によれば、

正三位侯爵中御門経明薨去。民法上法定の推定家督相続人なる女万千子これを継承して女戸主と為りたるを以て、華族令第四条の明文に拠り同家は華族の栄典を失えり。然るに本月九日女戸主万千子隠居し、その指定相続人たる経恭相続を開始せり。依て故従一位勲一等中御門経之の勲功を追賞せられ、特別の恩食を以てその家名正当の相続者たる経恭に殊典を与え、更に華族に列し侯爵を授けらるべき乎。

として再授爵を立案・審査。経之の王政復古の功績が認められて同月十六日に裁可され、同月二十日付で経恭へ侯爵が授けられた。

【典拠】『授爵録』明治三十二年

→中御門某

中御門寛麿　なかのみかど・ひろまろ

一八五二―一九三〇

旧堂上公家・中御門経之三男

①明治十三年二月二十七日（許可）

旧堂上《とうしょう》公家（名家）の中御門経之《つねゆき》の三男。経之は倒幕の密勅にも関わり、幕末・維新期に活躍。維新後は新政府の議定や会計事務局督・留守長官を歴任。寛麿は当時海軍中尉。『太政類典』所収「中御門寛麿ヲ華族ニ列ス」によれば、明治十三年（一八八〇）二月二十七日宮内省上申で、

　華族従二位中御門経之三男従七位寛麿義、維新の始め人心未開の際、特旨を以て海外留学仰せ付けられ候処、衆華族に率先、非常奮発、華族洋行の端緒を開きその功労少なからざるに付、この節華族に列せられ、別に金五千円御手許より下賜御内決にこれあり候条、右金額大蔵省より当省へ別途渡方相成り候様、該省へ御内達これありたく、この段内陳に及び候也。

とみえ、中御門家より分家のうえ、別に一戸を創立し華族に列せられるように宮内省が上申している。その理由の一つとしては同人が華族洋行の端緒となった点を挙げている。『尾崎三良《さぶろう》自叙略伝』によれば、慶応四年（一八六八）三月に尾崎や、三条実美の養嗣子公恭《きんあや》（のち東三条《ひがしさんじょう》姓）とともに寛麿もイギリスに向けて神戸港を発つが、「これ蓋し縉紳《しんしん》家洋行の嚆矢《こうし》なり」とし、寛麿が朝臣中率先して海外洋行をし、模範となった功で華族に列したことを記している。同年三月十一日付で華族に列し、同日従五位に叙せられ、八月二十一日に経隆《つねたか》と改名。十七年の華族令公布に際しては七月八日付で男爵を授けられる。

典拠 「中御門寛麿ヲ華族ニ列ス」（国立公文書館所蔵『太政類典』四ノ一）、尾崎三良『尾崎三良自叙略伝』上

中御門某　＊なかのみかど

生没年不詳

侯爵中御門経明跡

①明治三十二年一月二十九日（許可）

中御門家は旧堂上《とうしょう》公家（名家）で、幕末・維新期に活躍し、維新後は新政府の議定《ぎじょう》や会計事務局督・留守長官を歴任した経之《つねゆき》の代、明治十七年（一八八四）七月の華族令公布に際して侯爵を授けられる。そののち、経之の子経明《つねあき》に至るも、三十一年十二月に経明が没し、娘の万千子《まちこ》が女戸主となったため、爵位を返上した。『東京朝日新聞』三十二年一月二十九日朝刊によれば、「中御門家一門の心痛」という見出しで、

　今回華族令第四条の明文に依り侯爵の栄典を喪失し、且つ世襲財産も同法十五条の一項に依り効力を失うことになりし故中御門経明氏の家督相続者の件に就いては、予《かね》て一族の面々苦心相談中なりしも、遂にこの不幸を見るに至りしが、同家は勧修寺家にて、先代は朝廷に勲功もありし名門家なるを以て、何卒復爵の特許を請願せんとて目下夫々《それぞれ》尽力奔走中なりと。

と復爵運動について報じている。中御門家は旧公家社会においては勧修寺家に属しており、同族間でも復爵に苦慮していたことが明らかであるが、当時経明後の家督相続人の選定は未決であったようである。こののち、中御門経隆《つねたか》の次男経恭《つねやす》が家督相続人となり、三十二年十月二十日付で復爵し、侯爵を授けられる。

典拠 『東京朝日新聞』明治三十二年一月二十九日朝刊

→中御門経恭

中橋徳五郎　なかはし・とくごろう

一八六一―一九三四

文部・商工・内務各大臣

①大正八年八月二十九日（不許可）

　文部大臣・衆議院議員

旧金沢藩士出身の官僚・政治家。旧姓は斎藤、のちに中橋家の養子となる。明治十九年（一八八六）東京帝国大学法科大学選科を卒業後は判事補となり、また農商務省参事官や逓信省参事官を経て同省鉄道局長を最後に三十一年退官し、実業界に転じて大阪商船株式会社取締役社長に就任。三十四年には大阪市議会議員ともなり、同議長を経て四十五年五月の第十一回衆議院議員総選挙において大阪府より立候補して当選。大正七年（一九一八）九月に原

敬内閣が成立すると文部大臣に就任。以後、後継の高橋是清内閣でも留任し、さらに田中義一内閣では商工大臣、犬養毅内閣では内務大臣として入閣した。授爵の風説は『東京日日新聞』大正八年八月二十九日朝刊にみえ、同紙によれば「西園寺侯公爵たらん／御批准後に発表か」の見出しで、

　講和大使として七十有余の老軀を提げて巴里《パリ》に赴き、八ヶ月に亘って大任を果たし、去る二十三日無事帰朝せる西園寺侯が一昨日日光行在所《あんざいしょ》に伺候し、具さに会議の顚末を闕下《けっか》に伏奏したる際、畏くも陛下には侯が今回の労苦を思し召されて優詔を賜りたるは、侯がこの度の使命に対して世上に毀誉さまざまの説あれども、聖上が侯に対する御信任厚き事を証するものと見るべく、内閣に於いてもまた園《えん》侯《こう》の功労表彰につき何等かの奏請するところあるべきはいうまでもなけれど、目下正二位大勲位にして若し位階を陞叙するとせば従一位となる訳なれども、従一位の位を有し居るものは現在とては浅野長勲《ながのり》、久我通久《こがみちつね》の両侯爵あるのみにて、山県公、松方侯、大隈侯等の元老も正二位に止まり、且つその筋の方針も今後は生前に従一位を奏請する事を絶対になさざる事に決し居れば、園侯に対してのみ特に従一位を奏請するが如き事はなく、また勲等も侯は出発に際して既に大勲位を授けられ居れば、この上は頸飾《けいしょく》章加授より外には途なく、現内閣としては今度の講和に種々の非難あるにせよこれを以て大成功なりと吹聴し居る位なれば、必ずや園侯に対しては華々しき行賞の奏請をなすべく、恐らく爵位を陞して公爵を授けらるる事となるべく、同時に牧野男を初め講和会議に列せる全権委員や原首相その他の閣僚、外交調査会委員等にも陞爵・授爵の恩命下るべく、而してその時期は勿論不明なるも講和条約に対して御批准あり、平和に関する諸般の事務が一段落つきたる上にてそれぞれ発表さるべしと某宮内高官は語れり。

と第一次世界大戦後のパリ講和条約締結に際して全権委員であった西園寺と、牧野伸顕・珍田捨巳《すてみ》・伊集院彦吉・松井慶四郎、また原内閣における首相原を含め閣僚たち、外交調査会委員らに対する論功行賞について大きく報じている。この際はすぐに審査がされなかったためか、年内の陞・授爵は行われていないが、中橋はこののちも授爵されることなく終わっている。

典拠　『東京日日新聞』大正八年八月二十九日朝刊

中東時庸　なかひがし・*ときつね

生没年不詳

旧春日大社神主

①明治十七年頃（不許可）

中東家は旧春日大社神主家。同家の華族編籍については、明治十七年（一八八四）頃のものと思われる「三条家文書」所収「旧神官人名取調書」による。この取調書には「別紙全国旧神官の内華族に列せられ然るべき家格の者にこれあり候。御発表前には一応現今貧富の景況地方官へ調査仰せ付けられ候上、御取捨相成りたしと存じ奉り候」と記され、そのなかに旧春日大社からは辰市祐斐・大東延慶とともに中東時庸の名も挙げられているが、結局授爵されずに終わっている。

典拠　「旧神官人名取調書」（国立国会図書館憲政資料室所蔵「三条家文書」）

長松　幹　ながまつ・つかさ

一八三四―一九〇三

貴族院勅選議員・錦鶏間祇候

①明治二十三年三月二十一日（不許可）

元老院議官・高等法院予備裁判官

②明治二十九年五月（許可）

貴族院勅選議員・錦鶏間祇候

元長州藩士出身の官僚・政治家。明治元年（一八六八）に徴士《ちょうし》・議政官史官に就任以来、太政官大史・同少弁、一等修撰兼修史局長、一等編

修官などの諸官を経て、十七年九月より元老院議官。元老院廃院に伴い錦鶏間祗候《きんけいのましこう》となり、二十四年四月から死去するまで貴族院勅選議員をつとめた。『山田伯爵家文書』所収の二十三年三月二十一日付「山田顕義《あきよし》秘啓」によれば、「授爵は陛下の大恩にして、国家の大典、万民の標準なり。真に陛下の親裁に出づるものにして、臣僚の容喙すべきものにあらず。然れどもその自歴を調査し、その理由を明晰にし、聖慮を翼賛するは臣下の務にして、謹慎鄭重を尽くさざるべからず。今鄙見《ひけん》を陳じ、閣下の参考に供す」として宮内大臣土方久元宛で授爵の標目として、(一)維新前後功労あり勅任官たる者および勅任官たりし者、(二)維新後功労あり勅任官たる者および勅任官たりし者、(三)維新前後功労ある者、(四)維新後功労ある者、(五)父の勲功による者、(六)神官および僧侶の世襲名家たる者、(七)琉球尚家の一門、の計七項目を挙げ、長松は第一項に適当すべき者としてその名が挙げられるも、この際山田が列挙した人名中、授爵したのは第一項に該当した辻維岳一人であり、授爵の選に洩れる。そののち、『授爵録』(明治二十九年)によれば、立案日の欄は空白であるが、芳川顕正《あきまさ》ほか二十八名の文武官への授爵詮議が爵位局でされており、長松の名も挙げられる。

右は夙《つと》に勤王の志を抱き、皇室式微、幕府専横の日に当たり、或いは大和・但馬の義挙に与し、或いは幽囚投獄、辛苦備《つぶさ》に嘗《な》め維新回天の大業を賛助し、または多年朝に在りて顕要の職を奉じ、または貴衆両院に入りて国家の大計を議する等孰《いず》れも勲功顕著の者に付、特旨を以て華族に列し栄爵を授けられ然るべき乎。左にその爵を擬し裁を仰ぐ。

とし、二十九名中芳川のみ子爵授与とし、長松を含めた他の二十八名は男爵が相当としている。同文書には授爵を求める他薦書類や功績調書は綴られていないが、二十九名中、伊丹重賢《しげかた》・山田信道・船越衛《まもる》・三宮義胤《さんのみやよしたね》・中島信行の五名については維新前の勤王事歴調書類が、また九鬼隆一《りゅういち》についても同年二月二十五日付で榎本武揚が授爵を推薦する書状が添付されていることから、長松を含めた他の二十三名分も他薦などがあった蓋然性が高いと思われる。長松の功績は認められ、二十九年五月二十三日付で裁可を得、六月五日付で男爵を授けられる。

典拠　「山田顕義秘啓」(『山田伯爵家文書』四)、『授爵録』明治二十九年

中村権左衛門　なかむら・ごんざえもん

生没年不詳

楠木正成末裔

①明治二十九年五月五日（不許可）

長野県在住で楠木正成末裔を称す。族籍などについては不明。授爵については、明治二十九年(一八九六)四月二十日立案、同年五月五日決裁の宮内省爵位局作成による「楠氏取調書」にみえる。これによれば、

南朝の忠臣贈正一位楠正成の後胤と称し華族に編入相成りたき旨を以て出願したる者二十有一家の多きに及び候に付、茲《ここ》に別冊の通り取り調べ候。然るにその正統確実と認むる者は未だこれを発見すること能わざるも、中に就き稍々《やや》信を置くべき家筋または血統の関係ある者は全くこれなしと謂うを得ず。即ち以《い》号甲斐荘《かいのしょう》正秀、遠《を》号中村権左衛門、加《か》号楠正基、楚《そ》号関唯男の如きは審査の材料と相成るべき価あるものと存じ候に付、この四家の書類は姑《しばら》く他日の参考として当局に留め置き、その余は悉皆左の御指令を付し各その所轄地方庁へ向け書面却下相成るべき乎裁を仰ぐ。

として、甲斐荘正秀・楠正基・関唯男と中村権左衛門の計四名は楠木氏正統の信憑性が高いと判断されたため関係書類は宮内省に保管することが決し、残る十七名分については「その県下族籍何某家格取立願の件詮議に及び難く書面却下候条、この旨本人へ相達すべし」という案文を宮内大臣より各府県知事宛で送り、請願書は当人へ却下するという方針を立てている。また取調書冒頭には「楠氏遺族取調

書」として、

南朝の忠臣新田・名和・菊池等の諸子孫は祖先の旧勲を追録して華族に列せられたるも、独り楠氏のみ未だその正統の子孫を発見すること能わざるは明治の昭代に於いて誠に一大欠典と謂わざるを得ず。嗚呼《ああ》忠臣楠氏にして子孫血食するものなしと云うは人をして天道の是非を弁ずること能わざらしむ。今や楠氏の遺族と称し、系譜若しくは古文書を具し什物を図し、各その証拠を明らかにし、競うてこれが詮議を出願したる者爰《ここ》に二十有一家の多きに及べり。而してそのこれを調査するものは実に爵位局の責任に属す故に常務の余暇窃かにその材料を蒐め査覆考訂し、今漸くその業を結了することを得たり。依てこの二十一家の各系図に就きて他日の参考となるべきものを摘要し、以呂波《いろは》を以て符号となし、而して順序にこれを調査し、茲にその正否を論究したり。但しその什物の如きは参考の用に借せざるなり。

として、中村権左衛門の名を掲載するが、結局甲斐荘・中村・関も含めた四家は授爵されずに終わっている。

典拠　「楠氏取調書」(宮内庁宮内公文書館所蔵)

中村孝禧　なかむら・＊たかとみ

一八三九―一九一七

元元老院議官

①明治三十四年五月（不許可）

旧長州藩士出身。山口県士族。維新後は内務省土木局長などを経て、明治二十三年(一八九〇)六月より元老院議官。廃院後は貴族院議員には勅選されず。「堀真五郎他授爵審議書類」によれば、三十四年五月付で維新時における功労を理由として、

中村孝禧・堀真五郎《しんごろう》両人履歴書、当時の事情に付いては拙者承知罷りあり相違これなき儀に付、授爵御詮議これあり候節はよろしくお取り計らい相成りたく、この段上申候也。

と林友幸《ともゆき》子爵が中村と堀真五郎両名の授爵を申請するも授爵は実現せず。

典拠　「堀真五郎他授爵審議書類」(宮内庁宮内公文書館所蔵)

永山盛輝　ながやま・もりてる

一八二六―一九〇二

貴族院勅選議員・錦鶏間祇候

①明治三十三年五月五日（許可）

旧薩摩藩士出身の官僚・政治家。明治二年(一八六九)二月用度司判事となり、以後用度権大《たい》佑《じょう》・監督権大佑・租税大佑・伊那県少参事・同県大参事・筑摩県参事を経て、六年三月筑摩県権《ごん》令《れい》に就任。八年十一月新潟県令に転じ、十八年四月元老院議官に就任。二十三年十月元老院廃院に伴い非職となり錦鶏間祇候《きんけいのましこう》を仰せ付けられ、二十四年四月から死去するまで貴族院勅選議員をつとめた。元老院議官をつとめた者に対しては『読売新聞』二十六年十月三十一日朝刊で授爵または賜金があるかと報じられている、このなかに永山が含まれているかは不明。授爵に関してこれまで他薦の書類などは確認できないが、『授爵録』(明治三十三ノ二年)によれば、三十三年五月五日付の宮内省当局側立案書類で尾崎忠治《ただはる》ら計二十五名の文武官の授爵を詮議しており、銓衡として(一)維新の際大政に参与して殊勲ある者、(二)維新の功により賞典禄五十石以上を賜りたる者、(三)維新前後国事に功労あり、かつ十年以上勅任官の職にある者、または現に在職中の者、(四)十年以上勅任官の職にあり功績顕著なる者、(五)特に表彰すべき偉大の功績ある者の五つの規準を設けており、永山はその(三)に該当する対象者とされ、同月八日に裁可を得て翌日付で男爵が授けられる。

典拠　『授爵録』明治三十三ノ二年

長与称吉　ながよ・しょうきち

一八六六―一九一〇

医学博士・長与専斎嗣子

①明治四十三年八月二十四日（許可）

旧肥前国大村藩医で維新後は内務省衛生局長や元老院議官・貴族院勅選議員もつとめた長与専斎《せんさい》の嗣子、後掲長与又郎《またろう》の兄。先代専斎は幕末期に長崎においてオランダ人医師ポンペやマンスフェルトに師事し近代医学を修学する。維新後は長崎医学校学頭や文部省医務局長、内務大丞《たいじょう》、内務大書記官、内務省衛生局長、元老院議官などの諸官を歴任し、明治二十三年(一八九〇)九月より貴族院勅選議員に就任。また宮中顧問官もつとめ、三十五年九月に没した。嗣子称吉も専斎同様医師となり医学博士。『授爵録』(明治四十三～大正三年)に収録されている四十三年八月二十四日付の宮内省当局側審査書類によれば、「長与称吉父専斎ノ勲功ニ依リ特ニ男爵ヲ授ケラレタキ件」として、父専斎の功績により称吉への授爵を審査。専斎の功績調書と履歴書を添付。功績調書には、

　長与専斎は長崎県士族にして天保九年八月肥前国大村に生まれ、年十七歳の時大阪に赴き蘭学並びに医術を緒方洪庵に学びて塾長となる。居ること四年、長崎に往きて蘭人朋百《ポンペ》氏に従遊す。久しくして大村藩主彼を召還して侍医と為す。後藩主に説き再び外医に崎陽に就きて研究せんことを以てす。藩主例外を以て特にこれを聴して長崎に赴かしむ。明治維新の時に際し長崎奉行以下役所を棄てて逃れ、病院長・医員等また尽《ことごと》く去る時に諸生居る者百余人、院に主なきを憂いてその長たるべき者を投票す。専斎その撰に中る。朝廷授くるに長崎精得館医師頭取の職を以てす。時に明治元年正月なり。尋《つい》で精得館を改めて長崎医学校と称し、蘭医「マンスフェル」氏と謀りて課程の順叙、就学の規則を改め試験方を設け、且つ予科教師傑爾子氏を聘し、数学・理化・動植物学の大意を講ぜしんことを建議し採用せられ、次いで医学校学頭を命ぜらる。同三年一月長崎医学校大学の所管となり、三月大学少博士に任じ正七位に叙せらる。四年命を受けて東京に来たり、七月文部少丞に任じ、文部中教授を兼ね従六位に叙せらる。十月欧米各国に派遣せられ医事視察と衛生法調査とを兼ね、或いは専門学士に諮詢し、或いは実際の事務を視察し、また多く衛生書を齎《もたら》し帰る。これより先、帝国に於いて衛生の名無く、また衛生行政の実なし。専斎帰朝に臨み始めてその萌芽を発す。六年三月文部省に医務局を置き、全国の衛生事務を監督し、医生の取締を命ぜらる。これ実に専斎の建議に出づ。当時専斎文部省五等出仕として医務局長たり。ここに於いてか全国五万の漢方医これに反対し、正に我が帝国四千万蒼生の生命を保護すべき医事衛生の制度に大蹉跌を見んとするのときに当たり、専斎拮据黽勉《きっきょびんべん》、八方攻撃に対し折衝宜しきを得て、先ず医制を脱稿し、翌七年に至りて太政官より三府に医術開業試験の制を布き、漸次今日に至る。医事衛生行政の基礎を定む。七年文部四等出仕に補し従五位に叙せらる。この年専斎建議して牛種痘継所を東京に設置す。茲《ここ》に始めて新鮮活溌《かっぱつ》の痘漿《とうしょう》を製することを得たり。これより先種痘の法既に行わるると雖も、良痘漿を製することは不可能にして、屢《しばしば》種痘の為伝染病を媒介する虞を遁れざりしも、この良痘漿に依て全くその予防を完うし、種痘の効力を奏するに至れり。また明治七年東京医学校長兼務を命ぜられ、当時独逸医学の輸入に力を致し、現在の帝国大学の基礎を創立す。これより後衛生局を内務省の所管と為すに至りて、文部・内務両省に兼任し、医学教育の事より衛生行政の事に至る迄掬躬《きっきゅう》尽力を致せり。その後明治九年米国に万国医学会開設に方《あた》りてこれに出張を命ぜられ、列国諸大家と意見を交換し、日進医学・衛生学の進歩に鑑み、本邦医学・衛生学に関する意見を草してこれを当時の内務卿に呈す。当時また本郷旧前田邸に医学校新竹の経営を企て、現在の東京帝国大学の敷地を定む。明治十年虎列刺

病流行の際に於いてその予防会議を設け、内外国の医師を召集し大いに予防会議を開き、始めて検疫諸規則を定む。当時検疫の事、治外法権の制に依り諸外国人これに服従することを好まず。その折衝に当たり終に我が検疫法に服従せしむるに至らしめたるもの、一は我が国権の伸張にして、而してまた実に我が国検疫予防の基礎を定めたるものなり。その功偉大なりと云うべし。これを今より推察するにその苦心察すべきもの少なからず。十二年七月始めて中央衛生会議を創設す。尋で相州長浦消毒所を設け諸外国商船軍艦の消毒を実行することの設備を完うし、十四年に至りて日本薬局法編纂の議を起こし、委員会を設く。抑《そもそ》も日本薬局法なるものは薬品の法律にして、これを法典編纂に比し、元より譲るところなし。この薬局法に依り始めて内外国薬品の精粗を鑑別し、粗悪薬品の輸入を拒絶することを得るべきものなるが故に、これが制定に対し列国の抗議頻りに起こる。これが折衝を完うし、且つ司薬場を各開港場に設くるの制を定め漸々粗悪薬品の輸入を杜絶す。これ今の衛生試験所の始めにして、該制度は全く長与専斎の創意に係わり、列国共に称賛措かざるものなり。これが為医事衛生に裨益したること列国に比類なき所なり。その他衛生工事の建議を提出し、東京その他の各地に於ける上水下水の設計調査並びに着手を促し、今日に於ける医事衛生制度の進歩列国に対し遜色なきに至れるもの、実に事専斎多年専心一意これに尽瘁《じんすい》したるの結果たること疑いを容れざる所にして、当時医学校長たり病院長たるの位地を有し、患者の診療に従事するものはその収穫もまた巨大なるが故に眼前の利益に迷い、競争を事とするもの比々風を為すの秋に際し、専斎医事衛生の国家生活に必要なることを認め、公益を専らとして私益を犠牲に供し、明治の初年より三十有余年一日の如く身を終うる迄努めて息まず、病者を療するを以て目的とせず、医師を療するを以て目的とす。実に杏林の亀鑑と云うべし。別紙専斎履歴書を添えて大要を略陳す。

と明治初年以来、医事衛生行政に従事し功績を縷々陳述。この功績が認められ、同年八月二十五日付で男爵が授けられる。

典拠　『授爵録』明治四十三～大正三年

↓長与又郎

長与又郎　ながよ・またろう

一八七八―一九四一

東京帝国大学名誉教授・医学博士、帝国学士院会員

①昭和十六年八月（許可）

内務省衛生局長・貴族院勅選議員・宮中顧問官もつとめた長与専斎《せんさい》の三男。前掲長与称吉《しょうきち》の弟。明治三十七年（一九〇四）九月東京帝国大学医科大学卒業後大学院に入学。翌年三月同校医科大学助手となり、四十年八月ドイツ留学、四十二年六月帰朝し、四十三年二月助教授。四十四年十一月教授に昇任。昭和八年（一九三三）四月東京帝国大学医学部長、九年十二月総長に就任。十一年十二月帝国学士院会員。十三年十一月依願免本官となり、翌月東京帝国大学名誉教授の称号を与えられた。『授爵録』（昭和二～十九年）所収の作成日不詳の「功績書」によれば、

右者明治三十八年東京帝国大学に奉職以来、在任三十余年、その間同医科大学教授・同大学付属伝染病研究所長・同大学医学部長・同大学総長等を歴任せるが、兼ね

長与又郎

て永く財団法人癌研究会々頭・同付属癌研究所長・財団法人結核予防会理事・同付属結核研究所長たり。近くは軍事保護院顧問として、また厚生省顧問として今日に及ぶ。その専攻医学に於いては幾多重要なる研究を遂行すると共に、多数後進の薫陶に力を竭《つ》くせる功績大なるものあるも、特に広く本邦に於ける癌の研究・治療・予防事業に一大飛躍を来さしめ、更に結核の診断・治療・予防に付、学術的基礎を確立し、事業の実際に付いてまた多年尽《じん》瘁《すい》せる功績、常人の容易に企及し得ざるものあり。国際的方面に於いても米国ロックフェラー財団の招聘により渡米し、日米医学の関係緊密化を図り、同財団の寄付を受け、以て厚生科学研究所を設立し、或いは我が国代表として国際連盟主催の各種医学会議・極東熱帯病学会・万国地理的病理学会・米国癌学会等に屢々《しばしば》出席し、本邦医学の紹介顕揚に努めたる功績また大なるものあり。独逸学士院・ブラジル学士院等に於いてはこれ等国際学術的貢献に対し各その名誉会員に推薦せり。以上その学界に於ける貢献永く没すべからず。その功績寔《まこと》に偉大なるものありとす。

と記し、特に医学研究に尽くした功績を理由として授爵を求めている。またこれとは別に大阪帝国大学教授今村荒男《あらお》の名刺付きの「長与又郎ノ功績調書」(謄写版)も添付されており、こちらには(一)学術的方面における功績、(二)学者の養成における功績、(三)国際医学関係における功績、(四)厚生済民における功績、(五)同人の栄誉の五項目からなる功績を列挙している。功績書の内容には授爵の文言はみえないが、病気危篤に際して提出されたと思われ、昭和十八年八月十五日付宮内大臣松平恒雄《つねお》が長与の授爵裁可を上奏し、即日裁可され男爵が授けられ、翌日死去。

典拠　『授爵録』昭和二～十九年

→長与称吉

半井栄吉　なからい・＊えいきち

生没年不詳

和気清麻呂末裔

①明治十八年六月二日（不許可）

②明治二十七・二十八年頃（不許可）

半井家は和気清麻呂の末裔で、幕府医師で俳人としても著名な半井卜養《ぼくよう》慶友の系統。『東京朝日新聞』明治十八年（一八八五）六月二日朝刊によれば、「和気清麿公の裔孫」の見出しで華族編列・授爵に関する記事を掲載している。

当府下堺区熊野町東一丁なる半井家と云うは和気清麿朝臣の裔孫にして朝臣以来本年迄先八十七年の久しき連綿《れんめん》として永続し来たりし家なるが、祖先明重《あきしげ》の代に庭中の井水半ばを朝廷供御の用に奉りしに因り勅して半井の姓を賜い、以後これを称することとなりし者なるが、明重より三代の後明親《あきちか》海に航して唐に渡り大いに医道を精究し、帰朝して後堺に移り熊野町東一丁に住す。即ち今の宅これなりと。養子宗洙《そうしゅ》箕裘《ききゅう》を継ぎ、その業盛んに行われしによりこれを中祖という。宗洙の子慶友《けいゆう》別に云也と号す。時に大坂兵乱に際し堺の地一円兵燹《へいせん》に罹りしが、云也乱を紀州に避け、乱定まって後帰堺せしが、焼跡の市中その区別明瞭ならず。半井の庭前に梅樹一株存在せしを目標とし、夫々区画を定めしといえり。扨《さて》今の代より四代先を卜養といいしが、この時已《すで》に家運衰え貧益々加わる中に卜養も死し、家に嗣なくして一旦断絶に及びしを卜養と竹馬の友なりし隣家河井旧蔵という人斯《かか》る旧家の廃絶せんことを憂い、且つは宗祖清麿朝臣の国家の為に尽くされたる精忠を思い、屢々《しばしば》その親族に就いて再興を計るも誰一人応ずるものなく、旧蔵憂慮して措かず。終《つい》に故卜養存世中西田耕転といえる医家の下婢に通じて挙たる一子にて当時大坂小右衛門町障子職大坂屋治助の養子易次郎なるものを引き取り、これを嗣子となし旧蔵自ら資を抛《なげう》って医道を学ばしめ、後江戸の一族半井出雲守広《ひろ》

国《くに》の依頼により我が女芳江を以て易次郎に娶せ、爰《ここ》に業を継がしむに至れり。易次郎後卜養と改め明治四年北海道日高国浦川病院詰医員に選ばれて赴任し、同六年九月彼地《かの》に於いて病没し、嗣なく家また絶えんとするにより寡婦芳江の弟栄吉を以て相続なさしめたるも、貧益々加わりて所詮永続も覚束なくその絶えざること縷の如しというに至りしかば、旧蔵いよいよ憂慮して我も已《すで》に老衰し、且つ今にも死すならば該家を誰か保持なさんと是を嘗《かつ》て知人なる住吉郡南加賀屋新田の豪農桜井菊太郎父子に謀りしに、父子ともに固より性行篤実の人なれば深く清麿公の精忠を欽慕し、且つは旧家の廃絶に属せんとするを憂い、または旧蔵の依托を諾し、これが永続の方法を立てんと父子大いに力を尽くし、今回その宗祖の霊及び中祖宗洙居士の三百年祭、云也居士の二百五十年祭を半井家に於いて修行し、盛んにその典を挙げられたるに付、同地の有志者数名桜井氏の美挙を幇《たす》け、祖先以来家に伝うる遺物(大坂兵乱の際多く焼失し今僅かに存すもの)十数点を陳列し諸方有志を招待せしに、同日参詣の人々には同家の親戚正五位北条氏燕《うじよし》、和州河上神社宮司従六位池田昇、泉州大鳥神社宮司正七位渡辺重春の数氏を始めとし、大坂よりは村山守雄翁、西京よりは清水六兵衛氏、その他堺等より凡そ百四五十名に及びしと。

と報じられ、相当困窮していたと思われるが、祭典には親族でもある旧狭山藩主である北条氏燕らも参列し、和気氏末裔である同家の表彰に一役買っている様子が窺われる。さらに同紙の記事には、

因みに日東京府の華族、当時大阪府寄留の白川資義氏が宗祖清麿朝臣の精忠を思い、その裔孫なる半井家を華族に列せられたしとの事を建白せられしが、現今太政官にて取調中なりとぞ。

と記され、堂上華族である白川資義が当時大阪滞在中で栄吉の家系を華族にするため建白したことが記される。これは後述する建議書を指すとも考えられるが、それ以前に運動していたとも考えられる。また「(白川資義等ノ建議審査高覧ノ件)」は年月日不詳ながら、前記白川資義と半井家親族である六郷政鑑《まさあきら》子爵より同家の華族編籍・授爵を求めている。前記『東京朝日新聞』の記事にみえる建白書と同一のものとも考えられるも、こちらはおそらく明治二十七、八年頃と推測される。

世に汚隆《おりゅう》あり。時に顕晦《けんかい》なきに非ずと雖も神護景雲の朝より甚しきはあらず。当時和気清麻呂の忠微せばその禍害の及ぶ所実に底止するを知らざるべし。故に千百余年の後忝くも先帝救して正一位を贈られ護王《ごおう》神社の号を賜い、また維新の始め別格官幣社に列せらる。その偉勲を追賞せらるるの特典至れりと謂うべし。茲に東京府華族白川資義・六郷政鑑等ノ建議〔華族に列せられたく、また相当の御詮議を仰ぎたし。案ずるに従来医家を以て世に名ありし半井氏は清麻呂の遺裔たる事を証明し、大坂府下泉州堺に半井栄吉、東京府下に半井広国何れも医を以て業とし、累代朝廷・幕府の特遇を蒙り候趣、別冊系譜及び履歴等に詳載しこれあり。果して然らば希世《きせい》の名家にもこれあるに付、更に特別の御詮議も在らせらるべき儀にも候はば、各々その所管庁に命じ、右両家の本末等実際調査、上陳致させ候方然るべき哉。書類相添え高覧に供し候也。

として、和気姓半井家の嫡流が東京在住の広国か大阪在住の栄吉のいずれなのかを調査のうえ授爵詮議を望んでいる。両半井家の正嫡に関する問題がこのあとどのように決着されたのかは不明であるが、結局栄吉も広国もともに授爵されずに終わっている。

典拠　『東京朝日新聞』明治十八年六月二日朝刊、「(白川資義等ノ建議審査高覧ノ件)」(国立公文書館所蔵『(諸雑公文書(狭義))』)

→半井広国・半井好和・半井某

半井広国　なからい・ひろくに

?—一九〇一

和気清麻呂末裔、旧幕府典薬頭・元中大夫席

①明治十二年八月八日（不許可）

②明治二十七年二月十二日（不許可）

③明治二十七・二十八年頃（不許可）

半井家は和気清麻呂の末裔で、代々医道をもって朝廷に仕えたが、成親《なりちか》（成近とも）の代に至り徳川幕府に仕え、代々従五位下典薬頭《てんやくのかみ》に任ぜられた。その家格は高く、若年寄支配ではあったが、今大路《いまおおじ》家と並んで年頭には朝廷へ参内して天脈拝診や屠蘇を献上するなど、幕府の医官を統轄する家筋であった。広国は先代広明（出羽国本庄藩主の六郷政速《ろくごうまさちか》の子）の跡目を相続し、慶応三年（一八六七）十二月に従五位下典薬頭兼大膳大夫《だいぜんのだいぶ》に叙任。維新時には高家や交代寄合らと同様、朝廷に早期帰順して本領を安堵され、朝臣に列して中大夫席を与えられた。明治二年（一八六九）十二月に中大夫以下の称が廃せられるのに伴い士族に編入される。三年十一月十九日には他の元中大夫や地下官人らとともに位階を廃せられる。明治十二年八月八日付の押小路実潔《さねきよ》から三条実美に宛てられた「三条家文書」所収「名族取立テ依頼・猶子処遇ノ事」によれば、

　恐れながら愚存の儀献言仕り候事。華族は国家の標準、これ然しながら祖宗以来積徳の故にして万民の模範に存じ奉り候。近比《ごろ》追々その勲を探り御新選遊ばされ候段、朝恩の至り有難き次第に存じ奉り候。付いては左の家の如きは著名の族に候処、未だその御沙汰に及ばれず候。

と同年の時点で華族に列せられていない家として、若江《わかえ》・幸徳井《こうとくい》・氷室・尊龍院《そんりゅういん》・西山・平島（足利）と半井の計七家を挙げ、半井家については「和気清麿卿の裔」と記している。半井家は同族多く、押小路がこの時に挙げたのは旧幕時代に代々従五位下・典薬頭に叙任された広国のことを指すと思われるが、結局この時の他薦は実現していない。「〔請願書進達〕」によれば、明治二十七年二月十二日付で半井広国と親戚にあたる子爵六郷政鑑《まさあきら》、子爵酒井忠勇《ただとし》後見人の酒井忠美《ただよし》、子爵京極高厚《たかあつ》、旧臣総代の大塚寿良・深草琴の連署で宮内大臣土方久元宛で「請願書」を提出。請願書は同月十四日付で東京府知事三浦安《やすし》より土方宮相へ進達される。これには、

　東京市本所区表町六十一番地当府士族半井広国より家格再興の義に付請願書差し出し候に付進達に及び候条、然るべく御処分相成りたく、この段上申候也。

とある。また提出された「請願書」には、

　頓首再拝謹みて請願す。不肖広国の祖先は和気清麿にして清麿赦に遇い、配所より召還せられ山城国愛宕郡大原郷に功田五百石を拝領せしより、茲《ここ》に一千余年の久しき継承して、以て広国に至る。然り而してその姓和気を称せずして半井を称するは蓋し京都烏丸通中立売《なかだちうり》上ル町元拝領邸内に一の清泉あり。水質最も純良頗る飲料に適す事叡聞に達し、遂にその一半は禁裏の御用水となり、而してその一半はこれを自家に使用せしにより後柏原天皇賜うにこの姓を以てせられたるに因れり。初め清麿の高野天皇の御宇に微忠を尽すや、子々孫々その余勲により高位顕官に昇りたるもの少なからざるのみならず、累代宇佐八幡宮奉幣使を命ぜらるの光栄を辱うす。而して従四位上侍従大学頭時雨《しぐれ》医道に通暁するを以て、始めて典薬頭を兼任す。後世子孫益々斯業《しぎょう》を研磨し、漸くその蘊奥を究め、従三位宮内大輔驢庵《ろあん》の如き勅を奉じて海外に航し大いに妙術を顕わし、国光を輝せり。降

半井広国

りて従四位下侍従成近に至り在京の家格を以て将軍徳川家光の招聘に応じ、本領の秩禄を受け関東に移住せり。而して隔年または三四年毎に一回必ず上京、天脈を拝診し奉るは毫《ごう》も以前に異ならざりしが、寛政六年従五位下大和守成美、光格天皇の御脈拝診以後疾病、夭折瀕りに一家不幸に遭遇し、遂に上京する能わざるに至れり。然れども元禄年間より例に依り献上し来たりたる歳旦の屠蘇白散《びゃくさん》は、毎年勧修寺《かじゅうじ》家の執奏によりこれを調進し奉り、更に先例を欠くことなかりしが、明治三年別紙付箋の如く還を以てこれを受けられざるの命あり。爰に始めて数代の恒例を廃するに至れり。是より先慶応戊辰国事紛擾の際、広国幕府に与せず、速やかに上京せし旨を以て本領安堵の御朱印を賜わり、中大夫に任ぜられ、爾来西京に移住せしが、明治三年六月東京府士族に編入せられ、同地に転住し、以て悉く家禄を奉還せり。以上略陳する如く広国の家系たる所謂堂上《とうしょう》なるものにして、決して全然たる幕臣に非ず。故に禄少なしと雖も位高く、これを以て幕府遇するに十万石の諸侯と同等の例を以てしたるは章然掩《おお》うべからざる事実なり。而して一朝世運変遷、幕府斃れ王政復古明治の時代に遭遇するや、列藩の侯伯及び在京の公卿にして位階秩禄或いは広国の下流に立つものと雖も、尚且つ華族の班に加わり、以て旧来の面目を全うすることを得、独り広国この輩と均しき恩命を蒙らざるのみならず、却って彼等と遥かに敀紱を隔て大いに尊卑を異にする士族に貶黙せられ、復《ま》た昔影の存するものあるを得ず。蓋し維新の創業百事紛擾の当時に在らば、政府もまたこれが詳密なる調査をなすの遑《いとま》なく、幾世の久しき関東に移住せるを以て、幕府の陪臣と誤認せられたるに非ざるかの疑いなき能わず。不肖広国当時唯その処置の意外なるに驚くのみにして、更にこれを訴うるの途を知らず。嗚呼一千有余来継嗣連綿、未だ曽《かつ》て声誉を失墜せざりし清麿の後裔たる家にして、広国の代に及び茲に祖先を辱しめ家名を損せしむるに至る。その罪実に大なりと謂うべし。今や広国老耄余命幾許もなし。斯身の露命世に遺すの憾なしと雖も果して死せば何を以てか清麿以下の神霊に地下に見えんや。想うて茲に至れば紅涙潸々襟を湿らすを知らず。ここに於いてか旧家臣等交々来たり広国に説くに、速やかに事を政府に訴え、家名を恢《かい》復《ふく》するの索を以てす。然れども進んで自家の利害得喪を喋々し求むる所あらんとするは勿論その正当に出づるものにして、毫も顧慮する所なきに似たれども、その行為たる実に卑陃《ひへい》賤劣にして、市井の売人尚これを愧《は》づるの概あるものあり。況んや忠臣の子孫に於いてをや。これ広国が沈慎熟慮黙して、以て荏苒《じんぜん》今日に至れる所なり。熟ら惟るに、今上天皇陛下至仁至徳鳳祥を継ぎ給いしより、茲に二十余年普天の下率土の浜処として慈雨恩露に霑被《てんぴ》せざるなし。殊に尊王愛国者の如き時の古今に論なく人の生死に関せず。その蹟の既に天下に顕著なる者は、或いは社殿を建て神霊を祭り、或いはその子孫を録し爵位を授け、以て華族に列せらる。またその事の埋没して未だ判明せざるものは有司に勅して百方これを捜索せしめらる。嗚呼陛下の忠臣義士を遇せらるるの優渥なる、それかくの如く実に聖恩鴻大天壌と窮まりなし。現に吾祖清麿の如き特に別格官幣社に列せらる。広国感泣の外なきなり。ここに於いて恐えらく、祖先以来の経歴を具状し、清麿の後裔あることを知らしめ奉らざるは聖慮に背し、却ってその罪万死に当たる乎と一念茲に至れば、転た恐懼の情に堪えず。ここに於いて平黙せんと欲するも黙するも能わず。止まんと欲するも止む能わず。依て書を裁し状を具し、謹みてこれを上言する所以なり。伏して乞う、閣下広国

が衷情を洞察せられ、清麿の後裔たる半井の家をして旧事の体面を保維し、往日の家格に相当するの天恩に沐浴せしめられんことを別紙御参考書を添付し、親族及び旧臣総代連署、懇願の至りに堪えず。

として同家が忠臣和気清麻呂の末裔であり、旧幕時代には天脈拝診・屠蘇献上を行う典薬頭に代々任ぜられ、諸侯に匹敵する待遇を受けたこと、本来は幕臣ではなく朝臣・堂上の出であることを挙げ、華族への昇格を求めている。この請願は『読売新聞』二十七年二月十三日朝刊にも「和気清麿の子孫授爵の風説」の見出しで、

光(孝)謙天皇の朝に事《つか》えて妖僧弓削道鏡を斥け、忠節無二の芳名を千歳の下に伝えたる和気清麿朝臣の子孫は歴世朝廷に奉仕したるが、維新の後当代半井広国氏士籍に列せられ、微々として振るわず。今や本所区本所表町六十一番地に居住すれど、親属には子爵六郷政郷・子爵酒井忠勇《ただとし》・子爵朽木綱貞の歴々あり。由緒正しき家柄なれば、或いは近日華族に列せられ授爵さるべしとの風説あり。今同家の由緒を聞くに、半井氏は世々和気を以て姓となせしが、その後従三位宮内大輔明親の時、京都烏丸通中立売上る町の拝領邸内に清泉あり。水質最も佳良なること叡聞に達し、その一半は禁裏の御用水となり、その一半は自家にて使用せしを以て後柏原天皇より「半井」の姓を賜い、裏菊の拝領紋あり。初め祖先清麿朝臣の赦に遭い、配所より召還さるるや、山城国愛宕郡《おたぎぐん》大原町郷に功田五百石を拝領し、一千余年の久しき継承して今の広国氏に至り、また清麿朝臣の精忠に依て歴朝皇室の寵遇を辱うし高位顕官を得たる者少なからず。且つ累代宇佐八幡宮奉幣の勅使を命ぜらる。下りて従四位上侍従・大学頭時雨《しぐれ》に至り医道に通ずるを以て典薬頭を兼任し、後代斯業《しぎょう》を因襲し、従三位宮内大輔驢庵の如きは勅を奉じて海外に航し、大いにその秘蘊を極めたり。従四位上侍従成近《なりちか》に至り上諭に依り在京の家格を以て時の将軍家光の招聘に応じ、別に食禄一千石を受く。これを半井家関東に移住するの初めとなす。然れども隔年または三四年毎に必ず上京して天脈を拝診し、累代敢えて怠ることなし。而して寛政六年従五位下大和守成美《なりよし》、光格天皇の御脈拝を為せしに、その後天皇崩御したまいしを以て、終に上京を禁ぜらるるに至りたれども、元禄年間より縉紳《しんしん》今大路家と交々献上し来たりたる。歳旦の屠蘇白散は隔年毎にこれを調進し奉り、更にその例を欠きたることなし。然るに明治三年以後はまたこれを受けさせられざる事となれり、これより先戊辰国事紛擾の際、当代広国氏は大義を存して幕府に与せず、速やかに上京せしを以て朝廷の嘉賞する所となり、本領安堵の御朱印を賜り爾来西京に移住せしが、同三年六月東京府貫属を命ぜられ、初めて士班と同様の待遇を受け、悉く家禄を奉還せり。かくの如く同家の格式は堂上にして、禄少なけれども位高く、幕府の半井家を遇すること常に十万石の諸侯と同等の例を以てせりと。

と紙面を大きく割いて報じられており、これは前記請願書の内容とほぼ同様のものであることから、この請願書の情報が新聞社に流れていたものと考えられる。また「[白川資義等ノ建議審査高覧ノ件]」は年月日不詳ながら、堂上華族の白川資義と半井家親族である六郷政鑑子爵より同家の華族編籍・授爵を求めている。おそらく明治二十七、八年頃と推測される。

世に汚隆《おりゅう》あり。時に顕晦《けんかい》なきに非ずと雖も神護景雲の朝より甚しきはあらず。当時和気清麻呂の忠微せばその禍害の及ぶ所実に底止するを知らざるべし。故に千百余年の後忝くも先帝赦して正一位を贈られ護王《ごおう》神社の号を賜い、また維新の始め別格官幣社に列せらる。その偉勲を追賞せらるるの特典至れりと謂うべし。茲《ここ》に東京府華族白川資義・六郷政鑑等の建議

（華族に列せられたく、また相当の御詮議を仰ぎたし。案ずるに従来医家を以て世に名ありし半井氏は清麻呂の遺裔たる事を証明し、大坂府下泉州堺に半井栄吉、東京府下に半井広国何れも医を以て業とし、累代朝廷・幕府の特遇を蒙り候趣、別冊系譜及び履歴等に詳載しこれあり。果して然らば希世《きせい》の名家にもこれあるに付、更に特別の御詮議も在らせらるべき儀にも候はば、各々その所管庁に命じ、右両家の本末等実際調査、上陳致させ候方然るべき哉。書類相添え高覧に供し候也。

として、和気姓半井家の嫡流が東京在住の広国か大阪在住の栄吉のいずれなのかを調査のうえ授爵詮議を望んでいる。両半井家の正嫡に関する問題がこのあとどのように決着されたのかは不明であるが、結局広国は授爵されず。その子好和《よしかず》の代にも再度授爵運動を起こすも二代にわたる請願は不許可に終わっている。

典拠　「名族取立テ依頼・猶子処遇ノ事」（「三条家文書」）、「〔請願書進達〕」（国立公文書館所蔵『諸雑公文書（狭義）』）、「〔白川資義等ノ建議審査高覧ノ件〕」（同）、『読売新聞』明治二十七年二月十三日朝刊、松田敬之「〔史料紹介〕旧幕府典薬頭　半井家華族取立運動について」（竹貫元勝博士還暦記念論文集刊行会編『禅とその周辺学の研究』）、同「明治・大正期　京都官家士族の動向に関する一考察—華族取立運動と復位請願運動を中心に—」（『京都産業大学日本文化研究所紀要』六）、石野瑛「大医和気・半井家系の研究」（『中外医事新報』一二四七）

→半井栄吉・半井好和・半井某

半井好和　なからい・よしかず

?—一九二八

和気清麻呂末裔

旧幕府典薬頭・元中大夫席

①明治三十六年三月二日（不許可）

和気清麻呂の裔で旧幕時代には代々典薬頭《てんやくのかみ》を世襲し、維新後は中大夫席を与えられた半井広国《ひろくに》の養子。『医心方の伝来』によれば、著者である杉立義一《すぎたつよしかず》は所蔵者である浅井千恵子の許可を得て明治三十六年（一九〇三）三月二日付で宮内大臣田中光顕《みつあき》に宛てて提出した「華族請願書」の控えを閲覧したことが記されており、これによれば、分家である半井操と親族六郷《ろくごう》・朽木《くつき》家との連署であることを述べている。請願書中の家史や添付の証拠書類十五点中の四点を翻刻・掲載しているが、内容そのものは同家の由緒を理由とした請願と思われるも、この請願も不許可となり、同家はこののちも授爵されずに終わっている。

典拠　杉立義一『医心方の伝来』

→半井栄吉・半井広国・半井某

半井　某　＊なからい

生没年不詳

和気清麻呂末裔

①大正三年頃（不許可）

和気清麻呂末裔。三上参次著『明治時代の歴史学界』「閉口した家系の鑑定」によれば、

華族にしてくれ、ばかりではない。そうです。華族にしてくれというのは、この前（明治天皇御記編纂所の）食堂でお話したか知らんが、大正の大典に和気氏の子孫という者が華族になりたいというので、すなわちそれは半井という平安朝時代からのお医者さんで、かなり古い系図や書類を持っている。いいなと思って、事によりましたら関係者に一言してやってもいいと思いましたが、大阪府のある検番の帳付けをやっている男と聞いて、今の身分では言葉添えをしてやるということは困るなと思った。

とみえる。著者の三上参次は旧播磨国姫路藩出身の歴史学者。帝国大学卒業後、明治三十二年（一八九九）以降東京帝国大学教授。臨時帝室編修官長や公刊明治天皇御記編集長もつとめ、昭和七年（一九三二）十月から帝国学士院より選出され貴族院議員にも就任している。三上談によれば、大正天皇の即位大礼前、和気清麻呂末裔である半井某の華族取立に際し、当時三上が口添えをしてもよいと考えていた

ことが記される。三上はこのあと口添えをしたか、また後援なく半井氏が独自に授爵を関係者に申請したかは確認できず。この半井某は旧幕府典薬頭《てんやくのかみ》で和気氏正嫡とされた半井広《ひろ》国《くに》を指すのかは不明。

典拠　三上参次『明治時代の歴史学界―三上参次懐旧談―』

→半井栄吉・半井広国・半井好和

今帰仁朝敷　なきじん・ちょうふ

一八四七―一九一五

旧琉球王尚侯爵家分家

①明治二十二年十二月（許可）

旧琉球王尚《しょう》侯爵家の分家。伊江《いえ》朝永《ちょうえい》同様、すでに明治十二年（一八七九）三月十一日付で華族に列せられていたが、十七年七月公布の華族令公布時には爵位を授けられず、無爵華族の身分。これに対し、「三条家文書」所収の二十二年十二月付「柳原前光《やなぎわらさきみつ》建白書」で柳原は、「真宗僧侶華族及沖縄県華族へ授爵建議」を三条実美に提出している。これによれば、

　沖縄県華族伊江・今帰仁二氏もまた宜しく授爵せらるべし。同県は制度・風俗内地に異なりと雖も、華族に列せらるる上は貴族院議員の資格を失せしめず、一視同仁の恩旨を垂らるべし。現に尚泰は侯爵たるを以て、選挙に依らず世襲議員の資格を有す。豈《あに》五十歩百歩の差に過ぎずや。宜しく男爵を授けらるべし。

とみえ、柳原は当時華族でありながら無爵であった浄土真宗系の大谷家以下の僧侶華族や、伊江・今帰仁両家に速やかに爵位を授与すべきであると三条に述べている。『法規分類大全』所収の二十三「爵位局議案」によれば、伊江と今帰仁朝敷両名に対して、

　右両家は旧琉球藩王尚泰の一門にして、明治十二年三月新たに華族に列せらる。明治十七年七月五等の栄爵を設けられ、衆華族に各爵を授けられたるも、当時尚泰《たい》及び右両家はこの御詮議に洩れ、翌十八年五月に至り尚泰のみ侯爵を授けられ、而して右両家は尚授爵の典なかりし。明治二十二年二月貴族院令の発布せられしに無爵華族は同院議員たるの資格なく、また当主にありては衆議院にも入ることを得ざるを以て、曩《さき》に無爵一代華族酒井忠績《ただしげ》等三家を孰《いず》れも特に列して永世華族となし男爵を授けられたりし。然るに今茲《ここ》に僧侶及び女戸主華族を除き、無爵華族は唯伊江・今帰仁の二家あるのみ。而して右両家は始めより永世華族にてありしも、独り貴族院に対し華族の特権を有するを得ざるは抑も理においてその当を得ざるものと存ぜられ候。依て分家新列の華族に男爵を授けらるるの例により、この際各々男爵を授けらるべきや裁を仰ぐ。

との案が出され、華族でなりながら無爵のために貴族院議員となる資格がなく、また衆議院議員に立候補する資格もないという当時の不安定な身分を指摘している。これは『授爵録』（明治二十三年）や『公文別録』などにも同様の文書がみえ、これらの諸事情を勘案して、同年三月二十七日付で両家は授男爵。

典拠　『授爵録』明治二十三年、『法規分類大全』二ノ六、「柳原前光建白書」（「三条家文書」）

→伊江朝永

梨木祐延　なしのき・＊ひろのぶ

生没年不詳

旧賀茂御祖神社神主

①明治十七年頃（不許可）

梨木家は代々旧賀茂御祖《みおや》神社神主の家系。同家の華族編列については「三条家文書」所収「旧神官人名取調書」にみえる。同資料は明治十七年（一八八四）頃のものと思われるが、これによれば「別紙全国旧神官の内華族に列せられ然るべき家格の者にこれあり候。御発表前には一応現今貧富の景況地方官へ調査仰せ付けられ候上、御取捨相成りたしと存じ奉り候」と記され、そのなかに旧賀茂御祖神社からは泉亭《いずみてい》俊彦《としひこ》・鴨脚秀文《いちょうひでふみ》とともに梨木《なしのき》祐延の名も挙げられているが、結局授爵されていない。

典拠　「旧神官人名取調書」（「三条家文書」）

→梨木某

梨木　某（祐延カ）　＊なしのき

生没年不詳
旧賀茂御祖神社神主
①明治二十二年一月二十八日（不許可）
②明治二十三年頃（不許可）

梨木家は代々旧賀茂御祖《みおや》神社神主の家系。当時の当主は祐延と思われるが、典拠資料中には実名が記されていないため不明。『授爵録』（追加）（明治十五～大正四年）所収「族籍之儀ニ付建議」によれば、すでに華族に列した松木《まつき》美《よし》彦《ひこ》男爵と藤井希璞両名の連署で明治二十二年（一八八九）一月二十八日付で宮内大臣土方久元宛で請願。

　謹みて案ずるに貴族の国家に於ける重大の関係あり。許多の効用ありて、政治上・国体上に置いて必須の者たるは今更に喋々を要せず。（中略）爰《ここ》に古名家族宜しく詮議せらるべき者十六家を録して左右に呈す。

として神宮旧神官より久志本常幸《くしもとつねゆき》・宮後《みやじり》朝昌・沢田泰綱・世木《せき》親喜、上賀茂より松下径久《みちひさ》・岡本保益・鳥居大路《とりいおおじ》治平、下鴨より泉亭《いずみてい》某・梨《なしの》木《き》某・鴨脚《いちょう》某、日吉より生源寺《しょうげんじ》希徳・樹下某、松尾より東某・南某、鹿島より鹿島則文《のりぶみ》、香取より香取保礼《やすのり》の十六名を列挙するも、このうち審査のうえ授爵されたのは沢田泰綱の子幸一郎（泰圀《やすくに》）のみで梨木ほか十五名は選に洩れている。さらに前掲『授爵録』（追加）（明治十五～大正四年）所収「内宮外宮旧神官十八家等族籍ニ関スル件」という年月日不詳の資料による。明治二十三年頃作成と思われるこの資料によれば、旧賀茂別雷神社（上賀茂神社）神主の松下清岑《きよみね》に関する「加茂旧神官松下清岑ノ家」の項に、

　右家は上加茂旧神官の三家の一、岡本・鳥居大路の総本家にして累代神主に補せられ、従三位に上ることを得、その系統は加茂《かも》建角身命《たけつのみのみこと》の裔、神主在実七代孫正四位下資保二男能久《よしひさ》に出づ。能久承久の乱戦敗れ、鎮西に遷さる。貞応二年六月十日太宰府に於いて卒す。嗣なし。後鳥羽院天皇の皇子（童名氏王丸）を賜り嗣とす。氏久《うじひさ》と称す。神主に補せられ従三位に叙す。氏久の子孫遠久これを嗣ぎ、皇胤の系統連綿として現代清岑に至れり。その血統及び家格は曩《さき》に華族に列せられたる旧神官に比し優ることあるも劣ることなし。然らば則抜きを以て優班に列せられんか、否松下家に比しき家、下加茂旧神官に泉亭・梨木・鴨脚三家あり。その他日吉神社に生源寺・樹下、松尾神社に東・南、鹿島神社に鹿島、香取神社に香取等のあるなれば、独り松下家にのみ栄典を及ぶべきものにあらず。これ等は他日を俟《ま》ちて慎重銓衡せられ然るべきものと思考す。

とあり、皇胤である松下家を華族に列する際には、梨木も含めた旧神官中由緒のあるこれらの諸家をも同様に授爵する必要性を説いているが、結局どの諸家も授爵されずに終わっている。

典拠　『授爵録』（追加）明治十五～大正四年

→梨木祐延

梨本宮守正王　なしもとのみや・もりまさおう

一八七四―一九五一
久邇宮朝彦親王第四王子
①明治二十一年五月二十四日（不許可）

久邇宮《くにのみや》朝彦《あさひこ》親王の第四王子。当初、梨本宮守《もり》脩《おさ》親王は山階宮《やましなのみや》菊麿《きくまろ》王を継嗣としていたが、菊麿王が山階宮《やましなのみや》に復帰し、代わって守正王が継嗣となり、守脩親王が明治十四年（一八八一）九月に没したのち同宮を継いだ。守正王の臣籍降下、列華族・授爵の案については、『伊藤博文関係文書』所収の二十一年五月二十四日付「田中光顕《みつあき》書翰」にみえ、

　秘啓、崇光《すこう》帝以来実系略一帖内覧に呈し候。右にて伏見宮一派の疎遠御明察これありたく候。況んやその支系たる山階・久邇両宮に於いてをや。なるべくは典範中に賜姓・列臣籍の事極箇短にてもお加え如何。

　　新入四十八条
　（賜姓臣籍に列し）または事故に依り皇族を除き、若しくは皇位継承権の得失

変換に関する事件あるときは、皇族会議及び枢密院に諮詢したる後、これを勅裁す。

右、朱を加うる位の事にても宜しき乎。それも行われず候えばやむを得ず左に一苦策を呈す。

二代皇族の達しありと雖も、典範発表前特旨を以て山階菊麿王・久邇邦彦《くにひこ》王・梨本守正王の三人へ賜姓・授爵・列臣籍の事を命ず。久邇宮この他男子四人、女子数人あれども、これは邦彦・守正両王の兄弟ゆえ適宜配当入籍すれば可なり。

右は甚だ老婆心に候えども、密啓《みつけい》に及び候。勿論小生に於いて何れに相成り候共、毫《ごう》も得失これなく、ひたすら帝室将来を考え苦慮する事。但し論事も際限あり候故、謹みて言文をここに止め、この上は枢密院公共の議にあり。拙生固《もと》より関せず、また無責任也。笑察を乞う。

とし、「この書御覧後、入火を乞う」と書面末尾で記しているようにきわめて内密の進言であったことが窺われる。田中は前月まで第一次伊藤博文内閣で内閣書記官長をつとめており、皇室典範の発表前に皇族の臣籍降下に関する条文を加筆すべきとの意見を述べ、特に現在の皇室と伏見宮が血統的に疎遠であり、その庶流にあたるという理由から、梨本宮守正王と久邇宮邦彦王・山階宮菊麿王の三皇族は皇室典範の発表前に臣籍降下させ、華族編籍・授爵を考えるべきであると伊藤に具申している。結局、二十二年二月に制定された皇室典範中には皇族の臣籍降下についての条文は盛り込まれず、三皇族の臣籍降下も実際には行われなかった。また、田中案は四十年二月の皇室典範増補で加筆されることとなる。

典拠　「田中光顕書翰」(『伊藤博文関係文書』六)

那須資穀　なす・すけよし

?―一九三五

旧交代寄合・元中大夫席

①明治十一・十二年頃　(不許可)

②明治十二～十六年頃　(不許可)

那須家は那須与一《なすのよいち》の裔で、旧幕時代には交代《こうたい》寄合《よりあい》の格式を与えられ千石を知行した旗本。四州《ししゅう》の内那須衆に属する。幕末・維新期の当主は資興。慶応四年(一八六八)に朝廷に早期帰順して本領を安堵され、朝臣に列して同年十一月に中大夫席を与えられた。明治二年(一八六九)五月から六月には上局会議に中大夫席総代となり、同年十二月には中大夫以下の称が廃止となり東京府貫属士族に編入される。翌年四月には集議院少主典に任ぜられるが、同年七月に三十一歳で死去している。資興のあとは資穀(可通三麿)が相続している。同家の華族昇格に関し、『爵位発行順序』所収「華族令」案の内規によれば、公侯伯子男の五爵(左に朱書で公伯男の三爵)を設け、世襲・終身の別を付し、その内「世襲男爵を授くべき者」四項目中、第三項目に「元高家・交代寄合」を挙げている。同案は十一・十二年頃のものと推定されるが、この時点では旧幕時代に万石以下でありながら、若年寄ではなく諸侯や高家同様に老中支配である交代寄合は男爵に列すべき家として認知されていたと思われる。また前掲『爵位発行順序』所収「授爵規則」によれば「男爵を授くべき者」として、七項目中、第二項目に「元交代寄合・元高家」が挙げられている。前記資料とは異なり、この案は十二年以降十六年頃のものと推測され、こちらでも旧交代寄合である那須家は男爵を授けるべき家とされるが、結局授爵内規から交代寄合は除かれ、華族編列・授爵は不許可に終わっている。

典拠　舩木明夫編『栃木県立博物館調査研究報告書　那須家資料』、「那須家譜(下野那須)」(東京大学史料編纂所蔵)、『爵位発行順序』

鍋島己巳五郎　なべしま・きしごろう

一八六九―一九三七

元肥前国佐賀藩一門

①明治二十六年十一月六日　(不許可)

②明治二十六年　(不許可)

③明治三十年　(許可)

元佐賀藩一門白石《しろいし》鍋島家出身の陸軍軍人。後掲鍋島直暠《なおてる》の子。のち直明《なおあきら》と改名し、陸軍少将に昇進し、大正十一年(一九二二)九月からは貴族院議員もつとめた。『授爵録』(明治三十年)によれば、明治二十六年(一八九三)の日付で旧主鍋島直大《なおひろ》が宮内大臣土方久元宛で「一門ノ有功者ヲ華族ニ被列度願」を提出し、

直大謹みて言上奉り候。亡父直正《なおまさ》以来勤王敵愾の微衷に因て優渥《ゆうあく》の褒奨を蒙り、朝野の面目家門の光栄、深く感戴奉り候。これとても一已の力に非ず、一門の者共腹心爪牙となり尽力したる結果にこれあり候処、近年旧藩有功の者を華族に列せられ候に付ては、直大一門に於いても門地禄高その比に劣らず。随分功労を励み、今に家声を保続し華族に列せらるるとも敢えて諸家に愧さるもの少なからず。空しく下命を待つは怠りに似たり。黙止すれば本意に乖《そむ》く。因て左に具陳し公正の議を仰ぎ候也。

鍋島茂昌《しげはる》・多久乾一郎《たくけんいちろう》・諫早一学《いさはやいちがく》とともに鍋島己巳五郎についても授爵を求めている。また『授爵録』(明治二十六年)によれば、二十六年十一月六日付の宮内省当局の立案書で、故鍋島直暠相続人己巳五郎と鍋島茂昌、故多久茂族相続人乾一郎、諫早一学の四名に対する授爵審査がなされ、「右孰《いず》れも侯爵鍋島直大の旧老臣にして、同侯爵よりその履歴書を具し維新の功労を以て華族に列せられんことを出願せり」とみえ、鍋島侯爵家からの他薦であったことが確認できる。すでに授爵した島津久家《ひさいえ》・池田政和《まさやす》らの所有財産や血族関係、維新時の勲功と比較しても大いに劣るところはない、としたうえで、

多久氏のみは最も功績あることを見る。故にこれを肥後の松井盈(敏)之に男爵を授けられたるものに比すれば、寧ろ優ることありて劣ることなし。

と記してこの四家中、多久家の優越性を指摘。肥後熊本藩家老で八代《やつしろ》城代でもあった松井家と比較しても同家の功績は等しいとしている。多久家の場合、すでに去した茂族が維新後新政府に出仕し、太政官少弁《しょうべん》や、浜松県権令《ごんれい》・伊万里県権令・佐賀県権令といった地方官を歴任し、すでに従五位に叙せられたことも考慮されているとも考えられる。また、

この四家の中より独り多久氏のみ挙げ、その恩典を蒙らしむるも、敢えて異数の事にはあらざるべし。而して他に影響して将来廷議の煩累となるが如きも亦あるべからず。因て多久氏のみ特に御詮議相成り然るべきか。茲《ここ》に卑見を立て、この段上申候也。

と結論付け、結局この時は四家とも却下されるが、そののち、『授爵録』(明治三十年)の日付不記載の審査書類「功労者ヲ優班ニ列スルノ議」によれば、同人の名も挙げられており、同年十月二十七日に己巳五郎・多久・諫早の三家は男爵を授けられ、また鍋島茂昌も四十年九月二十一日に至り男爵を授与されるに至っている。

典拠　『授爵録』明治二十六年・三十年

→鍋島直暠

鍋島貞次郎　なべしま・さだじろう

一八八七—一九二〇

侯爵鍋島直大次男・海軍大尉

①大正七年十二月（許可）

旧佐賀藩主鍋島直大《なおひろ》の次男で、当時は海軍大尉。『授爵録』(大正八年)によれば、大正七年(一九一八)十二月付の宮内省側の書類に、

右貞次郎は今般分家の上一家を創立せんとする趣にて、分家の上は当然民籍に入るべき処、同人父直大は旧肥前佐賀城主にして三十五万石七千石を食み、戊辰の歳大兵を東北に出し殊死奮戦、毎戦功を奏し、克《よ》く藩屏《はんぺい》の任を尽したるにより、賞典禄二万石を賜りたるものなり。この際同人の旧功を録せられ、先例に徴し特に貞次郎に対し男爵を授けられ然るべきか。

とみえる。貞次郎に対する本家筋からの他薦書類は添付されていないが、同様の例からも提出されたという蓋然性は高いと思われる。

この審査は裁可され、八年一月九日付で授男爵。

典拠　『授爵録』大正八年

鍋島茂朝　なべしま・しげとも

一八四〇―九五

旧肥前国佐賀藩一門

①明治十一・十二年頃（不許可）
②明治十二〜十六年頃（不許可）
③明治十五・十六年頃（不許可）
④明治十五年十一月二十日（不許可）

鍋島家は旧佐賀藩一門で、須古《すこ》鍋島家と称する。茂朝は藩主直正《なおまさ》の甥にあたる。後掲鍋島秀太郎《ひでたろう》の祖父。同家の華族昇格に関し、『爵位発行順序』所収「華族令」案の内規として公侯伯子男の五爵（左に朱書で公伯男の三爵）を設け、世襲・終身の別を付し、その内「世襲男爵を授くべき者」四項目中、第四項目に「旧藩主一門の高一万石以上の者及び高一万石以上の家臣」を挙げている。同案は明治十一（一八七八）・十二年頃のものと推定されるが、この時点においては旧幕時代に一万石以上を領していた鍋島家は男爵に列すべき家として認知されていたと思われる。また前掲『爵位発行順序』所収「授爵規則」によれば「男爵を授くべき者」として、七項目中、第四項目に「旧藩主一門の高一万石以上の者及び高一万石以上の家臣」が挙げられている。前記資料とは異なり、この案は十二年以降十六年頃のものと推測されるが、こちらでも万石以上陪臣として、同家は世襲華族として男爵を授けられるべき家とされていた。また、十五・十六年頃の作成と思われる「三条家文書」所収「旧藩壱万石以上家臣家産・職業・貧富取調書」によれば、旧禄高一万千石、所有財産は金禄公債一万千九百五十円、田畑一町二反五畝七歩、山林二町九反七畝六歩、宅地四反八畝十三歩、職業は無職。貧富景況は空欄。同時期、『諸雑公文書（狭義）』所収「細川忠穀《ただよし》外ヲ華族ニ列スル件」によれば、明治十五年十一月二十日付で熊本藩一門細川忠穀・同興増《おきなが》の華族編列を求めており、その資料中に鍋島家一門に関する記述もみえ、細川忠穀・興増両名を華族に列する際は鍋島一門も同様の措置を採る必要性を述べ、茂朝については、

鍋島直暠《なおてる》一人は親類と唱え候家にて御坐候。外三人は親類同格と唱え候家老にて御坐候（茂朝は上総の間違いにては御坐無く候哉。当家にて禄高二万石以上のものは直暠と多久《たく》・諫早《いさはや》・上総にこれあり、茂朝は稍《やや》少禄に候）。

と説明している。こののち、孫である秀太郎も授爵運動を起こすも、同家は実高が一万石に満たないと判断されたためか華族に列せず士族にとどまる。

典拠　『爵位発行順序』、「旧藩壱万石以上家臣家産・職業・貧富取調書」（「三条家文書」）、「細川忠穀外ヲ華族ニ列スル件」（国立公文書館所蔵『諸雑公文書（狭義）』）

→鍋島秀太郎

鍋島茂昌　なべしま・しげはる

一八三二―一九一〇

旧肥前国佐賀藩一門

①明治十一・十二年頃（不許可）
②明治十二〜十六年頃（不許可）
③明治十五・十六年頃（不許可）
④明治二十六年（不許可）
⑤明治二十六年十一月六日（不許可）
⑥明治三十年（不許可）

鍋島家は旧佐賀藩一門で、親類同格の格式を有し武雄《たけお》鍋島家と称された。旧禄二万千六百石を領する。幕末・維新期の当主は茂昌で戊辰戦争においても功績があった。同家の華族昇格に関し、『爵位発行順序』所収「華族令」案の内規として公侯伯子男の五爵（左に朱書で公伯男の三爵）を設け、世襲・終身の別を付し、その内「世襲男爵を授くべき者」四項目中、第四項目に「旧藩主一門の高一万石以上の者及び高一万石以上の家臣」を挙げている。同案は明治十一（一八七八）・十二年頃のものと推定されるが、この時点においては旧幕時代に一万石以上を領していた鍋島家は男爵に列すべき家として認知されていたと思われる。また前掲

『爵位発行順序』所収「授爵規則」によれば「男爵を授くべき者」として、七項目中、第四項目に「旧藩主一門の高一万石以上の者及び高一万石以上の家臣」が挙げられている。前記資料とは異なり、この案は十二年以降十六年頃のものと推測されるが、こちらでも万石以上陪臣として、同家は世襲華族として男爵を授けられるべき家とされていた。また、十五・十六年頃の作成と思われる「三条家文書」所収「旧藩壱万石以上家臣家産・職業・貧富取調書」によれば、旧禄高二万千六百石、所有財産は金禄公債三万百四十五円、田畑十八町四反九畝十三歩、山林二百五十三町二反十四歩、宅地一町二反十五歩、職業は無職。貧富景況は空欄。当該時期は万石以上陪臣への華族編列が実施されなかったため士族のままであった。『授爵録』(明治三十年)によれば、明治二十六年(一八九三)の日付で旧主鍋島直大《なおひろ》が宮内大臣土方久元宛で「一門ノ有功者ヲ華族ニ被列度願」を提出し、

　直大謹みて言上奉り候。亡父直正《なおまさ》以来勤王敵愾の微衷に因て優渥《ゆうあく》の褒奨を蒙り、朝野の面目家門の光栄、深く感戴奉り候。これとても一己の力に非ず、一門の者共腹心爪牙となり尽力したる結果にこれあり候処、近年旧藩有功の者を華族に列せられ候に付ては、直大一門に於いても門地禄高その比に劣らず。随分功労を励み、今に家声を保続し華族に列せらるるとも敢えて諸家に愧さるもの少なからず。空しく下命を待つは怠りに似たり。黙止すれば本意に乖《そむ》く。因て左に具陳し公正の議を仰ぎ候也。

鍋島己巳五郎《きしごろう》・多久乾一郎《たくけんいちろう》・諫早一学《いさはやいちがく》とともに鍋島茂昌についても授爵を求めている。さらに『授爵録』(明治二十六年)によれば、二十六年十一月六日付の宮内省当局の立案書で、故鍋島直暠相続人己巳五郎と鍋島茂昌、故多久茂族相続人乾一郎、諫早一学の四名に対する授爵審査が行われ、「右孰《いず》れも侯爵鍋島直大の旧老臣にして、同侯爵よりその履歴書を具し維新の功労を以て華族に列せられんことを出願せり」とみえ、鍋島侯爵家からの他薦であったことが確認できる。すでに授爵した島津久《ひさ》家《いえ》・池田政和《まさやす》らの所有財産や血族関係、維新時の勲功と比較しても大いに劣るところはない、としたうえで、この四家中では多久家の優越性を指摘し、

　この四家の中より独り多久氏のみ挙げ、その恩典を蒙らしむるも、敢えて異数の事にはあらざるべし。而して他に影響して将来廷議の煩累となるが如きも亦あるべからず。因て多久氏のみ特に御詮議相成り然るべきか。茲《ここ》に卑見を立て、この段上申候也。

と結論付け、結局この時は四家とも却下されるが、そののち、『授爵録』(明治三十年)の日付不記載の審査書類「功労者ヲ優班ニ列スルノ議」にも同人の名が挙げられる。鍋島己巳五郎・多久・諫早の三家は明治三十年十月二十七日付で、茂昌も遅れて四十年九月二十一日付で男爵が授けられる。

典拠　『爵位発行順序』、「旧藩壱万石以上家臣家産・職業・貧富取調書」(「三条家文書」)、『授爵録』明治二十六年・三十年

鍋島直縄　なべしま・なおただ

一八四四—一九一五

旧肥前国鹿島藩主

①大正四年九月二十九日（不許可）

旧肥前国鹿島《かしま》藩主鍋島直彬《なおよし》の養子。先代直彬は最後の鹿島藩主であり、版籍奉還後は鹿島藩知事、廃藩置県後は宮内省侍従などをつとめ、さらに明治十二年(一八七九)四月には沖縄県令《けんれい》に、さらに十四年五月からは元老院議官に任ぜられた。十七年七月の華族令公布に際しては子爵を授けられ、二十三年より貴族院子爵互選議員をつとめ、大正四年(一九一五)六月に没した。「鍋島直彬他授爵願」によれば、大正四年九月二十九日付で旧藩士民総代が内閣総理大臣大隈重信宛で請願。同家の子から伯への陞爵を求めている。提出された「願」によれば、

　私共旧藩主鍋島直彬は夙《つと》に勤王の志厚く、

文久・慶応の交幕府民心を失い、天下騒然たるの時に際しては広く同志の士と相交わり、尊王の大義を唱え宗藩を助けて王事に尽くさしめ、維新後また官に野に寸時も奉公の念を絶たず、陽に陰に尽忠の微誠を効したる義は別紙その略歴に記載する通りにこれあり候。然るに明治十七年直彬に対し御下授相成り居り候爵位は直彬幕末の家格に相当せる分度に止まり、その勤労に対する恩典の意味或いはこれ無き義共には御座有まじく哉と恐れながら愚考罷り在り候。固《もと》より右様の事は臣子の分として隈(猥)りに出願仕るべき筋合いにこれ無き義は万々承知罷り在り候義に御座候えども、数百年来特別の縁故を有する私共旧臣民の情誼上遺憾この上無く、黙止するに忍びざるものこれあり候処より、茲《ここ》に僭越の罪を犯し請願奉り候次第に御座候条、区々の微衷御諒察の上、来たる十一月の御大典を機とし、特別の御詮議を以て直彬生前の勤労を思し召され、相当の御恩命に浴する事相叶い候様御宜奏の御取計成し下されたく、幸いに御聴許を賜らば直彬の霊もまた地下に於いて聖恩の優渥なるに感泣奉るべき事と存じ奉り候。至情冒涜を顧みるの遑《いとま》これ無く、別紙直彬の略歴書相添えこの段悃願《こんがん》奉り候也。

とし、幕末・維新期の直彬の功績により、陞爵を願い出るも結局不許可に終わる。

典拠　「鍋島直彬他授爵願」(宮内庁宮内公文書館所蔵)

鍋島直暠　なべしま・なおてる

一八三二―一八三

旧肥前国佐賀藩一門

①明治十一・十二年頃（不許可）
②明治十二〜十六年頃（不許可）
③明治十五・十六年頃（不許可）
④明治十五年十一月二十日（不許可）

鍋島家は旧佐賀藩一門で、親類の格式を有して白石《しろいし》鍋島家と称した。旧禄二万二百七十石余を領する。同家の華族昇格に関し、『爵位発行順序』所収「華族令」案の内規として公侯伯子男の五爵(左に朱書で公伯男の三爵)を設け、世襲・終身の別を付し、その内「世襲男爵を授くべき者」四項目中、第四項目に「旧藩主一門の高一万石以上の者及び高一万石以上の家臣」を挙げている。同案は明治十一(一八七八)・十二年頃のものと推定されるが、この時点においては旧幕時代に一万石以上を領していた鍋島家は男爵に列すべき家として認知されていたと思われる。同じく前掲『爵位発行順序』所収「授爵規則」によれば「男爵を授くべき者」として、七項目中、第四項目に「旧藩主一門の高一万石以上の者及び高一万石以上の家臣」が挙げられている。前記資料とは異なり、この案は十二年以降十六年頃のものと推測されるが、こちらでも万石以上陪臣として、同家は世襲華族として男爵を授けられるべき家とされていた。また、十五・十六年頃の作成と思われる「三条家文書」所収「旧藩壱万石以上家臣家産・職業・貧富取調書」によれば、旧禄高二万二百七十石、所有財産は三十国立銀行株金六千三百円、百六国立銀行株金六千百五十円、諸会社株金千四百五十円、田畑一町二反四畝十二歩、山林十二町二反四畝七歩、新築十五町歩、宅地九反二十七歩、建築土蔵六軒、職業は無職。貧富景況は空欄。当該時期には万石以上陪臣への華族編列は実施されておらず、士族にとどまる。また同時期であるが、『「諸雑公文書(狭義)」』所収「「細川忠穀《ただよし》外ヲ華族ニ列スル件」」によれば、十五年十一月二十日付で熊本藩一門細川忠穀・同興増《おきなが》の華族編列を求めており、その資料中に鍋島家一門に関する記述もみえ、

熊本県士族正六位細川忠穀・細川興増華族に列せられたき儀、別紙の通り細川護久《もりひさ》より内申これあり候に付取り調べ候処、旧大藩武家華族の内にて従前一門と称し候面々の内、家系を以て論ずる時は末家に相当する家格の向きは往々これあるべし。右等の向き華族に列せらるの一例相開く候時は影響少なからざる儀と存じ候。

尤も忠穀・興増両人は十年西南の役に際し尽力の廉もこれあるに付、特別の御詮議にも相成るべき事とせんか。別紙参照の通り鍋島直大一門鍋島直暠《なおてる》儀も同役に際し尽力の廉は忠穀・興増同様にして、その家系に於けるも始祖は勝茂第四男山城守直弘にして、鍋島家連枝《れんし》の家柄に付、これまた特別の御詮議相成らず候ては不権衡にこれあるべし。右の外旧諸藩一門及び旧旗下交代寄合等、維新の際功労これある者の内、その家系を以て論ずる時は華族に列せられ然るべきものもこれあるべきと存ぜられ候。かれこれ勘考仕り候に、細川家内申の儀は篤《とく》と御評議相成るべきものにして、容易に御沙汰に及ばれざる方然るべき哉に存じ候也。

と述べている。直暠については、

華族鍋島直大一門直暠、旧藩待遇振取調照会の趣承知致し候。右同家を取り調べ候処、直暠家は直大祖先の分家、代々家臣にして親類と唱え候四家の上席にして、家老待遇上に鄭重を加え取り扱い来たり候旨申し出で候。この段御回答に及び候也。

と華族局長香川敬三《けいぞう》より内閣書記官宛で回送しており、鍋島直暠・多久茂族《たくしげつぐ》・諫早一学《いさはやいちがく》・鍋島茂朝四名を列挙。細川忠穀・興増両名を華族に編入する際には鍋島直暠らへも同様の措置を採らねばならず、充分に詮議する必要性を説いている。直暠は十六年に死去するが、そのち孫の己巳五郎《きしごろう》（直明《なおあきら》）が三十三年十月二十七日付で男爵を授けられている。

典拠 『爵位発行順序』、「旧藩壱万石以上家臣家産・職業・貧富取調書」（「三条家文書」）、「細川忠穀外ヲ華族ニ列スル件」（国立公文書館所蔵『［諸雑公文書（狭義）］』）

→鍋島己巳五郎

鍋島直大　なべしま・なおひろ

一八四六―一九二一

旧肥前国佐賀藩主

①大正四年十月二十六日（不許可）

旧佐賀藩主で、文久元年（一八六一）に家督を相続。維新後は新政府の議定《ぎじょう》や外国事務局輔・横浜裁判所副総督・外国官副知事などを歴任し、明治十三年（一八八〇）三月には特命全権公使に任ぜられ、イタリア在勤を命じられている。

鍋島直大

十五年五月には帰朝し、同月元老院議官兼式部頭《かみ》となり、十七年七月の華族令公布に際しては侯爵を授けられた。同年十月に式部頭改称に伴いそのまま式部長官に在職。十九年二月に元老院議官を辞し、二十三年二月からは貴族院議員。大正十年（一九二一）六月に死去するまで在職した。同家の陞爵については、『東京朝日新聞』大正四年十月二十六日朝刊の「東人西人」欄によれば、

御大典に際して大倉、安田の両富豪が男爵を授けられるとの説は先日の本紙に書いたが、大谷嘉兵衛君も矢張りその一人だとの噂が専らである。その外には鍋島侯が公爵に、渋沢男が子に昇るそうな。前田侯の手前、鍋島侯を昇爵さするのは変にも思われるが、鍋島侯は種々公共事業に骨を折っているし、その他伊太利《イタリア》から貴賓の見えた場合にその邸を旅館に充てたりしたなど功績が顕著だからというのが昇爵の理由と云う事である。

として、大正天皇即位大礼の慶事に際して、鍋島家の侯から公への陞爵についての噂が報じられている。請願書の類が実際に提出されたかについては現存を確認できないが、結局は陞爵はされずに終わっている。

典拠 『東京朝日新聞』大正四年十月二十六日朝刊

鍋島秀太郎　なべしま・ひでたろう
一八八一―一九二二
旧肥前国佐賀藩一門
①明治三十三年五月五日（不許可）
②大正七年（不許可）

鍋島家は旧佐賀藩一門で親類同格の格式を有し、須古《すこ》鍋島家と称した。旧禄一万千石。前掲鍋島茂朝《しげとも》の孫で、武一郎《たけいちろう》（美備）の長男。『読売新聞』明治四十年（一九〇七）三月三十日朝刊によれば、教派神道の一、実行教管長である柴田礼一の次女貢子と結婚し、のちに同教幹事・大教正となっている。『授爵録』（明治三十三ノ一年）所収の三十三年五月五日付宮内省当局側審査書類によれば、旧藩主一門および万石以上家老の授爵詮議で浅野哲吉ほか二十五名が挙げられ、同月九日付で全員男爵を授けられているが、その但書に、

　但し旧藩一万石以上と唱うる家は四十八家あり。然れども明治四年辛未禄高帳（大蔵省記録）及び藩制録（大蔵省記録）又は府県知事より徴収したる現在所有財産高を照査し、その旧禄高一万石以上判明せしものにして、猶且つ五百円以上の収入を生ずべき財本を有すること精確なるもの先づ二十五家を挙ぐ。余の二十三家は他日調査完結又は資産を有するに至りたるときに於いて御詮議相成るべきものとし、左にこれを掲げて参考に資す。

としたうえで、鍋島秀太郎を含めて二十三家が挙げられている。これによれば、鍋島家は「旧禄高壱万石以上と唱うるも大蔵省明治四年辛未禄高帳記載の高と符合せざるもの又は禄高帳に現米を記載し旧禄高の記載なきに因り調査中のもの」十二家のなかに分類されており、表高は一万千石でありながら、実際は四千八百七石九斗一升三合二勺五才であったとしており、実収が万石以下であったようである。また、添付の「旧藩壱万石以上ノ家調書」によれば妻はなく、旧禄一万千石、所有財産は動産などが三万円、当時の職業は佐賀地方裁判所検事局雇で、「八円の月俸にて母と弟と三人辛うして口を糊《のり》せり」とみえ、前記の実高の問題、また華族としての体面を維持するだけの財本を確立できなかったことで授爵が不許可に終わったものと推測される。また、『白石《しろいし》町史』によれば、その後も授爵運動は継続されており、当時この運動に携わった江頭象吉の懐古談として、大正七年（一九一八）頃鍋島茂朝の弟喜八郎らを介して大隈重信に働きかけ、中央政界の大物からも諒解がとれたため、運動が成功すると思われた、と記されるも、秀太郎の弟慶次郎《けいじろう》（敬次郎《けいじろう》とも）が当時門司付近の地方新聞社の記者として「須古藩の末路」と題する記事を龍島慶次郎の筆名で連載し、自家の衰亡は旧臣や関係者が主家の財産を蚕食したためなどと報じたため、結局関係者も運動から手を引き下火になったと記されている。

典拠　『授爵録』明治三十三ノ一年、『白石町史』
→鍋島茂朝

鍋島平五郎　なべしま・へいごろう
一八五一―一九〇七
旧肥前国佐賀藩家老
①明治十一・十二年頃（不許可）
②明治十二～十六年頃（不許可）
③明治十五・十六年頃（不許可）

鍋島家は旧肥前国佐賀藩の家老で横岳《よこたけ》鍋島家・鍋島主水《もんど》家とも称する。幕末・維新期の当主は平五郎（初名は鷹之助）で旧禄一万石を領した。同家の華族昇格に関し、『爵位発行順序』所収「華族令」案の内規として公侯伯子男の五爵（左に朱書で公伯男の三爵）を設け、世襲・終身の別を付し、その内「世襲男爵を授くべき者」四項目中、第四項目に「旧藩主一門の高一万石以上の者及び高一万石以上の家臣」を挙げている。同案は明治十一（一八七八）・十二年頃のものと推定されるが、この時点においては旧幕時代に一万石以上を領していた鍋島家は男爵に列すべき家として認知されていたと思われる。同じく前掲『爵位発行順序』所収「授爵規則」によれば「男爵を授くべき者」として、七項目中、第四項目に「旧藩主一門の高一万石以上の者及び高一万石以上の家臣」が挙げられている。前

記資料とは異なり、この案は十二年以降十六年頃のものと推測されるが、こちらでも万石以上陪臣として、同家は世襲華族として男爵を授けられるべき家とされていた。また、十五・十六年頃の作成と思われる「三条家文書」所収「旧藩壱万石以上家臣家産・職業・貧富取調書」によれば、旧禄高一万石、所有財産は「田地若干歩これある由」とのみ記され、職業は空欄、貧富景況は「独立難し」とみえるが、こののちも同家は華族に列せず、士族にとどまった。

典拠　『爵位発行順序』、「旧藩壱万石以上家臣家産・職業・貧富取調書」（「三条家文書」）

奈良武次　なら・たけじ

一八六八—一九六二

陸軍大将・枢密顧問官

①昭和三年十月十日（不許可）
②昭和八年三月三十日（許可）
③昭和八年四月五日（許可）

陸軍大将・侍従武官長

旧下野国出身の陸軍軍人。明治二十二年（一八八九）七月に陸軍士官学校砲兵科卒業後、陸軍砲兵少尉に任官。近衛砲兵連隊付となる。以後累進し、陸軍省軍務局砲兵課長などをつとめ、大正三年（一九一四）八月に少将に進級し支那駐屯軍司令官に補せられる。翌年七月には青島《チンタオ》守備軍参謀長に転じ、七年六月には陸軍省軍務局長に就任。翌月に中将、九年七月に東宮武官長。十一年十一月には侍従武官長に補せられ、東宮武官長も兼任した。十三年八月に大将に進級。授爵に関しては、『読売新聞』昭和三年（一九二八）十月十日朝刊によれば「授爵の栄は七名に／殆ど内定した顔ぶれ／陸海軍から各一名／学者から一名／実業界から四名奏請」の見出しで、

今秋行わせらるる御大典に際しては官民となくそれぞれ功績の顕著なる者の中から、政府の奏請により爵位、叙位・叙勲・褒賞等畏き御沙汰を拝する事となって居るが、政府に於いても目下その人物を慎重銓衡中で、既に大体の内定は見た模様であるが、事は畏きあたりにかかわりある為、絶対秘密に付して居る。而して授爵の恩命に接すべき者については、その銓衡及び人員等大体前例に慣い、数は七名とされ、陸海軍人各一名、実業家・事業家中から四名、学者から一名とされて居る。この内定した候補者は学者から桜井錠二氏、陸軍から奈良武次大将、海軍から山下源太郎大将、実業家から馬越《まごし》恭平《きょうへい》、浅野総一郎、団琢磨《たくま》、藤原銀次郎の四氏と云われて居るが、この外、井上準之助、藤山雷太氏等も銓衡中の人である。また司法方面では鈴木喜三郎《きさぶろう》氏の声もあるが、鈴木氏には個人の事情もあり、然らば原法相とも伝えられるが、原法相には時期尚早との声もあり、結局この方面は銓衡外に置かれた模様である。

と報じ、昭和天皇即位大礼の慶事に際し、叙爵候補者中に陸軍省側からは奈良の名前が挙げられている。結局この時は陸軍側から授爵したのは砲兵大佐の徳川好敏《よしとし》のみであり、奈良は選に洩れている。またこののちも授爵は検討され続けたようであり、『授爵陞爵申牒書類』及び『授爵録』（昭和二〜十九年）によれば、八年三月三十日付で陸軍大臣荒木貞夫《さだお》より内閣総理大臣斎藤実へ「授爵ニ関スル件内申」を通牒、それを受けて斎藤首相より宮内大臣湯浅倉平《くらへい》宛で同年四月五日付で奈良の授爵を申牒。

右者別紙功績書の通りその功績寔《まこと》に偉大なるものこれあり候処、今般停年に達し、来たる四月六日を以て現役を退く事と相成り候に付いては、この際特別の恩召に依り男爵を授けらるる様特に詮議相成りたく、この断内申に及び候也。

と記し、「功績書」を添付。

右者明治二十二年七月陸軍砲兵少尉に任官、爾来《じらい》累進して現官に及び、その在職実に四十有三年余、而して現に侍従武官長・議定官《ぎじょうかん》の栄職に在り、この間陸軍各枢要の職に歴任し、克《よ》くその軍職を完うす。就中日清戦役以後に於ける各戦役・事変には一として従事せざるものなく、毎

回その功績顕著なるのみならず、大正・昭和の御代に引き続き実に十有三年側近に常侍奉仕し、終始恪勤《かっきん》精励、克くその重職を完うせり。なお将官として在職中に主要なる功績を列記すれば左の如し。
一、大正三年支那駐屯軍司令官として国際情勢益々複雑を極むる。列国環視の下に在りて崇高なる人格と卓越せる識見とに依り、克くその任務を遂行し、帝国の威武を海外に発揚したる功績は寔に大なり。
二、大正四年七月青島守備軍参謀長となり、戦役直後の複雑多端なる業務を処理して克く派遣軍の基礎を確立し、その功績偉大なり。
三、大正五年西伯利《シベリア》事変に際しては陸軍省軍務局長の要職に在りて重要且つ繁劇なる業務に映(鞅)掌し、その卓絶せる識見と明敏なる能力とに依り国軍の真価発揚に貢献せし処頗る多し。
四、大正八年講和全権委員随員(陸軍側の主席)として滞欧中は克くその全権を輔佐し、以て帝国陸軍の目的に精進し、平和条約締結上貢献したる処偉大なり。
五、大正九年東宮武官・東宮武官長に補せられ、同十年皇太子殿下海外に御巡遊遊ばさるるや供奉仰せ付けられ、約半歳に亘り西欧御巡歴に常侍奉仕し、皇室の尊厳を益々中外に宣揚したる功績寔に大なり。
六、大正十一年侍従武官中兼東宮武官並びに東宮武官長に補せられ、時恰も先帝御不例に依り摂政を置かせられ、内外益々多事なる国政を　臠《みそなわ》せらるるに至り、克く輔弼の重任に当たりその職責を完うしたり。
七、先帝崩御に方り、昭和二年侍従武官長として霊柩供奉仰せ付けられ、霊轜《れいじ》に供奉し、その他大葬に関する一切の儀に奉仕し心労寔に多し。
八、昭和三年大礼の儀行わるるや、京都行幸の供奉仰せ付けられ、諸儀式を滞りなく終わらせられたるに預かりて力多し。その他最も厳粛を要する宮中諸儀に際しては常に細心周到、且つ謹厳その掌に当たり曽《かつ》て過誤ありたることなし。
九、昭和三年済南事変に次ぐ今次満州事変勃発以来、特に内外時局の多難に際しては克く内閣・宮内省と軍部との密接なる連繋を保持し、軍事に関する奏上、重要なる御下問に対しては常に正当なる奉答をなし、また議定官として繁劇なる事務に従事し、その重任を完うしたる功績寔に大なり。
これを要するに大将は啻《ただ》に軍部の枢機に携わり軍功偉大なるのみならず、大正九年初めて側近に奉仕して以来、永く宮廷重臣の一員として奉公の誠を尽くしたること実に十有二年余、地方行幸供奉または主要演習等に差遣せられたること前後七十六回の多きに及び、その他出御一切に陪侍扈従すること先帝、今上両陛下の御二代に亘り至誠一貫、最も恪勤精励その職責に尽瘁《じんすい》し、輔弼の大任を完うしたる功績寔に偉大なりと謂うべし。

と明治以降昭和に至るまでの間、特に九点の功績、軍功以外にも天皇・皇太子の側近として奉仕したことを述べている。こののち前掲『授爵録』(昭和二～十九年)によると、同年四月五日付で斎藤首相より宮内大臣湯浅倉平宛で正式に奈良の授爵詮議を申牒。これらの功績が認められ、同年四月二十五日付で男爵を授けられる。

典拠　『読売新聞』昭和三年十月十日朝刊、『授爵陞爵申牒書類』、『授爵録』昭和二～十九年

奈良原繁　ならはら・しげる

一八三四―一九一八

沖縄県知事

①明治二十九年五月　（許可）

旧薩摩藩士出身の官僚・政治家。幕末・維新期には国事に奔走し、明治十一年(一八七八)三月内務省御用掛となり、以後内務権大書記官・

農商務大書記官・滋賀県令《けんれい》・工部大書記官などを歴任し、二十一年七月元老院議官、二十三年九月から二十五年五月まで貴族院勅選議員。その後宮中顧問官を経て、二十五年七月沖縄県知事に就任し、四十一年四月まで在任。この間、十年十二月には再度貴族院勅選議員となり、死去するまでつとめた。授爵に関しては、『授爵録』(明治二十九年)によれば、立案日の欄は空白であるが、芳川顕正《あきまさ》ほか二十八名の文武官への授爵詮議が爵位局でされており、奈良原の名も挙げられる。

右は夙《つと》に勤王の志を抱き、皇室式微、幕府専横の日に当たり、或いは大和・但馬の義挙に与し、或いは幽囚投獄、辛苦備《つぶさ》さに嘗《な》め維新回天の大業を賛助し、または多年朝に在りて顕要の職を奉じ、または貴衆両院に入りて国家の大計を議する等孰《いず》れも勲功顕著の者に付、特旨を以て華族に列し栄爵を授けられ然るべき乎。左にその爵を擬し裁を仰ぐ。

奈良原繁

とし、二十九名中芳川のみ子爵授与とし、奈良原を含めた他の二十八名は男爵が相当としている。同文書には授爵を求める他薦書類や功績調書は綴られていないが、二十九名中、伊丹重賢《しげかた》・山田信道・船越衛《まもる》・三宮義胤《さんのみやよしたね》・中島信行の五名については維新前の勤王事歴調書類が、また九鬼隆一《りゅういち》についても同年二月二十五日付で榎本武揚が授爵を推薦する書状が添付されていることから、同人を含めた他の二十三名分も他薦などがあった蓋然性が高いと思われる。奈良原の功績は認められ、二十九年五月二十三日付で裁可を得、翌六月五日付で男爵を授けられる。

典拠　『授爵録』明治二十九年

成田金吾　なりた・きんご

生没年不詳

成田長泰末裔・旧旗本

①明治二十七年二月十五日（不許可）

②明治二十八年六月二十八日（不許可）

静岡県(のち埼玉県)士族。忍《おし》城主成田長泰《ながやす》の末裔を称する。元下野国烏山《からすやま》藩の家系であり、幕初は三万七千石を領していたが改易され、旗本として子孫連綿している。維新後は徳川慶喜の家従もつとめた。『読売新聞』明治二十七年(一八九四)二月十八日朝刊によれば「上書して華族に列せられんことを請う」という見出しで、

自家の家系並びに家臣分限帳を添えて華族に列せられんことを請願し居りしに、現時埼玉県地方在住の旧臣数百名相謀りて金吾氏の祖父藤次郎氏並びに実父新十郎氏の維新の際、共に忠勤を励みたるの事蹟を具状して、氏の華族に列せられんことを去る十五日宮内大臣へ請願したりと云う。

とみえ、当時静岡県在住であった同人が同年二月十五日に授爵を請願したことが明らかである。また、この請願には多くの旧臣たちが運動に関わっていたことが分かる。さらに『授爵録』(明治三十年)によれば、二十八年六月二十八日付で埼玉県知事千家尊福《せんげたかとみ》を経由して宮内大臣土方久元宛で「華族編入願書」を提出している。審査には時間がかかったと思われるが、三十年二月二十七日付の宮内省当局側の審査書類では、

徳川三代将軍家光に仕え旗下《はたもと》の士となり、以て維新に及ぶ。而して現戸主金吾の維新の功労と称するものを観るに、当時岩倉具視の幽閉を慷慨《こうがい》してこれを解くことに奔走したりと云うに止まりて、別に見るべきものあること莫《な》く、(中略)単にその名族を以てこれを論ぜん歟《か》。昔は諸侯または城主たりし子孫を以て今日微々として士族・平民の籍にある者実に屈指、

(中略)爰《ここ》に歴史上かれこれ権衡を試みるに、成田氏の如き比較的に格段なる家柄と認むるを得ざるを以て、もしもこれに特別の恩典を与えられんか、必ず他に影響する。

と金吾の幕末・維新期の功労は当時失脚していた岩倉具視の幽閉を解くことに尽力した程度で、成田氏のような元大名で改易された家は何家もあり、これに授爵すればほかにも同様の請願が起こるであろうという理由から「よって断然これを拒絶し書面却下」と決定し、こののちも同家は授爵されなかった。

典拠　『読売新聞』明治二十七年二月十八日朝刊、『授爵録』明治三十年

成瀬正雄　なるせ・まさお

一八六九―一九四九

旧尾張国犬山藩主・旧尾張藩付家老

①大正四年十月一日（不許可）

成瀬家は江戸時代、御三家の一つ、尾張藩の付家老をつとめ、先代正肥《まさみつ》の代に慶応四年（一八六八）に至り正式に立藩、明治十七年（一八八四）七月の華族令公布に際して男爵、そののち維新時の功績により二十四年四月に子爵に陞叙される。「犬山成瀬子爵家陞爵嘆願書」によれば、正肥の幕末・維新時の功績を理由とし、大正四年（一九一五）十月一日付で「成瀬子爵家伝記抄録・故正三位勲三等子爵成瀬正肥履歴書」を添付し、子から伯への陞爵を請願するも実現せず不許可となっている。

典拠　「犬山成瀬子爵家陞爵嘆願書」（宮内庁宮内公文書館所蔵）

名和長恭　なわ・ながゆき

一八三五―九八

名和長年末裔・名和神社宮司

①明治十六年七月四日（許可）

②明治十六年八月十三日（許可）

名和家は南朝の忠臣名和長年《ながとし》の末裔を称する。江戸時代には柳川藩主立花氏の客分となり、のち藩士として子孫連綿《れんめん》し、幕末・維新期の当主は長恭。明治十一年（一八七八）一月名和神社宮司となり、十五年十二月正八位に叙せられた。「井上馨関係文書」所収の十六年七月四日付「杉孫七郎《まごしちろう》書翰」によれば「菊池・新田氏の件、条公《じょうこう》・山県へ話しおけり。（中略）名和長年子孫名和十郎詮議方、条公並びに金井《かない》書記官に話しおけり」とみえ、同じ南朝忠臣である菊池武時《たけとき》裔の菊池武臣《たけおみ》、新田義貞裔の新田俊《とし》純《ずみ》の華族編列を宮内大輔の杉孫七郎が三条実美・山県有朋両名に依頼しており、また同じく名和長年裔である長恭については詮議についても三条実美と金井之恭《ゆきやす》に依頼した旨が記されている。これを受けて、八月十三日付で菊池・新田両家は先行して華族に編列される。名和家については『公文類聚』所収「福岡県士族名和長恭華族ニ列ス」によれば、十六年八月十三日付の「内閣書記官稟議」に、

名和神社宮司旧柳川藩士名和長恭は長年の後裔にして伝来の名和系図・伯耆巻外に古文書所持致し居り候趣に付、今般右書類写差し出させ勘査致し候処、系図及び伯耆巻事は正確にして、水戸に於いて日本史編輯の砌延宝年中柳川藩主〔飛騨守立花鑑虎《あきとら》〕徳川光圀《みつくに》卿の請に依り写を贈り、同書にも採取せられしものにこれあり。長年戦死後、延元四年長年嫡孫正五位下弾正大弼顕興一族を率い征西大将軍懐良親王に従い、肥後国八代《やつしろ》に至り王事に勤労せし以来、十七代長興に至り柳川藩士と為りし顚末も頗る明瞭、長年より長恭迄二十五代血統連綿なる名家に相違これ無き様相見え、且つ先年長恭を名和神社宮司に任ぜられたるも祭神に因縁あるに依りし儀にこれあるべく、旁《かたがた》新田氏・菊池氏同様特別を以て華族に列せられ候はば建武忠臣の後裔今日に存する者斉《ひと》しく恩沢を蒙り、洵《まこと》に昭代《しょうだい》の美事と存ぜられ候。別紙名和長恭所持の同家伝来系図・伯耆巻・古文書写相添え、高裁を仰ぎ候也。

として資料を添付し、同家の由緒や祖先の忠功を理由として華族編列を審議している。これが功を奏して菊池・新田両家に遅れるものの、同年九月二十四日付で特旨をもって華族への

編入が許され、十七年の華族令公布に際しては七月八日付で男爵が授与される。

典拠 「杉孫七郎書翰」(国立国会図書館憲政資料室所蔵「井上馨関係文書」)、「福岡県士族名和長恭華族ニ列ス」(『公文類聚』)

南部利淳　なんぶ・としあつ

一八八四—一九三〇

旧陸奥国盛岡藩主

①大正八年五月十五日（不許可）

②昭和三年九月五日（不許可）

③昭和三年十月二十五日（不許可）

南部家は旧盛岡藩主家で、明治維新後は白石《しろいし》藩へ移封となった。幕末・維新期の当主は利剛《としひさ》で、そのあとを利恭《としゆき》が継ぎ明治十七年（一八八四）の華族令公布に際しては七月七日付で伯爵が授けられた。「島津陞爵書類」によれば、島津家以外に旧東北諸藩藩主や旧桑名藩主家の陞爵書類と合綴になっており、これによれば、大正八年（一九一九）五月十五日付で元宮内大臣の田中光顕《みつあき》より現宮内大臣の波多野敬直《よしなお》宛で請願されており、

明治天皇の御代に於いて至仁至慈の恩命を垂れさせられし中にも、徳川慶喜・西郷隆盛等の如きは最もその著しき者と上下感激罷り仕り候。光顕宮内大臣在職中、親しく叡慮を伺い奉りし処に依れば、維新の際方向を誤りし者と雖も、既にその巨魁の罪を赦し給うのみならず、特に旧勲を録し栄爵を授け給い、生前死後更に遺憾なからしめ給いしも、その以下の向きに至りては未だ一視同仁の恩波に浴せざるにつき、時機を以て前者に均しき恩恵を垂れさせ給わんとの有難き思食《おぼしめし》に在らせられしも、不幸にして一朝昇天の御事と相成り、当初の叡念を遂げさせ給わざりしは、真に恐懼に堪えざる次第に御座候。今上陛下御即位以来、先朝御遺業を継がせられ、恩威並び行わる。億兆仁風に靡き慈雨に霑《うるお》い候えども、特に伊達（仙台）・松平（会津）等諸家に至りては未だ慶喜・隆盛等の如き殊恩を蒙ることを得ず。当人は勿論、旧封内の上下竊《ひそ》かに愁腸を断ち、悲涙に咽い罷り在り候と推察仕り候。仰ぎ願くは、来たる天長節の佳辰を以て別紙に記載の諸家に対し、その旧封の石高に応ずるの栄爵に陞爵せられんことを。中に就き松平容保の京都守護職在勤中孝明天皇の殊遇を蒙りし事は当時下し玉う所の宸翰《しんかん》に徴して明らかなる所にこれあり。旁《かたがた》容大の家政困難の趣を聞こし食され候節に、先帝より内帑の金円を下賜せられし御事これあり候。また大久保忠良《ただよし》は明治十年の戦役に、南部利祥《としなが》は三十七八年の国難に陣没せし等、孰《いず》れも君国の為に殊勲を樹て、忠死を遂げ候儀に付、何卒非常格別の御詮議相成りたく懇願の至りに堪えず候也。

として、仙台藩伊達家は伯から侯、会津松平家は子から侯、南部家は伯から侯、大久保・桑名松平両家は子から伯への陞爵をそれぞれ願い、また同書類の貼り紙に「奥羽同盟諸侯中伯爵となるべくして子爵に降されし者の追加二藩」として棚倉藩阿倍家とともに二本松藩丹羽家の子から伯への陞爵が請願されるも、南部家も含め全て不許可に終わっている。同家の陞爵運動は昭和期に入っても継続されており、「陳情書（南部男爵陞爵）」によると、内容は後掲南部日実《にちじつ》ではなく、旧藩主利淳の伯より侯への陞爵を求めたものとなっている。昭和三年（一九二八）九月五日付で、旧藩士族千七百三十一名共有地席議員の北田親氏ほか十四名連署で「陳情書（旧藩主南部利淳陞爵ノ儀ニ付陳情）」を提出しており、南朝忠臣の北畠親房を助けて尽力した点、また同家第四十二代当主利祥が陸軍騎兵中尉として日露戦争で名誉の戦死を遂げた点などを列挙して請願。これを受けてのものと思われるが、『授爵陞爵申牒書類』によれば、内務省より「禄高より侯爵へ」として内閣へ陞爵を推薦。盛岡藩が旧禄二十万石を領しながら、奥羽越列藩同盟に加わったため、降伏後十三万石に減封され白石藩へ移ることになったことから、旧禄に適した爵位を求めたものと考えられる。同年十月二十

五日付で内閣総理大臣田中義一より宮内大臣一木喜徳郎《いちききとくろう》宛で旧一関《いちのせき》藩主家である子爵田村丕顕《ひろあき》ら計十一名の陞爵・授爵・復爵の詮議を申牒。南部家も改めて伯から侯への陞爵を求めるも結局実現せず伯爵にとどまる。

典拠 「島津家陞爵書類」(宮内庁宮内公文書館所蔵)、「陳情書(南部男爵陞爵)」(同)、『授爵陞爵申牒書類』

南部日実　なんぶ・にちじつ

一八九三―一九七五

旧陸奥国盛岡藩主一門

①昭和三年九月二十一日　(不許可)

②昭和三年十月二十五日　(不許可)

南部家は旧盛岡藩一門で、先々代行義《ゆきよし》が南朝の忠臣南部師行《もろゆき》の末裔であることから、明治三十年(一八九七)七月一日付で男爵を授与。日実は行義三男で兄義信《よしのぶ》の養子。「南部男爵陞爵之儀陳情」によれば、昭和三年(一九二八)九月二十一日付で岩手県知事丸茂藤平《まるもとうへい》より宮内大臣一木喜徳郎《いちききとくろう》宛で「南部男爵陞爵陳情書進達ニ付副申」を提出。

同家の初代実長は僧日蓮擁護して法教上に偉功を樹て、またその子孫世々勤王の大義を奉じて皇室に精忠を抽んでたる事蹟顕著なるものこれあり候に付いては、この際特別の御取計を以て本件陳情の趣旨御詮議相蒙りたく、別紙進達に及び候。

として、同月十二日付で岩手県上閉伊郡速野村長の菊池明八による「男爵南部日実陞爵之儀陳情」も添付。八戸南部家の初代実長《さねなが》が日蓮の庇護者でもあり、代々勤王家である点をもって子への陞爵を求める。また『授爵陞爵申牒書類』によれば、前記陳情を受けてのものと思われるが、内務省より「勤王により」として内閣へ陞爵を推薦。同年十月二十五日付で内閣総理大臣田中義一より宮相一木宛で田村丕顕《ひろあき》らの陞爵・授爵・復爵を申牒。

別紙海軍少将子爵田村丕顕外十名陞爵授爵及び復爵の件は家格に属するものに付、参考として回付に及び候。

として、田村と伊達興宗《おきむね》(伯)・南部利淳《としあつ》(伯)・藤堂高紹《たかつぐ》(伯)・松平保男《もりお》(子)・松平定晴《さだはる》(子)・大久保忠言《ただとき》(子)・南部日実(男)・田中俊清《としきよ》・江川英《ひで》武《たけ》・徳川好敏《よしとし》の計十一名を列挙。南部日実は男から子への陞爵を求める。昭和天皇の即位大礼に際しての陞爵運動は他の旧東北諸藩とも連動したものであったと思われるが、正式に内閣より宮内省へ詮議を依頼するも全家実現していない。

典拠 「南部男爵陞爵之儀陳情」(宮内庁宮内公文書館所蔵)、『授爵陞爵申牒書類』

→南部行義

南部甕男　なんぶ・みかお

一八四四―一九二三

判事・大審院長

①明治二十三年三月二十一日　(不許可)

判事・高等法院陪席裁判官

②明治二十九年五月　(許可)

判事・東京控訴院々長

旧土佐藩郷士出身の官僚・政治家。土佐勤王党に参加し幕末・維新期には国事に奔走。慶応四年(一八六八)一月には東山道先鋒総督府書記兼斥候を命じられ、兵部少録・東京府典事等を経て、明治四年(一八七一)十一月司法省に転じて大解部《ときべ》から権少判事となり、以後判事として大阪・長崎・熊本などの各裁判所に在勤し、また司法省の民事・民法・庶務の各局長などをつとめ、二十年五月には大審院民事第一局長、二十二年一月高等法院予備裁判官、二十三年一月高等法院陪席裁判官となった。その後は大審院部長・大審院長心得・東京控訴院長・大審院長などの要職を歴任した。『山田伯爵家文書』所収の二十三年三月二十一日付「山田顕義《あきよし》秘啓」によれば、「授爵は陛下の大恩にして、国家の大典、万民の標準なり。真に陛下の親裁に出づるものにして、臣僚の容喙すべきものにあらず。然れどもその自歴を調査し、その理由を明晰にし、聖慮を翼賛するは臣下の務にして、謹慎鄭重を尽くさざるべからず。今鄙見《ひけん》を陳じ、閣下の参考に供す」として宮内大臣土方久元宛で授爵の標目として、(一)維新前後功労あり勅任官たる者および勅任官たりし者、

(二)維新後功労あり勅任官たる者および勅任官たりし者、(三)維新前後功労ある者、(四)維新後功労ある者、(五)父の勲功による者、(六)神官および僧侶の世襲名家たる者、(七)琉球尚家の一門、の計七項目を挙げ、南部は第一項に適当すべき者としてその名を挙げられるも、この際山田が列挙した人名中、授爵したのは第一項に該当した辻維岳一人であり、南部は選に洩れる。そののち、『授爵録』(明治二十九年)によれば、立案日の欄は空白であるが、芳川顕正《あきまさ》ほか二十八名の文武官への授爵詮議が爵位局でされており、南部の名も挙げられる。

右は夙《つと》に勤王の志を抱き、皇室式微、幕府専横の日に当たり、或いは大和・但馬の義挙に与し、或いは幽囚投獄、辛苦備《つぶさ》に嘗《な》め維新回天の大業を賛助し、または多年朝に在りて顕要の職を奉じ、または貴衆両院に入りて国家の大計を議する等孰《いず》れも勲功顕著の者に付、特旨を以て華族に列し栄爵を授けられ然るべき乎。左にその爵を擬し裁を仰ぐ。

南部甕男

とし、二十九名中芳川のみ子爵授与とし、南部を含めた他の二十八名は男爵が相当としている。同文書には同人の授爵を求める他薦書類や功績調書は綴られていないが、二十九名中、伊丹重賢《しげかた》・山田信道・船越衛《まもる》・三宮《さんのみや》義胤《よしたね》・中島信行の五名については維新前の勤王事歴調書類が、また九鬼隆一《りゅういち》についても同年二月二十五日付で榎本武揚が授爵を推薦する書状が添付されていることから、同人を含めた他の二十三名分も他薦などがあった蓋然性が高いと思われる。南部の功績は認められ、二十九年五月二十三日付で裁可を得、六月五日付で男爵を授けられる。

典拠　「山田顕義秘啓」(『山田伯爵家文書』四)、『授爵録』明治二十九年

南部行義　なんぶ・ゆきよし

一八六八―一九〇二

南部師行末裔

①明治十七年二月二十六日（不許可）

②明治二十八年十月（不許可）

③明治三十年五月三日（許可）

旧盛岡藩主南部家の一門・家老。南朝忠臣の一人南部師行《もろゆき》の末裔を称する。祖先の旧功を理由として明治十六年(一八八三)十二月提出の「華族南部利恭《としゆき》歎願同姓師行ノ遺裔ヲ華族ニ被列度儀」に対し、翌十七年二月二十六日付で「新田以下数氏に対比し得るべき者にこれなきは論弁を要せず。右等褒贈相成り候ては際限もこれなきに付、本件は御採用相成らざる方然るべきと存じ候」との理由で却下される。『授爵録』(明治三十年)によれば、二十八年十月付で「願書」として伯爵南部利恭・子爵南部信克《なり》・従三位南部利剛《としひさ》・従四位南部信民《のぶたみ》四名の連署で宮内大臣土方久元宛で行義の授爵を申請。

右行義家の儀は利恭曩祖《のうそ》南部光行の三男六郎実長、源頼朝に仕えて甲斐国飯野・御牧・破切《(波木)》井の三郷を領するに昉《はじま》る。その第四代又次郎師行は南朝に奉仕し、建武年間北畠顕家に随い、屢《しばしば》足利尊氏と戦い、終《つい》に賊将高師直に敗られ、泉州安《(阿)》倍野に於いて家士一百八人と倶《とも》に戦死せり。弟政長も亦《また》新田義貞と謀を通じ、数《(敵)》北条高時等を討す。政長の子信政并《ならび》に孫信光・政光等皆父祖の志を継ぎ官軍に属して戦功あり。南北争乱平らぐの後は恩賜の地陸奥八戸・津軽等の数邑を食し、宗家付庸の形勢を為し、肯《あえ》て足利氏に降らず。政光六世の孫八戸河内守政経の時に方《あた》り康正年中田名部《たなぶ》の領主蛎崎《かきざき》蔵人なるもの数年京師の勤番を怠り、乱を起こして四境を侵掠し人民塗炭に苦しむ。是に於いて朝廷政経に勅してこれを征討せしむ。政

経兵を率い舩（船）を八戸浦に艤《ぎ》して北征す。海上颶《つむじかぜ》に遭うも屈せず、遂に田名部に著岸す。即夜風雨に乗じ襲撃、城を抜く。蔵人狼狽、僅かに身を以て免れ、遂に蝦夷に遁《のが》る。後花園天皇功を賞し田名部の地を政経に賜う。且つ従士の戦功あるものの二十人倶に補任せらる。その口宣《くぜん》は各子孫今尚所持せり。夫《そ》れ斯《か》くの如く世々継承して将軍に隷せず。毎々朝廷に向きて忠節を尽くせり。故に天正年間豊臣秀吉の小田原を征するや、奥州の諸侯欵《かん》を通ずるの際、行義の祖政栄は肯て参陣せず。爾後《じご》徳川氏の世を終わるまで依然付庸の形状を以て、時に或いは藩老の上位に在りと雖も、毎々これを待つに支封の格を以てし、且つ祖先の勲功に由り列侯に劣らざるの特許・物件・格式を有せり。是故《これゆえ》に東北御巡幸の際、南朝恩賜の数十品を天覧に供し、保存金若干を下賜せられたり。維新の際、行義の父済賢亦藩老の上班に在り。祖先の遺志を継ぎ勤王を首称せしも、奥羽各藩同盟の気焔熾盛《しせい》にして闔藩《こうはん》雷同、己の説行われざるを慨《うれた》き、退きて復《ま》た事を議せず。遂に到仕、子義敦嗣ぐ。未丁年にして死す。弟行義後を襲ぐも、当時幼にして事理ぜず。纔《わずか》に一士族に伍して今日に暨《およ》べり。伏して惟《おもいみ》るに朝廷織功微積も悉くこれを録せらる。況んや苟《いやしく》も心を王室に存し、力を国家に到せるものの末裔は草莽より擢んでられて栄爵優遇を蒙るおや、斯くの如き盛世に遭遇しながら、師行以下数代勲功あるものの裔孫をして地方に蟄伏せしむるは利恭等同姓一族の衷心安ざる所なり。故に利恭嘗《かつ》て南部信民を以て書を太政大臣故三条実美殿に到し、その家格を陞せんことを請うと雖も、未だ何等の沙汰に接せず。日夕恩命の下るを蹺望《きょうぼう》するのみ。仰ぎ願わくはこの際特別の御詮議を以て華族に列せられ、栄爵下賜候様致したく、尤も願の如く華族に列せられ候とも相当の財産を有し候に付、その対面を保つべきは利恭等の信認する所にこれあり候。依て師行始め賜う所の綸旨《りんじ》・口宣・国宣写、賞与御太刀・御鎧の目録并に家系・履歴書、現在所有財産調書等相添え、一族連署を以て懇願奉り候。宜しく御執奏成し下されたく候。以上。

と記し、「南部氏家系略」等の関係書類を添付して請願。同時期に列華族・授爵を申請した南朝忠臣の末裔五条頼長《よりなが》・頼定《よりさだ》父子の場合と同様、一旦却下されたか、または暫く審査がされなかったものと思われる。そののち、三十年五月三日付宮内省当局側の審査書類「五条頼定・南部行義ヲ華族ニ列セラレ男爵ヲ授ケラル、ノ件」によれば、

その大節烈義、菊池・名和氏に過ぐるあるも及ばざるなし。而してその家系に正確なる血統の連続せる。また疑を容れず。曩《さき》に菊池・名和・阿蘇氏等その遺烈に依り優班に列せらる。仰ぎ願わくば二氏またその子孫をして華族に列し男爵を授けられんことを爰《ここ》に按を具し裁を仰ぐ。

とみえ、また副申として、南朝忠臣末裔が授爵した際、金三千円を下賜されている先例により、五条・南部両家へも同様の金額を下賜されたい旨が記される。菊池・名和氏等と同功である点が認められ、同年七月一日付で五条頼定とともに男爵が授けられる。

典拠　「華族南部利恭歎願同姓師行ノ遺裔ヲ華族ニ被列度儀」（『諸雑公文書』）、『授爵録』明治三十年

→南部日実

に

水郡長義　にごり・ながよし

一八五二―一九一〇

退職判事

①明治四十三年五月八日（不許可）

河内国甲田村名主で幕末期の尊攘運動家として知られる水郡善之祐《ぜんのすけ》の長男。父とともに天誅組の変に参加し、維新後は警視庁警部を皮切りに、大阪・和歌山・姫路の各裁判所検事局の検事を歴任。『桂太郎関係文書』所収の明治四十三年（一九一〇）五月八日付「田中光顕《みつあき》書翰」によれば、

陳《の》ぶれば大和義挙の一人水郡長義、病気追々差し重なり候に付、仰ぎ願くば生前に特旨を以て恩栄を与えられ候様の御配慮願い奉りたく候。本人において胃嵩(癌)と申す事は承知仕り居り候て、十分覚悟の事にこれあり候間、決して落胆等の気遣いは毫《ごう》もこれ無き次第に付、その辺りは御心配に及ばず候。尤も退官の節、特に位一級進められ居り候得共、これは永年の勤労に対し候訳にて、維新の先駆者と申す事にはこれ無き様存ぜられ候。最早今日に至り候ては大和義挙の徒は北畠男爵治房《はるふさ》を除くの外は悉皆《しっかい》死亡仕り候に付、他に影響を及ぼし候事は更にこれ無く候。北畠はすでに授爵の光栄を荷ない居り候事御座候。

とみえ、田中が桂に対して天誅組の変に加わった水郡に対し、維新の先鞭をつけた義挙の参加者として北畠治房の先例に準拠して恩典授与（授爵）を請願。書翰には同人の履歴書を提出してあるので取り調べて欲しい旨が認められるも、結局不許可に終わる。

典拠　「田中光顕書翰」（『桂太郎関係文書』）

西　周　にし・あまね

一八二九―九七

錦鶏間祇候

①明治三十年（許可）

旧石見国津和野藩典医の官僚・政治家で、啓蒙思想家・教育家としても著名。幕末にオランダへ留学。帰国後は幕臣に新規召し出され、目付に就任。維新後は新政府に出仕し、兵部少《しょう》丞《じょう》・同権大丞・同大丞と累進、宮内・文部各省の御用掛を歴任し、明治十五年（一八八二）五月には元老院議官。二十三年に廃院となったのちは貴族院勅選議員に就任するが、翌年二月に辞職。『桂太郎関係文書』所収の「山県有朋書翰」によれば、

時に昨夜青山御所において津田真道《まみち》氏に面会仕り候処、西周翁現今病気危篤に相迫り、就いては従来閣下の御引立を蒙り候因縁を以て、色々本人名誉上の懇願申し出で候由に付、既に閣下に置かせられ候ても御配意成し遣わされ候処、なおこの上とも然るべく小子より閣下へ願い上げ置き候との依頼に御座候。勿論西周翁を知るもの閣下を置き他にはこれあるまじく、為に十分御配意成し遣わされ候事とは拝察仕り候えども、蔭に我が陸軍の為、尽力致し候西の事に候えば（後欠）

とみえ、西危篤に際して、山県・桂間で授爵後援をしていることが窺われる。陸軍において軍人勅諭起草などで功績があった点を評価してのことと思われる。断簡のため、年次不詳であるが、おそらく明治三十年（一八九七）一月のものと思われる。そののち、同年一月二十九日付で授男爵。

典拠　「山県有朋書翰」（『桂太郎関係文書』）

西　周

西徳二郎　にし・とくじろう

一八四七―一九一二

外務大臣

①明治二十八年八月二十日（許可）

ロシア駐箚特命全権公使

旧薩摩国鹿児島藩士出身の官僚・政治家。維新後は外交官として活躍し、明治十九年(一八八六)六月よりロシア駐箚《ちゅうさつ》特命全権公使に任ぜられ、スウェーデンおよびノルウェー公使も兼任した。また、三十年十一月から第二次松方正義内閣で、三十一年一月から第三次伊藤博文内閣でそれぞれ外務大臣をつとめた。西の授爵については、『原敬日記』二十八年八月二十日条によれば、「林、西の両人は授爵のことに陸奥大臣に内議して取極《とりき》めたり」とみえ、外務大臣陸奥宗光と外務次官原敬が相談したうえで、宮内省に申牒したことが明らかである。同日付で清国駐箚特命全権公使の林董《ただす》とともに男爵が授けられる。

西徳二郎

典拠　『原敬日記』明治二十八年八月二十日条

西　師香　にし・*もろか

一八三四―？

春日大社旧社司

①明治二年三月十日（不許可）

西家は本姓大中臣氏で、代々春日大社に神勤。父師応は同社権神主で、弘化二年(一八四五)九月に従三位に昇った。師香は氏人《うじびと》として丹波守に任ぜられ以後官位累進したが、維新後堂上格《とうしょうかく》を求めて請願している。「春日旧社司及石清水社司等堂上格ノ願ヲ允《ゆる》サス」によれば、明治二年(一八六九)三月十日付で「春日旧社司総代西丹波守願」を神祇官宛で提出。

今般新神司の内、藤氏堂上出の輩厚き思《おぼし》食《めし》を以て高格仰せ付けられ、御達の趣第一御社の規模深く有難く畏み奉り候。就いては旧社司の内公卿補任記に書き加えられ候上階の輩は権官《ごんかん》の内にも絶えずこれあり、殊に当時は二位の輩もこれあり候間、前般御達の御趣意に基づき公平の思食を以て恐れながら旧社司残らず同格に御執達仰せ出され、向後一社の古格相守り候様厳命の御沙汰願い上げ奉り候。総《すべ》て社司・新神司打ち合わせ候様兼ねて御達を承り居り候上、甚だ恐れ入り候えども、別紙の通り御聞済成し下され、倶々隔意無く和談を以て社儀評定仕り精勤奉り候はば、弥《いよいよ》社頭繁栄の基と深く有難く畏み奉り候。これに依り願の通り速やかに勅許成し下され候様、伏して願い上げ奉り候。謹言。

と嘆願。しかし、実際に堂上格を与えられたのは門跡と院家・学侶中でも藤原姓の堂上家出身者のみであり、これらは春日社の新神司の職に補せられた。これに対して西は、

右の通り仰せ出され畏み奉り候。就いては当職神主二位・正預三位は勿論、大中臣・中臣両姓の輩は悉く皆五位立にて総官転職上階に勅許の家柄に付、旧社司残らず右同格に仰せ付けられ候様願い上げ奉り候。この時に当たり、御鎮座以来の古格相失い候ては甚だ歎かわしく存じ奉り候。何分にも千有余歳の社格混雑これ無き様願い上げ奉り候。この段速やかに勅許成し下し置かれ候はば一社一同有難く、尚も永世精勤奉るべく候間、宜しく御沙汰伏して願い上げ奉り候。以上。

と自家も含め、代々春日社に神勤してきた大中臣姓の神主(中・中東・中西・向井・奥・奥田・正真院などの諸家)や中臣姓の神主(東地井・辰市・大西・富田・今西などの諸家)へも堂上格を与えて欲しいと請願するも「披露に及ばず。直ちに差し戻す」として却下されている。また西らは、同月再度神祇官宛で「春日旧社司総代西丹波守

願」を提出。

一、元興福寺住侶、右元来地下《じげ》の格にこれあり候処、復飾後尤も当分仮に当社付属新神(社)司に仰せ出され候に付、前後を顧みず、ただ杞然と御一新に基づき、去る辰四月由緒書等上覧に捧げ奉り、総《すべ》て同勤同格公平の御定目仰せ出され候はば倶々精勤奉るべき儀は勿論、総て一社一和の御裁判成し下され候様懇願奉り居り候処、勤めは抱え旧情隔心のみに罷り在り候。身分今また更に堂上《とうしょう》格に御取立仰せ付けられ候ては必定。その権威に募り神仕罷り在り候者奉仕一体の惑乱忽《たちま》ち社格混雑の基に相成るべく候間、何卒姓氏の規則立たせられ候上はその家々へ付属仰せ付けさせられ候様、恐れながら願い上げ奉り候。就中一社相続の儀は同列の外他家より養子相続堅く相成り難き社法に罷り在り、一家相続嫡子の外庶子他家相続の輩は婚姻を限りに帰続相成らず、僧体は得度を限りに帰続相成り難く、千歳以来の掟に御座候処、当今の形勢に旧来の社儀一時に廃止仕り候ては甚だ歎かわしく、第一神慮計り難く畏み奉り候。随って何卒社儀御取立、旧記・故実等焼失仕らず候様御採用成し下され、元僧体の輩は他姓堂上方の准を以て残らず里元へ召し帰させられ、実家の経営罷り在り候。恐れながら国家盛業は申す迄もこれなく、且つ以て社格なども混乱仕らず候様畏み奉り候。左候とても神仕差し支えの儀は聊かもこれなく候間、何卒千歳の社儀相守り肝要懇祈奉り候は弥《いよいよ》以て国家安寧、社頭繁栄の基深く有難く、一同畏み奉り候。右願いの通り速やかに勅許仰せ出させられ候様、伏して懇願奉り候。謹言。

これは元興福寺住侶中、非堂上出の者が新社司として旧来からの旧社司に交わり春日社に神勤しているものの、混乱が生じていることが窺われる。これも神祇官からは「沙汰に及び難き事」として却下されている。このような西家をはじめとする春日旧社司だけでなく、同時期に同じく堂上格を求めた石清水八幡宮社務の田中・菊大路《きくおおじ》・南の三家らの請願運動に対し、明治二年三月二十七日付で神祇官は太政官弁官に伺いを立てている。これによれば、

過日春日社新神司堂上格仰せ付けられ候後、旧社司よりも堂上格に仰せ付けられたき旨願い出候に付、右願書は差し戻し候えども、その後別紙の通り申し出で、猶また石清水社務よりも別紙の通り堂上格願い出候。右は無拠の訳には候えども、この後賀茂始め諸社より追々同様の儀願い出候は必定と相考え候。就いては春日新神主の内堂上格仰せ付けられ候分はこれ迄の禄高等その儘持参、山陵奉仕仰せ付けられ候ては如何これあるべき哉。左候えば新旧の両社司共にこの後異論もこれあるまじく、且つ諸社より同様の願い出もこれあるまじき哉に相考え候。なお御勘考給うべく候也。

とみえ、興福寺の一乗院・大乗院両門跡以下院《いん》家《け》・学侶中、堂上公家出身者は復飾のうえ、堂上格を与えられ、改めて春日大社の新神司を仰せ付けられているが、旧来より同社の神主をつとめてきた西家らの旧社司からも堂上格を求め、さらに石清水よりも同様の請願が、また今後は下鴨・上賀茂をはじめとする諸社からも請願があると危惧している。神祇官側の伺いに弁官は、

春日新神司の議に付昨日見込書を以て申し入れ候えども、猶また再案致し候処、仮令《たとえ》山陵奉仕仰せ付けられ候とも、やはり伊勢を始めたてまつり八幡その他歴朝の尊霊奉仕の諸社は御同様の姿にも相当たり候故、同様願い出候哉と相考え候。就いては山陵へも付せさせられず、直ちに闕下《けっか》仰せ付けられ候方然るべき哉と存じ候間、尚またこの段申し入れ候也、

と二十八日付で回答している。神祇官側が春日の新神司となった諸家の神勤を解き、山陵奉仕を命ずべきではないかという案を示したのに対し、弁官側はたとえそれらの諸家に山陵奉仕を命じたところで伊勢内宮・外宮をはじ

めとして諸社の社家から請願はあるであろうから、新神司らは速やかに朝勤を命ずるべきであると述べている。のちに奈良華族と称されるこれら興福寺出身者が堂上格を与えられたことを契機に社家の堂上格、ひいては華族格請願が増加していく傾向がみられる。

典拠　「春日旧社司及石清水社司等堂上格ノ願ヲ允サス」(『太政類典』)

西五辻文仲　にしいつつじ・あやなか

一八五九—一九三五

一代華族・旧興福寺学侶（明王院）

①明治九年五月二十五日（許可）

旧堂上《とうしょう》公家(半家)の五辻高仲《いつつじたかなか》三男。幼名は亀麿。維新前は興福寺明王院住職となり清純と称す。慶応四年(一八六八)四月に還俗し、翌年三月に非藤原姓出身につき生家へ復籍し、同年十二月従五位に叙せられ、一代限り堂上に列し、家禄を与えられて西五辻を称した。『公文録』所収「梶野行篤《かじのゆきあつ》外三名永世華族ニ被列ノ儀御沙汰相成度伺」によれば、明治九年(一八七六)五月二十五日付で太政官第二科で「華族従五位梶野行篤初四名へ御沙汰按」として、

　別紙京都府華族従五位梶野行篤初四名の儀は御維新の砌実家へ復帰仰せ付けられ、華族列に加えられ候後、明治三年十二月に至り二代目より士族に加えられ、華族半減下賜すべき旨仰せ付けられ候処、元来奈良春日社内に於いて竟《つい》に復籍致さず勤続候数名の者はその後直ちに華族に列せられ候に付、従前同様の奉職にて甲は一代華族、乙は永世華族と相成り何分不公平に相見え候処、畢竟前後彼此の処分に渉り候故、自然甲乙相違の不権衡相生じ候義と存じ候。就いては四名の者へ更に左の通り御沙汰相成り然るべき哉、諸按取り調べ相伺い候也。

として審議をしている。これは藤原姓出身者である門跡・院家・学侶が還俗後、そのまま春日大社に「新神司」として奉職し堂上格を与えられ、さらに明治二年以降華族格となったのに対して、非藤原姓の堂上家出身である梶野(平氏)・小松(同)・西五辻(源氏)・南岩倉(同)は一代堂上(のち一代華族)で、その身分が一代きりのものであり、二代目以降は士族に降格のうえ、家禄も半減するという措置を採られたことに対し、同じ興福寺住職でありながら甲乙の差を付けるのは不公平感があるとして、太政官において審議されたものである。おそらく、四名またはその実家筋より請願があったものと推測される。この太政官での審査は結局原案どおり梶野以下四家も一代華族から永世華族へ編入すべきものとされ、同月三十一日付で西五辻家も永世華族に編入される。ただし家禄については、「先般相達し候通り心得るべき事」として、二代目からは半減するものと決められている。こののち、十七年の華族令公布に際しては七月八日付で男爵が授与されている。

典拠　「梶野行篤外三名衛生華族ニ被列ノ儀御沙汰相成度伺」(『公文録』)

錦小路在明　にしきこうじ・ありあき

一八六九—一九一一

旧堂上公家（半家）・錦小路益子夫

①明治三十一年三月十四日（許可）

錦小路家は丹波姓の旧堂上《とうしょう》公家で家格は半家。幕末期の当主頼徳《よりのり》は従四位上・右馬頭《うまのかみ》に昇り国事寄人《よりうど》にも補せられるが、八月十八日の政変で失脚し、三条実美らとともに長州へ落ち延び、そのまま同地で病死した。同家はその後同じ堂上公家の小倉輔季《すけすえ》四男頼言《よりゆき》が相続するも明治十七年(一八八四)一月に没し、その娘益子《ますこ》が女戸主となったため、同年七月の華族令公布に際しては授爵されなかった。そののち、益子は子爵唐橋在正《からはしありさだ》の弟在明と結婚し、在明が錦小路家の当主となるが、同家は華族籍にありながら、未だ無爵であり、家格相当の授爵を請願。『授爵録』(明治三十一年)所収の三十一年三月十四日付の宮内省当局側立案書類によれば、

　右在明は子爵唐橋在正の弟にして、今般華族錦小路益子の入夫《にゅうふ》願い済み相成り、不日家督相続仰付けらるべきに付、華族

令第三条に依り授爵の義別紙の通り親族連署を以て願い出候。依て按ずるに同家は一新前家を起したる旧堂上にして、先々代頼徳は文久三年二月国事寄人に任ぜられ、同年八月三条実美等と長州に脱逃したる七卿の一人なり。左記の実美以下五名は維新前後夫々《それぞれ》要職に任ぜられ勲功顕著なるを以て特に家格より一階陞せて授爵の栄に与りたれども、頼徳は元治元年四月馬関《ばかん》に於いて没したるを以て特にその功労を録すべきものなきに付、在明は三条西季知の子公允《きんあえ》と同様授爵内規に照らし家格相当の子爵を授けられ然るべしと認む。右裁を仰ぐ。

と記される。錦小路頼徳は七卿落ちの一人とはいえ、長州で死没しているため、のちに赦免されて帰京し、功労をもって家格より一等上の爵位を授けられた先例には該当しないと判断される。同月十八日付で裁可され、二十四日付で旧来の家格相当の子爵を授けられている。

典拠『授爵録』明治三十一年

→錦小路某

錦小路某　＊にしきこうじ

生没年不詳

旧堂上公家（半家）

①明治二十四年三月二十四日（不許可）

錦小路家は丹波姓の旧堂上《とうしょう》公家で家格は半家。幕末期の当主頼徳《よりのり》は八月十八日の政変で失脚し長州へ落ち延びた七卿の一人として知られる。『山田伯爵家文書』所収の明治二十四年（一八九一）三月二十四日付「品川弥二郎《やじろう》書翰」によれば、「右御詮議の御参考迄に御手元へ覚書にして差し出し候。急候間よろしく御願申し上げ候」と記され、別紙には「甲子の乱前後より尽力ありし九公卿、非蔵人《ひくろうど》その他のものへ御賞の事」として「沢宣嘉《のぶよし》卿跡は他の六公卿同様に伯爵に昇せたき事」とみえる。この当時、七卿中、沢・四条・壬生三家については家格より一等上の陞爵を望んだ経緯が確認でき、錦小路家も同様に陞爵を企図して請願していた可能性がある。この当時の錦小路家は益子《ますこ》が女戸主であり無爵華族。誰が推定家督相続人に擬せられていたかは不明。

典拠「品川弥二郎書翰」（『山田伯爵家文書』二）

→錦小路在明

西三条公允　にしさんじょう・きんあえ

一八四一―一九〇四

旧堂上公家（大臣家）

①明治二十四年六月十九日（不許可）

②明治三十六年十月（不許可）

西三条家は大臣家《だいじんけ》の家格を有する旧堂上《とうしょう》公家で、明治十七年（一八八四）七月の華族令公布時には公允が伯爵を授けられた。翌年に家名を三条西《さんじょうにし》から西三条に改め、大正七年（一九一八）に再度三条西に復している。公允の伯から侯への陞爵については、明治二十四年にすでに確認されており、『嵯峨実愛《さねなる》日記』同年六月十九日条によれば、

西三条公允方に於いて状を遣わす。近来特旨を以て陞爵の家々数家に及び、この中維新前西国脱走人少なからず。然るに西三条父季知《すえとも》卿その中に在るの処、今度その栄に漏れ遺憾。仍て内々心配これあるべき歟《か》心に添う所也。

とみえ、嵯峨家が同族である西三条家について長州へ落ち延びた七卿中、同家の陞爵が洩れた点について心を寄せていることが記されている。具体的に嵯峨家や同じ閑院《かんいん》流に属した旧堂上公家が陞爵運動を起こしたかは未確認であるが、この時は成功せずに終わる。また、「三条西季知陞爵願」によれば、明治三十六年十月付で三条公美《きみよし》公爵、土方久元・東久世通禧《みちとみ》両伯爵の連署で宮内大臣田中光顕《みつあき》宛に同家の侯への陞爵を請願。

伯爵西三条公允儀目下不治の重患に罹り居り候処、同人亡父季知儀は公美亡父実美等と同じく曽《かつ》て艱難を共にして国事に尽瘁せし者にこれあり。その維新後に及びて官職を奉ぜし履歴に至りては人々各別にして一様に看るべきにあらざれども、

その文久年間に長州に奔《はし》り前後の事の如きはこれを同功一体の者と謂わざるべからず。世に七卿の称あるもまたこれが為なり。顧うに実美は勿論、久元・通禧が輩に至るまで苟もこのことに与りて維新の盛運に際会せし者は爵制を定めらるる後、その身或いは子孫に対し何れも格外の栄爵を賜り寵遇を蒙りたれども独り季知のみは只尋常の華族と一例の叙爵に与りたるのみにて、未だ特殊の恩光に浴することを得ず。往事を追懐すれば感慨転た切なり。今や季知の死を距ること已に二十四年にして、公允の命晨に夕を慮られざらんとす。而して久元・通禧の如きもまた各頽齢《おのおのたいれい》に赴けり。一朝卒然として溝壑《こうえい》に委せらるるに至らば誰が復《ま》た季知の為に当年を語るものあらん。これ下名等が悃願《こんがん》の已《や》むを得ざる所以なり。仰ぎ望むらくは更に季知の旧勲を録せられ、公允の未だ死せざるに及びて陞爵の恩典あらせられ候様御詮議相成りたく本人略歴相添えこの旨内願候也。

と記し、公允が不治の重患である点を述べたうえで、公允先代の季知が尊王攘夷派の公家として活躍し、長州へ落ち延びた七卿の一人であることを述べ、その功労を以て陞爵を企図するも却下。公允は三十七年六月没。

典拠　『嵯峨実愛日記』明治二十四年六月十九日条(宮内庁宮内公文書館所蔵)、「三条西季知陞爵願」(同)

西高辻信全　にしたかつじ・しんぜん

一八二二―七一

太宰府天満宮社務職

①慶応四年四月（不許可）

②明治二年一月二十八日（不許可）

③明治二年一月三十一日（不許可）

堂上《とうしょう》公家梅小路定肖《さだゆき》四男。幼名は幼丸。高辻以長《もちなが》の養子となり、天保六年(一八三五)太宰府に下向、剃髪して延寿王院信観《えんじゅおういんしんかん》の付弟となり、信全と改名。同九年一月には信観跡を相続し太宰府天満宮社務職に就き、以後官位累進して法印《ほういん》・権大僧都《ごんのだいそうず》に昇る。『太宰府天満宮古文書目録』所収「奉願口上之覚」によれば、慶応四年(一八六八)四月、同院は高辻家庶流に付、西坊城《にしぼうじょう》家の名跡を相続して高辻家別家として新規取立を請願。また、同年九月十五日に復飾の為、信全には従五位下を、また付弟である信厳には正五位下(案文では従四位下)の叙位も神祇官宛で申請している。西坊城家は高辻家庶流の堂上公家であり、寛永十一年(一六三四)に西坊城遂長《かつなが》が本家高辻家を相続するにあたり廃家となり、その後長く断絶している。この西坊城家を信全が名跡相続し、さらに還俗にあたり堂上に列したい旨を願い出るも許されていない。明治元年(一八六八)九月十六日に延寿王院の号を廃して、西高辻と称するが、「奉願口上之覚」によれば、翌二年一月二十八日付で従来太宰府天満宮の正別当職を世襲してきた上は還俗後はその処遇に相応しく堂上家に取り立てて欲しい旨を同族東坊城任長《ただなが》から太政官の弁事役所へ提出。また、続いて同月三十一日付で同様の内容で本家高辻修長《おさなが》と同族桑原輔長《すけなが》ら四名の連署で輔相《ほしょう》の三条実美宛で提出し請願するもともに却下される。叙位に関しては同年二月二十三日に信全と付弟で養子となった信厳《のぶかね》の両名へ従五位下が許されるに止まっている。西高辻家の華族昇格への請願は信厳に引き継がれている。

典拠　「奉願口上之覚」(太宰府天満宮文化研究所編集『太宰府天満宮所蔵古文書目録』)

→西高辻信厳

西高辻信厳　にしたかつじ・のぶかね

一八四六―九九

元太宰府天満宮社務職、太宰府神社宮司兼大講義

①明治十三年十二月二十四日（不許可）

②明治十五年六月十二日（許可）

西高辻家は元太宰府安楽寺《あんらくじ》別当で、延寿王院《えんじゅおういん》信厳と称する。信厳は堂上公家高辻以長《たかつじもちなが》の四男。維新前は法眼《ほうげん》・権少僧都《そうず》に叙任されていたが、維新時に信全とともに還俗し僧官位を返

上。当初は絶家となった西坊城《にしぼうじょう》家の再興、高辻家庶流として堂上家の取立を請願するも却下。還俗後の西高辻家は社家として扱われ、明治四年（一八七一）五月には社家として叙されていた従五位も失位となる。『公文類聚』所収「西高辻信巌《ママ》特旨ヲ以テ華族ニ列ス」および、『公文録』所収「太宰府神社宮司西高辻信厳華族ニ編列ヲ請フ件」によれば、十三年十二月二十四日付で「華族編籍ノ儀ニ付願」を福岡県令《けんれい》渡辺清《きよし》宛で提出しており、

　私方家系の義は往古菅原善昇太宰府安楽寺〔安楽寺は道真仏葬の地を云う〕の別当に補せられ、赴任以来代々太宰府神社の社務を司り、往古は朝廷及び将軍家並びに各武家よりも夥多《かた》の神領を寄付せられ、徳川家代に至り筑後国下妻水田村に於いて旧来の如く千石の除地を寄付せられ、同所に於いて久留米旧領主有馬豊氏《とようじ》以来二百五十石、旧領主立花親盛以来水田村近傍本郷村にて五十石、合高千三百石〔西高辻家の所務〕、筑前国領主黒田長政《ながまさ》以来旧格の如く御笠郡《みかさぐん》太宰府村に於いて高二千石の土地を寄付せられ、右高の内五百石都合禄高千八百石所務仕り、社務並に柳川立花家五十石を除き、総社領三千二百五十石の土地人民支配仕り来たり、且つ旧藩政中は太夫同様の取扱なるも、他の太夫と異なり公私の用務及び寒暑の応問等通常一般の礼式を用い、敢えて君臣の懸隔なく、取扱振り頗る鄭重に候処、御一新御改革に付、旧幕証文は明治元年六月二十七日弁事御役所へ差し出し〔旧幕の寄付の外有馬・立花・黒田等の寄付地は爾後追々上地或いは事故ありて悉くこれを返還す〕、太宰府神社の義は九州地方大社に付、明治元年九月十二日神祇官直支配仰せ付けられ、私儀は明治二年二月二十三日神祇官に於いて従五位下に叙せられ、社務旧の如く奉職罷り在り候処、明治四年六月太宰府神社国幣小社列に御建これあり候節、神祇官より爵位これある分は早々返上致すべき仰達により位記返上仕り候。然る処福岡県筑前国旧神官族籍編入の節、他旧神官は一般平民籍へ編入相成り、私のみ明治五年十月十三日無禄の士族に編入これあり。抑《そもそ》も私家系の義は別紙の通り中祖菅原道真以降堂上《とうしょう》華族の血統連綿し、特に他の末葉後胤等と唱え候類にこれ無く、全く菅原善昇以降大鳥居は一己独立の家系にして、加うるに信賢以降代々華族より継嗣仕り来たり候家筋にて、深く遺憾の事に存じ奉り候えども、他社家は一般平民籍に編入相成り候程の改革に付、その砌は黙止仕り居り候事にこれあり候。然る処九州地方に於いても阿蘇及び宇佐・英彦山《ひこさん》の如く同類の旧神官追々華族に列せられ候類例もこれあり候に付、御詮議の上華族に編籍成し下されたく、この段悃願《こんがん》奉り候也。

として自家の由緒を述べ、代々堂上家より継嗣を迎えている点、またすでに阿蘇・宇佐・英彦山の諸社の神官が華族に列している点を挙げて自家の華族編列を願い出ているが、不許可となっている。この請願はすぐに審査されなかったか、願書が保留されていたためか、前掲「太宰府神社宮司西高辻信厳華族ニ編列ヲ請フ件」によると十四年十一月十一日に太政官第二局で審議されている。この審議では、

　別紙内務省伺福岡県下筑前国太宰府神社宮司西高辻信厳華族編列の義審査候処、これ迄旧神官にして華族編列出願候もの追々これあり、就中《なかんずく》神宮旧神官荒木田《あらきだ》・度会《わたらい》の両姓及び鹿島神宮大宮司鹿島則文等の如きその家系由緒に至りては西高辻と格別優劣これ無きものと相考え候。然るに前数人は同族編列を許されずして、今独りこれに許すは穏当ならざる義に付、左案の通り御指令相成り然るべき哉、高裁を仰ぎ候也。

として、同時期伊勢神宮や鹿島神宮の旧神官からの同様の請願も却下していることから、西高辻家のみを華族に編列できないとして同月二十八日付で不許可としている。前掲「西高辻信巌《ママ》特旨ヲ以テ華族ニ列ス」によれば、十五

年六月十二日付で同族である高辻修長《おさなが》・久松勝成《ひさまつかつしげ》・唐橋在綱《からはしありつな》・前田利豊・同利嗣《としつぐ》・松平定敬《さだあき》・柳生俊郎《としろう》ら計七名が「内願書」を太政大臣三条実美宛で提出。

西高辻信厳家系の義は天《あめの》穂《ほ》日命《ひのみこと》裔贈正一位太政大臣菅原道真長男右大弁《うだいべん》高親七世孫善昇太宰府安楽寺別当に補せられ赴任以来信厳に至り連綿、菅原姓を以て相続、太宰府神社々務を司り来たり候。且つ神領の義は徳川家より筑後国下妻郡《しもつまぐん》水田村に於いて千石の除地を寄付、久留米領主有馬豊氏より二百五十石、柳川領主立花親盛より本郷村にて五十石、筑前領主黒田長政より御笠郡に於いて高二千石を寄付、神領の土地人民支配仕り来たり候処、御一新御改革、後太宰府神社儀神祇官直支配仰せ付けられ、西高辻信厳従五位下叙位、社務旧の如く奉職罷り在り候処、明治四年六月太宰府神社国幣小社に御達これあり、御布告を以て位記返上の義仰せ付けられ、無禄士族編入相成り候。抑も西高辻信厳家系の義前書の如く菅原姓連綿相続、太宰府神社奉職致し来たり候義に候得ば、九州地方阿蘇及び宇佐、且つは英彦山の如き各家華族に列せられ候類例もこれあり、西高辻信厳儀も格別の御詮議を以て同様仰せ付けられ候えば、宗族の栄誉これに過ぎずと存じ奉り候に付、この段内願に及び候。何卒然るべく御取計の義悃願《こんがん》奉り候也。

として同家の華族昇格を求めている。これに対して同日付で内閣書記官伺「太宰府神社宮司西高辻信厳特旨ヲ以テ華族ニ被列従五位宣下ノ事」として、

西高辻信厳儀華族に列せられたく、宗族連署出願の趣審案候処、同家の義は累代太宰府神社々務を司り、維新後は神祇官に於いて該社直管仰せ出され候えども、信厳儀既に従五位宣下、社務旧の如く奉職罷り在り候処、明治四年五月中一般の社格改正の際、太宰府神社を以て国幣小社に列せられ、神官従来の叙爵総て止められ候旨布告に依り信厳儀も位記返上致し候事にこれあり候。抑も西高辻家の儀は菅原道真長男右大弁高規の末孫善昇を以て太宰府安楽寺別当に補せられし以来、信厳に至るまで連綿、菅原姓を以て相続致し来たり候家系に付、英彦山神社座主《ざす》高千穂《たかちほ》教有《きょうゆう》華族に列せられ候類例もこれあるに付、願意聞こしめされ華族に列せられ然るべき哉、別紙参照を具しこの段相伺い候也。

として旧英彦山座主の高千穂家が華族に列している先例を挙げて審議を求めている。この審議における理由は明記されていないが、この二度の請願が功を奏したためか、同月二十三日付で西高辻家は華族に列せられ、十七年の華族令公布に際しては七月八日付で男爵を授与されている。

典拠　「西高辻信厳特旨ヲ以テ華族ニ列ス」（『公文類聚』）、「太宰府神社宮司西高辻信厳華族ニ編列ヲ請フ件」（『公文録』）

→西高辻信全

西洞院信意　にしのとういん・のぶむね

一八七四―一九三六

旧堂上公家（半家）・子爵

①昭和十一年頃（不許可）

旧堂上《とうしょう》公家。明治十七年（一八八四）七月の華族令公布に際し、先代信愛《のぶなる》が子爵を授与された。同じく堂上華族である侯爵嵯峨公勝《きんとう》の『恩賜来歴』の自序によれば、「桃園天皇が御記録中に残り給いたる四忠臣三条・徳大寺・高野・西洞院四家の中、（中略）西洞院家は僅かに子爵家として現存せるだけにて」「西洞院家の昇爵運動も京阪地方居住、かつ病弱の模様に仄《そく》聞《ぶん》せられし故その儘にして」と記されており、宝暦事件の際の忠臣末裔であることを理由とし、松木宗隆《まつのきむねたか》伯爵を介して昭和十一年（一九三六）頃に信意が子から伯への陞爵を企図するも、東京近郊ではなく京阪地方在住という地理的要因や、本人の健康問題もあってか運動が進まず、結局陞爵は実現せず、信意も同年八月に没す。

典拠　嵯峨公勝『恩賜来歴』

西山氏寅　にしやま・＊うじとら

生没年不詳

足利義輝末裔

①明治十二年八月八日（不許可）

旧熊本藩士で足利義輝《よしてる》末裔を称する。熊本藩細川家には、足利幕府の遺臣が多く召し抱えられており、西山家もその一つであるが、厳密には後述のように足利義昭《よしあき》ではなく義輝の末裔とされ、義輝の子尾池玄蕃《おいけげんば》を始祖としている。玄蕃の子至之が西山を名乗り、以後代々同藩士として明治維新を迎えている。当時の当主は西山氏寅。「三条家文書」所収の明治十二年（一八七九）八月八日付「押小路実潔《おしこうじさねきよ》書翰」によれば、「名族取立テ依頼・猶子処遇ノ事」として、

　恐れながら愚存の儀献言仕り候事。華族は国家の標準、これ然しながら祖宗以来積徳の故にして万民の模範に存じ奉り候。近比《ごろ》追々その勲を探り御新選遊ばされ候段、朝恩の至り有難き次第に存じ奉り候。付いては左の家の如きは著名の族に候処、未だその御沙汰に及ばれず候。

と、若江《わかえ》・半井《なからい》・幸徳井《こうとくい》・氷室《ひむろ》・尊龍院《そんりゅういん》・西山・平島（足利）の七家を挙げて華族への編列を推挙。西山には「義昭将軍末裔にして細川家に客たり。足利家は清華《せいが》衆也」とする。押小路は足利家は公家社会では摂関家に次ぐ「清華衆」の家格に相当すると記し、その家格の高さを認めているが、結局同家の華族編列は認められず、こののち十七年七月の華族令公布以降も同家は授爵していない。

典拠　「押小路実潔書翰」（「三条家文書」）、福原透「西山家資料が語るもの」上・下（『熊本日日新聞』平成八年九月二十一日・二十五日朝刊）、松田敬之「明治・大正期京都官家士族の動向に関する一考察―華族取立運動と復位請願運動を中心に―」（『京都産業大学日本文化研究所紀要』六）

二条正麿　にじょう・おさまろ

一八七二―一九二九

公爵二条基弘養弟

①明治三十五年七月（許可）

旧五摂家の一つ、公爵二条基弘《もとひろ》の養弟。正麿は幕末に関白・摂政をつとめた二条斉敬《なりゆき》の実子であったが、二条家は九条尚忠《ひさただ》八男の基弘が相続、明治十七年（一八八四）七月の華族令公布に際して公爵を授けられたのも基弘であった。正麿の立場は基弘の養弟というものであったが、分家・授爵は三十五年七月頃には請願が出されていたと思われる。『授爵録』（明治三十四～三十八年）所収の同年十月二十三日付宮内省当局側立案書類「二条正麿分家ノ際華族ニ列シ男爵ヲ授ケラレタキ件」によれば、

　右二条正麿、戸主基弘の同意を得て分籍し、更に一家を創立せんとする手続中の由。別戸の上は当然平民籍に編入せらるべき者にこれあり候処、右正麿は実際戸主基弘の先代斉敬の実子にして、その家督相続人とも成るべき者なれども、その未だ生れざるに当たりて基弘既に九条家より入りて養子と成り居りたるに因《よ》り、乃《すなわ》ちその家を嗣ぐことを得ずして、今や別戸せんとする次第にこれあり候。抑々二条家は旧五摂家の一にして、帝室に対し特別の関係を有し奉る名家たるは言うを須たず。右斉敬は深く先帝の御信任を得て関白職を奉仕し、国歩艱難の際一身の名節を犠牲にして専ら聖慮の貫徹を図り、これが為維新の際却って厳譴を蒙むるに至り、且つ当時機密の書類の如きは煩を先朝に及び些からんことを恐れて一切これを火中に付したれば、今その功績を考うるに由なしと雖も、その一意君国の為に尽しし誠忠に至りては、復《ま》た掩《おお》うべからざる儀にこれあり、斯人の真血脈をして空しく民籍に置かしめられんことは事の宜しきを得たる者にこれなし。就いては正麿分家の時に臨み、一には斉敬の苦衷を録せられ、一には名門の出自たるを重んぜられ、特旨の例を以てこれを華族に列し男爵を授けられ然るべき歟、

裁を仰ぐ。

として、本来は正麿が二条家を相続すべき出自でありながらも、斉敬没後の誕生であったがため、それが叶わなかった点を記す。さらに斉敬が国事に尽くした功労も併せ、正麿への分家・授爵を検討。これに対して、当時宮内省爵位局長であった岩倉具定《ともさだ》は「意見」を同年七月付で作成しているが、これによれば、

公爵二条基弘ノ養弟正麿〔基弘の養父故斉敬の四男〕を華族に列し爵を授けらるるべきや否の件を按ずるに、正麿の父故斉敬は夙に先帝の股肱《ここう》と為りて御信任厚く、国家多難の時に際し抜群励精、内外の機務に当たり叡慮を安んじ奉り、また今上践祚の初め摂政と為り一身の譏誉《きよ》を犠牲として専ら先帝の御遺旨《いし》を体任す。而してその在職中、特に曖昧の処置ありとし、一たび失政の責を免がれざるものあり。表面汚名を止めたりと雖も、今にしてその当時の国状を察するときは、自ら内面の事情憫諒《びんりょう》すべきもの甚だ多きを知るに足る。必竟するに斉敬の如きは忠実の臣にして、而かも事情の許さざるものあるが為にその効績及び赤誠の世に顕われざる不幸の者と謂うべきなり。而して現在二条家が公爵の栄位に列せらるるは他の九条家・一条家等と均しく倶に旧五摂家たりしが故にして、九条・一条両家既にその家より華族に列し爵を授けられたるものを出したりとするときは二条家も亦公爵たるが故にこれと同様の恩典に洩るることなかるべからざるが如し。而してその九条家よりせし鶴殿忠善《つるどのただよし》に於ける、九条良政《よしまさ》に於ける、また一条家よりせし一条実基《さねもと》に於ける、その皇室の外戚たるの点は姑《しばら》く措《お》き、前者は九条家の当主道孝が勲功に因り、後者は一条家の当主実輝《さねてる》がその養家たる該家に於ける家事上の情実に因りこの恩典を与えらるるに至りしものにして、その栄典を得たる本人自身にありて、別に勲功の録すべきものなきの点に於いては両家倶《とも》に一様なり。而してまた今本件内願の主たる二条基弘たるや、その身生家より出でて二条家の先代右斉敬の養子と為り該家を継ぎて公爵と為りたるものなれば、一は以てその養家に於ける先代の効績を旌表し、一は以てまたその先代の直系血族をしてその家の栄誉を分けこれに浴せしめんと欲するは実に基弘の地位として情義上当然の事に属し、その因由とする所同じくその一家の情実に存するは右一条家と殆ど類を同じくす。而してまたこれを広く従来の授爵の実例に徴するも、侯爵・伯爵の家に於いてすらその維新の際本人の父祖たる者功労として見るべきものあるときは忽ちその子孫分家の際華族に列し爵を授けられたるもの少なからざれば、今五爵中最上級に位し特別の優遇を蒙れる公爵家の如き名門にありてはその相当の因由ある場合に於いては、向後その子孫一名を限り分家の際特に華族に列せられ爵を授けらるるを得るべきものとし、他日その未だこの恩典に与らざる旧五摂家中近衛・鷹司《たかつかさ》等にしてその内願ある場合に於いてはまた均しくこれと同様の栄誉を蒙らしむるの方針を定め置かば、これが為将来この範囲を超えて広く他に及ぶの影響なく、更に不都合を生ぜざるべしと信ず。

と縷々意見を述べている。これによれば、二条正麿の場合は、三十五年三月十日付で男爵を授けられた一条実基の例と同様、本来生家を相続すべき身でありながら、他家より養子が入ったがために当主の養弟という立場に置かれていた点を指摘。また維新時における勲功を理由として侯・伯爵家よりすでに分家・授爵が認められている先例が多い点も挙げ、五爵中最高位にある公爵家の場合、今後は一名を限って分家・授爵を認めるべきであると意見を述べている。これが今後の内規として繫がっていくと思われる。岩倉はこの意見の末尾でこれにより二条家よりの内願の旨意を容れ、正麿の授爵を認めるべきとし、「但しその爵の等級は単に有爵者の分家を以て論じ、従来の

例に依り男爵を授けらるるは以て至当とす」とし、摂家公爵の場合も、分家授爵は通例の男爵にするべきと述べる。これにより同年七月二十九日に裁可を経、十二月五日付で男爵が授けられている。

典拠　『授爵録』明治三十四～三十八年

二条邦基　にじょう・くにもと

一八八六―一九三六

公爵二条基弘次男

①大正十三年一月十七日（不許可）

旧五摂家の一つ、二条基弘《もとひろ》公爵の次男で、厚基の弟にあたる。大正四年（一九一五）慶応義塾大学法科を卒業後、横浜正金《しょうきん》銀行に入行。九年退職して特許インク会社取締役、十三年東京地下鉄道株式会社に入社して調査課勤務。『授爵陞爵申牒書類』によれば、昭和三年（一九二八）十月二十五日の旧東北諸藩藩主の陞爵、田中俊清《としきよ》・江川英武《ひでたけ》の授爵、徳川好敏《よしとし》の復爵の次に「先例」として、大正十三年一月十七日付で当時の清浦奎吾内閣が宮内大臣牧野伸顕に宛てて「別紙正六位江川英武外十一名、陞爵・授爵及び復爵の件は家格に属するものに付、参考として回付に及び候」として、正六位江川英武・藤波氏宣・世木《せき》氏公・従七位勲七等薗田守理・正八位久志《くし》本常幸《もとつねゆき》・正六位勲六等松木時彦・従五位勲六等檜垣常伯《つねおさ》・檜垣清澄・慶光院利敬《けいこういんよしゆき》・男爵島津久厚《ひさあつ》・陸軍工兵中佐正六位勲四等功四級徳川好敏と二条邦基の計十二名を列挙。この当時、これらの授爵・陞爵・復爵が申牒されたものの、不許可となったことが明らかである。二条家においては、すでに先々代二条斉《なり》敬《ゆき》四男の正麿《まさまろ》が明治三十五年（一九〇二）十二月五日に分家・授男爵の栄典に浴しているが、摂家出身の公爵家からは一名に限り分家・授爵が許されるという内規に従えば、邦基の男爵授与は極めて困難であった可能性が高い。邦基の場合は、『東京日日新聞』大正八年十月二十日朝刊でも大きく報じられているが、加賀藩人持組頭（八家《はっか》）の一、三万石を領した横山男爵家の親族で、金沢商業会議所会頭・横山工業社長・石川県山林会副会長・衆議院議員・貴族院多額納税議員もつとめた石川県士族の横山章《あきら》の娘和子であり、分家をしても華族としての体面を維持するだけの資産も充分であったと思われるが、結局こののちも授爵することなく終わった。

二条邦基

典拠　『授爵陞爵申牒書類』、『東京日日新聞』大正八年十月二十日朝刊

→二条正麿

二条秀源　にじょう・しゅうげん

一八五二―一九三五

誠照寺住職・権中教正

①明治十四年五月十八日（不許可）

②明治十四年十一月九日（不許可）

③明治十五年四月十九日（不許可）

④明治二十九年一月二十二日（不許可）

二条家は越前国鯖江の浄土真宗誠照寺《じょうしょうじ》住職を世襲する家柄であり、代々法印《ほういん》・僧正に叙任され、堂上《とうしょう》公家との縁組みを重ね、清華《せいが》家の猶子《ゆうし》となる家例を有する。秀源は先代にして西園寺寛季《ひろすえ》猶子でもある秀量《しゅうりょう》の子で、自身は初めて摂関家の一つ、二条斉敬《なりゆき》と猶子契約を結び、維新後は二条を家名としたが、士族ではなく平民籍に編入されている。同家の華族編籍・授爵請願は明治十四年（一八八一）より確認され、『太政類典』所収「誠照寺住職権中教正二条秀源華族ニ編列ヲ請フ件」によれば、同年五月十八日付で「族籍御引直願」を福井県令石黒務《つとむ》宛で提出。

当寺儀は土御門天皇御宇、承元元年宗祖見真大師左遷の時、当国上野と云う所に留錫《りゅうしゃく》して草創せり。これを開祖とす。第二世道性・第三世如覚と伝燈し、爾来《じらい》連

二条秀源

綿相続し、秀源迄二十六代を経歴仕り候。既に住職の儀は後二条天皇嘉元三年の春、如覚参内の時より秀海迄は住職の宣旨《せんじ》頂戴の上、僧正席に於いて天顔を拝し奉り候処、秀如の代よりは僧正・法印の官位拝戴し、清涼殿に於いて天顔拝仰せ付けられ候。尤も従来代々旧清華の猶子に御座候。然るに前住職秀量住職中、孝明天皇御在世万延元年四月、旧摂家二条内大臣の末男入寺、付弟の契約を為し、双方より公武共御届済に相成り、即ち同年入寺。爾後代々旧家の猶子にて住職相続致すべき旨定契、以来参府の節は旧将軍徳川家にても対顔の例に御座候故に文久二年冬雲上明鑑本願寺等に順列し、准門跡《じゅんもんぜき》同列の公認より入り、明治二年六月、秀源官位の儀に付願い上げ候処、准門跡本願寺等同様の御沙汰を蒙り有難く存じ奉り候。これに依り家族書き上げ、堂上方同様《どうよう》。中御門《なかのみかど》御留守官へ差し出し候儀も御座候処、明治七年僧尼編籍の義に付、御公布の節真世襲の者も一般平民席へ編入仰せ出され、従来格別の寺格、頓《とみ》に廃棄の態に相成り候処慨歎に堪えず、衆末寺に於いても今に甘服仕らず、日夜非望罷り在り候姿、就いては今更恐縮の至りに存じ奉り候えども、前条の由緒御洞察の上、恐れながら特旨を以て華族籍へ御引き直し成し下されたく、因《よ》て茲《ここ》に由緒等相添え、この段恐願奉り候条然るべくその筋へ御執達下すべく候也。

とあり、「由緒書」「誠照寺略系図」を添付。由緒書には、

(一)如覚より秀海迄は住職の宣旨拝戴のうえ、僧正席に於いて天顔を拝し奉り候。

(二)秀如より秀量迄は二十歳以上にて僧正・法印の宣旨相戴、清涼殿に於いて天顔拝仰せ付けられ候事。

(三)従来代々旧清華猶子の事。

(四)万延元庚申年四月、旧摂家二条内大臣の末男政麿入寺、付弟契約の以後代々旧家猶子の事。

(五)文久二壬戌年冬、雲上明鑑并《なら》びに都《みやこ》仁志喜《にしき》、本願寺等に順列の事。

(六)明治元年六月、准門跡本願寺・東本願寺・専修寺《せんじゅじ》・仏光寺・錦織寺《きんしょくじ》の例に准じ太政官弁事御役所へ献金願差し出し、御聞き届けの上金円上納致し候事。

(七)同二年六月、官位の義に付願い上げ候処、准門跡本願寺分四ヶ寺同様の旨御聞き届け相成り候事。

(八)同三年冬、中御門御留守官へ当寺家族書差し出し候。即ち諸堂上方同様の義にて同五年迄は地方官の人別にはこれ無き義に候事。

(九)諸門跡方同様京都府上京古木町に里坊を置き、諸願伺届等執奏のため留守居差し出し置き候事。

(十)本山吹挙状を以て末寺の内叙位宣旨相戴致し候事。

(十一)寺領并びに境内、天正十一年秀吉より有年の如く異議すべからざるの旨墨付を申請候事。

(十二)慶長三年秀次《ひでつぐ》よりも前々の通り諸役免許の旨墨付を申請候事。

(十三)徳川家に至りて代々寺領并びに境内諸役免除たるべき旨の朱印を申請候事。

と計十三の由緒を列挙して述べている。これを受けて県令石黒は同月二十七日付で内務卿松方正義宛で「華族編入願ニ付伺」を提出。

管下越前国今立郡深江町真宗誠照寺派本山誠照寺住職・権中教正二条秀源、華族へ編入方別紙写の通り願い出、取調候処、暦(歴)代中僧官事拝受の者これあり、通常僧侶とも異なり候条御証拠の上何分の

御指揮これありたく、この段相伺い候也。

とし、誠照寺が通常の寺院ではなく、住職二条家も通常の僧侶ではない点を確認したうえで政府の判断を仰いでいる。二条家の請願に対してはすぐには判断されず、同年十一月九日には太政官第二局では、

別紙内務省上申誠照寺住職・権中教正二条秀源華族編列の義を案ずるに、該県申し立ての如く歴代中僧官拝受の者これあり。通常僧侶とも異なりとの廉を以てこれ等を華族に列するときは、他の僧侶中に於いても歴代僧官拝受の者これあるに付、忽《たちま》ち影響を及ぼし、甚だ然るべからざる義と存じ候。因て左案の通り御指令相成り然るべき哉、高裁を仰ぎ候也。

としたうえで、同月二十六日付で正式に「上申の趣聞き届け難き義と心得るべし」としてこれを却下している。また『公文録(副本)』所収「越前国真宗誠照寺住職二条秀源由緒ノ件」によれば、内務省戸籍局長より内閣書記官への書翰中で「去る十九日付を以て同人華族編入再願の件上申の節」とあり、十五年四月十九日にも前回同様の請願をしていることが確認できる。また『授爵録』(明治二十九年)によれば、二条家側からの請願書は綴られていないが、宮内省爵位局側の明治二十九年一月二十二日決定事項「誠照寺族籍願ノ儀ニ付意見」に、

誠照寺住職二条秀源族籍願の件を按するに、誠照寺の申し立てに拠れば同寺の開祖は見真大師《けんしんだいし》にして、承元々年大師越後国へ左遷の時、越前国上野の草舎に留錫《りゅうしゃく》して浄土真宗の教えを布く。これ当寺の草創なり。その後大師の第五子道性茲《ここ》に住持し、その長子如覚相継ぎて教化を布くと云う。然るに前段は事実とするも、後段は両本願寺の系譜に照らし聊か疑惑を生ず。何となれば同系譜中親鸞の子に道性なる者を見ざればなり。仮に道性は親鸞の第五子有房が同寺に入りたる後改名したるものとするも、血統を以て相続したるは二十二世秀蓁に止まり、その二十三世秀厳に至りては誠照寺系譜に示す如く二条治孝の子にして男系の血統存せざるなり。二十四世秀観は秀厳の子とあれば、秀厳の血統相続に相違なきも、二十五世秀量は西園寺寛季の猶子にして秀観の嗣子となるとありて、その系図に何人の子なるやを詳らかにせず。但し、その室は秀観の女光子とあれば僅かに女系を以て二条治孝の血統を維持したるの跡あり。二十六世即ち今の秀源は二条斉敬の猶子にして、実は西園寺寛季の末男とあるも、西園寺家の系譜に拠れば寛季の子は治季《はるすえ》の一人にして、他家の養子となりしものなし。然らば則ち当主秀源は抑《そもそ》も何人の実子なるや詳らかならず。且つ秀厳以下に於いては親鸞男系の血統は全く絶え、光子の如き僅かに一人の女系を以て血統を維持したるの跡あるも、その他の養子は家女に配偶せしめたるや否やを詳らかにせず。血統の関係前掲の如し、また寺格に就きこれを云えば同家は准門跡格と自称するも曽《かつ》て寺号勅額を賜りたるまでにて、未だ門跡格に准ずるの宣旨を賜りたることなし。畢竟真宗一派の管長として優等なる寺格を有するものと見るを得るべきも、彼の本願寺の如き血統連綿として勅許門跡の称号あるものと日を同じくして論ずべきものにあらざるなり。右の理由なるに依り本願の如きは銓《せん》議《ぎ》すべきものにあらずと思考す。

として同月二十四日付で書記官の手を経て願書類が却下されたと記す。系譜の面での疑義についてであるが、二条秀源が西園寺寛季の密子《みっし》(落胤)である点は学習院大学史料館寄託『西園寺家文書』中の「西園寺寛季子女の書上」に寛季六男と明記されているのでこれは宮内省爵位局の調査不足であろうが、二条家側が主張する誠照寺が准門跡格という点については「自称」であるとし、また同家における親鸞の男系はすでに絶えている点などの理由から請願が却下されたとし、このののちも同家は授爵されずに終わっている。

典拠　「誠照寺住職権中教正二条秀源華族ニ

編列ヲ請フ件」(『公文録』)、「越前国真宗誠照寺住職二条秀源由緒ノ件」(『公文録』(副本))、『授爵録』明治二十九年

新田観光　にった・かんこう

生没年不詳

旧高家・元中大夫新田貞靖女

①明治二十五年（不許可）

旧幕時代に高家《こうけ》旗本であった新田貞靖《さだやす》の娘。「観光尼《かんこうに》」とのみ記され、実名は不詳。同家は由良《ゆら》を称していたが、慶応四年(一八六八)七月二日に本姓の新田に復す。明治維新に際しては朝廷に早期帰順し、朝臣に列して中大夫席を与えられた。貞靖が明治二年(一八六九)一月に死去し、そのあとは貞時《さだとき》が相続。由良新田家の華族編籍・授爵はすでに貞時より三代後の貞康《さだやす》が明治二十二年二月三日付で東京府知事高崎五六《ごろく》を経由して請願しているが、別に観光への授爵も確認できる。『授爵録』(明治二十六～二十八年)によれば、二十五年付で枢密顧問官の海江田信義《かいえだのぶよし》が宮内大臣土方久元宛で請願書を提出している。

　故左中将新田義貞公王家の難に殉ず時、これ建武茲《ここ》に明治王政維新国家の大典を挙げられ公の精忠大義に報いてその神霊を別格官幣社に列祀せらる。即ち越前藤《ふじ》島《しま》神社これなり。千載の下誰か感憤興起せざらんや。それ本邦建国の体たるや聖系一源天壌無窮なり。故に億兆一心以て皇家の事に服せざるは莫《な》し。而して臣民また各々その家門を尚《とおと》び血胤を重ねし継嗣は必ず正統の釈を尽くし、吾邦独特の美俗なり。惟《おも》うに故従五位下侍従兼信濃守由良貞時の家系たる故左中将新田公の正統に繋がれり。貞時の家徳川氏に属せし以来、高家と称し食禄僅かに二千百六石余に過ぎずと雖も、待遇実に他の旗下《はたもと》の士に異なり、その叙位に至りては世々四位・五位に下らず、官は侍従及び少将また信濃守・播磨守を兼任す。これ徳川氏に属せし以来の家格たり。凡《およ》そ当時高家と称する者皆武門の名族とす。貞時卒し正嗣早世、独り先代播磨守貞靖の女即ち今の新田観光一人を存するのみ。而して伝うる所の遺物皆元弘中興の時に方りて賜りし所の綸旨《りんじ》或いは武器その他累世足利・豊臣・徳川氏等贈る所の文書歴々として現に観光の手に存せり。以て正統たるを証認するに足る。加　之《しかのみならず》明治元年由緒を以て本姓新田に復し、その伝来の遺物古文書を天覧に供し奉り、義貞の正統たる疑い無き旨を弁官より演達あるに至れり。貞時慶応・明治の際に在りて功労の特賞すべき無しと雖も、能く順逆を誤らず、謹みて朝臣に列し中大夫に加えらるるの栄を得たるはまた由緒あるを以ての故なり。而して貞時の族今や衰微を極め、伝来の遺物また殆ど他人の有に帰せんとす。実に歎ずべきの至りなり。今その旧臣等の心志を諮るに、同家は名族の後裔に居るも、尚明治聖代の恩遇に漏れたるを患い、幸いに正統の子女即ち観光の現存するを以て、同志の旧臣一千三百余人の者相謀り、茲に観光に賜うに華族に列せらるるの光栄を以てせられんことを請願せんとす。而して幸いに願意の達するに逢わば祖先の忠孝を百代に継承し、永く皇室に藩屛《はんぺい》たらんとの誠意別紙陳情書に詳悉せり。抑《そもそ》も人臣の感憤興起以て克くその忠節を効す所以のもの、未だ曽《かつ》て駕馭《がぎょ》その道を得るに由らずんばあらず。乃ち元勲の子孫沈淪して後世に顕れざるものこれを待つに爵位を以てし、恩遇を加えらるるに至らば祖先はその霊を慰し後裔はその家を保ち、君その徳を空しうせず。臣その栄を栄としその皇沢の光被する所延て億万の生民子々孫々忠孝節義の精神を喚起し、政教風化に裨補ある。蓋しまた大なり。これこの精神即ち国家の元気にして国の強弱繫がれり。国として若しこの元気の薄弱なるあらば、豈《あに》復た独立を保つべけんや。茲に由良家の系譜記録に就き調査を遂ぐるに、後白河帝並びに後醍醐帝の時に在りて賜る所の綸旨の如き

真正疑いを容れず。実に七百有余年の当時を視るに足るものなり。若《も》しこれをして偽書とせば則ち止みなん。苟《いやしく》も真正疑いなきに於いては先皇恩賜の貴品敢えて待遇を外にすべからず。況んや新田正統の所有する所に於いておや。今新田正系の略譜及び新田観光並びに旧臣等の陳情書を奉呈す。冀《こいねが》わくばこれを審査採択し、観光を以て華族に列するの特典を賜らんことを謹みて高裁を仰ぐ。

と記され、由良新田家が旧幕時代に高家として遇され、奥高家に就任すると四位・五位に叙され、官も侍従から左近衛権少将に昇り高位を有していた点、同家が新田義貞の正統な子孫である点を強調し、観光への授爵を宮相土方に嘆願している。なお、旧薩摩藩士である海江田が旧幕臣である同家を華族に推薦したか、また当時貞康が存命でありながら観光への栄典授与を望んだのかは不明である。なお、この請願に対して宮内省当局は二十六年九月二十一日立案書において、「子爵海江田信義請願、贈正一位新田義貞の後裔新田観光尼を華族に列せられたき件を按ずるに、その系統は正しきものの如く相見えるも老尼にして血統の継ぐべきものなし」として、当時すでに老齢であり、同家を相続する男子がいない点を挙げたうえ、すでに新田義貞子孫としては、旧幕時代に交代寄合の旗本であった岩松《いわまつ》系の新田俊純《としずみ》が正統として認められ、これを華族に列して男爵を授けているとし、「願の趣詮議に及び難く候条、書面却下候也」と判断され、結局同家は授爵されずに終わっている。また、『東京朝日新聞』大正十五年(一九二六)二月十日朝刊、同紙翌日夕刊、『読売新聞』昭和八年(一九三三)三月七日朝刊、同紙十一年十一月二十一日朝刊には新田たか(たか子とも)という女性に関する記事がみえるが、実父は三条実美の甥貞実、実母は「感光院《かんこういん》」と記しており、「観」「感」の違いはあるものの、この観光尼の娘と思われる。

典拠　『授爵録』明治二十六～二十八年
→新田貞康・新田貞観

新田貞観　にった・＊さだみ

一八五三―八一

旧高家・元中大夫席

①明治十一・十二年頃（不許可）

②明治十二～十六年（不許可）

新田家は新田義貞末裔で、旧幕時代は高家《こうけ》旗本として由良《ゆら》を称して千石を領していたが、明治維新に際しては朝廷に早期帰順して本領を安堵され、朝臣に列して中大夫席を与えられた。幕末期の当主は貞靖《さだやす》であり、慶応四年(一八六八)七月二日、先祖義貞が越前国足羽で戦死した日に本姓新田に復した。『新田文庫抜粋略伝記』によれば、貞靖は明治二年(一八六九)二月に没し、播磨国赤穂藩主森忠敬《ただよし》の三男で貞靖の養子貞時が相続。同年十二月に中大夫以下下大夫・上士などの称が廃せられるのに伴い同家も士族に編入。貞時は旧幕時代に奥高家となり、従五位下侍従兼信濃守に叙任されていたが、当初は官位も保持していた元中大夫席も、三年十一月十九日の太政官布告第八百四十五号により位階を廃せられる。貞時没後はその子貞善が継ぐも十年七月に二十五歳で没し、弟貞観が同家を相続した。同家の華族昇格に関し、『爵位発行順序』所収「華族令」案の内規として公侯伯子男の五爵(左に朱書で公伯男の三爵)を設け、世襲・終身の別を付し、その内「世襲男爵を授くべき者」四項目中、第三項目に「元高家・交代寄合」を挙げている。同案は十一・十二年頃のものと推定されるが、この時点においては旧幕時代に万石以下でありながら、若年寄ではなく諸侯同様に老中支配であり、奥高家就任後は四位少将にまで昇り得る高家は男爵に列すべき家として認知されていたと思われる。同じく前掲『爵位発行順序』所収「授爵規則」によれば「男爵を授くべき者」として、七項目中、第二項目に「元交代寄合・元高家」が挙げられている。前記資料とは異なり、この案は十二年以降十六年頃のものと推測され、こちらでも旧高家である新田家は男爵を授けるべき家とされているが、結局授爵内規からは高家は一律除かれ、華族

編列・授爵は不許可に終わっている。新田氏正嫡はこののち旧交代寄合であった岩松《いわまつ》系の新田俊純《としずみ》と認定され、十六年八月十三日付で華族に列し、十七年七月の華族令公布に際して男爵が授けられる。これに対して由良系新田家は貞観のあとを継いだ貞康、また貞靖娘観光尼が授爵を請願している。

典拠 『爵位発行順序』、新田貞康『新田文庫抜粋略伝記』

→新田観光・新田貞康

新田貞康　にった・さだやす

生没年不詳

旧高家・元中大夫席

①明治二十二年二月三日（不許可）

新田家は新田義貞末裔で、旧幕時代は高家《こうけ》旗本として由良《ゆら》を称して千石を領していたが、明治維新に際しては朝廷に早期帰順して本領を安堵され、朝臣に列して中大夫席を与えられた。幕末期の当主は貞靖《さだやす》であり、明治元年（一八六八）七月二日、先祖義貞が越前国足羽で戦死した日に本姓新田に復した。『新田文庫抜粋略伝記』によれば、貞靖は二年二月に没し、播磨国赤穂藩主であった森忠敬《ただよし》三男で養子となっていた貞時が相続。同年十二月に中大夫以下の称が廃せられるのに伴い士族に編入される。また貞時は旧幕時代に奥高家となり、従五位下侍従兼信濃守に叙任されていたが、当初は官位も保持していた元中大夫席も、三年十一月十九日の太政官布告第八百四十五号により位階を廃止となる。貞時没後はその子貞善・貞観が続いて相続するが、相ついで没したため、旧宇土藩士武藤又右衛門の次男貞康が同家を相続した。貞康は自家が新田義貞正統の末裔であることを主張し、華族編籍・授爵を企図する。「山城国京都徳大寺家文書」によれば、二十二年二月三日付で「御願（華族願）」を東京府知事高崎五六宛で提出している。

貞康先臣新田大炊助《おおいのすけ》義重《よししげ》四代の孫新田又太郎政義《まさよし》、上野国新田荘由良郷に居住し、由良を以て氏と為し、その次政氏《まさうじ》・基氏《もとうじ》朝臣迄同所に住し、政義一寺を建立し円福《えんぷく》寺《じ》と云う。以上四代この寺に葬り墓所石碑・位牌堂等今以てこれあり。弊家香華地なり。朝氏《ともうじ》の男義貞、後醍醐天皇の時に当たり聖意に感激し挙族、力を王事に効し、攻戦の間に斃るる者若干、子孫身を客るる所なり。義宗《よしむね》の男貞氏《さだうじ》実は義貞六男にして外戚横瀬《よこせ》氏を冒し時を忍び居れり。時に上杉禅秀《ぜんしゅう》・岩松満純《みつずみ》等叛逆の時持氏《もちうじ》の召しに応じ、貞氏義持《よしもち》将軍に加勢し上杉・岩松等を攻め亡ぼすの勲功に依り応永十四年閏五月七日義貞の本領安堵すべき旨義持の御教書に依て持氏より執達あり。これに依り上野国を領し新田荘金山に城郭を構え、且つ義貞・義宗等一族菩提の為城内南麓に一寺を建立し金龍寺と名づく。これ義貞の法号を金龍寺と云うを以てなり。その男右馬助・信濃守貞俊《さだとし》、その次左衛門尉・信濃守貞国《さだくに》、これより本苗新田の新を採り代々新六郎を通称とす。その次雅楽助兼信濃守国繁《くにしげ》代、長享元年義貞・義宗追福の為金龍寺《きんりゅうじ》に墓碑を建設し、右石碑今以て香華院常陸国河内郡若柴金龍寺にこれあり（天正年中上毛金山《かなやま》より移す）。その次雅楽助兼信濃守業繁《なりしげ》、雅楽頭兼信濃守国経《くにつね》、雅楽頭兼信濃守泰繁《やすしげ》、左少将兼刑部大輔成繁《なりしげ》に至り、本苗新田に復したき旨、永禄年中足利義晴《よしはる》へ上申候所、新田姓を憚るべく高祖又太郎政義由良郷に住し、由良姓を称するを以て由良に改むべき由達せられ、これより外戚の姓を廃し由良と名乗り候。その次式部大輔・信濃守国繁《くにしげ》迄上野国新田金山の城主たる所、故ありて天正十八年中豊臣秀吉の為金山城を収められ、同年徳川家康の下知に因りて常陸国東条荘牛久《うしく》城へ所換となり、同所の城主となり、然れども所領減ぜられし故譜代の家臣等多く本国に土着し、僅かに一門幷に金龍寺と共に同所に移る。その次信濃守貞繁《さだしげ》に至り元和年中大坂の役創傷を蒙り、同七年三月在所牛久に於いて頓死。嫡子これなきに付、当時の法にして絶家にも至るべくの所、

555　新田貞康

由良家は数百年金山城主にして新田大炊助義重子孫、且つ勤王義貞正統の家筋を思し召され、特別を以て貞繁弟貞長《さだなが》を召し出され秀忠の偏諱を賜り忠繁《ただしげ》と呼び、元和九年牛久領地の内十二郷即ち千石を賜り、然れども旧格の通り参勤交代共に大名並にて仕り来たり候。その後寛文五年九月奥高家に列せらる。その次侍従親《ちか》繁《しげ》、親繁二男外戚横瀬の後を続ぎ別に召し出され将軍家綱より新録(禄)千石を賜り高家となり、従四位下に叙せらる。これは分家横瀬家に候。その次侍従頼繁《よりしげ》、その次信濃守貞長、その次左少将貞整《さだまさ》に至り享保十二年正月十一日将軍吉宗の命に因り什物上覧に供え候砌、由良家は新田正統にして徳川家は新田に出でたるの故を以て同将軍より金紋先箱御免許下され、国主同様の格式となり、その次貞通《さだみち》、貞《さだ》雄《お》、貞陰《さだかげ》、貞靖迄数代位は四位に陞り、官は少将に至り諸高家に先例これなき恩典を蒙りたり。而して伝来の宝物には後白河院より義重への御下文を始めとし、源頼朝よりの下文、同書翰、後醍醐天皇より義貞へ賜りたる御綸旨《りんじ》四通、その他二百余品(明治十年迄保存これあり。同年旧臣荒牧弥三郎へ預け戻されず)、且つ菊桐御紋は義貞勅許を蒙るを以て五百年来拝用仕り候。侍従貞時に至り王政御維新に付、諸高家に先だち家臣并に上武二州に散在する旧臣を引率し、貞時・貞善・貞観・貞康共に上京致し天顔を拝し奉り、高家取締仰せ付けられ、且つ諸家へ勅使数度相勤め候。これより先明治元年六月義貞正統家筋に付、本姓新田に復したき旨大総督宮へ懇願奉り、七月二日即ち義貞節死の当日鎮将軍より願の如く復姓仰せ付けらる。ここに於いて本苗新田に復し再び天日を見るに至り、中大夫となり、その後明治二年八月新田代々系譜を始め宝物品々、今上皇帝陛下叡覧在らせられ、この時役人より御取調これあり。当時新田満次郎今の華族新田俊純《としずみ》へも同様御達これある所、同家よりは足利将軍義澄《よしずみ》の感状一通と義貞所持と名づくる軍扇一つ都合三品差し出し候のみ故、新田正統は新田従五位貞時家筋に相違これなき由、宮中に於いて谷森従五位・片岡少史殿立合にて仰せ渡されたり。弊家は啻《ただ》一つ系譜のみを以て家筋を申し立つる者にこれなく、数百年以前即ち義貞節死後、応永二十四年より天正十八年迄は上毛新田荘金山城主にして、天正十八年より元和九年迄は常陸国牛久城主にして、同年より明治維新の始め迄は高家衆たり。而して墓所等は義貞より四代以前新田後由良又太郎政義より義貞父朝氏迄の墓所・石碑・位牌堂等は苔を生じ、開基寺上毛新田荘由良郷別所円福寺にこれあり。六百年来回向怠らず、諸事江戸居住の弊家より仕り来たり候。また天正年中金山城内より移りたる常陸国金龍寺には長享年中(前の)国繁の建立せし義貞・義宗の石碑を始めとし、貞氏・貞俊より明治二年卒去仕り候左少将貞靖迄代々ノ墓所・石碑・位牌堂等これあり、回向怠らざる開基香花院にして、明治の始め迄は諸事進退仕り候。弊家開基寺は上野一石にのみ四十余事に及び、苟も新田に由緒これある以上は弊家の開基または香花院に係わらざるなり。住職等は明治の始め迄は年礼等必ず出頭致し候。また目下在京華族等にも数多親戚これあり候内、伯爵松平基則《もとのり》・伯爵滋野井《しげのい》公《きん》寿《ひさ》・伯爵柳原前光《やなぎわらさきみつ》・子爵松平喜徳《のぶのり》・子爵森銈道丸等へ御尋ね下さるるも、前段家筋の儀は明瞭仕り候。些少の事なりと雖も矢口新田神社の祭典へ諸大名・諸高家出頭するも、上席を占むる者は弊家に限れり。これ新田正統の故を以てなり。然るに王政復古の際、建武の殊勲を追賞せられ、祖先は官幣社に列せらるるのみならず、特恩施して苗裔に及び、別に族籍を賜り天恩を忝うする者甚だ多し。先臣義貞もまた官幣社に列せらるると雖も、臣の愚陋、先臣の遺志を紹ぐ能わず。窮郷に僻

在するは素《もと》よりその所なりと云うと雖も、出でては元功諸人の裔に恥じ入りては祖先の霊に恥じ、進退為す所を知らず。伏して願わくは先臣義貞等一門の微勲と貞時等の勤王を棄て賜わず、特別の思召を以て華族に列せらるるを得ば、祖先は血食を永くし子孫尊沢に沐する事を得ん。義重以下正系譜牒相添え、謹みて懇願奉り候。

と延々始祖新田義重以下の事蹟を披瀝して授爵を願い出ている。この上書中、願意の一つとしては同様に旧幕時代は旗本で、大名諸侯並に参勤交代を行う交代寄合であった岩松新田家と由良新田家の内、自家こそが新田正統であるという点が強調されている。証拠となる品が由良系は二百余品であるのに対して、岩松系はわずか三品にすぎなかったことが記されている。これは貞康自身が著した前記『新田文庫抜粋略伝記』にもみえ、明治二年十月七日に太政官弁事伝達所より同家所蔵の系譜や什物を持参すべき達があり、翌日に貞善が出頭のうえ二百三十七点を天覧に供し、その際には太政官の谷森真男《まさお》(またはその父で国学者として著名な谷森善臣《よしおみ》か。両名ともこの当時従五位ではない)と片岡某の立合のもと、由良系が新田正統に間違いないことが言い渡されたという。しかし、結果的には新田正統は岩松系の新田満次郎《まんじろう》俊純《としずみ》であるとされ、十六年八月十三日付でこちらが華族に列し、俊純は十七年七月の華族令公布時には男爵を授けられる。由良系は貞康とは別に貞靖娘の観光尼に対して海江田信義が華族編籍・授爵を他薦にて行なっているが、こちらも結局功を奏さず不許可に終わっている。こののちも貞康は雑誌『上毛及上毛人』に「由良新田氏系統略記」などを発表し、自家が新田氏の正嫡であることを主張している。

典拠　「御願(華族願)」(国文学研究史料館所蔵「山城国京都徳大寺家文書」)、新田貞康『新田文庫抜粋略伝記』

→新田観光・新田貞観

新田俊純　にった・としずみ

一八二九―九四

旧交代寄合・元中大夫席

①明治十一・十二年頃（不許可）
②明治十二～十六年（不許可）
③明治十四年一月二十三日（不許可）
④明治十六年七月四日（許可）

新田家は旧幕時代に交代寄合《こうたいよりあい》の格式を与えられた旗本で旧禄百二十石を知行。幕末・維新期の当主は俊純。俊純は幕末・維新時に王事に尽力し、慶応四年(一八六八)四月に東山道総督府に従軍し、同年五月には正式に朝廷より本領を安堵されて朝臣に列し、中大夫席を与えられた。また、代々称してきた岩松《いわまつ》を改めて新田姓に復している。同年七月には越後府知事を仰せ付けられている。明治二年(一八六九)十二月に中大夫以下の称が廃されるのに伴い士族に編入され、翌年から五年まで権大舎人《おおとねり》をつとめている。同家の華族昇格に関し、『爵位発行順序』所収「華族令」案の内規として公侯伯子男の五爵(左に朱書で公伯男の三爵)を設け、世襲・終身の別を付し、その内「世襲男爵を授くべき者」四項目中、第三項目に「元高家・交代寄合」を挙げている。同案は十一・十二年頃のものと推定されるが、この時点では旧幕時代に万石以下でありながら、若年寄ではなく諸侯や高家同様に老中支配である交代寄合は男爵に列すべき家として認知されていたと思われる。同じく前掲『爵位発行順序』所収「授爵規則」によれば「男爵を授くべき者」として、七項目中、第二項目に「元交代寄合・元高家」が挙げられている。前記資料とは異なり、この案は十二年以降十六年頃のものと推測され、こちらでも旧交代寄合である新田家は男爵を授けるべき家とされているが、結局授爵内規からは交代寄合は一律除かれ、華族編列・授爵は不許可に終わっている。こののち旧臣であり新政府に出仕していた金井之恭《ゆきやす》が十四年一月二十三日付で大隈重信と伊藤博文・井上馨の参議宛で新田家の華族編列を願い出ている。「楠・新田両氏ヲ華族ニ列セラレタキ願書」によれば、

郵便に付し一書を呈し奉り候。各位弥《いよいよ》御清栄御入洛遊ばされ候事と遥賀奉り候。当地内閣御一同無異奉務在らせられ候条御縈懐《えいかい》成られまじく候。陳《の》ぶれば別紙の建議之恭宿志にこれあり候処、今般長崎県の人津江左太郎と申す者、内務卿へ呈するの書を一覧致し時機到来候事と存じ候。一体之恭儀は新田氏の一族にして祖先以来宗家と浮沈を倶《とも》にし、代々上州新田に居住まかり在り候者に御座候。抑《そもそも》宗家新田氏は義貞朝臣より当代新田俊純〔旧名満次郎《まんじろう》。代々上州新田に於いて采邑百二十石。表(高)公家並、乗輿《じょうよ》、白無垢着。幕府賓礼《ひんれい》を以て待つ〕に至る迄系統連綿、実に希代の名家にして、江湖の熟知する所にこれあり、之恭の喋々を俟たざる儀に御座候。俊純〔禄制にて十六石〕儀、戊辰の役官軍東下に際し兵士八十余名を引卒(率)致し東山道総督府中軍に随従、会津城攻撃の節檜俣に出陣、その他各所軍務を奉じ祖先の遺志を継ぎ勤王一途、他念これ無き者にして聊か功労もこれある者に御座候。随って之恭譾劣《せんれつ》不才職を朝家に奉ずる茲《ここ》に多年、偏に各位の恩遇を辱《かたじけな》くするに依ると雖も、また宗家の余光これ無しとせず。これ之恭の建言ある所以にして、少しく私情に渉るの嫌いこれあり候えども、この議たる世上容喙疑議候者はこれあるまじく、のみならず明治政府の御美事と敬服仕るべく候間、仰ぎ願わくは各位の御賛成ただ爰《ここ》に懇願奉り候。且つ楠氏後裔の如きは蓋し絶無に帰し申すべしとは存じ候えども、天下の広き之恭是聞の狭き概言仕り難く候間、広告文を草し新聞紙上汎く世間に問い候上にて猶各位の御賢慮を仰ぎ申したく、やがて御帰京の上申し上げるべく候間御含置御賛成の程偏に願い奉り候。恐惶頓首。

と書き送ったうえで、「楠氏新田氏ヲシテ華族ニ列セラレ度議」と題する建言書を添付。これは『〔諸雑公文書(狭義)〕』所収の「新田氏ヲシテ華族ニ列セラレ度歎願書」とほぼ同一の文面であるが、

臣之恭誠惶誠恐頓首々々伏して惟《おもいみ》るに明治維新太政復古百王の遺緒を纉《つ》ぎ、下千載の墜典を脩め覇府《はふ》を郤けて以て僭乱を匡《ただ》し、封建を廃して以て天下に公にす。功天地に侔《ひと》しく明日月に並ぶと謂うべし。これ固《もと》より天皇陛下乾綱《けんこう》独断大号を汗渙し玉うと列聖在天の霊実にその衷を誘き玉うとの致す所なりと雖も、抑《そもそも》また猷《ゆう》謨《ぼ》輔弼の佐股肱干城の臣、忠尽身を致し、以て王事に従うの故に因らずんばあらず。蓋し聖王の功を賞するや、啻《ただ》に生者に及ぼすのみならず、また死者に及ぼし、啻に死者に及ぼすのみならず、また遠く古《いにしえ》の忠臣に及ぼす。豈独り労に報い恵を賜うのみと謂わんや。世道を維持し風教を勧奨する所以の道、これを捨てて復地に求むべき無きなり。臣之恭窃《ひそ》かに方今の功臣を視るに、朝廷既に爵を頒《わか》ち禄を賜い微として録せざるなく、細としてこれを遺さず。その恩を推す、また遠く往日に及ぼし、上は南朝の諸忠臣より下は近古布衣草莽の士に及ぶまで苟《いやしく》も心を王室に存し、力を国家に致す者は斉しく褒贈祭祀の盛典に与る徳沢至隆復謂うべきなし。然り而して臣之恭猶心中惓々《けんけん》言わんと欲して已《や》む能わざる者あり。請う詳らかにこれを言わん。それ忠臣義士何れの代にかこれなからん。然れども古今独り楠氏を推す。抑古の忠臣と称する者慷慨節を致し死を守りて道を善くするの徒に乏しからずと雖も、或いは功纔《わず》かに一時を救い、或いは労唯一身に止まる。楠氏の如きに至りては即ち智以て国を経するに足り、勇以て敵を制するに足り、弾丸黒子の孤城に嬰りて補天浴日の偉勲を策し、不幸にして南風競わず身湊川に殞《し》すと雖も子孫猶能くその遺訓を奉じ間関崎堰南朝に藩屏《はんぺい》として三帝五十余年の久しきに及び、宗族漸尽灰滅に至り而して已《や》む。新田氏は稍《やや》楠氏に遜《ゆず》ると雖もまた能く終始勤王鞠窮《きっきゅう》尽力闔門《こうもん》終《つい》に忠義の鬼

と為る。顧うにこの二氏はその精忠大節天地を窮め、万古に亘り固より尋常の忠臣と日を同じくして語るべからず。方今《ほうこん》佐命《さめい》の元勲と雖もまたその風を聞きて与るに非ざるはなし。則ち二氏の功万臣子の綱常を扶植すと云うも可なり。嗚呼《ああ》功あることかくの如し。宜しくその報酬の衆に超え倫に絶し子孫赫々《かっかく》として庶氏の上に位する者あるべし。然るに二氏の後新田氏は宗族僅かに民間に存し、楠氏に至りては則ち世間或いはその苗裔と称する者ありと雖も、多くは訛伝に出でて未だ正系の血統あるを見ず。豈聖世の一大欠事に非ずや。故に区々の心窃かに願わくは広く天下に告げ、苟も楠氏に因ある者は或いはその譜牒《ふちょう》を出さしめ、或いはその口碑を録せしめ参互考権《こうかく》その最も確拠ある者を以て定めてその後と為し、然る後朝廷新田氏を併せて与《とも》にこれを華族に列し、以て忠臣の後を存せられんことを。若《も》しそれ天下果たして楠氏の子孫なきか則ち別紙長崎県人建言の如く皇族の一子弟を択び、以てその祀を脩むるを命ぜらるるもまた不可なし。果たして然らば庶くは天下景仰矜式《きょうしょく》する所ありて二氏の鬼また将に九原に感泣し、聖恩の辱きを拝せんとす。茲《ここ》に謹んで広告文一章を付し、併せて進止を候す。之恭誠惶誠恐頓首々々。

とし、楠木正成の裔とともに新田義貞の裔へも華族編列を求め、長崎県士族で東京在住の津江左太郎が明治十三年十一月に内務卿松方正義宛で提出した楠木氏末裔の華族編列請願書も参考として添付し願い出ている。「井上馨関係文書」所収の十六年七月四日付「杉孫七郎《すぎまごしちろう》書翰」によれば「菊池・新田氏の件、条公《じょうこう》・山県へ話しおけり。（中略）名和長年子孫名和十郎詮議方、条公並びに金井書記官に話しおけり」とみえ、新田義貞正統の末裔として、同じく南朝忠臣の裔である菊池武臣・名和長恭《ながゆき》両名とともに当時宮内大輔であった杉孫七郎が三条実美と山県有朋へ家格取立について相談していることが確認され、これにより八月十三日付で菊池家とともに華族に編入され、十七年の華族令公布に際しては七月八日付で男爵が授けられる。

典拠　『爵位発行順序』、「楠・新田両氏ヲ華族ニ列セラレタキ願書」（早稲田大学中央図書館所蔵）、「新田氏ヲシテ華族ニ列セラレ度歎願書」（国立公文書館所蔵『諸雑公文書（狭義）』）、「杉孫七郎書翰」（国立国会図書館憲政資料室所蔵「井上馨関係文書」）、落合延孝『猫絵の殿様―領主のフォークロア―』

新渡戸稲造　にとべ・いなぞう
一八六二―一九三三

貴族院勅選議員・帝国学士院会員
農学博士・法学博士

①昭和八年頃（不許可）

旧陸奥国盛岡藩士出身。岩手県士族。農学者・教育者。札幌農学校卒業、東京大学専科で修業後、アメリカ・ドイツ留学。京都帝国大学教授・東京帝国大学教授・官立第一高等学校長などを歴任し、大正九年（一九二〇）からは国際連盟書記局事務次長となり、十五年からは貴族院勅選議員もつとめた。『授爵録』（昭和二年～十九年）所収の昭和十四年（一九三九）一月二十八日付桜井錠二授爵関係の添付書類中、帝国学士院関係で「授爵ありし者」の次に「授爵なかりし者」「将来問題となるべき者」が列挙され、前者として新渡戸稲造・古在由直《こざいよしなお》・入沢達吉《いりさわたつきち》・嘉《か》納治五郎《のうじごろう》・佐藤三吉《さんきち》・外山正作《（一）》・森林太郎（鷗外）の七名を列挙・明記。添付書類は新渡戸が昭和八年十月に死去しているため、同年に作成され、危篤授爵も検討された蓋然性が高いと推

新渡戸稲造

測される。将来、授爵候補者となり得る存在であった者として同人も含まれていたと考えられるが、結局授爵せず。

典拠　『授爵録』昭和二年〜十九年

丹羽長徳　にわ・ながのり

一八七三—一九四七

旧陸奥国二本松藩主家

①大正八年五月十五日（不許可）

丹羽家は旧二本松藩主家で、華族令公布に際しては明治十七年（一八八四）七月八日付で長裕《ながひろ》に子爵が授けられた。「島津陞爵書類」によれば、島津家以外に旧東北諸藩藩主や旧桑名藩主家の陞爵書類と合綴になっており、これによれば、大正八年（一九一九）五月十五日付で元宮内大臣の田中光顕《みつあき》より現宮内大臣の波多野敬直《よしなお》宛で請願されており、

明治天皇の御代に於いて至仁至慈の恩命を垂れさせられし中にも、徳川慶喜・西郷隆盛等の如きは最もその著しき者と上下感激罷り仕り候。光顕宮内大臣在職中、親しく叡慮を伺い奉りし処に依れば、維新の際方向を誤りし者と雖も、既にその巨魁の罪を赦し給うのみならず、特に旧勲を録し栄爵を授け給い、生前死後更に遺憾なからしめ給いしも、その以下の向きに至りては未だ一視同仁の恩波に浴せざるにつき、時機を以て前者に均しき恩恵を垂れさせ給わんとの有難き思食に在らせられしも、不幸にして一朝昇天の御事と相成り、当初の叡念を遂げさせ給わざりしは、真に恐懼に堪えざる次第に御座候。今上陛下御即位以来、先朝御遺業を継がせられ、恩威並び行わる。億兆仁風に靡き慈雨に霑《うるお》い候えども、特に伊達（仙台）・松平（会津）等諸家に至りては未だ慶喜・隆盛等の如き殊恩を蒙ることを得ず。当人は勿論、旧封内の上下窃《ひそか》に愁腸を断ち、悲涙に咽い罷り在り候と推察仕り候。仰ぎ願くは、来たる天長節の佳辰を以て別紙に記載の諸家に対し、その旧封の石高に応ずるの栄爵に陞爵せられんことを。就中松平容保《かたもり》の京都守護職在勤中孝明天皇の殊遇を蒙りし事は当時下し玉う所の宸翰《しんかん》に徴して明らかなる所にこれあり。

旁《かたがた》容大《かたはる》の家政困難の趣を聞こし食され候節に、先帝より内帑《ないど》の金円を下賜せられし御事これあり候。また大久保忠良《ただよし》は明治十年の戦役に、南部利祥《としなが》は三十七八年の国難に陣没せし等、孰《いず》れも君国の為に殊勲を樹て、忠死を遂げ候儀に付、何卒非常格別の御詮議相成りたく懇願の至りに堪えず候也。

として、仙台藩伊達家は伯から侯、会津松平家は子から侯、南部家は伯から侯、大久保・桑名松平両家は子から伯への陞爵をそれぞれ願い、また同書類の貼り紙に「奥羽同盟諸侯中伯爵となるべくして子爵に降されし者の追加二藩」として棚倉藩阿倍家とともに二本松藩丹羽家の子から伯への陞爵が請願されるも、全て不許可に終わっている。

典拠　「島津陞爵書類」（宮内庁宮内公文書館所蔵）

丹羽　某　＊にわ

生没年不詳

丹羽賢子孫

①大正三・四年頃（不許可）

元尾張国名古屋藩士で維新後は新政府に出仕し、司法大丞《たいじょう》・判事などを歴任した丹羽賢《まさる》の子孫。「井上馨関係文書」中の「二十家爵位表」による。大正三年（一九一四）・四年頃作成されたと推測される同表は、井上勝之助《かつのすけ》侯爵の執事村井太郎より宮内省式部職勤務の鈴木某に宛てた一覧で、「御手数ながら左記人名爵位御記入願い上げ候」とあり、橋本綱常《つなつね》（子）・池田謙斎《けんさい》（男）・長与専斎《せんさい》（男）・河瀬真孝《まさたか》（子）・郷純造《ごうじゅんぞう》（男）・松田正久（男）・福羽美静《よししず》（子）・高崎正風《まさかぜ》（男）・林董《ただす》（男）・野村素介（男）・高島鞆之助（子）・川上操六《そうろく》（子）・奥保鞏《やすかた》（伯）・川村純義《すみよし》（伯）・河野《こうの》敏鎌《とがま》（子）・白根多助《たすけ》（男。「専一《せんいち》」の誤り）・田中不二麿《ふじまろ》（子）・楠本正隆（男）・大鳥圭介（男）ら十九名とともに「丹羽賢」の名が記されるも爵位の項は空欄。同家の子孫の授爵を推薦するつ

もりであったと思われるも、そののちも丹羽家は授爵せず。

典拠　「二十家爵位表」(国立国会図書館憲政資料室所蔵「井上馨関係文書」)

の

乃木　某　*のぎ

生没年不詳

乃木伯爵家再興候補者

①大正元年九月十六日 (許可)

大正元年(一九一二)九月十三日に明治天皇に殉じて自刃した乃木伯爵家の家名再興については井戸田博史《いどたひろふみ》の研究で詳述されており、同月十六日にはすでに桂太郎が乃木家再興の件で宮内大臣渡辺千秋《ちあき》も同意していることを『寺内正毅関係文書』所収「桂太郎書翰」から明らかにしている。この時点では伯爵家再興にあたり、候補者を絞り切れていないことから対象者不明とする。三年に及ぶ運動により、最終的には元長府藩主家・子爵毛利元雄《もとかつ》弟の元《もと》智《さと》に決定し、四年九月十三日付で元智へ伯爵が授けられ、同日「乃木」と改称している。すでに元年の時点で長州出身者による合意形成がされていることから、家名再興と再授爵は既定路線であったと考えられる。なお、「鍋島直彬《なおよし》他授爵願」には大正二年作成と思われる「伯爵乃木元智授爵顛末」という書類が綴られており、これによれば、

故乃木伯爵の陸軍に於ける勲功は西南戦役を始めとし、日清日露両回の役、殊に旅順《りょじゅん》攻陥に在りて顕著なりしは世の皆知る所にして、復《ま》た言を待たず。而して心身を竭《つ》くして忠誠を致し、二児の命を国家に捧げ、その節義を重んずること比倫実に少なり。先帝深くその至誠に信頼あらせられ、特に学習院長の任を与え、皇孫傅育の事に預からしめたまう。その大喪の日に際し哀感の余り遺書して責を負い、夫妻竟《つい》にこれに殉ず。今上陛下宸悼《しんとう》止ませられず、その勲労を念《おも》い家名の堙滅に帰せんことを惜しませたまい、優渥なる聖旨を降したまえり。これに置いて波多野宮内大臣は大正四年五月九日を以て山県・大山両公及び松方侯と相会し、故乃木伯爵家名再興の件を商議し、相続すべき者定まりたる上は特に旧勲を録し授爵を奏請するの議を決し、宮内大臣は即ちその旨を上奏したり。然れども故乃木伯爵はその遺言に於いて養子制の不可を述べ、伯爵家名の断絶を希望し、明らかにその意を表したるを以てその親族は故伯爵の意に反して伯爵家の相続を議すること能わず。到底法規上に於いて伯爵家を相続し、若しくは絶家を再興するを得ざるを以て、宮内大臣は聖旨を奉じ故乃木伯爵の家名を存続せしめんが為に適当

なる後継者を選定すべき旨を岡陸軍大臣に通達せり。依て陸軍大臣は山県公・寺内伯・塚田清市《せいいち》(陸軍歩兵大佐、故伯爵遺言執行人)・桂弥一(故伯爵親友)・大館集作(故伯爵実弟)・植村俊平(子爵毛利元雄家政協議員)并に毛利元智(子爵毛利元雄弟)と熟議の上、別紙理由書に記述せる事情に基づき、家名存続者として毛利元智を推薦することに決定し、先ず司法省に対し家名を存続せしめんが為に特に爵を授けられ一家を創立したる者は聖旨を奉じその次第と共に毛利元智を選定したる旨を宮内大臣に復申したり。これに於いて宮内大臣は子爵毛利元雄弟元智に対し特に伯爵を授けられたき旨を上奏し、御允《いん》裁《さい》あらせられたるを以て爵記を奉授すると同時に別記を伝達したり。

とその家名再興および毛利元智への授爵顛末について経緯を記している。「別紙」には、宮内大臣波多野敬直より大正四年九月十三日付で伯爵毛利元智に宛てたものとなっており、これには、

今般授爵の儀は故伯爵乃木希典の勲功御追念在らせられ、家名再興の思召を以て特に御沙汰相成り候儀と心得らるべく候。この段申し入れ候也。

と記され、子爵毛利元雄の弟元智に伯爵が授けられたのは乃木家の家名再興に基づくものであることが明記されている。

典拠　「鍋島直彬他授爵願」(宮内庁宮内公文書館所蔵)、井戸田博史『乃木希典殉死・以後―伯爵家再興をめぐって―』、同『日本近代「家」制度の研究―乃木伯爵家問題を通じて―』

野路井盛俊　のじい・*もりとし

一八三九―一九二四

旧大覚寺門跡坊官・宮内省陵墓監

①大正四年十二月（不許可）

野路井家は元大覚寺門跡坊官《ぼうかん》を世襲した家系。盛俊は嘉永七年(一八五四)に法橋《ほっきょう》上人位に叙せられて大蔵卿《おおくらきょう》と称した。維新後は明治四年(一八七一)七月に士族に編入され、六年一月には法印《ほういん》大和尚位以下の僧位廃止に伴い法橋を失位。十四年五月に京都府等外三等の身分で陵掌となり、十六年十月に陵掌・陵丁・墓掌・墓丁が宮内省所属となるに及び同省陵掌となる。その後は、十七年十二月守長、四十一年一月陵墓守長、大正三年(一九一四)七月陵墓監となり六年十一月に職制改編で廃職となるまでつとめた。またこの間、明治四十四年十二月には正八位に叙せられている。授爵運動は「大隈信幸氏寄贈大隈重信関係文書」所収「華族編入願」にみえ、大正四年十二月付で宮内大臣波多野敬直《よしなお》宛で授爵を願い出ている。これによれば、

右私家の義は贈太政大臣内麿《うちまろ》公男日野真《ま》夏《なつ》卿系統、累代公卿にこれあり。後殿上《てんじょう》法師と相唱え候処、明治四年七月士族に命ぜられ、その節旧家の義に付華族に願い奉りたく候えども、御一新の際に付差し控え、その後武家内取り万石以上の家老華族に列せられ鴻恩《こうおん》を蒙り候えども、宮家は素《もと》より薄禄に付、門閥と雖も同一の恩典に相洩れ遺憾に存じ奉り候。依て第一号由緒書、第二号諸家大系図抜書、第三号南方紀伝巻の七の写、第四号後陽成院天皇皇子大覚寺尊性《そんしょう》親王御直書及び徳川幕府執権職書翰の写、第五号禁裏嘉永度炎上の際注進伝焼失に付家伝調査仰せ出され安政二年五月奏上の家伝写等相添え、右華族に編入の義請願仕りたく、最も授爵を蒙り候上は応分の世襲財産を提供仕るべく、殊に御一新後大覚寺宮家廃せられ候以降宮内省に多年奉職仕り候義に付、旧格の通り特旨を蒙りたく、この段謹みて悃願《こんがん》奉り候也。

とみえ、自家の由緒を理由として華族編列・授爵を求めている。請願書の日付は「大正四年四月二十二日」とあり、上から付箋で「大正四年十二月」と書き改められており、実際の提出は十二月であったものと思われる。この請願が宮内省で詮議されたかは不明であるが、宮内庁宮内公文書館所蔵の『授爵録』(大正四年)に

は当該請求書類は収録されておらず、結局不許可となっている。なお、野路井は十三年十一月五日に死去するが同日付で長年の陵墓奉仕の功績をもって勲六等瑞宝章《ずいほうしょう》を叙勲している。

典拠　「華族編入願」（早稲田大学大学史資料センター所蔵「大隈信幸氏寄贈大隈重信関係文書」）、「故正八位野路井盛俊叙勲ノ件」（『叙勲裁可書』）

能勢頼富　のせ・＊よりとみ

一八二一―？

旧旗本寄合席・下大夫席

①明治元年十二月（不許可）

能勢家は旧旗本で元高四千八石七斗五升二合を領した。維新前には鑓《やり》奉行・京都見廻組《みまわりぐみ》次席を歴任し、元治元年（一八六四）七月四日、従五位下・日向守に叙任。維新後は朝廷へ早期帰順し、慶応四年（一八六八）五月に朝臣に列して下大夫席を仰せ付けられた。「山城国京都平松家文書」中の「能勢日向守頼富願書留書」によれば、「旧幕以来万石格を以て警固命ぜられしに付、藩列に加えられたき旨」を明治元年（一八六八）十二月に新政府へ申請するも諸侯列への昇格は却下。翌年一月五日には太政官達第十三号により下大夫席の官位返上に伴い無位となり、その頃から源一と改名したと思われる。二年十二月に中大夫以下下大夫・上士の称が廃止となるに伴い士族に編入され、翌年三月には兵庫県貫属となる。

典拠　「能勢日向守頼富願書留書」（国文学研究史料館所蔵「山城国京都平松家文書」）、『能勢町史』三

野田卯太郎　のだ・うたろう

一八五三―一九二七

逓信・商工各大臣

①大正八年八月二十九日（不許可）

　逓信大臣・衆議院議員

②昭和二年二月十五日（不許可）

　元逓信大臣・元商工大臣

旧筑後国三池郡豪農出身の政治家。明治三十一年（一八九八）三月の第五回衆議院議員総選挙で福岡県より立候補して当選。以後、原敬・高橋是清両内閣で逓信大臣、加藤高明内閣で商工大臣として入閣。授爵の風説は『東京日日新聞』大正八年（一九一九）八月二十九日朝刊にみえ、同紙によれば「西園寺侯公爵たらん／御批准後に発表か」の見出しで、

　講和大使として七十有余の老軀を提げて巴里《パリ》に赴き、八ヶ月に亘って大任を果たし、去る二十三日無事帰朝せる西園寺侯が一昨日日光行在所《あんざいしょ》に伺候し、具さに会議の顚末を闕下《けっか》に伏奏したる際、畏くも陛下には侯が今回の労苦を思し召されて優詔を賜りたるは、侯がこの度の使命に対して世上に毀誉さまざまの説あれども、聖上が侯に対する御信任厚き事を証するものと見るべく、内閣に於いてもまた園《えん》侯《こう》の功労表彰につき何等かの奏請するところあるべきはいうまでもなけれど、目下正二位大勲位にして若し位階を陞叙するとせば従一位となる訳なれども、従一位の位を有し居るものは現在とては浅野長勲《ながこと》、久我通久《こがみちつね》の両侯爵あるのみにて、山県公、松方侯、大隈侯等の元老も正二位に止まり、且つその筋の方針も今後は生前に従一位を奏請する事を絶対になさざる事に決し居れば、園侯に対してのみ特に従一位を奏請するが如き事はなく、また勲等も侯は出発に際して既に大勲位を授けられ居れば、この上は頸飾章《けいしょくしょう》加授より外には途なく、現内閣としては今度の講和に種々の非難あるにせよこれを以て大成功なりと吹聴し居る位なれば、必

野田卯太郎

ずや園侯に対しては華々しき行賞の奏請をなすべく、恐らく爵位を陞して公爵を授けらるる事となるべく、同時に牧野男を初め講和会議に列せる全権委員や原首相その他の閣僚、外交調査会委員等にも陞爵・授爵の恩命下るべく、而してその時期は勿論不明なるも講和条約に対して御批准あり、平和に関する諸般の事務が一段落つきたる上にてそれぞれ発表さるべしと某宮内高官は語れり。

と第一次世界大戦後のパリ講和条約締結に際して全権委員であった西園寺と、牧野伸顕・珍田捨巳《すてみ》・伊集院彦吉・松井慶四郎、また原内閣における首相原を含め閣僚たち、外交調査会委員らに対する論功行賞について大きく報じている。この際はすぐに審査がされなかったためか、年内の陞・授爵は行われていない。当時、原内閣における無爵者は原を含め、床次竹二郎(内務)・田中義一(陸軍)・加藤友三郎(海軍)・中橋徳五郎(文部)・山本達雄(農商務)・高橋光威(内閣書記官長)・横田千之助(法制局長官)と野田の計十名。また、『松本剛吉政治日誌(大正デモクラシー期の政治)』昭和二年(一九二七)二月十五日条によれば、

翁の授爵に関しては極秘裡に田中総裁最も尽力を為し、若槻首相に二回、一木《いちき》宮相に二回面会力説せしも、遂に両氏とも頗る誠意に乏しき取扱を為し、若槻の如きはこれを閣議に持ち出し否決せりと云う。

とみえ、立憲政友会総裁でもあった陸軍大将田中義一が死去直前の野田への授爵を後援し、当時の内閣総理大臣若槻礼次郎と宮内大臣一木喜徳郎《きとくろう》にそれぞれ面会して請願するも不首尾であったことがみえ、こののちも授爵されずに終わっている。

典拠　『東京日日新聞』大正八年八月二十九日朝刊、『松本剛吉政治日誌(大正デモクラシー期の政治)』昭和二年二月十五日条

野津道貫　のづ・みちつら

一八四一―一九〇八

陸軍大将・元第一軍司令官

①明治二十八年七月十八日（許可）

旧薩摩藩士出身の陸軍軍人・政治家。陸軍中将野津鎮雄《しずお》の弟。明治四年(一八七一)七月に陸軍少佐に任ぜられ、以後累進して十一年十一月少将に進級。翌月東京鎮台司令長官(のち司令官)、十八年五月中将に進級して広島鎮台司令官。二十一年五月第五師団長に補せられ、日清戦争にも出征し、二十七年十二月第一軍司令官となり、二十八年三月大将進級。終戦後は近衛師団長・東京湾防禦総督・東部都督・教育総監・議定官《ぎじょうかん》・軍事参議官・第四軍司令官などを歴任し、三十九年一月元帥府に列して元帥の称号を授けられ、翌年九月から死去するまで貴族院議院をつとめた。またこの間、十七年の華族令公布に際しては七月七日付で子爵を授けられる。子から伯への陞爵については、『授爵録』(明治二十六～二十八年)によれば、陞爵に関する自薦・他薦書類や功績調書は添付されていないが、伊藤博文・山県有朋・大山巌・西郷従道《じゅうどう》・樺山資紀《かばやますけのり》などとともに陞爵一覧表が綴られ、野津については樺山とともに「征清の役軍功顕著なるに依り、特に陞して伯爵を授く」とみえる。軍功による陞爵は野津と山県・大山・西郷・樺山、子爵への新叙として川上操六《そうろく》・伊東祐亨《ゆうこう》の計七名であるが、この七名については二十八年七月十八日付で内大臣徳大寺実則《さねつね》より宮内大臣土方久元宛で「右軍功に依り陞叙・新叙御内意に候間、表面閣下より裁可仰がるべく候。この段進達候也」と記されており、すでに七月十八日の時点で陞爵が検討されていたものと考えられ、同月二十日付で裁可を仰いだうえ、八月五日付で正式に伯へ

野津道貫

の陞爵が認められている。

典拠　『授爵録』明治二十六～二十八年

野津某　＊のづ

生没年不詳

野津鎮雄遺族

①大正十一年一月十九日（不許可）

野津鎮雄《しずお》遺族。『倉富勇三郎日記』大正十一年（一九二二）一月十九日条によれば、

　また野津鎮雄は子なき為、その弟道貫《みちつら》を以て相続人と為し、道貫は侯爵まで進みたるも、鎮雄の後が立たずとてこれを遺憾とする人あれども、道貫を相続人と為したる以上はこれも致し方なしと云う。

とみえる。鎮雄は前掲野津道貫《みちつら》の兄にあたり、中部監軍部長・陸軍中将をつとめ、在職中の明治十三年（一八八〇）七月死去。妻国子との間には長女志和があるも、慶応二年（一八六五）八月夭折し、以後無嗣。鎮雄のあとを弟道貫が相続したという経緯があるも、別人に相続させたうえ、授爵させようとしていた節がみられる。具体的に誰を養嗣子として擬していたか、またこの件がいつ頃話題になっていたのかも不明。

典拠　『倉富勇三郎日記』大正十一年一月十九日条

野原政太郎　のはら・＊まさたろう

一八七三―？

新田義貞末裔

①明治四十年十一月十三日（不許可）

②明治四十三年一月十五日（不許可）

③明治四十三年十一月七日（不許可）

④明治四十五年六月四日（不許可）

⑤大正元年八月一日（不許可）

和歌山県士族。新田義貞末裔を称する。「野原政太郎授爵請願書」によれば、同家は新田義貞の「旅館の妻」を生母とし、延元元年（一三三六）九月十六日に生まれた新田権吉貞乙の末裔とし、明治四十年（一九〇七）十一月以降、大正元年（一九一二）八月に至るまでの間、数度にわたり列華族・授爵を請願。まず最初は明治四十年十一月十三日付で「上願書」を宮内大臣田中光顕《みつあき》宛で提出。

　不肖政太郎謹みて上願、伏して惟《おもいみ》るに、栄枯盛衰は時運の然らしむる処、門閥と言い、武門と称え武士と唱うる者時勢の変遷に伴い衰憊《すいはい》変化、田夫《でんぷ》野人となる者挙げて数うべからずと雖も、不肖政太郎祖先の儀は新田義貞の後裔たり。抑もこの祖先義貞たる王家に勤労ある世々赫々《かっかく》たり。蓋しまた泝《さかのぼ》りその苗源を探れば畏れおおくも清和天皇の後裔たり。その末葉に至り野原小太郎なる者あり。紀伊徳川氏の士籍に編入し奉勤怠らず、殆ど数百年の久しき祖先の祭祀を絶えず継続し来たりし処、時勢の大変革に遭遇し、家計困難に陥り該家の不幸憔悴言うべからざるに至る。然るに去る明治十二年の比《ころ》皇家の御血統御取調に相成りたる由なれども、その砌私共血統上申仕るべき筈の処、何分父は死亡いたし、老母あるのみにして他に援助すこれ無く、私儀はその比幼年にして然所以を弁知せず、加之《しかのみならず》窮困日に迫り衣食に奔走するのみ。故に上願仕るべきの余裕もこれ無く、今日迄荏苒《じんぜん》罷り在り候次第に御座候。今般恐懼を顧みず上願奉り候。就いては旧主徳川家に於いて往昔より予《かね》て蔵する家臣各家の系統書なるものあり。今御参考の為爰《ここ》にこの系統書中より該野原家の系統を謄写し幷《なら》びに系図書写等相添え願い上げ奉り候間、深く御詮議の上該野原家に適い相当する授爵の御詮議あらんことを願い上げ奉り候。恐惶謹言。

として、自家が新田義貞の末裔である点を述べ、これを受けて十二月十七日付で和歌山県知事伊沢多喜男は宮相田中宛で「授爵願進達ニ付副申」を提出。伊沢は「本願の如きは容易に御採納相成り難き義と思惟《しい》候に付、篤《とく》と懇諭致し候処」と記しており、野原の請願はおそらく容れられないであろうと指摘し、出願を思いとどまるよう説諭したとみられるも、同人

の意志は堅く請願に及んだようである。さらに明治四十三年一月十五日付で「追願書」を宮内大臣岩倉具定《ともさだ》宛で提出。

謹みて追願捧げ置き仕り候。私儀去る明治四十年十一月十三日付を以て野原家系統の儀に付同家授爵の儀別紙の通り上願仕りこれあり候処、爰《ここ》に二年数ヶ月の星霜を経過致し候えども、何等御沙汰これ無く候に付、日夜痛心罷り在り候。就いては別紙書類写等相添え追願奉り候。国事御多端の折柄恐懼の至りに存じ奉り候えども、何分の御詮議伏して願い上げ奉り候也。

と前回の請願に対して沙汰が下りなかったことから再度願い出ており、同月二十七日付で和歌山県知事の川上親晴《ちかはる》は「授爵願ニ関スル件ニ付副申」を宮相岩倉へ提出。また、同年十一月七日付で「再追願書」を宮内大臣渡辺千秋宛で提出。

謹みて再追願奉り候。私儀去る明治四十年十一月十三日付を以て野原家系統の儀に付、別紙の通り和歌山県知事殿御取次を以て宮内大臣閣下へ同家《どうけ》賜爵の儀上願奉りこれあり候処、二ヶ年の星霜を経候えども、何等御沙汰これ無く御座候に付、去る明治四十三年一月十五日付を以て別紙の通り追願奉り候次第に御座候。最早爰に三周年の星霜を経候えども、何等の御沙汰無く御座候。就いては国事御多端の折柄恐懼を顧みず、今また再び追願奉り候。私に於ける老母一人存命罷り在り候て、即ち齢六十有七歳、余命幾何《いくばく》もこれ無く候間、同人存命中賜爵の高栄に遇い、命終《みょうじゅう》致させたき存念に御座候。仰ぎ願わくは早急に御取調の上、何分の御沙汰降させられたく、偏に願い上げ奉り候。依て別紙書類写相添え、再び追願奉り候也。謹白。

とし、何ら宮内省より返事がないため、再三請願したことを述べ、老母の余命が短いことも理由に陳情する。こののちも四十五年六月四日付で「請願書」を宮相渡辺に提出。

一、私祖先の儀は新田権吉貞乙にして、貞乙は新田義貞が妻和州宇智《うち》郡野原郷御山村山脇助太郎娘千代女の所生にして、貞乙より行こう六百四十年連綿、祭祀を絶えず、以て不肖に至り候事は歴然家記録等に存し候。依て曩《さき》に明治四十年十一月十三日付を以て野原家の系統を謄写し、幷《なら》びに系図書写等相添え上願書当時の宮内大臣田中光顕殿へ差し出し、同四十三年一月十五日追願書を時の宮内大臣岩倉具定殿へ差し出し、更に同年十一月十七日付を以て再追願書を差し出しこれあり候えども、今日に至る迄何等御沙汰これ無く候。就いては老年の母余命旦夕に迫りこれあり候て、冀《こいねが》わくは存命中聖恩に浴し家柄相当の授爵を蒙り、以て子孫永久祭祀を絶たざる様致したき旨朝暮御沙汰相待ち申し候。右事情砂量《せきりょう》を以て急々何分の御詮議成し下されたく、只管悃《こん》願《がん》奉り候。この段別紙各上願書写相添え願い出候也。

として、これまで計三回の請願を繰り返すものの自身へは何の沙汰がないことを述べ、前回同様、老母の存命中に授爵の栄に浴したいとして請願している。この四度目の請願を受け、大正元年（一九一二）八月一日付で和歌山県は宮内省宗秩寮《そうちつりょう》宛で、

左記の者より別紙授爵請願書提出候に付、進達に及び候。追って本人の身元調査候処、脇書の通りにこれあり候間申し添え候。

と進達し、脇書には、野原が性質温和で素行が良い点や職業・資産・生活の状態などについて調査結果を記すも、結局同家は授爵されずに終わっている。

典拠　「野原政太郎授爵請願書」

野村維章　のむら・これあき

一八四四－一九〇三

検事・東京控訴院検事長

①明治二十三年三月二十一日（不許可）

判事・函館控訴院々長

②明治三十一年十二月二十七日（不許可）
③明治三十三年五月五日（許可）
退職検事

元高知藩士出身の司法官・政治家。幕末期には海援隊にも参加して国事に奔走した。維新後は茨城県権令《ごんれい》・同県令《けんれい》といった地方官を歴任し、その後は検事として東京・大阪などの控訴院検事長、また判事として函館控訴院院長といった司法官として活躍。『山田伯爵家文書』所収の明治二十三年（一八九〇）三月二十一日付「山田顕義《あきよし》秘啓」によれば、「授爵は陛下の大恩にして、国家の大典、万民の標準なり。真に陛下の親裁に出づるものにして、臣僚の容喙すべきものにあらず。然れどもその自歴を調査し、その理由を明晰にし、聖慮を翼賛するは臣下の務にして、謹慎鄭重を尽くさざるべからず。今鄙見《ひけん》を陳じ、閣下の参考に供す」として宮内大臣土方久元宛で授爵の標目として、（一）維新前後功労あり勅任官たる者および勅任官たりし者、（二）維新後功労あり勅任官たる者および勅任官たりし者、（三）維新前後功労ある者、（四）維新後功労ある者、（五）父の勲功による者、（六）神官および僧侶の世襲名家たる者、（七）琉球尚家の一門、の計七項目を挙げ、野村は第一項に適すべき者としてその名が挙げられるも、この際山田が列挙した人名中、授爵したのは第一項に該当した辻維岳一人であり、野村は授爵の選に洩れ不許可となる。『授爵録』（明治三十三ノ二年）によれば、三十一年十二月二十七日付で、同郷人でもある伯爵土方久元より宮内大臣田中光顕《みつあき》宛で授爵を申請。

　右者元土佐藩士にして弱冠江戸に出て江川太郎左衛門に就き西洋砲術及び英書を学び、帰りて藩に仕う。恒に志を尊王の大義に存し幕府の末造庶政日に非なるを憂い、元治元年三月藩を脱し鹿児島・長崎・馬関・京阪の間に奔走し、阪（坂）本龍馬等とともに国事に尽瘁するもの四年、王政維新に当たり擢んでて振遠隊《しんえんたい》の軍監となり征東の師に従い、奥羽の各地に転戦し屢々《しばしば》危難を冒す。事平らぐの後邏卒《らそつ》総長より佐賀県参事に任じ、尋《つい》で茨城県令となり、控訴院検事長・控訴院長に歴任す。その履歴別紙の通りにこれあり。前後三十余年恪勤尽瘁《かっきんじんすい》、その功労洵《まこと》に少なからざるに付、特旨恩賞の御詮議を蒙り候様致したく、この段具申に及び候也。

と請願するも、不首尾に終わる。そののち、『授爵録』（明治三十三ノ二年）によれば、三十三年五月五日付の宮内省当局側立案書類で尾崎忠治《ただはる》ら計二十五名の文武官の授爵を詮議しており、銓衡として（一）維新の際大政に参与して殊勲ある者、（二）維新の功により賞典禄五十石以上を賜りたる者、（三）維新前後国事に功労あり、かつ十年以上勅任官の職にある者、または現に在職中の者、（四）十年以上勅任官の職にあり功績顕著なる者、（五）特に表彰すべき偉大の功績ある者の五つの規準を設けており、野村はその（三）に該当する対象者とされ、同月八日に裁可を得て翌日付で男爵が授けられる。

典拠　「山田顕義秘啓」（『山田伯爵家文書』四）、『授爵録』明治三十三ノ二年

野村素介　のむら・もとすけ

一八四二―一九二七
貴族院勅選議員・錦鶏間祗候
①明治二十三年三月二十一日（不許可）
元老院議官
②明治二十六年九月三十日（不許可）
③明治三十年九月二十二日（不許可）
④明治三十三年五月五日（許可）
貴族院勅選議員・錦鶏間祗候

元長州藩士出身の官僚・政治家。明治元年（一八六八）に山口藩参政兼公議人となり、その後は同藩権大参事。そののち、茨城県参事・文部大丞《たいじょう》・文部大書記官などの諸官を経て、十四年十一月より元老院議官。二十三年九月より貴族院勅選議員に就任。『山田伯爵家文書』所収の二十三年三月二十一日付「山田顕義《あきよし》秘啓」によれば、「授爵は陛下の大恩にして、国家の大典、万民の標準なり。真に陛下の親裁に出づるものにして、臣僚の容喙すべきものにあ

らず。然れどもその自歴を調査し、その理由を明晰にし、聖慮を翼賛するは臣下の務にして、謹慎鄭重を尽くさざるべからず。今鄙見《ひけん》を陳じ、閣下の参考に供す」として宮内大臣土方久元宛で授爵の標目として、(一)維新前後功労あり勅任官たる者および勅任官たりし者、(二)維新後功労あり勅任官たる者および勅任官たりし者、(三)維新前後功労ある者、(四)維新後功労ある者、(五)父の勲功による者、(六)神官および僧侶の世襲名家たる者、(七)琉球尚家の一門、の計七項目を挙げ、野村は第一項に適すべき者としてその名が挙げられるが、授爵の選に洩れ不許可となる。ついで『読売新聞』二十六年九月三十日朝刊には「授爵の噂」の見出しで、山口尚芳と津田出《いずる》・津田真《ま》道《みち》・楠本正隆・細川潤次郎・伊丹重賢《しげかた》・神田《かんだ》孝平《たかひら》・福原実《みのる》・三浦安《やすし》・平岡通義・安藤則命《のりなが》と野村は新たに授爵されるであろうと報じるも、この際も風説にすぎなかったためか、また審査に

野村素介

洩れたためか、授爵されず。また『品川弥二郎関係文書』所収の三十年九月二十二日付「杉孫《まご》七郎《しちろう》書翰」によれば、

先達て野邨(村)素介叙爵の申立書面は差し出し置き候に付、今度の詮議に洩れぬ様に致したく候。同氏の勲労は賢台には能《よ》く御承知にて、宮内大臣へ御話相願い候。小生よりは先達《せんだつ》て書面差し出し候節相話し、黒田伯へは林友幸《ともゆき》翁より依頼これあり候処、賛成の返答致し候由に候。この際賢台《けんだい》より御話しこれあり候はば宮内大臣承知致すべく候。

とみえ、杉孫七郎が野村授爵を後援し、また黒田清隆へも林友幸より依頼していることが明らかであるが、この際も功を奏さず授爵には至らなかった。そののち、『授爵録』(明治三十三ノ二年)によれば、三十三年五月五日付の宮内省当局側立案書類で尾崎忠治《ただはる》ら計二十五名の文武官の授爵を詮議しており、銓衡として(一)維新の際大政に参与して殊勲ある者、(二)維新の功により賞典禄五十石以上を賜りたる者、(三)維新前後国事に功労あり、かつ十年以上勅任官の職にある者、または現に在職中の者、(四)十年以上勅任官の職にあり功績顕著なる者、(五)特に表彰すべき偉大の功績ある者の五つの規準を設けており、野村はその(三)に該当する対象者とされ、同月八日に裁可を得て翌日付で男爵授与。

典拠　「山田顕義秘啓」(『山田伯爵家文書』四)、『読売新聞』明治二十六年九月三十日朝刊、「杉孫七郎書翰」(『品川弥二郎関係文書』四)、『授爵録』明治三十三ノ二年

は

羽倉信度　はくら・*のぶのり

一八三二―？

旧山城国稲荷神社神主

①明治十七年頃（不許可）

羽倉家は旧稲荷神社神主家。同家の華族編籍については、明治十七年（一八八四）頃のものと思われる「三条家文書」所収「旧神官人名取調書」による。この取調書には「別紙全国旧神官の内華族に列せられ然るべき家格の者にこれあり候。御発表前には一応現今貧富の景況地方官へ調査仰せ付けられ候上、御取捨相成りたしと存じ奉り候」と記され、そのなかに旧稲荷神社からは大西親真とともに羽倉信度の名も挙げられているが、結局授爵されずに終わっている。

典拠　「旧神官人名取調書」（「三条家文書」）

羽柴俊朗　はしば・*としあきら

一八六〇―一九一六

旧交代寄合・元中大夫席

①明治十一・十二年頃（不許可）

②明治十二～十六年頃（不許可）

③明治三十三年一月（不許可）

④明治三十五年（不許可）

⑤大正三・四年頃（不許可）

⑥大正四年四月（不許可）

⑦大正四年六月三十日（不許可）

⑧大正四年七月二十八日（不許可）

旧姓木下《きのした》。旧幕時代に交代寄合《こうたいよりあい》表御礼衆の格式を与えられた旗本で、旧禄五千石を知行。幕末・維新期の当主は俊清《としきよ》。朝廷に早期帰順して本領を安堵され、朝臣に列して中大夫席を与えられるも、明治二年（一八六九）十二月中大夫以下の称が廃されるため士族に編入。俊清は三年一月四日華族への編列を求めるも却下されている。俊朗は喜久丸ともいい、旧堂《とう》上《しょう》公家桑原為政《くわばらためおさ》の子で俊清の養子となり、五年三月十日に木下を羽柴に改め、速見郡立石村外二ケ村の戸長や、二十四年には大分県会議員にも当選し、二十六年に立石村の村長にも就任している。同家の華族昇格に関し、『爵位発行順序』所収「華族令」案の内規として公侯伯子男の五爵（左に朱書で公伯男の三爵）を設け、世襲・終身の別を付し、その内「世襲男爵を授くべき者」四項目中、第三項目に「元高家《こうけ》・交代寄合」を挙げている。同案は十一・十二年頃のものと推定されるが、この時点では旧幕時代に万石以下でありながら、若年寄ではなく諸侯や高家同様に老中支配である交代寄合は男爵に列すべき家として認知されていたと思われる。同じく前掲『爵位発行順序』所収「授爵規則」によれば「男爵を授くべき者」として、七項目中、第二項目に「元交代寄合・元高家」が挙げられている。前記資料とは異なり、この案は十二年以降十六年頃のものと推測され、こちらでも旧交代寄合である羽柴家は男爵を授けるべき家とされているが、結局授爵内規からは交代寄合は一律除かれ、華族編列・授爵は不許可に終わっている。そののちも同家の授爵運動は継続されており、『授爵録』（追加）（明治十五～大正四年）によれば、大正四年（一九一五）六月三十日付で大分県知事黒金泰《くろがねやす》義《よし》の申牒書類中に、

旧立石藩主羽柴喜久丸授爵の義に就いては去る明治三十三年一月官秘甲第三十九号を以て内申に及び置き候次第もこれあり候処、その後明治三十五年以降屢々《しばしば》元羽柴家々臣の者共より願い出もこれあり。

とみえ、明治三十三年一月、三十五年以後にもたびたび請願をしていることが確認される。また大正期にもこの運動は継続されており、「諏訪頼固他授爵請願書」中にもみえる。同資料は宮内省罫紙に記され、下部に（大四）と印刷されていることから、おそらく大正三・四年頃のものと推定されるが、これによれば、

右は豊臣秀吉の後裔にして旧日出《ひじ》藩の分封に属すと雖も、旧幕府より別規の一封として特殊の待遇を受け、五千五百石余

の食禄を以て一万石以上の格式を有し、外様諸侯と同列を以て参勤交代すること分封以来二百数十年、幕府の朱印高は五千五百石余なりしを以て、明治元年藩内五箇年の平均実収高を届け出づべき旨を達せられたる際、単に朱印高を以て届け出でたりと雖も、翌二年実収高記載の帳簿に拠れば一万百十五石余と明記せるのみならず、明治維新の際、徴兵並びに軍資金を奉進したる割合もまた一万石の格に準じ、格式・実収共に一万石以上の門地を有する者なる上、その父俊清は元年以来山口藩脱徒の鎮定、京都伏見街道の防備、銃器・弾薬の献納、十年役に於ける佐賀関口の防戦、中津棒との強迫峻拒、豊前暴民の撃退の如き、朝廷の為に尽瘁《じんすい》したるの功労少なからざるを以て先代の遺功と旧事の門地とに依り授爵せられたしというに在り。

と記されており、もう一紙には、

豊臣秀吉の後裔にして、豊後日出藩主木下家の分家なり。正保二年木下延俊《のぶとし》、その領五千石を割きて次子延由《のぶよし》を分封す。徳川幕府時代に於いて柳間《やなぎのま》詰交代寄合表御礼衆の待遇を受け、二百数十年間参勤交代し、百般の藩政を統べ、朱印高五千五百十四石なれども、実収は一万百五十石なりしと云う。明治維新の後及び明治十年西南騒擾の際、父俊清(先代と訂正)旧領民へ大義名分の重んずべきを説き、その方向を誤ること勿《なか》らしむるに努め、功績少なからざるを以て、先代の遺功と旧時との門地とを以て特に授爵せられたしというにあり。

とみえる。この請願に対して審査が行われており、「参照」として「参勤(ママ)交代寄合ニシテ華族ニ列シ男爵ヲ授ケラレタル諸家」として、本堂・山名・山崎・池田・平野・生駒の六家を列挙。さらに大正二年十月当時の「羽柴喜久丸財産調」も添付。この同人の書類には朱で○印と△印とが付されており、この時点では授爵の可能性も高かったように思われるが、結果は却下されている。前掲『授爵録』(追加)(明治十五～大正四年)によれば、旧日出支藩羽柴家授爵関連資料が綴られており、大正四年四月に旧日出藩主木下俊哲《としあき》子爵より請願。家禄五千石とはいえ、交代寄合表御礼衆として譜代の幕臣と区別されていた点を述べ、「特殊の待遇を受け万石以上の格式を以て柳席外様諸侯と列を同じうし、則ち明治維新の変革に至るまで二百数十年の間参勤交代を為し、また領地に於ける民政・武備その他諸般の行政等一般諸侯と相対し」とする。他の交代寄合表御礼衆同格の本堂外五家が華族になったのに、同家が洩れた点は不幸であり、大正天皇即位大典の際に授爵を願い出ている。「羽柴家ノ由緒及国事ニ尽力シタル履歴書」を添付。また同年六月三十日付で前記黒金知事の授爵申牒書類「旧立石藩主羽柴家之義ニ付内申」も綴られており、

県下速見郡立石町士族旧立石藩主羽柴喜久丸授爵の義に就いては去る明治三十三年一月官秘甲第三九号を以て内申に及び置き候次第もこれあり候処、その後明治三十五年以降屢々《しばしば》元羽柴家々臣の者共より願い出もこれあり、なおまた今般旧日出藩主子爵木下俊哲より請願の次第もこれあり候に付、篤《とく》と調査を遂げ候処、該藩は元日出藩の分知に属すると雖も別規徳川幕府より封を賜いし以来、独立立石藩と称し柳席特殊の待遇を受け、外様諸侯と等しく二百数十年間参勤交代し領地に於ける百般の藩政を司行したる者にこれあり。而して幕府朱印高は五千石なりしも、当時蔵入納高は一万百余石もこれあり、実際朱印高は倍数以上にも相違し居り候処、維新の際各藩へ向け癸亥年より丁卯年迄藩内五ケ年平均実収高届け出るべく候ては如何なる御詮議相蒙り候哉も測られずと敢えて幕府朱印高を届出に及び候結果、当時華族の恩典にも洩れたる次第と存ぜられ候。然るに実際年々石高一万石以上の収納ありしは別紙倉米勘定書写及び日記に徴して明確なるものと存ぜられ候。なお明治維新の際より廃藩

後十年西南騒擾の際に至るまで県下諸藩に率先して朝廷の為に尽力致したる廉は別記当時の大分県令《けんれい》香川真一《しんいち》の証明書に依るも明瞭なる事実にこれあり、その功労顕著なるものと認め候条該家と元同格にして既に華族に列せられたる諸家と同じく特典を以て授爵の御詮議相成り候様致したく、別紙目録の書類添付し、この段内申に及び候也。

として、日出藩より五千石を分知され、幕府朱印状にもその高で記されるも、実高は一万百石余を有していた。それを維新後五千石として申請したため、華族の選に洩れているという経緯を説明し、また西南戦争の際にも政府軍に協力したとする。これは県下の士族が西郷側に与しないように働いた熊本藩の旧藩主一門や万石以上陪臣の動向と同じであるが、これらをもって詮議に付して欲しいと黒金も嘆願。さらに、大正四年七月二十八日付で再度木下俊啓子爵が同年四月の請願の際と同内容での請願書を宗秩寮《そうちつりょう》総裁久我通久《こがみちひさ》宛で提出したものの、結局同家の授爵は行われずに終わっている。なお、羽柴木下家の初代延由《のぶよし》は豊臣秀頼の遺児国松《くにまつ》とする説もあるが、同家の授爵願意中には全くその点には触れられていない。

典拠　『爵位発行順序』、「諏訪頼固他授爵請願書」(宮内庁宮内公文書館所蔵)、『授爵録』(追加)明治十五～大正四年、前川和彦『秀頼脱出―豊臣秀頼は九州で生存した―』

→羽柴俊清

羽柴俊清　はしば・としきよ

一八三二―七九

旧交代寄合・元中大夫席

①明治三年一月四日（不許可）

羽柴家は豊後国日出《ひじ》藩主木下家の分家筋にあたり、同国内の立石《たていし》で五千石を領した。旧幕時代には交代寄合《こうたいよりあい》表御礼衆の格式を与えられた。維新時には他の交代寄合と同様、朝廷に早期帰順して朝臣に列し、中大夫席を与えられた。また、同家の始祖延由《のぶよし》は豊臣秀頼の一子国松《くにまつ》と同一人物であったという説も伝えられているが、真偽は不明である。明治二年(一八六九)十二月に中大夫・下大夫・上士の称が廃止されるのに伴い士族に編入される。同五年三月十日には苗字を木下から羽柴《はしば》へ改めている。『公文録』所収「木下俊清家格御取立願并帰邑願」によれば、明治三年一月四日付で「祖先以来、外様万石以上並数百里の道程年々参勤交代仕り、領政を始め家来の者共扶助、武備充実、家政相立て来たり候儀に御坐候間、何卒出格の御憐評を以て旧格相当の御所置仰せ付けられ」たいと万石以上の格として華族への編籍を留守官伝達所宛で請願するも却下される。俊清跡は旧堂上《とうしょう》公家・子爵桑原為政《くわばらためおさ》の末子喜久丸《きくまる》(俊朗)が養子となって相続し、養父以来の宿願を果たすべく、華族編籍・授爵を数度にわたり請願している。

典拠　「木下俊清家格御取立願并帰邑願」(『公文録』明治三年)、前川和彦『秀頼脱出―豊臣秀頼は九州で生存した―』

→羽柴俊朗

橋本堯尚　はしもと・＊たかなお

一八六四―一九三五

旧地下官人（院上北面・非蔵人）

①大正四年六月二日（不許可）

橋本家は代々、仙洞《せんとう》御所の院上北面《いんのしょうほくめん》や非蔵《ひくろ》人《うど》を勤仕する家筋で、本姓は橘氏。堯尚は「ぎょうしょう」とも称す。幕末期に非蔵人をつとめ、維新後は新政府の参与職にも就任した橋本堯寛《たかひろ》の三男。『非蔵人座次惣次第』によれば自身も慶応三年(一八六七)十月十日に七歳で明治天皇の非蔵人となり、蔵人所廃職後は京都府士族。のち本籍を東京府に移す。北海道開拓使や帝室博物館などに勤務し、退官後は郷土史家としても活躍しており、『北海道史年譜』『小樽の人と名勝』などの単著・共著がある。「橋本堯尚授爵請願書」によれば、大正四年(一九一五)六月二日付で「請願書」を宮内大臣波多野敬直《よしなお》宛で提出し、自家の華族編籍・授爵を願い出ている。

堯尚即位の大礼を迎うるに丁《あた》り伏して惟《おもいみ》

るに祖宗の威徳と我が光輝ある維新洪業の成跡とは炳として天日の如く、皇運の隆盛天地と与にまりあるべからず候。畏くも歴世皇室と因縁啻《ただ》ならざる私家の如き茲《ここ》に祖先の遺訓に則り只々伏して天壌無窮の皇運を奉祝し候。また伏して惟るに允文允武《いんぶんいんぶ》なる聖徳の及ぶ所、恵沢八宏に普《あまね》く先づ明治維新の大局定まるや旧堂《とう》上《しょう》・六位蔵人の一部及び両局地下官人《じげかんじん》の棟梁・旧家神官南都各寺院の住職等、その他苟《いやしく》も皇室に勲功あるものの嫡孫に対し夫々《それぞれ》華族に列し、家名の宣揚に努むべき様優渥《ゆうあく》の御沙汰あり。超えて明治二十七年三月九日、旧堂上華族は歴世皇室に奉仕したるの由緒を嘉られ、保護資金恵与の恩典あり。また更に押小路・壬生両家は元官人たるの由緒これある趣を以て夫々恩命を仰ぎ候。これ皆先帝常に聖慮を旧臣の上に注がせられたるの恩沢豊沛《ほうはい》として日星如く覚え候。また伏して惟るに今上夙に先帝の聖緒を継がれ、洪業四表に光るの秋、また常に宸襟《しんきん》をこの一事に注がせ給い、近く大典に丁りて、また国内の功勲者に対し夫々恩典の御沙汰これあるやに承る。聖世の恩沢何ぞ斯《か》くも隆渥なるや。堯尚只々感泣啻ならざる所に御座候。遮　莫《さもあらばあれ》私家は始祖忝くも皇明の胤正統連綿として初代正一位左大臣諸兄以来王室と縁故啻ならず。また歴世皇室に奉仕して皇運の扶翼に努むること堯尚に至る実に四十九代、代々蔵人または納《な》言《ごん》の職を襲い、忝くも七十四世の天皇に歴任して王事に勤め明治維新に及び候。然も亡父橋本安芸堯寛は維新に際し特に召されて参与役御用掛を拝し、些か勲功これあり候。これを私家世襲の橘氏の神秘及び系図家伝幷《なら》びに由緒書等に閲するに、光明なる神聖の血統連綿乱れざるは日月の如く、惟れ偏に上皇室万代不渝《ふゆ》の御仁視に拠る所、堯尚等一族常に歴代の皇恩を追感し奉行するも及ばず。謹んで今上陛下に忠誠心を致すは即ち祖宗に尽くす所以なるを念ひ自彊息むことなしと雖も、維新の以後一族草莽《そうもう》に落魄してより世故の変遷に所して竟に窮余に迫り、今や全く橘氏正統の嫡流として体面を保持する能わざる境遇に陥り候。惟れ啻に祖先の遺訓に悖るのみならず、忝くも上皇室歴世の聖慮に背き下光輝ある国史の末を汚すの甚だしきもの堯尚誠に憂慮に堪えず候。仰ぎ冀《こいねが》わくは茲《ここ》に聖上即位の大礼を挙げらるるに丁り、聡明一視同仁の恩遇を忝うし神聖なる由緒幷に聊か祖先の勲徳を思召され、旧堂上華族同様に御恩恵の上家名の宣揚仰付けられ候はば、啻に堯尚一族の鴻恩《こうおん》のみならず、祖先の光栄、国史の威顕また併せて限りなき義と存知奉り候。若《も》し夫れ御精調の際は直ちに私家世襲堯尚現蔵の橘氏神秘及系図家伝幷《なら》びに旧記・宣下案・戸籍謄本等上覧に供え奉るべく別紙に橋本家由緒大略一通相添え、伏して御執奏の手続相仰ぎたく、謹みて茲に請願奉り候也。

同人の願意には「人皇第三十代敏達天皇々孫」であり、橘氏の正統である点も強調されている点が注目される。橘氏は堂上公家に薄《すすき》家があったものの断絶しており、その後は橋本家が正統となったと考えていたようであるが、結局授爵されずに終わっている。

典拠　「橋本堯尚授爵請願書」（宮内庁宮内公文書館所蔵）

長谷川好道　はせがわ・よしみち

一八五〇―一九二四
元帥・陸軍大将・元参謀総長
①大正五年六月（許可）
②大正五年七月一日（許可）

元岩国藩士出身の陸軍軍人。陸軍士官学校の前身である大阪兵学寮卒業。西南戦争にも従軍し、以後累進して明治十九年（一八八六）十二月に少将に進級。日清戦争には歩兵第十二旅団長として出征し、その軍功で二十八年八月二十日に華族に列して男爵を授けられる。二十九年六月に中将に進級。第三師団長・近衛

長谷川好道

師団長を歴任。日露戦争にも出征し、三十七年六月に大将に進級。同年九月韓国駐箚《ちゅうさつ》軍司令官。その後は軍事参議官を経て、四十五年一月から大正四年(一九一五)十二月まで参謀総長をつとめた。この間、大正三年一月には元帥府に列して元帥の称号を与えられている。子から伯への陞爵は日独戦争後、本格化しており、『授爵録』(大正五年)によると、五年六月付で総理大臣大隈重信より宮内大臣波多野敬直《よしなお》宛で申牒され、

　男爵加藤高明外［　］《ママ》名は別紙功績書の通り大正三四年戦役に関し功績顕著なる者に付、各頭書の通り授爵・陞爵相成る様御詮議相成りたし。

として、加藤高明の男から子への陞爵ならびに岡市之助の授爵、長谷川の子から伯への陞爵、八代六郎・神尾光臣《かみおみつおみ》・島村速雄《はやお》・加藤定吉《さだきち》の授爵を申請。添付された長谷川の功績書には、

　右は大正三四年戦役に方《あた》り参謀総長として帷幄の軍務に参画し、出征軍の用兵を統轄して作戦機宜に適し、克く青島《チンタオ》攻略の目的を達せしめたるその勲功洵《まこと》に顕著なりとす。

と記され、対独戦争にあたって当時参謀総長として寄与した功績を理由としている。また『大正初期　山県有朋談話筆記／政変想出草』によれば、

　七月一日波多野宮相来訪、近来岡前陸相の病気甚だ不良なる為日独戦役の功に依り恩賞の義至急取運ぶの必要を生じたりとて、右岡中将を初めこれに関与したる長谷川参謀総長、島村軍令部長、神尾司令官、加藤艦隊司令官、八代前海相、加藤前外相及び若槻前蔵相等の授爵昇爵の件を齎《もた》らし予が意見を求めたり。元来予は日独戦役に付いてはこれを日露戦役と同視するの不理なるを思うが故に、頭初参謀総長または陸相等の行賞に付いても日露事件と比すべからざることを主張せしが、既に海軍側との権衡もありとの事故、この点は暫く固執せざるも、右宮相の齎らしたる詮議中に大隈首相に対する行賞なきは甚だその意を得ず。将又《はたまた》今回日露協商も成立に至りたることなれば石井外相、本野大使をも加え同時に詮議ありて然るべく、猶また若槻前蔵相の事に関しては僅かに国庫剰余金より臨時事件費を支出したるに止まり、これが為授爵の恩賞あるはその理由甚だ乏しきが如し。かくの如く一方に於いては将に恩賞あるべくしてこれを脱し、他方に於いては恩賞の理由なくしてこれを与えんとするが如きは決して君徳を補翼し奉る所以にあらず。宮内大臣たるもの深く思いを致さざるべからざる旨を訓め、尚事急速にして深く審議するの暇なかりしとの事なれば、先ず急施を要すべき岡前陸相の分のみを発表し、他は徐ろに審査すべき旨を忠告し置けり。

とみえ、山県が大隈内閣の閣僚や、軍高官に対する陞・授爵について意見を述べている。山県の考えによれば、第一次世界大戦における日独戦役の軍功は日露戦争とは同列視できず、それに対する栄典授与には慎重であるべきというものであるが、重病である岡のみは授爵を先行審査して執り行うべきであるとしている。元老山県の意見が容れられたためか、岡は七月六日付で男爵が授けられ、長谷川も結局同月十四日付で子から伯への陞爵を果たしている。

典拠 『授爵録』大正五年、『大正初期　山県有朋談話筆記／政変想出草』

畠山　某（義勇カ）　＊はたけやま

旧高家・元中大夫席

①明治十一・十二年頃（不許可）
②明治十二〜十六年頃（不許可）

畠山家は旧幕時代に高家《こうけ》の格式を与えられ、三千百石余を知行した旗本。幕末・維新期の当主は義勇。万延元年（一八六〇）十二月に奥高家に列し、従五位下・侍従兼飛騨守に叙任され、慶応四年（一八六八）三月高家を辞す。その後は朝廷に早期帰順して本領を安堵され、朝臣に列して中大夫席を与えられた。また、中大夫触頭《ふれがしら》もつとめ、明治二年（一八六九）十二月に中大夫以下の称が廃されると同時に士族に編入され、引き続き士族触頭。また、翌年十一月に旧中大夫や地下官人の位階廃止に伴い、従五位の位記も返上する。同家の華族昇格に関し、『爵位発行順序』所収「華族令」案の内規として公侯伯子男の五爵（左に朱書で公伯男の三爵）を設け、世襲・終身の別を付し、その内「世襲男爵を授くべき者」四項目中、第三項目に「元高家・交代寄合《こうたいよりあい》」を挙げている。同案は十一・十二年頃のものと推定されるが、この時点においては旧幕時代に万石以下でありながら、若年寄ではなく諸侯同様に老中支配であり、奥高家就任後は四位少将にまで昇り得る高家は男爵に列すべき家として認知されていたと思われる。同じく前掲『爵位発行順序』所収「授爵規則」によれば「男爵を授くべき者」として、七項目中、第二項目に「元交代寄合・元高家」が挙げられている。前記資料とは異なり、この案は十二年以降十六年頃のものと推測され、こちらでも旧高家である畠山家は男爵を授けるべき家とされているが、結局授爵内規からは高家は一律除かれ、華族編列・授爵は不許可に終わっている。

典拠　『爵位発行順序』

波多野敬直　はたの・よしなお

一八五〇―一九二二

宮内大臣

①大正五年七月六日（許可）

旧小城《おぎ》藩士出身の官僚・政治家。明治七年（一八七四）三月に司法省十二等出仕に補せられ、以後、同省少解部《ときべ》・四級判事補・判事となり、広島始審裁判所長・司法省参事官兼書記官・検事などを歴任。三十二年四月に司法次官、三十六年九月に司法大臣となる。三十九年一月に免官後、四十四年六月に東宮大夫《だいぶ》に登庸され、大正元年（一九一二）九月に東宮侍従長を兼任し、三年四月に宮内大臣に任ぜられた。またこの間、明治四十年九月二十一日付で男爵を授けられている。男から子への陞爵については、『大正初期　山県有朋談話筆記』によると大正五年七月頃から話が表面化していたようであり、同書にも、

　七月六日、日高内大臣秘書官大山内大臣の命に依り来庵。今般波多野宮内大臣昇爵に就いては内大臣に於いて副署し然るべきや否や。尤も宮内大臣昇爵に内大臣副署したるの先例あるも一応予が意見を求むとのことなり。予はこれに対《こた》え既に先例も存することならば、その形式に於いて異存を存することなし。但し宮内大臣昇爵の事は初めて耳にする所なるが、何の故を以てこの恩命ありやと反問せしに、多分日露協商に依りてなるべしとの事なり。ここに於いて予はその甚だ謂われなきを思い、更めて日高秘書官に謂て曰く、既に陛下の思召を以て昇爵の恩命あらば予に於いて何をか曰わん。然れども日露協商は元と国家の公事なり。今日宮中・府中の別裁（截）然として分かれたるに、日露協商の故を以て宮内大臣昇爵するは宮中・府中の別を紊り惹て陛下の御不徳を来すの恐れなきにあらず。予の記憶する所に依れば曽《かつ》て韓国併合の当時宮内大臣昇爵の例あり。当時行賞稍々濫に失するの嫌いありしと雖も、而も韓国王室及び貴族の事に関連して宮内大臣の尽力せしことまた少なからず。故にこれに関し宮内大臣に恩賞ありしはその厚薄は別として全く筋なきの詮議にはあらざりしなり。然るに今日の場合はこれと異なり、宮内大臣に関連したる事一もこれあることなし。若《も》し御大礼の為に宮内大臣昇爵の議ありとせば、その厚薄に付いて予は何等

の言を挟むの意なし。ただ筋を違える不当の行賞あるは陛下の御不徳を招く所以なるを以て、仮令この点に付御下問なしと雖も、これを聞きて敢えて云わざるは補翼の臣にあらず。若し強いてこの際宮内大臣に行賞せんとならば御大礼の功をも幷《あわ》せ揚ぐるを可とすべし。帰京の上は速やかにこの意を内大臣に伝えよと申し置けり。この日石原宮内次官偶々他用を以て来庵したるを以てこの席に招き、宮内大臣昇爵の詮議の事を談りしに、石原次官は露国太公殿下御来朝当時その接待に関し宮内大臣の尽力少なからず、今回の日露協約成立も畢竟これに胚胎《はいたい》せるものなるを以て全く謂われなしと云うべからず等付会の愚説を述べたり。依て予は日露協約は太公御来朝に胚胎するものにあらざる旨を陳べ、その迂説《うせつ》を駁撃《ばくげき》したるに、彼は漸くその非を悟りたるものの如く黙止したり。過日授爵の事と云い、また今回の件と云い君徳培養の任に在る者、本省と内府とを問わず概ねかくの如きのみを以て充満せり。豈痛嘆せざるを得んや。右は大隈首相と直接に関係なき事項なれども偶々時を同じうせるを以て記し置くなり。

と記されており、また『大正初期 山県有朋談話筆記 続』においても、

八月一日(中略)かくて御前を下り内大臣官房に大山公を訪い、陛下に言上せる次第を逐一陳べ、且つ昨日松方侯に談りたると同様大隈首相退任一件の来歴を物語り、幷《あわせ》て松方侯をこの際三人共同して忠告せんと云われたるも、予はこれを第二の問題としこの際はこれを止め置きたる由をも告げ置きたり。退出に当たりまた内大臣室に於いて宮内大臣及び侍従長に面会し、近時宮中の風気面白からざるもののある旨を注意し、補翼の責に在る者は徒に形式上の権限等を云謂することなく協力一致して君徳の扶持に力を尽くさざるべからざることを説き、且つ過日日高秘書官宮内大臣の命に依り宮内大臣昇爵の手続に付き意見を求められたる所、宮中・府中の弁別を混乱し、剰《あまつさ》えその先例と称する韓国併合及び日英同盟当時とは大いに事情を異にする所以を述べたる次第をも幷て説明し置けり。

と波多野の男から子への陞爵一件について詳述されている。波多野の陞爵に必要とされる功績は大正四年十二月にロシア大公アレクサンドル・ミハイロビッチが来朝した際、宮相としてその接伴にあたり、その成果により第四次日露協約締結に至ったとするものであるが、山県は協約締結は大公来朝に起因するものではないとの考えを比定し、強いて波多野の陞爵を企図するのであれば大正天皇の即位大礼の功績をも併せるべきであるとの意見を内大臣秘書官日高秩父と宮内次官石原健三《けんぞう》の両名に述べ、さらに同年八月一日に参内した際にも同様の意見を内大臣大山巌にも指摘している。また、『大隈重信関係文書』所収の大正五年七月十七日付「土方久元書翰」によれば、土方は「波多野宮相も昇爵に相成りたしと企望《きぼう》仕り候也」と大隈に述べており、陞爵は波多野本人の希望・自薦でもあったことが確認できる。結局この波多野の希望は容れられ、六年六月五日付で子へ陞爵を果たしている。

典拠　伊藤隆編『大正初期 山県有朋談話筆記／政変思出草』、尚友倶楽部編『大正初期 山県有朋談話筆記 続』、「土方久元書翰」(『大隈重信関係文書』九)

蜂須賀喜信　はちすか・＊よしのぶ

生没年不詳

旧阿波国徳島藩一門、陸軍歩兵少佐

①大正四年十一月十二日（不許可）

旧徳島藩主蜂須賀家一門。蜂須賀重喜《しげよし》の次男喜翰を初代とする家系で、〔喜周―喜共―喜文―喜心―喜信〕と連綿する。元高五千石の家老家の出身。明治三十二年(一八九九)に陸軍士官学校卒業、翌年歩兵少尉に任官後、少佐に昇進し、歩兵第四連隊大隊長をつとめる。「毛呂《もろ》由太郎他授爵請願書」によれば、大正四

年(一九一五)十一月十二日付で宮内省宗秩寮《そうちつりょう》総裁久我通久《こがみちつね》侯爵宛にて自身の授爵を請願。

今回の大典に際し聖恩枯骨に及び、旧藩士の贈位せらるるものありと不肖私に期す。我が祖先もまた恩沢《おんたく》に浴せんと。然るにこれが発表に際しその選に漏れたるを見る。我が家最近に至る迄戸籍を東京に置きたる為、或いはこの不幸を醸したる事ならん。然れども子孫として祖先に対し誠に謝するの辞なし。先年徳島藩家老の内、稲田・賀島《かじま》に授爵の恩典あり。賀島はその父にも叙位ありたり。近くまた授爵の発表あらん。この際また選に漏れんが誠に遺憾に堪えず。他藩の藩主の分家にして同名の授爵者多々あるも、当藩は弊家に恩典なし。

と記され、大正天皇の即位大礼に際しての栄典授与に同家の華族班列・授爵を求め、徳島藩家老として、万石以上の稲田家が明治二十九年六月九日付で、賀島家が三十三年五月九日付でそれぞれ男爵を授けられた点に触れ、また他藩においては藩主と同姓の一門が授爵している点を指摘して請願するも不許可に終わる。蜂須賀喜信はそののち、昭和三年(一九二八)八月十日に陸軍少将に昇進、歩兵第五旅団長、第十六師団司令部付を経て、七年四月二十八日付で予備役編入となっている。

典拠　「毛呂由太郎他授爵請願書」(宮内庁宮内公文書館所蔵)

服部一三　はっとり・いちぞう

一八五一―一九二九

兵庫県知事

①大正四年十一月十八日(不許可)

兵庫県知事・貴族院勅選議員

②大正十二年八月四日(不許可)

③大正十二年十二月三十日(不許可)

④昭和三年七月三十日(不許可)

貴族院勅選議員・錦鶏間祗候

元長州藩士出身の官僚・政治家。慶応三年(一八六七)四月、長崎へ遊学してイギリス人ロベルトソンやアストンに就き英語を修学。明治二年(一八六九)からアメリカへ留学し、ロトジルス・カレッジ理学部などに学び、八年八月帰朝。その後は文部省督学局雇となり、東京英語学校長や東京大学予備門主幹、法学部・文学部綜理補、大阪専門学校綜理、文部省少書記官、同省書記官、同省参事官を歴任。二十二年四月には文部省普通学務局長に進むも、二十四年四月に岩手県知事に任ぜられ、以後地方官に転じる。三十一年七月に広島、同年十二月には長崎各県知事となり、三十三年十月から大正四年(一九一五)四月二十二日に依願免本官となるまでの長きにわたり兵庫県知事に在任した。また、この間明治三十六年七月からは貴族院勅選議員にも就任。大正三年五月には知事にして親任官待遇を与えられた。

授爵については、『読売新聞』大正四年十一月十八日朝刊に「服部知事へも授爵」の見出しで、京都府知事の大森鐘一《しょういち》への授爵説とともに「同知事にして授爵されれば大森氏とともに地方長官の最古参者として多年国家に貢献せる服部兵庫県知事に対してもまた同じく授爵の恩命のあるべしと」と報じられ、また『東京朝日新聞』同月二十日朝刊にも「服部知事授爵説」との見出しでほぼ同様の内容を報じている。大森鐘一と服部一三とはともに地方官中にあって在官年数が長く、『地方官界の変遷』によれば「地方官界の二元老」と称されたとし、また勲一等旭日大綬章《だいじゅしょう》叙勲、知事在職中の親任官待遇もともに同年同日付であり、勲功の面でも並び立つ存在として認知されていたと思われる。この際、同年十二月一日付で授爵されたのは大森鐘一のみであった。大森の男爵授与については『大森鐘一』によれば、地方官

服部一三

中、行政官としての経歴や中正公平な位置を保ち職務に勉励してきた点を当時の総理大臣大隈重信が評価し、特に大森一人の授爵を奏請したと記され、さらには大隈が地方官多数の人物中、「不偏不党・誠実清廉」なる者を採って授爵を奏請したという点も同書に記されており、長州出身の服部の授爵案は大隈によって遮られていたとも考えられる。ただし、このあとも服部を後援する動きはみられ、『諸雑公文書』所収「服部一三授爵ノ儀ニ付上奏ノ件」によれば、大正十二年八月四日には当時の兵庫県知事折原巳一郎が内務大臣水野錬《れん》太郎《たろう》宛で服部授爵を事績調書・履歴を添付、申請している。

　右者資性明敏にして重厚、徳望頗る高し。嘉永四年山口県に生まれ、幼にして藩学に学び、後長崎に遊び、在留外人に就き英学を修め、笈《きゅう》を負うて米国に航し居ること六年、明治八年業成り帰朝後、文部省に出仕し東京英語学校・東京大学予備門・大阪専門学校等の教務を綜理し、尋《つい》で文部省少書記官に任ぜられ、書記官・参事官に歴任し、普通学務局長に上り、在官実に十六年専ら力を教育制度の整善に輸し、小学校条例の立案・審議、教科書及び教員の検定、各種制度の取調に従い初期教育行政の発達、同人の努力に因《よ》るもの洵《まこと》に多し。この間農商務省御用係(掛)を兼ね、万国博覧会の事務官として米国に渡航し、更に内国勧業博覧会審査官の職に在り励精恪勤《かっきん》、克《よ》くその職責を果たし、勅定の藍綬褒章を賜わる。明治二十四年出でて岩手県知事となり、居ること七年専ら県治の改善、民力の充実に努力し、功績頗る多く、就中《なかんずく》南部馬の改良・蕃殖、鰹節製造の改善、鮑の増殖、北海出漁の奨励等、その成績最も著わる。明治三十一年広島県知事に任じ、幾何も無く長崎県に転じ、居ること二年、明治三十三年本県知事に任ぜられ、爾来《じらい》大正五年退官に至る迄官途に在ること前後を通じて四十有一年、地方行政に力を致すこと二十五年、内本県に知事たること十六年、鋭意民風の作興と民力の充実に努め、明治三十六年貴族院議員に勅選せられ、退官後は錦《きん》鶏間祗候《けいのましこう》仰せ付けられ、万国議員商事会委員として白耳義《ベルギー》国へ出張し、齢古稀を過ぐるも矍鑠《かくしゃく》として壮者を凌ぎ、公共の事に竭し、現に財団法人神戸村野工業学校理事にして、東京共立女子職業学校の評議員を兼ね、教育の事に尽瘁《じんすい》しつつあり。本県在職以来の事績概ね別紙取調書の通りにこれあり。国家に対する勲功顕著なりと認められ候条、特別の恩命に依り授爵の御詮議に預かりたく、この段上申に及び候也。

折原は服部の文部官僚として諸条例の立案や審議に尽くした点、明治十七年から農商務省御用掛として博覧会事務に従事した点、知事として多年地方行政に従事した点、さらに退官後も教育事業に功績がある点を披瀝している。加藤友三郎内閣では詮議されたものの不首尾であったためか、次の第二次山本権兵衛内閣に持ち越され、同年十二月三十日付で内務大臣後藤新平が首相山本権兵衛に服部授爵を申達している。

　皇太子殿下御成婚に際し生存効労者取調べ候処、左記のものは夙《つと》に力を教育制度の整善に効し効績ある外、明治二十四年以来職を地方官に奉じ、専ら県治の改善、民力の充実に努め、明治三十六年貴族院議員に勅選せられ、退官後は錦鶏間祗候仰せ付けられ、万国議員商事会委員長として白耳義国へ出張し、現に財団法人神戸村野工業学校理事にして、東京共立女子職業学校の評議員を兼ね、教育の事に尽瘁《じんすい》せる等勲功少なからずざる者と認められ候に付、相当授爵の御詮議相成り候様致したし。

として詮議を求めている。また『授爵陞爵申牒書類』によれば、昭和三年（一九二八）七月三十日付で服部の授爵を申牒。授爵理由としては「多年地方官の職を奉じ地方行政功労者」とし、在官三十九年・内勅任二十三年一ヵ月余・親任

待遇一年一ヵ月余である点を内務省より申請。『牧野伸顕日記』同年十月十九日条によれば、宮内大臣一木喜徳郎《いちききとくろう》が昭和天皇の即位大礼・慶事に際しての授爵を極力少人数に抑える方針であったことがみえ、結局周囲の運動も功を奏さず、服部は授爵されずに終わる。

典拠　『読売新聞』大正四年十一月十八日朝刊、『東京朝日新聞』大正四年十一月二十日朝刊、「〔服部一三授爵ノ儀ニ付上奏ノ件〕」（国立公文書館所蔵『諸雑公文書』）、『授爵陞爵申牒書類』

鳩山和夫　はとやま・かずお

一八五六―一九一一

外務次官・衆議院議員

①明治三十一年（不許可）

旧美作国勝山《かつやま》藩士出身の政治家・法律家・教育家。開成学校卒業後、アメリカ留学。イェール大学に学び法学博士の学位を授与される。帰国後、東京府議会議員、外務省取締局長、東京帝国大学法科大学教授などを経て明治二十七年（一八九四）衆議院議員に当選し、二十九年には衆議院議長に就任した。三十一年九月外務次官。三十一年付「陞爵及授爵並授勲上奏案」によれば、鳩山の「上奏案」としては、

　外務次官法学博士鳩山和夫義、明治十三年八月中東京大学法学部に出仕し、尋《つい》で同十八年四月外務権大書記官に任ぜられ、専ら取調局長の職に在りて参事院議官補・翻訳局長・法科大学教授及び法科大学教頭等の数官に兼任し、同二十三年一月その職を退くに至るまで五ヶ年の久しき常に重要の事務を担任し、拮据《きっきょ》励精、功績頗る多く、就《なかんずく》中同二十一年二月本官外務大臣に任ぜられたる以来、その在職中本官を輔《たす》けて外交の事務に膺《あた》り、施設経営する所少なからず。現に当時に於ける関税徴収の如きは金貨価額に対し、銀貨の計算を以て従価税を課するの慣行ありたるに依り金貨相場の差は収税上非常に国庫の損失を来すに至りたるを以て、帝国政府は従価税計算の方法を変更して条約に拠り規定せる関税の徴収をして完全ならしめんことを期し、列国公使の同意を求めたるも、啻《ただ》にその同意を得ること能わざるのみならず、却ってこの変更の報酬として別に譲歩条件を提供して要求し来たりたる所ありたるにも拘わらず、条約上正当の指定に係わる税率を完全に徴収するに方《あた》り、他より何等の譲歩をも要求せらるるの理なしと為し、遂に無条件にて為換法を断行したる為、この変更に依りその今日まで最近十年間に於ける国庫の収入上約七百五十万円余の増加を見るに至りたるが如き実に同人参襄の功与りて力ありと謂うべし。また条約改正の事業に関しては、明治の初年より歴任の当局者に於いて辛苦経営したるにも拘わらず、種々の障碍に遭遇してその進行を中止し、漸く陸奥外務大臣に依りて改正の実効を奏するに至りたるも、畢竟明治二十一年の初め条約改正の談判を開始するに当たり、従来各締盟国が帝国政府に対して執れる所の協同一致の行動を打破し、無条件の均霑《きんてん》を最恵国条款に適用することを排斥し、且つ墨西其《メキシコ》国と初めて対等の条約を締結して、以てその地歩を作為したるに職由せずんばあらず。これ実に同人が本官を輔翼して画策宜しきを得たるの功多きに居れりと謂わざるべからず。その他同人は法典調査委員となり、或いは鉄道会議議員となり、或いは衆議院議長となり、並々との勤労あり。同人の国家に勲労あること洵《まこと》に前述の如く顕著なるものあるに依り、冀《こいねが》わくはこの際特

鳩山和夫

に同人に授爵の栄典を賜わらんことを茲《ここ》に謹みて奏す。

と記し、外務大臣の大隈重信を補佐し、条約改正にあたり、またその他法典調査会委員・鉄道会議議員・衆議院議長を歴任した功績に対し男爵授与を申請。ただし、大隈自身は鳩山授爵の可能性は低いと考えたためか、上申案末尾に「または本文末段「この際」以下を左のとおり（相当の叙勲仰せ出され、年金御加賜相成る様仕りたく、この段謹んで奏す）」とも記している。結局授爵は却下され、同年十月三十一日に次官退任にあたり位階を一級進められ従四位に叙せられるにとどまっている。

典拠「陞爵及授爵並授勲上奏案」（早稲田大学中央図書館図書館所蔵）

華園沢称　はなぞの・たくしょう

一八五二―一九一二

無爵華族・興正寺住職

①明治二十二年十二月（不許可）

②明治二十九年五月（許可）

代々興正寺《こうしょうじ》住職で、沢称は第二十八世法主。明治五年（一八七二）三月七日付で先代摂信《せっしん》は大谷光尊《こうそん》（西本願寺）・大谷光瑩《こうえい》（東本願寺）・渋《しぶ》谷家教《たにかきょう》（仏光寺）・木辺賢慈《けんじ》（錦織寺《きんしょくじ》）・常磐井堯煕《ぎょうき》（専修寺《せんじゅじ》）らとともに華族に列せられるも、十七年七月の華族令公布に際しては授爵されず、当時は無爵華族身分。十年に摂信のあとを継ぐ。「三条家文書」所収「柳原前光《やなぎわらさきみつ》建白書」によれば、二十二年十二月付で「真宗僧侶華族及沖縄県華族へ授爵建議」中に、

　真宗僧侶の華族にして授爵せられざるはその僧侶たるを以てなり。茲《ここ》に欧州の例を考うるに、仏は帝王国の時貴族僧侶となり依然爵を有し、羅馬《ローマ》法王の宮中に属する僧侶もまた爵名を有し、孛《プロイセン》は爵を有しながら僧侶に入る例あり。且つ去十七年七月爵制発表の勅書に曰く、華族勲冑は国の瞻望《せんぼう》なり。宜しく授くるに栄爵を以てし、用いて寵光を示すべしと。この文意を推拡するときは華族は爵を授けらるべき者にして無爵華族は優遇する所以に非ず。況んや既に族位を与えられたれば単に爵を惜しむの理なかるべし。且つ神官・僧侶などは既に法令を以て貴族・衆議両院に於いて議員被選挙の権を禁じ、爵の生むに由りて政権に関することなし。速やかに授爵の特命あらんことを冀《こいねが》う。真宗本山の住職は朝廷古来待遇の慣例あり。今授爵すべきに当たり、旧堂上の家格を参酌するに、伯爵は中納言より大納言に直任の例連綿たる者に限れり。旧制の大僧正は二位大納言に准ぜられたり。両大谷は大僧正の例連綿たれば、これに等しくせらるべし。常盤（磐）井もまた大僧正に任ぜられたる例四回あり、これに加うるに近年皇族の男子相続せしこと多ければ宗教上の勢力両大谷に及ばずと雖も、これ等の事状を斟酌《しんしゃく》し、この三家皆伯爵を授けらるべし。華園・木辺・渋谷は前記の三家に劣れり。然れども渋谷隆教は邦家親王の孫なり。また木辺淳慈も皇族男子彼家を相続せしことあれば、この三家皆子爵を授けらるべし。

と述べ、「授爵擬議」として正三位大谷光尊・従三位大谷光瑩・正四位常磐井堯煕の三名に伯爵を、正四位華園沢称・正五位木辺淳慈・渋谷家教の三名に子爵を授けるように建議している。また「真宗住職華族家格大要」として、沢称の興正寺では任大僧正の例は寂永・寂聴の二名ある点を指摘している。この当時すでに大谷両家より家格の件で請願があったようであり、「三条家文書」所収「大谷家授爵ノ件内願」は年月日が記されていないが、「家格御取立之儀ニ付内願」と記され、華族令公布の際は授爵されず、位階についても正従二位に進まなければ叙位条例でも侯・伯爵と同列にならない点から伯爵相当以上の位階を与えられ、また老年に至れば従一位に陞叙されるように願い出ている。おそらくこの内願を受けてのものであろうが、前掲「柳原前光建白書」ではこの願に対して、

　大谷両氏より家格の事件内願の主旨を按ずるに、住職となるときは年齢を論ぜず、

伯爵相当以上の位階則ち正従二位に叙せられ、遂には一位にも叙せられんことを冀うなり。この内願を許容するときは官員及び華族叙位の制規に反し年齢に関せず階級を越え昇位或いは直叙し、両家のため一般の制を濫り大宝以来千百八十余年固有の品格を損するに至らん。且つ試しに内願を容れ従二位に叙することとなすも、現制爵位比較の待遇に依れば幼年無位の伯爵よりも仍《なお》下席に列せざるべからず。故に授爵せらるるを至当とす。両大谷は大永以来三百六十余年門跡の号を世襲せるを以て侯爵を冀う深意あるべしと雖も、門跡に等格あり。慶長二十年の定めに拠るに、親王門跡を第一とし、摂家門跡を第二とし、両大谷等は摂家の猶子となり、門跡に准じ第三に列す。加うるに明治四年門跡の号を廃せられたり。今これを侯爵に列するときは、常盤(磐)井・華園・木辺・渋谷もまたこれに同じくせざるべからず。加うるに現今男爵たる松園尚《まつぞのひさ》嘉《よし》〔大乗院旧住職〕・水谷川忠起《みやがわただおき》〔一乗院旧住職〕の如きは摂家門跡たりしを以て、曽《かつ》て両大谷の上に班せり。これに比較するも甚だ権衡を失うべし。門跡の号は朝廷の美制に非ず。衰代の風なり。仁和寺・大覚寺の如きその源法皇の皇居たるに起こり、次いで法親王居住せる寺の号となり、後には法親王にあらざるも縁由ある寺を称するに至る。即ち前文の如く慶長年間三別せし所以なり。内願書にも伯爵以上の家格に相当云々の文あり。内諭承服の後、両大谷・常盤(磐)井は伯爵を授けられ穏当ならん。

と建言している。大谷両家を侯爵とすると、他の四家もまた同様に侯爵に叙さねばならず、そうすると旧大乗院門跡の松園、旧一乗院門跡の水谷川が准門跡よりも格式の高い摂家門跡でありながら男爵にとどまっている点からも不権衡であるので内々に説諭し、大谷光瑩・同光尊と常磐井堯熙の三名へは伯爵を授与するべき、と結論付けている。すなわち、華園・渋谷・木辺の三家は柳原の建言どおり子爵にすべきとの案が当時練られていたと思われる。「大谷光尊外七名授爵ノ件」によれば、明治二十三年一月十五日付で、大谷光尊・同光瑩・常磐井堯熙・華園択称・木辺淳慈《じゅんじ》・渋谷隆教《りゅうきょう》と旧琉球王尚《しょう》侯爵家一門の伊江朝永《いえちょうえい》・今帰仁朝《なきじんちょう》敷《ふ》七名への授爵請願。両大谷と常磐井には伯爵を、華園・木辺・渋谷には子爵を、伊江・今帰仁に男爵をという内容。「別紙伯爵柳原前光より大谷光尊以下八名授爵の儀建言これあり候に付、意見御問い合わせの処」とあり、文面は前掲「柳原前光建白書」と同一のものである。また、爵位局長岩倉具定より宮内大臣土方久元宛で二十三年二月二十日付で提出した「旧僧侶華族大谷光尊以下授爵ニ関スル副議」も添付。これによれば、

案ずるに両大谷は歴代大僧正に任ぜらるるの家にして、大僧正は大納言に准ぜらるるものなれば元公卿にして歴代大納言に任ぜらるるの家と同じく伯爵を授けらるることは至当と云うを得べしと雖も、独り常磐井に於いては止だ大僧正たりし者花(華)園・木辺・渋谷の三家に比してその数多しと云うの故を以て伯爵を授けられんとするは衡平を得ざるが如し。何となれば大僧正を出すの多寡はその人に存し、その家格に存せざればなり。家格より見るときは常磐井・華園・渋谷の三家は毫《ごう》も差違あることなし。然るを歴代大僧正に任ぜらるるの家にあらざる常磐井へ伯爵を授けらるるものとせば、花(華)園・渋谷また授くるに伯爵を以てせざればその当を得ざるべし。依て歴代大僧正に任ぜらるるの家格と否とを以て単なる標準とし、両大谷は伯爵を授けられ常磐井にありては花(華)園・木辺・渋谷の三家と斉しく共に子爵を授けらるるならば稍々その権衡を得べく、従って物議を惹起すの患なけん乎。

とし、両大谷家へ伯爵、残る四家は子爵という案を提示している。さらに旧神官華族は一律新家として男爵を授けており、千家《せんげ》・北島のような家は両大谷のような存在であるが、こ

れも同様に男爵であり、僧侶華族だけ「細かに家柄格式を以て授爵の擬議を建つる事せば、彼等千家・北島等にも関係を及ぼし、現に内閣総理大臣に於いても懸念せらるるが如く、その家またはその人に就き物議のある折柄一層激昂せしむる様のことなからん乎。彼を顧いこれを思わば寧ろ僧侶華族は授爵のこと勿らん方然るべき乎」と僧侶華族に授爵すること自体懐疑的な見解を述べている。『授爵録』(明治二十九年)によれば、二十九年五月に「僧侶華族授爵ノ件」として、真宗住職六家への授爵について議しており、華園沢称は常磐井堯熙・渋谷隆教とともに、

　右三家は何れも本願寺の分派にして、三家中常磐井家の如きは分派以来十二代大僧正に任ぜらるるもの五人、華園家は二人、渋谷家は一人ありて多少優劣あるも、要するに非連綿の大僧正家にして、大谷二家の連綿大僧正家とは大差あり。

とし、東西本願寺の両大谷家とは家格上の差があると認められ、同月授爵裁可を仰ぎ、六月九日に至り華園家は常磐井・渋谷・木辺の三家とともに男爵が授けられる。この授爵について議案中には、

　右の如く常磐井以下の四家はその待遇上多少の優劣ありと雖も、その准門跡たるは一なり。然るをその待遇上の優劣に依り爵に高下を立てんとするは、或いは四家紛争を醸すの虞《おそれ》なしとせず。何となれば、右の四家は同じく准門跡にして、その寺門の格式は門末信徒の認むる所なるに拘わらず、今爵に高下を立てんとするは即ち寺格を上下せんとするに同じく、その結果たる門末信徒の信仰・帰依に大関係を有し、寺門の盛衰・消長に関するものあればなり。依て前四家は維新後新たに華族に列せられたるものは公武に論なく、それ以前の家格に拘わらず総《すべ》て男爵を授けられたる例を以て論じ、共に男爵を授けられ然るべしと認む。

との注記がされ、常磐井・華園・渋谷・木辺の四家間にも叙位任官などによる家格の差異を認めながらも、門徒の信仰面も考慮のうえ、あえて爵の等級に差を設けず、一律男爵を授けた経緯について述べられている。

【典拠】「柳原前光建白書」(「三条家文書」)、「大谷家授爵ノ件内願」(同)、「大谷光尊外七名授爵ノ件」(宮内庁宮内公文書館所蔵)、『授爵録』明治二十九年

花房義質　はなぶさ・よしもと

一八四二―一九一七

枢密顧問官

①明治二十二年七月二日　(不許可)

②明治二十三年三月二十一日　(不許可)
　宮中顧問官

③明治二十九年五月　(許可)
　帝室会計審査局長兼閑院宮別当

旧岡山藩士出身の官僚・政治家。幕末欧米に遊学し、帰国後は新政府に出仕して外務省に勤務し、弁理公使・特命全権公使などをつとめる。明治二十年(一八八七)七月から翌年十一月まで農商務次官、その後は宮中顧問官に任ぜられ、東伏見宮別当や帝室会計審査局長などを兼ね、二十四年三月には宮内次官となり、さらに四十四年十二月には枢密顧問官に任ぜられた。『尾崎三良《さぶろう》日記』二十二年七月二日条によれば、

　条公《じょうこう》を訪《と》う。在朝有功の士を華族に列するの談あり。その人名は子爵、河野敏鎌《こうのとがま》、西郷菊之助、男、井田譲《ゆずる》、山口尚芳、伊丹重賢《しげかた》、花房義質、石田英吉《えいきち》、辻維岳《いがく》の八人。右の外八人の候補者あり。楠本、藤村、山田信道、桂太郎、岩村高俊、北垣、三宮《さんのみや》、舟《(船)》越等なり。依て云う、楠本は第一着に属すべきものなりと。その余は意見なし。

とあり、尾崎が三条実美を訪問し、勲功により華族に列すべき人名を挙げて推挙しており、そのなかに花房の名がみえるも結局授爵に至っていない。また『山田伯爵家文書』所収の二十三年三月二十一日付「山田顕義《あきよし》秘啓」によれば、「授爵は陛下の大恩にして、国家の大典、万民の標準なり。真に陛下の親裁に出づるも

花房義質

のにして、臣僚の容喙すべきものにあらず。然れどもその自歴を調査し、その理由を明断にし、聖慮を翼賛するは臣下の務にして、謹慎鄭重を尽くさざるべからず。今鄙見《ひけん》を陳じ、閣下の参考に供す」として宮内大臣土方久元宛で授爵の標目として、(一)維新前後功労あり勅任官たる者および勅任官たりし者、(二)維新後功労あり勅任官たる者および勅任官たりし者、(三)維新前後功労ある者、(四)維新後功労ある者、(五)父の勲功による者、(六)神官および僧侶の世襲名家たる者、(七)琉球尚家の一門、の計七項目を挙げ、花房は第二項に適当の者としてその名を挙げるも、この際山田が列挙した人名中、授爵したのは第一項に該当した辻維岳《いがく》一人であり、花房は選に洩れる。そののち、『授爵録』(明治二十九年)によれば、立案日の欄は空白であるが、芳川顕《あき》正《まさ》ほか二十八名の文武官への授爵詮議が爵位局でされており、花房の名も挙げられる。

　右は夙《つと》に勤王の志を抱き、皇室式微、幕府専横の日に当たり、或いは大和・但馬の義挙に与し、或いは幽囚投獄、辛苦備《つぶさ》に嘗《な》め維新回天の大業を賛助し、または多年朝に在りて顕要の職を奉じ、または貴衆両院に入りて国家の大計を議する等孰《いず》れも勲功顕著の者に付、特旨を以て華族に列し栄爵を授けられ然るべき乎。左にその爵を擬し裁を仰ぐ。

とし、二十九名中芳川のみ子爵授与とし、花房を含めた他の二十八名は男爵が相当としている。同文書には同人への授爵を求める他薦書類や功績調書は綴られていないが、二十九名中、伊丹重賢・山田信道・船越衛《まもる》・三宮義胤《よしたね》・中島信行の五名については維新前の勤王事歴調書類が、また九鬼隆一《りゅういち》についても同年二月二十五日付で榎本武揚が授爵を推薦する書状が添付されていることから、同人を含めた他の二十三名分も他薦などがあった蓋然性が高いと思われる。花房の功績は認められ、二十九年五月二十三日付で裁可を得、翌六月五日付で男爵を授けられる。さらに四十年九月二十三日付で子爵に陞爵している。

典拠　『尾崎三良日記』明治二十二年七月二日条、「山田顕義秘啓」(『山田伯爵家文書』四)、『授爵録』明治二十九年

馬場三郎　ばば・さぶろう

一八五五―一九二〇

宮内省調度頭兼宮中顧問官、華頂宮宮務監督

①大正四年十二月一日（不許可）

元佐賀藩士出身の宮内官僚。明治十四年(一八八一)六月に会計検査院検査官補に任ぜられ、三十年四月に同院検査官、三十四年二月に帝室会計審査局主事・同審査官に転じ、翌年二月に東宮御所御造営局事務官を、三十八年五月に伏見宮別当を兼任。内匠助《たくみのすけ》・内匠寮主事・東宮主事・日英博覧会事務官・皇后宮主事などを経て大正三年(一九一四)六月に調度頭《かみ》となり、翌年十二月には片山東熊《とうくま》の後任として内匠頭に任ぜられた。『東京日日新聞』大正四年十二月一日朝刊によれば「授爵愈々《いよいよ》本日/午前九時親授の儀」の見出しで、

　天皇陛下には昨三十日を以て皇霊殿《こうれいでん》神殿御親謁の儀を滞りなく終わらせられ、これにて大礼御儀の全部を御完了あらせられたるを以て、愈今一日午前九時に於いて爵記親授式を行わせられ、次いで宮内省宗秩寮《そうちつりょう》より人名を発表すと。右に付、同時刻礼服着用、宮中御召を受けしは左記の外数名なり。

として、穂積陳重《ほづみのぶしげ》・山川健次郎《けんじろう》・横田国臣・片山東熊・平山成信《しげのぶ》・田中芳男・三井高保《たかやす》・大倉喜八郎・森村市左衛門と馬場の計十名の名が列挙さ

れている。このうち、同日付で授爵したのは穂積・山川・横田・田中・三井・大倉・森村の七名と、同紙には掲載されなかった大森鐘一《しょういち》と古河虎之助の二名、合計九名であった。同紙の情報に一部誤りがあったのか、または直前まで選に残ったものの宮内省当局側の審査で却下されたのか片山・馬場両名はこののちも授爵されずに終わっている。また、『授爵録』(大正四年)には片山同様に馬場の関係書類は綴られてはいないため、実際授爵運動が行われたかどうかは不明である。

典拠 『東京日日新聞』大正四年十二月一日朝刊

林　清康　はやし・きよやす

一八四三―一九〇九

海軍中将・佐世保鎮守府司令長官

①明治二十三年三月二十一日（不許可）
　海軍少将・海軍将官会議幹事

②明治二十九年五月（許可）
　予備役海軍中将

旧備後国医家の出身の海軍軍人。のちに安保《あぼ》と改姓。明治二年(一八六九)一月に軍艦和泉艦長となり、同年七月には兵部権少丞《ごんのしょうじょう》、翌年十月には少丞、五年九月海軍中佐になり、十一月大佐に進級。以後、海軍省副官兼務軍務局長となり、さらに太政官権大書記官などを兼ね、十三年二月少将に進級。東海鎮守府司令長官となり、十七年五月から参事院議官、十八年十二月に参事院廃院に伴い翌年一月まで元老院議官をつとめる。その後は海軍主計総監に任ぜられ海軍省会計局長となるも、二十二年三月海軍少将に改めて任ぜられ海軍将官会議幹事となる。二十三年九月中将に進級し、以降海軍大学校長や佐世保鎮守府司令長官などをつとめて二十七年七月に予備役に編入された。『山田伯爵家文書』所収の二十三年三月二十一日付「山田顕義《あきよし》秘啓」によれば、「授爵は陛下の大恩にして、国家の大典、万民の標準なり。真に陛下の親裁に出づるものにして、臣僚の容喙すべきものにあらず。然れどもその自歴を調査し、その理由を明晰にし、聖慮を翼賛するは臣下の務にして、謹慎鄭重を尽くさざるべからず。今鄙見《ひけん》を陳じ、閣下の参考に供す」として宮内大臣土方久元宛で授爵の標目として、(一)維新前後功労あり勅任官たる者および勅任官たりし者、(二)維新後功労あり勅任官たる者および勅任官たりし者、(三)維新前後功労ある者、(四)維新後功労ある者、(五)父の勲功による者、(六)神官および僧侶の世襲名家たる者、(七)琉球尚家の一門、の計七項目を挙げ、林は第二項に適当すべき者としてその名を挙げるも、この際山田が列挙した人名中、授爵したのは第一項に該当した辻維岳《いがく》一人であり、林は選に洩れる。そののち、『授爵録』(明治二十九年)によれば、立案日の欄は空白であるが、芳川顕正《あきまさ》ほか二十八名の文武官への授爵詮議が爵位局でされており、林の名も挙げられる。

林　清康

　右は夙《つと》に勤王の志を抱き、皇室式微、幕府専横の日に当たり、或いは大和・但馬の義挙に与し、或いは幽囚投獄、辛苦備《つぶさ》に嘗《な》め維新回天の大業を賛助し、または多年朝に在りて顕要の職を奉じ、または貴衆両院に入りて国家の大計を議する等孰《いず》れも勲功顕著の者に付、特旨を以て華族に列し栄爵を授けられ然るべき乎。左にその爵を擬し裁を仰ぐ。

とし、二十九名中芳川のみ子爵授与とし、林を含めた他の二十八名は男爵が相当としている。同文書には同人への授爵を求める他薦書類や功績調書は綴られていないが、二十九名中、伊丹重賢《しげかた》・山田信道・船越衛《まもる》・三宮義胤《さんのみやよしたね》・中島信行の五名については維新前の勤王事歴調書類が、また九鬼隆一《りゅういち》についても同年二月

二十五日付で榎本武揚が授爵を推薦する書状が添付されていることから、林を含めた他の二十三名分も他薦などがあった蓋然性が高いと思われる。同人の功績は認められ、二十九年五月二十三日付で裁可を得、翌月五日付で男爵を授けられ、同年十二月二十六日に安保に復姓している。

典拠 「山田顕義秘啓」(『山田伯爵家文書』四)、『授爵録』明治二十九年

林　権助　はやし・ごんすけ

一八六〇―一九三九

枢密顧問官

①昭和二年三月一日（不許可）

特命全権大使（待命中）

旧斗南《となみ》藩士出身の外交官・政治家。明治二十年（一八八七）七月帝国大学法科大学政治学科卒業後、外務省に入省し交際官試補となる。以後、副領事・領事・公使館一等書記官などを経て、三十一年十一月に外務省通商局長となり、翌年六月韓国駐箚《ちゅうさつ》特命全権公使に任ぜられ、四十一年六月にはイタリア駐箚特命全権大使に転じ、中華民国駐箚特命全権大使を経て、大正八年（一九一九）四月に関東長官に就任。翌年五月イギリス駐箚特命全権大使となり、さらに十四年九月には宮内省御用掛となり、同日イギリス駐箚を免ぜられ、大使のまま待命外交官となり、同年十月から秩父宮雍仁《やすひと》親王の外遊に随行。またこの間、明治四十年十一月四日付で功績により男爵を授けられている。『読売新聞』昭和二年（一九二七）三月一日朝刊によれば「林男は近く御輔導《ほどう》役を拝辞／その功績に対して陞爵又は叙勲あらん」の見出しで、

林　権助

　秩父宮殿下御渡英の為に御輔導役として宮内省御用掛を仰せ付けられ、英皇室に於ける宮中席次の都合から特命全権大使に任ぜられ、親任官の待遇を被《こうむ》り、年俸五万円を得ている林権助男も殿下再渡英なさらぬ事に御決定なったので、同男は近く御輔導役を拝辞するとの事である。その場合男が御輔導役としての功績に対し、陞爵または叙勲の恩命を賜るであろう。

とみえ、秩父宮の輔導役を辞するにあたり、男から子への陞爵または勲位の陞叙が行われるであろうとの説を報じている。結局陞爵は行われず、同年六月十三日に宮内省御用掛も免ぜられ、翌年九月に待命満期で大使も退官となるが、同年十一月十日付で勲一等旭日桐《とう》花《か》大綬章を叙勲し、こののち、宮内省式部長官や枢密顧問官などを歴任している。

典拠 『読売新聞』昭和二年三月一日朝刊

林　孝人　はやし・＊たかひと

生没年不詳

武内宿禰末裔・教派神道神理教神職

①明治三十二年四月十七日（不許可）

②明治三十六年四月二十八日（不許可）

③明治四十三年七月八日（不許可）

④大正二年七月七日（不許可）

元紀州藩士出身・和歌山県士族。旧名は寧親。大阪府在住。孝元《こうげん》天皇四代孫武内宿禰《たけのうちのすくね》の末裔「林朝臣孝人」の子孫を称し、それに因んでのちに改名したと思われる。藤波庄司を世襲し、江戸時代には紀州藩士。計四回にわたり自家の由緒・家系を理由として列華族・授爵を申請。「林孝人請願書」によれば、明治三十二年（一八九九）四月十七日付で大阪府知事菊池侃二《かんじ》を経由して宮内大臣田中光顕《みつあき》宛で提出。宮相田中宛の「御願」には、

　謹みて御願申し上げ候。私家系は別紙由緒書の通り、武内宿禰に出で爾来《じらい》連綿、今日に至り候。今や何の幸いか明治の聖世に遭遇し、皇恩優渥にして功徳の御追

賞に名門の御表彰に四民謳歌感泣する折柄、私儀も祖先の誉れを彰《あら》わし、家名を起こし申したき宿望切に相動き候に付、恐懼を顧みず上陳仕り候間、何卒御詮議の上相当御取立の御恩典に与り申したく、別紙由緒書・伝記及び該写、地(知)行目録相添え、この段願い上げ奉り候也。

と記し、「由緒書写」等を添付して提出するも却下。次いで三十六年四月二十八日にも「御願」を宮相田中宛で提出。

去る明治三十二年四月十七日付を以て私林家々系由緒及び伝記写等捧出、何分の御詮議の上、相当御取立の御恩典に浴したき旨願い奉り、爾来その御沙汰の如何を謹みて翹望《ぎょうぼう》奉待罷り在り候処、今般その御詮議を得るの資に奉供せんが為、別紙系譜写を以てし、明治の聖代、皇恩の優渥を拝し得るを渇望し奉るの衷情を披瀝し、以て相当の御取立を伏して一層御詮議の早からんことを恐れながら請願を重ね候間、下情賤衷御洞察の上、先年捧出仕り候由緒書、その他と御対照成し下され、速やかに何分の御沙汰を拝せんことを茲《ここ》に謹みて願い奉り候也。

とし、「林家系譜」を添付の上、再願。この願書は大阪府知事高崎親章《ちかあき》より宮相田中へ回送されるも却下。さらに四十三年七月八日の請願を経て、大正二年(一九一三)七月七日に自身の転居通知を出すとともに最後の請願を行うも、結局授爵されずに終わっている。

典拠　「林孝人請願書」(宮内庁宮内公文書館所蔵)

林　董　はやし・ただす

一八五〇―一九一三
外務・逓信各大臣
①明治二十八年八月二十日（許可）
　清国駐箚特命全権公使
②明治三十五年二月二十四日（許可）
　イギリス駐箚特命全権公使
③明治四十年八月三十日（許可）
　外務大臣

旧幕臣出身の外交官・政治家。旧下総国佐倉藩の蘭方医佐藤泰然《たいぜん》の子で、幕府奥医師《おくいし》である法眼《ほうげん》林洞海《どうかい》の養子となる。函館戦争では榎本武揚とともに戦い、敗戦後は捕虜となるが、赦免後は新政府に出仕。以後、工部省や宮内省に勤務し、香川・兵庫両県知事などを経て、明治二十四年(一八九一)六月、第一次松方正義内閣で外務次官に就任。二十八年六月から清国駐箚《ちゅうさつ》特命全権公使、三十年五月ロシア駐箚特命全権公使、三十三年七月にイギリス駐箚特命全権公使に転じて日英同盟締結に功績があった。また、三十八年には大使館への格上げにより、駐英大使に昇格。さらには第一次・第二次西園寺公望内閣では外務大臣・逓信大臣を歴任した。『原敬日記』二十八年八月二十日条によれば、「林、西の両人は授爵のことに陸奥大臣に内議して取極《とりき》めたり」とみえ、外務大臣陸奥宗光と外務次官原敬が相談したうえで、宮内省に申牒したことが明らかである。同日付でロシア駐箚特命全権公使の西徳二郎とともに授男爵。また『桂太郎関係文書』所収の三十五年二月二十四日付「岩倉具定《ともさだ》書翰」によれば、第一次桂内閣の閣僚中、山本権兵衛(海軍)・曾禰荒助《そねあらすけ》(大蔵)・清浦奎吾(司法)・菊池大麓《だいろく》(文部)・平田東助《とうすけ》(農商務)・小村寿太郎(外務)ら六名の授男爵とともに「林董　昇爵子爵右の通りにこれあり候」とみえ、林の男から子への陞爵案が出され、同月二十七日付で林も陞爵。さらに『授爵録』(明治三十九〜四十年)によれば、四十年八月三十日付宮内省当局側審査書類で同人の子から伯への陞爵を起案・審査している。

林　董

右董は日仏協約並びに日露協約その他日

露通商条約、漁業条約等の諸条約締結に関し、その功績顕著なるものに付、この際特にその勲功を録せられ爵を陞し伯爵を授けられ然るべき乎、裁を仰ぐ。

とあり、日仏協約・日露協約・日露通商条約・漁業条約などの締結にあたり尽力した功績が列挙され、これが認められ、九月十日に裁可。同月十四日付で伯への陞爵も果たしている。

典拠　『原敬日記』明治二十八年八月二十日条、「岩倉具定書翰」(『桂太郎関係文書』)、『授爵録』明治三十九～四十年

林　忠弘　はやし・ただひろ

一八五七―一九一六

元上総国請西藩主家

①明治十二～十六年頃　(不許可)
②明治十五・十六年頃　(不許可)
③明治二十二年九月十一日　(不許可)
④明治二十二年十月十四日　(不許可)
⑤明治二十五年五月　(不許可)
⑥明治二十六年五月　(許可)
⑦明治二十六年七月十日　(許可)
⑧明治二十六年九月二日　(許可)

林家は旧上総国請西《じょうざい》藩主家で旧禄は一万石。同家は当初三千石の旗本であったが、忠英《ただふさ》が十一代将軍家斉《いえなり》に取り立てられて御側御用取次より若年寄となり一万八千石にまで加増されたが、その後水野忠邦《ただくに》により八千石を召し上げられ以後一万石の大名として幕末期を迎える。同期の当主は林忠交《ただかた》であったが、慶応三年(一八六七)六月伏見奉行在職中に病死し、嫡子藤助(のちの忠弘)が幼少であったため、甥の昌之助(忠崇《ただたか》)が襲封。その後、昌之助は一部の藩士を引き連れて旧幕府軍に加わり新政府に抗したため、林家は改易の処分を下された。以後、藤助へ三百石が与えられ家名相続となるも、士族へ編籍されてしまう。同家の華族昇格に関し、『爵位発行順序』所収「授爵規則」によれば「男爵を授くべき者」として、七項目中、第二項目に「旧現高一万石以上の士族」が挙げられている。同案は明治十二年(一八七九)以降十六年頃のものと推測されるが、これによれば林家は世襲華族として男爵を授けられるべき家とされていたが、一旦改易されてしまった同家が華族として昇格できる可能性はこの時点ではきわめて低かったと思われ、また同様に万石以下であった旧高家《こうけ》や交代寄《こうたいより》合《あい》も結局こののちも授爵されずに終わっている。また、十五・十六年頃の作成と思われる「三条家文書」所収「旧藩壱万石以上家臣家産・職業・貧富取調書」によれば、「先代林昌之助(忠崇)小田原より脱走し、会津城に入り後降伏し、小倉藩より願に依り親族に家名を相続せしめられたり」と記す。旧禄高は一万石、所有財産は金禄公債千円、地所二丁五反歩、建家三十六坪、竈室十五坪、職業と貧富景況はともに空欄となっているが、当該時期には一万石以上の陪臣や、林家、また同様に封土を奉還した平岡家もまた華族へ編入されていない。こののち同家の華族編列・授爵運動の経緯については中村彰彦の著書でも詳述されているが、『授爵録』(明治二十六～二十八年)によれば、二十二年九月十一日には旧臣広部精《くわし》や大野友弥ら九名が宮内大臣土方久元宛で旧主林家の授爵を願い出ている。

旧請西藩士広部精等謹みて書を従二位勲一等子爵土方久元公閣下に上《たてまつ》る。これを聞く天は人の始まりなり。父母は人の本なり。人窮すれば則ち本に反《かえ》る故に労苦倦極未だ嘗《かつ》て天を呼ばずんばあらざるなり。疾に病惨粗未だ嘗て父母を呼ばずんばあらざるなりと。蓋し情の極誠の至り、自ら然らしむるなり。林忠弘、幼名藤助は旧藩主故林肥後守忠交の嫡子なり。蓋し藤助は林氏中祖光政の通称なるを以てその後代に於いては必ず家を襲《つ》ぐべき者の外決してこの名を命ぜざるは林氏の家法なり。慶応三年六月二十四日肥後守病を以て任地に卒す。当時藤助年甫《はじ》めて十二、而して時勢困難の兆しあり。幼主の能《よ》く藩政を区処し難きを慮り、同年九月徳川政府に請い藤助成長に至るの間、故播磨守忠旭《ただあきら》の庶子昌之助を以て家名を襲がしむ。然れども未だ天朝の任命によ

り諸侯に適する職守位階を拝せざるなり。慶応四年国家紛擾に当たり昌之助誤りて以為《おもえ》らく、国利民福は徳川政府を恢復《かいふく》するに若《し》くは莫《な》しと同年四月二日同志の藩士三十余人を率い藩を脱して富津及び北条に至り、その士人に説き更に多く同志の士を募り、海を航して小田原に出て大久保氏に合して王師に抗す。箱根一敗の後、房州館山に帰り更に船を艤《ぎ》し航して奥州に至らんとす。海上適々仙台藩の大江艦に遭い、同藩執政坂某等に約し小名浜より上陸、遂に仙台藩に投ず。実に同年六月二日なり。その後棚倉地方に於いて数回王師に抗抵す。明治元年十月降伏、帰順。同月十四日伊州藩の手を経、東京に致され小笠原長国《ながくに》に寄り謹慎の命を受く。二年九月松平容保《かたもり》・伊達慶保(邦)等と同じく恩赦を賜る。これより先慶応四年の春、藩重役鵜殿伝右衛門・田中兵左ヱ門藩主に代わりて京師に上り、勤王の誓いを上る。未だ幾ばくならず昌之助脱走して王師に抗するの説あり。鵜殿等大いに驚き、即ち書を弁官に上り、昌之助を廃し故肥後守嫡子藤助を立て藩主となし、全藩多数勤王の士これを佐《たす》け、大義を守り精忠を尽くし、且つ領民を安撫せんことを請う。同年五月二十七日非蔵人口《ひくろうどぐち》に於いて大原左馬頭殿より先代肥後守実子惣領藤助始め家来中謹慎、能く大義を守らば後日御沙汰の品も在らせらるべく、仰せ出され候旨書面をもって伝達せらる。これに於いて鵜殿等江戸に帰り、自余の藩士と共に藤助を輔《たす》け謹慎命を待つ。明治二年九月更に忠弘即ち藤助を立て家督となさんことを請う。乃《すなわ》ち朝廷忠弘に一時禄三百石を賜う。次に七十五石に減ぜられ、後三十五石に減ぜられ、遂に士族に編籍せらる。而してその旧藩士は昌之助に従い王師に抗する者と否とを問わず皆貶せられて平民となる。窃《ひそ》かにす、林忠弘は旧諸侯の嫡子にしてその家を襲ぎたるものなれば華族の班に列せらるべきもの(の脱)如しと雖も、その貶せられて士族となりたるは、一に昌之助の所為の連処を賜りたるものなるべければ、ただ自らその不幸を非むのみ。また奈何ともすること能わざるなり。仰ぎて惟みれば天朝新徳日々明らかに、仁は天の如く、量は海よりも大なり。初め松平容保・伊達慶邦等の如きは自らその藩士を率い屢《しばしば》王師に抗せしも、一旦その帰順するに及びては皆恩赦して旧悪を思わず。且つ祖先の功労を賞し華族に列してこれ優待す。その藩士の如きは王師に抗するものと雖も、皆これに禄を賜り、以て本年二月憲法発布の時に際し大赦の令を発せられ、既往及び現在の国事犯罪は皆これを恩赦し、西郷隆盛以下数名の如きは各高位を贈り、以てその旧功を表彰せらる。前古未だかくの如きの義挙を聞かず。東西未だかくの如き快事を見ず。天下の人、皆感激せざるは莫《な》し。窃かに惟《おもい》みれば旧請西藩主の如きは固《もと》より小大名にしてその士人僅かに数百人に過ぎず。而してまた有為の士なし。殊に昌之助以下三十余人の犯罪あれば連貶してこれを士族となし、これを平民となし、或いはこれを族滅することあるも、これを国家の大天下の広に比すれば真に富士山の一塵、太平洋の一滴、毫《ごう》も天朝の聖徳を煩わす足るものなかるべしと雖も、精等旧首(主)従の情実に黙止に忍びざるものあり。或人曰く、林忠弘の家は世々力を徳川政府に尽くすと雖も、功を国家に立つるもの少なし故に恩命を賜るの数に加わらざるなり。精等以為らく否《しか》らず。当時徳川政府は天皇陛下の旨を承け、内治・外交の政をなし、正当なる帝国の政府たるは固より言を待たず。その力を徳川政府に尽くしたるはまた忠を王室に致し、功を国家に立てたるものなり。且つ前に力を徳川政府に尽くしたる旧諸侯にして今華族に列せられたる者已《すで》に多し。その未だ華族に列せられざるもの果たして幾人ある、精等未だこれを聞かざるなり。

然りと雖も林昌之助以下三十余人の所為は実に祖先の功労を減ずるに足るべし。則ち今林忠弘の士族に編籍せられ、及び一般藩士の皆平民となりたるは固より、その分なるのみならず、一藩の首従手足処を異にせず、昭代の民となるを得たるは実に無量の聖恩を荷いたるものなり。精等愚昧と雖も豈これを知らざらんや。然りと雖も今天仁地徳の聖世に遭遇し見る所、聞く所、常に感泣に堪えざるもの多し。則ち天を呼び父母を呼ぶの誠を発せざるを欲するも得るべからざるなり。伏して願わくは閣下憐小救弱の仁を垂れ、特に随い奏上の労を執られ林忠弘もまた特旨の恩命を賜らんことを謹みて林氏系譜略一本を献ず。参観を賜らば幸甚、尊厳を冒涜妄りに所思を尽くす。惶惺已《や》むなし。唯閣下の昭鑑を祈るのみ。精等頓首再拝。

と旧主林家のみが旧諸侯の身分でありながら士族に編籍されている点や、同様に佐幕派として朝廷に抗した会津藩主松平家や仙台藩伊達家が減封されながらも諸侯身分を保持し、華族に列している点を挙げ、林家の身分昇格を求めている。これに引き続き、同年十月十四日付で伯爵小笠原忠忱《ただのぶ》・子爵小笠原貞孚《さだちか》・子爵小笠原長育《ながなり》三名の連署で宮内大臣土方久元宛で林家の華族編列・授爵を請願。内容や願意は広部らの請願と同様であり、「恩命を賜り華族の末班に列せられ、祖先の光栄を復することを得ば無上の洪恩報ずる所を知らざるなり」として懇願し、

副申。幸いに特旨恩命により忠弘華族に列せられ候上は、親族等より財産分割の約束これあり、現在財産に合し、年分収利金五百円以上に達すべき筈に候。念の為この段副申候也。

として、もし同家が華族に列することがあれば、華族の体面を維持するための資産は小笠原三家より財産分与すると申し立てているが、結局この時期には功を奏さず、不許可となっている。中村の著書によれば、続いて二十五年五月付、翌年五月にも同様、小笠原忠忱・同貞孚・同長育三名連署による二回目の請願書を宮相土方宛で林家の華族編列・授爵を請願したとある。これを受け、二十六年六月二十八日付で「北海道庁士族従五位稲田邦植《くにたね》東京府士族林忠弘特旨ヲ以テ華族ニ列シ男爵ヲ授ケラレ度議宮内大臣ヘ上申按伺」として、旧徳島藩家老・洲本城代であった稲田邦植とともに、林家もまた授爵詮議の候補に挙げられる。さらに二十六年七月十日にも土方宛で請願。これによれば、

右林忠弘は旧請西藩主林肥後守忠交の嫡子にして忠忱等同祖の後裔なり。慶応三年六月林肥後守任地伏水《ふしみ》に病卒の後、藤助幼少の故を以て肥後守異母弟昌之助をして一時家名を継襲せしむ。慶応四年国家紛擾に際し昌之助方向を誤り、同志の士三十余名を率い藩を脱して各地に出没、数回王師に抵抗す。これより先同藩の重役鵜殿伝右衛門・田中兵左衛門等京師に在りて書を上《たてまつ》り、昌之助を廃し故肥後守嫡子藤助を立て藩主と為し、これを輔けて大義を守り精忠を尽くし、且つ領民を安撫せんことを懇願せり。明治二年六月、朝廷林藤助に禄三百石を賜う。後七十五石に減ぜられ、また三十五石に減ぜられ士族に編籍せらる。これ偏に昌之助所為の余罪にして、復奈何《またいかん》ともすべきなし。仰ぎて惟《おもい》みれば近時聖朝日新の徳、旧罪を特赦し旧績を表彰し前古未聞、昭代の美挙感泣の至りに堪えざるなり。窃かに惟みれば、閣下愛憐を垂れ時に随い上奏の労を執られ、忠弘もまた特旨の恩命に依り華族の末班に列せられ、祖先の光栄を復することを得ば、無上の洪恩報ずる所を知らず。これ切に忠忱等の懇請する所なり。謹言。

として縷々陳情している。これは「稲田・林授爵ノ件」にも同様の記述がみられる。そのうえで、二十六年(二十二年と記されるが誤り)九月二日付で宮内省爵位局が立案・審議をしており、「授爵ノ件」として、

右は別紙理由書の通り華族に列せられ然るべきものと認め候に付、爵を擬し高裁を仰ぐ。

と記し、その理由として、

伯爵小笠原忠忱外二名より東京府士族林忠弘を華族に列せられたき出願の件を按するに、同家は旧上総請西藩主、禄壱万石を領せし小諸侯の一にして、甲斐源氏義光の苗裔、即ち小笠原家の一族なればその門地に於いても素《もと》より華族たるの資格を有するものとす。爰に忠弘先代昌之助は維新の際大義を誤り兵士三十人余を率い藩を脱し各所に於いて王師に抵抗したり。明治元年十月に至り降服謝罪す。官これを罰するに封土を没収し永禁錮に処せられしも、後恩赦を蒙り血族忠弘を以て家名を再興し禄三百石を賜り、尋《つい》で士族に編入し、またその禄を削られたり。当時松平容保・伊達慶邦《よしくに》・松平定敬《さだあき》・板倉勝《かつ》静《きよ》等の如きは藩を挙げて王師に抵抗したり。然るにこれ等の者皆昌之助と同罪に処せられ、敢えて異なる所あることなきも、後恩赦を蒙るに至りては、容保以下の者孰《いず》れも家名再興、更に旧封土の幾分を賜り藩屛《はんぺい》の列に復せられたるを以て今日皆華族となるの栄を受くることを得たり。然るに林氏のみはその家を存録せらるるも、その封土を没収し更に禄三百石を賜い士族に編入せられたる所以のものは独り何ぞや。謹みて按するに、林昌之助の罪は容保・慶邦・定敬・勝静等の罪より重きものあるに因りて然る乎。若《も》しくは容保・慶邦・定敬・勝静等より降伏の時機相後《おく》れたるに由りて然る乎。倩々《つらつら》旧記に依りこれを閲するに、その罪状に於いては少しく異なる所あるものの如くなるも、その処罰の跡に於いては容保以下皆死一等を減じ永禁錮に処せられ、昌之助の処罰と毫《ごう》も軽重ある所を見ず。また降伏時期の後れたるに関係して別に銓議《せんぎ》のありしことをも見ず。而して嘗《かつ》て藩を脱して叛きたるものと闔藩《ごうはん》挙げて叛きたるものとの区別を吟味せられたることあること莫《な》し。然らば則ち林氏のみ独り華族に列せられざりしことの当時の廟議はその理由の那辺にありしかを知ることを得ざるなり。慶応四年五月その家老鵜殿某・田中某上京、書を弁官に上り、脱走の主昌之助を廃し、故肥後守嫡子藤助即ち今の忠弘を立て藩主と為し、これを輔け大義を守り精忠を尽くし、且つ領民を安撫せんことを請う。官これに令して曰く。先代肥後守実子藤助以下家来中恐粛、謹慎を尽くしたる上はその節御沙汰の品も在らせらるべき旨を達せられたるに依り、請西藩は爾後実に恭順を守り来たれり。而してその御処置に於いてはは請西藩士の恭順を守りたるものと闔藩挙げて王師に叛きたるものとの間に於いて軽重その所を異にするの憾なき能わず。嗚呼《ああ》林氏の如きは洵《まこと》に憫然の者にして、昭代の今日にありては特に出格の御銓議なかるべからず。当時藩に大小ありと雖も、その諸侯と称するものは則ち一なり。前日の諸侯は則ち今日の華族なり。今日の林氏は則ち前日の諸侯なり。前日の諸侯にして今日華族たるの財産を有すれば、則ちその身分を復し華族に列せらるるに於いてまた何の不可かこれあらん。況んや昌之助の罪は容保・慶邦・定敬・勝静等より差々軽きものあるが如きに於いてをや。今や一族の証明する所に依れば林氏は所有地所田畑七町五反二畝二十歩、宅地六百六十三坪余、この時価凡《およ》そ一万一千余円にして、この一ヶ年の所得高金六百余円あることは実に相違なきものあるを確認せり。故に林忠弘は自今華族の体面を維持するに耐うるものと信ずるに依り、特に同家の従前諸侯たりしを録し願意を採納せられ然るべきものと認む。

として同家の列華族・授爵は妥当とされ、九月十四日に裁可を経て、翌月二十日付をもって華族に列し、男爵を授けられる。

典拠 『爵位発行順序』、「旧藩壱万石以上家

臣家産・職業・貧富取調書」(「三条家文書」)、『授爵録』明治二十六～二十八年、「稲田・林授爵ノ件」(宮内庁宮内公文書館所蔵)、中村彰彦『遊撃隊始末』、同『脱藩大名の戊辰戦争―上総請西藩主・林忠崇の生涯―』

林　友幸　はやし・ともゆき

一八二三―一九〇七

枢密顧問官

①明治四十年十一月六日（許可）

旧長州藩士出身の官僚・政治家。明治元年（一八六八）十一月徴士《ちょうし》・会計官権判事となり、翌年七月以降盛岡藩大参事・九戸《くのへ》県権知事・民部大丞《たいじょう》兼大蔵大丞などを経て七年二月内務大丞兼土木頭。翌年三月内務少輔、十三年二月元老院議官。二十三年十月元老院廃院に伴い錦《きん》鶏間祗候《けいのましこう》。翌月より貴族院議員。二十四年八月からは富美宮《ふみのみや》御養育主任となり、さらに二十六年十二月満宮《みつのみや》御養育主任。二十八年七月宮中顧問官となり、三十三年四月枢密顧問官に任ぜられ、貴族院議員を辞職。またこの間、二十年五月九日勲功により華族に列し子爵を授けられた。子から伯への陞爵に関しては『授爵録』(明治三十九～四十年)所収の四十年十一月六日立案宮内省当局側書類にみえ、

> 右は旧山口藩士にして夙《つと》に勤王の志を抱き、明治初年軍務官に出身し各地に出張して鎮撫の任に当たり、戊辰の年参謀の命を奉じ奥州に進み督府に出仕して軍事に精勤し、流賊追討に際し南部表に出張して尽力す。功あり屢々《しばしば》行賞せらる。爾《じ》来《らい》民部・大蔵諸官を歴任し、八年三月内務少輔となり、十年鹿児島逆徒の暴動あるや、九州地方に出張し拮据黽勉《きっきょびんべん》、その職任を尽くし勲章及び賞金を賜る。十三年議官に任じ、二十年勲功に依り特に子爵を授けられ、継いで富美宮・満宮《みつのみや》・泰宮《やすのみや》等御直宮御養育主任を承り、十五年の久しき克くその任を尽くし、八十余歳の高齢に及ぶも孜々《しし》として怠らず、現今本官として枢密顧問の職に在り、従二位勲一等たり。然るに目下病に罹り危篤に陥りたるに付いては、この際同人が多年の功労を録せられ、特に陞爵の栄を賜り伯爵を授けられ然るべき乎裁を仰ぐ。

として同人の病気危篤に際して起案されているが、功績調書や各方面からの請願書類は添付されず裁可を求める書類のみが綴られている。この立案書が認められ、同月八日付で伯爵に陞叙している。

典拠　『授爵録』明治三十九～四十年

林　友幸

原　敬　はら・たかし

一八五六―一九二一

内閣総理大臣

①明治二十八年八月二十日（辞退）

外務次官

②大正二年十月三十日（辞退）

内務大臣・衆議院議員

③大正四年十月二十九日（辞退）

④大正四年十一月一日（辞退）

衆議院議員

⑤大正八年八月二十九日（辞退）

内閣総理大臣・衆議院議員

旧陸奥国盛岡藩士出身の官僚・政治家。明治十二年（一八七九）に司法省法学校を放校処分となったのち、郵便報知新聞社に入社。十五年に外務省御用掛となり、以後天津《てんしん》領事や在仏公使館書記官・農商務省参事官・農商務大臣秘書官・外務省通商局長・外務次官・朝鮮国駐箚《ちゅうさつ》特命全権公使などを歴任。三十年九月に退官後は大阪毎日新聞社社長を経て立憲政友会結成に参加し、三十五年八月に第七回衆議院議員総選挙に当選。第一次・第二次西園寺公望内閣および第一次山本権兵衛内閣で内務大臣と

原　敬

して入閣。大正三年(一九一四)六月に立憲政友会総裁に就任。六年六月には臨時外交調査会委員となり、翌年九月に内閣総理大臣に就任し、十年十月刺殺されるまで在任。原の華族観や授爵に対する姿勢については、浅見雅男や原の遺児である原奎一郎の著書に詳述されているが、『原敬日記』明治二十八年八月二十日条によれば、

　陸奥子爵は伯爵に進められ旭日一等に叙せらる。同時に数人の叙勲授爵ありたり。外務省官吏にも夫々《それぞれ》恩賞の申し立てをなし、林、西の両人は授爵のことに陸奥大臣に内議して取り極めたり。余は当時通商局長として常に本省の留守居の役に当たりたれば功労ありと云えば有り、無しと云えば無しとも云い得る位地に在るのみならず、現に次官に任ぜられて行賞取調の任に当たり居る次第なれば、それこれの事情を考え多少の功労を申し立て恩賞を得ん事は余の望む所にあらず。依て陸奥、西園寺(臨時外相兼任)より勧めありたれけれどもこれを辞し、また西園寺は勲章を辞するも賞金位は受けて可ならんと云うもこれを辞して一切恩賞を受けざることとなせり。

と記され、日清戦争の論功行賞で西徳二郎・林董の両特命全権公使へは原が陸奥と相談して授爵候補に挙げたことがみえる。これによれば、原自身も当時その対象となりながらもこれを辞していることが確認される。また大正期に入るとまた授爵の動きが確認され、同日記大正二年(一九一三)十月三十日条にも、

　小山完吾来訪。復党の決心なる旨を告げたり。また余及び松田に授爵ある様新聞に出たるが事実如何と云うに付、余は従来爵位勲章を望みたることなし。また死後位勲の昇進などは余の尤も望まざる所なりとて従来の余の心事を物語れり。

とみえ、第一次山本内閣で司法大臣の松田正久と原への授爵話が持ち上がっていることに対する自身の考えを述べたものであるが、結局原がこれを回避する運動を起こしたため、この時は授爵されていない。また、同日記大正四年十月二十九日条に、

　山県を訪《と》うて先日内談し置きたる授爵問題に付、余より政府余に内議せずして直ちに発表する様の事なきやと尋ねたるに、山県はその事は決してこれなかるべし、政府は最初数多の授爵取調べをなしたる由なるも閣員中異議ありて一切これを見合わす事となりたるに(閣員とは一木《いちき》内相の事なるは過日の話にして知るべし)然るにまた一変して六七名は授爵を宮相まで申し出づる事となりたる様子にて、その人名を内々一覧せしに君と加藤の所には本人の意思を聞きてと付記しありたれば大丈夫と思う、去りながら大隈の事故度々変化する次第なれば、明日宮相に会見に付その節宮相に尚内談し置くべし。過日もざっとは話し置きたり。然れどもこの事は内閣の方は君の事ありて内閣書記官長に尋ねたるに因り始めてその取調を聞きたる様の次第なれば、果して宮内省には内閣より如何に申し出づるや知れず、且つ閣議には上せず大隈だけの考えの様なれば篤と宮相に話し置くべし。宮内省にても旧華族等の事にてもあらんが取り調べたるものもこれある様子なり。自分の考えにては御大礼などの機会に於いてせず平日に於いて功績ある者には特に恩命ある様にありたしと思うと云うに付、余は何れにしても宮相直接取り扱う問題に付、宮相に内談し置かるる様切望すと云い置きたり、多分これにて余は授爵を免かるる事と思う。

とあり、この当時大正天皇即位大礼の慶事に際して大隈首相以下の閣僚とともに原への授爵も当初検討されたものの、大隈内閣の内務大臣一木喜徳郎《きとくろう》の反対もあってこれが実現しなかったことがみえ、原自身は事前に元老山県有朋へも依頼したこともありこれを回避したことが記されている。この件については『読売新聞』同年十一月一日朝刊にも「授爵調査終了／原・犬養両氏も」の見出しで、

来たるべき御大典を機とし、国家に功労ありたる各階級の人々に対し、授爵・授勲・叙任等の恩命ある事は既報の如くにして、洩れ承る処によれば御発表に相成るべきは大嘗祭終了の上、即ち本月十六日なりとの事にて、内閣に於けるそれぞれの調査も昨今大体に於いて結了し、目下は宮内省との間に折衝中の由なるが、その陞爵・授爵の主なる人々は、大隈伯の侯爵、武富・尾崎・一木・高田・加藤・河野《こうの》・箕浦各大臣の男爵は疑うべからざる処にして、更に有力なる筋よりの噂によれば、立憲政治創設に功労ありたる廉を以て、政友会総裁原敬氏、国民党総務犬養毅の二政治家、学者として功労ありたる故を以て山川東大総長、穂積《ほづみ》博士の二学者、財界に功労ありたる故を以て大倉喜八郎、安田善次郎、益田孝《たかし》の三実業家、また特に男爵を授けらるべしとの事なり。

とみえ、即位大礼に際して犬養毅とともに原もまた授爵対象となっていることが報じられており、このような情報が新聞社にももたらされていた可能性が高い。また『東京日日新聞』大正八年八月二十九日朝刊によれば「西園寺侯公爵たらん／御批准後に発表か」の見出しで、

講和大使として七十有余の老軀を提《さ》げて巴里《パリ》に赴き、八ヶ月に亘って大任を果たし、去る二十三日無事帰朝せる西園寺侯が一昨日日光行在所《あんざいしょ》に伺候し、具さに会議の顚末を闕下に伏奏したる際、畏くも陛下には侯が今回の労苦を思し召されて優詔を賜りたるは、侯がこの度の使命に対して世上に毀誉さまざまの説あれども、聖上が侯に対する御信任厚き事を証するものと見るべく、内閣に於いてもまた園《えん》侯《こう》の功労表彰につき何等かの奏請するところあるべきはいうまでもなけれど、目下正二位大勲位にして若し位階を陞叙するとせば従一位となる訳なれども、従一位の位を有し居るものは現在とては浅野長勲《ながこと》、久我通久《こがみちつね》の両侯爵あるのみにて、山県公、松方侯、大隈侯等の元老も正二位に止まり、且つその筋の方針も今後は生前に従一位を奏請する事を絶対になさざる事に決し居れば、園侯に対してのみ特に従一位を奏請するが如き事はなく、また勲等も侯は出発に際して既に大勲位を授けられ居れば、この上は頸飾《けいしょく》章加授より外には途なく、現内閣としては今度の講和に種々の非難あるにせよこれを以て大成功なりと吹聴し居る位なれば、必ずや園侯に対しては華々しき行賞の奏請をなすべく、恐らく爵位を陞して公爵を授けらるる事となるべく、同時に牧野男を初め講和会議に列せる全権委員や原首相その他の閣僚、外交調査会委員等にも陞爵・授爵の恩命下るべく、而してその時期は勿論不明なるも講和条約に対して御批准あり、平和に関する諸般の事務が一段落つきたる上にてそれぞれ発表さるべしと某宮内高官は語れり。

と第一次世界大戦後のパリ講和条約締結に際して主席であった西園寺以下の全権委員や原敬をはじめとする当時の閣僚、臨時外交調査委員会委員へも論功行賞として陞・授爵が行われると大きく報じられているが、閣僚中でこの翌年に実施された行賞で授爵したのは田中義一(陸相)・加藤友三郎(海相)・山本達雄(蔵相)の三名にとどまる。これは原自身の考えでまた栄典授与を回避したものであり、こののち死去に際しても授爵されずに終わっている。

典拠　浅見雅男『華族たちの近代』、原奎一郎『ふだん着の原敬』、『原敬日記』明治二十八年八月二十日条・大正二年十月三十日条・四年十月二十九日条、『東京日日新聞』大正

八年八月二十九日朝刊

原保太郎　はら・やすたろう

一八四七―一九三六

北海道庁長官

①明治三十八年頃（不許可）

②大正十二年十一月三十日（不許可）

貴族院勅選議員・錦鶏間祗候

旧丹波国園部藩士出身の官僚・政治家。明治元年（一八六八）一月東山道総督に随行を命ぜられ、同年三月上野国巡察使兼軍監となり、五月には終身六人扶持を与えられた。その後は兵庫県少書記官・同県大書記官を経て、十四年二月山口県令《けんれい》に任ぜられる。十九年七月地方官官制公布に伴い山口県知事となり、二十八年七月福島県知事に転じ、翌年四月北海道庁長官。三十年十月依願免官となるも、三十一年十一月農商務省山林局長となり、三十八年三月退官。この間、三十六年七月より死去するまで貴族院勅選議員をつとめ、また錦鶏間《きんけいのま》祗候《しこう》を仰せ付けられた。授爵については「原保太郎履歴書」が宮内庁書陵部宮内公文書館に所蔵されているが、錦鶏間祗候となった三十八年九月一日付で記載の終わっている履歴書であり、退官時のこの時期にあたり、授爵が建議されたとも考えられる。また、『諸雑公文書（狭義）』所収「〔勲功者授爵ノ儀ニ付具申〕」によれば、大正十二年（一九二三）十一月三十日付で東京府知事宇佐美勝夫《かつお》より内務大臣後藤新平へ「勲功者授爵ノ義ニ付具申」を提出。

右の者丹波園部の藩士にして夙《つと》に勤王の志極めて篤く、少年の頃京師に出て江戸に至り、有志と力を截せ勤王の大義を主唱すと雖も儕輩《さいはい》多くは烏合の士にして、共に事を為すに足らず。断然意を決して脱藩し、単身京師に帰り同志を糾合して夙志の貫徹に努む。時に岩倉具視公幽閉せらるると雖も、勤王の唱主たるに足るを開き、謁して公の門に出入りし、鋭意内外の有志と気脈《きみゃく》を通じ画策する所あり。慶応四年一月伏見戦争の起こるや再び斥候として屢々《しばしば》危地に臨みて敵情を偵察し、尋《つい》で征東の役起こるや再び斥候を命ぜられ、また沿道諸藩を説きて軍需品輸送の利便を図り、後上野国巡察使兼監軍を命ぜらるるや、各所に蜂起せる敵軍に対抗して克《よ》くその大任を尽くして殊勲を樹つる等維新大業の為に尽くしたる勲功頗る多大なるものあり。明治四年米国に留学、帰朝後間もなく西南の役あり。岩倉具視公の枢機に参与して貢献する所多し。明治十年地方官となるや爾来《じらい》官界に在ること二十余七年、その間地方長官として、また山林局長として多年地方の開発振興を図り、或いは国有林の整理を為す等、その功績洵《まこと》に偉大なるものと認められ候に付いては、この際特別の栄典たる授爵の儀御詮議相成りたく、別紙調書相添えこの段具申に及び候。

として、原が幕末・維新期に勤王派として国事に奔走し、その後も県令・知事として地方長官の職を全うし、また農商務省山林局長としての功績もあわせて「事績調書」「履歴書」を添付して授爵を求めている。これに対して、翌十三年一月四日付で後藤内相が内閣総理大臣山本権兵衛宛で原の授爵を進達。

皇太子殿下御成婚に際し生存効労者取り調べ候処、左記の者は夙に勤王の志を抱き、殊に明治維新の際屢々危地に臨みて殊勲を樹て、後官界に在ること二十余年、克く地方の開発振興を図る等勲功少なからざる者と認められ候に付、相当授爵の御詮議相成り候様致したし。

として皇太子裕仁親王（のちの昭和天皇）と久邇宮良子女王との成婚に際しての栄典授与として求めるも、結局授爵されずに終わっている。

典拠　「原保太郎履歴書」（宮内庁宮内公文書館所蔵）、「〔勲功者授爵ノ儀ニ付具申〕」（国立公文書館所蔵『〔諸雑公文書（狭義）〕』）

原　嘉道　はら・よしみち

一八六七―一九四四

枢密院議長

593　原嘉道

①昭和三年十月十日（不許可）
司法大臣・法学博士
②昭和十九年八月七日（許可）
枢密院議長・法学博士

原　嘉道

旧信濃国出身の官僚・政治家・弁護士。明治二十三年（一八九〇）帝国大学法科大学卒業後、農商務省試補に就任。以後、同省参事官や東京・大阪各府の鉱山監督署長などを経て、二十六年四月に退官して弁護士に転じる。四十四年には東京弁護士会長にも就任し、東京帝国大学その他で教鞭をとる。そののち、昭和二年（一九二七）四月に田中義一内閣で司法大臣に就任。『読売新聞』昭和三年十月十日朝刊によれば「授爵の栄は七名に／殆ど内定した顔ぶれ／陸海軍から各一名／学者から一名／実業界から四名奏請」の見出しで、

今秋行わせらるる御大典に際しては官民となくそれぞれ功績の顕著なる者の中から、政府の奏請により爵位、叙位・叙勲・褒賞等畏き御沙汰を拝する事となって居るが、政府に於いても目下その人物を慎重銓衡中で、既に大体の内定は見た模様であるが、事は畏きあたりにかかわりある為、絶対秘密に付して居る。而して授爵の恩命に接すべき者については、その銓衡及び人員等大体前例に慣い、数は七名とされ、陸海軍人各一名、実業家・事業家中から四名、学者から一名とされて居る。この内定した候補者は学者から桜井錠二氏、陸軍から奈良武次《たけじ》大将、海軍から山下源太郎大将、実業家から馬越恭平《まごしきょうへい》、浅野総一郎、団琢磨《たくま》、藤原銀次郎の四氏と云われて居るが、この外、井上準之助、藤山雷太氏等も銓衡中の人である。また司法方面では鈴木喜三郎《きさぶろう》氏の声もあるが、鈴木氏には個人の事情もあり、然らば原法相とも伝えられるが、原法相には時期尚早との声もあり、結局この方面は銓衡外に置かれた模様である。

と報じている。昭和天皇の即位大礼という慶事に際しての授爵はこの一ヵ月後、同年十一月十日であるが、宮内省詰の記者が得た情報か、各方面よりの計七名が有力候補者として挙げられるとともに司法方面から鈴木と原の名もみられる。報道のとおりとすれば、同人についても司法省より授爵の内申があったと思われるが、具体的には資料が確認できない。原については「時期尚早」とされ、この際は銓衡が見送られたようである。同人は六年以降枢密顧問官に就任し、副議長を経て十五年に議長就任。十九年八月七日に議長在職中に病気のため死去。『授爵陞爵申牒書類』および『授爵録』（昭和二～十九年）によれば、内閣総理大臣小磯国昭より宮内大臣松平恒雄宛で同日付で原の授爵を申牒。

枢密院議長正二位勲一等原嘉道は別紙功績調書の通り功績顕著なる者に付、左の通り授爵の儀詮議相成りたし。

として、「功績調書」を添付。同書によると、

右者明治二十三年七月農商務省試補を拝命し、翌二十四年五月同省参事官に進み、次いで東京・大阪の各鉱山監督署長を命ぜられ、同二十六年四月官を退き野に下りて弁護士の業務を開業し、同四十四年弁護士会長に推挙せられ、爾来《じらい》会長たること二十数年の永きに及び、我が法曹界の長老として斯界《しかい》の為に竭《つ》くす所大なるものあり。超えて昭和二年四月田中内閣成立するや司法大臣として台閣に列し、同六年十二月枢密顧問官に、同十三年二月枢密院副議長に、同十五年六月枢密院議長に親任せられ枢府に列すること十有二年余、同議長に在職すること四年余に及び最高枢機の重任に膺《あた》る等一意報効、大政翼賛の誠を効し、尚亦法制審議会副総

裁・教育審議会総裁・王公族審議会総裁等の重職に就任し、重要法案等の起草または調査審議の任に膺り孰《いず》れも励精、克《よ》くその重任を完うし、多年邦家の為に貢献したる功績顕著なりとす。

と記され、法曹界においても弁護士会長などをつとめ、司法その他に尽くした功績が認められ、その死去に際して同日男爵が授けられた。

典拠　『読売新聞』昭和三年十月十日朝刊、『授爵陞爵申牒書類』、『授爵録』昭和二～十九年

原田一道　はらだ・かずみち

一八三〇―一九一〇

予備役陸軍少将・貴族院勅選議員・錦鶏間祗候

①明治三十三年五月五日（許可）

旧備中国鴨方《かもがた》藩医出身の陸軍軍人・政治家。西園寺公望の秘書をつとめた原田熊雄《くまお》の祖父。明治元年（一八六八）十二月徴士・兵学校御用掛となり、翌年七月兵学権助《ごんのすけ》に任ぜられ、同年十一月同権頭《ごんのかみ》、三年二月造兵正《かみ》を兼任。六年七月陸軍大佐に任ぜられ、造兵司分科・参謀局第一課長・砲兵会議副議長・砲兵局長を経て十四年七月少将に進級。同月砲兵会議議長。十九年二月元老院議官。二十三年九月に貴族院勅選議員・錦鶏間祗候《きんけいのましこう》。元老院議官をつとめた者に対しては『読売新聞』二十六年十月三十一日朝刊で授爵または賜金があるかと報じられている。このなかに原田が含まれているかは不明。授爵に関してこれまで他薦の書類などは確認できないが、『授爵録』（明治三十三ノ二年）によれば、三十三年五月五日付の宮内省当局側立案書類で尾崎忠治《ただはる》ら計二十五名の文武官の授爵を詮議しており、銓衡として（一）維新の際大政に参与して殊勲ある者、（二）維新の功により賞典禄五十石以上を賜りたる者、（三）維新前後国事に功労あり、かつ十年以上勅任官の職にある者、または現に在職中の者、（四）十年以上勅任官の職にあり功績顕著なる者、（五）特に表彰すべき偉大の功績ある者の五つの規準を設けており、原田はその（四）に該当する対象者とされている。また、

明治元年十二月徴士・学校御用掛仰せ付けられ、二年三月軍務官権判事・兵学校頭取・兵学権助・兵学権頭兼任兵学大教授、陸軍大佐兼一等法制官を歴て十四年七月陸軍少将に勅任せられ、十九年二月元老院議官に転任、勅任在職九年四ヶ月、一道は大村兵部大輔時代に出身し、兵制創始の際、兵学校創立事務を担任し、尋《つい》で兵学教官となり軍人を養成し、また軍律の取調に従事し、その功績尤も多し。要するに一道の陸軍に於ける功績は西周に比して遜色なし。

とその理由を記し、同月八日に裁可を得て翌九日付で男爵が授けられる。

典拠　『授爵録』明治三十三ノ二年、岩壁義光「旧幕臣系男爵の授爵について—宮内公文書館所蔵「授爵録」の分析を通じて—」（『学習院大学史料館紀要』一八、二〇一二年）

ひ

檜垣清澄　ひがき・＊きよずみ

生没年不詳

旧伊勢神宮外宮神主

①大正十三年一月十七日（不許可）

檜垣家は度会《わたらい》姓、旧伊勢神宮外宮神主の家柄で、後掲檜垣清澄・同常伯《つねおさ》の一族と思われる。『授爵陞爵申牒書類』によれば、昭和三年（一九二八）十月二十五日の旧東北諸藩藩主の陞爵および田中俊清《としきよ》・江川英武《ひでたけ》の授爵、徳川好敏《よしとし》の復爵の次に「先例」として、大正十三年（一九二四）一月十七日付で当時の清浦奎吾内閣が宮内大臣牧野伸顕に宛てて「別紙正六位江川英武外十一名、陞爵・授爵及び復爵の件は家格に属するものに付、参考として回付に及び候」として、正六位江川英武・世木《せき》氏公・正八位久志本常幸《くしもとつねゆき》・従七位勲七等薗田守理・正六位勲六等松木時彦・藤波氏宣・従五位勲六等檜垣常伯・慶光院利敬《けいこういんよしゆき》・男爵島津久厚《ひさあつ》・陸軍工兵中佐正六位勲四等功四級徳川好敏・二条邦基《くにもと》と檜垣清澄の計十二名を列挙。この当時、これらの授爵・陞爵・復爵が申牒されたものの、不許可であったことが明らかである。

典拠　『授爵陞爵申牒書類』

檜垣貞吉　ひがき・＊さだよし

一八四八—一九二〇

旧伊勢神宮外宮神主

①大正四年六月二十日（不許可）

檜垣家は度会《わたらい》姓、旧伊勢神宮外宮神主の家柄で、前掲檜垣清澄、後掲同常伯《つねおさ》の一族と思われる。同家の授爵については、『授爵録』（追加）（明治十五～大正四年）所収の「荒木田《あらきだ》・度会両姓神宮家族籍ノ儀恩命ヲ蒙リ度件ニ付内願」にみえ、檜垣貞吉・藤波氏宣・松木時彦・久志本常幸《くしもとつねゆき》・世木《せき》氏公・薗田守理と檜垣常伯の計七名の連署で大正四年（一九一五）六月二十日付で内閣総理大臣大隈重信宛で請願。「本年は御即位及び大嘗祭の御大典並びに神宮御親謁の御盛儀行わせられ、千載一遇の盛時に際会仕り候に付」として授爵を望むも授爵は不許可に終わる。

典拠　『授爵録』（追加）明治十五～大正四年

檜垣常伯　ひがき・つねおさ

一八五八—？

旧伊勢神宮外宮神主

①大正四年六月二十日（不許可）

②大正四年九月三十日（不許可）

③大正十三年一月十七日（不許可）

檜垣家は度会《わたらい》姓、旧伊勢神宮外宮神主の家柄。同家の授爵については、『授爵録』（追加）（明治十五～大正四年）所収の「荒木田・度会両姓神宮家族籍ノ儀恩命ヲ蒙リ度件ニ付内願」にみえ、檜垣貞吉・藤波氏宣・松木時彦・久志本常幸《くしもとつねゆき》・世《せ》木《き》氏公・薗田守理と檜垣常伯の計七名の連署で大正四年（一九一五）六月二十日付で内閣総理大臣大隈重信宛で請願。「本年は御即位及び大嘗祭の御大典並びに神宮御親謁の御盛儀行わせられ、千載一遇の盛時に際会仕り候に付」として授爵を望む。また、「神宮旧神官荒木田《あらきだ》度会二氏及慶光院利敬《けいこういんよしゆき》ニ授爵ノ件」によれば、同年九月三十日付で神宮大宮司の子爵三室戸和光《みむろどまさみつ》より「荒木田・度会二氏が神宮創祀以来終始神明に奉仕し、神宮と浮沈を同じうして、以て昭代に至れるの功」を理由として大隈首相へ授爵を請願するも、大正天皇即位大礼の慶事に際して授爵はされず。さらに『授爵陞爵申牒書類』によれば、昭和三年（一九二八）十月二十五日の旧東北諸藩藩主の陞爵、田中俊清《としきよ》・江川英武《ひでたけ》の授爵、徳川好敏《よしとし》の復爵の次に「先例」として、大正十三年一月十七日付で当時の清浦奎吾内閣が宮内大臣牧野伸顕に宛てて「別紙正六位江川英武外十一名、陞爵・授爵及び復爵の件は家格に属するものに付、参考として回付に及び候」として、正六位江川英武・世木氏公・正八位久志本常幸・従七位勲七等薗田守理・正六位勲六等松木時彦・藤波氏宣・檜垣清澄・慶光院利敬・男爵島津久厚《ひさあつ》・陸軍工兵中佐正六位勲

四等功四級徳川好敏・二条邦基《くにもと》と従五位勲六等檜垣常伯の計十二名を列挙。この当時、これらの授爵・陞爵・復爵が申牒されたものの、不許可であったことが明らかである。

典拠　『授爵録』(追加)明治十五～大正四年、「神宮旧神官荒木田度会二氏及慶光院利敬ニ授爵ノ件」(宮内庁宮内公文書館所蔵)、『授爵陞爵申牒書類』

東　相愛　ひがし・*すけなる

一八三八―一九〇一

旧松尾神社神主

①明治十七年頃　(不許可)

東家は秦《はた》姓で旧松尾神社神主の家系。相愛は慶応二年(一八六六)一月に従三位に叙せられたが、明治四年(一八七一)五月の社家の世襲および位階廃止により位記を返上。同家の華族編籍については、十七年頃のものと思われる「三条家文書」所収「旧神官人名取調書」にみえ、「別紙全国旧神官の内華族に列せられ然るべき家格の者にこれあり候。御発表前には一応現今貧富の景況地方官へ調査仰せ付けられ候上、御取捨相成りたしと存じ奉り候」と記され、そのなかに旧松尾神社からは南勝栄とともに東の名も挙げられているが、結局授爵されずに終わっている。

典拠　「旧神官人名取調書」(「三条家文書」)

→東某

東　某　(相愛カ)　*ひがし

生没年不詳

旧松尾神社神主

①明治二十二年一月二十八日　(不許可)

②明治二十三年頃　(不許可)

東家は代々旧松尾神社神主の家柄。典拠資料中には実名が記されないため不明。前掲東相愛とも思われる。同家の授爵については、『授爵録』(追加)(明治十五～大正四年)所収「族籍之儀ニ付建議」にみえ、すでに華族に列した松木美彦《よしひこ》男爵と藤井希璞両名の連署で明治二十二年(一八八九)一月二十八日付で宮内大臣土方久元宛で請願。

謹みて案ずるに貴族の国家に於ける重大の関係あり。許多の効用ありて、政治上・国体上に置いて必須の者たるは今更に喋々を要せず。(中略)爰《ここ》に古名家族宜しく詮議せらるべき者十六家を録して左右に呈す。

として神宮旧神官より久志本《くしもと》常幸《つねゆき》・宮後《みやじり》朝昌・沢田泰綱《やすつな》・世木《せき》親喜、上賀茂より松下径久《みちひさ》・岡本保益・鳥居大路《とりいおおじ》治平、下鴨より泉亭《いずみてい》某・梨木《なしのき》某・鴨脚《いちょう》某、日吉より生源寺《しょうげんじ》希徳・樹下《じゅげ》某、松尾より東某・南某、鹿島より鹿島則文、香取より香取保礼の十六名を列挙するも、こののち審査のうえ授爵されたのは沢田泰綱の子幸一郎(泰圀《やすくに》)のみで東ほか十五名は選に洩れている。また前掲『授爵録』(追加)(明治十五～大正四年)所収「内宮外宮旧神官十八家等族籍ニ関スル件」という年月日不詳の資料にもみえ、明治二十三年頃作成と思われるこの資料によれば、旧賀茂別雷神神社(上賀茂神社)神主の松下清岑《きよみね》に関する「加茂旧神官松下清岑ノ家」の項に、

右家は上加茂旧神官の三家の一、岡本・鳥居大路の総本家にして累代神主に補せられ、従三位に上ることを得、その系統は加茂《かも》建角身命《たけつみのみこと》の裔、神主在実七代孫正四位下資保二男能久《よしひさ》に出づ。能久承久の乱戦敗れ、鎮西に遷さる。貞応二年六月十日太宰府に於いて卒す。嗣なし。後鳥羽院天皇の皇子(童名氏王丸)を賜り嗣とす。氏久《うじひさ》と称す。神主に補せられ従三位に叙す。氏久の子孫遠久これを嗣ぎ、皇胤の系統連綿として現代清岑に至れり。その血統及び家格は曩《さき》に華族に列せられたる旧神官に比し優ることあるも劣ることなし。然らば則抜きを以て優班に列せられんか、否松下家に比しき家、下加茂旧神官に泉亭・梨木・鴨脚三家あり。その他日吉神社に生源寺・樹下、松尾神社に東・南、鹿島神社に鹿島、香取神社に香取等のあるなれば、独り松下家にのみ栄典を及ぶべきものにあらず。これ等は他日を俟《ま》ちて慎重銓衡せられ然るべきものと思考す。

とあり、皇胤である松下家を華族に列する際

には、他社の旧神官中由緒のある樹下などの諸家をも同様に授爵する必要性を説いているが、結局、松下家をはじめどの諸家も授爵されずに終わっている。

[典拠]『授爵録』(追加)明治十五～大正四年

→東相愛

東朝倉景規　ひがしあさくら・*かげのり

生没年不詳

元興福寺学侶・春日大社新社司

①慶応四年四月（不許可）

②明治七年七月（不許可）

③明治八年七月二日（不許可）

東朝倉家は旧興福寺観禅院学侶。慶応四年(一八六八)四月以降、興福寺では大乗院・一乗院の両門跡以下院家《いんげ》・学侶もつぎつぎと還俗し、堂上《とうしょう》出身者は藤原姓の者は堂上格を賜り、非藤原姓の者は実家へ復籍のうえ一代堂上となる。地下《じげ》出身者も二年三月には藤原姓を与えられ、堂上出は春日大社新神司、地下出は同社新社司となる。これらの措置に不満を抱いた地下出身の旧学侶たちは身分昇格を求めている。『太政類典』所収「春日旧社司及石清水社司等堂上格ノ願ヲ允《ゆる》サス」によれば、

一、元興福寺住侶、右元来地下の格にこれあり候処、復飾後尤も当分仮に当社付属新神(社)司に仰せ出され候に付、前後を顧みず、ただ杞然と御一新に基づき、去る辰四月由緒書等上覧に捧げ奉り、総《すべ》て同勤同格公平の御定目仰せ出され候はば倶々精勤奉るべき儀は勿論、総て一社一和の御裁判成し下され候様懇願奉り居り候処、勤めは旧情を抱え隔心のみに罷り在り候。（後略）

とみえ、慶応四年四月付ですでに旧地下出の学侶たちが由緒書を提出して身分昇格を求めていたことが確認できる。また、『記録材料・建白書仮綴』所収「願(率川秀宜(宣)等十五名)」によれば、明治八年(一八七五)七月二日付で元老院宛で家格取立の請願を行なっている。

元老院諸公閣下秀宜(宣)等十五名は外十六名とともに旧南都興福寺の学侶にこれあり。

抑《そもそも》旧興福寺僧侶の位階順序は両門跡あり、院家あり、学侶あり。両門跡は春日神社の別当を兼ね、親王或いは摂家の子弟より出づ。院家は権別当を兼ね清華《せいが》殿上人の子弟より出づ。学侶はその次官たり。堂上或いは諸藩士の子弟より出づ。然るに維新の初め学侶三十一名特に群議を拝し、独り勤王の赤心を奮い、或いは資を傾けて糧を献じ、或いは身を抽んでて禁衛に奔走し、屢《しばしば》勤労の慰命あり。後、春日の神祠に属するを以て復飾を請い、尚奉祠の職に任じ、己己(巳)三月神官等二十二名特に華族の格を賜う。内十六名は学侶より出る者なり。然るにこの恩典は昔日の功労を賞せらるるの儀なるに、特り華族に出る者のみにして、その余士族より出る者は同労ありと雖も与るを得ず。或いは云く。華族の格を賜うは賞功の典に非ずと。然らば旧寮門跡及び院家は出雲の千家《せんげ》、住吉の津守等の類にして華族に列するも、その謂われあるに似たり。奈何ぞ学侶の内にしてその典に与るを得るや、天下の僧徒・神官の華族よりして出る者幾何を知らず。皆尽く華族に陞《のぼ》り家禄を賜ずして独り旧興福寺のみ学侶にして華族の格に陞る。その意知るべきのみ。果たして賞功の典に出でば秀宜(宣)等十五名も同功の者なり。華族の出に非ざるを以て恩典に漏るべきの理なし。その労同じくしてその恩典を異にするは豈朝廷華族を親愛して士族を疎隔するの理に非ずや。且つ旧両門跡・院家の六輩は旧位階上に居ると雖も、維新の時勤王の続きなき者なり。特に身の華族より出たるを以て恩典を辱くす。愚等の解せざる所なり。二十二名華族格を賜うの日、京都留守官に申して謂う事あり。然るに依違して決せず。後七年七月該県権令《ごんれい》藤井氏に上書してこれを論ず。権令その説を可とし、上達せらるるの諾あり。然るに今日に至り寂として報聞を得ず。今般復二十二名の徒華族の列に陞り家禄若干を賜う。

秀宣等に至りては嘗《かつ》て配当米の半高を賜うと雖も種族と禄秩に至りては未だ何等の処分を賜らず。豈権令下情を抑塞して上達せざる歟。秀宜(宣)等旧方外の徒なり。万分の一の微労を称し恩典を貪らんとするに非ず。唯同侶同労にして異等の典あるを以てこの議無き能わず。伏して惟《おも》う。本院新立天下人民をして不平を抱かせざるの旨意明らかなり。謂うこれを院議に挙げ公平至当の論に決せられ、秀宜(宣)等の説不可ならば厚く説諭を賜い、若し可ならば速やかに上達せられ、蚤《はや》く秀宜(宣)等の処分を命ぜられんことを願い奉る。

と記され、同じ学侶でありながら、堂上出は堂上格、明治二年六月以降は華族格となっているのに対し、地下出の者は藤原姓を与えられたとはいえ、士族にとどまっている点が公平感を欠いているとして、惣代の率川《いさがわ》秀宣(円明院)・南井忠文(弥勒院)以下、一色雅文(花林院)・梅井順正(最勝院)・大喜多(大喜院)・尾谷直春(観音院)・桂木由富(知足坊)・鎌胤賀(宝蔵院)・雲井春影(蓮成院)・関秀英(楞厳院)・関根秀演(勝願院)・伊達幸春(安楽院)・東朝倉景規(観禅院)・藤沢公英(摩尼殊院)の計十五名が請願している。書面にはすでに昨七年七月中に奈良県権令藤井千尋《ちひろ》宛で華族または華族格への取立を請願し、藤井も許諾しながらこれを上申していないのではないかと記しているが、結局このちも地下出身の学侶十五名はいずれも華族へ編列されることなく、また授爵されずに終わっている。

典拠 「春日旧社司及石清水社司等堂上格ノ願ヲ允サス」(『太政類典』)、「願(率川秀宣《ママ》等十五名)」(国立公文書館所蔵『記録材料・建白書仮綴』)

東久世秀雄　ひがしくぜ・ひでお

一八七八―一九五一

伯爵東久世通禧四男

①明治三十年十月（許可）

旧堂上《とうしょう》公家(羽林家)出身で、幕末長州へ落ち延びた七卿の一人でもある後掲東久世通禧《みちとみ》伯爵の四男。『授爵録』(明治三十年)によれば、明治三十年(一八九七)十月、父通禧より宮内大臣土方久元宛で「内願書」を提出。分家のうえ、華族に列し授爵させた旨を請願。同年十一月四日付の宮内省当局側の審査書類には、

東久世秀雄

右今般相当の資産を分与し、別戸致させ候趣に付、この際特旨を以て華族に列し、男爵を授けられ然るべきか。別紙父通禧の功労を録せられ、高裁を仰ぐ。

とみえ、父通禧の幕末・維新期の功労も斟酌され、同年十二月六日付で授男爵。

典拠 『授爵録』明治三十年

→東久世通禧

東久世通禧　ひがしくぜ・みちとみ

一八三四―一九一二

旧堂上公家（羽林家）、枢密院副議長

①明治四十四年十二月十一日（不許可）

旧堂上《とうしょう》公家出身で、明治十七年(一八八四)七月の華族令公布に際して授伯爵。幕末の七卿落ちの一人であり、維新に功労があり、賞典禄千石も与えられる。維新後は開拓使長官や元老院副議長を歴任。二十三年十月には貴族院副議長、二十五年三月からは枢密院副議長に転ずる。『山県有朋関係文書』所収の四十四年十二月十一日付「西園寺公望書翰」によれば、

却説《きゃくせつ》東久世伯昇爵云々、篤《とく》と勘考仕り候処、至極結構なる次第にて、他と権衡差し支えこれあるとも存ぜられず、閣下において御同意に候はばあらかじめ聖慮をも伺い置きたく存じ奉り候。

とみえ、同文書所収の四十五年一月二日付「渡辺千秋《ちあき》書翰」にも同様に、

客歳《かくさい》東久世伯の儀に付、西園寺首相より

東久世通禧

南書記官長を以て陞爵に関する打ち合わせ御座候に付、帝室御予定の次第逐一申し遣わし、能々了解仕り候儀と存じ奉り候。

とあり、東久世に対する侯への陞爵運動が行われていたことが確認できる。同月三日付の西園寺発山県宛書翰でも「東久世伯昇爵云々、右に関しては既に承り候」とあり、首相西園寺・元老山県と宮内大臣であった渡辺との間で陞爵案了解の意思疎通ができていたのにもかかわらず、理由は不明であるが結局陞爵されず、四十五年一月四日に死去する。

典拠　「西園寺公望書翰」(『山県有朋関係文書』二)、「渡辺千秋書翰」(『山県有朋関係文書』下)、「山県有朋書翰」(『西園寺公望伝』別巻一)

→東久世秀雄

日置健太郎　ひき・けんたろう

一八五三―一九二二

旧備前国岡山藩家老

①明治三十三年五月五日（不許可）

②明治三十九年八月（許可）

日置家は旧岡山藩家老で旧禄一万六千石を知行。健太郎は忠(忠尚《ただなお》)養子となり日置家を相続。同家の授爵運動は健太郎の代にも継続して行われ、『授爵録』(明治三十三ノ一年)所収の明治三十三年(一九〇〇)五月五日付宮内省当局側審査書類によれば、旧藩主一門および万石以上家老の授爵詮議で浅野哲吉ほか二十五名が挙げられ、同月九日付で全員男爵を授けられているが、その但書に、

但し旧藩一万石以上と唱うる家は四十八家あり。然れども明治四年辛未禄高帳(大蔵省記録)及び藩制録(大蔵省記録)又は府県知事より徴収したる現在所有財産高を照査し、その旧禄高一万石以上判明せしものにして、猶且つ五百円以上の収入を生ずべき財本を有すること精確なるもの先づ二十五家を挙ぐ。余の二十三家は他日調査完結又は資産を有するに至りたるときに於いて御詮議相成るべきものとし、左にこれを掲げて参考に資す。

としたうえで、日置健太郎を含めて二十三家が挙げられている。これによれば、日置家は「旧禄高壱万石以上判明せしも五百円以上の収入を生ずべき財本を有せざる家」十一家の中に分類されており、表高・実高ともに一万六千石ではあったが、年間五百円以上の収入を生ずる財本を有していなかったようであり、この選に洩れてしまう。こののち、『授爵録』(明治三十九～四十年)によれば、三十九年八月付で旧主の侯爵池田章政《あきまさ》より土倉光三郎《とくらみつざぶろう》・日置健太郎両名の授爵を宮内大臣田中光顕宛で請願。「授爵請願」によれば、

右家祖猪右衛門忠勝は信輝《のぶてる》に仕え四千五百石を受く。織豊二氏の世、摂州花隈攻城・山城合戦・小田原攻城等の諸役終始信輝・輝政《てるまさ》に従い軍功少なからず。就中山崎の役筒井順慶《じゅんけい》大兵を擁して依違観望するのとき、信輝の命を受け土倉四郎兵衛・丹羽助兵衛と共に使命を奉じて順慶を屈したるが如き世以てその功を賞す。信輝美濃大垣を領するに及んで尾浦の城を守る。没する年四十九。その子豊前忠俊父の禄を襲う。徳川氏の世上杉景勝征討・岐阜攻城・関ヶ原合戦等諸役輝政に従い功勲少なからず。光政播州より因幡に移るに及んで尚幼なり。忠俊専ら補翼の任に当たり備前に転ずるの際、国政を執り治績最も多しと云う。金川に在城、加禄一万七千石に至る。忠勝十二世の孫忠(初数馬、帯刀、また英彦と称す)元治・慶応の間、数回京師に出入りして公武の間に周旋し、

維新の際岡山藩執政にて藩政改革に任じ、御親征の節父章政の人数参謀として供奉・上京し、前後大いに力を国事に致せり。その養子健太郎〔初健之介、数馬と称す〕明治元年十月奥州鎮圧として章政の人数を引率し、総督して出張。奥州所々に在陣。

と日置家の由緒と幕末・維新期の当主である忠と養子健太郎の功績を挙げたうえで、

右は明治三十三年五月各藩閥閲功臣の輩に授爵の恩典を蒙り候に付、健太郎・光三郎二家に於いては当家祖先以来三百年補翼の責任を尽くしくれ候様情誼黙止するに忍びず。尤も両家資産は取調書の通りにこれあり、尚将来監督をも相尽くし申すべく候間、何卒出格の御詮議を以て授爵の寵恩に浴せしめられ候様御執奏下されたく、依て別冊二家先代以降略伝二帖添付、謹みて請願奉り候也。

として日置・土倉両家の授爵について請願している。前掲書によれば同月付で宮内省当局側が立案した書類に、有吉《ありよし》虎若・伊木《いぎ》忠愛《ただなる》・池田博愛《ひろのり》・沢村重《しげし》・荒尾之茂《これしげ》・荒尾嘉就《よしなり》・藤堂憲丸・土倉光三郎とともに日置の授爵を建議。

旧藩一万石以上の門閥にしてその所属藩主の一門または家老の輩はその実力恰《あたか》も小諸侯の如く古来旧領地に住して門地声望等その地方人民の儀表となり、勧業または奨学等公益に資すること少なからざるを以てこれに栄爵を授けられんとするの件曩に御裁可あらせられ、去る三十三年皇室御慶事の時に際し詮議を経て旧藩一万石以上と唱うる門閥家にして、その旧禄高一万石以上たること判明し、尚且つ五百円以上の収入を生ずべき財本を有すること精確なる者二十五家を挙げて華族に列し男爵を授けられたり。而してその際旧禄高一万石以上たること判明せるも、五百円以上の収入を生ずべき財本を有せざる者にありては他日その資産を有するに至りたるときに於いて更に同様の詮議に付せらるべきものとせられ、右九家はその当時既にその員に数えられたる者なり。然るに爾来《じらい》孰《いず》れもその資産を有するに至りたるを以て、この際曩日の詮議に基づき前記九家に対し授爵の恩典あらんことを上奏せらるべきや。

とし、日置家も資産五百円を生ずる財本を確立したとして、同年九月十七日付で男爵を授けられる。

典拠　『授爵録』明治三十三ノ一年・三十九～四十年

→日置安子

日置安子　ひき・やすこ

一八八〇―？

旧備前国岡山藩家老

①明治十一・十二年頃（不許可）

②明治十二～十六年頃（不許可）

③明治十五・十六年頃（不許可）

日置家は旧岡山藩家老で旧禄一万六千石を知行。幕末・維新期の当主は忠（忠尚《ただなお》）、のちに養子の健太郎《けんたろう》。健太郎が一時期離籍していたため、この時期は安子が女戸主となっていたと思われる。同家の華族昇格に関し、『爵位発行順序』所収「華族令」案の内規として公侯伯子男の五爵（左に朱書で公伯男の三爵）を設け、世襲・終身の別を付し、その内「世襲男爵を授くべき者」四項目中、第四項目に「旧藩主一門の高一万石以上の者及び高一万石以上の家臣」を挙げている。同案は明治十一（一八七八）・十二年頃のものと推定されるが、この時点においては旧幕時代に一万石以上を領していた日置家は男爵に列すべき家として認知されていたと思われる。同じく前掲『爵位発行順序』所収「授爵規則」によれば「男爵を授くべき者」として、七項目中、第四項目に「旧藩主一門の高一万石以上の者及び高一万石以上の家臣」が挙げられている。前記資料とは異なり、この案は十二年以降十六年頃のものと推測されるが、こちらでも万石以上陪臣として、同家は世襲華族として男爵を授けられるべき家とされていた。また、十五・十六年頃の作成と思われる「三条家文書」所収「旧藩壱万石以上家臣家産・

職業・貧富取調書」によれば、旧禄高一万六千石、所有財産は山林百九町七反一畝歩、職業は無職、貧富景況は空欄。当該時期は万石以上陪臣への華族編列そのものが実施されなかったため同家は士族にとどまる。同家は再度日置家を相続した健太郎が三十九年九月十七日付で男爵を授けられている。

典拠　『爵位発行順序』、「旧藩壱万石以上家臣家産・職業・貧富取調書」(「三条家文書」)

→日置健太郎

一見文助　ひとみ・＊ぶんすけ

生没年不詳

不明

①明治二十三年頃（不許可）

典拠資料よりいずれかの神社神主の家系と思われるが不明。華族編列・授爵に関しては『授爵録』(追加)(明治十五～大正四年)所収「内宮外宮旧神官十八家等族籍ニ関スル件」という年月日不詳の資料による。明治二十三年(一八九〇)頃作成と思われるこの資料によれば、旧賀茂別雷神社(上賀茂神社)神主の松下清岑《きよみね》に関する「加茂旧神官松下清岑ノ家」の項に、

　右家は上加茂旧神官の三家の一、岡本・鳥《とり》居大路《いおおじ》の総本家にして累代神主に補せられ、従三位に上ることを得、その系統は加茂《かも》建角身命《たけつのみのみこと》の裔、神主在実七代孫正四位下資保二男能久《よしひさ》に出づ。能久承久の乱戦敗れ、鎮西に遷さる。貞応二年六月十日太宰府に於いて卒す。嗣なし。後鳥羽院天皇の皇子(童名氏王丸)を賜り嗣とす。氏久《うじひさ》と称す。氏久の子孫遠久これを嗣ぎ、皇胤の系統連綿として現代清岑に至れり。その血統及び家格は曩《さき》に華族に列せられたる旧神官に比し優ることあるも劣ることなし。然らば則抜きを以て優班に列せられんか、否松下家に比しき家、下加茂旧神官に泉亭《いずみてい》・梨木《なしのき》・鴨脚《いちょう》三家あり。その他日吉神社に生源寺《しょうげんじ》・樹下《じゅげ》、松尾神社に東・南、鹿島神社に鹿島、香取神社に香取等のあるなれば、独り松下家にのみ栄典を及ぶべきものにあらず。これ等は他日を俟《ま》ちて慎重銓衡せられ然るべきものと思考す。

とあり、皇胤である松下家を華族に列する際には、他社の旧神官中由緒のあるこれらの諸家をも同様に授爵する必要性を説いている。このうち、「一見文助」については「調査を要せず。排斥すべきもの」の一文のみ記され、結局授爵されずに終わっている。

典拠　『授爵録』(追加)明治十五～大正四年

日野　某　(資訓カ)　＊ひの

生没年不詳

旧高家・元中大夫席

①明治十一・十二年頃（不許可）

②明治十二～十六年頃（不許可）

日野家は旧幕府高家《こうけ》で、徳川家康の昵近衆であった日野輝資《てるすけ》の子資栄《すけよし》を始祖とする。生没年不詳ではあるが、この時期の当主は資訓か。資訓は通称大学、知行は千五百三十三石余。慶応四年(一八六八)三月には江戸屋敷を引払い、家族・家来を伴い上京。同年四月十二日には勤王誓詞を提出し、中大夫席を与えられて朝臣に列し、本領を安堵されている。同家の華族昇格に関し、『爵位発行順序』所収「華族令」案の内規として公侯伯子男の五爵(左に朱書で公伯男の三爵)を設け、世襲・終身の別を付し、その内「世襲男爵を授くべき者」四項目中、第三項目に「元高家・交代寄合《こうたいよりあい》」を挙げている。同案は明治十一(一八七八)・十二年頃のものと推定されるが、この時点においては旧幕時代に万石以下でありながら、若年寄ではなく諸侯同様に老中支配であり、奥高家就任後は四位少将にまで昇り得る高家は男爵に列すべき家として認知されていたと思われる。同じく前掲『爵位発行順序』所収「授爵規則」によれば「男爵を授くべき者」として、七項目中、第二項目に「元交代寄合・元高家」が挙げられている。前記資料とは異なり、この案は十二年以降十六年頃のものと推測され、こちらでも旧高家である日野家は男爵を授けるべき家とされているが、結局授爵内規からは高家は一律除かれ、華族編列・授爵は不許可に終わって

いる。

典拠 『爵位発行順序』

氷室　某　＊ひむろ

生没年不詳

後醍醐天皇末裔

①明治十二年八月八日（不許可）

後醍醐天皇末裔。「三条家文書」所収の明治十二年（一八七九）八月八日付「押小路実潔《さねきよ》書翰」によれば、「名族取立テ依頼・猶子処遇ノ事」に、

　恐れながら愚存の儀献言仕り候事。華族は国家の標準、これ然しながら祖宗以来積徳の故にして万民の模範に存じ奉り候。近比《ごろ》追々その勲を探り御新選遊ばされ候段、朝恩の至り有難き次第に存じ奉り候。付いては左の家の如きは著名の族に候処、未だその御沙汰に及ばれず候。

と、若江《わかえ》・半井《なからい》・幸徳井《こうとくい》・氷室・尊龍院《そんりゅういん》・西山・平島（足利）の七家を挙げて華族への編列を推挙。氷室には「後醍醐天皇々子宗良親王裔」とみえる。後醍醐天皇皇子宗良親王の子源尹良の長男良新を始祖とする尾張国津島《つしま》神社神主の氷室家とするならば、十二年当時の当主は氷室泰長《やすなが》と思われるが、こののちも同家は華族に列することもなく、授爵されずに終わっている。

典拠 「押小路実潔書翰」（国立国会図書館憲政資料室所蔵「三条家文書」）、松田敬之「明治・大正期　京都官家士族の動向に関する一考察―華族取立運動と復位請願運動を中心に―」（『京都産業大学日本文化研究所紀要』六）

平井庄太郎　ひらい・しょうたろう

生没年不詳

楠木正成末裔

①明治二十九年五月五日（不許可）

大阪府在住で楠木正成末裔を称す。族籍などは不明。授爵については、明治二十九年（一八九六）四月二十日立案、同年五月五日決裁の宮内省爵位局作成による「楠氏取調書」にみえる。これによれば、

　南朝の忠臣贈正一位楠正成の後胤と称し華族に編入相成りたき旨を以て出願したる者二十有一家の多きに及び候に付、兹《ここ》に別冊の通り取り調べ候。然るにその正統確実と認むる者は未だこれを発見すること能わざるも、中に就き稍々信を置くべき家筋または血統の関係ある者は全くこれなしと謂うを得ず。即ち以《い》号甲斐荘《かいのしょう》正秀、遠《を》号中村権左衛門、加《か》号楠正基、楚《そ》号関唯男の如きは審査の材料と相成るべき価あるものと存じ候に付、この四家の書類は姑《しばら》く他日の参考として当局に留め置き、その余は悉皆左の御指令を付し各その所轄地方庁へ向け書面却下相成るべき乎裁を仰ぐ。

として、甲斐荘正秀を含み、中村権左衛門・楠正基・関唯男の計四名は楠木氏正統の信憑性が高いと判断されたためか関係書類は宮内省に保管することが決し、平井を含め、残る十七名分については「その県下族籍何某家格取立願の件詮議に及び難く書面却下候条、この旨本人へ相達すべし」という案文を宮内大臣より各府県知事宛で送り、請願書は当人へ返却するという方針を立てている。また取調書冒頭には「楠氏遺族取調書」として、

　南朝の忠臣新田・名和・菊池等の諸子孫は祖先の旧勲を追録して華族に列せられたるも、独り楠氏のみ未だその正統の子孫を発見すること能わざるは明治の昭代に於いて誠に一大欠典と謂わざるを得ず。嗚呼忠臣楠氏にして子孫血食するものなしと云うは人をして天道の是非を弁ずること能わざらしむ。今や楠氏の遺族と称し、系譜若しくは古文書を具し什物を図し、各その証拠を明らかにし、競うてこれが詮議を出願したる者爰《ここ》に二十有一家の多きに及べり。而してそのこれを調査するものは実に爵位局の責任に属す故に常務の余暇窃《ひそ》かにその材料を蒐め査覆考訂し、今漸くその業を結了することを得たり。依てこの二十一家の各系図に就きて他日の参考となるべきものを摘要し、以呂波を以て符号となし、而して順序にこれを調査し、兹《ここ》にその正否を論究した

り。但しその什物の如きは参考の用に借せざるなり。

として、呂《ろ》号として平井の名を掲載するが、系図の信憑性に疑問があると判断されたためか結局同家は授爵されずに終わっている。

典拠　「楠氏取調書」(宮内庁宮内公文書館所蔵)

平岡　琢　ひらおか・＊たく

生没年不詳

旧安房国船形藩主

①明治十二～十六年頃（不許可）

②明治十五・十六年頃（不許可）

旧幕府若年寄であった平岡丹波守道弘《みちひろ》と同一人物、またはその子安房守道教か。道弘は御書院番士より出て御側御用取次となり、文久二年(一八六二)八月に若年寄に就任。次第に加増されて元治元年(一八六四)十月には一万石となり安房国船形《ふながた》藩の藩祖となった。維新後は旧主徳川慶喜に付き従い静岡藩大参事に就任。藩領は新政府に返上したため、廃藩となる。「平岡道弘事蹟」によれば、

この人は旗下《はたもと》にて奥を勤め、御用御側を長く勤めて一万石になる。旧政府にこの規則定としたるに非ざれども、世間の人、将軍御一代に一人づつ一万石の人をおこしらえなさるという。則ちこの人ならんと云われし。御一新の節、静岡へ御供して、後華族になるべきを〔姫路酒井父子、主家と肩を並ぶることを恐れ、禄高を献じたしと大総督へ願いし書あり〕、この意と同様のよし。士族となりて静岡に住居し、多分の金を徳川家より賜いしよし噂あり。八十になりて何の事やら自害せしよし。全く発狂とおぼし。

とみえ、自ら進んで華族となる道を絶ったと記される。同家の華族昇格に関し、『爵位発行順序』所収「授爵規則」によれば「男爵を授くべき者」として、七項目中、第二項目に「旧現高一万石以上の士族」が挙げられている。同案は明治十二年(一八七九)以降十六年頃のものと推測されるが、同家は世襲華族として男爵を授けられるべき家とされていた。また、十五・十六年頃の作成と思われる「三条家文書」所収「旧藩壱万石以上家臣家産・職業・貧富取調書」によれば、旧禄高一万石、所有財産は資本金五百円、建家八坪、土蔵十一坪、職業は茶商で、貧富景況は空欄となっているが、結局このちも同家は旧諸侯として華族に列せずに終わっている。

典拠　『爵位発行順序』、「旧藩壱万石以上家臣家産・職業・貧富取調書」(「三条家文書」)、「平岡道弘事蹟」(東京大学史料編纂所蔵)

平岡通義　ひらおか・みちよし

一八三一―一九一七

錦鶏間祗候

①明治二十六年九月三十日（不許可）

②大正四年十月十五日（不許可）

元長州藩士出身の官僚・政治家。維新後は新政府に出仕し、明治二年(一八六九)四月に越後府判事試補となり、同年九月東京府出仕、翌月東京府少参事、翌年八月同府権大参事を歴任し、四年九月工部省へ転じ、以後、工部少《しょう》丞《じょう》・造船権頭《ごんのかみ》・製作頭・工部大丞《たいじょう》・営繕局長・工部大書記官などの諸官を歴任。二十年十二月には元老院議官となり、二十三年十月元老院廃院に伴い錦鶏間祗候《きんけいのましこう》を仰せ付けられた。授爵に関しては、『読売新聞』二十六年九月三十日朝刊に「授爵の噂」の見出しで、山口尚芳・津田出《いずる》・津田真道《まみち》・楠本正隆・細川潤次郎・伊丹重賢《しげかた》・神田孝平《かんだたかひら》・福原実《みのる》・野村素介《もとすけ》・三浦安《やすし》・安藤則命《のりなが》と平岡は新たに授爵されるであろうと報じるもこの際は誤報であったのか授爵されず。また「土肥実臣他授爵請願書」によれば、土肥実臣(故人、元《もと》元老院議官)の遺族への授爵願と合綴で収録。大正四年(一九一五)十月十五日付で内閣総理大臣大隈重信より宮内大臣波多野敬直《よしなお》宛で「左記の者はその功績顕著には候へども、授爵をもって賞するは如何かと存じ候。然るべく御詮議相成りたし」として提出。土肥実臣(の遺族)以下十一名を列挙し、そのなかに平岡の名もみえ、

右は征長の役、精鋭隊を組織し、これが

参謀と為りて幕兵を破り、奥羽征討の際干城隊《かんじょうたい》を組織しこれが参謀と為りて越後米沢に転戦し功あり。維新後東京府出仕仰せ付けられ以来、議官に歴任して元老院議官と為り、その国家に効せる功績顕著なるに付、授爵せられたしと云うに在り。

とその功績が記されるも、結局授爵されずに終わる。

典拠『読売新聞』明治二十六年九月三十日朝刊、「土肥実臣他授爵請願書」(宮内庁宮内公文書館所蔵)

平賀　譲　ひらが・*ゆずる

一八七八―一九四三

海軍技術中将・工学博士、東京帝国大学総長・名誉教授、帝国学士院会員

①昭和十八年二月十七日（許可）

広島出身の海軍軍人・技術者・教育家。父は旧広島藩士出身。譲は「ユズル」とするが、『叙勲裁可書』所収「故東京帝国大学総長男爵平賀譲勲章加授の件」に添付された履歴書ニは「ジョウ」と読みが振られている。明治三十一年(一八九八)七月に東京帝国大学工科大学に入学。翌年四月に海軍造船学生に命ぜられる。三十四年六月大学卒業後、海軍造船中技士に任ぜられ、横須賀海軍造船廠造船科主幹となる。以後、海軍技術畑を歩み、大正十五年(一九二六)十二月に海軍造船中将に昇進。またそれ以前、明治四十二年九月から大正元年八月まで東京帝国大学工科大学講師を嘱託され、七年十月には東京帝国大学工科大学教授を兼任。昭和六年(一九三一)三月に予備役に編入のうえ、兼官も免ぜられる。七年七月には改めて東京帝国大学教授に任ぜられ、十三年三月までつとめ、同年八月には名誉教授の称号を受け、さらに十二月には東京帝国大学総長に任ぜられた。『授爵陞爵申牒書類』および『授爵録』(昭和二～十九年)によれば、内閣総理大臣東条英機より宮内大臣松平恒雄《つねお》宛で十八年二月十七日付で危篤の平賀への授爵を申牒。

東京帝国大学総長従三位勲一等平賀譲は別紙功績調書の通り功績顕著なる者に付、左の通り授爵の儀詮議相成りたし。

として、「功績調書」を添付。調書には、

右は明治三十四年六月東京帝国大学工科大学造船科を卒業して横須賀海軍造船廠に入り、累進して海軍造船中将に至る。その間造船廠造船科主幹、呉工廠及び横須賀工廠の造船部部員、艦政本部部員、技術本部部員、技術研究所長兼造船研究部長等に歴補し、更に退職後に於いては海軍嘱託として勤務し、巡洋艦の建造に付いては一紀元を画《かく》する新計画を案出し、また長門・陸奥以後の主力艦基本計画にはその蘊蓄を傾け、我が優秀なる造船技術を宇内に宣揚し、或いは艦船の強度安全に関しこれが改善に努力する等、我が国造艦上に一般の進歩を促すと共に世界造艦史上に一大革新を致し、我が無敵海軍建設の為に心血を濺《そそ》ぎ、その功顕極めて大なるものあり。なお、同人は、明治四十四年九月東京帝国大学工科大学講師、大正七年十月同大学教授に任ぜられ、爾《じ》来《らい》昭和十三年三月迄、同大学に於いて船舶工学を講じ、深博《じんすい》なる蘊蓄を傾けて学生の指導誘掖に尽瘁し、昭和十三年十二月東京帝国大学総長に栄任し、今日に至る迄、鋭意大学統理の任に当たり、克《よ》く学風の刷新、学内の粛正、諸施設の整備拡充等戦時下帝国大学の使命達成に力を竭《つ》くしたる功績極めて大なるものあり。なおまた、同人は昭和八年三月帝国学士院会員仰せ付けられ、その他教育審議会委員、学術研究会議会長、教学局参与等

平賀　譲

として我が国教学の発達に貢献せる処少なからず。如上の如く、同人は造船技術上、帝国海軍に寄与したる功績極めて大なるのみならず、また学界並びに教育界の為に尽くしたる功績寔《まこと》に顕著なるものありと認めらる。

として、平賀の海軍造船技術向上に尽くした功績や、東京帝国大学総長として教育面でも功績がある点を述べて授爵を求めている。さらに同月十二日付で作成された「平賀技術中将功績概要（海軍関係）」も添付。これらの功績が認められ、同月十七日付で授男爵。同日死去。

典拠　『授爵陞爵申牒書類』、『授爵録』昭和二〜十九年、「故東京帝国大学総長男爵平賀譲勲章加授の件」（『叙勲裁可書』）

平田東助　ひらた・とうすけ

一八四九―一九二五

農商務・内務各大臣、内大臣

①明治三十三年五月六日（不許可）
法制局長官・貴族院勅選議員

②明治三十五年二月二十四日（許可）
農商務大臣・貴族院勅選議員

③明治四十四年八月二十四日（許可）
内務大臣・貴族院勅選議員

④大正八年八月二十九日（不許可）
臨時外交調査委員会委員（国務大臣礼遇）・貴族院勅選議員

⑤大正十一年九月十六日（許可）
内大臣

旧米沢藩医出身の官僚・政治家。明治三年（一八七〇）四月に大学南校の小舎長となり、以後中舎長・大舎長と進むも翌年五月にこれを辞して同年十月よりドイツへ留学。九年に帰朝後、同年九月に内務省御用掛となり、大蔵権少書記官兼太政官兼少書記官、太政官大書記官を経、十八年十二月に法制局参事官となり、同局法制部長・行政部長をつとめる。二十三年九月には貴族院勅選議員となり、二十七年一月枢密院書記官長。三十一年十一月法制局長官兼内閣恩給局長に任ぜられ、同月から翌月までの短期間枢密顧問官を兼任。その後は第一次桂太郎内閣で農商務大臣、第二次桂内閣で内務大臣として入閣。また寺内正毅内閣で臨時外交調査会員となり国務大臣礼遇をうけた。大正十一年（一九二二）九月には貴族院議員を辞し、松方正義のあとをうけて内大臣に就任し、十四年三月までつとめた。『東京朝日新聞』明治三十三年五月六日朝刊によれば「新華族の候補」の見出しで、「授爵人名中に金子堅太郎・清浦奎吾・岩村兼善《かねよし》・松岡康毅《やすこわ》・津田出《いずる》・加藤弘之・平田東助らの諸氏もありたりという」と報じられるが、この三日後の五月九日付で授爵したのは金子と加藤の両名のみ。当時、このような情報が飛び交っていたと思われる。『桂太郎関係文書』所収の三十五年二月二十四日付「岩倉具定《ともさだ》書翰」によれば、山本権兵衛（海軍）・曾禰《そね》荒助《あらすけ》（大蔵）・清浦奎吾（司法）・菊池大麓《だいろく》（文部）・小村寿太郎（外務）と平田（農商務）の計六名の新規授爵と、林董《ただす》の男から子への陞爵ついて岩倉具定が事前に桂へ伝えており、「右の通りにこれあり候。外に一人昇爵の人これあり候えども、これは御面会の上にこれ無くては申し上げかね候。誓って他言お断り申し上げ候」として、この時点で銓衡・審議が終わっていたことがわかる。これは『授爵録』（明治三十四〜三十八年）でも同様で、同年二月二十四日立案の当局側書類で審議されたことがみえるが、功績調書や自薦・他薦などの願書類は添付されておらず、また前記のように記載した閣僚以外にもう一名陞爵の人物がいるとしながらこれは面会してからでないと、と岩倉は述べている。この一名は桂本人の子から伯への陞爵であるが、桂自身も知らなかったとすれば、この一連の陞授爵は内閣側の関知

平田東助

しないところで進められた可能性もある。このののち、同月二十七日付で桂内閣の閣僚らの陞授爵は行われ、平田も予定どおり男爵を授与されている。また、『山県有朋関係文書』所収の四十四年八月二十四日付「渡辺千秋《ちあき》書翰」には、「授爵の儀は昨日親しく奏上仕り候間、多分本日は御裁可在らせられ候事と存じ候」とあり、宮内大臣渡辺千秋が同月二十三日に天皇に奏上し、二十四日中には裁可を得られるであろうと山県に書き送っている。これは石《いし》井《い》菊次郎・三井八郎次郎・藤田伝三郎・鴻池善右衛門・住友吉左衛門・近藤廉平《れんぺい》の男爵授与と思われるが、おそらく陞爵についても二十三日中には上奏をしていたと思われ、二十四日付で平田は大浦兼武《かねたけ》・珍田捨巳《すてみ》・内田康哉《やすや》の三名とともに男から子へ陞爵を果たしている。また、『読売新聞』四十四年八月二十四日朝刊にも「授爵叙勲発表(今明日中)」の見出しで、

　内閣更迭前に発表さるべき閣臣その他功労者の叙勲につきては既報の如くその詮議全く結了せしを以て、近くは今明日中愈々《いよいよ》発表の運びに至るべし。而して今回陞爵せらるるは斎藤・平田・後藤の三大臣及び新たに授爵せらるるは小松原文相・加藤英国大使その他実業界の二三氏にして、加藤大使は特に子爵を授けらるべしとの説もあり。而して外務・内務・大蔵・農商務その他条約改正の事業に与りし約六十名の関係者に対しては所謂功労に依りとの理由を以て夫々叙勲または賜金の御沙汰を賜るべし。

と報じている。第二次桂内閣総辞職前における論功行賞での陞授爵と思われるが、一部誤報はあるものの、平田は既述緒どおり陞爵している。また大正期に入ると子から伯への陞爵に関する動きもみられる。『東京朝日新聞』大正八年八月二十九日朝刊によれば、「西園寺侯公爵たらん／御批准後に発表か」の見出しでパリ講和会議で主席全権委員であった西園寺公望や、全権委員、原内閣の閣僚とともに臨時外交調査委員会の委員へも陞授爵が行われるであろうと報じられているが、すぐには審議されなかったとみえ、平田の陞爵は実現していない。『授爵録』(大正八～十一年)によれば、十一年九月十六日付で内閣総理大臣加藤友三郎より宮内大臣牧野伸顕宛で平田東助・後藤新平とともに伊東巳代治の陞爵詮議を申牒。

　左記従二位勲一等子爵平田東助外二名は別紙功績書の通り功績顕著の者に付、各頭書の通り陞爵の儀詮議相成りたし。

として各人の功績書を添付。平田の分には、

　右は明治三年四月小舎長出身以来諸官を経て法制局部長に勅任せらる。同廿三年九月貴族院議員に勅選せられ、その後枢密院書記官長、法制局長官兼内閣恩給局長を歴任して同三十一年十一月兼枢密顧問官に親任せられ、同年十二月依願免兼官と為る。同三十四年六月農商務大臣に親任せられ、同三十五年二月特旨を以て華族に列せられ、勲功に依り男爵を授けらる。同三十六年七月依願免本官と為る。同四十一年七月内務大臣に親任せられ、同四十四年八月勲功に依り特に陞して子爵を授けらる。同年八月依願免本官と為り特に前官の礼遇を賜う。大正六年六月臨時外交調査委員会官制の公布せらるるや、勅旨を以てその委員に仰せ付けられ、特に国務大臣の礼遇を賜い今日に至る。その他大正六年九月臨時教育会議総裁仰せ付けられ教育に関する重要事項を調査審議し、多年の懸案を解決し我が邦学界の振興に貢献したる功労甚大なり。大正八年十月宮内省御用掛仰せ付けらるるに付、特に親任官の待遇を賜い、その職責に努力しつつあり。就中《なかんずく》臨時外交調査委員会委員に命ぜられたるの時は恰《あたか》も欧州の干戈《かんか》未だ戢《おさ》まらず。戦局の推移変転極まりなくして籌画《ちゅうかく》深甚を要するものあり。殊に大戦漸く終熄《しゅうそく》し媾和《こうわ》会議の開催を見るに当たりては、帝国は連合与国と協調を保ち、幾多の折衝を経て対独・対墺その他の諸条約を締結せり。また西比利亜《シベリア》出兵乃至撤兵等西比利亜に関する諸問題並びに支那問題に付いても慎重考慮を要す

るものあり。更に大正十年軍備縮小等に関する華府《ワシントン》会議に於いては帝国またこれに参加して海軍軍備制限に関する条約等を締結せり。尚この他山東《さんとう》還付問題、間《かん》島《とう》事件、大連《だいれん》会議等幾多外交上重要なる案件あり。何れもその外交方策は直ちに帝国の消長に係わるもの素《もと》より尠少《せんしょう》ならざるものあるを以てこれ等枢要なる問題は挙げてこれを至尊直隷の機関たる同外交調査委員会の審議に付してこれを決定せり。この間本人は終始委員の任に在り忠誠恪勤《かっきん》以て応機籌策《ちゅうさく》克く啓沃《けいよく》の重任を尽くしその成果を収むるに資する所大なるものあり、功績寔《まこと》に顕著なりとす。

として特に臨時外交調査委員会委員としての同人の功績を披瀝し、子から伯への陞爵を求めている。これらの功績が認められ、同年九月二十五日付で伯爵が授与される。

典拠　『東京朝日新聞』明治三十三年五月六日・大正八年八月二十九日朝刊、『読売新聞』明治四十四年八月二十四日朝刊、「岩倉具定書翰」(『桂太郎関係文書』)、「渡辺千秋書翰」(『山県有朋関係文書』三)、『授爵録』大正八～十一年

平沼騏一郎　ひらぬま・きいちろう

一八六七―一九五二

内閣総理大臣

①大正十五年十月五日（許可）

枢密院副議長・法学博士

旧美作国津山藩士出身の官僚・政治家。明治二十一年(一八八八)七月帝国大学法科大学卒業後司法省に入省。以後、同省参事官試補・東京地方裁判所判事・東京控訴院判事兼司法省参事官・大審院検事などを経て、四十四年九月に司法次官となり、大正元年(一九一二)十二月に検事総長、十年十月に大審院長となり、さらに十二年九月の第二次山本権兵衛内閣で司法大臣として入閣。翌年一月に貴族院勅選議員となるも、二月に枢密顧問官に親任され議員辞職。十五年枢密院副議長、昭和十一年(一九三六)三月議長に昇任。十四年一月から八月まで内閣総理大臣をつとめた。「牧野伸顕関係文書」所収の大正十五年十月五日付「伊東巳代治書翰」によると、

帝室制度審議会終結に付、過般の礼と兼ねて報告申し上げ置き候次第に候居り候。不日同会も公然閉鎖と命され候事と存じ候処、目下宮内当局に於いて多年同会の為尽瘁《じんすい》致し候僚友諸氏に対し、行賞の内議これあり候に付、就中《なかんずく》抜群の功績ありたる平沼・倉富・富井の三氏に対し授爵の御詮議を仰きたく、一木《いちき》宮相迄懇ろに内情致し置き候。閣下には従来格別の御同情を辱したる事に付、何卒右希望の達成候様特に御心添え賜り候はば本懐これに過ぎず候。尚甚潜の次第に候えども、現宮相一木博士も曽《かつ》て帝室制度調査局時代に於いて御用掛として数年に亘り調査立案に尽瘁をされたる功績あるが上に、宮相就任後も帝室制度完備の為に非常の配慮をして皇族会議及び枢密院に御諮詢の節も必ず出席して説明の衝に膺《あた》り、これが制定公布に多大の努力成られ候次第にて、功績洵《まこと》に顕著なると存じ候。この機会を以て共に授爵の御沙汰を蒙り候様致したく切望の至りに堪えず候。是非閣下の御配慮を仰ぎたく存じ候。

とみえ、帝室制度審議会終了に伴う論功行賞として、倉富勇三郎・富井政章《まさあきら》・一木喜徳郎《きとくろう》らとともに平沼への授爵を伊東が牧野内大臣に配慮を求めている。『授爵録』(大正十二～十五年)によれば、十五年十月二十六日付平沼・倉富両名の授爵裁可を仰ぎ、「功績書」を添付。この調書には、

平沼騏一郎

右は明治二十三年判事に任じ、爾来《じらい》検事・司法省参事官・大審院検事・司法省民刑局長・司法省刑事局長・司法次官等を経て大正三年検事総長に、同四年大審院長に親補せられ、同十二年司法大臣に親任し、同十三年依願本官を免じ貴族院議員に任ぜらる。その司法部内に在りて尽瘁すること実に三十有余年功績洵に少なからず。大正十三年枢密顧問官に親任し、同十五年枢密院副議長に親任し、議定官に補せられ、以て今日に至る。最高枢機の重任に膺《よ》り克くその任を竭《つ》くす。また関税訴願審査委員・法律取調調査委員・臨時制度整理会委員・生産調査委員・大礼記録編纂会委員・臨時法制審議会副総裁・帝都復興審議会委員・文政審議会委員・宗教制度調査会会長等仰せ付けられ、重要法案の起草或いは主査委員・特別委員として各種の調査審議の任に当たり、克くその責務を完うす。且つまた大正五年十一月帝室制度審議会設置せらるるや、同会委員仰せ付けられ、同十二年十月依願同委員免ぜられ、同十三年再び同委員仰せ付けられ今日に至るまで多年皇室に関する諸制度の調査審議に従事し、殊に王公家《おうこうけ》軌範・皇統譜令・皇室裁判令・国葬令・皇室就学令・皇室葬儀令に付きては特別委員会の委員長として克くその責務を完うす。また大正十三年三月臨時御歴代史実考査委員会の設置と共にその委員仰せ付けられ、終始克く御歴代史実の考査審議に従事し、その職責を完うしたる等、その勲功洵に顕著なりとす。

として同人の功績を披瀝。この功績が認められ、倉富ともども同年十月二十八日付で男爵が授けられる。

典拠 「伊東巳代治書翰」(「牧野伸顕関係文書」)、『授爵録』大正十二～十五年

平沼専蔵　ひらぬま・せんぞう

一八三六―一九一三

金叶貯蓄銀行頭取

①明治二十九年六月十日（不許可）

旧武蔵国高麗郡飯能村出身の実業家・政治家。横浜に移ってからは輸入販売業を営み、その後神奈川県議員・横浜市会議員・同参事会員をつとめた。また、防海費として五万円を国家に献納した功績で明治二十年(一八八七)八月、従五位に叙されている。財界・実業家への授爵は明治二十年代から報じられており、『東京朝日新聞』明治二十九年六月十日朝刊には「今後の授爵」の見出しで、

授爵また授爵殆ど底止する所を知らざらんとす。猶これにても止まらざるやにて、住友・鴻池等の諸氏へも授爵あるべしといふ。或いは曰く追て平専《ひらせん》・雨敬《あまけい》の徒も亦新華族たらんと。

とみえ、すでに前日の九日に三菱の岩崎二家と三井の列華族・授爵が行われており、次は住友・鴻池、さらには平沼と雨宮敬次郎の両名も華族に列するという推測が報じられている。実際にはこののちも平沼は授爵されなかったが、三十三年十一月より翌年九月まで貴族院多額納税議員に選出され、三十五年からは衆議院議員にも当選している。

典拠 『東京朝日新聞』明治二十九年六月十日朝刊

平野長裕　ひらの・ながひろ

一八四五―七二

旧交代寄合

①慶応四年六月二十二日（許可）

平野家は旧幕時代に交代寄合《こうたいよりあい》表御礼衆の格式を与えられた旗本で、旧禄五千石余を知行。幕末・維新期の当主は長裕で、慶応四年(一八六八)三月には朝廷に早期帰順して同年五月には本領を安堵された。同家の諸侯昇格については千田稔の著書に詳述されるが、『公文録』所収「平野内蔵助禄高一万石ニ引直ノ儀申立」によれば、慶応四年六月二十二日付で万石以上への高直しを求めて弁事《べんじ》役所宛で提出されており、これに対して弁事側は翌日万石以上になるのであれば、何村において何石あるのかを書き出して書面で差し出すべき旨を伝え

ている。「平野長祥《ながよし》家記」によれば、同年七月九日付で元高五千三石六斗六升一合と新田四千九百九十八石一斗七升七合一勺七才四撮を合わせて一万一石八斗三升八合一勺七才四撮になるとし、

　右の通り御座候。これに依りこれ迄万石以上の役儀勤め来たり、軍器兵員の儀も従来相応相備え置き候に付御例も御座候趣伺い奉り候間、何卒格別の御憐察を以て表高一万石以上に御引直し成し下し置かれ候様願い上げ奉り候。左候えば家来領民に至る迄 愈《いよいよ》以て奮励尽力御奉公仕り候。この段伏して願い上げ奉り候。以上。

と高直しにより諸侯への昇格を弁事役所宛で請願。この請願が認められ、七月十四日付で諸侯へ昇格し、明治二年(一八六九)六月には華族となり、十七年の華族令公布に際しては長裕の子長祥に七月八日付で男爵が授与される。

典拠 「平野長祥家記」(東京大学史料編纂所蔵)、「平野内蔵助禄高一万石ニ引直ノ儀申立」(『公文録』)、「山崎主税助以下六名ヲ藩屏ニ列ス」(『太政類典』)

平山成信　ひらやま・しげのぶ

一八五四—一九二九

枢密顧問官

①大正四年十二月一日 (不許可)
　貴族院勅選議員・宮中顧問官・宮内省宗秩寮審議官
②大正十一年十月四日 (不許可)
③大正十一年 (不許可)
④大正十二年十二月三日 (許可)
⑤大正十二年十二月二十七日 (許可)
⑥大正十三年一月十七日 (許可)
⑦大正十三年一月二十日 (許可)
　枢密顧問官・内大臣府御用掛

旧幕臣出身の官僚・政治家。竹山久成の末子で、旧幕府で若年寄兼外国総奉行もつとめた平山図書頭《ずしょのかみ》敬忠《よしただ》(維新後、省斎《せいさい》と称し、神道大成教を創立)の養子となった。成信は旧名を成一郎と称し、明治四年(一八七一)十二月に左院十四等出仕となり、以後権少掌記・五等書記生・オーストリア博覧会三級事務官・外務省八等出仕・大蔵少書記官・元老院少書記官・大蔵大臣秘書官などを経て、二十四年五月第一次松方正義内閣で内閣総理大臣秘書官となり、翌月に内閣書記官長に就任。さらに枢密院書記官長・行政裁判所評定官となり、二十七年一月貴族院勅選議員。三十年十月、第二次松方内閣で高橋健三のあとを受けて再度内閣書記官長をつとめた。その後は大蔵省参与官・大蔵省官房長・宮中顧問官兼有栖川宮別当《べっとう》となり、大正六年(一九一七)二月日本赤十字社副社長、八年十月枢密顧問官に親任され、十一月貴族院議員を辞職。翌年九月日本赤十字社社長に就任した。授爵に関しては大正四年以降確認され、『東京日日新聞』同年十二月一日朝刊によれば「授爵愈々《いよいよ》本日／午前九時親授の儀」の見出しで、

　天皇陛下には昨三十日を以て皇霊殿神殿御親謁の儀を御滞りなく終わらせられ、これにて大礼御儀の全部を御完了あらせられたるを以て、愈今一日午前九時に於いて爵記親授式を行わせられ、次いで宮内省宗秩寮より人名を発表すと。右に付同時刻礼服着用宮中御召を受けしは左記の外数名なり。

として、横田国臣・片山東熊《とうくま》・馬場三郎・平山成信・田中芳男・三井高保《たかやす》・大倉喜八郎・森村市左衛門・穂積陳重《ほづみのぶしげ》・山川健次郎《けんじろう》の計十名の氏名を列挙して掲載しているが、片山・馬場・平山は誤報であったか、それとも直前になって選に洩れたかは不明であるが、この三名を除いた

平山成信

七名と報じられなかった大森鐘一《しょういち》と古河虎之助を加えた計九名が十二月一日付で男爵を授けられている。『授爵録』(大正十二～十五年)によれば、十一年十月四日付で陸軍大臣山梨半造と海軍大臣加藤友三郎両名より、内閣総理大臣でもある加藤宛で「日本赤十字社社長平山成信特別恩賞ノ件上申」を提出。

日本赤十字社社長平山成信儀、別紙功績書の通り国家に偉勲これあり候に付、この際特に相当の恩賞詮議相成りたく、功績書を具し上申候也。

として「功績書」を添付。功績書には、

右は明治十年五月日本赤十字社の前身たる博愛社の創立当時より社務に鞅掌《おうしょう》し、同十九年十一月我が国の「ジュネーヴ」条約に加盟せる結果、日本赤十字社を創立せんとするや、社則改正委員となりて画策する所多く、以て翌明治二十年五月日本赤十字社の設立を見るに至れり。同年幹事事務取扱を嘱託せられ、尋で特選幹事と為り、同二十五年三月常議員及び幹事に任じ、明治二十七八年戦役及び三十三年北清事件に際しては共に救護の事務を幇助せり。同三十四年常議員及び理事に当選し総務部長を兼ね、同三十七八年戦役に方《あた》りては臨時救護部庶務主管となり終始劇務に服し日夜尽瘁《じんすい》せり。大正六年二月副社長に任じ社長を佐けて事業の伸張を図り、大正三年夏欧州戦争勃発以来、先ず我が青島《チンタオ》攻囲軍に救護班を派遣し、尋《つい》で英仏露の各国に救護班を送り、または救護材料を寄贈して与国の救護事業を輔け、国交上裨益を与えたること少なからず。また大正七年八月以来、東部西伯利《シベリア》に救護班を派遣して我が軍及び連合与国傷病者の救護を行い、今尚これを継続せり。同九年九月社長に陞任し、更に社務を董督し平時に於ける新事業に着手し、方に大いに社業の拡張を期しつつあり。以上の如く明治十年以来社務に鞅《おう》掌《しょう》し、現に社長の重任を負うて社運益隆昌を加え国家社会に献替せし所至大なり。右の外官吏としては明治四年出身以来諸官を経て内閣書記官長・枢密院書記官長・行政裁判所評定官・大蔵省参与官・宮中顧問官・日本博覧会々長等に歴任し、大正八年十月以来枢密顧問官として現に至高顧問の府に参画《さんかく》し、今や在官実に四十有三年の久しきに亘り、終始一貫恪勤《かっきん》その職責を竭《つ》くせしのみならず、明治二十七年貴族院議員に勅任せられ、大正八年迄在職実に二十五年間立法事務に参与したる等、その国家に効せる功績また寔《まこと》に顕著なりとす。

と同人への恩賞を求めている。「相当の恩賞」はおそらく授爵を対象としていると思われるが、『松方正義関係文書』所収「平山成信表彰方内申」は大正十一年の日付で、日本赤十字社副社長の侯爵徳川圀順《くにゆき》と同じく副社長の阪本釤《さん》之助《のすけ》の両名が海相加藤と陸相山梨に「功労表彰方ニ付内申」として宛てたものであり、おそらく前掲「日本赤十字社社長平山成信特別恩賞ノ件上申」はこれを受けてのものと推測されるが、日本赤十字社における功績を理由としたこの請願も不許可となる。『読売新聞』十二年十二月三日朝刊によれば、「陞爵する人・新華族になる人」の見出しで、皇太子裕仁親王(のち昭和天皇)の御成婚・慶事に際して、陞爵や新規授爵の候補として挙がっている者として、

面白いところで伯東郷元帥の侯爵、半信半疑なのは皇后宮太《(大)》夫大森鐘一男の子爵、東宮侍従長入江為守《ためもり》子の伯爵、三浦・佐藤(三吉《さんきち》)両博士の男爵などで、いずれ授爵されることに間違いはなかろうが、この際男爵にと思われるのが枢府顧問官・秩父宮御用掛一木喜徳郎《いちききとくろう》博士、文相岡野敬次郎、内府御用掛平山成信の両氏、枢府議長清浦奎吾子の伯爵、その他で牧野宮相の陞爵も不思議のようだが芋蔓全盛の今日興味ある問題と噂の渦を巻いている。

と報じているまた、「平山顧問官授爵申立書」によれば同月二十七日付で東京府知事宇佐美勝夫より岡野敬次郎を経由して枢密院議長清浦奎吾へ平山の授爵が申請されている。この

のち、前掲『授爵録』(大正十二～十五年)によれば、十三年一月十七日付で内閣総理大臣清浦奎吾より宮内大臣牧野伸顕宛で平山と北里柴三郎・岡野敬次郎・富井政章《まさあきら》の四名の授爵詮議を申牒。

従二位勲一等平山成信外三名は別紙功績書の通り功績顕著なる者に付、左記の通り授爵の儀詮議相成りたく候。

として各人の「功績書」を添付。また、該当箇所には付箋が貼られ「本件は平山・北里の両名に対し上奏を為す。他の両名は他日参考の為添付す。上奏の際は本書添付せず」とあり、この際は平山と北里両名のみが対象であったようである。平山の功績書には、

右は明治四年十二月十四等(出仕脱)出身以来諸官を経て、同二十四年六月内閣書記官長に勅任せらる。その後枢密院書記官長・行政裁判所評定官・大蔵省参与官・大蔵省官房長・宮中顧問官及び日本大博覧会々長等を歴任して大正八年十月枢密顧問官に親任せられ今日に至る。その他明治二十七年一月貴族院議員に勅任せられ、大正八年十一月同議員を辞するに至る迄在職二十有五年立法府に参与し、その功少なからず、また内外に於ける博覧会事務に関与すること十数回に及び、明治四十三年十二月日本大博覧会開設に際してはその会長に任命せられ、同会に於ける諸般の施設並びに事務を統理し、以て違算なくその完成を期し大いに我が邦産業の奨励及び発達に貢献したる所頗る多し。特に本人は日本赤十字社の事業に就いては明治十年五月その前身たる博愛社の創立当時より常に社務に鞅掌し、その画策機宜に適し、同二十年五月遂に日本赤十字社の創設を見るに至れり。尋で同社常議員・監事・理事・総務部長及び副社長等を経て社長に就職し、現にその職に在り。欧州戦乱勃発するや、爾来《じらい》英仏露の三ヶ国並びに西比利亜地方へ屢々救護班を派遣して戦傷病者の救護に当たらしめ、また救護材料を寄贈し連合与国に対し救護事業の後援に努め、教導動作の実を挙げ能く帝国の誠意を表明し、以て国交上に裨益せしめたる功労偉大にして、同人が多年忠誠恪勤克く国家に竭くせる勲功洵に顕著なりとす。

として日本赤十字社社長や貴族院議員・枢密顧問官としての功績を再度記して授爵を求めている。また「牧野伸顕関係文書」所収の同年一月二十日付「金子堅太郎書翰」には平山・岡野・北里・富井の四名へ授爵の恩命がある由と牧野へ書き送っており、すでにこの時点で金子も情報を得ていたと思われ、同年二月十一日付で男爵が授与される。なお、『倉富勇三郎日記』大正十三年二月十三日条によれば、牧野の意中は平山一人であったが、それでは目立つため北里も同時授爵に至ったとし、平山授爵は牧野が自身の後任宮相にする考えであったからと記している。

【典拠】『東京日日新聞』大正四年十二月一日朝刊、『授爵録』大正十二～十五年、「平山成信表彰方内申」(『松方正義関係文書』一二)、『読売新聞』大正十二年十二月三日朝刊、「金子堅太郎書翰」(「牧野伸顕関係文書」)、「平山顧問官授爵申立書」(国立公文書館所蔵『枢密院関係文書』)、『倉富勇三郎日記』大正十三年二月十三日条

広沢金次郎　ひろさわ・きんじろう

一八七一―一九二八

広沢真臣遺児

①明治十二年十二月（許可）

元長州藩士で新政府の参議であった広沢真臣《さねおみ》(『平成新修旧華族家系大成』下巻によれば「まおみ」とする)の遺児。真臣は幕末・維新時に国事に奔走し、新政府においては慶応四年(一八六八)一月以降、徴士《ちょうし》となり海陸軍務御用掛や内国事務掛・親征大総督参謀を経て、参与・内国事務局判事となり、明治二年(一八六九)七月には民部大輔、同月には参議に任ぜられて特に内政に力を尽くした。また、同年九月には賞典禄として永世禄千八百石を与えられているが、これは二千石の西郷隆盛につぐ禄

高で、大久保利通・木戸孝允と並ぶものであった。四年一月八日に暗殺され、翌日には正三位が追贈された。金次郎は父真臣の死後に生まれるが、すでに明治十一年五月二十三日付で華族に列していた木戸正二郎《しょうじろう》(孝允の子)と大久保利和《としなか》(利通の子)との均衡をとるためか、広沢家へもその遺児に対して華族編列への請願が十二年十二月に提出され、同月二十二日には内閣書記官主査により回議に供されている。

　故参議広沢真臣の維新の際に於いて大勲労ありしは別紙履歴書の中再度の御沙汰書にも掲載これあり候通り、その不幸にして非常に斃れたるは特に御悼惜《とうせき》在《あ》らせられ候次第、然るに今日に至りその遺族も亦泯没《びんぼつ》聞こゆること無く、右は甚だ功臣を重んぜらるる聖旨にも相戻り候儀に付、この節木戸・大久保両参議の例に拠られ、特旨を以てその〔(遺族カ)〕へ金一万円を賜《よ》い、華族に列せられ然るべき哉。因りて履歴書幷《なら》びに御沙汰案相添え允裁を仰ぎ候也。但し金額の義は御手許より下賜相成りて然るべき哉。

とみえ、先代真臣の王事に尽くした功績が認められ、同月二十七日付で金次郎は士族から華族へ編列となり、十七年七月の華族令公布に際しては伯爵を授けられている。

典拠「広沢金次郎華族列」(『太政類典』)

弘田　長　ひろた・つかさ

一八五九―一九二八

東京帝国大学名誉教授・医学博士

①大正十三年一月二十日(不許可)

高知出身の医学者。陸軍二等軍医弘田親厚の子。東京大学医学部卒業後はドイツに留学し、帰朝後は東京帝国大学医科大学教授。大正十年(一九二一)退官し、当時は名誉教授。「牧野伸顕関係文書」中の「金子堅太郎書翰」によれば、十三年一月二十日付で金子が牧野に「北里氏に授爵これある場合には前大学教授・医学博士弘田長氏にこれあるべし」「同人は第一に授爵の恩典に浴すべき人歟《か》」と牧野に進言。書翰中にみえる平山成信《しげのぶ》・北里柴三郎両名は二月十一日付で男爵授与。岡野はこの際には選から洩れるが、十四年十二月十六日に授男爵。金子が北里と医学上の功績に比肩する存在として、当時皇太子であった昭和天皇の拝診にあたった弘田を候補として挙げたと思われるが結果は却下。

典拠「金子堅太郎書翰」(「牧野伸顕関係文書」)

広嶺忠胤　ひろみね・＊ただたね

生没年不詳

元播磨国広峯社大別当社務職

①大正三・四年頃(不許可)

②大正四年六月二十六日(不許可)

兵庫県士族。天津彦根命《あまつひこねのみこと》ならびに凡河内躬《おおしこうちのみ》恒《つね》の末裔を称する。広峯《ひろみね》神社は維新前は牛頭天王を祭神とした神社であり、同社の社家中には福原家のように堂上《とうしょう》公家の六角家から養子を迎えるような者もいた。忠胤は同社の大別当社務職であった家に生まれる。「諏訪頼固他授爵請願書」には年月日不詳ながら授爵についての建議がなされている。宮内省罫紙に記された書類には下部に(大正四)と印刷されており、おそらくは大正天皇即位大礼の慶事に際しての請願であったと思われ、大正三(一九一四)・四年頃の請願と推測される。書類には、

　右はその遠祖天津彦根命の苗裔たる凡河内躬恒の子恒寿、播磨国広峯社の大別当に補せられ姓を広峯と称したるに始まり、歴世その職を伝えて足利氏の末に至り、長続の代を以て姓を署するに広嶺を以てし、社名もまた広嶺を以て書せられ、後明治維新の際社名は旧字に改められたるも、姓は依然として旧に仍《よ》り、以て本人に及びしものにして、その職もまた姓字に改まりし以来大別当社務に補せられ、以て維新の際に於ける長昭の代に及びたるに、本人はその次男を以て一たび他家の姓を冒し、二十一年兄死亡の後を受け父の家に復帰してその家督を相続したるものなるに依り、その家系の旧くして神代より連綿存続せる由緒深き門地の者な

ると、並びに歴世中元弘・建武の際、大別当貞義入道昌俊と称して勇名あり。挙族勤王を以て各地に転戦し、後醍醐天皇の綸旨を賜りたるの勲功と、及び歴世一貫して克《よ》く祭神奉仕の任に当たりし功労とを認められ、特旨を以て華族に列せられ授爵ありたしというに在り。

と記され、また「鍋島直彬《なおよし》他授爵願」にも同人が大正四年六月二十六日付で宮内大臣波多野敬直宛で提出した「叙爵請願」という願書が収録されており、

右請願奉り候。当広嶺家の儀は天津彦根命の後裔にして凡河内躬恒以来千有余年朝廷に忠勤致し連綿、当代に至り来たり候。この間四位・五位の位記を拝受仕り居り候処、王政御維新の際これを停められ、そのまま今日に至り候次第に御座候。右に付別紙系図並びに現存古文書の写及び新旧戸籍抄本相添え提出仕り候間、御詮議の上相当の叙爵仰せ付け下されたく、この段請願奉り候。但し系図並びに古文書は当家に於いて保存致し居り候間、御用の筋は御下命次第直ちに提出仕るべく候。

と記す。同人の請願は一部不開示のため、系図や古文書類については不明であるが、代々の由緒を理由として華族編籍・授爵を請願するも結局不許可に終わる。

典拠　「諏訪頼固他授爵請願書」(宮内庁宮内公文書館所蔵)、「鍋島直彬他授爵願」(同)

ふ

深尾益岐　ふかお・＊ますき

一八七二―一九二三

旧土佐国高知藩家老

①明治十一・十二年頃（不許可）
②明治十二～十六年頃（不許可）
③明治十五・十六年頃（不許可）
④明治三十三年五月五日（不許可）
⑤明治三十九年八月（許可）

深尾家は旧高知藩家老で旧禄一万石を知行。幕末・維新期の当主は重先《しげたか》(康臣)。益岐はその孫でのちに重孝と改名。同家の華族昇格に関し、『爵位発行順序』所収「華族令」案の内規として公侯伯子男の五爵（左に朱書で公伯男の三爵）を設け、世襲・終身の別を付し、その内「世襲男爵を授くべき者」四項目中、第四項目に「旧藩主一門の高一万石以上の者及び高一万石以上の家臣」を挙げている。同案は明治十一(一八七八)・十二年頃のものと推定されるが、この時点においては旧幕時代に一万石以上を領していた深尾家は男爵に列すべき家として認知されていたと思われる。同じく前掲『爵位発行順序』所収「授爵規則」によれば「男爵を授

くべき者」として、七項目中、第四項目に「旧藩主一門の高一万石以上の者及び高一万石以上の家臣」が挙げられている。前記資料とは異なり、この案は十二年以降十六年頃のものと推測されるが、こちらでも万石以上陪臣として、同家は世襲華族として男爵を授けられるべき家とされていた。また、十五・十六年頃の作成と思われる「三条家文書」所収「旧藩壱万石以上家臣家産・職業・貧富取調書」によれば、旧禄高一万石、所有財産・職業・貧富景況は全て空欄のため詳細は不明であるが、当該時期には万石以上陪臣の華族編列そのものが実施されなかったため、同家も士族にとどまっている。同家の授爵運動は継続して行われ、『授爵録』（明治三十三ノ一年）所収の三十三年（一九〇〇）五月五日付宮内省当局側審査書類によれば、旧藩主一門および万石以上家老の授爵詮議で浅野哲吉ほか二十五名が挙げられ、同月九日付で全員男爵を授けられているが、その但書に、

　但し旧藩一万石以上と唱うる家は四十八家あり。然れども明治四年辛未禄高帳（大蔵省記録）及び藩制録（大蔵省記録）又は府県知事より徴収したる現在所有財産高を照査し、その旧禄高一万石以上判明せしものにして、猶且つ五百円以上の収入を生ずべき財本を有すること精確なるもの先づ二十五家を挙ぐ。余の二十三家は他日調査完結又は資産を有するに至りたるときに於いて御詮議相成るべきものとし、左にこれを掲げて参考に資す。

としたうえで、深尾重孝を含めて二十三家が挙げられている。これによれば、深尾家は「旧禄高壱万石以上と唱うるも大蔵省明治四年辛未禄高帳記載の高と符号せざるもの又は禄高帳に現米を記載し旧禄高の記載なきに因り調査中のもの」十二家のなかに分類されており、旧禄高は一万石とするも理由は不明ながら現石は八百石と記し、実収一万石以下とされている。また添付されている「旧藩壱万石以上ノ家調書」には職業は高知県書記、所有財産は無、生計の状況も「別に困難の状況なし」と記載されているが、授爵には至らず。『授爵録』（明治三十九～四十年）所収の三十九年八月立案の宮内省当局側書類によれば、益岐（重孝）の祖父康臣についても触れており、

　右康臣は旧土佐藩の家老にして一万石の門閥と称す。その旧禄高調の如き大蔵省記録上これを判明ならしむるに由なしと雖も、旧領地に於ける門地・声望等その地方人民の儀表たるに足れるや疑いなし。殊に同人は夙《つと》に旧藩有事の時に際し執政の職に当たり、藩主山内豊信《やまうちとよしげ》に従い尊王の大義を唱え国事に奔走す。文久三年豊信父子京師に入り、公武の間に鞅掌《おうしょう》するや当時国家多事、天下疑惧人心恟々《きょうきょう》として藩論もまた一定せず。時に康臣急行京に上り、藩主父子に就き苦心惨憺固守急進の論を調和し、遂に藩論を一定して方向を誤らしめず、維新前後に及びて益々力を王事に尽くし、克《よ》く藩主を輔《たす》けて、或いは禁闕《きんけつ》の守衛に、或いは逆徒の証（征）討に、或いは外交上の言議に刻苦励精し、土佐藩をして勤王の名実を全うからしめたるは右康臣の与りて力ある所なり。然るに同人の家は五百円以上の収入を生ずべき財本を有せざりしがために去る三十三年皇室御慶事の時に際し、他の一万石以上の門閥家及び維新の功労者に対し授爵せられたるとき、その栄典に洩れたりしが、爾来《じらい》財政を整理し、その資産を有するに至れるに付、この際該家の門閥及び康臣が維新の功労を併録せられ、当主右重孝を特に華族に列し男爵を授けらるべき旨上奏せらるべきや。

として深尾家の由緒・家格だけではなく、祖父の功労も含めて同家への授爵を審査しており、同月十二日に裁可を得て、同月十七日付で男爵を授けられている。

典拠　『爵位発行順序』、「旧藩壱万石以上家臣家産・職業・貧富取調書」（「三条家文書」）、『授爵録』明治三十三ノ一年・明治三十九～四十年

福沢諭吉　ふくざわ・ゆきち

一八三五―一九〇一

慶応義塾創始者

①明治三十一年五月（辞退）

②明治三十一年十月六日（辞退）

旧豊前国中津藩士・旧幕臣出身の教育者・思想家。慶応義塾の創始者。福沢授爵説については浅見雅男が「華族にならなかった福沢諭吉」中で、『福沢諭吉伝』を典拠として紹介しているが、これとは別に『授爵録』(明治三十三ノ二年)には明治三十一年(一八九八)五月に田中不二麿が作成したものと思われるメモ書が綴られており(この推薦文は箕作麟祥《みつくりりんしょう》がすでに死去していることから、これ以前の作成ではないかと岩壁義光は推測している)、このメモ書には、

　国運の進歩は文武両道に由る。武力以て敵に勝ち海に敵艦を砕き、陸に敵城を抜き、大いに戦捷《せんしょう》を奏す。事業明赫天下誰かこれを賛歎賞美せざる者あらんや。而して国家全体の文物制度を改良して国運を前進せしむるは文勲の偉大なるものなりと雖も、固《もと》より無形の事業にして彼の敵城を抜き敵艦を砕くが如く、人の耳目を聳動するに至らず。豈憤歎せざるを得んや。左記の六名は維新前国論鎖攘に傾くの時にありて国家将来の文明開化は一に知識を世界に求むるに在ることを看破し、世論に反抗して夙に洋学に志し、以て古来未曽有の新思想を本邦に移植したり。その著訳する所また甚だ多しと雖も、特に泰西国法論、国家汎論、性法、議事院法、仏国五法、法律格言等の如きは今日の立憲政治を馴致するに与りて力ありと云うべし。維新後また各《おのおの》その学ぶ所を以て国家を裨補せしこと僅少ならず。その勲績敢えて武勲に譲るものにあらざるなり。而してその各自の事業に至りてはこれを略載す。

として年齢順で津田真道《まみち》・神田孝平《かんだたかひら》・細川潤次郎・福沢諭吉・加藤弘之・箕作麟祥の六名が列挙されており、福沢については、

　維新前大私塾を開き、爾来《じらい》今日に至る迄盛んに学生を育成して多く有用の材を出し、また東京学士会院の会員に選挙せられ(後これを辞せり)、且つ多く書を著して世の開明を促進し、社会の発達を裨補せる功績多しとす。

と記している。明治三十一年五月の時点ではすでに授爵している箕作を除く五名に対し、何らかの栄典を授与しようとする動きが確認される。また前掲『福沢諭吉伝』第四巻によれば、三十一年九月に脳出血で重篤な状態に陥った際、同年十月六日に、

　丁度その際のことである。政府(大隈内閣)は先生が国家社会の為に尽くされた功労に対し授爵の栄典を奏請する考えであるということで、その内意が伝えられた。依って令息一太郎は塾員長老の人々を会して協議の結果、授爵云々は有難き次第であるが、先生平素の言行に徴すればかかる栄典を受くることはその志でなかろうということに決し、その旨を当局者に通じたのでその御沙汰を見るに至らなかった。

とこの機に福沢授爵の動きがみられたことが窺える。田中不二麿らも福沢の功績を記しており、実現する可能性は高かったと思われるが、同人の意志も強く、回復後も授爵されずに終わっている。

典拠　浅見雅男「華族にならなかった福沢諭吉」(『歴史と旅』二七ノ六)、石河幹明『福沢諭吉伝』四、『授爵録』明治三十三ノ二年、岩壁義光「旧幕臣系男爵の授爵について―宮内公文書館所蔵「授爵録」の分析を通じて―」(『学習院大学史料館紀要』一八)

福島直太郎　ふくしま・＊なおたろう

生没年不詳

福島正則末裔

①明治四十一年二月（不許可）

広島市在住で福島正則末裔を称する。族籍などについては不明。「福島直太郎家所蔵正則遺物」によれば、明治四十一年(一九〇八)二月、

広島県より内務省を経由して宮内省爵位局へ上申書を提出。内務省では「種々説諭するも強いて進達方申し出で候」とみえ、広島県・内務省側では提出を止めようとした動きもみられる。爵位局では同局主事の小原駩吉《せんきち》により上申書が保存されることが決められている。直太郎の上申書には、

　邦家に由緒ある者の子孫及び祖先伝来の古器物御調査これある旨承知仕り候に付、謹んでこれが顛末左に上申仕り候。一、福島左右衛門《ママ》太夫正則儀は当代直太郎に至る。我家今を去る九代目前の祖先に候て、即ち其因縁たる寛永元年正則儀当時蟄居中たりし安芸郡蒲苅島《かまがりじま》を信州川中島へ向って退去候節、嫡男正丸（後、正右衛門と改名す）儀歳未だ二歳の幼者にて、到底仕官を欲する能力なきを以て、正則退去後生母加賀女と倶《とも》に当広島竹屋町へ移住致したる実状に候て、而して又嘉永四年先代即ち八代目猪右衛門に至りて当邸宅へ転住致し候いしが、この間累代連綿として今猶自分直太郎相続仕り来り候実歴に相違これなく候。依ては猶別紙正則が遺物の目録相添えこの段上申仕り候。

と記し、爵位局長岩倉具定《ともさだ》宛で提出。上申書中には「授爵」「列華族」の文言は一切みられないが、冒頭に「邦家に由緒ある者の子孫」を調査云々と記されるため、授爵請願者の可能性もあり、一応収録の対象とする。また、『東京朝日新聞』四十一年六月一日付朝刊によれば、「福島正則の墓」という見出しで建仁寺正伝永《しょうでんえい》源院《げんいん》の細川頼春墳墓傍らに正則の墓があり、正則の末裔を探したところ、広島市大須賀町在住の直太郎が九代末裔と確認された、と報じている。なお、同人は祖先より伝来の古器物として、正則生前来の守本尊である黄金製の正観世音一個、正則出陣の際に用いた丸形鑑一個、聖徳太子御真作とされ、現在も同家の仏壇に安置する木製仏像一個、正則が陣中で用いた軍器である金鎖一連、三条小鍛冶宗近作で長さ二尺六寸一分の宝剣一口、正則の霊牌一個、正則より直太郎までの系図一巻を所持する旨が記されるが、同家はこののちも授爵されずに終わる。

【典拠】「福島直太郎家所蔵正則遺物」（宮内庁宮内公文書館所蔵）

福原俊丸　ふくはら・としまる

一八七六―一九五九

旧周防国山口藩家老

①明治十五・十六年頃（不許可）

②明治三十年九月（不許可）

③明治三十三年五月五日（許可）

福原家は旧山口藩家老で旧禄一万石。俊丸は後掲良通《よしみち》の子。明治十五（一八八二）・十六年頃の作成と思われる「三条家文書」所収「旧藩壱万石以上家臣家産・職業・貧富取調書」によれば、旧禄高一万千石、所有財産および貧富景況は空欄、職業は無職とあるも、当該時期には万石以上陪臣そのものの華族編列が実施されなかったため、同家は士族にとどまる。その後も同家の授爵への動きは確認され、「毛利祥久《よしひさ》外四名華族昇列願書控」によれば、三十年九月には俊丸の宇部福原家とともに毛利祥久・益田精祥《あきよし》・国司《くにし》直行《なおゆき》・清水《しみず》資治《すけはる》の五家の授爵請願を確認できるが、この五家の内授爵が許されたのは毛利祥久一名のみであった。『授爵録』（明治三十三ノ一年）所収の三十三年五月五日付立案の書類によれば、

　右は旧藩一万石以上の門閥にして、何れもその所属藩主の一門または家老たり。平生数百の士卒を養い、有事の時は将帥と為り手兵を提《さ》げ、出でて攻守の任に当たり、無事の時は入りて執政と為り民政を総管する等恰《あたか》も小諸侯の如し。而してこの輩は封土奉還の日何れも士族に編入せられたるも、仍《なお》巨多の資産を有して旧領地に住し、その地方人民の儀表と為り、勧業または奨学等公益に資すること少なからず。その門地は以て小諸侯に譲らず。その資産また門地を維持するに足るものと認むるに因り前掲の通り授爵の恩典あらんことを奏上せらるべきや。

とあり、福原家は門地を維持するだけの資産も有していると認められ、同年五月九日付をもって男爵が授けられる。

典拠「旧藩壱万石以上家臣家産・職業・貧富取調書」（「三条家文書」）、「毛利祥久外四名華族昇列願書控」（山口県文書館所蔵）、『授爵録』明治三十三ノ一年

→福原良通

福原　実　ふくはら・みのる

一八四四—一九〇〇

元陸軍少将・貴族院勅選議員

①明治二十六年九月三十日（不許可）

②明治三十三年五月五日（許可）

元長州藩士出身の陸軍軍人・政治家。明治四年（一八七一）七月兵部権少丞《ごんのしょうじょう》に任ぜられ、そののち兵部省六等出仕を経て同年十二月陸軍大佐に任ぜられ築造局長に就任する。十年の西南戦争では征討軍団参謀長として出征、十一年九月には仙台鎮台幕僚参謀長となり、同年十一月に少将に進級し、同鎮台司令長官となった。翌年十月司令長官を辞して予備軍籍に入り、その後は十五年十二月に元老院議官を兼任、二十年四月から翌年九月まで沖縄県知事もつとめた。二十三年九月には貴族院勅選議員となり、錦鶏間祗候《きんけいのましこう》となった。二十六年六月二十三日付で本官である陸軍少将を免ぜられている。『読売新聞』二十六年九月三十日朝刊によれば「授爵の噂」の見出しで、「山口尚芳・津田出《いずる》・津田真道《まみち》・楠本正隆・細川潤次郎・伊丹重賢《しげかた》・神田孝平《かんだたかひら》・福原実・野村素介《もとすけ》・三浦安《やすし》・平岡通義・安藤則命《のりなが》の諸氏は新たに爵位を授かるべしと噂ぞ」と報じられ、この当時から福原も授爵候補者として擬せられていたようであるが、この時は誤報であったか、または実際に詮議されながら裁可されなかったかは不明であるが実現していない。『授爵録』（明治三十三ノ二年）によれば、三十三年五月五日付の宮内省当局側立案書類で尾崎忠治ら計二十五名の文武官の授爵を詮議しており、銓衡として（一）維新の際大政に参与して殊勲ある者、（二）維新の功により賞典禄五十石以上を賜りたる者、（三）維新前後国事に功労あり、かつ十年以上勅任官の職にある者、または現に在職中の者、（四）十年以上勅任官の職にあり功績顕著なる者、（五）特に表彰すべき偉大の功績ある者の五つの規準を設けており、福原はその（三）に該当する対象者とされ、同月八日に裁可を得て翌日付で男爵が授与される。

典拠『読売新聞』明治二十六年九月三十日朝刊、『授爵録』明治三十三ノ二年

福原基蔵　ふくはら・もとぞう

一八八三—一九一八

陸軍少将福原豊功遺児

①明治三十年六月五日（不許可）

長州藩士出身の陸軍軍人福原豊功《とよのり》の遺児。父豊功は奇兵隊出身で、維新後は陸軍に出仕し、明治二十七年（一八九四）八月に陸軍少将に昇進。日清戦争にも従軍したが、翌年七月にコレラにより戦病死した。『東京朝日新聞』三十年六月五日朝刊によれば「故福原少将授爵の議」の見出しで、「日清戦役中金州兵站監として出陣中虎列刺病に罹りて病没されたる福原豊功氏は不日贈位と共に授爵の御沙汰あるべしとの説あり」とみえ、また『読売新聞』同日朝刊にも「故福原少将授爵の議」の見出しで、

身将官として戦地に没したるに拘わらず、今日迄尚授爵の御沙汰なかりしが、今回戦死者に対し贈叙位の御沙汰あるに付、種々調査の結果、内地に在りて直接戦役に与らざりし者に対しても授爵の恩典ありし人さえ少なからざりし事なれば、贈位と共に授爵の御沙汰あるべしとて、目下その筋にて詮議のよし。

とほぼ同様の内容で報じており、ただ戦死・戦病死の将官中、授爵の御沙汰があるべき者は福原一人と記している。『授爵録』（明治三十年）によれば、日付が不記載の当局側書類中、福原については、

全く陣地に在りて職務の為めに斃れたる者なれば、則ち戦死に準ずるものと認め候に付、曩《さき》に二十七・八年の戦役において開戦前已前《いぜん》に将官に任ぜられ勲功ありし

　者は勿論、開戦後の任官と雖も、戦死を遂げたる者の嗣子を特に華族に列せられたる例これあるに依り、豊功の嗣子基蔵もまた華族に列し、男爵を授け然るべき乎。高裁を仰ぐ。

とあるも、結局すぐに裁可はされず、遺族・嗣子である基蔵は翌年十月二十七日付で授男爵。

典拠　『授爵録』明治三十年、『東京朝日新聞』明治三十年六月五日朝刊、『読売新聞』明治三十年六月五日朝刊

福原良通　ふくはら・よしみち

一八四七―八二

旧周防国山口藩家老

①明治十一・十二年頃（不許可）

②明治十二～十六年頃（不許可）

福原家は代々山口藩家老で旧禄一万千石を知行。幕末・維新期の当主は良通《よしみち》(芳山《ほうざん》)。維新後は判事となる。後掲俊丸《としまる》の父。同家の華族昇格に関し、『爵位発行順序』所収「華族令」案の内規として公侯伯子男の五爵(左に朱書で公伯男の三爵)を設け、世襲・終身の別を付し、その内「世襲男爵を授くべき者」四項目中、第四項目に「旧藩主一門の高一万石以上の者及び高一万石以上の家臣」を挙げている。同案は明治十一(一八七八)・十二年頃のものと推定されるが、この時点では旧幕時代に一万石以上を領していた福原家は男爵に列すべき家として認知されていたと思われる。同じく前掲『爵位発行順序』にも授爵規則の「男爵を授くべき者」として、七項目中、第四項目に「旧藩主一門の高一万石以上の者及び高一万石以上の家臣」が挙げられている。前記資料とは異なり、この案は十二年以降十六年頃のものと推測されるが、こちらでも万石以上陪臣として、同家は世襲華族として男爵を授けられるべき家とされていた。同人は十五年に死去し、この後嗣子俊丸が授爵運動を起こし、三十三年五月九日付で男爵を授けられる。

典拠　『爵位発行順序』

→福原俊丸

福原　某（資生カ）　＊ふくはら

生没年不詳

旧交代寄合・元中大夫席

①明治十一・十二年頃（不許可）

②明治十二～十六年頃（不許可）

福原家は旧幕時代には三千五百石を知行し、交代寄合《こうたいよりあい》の格式を与えられていた旗本。四州の内、那須衆に属する。幕末・維新時の当主は資生。朝廷に早期帰順して本領を安堵され、朝臣に列して中大夫席を与えられた。明治二年(一八六九)十二月に中大夫以下の称が廃せられるに際して士族に編入され、東京府貫属となっている。また、『太政類典』所収「鷲尾隆聚妹東京府士族福原資富ニ結婚」によれば、四年五月の段階で資生の子資富と鷲尾隆聚の妹とが結婚していることがみえ、当時資生が生存していたことが確認できる。同家の華族昇格に関し、『爵位発行順序』所収「華族令」案の内規として公侯伯子男の五爵(左に朱書で公伯男の三爵)を設け、世襲・終身の別を付し、その内「世襲男爵を授くべき者」四項目中、第三項目に「元高家《こうけ》・交代寄合」を挙げている。同案は十一・十二年頃のものと推定されるが、この時点では旧幕時代に万石以下でありながら、若年寄ではなく諸侯や高家同様に老中支配である交代寄合は男爵に列すべき家として認知されていたと思われる。同じく前掲『爵位発行順序』所収「授爵規則」によれば「男爵を授くべき者」として、七項目中、第二項目に「元交代寄合・元高家」が挙げられている。前記資料とは異なり、この案は十二年以降十六年頃のものと推測され、こちらでも旧交代寄合である大田原家は男爵を授けるべき家とされているが、結局授爵内規からは交代寄合は一律除かれ、華族編列・授爵は不許可に終わっている。

典拠　「鷲尾隆聚妹東京府士族福原資富ニ結婚」(『太政類典』)、『爵位発行順序』

藤　善聴　ふじ・ぜんちょう

一八六四―一九二〇

浄土真宗越前毫摂寺住職

①大正三・四年頃（不許可）

越前福井にある浄土真宗系毫摂寺《ごうしょうじ》第二十三世・住職。先代善慶（一条忠香《ただか》の猶子《ゆうし》）と一条忠香長女輝子の間に生まれる。明治四年（一八七一）十二月に同寺住職となり、教導職に出仕して権中教正に補せられる。「毫摂寺由緒略記」によれば、同寺の住職は代々法印《ほういん》に叙され、僧《そう》都《ず》・僧正の僧官を拝受。青蓮院《しょうれんいん》門跡の外様院《いん》家《げ》であり、十二世善照以来、代々堂上《とうしょう》公家・清華家《せいが》である花山院《かさんのいん》家の猶子となる等の待遇を与えられている。

「諏訪頼固他授爵請願書」中に諏訪頼固（旧諏訪神社大祝）の授爵願と合綴で収録。諏訪以下八名の請願書。藤の請願書類には「善聡」と記されるも「善聴」の誤り。同資料は宮内省罫紙に記され、下部に（大四）と印刷されていることから、恐らく大正三（一九一四）・四年頃のものと推定されるが、これによれば、

　真宗の開祖親鸞六十一年にして山城国愛《あ》宕《たぎ》郡出雲路に一寺を建立し、子善鸞《ぜんらん》に付与す。毫摂寺これなり。暦応中第十五世善幸、寺基を越前国山元（本）の庄に移す。光明・後柏原・後陽成三帝の勅願所となり、また青蓮院院家となる。官位世々大僧都または権僧正に至り、紫衣《しえ》・鳥襷《とりだすき》（着用し）を許され（と訂正）、拝謁を賜う（許さると訂正）。宮中の御仏事に際しては泉涌《せんにゅう》・般舟《はんじゅう》両寺に於いて敬湮焼香を奉るを例とす。明治十六年本堂再建に際し、特に金百円を賜いぬ。皇后宮は金五十円を賜いし等の由緒あり（准門跡（墨消し）の寺格とす）。

として同寺の由緒や住職の格式を理由として請願するも却下。書類には朱書きで×印が付されており、同家はこの後も授爵されずに終わっている。

典拠　「諏訪頼固他授爵請願書」（宮内庁宮内公文書館所蔵）

藤井希璞　ふじい・＊きぼく

一八二四―九三

元老院議官

①明治二十三年三月二十一日（不許可）

旧近江国日吉神社社家出身の官僚・政治家。正三位生源寺希烈《しょうげんじまれやす》の九男。生源寺希徳の弟。明治元年（一八六八）四月に仁和寺宮嘉彰《よしあきら》親王の補佐を命ぜられ、三年九月には有栖川宮家扶《かふ》・家令《かれい》、東伏見宮家令などを経て二十一年六月には元老院議官に任ぜられる。二十三年十月に元老院廃院後は「非職元《もと》元老院議官」の肩書。『山田伯爵家文書』所収の二十三年三月二十一日付「山田顕義《あきよし》秘啓」によれば、「授爵は陛下の大恩にして、国家の大典、万民の標準なり。真に陛下の親裁に出づるものにして、臣僚の容喙すべきものにあらず。然れどもその自歴を調査し、その理由を明晰にし、聖慮を翼賛するは臣下の務にして、謹慎鄭重を尽くさざるべからず。今鄙見《ひけん》を陳じ、閣下の参考に供す」とし、宮内大臣土方久元宛で授爵の標目として、（一）維新前後功労あり勅任官たる者および勅任官たりし者、（二）維新後功労あり勅任官たる者および勅任官たりし者、（三）維新前後功労ある者、（四）維新後功労ある者、（五）父の勲功による者、（六）神官および僧侶の世襲名家たる者、（七）琉球尚家の一門、の計七項目を挙げ、藤井は第一項に適すべき者としてその名が挙げられるが、授爵の選に洩れ不許可となる。

典拠　「山田顕義秘啓」（『山田伯爵家文書』四）

→生源寺希徳・生源寺某

藤懸克己　ふじかけ・かつみ

一八五一―八八

旧旗本寄合席・元下大夫席

①明治元年（不許可）

②明治二年十二月十七日（不許可）

藤懸家は旧幕府旗本で、丹波国何鹿郡《いかるがぐん》において四千四十九石余を知行した。同人は諱を永武、通称は左京といい、維新後は克己も称した。祖父永恵は御書院番頭《ばんがしら》、父永秀は中奥《なかおく》小姓をつとめ、ともに従五位下・美作守に叙任されている。「士族明細短冊」などによれば、克己は文久三年（一八六三）八月に家督を相続し、慶応四年（一八六八）五月には朝廷に早期帰順して本領を安堵され、朝臣に列して下大夫席を与えられた。同年七月には勤王誓約をし、軍資金八百八十両を献納。明治二年（一八六九）

二月に京都に移住。同年十二月に中大夫以下の称が廃止となると士族に編入され、三年一月には京都府、二月に久美浜《くみはま》県、四年十二月には京都府と貫属替となっている。本家筋にあたる同家とは別に、分家筋の藤懸永保・同永成(ともに旧禄五百石)も早期帰順して上士席を与えられている。「藤懸克己藩列願」によれば、明治二年十二月十七日付で留守官伝達所宛で同家の諸侯列への昇格を求めて請願している。これには、

昨年来御大政御一新、府藩県一途の御改体在らせられ追々御変革、猶また今般中下大夫士以下の称御廃、都《すべ》て士族・卒と称し、禄制等御定め、爾後各々その地方官の貫属たるべき旨仰せ出され候に付いては、昨年中藩列の任願い奉り候節、御付紙を以て仰せ渡され候趣も御坐候えども、以後在所表へ罷り越し承る事その処置の御支配に及ぶ儀に御坐候也。この段伺い奉り候。以上。

とみえ、前年中にすでに請願に及んでいることが確認される。また、『中上林村誌』『物部史誌』には、同人が「藩屛《はんぺい》の列」への昇格を求めた請願書が掲載されている。両書にはこれを明治三年のものとしているが、文面よりこれが明治元年に提出されたものと推測される。

今般東京定府仰せ出され候。然る処私儀所労の上、母儀病気に付、暫時御猶予願い奉り候処御聞き届けに相成り有難く存じ奉り候。偖《さて》私儀当五月至仁の聖慮を以て図らずも本領安堵結構御沙汰を蒙り、天恩身に余り誠に以て有難き仕合わせに存じ候。恐れながら私家筋の儀先般由緒書等御取調の砌委詳御届け申し上げ奉り候通り、桓武天皇の後裔にて、慶長以前迄織田姓相名乗り、先祖永勝より三代迄は交代寄合《こうたいよりあい》・諸侯の格にて、徳川麾下にては御座無く、累代朝恩を蒙り奉り、京都に於いて往古より拝領屋敷もこれあり、領地の儀は慶長以前の検地、その後一村も替地御座無く、新拾打し候えば別帳の通り増高出来仕り候。且つ顕然由緒も御座候儀に付、仰ぎ願わくは藩屛《はんぺい》の列に御差し加え成し下され、御闕下《けっか》近く永住、相応の御用筋相勤め、東西奔走の儀如何様にても勉励仕り、勤王の宿志を遂げたく、常春出立の節再び顧みざる心得にて家族は申すに及ばず、家中男女に至る迄彼地を引き払い、在所表へ帰邑仕り、先祖来邑後荒れ果て候。地所開発邸宅並びに家来共居所迄急速取り営み、東府屋敷は追々取り崩し申し付け候儀に御座候。兼ねて御一新の緒趣意深く体し奉り、領民撫育は勿論、兵隊取立方専ら尽力罷り在り候。恐れながら前件の通り由緒等聞召訳なされ、別格の御取扱を以て願の通り藩屛の列仰せ付けられ下し置かれ候はば重畳有難き仕合わせに存じ奉り候。この段幾重にも懇願奉り候。恐れながら全く右御執奏の程願い上げ奉り候。誠惶頓首謹言。

と記され、増高ができたとみえるので実高は万石以上に達していたとも考えられる。また織田氏末裔であり、幕初は交代寄合であり諸侯並の格式を与えられていたという由緒も理由として諸侯への昇格を求めるも、結局二度の請願も叶わず、不許可に終わっている。

典拠 「藤懸克己藩列願」(『公文録』)、荘厳哲堂編『中上林村誌』、「物部史誌」編集委員会編『物部史誌』、「士族明細短冊」(京都大学法学部図書室所蔵)

藤沢公英　ふじさわ・*きんひで

生没年不詳
元興福寺学侶・春日大社新社司
①慶応四年四月　(不許可)
②明治七年七月　(不許可)
③明治八年七月二日　(不許可)

藤沢家は旧興福寺摩尼殊院学侶。慶応四年(一八六八)四月以降、興福寺では大乗院・一乗院の両門跡以下院家《いんげ》・学侶もつぎつぎと還俗し、堂上《とうしょう》出身者は藤原姓の者は堂上格を賜り、非藤原姓の者は実家へ復籍のうえ一代堂上となる。地下《じげ》出身者も明治二年(一八六八)三月に

は藤原姓を与えられ、堂上出は春日大社新神司、地下出は同社新社司となる。これらの措置に不満を抱いた地下出身の旧学侶たちは身分昇格を求めている。慶応四年四月早々に願い出たのを始めとし、明治七年七月には奈良県権令《ごんれい》藤井千尋《ちひろ》宛で、翌年七月二日には元老院宛で華族または華族格への編列を願い出るも悉く不許可に終わる。

典拠　「春日旧社司及石清水社司等堂上格ノ願ヲ允サス」(『太政類典』)、「願(率川秀宜《ママ》等十五名)」(国立公文書館所蔵『記録材料・建白書仮綴』)

藤島助胤　ふじしま・すけたね

一八一〇—八〇

元六位蔵人・諸陵頭

①明治三年九月二十七日（不許可）

藤島家は旧地下《じげ》官人《かんじん》で、細川・小森両家とともに代々六位蔵人《くろうど》となる家格。助胤は後掲藤島助順《すけのぶ》の父。文化十四年(一八一七)九月に非蔵人となり、天保十五年(一八四四)十月に正六位上・右兵衛権少尉《ごんのしょうじょう》に任ぜられ、六位蔵人に補せられ、禁色《きんじき》・昇殿を聴された。弘化三年(一八四六)九月中務少丞《なかつかさのしょうじょう》となり、翌年十二月大丞に転じる。嘉永四年(一八五一)には六位蔵人四名中の首座である極臈《きょくろう》となり、慶応元年(一八六五)十二月に従五位下に叙せられて諸陵頭《しょりょうのかみ》に任ぜられ、六位蔵人を辞す。明治二年(一八六九)十月従五位上となり、正五位下を経て四年閏四月に従四位下に陞叙する。『太政類典』所収「宮華族幷旧官人以下一般禄制ヲ改正ス」によれば、明治三年九月二十七日の段階で従三位壬生輔世《すけよ》・従四位若江量長《のりなが》・正五位壬生明麗《てるつら》・従五位(明治元年閏四月二十一日付で従四位に叙されているので誤り)藤島助胤・正六位藤島助順・同細川常典《つねのり》の計六名に対して、「右終身華族の列にお加え、高百石宛《ずつ》下さるべき哉《や》」という問に対して、「華族列加えられず、位階その儘。士族一代物を賜い、出面の通り」との回答があり、当初は旧伏見宮殿上人の若江家、旧六位蔵人の壬生・藤島・細川らの諸家を終身華族への編列についても議されていた模様であるが、結局は位階は従来どおり保有させ、士族へ編入する方針が定められている。同年十一月十九日に諸大夫以下、地下官人などの位階が廃止となるなか、藤島助胤・助順父子は若江・壬生父子・細川と、神祇官官人で伊勢神宮大宮司でもあった河辺教長《のりなが》らとともに思召により旧来の位階を帯びることを許されている。このうち、左大史《さだいし》を世襲し、六位蔵人に補せられる家例で官務と称された小槻《おづき》姓壬生家のみは輔世が同年十二月二十日付でいったん終身華族となり、九年十一月二十五日付で永世華族への昇格を認められる。また、河辺家も五年五月十九日付で華族になり、両家は十七年七月の華族令公布に際しては男爵を授けられている。このことからも、「位階元の如し」とされたこれらの諸家は当初より華族候補となりうる家格と見なされていたとも推測される。助胤は十三年十一月に没するが、子の助順もまた十九年四月二十八日付で華族編籍と授爵を求めており、三条実美に宛てたと思われる「華族請願書」中には

これ迄六位辞職後も雲井《くもい》の次第に姓名を置かれ、地下官人の御扱いも在らせられず候。別して亡父助胤鷁退《げきたい》の蔵人、先例に依り外様小番《こばん》仰せ付けらるるの処、即今諸陵頭宣下の人これなきに付、助胤へ仰せ付けらる。猶深き思召《おぼしめし》を以て外様の列に加えらるべき旨御内命も御座候。

とみえ、助胤が本来慶応元年に六位蔵人を辞した際、堂上へ取り立てられるべき内命もあったと述べている。また、旧地下官人(検非違使)であった勢多章甫《のりみ》の著した『思ひの儘の記』によれば、六位蔵人辞職後の助胤の処遇について、

○藤島助胤は、六位蔵人を辞して諸陵頭に任ぜられ、車寄より昇降し、端の非蔵人の詰所へ参入を聴されたり。堂上列に似て地下の待遇なり。車寄より昇降するは不思議の事なり。曩《さき》に壬生輔世の六位蔵人を辞して、左大史に任ぜられし時は、非蔵人口より昇降し、非蔵人の詰所へ参入せり。是は当然の事なり。車寄は輙《たやす》く

昇降を聴されざる所なり。

と記し、堂上とも地下とも判別できない取扱であったことがみえるが、六位蔵人という顕職を世襲したことを強調したものの、二代にわたる運動も功を奏さず同家は士族にとどまっている。

典拠　「宮華族幷旧官人以下一般禄制ヲ改正ス」(『太政類典』)、「華族請願書」(「三条家文書」)、松田敬之「明治・大正期　京都官家士族の動向に関する一考察―華族取立運動と復位請願運動を中心に―」(『京都産業大学日本文化研究所紀要』六)

→藤島助順

藤島助順　ふじしま・すけのぶ

一八三九―一九〇九

元六位蔵人・宮内省京都支庁殿掌

①明治三年九月二十七日（不許可）
②明治十一・十二年頃（不許可）
③明治十二〜十六年頃（不許可）
④明治十九年四月二十八日（不許可）

藤島家は旧地下《じげ》官人《かんじん》で、細川・小森両家とともに代々六位蔵人《くろうど》となる家格。助順は前掲藤島助胤《すけたね》の子で、天保十五年(一八四四)に非蔵人となったのち、慶応元年(一八六五)十二月に六位蔵人に補せられ、同日正六位上・左衛門権《ごんの》少尉《しょうじょう》に叙任された。四年閏四月二十一日に蔵人所が廃止となるまで、蔵人に在職した。明治元年(一八六八)十二月に中宮少進を兼官。『太政類典』所収「宮華族幷旧官人以下一般禄制ヲ改正ス」によれば、三年九月二十七日の段階で父助胤や、同じく六位蔵人の細川常典《つねのり》、左《さ》大史《だいし》(官務)・六位蔵人の壬生輔世《すけよ》・明麗《てるつら》父子、伏見宮殿上人の若江量長《のりなが》らとともに助順も「右終身華族の列にお加え、高百石宛《ずつ》下さるべき哉《や》」という問に対して、「華族列加えられず、位階その儘。士族一代物を賜い、出面の通り」との回答があり、当初これらの諸家を終身華族へ編列する点についても議されていた模様であるが、結局は位階は従来どおり保有させ、士族へ編入する方針が定められている。同年十一月十九日に地下官人や諸大夫・侍の位階が廃止となった際も前述の六名に加え、神宮大宮司の河辺教長《のりなが》については「思召を以て位階その儘下賜」とされ、助順も旧来叙されていた正六位の位階を保持することを特に許されている。十二月十八日には京都府貫属《かんぞく》士族となり、同月二十三日に宮中勤番を仰せ付けられ、四年十一月に宮内省九等出仕、五年七月にこれを免ぜられたが、十六年十月には宮内省京都支庁殿掌に任ぜられ、十九年二月非職、二十二年二月に非職満期により殿掌を免ぜられている。藤島家を含めた旧六位蔵人の華族編列については、新政府内でも早期より考えられていたことであり、『爵位発行順序』所収「華族令」案の内規として公侯伯子男の五爵(左に朱書で公伯男の三爵)を設け、内規としては世襲・終身の別を付し、そのうち「世襲男爵を授くべき者」として、第二項目に「元宮殿上人・小森・細川・藤島・旧大外記」を挙げている。同案は十一・十二年頃のものと推定されるが、この時点では元伏見宮殿上人の若江、六位蔵人の藤島・細川・小森、局務《きょくむ》・大外記《だいげき》の押小路の計五家は男爵に列すべき家として認知されていたと思われる。同じく前掲『爵位発行順序』所収「授爵規則」によれば「男爵を授くべき者」として、「元宮殿上人・小森・細川・藤島」が挙げられている。前記資料とは異なり、十二年七月に華族に列した旧大外記である押小路家が省かれており、同資料は十二年以降十六年頃のものと推測されるが、こちらでも若江家や六位蔵人家は男爵を授けるべき家として認識されていたと思われる。旧堂上公家は原則子爵以上を、また維新後新家を創立した家は男爵を授けられる内規であり、十七年七月の華族令公布に至るまでの間、長く若江以下の諸家の男爵案が残っていた証左ともいえるが、結局は選に洩れることとなっている。藤島家が華族編列・授爵を求める動きをみせ始めるのは、助順が宮内省殿掌を非職となった十九年からであり、同年四月二十八日付で請願書を提出している。「三条家文書」所収「華族請願書」には宛先が記されていないが、おそらくは三条実美に宛てたものと思われる。

一、私共家系儀、後水尾天皇御宇《ぎょう》より非蔵人に召し出され、その後桃園天皇御宇宝暦年中より中以来、暦(歴)代蔵人に補せられ、禁色《きんじき》昇殿を聴《ゆる》され、極臈《きょくろう》の節は御衣下賜、連綿莫大の聖恩を蒙り、冥加至極有難く存じ奉り候。然る処、御維新の際蔵人所廃せられ、その節昇殿その儘仰せ付けられ候処、明治三年十二月京都府貫属士族に仰せ付けられ、その後元史官人壬生輔世・外記官人押小路師身等華族に列せられ候儀もこれあり候。これ迄六位辞職後も雲井《くもい》の次第に姓名を置かれ、地下官人の御扱いも在らせられず候。別して亡父助胤鵠退《げきたい》の蔵人、先例に依り外様小《こ》番《ばん》仰せ付けらるるの処、即今諸陵頭《しょりょうのかみ》宣下の人これなきに付、助胤へ仰せ付けらる。猶深き思召《おぼしめし》を以て外様の列に加えらるべき旨御内命も御座候。右等の辺り何卒御洞察に相成り、出格の思召を以て御憐愍の御沙汰蒙りたく、伏して冀《こいねが》い上げ奉り候。

とみえる。これによれば、身分は地下とはいえ、代々六位蔵人を世襲し、禁裏御所の昇殿や禁色の着用を許されており、蔵人所が廃止となり、蔵人廃職となるもそのまま昇殿は許されたことを列挙している。また、この書面には故人となった父助胤が六位蔵人を辞したのち、当初は先例によって堂上に取り立てる内命もあった点を述べている。これは地下から堂上への昇格資格としては、六位蔵人の首座である極臈を自身で三回つとめるか、または三代続いてつとめることが要件となっていることを示すと思われるが、結局は反故にされたようである。また、前記請願書の別紙には、

慶長以来、非蔵人座次〔書名〕に拠りて考うるに、藤島助順始祖藤野井《ふじのい》成勝は非蔵人藤野井下野介正愛の二男にて、別家しなりしより助順に至り七代なり。右に拠れば後水尾天皇御宇より凡そ八十年計後東山天皇元禄十三年八月出仕、非蔵人となりしより助順に至り七代なり。然れば後水尾天皇御宇非蔵人に召し出されたりと云うは恐くは謬なるべし。但しこの七代の内蔵人に補せらるるもの四人あり。又同書に拠るに旧非蔵人の内にて細川常典の家は始祖細川常勝、明正天皇寛永十八年出仕、非蔵人となりしより常典に至り八代なり。藤島家より古き事凡《およ》そ六十年計なり。この八代の内蔵人に補せらるるもの五人あり。壬生・押小路の両家、壬生は官務と称し地下官人の棟梁、押小路は代々大外記に任じ、これを両局と称し、歴代の内昇殿を聴されし者も少なからず。且つ千余年継続し朝廷に奉仕したる名家にして、華族に列せられしは至当の事と考えらる。細川・藤島の両家も数代蔵人に補せらるるものありて、他の非蔵人の家とは殊なる所あるが如く考えらる。若《も》し藤島に特命あるに至らば、無論細川も同様たるべきものと考えられ候。依て細川・藤島両家の歴代を抜き出して御参考に供す。

と記され、藤島家が華族編列・授爵を許される場合は、同格の細川家もまたその栄典に浴すべきであると述べているが、結局これらは認められることもなく、藤島・細川両家ともに授爵されずに終わっている。

典拠　「宮華族幷旧官人以下一般禄制ヲ改正ス」(『太政類典』)、『爵位発行順序』、「華族請願書」(「三条家文書」)、浅見雅男『華族誕生』、松田敬之「明治・大正期　京都官家士族の動向に関する一考察―華族取立運動と復位請願運動を中心に―」(『京都産業大学日本文化研究所紀要』六)

→藤島助胤

藤田伝三郎　ふじた・でんざぶろう

一八四一―一九一二

藤田財閥創始者・藤田組社長

①明治四十四年　(許可)

②明治四十四年八月二十二日　(許可)

旧周防国徳山商家出身の実業家。後掲藤田平《へい》太郎《たろう》の父。生家は酒造業を営む。伝三郎は明治六年(一八七三)藤田組頭取となり、十五年

藤田伝三郎

大阪紡績会社頭取、十八年大阪商法会議所会頭となる。二十一年六月二十一日付で防海費として金五万円を献納し、その功績で正五位に叙せられ、三十九年四月一日には勲二等旭日重光章を叙勲。関西財界の実力者であり藤田財閥を創始した。授爵については横山源之助の「男爵を授けられたる新旧五大富豪」にみえ、

去八月桂太郎内閣瓦解の間際に、兼ねて世評に上って居た実業家の授爵が行われた。世評の風聞に依れば、渋沢男爵は昇爵し、鴻池、三井、住友三旧家の外に、大倉、安田、豊川《とよかわ》、及び藤田の諸氏が授爵さるるやに噂されていた。発表されたのを見ると、安田、大倉、益田氏等の姓名は除かれ、鴻池、三井、住友の三旧家と、藤田、近藤の二氏であったのは聊か案外であった。

と記され、第二次桂太郎内閣の末期から、実業家授爵に対する風説が伝わっていたと思われるが、下馬評どおり藤田が男爵となったことを述べている。また、『山県有朋関係文書』所収の同月二十二日付「渡辺千秋《ちあき》書翰」には「授爵の儀は昨日親しく奏上仕り候間、多分本日は御裁可在らせられ候事と存じ候」とみえ、同月二十四日付で加藤高明・石井《いしい》菊次郎の両名が、翌日付で住友吉左衛門(友純《ともいと》)・三井八郎次郎(高弘《たかひろ》)・鴻池善右衛門・近藤廉平とともに藤田も授爵。『新日本』によれば、日露戦争に際して公債政策に最も援助をしたのは三菱合資会社理事の豊川良平であったが、藤田らに男爵を与えるのであれば「桂内閣の金城鉄壁とした公債政策に尽瘁《じんすい》した諸人をも取るべきであった」とし、同じ実業者間でも功績取調が当時困難であった事情が窺われる。なお、『授爵録』(明治四十三〜大正三年)にはこの一連の実業家らの授爵については通例の裁可を仰ぐ書類のみが綴られ、功績調書や他薦の請願書類は添付されていない。

典拠　横山源之助「男爵を授けられたる新旧五大富豪」(『新日本』一ノ七)、「渡辺千秋書翰」(『山県有朋関係文書』三)

→藤田平太郎

藤田平太郎　ふじた・へいたろう

一八六九—一九四〇

貴族院議員

①昭和三年七月三十日(不許可)

前掲藤田伝三郎《でんざぶろう》の子。父の代、明治四十四年(一九一一)八月二十五日に授男爵。平太郎は慶応義塾で修学後、イギリス留学。帰国後は大阪商船株式会社監査役や大阪実業協会顧問、藤田組社長に就任。父伝三郎の死後襲爵し、大正七年(一九一八)十二月からは貴族院議員に互選。同家の男から子への陞爵については、『授爵陞爵申牒書類』にみえ、昭和三年(一九二八)七月三十日、商工・内務・農林の各省より申請するが不許可。陞爵請願書類については「上申書は昭和三年十二月二十一日賞勲局へ」と添え書きされており、陞爵対象詮議から外され叙勲に変更されたものと思われる。

典拠　『授爵陞爵申牒書類』、小田部雄次『華族—近代日本貴族の虚像と実像—』

→藤田伝三郎

藤田　某　＊ふじた

生没年不詳

元水戸藩士、藤田誠之進(東湖)　遺族

①大正四年十月十五日　(不許可)

「土肥実臣他授爵請願書」中に土肥実臣(故人、元《もと》元老院議官)の遺族への授爵願と合綴で収録。内閣総理大臣大隈重信より大正四年(一九一五)十月十五日で宮内大臣波多野敬直《よしなお》宛で「左記の者はその功績顕著には候へども、授爵をもって賞するは如何かと存じ候。然るべく御詮議

相成りたし」として提出。土肥実臣(の遺族)以下十一名を列挙し、そのなかに藤田の名も挙げられている。藤田誠之進遺族に対しては、

右は誠之進父次郎左衛門、水戸史館総裁と為り、高山彦九郎・蒲生君平《かもうくんぺい》等と交わり、大いに尊王の大義を唱導し、一藩これが為に奮興し、次いで憺力むる所あり。その天下に率先して大義を倡え、臣子を激励して回天の偉業に効したるの功績あるに依り、右遺族に授爵せられたしと云うに在り。

との理由で請願するも結局不許可に終わる。藤田家の家督は誠之進次男健であり、健は郡長などを経て明治二十三年(一八九〇)より宮内省に出仕し諸陵助《しょりょうのすけ》に任官。三十三年四月十五日正五位・勲五等で死去。請願にみえる遺族はこの健の遺児である熊雄を指すか。

典拠　「土肥実臣他授爵請願書」(宮内庁宮内公文書館所蔵)

藤波氏宣　ふじなみ・＊うじのぶ

生没年不詳

旧伊勢神宮内宮神主家

①大正四年六月二十日　(不許可)
②大正四年九月三十日　(不許可)
③大正十三年一月十七日　(不許可)

旧伊勢神宮内宮神主。同家の授爵については、『授爵録』(追加)(明治十五～大正四年)所収の「荒木田《あらきだ》・度会《わたらい》両姓神宮家族籍ノ儀恩命ヲ蒙リ度件ニ付内願」にみえ、檜垣貞吉・同常伯《つねおさ》・松木時彦・久志本常幸《くしもとつねゆき》・世木《せき》氏公・薗田守理と藤波氏宣の計七名の連署で大正四年(一九一五)六月二十日付で内閣総理大臣大隈重信宛で請願。「本年は御即位及び大嘗祭の御大典並びに神宮御親謁の御盛儀行わせられ、千載一遇の盛時に際会仕り候に付」として授爵を望む。また、「神宮旧神官荒木田度会二氏及慶光院利敬《けいこういんよしゆき》ニ授爵ノ件」によれば、同年九月三十日付で神宮大宮司の子爵三室戸和光《みむろどまさみつ》より「荒木田・度会二氏が神宮創祀以来終始神明に奉仕し、神宮と浮沈を同じうして、以て昭代に至れるの功」を理由として大隈首相へ授爵を請願するも、大正天皇即位大礼の慶事に際して授爵はされず。さらに『授爵陞爵申牒書類』によれば、昭和三年(一九二八)十月二十五日の旧東北諸藩藩主の陞爵、田中俊清《としきよ》・江川英武《ひでたけ》の授爵、徳川好敏《よしとし》の復爵の次に「先例」として、大正十三年一月十七日付で当時の清浦奎吾内閣が宮内大臣牧野伸顕に宛てて「別紙正六位江川英武外十一名、陞爵・授爵及び復爵の件は家格に属するものに付、参考として回付に及び候」として、正六位江川英武・世木氏公・正八位久志本常幸・従七位勲七等薗田守理・正六位勲六等松木時彦・従五位勲六等檜垣常伯・檜垣清澄・慶光院利敬・男爵島津久厚《ひさあつ》・陸軍工兵中佐正六位勲四等功四級徳川好敏・二条邦基《くにもと》と藤波氏宣の計十二名を列挙。この当時、これらの授爵・陞爵・復爵が申牒されたものの、不許可であったことが明らかである。

典拠　『授爵録』(追加)明治十五～大正四年、「神宮旧神官荒木田度会二氏及慶光院利敬ニ授爵ノ件」(宮内庁宮内公文書館所蔵)、『授爵陞爵申牒書類』

藤波亮麿　ふじなみ・＊すけまろ

生没年不詳

旧伊勢神宮内宮神主家

①明治二十二年十二月二十日　(不許可)
②明治二十三年三月二十五日　(許可後、取消)
③明治二十三年五月八日　(不許可)
④明治二十三年七月一日　(不許可)

元伊勢神宮内宮神主家(荒木田《あらきだ》姓)。堂上《とうしょう》華族である阿野実允《あのさねちか》子爵の庶子。のち藤波家の養子となる。『授爵録』(明治二十三年)「沢田幸一郎授爵ノ件」付属書類として、明治二十二年(一八八九)十二月二十日付で内務大臣山県有朋宛で「族籍願」を提出したことが確認できる。この願書は同月二十六日付で三重県知事山崎直胤《なおたね》を経由して山県に回送される。同家が維新前、従二位を極位とし、由緒ある家系である点を陳情し、華族編列・授爵を請願。また、『授爵録』(追加)(明治十五～大正四年)によれば、同族藤波名彦が明治二十二年十二月二十

七日付で内務大臣山県有朋宛で提出した「華族編籍ノ儀願出」中に、

名彦分家藤波亮麿より家系由緒を以て華族に列せられたき旨、本月二十日相願い候趣伝承仕り候。右亮麿の儀も名彦の分家にこれあり。

とみえ、名彦に先立つこと一週間前に亮麿が同様の請願をしていたことが確認できる。この藤波両家の関係については、「名彦の家を大藤波と称し、亮麿家を小藤波と称し候」と名彦は記しており、亮麿家が分家筋にあたる点を強調している。当時、宮内省当局では、すでに明治十六年に華族に列していた外宮神主家である度会《わたらい》姓松木《まつき》家(華族令公布時に男爵)に引き続き、内宮神主家からも華族に列すべき家の調査をしていたものと思われる。前掲『授爵録』(明治二十三年)によれば、二十三年七月一日付「皇太神宮旧神官荒木田姓宗家家格御取立之件」で沢田幸一郎の列華族・授爵を審査しているが、同時に藤波亮麿の華族班列についての書類も添付している。当初は二十二年十二月の同人からの請願を受け、審査を遂げたうえ、二十三年三月二十五日付で亮麿の家系が荒木田姓の正統・本家筋と認められている。二十六日付で明治天皇の裁可を経て華族編列、男爵授与が認められる。『授爵録』(明治二十三年)には「御取消ノモノ」と書かれた付箋に

印

特旨を以て華族に列せらる　藤波亮麿

授男爵　藤波亮麿

右謹て裁可を仰ぐ

明治二十三年三月二十六日

宮内大臣子爵土方久元㊞

という裁可書も綴られており、本来これが官報にも掲載されるはずであったと思われる。しかし、これは同族藤波名彦の申請もあり、急遽取り消され、宮内省は荒木田姓旧神官の再調査を行うこととなる。同年五月八日付「上申按」によれば、

三重県士族藤波亮麿華族班列の義目下御詮議中の処、当地に於いては精密の調査遂げ難く候に付、内宮の宝庫及びその地方に就き実際充分なる参考の料を得て、篤《とく》と調査を遂げたく、仍《より》て前記桂潜太郎《せんたろう》へ三重県出張を仰せ付けられ、大野章甫へ随行を命ぜられたく、この段上申に及び候也。

と爵位局長である岩倉具定《ともさだ》より、同局主事の桂潜太郎と属官の大野章甫両名の伊勢出張を宮内大臣宛で提出。同月八日付書類には

先般御裁可相成り候藤波亮麿授爵の件、右は同家の家譜を本として、傍ら古書を参照し取調候処、同氏は荒木田姓の血統にして歴世内宮に奉仕せしものに相違これ無きに付、外宮元禰宜度会姓松木氏とその比較を取るときは、藤波氏また華族に列せらるべき資格あるものと認め上奏、裁可を得たり。然るに内閣より回送したる同姓藤波名彦より差し出したる書類を閲するに、両家その本末の間、頗る判別し難き所を発見せしに付、尚広く旧記・古書に就きて調査せしに、この他また同様の資格を有するものあるが如く相見え、甚だ疑惑を生じ候に付、旁《かたがた》この再調査を遂げ、追て上申に及ぶべく存じ候条、本件の御発表は当分御見合せ相成り候様御上奏相成りたく、この段上申候也。

と、亮麿の授爵取消の顚末について記す。亮麿の取消から約五ヵ月後の同年八月二十七日付で荒木田姓の正統は沢田家と決し、沢田幸一郎(のち泰圀《やすくに》と改名)に男爵が授けられることとなるが、同年七月一日付の審査書類には、

前に藤波亮麿華族編列願の出るや、単に同氏より差し出したる願書及び参考扣《ひかえ》に就き取り調べたるに、同氏は荒木田姓正統のものに相違なきものの如し。度会・荒木田両姓は内外両宮の神官にして、茲《ここ》に殆ど二千年の久しき神孫連綿たる名族なりとす。然るに度会姓は名族の故を以て既にその宗家松木氏を抜て華族に列せられたるも、荒木田姓に於いては未だその

栄典に与らざるは権衡上宜しきを得ざるものの如し。依て度会・荒木田両姓の比較を取り亮麿を華族に列せらるべきや上申に及びたるに、既に上奏御裁可相成りたる後、内閣より藤波名彦の願書を回送したるを以て即ちこれを閲すれば、名彦は彼亮麿の本家なりと云う。尚また松木美彦・藤井稀（希）璞の建言書を以てこれを参観するに、荒木田姓には沢田氏を始め薗田・井《い》面《のも》・世《せ》木《き》・中川等の数氏を挙げ、皆荒木田一派なることを見留めらる。これに於いて頗る判別に苦しみたれば、亮麿の御裁可書は御発表前の儀、御猶予相願い、桂主事を大野属と共に伊勢神宮司庁に出張せし、同庁の所蔵及びその他の古文書に就き審按査覈《さかく》の上、別紙系図を調整せり。而して沢田幸一郎家系のその正統本宗なることを発見するを得たり。依て前の藤波亮麿の御裁可は御取消を仰ぎ、更に荒木田宗家荒木田姓沢田幸一郎を華族に列せられ、男爵を授けられ（る）べきや裁を仰ぐ。

と一度伊勢内宮の荒木田姓神主より藤波亮麿へ列華族・授男爵について明治天皇の裁可を得ていながら取り消された経緯を詳述している。この際、荒木田姓の神主家として、藤波名彦・同亮麿以外にも、佐八《そうち》定潔・世木親善・薗田守胤・同守憲・同守宣・井面守存・同守純・中川経界の候補者名が列挙され、どの家系が正統であるかが審査されているが、結局沢田家が本宗と認められ、藤波は亮麿・名彦両家共々却下され、こののちも授爵されずに終わっている。なお、一度天皇の裁可を得ながら取消となったのはこの藤波亮麿一例のみである。

典拠　『授爵録』明治二十三年・（追加）明治十五～大正四年

藤波名彦　ふじなみ・＊なひこ

生没年不詳

旧伊勢神宮内宮神主家

①明治二十二年十二月二十日（不許可）

②明治二十三年七月一日（不許可）

旧伊勢神宮内宮神主家の家柄。名彦は明治七年（一八七四）五月に先代氏朝の養子となり、翌年六月に家督を相続。『授爵録』（明治二十三年）所収の「華族編籍ノ儀御願」によれば、二十二年十二月二十日付で授爵を請願。「名彦分家藤波亮麿より家系由緒を以て華族に列せられたき旨、本月二十日相願い候趣伝承仕り候。右亮麿家の儀も名彦の家の分家にこれあり」「名彦の家を大藤波と称し、亮麿家を小藤波と称し候」として、藤波亮麿の本家筋にあたるとして亮麿家と時を同じくして申請している。また、前掲『授爵録』（明治二十三年）によれば、二十三年七月一日付の「皇太神宮旧神官荒木田姓宗家家格取立之件」中で、一度伊勢内宮の荒木田姓神主より藤波亮麿へ列華族・授男爵について明治天皇の裁可を得ていながら取り消された経緯を詳述している。この際、荒木田姓の神主家として、藤波名彦・同亮麿・佐八《そうち》定潔・世木親善・薗田守胤・同守憲・同守宣・井面守存・同守純とともに中川経界の候補者名が列挙され、どの家系が正統であるかが審査されている。この件については宮内省当局側は爵位局の桂潜太郎主事が属官を伴い、伊勢神宮へ赴き調査のうえ、結果として沢田幸一郎へ授爵が決定したとみえ、藤波は名彦・亮麿両家ともに華族に列することなく終わっている。

典拠　『授爵録』（追加）明治十五～大正四年・明治二十三年

藤村紫朗　ふじむら・しろう

一八四五―一九〇九

山梨・愛媛各県知事

①明治二十二年七月二日（不許可）

②明治二十三年三月二十一日（不許可）

③明治二十九年五月（許可）

　愛媛県知事

　貴族院勅選議員

旧肥前国熊本藩士出身の官僚・政治家。幕末・維新期には国事に奔走し、明治元年（一八六八）三月に軍防事務局出仕となり、その後は徴士《ちょうし》・内国事務局権判事、北越軍監を経て、六年一月地方官に転じて山梨県権令《ごんれい》（同七年県令《けんれい》、十九年より山梨県知事と改称）、二十年三月愛

媛県知事を歴任し、二十三年九月からは貴族院勅選議員となる。『尾崎三良《さぶろう》日記』明治二十二年七月二日条によれば、

条公《じょうこう》を訪《と》う。在朝有功の士を華族に列するの談あり。その人名は子爵、河野敏鎌《こうのとがま》、西郷菊之助、男、井田譲《ゆずる》、山口尚芳、伊丹重賢《しげかた》、花房義質《よしもと》、石田英吉《えいきち》、辻維岳《いがく》の八人。右の外八人の候補者あり。楠本、藤村、山田信道、桂太郎、岩村高俊、北垣、三宮《さんのみや》、舟《（船）》越等なり。依て云う、楠本は第一着に属すべきものなりと。その余は意見なし。

とあり、尾崎が三条実美を訪問し、勲功により華族に列すべき人名を挙げて推挙しており、そのなかに藤村の名がみえるも結局授爵に至っていない。また『山田伯爵家文書』所収の二十三年三月二十一日付「山田顕義《あきよし》秘啓」によれば、「授爵は陛下の大恩にして、国家の大典、万民の標準なり。真に陛下の親裁に出づるものにして、臣僚の容喙すべきものにあらず。然れどもその自歴を調査し、その理由を明断にし、聖慮を翼賛するは臣下の務にして、謹慎鄭重を尽くさざるべからず。今鄙見《ひけん》を陳じ、閣下の参考に供す」として宮内大臣土方久元宛で授爵の標目として、(一)維新前後功労あり勅任官たる者および勅任官たりし者、(二)維新後功労あり勅任官たる者および勅任官たりし者、(三)維新前後功労ある者、(四)維新後功労ある者、(五)父の勲功による者、(六)神官および僧侶の世襲名家たる者、(七)琉球尚家の一門、の計七項目を挙げ、藤村は第一項に適当の者としてその名を挙げるも、この際山田が列挙した人名中、授爵したのは第一項に該当した辻維岳《いがく》一人であり、藤村は選に洩れる。そののち、『授爵録』(明治二十九年)によれば、立案日の欄は空白であるが、芳川顕《あき》正《まさ》ほか二十八名の文武官への授爵詮議が爵位局でされており、藤村の名も挙げられる。

右は夙《つと》に勤王の志を抱き、皇室式微、幕府専横の日に当たり、或いは大和・但馬の義挙に与し、或いは幽囚投獄、辛苦備《つぶさ》に嘗《な》め維新回天の大業を賛助し、または多年朝に在りて顕要の職を奉じ、または貴衆両院に入りて国家の大計を議する等孰《いず》れも勲功顕著の者に付、特旨を以て華族に列し栄爵を授けられ然るべき乎。左にその爵を擬し裁を仰ぐ。

とし、二十九名中芳川のみ子爵授与とし、藤村を含めた他の二十八名は男爵が相当としている。同文書には同人への授爵を求める他薦書類や功績調書は綴られていないが、二十九名中、伊丹重賢・山田信道・船越衛《まもる》・三宮義胤《よしたね》・中島信行の五名については維新前の勤王事歴調書類が、また九鬼隆一についても同年二月二十五日付で榎本武揚が授爵を推薦する書状が添付されていることから、藤村を含めた他の二十三名分も他薦などがあった蓋然性が高いと思われる。同人の功績は認められ、二十九年五月二十三日付で裁可を得、翌月五日付で男爵を授けられる。

典拠　『尾崎三良日記』明治二十二年七月二日条、「山田顕義秘啓」(『山田伯爵家文書』四)、『授爵録』明治二十九年

藤山雷太　ふじやま・らいた

一八六三―一九三八

貴族院勅選議員、藤山コンツェルン創始者

①昭和三年十月十日（不許可）

旧肥前国出身の実業家・政治家。維新後は慶応義塾などに学び、明治二十年(一八八七)に長崎県会議員。その後は三井銀行に入行。さらに芝浦製作所・王子製紙に勤務し、四十二年からは大日本製糖株式会社社長などに就任。大正十二年(一九二三)八月からは貴族院勅選議員に就任。実業家としては藤山コンツェルン

藤山雷太

の創始者としてその基礎を築き上げた。『読売新聞』昭和三年(一九二八)十月十日朝刊によれば、昭和天皇即位大礼の慶事に際して、授爵候補者として実業界からは馬越恭平《まごしきょうへい》・浅野総一郎・団琢磨《たくま》・藤原銀次郎の四名を挙げたうえで、「この外、井上準之助、藤山雷太氏等も銓衡中の人である」とし、実業関係で藤山もその対象であったとされるが、結局こののちも授爵されずに終わっている。

典拠　『読売新聞』昭和三年十月十日朝刊

藤原銀次郎　ふじわら・ぎんじろう

一八六九―一九六〇

王子製紙社長

①昭和三年十月十日（不許可）

旧信濃国出身の実業家・政治家。維新後、慶応義塾に学び、新聞記者などを経て三井銀行や富岡製糸場、三井物産につとめる。明治四十四年(一九一一)からは王子製紙に移り、専務

藤原銀次郎

として辣腕を振るった。『読売新聞』昭和三年(一九二八)十月十日朝刊によれば「授爵の栄は七名に／殆ど内定した顔ぶれ／陸海軍から各一名／学者から一名／実業界から四名奏請」の見出しで、

今秋行わせられる御大典に際しては官民となくそれぞれ功績の顕著なる者の中から、政府の奏請により爵位、叙位・叙勲・褒賞等畏き御沙汰を拝する事となって居るが、政府に於いても目下その人物を慎重銓衡中で、既に大体の内定は見た模様であるが、事は畏きあたりにかかわりある為、絶対秘密に付して居る。而して授爵の恩命に接すべき者については、その銓衡及び人員等大体前例に慣い、数は七名とされ、陸海軍人各一名、実業家・事業家中から四名、学者から一名とされて居る。この内定した候補者は学者から桜井錠二《じょうじ》氏、陸軍から奈良武次《たけじ》大将、海軍から山下源太郎大将、実業家から馬越恭平《まごしきょうへい》、浅野総一郎、団琢磨《たくま》、藤原銀次郎の四氏と云われて居るが、この外、井上準之助、藤山雷太氏等も銓衡中の人である。また司法方面では鈴木喜三郎《きさぶろう》氏の声もあるが、鈴木氏には個人の事情もあり、然らば原法相とも伝えられるが、原法相には時期尚早との声もあり、結局この方面は銓衡外に置かれた模様である。

と報じている。昭和天皇の即位大礼という慶事に際しての授爵はこの一ヵ月後、同年十一月十日であるが、宮内省詰の記者が得た情報か、藤原を含めた七名が有力候補者として報じられている。同人の授爵内申については具体的には資料が確認できないが、実際に実業家枠から授爵したのは団琢磨であり、藤原は結局こののちも授爵されずに終わっている。なお、こののち藤原は昭和四年二月からは貴族院勅選議員に就任し、さらに米内光政内閣で商工大臣、東条英機内閣で国務大臣、小磯国昭内閣で軍需大臣などを歴任している。

典拠　『読売新聞』昭和三年十月十日朝刊

船越　衛　ふなこし・まもる

一八四〇―一九一三

千葉・石川・宮城各県知事

①明治二十二年七月二日（不許可）

②明治二十三年三月二十一日（不許可）

元老院議官

③明治二十九年五月（許可）

貴族院勅選議員・宮中顧問官

旧安芸国広島藩士出身の官僚・政治家。幕末・維新期には国事に奔走。また、大村益次郎の門下として兵学を修学。慶応四年(一八六八)五月徴士《ちょうし》となり、江戸府判事・軍務官権判事・東北遊撃軍将副参謀を経て、明治二年(一八六九)七月兵部権大丞《ごんのたいじょう》に任ぜられ、同大丞・陸

軍大丞を経て、七年一月には内務省戸籍権頭《ごんのかみ》に任ぜられ内務省に転じる。さらに内務権大丞・内務権大書記官・同省戸籍局長となり、十三年三月には千葉県令《けんれい》に任ぜられ（十九年千葉県知事と改称）、二十一年十一月から二十三年五月の間、元老院議官。その後は石川・宮城各県知事を経て二十七年一月免官後は貴族院勅選議員をつとめた。『尾崎三良《さぶろう》日記』二十二年七月二日条によれば、

条公《じょうこう》を訪《と》う。在朝有功の士を華族に列するの談あり。その人名は子爵、河野敏鎌《こうのとがま》、西郷菊之助、男、井田譲《ゆずる》、山口尚芳、伊丹重賢《しげかた》、花房義質《よしもと》、石田英吉《えいきち》、辻維岳《いがく》の八人。右の外八人の候補者あり。楠本、藤村、山田信道、桂太郎、岩村高俊、北垣、三宮《さんのみや》、舟（船）越等なり。依て云う、楠本は第一着に属すべきものなりと。その余は意見なし。

とあり、尾崎が三条実美を訪問し、勲功により華族に列すべき人名を挙げて推挙しており、そのなかに船越の名がみえるも結局授爵に至っていない。また『山田伯爵家文書』所収の二十三年三月二十一日付「山田顕義《あきよし》秘啓」によれば、「授爵は陛下の大恩にして、国家の大典、万民の標準なり。真に陛下の親裁に出づるものにして、臣僚の容喙すべきものにあらず。然れどもその自歴を調査し、その理由を明晰にし、聖慮を翼賛するは臣下の務にして、謹慎鄭重を尽くさざるべからず。今鄙見《ひけん》を陳じ、閣下の参考に供す」として宮内大臣土方久元宛で授爵の標目として、(一)維新前後功労あり勅任官たる者および勅任官たりし者、(二)維新後功労あり勅任官たる者および勅任官たりし者、(三)維新前後功労ある者、(四)維新後功労ある者、(五)父の勲功による者、(六)神官および僧侶の世襲名家たる者、(七)琉球尚家の一門、の計七項目を挙げ、船越は第一項に適当の者としてその名を挙げるも、この際山田が列挙した人名中、授爵したのは第一項に該当した辻維岳《いがく》一人であり、船越は選に洩れる。そののち、『授爵録』（明治二十九年）によれば、立案日の欄は空白であるが、芳川顕《あき》正《まさ》ほか二十八名の文武官への授爵詮議が爵位局でされており、船越の名も挙げられる。

右は夙《つと》に勤王の志を抱き、皇室式微、幕府専横の日に当たり、或いは大和・但馬の義挙に与し、或いは幽囚投獄、辛苦備《つぶさ》に嘗《な》め維新回天の大業を賛助し、または多年朝に在りて顕要の職を奉じ、または貴衆両院に入りて国家の大計を議する等孰《いず》れも勲功顕著の者に付、特旨を以て華族に列し栄爵を授けられ然るべき乎。左にその爵を擬し裁を仰ぐ。

とし、二十九名中芳川のみ子爵授与とし、船越を含めた他の二十八名は男爵が相当としている。同文書には同人への授爵を求める他薦書類は綴られていないが、二十九名中、船越については「維新前勤王事歴概要」が添付されており、また、伊丹重賢・山田信道・三宮義胤《よしたね》・中島信行の四名についても維新前後の勤王事歴調書類が、九鬼隆一についても同年二月二十五日付で榎本武揚が授爵を推薦する書状が添付されていることから、船越を推す他薦などの動きがあった蓋然性が高いと思われる。船越の功績は認められ、二十九年五月二十三日付で裁可を得、翌月五日付で男爵を授けられる。

典拠　『尾崎三良日記』明治二十二年七月二日条、「山田顕義秘啓」（『山田伯爵家文書』四）、『授爵録』明治二十九年

古市公威　ふるいち・こうい

一八五四―一九三四

貴族院勅選議員・東京帝国大学名誉教授

工学博士・帝国学士院会員、理化学研究所所長

①大正八年十二月二十四日　（許可）

旧姫路藩士出身の学者・政治家。開成学校などで修学後、明治八年（一八七五）フランスへ留学し、パリ大学に学ぶ。十三年に帰朝後、同年十二月内務省土木局雇となり、以後内務技師・内務省土木局長を経て二十七年六月には内務省土木技監《ぎかん》に昇った。さらに、三十一年十一月には逓信次官、三十三年五月には逓信総

務長官兼逓信省官房長、三十六年三月には鉄道作業局長官、三十九年六月には韓国統監府の鉄道管理局長官に就任。この間、二十三年九月には貴族院勅選議員をつとめている。また、内務省の技官でありながら、教育者としても十九年五月には帝国大学工科大学教授兼工科大学長となり、三十六年三月に東京大学名誉教授の称号を授けられ、三十九年九月には帝国学士院会員となっている。大正十三年（一九二四）一月には貴族院議員を辞して枢密顧問官となり死去するまで在任した。授爵については『原敬日記』大正八年十二月二十四日条にみえ、

古市公威

　松方正義の内信を持ち同巌《いわお》来訪。川崎芳太郎の授爵を申し立てくれよとの内談あり。余は川崎が造船事業及び近頃学校寄付、またその他の寄付金等もこれあるに付授爵然るべしと考え、既に兵庫県知事には電報にて問い合わせたる位の事なれば固《もと》より異議なし。但し近頃寄付発表に付、余りに新しき事に付時機は多少躊躇し居ると言うに付、巌の言にも松方の来書にも川崎病気不良に付、何とか早く心配しくれよと言うに付、尤もの事と考えその運びとなす事となせり。波多野宮相来訪。授爵の件、古市公威の事山県頻りに催促するも、この際川崎の事もこれあるに付、総て一月初旬に延期しては如何との相談に付、余同意を表したり。何となれば実業家中授爵とあれば安川敬一郎、川崎芳太郎《よしたろう》二人にて先ず適当の者一段落に付、古市、前田正名《まさな》等と同時は可なりと思いたればなり。

として元老山県有朋の他薦であったことが記されている。また、『授爵録』（大正八～十一年）によれば、八年十二月十二日付で内閣総理大臣原敬より宮内大臣波多野敬直宛で古市の授爵詮議を申牒。

　従三位勲一等工学博士古市公威は別紙功績書の通り功績顕著なる者に付、左記の通り授爵の詮議相成りたし。

として、「功績書」を添付。功績書には、

　右は明治十三年十二月土木局傭出身以来、内務省御用掛・内務技師・工科大学教授・工科大学長・内務省土木局長・同省土木技監を経て、明治三十一年十一月逓信次官、同三十三年五月逓信省総務長官兼官房長、同三十六年三月鉄道作業局長官、同三十九年六月統監府鉄道管理局長等の諸官に歴任し、明治四十四年六月依願免本官と為り、また各種委員会等に関与して我が国工学及び工業の発達並びにその要素たる技術者の養成に尽瘁《じんすい》す。明治二十三年九月貴族院議員に勅任せられて今日に至り、その国家に致せる勲功洵《まこと》に顕著なりとす。

と記し、これとは別に「貴族院議員工学博士古市公威君功績調」も添付し、同人の功績を披瀝する。前掲『原敬日記』同月二十六日条には、

　波多野宮相来会中にて、同相より内話にて古市公威授爵の件、過日打ち合わせ通り年始に施行の積もりなりしに、昨日山県参内の節是非至急に実行しくれよと云う事に付、止むを得ず同人だけ先ず以て実行すと云う。山県例の通り自己の子分のみに私する事今更の事にも非ざれば、同相と共に歎声を放ちたるも跡も必ず実行すと言うに付同意を表せり。

と記され、当初は川崎芳太郎と古市の同時授爵のはずが、山県の後援により、古市のみ十二月二十七日付で川崎より先に男爵を授けられている。

【典拠】『授爵録』大正八～十一年、『原敬日記』大正八年十二月二十四日条・二十六日条

古河虎之助　ふるかわ・とらのすけ

一八八七―一九四〇

古河財閥当主

①大正四年十一月二日（許可）

②大正四年十二月一日（許可）

京都出身で古河財閥創始者でもある古河市兵衛の子。虎之助は父・義兄潤吉《じゅんきち》のあとを受け三代目当主となり、中心事業でもあった鉱山業だけでなく金融業などにも事業拡大をし経済界に重きをなした。『授爵録』（大正四年）によれば、大正四年（一九一五）十一月二日付で内閣総理大臣大隈重信より宮内大臣波多野敬《よし》直《なお》宛で古河の授爵詮議を通牒。

右の者は別紙功績調書の通り亡父市兵衛の業を継ぎ製銅業等に尽瘁《じんすい》し、父子相継ぎ国益を増進し、国家に貢献する所少なからず。依て特に授爵の栄典を与えられ候様御詮議相成りたし。

として「調書」を添付。古河の調書には、

右は明治三十八年先代古河潤吉の没後家業を継承して古河合名会社の社長となりて足尾鉱山その他銅、銀、鉛山並びに炭坑を経営するの主宰者となり、日光に於ける伝記製銅業を営し、我邦銅線需要年額の大半は古河銅線なるの実況なり。また軍用電線の供給を海外に仰ぐの要なきに至り、更にまた地下ケーブルの製造は殆ど輸入を防遏《ぼうあつ》するの状態に在りて、我が国を裨益したるの功績顕著なり。教育・土木の資を寄付する等公共事業に尽瘁したる所また少なからず。

と記される、経済界における功労だけでなく公共事業にも尽力した点に触れている。また、大隈による古河の授爵申牒は『〔宮内省関係書類〕』所収「古河虎之助ニ授爵ノ栄典ヲ与ヘラレタキ旨総理大臣ヨリ宮内大臣ヘ通牒」にもみえる。これらの功績が認められ、同年十二月一日付で男爵が授けられる。

典拠　『授爵録』大正四年、「古河虎之助ニ授爵ノ栄典ヲ与ヘラレタキ旨総理大臣ヨリ宮内大臣ヘ通牒」（国立公文書館所蔵『〔宮内省関係書類〕』宮内省・授爵・第一）

古沢　滋　ふるさわ・うろう

一八四七―一九一一

奈良・石川・山口各県知事

①明治四十四年十二月二十三日（不許可）

貴族院勅選議員・錦鶏間祗候

土佐藩士出身の官僚・政治家。維新後、大蔵省に出仕し、さらに元老院権大書記官・法制局権大書記官・内務省参事官などの諸官を経て、明治二十七年（一八九四）以降は地方官に転じて奈良・石川・山口の各県知事を歴任。二十八年退官し、貴族院勅選議員。『山県有朋関係文書』所収の四十四年十二月二十三日付「渡辺千秋《ちあき》書翰」によれば、

古沢　滋

古沢滋遂に逝去仕り候に付、井上侯及び土方伯、船越男等より承り候次第に御座候えども、予定の事実それぞれ相話し、何れも異見御座無く、井上侯は当初より授爵の事には同意これなく候由に御座候。何れ勲位等は特に相昇せ候事に仕るべく存じ奉り候。

とあり、授爵に関する話は一応出たものの、井上馨が同意しなかったため、実現に至らなかったものと考えられる。

典拠　「渡辺千秋書翰」（『山県有朋関係文書』三）

ほ

祝　某　　＊ほうり

生没年不詳

旧宇佐八幡宮祝職

①明治二十三年頃（不許可）

祝家は代々宇佐八幡宮祝職の家系。典拠資料には実名が記されず不明であるが、『神道大系』（神社編四十七・宇佐）に収録されている明治四年（一八七一）六月に作成された「家系書上帳」にみえる大神《おおが》姓の祝宮国と同一人物かその子と推測される。宮国は嘉永五年（一八五二）八月生まれで、「宮成《みやなり》家譜」によれば宇佐大宮司宮成公純《きみずみ》の子で祝家の養子となったとする（前掲『神道大系』では宮成公貞《きみさだ》の三男とみえる）。華族編列・授爵に関しては『授爵録』（追加）（明治十五〜大正四年）所収「内宮外宮旧神官十八家等族籍ニ関スル件」という年月日不詳の資料による。明治二十三年頃作成と思われるこの資料によれば、旧賀茂別雷神神社（上賀茂神社）神主の松下清岑《きよみね》に関する「加茂旧神官松下清岑ノ家」の項に、

　右家は上加茂旧神官の三家の一、岡本・鳥《とり》居大路《いおおじ》の総本家にして累代神主に補せられ、従三位に上ることを得、その系統は加茂建角身命《かもたけつのみのみこと》の裔、神主在実七代孫正四位下資保二男能久《よしひさ》に出づ。能久承久の乱戦敗れ、鎮西に遷さる。貞応二年六月十日太宰府に於いて卒す。嗣なし。後鳥羽院天皇の皇子（童名氏王丸）を賜り嗣とす。氏久《うじひさ》と称す。神主に補せられ従三位に叙す。氏久の子孫遠久これを嗣ぎ、皇胤の系統連綿として現代清岑に至れり。その血統及び家格は曩《さき》に華族に列せられたる旧神官に比し優ることあるも劣ることなし。然らば則抜きを以て優班に列せられんか、否松下家に比しき家、下加茂旧神官に泉亭《いずみてい》・梨木《なしのき》・鴨脚《いちょう》三家あり。その他日吉神社に生源寺《しょうげんじ》・樹下《じゅげ》、松尾神社に東・南、鹿島神社に鹿島、香取神社に香取等のあるなれば、独り松下家にのみ栄典を及ぶべきものにあらず。これ等は他日を俟《ま》ちて慎重銓衡せられ然るべきものと思考す。

とあり、皇胤である松下家を華族に列する際には、他社の旧神官中由緒のあるこれらの諸家をも同様に授爵する必要性を説いている。このうち、「宇佐八幡祝　祝家」については、歴代中正三位に陞る者もいるが、

　血統の関係を見るに、近代に至り養子多し。或いは家女に配し女系を以て僅かに繫ぎたることあるも、また女系の訳に足るべきものなし。この点に於いては大いに非なるを覚う。

として、歴代当主中には養子が多い点が指摘されている。また、この審査からも旧神官系で列華族・授爵をする場合は、血統が重んじられていたことが窺われる。結果、祝家は授爵されずに終わっている。

典拠　『授爵録』（追加）明治十五〜大正四年

星合親重　　ほしあい・＊ちかしげ

生没年不詳

北畠親房末裔

①大正四年十月六日（不許可）

「松平康民《やすたみ》他陞爵請願書」中に松平康民の陞爵願と合綴で収録。内閣総理大臣大隈重信より大正四年（一九一五）十月六日付で宮内大臣波多野敬直《よしなお》宛で「左記の者授爵又は陞爵情願の旨、意は主として家格に存する義と認められ候に付、しかるべく御詮議相成りたし」として照会。慶光院利敬《けいこういんよしゆき》以下十七名を列挙し、そのなかに星合の名も挙げられている。星合は神奈川県士族。「右は北畠親房の後たるの故を以て授爵を請願したるものなり」と理由を説明するも却下され不許可となる。

典拠　「松平康民他陞爵請願書」（宮内庁宮内公文書館所蔵）

細川興増　　ほそかわ・おきなが

一八四五―一九三三

旧肥後国熊本藩一門

①明治十一・十二年頃（不許可）
②明治十～十六年頃（不許可）
③明治十二～十六年頃（不許可）
④明治十五年十一月二十日（不許可）
⑤明治十五・十六年頃（不許可）
⑥明治二十一年十二月十日（不許可）
⑦明治二十六年（不許可）
⑧明治二十八年十月（不許可）
⑨明治二十八年十一月十六日（不許可）
⑩明治二十九年四月二十九日（不許可）
⑪明治二十九年六月（不許可）
⑫明治三十年（許可）

細川家は旧熊本藩一門で旧禄一万石を知行。旧姓は長岡《ながおか》で、細川刑部《ぎょうぶ》家とも称される。幕末・維新期の当主は興増。西南戦争時には旧熊本藩士が西郷側に与しないように尽力した廉をもって明治十一年（一八七八）五月に特旨により正六位に叙せられた。同家の華族昇格に関し、『爵位発行順序』所収「華族令」案の内規として公侯伯子男の五爵（左に朱書で公伯男の三爵）を設け、世襲・終身の別を付し、その内「世襲男爵を授くべき者」四項目中、第四項目に「旧藩主一門の高一万石以上の者及び高一万石以上の家臣」を挙げている。同案は十一・十二年頃のものと推定されるが、この時点においては旧幕時代に一万石以上を領していた細川家は男爵に列すべき家として認知されていたと思われる。同じく前掲『爵位発行順序』所収「授爵規則」によれば「男爵を授くべき者」として、七項目中、第四項目に「旧藩主一門の高一万石以上の者及び高一万石以上の家臣」が挙げられている。前記資料とは異なり、この案は十二年以降十六年頃のものと推測されるが、こちらでも万石以上陪臣として、細川家は世襲華族として男爵を授けられるべき家とされていた。また、『岩倉具視関係文書』第八巻所収の政府書類雑件には、十年から十六年頃のものと思われる三条実美が岩倉に宛てた「華族建言」があり、これによると、

万石以上の家老家一般華族に列せられ候義は如何これあるべき哉、厚く御勘考在らせられたく、如何となれば戊辰年間方向を誤りたる藩々の万石以上家老抔《など》は華族に列せられ候も余り過分にはこれあるまじき哉《や》。尤も右家老の内にても西南の役に関し位階または御賞与等これあり候者のみ華族に列せられ候事なれば差し支えもこれあるまじく、何分にも万石以上の家老家一般と相成り候ては如何と存じ候。就いては西南の役等に従事し功労あるものは華族に列せられ、その他一般の万石以上は先ず即今の所華族に准じ取り扱い、宮内省直轄仰せ付けられ云々位の事に成し置かれ候方然るべき歟《か》、愚案陳述仕り候。一制度改正の上は貴族・准貴族と二種に置かれ候方御都合と存じ候。士族中にて区別を付け候事、今日にては甚だ難渋の次第に付、准貴族の制（万石以上の家老等はこの准貴族に入るべきもの歟）を設けられ、漸々士族中或いは在官者の内よりも御加え相成り候て行々屹と皇室の守護と相成るべき人種区別の等級に於いても親王・諸王・公・侯・伯・子・男（以上貴族と称す）、准貴族、士族と以上九階に段落これあり候方社会の秩序に於いても至極その当を得、後来国家の御為と存じ候事。

と申し送られている。これによれば、三条自身はこの時点で士族に等級を付けるのは困難であることから、貴族（華族）と士族の間に新たに「准貴族」を設けて宮内省の管轄とし、万石以上の家老や在官者中からもこれに加えるべきとしている。そのなかでも、万石以上家老の内、西南戦争の功績で叙位や賞与のあった者は華族に列するべきともしている。これは諫早一学《いさはやいちがく》・細川興増・細川忠穀《ただよし》・松井敏之《としゆき》などを指すとは思われるが、同人は個別に氏名を列挙していないため、どの範疇まで含まれているのかは不明であるが、いずれにせよ、細川も華族編列の候補者として擬せられていた可能性はきわめて高い。明治十五・十六年頃の作成と思われる「三条家文書」所収「旧藩壱万石以上家臣家産・職業・貧富取調書」によれば、旧

禄高一万石、所有財産は金禄公債六千二百五十円、田畑徳米七百八十六石五升一合、貸付金利歳入二千二百五十円余、合歳入金八千七百九十円余、職業は権少教正、貧富景況は相応と記されるも、当該時期には万石以上陪臣への華族編列そのものが実施されなかったため、同家は士族にとどまっている。また同時期であるが、『〔諸雑公文書(狭義)〕』所収「〔細川忠穀外ヲ華族ニ列スル件〕」によれば、十五年十一月二十日付で旧熊本藩主細川護久《もりひさ》が同藩一門細川忠穀・同興増の華族編列を求めており、それに対して政府側は、

　熊本県士族正六位細川忠穀・細川興増華族に列せられたき儀、別紙の通り細川護久より内申これあり候に付取り調べ候処、旧大藩武家華族の内にて従前一門と称し候面々の内、家系を以て論ずる時は末家に相当する家格の向きは往々これあるべし。右等の向き華族に列せらるの一例相開く候時は影響少なからざる儀と存じ候。尤も忠穀・興増両人は十年西南の役に際し尽力の廉もこれあるに付、特別の御詮議にも相成るべき事とせんか。別紙参照の通り鍋島直大《なおひろ》一門鍋島直暠《なおてる》儀も同役に際し尽力の廉は忠穀・興増同様にして、その家系に於けるも始祖は勝茂第四男山城守直弘にして、鍋島家連枝の家柄に付、これまた特別の御詮議相成らず候ては不権衡にこれあるべし。右の外旧諸藩一門及び旧旗下交代寄合等、維新の際功労これある者の内、その家系を以て論ずる時は華族に列せられ然るべきものもこれあるべきと存ぜられ候。かれこれ勘考仕り候に、細川家内申の儀は篤《とく》と御評議相成るべきものにして、容易に御沙汰に及ばれざる方然るべき哉に存じ候也。

と述べており、特に西南戦争時の功労を考慮すると、「特別の御詮議にも相成るべき事とせんか」と記し、他の藩主一門も含めた万石以上陪臣とは別の基準での銓衡にも含みを持たせている。ただし、この両細川の功績は旧佐賀藩一門・家老である諸家も同様であることから、結局「容易に御沙汰に及ばれざる方然るべき哉」として、結局実現していない。『授爵録』(明治二十一〜二十二年)によれば、二十一年に前回同様に旧主細川護久より興増と細川忠穀への授爵を申請していることが確認される。同年十二月十日付の審査「正三位侯爵細川護久ヨリ支族正六位細川忠穀外一名族籍ノ儀ニ付願ノ件」によれば、

　但し御採用相成らざる義に候はば、別段指令を付せず、当局限り説諭の上返却致し然るべき哉相伺候也。

として、同月十三日付をもって書面を付して爵位局より護久へ忠穀・興増両名の華族編列願書を返却したことがみえ、願書の写しは綴られてはいないものの、この時期にも授爵を願い出ていたことがわかる。『授爵録』(明治三十一年)によると、また細川護久より明治二十六年付で「細川忠穀細川興増族籍之義ニ付願」が提出されている。

　右両名家筋の儀、別紙系図書の通りにて、護久祖先以来一門と唱え、また子爵細川利永《としなが》・細川行真《ゆきざね》両家は末家と唱え藩制時代右末家・一門は殆ど同等の取り扱い致し来たり候に付、固《もと》より家老抔《など》の役儀申し付け候事もこれ無く、独り幕府に対し表高の参勤等致さざるのみにこれあり候処、維新の際に方《あた》り漫然旧藩適宜処分を以て族籍を定めて士族に編入致し候次第にこれあり、今より観察致し候えば、元同等のものにして、一方は子爵の栄に居り、一方は士族に沈淪致し候ては旧来の序次頗《すこぶ》る権衡を失い候事に存ぜられ候。今般米田虎雄《こめだとらお》父監物《けんもつ》の功に依て華族に列せられ、松井敏之も特旨を以て華族に列せられ候処、細川両家の如きも父祖の国事に尽力したる功著しきのみならず、また特に両本人の如きは西南騒擾の際に方って身自ら危険を冒し、県士の間に奔走して百方説諭に尽力し、これが為悔悟帰順するもの少なからず。父祖并びに当人は各その当時に在りて已《すで》に優渥の賞賜をも辱くしたる義にて、その功米田・松井両人に

譲らざるのみならず、その門地の如きは比較を待たずして明白に御座候処、然れば両名の士族に沈淪致し候は徒に末家両人に比して権衡を失い候のみならず、米田・松井両人に比すればその権衡を失い、さも甚だしき義にこれあり候に付、右両家の儀、米田・松井同様新たに華族に列せられ候様御座ありたく、既に明治十五年・同二十一年両度に具状仕り候末、再三恐れ入り候えども、前述の事情何分黙止し難く、猶履歴書・系図書・財産付相添え進達仕り候間、何卒特別の御詮議を以て御採納下されたく懇願奉り候也。

として、旧下野国茂木《もてぎ》藩・旧肥後国宇土《うと》藩は熊本藩の支藩で「末家」と称し、こちらは子爵を授けられながら、「一門」である細川両家は士族にとどまっている点、また熊本藩家老の米田・松井両家もすでに華族に列し男爵を授けられている点を指摘し、両細川への授爵を求めているが、この時点でも不許可となる。また、『授爵録』(明治三十年)によれば、二十八年十月付で細川興増家の旧臣らが「熊本県士族正六位細川興増族籍之儀ニ付歎願」を宮内大臣土方久元宛提出。

正六位細川興増旧臣等誠恐誠惶敬いて宮内大臣従二位勲一等伯爵土方久元君の閣下に歎願奉り候。旧主細川真増家筋の儀は去りぬる二十一年に本家より願い立てられし通りに、本家祖先以来一門と唱え、また子爵細川利永・子爵細川行真両家は末家と唱え、藩制時代右末家一門は同等の取扱致し来たり候に付、固より家老職等申し付け候事もこれ無く、維新の際に方り漫然旧藩適宜処分を以て族籍を定め、初めて士族に編入致し候次第にこれあり。今日に至り追考致し候えば、細川利永・細川行真同一の族籍にこれ無くては旧来の順序頗る権衡を失し候事に存ぜられ、新たに華族に列せられ候様御坐ありたく、曩《さき》に明治十五年度具状仕り置き候通りに候。右は何分その儘黙止し難き事態にこれあり候間、特別の御僉議《せんぎ》を以て前顕の通り仰せ付けられ候様御座ありたく、この段再応恐れながら悃願《こんがん》奉り候とありし如く、その後猶また二十五年に本家より同件願い立てありし事を御採用下されたく、別紙所有財産調外二級も相添え置き申し候。かくの如き大事を微賤の私共よりも願い奉り候は誠に恐れ多き次第に候えども、旧臣の情止むをえざる処より旧臣惣代等連署を以てこの段歎願奉り候。頓首敬白。

として、同家の熊本藩における旧格をもって華族編列・授爵を求めている。これを受け、同年十一月十六日付で熊本県知事松平正直は宮相土方宛で「授爵之義ニ付副申」を提出。

右細川興増に授爵の義に付いては、その旧臣等の哀願もこれあり、旧熊本藩主細川侯爵より再応上願に及び候趣に候えども、未だ何たる御沙汰これ無く、就いては旧臣等に於いて何分情誼黙止し難く、今般更に別紙歎願書提出致し候処、同家は本来旧藩主細川侯爵の一族にして、祖先已来三百有余年相継承し、興増に至る迄十一代藩主これを遇するに一門一族を以てし、曽《かつ》て家臣に列せしめず。故に家老職等の役儀を申し付けたる事これ無く、城代または名代として事を視るの外、また勤仕する事なく、藩主参勤するときは留めて城代と為し、一朝事あるときは政権を委任し、その他藩主に代わりて事を執る場合に於けるも君臣の儀を以て藩臣に臨みたる等、毫《ごう》も藩主に異なることなく、家臣凡そ八百五十人を有せしが、維新後は別家の故を以て士籍に列し、明治十二年に至り藩祖出水《いずみ》神社の詞《祠》官となり、同年権少教正《ごんのしょうきょうせい》に補せられ、二十四年に至り詞《祠》官并《なら》びに教職を辞退せり。然るに同人の旧本藩に対する功労は申すまでもこれ無く、維新の当時に於いては本藩を輔翼して方向を定めしめ、一意尊王愛国の志念を抱持し、その九年敬神党の暴動及び翌十年戦乱の時に於けるが如き尤も鎮撫に尽力し、殊に十年騒擾の際は大

義を守りて動かざるのみならず、県士に説き旧臣を戒め方向を誤らしめざる様奔走尽力し、或いは矢石を冒し、白剣を丈えたる等の危険に瀕したることあるも、敢えてこれを避けず。為にその旧臣の賊軍に与せし者一人もこれなく、また他の方向を誤りし者少なかりしは同人の功労多きに居らずんばあらず。故に騒乱鎮定の後、朝廷より賞賜を蒙り、叙位の御沙汰これありたる次第にこれあり。要するに同人が前後の功労は更なり。その門地名望たる啻《ただ》に旧臣等一部の人心を服するに足るのみならず、県下一般の重きを置き、加之《しかのみならず》相当の資産これある者に候えば、今また同家に一層栄誉の地位を与えられ、華族に列せられ、以て皇室の藩屏《はんぺい》とせらるるに於いては、敢えてその地位を辱めざるのみならず、益《ますます》その意向を鞏固にして愈々《いよいよ》その声望を重からしめ、国家将来の大計上大いに裨益これある儀と確信仕り候条、別紙家譜抜書及び考証書類等御照査の上、授爵の御詮議相成りたく、この段副申仕り候也。

と述べ、細川護久同様に西南戦争時の功労を記して詮議を求める。「佐佐友房関係文書」所収「清浦奎吾書翰」によれば、二十九年四月二十九日付で清浦が興増授爵について、「細川興増氏叙爵の件に付、田中次官へ面談のため本日相尋(訪)ね候えども、会見するを得ず」とあり、明日午前十時半に改めて宮内次官田中光顕《みつあき》に面談することが記されており、熊本出身の清浦もまた同家の授爵を後援していたことが明らかである。また「品川弥二郎関係文書」所収「授爵之儀ニ付副申」にも二十九年六月に興増が授爵を求めていることが確認され、授爵運動を継続的に行なっている。また前掲『授爵録』（明治三十年）によれば、三十年で年月日不記載の審査書類「功労者ヲ優班ニ列スルノ議」として、鍋島直明《なおあきら》・同茂昌《しげはる》・諫早家崇《いえたか》・多久乾一《たくけんいち》郎《ろう》・島津長丸《ながまる》・同久賢《ひさよし》・同貴暢《たかみつ》らとともに細川興増の名も記され、「右旧功を録し、特旨を以て華族に列し、孰れも男爵を授けられ然るべき乎。別紙調書を具し裁を仰ぐ」として、興増については西南戦争時の功績について、

新男爵松井敏之の功より優等なることは別紙当時の熊本県令富岡敬明《けいめい》また籠城中に在りし内務大丞《たいじょう》品川弥二郎、賊軍の武将佐々友房等の証明書に拠りて瞭然たるものとす。

として、熊本藩家老で八代《やつしろ》城代であった松井敏之の功績と比較しても遜色ない点が述べられており、これらが認められて三十年十月二十七日付で男爵が授けられる。

典拠　『爵位発行順序』、「政府書類雑件　華族建言」（『岩倉具視関係文書』八）、「旧藩壱万石以上家臣家産・職業・貧富取調書」（「三条家文書」）、「〔細川忠穀外ヲ華族ニ列スル件〕」（国立公文書館所蔵『〔諸雑公文書（狭義）〕』）、『授爵録』明治二十一～二十二年・三十年・三十一年、「清浦奎吾書翰」（国立国会図書館憲政資料室所蔵「佐佐友房関係文書」）、「授爵之儀ニ付副申」（国立国会図書館憲政資料室所蔵「品川弥二郎関係文書」）

細川潤次郎　ほそかわ・じゅんじろう

一八三四―一九二三

枢密顧問官

①明治二十六年九月三十日（不許可）
　貴族院副議長・貴族院勅選議員
②明治三十一年五月（不許可）
③明治三十三年五月五日（許可）
　枢密顧問官

旧土佐藩士出身の官僚・政治家・教育家。維新後、明治元年（一八六八）十一月に学校取調・議事体裁取調を命ぜられ、翌年一月開成学校権

細川潤次郎

判事となり、三年八月には民部権《ごんの》少丞《しょうじょう》に任ぜられ、以後工部少丞・少議官・中議官などの諸官を経て十三年三月元老院幹事に任ぜられる。翌年七月には司法大輔兼元老院議官、十六年六月には再度元老院幹事となるも、二十三年九月には貴族院勅選議員となり、翌月錦《きん》鶏間祗候《けいのましこう》を仰せ付けられた。翌年九月には貴族院副議長。その後も宮内省文事秘書官長・女子高等師範学校長となり、二十六年十一月には貴族院議員を辞して枢密顧問官となった。またその後も華族女学校長を兼任するなど、教育者としても活躍した。授爵については、『読売新聞』二十六年九月三十日朝刊には「授爵の噂」の見出しで、山口尚芳と津田出《いずる》・津田真《ま》道《みち》・楠本正隆・伊丹重賢《しげかた》・神田孝平《かんだたかひら》・福原実《みのる》・野村素介《もとすけ》・三浦安《やすし》・平岡通義・安藤則命《のりなが》とともに細川潤次郎は新たに授爵されるであろうと報じるもこの際も授爵されていない。また『授爵録』(明治三十三ノ二年)には三十一年五月に田中不二麿が作成したものと思われるメモ書が綴られており(この推薦文は箕作麟祥《みつくりりんしょう》がすでに死去していることから、これ以前の作成ではないかと岩壁義光は推測している)、このメモ書には、

国運の進歩は文武両道に由る。武力以て敵に勝ち海に敵艦を砕き、陸に敵城を抜き、大いに戦捷を奏す。事業明赫天下誰かこれを賛歎賞美せざる者あらんや。而して国家全体の文物制度を改良して国運を前進せしむるは文勲の偉大なるものなりと雖も、固《もと》より無形の事業にして彼の敵城を抜き敵艦を砕くが如く、人の耳目を聳動するに至らず。豈《あに》憤歎せざるを得んや。左記の六名は維新前国論鎮攘に傾くの時にありて国家将来の文明開化は一に知識を世界に求むるに在ることを看破し、世論に反抗して夙に洋学に志し、以て古来未曽有の新思想を本邦に移植したり。その著訳する所また甚だ多しと雖も、特に泰西国法論、国家汎論、性法、議事院法、仏国五法、法律格言等の如きは今日の立憲政治を馴致するに与りて力ありと云うべし。維新後また各《おのおの》その学ぶ所を以て国家を裨補せしこと僅少ならず。その勲績敢えて武勲に譲るものにあらざるなり。而してその各自の事業に至りてはこれを略載す。

として年齢順で津田真道・神田孝平・細川潤次郎・福沢諭吉・加藤弘之・箕作麟祥の六名が列挙されており、細川分には、

維新前旧藩の学事を担任し、維新後議事幷びに学校事務に従事し、後東京学士会院の会員に選挙せられ、また元老院幹事・司法大輔に任じて法律の改良に努力し、また女子師範学校・華族女学校の長となりて女子教育の改良に尽力せし功少なしとせず。後貴族院副議長となり、現に枢密顧問の職にあり。

と記している。明治三十一年五月の時点ではすでに授爵している箕作を除く五名に対し、何らかの栄典を授与しようとする動きが確認されるが、この時期にも授爵されずに終わっている。また前掲『授爵録』(明治三十三ノ二年)によれば、三十三年五月五日付の宮内省当局側立案書類で尾崎忠治《ただはる》ら計二十五名の文武官の授爵を詮議しており、銓衡として(一)維新の際大政に参与して殊勲ある者、(二)維新の功により賞典禄五十石以上を賜りたる者、(三)維新前後国事に功労あり、かつ十年以上勅任官の職にある者、または現に在職中の者、(四)十年以上勅任官の職にあり功績顕著なる者、(五)特に表彰すべき偉大の功績ある者の五つの規準を設けており、細川はその(四)に該当する対象者とされ、同月八日に裁可を得て翌日付で男爵が授けられる。

典拠　『読売新聞』明治二十六年九月三十日朝刊、『授爵録』明治三十三ノ二年

細川忠毅　ほそかわ・ただよし

一八五二―一九〇五

旧肥後国熊本藩一門

①明治十～十六年頃（不許可）

②明治十五年十一月二十日（不許可）

③明治二十一年十二月十日（不許可）

④明治二十六年（不許可）
⑤明治三十一年二月十日（不許可）
⑥明治三十一年（不許可）
⑦明治三十一年十月二十九日（不許可）
⑧明治三十三年三月五日（許可）
⑨明治三十三年五月五日（許可）

細川家は旧熊本藩一門首座で旧禄六千石を知行。旧姓は長岡で、細川内膳《ないぜん》家とも称される。幕末・維新期の当主は忠毅。西南戦争時には旧熊本藩士が西郷側に与しないように尽力した廉をもって明治十一年（一八七八）五月に特旨により正六位に叙せられた。同家の授爵に関しては明治十年代よりみられ、同じ熊本藩一門の家格であることから、前掲細川興増《おきなが》と同時に行われる場合が多い。まず、『岩倉具視関係文書』第八巻所収の政府書類雑件よると、明治十年から十六年頃のものと思われる三条実美が岩倉に宛てた「華族建言」があり、これによれば、

万石以上の家老家一般華族に列せられ候義は如何これあるべき哉、厚く御勘考在らせられたく、如何となれば戊辰年間方向を誤りたる藩々の万石以上家老抔《など》は華族に列せられ候も余り過分にはこれあるまじき哉《や》。尤も右家老の内にても西南の役に関し位階または御賞与等これあり候者のみ華族に列せられ候事なれば差し支えもこれあるまじく、何分にも万石以上の家老家一般と相成り候ては如何と存じ候。就いては西南の役等に従事し功労ぁるものは華族に列せられ、その他一般の万石以上は先ず即今の所華族に准じ取り扱い、宮内省直轄仰せ付けられ云々位の事に成し置かれ候方然るべき歟《か》、愚案陳述仕り候。一制度改正の上は貴族・准貴族と二種に置かれ候方御都合と存じ候。士族中にて区別を付け候事、今日にては甚だ難渋の次第に付、准貴族の制（万石以上の家老等はこの准貴族に入るべきもの歟）を設けられ、漸々士族中或いは在官者の内よりも御加え相成り候て行々屹と皇室の守護と相成るべき人種区別の等級に於いても親王・諸王・公・侯・伯・子・男（以上貴族と称す）、准貴族、士族と以上九階に段落これあり候方社会の秩序に於いても至極その当を得、後来国家の御為と存じ候事。

と申し送られている。これによれば、三条自身はこの時点で士族に等級を付けるのは困難であることから、貴族（華族）と士族の間に新たに「准貴族」を設けて宮内省の管轄とし、万石以上の家老や在官者中からもこれに加えるべきとしている。そのなかでも、万石以上家老の内、西南戦争の功績で叙位や賞与のあった者は華族に列するべきともしている。これは米田虎雄《こめだとらお》・細川興増・細川忠毅・松井敏之《としゆき》らを指すとは思われるが、同人は個別に氏名を列挙していないため、どの範疇まで含まれているのかは不明である。また、同じく熊本藩一門である細川刑部《ぎょうぶ》家の興増が旧禄一万石を領していたのに対し、細川内膳家は六千石であり万石以下であるので三条案のなかで忠毅の名が含まれていたのかが不分明ではあるが、西南戦争時の功労で正六位の叙位に与っていることからも、同家が華族編列の候補者として擬せられていた可能性はきわめて高い。ついで同時期、『〔諸雑公文書（狭義）〕』所収「〔細川忠毅外ヲ華族ニ列スル件〕」によれば、十五年十一月二十日付で旧熊本藩主細川護久が同藩一門細川忠毅・同興増の華族編列を求めており、それに対して政府側は、特に西南戦争時の功労を考慮すると、「特別の御詮議にも相成るべき事とせんか」と記し、他の藩主一門も含めた万石以上陪臣とは別の基準での銓衡にも含みを持たせながらも、両細川の功績は旧佐賀藩一門・家老である鍋島・諫早《いさはや》などの諸家も同様であることから、結局「容易に御沙汰に及ばれざる方然るべき哉」として、実現していない。また、『授爵録』（明治二十一～二十二年）によれば、二十一年に前回同様に旧主細川護久より忠毅・興増両名への授爵を申請していることが確認される。同年十二月十日付の審査「正三位侯爵細川護久ヨリ支族正六位細川忠毅外一名族籍ノ儀ニ付願ノ件」によれば、

但し御採用相成らざる義に候はば、別段指令を付せず、当局限り説諭の上返却致し然るべき哉相伺候也。

として、同月十三日付をもって書面を付して爵位局より護久へ忠毅・興増両名の華族編列願書を返却したことがみえ、願書の写しは綴られてはいないものの、この時期にも授爵を願い出ていたことがわかる。『授爵録』(明治三十一年)によると、また旧主護久より二十六年付で「細川忠毅細川興増族籍之義ニ付願」が提出されている。熊本藩支藩である茂木《もてぎ》・宇土《うと》両藩は「末家」と称し、こちらは子爵を授けられながら、「一門」である細川両家は士族にとどまっている点、また熊本藩家老の米田・松井両家もすでに華族に列し男爵を授けられている点を指摘し、両細川への授爵を求めているが、この時点でも不許可となっている。こののち同格であった細川興増は三十年十月二十七日付で華族に列し男爵を授けられるが、忠毅もまた同様の栄典に与るべく運動を継続している。『授爵録』(明治三十一年)によれば、三十一年二月十日付の当局審査書類「華族班列ノ請願及詮議件伺」に伊達基寧《もとやす》・浅野忠《ただす》・種子島守《たねがしまもり》時《とき》・渡辺半蔵とともに忠毅の名も挙げられており、

右は孰《いず》れも華族に列せられたき旨出願相成り、書面取り調べ候処、左に列挙の通りその功績を以て優班に列すべき価値なきに依り、願書詮議に及ばれ難きものとし、書類はその儘爵位局に保存し然るべし。

として、細川の却下理由としては、

右家は熊本藩主細川侯爵の一門にして禄六千石を食《は》む。その養父忠顕《ただあき》、文久三年五月藩主韶邦《よしくに》に代わり京師を戍《まも》る。明治元年韶邦に入朝を勧め、自らまた京師に至り大いに尽くす所あり。明治十年西南の役尽力の功に依り祭資料金百円を賜う。忠毅また西南の役尽力の功に依り正六位に叙せらる。以上の事蹟を徴すれば西南の役尽力の功労あるも、旧倍(陪)臣にして禄高一万石未満の家は授爵せられたる先例なきに付、詮議に及ばれざるものとす。

と明記しており、先代より幕末・維新期における功績や、自身の西南戦争による功績はあるものの、旧禄六千石で万石に満たず、藩主一門とはいえ万石以下の陪臣へ授爵の先例がない点が指摘され却下される。また、『授爵録』(明治三十三ノ一年)によれば、日付不記載ながら三十一年に熊本県知事徳久恒範《とくひさつねのり》が宮内大臣田中光顕宛で「授爵之義ニ付上申」を提出している。一度は宮内省爵位局において詮議の対象外とされながらも、『授爵録』(明治三十三ノ一年)によれば、三十三年三月五日付で熊本県知事徳久が爵位局長代理で皇后宮大夫香川敬三《けいぞう》宛で細川の授爵を申請している。

明治三十一年十月二十九日付秘第一三三号を以て本県飽託郡出水村士族細川忠毅授爵の義上申致し置き候えども、未だ何たる御沙汰これ無く、右は目下御詮議中とは存じ候えども、同人義は旧熊本藩主細川侯爵の一門にして忠毅の養父休焉《きゅうえん》は夙《つと》に心を王室に存し、嘉永・安政以降国家多事の秋に方《あた》り藩主を補翼して国事に尽《じん》瘁《すい》、一意味尊皇愛国の義を勧め、また文久三年藩主に代わり京師衛戍《えいじゅ》の任にありし際、幕吏の上阪に対し朝命を全うし、また明治七年熊本藩士が佐賀藩士の暴動に応ぜんとするを説諭解散せしめ、殊に西南騒擾の時の如きは大義を守りて動かざるのみならず、東西奔走県士に説き旧臣を戒め鎮撫に力を致し、当主忠毅儀も尊皇憂国の志を抱き常に心を王室に存し、西南騒擾の際は父休焉と共に矢石を冒し白刃を踏んで各地に奔走し、鎮撫に尽力せしを以て後その功労を嘉賞せられ、亡父休焉に祭(粢)資料を賜り、忠毅に叙位の特典あり。且つ天顔拝謁の栄を賜りたる等両人が前後の功労は更なり。その門地名望県下一般に重きを置き、且つ相当の資産を有する者にこれあり。その詳細は先ず上申書に申し述べ置き候通りに付、何卒特別の御詮議を以て速やかに授爵の御沙汰これあり候様御取計相成りたく、こ

の段御照会に及び候也。

として改めてその旧格や先代と自身の二代に及ぶ幕末・維新期の功労、西南戦争の功績も述べ、授爵詮議を陳情。これら再三の請願が功を奏したからか、前掲『授爵録』(明治三十三ノ一年)所収の三十三年五月五日付立案の書類によると、

右は別紙履歴抄録の通りその身戊辰の役に自ら王師に加わり、一隊の将として兵馬の間に馳駆して賊徒勦討《そうとう》の殊功を建て、または西南の役身を死地に投じて能く鎮撫の功を奏し、或いはその父祖が幕府の末造に方り回天の大志を懐抱し、蹇々匪《ひ》躬《きゅう》王事に尽瘁し、遂に国難に殉死せし等何れも復古の功臣と認むるに因り前掲の通り授爵の恩典あらんことを奏上せらるべきや。

と記され、細川家は万石以下とはいえ、幕末維新時の功績があると認められ、同年五月九日付をもって男爵が授けられる。

典拠　「政府書類雑件　華族建言」(『岩倉具視関係文書』八)、「〔細川忠穀外ヲ華族ニ列スル件〕」(国立公文書館所蔵『〔諸雑公文書(狭義)〕』)、『授爵録』明治二十一～二十二年・三十年・三十一年・三十三ノ一年

細川常典　ほそかわ・つねのり

一八二七―?

旧六位蔵人・宮内省京都支庁殿掌

①明治三年九月二十七日　(不許可)
②明治十一・十二年頃　(不許可)
③明治十二～十六年頃　(不許可)
④明治十九年四月二十八日　(不許可)
⑤明治二十二年　(不許可)
⑥明治二十三年五月九日　(不許可)

細川家は旧地下官人《じげかんじん》で、藤島・小森両家とともに代々六位蔵人《くろうど》となる家格。常典は常徳の子で、天保三年(一八三二)に非蔵人となったのち、嘉永四年(一八五一)四月に六位蔵人に補せられ、同日正六位上・左衛門権少尉《ごんのしょうじょう》に叙任された。同年閏四月二十一日の蔵人所廃止まで、蔵人に在職した。『太政類典』所収「宮華族幷旧官人以下一般禄制ヲ改正ス」によれば、明治三年(一八七〇)九月二十七日の段階で、同じく六位蔵人の藤島助胤《すけたね》・助順《すけのぶ》父子、左大史《さだいし》(官務)・六位蔵人の壬生輔世《すけよ》・明麗《てるつら》父子、伏見宮殿上人の若江量長《のりなが》らとともに常典も「右終身華族の列にお加え、高百石宛《ずつ》下さるべき哉」という問に対して、「華族列加えられず、位階その儘。士族一代物を賜い、出面の通り」との回答があり、当初これらの諸家を終身華族へ編列する点についても議されていた模様であるが、結局は位階は従来どおり保有させ、士族へ編入する方針が定められている。同年十一月十九日に地下官人や諸大夫・侍の位階が廃止となった際も前述の六名に加え、神宮大宮司の河辺教長《のりなが》については「思召を以て位階その儘下賜」とされ、常典も旧来叙されていた正六位の位階を保持することを特に許されている。同年十二月十八日には京都府貫属士族となり、同月二十三日に宮中勤番を仰せ付けられ、四年十一月に宮内省九等出仕、五年七月にこれを免ぜられたが、六年七月から十二月まで式部寮御用掛、十年十月には豊国《とよくに》神社禰宜、十一年一月には同社主典、同年五月教導職試補となり、十四年九月には病気により辞職するも、十六年五月には宮内省京都出張所雇となり、同年十月十八日には宮内省京都支庁殿掌に任ぜられ、年俸金百円を下賜されている。十九年二月非職、二十二年二月に非職満期により殿掌を免ぜられている。これは藤島助順とほぼ同じ経歴である。旧六位蔵人をつとめた諸家の華族編列については、新政府内でも早期より考えられていたことであり、『爵位発行順序』所収「華族令」案の内規として公侯伯子男の五爵(左に朱書で公伯男の三爵)を設け、世襲・終身の別を付し、その内「世襲男爵を授くべき者」として、第二項目に「元宮殿上人・小森・細川・藤島・旧大外記」を挙げている。同案は十一・十二年頃のものと推定されるが、この時点では元伏見宮殿上人の若江、元六位蔵人の藤島・細川・小森、元局務《きょくむ》・大外記《だいげき》の押小路の計五家は男爵に列すべき家として認知されていたと思われる。同じく前掲『爵位発行順序』

所収「授爵規則」によれば「男爵を授くべき者」として、「元宮殿上人・小森・細川・藤島」が挙げられている。前記資料とは異なり、十二年七月に華族に列した旧大外記である押小路家が省かれており、この資料は十二年以降十六年頃のものと推測されるが、こちらでも若江家や六位蔵人家は男爵を授けるべき家として認識されていたと思われる。旧堂上《とうしょう》公家は原則子爵以上を、また維新後新家を創立した家は男爵を授けられる内規であり、十七年七月の華族令公布に至るまでの間、長く若江以下の諸家の男爵案が残っていた証左ともいえるが、結局は選に洩れることとなっている。細川家も藤島家同様に華族編列・授爵を数度にわたり請願しており、『三条家文書』所収「華族請願書」では十九年四月二十八日付で藤島助順による授爵願の別紙に同格である細川家への授爵についても触れている。また、「三条家文書」所収「細川常典歎願書」によれば、二十三年五月九日付で内大臣三条実美宛で以下の書翰を送り授爵を請願している。

恐れながら一書を以て歎願仕り候。然らば過日京都御滞在中御旅館へ御機嫌伺に祗候仕るべきの処、病気にて引き籠もり居り、拝謁を得奉らず残念の至りに存じ奉り候。さて先年近衛忠熙《ただひろ》公迄願い置き候儀、御聞き取り成し下され御配慮の程有難く存じ奉り候。藤島助順より申し上げ置き候通り、宝暦年中已来《いらい》、連綿《れんめん》昇殿を聴され候廉を以て、何卒受爵を蒙りたく懇願し御座候間、御憐察成し下され、一層御勘考の程願い上げ奉り候。尤も東上仕り拝顔を遂げ万々願い上げ奉るべきの処、私儀追々老衰に及び行歩難渋仕り居り候に付、恐れながら一書歎願奉り候間、出格御憐愍の程、伏して冀《こいねが》い上げ奉り候。

これによれば、「先年近衛忠熙公迄願い置き候」とあり、二十二年頃より近衛忠熙に授爵の斡旋を依頼しているようであるが、これは六位蔵人細川家が近衛家の門流《もんりゅう》であったためと思われる。請願の主旨は藤島助順同様のものであり、累代蔵人として禁裏御所の内昇殿を聴されていたことを理由としているが、結局同家も藤島家とともに華族編列・授爵は行われずに終わっている。

典拠　「宮華族幷旧官人以下一般禄制ヲ改正ス」(『太政類典』)、『爵位発行順序』、「細川常典歎願書」(「三条家文書」)、浅見雅男『華族誕生』、松田敬之「明治・大正期 京都官家士族の動向に関する一考察—華族取立運動と復位請願運動を中心に—」(『京都産業大学日本文化研究所紀要』六)

細川護晃　ほそかわ・もりあき

一八八二—一九八

侯爵細川護成弟

①明治二十九年十月二十九日（許可）

旧肥後国熊本藩主細川護久《もりひさ》の三男。護久は明治十七年（一八八四）七月七日、華族令公布に伴い侯爵を授けられ、二十六年九月に死去したあとは護成《もりしげ》が襲爵。護晃の細川侯爵家からの分家・授爵に関しては、『授爵録』（明治二十九年）によれば、二十九年十月二十九日付で宮内省爵位局で同人に対して「一家ヲ新立シ華族ニ列シ男爵ヲ授ケラル、ノ件」として授爵を審議。「故侯爵細川護久三男細川護晃ヲ華族ニ列シ男爵ヲ授ケラル、ノ議」には、

旧熊本藩は西陲《せいすい》の雄藩にしてその嚮背《きょうはい》は列藩の瞑目する所たり。維新の際その老臣多くは佐幕の方針を執りしも、また多少の勤王家なきにあらざれば藩論容易に定まらず。若《も》しそれ藩論をして佐幕に帰一せしめん歟《か》。天下の大勢を一変せしやも未だ知るべからざるなり。且つ恐る当時同藩の有志者は会桑両藩の士と相提携し、勢力甚だ強きを以て藩主と雖もその制馭《せいぎょ》は殆ど行われざりしものあるを、慶応三年十二月京師物情騒然たり。護久乃《すなわ》ち藩主韶邦《よしくに》に代わり自ら三千の精兵を率いて上京す。時に伏見鳥羽の変起こる。老臣等相議し、宜しくこの機に乗じ幕軍と相謀り薩長の兵を挟撃すべしと。士気勃々《ぼつぼつ》当たるべからず。護久は俗論鼎沸《ていふつ》の

中に孤立し断乎として動かず。大義名分を以て諄々説諭し、幸いにして勤王の正論を貫き、直ちに朝廷に向いて護久の誠意を上奏することを得たり。当時列藩の嚮背未だ秤に図るべからず。真に危機一髪の間、護久の決心如何に由り大事の分かるる所頗る急なることありしが如し。正論既に貫くや、護久兵を分かちて東海道先鋒総督に属し、以て桑名に向かわしめ、また一方に兵を分かちて米田虎雄に属し仙台征討の役に与らしむ。これ皆護久が言うべからざる苦心より発したる処置と謂わざるを得ざれば、護久が胸中洵《まこと》に憐れむべきものありて存す。かくの如く護久が藩内鎮壓の権力なき世子の身を以て、内は満厳俗論の中に立ち能く一藩の方向を誤らしめず、外は首脳逡巡せし列藩をして皆その惑いを解き、一に王事に尽くさしむるに至りしは他の攻城野戦の表面的顕著なる勲功に比し相譲らざるものあるを以て、明治十四年七月朝廷護久を勲三等に叙し旭日中綬章《ちゅうじゅしょう》を授けられたるは蓋し裏面的丕顕《ひけん》の功績を表彰せられたるものと思料す。謹みて按するに、戊辰戦役の功を論じ諸侯に賜りたる賞典禄を挙ぐるに、その階級を大別すれば最も多きものは十万石、次は四万石、次は三万石、次は二万石、次は一万五千石、次は一万石以下八千石、五千石と次第せられ、而してその勲章を賜るに及んでは二万石以上の賞典ある者には皆勲三等を、以下は孰《いず》れも四等を授けられたり。これに繇《したが》いてこれを観れば護久は勲三等を拝受したるに依り、その功労は二万石以上の賞典禄を賜りたる者に擬し詮考せられたるものの如し。果たして然れば同家には賞典禄の恩賜はこれなしと雖も、その表彰に於いては他の有功諸侯と同じく勲章を以て確かにその有功の実を留む。朝廷の恩賞は必ず根拠あり。決して偶然にあらざるなり。これに加うるに、護久は西南の役旧領士民を鎮撫して大いに功ありしことは当時優渥なる辞令を賜い、位階を進められたるを以て証すべし。以上、西南事件の功及び維新の功績とに依り護久の三男護晃の家を新立し、而してこれを華族に列し男爵を授けられ然るべし。

とみえ、旧熊本藩細川家の維新時や西南戦争時における勲功をもって護晃の分家・授男爵は妥当であるとしている。他の公家華族や大名華族の分家については生家より分家授爵に関する請願書が『授爵録』に添付されて綴られていることが多いが、護晃の場合はみえず。ただし細川侯爵家より請願があった蓋然性はきわめて高いと思われるため本項に収録。この審議を経て、十一月九日に裁可を得て十二月三日付で男爵が授けられている。

典拠　『授爵録』明治二十九年

穂積陳重　ほづみ・のぶしげ

一八五五―一九二六

枢密院議長

①大正四年十月六日（許可）

②大正四年十一月一日（許可）

③大正四年十一月二日（許可）

④大正四年十二月一日（許可）

東京帝国大学名誉教授・法学博士、帝国学士院会員

⑤大正十五年四月七日（不許可）

枢密院議長・東京帝国大学名誉教授、帝国学士院会員・法学博士

旧伊予国宇和島藩士出身の法学者・官僚・政治家。東京帝国大学法科大学教授で貴族院勅選議員・宮中顧問官もつとめた穂積八束《やつか》は実弟にあたる。明治九年（一八七六）六月に法学修業

穂積陳重

のためイギリスへ留学。さらに十三年三月にはドイツへも留学。十四年五月に帰朝後、同年七月に東京大学法学部勤務を命ぜられ、十五年二月には東京大学教授兼東京大学法学部長に就任。以後、帝国大学、東京帝国大学と解消後も教授をつとめ、四十五年三月に依願免官と同時に東京帝国大学名誉教授の称号を与えられた。この間、法科大学教頭・法科大学長などもつとめ、長年にわたり法理学講座を担任した。また、法典調査会ほかの各種委員や、二十三年九月から二十五年二月まで貴族院勅選議員もつとめた。大正五年（一九一六）一月には枢密顧問官となり、十四年三月副議長、同年十月には議長に就任し、死去するまで在職した。授爵に関しては大正四年から本格化したものと思われ、同年十月六日には文部大臣高田早苗《さなえ》より内閣総理大臣大隈重信宛で穂積と山川健次郎《けんじろう》両名の授爵詮議に関して申牒。

　右は別紙功績書に記述の通り多年教育学術に尽瘁《じんすい》し、その功労洵《まこと》に顕著なる者にこれあり、就いては今秋行わせらるる御大典の際に於いてその功労を表彰せられ、特に授爵の栄典を与えられ候様御詮議相成りたく、この段内申に及び候也。

として教育・学術面での功績を理由により、大正天皇即位大礼の慶事に際し、両名への授爵を諮っている。このことはすでに新聞各社にも伝わったと思われ、『読売新聞』同年十一月一日朝刊によれば「授爵調査終了／原・犬養両氏も」の見出しで、

　来たるべき御大典を機とし、国家に功労ありたる各階級の人々に対し、授爵・授勲・叙任等の恩命ある事は既報の如くにして、洩れ承る処によれば御発表に相成るべきは大嘗祭終了の上、即ち本月十六日なりとの事にて、内閣に於けるそれぞれの調査も昨今大体に於いて結了し、目下は宮内省との間に折衝中の由なるが、その陞爵・授爵の主なる人々は大隈伯の侯爵、武富・尾崎・一木《いちき》・高田・加藤・河野《こうの》・箕浦各大臣の男爵は疑うべからざる処にして、更に有力なる筋よりの噂によれば、立憲政治創設に功労ありたる廉を以て、政友会総裁原敬氏、国民党総務犬養毅氏の二政治家、学者として功労ありたる故を以て山川東大総長、穂積博士の二学者、財界に功労ありたる故を以て大倉喜八郎、安田善次郎、益田孝《たかし》の三実業家、また特に男爵を授けらるべしとの事なり。尚、世間にては村田保翁が授爵の運動をなしつつあるが如く伝うるも今回は授爵の事なく、多分特に位を進めらるる事となるべしと云う。

と報じ、学者からは穂積と山川の名が挙げられている。『授爵録』（大正四年）によると、高田文相からの要請を受け、同年十一月二日付で大隈首相より宮内大臣波多野敬直《よしなお》宛で穂積・山川両名の授爵について正式に申牒。

　従三位勲二等理学博士山川健次郎並びに正三位勲一等法学博士穂積陳重は何れも多年教育学術に尽瘁し、功績顕著なる者に付特に授爵の栄典を与えられ候様御詮議相成りたし。

として、山川と併せて詮議を希望している。穂積については、「東京帝国大学名誉教授帝国学士院会員法学博士穂積陳重事績」という功績書を添付。

　穂積陳重は明治二年宇和島藩貢進生《こうしんせい》として大学南校に入学し、明治八年開成学校（南校の改称）に於いて法律の専門学科を新設するや最初の法学生たりき。明治九年六月学業半ばにして英国留学を命ぜられ、「ミッドルテンプル」に入りて法律学を修め「バリストル、アト、ロー」の資格を得、明治十二年四月更に独逸国に留学を命ぜられ伯林《ベルリン》大学に入りて法律・哲学を研究し、明治十四年八月帰朝。直ちに東京大学法学部教授に任ぜられ、明治四十五年三月依願免官に至るまで教授の職に在る事実に三十年の久しきに及べり。その間我邦法学教育の発達と学理の研究とに貢献せし事績の大要左の如し。

一、法科大学の創建　明治十年四月開成

学校を東京大学と改称し、法理医文の四学部を置き専門分科の制を設けたりしも、法学部教育は当時尚創業匆々《そうそう》に属し、甚だ不完全なりしのみならず、その教師も概ね英米人にして唯英米法律の教科書を通読するに過ぎざりき。且つ当時留学生より帰朝する者多くは行政官または司法官と為り、教職に就く者極めて稀有なりしが、穂積陳重は夙《つと》に法学教育の開発を以て畢生の事業となし、帰朝後直ちに教授に任ぜられ、次いで法学部長と為るや能く大学総理を補佐して鋭意法学の改革を企図し、英米の学風に代えて独逸《ドイツ》大学の講義制の長所を採用せんこと期し、且つ邦語教授の端を開かん為、明治十六年本科生の外更に別科生を置き、社会の急需に応ぜんことを建議し、同僚と共に学語会を組織して邦語教授を実行するに当たりて最も必要にして困難なる事業たる術語の翻訳に苦辛せり。明治十七年十二月文学部中の政治理財科を移して法学部の政治科となし、明治十八年九月司法省法学校を法学部に併合して仏法部を加え、明治十九年帝国大学法科大学と為るに及んでその教頭と為り、明治二十年更に建議して独逸法部を置き、学生をして英仏独三法律の何れかを兼修せしむるの便宜を開くと同時に大いに法学教育の統一を勉めたり。且つ明治二十二年憲法発布の事あり。次いで民法・商法の発布あり。漸く法典国と為るに至りたるを以て、外国法を基本とせる従来の教授法を一変して先にその端を開きたる邦語教授を拡張し、我が法典の研究を本体とし、外国法を参考科と為すに至れり。明治二十六年講座制を採るに及んで専ら法理学講座を担任し、法科大学長を兼任せり。現今の制度は即ちその当時の主義を襲用するものなり。斯《か》くて明治十四年には法学部の学生総数僅かに五十一名なりしに、明治二十四年には三百一名となり、同三十四年には八百九十七名と為り、同四十四年には更に激増して二千三百十三名と為り過去三十年間に法科大学を卒業せし者既に三千六百三十五名の多きに及べり。斯くの如きは素より聖運の然らしむる所なりと雖も、過去三十年間先任教授として部長・教頭または学長として実際上我が国法学教育を指導し建設したる穂積陳重の功労また決して尠とせざるもの有るに由ると言わざるべからず。

二、学理の研究と学術の応用　穂積陳重は明治十四年以来法学通論、法理学、英法各部、海法、羅馬《ローマ》法、民法原理、刑法原理、国際法、監獄学等を教授せしも、明治二十六年以来は専ら法理学講座を担任し、法律進化の原理を開明せんことを期し、学生の指導と学理の研究とに全力を傾注せんが為、一切の兼任を辞し曽て勅選せられたる貴族院議員をも辞せり。然かも国家の重大問題に遭遇するや率先してその学術を応用し、これが解決を努力せざるは無し。故伊藤公が憲法義解の草案に就いて意見を徴せらるるや、帝国憲法の義解に欧米の立法例及び学説を挿入するの有害無益なることを主張して、多大の修正を促したるが如き傭外国人の起草せる法典の将に実施せられんとするや法典論を著述して法典編纂の忽にすべからざることを痛論して、その実施延期を切言したるが如き、更に法典調査会起草委員に任ぜらるるや、著述を抛《なげう》ちて鋭意法典起草の重任を完うせしが如き、千島艦事件の紛起するや海軍大臣西郷従道の嘱託に応じて解決法を努力せしが如き、日露戦争の開始するや政府当局の勧誘に従い米国「セントルイ」に於ける万国学芸会議に列席して「比較法学上に於ける日本新民法」を講述して我が邦人の起草せる民法の真価を表彰すると共に、我が国文明の特質を米国朝野に紹介すべき重大任務を遂行せしが如き、また明治四十年陸海軍刑法改正の挙あるや、法学者より出でたる唯一の委員として諸疑問の審査に従

事し、適当の立案を得るに至りたるはその学徳与って大なるものあり。これ等は学術の応用を以て国家に貢献せし事績の最も顕著なるものなり。曩《さき》に著述完成の為教授の職を辞するや、欧米諸国に我が国情と我が学術の進歩とを知らしむるには欧文を以て著述するの必要なるを悟り、先ず英文「祖先崇拝と法律」第二版を増補出版して我が国体と忠君愛国の民俗との由来する所を開明し、頗る欧米学界の注意を喚起したり。更にその畢世の事業たる法律進化論は草稿漸く完成に近づき、一二年を出でずして英国に於いて先ず英文を以て出版せんことを期せり。

三、御講書始に於ける進講　大正三年一月六日御講書始の際、洋書進講仰せ付けられ、沐浴薫手、グロチウス著平戦法規論の由来を進講せるは学者間の一般に光栄とする所なり。

四、後進の指導　現今法科大学卒業生は我が国行政官及び司法官の大多数を占め、或いは国務大臣または外交官として国家の枢機に与り、或いは実業家として商工業の要路に当たる者一々枚挙に遑《いとま》あらずと雖も、法科大学卒業生が世上一般に斯くの如き価値を認めらるるに至りたるは決して一朝一夕の事にあらず。法学部設置の当初に於いては実業界は勿論、行政部内または司法部内に於いても寧ろ学識ある者を歓迎せざるが如き弊風なきにしもあらざりしを以て陳重夙にこれを焦慮し、一方に於いて学生を指導して実際に従事する者をして研究を怠らざらしめんが為、法理研究会を創設して日進月歩の学理を紹介せんことを努力せり。現今各方面に於いて法学士を需要する者愈々《いよいよ》多きを加うるに至りたる所以は、社会の進歩と法制の改良との結果に外ならずと雖も、穂積陳重が指導宜しきを得たるの効また与りて力ありと言わざるべからず。これを要するに穂積陳重は法科大学の建設者とも称すべきものにして、その顕著なる効績《こうせき》は明治年代に於ける最も光輝ある法科大学の歴史と終始して永く忘るべからざるなり。

として、東京帝国大学教授を永年勤続して日本の法学発展に寄与した功績を縷々陳述している。また『東京日日新聞』同年十二月一日朝刊によれば「授爵愈々本日／午前九時親授の儀」の見出しで、

天皇陛下には昨三十日を以て皇霊殿神殿御親謁の儀を御滞りなく終わらせられ、これにて大礼御儀の全部を御完了あらせられたるを以て、愈今一日午前九時に於いて爵記親授式を行わせられ、次いで宮内省宗秩寮《そうちつりょう》より人名を発表すと。右に付同時刻礼服着用宮中御召を受けしは左記の外数名なり。

として、横田国臣・片山東熊《とうくま》・馬場三郎・平山成《しげ》信《のぶ》・田中芳男・三井高保《たかやす》・大倉喜八郎・森村市左衛門と穂積・山川の計十名の氏名を列挙して掲載しているが、片山・馬場・平山は誤報であったか、それとも直前になって選に洩れたかは不明であるが、この三名を除いた七名と報じられなかった大森鐘一《しょういち》と古河虎之助を加えた計九名が十二月一日付で男爵を授けられている。また、十五年四月になると男から子への陞爵についての運動も行われている。「授爵書類・枢密院議長男爵穂積陳重陞爵ノ件（保留）」によれば、十五年四月七日付で内閣総理大臣若槻礼次郎より宮内大臣一木《き》喜徳郎《とくろう》宛で当時枢密院議長であった穂積の陞爵を申牒。

枢密院議長従二位勲一等男爵穂積陳重は別紙功績書の通り功績顕著なる者に付、左の通り陞爵の儀詮議相成りたし。

とみえるが、年月日は空欄となっている。これは当時同府副議長であった倉富勇三郎《くらとみゆうざぶろう》より若槻首相に四月七日付で穂積の陞爵を申牒した書類が含まれているため、おそらく同日付のものと考えられる。倉富が若槻に送付した書類には、

枢密院議長従二位勲一等男爵穂積陳重、病気危篤に陥り候処、同人儀別紙功績書に記述の通り勲労洵に顕著なる者にこれ

　あり候に付、この際特別を以て陞爵の儀
　御詮議相成りたく、この段申牒に及び候
　也。

と記され、病気危篤に際しての陞爵運動であったことが明らかである。添付された「功績書」は男爵授爵時に提出された内容とほぼ同様のものであるが、五年一月に枢密顧問官に任ぜられ、十四年三月副議長、同年十月に議長に就任して重要案件に与った功績や、枢府《すうふ》入りする以前、貴族院勅選議員として諸法律制定の際には法典調査会主査委員もつとめたこと、また帝国学士院会員として部長さらに院長として文教面での功績があった点も加筆している。また同様に「穂積議長陞爵ノ件」も穂積の陞爵に関する書類であるが、こちらには同年四月七日発議・決済・執行と記される。『東京朝日新聞』同年四月八日朝刊によれば「穂積男の昇爵内議／首相・元老等打合の上決定」の見出しで、

　故穂積男の昇爵については、既に政府部内でもその議が有力に唱えられている。即ち男は大正四年御大典当時男爵を授けられ、大正五年枢府にいり昨年三月副議長に、十月議長になったので、一方学界における元老であると共に、政治的にも立派な経歴をもっている上、枢府議長現職のままで死んだのだから当然子爵に昇爵せしめてもよいというので、宮相・元老・首相等打ち合わせの上決定せられる模様である。

と同人の陞爵について首相・宮相・元老の打ち合わせが行われていることを報じている。ただし同紙四月九日夕刊では「故穂積男に昇爵なし／内府方面で反対のため」の見出しで、

　穂積陳重男に対しては生前の勲功により昇爵の内議があったけれども、八日関係方面にて協議の結果、内大臣府方面に難色あり、その結果男爵のままで別に昇爵しないことに決定し、同日午前十一時、宮内省方面より内閣側にこの旨通達した。

とその内幕について報じている。陞爵に反対したのが内大臣府側であるとしているが、当時内大臣であった牧野伸顕自身が反対したのかについては、『牧野伸顕日記』同年分は三月二十日から四月十二日までの記述がみえず、穂積陞爵が何故不許可に終わったのかについて詳細は不明である。

典拠　『授爵録』大正四年、『読売新聞』大正四年十一月一日朝刊、『東京日日新聞』大正四年十二月一日朝刊、「授爵書類・枢密院議長男爵穂積陳重陞爵ノ件(保留)」(国立公文書館所蔵『[諸雑公文書(その他)]』)、「穂積議長陞爵ノ件」(国立公文書館所蔵『枢密院文書・授爵ニ関スル書類・枢密院秘書課』)、『東京朝日新聞』大正十五年四月八日朝刊・四月九日夕刊

堀　重信　ほり・しげのぶ

生没年不詳
吉野神宮宮司

①大正四年十月六日（不許可）

「松平康民《やすたみ》他陞爵請願書」中に松平康民(旧美作国津山藩主。伯爵)の陞爵願と合綴で収録。内閣総理大臣大隈重信より宮内大臣波多野敬《よし》直《なお》宛で「左記の者授爵又は陞爵情願の旨、意は主として家格に存する義と認められ候に付、しかるべく御詮議相成りたし」として照会。慶《けい》光院《こういん》利敬《よしゆき》以下十七名を列挙し、そのなかに堀の名も挙げられている。堀は奈良県士族で、授爵理由としては、

　右堀家は南朝の天皇御三代の間、行宮《あんぐう》となり、国賊跳梁、天下擾乱《じょうらん》の際、五十有余年大統を保たれたる御遺跡にして、海内無二の名家たるの故をもって華族の班に列せられんことを建向したるものなり。

と説明するも授爵されずに終わっている。

典拠　「松平康民他陞爵請願書」(宮内庁宮内公文書館所蔵)

堀真五郎　ほり・しんごろう

一八三八―一九一三
貴族院勅選議員・退職判事

①明治三十四年五月（不許可）

旧長州藩士出身の官僚。山口県士族。維新後は徴士《ちょうし》・内国事務局権判事となり、以後大審

堀真五郎

院評定官《ひょうじょうかん》・判事を歴任。明治二十三年（一八九〇）九月より貴族院勅選議員。「堀真五郎他授爵審議書類」によれば、三十四年五月付で維新時における功労を理由として、

　中村孝禧・堀真五郎両人履歴書、当時の事情に付いては拙者承知罷りあり相違これなき儀に付、授爵御詮議これあり候節はよろしくお取り計らい相成りたく、この段上申候也。

と子爵林友幸《ともゆき》が堀と中村孝禧両名の授爵を申請するも授爵は実現していない。

典拠「堀真五郎他授爵審議書類」（宮内庁宮内公文書館所蔵）

堀江芳介　ほりえ・*よしすけ

一八四五—一九〇二

元老院議官・予備役陸軍少将

①明治二十三年三月二十一日（不許可）

元長州藩士出身の陸軍軍人・政治家。西南戦争にも従軍し、明治十六年（一八八三）二月一日付で陸軍少将に進級。その後は近衛歩兵第一旅団長や歩兵第六旅団長を歴任し、二十一年十二月二十五日予備役編入。翌年十一月から元老院議官となるも、二十三年廃院後は貴族院議員に勅選されず、錦鶏間祗候《きんけいのましこう》。第一回衆議院議員総選挙に立候補し当選、議員を一期つとめた。『山田伯爵家文書』所収の二十三年三月二十一日付「山田顕義《あきよし》秘啓」によれば、「授爵は陛下の大恩にして、国家の大典、万民の標準なり。真に陛下の親裁に出づるものにして、臣僚の容喙すべきものにあらず。然れどもその自歴を調査し、その理由を明晰にし、聖慮を翼賛するは臣下の務にして、謹慎鄭重を尽くさざるべからず。今鄙見《ひけん》を陳じ、閣下の参考に供す」として宮内大臣土方久元宛で授爵の標目として、（一）維新前後功労あり勅任官たる者および勅任官たりし者、（二）維新後功労あり勅任官たる者および勅任官たりし者、（三）維新前後功労ある者、（四）維新後功労ある者、（五）父の勲功による者、（六）神官および僧侶の世襲名家たる者、（七）琉球尚家の一門、の計七項目を挙げ、堀江は第一項に適当すべき者としてその名が挙げられるも、この際山田が列挙した人名中、授爵したのは第一項に該当した辻維岳《いがく》一人であり、堀江は授爵されず。こののちは授爵候補者に挙がることはなかった。

典拠「山田顕義秘啓」（『山田伯爵家文書』四）

本庄　繁　ほんじょう・しげる

一八七六—一九四五

陸軍大将・侍従武官長

①昭和八年十二月十四日（不許可）

②昭和十年十二月二十一日（許可）

兵庫県出身の陸軍軍人。明治二十九年（一八九六）五月陸軍中央幼年学校卒業。三十年十一月陸軍士官学校を卒業し、翌年六月陸軍歩兵少尉に任官。三十四年八月陸軍大学校に入学するも、日露戦争に従軍のため中退し、戦後陸大に復し卒業。以後参謀本部付・陸大教官・歩兵第十一連隊長などを経て大正十一年（一九二二）八月少将に進級。歩兵第四旅団長などとなり昭和二年（一九二七）三月中将。第十師団長を経て六年八月関東軍司令官に補せられる。七年八月軍事参議官に転じ、さらに翌年四月侍従武官長。同年六月大将に進級。十一年三月に待命となり、翌月予備役編入。その後は軍事保護院総裁となり、終戦直前の二十年五月に枢密顧問官に親任される。『東京朝日新聞』昭和八年十二月十四日朝刊によれば「本庄武官長の授爵奏請／斎藤実氏も陞爵か」の見出しで、

　満州事変の論功行賞に伴う授爵問題については軍人・文官両方面について考慮されているが、陸軍側よりは当時の関東軍司令官現侍従武官長本庄繁大将、当時の陸

軍大臣現軍事参議官荒木貞夫《さだお》大将、また海軍側よりは当時の海軍大臣にして現海相の大角岑生《みねお》大将をそれぞれ推薦して居り、これに対し内閣・宮内省の打ち合わせにおいては、右三大将中、本庄大将の男爵授爵については異論がなく、従って同大将の授爵奏請は確定的であるが、荒木・大角両大将については内閣と宮内省の方に難色があっていまだいづれとも決定せぬ事情にあり。尚文官の授爵については当時の内閣総理大臣斎藤子の伯爵陞爵が内閣と宮内省との間に内議が進められつつあり、斎藤子の陞爵奏請は或いは実現するのではないかと見られている。

と報じられ、満州事変の論功行賞が昭和八年の時点で内閣・宮内省間で審議が進められていたことが確認できる。本庄授爵に異論がなかったのに対して、当初は大角と荒木両名に関しては奏請そのものに難色が示されていた点

本庄　繁

が記されている。このため本庄の授爵は同年中には行われていない。こののち『授爵録』(昭和二～十九年)によれば、十年十二月二十一日付で内閣総理大臣岡田啓介より宮内大臣湯浅倉平《くらへい》宛で、

陸軍大将正三位勲一等功一級本庄繁は別紙功績書の通り功績顕著なる者に付、左の通り授爵の儀詮議相成りたし。

として男爵授爵の詮議を申牒している。添付の「陸軍大将本庄繁功績書(付履歴書)」には、

昭和六年八月中旬関東軍司令官として着任後同月下旬より管内初度巡視の為満鉄沿線各部隊及び各地方官公衙を巡視・訪問の上、九月十八日午後十時在旅順《りょじゅん》軍司令官々舎に帰着し、参謀長より不在中の要務に関する報告を受け、直ちに寝に就けり。然るに午後十一時頃奉天《ほうてん》に於いて日支軍隊衝突し交戦状態に在るの報告到着し、続いて来着する各種の情報に関し参謀長より委細の報告に接するや直ちに軍司令部に出部し幕僚の慎重審議研究せる断行案に就いて沈思黙考稍《やや》久しうして決然として断乎たる行動に出づるの決心を採り、同夜正子隷下各部隊に対し東三省軍撃滅に関する軍命令を下達せり。而して軍司令官は十九日午前三時三十分旅順発軍用列車に搭し、所要の幕僚を率いて軍諸部隊指揮の為奉天に向かい進発せり(十九日午前十一時頃奉天着)。右決心は実に今次満州事変の核心をなすものにして、その行否は我が帝国の将来に対し真に重大なる関係を有し、所謂皇国浮沈の岐《わか》るる所たり。従って着任後未だ月余に満たざる軍司令官としては甚大なる苦慮の存するものありしも、幸いに同軍司令官は往年永く支那及び満州に勤務して支那百般の事情に精通しある一面、その後の変遷と国際関係並びに当時の帝国々状とを十二分に考量し、茲《ここ》に敢然として東《とう》三省《さんしょう》軍の無法の挑戦に対し機先を制してこれを撃滅せんとするの断乎たる決心を定め、これに基づき諸般の部署を遺憾なく実行せるものにして、正に我が国有史以来の大業の基礎を確立せるものに等しく、その偉勲は東洋永遠の平和招来の為永く千載に録せらるべきものと認む。以上の大決心に基づき、九月十九日奉天に軍司令部を推進して以来、翌七年四月十一日迄に実施せる東三省軍撃滅戦及び兵《へい》匪《ひ》・馬賊等の掃蕩戦は別表列記の如くにして、能く寡兵を以て衆敵に当たり部下諸団隊を功妙適切に区処して、常に迅速果敢、東進西転、北行南廻、神出鬼没、絶えず狂敵の意表を衝いて甚大なる戦果を収め、事変勃発後約半歳ならずして茲に満州国の独立を見るに至れり。交戦の結

果は周知の如く未だ曽《かつ》て戦史上に発見し得ざる驚異の成果を発揚し、世人をしてその電光石火的行動に対し、寧ろ啞然たる感を抱かしむる程の実状にして、この短期間に獲得せる成果は正に日露戦争の数十倍に達し、その偉績は真に筆紙の蓋し能わざる所なると同時に、そのこれをしてここに至らしむる迄の軍司令官としての苦心は蓋し何人と雖も相像を許さざる所なり。特に国内状況及び国際関係の紛糾せる当時に於いて益々然りとす。依りて以下交戦・建設・統治・救済その他これに類する各種業績中の重要なる事項を若干掲記して殊勲の証左となさんとす。

と記して以下一から九までの項を立てて満州事変における経緯などを詳述したうえで、

以上は本事変勃発以来満州国建設完了迄に於ける重要事項の極めて概要を記述したるものにして、進んでこれ等の細部に亘り詳細の説明を加えんが、万紙を費やすもなおこれを尽くし能わざるべし。要するに満州国建国完了迄には相当機微の経緯を有し、殊にこの期間は幾多紛糾せる国際関係と国内事情とに基因して、我が国政府の決心も未だ充分確然たらざりしものありし一面、関東軍を包囲する幾十万の兵匪・馬賊等は随所に暴行を恣にし、殊に宣戦を布告せざる交戦状態に在る等の関係上、軍司令官として画策する交戦に対する指導は極めて至難の業たり。況んや交戦に依り破壊せられたる行政機関の復活、治安維持、良民の順化、金融・産業・交通機関・通信等の復興事業を始めとし、満州国独立に関連する関税の設定、金融の改善、郵便法の確立、鉄道の統制、教育の革新、その他何々等直接軍事以外の百般の業務を機宜に適して而も円滑に律せざるべからざるに於いて、その困難は一層の度を加うるものと謂うべし。然るに軍司令官は卓越せる識見を以て事前に諸事を洞察して適切なる指導方策を確立し、極めて少数の幕僚を適当に区処して各その全能を発揮せしめ、その作戦行動に於いては疾風迅雷耳を掩《おお》うに暇なき無比の戦果を挙げしむる一面、直接軍事関係以外の前記諸業務に対しては兵馬倥《こう》偬《そう》の間に於いても極めて細心慎重、而も迅速果敢、機に応ずるの処置を講じ、上下渾身一体人和を以てこの重大使命を完全に遂行し、茲に我が国有史以来の大業の礎地を確立し、皇猷を扶翼し奉りたる功績は永遠に青史を飾るべく、その武功特に抜群なるものと認む。

と満州事変における功績を披瀝。これを受けて同月二十三日に宮相湯浅より本庄と荒木貞夫・大角岑生を含めた三名の授爵裁可を仰ぎ、同日裁可を得て、同月二十六日付で三名とも男爵を授けられている。

典拠　『東京朝日新聞』昭和八年十二月十四日朝刊、『授爵録』昭和二〜十九年

本多光太郎　ほんだ・こうたろう

一八七〇—一九五四

東北帝国大学名誉教授

①昭和十八年頃（不許可）

愛知県出身の物理学者。東京大学理学部卒業後、ドイツ・イギリス留学。帰朝後、東北帝国大学理科大学教授。昭和六年（一九三一）六月から十五年五月まで東北帝国大学総長。この間、十二年四月二十八日には文化勲章を叙勲している。『授爵録』（昭和二年〜十九年）所収の十四年一月二十八日付桜井錠二授爵関係の添付書類中、帝国学士院関係で「授爵ありし者」の次に「授爵なかりし者」「将来問題となるべき者」が列挙され、後者として田中舘《たなかだて》愛橘《あいきつ》・本多

本多光太郎

光太郎・長岡半太郎・徳富猪一郎《いいちろう》（蘇峰《そほう》）の四名を列挙・明記。添付書類は十八年以降に作成されたものと推測される。将来、授爵候補者となりうる存在として本多が含まれていたと考えられるが、戦時中ということもあってか、このの ちも授爵せず。

典拠　『授爵録』昭和二年〜十九年

本多副元　ほんだ・すけもと

一八四五—一九一〇

旧越前国福井藩御付人（家老）

①明治二年十二月（不許可）

②明治三年二月十五日（不許可）

③明治十一年三月（許可）

④明治十一年九月二十七日（許可）

本多家は旧福井藩御付人・家老で旧禄二万石を知行。幕末・維新期の当主は副元。常陸国府中藩主松平頼縄《よりつぐ》の弟頼功《よりかつ》次男で本多富恭《とみやす》の養子となる。同家の華族編列運動については、浅見雅男の著書でも紹介され、また近年『越前市史』資料編十四に武生《たけふ》騒動に関連して多くの資料がまとめて収録されていて参考になる。同書には福井県立図書館所蔵『松平文庫』「家格につき渡辺孝一郎建言」を収録している。これは明治二年（一八六九）十二月付で渡辺孝一郎（のち洪基と改名）が提出した建言であり、「今我が旧邑主副元が家系は、固《もと》より人の知る所にもこれあり、その差如何は知らずと雖も、二百年来毛利氏の吉川《きっかわ》氏に於けるが如く、実は陪臣たりと雖も土物を貢し邸を保ち、その他凡百の体格殆ど列侯と伯仲し」と長州藩主一門である吉川家同様の扱いを旧幕時代に受けていたことを述べ、純然たる陪臣とは待遇が異なる点を示し、華族への編列を求めている。また、同年中だけでも十一月二十七日付で本多家旧臣らが同様の請願を行なっている（同書所収「家格につき旧家臣直願」）。その後もこの運動は継続され、『大隈重信関係文書』所収「関義臣《よしおみ》書翰」によれば、引き続き三年二月十五日付で関義臣（初名は龍二）が大隈に対して本多家の華族班列を求めている。

謹みて一書を奉呈す。益《ますます》御安泰遊ばされ、御奉職の段重畳恐悦に存じ奉り候。然らば当藩本多興之輔家格歎願の一件に付、その旧臣一同報国の微志を為し表し奉る。恐れながら、朝廷へ二万金献納相願いたく、内周旋龍二へ向け内托《ないたく》これあるに付、即ち龍二麁漏《そろう》を忘れ威厳を犯し奉る。先般恐れながら閣下へ内書を呈し歎願奉り、既にその旨は御承知も下し置かれ候わん歟。然るにその後旧臣共一同事情切迫の余り懸念に堪えざるより、また一案を生じ候議論には、二万石の旧禄に二万両と申せば外通例の事にて、恐らくは或いは特格の場に御取建《とりたて》もこれあるまじき歟。然る時は尚この上一万両旧臣一同より恐れながら献納奉り、是非一藩御取起下し置かれ候様哀願奉りたく、その故は従来福井藩にて別藩と申す事好む所に非ず。或いは今般興之輔家格御下問の御請書弁官へ差し出し候に付いては、福武（興之輔在所を武生といふ）合藩と申す処に、当藩より朝廷へ願い出づべきも計り難き景況により、万一愈然る時は噬《ぜい》臍《せい》も及ばず心外の至りにて仰ぎ願わくは二万金の上、尚又々一万両前後合わせて三万両献納の廉を以て、御省より御主張下され、強いて廟堂へ御評議成し下され、是非藩知事と御沙汰御座候様御尽力下されば候儀は相叶わざる哉。旧臣一同の懇願の処、先ず手続を以て右の段龍二へ尚また内托これあり、無余の儀事情龍二敢えて拒むに由なし。これに依り恐れを顧みず、閣下へ追願仕り候。恐れながら旧臣一同の情実幾重にも御憐察遊ばされ御周旋下し置かれ候様、伏して歎願奉り候。この段態飛脚を以て申し上げ奉り候。何卒御見捨て無く御座候様、泣血頓首百祈罷り在り候。恐惶再拝白。

として、華族昇格に際して旧禄二万石であるので二万両を新政府へ献納しようとする動きが確認されるが、実現していない。こののちも前掲『越前市史』資料編十四によれば、明治三年だけでも四月二日付で本多家旧臣平野衛

士ら三名が旧藩主松平家家扶《かふ》宛で（「家格につき平野衛士等口上覚」）、六月一日付で本多家旧臣高木嘉門ら七名連署で（「家格につき高木嘉門等謹白書」）、またこれ以外にも数度の請願が繰り返されていることを確認できる。明治十一年三月には、副元が東京府知事楠本正隆宛で「家格御取建之願」を提出。「家格周旋につき松平春嶽《しゅんがく》書簡」によると、副元の請願を受けて松平慶永《よしなが》が同年八月二十六日付で岩倉具視に宛てて副元の願意を後援している。『公文録』所収「東京府士族本多副元華族ニ被列度ノ件」によれば、本多・松平両家の請願を受け、同年九月二十七日付で楠本知事より太政大臣三条実美宛で「士族本多副元家格御取建之儀ニ付上申」が提出される。これによれば、

当府士族本多副元祖先の儀は旧幕府創業の際、功労を以て越前国府中に於いて三万九千石を領し諸侯に列し、慶長年間より中納言秀康の傅役《もりやく》と為り、爾来《じらい》代々その職を継続致し来たり候より自ら越前家臣隷の姿と相成り候えども、毛利家の吉川氏と同じく旧幕府に於いて柳ノ間詰諸侯の待遇を受け来たり候縁故に依り、先般府藩県一治の制仰せ出され候節も旧福井藩より具状に及び、その後副元よりも家格御取建の儀歎願仕り候処、何れも御採用相成らず、遂に尋常藩士の如く士族へ編入相成り候儀にこれあり、右畢竟御詮議の上御処分相成り候儀にはこれあるべく候えども、右副元家格の儀はその封土を旧幕府より受け、一時越前家へ付属せられたる迄にて彼の三家と唱えし尾張・紀伊・水戸三藩の傅役たりし水野・安藤・成《なる》瀬《せ》・中山等の諸家と同様の筋にこれあり。故に寛永元年松平忠直《ただなお》の豊後に移され、貞享三年松平綱昌の封土を収めらるる時と雖も、副元祖先は常にその封土を保ち、その家格を全くし、以て今日に至りたるのみならず、その他諸般に就いても越前家の臣隷にあらずして、全く列侯を以て待遇せられ来たり候趣は歴々明証これあり。然るに水野以下の諸家は夫々《それぞれ》華族に列せられ、副元に於いては独り家格を失墜し尋常藩士と同じく士族に編入相成り候ては事情憫然の次第にこれあり、殊に維新の際副元儀奥羽の役に従事したる勤功これあり候儀に付、特別の御詮議を以て更に華族に列せられ然るべき儀と存じ候。これに依り右副元由緒概略書相副え、この段上申仕り候。

として、旧御三家付家老であった成瀬（尾張）・竹腰《たけのこし》（同）・水野（紀伊）・安藤（同）・中山（水戸）と同様の幕府より付けられた家であり、毛利家の一門吉川家とともに江戸城中においても外様大名と同じく柳間に詰める待遇を与えられていたことを述べ、立藩した他家と同様、華族への編列を「本多副元由緒概略」等を添付して求めている。これに対して太政官側は同年十二月五日付でこの請願の審査を行い、

右審査候処、従前の適例はこれ無く候えども、その家格及び由緒等別紙具申の通りにこれあり、特旨を以て華族に列せらるべき哉高裁を仰ぎ候也。

として、先例はないが、旧来の家格や由緒により士族より華族への昇格を認めるべきかとしている。これらが認められ、翌年一月二十五日付で華族に列し、十七年の華族令公布に際しては七月八日付で男爵が授与されている。

【典拠】「関義臣書翰」（『大隈重信関係文書』七）、「東京府士族本多副元華族ニ被列度ノ件」（『公文録』）、浅見雅男『華族誕生―名誉と体面の明治―』、『越前市史』資料編一四

本多政以　ほんだ・まささね

一八六四―一九二一

旧加賀国金沢藩重臣（加賀八家）

①明治十一・十二年頃（不許可）

②明治十二〜十六年頃（不許可）

③明治十五・十六年頃（不許可）

④明治三十三年五月五日（許可）

本多家は旧加賀藩において八家《はっか》と称されたうちの一家で旧禄五万石を知行した。八家は陪臣でありながら、御三家家老らと同様四名の叙爵（諸大夫成）が認められており、本多家は

歴代当主全員が叙任されている。政以は父播磨守政均《まさちか》が明治二年（一八六九）八月に暗殺されたのち家督を相続。同家の華族昇格に関し、『爵位発行順序』所収「華族令」案の内規として公侯伯子男の五爵（左に朱書で公伯男の三爵）を設け、世襲・終身の別を付し、その内「世襲男爵を授くべき者」四項目中、第四項目に「旧藩主一門の高一万石以上の者及び高一万石以上の家臣」を挙げている。同案は十一・十二年頃のものと推定されるが、この時点においては旧幕時代に一万石以上を領していた本多家は男爵に列すべき家として認知されていたと思われる。同じく前掲『爵位発行順序』所収「授爵規則」によれば「男爵を授くべき者」として、七項目中、第四項目に「旧藩主一門の高一万石以上の者及び高一万石以上の家臣」が挙げられている。前記資料とは異なり、この案は十二年以降十六年頃のものと推測されるが、こちらでも万石以上陪臣として、本多家は世襲華族として男爵を授けられるべき家とされていた。また、十五・十六年頃の作成と思われる「三条家文書」所収「旧藩壱万石以上家臣家産・職業・貧富取調書」によれば、旧禄高五万石、所有財産は金禄公債二万八千四百八十五円、宅地二万千二百十六坪一合、田畑二町二反一畝十五歩、職業は勤学、貧富景況は相応とされる。この時期には万石以上陪臣への華族編列が行われなかったため、同家も士族のままであった。さらに『授爵録』（明治三十三ノ一年）所収の三十三年五月五日付立案の書類によれば、

> 右は旧藩一万石以上の門閥にして、何れもその所属藩主の一門または家老たり。平生数百の士卒を養い、有事の時は将帥と為り手兵を提《さ》げ、出でて攻守の任に当たり、無事の時は入りて執政と為り民政を総管する等恰《あたか》も小諸侯の如し。而してこの輩は封土奉還の日何れも士族に編入せられたるも、仍《なお》巨多の資産を有して旧領地に住し、その地方人民の推重せらるるを以て自らその地方人民の儀表と為り、勧業または奨学等公益に資すること少なからず。その門地は以て小諸侯に譲らず。その資産また門地を維持するに足るものと認むるに因り前掲の通り授爵の恩典あらんことを奏上せらるべきや。

とあり、本多家も門地を維持するだけの資産も有していると認められ、同年五月九日付をもって男爵が授けられる。

典拠　『爵位発行次第』、「旧藩壱万石以上家臣家産・職業・貧富取調書」（「三条家文書」）、『授爵録』明治三十三ノ一年

本多政好　ほんだ・＊まさよし

一八七一―？

旧加賀国金沢藩家老

①明治十一・十二年頃（不許可）
②明治十二～十六年頃（不許可）
③明治十五・十六年頃（不許可）
④明治三十三年五月五日（不許可）
⑤明治三十九年九月十八日（不許可）

本多家は旧金沢藩士・家老家で、加賀八家《はっか》と称された一家、前掲本多政以《まさざね》家（五万石）の分家筋にあたる。政好は幼名を貞五郎といい、先代政醇が明治六年（一八七三）に没したのち、家督を相続した。同家の華族昇格に関し、『爵位発行順序』所収「華族令」案の内規として公侯伯子男の五爵（左に朱書で公伯男の三爵）を設け、内規としては世襲・終身の別を付し、その内「世襲男爵を授くべき者」四項目中、第四項目に「旧藩主一門の高一万石以上の者及び高一万石以上の家臣」を挙げている。同案は十一・十二年頃のものと推定されるが、この時点では旧幕時代に一万石以上を領していた本多家は男爵に列すべき家として認知されていたと思われる。同じく前掲『爵位発行順序』所収「授爵規則」によれば「男爵を授くべき者」として、七項目中、第四項目に「旧藩主一門の高一万石以上の者及び高一万石以上の家臣」が挙げられている。前記資料とは異なり、この案は十二年以降十六年頃のものと推測されるが、こちらでも万石以上陪臣として、本多家は世襲華族として男爵を授けられるべき家とされていた。また、十五・十六年頃の作成と思われ

る「三条家文書」所収「旧藩壱万石以上家臣家産・職業・貧富取調書」によれば、旧禄高一万石、所有財産は金禄公債五万八十円、田畑宅地四町三反四畝一歩、職業は就学、貧富景況は相応と記される。『授爵録』(明治三十三ノ一年)によれば、万石以上陪臣に対する三十三年五月五日付の授爵審査書類中には「高一万石以上と唱うるも大蔵省明治四年辛未禄高帳記載の高と符号せざるもの、または禄高帳に現米を記載し旧禄高の記載なきに因り調査中のもの」十二家中に「本多政好」の名がみえ、旧禄高は一万石ではあるが四年時の調査では七千石であったことが記されている。同家の家禄一万石中、うち三千石は与力知であったこともあってか、授爵が結局行われなかったのは、実高が結局一万石には達していなかったという点が指摘されたからとも考えられる。また、その後も同家に関する記述はみえ、『東京朝日新聞』三十九年九月十八日朝刊によると「一万石以上の陪臣」の見出しで、

　維新前陪臣にして一万石以上を領したるは各藩を通じて七十家ありしが、爾来屢《じらいしばしば》華族に列せられ、昨日また新たに八家に対し授爵の御沙汰ありたれば、残るは僅かに紀州藩の久野《くの》・水野、水戸藩の山野辺《やまのべ》、仙台藩の石川・茂庭《もにわ》、加州藩の津田・本多(一万石)、津藩の藤堂(一万石)の八家のみなりと云う。

と記され、前日の十七日付で佐竹準・深尾重孝《しげたか》・池田博愛《ひろのり》・日置《ひき》健太郎《けんたろう》・澤村重《しげし》・有吉《ありよし》虎若・藤堂憲丸・土倉《とくら》光三郎《みつざぶろう》・荒尾嘉就《よしなり》・伊木《いぎ》忠愛《ただなる》・荒尾之《これ》茂《しげ》の計十一名に男爵を授けられたことにより、旧藩一万石以上陪臣で未だ授爵の栄に浴さず、残っているのが八家と掲載している。記事中の藤堂は前日に授爵しているので誤りであるが、いずれにせよ、この当時旧幕時代に万石以上を食みながら、授爵していない家として紹介されており、この当時まで授爵運動が継続されていたと思われるも、結局、旧金沢藩の万石以上の陪臣中、横山政和《まさかず》と本多政好の二家のみが授爵をされずに終わっている。

典拠　『爵位発行次第』、「旧藩壱万石以上家臣家産・職業・貧富取調書」(「三条家文書」)、『授爵録』明治三十三ノ一年、『東京朝日新聞』明治三十九年九月十八日朝刊

本堂親久　ほんどう・ちかひさ

一八二九—九五

旧交代寄合

①慶応四年二月十三日（許可）

本堂家は旧幕時代に交代寄合《こうたいよりあい》表御礼衆の格式を与えられ、旧禄八千石を知行。幕末・維新期の当主は親久で、自家の諸侯列への編入運動を慶応四年(一八六八)には早くも起こしている。「本堂親久家記(常陸志筑)」によれば、同年二月十三日には「仰ぎ願わくは王臣の列に差し加えさせられ、万石以上の御軍役も相勤め、万石以上の御取扱成し下され候様、伏して懇願奉り候」として朝臣に取り立てられ、扱いも万石以上すなわち諸侯列への編入を求めている。こののち同年三月二十七日にも重臣をもって東海道先鋒総督府宛で請願。

　今般、王政復古、御国政御一新仰せ出され候に付いては、追々同列の者共上京仰せ付けられ候処、未だ私へは御沙汰の次第も御坐無く候間、唐突に罷り出で候ては却って越狙の御譴責これあるべき哉とかれこれ恐懼戦栗(慄)仕る。何卒平日の赤心表上奉りたく相心得、前月家来の者申し付け差し上げ候処、誠意の程御採用成し下し置き候のみならず、図らずも御感を蒙り奉り候段望外の幸慶、感激に堪えず有難き仕合わせに存じ奉り候。仰ぎ願わくは尚この上の御慈恵を以て上京、その外の御所置共、万石以上並仰せ付けられたく懇願奉り候。何卒前顕志願の通り仰せ出され候様、御取成の段、偏に祈望奉り候。誠惶誠恐敬白。

として本堂家の諸侯列昇格を再度願い出ている。これらの請願が功を奏したため、同年七月十四日付で京都において西四辻公業より諸侯列昇格の、

　その方儀、領知一万石これある趣、かねて取調差し出し候に付、先般有高本領安

堵仰せ付けられ候処、従前旧幕府に於いて外様の列にて臣属にこれ無く候に付いては、これ以後万石以上諸侯列仰せ付けられ候間、藩屏《はんぺい》の任武備充実専ら勤王尽忠を竭《つ》くし御奉公致すべき条御沙汰候事。

として、新田高二千百十石を合わせて実高一万石以上と高直しのうえ、旧幕時代においては譜代ではなく外様であるという点から諸侯列への昇格が認められる。同家はそののち、明治二年(一八六九)六月には華族に編入され、十七年の華族令公布に際しては七月八日付で男爵が授与される。

典拠　「本堂親久家記(常陸志筑)」(東京大学史料編纂所蔵)

本間光弥　ほんま・みつや

一八七六—一九二九

信成合資会社々長

①大正十一年十二月十一日　(不許可)

②大正十二年七月三十一日　(不許可)

③大正十二年十二月三十日　(不許可)

本間家は庄内藩士で郡代《ぐんだい》格を与えられた素封家として著名。光弥はその八代目。本立《ほんりつ》銀行頭取や信成合資会社社長などをつとめた。同家の授爵に関しては『倉富勇三郎日記』大正十一年(一九二二)十二月十一日条にみえ、

　徳川、本間某のことはその後話しなきやと云う。酒巻《さかまき》話なしと云う。予徳川の言を聞き漏らし、更に誰のことなりやと云いたるに、徳川より本間のことなりと云い、神社のことに付いても異論もありと云い居りたり。予は本間のことも神社のことも是迄話を聞き居らず、秋田の本間某に爵を授けらるることを請うことの話なることは分かりたるが、神社のことは何事なるや分からず。またこれを問うこともせざりしなり。

とあり、この当時より本間家またはその周辺が授爵運動をしていたことが確認される。『「諸雑公文書(狭義)」』所収の「本間光弥ヲ華族ニ列スル儀ニ付内申及調書」によれば、その翌年の十二年七月三十一日付で山形県知事県《あがた》忍《しのぶ》より内務大臣水野錬太郎《れんたろう》宛で「華族ニ列セラレ度義ニ付内申」が提出される。

　右は故正五位勲三等本間光輝《みつてる》の嗣子にして資性温厚篤実、光輝在世中より克《よ》く父を輔《たす》け家事を処理し、夙《つと》に殖産興業・地方文化風教に資するの志篤く、祖先以来の遺志を継ぎ幾多社会公共に尽瘁《じんすい》し、その功績枚挙に遑《いとま》あらず。由来その郷土庄内の地は農事の発達著しく、米産額八十万石余に上り、産米に於いて尤も冠たるものあるは固《もと》より、郷土民の熱心忠実その業に当たるに胚胎せるは論無きも、本間家が常々一意地方農民の指導撫育に努めたる結果に外ならず。即ち乾田馬耕の奨励、農場試作田の設置改良、農具の普及及び種籾の配布並びに改良苗代の奨励等、苟《いやしく》も米作の改良進歩に資する施設経営に関しては率先範を示し、小作人の保護に至りては常に周到の注意を払い、或いは豊年毎に小作人並びに地主より籾を貯蔵し、以て不慮の災害に備うるが如き、或いは凶年小作米の割引を為すも、尚翌年迄の食糧不足の際は低利を以て年賦貸付を為すが如き、或いは小作米割引の方法を定めて精農を賞し、惰農を督励し、或いは資本殺虫油等の貸付を為す等、祖先以来実行せる主義に基づき世運の進歩と社会実状とに照らし漸次改良を加え、常に小作人と利害を共にし、努めてその関係を緊密ならしめ相互利益の下に農事の発展を期す。加之《しかのみならず》公共慈善に対してはこれまた祖先の遺訓に率由し、平素皇室を尊崇すること極めて厚く、先年明治天皇の御不例の際の如きは日夜寝食を安んぜず赤誠を濺《そそ》ぎ神明に幣帛《へいはく》を供えて宝算の無彊《むきょう》を祈願し、その皇室御慶事に際会するや金品を献納して奉祝の意を表し、大正十年八月両皇子殿下本県へ行啓の砌畏くも御宿泊所に充てられたる際の如き用意万端怠りなく、殊に光弥は病父に代わり一族を督励し、御調度・御料理材料の準備に到るまで細心の注意を払い、この

光栄に感じ満腔の誠意を捧げて奉仕せるが如き、これを外にしては一旦邦家の緩急に際しては衷心奉公の誠を致し、或いは資金を献じ、或いは心力を後援に尽くして軍国に処するの臣民の範を示し、その公益に属するものに対しては町村制施行以来、町民の負担軽減を目的とし酒田町に於ける県税戸数割及び町税戸数制割付加税の三分の一を負担し、三十年の長きに亘り継続実行せるが如き、また慈善行為に至りては祖先以来最もその意を致せし処にして、近くは先代光輝に勧めて恩賜財団済生会に対する八万円の寄付を致し、或いは米価暴騰に際し貧民救助に義捐せる額また数万に垂んとするが如き、或いは毎年その作得米を売却するに方りその三分の一は常に倉庫に遺留して非常の用に備え、年の豊凶を確かめて後徐々に進退を扶するが如き、その善行枚挙に遑あらず。その他大正六年町立酒田町立商業学校新築費に一万円を寄付したる外、尚同家地所部信成合資会社をして同校敷地全部(この価格一万二千六百円余)を提供せしめ、また最近本県へ高等学校設立の議定まるや、率先金五万円の寄付を醸出したるが如き、教育上の施設に関しても最善の努力を怠らず。殊に先代光輝嚢《さき》に海防費金五千円を献納して黄綬《おうじゅ》褒章を賜り、日清戦役に際し軍資金二万円を献じて勲四等旭日小綬章、日露戦役に同じく金五万円を献じて勲三等瑞宝章を賜る。また大正四年御大礼に当たり農事に関する功労を認められ、特に位四級を進めて従五位に叙せられ、最近祖先四郎三郎光《みつ》丘《おか》また昔日の功労を賞せられ正五位を追贈せらる。当主光弥また父光輝の意を承け能く農民の福利を増進せんとし、先ず自家経営の本立銀行をして農民に対し低利を以て金融を円満ならしめ、即ち農馬貸と称し農馬の価格年と共に昂騰するや、農家はこれが購入容易ならざるに依り低利貸を行うが如き、或いは肥料貸と称し万一肥料購入時に於いて金子に差し支えあるものに対しては年末返済の契約にて低利貸を行うが如き、凡《すべ》て農事奨励と共に小作人保護融和に留意すること最も大なり。小作人中火災に罹り小作米を焼失したるものあるときは、無利子十ヶ年賦以上にて貸付をなし、或いは貯蓄を督励する等、先代光輝事業と相俟ちて実に美風とする所なり。明治三十三年政府始めて耕地整理法を施行せらるるや、率先その必要を認め克く光輝を輔け専心目的の貫徹を期し、先ず上田村吉田地内に面積二十余町歩の小地区を選び、経費の約半額を負担し、尚万一違作者ありたる場合に於ける保証を為して他地主の同意を得、県の後援の下に自ら手動となり、これが計画を樹立して工事の完成を期し、施行したる成績意外に佳良なりしを以て爾来《じらい》大いに企画する所あり。漸次その規模を拡張し、明治四十三年七月茲《ここ》に二百万円の工費を投じ、約八ヶ年の歳月を費やして八千町歩を整理し、遂にその目的を達成するに至れり。この間この不平渋滞なり。この大整理の完成を見るに至りたるは偶々同家と小作人との間に於ける関係の頗る円満なるに因《よ》るは勿論なるも、同《どう》人《じん》が地方地主間に於ける徳望の厚きも以て一因を為すは明らかなり。独り農事の改良進歩に努力するのみならず、地方文化風教の開発に対してもこれまた祖先の遺訓に基づき意を用うる所にして、平素育英の事業に志し、資力無き人材を養成せんとし、大正九年酒井伯爵を総裁に、父光輝と共に二十万円を投じ財団法人荘内育英会を創立し、自らは会長の任に当たり、専ら育英の事業に衝り、現に二十四名の貸費生を出すに至る。その他諸学校に対する直接間接の援助、或いは敬神思想涵養の為神社仏閣の修繕改築に尽くしたるが如き、或いは社会事業に、或いは衛生方面に一として同家の与らざる無きが如きは以て同家の社会奉仕の一端を

窺うに足るべし。同家は他の富豪の如く直接国家に関係ある事業を経営するものに非ざるを以て比較的その大を認められざるも、数百年来の素封家にしてその財産二千余万円と称せられ、祖先以来常に陰徳を施し、地方開発の為には終始諭らざる誠心を以て努力するものにして、その功績動《やや》もすれば表面に顕れざると徒にその富を誇り、その名を衒《てら》うを屑《いさぎよ》しとせざるに因る。而もこれ却って同家の愈出でてその実の愈大なるを証するものなり。即ち最近慈善公共並びに教育等の為当主の醵出に係わるもののみを以てしても実に金三十万円の多きに達せり。今や人心道もすれば徒に功利に趨《はし》り、華美を競わんとするの時に方り、同家は超然として皇室を尊崇し、一門悉くその身を持する極めて質素堅実、常々地方風教の中心となり、而も最も聞達を求めず、徐々に家門の基礎を鞏め、以て邦家の緩急に効さんことを期し、数世一貫克くその守るべきを守り、尽くすべきを尽くして怠らず。寔にこれ名門の軌範、富豪の典型として選奨するに恥じざるものにこれあり候。願わくは特に相当授爵の恩典に浴し、華族の班に列せしめられ候様御詮議相成りたく、別紙同家に関する詳細を具し、この段上申に及び候也。

と本間家が農事をはじめ、社会慈善事業にも深く関わり功績がある点を述べ、華族編列・授爵を求めている。この間、加藤友三郎内閣から第二次山本権兵衛内閣となるが、この願意は同年十一月二十日付で県《あがた》山形県知事より新内務大臣後藤新平宛で申牒。

本年七月三十一日発秘官第一三五を以て管下酒田町本間光弥に係わる華族の班に列せしめられたき義に付上申に及び置き候処、その後過般の関東大震火災に際しては卒先心を救済に寄せ取り敢えず現金一万円並びに白米二百石(この価格八千円)を救済の為に寄付申し出、更に時局の愈々急なるを鑑み、九月十五日改めて金十万円を救済資金として寄付申し出候事、寔《まこと》に奇特の至りと存じ候。加之《しかのみならず》居町に於いては罹災者救護の為活動せる。町当局と克く協調し、或いは労力奉仕の為上京すべき在郷軍人・青年団員に対しては相当金円を支出し、これを督励せる等陰に陽に細大共に留意し功績愈々《いよいよ》顕著なるものにこれあり候。就ては不日御詮議の御参考迄右追伸候也。

関東大震災時にも本間が多額の寄付金を献納している点が窺われる。「本間光弥授爵ノ儀ニ付進達」によれば、これを受けて後藤は同年十二月三十日付で本間授爵の詮議を山本首相に進達。

皇太子殿下御成婚に際し生存功労者取調候処、左記のものは夙に祖先の遺志を継ぎ、幾多社会公共の為力を効し、就中農事の改善、教育、慈善等の事業に関し貢献する所少なからず。由来同家は数百年来の素封家にして、平素皇室を尊崇すること極めて厚く、一門悉くその身を持する質素堅実、常に地方風教の中心と為り名門の軌範、富豪の典型として恥じざるものと認められ候に付、相当授爵の御詮議相成り候様致したし。

と記して提出するも、結局授爵されずに終わっている。なお、『授爵録』(大正十二～十五年)には本間家に関する資料は綴られておらず、山本首相から宮内大臣宛で通牒があったのかも不明である。

典拠　『倉富勇三郎日記』大正十一年十二月十一日条、「本間光弥ヲ華族ニ列スル儀ニ付内申及調書」(国立公文書館所蔵『〔諸雑公文書(狭義)〕』)、「本間光弥授爵ノ儀ニ付進達」(同)

前川貞峻　まえかわ・＊さだたか

一八四四—？

北畠親房末裔

①大正四年一月九日（不許可）
②大正五年一月十三日（不許可）
③大正六年四月七日（不許可）

元高田藩士の新潟県士族で北畠親房末裔を称する。「前川貞峻請願書」中の大正四年（一九一五）一月九日付「北畠系譜審査之義ニ就キ御願」によれば、

自分儀、今回草莽伏在の身を以てその賤劣をも顧みず、敢えて貴官に対し直接御願申し出候は、或いは順序を失し手続を誤り居らずやの疑いもこれあり、恐縮至極に御座候えども、啻《ただ》に他に執るべき良途を見出さざるのみならず、自分一身上最早一刻も猶予すべからざるの場合に立ち至り候に付、唐突御願申し出候次第に候。即ち余の儀にもこれ無く、彼《か》の南北両朝分立の際、北畠親房が後醍醐帝に仕えて蹇々匪躬《けんけんひきゅう》の節を尽くし、又且つ神皇《じんのう》正統記《しょうとうき》を著して名分の在る所を明らかにし、後世をして長へに向背を知らしめたるが如きは偏（遍）く人口に膾炙《かいしゃ》する所にして、今更喋々を要せず。その子顕家少弱の身を以て斧鉞《ふえつ》の大任を負い、懸軍長駆、各地に転戦し屢々《しばしば》北軍を窘《くる》しめ、終に能《よ》く忠死を遂げたるも一に父親房の遺志を継ぎたるに外ならず。是を以て叡聖文武なる先帝陛下内事・外交の御政事に日夜宸襟を煩わせられ候。余暇至仁至孝の大御心より深く御祖宗の懿徳《いとく》御景慕在《あ》らせられ候と同時に、先代臣子の功績御追思遊ばせられ、夫々《それぞれ》爵位贈与の御沙汰これあり、聖慮黄泉に達し恩沢枯骨を潤し、幾多の忠鬼当に初めて満足瞑目仕るべく候申し上げ候も畏き事に候得共、斯くてこそ臣子は飽くまで感奮激励し、金甌《きんおう》は天地と共に堅牢無窮なるべしと存じ奉り候。然るに曩《さき》に南朝功臣を録せられ候際、独り北畠氏のみ後裔なしとしてこれに与らず。爾来《じらい》捜索に御油断なきも、依然御発見もこれなき由側に伝承仕り候により、自分は今日こそある事情の為母方の姓前川と名乗りおり候も、系譜の示すが如く正しく北畠家の継承者にこれあり。殊に伝来の什物《じゅうもつ》及び父祖等より耳食《じしょく》候口碑に徴するも亦明瞭にして、些かの疑いも挿《はさ》むべき余地なきものと堅く自信罷りあり候ものなるを以て、当時直ちに天聴に達したく、所轄郡長及びその他にも相諮り候処、何れも順序を覆し願い出候には頗る手数を要するのみならず、少なからざる費用をも投ぜざるべからざる旨申し居り、余裕なき手許如何んとも致し難く荏苒《じんぜん》経過、三四年前二三知人の援助を得て再び進達の方法相講じ、他に依頼致し候も是とて引き受けくれ候迄にて、進捗の効更に挙がらず、実に痛恨の至りに候。自分老耄余命幾ばくもなし。今に及んで躊躇遷延せば取るに足らざるの自分名利は素《もと》より、聊か以て望む所にあらざるも、親房等の亡霊永く安瞑の機なかるべしと存じ候まま、手続順序等顧慮するの暇なく、茲《ここ》に別冊系譜写し提出、御願い申し上げ候次第に御座候。鄙人原《もと》是れ礼節に嫻《なら》わず、何卒その言の無稽を咎めず、その意の存する所を諒し、右系譜の正否に就き何分の御審査成し下されたく、謹みて御願い申し上げ候也。

と述べ、宮内大臣波多野敬直《よしなお》宛で提出。「北畠具成—具貞—貞雅—貞種—貞令—貞栄—貞基—貞峻」と続く系譜を添付。貞種の代より越後国高田藩士となり、貞令より前川を称したとする。こののち、五年一月十三日付で「再ヒ家譜審査之件ニ就キ御願書」を宮相波多野宛で提出。

去る大正四年一月九日付を以て御審査御

願い申し出置き候。不肖祖先より男系連綿、今日まで継襲し来たり、代々次を逐うて生没年月及びその他の事項略記しある所謂系図書は、その中にも明記しあるが如く畏れ多くも上は皇室より分派し、爾来子々孫々伝来し、加うるに親房・顕家の代より家宝として遺り居り候物品、若しくは口耳伝聞の事柄等に徴し、その後裔なること不肖自身に於いては原より堅く信拠して疑わざる所にこれあり。依て往年至仁至慈なる先帝陛下が南朝功臣の裔を収録さるるに当たり、不肖も亦早速御聖旨に対し奉り御裁可を仰ぐべき筈の処、事情は前書申し上げ候通り故障百端意の如くなる能わず。遺憾ながら先般を以て始めて覼《ら》縷《る》陳情、御願い申し出候訳に御座候。今や今上天皇陛下御即位の御大典を挙げさせられ候に就いては、先帝陛下の御盛徳に法《のっと》らせられ、恩は堙没《いんぼつ》の枯骨に及びて志士の霊安瞑する所あり。沢は暗隠の牢獄に洽《あまね》くして囚徒の心悔化する所あり。我が帝国臣民たるもの誰が感奮興起せざらん。不肖年既に老い、余命亦幾ばくもなく、加　之《しかのみならず》嗣子長男世を早うして頼るべき親縁なく、煢々《けいけい》たる孤影実に以て憂愁に堪えず。而《しか》もこの千載一遇の時を逸し、祖先匪躬尽忠の功労をして未来永劫湮滅に帰せしめんこと後嗣者不幸の罪に因るべきを想えば、苦痛更に甚だしきものあり。故に自然中心の躁《そう》急《きゅう》を促し、斯《か》くは再び出願に及び候次第に御座候。即ち去る大正四年は畏れ多くも照(昭)憲皇太后陛下雲上に神去りまし七千万赤子の涙に袖を絞る間もこれ無く、今上天皇陛下御位に即《つ》かせ給いし喜悲交々到る中、これ等尊き御式に御省閣下始め政務御鞅掌《おうしょう》、些かの御余暇なきを拝察し、御沙汰これ無く、星霜一年遠慮再願仕らず候処、這般《しゃはん》に至り世の風潮に伴い譎詐《けっさ》到らざるなく、種々の手段を尽くして天心を欺罔《ぎもう》し、以て万一を僥倖せんとするの徒輩これなしとも測られずと愚考仕り、焦燥の余り茲に唐突無稽再び悃願《こんがん》奉り候条、篤《とく》とこれに照らし御審査下されたく候。敬白。

と前回同様縷々陳述するも却下される。さらに翌六年四月七日付で「北畠家譜審査之儀ニ付伺書」を同じく宮相波多野へ提出。

去る大正四年一月九日付を以て系譜写相添え、北畠家譜審査を請願仕り置き候えしが、爾来未だ何等の御沙汰も拝受仕らず。而《しか》るに自分は余命幾ばくもなき老齢にて、衷心自ら躁急を促し候まま恐縮を顧みず、茲に右請願の件如何相成り候えしか御伺い申し上げ候。鄙人固《もと》より礼節を媢わず、幸いにその言の無稽を咎めず、その意の存する所を御諒察あって何分の御沙汰仰ぎ聞け下し置かれたく、謹みて御願い申し上げ候也。

と記して、三度の請願に及ぶも授爵は結局不許可に終わる。

典拠　「前川貞峻請願書」(宮内庁宮内公文書館所蔵)

前島　密　まえじま・ひそか

一八三五―一九一九

元逓信次官

①明治三十五年五月九日（許可）

旧越後国の豪農出身の官僚・政治家・実業家。江戸において蘭学などを学び、その後幕臣前島家の養子となる。維新後は明治二年(一八六九)十二月に民部省準十等出仕となって以来、租税権　正《ごんのかみ》・駅逓《えきてい》権正・駅逓頭《かみ》・内務少輔・元老院議官・内務大輔の諸官を歴任し、十三年三月には駅逓総官、二十一年十一月より二十四年三

前島　密

月に退官するまでの間、逓信次官をつとめた。また、三十五年四月より国語調査委員会委員にも就任。前島への授爵は三十五年五月九日に逓信大臣芳川顕正《あきまさ》より内閣総理大臣桂太郎宛で「勲功表彰ノ件」として請願書を提出。

右は明治維新の際民部省に出身し駅伝の事業を掌理するに当たり、古来我邦は交通四塞し、信書送達の如き寥々《りょうりょう》二三の飛脚屋と称する民間業務の経営に属し不便不利を極めたりしを以て宜しく欧米の例に倣い郵便制度を設け政府これを管掌し、公衆の利便を図り文明の治績を挙ぐるの必要なることを主唱し、刻苦励精自ら諸般の規則を編成して提出し、遂に廟謨の容るる所となり、明治三年郵便規則を公布せられたり。これ実に本邦郵便法規の濫觴にして事業の基礎たりと云うべし。また明治八年に至りては郵便為替貯金の方法を設け益々公衆の利便を開発し、文明の化育を翼賛せしこと尠少《せんしょう》ならず。殊に称揚すべきは内地郵便草創の時にして未だ外国郵便に及ぶに遑あらざるに際し、英米仏の三国各々その吏員を我邦に派遣し横浜・神戸及び長崎の各港に郵便局を設け、郵便往復の事を掌り、以て各々自国民人の便に資せり。政府はこれを憾とし百方恢復《かいふく》の策を講じ、内地郵便の発達と共に外国郵便の進歩を図り、明治十年に至り遂に万国郵便連合に加盟し、著々進歩の実を挙げ幾ならずしてその信用を内外に博するを得たるを以て、外国の郵便局も存続の必要を認めざるに由り孰れも開鎖撤退の運びに至れり。これに於いて我が外国郵便の業務は挙げて帝国政府の管掌に帰し、国権上の欠典を恢復するを得たるのみならず、更に進んで清韓両国に我が郵便局を設置し、大いに我が国光を発揮したるは畢竟するに前叙前島密が当時専らその局に当たり規画経営その宜しきを得たるに起因するものにして、洵《まこと》にその勲功の著しきものと云うべし。而して本年は恰も万国郵便連合に加盟以来二十五年に相当するを以て相当の祝典を挙行せんとするに当たり、熟々通信事業の成績を顧みればその事業の膨張著大いに至りたること実に名状すべからざるものあるに拘わらず、将来益々進んで改良発達を企画せざるべからざるものもまた尠少ならずして、その事業の煩雑複雑なるに鑑み、翻って創業当時を攷《かんが》うればその刻苦恬憺《てんたん》の状況追想するに余りあり。爾来《じらい》幾多の星霜を経、文運の進歩に随い、改良施設を行いたるもの少なからずと雖も、今日に至り基礎の鞏固《きょうこ》を得たるは、要するに当初の計画その宜しきを得たるに由らずんばあらず。これ実に前島密が明治二年十二月民部省に出仕し、十四年十一月願に依り駅逓総官を免ぜらるる迄内務大丞《たいじょう》より内務大輔等の重任を奉し、その治績を挙げたるのみならず、駅逓事務の長官に兼任、または専任し始終内外郵便創業の難衝に膺《あた》り前後十有二年一日の如く鞠躬《きっきゅう》その職に尽瘁《じんすい》したるの致す所にして、その勲功の卓絶顕著たる尋常一般の比にあらず。就いては今回祝典挙行の時を期し、優渥の恩典に浴し大いに創業者の勲功を表彰し、名誉を発揚せしめらるるを得れば独り前島密の光栄あるのみならず、将来斯業の上に於いて裨益を得ること少なからずと信ず。依って別紙履歴書を具し閣議を請う。

と前島が日本郵便制度確立にあたり、その創業者ともいうべき存在であることを縷々陳述し、三十五年が万国郵便連合に日本が加盟して二十五年にあたり、その祝典挙行に際して同人の功績を称えるために授爵を求めている。これに対して、同年六月十二日付の宮内省当局側の審査書類によれば、前記芳川の請願同様の文面・内容で裁可を仰ぎ、即日聴許され、同月十九日付で男爵が授けられた。

典拠　『授爵録』明治三十四～三十八年

前田　孝　まえだ・つこう

一八七二―一九三七

旧加賀国金沢藩重臣（加賀八家）
①明治三十三年五月五日（許可）

後掲前田豊《ゆたか》の子。明治二十一年（一八八八）一月に父豊の死去により家督を相続。旧藩万石以上の一門・家老らへの華族編列は明治十年代より建議されており、前田家も候補者として数度家名が挙げられている。『授爵録』（明治三十三ノ一年）所収の三十三年五月五日付立案の書類によれば、

右は旧藩一万石以上の門閥にして、何れもその所属藩主の一門または家老たり。平生数百の士卒を養い、有事の時は将帥と為り手兵を提《さ》げ、出でて攻守の任に当たり、無事の時は入りて執政と為り民政を総管する等恰《あたか》も小諸侯の如し。而してこの輩は封土奉還の日何れも士族に編入せられたるも、仍《なお》巨多の資産を有して旧領地に住し、その地方人民の推重せらるるを以て自らその地方人民の儀表と為り、勧業または奨学等公益に資すること少なからず。その門地は以て小諸侯に譲らず。その資産また門地を維持するに足るものと認むるに因り前掲の通り授爵の恩典あらんことを奏上せらるべきや。

とあり、前田家は門地を維持するだけの資産も有していると認められ、同年五月九日付をもって男爵が授けられる。

典拠　『授爵録』明治三十三ノ一年

→前田豊

前田直行　まえだ・なおつら

一八六六―一九四三

旧加賀国金沢藩重臣（加賀八家）
①明治十一・十二年頃（不許可）
②明治十二～十六年頃（不許可）
③明治十五・十六年頃（不許可）
④明治三十三年五月五日（許可）

同家は旧加賀藩において八家《はっか》と称された内の一家で旧禄一万石（一万千石とも）を知行し、土佐守家とも称される。八家は陪臣でありながら、御三家家老などと同様四名の叙爵（諸大夫成）が認められており、前田家も歴代当主のほとんどが従五位下・土佐守などの官位に叙任されている。典拠資料中には「前田蕃雄」と記されるが、先代直信《なおのぶ》は明治十二年（一八七九）十二月に死去しており、その嗣子直行と同一人物と思われる。同家の華族昇格に関し、『爵位発行順序』所収「華族令」案の内規として公侯伯子男の五爵（左に朱書で公伯男の三爵）を設け、世襲・終身の別を付し、その内「世襲男爵を授くべき者」四項目中、第四項目に「旧藩主一門の高一万石以上の者及び高一万石以上の家臣」を挙げている。同案は十一・十二年頃のものと推定されるが、この時点においては旧幕時代に一万石以上を領していた前田家は男爵に列すべき家として認知されていたと思われる。同じく前掲『爵位発行順序』所収「授爵規則」によれば「男爵を授くべき者」として、七項目中、第四項目に「旧藩主一門の高一万石以上の者及び高一万石以上の家臣」が挙げられている。前記資料とは異なり、この案は十二年以降十六年頃のものと推測されるが、こちらでも万石以上陪臣として、前田家は世襲華族として男爵を授けられるべき家とされていた。また、十五・十六年頃の作成と思われる「三条家文書」所収「旧藩壱万石以上家臣家産・職業・貧富取調書」によれば、旧禄高一万石、所有財産は金禄公債六千円、宅地二百四十六坪一合二勺、職業は勤学、貧富景況は相応とあるも、当該時期には万石以上陪臣の華族編列そのものが実施されなかったため、同家も士族にとどまる。『授爵録』（明治三十三ノ一年）所収の三十三年五月五日付立案の書類によれば、前田家は門地を維持するだけの資産を有すると認められ、同年五月九日付で男爵が授けられる。

典拠　『爵位発行順序』、「旧藩壱万石以上家臣家産・職業・貧富取調書」（「三条家文書」）、『授爵録』明治三十三ノ一年

前田長禮　まえだ・ながひろ

一八三〇―一九〇三

旧高家・元中大夫席
①明治十一・十二年頃（不許可）

②明治十二～十六年頃（不許可）

同家は旧幕時代に高家の格式を与えられ、千石を知行した旗本。始祖玄長《はるなが》は堂上《とうしょう》公家押小路の出身で後掲前田家とは別系統。幕末・維新期の当主は長禮。慶応四年（一八六八）五月に朝廷に帰順して本領安堵の上朝臣に列し、同年九月に中大夫席を与えられる。明治二年（一八六九）十二月には中大夫以下の称が廃止となるに伴い東京府貫属士族に編入。同家の華族昇格に関し、『爵位発行順序』所収「華族令」案の内規として公侯伯子男の五爵（左に朱書で公伯男の三爵）を設け、世襲・終身の別を付し、その内「世襲男爵を授くべき者」四項目中、第三項目に「元高家・交代寄合」を挙げている。同案は十一・十二年頃のものと推定されるが、この時点においては旧幕時代に万石以下でありながら、若年寄ではなく諸侯同様に老中支配であり、奥高家就任後は四位少将にまで昇り得る高家は男爵に列すべき家として認知されていたと思われる。同じく『爵位発行順序』所収「授爵規則」によれば「男爵を授くべき者」として、七項目中、第二項目に「元交代寄合・元高家」が挙げられている。前記資料とは異なり、この案は十二年以降十六年頃のものと推測され、こちらでも旧高家である前田家は男爵を授けるべき家とされているが、結局授爵内規からは高家は一律除かれ、華族編列・授爵は不許可に終わっている。

典拠　『爵位発行順序』、大石学編『高家前田家の総合的研究―近世官僚制とアーカイブズ―』

前田正名　まえだ・まさな

一八五〇―一九二一

貴族院勅選議員

①大正四年九月二十一日（不許可）

②大正七年九月二十七日（不許可）

③大正七年十一月二十三日（不許可）

④大正八年十二月二十四日（不許可）

旧鹿児島藩士出身の官僚・政治家。明治八年（一八七五）八月フランス公使館付二等書記生となり、十年三月には内務省御用掛となり勧農局事務取扱を命ぜられる。以後、総領事・大蔵省御用掛・内国勧業博覧会御用掛・農商務大書記官兼大蔵大書記官などを経て二十一年六月山梨県知事となり、翌年二月農商務省工務局長、同年五月同省農務局長、二十三年一月農商務次官を歴任。同年五月には元老院議官に就任するも、同年十月同院廃官で「非職元《もと》元老院議官」の肩書となり、二十六年十月非職満期のため退官。またこの間、二十三年九月に貴族院勅選議員となり、二十九年十二月辞職し、三十七年八月再度貴族院勅選議員となり死去するまでつとめた。大日本農会幹事長となり、殖産興業にも功績があった。前田の授爵運動は大正期より確認され、「牧野伸顕関係文書」所収の大正四年（一九一五）九月二十一日付「久保田譲《ゆずる》書翰」では前田への栄典授与依頼がされており、さらに『原敬日記』大正七年九月二十七日条によれば、

その外には授爵の問題あり。自分は実は口を出す事を避け居れり。益田孝《たかし》（山県、松方同案）、高橋新吉、園田孝吉《こうきち》（松方提案）、江川太郎左衛門の子孫なりと言うに付、高橋、園田は何の理由かと云いたるに、貨幣制度改革の際、為替その他に付尽力せりと云う事なりと。その他の者夫々理由あり。

とみえ、また同日記の同年十一月二十三日条には、宮内次官の石原健三《けんぞう》との会話で、原の前内閣（寺内正毅内閣）からの懸案として、高橋新吉・園田孝吉・益田孝・前田正名・渡正元《わたりまさもと》・江川太郎左衛門の六名の授爵があり、内閣末路の時期でそのままになっていることが石原の口から語られており、前田の授爵はかなり

前田正名

以前より時の内閣においても正式に検討されていたことが明らかであるが、結局この時も実現していない。さらに同日記の同八年十二月二十四日条によれば、

松方正義の内信を持ち同巌《いわお》来訪。川崎芳《よし》太郎《たろう》の授爵を申し立てくれよとの内談あり。余は川崎が造船事業及び近頃学校寄付、またその他の寄付金等もこれあるに付授爵然るべしと考え、既に兵庫県知事には電報にて問い合わせたる位の事なれば固より異議なし。但し近頃寄付発表に付、余りに新しき事に付時機は多少躊躇し居ると言うに付、巌の言にも松方の来書にも川崎病気不良に付、何とか早く心配しくれよと言うに付、尤もの事と考えその運びとなす事となせり。波多野宮相来訪。授爵の件、古市公威《こうい》の事山県頻りに催促するも、この際川崎の事もこれあるに付、総《すべ》て一月初旬に延期しては如何との相談に付、余同意を表したり。何となれば実業家中授爵とあれば安川敬一郎、川崎芳太郎二人にて先ず適当の者一段落に付、古市、前田正名等と同時は可なりと思いたればなり。

とみえ、原内閣のもとで九年一月に古市公威らとともに授爵が検討されるも理由は不明ながら見送られている。『授爵録』(大正八～十一年)によれば、十年八月十一日付で危篤に際して前田授爵の裁可を求める書類のみが綴られており、功績調書や他薦などの請願書類も添付されていないが、これまでの功績が認められ、同日付で男爵が授与されている。

典拠　「久保田譲書翰」(「牧野伸顕関係文書」)、『原敬日記』大正七年九月二十七日条・十一月二十三日条・八年十二月二十四日条、『授爵録』大正八～十一年

前田　豊　まえだ・ゆたか

一八四七―八八

旧加賀国金沢藩重臣（加賀八家）

①明治十一・十二年頃（不許可）

②明治十二～十六年頃（不許可）

③明治十五・十六年頃（不許可）

同家は旧加賀藩において八家《はっか》と称された内の一家で旧禄一万八千石を知行。八家は陪臣でありながら、御三家家老などと同様四名の叙爵(諸大夫成)が認められており、前田家も孝貞・孝行・孝資・孝昌・孝友・孝本らが従五位下に叙せられ、駿河守・対馬守などに任ぜられている。幕末・維新期の当主は孝敬で、維新後豊と改名した。前掲孝《つこう》の父。同家の華族昇格に関し、『爵位発行順序』所収「華族令」案の内規として公侯伯子男の五爵(左に朱書で公伯男の三爵)を設け、世襲・終身の別を付し、そのうち「世襲男爵を授くべき者」四項目中、第四項目に「旧藩主一門の高一万石以上の者及び高一万石以上の家臣」を挙げている。同案は明治十一(一八七八)・十二年頃のものと推定されるが、この時点では旧幕時代に一万石以上を領していた前田家は男爵に列すべき家として認知されていたと思われる。同じく前掲『爵位発行順序』所収「授爵規則」によれば「男爵を授くべき者」として、七項目中、第四項目に「旧藩主一門の高一万石以上の者及び高一万石以上の家臣」が挙げられている。前記資料とは異なり、この案は十二年以降十六年頃のものと推測されるが、こちらでも万石以上陪臣として、久野家は世襲華族として男爵を授けられるべき家とされていた。また、十五・十六年頃の作成と思われる「三条家文書」所収「旧藩壱万石以上家臣家産・職業・貧富取調書」によれば、旧禄高一万八千石、所有財産は金禄公債一万千五百二十円、秩禄公債三千六百円、共同運輸会社株券十株、田地四町八反六畝十九歩、宅地八百四十三坪七合、職業は無職、貧富景況は相応とされるも、当該時期には万石以上陪臣の華族編列そのものが実施されなかったため、同家も士族にとどまる。同家は豊が明治二十一年一月に死去するが、子の孝の代に至り、三十三年五月九日付で男爵が授けられる。

典拠　『爵位発行順序』、「旧藩壱万石以上家臣家産・職業・貧富取調書」(「三条家文書」)

→前田孝

前田　某（長猷カ）　＊まえだ

生没年不詳

旧高家・元中大夫席

①明治十一・十二年頃（不許可）

②明治十二〜十六年頃（不許可）

同家は旧幕時代に高家の格式を与えられ、千四百石を知行した旗本。幕末・維新期の当主は長猷。始祖長泰《ながやす》は堂上《とうしょう》公家高辻《たかつじ》家の出身で前掲の前田家とは別系統。長猷は文久元年（一八六一）九月に奥高家に列し、従五位下・侍従兼伊豆守（のち大蔵大輔と改名）に叙任。他の高家同様、朝廷に早期帰順して本領を安堵され、朝臣に列して中大夫席を与えられた。明治二年（一八六九）十二月には中大夫・下大夫・上士の称が廃止になるに伴い士族に編入される。同家の華族昇格に関し、『爵位発行順序』所収「華族令」案の内規として公侯伯子男の五爵（左に朱書で公伯男の三爵）を設け、世襲・終身の別を付し、その内「世襲男爵を授くべき者」四項目中、第三項目に「元高家・交代寄合」を挙げている。同案は十一・十二年頃のものと推定されるが、この時点においては旧幕時代に万石以下でありながら、若年寄ではなく諸侯同様に老中支配であり、奥高家就任後は四位少将にまで昇り得る高家は男爵に列すべき家として認知されていたと思われる。同じく『爵位発行順序』所収「授爵規則」によれば「男爵を授くべき者」として、七項目中、第二項目に「元交代寄合・元高家」が挙げられている。前記資料とは異なり、この案は十二年以降十六年頃のものと推測され、こちらでも旧高家である前田家は男爵を授けるべき家とされているが、結局授爵内規からは高家は一律除かれ、華族編列・授爵は不許可に終わっている。

典拠　『爵位発行順序』

牧野伸顕　まきの・のぶあき

一八六一―一九四九

文部・農商務・外務各大臣、宮内大臣・内大臣

①大正八年八月二十九日（不許可）

②大正九年八月十一日（許可）

貴族院勅選議員・パリ講和会議全権委員・臨時外交調査委員会委員（国務大臣礼遇）

③大正十二年十二月三日（不許可）

④大正十三年一月十八日（不許可）

宮内大臣

旧薩摩藩士出身の官僚・政治家。大久保利通の次男で、牧野家の養子となる。明治十一年（一八七八）十二月外務省御用掛となり、以後、同省三等書記生（イギリス公使館在勤）・太政官権少書記官・参事院議官補・法制局参事官・兵庫県書記官などを歴任し、二十一年五月に黒田清隆内閣成立に伴い総理秘書官となる。そののち、内閣記録局長・内閣官報局長・宮内省文事秘書官等・福井県知事などを経て二十六年三月文部次官に任ぜられる。その後はイタリア・オーストリア駐箚《ちゅうさつ》特命全権公使を経て、第一次西園寺公望内閣で文部大臣、第二次西園寺内閣で農商務大臣をつとめている。さらに第一次山本権兵衛内閣で外務大臣となり、内閣総辞職後は大正三年（一九一四）三月貴族院勅選議員となり、六年六月からは臨時外交調査委員会委員となり、国務大臣礼遇を与えられ、翌年からはパリ講和会議全権委員をつとめた。十年二月に宮内大臣に就任し、十四年三月に内大臣に転じ昭和十年（一九三五）十二月まで在任した。またこの間、明治四十年十一月四日付で男爵を授けられている。『東京日日新聞』大正八年八月二十九日朝刊によれば「西園寺侯公爵たらん／御批准後に発表か」の見出しで、

牧野伸顕

　講和大使として七十有余の老軀を提げて巴里《パリ》に赴き、八ヶ月に亘って大任を果たし、去る二十三日無事帰朝せる西園寺侯が一昨日日光行在所《あんざいしょ》に伺候し、具さに会

議の顚末を闕下《けっか》に伏奏したる際、畏くも陛下には侯が今回の労苦を思し召されて優詔を賜りたるは、侯がこの度の使命に対して世上に毀誉さまざまの説あれども、聖上が侯に対する御信任厚き事を証するものと見るべく、内閣に於いてもまた園《えん》侯《こう》の功労表彰につき何等かの奏請するところあるべきはいうまでもなけれど、目下正二位大勲位にして若し位階を陞叙するとせば従一位となる訳なれども、従一位の位を有し居るものは現在とては浅野長勲《ながこと》、久我通久《こがみちつね》の両侯爵あるのみにて、山県公、松方侯、大隈侯等の元老も正二位に止まり、且つその筋の方針も今後は生前に従一位を奏請する事を絶対になさざる事に決し居れば、園侯に対してのみ特に従一位を奏請するが如き事はなく、また勲等も侯は出発に際して既に大勲位を授けられ居れば、この上は頸飾《けいしょく》章加授より外には途なく、現内閣としては今度の講和に種々の非難あるにせよこれを以て大成功なりと吹聴し居る位なれば、必ずや園侯に対しては華々しき行賞の奏請をなすべく、恐らく爵位を陞して公爵を授けらるる事となるべく、同時に牧野男を初め講和会議に列せる全権委員や原首相その他の閣僚、外交調査会委員等にも陞爵・授爵の恩命下るべく、而してその時期は勿論不明なるも講和条約に対して御批准あり、平和に関する諸般の事務が一段落つきたる上にてそれぞれ発表さるべしと某宮内高官は語れり。

と第一次世界大戦後のパリ講和条約締結に際して全権委員であった西園寺と、牧野伸顕・珍田捨巳《すてみ》・伊集院彦吉・松井慶四郎らに対する論功行賞について大きく報じている。全権委員中有爵者は西園寺・牧野・珍田の三名であり、伊集院と松井は新規の授爵ということになるが、この際はすぐに審査がされなかったためか、年内の陞・授爵は行われていない。『授爵録』(大正八～十一年)によれば、九年八月十一日付で内閣総理大臣原敬より宮内大臣中村雄《ゆう》次郎《じろう》宛で西園寺公望ら十一名の陞爵・授爵詮議を申牒。

左記正二位大勲位侯爵西園寺公望外十名は対独平和条約等締結並びに大正三四年戦役に継ぐ戦役に関し別紙功績書の通り功績顕著なる者に付、各頭書の通り陞爵授爵の儀詮議相成りたし。

として、西園寺公望・内田康哉《やすや》・珍田捨巳・高橋是清・牧野伸顕・加藤友三郎の陞爵と、田中義一・山本達雄・松井慶四郎・伊集院彦吉・幣原喜重郎の授爵を求め各人功績書を添付。牧野の分については、

右は大正三四年戦役に継ぐ戦役に丁《あた》り臨時外交調査委員会委員として重要外交案件の考査審議に参与し、殊に平和会議の仏国巴里に開かるるや講和全権委員として会議に列し、西園寺主席全権委員と共に折衝機宜を愆《あやま》らず、克く帝国の地位を列強の間に昂め遂に対独平和条約等の締結を見るに至れり。その勲功洵《まこと》に顕著なりとす。

として外交上の功績を記して陞爵を求める。これが認められ、九月七日付で子爵に陞叙している。ついで、牧野の宮内大臣在任中、陞爵話が確認される。『読売新聞』大正十二年十二月三日朝刊によれば、「陞爵する人・新華族になる人」の見出しで、皇太子裕仁《ひろひと》親王(のちの昭和天皇)の御成婚・慶事に際して、陞爵や新規授爵の候補として挙がっている者として、

面白いところで伯東郷元帥の侯爵、半信半疑なのは皇后宮太《(大)》夫大森鍾一《しょういち》男の子爵、東宮侍従長入江為守《ためもり》子の伯爵、三浦・佐藤(三吉《さんきち》)両博士の男爵などで、いずれ授爵されることに間違いはなかろうが、この際男爵にと思われるのが枢府顧問官・秩父宮御用掛一木喜徳郎《いちききとくろう》博士、文相岡野敬次郎、内府御用掛平山成信《しげのぶ》の両氏、枢府議長清浦奎吾子の伯爵、その他で牧野宮相の陞爵も不思議のようだが芋蔓全盛の今日興味ある問題と噂の渦を巻いている。

尤も右の内、清浦、牧野、入江三氏の陞爵は早晩引退を想像されるからともいわ

れる。どちらにしてもこの外実業家にも数名あり、全部で十数名の多きに上るであろう。

と報じており、この当時宮相退任に伴う子から伯への陞爵が噂として持ち上がっているが、誤報であったのか、実際詮議されたものの却下されたのか実現はしていない。さらに同紙十三年一月十八日朝刊には、「御成婚と陞爵授爵／内定せる顔触」の見出しで、

摂政殿下の御成婚を期し、各方面の功労者に対して叙位叙勲の御沙汰あるべく、目下宮内省に於いてこれが銓衡中にある。この中多年の功労により陞爵・授爵の篤き思召を拝すべく内定したものは、内閣総理大臣清浦奎吾、宮内大臣牧野伸顕両子の陞爵(伯爵)、枢密顧問官久保田譲《ゆずる》男の陞爵(子爵)、及び枢密顧問官一木喜徳郎、同倉富［勇］三郎、前文部大臣岡野敬次郎四氏の授爵(男爵)の二伯・一子・四男であるという。

と前回同様、牧野陞爵説が内定したと重ねて報じているが結局これも実現せずに終わっている。『授爵録』(大正十二～十五年)によれば、十四年三月三十日付で内閣総理大臣加藤高明より牧野の後任宮内大臣である一木喜徳郎宛で牧野と海軍大将・朝鮮総督である斎藤実の陞爵詮議を求めて申牒しているが、斎藤と異なり牧野は功績書や願書類も添付されていないが、同年四月九日付で宮相として伯爵に陞叙している。なお、茶谷誠一は宮相として皇太子(裕仁親王。のちの昭和天皇)洋行、摂政設置、皇太子結婚などの任務を果たした功績であり、この陞爵に倉富勇三郎や小原駐吉《せんきち》・南部光臣《みつおみ》らの宮内省内における反牧野派が批判的であったことを指摘されている。

典拠　『東京日日新聞』大正八年八月二十九日朝刊、『授爵録』大正八～十一年・十二～十五年、『読売新聞』大正十二年十二月三日・十三年一月十八日朝刊、茶谷誠一『牧野伸顕』

馬越恭平　まごし・きょうへい

一八四四―一九三三

貴族院勅選議員・(株)大日本麦酒社長

①昭和三年十月十日（不許可）

旧備中国出身の実業家・政治家。東洋の麦酒王としても知られる。岡山県興譲館《こうじょうかん》で修学し、維新後は明治五年(一八七二)に先収会社に入社。九年に三井物産会社の創立にあたり同社勤務。同社地所部常務理事などをつとめて二十九年退職。二十五年からは日本麦酒会社社長にも就任。実業上の功績により、大正四年(一九一五)には従五位に叙された。またこれ以前には、明治三十一年三月の第五回衆議院議員総選挙に岡山県第五区から立候補して当選して一期つとめる。また、大正十三年六月からは貴族院勅選議員にも就任。『読売新聞』昭和三年(一九二八)十月十日朝刊によれば「授爵の栄は七名に／殆ど内定した顔ぶれ／陸海軍から各一名／学者から一名／実業界から四名奏請」の見出しで、

今秋行わせられる御大典に際しては官民となくそれぞれ功績の顕著なる者の中から、政府の奏請により爵位、叙位・叙勲・褒賞等畏き御沙汰を拝する事となって居るが、政府に於いても目下その人物を慎重銓衡中で、既に大体の内定は見た模様であるが、事は畏きあたりにかかわりある為、絶対秘密に付して居る。而して授爵の恩命に接すべき者については、その銓衡及び人員等大体前例に慣い、数は七名とされ、陸海軍人各一名、実業家・事業家中から四名、学者から一名とされて居る。この内定した候補者は学者から桜井錠二氏、陸軍から奈良武次《たけじ》大将、海軍から山下源太郎大将、実業家から馬越恭平、

馬越恭平

浅野総一郎、団琢磨《たくま》、藤原銀次郎の四氏と云われて居るが、この外、井上準之助、藤山雷太氏等も銓衡中の人である。また司法方面では鈴木喜三郎《きさぶろう》氏の声もあるが、鈴木氏には個人の事情もあり、然らば原法相とも伝えられるが、原法相には時期尚早との声もあり、結局この方面は銓衡外に置かれた模様である。

と報じている。昭和天皇の即位大礼という慶事に際しての授爵はこの一ヵ月後、同年十一月十日であるが、宮内省詰の記者が得た情報か、馬越を含めた七名が有力候補者として報じられている。同人の授爵内申については具体的には資料が確認できないが、実際に実業家枠から授爵したのは団琢磨であり、馬越はこののちも授爵されずに終わっている。

典拠　『読売新聞』昭和三年十月十日朝刊

益田精祥　ますだ・あきよし

一八六二―一九一七

旧周防国山口藩家老

①明治十一・十二年頃（不許可）
②明治十二〜十六年頃（不許可）
③明治十五・十六年頃（不許可）
④明治三十年九月（不許可）
⑤明治三十三年五月五日（許可）

益田家は代々山口藩家老で、旧禄一万三千石を知行。幕末・維新期の当主は精祥。同家の華族昇格に関し、『爵位発行順序』所収「華族令」案の内規として公侯伯子男の五爵(左に朱書で公伯男の三爵)を設け、世襲・終身の別を付し、その内「世襲男爵を授くべき者」四項目中、第四項目に「旧藩主一門の高一万石以上の者及び高一万石以上の家臣」を挙げている。同案は明治十一(一八七八)・十二年頃のものと推定されるが、この時点では旧幕時代に一万石以上を領していた益田家は男爵に列すべき家として認知されていたと思われる。同じく前掲『爵位発行順序』所収「授爵規則」によれば「男爵を授くべき者」として、七項目中、第四項目に「旧藩主一門の高一万石以上の者及び高一万石以上の家臣」が挙げられている。前記資料とは異なり、この案は十二年以降十六年頃のものと推測されるが、こちらでも万石以上陪臣として、同家は世襲華族として男爵を授けられるべき家とされていた。また、十五・十六年頃の作成と思われる「三条家文書」所収「旧藩壱万石以上家臣家産・職業・貧富取調書」によれば、旧禄高一万三千石、所有財産および貧富景況は空欄、職業は無職と記されるも、当該時期には万石以上陪臣そのものの華族編列が実施されなかったため、同家は士族にとどまる。その後も同家の授爵への動きは確認され、「毛利祥久《よしひさ》外四名華族昇列願書控」によれば、三十年九月には精祥の須佐《すさ》益田家とともに毛利祥久・福原俊丸《としまる》・国司直行《くにしなおゆき》・清水資治《すけはる》の五家の授爵請願を確認できるが、この五家の内授爵が許されたのは毛利祥久一名のみで益田家は除かれている。『授爵録』(明治三十三ノ一年)所収の三十三年五月五日付立案の書類によれば、

右は旧藩一万石以上の門閥にして、何れもその所属藩主の一門または家老たり。平生数百の士卒を養い、有事の時は将帥と為り手兵を提《さ》げ、出でて攻守の任に当たり、無事の時は入りて執政と為り民政を総管する等恰《あたか》も小諸侯の如し。而してこの輩は封土奉還の日何れも士族に編入せられたるも、仍《なお》巨多の資産を有して旧領地に住し、その地方人民の推重せらるるを以て自らその地方人民の儀表と為り、勧業または奨学等公益に資すること少なからず。その門地は以て小諸侯に譲らず。その資産また門地を維持するに足るものと認むるに因り前掲の通り授爵の恩典あらんことを奏上せらるべきや。

とあり、益田家は門地を維持するだけの資産も有していると認められ、同年五月九日付をもって男爵が授けられる。

典拠　『爵位発行順序』、「旧藩壱万石以上家臣家産・職業・貧富取調書」(「三条家文書」)、「毛利祥久外四名華族昇列願書控」(山口県文書館所蔵)、『授爵録』明治三十三ノ一年

益田　孝

一八四七―一九三八　ますだ・たかし

三井物産社長

①明治四十二年三月（不許可）

②明治四十四年（不許可）

三井合名会社顧問

③大正四年八月（不許可）

④大正四年十二月十日（不許可）

⑤大正七年九月二十七日（許可）

佐渡出身の実業家。父が幕臣に取り立てられ、慶応四年（一八六八）騎兵頭《がしら》並となる。維新後は新政府に出仕し、大蔵省造幣権頭《ごんのかみ》に任ぜられるがほどなく退官し、明治七年（一八七四）に井上馨によって設立された先収会社の副頭取になり、同社解散後三井物産に事業が引き継がれたのちは三井物産社長に就任。以後、三井の重鎮として経済界で活躍した。茶人としても著名。「鈍翁《どんおう》」の雅号で『松方正義関係文書』によれば、明治四十二年三月の日付で松方正義が「森村市左衛門、益田孝授爵詮議上申書」を内閣総理大臣桂太郎宛（宛名を抹消して宮内大臣波多野敬直《よしなお》宛としている）で提出している。まず、その理由としては、

右両名が夙《つと》に海外貿易直輸出入の業に努め、国家経済否運の際、海外正貨吸収の道に補益し、且つ一般直輸出入の業発展の道に貢献したる勲功を録せられ特に授爵の御恩命下され候様御詮議相成りたく候也。

と述べたうえで、

明治の初年に当たりては外国貿易の事概皆外人の手に帰し、邦人は自国産品の海外に需要せらるるものあるに拘わらず、自ら立ってこれを海外に販売し、以て商権を回復し、その利益を収むるに努むるものなし。況んや外品輸入の利に於いておや。これを以て貨物輸出入に依る巨大の利益はその大部外人の占有する所と為れり。この時に当たり微々たる資力を以て外人競争の間に立ち能くその困難に堪え、漸次信用を拡張し、商権を回復して遂に巨額の物産の輸出入を取り扱うに至り、これを上にしては国家海外正貨吸収の道に補益し、これを下にしては日本商人の信用を海外に発揚す。その国家に対する勲功また著しきものあり。茲《ここ》に状を具して特に恩命を仰ぐ所以なり。

と森村・益田の授爵請願理由を記している。添付の「益田孝自歴」には、

右は夙に海外貿易の振るわざるを憂い、明治八年先収会社なるものを創立し、本邦物産の直輸出業を開き、側陸海運省須要物品の輸入を受け負い、茲に始めて本邦直輸出入業の端を開けり。明治九年三井組に於いて三井物産会社を創立するや入りてその社長となり、同じく直輸出入の業務を総理す。而してその経営宜しきを得、同社の信用発揚すると共に貨物の直輸出入取扱高漸次増加し、爾来邦人中これに倣いて直輸出入の業に従事するもの漸く多きに至れり。明治十五年、余が大蔵卿《おおくらきょう》在任中紙幣交換準備として海外正貨吸収の策を立て、その一手段として準備金を運用し、以て内国米を海外に輸出するの裁可を得るやこれを取り扱わしむるにその人を得ざれば、折角の計画もその実効を期し難きを思い、種々考量の末、遂にこれを三井物産会社に托することとせり。当時孝は同社に長とし専らこれが取扱の衝に当たり、為に特に支店を倫敦《ロンドン》に設置し、これが販路を拡張するに勉めたり。蓋し当時本邦米の声価は未だ海外に挙がらず。本邦商人の信用は未だ外人に知られず。この間に処して円満に取引を為さんとする。その良苦洵《まこと》に察すべき

益田　孝

ものあるなり。而も孝は国家の為その任務を全うすることを努め百難屈せず、孜々経営年と共にその販路を拡張し、明治二十二年準備金運用事務の終結するに至るまで幾多の米国を輸出し、外国正貨吸収の道に補益すること少なからざるのみならず、因て以て本邦米の声価を海外に発揚し、爾後年々その需要の絶えざるに至りしものその源全くここに在りとす。爾来久しく同社長として益々事業を拡張し、今や世界到る所の要地大概その支店を置かざるなり。近時に於ける一ヶ年の輸出入高は凡そ二億円に及ぶと云う。即ち本邦輸出入全計の約四分ノ一は同会社に依て経営せらるるものにして、その国際貿易に効せる効果頗る著しきのみならず、一般直輸出入業の年と共に盛大に至りしもの孝の力与りて多きに居るなり。その国家経済上に効せる勲功洵に少なからずとす。

として、森村市左衛門や高橋新吉・園田孝吉ら同様に経済上の功績をもって益田の授爵を求めているが結局授与には至っていない。同人の授爵に関しては、『新日本』第一巻第七号に掲載された横山源之助の「男爵を授けられたる新旧五大富豪」にもみえ、

　去八月桂太郎内閣瓦解の間際に、兼ねて世評に上って居た実業家の授爵が行われた。世評の風聞に依れば、渋沢男爵は昇爵し、鴻池、三井、住友三旧家の外に、大倉、安田、豊川、及び藤田の諸氏が授爵さるるやに噂されていた。発表されたのを見ると、安田、大倉、益田氏等の姓名は除かれ、鴻池、三井、住友の三旧家と、藤田、近藤の二氏であったのは聊か案外であった。(中略)若し実業界に於ける位置或いは勢力または社会に於ける功績を以てせば、大倉喜八郎、古河虎之助の如きは固《もと》より、たとえ社会事業に没交渉とするも、金融に勢力多き安田善次郎氏の如きは当然加わるべき顔触であった。三井家の益田孝氏または三菱家の豊川良平氏の加わるも、世間は或いは怪しまぬであろう。(中略)安田・大倉両氏と同じく、益田・豊川の両氏も授爵の風聞を立てられた姓名である。益田氏は三井家の顧問、豊川氏は三菱家の監事、彼は顧問の名を以て三井家の大黒柱となっていると同じく、これは監事の職を以て、三菱家の外交を一身に担うている。益田氏が租税《(造幣)》権頭を以て、大蔵省に時めいたのは、明治六年頃であった。その後先収社副社長を以て、海外貿易の衝に当たり、先収社解散後井上馨氏の勧誘に応じ、三井家に入ったのであった。男爵渋沢氏とは性格に相違はあるが、若し三井家に入らず、独立の事業に従っていたら、或いは渋沢氏と同一の経路を辿っていたかもしれない。益田氏物産会社経営の衝に当たり、海外貿易に与った功労は尋常ではない。実績よりいえば、三井家の海外貿易は或いは益田孝氏の海外貿易であるともいわれないでも無い。今や三井合名会社顧問を以て、巨然として実業界に大地歩を占めてゐるのは、蓋し無理がない。この海外貿易の先功者は、世界の智識に富めるにも似もやらず、最も授爵に熱心者だといわれている。熱心か、熱心か、海外貿易に与った功勲は、何人も認むる所であるが、彼は覆面者である。彼の事業は三井家の事業である。余は益田氏に授爵ある前に、鉱業に功労多くして、且つ学校其の他社会事業に熱心なる古川氏等に与ふるのを順序と信ずる。

と記し、明治四十四年八月二十五日付で実業家へ授爵された際、このような世評があったことが窺われ、また益田自身が「最も授爵に熱心者」と目されていたことがみえる。同人と森村への授爵運動は大正期に入っても継続されており、前掲『松方正義関係文書』の「園田孝吉、高橋新吉授爵詮議上申書」の四十二年三月の日付の上より「大正四年八月」の書き込みがあり、同様の文面で再提出したものと思われる。また、『原敬日記』大正四年(一九一五)十二月十

日条には、

また授爵の事に付、他の元老(松方の事と思う)より高橋新吉、益田孝はじめ数人大隈に申込あり。他よりも多分それぞれ申し出ありたるならんが、斯《か》くては困るなりと大隈が云いたる事あり。但しこの授爵問題は中止となりては再興し、再興となりては中止と云う様に幾変遷をなしたるものと云えり。

とみえ、一般授爵詮議の際、松方より高橋と益田(とおそらく園田も)の授爵推薦があった経緯がわかるが、この際も授爵には至っていない。さらに、同日記大正七年九月二十七日条によれば、

その外には授爵の問題あり。自分は実は口を出す事を避け居れり。益田孝(山県、松方同案)、高橋新吉、園田孝吉(松方提案)、江川太郎左衛門の子孫なりと言うに付、高橋、園田は何の理由かと云いたるに、貨幣制度改革の際、為替その他に尽力せりと云う事なりと。その他の者それぞれ理由あり。

として、益田は山県有朋と松方が、高橋・園田は松方がそれぞれ授爵を推していることが明記されている。また、同日記十月十七日条には、

松方を訪問す。対支問題に付内閣更迭の日に借款を調印し、論功行賞をなしたる事並びにそれが為金調の必要起こりたる事など内話せしに、松方も多少は他より聞き居りたりと見え、余の談話によりて更に驚き入りたりと言えり。また米価問題に関し、米の過不足は如何にも調節に困難する事なるが、先年在職中処置せし事もありその顚末は益田孝熟知し居れり。また当米の輸出より正金を得んが為に為替作用に苦心せしが、この事に関係せしは当時ロンドン在勤領事園田孝吉、桑港《サンフランシスコ》在勤領事高橋新吉なり。右故この三人に授爵の詮議然るべしと思い提案せしに、内閣の議は纏まりたる様にも聞く。何分宜しく含みくれよと云うに付、余は寺内より引継を受けたるにはあらず、ただ寺内の談話中にその事は宮内大臣に一任し置けりと云えりと返答したり。

と経済界に影響力を有する元老松方が益田も含めこの三名への授爵に並々ならぬ尽力をしている。さらに十一月二十三日条にも、

参集所にて石原宮内次官、波多野宮相に代わりて(宮相病気)内談に、前内閣より授爵の件に付申し出あり(高橋新吉、園田孝吉、益田孝、前田正名《まさな》、渡正元《わたりまさもと》、江川太郎左衛門の六名)。然るに前内閣の末路にてその儘となり居りしが、高橋新吉病気にてむつかしければ、この際授爵ありたしと松方より平山成信を以て申し越しあり如何すべき、一応御意見を承りたしと波多野の伝言なりと云うに付、余はこの事は寺内より引継を受けたるには非ず。去りながら寺内より聞く処にては右の内益田の事は山県も松方も一致なれども、高橋、園田の事は松方の申し出にて山県不賛成なり。故に止むを得ずその儘宮内省に送れりと云えり。而してその後松方より園田、高橋の事はこれを聞きたるも単に聞きたる迄なり。故に全元老の間に疎通せられたるやと反問せしに、石原は波多野の云う処にては山県も異議なきに至りたる様に寺内より聞きたれば、高橋一人は授爵あるも妨げなき様に云えりと云うに付、余は益田は我が海外貿易に尽力せし事甚大にて三井を賞せらるるよりも、事実は益田に賞なかるべからず。殊に森村市左衛門に授爵ありたる已上には無論益田に授爵あるを当然なりとす。園田、高橋は領事として為替(金貨)に尽力せしと云う位に過ぎざれば、益田と共に高橋、園田を合わせ三人を賞せらるる事ならば強いて異議なきも、高橋に授爵ありて益田等恩典に浴せざる様にては不可なり。但し何れにしても高橋、園田の事は山県の異議なきや否やは貴方にて慥《たし》かめられよと云いたれば、石原は然らばこの際断然三人同時に授爵の事として山県

にも直接相談すべしと云えり。

とこの件に関して長文で記しており、益田・高橋・園田の授爵は元老間でも温度差があり、宮内省側では石原次官が三名同時に授爵させようとの考えから、山県への同意を得ようとしている。『授爵録』(大正七年)所収の「功績書」によれば、

右は明治五年三月大蔵省四等出仕仰せ付けられ、同年四月造幣権頭に任ぜらる。同年六月官を辞し先収会社を組織し副頭取と為り、爾来《じらい》実業に従事し、明治八年先収会社の解散せらるるや、翌九年三井物産会社の創立に与り、選ばれてこれが社長と為り、明治二十六年六月三井物産会社の組織を改めて三井物産合名会社と為すや専務理事として同社の業務を統理し、傍ら合名会社三井銀行及び三井鉱山合名会社の重役を兼ね、同三十五年四月三井管理部専務理事、副部長の任に当たり、同三十八年四月三井家副顧問と為り、同四十二年十一月三井合名会社の顧問に転じ、大正二年十二月その相談役と為れり。その間、専ら海外輸出の事に従い欧米各国に渡航して実地を視察し、各要地に三井物産会社の支店を開設し直輸貿易の途を開き、また屢《しばしば》支那に赴き大いに対支貿易の拡張に努力し、我が国海外貿易の進展に貢献したる所頗る大なるものあり。また夙に金貨本位制を主張し、朝野の注意を喚起し、貨幣制度調査会委員として幾多の反対ありしに拘わらず、本制度の実施を見るに至らしめたり。なお同志と共に商法講習所を設立し、商業学の普及を計る所ありたり。その他臨時博覧会事務局評議員、貨幣制度調査会委員、農商工高等会議議員、農商工高等会議副議長、鉄道国有調査会臨時委員、日英博覧会評議員、生産調査会委員、広軌鉄道改築準備委員会委員等を命ぜられ、終始国家に致せる功績洵《まこと》に大なりとす。

とし、経済界における功績が陳述。この功績が認められ、同年十一月二十六日付で男爵が授けられている。

典拠　横山源之助「男爵を授けられたる新旧五大富豪」(『新日本』一ノ七)、『原敬日記』大正四年十二月十日条・七年九月二十七日条・十月十七日条・十一月二十三日条、『授爵録』大正七年

町田久成　まちだ・*ひさすみ

一八三八―九七

元元老院議官

①明治二十三年十二月　(辞退)

元薩摩藩士出身の官僚・政治家。町田家は千七百五十石取の上士で通称は民部。幕末・維新時には国事に奔走し、慶応四年(一八六八)一月には参与・外国事務掛となり、翌月には徴士《ちょうし》・参与職・外国事務局判事、さらに長崎裁判所判事兼九州鎮撫使参謀に転じ、同年四月には外国官判事となり従五位下に叙せられた。その後は大学大丞《たいじょう》・文部大丞・内務大丞・内務大書記官・農商務大書記官等を歴任して博物館事業に尽力。明治十八年(一八八五)三月には元老院議官となるも、二十二年十二月には依願免官、その後は出家して石谷と号し、滋賀の三井寺法明院住職となった。『東京朝日新聞』三十五年三月二十九日朝刊によれば「恩師の木像」の見出しで、

予が曽《かつ》て師を入谷の隠宅に訪うて、元勲優待の近比《ちかごろ》大いにひらけらたれば、足下も宜しく還俗すべし。されば門閥の上より見るも、維新功労の上からいうも、叙爵は必ず疑いなかるべしと勧めたるに、師は哄笑《こうしょう》一番して、余は生涯婦人と間違えらるる恐れなければ、叙爵の光栄を戴

町田久成

かずとも可也と、その勧告を斥けられし程なれば、今新たに師の銅像を彫刻せんとならば、宜しく法体と為すべし。何を苦しんでか、直垂《ひたたれ》束帯の昔を偲ぶ要あらんやとて、某は近々竹内《たけうち》氏に忠告せん心算なり。

という記事が掲載される。これは東京美術学校教授の竹内久一《きゅういち》が町田の没後に木像を製作しようとした際、束帯・直垂姿の写真があり、それを用いようとしたところ、町田の外務省在職中の親友某が同人の授爵を断った経緯について述べたものであり、時期的には出家をした明治二十三年十二月頃のことと思われる。また、『東京朝日新聞』三十年九月十八日朝刊にも「町田久成師の入寂」の見出しで同人の死去を伝えており、「彼の近比官軍の旗持・雑兵達の子男爵たるに比して尊き授爵の恩典にも浴すべかりし身」と記し、維新草創の時期にあって功績があり、元老院議官もつとめた同人に対して授爵に関する話があったことが窺われる。授爵されなかった理由は記事からは還俗をしなかったかのようにもみられるが不明。

典拠　『東京朝日新聞』明治三十年九月十八日朝刊・同三十五年三月二十九日朝刊、大島明剛「町田久成について」(『LOTUS』一七)

松井安芸　まつい・あき

生没年不詳

藤原秀郷末裔

①明治十七年三月十一日（不許可）

京都府在住。藤原秀郷《ふじわらのひでさと》末裔を称する。出自や旧身分については不明。『読売新聞』明治十七年（一八八四）三月十一日朝刊によれば、「秀郷卿の後裔」の見出しで、

このほど同卿が天慶三年、平将門を討亡せし時の上申書及び佩用《はいよう》せられし太刀二口と共に遺物品・由緒書等を携へ、かかる系統正しき子孫なれば、事実お取調の上、華族に列せられたき旨、去一日京都府へ出願せし由。

とあり、同月一日に京都府庁へ請願書を提出したとみえる。『授爵録』（明治二十三年）中に同年四月八日付で列華族・授爵を請願し、二十三年六月二十五日付で却下された松井関嶽斎《かんがくさい》と同一人物か。出自は不明。

典拠　『読売新聞』明治十七年三月十一日朝刊

→松井関嶽斎

松井関嶽斎　まつい・かんがくさい

生没年不詳

藤原秀郷末裔

①明治十七年三月二十九日（不許可）

②明治十七年十一月十日（不許可）

③明治二十三年六月二十五日（不許可）

京都府平民。藤原秀郷《ふじわらのひでさと》末裔を称する。出自や旧身分については不明。『授爵録』（明治二十三年）に収録。明治十七年（一八八四）三月二十九日付で京都府庁より内務大臣山県有朋宛で列華族・授爵を請願し、内務省を経由して宮内省へ提出。「松井関嶽斎は藤原秀郷正統の後胤なりと云う」とみえ、十一月十日付で山県より太政大臣三条実美宛で回付。そののち、この願書はしばらくの間保留されたものと考えられるも、二十三年六月二十五日付で正式に却下。同じく秀郷末裔を称する前掲松井安芸と同一人物とも思われる。

典拠　『授爵録』明治二十三年

→松井安芸

松井慶四郎　まつい・けいしろう

一八六八―一九四六

外務大臣

①大正八年八月二十九日（不許可）

②大正九年八月十一日（許可）

　フランス駐箚特命全権大使・パリ講和会議全権委員

大阪出身の外交官・政治家。明治二十二年（一八八九）七月に帝国大学法科大学卒業後外務省試補となり、総務局政務課に勤務。翌年十一月に交際官試補となり外交官として累進。各国公使館の書記官や外務省参事官を経て三十九年三月には駐仏大使館参事官となり、大正二年（一九一三）二月に外務次官に就任。四年

松井慶四郎

十月にフランス駐箚《ちゅうさつ》特命全権大使に任命された。パリ講和条約では全権委員となり、十三年一月には清浦奎吾内閣で外務大臣をつとめ、また同年六月からは貴族院勅選議員に就任。十四年九月から昭和四年(一九二九)五月に退官するまでイギリス駐箚特命全権大使。十三年二月には枢密顧問官に任ぜられ、貴族院議員を辞職。『東京日日新聞』大正八年八月二十九日朝刊によれば「西園寺侯公爵たらん／御批准後に発表か」の見出しで、第一次世界大戦後のパリ講和条約締結に際して全権委員であった西園寺以外に、牧野伸顕・珍田捨巳《すてみ》・伊集院彦吉と松井の全権委員に対する論功行賞について大きく報じている。全権委員中有爵者は西園寺・牧野・珍田の三名であり、伊集院と松井は新規の授爵ということになるが、この際はすぐに審査がされなかったためか、年内の陞・授爵は行われていない。『授爵録』(大正八〜十一年)によれば、九年八月十一日付で内閣総理大臣原敬より宮内大臣中村雄次郎宛で西園寺らの陞・授爵を申牒。

　左記正二位大勲位侯爵西園寺公望外十名は対独平和条約等締結並びに大正三四年戦役に継ぐ戦役に関し別紙功績書の通り功績顕著なる者に付、各頭書の通り陞爵授爵の儀詮議相成りたし。

として西園寺以下、内田康哉・珍田・高橋是清・牧野・加藤友三郎の陞爵、田中義一・山本達雄・伊集院彦吉・幣原喜重郎と松井の授爵詮議を各人の「功績書」を添付して求めている。松井の功績書には、

　右は大正三四年戦役に継ぐ戦役に丁《あた》り、特命全権大使として仏国に駐箚し帝国と連合国たる仏国との親厚を図り、殊に平和会議の同国巴里《パリ》に開かるるや講和全権委員として会議に列し、折衝機宜を愆《あやま》らず、克く帝国の地位を列強の間に昂め、遂に対独平和条約等の締結を見るに至り、また平和条約実施委員長として平和条約実施事務を主宰し、その勲功洵《まこと》に顕著なりとす。

と記される。このパリ講和会議における外交上の功績が認められ、同年九月七日付で男爵を授けられる。

典拠　『東京日日新聞』大正八年八月二十九日朝刊、『授爵録』大正八〜十一年

松井敏之　まつい・としゆき

一八六五―一九三五

旧肥後国熊本藩家老・八代城代

①明治十一・十二年頃（不許可）
②明治十二〜十六年頃（不許可）
③明治十〜十六年頃（不許可）
④明治十五・十六年頃（不許可）
⑤明治二十四・二十五年頃（不許可）
⑥明治二十五年五月三日（許可）
⑦明治二十五年七月二十日（許可）
⑧明治二十五年十月三日（許可）

松井家は代々熊本藩家老で旧禄三万石を知行し、また八代《やつしろ》城代をつとめた。幕末・維新期の当主は盈之《みつゆき》。同人は明治九年(一八七六)六月に隠居し息敏之へ家督を譲り、自身は官幣中社八代宮の宮司をつとめる。敏之は家督相続後、西南戦争時には旧熊本藩士らが西郷軍に与しないように尽力した功績もあり戦後特旨により正六位に叙された。同家の華族昇格に関し、『爵位発行次第』所収「華族令」案の内規として公侯伯子男の五爵(左に朱書で公伯男の三爵)を設け、世襲・終身の別を付し、その内「世襲男爵を授くべき者」四項目中、第四項目に「旧藩主一門の高一万石以上の者及び高一万石以上の家臣」を挙げている。同案は十一・十二年頃のものと推定されるが、この時点においては旧幕時代に一万石以上を領していた松井家は男爵に列すべき家として認知されてい

たと思われる。同じく前掲『爵位発行順序』所収「授爵規則」によれば「男爵を授くべき者」として、七項目中、第四項目に「旧藩主一門の高一万石以上の者及び高一万石以上の家臣」が挙げられている。前記資料とは異なり、この案は十二年以降十六年頃のものと推測されるが、こちらでも万石以上陪臣として、松井家は世襲華族として男爵を授けられるべき家とされていた。また、十五・十六年頃の作成と思われる「三条家文書」所収「旧藩壱万石以上家臣家産・職業・貧富取調書」によれば、旧禄高三万石、所有財産は空欄。職業は無職であるが、貧富景況の欄は相応と記されるも、当該時期には万石以上陪臣の華族編列そのものが実施されなかったため、同家は士族にとどまる。そののち、同家の華族編列・授爵運動は継続されて行われており、『松方正義関係文書』所収「松井敏之家系」には敏之に関し、

当代敏之儀は明治十二年二月二十九日西南騒擾の際尽力少なからざるに付、特旨を以て正六位に叙せらる。この時十三歳にこれあり候。明治二十二年震災の際、金五十円寄付に付木杯一個、また明治二十二年高等中学校新築費献納に付木杯一個を賜り候事。

として、日付が記されないものの、二十二年以後に作成されたものと思われる。「以上は松井家筋の大略にして考証となるべき書類及び細川氏に対する事蹟は別紙細川幷《なら》びに松井家譜相添え候」とみえ、少なくとも敏之の授爵に際しての詮議に必要な書類であったと考えられるが、この時期には実現していない。また『授爵録』(明治二十五年)によれば、二十五年五月三日付で当時の熊本県知事松平正直より宮内大臣土方久元宛で松井の授爵を稟請。門地および前記西南戦争時の功労を理由とし、また同月七日付で同じく松平知事より宮相土方宛で「松井敏之功労之義ニ付追伸」と財産調書も添付して再提出。この松井家の動きについては『読売新聞』二十五年七月二十日朝刊によれば「松井敏之氏華族たらん」の見出しで、

旧熊本藩主細川侯の客臣にして、旧八代城代(禄高三万石)たりし松井敏之氏を華族に列せしめんとて奔走する者あり、既に土方宮内大臣よりも上奏せし趣なれば、松井氏は近々男爵を授けらるべしと漏れ聞く。

と報じられており、当局関係者から同紙へ情報がもたらされたものと推測される。これら前記の功労・家格由緒が認められ、同格であった米田家とともに同年十月十五日付で男爵が授けられる。また、すでに隠居をしていた盈之に対しても有爵者の先代として、同年十一月七日付で従五位が授けられている。

【典拠】『爵位発行順序』、「旧藩壱万石以上家臣家産・職業・貧富取調書」(「三条家文書」)、「松井敏之家系」(『松方正義関係文書』一二)、『授爵録』明治二十五年、松田敬之「新華族先代・先々代叙位に関する一考察」(鶴﨑裕雄編『地域文化の歴史を往く―古代・中世から近世へ―』)、『読売新聞』明治二十五年七月二十日朝刊

松岡康毅　まつおか・やすこわ

一八四六―一九二三

①明治三十三年五月六日（不許可）
　貴族院勅選議員・元農商務大臣
②明治三十五年五月三日（不許可）
　行政裁判所長官・貴族院勅選議員
③大正六年八月九日（許可）

旧阿波国徳島藩陪臣出身の司法官・政治家。明治四年(一八七一)に新政府に出仕し、司法権大録・司法権少判事などを経て、以後東京・神戸各裁判所長、高等法院陪席裁判官、大審院民事第一・刑事第二各局長、東京控訴院長となり、二十四年六月検事総長。同年十二月から貴族院勅選議員。二十七年一月の第二次伊藤博文内閣、さらには三十一年一月の第三次伊藤内閣では内務次官に就任。同年十一月には行政裁判所長官。松岡の授爵も貴族院勅選議員就任頃から候補に挙がっていたのか、『東京朝日新聞』三十三年五月六日朝刊によれば「新華族の候補」の見出しで、「授爵人名中に金子堅太郎・清浦奎吾・岩村兼善《かねよし》・松岡康毅・津田出《いずる》・

加藤弘之・平田東助《とうすけ》等の諸氏もありたりという」と報じられる。この際報道どおりに授爵したのは、同月九日付で男爵に叙された金子と加藤の両名のみであった。また「田中光顕関係文書」所収の三十五年五月三日付「山県有朋書翰」によれば、

　扨《さて》は授爵の事、仰せ聞かされ了《おわ》り候。両大臣の儀、他の権衡上より詮議相成り難く候へば、他日恩典を蒙り候外これ無しと存じ候。維新の功績に依り授爵の部中、小原《おはら》議員御詮議これあり候はば、武井守《たけいもり》正《まさ》の歴履（履歴）十分詮議を尽くされたく候。老生も当時の事情篤と承知致さず候へども、一、二の自伝承り候へば、甲乙これ無き哉に聞き及び申し候。この上ながら御考究の所願に候。猶十年以上にて松岡才判（裁）所長抔《など》は蜂須賀公（侯）より頻りに申し込み候。孰《いず》れにしても授爵の詮議は困難至極の事情想察に堪えず候。

松岡康毅

とあり、当時、維新の功績による新規授爵の候補に小原重哉と武井守正・松岡康毅の三名が挙げられていたようであり、松岡授爵については旧主筋にあたる蜂須賀茂韶《もちあき》侯爵の後援があったことが書翰から窺われる。この時も結局は詮議に洩れたためか不許可に終わる。大正期に入っても授爵に関する動きはみられ、『授爵録』（大正六年）によれば、同年八月九日付「正三位勲一等法学博士奥田義人《よしと》外一名は別紙功績書の通り功績顕著なる者に付、各頭書の通り授爵の儀御詮議相成りたし」と内閣総理大臣寺内正毅より宮内大臣波多野敬直《よしなお》宛で申牒。貴族院議員・東京市長の奥田義人とともに功績書が作成され、これが認められて同年八月十四日付で両名とも男爵を授けられる。

典拠　『東京朝日新聞』明治三十三年五月六日朝刊、「山県有朋書翰」（法政大学所蔵「田中光顕関係文書」『法政大学文学部紀要』六二）、『授爵録』大正六年

松方　巌　まつかた・いわお

一八六二―一九四二

元公爵

①昭和五年十二月二十一日（不許可）
②昭和七年三月二十二日（不許可）
③昭和八年九月四日（不許可）
④昭和九年二月七日（不許可）

旧薩摩藩士出身の元老松方正義の長男で、正義の死後、大正十三年（一九二四）七月に公爵を襲爵した。巌は明治十六年（一八八三）五月にドイツへ留学し、帰朝後は三十年五月に株式会社第十五銀行監査役・丁酉《ていゆう》銀行頭取、三十一年七月に第十五銀行取締役、三十四年十一月副頭取、大正四年一月には頭取に就任。また襲爵後は貴族院議員にも就任していたが、昭和二年（一九二七）の金融恐慌の際、十五銀行も大打撃を受け、取付騒動となり、預金をしていた多くの華族が損害を被った。この責任を取り、辞爵。同年十二月六日には貴族院議員も辞職した。また『東京日日新聞』同年十二月二十日朝刊によれば、有していた従三位・勲四等の位勲は返上しなかったと報じられている。先代正義が財界に大きな影響力を有していたこともあり、松方家の復爵を後援する者もおり、これらの動きは同五年頃から早々に起きている。『牧野伸顕日記』昭和五年十二月二十一日条によれば、郷純造《ごうじゅんぞう》男爵が牧野を訪問しており、同月三十日条にも同様の記事がみえる。この頃から松方の庇護を受けた政治家たちによる復爵が開始されていたと思われる。同日記六年十二月三十一日条にも「郷男入来。専ら松方家の事なり。再授爵の事もあり」とあり、定期的に同じ薩摩藩出身の牧野を訪れ依頼をしている。『木戸幸一日記』七年三月二十二日条には木戸を牧野が訪問。

　内大臣登庁。松方公爵の復爵につき、昨

今阪谷《さかたに》男、郷《ごう》男等の間に熱心主張されつつあり。而して自分としては未だその時機にあらずと思うが如何との御話あり。余もまた同意見にて、十五銀行の破綻その他関係事件が未だ生々しき状態なる今日、斯《か》くの如きことの行わるるは却って先公の為めならずと信ずと意見を述べて置いた。

とみえ、牧野・木戸両名とも復爵の時機が未だ到来していないという認識で一致している。同日記八年九月四日条には、

松方氏に復爵または授爵の件、郷男、阪谷子(男)等に運動行わる。十五銀行による華族の打撃等に鑑み、今これを実現するは不可なりとの意見なり。

と記され、復爵に熱心な郷と阪谷芳郎両名へ木戸は現時点で復爵または新規に授爵するという案は困難である旨を伝えている。郷・阪谷による復爵・授爵運動はその後も継続して行われており、同日記九年二月七日条にも木戸を阪谷が訪れ、松方家の復爵について考慮を求める依頼があり、木戸はこれに「今は少なくともその時期にあらざる旨」を伝えている。また『西園寺公と政局』昭和八年九月八日口述の項には、

「松方公爵が今日公爵を辞している関係から、再び公爵に復活してくれとか、或いは子爵でもいい、伯爵でもいい、という風に運動しているが、非常におかしな話である。これはもともと、昔の大名あたりの臣下に対する関係と、今日の君主と臣下との関係とを同じように見ているのだ。つまり昔の大名がその臣下をある地位に据え、どうも少し良過ぎるからというのでまた他の低い方へ変えたり、またそれを高いところに持って行ったりすることと、君主が大権によって授けられた栄誉とを混同している。苟《いやし》くも君主が一旦大権によって与えられた栄誉は、大名達のやることとは全く違うのであって、それを子爵に……とか、伯爵に……とかいってかれこれ言うべき筋合のものではない。そういうことがどうも判らないで困る」と言っておられた。

と、元老の西園寺公望も松方家の復爵・新規授爵について相当否定的な考えを有していたことが窺われる。『木戸日記』九年二月七日条によれば、「今は少なくともその時期に非ざる旨を答う」とあり、以後復爵運動は下火になったものと思われる。

典拠　『牧野伸顕日記』昭和五年十二月二十一日条・三十日条・六年十二月三十一日条・七年一月六日条、『木戸幸一日記』昭和七年三月二十二日条・八年九月四日条・九年二月七日条、原田熊雄述『西園寺公と政局』三

→松方義三郎

松方義三郎　まつかた・*ぎさぶろう

一八九九―一九七三

松方正義庶子

①昭和五年六月二十三日（不許可）

元老松方正義の庶子であり、松方公爵家二代目である前掲目巌《いわお》の弟にあたる。登山家・ジャーナリストとしても著名。のち三郎と改名。松方家は巌の代に第十五銀行の破綻により爵位を返上していたが、その後も同家の復爵を企図する者が多く、松方巌の項でも述べているが、義三郎に対しても松方家の家督として擬せられていたようであり、『読売新聞』昭和五年（一九三〇）六月二十三日朝刊によれば、

去る大正十五年の財界パニックによる十五銀行の破綻、川崎造船所の不始末事件等から重役としての責任を感じ、多大の私財を提供した上、公爵の栄典を返上して一介の野人松方巌として一時鎌倉に隠棲し、今は熱海にある女婿黒木三次《さんじ》伯の別荘に引籠り、淋しい余生を送つて居る当の巌氏も早古稀の齢を迎えるに至ったが、巌氏には黒木伯に嫁した一粒種の竹子さんの外には子宝がなく、公爵として栄耀栄華に時めいた当時から誰が松方第三世として巌公の後を襲爵するか、数多松方一門の注目の的となって居たものであったが、一朝にして襲い来たった財界の大荒しに栄爵をかなぐり捨ててから、

一門の間にはこの話題も途切れ勝ちであった所、最近同族間にこの相続問題が再熱し、かなり烈しい暗闘が続けられて居る。この御家騒動を惹き起した直接の原因はかかる名門の家柄を爵位返上のままで置いては明治の元勲たる故人正義公も地下に瞑し得ないだろうとの同情ある意見が西園寺老公始め要路の人々の議に上ったのが、その後宮内省にも通じ一木《いちき》宮相、関屋次官、仙石宗秩寮《そうちつりょう》総裁等の間に慎重な論議が行われ、新相続人に対し伯爵を賜るべく奏請することに決定されたと信ずべき事情があり、この事実が忽《たちま》ち松方一門に漏れたのに始まって居るが、故松方老公には大勢の子供があり、巖氏を筆頭に次男の松方正作《しょうさく》、幸次郎《こうじろう》、正雄《まさお》、五郎、乙彦《おとひこ》、正熊《しょうくま》、義輔《よしすけ》の諸氏以下、正作、幸次郎氏等の養子、養女として入籍して居るものまで入れると約二十人にも近く、その中に故松方老公と京都の婦人岩田きた女(五二)の間に生れ、幸次郎氏の養女として入籍し、実際は幼時巖氏の許に引取られ養育された人に松方義三郎(三二)がある。巖氏は育ての親として義三郎氏を深く愛し、行く行くは正式に相続人に定め公爵家の跡目を襲がせんものと独り意中に決めて居た程で、義三郎氏が学習院の高等科から京都帝大に転じ、大正十一年経済学部を卒えてからも現在では伊太利大使館に身売りした芝三田一の二八の本邸に、あの事件の起こるまでは巖氏夫妻と一緒に起居して来たのであったが、故老公正妻の子である正作、幸次郎氏が、正雄氏等は庶子たる義三郎氏を相続させることに反対を唱え、幸次郎、正男両氏の令息中から後継を定めようとしているので、老齢の巖氏も非常な苦境に立ち、今や松方一門を挙げてこの渦中に投ぜんとして居る。

と報じられており、第十五銀行の破綻により辞爵した巖が新相続人として定めたのち「新相続人に対し伯爵を賜るべく奏請することに決定」という動きがみられたようであり、巖が義三郎を立てようとしたことに対して、巖の次弟で元シャム国駐劄《ちゅうさつ》特命全権公使の正作らをはじめ、正妻派が反対して御家騒動に至っているという経緯を掲載している。この騒動が早期に決着しなかったためか、こののち伯爵特授の奏請もされなかったと思われ、以後の復爵などの運動も水泡に帰している。

典拠 『読売新聞』昭和五年六月二十三日朝刊

→松方巖

松方幸次郎　まつかた・こうじろう

一八六六―一九五〇

松方正義三男・川崎造船所社長

①大正十三年七月三日（不許可）

元老松方正義の三男。松方巖《いわお》の弟、同義三郎の兄。明治十七年(一八八四)大学予備門を中退後、私費留学してエール大学やソルボンヌ大学に学ぶ。帰国後、同二十四年には第一次松方内閣で首相秘書官をつとめ、同二十九年より川崎造船所社長に就任し実業界にあって活躍した。同四十五年五月の第十一回衆議院議員総選挙に神戸一区より立候補して当選し、大正四年(一九一五)三月まで一期つとめた。また、昭和十一年(一九三六)二月の第十九回衆議院議員総選挙に鹿児島県一区より立候補して当選し、以後連続三期つとめている。同人の授爵については、『倉富勇三郎日記』大正十三年七月三日条に見え、

酒巻また松方(正義)の薨去に付、その子幸次郎に男爵を授けらるるならんとの説ある趣にて、新聞記者より自分(酒巻)等に問い居れども、先頃松方が(興津)にて危篤と為りしとき、総裁(徳川頼倫《よりみち》)よりは授爵なき方適当なるべき旨を大臣(牧野伸顕)にも話し居れり。大山(巖)にも井上(馨)にもその例なく、伊藤(博文)と山県(有朋)と松方とは少しく事情異なる様なり。

と記されており、当時宮内省宗秩寮《そうちつりょう》庶務課長兼爵位課長であった酒巻芳男が倉富に松方正

義の死去に際して幸次郎へ男爵が授けられるという説があることを述べている。元老の死に際して伊藤博文の場合は子の文吉《ぶんきち》が、山県有朋の場合は孫の有光《ありみつ》がそれぞれ父・祖父の功績により男爵が授けられたという先例があるものの、同じ元老でも松方は両者と事情が異なるという理由から、宗秩寮総裁である徳川頼倫侯爵も賛意を示さず、結局実現せずに終わっている。また、幸次郎にはシャム国駐箚《ちゅうさつ》特命全権公使をつとめ従四位・勲五等を有する次兄正作《しょうさく》がいたが、何故正作が授爵候補者に擬せられなかったのかは不明である。

典拠　『倉富勇三郎日記』大正十三年七月三日条

→松方巌・松方正義・松方義三郎

松方正義　まつかた・まさよし

一八三五―一九二四

内閣総理大臣

①明治三十九年六月十九日（不許可）

枢密顧問官

旧薩摩藩士出身の政治家。前掲松方巌の父。幕末・維新期には国事に奔走し、慶応四年（一八六八）二月長崎裁判所参謀、同年閏四月徴《ちょう》士《し》・内国事務局権判事、明治二年（一八六九）七月日田県知事を命ぜられる。以後累進して民部大丞《たいじょう》・大蔵少丞・租税頭《かみ》・大蔵大輔・勧業頭・内務卿・参議兼大蔵卿などを歴任。また、内閣総理大臣を二回、第一次伊藤博文内閣・黒田清隆内閣・第一次山県有朋内閣では大蔵大臣としても入閣。その他、内務大臣を兼任したり枢密顧問官となるなど、元老として伊藤や山県・井上馨らと国政を主導した。また、十七年の華族令公布に際しては七月七日付で伯爵を授与されている。松方の陞爵については『西園寺公望伝』別巻一所収の「徳大寺実則書翰」によれば、「井上伯爵・松方伯爵、右菊花大勲位、後日侯に陞爵歟《か》」と徳大寺が西園寺に書き送っている。同書では同書翰を四十年六月十九日に比定するが、『明治天皇紀』三十九年六月一日条には伊藤博文が日露戦争における偉勲者行賞に参画したことがみえ、おそらく三十九年と思われるが、松方が大勲位菊花大綬章を叙勲したのは三十九年四月一日付であり、さらにこの前年の三十八年の時点ですでに井上の伯から侯への陞爵が起案されていたとも考えられるが、すぐには裁可されず保留にされたようであり、正式には四十年九月二十一日付で陞爵している。なお、伊藤・山県・井上ら元老の陞爵については『授爵録』などには裁可書のみが綴られ、功績調書や陞爵願の類は添付されていない。

松方正義

典拠　『読売新聞』明治二十七年二月十一日朝刊、「徳大寺実則書翰」（『西園寺公望伝』別巻一）

松木時彦　まつき・ときひこ

一八五八―一九三四

旧伊勢神宮外宮神主

①大正四年六月二十日（不許可）

②大正四年九月三十日（不許可）

③大正十三年一月十七日（不許可）

松木家は度会《わたらい》姓、旧伊勢神宮外宮神主の家柄。同家の授爵については、『授爵録』（追加）（明治十五～大正四年）所収の「荒木田《あらきだ》・度会両姓神宮家族籍ノ儀恩命ヲ蒙リ度件ニ付内願」に見え、檜垣貞吉・同常伯《つねおさ》・世木《せき》氏公・久志本《くしもと》常幸《つねゆき》・藤波氏宣・薗田守理と松木時彦の計七名の連署で大正四年（一九一五）六月二十日付で内閣総理大臣大隈重信宛で請願。「本年は御即位及び大嘗祭の御大典並びに神宮御親謁の御盛儀行わせられ、千載一遇の盛時に際会仕り候に付」として授爵を望む。また、「神宮旧神官荒木田度会二氏及慶光院利敬ニ授爵ノ件」によれば、同年九月三十日付で神宮大宮司の子爵三室戸《みむろど》和光《まさみつ》

より「荒木田・度会二氏が神宮創祀以来終始神明に奉仕し、神宮と浮沈を同じうして、以て昭代に至れるの功」を理由として大隈首相へ授爵を請願するも、大正天皇即位大礼の慶事に際して授爵はされず。さらに『授爵陞爵申牒書類』によれば、昭和三年（一九二八）十月二十五日の旧東北諸藩藩主の陞爵、田中俊清《としきよ》・江川英《ひで》武《たけ》の授爵、徳川好敏の復爵の次に「先例」として、大正十三年一月十七日付で当時の清浦奎吾内閣が宮内大臣牧野伸顕に宛てて「別紙正六位江川英武外十一名、陞爵・授爵及び復爵の件は家格に属するものに付、参考として回付に及び候」として、正六位江川英武・藤波氏宣・正八位久志本常幸・従七位勲七等薗田守理・従五位勲六等檜垣常伯・檜垣清澄・世木氏公・慶光院《けいこういん》利敬《よしゆき》・男爵島津久厚《ひさあつ》・陸軍工兵中佐正六位勲四等功四級徳川好敏《よしとし》・二条邦基《くにもと》と正六位勲六等松木時彦の計十二名を列挙。この当時、これらの授爵・陞爵・復爵が申牒されたものの、不許可であったことが明らかである。

典拠　『授爵録』（追加）明治十五～大正四年、「神宮旧神官荒木田度会二氏及慶光院利敬ニ授爵ノ件」（宮内庁宮内公文書館所蔵）、『授爵陞爵申牒書類』

松木美彦　まつき・よしひこ

一八五〇―一九〇五

旧伊勢神宮外宮神主

①明治八年七月（不許可）
②明治九年三月二十日（不許可）
③明治十年五月十八日（不許可）
④明治十五年十二月十八日（不許可）
⑤明治十六年一月二十三日（許可）
⑥明治十六年二月十六日（許可）

松木家は度会《わたらい》姓で代々伊勢神宮外宮神主。明治初年、春日大社の西家や、石清水八幡宮の田中・菊大路・南の諸家が堂上格《とうしょうかく》を求めた際にも当局側は同様に伊勢神宮や賀茂社からも出願されることを危惧しているが、伊勢神宮神主家の請願は明治八年（一八七五）頃より確認できる。『公文録』所収「度会県荒木田《あらきだ》度会ノ両姓華族ニ被列度儀上申」によれば、明治八年七月付で度会県士族浦田長民と鹿児島県士族田中頼庸《よりつね》両名が神宮神主の華族編列を求めて度会県権令《ごんれい》久保断三宛で書き送っている。

御管下第一区宇治山田両所に居住罷り在り候神宮旧神官荒木田・度会両姓の儀は天《あまの》児屋根命《こやねのみこと》〔荒木田氏の遠祖〕・天牟羅雲命《あまのむらくものみこと》〔度会氏の遠祖〕以来神孫継承して神宮御鎮座の始め二宮に分仕して千八百有余年他姓に混淆なく神宮家と称し血系統連綿、各禰宜の職を奉じ罷り在り候所、去る明治四年神宮御改正の際一般の公旨を以て世襲を解かるると雖も、両姓の儀は格別の御由緒もこれある旨太政官の御沙汰もこれあり、今以て両姓の内当器を撰びて正権禰宜に任ぜられ候。頼庸・長民等熟ら惟《おも》うに出雲・熱田・住吉その他の官社旧神官の内旧家の分は既に華族に列せられ候処、堂々たる神宮に奉仕して千八百年神孫継承せし名族にして、尋常一様の黎庶と同じく淪没候は誠に以て嘆惜の至りに候。願わくは速やかに両姓の系譜御取調、華族に列せられ候様御取計相成りたき心付候に付、この段建言仕り候。以上。

としてすでに出雲の千家《せんげ》・北島、熱田の千秋《せんしゅう》、住吉の津守《つもり》などの諸家が華族に列していることを先例として伊勢両宮の旧神主家の華族編列を「荒木田度会両姓奉職原由」を添付して求めている。この由緒書には神宮神主が五位から二位の高位に陞ること、血統連綿である点を述べている。これを受けて久保権令は同年九月三十日付で太政大臣三条実美宛で「建言書上申」を書き送り、

右両名の者より当県士族松木美彦・沢田泰《やす》綱《つな》始め外二十八名の儀は千八百年来他姓の混淆これ無く、神孫継承の旧家にて他の神官とも異なり、この儘一般民庶と同じく淪没候ては歎かわしき次第に付、華族に列せられたき趣を以て、別紙の通り系譜相添え建言書差し出し候に付、その儘進達仕り候間、何分の御詮議下されたく候。以上。

として松木・沢田を含めた三十家の華族編列を

上申するも、同年十一月十九日付で「上申の趣御沙汰に及ばれず候事」として不許可となる。この理由としては同年十月十三日付の審議で、

　度会県上申伊勢大神宮旧神宮荒木田・度会両姓の者その儀は神系連綿、千有余年他姓混淆これ無き旧家にて、一般民庶と同じく論没候は歎かわしき義に付華族に列せられたき旨審議に及び候処、右は先般同宮御改正の際大宮司河辺教長義は華族に列せられ、その余両姓の者は士族に編入相成り候に付、一般民庶とは既に区別相立て候義にこれあり、改めて右両姓の者残らず華族に列せられ候義は相当とも存ぜられず候間、御沙汰に及ばれず候て然るべき哉。依て御指令案相伺候也。

とみえる。すなわち、伊勢神宮では大中臣姓で代々大宮司として神祇官の官人でもあった河辺家が華族に編入されているので、ことさら度会・荒木田両姓の神主まで華族にする必要はないというものであった。『太政類典』外編所収「神宮旧神官荒木田度会両姓ノ宗家二人ノ華族ニ編入センコトヲ請フ允サス」によれば明治九年三月二十日付「度会県上申」として、

　右両名の者より当県士族松木美彦・沢田泰綱始め外二十八名の義は千八百年来他姓の混淆これ無く、神孫継承の旧家にて他の神官とも異なり、この儘一般民庶と同じく論没候ては歎かわしき次第に付、華族に列せられたき趣系譜相添え建言書差し出し候に付、その儘昨八年九月三十日付正院へ差し出し候処、同十一月十九日付上申の趣御沙汰に及ばれず候旨御指令相成り候。然るに荒木田・度会両姓の義は元来前文両名申し立て通り尋常の旧家にこれ無く、千八百年来の久しき神孫継承候は格別の義に付、猶両姓家系篤と取り調べ候処、頼庸・長民申し立ての通り相違これ無き家柄に付、この儘差し置かれ候も如何これある哉と存ぜられ候間、何分御詮議下されたく、別冊系譜相添えこの段上申仕り候也。

と内務省へ提出し、これに対して内務省は同年七月十五日付「内務省伺」として、

　別紙旧度会県伺同県下旧神官度会・荒木田の両姓松木美彦始め三十名の者華族へ編入の義調査致し候処、右は既に昨八年九月中同県より直ちに御院へ伺い出、同十一月中御沙汰に及ばれず候旨御裁下相成り候趣に候えども、先般上裁を仰ぎ候旧浜田県金子有卿《ありのり》御処分の例もこれあり候に付、旁《かたがた》尚熟考候処、本県申し立ての如く三十名の者悉く華族に列せられ候は固より相成らざる義と存じ候えども、右の内松木美彦並びに沢田泰綱二名の義は各その一族の宗家にして、末家二十八名の者とは格別系統も古く、且つこれを金子家に比するも唯歴代国造職を襲ざる迄にて、一体該二名古来履歴由緒の高尚なる等の如きは別段相劣り候廉もこれ無き様相考え候。依ては該二名だけの義は県官申し立ての通り華族へ編入差し許され候方然るべき哉にも存じ候えども、既に一旦御指令論の義に候えば、直ちに聞き届け難き旨指図に及ぶべく候哉。何分の御指令これありたく、別冊建白書並びに系譜二冊及び同県伺書相添え、この段相伺い候也〔九年七月十五日系譜二冊これを略す〕」。

と記し、太政官正院の指図を求めている。明治八年九月四日付で物部神社神主の金子有卿が華族に編入となったことを受け、再度伊勢神宮旧神主が華族編列を求めたことが窺われる。この再度の請願に対して正院第二科議案としては、

　別紙内務省伺大神宮旧神官華族へ編入の義、右は昨八年十月中度会県より伺出これあり、別紙参照書の通り御沙汰に及ばれず候旨御指令相成り候処、今般同省より再応伺出に付審議候処、右申牒中旧浜田県金子有卿御処分の例を援引し、家系優劣これ無く云々の趣に候えども、金子家は歴代国造世襲の故を以て将《まさ》に華族に列せられ候義にて、既に伊勢旧神官の義も先年御改正の際旧大宮司は華族に、爾

宜以下は士族に列せられ候義至当の御処分にこれあるべし。然るに度会・荒木田両姓の如き全く家系のみを以て華族に列せられ候ては外一般士族中にもその家系、或いは華族に立優り候者これ無きとも申し難く、右等の者若《も》し追々家系を申し立て華族に列せられたき旨願い立て候様にては際限もこれ無き義と存じ候。さりながら今般同省より伺出の趣にては、前両姓三十名の内宗家二名に限り華族に列せられたきとの義に付、特別御許可相成るべき哉、可否高裁を仰ぎ候也。

とするも、結論は十年五月十八日付で「伺いの趣聞き届け難く候条その旨指令に及ぶべき事」としている。内務省の上申より十ヵ月後の結論であり、この間相当な論議や調査がされたと思われる。また、この一件については、『明治建白書集成』第四巻所収「〔度会県士族松木美彦等ヲ華族ニ被列度建議〕」中で三重県庁文書も含め掲載されており、『公文録』所収「大神宮旧神宮松木美彦沢田泰綱二名華族ニ被列度儀伺」にもみえる。さらに『授爵録』(明治十五～十六年)によれば、十五年十二月十八日付で「族籍願之儀ニ付上申」を提出。内務卿山田顕義より太政大臣三条実美宛で回送される。同じく『授爵録』(追加)(明治十五～大正四)によれば、翌年二月十六日付で「族籍之儀ニ付追願書」を松木美彦・久志本常幸の連署で太政大臣三条実美・左大臣有栖川宮熾親王・右大臣岩倉具視宛で提出。十五年十一月(十二月の誤りか)に松木が総代として族籍変更願を提出するも何の御沙汰もないため再度請願した旨を記す。またこれに関しては『記録材料・決裁録・第二局・内務省甲号全』所収「三重県士族松木美彦外十名華族ニ列セラレタキ義」にもみえ、翌年一月二十三日付で太政官第二局で審議されており、

別紙内務省上申三重県士族松木美彦外十名華族編列願の義を案ずるに、右は前年度度会県及び内務省より上申の節御聞届相成らず候えども、特に度会姓の宗家松木美彦儀は神宮奉仕已来《いらい》千八百余年にして、その氏祖天日別命伊勢国造と為りしよりの年数を合算すれば二千五百四十年と相成り、その間系統連綿として絶えず。曩《さき》に華族に列せられ候出雲国造千家尊福《たかとみ》の外他に比類なき家格なるに依りこの際特旨を以て松木美彦のみ華族に列せられ、その余十名の者は先ず従前の通り差し置かれ候て伊勢神宮の荒木田姓の者并びに賀茂神社の泉亭《いずみてい》等格別の家格ある者詳細御取調の上、何分の御沙汰これあり然るべしと存じ候。依て左案取調高裁を仰ぎ候也。

と結論付け、御達案として松木美彦に対して「特旨を以て華族に列せられ候事」とし、同年二月二十一日付をもって同人のみ華族に編列となり、十七年の華族令公布に際しては七月八日付で男爵が授与される。なお、この際松木とともに請願した久志本常幸や、その他内宮・外宮の旧神主も家格や由緒を理由として、こののちも授爵運動を継続している。

典拠　「度会県荒木田度会ノ両姓華族ニ被列度儀上申」(『公文録』)、「神宮旧神官荒木田度会両姓ノ宗家二人ノ華族ニ編入センコトヲ請フ允サス」(『太政類典』外編)、「大神宮旧神宮松木美彦沢田泰綱二名華族ニ被列度儀伺」(『公文録』)、「〔度会県士族松木美彦等ヲ華族ニ被列度建議〕」(色川大吉・我部政男監修『明治建白書集成』四)、『授爵録』明治十五～十六年・(追加)明治十五～大正四、「三重県士族松木美彦外十名華族ニ列セラレタキ義」(国立公文書館所蔵『記録材料・決裁録・第二局・内務省甲号全』)

松下清岑　まつした・きよみね

一八六一―一九三二

旧賀茂別雷神社神主

①明治二十三年頃(不許可)

松下家は代々旧賀茂別雷《わけいかづち》神社神主の家系。後院北殿侍の岡本右衛門少尉清庭《きよひら》の次男で、後掲松下径久《みちひさ》の娘袖尾《そでお》の婿養子となり松下家を相続した。華族編列・授爵に関しては『授爵録』(追加)(明治十五～大正四年)所収「内宮外

宮旧神官十八家等族籍ニ関スル件」という年月日不詳の資料による。明治二十三年(一八九〇)頃作成と思われるこの資料によれば、旧賀茂別雷神社(上賀茂神社)神主の松下清岑に関する「加茂旧神官松下清岑ノ家」の項に、

右家は上加茂旧神官の三家の一、岡本・鳥《とり》居大路《いおおじ》の総本家にして累代神主に補せられ、従三位に上ることを得、その系統は加《か》茂《も》建角身命《たけつのみのみこと》の裔、神主在実七代孫正四位下資保二男能久《よしひさ》に出づ。能久承久の乱戦敗れ、鎮西に遷さる。貞応二年六月十日太宰府に於いて卒す。嗣なし。後鳥羽院天皇の皇子(童名氏王丸)を賜り嗣とす。氏久《うじひさ》と称す。神主に補せられ従三位に叙す。氏久の子孫遠久これを嗣ぎ、皇胤の系統連綿《れんめん》として現代清岑に至れり。その血統及び家格は曩《さき》に華族に列せられたる旧神官に比し優ることあるも劣ることなし。然らば則抜きを以て優班に列せられんか、否松下家に比しき家、下加茂旧神官に泉亭《いずみてい》・梨木《なしのき》・鴨脚《いちょう》三家あり。その他日吉神社に生源寺《しょうげんじ》・樹下《じゅげ》、松尾神社に東・南、鹿島神社に鹿島、香取神社に香取等のあるなれば、独り松下家にのみ栄典を及ぶべきものにあらず。これ等は他日を俟《ま》ちて慎重銓衡せられ然るべきものと思考す。

とあり、皇胤である松下家を華族に列する際には、他社の旧神官中由緒のあるこれらの諸家をも同様に授爵する必要性を説いているが、結局、松下家をはじめどの諸家も授爵されずに終わっている。

[典拠]『授爵録』(追加)明治十五～大正四年、竹森かつ『おでーさん―岡本清川のこと―』

→松下径久

松下長至　まつした・ながよし

生没年不詳

旧旗本寄合席・元下大夫席

①明治三十一年十月十八日(不許可)

松下家は戦国時代の武将松下之綱《ゆきつな》の末裔。之綱は遠江国に一万六千石を与えられ大名に列し、その後その子重綱《しげつな》の代に加封され陸奥国二本松で五万石、その子長綱《ながつな》が幼少で相続するに際して同国三春三万石に移封されるも、寛永二十一年(一六四四)四月に改易され、以後三千石の旗本として子孫連綿した。長至は幕末・維新期に幕臣でありながら王事に尽瘁《じんすい》し、朝廷に早期帰順して朝臣に列し、下大夫席を与えられた。同家の華族編籍・授爵については、『山内家史料　幕末維新第九編　第十六代豊範公紀』によれば、明治三十一年(一八九八)十月十八日付で親族にあたる侯爵山内豊景《やまうちとよかげ》・子爵加藤明実《あきざね》・同小笠原貞孚《さだちか》・同小笠原寿長《ひさなが》の四名が連署で「松下長至ニ授爵内願」を宮内大臣田中光顕宛で提出している。この請願書は『松下加兵衛と豊臣秀吉』にも収録されている。

謹んで松下長至祖先以来歴代王家に尽したる概要を叙列し、以てこれを閣下に呈す。抑々《そもそも》松下家第二代之綱の時に当たり、秀吉これが家奴たり。之綱その才幹を愛し、他日大いに為すあらんことを知り、武術訓練の余暇、我国体の金甌《きんおう》無欠なるを説き、苟《いやしく》も我国民たる者は縦令《たとい》天下を掌握し、万民を統御するの勢力を得ると雖も、皇室を凌辱することあれば天神地祇の震怒する所となりて到底その位置を保つ能わざること歴史に徴して昭昭たりと。果せる哉、秀吉天下を一統し、位人臣を極め言うて行われざるなく、思うて為し能わざるなし。この時に当たり、若し秀吉をして我国体の何物たると、我国民の本分とを知らざらしめば、北条・足利の轍を踏むも、また未だ知る可からず。然るに能く皇室を尊崇し、門跡・公卿を厚遇し、天下の諸侯をして勤王の誓を為さしむるに至る。これ主として之綱訓誨の然らしむるに由ると謂わざる可らず。この事恐れ多くも上聞に達し、後陽成天皇深く之綱を賞し、特に賜うに康光の御太刀並びに菊桐御紋付金蒔絵御行器を以てせらる。之綱勤王に厚きは素《もと》より、秀吉の信ずる所なるを以て丹波・伊勢に若干の領知を分与して皇居並びに大廟を守護せしめたりと云う。三代重綱に至り五万石

の領地を有するに至れども、常に勤王を唱うるを以て幕府の忌む所となり、竟に削封せらるるに至る。降りて十一代重光の時に至り、徳川慶喜方向を誤り、王師東降するに方《あた》り、八万の旗下靡然王師に抗せんと百方籌尽《ちゆうじん》を運《めぐ》らし、或いは函館に脱し、或いは上野に屯し、単に幕府を援くるを以て武士の本分と誤認す。独り重光之綱の遺訓を守り奮然身を挺し、総督有栖川宮熾仁《ありすがわのみやたるひと》親王殿下駿府御滞陣の際、九十六人の従士を率いて三島・箱根・藤沢の三駅を警衛す。賊徒箱根に通ると聞き、小田原の兵と力を戮せ、函嶺に出陣し凡そ六時間奮激防戦、賊徒遂に敗走す。この夜小田原の兵賊に通じ共に襲うて我陣を囲む。吾防禦に力むと雖も、衆寡敵せず、為に戦死する者八人、負傷する者三人、官軍江戸城に入るに及びて西丸《にしのまる》仕切御警衛を命ぜらる。明治二年六月戦功に依り金千両を賜る。按ずるに之綱、我国体を明らかにし、尊王愛国の志を存し、秀吉に籍りてその実を挙げ、重光に至りて王政維新に際し、また能くその功を奏したり。これ実に松下家独特襲縦の尽忠報国と謂うべし。今や明治の昭代、名門右族或いは維新の功労者を挙げて特に優班に列せらるる者その数少なからず。松下家の如き歴代勤王の志諭らず。之綱・重光に至りては特にその功績を顕彰したるに付、仰ぎ願わくは閣下特別の御詮議を以てその後裔長至に授爵の御執奏あらんことを。豊景等悃情《こんじょう》の至りに堪えず。

と初代之綱以来、同家が勤王の志が篤かった点、また現戸主である長至が官軍側に立ち功績を立てた点を理由として授爵を請願するも結局不許可に終わる。

典拠　冨永公文『松下加兵衛と豊臣秀吉』、山内家史料刊行委員会編『山内家史料　幕末維新第九編　第十六代豊範公紀』

松下径久　まつした・みちひさ

一八一五―九四

旧賀茂別雷神社神主

①明治十七年頃（不許可）

②明治二十二年一月二十八日（不許可）

旧賀茂別雷《わけいかづち》神社神主。維新前、同社神主職に就き、嘉永五年（一八五二）三月従三位に叙せられ、元治元年（一八六四）七月正三位に陞叙したが、明治四年（一八七一）五月社家の位階廃止により失位。同家の華族編列については「三条家文書」所収「旧神官人名取調書」による。同資料は明治十七年頃のものと思われるが、これによれば「別紙全国旧神官の内華族に列せられ然るべき家格の者にこれあり候。御発表前には一応現今貧富の景況地方官へ調査仰せ付けられ候上、御取捨相成りたしと存じ奉り候」と記され、そのなかに旧賀茂別雷神社からは岡本保益・鳥居大路《とりいおおじ》治平とともに松下径久の名も挙げられているが、結局授爵されずに終わっている。さらに『授爵録』（追加）（明治十五～大正四年）所収「族籍之儀ニ付建議」によれば、すでに華族に列した松木《まつき》美彦《よしひこ》男爵と藤井希璞両名の連署で二十二年一月二十八日付で宮内大臣土方久元宛で請願。

謹みて案ずるに貴族の国家に於ける重大の関係あり。許多の効用ありて、政治上・国体上に置いて必須の者たるは今更に喋々を要せず。（中略）爰《ここ》に古名家族宜しく詮議せらるべき者十六家を録して左右に呈す。

として神宮旧神官より久志本常幸・宮後朝昌・沢田泰綱《やすつな》・世木《せき》親喜、上賀茂より松下径久・岡本保益・鳥居大路治平、下鴨より泉亭《いずみてい》某・梨木《なしのき》某・鴨脚《いちょう》某、日吉より生源寺《しょうげんじ》希徳・樹下《じゅげ》某、松尾より東某・南某、鹿島より鹿島則文、香取より香取保礼の十六名を列挙するも、こののち審査のうえ授爵されたのは沢田泰綱の子幸一郎（泰圀《やすくに》）のみで松下ほか十五名は選に洩れている。こののち同社より華族候補として婿養子である前掲松下清岑《きよみね》が挙げられるが、授爵されずに終わる。

典拠　「旧神官人名取調書」（「三条家文書」）、『授爵録』（追加）明治十五～大正四年、竹森かつ『おでーさん―岡本清川のこと―』

→松下清岑

松田正久　まつだ・まさひさ

一八四七―一九一四

大蔵・文部・司法各大臣

①明治三十九年一月八日（不許可）
　司法大臣・衆議院議長

②大正二年十一月十一日（許可）
　司法大臣

旧肥前国小城《おぎ》藩士出身の官僚・政治家。昌平坂学問所や西周《にしあまね》の家塾で学んだのち、明治五年（一八七二）三月に陸軍省七等出仕となり、同年十月からフランスに官費留学。八年五月に帰朝後、再度陸軍裁判所七等出仕となるもほどなく官を辞して翌年十二月には長崎県会議員に当選。自由党結党にも携わる。その後は山田顕義《あきよし》の勧めにより官途に就き、二十年七月には検事・大阪始審裁判所詰、鹿児島高等中学造士館《ぞうしかん》教頭・文部省参事官などを歴任するが、二十三年三月依願免本官。その後は政党運動に身を投じる。三十一年六月、第一次大隈重信内閣で大蔵大臣に任ぜられ、同年八月第六回総選挙にあたり衆議院議員に初当選。そののち、立憲政友会に参加し、第三次伊藤博文内閣で文部大臣、第一次・第二次西園寺内閣、第一次山本権兵衛内閣で司法大臣や大蔵大臣となり、またこの間、三十七年三月から三十九年一月十九日まで衆議院議長をつとめた。

松田の授爵は『東京朝日新聞』三十九年一月八日付朝刊「東人西人」欄に、

　新内閣員中異彩（?）を放つのは松岡康毅《やすこわ》氏の農商務大臣なり。他の異彩は西園寺首相を除く外一人の華族様のないのである。但し寺内陸相、斎藤海相、阪谷《さかたに》蔵相の三人だけは日露戦役の功により遠からず子爵か男爵を授けらるると見て置こう。気の毒である。その外の大臣は幸（?）にして当分授爵の気遣いがない。松田法相のみは軍国議会の議長なりしゆえ、故楠本正隆《まさたか》男の例に依り男爵を授かるであろうとの説もあるが、楠本男の授爵は維新の功に依りであった。

とみえる。衆議院議長歴任者ですでに授爵した楠本正隆の先例により、日露戦争時に議長在職であった松田に授爵の可能性があったことが窺われる。同人は初入閣時に正三位に叙せられていたが、第一次西園寺内閣の閣僚中唯一の無勲者であり、日露戦争の論功行賞では授爵はなかったものの、同年四月一日付で勲一等旭日大綬章《だいじゅしょう》を叙勲。大正二年（一九一三）五月十日には従二位に陞叙し、『東京朝日新聞』同月十六日朝刊でも「今の世に政党員多しと雖も、従二位勲一等になったのは彼一人である」とまで報じられる。この当時より体調を崩していたことから、授爵運動が起こり、『原敬日記』同年十一月十一日条によれば、「松田に就いてもすでに授爵の詮議ある位なれば」とみえ、この頃から本格化していたものと思われる。同日記所収諸家来信の同月二十四日付「西園寺公望書翰」によれば、

松田正久

　却説《きやくせつ》松田氏叙爵云々、右に関し心付き候ままここに贅言候。実は危篤の場合には叙爵は行われざる事に近頃定まり候様存じ候。別に内規と申す程にてもこれなく候えども、外交に対する功績の外は非常に難しき事に相成り居り候。右伊藤公在世中の立意に御座候て、岩倉具定《ともさだ》宮相の頃よりと記憶し候。就いては目下直ちに行われ候か、またはあらかじめ奏上を経て宮相にも承知いたさせ置き候事必要ならんか。首相にぬかりはこれなきと存じ候えども、閣下迄万一の為申し入れ置き候。

とあり、伊藤博文の存命中、岩倉具定の宮内大臣在任中から（一）危篤授爵は行わない、（二）

内規として明文化はしていないが、外交上の功績以外の新規授爵が困難である、という二点が書翰に記されており、松田の授爵については事前に天皇へ奏上して宮内大臣にも承知させる必要があるのではないか、総理大臣の山本権兵衛も考慮しているとは思うが、内務大臣の原にも申し入れておくとのことが記され、当時の新規授爵方針が既述のようなものであったを示している。また同日記の翌三年一月十三日条には原が首相山本と内談し、

　松田の事に関し山本は宮相に授爵の事を相談せしに、宮相は過日再び侍医を差し遣わされたるに癌にて衰弱も甚だしと云う事なればとて同意せり。但し授爵は枢密院議長には内議する前例に付、相当の人を以て山県に協議すべしと云えりと。

とあり、事前に元老にして現職枢相の山県有朋にも協議をし、内諾を得る必要がある点が宮内大臣波多野敬直が語ったことがみえる。こののち山県の内諾も得たと思われ、同月十九日付で男爵を授けられ、同日衆議院議員の資格を喪失した。

典拠　『東京朝日新聞』明治三十九年一月八日朝刊、『原敬日記』大正二年十一月十一日条・十二月二十一日条・三年一月十三日条・一月十六日条・同年一月十九日条、「西園寺公望書翰」(『原敬日記』六)

松平量信　まつだいら・＊かずのぶ

一八三五―？

旧上野国前橋藩主松平斉典庶子

①明治三十三年五月八日（不許可）

②明治四十一年十二月二十五日（不許可）

③明治四十二年二月二十六日（不許可）

旧前橋藩主松平斉典《なりつね》の庶子。通称は重太郎。母繁野は川越南町の商人坂本初五郎の娘で斉典の子量信を産んだとされる。明治十年(一八七七)十一月に岐阜県加茂郡八百津《やおつ》町へ転居し、開業医となったとする。二十七年五月に『蚕種鑑別之説』という書籍も著したことが確認される。授爵については、「松平量信授爵請願書」によれば、四十二年二月二十六日付の「御願」に、

　量信儀、明治三十三年五月八日付、華族に列籍の義願い奉り候。尚明治四十一年十二月二十五日再願奉り置き候間、特別の御詮議を以て願意御聴許成し下されたく、この段懇願奉り候也。

と宮内大臣田中光顕《みつあき》宛で請願しており、すでに二回華族編列・授爵を求めていることが確認される。添付書類には初回の請願文がみえ、

　不肖義華族相当出身にして、明治七年七月以前分家なるを以て華族に列せられたく、因て別冊履歴書相副え願い奉り候処、御詮議の上然るべく御執奏願い奉り候。

と田中宮相に宛てている。「本件は例の通り保存し置くべし」との付箋が貼られ、後日再審査の可能性もあったと思われる。量信の願意は、七年七月十日付で太政官布告第七十三号で華士族の分家したる者は平民籍に編入するということが決められているが、自家はそれ以前に分家した者であり、適用外であるので出自に相応しく華族編列を認めて欲しいというものである。また履歴明細書を添付しており、当初は神室姓を称するが、十五年八月十五日に松平の本姓に復したこと、「祖先贈正一位太政大臣徳川家康公の十三男正三位中納言結城秀康《ひでやす》卿の猶子《ゆうし》松平直基《なおもと》八代従四位松平斉典の庶子。七年七月以前分家にして妻は子爵七条《しちじょう》信義《のぶのり》の姉なり」と記され、堂上華族の七条信義の姉僖子と八年四月七日に結婚し、一男三女がいるとする。『平成新修旧華族家系大成』の七条家の項によれば、神室は神室山、僖子は元子と記されているが、明細書に書かれていることは事実と思われる。量信の妻が七条家の出であることから、藩主落胤という立場ではなく公的に認知された存在であったと推測されるが、三度の請願も功を奏さず、結局は授爵されずに終わる。

典拠　「松平量信授爵請願書」(宮内庁宮内公文書館所蔵)

松平啓三　まつだいら・けいぞう

一八五六？―一九二四？

旧御三卿清水家相続候補者

①明治三年一月二日（不許可）

旧水戸藩主徳川慶篤《よしあつ》の子で、「水戸啓三」と記される。徳川・松平の内どちらの姓を称したのかは不明。常三郎（のち篤守《あつもり》）と同一人物と思われる。『海舟日記』明治三年（一九七〇）一月二日条によれば、

浅野、織田両氏、藩籍脱し候事、御決答下されたき旨申し立つ。清水家名相続の者何人宜しかるべきの相談。答。水戸家の御方、并《なら》びに確堂《かくどう》殿及び御子息、御三名の内御申し上げ、朝裁然るべしと云う。

とみえ、徳川昭武《あきたけ》が水戸徳川家を相続後、明屋形となっていた旧御三卿清水《しみず》徳川家の家督相続者選定について勝安芳が相談に乗っていたことが窺われる。すでに御三卿中、田安・一橋両徳川家は正式に藩屛《はんぺい》に列せられ、明治二年六月以降は華族となっていたが、明屋形の清水徳川家のみが華族に列していない状態であり、旧幕府関係者中にはこれを憂慮していたものがいたようである。この件について勝は旧美作国津山藩主の松平斉民《なりたみ》（確堂）・康民《やすたみ》（明丸）の父子と水戸徳川家の啓三を候補者として名を挙げている。また同月十八日条には斉民は老衰のため、康民と啓三両名に候補を絞ったことが記され。斉民は安政五年（一八五八）八月にもたびたび清水家相続の内意があったという経緯もある。ついで同月二十六日条には康民が清水家相続を断ったことが記され、これにより啓三が残ることとなった。

典拠　『海舟日記』明治三年一月二日条・一月十八日条・一月二十六日条

松平定晴　まつだいら・さだはる

一八八五―一九五三

旧伊勢国桑名藩主家

①大正八年五月十五日（不許可）

②大正十二年五月（不許可）

③昭和三年十月二十五日（不許可）

松平家は旧桑名藩主家で、幕末・維新期の当主は定敬《さだあき》。定晴は美濃国高須《たかす》藩主松平義建《よしたつ》の子で、のちに桑名藩主松平定猷《さだみち》の婿養子となった。元治元年（一八六四）に京都所司代に就任。明治元年（一八六八）一月には従四位上・左近衛権中将兼越中守の官位を褫奪され謹慎するも、ついで蝦夷地に渡り、さらに箱館を脱して新政府に恭順。その後桑名藩は減封されたものの先代藩主定猷の実子定教《さだのり》が相続を許され、定教は十七年の華族令公布に際して七月八日付で子爵を授けられた。定晴は定敬四男で定教の養子となり襲爵。「島津家陞爵書類」によれば、島津家以外に旧東北諸藩藩主や旧桑名藩主家の陞爵書類と合綴になっており、これによれば、大正八年（一九一九）五月十五日付で元宮内大臣の田中光顕《みつあき》より現宮内大臣の波多野敬直《よしなお》宛で請願されており、

明治天皇の御代に於いて至仁至慈の恩命を垂れさせられし中にも、徳川慶喜・西郷隆盛等の如きは最もその著しき者と上下感激罷り仕り候。光顕宮内大臣在職中、親しく叡慮を伺い奉りし処に依れば、維新の際方向を誤りし者と雖も、既にその巨魁の罪を赦し給うのみならず、特に旧勲を録し栄爵を授け給い、生前死後更に遺憾なからしめ給いしも、その以下の向きに至りては未だ一視同仁の恩波に浴せざるにつき、時機を以て前者に均しき恩恵を垂れさせ給わんとの有難き思食に在らせられしも、不幸にして一朝昇天の御事と相成り、当初の叡念を遂げさせ給わざりしは、真に恐懼に堪えざる次第に御座候。今上陛下御即位以来、先朝御遺業を継がせられ、恩威並び行わる。億兆仁風に靡き慈雨に霑《うるお》い候えども、特に伊達（仙台）・松平（会津）等諸家に至りては未だ慶喜・隆盛等の如き殊恩を蒙ることを得ず。当人は勿論、旧封内の上下窃《ひそか》に愁腸を断ち、悲涙に咽い罷り在り候と推察仕り候。仰ぎ願くは、来たる天長節の佳辰を以て別紙に記載の諸家に対し、その旧封の石高に応ずるの栄爵に陞爵せられんことを。就中松平容保《かたもり》の京都守護職在勤中孝明天皇の殊遇を蒙りし事は当時下し玉う所の宸翰《しんかん》に徴して明らかなる所にこれあり。

　旁《かたがた》容大《かたはる》の家政困難の趣を聞こし食され候節に、先帝より内帑《ないど》の金円を下賜せられし御事これあり候。また大久保忠良《ただよし》は明治十年の戦役に、南部利祥《としなが》は三十七八年の国難に陣没せし等、孰《いず》れも君国の為に殊勲を樹て、忠死を遂げ候儀に付、何卒非常格別の御詮議相成りたく懇願の至りに堪えず候也。

として、仙台藩伊達家は伯から侯、会津松平家は子から侯、南部家は伯から侯、大久保・桑名松平両家は子から伯への陞爵をそれぞれ願い、また同書類の貼り紙に「奥羽同盟諸侯中伯爵となるべくして子爵に降されし者の追加二藩」として棚倉藩阿倍家とともに二本松藩丹羽家の子から伯への陞爵が請願されるも、桑名松平家も含めて全て不許可に終わっている。また前掲「島津家陞爵書類」によれば、大正十二年五月付で旧桑名藩士の貴族院勅選議員・退職判事の加太邦憲《かぶとくにのり》が「覚書」として、

　旧桑名藩士某等、誠恐誠惶敬みて願い奉りたく候趣旨は、旧藩主松平(定晴)家特別御詮議を以て陞爵の御恩命を仰ぎ奉りたき事にこれあり、その要領左の如し。

と記したうえ、藩祖定綱《さだつな》が藩政を整理し、領民を愛して開拓殖産に従事し、大正六年十一月十七日に贈位が行われている点、九代定信は「当時日本帝国革新の績を効したり」とし、十三代定敬は文久より慶応年間(一八六五―六八)に至るまで京都所司代の重職にあり、孝明天皇の信任を得ていた点を列挙したうえで旧主家の子から伯への陞爵を願い出るも実現せず。昭和期に入っても同家の陞爵運動は継続されており、『授爵陞爵申牒書類』によれば、内務省より「定信の誠忠により」として内閣へ陞爵を推薦。昭和三年十月二十五日付で内閣総理大臣田中義一より宮内大臣一木喜徳郎《いちききとくろう》宛で田村丕顕《ひろあき》らの陞爵・授爵・復爵を申牒。

　別紙海軍少将子爵田村丕顕外十名陞爵授爵及び復爵の件は家格に属するものに付、参考として回付に及び候。

として、田村と伊達興宗《おきむね》(伯)・南部利淳《としあつ》(伯)・藤堂高紹(伯)・松平保男(子)・松平定晴(子)・大久保忠言《ただとき》(子)・南部日実《にちじつ》(男)・田中俊清《としきよ》・江川英《ひで》武《たけ》・徳川好敏《よしとし》の計十一名を列挙。松平は子から伯への陞爵を求めるも不許可に終わっている。

典拠　「島津家陞爵書類」(宮内庁宮内公文書館所蔵)、『授爵陞爵申牒書類』

松平忠敏　まつだいら・ただとし

一八一八―八二

旧交代寄合・元下大夫席、宮内省御用掛

①明治十一・十二年頃　(不許可)

②明治十二～十六年頃　(不許可)

松平家は長沢松平家の流れで、旧幕時代には知行は三百石で交代寄合《こうたいよりあい》の扱いを受ける家柄。交代寄合中でも表御礼衆ではなく、四州《ししゅう》に準じ、維新期には朝廷に早期帰順して本領を安堵され朝臣に列するも、中大夫ではなく一段下の下大夫席に編入されている。当主忠敏は剣士・歌人としても著名で、幕府において講武所剣術教授方や同師範役並・新徴組支配などをつとめ、文久三年(一八六三)一月、従五位下・上総介に叙任されていたが、この官位は明治二年(一八六九)一月五日、太政官達第十三号により返上させられている。同年十二月には中大夫・下大夫・上士の称が廃止となり士族に編入。以後、六年中講義に、翌年には宮内省御用掛となり文学掛・宸翰《しんかん》掛をつとめている。同家の華族昇格に関し、『爵位発行順序』所収「華族令」案の内規として公侯伯子男の五爵(左に朱書で公伯男の三爵)を設け、世襲・終身の別を付し、その内「世襲男爵を授くべき者」四項目中、第三項目に「元高家・交代寄合」を挙げている。同案は十一・十二年頃のものと推定されるが、この時点では旧幕時代に万石以下でありながら、若年寄ではなく諸侯や高家同様に老中支配である交代寄合は男爵に列すべき家として認知されていたと思われる。同じく『爵位発行順序』所収「授爵規則」によれば「男爵を授くべき者」として、七項目中、第二項目に「元交代寄合・元高家」が挙げられている。前記資料とは異なり、この案は十二年以降十六年頃のものと推測され、こちらでも旧交代寄合である松平家は男爵を授けるべき家とされて

いるが、結局授爵内規からは交代寄合は一律除かれ、華族編列・授爵は不許可に終わっている。

典拠　『爵位発行順序』、恒川平一『御歌所の研究』）、小川恭一「名族長沢松平家小史」（『姓氏と家紋』六〇）

松平斉民　まつだいら・なりたみ

一八一四―九一

旧美作国津山藩主

①明治三年一月二日（不許可）

②明治二十二年二月八日（不許可）

十一代将軍徳川家斉《いえなり》の十四男で、美作国津山藩主松平斉孝《なりたか》の養子。維新前は正四位上・左近衛権中将に叙任される。安政二年（一八五五）五月、養父斉孝の子慶倫《よしとも》に家督を譲り隠居。慶応四年（一八六八）には徳川家達《いえさと》の後見人となる。維新後、一時期清水《しみず》徳川家の家督相続者に擬されていたことがあり、『海舟日記』に記事が散見している。同日記の明治三年（一八七〇）一月二日条によれば、

浅野、織田両氏、藩籍脱し候事、御決答下されたき旨申し立つ。清水家名相続の者何人宜しかるべきの相談。答。水戸家の御方、幷《なら》びに確堂《かくどう》殿及び御子息、御三名の内御申し上げ、朝裁然るべしと云う。

とみえ、徳川昭武《あきたけ》が水戸徳川家を相続後、明屋形となっていた旧御三卿清水家の家督相続者選定について勝安芳《やすよし》が相談に乗っていたことが窺われる。すでに御三卿中、田安・一橋両徳川家は正式に藩屏《はんぺい》に列せられ、明治二年六月以降は華族となっていたが、明屋形の清水徳川家のみが華族に列していない状態であり、旧幕府関係者中にはこれを憂慮していたものがいたようである。この件について勝は旧美作国津山藩主の松平斉民（確堂）・康民《やすたみ》（明丸）の父子と水戸徳川家の啓三（常三郎。篤守《あつもり》と推定）を候補者として名を挙げている。また同月十八日条には斉民は老衰のため、康民と啓三両名に候補を絞ったことが記されており、ついで同月二十六日条には子の康民も清水家相続を断ったことが記され、これにより啓三が残ることとなり、斉民の意思により清水家を相続することなく終わっている。

典拠　『海舟日記』明治三年一月二日条・一月十八日条・一月二十六日条

松平　斉　まつだいら・ひとし

一八七四―？

子爵松平康民弟

①明治二十一年九月二十八日（許可）

旧美作国津山藩主であった松平斉民《なりたみ》（確堂《かくどう》）の八男で、後掲松平康民《やすたみ》子爵の弟。『海舟日記』明治二十一年（一八八八）九月二十八日条・同年十月一日条に斉の分家に関する記事がみえ、この当時より分家・授爵に関する動きが確認される。また、『授爵録』（明治二十一～二十二年）によれば、同年十月八日付で兄康民、宗族の侯爵松平茂昭《もちあき》、親属の伯爵松平直亮《なおあき》より宮内大臣土方久元宛で分家願が提出される。これによれば、康民の資産の内、約二万円を贈与して分家させたい旨が記されている。斉の分家は隠居斉民の意志であり、「確堂兼ねて分家致させたき心意に御座候」とある。これに対して、宮内省当局側の審査では、

華族正五位子爵松平康民父確堂の素志に依り実弟斉へ財産を分与し、分家致させたく宗族親属連署を以て願い出で候処、明治七年七十三号公布に依り華士族分家の者は平民籍に入るは当然に候えども、斉の実父確堂は徳川十一代将軍家斉の十七男にして、松平越後守斉孝《なりたか》の養子となれり。斉孝の家は太政大臣徳川家康の二男権中納言秀康《ひでやす》の後裔なり。前陳の如く確堂の一身は将軍の近親にして、養家は将軍家の連枝なり。而して確堂義大政維新の際厚く朝旨を奉体し、士民鎮静の為及び警備の為尽力せしこと別紙確堂履歴書に徴してその一班を窺い得るべし。右の如き家筋且つ維新の際尽力せし確堂の実子なれば、分家願御聴許の上は特旨を以て華族に列せられ候様、特別の御詮議相成りたく、是迄華族の子弟分家の際更に華族に列せられたるもの多くはその

父祖の功労に依るものに比すれば、軽重の別はこれあり候えども、前顕の履歴も候えば、本願御聴許の上更に特旨を以て華族に列せられ男爵を授けらるべき哉。高裁を仰ぎ候也。

とみえ、父斉民の維新時の功労をもって分家のうえ男爵を授けるのが妥当と判断し、また同様の先例がある点も考慮している。これにより、同年十一月一日付で斉は男爵を授けられている。

典拠　『海舟日記』明治二十一年九月二十八日条・十月一日条、『授爵録』明治二十一～二十二年

松平正直　まつだいら・まさなお

一八四四―一九一五

貴族院勅選議員

①明治三十三年五月五日（許可）

旧福井藩士出身の官僚・政治家。慶応四年（一八六八）六月会津征討の際には越後口軍監、明治二年（一八六九）十一月福井藩少参事となり、翌年九月民部省出仕となり、以後寺院権助《ごんのすけ》・兵部省六等出仕・新潟県参事・内務少丞《しょうじょう》・同権大丞・内務権大書記官を経て十一年七月宮城県権令《ごんれい》となり、同月県令《けんれい》に昇格。十九年七月地方官官制公布により宮城県知事。二十四年四月熊本県知事に転じ、二十九年十一月内務次官に就任。三十年一月依願免官。同年十二月より貴族院勅選議員。三十一年十一月九日内務次官に再任されて翌年四月までつとめた。四十三年十月枢密顧問官に親任され、翌月貴族院議員を辞した。授爵に関してこれまで他薦の書類などは確認できないが、『授爵録』（明治三十三ノ二年）によれば、三十三年五月五日付の宮内省当局側立案書類で尾崎忠治《ただはる》ら計二十五名の文武官の授爵を詮議しており、銓衡として（一）維新の際大政に参与して殊勲ある者、（二）維新の功により賞典禄五十石以上を賜りたる者、（三）維新前後国事に功労あり、かつ十年以上勅任官の職にある者、または現に在職中の者、（四）十年以上勅任官の職にあり功績顕著なる者、（五）特に表彰すべき偉大の功績ある者の五つの規準を設けており、松平はその（三）に該当する対象者とされ、同月八日に裁可を得て翌九日付で男爵が授けられる。

典拠　『授爵録』明治三十三ノ二年

松平茂昭　まつだいら・もちあき

一八三六―九〇

旧越前国福井藩主

①明治十八年五月（不許可）

②明治十九年六月十六日（不許可）

旧越前国福井藩主で松平慶永《よしなが》（春嶽《しゅんがく》）の養子。安政の大獄で隠居となった慶永のあとを相続し、明治十七年（一八八四）の華族令公布に際して七月七日付で伯爵を授けられた。同家の陞爵については浅見雅男の『華族誕生』に詳述されているが、『三条家文書』所収の十八年五月付「毛受洪《めんじゅひろし》内願」によれば、

客年七月叙爵の儀仰せ出され、維新の偉業を翼賛し国に大労ある文武諸臣優列に陞し、用て殊典を昭らかにせらるるの叡旨実に聖恩優渥なる、誰か感激し益《ますます》忠貞の心を尽くさざらんや。旧藩主松平茂《もち》昭《あき》家の儀は伯爵の栄を辱《かたじけな》くし、旧臣等に於いても斉《ひと》しく感銘仕り候。然るにこの上願い奉るは恐悚《きょうそ》の至りに御座候えども、松平慶永儀は夙に尊王憂国の志深く、身命を顧みず奔走尽力し、それが為幕府の忌諱に触れ退隠閉居するに至りしも、幸いに聖明の隆運に遭遇し、剰《あまつさ》え重職を奉じ、遂に復古の偉業を建てさせらるるに至るまで拮据鞅掌《きっきょおうしょう》微力ながらも宏謨を翼賛仕り候。その履歴の概略別紙の通りに御座候。且つ祖先中納言秀康以来代々諸侯の上首に列し候家柄にも御座候に付、右等併せて御諒察成し下され、何卒特別の御詮議を以て侯爵に列せられたく、旧藩士一同伏して懇願奉り候。恐惶頓首謹白。

として、旧臣毛受洪が茂昭先代慶永の幕末・維新時の功労、また旧幕時代の家格を理由として伯から侯への陞爵を請願している。また、

『海舟日記』十九年六月十六日条には「村田氏寿《うじひさ》、越前家の内話云々」とあり、おそらく旧家臣の村田も勝へ陞爵の周旋を求めたものと思われる。伯爵を授けられて一年も経たないうちに陞爵運動が起こるものの、すぐには実現していないが、これら旧臣層の請願が功を奏して二十一年一月十七日付で侯爵が授けられる。

典拠　浅見雅男『華族誕生―名誉と体面の明治―』、「毛受洪内願」(「三条家文書」)、『海舟日記』明治十九年六月十六日条

松平保男　まつだいら・もりお

一八七八―一九四四

旧陸奥国斗南藩主家

①大正八年二月（不許可）
②大正八年五月十五日（不許可）
③大正十二年五月（不許可）
④昭和三年九月八日（不許可）
⑤昭和三年十月二十五日（不許可）
⑥昭和十五年十月十二日（不許可）

松平家は旧陸奥国会津藩主の容保《かたもり》が新政府軍に降伏後、藩領を没収されるも、明治二年(一八六九)十一月に容保の子容大《かたひろ》に家名存続が許され、三万石が改めて与えられ同家は斗《と》南《なみ》藩主家となる。容大は十七年の華族令公布に際して七月八日付で子爵を授けられ、その死去後弟である保男が襲爵した。保男は三十三年海軍兵学校を卒業後、海軍士官となり、伊吹・摂津艦長や横須賀海兵団長を経て大正十四年(一九二五)十二月に少将に進級と同時に待命となり、同月予備役に編入された。昭和七年(一九三二)七月には互選で貴族院議員となり、死去するまでつとめた。「島津家陞爵書類」によれば、島津家以外に旧東北諸藩藩主や旧桑名藩主家の陞爵書類と合綴になっており、これによれば、大正八年五月十五日付で元宮内大臣の田中光顕《みつあき》より現宮内大臣の波多野敬直宛で請願されており、

明治天皇の御代に於いて至仁至慈の恩命を垂れさせられし中にも、徳川慶喜・西郷隆盛等の如きは最もその著しき者と上下感激罷り仕り候。光顕宮内大臣在職中、親しく叡慮を伺い奉りし処に依れば、維新の際方向を誤りし者と雖も、既にその巨魁の罪を赦し給うのみならず、特に旧勲を録し栄爵を授け給い、生前死後更に遺憾なからしめ給いしも、その以下の向きに至りては未だ一視同仁の恩波に浴せざるにつき、時機を以て前者に均しき恩恵を垂れさせ給わんとの有難き思食に在らせられしも、不幸にして一朝昇天の御事と相成り、当初の叡念を遂げさせ給わざりしは、真に恐懼に堪えざる次第に御座候。今上陛下御即位以来、先朝御遺業を継がせられ、恩威並び行わる。億兆仁風に靡き慈雨に霑《うるお》い候えども、特に伊達〔仙台〕・松平〔会津〕等諸家に至りては未だ慶喜・隆盛等の如き殊恩を蒙ることを得ず。当人は勿論、旧封内の上下竊《ひそか》に愁腸を断ち、悲涙に咽い罷り在り候と推察仕り候。仰ぎ願くは、来たる天長節の佳辰を以て別紙に記載の諸家に対し、その旧封の石高に応ずるの栄爵に陞爵せられんことを。中に就き松平容保の京都守護職在勤中孝明天皇の殊遇を蒙りし事は当時下し玉う所の宸翰《しんかん》に徴して明らかなる所にこれあり。旁《かたがた》容大の家政困難の趣を聞こし食され候節に、先帝より内帑《ないど》の金円を下賜せられし御事これあり候。また大久保忠良《ただよし》は明治十年の戦役に、南部利祥《としなが》は三十七八年の国難に陣没せし等、孰《いず》れも君国の為に殊勲を樹て、忠死を遂げ候儀に付、何卒非常格別の御詮議相成りたく懇願の至りに堪えず候也。

松平保男

として、仙台藩伊達家は伯から侯、会津松平家は子から侯、南部家は伯から侯、大久保・桑

名松平両家は子から伯への陞爵をそれぞれ願い、また同書類の貼り紙に「奥羽同盟諸侯中伯爵となるべくして子爵に降されし者の追加二藩」として棚倉藩阿倍家とともに二本松藩丹羽家の子から伯への陞爵が請願されるも、旧会津(斗南)松平家も含めて全て不許可に終わっている。また前掲「島津家陞爵書類」によれば、大正十二年五月付で松平家旧臣総代の山川健《けん》次郎《じろう》・出羽重遠《でわしげとお》両男爵が「陳情書」を宮内大臣牧野伸顕宛で提出。

　謹呈。旧会津藩主故松平容保儀、文久・元治・慶応の際、京都守護職の重任を拝し、一藩の微力を以て皇室を守護し国事に尽力し、孝明天皇の宸襟《しんきん》を安んじ奉り、深く御信任を辱くし、屢々《しばしば》内勅を賜るに至り候次第もこれあり候に付、その勲労を追録せられ、容保の継嗣にして実子たる子爵松平保男に何等かの御沙汰あらんことを大正八年二月中旧臣健次郎等より陳情仕り候処、何卒旧藩主従の情誼御洞察成し下され、特別寛容の御詮議に預かりたく、因て別紙容保事蹟相添え、この段重ねて陳情仕り候。敬具。

とし、大正八年二月にも山川らが陳情をしていたことが確認される。また書類中には同年五月調「会津松平家ノ知行高」も添付し、会津藩時代は三十五万石としている。ここでは子から二階進めて侯への陞爵とは明記していないが、この段階でも請願は実現していない。昭和期に入っても同家の陞爵運動は継続されており、「旧会津藩主松平子爵家陞爵ノ件ニ付歎願書」によれば、昭和三年九月八日付で福島県知事加勢清雄より宮内大臣一木喜徳郎《いちききとくろう》宛で「旧会津藩主松平子爵家陞爵歎願ノ儀ニ付添申」を提出。会津一市・五郡はじめ市町村代表者よりの嘆願を受けてのもので、「右松平家は藩祖保科正之《まさゆき》以来累代名君輩出し、君国に忠誠を捧げたる家柄」であり、幕末・維新期に容保が京都守護職として奉公し、孝明天皇の信任が厚かった点を列挙。同年八月の福島県若松市長の穴沢義弘以下合計六名の連署でも「旧会津藩主松平子爵家陞爵ノ儀ニ付歎願」を一木宮相宛で提出。また『授爵陞爵申牒書類』によれば、内務省より「家格により」として内閣へ陞爵を推薦。昭和三年十月二十五日付で内閣総理大臣田中義一より宮内大臣一木喜徳郎宛で田村丕顕《ひろあき》らの陞爵・授爵・復爵を申牒。

　別紙海軍少将子爵田村丕顕外十名陞爵授爵及び復爵の件は家格に属するものに付、参考として回付に及び候。

として、田村と伊達興宗《おきむね》(伯)・南部利淳《としあつ》(伯)・藤堂高紹《たかつぐ》(伯)・松平保男(子)・松平定晴《さだはる》(子)・大久保忠言《ただとき》(子)・南部日実《にちじつ》(男)・田中俊清《としきよ》・江川英《ひで》武《たけ》・徳川好敏《よしとし》の計十一名を列挙。会津(斗南)松平は子から伯への陞爵を求める。昭和天皇の即位大礼に際しての陞爵運動は他の旧東北諸藩とも連動したものであったと思われるが、正式に内閣より宮内省へ詮議依頼をするも全家実現していない。こののち『旧侯爵木戸家資料』中の「(会津旧臣等の依頼と修史の史実発見により会津松平家陞爵ありたき件書簡)」によれば、金子堅太郎が十五年十月十二日付で木戸へ松平家の陞爵を願い出ていることが確認されるが、結局不許可に終わっている。

典拠　「島津家陞爵書類」(宮内庁宮内公文書館所蔵)、「旧会津藩主松平子爵家陞爵ノ件ニ付歎願書」(同)、『授爵陞爵申牒書類』、「(会津旧臣等の依頼と修史の史実発見により会津松平家陞爵ありたき件書簡)」(国立歴史民俗博物館所蔵『旧侯爵木戸家資料』)

松平康民　まつだいら・やすたみ

一八六一―一九二一

旧美作国津山藩主家

①明治三年一月二日（不許可）
②明治二十一年九月二十八日（不許可）
③明治二十二年二月八日（不許可）
④明治二十三年（不許可）
⑤明治二十四年三月十八日（不許可）
⑥明治二十七年一月二十一日（不許可）
⑦明治二十九年（不許可）
⑧明治三十三年三月三十一日（不許可）
⑨大正四年十月六日（不許可）

旧美作国津山藩主松平斉民《なりたみ》(確堂《かくどう》)の四男で幼

名は明丸。兄康倫《やすとも》の死去により同家を相続し、明治十七年(一八八四)七月の華族令公布に伴い子爵を授けられる。同家の子から伯への陞爵については、浅見雅男の『華族誕生』に詳述されているが、康民は津山松平家の家督相続前、旧御三卿清水《しみず》徳川家の家督に擬せられていたことが『海舟日記』にみえる。同日記明治三年一月二日条によれば、

浅野、織田両氏、藩籍脱し候事、御決答下されたき旨申し立つ。清水家名相続の者何人宜しかるべきの相談。答。水戸家の御方、幷《なら》びに確堂殿及び御子息、御三名の内御申し上げ、朝裁然るべしと云う。

とみえ、徳川昭武《あきたけ》が水戸徳川家を相続後、明屋形となっていた旧御三卿清水徳川家の家督相続者選定について勝安芳《やすよし》が相談に乗っていたことが窺われる。すでに御三卿中、田安・一橋両徳川家は慶応四年(一八六八)五月二十四日付で正式に藩屛《はんぺい》に列せられ、明治二年六月以降は華族に編入されているが、明屋形の清水徳川家のみが華族に列していない状態であり、旧幕府関係者中にはこれを憂慮していた者がいたようである。この件では勝は旧美作国津山藩主の松平斉民(確堂)・康民(明丸)の父子と水戸徳川家の啓三(常三郎。篤守《あつもり》と思われる)を家督相続候補者として名を挙げている。同月十八日条に斉民は老衰のため、康民と啓三両名に候補を絞ったことが記されている。斉民は安政五年(一八五八)八月にもたびたび清水家相続の内意があったという経緯もある。ついで同月二十六日条には康民が清水家相続を断ったことが記され、これにより啓三が残ることとなり、康民は清水徳川家に入家する機会を失している。津山松平家の家督を相続し、子爵となった康民の伯への陞爵については、『海舟日記』明治二十一年に記事が散見しており、同年九月二十八日条によれば、「溝口、額(確)堂分家・侯(伯)爵の事、津田真道相頼み候旨」と、十一月一日条には「溝口勝如し、確堂殿、伯爵願い、幷《なら》びに分家願いの書付差し出し候写し、猶云々。(中略)中沢、三河様伯爵、幷びに額(確)堂殿分家の事頼む」とあり、さらに同月四日条には「津田真道《まみち》、三河殿伯爵願い、幷びに分家願いの事等申し聞く」とみえ、津田真道が奔走していることが明らかであるが、功を奏していない。また、二十二年二月八日条にも「中沢広江。康民、伯爵頼みの事」とみえる。「松平子爵津山(陞爵歎願書)」によれば、二十三年には津田真道より同家の陞爵を請願。

正五位子爵松平康民の家系は徳川家康長男中納言秀康《ひでやす》に出でて、その嫡子忠直の正冑なり。然るに侯爵松平茂昭《もちあき》は秀康の次男忠昌《ただまさ》の後なれば忠直幕府の譴責を得て豊後府内に蟄居し、その嫡子光長《みつなが》越後高田に移り、忠昌代りて越前を領せし以来越前家の本宗の如く、光長は嫡家の如くなりたれども、幕府の待遇は両家共に同等にて軒軽する所あらず。即ち大廊下席にて家格加州前田家に同じく、三家の次、国主の上にありたり。近時授爵の制を定められたる際、康民は旧領美作津山十万石その家禄四千三百有余石にて、五千石に足らざるを以て子爵を授けられたり。旧幕時代家格に比すれば俄に二等を降されたるの思い無きこと能わず。支族旧松江藩主伯爵松平直亮《なおあき》、旧前橋藩主松平基則《もとのり》の下風に立ち、更にその支族子爵松平直哉《なおとし》旧一万石等と同等に伍し坐せざるを得ざれば内心遺憾なきこと能わず。異議なきこと能わずと雖も、現石五万石内外にて中小藩を区画されたるは所謂正則にて如何ともする能わざる御処置と観念仕り候儀に御坐候。然るに旧公家華族は毫《ごう》もそも禄高に拘わらず全く旧時の家格に因て上下せられたること無論の議にて、武家華族にてもまたこの例に準拠せられたる族もこれあり。例えば水戸徳川家の如きその禄高伯爵相当なれども侯爵を授けられ、旧三卿と称する一橋・田安・清水の三家は何れも旧十万石にて皆現石五千に足らず子爵相当なれども、伯爵を授けられたるは専ら旧時の家格に依準せられしこと明亮なり。今や康民旧時の家格は加賀の前田、越前の松平家と同等な

りしことは前陳の如く、維新の際松平確堂事、専ら慶喜恭順の事実を賛成し、慶喜上野に謹慎中田安中納言と政事向の依託を受け、謹みて朝旨を奉戴し、また静《せい》寛院宮《かんいんのみや》御守護の命を奉じたる事もこれあり候えども、表向上より論ずる時は朝廷へ対し奉り寸功ありたりとは陳弁し難き儀に御坐候。されども江戸城御引渡しの際、囂々《ごうごう》異議を唱えたる者を百方鎮撫して無難に御引渡し申し上げ、維新革命の美挙寸兵に衂《ちぬ》らずして斯に一定し、遂に今日の日本に進みたるものは独都下百方生霊の幸のみならず、また我が大日本全国の幸福と論ぜざるべからず。顧うに徳川慶喜の位記を復せられ、更に従一位に進み、当時専ら輔佐に尽力したる勝・大久保・山岡等特旨を以て華族に列し伯子爵を賜い、この頃大久保一翁死に瀕して位二級を昇せられたるも深くこれ等の事実を洞観あらせられての御美挙と恐察奉り候。伏して願わくは前陳松平康民旧時の家格と確堂維新の際冥々賛成の事実を思し召させられ、非常の特旨を以て伯爵を授けられんことを。この儀津山藩士一千有余人の者何れも中心熱望せざる者これ無く候えども、容易に請願せざるものは何処迄も政府の恩典を遵守し、朝廷の威厳を涜さんことを畏れてなり。真道本津山藩に生れたるの縁故を以て衆人に代わり冒死情実を上陳す。伏して願わくは諒察を賜らんことを。

として、津田は旧幕時代における幕府制度下では、津山松平家は御三家の次、加賀前田家や越前松平家と同列で、国持大名の上に位置していたことを述べ、旧禄の面でも、旧御三家の水戸徳川家は家禄以上の爵を授けられており、自家よりも旧来家格の低かった家よりも低い子爵にとどめられている点も指摘し、子から伯への陞爵を願うも不許可。前掲『海舟日記』二十四年三月十八日条には「津田真道、津山藩願い、伯爵の事、土方宮内大臣申し遣わす」とみえ、津田が継続して旧津山藩出身の同人が尽力している。また、『伊藤博文関係文書』所収の「東久世通禧書翰」によれば、二十七年一月二十一日付で「勝老人先比《さきごろ》より所労、追々快方に御座候えども出勤相話も難致すに付、一応老人に代わり歎願致しくれ候様との事にて御取次致すべしと受け合い置き候」と勝安芳よりの依頼を伊藤に取り次いでいる。これによれば、「故確堂家、越前本家にて伯爵の事」として勝もまた旧幕関係者として陞爵に尽力しているが、これも実現していない。『松方正義関係文書』所収「松平康民家系」によれば、二十九年付で津田真道と箕《み》作《つくり》麟祥《りんしょう》両名が津山松平家の陞爵を願い出ている。宛先は記されていないが、おそらくは松方か宮内大臣土方久元宛と思われる。これは明治二十三年の津田による請願書と文面はほぼ同じであるが、これも容れられていない。明治三十年代に入ってからも運動は継続されており、前掲「松平子爵津山(陞爵歎願書)」によれば、明治二十三年の津田の歎願書とほぼ同様の内容・文面にて、明治三十三年三月三十一日付で公爵徳川家達《いえさと》と侯爵松平康荘《やすたか》の連名をもって宮内大臣田中光顕《みつあき》宛で「子爵松平康民陞爵ノ儀ニ付願」を提出するも不許可。さらに年月日不詳で天野虎雄よりも伯への請願書提出するも度重なる運動も不許可となっている。また、「田中光顕関係文書」所収「山県有朋書翰」にも津山松平の陞爵についてみられる。年未詳(明治三十三年か)三月二十九日付であるが、

昨日御談致すべく存じ居り候処、多忙に取り紛れ失念に及び候一事は、昨日津田真道来談、旧藩知事の行掛を以て情願に及び候次第に付、維新当時の功績を以て伯爵を授けられたしとの旨趣に候。即ち別書功績書さし出し候に付御一覧に供し候。尤もこの一条は閣下には已《すで》に御承知の事と伝聞に及び候。猶、御熟慮相願いたし。

と見える。宮相田中は元老山県にもこの一件を諮るも実現していない。大正年間にも請願は継続され、「松平康民他陞爵請願書」によれば、大正四年十月六日に同人の子から伯への

陞爵願が旧幕時代の同家の家格及び先代の幕末・維新期の功労を理由とした「要領書」を添付の上で提出されているが、結局子爵にとどまっている。

典拠　『海舟日記』明治三年一月二日条・一月十八日条・一月二十六日条・二十一年九月二十八日条・十一月一日条・十一月四日条・二十二年二月八日条・二十四年三月十八日条、「松平子爵津山（陞爵歎願書）」（宮内庁宮内公文書館所蔵）、「松平康民他陞爵請願書」（同）、「東久世通禧書翰」（『伊藤博文関係文書』七）、「松平康民家系」（『松方正義関係文書』一二）、「山県有朋書翰」（法政大学所蔵「田中光顕関係文書」『法政大学文学部紀要』六二）

松平慶民　まつだいら・よしたみ

一八八二―一九四八

侯爵松平康荘家督相続人

①明治三十九年八月（許可）

旧越前国福井藩主松平慶永《よしなが》（春嶽《しゅんがく》）三男。幕末隠居させられた慶永のあとは糸魚川《いといがわ》藩主松平直春四男の茂昭《もちあき》が継ぎ、慶民は茂昭の子康荘《やすたか》の家督相続人として従五位に叙される。福井松平家は明治十七年（一八八四）七月七日の華族令公布に際して伯爵を授けられ、二十一年一月十七日に侯に陞爵している。『授爵録』（明治三十九～四十年）所収によれば、三十九年八月の日付で「松平慶民相続人取消分家為致度儀ニ付願」を侯爵松平康荘、宗族の子爵松平康民、親族の公爵徳川家達《いえさと》・伯爵徳川達孝《さとたか》の四名連署で宮内大臣田中光顕宛で提出。これによれば、

康荘叔父慶民儀は故慶永の男にして、去る明治二十一年六月御許可を得て康荘跡相続人と相成り居り候処、慶民に於いては一家将来の安寧を希図するの余り、切に相続人解除を熟望致し居り、事情無余の儀次第に付、今般宗族・親族協議の上、該相続人を取り消し、同人の希望により更に分家致させたく存じ候間、この段御聴許願い奉り候。右慶民を分家致させたく候に付いては、故慶永儀、維新前後国事尽力の功績を御洞察成し下され、何卒特別の御詮議を以て恩典の栄を賜り候様願い奉りたく、依て連署を以て懇願奉り候。

として慶民の侯爵家家督相続人解除と、それに伴う分家ならびに授爵を願い出ている。この請願を受け作成された同年八月付宮内省当局側立案書類「従五位松平慶民分家セントスルニ際シ授爵ノ栄典アリタキノ件」によれば、

右今般現戸主康荘の家督相続人たることを辞し分家せんとする趣にて、別紙の通り出願せり。依て審案するに抑々《そもそも》康荘が父たる前代戸主茂昭はその身養子にして、養父慶永安政年間幕命に依り隠居せしめられ、その跡相続を為したる者にして、その後慶永は明治維新に際し国事に尽瘁し功労少なからざりしを以て官位を進められ、また賞典禄をも賜りしのみならず、仍《なお》その勲功に依り前代戸主茂昭は特に侯爵に陞せらるるの光栄を荷うに至れり。事情かくの如くなるを以て該家の栄爵はこれを慶永の血統者に襲がしめざれば茂昭の義に於いて安からずとする所にして、而も茂昭には既に所生の嗣子即ち現戸主康荘の在りしを以て、更に右慶民をして康荘の家督相続人と定め、爾来《じらい》今日に迄へるなり。然るに康荘その後に至り実子を挙げたるを以て、ここに於いて右慶民もまた現戸主康荘の心情を察し、茂昭の為せし所に甘んじ現戸主の家督相続人としてその地位に安んずるを得ざるの道義を思い、両者の関係終に自ら一家の平和を保けたんとするを妨ぐるの因たるべきを以て、乃《すなわ》ち慶民は侯爵家の相続を辞せんことを希図し、今回分籍別戸せんとするに至れるにありて、慶民は今や民籍に入らんとすと雖も、然るときは前頭の如き特にその勲功に依り侯爵の栄典を授けられたるその家正統の慶永が実子をして空しくこれを民籍に下さるるを得ざるべく、かくの如きは固より事の宜しきを得たるものにあらざるのみならず、該家の事情また大いに酌量すべきものあるを以

て、この際右慶民が分籍別戸せんとするに臨み、特に慶民に授爵の恩栄を賜り一家を創立せしめて以て維新の功労ある名門の血統者をしてその体面を保持せしめらるべき乎。但し分家の際栄爵を授けらるるは普通男爵を擬するを常とすと雖も、右慶民の如きは依然として現地位に在るときは当然侯爵の栄位を襲ぎ得べきに拘わらず、その現戸主に対する道義を察し、一家将来の安寧を希図し、一身の栄誉を犠牲として自ら侯爵家の相続を辞し、民間に下らんとするものにして、その衷情実に憐れむべきものあるを以て、曩《さき》に侯爵(水戸)徳川家昭武《あきたけ》の次男徳川武定《たけさだ》が本願に類する事情を以て分籍別戸の際、特に昭武の勲功に依り武定に子爵を授けられたるの例に倣い、右慶民に対しその父慶永の勲功を録せられ、特に子爵を授けられ然るべき乎、裁を仰ぐ。

として、松平慶永の維新における功績や、水戸徳川家より分家した武定が男爵ではなく子爵を授けられた先例なども考慮し、慶民へも子爵を授けるべきと立案している。これは九月十二日に裁可され、同年九月十七日付で子爵が授けられる。

典拠　『授爵録』明治三十九～四十年

松平　某　(敬信カ)　＊まつだいら

生没年不詳

旧交代寄合・元中大夫席

①明治十一・十二年頃（不許可）

②明治十二～十六年頃（不許可）

松平家は旧幕時代に交代寄合《こうたいよりあい》表御礼衆の格式を与えられ、四千五百石を知行した旗本。交代寄合の多くが柳間《やなぎのま》詰であったのに対し、譜代大名並の帝鑑間《ていかんのま》詰。幕末・維新期の当主は敬信。朝廷に早期帰順して本領を安堵され、朝臣に列して中大夫席を与えられ、その触頭もつとめた。明治二年(一八六九)十二月に中大夫・下大夫・上士の称が廃止となるに伴い士族に編入され、引き続き士族触頭もつとめている。同家の華族昇格に関し、『爵位発行順序』所収「華族令」案の内規として公侯伯子男の五爵(左に朱書で公伯男の三爵)を設け、世襲・終身の別を付し、その内「世襲男爵を授くべき者」四項目中、第三項目に「元高家・交代寄合」を挙げている。同案は十一・十二年頃のものと推定されるが、この時点では旧幕時代に万石以下でありながら、若年寄ではなく諸侯や高家同様に老中支配である交代寄合は男爵に列すべき家として認知されていたと思われる。同じく『爵位発行順序』所収「授爵規則」によれば「男爵を授くべき者」として、七項目中、第二項目に「元交代寄合・元高家」が挙げられている。前記資料とは異なり、この案は十二年以降十六年頃のものと推測され、こちらでも旧交代寄合である松平芦野家は男爵を授けるべき家とされているが、結局授爵内規からは交代寄合は一律除かれ、華族編列・授爵は不許可に終わっている。

典拠　『爵位発行順序』

松平　某　(康敏カ)　＊まつだいら

生没年不詳

旧交代寄合・元中大夫席

①明治十一・十二年頃（不許可）

②明治十二～十六年頃（不許可）

松平家は旧幕時代に交代寄合《こうたいよりあい》表御礼衆の格式を与えられ、六千石余を知行した旗本。幕末・維新期の当主は康敏。朝廷に早期帰順して本領を安堵され、朝臣に列して中大夫席を与えられる。明治二年(一八六九)十二月に中大夫以下の称が廃止されるに伴い士族に編入。同家の華族昇格に関し、『爵位発行順序』所収「華族令」案の内規として公侯伯子男の五爵(左に朱書で公伯男の三爵)を設け、世襲・終身の別を付し、その内「世襲男爵を授くべき者」四項目中、第三項目に「元高家・交代寄合」を挙げている。同案は十一・十二年頃のものと推定されるが、この時点では旧幕時代に万石以下でありながら、若年寄ではなく諸侯や高家同様に老中支配である交代寄合は男爵に列すべき家として認知されていたと思われる。同じく

『爵位発行順序』所収「授爵規則」によれば「男爵を授くべき者」として、七項目中、第二項目に「元交代寄合・元高家」が挙げられている。前記資料とは異なり、この案は十二年以降十六年頃のものと推測され、こちらでも旧交代寄合である松平家は男爵を授けるべき家とされているが、結局授爵内規からは交代寄合は一律除かれ、華族編列・授爵は不許可に終わっている。

典拠　『爵位発行順序』

松平　某（信汎カ）　＊まつだいら

生没年不詳

旧交代寄合・元下大夫席

①明治十一・十二年頃（不許可）

②明治十二～十六年頃（不許可）

松平家は旧幕時代に交代寄合《こうたいよりあい》の格式を与えられ、四百四十二石余を知行した旗本。四州《ししゅう》のうち三河衆に属す。幕末・維新期の当主は信汎。朝廷に早期帰順して本領を安堵され朝臣に列するも、他の交代寄合諸家とは異なり一段下の下大夫席を与えられる。明治二年（一八六九）十二月に中大夫以下の称が廃されるのに伴い士族に編入される。同家の華族昇格に関し、『爵位発行順序』所収「華族令」案の内規として公侯伯子男の五爵（左に朱書で公伯男の三爵）を設け、世襲・終身の別を付し、その内「世襲男爵を授くべき者」四項目中、第三項目に「元高家・交代寄合」を挙げている。同案は十一・十二年頃のものと推定されるが、この時点では旧幕時代に万石以下でありながら、若年寄ではなく諸侯や高家同様に老中支配である交代寄合は男爵に列すべき家として認知されていたと思われる。同じく前掲『爵位発行順序』所収「授爵規則」によれば「男爵を授くべき者」として、七項目中、第二項目に「元交代寄合・元高家」が挙げられている。前記資料とは異なり、この案は十二年以降十六年頃のものと推測され、こちらでも旧交代寄合である松平家は男爵を授けるべき家とされているが、結局授爵内規からは交代寄合は一律除かれ、華族編列・授爵は不許可に終わっている。

典拠　『爵位発行順序』

松前隆広　まつまえ・たかひろ

一八五八―一九一八

旧渡島国館藩主・子爵松前修広養叔父

①明治二十二年九月二十四日（許可）

旧渡島《おしま》国館《たて》藩主で幕末には寺社奉行、さらには老中職も歴任した松前崇広《たかひろ》の子。崇広は養子として藩主を相続しており、崇広のあとは松前昌広《まさひろ》長男の徳広《のりひろ》が相続、徳広の子が修広《ながひろ》にあたる。隆広は崇広長男でありながら、藩主を継承しなかったという経緯がある。『法規分類大全』によれば、子爵松前修広と親族の子爵井伊直安《なおやす》、宗族の正四位南部利剛《としひさ》の三名連署で明治二十二年（一八八九）九月二十四日付で宮内大臣土方久元宛で隆広の分家・授爵を請願。

特旨を以て華族に列せられ候はば有難き仕合わせに存じ奉り候。尤も分籍資金として修広家貲金《しきん》の内、金七千円を隆広に分与し、該資金を以て将来一家の生計を維持せしめ、なお明治三十年十二月を以て修広の財政整理の予算期を果了し、同三十一年三月を限り金一万円を追資金とし分与することを本年六月中約定罷り在り候。

として、分家にあたり十分な資産分与を行う点を述べる。同月二十五日付「爵位局議案」によれば、

別紙華族松前修広よりその養叔父同姓隆広を、華族佐竹義理《よしただ》よりその養兄同姓義修（脩）を華族に列せられたく、宗・親属連署を以て願い出るに付、曽《かつ》て山内豊積《やまのうちとよつみ》・島津珍彦《うずひこ》を華族に列せらるるに付、上申裁可相成りたる三項の要点全備するや否逐一審査を遂ぐる

とあり、同日付で佐竹義脩とともに審査。三項は(一)華族戸主の血族の親なるや否やのこと、(二)維新前後功労ありしものなりや否やのこと、(三)華族の資格を維持するに足るの財産あるや否やのこと、の三条件であり、松前隆広の場合は門地・功労・財産の内、「修広よ

りすでに七千円を分与せられ、なお三十一年に至り一万円を分与せらるる約あり」と全備していると認められ、同年十月十六日付で男爵を授けられている。

典拠　『法規分類大全』二ノ六

松前修広　まつまえ・ながひろ

一八六五—一九〇五

旧渡島国館藩主

①明治二十四年一月（不許可）

旧渡島《おしま》国館《たて》藩主として明治十七年（一八八四）七月の華族令公布に際して子爵授与。「松前修広陞爵請願書」によれば、二十四年一月付で「旧勲ニ仍《よ》リ陞爵アランコトノ請願」を宮内大臣田中光顕《みつあき》宛で提出。祖先以来「北門の鎮となり、数世国家に報効する所あり」とし、さらに維新時の同藩の功労を列挙し、

先に島津・大村・真田三子爵において旧勲を採容在らせられ、特に伯爵に陞叙在らせられたるの例に倣い、仰ぎ希《こいねがわ》くは修広追懐の情を酌み、丁己恩典の旧功を録せられ、特別の恩裁を以て陞爵の特典を賜い、永く寵光に浴せしめられんことを謹んで情願奉り候也。

と請願するも子から伯への陞爵は不許可に終わっている。

典拠　「松前修広陞爵請願書」（宮内庁宮内公文書館所蔵）

松村　務　まつむら・つとむ

一八八四—一九三六

陸軍中将松村務本遺児

①明治三十八年二月十日（不許可）

旧加賀国金沢藩士出身の松村務本《かねもと》陸軍中将の遺児。先代務本《かねもと》は日清戦争時には第六師団長黒木為楨《ためもと》の参謀長として出征。さらに近衛師団参謀長などを経て明治三十年（一八九七）に陸軍少将に昇進。日露戦争時には歩兵第一旅団長、戦時中に中将に昇進し第一師団長に補せられるが、三十八年戦病死した。『東京朝日新聞』三十八年二月十日朝刊によれば、「松村中将の授爵説」の見出しで、「この程薨去したる松村陸軍中将に対し、生前の功労を御軫念《しんねん》あらせられ、特に男爵を授けらるべしとの説あり」とみえ、遺児である務への授爵話が報じられるもこの時は却下されたか、単なる風説にすぎなかったためかこの時期には授爵されず。このの ち四十年十月二日に至り男爵を授けられる。

典拠　『東京朝日新聞』明治三十八年二月十日朝刊

松本　鼎　まつもと・かなえ

一八三九—一九〇七

貴族院勅選議員

①明治四十年十月二十二日（許可）

元長州藩士出身の官僚・政治家。維新後は和歌山県令《けんれい》（のち県知事と改称）などの地方官を歴任し、明治二十三年（一八九〇）短期間元老院議官となり、同院廃止後は第一回衆議院議員選挙に当選。そののち、二十五年からは貴族院勅選議員。『公文雑纂』所収「従三位勲一等松本鼎侯(授)爵ノ義宮内大臣へ照会ノ件」によれば、四十年十月二十日付で内閣総理大臣西園寺公望より宮内大臣田中光顕《みつあき》へ松本の授爵を申請。

右は旧山口藩士にして夙《つと》に勤王の志を抱き、文久癸亥の歳藩命を帯び京阪の間に在りて形勢を視察し、元治甲子の歳福原越後・国司《くにし》信濃・益田右衛門介等の京師に戦端を開くやこれに従事し、終《つい》に負傷して藩地に帰し、品川弥二郎等と御楯隊を組織しこれが参謀と為る。慶応乙丑の歳国内の騒擾に際し頗る尽力し、幕兵の来たりて回境を図るや、芸州に出張し、戦争に従事す。明治維新の際、備後・備前・伊予に出張、軍事に鞅掌《おうしょう》し、継いで奥羽・函館出征の軍に従事し、翌年函館の行賞に際し太政官より賞賜を受く。明治十六年諸官を歴任して和歌山県令に進み、二十三年元老院議官に勅任せられたる者にこれあり。その功績顕著に付、特に華族に列せられ男爵の栄典を賜りたし。

とみえ、また『西園寺公望関係文書』所収の同月二十日付「寺内正毅書翰」によれば、「貴族院議員松本鼎氏叙爵の件、野村子爵より別紙の

通り内報これあり申し候間、悪しからず御了察下されたく、御採決の次第は相なるべくは明日野村氏出発前御内報も得候えば有難く存じ奉り候」とみえ、松本授爵には子爵野村靖《やすし》が関与していたことが窺われる。同文書所収の野村宛の同日付「寺内正毅書翰」には、

　過刻田中宮相へ面会、松本へ授爵の件内話候処、右授爵に付いては国家へ功労あるを以ての故に基づき候筋に付、総理大臣これを主とし候事申し立つべき次第に候間、同大臣にして申し立てらる事に相成り候はば、自分は素《もと》より不同意これなしとの答えにこれあり候。宮相及び小生一同貴館へ参り候処、総理大臣私邸へ御出向いこれあり、御留守との事に付引き取り申し候。されども御様子も伺いたく、再び小生罷り出で候えども、未だ御帰館これなきに付、この書き残し候。前段の如く宮相は総理の御役目じゃと筋合いを以て御挨拶これあり候。御尤も千万の事と存じ候。兎角この際は老兄の御尽力懇折々々。

と記され、野村の尽力が窺われる。また『授爵録』(明治三十九～四十年)所収の四十年十月二十二日付の宮内省当局側審査書類によれば、

　右は旧山口藩士にして夙に勤王の志を抱き、文久癸亥の歳藩命を帯び京阪の間に在りて形勢を視察し、元治甲子の歳福原越後、国司信濃、益田右衛門介等の京都に於いて戦端を開くやこれに従事し、終に負傷して藩地に帰り品川弥二郎等と御楯隊を組織し、これが参謀となる処、慶応乙丑の歳国内の騒擾に際し頗る尽力し、幕兵の来たりて四境を囲むや芸州口に出張してこれが戦争に従い、明治維新の際備後・備前・伊予に出張、軍事に従事し、継いで奥羽箱館出征に従事し、翌年箱館の行賞に際し太政官より行賞を受く。明治十六年諸官を歴任して和歌山県令に進み、二十三年元老院議官に勅任せられたる者にこれあり、その功績顕著なり。然るに今や病に罹り危篤に陥りたるに付いては、この際その勲功を録せられ、特に男爵を授けらるべき乎、裁を仰ぐ。

とみえ、同人の功労が認められ、同日付で裁可され、男爵が授けられている。

典拠　「従三位勲一等松本鼎侯《ママ》爵ノ義宮内大臣へ照会ノ件」(国立公文書館所蔵『公文雑纂』)、山崎有恒編著『西園寺公望関係文書』、『授爵録』明治三十九～四十年

松本　順　まつもと・じゅん

一八三二―一九〇七

予備役陸軍軍医総監・貴族院勅選議員

①明治三十八年三月一日（許可）

旧幕臣出身の陸軍軍医・政治家。下総国佐倉藩藩医で順天堂の堂主でもあった佐藤泰然《たいぜん》の子で、幕府奥医師の松本良甫《りょうほ》の養子となる。オランダ軍医のポンペに師事し、医学・蘭学を学び、文久二年(一八六二)閏八月には奥医師となり、元治元年(一八六三)五月には法眼《ほうげん》に叙せられた。戊辰戦争に際しては幕府側に立ち、東北各地を転戦。戦後投獄されるが赦免され、明治四年(一八七一)八月には陸軍省の軍医頭《かみ》に任ぜられ、六年五月に陸軍軍医総監、八年二月に馬医監を兼任した。これ以後、陸軍本病院長や軍医本部御用掛、軍医本部長もつとめ、二十三年十月に予備役に編入。同月より貴族院勅選議員に就任した。授爵については、『授爵録』(明治三十四～三十八年)に予備役海軍軍医総監の高木兼寛《かねひろ》とともに三十八年三月一日付で審査されている。高木の分は海軍省からと思われる授爵願が添付されているが、松本の分は綴られてはいない。宮内省当局側の審査書類には、

　右は明治四年軍医頭に任ぜられ、陸軍々医総監兼陸軍馬医監、または本病院長・病馬院長を歴任し、二十三年貴族院議員に勅任せられ、同年予備役となる迄二十年間陸軍医務衛生に従事し、克《よ》く創業の効を遂行し、明治十年鹿児島逆徒征討に際しその勲功少なからず、勲二等に叙し旭日重光章を賜うの栄を負びたり。二十七八年役・三十三年清国事変及び今回の戦役

に際し本陸軍医務衛生の一の遺算なきは先に順等その創業守成に貢献して今日あらしめたるの功績顕著なりとす。今や病気危篤の報に付、この際その旧勲を録せられ特に華族に列し男爵を授けらるべき乎裁を仰ぐ。

と記され、明治草創以来、陸軍軍医として医務衛生業務に従事した功績と、病気危篤である点を考慮して授爵を審査。結果即日裁可され、同日付で男爵が授けられる。病気危篤として審査書類に記されるも、実際にはこののち病状が回復したものの、四十年三月十三日に死去。

典拠　『授爵録』明治三十四～三十八年、岩壁義光「旧幕臣系男爵の授爵について―宮内公文書館所蔵「授爵録」の分析を通じて―」(『学習院大学史料館紀要』一八)

松本荘一郎　まつもと・しょういちろう

一八四八―一九〇三

逓信省鉄道作業局長官・工学博士

①明治三十六年三月十七日（不許可）

旧美濃国大垣藩士出身の官僚・技術者。維新後、大学南校に学び、アメリカ留学を経て東京府・開拓使・工部省・農商務省などに出仕。明治十七年(一八八四)十月工部権大技長に任ぜられ、官設鉄道事業に執掌し、二十六年三月には井上勝《まさる》の退官に伴い鉄道庁長官。以後、逓信省鉄道局長、同省鉄道作業局長官を歴任。幣原喜重郎内閣で国務大臣をつとめた松本烝治《じょうじ》の父にあたる。「井上馨関係文書」所収の三十六年三月十七日付「芳川顕正《あきまさ》宛伊藤博文書翰」によれば、

鉄道局長（作業脱）松本荘一郎病気危篤の趣、数日来伝聞仕り候処、危険の報道に接し甚だ痛歎《つうたん》に堪えず候折柄、富田鉄之助その外局員来訪、叙爵の事相談これあり候えども、小子勿論局外者として容喙の権利これなく候えども、数年鉄道事業に従事し、その功績これあり候儀は衆目所視候えば、他の比例に照らし、決して天皇陛下の聡明を汚すに到らざるは勿論の事と存じ候。而して窃《ひそ》かに同意を表し候事に候。内閣の御評議において、或いは比較的準許すべからざるものあれば特別の事に候えども、概論すれば、一般技師等の感覚においても奨励とも相成り、国家の為、頗る好時機にはこれあるまじきか。近来の風潮独り技士（師）のみならず、普通の官吏は凡《すべ》て商売的の感念を以て官務に従事するの形勢に推移するは老兄においては御洞察の事と存じ候。この際もし一人を賞して一般の技師等を奨励するの効果を得ば、政治上寧ろ内閣においても得策にはこれあるまじく、御参考の為、一書を裁し、貴聴に達し候。宜しくお取り捨て下さるべく候。

とみえ、伊藤が当時逓信大臣であった芳川顕正に宛てて松本危篤授爵についての意見を述べている。伊藤も、また授爵を相談した元東京府知事で貴族院勅選議員の富田鉄之助らも松本の授爵は一般行政官吏ではなく、技師の奨励にも繋がると強調している。また同時に、「田中光顕関係文書」所収の三月十八日付「山県有朋書翰」にも、

さては松本鉄道作業局長、昨今危篤に陥り候。容体はすでに御承知相成り候事と察し候。就いては昨日叙勲の儀は相運び候由に候処、同人儀、鉄道事業に付いては十数年来職務上勉励は申すまでもこれなく、事業上に付、着々実行を挙げ功績少なからざる趣、学士及び官吏または事業家等より何とか叙爵の御詮議相成る様、頻りに懇願致し候趣、この事情お聞き取り、十分御詮議尽くされたき所願に候。その為依頼により事情開陳に及び候。

とみえ、大学卒の学士官吏や鉄道事業者からも請願があったことが明らかである。「井上馨関係文書」所収の三月二十日付「芳川顕正宛伊藤博文書翰」によれば、

松本叙爵の儀、行われ難き段御示し敬承仕り候。僕局外容啄（喙）不都合とは存じながら、富田その他来訪し懇請。やむを得ず愚見内聞を述べ候次第に候。

とみえ、数日間関係者中で検討はされたものの結局不許可に終わる。

典拠 「芳川顕正宛伊藤博文書翰」(国立国会図書館憲政資料室所蔵「井上馨関係文書」『参考書誌研究』六八)、「山県有朋書翰」(法政大学所蔵「田中光顕関係文書」『法政大学文学部紀要』六二)

松浦　靖　まつら・はかる

一八六六―一九四三

旧肥前国平戸新田藩主、伯爵松浦詮次男

①明治二十三年十二月三日(許可)

旧肥前国平戸藩主・伯爵松浦詮《あきら》の次男。『法規分類大全』所収の爵位局議案によれば、

右は伯爵松浦詮の次男にして、明治二十三年十一月十三日同姓女戸主松浦美起子《みきこ》の入夫となり、同年十二月一日同家の家督仰付らる。該家は肥前国平戸新田《しんでん》植松の一万石を領し、家禄四百八石を有せし松浦脩《ながし》の後とす。右脩より靖に至るの関係は脩の代明治十四年二月脩《ながし》故ありて退隠、長男松浦豊《ゆたか》家督、また故ありて退隠、その長女前戸主松浦美起子これを相続し、即今靖に家督を譲りたるものなり。乃《すなわ》ち華族令第三条に依り別紙授爵の儀を出願せり。これを審案するに右家は元来宗藩平戸の新田と云い曽て藩を称せざるも、幕府時代にありて旧諸侯の列にありしことと明らかにして、脩は明治二年宗藩松浦詮と共に版籍を奉還し、而して脩又藩知事に任ぜられたることなしと雖も、他の諸侯と同じく華族に列せられたるものとす。謹んで旧諸侯に授爵の典例を考うるに、小藩の家は皆子爵を授けらるるを以て先規なりとす。またこれが類例を挙ぐれば、該家は即ち侯爵細川護久《もりひさ》の支族子爵細川利永《としなが》の家格と同一視するを得、利永は肥後高瀬の三万五千石を領し、明治二年宗家と共に版籍を奉還し、また藩知事に任ぜられたることなきも子爵を授けられたるに依り、松浦靖もまた子爵を授けらるべき乎裁を仰ぐ。

とみえ、宗族の松浦詮伯爵、親族の細川興貫《おきつら》子爵の連署をもって明治二十三年(一八九〇)十二月三日付で請願。同様の願書は『授爵録』(明治二十三年)にも収録されている。靖先々代の脩は維新前、従五位下・豊後守に叙任され、元治元年(一八六四)従五位上・左近衛将監となり、先代豊も明治九年五月三十日に従五位に叙せられるも、両名とも十七年位記返上。すでに両名は松浦家より分家・離籍した身であり、その後の松浦家は美起子《みきこ》が女戸主であった。華族令第三条には「爵は男子嫡長の順序に依りこれを襲がしむ。女子は爵を襲ぐことを得ず。ただし現在女戸主の華族は将来相続の男子を定むるときにおいて、親戚中同族の者の連署を以て宮内卿《くないきょう》を経由し授爵を請願すべし」と定められ、美起子と靖が結婚し、靖が当主となったことにより、授爵を申請。同月二十六日付で子爵を授けられている。

典拠 『法規分類大全』二ノ六、『授爵録』明治二十三年

万里小路秀丸　までのこうじ・ひでまる

一八五八―一九一四

万里小路正房次男

①明治十四年十二月(許可)

②明治十五年五月十四日(許可)

旧堂上《とうしょう》公家(名家《めいけ》)の万里小路正房《なおふさ》次男で、幼名は秀丸・秀麿。長じて正秀《なおひで》と改名。幼少期より明治天皇の児《ちご》をつとめる。『授爵録』(明治十五年)によれば、明治十四(一八八一)年十二月、宗族の中御門経之《なかのみかどつねゆき》・坊城俊章《としあや》連署で「内願書」を提出。「御維新前、御児勤仕にて新家御取立相成り候向もこれあり」として禁裏児をつとめた公家の子弟が、年齢満限で御所を退いたのち、分家のうえ一家創立を許される例があった点を述べ、秀丸の分家・列華族を請願。先例として、慶応三年(一八六七)に孝明天皇の御遺詔で堂上に取り立てられた松崎万長《まつがきつむなが》を挙げている。また、『松方正義関係文書』所収の明治十五年五月十四日付「岩倉具視書翰」によれば、「万里小路二男児《ちご》子勤仕にて、花(華)族御取立〔所謂三十石公家、皆初めこれなり〕」の事

に候。然るに当時右一人限り、外に最早これなく、三条・中御門《なかのみかど》等五千円づつ下され、これは御承知の通り別段の訳也。よって一時三千円にて御取立のことに伺い定め候〔三十石年々下さる替わり一時也〕。
是も至急御承引賜りたく候。

と岩倉が松方に宛てており、前記同様に児から新家創始の先例、さらに中御門経隆《つねたか》(経之三男)と三条公美《きんよし》(実美次男)がすでに分家のうえ華族に列している先例も挙げ、秀丸に対しても同様の恩沢に与りたいと請願している。同書翰によれば、当時左大臣であった有栖川宮《ありすがわのみや》熾仁《たるひと》親王も後押ししていることが窺われ、秀丸分家に多くの旧公家出身者が尽力していることが明らかである。結果、十五年五月二十四日付で華族に列せられる。

典拠　『授爵録』明治十五年、「岩倉具視書翰」(『松方正義関係文書』六)

み

三浦敦雄　みうら・＊あつお

生没年不詳

乎致命後裔宗家

①大正三・四年頃(不許可)

愛媛県士族で乎致命《おちのみこと》後裔宗家を称す。「諏訪頼固他授爵請願書」中に諏訪頼固(旧諏訪神社大祝《おおほうり》)の授爵願と合綴で収録。諏訪以下八名の請願書であるが、全て日付が不記載であり、死没年が確定している者から、大正四年(一九一五)の即位大礼前の申請、大正三年頃と思われる。また、宮内省罫紙には(大四)と印刷されている。敦雄については、

右はその家大山祇神《おおやまつみのかみ》の裔といい、または饒速日命《にぎはやひのみこと》の後とも伝え、始祖乎致命、応神天皇の御宇伊予の小市国造に定められたるに始まり、仁徳《にんとく》天皇の御宇現今の国幣中社大山祇《おおやまづみ》神社を御島に祭りし以来、第十五世の孫小市造守興に至りて、斉明天皇の勅を奉じ、百済赴援の軍に従うて朝鮮に出征し、天智天皇の三年に帰朝して越智大領に定められ越智直《あたい》の姓を賜り、以てその孫玉澄の子安元に至り国務祭事茲《ここ》に分岐して三島大祝となり子孫世々散《さん》位《に》大祝大宮司に任ぜられ、天平神護の初めその神社また宇佐神宮の品位に次いで神位神戸を授けられ、延喜の制大社に列して伊予国一宮に定められ大山祇神の本社として日本総鎮守と称し、仁明天皇の御宇越智直の姓を改めて宿禰《すくね》の姓を賜り、中古は国政軍事に与りて大三島その他城主をも兼帯し、歴世神社に奉仕して散位大祝職を世襲すること千六百余年、以て明治四年に至りたるものなるに依り、上古以来の由緒とその分家同族に国主・城主並びに藩主を出すこと少なからざる宗家の門地として認められ、この際特旨を以て華族に列せられ授爵ありたしとという

に在り。

とし、自家の由緒をもって授爵を請願するも結局不許可に終わっている。

典拠　「諏訪頼固他授爵請願書」(宮内庁宮内公文書館所蔵)

三浦謹之助　みうら・きんのすけ

一八六四―一九五〇

東京帝国大学教授・医学博士

①大正十二年十二月三日(不許可)

旧陸奥国伊達郡出身の医学者。明治十一年(一八七八)東京大学医学予科に入学。十六年本科に入学し、二十一年十二月、改称された

三浦謹之助

帝国大学を卒業後、ベルツのもとで無給助手となり、二十三年二月よりドイツへ自費留学。マールブルグやハイデルベルグの各大学で学び、二十六年十一月に帰朝。東京帝国大学医科大学講師に就任。翌年に助教授、二十八年に教授に就任し、内科学第二講座を担当する。以後、東京帝国大学医科大学付属病院長や宮内省御用掛をつとめ、明治天皇の御不例の際にも診療にあたる。また、大正十年（一九二一）三月からは皇太子裕仁《ひろひと》親王（のちの昭和天皇）のヨーロッパ外遊にも随行。十三年四月に定年退官し、同年七月名誉教授の称号を受ける。授爵については、『読売新聞』十二年十二月三日朝刊に「陞爵する人・新華族になる人／噂に上って居る人達＝御成婚を機として＝」の見出しで、

今一部で噂に上っている人は、面白いところで伯東郷元帥の侯爵、半信半疑なのは皇后宮太（大）夫大森鐘一《しょういち》男の子爵、東宮侍従長入江為守《ためもり》子の伯爵、三浦、佐藤（三吉《さんきち》）両博士の男爵などで、いずれ授爵されることに間違いはなかろうが、この際男爵にと思われるのが枢府顧問官・秩父宮御用掛一木喜徳郎《いちききとくろう》博士、文相岡野敬次郎、内府御用掛平山成信《しげのぶ》の両氏、枢府議長清浦奎吾子の伯爵その他で、牧野宮相の陞爵も不思議のようだが芋蔓全盛の今日興味ある問題と噂の渦を巻いている。尤も右の内、清浦、牧野、入江三氏の陞爵は早晩引退を想像されるからともいわれる。どちらにしてもこの外実業家にも数名あり、全部で十数名の多きに上るであろう。

と皇太子の御成婚という慶事に際して陞・授爵が検討され、そのなかで三浦の名も挙げられている。三浦自身やその周辺が授爵請願を行なったか確認はできないが、結局この時は実現していない。

典拠　『読売新聞』大正十二年十二月三日朝刊

三浦権五郎　みうら・ごんごろう

一八三三―一九〇三

旧紀伊国和歌山藩家老・南龍神社祠官

①明治十一・十二年頃（不許可）
②明治十二～十六年頃（不許可）
③明治十五・十六年頃（不許可）
④明治三十三年五月五日（許可）

紀州藩家老。実名は為質。嘉永五年（一八五二）十二月十八日に従五位下・長門守に叙任。明治元年（一八六八）十月二十八日藩主徳川茂承《もちつぐ》より朝廷へ同藩家老の官位・口宣案《くぜんあん》の返上を奏上するにあたり、同年十一月二日に官位返上。同日、権五郎と改名。同家の華族昇格に関しては、『爵位発行順序』所収「華族令」案の内規として公侯伯子男の五爵（左に朱書で公伯男の三爵）を設け、世襲・終身の別を付し、その内「世襲男爵を授くべき者」四項目中、第四項目に「旧藩主一門の高一万石以上の者及び高一万石以上の家臣」を挙げている。同案は明治十一・十二年頃のものと推定されるが、この時点では旧幕時代に一万石以上を領していた三浦家は男爵に列すべき家として認知されていたと思われる。同じく前掲『爵位発行順序』所収「授爵規則」によれば「男爵を授くべき者」として、七項目中、第四項目に「旧藩主一門の高一万石以上の者及び高一万石以上の家臣」が挙げられている。前記資料とは異なり、この案は十二年以降十六年頃のものと推測されるが、こちらでも万石以上陪臣として、三浦家は世襲華族として男爵を授けられるべき家とされていたが、当該時期には万石以上陪臣への華族編列そのものが実施されていない。さらに、十五・十六年頃の作成と思われる「三条家文書」所収「旧藩壱万石以上家臣家産・職業・貧富取調書」によれば、旧禄高一万五千石、所有財産は四

十三国立銀行株券百五十株、田一反四畝二歩、邸宅一万八千四百五十三坪七合九夕、別荘三町七反八歩、職業は紀伊国南龍《なんりゅう》神社祠官《しかん》、貧富景況は空欄となっているが、当該時期は万石以上陪臣の華族編列そのものが実施されなかったため、士族にとどまっている。そののち、『授爵録』(明治三十三ノ一年)所収の三十三年五月五日付立案の書類によれば、

　右は旧藩一万石以上の門閥にして、何れもその所属藩主の一門または家老たり。平生数百の士卒を養い、有事の時は将帥と為り手兵を提《さ》げ、出でて攻守の任に当たり、無事の時は入りて執政と為り民政を総管する等恰《あたか》も小諸侯の如し。而してこの輩は封土奉還の日何れも士族に編入せられたるも、仍《なお》巨多の資産を有して旧領地に住し、その地方人民の推重せらるるを以て自らその地方人民の儀表と為り、勧業または奨学等公益に資すること少なからず。その門地は以て小諸侯に譲らず。その資産また門地を維持するに足るものと認むるに因り前掲の通り授爵の恩典あらんことを奏上せらるべきや。

とあり、三浦家は門地を維持するだけの資産も有していると認められ、同年五月九日付をもって男爵が授けられる。

典拠　『爵位発行順序』、「旧藩壱万石以上家臣家産・職業・貧富取調書」(「三条家文書」)、『授爵録』明治三十三ノ一年、平井鈴雄『紀藩家老三浦家の歴史』

三浦　安　みうら・やすし

一八二九―一九一〇

貴族院勅選議員・錦鶏間祗候・宮中顧問官

①明治二十六年九月三十日　(不許可)

②明治三十五年五月三日　(不許可)

③明治三十六年七月二十二日　(不許可)

元伊予国西条《さいじょう》藩士出身の官僚・政治家。維新後は新政府に出仕し、大蔵省出仕・内務権大丞《たいじょう》・内務省図書局長・元老院議官などを歴任し、明治二十三年(一八九〇)九月より貴族院勅選議員。また二十九年から翌年まで東京府知事もつとめた。『読売新聞』二十六年九月三十日朝刊によれば、「授爵の噂」の見出しで山口尚芳・津田出《いずる》・津田真道《まみち》・楠本正隆・細川潤次郎・伊丹重賢《しげかた》・神田孝平《かんだたかひら》・福原実《みのる》・野村素介《もとすけ》・平岡通義・安藤則命《のりなが》の十一名とともに三浦安の名もみえ、これらの人物が新たに授爵するであろうと報じる。また、同紙同年十月一日朝刊には「元老授爵の議あり」の見出しで九月三十日にみえる候補者中、伊丹・楠本・山口の授爵は確実であろうと報じる。おそらくこの当時より授爵に関する動きがあったものと推測される。またこの報道から約十年後、『尾崎三良《さぶろう》日記』三十五年五月三日条によれば、「東《ひがし》久世《くぜ》伯を訪《と》う。三浦安叙爵の事、その他の事等を談ず」とみえ、三浦の授爵について、尾崎三良が動いている点が確認できる。同日記同月二十九日条には「徳川茂承《もちつぐ》侯爵を飯倉町に訪ねる。三浦安授爵の事に付談じて為す」と、六月七日条に「東久世伯を訪い、三浦授爵の事に付談じて為す」とあり、さらに同月十二日条に「不在中徳川茂承侯来る。徳川茂承侯家々令加地匡郷来る。三浦安授爵の事に付、侯爵代理として来るなり」と散見しており、三浦授爵を尾崎が東久世通禧《みちとみ》伯爵と、三浦の旧主筋西条藩出身で紀伊徳川家を相続した徳川茂承侯爵に斡旋を依頼している。同日記によれば三十六年七月二十二日条には宮内省侍従職幹事である岩倉具定《ともさだ》に尾崎が面会し、千坂高雅《ちさかたかまさ》・安西某と三浦の授爵を相談しているが結局授爵はされず、不許可に終わっている模様。『尾崎三良自叙略伝』によれば、西南戦争時、元紀州藩主であった徳川茂承が和歌山県下の士族に西郷軍に荷担しないように訓諭をした際、その一件で尽力し

三浦　安

たのが三浦であったとし、
またその下働きを為したる三浦安には陶器の花瓶一対を賜いしのみなり。今日なれば叙勲授爵の恩命にも浴すべき資格あり。今昔不公平の差斯《か》くの如し。是《これ》識者の応に一考すべき所ならずや。
とみえ、西南戦争時の功労も考慮すれば三浦の授爵は当然と尾崎が考えていたことが明らかである。

典拠　『読売新聞』明治二十六年九月三十日朝刊・十月一日朝刊、『尾崎三良日記』明治三十五年五月三日条・六月七日条・六月十日条・三十六年七月二十二日条、尾崎三良『尾崎三良自叙略伝』上

水野貞尚　みずの・＊さだひさ

生没年不詳
旧旗本寄合席・下大夫席
①明治二年二月三日（不許可）
②明治二年六月十七日（不許可）

水野家は旧旗本寄合席で旧禄七千二百三十三石を知行。幕末・維新期の当主は貞尚で通称は国之助。慶応四年（一八六八）四月、朝廷に早期帰順して本領安堵され、朝臣に列して下大夫席を与えられた。同家の藩屏《はんぺい》列への昇格については、千田稔の著書でも紹介され、明治二年（一八六九）二月三日・六月十七日の計二回行われている。『大夫士伺』五所収「秋元一学触下下大夫水野国之助より御奉公の上何卒万石以上藩屏の列に差加の儀奉願」によれば、
昨夏上京志願の趣叡聞に達し、神妙の儀思し召され、本領安堵仰せ付けられ下大夫の列に加えられ、有難き仕合わせに存じ奉り候。然る処収納高篤《とく》と取り調べ候えば別紙の通りこれ全く取米これあり、右を免三ツ五分物成に取り直し候えば、高一万石余に相当仕り候。これに依り七千石高の御奉公仕り居り候ては御維新の御宇に当たり甚だ恐れ入り候次第、且つまた私祖宗以来兵器并《なら》びに家来等も分外扶持仕り居り候に付、この度藩屏の列に加えられ下し置かれ候はば家来一同憤発興起、一方の御奉公仕りたき志願に御座候。何卒万石以上藩屏の列に加えられ下し置かれ列藩並の御処置願い奉りたく、この段御聞済の程懇願奉り候。以上。
と六月二十日付で弁事役所宛で再度願い出るが、翌日付で「御沙汰に及ばれず候事」と却下されるもその理由については明記されていないが、千田によると元高と新田高などで万石以上になる訳ではなかったことが諸侯に昇格できなかったためとしている。

典拠　「内藤甚郎触下下大夫水野国之助より藩屏の列へ差加御奉公の義歎願」（東京都公文書館所蔵『大夫士伺』二）、「秋元一学触下下大夫水野国之助より御奉公の上何卒万石以上藩屏の列に差加の儀奉願」（同五）、千田稔『維新政権の秩禄処分―天皇制と廃藩置県―』

水野徳之助　みずの・とくのすけ

生没年不詳
旧紀伊国和歌山藩家老
①明治三十三年三月十九日（不許可）

水野家は旧和歌山藩家老で六千石を領し、万石格を与えられ、付家老で旧新宮《しんぐう》藩主とは別系の水野太郎作《たろうさく》家。徳之助はその当主で、大阪府現住の士族。『授爵録』（明治三十三年ノ二）によれば、明治三十三年（一九〇〇）三月十九日付で和歌山県知事小倉久《おぐらひさし》が宮内省爵位局長代理香川敬三《けいぞう》宛で三浦権五郎と、水野丹後守・久野《くの》丹波守あとの現時家政の状況について取調照会の件を返答。内密に取り調べたところ、
水野丹後守跡及び久野丹波守跡の両家は現時孰《いず》れも管内に居住致し居らざるに付、実際の情態は査察し得ず、僅かに伝聞せし概況を記載せしに止まり候次第に付、実際内容の如何は尚篤《とく》と調査の上、更に御報致すべし存じ候。
とすでに水野・久野両家ともに当時和歌山には在住していなかったことが判明する。水野太郎作家の調査としては、所有財産は時価二万円余の土地家屋を有しており、生計の状況も「優」としている。徳之助は無職とするも、他

家より相続した人物とみえ、「元来商家に生まれ、身勤倹の風あるも妻は放縦《ほうじゆう》にして身修まらず現今家に在らず」とし、生計状況の詳細も「所有財産より生ずる所得を以て一家の生計を立つあるものの如しと雖も、戸主徳之助は書生の才に長じ、一家の財政は現今優なりと云う」とされ、一家維持のための財産は充分に有していたと思われるが、結局華族に列し授爵されることなく終わっている。

典拠 『授爵録』(明治三十三年ノ一)

→水野某

水野　某　＊みずの

生没年不詳

旧紀伊国和歌山藩家老

①明治三十九年九月十八日（不許可）

水野家は旧和歌山藩家老をつとめた家柄。旧禄高は六千石で万石格を与えられ、付家老の安藤・水野両家、家老の三浦・久野《くの》両家とともに五家と称された水野太郎作《たろうさく》家を指す。『東京朝日新聞』明治三十九年(一九〇六)九月十八日朝刊によれば「一万石以上の陪臣」の見出しで、

維新前陪臣にして一万石以上を領したるは各藩を通じて七十家ありしが、爾来《じらい》しばしば華族に列せられ、昨日また新たに八家に対し授爵の御沙汰ありたれば、残るは紀州藩の久野・水野、水戸藩の山野辺《やまのべ》、仙台藩の石川・茂庭《もにわ》、加州藩の津田・本多(二万石)、津藩の藤堂(一万石)の八家のみなりと云う。

と報じられている。この内、津藩一門の藤堂高成《たかしげ》は前日の十七日付で男爵を授与されており、記載は誤りと思われるが、水野太郎作家がこの当時も華族編列・授爵を企図して運動していたと推測される。実名は記事中に記されていないが、水野徳之助のことを指すと推測される。

典拠 『東京朝日新聞』明治三十九年九月十八日朝刊

→水野徳之助

溝口直景　みぞぐち・＊なおかげ

生没年不詳

旧交代寄合・元中大夫席

①明治十一・十二年頃（不許可）

②明治十二～十六年頃（不許可）

溝口家は旧幕時代に交代寄合表御礼衆《こうたいよりあい》の格式を与えられ、五千石を知行した旗本。幕末・維新期の当主は直景。朝廷に早期帰順して本領を安堵され、朝臣に列して中大夫席を与えられる。明治二年(一八六九)十二月に中大夫以下の称が廃されるのに伴い士族に編入。同家の華族昇格に関し、『爵位発行順序』所収「華族令」案の内規として公侯伯子男の五爵(左に朱書で公伯男の三爵)を設け、世襲・終身の別を付し、その内「世襲男爵を授くべき者」四項目中、第三項目に「元高家・交代寄合」を挙げている。同案は十一・十二年頃のものと推定されるが、この時点では旧幕時代に万石以下でありながら、若年寄ではなく諸侯や高家同様に老中支配である交代寄合は男爵に列すべき家として認知されていたと思われる。同じく前掲『爵位発行順序』所収「授爵規則」によれば「男爵を授くべき者」として、七項目中、第二項目に「元交代寄合・元高家」が挙げられている。前記資料とは異なり、この案は十二年以降十六年頃のものと推測され、こちらでも旧交代寄合である溝口家は男爵を授けるべき家とされているが、結局授爵内規からは交代寄合は一律除かれ、華族編列・授爵は不許可に終わっている。

典拠 『爵位発行順序』

三井三郎助　みつい・さぶろうすけ

一八五〇―一九一二

三井鉱山社長

①明治四十四年（不許可）

三井高善《たかよし》の子で実名は高景《たかかげ》。小石川三井家。明治二十五年(一八九二)より三井鉱山社長をつとめる。授爵に関する説は横山源之助の「男爵を授けられたる新旧五大富豪」中にみえ、四十四年八月二十五日付で実業上の功績により男爵を授けられた三井八郎次郎・藤田伝三郎・鴻池《こうのいけ》善右衛門・住友吉左衛門・近藤廉平《れんぺい》の五名

に関連し、
政府は三井・三菱二家の総番頭である益田・豊川《とよかわ》両氏を取らず、財界の大勢力たる安田氏を取らず、はた社会公共に傾倒せる大倉氏をも取らずして、三井、住友及び鴻池の三旧家と、日本郵船会社長たる近藤廉平氏とを取って男爵とした。いや、別に藤田伝三郎氏とこの五名を撰んで、富豪貴族の顔を揃えた。授爵は公平なるべし、偏頗たるべからず。藤田氏を取るなら、藤田氏と同型、同格、同功の者をも併せ取るべきであった。桂内閣の金城鉄壁とした公債政策に尽瘁《じんすい》した諸人をも取るべきであった。遠く明治維新に功勲ある者に溯れば、東征軍の軍糧または紙幣発行に勲功多かった三井三郎助（三井鉱山部長）、小野善助及び島田八郎右衛門の三名を取るべきである。小野組の後は目下財産整理中にて、或いは十数年の後には再び富豪界の人とならんも謀り知れない。明治初年三井・小野と并び称せられた恵比寿屋の嫡流島田種次郎氏は、江湖に放浪して、今は赤坂榎坂町の裏路次(地)に沈淪している。かくして私恩を私党に扶殖することにのみ腐心した桂内閣は、その官僚と官僚に縁故あるもののみに位記も爵位も議席も株券も偏頗依怙に濫発濫賞したるに止まらず金権者流の仲間にも濫発しその偏頗を十分に発揮したのである。

と記し、当該期に三井三郎助が男爵を逃した点につき、評論家でもある横山が疑問を述べており、当時から三井も下馬評に挙がっていたことが窺われるが、こののちも授爵されずに終わっている。

【典拠】横山源之助「男爵を授けられたる新旧五大富豪」（『新日本』一ノ七）

三井高保　みつい・たかやす

一八五〇―一九二二

三井銀行社長

①大正四年十一月二日（許可）

②大正四年十二月一日（許可）

三井高福《たかよし》五男で、三井高良《たかなり》の養子となる。明治二十四年（一八九一）八月から三井銀行総長（のち社長と改称）に就任し、経済界で活躍した。『授爵録』（大正四年）によれば、大正四年（一九一五）十一月二日付で内閣総理大臣大隈重信より宮内大臣波多野敬直《よしなお》宛で三井と大倉喜八郎《きはちろう》両名の授爵詮議を通牒。

右の者は別紙調書の通り維新に際しては王事に尽くし、爾後《じご》財政経済の方面に於いて国家に貢献せる所少なからず。依て特に授爵の栄典を与えられ候様御詮議相成りたし。

として各々「調書」を添付。三井の分については、

三井高保

明治維新の初めに当たりて三井家は率先勤王の誠を効し、屢々《しばしば》軍資を献納し、軍糧を調達し、臨機功を奏すること頗る多し。高保当時尚年少を以て一家の議に与り尽力する所少なからず。維新の後、政府財政の基礎未だ定まらざるや、三井家金穀出納の事務に任じ、その他財政の要務に参じ功績頗る多し。高保またこれに参じて献替する所少なからず。高保は明治二十四年以来三井銀行を総理し今日に至り、在職二十四年、二百万円の資本より二千万円の資本に上し、我が経済界に偉大なる貢献を為せり。三井一家は左の如き公共事業に投献し、その功また没すべからず。高保また与りて力あり。

明治三十九年　三井慈善病院
　一、二五〇、〇〇〇円

四十四年　済生会
　一、〇〇〇、〇〇〇

三十八年　海軍大学校付属参考品
陳列館
一八三、〇〇〇円
四十年　三池工業学校
一五〇、〇〇〇
三十五年　東京市貧民施療院基本
金
一〇〇、〇〇〇
二十年　海防費
九〇、〇〇〇
三十七年　帝国軍人援護会
五〇、〇〇〇
二十八年　陸軍門司軍需工廠
四四、〇〇〇
三十七年　日本赤十字社病院手術
所設置費
三五、〇〇〇
三十九年　陸軍廃兵院
地所一八、〇〇〇坪
免囚保護事業
七五〇、〇〇〇円

公益事業に寄付せる金額は四百余万円に上り、地所は二万五千余坪に上ると謂う。

と記す。これらの功績が認められ、同年十二月一日付で男爵が授けられている。また『東京日日新聞』同年十二月一日朝刊によれば「授爵愈々《いよいよ》本日／午前九時親授の儀」の見出しで、

天皇陛下には昨三十日を以て皇霊殿神殿御親謁の儀を滞りなく終わらせられ、これにて大礼御儀の全部を御完了あらせられたるを以て、愈今一日午前九時に於いて爵記親授式を行わせられ、次いで宮内省宗秩寮より人名を発表すと。右に付、同時刻礼服着用、宮中御召を受けしは左記の外数名なり。

として、穂積陳重《ほづみのぶしげ》・山川健次郎《けんじろう》・横田国臣・片山東熊《とうくま》・平山成信《しげのぶ》・田中芳男・大倉喜八郎・森村市左衛門・馬場三郎と三井高保の計十名の名が列挙されている。片山・平山・馬場の三名は誤報であったか、それとも審査段階で却下または見送られたとも考えられるが、三井の授爵については報道関係も把握していたと思われる。

典拠　『授爵録』大正四年、『東京日日新聞』大正四年十二月一日朝刊

三井八郎右衛門　みつい・はちろうえもん

一八五七―一九四八
三井家惣領
①明治二十九年五月（許可）

三井惣領家（北家）の当主で、実名は高棟《たかみね》。三井家は高棟の実父にして先々代高福《たかよし》が慶応四年（一八六八）八月に新政府の金穀出納取締を命ぜられて財政面で貢献。高福のあとは高朗《たかあき》が継ぎ、弟で養子となっていた高棟が継承。明治二十五年（一八九二）五月には特旨により従五位に叙せられた。銀行などの各種事業を展開し、三井財閥の基礎を築き鞏固なものとした。『授爵録』（明治二十九年）によれば、「功績者授爵ノ件」として、岩崎久弥《ひさや》・同弥之助《やのすけ》・三井八郎右衛門（高棟）三名の授爵を審議。立案日の欄は空白であるが、おそらく明治二十九年五月と思われる。三井八郎右衛門の分については、

右は素封家を以て夙に天下に名あり。戊辰の役朝廷軍費に欠乏す。同家は率先して軍費を献じ、以て王事に資す。王政維新・車駕東幸、財政の基礎未だ立たず。管理の法未だ緒に就かざる草創の時に於いて国家の金庫を以て自ら任じ、財政をして円滑に運転せしめ、爾来《じらい》日本銀行の創立に至るまで能くその職を尽くし、以て国家の進運に阻碍《そがい》勿《なか》らしむ。その効《（功）》績また少なしとせず。況んや同家が公益及び慈善の為に国家に報効したる金銭上の効果は枚挙するに遑《いとま》あらざるをや。

と記し、三井家が戊辰戦争に際して新政府の財政に寄与した功績などを理由として授爵について立案・審議している。そのうえで岩崎両名と併せて、

要するに営利的の事業家にして、その私を捨て公に奉ずるは人情の難しとする所、然るを能く甘んじてこれを為す。忠君愛国の志篤き者に非ざるよりは誰が能くかくの如くなる者あらんや。この輩の如き

は実に衆庶の標準にして、人民の模範たるべき者と謂うべし。依ってこれを旌表《せいひょう》して華族に列し、男爵を授けられ然るべしと認む。

として男爵授与が至当とする。同月授爵裁可を求めて上奏し、六月九日付で授男爵。同家に関しては授爵に関する他薦書類や履歴書類は添付されていないが、井上馨のような三井家と密接な関係にある政府要路の推薦があった蓋然性は高いと思われるため、項を立てる。

典拠　『授爵録』明治二十九年

三井八郎次郎　みつい・はちろうじろう

一八四九―一九一九

三井物産社長・第一国立銀行取締役

①明治四十四年（許可）

②明治四十四年八月二十二日（許可）

明治二十九年（一八九六）六月九日付で男爵を授与した三井八郎右衛門（高棟《たかみね》）の分家三井南家で八郎次郎は惣領家高福《たかよし》の四男で、実名は高弘《たかひろ》。十二年に第一国立銀行取締役、三十四年三井物産社長をつとめる。授爵については横山源之助の「男爵を授けられたる新旧五大富豪」にみえ、

去八月桂太郎内閣瓦解の間際に、兼ねて世評に上って居た実業家の授爵が行われた。世評の風聞に依れば、渋沢男爵は昇爵し、鴻池、三井、住友三旧家の外に、大倉、安田、豊川《とよかわ》、及び藤田の諸氏が授爵さるるやに噂されていた。発表されたのを見ると、安田、大倉、益田氏等の姓名は除かれ、鴻池《こうのいけ》、三井、住友の三旧家と、藤田、近藤の二氏であったのは聊か案外であった。

三井八郎次郎

と記され、第二次桂太郎内閣の末期から、実業家授爵に対する風説が伝わっていたと思われ、下馬評どおりに八郎次郎が男爵となったことを述べている。また、『山県有朋関係文書』所収の同月二十二日付「渡辺千秋書翰」には「授爵の儀は昨日親しく奏上仕り候間、多分本日は御裁可在らせられ候事と存じ候」とみえ、同月二十四日付で加藤高明・石井菊次郎の両名が、翌日付で住友吉左衛門（友純《ともいと》）・藤田伝三郎・鴻池善右衛門・近藤廉平《れんぺい》とともに八郎次郎も授爵。『新日本』によれば、日露戦争に際して公債政策に最も援助をしたのは三菱合資会社理事の豊川良平《りょうへい》であったが、三井らに男爵を与えるのであれば「桂内閣の金城鉄壁とした公債政策に尽瘁《じんすい》した諸人をも取るべきであった」とし、同じ実業者間でも功績取調が当時困難であった事情が窺われる。

典拠　横山源之助「男爵を授けられたる新旧五大富豪」（『新日本』一ノ七）、「渡辺千秋書翰」（『山県有朋関係文書』三）

箕作麟祥　みつくり・りんしょう

一八四六―九七

貴族院勅選議員・行政裁判所長官、法学博士

①明治三十年十一月三十日（許可）

旧美作国津山藩士・幕臣出身の官僚・法学者・教育者。養祖父箕作阮甫《げんぽ》・父箕作省吾《しょうご》とともに著名な学者として知られる。蕃書調所で学んだのち、維新後は外国奉行支配翻訳御用頭取となり、慶応三年（一八六七）より徳川昭武《あきたけ》に随行してフランス留学。帰朝後は新政府に出仕し、開成所御用掛、一等訳官・文部大助教・司法大書記官・太政官大書記官や元老院議官を経て、明治二十一年（一八八八）十一月より司法次官。二十三年九月からは貴族院勅選議員。また、その後行政裁判所長官にも任ぜられる。『授爵録』（明治三十年）によれば、三十年十一月三十日付で大磯滞在中の伊藤博文より、東京の宮内大臣土方久元宛で電報により申請。

箕作麟祥危篤の由、叙爵の御詮議あらん

ことを願う。同人は維新前より洋学の巨《きょ》擘《はく》にして、門下より有用の人材を数多出せしのみならず、爾来の功績も彼の徒の内において抜群たること疑いなし。殊に今日の形勢においてもこの種の者を懇遇せらるは将来の為め誘導のこと少なからずと存ず。この段愚見を陳じ、聖断を仰ぐ。

と申請し、同様の危篤授爵・学識者授爵の先例として、井上毅・西周両名の先例を挙げる。伊藤の申請が功を奏したためか、十二月一日付で授男爵。なお、『授爵録』(明治三十三ノ二年)には三十一年五月に田中不二麿《ふじまろ》が作成したものと思われるメモ書が綴られており(この推薦文は箕作麟祥がすでに死去していることから、これ以前の作成ではないかと岩壁義光は推測されている)、このメモ書には、

箕作麟祥

国運の進歩は文武両道に由る。武力以て敵に勝ち海に敵艦を砕き、陸に敵城を抜き、大いに戦捷《せんしょう》を奏す。事業明赫《めいかく》天下誰かこれを賛歎賞美せざる者あらんや。而して国家全体の文物制度を改良して国運を前進せしむるは文勲の偉大なるものなりと雖も、固《もと》より無形の事業にして彼の敵城を抜き敵艦を砕くが如く、人の耳目を聳動するに至らず。豈憤歎せざるを得んや。左記の六名は維新前国論鎮攘に傾くの時にありて国家将来の文明開化は一に知識を世界に求むるに在ることを看破し、世論に反抗して夙に洋学に志し、以て古来未曽有の新思想を本邦に移植したり。その著訳する所また甚だ多しと雖も、特に泰西国法論、国家汎論、性法、議事院法、仏国五法、法律格言等の如きは今日の立憲政治を馴致するに与りて力ありと云うべし。維新後また各《おのおの》その学ぶ所を以て国家を裨補せしこと僅少ならず。その勲績敢えて武勲に譲るものにあらざるなり。而してその各自の事業に至りてはこれを略載す。

として年齢順で津田真道《まみち》・神田孝平《かんだたかひら》・細川潤次郎・福沢諭吉・加藤弘之・箕作麟祥の六名が列挙されており、箕作分には、

維新前幕府開成所教官に任じ、維新後また開成学校の教官にあり。傍ら仏国五法の翻訳に従事し、また私塾を開きて盛んに学生を教導し、後東京学士会院の会員に選挙せられ、また吾が邦民法・商法その他法律の編纂修正に与り、終始努力してその功少なからず。後司法次官となり、現に行政裁判所長官及び貴族院勅任議員たり。

と記している。岩壁義光の指摘のとおり、田中不二麿が明治三十一年五月に作成したとすると、すでに箕作は死去しており、この授爵候補者のメモは三十年十一月以前のものと思われるが、年代比定が難しいため参考にとどめておく。

典拠　『授爵録』明治三十年・三十三ノ二年、岩壁義光「旧幕臣系男爵の授爵について―宮内公文書館所蔵「授爵録」の分析を通じて―」(『学習院大学史料館紀要』一八)

南　勝栄　みなみ・＊かつひで

一八五六―一九一一

旧松尾神社神主

①明治十七年頃（不許可）

南家は秦《はた》姓で旧松尾神社神主の家系。勝栄は従三位栄祐の子。同家の華族編籍については、明治十七年(一八八四)頃のものと思われる「三条家文書」所収「旧神官人名取調書」にみえ、「別紙全国旧神官の内華族に列せられ然るべき家格の者にこれあり候。御発表前には一応現今貧富の景況地方官へ調査仰せ付けられ候上、御取捨相成りたしと存じ奉り候」と記され、そ

のなかに旧松尾神社からは東相愛とともに南勝栄の名も挙げられているが、結局授爵されずに終わっている。

典拠　「旧神官人名取調書」(「三条家文書」)

→南某

南　武胤　みなみ・たけたね

生没年不詳

石清水八幡宮社務職

①明治二年三月　(不許可)

②明治十七年頃　(不許可)

旧石清水八幡宮検校・別当職をつとめる家系で、維新前は新善法寺《しんぜんぼうじ》澄清と称し、天保九年(一八三八)九月に得度。そののちは累進して法印《ほういん》・僧正に叙任され禁色《きんじき》・裘袋《きゅうたい》を許されていた。慶応四年(一八六八)閏四月に還俗のうえ、南武胤と改名。同年七月に禁色を止められ、翌月十三日に改めて従五位下に叙せられ、明治二年(一八六九)一月から十二月の間、引き続き同社の社務職に補せられている。なお、『明治五年　旧神官由緒由緒書』によれば武胤の還俗後の名は全て「竹胤」と記しているが、その他の典拠資料中には「武胤」とあるため、武胤で統一する。「春日旧社司及石清水社司等堂上格ノ願ヲ允《ゆる》サス」によれば、同年三月付で石清水社務の菊大路纓清(綏清とも)・田中有年とともに南武胤が神祇官宛で「奉歎願口上覚」を提出。

石清水八幡宮社務家の儀は祖先以来武内《たけのうちの》宿禰《すくね》の後胤にて、代々法体肉食妻帯勤仕罷り在り候処、康元年中後嵯峨天皇叡慮を以て宮清仁懐妊の局を下賜、皇子たらば祠官に補すべき旨仰せ出され、則ち降誕尚清云々。それ以来出身の始めには童参内仰せ出され、恐れながら御親の思しめしに依り小御所御下段に於いて天顔を拝し奉り、御持ちの御末広拝領仕り、得度後直叙法眼《ほうげん》より中二年を置き法印・権少僧都《そうず》・権大僧都・僧正、大僧正に至り、追々昇進仕る。中古には門跡号勅許蒙り候輩もこれあり、誠に以て深重皇沢に浴し子孫繁茂、各法体ながら素《もと》より肉食妻帯にて代々奉仕罷り在り候処、先般大政御一新、当宮大菩薩の称号止めさせられ、大神を称し奉り候様仰せ出され候。付いては法体勤の輩復飾仰せ付けられ、その上昨年八月に至り私共同列各々従五位下の宣下を蒙り、先ず以て冥加至極有難く畏み存じ奉り候。去りながら法体中の美事童参朝の儀も忽《たちま》ち廃絶、自余御由緒柄の企格も夫に引き連れ消散仕り候成り行き、何とも歎かわしく存じ奉り候えども、短才愚昧の身を以て今日の神勤すら行き届かず勝に御座折柄、所詮旧格御再興願い上げ奉り候儀は深く恐懼仕るべき儀に付差し扣《ひか》え候えども、先般他社復飾仰せ付けられ候南都在住の門跡・院家《いんげ》・住侶の輩、その身堂上《とうしょう》出の人口は今般堂上格に仰せ付けられ候由承知仕り候。然りと雖も不肖の私共右同様麁忽《そこつ》に願い奉り候段は潜(僭)上至極、恐れ入り存じ奉り候えども、中世更に後嵯峨天皇胤にて、復飾の今日に至り奉仕罷り在り候儀に付、恐れながら御憐愍を以て大神勤仕の儘堂上格に仰せ付け下され候はば、再生の恩誠歓誠喜有難く畏み入り奉り、倍々神勤勉励尽力仕り、長日天朝御長久の御祈等丹誠を抽すべく候。偏に御憐愍の御沙汰を蒙りたく、伏してこの段願い上げ奉り候。以上。

として、復飾前には得度直前に童昇殿を許され、小御所において天皇に拝謁して末広を下賜される家例であったが、維新に際して還俗してからはその家例も廃されてしまった点を挙げ、また興福寺の門跡・院家・住侶が復飾後に堂上格を与えられた例を引き合いに出し、石清水八幡宮社務職はそのままで「堂上格」を与えて欲しい旨を請願している。これに対して神祇官や太政官弁官側は「春日の儀は別段の思食を以て仰せ出され候儀に付、他社の例には相成らず候事」としてこれを却下している。同時期には春日大社旧社司である西師香らも同様に堂上格への昇格を求めて請願しており、これに対し明治二年三月二十七日付で神祇官は太政官弁官に伺いを立てている。これによ

れば、

過日春日社新神司堂上格仰せ付けられ候後、旧社司よりも堂上格に仰せ付けられたき旨願い出候に付、右願書は差し戻し候えども、その後別紙の通り申し出で、猶また石清水社務よりも別紙の通り堂上格願い出候。右は無拠の訳には候えども、この後賀茂始め諸社より追々同様の儀願い出候は必定と相考え候。就いては春日新神主の内堂上格仰せ付けられ候分はこれ迄の禄高等その儘持参、山陵奉仕仰せ付けられ候ては如何これあるべき哉。左候えば新旧の両社司共にこの後異論もこれあるまじく、且つ諸社より同様の願い出もこれあるまじき哉に相考え候。なお御勘考給うべく候也。

とみえ、興福寺の一乗院・大乗院両門跡以下院家・学侶中、堂上公家出身者は復飾のうえ、堂上格を与えられ、改めて春日大社の新神司を仰せ付けられているが、旧来より同社の神主をつとめてきた西家らの旧社司よりも堂上格を求め、さらに石清水よりも同様の請願が、また今後は下鴨・上賀茂をはじめとする諸社からも請願があると危惧している。神祇官側の伺いに弁官は、

春日新神司の議に付昨日見込書を以て申し入れ候えども、猶また再案致し候処、仮令《たとえ》山陵奉仕仰せ付けられ候とも、やはり伊勢を始めたてまつり八幡その他歴朝の尊霊奉仕の諸社は御同様の姿にも相当たり候故、同様願い出候哉と相考え候。就いては山陵へも付せさせられず、直ちに闕下《けっか》仰せ付けられ候方然るべき哉と存じ候間、尚またこの段申し入れ候也、

と二十八日付で神祇官に回答している。神祇官側が春日の新神司となった諸家の神勤を解き、山陵奉仕を命ずべきではないかという案を示したのに対し、弁官側はたとえそれらの諸家に山陵奉仕を命じたところで伊勢内宮・外宮をはじめとして諸社の社家から請願はあるであろうから、新神司らは速やかに朝勤を命ずるべきであると述べている。のちに奈良華族と称されるこれら興福寺出身者が堂上格を与えられたことを契機に社家の堂上格、ひいては華族格請願が増加していく傾向がみられる。さらに同家の華族編列については「三条家文書」所収「旧神官人名取調書」にみえる。同資料は明治十七年頃のものと思われるが、これによれば「別紙全国旧神官の内華族に列せられ然るべき家格の者にこれあり候。御発表前には一応現今貧富の景況地方官へ調査仰せ付けられ候上、御取捨相成りたしと存じ奉り候」と記され、そのなかに旧石清水八幡宮からは田中有年・菊大路綏清とともに南武胤の名も挙げられているが、結局授爵されずに終わっている。なお、「田中俊清他授爵請願書」によれば二十六年五月三十日付で田中有年の養嗣子俊清と菊大路纓清（綏清とも）の両名が宮内大臣土方久元宛で「華族請願書趣旨書」を提出しているが、その願書中、「社務之系統」として「而して新善法寺家は維新後断絶せしと」と記されており、こののち南家は断絶したものと思われる。

典拠　「春日旧社司及石清水社司等堂上格ノ願ヲ允サス」（『太政類典』）、「旧神官人名取調書」（「三条家文書」）、『明治五年　旧神官由緒書』（京都府立総合資料館歴史資料課所蔵）

→菊大路纓清・菊大路某・田中有年

南　某（勝栄カ）　＊みなみ

生没年不詳

旧松尾神社神主

①明治二十二年一月二十八日（不許可）

②明治二十三年頃（不許可）

南家は代々旧松尾神社神主の家柄。典拠資料中には実名が記されないため不明。前掲勝栄とも思われる。同家の授爵については、『授爵録』（追加）（明治十五～大正四年）所収「族籍之儀ニ付建議」にみえ、すでに華族に列した松木《まつき》美彦《よしひこ》男爵と藤井希璞両名の連署で明治二十二年（一八八九）一月二十八日付で宮内大臣土方久元宛で請願。

謹みて案ずるに貴族の国家に於ける重大の関係あり。許多の効用ありて、政治上・

国体上に置いて必須の者たるは今更に喋々を要せず。（中略）爰《ここ》に古名家族宜しく詮議せらるべき者十六家を録して左右に呈す。

として神宮旧神官より久志本常幸《くしもとつねゆき》・宮後朝昌《みやじり》・沢田泰綱《やすつな》・世木《せき》親喜、上賀茂より松下径久《みちひさ》・岡本保益・鳥居大路《とりいおおじ》治平、下鴨より泉亭《いずみてい》某・梨《なしの》木《き》某・鴨脚《いちょう》某、日吉より生源寺《しょうげんじ》希徳・樹下《じゅげ》某、松尾より東某・南某、鹿島より鹿島則文、香取より香取保礼の十六名を列挙するも、こののち審査のうえ授爵されたのは沢田泰綱の子幸一郎（泰圀《やすくに》）のみで南ほか十五名は選に洩れている。また前掲『授爵録』（追加）（明治十五～大正四年）所収「内宮外宮旧神官十八家等族籍ニ関スル件」という年月日不詳の資料にもみえ、明治二十三年頃作成と思われるこの資料によれば、旧賀茂別雷神社（上賀茂神社）神主の松下清岑《きよみね》に関する「加茂旧神官松下清岑ノ家」の項に、

右家は上加茂旧神官の三家の一、岡本・鳥居大路の総本家にして累代神主に補せられ、従三位に上ることを得、その系統は加茂《かも》建角身命《たけつのみのみこと》の裔、神主在実七代孫正四位下資保二男能久《よしひさ》に出づ。能久承久の乱戦敗れ、鎮西に遷さる。貞応二年六月十日太宰府に於いて卒す。嗣なし。後鳥羽院天皇の皇子（童名氏王丸）を賜り嗣とす。氏久《うじひさ》と称す。神主に補せられ従三位に叙す。氏久の子孫遠久これを嗣ぎ、皇胤の系統連綿として現代清岑に至れり。その血統及び家格は曩《さき》に華族に列せられたる旧神官に比し優ることあるも劣ることなし。然らば則抜きを以て優班に列せられんか、否松下家に比しき家、下加茂旧神官に泉亭・梨木・鴨脚三家あり。その他日吉神社に生源寺・樹下、松尾神社に東・南、鹿島神社に鹿島、香取神社に香取等のあるなれば、独り松下家にのみ栄典を及ぶべきものにあらず。これ等は他日を俟《ま》ちて慎重銓衡せられ然るべきものと思考す。

とあり、皇胤である松下家を華族に列する際には、他社の旧神官中由緒のある樹下らの諸家をも同様に授爵する必要性を説いているが、結局、松下家をはじめどの諸家も授爵されずに終わっている。

典拠 『授爵録』（追加）明治十五～大正四年

→南勝栄

南井忠文　みなみい・*ただふみ

生没年不詳

元興福寺学侶・春日大社新社司

①慶応四年四月　（不許可）

②明治七年七月　（不許可）

③明治八年七月二日　（不許可）

南井家は旧興福寺弥勒院学侶。慶応四年（一八六八）四月以降、興福寺では大乗院・一乗院の両門跡以下院家《いんげ》・学侶もつぎつぎと還俗し、堂《とう》上《しょう》出身者は藤原姓の者は堂上格を賜り、非藤原姓の者は実家へ復籍のうえ一代堂上となる。地下《じげ》出身者も明治二年（一八六九）三月には藤原姓を与えられ、堂上出は春日大社新神司、地下出は同社新社司となる。これらの措置に不満を抱いた地下出身の旧学侶たちは身分昇格を求めている。『太政類典』所収「春日旧社司及石清水社司等堂上格ノ願ヲ允《ゆる》サス」によれば、

一、元興福寺住侶、右元来地下の格にこれあり候処、復飾後尤も当分仮に当社付属新神（社）司に仰せ出され候に付、前後を顧みず、ただ杞然と御一新に基づき、去る辰四月由緒書等上覧に捧げ奉り、総て同勤同格公平の御定目仰せ出され候はば倶々精勤奉るべき儀は勿論、総て一社一和の御裁判成し下され候様懇願奉り居り候処、勤めは旧情を抱え隔心のみに罷り在り候。（後略）

とみえ、慶応四年四月付ですでに旧地下出学侶たちが由緒書を提出して身分昇格を求めていたことが確認でき、また『記録材料・建白書仮綴』所収「願（率川秀宜（宣）等十五名）」によれば、明治八年七月二日付で元老院宛で家格取立の請願を行なっている。

元老院諸公閣下秀宣等十五名は外十六名とともに旧南都興福寺の学侶にこれあり。抑《そもそも》旧興福寺僧侶の位階順序は両門跡あ

り、院家あり、学侶あり。両門跡は春日神社の別当を兼ね、親王或いは摂家の子弟より出づ。院家は権別当を兼ね清華殿上人の子弟より出づ。学侶はその次官たり。堂上或いは諸藩士の子弟より出づ。然るに維新の初め学侶三十一名特に群議を排し、独り勤王の赤心を奮い、或いは資を傾けて糧を献じ、或いは身を抽んでて禁衛に奔走し、屢《しばしば》勤労の慰命あり。後、春日の神祠に属するを以て復飾を請い、尚奉祠の職に任じ、己己(巳)三月神官等二十二名特に華族の格を賜う。内十六名は学侶より出る者なり。然るにこの恩典は昔日の功労を賞せらるるの儀なるに、特り華族に出る者のみにして、その余士族より出る者は同労ありと雖も与るを得ず。或いは云く。華族の格を賜うは賞功の典に非ずと。然らば旧両門跡及び院家は出雲の千家《せんげ》、住吉の津守《つもり》等の類にして華族に列するも、その謂われあるに似たり。奈何ぞ学侶の内にしてその典に与るを得るや、天下の僧徒・神官の華族よりして出る者幾何を知らず。皆尽く華族に陞り家禄を賜ずして独り旧興福寺のみ学侶にして華族の格に陞る。その意知るべきのみ。果たして賞功の典に出でば秀宣等十五名も同功の者なり。華族の出に非ざるを以て恩典に漏るべきの理なし。その労同じくしてその恩典を異にするは豈朝廷華族を親愛して士族を疎隔するの理に非ずや。且つ旧両門跡・院家の六輩は旧位階上に居ると雖も、維新の時勤王の続きなき者なり。特に身の華族より出たるを以て恩典を辱くす。愚等の解せざる所なり。二十二名華族格を賜うの日、京都留守官に申して謂う事あり。然るに依違して決せず。後七年七月該県権令《ごんれい》藤井氏に上書してこれを論ず。権令その説を可とし、上達せらるるの諾あり。然るに今日に至り寂として報聞を得ず。今般復二十二名の徒華族の列に陞り家禄若干を賜う。秀宣等に至りては嘗て配当米の半高を賜うと雖も種族と禄秩に至りては未だ何等の処分を賜らず。豈権令下情を抑塞して上達せざる歟。秀宣等旧方外の徒なり。万分の一の微労を称し恩典を貪らんとするに非ず。唯同侶同労にして異等の典あるを以てこの議無き能わず。伏して惟う。本院新立天下人民をして不平を抱かせざるの旨意明らかなり。謂うこれを院議に挙げ公平至当の論に決せられ、秀宣等の説不可ならば厚く説諭を賜い、若し可ならば速やかに上達せられ、蚤《はや》く秀宣等の処分を命ぜられんことを願い奉る。

と記され、同じ学侶でありながら、堂上出は堂上格、明治二年六月以降は華族格となっているのに対し、地下出の者は藤原姓を与えられたとはいえ、士族にとどまっている点が公平感を欠いているとして、惣代の率川《いさがわ》秀宣(円明院)・南井忠文(弥勒院)以下、一色雅文(花林院)・梅井順正(最勝院)・大喜多(大喜院)・尾谷直春(観音院)・桂木由富(知足坊)・鎌胤賀(宝蔵院)・雲井春影(蓮成院)・関秀英(楞厳院)・関根秀演(勝願院)・伊達幸春(安楽院)・東朝倉景規(観禅院)・藤沢公英(摩尼殊院)の計十五名が請願している。書面にはすでに七年七月中に奈良県権令藤井千尋《ちひろ》宛で華族または華族格への取立を請願し、藤井も許諾しながらこれを上申していないのではないかと記しているが、結局こののちも地下出身の学侶十五名はいずれも華族へ編列されることなく、また授爵されずに終わっている。

典拠「春日旧社司及石清水社司等堂上格ノ願ヲ允サス」(『太政類典』)、「願(率川秀宣《ママ》等十五名)」(国立公文書館所蔵『記録材料・建白書仮綴』)

南岩倉具義　みなみいわくら・ともよし

一八四二―七九

一代華族・旧興福寺学侶　(正知院)

①明治九年五月二十五日　(許可)

旧堂上《とうしょう》公家岩倉具視次男。幼名は太郎麿。維新前、興福寺正知院住職となり興専と称す。慶応四年(一八六八)四月に還俗し、明治二年

(一八六九)三月に非藤原姓出身に付き生家へ復籍し、一代限り堂上に列し、家禄を与えられて南岩倉を称した。三年二月従五位に叙せられる。『公文録』所収「梶野行篤《かじのゆきあつ》外三名永世華族ニ被列ノ儀御沙汰相成度伺」によれば、明治九年五月二十五日付で太政官第二科で「華族従五位梶野行篤初四名へ御沙汰按」として、

別紙京都府華族従五位梶野行篤初四名の儀は御維新の砌実家へ復帰仰せ付けられ、華族列に加えられ候後、明治三年十二月に至り二代目より士族に加えられ、華族半減下賜すべき旨仰せ付けられ候処、元来奈良春日社内に於いて竟《つい》に復籍致さず勤続候数名の者はその後直ちに華族に列せられ候に付、従前同様の奉職にて甲は一代華族、乙は永世華族と相成り何分不公平に相見え候処、畢竟前後彼此の処分に渉り候故、自然甲乙相違の不権衡相生じ候義と存じ候。就いては四名の者へ更に左の通り御沙汰相成り然るべき哉、諸按取り調べ相伺い候也。

として審議をしている。これは藤原姓出身者である門跡・院家・学侶が還俗後、そのまま春日大社に「新神司」として奉職し堂上格を与えられ、さらに明治二年以降華族格となったのに対して、非藤原姓の堂上家出身である梶野(平氏)・小松(同)・西五辻《にしいつつじ》(源氏)・南岩倉(同)は一代堂上(のち一代華族)で、その身分が一代きりのものであり、二代目以降は士族に降格のうえ、家禄も半減するという措置を採られたことに対し、同じ興福寺住職でありながら甲乙の差を付けるのは不公平感があるとして、太政官において審議されたものである。おそらく、四名またはその実家筋より請願があったものと推測される。この太政官での審査は結局原案どおり梶野以下四家も一代華族から永世華族へ編入すべきものとされ、同月三十一日付で南岩倉家も永世華族に編入される。ただし、家禄については、「先般相違し候通り心得るべき事」として、二代目からは半減するものと決められている。こののち十七年の華族令公布に際しては七月八日付で養子具威《ともたけ》へ男爵が授与されている。

典拠　「梶野行篤外三名衛生華族ニ被列ノ儀御沙汰相成度伺」(『公文録』)

箕浦勝人　みのうら・かつんど

一八五四―一九二九

逓信大臣・衆議院議員

①大正四年十月二十九日　(不許可)
②大正四年十一月一日　(不許可)

大分県士族実相寺愚山の次男。のち、箕浦又生の養子となる。明治八年(一八七五)慶応義塾を卒業後、報知新聞に入社。十五年に東京府議会議員となり、二十三年には第一回衆議院議員総選挙に大分県二区から立候補して当選。二十九年の第二次松方正義内閣で農商務省商務局長を、三十一年の第一次大隈重信内閣で逓信次官もつとめた。第二次大隈内閣では大正四年(一九一五)八月より大蔵大臣に転じた武富時敏《たけとみときとし》に代わり逓信大臣に就任し、翌年十月の内閣総辞職までつとめた。箕浦の授爵については『原敬日記』大正四年十月二十九日条にみえ、

箕浦勝人

山県を訪《と》うて先日内談し置きたる授爵問題に付、余より政府余に内議せずして直ちに発表する様の事なきやと尋ねたるに、山県はその事は決してこれなかるべし、政府は最初数多の授爵取調べをなしたる由なるも閣員中異議ありて一切これを見合わす事となりたるに(閣員とは一木《いちき》内相の事なるは過日の話にして知るべし)然るにまた一変して六七名は授爵を宮相まで申し出づる事となりたる様子にて、その人名を内々一覧せしに君と加藤の所には

本人の意思を聞きてと付記しありたれば大丈夫と思う、去りながら大隈の事故度々変化する次第なれば、明日宮相に会見に付その節宮相に尚内談し置くべし。過日もざっとは話し置きたり。然れどもこの事は内閣の方は君の事ありて内閣書記官長に尋ねたるに因り始めてその取調を聞きたる様の次第なれば、果して宮内省には内閣より如何に申し出づるや知れず、且つ閣議には上せず大隈だけの考えの様なれば篤《とく》と宮相に話し置くべし。宮内省にても旧華族等の事にてもあらんが取り調べたるものもこれある様子なり。自分の考えにては御大礼などの機会に於いてせず平日に於いて功績ある者には特に恩命ある様にありたしと思うと云うに付、余は何れにしても宮相直接取り扱う問題に付、宮相に内談し置かるる様切望すと云い置きたり、多分これにて余は授爵を免かるる事と思う。

とあり、この当時大正天皇即位大礼の慶事に際して大隈首相以下の閣僚へも授爵の議が浮上していたと思われる。また、同日記の十一月十二日条には、

西園寺を訪問せり。東京に於いて余の授爵問題に付山県と会見したる次第を内話せしに、西園寺も当地にて山県と会見しその聞き得たる所も余と同様なり。但し一般授爵問題に付山県が余に語りたる所と些少相違の点は、大隈始め閣員授爵問題起こりたるに付、一木内相は大隈に対し、偶然御大礼の際に内閣に居りたる訳を以て授爵せらるる様の事ありては世上の議論も如何あらんか、これは思い止まる方然るべし、大隈首相の陞爵は何等差し支えもなけれどもこれも辞職の際に陞爵せらるる方然るべし、在職中は不可なりと内談せし由、一木山県に云えりと、山県西園寺に物語りたる由。余に内談せし所とは相違と云うよりは寧ろ詳略の差の様なれども少しく異れり。

とみえ、大隈の伯から侯への陞爵は偶然大礼挙行時の内閣であるだけでその閣僚が栄典に浴するのは批判されるとして内務大臣一木喜《き》徳郎《とくろう》が反対し、結局箕浦も含めて大隈内閣の閣僚は全員陞・授爵されずに終わっている。また、『読売新聞』大正四年十一月一日朝刊には、「授爵調査終了／原・犬養氏も」の見出しで、

来たるべき御大典を機とし、国家に功労ありたる各階級の人々に対し、授爵・授勲・叙任等の恩命ある事は既報の如くにして、洩れ承る処によれば御発表に相成るべきは大嘗祭終了の上、即ち本月十六日なりとの事にて、内閣に於けるそれぞれの調査も昨今大体に於いて結了し、目下は宮内省との間に折衝中の由なるが、その陞爵・授爵の主なる人々は、大隈伯の侯爵、武富・尾崎・一木・高田・加藤・河野《こうの》・箕浦各大臣の男爵は疑うべからざる処にして、更に有力なる筋よりの噂によれば、立憲政治創設に功労ありたる廉を以て、政友会総裁原敬氏、国民党総務犬養氏の二政治家、学者として功労ありたる故を以て山川東大総長、穂積博士の二学者、財界に功労ありたる故を以て大倉喜八郎、安川善次郎、益田孝の三実業家、また特に男爵を授けらるべしとの事なり。尚、世間にて村田保《たもつ》翁が授爵の運動をなしつつあるが如く伝うるも今回は授爵の事なく、多分特に位を進めらるる事となるべしと云う。

と大正天皇即位大礼の慶事に際し、陞爵・授爵候補者の名を報じており、そのなかに閣僚中から箕浦の名も挙げられているが、前記のとおり一木の反対で詮議がされず終わっている。

典拠　『原敬日記』大正四年十月二十九日条・十一月十二日条、『読売新聞』大正四年十一月一日朝刊

壬生輔世　みぶ・すけよ

一八一一―七九

旧地下官人（官務・左大史）

①明治三年九月二十七日（許可）

旧地下官人（官務・左大史）

②明治九年十月四日（許可）

旧地下官人（官務・左大史）・終身華族

壬生家は左大史《さだいし》の官を世襲して官務《かんむ》と称せられ、押小路《おしこうじ》家と並ぶ地下官人の棟梁であった家であり、孝亮以後の当主は六位蔵人《くろうど》に補せられ、従五位下に叙せられると殿上を退くという家例。輔世は後掲明麗《てるつら》の父であり、天保五年（一八三四）六月に元服し、六位蔵人に補せられ、正六位上・兵庫権助《ごんのすけ》に叙任。禁色《きんじき》・昇殿を聴された。その後、弘化元年（一八四五）九月には従五位下に叙せられ蔵人を辞し、以来主殿頭や刑部少輔・中務権少輔・同少輔などを兼官し、安政六年（一八五九）二月に正四位上に陞叙し、明治二年（一八六九）二月二十三日には従三位に叙せられて公卿に列した。そののち、『太政類典』所収「宮華族并旧官人以下一般禄制ヲ改正ス」によれば、明治三年九月二十七日の段階で、壬生父子と、旧六位蔵人の藤島助胤《すけたね》・助順《すけのぶ》父子、細川常典《つねのり》、旧伏見宮殿上人の若江量長《のりなが》に対して、「右終身華族の列に加え、高百石宛《ずつ》下さるべき哉《や》」という問に対して、「華族列加えられず、位階その儘。士族一代物を賜い、出面の通り」との回答があり、当初これら諸家の身華族への編列についても議されていた模様であるが、結局は位階は従来どおり保有させたうえで、士族へ編入する方針が定められている。同年十一月十九日に諸大夫以下、地下官人などの位階が廃止となるなか、輔世は息明麗と前藤島父子・細川・若江の諸家と、神祇官官人で伊勢神宮大宮司でもあった河辺教長《のりなが》らとともに恩召により旧来の位階を帯びることを許されている。このまま壬生家も有位士族となるはずであったが、翌月二十日付で輔世のみが終身華族に列し、昇殿を聴されるという恩典を蒙り、同日京都府権少参事に任ぜられ、四年十一月まで在職している。そののち、同家では終身華族から永世華族へ昇格を望み、九年十月四日に請願している。『太政類典』所収「壬生輔世華族列」によれば、九年十月四日付で宮内卿徳大寺実則宛で輔世が請願。

去る明治三年十二月、輔世終身華族列に加えられ、既に天恩忝く、再願の儀は誠に以て多罪の至りに候らえども、先代孝亮正親町天皇御宇《ぎょう》、六位蔵人に補せられ、その労に依り叙爵後直ちに還昇《げんしょう》を聴さるべき旨仰せ渡され、則ち女房奉書頂戴仕り居り候処、終《つい》に還昇を聴されず。孝亮男忠利亦《また》蔵人に補せられ候えども、終身宿願を相遂げ申し到らず。輔世先祖の願望相遂げ、旁以て面目の至り深く感佩《かんぱい》仕り候えども、退きて案に近くは、春日祠官一代華族の面々永世華族列に仰せ付けられ、その他諸社旧家の祠官各々永世華族列仰せ付けらるに付、類例を以て歎願恐怖候えども、何卒先代勅約の旨に宥せられ、且つ輔世に至る四十三代星霜千有余年連綿奉職の廉を以て今度更に永世華族列に仰せ付けられ候えば、実に以て天恩優渥祖先に対し輔世の面目深く畏み存ずべく候。この段歎訴に及び宜しく御沙汰に預かり候也。

と請願し、先祖にあたる壬生孝亮が天正十四年（一五八六）十月に六位蔵人となり、正六位上・左近衛将監に叙任され、その後六位蔵人を辞して従五位下に叙す際には再度昇殿を聴すという正親町天皇の女房奉書にも記されていたにもかかわらず結局それが果たされず、また子の忠利も父同様に六位蔵人となるも同様であったという点を指摘し、祖先の宿願を果たしたい旨を述べ、終身華族から永世華族への昇格を請願。太政官では「右は格別の家柄にもこれあり候に付、御許容相成り然るべき哉」として同年十一月二十五日付で永世華族への昇格を認める。これにより、正五位の有位者ではあるものの、士族籍であった息明麗も永世華族に編列となり、十七年七月の華族令公布に際しては、明麗隠居後壬生家の当主となった桃夫《こうふ》（初名は秀逸）が男爵を授けられている。

［典拠］「宮華族并旧官人以下一般禄制ヲ改正ス」（『太政類典』）、「壬生輔世華族列」（同）、「壬生輔世永世華族ニ被列度上申」（『公文録』）

→壬生明麗

壬生明麗　みぶ・てるつら

一八五二―八四

旧地下官人（官務・左大史）

①明治三年九月二十七日（不許可）

旧地下官人《じげかんじん》で前掲壬生輔世《すけよ》の長男。安政三年（一八五六）八月叙従五位下に叙せられ、文久元年（一八六一）十月十一日元服し、同日左大《さだい》史《し》に任ぜられ、翌年従五位上、三年三月民部権少輔を兼任するも、元治元年（一八六四）九月に鶺退《げきたい》して正六位上に叙され、左近衛将監に任ぜられて六位蔵人に補せられる。同日禁《きん》色《じき》・昇殿を聴される。蔵人所廃止に伴い、明治元年（一八六八）九月従五位上に復し、左大史に還任。翌年三月正五位下に加級し主殿頭《とものかみ》を兼任する。同年七月七日に旧来の律令百官を廃せられる。『太政類典』所収「宮華族幷旧官人以下一般禄制ヲ改正ス」によれば、三年九月二十七日の段階で、父輔世と、六位蔵人の藤島助胤《すけたね》・助順《すけのぶ》父子、細川常典《つねのり》、伏見宮殿上人の若江量長《のりなが》らとともに明麗も「右終身華族の列にお加え、高百石宛《ずつ》下さるべき哉《や》」という問に対して、「華族列加えられず、位階その儘。士族一代物を賜い、出面の通り」との回答があり、当初これらの諸家を終身華族へ編列する点についても議されていた模様であるが、この内、輔世のみが同年十二月二十日付でいったん終身華族に編列され、明麗以下五名は旧来の位階を保持したまま、有位士族にとどまっている。なお、終身華族の身分は、『公文録』所収「終身及一代華族差別ノ件」によれば、明治十六年十二月十三日付の内閣書記官より宮内書記官宛への回答によれば、

終身華族・一代華族差別の儀に付御照会の趣き承知致し候。右は御見解の如く一代華族は戸主中その族を有し、終身華族は隠居候とも存生中その族を有する儀と存じ候。この旨御答えに及び候也。

とみえ、終身華族は隠居したあとも生存している限りその族を有する者と解釈されていた。壬生家においては、戸主輔世のみが終身華族で、嗣子明麗は正五位の有位者ながら士族という異なる身分であったが、九年十一月二十五日付で輔世が永世華族へ取り立てられるに及び、明麗もまた華族に編籍されている。そののち、十二年四月に輔世没後に家督を相続するも、同年十二月に隠居、翌年一月には隠居・分家をして民籍に編入される。

典拠　「宮華族幷旧官人以下一般禄制ヲ改正ス」（『太政類典』）、「終身終身及一代華族差別ノ件」（『公文録』）

→壬生輔世

壬生基修　みぶ・もとおさ

一八三五―一九〇六

旧堂上公家（羽林家）

①明治二十二年七月三日（不許可）

旧堂上《とうしょう》公家出身の軍人・政治家で、明治十七年（一八八四）七月の華族令公布に際して授子爵。幕末、長州へ落ち延びた七卿の一人として知られる。維新後は三等陸軍将・越後府知事・東京府知事・元老院議官などの諸官を歴任。『尾崎三良《さぶろう》日記』二十二年七月三日条によれば、

早朝柳原《やなぎわら》伯を訪《と》う。新華族叙任に付、旧華族中維新の際功労ありし者を昇等せしむべきの談あり。その人凡《およ》そ左の如し。山内容堂《やまうちようどう》実子男爵山内豊尹《やまうちとよただ》を伯に、島津忠亮《ただあきら》を伯に、大村純熙《すみひろ》を伯に、真田幸民《ゆきもと》を伯に、伊達宗城《むねなり》を侯に、亀井を伯に、四条隆謌《たかうた》を侯に、柳原を侯に、壬生基修を伯に、沢某を伯に。予は沢、四条には同意せず。亀井の事は予発言を為す。

とあり、柳原前光《さきみつ》伯爵との談話中、維新時に功労のあった諸家の陞爵についてみえる。実際この時の案は宮中筋にもたらされたか不明であるが、実現していない。壬生家の伯への陞爵は二十四年四月二十三日付。

典拠　『尾崎三良日記』明治二十二年七月三日条

水谷川忠起　みやがわ・ただおき

一八四八―一九二三

元興福寺一乗院門跡、春日大社宮司

①明治二十八年三月十三日（不許可）

元関白近衛忠熙《ただひろ》の子で、嘉永五年（一八五二）

に興福寺一乗院《いちじょういん》門跡を相続し応照と称し、法《ほう》印《いん》・大僧正に昇る。慶応四年(一八六八)四月に復飾し、春日神社新神司となり従五位下に叙され、明治二年(一八六九)に家号を水谷川と称した。同年、堂上格《とうしょうかく》、さらに華族格となり、八年に正式に華族に列し、十七年の華族令公布に際しては男爵を授けられた。『近衛篤麿日記』二十八年三月十三日条によれば、

一、水谷川殿御出、御同道同君邸に至る。晩餐の饗あり、帰寓十時。＊水谷川家旧臣等、同家の昇爵希望の趣旨書を示せり。

とみえ、旧一乗院門跡の家臣たちが水谷川家の陞爵を企図し、近衛篤麿に願い出ていることが確認できる。功を奏さず、結局同家は陞爵していない。

典拠　『近衛篤麿日記』明治二十八年三月十三日条

宮後朝昌　みやじり・＊ともまさ

生没年不詳

旧伊勢神宮外宮神主

①明治十七年頃　（不許可）

②明治二十二年一月二十八日　（不許可）

宮後家は代々旧伊勢神宮外宮神主の家系。維新前には正四位に叙せられていたが、明治四年(一八七一)五月十四日に神官の世襲および位階の廃止により、位記を返上。同家の華族編列については「三条家文書」所収「旧神官人名取調書」による。同資料は十七年頃のものと思われるが、これによれば「別紙全国旧神官の内華族に列せられ然るべき家格の者にこれあり候。御発表前には一応現今貧富の景況地方官へ調査仰せ付けられ候上、御取捨相成りたしと存じ奉り候」と記され、そのなかに旧伊勢神宮からは内宮より沢田泰綱《やすつな》・世木《せき》親喜、外宮より久志本常幸《くしもとつねゆき》とともに宮後朝昌の名も挙げられているが、結局授爵されずに終わっている。さらに『授爵録』(追加)(明治十五～大正四年)所収「族籍之儀ニ付建議」によれば、すでに華族に列した松木美彦《まつきよしひこ》男爵と藤井希璞両名の連署で二十二年一月二十八日付で宮内大臣土方久元宛で請願。

謹みて案ずるに貴族の国家に於ける重大の関係あり。許多の効用ありて、政治上・国体上に置いて必須の者たるは今更に喋々を要せず。(中略)爰《ここ》に古名家族宜しく詮議せらるべき者十六家を録して左右に呈す。

として神宮旧神官より久志本常幸・宮後朝昌・沢田泰綱・世木親喜、上賀茂より松下径久《みちひさ》・岡本保益・鳥居大路《とりいおおじ》治平、下鴨より泉亭《いずみてい》某・梨《なしの》木《き》某・鴨脚《いちょう》某、日吉より生源寺《しょうげんじ》希徳・樹下《じゅげ》某、松尾より東某・南某、鹿島より鹿島則文、香取より香取保礼の十六名を列挙するも、こののち審査のうえ授爵されたのは沢田泰綱の子幸一郎(泰圀《やすくに》)のみで宮後ほか十五名は選に洩れている。

典拠　「旧神官人名取調書」(「三条家文書」)、『授爵録』(追加)明治十五～大正四年

宮原義路　みやはら・＊よしみち

生没年不詳

旧高家・元中大夫席

①明治十一・十二年頃　（不許可）

②明治十二～十六年頃　（不許可）

宮原家は旧幕時代には高家《こうけ》の格式を与えられ、千百四十石を知行した旗本。先代義直は従四位上・侍従兼摂津守の官位を有して生存していたが、勤王への奉答書では「宮原侍従義路」の名が記されており、この当時すでに隠居していたものと思われる。義路は安政六年(一八五九)十二月に奥高家に列して従五位下・侍従兼民部大輔(のち弾正大弼と改名)に叙任され、朝廷に早期帰順して本領を安堵され、慶応四年(一八六八)五月に中大夫席を与えられる。明治二年(一八六九)十二月には中大夫以下の称が廃止されるのに伴い士族に編入。翌年十一月には元中大夫や地下官人らの位階廃止で従五位を返上している。「宮原功家文書」によれば義路はのちに義次郎と改名し、八年十月に東京府駒場村三柱神社祠掌となり、十三年六月には多田木村三柱神社も兼帯したとする。同家の華族昇格に関し、『爵位発行順序』所収「華族令」案の内規として公侯伯子男の五爵(左

に朱書で公伯男の三爵)を設け、世襲・終身の別を付し、その内「世襲男爵を授くべき者」四項目中、第三項目に「元高家・交代寄合」を挙げている。同案は十一・十二年頃のものと推定されるが、この時点においては旧幕時代に万石以下でありながら、若年寄ではなく諸侯同様に老中支配であり、奥高家就任後は四位少将にまで昇り得る高家は男爵に列すべき家として認知されていたと思われる。同じく前掲『爵位発行順序』所収「授爵規則」によれば「男爵を授くべき者」として、七項目中、第二項目に「元交代寄合・元高家」が挙げられている。前記資料とは異なり、この案は十二年以降十六年頃のものと推測され、こちらでも旧高家である宮原家は男爵を授けるべき家とされているが、結局授爵内規からは高家は一律除かれ、華族編列・授爵は不許可に終わっている。

典拠　『爵位発行順序』、「収蔵文書紹介30　宮原功家文書」(群馬県立文書館『文書館だより』三二)

む

陸奥宗光　むつ・むねみつ

一八四四―九七

外務大臣

①明治二十七年二月十一日（許可）

旧和歌山藩士出身の政治家。同藩で勘定奉行や寺社奉行をつとめた伊達宗広《むねひろ》の子。幕末・維新期には国事に奔走し、明治元年(一八六八)に新政府の外国事務局権判事となり、その後兵庫県知事・神奈川県令《けんれい》を歴任。八年四月には元老院議官・元老院幹事となるも、十一年八月には政府転覆を謀った廉により除族のうえ、従四位の位記も褫奪《ちだつ》された。十六年には赦免され、ヨーロッパ遊学を経て十九年十月には外務省入省。その後、駐米公使・農商務大臣・枢密顧問官を経て、二十五年八月、第二次伊藤博文内閣の外務大臣に就任。『読売新聞』二十七年二月十一日朝刊によれば「授爵及陞爵に関する風説」の見出しで、

西郷菊次郎氏授爵の風説は今に始まったる話にあらず。氏はこれを畏れ多きことに思いて辞退の意をある人に申し出でし趣なれど、今回は丁度好機会なるにより、多分授爵の御沙汰あるべしという。尤も侯爵を授けらるるや否やは未だ定まらず。尚下級の爵を授くべしとの説ありと聞けり。また陸奥氏・芳川氏・渡辺氏等大臣たりし人に授爵あるべしとの説もあれど、かくの如くなりては、楠本正隆氏・山口尚芳氏等前元老院議官の連中にも授爵すべき人沢山あるにより、多分見合わせとなるべしというものあり。その他山内侯を公爵に、伊藤・山県・黒田の三伯を侯爵に陞せらるべしというものあれど、多分想像の説なるべく。また維新前後山陵奉行なりし故戸田大和守及び山陵御造営奉行たりし故渥見政同(旧名祖太郎)氏等の功労を追賞せられ、大婚祝典の当日、特旨を以て大和守の曽孫子爵戸田忠義《ただよし》氏に爵一階を進められ、渥見政同氏へは正四位を贈らるるとの噂は確かなる如くなるが、先ず何事も未だ確定したることなきが事

陸奥宗光

実ならん。

と報じられており、当時外務大臣として閣僚の一人であった陸奥への授爵の可能性についても触れられており、同年八月二十九日付で子爵を授けられ、さらに二十八年八月二十日付で伯爵に陞叙している。

典拠　『読売新聞』明治二十七年二月十一日朝刊

武藤信義　むとう・のぶよし

一八六八—一九三三

元帥・陸軍大将・関東軍司令官、関東長官・満州国駐箚特命全権大使

①昭和八年七月二十七日（許可）

旧佐賀藩士出身の陸軍軍人。明治二十六年（一八九三）三月に陸軍歩兵少尉任官後、日清戦争にも従軍。二十九年十二月に陸軍大学入校。三十二年十二月卒業後、参謀本部出仕・同本部付・陸軍大学校兵学教官を経て、日露戦争では近衛師団参謀や鴨緑江《おうりょくこう》軍参謀をつとめる。その後は参謀本部課長兼陸軍大学校兵学教官となり、大正五年（一九一六）五月に陸軍少将に進級、歩兵第二十三旅団長に補せられる。同年七月参謀本部付、九月に第三師団司令部付となり、八年三月に参謀本部第一部長、同年七月に中将に進級して参謀本部総務部長となる。十一年十一月に参謀次長、十五年三月大将に進級して東京警備司令官に補せられる。同年七月より関東軍司令官となり、昭和四年（一九二九）五月軍事参議官、同年八月再度関東軍司令官に補せられ、同日満州国駐箚《ちゅうさつ》特命全権大使・関東長官を兼任。八年五月には元帥府に列して元帥の称号を与えられた。『授爵陞爵申牒書類』によれば、昭和八年七月二十七日付で陸軍大臣荒木貞夫《さだお》より内閣総理大臣斎藤実宛で「武藤元帥授爵ニ関スル件」として申牒。

　右者別紙功績書の通り我が邦家に効せし功績寔《まこと》に偉大なる者にこれあり候に付、この際特別の恩召に依り男爵を授けらるる様特に詮議方取計相成りたく、この段内申に及び候。

として授爵詮議を要請。これを受けて斎藤首相は即日宮内大臣湯浅倉平《くらへい》宛で申牒。

　元帥陸軍大将兼特命全権大使・関東長官従二位勲一等功二級武藤信義は別紙功績書の通り我が邦家に効せし功績顕著なる者に付、左記頭書の通り授爵の儀詮議相成りたく候。

とみえ、同人の危篤に際して手続きが急がれたことが窺われる。同人の功績が認められ同日付で授男爵。また、『叙位裁可書』所収の「元帥陸軍大将兼特命全権大使関東長官武藤信義特旨叙位ノ件」によれば、同日正二位に陞叙している。なお、『授爵録』（昭和二～十九年）によれば、同日付の「備忘」と題する書類中には、

　陸軍大将武藤信義満州新京に於いて病気危篤の旨陸軍省に入電あり。内閣より二十七日午前授爵に就き申牒ありたり。武藤大将は明治二十六年三月陸軍歩兵少尉に任官以来在職実に四十年四ヶ月、この間師団長・参謀次長・軍事参議官・関東軍司令官・教育総監・議定官の重職に歴任し、日清・日露・青島《チンタオ》・西伯利《シベリア》・満州事変等各戦役或いは事変に従来し、機務に参画し、昭和七年八月以来関東軍司令官並びに満州国特命全権大使として用兵作戦の指揮統帥、外交行政の百般の難局を処理し、功績頗る顕著にしてこれを田中義一・明石元次郎・内山小二郎各大将、及び西比利亜・浦潮《ウラジオ》・上海《シャンハイ》派遣軍司令官たりし立花小一郎・大井成元《しげもと》・大谷喜久蔵・白川義則《よしのり》各大将の功績に比し敢えて遜色なく、昭和八年五月には元帥の称号を賜る。かくの如く功績顕著なるを以て授爵奏請を決したり。偶々《たまたま》陛下葉山の御避暑中にあらせられ、

武藤信義

湯浅大臣葉山へ供奉中にて大臣より鎌倉に避暑中の牧野内大臣の同意を得たる上、御殿場避暑中の西園寺公の同意を得、午後四時上奏裁可あり(〔死亡は当日午前七時三十分〕)。而して危篤の際の授爵に就いては曽《かつ》て松田正久《まさひさ》男授爵の節(大正三年一月十九日授爵、三月五日死亡)問題あり。位勲は暫く別とし、危篤の際の授爵はただ子孫をして恩賞に浴せしむるの嫌いあるものとして、時の内閣と打ち合わせ、将来は危篤の際の授爵は奏請せざることに方針を執れり。然るにその後大正六年奥田義人《よしと》(八月十四日授爵、二十一日死亡)、大正十年前田正名《まさな》(八月十一日授爵、十二日死亡)、大正十四年岡野敬二(次)郎(十二月十八日授爵、二十三日死亡。当時東京日日新聞は社説に於いてこれを批難せり)、昭和四年近藤基樹《もとき》(十二月二十六日授爵、昭和五年三月八日死亡。癌に罹り回復の見込みなかりしも、この場合は敢えて危篤と云うにあらず)は何れも所謂危篤の際の授爵に外ならず。昭和七年白川義則は当時上海派遣軍司令官として上海事変に派遣せられ、而して上海事件も一段落を告げ凱旋せんとするに当たり、偶々病気に罹り上海に於いて入院の処、二十二日夜に至り危篤の旨伝えられ、陸軍に於いては凱旋の上、同大将に賜るべく手続き中なりし勅語も時期を早めて賜ることに手続取り運びたるを以て、授爵に就いても亜(西)比利亜・浦潮派遣軍司令官たりし立花小一郎・大井成元・大谷喜久蔵各大将の先例に倣い、凱旋せば当然授爵奏請あるべきものとして、その時期を早むる意味を以て授爵せり(五月二十三日授爵、二十六日死亡)。今回武藤大将の授爵に就いてはその功績に於いては先例各大将に比し敢えて遜色なく、授爵に価するは論なく、単に危篤なるが故に授爵せるにはあらず。位に於ける特旨叙位とは趣を異にするも、所謂危篤の際の授爵にして、「危篤の際の授爵は奏請せざる方針」は事実に於いて消滅したるものと認むる外なし。

と記されており、宮内省当局側は危篤に際しての授爵は奏請しないという方針を以前より定めていたものの、結局は反故にされている点を明記している。なお『木戸幸一日記』同年九月一日条によれば「武藤元帥遺族の襲爵問題」として、武藤の死去前日に三歳の養子を離籍させており、同家は女戸主となり、襲爵の意がないことが明らかである、と記している。

典拠　『授爵陞爵申牒書類』、「元帥陸軍大将兼特命全権大使関東長官武藤信義特旨叙位ノ件」(『叙位裁可書』昭和八年・叙位巻二十二)、『授爵録』昭和二~十九年、『木戸幸一日記』昭和八年九月一日条

村井長八郎　むらい・ちょうはちろう

一八八一―一九四五

旧加賀国金沢藩重臣　(加賀八家)

①明治三十三年五月五日　(許可)

後掲村井恒の孫。明治二十年(一八八七)十月に則友の死去により家督を相続。旧藩万石以上の一門・家老らへの華族編列は明治十年代より建議されており、村井家も候補者として数度家名が挙げられている。『授爵録』(明治三十三ノ一年)所収の三十三年五月五日付立案の書類によれば、

右は旧藩一万石以上の門閥にして、何れもその所属藩主の一門または家老たり。平生数百の士卒を養い、有事の時は将帥と為り手兵を提《さ》げ、出でて攻守の任に当たり、無事の時は入りて執政と為り民政を総管する等恰《あたか》も小諸侯の如し。而してこの輩は封土奉還の日何れも士族に編入せられたるも、仍《なお》巨多の資産を有して旧領地に住し、その地方人民の推重せらるるを以て自らその地方人民の儀表と為り、勧業または奨学等公益に資すること少なからず。その門地は以て小諸侯に譲らず。その資産また門地を維持するに足るものと認むるに因り前掲の通り授爵の恩典あらんことを奏上せらるべきや。

とあり、村井家は門地を維持するだけの資産も有していると認められ、同年五月九日付を

もって男爵が授けられる。
典拠『授爵録』明治三十三ノ一年
→村井恒

村井　恒　むらい・＊ゆずる
一八三六―九三
旧加賀国金沢藩重臣（加賀八家）
①明治十一・十二年頃（不許可）
②明治十二～十六年頃（不許可）
③明治十五・十六年頃（不許可）
村井家は旧加賀藩において八家《はっか》と称された内の一家。八家は陪臣でありながら、御三家家老などと同様四名の叙爵（諸大夫成）が認められており、村井家も親長・長堅・長世の三名従五位下・豊後守に叙任されている。典拠資料中には「村井恒」と記されるが、明治二十六年（一八九三）に死去した長在と同一人物と思われる。同家の華族昇格に関し、『爵位発行順序』所収「華族令」案の内規として公侯伯子男の五爵（左に朱書で公伯男の三爵）を設け、世襲・終身の別を付し、その内「世襲男爵を授くべき者」四項目中、第四項目に「旧藩主一門の高一万石以上の者及び高一万石以上の家臣」を挙げている。同案は十一・十二年頃のものと推定されるが、この時点においては旧幕時代に一万石以上を領していた村井家は男爵に列すべき家として認知されていたと思われる。同じく前掲『爵位発行順序』所収「授爵規則」によれば「男爵を授くべき者」として、七項目中、第四項目に「旧藩主一門の高一万石以上の者及び高一万石以上の家臣」が挙げられている。前記資料とは異なり、この案は十二年以降十六年頃のものと推測されるが、こちらでも万石以上陪臣として、村井家は世襲華族として男爵を授けられるべき家とされていた。また、十五・十六年頃の作成と思われる「三条家文書」所収「旧藩壱万石以上家臣家産・職業・貧富取調書」によれば、旧禄高一万六千五百六十九石、所有財産は金禄公債一万円、横浜正金《しょうきん》銀行株金千円、職業は旧金沢藩主前田利嗣《としつぐ》家家令、貧富景況は相応と記される。当該時期には万石以上陪臣への華族編列そのものが実施されず士族のままであったが、こののち長八郎の代に至り、三十三年五月九日付で男爵が授けられる。

典拠『爵位発行順序』、「旧藩壱万石以上家臣家産・職業・貧富取調書」（「三条家文書」）
→村井長八郎

村上義信　むらかみ・よしのぶ
一八六二―九七
村上義清末裔
①明治二十六年十一月（不許可）
信濃国村上氏の末裔を称する。村上家の華族編列・授爵については平林富三の著書および論文で詳述されているが、明治二十六年（一八九三）十一月付で義信と出浦龍太郎ら計十七名連署で宮内大臣土方久元宛で「請願書」を提出したとする。その際の請願書は宮内庁書陵部所蔵の『授爵録』などには収録されておらず、のちに義信へは長野県知事を経由して返却されたものと推測される。平林によると、請願書に添付された「信濃村上家略記」には同家は水戸藩客分で、「慶応三年幕府の召に応じて江戸に至り将軍慶喜公に謁見す。柳間席を授けられ時服一領を賜う。家禄の儀は追って沙汰に及ぶべきの命あり」と記され、幕臣として新規に召し出され、交代寄合の格式を仮に与えられたとも考えられるが、義信自身が三十年十一月に死去し、運動も頓挫したものと思われる。
典拠　平林富三「村上氏末裔の華族取立請願運動」（『歴史研究』一六三）、同「村上氏末裔の華族取立請願運動」（『千曲の浅瀬』）

村田氏寿　むらた・うじひさ
一八二一―九九
元内務大丞・元内務省警保頭
①明治二十九年十月四日（不許可）
旧福井藩士出身の内務官僚。東京府士族。松平慶永《よしなが》（春嶽《しゅんがく》）の側近として幕末・維新期には国事に奔走し、維新後は明治三年（一八七〇）十二月に福井藩大参事となり、翌年七月に廃藩置県が行われると同年十一月には福井県参事、さらに同年福井県が足羽《あすわ》県と改称されるに及

び同県参事となる。その後、六年一月足羽県が敦賀県へ合併し敦賀県参事となり、同年十一月には岐阜県権令《ごんれい》、翌月には内務大丞《たいじょう》、翌年一月には警保《けいほ》権頭《ごんのかみ》を兼任。同年二月には従五位に叙せられる。同年十一月警保頭を兼任。十年一月十一日に各省の大丞以下が廃止となるに伴い非職となり、二十五年五月特旨により正五位に叙されている。『史談会速記録』第五十輯に収録された「旧功者事蹟取調の報告付五節」によれば、

それからこれは別段御提出になりました訳ではござりませぬが、佐々木千尋君から御廻しでござりまして、これも即ち恩典願の一でござりますから一寸大体を御披露致して置きますでござります。これは旧越前藩の中根雪江、村田氏寿氏の恩典願の事でござります。その大体の書類が茲《ここ》にござりますが、中根氏は已《すで》に先年没せられ、村田氏は今に生存でござります。この両氏は勤王その他国事上に付いては有力の人でござりまして、相応の恩典に浴して、是非旧功を賞せられたいと云う趣意で、如何にも御尤もなる御趣意でござります。これは已に書面で松平侯爵家よりその筋に御提出になっては居りますそうでござりますが、猶旧功事蹟の一でござりますから、史談会取調の方へ加えまして、提出の手続を致しましょうと思いますのでござります。この書面に大要を書いてござりますから、読み上げまして、御聴に入れますでござります。

という史談会の寺師宗徳の談があり、中根雪江の孫己巳《きし》と村田氏寿両名への恩典授与に関して、旧主松平侯爵家が史談会へも申し送っている。この「中根雪江及村田氏寿氏国事鞅掌の事歴申稟書」には、中根己巳の祖父雪江の功績書を挙げたうえで、ついで村田の分としては、

右村田氏寿は深く心を皇室に存し、夙《つと》に国家の衰運に属するを憤慨して、同藩士鈴木重栄・橋本綱紀等と心を協わせ、相共に時運を挽回するを以て自ら任ぜり。藩主松平慶永の時、嘉永六年癸丑六月亜国軍艦浦賀に来たりて請う所あり。氏寿警を聞き奮然藩の政府に建言し、請うて江戸に出づ。この時慶永江戸に在りて専ら斥攘《じょうせき》の説を主張し、その議を幕府に進む。氏寿固《もと》より之を賛し、一意幕府のその議を容れんことを冀《こいねが》い、且つこの機を以て時運挽回の素志を成さんと欲し、幕府士大久保忠寛《ただひろ》(一翁《いちおう》)・水戸藩士藤田彪・長門藩士吉田寅次郎・肥後藩士長岡監物《けんもつ》等と深く交わりを結び相与に議する所あり。因て滞留することト十余月、爾後《じご》慶永の力を国事に尽くすや、氏寿毎にその機務に預かる。安政四年己巳三月、氏寿肥後に赴く。慶永肥後藩士横井時存を招聘して大いに用いる所あらんと欲し、内旨を時存に伝えしめしなり。氏寿この行途京師に入り、また山陽・西海二道の各藩を周遊してその地の名士を訪問し、処士梁川星巌《せいがん》・梅田源次郎、幕府士勝麟太郎、薩摩士西郷吉兵衛等と深く交わりを結び、与に処世の策を議し、同年十月慶永賢長の儲弐を定めて以て衰運を挽回するの議を幕府に進むるや、氏寿橋本綱紀と議を協《あ》わせ、綱紀江戸に出、氏寿国に在りて相共にこれを翼賛し、同五年戊午正月擢でられて重職となり、爾後藩の庶政に参与し、士気を鼓舞し、文武の業を奨励して大いに作振する所あり。文久二年壬戌慶永政事総裁職となり、主として朝廷を尊崇し、且つ積年の非政を釐革《りかく》せんとするや、氏寿執政本多敬義と共に江戸に出、閣老板倉勝静《かつきよ》に面して藩主茂昭の幕府に進むる建言書を出だし、且つ具さに京師の状勢を説き、幕府宜しく叡慮を遵奉して名分の在る所を天下に明らかにし、また将軍入洛あって積年の非政を朝廷に謝し、列藩の議を容れて適応の新政を布かるべし云々。大いに当時の要務を論じ、後属京師に出、中川・山階両宮、近衛前関白殿下、一橋中納言殿等に謁して時に処するの意見を開陳し、また薩藩大久保市

蔵・吉井仲介、土藩坂本龍馬、松代藩佐久間修理その他諸藩の有志者に接し、力を極めて周旋し、裨補する所尠少《せんしょう》ならず。元治元年甲子京師在番中、堺町御門守衛所に於いて諸隊を薫督して長人を迎え撃ち、奮戦してこれを退く。身数創を被る。慶応三年丁卯十月土藩坂本龍馬、同藩後藤象二郎に代わりて福井に来たり、氏寿に面して徳川内府政権を奉還するに至りし状況を告げ、慶永に速やかに上京を請い、且つ中世以降政権を幕府に委ぬるの制を廃して断然王政の古制に復するの議あることを語り、その時宜を謀る。氏寿答えて曰く。政令の武門に出づる固より名分の許さざる所、況んや内府已に政権を奉還す。王政の古制に復すべきは更に論を俟たざるなり。然れども唯幕府を廃するのみに止め、摂関以下百官門地を以てするの慣習旧の如くならんには、或いは建武の旧轍を践むに至らん。故に幕府を廃すると同時に摂関以下門地の慣習をも併せて廃し、爾後広く人材を天下に求めて政府の機務に与らしむるの新制を建てられんには、中興の基礎始めて鞏固《きょうこ》なるべし。龍馬首肯して京師に還る。同年十二月王政革新、慶永議定職を拝して中興の大業を翼賛するに当たり、氏寿さらに出京、左右に在りて専らこれを輔翼し、明治元年戊辰正月、徳川慶喜朝敵の名を負い、追討の令を発せらるるにいたり、馳せて国に帰り、言を尽くして大義の在る所を諸士に説示し、遂に一藩の方向を定め、同年七月会津征討の役、藩の参軍として越後口に出陣、諸隊を薫督して功あり。事平らぐに及びて総督仁和寺宮の命を奉じ、若松地方の民政を総括して戦後の民心を安んず。この時氏寿仮に民政局を開きしに、降人の家族その他飢餓に迫る者万を以て算《かぞ》え、傷者は医治を得る能わず。死屍は道路に横たわる等、その惨状言語の能く尽くす所にあらず。加うるに暴民あって各地に嘯集《しょうしゅう》し、日夜人家を破壊し、或いは火する等の事あり。而して軍事始めて竣《お》わり未だ金穀の準備なく、守備隊の糧食尚闕乏を告ぐ故を以て局務の困難実に喩うるに物なし。氏寿励精事に従い、一面急に金穀を収集し、一面飢民を救恤し、傷者を施治し、死屍を収埋し、暴民を鎮壓し、民心始めて安着するに至りしなり。同二年己巳二月、福井藩の参政となる。同年七月太政官氏寿を徴す。氏寿これを辞す。この時松平茂昭《もちあき》福井藩知事の命を拝し、新たに藩治の制を定めんとす。而して氏寿多年要職に在りて事に熟し、且つ深く士民の心を得、故を以て猝《にわ》かに藩を去ること能わず。遂に徴命を辞せり。同年六月朝廷戊辰の歳賊徒掃攘の砌、軍事勉励神妙の至り思し召され、金三百両下し賜る同三年庚午福井藩大参事に任ぜられ、同四年以後足羽県・敦賀県に参事、岐阜県に権令、内務省に大丞兼警保頭に任ぜられ、同十年一月各省大少丞以下廃せられ非職となる。同二十五年五月、特旨を以て正五位に叙せらる。

とその事歴・功績を縷々陳述し、そのうえで、

以上両人は前書の如く深く心を皇室に存し、多年藩主を輔翼して力を国事に尽くし、王政革新の時に至りてさらに中興の大業を翼賛し、その勲労已に高く、一身の重望に於ける闔藩他に比すべきなく、今に至りて士民の標準となり、実に抜群の者に候。就いてはこの際更にその勲労を録せられ、雪江孫己巳并《ならび》に氏寿共華族の列に加えられ、相当栄爵を賜り候様特別の御詮議を仰ぎたく候。既に先年来屢《しばしば》優渥の恩典を被りたる上、今また右様相願い候は恐懼の至りに候えども、両人の当時力を国家に尽くし、続いて王事に鞅掌せし事実は啻《ただ》に文書の記する所のみに止まらず、康荘予《かね》て祖父慶永・父茂昭より耳聞詳悉候処、この節匹儔《ひっちゅう》の勲労者にして、夫々特別の恩典を被り候次第もこれあり、依て黙止するに忍びず、この段悃《こん》

願《がん》奉り候也。誠恐誠惶謹言。

として旧福井藩主である侯爵松平康荘《やすたか》が中根・村田両名の授爵を願い、この文書を明治二十九年十月四日付で宮内大臣土方久元宛で送付したことがみえる。この文書は『授爵録』（明治三十年）にも「中根雪江村田氏寿恩典願写」として収録されるが、村田分については何故か「本書は村田氏寿位階陞叙の申牒書に付し内閣に移牒す」と表紙に記されている。本文中には史談会に宛てたものと同様に「雪江孫己巳幷に氏寿共華族の列に加えられ、相当栄爵を賜り候様特別の御詮議を仰ぎたく候」と記される。この件については、『叙位裁可書』所収「正五位村田氏寿特旨叙位ノ件」にも前掲「中根雪江村田氏寿恩典願写」が収録されており、村田の願が授爵から位階陞叙に変更させられていたことが明らかである。三十一年一月二十七日付で土方宮相より内閣総理大臣伊藤博文宛で移牒した村田の特旨叙位に関する文面には、

　侯爵松平康荘具申正五位村田氏寿恩典の請願を按ずるに、同人は夙に心を皇室に存し、深く国家の衰替を憤歎し、時運を挽回するを以て自ら任じ、入りては藩主松平慶永を輔佐し、出でては各藩勤王の名士に交わり与《とも》に処世の策を議す。慶応三年十二月王政復古、慶永入京して議定職を拝し、中興の大業を翼賛するに当たり、氏寿常に左右に在りて専らこれを輔翼し、戊辰の春徳川慶喜追討の令出づるや、列藩の向背未だ定まらず、海内騒然たり。この時に方《あた》り氏寿馳せて国に帰り、諸士に説くに大義名分を以てし、遂に克く一藩をして方向を誤らしめず。会津征討を督して功あり。事平らぐに及びて参軍として総督仁和寺宮の命を奉じ若松地方治民の職を負担す。この際降人の飢餓迫るあり。暴民の各地に嘯集するあり。その困難喩うるにものなし。氏寿励精従事、善く飢餓を救い不逞を鎮む。ここに於いて民心始めて安堵するに至れりと云う。明治二年福井藩の参政に任ぜられ、爾来累遷して内務大丞兼警保頭に進み、同二十五年特旨を以て正五位に叙せらる。同人が維新前後国事に尽くしたるの功労は中根雪江に及ばざるを以て授爵の栄に与るを得ずと雖も、また以て没すべからざるものあり。就いてはその旧功を録せられ、特に昇位の御詮議相成りたく、この段申牒に及び候也。

として、松平侯爵家からの請願を受け審査のうえ、村田の功績は中根雪江には及ばないと判断されたことが判然とする。この結果、村田は授爵されず、三十一年八月三日付で特旨により正五位より従四位へ陞叙されるにとどまっている。

典拠　「旧功者事蹟取調の報告付五節」（『史談会速記録』五〇）、『授爵録』明治三十年、「正五位村田氏寿特旨叙位ノ件」（国立公文書館所蔵『叙位裁可書』明治三十一年・叙位巻五）

→中根己巳

村田　保　むらた・たもつ

一八四三―一九二五

元貴族院勅選議員・錦鶏間祗候、大日本水産会副総裁

①大正四年十月二十六日（不許可）

②大正四年十一月一日（不許可）

旧唐津藩士出身の官僚・政治家。明治元年（一八六八）十二月に鎮将府付となって以来、昌平学校教授試補・刑部権大録・太政官少書記官・同大書記官兼内務大書記官などの諸官を経て十八年四月に元老院議官に任ぜられる。二十三年九月に貴族院勅選議員となり、翌月錦鶏間《きんけいのま》祗候《しこう》を仰せ付けられた。二十四年三月以降は民法商法施行取調委員・水産調査委員会委員長・

村田　保

第四回内国勧業博覧会審査官・水産調査会会長・第二回水産博覧会審査官長・法典調査会委員・塩業調査会会長などをつとめ、大正三年（一九一四）三月には貴族院勅選議員と錦鶏間祗候を辞した。また、水産伝習所創設に尽力し、「水産翁」の号をもって知られた。授爵に関しては『読売新聞』大正四年十月二十六日朝刊によれば「隣の噂」の見出しで、

　招待のお流れ続きで有名な村田保翁が今春の総選挙に現政府の為め非常な働きを見せた事は誰知らぬものもないが、それにも拘わらず反対党は申すに及ばず、与党間にまで頗る評判がよくない。村田翁は地方遊説の際は、必ず聖上の御真影を懐中して居るそうだ。そしてその演説中に妨害でもする奴が居ると、「今から聖上陛下のお話をいたします」とやり出して聴衆を静める。それ等の事から「村田は不都合な奴だ」と云うので、田舎の真面目な連中は非常に怒って居るそうだ。兎に角翁の独極の勤王家振り、大隈伯と友達であると云う様な事が、同志会あたりの反感を買うた原因になって居る事だろう。処が昨今翁がまた授爵運動を始めたとか云うので、更に反感を唆《そそ》って居るとの事である。

とみえ、この当時から授爵運動をみずから起こしていることが報じられている。さらに同紙年十一月一日朝刊によれば「授爵調査終了／原・犬養両氏も」の見出しで、

　来たるべき御大典を機とし、国家に功労ありたる各階級の人々に対し、授爵・授勲・叙任等の恩命ある事は既報の如くにして、洩れ承る処によれば御発表に相成るべきは大嘗祭終了の上、即ち本月十六日なりとの事にて、内閣に於けるそれぞれの調査も昨今大体に於いて結了し、目下は宮内省との間に折衝中の由なるが、その陞爵・授爵の主なる人々は大隈伯の侯爵、武《たけ》富《とみ》・尾崎・一木《いちき》・高田・加藤・河野《こうの》・箕浦各大臣の男爵は疑うべからざる処にして、更に有力なる筋よりの噂によれば、立憲政治創設に功労ありたる廉を以て、政友会総裁原敬氏、国民党総務犬養毅氏の二政治家、学者として功労ありたる故を以て山川東大総長、穂積《ほづみ》博士の二学者、財界に功労ありたる故を以て大倉喜八郎、安田善次郎、益田孝の三実業家、また特に男爵を授けらるべしとの事なり。尚、世間にては村田保翁が授爵の運動をなしつつあるが如く伝うるも今回は授爵の事なく、多分特に位を進めらるる事となるべしと云う。

と報じ、大正天皇即位大礼の慶事に際して、村田が授爵を希望しているものの、おそらく位階陞叙に終わるであろうとされている。結局運動は功を奏さなかったためか、こののちも授爵はされずに終わっている。

典拠　『読売新聞』大正四年十月二十六日朝刊・同年十一月一日朝刊、「村田保特旨叙位ノ件」（国立公文書館所蔵『叙位裁可書』大正十四年・叙位巻一）

村田経芳　むらた・つねよし

一八三八―一九二一

予備役陸軍少将・貴族院勅選議員

①明治二十九年五月（許可）

旧薩摩藩士出身の陸軍軍人・政治家。明治四年（一八七一）七月陸軍大尉に任ぜられ、近衛三番大隊射的掛となり、以後累進して二十三年十月には少将に進級し予備役編入。この間、砲兵会議々員・東京砲兵工廠御用掛などとなり、また国産小銃の改良に貢献した。二十三年九月より死去するまで貴族院勅選議員をつとめた。授爵に関しては、『授爵録』（明治二十九年）

村田経芳

によれば、立案日の欄は空白であるが、芳川顕正《あきまさ》ほか二十八名の文武官への授爵詮議が爵位局でされており、村田の名も挙げられる。

右は夙《つと》に勤王の志を抱き、皇室式微、幕府専横の日に当たり、或いは大和・但馬の義挙に与し、或いは幽囚投獄、辛苦備《つぶさ》に嘗《な》め維新回天の大業を賛助し、または多年朝に在りて顕要の職を奉じ、または貴衆両院に入りて国家の大計を議する等孰《いず》れも勲功顕著の者に付、特旨を以て華族に列し栄爵を授けられ然るべき乎。左にその爵を擬し裁を仰ぐ。

とし、二十九名中芳川のみ子爵授与とし、村田を含めた他の二十八名は男爵が相当としている。同文書には同人への授爵を求める他薦書類や功績調書は綴られていないが、二十九名中、伊丹重賢《しげかた》・山田信道・船越衛《まもる》・三宮義胤《さんのみやよしたね》・中島信行の五名については維新前の勤王事歴調書類が、また九鬼隆一《りゅういち》についても同年二月二十五日付で榎本武揚が授爵を推薦する書状が添付されていることから、同人を含めた他の二十三名分も他薦などがあった蓋然性が高いと思われる。村田の功績は認められ、二十九年五月二十三日付で裁可を得、翌月五日付で男爵を授けられる。

典拠　『授爵録』明治二十九年

村田虎吉郎　むらた・とらきちろう

?—一九一四

旧肥前国佐賀藩一門

①明治三十三年五月五日（不許可）

村田家は旧佐賀藩一門で親類の格式を有し、旧禄一万七百七十石を領した。虎吉郎は後掲八介《はちすけ》（政匡《まさただ》）の嗣子。『授爵録』（明治三十三ノ一年）所収の三十三年五月五日付宮内省当局側審査書類によれば、旧藩主一門および万石以上家老の授爵詮議で浅野哲吉ほか二十五名が挙げられ、同月九日付で全員男爵を授けられているが、その但書に、

但し旧藩一万石以上と唱うる家は四十八家あり。然れども明治四年辛未禄高帳（大蔵省記録）及び藩制録（大蔵省記録）又は府県知事より徴収したる現在所有財産高を照査し、その旧禄高一万石以上判明せしものにして、猶且つ五百円以上の収入を生ずべき財本を有すること精確なるもの先づ二十五家を挙ぐ。余の二十三家は他日調査完結又は資産を有するに至りたるときに於いて御詮議相成るべきものとし、左にこれを掲げて参考に資す。

としたうえで、村田虎吉郎を含めて二十三家が挙げられている。これによれば、村田家は「旧禄高壱万石以上と唱うるも大蔵省明治四年辛未禄高帳記載の高と符合せざるもの又は禄高帳に現米を記載し旧禄高の記載なきに因り調査中のもの」十二家のなかに分類されており、旧禄高は一万七百石とするも現石は八千三百石三斗九升三合六勺と記し、実収一万石以下とされたためかこののちも同家は授爵されずに終わっている。

典拠　『授爵録』明治三十三ノ一年

→村田八介

村田八介　むらた・はちすけ

一八四三—九六

旧肥前国佐賀藩家老

①明治十一・十二年頃（不許可）

②明治十二〜十六年頃（不許可）

③明治十五・十六年頃（不許可）

村田家は旧佐賀藩一門で親類の格式を有し、旧禄一万七百七十石を領した。幕末・維新期の当主は八介で諱は政匡《まさただ》。当初は龍吉郎とも称する。前掲村田虎吉郎《とらきちろう》の父。同家の華族昇格に関し、『爵位発行順序』所収「華族令」案の内規として公侯伯子男の五爵（左に朱書で公伯男の三爵）を設け、世襲・終身の別を付し、その内「世襲男爵を授くべき者」四項目中、第四項目に「旧藩主一門の高一万石以上の者及び高一万石以上の家臣」を挙げている。同案は明治十一（一八七八）・十二年頃のものと推定されるが、この時点では旧幕時代に一万石以上を領していた村田家は男爵に列すべき家として認知されていたと思われる。同じく前掲『爵位発行順

序』所収「授爵規則」によれば「男爵を授くべき者」として、七項目中、第四項目に「旧藩主一門の高一万石以上の者及び高一万石以上の家臣」が挙げられている。前記資料とは異なり、この案は十二年以降十六年頃のものと推測されるが、こちらでも万石以上陪臣として、同家は世襲華族として男爵を授けられるべき家とされていた。また、十五・十六年頃の作成と思われる「三条家文書」所収「旧藩壱万石以上家臣家産・職業・貧富取調書」によれば、旧禄高一万七百七十石、所有財産は金禄公債九千百十五円、田畑四反一畝十八歩、百六国立銀行掛金五千九百円、田畑三町三反九畝二十一歩、草生地四十四町五反五畝二十二歩、建屋士蔵三軒、職業は無職。貧富景況は空欄。万石以上陪臣でありながら、旧佐賀藩からは八家中、村田を含め四家が華族編列とならず、士族にとどまる。そののち、八介の子虎吉郎もまた授爵運動を行なっているが、不許可に終わっている。

典拠　『爵位発行順序』、「旧藩壱万石以上家臣家産・職業・貧富取調書」(「三条家文書」)
→村田虎吉郎

村山源蔵　むらやま・げんぞう

一八五六—?
源満仲末裔
①明治十五年十月二日（不許可）
②明治十六年三月五日（不許可）
③明治二十三年六月二十五日（不許可）

源満仲《みつなか》末裔を称する山形県士族で、同家は満仲の三男頼信《よりのぶ》を祖とする。『授爵録』（明治二十三年）によれば、明治十五年（一八八二）十月二日付で村山源蔵親族で南置賜《おきたま》郡在住の湯野川忠世・村田与三郎・近新次郎と同郡戸長の宇佐美勝作の四名が山形県令《けんれい》折田平内《おりたへいない》宛で「勤王家御彰表之義歎願」を提出。祖先より六代目にあたる村山義信が元弘の乱時に新田義貞に属して以来、勤王忠勤に励んだ事蹟を縷々《るる》述べ、「特別の廉《かど》を以て彰表の典下賜においては特《ひと》り同家子孫及び親族の感戴のみならず、凡《およ》そ臣民たる者の義気振励の義と存じ奉り候」と請願。これを受けて内務卿山田顕義は太政大臣三条実美宛で十六年三月五日付で「祖先累世勤王ノ廉ヲ以テ御彰表ノ義ニ付上申」を提出。

山形県羽前国《うぜんのくに》南置賜郡《みなみおきたまぐん》米沢七軒町士族村山源蔵義、祖先累世忠節勤王の廉を以て御彰表の典在らせられたき旨、御綸旨《りんじ》写その他正統系図相副え同県令より別紙の通り申し出で候に付申達に及び候。重ねて然るべき御詮議相成りたく、この段上申候也。

として、村山源三親族願書、同人現今戸籍調、同人祖先正統系図写、後醍醐天皇御綸旨写各一通を添付。この請願はしばらく宮内省で保留とされたか、二十三年六月二十五日に至り当局による立案書類「山形県士族村山源蔵祖先累世勤王ノ廉ヲ以テ御彰表相成度公願ノ件」によれば、

右家系を調査するに同氏の先は源満仲の三男頼信に出づ。頼信数世の後村山六郎家平なるものあり。保元年中越後国村山の庄を賜い、始めて村山氏を称す。この時源義朝に従い凶徒を征し、彼の地方の豪族を以て時の英雄に付属し、馳駆《ちく》したるに過ぎざれば彰表せらるべき勲功あるものと認め難し。依て御評議相成るべきものにこれ無しと存じ候条山形県庁を経て書面却下相成るべきや。

として却下され、こののちも同家は華族に編列されずに終わっている。

典拠　『授爵録』明治二十三年

室田義文　むろた・よしあや

一八四七—一九三八
特命全権公使（待命中）
①明治三十三・三十四年頃（辞退）

旧水戸藩出身の外交官・政治家。明治三年（一八七〇）十月外務省出仕以来、外務省使部より累進し、十七年八月領事に任命され、ハワイ国ホノルル領事館に在勤。以後、外務権少書記官・同省会計局用度課長、朝鮮国釜山《プサン》領事・同総領事を経て、三十年三月にメキシコ国駐《ちゅう》箚《さつ》弁理公使、同年五月にはペルー駐箚も兼任。

三十三年十月には両国駐箚を免じられ待命。翌年一月二十八日に特命全権公使に昇進し、翌月十三日依願免本官。同年五月から貴族院勅選議員、同年十二月錦鶏間祗候《きんけいのましこう》を仰せ付けられた。『室田義文翁譚』中の「晩年の室田翁」によれば、

翁は今年九十二歳、正四位勲二等、錦鶏間祗候、貴族院議員であるが、翁が今日まで《（でに）》業界財界教育界に残した功績は、総理とか政党総裁の如く派手で華やかなものではないが、しかし、より遥に偉大なるものがあると思う。かつて伊藤公が、翁に『勲功により君に男爵を賜るよう奏請しようとおもうが。』と相談したことがあった。その際、翁は『一代限りならおうけしてもよろしい。』と答えた。もちろん『一代限り』という条件つきでは、爵位奏請のしようもないので、これは沙汰やみとなったが、ここにも翁らしい反面がうかがわれると思う。また伊藤内閣の文部大臣として、就任の交渉をうけたこともあったが、これもある事情で実現するには至らなかった。

室田義文

と記される。おそらくは待命外交官・特命全権公使期か、退官直後頃の話と思われる。服部一三のように授爵の他薦を幾度も受けながら、自伝類には一切記されない場合もあるが、室田の自伝にはこの授爵話を辞退した話がみえ、一応本項に収録する。『伊藤博文関係文書』所収の三十四年五月三十一日付「井上馨書翰」によれば、「陳《の》ぶれば室田事は御尽力を以て今日相運び候由」とあり、貴族院議員勅選に伊藤が尽力した点が明らかであり、実際、伊藤が同人の授爵を奏請した蓋然性も高いと思われる。

典拠　田谷広吉・山野辺義智編『室田義文翁譚』

も

毛利元一　もうり・げんいち

一八一六―八九

旧周防国山口藩家老（吉敷毛利家）

①明治十一・十二年頃（不許可）

②明治十二～十六年頃（不許可）

③明治十五・十六年頃（不許可）

毛利家は旧山口藩家老で旧禄一万石余を知行。吉敷《よしき》毛利家とも称される。幕末・維新期の当主は元一。実名は元寧。後掲毛利重輔《しげすけ》は養子。同家の華族昇格に関し、『爵位発行順序』所収「華族令」案の内規として公侯伯子男の五爵（左に朱書で公伯男の三爵）を設け、世襲・終身の別を付し、その内「世襲男爵を授くべき者」四項目中、第四項目に「旧藩主一門の高一万石以上の者及び高一万石以上の家臣」を挙げている。同案は明治十一（一八七八）・十二年頃のものと推定されるが、この時点では旧幕時代に一万石以上を領していた吉敷毛利家は男爵に列すべき家として認知されていたと思われる。同じく前掲『爵位発行順序』所収「授爵規則」によれば「男爵を授くべき者」として、七項目中、第四項目に「旧藩主一門の高一万石以上の者及

び高一万石以上の家臣」が挙げられている。前記資料とは異なり、この案は十二年以降十六年頃のものと推測されるが、こちらでも万石以上陪臣として、同家は世襲華族として男爵を授けられるべき家とされていた。また、十五・十六年頃の作成と思われる「三条家文書」所収「旧藩壱万石以上家臣家産・職業・貧富取調書」によれば、旧禄高一万石余、所有財産および貧富景況は空欄、職業は無職と記されるも、当該時期には万石以上陪臣の華族編列そのものが実施されなかったため、同家は士族にとどまる。なお、養子重輔が三十三年五月九日付で男爵を授けられる。

典拠　『爵位発行順序』、「旧藩壱万石以上家臣家産・職業・貧富取調書」(「三条家文書」)

→毛利重輔

毛利五郎　もうり・ごろう

一八七一―一九二五

公爵毛利元徳五男

①明治二十五年三月八日　(許可)

旧長州藩主・公爵毛利元徳《もとのり》の五男。『授爵録』(明治二十五年)によれば、明治二十五年(一八九二)三月八日付の宮内省当局側審査書類「公爵毛利元徳五男毛利五郎分家御聴許ノ上特ニ華族ニ列セラレ男爵ヲ授ケラル、議」中に「毛利元徳より五男毛利五郎に元徳家産の内資金三万円を分譲し、別戸致させたき旨出願候処」とみえ、毛利公爵家側からの出願が確認される。請願書は綴られず。

公爵毛利家は曩《さき》に元徳三男三郎小早川家再興の際、元徳の偉勲に依り特に華族に列せられたれば、今又五男五郎を華族に列せらるることのこれにあらんには、少しく寵光を重するものの如き嫌いなしとせず。然れども偉勲に依り特に公爵を授けられたる三条家において既に二人迄特恩を蒙りたる近例あり。但しその一人は素《も》と叡慮に出で別格のことなりと雖も、毛利家も亦均しく特授の公爵なれば、その権衡よりこれを推すも毛利五郎の栄誉を蒙ることに付いては亦已《やむ》を得ざる所なりと信認せり。

と審査書類には記され、維新時の偉勲により、旧家禄以上の爵を授けられた毛利家の場合、三条家同様に二人までは分家・授爵が認められるという考えから、五郎の分家・華族編列が許可され、同月十六日付で男爵を授けられる。

典拠　『授爵録』明治二十五年

毛利三郎　もうり・さぶろう

一八七〇―八三

毛利元徳三男

①明治十二年十二月十九日　(不許可)

元長州藩主毛利元徳《もとのり》の三男。「三条家文書」所収の明治十二年(一八七九)十二月十九日付「毛利元徳内願」によれば、「御内慮伺」として、前年十二月の大枝四郎の時と同様に、小早川家の絶家再興および華族編列を希望。

慶長七年十月秀秋《ひであき》早世、嗣無く家名遂に断絶し、ただその祭祀を存するのみ。誠に千載の遺憾に堪えず。敬親《たかちか》在世の日、深くこの事を歎き、元徳二・三男の内を以て小早川家の絶を継がしめ、吉川家同様特別の恩典を以て華族に列せられ候様御内慮相伺いたき素志これあり候えども、天眷《てんけん》至重朝恩殊渥の余り恐悚猶予罷り在り候内、不幸謝世、遂にその儀に及ばざる次第に御坐候。これにより元徳今般父の遺志を継ぎ、三男三郎へ資産を分与し、小早川氏を称し家名再興致し候。仰ぎ願わくば敬親生前の功労を思し召され、且つ隆景《たかかげ》当時に在りて父兄尊王の志を賛成せし事をも御推量在らせられ、特別の御詮議を以て華族に列せられ候様懇願奉り候。

と太政大臣三条実美と右大臣岩倉具視宛で請願している。前年の四郎が却下されたのと異なり、今回の請願は聴許され、同月二十五日付で華族編列となる。三郎はこののち十六年四月十四日、十四歳で早世したため、弟の大枝四郎が同年五月二十一日遺跡を相続した。なお、三郎の実名は『東久世通禧《みちとみ》日記』十三年六月二日条に「小早川元純華族に列せられ祝儀」

とあり、元純であったと思われる。また「井上馨関係文書」所収の十三年二月十八日付「毛利元徳書翰」には小早川家再興の礼が記されており、同家再興・華族編列には井上をはじめとする長州出身の参議等が後援したためと考えられる。

典拠 「毛利元徳内願」(「三条家文書」)、「毛利元徳書翰」(国立国会図書館憲政資料室所蔵「井上馨関係文書」)

→大枝四郎

毛利重輔　もうり・しげすけ

一八四七―一九〇一

旧周防国山口藩家老（吉敷毛利家）

①明治三十三年五月五日（許可）

毛利家は旧山口藩家老で旧禄一万石余を知行。幕末・維新期の当主は前掲元一《げんいち》(元寧)。重輔は長州藩士山本家の出で元一の養子。明治五年(一八七二)イギリスへ留学し、鉄道研究に従事。八年帰朝後、鉱山寮七等出仕となり、以後鉱山権助《ごんのすけ》・工部少書記官・工部少技長となり、十九年鉄道二等技師を最後に求職し、二十五年一月退官。以後、日本鉄道会社副社長などをつとめた。『授爵録』(明治三十三ノ一年)所収の三十三年五月五日付立案の書類によれば、

　右は旧藩一万石以上の門閥にして、何れもその所属藩主の一門または家老たり。平生数百の士卒を養い、有事の時は将帥と為り手兵を提《さ》げ、出でて攻守の任に当たり、無事の時は入りて執政と為り民政を総管する等恰《あたか》も小諸侯の如し。而してこの輩は封土奉還の日何れも士族に編入せられたるも、仍《なお》巨多の資産を有して旧領地に住し、その地方人民の推重せらるるを以て自らその地方人民の儀表と為り、勧業または奨学等公益に資すること少なからず。その門地は以て小諸侯に譲らず。その資産また門地を維持するに足るものと認むるに因り前掲の通り授爵の恩典あらんことを奏上せらるべきや。

とあり、吉敷毛利家は門地を維持するだけの資産も有していると認められ、同年五月九日付をもって男爵が授けられる。

典拠 『授爵録』明治三十三ノ一年

→毛利元一

毛利親詮　もうり・ちかあき

一八三三―九三

旧周防国山口藩家老（大野毛利家）

①明治十六年二月（不許可）

毛利家は旧山口藩一門・家老で旧禄八千六百石余を知行。大野《おおの》毛利家とも称される。幕末・維新期の当主は親詮。「旧大野厚狭阿川《あさあがわ》毛利家旧禄高ニ関シ嘆願書」によれば、明治十六年(一八八三)の二月頃に厚狭毛利家の元美《もとよし》、阿川毛利家の倫亮《ともあき》とともに大野毛利家の親詮の三名が旧藩主毛利元徳宛で華族編入を請願。宮内省華族局より旧藩万石以上の一門・親族・旧臣らの名を書き出して提出する際、この三家が洩れたことによる請願。おそらくこれは「旧藩壱万石以上家臣家産・職業・貧富取調書」のことを指すものと思われるが、家禄が万石以下であったこともあったためかその後も大野毛利家は華族に編列されず、また授爵も行われずに終わっている。

典拠 「旧大野厚狭阿川毛利家旧禄高ニ関シ嘆願書」(山口県文書館所蔵)

毛利藤内　もうり・とうない

一八四九―八五

旧周防国山口藩家老（右田毛利家）

①明治十一・十二年頃（不許可）

②明治十二～十六年頃（不許可）

③明治十五・十六年頃（不許可）

毛利家は代々山口藩家老で旧禄一万七千石を知行。右田《みぎた》毛利家とも称される。幕末・維新期の当主は実名は親信《ちかのぶ》。後掲毛利祥久《よしひさ》の養父。同家の華族昇格に関し、『爵位発行順序』所収「華族令」案の内規として公侯伯子男の五爵(左に朱書で公伯男の三爵)を設け、世襲・終身の別を付し、その内「世襲男爵を授くべき者」四項目中、第四項目に「旧藩主一門の高一万石以上の者及び高一万石以上の家臣」を挙げている。同案は明治十一(一八七八)・十二年頃のものと

推定されるが、この時点では旧幕時代に一万石以上を領していた右田毛利家は男爵に列すべき家として認知されていたと思われる。同じく前掲『爵位発行順序』所収「授爵規則」によれば「男爵を授くべき者」として、七項目中、第四項目に「旧藩主一門の高一万石以上の者及び高一万石以上の家臣」が挙げられている。前記資料とは異なり、この案は十二年以降十六年頃のものと推測されるが、こちらでも万石以上陪臣として、同家は世襲華族として男爵を授けられるべき家とされていた。また、十五・十六年頃の作成と思われる「三条家文書」所収「旧藩壱万石以上家臣家産・職業・貧富取調書」によれば、旧禄高一万七千石、所有財産および貧富景況は空欄、職業は百十五国立銀行頭取と記されるも、当該時期には万石以上陪臣の華族編列そのものが実施されなかったため、同家は士族にとどまる。なお、養子祥久の代にも授爵運動を行い、三十年十月二十七日付で男爵を授けられている。

典拠　『爵位発行順序』、「旧藩壱万石以上家臣家産・職業・貧富取調書」(「三条家文書」)

→毛利祥久

毛利倫亮　もうり・ともあき

一八五五—一九二六

旧周防国山口藩家老（阿川毛利家）、陸軍歩兵中尉

①明治十六年二月（不許可）

毛利家は旧山口藩一門・家老で旧禄七千三百石余を知行。阿川毛利家とも称される。幕末・維新期の当主は親彦《ちかひこ》。倫亮はその次男で明治六年（一八七三）父の死去に伴い家督を相続。陸軍兵学寮へ入校して九年に陸軍少尉試補となり、その後歩兵少尉、同中尉と進級し、従七位に叙せられる。「旧大野《おおの》厚狭阿川毛利家旧禄高ニ関シ嘆願書」によれば、十六年の二月頃に大野毛利家の親詮《ちかあき》、厚狭毛利家の元美《もとよし》とともに阿川毛利家の倫亮三名が旧藩主毛利元徳《もとのり》宛で華族編入を請願。宮内省華族局より旧藩万石以上の一門・親族・旧臣らの名を書き出して提出する際、この三家が洩れたことによる請願。おそらくこれは「旧藩壱万石以上家臣家産・職業・貧富取調書」のことを指すものと思われるが、家禄が万石以下であったこともあったためかその後も阿川毛利家は華族に編列されず、また授爵も行われずに終わっている。

典拠　「旧大野厚狭阿川毛利家旧禄高ニ関シ嘆願書」（山口県文書館所蔵）

毛利元美　もうり・もとよし

一八二五—八五

旧山口藩家老（厚狭毛利家）

①明治十六年二月（不許可）

毛利家は旧山口藩一門・家老で旧禄八千三百石余を知行。厚狭《あさ》毛利家とも称される。幕末・維新期の当主は元美。「旧大野《おおの》厚狭阿川《あがわ》毛利家旧禄高ニ関シ嘆願書」によれば、明治十六年（一八八三）の二月頃に大野毛利家の親詮《ちかあき》、阿川毛利家の倫亮《ともあき》とともに厚狭毛利家の元美の三名が旧藩主毛利元徳《もとのり》宛で華族編入を請願。宮内省華族局より旧藩万石以上の一門・親族・旧臣らの名を書き出して提出する際、この三家が洩れたことによる請願。おそらくこれは「旧藩壱万石以上家臣家産・職業・貧富取調書」のことを指すものと思われるが、家禄が万石以下であったこともあったためかその後も厚狭毛利家は華族に編列されず、また授爵も行われずに終わっている。

典拠　「旧大野厚狭阿川毛利家旧禄高ニ関シ嘆願書」（山口県文書館所蔵）

毛利祥久　もうり・よしひさ

一八六〇—一九四一

旧周防国山口藩一門

①明治三十年九月二十二日（許可）

長州藩主毛利家の一門で、旧幕時代には一万七千石余を知行。右田《みぎた》毛利家とも称される。先代親信《ちかのぶ》（藤内《とうない》）の養子にあたる。『品川弥二郎関係文書』所収の明治三十年（一八九七）九月二十二日付「杉孫七郎《まごしちろう》書翰」によれば、

陳《の》ぶれば今般叙爵の詮議これあり候由にて、毛利祥久の事を申し立て、書面差し出し候様にと宮内大臣より相話これあり

候。早速書面相認め候処、誰へも相談の暇これなく候に付、直ちに元昭《もとあきら》公へ御印を願い宮内大臣迄差し出し置き候。多分相運び申すべく候。

と記され、長州藩士出身の杉孫七郎子爵が事前に宮内大臣の土方久元の了解を得ている様子が窺われる。ただし、時間的余裕がなかったためか、杉は誰にも相談することができず、旧主家である毛利元昭公爵の捺印を求めてこれを宮内大臣宛で提出した模様である。『授爵録』(明治三十年)によれば、この「内願書」は同月二十日付で提出されており、先代親信の維新時における勲功を挙げたうえで、「尤も家系上品位を保持候様儀、聊かも差し支えこれなく候間、然るべく御執奏成し下されたく、この段内願仕り候」と華族の体面を維持するだけの資産はある点も述べている。また、これは「毛利祥久外四名華族昇列願書控」にもみえる。前掲『授爵録』(明治三十年)によると、同年九月付の当局側審査書類で、祥久亡父親信の禁《きん》闕《けつ》守衛の功、鳥羽伏見の戦の功、会津若松城平定の功などを列挙し、「その国事に尽瘁《じんすい》したる功績顕著なるものとす。依て茲《ここ》に藤内の旧功を録せられ、嗣子祥久を細川興増《おきなが》以下八名と同様華族に列し、男爵を授けられ然るべしと認む」と判断し、同年十月二十七日付で授男爵。

典拠　「杉孫七郎書翰」(『品川弥二郎関係文書』四)、『授爵録』明治三十年、「毛利祥久外四名華族昇列願書控」(山口県立文書館所蔵)

最上彰義　もがみ・*あきよし

生没年不詳

旧交代寄合・元中大夫席

①大正三・四年年頃　(不許可)

②昭和三年八月三日　(不許可)

最上家は戦国時代に山形を領し、改易後は近江国大森で五千石を領した旧旗本・交代寄合《こうたいよりあい》(義智《よしとも》のみが一代高家《こうけ》に就任)。幕末・維新期には海防に尽力し、当主駿河守義連《よしつら》は朝廷に早期帰順して本領を安堵されたうえ、朝臣に列して中大夫席を与えられた。義連のあとは源五郎が、そのあとを彰義が相続した。彰義は初名貫之丞また璋治とも称した。「諏訪頼固他授爵請願書」によれば、記入された宮内省罫紙下に(大正四)とみえ、おそらく大正三(一九一四)・四年頃の申請と思われるが、諏訪頼固らとともに「最上璋治」の名も収録されている。これによれば、

右はその家、清和天皇第十八代の孫に当たり、陸奥守源義家《よしいえ》より第十一代に当たれる出羽按察使《あぜち》最上兼頼《かねより》、正平十一年最上村山郡山形の邑に城きてここに居りしより二百数十年間、徳川氏の初めに於いては殊に出羽の雄藩として知られたる一国太守の門地を有するものなりしも、義俊の時幼年の故を以て元和八年幕府その封内二十五箇城を没収し、近江・三河に於いて一万石を給し、後その位階を諸侯と同格たらしめ、却って三河の五千石を減封したるも、常に万石以上の格として優遇せられ、近江の五千石を以て慶応年中率先して家臣を上京せしめ、以て勤王の事に当たらしめ、戊辰の春、鳥羽伏見の役に際しては直ちに兵員を派遣して京都警衛の任に当たりたるの功労もまたこれあるに依り、その家系と門地とを主として認められ、この際特旨を以て華族に列せられ授爵せられたしというに在り。

とみえる。自薦・他薦の別は不明であるが、大正天皇の即位大礼という慶事に際して行われた請願であると思われる。昭和期に入っても同家の授爵運動は継続され、「最上彰儀授爵ノ義具申」によれば、昭和三年(一九二八)八月三日付で滋賀県知事堀田鼎《かなえ》より宮内省宗秩寮《そうちつりょう》爵位課長の岩波武信宛で以下の書類を送付。

拝啓。時下炎暑の砌、益々御清穆《せいぼく》の段慶賀奉り候。陳《の》ぶれば管下蒲生郡玉緒村最上家旧臣及び旧領民総代より別冊勤王の事歴調書差し出し、授爵願い出候処、本件の如きは小官より具申すべき筋合なりとも存ぜず候えども、旧臣及び旧領民の熱望する所相当事歴これあるものと相認め候に付、別冊一件書類、貴官迄御届け

申し上げ候間、甚だ御手数ながら宜しく御僉議《せんぎ》方御取り計らい相願いたく、右御
依頼迄、かくの如く御座候。早々敬具

とみえ、最上家の旧臣や旧領民の総代が旧主である最上彰義の華族編籍・授爵を地方官を経由して願い出ていることが確認される。同日、堀田知事は宮内大臣一木喜徳郎《いちききとくろう》宛でも「授爵ノ義ニ付具申」として、旧臣総代鳥越親順と旧領民総代である滋賀県蒲生郡玉緒村の村長より、『勤王事績竝諸侯同様取扱振ニ関スル最上家事歴』一冊を添付して願い出ていることを通牒に及んでいる。この『勤王事績竝諸侯同様取扱振ニ関スル最上家事歴』には、冒頭箇所より「皇室の寵恩を蒙り、弘和三年清華《せいが》に准ぜられ屋形号御免許、菊桐御紋の勅許を蒙り奉りて大いに王事に勤労したり」とみえ、同家が堂上《とうしょう》公家の清華家に準ずる待遇を受け、屋形号を称し、菊・桐の御紋を許された家格であったことを述べている。また山形城主であった最上義光《よしあき》は従四位上・左近衛権少将の官位を有していたこと、最上家改易後は旗本となるも、「然れども天朝より蒙り奉れり世々の寵恩はこれが為に決して衰うることなく、世々叙爵仰《く》せ付けられしことは現存せる薄墨奉書紙の口宣案《ぜんあん》に依りてこれを証すべく、幕府またその由緒ある名家たると義光以来の功とによりて殊に柳ノ間詰交代寄合に列せしめ、万石以上の家格を保たしめ、隔年江戸に参勤せしめたり」と同家が万石以下となりながらも、万石以上の諸侯並に扱われ、江戸城中においても外様同様に柳間に候したと同家の家格の高さを列挙して説明する。さらに幕末・維新時の当主であった義倩・義連の二代が国事多難の際、海防に尽力した点、さらに大正十三年二月十一日に義光へ正四位を、同日義連に従四位の贈位があり、「同家の名家たると勤王事蹟を嘉賞し賜いしの聖恩実に感泣するに堪えたり」として、勤王事績として考証第一号より第三十号を列挙したうえで、「朝廷よりもまた諸侯同様の御待遇を受けたりしことも最も注目すべく、さらに祖先以来歴代の朝恩を奉りしは清華・屋形号及び御紋章等に依りて推知し得べく、特にその名家たりしことは同家に於いて祖先以来明治の初年迄所有せし鬼切丸《おにきりまる》名刀の伝来(昭和二年国宝に指定されたり)に依りてもこれを証すべきものとす」と縷々同家の格式について述べ華族編籍・授爵を請願するも、結局不許可に終わる。

典拠　「諏訪頼固他授爵請願書」(宮内庁宮内公文書館所蔵)、「最上義彰授爵ノ義具申」(同)

→最上某

最上　某（義和カ）　＊もがみ

生没年不詳
旧交代寄合・元中大夫席

①明治十一・十二年頃（不許可）
②明治十二～十六年頃（不許可）

最上家は戦国大名最上氏の裔で、旧幕時代には交代寄合表御礼衆《こうたいよりあい》の格式を与えられ、五千石を知行した旗本。幕末・維新期の当主は義連《よしつら》。義連は大番頭《おおばんがしら》になり従五位下・出羽守(のち駿河守と改名)に叙任されていたが、勤王の志が強く朝廷に早期帰順して本領を安堵され、朝臣に列して中大夫席を与えられる。明治二年(一八六九)十二月、中大夫以下の称が廃止となるに伴い京都府貫属士族に編入。義連のあとは源五郎が相続するが、おそらく義和と同一人物と思われる。同家の華族昇格に関し、『爵位発行順序』所収「華族令」案の内規として公侯伯子男の五爵(左に朱書で公伯男の三爵)を設け、世襲・終身の別を付し、その内「世襲男爵を授くべき者」四項目中、第三項目に「元高家・交代寄合」を挙げている。同案は十一・十二年頃のものと推定されるが、この時点では旧幕時代に万石以下でありながら、若年寄ではなく諸侯や高家同様に老中支配である交代寄合は男爵に列すべき家として認知されていたと思われる。同じく前掲『爵位発行順序』所収「授爵規則」によれば「男爵を授くべき者」として、七項目中、第二項目に「元交代寄合・元高家」が挙げられている。前記資料とは異なり、この案は十二年以降十六年頃のものと推測され、こちらでも旧交代寄合である最上家は男

爵を授けるべき家とされているが、結局授爵内規からは交代寄合は一律除かれ、華族編列・授爵は不許可に終わっている。なお、義和の子彰義も大正・昭和期に授爵運動を起こしている。

典拠『爵位発行順序』

→最上彰義

元田永孚　もとだ・ながざね

一八一八—九一

枢密顧問官

①明治二十三年三月二十一日（不許可）

旧熊本藩士出身の官僚・政治家・学者。幕末・維新期には横井平四郎（小楠《しょうなん》）らと交わり国事に奔走し、明治四年（一八七一）五月に宮内省出仕となり、八年一月には四等侍講《じこう》に任ぜられ、以後侍補《じほ》を兼ねつつ一等侍講となった。十九年二月には宮中顧問官に任ぜられ、さらに二十一年五月からは枢密顧問官となった。『山田伯爵家文書』所収の二十三年三月二十一日付「山田顕義《あきよし》秘啓」によれば、「授爵は陛下の大恩にして、国家の大典、万民の標準なり。真に陛下の親裁に出づるものにして、臣僚の容喙すべきものにあらず。然れどもその自歴を調査し、その理由を明晰にし、聖慮を翼賛するは臣下の務にして、謹慎鄭重を尽くさざるべからず。今鄙見《ひけん》を陳じ、閣下の参考に供す」として宮内大臣土方久元宛で授爵の標目として、（一）維新前後功労あり勅任官たる者および勅任官たりし者、（二）維新後功労あり勅任官たる者および勅任官たりし者、（三）維新前後功労ある者、（四）維新後功労ある者、（五）父の勲功による者、（六）神官および僧侶の世襲名家たる者、（七）琉球尚家の一門、の計七項目を挙げ、元田は第二項に次ぐ者としてその名を挙げられるも、この際山田が列挙した人名中、授爵したのは第一項に該当した辻維岳一人であり、元田は選に洩れるが、そののち功績が認められ、二十四年一月二十一日付で男爵を授けられている。

典拠「山田顕義秘啓」（『山田伯爵家文書』四）

元田永孚

元田　肇　もとだ・はじめ

一八五八—一九三八

逓信・鉄道各大臣

①大正三年一月十六日（不許可）

逓信大臣・衆議院議員

②大正八年八月二十九日（不許可）

臨時外交調査委員会委員（国務大臣礼遇）・衆議院議員

旧豊後国杵築《きつき》藩出身の政治家。明治十年（一八七七）に東京大学法学部卒業後、二十三年七月の第一回衆議院議員総選挙で大分県第一区より立候補して当選。昭和五年（一九三〇）一月の総選挙で落選するまで連続当選。この間、衆議院副議長・同議長に就任し、また第一次山本権兵衛内閣で逓信大臣として初入閣し、原敬内閣でも鉄道大臣をつとめた。また、大正七年（一九一八）十一月に臨時外交調査委員会委員となり特に国務大臣礼遇を賜り、九年七月まで在職した。昭和七年一月には枢密顧問官に親任され、死去するまで在任している。『東京朝日新聞』大正三年一月十六日朝刊によれば、

本年の即位式が済むと、原、松田、元田の三大臣は華族に列せられて衆議院議員

元田　肇

たる資格が無くなるということは、多くの人が予期する所だ。そこで松田君を出している佐賀県にも、元田君を出している大分県にもそれぞれ準備をしているものがあるそうだが、特に原君の選挙区たる盛岡市では既にソロソロ運動を開始し、候補者になろうという野心ある人で、本年の信念に市民の饗応をしている人があるそうだ。

と報じており、大正天皇の即位大礼に際して挙行される栄典授与で、第一次山本権兵衛内閣の閣僚中、内務大臣原敬と司法大臣松田正久とともに逓信大臣の元田についても華族に列せられることで衆議院議員の資格が消滅するであろうとのことで、後継候補者の選定が立憲政友会中でも慌ただしく準備がされているという内容。実際は即位大礼前に松田は大正三年一月十九日付で男爵を授けられており、原は授爵を回避する運動を起こしている。この報道後、同年四月にシーメンス事件などにより山本内閣は総辞職し、元田も大臣を辞職、同年六月特旨により従三位に叙せられる。授爵についての動きはこののちもみられ、『東京日日新聞』大正八年八月二十九日朝刊によれば、「西園寺侯公爵たらん／御批准後に発表か」の見出しで、

　講和大使として七十有余の老軀を提げて巴里《パリ》に赴き、八ヶ月に亘って大任を果たし、去る二十三日無事帰朝せる西園寺侯が一昨日日光行在所《あんざいしょ》に伺候し、具さに会議の顚末を闕下《けっか》に伏奏したる際、畏くも陛下には侯が今回の労苦を思し召されて優詔を賜りたるは、侯がこの度の使命に対して世上に毀誉さまざまの説あれども、聖上が侯に対する御信任厚き事を証するものと見るべく、内閣に於いてもまた園《えん》侯《こう》の功労表彰につき何等かの奏請するところあるべきはいうまでもなけれど、目下正二位大勲位にして若し位階を陞叙するとせば従一位となる訳なれども、従一位の位を有し居るものは現在とては浅野長勲《ながこと》、久我通久《こがみちつね》の両侯爵あるのみにて、山県公、松方侯、大隈侯等の元老も正二位に止まり、且つその筋の方針も今後は生前に従一位を奏請する事を絶対になさざる事に決し居れば、園侯に対してのみ特に従一位を奏請するが如き事はなく、また勲等も侯は出発に際して既に大勲位を授けられ居れば、この上は頸飾《けいしょく》章加授より外には途なく、現内閣としては今度の講和に種々の非難あるにせよこれを以て大成功なりと吹聴し居る位なれば、必ずや園侯に対しては華々しき行賞の奏請をなすべく、恐らく爵位を陞して公爵を授けらるる事となるべく、同時に牧野男を初め講和会議に列せる全権委員や原首相その他の閣僚、外交調査会委員等にも陞爵・授爵の恩命下るべく、而してその時期は勿論不明なるも講和条約に対して御批准あり、平和に関する諸般の事務が一段落つきたる上にてそれぞれ発表さるべしと某宮内高官は語れり。

と第一次世界大戦後のパリ講和条約締結に際して西園寺以下の全権委員らへの論功行賞に関連し、当時の原内閣の閣僚や臨時外交調査委員会委員へも陞叙爵が行われるであろうと報じられているが、元田も含めこの際はすぐに審査が行われなかったため、年内には許可されていない。また同紙同年九月二十四日朝刊にも関連記事がみられ、

　過日外交調査会廃止の際、外調委員は陞爵または授爵の恩命に接すべき内議がある様に伝えられた。最近内府更迭と同時に松方侯の陞爵あり、前後して外調官制の廃止が公布せられたに拘わらず、委員連の陞授爵が実現しないのを見ると、これ単に風説に過ぎなかったかとも思わるれど、一説では華府《ワシントン》条約の関係国批准完了を待って、更に広き範囲に亘りて陞授爵が実現せらるるであろうとの噂もある。吾人は無功有害の非難に始終したる外調に委員たりし人々、また華府会議に使いして米国の提案に副る条約を成立せしめただけの全権等に対して、特に陞授爵を

奏請することが果たして妥当なるか疑いなきを得ざるものであるが。

として「華族制改革の問題」という見出しで、冒頭臨時外調委員の陞爵・授爵案を批判的に報じている。委員の一人犬養毅については『原敬日記』九年八月九日条に「外交調査会員に叙爵陞爵の御沙汰あれば（中略）犬養毅男爵に叙せらるる訳なり。依てその原案を内々渡し置きたり」とあり、実際原内閣で原案作成されていることから、臨時外調委員への授爵は風説ではないことは明らかであるが、結局元田へは男爵が授けられることはなく終わっている。

典拠　『東京朝日新聞』大正三年一月十六日朝刊、『東京日日新聞』大正八年八月二十九日・九月二十四日朝刊

本野一郎　もとの・いちろう

一八六二―一九一八

外務大臣

①明治四十年八月三十日（許可）

　ロシア駐箚特命全権公使

②大正五年七月一日（許可）

　ロシア駐箚特命全権大使

旧肥前国出身の外交官・政治家。明治二十三年（一八九〇）五月に外務省翻訳官試補となり、以後同省参事官・外務大臣秘書官などを歴任。三十一年十月にベルギー駐箚《ちゅうさつ》特命全権公使に任ぜられ、三十九年一月にロシア駐箚特命全権公使に転じ、四十一年五月に公使館より大使館へ昇格するにあたり、大使に昇任した。その後は大正五年（一九一六）十月には寺内正毅内閣で外務大臣に就任し、七年四月までつとめている。授爵については、『授爵録』（明治三十九～四十年）によれば、四十年八月三十日付立案の宮内省当局側審査書類にフランス駐箚特命全権大使の栗野慎一郎《くりのしんいちろう》とともにみえ、

右慎一郎は日仏協約、一郎は日露協約並びに日露通商条約、漁業条約等の諸条約締結に関し、各々その功績顕著なるものに付、この際特にその勲功を録せられ孰《いず》れも男爵を授けられ然るべき乎、裁を仰ぐ。

と記される。両名の功績調書の類は添付されてはいないが、諸条約締結の功績が認められ、九月十日に裁可。両名ともに同月十四日付で授男爵。さらに、大正期に入ると陞爵案も浮上してきており、『大正初期　山県有朋談話筆記／政変想出草』によれば、

七月一日波多野宮相来訪、近来岡前陸相の病気甚だ不良なる為日独戦役の功に依り恩賞の義至急取運ぶの必要を生じたりとて、右岡中将を初めこれに関与したる長谷川参謀総長、島村軍令部長、神尾司令官、加藤艦隊司令官、八代前海相、加藤前外相及び若槻前蔵相等の授爵昇爵の件を齎《もた》らし予が意見を求めたり。元来予は日独戦役に付いてはこれを日露戦役と同視するの不理なるを思うが故に、頭初参謀総長または陸相等の行賞に付いても日露事件と比すべからざることを主張せしが、既に海軍側との権衡もありとの事故、この点は暫く固執せざるも、右宮相の齎らしたる詮議中に大隈首相に対する行賞なきは甚だその意を得ず。将又《はたまた》今回日露協商も成立に至りたることなれば石井外相、本野大使をも加え同時に詮議ありて然るべく、猶また若槻前蔵相の事に関しては僅かに国庫剰余金より臨時事件費を支出したるに止まり、これが為授爵の恩賞あるはその理由甚だ乏しきが如し。かくの如く一方に於いては将《まさ》に恩賞あるべくしてこれを脱し、他方に於いては恩賞の理由なくしてこれを与えんとするが如きは決して君徳を補翼し奉る所以にあらず。宮内大臣たるもの深く思いを致さ

本野一郎

ざるべからざる旨を訓め、尚事急速にして深く審議するの暇なかりしとの事なれば、先ず急施を要すべき岡前陸相の分のみを発表し、他は徐ろに審査すべき旨を忠告し置けり。

とみえ、山県が大隈内閣の閣僚や、軍高官さらには第四次日露協約締結に功労があったとする石井《いしい》菊次郎外相と、当時ロシア駐箚特命全権大使であった本野に対する陞・授爵について意見を述べている。山県の考えによれば、第一次世界大戦における日独戦役の軍功は日露戦争とは同列視できず、それに対する栄典授与には石井・本野両名の詮議も同時に行い、慎重であるべきというものであるが、重病である岡だけは先に授爵を審査して執り行うべきであるとしている。元老山県の意見が容れられたためか、七月六日付で岡が先行して男爵が授けられる。波多野宮相案では当時名前が出ていなかった本野自身も、栄典授与について相談に与った山県案によるものか、条約締結の功績が認められ、同月十四日付で男から子への陞爵が実現している。『授爵録』(大正五年)によれば、大正五年七月八日付で内閣総理大臣大隈重信より宮内大臣波多野敬直《よしなお》宛で石井菊次郎と本野一郎両男爵の子への陞爵を申牒。

外務大臣石井菊次郎外一名は大正三四年戦役並びに日露協約締結に関し別紙の通り功績顕著なる者に付、各頭書の通り陞爵の御詮議相成りたし。

として、各人の功績調書を添付。本野分については、

右は大正三四年戦役に丁《あた》り特命全権大使として露国に駐箚し、我が国と共同策戦国たる露国との連絡を図り、露国軍需品に関してこれを多く我が国より供給することに尽力し、日露両国国交をして愈々鞏固ならしめたり。殊に両国の関係は数次の協商を経て漸く密接なるに至りたるも、東亜の形勢は両国の連契一層鞏固なることを要するに顧み、日露両国間に交渉の開始せらるるやこれが交渉の任に当たり折衝その宜しきを得、遂に今般日露協約の締結を見るに至れり。その勲功洵《まこと》に顕著なりとす。

と記されており、これらの功績が認められ、同年七月十四日付で子爵に陞叙している。

【典拠】『授爵録』明治三十九～四十年・大正五年、『大正初期　山県有朋談話筆記／政変想出草』

茂庭敬元　もにわ・のりもと

一八五四―一九一九

旧陸奥国仙台藩家老

①明治十一・十二年頃（不許可）
②明治十二～十六年頃（不許可）
③明治十五・十六年頃（不許可）
④明治三十三年五月五日（不許可）
⑤明治三十九年九月十八日（不許可）

茂庭家は旧陸奥国仙台藩家老家で一万三千石を領する家柄。敬元は升元《なりもと》の子で通称は周防。同家の華族昇格に関し、『爵位発行順序』所収「華族令」案の内規として公侯伯子男の五爵(左に朱書で公伯男の三爵)を設け、世襲・終身の別を付し、その内「世襲男爵を授くべき者」四項目中、第四項目に「旧藩主一門の高一万石以上の者及び高一万石以上の家臣」を挙げている。同案は明治十一(一八七八)・十二年頃のものと推定されるが、この時点では旧幕時代に一万石以上を領していた伊達家は男爵に列すべき家として認知されていたと思われる。同じく前掲『爵位発行順序』所収「授爵規則」によれば「男爵を授くべき者」として、七項目中、第四項目に「旧藩主一門の高一万石以上の者及び高一万石以上の家臣」が挙げられている。前記資料とは異なり、この案は十二年以降十六年頃のものと推測されるが、こちらでも万石以上陪臣として、同家は世襲華族として男爵を授けられるべき家とされていた。また、十五・十六年頃の作成と思われる「三条家文書」所収「旧藩壱万石以上家臣家産・職業・貧富取調書」によれば、旧禄高一万三千石余、所有財産は空欄、職業は無職。貧富景況は可とするも、同家はこののちも華族には列せず、士族にとどまる。

さらに『授爵録』(明治三十三ノ一年)所収の三十三年五月五日付宮内省当局側審査書類によれば、旧藩主一門および万石以上家老の授爵詮議で浅野哲吉ほか二十五名が挙げられ、同月九日付で全員男爵を授けられているが、その但書に、

　但し旧藩一万石以上と唱うる家は四十八家あり。然れども明治四年辛未禄高帳(大蔵省記録)及び藩制録(大蔵省記録)又は府県知事より徴収したる現在所有財産高を照査し、その旧禄高一万石以上判明せしものにして、猶且つ五百円以上の収入を生ずべき財本を有すること精確なるもの先づ二十五家を挙ぐ。余の二十三家は他日調査完結又は資産を有するに至りたるときに於いて御詮議相成るべきものとし、左にこれを掲げて参考に資す。

としたうえで、茂庭敬元を含めて二十三家が挙げられている。これによれば、茂庭家は「旧禄高壱万石以上と唱うるも大蔵省明治四年辛未禄高帳記載の高と符合せざるもの又は禄高帳に現米を記載し旧禄高の記載なきに因り調査中のもの」十二家のなかに分類されており、表高は一万三千石でありながら、亘理《わたり》胤正《たねまさ》・石川小膳《こぜん》・伊達宗充《むねみつ》・留守《るす》景福《かげよし》同様、現石五十八石五斗とされており選に洩れている。また『東京朝日新聞』三十九年九月十八日朝刊によれば「一万石以上の陪臣」の見出しで、

　維新前陪臣にして一万石以上を領したるは各藩を通じて七十家ありしが、爾来《じらい》しばしば華族に列せられ、昨日また新たに八家に対し授爵の御沙汰ありたれば、残るは紀州藩の久野《くの》・水野、水戸藩の山野辺《やまのべ》、仙台藩の石川・茂庭、加州藩の津田・本多(一万石)、津藩の藤堂(一万石)の八家のみなりと云う。

と報じられている。この内、津藩一門の藤堂高成《たかしげ》は前日の十七日付で男爵を授与されており、記載は誤りと思われる。この当時でも同家は華族編列・授爵を企図し、請願運動を行なっていたと思われる。その後、敬元は大正八年(一九一九)死去。嗣子孝元は馬政局技師となる。結局旧仙台藩の万石以上陪臣では、茂庭家を含む五家が華族編列を果たさずに終わっている。

典拠　『爵位発行順序』、「旧藩壱万石以上家臣家産・職業・貧富取調書」(「三条家文書」)、『授爵録』明治三十三ノ一年、『東京朝日新聞』明治三十九年九月十八日朝刊

森林太郎　もり・りんたろう

一八六二―一九二二

陸軍軍医総監・陸軍省医務局長

①大正四年九月十七日(不許可)

　陸軍軍医総監・陸軍省医務局長

②大正十一年七月九日(不許可)

　予備役陸軍軍医総監、宮内省図書頭兼帝室博物館総長

旧石見国津和野藩医出身の陸軍軍医・宮内官僚・小説家・評論家。「鷗外」の号で知られる。明治十四年(一八八一)七月に東京大学医学部を卒業後、陸軍軍医副に任官。ドイツ留学を経て順次昇進し、三十二年二月に陸軍軍医監に、四十年十月には陸軍軍医総監に進級し、陸軍省医務局長に就任した。森の授爵については医務局長退任・予備役編入前に新聞各紙でも報じられるようになり、『読売新聞』大正四年(一九一五)九月十七日朝刊によれば、「勇退の噂ある鷗外博士／後進に途を開いて海辺の隠遁生活」の見出しで、

　正四位勲二等功三級陸軍軍医総監医学博士文学博士、そして現に陸軍省医務局長たる鷗外森林太郎氏が今秋の御大典を機として現職を勇退し悠々閑地に就いて専ら文芸の人たらんという噂がある。(中略)医務局長室の円卓に、プッと煙草の紫の香を吐いた博士は、この噂についてゆったりと語る。「イヤ全く寝耳に水だ。まだそんな事を口にしたことはありません。それに、噂では男爵を授けられるなどとも云われているそうだが、この局長の椅子から男爵になった石黒閣下は二十七八年の役に偉功があり、同じく小池閣下は三十七八年の役に殊勲があったから誰で

　も華族様になれると思うのは途方もないことだ」とピンとはねた元気なカイゼル髭の間から比定の微笑を洩らす。

と森の談話を掲載している。同人の授爵や予備役編入後の貴族院勅選議員への推薦運動についてはある程度の信憑性をもって語られていることが多いものの、五年四月に局長を辞して予備役編入となった際には授爵されず。また、そののち宮内省図書頭《ずしょのかみ》兼帝室博物館総長に任ぜられるが、『授爵録』(昭和二～十九年)に収録される桜井錠二《じょうじ》授爵関係の添付書類中、学者の授爵に関しての一覧表中に「授爵ありし者」「授爵なかりし者」「将来問題となるべき者」の内、「授爵なかりし者」に新渡戸稲造・古在由直《こざいよしなお》・入沢達吉《いりさわたつきち》・嘉納治五郎《かのうじごろう》・佐藤三吉《さんきち》・外山正一《とやままさかず》ら六名とともに森の名前も掲載される。実際に授爵が検討された時期については明記がされていないが、おそらくは十一年七月九日、その死去に際して宮内省当局で検討がされたものと考えられる。結局授爵はされず、危篤に際して従二位への陞叙が行われるにとどまった。なお、森自身が授爵を望んでいたとする説は大谷晃一の著書で述べられているが、山崎一穎《かずひで》は鷗外は山県有朋に近く、親山県派と目されており、宮中某重大事件で宮中への影響力が低下した山県では鷗外の授爵一件では大正十年五月以降、宮内省には関与できなかったであろうと推測している。

典拠　『読売新聞』大正四年九月十七日朝刊、『授爵録』昭和二～十九年、大谷晃一『鷗外屈辱に死す』、山崎一穎「帝室博物館総長兼図書頭時代の森林太郎・鷗外」(『跡見学園女子大学国文学科報』二二)

森岡昌純　もりおか・まさずみ

一八三三―一九八

貴族院勅選議員

①明治三十一年三月四日（許可）

旧薩摩国鹿児島藩士出身の官僚・政治家・実業家。幕末維新期には国事に奔走し、その後新政府に出仕して、明治四年(一八七一)八月長崎県大参事となり、以後翌年九月飾磨《しかま》県に転じて同県参事・権令《ごんれい》となり、また五等判事を兼ね、九年八月飾磨県が廃せられるに及び、同年九月には兵庫県に転じてからは権令・県令《けんれい》をつとめた。十八年四月七日に農商務少輔に任ぜられるが、同日付で非職となり、二十一年四月六日非職満期に付免官。二十三年九月からは貴族院勅選議員に就任、さらに日本郵船会社社長など、実業界でも活躍をした。『授爵録』(明治三十一年)所収の三十一年三月四日付立案宮内省当局側書類によれば、

　右維新前後旧藩主島津久光の命を奉じ、奈良原繁《ならはらしげる》等と共に京摂の間にありて国事に奔走す。明治四年八月長崎県大参事出身、累進して兵庫県令に任ぜられ、同十

森岡昌純

六年八月勅任に進められ、十八年四月農商務少輔に拝し非職となりて共同運輸会社社長となる。同年九月共同運輸会社・三菱会社合併し日本郵船会社設立せらるるや与りて大いに力を尽し、更に同社長となり東洋汽船競争の時に降し大いに外人と競争し、我航海業を隆盛にす。二十三年九月貴族院議員に任ぜらる。以上同人が維新前後に於ける国事奔走の功労及び朝野の要職にありてその職に尽瘁《じんすい》したる勤労は曩《さき》に男爵を授けられし奈良原繁に比し寧ろ優等なるを認む。然るに同人義は目下病に罹り危篤に迫る。この際特旨を以て華族に列せられ男爵を授けらるべきや。

とみえ、幕末維新期の活躍、官吏としての永年勤続の点、そして実業界における業績面からも、すでに二十九年六月五日付で男爵を授けられていた奈良原繁より功労が優れている

と認められ、病気危篤に際して授爵が至当であると立案している。この結果、同月二十六日付で男爵が授けられる。なお、同人は退官後に実業界に転じ、資産が充分であったようであり、立案書の末尾には「但し同人は華族の体面を維持すべき相当の資産を有するものに付、家門永続資金を下賜せらるるに及ばず」との注記がされ、授爵に際しては賜金が下りなかったと推測される。

典拠『授爵録』明治三十一年

森村市左衛門　もりむら・いちざえもん

一八三九―一九一九

森村組創始者

①明治四十二年三月（不許可）

②大正四年十一月二日（許可）

③大正四年十二月一日（許可）

森村組の創始者であり、武具商・陶磁器商から貿易業に転じ、日本陶器合名会社を創立したり、各種事業で活躍した。授爵に関しては、財界にも大きな影響力を有した松方正義の後援があり、『松方正義関係文書』所収「森村市左衛門、益田孝《たかし》授爵詮議上申書」によれば、明治四十二年（一九〇九）三月付で、内閣総理大臣桂太郎宛で森村と益田孝両名の授爵を請願。

　右両名が夙《つと》に海外貿易直輸出入の業に努め、国家経済否運の差異、海外正貨吸収の道に補益し、且つ一般直輸出入の業発展の道に貢献したる勲功を録せられ、特に授爵の御恩命下され候様御詮議相成りたく候也。

とし、その理由としては、

　明治の初年に当たりては外国貿易の事、概ね皆外人の手に帰し、邦人は自国産品の海外に需要せらるるものあるに拘わらず、自らこれを海外に販売し、以て商権を回復し、その利益を収むるに努むるものなし。況んや外品輸入の利に於いておや。是を以て貨仏輸出入に依る巨大の利益はその大部外人の占有する所と為れり。この時に当たり、微々たる資力を以て外人競争の間に立ち、能くその困難に堪え漸次信用を拡張し、商権を回復して遂に巨額の物産の輸出入を取り扱うに至り、これを上にしては国家海外正貨吸収の道に補益し、これを下にしては日本商人の信用を海外に発揚す。その国家に対する勲功亦著しきものあり。茲《ここ》に状を具して特に恩命を仰ぐ所以なり。

として、両名の功績を述べ、各人事歴を記した履歴書を添付するも授爵は行われず。ついで『授爵録』（大正四年）によれば、大正四年（一九一五）十一月二日付で内閣総理大臣大隈重信より宮内大臣波多野敬直《よしなお》宛で申牒。通牒の内容としては、当時勲四等であった森村について、多年輸出業に従事して国益を増進して貢献した点を挙げ、さらに、

　右は明治八年初めて海外輸出の業に志し、店舗を紐育《ニューヨーク》に置き、本邦産品を海外に紹介し、爾来今日に至りその業甚だ振るい、同商店にて輸出する所年に二百万円に上るに至れり。本人は右輸出業の外、日本銀行創立に当たりて尽力少なからず、創立以来監事に挙げられ、尋で理事となり明治三十九年迄勤続したり。尚教育・慈善その他公益の事業に私財を投ずること巨額にして、その国家に効せし勲功洵《まこと》に少なからず。

と記して授爵を奏請。また、『大礼関係文書』所収「宮内省関係書類」でも同年十二月一日付で大隈が森村に対する授爵を宮内省へ通牒している。大正天皇の即位大礼慶事に際し、多年実業界における功績が認められ、同年十二月一日付で授男爵。

典拠「森村市左衛門、益田孝授爵詮議上申書」（『松方正義関係文書』一二）、『授爵録』大正四年、「宮内省関係書類」（国立公文書館所蔵『大礼関係文書』）

森村正俊　もりむら・＊まさとし

生没年不詳

楠木正成末裔・稲荷神社神主

①明治三十年八月十七日（不許可）

武蔵国豊島郡野口郷字福徳村の稲荷神社神主

の家系に生まれ、南朝忠臣の楠木正成末裔を称した士族。当時は東京市日本橋在住。同家は正次以降、同社の神主職を世襲。「家系ノ儀ニ付進達（森村正俊）」によれば、明治三十年（一八九七）八月十七日付で宮内大臣土方久元宛で提出。「授爵」の文言は請願書中にはみられないが、同種のものと考えられ、歴代従六位上・主馬首《しゅめのかみ》等の官職に叙任される者が多く、その口宣案《くぜんあん》写も証拠書類として添付するも授爵はしていない。

典拠　「家系ノ儀ニ付進達（森村正俊）」（宮内庁宮内公文書館所蔵）

守矢実久　もりや・さねひさ

一八五〇—一九〇一
旧諏訪神社神長官職
①明治二十三年頃（不許可）
②明治二十六年五月四日（不許可）
③明治三十年十一月十二日（不許可）
④大正三・四年頃（不許可）

守矢家は旧諏訪神社神長官職の家系。実久は明治三十四年（一九〇一）に没しており、大正三年（一九一四）頃に請願したとみられるのは弟であとを継いだ真幸とも考えられる。実久の華族編列・授爵に関しては『授爵録』（追加）（明治十五～大正四年）所収「内宮外宮旧神官十八家等族籍ニ関スル件」という年月日不詳の資料による。明治二十三年（一八九〇）頃作成と思われるこの資料によれば、旧賀茂別雷《わけいかづち》神社（上賀茂神社）神主の松下清岑《きよみね》に関する「加茂旧神官松下清岑ノ家」の項に、

右家は上加茂旧神官の三家の一、岡本・鳥《とり》居大路《いおおじ》の総本家にして累代神主に補せられ、従三位に上ることを得、その系統は加茂《かも》建角身命《たけつのみのみこと》の裔、神主在実七代孫正四位下資保二男能久《よしひさ》に出づ。能久承久の乱戦敗れ、鎮西に遷さる。貞応二年六月十日太宰府に於いて卒す。嗣なし。後鳥羽院天皇の皇子（童名氏王丸）を賜り嗣とす。氏久《うじひさ》と称す。神主に補せられ従三位に叙す。氏久の子孫遠久これを嗣ぎ、皇胤の系統連綿として現代清岑に至れり。その血統及び家格は曩《さき》に華族に列せられたる旧神官に比し優ることあるも劣ることなし。然らば則抜きを以て優班に列せられんか、否松下家に比しき家、下加茂旧神官に泉亭《いずみてい》・梨木《なしのき》・鴨脚《いちょう》三家あり。その他日吉神社に生源寺・樹下、松尾神社に東・南、鹿島神社に鹿島、香取神社に香取等のあるなれば、独り松下家にのみ栄典を及ぶべきものにあらず。これ等は他日を俟《ま》ちて慎重銓衡せられ然るべきものと思考す。

とあり、皇胤である松下家を華族に列する際には、他社の旧神官中由緒のあるこれらの諸家をも同様に授爵する必要性を説いている。この内、「諏訪神社旧神長官守矢実久ノ家」については、

旧神官中多く見ざる旧家にして、古文書等を蔵し、国史編纂の思料に充つべきものも多し。若《も》し加茂旧神官家等にして華族に列せらるるの日あらば、守矢家もまた洩るること勿《なか》らんことを希望す。

と記され、もし賀茂別雷神社・賀茂御祖神社の旧神官が華族に列せられる場合は同家も同様の措置が採られるべきと審査結果を出している。また前掲『授爵録』（追加）（明治十五～大正四年）所収の「族籍之儀ニ付内願」によれば、明治二十六年五月四日付で内務大臣井上馨宛で請願書を提出。

私家の儀は健（建）御名方命出雲より信濃国に到り給う以来奉仕。神長官職世襲到り来たり候処、明治四年五月太政官御布告を以て神官総《すべ》て精選補任仰せ出され、同五年十一月二十八日筑摩県士族に申し付けられ候。その後追々諸社旧神官特旨を以て華族に編籍仰せ付けられ候趣伝承仕り候。私家の儀は別冊源由緒の如く神代以来怠転なく連綿長官職勤務、神事祭礼等統轄し、且つ同社大祝《おおほうり》職位の社式等往古より代々相伝致し候家格にこれあり。既に度々その筋より御達の旨を以て系譜及び所蔵の古文書・古記録御取調相成り候に付、窃《ひそ》かに御沙汰の如何を待ち奉り候え

ども、今日に至る迄何等の御沙汰もこれ無く、優渥の恩沢に相漏候は何共遺憾の次第にこれあり候。依て猶源由緒并系譜相添え歎願仕り候。何卒御憐察成し下され、何分の御詮議仰ぎ願い奉り候。

として建御名方命《たてみなかたのみこと》以来の由緒を述べ、「神長官源由緒」「古文書」「神長官系譜」を添付のうえ授爵を請願。願書は長野県知事浅田徳則《とくのり》より内相井上宛で同年十一月二日に「華族編入願書進達」として申牒。同月十一日付で内務大臣官房文書課長より宮内書記官宛で回送されるも却下される。同書所収の三十年十一月十二日付「族籍追願」にも、

去明治二十六年五月四日付を以て華族編入の儀に付源由緒及び古文書相添え願い候処、その際脱漏の分今回詳細取り調べ、源由緒并古文書写追加を以て出願仕り候間、何卒本願書同様御採用成し下されたく、この段伏して懇願奉り候。

と追加書類を提出して請願。長野県知事権藤《ごんどう》貫一《かんいち》より内相樺山資紀《かばやますけのり》に「華族編入ノ義ニ付追願書進達」が提出され、十二月十五日に内務書記官より宮内書記官宛で回送されるがこれも不許可となる。大正期になっても同家の華族編籍運動は継続されており、「諏訪頼固他授爵請願書」には年月日不詳ながら同人への授爵についての建議がなされている。宮内省罫紙に記された書類には下部に(大正四)と印刷されており、おそらくは大正天皇即位大礼の慶事に際しての請願であったと思われ、大正三・四年頃の請願と推測される。書類には、

右は信濃国国津神《くにつかみ》洩矢神《もりやしん》の裔にして健(建)御名方命の諏訪海に到りし時海畔に居りてこれを拒み、遂に命の勇威に服従し、倶《とも》に謀りて国作し、女を以て命の御子出速雄神に嫁し、子孫命の社に奉仕して神代以来怠転なく奕世連綿《れんめん》として神長官の職を勤務し、神事祭礼等を統轄したる家格あるのみならず、歴代の中小須美の日本武尊を信濃に迎え、後郷導して美濃国に送り奉りしあり。彦丸の坂上田村麿来たりて諏訪神社に武運を祈誓したる際、その神事を賛したるあり。頼真の後奈良天皇御宇《ぎょう》を以て禁中御修理の資を奉献したるあり。信実の正親町天皇より一社座次の綸旨《りんじ》を賜るあり。明治維新の際実顕の丹誠を抜て宝祚《ほうそ》の無窮天下の太平を祈禱し上京、神札を献じたるあり。朝廷の為忠誠の至情を捧ぐること屢次《るじ》あるに依り、その祖先累代の功労と由緒並びに門地とを認められ、特旨を以て華族に列せられ授爵せられたしというに在り。

とみえる。また該当箇所の付箋には「諏訪氏と同格にすべきものなりや否や研究を要すべし。一段格の(を)下け(に)置く方然るべし」とあり、旧諏訪神社大祝の諏訪頼固が授爵の際は一段下の爵位を与えるべきとするも、結局頼固・実久両家ともに授爵はされずに終わっている。

典拠　『授爵録』(追加)明治十五～大正四年、「諏訪頼固他授爵請願書」(宮内庁宮内公文書館所蔵)

毛呂由太郎　もろ・*よしたろう

生没年不詳

江田行義末裔

①大正四年十月二十二日　(不許可)

②大正四年十一月十三日　(不許可)

群馬県新田郡在住で、新田義貞一族である江《え》田《だ》行義《ゆきよし》末裔を称する。行義は鎌倉幕府を倒すことに功のあった武将で、建武政権下では武《む》者所《しゃどころ》の三番頭人《とうにん》に補せられ、兵部大輔に任ぜられた。その後裔とする毛呂は「毛呂由太郎他授爵請願書」によれば、大正四年(一九一五)十一月十三日付で「建白書」を宮内大臣波多野敬《よし》直《なお》宛で提出。

恭しく惟《おもいみ》るに、今秋の御大礼は我等臣民の歓祈感奮する所に御座候。祖宗の宏《こう》謨《ぼ》を重んじ、国家の歴史を敬いしたまい、贈位の事ありて皇恩枯骨に及ぶは聖意畏き、実に感涙の至りに候。この時に当たり一書を草し敢えて潜越を顧みず宮内大臣閣下に建白仕り候。客月二十二日付を以て閣下に請願仕り候。南朝の臣等はその誠忠に於いて同一勲功ある者と愚考し

たるに、今やその御発表を拝読するに我が祖先等はその選に漏れ、聖恩に浴するを得ず候。右の内我が江田行義は別紙の通り新田義貞の兵を起こしてより、大館氏明等と共に北条高時討滅、足利尊氏追討に終始将帥の任に当たり勲功ありしことは我国歴史の炳《へい》にして証明する所に候。殊に後醍醐天皇の京師に御還幸せらるるや、深き思召ありて内勅を蒙り、駕に扈《おとも》し京に入る。尊氏は二人を拘《こう》す。南巡各国、義を挙るに迨《およ》ぶ。大館氏明は伊予に逃れ、行義は潜に丹波に逃れ兵を起こし、高山寺城に拠り賊兵を討ち回復を謀る。正平七年、後村上天皇住吉に次するや行義は行いて少将源顕経とこれを衛り、大いに丹波の賊兵を破り回復を謀る。これまた誠忠の至す処に御座候。また子孫に於いても征西府に仕え忠節を尽せしと。その勲蹟は敢えて大館・金谷等に下らずと存じ候。人或いは曰《い》わん。義貞に別れ、京に入ると。然れども私の為にあらず。帝の御親任が厚かりし為、大館氏明と共に深き思召を被り、京に扈従《こじゅう》したるなり。尊氏に降りたるにあらざるは歴史に保証する所に御座候。然るに今回その選に漏れ候はば、子孫としてその当時の心情を追懐せば、断腸の思いに候。今回の恩典は右等の者へ普《あまね》く浴せしめんとの聖旨と愚考仕り、不文を顧みず愚慮を開陳し閣下に懇願するのやむを得ざるの次第に御座候。子孫たる我等の心情を憫察せられ、何卒特別の御詮議を以て恩典に浴する様御執奏方御取計らい成し下されたく、茲《ここ》に一書を提し懇願する所に御座候。

すでに、同年十月二十二日付でも波多野宛で建白書を提出していたものの、二度の請願も結局不許可に終わり、同家は授爵されず。

典拠　「毛呂由太郎他授爵請願書」(宮内庁宮内公文書館所蔵)

や

八代六郎　やしろ・ろくろう

一八六〇―一九三〇

海軍中将・第二艦隊司令長官

①大正五年六月　(許可)

②大正五年七月一日　(許可)

旧水戸藩郷士出身の海軍軍人・政治家。旧尾張国名古屋藩の付家老で維新後立藩した成瀬《なるせ》家・犬山藩大庄屋松山家の出身で、のちに八代家の養子となった。海軍兵学校卒業後、八島副長・宮古艦長・海軍大学校選科学生・浅間艦長などを経て、明治四十年(一九〇七)十二月少将に進級。横須賀鎮守府予備艦隊司令官などを経て四十四年十二月に中将進級。海軍大学校長・舞鶴鎮守府司令長官をつとめ、大正三年(一九一四)四月に第二次大隈重信内閣で海軍大臣に就任。翌年八月待命となるが、同年十二月より第二艦隊司令長官となった。授爵は日独戦争後、本格化しており、『授爵録』(大正五年)によると、五年六月付で大隈首相より宮内大臣波多野敬直宛で申牒され、

　男爵加藤高明外「　」《ママ》名は別紙功績書の通り大正三四年戦役に関し功績顕著なる者

に付、各頭書の通り授爵・陞爵相成る様御詮議相成りたし。

として、加藤高明の男から子への陞爵ならびに岡市之助《いちのすけ》の授爵、長谷川好道《よしみち》の子から伯への陞爵、島村速雄・神尾光臣《かみおみつおみ》・加藤定吉《さだきち》と八代の授爵を申請。添付された八代の功績書には、

右は大正三年四月海軍大臣に任ぜられ、同年八月日独会戦と為るや帷幄《いあく》の機務に参画し、海軍軍人・軍属を統督し、出征艦隊の編但、艦船・兵器・弾薬その他軍需品の整備・補給等諸般の軍政を統轄し、以て作戦の進捗を速やかならしめたるのみならず、同盟国に軍需品を供給して連合作戦国の全局(の)を利益を増進する所甚大にして、その勲功洵《まこと》に顕著なりとす。

八代六郎

と記され、対独戦にあたって海軍大臣としての功績を理由としている。また『大正初期 山県有朋談話筆記／政変想出草』によれば、

七月一日波多野宮相来訪、近来岡前陸相の病気甚だ不良なる為日独戦役の功に依り恩賞の義至急取運ぶの必要を生じたりとて、右岡中将を初めこれに関与したる長谷川参謀総長、島村軍令部長、神尾司令官、加藤艦隊司令官、八代前海相、加藤前外相及び若槻前蔵相等の授爵昇爵の件を齎《もた》らし予が意見を求めたり。元来予は日独戦役に付いてはこれを日露戦役と同視するの不理なるを思うが故に、頭初参謀総長または陸相等の行賞に付いても日露事件と比すべからざることを主張せしが、既に海軍側との権衡もありとの事故、この点は暫く固執せざるも、右宮相の齎らしたる詮議中に大隈首相に対する行賞なきは甚だその意を得ず。将又《はたまた》今回日露協商も成立に至りたることなれば石井外相、本野《もとの》大使をも加え同時に詮議ありて然るべく、猶また若槻前蔵相の事に関しては僅かに国庫剰余金より臨時事件費を支出したるに止まり、これが為授爵の恩賞あるはその理由甚だ乏しきが如し。かくの如く一方に於いては将に恩賞あるべくしてこれを脱し、他方に於いては恩賞の理由なくしてこれを与えんとするが如きは決して君徳を補翼し奉る所以にあらず。宮内大臣たるもの深く思いを致さざるべからざる旨を訓め、尚事急速にして深く審議するの暇なかりしとの事なれば、先ず急施を要すべき岡前陸相の分のみを発表し、他は徐ろに審査すべき旨を忠告し置けり。

とみえ、山県が大隈内閣の閣僚や、軍高官に対する陞・授爵について意見を述べている。山県の考えによれば、第一次世界大戦における日独戦役の軍功は日露戦争とは同列視できず、それに対する栄典授与には慎重であるべきというものであるが、重病である岡のみは授爵を先行審査して執り行うべきであるとしている。元老山県の意見が容れられたためか、岡は七月六日付で男爵が授けられ、八代も含めその他の候補者も結局同月十四日付で男爵となっている。

典拠 『授爵録』大正五年、『大正初期 山県有朋談話筆記／政変想出草』

安川敬一郎　やすかわ・けいいちろう

一八四九―一九三四

明治炭坑株式会社・九州製鉄株式会社・明治専門学校等創始者

①大正八年六月十日　（許可）

②大正八年十二月二十二日　（許可）

旧福岡藩士出身の実業家・政治家で、安川家に養子入りした。実業家としては炭鉱業で成功し、その後は明治専門学校などを創設し教育面でも活躍した。授爵に関しては『原敬日記』大正八年（一九一九）六月十日条に、

また余より安川敬一郎教育事業に功労多きに因り授爵の詮議相成りたしとて山川大学総長より差し出したる書面をも参考に送り置き、波多野は相当の機会を待ちて詮議すべしと云へり。

とみえ、この頃より本格化したものと思われる。この東京帝国大学総長の山川健次郎が内閣総理大臣の原に差し出したという「書面」は「鍋島直彬《なおよし》他授爵願」に収録されている。大正八年五月の日付で山川より原首相に宛てられた書状には、

時下益御清栄に御座候わん賀し奉り候。扨《さて》戦後特に注意すべきは教育に御座候が、本邦教育の前途に横(た脱)わり候障碍は多々これ有り候。就中《なかんずく》学校の不足はその最多なるものにこれ有り候。勿論政府最近の計画にてこの欠点を補いしが如くには候えども、実は応急の手立てに過ぎ申さざるくらいに候間、猶益拡張を要する事と存じ候。併し凡ての場合に於いて国費にて事を弁じ候は至極手軽に候間、出来得べくんば左様相成り候様仕りたく存じ候えども、国家の歳入には夫々《それぞれ》限りもこれ有り、加之《しかのみならず》軍備等教育以外に国費を要し候もの多々これ有るにより、教育にのみ多大の金額を出すは困難なることと存じ候。就いては何卒いたし、富豪の徒より教育に対し金員を寄付することを御奨励に相成り候儀、目下の急務と存じ候間、破格の御詮議これ無く候ては相成らざる次第かと存じ候。然る処安川敬一郎は本邦学校不足の為学生の方向に迷い候者多々あるに同情し、欠乏最も甚だしきは工業学校なるに鑑み、明治四十年に福岡県戸畑町に於いて明治専門学校と申す工科大学の程度と高等工業学校の程度と中間に在る程度の学校を設立し、これが創立費・維持費として金四百二十万円を寄付いたし財団法人を造り候。尤も右の内金五十万円は同人実子松本健次郎《けんじろう》の寄付に候えども、父子同心異体の事に御座候えば、右金五十万円も同人寄付同様かと存じ候。右の外学校敷地七万八千七百七十六坪(目今の見積価格七十八万円)を寄付し、また学校職員役宅用地としてその所有なる学校隣地一万一千百六十四坪(目今の見積価格九万円)を無償にて専門学校に貸与し居り申し候。かくの如き多大なる教育費を寄付せるものは本邦に於いては唯一無二と存じ候が、本年四月は開校満十年に達し、敬一郎は本年七十一の高年に達し朝夕を謀らざる時期に御座候間、教育府寄付御奨励の意味にて同人叙爵の栄を候様にも相成り候はば、当人の幸福と申すに及ばず、これが為本邦教育の受くるところの利益甚大の事と存じ候間、何卒破格の御詮議相成りたく、この段陳述候也。

と記され、安川が教育に尽力した功績を理由として授爵を原に要請している。また、再伸として、

本文は安川敬一郎が教育方面に於ける功績につき陳述仕り候えども、同人が実業方面に於ける功績も鮮少にこれ無く候。先ず明治赤池両炭坑を鑿開《さっかい》し、次いで豊国炭坑の爆裂するや、火災の熄滅《そくめつ》猶疑わしく、従って災害の程度全く相知れざれば、これを引き受け候者これ無きに際し、振るってこれを買収し、後自己所有の炭田を以て明治鉱業会社(資本金五百万円)を組織し、昨年退隠迄これが社長を勤め申し候。また東洋の平和を保つは位置に日支親善に在るを確信し、且つ親善の実を挙ぐるは口舌の能くすることにはこれ無く、共同の事業を起こし、相互の利益を得るを以て日支親善の最良手段となし、盛宣懐《せいせんかい》・孫宝琦《そんほうき》等と謀り、大正六年に九州製鋼会社(資本金千万円にて日支人半額ずつ負担)を組織し、これが取締役会長に就任し、また陳応南《ちんおうなん》・羅三佑《らさんゆう》等と錦州大窰溝公司(資本金三百万両、現今の銀相場にて約六百四十万円、日支人半額ずつ負担)を組織いたし居り候。右の外大阪織物会社・明治紡績会社を組織し、筑豊鉄道会社・九

州鉄道会社・若松築港会社等の重役に挙げられ公共事業に尽瘁《じんすい》せること頗る多くこれ有り候。

と実業面での功績も併せて陳述している。また原日記同月十九日条にも、

安川敬一郎福岡県に於いて専門学校を創立し、また事業上殊に対支事業の功績も少なからざるに因り授爵の恩命ありたき旨過日山川帝国大学総長の申し出もあり、また適当の事と思わるるに因り、波多野宮相に申し入れ置きたる事を告げて賛成を求めたるに山県言下に同意したり。但し時機は見計らうべしと云いたるに、山県は先達て高橋新吉・園田孝吉《こうきち》の授爵は如何にも適当と云いがたかりきと云うに付、余も同意なりと思うと云い置けり(この事は松方正義熱心に主張せし結果にて、薩人は兎角この癖ありてこれが即ち薩派勢力を失墜したる原因の一なり)。

と記されており、安川の授爵について原は元老山県有朋にも相談し、その同意をこの時点で得ている。『授爵録』(大正八～十一年)によれば、八年十二月二十二日付で原首相より宮内大臣波多野敬直《よしなお》宛で授爵を申牒。

正五位勲三等安川敬一郎は別紙功績書の通り功績顕著なる者に付、左記の通り授爵の儀詮議相成りたし。

として功績書を添付して正式に安川の授爵詮議を申し出ている。原日記九年一月十一日条によれば、

兼ねて宮内省に交渉し置きたる川崎芳太《よした》郎《ろう》・安川敬一郎授爵の件に付き元老も異議なく、明日にも裁可相成るべき旨高橋内閣書記官長より電話ありたるに因り、本人等に通牒すべき旨返事せしに、調度安川上京に付、高橋直接通告せしに、安川は余に面会の上にて決定すべき旨返事せし由なりしが、夕に安川来訪、謙遜辞退の旨申し出たるも、余は先般彼の談話並びに来信にて辞退の口気はこれを聞き居りたる事にて予期せられたる事なれば、安川に対し余としては国家に功労ある者を捨て置く事能わず、これ余の責任なりと思うとて懇諭せしに、彼強いてとは云わず恩命を拝すべき旨申し出たり。

とみえ、すでに元老の内諾も得ていながら約半年経過したのを「時機」として、九年一月十三日付をもって男爵を授けられている。

典拠　『原敬日記』大正八年六月十日条・十九日条・九年一月十一日条、「鍋島直彬他授爵願」(宮内庁宮内公文書館所蔵)、『授爵録』大正八～十一年

安田善次郎　やすだ・ぜんじろう

一八三八―一九二一

安田銀行頭取

①明治四十四年（不許可）

②大正四年十一月一日（不許可）

旧富山藩足軽出身の実業家。明治十三年(一八八〇)これまでの安田商店を安田銀行に改組して頭取となり、また二十年に安田保善社を創立。以後、各種事業に従事して安田財閥の基を築いた。授爵に関しては、『新日本』第一巻第七号に掲載された横山源之助の「男爵を授けられたる新旧五大富豪」にもみえ、

去八月桂太郎内閣瓦解の間際に、兼ねて世評に上って居た実業家の授爵が行われた。世評の風聞に依れば、渋沢男爵は昇爵し、鴻池、三井、住友三旧家の外に、大倉、安田、豊川《とよかわ》、及び藤田の諸氏が授爵さるるやに噂されていた。発表されたのを見ると、安田、大倉、益田氏等の姓名は除かれ、鴻池《こうのいけ》、三井、住友の三旧家と、藤田、近藤の二氏であったのは聊か案外であった。(中略)若《も》し実業界に於け

安田善次郎

る位置或いは勢力または社会に於ける功績を以てせば、大倉喜八郎、古河虎之助の如きは固より、たとえ社会事業に没交渉とするも、金融に勢力多き安田善次郎氏の如きは当然加わるべき顔触であった。三井家の益田孝《たかし》氏または三菱家の豊川良《りょう》平《へい》氏の加わるも、世間は或いは怪しまぬであろう。

と記し、四十四年八月二十五日付で実業家へ授爵された際、安田はこの選に入るべき者であったとみえ、このような世評があったことが窺われる。また、『読売新聞』同年十一月一日朝刊によれば「授爵調査終了／原・犬養両氏も」の見出しで、

来たるべき御大典を機とし、国家に功労ありたる各階級の人々に対し、授爵・授勲・叙任等の恩命ある事は既報の如くにして、洩れ承る処によれば御発表に相成るべきは大嘗祭終了の上、即ち本月十六日なりとの事にて、内閣に於けるそれぞれの調査も昨今大体に於いて結了し、目下は宮内省との間に折衝中の由なるが、その陞爵・授爵の主なる人々は大隈伯の侯爵、武《たけ》富《とみ》・尾崎・一木《いちき》・高田・加藤・河野《こうの》・箕浦各大臣の男爵は疑うべからざる処にして、更に有力なる筋よりの噂によれば、立憲政治創設に功労ありたる廉を以て、政友会総裁原敬氏、国民党総務犬養毅氏の二政治家、学者として功労ありたる故を以て山川東大総長、穂積《ほづみ》博士の二学者、財界に功労ありたる故を以て大倉喜八郎、安田善次郎、益田孝《たかし》の三実業家、また特に男爵を授けらるべしとの事なり。尚、世間にては村田保《たもつ》翁が授爵の運動をなしつつあるが如く伝うるも今回は授爵の事なく、多分特に位を進めらるる事となるべしと云う。

とみえ、実業界から大倉喜八郎・益田孝と並んで安田も授爵されると報じられているが、結局十二月一日付で男爵となったのは大倉と紙面には掲載されなかった三井高保《たかやす》・古河虎之助・森村市左衛門で安田・益田は選に洩れる。この大正天皇の即位大礼時の栄典授与で、安田はすでに正六位・勲三等であったが、特旨をもって位三級を進められ従四位に叙せられる。またその後、益田は七年十一月二十六日付で男爵を授けられるも、安田はこののちも授爵されずに終わっている。なお、安田が授爵を逃した理由として北康利は、明治四十四年二月に設立された恩賜財団済生会への寄付金に関して、大倉喜八郎同様に百万円が安田にも期待されたのにもかかわらず、本人は三十万円を十年分割で寄付することとなった「済生会事件」が尾を引いていたとする、としている。

典拠　横山源之助「男爵を授けられたる新旧五大富豪」(『新日本』一ノ七)、『読売新聞』大正四年十一月一日朝刊、北康利「銀行王 安田善次郎 第十二回授爵を逃す」(『新潮45』三三二)

保田熊造　やすだ・＊くまぞう

生没年不詳

元伊勢国津藩一門

①大正四年十月十五日（不許可）

「土肥実臣他授爵請願書」中に土肥実臣(故人、元元老院議官)の遺族への授爵願と合綴で収録。内閣総理大臣大隈重信より大正四年(一九一五)十月十五日で宮内大臣波多野敬直《よしなお》宛で「左記の者はその功績顕著には候へども、授爵をもって賞するは如何かと存じ候。然るべく御詮議相成りたし」として提出。土肥実臣(の遺族)以下十一名を列挙し、そのなかに保田の名も挙げられている。同人は維新後は津藩大参事・致《あえ》国《くに》神社権宮司となり、藤堂采女《うねめ》とも称した保田元施《もとはる》の子で、元伊勢国津藩一門に生まれる。

右はその右はその父元施、旧津藩主の一門・旧家にして、明治維新の初め藩主の命に依り城州山崎の関門を守り、藩兵の去就に惑う者あるや勤王の大義を説きて衆心を一にし、勅使の命を奉じて幕兵を砲撃し、奇捷《きしょう》を奉じて遂に徳川氏浪華城を棄て東帰するのやむなきに至らしめ、勤王軍の率先者として勲功抜群なるに依り、その功を追賞せられ授爵せられたしとい

うにあり。

とその理由を説明して授爵を求めるも却下される。

典拠 「土肥実臣他授爵請願書」(宮内庁宮内公文書館所蔵)

保田元義 やすだ・*もとよし

生没年不詳

阿保親王末裔

①明治三十年九月二十二日（不許可）

平城《へいぜい》天皇第一皇子の阿保《あぼ》親王末裔を称する木綿商人。大阪在住と思われる。『品川弥二郎関係文書』所収の明治三十年(一八九七)九月二十二日付「杉孫七郎《まごしちろう》書翰」によれば、

阿保親王子孫と申し候保田の事大坂(阪)府知事へ依頼取り調べ候処、同人は河内国木綿商人、幼時小寺熊と申す者にて、真正の血統にはこれ無き由に候。伝来宝物類今以て差し送り申さず候。多分売却或いは質入れ等にて手元にこれ無しと察せられ候。かくの如き人物なれば容易に救助の詮議相成りかね候。以来は田中一介より申すべく候間御聞き取り希《こいねが》い奉り候。

とみえる。この当時、政府や宮中において阿保親王の末裔を調査していたためとも思われるが「救助の詮議」とあり、これが授爵を含めた家名取立の詮議であったかは詳細不明。

典拠 「杉孫七郎書翰」(『品川弥二郎関係文書』四)

安場保和 やすば・やすかず

一八三五―九九

北海道庁長官

①明治二十九年五月（許可）

貴族院勅選議員

旧肥後国熊本藩士出身の官僚・政治家。横井小楠に師事し、維新に際しては東海道鎮撫総督府参謀をつとめ、明治二年(一八六九)七月以降は東京府大属・胆沢《いさわ》県大参事・熊本県少参事などを経て、四年七月には大蔵大丞《たいじょう》、さらに同年十月租税権頭《ごんのかみ》に任ぜられた。同年十一月には岩倉使節団に大蔵理事官兼務心得として随行。翌年五月に帰朝し、翌月福島県権令《ごんれい》、同年十月同県令《けんれい》に転じた。八年十二月愛知県令となり、十一年四月地方官会議幹事、十三年三月元老院議官となる。翌年十月参事院議官に転ずるも、十八年十二月参事院廃止に伴い元老院議官に再任。十九年二月福岡県令、同年七月の地方官官制公布により同県知事。二十五年七月知事を辞し、翌月より貴族院勅選議員となった。その後は三十年九月より翌年七月まで北海道庁長官をつとめた。授爵に関しては、『授爵録』(明治二十九年)によれば、立案日の欄は空白であるが、芳川顕正《あきまさ》ほか二十八名の文武官への授爵詮議が爵位局でされており、北垣の名も挙げられる。

右は夙《つと》に勤王の志を抱き、皇室式微、幕府専横の日に当たり、或いは大和・但馬の義挙に与し、或いは幽囚投獄、辛苦備《つぶさ》に嘗《な》め維新回天の大業を賛助し、または多年朝に在りて顕要の職を奉じ、または貴衆両院に入りて国家の大計を議する等孰《いず》れも勲功顕著の者に付、特旨を以て華族に列し栄爵を授けられ然るべき乎。左にその爵を擬し裁を仰ぐ。

とし、二十九名中芳川のみ子爵授与とし、安場を含めた他の二十八名は男爵が相当としている。同文書には同人への授爵を求める他薦書類や功績調書は綴られていないが、二十九名中、伊丹重賢《しげかた》・山田信道・船越衛《まもる》・三宮義胤《さんのみやよしたね》・中島信行の五名については維新前の勤王事歴調書類が、また九鬼隆一《りゅういち》についても同年二月二十五日付で榎本武揚が授爵を推薦する書状が添付されていることから、同人を含めた他の二十三名分も他薦などがあった蓋然性が高

安場保和

いと思われる。安場の功績は認められ、二十九年五月二十三日付で裁可を得、翌月五日付で男爵を授けられる。

典拠　『授爵録』明治二十九年

柳　金麿　やなぎ・＊かねまろ

生没年不詳
足利尊氏末裔

①明治二十一年六月十四日（不許可）

峰山在住の士族で足利尊氏末裔を称する。柳家の系譜は不明であるが、『大阪朝日新聞』明治二十一年（一八八八）六月十四日朝刊によれば、同月十三日発の京都通信欄に、

　丹後国中郡峯山の士族柳金麿と云は足利尊氏の末裔なりとて、遺物に由緒幷《なら》びに履歴書等を添へ、華族編入の義を府庁へ再度迄出願せしかど聞届ざりしを以て、今度内務・宮内の両省へ請願書を出さんとて東京に赴きたり。

とみえる。峰山藩に仕える藩士であったのか、郷士層であったのかも不明であるが、足利尊氏末裔と称し、これ以前にも年未詳であるが関係筋に請願していたことが明らかである。結果は却下。

典拠　『大阪朝日新聞』明治二十一年六月十四日朝刊

柳沢保恵　やなぎさわ・やすとし

一八七〇―一九三六
柳沢伯爵家（元大和郡山藩主）養嗣子

①明治二十五年十二月七日（不許可）

旧越後国黒川藩主柳沢光昭《みつてる》の次男で、本家筋にあたる旧大和国郡山藩主・伯爵柳沢保申《やすのぶ》の養子。初名は光敏。養子入りしたのち、明治二十一年（一八八八）十二月に保申に実子保承《やすつぐ》が誕生したため、保恵の立場は微妙になり、その処遇が問題化する。『授爵録』（明治二十五年）によれば「柳沢保申養子授爵内願ノ儀ニ付キ大臣へ内申ノ件」として、当時の柳沢伯爵家における家政上の悩みとして二十五年十二月七日付で爵位局が作成した文書が綴られている。これによれば、

　伯爵柳沢保申の家政上に於ける一事は養子・実子の相続問題より起これるものにして、養父子の間に堅く義を守り、互いに退譲する所の誠情は方今澆季《ぎょうき》の時世に於いて未だ曽《かつ》て聞かざる所、これを明教に照らすに、洵《まこと》に国家の美徳と謂わざるを得ず。依て大いに賞揚せらるべき事柄なるが如しと雖も、今その内願の意思を窃《ひそ》かに吟味するに、養父のこれを処理する上に於いて養子の徳を賞し、これを分家せしめ、而してこれに授爵の栄を蒙らせんとの希望に外ならざるが如し。然るに分家授爵の恩典はこれまで多くは維新の勲功及び国家有意の事業に因りて賜りたるものならざるは莫《な》し。茲《ここ》に柳沢家の履歴を観るに同家の功労とも認むべきその最もなるものを挙ぐれば、元禄年中山陵修理の建議たると、文久年中英人の旅館を防禦したるとのことあるに過ぎず、果して然らば柳沢氏の山陵修理建議の事は戸田忠恕・戸田忠至《ただゆき》の嘗《かつ》てこれを建議して自らその業に従事し、而してその功を収めたるものと匹敵のものにあらざるは固《もと》より論を俟《ま》たず。然るに朝廷は今戸田氏に対し斯《かか》る御詮議あるを聞かず。良しこれあるにせよ山陵修繕の功を以て別に一家を新立し栄爵を授けらるる等のことは決して至当の御処置とは認めざるなり。況んや柳沢氏の山陵修繕建議の如き、また英人旅館防禦の如き事柄に於いておや。故に他の維新の勲労者と公共事業に実功あるものとを考え、その影響如何を思わざるべからず。謹みて按ずるに保申が家事は互いに義を以て辞し、徳を以て立つ。美は即ち美なりと雖も、これ等の事はただ一家の事に止まりて、未だ社会公共の事に及ばず。またその旧功も特に褒賞せらるべき程のことあるを見ず。これに因りてこれを考うるに、今日柳沢家に対しては特に爵位の栄典を以て賞せらるべき限りにあらずと認む。

と記される。保恵は養父に実子が誕生したことにより、自ら身を引こうという思いがあり、養父である保申もまた、その保恵の思いを受け止め、実子に本来は相続させ、保恵には分家させようという意図があったようである。これにより、柳沢家周辺の者が同家の意を呈して、宮内省当局に諮ったものと推測される。宮内省当局の考えとしては、(一)分家授爵については明治維新時の勲功があった家や、国家有意の事業に関する場合において行われるものであり、(二)柳沢家の勲功は元禄年間に当時の柳沢吉保《よしやす》が山陵復興の建議をした点、(三)文久元年(一八六一)五月二十八日、イギリス公使館が置かれていた高輪の東禅寺を攘夷派の浪士が襲撃した際、保申が手勢をもって防いだ功績を挙げるも、分家・一家創始のうえ、授爵をさせるほどの功労ではないと判断。結局この請願は容れられず、保恵はそのまま養嗣子の座にとどまり、二十六年十月二十七日付で襲爵している。保申の実子保承は保恵・秀子《ひでこ》(保申長女)の養嗣子として迎えられ、昭和十一年(一九三六)六月十五日、保恵の死後襲爵している。

典拠　『授爵録』明治二十五年

柳原前光　やなぎわら・さきみつ

一八五〇—九七

旧堂上公家（名家）

①明治二十二年七月三日（不許可）

元老院副議長兼賞勲局総裁

旧堂上《とうしょう》公家出身の官僚・政治家で、明治十七年(一八八四)七月の華族令公布に際して授伯爵。維新後は外交官としても活躍。『尾崎三良《さぶろう》日記』二十二年七月三日条によれば、

早朝柳原伯を訪《と》う。新華族叙任に付、旧華族中維新の際功労ありし者を昇等せしむべきの談あり。その人凡《およ》そ左の如し。山内容堂《やまうちようどう》実子男爵山内豊尹《やまうちとよただ》を伯に、島津忠亮《ただあきら》を伯に、大村純熙《すみひろ》を伯に、真田幸民《ゆきもと》を伯に、伊達宗城《むねなり》を侯に、亀井を伯に、四条隆謌《たかうた》を侯に、柳原を侯に、壬生基修《もとおさ》を伯に、沢某を伯に。予は沢、四条には同意せず。亀井の事は予発言を為す。

とあり、尾崎・柳原間で諸家の陞爵についての提案話が持ち上がっていたことがみえる。柳原の場合は、維新に際して、東海道鎮撫副総督をつとめた功労によるものと考えられる。尾崎は四条・沢両家の陞爵についてのみ反対しているが、実際にこの案が宮中筋にもたらされたかは不明ながらも、二十四年四月二十三日付で前記諸家の内、柳原家を除く全家が陞爵している。柳原家の陞爵は前光の子義光《よしみつ》の代にも持ち上がっている。

典拠　『尾崎三良日記』明治二十二年七月三日条

→柳原義光

柳原義光　やなぎわら・よしみつ

一八七六—一九四六

旧堂上公家（名家）

①大正三年七月二十四日（不許可）

貴族院議員

旧堂上《とうしょう》公家出身の政治家。明治三十七年(一九〇四)より貴族院議員に互選。前掲柳原前光《さきみつ》の子。英照皇太后御葬祭斎官や大正天皇崩御後には大喪使祭官副長もつとめた。『読売新聞』大正三年(一九一四)七月二十四日朝刊によれば「柳原伯爵陞爵」の見出しで

前代前光伯維新後国事に尽瘁《じんすい》したる勲功を御追念あらせられ、特旨を以て遠からず侯爵陞叙の御沙汰あらせらるる由。同伯爵家は宮中と御縁故最も深く、現に宮中に奉仕せる三位局柳原愛子《なるこ》刀自《とじ》は同伯爵の叔母に当たるを以て、早くよりその風説はある一部に唱えられしにより、陞爵発表期は無論時機の問題なれば、事実として発表さるるも余り晩からざるべし

柳原義光

と仄聞す。

とみえる。大正天皇の生母にあたる柳原愛子の実家筋という理由からの話である程度の信憑性もみられるが、結局陞爵には至らず。

典拠『読売新聞』大正三年七月二十四日朝刊

→柳原前光

柳原某　＊やなぎわら

生没年不詳

①明治二十七年一月二十一日（不許可）

『伊藤博文関係文書』所収の明治二十七年（一八九四）一月二十一日付「東久世通禧《みちとみ》書翰」によれば、

> 勝老人先比《さきごろ》より所労。追々快方に御座候えども出勤相詰も致し難きに付、一応老人に代わり歎願致しくれ候様との事にて、御取次致すべしと受け合い置き候。右は今般御祝に付、種々徳川家へ泣き付き候事これあり。

と記され、東久世が勝に依頼され、旧津藩主藤堂・旧津山藩主松平両家の伯から侯への陞爵とともに、「柳原家、右三十五万石に付、伯爵に叙せられ候事」の一文がみえ、該家が現在子爵であることが明らかである。ただし、柳原という大名家は存在せず、大和国郡山藩主となった柳沢家は十七年七月の華族令公布に際して禄高に適した伯爵を授けられており、該家が何家を指すのかは不明である。

典拠「東久世通禧書翰」（『伊藤博文関係文書』七）

矢野二郎　やの・じろう

一八四五―一九〇六

元高等商業学校校長

①明治三十六年七月六日（不許可）

旧幕臣出身の洋学者・外交官・教育者。維新後は外務省に入り、駐米公使館の二等書記官や臨時代理公使を歴任。その後教育界に転じて官立高等商業学校校長をつとめた。『東京朝日新聞』明治三十六年（一九〇三）七月六日朝刊によれば「矢野氏の叙爵」の見出しで、

> 多年実業教育に従事し、多くの子弟を養成したる元高等商業学校長矢野二郎氏は教育上の勲功に依り近々男爵に叙し、特に華族に列せらるるの御沙汰あるべしという。

矢野二郎

とみえ、また同じく『読売新聞』同年同日朝刊でも「矢野氏の叙爵」の見出しで「多年実業教育に従事したる功に依り矢野二郎氏に男爵を授けらるることは事実となるべし」とみえ、実業教育の勲功を理由とし、近日中に男爵を授けられ華族に列するであろうとする記事を掲載するも、誤報であったのか、または詮議中に却下されたためか、そののちも矢野は授爵されずに終わっている。

典拠『東京朝日新聞』明治三十六年七月六日朝刊、『読売新聞』明治三十六年七月六日朝刊

山内豊景　やまうち・とよかげ

一八七五―一九五七

旧土佐国高知藩主

①明治二十七年二月十一日（不許可）

②明治四十四年四月二十二日（不許可）

旧土佐国高知藩主山内《やまうち》家出身の陸軍軍人・政治家。山内家は本家を「やまうち」と、庶流を「やまのうち」と称する。同家は豊景の父豊範《とよのり》の代、明治十七年（一八八四）七月の華族令公布に際して授侯爵。『読売新聞』二十七年二月十一日朝刊によれば「授爵及陞爵に関する風説」の見出しで、「山内侯を公爵に、伊藤・山県・黒田の三伯を侯爵に陞せらるべしといふものあれど、多分想像の説なるべく」と報じられる。ただし、実際には山内家の陞爵運動は行われており、

風説ではなかったようである。この時の報道で予測どおりであったのは同年八月二十九日付陸奥宗光の子爵授与のみであり、同家は陞爵されず。また『渡辺千秋《ちあき》関係文書』所収の四十四年四月二十二日付「土方久元書翰」によれば、「水戸ケ《（家）》並山内家昇爵云々の義、決して御催促申し上げ候訳には御座無く候得共、宜しく御配慮成し下されたくお願い申し上げ候」とみえ、旧水戸藩の徳川圀順《くにゆき》と、三十三年八月より貴族院議員に就任していた山内の両侯爵に対して、公への陞爵を土方が宮内大臣渡辺千秋宛で申請するも結局二度にわたる請願も功を奏さず、同家は陞爵せず。

典拠　『読売新聞』明治二十七年二月十一日朝刊、「土方久元書翰」（『渡辺千秋関係文書』）

山内豊尹　やまうち・とよただ

一八六六―一九一二

旧土佐藩主山内豊信長男

①明治二十二年七月三日（不許可）

旧土佐藩主山内豊信《やまうちとよしげ》（容堂《ようどう》）の長男。藩主は本来山内家直系筋にあたる豊範《とよのり》（十二代藩主豊資《とよすけ》の子）が相続したため、豊尹は明治十二年（一八七九）十月二十七日付で特旨により分家のうえ華族に列し、十七年七月の華族令公布時には同月八日付で授男爵。『尾崎三良《さぶろう》日記』二十二年七月三日条によれば、

　早朝柳原《やなぎわら》伯を訪《と》う。新華族叙任に付、旧華族中維新の際功労ありし者を昇等せしむべきの談あり。その人凡《およ》そ左の如し。島津忠亮《ただあきら》を伯に、大村純熙《すみひろ》を伯に、真田幸民《ゆきもと》を伯に、伊達宗城《むねなり》を侯に、亀井を伯に、四条隆謌《たかうた》を侯に、柳原を侯に、壬生基修《もとおさ》を伯に、沢某を伯に。予は沢、四条には同意せず。亀井の事は予発言を為す。

とあり、豊尹を男から伯へ陞爵させるよう提案している。おそらく、維新時における実父豊信の功績を理由としたものであろうが、実際この案が上奏されたかは不明ながらもこの時は不許可に終わる。こののち二十四年四月二十三日付で陞爵が聴許されるが、伯ではなく子爵への陞爵にとどまっている。

典拠　『尾崎三良日記』明治二十二年七月三日条、浅見雅男『華族たちの近代』

山県有朋　やまがた・ありとも

一八三八―一九二二

元帥・陸軍大将、内閣総理大臣

①明治二十七年二月十一日（不許可）
　陸軍大将・枢密院議長
②明治二十八年七月十八日（許可）
　陸軍大将・元第一軍司令官
③明治二十八年八月十三日（許可）
　陸軍大将
④明治四十年九月二十三日（許可）
　元帥・陸軍大将・枢密院議長

元長州藩士出身の陸軍軍人・政治家。幕末・維新時には国事に奔走し、慶応四年（一八六八）四月には越後口総督参謀をつとめ、明治二年（一八六九）六月には軍功により賞典禄六百石を永世下賜された。維新政権では兵部少輔・同大輔をつとめ、五年二月に兵部省が廃止され、陸軍・海軍両省に分離した際には陸軍大輔に任ぜられ、翌月には陸軍中将兼陸軍大輔に任ぜられ近衛都督となった。以後、陸軍卿・参謀本部長・参事院議長を歴任し、十七年七月七日の華族令公布に際しては伯爵を授けられた。その後も累進し、二十二年十二月から二十四年五月まで、また三十一年十一月から三十三年十月まで二度内閣総理大臣をつとめ、この間三十一年一月には元帥府に列して元帥の称号を与えられ、また侯爵となってからは死去するまで貴族院議員に在職し、元老として国政を主導した。伯から侯への陞爵については

山県有朋

『読売新聞』明治二十七年二月十一日朝刊に「授爵及陞爵に関する風説」の見出しで、

西郷菊次郎氏授爵の風説は今に始まったる話にあらず。氏はこれを畏れ多きことと思いて辞退の意をある人に申し出でし趣なれど、今回は丁度好機会なるにより、多分授爵の御沙汰あるべしという。尤も侯爵を授けらるるや否やは未だ定まらず。尚下級の爵を授くべしとの説ありと聞けり。また陸奥氏・芳川氏・渡辺氏等大臣たりし人に授爵あるべしとの説もあれど、斯《かく》の如くなりては、楠本正隆氏・山口尚芳氏等前元老院議官の連中にも授爵すべき人沢山あるにより、多分見合わせとなるべしというものあり。その他山内侯を公爵に、伊藤・山県・黒田の三伯を侯爵に陞せらるべしというものあれど、多分想像の説なるべく、また維新前後山陵奉行なりし故戸田大和守及び山陵御造営奉行たりし故渥見政同（旧名祖太郎）氏等の功労を追賞せられ、大婚祝典の当日、特旨を以て大和守の曽孫子爵戸田忠義《ただよし》氏に爵一階を進められ、渥見政同氏へは正四位を贈らるるとの噂は確かなる如くなるが、先ず何事も未だ確定したることなきが事実ならん。

として、当時伊藤博文・黒田清隆とともに山県も侯への陞爵が噂に上っていたことが記されるも、この時は結局風説にすぎなかったためか実現していない。また、『授爵録』（明治二十六〜二十八年）によれば、陞爵に関する自薦・他薦書類や功績調書は添付されていないが、山県と伊藤博文・西郷従道・樺山資紀《すけのり》・野津道貫《みちつら》らとともに陞爵一覧表が綴られており、同人については大山巌・西郷とともに「征清の役軍功顕著なるに依り、特に陞して侯爵を授く」とみえる。軍功による陞爵は山県・大山・西郷・野津・樺山、子爵への新叙として川上操六《そうろく》・伊東祐亨《ゆうこう》の計七名であるが、この七名については二十八年七月十八日付で内大臣徳大寺実則《さねつね》より宮内大臣土方久元宛で「右軍功に依り陞叙・新叙御内意に候間、表面閣下より裁可仰がるべく候。この段申進候也」と記されており、すでに七月十八日の時点で陞爵が検討されていたものと考えられ、同月二十日付で裁可を仰いだうえ、翌月五日付で正式に侯への陞爵が認められている。この件については、『読売新聞』二十八年八月十三日朝刊によれば「山県大将陞爵を拝辞す」の見出しで、

山県大将が陞爵辞退の事田中宮内次官が去る金曜日を以て特に大将の邸に臨み、叡慮のある所を述べて懇ろに御受けあらんことを勧告し、大将にもこの上勅命に背き奉るは恐れ多しとの意を懐き居る由は昨日の紙上に記せし所なるが、大将は愈々《いよいよ》去る十日を以て参内の上闕《けつ》下に伏し謹んで御受を申し上げ奉りたりと云う。

と記され、侯への陞爵を山県自身は拝辞しており、宮内次官の田中光顕《みつあき》が叡慮である旨を伝えて説得したことにより、同月五日付で侯へ陞爵したことを報じている。さらに侯から公への陞爵についても、同紙四十年九月二十三日朝刊に「公爵陞叙の理由」の見出しで、

日露戦争の終結せる後、将官及び重要文官の叙爵を議したる際、大山・山県両侯を公爵に叙すべしとの説出でたる由なるが、当時元老の多数は従来累代華族にあらずして公爵に叙せられたる先例なければ、如何に勲労ありとて公爵に叙するには余りに破格ならずやとてこれに反対したり。然るに山本海軍大将は熱心に公爵説を主張し、従来の公家と云い大名華族と云い果たして如何なる功績ありて独り高貴の爵位にあるや。今回の戦役に於ける功績は実に千古未曽有にして、これを公家及び毛利・島津両家に比して敢えて遜色なしと極論し、公爵説稍《やや》勢いを得たるも、宮中の御通過を慮りて先頃迄奏請するを見合わせ居りたるに、今回伊藤統監の帰朝によりて断然破格の陞爵をなすに至れるものなりと云う。

と記されており、元老大山巌と山県両名の公への陞爵については勲功華族としては最上位の公爵に昇った者がおらず、先例がないこと

が指摘されるなか、海軍大将の山本権兵衛が日露戦争の論功行賞として両名の陞爵を強く主張したということが報じられている。結局はこの功績が認められ、見合わされていた奏請も行われたものと思われ、同年九月二十一日付で伊藤博文・大山巌とともに山県も公へ爵位を進めている。なお、『授爵録』の類には、山県らの陞爵については裁可書のみが綴られ、功績調書や願書の類は添付されていない。

典拠　『読売新聞』明治二十七年二月十一日・二十八年八月十三日・四十年九月二十三日朝刊、『授爵録』明治二十六〜二十八年

山県有光　やまがた・ありみつ

一九〇三—八二

公爵山県有光外孫

①大正十一年一月三十一日（許可）

山県有朋の外孫。有朋の娘松子と男爵船越光《みつ》之丞《のじょう》（船越衛《まもる》の長男）の三男として生まれ、有朋の外孫として山県公爵家に入籍。『倉富勇《くらとみゆう》三郎《ざぶろう》日記』大正十一年（一九二二）一月三十一日条によれば、病気危篤の山県へ正一位または従一位への特旨叙位とともに、養孫にあたる有光への授爵に関する記事がみえ、

　牧野、実は船越光之丞の子にて有光と云う者を山県の子と為し、軍人たらしめんとするものあり。その伊藤博文の子文吉に男爵を授けられたる例に依り、これに男爵を授けられたしと云う人あり。未だ次官（関屋貞三郎《ていざぶろう》）にも話し居らず。これを知り居る者は清浦（奎吾）と平田（東助）の二人のみ。大隈（重信）のときも陞爵と頸飾章を賜うこと併せて詮議せられんとしたることありし故、念の為高橋（是清）（内閣総理大臣）に話し置きくれよと云う。

とあり、伊藤博文庶子文吉《ぶんきち》へ男爵が授与された先例をもって、何者かが山県の養孫有光に対しても同様の栄典授与の詮議を求めたと記している。この段階では宮内次官の関屋貞三郎にも授爵詮議を相談してはおらず、山県側近の清浦奎吾と平田東助両名のみが知るばかりであったが、これを同日高橋是清に倉富が諮ると、「山県に対しては従一位に叙せられ国葬を行わるることの外、何も考え居らずと云い、有光に対する授爵も直ぐに出来ることには非ざるならんと云う」との返書であったとする。倉富は、伊藤博文の死去時には直ちに文吉へ男爵が授けられたことを記しているが、この時点では内閣側では山県の偉勲に対しての栄典授与は正二位から従一位への陞叙と、国葬の挙行のみを考えていたと思われる。同日記二月一日条によれば、清浦が倉富へ有光授爵を当局者へ伝えて欲しいと依頼。倉富は宮内大臣牧野伸顕を訪問し、牧野は元老西園寺公望の意見を仰いだかどうかを問い、倉富はまだであることを答えている。こののち牧野は松平慶民《よしたみ》をもって西園寺の意見を求めている。おそらく西園寺の了承をこの時得られたものと思われ、同日中に有光授爵の手続は進められるが、伊藤文吉の場合は男系であるのに対し、有光は娘の子である点や、爵記作成時に誰の勲功によると記すべきかの問題が浮上。宗秩寮で山県家の戸籍を閲覧すると、有光は養子でも養孫でもなく外孫であることで親族として入籍した身であることから、爵記に「祖父の勲功」と記載すべきかの点で、結局倉富の単に「特授男爵」とすべきとの説が通り、二月一日付で有光へ男爵が授与される。なお、当時摂政であった皇太子裕仁親王（のちの昭和天皇）は有光授爵を奏請した際、「濫賞に渉りては宜しからん」との御沙汰があり、これに対してそうではない旨を牧野が答えたとしており、当時は元老の親族とはいえ、授爵自体が困難な時代になりつつあったと思われる。なお、『授爵録』（大正八〜十一年）には、二月一日付で有光への授爵裁可を求める書類のみ綴られており、同人の履歴書や祖父有朋の功績書、さらには授爵を求める請願書も添付されていない。

典拠　『倉富勇三郎日記』大正十一年一月三十一日条、浅見雅男『華族たちの近代』、佐野眞一『枢密院議長の日記』

山内豊静　やまのうち・とよしず

一八八三—一九三七

侯爵山内豊景弟

①明治三十九年十二月十二日（許可）

旧土佐藩主・侯爵山内豊景《やまうちとよかげ》の弟。分家および授爵に関しては、『授爵録』（明治三十九～四十年）によれば、明治三十九年（一九〇六）十二月十二日付の宮内省当局側立案書類に、

右豊静、今般分家の上一家を創立せんとする趣にて、同人一家創立の上は当然平民籍に入るべき処、同人の父故豊範義は旧土州高知城主にして二十万二千六百石を食《は》み、維新の勲功少なからず。丁卯の冬大政復古の盛業を賛け、伏見一戦続いて大兵を東北に出し殊死奮励、毎戦功を奏し、克《よ》く藩屛《はんぺい》の任を尽したるに依り、その養父豊信と共に賞典禄四万石を賜りたるものなり。仍《よ》てこの際同人の旧功を録せられ維新の功労者の子弟分家の際授爵の御詮議ありし先例に依り、右豊静をば父豊範《とよのり》の勲功に依り華族に列し男爵を授けらるべき乎、謹みて裁を仰ぐ。

とみえ、賞典禄を与えられた島津家以下の大名華族における分家授爵者の先例を「参考」として掲載・添付。父豊範の幕末・維新期における功績が認められ、裁可を経て同月十五日付で男爵が授けられる。

典拠　『授爵録』（明治三十九～四十年）

山内豊積　やまのうち・とよつみ

一八三四—九四

侯爵山内豊景大叔父

①明治二十二年二月九日（許可）

旧土佐藩主山内豊信《やまうちとよしげ》（容堂《ようどう》）の実弟で、山内家の分家南邸山内《やまのうち》氏を相続。旧禄は千五百石、終身禄五百石。幕末期には藩主名代として在京することが多く、御所の警衛などにあたった。維新後は士族に列し、明治十一年（一八七八）から十五年までは海南学校の総宰もつとめた。『法規分類大全』によれば、族爵門・種族の項に豊積の授爵関係資料が掲載されており、二十二年二月九日付の侯爵山内豊景とその後見人である公爵三条実美の連署による請願書によれば、

右豊積儀は豊景養祖父豊信実弟にて積年王事に勤労仕り、既に文久三壬戌年三月十五日養祖父豊信名代として上京、清和門院御門御守衛仰せ付けられ、同八月十八日先帝龍顔拝し奉り、禁闕《きんけつ》守護尽力厚く叡感に思《おぼ》しめされ、これに依り御持ちの古末広幷《なら》びに御羽二重十疋下賜せられ、同年九月二十三日先帝龍顔拝し奉り、叡感に思しめされ、御持ちの古短刀下賜せられ、元治三丁卯年三月二十日養祖父豊信儀上京の御沙汰を蒙り候処、病気に付豊積名代として上京仕り、同年八月十五日永々滞京致し御満足に思しめされ、これに依り御晒布二疋下賜せられ、明治元戊辰年八月五日父豊範名代として上京仕り、同年九月二十三日皇帝陛下始めて東京へ御巡幸遊ばされ候説、豊範名代として藩兵半大隊を率いて御前駆相勤め東海道を経て十月十五日東京へ駐蹕《ちゅうひつ》したまう駅路屢々《しばしば》優渥《ゆうあく》の聖恩に浴し、且つ御駐輦《ちゅうれん》中龍顔を拝し奉り、御簾前に於いて御酒頂戴仕り、同年十二月二十五日御直垂地を下賜せらる。豊積履歴の概略前条の通りに御座候。その他宗家を補翼し藩内を鎮撫し拮据《きっきょ》勉励の功鮮やかならざる儀に付、右勤労に思しめされ、特別の御評議を以て華族に列せられたく、この段願い奉り候。

として豊積の明治十六年五月調の所有財産や履歴も明記して授爵を求める。これによれば、公債証書二万円、第三十七国立銀行三十四株などを所有していた。これに対して同年二月二十八日付の「爵位局ヨリ宮内大臣へ伺」には、豊積と島津珍彦《うずひこ》への授爵について、

別紙華族忠義《ただよし》よりその弟鹿児島県士族島津珍彦を、華族山内豊景後見人三条実美より被後見者の大叔父高知県士族山内豊積を華族に列せられたく願い出るに付これを審案するに、本願は何れもその一門なる士族の戸主を華族に列せられんことを請願するものにして、従来華族戸主の

戸籍に属する子弟を分家するに当たり、特旨を以て華族に列せられたる例に異なる故に、今これを採用せらるるときは将来大藩華族よりその一門なる士族の戸主を華族に列せられんことを願い出るとき、またこれを採用せざるべからざるが如し。然れども珍彦は故大勲位公爵島津久光《ひさみつ》の三男にして公爵島津忠義の実弟なり。豊積は贈従一位山内豊信の実弟にして侯爵山内豊景の大叔父なれば、何れも華族戸主の血属の親にして、他の華族戸主の血属の親にあらざる一門の比にあらず。また珍彦は公債証書二万六千円余、田畑段別七町余歩を有し、豊積は公債証書二万円、銀行株券三十四株、田畑山林宅地段別五十町余歩を有し、何れも華族の資格を維持するに足るべき財産を所有するものなれば、他の薄産または貧困なる一門の比にあらざるなり(先年取り調べたる諸藩一門及び現有財産取調書に依る)。故に今右両人を華族に列せらるるも将来他の一門なる士族に影響を及ぼさず、仮令《たとい》右両人の例に拠り願い出るものあるも左の三項全備したるものにあらざれば採用せられざることとせば聊かも差し支えこれ無き様存じ候。

として審査し、その三項目としては(一)華族戸主の血属の親、(二)維新前後功労ありし者、(三)華族の資格を維持するに足るの財産ある者、の三点を旧大名華族の藩主一門士族が有していた場合に限り授爵をするという方針を定め、そのうえで豊積・珍彦については、

　右の次第に付、先例はこれ無く候えども、珍彦・豊積の如きはその門地、財産、功労より論ずれば何れも華族に列せられ相当のものにこれあり、且つ将来他の一門士族に影響を及ぼす虞これ無きに付、この際特旨を以て華族に列せられ男爵を授けらるべき哉裁を仰ぐ。

として上奏のうえ裁可を得て同年三月二日付で珍彦とともども男爵が授けられる。なお、この典拠資料は『授爵録』(明治十八～二十年)に収録されているものと同一である。

【典拠】『法規分類大全』二ノ六、『授爵録』明治十八～二十年、浅見雅男『華族たちの近代』

山川健次郎　やまかわ・けんじろう

一八五四―一九三一

枢密顧問官

①大正四年十月六日（許可）
②大正四年十一月一日（許可）
③大正四年十一月二日（許可）
④大正四年十二月一日（許可）

東京帝国大学総長・貴族院勅選議員・東京帝国大学名誉教授・九州帝国大学名誉教授・帝国学士院会員・理学博士

旧会津藩家老の山川重固の子で、後掲山川浩《ひろし》の弟。明治三年(一八七〇)以降、ロシア・アメリカへ留学。帰朝後東京開成学校教授補、東京大学理学部助教・同教授を歴任。二十六年九月には帝国大学理科大学長に補せられ、三十四年六月から東京帝国大学総長、四十四年四月からは九州帝国大学総長となり、大正二年(一九一三)五月再度東京帝大総長に就任。また三年八月から翌年六月までの間、京都帝国大学総長も兼任。この間、明治三十七年八月から大正十二年二月に枢密顧問官に任ぜられるまで貴族院勅選議員もつとめた。山川の授爵に関しては大正四年から本格化したものと思われ、同年十月六日には文部大臣高田早苗より内閣総理大臣大隈重信宛で山川と穂積陳《ほづみのぶ》重《しげ》両名の授爵詮議に関して申牒。

　右は別紙功績書に記述の通り多年教育学術に尽瘁《じんすい》し、その功労洵《まこと》に顕著なる者にこれあり、就いては今秋行わせらるる御

山川健次郎

大典の際に於いてその功労を表彰せられ、特に授爵の栄典を与えられ候様御詮議相成りたく、この段内申に及び候也。

として教育・学術面での功績を理由により、大正天皇即位大礼の慶事に際し、両名への授爵を諮っている。このことはすでに新聞各社にも伝わったと思われ、『読売新聞』同年十一月一日朝刊によれば「授爵調査終了／原・犬養両氏も」の見出しで、

来たるべき御大典を機とし、国家に功労ありたる各階級の人々に対し、授爵・授勲・叙任等の恩命ある事は既報の如くにして、洩れ承る処によれば御発表に相成るべきは大嘗祭終了の上、即ち本月十六日なりとの事にて、内閣に於けるそれぞれの調査も昨今大体に於いて結了し、目下は宮内省との間に折衝中の由なるが、その陞爵・授爵の主なる人々は大隈伯の侯爵、武《たけ》富《とみ》・尾崎・一木《いちき》・高田・加藤・河野《こうの》・箕浦各大臣の男爵は疑うべからざる処にして、更に有力なる筋よりの噂によれば、立憲政治創設に功労ありたる廉を以て、政友会総裁原敬氏、国民党総務犬養毅氏の二政治家、学者として功労ありたる故を以て山川東大総長、穂積博士の二学者、財界に功労ありたる故を以て大倉喜八郎、安田善次郎、益田孝《たかし》の三実業家、また特に男爵を授けらるべしとの事なり。尚、世間にては村田保《たもつ》翁が授爵の運動をなしつつあるが如く伝うるも今回は授爵の事なく、多分特に位を進めらるる事となるべしと云う。

と報じ、学者からは山川と穂積の名が挙げられている。『授爵録』（大正四年）によると、高田文相からの要請を受け、同年十一月二日付で大隈首相より宮内大臣波多野敬直《よしなお》宛で山川と穂積陳重両名の授爵について正式に申牒。

従三位勲二等理学博士山川健次郎並びに正三位勲一等法学博士穂積陳重は何れも多年教育学術に尽瘁し、功績顕著なる者に付特に授爵の栄典を与えられ候様御詮議相成りたし。

として、穂積と併せて詮議を希望している。山川については、「東京帝国大学総長貴族院議員理学博士山川健次郎事績」という功績書を添付。

山川健次郎は明治九年一月東京帝国大学の前身たる東京開成学校の教職に就き、爾《じ》後明治三十四年六月東京帝国大学総長就任に至るまで二十五年余の長きに亘り邦人最初の物理学教授として育英に従事し、その成績顕著にして本邦現時の物理学者は多くは氏の門下より輩出せるものなり。また明治の初期に於いて諸般の施設その緒に就くに際会し、本邦標準時の採用、度量衡制度の制定、電力及び光力本位の調査等学術的施設の凡班に渉り、或いは調査委員として、或いは発議者として貢献せるところ少なからず。明治二十六年より同三十四年に至る間に於いては教授たるの傍ら理科大学長を兼ね、理科大学全体の為に尽くせる功績もまた少なからず。然れども氏の功績中最も顕著なるは帝国大学総長としての功績にして、我が国現在の四個の帝国大学中に三個の総長として尽くせる功績は実に偉大なりと謂うべし。九州帝国大学の為にはその創立に際して総長となり、九州の状況に順応し、時勢の進運を先覚せるの施設を経営して、以て同帝国大学をして尤も喜ぶべき特色を具備するの基礎を確定せるが如き、また京都帝国大学の為には東京帝国大学総長の劇務あるの傍らその総長を兼任し、難局に処して拮据《きっきょ》勉励し、遂に克《よ》く同大学の教職員が心を一にして育英・研究に従事し、専心同帝国大学の発展向上を計りつつあるの順境を生じたるが如き、また東京帝国大学の為には明治三十四年より同三十八年に至るまで、及び大正二年より現今に至るの間その総長となり、この間幾多の難局に遭遇せるも処理その宜しきを得、始終同帝国大学の進歩発達に貢献せるが如き、その功績実に偉大なり。その他氏が或いは多年教員検

定委員会会長として、或いは高等教育会議副議長として、或いは教科用図書調査委員会委員同第一部長として、或いは最近教育調査会議員として、明治・大正年間に於ける凡般教育上の施設に直接間接に関係して寄与せるの功績少なからず。また安川敬一郎氏の出資に係わる私立明治専門学校の創立計画の衝に当たり、模範的私立高等工業学校を創設せるが如きその功績また大なり。

として、同人が九州・京都・東京の三帝国大学総長を歴任した功績や、安川敬一郎が明治四十二年(一九〇九)に開設した明治専門学校についてはその創立計画にも携わり、私学教育にも尽力した点を述べている。『東京日日新聞』同年十二月一日朝刊によれば「授爵愈々《いよいよ》本日／午前九時親授の儀」の見出しで、

天皇陛下には昨三十日を以て皇霊殿神殿御親謁の儀を御滞りなく終わらせられ、これにて大礼御儀の全部を御完了あらせられたるを以て、愈今一日午前九時に於いて爵記親授式を行わせられ、次いで宮内省宗秩寮《そうちつりょう》より人名を発表すと。右に付同時刻礼服着用宮中御召を受けしは左記の外数名なり。

として、横田国臣・片山東熊《とうくま》・馬場三郎・平山成信《しげのぶ》・田中芳男・三井高保《たかやす》・大倉喜八郎・森村市左衛門と山川・穂積の計十名の氏名を列挙して掲載しているが、片山・馬場・平山は誤報であったか、それとも直前になって選に洩れたかは不明であるが、この三名を除いた七名と報じられなかった大森鐘一《しょういち》と古河《ふるかわ》虎之助を加えた計九名が十二月一日付で男爵を授けられている。

典拠　『授爵録』大正四年、『読売新聞』大正四年十一月一日朝刊、『東京日日新聞』大正四年十二月一日朝刊

→山川浩

山川　浩　やまかわ・ひろし

一八四五―九八

退役陸軍少将・貴族院勅選議員

①明治三十一年一月二十五日（許可）

旧会津藩出身の陸軍軍人・政治家・教育家。同藩家老山川重固の子で、前掲山川健次郎《けんじろう》の兄。明治六年(一八七三)に陸軍省に出仕後、翌年四月に陸軍中佐に任官。十年の西南戦争にも従軍し、以後名古屋鎮台参謀長、陸軍省総務局制規課長などを歴任し、十九年十二月に少将に進級。二十一年十二月二十五日に予備役編入。この間、東京高等師範学校長などもつとめた。二十三年九月より死去するまで貴族院勅選議員。『授爵録』(明治三十一年)所収の三十一年一月二十五日付の宮内省当局側立案書類によれば、

戊辰の秋、王師《おうし》一下して会津降伏するや封内の士民王政に服せず、兇徒各地に嘯《しょう》集《しゅう》し暴威を逞《たくまし》うす。この時に当たり同人一藩の重望を負い、その難衝に当たり人心を鎮撫し、皇室慈仁のある所を説き、遂に王政維新の鴻業に向かいて一の障害を与えざるに至りしは寔《まこと》に同人が功労と謂うべし。然るに目下病に罹り、大患に陥り候趣、この際前掲の功労を録せられ、特に華族に列し男爵を授けらるべき乎、高裁を仰ぐ。

とみえ、会津藩降伏後、同藩の難局にあたりよくこれをまとめた点が大功と認められ、請願の趣は即日裁可され、二十六日付で男爵が授けられている。二月四日死去。

典拠　『授爵録』明治三十一年

→山川健次郎

山口正定　やまぐち・まささだ

一八四三―一九〇二

宮内省主殿頭兼主猟局長、後備役海軍大佐

①明治二十九年五月（許可）

旧水戸藩士出身の宮内官。幕末・維新期には国事に奔走し、明治二年(一八六九)七月水戸藩権大参事となり、四年七月の廃藩置県後は茨城県権参事。翌年八月宮内省に出仕して侍従に任ぜられ、十年八月三等侍補、十一年七月には海軍中佐兼侍従長となった。十七年三月改めて侍従となり、以後宮内書記官などを経

て二十一年四月主猟局長官、二十二年七月官制改革で主猟局長兼主殿頭。三十三年二月宮中顧問官を兼任した。また、この間十九年七月には海軍大佐となり、二十一年十二月予備役、三十一年九月後備役に編入された。『授爵録』(明治二十九年)によれば、立案日の欄は空白であるが、芳川顕正《あきまさ》ほか二十八名の文武官への授爵詮議が爵位局でされており、山口の名も挙げられる。

　右は夙《つと》に勤王の志を抱き、皇室式微、幕府専横の日に当たり、或いは大和・但馬の義挙に与し、或いは幽囚投獄、辛苦備《つぶさ》に嘗《な》め維新回天の大業を賛助し、または多年朝に在りて顕要の職を奉じ、または貴衆両院に入りて国家の大計を議する等孰《いず》れも勲功顕著の者に付、特旨を以て華族に列し栄爵を授けられ然るべき乎。左にその爵を擬し裁を仰ぐ。

とし、二十九名中芳川のみ子爵授与とし、山口を含めた他の二十八名は男爵が相当としている。同文書には同人への授爵を求める他薦書類や功績調書は綴られていないが、二十九名中、伊丹重賢《しげかた》・山田信道・船越衛《まもる》・三宮義胤《さんのみやよしたね》・中島信行の五名については維新前の勤王事歴調書類が、また九鬼隆一《りゅういち》についても同年二月二十五日付で榎本武揚が授爵を推薦する書状が添付されていることから、同人を含めた他の二十三名分も他薦などがあった蓋然性が高いと思われる。山口の功績は認められ、二十九年五月二十三日付で裁可を得、翌月五日付で男爵を授けられる。

【典拠】『授爵録』明治二十九年

山口尚芳　やまぐち・＊ますか

一八三九―九四

貴族院勅選議員

①明治二十二年七月二日（不許可）

　元老院議官

②明治二十三年三月二十一日（不許可）

　元老院議官・高等法院陪席裁判官

③明治二十六年九月三十日（不許可）

④明治二十七年二月十一日（不許可）

⑤明治二十七年五月十六日（不許可）

　貴族院勅選議員

旧肥前国佐賀藩士出身の官僚・政治家。幕末・維新期には国事に奔走し、その後新政府に出仕して大阪府判事試補、徴士《ちょうし》・越後府判事、外国官・会計官各判事、大蔵・民部各大丞《たいじょう》・外務少輔などを歴任。岩倉遣欧使節団では特命全権副使をつとめた。その後は元老院議官や会計検査院長・参事院議官となり、明治二十三年(一八九〇)九月より貴族院勅選議員に就任。『尾崎三良《さぶろう》日記』二十二年七月二日条によれば

　条《じょう》公を訪《と》う。在朝有功の士を華族に列するの談あり。その人名は子爵、河野《こうの》敏鎌《とがま》、西郷菊之助、男、井田譲《ゆずる》、山口尚芳、伊丹重賢《しげかた》、花房義質《よしもと》、石田英吉《えいきち》、辻維岳《いがく》の八人。右の外八人の候補者あり。楠本、藤村、山田信道、桂太郎、岩村高俊、北垣、三宮《さんのみや》、舟(船)越等なり。依て云う、楠本は第一着に属すべきものなりと。その余は意見なし。

山口尚芳

とあり、尾崎が三条実美を訪問し、勲功により華族に列すべき人名を挙げて推挙しており、そのなかに山口の名がみえるも結局授爵に至らず。また『山田伯爵家文書』所収の二十三年三月二十一日付「山田顕義《あきよし》秘啓」によれば、「授爵は陛下の大恩にして、国家の大典、万民の標準なり。真に陛下の親裁に出づるものにして、臣僚の容喙すべきものにあらず。然れどもその自歴を調査し、その理由を明晰にし、聖慮を翼賛するは臣下の務にして、謹慎鄭重を尽くさざるべからず。今鄙見《ひけん》を陳じ、閣下の参考に供す」として宮内大臣土方久元宛で授爵の標目として、(一)維新前後功労あり勅任

官たる者および勅任官たりし者、(二)維新後功労あり勅任官たる者および勅任官たりし者、(三)維新前後功労ある者、(四)維新後功労ある者、(五)父の勲功による者、(六)神官および僧侶の世襲名家たる者、(七)琉球尚家の一門、の計七項目を挙げ、山口は第二項に次ぐ者としてその名を挙げるも、この際山田が列挙した人名中、授爵したのは第一項に該当した辻維岳一人であった。ついで『読売新聞』二十六年九月三十日朝刊には「授爵の噂」の見出しで、山口と津田出《いずる》・津田真道《まみち》・楠本正隆・細川潤次郎・伊丹重賢・神田《かんだ》孝平《たかひら》・福原実《みのる》・野村素《もと》介《すけ》・三浦安《やすし》・平岡通義・安藤則命《のりなが》は新たに授爵されるであろうと報じるもこの際も授爵されず。同様に同紙二十七年二月十一日朝刊にも「授爵及陞爵に関する風説」の見出しで、「尚下級の爵を授くべしとの節もあれど、かくの如くなりては、楠本正隆氏、山口尚芳氏等前元老院議官の連中にも授爵すべき人沢山あるにより多分見合わせとなるべしといふものあり」とみえ、この時機にも授爵の風説が報じられている。さらに『伊藤博文関係文書』所収の二十七年五月十六日付「土方久元書翰」によれば、大病中の山口に対して土方が授爵を斡旋。明治四年の欧米各国使節随行の功労、外務少輔・元老院議官在職中の功労を挙げるも、翌日付書翰では「同人迄に及び候時は比類の人頗る多く余程考え物に付」ともあり、結局危篤に際しての授爵も却下。土方発同年六月十一日付書翰でも、

山口尚芳叙爵の義は行われず候に付、別紙叙勲の義は賞勲局《しょうくんきょく》へも打ち合わせ相済み居り候事に付、何卒速やかにお運び下されたく更に申し上げ候。内実は昨日死去致し候趣に御座候。

と記され、十日に死去した山口に対し、授爵の代わりに叙勲の配慮がされ、勲一等瑞宝章が贈られている。

典拠　『尾崎三良日記』明治二十二年七月二日条、「山田顕義秘啓」(『山田伯爵家文書』四)、『読売新聞』明治二十六年九月三十日朝刊・二十七年二月十一日朝刊、「土方久元書翰」(『伊藤博文関係文書』六)

→山口某

山口素臣　やまぐち・もとおみ

一八四六―一九〇四

陸軍大将・軍事参議官

①明治三十七年八月四日　(許可)

長州藩士出身の陸軍軍人。奇兵隊を経て、維新後は陸軍軍人となり、西南戦争・日清戦争に従軍。日清戦争の軍功で明治二十八年(一八九五)八月二十日付で授男爵。二十九年十月には陸軍中将に昇進。『山県有朋関係文書』所収の三十七年八月四日付「田中光顕《みつあき》書翰」によれば、

山口男爵陞爵の事、今朝桂首相より承り候に付、直ちに上奏、唯今裁可を得候間、これより代人を呼び出し候筈に申し仕り候。金円下賜の事も首相より承り申し候。これは取調中にこれあり、なるだけ尽力の心得罷りあり候。

とみえ、山口危篤に際して内閣総理大臣の桂太郎より直ちに子への陞爵を上奏して裁可を得ていることが明らかである。「田中光顕関係文書」所収の同月五日付「山県有朋書翰」にも

さて、先日来不治の患者と決し候山口大将、この程の病勢は甚だ手重き情態に傾き候由。就いては陸相及び首相等より昇爵の事御談合致したる事と存じ候。右に付、彼の功績に対せられ爵と共に金員下賜相願いたき事情は家計上随分困難の趣に付、何とか考慮を煩わしたし。

とみえ、陞爵は桂および陸軍大臣寺内正毅の判断であったようである。『授爵録』(明治三十四～三十八年)所収の同年八月五日付立案の宮内省当局側審査書類によれば、

右明治三年以来身を軍籍に委ね、明治十年の役及び二十七八年戦役に際し殊勲ありしは現に男爵を授けられたるに於いて明らかなり。その後三十三年清国事変に際しては第五師団長として独立事に従い、列国環視の中に於いて能《よ》く列国との協同作戦を遂行し、常に我が軍隊の声価をして列国軍の間に高からしめたり。爾後一

年有余北京に駐箚《ちゆうさつ》したる後帰朝せり。その当時已《すで》に陞爵の御詮議に付せらるべきものなるも、荏苒《じんぜん》今日に至れり。然るに今や病に罹り危篤の趣に付、この際旧勲を録せられ特に子爵に陞せられ然るべし。

とし、本来はすでに陞爵の詮議に与るべき身でありながら今日に至ったとみえる。審査の結果、同月八月五日付で子爵に陞爵し、山口は七日に死去。

典拠 「田中光顕書翰」（『山県有朋関係文書』二）、「山県有朋書翰」（法政大学所蔵「田中光顕関係文書」、『法政大学文学部紀要』六三）、『授爵録』（明治三十四～三十八年）

山口　某　＊やまぐち

生没年不詳

山口尚芳遺族

①大正四年十月十五日（不許可）

「土肥実臣他授爵請願書」中に土肥実臣（故人。元《もと》元老院議官）の遺族への授爵願が収録。内閣総理大臣大隈重信より大正四年（一九一五）十月十五日付で宮内大臣波多野敬直《よしなお》宛で「左記の者はその功績顕著には候へども、授爵をもって賞するは如何かと存じ候。然るべく御詮議相成りたし」として提出。土肥実臣（の遺族）以下十一名を列挙し、そのなかに山口の名も挙げられている。山口尚芳の遺族については、

右は明治元年外国事務局御用掛仰せ付けられるより、大蔵大丞《たいじよう》・外務少輔・議官・会計検査院長・元老院議官等の諸官に歴任し、その国家に叙せし功績顕著なるに依り授爵せられたしと云うに在り。

と記される。遺族は尚芳の嗣子俊太郎《しゆんたろう》を指すか。俊太郎は文久三年（一八六三）八月生。東京帝国大学工科大学卒業後、アメリカへ留学。帰朝後は鉄道作業局に入り、その後三井物産会社に転じるも大正十二年十月死去。結局遺族への授爵も不許可に終わる。

典拠 「土肥実臣他授爵請願書」（宮内庁宮内公文書館所蔵）

→山口尚芳

山崎治正　やまざき・はるまさ

一八二一―七六

旧交代寄合

①慶応四年閏四月十四日（許可）

山口家は旧幕時代には交代寄合《こうたいよりあい》表御礼衆の格式を与えられた旗本で、旧禄五千石を知行。幕末・維新期の当主は治正《はるまさ》。同家の諸侯昇格運動については千田稔の著書に詳述されているが、「山崎治敏家記」によれば、治正の名代として子の山崎寿丸（のちの治祇）が請願。

主税助領分の義は先祖虎之助治頼《はるより》讃州丸亀の城主領五万石領地罷り在り候処、幼年にて死去仕り候に付、領地召し上げられ、同人叔父勘解由《かげゆ》へ名跡相続。万治年間備中成羽《なりわ》古城地高五千石賜い、それ以来欠所荒地等人力を尽くし高七千石余り打ち開き、表高都合一万二千石余の物成に御座候。然るに表高五千石の勤仕罷り在り候ては全く内高余力に仕り候道理と心底恐れ入り存じ奉り候に付、追って高直りの義申し立つべき心得に罷り在り候処、今般御一新仰せ出され候折柄に付、別段新開高領都合一万二千石余に仰せ付けられ、有高下させられ相応の御用向も仰せ蒙り奉り、勤王実効仕りたき志願に御座候間、懇願奉りたく候。この段御宗家の御由緒を以てその御筋へ宜しく御執り成し御沙汰の程願い奉り候。甚だ自由がましく恐れ入り候えども、右志願の趣速やかに御聴許を蒙り候様呉々も宜しく御執り成し願い上げ奉り候。以上。

として、表高五千石に新田高七千石を加え一万二千石としての高直しを求めている。またこれに続いて、慶応四年（一八六八）閏四月十四日付で仁和寺坊官《ぼうかん》の芝築地治部卿《しばつじじぶきよう》が、

宇多源氏の輩に於いては、総《すべ》て往古より当御所に於いて深き御由緒これある義に御座候。然る処、山崎主税助名代同姓寿丸より別紙書付写の通り高直りの義相願たき旨、右御由緒を以て当宮より御執奏御取り持ちの義申し出で候に付、篤《とく》と御尋ねに相成り候処、別紙書付写の通り相

違もこれ無き趣に相聞き候間、何卒主税助名代寿丸願の通り御沙汰に相成り候様願い思召候。この段宜しく御沙汰頼み入らせられ候。以上。

として宇多天皇と深い由緒のある宇多源氏の家系である山崎家に対し、請願どおり高直しを認めて欲しい旨を弁事宛で願い出ている。この仁和寺宮嘉彰《よしあきら》親王（のちの小松宮彰仁《こまつのみやあきひと》親王）よりの口添えもあり、同年五月十五日付で一万二千七百四十六余と認められ諸侯への昇格が正式に認められる。明治二年（一八六九）一月には嫡子治祇に家督を譲り、治祇は同年六月には華族となり、十七年の華族令公布に際しては七月八日付で男爵を授与される。

典拠　「山崎治敏家記」（東京大学史料編纂所蔵）、「山崎主税助以下六名ヲ藩屏ニ列ス」（『太政類典』）、千田稔『維新政権の秩禄処分—天皇制と廃藩置県—』

山下嘉藤次　やました・*かとうじ

生没年不詳

楠木正成末裔

①明治三十二年九月十七日（不許可）

岡山県勝北《しょうぼく》郡在住で楠木正成末裔を称する。族籍や経歴は不明。『東京朝日新聞』明治三十二年（一八九九）九月十七日朝刊によれば「楠公の末裔」の見出しで、

美作国勝北郡古々野山下嘉藤次、その家に伝わる系図及び位牌に依りて祖先の楠正成なるを知り、尚河内観音寺の記録を調査し、村長の証明を取り、宮内省に授爵を出願す。

と同人の授爵請願について報じている。楠木正成に縁のある大阪の観音寺の記録も調査したうえで宮内省に出願したとみえるが、宮内庁書陵部宮内公文書館所蔵の『授爵録』などには該当資料は確認できず、願書などは返却されたものと考えられ、結局同家の授爵は行われずに終わる。

典拠　『東京朝日新聞』明治三十二年九月十七日朝刊

山下源太郎　やました・げんたろう

一八六三—一九三一

海軍大将、連合艦隊司令長官・海軍軍令部長

①昭和三年九月十五日（許可）

②昭和三年十月十日（許可）

後備役海軍大将

旧出羽国米沢藩士出身の海軍軍人。主に軍令畑を歩み、明治四十一年（一九〇八）八月少将、大正元年（一九一二）十二月中将、七年七月に大将に進級した。『授爵陞爵申牒書類』によれば、昭和三年（一九二八）十月十日付で、当時正二位・勲一等旭日桐花《とうか》大綬章・功三級であった山下を海軍大臣岡田啓介より内閣総理大臣田中義一宛で授爵を内申。在官四十四年九ヵ月十五日（内、親補職在職二年十ヵ月二十三日）、大将任官以後十年二十九日の経歴を挙げ、九月十五日付の岡田海相の「内申書」には、

右者、海軍出身以来実に四十四年、その間海軍軍令部参謀、磐手艦長、第一艦隊参謀長、佐世保鎮守府参謀長、海軍兵学校長、海軍軍令部次長、佐世保鎮守府司令長官、連合艦隊司令長官、海軍軍令部長等の諸要職に歴任し、終始一貫克《よ》くその任を尽くし成績頗る顕著なり。殊に三十三年清国事変の際は海軍陸戦隊総指揮官として偉功を奏し、次いで日露の戦には大本営幕僚として作戦の按画枢機に参与し大捷《たいしょう》に資したる処甚大なり。世界大戦中はその頭初海軍軍令部次長として作戦機務の衝に当たり、次いで佐世保鎮守府司令長官としては海上作戦の実施を容易ならしめ、連合艦隊司令長官としては

山下源太郎

克く国防の大任を尽くし、特に海軍軍令部長の重職に在りては帷幄《いあく》の機務に服すること実に四年有半、その間世界大戦の後を承けて内外極めて多事、久しく勅を奉じて露領鎮戍《ちんじゅ》部隊の策動に参画し、大正十一年秋西比利亜《シベリア》派遣軍撤退の去措に善処し、就中帝国国防方針の策定に関しては時の参謀総長子爵上原勇作と協力して幾多の困難を排除し、遂に克く国防用兵の準規を確立せり。また華府《ワシントン》会議に際しては部内の首脳として閫外《こんがい》の全権と相呼応し常に画策、その宜しきを得、殊に同会議の焦点たりし海軍比率問題の交渉に際しこれが対策を講ずるに於いて同官は専らその衝に当たり日夜砕礪《さいれい》、その施措宜しきに適い、以て克く帝国の国防上瑕瑾《かきん》なからしめたる功績洵《まこと》に卓抜なるものあり。加うるに人格崇高、徳望一世に高く、常に部内の師表として仰がれ部内一般に及ぼせる精神的感化実に偉大にして、その功績寔《まこと》に超群卓抜の者にこれあり候に付いては、御大礼の機会に於いて特に授爵せらるる様御詮議相成りたし。

とその功績を述べて稟請。その申請が功を奏したことはその後『読売新聞』同年十月十日朝刊でも早くから報じられ、「授爵の栄は七名に／殆ど内定した顔ぶれ／陸海軍から各一名／学者から一名／実業家から四名奏請」の見出しで内定者を掲載し、その内海軍からは山下が内定したと記している。正式な授爵一ヵ月前でありながら紙上で報じられているが、こののち同年十一月十日付で正式に男爵が授けられる。

典拠　『授爵陞爵申牒書類』、『読売新聞』昭和三年十月十日朝刊

山階宮菊麿王　やましなのみや・きくまろおう

一八七三―一九〇八

山階宮晃親王第一子

①明治二十一年五月二十四日（不許可）

山階宮晃《あきら》親王の第一王子で、明治七年（一九七四）に梨本宮守脩《なしもとのみやもりおさ》親王の養子となり、親王没後は同宮を継承するも、十八年に山階宮に復帰。菊麿王の臣籍降下、列華族・授爵の案については、『伊藤博文関係文書』所収の二十一年五月二十四日付「田中光顕《みつあき》書翰」にみえ、

秘啓、崇光《すこう》帝以来実系略一帖内覧に呈し候。右にて伏見宮一派の疎遠御明察これありたく候。況んやその支系たる山階・久《く》邇《に》両宮に於いてをや。なるべくは典範中に賜姓・列臣籍の事極簡短にてもお加え如何。

新入四十八条

（賜姓臣籍に列し）または事故に依り皇族を除き、若しくは皇位継承権の得失変換に関する事件あるときは、皇族　会議及び枢密院に諮詢したる後、これを勅裁す。

右、朱を加うる位の事にても宜しき乎。それも行われず候えばやむを得ず左に一苦策を呈す。

二代皇族の達しありと雖も、典範発表前特旨を以て山階菊麿王・久邇邦彦《くにひこ》王・梨本守正《もりまさ》王の三人へ賜姓・授爵・列臣籍の事を命ず。久邇宮この他男子四人、女子数人あれども、これは邦彦・守正両王の兄弟ゆえ適宜配当入籍すれば可なり。

右は甚だ老婆心に候えども、密啓《みつけい》に及び候。勿論小生に於いて何れに相成り候共、毫も得失これなく、ひたすら帝室将来を考え苦慮する事。但し論事も際限あり候故、謹みて言文をここに止め、この上は枢密院公共の議にあり。拙生固《もと》より関せず、また無責任也。笑察を乞う。

とし、「この書御覧後、入火を乞う」と書面末尾で記しているようにきわめて内密の進言であったことが窺われる。田中は前月まで第一次伊藤博文内閣で内閣書記官長をつとめており、皇室典範の発表前に皇族の臣籍降下に関する条文を加筆すべきとの意見を述べ、特に山階宮菊麿王・久邇宮邦彦王・梨本宮守正王の三皇族は皇室典範の発表前に臣籍降下させ、華族編籍・授爵を考えるべきであると伊藤に具

申している。結局、二十二年二月に制定された皇室典範中には皇族の臣籍降下についての条文は盛り込まれず、三皇族の臣籍降下も実際には行われなかった。また、田中案は四十年二月の皇室典範増補で加筆されることとなる。

典拠「田中光顕書翰」(『伊藤博文関係文書』六)

→久邇宮邦彦王・梨本宮守正王

山田信道　やまだ・のぶみち

一八三三―一九〇〇

農商務大臣

①明治二十二年七月二日（不許可）

②明治二十三年三月二十一日（不許可）

福島県知事

③明治二十九年五月（許可）

京都府知事

旧肥後国熊本藩士出身の官僚・政治家。幕末・維新時には国事に奔走し、維新後は弾正台《だんじょうだい》に奉職し、以後江刺《えさし》県権知事、島根・福島各県令《けんれい》を経て、明治十九年(一八八六)七月の地方官官制公布により福島県知事として引き続き在職。そののち、大阪・京都各府知事を歴任し、三十年十一月には第二次松方正義内閣で農商務大臣に就任。さらに三十一年からは会計検査院長もつとめた。授爵については、『尾崎三《さぶ》良《ろう》日記』二十二年七月二日条にみえ、同日三条を訪問した尾崎が「在朝有功の士」への授爵に関する相談を行なっており、その人名中に男爵に叙すべき者として山田の名前もみられる。この尾崎案が実際宮中筋に伝えられ、審査されたかどうかは不明であるが、この時は不首尾に終わる。ついで『山田伯爵家文書』所収の二十三年三月二十一日付「山田顕義《あきよし》秘啓」によれば、授爵すべき候補者として宮内大臣土方久元に宛て、授爵の標目として、(一)維新前後功労あり勅任官たる者および勅任官たりし者、(二)維新後功労あり勅任官たる者および勅任官たりし者、(三)維新前後功労ある者、(四)維新後功労ある者、(五)父の勲功による者、(六)神官および僧侶の世襲名家たる者、(七)琉球尚家の一門、の計七項目を挙げ、山田信途も第一項に適当の者としてその名が挙げられるも、この際山田顕義が列挙した人名中、授爵したのは第一項に該当した辻維岳《いがく》一人であり、この時も不許可となる。その後、『授爵録』(明治二十九年)によれば、立案日の欄は空白であるが、芳川顕正《あきまさ》ほか二十八名の文武官への授爵詮議が爵位局でされており、山田の名も挙げられる。

　右は夙《つと》に勤王の志を抱き、皇室式微、幕府専横の日に当たり、或いは大和・但馬の義挙に与し、或いは幽囚投獄、辛苦備《つぶさ》に嘗《な》め維新回天の大業を賛助し、または多年朝に在りて顕要の職を奉じ、または貴衆両院に入りて国家の大計を議する等孰《いず》れも勲功顕著の者に付、特旨を以て華族に列し栄爵を授けられ然るべき乎。左にその爵を擬し裁を仰ぐ。

とし、二十九名中芳川のみ子爵授与とし、山田を含めた他の二十八名は男爵が相当としている。同文書には同人への授爵を求める他薦書類は綴られていないが、二十九名中、山田については「信道維新前王事ニ勤労セル事実ノ要綱」が添付されており、また、伊丹重賢《しげかた》・船越衛《まもる》・三宮義胤《さんのみやよしたね》・中島信行の四名についても維新前後の勤王事歴調書類が、九鬼隆一《りゅういち》についても同年二月二十五日付で榎本武揚が授爵を推薦する書状が添付されていることから、山田を推す他薦などの動きがあった蓋然性が高いと思われる。同人の功績は認められ、二十九年五月二十三日付で裁可を得、翌月五日付で男爵を授けられる。

典拠『尾崎三良日記』明治二十二年七月二日条、「山田顕義秘啓」(『山田伯爵家文書』四)、『授爵録』明治二十九年

山田盛実　やまだ・*もりざね

一八四〇―?

旧長門国住吉神社大宮司

①明治十三年四月十二日（不許可）

②明治二十二年八月二十日（不許可）

③明治二十二年十月十五日（不許可）

④明治二十三年四月九日（不許可）

⑤明治二十三年六月二十五日（不許可）

山田家は旧長門国住吉神社大宮司を世襲する社家で、盛実は安政五年（一八五八）八月に家督を相続し、文久三年（一八六三）七月に従五位下・摂津守に叙任するが、明治四年（一八七一）の社家の世襲・位階廃止により失位。同家の華族編入願については浅見雅男の著書にもみえる。『公文録』所収「山口県士族山田盛実華族ニ編列ヲ請フ件」によれば、明治十三年四月十二日付で華族編列の願書を山田家付属旧神官総代の安田蔵一・和田泰清・佐伯勝熙、山田家一族総代の吉見小源太・中村珍政・山田往弥の計六名の連署で山口県令関口隆吉《たかよし》代理の同県少書記官進十六宛で提出。

長門国一宮住吉荒魂本宮旧大宮司山田家の義は御一新の際旧豊浦藩より御届相成り候通り穴門《あなと》直の祖践立（国造速都《はやつ》鳥尊《とりのみこと》の後）の裔にして、即ち日本書紀仲哀紀に穴門直祖践立所献の水田、名大田云々。又神功記に穴門直祖践立津守速祖田裳宿禰啓皇后に曰く神欲これに居るの地必宜定め奉り、則ち以て践立荒魂の主を祭らせ、仍て祠を立て穴門に於いて山田村云々と相見え候。践立より当戸主盛実迄六十二代家系連綿として先般御一新神宮の世襲を解し、改補新任仰せ出され候迄始祖践立の蹟を継ぎ、本官（宮）大宮司奉職仰せ付けられ来たり候処、明治四年辛未六月十七日更に士族に編入の儀御沙汰相成り候。然る処、前顕正史に相見え候通り、当国の直即国政を司るの職にして、神功皇后の勅を奉じ神主と為り、世々六十余代の久しきその職を受け継ぎ来たり候。就中時勢の変遷に従い武家擅横の世となり、或いは彼に脅請せられ、或いはここに敵視せられ国歩の難（艱）難に依りやや降りては国主の権を褫かれ独り神事のみを職とし、武家に領地を増減せらるるの姿となり、終《つい》に近世に至り去る辛未七月旧豊浦藩より御届け相成り候通り僅々少禄の今日に立ち至り申し候。前条縷述《るじゅつ》仕り候通り、格別の門閥家にして一般士族の列に加わり居り候ては各国大宮司家の内間々華族に列せられ候比例に準考仕り候ても甚だ遺憾に存じ奉り候。且つまた古代より粗肩を比べ職を共にし居り候摂州住吉神社旧大宮司津守《つもり》家は華族に列せられ候由、定めて深き御旨趣のこれあるべき義には候えども、正史に照らし津守家同《どう》様《よう》華族に仰せ付けらるべき義かと愚考仕り候。方今御政勢御多端の際甚だ恐れ多く存じ奉り候えども、往古よりの由緒篤《とく》と御詮議相成り、更に華族に列せられ候はば上は神明に対し奉り、下は祖先に対し孝敬の道相立ち候様愚考仕り候間、万一も願意貫徹致し御採用相成り候はば独り盛実の幸栄のみならず、旧配下及び一族の者共一同雀躍の至りに存じ奉り候。何卒宜しく様仰せ立てられ下さるべく、この段越俎の罪を省みず敢えて願い上げ奉り候也。

として旧長門国一宮たる住吉神社や、六十余代に及ぶ自家の由緒を披瀝し、また同じく摂津国住吉神社の津守家がすでに華族に編列されていることも先例として挙げ、速都鳥命を始祖とする「長門国住吉荒魂本宮旧大宮司山田家系図写」や古文書写を添付して願い出ている。これに対して太政官では十四年十一月二十四日付で同件を回議に供し、同第二局では

別紙内務省伺山口県士族山田盛実華族編入の儀審案候処、曩《さき》に神宮旧神官荒木田《あらきだ》・度会《わたらい》両家を始め鹿島神宮大宮司鹿島某等孰《いず》れも系図・由緒を以て右同様の出願せしも、渾《すべ》て採用相成らざる前例もこれあり。且つその由緒に於ける別段優劣これ無き儀に付、伺の趣は左の通り御指令相成り然るべき哉。高裁を仰ぎ候也。

として同年十二月十九日付で御指令案として「伺の趣詮議及び難く候事」とすることを審案している。また、参照としてすでに十年五月十八日付で旧伊勢両宮荒木田・度会両姓の、同年八月三十一日付で鹿島神宮大宮司鹿島則文の華族編入願を却下した例も挙げている。こ

の第二局案どおり、十四年十二月十九日付で山田家の華族編列は却下される。『授爵録』(明治二十三年)によれば、その後も同様の内容で二十二年八月二十日・十月十五日・二十三年四月九日付でもたびたび請願しており、これに対して二十三年六月二十五日付の当局側審査書類によると、「相当の位階を賜り、その最も高きは従四位上に昇りたるものあり。その門閥斯《か》くの如し。蓋し華族たる資格は有するものの如しと家路も、茲《ここ》に上賀茂・下加茂・日吉・松尾・鹿島・香取の旧神官に名族甚だ多きを以て」との理由で却下されるに至っている。

典拠　浅見雅男『華族たちの近代』、「山口県士族山田盛実華族ニ編列ヲ請フ件」(『公文録』)、『授爵録』明治二十三年

山名義済　やまな・よしなり

一八三六―七一

旧交代寄合

①慶応四年四月七日(許可)

山名家は旧幕時代に交代寄合《こうたいよりあい》表御礼衆の格式や屋形号を与えられ、旧禄六千七百石を知行。同家の諸侯への昇格は、千田稔の著書に詳述されているが、「山名義路《よしみち》家記(但馬村岡)」によると、慶応四年(一八六八)四月七日付で山名家家臣の田原伊佐美より、

　今般御一新に付いては山陰道諸藩へ御達事等の儀因雲両候え仰せ付けられ候趣、然る処主水助《もんどのすけ》召に依り上京以来御達事等漏洩仕り候に付、因雲両藩へ懸合《かけあい》に及び候処、万石以下最寄りの小藩より伝達候振合の由、主水助家筋の儀は従前万石以上の所置相成り、布告伝達は勿論非常応援等の儀仙石讃岐守・京極飛騨守同様命ぜられ、先般但馬国生野表守衛も仙石讃岐守同様仰せ付けられ、且つ山陰道鎮撫使御通行の節御賞詞を蒙り奉り、粉骨砕身王事勤労仕るべき赤心に候処、海内御布告の儀異なる等相成り、同国小藩より伝達等受け候次第に至り候ては各藩の検を受け、一藩奮励の気節相撓に堪えず歎慨の至りに存じ奉り候間、何卒仙石讃岐守・京極飛騨守一列雲州家より通達御座候様御達し下されたく、只管《ひたすら》懇願奉り候。

以上。

と同年二月にも出石藩主仙石久利《ひさとし》や豊岡藩主京極高厚《たかあつ》同様、万石以上並の扱いをもって生野警衛を命じられていることも述べたうえで、新政府よりの命も万石以下として最寄りの小藩から伝達されるのでは不本意である旨を弁事役所宛で請願。これに対して弁事《べんじ》役所は同月九日付で、

　追って仰せ出され候品もこれあり候に付、当時万石以下最寄りの藩より相達し候分にて制度相立て候事に付、この段相心得るべく候事。

とで通達している。その後、家系に関しては由緒書なども提出し、さらに同年五月十四日には古田高六千七百石、新田高四千三百石を合わせ一万千石を知行している旨を弁事役所へ提出。同年六月十九日弁事役所より、

　その方領知一万千石これある趣兼ねて取り調べ差し出し候に付、先般有高本領安堵仰せ付けられ候処、従前幕府に於いて外様列にて臣属にこれ無く候に付いてはこれ以後万石以上諸侯列仰せ付けられ候間、藩屏《はんぺい》の任武備充実専ら勤王尽忠を竭くし御奉公致すべきの条御沙汰候事。

として高直しで正式に万石以上に列しており、また旧来旗本とはいえ、外様同様柳間《やなぎのま》詰の交代寄合であったことも考慮され諸侯に列し、二年六月には華族となり、十七年の華族令公布に際しては義済の子義路が七月八日付で男爵を授与されている。

典拠　「山名義路家記(但馬村岡)」(東京大学史料編纂所蔵)、千田稔『維新政権の秩禄処分―天皇制と廃藩置県―』

山野辺義礼　やまのべ・*よしあき

一八五八―?

旧常陸国水戸藩家老

①明治十一・十二年頃(不許可)

②明治十二～十六年頃(不許可)

③明治十五・十六年頃(不許可)

④明治三十三年五月五日（不許可）

山野辺家は旧水戸藩家老で旧禄一万石を知行。先代義芸《よしつね》は従五位下・主水正《もんどのかみ》に叙任されていたが、元治元年（一八六四）十一月に天狗党《てんぐとう》側と見なされて官位を褫奪《ちだつ》され、翌月には家名断絶・永預の処分を受けた。慶応四年（一八六八）一月に赦免され、明治十九年（一八八五）十二月に死去。義礼はその子。山野辺家の格式は『水戸藤田家旧蔵書類』第一巻所収「甲辰目録」弘化元年（一八四四）五月十四日条に「山野辺家は表御家老なれども御付《おつき》類格のゆえ」とみえ、御三家付家老である成瀬《なるせ》・竹腰《たけのこし》（以上尾張藩）、安藤・水野（以上紀州藩）、中山（水戸藩）の五家に準ずる扱いを受けていたと思われる。同家の華族昇格に関し、『爵位発行順序』所収「華族令」案の内規として公侯伯子男の五爵（左に朱書で公伯男の三爵）を設け、世襲・終身の別を付し、その内「世襲男爵を授くべき者」四項目中、第四項目に「旧藩主一門の高一万石以上の者及び高一万石以上の家臣」を挙げている。同案は十一・十二年頃のものと推定されるが、この時点においては旧幕時代に一万石以上を領していた山野辺家は男爵に列すべき家として認知されていたと思われる。同じく前掲『爵位発行順序』所収「授爵規則」によれば「男爵を授くべき者」として、七項目中、第四項目に「旧藩主一門の高一万石以上の者及び高一万石以上の家臣」が挙げられている。前記資料とは異なり、この案は十二年以降十六年頃のものと推測されるが、こちらでも万石以上陪臣として、同家は世襲華族として男爵を授けられるべき家とされていた。また、十五・十六年頃の作成と思われる「三条家文書」所収「旧藩壱万石以上家臣家産・職業・貧富取調書」によれば、旧禄高一万石、所有財産・職業欄はともに「無」とあり、貧富景況欄は「一家維持の方向立たず」と記される。これは、先代義芸が改易処分を受けた余波を蒙ったためと思われる。『授爵録』（明治三十三ノ一年）所収の三十三年五月五日付宮内省当局側審査書類によれば、旧藩主一門および万石以上家老の授爵詮議で浅野哲吉ほか二十五名が挙げられ、同月九日付で全員男爵を授けられているが、「旧藩壱万石以上ノ家調書」が添付され、選に洩れた諸家の所有財産や生計の状況、職業などが記され、山野辺義礼は前掲「旧藩壱万石以上家臣家産・職業・貧富取調書」の記載に同じく所有財産はなく、職業は茨城県の那珂郡菅谷村《なかぐんすがやむら》郵便局手伝で「本人は郵便局より、家族は寄留戸主より幾分の報酬を得て僅かに糊口を為す」という生計状況であったと記しており、華族としての体面を維持するだけの財本を確立できなかった点により授爵されずに終わったものと思われる。

典拠　『爵位発行次第』、「旧藩壱万石以上家臣家産・職業・貧富取調書」（「三条家文書」）、『授爵録』明治三十三ノ一年

→山野辺某

山野辺某　＊やまのべ

生没年不詳

旧常陸国水戸藩家老

①明治三十九年九月十八日（不許可）

山野辺家は旧水戸藩家老の家柄。『東京朝日新聞』明治三十九年（一九〇六）九月十八日朝刊によれば「一万石以上の陪臣」の見出しで、

維新前陪臣にして一万石以上を領したるは各藩を通じて七十家ありしが、爾来《じらい》しばしば華族に列せられ、昨日また新たに八家に対し授爵の御沙汰ありたれば、残るは紀州藩の久野《くの》・水野、水戸藩の山野辺、仙台藩の石川・茂庭《もにわ》、加州藩の津田・本多（一万石）、津藩の藤堂（一万石）の八家のみなりと云う。

と報じられている。この内、津藩一門の藤堂高成《たかしげ》は前日の十七日付で男爵を授与されており、記載は誤りと思われる。山野辺家の当主は三十三年五月の時点では義礼であるが、没年不詳のため、本人かその子か不明。この当時でも同家の華族編列・授爵が話題になっており、また周辺でも請願運動が行われていた可能性もある。

典拠　『東京朝日新聞』明治三十九年九月十八日朝刊

→山野辺義礼

山本五十六　やまもと・いそろく

一八八四—一九四三

海軍大将・連合艦隊司令長官

①昭和十八年五月二十一日（不許可）

旧越後国長岡藩士出身の海軍軍人。旧姓は高野。のち旧藩家老山本家を相続。明治三十七年(一九〇四)に海軍兵学校卒業後、少尉候補生となり、以後累進して昭和四年(一九二九)十一月少将、九年十一月中将と昇進し、十四年八月に連合艦隊司令長官に親補され、翌年十一月に大将に進級した。十八年四月十八日に戦死したが、これによる栄典授与の際、海軍側が授爵を申請したことが阿川弘之の『山本五十六』下巻にみえる。

同じ日、情報局から、山本に、大勲位、功一級、正三位、元帥の称号、国葬を賜うという発表があった。海軍側からの要望には、もう一つ「男爵」がつけ加えてあったが、それは却下されたということである。

山本五十六

典拠資料が不明であり、管見の限り公文書類にはみえないが、山本の戦死公表日と同日付の申請であったとする。授爵以外は勅許され、山本へは元帥の称号と大勲位菊花大綬章・功一級・正三位が追贈されている。

典拠　阿川弘之『山本五十六』下

山本権兵衛　やまもと・ごんべえ

一八五二—一九三三

海軍大将・内閣総理大臣

①明治三十五年二月二十四日（許可）

海軍大将・海軍大臣

旧薩摩藩士出身の海軍軍人・政治家。海軍兵学校の前身海軍兵学寮を卒業後、海軍士官となり、高雄・高千穂の艦長、海軍省大臣官房主事などを経て明治二十八年(一八九五)三月に少将に進級し海軍省軍務局長に就任。三十一年五月中将。十一月には第二次山県有朋内閣で海軍大臣となり、以後第四次伊藤博文内閣・第一次桂太郎内閣でも海相として留任。三十七年六月に大将に進級し、三十九年一月軍事参議官。大正二年(一九一三)二月に内閣総理大臣となるもシーメンス事件などにより翌年四月総辞職となり、五月予備役に編入された。十二年九月に再度首相に返り咲くも、翌年一月虎ノ門事件のため責任を取り総辞職した。『桂太郎関係文書』所収の明治三十五年二月二十四日付「岩倉具定《ともさだ》書翰」によれば山本権兵衛(海軍)・曾禰《そね》荒助《あらすけ》(大蔵)・清浦奎吾(司法)・菊池大麓《だいろく》(文部)・小村寿太郎(外務)と平田東助《とうすけ》(農商務)の計六名の新規授爵と、林董《ただす》の男から子への陞爵について岩倉具定が事前に桂へ伝えており、「右の通りにこれあり候。外に一人昇爵の人これあり候えども、これは御面会の上にこれ無くては申し上げかね候。誓って他言お断り申し上げ候」として、この時点で銓衡・審議が終わっていたことがわかる。これは『授爵録』(明治三十四〜三十八年)でも同様で、同年二月二十四日立案の当局側書類で審議されたことがみえるが、功績調書や自薦・他薦などの願書類は添付されておらず、また前記のように記載した閣僚以外にもう一名陞爵の人物がいるとしながらこれは面会してからでないと岩倉は述べている。この一名は桂本人の子から伯への陞爵であるが、桂自身も知らなかったとすれば、この一連の陞授爵は内閣

山本権兵衛

側の関知しないところで進められた可能性もある。こののち、同月二十七日付で桂内閣の閣僚らの陞授爵は行われ、山本も予定どおり男爵を授与されている。また、その後も山本は日露戦争の功績により四十年九月二十一日付で伯爵に陞叙している。

典拠　「岩倉具定書翰」(『桂太郎関係文書』)、『授爵録』明治三十四〜三十八年

山本達雄　やまもと・たつお

一八五六—一九四七

大蔵・農商務・内務各大臣

①大正八年八月二十九日（不許可）

②大正九年八月十一日（許可）

農商務大臣・貴族院勅選議員

旧豊後国臼杵《うすき》藩士出身の銀行家・政治家。慶応義塾に学び、明治三十年（一八九七）日本銀行理事となり、翌年には同行総裁に就任。三十六年十月に総裁を辞任し、翌月には貴族院勅選議員となる。以後、日本勧業銀行総裁を経て、第二次西園寺公望内閣で大蔵大臣に、第一次山本権兵衛内閣と原敬内閣・高橋是清内閣で農商務大臣を、斎藤実内閣では内務大臣をそれぞれつとめた。山本の授爵動静に関しては大正八年（一九一九）頃からみられるようになり、『東京日日新聞』大正八年八月二十九日朝刊によれば「西園寺侯公爵たらん／御批准後に発表か」の見出しで、

講和大使として七十有余の老軀を提《さ》げて巴里《パリ》に赴き、八ヶ月に亘って大任を果たし、去る二十三日無事帰朝せる西園寺侯が一昨日日光行在所《あんざいしょ》に伺候し、具さに会議の顚末を闕下《けっか》に伏奏したる際、畏くも陛下には侯が今回の労苦を思し召されて優詔を賜りたるは、侯がこの度の使命に対して世上に毀誉さまざまの説あれども、聖上が侯に対する御信任厚き事を証するものと見るべく、内閣に於いてもまた園《えん》侯《こう》の功労表彰につき何等かの奏請するところあるべきはいうまでもなければ、目下正二位大勲位にして若し位階を陞叙するとせば従一位となる訳なれども、従一位の位を有し居るものは現在とては浅野長勲《ながこと》、久我通久《こがみちつね》の両侯爵あるのみにて、山県公、松方侯、大隈侯等の元老も正二位に止まり、且つその筋の方針も今後は生前に従一位を奏請する事を絶対になさざる事に決し居れば、園侯に対してのみ特に従一位を奏請するが如き事はなく、また勲等も侯は出発に際して既に大勲位を授けられ居れば、この上は頸飾《けいしょく》章加授より外には途なく、現内閣としては今度の講和に種々の非難あるにせよこれを以て大成功なりと吹聴し居る位なれば、必ずや園侯に対しては華々しき行賞の奏請をなすべく、恐らく爵位を陞して公爵を授けらるる事となるべく、同時に牧野男を初め講和会議に列せる全権委員や原首相その他の閣僚、外交調査会委員等にも陞爵・授爵の恩命下るべく、而してその時期は勿論不明なるも講和条約に対して御批准あり、平和に関する諸般の事務が一段落つきたる上にてそれぞれ発表さるべしと某宮内高官は語れり。

山本達雄

と第一次世界大戦後のパリ講和条約締結に際して全権委員であった西園寺、牧野伸顕・珍田捨巳《すてみ》・伊集院彦吉・松井慶四郎らに対する論功行賞に加え、外交調査会委員や、当時の内閣総理大臣原敬以下の閣僚へも授爵の恩命が下る可能性について報じている。この際はすぐに審査がされなかったためか、山本も含め年内の陞・授爵は行われていない。『授爵録』（大正八〜十一年）によれば、大正九年八月十一日付で原首相より宮内大臣中村雄次郎《ゆうじろう》宛で「左記正二位大勲位侯爵西園寺公望外十名は対独平

和条約等締結並びに大正三四年戦役に継ぐ戦役に関し、別紙功績書の通り功績顕著なる者に付、各頭書の通り陞爵・授爵の儀詮議相成りたし」として申牒。西園寺公望・牧野伸顕・珍田捨巳・松井慶四郎・伊集院彦吉・内田康哉《やすや》・高橋是清・加藤友三郎・田中義一・幣原喜重郎とともに山本も含まれ、同人の「功績書」には、

右は内閣に列すること三回、大正三四年戦役に継ぐ戦役に丁《あた》りては農商務大臣として産業上の画策その宜しきを得、殊に平和会議の仏国巴里に開かるるや、同会議に対する各種の案件に付、逐次これが調査法定に努力して機宜を愆《あやま》らず遂に克《よ》く対独平和条約等の締結を見るに至れり。その勲功洵《まこと》に顕著なりとす。

と記し、第一次世界大戦に際しての対独戦における産業上の功績、講和条約締結の功績を披瀝。これが認められ、同年九月七日付で男爵が授けられる。

典拠　『東京日日新聞』大正八年八月二十九日朝刊、『授爵録』大正八～十一年

山本芳之　やまもと・よしゆき

一八八九―一九〇九

北白川宮能久親王落胤

①明治三十年五月（許可）

②明治三十年六月二十四日（許可）

北白川宮能久《きたしらかわのみやよしひさ》親王の落胤で、母は同宮旧侍の娘申橋《さるはし》カネ。当初は民間にぁり、士族山本喜勢治の養子として育てられる。華族編列・授爵については、森岡清美や浅見雅男の著書でも説明されてぃる。『授爵録』(明治三十年)によれば、明治三十年(一八九七)五月付で芳之ともう一人の永田正雄《まさお》の両名に対し特別の恩典が与えられるよう、故能久親王妃の富子《とみこ》より宮内大臣土方久元宛で請願。

右両人共故能親王の実子に候処、当時無余の義事情の為隠蔽いたしこれぁり、荏《じん》苒《ぜん》今日に至り候段、何共不都合千万深く恐れ入り奉り候えども、全く故親王の実子に相違これ無き者をその儘にいたし置き候ては猶以て相済まざる次第に御座候間、この際何卒特別御詮議の程懇願奉り候。右御執奏成し下されたく、別紙証明書相添えこの段ご依頼に及び候也。

と記しており。すでに同年一月付で正雄と芳之の出自については、山階宮晃《やましなのみやあきら》・小松宮彰仁《あきひと》・伏見宮貞愛《さだなる》・閑院宮載仁《かんいんのみやことひと》・東伏見宮依仁《よりひと》の五親王と伯爵清棲家教《きよすいえのり》の六名が保証しており、芳之については、

右芳之は北白川宮旧侍女栃木県平民申橋勇七長女申橋カネの所生にして、故能久親王の実子に相違これ無く候。

と認めており、富子妃の請願はこれを受けてのものと思われる。同年二月には芳之・正雄両名の除籍願が東京府知事久我通久《こがみちつね》宛で提出。これにより、久我知事より芳之・正雄両名は北白川宮家務監督高崎正風《まさかぜ》らの証明書により除籍とした旨を同年六月二十四日付で宮相土方宛で提出。宮内省は、

一、故北白川宮殿下の御実子御両名の緒身分に付、関係者連署を以て公然の手続に依り除籍を願い出てその末東京府知事に於いて右願意の如く除籍を聞き届けたる上は御両名はこの日より事実上故殿下の御実子と謂わざるべからず。

一、本年二月二十四日東京府知事に於ぃて除籍願を聞き届けたる時より、以後今日に至るまで御両名は一の御籍を有せられざるものと視做《みな》さざるべからず。

一、御両名の御身分は故殿下の御実子たるに相違なしと雖も、皇室典範に由り皇族に非ざるを以て王と称すべからざるは勿論、未だ上裁を経ざる以上は正式に由りたる故北白川宮殿下の御子とも謂うを得ず。

一、妃殿下の御願書幷《なら》びに御家務監督の副申書に由るに、その意両御実子の御身分御取扱を謂うものにして、即ち御実子たることを御認許遊ばされたしと奏するに在り。

一、右の事実なれば、この上は上意に在る所に由り、先ず願意を聞こし召し届けられ、故宮殿下の御実子たることを御認

許遊ばされたる上、華族に御取立相成る
べき順序かと存ぜられ候。

として、両名は皇室典範により皇族に復し、王号を称することができないため、華族に列すべきであると判断。同日、宮内省爵位局では両名の授爵について審査・立案し、二十五日に裁可を得て、同年七月一日付で芳之は「二荒《ふたら》」、正雄は「上野《うえの》」の苗字を与えられともに伯爵を授与されている。

典拠 『授爵録』明治三十年、森岡清美『華族社会の「家」戦略』、浅見雅男『華族たちの近代』

→永田正雄

山脇宗順　やまわき・＊むねまさ

生没年不詳
楠木正成末裔
①明治二十九年九月六日（不許可）

大阪府平民で円成寺住職。楠木正成の末裔を称する。「請願書(小楠公縁故者)」によれば、明治二十九年(一八九六)九月六日付で「請願書」を宮内大臣土方久元宛で提出。楠木正行《まさつら》異腹の男子である池田教正の末裔を称し詮議に与りたい旨を陳情するも授爵は却下。

典拠 「請願書(小楠公縁故者)」(宮内庁宮内公文書館所蔵)

ゆ

湯浅倉平　ゆあさ・くらへい

一八七四—一九四〇
宮内大臣・内大臣
①昭和十五年十二月（許可）
元内大臣

山口県出身の官僚・政治家。明治三十一年(一八九八)七月に東京帝国大学法科大学を卒業後、内務属に任官。同年十二月文官高等試験に合格。以後、滋賀県などの参事官や警部長を経て、内務事務官・同省参事官・同省地方局長・同省警保局長や、岡山・静岡各県知事、警視総監を歴任し、さらに内務次官・朝鮮総督府政務総監・会計検査院長もつとめた。この間、大正五年(一九一六)十月から昭和四年(一九二九)十一月まで貴族院勅選議員。昭和八年二月より十一年三月まで宮内大臣、その後引き続き十五年六月まで内大臣をつとめた。退官後は前官礼遇。『授爵録』(昭和二～十九年)所収の作成日不詳の「功績書」によれば、

右は明治三十一年以来行政官としてその職を奉ずること通計二十二年余、この間岡山・静岡両県知事、警視総監・内務次官・朝鮮総督府政務総監等を歴任し、また一時貴族院議員に任ぜらる。後、昭和四年十一月会計検査院長に親任せられ、同八年二月宮内大臣に、同十一年三月内大臣に親任せられ、本年六月依願本官を免ぜられ特に前官の礼遇を賜えり。宮内大臣親任以来、側近に奉仕すること満七年余、忠誠以て輔弼の重任に膺《あた》り、内外国事重大の際克《よ》く献替匪躬《ひきゅう》の節を致せり。その勲績蓋《けだ》し大なるものあり。

湯浅倉平

とみえ、即日上奏して裁可を得、同日付で男爵が授けられる。病気危篤に際して急遽授爵が詮議され、功績書が作成されたものと思われる。同人授爵を求める請願書類は綴られてはいないが、おそらく出身の内務省、また宮内省内から詮議を求める動きがあった蓋然性は高いと判断し、本表に掲載する。

典拠 『授爵録』昭和二～十九年

よ

横井時雄　よこい・ときお

一八五七―一九二七

横井平四郎（小楠）長男

①明治十三年六月（不許可）
②明治二十六年七月二十五日（不許可）
③明治二十六年十月二十六日（不許可）
④明治二十七年二月二十日（不許可）
⑤明治二十七年四月五日（不許可）
⑥大正四年十月十五日（不許可）

旧熊本藩士で幕末・維新期に活躍した儒者・政治家でもある横井平四郎の遺児。平四郎は諱を時存、また小楠《しょうなん》の号でも知られ、維新後は新政府の徴士《ちょうし》・参与職となり、従四位下に叙せられるも明治二年（一八六九）一月に暗殺された。時雄の華族編列・授爵については、『横井小楠』（上巻・伝記篇）所収「故参与横井時存履歴之概略」によれば、十三年六月に同郷人である元田永孚《もとだながざね》らによる他薦が行われていることがみえ、

大久保贈右大臣・木戸顧問・広沢参議等歴々特典に預れり。順次必ず将《まさ》に大村兵部大輔・小松清廉《きよかど》等に及ぶことあらんとす。仍《よ》て願わくば右時存一時参与の列に在りて大器を抱えてその用を尽くさず、その非命に死するの惨を憫察せられ、大村列と同じく何分の御沙汰に及ばれんことを。

と述べている。大久保利通遺児利和と木戸孝允遺児正二郎が十一年五月二十三日付で、また広沢真臣遺児金次郎が十二年十二月二十七日付で各々父の功績をもって特旨により華族に列していることを先例に、時雄への華族編列を願い出るも却下されている。その後も横井家への授爵運動は継続されており、前掲『横井小楠』（上巻・伝記篇）所収「故参与横井平四郎華族に列せられ度儀に付上申」によれば、二十六年七月二十五日付で平四郎の薫陶を受けた米田虎雄《こめだとらお》・村田氏寿《うじひさ》・安場保和《やすばやすかず》・青山貞《ただす》の連署で熊本県知事松平正直《まさなお》宛で平四郎の遺児時雄への授爵を請願。

故参与横井平四郎儀、天保以来夙《つと》に海外の大勢を察し本邦の国体を稽《かんが》え、鎖国の陋習《ろうしゅう》更《あらた》めざるべからざることを知り、広く智識を宇内《うだい》に求むるの必要を論じ、天下の名士と締交して与論を喚起せんことを努めたりしも、不幸にして世の是認する所とならず。中頃越前藩侯の招聘に応じ幕府の弊政を看破して間接にその改革を慫慂《しょうよう》し、真に尊王開国の主義を唱え、幕府の末年に於ける有志の士をして徒に鎖国攘夷の非計たるを悟らしめたるは平四郎の功与りて力あり。この時に当たり少壮慷慨の士幕府の末勢を憤り、主戦の説激して与論となり、開国を唱えるもの多く、鋒刃《ほうじん》の禍に罹り、稍《やや》識見あるものまた口を噤して言わず。而して平四郎一介の羈旅の躬を以て振りて論衡に当たり所見を公言して忌憚する所なく掩蔽《えんぺい》する所なく、その横流を撐《ささ》え傾勢を回し、以て今日の隆運を致し、国是一定復《また》異議なきに至る。その世動に功ある実に湮没すべからざるものあるなり。維新の初め徴されて大政に参し、幾ならずして兇手の為に殪《たお》さる。蓋し寰世《かんせい》に屹立して天下の憂いに先だち国の為に長計を画し、一身物論の衝に逆らえるの余禍なり。方今中興の大業既に成り、功臣の子孫概ね寵禄を忝くす。平四郎が如きまた当《まさ》に栄錫せらるべし。伏して願わくは平四郎が嗣息時雄を以て特に華族に列せられんことを。依て平四郎小伝抄録相添え差し出し候条、宜しく執達あらんことを悃願《こんがん》す。誠惶謹言。

と記し、先代平四郎の幕末・維新時の功績をもって横井家への授爵を願い出ている。これを受け、自身も旧福井藩士で平四郎の門下でもある知事松平は内閣総理大臣伊藤博文宛で「故参与横井平四郎華族に列せられ度儀に付上申」を提出。これには、

本県士族故参与従四位横井平四郎儀、華族に列せられたき旨、同人門弟安場保和外三名より別紙の通り願い出候に付、調査を遂げ候処、同人儀幼にして大志あり。度量開豁《かいかつ》夙に天下の重きを以て自ら任じ、己を脩め人を治むるの道を講じ、その基づく処経学に出ると雖も、学識高遠、士気豪邁、議論極めて剴切《がいせつ》に尋常一般、文字詞章を弄する儒学者流とは大いにその学ぶ処を異にせり。故に身草莽なるも常に宇内の大勢囂々《ごうごう》攘夷鎖港の旺盛なる日に当たり、屹然として天理に基づき経論を説き、諸邦に遊歴し、以て天下の志士に謀り、曽《かつ》て越前藩主の招聘に応じ、その機密に参し大いに輔翼する所あり。蓋しその説く処公明正大、専ら君主の権を重んじ、治国の要を明らかにし、鎖港攘夷の条理に背反する所以を講じ、天下有志者の迷夢を攪破《かくは》し、卓然として所論を一定の域に導き隠然として維新の大業を翼賛したるは、維新前後国事に鞅掌《おうしょう》したる者の詳知する処にして、一朝国難に膺《あた》り、以て寸効を奏したるが如き儔にあらざるなり。維新の際に在りては夙にその名朝廷に聞こえ、徴士の命を蒙り、以て参与に任ぜらる。この時に当たり同人儀は平素懐抱する所の主義を以て大いに皇謨を翼賛し、これを天下に行わんと欲し、至誠忠憤以て王事に鞅掌せしに、豈図らんや激徒の誤疾する所となり、遂に兇行者の手に殪れたるは啻《ただ》に同人の不幸のみならず、これを天下の不幸と云うもまた過言に非ざるなり。抑《そもそ》も同人の如きは近世容易に得難く、真に千古の卓識と称すべきものにして、一般の亀鑑とも相成るべきものに付、門弟その他志願の主旨、至極相等の儀と思考候条、特旨を以て華族に列せられ候様御詮議相成りたく、別紙相添えこの段上申候也。

として米田・村田・安場・青山らの意を汲んで松平が伊藤に上申するが不許可となる。『読売新聞』明治二十六年十月二十六日朝刊によれば「横井時雄氏ハ男爵に列せらるべし」の見出しで、「横井時雄氏は父平四郎の遺勲により、近日男爵に列せらるべしと云う」と報じられており、同年七月の授爵請願の情報が新聞社にも伝わっていたと思われるが、誤報に終わっている。前掲『横井小楠』(上巻・伝記篇)によれば、前回の請願が不首尾であったことをうけ、米田ら計四名が二十七年二月二十日付で「故参与横井平四郎華族に列せられ度儀に付再申」を提出。これによれば、

故参与横井平四郎儀、王事に尽瘁《じんすい》せし勲労を追賞せられ、特に子孫を華族に列せられんことを兼ねて請願仕り置き候処、右願書中猶聊か遺漏の点もこれあり候様考え候に付、茲《ここ》に再び上申に及び申し候。平四郎儀は夙に鎖国攘夷の陋見を看破し、時論の蒙昧を闢《ひら》き、一介羈旅の身を以て振って物論の衝に当たり、遂に開国の国是一定せらるるに至るに付いては、与って甚だ力ありしことは前に陳述せし通りに御座候処、茲に遺漏の点と申すべきは王政復古・天下統一の大業に関して平四郎が隠然与りて参画籌策《ちゅうさく》せし功、また甚だ小ならずと云うの一事に御座候。倩々《つらつら》惟《おもい》みれば文久二年松平春嶽侯は幕府の総裁職に任ぜられ、大いに幕政を改革せり。その改革の重大なるものを云えば、将軍上洛して以て列世の無礼を謝し、また諸侯の参勤交代を寛にして室家の帰国を許容せしことの如き一は、以て朝廷に対する徳川氏恭順の端を開くものにして、他の一は以て天下に対して三百年の私政を解くの因をなすものなり。この時平四郎は常に越前侯の枢密に参与し、屢《しばしば》幕府の要路に面談して説くに大義を以てし、竟にこの改革を実行するの運に至らしめたり。而して越前藩はこの後益《ますます》勤王の大義を唱え、幕府に説きて常に恭順の方針を取らしめ、以て各親藩に先んじて去就の正を示せしことは天下の知る処なり。且つこの頃に際し天下の物論は或いは勤王鎖国と云い、或いは佐幕開国と云い動《やや》

もすれば、一方の私見に落入るを免れずして、紛々擾々世の人共の帰局を知るに苦しみしが、遂に王道蕩々一視同仁天下と共に天下を治むるの国是一定の日を見るに至りて、維新の大業創立せられたり。この間平四郎は多く沼山の僻地に閑居せしと雖も、常に越前侯の諮問に答え、また或いは書信を以て、或いは談論を以て各藩の有志を振興し、説くに国是の存する処を以てし、孜々として勉めて止まざりしなり。徳川氏の恭順維新の統一その局面に当りて勲功あるの人士、素《もと》より他にこれあるべしと雖も、平四郎の功復《ま》た決して埋没すべらざるものあり。明治元年朝廷特に木戸孝允と平四郎とを徴して参与に任ぜられたる故なきに非ざるなり。而して参与在職中国事の為に兇刃に斃さる。その朝廷に功ある特異ならずと云うを得んや。且つそれ維新の際、熊本藩侯が全藩の姑息論を破り、佐幕説を排し、挺然起って王事に竭《つ》くせしが如き下津《しもつ》休《きゅう》也《や》・元田永孚等が翼賛の功に由ると雖も、その基く処大いに平四郎が開導奨励の力に在り、更にまた維新の後に於いて元田永孚が朝廷に尽せしが如き、実に平四郎が志を継続せしものと云わざるべからず。因て別紙相添え再申に及び候条、前に差し出せし請願の旨に由り速やかに御評議あらんことを懇願す。謹恐謹言。

とみえ、前回同様に請願するも不許可となる。なお、この請願については『四九三　横井平四郎授爵拒絶議』には二十七年三月に当時の文部大臣井上毅《こわし》に対して横井遺族を華族にとの請願に対し、その私見が綴られている。作成者は不明であるが、これによれば田宮如雲《じょうん》・中根雪江との権衡を述べ、横井の功績はこの両者よりも下であり、なおさら広沢真臣・大村益次郎よりも劣るものであって、「田宮以下横井等に未だ授爵の恩典あらざるものは然して偶然のことにあらざるなり」と結んでいる。横井家の華族編列・授爵が実現しなかった理由の一つが、田宮・中根の功績との権衡上の問題とするが、のちに両家は三十年十月七日・二十七日におのおのその遺族へ男爵が授けられており、その後も横井家がその恩典を蒙らなかったのか理由は不明である。また、同資料には二十七年四月五日にも米田・村田・安場・青山の四名連署で熊本県知事松平宛で「横井平四郎功績之義ニ付追願」を提出したことが見える。さらに「土肥実臣他授爵請願書」中に土肥実臣（故人。元《もと》元老院議官）の遺族への授爵願と合綴で横井時雄への授爵関係資料も収録されている。大正四年（一九一五）十月十五日付で内閣総理大臣大隈重信より宮内大臣波多野敬直《よしなお》宛で「左記の者はその功績顕著には候へども、授爵をもって賞するは如何かと存じ候。然るべく御詮議相成りたし」として提出。土肥実臣（の遺族）以下十一名を列挙し、そのなかにみえ、横井については、

右はその父参与平四郎、天保以来夙に海外の大勢を察し、鎖国の陋習を革《あらた》め、広く知識を宇内に求むべしと論じ、開国主義の棟梁を以て推され、維新の初め徴されて大政に尽くし、邦家の長計を画し、功績顕著なるに依りその旧功を追賞せられて授爵せられたしというに在り。

との説明がされている。大正天皇即位大礼の慶事を機会に同人への授爵が行われるも、結局功を奏さず、同家は授爵されずに終わっている。

典拠　山崎正董『横井小楠』上巻・伝記篇、『読売新聞』明治二十六年十月二十六日朝刊、「四九三　横井平四郎授爵拒絶議」（宮内庁宮内公文書館所蔵）、「土肥実臣他授爵請願書」（同）

横井時世　よこい・ときよ

?―一九三四

鎌倉北条氏正嫡

①大正四年十月六日　（不許可）

「松平康民《やすたみ》他陞爵請願書」中に松平康民（旧美作国津山藩主。伯爵）の陞爵願と合綴で収録。大正四年（一九一五）十月六日付で内閣総理大臣大隈重信より宮内大臣波多野敬直《よしなお》宛で「左記

の者授爵又は陞爵情願の旨、意は主として家格に存する義と認められ候に付、しかるべく御詮議相成りたし」として照会。慶光院利敬《けいこういんよしゆき》以下十七名を列挙し、その中に横井の名も挙げられている。横井家は鎌倉幕府執権であった北条氏の嫡流とされ、北条時行《ときゆき》と熱田大宮司の娘との間に生まれた時満を祖とする。時満の三代後、時永に至り横井を称し、尾張国海《かい》西《さい》・海東《かいとう》二郡を領し、赤目城を築いて赤目横井氏と称された。そののち子孫は足利将軍家や織田信長・豊臣秀吉・徳川家康に仕えたとされ、時安の代より徳川義直に仕えて尾張藩士となり家禄四千石を食み子孫連綿した。歴代中、時申は年寄に列し、明和八年（一七七一）十二月二十一日に従五位下・丹波守に叙任している。時世は赤目横井氏の直系にあたり、大正十三年五月から昭和九年（一九三四）十二月に没するまで市立名古屋図書館（現在の名古屋市鶴舞《つるま》中央図書館）に勤務したことが知られる。「松平康民他陞爵履歴書」中には、

　右は鎌倉北条氏正嫡末孫《ばっそん》たるが故に、北条時宗末孫へ叙爵の御詮議これある節は参考に供せられんことを願い出たるものなり。

と授爵理由を説明するも、結局却下され不許可となっている。

典拠　「松平康民他陞爵請願書」（宮内庁宮内公文書館所蔵）

横瀬　某（貞篤カ）　＊よこせ

生没年不詳

旧高家・元中大夫席

①明治十一・十二年頃（不許可）

②明治十二〜十六年頃（不許可）

横瀬家は旧幕時代には高家《こうけ》の格式を与えられ、千石を知行した旗本。幕末・維新期の当主は貞固。天保十二年（一八四一）八月に高家見習となり、同年十二月に奥高家となり従五位下・侍従兼美濃守に叙任し、安政四年（一八五七）十一月に高家肝煎となり従四位下に陞叙。万延元年（一八六〇）六月に山城守、文久三年（一八六三）十月に筑前守と改名。慶応四年（一八六八）には朝廷に早期帰順し、朝臣に列して中大夫席を与えられた。その後、隠居して貞篤に家督を譲ったものと思われる。貞篤も旧幕時代に奥高家をつとめ、従五位下・侍従兼大炊頭《おおいのかみ》に叙任している。両名ともに明治二年（一八六九）十二月には中大夫・下大夫・上士の称が廃止となるに伴い東京府貫属士族に編入され、翌年十一月には元中大夫・地下官人などの位階廃止に伴いおのおの従四位・従五位の位記を返上している。貞篤の没年は不詳であり、養子に王子神社・新田神社の祠官をつとめた貞利がいることが確認されているので、この当時の当主は貞利であった可能性もある。同家の華族昇格に関し、『爵位発行順序』所収「華族令」案の内規として公侯伯子男の五爵（左に朱書で公伯男の三爵）を設け、世襲・終身の別を付し、その内「世襲男爵を授くべき者」四項目中、第三項目に「元高家・交代寄合」を挙げている。同案は十一・十二年頃のものと推定されるが、この時点においては旧幕時代に万石以下でありながら、若年寄ではなく諸侯同様に老中支配であり、奥高家就任後は四位少将にまで昇り得る高家は男爵に列すべき家として認知されていたと思われる。同じく前掲『爵位発行順序』所収「授爵規則」によれば「男爵を授くべき者」として、七項目中、第二項目に「元交代寄合《こうたいよりあい》・元高家」が挙げられている。前記資料とは異なり、この案は十二年以降十六年頃のものと推測され、こちらでも旧高家である横瀬家は男爵を授けるべき家とされているが、結局授爵内規からは高家は一律除かれ、華族編列・授爵は不許可に終わっている。

典拠　『爵位発行順序』、「明治十四年十一月二十九日　神官辞職　北豊島郡王子村郷社王子神社祠官横瀬貞利」（東京都公文書館所蔵『神官進退住職進退社寺創建合併教院、神官住職病死〈社寺掛〉』）

横田国臣　よこた・くにおみ

一八五〇―一九二三

検事総長・大審院長・法学博士

①大正四年十一月二日（許可）

②大正四年十二月一日（許可）

判事・大審院長・法学博士
旧島原藩士出身の官僚・法学者。豊後国の私塾咸宜園《かんぎえん》、ついで慶応義塾に学び、司法省十二等出仕から検事となり、以後累進して明治二十九年（一八九六）十月には司法次官に、三十一年六月には検事総長、三十九年七月に大審院長となり、大正十年（一九二一）六月まで院長職にあった。『授爵録』（大正四年）によれば、四年十一月二日付で内閣総理大臣大隈重信より宮内大臣波多野敬直《よしなお》宛で横田と京都府知事大森鐘一《しょういち》両名の授爵詮議を申牒。

　正三位勲一等法学博士横田国臣並びに正三位勲一等大森鐘一は何れも多年官務に尽瘁《じんすい》し功績顕著なる者に付、特に授爵の栄典を与えられ候様御詮議相成りたし。

として両人の履歴書を添付。また、『東京日日新聞』同年十二月一日朝刊によれば「授爵愈々《いよいよ》本日／午前九時親授の儀」の見出しで、

横田国臣

　天皇陛下には昨三十日を以て皇霊殿神殿御親謁の儀を御滞りなく終わらせられ、これにて大礼御儀の全部を御完了あらせられたるを以て、愈今一日午前九時に於いて爵記親授式を行わせられ、次いで宮内省宗秩寮《そうちつりょう》より人名を発表すと。右に付同時刻礼服着用宮中御召を受けしは左記の外数名なり。

として、片山東熊《とうくま》・馬場三郎・平山成信《しげのぶ》・田中芳男・三井高保《たかやす》・大倉喜八郎・森村市左衛門・山川健次郎・穂積陳重《ほづみのぶしげ》と横田国臣の計十名の氏名を列挙して掲載しているが、片山・馬場・平山は誤報であったか、それとも直前になって選に洩れたかは不明であるが、この三名を除いた七名と報じられなかった大森鐘一と古河虎之助を加えた計九名が十二月一日付で男爵を授けられている。

典拠　『授爵録』大正四年、『東京日日新聞』大正四年十二月一日朝刊

横田千之助　よこた・せんのすけ

一八七〇―一九二五

司法大臣

①大正八年八月二十九日（不許可）

法制局長官・衆議院議員

旧下野国商家出身の政治家。東京法学院卒業後、弁護士となり、さらに明治四十五年（一九一二）五月の第十一回衆議院議員総選挙において栃木県より立候補して当選。大正七年（一九一八）九月には原内閣において法制局長官に任ぜられ、後継の高橋是清内閣でも長官に留任。また、十三年六月からは加藤高明内閣で司法大臣として入閣した。士族の族称を廃止しようとしたことでも知られる。横田授爵の風説は『東京日日新聞』大正八年八月二十九日朝刊にみえ、同紙によれば「西園寺侯公爵たらん／御批准後に発表か」の見出しで、

横田千之助

　講和大使として七十有余の老軀を提げて巴里《パリ》に赴き、八ヶ月に亘って大任を果たし、去る二十三日無事帰朝せる西園寺侯が一昨日日光行在所《あんざいしょ》に伺候し、具さに会議の顚末を闕下《けつか》に伏奏したる際、畏くも陛下には侯が今回の労苦を思し召されて優詔を賜りたるは、侯がこの度の使命に対して世上に毀誉さまざまの説あれども、聖上が侯に対する御信任厚き事を証するものと見るべく、内閣に於いてもまた園《えん》侯《こう》の功労表彰につき何等かの奏請すると

ころあるべきはいうまでもなけれど、目下正二位大勲位にして若し位階を陞叙するとせば従一位となる訳なれども、従一位の位を有し居るものは現在とては浅野長勲《ながこと》、久我《こが》通久《みちつね》の両侯爵あるのみにて、山県公、松方侯、大隈侯等の元老も正二位に止まり、且つその筋の方針も今後は生前に従一位を奏請する事を絶対になさざる事に決し居れば、園侯に対してのみ特に従一位を奏請するが如き事はなく、また勲等も侯は出発に際して既に大勲位を授けられ居れば、この上は頸飾《けいしょく》章加授より外には途なく、現内閣としては今度の講和に種々の非難あるにせよこれを以て大成功なりと吹聴し居る位なれば、必ずや園侯に対しては華々しき行賞の奏請をなすべく、恐らく爵位を陞して公爵を授けらるる事となるべく、同時に牧野男を初め講和会議に列せる全権委員や原首相その他の閣僚、外交調査会委員等にも陞爵・授爵の恩命下るべく、而してその時期は勿論不明なるも講和条約に対して御批准あり、平和に関する諸般の事務が一段落つきたる上にてそれぞれ発表さるべしと某宮内高官は語れり。

と第一次世界大戦後のパリ講和条約締結に際して全権委員であった西園寺と、牧野伸顕・珍田捨巳《すてみ》・伊集院彦吉・松井慶四郎、また原内閣における首相原を含め閣僚たち、外交調査会委員らに対する論功行賞について大きく報じている。この際はすぐに審査がされなかったためか、年内の陞・授爵は行われていないが、横田はこののちも授爵されることなく終わっている。

典拠　『東京日日新聞』大正八年八月二十九日朝刊

横田栄松　よこた・＊ひでとし

一八五五―？

旧旗本寄合席・下大夫席

①明治元年十一月（不許可）

②明治二年一月（不許可）

③明治二年七月（不許可）

④明治二年十二月（不許可）

横田家は旧幕時代、旗本中九千五百石と最高の禄高を誇った家であり、栄松は通称権之助、武蔵国岩槻《いわつき》藩主・大岡兵庫頭《ひょうごのかみ》忠恕《ただゆき》の子として生まれ、横田家の養子となり、文久三年（一八六三）十一月に家督を相続し寄合席に列した。王政復古に際して朝廷に早期帰順し、本領を安堵されたうえ、朝臣に列して下大夫席を与えられている。『公文録』所収「横田権之助禄高ノ儀ニ付伺」にみえる、明治二年（一八六九）十二月に提出した栄松の藩屛《はんぺい》列への昇格書類によれば、同家は本高九千七百九十八石余、新田高二百二十四石で合計一万二十二石余となることから、万石以上の諸侯に列したい旨を請願。

右の通り御坐候間、諸藩並《なみ》の御奉公相勤めたく存じ奉り候。これに依り昨辰年十一月藩屛列願い奉り候処、実地御検分の上にこれなく候ては仰せ付けられ難き旨、御付紙を以て仰せ渡され候。

一、去る正月実地御検分の上、兼ねて懇願の通り藩屛列仰せ付けらる儀再願奉り候処、追々何分の御沙汰仰せ付けられ候旨御付紙を以て仰せ渡され候。右の手続きを去る七月を以て猶又再願奉り、この度諸侯方一般御所置在らせられ候通り、私義も同様仰せ付けられたき旨歎願奉り候処、右願書御請取に相成り候儀、未だ御沙汰御坐なく候、以上。

と記し、明治元年十一月以来、計四回にわたり諸侯列への昇格を願い出ている。また、横田同様に旧旗本出身で下大夫となった戸川安《やす》宅《いえ》の談話によれば、「勤王実効を唱えました人間は今記憶して居りますのはこれ丈けあります。八木、中条《ちゅうじょう》、水谷《みずのや》、中坊《なかのぼう》、横田、花房それ丈は耳に残って居ります」とみえ、元高家筋で中大夫席となった中条信礼らとともに横田家も勤王側に立って活躍したことが語られている。家禄が高直しにより万石以上に達しているのにもかかわらず、同家が諸侯列とならなかった理由は不明。こののちは火防掛な

どもつとめ、六年九月に御陵衛士《ごりょうえじ》を仰せ付けられた。

典拠　「横田権之助禄高ノ儀ニ付伺」(『公文録』)、戸川安宅「勤王実効旗下ノ件」(『史談会速記録』二四〇)

横山隆起　よこやま・たかおき

一八七一－一九〇七

旧加賀国金沢藩家老・北海道庁参事官

①明治三十三年五月五日（不許可）

横山家は旧加賀国金沢藩家老で、後掲横山政和《まさかず》の子と思われる。『叙位裁可書』所収「北海道庁事務官横山隆起特旨叙位ノ件」によれば、旧名は弥次郎。明治二十八年(一八九五)七月に帝国大学法科大学政治学科を卒業後、翌年五月拓殖務属となり、同年十一月に文官高等試験に合格。三十年五月に北海道庁参事官に任ぜられ、三十八年四月に同庁事務官となった。旧藩万石以上の一門・家老らへの華族編列は明治十年代より建議されており、横山家も候補者として数度家名が挙げられている。『授爵録』(明治三十三ノ一年)所収の三十三年五月五日付立案の書類によれば、旧藩主一門および万石以上家老の授爵詮議で浅野哲吉ほか二十五名が挙げられ、同月九日付で全員男爵を授けられているが、その但書に、

　但し旧藩一万石以上と唱うる家は四十八家あり。然れども明治四年辛未禄高帳(大蔵省記録)及び藩制録(大蔵省記録)又は府県知事より徴収したる現在所有財産高を照査し、その旧禄高一万石以上判明せしものにして、猶且つ五百円以上の収入を生ずべき財本を有すること精確なるもの先づ二十五家を挙ぐ。余の二十三家は他日調査完結又は資産を有するに至りたるときに於いて御詮議相成るべきものとし、左にこれを掲げて参考に資す。

としたうえで、神代直宝《くましろなおとみ》を含めて二十三家が挙げられている。これによれば、横山家は「旧禄高壱万石以上と唱うるも大蔵省明治四年辛未禄高帳記載の高と符合せざるもの又は禄高帳に現米を記載し旧禄高の記載なきに因り調査中のもの」十二家のなかに分類されており、表高は一万石でありながら、実際は七千石であったとし、一万石中二千石は与力知、一千石は同心知であったがため、実収は万石以上に満たず授爵されなかったものと思われる。このの ち四十年一月十日に危篤に際して正六位より従五位に叙せられている。

典拠　『授爵録』明治三十三ノ一年、「北海道庁事務官横山隆起特旨叙位ノ件」(国立公文書館所蔵『叙位裁可書』明治四十年・叙位巻一)

→横山政和

横山隆平　よこやま・たかひら

一八四五－一九〇三

旧加賀国金沢藩重臣（加賀八家）

①明治十一・十二年頃（不許可）

②明治十二～十六年頃（不許可）

③明治十五・十六年頃（不許可）

④明治三十三年五月五日（許可）

横山家は旧加賀藩において八家《はっか》と称されたうちの一家。旧禄は三万石。八家は陪臣でありながら、御三家家老らと同様四名の叙爵(諸大夫成)が認められており、横山家も歴代当主の多くが従五位下・山城守などに叙任されている。同家の華族昇格に関し、『爵位発行順序』所収「華族令」案の内規として公侯伯子男の五爵(左に朱書で公伯男の三爵)を設け、世襲・終身の別を付し、その内「世襲男爵を授くべき者」四項目中、第四項目に「旧藩主一門の高一万石以上の者及び高一万石以上の家臣」を挙げている。同案は明治十一(一八七八)・十二年頃のものと推定されるが、この時点では旧幕時代に一万石以上を領していた横山家は男爵に列すべき家として認知されていたと思われる。同じく前掲『爵位発行順序』所収「授爵規則」によれば「男爵を授くべき者」として、七項目中、第四項目に「旧藩主一門の高一万石以上の者及び高一万石以上の家臣」が挙げられている。前記資料とは異なり、この案は十二年以降十六年頃のものと推測されるが、こちらでも万石以上陪臣として、横山家は世襲華族として男爵を授けられるべき家とされていた。また、十五・

十六年頃の作成と思われる「三条家文書」所収「旧藩壱万石以上家臣家産・職業・貧富取調書」によれば、旧禄高三万石、所有財産は金禄公債二万八千十五円、苟完社株券二百円、田畑六町二反六畝二十二歩、宅地九畝三歩、職業は苟完社社長とあるも、当該時期は万石以上陪臣への華族編列そのものが実施されなかったため士族にとどまる。『授爵録』(明治三十三ノ一年)所収の三十三年五月五日付立案の書類によれば、

　右は旧藩一万石以上の門閥にして、何れもその所属藩主の一門または家老たり。平生数百の士卒を養い、有事の時は将帥と為り手兵を提《さ》げ、出でて攻守の任に当たり、無事の時は入りて執政と為り民政を総管する等恰《あたか》も小諸侯の如し。而してこの輩は封土奉還の日何れも士族に編入せられたるも、仍《なお》巨多の資産を有して旧領地に住し、その地方人民の推重せらるるを以て自らその地方人民の儀表と為り、勧業または奨学等公益に資すること少なからず。その門地は以て小諸侯に譲らず。その資産また門地を維持するに足るものと認むるに因り前掲の通り授爵の恩典あらんことを奏上せらるべきや。

とあり、横山家は門地を維持するだけの資産も有していると認められ、同年五月九日付をもって男爵が授けられる。

典拠　『爵位発行順序』、「旧藩壱万石以上家臣家産・職業・貧富取調書」(「三条家文書」)、『授爵録』明治三十三ノ一年

横山政和　よこやま・まさかず

一八三四―九三

旧加賀国金沢藩家老

①明治十一・十二年頃（不許可）
②明治十二〜十六年頃（不許可）
③明治十五・十六年頃（不許可）

横山家は前掲横山隆平《たかひら》の庶流の家系にあたり、旧金沢藩においては人持組に属して一万石を領した。幕末・維新期の当主は政和。明治二年(一八六九)には金沢藩大参事に就任。同家の華族昇格に関し、『爵位発行順序』所収「華族令」案の内規として公侯伯子男の五爵(左に朱書で公伯男の三爵)を設け、世襲・終身の別を付し、その内「世襲男爵を授くべき者」四項目中、第四項目に「旧藩主一門の高一万石以上の者及び高一万石以上の家臣」を挙げている。同案は十一・十二年頃のものと推定されるが、この時点においては旧幕時代に一万石以上を領していた横山家は男爵に列すべき家として認知されていたと思われる。同じく前掲『爵位発行順序』所収「授爵規則」によれば「男爵を授くべき者」として、七項目中、第四項目に「旧藩主一門の高一万石以上の者及び高一万石以上の家臣」が挙げられている。前記資料とは異なり、この案は十二年以降十六年頃のものと推測されるが、こちらでも万石以上陪臣として、横山家は世襲華族として男爵を授けられるべき家とされていた。また、十五・十六年頃の作成と思われる「三条家文書」所収「旧藩壱万石以上家臣家産・職業・貧富取調書」によれば、旧禄高一万石、所有財産は金禄公債四千二百五十円、七十四国立銀行株券三十株、苟完社株券四十二株、宅地九十一坪一合、畑一反一畝十一歩、職業は加賀国白山比咩《しらやまひめ》神社宮司、貧富景況の欄には相応と記されているが当該時期には万石以上陪臣への華族編列は実施されず、こののち同家は授爵されずに終わっている。また政和のあとは隆起が継ぎ、授爵運動を起こしているが不許可となっている。

典拠　『爵位発行順序』、「旧藩壱万石以上家臣家産・職業・貧富取調書」(「三条家文書」)

→横山隆起

芳川顕正　よしかわ・あきまさ

一八四二―一九二〇

枢密院議長

①明治二十三年三月二十一日（不許可）
　内務次官
②明治二十七年二月十一日（不許可）
③明治二十九年五月（許可）
　司法大臣

旧阿波国徳島藩士出身の官僚・政治家。明治三

年（一八七〇）閏十月に大蔵省出仕となり、翌年八月以降は紙幣権助《ごんのすけ》・同権頭《ごんのかみ》・同頭をつとめ、七年一月からは工部大丞兼電信頭、工部大書記官となり、十三年二月には外務少輔に、翌年十月には工部少輔に任ぜられる。十五年六月には在任中に死去した松田道之《みちゆき》のあとを受け、内務少輔兼東京府知事に就任した。以後、内務大輔・内務省総務局長・内務次官を経て、二十三年五月には第一次山県有朋内閣で文部大臣に就任。翌年五月の第一次松方正義内閣でも留任。さらに第二次伊藤博文内閣でも二十六年三月から司法大臣となり、文部大臣や内務大臣も兼任。このの ちも第一次大隈重信・第二次山県・第一次桂太郎の各内閣で閣僚を歴任し、また枢密顧問官・枢密院議長ともなった。授爵については『山田伯爵家文書』所収の二十三年三月二十一日付「山田顕義《あきよし》秘啓」にみえ、「授爵は陛下の大恩にして、国家の大典、万民の標準なり。真に陛下の親裁に出づるものにして、臣僚の容喙すべきものにあらず。然れどもその自歴を調査し、その理由を明晰にし、聖慮を翼賛するは臣下の務にして、謹慎鄭重を尽くさざるべからず。今鄙見《ひけん》を陳じ、閣下の参考に供す」として宮内大臣土方久元宛で授爵の標目として、（一）維新前後功労あり勅任官たる者および勅任官たりし者、（二）維新後功労あり勅任官たる者および勅任官たりし者、（三）維新前後功労ある者、（四）維新後功労ある者、（五）父の勲功による者、（六）神官および僧侶の世襲名家たる者、（七）琉球尚家の一門、の計七項目を挙げ、芳川は第二項に適当すべき者としてその名を挙げるも、この際山田が列挙した人名中、授爵したのは第一項に該当した辻維岳《いがく》一人であり、芳川は選に洩れている。また『読売新聞』二十七年二月十一日朝刊によれば「授爵及陞爵に関する風説」の見出しで、

芳川顕正

西郷菊次郎氏授爵の風説は今に始まったる話にあらず。氏はこれを畏れ多きことに思いて辞退の意をある人に申し出でし趣なれど、今回は丁度好機会なるにより、多分授爵の御沙汰あるべしという。尤も侯爵を授けらるるや否やは未だ定まらず。尚下級の爵を授くべしとの説ありと聞けり。また陸奥氏・芳川氏・渡辺氏等大臣たりし人に授爵あるべしとの説もあれど、かくの如くなりては、楠本正隆氏・山口尚芳氏等前元老院議官の連中にも授爵すべき人沢山あるにより、多分見合わせとなるべしというものあり。その他山内侯を公爵に、伊藤・山県・黒田の三伯を侯爵に陞せらるべしというものあれど、多分想像の説なるべく。また維新前後山陵奉行なりし故戸田大和守及び山陵御造営奉行たりし故渥見政同（旧名祖太郎）氏等の功労を追賞せられ、大婚祝典の当日、特旨を以て大和守の曽孫子爵戸田忠義《ただよし》氏に爵一階を進められ、渥見政同氏へは正四位を贈らるるとの噂は確かなる如くなるが、先ず何事も未だ確定したることなきが事実ならん。

と報じられており、当時司法大臣として閣僚の一人であった芳川への授爵の可能性についても触れられているが誤報であったためか授爵されていない。『授爵録』（明治二十九年）によれば、立案日の欄は空白であるが、芳川ほか二十八名の文武官への授爵詮議が爵位局でされており、

右は夙《つと》に勤王の志を抱き、皇室式微、幕府専横の日に当たり、或いは大和・但馬の義挙に与し、或いは幽囚投獄、辛苦備《つぶさ》に嘗《な》め維新回天の大業を賛助し、または多年朝に在りて顕要の職を奉じ、または貴衆両院に入りて国家の大計を議する等孰《いず》れも勲功顕著の者に付、特旨を以て華族

に列し栄爵を授けられ然るべき乎。左に
その爵を擬し裁を仰ぐ。

とし、二十九名中芳川のみ子爵授与としている。同文書には芳川への授爵を求める他薦書類や功績調書は綴られていないが、二十九名中、伊丹重賢《しげかた》・山田信道・船越衛《まもる》・三宮義胤《さんのみやよしたね》・中島信行の五名については維新前の勤王事歴調書類が、また九鬼隆一《りゅういち》についても同年二月二十五日付で榎本武揚が授爵を推薦する書状が添付されていることから、芳川を含めた他の二十三名分も他薦などがあった蓋然性が高く項を立てる。芳川の功績を認められ、二十九年五月二十三日付で裁可を得、翌月五日付で子爵を授けられ、さらに四十年九月二十一日付で伯爵に陞爵している。

典拠　「山田顕義秘啓」（『山田伯爵家文書』四）、『読売新聞』明治二十七年二月十一日朝刊、『授爵録』明治二十九年

芳沢謙吉　よしざわ・けんきち

一八七四―一九六五

外務大臣

①大正十四年二月三日（不許可）

中華民国駐箚特命全権公使

新潟県出身の外交官・政治家。犬養毅の女婿。東京帝国大学文科大学を卒業後、外務省入省。政務局長や欧米局長を歴任後、大正十二年（一九二三）より中華民国駐箚《ちゅうさつ》特命全権公使に任ぜられ、十四年一月には日ソ基本条約締結に尽力。『読売新聞』十四年二月三日朝刊によれば、「日露握手のお手柄で芳沢さんが男爵に……条約批准後に授爵との説／岳父犬養逓相より一足お先に失敬」の見出しで芳沢の授爵説を報じており、

芳沢謙吉

我が全権公使芳沢謙吉氏は日露条約御批准後、その功績に依って男爵を授けられるであらうと伝えられている。それはこれまでの例で見ても、日露の小村、日英の加藤、日米の石井《いしい》等孰《いず》れも国と国の条約成立に際し授爵または陞爵の栄に浴している。近くは平和条約成立の功に依り、現外相幣原喜重郎男も華族に列せられ、この場合その人の勲等にも依るが、芳沢公使は領事を振出しに外務省参事官から同書記官、大使館一等書記官、総領事、大使館参事官、亜細亜《アジア》局長兼欧米局長等を歴任し、現に従四位・勲一等を持っているので、十中の八九授爵の御沙汰があるだらうと某当局者は語った。

とみえ、条約締結の功績により、岳父犬養よりも先に同人が授爵するであろうとの見解を示している。松田正久が大正三年一月十九日付で授爵するのにあたり、前年十一月二十四日に西園寺公望が原敬に送った書翰中に伊藤博文在世中に、今後は危篤叙爵は行わない内規が定められ、また授爵も「外交に関する功績の外は六ケ敷《むつかしき》事に相成り居り候」との一文がみえ、今後は外交上の功績を重視するような方針であったと思われるが、誤報であったのか、芳沢の授爵はその後も行われずに終わっている。

典拠　『読売新聞』大正十四年二月三日朝刊

吉田　茂　よしだ・しげる

一八七八―一九六七

内閣総理大臣

①昭和七年九月十五日（不許可）

イタリア駐箚特命全権大使

旧越前国福井藩士吉田健三《けんぞう》の養子。実父は土佐藩家老伊賀家の家臣竹内綱《たけうちつな》。明治三十九年（一九〇六）七月東京帝国大学法科大学を卒業し、同年九月外交官及領事官試験に合格。同年十一月に領事館補に任官し、天津《てんしん》領事館在勤。以後、領事・大使館一等書記官などを経て昭和三年（一九二八）三月スウェーデン駐箚《ちゅうさつ》特

吉田　茂

命全権公使、同年七月外務次官となり、五年十二月イタリア駐箚特命全権大使、十一年四月イギリス駐剳特命全権大使を歴任。十四年三月に大使免官となり外務省退官。戦後は東《ひがし》久邇宮《くにのみや》・幣原両内閣で外務大臣として入閣。二十一年五月には内閣総理大臣に就任。またこの間、二十年十二月から二十二年五月まで貴族院勅選議員もつとめた。『西園寺公と政局』所収の「原田熊雄メモ」によれば、「吉田茂の件。吉田授爵の件」とのみみえる。同時代に内務官僚出身で、昭和九年以降、内閣書記官長・厚生大臣・軍需大臣・貴族院勅選議員となった同姓同名の吉田茂（明治十八年―昭和二十九）がいるが、同メモの内容から外務官僚の吉田茂と比定される。授爵申請理由は不明であるが、外交官としての功績によるものと思われる。

出典　原田熊雄述『西園寺公と政局』別巻

吉見資鎮　よしみ・*すけやす

一八二二―？

北野天満宮神主（元同社徳勝院）

①明治十七年三月二十九日（不許可）

②明治十七年十一月十日（不許可）

③明治二十三年六月二十五日（不許可）

菅原道真末裔で元北野天満宮徳勝院の社僧。維新前は法印《ほういん》・権少僧都《そうず》の僧位僧官に叙任されていたが、慶応四年（一八六八）八月四日に還俗し、改めて正六位下に叙せられた。明治四年（一八七一）五月に神官の世襲が廃止となると同時に位階も返上し、京都府士族に編入される。華族編列・授爵については、『授爵録』（明治二十三年）によれば、京都府平民で藤原《ふじわらの》秀郷《ひでさと》正統の末裔を称する松井関嶽斎《かんがくさい》とともに京都府庁を経由して内務卿山県有朋宛で「華族編入ノ義ニ付上申」が十七年三月二十九日付で提出され、十一月十日付で山県より太政大臣三条実美宛で回付されている。この願書はしばらくの間そのまま保留とされていたためか、二十三年六月二十五日に至り、宮内省当局側の審査書類「京都府士族吉見資鎮・同府平民松井関嶽斎華族班列ノ件」により結論が出される。これによれば、

　吉見家の系は菅原道真に出でて道真の子高視《たかみ》より四代定義《さだよし》七男を生む。長を清房と云い子孫なし。次を是綱と云い子爵高《たか》辻《つじ》家の祖、次を忠章と云い亦子孫なし、次を在良と云い子爵唐橋《からはし》家の祖、次を資房と云い、正長と云い、定快と云う。皆子孫なし。在良六男を生む。四男清能唐橋家を継ぎ、五男為恒別家して北野神社の別当となる。これを吉見の家祖となす。故に吉見家は唐橋家の庶流にして北野神社に縁故を存することは高辻家・唐橋家の系譜に就いて参看《さんかん》するも明白なるものとす。その曽孫忠慶に至り改めて社僧と為る。法衣を着し、法印に叙し、権大僧都に任ず。後、権僧正に転じ、以来世々子孫皆社僧にして北野神社に奉仕し、以て資鎮に至る。維新の際資鎮官の允許を得て還俗し、始めて浄衣を着し尚北野神社に勤仕す。明治五年神官一般廃せられ、更に資鎮を京都府士族に編入せられたり。右の事歴に就いてこれを按するに、吉見家は数十代北野神社に奉仕し能くその務を全うしたるは称せらるべき家なるも、別に国家に功労あるものにあらず。只北野神社に永く奉仕し来たりたるものと云うに過ぎざるなり。伊勢大廟に奉仕したる荒木田《あらきだ》・度会《わたらい》両姓の如きものと同日にして論ずべきものにあらざれば、これ等のものを華族に列せらるる時は必ず他に影響を及ぼし、又拒むべからざるものの輩出するを考うるのみ。依って京都府庁を経て書面却下成らせらるべき也。

とみえ、家系が道真より出て、堂上華族の唐橋子爵家の庶流である点は認めながらも、北野天満宮に奉仕したものの国家に功労がある訳ではなく、伊勢内宮・外宮の荒木田・度会両姓の神主家と同列には扱えず、さらに吉見家を華族にすれば他より同様の請願が起こるとされ、結局不許可となり、こののちも同家が授爵されることはなかった。なお、資鎮とともに還俗した吉見資隆（元松梅院）が同様に華族編籍・授爵を願い出ているのかは不明である。

典拠　「北野社々務吉見資隆外三名位階賜度儀申立」（『公文録』）、『授爵録』明治二十三年

り

李　完用　り・かんよう　⇩　イ・ワニョン

李　恒九　り・こうきゅう　⇩　イ・ハング

林　熊徴　＊りん・ゆうちょう　（台湾）

一八八八―一九四六

台湾総督府評議会員

林本源製糖会社・華南銀行創始者

①大正三年一月十五日（不許可）

②昭和三年七月二十日（不許可）

台湾出身の実業家・政治家。親日派として台湾統治にも関わり、明治四十二年（一九〇九）には窮民の医療機関として林本源博愛医院を、大正二年（一九一三）には台湾の主要産物でもある製糖業を重視し、林本源製糖株式会社を創立するなど、医療・産業分野で活躍。また、八年一月には台湾銀行を創立し、取締役総理にも就任。十年からは台湾総督府評議会員にも選出されている。これら台湾統治に尽力したことにより、十二年には勲四等瑞宝章《ずいほうしょう》を叙勲している。授爵に関しては、『原敬日記』大正三年一月十五日条によれば、

先日床次《とこなみ》竹二郎内話に、板垣退助より面会を求められ訪問せしに、板垣は誰より持込まれたるものにや、台湾の林熊徴より金を出させ（五万円とか）政府方の新聞紙を発行せしむべし、その代わり林に御大礼を機会に男爵を授けらるる様山本に内話しくれよと云うに付、床次これを断りたれば板垣大いに当惑し、それにては困ると云うに付、何とか曖昧の返事をなす積もりなりと云う。余はそれ絶対に断るべし、板垣が誰かに利用せられて右様の事を云うものならんが、かくて彼の末路を汚すは甚だ気の毒なれば断りて絶念せしむべしと注意せり。

とみえ、大正天皇の即位大礼・慶事に際して、板垣退助より授爵の後援があったことが確認できる。原らの反対により具体化はせず。また、『授爵陞爵申牒書類』によれば、昭和三年（一九二八）七月二十日付で台湾総督府より申請するも不許可に終わる。また、同人の授爵は内地の華族としてのものか、朝鮮貴族に準ずるような形でのものなのかは不明である。

典拠　「台湾総督府評議会員辜顕栄外十名叙勲ノ件」（国立公文書館所蔵『叙勲裁可書』大正十二年・叙勲巻二）、『原敬日記』大正三年一月十五日条、『授爵陞爵申牒書類』、小田部雄次『華族―近代日本貴族の虚像と実像―』

る

留守景福　るす・かげやす

一八七一―一九三六

旧陸奥国仙台藩家老

①明治十一・十二年頃（不許可）
②明治十二〜十六年頃（不許可）
③明治十五・十六年頃（不許可）
④明治三十三年五月五日（不許可）

留守家は旧仙台藩家老の家筋で、旧幕時代には胆沢郡《いさわぐん》水沢を領して家禄は一万六千石。伊達姓を称していたが、維新後は旧姓の留守に復している。幕末・維新期の当主は邦寧《くにやす》。景福はその次男で、兄基治が明治十四年（一八八一）に死去したため、同家の家督を相続した。同家の華族昇格に関し、『爵位発行順序』所収「華族令」案の内規として公侯伯子男の五爵（左に朱書で公伯男の三爵）を設け、世襲・終身の別を付し、その内「世襲男爵を授くべき者」四項目中、第四項目に「旧藩主一門の高一万石以上の者及び高一万石以上の家臣」を挙げている。同案は十一・十二年頃のものと推定されるが、この時点では旧幕時代に一万石以上を領していた留守家は男爵に列すべき家として認知されていたと思われる。同じく前掲『爵位発行順序』所収「授爵規則」によれば「男爵を授くべき者」として、七項目中、第四項目に「旧藩主一門の高一万石以上の者及び高一万石以上の家臣」が挙げられている。前記資料とは異なり、この案は十二年以降十六年頃のものと推測されるが、こちらでも万石以上陪臣として、同家は世襲華族として男爵を授けられるべき家とされていた。また、十五・十六年頃の作成と思われる「三条家文書」所収「旧藩壱万石以上家臣家産・職業・貧富取調書」によれば、旧禄高一万六千石余、所有財産および職業は空欄。貧富景況は可と記されるも、この際は万石以上の陪臣を華族にするという方針が政府内で確定していなかったため実現していない。さらに『授爵録』（明治三十三ノ一年）所収の三十三年五月五日付宮内省当局側審査書類によれば、旧藩主一門および万石以上家老の授爵詮議で浅野哲吉ほか二十五名が挙げられ、同月九日付で全員男爵を授けられているが、その但書に、

　但し旧藩一万石以上と唱うる家は四十八家あり。然れども明治四年辛未禄高帳（大蔵省記録）及び藩制録（大蔵省記録）又は府県知事より徴収したる現在所有財産高を照査し、その旧禄高一万石以上判明せしものにして、猶且つ五百円以上の収入を生ずべき財本を有すること精確なるもの先づ二十五家を挙ぐ。余の二十三家は他日調査完結又は資産を有するに至りたるときに於いて御詮議相成るべきものとし、左にこれを掲げて参考に資す。

としたうえで、留守景福を含めて二十三家が挙げられている。これによれば、留守家は「旧禄高壱万石以上と唱うるも大蔵省明治四年辛未禄高帳記載の高と符合せざるもの又は禄高帳に現米を記載し旧禄高の記載なきに因り調査中のもの」十二家のなかに分類されており、旧禄高は一万六千石とするも現石は五十八石五斗と記している。明治十五年頃には経済状況は可とされていたものの、その後は年五百円の収入を生ずる財本を構築し得なかったためか、結局そののちも同家は華族に列せず、士族にとどまっている。

留守景福

典拠　『爵位発行順序』、「旧藩壱万石以上家臣家産・職業・貧富取調書」（「三条家文書」）、『授爵録』明治三十三ノ一年

ろ

六角　某（広宣カ）　＊ろっかく

生没年不詳

旧高家・元中大夫席

①明治十一・十二年頃（不許可）

②明治十二〜十六年頃（不許可）

六角家は旧幕時代に高家《こうけ》の格式を与えられ、二千石を知行した旗本。堂上《とうしょう》公家烏丸光広《からすまるみつひろ》の次男桃園広賢《ももぞのひろかた》が輪王寺《りんのうじ》門跡殿上人となり、広賢の子広治《ひろはる》の代に幕臣に転じた。幕末・維新期の当主は広運であるが、勤王の奉答書では名代として「雄太郎広宣」の名となっており、ほどなく家督を広宣に譲ったものと思われる。同家も他の高家・交代寄合《こうたいよりあい》の諸家同様に朝廷早期帰順して本領を安堵され、朝臣に列して中大夫席を与えられた。明治二年（一八六九）十二月には中大夫・下大夫・上士の称が廃止となるに伴い東京府貫属士族に編入された。同家の華族昇格に関し、『爵位発行順序』所収「華族令」案として公侯伯子男の五爵（左に朱書で公伯男の三爵）を設け、世襲・終身の別を付し、その内「世襲男爵を授くべき者」四項目中、第三項目に「元高家・交代寄合」を挙げている。同案は十一・十二年頃のものと推定されるが、この時点では旧幕時代に万石以下でありながら、若年寄ではなく諸侯同様に老中支配であり、奥高家就任後は四位少将にまで昇り得る高家は男爵に列すべき家として認知されていたと思われる。同じく前掲『爵位発行順序』所収「授爵規則」によれば「男爵を授くべき者」として、七項目中、第二項目に「元交代寄合・元高家」が挙げられている。前記資料とは異なり、この案は十二年以降十六年頃のものと推測され、こちらでも旧高家である六角家は男爵を授けるべき家とされているが、結局授爵内規からは高家は一律除かれ、華族編列・授爵は不許可に終わっている。

典拠　『爵位発行順序』

わ

若江範忠　わかえ・のりただ

一八二七―八九

旧伏見宮殿上人・宮内省京都支庁殿掌

①明治十一・十二年頃（不許可）

②明治十二〜十六年頃（不許可）

③明治十二年八月八日（不許可）

④明治十七年五月（不許可）

旧伏見宮殿上人《ふしみのみやてんじょうびと》。京都府士族。後掲若江量長《のりなが》の養嗣子。若江家は菅原姓の公家で、家号は壬生坊城《みぶぼうじょう》・中御門《なかみかど》などと称した時期もあるが、室町時代に権中納言在長のあとを子息二人が僧籍に入っていたために断絶。その後、江戸時代となり、寛永十一年（一六三四）に五条為《ため》適《ゆき》の次男理長《まさなが》が再興し、若江の家号をもって後水尾院の院《いんの》殿上人として取り立てられた。理長は従四位下・主殿頭《とのものかみ》に昇るが、次代の長近《ながちか》が伏見宮殿上人に転じて以来、代々その身分となり、幕末・維新期を迎えることとなる。江戸時代初期には、摂関家や親王家には家政を掌る諸大夫《しょだいぶ》の上座として殿上人が置かれていたが、これらの諸家は次第に禁裏に召し返され、正式に堂上《とうしょう》家として取り立てられた例が

若江範忠

多いなか、若江家は伏見宮殿上人にとどまる。同家はそののち、元文元年(一七三六)・寛政二年(一七九〇)・十二年・文化十四年(一八一七)・慶応元年(一八六五)の計五回、宮殿上人から堂上への昇格を朝廷に請願したものの、その都度失敗に終わっている。明治五年(一八七二)八月、量長病気危篤に際して堂上公家の平松時門三男の範忠《のりただ》が急養子となり同家を相続。範忠は幕末期には葛野《かどの》式部と称して国事に奔走。慶応四年一月、山陰鎮撫総督府において官軍に召し加えられて丹後・出雲を転戦し、軍功により金五千円を下賜されている。また、十六年十月からは宮内省殿掌に任ぜられる。十二年八月八日付の押小路実潔《さねきよ》から三条実美に宛てられた「三条家文書」所収「名族取立テ依頼・猶子処遇ノ事」によれば、

恐れながら愚存の儀献言仕り候事。華族は国家の標準、これ然しながら祖宗以来積徳の故にして万民の模範に存じ奉り候。近比《ごろ》追々その勲を探り御新選遊ばされ候段、朝恩の至り有難き次第に存じ奉り候。付いては左の家の如きは著名の族に候処、未だその御沙汰に及ばれず候。

と同年の時点で華族に列せられていない家として、若江・半井《なからい》・幸徳井《こうとくい》・氷室《ひむろ》・尊龍院《そんりゅういん》・西山・平島(足利)の七家を挙げている。押小路の請願書には「伏見殿々上人にして堂上に准ぜり」とあり、同家が旧公家社会にあって堂上に準ずる身分として広く認知されていたことが窺われる。また、同じく「三条家文書」所収「若江家家産ノ件願書」によれば、華族令公布の二ヵ月前にあたる明治十七年五月には、若江家の本家筋にあたる五条為栄《ためしげ》が同家の華族編列を太政大臣三条実美宛で提出。

五条為栄謹上書、太政大臣三条公閣下、為栄聞く私情を訴うる者敢えて必然の聴を願わずと。然るに絶を続ぎ、廃を興すは仁人の曽《かつ》て忽《ゆるが》せにせざる処、乃《すなわ》ち敢えて必然の聴を願わざるを得ざる所以なり。恭《うやうや》しく惟《おもいみ》るに後堀川(河)帝元仁元年十一月式部大輔菅原公輔の一男菅原在公を以て文章生に補し、更に一家を興さしむ。これ若江家の始祖にして実に左大臣菅原道真十一世の孫なり。在公より数世相承、権中納言菅原在永、長享二年九月二日薨ずるに及び、終にその嗣を絶つこと一百四十五年。後水尾帝の御宇、贈大納言五条為適の二男五条理長を召し出され若江家再興、院参仰せ付けられ、向後永世堂上に列せらるべき叡慮なるも、俸禄の一事幕府と議協わざるを以て終に行われず。延宝四年十一月理長の男五条長近を以て伏見宮殿上人に仰せ付けられ、刑部少輔に任じ従五位下に叙す。これより以往維新の際に至るまで累世伏見宮殿上人たり。一興一廃誠に前段具する処の如くにして、若江家なる者は現に菅氏の苗裔にして、五条家の庶流たること確として動かすべからざる也。当時平松時章の叔父範忠なる者、若江の後を継がしむと雖も、血族の親に非るを以て在公以下の霊終に泉下に瞑目する能わざるを恐る。為栄追遠の私情黙止する能わざる所以なり。伏して冀《こいねが》わくば四男道久を以て若江家をして再び華族に列せられ、在公以下の霊をして永く廟に血食せしめ、九泉の下共に国家至仁恩沢に浴するを得る時は、唯為栄一身の栄のみならざる也。殿下幸いに為栄の微情を察し、後堀川(河)・後水尾二帝の叡慮に基づき、血族を以て家名継承仕らせ候様御評議成し下されたく、誠惶誠恐昧罪懇願仕り候。為栄頓首再拝。

と願い出ているが、具体的には若江家が華族となった場合、その体面を維持するための財産については、旧祇候《しこう》先である伏見宮家と協

議したうえで五条家よりそれに見合う財産分与をし、桓武平氏の末裔で、菅原姓ではない範忠とその一家については評議のうえ、異議の出ないようにしたい、と書き添えている。維新前に五回、維新後にも数回の身分昇格運動を確認できるも、結果は列華族・授爵は行われないままであり、範忠は二十二年十二月に六十三歳で死去。実子文雄が相続するも、同人が華族昇格運動を起こしたかは不明。

典拠　「押小路実潔書翰」（「三条家文書」）、「若江家家産ノ件願書」（同）、松田敬之「明治・大正期　京都官家士族の動向に関する一考察―華族取立運動と復位請願運動を中心に―」（『京都産業大学日本文化研究所紀要』六）、同「近世期　宮方・摂関方殿上人に関する考察―「若江家所蔵文書」を中心に―」（『大倉山論集』四九）、同『次男坊たちの江戸時代―公家社会の〈厄介者〉―』

→若江量長

若江量長　わかえ・のりなが

一八一二―七二

旧伏見宮殿上人

①明治三年九月二十七日（不許可）

元伏見宮殿上人《てんじょうびと》。京都府士族。前掲若江範忠《のりただ》の養父。堂上《とうしょう》公家の錦小路頼理《よりただ》の三男で、文政七年（一八二四）先代公義《ひろよし》の養子となり、同年閏八月従五位下に叙せられ、翌年三月元服し、さらに院昇殿《いんのしょうでん》を聴された。官は越後権《ごんの》介《すけ》・弾正少弼《しょうひつ》を経て修理大夫に任ぜられる。天保十三年（一八四二）十二月従四位上に昇り、元治元年（一八六四）五月には諸陵寮《しょりょうりょう》の再興に伴い諸陵頭《かみ》を兼任して、慶応元年（一八六五）までつとめた。量長は院昇殿も聴された身ではあったが、『朝彦《あさひこ》親王日記』慶応元年十一月十六日・二十三日・十二月四日・十七日・二十一日の各条によれば、伏見宮出身の中川宮（のち賀陽宮《かやのみや》・久邇宮《くにのみや》と改号）朝彦親王に働きかけ、堂上への昇格・取立を願い出ているも叶わず、六位蔵人《くろうど》への就任の例を与えることが関白二条斉敬《なりゆき》らとの協議で決まっている。六位蔵人の首座である極臈《きょくろう》を自身で三回、または父子孫の三代にわたって勤仕すれば正式に堂上への昇格となるため、少なくとも若江家がこののち堂上になる可能性も否定できなかったが、王政復古とともに蔵人所が三年に廃止になり、蔵人そのものが廃職となるとその途は絶たれてしまっている。その後、『太政類典』所収「宮華族幷旧官人以下一般禄制ヲ改正ス」によれば、明治三年（一八七〇）九月二十七日の段階で従三位壬生輔世《すけよ》・正五位壬生明麗《てるつら》・従五位（明治元年閏四月二十一日付で従四位に叙されているので誤り）藤島助胤《すけたね》・正六位藤島助順《すけのぶ》・同細川常《つね》典《のり》とともに従四位若江量長に対して、「右終身華族の列にお加え、高百石宛《ずつ》下さるべき哉」という問に対して、「華族列加えられず、位階その儘。士族一代物を賜い、出面の通り」との回答があり、当初旧伏見宮殿上人たる若江家と、旧六位蔵人の壬生・藤島・細川の諸家を終身華族への編列についても議されていた模様であるが、結局は位階は従来どおり保有させ、士族へ編入する方針が定められている。同年十一月十九日に諸大夫以下、地下官人らの位階が廃止となるなか、若江家は前述の壬生父子・藤島父子・細川と、神祇官人で伊勢神宮大宮司でもあった河辺教長《のりなが》らとともに思召により旧来の位階を帯びることを許されている。このうち左大史《さだいし》を世襲し、六位蔵人に補せられる家例で官務と称された小槻《おづき》姓壬生家のみは輔世が同年十二月二十日付で一旦終身華族となり、九年十一月二十五日付で永世華族への昇格を認められる。また、河辺家も明治五年五月十九日付で華族になり、両家は十七年七月の華族令公布に際しては男爵を授けられている。このことからも、「位階元の如し」とされたこれらの諸家は当初より華族候補となり得る家格と見なされていたとも推測される。若江量長は壬生輔世が終身華族となった日に士族へ編籍されたことが下橋敬長《しもはしゆきおさ》の『明治三庚午年私記』明治三年十二月二十日条にもみえるが、この後養嗣子の範忠もまた華族への昇格を求めて本家五条為栄《ためしげ》が他薦を行うも結局不許可となり、士族にとどまっている。

典拠　「宮華族幷旧官人以下一般禄制ヲ改正

ス」(『太政類典』)、『明治三庚午年私記』明治三年十一月二十六日条・十二月二十日条(京都府立総合資料館歴史資料課所蔵「下橋家資料」)、松田敬之「明治・大正期　京都官家士族の動向に関する一考察―華族取立運動と復位請願運動を中心に―」(『京都産業大学日本文化研究所紀要』六)、同「近世期　宮方・摂関方殿上人に関する考察―「若江家所蔵文書」を中心に―」(『大倉山論集』四九)、同「中・近世公家社会における家格上昇―地下官人より堂上への身分昇格運動―」(稲葉伸道編『日本前近代社会における下級官人の研究―真継家を中心として―』)、同『次男坊たちの江戸時代―公家社会の〈厄介者〉―』

→若江範忠

若槻礼次郎　わかつき・れいじろう

一八六六―一九四九

内閣総理大臣

①大正五年七月一日（不許可）

元大蔵大臣・貴族院勅選議員

②昭和五年十二月二十九日（不許可）

③昭和六年四月一日（許可）

元内閣総理大臣・貴族院勅選議員

旧出雲国松江藩士出身の大蔵官僚・政治家。旧姓奥村、のちに叔父若槻敬の養子となる。明治二十五年(一八九二)七月帝国大学法科大学法律学科を主席で卒業後、同月大蔵省試補となり官房第二課に勤務。以後、愛媛県収税長・大蔵書記官兼大蔵省参事官・同省主税局内国税課長・同省主税局長などを経て、三十九年一月大蔵次官。四十年四月に次官を辞して英仏駐在の帝国政府特派財政委員となり、四十一年七月再度大蔵次官に就任。四十四年八月に貴族院勅選議員となり、翌月に依願免官。四十五年六月錦鶏間祇候《きんけいのましこう》となるも、大正元年(一九一二)四月に第三次桂太郎内閣で大蔵大臣に就任。十三年六月には加藤高明内閣で内務大臣、十五年一月には内閣総理大臣となり昭和二年(一九二七)四月に総辞職し前官礼遇を賜った。五年一月からはロンドン海軍軍縮会議の首席全権として列席した。授爵については大正五年よりみられ、『大正初期　山県有朋談話筆記／政変想出草』によれば、

七月一日波多野宮相来訪、近来岡前陸相の病気甚だ不良なる為日独戦役の功に依り恩賞の義至急取運ぶの必要を生じたりとて、右岡中将を初めこれに関与したる長谷川参謀総長、島村軍令部長、神尾司令官、加藤艦隊司令官、八代前海相、加藤前外相及び若槻前蔵相等の授爵昇爵の件を齎《もた》らし予が意見を求めたり。元来予は日独戦役に付いてはこれを日露戦役と同視するの不理なるを思うが故に、頭初参謀総長または陸相等の行賞に付いても日露事件と比すべからざることを主張せしが、既に海軍側との権衡もありとの事故、この点は暫く固執せざるも、右宮相の齎らしたる詮議中に大隈首相に対する行賞なきは甚だその意を得ず。将又《はたまた》今回日露協商も成立に至りたることなれば石井外相、本野《もとの》大使をも加え同時に詮議ありて然るべく、猶また若槻前蔵相の事に関しては僅かに国庫剰余金より臨時事件費を支出したるに止まり、これが為授爵の恩賞あるはその理由甚だ乏しきが如し。かくの如く一方に於いては将に恩賞あるべくしてこれを脱し、他方に於いては恩賞の理由なくしてこれを与えんとするが如きは決して君徳を補翼し奉る所以にあらず。宮内大臣たるもの深く思いを致さざるべからざる旨を訓め、尚事急速にして深く審議するの暇なかりしとの事なれば、先ず急施を要すべき岡前陸相の分のみを発表し、他は徐ろに審査すべき旨を

若槻礼次郎

忠告し置けり。

とみえ、山県が大隈内閣の閣僚や、軍高官に対する陞・授爵について意見を述べている。山県の考えによれば、第一次世界大戦における日独戦役の軍功は日露戦争とは同列視できず、それに対する栄典授与には慎重であるべきというものであるが、重病である岡のみは授爵を先行審査して執り行うべきであるとしている。元老山県の意見が容れられたためか、岡は七月六日付で男爵が授けられ、長谷川らもその他の候補者も結局同月十四日付で陞・授爵が行われるが、若槻のみは当時の大蔵大臣として国庫剰余金から臨時事件費を支出したのみであるとの山県の否定的意見もあり、授爵は行われていない。昭和期に入っても同人への授爵は企図されており、『牧野伸顕日記』昭和五年(一九三〇)十二月二十九日条には、

宮内大臣より幣原代理よりの内交渉として、ロンドン条約に関する論功行賞の下相談の内話あり。若槻を男爵に、財部《たからべ》に菊花を、その他それぞれ擬賞ありとの事なり。何れその内改めて表向きの申し出あるべしとの事なり。

と内閣総理大臣臨時代理であった幣原喜重郎がロンドン海軍軍縮会議において主席全権委員であった論功行賞として、若槻へ男爵、財部彪《たけし》へ大勲位菊花大綬章《だいじゅしょう》叙勲をと運動していることが窺われる。また、『授爵陞爵申牒書類』および『授爵録』(昭和二～十九年)によれば、

昭和六年四月十日付で内閣総理大臣浜口雄幸より宮内大臣一木《いちき》喜《き》徳郎《とくろう》宛で授爵を申牒。

従三位勲一等若槻礼次郎は別紙功績調書の通り功績顕著なる者に付、左の通り授爵の儀詮議相成りたし。

として「功績調書」を添付。調書には、

右者明治二十五年七月大蔵省試補《しほ》に出仕以来、累進して大正元年及び同三年に再度大蔵大臣に親任せられ、大正三四年に際しては大蔵大臣として戦時財政の要衝に当たり画策、その宜しきを得、その功に依り旭日大綬章を授けられ、同十三年には内務大臣として衆議院議員選挙法の改正に心血を注ぎ、所謂普通選挙制度の確立に偉功を樹て、また同十五年一月には内閣総理大臣に親任せられ、大正・昭和の交に内閣の首班として大政を燮理《しょうり》し、昭和二年四月依願免官と同時に特に前官の礼遇を賜り、翌三年十一月大礼に際しては多年国事に尽瘁《じんすい》したる功労に依り旭日桐花大綬章を授賜せらる。次いで這般《しゃはん》倫敦《ロンドン》に於いて海軍会議開催せらるるや全権委員仰せ付けられ、主席全権として会議に列し、克《よ》く樽俎《そんそ》の間に折衝し、措置機宜に適し、遂にその任務を達成し、世界の平和及び人類の福祉増進に寄与したる功績洵《まこと》に顕著なるものあり。

と記されている。すでに若槻授爵に関しては新聞各社でも情報を得ていたと思われ、『東京朝日新聞』昭和六年四月一日朝刊によれば「若槻氏の授爵に宮内省難色／外相園公訪問の使命」の見出しで、

幣原外相は二日午前西園寺公を興津に訪問し、議会の経過、浜口首相その後の健康状態良好につき報告。更に政府今後の諸般の施設、殊に三大調査会の設置に関し説明、日支治外法権交渉問題に関しても報告、諒解を求めるはずであるが、この外更に目下極秘のうちに選考を重ねつつあるロンドン会議の行賞、特に当時の全権たりし若槻礼次郎氏の授爵問題に関して諒解を求めるとの事である。則ち政府はロンドン会議の論功行賞に付、竊《ひそ》かに外務当局に調査立案せしめており、外務当局は内々宮内省側の意見を探りつつあったが、宮内省側では政府側の希望たる若槻氏の男爵授与については単にロンドン会議の行賞としては反対の模様にあり。宮内省側のいう所によれば、パリ講和会議の時は特に画時代的の事件として当時関係した二三氏に対し授爵の行賞があったが、その後ワシントン会議の時は何等授爵の行賞がなかった。今回のロンドン会議の如きものに授爵する事となれば、今後かかる会議はしばしば行われ、

従って授爵が濫発される事となるからこれは大いに慎まねばならぬとなしている。然し政府としては是非この際その功労に酬ゆるため若槻氏を男爵たらしめたい希望の下に今更宮内省側の諒解を求めつつあるが、解決困難の模様にあるため、いよいよ西園寺公にも諒解を求め、ロンドン会議の論功行賞が不可とするならば、若槻氏のこれまでの総括的功労に対してでも希望が貫徹する様懇談するはずであるという。

と報じ、今後も条約締結などの外交上の功績での授爵数が多くなると濫発のきらいもあることから、若槻への授爵に宮内省が難色を示しているとの見解を述べている。政府側が同人授爵を強行しようとし、元老西園寺への諒解を求めているとするが、これは『西園寺公と政局』所収「原田熊雄メモ」にも同年四月七日に「若槻の授爵(宮内大臣)」と記されており、授爵については直前まで政府・宮内省双方の駆け引きの中で実施されたことが窺われる。結果、政府側の意向が通り、昭和六年四月十一日付で男爵が授けられている。

典拠　伊藤隆編『大正初期 山県有朋談話筆記/政変想出草』)、『牧野伸顕日記』昭和五年十二月二十九日条、『授爵陞爵申牒書類』、『授爵録』昭和二～十九年、『東京朝日新聞』昭和六年四月一日朝刊、原田熊雄述『西園寺公と政局』別巻

和田豊治　わだ・とよじ

一八六一―一九二四

貴族院勅選議員

①大正十三年一月二十二日　(不許可)

旧豊後国中津藩士出身の実業家・政治家。明治十七年(一八八四)慶応義塾を卒業後、米国留学を経て日本郵船会社に入り、さらに三井銀行に転じ、以後実業界にあって多くの会社で社長や取締役、また政府の各種委員などをつとめた。これらの功績により同四十四年二月には藍綬褒章《らんじゅほうしょう》を受章し、大正四年(一九一五)十一月には正六位に叙され、同十一年二月二日から死去するまでの間、貴族院勅選議員をつとめた。また、同十二年二月には勅任待遇で内務省社会局参与にも任ぜられている。同人の授爵については、『倉富勇三郎《くらとみゆうざぶろう》日記』大正十三年一月二十二日条に見え、旧主家である奥平昌恭《まさやす》伯爵が倉富に対し、皇太子裕仁《ひろひと》親王(のちの昭和天皇)と久邇宮良子《くにのみやながこ》女王との婚儀・慶事に際しての授爵で、団琢磨《だんたくま》なども詮議中との風聞を引き合いに出し、旧藩士である和田授爵の後援運動をすることの是非について相談し、

　和田豊治は実業のことに付いては随分力を尽くしたる故、恩命を蒙ることを得れば仕合《しあわせ》なり。同人は先頃より病気なるが、胃癌には非ず。胃潰瘍なり。何とか工夫なかるべきやと云う。

と述べ、この奥平の相談について、倉富は国家に対する功績を詮議する場合は内閣より発議すべきである点を語り、その手続を踏むことを述べている。奥平は内閣より授爵候補者を宮内省へ提出するも、同省でこれを拒む可能性があるのではないかと危惧しているが、結局皇太子成婚にあたっての授爵は平山成信《しげのぶ》と北里柴三郎の両名のみであり、和田は選に洩れている。この後、同年三月四日に病死し、同日付で従五位・勲三等瑞宝章《ずいほうしょう》に叙される。

典拠　『倉富勇三郎日記』大正十三年一月二十二日条

和田彦次郎　わだ・ひこじろう

一八五九―一九三九

農商務次官

①明治三十九年一月七日　(不許可)

旧備後国双三《ふたみ》郡農家出身の官僚・政治家。『衆議院議員列伝』によれば、和田家は名字帯刀を許され、社倉頭取という名誉職をつとめる豪農であったとされる。幼少期に和漢洋学を修め、明治十三年(一八八〇)に大阪に移り同志とともに立憲政党を組織するなど、政治運動に身を投じる。二十七年からは衆議院議員となり、三十一年十一月には議員在職のまま農商務省農務局長に任ぜられ、ついで商工局長、

総務長官に進み、三十六年十二月より農商務次官。『読売新聞』明治三十九年一月七日朝刊に「文官の授爵」の見出しで、「日露戦争の功績に依りて、少将相当の各文官には近日中に授爵せらるる筈なるが、各省次官は何れも男爵に列せらるるならんと」と報じられる。この当時の各省次官で無爵であったのは、珍田捨巳《すてみ》(外務)・阪谷芳郎《さかたによしろう》(大蔵)・石渡敏一《いしわたびんいち》(司法)・木場《こば》貞長《さだたけ》(文部)・田健治郎《でんけんじろう》(逓信)と和田の計六名であったが、翌年九月二十一日に男爵となったのは珍田・阪谷・田の三名で、和田と木場・石渡の三名は不許可となり、こののちも授爵されずに終わった。同年八月に退官し、四十四年八月から死去するまで貴族院勅選議員をつとめた。

典拠 『読売新聞』明治三十九年一月七日朝刊

渡辺国武　わたなべ・くにたけ

一八四六―一九一九

大蔵・逓信各大臣

①明治二十七年二月十一日（不許可）

大蔵大臣

旧信濃国高島藩士出身の官僚・政治家。宮内大臣もつとめた後掲渡辺千秋《ちあき》の弟。明治四年(一八七一)に新政府に出仕し、民部省の庶務少佑や大蔵権中録・租税権大属・高知県権令・福岡県令などの諸官を歴任し、十五年には大蔵権大書記官や同省主計局長を経て、二十一年には大蔵次官に昇る。二十五年八月には第二次伊藤博文内閣で大蔵大臣として入閣し、さらに二十八年三月には逓信大臣、その後も第四次伊藤内閣で同じく蔵相をつとめた。『読売新聞』二十七年二月十一日朝刊によれば「授爵及陞爵に関する風説」の見出しで、

> 西郷菊次郎氏授爵の風説は今に始まったる話にあらず。氏はこれを畏れ多きことに思いて辞退の意をある人に申し出でし趣なれど、今回は丁度好機会なるにより、多分授爵の御沙汰あるべしという。尤も侯爵を授けらるるや否やは未だ定まらず。尚下級の爵を授くべしとの説ありと聞けり。また陸奥氏・芳川氏・渡辺氏等大臣たりし人に授爵あるべしとの説もあれど、かくの如くなりては、楠本正隆氏・山口尚芳氏等前元老院議官の連中にも授爵すべき人沢山あるにより、多分見合わせとなるべしというものあり。その他山内《やまうち》侯を公爵に、伊藤・山県・黒田の三伯を侯爵に陞せらるべしというものあれど、多分想像の説なるべく。また維新前後山陵奉行なりし故戸田大和守及び山陵御造営奉行たりし故渥見政同(旧名祖太郎)氏等の功労を追賞せられ、大婚祝典の当日、特旨を以て大和守の曽孫子爵戸田忠義《ただよし》氏に爵一階を進められ、渥見政同氏へは正四位を贈らるるとの噂は確かなる如くなるが、先ず何事も未だ確定したることなきが事実ならん。

渡辺国武

と報じられており、当時大蔵大臣として閣僚の一人であった渡辺への授爵の可能性についても触れられているが、誤報であったためか結局授爵されていない。そののち、二十八年八月二十日付で功績により子爵を授けられる。

典拠 『読売新聞』明治二十七年二月十一日付朝刊

→渡辺千秋

渡辺洪基　わたなべ・こうき

一八四八―一九〇一

貴族院勅選議員

①明治三十四年四月十六日（不許可）

旧越前国福井藩士の政治家・官僚・教育者。東京府士族。維新後は外務大書記官・太政官大書記官・元老院議官・東京府知事・帝国大学総長な

渡辺洪基

どを歴任、明治三十年(一八九七)十二月から貴族院勅選議員。『原敬日記』三十四年四月十六日条によれば「渡辺洪基授爵の事は尽力したるも六《むつ》かし、ただし叙勲叙位は取計済となれり」とあり、病床の渡辺の授爵に原が奔走していたことが明らかであるが、結局授爵は実現せず、翌月二十四日没。

典拠　『原敬日記』明治三十四年四月十六日条

渡辺千秋　わたなべ・ちあき

一八四三―一九二一

宮内大臣

①明治三十三頃（許可）

②明治三十三年二月十日（許可）

③明治三十三年五月五日（許可）

　宮内省内蔵頭

信濃国諏訪高島藩士出身の官僚・政治家。前掲渡辺国武《くにたけ》の兄。明治二年(一八六九)三月に伊《い》那《な》県庶務調方となり、以後同県権大属・准少参事と昇進。伊那県が筑摩県と合併するにあたり、筑摩《ちくま》県大属となり、さらに同県権典事・権参事となり、十年四月には鹿児島県大書記官、十二年七月には鹿児島県令《けんれい》に任ぜられた。十九年七月の地方官官制公布により鹿児島県知事となり、以後行政裁判所評定官や滋賀県知事・北海道庁長官を経て、二十五年七月に内務次官。二十七年一月からは貴族院勅選議員に就任。その後京都府知事となり、二十八年十月には宮内省に転じて内蔵頭《くらのかみ》に任ぜられた。さらに四十二年六月には宮内次官に昇進して内蔵頭・帝室林野管理局長官・枢密顧問官を兼ねた。同月貴族院議員を辞し、四十三年四月には宮内大臣に就任した。同人の授爵については、『東京朝日新聞』大正四年(一九一五)十月二十六日朝刊の「東人西人」欄に、

　岩倉公爵家で家財を競売したに関し、いろいろと珍談もあるが、これもその一つで家財を買った人の中に、渡辺千秋老が先々代の岩倉公に俺を男爵にして欲しいと希望した手紙を持っているのがある。それには脅迫的な文句があってみっともないから、一つ渡辺家に買い戻させようとの魂胆で、その人が渡辺老を知れるある歌人に話を持ち込んだ。その歌人は渡辺老の身の上を気の毒とせいぜい百円位なら買い戻させようと話をした処、千円が一文欠けてもイヤだと却々《なかなか》聞かないそうな。

と記され、岩倉具定《ともさだ》に授爵を自薦した手紙が同公爵家の所持であることが記されている。おそらくは明治三十三年頃のものと推測される。また、『授爵録』(明治三十三ノ二年)によれば、三十三年二月十日付で侯爵伊藤博文より、宮内大臣田中光顕《みつあき》宛で渡辺への授爵請願書が提出されている。

　右千秋儀、明治二十七八年の役大本営を京都に移さるるに際し、京都府知事を以て特に戒厳警防臨機処置の命を拝し、事態の容易ならざるに拘わらず能くその職責を尽くし、終に禍端を未萌《みほう》に鎖過することを得たるは、当時博文身内閣の首班をし大纛《たいとう》の下に扈従《こじゅう》し、親しく覩聞《とぶん》する所にして、勲績寔《まこと》に顕著なるものとす。前《さき》に広島県知事鍋島幹《みき》の勲功に依り特に華族に列せられたるに視れば、時期の長短ありと雖も千秋の功また同一の恩典に霑《うるお》うに於いて過当とせざるに似たり。茲《ここ》に本人の履歴を具し、敢えて千秋を以て特に栄爵を授け華族に列せられんことを請う。願わくは亟《すみやか》に詮議を加えて具奏し、以て聖断を仰がれんことを。右具申候也。

と記され、二十八年十月三十日付で男爵を授けられた鍋島幹の勲功と比較しても遜色ない

とし、日清戦争時における功績をもって渡辺の授爵を求めている。これに対して、同年五月五日付の宮内省当局側審査書類によれば、功労者詮衡に関する五つの規準中、第四の十年以上勅任官の職にありて功労の顕著なる者および在職未だ十年に満たずとも六年以上その職にあり特に録すべき功績ある者として渡辺が該当するとし、同月八日に裁可。翌九日付で授男爵。さらに、この後には四十年九月二十三日に子へ、四十四年四月二十一日には伯へ陞爵を果たしている。

典拠　『東京朝日新聞』大正四年十月二十六日朝刊、『授爵録』明治三十三ノ二年

→渡辺国武

渡辺半蔵　わたなべ・はんぞう

一八六四―一九二九

旧尾張国名古屋藩家老

①明治十一・十二年頃（不許可）
②明治十二～十六年頃（不許可）
③明治十五・十六年頃（不許可）
④明治三十年二月十五日（不許可）
⑤明治三十一年二月十日（不許可）
⑥明治三十三年五月五日（許可）

渡辺家は旧名古屋藩家老で旧禄一万三百石余を知行。半蔵は飛騨守綱倫《つなとも》のあとを相続。実名は綱聡《つなさと》。同家の華族昇格に関し、『爵位発行順序』所収「華族令」案の内規として公侯伯子男の五爵（左に朱書で公伯男の三爵）を設け、世襲・終身の別を付し、その内「世襲男爵を授くべき者」四項目中、第四項目に「旧藩主一門の高一万石以上の者及び高一万石以上の家臣」を挙げている。同案は明治十一（一八七八）・十二年頃のものと推定されるが、この時点では旧幕時代に一万石以上を領していた渡辺家は男爵に列すべき家として認知されていたと思われる。同じく前掲『爵位発行順序』所収「授爵規則」によれば「男爵を授くべき者」として、七項目中、第四項目に「旧藩主一門の高一万石以上の者及び高一万石以上の家臣」が挙げられている。前記資料とは異なり、この案は十二年以降十六年頃のものと推測されるが、こちらでも万石以上陪臣として、渡辺家は世襲華族として男爵を授けられるべき家とされていた。また、十五・十六年頃の作成と思われる「三条家文書」所収「旧藩壱万石以上家臣家産・職業・貧富取調書」によれば、旧禄高一万三百三十一石余、所有財産は金禄公債一万三千十円、秩禄公債三百二十五円、越業公債三百円、百三十四国立銀行株券七百株、地所二十町四反一畝十五歩、職業は農、貧富景況は空欄となっているが、当該時期には万石以上陪臣の華族編列そのものが実施されなかったため、同家も士族にとどまる。その後も同家の授爵運動は継続されており、『授爵録』（明治三十年）によれば、三十一年二月十日付宮内省当局側審査書類「華族班列ノ請願及詮議件伺」中に細川忠穀・伊達基寧・浅野忠・種子島守時と渡辺半蔵の審査を行なっており、

　右は孰《いず》れも華族に列せられたき旨出願相成り書面取り調べ候処、左に列記の通りその功績を以て優班に列すべき価値なきに依り願書詮議に及ばれ難きものとし、書類はその儘爵位局に保存し然るべし。

として渡辺家に関しては、

　右家は尾州徳川侯爵の藩老にして禄一万五千石を食《は》む。その祖父綱倫元治元年七月藩主の命を奉じ入京。公卿門を戍《まも》り、転じて南御門前を警衛す。九月十三日死す。その子綱聡家督を続く。実に一歳なり。以上の事蹟に徴すれば、その祖父入京衛戍《えいじゅ》の外、維新の際当主幼少にして何等の勲功を立てる能わず。従って録すべき功績なきに付、詮議に及ばれざるものとす。

として、綱倫には功績があるも、その後当主となった半蔵綱聡はわずか一歳の幼児で維新には何の功績もないとして詮議は不必要と断じている。また添付の「旧万石以上倍臣（陪）」として渡辺半蔵の項に明治三十年二月十五日にも旧臣総代が華族への編列を求めて請願したと記載している。さらに『授爵録』（明治三十一年）によれば、三十年二月十五日付で旧臣総代渡辺八之進柴山鉶一郎ら以下計百八名より「渡辺

半蔵ヲ華族ニ列セシメラレ度請願書」が宮内大臣土方久元宛で提出されている。これには、

愛知県名古屋市市場町士族渡辺八之進等頓首再拝。謹みて宮内大臣伯爵土方久元閣下に請願す。その請願の要は我が旧主として事《つか》えたる現愛知県士族渡辺半蔵義家格優超にして、皇室の寵遇を被るべきものと信ぜらるるに付、これを華族に列せしめられんことを請うにあり。今その理由を左に陳述せん。謹みて惟《おも》うに、今上英邁聡明の資を以て聖謨《せいぼ》を恢宏《かいこう》し、皇猷を顕揚し恵撫生養到らざる所なく、特に臣民中、皇業を翼賛し国家に功績ある者若しくはその祖先皇室と系由して帯礪の沢を被るを得べき者等は爵位を賜り華族に列して、以て寵光を明らかにし、有礼を秩し、而も臣民の忠良を励まし給う。臣民易ぞ感激驚鈍を鞭ちて君国に身を致さざらんや。かくの如き昭代に於いて我が旧主として事えたる現愛知県士族渡辺半蔵がその寵光を荷うことを得ざるは何ぞや。半蔵祖先未だ帯礪《たいれい》の沢を被ることを得べき者なるが故に半蔵は華族に列せらるるの寵光を荷う得べき者なることは某等の深く信じてこれを疑わざる所なり。今試しに渡辺家系を稽うるに祖先は遠く嵯峨天皇に系由し、融《とおる》初めて源姓を賜り左大臣に任ず。綱《つな》の代に至り氏を渡辺と称し頼光《よりみつ》に仕い、羅生門の古事史上光彩を添えて歴々たり。後守綱《もりつな》は徳川家康旗下の十六将中に加えられ、各地の戦闘に奏功赫々《かっかく》たりしを以て大いに家康より殊待せられ、家康がその子義直《よしなお》を尾張に封ずるに際し、これに守綱を付属せしめし所以もまた実に家康の台命有礼を秩したるに外ならず。飛騨守綱倫の代となるや長藩禁闕《きんけつ》を犯す。綱倫朝命を奉じて禁裏公家御門及び南御門を守衛し奉り居りしに不幸にして死せり。これより先綱倫に天盃を賜うの内命ありしに綱倫病臥の為これを辞し奉り、終《つい》に逝去したるを以てその龍寵を拝受するを得ざりしは大いに綱倫の為に惜しまざるを得ざる所とす。渡辺家系概要はかくの如くなれども、その詳らかなるは添えて別冊にあり。希《こいねが》わくは参看あらんことを。前に挙ぐる渡辺家系に拠りてこれを考うるに、既にその祖先は皇室に系由して帯礪の沢を被るを得べき者なるにも拘わらず、維新の際一般名古屋藩士として士族に編入せらるるに止まりて、皇室の屏翰たるに得ざるは旧臣等の深く遺憾とする所にこれあり。抑も華冑優秩を以て国家の一大瞻望なりとせば、半蔵の如き者をして華族に列せしめ、その祖先に帯礪の沢を被るを得せしむるは啻《ただ》に国家に一の瞻望《せんぼう》を増すのみならず、また臣民をして忠良を励ますの道に合うものと謂うべきなり。これ等今閣下に向こう半蔵を華族に列せしめられんことを請う所以のものも、また実に私を棄て公に殉《とな》うの微心に外ならず。豈某等半蔵と旧主従の故を以て斯《か》く言うに至れるものにあらず。伏して冀《こいねが》わくは閣下細に事情を洞察稽査《けいさ》せられ半蔵を華族に列せらるるの特典を賜る事に奏請あらんことを謹みてこの段請願奉り候也。

と記され、渡辺家が嵯峨天皇を祖とする由緒ある家系であり、また幕末期の当主綱倫(従五位下・飛騨守)は禁裏御所の警衛にもあたり天盃を賜る恩命も蒙ったほどの功績があると主張し、旧主家の授爵を願い出るも不許可。さらに『授爵録』(明治三十三ノ一年)所収の三十三年五月五日付立案の書類によれば、

右は旧藩一万石以上の門閥にして、何れもその所属藩主の一門または家老たり。平生数百の士卒を養い、有事の時は将帥と為り手兵を提《さ》げ、出でて攻守の任に当たり、無事の時は入りて執政と為り民政を総管する等恰《あたか》も小諸侯の如し。而してこの輩は封土奉還の日何れも士族に編入せられたるも、仍《なお》巨多の資産を有して旧領地に住し、その地方人民の推重せらるるを以て自らその地方人民の儀表と為り、勧業または奨学等公益に資すること少な

からず。その門地は以て小諸侯に譲らず。
その資産また門地を維持するに足るもの
と認むるに因り前掲の通り授爵の恩典あ
らんことを奏上せらるべきや。

とあり、渡辺家は門地を維持するだけの資産も有していると認められ、同年五月九日付をもって男爵が授けられる。半蔵自身には功績がないとの理由で却下されたはずであるが、この間、万石以上陪臣への授爵方針に多少変更があったとも推測される。

典拠　『爵位発行順序』、「旧藩壱万石以上家臣家産・職業・貧富取調書」（「三条家文書」）、『授爵録』明治三十年・三十一年・三十三ノ一年

渡　正元　わたり・まさもと

一八三九―一九二四

貴族院勅選議員・錦鶏間祗候

①大正四年七月（不許可）

②大正七年十一月二十三日（不許可）

元広島藩士出身の官僚・政治家。維新後、大阪外国官事務所出仕となり、明治二年（一八六九）七月よりフランスへ留学。留学中、四年三月には陸軍兵学寮出仕を命ぜられ、七年七月帰朝。翌月に陸軍省七等出仕となり参謀局第一課勤務、さらに同年十二月陸軍少佐に任官。陸軍兵学寮幼年学校次長を兼任。十年一月太政官少書記官となり法制局専務。十二年十一月太政官権大書記官に任ぜられ、軍事部主事などをつとめた。以後、太政官大書記官・参事院議官補・同議官・元老院議官などを歴任。二十三年九月には貴族院勅選議員となり、翌月元老院の廃止とともに錦鶏間祗候《きんけいのましこう》を仰せ付けられた。「授爵之儀申請（渡正元）」によれば大正四年（一九一五）年七月付で旧主である侯爵浅野長勲《ながこと》より内閣総理大臣大隈重信宛で別紙履歴書を添付して他薦。

渡　正元

右は旧芸藩出身者にして、夙《つと》に勤王の志
深く、明治維新の際、その功労少なから
ず候に付、特に授爵の恩命に浴せしめ給
わらんことを懇願に堪えず。

とみえるも授爵は却下されている。また、『原敬日記』大正七年十一月二十三日条によれば、

参集所にて石原宮内次官、波多野宮相に
代りて（宮相病気）内談に、前内閣より授
爵の件に付申出あり（高橋新吉、園田孝吉《こうきち》、
益田孝《たかし》、前田正名《まさな》、渡正元、江川太郎左
衛門）。然るに前内閣の末路にてそのまま
となりおりし。

とみえ、第二次大隈内閣時に授爵が検討されており、再度この時点で検討された模様であるがこれは結局却下され、その後も授爵されずに終わっている。

典拠　「授爵之儀申請（渡正元）」（宮内庁宮内公文書館所蔵）、『原敬日記』大正七年九月二十七日条・十月十七日条・十一月二十三日条

亘理胤正　わたり・たねまさ

一八七八―一九二九

旧陸奥国仙台藩一門

①明治十一・十二年頃（不許可）

②明治十二〜十六年頃（不許可）

③明治十五・十六年頃（不許可）

④明治三十三年五月五日（不許可）

旧仙台藩一門で旧禄二万二千六百石を知行し、明治二年（一八六九）に伊達より亘理姓に改める。胤正は父胤元《たねもと》が十五年八月に死去したのち、家督を相続。維新後は養鶏業など農事改良に尽力し、また大正四年（一九一五）三月の第十二回衆議院議員総選挙に立候補して当選している。同家の華族昇格に関し、『爵位発行順序』所収「華族令」案の内規として公侯伯子男の五爵（左に朱書で公伯男の三爵）を設け、世襲・終身の別を付し、その内「世襲男爵を授く

亘理胤正

べき者」四項目中、第四項目に「旧藩主一門の高一万石以上の者及び高一万石以上の家臣」を挙げている。同案は明治十一・十二年頃のものと推定されるが、この時点においては旧幕時代に一万石以上を領していた亘理家は男爵に列すべき家として認知されていたと思われる。同じく前掲『爵位発行順序』所収「授爵規則」によれば「男爵を授くべき者」として、七項目中、第四項目に「旧藩主一門の高一万石以上の者及び高一万石以上の家臣」が挙げられている。前記資料とは異なり、この案は十二年以降十六年頃のものと推測されるが、こちらでも万石以上陪臣として、同家は世襲華族として男爵を授けられるべき家とされていた。また、十五・十六年頃の作成と思われる「三条家文書」所収「旧藩壱万石以上家臣家産・職業・貧富取調書」によれば、旧禄高二万二千六百石、所有財産および職業は空欄。貧富景況は可とするも、当該時期は万石以上陪臣の華族編列そのものが実施されなかったため、同家は士族にとどまる。さらに『授爵録』(明治三十三ノ一年)所収の三十三年五月五日付宮内省当局側審査書類によれば、旧藩主一門および万石以上家老の授爵詮議で浅野哲吉ほか二十五名が挙げられ、同月九日付で全員男爵を授けられているが、その但書に、

但し旧藩一万石以上と唱うる家は四十八家あり。然れども明治四年辛未禄高帳(大蔵省記録)及び藩制録(大蔵省記録)又は府県知事より徴収したる現在所有財産高を照査し、その旧禄高一万石以上判明せしものにして、猶且つ五百円以上の収入を生ずべき財本を有すること精確なるもの先づ二十五家を挙ぐ。余の二十三家は他日調査完結又は資産を有するに至りたるときに於いて御詮議相成るべきものとし、左にこれを掲げて参考に資す。

としたうえで、亘理胤正を含めて二十三家が挙げられている。これによれば、亘理家は「旧禄高壱万石以上と唱うるも大蔵省明治四年辛未禄高帳記載の高と符合せざるもの又は禄高帳に現米を記載し旧禄高の記載なきに因り調査中のもの」十二家のなかに分類されており、表高は二万二千六百石でありながら、石川小《いしかわこ》膳《ぜん》・伊達宗充《むねみつ》・留守景福《るすかげよし》・茂庭敬元《もにわのりもと》らと同様、現石五十八石五斗とされており選に洩れている。

典拠　『爵位発行順序』、「旧藩壱万石以上家臣家産・職業・貧富取調書」(「三条家文書」)、『授爵録』明治三十三ノ一年

その他

大阪府南河内郡誠忠志士の遺族

人物不詳・生没年不詳

①昭和三年頃（不許可）

大阪府南河内郡史跡研究会より内閣総理大臣田中義一宛で同郡内の一名への授爵を請願。『授爵陞爵申牒書類』によれば、年月日不記載の「情願」として「今回御大典の盛儀に際し、大阪府南河内郡誠忠志士の遺族に対し、特に授爵の恩典に預からんことの御尽力を情願す」と請願。その理由として、

　本郡は我が国古代文明の中心地にして皇室との関係甚だ深くして、且つ郡民の多数は神別に非ざれば皇別の遠孫にして、皇室を尊崇するの念従って強し。彼《か》の大化の革正《かくせい》に重大なる関係ある蘇我大伴石《そがのおおとものいし》川麿《かわまろ》は旧名石川郡大伴村の住人に非ずや。下を建武中興に於ける楠公《なんこう》一族の尽忠及び斯《か》く有らしめたる本郡志士の後裔あるも、何れも確証判明せざる為か他県には授爵の恩典に預かりしものあれども、本郡民には一人の恩典に裕（浴）せしものなく、近くは明治維新の先駆をなしたる天誅組に至りても、奈良県には男爵拝受のもの有れども、本郡には一人も無し。斯《か》く数え来たるときは我が国有史以来の三大国難には必ず誠忠の士出でたるにも拘わらず一人の恩典に裕（浴）せしもの無きは不可思議と言う可《べ》し。彼の天誅組《てんちゅうぐみ》代表的誠忠者として授爵の恩典に裕（浴）せし奈良県北畠氏の如きは実に大逆無道の士にして、共に天を載（戴）く可き人間に非ず。天誅組の志士大和鷹（高）取城を攻むるや徳川幕府大いに驚き、付近各大小名にこれが討伐を命じたり。仲にも摂州尼ヶ崎城主桜井氏は林猪七郎に視察方を命じ、或時は軍の内容を視察せしむ。林猪七郎は直ちに大和鷹（高）取城に密行したり。偶《たまたま》伴林光平《ともばやしみつひら》とは歌道の子弟関係あるを以てこれに事寄せ身方の如く装い、以て陣中に入り軍の内容を視察し、且つ伴林光平に面会し、最も親切らしく幕軍の手配り等を語りたりと。その時光平は案じくるるな大丈夫と答えたり。共にその議に与りし光平の門人北畠氏は密かに歌の友なる林猪七郎に軍の内容及び機密を明らかに告げ、己は重要書類と軍用金とを合わして持ち逃げ、以て戦友を死地に毀れ、また恩師伴林光平の所在を幕吏に告げ、以て捕らわしめたり。斯くの如くして恩師を殺し、己の身の安全を謀りたり（軍用金の持ち逃げせし件は昨年秋大阪毎日新聞紙上に伴林光平の記事中にこのことを発表せり）。終に死の難を逃れたり。而して明治の聖代となるや天誅組の誠忠社界の認むるに至りたれば、己は相当なる位置ある任官を利用し、代表的無二の忠臣の如く装い、前に持ち逃げたる書類中自己に有利なるものを発表し、授爵の恩典に裕（浴）せしものにして、上は天皇を詐り奉り下一般臣民を欺きたる実に怨む可き不忠不義の士なり。然れども本郡の有志は事皇室に関する重大事件なるを以て涙を呑んで今日迄黙せる所以なり。乞う唯我等の閣下に訴えんとする処は彼の爵位褫奪を願うに非ず。この一大盛典に際し本郡民中より一人なりとも授爵の恩典に裕（浴）し、以て本郡の歴史を表彰せられんことを特に閣下に仰ぎたる所以なり。

と述べ、「参考」として、

　適当者の一人として本会の調査に依るときは、今回大阪府南河内郡教育会より維新の志士として贈位申請なせし仲余慶氏は本郡屈指の歴史ある家にして、且つ遺族の人格（社界教化の熱心家としてその筋より叙位の申請なしたりと聞く）と共に最も適当と認むれども、猶他の方面につき充分の調査を乞う。

として、昭和天皇即位大礼の慶事に際して同

郡より一名の授爵を請願。その対象者として仲余慶を候補者として挙げているが、結局不許可に終わる。

典拠　『授爵陞爵申牒書類』

梶田亀三郎他薦の人物

人物不詳・生没年不詳

①大正十年三月十四日　(不許可)

「叙爵ニ関シ請願ノ件照会」によれば、宮内省当局側の大正十年(一九二一)三月十四日立案・同月二十五日決済の書類に「叙爵の件に関し別紙の通り梶田亀三郎より請(願脱)これあり候処、貴寮御意見承知致したく、この段照会に及び候(致し脱)也」「追って別紙書類は御回報の節御返し候たく相成りたく候」という宮内省罫紙一枚のみで、誰が授爵および叙位の対象者であるのかが不明。推薦者である梶田亀三郎についても不明。

典拠　「叙爵ニ関シ請願ノ件照会」(宮内庁宮内公文書館所蔵)

→室井国氏他薦の人物

旧伊勢神宮内宮外宮神主家

人物不詳・生没年不詳

①明治二十三年頃　(不許可)

②大正三・四年頃　(不許可)

『授爵録』(追加)(明治十五～大正四年)所収「内宮外宮旧神官十八家等族籍ニ関スル件」という年月日不詳資料による。同資料は旧神官家の授爵に関する私見を綴ったものであり、「内宮外宮旧神官十八家」については、維新後他姓を養子にした者もおり「神系」が断絶した家、無嗣絶家となった家、落魄《らくはく》・流離しついには失踪した者もおり、家名の維持が困難である者もいるとしたうえで、すでに沢田・松木両家が華族となり、内外両宮とも神主家はすでに名門保存の栄典を与えられているとし、「故にこれ等の家は銓衡を要する迄もなく排斥して可なるものと思考す」と結んでいる。該当家は久志本《くしもと》・檜垣《ひがき》などを指すと考えられる。また、文中に沢田家がすでに華族に列しているとあることから、明治二十三年(一八九〇)八月二十七日以降に作成されたものと推定される。また、「諏訪頼固他授爵請願書」によれば、「神宮旧神官ニ対スル小案」として、

神宮旧神官の中、大宮司河辺教長《かわべのりなが》は明治四年神宮の制度改正の際を以て華族に列せられ、荒木田《あらきだ》・度会《わたらい》両姓の中に於いても度会姓の中より松木美彦《よしひこ》は十六年を以て、荒木田姓の中より沢田幸一郎は二十一年を以て特に華族に列せられ男爵を授けらる。今明治維新の後、神社に奉仕し、その祭神と深き由緒を有する祠官の名門として知られたる者にして、既に華族に列し男爵を授けられたる者を列挙すれば神宮旧神官たる河辺・松木・沢田三氏の外、出雲の千家《せんげ》・北島両氏、住吉の津守《つもり》氏、日前の紀《きい》氏、日御碕《ひのみさき》の小野氏、宇佐の到津《いとうづ》・宮成《みやなり》両氏、阿蘇の阿蘇氏、太宰府の西高辻《にしたかつじ》氏、彦山《ひこさん》の高千穂氏あり。然れども同一の地に於ける祠官中より三人の受爵者これありしは独り伊勢の旧祠官あるのみ。故に他の神社に関係ありし名門にして、荒木田・度会両姓と略々《ほぼ》同格なる者既に受爵したりというを理由として必ず同一の恩典に浴せんとの主意は未だ許すに妥当を以てすべからざるものなり。且つ荒木田姓に置いて沢田氏と同格なりと称する者には薗田・藤波・世木《せき》の三氏あり。度会姓に於いて松木氏と同格なりと称する者には久志本・檜垣の両氏あり。若《も》しその一に授爵するとせば、以上五氏に対して同時に同一の待遇を与うるの外なし。かくの如きは今日に於いて更に考慮を加うべきものなるべしと信ず。殊に荒木田・度会両姓共にその歴世中特に認むべきの功労ありし者も殆どこれなきを以てこの際特に詮議すべきの限りにあらざるやと存せらる。

とみえ、薗田・藤波・世木・久志本・檜垣の五氏についての処遇について述べられている。同資料は宮内省罫紙の下部に(大四)と印刷されており、おそらく大正三(一九一四)・四年頃に作成されたものと推定されるが、この後もこの五氏は授爵されずに終わっている。

典拠『授爵録』(追加)明治十五〜大正四年、「諏訪頼固他授爵請願書」(宮内庁宮内公文書館所蔵)

旧華族

人物不詳・生没年不詳

①明治四十三年九月二十四日（不許可）

②大正五年七月十七日（不許可）

『山県有朋関係文書』所収の明治四十三年(一九一〇)九月二十四日付「渡辺千秋《ちあき》書翰」によれば、

旧華族陞爵の案件、その後維新当年に遡り、逐一内密調査仕り候処、頗る明確に立ち到り候。今日迄は人々の押当て推量に止まり、俗に申す目分量に御座候間、比較銓衡の提論その肯綮《こうけい》に当たらざるものこれあるべき様相見え候事に御坐候。ただ軽々用意着手仕り難き事と窃かに信じ候次第に御座候。いづれ御上京御都合の頃合いを以て、首相と共に御聞取も願い上げ候上、前途の方針内定仕り置き候必要御座候事と存じ奉り候。お含み置き願い上げ奉り候。

とあるも、書翰中の「旧華族」が旧堂上《とうしょう》公家・旧大名華族のいずれを指すのか、また両者を含むのかも不明。ただし、同時期(明治四十四年四月二十二日)に旧水戸藩主の徳川圀順《くにゆき》の侯から公への陞爵が申請されたことが『渡辺千秋関係文書』所収「土方久元書翰」にみえ、徳川侯爵の陞爵に関する内容とも思われる。また、『桂太郎関係文書』所収の四十三年九月二十三日付「渡辺千秋書翰」には、

兼ねて宿題たる旧華族陞爵の件、これ迄はただ(目分量)の議論のみにて、その実質を捕捉し得るべきもの御座なき様相感じ候間、維新当年に遡り一々取り調べ候間、稍《や》々《や》権衡等明瞭相成り候間、近日瀏《りゅう》鑑《かん》に供し奉るべく存じ奉り候。去りながら容易軽々しくはなかなか手を付けかね候事態に御座候様愚考仕り候。

とみえ、この当時、内閣・宮中において旧華族の陞爵に関する調査が行われていたことは明らかである。さらに大隈重信に宛てた大正五年(一九一六)七月十七日付「土方久元書翰」によれば、

前日は勲爵共御昇迄重畳賀し奉り候。早速御歓びに参上仕るべきの処、御多忙の趣に付、態《わざ》と差し扣《ひか》え申し候。孰《いず》れ近日参上万々御意を得るべく候。先般御内談申し上げ置き候旧華族の人に昇爵の義、閣下御在職中にこれ無く候ては終に運び難き義と存じ候。御心配願い上げ候。

と書中にみえる。これも旧堂上華族・旧大名華族のいずれを指すのか、また両者を含めるのかが不明であるが、大隈の首相在職中でなければ実現が困難であるとみえることから、大正四年に陞爵の請願をしたり、新聞紙上で噂になっている旧主である旧佐賀藩主の侯爵鍋島直大《なおひろ》か、旧鹿島《かしま》藩主の子爵鍋島直縄《なおただ》を指すか。また、土方書翰の追伸には「波多野宮相も昇爵に相成りたしと企望仕り候也」とみえ、佐賀の支藩小城《おぎ》藩出身である宮内大臣波多野敬《よし》直《なお》が、大隈在職中の陞爵を窺っているものとも考えられる。

典拠「渡辺千秋書翰」(『山県有朋関係文書』三)、「土方久元書翰」(『渡辺千秋関係文書』)、「渡辺千秋書翰」(『桂太郎関係文書』)、「土方久元書翰」(『大隈重信関係文書』九)

→徳川圀順・鍋島直縄・鍋島直大

旧賀茂御祖神社社家

人物不詳・生没年不詳

①明治三十年（不許可）

「鴨脚《いちょう》家文書(乙)」所収「上七社旧神官ノ輩華族ニ編列シ叙爵ノ恩典ヲ蒙ランコトヲ請陳情願」によれば、鴨脚家をはじめとする旧賀茂御《み》祖《おや》神社(下鴨神社)社家が華族編籍・授爵を求めて明治三十年(一八九七)に提出。提出先は不明であるが、京都府・内務省・宮内省のいずれかと思われる。願書には、

謹みて惟《おもいみ》るに、聖皇上に在まし賢宰相諸有司下に翼賛して百揆を更煕し、施設措行専ら公明正大を期せらる。ここに於いて国運観光臣民各其所に安ずるに至れ

り。然して臣等竊《ひそか》に以為《おもえ》らく、この正大の盛時に遭遇うを以て、敢えて恐悚《きょうしょう》を憚らず尊厳を冒瀆し慎みて抱懐せる情意を陳べ、これを左に臚述《ろじゅつ》す。冀《こいねが》わくば上聖明の鑑照《かんしょう》を垂れ給い、下賢宰相諸有司閣下これを賛襄し、その懇請を嘉納し給えば臣某等無前の幸祉《こうし》何を以てこれに過ぎん。伏して案ずるに、往年華族に公侯伯子男五爵の典例を制定せられ、公卿堂上の各家及び諸侯の各家等夫々《それぞれ》級階に由て叙爵の恩命を蒙り、而してまたその子弟輩の特旨を以て華族に班列の恩命に浴せりもこれあり。これ則ち労勤の報効栄身誉各家門を標尚して皇室の藩屏《はんぺい》と為し、以て国体保衛の叡慮に出でさせ給う儀誠に称賛し奉る所なり。蓋《けだ》し旧堂上華族の中に従前に在りては蔵米三十石を領受して世々帝室に奉仕せり。今その制度の因て起りし所を繹《たず》ぬるに、後水尾帝の時に方《あた》りて徳川氏三世家光は天顔の咫尺《しせき》に供御の静寂に渡らせ給うを憂慮し、而して公卿堂上《とうしょう》の次三男を召し出してこれを左右に侍候せしめんことを奏請せしに拠る。爾来《じらい》沿革継承して、以て明治更始の時に列せり。則ちその輩の子孫も皆同じく当時の恩典に浴して華族と為りて、子・男の爵の恩典に与れり。加　之《しかのみならず》公卿堂上の子弟にして従前僧侶と為り、維新の際に還俗せし輩もまた皆同じく華族と為り叙爵の特典蒙れり。然るに歴世最も尊仰崇敬し給う皇大神社なる上七社の旧神官の輩に至りては、五六を除くの外は維新の際に往昔よりの官職位階を罷免せられしのみならず、禄秩をも召し上げられしを以て尚また当時の恩典にも浴することを得る能わざりき。抑も本邦建国の基たる祭政一致の政綱は天祖の命にして、天孫の教えを垂れ給いし所次なり。これを以て歴世国家有事の秋に方りては、特に上七社に詔し給いて祖宗の神霊に祈願なさしめ給いしことは歴史に徴して赫々《かっかく》の事実なり。期の如き尊大皇胤の神社御創立の初めより奕世《えきせい》累葉連綿これに遵仕守護し奉りし旧神官の輩は、蓋しその縁由のある有りて決して偶然にあらざるものなり。然るにすでに述ぶるが如く中葉以降惟《ただ》帝室に勤仕せし堂上各家の子弟及び華族の子弟と、また一旦僧侶と為りて還俗せし輩も並びに叙爵の恩命を蒙り、而して奕葉《えきよう》その皇神に遵仕せし旧神官の輩のみ独りその特典に洩れて、尚且つ民間に屈在す。均しく皇室に勤労せしものにして、かくの如きの数遇を異にし径庭《けいてい》を相為す。これ豈《あに》恐らくは尺を枉《ま》げて尋を直にせしの観なきを得んや。これ臣某等の大いに惑う所以なり。今や照代に方りてかくの如き缺遺《けつい》の存するあるは恐れ多くも、上は皇神の霊に対し孝道の一端に於いて、或いは聊か失体の跡なからましかと慊然《けんぜん》なき能わず。然則ち賢宰相諸有司閣下深く臣某等が陳情の事由を洞見し、而してその欠遺を補弼せられ、その惑いを斯解せしめば漸皇神の聖霊これを鑒し給わん。臣其某等敢えて貴爵栄位を貪惏するにあらず。惟《ただ》その国体の特殊なる歴世の咫尺に奉仕せし各家も均しく帝室の藩屏と為りてその休戚を共にせし名実を確明ならしめんと欲するの衷情に出づるものなり。且つその家系の伝統及び累代叙位の顚末履歴の如きは別紙に具してこれを呈供す〔先年中履歴書奉呈せしことありしと雖もその後何の指令を得ざりし〕、願わくは上聖明、下賢宰相諸有司閣下臣某等が前陳の情緒を愍諒し、速やかに願旨を容れ、裁許を給わらんことを爰《ここ》に至誠神霊に誓い肺肝の幗衷を申明す。若《も》し夫れ直言の激する所語勢或いは不遜に渉るを免れざる惶《おそ》る。請う。偏にこれを寛仮《かんか》し給わらんことを。臣某等謹み地に伏して恩命を待つ。恐懼再拝。

と記され、二十二社の上位に位置する上七社に奉仕してきた旧社家に対する授爵を求めているが、賀茂御祖神社・賀茂別 雷《わけいかづち》 神社をはじめとする上七社への授爵はこの後も行われて

いない。

典拠 「上七社旧神官ノ輩華族ニ編列シ叙爵ノ恩典ヲ蒙ランコトヲ請陳情願」(京都府立総合資料館歴史資料課所蔵「鴨脚家文書(乙)」)、松田敬之「明治・大正期 京都関係士族の動向に関する一考察―華族取立運動と復位請願運動を中心に―」(『京都産業大学日本文化研究所紀要』六)

→泉亭俊彦・泉亭某・鴨脚秀文・鴨脚某・梨木祐延・梨木某

旧東北諸藩藩主

人物不詳・生没年不詳

①大正八年五月 (不許可)
②昭和九年九月二十一日 (不許可)
③昭和九年九月二十六日 (不許可)

『原敬日記』大正八年(一九一九)五月二十七日条によれば、

また奥羽諸藩主石高に依らずして授爵ありしは今日にては遺憾の次第にて先頃前宮相田中光顕《みつあき》が先帝の思召を拝したる事もありとて現宮相に書面を送れりと云う事にて旧臣等より内々申し出でたる事もこれあり。余は宮相と相談すべきに因り運動がましき事は必要なしと云い置きたる事もあり、本日協議したるに波多野は会津藩主の如きは孝明天皇の御信任も厚かりしものに付、色々詮議の説もある位なれば篤と調査すべしと云えり。

とみえ、さらに六月十日条には、

波多野宮相に会見し、奥羽各藩主維新前の禄高により爵を陞られたき奥羽旧諸藩士の希望なり、この事田中前宮相よりも申出あるらし詮議ありたしと云いたるに、波多野はその事は先年来説あれども反対ありて行はれず。また田中には右様の引継ぎとあらば詮議すべしと云いたるに引継にせずして書面を送り越したるものなり。何分反対論ありと云うに付、余はかくの如き事は当時の勤王諸藩は反対なるべく、而して奥羽旧藩は希望する事自然なりと云いたるに波多野は強いて詮議せんには内閣より正式に提議も必要ならんと云うに付、余は成立の見込みあればその手続を取るべきも、万一正式に提案して行われざれば却って悪感を起こす者を生ずる訳に付、先ず内議する訳なり、急に成立むつかしければ懸案として置くの外なかるべしと云い、波多野もその意を諒解せり。

とあり、さらに同月十九日条には、

奥羽旧藩元との禄高維新の際減額にて陞爵ありたしとの説、旧藩士中より申し出ありたるが、この事は先帝の御時代に御内意を拝せりとて田中光顕が波多野宮相に書面を送りたるに起こり、その書面写も一読したるに因り、波多野には内談し置きたり。但し果して田中の云う通りならば陞爵行われずしては由々しき事ともなるべきに付、余は一切運動らしき事は差し止め置きたりと云いたるに、山県は全く初耳にて今日まで何等聞く処なしと云うに付、余は波多野より何れ御相談の事もこれあるべしと云い置けり。尚山県は徳川慶喜、西郷隆盛跡に授爵の事に付当時の事情を物語り田中より書面にて相談に付差し支なきも、これによりて桐野利秋等を始め即ちその部下にも及ぶものとしては考えものなりと返事せしに田中は何か誤解せしと見え、伊藤に向かって山県不同意と云い伊藤不思議に思い、その書面を披見して自分の真意を了解して遂に決行に至りたりとてその事情を物語れり。

とこの時期の原日記には東北諸藩の元藩主家の陞爵に関する記事が散見し、伊達興宗《おきむね》・田村丕顕《ひろあき》らとは思われるものの、個別の人名を一切記していない。また、『牧野伸顕日記』昭和九年(一九三四)九月二十二日条によれば、

出仕。侍従長より、昨夜田中翁入来、内大臣云々は一言も触れず、有栖川家の縁談に付明治天皇様へ伺い出でたる時の顚末、井上日召《にっしょう》の寛典、維新戦争当時徳川方に起ちたる各大名家の昇爵等の諸項を

一つ書にしたる覚書を携え、親しく口上にて縷述したる由。

とあり、また『木戸幸一日記』同月二十六日条にも、「三、東北会津・仙台方面の諸侯に陞爵の恩命ありたし」ともみえることから、昭和九年当時になっても元東北諸藩主の陞爵運動が継続されていたことが確認されるも、悉く不許可に終わっている。

典拠　『原敬日記』大正八年五月二十七日条・六月十日条、『牧野伸顕日記』昭和九年九月二十二日条、『木戸幸一日記』昭和九年九月二十六日条

→伊達興宗・田村丕顕・南部利淳・松平保男

旧藩万石以上家老

人物不詳・生没年不詳

①明治十六年一月十七日（不許可）
②明治十六年三月七日（不許可）
③明治二十四年四月二十四日（不許可）
④明治三十三年五月三日（許可）

旧藩の内、万石以上の藩主一門や家老への華族編列・授爵は早くから論じられてきているが、『東京日日新聞』明治十六年（一八八三）一月十七日朝刊によると「旧各藩の国老にて、家禄一万石以上の者を取り調べられ、すべて華族に列せらるるよしに聞けり」と報じられており、翌年七月の華族令公布に向けて、当時このような記事が出るほど、万石以上陪臣の処遇についても政府にとっても懸案の一つであったと思われる。また皇学館大学で整理中の『香川敬三《けいぞう》関係文書』には岩倉具視が香川に宛てた書翰があり、これは上野秀治《ひではる》によって「〔資料紹介〕香川敬三宛岩倉具視書簡」で紹介されているが、十六年三月七日付の書翰で、「追って旧武家門閥家老華族御取立の儀如何、至急御取調これありたく存じ候」と記しており、すでに万石以上家老の華族編列を岩倉自身が企図していたことが窺われる。さらに、「松方家文書」（意見及建議）によれば、二十四年四月二十四日付で宮内次官花房義質《よしもと》宛で「旧諸侯の陪臣を華族に陞列せられたしとの請願」が提出されている。

按《あん》ずるに貴族なる者は欧亜の別なく古今の差なく、苟《いやしく》も文物典章の完備したる邦国にして此が組織の存せざるは殆ど稀なり。夏殷周《かいんしゅう》以降漢土の事跡は茲《ここ》にこれを喋々するの要なし。転じてこれを欧州の歴史に求むれば、往昔希臘《ギリシャ》に「アリストカラチー」あり、羅馬《ローマ》に「セネート」あり。その他英仏独墺の諸国また各にその貴族を有せざるはなし。またこれを印度の旧記に徴すれば、アーリヤ人族は儼然《げんぜん》たる貴族制度を備具せり。斯《か》く地球上孰《いず》れの国にしても、古より今に至るまでこの制を具有し、またはこれに類似する一種の組織を存せざるはなし。是に由てこれを観れば、その因て起こる所以決して偶然と謂うべからざるなし。我国の如きも昔日は公卿・諸侯の制ありて本朝歴史上著名なる勲閥名族歴世相襲いて高位崇班を占め、両者の名称には公武の別ありて同一の種族ならずと雖も、その超然として一般人民の上流に伍し、一種特別なる組織を有せし。実に至りては則ち一なり。然れどもこの旧組織たるや維新後全く一変し、而して明治十七年に及びて朝廷新たに五爵の制を立てさせられ、旧公卿・諸侯各自の門地由緒に応じて爵を授けらるること各々差あり。是に至り両者始めて混合し組織せられ、一種の国体を成すに至れり。然るにこの族輩中時に、或いは英材偉質の人を出だすと雖も、これを要するに、概ね皆数百年間継続したる封建制度の後を承け、沿襲の久しき一種の余習に浸潤し、教育を始めとし、各般の情状自ら一種特殊の風気を存続し、一般人民と懸隔の甚だしきところあるを以て新たに貴族制度を設置するに当たり、その名実をして相称わしめんと欲せば、彼是闕如感甚だ多かりき。朝廷に於いては大いに此に見させらる所ありてや。その際特に朝野の士民にして、中興の偉業を翼賛し、国家に勲労ある者を抜擢して華族に陞列《しょうれつ》し、与うるに栄爵を以てせられ、且

つ加恩の優渥なるその貴族たるの地位を保つことを得せしめんが為、別に資金をも併せ賜るに至れり。然れども是全く一時の特恵に出でしものにして、勢已《や》むを得ざるところあるに因りしなるべく、恐らくは取を以て将来の例規と為すべからざるなり。思うに貴族国体の国家に於けるや、能《よ》く皇室と一般人民との中間に介立する種族たることを覚知し、躬《み》自ら公務に従事し、勇敢進取的に率先して一般臣民の気節を奨励し、併せて社会全体の綱紀秩序を保維することを以てその因定の権利となし、義務となし、所謂一般人民の倣法すべき模範となることを是努め、因て以て皇室の藩屏《はんぺい》とならずんばあるべからず。是即ち立憲君主国に於いて世襲貴族の有用なる所以なり。是故に此団体にして果して能くその心志を徳義的純粋になし、その行為を勇敢的高尚になし、以てその本務の在るところを居すに於いては、その急進激震の主義、平等共和の説の如きも容易に門牆《もんしょう》を概観すること能わざるなり。是を以て現に文明諸国に於いても多くは貴族を以て為政上必要なる種族となし、益々これを増置するに憚らざるなり。我国に於いてもその政体上世襲華族を置くの要あること既に此の如し。然るに現今華族に列せらるる者僅かに六百に満たず。その数未だ多しと謂うべからず。因てこの時に当たり、曩《さき》に授爵の恩典に洩れたる者、特に封建の昔日列藩諸侯の大臣にして秩禄一万石以上を食みし者の中に就き、詳らかにその華族たるべき品行徳望の有無及び華族に進列せらるるも、果して能く不羈独立的にその品位に相当なる生活を維持するに足るべき資産を備うるや否やを査覆せしめ、合格の者あれば宜しく選抜の特典を施さるべし。彼《かの》輩は昔時所謂陪臣の列に在りたりと雖も、その家譜及び履歴に徴すれば啻《ただ》に列藩に於いてのみならず、また天下の名門巨族にして、或いは徳望あり、或いは功績ある者、またはその子孫に非ざるはなし。故に仮令《たとえ》今日にしてこの渥恩を蒙ることあるも、敢えて不当の挙に非ざるなり。世襲華族の我が国体上欠くべからざるの要具たることは前に已《すで》にこれを陳述せり。然る以上は将来この制度をして益々完善ならしむるの方策を講ぜざるべからず。思うにその法たるや他なし。先づ第一に我が華族をして一般に教育の度を高くせしめ、各自に其地位の皇室の下一般人民の上に在りて、国家に対し棟《とう》桷《かく》の任を負うことを体認せしめずんばあるべからず。然るに久しければ弊また随いて生ずるは数の免れざるものなり。今如し華族の畛域《しんいき》を画定し、更に動すべからざるものとするときは、華族と一般人民と二個の懸隔する社会を生み出し、その思想の異なる利害の相反する。竟《つい》には両者の間に軋轢を起こし、氷炭相容れざるの大害を醸すに至るはこれを欧州各国の歴史に徴するもその例少なしとせず。これ故に方今文明諸国にては文武功臣の外、実業者・学者等にも随時爵位を授け、新鮮活発なる原素を既成の国体中に注入することを勉めざるはなし。因て我が国に於いてもまたこれに倣い、将来は広く恩沢を及ぼして彼《かの》実業に従事し、国家の富源を増進して著明なる成績ある者、或いは学問淵博才芸卓絶にして永く世人の敬仰する者あるときは、宜しくその資格及び行状を査覆し、果して華族たるべきに足る以上は随時進めてこれを華族の班に列せしむべし。此の如くするときは、一は以てこの種族の思想をして啻《ただ》に活鮮ならしむるのみならず。新陳両分子の結婚に起由する結果たるその子弟をして、遂に健全なる壮軀たらしむることを得べし。但し英国の制度に倣い、別に華族の為に婚姻制度を設くるは最も可なり。斯《かく》の如くするときは一は以て一般人民をして進取的忠君愛国の精神を激励せしめ、一は以て皇室の藩籬《はんり》たるの実を挙ぐるこ

とを得べく、また華族と一般人民と両個殊別の社会たるに拘わらず、互いに相密接なる関係を生じ、共に相助けて以て国家の基礎を鞏固にすることを得べし。然れども華族の品位を新授するに当たりてはその平素の業績如何と資格の適否を詳査するに、最も慎重ならざるべからず。若《も》し然らずしてその選を濫るにすることあるときは、因て以て該種族全体の品位を紊乱し、その害言うべからざるものあらん。然り而してまたこれを制限するの法を設けざるべからず。抑《そもそ》も我が国古来の家族法たる固《もと》より特色の規定あり。就中養子法の制限は頗る議を容るべきものあるに似たり。現に一華族にして、若し骨肉の相続者を有せざれば、必ずしもこれを親族に求めず、誰家の子弟たりとも取りてこれを養子となし、その爵位を相続せしむることを得るなり。是豈《あに》可ならんや。要するに華族に世襲の制を設くる所以は祖孫若しくは宗支相継続したる血統を保持し、所謂歴史的種族を公認するが為なり。然るに若し現時の儘にて制限法を立てざるときは華族の数唯々増ありて減ずることなく、終《つい》には非常の多きに達し、反《かえ》りてその品位を堕とすことあるに至るや必せり。故にこの際委員を設けて善美なる制限法を調査せしむることまた最も必要なりとす。以上論述するところ広く貴族制度の総体に渉りたりと雖もこの建議を為す本旨の在るところは彼秩禄一万石以上を領せし旧諸侯の陪臣を華族に陞列せらるることを請うに在り。伏して採納を希《こいねが》う。

と長文の請願であり、現今における華族の制度上の諸問題に鑑み、旧藩の万石以上陪臣に対し、華族編列と授爵を求めている。差出人は「周蔵」とのみ記されており、青木周蔵とも考えられる。加えて、『東京朝日新聞』明治三十三年五月三日朝刊には「授爵の儀」の見出しで、

御慶事前後に於いて華族に列せらるる向きは、条約改正并《なら》びに法典編纂に特別の功労ありし者数名と、旧大藩の家老三万石内外の高を有せし者数名にして、何れも男爵を授けらるる由。

と報じている。実際、同月九日付で大藩の万石以上陪臣が授爵するが、旧禄三万石内外でなくとも男爵となっており、この時点で朝日新聞社がどの程度の情報を宮中筋から得ていたのかは不明である。

典拠　『東京日日新聞』明治十六年(一八八三)一月十七日朝刊、上野秀治「(資料紹介)香川敬三宛岩倉具視書簡」(『皇学館大学紀要』二九)、「旧諸侯の陪臣を華族に陞列せられたしとの請願」(国立公文書館所蔵「松方家文書」意見及建議)、『東京朝日新聞』明治三十三年五月三日朝刊

→旧藩万石以上家老中、西南戦争の功労者

旧藩万石以上家老中、西南戦争の功労者

人物不詳・生没年不詳

①明治十～十六年頃（不許可）

『岩倉具視関係文書』所収の政府書類雑件には、明治十年(一八七七)から十六年頃のものと思われる三条実美が岩倉に宛てた「華族建言」があり、これによると、

万石以上の家老家一般華族に列せられ候義は如何これあるべき哉、厚く御勘考在らせられたく、如何となれば戊辰年間方向を誤りたる藩々の万石以上家老抔《など》は華族に列せられ候も余り過分にはこれあるまじき哉。尤も右家老の内にても西南の役に関し位階または御賞与等これあり候者のみ華族に列せられ候事なれば差し支えもこれあるまじく、何分にも万石以上の家老家一般と相成り候ては如何と存じ候。就いては西南の役等に従事し功労あるものは華族に列せられ、その他一般の万石以上は先ず即今の所華族に准じ取り扱い、宮内省直轄仰せ付けられ云々位の事に成し置かれ候方然るべき歟《か》、愚案陳述仕り候。一制度改正の上は貴族・准貴族と二種に置かれ候方御都合と存じ候。士

族中にて区別を付け候事、今日にては甚だ難渋の次第に付、准貴族の制(万石以上の家老等はこの准貴族に入るべきもの歟)を設けられ、漸々士族中或いは在官者の内よりも御加え相成り候て行々屹と皇室の守護と相成るべき人種区別の等級に於いても親王・諸王・公・侯・伯・子・男(以上貴族と称す)、准貴族、士族と以上九階に段落これあり候方社会の秩序に於いても至極その当を得、後来国家の御為と存じ候事。

と申し送っている。これによれば、三条自身はこの時点で士族に等級を付けるのは困難であることから、貴族(華族)と士族の間に新たに「准貴族」を設けて宮内省の管轄とし、万石以上の家老や在官者中からもこれに加えるべきとしている。また、万石以上家老の内、西南戦争の功績で叙位や賞与のあった者は華族に列するべきともしている。これは諫早一学《いさはやいちがく》・細川興増《おきなが》・細川忠穀《ただよし》・松井敏之《としゆき》らを指すとは思われるが、具体的に氏名を列挙しておらず、その手続などにも触れられていないため、別に項目を立てる。

典拠　「政府書類雑件　華族建言」(『岩倉具視関係文書』八)

→諫早一学・細川興増・細川忠穀・松井敏之・旧藩万石以上家老

楠木正成後裔

人物不詳・生没年不詳

①明治十三年十一月　(不許可)
②明治十四年一月二十三日　(不許可)
③明治十六年　(不許可)
④明治十六年十月十八日　(不許可)
⑤明治二十六年三月二十四日　(不許可)
⑥明治三十九・四十年頃　(不許可)

楠木正成に関しては、明治十年代よりその末裔を調査のうえ、華族に列すべしとの意見が多く、実際に何名もの請願が行われているが、人物名を特定できない例があり、この項で列挙紹介しておく。『公文録』所収「長崎県士族津江左太郎楠氏ノ正系ヲ華族ニ列セラレ度ノ件」によれば、長崎県士族の津江左太郎が明治十三年(一八八〇)十一月付で内務卿松方正義宛で楠木氏末裔の華族編列を願い出ている。

大政更始以来、古今勤王忠節の士を網羅甄録《けんろく》して悉く追祭贈賞を賜う。王民たるもの誰が感興奮励せざるものあらんや。その古《いにしえ》より勤王の士と称するもの頗る多し。然れども楠父子の純忠誠なる恐らくはその右に出づるものなし。苟《いやしく》も歴史を講ずるもの読んで楠家の伝に至れば、仰慕《ぎょうぼ》の情を動かさざるはなし。後醍醐天皇の時、正成等勤王の大節を竭《つ》くせども、なお勢運の止むを得ざるに因て兵政遂に武門の手に帰す。明治元年忝くも聖上振古の英猷を以て数百年来盤根錯節の覇政を削平し、王道始めて古に復せり。故に歴々として封建に素餐《そさん》するもの翕然《きゅうぜん》として王化に風靡す。然れどもこの際に当てや忠義激昂の士これを翼賛するに非ざれば、事また容易に非ず。その補佐の功臣たるもの曽《かつ》て楠氏の余風を仰企し、その肝胆を薫陶する所応に軽々ならざるべし。然るときは楠氏忠功豈《あに》当時のみならんや。数百年の後に至りても凛乎として泯《ほろ》びざるなり。楠氏もまた明治の聖代に遭遇し、追贈と云い、社廟と云い、今日に至りて始めて顕昭せり。然り而してただ遺憾とする所は、かくの如きの名臣にして今世に至りその遺姓の著称するものなし。曽て民間に流説する所、某は楠氏の後裔なり。某は楠氏の遺裔なりと。然れどもその血統昭然として、楠氏の正系と称するものなし。これを一欠事と謂わざるを得んや。若《も》し朝廷広くこれを捜り、その血統たるものを求め、特旨これを華族に列してその祖祭を得せしめば、楠父子の泉下に感泣するは論なく、維新の功臣とその顕栄を斉し、王民をして愈《いよいよ》感興奮励の心を動かさしむるに至らん。若しその系統の正しきものなくんば、或いは皇族家の一子弟を以て楠家を再興するも当《まさ》に然るべきものと云わん乎。ただ楠氏の如

きは古今無比の忠臣にして、今日その祖祭の余慶なきを愍み、謹みて愚衷を書し、大覧を冒瀆す。恐惶頓首。

として、津江はもし楠木正成の正統の裔がみつからなかった際は、皇族の子弟をもってその名跡を相続させて華族に列する案も提示している。また、この津江の願書を受けて、「楠・新田両氏ヲ華族ニ列セラレタキ願書」によると、当時内閣権書記官であった金井之恭《ゆきやす》が大隈重信・伊藤博文・井上馨の各参議宛で十四年一月二十三日付で建言している。これは金井が旧交代寄合新田(岩松)家の旧臣であったこともあり、楠木氏とともに新田氏後裔の旧主家への華族編列を求めた内容であるが、その際、楠木氏末裔を調査するうえで、

楠氏の古今忠臣の冠たるや固《もと》より論を俟《ま》たず。曩《さき》に徳川氏政権を執るの日、権中納言源光圀《みつくに》卿基を湊川に建て、維新以降廟号を賜い、祀典を修め、朝廷追賞の義至れり。ここに於いて天下有志の士感泣奮励皆斉《ひと》しく王事に従わんことを思う。然るに茲《ここ》に一欠事あり。即ちかくの如きの忠臣にしてその子孫の世に顕わるる者なきこれなり。小子嘗《かつ》てこれを慨すること久し。今聖代に遭遇し、朝恩の万一を報ぜんとす。以てこの挙に従わんとす。請う。江湖の諸君 苟《いやしく》も楠氏に因ある者はその譜牒若しくは口碑を録して以て寄贈せられよ。然るときは小子将に比較考証広く識者に質し、その尤も確拠ある者を裒集《ほうしゅう》し、以て朝廷の裁決を仰ぐべし。茲に謹みてこの旨を広告す。

との「広告文案」を提示している。実際これ以降楠木後裔を称する請願は増加していく。『〔諸雑公文書(狭義)〕』所収「新田氏ヲシテ華族ニ列セラレ度歎願書」でも同様に新田・楠木両氏末裔の華族編列を金井と岡田稲雄連署で十六年付で東京府知事芳川顕正《あきまさ》宛で請願している。また、『横浜毎日新聞』十六年十月十八日朝刊には、

楠氏の血統正しき者を取り調べらるると云うを聞き、大阪府艶打職某と云う者、楠氏の後裔なりとその筋へ申し出でたるよしは、先にその噂ありしが、今また京都府士族に甲斐(荘脱)正秀と云える人あり。我こそ楠氏の正統なりとて、去る十一日京都府庁へ出頭し、祖先伝来の系図その他の書類等を差し出したりと云う。

とみえ、甲斐荘《かいのしょう》正秀以外に大阪府の某が楠木氏末裔を称して出願していることが報じられている。その後、『東京日日新聞』同二十六年三月二十四日朝刊には、「楠公の正統五〇名」の見出しで、

宮内省に於いては先年以来楠廷尉《ていい》正成朝《あ》臣《そん》の血統を取り調べ居らるる由なるが、これ迄系図及び古書類を添え、届け出でたる者五十名に及びしが、孰《いず》れも正統の者に非ずという。

と報じており、当時宮内省における楠木氏末裔の調査に五十名近くの請願があったことが確認できる。これは『楠氏取調書』でも二十九年五月五日付で同省爵位局で審査をしており、その際は計二十一名であるので、その倍以上の請願が実際にはあったと推測される。さらに『明治時代の歴史学界―三上参次懐旧談―』によれば明治三十九・四十年頃にも三上参次が家系の点で、

一つ明治三十九年か四十年頃でありましたか、名古屋に楠正成の子孫という者が二軒ある。両方共系図争いをして子孫争いをしている。これを大学に持って来た。片一方の家から見てくれというので見ると例の通り偽物だ。こういうものを振り廻すと不利益だぞと言って帰した。そうすると美濃紙に印刷して文部省や方々に配った。俺はこういうものを持っている。それを三上が偽物と言ったと弾劾文を方々に持って行った。こういうことが度々ありました。

と懐旧談第十六回で述べており、東京帝国大学教授であった三上のもとにこのような依頼があったことが記されている。おそらくは畠山重忠の末裔を称した者同様、系図の真贋を依頼し、華族になろうという願望を抱いてい

たと思われるが、結局楠木氏の正嫡は発見できず、授爵されずに終わっている。

典拠　「長崎県士族津江左太郎楠氏ノ正系ヲ華族ニ列セラレ度ノ件」（『公文録』）、「楠・新田両氏ヲ華族ニ列セラレタキ願書」（早稲田大学中央図書館所蔵）、「新田氏ヲシテ華族ニ列セラレ度歎願書」（国立公文書館所蔵『諸雑公文書（狭義）』）、『横浜毎日新聞』明治十六年十月十八日朝刊、三上参次『明治時代の歴史学界―三上参次懐旧談―』

宮内官

人物不詳・生没年不詳

①大正十三年一月十二日　（不許可）

『東京朝日新聞』大正十三年（一九二四）一月十二日朝刊によれば「慾《よく》張った華族／陞爵の請願を出した虫のよい宮内官、勤王志士にも同様の願い」の見出しで、摂政・皇太子裕仁親王と久邇宮良子《くにのみやながこ》女王の御成婚に際して、一部宮内官の陞爵、吉田松陰・橋本左内の子孫への授爵について報じられている。実際、自薦・他薦を問わず、このような請願書が宮内省に提出されていたのであろうが、この時期宮内官で陞爵した者は皆無であり、誤報とも思われる。

典拠　『東京朝日新聞』大正十三年一月十二日朝刊

→橋本左内の子孫・吉田松陰の子孫

元老院・参事院議官、勅任官十二年勤続者

人物不詳・生没年不詳

①明治十八年五月十六日　（不許可）

『朝野新聞』明治十八年（一八八五）五月十六日朝刊によれば、

> その筋に於いて、一世華族を設くるの議ある趣きは、過日も本紙に記載せしが、右は至急に設くるにあらず。国会開設までに設けらるる由にて、元老・参事両院の議官にして、従来華族にあらざる分はことごとく一世華族に列し、また勅任官にして十二年勤続の者は、特別を以て同華族に列せしめ、国会の上院議員は、従来の華族及び一世華族を選挙して、これに任ぜしむるものなりと聞けり。

と報じられ、金子堅太郎がこれより先、明治十三年九月十七日に『嚶鳴《おうめい》雑誌』第二十号に発表した「華族院ヲ立ルノ論」の案とほぼ同様の内容で、一代華族に列するとの情報がこの当時風説として流れていたと思われる。この当時の参事院議官中、非華族の者は、一等議官は田中不二麿《ふじまろ》・山尾庸三《ようぞう》・福羽美静《ふくばよししず》・山口尚芳《ますか》・宍戸璣《たまき》・森有礼、二等議官は鶴田皓《あきら》・安場保和《やすばやすかず》、三等議官は井上毅《こわし》・中村弘毅・田中光顕・尾崎三良《さぶろう》・塩田三郎・林清康《きよやす》（のち安保《あぼ》と改姓）。元老院議官中の非華族者は、佐野常民《つねたみ》・黒田清綱《きよつな》・細川潤次郎・岩下方平《みちひら》・神山郡廉《こうやまくにきよ》・津田出《いずる》・津田真道《まみち》・神田孝平《かんだたかひら》・大久保一翁《いちおう》・伊丹重賢《しげかた》・伊集院兼寛《かねひろ》・河田景与《かげとも》・井田譲《ゆずる》・林友幸《ともゆき》・楠本正隆・柴原和《やわら》・箕作麟祥《みつくりりんしょう》・渡辺驥《すすむ》・本田親雄《ちかお》・鍋島幹《みき》・野村素介《もとすけ》・税所篤《さいしょあつし》・槇村正直《まさなお》・海江田信義・渡辺清・西周《あまね》・三浦安《やすし》・福原実《みのる》・大鳥圭介・西村貞陽・清岡公張《ともはる》・田中芳男・宮本小一・田辺太一・何礼之《がのりゆき》・橋口兼三《けんぞう》・岩村定高・楫取素彦《かとりもとひこ》・籠手田安定《こてだやすさだ》・安藤則命《のりなが》・上野景範・小畑美稲《おばたうましね》・永山盛輝《もりてる》・町田久成・村田保《たもつ》・由利公正《きみまさ》・楠田英世。これらの内、山口・鶴田・中村・塩田・津田出・柴原・渡辺驥・三浦・西村・宮本・田辺・橋口・安藤・上野・何・町田・村田の十七名は結局華族に列して授爵する機会はなし。『朝野新聞』の記事がどの範囲までを想定しているのかが不明のため、個別に人名を列挙して項目は立てず。

典拠　『朝野新聞』明治十八年五月十六日朝刊

→勅任官および十年以上奉職したる府知事・県令

古参の判事

人物不詳・生没年不詳

①明治三十九年十月四日　（不許可）

『東京朝日新聞』明治三十九年（一九〇六）十月四日朝刊によれば、

> 古参判事の叙爵運動が試みられる間は華族万歳！　この次に来るのは逍遙《しょうよう》、露伴《ろはん》、音二郎、常陸山、帰天斎、五百子《いおこ》、晶子《あきこ》、歌子、京子……。

とみえる。後段にみえる文人たちの名を列挙していることから単なる揶揄とも思われるが、明治三十一年(一八九八)頃から断行された老朽裁判官淘汰の動きに関連し、「退職判事」となった者に対する授爵運動がこの当時行われていたとも考えられる。

典拠『東京朝日新聞』明治三十九年十月四日朝刊

→児島惟謙

古参の陸海軍少将

人物不詳・生没年不詳

①明治四十年九月二十三日（不許可）

②明治四十年十月十四日（不許可）

日露戦争後の論功行賞に関する授爵。『東京朝日新聞』明治四十年(一九〇七)九月二十三日朝刊に「授爵の範囲」という見出しで、「今回発表されたる授爵の範囲は二十七八年役のそれに比して頗る狭く」と日清戦争後の論功行賞における授爵とは異なり、日露戦争後は対象範囲が狭まった点について触れ、前戦役時の先例に倣い旅団長(少将)以上の者を授爵すると七百名以上になるので、今回は中将以上の者にする方針であることを指摘。そのうえで、「少将にして殊勲ありし者には他日何か機を見て特別に授爵することに決定したる次第なりと云う」とする。また、同紙同年十月十四日朝刊によれば、「古参少将授爵の議」の見出しで、

現時少将にして、昨年中将に昇進したる人と同一年限に少将に任ぜられし人あり。これらの人は現に戦役にも従軍して、中将に劣らざる勲功あるに、ただ中将ならざるを以て授爵の恩命を被らなざる訳にて均衡を得ざるの嫌《きらい》あれば、これら古参少将には更に授爵の恩命あらん。

という記事がみえる。これは長岡外史《がいし》のように、日露戦役中、陸軍参謀次長の要職にありながらも、階級が少将であり、中将昇進に五ヵ月足りなかったがために授爵の選に洩れた例にも関係し、当時古参少将中に戦後の栄典授与に関して不満を持つ者がいたことを示していると思われる。

典拠『東京朝日新聞』明治四十年九月二十三日朝刊・十月十四日朝刊

→長岡外史

薩摩出身の陸海軍将官

人物不詳・生没年不詳

①明治二十六年七月二十七日（不許可）

『児玉源太郎関係文書』所収の明治二十六年(一八九三)七月二十七日付「桂太郎書翰」によれば、「白根専一《しらねせんいち》より一書を得たり。書中近日芋将官に華族になる人あるとの事なり」と見え、近日、薩摩出身の陸海軍将官中の何れかの人物が授爵するとの風聞を児玉に伝えている。白根が桂に宛てたとされる書翰は『桂太郎関係文書』中には収録されていないが、同年七月以降、同二十八年の日清戦争の軍功などによる大量授爵までの間、華族となった者は、林忠弘・河野敏鎌《こうのとがま》・陸奥宗光の三名であり、「芋将官」に該当する人物は皆無の為、単なる風聞であったのか、申請したものの不許可となったものと推測される。

典拠「桂太郎書翰」(『児玉源太郎関係文書』所収)

実業家

人物不詳・生没年不詳

①明治三十九年四月十九日（不許可）

『読売新聞』明治三十九年(一九〇六)四月十九日朝刊によれば「論説実業家授爵の議」の見出しで、

近時三四の実業家華族に列せられんとすとの噂あるや、世上これに向かって非難攻撃の言を放つもの多し。或いは曰く彼等実業家なるものを見るに品性高からず、素行修まらず、彼等をして華族たらしむるは談じて非なりと。或いは曰く、彼等実業家なるものは専ら私利を是れ追求せしものにして、嘗《かつ》て公益を念とせしことあらず故に、彼等をして華族たらしむるの理由なしと。或いは曰く、政府はただ実業家の歓心を買わんが為に斯《か》くの如き挙に出でんとするやも許らざれども、一

部実業家に媚びんが為にこの恩典を濫用するは談じて非なりと。凡そこの類の論これを諸処に散見す。

と記され、財界・実業家連の授爵運動がまた報じられている。同紙明治三十五年六月二十三日朝刊でも「商工業に功績ある人々」への授爵に関する風説が報じられているが、二十九年の岩崎二家・三井から実業家への授爵の途も開かれており、その先例に準拠して運動を起こす者が多かったようである。実際には四十四年八月の住友ら五名が授爵するまでの間は該当者する者は皆無。

典拠　『読売新聞』明治三十九年四月十九日朝刊

実業家・各府県知事・捕獲審検所判事など

人物不詳・生没年不詳

①明治四十年頃（不許可）

『原敬日記』明治四十年（一九〇七）十月二十四日条によれば、「実業者、知事、捕獲審検所の判事と云うが如く色々の口実の下に授爵の運動醜態を極め居れり。幾分かは運動の功を奏するならん」と記され、この当時、実業家や府県知事、捕獲審検所判事らのなかで授爵運動が行われていたことを原が確認している。この内、府県知事で請願していたのは、当該期では元職・現職では松本鼎《かなえ》や周布公平《すふこうへい》があげられるが、原日記にみえる人物はこれらを指すのかは不明。

典拠　『原敬日記』明治四十年十月二十四日条

士民功労アル者

人物不詳・生没年不詳

①明治八年四月（不許可）

②明治八年五月二十九日（不許可）

明治八年（一八七五）四月、毛利元敏《もととし》・安藤信勇《のぶたけ》・内田正学《まさあきら》・京極高典《たかまさ》・山内豊誠《やまのうちとよしげ》・河鰭実文《かわばたさねふみ》・壬生元修《もとおさ》・五条為栄《ためしげ》・正親町公董《おおぎまちきんただ》・高辻修長《おさなが》・太田資美《すけよし》・滝脇信敏《のぶとし》ら公家華族・武家華族の連名により、正院《せいいん》建白掛《がかり》宛で請願。『日新真事誌』明治八年五月七日朝刊によれば「市民功労ある者」を華族に列すべきとして「凡《およ》そ士民国家に大勲功あるもの、皆華族となるべし」「曽《かつ》て聞く、英国の法功労あり平民より王の特権を以て貴族に登るもの一世にして数百人に下らずと」と提言。イギリス社会においては、功労のある者が国王在世中に数百人規模で貴族身分に昇格している例を挙げ、日本でも同様に功労ある士族・平民より華族への昇格の途を開くべきとする。後年の士族や平民から授爵した勲功華族の創設に向けた構想がみえる。また、『東京日日新聞』同年五月二十九日朝刊によれば、前記十二名の華族連名の請願と同内容で掲載。

曩日《のうじつ》、臣等功労ある士民を華族と為すべきの議を建つ。然るに制既に御決定に付、御採用これなき旨御口達これあり。臣等退きて熟考するに、若《も》しその建議たるや腐論にして採用を賜らんとせば、如何ともする能わず。独り賞牌《しょうはい》の制に障碍するの論に至っては、臣等また少しく議する所あり。特に英語区の如きジューク、マクイース、アール、バイカント、バロン五等の貴族あり。またバロネット、ナイト・ヲブ・ガター等数級の勲等賞あり。これに因てこれを観るに、我が国と雖も華族あり。また賞牌あり。二者并《なら》び行われて戻らず。これ臣等が敢えて指令の意を解せざる所以なり。因て再び前議を献じ、以て採択を仰ぐ。若し既に賞牌の制あり、彼の貴族に至りては我に用いる所なしとせば、臣等また何をか言わん。伏して願わくは更に明論あらんことを。

という再議を元老院へ提出し、イギリス貴族制度についても言及し、勲功者の華族編列を建白するが、当時はまだ旧来の堂上《とうしょう》・諸侯と一部の諸家以外に維新功臣などの身分昇格の途を開いておらず、該当者も皆無であり不許可に終わる。

典拠　『日新真事誌』明治八年五月七日朝刊、『東京日日新聞』明治八年五月二十九日朝刊

商工業に功績ある者

人物不詳・生没年不詳

①明治三十五年六月二十三日（不許可）

『読売新聞』明治三十五年（一九〇二）六月二十三日朝刊によれば、「叙爵運動」の見出しで、

本邦外交の最初において故寺島宗則《むねのり》伯等と同功の人々及びその子孫、また商工業に功績ある人々数名に対し、叙爵の恩典を受けんと運動なし居る者あり。

と報じられる。「商工業に功績ある人々」が具体的にどの実業家を指すのか不明であるが、すでに二十九年六月九日付で岩崎久弥《ひさや》・同弥之助・三井八郎右衛門の三名が男爵を授けられ、財界授爵者の嚆矢とも称すべき栄典授与であり、住友吉左衛門友純《ともいと》らが授爵する四十四年八月二十五日までのこの間、関係者間でも同様の運動が行われたと推測される。

典拠　『読売新聞』明治三十五年六月二十三日朝刊

条約改正に特別の功労ありたる者

人物不詳・生没年不詳

①明治三十三年五月三日（不許可）

『東京朝日新聞』明治三十三年（一九〇〇）五月三日朝刊によれば「授爵の議」という見出しで、

御慶事前後において華族に列せらるる向は、条約改正幷《なら》びに法典編纂に特別の功労ありし者数名と、旧大藩の家老三万石内外の高を有せし者数名にして、何れも男爵を授けらるる由。

と報じられる。記事中の条約改正は、二十七年七月十六日の日英通商航海条約を皮切りに、アメリカ・ドイツ・ロシア・オランダ・イタリアの各国とも締結したことに関する恩典を指すか。当時、駐英大使であった青木周蔵はすでに子爵を授けられており、具体的にどの人物を指すのかは特定不能。

典拠　『東京朝日新聞』明治三十三年五月三日朝刊

→法典編纂に特別の功労ありたる者

政治家または軍人

人物不詳・生没年不詳

①大正五年六月（不許可）

『授爵録』（大正五年）によれば、大正五年（一九一六）六月付で内閣総理大臣大隈重信より宮内大臣波多野敬直《よしなお》宛で加藤高明以下の陞授爵の詮議を申牒。記載順は加藤・岡市之助・長谷川好道《よしみち》・八代六郎・島村速雄《はやお》・神尾《かみお》光臣《みつおみ》・加藤定《さだ》吉《きち》となっているが、加藤と岡の間は一行空けられ、上より紙が貼られているため不見。三二・四年の日独戦役による論功行賞での陞授爵であることから、当初政治家または軍人がもう一名申牒される予定であったとも推測される。

典拠　『授爵録』大正五年

中世期における皇族の末裔

人物不詳・生没年不詳

①昭和十六年三月十日（不許可）

北海道旭川市在住の農業で衆議院議員でもある坂東幸太郎《ばんどうこうたろう》よりの請願。『請願建議関係文書』所収「中世ニ於ケル皇族ノ御事績調査ニ関スル件（北海道旭川市農業坂東幸太郎呈出）」によれば、昭和十六年（一九四一）三月十日付で、請願文書表第六百二十号「意見書」を提出。「中世ニ於ケル皇族ノ御事績調査ニ関スル請願」として、

右請願の趣旨は中世に於いて我が国情の混乱したる時、尊貴の方々にして、或いは野に下り、或いは流浪せらるる等の事実ありたるは洵《まこと》に恐懼に堪えざるところにして、これ等の方々の御事績・御血統を調査してその御後裔たることの明確なるときは、これに相当の待遇を為し、以てその門閥を顕現するは現下最必要なりと信ず。依て政府は前記方々の御事績・御血統を調査すると共に、その御後裔に対し適当なる待遇の方途を講ぜられたしと謂うに在り。衆議院はその趣旨を至当なりと認め、これを採択すべきものと議決せり。依て議員法第六十五条に依り別冊御送付候也。

と記し、衆議院議長小山松寿《こやましょうじゅ》より首相近衛文麿宛で提出。また、『公文雑纂』所収「中世ニ於

ケル皇族ノ御事績調査ニ関スル請願ノ件」によれば、これを受けて同年六月二十五日付で内閣書記官長富田健治《けんじ》より宮内次官白根松介《まつすけ》へ回送。

　標記の請願別紙写の通り衆議院に於いて採択せられ、送付越しこれあり候に付いては、これが処理上本請願に対する貴省の御意見承知致したく、この段照会に及び候。

と記し、「尊貴御血統調査ニ関スル請願書」も添付。翰長《かんちょう》富田よりの回送書類の付箋には、「宮内省より回答なき為、昭和十七年五月二十七日宮内大臣官房文書課へ問い合わせたる結果、未だ調査中との事なり。電話省内二一三番」と記されており、恐らく南朝皇族の末裔を探し出し、これに相当の恩典(授爵など)を与える調査であったと推測される。衆議院で採択後、正式に宮内省当局で調査されていたものと思われるが、結局該当者が見つからなかったためか、誰も当該期に授爵されていない。

典拠　「中世ニ於ケル皇族ノ御事績調査ニ関スル件(北海道旭川市農業坂東幸太郎呈出)」(『請願建議関係文書』)、「中世ニ於ケル皇族ノ御事績調査ニ関スル請願ノ件」(『公文雑纂』)

→慶光院盈子・慶光院利敬・尊龍院隆興・氷室某・保田元義

朝鮮貴族

人物不詳・生没年不詳

①大正七年十二月二十日（不許可）

②大正八年一月四日（不許可）

『原敬日記』大正七年(一九一八)十二月二十日条によれば、

　長谷川朝鮮総督帰任すとて来訪。今回梨《なし》本宮《もとのみや》王女李王世子に婚嫁せらるる様にもなりたるに付、一月二十五日成婚の日に於いて朝鮮合併に際しての功労者朝鮮人三四名陞爵ありたき旨内申に付、余同意を表し宮相に協議する事となせり。

とみえ、また同日記翌年一月四日条には、

　また朝鮮総督申し出の朝鮮人両三名陞爵の件(この事は余にも総督より申し出あり)も行わるる様ありたしと相談ありたることを告げたり。

とあり、大正八年一月二十五日の梨本宮方子女王と李王世子垠との結婚に際して、数名の朝鮮貴族への陞爵を朝鮮総督長谷川好道《よしみち》が原に内申しているが、実際にはその時には栄典授与は行われずに終わっている。この陞爵者三四名中には李完用《イワニョン》・宋秉畯《ソンビョンジュン》・趙重応《チョジョンウン》が含まれると思われるが、九年十二月二十八日付で実際に陞爵したのは李・宋両名のみであり、長谷川が具体的に誰を挙げたのかが未確定のため、個別に項目は立てず。

典拠　『原敬日記』大正七年十二月二十日条・八年一月四日条

→李完用・宋秉畯・趙重応

勅任官および十年以上奉職したる府知事・県令

人物不詳・生没年不詳

①明治十三年九月十七日（不許可）

金子堅太郎が明治十三年(一八八〇)九月に『嚶《おう》鳴《めい》雑誌』第二十号に発表した「華族院ヲ立ルノ論」によれば、将来開設すべき上下院中、貴族院に該当する上院の構成員として、華族以外に勅任官および十年以上奉職した地方官(府知事・県令)を一代華族・終身華族に編列することを提言。

　我邦の上院を組織するには第一に華族、第二に勅任官及び十年以上奉職したる知事・令《れい》の辞職せしものを以てすべし。(中略)第二、勅任官・知事令の辞職するものを以て上院の議員を組織せんと欲する所以は何ぞや。人心の尤も渇望する所は財産なり。近世欧米開化の我が国に伝播せしより、世人皆従来の虚聞空名を搏取《はくしゅ》せんとするの心情を放棄し、争うて財産を貯蓄し、錦衣玉食に恋々し、妻子の養育に汲々たり。故に在朝の有司を専ら財産を蓄うるを以て目処とし、一旦冠を懸けるの後は徒に一身の安逸のみ営求して、毫《ごう》も政治のことに注意せざるは恰も秦人

の越人の肥瘠《ひせき》を視るに異ならず。これ他なし。一たび印綬を解けば復《ま》た国家の大政に関係する所なければなし。故に勅任官及び十年以上奉職する知事・令の辞職するものをして終身華族に列するの栄誉を蒙らしめ、且つ天下人民ニ示すに、国家ノ功臣に報酬するの優渥《ゆうあく》なるを以てし、立法権ある上院の坐席に列して一国の政治に参与せしむるときは、有官のときと雖も財産にのみ着目せずしを、深く一国の政治を研究し、一日も自ら倦怠せざる可し。(中略)然れども右に論述する所の如く華族・勅任官・知事令を合して皆上院に列せしめなば、或いはその人員の夥多《かた》にして却って煩雑を起こすの憂いあらん。故に先づ上院議員の人員を定め、而して勅任官・知事令を一代華族となし、旧来の華族と共に族籍を同じうし、その中より上院の議官を選挙せしめ、以て上院を組織する時には第一に華族の衰態を挽回して奮励の気象を起こし、王家の大政を輔翼する責任に背かざらしむべし。第二に在官の有司をして辞職の後と雖も政治に参与し、広堂の顧問となる栄誉を占有することを得さしむべし。

と述べている。金子が論文を執筆した当時、太政官内の勅任官は大隈重信以下の参議、地方官では東京府知事松田道之《みちゆき》ら。地方官中、勅任官は松田と京都府知事の槇村正直《まさなお》、大阪府知事の建野郷三《たてのごうぞう》のみで県令《けんれい》は奏任官。終身華族・一代華族の差異を考慮せず、混同しているとも思われるが、当時将来の貴族院勅選議員候補として、議員就任時にはこのような族籍変更案を同人が考えていた点が窺われる。帝国議会開会後、勅選議員の候補となり得る一規準として、勅任官在職者が宛てられるが、実際には族籍の変更まではされておらず、金子案がどこまで政府部内の要路に浸透していたかは不明である。

典拠　金子堅太郎「華族院ヲ立ルノ論」(『嚶鳴雑誌』二〇、高瀬暢彦編『金子堅太郎研究』二)

→元老院・参事院議官、勅任官十二年勤続者

勅任官・旧高家・旧藩万石以上家老・旧加茂・旧日枝社社家

人物不詳・生没年不詳

①明治十七年頃（不許可）

『帝室制度資料』所収「侍従撰任ノ事其他ノ条陳《ママ》」の「華士族ノ中間ニ一族ヲ設ケ勅任官並ニ旧幕府ノ公家衆旧藩士採地万石以上又加茂日枝等ノ旧神官ニシテ旧家ノ者ヲ列シ位記ヲ授ケテ龍光ヲ示サレ度事」によれば、

国家に功労の大なる者は現に華族に列し爵を授けて龍光を示し玉えり。而して既に列せられたる華族諸氏に及ばずと雖も、国家に功労ありて龍光を示し玉うべき者もまた少なからざるべし。然ればこれを華族に列せんか功労の大小を区別せざる者にして、何に因て優劣の差等を示さん。故に功労且つ門地にして華族に列すべき者にあらずと雖も、一般の士族と同視すべからざる者をしてその功労または門地を表し龍光を示すべき族名を設け、勅任官及び旧幕府の公《高》家衆、藩士の採地万石以上、また加茂・日枝その他の旧神官の旧家の類をしてその族に列せらるるときは、人民の階級多くなりて益《ますます》皇室の尊厳を示すに至るのみならず、優待を与えて龍光を示し玉う聖徳の辱《かたじけな》きを天下後世に明示し玉う者なれば、尊皇愛国の人心を奨励し、廉恥を重んずる風俗を増進するに至らん。果たして然らば独り現今有功者の労に酬いて名誉を与え玉うのみならず、皇室の護衛を増加する者なれば、功労大にして華族に列せらるる者の名誉も益光輝を増し、華族に列せら《れ脱》ざる有功者もまたその分に応じて一般士族の上に立ちて龍光を示すに足らん。而してこの族に列せらるる者は先ず六位に叙せられ、五位に終わる者とし、嫡子に至りては叙位の御沙汰なくし(勅任官は勿論その他勤労ありて位記を進めらるるはこの限りに非ず)て華族との差等を明らかにし、且つ

勅任官のこの族に列せらるるは勤務年限を定めて列する者として可なり。その法に至りては今ここに贅せず。

と記し、華族と士族の間にもう一つ族称を定め、勅任官や旧幕府の高家衆や万石以上陪臣、さらに下鴨・上賀茂・日枝各社の旧家筋の者も含めてこの族に列せしめようとする案を示している。また、この族は六位から五位に進むとし、勅任官のような在官者の場合や、その他勤労のある者は五位以上の位階に陞叙しても可とする案であるが、結局この案は容れられずに終わっている。

典拠　伊藤博文編『帝室制度資料』下

寺島宗則と同功の者およびその子孫

人物不詳・生没年不詳

①明治三十五年六月二十三日（不許可）

『読売新聞』明治三十五年（一九〇二）六月二十三日朝刊によれば、「叙爵運動」の見出しで、

本邦外交の最初において故寺島宗則《むねのり》伯等と同功の人々及びその子孫、また商工業に功績ある人々数名に対し、叙爵の恩典を受けんと運動なし居る者あり。

と報じられる。「故寺島宗則伯等と同功の人々及びその子孫」が具体的にどの外交官・政治家を指すのかが不明であるが、明治初年において外交上功績顕著と思われる鮫島尚信《なおのぶ》とその子孫のことを指すか。

典拠　『読売新聞』明治三十五年六月二十三日朝刊

→鮫島某

橋本左内の子孫

人物不詳・生没年不詳

①大正十三年一月十二日（不許可）

『東京朝日新聞』大正十三年（一九二四）一月十二日朝刊によれば「慾張った華族／陞爵の請願を出した虫のよい宮内官、勤王志士にも同様の願い」の見出しで、摂政・皇太子裕仁親王と久邇宮《くにのみや》良子《ながこ》女王の御成婚に際して、一部宮内官の陞爵、吉田松陰・橋本左内の子孫への授爵について報じられている。実際、自薦・他薦を問わず、このような請願書が宮内省に提出されていたのであろうが、橋本家は左内の実弟綱常《つなつね》が陸軍軍医総監となり子爵に叙されており、左内直系の子孫を指すものと思われるが授爵は行われず。

典拠　『東京朝日新聞』大正十三年一月十二日朝刊

→宮内官・吉田松陰の子孫

畠山重忠末裔

人物不詳・生没年不詳

①明治三十三年三月九日（不許可）

東京帝国大学教授や貴族院議員もつとめた歴史学者である三上参次《さんじ》の著書『明治時代の歴史学界』「閉口した家系の鑑定」によれば、

それからこれは三月九日の所の記事に、ある坊さんが越後の人何某を同伴して頼んで来たのであります。それは何かというと、その越後の人というのは畠山重忠の子孫だ、家にこういう系図や書類を持ち伝えています、それでこれを証拠に宮内省に申して華族にしてもらいたいという希望なんですから見てくれというのですが、このときは極めて心配はなかった。系図も文書も明白な偽物でありますから、問題はなかった。こういうことが大学にいる間、悩まされたものであります。

とある。帝大在職中、このような依頼が数回あったことが著書にみえ、和気清麻呂の末裔半井《なからい》家や、楠木正成の末裔についての調査話も散見する。畠山重忠子孫を称して華族への編列を求めたのが何者であるのか、人物比定はできないが、偽系図・偽文書である点を三上が指摘しており、実際地方官を経由して宮内省へ提出しても結果は不許可であったと思われる。

典拠　三上参次『明治時代の歴史学界―三上参次懐旧談―』

非職元元老院議官

人物不詳・生没年不詳

①明治二十六年十月三十一日（不許可）

『読売新聞』明治二十六年(一八九三)十月三十一日朝刊によれば「元々老院議官の非職満期」の見出しで、

　元《もと》非職元老院の肩書きを有し居りたる人々三十二名は、本月十九日を以て非職満期となりたり。この人々へは授爵若しくは一時恩賜金の沙汰ある由なり。

とみえる。元老院は帝国議会開会に伴い、二十三年十月三十日付で廃院となり、同院議官の多くも貴族院勅選議員などに転じたが、勅撰されず「非職元元老院議官」の肩書きのまま非職期間を経過した者もおり、満期終了に伴いそれらの者へ授爵か一時恩賜金の沙汰が下りると報じている。このなかには土肥実匡(謙蔵)らも含まれていると推測されるが、同時期授爵した該当者がいないため、不許可に終わったものと考えられる。

典拠　『読売新聞』明治二十六年十月三十一日朝刊

法典編纂に特別の功労ありたる者

人物不詳・生没年不詳

①明治三十三年五月三日（不許可）

『東京朝日新聞』明治三十三年(一九〇〇)五月三日朝刊によれば「授爵の議」という見出しで、条約改正・法典編纂に特別の功労ある者、旧大藩家老の内で三万石内外の旧高を有す者数名に対する授爵説を報じるも、具体的にどの人物を指すのか特定不能。四十三年の梅謙次郎《うめけんじろう》をも含めるか。

典拠　『東京朝日新聞』明治三十三年五月三日朝刊

→梅謙次郎・条約改正に特別の功労ありたる者

室井国氏他薦の人物

人物不詳・生没年不詳

①大正八年十月六日（不許可）

「授爵叙位ノ恩典ニ浴シ度旨請願ノ件照会」によれば、宮内省当局側の大正八年(一九一九)十月六日立案・同月七日決済の書類に「授爵叙位の恩典に浴したき旨、別紙の通り室井国氏より請願これあり候処、右に対する御意見承知致したく、この段照会に及び候也」「追って別紙書類は御回報の節御返し相成り候也」という宮内省罫紙一枚のみで、誰が授爵および叙位の対象者であるのかが不明。推薦者である室井国氏は同時期に国民義勇団団長であった人物と思われる。

典拠　「授爵叙位ノ恩典ニ浴シ度旨請願ノ件照会」(宮内庁宮内公文書館所蔵)

→梶田亀三郎他薦の人物

吉田松陰の子孫

人物不詳・生没年不詳

①大正十三年一月十二日（不許可）

『東京朝日新聞』大正十三年(一九二四)一月十二日朝刊によれば「慾《よく》張った華族／陞爵の請願を出した虫のよい宮内官、勤王志士にも同様の願い」の見出しで、

　こんどの御慶事に伴う種々の恩命のうち授陞爵、叙勲、贈位について今日迄請願書を提出したものは宮内省の分だけで約百余件にのぼり、中にも国家に功労のあったものや家格によって授爵陞爵を願い出たのが、五十件余にのぼっているのは、華族制度が世論の重要な的になっている矢先き面白い現象である。授爵申請のなかに幕末の頃勤王論が高揚して斬罪に処せられた吉田松陰の子孫もあれば、同じく勤王の士橋本左内の末というのもある。慾ばったのは宮内官のうち陞爵請願をしているものが数名あるということだ。しかし宮内当局ではこれらの向きに対しては、既に明治十七年一斉に授爵の恩命があり、更にその後も御芽出度い機会ある毎に叙爵陞爵等の御沙汰を賜っているので、今回は極めて狭い範囲にとどめて奏請する方針を定めているから、恐らく宮内省へ請願したものでは爵に関する御沙汰はあるまいと見られている。そしてこの銓衡は内閣側と宮内当局と持よった上で決定するのだが、このことに関する打ち合わせはまだ一回も行われて居らず、

　最近一両日中にもその予定がないから、或いはこの恩命は二十六日の御婚儀当日に発表されることは困難であろうと関係者は語っていた。

と報じられている。摂政・皇太子である裕仁《ひろひと》親王（のちの昭和天皇）と久邇宮良子《くにのみやながこ》女王との御成婚に際しての陞・授爵に関する記事であり、この際同年二月十一日付で授爵したのは平山成信《しげのぶ》・北里柴三郎の二名であり、これは宮内省参事官・同省宗秩寮《そうちつりょう》爵位課長をつとめた酒巻芳男の『華族制度の研究』にも「右は皇太子殿下御成婚に際し授爵相成りたるものなり」とみえる。実際、自薦・他薦を問わず、このような請願書が宮内省に提出されていたのであろうが、吉田松陰の末裔としては、甥で吉田家を相続した小太郎は萩の乱に加わり戦死、妹道子のあとを襲い当主となり、神奈川県立第四中学校校長をつとめた吉田庫三《くらぞう》の嗣子を指すか、あるいは松陰実兄である杉民治《みんじ》の系統に連なる者を指しているのかは不明であるが、この後も松陰末裔に対する授爵は行われず。

典拠　『東京朝日新聞』大正十三年一月十二日朝刊

→宮内官・橋本左内の子孫

六位以上の官吏・旧非蔵人・一向宗の末寺など

　人物不詳・生没年不詳

①明治十六年五月五日（不許可）

『井上毅伝史料篇』所収の「准貴族之事」によれば、明治十六年（一八八三）五月五日付で

　是迄の有形にては士族は貴族にもあらず、また平民にもあらず、即ち准貴族の姿にてこれあり候処、今度准貴族の制を定められ候はば、以後士族は何等の位地となすべく候哉。即ち何となく平民に堕落いたし候形に相成り申すべく候。洋哲の説に貴族の性質はその旧武門にして、武徳の家風あるを以て也といえり。故に武徳剛勇は即ち華族の王室を環衛《かんえい》するに必要なる第一の精神なるべし。然るに今日の華族は大抵文弱華奢にして、国を衛るの精神に乏しく、今日の華族を以て皇基を環衛輔翼するの重任を責むるは頗る難事と存ぜられ候。この闕乏《けつぼう》を補うには士族を以て准貴族となし、貴族と密着せしめんこと必要なるべしと存じ奉り候。今乃ち是れに反し士族を門墻《もんしょう》の外に排斥して、却って六位以上の官吏、また非蔵人抔《ひくろうどなど》或いは一向宗の末寺を駆集して准貴族となし、以て新制を創めん事は策の得たるものにこれなしと存じ奉り候。

という内容で右大臣岩倉具視に建言している。華族と異なり、士族が平民階層並にその地位を下落させていることに危機感を覚えた井上が、現在従六位以上の有位者である文武官、また禁裏や仙洞《せんとう》御所に仕えていた非蔵人、さらには浄土真宗系の寺院僧侶をも含め、制度上、士族を正式に「准貴族」（准華族）として待遇しようと考えていたと思われる。准貴族は制度として政府内でも幾度か提案されてはいたものの、結局族籍のみで、制度的に華族に準ずるような待遇は与えられずに終わっている。

典拠　「准貴族之事」（『井上毅伝』史料篇一）

→勅任官・旧高家・旧藩万石以上家老・旧加茂・旧日枝社社家

和気清麻呂末裔

　人物不詳・生没年不詳

①明治二十五年十二月二十日（不許可）

宮内省宗秩寮爵位課長などもつとめた酒巻芳男による『華族制度の研究』所収の華族令草案並びに華族令改正案逐条説明によれば、明治二十五年（一八九二）十二月二十日に草案が作成され、その第一条として「本条は改正大旨に概論したる授爵の区域を拡張するために設けたる新条なり」とし、文中には、

　勲功ある名族の子孫（中略）勲功を眼目としたるものにして、歴史上顕著なる事跡、仮令《たとえ》ば建武中興の勲功者の如きその子孫は現に華族に列せられたり。これと同一の勲功あるもの、子孫また華族に列せらるべきは当然なり。特に建武中興の勲功

のみならず和気清麻呂の如き国家に大功あるものの子孫はまた応さに華族に列せらるべし。

とみえ、建武の新政期における功臣家、すなわち新田・名和・菊池などの諸氏以外に、古代、国家に大功のあった和気清麻呂の末裔も華族に列すべき家系であると指摘。具体的な家名・人名は挙げてはいないが、おそらくは半井《なからい》家のことを指すと考えられる。

典拠　酒巻芳男『華族制度の研究』

→半井栄吉・半井広国・半井好和・半井某